荆楚文庫

〔光緒〕黄州府志（上）

〔清〕英啟 修
〔清〕刘燡 鄧琛等 纂

荆楚文庫編纂出版委員會
武漢大學出版社

荊楚文庫

〔光緒〕黄州府志

GUANGXU HUANGZHOU FUZHI

圖書在版編目(CIP)數據

〔光緒〕黄州府志/〔清〕英啓修;〔清〕劉爆等纂.
—武漢:武漢大學出版社,2019.12
ISBN 978-7-307-21046-2
Ⅰ.光…
Ⅱ.①英… ②劉…
Ⅲ.黄州府—地方志—清代
Ⅳ.K296.34
中國版本圖書館 CIP 數據核字(2019)第 144388 號

責任編輯:李 程 黄河清
整體設計:范漢成 曾顯惠 思 蒙
責任校對:李孟瀟
出版發行:武漢大學出版社(中國·武漢)
地址:武昌珞珈山
電話:(027)87215822 郵政編碼:430072
録排:武漢恒清圖文菲林輸出工作室
印刷:湖北新華印務有限公司
開本:787mm×1092mm 1/16
印張:95
版次:2019 年 12 月第 1 版 2019 年 12 月第 1 次印刷
定價:456.00 元(全三册)

ISBN 978-7-307-21046-2
9 787307 210462 >

《荆楚文庫·方志編》編纂組

組　長：賀定安　陽海清（執行）

副組長：劉傑民（執行）　王　濤　謝春枝　范志毅（執行）

參編人員（按姓氏筆畫排名）：

王　濤　李云超　宋澤宇　范志毅　柳　巍　馬盛南　陳建勛

梅　琳　張　晨　張雅俐　陽海清　彭余焕　彭筱澂　賀定安

劉傑民　潘　玲　謝春枝　嚴繼東

編　審：周　榮

顧　問：沈乃文　李國慶　吴　格

出版説明

湖北乃九省通衢，北學南學交會融通之地，文明昌盛，歷代文獻豐厚。守望傳統，編纂荆楚文獻，湖北淵源有自。清同治年間設立官書局，以整理鄉邦文獻爲旨趣。光緒年間張之洞督鄂後，以崇文書局推進典籍集成，湖北鄉賢身體力行之，編纂《湖北文徵》，集元明清三代湖北先哲遺作，收兩千七百餘作者文八千餘篇，洋洋六百萬言。盧氏兄弟輯録湖北先賢之作而成《湖北先正遺書》。至當代，武漢多所大學、圖書館在鄉邦典籍整理方面亦多所用力。爲傳承和弘揚優秀傳統文化，湖北省委、省政府決定編纂大型歷史文獻叢書《荆楚文庫》。

《荆楚文庫》以「搶救、保護、整理、出版」湖北文獻爲宗旨，分三編集藏。

甲、文獻編。收録歷代鄂籍人士著述，長期寓居湖北人士著述，省外人士探究湖北著述。包括傳世文獻、出土文獻和民間文獻。

乙、方志編。收録歷代省志、府縣志等。

丙、研究編。收録今人研究評述荆楚人物、史地、風物的學術著作和工具書及圖册。

文獻編、方志編録籍以一九四九年爲下限。

研究編簡體横排，文獻編繁體横排，方志編影印或點校出版。

《荆楚文庫》編纂出版委員會

二〇一五年十一月

前言

《〔光緒〕黄州府志》四十卷首一卷，清英啟修，清劉燡、鄧琛等纂，清光緒十年（一八八四）刻本。

英啟，號續村，清瀋陽漢軍鑲白旗人。清咸豐九年（一八五九）中進士，授翰林院編修，晉侍講，以奏辦院事察典記名。清同治六年（一八六七）任黄州知府。有《雪堂唱和集》行世。劉燡，字悔復，湖北黄岡人，同治二年（一八六三）進士，官至湖南常德知府。鄧琛，字獻之，湖北黄岡人，道光二十三年（一八四三）舉人，官蒲縣知縣，改刑部郎中。有《荻訓堂詩鈔》。

前志成於乾隆十四年（一七四九），由知府王勍主修，黄岡靖道謨主筆，體例已近完備。光緒七年（一八八一），郡屬邑志次第告成，《湖北通志》行將開局纂修，英啟奉命纂修郡志。是時劉燡奉諱家居，鄧琛乞假歸里，英啟遂相與稽考典章，甄明諸志，於光緒八年（一八八二）開局修志。稿成三分之二，劉燡奉命重任常德知府，鄧琛遂爲主持。琛時參修《湖北通志》，往來鄂城志館，得廣搜楚中輿記，又得閲《盛京通志》《熱河志》《畿輔通志》及十八布政司統部之書，凡有益黄州志者抄録之，與同館人商榷編摩，光緒十年（一八八四）全稿成。英啟復延鄧琛之友錢廣文，依體據例，反復究覈，徵信闕疑，删繁補略，整齊條貫。其後付梓，是年竣工。

志分十綱：疆域志、建置志、賦役志、武備志、職官志、選舉志、人物志、藝文志、雜志，共五十八目，爲卷四十。是志編纂者頗推崇乾隆王志，全録前志序與凡例。卷首英啟序曰：「《黄州府志》四十卷，因王志原本纂輯而成者也……誠不知視前志爲何如」；鄧琛例言曰「王志本公行志書之式，猶爲謹嚴，其或義例不當，則隨違矯正，或所失載事宜存録者，罔不畢取以補其闕」。是志在充分吸取王志體例長處的基礎上，也略作了一些改進：如是志《例言》認爲「王志去『天文』」，仍前明『雜志』之稱，尤爲允當。第『雜志』後益以『外志』，又以『兵事』入之『雜志』，於義無取，兹去『外志』，增『武備』」，仍爲十綱。又仿畿輔、广西、江西诸通志之例，去小序以省繁冗。卷首列盛典，移輿图入疆域志。因同治十一年（一八七二）有販私鹽之事，賦役志下特增鹽法一目。藝文志更改前志以體裁分類之例，以《欽定四庫全書總目》分部之經、史、子、集爲目，廣采書籍，依例著録。舊載詩文，則仿范成大《吴郡志》之例，分注各類之下。無類可歸者，於集部後附存之。另增金石一目。徐孝宓於《中國地方志總目提要》中讚曰：「乾隆王志勝於康熙蘇志，是志則更贍於王志。」

據《中國地方志聯合目録》，國圖、北大、上海、天津、遼寧、南京、湖北、湖南、四川等館藏有該志。

（彭筱溦）

目録

卷之四十上　雜志

卷之四十下　雜志

黄州府志

光緒十年二月開雕
計書總二千九百四
十三葉版總一千六
百十片藏黃州府署

敘

黃州府志四十卷因王志原本纂輯而成者也乾隆十二年恕堂王公以關中理學名家來守茲土越明年纂脩府志黃岡果園靖太史實秉筆故其書至今存焉同治六年冬十月 啟 來郡受事值粵逆甫平餘氛未靖懲前毖後修廢舉墜十數年來警惕弗遑敢云著述顧志者記也弗記其事曷知其治黃州民氣敦樸士風厚善士習尤彬彬家絃戶誦爭自濯磨見有詐虞近

利睚眦爭者必從而諷勸規戒弗聽則亟違之惟恐浼己雖閭巷婦孺皆知忠信孝義廉潔之爲美而身能蹈之因俗成化維持勿衰將何以蒸蒸日上物無珍奇殊異之產惟是稻菽麻麥棉布之屬生民日用所必需而歲供度支南北轉漕粟額數甲他郡地當孔道屬邑八直驛傳者六麻城黃安羅田號爲山鄉光商英霍阨塞所在詰奸禁暴無已時長江自武漢西來徑沙口歷陽邏蜿蜒五百餘里始出郡境臨江五邑長年三汛農田被患者十歲恆八九黃梅大隄正當鄱陽湖水之衝防險視廣濟爲尤急地勢枕淮面江四通五達自楚漢以來中原多故輒集爲戰場咸豐閒粵逆踞金陵大軍規恢江皖倚蘄黃爲重地扃鍵全楚樞紐東南形勝然矣今雖烽平燧息長江水師特立營制戈船戰艦棊布星羅而陸路黃州蘄州兩營額兵裁併僅存六百九十有奇闔郡八邑暨黃陂一縣咸資控制導利去害處安慮危時宜之措厥道何從若乃名儒碩士代有偉人經濟文章照耀前古

方今

聖天子典學日懋宵旰憂勤側席求賢屢頒

明詔郡人士奮發興起矩矱先民觀感所由端在茲乎如謂揚華摛藻潤色山川領異標新左右談塵遂足以籠駕圖錄未已光緒七年秋郡屬邑志次第告成湖北通志行將開局纂修 啟 奉臺符飭修郡志是時悔復劉太守奉諱家居獻之鄧比部乞假旋里頗不以 啟 不才無識遐棄

弗顧爰相與稽攷典章甄明諸志諏吉八年春二月開館同事諸君子後先踵至分門授簡別目操觚越明年春稿之成者三分有二太守服闋奉

命重涖湘南諸君子或先赴公車或橐筆遠游比部於是更偕曾君稺鴻傅君雨卿殷君東坪張君次常霽亭從容商搉昕夕編摩又明年而全稿始就季貞錢廣文獻之至友也適自沔陽告歸啟復專走延致從而依體據例反覆究覈徵信闕疑刪繁補略整齊條貫較若畫一爰以付之梓人始二月迄十一月工竣是書爲綱十爲目五十有八誠不知視前志爲何如顧嘗見同人在館一事之義推求再三一篇之稿或四五易悔復太守取法謹嚴整躬範物雖乃先世碩德清芬備詳邑乘義在遠嫌戒勿敢登獻之比部博綜典册殫洽見聞無義不搜在疑能斷猶復與季貞諸君往復辨析體裁勿取其新義例必求其當一知半解更或采及蕘言昔果園太史

謂昔人云作史之難無如志殆尤莫難於黃州志詎弗信矣乎蓋惟知作志之難故王志可稱善本惟知王志之所以難斯今茲之慎而又慎庶幾見諒方雅證可訂否輯入通志冀備

國史採擇云爾啟昧道曹學迂拙寡效略陳梗概益藉以自勉焉

光緒十年歲次甲申冬十一月吉日

賜進士出身

誥授朝議大夫 文淵閣校理升用侍講 記名御史翰林院編修知湖北黃州府事瀋陽英啟謹敘

序

太守瀋陽英公治黃十有六年政稱廉平既吏安其官民樂其業矣於是舉修郡志招郡文學之士分門修輯而屬劉君悔復及琛司其事閱二載書成太守序諸首簡命琛一言繼之自班固作地理志記郡縣本末山川奇異風俗所由司馬彪續志並錄其改異及春秋三史地名以爲郡國志蓋古之地志載方域山川風俗物產而已唐李吉甫元和郡縣志尤詳於攻守利害宋樂史太平寰宇記增以人物藝文至是而體例大備爾後方志凡五行食貨職官選舉之屬莫不甄錄是志也而兼全史矣夫史家斷代爲書失會通之義鄭樵譏之志則上下古今制度典章綜核條貫變通而損益之布諸

政典爲經世有用之書江淹有言作史之難無出於志蓋其慎也明洪武九年以蘄州隸郡治幅員廣遠論形勢者謂守江南必先守江北阨塞五關乃有長江之險黃州亦江淮之間一重鎮也其地有山林川澤之饒其民以漁獵山伐爲業火耕水耨飯稻羹魚食飲還給而亡積聚所從來舊矣自宋王元之蘇子瞻二公以氣節文章照臨此邦山川亦勃發其清淑之氣篤生俊哲自是以還理學名儒文采經濟史不絕書見於明史者五十三人文物聲明遂爲楚中之冠郡舊有志宋景德訖明萬歷至

國朝康熙乙丑率散佚無存其傳於今者惟乾隆戊辰王志距今百三十有七年矣一邦文獻闕如罔紀蒐討不密後益無

徵況咸同間粵寇之亂官司檔册故家遺文燬於兵火其間忠清亮節文武死事之臣及閭閻烈士委巷幽貞黛介湮滅不傳能無閔乎此太守今志所爲作也或曰志者述而不斷當不得以擬史然戶口之數登耗或殊田賦之則今昔歧異則政令得失繫焉職官志矣不盡入循良之傳選舉志矣或僅列科目之名則人材高下判焉又如學校之隆替風俗之厚薄兵農禮樂之廢興五行祥異之占驗據事直書隱含諷誡尋文互證悉寓微言記事之體蓋具有史裁焉康熙十一年大學士衞周祚奏令天下郡縣修輯志書

詔允其請又頒河南通志於天下爲修書之式雍正七年

敕各直省重修通志上諸史館蓋

國史取之一統志一統志取之通志通志取之郡縣志是郡縣志必詳於史而後可以備史臣之採近世通儒如李氏紱志臨川錢氏大昕志鄞李氏兆洛志鳳臺鄧氏顯鶴志寶慶並主詳贍亦朝考庶政夕省典刑之義若宋之澉水志元之齊乘明之朝邑武功志簡要尚矣治世者猶慮其未詳焉戊辰王志文簡事核釐然有叙固無以議爲也今據以爲本間有承用舊沿譌更刊定漏者補之疏者正之蓋時有古今述有詳略要不足以累全書昔孔穎達作春秋正義嘗謂劉炫性好非毀規杜氏之失凡一百五十餘條習杜義而攻杜氏猶蠹生於木而還食其木非其理也時琛與修通志往來鄂城志館得廣搜楚中輿記如廖道南楚紀廖元度楚風補朱日

濬黃州文獻錄之屬並恭閱
欽定盛京通志熱河志畿輔通志及十八布政司統部之書凡豫是
有益者並皆鈔內還質太守又得同館諸人處衷商搉罄力
編摩而一惟太守鑒裁焉太守舊爲史官親掌圖籍於是編
蓋已覃精研思一一審定方以修明政教激揚末俗彰示來
兹以上昭
國家聲教誕敷至治翔洽之盛非第備一郡之典章已也光緒
十年歲次甲申秋七月癸卯朔黃岡鄧琛謹序

黃州府志修輯職名

鑒定
湖北鹽法武昌道調署漢黃德道武 震
二品銜前分巡漢黃德道惲彥琦
按察使銜前署漢黃德道恭 釗

纂輯
黃州府知府英 啟

督修兼採訪
鹽運使銜岐亭同知蔣 垣
運同銜武黃同知張積祺
運同銜黃州通判劉忠誠
五品銜儘先補用直隸州黃岡縣知縣戴昌言
同知銜蘄水縣知縣多 祺
五品銜前署蘄水縣知縣陳 豪
同知銜麻城縣知縣朱榮椿
四品銜沔陽州知州前署麻城縣知縣陸祐勤
同知銜署黃安縣知縣張錫壽
同知銜黃安縣知縣陶大夏
同知銜前署黃安縣知縣陳瑞瀾
同知銜羅田縣知縣管貽葵
蘄州知州封蔚礽
四品銜前署蘄州知州宋熙曾

同知銜廣濟縣知縣王方田
候補知州前代理廣濟縣知縣張茂時
候補知州署黃梅縣知縣鍾　穀
同知銜前署黃梅縣知縣袁　鏞
四品銜蘄州衛掌印守備龔恩培
四品銜黃州衛掌印守備鮑福慶

監修

鹽提舉銜黃州府學教授姚瑞齡
同知銜前黃州府學教授賀壽悳
國子監典簿銜黃州府學訓導陳寶樹
同知銜黃岡縣學教諭楊守敬

候選知縣前黃岡縣學教諭黃敦素
黃岡縣學訓導傅上瀛
蘄水縣學教諭萬修墉
六品頂戴蘄水縣學訓導余祖潤
五品銜麻城縣學教諭黃光濱
麻城縣學訓導朱　騏
黃安縣學教諭王世清
中書科中書銜黃安縣學訓導方宗堃
羅田縣學教諭關　棠
署羅田縣學教諭朱綬榮
署羅田縣學訓導周　棻

蘄州學學正陳國正
蘄州學訓導胡振緒
廣濟縣學教諭梅漢章
廣濟縣學訓導魏澤清
黃梅縣學教諭詹學鍾
黃梅縣學訓導袁光澍

監繕監刊

鹽提舉銜黃州府經歷兼司獄濮文彬
同知銜黃岡縣縣丞張銘新
理問銜黃岡縣典史呂文煥
湖北候補巡檢李斐章

黃州府志修輯職名

總修

湖南常德府知府前衡州府知府癸亥進士劉燁

四品銜刑部山東司郎中癸卯舉人甲辰教習鄧琛

內閣中書銜前沔陽州學正戊午並補行乙卯舉人錢崇柏

總校

員外郎銜刑部奉天司主事己未進士阮光鼎

戶科掌印給事中戊辰進士洪良品

編輯

前直隸阜城縣知縣曾錫齡

候選教諭八旗官學漢教習癸酉拔貢傅承霖

黃州府學優廩生殷雯

麻城縣學選拔廩生張翊辰

候選教諭癸酉舉人張瑞霖

分輯

翰林院庶吉士癸未進士周錫恩

戶部主事癸未進士蔡卿雲

內閣中書銜襄陽府學教授癸卯舉人雷春沼

前當陽縣學訓導辛亥舉人石濟川

儘先選用教諭揀選知縣丙子舉人雷溶

揀選知縣丙子舉人夏寶彝

己卯舉人劉寅恭

己卯舉人萬維屏

壬午舉人陳會佑

候選復設教諭癸酉副貢生王兆翔

前署宜城縣學訓導廩貢生黃際寅

黃州府學增生王受釐

黃州府學優廩生趙丹桂

黃岡縣學生員周拱辰

候選訓導長陽歲貢生譚文鍇

揀選知縣乙亥舉人王國賓

揀選知縣壬戌並補行辛酉舉人張澂

黃岡縣學生員楊汝翼

黃岡縣學優附生蔣之炯

搜訪書籍

刑部主事壬午舉人曾永齡

內閣中書銜丙子舉人胡興瑚

候選教諭恩貢生吳宗儒

同知銜范華封

光祿寺署正銜華春禧

通判銜劉慶豐

按察司照磨林樹楠

經理

黃岡優附貢生張增炎

國子監典簿劉廷棟

繪圖

湖南新化附貢生晏啟鎮
湖南新化監生鄒世布
蘄州監生王銓
江蘇候補巡檢周學溎

覆校

揀選知縣乙亥舉人夏貢琛
黃岡附貢生黃啟焜
黃岡增貢生汪春華
廣濟縣學生員甘葆眞

黃岡縣學生員楊銑
蘄水縣學生員聞光謙
黃安縣學生員馬光甲
黃岡縣學生員盧英儀
黃岡縣學生員奚德藩
前竹谿縣學教諭甲子舉人余雅祥
候選教諭己卯舉人聞璜
揀選知縣己未舉人童先域
揀選知縣丁卯舉人周慶成
揀選知縣庚午舉人樊篤鍾
己卯舉人蔣春祺

同知銜候選知縣萬方田
黃岡貢生許壽身
黃州府學生員羅廷玉
黃岡縣學生員陶錫洪
恩賜副榜廖志圭
辛酉拔貢杜承勳
黃岡縣學生員王毓葆
黃岡縣學生員洪艮燮
黃州府學增生方鴻運
孝廉方正監生曾琛
黃岡縣學廪生石耀春

黃州府學增生王運隆
黃岡縣學生員萬廷珍

監繕監刊

黃岡縣學生員陶鍾
從九品銜龍炳章
六品銜選用從九高聲遠
遊擊銜劉照炯
中書科中書銜傅華棣

分校

黃安縣學廪生吳行健
黃岡縣學廪生邱兆華

蘄水縣學廩生張丙
黃州府學廩生王世材
蘄水縣學廩生謝維藩
黃州府學生員樂燿灼
黃州府學生員王培瑞
黃州府學廩生徐第瀛
世襲文生姜煥雲
黃岡縣學生員李樹滋
黃岡縣學生員姜元楷
黃岡縣學生員蔣家弼
黃岡縣學生員馬錫畬

黃岡縣學生員林先庚
黃岡縣學生員何登雲
黃州府學廩生熊汝明
黃州府學增生蔡家鉠
黃州府學生員王兆元
黃岡縣學生員黃子勛
黃岡縣學生員李鳳藻
黃岡縣學生員王廷璧
黃岡縣學生員楊鴻鈞
黃岡監生林文煥
黃岡縣學生員段慶華

黃岡貢生張汝紱
黃州府學生員李樹蘭
黃岡縣學生員殷炳奎
黃岡縣學生員戴紹鸞
黃岡縣學生員范鳴桐
黃岡縣學生員許金壽
黃岡縣學生員雷春池
黃岡監生曾寶謙
黃岡監生傅承霖
黃安監生阮慶霖
黃岡縣學廩生尤陰桐

黃岡梓人陶守鑫鐫字

例言

明乙亥志列地理建置田賦職官選舉人物雜志七篇

國朝康熙乙丑志增天文藝文易雜志爲稗函乾隆戊辰王志爲綱十地理建置賦役學校職官選舉人物藝文雜志外志劉知幾曰正史不以天文作志王志去天文仍前明雜志之稱尤爲允當第雜志後益以外志又以兵事入之雜志於義無取茲去外志增武備仍爲綱十曰疆域曰建置曰賦役曰學校曰武備曰職官曰選舉曰人物曰藝文曰雜志爲目五十有八爲卷四十仿畿輔廣西江西諸通志之例不更爲小叙以省繁冗其分門析類之故具於左方

周官外史掌四方之志今直省通志及郡縣志是也以書使

於四方則書其令史家書秉王命所本也宋潛說友臨安志首載詔令近時方志因之我

朝

聖

聖相承

絲綸式煥

明良交儆媲美典謨今遵

內廷編纂之例恭紀

聖諭次以

盛典冠諸卷首爲全志綱領用昭祇承

方志以疆域爲限名山巨川往往綿亘州郡經界不正則輿圖沿革山川星野之屬淆然莫辨故別於輿地而首志疆域

今之地志古稱圖經裴秀六法久已失傳

國朝胡渭禹貢錐指顧祖禹方輿紀要論述圖學甚詳康熙內府地圖用北極出地法較裴氏準望尤爲至精近時鄧顯鶴寶慶府志深合圖法今仿用之計里開方使開帙瞭然有裨實用有分土則有分星保章氏之所職未易窺測鄭氏謂郡國入度皆後世堪輿家言數書久亡卮言鮮當武功志不紀星野自是卓識茲仍王志舊文姑存其略其歷代沿革自周秦兩漢以下分併增省名實同異最爲糾紛戴震嘗謂地志沿革不明則山川人物無一不誤洵知言也王志於沿革考覈精詳茲更爲釐定謹遵

御定皇輿表式作表以明之班氏郡國志自謂推表山川以山澤川浸職方所掌志山川之權輿也王志山以方向爲主水以源流爲主山有陰陽方位之殊水有經流支流之別可以考形勢資水利彼遠稱伯翳之經摹擬道元之注者塗澤爲工蓋無取焉至故城舊縣古殿荒臺亦考沿革者疏證之資也黃俗尚樸質好儉約見於隋志山水清遠土風厚善其民寡求而不爭其士靜而文樸而不陋尊德樂道異於他邦見於東坡集淮右名區風氣和平爭訟稀少見於秦觀謝表至於山澤原隰之名物五穀於稻尤宜凡棉布絲麻蔬果之屬物土布利豈但蘄州笛竹黃岡竹瓦爲韓愈王禹偁之所述美乎紀風俗物產亦南方草木狀北戶錄之遺也志疆域第一

春秋之義興作必書今制工部四司營繕所掌曰壇廟曰城垣曰公廨都水所掌曰水利曰橋梁皆郡邑所有事也古者封內之祭凡社稷壇壝及諸秩祀之禮所以崇德報功典至鉅也至昭忠祠祀乃奉文建祠以表忠烈者當賊陷黄州時官兵紳民攖難者數萬人若仿江西通志之例别爲昭忠録置諸志外竊慮久而湮沒茲於壇廟門內特詳爵里姓名若城郭衙民官廨治事杠梁平政鄉鎮以重守望關津以扼險要孰非經政之大者耶凡建置必有肇造之人經始落成之歲月自粤賊煽亂夷爲邱墟矣肅清以來次第修築漸復舊觀黄界江淮之間居巴蜀下游夏秋每苦江漲且岡巒迴互湖港紛歧旱潦不時隄防水利尤民命所寄桑土綢繆預防蟻潰非敢災南禍北轍守丹治也西北毘連光羅舊爲五水蠻所居今民安耕作地猶荒僻必相度鄉鎮遠近何地當設寓鋪何地可置村團彼此策應首尾聯絡茲備豫之要圖乎爰仿宋敏求長安志程大昌雍録沙克什河防通議諸書於規制因革創始繼修纖悉必紀後之人庶有攷焉志建置第二

經政之大者莫如賦役則三壤以定兩稅前代相沿載在版籍恭閲

欽定大清會典順治初

頒賦役全書康熙五十二年

詔以五十年編册爲率自後滋生人丁永不加賦雍正二年以丁徭

均入田賦代輸其無田之戶悉免之乾隆二十七年並停編審戶部丁賦覈照乾隆十八年額數登載以周知天下生民之數自

聖祖迄

高宗朝普免天下錢漕十次蠲豁者不可以億計實曠古未有之殊典也地志中如韓氏朝邑志陸氏靈壽志皆以高簡稱而於戶口田賦獨詳誠知其重矣積儲者生人之大命常平社義諸倉舉而行之良法具在黄郡例食淮鹽粤寇之亂淮運梗阻遂借食川鹽賊平後力振淮綱至同治十一年武漢黄德四府始復專銷淮引認售有程販私有禁鹽價稱平民食是賴屯田以給軍運隸於衞所得附田賦之後郡屬瀕江州邑常苦水患廣濟黄梅尤甚又值咸同間兵燹之後瘡痍未復惟我

朝軫念民艱累下蠲賦之詔尤宜敬謹備録總上數事條而列之志賦役第三

學校爲風教所從出考歷代祠祭褒贈

至聖先師儀制秩然我

朝重道崇儒右文稽古典章大備凡位次樂品禮節皆詳載會典率土通行俾學者入廟思敬以時習禮其中古者州閭鄉黨各掌其政教興賢舉能士皆由學而升自漢元朔元年始置弟子員唐貞觀元年置增廣生員後代學額所由昉也黄州兵後復增廣學額皆有學册可稽書院爲推廣膠庠生儒

講肄之所自宋朱張講學嶽麓胡文定教授湖州有經義治事二齋天下謂湖學多適於世用今詳稽學校宮廟之制秩祀之典而經籍學田學額書院試院悉著於篇志學校第四

史記穰苴傳齊威王使大夫追論古司馬兵法是古有兵法之明證唐宋以後兵制數更兵與農遂分而周官小司徒教練調發之制寖以失矣我
朝兵制州郡有營兵有民兵綠營棊布法制相維並令民間結團訓練以資禦守自粵賊陷武昌黃正當其衝咸豐癸丑迄同治丙寅十四年中官軍民兵相持數百戰卒殲巨寇削平禍亂守土官吏與綠營將士卓著殊勳而各州縣團練尤爲出力惜州縣檔册率多散佚而用兵始末約略可稽其團各

爲砦碉堡鱗次深得堅壁清野之法賊野無所掠輒遁去鄉民賴團練堡砦捍衛而保全者無算文移公報則有驛遞唐書百官志凡三十里有驛金史泰和六年初置急遞鋪腰鈴傳遞則驛遞有自來矣至水師汛地與各營互相連絡所以重江防也志武備第五

漢宣帝以爲太守吏民之本常稱曰與我共治者惟良二千石乎是以漢廷良吏於是爲盛丞倅以下歲請郡課上其最勞勉之宋制凡改官必令親民一次非經宰縣不除監察御史當思其任矣朱子漳州教授廳壁記曰凡邦之士廩食縣官充弟子員者數百人惟教授是師必有以率厲化服之使鄉問學蹈繩槼然後爲稱百司是舉所爲首重循良歟黃爲楚邦重鎭特設副將都司管領綠營兵弁駐守其地以屏障江淮臨涖是邦者文武長吏率多殊尤卓絕之行其膚功石畫經政宜民者正宜臚列傳次俾爲守土者之槃鑑前規弗彰後美何繼表百官公卿始於班固東漢至隋有百官志而在位名次無聞此熊方萬斯同所爲作表以補其未備今銓其世次系其邑里爲文武秩官表凡治行可稱者爲傳以存其政蹟考謝啟昆廣西通志謂名宦與鄉賢皆一方俎豆之專稱當定自
朝廷非志乘所敢私許因仿其例其尚未奏請者統鄉賢於列傳而以名宦爲秩官傳著其實也地名官名悉依
本朝典制不至如劉子元所云地取舊號之譏至歷代藩封始

末封除事蹟皆資考据今冠於篇首封爵與職官同列用范成大吳郡志例也蘄州舊設下江防道裁撤已久今水師有新設之營長江有廓清之效漢黃德道舊駐郡治兵燹後移駐漢陽其嚮者歷任仕蹟曷敢遺忘具書於册以見因時定制焉志職官第六

取士以科目自漢始漢制孝廉茂才賢良方正之屬隋以後始有文學詞章創爲進士科明代增舉人一科然正史選舉不錄人名方志列選舉則樂史江南登科記張朝瑞南國賢書之例也宋馬端臨作選舉考立舉士舉官兩門以該之今列於表者曰進士曰舉人曰貢士舉士也曰薦辟曰仕進舉官也旁行斜上按籍具存事實則用別書不以傳體闌入年

表如遼金二史有虛占行幅之譏唐始置武科名將多出其中郭子儀身佩安危亦自武舉異等起家故事文選武選各隸專部則翹關負重皆羽林期門之選也至命封之典任子之令亦得並書志選舉第七

宋史分道學儒林爲兩傳人多議之夫宋儒之義理漢儒之訓詁二者相須同條共貫者也河南程珦官黃州二程夫子實生於此朱子所爲作二程祠記宋季又得龍仁夫講學問津書院流風所扇俗以移易州人遂知講求正學間有爲姚江之學者然皆躬行實踐充然有得如郭慶李汝胡明庶耿定向諸人其尤著者文學氣節則有若王廷陳顧景星杜濬當時名重海內其或羽翼經傳通訓詁以求聖賢之意從漢學入而以宋學爲歸匪曰讀三墳之典說五字之文已也其名在復社者高潔若王一翥孤憤若吳亮思純孝若曹大聲殺身成仁若易道暹馮雲路汪陛延至詹謹之劉侗袁素亮易爲鼎皆文學政事之儁劉子壯以下際

聖朝作新之化皆能振拔清時有所表見黃之人物可謂盛矣至於挺忠孝之節入獨行之傳者更焜煌史冊斌斌可考而棲隱之彥卿緯之發則尤不可泯沒皇甫高士之編劉向列女之傳所由作也遷寓諸賢龍仁夫實爲宋臣王志入之元代非也見江西吉安志及陳大章筆記如鮑明遠韓稺圭陳季常遺蹟具在江山被其文藻草木亦有嘉聲高山景行有自來矣志人物第八

班固志藝文本劉氏七略條其篇目隋書則直曰經籍志唐史四部以甲乙丙丁爲次分經史子集四庫鄭樵謂書之亡也由於例類之不明故特著校讐略一篇惟

欽定四庫全書總目分部辨類朗如列眉誠編纂之定法黃自粵寇之亂載籍存者蓋尠有其名而亡其書十蓋五六焉可不惜哉茲廣爲搜采依例著錄凡舊載詩文用范成大吳郡志例分注各條之下其無類可歸者則於集部後附存之至金石之書歐曾洪趙久著專家蘄州陳詩著湖北金石存佚考最爲詳核自宋朱長文續吳郡記元徐碩嘉禾志皆具碑碣一門則金石入地志之始茲擇其言尤雅者著於篇志藝文第九

曲臺五十九篇內有雜記全志振綱挈領而采摭軼事則以雜志該之五事徵於洪範五行志於漢書若鄭樵通志紀災祥不紀徵應志慎也靈壽志不載寺觀闢佛老禀然吾道干城然洛陽伽藍華山精舍亦志地理者之所不遺若名賢冢墓久或湮廢開館之初蒙檄州縣以時封樹揆以墟墓生哀樵蘇有禁之義可不詳爲志之至捃摭百家故老傳述野史稗說必足以昭勸戒資考證者乃不爲大雅所訶彙而存之爲雜志第十

是書肇修於光緒八年二月明年劉君悔復出守常德以之任去琛末學膚受年且篤老何敢膺此重任惟重以太守虛懷延攬生斯地者責無可辭遂與二三同志夙夜匪

抉不憚勤苦閱二載勒成一編昔常道將云善志者述而不作序事者實而不華然非文獻足徵其道無繇黃自遭寇亂後先正著述及故家藏書蕩然無存如

國朝賈鉝赤壁志張斗符郡志注遺之屬散軼過半明乙亥志自乾隆修志時已不可得見王志僅數月成書其閒疏略抵牾亦所時有茲事體大門目繁多事非一手又以經費支絀刻期蕆事舉一百三十餘年之掌故系於茲編而欲一無紕漏亦云難矣正裴駰所謂疏略抵牾者依違不悉辯也王志本公行志書之式猶爲謹嚴其或義例不當則隨違矯正或所失載事宜存錄者罔不畢取以補其闕琛不敏所爲奉管兢兢抱殘守缺時見微意詳復辯論將以總括前蹤冀有所裨補爾後之方聞綴學續輯是編者釐而正之斯厚幸已

黃州府志目錄

目錄終

序

王勍 鄠縣人

歲丁卯余奉
簡命來守黃州以夏五月受事
國家重熙累洽典章詳備薄海內外文治所漸咸耀於光明檢閱郡志自康熙乙丑歲經前守蘇公修輯六十餘年來舊獻典文頗多脫漏遺軼夫志乘爲一郡令典凡山川險易風俗湻澆制度之因革損益人文食貨之盛衰多寡莫不備載守土者相其緩急而輕重布之乃古卿大夫朝考庶政夕省典刑之義顧曠闕弗備其何以圖報稱且昔先大夫康熙辛卯講學江漢道後自吳返秦經過臨皋赤壁聞見其風土厚善士大夫之說禮敦詩尊賢而樂道也形之歌咏載在家編余心識之不能忘今獲親履其地守土治民監於成憲其永無愆書有明訓何敢置爲緩圖爰是於戊辰良月諏日開館延邑之太史誠合靖公及郡中文學之士與之商搉搜討補後來所缺遺兼訂前志之謬誤爲綱十爲目四十有八凡八閱月竣事夫今之黃非猶昔之黃也唐宋以前蘄黃分治而黃爲下州自明世以蘄州來屬幅員方長跨據揚粵上游作全楚門戶數百年來衣冠文物財賦之盛甲於諸郡從來地以人重人以文顯昔蘇文忠以遷客來此不治民事王元之兩制舊臣一麾出守故竹樓赤壁雪堂月波樓諸作寄託曠達之音以抒其牢騷抑鬱不平之概雖山川故蹟賴以不朽要未可云經國大業也若夫徵文考獻舉歷代良守明牧賢令

師儒之所建樹與一郡中名臣碩儒忠孝節義潛德之幽光咸表章於簡策俾將來有所感慕景行追匹休於前哲以副
國家久道化成之盛治而余亦得少慰其夙興夜寐無忝所生之素心則斯志之輯庶不爲無當之卮言也夫時乾隆十四年歲在屠維大荒落之蒲月

靖道謨黄岡人

序

太守關中王公於乾隆戊辰十月開志館招邑文學之士編輯郡志道謨以衰年昏耄備員其間越明年夏五志稿成太守公親爲釐定校覈嚴體例愼去取弁序於端而屬謨以一言繼其志謨考黄州之有志舊矣宋景德四年凡四方郡縣所上圖經詔翰林李宗諤等刊修校定爲一千五百六十餘

卷南渡後多散軼而止齋陳氏家尚存有蘄越黄三州刻本乾道閒郡守李訦於圖經四卷外又以近事爲附錄一卷訦參政李邴子朱子所爲作二程夫子祠記者也慶元己未郡守李昭問俾教授厲居正重修齊安志二十卷可謂詳且備矣去今不六百年求片紙隻字絕不可得卽明萬歷乙亥所修志僅於康熙乙丑志中存其一序歷代文獻無徵昔人云作史之難無如志殆尤莫難於黄州志矣夫時代遼邈傳聞何可盡信黄州周弦子國而混於江黄蘄水漢軑縣地而入於蘄春則地理之譌也周仁毛玠余闕本汝南陳留廬州之產而繫以黄岡麻城羅田之人則人物之謬也邾城有二而混爲一舉水倒水酈元有注而無其名黄歇樊噲封邑闕絕而載其墓則古蹟山川陵墓之舛也其他錯譌難更僕數大約記載所傳聞多不復考信於正史想當年景德乾道慶元之圖經志錄決不如是則兵燹之所焚棄風雨蟲蠹之所浥蝕文獻名邦幾同傖荒陋壤披覽遺文徒滋疑竇耳謨自早歲每遇遺老輒訪問鄉里故實後來奔走四方修志滇黔書籍所紀有關故國者手自劄記積久成帙今來館中同事張君緒茲出其大父斗符先生郡志注遺五卷糾正傳聞之謬與余劄記符合者十有六七喜先得我心因與同事諸君子共相商搉訂譌補缺以就正於太守公太守先大夫關中理學名儒研經味道屢徵不起海內所稱豐川先生者也昔年海甯陳賓齋先生開府湖北禮聘來楚講學江漢書院謨曾

與執經之列師友淵源校讎之役尤義無可辭夫沿流溯源參互考訂以搜討遺軼生長鄉土者之責也修舉文獻以昭明政治而激厲風化則太守公於此有深意焉後之覽者可以興矣

序

耿定向黄安人

萬歷乙亥春黄郡志成中發凡舉例咸裁自郡侯雲中潘君余友周大夫子徵甫開爲論著以抒侯意而考故獵軼蒐聞舉知則任諸學博暨諸弟子員云耿子定向曰夫志志志也求民瘼維民風莫重乎志矣蓋備往鏡來登良黜瑕俾良令循守案籍而發慮廣仁志士髦英撫卷而憬思興奮卽鮮仁涼德亦賴此籍存有所顧畏而不敢有所禁限而不得則志之效也綜其原本顧存乎作者之志矣惟志於民瘼也切則於經制擘畫也必詳惟志於民風也篤則其稱譏刪存也必不苟是故觀於其志而志可知也潘君纍世載德篤衷潔履天實植之其志壹矣志壹則思深撫今思昔舉近思遠由今所睹記而證諸攷覽無亦惻然有隱耶惟吾黄疆里

故也山川故也乃建置頻矣而閭閻漸圮更踐繁矣而物力益耗民瘼蓋孔棘而民風日以婾矣卽一郡而天下可推也君兹志也其念深乎深乎雖然民瘼之棘由民風也民風之囘變人心實爲之耳以余觀於黄之人心殆猶未替往初者何以明其然自黄列郡以來下上數千載閒膴仕顯人何可指數乃今籍籍稱引爲吾黄重者必首兩程夫子次蘇長公云彼兩程秩位俱不甚通顯蘇公滯黄數稔落莫甚甚乃今慈孫孝子欲顯其親者咸願繫籍尾附以爲侈稱是懿德之好今猶古也而山澤之故老輿人閒與披籍而指之某也當某也無當若辨黑白數一二然直道之行視三代何殊焉於戲觀於黄而天下之人心可知矣豈不幸哉第人人胥充此心弗浮慕其名必踐其實弗徒論其世務省諸躬民風其丕振民瘼其有瘳乎是則潘君輯志之大凡也余不佞辱交於潘君也素矣知潘君爲最深爰明其志於首簡以諗諸同志云

序

周思久麻城人

余孱居湏游束書不覽卽朋儕竿牘亦漫不省答尙安所議於編摩之事乎潘君侯伯明爲邦之三年政號廉平民以甯壹暇日閔郡舊志頗殘缺爰集諸博士弟子員披討舊章編輯成帙以余友耿在倫言寓書山中俾余更訂之余以不敏辭侯不可余乃發篋取志稿讀之顧爲諸弟子時時請業每開卷輒廢徒以其餘力稍稍刪潤又摭拾其軼事多從耳剽弗詳踰時書始成勒爲七卷初一曰地理次二曰建置次三曰田賦次四曰官師次五曰選舉次六曰人物次七曰雜志一郡文獻大都具是矣然是數者綜之得

人其要乎有人則諸措注可從而理不則方策雖存文具爾猶之富氏大賈其子不克家卽有家籍將焉用之則夫司牧君子急作人之爲務可焉

後序

王廷瞻黄岡人

此余黄郡志也余讀之歎曰傳矣夫黄在楚稱巨郡而文獻尤甲諸郡乃諸郡各有志獨黄志頗蕪宏治閒嘗一搦管距今七十餘稔闕久弗載僉病之隆慶壬申潘侯以侍御遷黄守比至黄數月所稍稍頓飭政局惟新輒取郡舊志檢閱乃矍然曰此何足以志黄哉因集一時掌故輩相與編輯之而侯總其事事竣仍付麻城周君子徵再訂之業已鋟梓往歲余在告還里中侯以志事告余今欲余序余拘闕特甚何能文余不佞乃言諸末曰夫志一方之

史也公善惡厚風俗固封守制財用備因革此數者史之大者也理道繫焉昔人云必資三長余則曰本於一德苟以天地生物之心爲心則天下事皆吾分內事矧一方之事哉第今之史徒以麗藻相騁角而敦行覈實無聞焉且猶奔逐炎燠涼薄節義意所欲賢則曲益好詞不則繆加秕行斯皆輕弄筆端恣情高下何足以示昭鑒垂不朽而資風采者也是編也例凡七而其目若干條要在本諸實行發爲文詞毋法鑿毋勢敓毋名浮簡者詳之遺者補之亥豕者證之惟公惟明無所不當而地理風俗人物之事粲然明備余故曰傳矣夫志者言乎心所之也侯之心壹意爲民法厲民者亟拔去之而虛聲諂頌靡匪厭棄凡所施注皆以移易民心而還之古庶幾懍懍德義君子之風光昭斯志有餘烈者矣豈徒爲文具已哉雖然昔昌黎在潮文翁在蜀二公當治郡之餘著集以侈其境郡人濡而化之至今與中州埒蜀與廣濱等者也倘爾不變黃既爲楚巨郡聲名文物又與海內大區相比數其中豪儁興起於侯之治化反詘鄙爲龐裕當不適朝夕斯志也功信偉矣余不文奚能序其萬一哉

王志纂修職名

總裁

黃州府知府關中王　勍

監修

黃岡縣知縣邵豐鍭

蘄州知州蔣尚德

蘄水縣知縣葉爲舟

羅田縣知縣馮孫龍

麻城縣知縣夏封泰

黃安縣知縣李晉岳

廣濟縣知縣虞學灝

黃梅縣知縣任　重

總修

前翰林院庶吉士靖道謨

分修

黃州府學教授王宇大

黃州府學訓導吳緒榮

黃岡縣學教諭徐成潤

黃岡縣學訓導劉崇文

黃州府學生員陳于座

黃岡縣學廩生張念祖

蘄水縣監生南昌齡

黃安縣學廩生張炳翰
廣濟縣學生員胡本榮
分校
黃州府學生員靖必會
黃岡縣學生員靖必簡
黃岡縣學生員杜秉時
黃岡縣學生員陳　發
蘄水縣學生員徐立徯
黃梅縣學生員於時舉
蘄水縣學生員李聞韶
監刊

黃岡縣學訓導劉崇文

王志凡例

考前明乙亥志爲綱七曰地理曰建置曰田賦曰職官曰選舉曰人物曰雜志

國朝乙丑志增其二曰天文曰藝文易雜志爲稗函共爲綱九爲目三十六今擬立十綱首地理次建置次賦役次學校次職官次選舉次人物次藝文次雜志次外志增損之故詳見於後

古者左圖右史省府縣志之有圖謂幅員廣狹山川遠近封疆之犬牙相入者可一覽知也舊志之圖取其方又止於城郭而四境略焉昔馬文淵聚米爲山川而隴蜀之形勢如在目前圖顧可忽歟今將各州縣四至之贏縮相錯者詳列圖中不必繪畫之工惟求形勢之肖

志首沿革自秦漢以來郡縣隨時異屬亦隨代異名即如齊安郡蕭齊高齊蕭梁皆有而地各異即邾城亦有新故之殊記載分明始不啟後人疑竇蓋黃州界江淮之閒自吳魏至陳隋朝更暮改參考歷代史書庶幾有條不紊舊志簡略今加詳核

經星一度分野幾三千里黃州幅員未及其半繁稱遠引傅會居多明代乙亥志以地理居首不列天文甚爲卓識今從之

春秋傳曰國主山川疆域有時改移山川萬古不易此禹貢分州之遺法也然紀山止云在縣何方去縣幾里其淺焉者

也凡山或有所由名或有事可紀亦須點綴一二方足爲林麓生色卽紀方紀里亦須有序方則由東南以及西北里則由近以及遠庶覽者心目瞭然

紀水又與紀山不同山以方向爲主水以源流爲主蓋水曲折透迤東西不一雖北方諸水皆謂之河而潭涇溪港隨地異名黃屬之水皆以江爲歸而入江之水有經流支流之別紀水者先經流源出某處流向何方爲某名又流向何方某水入焉至某處入於江其支水來會者俟敘完經流之後亦從源及委如敘經流之法方爲脈絡分明卽以黃岡言之巴水界其東倒水界其西舉水貫其中皆經流也上巴河卽巴水所經其入江處爲巴河口亦曰巴口舊志隨俗稱謂於出

口處以巴河目之而又另列上巴河之名殊若別是一河至於舊洲長河石頭潭皆舉水所經紫潭河石板潭皆倒水所經而舊志先後錯出且並無舉水倒水之名今俱爲考正他州縣亦如之

易曰王公設險以守其國形勢之謂也蓋形勢所在必周覽川原之概參考古昔成敗得失之由使將來案圖據籍酌其緩急輕重之宜布置措施以成保障之計郡國之志莫重於此至於疆域之廣袤遠近一走卒能言之耳今以形勢次古蹟之後列疆域之前

凡志載物產有通產專產之分舊志載專產而通產遺焉今補入

國之大事在祀與戎王者建威消萌雖外戶不閉之世武備不可一日而弛黃州一協蘄州一營居全楚之委近又以道士洑一營隸焉益壯東南之形勢故營汛另標一目以重干城之寄其道士洑營不復紀非黃郡地故也

修關梁塞蹊徑著於月令舟楫以濟不通易象昭垂黃界江淮之間五關崔鬼南北要害長江天險河流澌紛關津之設尤爲急務故另爲一目

山川乃天地自然之位置橋梁隄壩則後人創設之規模故以山川歸地理志以橋壩歸建置志

楚爲澤國黃受委輸水多山少扞衞田畝全賴隄防近例又令州縣佐貳官皆兼水利之銜誠重其事也修築雖有在官

在民之異然特標一目使守土者觸目警心則先事爲桑土之綢繆臨時有固護之善策自可如長虹蜿蜒克鞏無虞矣

黃州蘄州二衞皆有屯田屯糧蘆課人雖有軍民之分物土之宜以供賦稅其義一也舊志附於職官今改附田賦之後

王者藏富於民積貯者天下之大命恭逢

聖代軫念民瘼凡常平社倉犂然俱舉每逢歉歲蠲賦賑粟惠政兼行卽當豐稔之年累下蠲免之詔厚澤深仁淪肌浹髓增積貯蠲賑二門以昭

國朝之良法美意焉

學校舊志與公署城池同居建置之目恭惟

聖祖仁皇帝特頒萬世師表匾額

世宗憲皇帝加封孔子五代王爵
皇上頒朱子宗安訓士文於太學文治光昭超軼前代謹另立一綱凡
御頒書籍書院義學田諸項悉附焉

舊志不載蘄州藩封爲其國除之故然屯衛之指揮鎮撫其官亦革晉之豫州刺史元之蘄州總管俱非今制皆未嘗不載其人而獨汰乎藩封亦覺輕重失據矣且黃郡封爵自周漢以來歷歷可指不獨有明一代今據歷代史書及年表補入以存古昔封建之遺意

歷代史書宰相宗室皆有表唐書有藩鎮表明史有七卿表成一府之志則府屬各官俱宜列表既便觀覽亦省方幅今

列知府同知通判爲一表府教授訓導經歷照磨爲一表各州縣知州知縣學正教諭訓導縣丞典史爲一表通府武職副總兵營守備衛守備千總合爲一表其巡檢驛丞河泊之類則有州縣志載之故郡志從略

名宦所紀皆有功德於斯民者最宜詳審省志中間有名字之譌如宋黃州通判孟震字亨之非孟震亨也蘄州知州余童非余童明也官職之譌如王世德乃知府非推官也時代之譌如范可奇乃明代知府非本朝也此外譌者尚多大抵省志郡縣繁夥查核殊難郡志州邑無多考校稍易然彼此互有異同不爲辨明恐滋後人疑竇至於選舉志中亦有譌誤俱一一改正

士君子立身不外文行處世則顯晦異焉文有二經生之文主於明理才士之文主於達情秋實春華不容偏廢此前史儒林文苑並列不以顯晦異也備位於朝遭時得主功業炳著列於宦蹟適弗逢世致命遂志謂之忠烈無位於朝而孝友著於家庭篤行稱於鄉里或義烈所激慷慨捐生謂之孝義此以顯晦分者也値清平之世甘不字之貞如漢嚴光唐司馬承禎宋陳摶魏野之屬雖不合中道然恬退之高致載籍所不遺也謂之隱逸百家衆技君子猶有取焉方伎是已至於流寓以誌卽次之譽列女以紀含章之貞共爲九目較舊志加詳要各名稱其實也

舊志採取人物頗爲矜愼亦有止據州縣志而與正史不合

者如毛玠王韶余闕王鞏諸人勳業非不焜燿然考之正史玠陳留安邱人韶江州德安人闕與鞏一爲廬州人一爲定遠人卽後人有居黃者然因其子孫遂移易祖父之籍未免傅會不敢概存

舊志人物名字不無舛複如黃岡吳艮吉既列理學復列隱逸廣濟吳自守既傳其名復傳其字以黃安之耿定力爲八先生是弟冒兄號也以廣濟之徐倫爲字孝穆是子襲父字也此類尚多或亦當時謄寫之譌未及釐正歟今悉爲改正

舊志所遺人物從諸史紀錄及各省名宦志補入者計百有餘人惟一統志載蕭一中黃岡人官布政四川志載成敏貫黃岡舉人知新甯縣程巖蘄州人官副使廣東志載鄭抱眞

黃岡官生知廉州府查州縣志俱不載其名無可證據凡此類不敢攔入志慎也

紀載必據乎文獻傳聞不能無異同閒有省志所記爲州縣志所無者如黃岡王景從狩土木曹大震罵賊不屈之類亦有省志與州縣志互異者如黃岡程之奇一稱死節一稱善終廣濟胡士定一以爲文學一以爲殉難之類其有確據者正之無確據者並存之

藝文一門古文詩賦體裁不一復各分州縣載之頭緒太多今止分別各體合八屬並載以省檢閱之煩仍以年代爲次

諸志以祥異附於天文案字說本有今異曰禎本無今有曰祥日月薄蝕星紀伏留普天共覩一郡之志可不必載至於草木禽獸昆蟲之怪固不盡繫於天象也今移入雜志

祥異氣之變兵事時之變君子道其常故以雜志收之緇流黃冠浮圖老子之宮唐虞三代之世無有也故以外志目之

各目中有不能以例附而闕勸戒備考核者收摭闡中以備外志之目石言於晉神降於莘史傳不廢小說九百本自虞初從容之求亦可興可觀也

黃州府志卷首

聖諭

世祖章皇帝敕大學士傅以漸日講官曹本榮曹本榮黃岡人儒林有傳

朕覽易經一書義精而用溥範圍天地萬物之理自魏王弼唐孔穎達有注與正義宋程頤有傳朱熹本義出學者宗之明永樂閒命儒臣合元以前諸儒之說彙爲大全皆於易理多所發明但其中同異互存不無繁而可刪華而寡要且迄今幾三百年儒生學士發揮經義者亦不乏人當並加採擇折衷諸論簡切洞達輯成一編昭示來茲爾等殫心研究融會貫通析理精深敷詞顯易務約而能該詳而不複使羲經奧旨炳若日星以稱朕闡明四聖作述至意欽哉故敕

康熙三十年奉

上諭朕撫馭區宇三十年以來早夜圖維惟以愛育蒼生俾咸臻安阜爲念比歲各省額徵錢糧業已次第蠲豁其歲運漕米向來未經議免朕時切軫懷所有京通各倉米穀撙節支給數載於茲今觀歷年儲積之粟恰足供用應將起運漕糧逐省蠲免以紓民力除河南省明歲漕糧已頒諭免徵外湖廣江西浙江江蘇安徽山東應輸漕米著自康熙三十一年始以次各蠲免一年至江寧京口杭州荊州大兵駐防地方亦應預行積貯倉廒令該地方官敬慎守視以備需用欽此

雍正五年七月奉

上諭戶部湖北地方今年四五月閒雨水稍多江流泛漲沿江之地

罹於水患如武昌府屬之咸寧蒲圻嘉魚三縣武昌武左二衛漢陽府屬之漢陽漢川二縣荆州府屬之江陵縣荆州衛黄州府屬之黄陂黄梅二縣俱係濱江之地田畝被淹米價漸昂朕心深爲軫念著該地方官加意撫卹朕又思此縣衞數處既經被水若仍令其輸納錢糧民閒未免竭蹶著將今歲錢糧全行蠲免儻有已經完納者准作雍正六年應完之項朕格外施恩該地方大小官吏務須實力奉行使小民均沾恩澤儻有絲毫侵隱假借之處一經查出定行從重治罪欽此

乾隆十七年五月奉

上諭據湖廣總督永常巡撫恒文奏黄州府屬之羅田縣與江南英霍二邑山谷毗連有姦民馬朝柱等藉名開山燒炭住居深嶺假

捏神符句連匪黨製械積糧陰圖不軌該督等密飭文武員弁前往查拏並咨行江省於所屬山境派撥弁兵協同搜捕永常尹繼善俱親往該處督率辦理先後拏獲姦匪家屬及黨羽人等起出軍械硝磺等物永常勇往辦理甚合機宜得封疆大臣之體尹繼善同心協力深屬可嘉方今國家全盛之時海隅日出咸樂享昇平此等匪民潛謀叛逆貽禍良善身任地方之責者一有所聞即應迅速查辦務絕根株庶不致蔓延滋事儻稍有畏難姑息之見俾得煽誘鄉愚恣行屯聚即不難用以兵力盡舉而殲旃而閭閻之受其擾累者已不可言矣羅田縣知縣馮孫龍初奉該督撫檄飭查勘意在粉飾了事輒以開山獲利均屬勞苦農民並無可疑形迹等情草率稟覆夫馬朝柱等自乾隆十五年潛住該境結黨聚眾伊既漫無覺察及上司訪聞檄飭竟不親身赴砦確查轉以誑稟掩飾至已經敗露之際又不親往搜捕以致首逆遠颺縱惡養奸莫此爲甚朝廷賞罰必在嚴明此等劣員若不立置重辟將來守土之吏亦何以責其捍災禦患而爲百姓除害乎且設使更有大於此案者其貽禍尚可問乎馮孫龍著拏解該處即行正法並宣諭守令各官使果能身任其事勇往勦除未必即至爲賊戕害縱或身膺賊鋒奉職而死國家酬庸之典必且加之優卹延及子孫而畏葸避事之徒思欲保全軀命終爲法所不容凡有地方之責者均當以此爲戒總督永常著交部以軍功議敘總督尹繼善著交部議敘兩省在事文武員弁交各該督查明分別等次報部議敘其從前失察各員均著查明議處馬朝柱等著該地方嚴緝務獲已獲逆黨人犯除應俟逆首質訊定擬者仍牢固監禁外

餘即研訊確實分別情罪重輕按例定擬應正法者即行正法應發落者即予發落完結至該二省毗連山嶺險僻路徑錯雜處所應如何設法查禁防範即著永常尹繼善會商速行定議奏聞事已就緒永常尹繼善亦不必久駐邊縣著各回省欽此

乾隆十七年五月奉

上諭軍機大臣等湖廣羅田縣奸民馬朝柱於江南英霍二山連界之天堂寨聚眾爲匪一案已據湖廣總督永常親往搜捕黨羽就擒居民寧謐惟首犯馬朝柱尚在逃脱江楚兩省督撫俱經密咨鄰壤通行緝捕向來要犯一入通緝地方官率以虛文了事並不實力查拏懸案任其久稽惟於歲終出具境內並無該犯蹤迹印

結而已此案非尋常可比馬朝柱乃係爲首倡逆聚衆謀叛要犯幸而及早敗露未致騷動地方假使稍遲雖萬無能爲而煽惑益衆無知愚民受其陷害附近村衆罹其荼毒將不可言矣該犯旣經兔脫不在本境卽在鄰村或奔竄或潛藏非此卽彼果能實力搜查逃將焉往惟視之膜外則終無獲理耳馬朝柱必不可令其漏網著傳諭各省督撫能將該犯弋獲則爲有功若獲自他省凡經過地方未經盤詰得實者必查明治罪毋謂朕之不戒也欽此

乾隆二十二年七月奉

上諭軍機大臣等據碩色等奏黃州府屬廣濟縣蠹書周錫樋等十二人輪充糧庫總書自乾隆十四年至今歲歲加派私徵分肥現在提究屬實並將庇縱揑飾之守令李琺馬汝明題參等語加派

私徵例干嚴禁當此政務肅清之時何以該省尙有此種錮敝歷久未破且廣濟一縣旣有不法蠹書朋比爲奸則他邑難保其必無此所關於吏治民風者甚大總督碩色年已漸老精神恐不能周到巡撫莊有恭到任尙需時日著傳諭布政使富勒渾速赴湖北新任護理撫篆會同碩色卽將此案情弊詳細追究從重辦理其餘各邑亦應澈底通查毋得草率從事欽此

乾隆二十三年三月奉

上諭軍機大臣等碩色等奏據蘄州知州汪元懋稟報有流匃百餘人由江省竄入大同鄉地方搶奪雞物格傷居民張必萬等隨經飭委員弁陸續拏獲何連等男婦九十四名口並搜出刀斧等物件現在究訊解江等語江楚接壤之地易爲匪類潛蹤幷有實非

饑民託名匃食竄入滋擾者地方官因其流匃不行實力查禁以致竊奪拒捕傷人肆無忌憚不可不嚴懲創昨據尹繼善等參奏宿松縣流匃執械搶奪傷人一案請將縱匿之典史等革職已允所請飭部矣此等不法之徒大干法紀應卽於緝獲審明之地就案完結不必押解歸案辦理費兵役而稽時日中途轉致疎脫滋事著該督等卽速查審明確量其情罪重大者於本處按律定擬請旨完結脅從各犯解京分別發遣以儆刁頑其各該犯逞兇滋擾地方該管官不能約束緝拏者並著查明交部議處江省現在查審此案遵照一體辦理著幷傳諭尹繼善高晉知之欽此

乾隆二十九年七月奉

上諭內閣常鈞奏黃梅廣濟武昌黃岡蘄水蘄州等處因江水漲溢

民田廬舍不無漫浸其黃梅廣濟二縣情形較重等語該處一帶因大雨時行江水暴長居民田廬猝被水淹朕心深爲軫念著該督撫速行勘明被災各屬災重之處所有乏食民人勢難緩待者卽隨查隨賑撫卹一月口糧其被災稍輕者酌量借給口糧籽種俾得趕種秋禾以資接濟俟勘明被災分數再行分別辦理該督等其實心督率經理賑卹毋任吏胥從中侵漁滋弊俾貧民均霑實惠欽此

乾隆三十年正月奉

上諭內閣上年湖北黃梅等各州縣偶被水災已經疊降諭旨加恩賑恤撫綏嗣據該督撫等奏報被水之區補種收成均有六七八分不等民情已爲寧帖第念藉賑貧民向資官廩入春東作方興

正當青黄不接若驟行按例停止未免餬口維艱深爲軫念著再
加恩將被災較重之公安監利黄梅三縣及毗連之廣濟一縣無
論極次貧民俱展賑一箇月並酌借籽種以資耕作其沔陽漢川
漢陽三州縣及勘不成災之江夏武昌咸寧嘉魚蒲圻興國大冶
黄陂黄岡蘄水黄安蘄州石首等十三州縣收成究屬稍歉亦著
該地方官酌借常社等倉穀石接濟口糧籽種俾得盡力南畝以
待麥秋該督撫等董率屬員實心辦理務使小民均沾渥澤副朕
加惠元元至意欽此

乾隆三十二年閏七月奉

上諭內閣據定長奏湖北黄梅廣濟等州縣六月間雨水過多江湖
陡漲隄垸受衝田廬間有淹浸現在親往查勘等語該處州縣濱

臨江湖每遇夏秋盛漲易致浸溢此次黄梅廣濟等處被災稍重
朕心深爲軫念所有黄梅廣濟二縣著該督即速照例撫恤仍著
詳勘被災情形妥協經理毋使稍有失所其黄岡漢陽漢川沔陽
武昌江夏嘉魚等各州縣衛並著迅速查明成災分數分別賑卹
該督其董率所屬加意籌辦實力撫綏務俾小民均霑實惠毋致
胥吏從中滋弊以副朕軫恤災黎至意欽此

乾隆三十二年八月奉

上諭軍機大臣等據定長奏湖北黄梅縣董家口以下即係江南地
方舊有隄塍一道自順治年間修後並未重修若能修復舊隄一
百里不特黄梅廣濟可資捍禦即江西德化江南宿松等縣胥受
其益等語黄梅等縣居全楚下游內湖外江易致淹浸據圖內所
繪情形而論如涼亭商家各口未嘗非節年修築之隄工一經江
湖異漲即不免衝潰今欲於商家口以東復築隄百里則是加之
堵束與江爭地當水發之時上流不更激而漲溢乎且此處隄工
自順治年間旋建旋廢經久未加修葺可見江水勢大原非一綫
隄所能抵禦此時即勘估修復亦未必能一勞永逸則又不如順
其自然之爲得也定長於江防諸務未經諳習茲但據道員盧謙
所稟欲議興修恐於江湖形勢未必實有裨益此地與安徽江西
毗連定長原有與三省會辦之語高晉總理河務有年籌辦水利
素爲熟悉著交與高晉前往相度情形將應否辦理之處會同定
長熟商妥議具奏欽此

乾隆三十二年十月奉

上諭據高晉定長等奏會勘湖北黄梅等縣董家口以上界連江西
德化境內一帶江隄潰決之處應行修築估需銀一萬七千九百
餘兩請借動公項照例交民自修分年徵收還款一摺該處地濱
江湖所有隄工自應及時補修以資保障但念黄梅等縣頻年偏
被水災閭閻不無竭蹶況借項鳩工按年攤扣民力終多拮据而
一切派委董事仍令紳衿承辦勢必仍蹈黎明五等故轍於事更
無裨益所有此次隄工著加恩即動用公項交地方官實力妥辦
毋庸借帑扣還俾貧民得以赴工餬口是於捍衛田廬之中推廣
以工代賑之法實屬一舉兩得該部即行遵諭行欽此

乾隆三十三年正月奉

上諭內閣上年湖北省黄梅等十三州縣並屯坐各州縣之武昌等

七衛夏秋間被水災業經該督等照例分別撫恤加賑惟念停賑之後即值青黃不接之時貧民口食不無拮据著加恩將被災較重之黃梅廣濟黃岡漢陽漢川五縣及屯坐各縣之武昌三衛地方無論極貧次貧軍民概行加賑一箇月其黃梅等州縣上年應徵錢糧雖已分別蠲緩所有乾隆二十九年被水以後未完帶徵錢糧及頒借籽種口糧若仍按限徵追尚恐積歉之區輸將無力並著加恩統緩至本年秋收豐稔後再行帶徵該督撫等其督率所屬實力奉行務使災黎均霑實惠欽此

乾隆三十三年九月奉

上諭內閣定長等奏黃梅隄工完竣所有餘賸應還司庫銀一千一百餘兩請留為歲修之用並請將動用銀兩每歲照數於通邑按

畝隨糧徵收歸款一摺殊屬非是此項隄岸本應民修之工朕以災歉之後格外加恩發帑興築為該處居民圖計安全永資保障今全工甫竣例有保固年限何致遽籌及繕完若限內即需重修則此番縻帑鉅萬竟屬有名無實承修各官所辦何事當於伊等是問至限外有偶需補葺之年亦有不必修葺之歲今請將動用銀兩仍於通邑每歲按畝徵還歸款則是以朕施恩之事轉藉端賠地加徵累民徒供不肖有司開銷肥橐乖政體而滋吏弊更屬錯謬定長程燾均著交部議處欽此

乾隆三十四年六月奉

上諭內閣據揆義奏湖北自五月以後雨水過多江水陡長江夏武昌等州縣地畝房屋多被淹浸現在率令道府等查勘等語湖北濱臨大江之區每遇夏秋盛漲易致泛溢此次江夏武昌興國漢陽漢川沔陽黃岡等州縣田廬被淹雖成災分數不同朕心深為軫念著該督撫等即速詳勘被災情形照例撫恤妥協辦理毋致窮黎稍有失所其勘不成災之處即可補種晚禾民力未免拮据並著酌量借給籽種實力撫綏俾小民均霑實惠毋令胥役從中滋弊以副朕軫恤閭閻至意欽此

乾隆三十五年正月奉

上諭內閣去年湖北漢陽黃州府屬因夏雨稍多江水漫溢沿江各縣被有偏災業經加恩分別賑恤並諭借給籽種趕種晚禾俾裕口食現在東作方興麥收未屆閭閻生計猶恐不免拮据所有黃梅廣濟漢陽漢川四縣及坐落四縣之武昌武左黃州蘄州四衛

並蘄州衛坐落宿松德化等處之屯田皆屬被災較重之區著再加恩將成災九分之極貧與七分八分之極貧次貧均加賑一月其中有需再借穀種者仍令酌量借給倉穀以濟春耕該處連年被潦前借籽種尚有未完舊欠並著緩至秋成之後再行徵收俾民食得益寬裕該督撫等務嚴飭所屬妥協經理實力稽查毋使官吏中飽俾歉地黎民均霑闓澤欽此

乾隆四十三年十一月奉

上諭內閣本年湖北漢陽等各府屬先後被旱災又因漢江盛漲被淹災分較重節經降旨諭令該督撫等加意撫恤第念災後貧民蓋藏鮮少其補種之秋蕎雜糧收成亦屬有限若銀米兼徵民力不無拮据著加恩將成災有漕糧之江夏武昌嘉魚漢陽黃陂孝

感黃岡潛江天門荊門安陸雲夢應城應山江陵公安石首監利松滋咸寍蒲圻大冶等二十二州縣本年應完漕糧正耗米石水腳及隨漕銀兩均緩作兩年帶徵至有徵漕之崇陽通城興國沔陽蘄水羅田蘄州廣濟黃梅隨州等十州縣雖未成災但悉與災地環近在本處既歉收食貴而鄰境成災應徵之民皆仰資購食又通山當陽二縣雖係折徵銀兩但需撥江夏等縣耗米均宜藏富於民以資接濟並著加恩將該十二州縣應納漕糧正耗米石及折漕銀兩水腳隨漕等銀同成災無漕而有應徵隨漕淺船銀之黃安等縣管屯田分坐災地應徵軍三安家閒丁等項分解湖北湖南之武昌荊州等各衞所銀兩一體暫寬催納亦緩至下年帶徵該督撫等務宜董率各屬實力妥辦毋使吏胥從中滋弊以

副朕軫念災黎至意該部卽遵諭行欽此

乾隆四十四年正月奉

上諭內閣上年湖北漢陽安陸荊州各府屬夏禾被旱入秋江漢盛漲又被淹浸災分較重業經降旨該督撫照例給賑以示優恤第念今春正賑畢尚屬青黃不接之時民食未免拮据著再加恩將江夏漢陽漢川黃陂孝感鍾祥京山潛江天門荊門雲夢應城江陵公安石首監利棗陽宜城十八州縣及屯田坐落各州縣之武昌武左沔陽黃州德安荊州荊左荊右襄陽九衞成災七八九十分極次貧軍民俱各加賑一箇月以資東作其毋庸展賑各州縣衞亦著察看情形分別酌借口糧籽種俾得盡力南畝以待夏秋該督撫等董率屬員實心經理務使窮簷均沾渥澤該部遵諭速行欽此

乾隆四十四年十一月奉

上諭內閣據鄭大進奏麻城縣生員李對年八十三歲天門縣生員李作朋年八十一歲本年文闈應試精力尚健三場完卷榜發均未中式等語李對李作朋俱著加恩賞給舉人准其一體會試用昭嘉惠耆年至意欽此

乾隆四十七年正月奉

上諭內閣湖北潛江等縣衞因襄水泛漲沿河田垸被水浸潰屢經降旨令該督撫等切實查勘照例賑恤毋使失所第念今春正賑已畢尚屆青黃不接之時民食不無拮据著再加恩將被災八分以上之潛江江陵監利荊門等州縣及屯坐該州縣之荊州左二

衞極次貧軍民加賑一箇月以資接濟其續被秋水之鍾祥京山二縣被旱之雲夢應城二縣及屯田坐落之各衞所軍田並未成災五分之江夏武昌漢陽黃陂孝感等縣及勘不成災之天門沔陽安陸應山廣濟黃岡石首等州縣並京山縣之東西北三鄉民屯田地該督撫等酌看情形再請分別賞借籽種俾窮黎得沾實惠盡力春耕該督撫其董率所屬實力妥辦以副朕軫念災黎之至意該部遵諭速行欽此

乾隆四十九年正月奉

上諭內閣上年湖北黃梅廣濟黃岡江夏四縣因六月間江水盛漲濱江地畝均被淹浸致成偏災業經降旨令該督撫實力撫卹俾無失所第念今春正賑已畢距麥收尚遠正屆青黃不接之時

食未免拮据著再加恩將黃梅廣濟成災八九分之極次貧軍民展賑一箇月俾資餬口其餘被災較輕地方有應於今春酌借口糧籽種以資接濟之處並著該督撫察看情形分別辦理該督撫其董率各屬實力妥辦俾窮簷均沾渥澤以副朕軫恤災黎用普春祺至意該部卽遵諭速行欽此

乾隆五十年九月奉

上諭內閣據吳垣奏本年湖北江夏武昌等州縣民田軍屯夏秋被旱成災內應行輸漕州縣共計有三十餘處自開徵月餘完納無幾體察情形民力甚爲拮据懇請照四十三年緩徵成案分別辦理等語著照所請將成災較重有漕之江夏武昌咸寧嘉魚蒲圻漢陽沔陽黃陂孝感荊門廣濟黃梅應城隨州江陵公安監利十

七州縣本年應完漕糧正耗米石銀款等項緩作三年帶徵成災較輕有漕之興國大冶崇陽潛江天門黃岡蘄水蘄州羅田安陸雲夢應山石首松滋十四州縣本年應完漕糧正耗米石銀款等項緩作兩年帶徵至被災稍輕之通城及毗連災區之通山當陽又成災之黃安等州縣所有本年應徵漕糧並折漕隨漕銀款俱著一體緩作兩年徵解其該處屯田分坐災地應徵等項亦著一併寬至下年帶徵俾軍民均得從容輸納口食益資充裕以副朕軫念災黎毋使一夫失所之至意欽此

乾隆五十一年正月奉

上諭內閣上年湖北江夏等州縣並武昌等衞因旱暵成災夏收無望節經降旨糶賑兼施俾災黎口食有資不致一夫失所第念現屆東作方興青黃不接民食恐不無拮据所有成災七八九十分之江夏武昌咸寧蒲圻嘉魚漢陽沔陽黃陂孝感漢川廣濟黃安麻城黃梅鍾祥荊門應城隨州江陵公安監利襄陽棗陽穀城光化宜城等二十六州縣並坐落各該州縣衞所屯田之極次災貧軍民著加恩於正賑散畢後再行展賑一箇月其成災五六七八分之興國大冶黃岡蘄水蘄州羅田潛江京山天門當陽安陸雲夢應山石首通山松滋枝江宜都均州鄖縣滎陽二十一州縣並有不成災之通城南漳東湖三縣以及坐落各該州縣衞所軍民俱著加恩分別賞借口糧籽種以資耕作該督撫其董率所屬實力體察奉行務使閭閻均沾實惠以副朕軫念民艱恩加無已之至意該部卽遵諭行欽此

乾隆五十一年三月軍機大臣等會同行在刑部議奏湖廣總督特成額奏湖北黃岡縣賊犯陳其方等行竊拒捕傷斃緝役陳其方擬斬立決同拒捕而未傷人之郭彥春照爲從例擬杖流陳其方應如該署撫所擬處決郭彥春情節較重請改發伊犁給厄魯特爲奴得

旨此案竊賊陳其方拒捕殺人脫逃被獲自應如所擬卽行處斬其幫同拒捕並未傷人之郭彥春該署撫因係爲從之犯照例於斬罪上減一等問擬杖流經軍機大臣會同行在法司覈其情節較重將該犯改發伊犁給厄魯特爲奴所擬甚是向例凡於拒捕爲從者俱於爲首斬罪上減一等問擬杖流但爲從之犯雖同一拒捕而事主之與官差究有區別如犯罪事發業經官司差人拘捕

該犯仍敢藐法抗拒較之事主追逐臨時抵拒者情罪自爲較重
若槪以爲從並未傷人一例減流不足以儆兇頑而昭法紀嗣後
抗拒官差爲從者卽照此案定擬餘仍照舊例辦理著爲令欽此

乾隆五十一年十月奉

上諭內閣前據李侍堯奏孝感縣革生梅調元等因饑民搶掠糧食
糾衆逞兇活埋多命地方官諱匿不辦一案因思湖北因災發帑
至五百餘萬爲賑濟饑民之用卽有所不足再請亦所勿靳也必
係該省辦理災賑事務有不肖官吏從中侵冒情弊使恩不下逮
故降旨令該督等嚴查具奏茲據李侍堯等查奏黃安縣上年放
賑該縣經承王炳王言綸句串知縣陳玉之子虛開戶口侵冒賑
項又興國州參革知州溫有光於上年承辦撫恤加賑領銀易錢

查對所放數目竟有易多散少侵漁入己情弊請將知縣陳玉革
職同參革知州溫有光提同應訊人等一併嚴審按律定擬等語
已發者如是未發者更不知幾何也上年湖北因旱成災朕軫念
災黎蠲賑兼施動用帑金至五百萬餘兩令特成額等督率所屬
加意撫恤今據李侍堯等查奏該省不肖州縣竟有浮開戶口冒
賑侵漁之事此皆由特成額在湖廣總督任內諸事廢弛而藩司
永慶臬司王廷燮亦俱因循怠玩於賑恤要務全不認眞查辦一
任不肖州縣侵漁舞弊以致災民不能均沾實惠若非李侍堯李
封前往接任督撫徹底清查則此等劣員皆得保其慾壑不致敗
露其何以肅吏治而懲貪墨耶是特成額永慶王廷燮前此之身
獲重譴解京治罪實屬天理彰著昭昭不爽可爲封疆大吏廢弛
不職者炯戒除令軍機大臣存記俟特成額等解到逐款詢究外
所有黃安縣知縣陳玉著革職同參革興國州知州溫有光一併
拏問交李侍堯等提集應訊人證嚴切根究一經審訊質證得實
卽將該州縣及陳玉之子並經承王炳王言綸等一併解交刑部
審訊按律定擬以示懲儆欽此

乾隆五十三年七月奉

上諭前據圖桑阿陳淮等奏荊江夏汎泛漲潰決隄塍將府城及滿
城淹浸沖沒人口朕覽奏爲之惕然惻然隨降旨令該督撫卽速
馳赴彼處詳悉查明加意妥恤嗣據舒常奏得信後卽與撫臣會
商預飭附近各縣動穀碾米聽候撥運接濟復取庫局錢糧以備
應用伊卽由水路起程親往查勘本日復據奏到日夜加緊趲往

會同將軍等迅速妥辦等語前因舒常陛見回任後未經奏有回
任日期是以諭令姜晟卽速前往親加履勘今舒常旣已前赴該
處省城亦不可無大員彈壓且賑卹需用接濟穀米餅麪錢銀等
項俱須由省城撥運姜晟自當在省籌備一切預爲備置卽可毋
庸前往舒常到彼後務宜逐加履勘詳悉查明加意妥爲撫卹一
面奏聞一面卽行散給俾資接濟毋致失所不可稍存諱飾至此
次荊州被災情形較重附近村莊亦不無淹浸處所而長陽一縣
前次亦經被水現在蒲圻漢川蘄水羅田黃梅鶴峯等州縣復經
姜晟奏或因山水陡發或因河湖漫溢低窪田地間有被淹等語
各處被水雖輕重不等同係災民自應一體查明設法疏消妥爲
撫綏其有應行酌予賑緩之處卽據實奏明分別辦理不可因荊

州府城被災較重遂專意辦理而於別縣被水處所未免心存忽視以致災民或有失所舒常姜晟等務當一體詳加妥辦以仰副朕軫念災黎一視同仁至意舒常姜晟等奏到各摺一併發鈔欽此

乾隆五十三年九月奉

上諭內閣惠齡奏湖北沔陽黃岡二州縣被水地畝涸出無多節候已遲不能補種等語荆州上游各屬被水貧民業經降旨分別撫卹其下游漢陽等縣亦經借給口糧小民口食有賴自可無虞失所今沔陽黃岡二州縣因積水未消田畝未經涸出難以補種著借給一月口糧以資接濟該督撫務須督飭該地方官查明實在被水戶口按名給發毋任假手胥役稍滋剋扣其餘成災處所應

行給賑者並著該督撫照例具題實力撫卹以副朕軫念災黎有加無已至意欽此

乾隆五十三年十月奉

上諭內閣畢沅等奏湖北被水各屬內江陵等縣民屯田地被水成災嗣因湘河漲發潛江一縣亦被淹浸各該州縣應完漕項銀米分應依限輸納但察其情形未免拮据等語湖北被災各屬其本年及舊欠錢糧業經分別蠲緩停徵茲屆應完漕項之期若即令依限輸納民力究未免拮据所有成災較重之江陵公安石首監利漢陽沔陽黃岡廣濟黃梅潛江十州縣本年應徵漕糧正耗米石水腳隨漕銀兩均緩作兩年帶徵成災較輕之松滋江夏二縣本年應徵漕糧正耗米石水腳隨漕銀兩亦緩作一年帶徵統俟恩俟下年帶徵五十年災緩米銀全完之後再行遞年帶徵其各衛所屯田分坐災地應徵各項運費銀兩亦著一併緩至下年帶徵俾得從容輸納益資寬裕以示朕嘉惠有加無已至意欽此

乾隆五十三年十二月奉

上諭內閣據畢沅等奏查勘廣濟黃梅二縣隄工向係民修今請暫行借帑興修俟事竣分年攤徵歸款等語本年湖北荆州被水地方所有萬城及監利等處隄工俱經發帑官為修築今廣濟等縣隄工雖係例應民修之工但念該處被災之後民力未免拮据此次廣濟黃梅二縣隄工估需銀共二萬八千一百餘兩均著加恩動用官項修築將來再行照舊辦理以示朕加恩災區一視同仁至意欽此

乾隆五十四年正月奉

上諭內閣湖北江陵等州縣夏秋被水成災節經降旨賑卹分別蠲緩帶徵小民自可不致失所第念今春正賑已畢青黃不接之時民食恐不無拮据而江陵監利二縣因隄塍潰決被淹尤甚更宜格外優卹著再加恩將江陵縣成災八九十分軍民不分極次及監利縣成災八分極貧軍民於正賑之外再加賑兩箇月其公安又公安等縣內成災七分極貧次貧八分次貧暨成災七八分之漢川黃梅三縣成災八分極貧軍民並各加賑一箇月俾資接濟石首漢陽沔陽黃岡廣濟長陽六州縣成災五六分之潛江縣極次貧各軍民成災五分勘不成災各屬仍著該督撫察看情形或酌借籽種口糧或減價平糶分別酌辦該督撫等務須督飭所屬

實心經理俾災黎均沾渥澤以副朕軫念窮簷普惠春祺至意該部卽遵諭行欽此

乾隆五十五年九月奉

上諭內閣畢沅奏湖北江夏武昌等各州縣衞有應徵積年緩帶錢糧八十二萬六千二百餘兩請於本年徵收十分之四其餘六分於乾隆五十六七八三年輪免正賦之期按數完足等語楚省本年雨暘時若閭閻幸獲豐收但於一歲之內新舊並徵民情不無拮据著照該督所請湖北江夏武昌咸寧嘉魚蒲圻興國大冶漢陽漢川黃陂孝感沔陽黃岡蘄州蘄水黃梅廣濟潛江天門荊門雲夢江陵公安石首監利松滋二十六州縣並武昌武左沔陽蘄州黃州荊州荊左荊右等八衞所有應徵積年緩帶錢糧八十二萬六千二百五十兩零著於本年先徵十分之四其餘均於五十六七八輪免錢糧之年照數輸納俾小民生計倍覺寬舒以示朕加惠黎元至意欽此

乾隆六十年三月奉

上諭內閣惠齡奏蘄州民吳應名圖姦十三歲族弟吳應青不遂用刀砍傷斃命又因吳應青之母柳氏孀王氏聞喊趨救該犯起意一併殺死並將幼女卯姑毛女同時砍死審明後卽將吳應名淩遲處死等語吳應名因圖姦同族幼弟不遂轉敢殺死五命實屬淫惡兇殘不法已極近來屢有殺斃一家數命之案前據奇豐額奏溺斃一家五命昨又據長齡等奏審擬曲江縣民婦溫氏同子陳複受將伊夫陳松九謀死圖詐陳觀複一案幾於不忍披閱茲復有淫惡如吳應名者不意天下竟有此等行同禽獸之人皆緣教化未敷朕實愧之朕臨御六十年凡所以教治斯民者訓誡叮嚀不啻家喻戶曉乃化之不行百姓時復蹈於法網甚至若吳應名陳複受等罔顧倫紀肆惡逞兇殊出情理之外不特朕當引以爲愧凡有司牧之責者均當共切懷慚夫治民之道教化爲先今不能道之以德齊之以禮不得已齊之以刑而莠民仍不知悛懼悖棄倫常屢蹈重辟良用恧然嗣後各該督撫及地方官等務宜廣宣朕諭隨時勸導俾民俗丕變悉臻上理以仰副朕教誡諄諄至意欽此

嘉慶二年七月奉

上諭據汪新奏酌派兵勇防堵豫匪一摺汪新想未得勦盡息縣賊

匪之信故有此奏現在豫省匪犯業經景安辦竣無事所有該撫調往黃州堵截官兵卽著撤歸原伍惟湖北宜昌府屬之巴東歸州一帶逼近夔州而長陽宜都又爲白魚寨賊巢後路該二處最關緊要汪新惟當專心籌辦務須嚴密堵截應遵照前旨察看該二處何處緊要卽行馳往該處相機防範無使竄匪乘閒闌入楚境復有句結此爲最要再東三省豫備進哨兵丁原擬派往豫省業已無事已傳知惠倫阿哈保帶領此項兵丁前往楚省著汪新就近探知如額勒登保一路尚需兵力卽令前赴長陽交與額勒登保等調遣如長陽賊匪業已勦盡而宜緜觀成等軍營需兵協助酌量何處緊要卽令前赴何路總之汪新距此兩路較近見聞必確探知何處需兵孔急卽告知惠倫阿哈保帶領此項兵丁迅

往期於軍營有裨不可稍涉拘泥也將此由六百里加緊又緊傳
諭知之欽此

嘉慶四年五月奉
上諭前經降旨令楚省督撫查明被賊地方應徵錢糧有無帶徵緩徵之項並本年春徵實數據實速奏茲倭什佈等奏湖北孝感安陸應城隨州應山江陵荊門當陽等八州縣緩徵漕米又孝感京山安陸應城隨州應山襄陽南漳穀城保康竹谿荊門當陽遠安等十四州縣及武昌左右黃州襄陽德安等衛所緩徵隨漕水腳等款銀數並著加恩將孝感等八州縣緩徵南漕正耗米一十萬六千三百六十一石零及孝感等十四州縣武昌等五衛所隨漕水腳等款銀七萬九千七百零一體均行豁免其一隅被賊之蒲

圻崇陽黃陂黃安四縣及近賊地方並被水緩徵之咸寧通城江夏嘉魚漢川沔陽潛江天門公安石首監利松滋等十二州縣節年緩帶錢糧及本年春徵銀兩又此外各屬緩徵節年南漕米石及隨漕水腳等款俱著加恩自嘉慶五年起分作兩年帶徵以紓民力欽此

嘉慶七年三月奉
上諭湖北省被賊地方歷年應徵錢糧俱經節次施恩分別蠲緩現在大功將竣誠恐民力尚有未紓特降旨令吳熊光等察看情形具奏茲據吳熊光等奏查明湖北各州縣被賊輕重情形開單進呈著加恩將被賊較重之鄖縣鄖西房縣竹山竹谿保康東湖巴東興山歸州十州縣本年應徵地丁正耗錢糧全行蠲免其前此應分三年帶徵之積欠錢糧著再展限二年分作五年帶徵被賊次重之襄陽棗陽南漳穀城宜城均州長陽長樂來鳳利川咸豐宣恩荊門遠安當陽鍾祥枝江宜都隨州孝感二十州縣本年應徵地丁正耗錢糧蠲免十分之五此內應分三年帶徵之積欠著再展限一年分作四年帶徵被賊較輕之京山江陵光化安陸應山應城黃陂蒲圻崇陽黃安恩施建始十二州縣本年應徵地丁正耗錢糧蠲免十分之三以示朕軫念民依有加無已至意欽此

嘉慶九年七月奉
上諭內閣前據全保奏報湖北荊門等州縣隄垸間被漫淹當經諭令該撫確查具奏茲據奏到查勘情形天門等處漫缺隄口已分飭所屬趕緊搶修並疏濬積水漸次消退居民不致流離口食亦

無虞缺乏惟該處被淹地畝陸續涸出雖可補種秋禾究恐失時若將新賦按例科徵民力仍不無拮据除荊門江陵二州縣積欠錢糧業經全行豁免天門沔陽漢川潛江監利五州縣積欠錢糧俱經分年緩展外所有天門沔陽漢川三州縣同屆分轄之七十二垸並該垸屯坐各衛被水地畝本年秋徵地丁錢糧著加恩緩至來年秋收後徵收其荊門潛江江陵監利四州縣被水各圍垸及屯坐各衛地畝本年秋徵地丁錢糧著加恩緩至來年麥收後徵收至黃梅一縣濱江近湖被災較重應辦賑恤蠲緩各事宜著即詳查酌籌具奏候降旨施恩此外尚有應行調劑之處並著隨時奏聞請旨毋得稍存諱飾以副朕軫念民依至意欽此

嘉慶九年十二月奉

上諭內閣前因吳熊光等奏審明麻城縣民人田文潮縱容伊妻鄒氏與僧文瑞通姦復聽從文瑞行竊敗露被獲致文瑞商同鄒氏將伊母余氏搭樊以圖搪抵一案該督等將田文潮按例擬發黑龍江給披甲人爲奴尚未允協降旨諭令刑部酌量加罪另議具奏茲據奏請將田文潮擬絞立決並請嗣後子孫有犯姦盜致祖父母父母被人毆死或被謀故殺害之案不問是否縱容袒護均照此案辦理等語則又未免過當凡刑名案件總在權情理之平此案僧文瑞圖姦鄒氏不從經田文潮之母余氏與田文潮商量勸令鄒氏與文瑞通姦是余氏縱姦圖利實屬無恥迨文瑞商允田文潮竊得鄰村穀稻衣物將餘贓交余氏收藏是余氏又係縱竊本有應得之罪與並未縱容憂忿戕生者迥別若照議予以絞

決在田文潮一犯寡廉鮮恥死何足惜設遇子孫有犯姦盜祖父母父母實不知情者其罪何以復加未免漫無區別田文潮著改爲絞監候秋後處決並著刑部纂入條例嗣後除子孫因犯姦盜祖父母父母並未縱容憂忿戕生者仍照例擬絞立決其祖父母父母縱容袒護後經發覺畏罪自盡者將犯姦盜之子孫發黑龍江給披甲人爲奴外其有祖父母父母縱令子孫犯姦犯盜以致被人毆死或被謀故殺害者均照此問絞監候通行遵照總之明刑所以弼教凡問擬罪名必當將案情詳細研求期於無枉無縱以扶風化而儆兇頑不可意爲輕重也欽此

嘉慶十九年閏二月奉

上諭內閣馬慧裕等奏應山縣平糶米石不敷民食請酌撥鄰邑倉穀接濟一摺應山縣上年被旱歉收經該督等奏明動碾倉穀減價平糶今據奏稱糶賸餘米止有一千餘石不敷接濟現當青黃不接之時小民餬口維艱加恩著照所請再酌撥安陸縣倉穀一千石應城縣倉穀一千石黃岡縣倉穀二千石趕緊碾米運赴應山仍按前此奏定減價接續平糶俟秋成後再令各縣買穀還倉其另片奏鄖陽府屬上年歉收各縣前次奏撥倉穀十分之五不敷接濟鄖陽府屬各縣僻處山陬商販罕至現在撥碾倉穀不敷著該撫察看情形如須接濟即於就近之房縣現存餘賸秋米內酌量添撥其糧價過昂之鄖陽竹山竹谿保康四縣准其照二兩一錢之價一律平糶糧價稍賤之房縣鄖西二縣每石各按現賣市價減銀一錢以平市價而裕民食欽此

嘉慶二十年七月奉

上諭軍機大臣等馬慧裕等奏拏獲習教斂錢傳呪各犯審訊大概情形一摺此案孫家望聽從戴添幅等倡言青蓮紅蓮白蓮教名目並有朱元係彌勒佛臨凡李朱爲教頭之語膽敢拜師念呪習教斂錢並輾轉傳授楊添玉等不法已極除朱元李朱二犯現已另降諭旨交胡克家嚴緝務獲外所有現獲各犯著馬慧裕等即嚴行審訊按律定擬具奏麻城縣知縣翟中倫巡檢孫紹棠緝獲匪犯尚屬能事著於定案時將該二員保奏以孫家望等罪名之輕重錄其功績之大小俟奏到時再行量予施恩欽此

道光元年八月奉

上諭內閣本日陳若霖等奏已革黃梅縣知縣王進祖虧短錢糧一

案已照所擬辦理矣州縣虧空倉庫錢糧侵盜挪移情節輕重懸殊即罪名出入迥別其侵盜官帑私肥己橐者審實必當執法嚴懲以儆貪黷若因公挪移其情不無可原然該督撫必須將動用實據根究明確方成信讞即如王進祖挪移庫銀以爲買補驛馬黏修城垣倉廒搶築隄堰之用必皆有工程簿籍可考均當一一驗明方足以杜藉詞支飾之弊著通諭直省各督撫嗣後審辦此等案件務將挪用實據查覈明確於摺內詳細聲敘朕察其情節分別覈辦以昭平允欽此

道光二年二月奉

上諭湖廣總督陳若霖湖北巡撫楊懋恬按察使陸言朕聞黃岡縣有盜首殷萬虛殷世祿二匪黨夥眾多行蹤詭祕爲各處盜賊逋

逃之藪居民畏葸遷移府縣亦不過問再荊州府爲水陸通衢商賈輻輳近來城鄉水泊亦常有搶劫及刃傷事主之案緣該處有積年窩家高方瑤者居住江陵縣岑河口地方現充荊州府衙門挂名白役羣盜搶劫贓物均先寄頓其家聽其擇取然後羣盜始行分用甚至奉文緝拏要犯捕役等必先商之該犯其獻出與否惟該犯是聽且外來及本處無業棍徒均藉該犯周給是以樂爲之用該荊州府李煟酣飲賭博於一切公事置之不問內則委之幕友長隨外則聽之書役佐雜委員乃於高方瑤窩盜並充當衙役之事漫無覺察朕所聞若是特諭爾督撫臬司等知之必應慎之又慎密之又密即速訪察一有端倪即著遴委妥幹人員密行前往查拏一面將知府李煟摘印解省據實參奏汝等皆係朕簡任大員如能實力查辦不稍隱諱朕再不加以失察之咎若不實心辦理苟且了事或恐招嫌怨或化大爲小嗣後經朕訪得確實試問汝等能任其咎乎其慎勉之欽此

道光五年九月奉

上諭內閣李鴻賓等奏查明各州縣歷年盤折倉穀勒限買補一摺湖北漢陽等府屬二十州縣額貯常平倉穀因歷任交代盤折及氣頭廒底鼠耗共缺穀三萬七千六百九十餘石俱將穀價流交存貯州縣各庫尚未買補據該督等查明將交存前項價銀提貯司庫請勒限採買足額著照所請即飭將漢陽漢川孝感黃岡蘄羅田鍾祥京山江陵石首監利松滋枝江襄陽棗陽宜城南漳均光化穀城二十州縣盤缺倉穀察看本年秋成豐稔即飭該州縣

勒限三箇月如數買齊以實倉貯如再逾限未能買補即行指名嚴參從前違例折價各員姑念官非一任事非經手免其追究自此次盤查清釐之後儻再將盤缺倉糧擅行折價接收容隱不報一經查出著即將前後任各員一併嚴參究辦勿稍寬貸欽此

道光七年四月奉

上諭內閣嵩孚奏查明各州縣盤折徵變穀石勒限賠繳並請免參處一摺湖北省額存倉穀經該督盤查共虧缺二萬二千九百七十四石零內除盤折穀石已據該州縣繳存價銀尚未買補外其氣頭廒底徵變穀石顯係該州縣經理不慎所致乃以濱臨江湖地處卑溼倉穀易致浥爛爲詞請免處分各省沿江沿湖州縣甚多若皆以此藉口豈能概從寬貸著該督即查明各該州縣徵缺

之多寡開送職名交吏部分別議處並勒限追賠價銀此內除大
冶京山二縣已將價銀解繳司庫孝感黃岡東湖歸州巴東各州
縣並沔陽衛六處價銀已分別解儲府州縣庫外其孝感黃岡二
縣及沔陽衛三處係每石以銀六錢五分作價恐不敷買補著責
令一律按每穀一石價銀一兩分別補足同解存價銀一併提解
司庫至咸寗通山漢陽黃陂沔陽五州縣未繳穀價亦著按每穀
一石解銀一兩一千石以上者勒限三箇月二千石以上者勒限
半年解交司庫儻延不批解或繳不足數即著撤參所有提存司
庫銀兩著該督察看秋收豐稔飭發買補還倉仍責成該管道府
分往查驗結報此後各州縣存儲倉穀如再不妥慎經理致有折
耗又不立時補足或交代時虛款作抵及以例價折交致有虧缺

著即嚴參治罪毋得稍事姑容欽此

咸豐二年十一月奉

上諭軍機大臣等陸建瀛奏查明長江守禦一摺已有旨諭令江蘇
安徽江西一體嚴防矣據稱逆匪若竄入長江惟有於湖北漢口
以下至黃州所屬之蘄州廣濟等縣察看江岸寬窄約計礮力能
及處所較定準頭節節嚴防以備不虞等語逆匪竄入岳州昨已
諭令徐廣縉常大淳等將武昌漢口漢陽荊州水路各要隘分設
重兵防賊奔竄並諭以漢口地方爲大江南北咽喉賊易垂涎尤
應設法保護茲據陸建瀛所奏各節該督籍隸楚北所奏自係實
情著徐廣縉常大淳按照所陳悉心體察水路地勢扼要設防尤
須派委得力大員前往督率豫爲布置鎮撫人心毋至臨時猝辦
稍有延誤欽此

咸豐二年十一月奉

上諭軍機大臣等太常寺少卿雷以諴奏湖北省沿江一帶如江夏
之青山黃州之陽邏團風三江口武昌之樊口大冶之道士洑蘄
州之州城廣濟之田家鎮武穴皆扼要地方陽邏江面較狹道士
洑磯險水急實吳楚門戶關鍵在省城下游現在逆匪窺伺武昌
恐因省城難攻潛行東下則東南震動亟應加意籌防策出萬全
等語著徐廣縉常大淳按照所奏體察情形凡屬要隘地方迅速
派兵嚴密防守務飭帶兵將領認真督率其省城上游之金口等
處水陸各要隘仍須設法堵禦以杜賊黨續至欽此

咸豐二年十一月奉

上諭軍機大臣等前因江防緊要疊次降旨令陸建瀛酌度情形如
須親往督辦即著馳赴上游扼要調度現已數月未接湖北續報
賊氛方熾難保不順流東下擾及沿江一帶該督前奏守禦長江
惟有力爭上游之法所見極是該督籍隸湖北於長江形勢險要
素爲熟悉此時武昌漢陽戒嚴恐無暇顧及江防江西兵力又形
單薄朕再四思維湖北黃州蘄州廣濟等處沿江險隘恐有疏虞
所關甚重著陸建瀛迅即馳往九江上游扼長江之險援應湖北
即爲江西安徽自固藩籬之計軍事變遷旦夕不一必須籌之於
先庶免臨時倉猝朕聞黃州迤南百二十里爲道士洑江面最窄
有山可據地勢極爲險峻應否於此地扼守與徐廣縉南路之兵
互爲聲援一面與蔣文慶張芾熟籌布置賊情詭詐必不專由水

路前來其陸路險要地方亦恐該匪句結土匪與水路船隻互相牽掣仍須水陸兼顧毋致失險沿江船隻必須預先收集以備我用毋為賊匪所得欽此

咸豐二年十二月奉

上諭內閣逆匪現踞漢陽將武昌漢口俱搭浮橋三面接應省城勢甚危急向榮等援兵先後已到武昌若能渡江直擣賊巢水陸並進陸建瀛張芾等復於九江上游要隘派兵前後夾擊使賊首尾不能相顧自可一鼓成擒儻逆匪捨船登岸分擾黃州一帶則陸路與安徽接壤處處可虞亦必須先期擇險設伏邀擊方能互相策應若賊匪下竄黃蘄一帶我之水師既須防其火攻且可設法用火燒賊船隻或仿古人柴荻灌油繫走舸於船尾之法行之但

必宜暗藏港汊俟賊船過後繞出上游順流乘風方可得手陸建瀛於楚北水陸地勢素所深知著即通盤籌畫與徐廣縉向榮互相知會協力同心殄此醜類毋得稍分畛域致誤事機欽此

咸豐二年十二月奉

上諭軍機大臣等據向榮奏籌剿情形並陸應穀奏探報賊情各一摺該逆攻陷武昌後於漢陽漢口搭有浮橋將城內銀錢搬入船內並有賊船三四百隻滋擾黃州府及武昌縣現在向榮擬設法將賊船橋焚毀斷其往來自應如此辦理所奏調集礮船招募水摸豫備火攻之具已諭知張亮基潘鐸迅速妥籌照辦矣至所探黃州武昌兩城不能固守距營一二百里並無官兵防堵似此情形則九江最為急迫前已疊次諭令陸建瀛迅帶水陸官兵前往迎擊並令張芾等嚴密布置惟陸建瀛並未徵調他省勁旅所帶兵勇不及五千人九江上游一帶兵力單弱朕心深為懸念必須豫楚兩路大兵迅往應援堵截方為嚴密三路始可會剿朕所以屢諭琦善向榮等令其各選精兵馳往九江及安徽一帶與陸建瀛會合堵截正是此意若南北兩路各固藩籬不能迅速應援則賊匪窺伺東路兵單勢必水陸下竄兩江當衝設有疏失亦必掣動全局向榮必當通籌合計一面攻剿武漢賊匪一面即派提鎮大員統兵疾趨繞出黃州之前或道士洑尚可扼守即於彼處堵賊東下計湖南鎮將派撥船礮帶兵北來亦可剋期而至前後夾擊定能得手欽此

咸豐三年三月奉

上諭軍機大臣等寄諭署湖廣總督張亮基等現在賊匪攻陷江甯揚州疊飭各路大兵會剿難保該逆被創後不沿江回竄湖北武漢黃各郡雖經收復各要隘防堵仍不可鬆懈據琦善奏該逆不肯輕棄船隻現在江面肆意游弈等語著該署督撫察看沿江地方如道士洑黃石港等險要處所必須設法防守當此無事之時正可安排船礮以備不虞並可為下游調撥攻剿之用仍須搜捕奸細毋令潛伏句結欽此

咸豐三年九月奉

上諭軍機大臣等據吳文鎔奏賊匪擾及蘄州距省甚近咨調援兵一摺該督歷任封圻朕所倚賴現值防剿喫緊之時著與崇綸安撫省垣居民勸令協同固守並著台湧迅調荊州滿營官兵二千

名剋日至省援應與唐樹義帶回廣濟兵勇並江忠源收集潰散之兵先行分撥布置江西之兵二千名雖經該督咨調恐一時不能趕到仍著就本省情形酌量遠近於他鎮協營飛劄調遣並咨調湖南兵勇船隻自上游駛至漢江與張亮基購造各船會集迎勦如探明賊匪尚在蘄州即於道士洑西塞山至黃石港一路險窄江面扼要堵截黃州為省城屏蔽不可令該匪竄入尤不可株守省城不為迎頭截擊之計也欽此

咸豐三年十一月奉

上諭軍機大臣等前經降旨諭令台湧擇要截勦與吳文鎔等隨時知照互為聲援茲據該將軍奏稱應否帶兵赴省並添兵派防襄陽請旨定奪一摺軍情變幻靡常全在酌量緩急相機布置若必

事事請旨則往返數千里接奉諭旨之時情形又各不同豈可稍涉拘泥現據吳文鎔等奏稱省城業已解嚴賊船停泊黃州是目下楚省情形黃州最為緊急武昌稍可從緩據稱崇綸函咨該將軍赴省合勦吳文鎔又咨稱不必來省如賊船回竄省城緊急再行飛咨帶兵前來自應酌度緩急照此辦理至襄陽等處亦應豫為防範所請將提鄖兩標兵一千三百名令遊擊翟萬林帶赴襄陽著即嚴飭該遊擊會同安襄鄖荊道羅遵殿實力籌防毋稍疏懈總之武昌省城與荊襄均關緊要該將軍現署提督惟當統籌全局與吳文鎔崇綸協力同心先其所急不可稍分畛域是為至要欽此

咸豐四年六月奉

上諭軍機大臣等台湧奏派兵進勦阜市一帶賊匪並片奏將軍舒倫保逗遛不進各情現在應城亦經收復德安等處餘匪漸就肅清而天門縣屬與該縣交界之皁市一帶尚有賊眾盤踞滋擾台湧現派佈克慎帶兵馳往勦辦此股賊匪無多無難迅速殄滅自無須大兵全數久駐該督移師德安以後將及币月仍未督兵南行即謂必須計出萬全方操勝算亦不應似此遷延株守致誤事機此時黃州漢鎮大股負固如常兼以楚南逆蹤全行下竄皖江潰敗之匪紛紛駛入上游武昌待援情形何等緊要儻以援兵未到致有疏虞台湧又豈能置身事外節次所降諭旨既詳且備著該督迅籌進攻之策一面嚴飭佈克慎速將皁市一股滅盡以為前路之導一面統兵前進探賊所向奮力殲除總期節節打通與

省城聲勢聯屬庶可為會合夾攻之計桂明現已行抵德安其所帶官兵一千八百餘名皆係勁旅或令該提督全數帶同進勦或應留若干扼要設防均由台湧酌量調度前據官文等奏荊州各屬諸就肅清已分兵由襄河入江隨地勦洗冀可直達武昌是西路亦有應援當此兵力厚集之時台湧職任疆圻膺茲統兵重任事權既一責有攸歸惟在體察機宜妥速籌辦毋得再事迂緩致干罪戾欽此

咸豐四年九月奉

上諭軍機大臣等塔齊布曾國藩奏水陸大軍同日克復武漢二城一摺此次兩城克復聲威大振北竄餘匪復經楊霈疊次勦殺漸就肅清是楚省大局已定即應分路進勦由九江安慶直抵金陵

埽清江面曾國藩雖係署任巡撫而剿賊之事重於地方自湖南東下水陸各路官軍必須該署撫與塔齊布會同調度方能入入用命斷不能株守省垣楊霈昨奏已於二十七日拔營赴省諒已與曾國藩塔齊布晤及應如何分兵前進如何留兵防守當已計議周妥楊霈所稱會同曾國藩等各選精銳水陸下擊湖北善後事宜交臬司等妥辦似該督亦擬督師出境但此時黃州未復胡林翼尚在岳州曾國藩等水陸大軍正在建瓴破竹之時萬難坐待省城布置完善再同該督前進且大江風信靡常逆蹤回竄固應嚴防即崇陽等處餘匪抄襲我軍之後亦甚可慮自宜酌留大員督辦以為大軍後路聲援若專委之臬司誠恐呼應不能甚靈著楊霈與曾國藩塔齊布妥速商定即行具奏曾國藩以殺賊自

任必能謀定後戰計出萬全楊霈遇事持重審度精詳諒不至孟浪同進致令楚境空虛也昨據塔齊布等奏有崇陽餘燼復合戕官踞城之語著楊霈迅即派兵前往撲滅並飭桂明督同許賡藻收復黃州等處城池果能一律肅清則桂明之兵即可由黃梅廣濟一帶間道斜出仍與曾國藩等會合庶英山太湖賊援亦斷皖城剿辦亦易得手總之江面必須急剿餘匪尤宜嚴搜沿江剿賊之事朕以責之曾國藩塔齊布楚省防賊回竄及搜捕江北等處餘匪事宜朕以責之楊霈該督等務當協力妥籌不可稍存大意即官文意有所見亦可與楊霈會商慎勿各存成見致悞事機欽此

咸豐四年九月奉

上諭軍機大臣等本日據楊霈奏黃州府武昌縣均已收復曾國藩塔齊布水陸之師已分起下行等語前此搜剿襄河賊匪曾國藩奏稱細察大局尚有三端可慮當即諭令早乘此機會謀定後戰誠以克復沿江諸城在此一舉必當計出萬全斷不可稍有挫衄現在黃州武昌次第收復我兵水陸並進其行抵何處及如何布置情形諒曾國藩等必有奏報在途黃州賊匪水陸奔竄大冶蘄州興國一帶江面賊船聚泊尚多我兵乘勝追剿自必勢如破竹惟黃州而下即係九江該郡久為賊踞設再蔓延江省牽綴我師不能順流直下則剿辦又費周章曾國藩等務當統籌全局一面迅速進兵潯江一面知會陳啟邁前後夾擊以期一鼓殲除毋留後患欽此

咸豐四年十月奉

上諭軍機大臣等曾國藩等奏水陸剿賊一摺並片奏籌攻鐵鎖情形此次連克興國大冶兩城南岸賊巢已破而蘄州賊勢尚眾水師既經攻剿得手何以桂明陸路一軍未能趕到該提督所統兵勇較南岸能否得力前已有旨查詢且南軍攻偪緊急則該逆必伺隙北竄亦經朕早慮及此今覽所奏各情適與朕前旨相符曾國藩經朕畀以剿賊重任事權不可不專自桂明以下文武各員均歸節制儻有不遵調遣或遷延畏葸貽誤事機者即著該侍郎專銜參奏以肅戎行該逆現於田家鎮築城挖濠並於蘄州城外築壘安礮顯係欲圖久踞此時進剿之計自屬北重於南該侍郎等擬令南軍渡江會剿並籌攻田鎮對岸之半壁山設法毀賊鐵

鎖即著相機速辦仍嚴檄催提北路官兵協同圍勦一俟蘄州收復應如何分兵南下直擣九江安慶並著隨時體察情形統籌辦理以副委任欽此

咸豐四年十月奉

上諭軍機大臣等曾國藩塔齊布奏南路陸軍獎賊萬餘斫斷江中鐵鎖並水師屢獲勝仗一摺覽奏稍慰朕懷此次我軍陸路奪取半壁山水師亦屢獲大勝逆賊不敢復窺南岸辦理甚爲得手惟蘄州之賊堅匿不出田鎮亦未克復北岸情形甚爲喫重北兵不甚得力究竟桂明一軍現在何處何以總未與南軍會合殊不可解前諭令楊霈親督後軍前往接應此時是否已經啟程久未據奏曾國藩等孤軍深入甚爲可慮著楊霈迅速前進爲曾國藩等

後路聲援不准稍有遷延致滋貽誤田鎮爲皖省門戶逆匪必圖久踞設此股賊匪不能迅速勦除則曾國藩塔齊布兩軍爲其牽制不能乘勝下擊辦理又多棘手前此曾國藩等奏北路兵勇未能會合夾擊當諭令曾國藩節制諸軍如有不遵調遣貽誤事機者即著專銜參辦乃此次桂明等仍未會合勦賊如不得力即著曾國藩嚴參懲辦此時江面已可漸就肅清務當乘此聲威迅調南兵渡江會勦剋日收復蘄州田鎮即可分路直擣下游並隨時知照江西安徽水陸各軍互相策應毋失事機欽此

咸豐四年十月奉

上諭軍機大臣曾國藩塔齊布奏大破田家鎮賊巢一摺覽奏欣慰此次燒毀賊船至四千餘號之多田鎮蘄州之賊潰敗奔竄皆由該侍郎提督等籌畫盡心和衷共濟即楊載福彭玉麟羅澤南等亦能人人用命制勝出奇朕心實深廑念現在水師前隊早抵九江該郡城外已無賊蹤大隊舟師自可順流下擣北岸之賊竄往廣濟黃梅一帶止係闘敗潰逃並未大受懲創北岸一軍係桂明統帶何以屢次奏報並未見其帶兵助勦即扼堵蘄州之軍亦並無該提督在內究竟逗遛何處殊不可解魁玉楊昌泗等遇賊即挫猶是從前孱弱積習如此軍威大振尚不能鼓舞奮興尤爲可恨今塔齊布已率羅澤南等渡江而北自係先其所急爲節節打通之計但廣濟黃梅直接皖境皖省西南一帶如潛山太湖等處皆爲賊踞一聞楚軍進勦勢必悉力抗拒若北岸一軍再有遷延必致塔齊布等後路無援殊爲可慮著曾國藩等即行嚴飭桂明

等迅速進勦一面飛咨楊霈督兵繼進不得稍行觀望欽此

咸豐四年十一月奉

上諭軍機大臣等曾國藩塔齊布奏官軍克復黃梅縣城並勦辦情形各一摺我軍克復廣濟之後於初四日收復黃梅是陸路一軍頗爲得手惟大股逆匪尚聚於孔壠驛小池口等處我軍水陸兩路聲勢未免隔絕況江西水師未能得力兩岸賊營甚多水陸抗拒曾國藩水上一軍介處賊營之中情形頗覺危險據奏所慮各端甚爲周密此時自應於屢勝之後倍加慎重萬勿稍涉孟浪致誤事機儻將孔壠驛等處賊匪勦盡剷營江岸使水師與陸路互相聯絡然後相機進勦庶不致有顧此失彼之虞楊霈現駐黃梅廣濟之閒即應督飭魁玉楊昌泗等迅速進勦北岸一帶即責成

該督實力攻勦俾塔齊布羅澤南等可以全師渡江爲圖攻九江之計若專恃該提督一人奔馳南北兩岸徒勞兵力更恐銳氣消磨於攻勦轉無裨益欽此

咸豐四年十二月奉

上諭軍機大臣等楊霈會國藩塔齊布奏九江水陸獲勝各一摺楊霈現駐廣濟即著會合皖兵先取黄梅進取太湖宿松爲節節打通之計湖北本境仍應兼顧不但防賊回竄即搜捕土匪安定人心亦關緊要小池口及田家鎮等處要隘有無防兵能否與南岸聯絡尤宜妥籌布置欽此

咸豐五年七月奉

上諭内閣官文奏勦辦蘄水賊匪獲勝等語湖北蘄水縣竹瓦店一

帶有賊千餘由上巴河竄入滋擾經署麻城縣事蘄水縣知縣劉綮派令兵勇迎勦至竹瓦店附近地方斃賊二十餘名賊即敗潰我勇追殺將敗匪逼至渡口自相踐踏又斃賊三百餘名鳧水渡河淹斃者不計其數餘賊復集各路竄匪三千餘人在朱泗橋等處築立土城抗拒官紳壯勇分投進勦復調羅田麻城等勇會合分路直擣賊巢該匪傾巢出敵從九品李玉墀等首先戮斃黄馬褂賊首二名紅衣賊多名衆賊退回我勇分投埋伏攻打登時躍上北面土城殺入千總徐兆逵等帶勇復由後路用礮轟倒土城一座各兵勇乘勢夾攻槍礮齊施當將土城五座同時轟塌伏兵齊出隘口截殺計斃賊約二千餘名生擒四十八名餘匪亂竄我軍又追殺百餘名擊斃僞將軍卒長等多名奪獲軍械無算此次勦辦蘄水縣竄匪屢戰屢捷各路官紳團練殺賊尙稱勇敢著該督擇其尤爲出力及捐輸接濟紳勇人等查明請獎仍飭該地方官紳嚴密堵勦務捕竄匪毋任蔓延欽此

咸豐五年九月奉

上諭軍機大臣等據曾國藩奏已革道員勦賊屢勝請令督辦皖楚交界團練等語已革道員何桂珍於正月閒克復蘄水五月閒克復英山復在羅田各屬疊獲勝仗堵勦尙屬認眞已降旨將何桂珍賞給六品頂戴其出力員弁紳勇准曾國藩擇尤保奏現在皖楚兩省軍務方殷其交界處所每爲兩省兵力所不及安徽之太湖宿松英山霍山湖北之黄梅廣濟蘄水蘄州羅田麻城土匪蜂起旋復旋失非有專責之員督辦團練嚴清土匪不能斷賊接濟

之路旣據曾國藩奏何桂珍往來該處與各紳耆信義相孚頗資得力著即飭令該員督辦各該屬團練將皖楚交界土匪次第勦除已復地方責令勸諭紳民同心固守未復地方並令設法收復遇有賊蹤上竄湖北亦可從後邀擊所需糧餉准其於各該屬勸捐動用如皖楚兩省稍有餘力仍著隨時接濟毋任饑疲潰散致誤事機至英山克復出力員弁前准和春等酌保著即咨明曾國藩與蘄水羅田各案一併保奏以歸畫一欽此

咸豐六年四月奉

上諭内閣官文奏截勦麻城新洲竄匪大獲勝仗一摺九江賊匪由黄州竄至新洲等處修築城壘四月初二日護軍參領舒保等督隊衝截即將李家集地方賊匪衝散追殺三十餘里殲賊百餘名

初三日會合黃陂縣帶勇軍功周家治等各帶鄉團直抵柳子港營總多隆阿首先渡河委參領巴圖隆阿帶隊接應乘風縱火延燒賊營火藥賊眾驚潰軍功吳之傑伏勇突出殲斃賊匪無算生擒八十五名餘匪竄伏麥田均經搜殺無遺遂合隊進剿三店適麻城縣知縣劉綮自岐亭追至指揮馬隊及各縣鄉團層層圍逼盡力搜捕並生擒百餘名將土城木壘概行焚燬都司王玉琳探知新洲賊匪棄巢逃遁乘夜往追佐領密雅明阿追趕三十餘里擊斃賊匪三百餘名燒燬賊船數十隻舒保等帶隊追至團風地方逕撲賊巢燒燃囤糧房屋賊眾潰逃我兵分起沿河追殺溺斃賊匪六七百人窮搜伏匿餘賊將團風新洲賊壘次第剷平初五日又有賊船五十餘隻上竄李光榮駛船追至陽邏把總陳占鼇

帶船設伏燒燬賊船五隻溺斃賊匪多名軍功葉占超指揮礮船衝出攔截復燒燬賊船十餘隻斃匪無數生擒十二名此次賊由九江黃州上竄經兵練奮力截剿殲擒殆盡剿辦尚爲得手所有黃州團練準與在事文武查明請獎欽此

咸豐六年五月奉

上諭內閣官文奏武漢水陸賊援剿除殆盡一摺武漢逆賊自新洲擊敗後仍復負固待援楊載福督帶礮船焚擊大勝直抵九江前經胡林翼奏報其另股賊匪數千由安徽突入英山縣城逕撲羅田署黃州府知府許賡藻等督帶紳練大敗賊於樂利河四月二十三日克復英山縣斃賊數百人奪獲器械無算由九江竄來股匪復合蘄州之賊併力上駛兵勇分投夾攻於巖家坳地方殺斃生擒者共計千餘人內有僞總制等十五名追至蘄州敗賊潰逃五月初八日大兵直抵西門橋環攻五顯廟轟倒卡牆卡內僞官逆賊悉被殲除該逆屢次來援隨處迎剿均獲勝仗賊勢已窮著官文胡林翼督飭水陸各軍合力齊攻以期迅克武漢毋稍延緩揀發遊擊玉山力戰捐軀深堪憫惻著交部從優議卹欽此

咸豐六年十月奉

上諭內閣胡林翼奏水師擊燬賊船直抵田鎮並咸甯剿賊大勝一摺九江安慶賊船陸續護糧上竄九月初五日總兵楊載福由沙口往剿追至蘄州開礮轟擊焚燬賊船七十餘隻蘄州城賊率眾出救楊載福復令陳金鼇王明山二營登岸誘敵令周清元丁泗濱二營從下游乘虛入城前後夾攻城外之賊大亂斃賊約五六

百名平賊壘三座我軍直抵田家鎮焚奪賊船八十三隻奪獲礮船四隻大小礮位二十尊輜重糧米盡被燒燬其咸甯之賊竄馬橋柏墩等處經典史黃鍾鳴擊退八月二十五日賊悉眾來犯至通山縣交界之小嶺黃鍾鳴督勇迎剿於三口界斃賊二百餘名生擒八十五名九月十五日賊繞道崇陽返竄丁泗橋黃鍾鳴率領把總唐明周得麟等星夜往剿斃賊二百餘名賊眾敗退黃鍾鳴收隊亟歸籌備守具賊偵知兵少即日直薄城下圍攻三晝夜城上槍礮齊發擊斃騎馬執旂賊數十人餘賊無算賊於十八日宵遁城圍立解黃鍾鳴率勇尾追各團聞信兜合又擒斬數百名奪獲旂幟刀矛多件雲夢縣典史代辦咸甯縣知縣黃鍾鳴殺賊守城奮勇出力著開缺以知縣留於湖北儘先補用監生黃得信

著以從九品留於湖北遇缺即補均著賞戴藍翎把總唐明著以千總留於湖北儘先補用並賞加守備銜訓導蕭道鶴著賞加五品銜六品軍功鎮竟成王自新萬登梯勇目李永長李成珍黃金發李成珠丁昌禮吳全勝于在欽史家雲曹福臨廖文光張光球雷廷雲楊大焞游玉成樊世俊葉榮祥汪啓富李得勝瞿勝武張永福李隆興莫四進黃勝宏唐國良均著以外委留於湖北儘先補用並賞戴藍翎附生梅鳳藻著以訓導歸部選用監生丹必達著以未入流歸部選用附生盧定箴監生陳春藻童生鄭達安均著以從九品歸部儘先選用從九品銜鄭德熊著賞加六品銜陣亡把總周德麟著照例從優議卹軍功彭宏章著照外委例從優議卹該部知道欽此

咸豐六年十一月奉

上諭軍機大臣等據胡林翼馳奏十一月二十二日水陸大舉克復武昌省城覽奏欣慰已明降諭旨將胡林翼等分別加恩矣據摺內所敘有武漢同日克復之語諒官文當已奏報在途如果南北兩岸均已肅清所有水陸各營自當分撥進勦即已克之兩城亦應留兵防守胡林翼現擬派兵直下武昌縣及大冶興國等處並力勦蘄黃以期肅清全境當此聲威甚盛諒此等零星竄踞之賊不難剋日埽蕩從此建瓴東下江西安徽兩省均關長江大局究應先從何路進勦近日江西撫建兩府官兵連挫湖南兵勇雖已克復袁州而崇通一帶終未一律埽除今又聞義甯竄匪屯聚興國是江西待援情形實爲喫緊著官文胡林翼迅速會商即將如何分撥如何酌留之處妥籌具奏所有善後安撫事宜並著該督撫悉心酌辦欽此

咸豐六年十二月奉

上諭內閣胡林翼等奏追勦賊匪獲勝克復武昌縣黃州府二城一摺十一月二十三等日經該撫飭水陸各軍分三路進勦由窰灣出東興州一路遊擊何紹彩等計殺賊四百餘名由鷄窩胡家墩一路遊擊張寅恭等計殺賊一千餘名由曾家巷繞葛店一路經李續賓督率馬隊迎頭截擊計斃賊一千餘名溺斃無算沿途搜殺及樊口賊爭先渡水燒斷浮橋又殲斃四百餘名淹斃無算敗賊又糾武昌縣城之賊意圖抗拒李續賓令知縣林之華等練勇造橋進攻楊載福水師適至遊擊李濟清首先焚奪賊舟用大礮

對壘轟擊並令水勇登岸噴筒火箭齊施由北門攀路而上李續賓率陸勇由西門殺入賊由東南門竄出適丁泗濱等礮船駛至對岸橫擊各勇追殺十餘里斃賊三百餘名奪獲大礮九尊馬八匹器械二百餘件克復武昌縣城楊載福先於二十四等日將黃州城下賊船盡焚並破賊水壘四座李續賓令各軍伏於江邊賊突出二千餘人撲我水軍經伏勇衝擊都興阿馬步各軍亦同時掩擊斃賊無算又追殺二十餘里計共斃賊一千餘名奪獲礮位百餘尊騾馬四十餘匹器械無數即將黃州府城克復餘匪竄逸經江夏縣團勇盡數殲除並生擒賊目辛成金等六名又據陸續獲到逸匪二百餘名均經訊明正法現在富新率馬隊東下窮追官文派撥馬隊渡江進勦李續賓進勦興國大冶楚境即可一律

肅清著胡林翼等乘勝進攻殲除醜類勿留餘孽除李續賓富新二員業經加恩外其在事出力員弁著胡林翼查明奏請獎勵江夏縣民張國煜張國寶張國清張國瑞張國亮劉昌祺團練殺賊並獲賊渠均著賞給六品翎頂署武昌縣知縣林之華武昌汛把總儘先千總方寅山隨同殺賊克復縣城均著免其治罪仍革職留任以觀後效欽此

咸豐六年十二月奉

上諭內閣官文胡林翼奏水陸攻剿連獲大勝克復興國等四州縣並廣濟縣城等語湖北官軍自克復武昌縣黃州府二城後分路進剿楊岳斌水師連日轟燬巴河等處賊舟無數李續賓由武昌縣進取興國大冶或間道襲剿或分路兜擊都興阿等由黃岡直

擣蘄州蘄水沿途斃賊甚眾於十一月二十六等日將興國大冶蘄州蘄水四屬先後克復其敗匪竄入廣濟等處又經都興阿多隆阿等於本月初一日斃賊千數百名初二日復分三路截剿殲騎馬悍賊十餘人賊眾敗竄我兵追殺二十餘里斃匪二千餘人生擒數百名奪獲騾馬旂械甚多是日官軍即由廣濟縣曹家河分路追剿沿途又殺賊千餘名生擒偽指揮二人正法都興阿會督孔廣順等兵勇星夜直取廣濟城池當於初三日將該縣城克復現在官軍乘勝攻取黃梅仍著官文等迅飭水陸各軍奮力進攻將全楚各屬一律肅清毋稍遲延欽此

咸豐六年十二月奉

上諭軍機大臣等官文等奏官軍克復沿江州縣攻剿廣濟黃梅獲勝並克復廣濟縣城各摺片覽奏均悉我兵沿江下剿旬日之內克復興國大冶蘄水蘄州四屬並將廣濟縣城攻克辦理尚屬得手惟該匪尚距黃梅孔隴驛小池口等處賊營二百餘里其勢尚張必須節節布置次第剿除以冀全楚肅清前因安徽江西兩省均關長江大局曾諭令官文等會商應由何路進兵本日據該大臣等奏稱俟黃梅廣濟得手力攻九江或全師由潯達皖或分兵會剿江西此時水陸大軍勢如破竹必應謀定後戰體察江皖兩省情形相機進攻務操勝算方爲妥善各處甫經收復尤須妥爲布置水陸兼防毋令該匪乘間上竄復蹈從前覆轍此次大軍東下是否胡林翼督兵在前官文在後路接應仍著妥籌具奏本日據給事中宗稷辰奏江西義甯州一路與崇通等處山徑可通距

武昌甚近亟宜埽除並稱道士洑田家鎮宜堅壘屯兵請飭胡林翼下圖九江未可局守自困等語嚴防崇通一帶並道士洑等處應否駐劄水軍前已諭令該大臣等籌辦仍著將該給事中所奏情形籌畫辦理原片鈔給閱看欽此

咸豐六年十二月奉

上諭前據官文奏官軍克復興國等四州縣並廣濟縣城乘勝攻取黃梅本日復據胡林翼奏收復興國大冶蘄州蘄水廣濟各州縣水師先攻九江焚奪賊船淨盡疊獲大勝官軍克復武昌縣及黃州府後李續賓等由黃州前進會合胡林翼營知府邢高魁等各軍進剿大冶直取興國並經胡林翼先行派令道員王鑫帶勇由通城崇陽進駐通山斷賊後路一律肅清李續賓遂乘勝會督馬

步各軍由江西瑞昌一帶追勦直達九江楊載福水軍亦由黃州進取蘄州分軍登陸攻城斬獲頗多遂復州城署蘄水縣知縣劉綮亦率紳士郭時郁等團勇同日將蘄水縣城收復水師並由武穴進勦廣濟縣屬龍坪等處賊船焚燬三十餘號一路直達九江城下賊帆林立並有對岸小池口停泊多船楊載福令丁泗濱萬化林等分頭攻擣擊斃淹斃之賊無數賊遂棄船奔入江岸賊壘我軍併力進攻賊又棄壘入城所有江面賊船除被焚燒不計外我軍奪獲長龍快蟹舢板等船五十餘隻此次湖北水陸各軍將沿江州縣迅速收復水師已達九江連獲大勝江面賊船盡行焚奪所辦甚屬得手楚境沿江業已肅清仍著官文胡林翼等督飭各軍迅即乘勝攻克九江府城以扼江面而圖進取此次出力員弁兵勇准其擇尤保奏候朕施恩欽此

咸豐六年十二月奉

上諭軍機大臣等官文胡林翼奏官軍克復黃梅縣城現仍嚴密防勦一摺湖北上游各路敗匪盡竄黃梅縣唐家山孔隴驛小池口等處賊營聯絡我軍水陸並進克復縣城事機順利辦理甚屬得手惟該逆尚踞楚皖連界之福林子地方賊勢尚熾必須謀定後戰爲一股殲除之計不可令敗竄餘匪抄我後路致有挫失小池口賊壘與九江互爲掎角我軍蚤爲攻克則潯城不難克復現在官文尚在漢陽胡林翼駐劄武昌辦理善後即日移師東下該大臣等何人前進何人留守地方著即豫籌定議迅速奏聞總期步步爲營將本境餘匪盡數埽除然後水陸進攻庶不致再蹈從前覆轍諒該大臣等必能統籌全局相機布置也欽此

咸豐七年二月奉

上諭內閣官文胡林翼奏宿太賊匪上犯黃梅攻勦大獲勝仗一摺安徽宿松太湖匪眾上竄黃梅縣地方經都興阿等各率兵勇紳團迎擊斃賊數百賊目僞擣天侯陳玉成等糾黨四萬欲踞黃梅縣城都興阿等以空城誘賊二月初三日逆眾分三路上犯因城內空虛長驅直入各路騎馬賊不下千餘亦馳驟而至官軍分撥馬步各隊槍箭齊施刀矛刺賊馬足立斃悍賊多名馬尾山桂家畈之賊先敗王家河賊眾亦潰初四日代理黃梅縣知縣覃瀚元等分南北兩路截勦署總兵王國才等由城西進擊城內老賊數千抵死抗拒復有獨山鎮股匪五六千名抄我軍步隊之後營總巴依爾呼蘭馬隊衝擊各軍馬步夾攻賊勢披靡立斃黃袍紫金冠騎賊十餘名陣斬悍賊數百名餘逆悉數逃竄官軍越嶺追勦共斃賊匪四千餘名奪獲馬驢數百匹僞印旂幟刀矛無算僞擣天侯陳姓及僞天王之壻鍾賊曾賊均被殲斃勦辦甚爲得手所有此次攻勦援賊獲勝並小池口踏賊營壘出力員弁紳勇均著准其彙案保奏候朕施恩仍著官文胡林翼督飭在事文武水陸環攻務將小池口及九江郡城之賊趕緊攻克毋稍延緩欽此

咸豐七年四月奉

上諭內閣官文胡林翼奏官軍踏平小池口附近沿山賊壘連獲大勝各一摺九江對岸小池口下數十里之段窰楓樹坳獨山鎮地方先後添築賊壘數十座與小池口賊掎角抗拒三月初九日將

軍都興阿派翼長多隆阿率領馬隊各軍進勦段窰賊壘並令營總薩林等分路埋伏自督總管巴依爾呼蘭副將鮑超攻小池口賊分三路出撲經鮑超等奮勇擊退其分股往援段窰之賊亦經薩林等伏兵截殺斃賊無數多隆阿等直抵段窰賊衆迎拒營總密雅明阿等揮隊馳驟射斃騎馬賊目數名賊衆奔潰立將賊壘十餘座毀平追至八里江斃賊千數百名溺死者無算生擒十餘名十三日復由黃梅縣馳至安徽宿松縣屬之楓樹坳賊壘數里分路出拒多隆阿令副將王國才等亦分路進擊王國才復分兵繞出賊後擊斃守壘悍賊多名賊衆大亂巴依爾呼蘭等分投掩殺斬馘一千數百餘名生擒四十餘名當將楓樹坳賊壘焚毀遂於十五日夜乘勝馳至宿松縣屬之獨山鎮地方賊壘沿山七大

座深溝密樁多隆阿派兵分伏要隘提督孔廣順等輕騎誘賊賊果出敵時値月明伏兵齊起馬隊縱橫衝殺多隆阿令開化勇潛越賊濠拔樁登壘先將賊大壘一座焚燒餘壘賊皆驚竄我軍乘勢勦殺斃賊三千餘名追殺二十餘里逼水死者又千餘名獨山鎭賊壘亦悉數踏平此次勦平小池口附近賊壘追至宿松先後斬擒賊首萬餘級辦理甚屬得手著官文等即飭帶兵各員乘茲鋭氣迅克小池口並九江府城以遏賊衝所有出力員弁兵勇著官文胡林翼會同查明並歷次獲勝出力人等彙案保奏候朕施
恩欽此

咸豐七年六月奉

上諭軍機大臣等官文胡林翼奏皖省賊匪傾巢竄至蘄水一摺安徽逆匪裹脅宿太饑民數十萬由黃梅廣濟蘄州等處分路間道上竄楚軍分路抵禦擒斬逆匪已至盈萬無如賊勢太衆南勇失利軍壘全失退至蘄水胡林翼前往策應業經收拾隊伍分剳黃州湖北水陸各軍正在九江小池口圍攻喫緊之時今中路忽爲賊斷官文等已調李孟羣還攻蘄水擊賊尾路惟皖省賊氛尚熾李孟羣已抵英山若令折回恐廬州更無援應本日已諭官文等毋庸將李孟羣一軍調回俾仍由英山前進節節勦洗以遏皖省賊勢但道路梗阻湖北不能接濟所有該藩司一軍餉糈著福濟源源分撥毋令缺乏此次皖賊由宿太等處傾巢竄入楚境實因皖省無兵牽制致令該匪恣意上竄福濟鄭魁士坐擁重兵何得株守廬州一籌莫展現在逆匪全力注意楚疆則皖境必有可乘

之隙著福濟鄭魁士迅速出兵爲擣虛攻瑕之計毋得專待李孟羣救援致成坐困之勢欽此

咸豐七年六月奉

上諭軍機大臣等官文胡林翼奏賊匪傾巢上竄南勇敗退賊竄蘄水一摺據稱皖匪因年荒糧盡裹脅饑民數十萬由黃梅廣濟蘄州蘄水等處間道上竄我兵分路堵擊殺賊萬餘南勇各營於蘄州之望天畈追賊遇伏營壘全失退至蘄水等語湖北爲上游扼要該逆意在必爭此次南勇敗退原因賊勢衆多所致惟該匪裹脅饑民不過烏合之衆似尚不難勦散現在胡林翼已抵黃州收集潰勇補製軍械著即督率各路兵勇迅將上竄各匪分兵截勦毋令蔓延欽此

咸豐七年七月奉

上諭內閣官文胡林翼奏水陸各軍剿除下游賊壘疊獲勝仗一摺逆匪糾集大股於廣濟內湖童司牌一帶築壘抗拒六月二十四等日都興阿令孔廣順等移營前進楊載福派都司胡友亮管帶舢板船繞入內湖賊匪全數出撲翼長多隆阿迎擊副將鮑超乘勝攻燬賊壘一座斃賊三百餘名賊被衝突奔逃復毀賊壘三座斃賊千餘名生擒三十餘名奪獲槍旂刀矛無數內湖水師轟燒賊船百餘隻奪獲二十餘隻李續賓由南岸進攻馬步隊截擊斃賊約四五百名水師復燒燬賊划百數十號該逆落水並被我兵追殺及投湖淹斃者計千數百名內斃僞先鋒檢點賊目十餘名生擒四十餘名正法奪獲礮位槍矛馬騾無數童司牌兩岸賊壘

悉數燬平我軍追殺十餘里斃賊數百名胡林翼督同唐訓方進剿黃岡之傅家嶺賊匪分路偷撲我軍繞出賊後齊力追擊斃賊百餘名擒斬長髮老賊六十餘名奪獲旂械多件此次剿除賊壘疊獲大勝辦理尚爲得手著官文等乘此聲威迅埽逆氛毋留餘孽欽此

咸豐七年八月奉

上諭內閣官文等奏黃州官軍移營進剿續獲大勝一摺黃州官軍自剿除黃岡縣屬馬家河等處賊壘後旋即進駐蘄水水師各船及胡林翼親督各兵復分剿蘭溪月山等處七月二十三日賊分三路攻撲月山營盤候選知府李續宜督糧道唐訓方等分紥各軍嚴陣以待俟賊至山腳用礮轟擊團勇亦奮力齊進斃賊多名餘賊敗竄胡林翼復督親兵與李續宜等兵會合分路夾擊直擣賊巢火器齊發延燒賊壘六十三座焚殺及淹斃之賊五千餘名馬步渡河追擊又連破賊壘僞城五座擒斬黃轎賊目僞檢點指揮等三十四名二十四五六日我軍復於界嶺等處分路追剿賊眾披靡又殲斃二千餘名此次移營進剿竄賊斬馘甚多著官文等嚴飭帶兵將弁乘勝下剿節節埽蕩以期會合諸軍迅克九江府城毋稍遲緩欽此

咸豐七年八月奉

上諭內閣官文等奏官軍埽蕩蘄黃賊巢攻拔小池口全楚肅清一摺皖省逆匪分布蘄黃等處並於小池口築城與九江犄角下爲皖匪聲援上圖窺伺武漢雖經官軍屢次攻擊疊受懲創該逆抗

拒如故胡林翼親督所部各隊節節搜剿擒斬不可勝數八月初四日都興阿等挑選馬步各隊將黃梅後山一帶賊壘焚燬淨盡官兵四路衝擊轟斃及落河淹死之賊無算馬步各軍連夜追剿殺賊三千餘名生擒百餘名正法奪獲礮械多件復追至桂家阪渡河橋踏毀賊壘十餘座楊載福等水陸並進直逼小池口十三十四等日各營四面環攻該逆由城上牆施槍礮都興阿派馬隊施放火箭賊蓬火起各勇奮力登城殲斃逆賊無算遂將小池口賊巢攻拔其逃竄餘匪復經巴克坦布等分路窮追至一百八十餘里斬殺殆盡全楚境地一律肅清剿辦甚屬得手著官文等督飭在事文武乘此聲威攻克九江並分兵追剿逃竄宿太股匪以期迅埽餘逆疏通江路所有此次出力員弁兵勇著准其擇尤保

奏候朕施恩欽此

咸豐八年四月奉

上諭內閣官文等奏攻勦麻城賊匪大獲勝仗一摺安徽大股逆匪竄陷湖北麻城縣城經官文等調派官兵馳往勦辦四月初二日副將張文煥等進攻各門賊壘舒保自率馬隊往來策應該逆率眾抗拒官軍極力勦殺連斃悍賊百餘賊敗入壘兵勇奮臂直前力攻三時踏破北路賊壘殺賊一千數百名復乘勝攻破東路賊壘殺賊千餘名西路官兵聞東北兩路得手愈攻愈力都司謝國俊等首先登壘各勇銜入立將西路賊壘焚燬殺斃賊匪二千名餘賊奔赴南門守壘副將張文煥大呼先登各弁勇一齊擁入擒斬悍賊千餘南路賊壘一律毀平統計是日殺賊五千數百名生

擒七百餘名並偽總制偽將軍等二十三名奪獲大小礮九尊旂械無數勦辦甚屬得手著官文等督飭舒保等激勵士卒乘勝迅克縣城盡殲醜類欽此

咸豐八年五月奉

上諭內閣官文等奏皖賊竄入黃安攻勦獲勝一摺皖省賊匪由河南光山等處竄入黃安李續宜隨同舒保帶領兵勇前往援應賊眾蜂擁來撲官軍齊出奮擊斬馘二百餘名舒保督同副將趙克彰等分路抄擊賊眾大敗官軍追至城下踏破賊壘五座斬擒無算著即督飭將弁迅速進攻克復城池毋稍延緩欽此

咸豐八年五月奉

上諭內閣官文等奏官軍連克縣城越境追勦一摺皖匪竄踞湖北麻城另股竄入黃安經布政使李續賓馳抵黃安督勦四月二十八日進攻北門該逆抵死抗拒官軍槍礮齊施斃賊一百餘名毀平四壘五月初一等日各營過河分布城外四面環攻大股賊匪出撲馬步兵勇橫衝截殺逼至麥田之中伏兵齊起槍礮如雷賊遂大潰馬隊縱橫衝截斃賊一千數百名生擒一百餘名並殲斃偽丞相偽先鋒偽檢點指揮司馬等數十名乘夜開北門逃竄李續賓率各營伏兵截殺多名追奔四五里舒保何忠駿跟追三十餘里殺賊無算至般家河又截殺數百名遂將縣城收復麻城之賊亦於初四日夜間不戰而遁道員李續宜副將鮑超率馬步隊日夜窮追沿途計殺斃三千餘名勦辦甚屬妥速著李續宜乘勝追勦節節埽蕩以期肅清皖豫所有此次克復縣城及追勦出力

員弁兵勇著官文等擇尤保奏候朕施恩欽此

咸豐八年五月奉

上諭內閣官文都興阿胡林翼奏安慶等處賊匪竄犯蘄州截擊獲勝一摺皖省太湖之賊圖撲蘄州經糧道唐訓方擊退後該逆復由安慶英山糾集二萬餘人至彌陀寺等地方築壘五月初八日分三股來撲唐訓方等亦分三路截勦中路之賊先潰右路之賊屯聚山岡被誘下撲悉被殲斬兵勇即乘勝攻其左路逆賊四散奔逃官軍窮追數十里將所築營壘十餘座悉數焚燬先後陣斃偽將軍三名偽檢點總制各一名餘賊數千名生擒四十二名墜巖溺水者不可數計十三日該逆復以五六千人來犯被擊敗退殲斃悍賊數十人生擒三人墜巖落澗者復數百人該將弁等於

賊衆來犯以少勝多實屬奮勉出力儘先守備李東山著以都司儘先補用把總浦本祥著以千總儘先補用並賞加守備銜勇丁王友生著以千總儘先補用其餘出力將士著官文等查明保奏欽此

咸豐八年五月奉

上諭內閣官文胡林翼奏查明被擾被旱州縣懇恩豁免錢糧等項一摺湖北武昌咸甯等州縣於咸豐五年春被賊竄擾農民蕩析離居不遑耕作六年夏間復因雨澤稀少有種無收錢漕銀米雜項等稅課均未開徵若僅分別蠲緩以蠲賸銀米分年帶徵民力仍形拮据加恩著照所請所有武昌府屬之武昌咸甯嘉魚蒲圻崇陽通城興國大冶通山黃州府屬之黃岡蘄水蘄州黃梅廣濟

等十四州縣咸豐六年分錢糧漕米南米蘆課雜稅等項並屯坐各該衛屯餉錢糧武昌漢陽黃州三府應徵湖課房稅商稅船牙當稅南北乾魚府鈔等銀均著免勘成災分數一律全行豁免以紓民力該督等即刊刻謄黃遍行曉諭務使實惠均霑毋任吏胥舞弊以副朕軫念民依至意餘著照所議辦理該部知道欽此

咸豐八年十一月奉

上諭內閣官文奏查明黃州府屬各州縣被擾請分別豁免蠲緩錢糧南米雜稅一摺咸豐七年夏間及本年春間皖匪上犯湖北蘄黃麻城等處府屬居民被匪蹂躪遷徙流離若將錢糧等項照常徵收民力實有未逮加恩著照所請所有廣濟縣被擾最重之太東等三鄉應徵七年地丁錢糧南米蘆課雜稅等項著不計災分全予豁免被擾次重之童司牌應徵七年錢糧南米著緩至八年秋後限一年帶徵黃梅縣被擾較重之金林等十二鎮應徵七年錢糧南米等項著蠲免十分之四蠲賸銀米分作三年帶徵東山等十鎮應徵七年錢糧南米著蠲免十分之二蠲賸銀米分作二年帶徵被擾次重之太白等十三鎮應徵七年錢糧雜稅等項著緩至八年秋後限一年帶徵羅田縣被擾次重之栗子坳等六十區應徵七年錢糧南米雜稅等項著緩至八年秋後限一年帶徵以紓民力該督即刊刻謄黃徧行曉諭務使實惠均霑毋任吏胥舞弊以副朕軫念民依至意餘著照所議辦理該部知道欽此

咸豐八年十一月奉

上諭內閣官文奏勘明黃梅縣地方被擾請將漕糧緩徵一摺湖北

省黃梅縣上年被賊滋擾情形較重應徵漕米無力完納自應量予恩施以紓民力加恩著照所請所有黃梅縣金林等十二鎮未完七年漕糧著緩至八年秋後分三年帶徵其有應行帶徵六年漕糧照例遞展該督即刊刻謄黃遍行曉諭務使實惠均霑毋任吏胥舞弊以副朕軫念民依至意該部知道欽此

咸豐八年十二月奉

上諭軍機大臣等據都興阿奏移營進規太湖分路布置情形一摺復據奏現患骽疾請賞假調理已降旨賞假一箇月矣該將軍現派各軍責成記名副都統多隆阿統帶移營前進並由官文檄調九江防兵移劄黃梅飭令李續宜添調四營前往下游兵力已不爲單薄惟都興阿告假在營調理雖有多隆阿爲前敵而後路尙

無大員總統調度胡林翼到省後已馳往黃州者即申明紀律調
度各軍仍以多隆阿爲前敵督飭李續宜等體察情形節節進剿
胡林翼應否督兵前進著與官文會商辦理儻因兵力不敷即著
官文酌量調派爲進兵圖皖之計不致遲誤事機是爲至要將此
由六百里諭令知之欽此

咸豐十年十一月奉

上諭內閣官文奏請將架詞揑控之棍徒嚴懲等語據稱湖北近有
刁惡棍徒或因訛詐不遂或因挾嫌報復往往指名揑控誣以謀
逆從賊羅織多人挾制官吏如麻城縣民人鄧旺銀等京控各案
均係有心誣陷揑詞控訴業於訊明後照例嚴辦以遏刁風各省
被陷地方經官軍收復之後其被脅良民並非甘心從逆者原准

免其治罪其困守本境不肯逃亡者較之被脅之民情更可原決
無反予苛求之理似此刁徒訛索架詞誣累實爲良善之害亟應
嚴行懲辦嗣後湖北京控案件遇有執持逆匪僞據揑詞控告者
著都察院步軍統領衙門即將該原告連所遞呈詞等件一併交
該部遞解回籍查明有無在本省上控案據分別立案不行並加
等治以越訴誣告之罪以儆效尤至他省有赴京向該衙門等呈
控事關重大者仍著隨時具奏欽此

咸豐十一年二月奉

上諭軍機大臣本日據官文奏皖省逆匪由英霍竄擾黃州現籌堵
剿情形一摺皖逆陳玉成因楚軍全力謀皖省會空虛句結捻匪
十數萬自英山霍山北路竄越楚境於二月初七日竄於蘄水初
八日賊分三路已竄黃郡距省城僅百餘里賊蹤剽疾異常情形
實爲緊迫官文現在親督存城馬步官兵扼駐省外要隘並督帶
水師礮船嚴防江岸已飛咨駱秉章暫將入川兵勇馳赴鄂省一
面飛調荆州襄陽滿漢官兵來省痛剿所籌均尚周密該大臣即
先就現有兵力分撥布置嚴密守禦並飛催李續宜舒保馬步官
兵迎頭截剿毋稍延緩胡林翼現在太湖爲桐城諸軍後路援應
此時賊由英霍竄至黃州省城兵力尚單防務喫緊自應先其所
急著該撫迅即派撥精兵協同堵剿以期痛殲醜類駱秉章現已
起程由水道入川計已行抵湖北著即與官文會商如省城布置
周密即統率所部馳赴蘄黃一帶會合湖北各軍將此股逆匪併
力剿洗迅埽逆氛俟該省軍情稍鬆再行帶兵赴蜀欽此

咸豐十一年三月奉

上諭軍機大臣等前據官文奏皖逆竄擾黃州當諭令官文飛催李
續宜舒保所帶官兵迎頭截擊並令胡林翼派兵協剿駱秉章赴
川兵勇馳赴蘄黃一帶會合各軍剿辦本日據李續宜奏皖逆糾
合大股捻匪由英霍上犯鄂邊已於二月初六日由青草隔率全
軍而上六安壽州一帶勢難兼顧等語逆賊上犯楚疆勢極剽疾
胡林翼力守太湖因病未能督隊李續宜自能先其所急力保根
本官文現調荆襄滿漢官兵赴省又有駱秉章一軍及李續宜所
帶馬步各隊兵力已厚前截後追此股逆匪諒不難悉數殲除省
垣稍有疏虞惟官文是問若不能繞擊徒事尾追惟李續宜是問
一俟鄂省軍情稍鬆李續宜即督帶所部馳赴壽州安壽兼顧以

便爺同書交卸起程前諭官文胡林翼調兵二千名駐劄三河尖此時兵力如何分撥仍著該大臣等酌量撥往以壯皖北聲勢六安壽州兩城已諭袁甲三翁同書妥爲布置矣欽此

咸豐十一年三月奉

上諭內閣官文胡林翼奏查明將弁功罪分別懲勸一摺粵逆陳玉成糾合捻逆竄擾湖北羅田松子關經副將成大吉分路進勦斃賊四千餘名連日賊分五路來犯復經官軍痛勦殺斃捻首龔瞎子並伏兵追擊餘逆從關外逃竄副將成大吉以少擊衆殲除大憝厥功甚偉副將余際昌等分防霍山不能堅守待援致令逆匪闌入黃州自應分別功罪以示勸懲記名總兵副將成大吉著賞加提督銜副將張運馥保升副將參將王名滔胡以章均著賞加

總兵銜保升遊擊都司曾昭仕著免補遊擊以參將儘先補用副將余際昌參將楊飛雄都司浦本祥李殿元均著革職留於軍營效力以觀後效陣亡都司尹翠日外委歐正亭軍功楊福堂龍得祥黃玉魁王先道殷邦明張唐文曾昭松胡大貴李學山常科名段春發劉有勝李衍堂楊復興均著交部從優議卹以慰忠魂欽此

咸豐十一年九月奉

上諭內閣官文等奏官軍克復黃州府城等語逆匪竄踞湖北黃州府城負隅固守經官文等調派李續燾等及彭玉麟水陸並進相機攻勦並經多隆阿統帶馬步全隊由蘄水會勦下游敗匪以截逆援八月二十三日我軍設計誘賊出城奮力衝擊賊尸遍野其逃奔三台河渡江者復被水師截殺殆盡我軍遂攻入城中搜殺餘匪當於二十四日將黃州府城克復著官文等督飭各軍跟蹤進勦務期盡殲醜類毋留遺孽其在事出力人員並著查明保奏候朕施恩欽此

同治元年八月奉

上諭議政王軍機大臣等勝保奏陝回披猖剋日馳抵潼關相機勦辦暨官文等奏援軍赴陝留兵防守蘄黃襄郡各摺片南陽竄匪仍在鎮平一帶盤踞多隆阿現由南陽前進正可探蹤迎勦務將醜類悉數殲除俾不得西竄陝境與回匪句結則勝保入關之軍可無腹背受敵之虞鄂省援軍四出各處毗連地方亦須防範周密官文請以何紹彩所部駐守荊子關屏蔽三省並爲各軍後路

接應襄陽蘄黃留金國琛等軍防守不能入陝即照所擬妥爲辦理並飭周鳳山歐陽正墉等軍將信陽等處匪巢迅埽以通驛路欽此

同治元年九月奉

上諭議政王軍機大臣等官文嚴樹森奏鄰寇環偪鄂省兵力不敷請飭多隆阿回援一摺該省猝被賊擾股匪甚多兵勇分路防勦幾有應接不暇之勢官文等現已咨行多隆阿剋期督兵回援鄂省第陝省回匪蔓延甚廣曾經諭令該將軍移師援陝勢難令其折回楚省往返奔馳曠廢時日致陝楚軍務兩皆耽延多隆阿前派穆圖善一軍赴鄂援勦若未能遽撤赴陝不妨暫留楚省至鄂省尚有李續燾一軍可由豫省調回截勦先顧本省並著毛鴻賓

趕緊將楚南勁旅挑選數千名遴派得力鎮將管帶剋日馳援鄂省官文等惟當將所調穆正春等各路之軍飛催前進就現有兵力嚴密堵剿毋任賊匪南竄省垣東竄皖境是爲至要正在寄諭間續據官文等馳奏攻克應城賊匪竄陷孝感立時擊退情形一摺賊蹤飄忽靡定意在由楚回皖歸併金陵該督等現飭駱保等馬隊並副將藍斯明等軍併力合剿即著督令該將士等扼要截擊務令就地殲除毋令回竄皖境黄安麻城一帶陸路空虚固應嚴防武漢黄三郡沿江一帶水路尤應嚴密扼守漢口至黄州一路商民船隻均須先期提歸南岸毋令賊匪擄掠縱横江面致剿辦益形費手欽此

同治二年二月奉

上諭議政王軍機大臣等李鴻章奏籌備京米情形一摺前因戶部奏請籌款由江蘇省購運商米以實倉儲當經諭令李鴻章趕緊購買陸續運津兹據該撫奏稱現擬責成商人分赴湖廣等處採辦並設局勸辦各等語江蘇省各府縣産米不敷民食向賴湖廣等省商賈販運近來米商斷絶採購維艱自係實情即著照該撫所議責成商人分赴湖廣江北一帶採辦由該商承運赴津交兑著官文等查照遇有採辦京米商船過境其關税釐捐概予寬免驗明有無應完他税分别放行毋許留難以示體恤李鴻章另片奏請飭湖廣江西採辦米石從漕折内開支等語漕糧改徵本色及採辦米石運京前經戶部奏咨湖廣等省遵辦旋據官文等以事多窒礙奏請停止兹據李鴻章奏請飭湖廣等省酌提漕折採

辦米石解至安慶大通一帶由曾國藩添委員督同照料仿拖帶鹽船之法附輪船拖過金陵駛至上海比照海運章程勸令沙衛各船陸續運津其由滬接運放洋時由李鴻章妥籌辦理湖廣江西等省距安慶尚不甚遠既不若解滬解京長途阻隔而以輪船護送亦非冒險挽運事屬可行所有湖北之武昌漢陽荆州襄陽黄州等府湖南之長沙衡州澧州岳州等府州江西之南昌瑞州臨江吉安撫州建昌等府均堪採辦著官文嚴樹森毛鴻賓沈葆楨飭令該藩司糧道等體察情形責成各該州縣動用漕折採辦米石各視漕折舊額或二三成酌加運費折耗派員按照前法辦理如此沿江轉運聯爲一氣於京倉必當大有裨益不至支絀爲患欽此

同治二年三月奉

上諭議政王軍機大臣等官文等奏皖豫股捻闌入鄂疆偪近武漢調兵進剿一摺此次捻首陳大濬等句合亳捻由羅山新息竄至麻城現竄踞白杲鎮該處距黄州甚近官文等已調派穆正春等移劄舊街沙河等處並調周鳳山舒保等馬步各軍及沿江水師分投巡防辦理均尚周安該逆陳大濬等人衆雖多而屢經挫敗已失巢穴亳捻亦無巢可歸官文等所調各軍均係鄂省得力之將即著嚴飭各軍實力兜剿余際昌一軍已至兩路口並著張之萬毛昶熙飭令會同楚軍合力攻剿盡殲醜類此股捻逆久爲豫患豫軍既未能殲除已至闌入鄂疆同爲兩省邊患自當不分畛域若豫省再不能遏堵復令回竄迄無了期則豫軍之咎更重務

當趁此該逆離巢之際與楚軍和衷商酌悉數殲除永除後患官文等亦當同心討賊不得以驅賊出境即爲了事嚴樹森著俟捻逆勦除後再行酌量情形馳赴上巴河察看軍情此時即無庸出省其武漢防堵事宜並著官文等妥籌辦理毋稍疏懈欽此

同治二年三月奉

上諭議政王軍機大臣等嚴樹森奏皖豫捻逆竄向東南追勦情形並駐劄黃州就近調度一摺捻逆陳大濬等由豫省竄擾光山擾及麻城之白杲鎮等處經官文等調派總兵穆正春等進勦該匪折向東南意圖襲取上巴河營壘經穆正春先期馳抵該處將撲營之賊擊退該逆現踞竹瓦店但店等處嚴樹森現已帶兵出省馳抵黃州之團風鎮扼劄就近調度著官文嚴樹森即飭舒保成

大吉等痛加遏勦以收夾擊之效現在賊勢偪近黃州雖距武漢較遠而與皖省潛江太湖一帶壤地相連深慮該逆蓄意東趨與巢含和一帶髮逆互相句結嚴樹森務當督飭諸軍繞出賊前迎頭截勦毋得任賊竄入皖境致滋蔓延並著唐訓方選派兵勇激勵鄉團於交界地方嚴密堵遏毋令賊蹤闌入皖境欽此

同治二年四月奉

上諭議政王軍機大臣等官文嚴樹森奏官軍勦辦捻匪情形及抽派郎中李雲麟率師援陝各一摺捻逆竄擾鄂境經嚴樹森駐劄團風鎮調派各軍分路擊勦先後在望花東界嶺及游河黃栗子灣等處獲勝頗有斬擒而該逆東奔西突總未大受懲創昨據曾國藩奏鄂東捻匪於蘄水分爲兩股一股回竄黃州一股竄入桐舒與髮逆聯合該逆黨羽雖衆已分股下竄其在鄂境遊弋者勢餘諒已稍衰亟應乘勢勦滅著該大臣等嚴飭各營將弁併力兜勦務將此股竄匪就地殲除毋得觀望遷延致干重咎陝南郡縣匪徒麕集若不迅圖勦滅不獨西安省垣可慮即川楚邊陲亦無安謐之日官文等現飭李雲麟率所部三千餘人由鄖陽渡漢而南著即飭令該員剋期進勦漢中待援孔亟毋得駐守興安城內致誤事機欽此

同治三年六月奉

上諭議政王軍機大臣等官文奏賊趨麻城黃岡派兵會勦擬即赴黃州督師曾國藩奏覆陳近日軍情各一摺逆匪不得逞志於漢口分股向東北斜趨官文飭富森保等各軍分投截擊黃安黃陂

之賊分竄麻城之岐亭等處捻逆亦分股由黃陂所屬之油榨河竄入羅山縣屬之仙花地方又黃安北路之賊分股竄至光山縣屬之薊家河等處成大吉等現將新洲及辛家衝併力攻克水師礮船在黃岡縣境勦退賊匪官文擬即移營駐劄黃州著即趕緊馳赴黃州督飭成大吉等馬步水陸各軍認眞勦辦將黃麻一帶逆匪悉數殄除毋任蔓延他處蘄水等處即責令梁洪勝等實力固守毋任竄突該逆未嘗一日忘援金陵其停頓不即東趨必係探聽皖省下游信息欲以捻逆牽掣上游便可遂其豕突狼奔之計僧格林沁現已移劄光州蘇克金等馬隊皆在豫境著即飭令該員等將光羅各境竄匪迅速勦除並嚴防楚匪東竄皖境張之萬當嚴飭各郡縣愼固封守毋令賊再闌入應如何添兵會勦之

處著與僧格林沁會商妥辦皖北之防喬松年須振刷精神豫爲戒備毋徒恃其不來或致臨事掣肘曾國藩現調周寬世一軍移赴皖北並因黃麻距皖較近列城空虛可慮令陳國瑞駐劄壽州該處爲淮南江北適中之地有此勁旅兼可爲廬壽舒六等處遊擊之師所籌均妥著即飛飭該員等迅速到防毋稍延誤金陵之賊飛走技窮著曾國荃相機進剿周歷巡防該處城池雖高且堅但使眞能斷其接濟外援不來內賊不出又寬爲收撫脅從播散告示俾令傳入賊中以破其固結之謀不久定能蕆事該大臣等其愼勉圖之以副企望欽此

同治三年六月奉

上諭議政王軍機大臣等張之萬奏豫軍追賊入楚調回一軍扼守

光固並裁勇練兵各一摺髮捻竄擾光山等處經副將徐連陞等督率兵勇分投剿洗該匪避兵遠颺悉向黃安黃岡一帶竄去張之萬現派徐連陞色爾固善張曜等軍盡赴東路聽候僧格林沁調遣即著僧格林沁嚴飭各軍出境追躡會合楚師兩面夾擊務將此股巨匪悉數殄除毋留餘孽黃州水路布置前據官文奏已派梁洪勝等營及丁長春等礮船前往扼守此時該郡徧地賊蹤官文務當嚴飭各營實力迎剿痛埽狂氛毋令蔓延爲患豫軍追賊入楚豫南門戶空虛張之萬現擬於赴楚各隊內抽調一軍駐劄光固防賊回竄所籌尚是即著該撫函商僧格林沁斟酌妥辦欽此

同治三年六月奉

上諭議政王軍機大臣等官文奏官軍會剿逆匪疊獲勝仗並派兵馳援麻城一摺髮捻各逆趨集黃麻一帶復糾眾回竄盤踞柳林舊街等處經成大吉石清吉等軍分路剿擊將辛家衝柳林舊街之賊追殺數十里迭有斬馘惟陳得才大股尚踞麻城白杲沙河等處麻城之圍未解亟宜併力埽蕩著官文飭令成大吉石清吉等營迅將白杲等處之賊痛加剿洗毋任蔓延麻城賊氛四逼城中無糧甚形危急周鳳山楊朝林等援軍並著催令迅解城圍不得稍有疏失前據張之萬奏豫省光山等處之賊已竄黃安黃岡一帶是豫邊情形稍鬆僧格林沁現劄光山蘇克金等馬隊已至光麻之交若橫出與楚軍會剿自更得手著僧格林沁即飭蘇克金等聯絡夾擊並遵前旨飭張曜色爾固善等軍出境追躡與鄂

軍四面兜圍務期盡殲醜類痛殄狂氛第賊勢注意東趨蘄水之雲路口已有梁洪勝五營繞前扼截該逆不能逞志恐其由麻城直趨皖境僧格林沁官文尤當分飭各軍一面迎頭攔截毋得徒事尾追致賊蹤蔓及皖境其姜玉順蕭河清藍斯明等軍已先後馳抵樊城鄂省兵力不爲不厚現在分別遣留自已就緒即著催令徑赴黃州麻城一帶會同成大吉等併力進取以期厚集毋稍宕延官文俟遣撤勇丁整頓營務辦有眉目即遵前旨移劄黃州以資調度欽此

同治三年六月奉

上諭議政王軍機大臣等本日據官文曾國藩由六百里加緊馳奏克復江甯全股悍賊悉數殲滅一摺各路賊匪皆視金陵爲趨向

此時巢穴既覆則其餘竄逸之賊自必聞風喪膽僧格林沁現已移劄光州官文度亦進至黃州即著妥籌會勦督率官軍將麻黃一帶賊氛乘勝埽蕩悉行殄滅毋令竄突欽此

同治三年八月奉

上諭議政王軍機大臣等官文奏攻克白杲髮捻分股奔竄官軍跟蹤追擊並各路堵勦情形一摺成大吉姜玉順等克粉壁學銀家官塆等賊壘後直擣白杲追勦兩晝夜斬殺甚多現在髮捻各逆如游魂無歸分路狂奔尚無定向東竄之賊將與蘄水羅田踞匪合夥西竄之賊已由料棚竄新集距光山不遠大股仍麕聚黃安牽制楚師官文已令楊朝林等分道追擊並飛咨僧格林沁截勦著官文嚴飭各路將領無分漏夜盡力追蹤兜截毋任再有延蔓

僧格林沁駐軍光州諒該逆不能偷越著即偵賊所向派兵兜勦勿任竄入皖豫境內麻城北路賊匪著僧格林沁督飭馬步各軍認眞勦洗近日軍情並著隨時馳奏以慰廑系其分股竄擾黃安之賊業經官紳擊退蘄水之賊擾六神港又由西岸竄陳家灣等處經張啟基礮船擊敗匪向殷家衝山後而遁此股逆匪現竄何處並著官文查明下落飭令在防將士會同地方文武迅圖撲滅以收廓清之效蘄水羅田等處之賊趨豫入皖蹤迹不定著喬松年張之萬懍遵初四日諭旨整飭防軍會合楚軍前後夾擊儻令深入定惟該撫等是問汝正新息餘匪未靖毛昶熙當會同張之萬督軍認眞搜捕不得少留餘孽致貽後患欽此

同治三年九月奉

上諭議政王軍機大臣等喬松年奏英霍逆匪被勦西竄現籌勦辦情形一摺逆匪竄聚英霍一帶圍攻蔣凝學之軍並分擾至潛山邊境經蔣凝學督軍苦戰屢挫凶鋒復經英翰郭寶昌協力追勦該匪遂退竄蘄羅一帶蔣凝學乘勝尾追斬擒甚眾現在未可遽令赴鄂其英霍交界即著飭令英翰扼要駐劄妥籌援應及六安流波疃一帶仍著責令張得勝認眞防守與英翰等聯絡聲勢嚴密戒備曾國藩前派之劉連捷朱洪章朱南桂等軍及續派之李榕王可勝何紹彩等軍計已到皖此時英霍已無賊蹤自應越境進勦即著曾國藩喬松年飭令拔隊赴鄂會合楚師兩面夾擊盡殄賊氛曾國藩現赴江甯距英霍一帶較遠若派出諸軍悉由曾國藩調度軍情旦夕變遷千里請戰深恐緩不濟急所有劉連捷

等軍已抵皖境以後一切進勦機宜即可由喬松年斟酌調派以期毋誤事機蘄羅等處賊氛麕集官文當懍遵前旨督飭在事將弁實力扼勦並飛調劉連捷等軍追擊僧格林沁之軍如已到麻城並著相機會勦以資厚集欽此

同治三年十月奉

上諭議政王軍機大臣等僧格林沁奏督軍進勦西竄股匪偪賊東趨官文奏髮捻東趨與蘄水之賊句合現籌辦情形各一摺逆匪盤踞新店雙山門等處經陳國瑞等軍擊敗遁入楚疆僧格林沁進劄商城而捻匪張總愚率眾回竄官軍敗之於木子店復向西南白杲一帶狂奔陳國瑞姜玉順等督軍扼勦疊有斬擒該逆已東竄上巴河蘄水一帶與下游大股髮捻句合是楚北西路可保

無虞而逆勢既歸併一處則下游倍形喫重皖楚之交山重水複馬隊萬難施展著官文即飭姜玉順蕭河清等軍鋭意東行會合成大吉之軍内外夾擊務將此股賊匪就地殲除毋任再行西竄其劉連捷一軍並著官文飛檄催提飭令自東而西與鄂軍兩面兜剿大彰撻伐成保陳國瑞扼剿羅田過賊西北竄路李濟清等水師嚴扼辛家衝一帶以防搶渡即著僧格林沁官文分飭各軍嚴密堵禦以備抄擊僧格林沁現已移營黄岡之上巴河擬俟賊蹤竄近平原督率馬隊追擊該大臣惟當穩慎進取毋稍疏虞欽此

同治三年十月奉

上諭議政王軍機大臣等僧格林沁等奏陸路賊匪由廣濟上竄督

師追剿一摺逆匪分股一由張家坊陳德園潰走一由蘄州廣濟奔逃疊經官軍追剿該逆以一股牽制我軍分股由廣濟翻山繞越蘄州濱湖一帶上竄經譚仁芳等截殺隨由棗茨嶺逸入上下巴河等處旋由黄岡麻城直趨岐亭新州各路上竄黄陂官文現派常星阿等趕赴上游節節追剿並令喜昌等分防漢口等處著官文檄飭派出各軍實力嚴防扼要駐劄相機剿辦務期一鼓殲除毋得稍涉疏懈欽此

同治四年十一月奉

上諭軍機大臣等前據吳昌壽奏稱捻蹤由襄城葉縣擾及舞陽後股由臨潁郾城竄至西平遂平等處當經諭令官文鄭敦謹飭令防邊各軍越境赴豫迎擊茲據官文等奏稱賊蹤西竄召魯嚴飭諸軍夾擊一摺所陳情形尚在吳昌壽奏報以前現在賊匪既已繞竄舞陽後股又由徐州歸德一帶西竄郾城西平遂平一帶與張總愚前股合併勢燄益張湖北應山黄安麻城等縣距賊較近該逆有欲往湖北擄糧之説尤應防其竄入惟近防不如遠剿與其株守本境不如越境赴豫迎擊著懍遵前次諭旨嚴檄成大吉駐劄麻羅之軍越境迎剿與吳昌壽所派各軍會合夾擊姜玉順等軍由西路轉向東北探賊所向與豫軍兩面夾攻以期速殄狂氛鄂省近來辦理會剿頗形遲滯官文鄭敦謹務當振刷精神實力整頓不可徒事敷衍有名無實致干咎戾姜玉順等軍既經赴豫援剿距鄂較遠所有進止機宜即著由吳昌壽節制調遣以一事權安襄鄖漢黄德等府屬團練即著官文等飭令唐協和悉心

經理務臻妥善欽此

同治四年十一月奉

上諭軍機大臣等吳昌壽奏髮捻各逆分竄豫楚官軍分途追剿情形一摺賴牛等股匪由西平等處奔竄經蔣希夷督兵在西平之觀音堂洪橋口將該匪擊敗並於遂平上蔡等處連次獲勝賊匪奔竄確山掠及汝甯一帶其由裕州擾及唐縣之張總愚股匪經統帶鄂軍之總兵劉維楨設伏擊敗擒斬逆首之弟張宗志姜玉順復敗之於鄧州構林關該逆屢經挫敗正可乘此機會奮力進攻以期力埽狂氛姜玉順等軍前已諭令吳昌壽節制調遣著即飭令力圖進剿並令宋慶張學醇等會合夾擊毋任賊蹤再竄他處官文鄭敦謹尤當檄令劉維楨姜玉順譚仁芳等軍不分畛域

四面會勦毋稍鬆懈西平等處偪近應山黃麻一帶何以鄂軍並未出境迎擊著官文鄭敦謹嚴檄成大吉等軍迅赴豫會勦仍一面嚴守本境勿令賊蹤竄入不得再事玩延劉銘傳一軍業經曾國藩飭令赴豫著該大臣即檄其迅赴確山與豫省馬德昭蔣希夷等軍合力夾擊務將賴牛等匪殲除鄭敦謹前已有旨補授戶部右侍郎湖北巡撫已令李鶴年補授李鶴年到任需時鄭敦謹未卸任以前所有鄂省軍務仍當認眞籌畫布置不得存五日京兆之見欽此

同治五年正月奉

上諭軍機大臣等喬松年奏楚境竄賊情形並派兵會勦一摺賊匪因成大吉營勇丁譁潰躡蹤南趨盤踞於麻城黃岡之間分擾羅

田黃岡一帶勢甚蔓延喬松年現飭總兵王才秀四營馳赴麻羅擇要駐劄覘賊所向與鄂軍併力追勦尙能不分畛域著即嚴檄該總兵認眞勦辦毋稍鬆勁張得勝一軍現已改令駐劄宋埠並於雉河防軍內抽撥三營鎭劄三河尖防堵亦尙周密曾國藩現已派兵由豫援鄂著該大臣即飭劉銘傳等軍奮力追勦賊既分擾麻黃羅田各境則股數已分而較弱勦辦當易爲力務當就地殄盡不可再任北竄致成不了之局黃麻等處團練素稱得力官文鄭敦謹宜聯絡紳團協同助勦並嚴督鄂省將士實力進攻不得以本省軍務專待他人援應賊被劉銘傳援軍由北路追壓勢必南竄漢黃官文鄭敦謹尤當厚集水陸兵勇嚴密堵勦毋稍疏虞沿江一帶著曾國藩調撥水師防堵英霍舒桐等處喬松年當留意防範欽此

同治五年二月奉

上諭軍機大臣等官文鄭敦謹奏官軍克復黃陂縣城暨請仍留馬德昭在楚會勦各摺片逆匪麕聚黃陂城內及新洲岐亭宋埠一帶經楚省官軍會同劉銘傳等軍合力圍攻殺賊甚多其奔竄出城者又被我軍分路追殺當將黃陂縣城收復現在敗逆均向安麻新洲一帶大路竄去亟應乘勝殲滅以除後患官文等已飭豫楚各軍跟蹤追勦並飭王才秀由麻城一路前進咨劉銘傳就近馳赴新洲等處迎頭攔截與追軍前後夾擊務即嚴檄各軍奮力兜擊迅殄逆氛毋任再行紛竄復致蔓延欽此

同治五年八月奉

上諭內閣御史汪朝棨奏月食示警請飭在廷諸臣實力修省一摺現在捻匪回氛尙未平定江南之淮揚廬鳳湖北之江漢蘄黃等處均罹水災尤宜倍深儆惕朝廷宵旰勤求不敢稍自暇逸內外臣工其各力圖振作同心協贊用副恐懼修省之意欽此

同治五年十二月奉

上諭軍機大臣等官文奏髮捻突竄黃陂逼近武漢現籌布置情形各摺片髮捻各逆假冒官兵突竄麻城黃岡之新洲倉子埠等處肆擾距省城僅數十里近省一帶無兵可調勢甚危急官文現飭譚仁芳移劄滠口姜玉順繞前截擊左光培礮船赴漢川新溝力保江面著譚廷襄曾國荃即飭該將等認眞防勦並由曾國荃營添撥兵勇嚴防漢鎭及黃州等處曾國藩李鴻章即飭周盛波等

軍儘力窮追李鶴年飭宋慶一軍跟蹤追赴鄂境賊既竄至水田較多之處馬力難於馳騁正可調集各路主客各軍四面兜剿聚而殲旃務當申嚴號令督飭諸將併力齊心認眞剿辦儻有觀望遷延貽誤事機者卽著嚴參治罪曾國荃前擬誘賊入險本係正辦惟該撫駐劄武勝關距賊甚近賊蹤竄繞後路震動省垣該撫毫無布置且近省各軍俱已調撥赴營致令後路空虛實屬調度無方儻掉以輕心不能速籌防剿就地殄除致令竄出本境坐失機會恐不能當此重咎也懔之黃州毘連安慶並著英翰分布兵勇嚴密堵遏毋任髮捻東竄欽此

同治五年十二月奉

上諭軍機大臣等官文曾國荃奏官軍扼截股匪沿途疊勝情形一

摺任賴等逆由豫省商城竄入麻城兼擾黃安黃陂等處經姜玉順各軍分途截擊該逆竄撲雲夢於上月二十三日突攻德安府城維時郭松林率軍東來親督各營連番迎擊陣斃悍賊多名賊眾大潰擄獲賊供稱該逆欲乘虛襲踞城垣爲度歲之計著譚廷襄曾國荃嚴飭郭松林譚仁芳等軍趕緊窮追毋任喘息該逆現經挫敗必圖上竄京山天門一帶甚屬空虛曾國荃已檄飭總兵劉維楨等軍由棗陽襄陽分路攔截卽著該總兵等嚴爲堵禦覘賊所向併力殲除曾國藩李鴻章亦當分飭劉銘傳周盛波等會合鄂軍分投兜擊不可縱出鄂境復肆蔓延德安爲武漢上游地當衝要曾國荃應否移營駐劄調度各軍著妥爲酌量其灄口等處仍著譚廷襄曾國荃嚴檄派出各員嚴密防守以固省垣所有

鄂省追剿諸軍如有觀望不前任賊狂竄者著該署督等遵奉迭次諭旨查明參辦毋稍徇隱襄樊等境毘連豫疆難保該逆不乘虛回竄李鶴年務當豫籌防禦毋得專待客援致豫境又形糜爛劉秉璋等現在屯劄何處並著曾國藩李鴻章飭令扼守鄂豫交界地方迎頭截擊以壯聲援欽此

同治六年二月奉

上諭軍機大臣等譚廷襄奏髮捻東趨飭軍分赴下游扼剿一摺譚廷襄曾國荃奏賊擾黃麻派軍堵剿並查明任化邦賴汶洸等逆尚未殲斃各摺片逆匪經鮑超等軍擊敗之後雖受懲創馬步人數尚多任賴等逆相率逃逸現復由桐柏一路回竄鄂疆蘄黃麻羅防剿極關緊要譚廷襄已飭襄河水師下駛並調藍斯明等軍

移劄灄口分布黃州麻城等處卽著嚴飭各軍防剿兼施不得令一賊一騎闌入腹地曾國荃督令彭毓橘等軍速赴黃麻痛加剿洗務須就地殲除毋許旁逸沿江地段並責令彭玉麟所派之王吉等水師二營與鄂軍梭織防禦皖之宿太英和與鄂毗連英翰當督飭皖軍嚴密布置如賊蹤竄近卽迎頭奮擊以收夾擊之效欽此

同治六年三月奉

上諭軍機大臣等譚廷襄曾國荃奏捻逆盤旋於麻蘄二黃官軍獲勝賊復上竄雲孝現在會剿各情形一摺賊眾在麻蘄二黃境內疊經姜玉順等軍擊敗各有斬擒左宗棠帶兵行至灄口麾軍追剿刻下任賴二逆上趨雲孝將由應城天門以赴臼口冀擾襄河

南岸完善之區著曾國荃檄飭襄河水師節節上駛極力防範並整頓各州縣民團憑河固守以保要隘鄂軍三十餘營止可併爲一路現由孝感雲夢緊躡其後僅成尾追之勢不足以遏凶鋒鮑超假期屆滿自必督率迎勦用收夾擊之效該提督何日拔隊啓行即著趕緊奏報以慰馳繫不得任意遷延自棄前功致干重咎李鴻章已派李昭慶等率淮軍由麻城入鄂即著催令鮑超一軍與之會合上下夾攻以紓鄂患曾國荃已由水路赴省著將現在軍情與譚廷襄妥商辦法如賊勢趨重何路即行相機出省調度毋誤戎機欽此

同治六年五月奉

上諭內閣上年捻逆自豫竄鄂疊經諭令李鴻章曾國荃督飭湘淮

各軍及鄂省諸軍實力勦辦以期就地殄滅永靖捻氛乃該逆游弋於鄂之黃麻隨棗豫之南陽信羅一帶縱橫馳逐疊報勝仗日久無功本年五月間據山東河南各省奏報該逆長驅入豫歷棗縣襄城許州蘭考直竄山東遂由鄆鉅趨壽張一帶直撲運河現復竄泰安甯陽等處漸逼省垣尚復成何事體各省疆吏及統兵大員平日所爲布置防勦者安在殊可痛恨賊至則堵禦無方賊去以出境爲了事糜餉殃民迄無底止中原捻患何日可平耶除丁寶楨昨因河牆不守業經交部嚴加議處及認守地段之營員朱萬美令於軍前正法外湖北巡撫曾國荃著摘去頂戴與河南巡撫李鶴年一併先行交部議處以示薄懲欽此

同治七年五月奉

上諭軍機大臣等郭柏蔭等奏遣撤霆峻各營並辦理江湖會匪情形一摺江湖會匪匪首蕭朝翥蕭朝舉在湖北地方立有蓬萊天台等山老帽陪堂紅旗等項名目沿江肆掠乘霆峻等營遣撤糾黨分布黃梅武穴龍坪各水次阻截散勇迫脅滋事兇燄甚熾經郭柏蔭等檄飭提督譚仁芳等水陸各營擒獲匪黨劉子霖胡國星等十餘名正法並盤獲匪船三隻其盤踞黃梅陸家嘴之匪亦經總兵婁雲慶密約水師會同民練殲斃四五百人餘匪星散匪首蕭朝翥經知縣廖恩樹副將向百福會合兵勇追捕經勇丁陳之貞等將蕭朝翥殺斃辦理甚爲妥速著郭柏蔭何璟嚴飭所屬各地方官聯絡水陸各營將逃散餘匪一體認眞兜拏務期淨絕根株毋任一名漏網霆峻各營散勇並著飭令婁雲慶妥爲鈐束

勿令沿途逗留滋事所調各營仍令擇要駐劄嚴密搜捕以靖地方將此諭知郭柏蔭並傳諭何璟知之欽此

同治七年八月奉

上諭前因捻逆張總愚竄擾直隸等省小民耕種失時流離困苦軫念良深諭令各督撫查明被擾輕重情形分別奏請蠲緩錢糧以示普沛恩膏因思捻逆肆擾湖北河南安徽江蘇山東等省歷十餘年吾民蕩析離居轉徙顚沛殊堪憫惻今幸次第蕩平自應一體施恩俾小民得免追呼之苦所有被擾最重之安徽鳳陽潁州泗州江蘇徐州海州山東曹州濟南青州沂州河南開封歸德陳州許州汝州光州湖北黃州德安所屬各州縣同治六年以前錢糧除業經蠲免外其實欠在民者均著概予豁免此係朝廷曠蕩

之仁該督撫等務當卽飭所屬州縣認眞稽覈不得以完作欠致
滋弊混並著刊刻謄黃徧行曉諭務使實惠均霑毋任吏胥舞弊
其餘被擾較輕各屬並著各該督撫查明分別奏明請免舊欠錢
糧以副朝廷軫念災區至意該部卽遵諭行欽此

同治八年九月奉
上諭軍機大臣等李鴻章等奏湖北被水成災較重請飭部撥款以
濟工賑要需一摺本年湖北武漢等屬地方夏秋多雨又值湘水
下注川水襄水併漲隄垸浸潰田廬被淹業據該督撫奏撥軍需
善後項下錢二萬五千串並於省倉提撥穀石以資賑恤該督撫
現於武漢城外分設粥廠並令各府縣設法平糶災黎諒可不致
失所惟秋禾補種失時轉瞬卽交冬令更虞饑寒交迫該省隄工

旣難捐辦亦宜亟爲豫籌該督撫以賑撫隄工兩事撙節辦理需
銀三十萬兩擬請飭部撥款以濟要需著准其在於應解京餉之
司庫地丁暨江漢關六成洋稅各撥銀十萬兩並在本省貨釐鹽
釐項下各撥銀五萬兩照該督撫所議將有隄州縣未成災者准
其借撥修隄已成災者以工代賑其老弱婦女及無隄州縣槪行
酌發賑濟該督撫務飭各該地方官認眞經理以期實惠及民毋
任官吏中飽其各屬被水輕重情形及成災分數並著飭屬趕緊
查勘分別奏請蠲緩用副朝廷軫念災區至意餘著照所議辦理
將此由五百里各諭令知之欽此

同治九年八月奉
上諭內閣李瀚章郭柏蔭奏川江水勢異漲荊宜等屬猝遭水患並

漢水時發沿河民田垸隄淹浸一摺本年夏閒湖北大雨時行江
水陡漲五月閒漢水又發以致宜昌郡城內外槪被淹沒荊州南
岸公安地方被淹最重此外松滋石首監利嘉魚咸甯蒲圻江夏
漢陽黃梅及鍾祥荊門京山潛江天門沔陽漢川黃陂孝感雲夢
應城各州縣均因各隄漫潰田畝淹沒人民遷徙殊深軫念所有
被災較重之宜昌公安二郡邑著李瀚章等督飭司道籌款發給
葺亍賑撫其餘各處並著督飭各該地方官隨時設法妥爲安撫
毋令一夫失所餘著照所議辦理該部知道欽此

光緒二年正月奉
上諭軍機大臣等李鴻章等奏鄂省試辦開採煤鐵一摺據稱湖
北廣濟縣所屬陽城山產煤甚旺興國州所屬山地兼產鐵礦

兩處均可開採現由李鴻章翁同爵籌撥資本制錢共三十萬
串擬卽派員設局試辦等語此事爲該省創辦必須詳細籌畫
以期悉臻妥協翁同爵卽飭令道員盛宣懷妥爲經理並飭道
員李明墀會同籌辦督飭地方文武認眞稽查彈壓毋任滋生
事端仍著李鴻章沈葆楨隨時督籌查察以防流弊至煤鐵所
售價銀卽著照所擬提還湖北直隸資本俟提清後卽以此項
餘利作爲江海籌防經費該督等務當督飭各員將支發各項
核實動用毋稍虛糜將此由四百里諭令知之欽此

光緒三年九月奉
上諭李瀚章奏匪徒潛謀起事訪獲各犯分別懲辦一摺湖北羅
田縣屬與河南商城固始等縣接壤地方於本年七月閒突有

滂勇陳子鼇句結匪徒謀爲不軌經提督周德升派撥弁勇會
同羅田縣知縣前往緝拏當將陳子鼇等拏獲並據麻城等縣
獲犯多名首犯陳子鼇業經正法其餘各犯分別懲辦地方現
已安謐惟陶咏鎮等在逃仍著李瀚章飭屬嚴密查拏並著李
慶翱飭令商城固始等縣一體嚴拏務獲毋任漏網其楚豫交
界之招軍牪地方素爲捻匪出沒之區恐伏莽未清復行句結
滋事著李瀚章李慶翱分飭各該州縣清查保甲整頓團練務
當認眞辦理以緝姦宄而遏亂萌將此由四百里各諭令知之
欽此

盛典一

賜宴乾清宮賦詩用柏梁體　康熙二十一年上元節

御製詩序　少詹事王澤宏侍讀王封溁俱黃岡人恭預盛典

朕於宣政聽覽之餘講貫經義歷觀史册於書見元首股肱賡
颺喜起之盛於詩見鹿鳴天保諸篇未嘗不慕古之君臣一德
一心相悅若斯之隆也今際海內晏安兵革偃息首春令序九
陌燈輝豐穰有徵吾民咸樂思與諸臣及時式燕爰於乾清宮
廣集簪裾肆筵授几斯時也蟾光鼇炬焜耀堂廉綵樹瓊葩雜
羅樽俎許笑言之弗禁寬儀法之不糾復令次登文陛渥以金
罍咸俾有三爵油油之色焉易曰上下交而志同傳曰享以訓

恭儉宴以示慈惠則今日之兕觥旨酒豈徒以飲食宴樂云爾
哉顧瞻諸臣或位居諧弼或職任卿尹或典文翰或司獻納其
成篇什以紹雅頌之音朕發端首倡倣柏梁體班聯遞賡用昭
昇平盛事冀垂不朽云

御製麗日和風被萬方
卿雲爛縵彌紫閶　内閣大學士臣覺羅勒德洪
一堂喜起歌明良　内閣大學士臣明珠
止戈化洽民物昌　内閣大學士臣李霨
參蕭飛鑾聖恩長　内閣大學士臣馮溥
天心昭格時雨暘　吏部尚書臣黃機
豐亨有占祝千箱　户部尚書臣梁清標
禮樂文章仰聖皇　禮部尚書臣吳正治
廟謨指授靖八荒　兵部尚書臣宋德宜
春同

丹詔寵枏楊刑部尚書臣魏象樞河清海晏禹績彰工部尚書臣朱之弼百度胥飭綱
紀都察院左都御史臣徐元文千官濟濟盈巖廊吏部左侍郎臣張士甄天工無
曠勤贊襄吏部右侍郎臣楊永甯有年歌協臣所望戶部左侍郎臣李天馥共期
紅朽答殊常戶部右侍郎臣李仙根轉漕億萬充天倉戶部倉場侍郎臣馬汝驥邦
禮叨贊慚趨蹌禮部左侍郎臣楊正中職司寅清佐垂裳禮部右侍郎臣富鴻基
天河洗甲通蠻鄉兵部左侍郎臣焦毓瑞
皇威四暢咸來王兵部右侍郎臣陳一炳祗承欽恤和氣翔刑部左侍郎臣杜臻刑措
不用民壽康刑部右侍郎臣葉方藹八材庀化師爻斯工部左侍郎臣趙璟左平
右城開明堂工部右侍郎臣金鼐仰窺神策驅天狼內閣學士臣李光地胥以大
澤八胥慶內閣學士臣張玉書
帝庸作歌追虞唐翰林院掌院學士臣陳廷敬身依雲漢賡

天章翰林院學士臣張英恪秉訓厲敦羔羊左副都御史臣宋文運奉宣仁風之吳疆
原任副都御史今授江甯巡撫臣余國柱九閽詄蕩瞻龍光通政使司通政使臣王盛唐斗杓
高掩貫索芒大理寺卿臣張雲翼圖列養正親羹牆詹事府詹事臣沈荃黃鐘大
鏞諧禎祥太常寺卿臣鶴登郊衢擊壤歡豐穰順天府尹臣熊一瀟大官珍膳
羅酒漿光祿寺卿臣馬世濟調閑六御騰康莊太僕寺卿臣張可荷忝預風紀凜
清霜僉都御史臣張吉午出入玉珮聲鏘鏘左通政臣崔官納言惟允尙職詳
右通政臣吳璵褒忠厲節感
賜觴右通政臣陳汝器圖屏閱寂春草芳大理寺少卿臣榮國祚拜手好生頌禹湯
闕二字少卿臣徐旭齡前星令望欽顒卬少詹事臣王澤宏終始念典期用臧
少詹事臣崔蔚林言謨行範煇縹緗侍讀學士臣蔣宏道猗歟
聖德日就將侍讀學士臣胡簡敬叨塵侍從恩莫量侍讀學士臣朱之佐靖共夙夜無

怠遑侍講學士臣嚴我斯梧桐生矣于高岡侍講學士臣孫在豐紬書東觀翰墨
香侍講學士臣盧琦三德六行爲士坊國子監祭酒臣王士禎宮官備位滋慄
惶右春坊右庶子臣祖文謨六經義叶如笙簧侍讀臣朱典奎文煥若森琳琅
侍讀臣王封溁朝朝橐筆侍
御牀侍講臣董訥紀載
聖治金匱藏侍講臣王鴻緒頻年宣室虛對揚侍講臣高士奇
神篇掞藻燭昊蒼侍講臣郭棻承華毓德成圭璋左諭德臣陳論青宮琪樹栖
鸞凰右諭德臣朱世熙金輿導從驂雲驤司經局洗馬臣田喜霈覃恩流影耀
璧璫左參議臣趙士麟仁波溟渤同瀸汪左參議臣趙之鼎鸞旗乘春零露
瀼右參議臣張鵬翮爰賡天保矢勿忘右參議臣鄭重八表同軌來梯航大理
寺寺正臣徐誥武雲門磬管聲喤喤左中允臣吳珂鳴泰交天闕開春陽左中

允臣李錄予惟睿作聖金玉相右中允臣鄭開極珥筆何幸日月旁左贊善臣
徐乾學瑞逾寶鼎兼芝房左贊善臣鄭之謙羌尊夜醉星低昂右贊善臣沈上
墉在廷悅豫和宮商右贊善臣王尹方濫典樂正董上庠司業臣劉方喆治
登三五休聲颺修撰臣歸允肅睿謨典誥同洋洋編修臣王頊齡記神聖功
臣職當編修臣曹禾琅函瑤版書焜煌檢討臣潘耒石渠高議芟秕穅
檢討臣嚴繩孫日侍春禁研鉛黃編修臣杜訥願言直節謹自防吏科掌印給事
中臣王承祖
帝心勤民重農桑戶科掌印給事中臣王日溫具舉細目恢宏綱禮科掌印給事中臣李迥
誕敷文德四國匡兵科掌印給事中臣劉沛先嘉禾既植鋤莠稂刑科掌印給事
中臣傅感丁奉琛執玉輸篚筐工科掌印給事中臣姚締虞屈軼朱草紛兩廡
掌河南道御史臣唐朝彝封章問夜檢阜囊掌江南道御史臣任珊擬將勁操鑒著

箕掌浙江道御史臣李見龍朝無闕事聯班行掌山西道御史臣郭維藩千門燎火宵

未央掌山東道御史臣孫必振昇平高宴邁柏梁掌陝西道御史臣衛執蒲

盛典二

賜宴賦詩用柏梁體

雍正四年重陽節

御製詩序太常寺卿鄒汝魯麻城人恭預盛典

朕繼大統惟朝乾夕惕兢兢仰法

皇考期賢哲盈廷民康物阜永承至隆之

聖治嘗思古之明良賡歌喜起君臣一德同心曠代爲之欣慕今在

廷臣工協衷以資贊理顧瞻濟濟皆我

皇考數十年教育栽培之所詒也是以庶政具舉兆民樂業朕實嘉

賴焉康熙二十一年春

聖祖於乾清宮開昇平之宴振賡颺之歌盛稱一時美冠千古今丙

午九月節屆重陽覽百穀之斯登忻三農之有稔光風溢目海宇澄清爰集王公卿尹用陳几筵笑言勿禁威儀不拘相悅於一堂弗限夫三爵然禮著亨燕之義詩有嘉賓之詠古君臣於飲食宴會間即具獻納拜颺之典也唐虞文武之世休風如昨朕與諸卿宜則傚之今用柏梁體朕爲倡始諸卿遞成篇什今日也非徒命酒徵歌揚華摛藻蓋欲昭

聖祖養育之深恩朕廷泰交之雅會垂之奕世永傳斯事云爾

御製天清地甯四序成

賡歌拜手頌昇平和碩誠親王臣允祉卿雲旭日映金英和碩恒親王臣允祺

恩覃九有仰文明和碩怡親王臣允祥普天率土慶時亨和碩莊親王臣允祿願抒愚

忱體維城多羅果郡王臣允禮

湛恩渥澤周羣生
皇四子臣太和景象彌寰瀛皇五子臣弘晝九族敦睦沐
恩榮多羅順承郡王臣錫保
御筵陪侍玉瑽琤鎮國公臣德普一廷和氣慶豐盈保和殿大學士臣馬齊素餐帷
幄媿調羹文華殿大學士臣嵩祝
皇衷感召惟至誠文華殿大學士臣田從典老臣瑤席獻壽觥文淵閣大學士臣高其位梯
航萬國歌永清文淵閣大學士臣張廷玉黜陟維公玉衡呈吏部尚書臣查弼納均
平九式百度貞戶部尚書臣蔣廷錫仁風四洽天宇晴禮部尚書臣李周望聲靈
赫濯昭鴻名兵部尚書臣蔡珽求瘼明允先平情刑部尚書臣塞爾圖虞廷弼
教忝秋卿刑部尚書臣勵廷儀職司水土任匪輕工部尚書臣李永紹
聖德剛健符乾行都察院左都御史臣福敏千八百國胥朝正都統臣巴顏德珠聯璧

黃州府志《卷之首　盛典　六

合佳瑞弁都統兼刑部侍郎臣高其佩錫壽兆民齊籛彭侍郎授爲一品臣登德恪
襄六計聲教宏吏部左侍郎臣查郎阿澄清官敘贊銓衡吏部右侍郎臣王沛憻
版圖恢廓周八紘戶部侍郎臣常壽蔚興文教廣黌征禮部右侍郎臣色楞額
天章爛漫雲霞賴禮部右侍郎臣魏方泰止戈偃武靖鯢鯨兵部右侍郎臣楊汝穀河
清海晏環神京工部左侍郎臣鄒林蓬萊佳讌張錦棚內閣學士臣胡煦陰陽
調和奏六莖內閣學士臣何國宗佐持風紀嚴章程左副都御史臣劉師恕
九重乾乾日勵精副都統臣馬臘鳳城佳氣拂霓旌副都統臣李淑德宮醞香浮
翡翠罌宗人府府丞臣唐執玉琪花璀璨光蘭衡通政使臣繆沅
彤廷仙樂諧韶韺詹事臣鄂爾奇馨香昭格潔犧牲太常寺卿臣鄒汝魯嘉禾疊
產供粢盛順天府尹臣劉於義宣揚德化人歡迎署理江蘇巡撫臣陳時夏
天廚惠賜飫珍烹右通政兼光祿寺少卿臣羅其昌承平雅頌聲嘈吰大理寺少卿臣

吳隆元梧岡翽羽來鳳鳴少詹事臣伊爾敦橋門璧水波澄泓少詹事兼國子
監祭酒事臣張廷璐蓼蕭燕譽我菁菁太常寺少卿臣李鍾峩卷阿獻賦欽
賡評侍讀學士臣阿爾賽青壇祇肅侍
躬耕侍讀學士臣逢泰夙夜精白臣心盟侍讀學士臣德齡魚依蒲藻鹿食苹侍讀
學士臣吳襄叨隨鵷序愧瑤瓊侍講學士臣世祿黃囊拜
錫勝賜櫻侍講學士臣阿甯阿承天雨澤滋春萌右庶子臣蔡世遠風暄日麗鳥鳴
嚶侍讀臣索柱五音從律和球鍠侍講臣春臺星雲爛縵輝長庚侍講臣廖
賡謨百僚佩玉鳴鏘鏗鴻臚寺少卿臣呂謙恒香芬
御茗辨旗槍左贊善臣彭廷訓湛露
恩濃仙掌擎修撰臣于振和鳴宮樹聽秋鶯編修臣狄貽孫銅壺晝漏聲丁丁
編修臣繆曰藻天香碧落飄浮霙編修臣吳應棻紫烟瑞靄互迴縈編修臣習嶲

黃州府志《卷之首　盛典　七

承
恩館閣供使令編修臣梅瑴成紬書天祿藜火晶編修臣鄒升恒石渠東觀儲瓊
瑛編修臣馬金門世直
丹禁懷屛營編修臣勵宗萬鑠闡分校擷璣珵編修臣邵基禮陶樂淑化自
更編修臣李鍾僑仁漸義摩俗不爭編修臣姚之駰三秋瑞穀充箱籯編修臣徐
本玉篚膏凝琥珀錫編修臣牧可登碧香丹實羅金橙編修臣凌如煥甘分
珍果駢珠瓔檢討臣衛昌績堂上堂下調琴箏檢討臣舒大成東序西序吹
簧笙檢討臣楊椿佳時雲日煥軒楹檢討臣鞏建豐新開蕊榜歡庠黌檢討
臣吳濤南薰解阜聆鏦錚禮科給事中臣張鳴鈞尙方玉食傳香秔禮科給事
中臣楊爾德監史不設心先醒兵科給事中臣邱尙志璇題丹墄仰崢嶸刑科
給事中臣姜穎新

堯樽惠澤逮簪纓工科給事中臣閻圻

舜日麗照倍晶瑩監察御史臣尹泰　左圖右史玉案橫監察御史臣高維新　所寶惟

賢輕白珩監察御史臣程仁圻　不須珍羽貢雙睛監察御史臣湯之旭　鈞天迭奏

何砰鍧監察御史臣梅瑔　重陽令節開九閎監察御史臣錢兆沆

帝賡作歌暢元聲監察御史臣李瑢　盈廷賡起臣鄰賡監察御史臣陶正中

黃州府志《卷之首　盛典　八

盛典三

乾隆九年甲子

上諭朕幸翰林院既與大學士等用張說五律字分韻賦詩顧人數爲字所限編檢庶常吉士皆不獲與因復爲柏梁體朕倡首句俾人賦一句用聯上下之情恭預

編修萬年茂黃岡人　盛典

御製重開甲子文治昌

佐文贊治資賢良大學士伯臣鄂爾泰　以

聖繼

聖垂經常大學士伯臣張廷玉　於赫

太上示清行大學士臣福敏　繩武弼基緊我

皇大學士臣陳世倌　四聰四目開明堂大學士臣史貽直　野無遺賢始悅康禮部尚書臣任蘭枝　楩楠杞梓松柏桑兵部尚書臣彭維新　珣玗琪瑛璆琳琅刑部尚書臣張照　從龍從虎雲風翔工部尚書臣汪由敦　葭徵玉管追初陽左都御史臣劉統勳

集賢落成隆桷宗吏部侍郎臣阿克敦　連延窈窱以輝煌戶部侍郎臣梁詩正　老槐薇景綠庭廊倉場侍郎臣彭樹葵　奪暑卻寒溫又涼兵部侍郎臣王承堯　法度既備丹雘彰兵部侍郎臣陳惪華　惇誨故老宜徜徉刑部侍郎臣錢陳羣　展也燕寢凝清香工部侍郎臣德齡　將作入奏報克襄工部侍郎臣呂熾

帝曰朕其鴻厥慶內閣學士臣宗室塞爾赫　來游來歌雅所臧內閣學士臣德新　況今二老民之望內閣學士臣秦蕙田　爰飛

神翰拂縑緗副都御史臣勵宗萬　金壺墨瀋流淋浪宗人府府丞臣任啓運　璇題雙賁日月光通政使臣數文

仙毫雄健擺礧硠通政使臣張若靄　筆勢一落千丈強大理寺卿臣嵩壽　勁力外

黃州府志《卷之首　盛典　九

爽神內藏詹事臣張鵬翀點蹲芒玉礫迴岡太僕寺卿臣劉綸金薤倒披貫
柳魴僉都御史臣嵇璜鸞鶴交翥上銀潢左通政臣張映辰烟雲舒卷難形
相右通政臣鄧時敏榮光屬天莫可量少詹事臣裘日修未許常侍擬登牀
侍讀學士臣世臣飛白賜蘇讓美芳侍讀學士臣于振矧乃仙巢署著賁侍讀
學士臣陳邦彥吉日庚午日之剛侍讀學士臣涂逢震遂移
天屣下閶闔侍講學士臣龔渤謦蹕駭顧陛楯郎祭酒臣鄂容安龍鸞和鈴鑾復
鏘祭酒臣崔紀揚金鏤而掩玉瓖四譯館少卿臣余棟雲罕俾倪導纓纏順天
府府丞臣鄭其儲葉葉秀文覆儀鍠大僕寺少卿臣陳其凝紛敷旖旎從風揚
鴻臚寺卿臣梅瑴成歷天捎星耀日鋩光祿寺少卿臣竇啟瑛紫烟煜爚御道黃
庶子臣周賓陳瀛池儼立千鴛鴦侍讀臣雙慶金紫銀艾簪截肪侍讀臣周玉章
入門升階和以莊侍講臣觀保吉暉眞氣溢圓方侍講臣雙頂六章五

采蔥衡瑲諭德臣興泰如天啟門日在房洗馬臣李文鋭馮翼孝德瞻顒
卬候補洗馬臣陸宗楷王多吉士咸對敭中允臣于敏中尊師九拜謁
素王中允臣董邦達迴過劉井憩東廂贊善臣宋楠昌黎文伯祉茲鄉司業臣鶴
年北門學士莫椒漿司業臣陳世烈編鐘鼗鼓韶濩綱左參議臣薄海崇牙
樹羽虡虡右參議臣吳應枚高管噭嘯龍耶凰編修臣阮學濬象鳳翼笙
斑管長編修臣僧格勒玫瑰作柱朱絲張編修臣沈文鎬翿籥繁會相低昂
檢討臣鐘音繞風停雲慨以慷編修臣陸嘉穎人聲諧律相和倡編修臣白瀛
分刌節度窮窈茫編修臣周煌欣與人心犂然當編修臣路斯道鳥爲拊
翼魚闖防檢討臣德保如軒張樂洞庭旁編修臣秦勇均元臣稽首鳴珩
璜檢討臣周長發敬上千秋萬歲觴編修臣周正思于胥樂兮無怠荒編修臣柏
謙一獻百拜禮則詳編修臣張映斗朱虎熊羆與殳斯編修臣任端書鵻

肅肅濟濟蹌編修臣林蒲封炊金饌玉出禁坊編修臣萬年茂太清紅雲員
嶠霜編修臣李龍官翠濤醁醽酏醴醇編修臣曹秀先粔敉蜜餌有餦餭檢討
臣韓彥會猩脣旄約雋翠臄檢討臣周禮越駱菌和陽樸蘠檢討臣郭肇鐄江
橘夢柚常山棠編修臣錢琦遠方口實導擇將編修臣董泰鼎中變化
尹對湯編修臣宋邦綏微纖精妙大官湘編修臣姚廷佑炙三弋五應未嘗
編修臣葉酉
帝歌卿雲宮統商編修臣王居正入伯咸進拜手颺編修臣汪師韓韻得燕公五
字章編修臣金相聯吟更仿漢柏梁編修臣孫人龍式瞻
天藻垂圭璋編修臣潘乙震圓龍方虎排明璫編修臣楊述曾
日星胃迴錦繡腸編修臣徐景熹薰風晨露相頡頏編修臣湯大紳燭龍銜曜光
四煬檢討臣廖鴻章衝波激岳聲蔣蔣編修臣蔡揚宗昭融至道若雨暘編修

臣王覺蓮
天光下濟濡茇芒給事中臣鍾衡五色秀華流戴匡給事中臣程鍾彥披條振藻
六藝場給事中臣楊二酉風雷鼓舞物蒼蒼給事中臣程盛修鐫勒金石傳
膠庠給事中臣王興吾流播樂府諧笙簧給事中臣周祖榮從臣才藝花發
莒給事中臣鄒一桂鶯駘步武龍騰驤給事中臣胡定蓬萊望見風引檣給事
中臣馬宏琦桃開鬱水滿磅磄監察御史臣包祚永聖涯游泳涵紘滄監察御史
臣李清芳森不可即空徬徨監察御史臣孫灝乃知
天文元氣航監察御史臣吳文煥
聖處不須一葦杭監察御史臣張漢雕蟲篆刻宜慚惶監察御史臣馬秉仁越玉五
重廁瓠甗監察御史臣范咸分裂立仗老驌驦監察御史臣張孝挰黍華千仞
登跛牂監察御史臣楊開鼎學優得文愧應瑒監察御史臣馮元欽春蘭秋菊雜

藏黃監察御史臣歐堪善風松奚用引蜩螗監察御史臣沈景瀾追簪詰屈走踣僵監察御史臣沈廷芳願歸夜讀發青箱庶吉士臣邵齊燾畋獻二酉羅三倉庶吉士臣竇光鼐天祿石渠居就糧庶吉士臣淩鎬易參肅弼詩申蔑庶吉士臣羅暹春斟羹嚌胾飫膏粱庶吉士臣田沈研味道腴棄秕穅庶吉士臣胡澤潢博聞為饋貧之粻庶吉士臣王世仕學海萬里去鳴榔庶吉士臣王太岳珊瑚結網麗鯊鱨庶吉士臣朱檽甯甘泱起搶榆枋庶吉士臣張泰開不離省闥希文彊庶吉士臣姚範溫恭朝夕莫或遑庶吉士臣劉炳烟霞被濯玉雪裝庶吉士臣孫廷槐效愚千慮一贊襄庶吉士臣朱佩蓮中夜起舞不能忘庶吉士臣德保

聖人端拱垂衣裳庶吉士臣蔡時田調和玉燭握珠囊庶吉士臣徐璋滄風沕穆

恩滂洋庶吉士臣經聞鈐轄不動矢直狠庶吉士臣王鋌化被萬國通狠肮

庶吉士臣杜若拙遠致赤兔來白麐庶吉士臣盛格不但蠻狄與戎羌庶吉士臣顧汝修

皇仁旁魄風泱泱庶吉士臣戈岱

上天降豐歲其穰庶吉士臣劉錫齡六氣無爽盛德穰庶吉士臣閻循琦十雨五風絕旱蝗庶吉士臣覺羅奉寬引恬引養無胥戕庶吉士臣惠元士際茲休明敢不獲庶吉士臣金洪旁招俊乂匪其彭庶吉士臣蔣辰祥渙羣元吉馬匹亡庶吉士臣叢中茳橘徠服兮甘在瓠庶吉士臣周孔從素絲五緘風羔羊庶吉士臣王康佐朝徹永無鵜咮妨庶吉士臣廖芳蓮泰交一德凛復隍庶吉士臣陳桂洲永膺

萬福儲千祥庶吉士臣熊為霖天人和樂未渠央庶吉士臣黃遇隆冬日宴溫下紅糯庶吉士臣熊元龍戛然清韻傳風篁庶吉士臣張日譽

六龍迴跋搖鏤鍚庶吉士臣陸樹本拜送遙瞻豹尾槍庶吉士臣周人驥都人抃舞喜若狂庶吉士臣周壽作歌賡拜追虞唐庶吉士臣程景伊不數橫汾與長楊庶吉士臣邱柱蓼彼蕭斯零露瀼庶吉士臣陳大倫

恩深如海奚以償庶吉士臣出科聯玉堂盛事垂無疆庶吉士臣儲麟趾

盛典

乾隆十一年八月

賜宴瀛臺賦詩用栢梁體

御製詩序 御史萬年茂黃岡人恭預盛典

稽古虞廷卿雲有什亦越周廟湛露升歌股肱之義斯明上下之情攸暢胥任亮采惠疇之寄應同先憂後樂之心故以式宴陳詩必有取爾颺言拜手豈徒然哉歲在攝提月維夷則披雄風於閶闔揚皜日於蓬萊慶叶西成感

圓穹之厚賜筵開上苑仰

聖祖之徽猷蘭沼澄而鏡影開楓林疏而黛光翯蘆藏迴雁無煩寄塞上之書藻樂遊魚更致想渭濱之釣召儒雅而布席匪爲賞

花對景物以開樽多因登穀桂馥涵元殿甫度中秋之晨菊芳待月軒預借重陽之會園臨豐澤麟鳳紛來院賞淑清魚龍曼衍於是庖人設宜涼之饌常侍頒授衣之緋藻思構而豔吐筆花繪景呈而香霏墨雨三爵無限尚餘恭儉之儀一日追歡敢忘惕乾之警千言成序自愧無文七字導吟共成全首乾隆十一年八月御筆

御製金風玉露慶西成

清昊薦爽天宇晶 大學士果毅公臣訥親 曙光銀漢橫庚庚 大學士伯臣張廷玉 芙蓉圓闕開朗晴 予告大學士臣福敏 赤縉雲護飛烟輕 大學士臣查郎阿 萬千樓閣氣象生 大學士臣陳世倌 康年泰運占豐亨 大學士臣史貽直 甸師入告百穀登 協辦大學士吏部尚書臣劉於義 高畬黍稌隰稻秔 戶部尚書臣海望 書大有年瑞史應 戶部尚書臣梁詩正 於皇

皇德穆且宏 禮部尚書臣來保 宅中建極昭蕩平 禮部尚書臣王安國 旁燭六合耀八紘 兵部尚書臣彭維新 川珍岳貢胥效靈 刑部尚書臣阿克敦 以覲耿光

祖武繩 刑部尚書臣汪由敦

堯天巍蕩無能名 工部尚書信勇公臣哈達哈

天庥滋至居既令 工部尚書臣趙宏恩 風牧元凱咸在庭 理藩院尚書臣納延泰

帝曰休哉咨股肱 左都御史臣盛安 猗昔

皇祖垂芳型 吏部侍郎臣宗室德沛 張筵別殿愷澤宏 吏部侍郎臣蔣溥 舊章肅舉其欽承 吏部侍郎臣德齡 展親錫賚先宗英 吏部侍郎臣歸宣光 爰集台袞逮列卿 戶部侍郎臣傅恒 詞臣柱史彯長纓 內閣學士署倉場侍郎臣宗室塞爾赫 介雅需雅聯羣情 倉場侍郎臣彭樹葵 詰朝鴳侶鏘璜珩 禮部侍郎臣伍齡安 翔閶闔而

淩登閎 禮部侍郎臣鄧鍾岳 繚垣紫界周迴縈 兵部侍郎臣舒赫德 池開太液波澄泓 兵部侍郎臣陳惪華 百頃一碧涵光熒 兵部侍郎臣王會汾 趯臺璇甃高崚嶒 刑部侍郎臣覺羅勒爾森 香扆翔鳳飛丹甍 刑部侍郎臣錢陳羣 九苞鸑鷟百尺翎 刑部侍郎臣兆惠 重芬流景瞻層層 工部侍郎臣索柱 麟毫纖簾鏤犀釘 工部侍郎臣涂逢震 猊鑪香噴帷弸張 內閣學士臣德新 砌有朱草階有蓂 內閣學士臣留保 露盤矗峙擢金莖 內閣學士臣介福 雲磴縹緲白玉京 內閣學士臣朱定元 淑清萬卉圍芳塍 內閣學士臣張若靄 流杯幾曲紆烟汀 內閣學士臣沈德潛 春泉瀌瀌秋琤琤 副都御史臣何國宗 香風披拂迎薰亭 副都御史臣孫嘉淦 招涼銷暑宜長嬴 宗人府府丞臣梅瑴成 豐澤弄田

躬所營 通政使臣雷鋐 一橫一縱列畦町 大理寺卿臣嵩壽 玉禾珍穟積歲贏 大理寺卿臣劉綸 水雲之榭臨縈瀠 詹事臣徐以烜 中流御風虛可憑 太常寺卿臣李

世偉臥波玉蝀遠碧横順天府尹臣蔣炳石欄刻畫獸與鯨太僕寺卿臣書山
天吳贔屭符拔猛太僕寺卿臣熊學鵬承光圓嶠環碧城僉都御史臣嵇璜四
面翡翠雕飑𩃀右通政臣張師載盤拏古栝形鬅鬙少詹事臣西成瓊島秀
聳霽霱凝少詹事臣裘曰修谽呀豁閉穿雲扃侍讀學士臣世臣浮圖破空
勢崢嶸侍讀學士臣朱蘭泰舍利五色懸慧燈侍讀學士臣于振慶霄傑構開
軒楹侍讀學士臣陳邦彥水光繚白山圍青侍讀學士臣董邦達天喬草樹森翠
屏侍讀學士臣塞爾登松槐榆柳檜柏楩侍講學士臣宏亮蓼蘋蘆荻芷若蘅
侍講學士臣龔渤鳧鷺鸂鶒鵁鴿鶄侍講學士臣周長發沈韋荇藻浮唼萍侍講
學士臣吳履泰泛泛艅艎飛蜻蜓太常寺少卿臣鄒一桂閒情似訂鷗鷺盟四譯
館少卿臣余棟游龍
御舸遠揚舲鴻臚寺卿臣吳應枚舟牧舉櫂歌甸訇順天府丞臣鄭其儲綺瀾瀲灩淨

黃州府志《卷之首　盛典　十六

綠渟庶子臣林蒲封輕鯈在藻尾不赬侍讀臣周玉章牙檣桂楫浮中泠侍讀
臣張泰開披襟遙矚萬象呈侍講臣觀保勝過弱水求蓬瀛侍講臣德保高
閣蓮漏傳丁丁侍講臣蔡新先期勅戒上林丞諭德臣興泰
鑾輿夙駕鳴金鉦諭德臣王覺蓮鉤膺方銳偕彭彭洗馬臣陸宗楷鏗復鏘兮展
和鈴中允臣韓彥曾郅偈旖旎揚霓旌中允臣陸嘉穎翠帽葩瑤交儀鍠贊善
臣羅源漢天迴日被玉軫停司業臣鐘音涵元殿儆龍氣騰司業臣陳世烈黻
扆雲擁
天步升左參議臣薄海千官翊侍稽首迎編修臣僧格勒文陛蹈舞嵩三稱編修臣何
其睿霞封六幕張綵棚編修臣周煌廣廷花爛紅氍毹編修臣路斯道東西
接席羅楸枰編修臣吳紱沘蘇樹羽虞業撐編修臣陳兆崙
龍光樂豈湛露零編修臣周正思大官供具陳大烹編修臣嚴源燾七調六味堯

廚羹編修臣朱荃蹯熊胎豹脣猩猩編修臣張映斗水登魴鯉陸麏麖檢討
臣萬松齡不數禁臠兼侯鯖編修臣李龍官雪藕丹桂金柑橙檢討臣郭肇鐄蜜
餌餖飣黏膏餳編修臣錢琦鴇梅鏤棗脯桃櫻編修臣葉酉白抄雲子
踰青精編修臣王居正氤氳花露淨仙醽編修臣諸錦彫觴滿酌翠樽盛編
修撰臣金甡八珍九醞郁芬馨檢討臣程恂酪乳香瀉頗黎罌編修臣金相
龍團細碾霏清霙編修臣潘乙震鈞天廣樂諧韶韺編修臣楊述曾鼗鼓按
節般鼖鼛編修臣湯大紳擬金無射聲噌吰編修臣孫宗溥雲和瑟調媧皇
笙編修臣蔡揚宗繁絃促響陋琶箏檢討臣程巖引商刻羽宮還更編修臣徐
文熠歌喉圓滑遷林鶯編修臣陸樹本婆娑曼舞曳翠翎檢討臣張日譽霓裳
霞珮垂寶纓編修臣陳大崘羣仙彷彿交雲軿編修臣儲麟趾
帝所上壽呈金觥編修臣程景伊鞠跽齊祝千萬齡編修臣曹經需雲溥潤瓊

黃州府志《卷之首　盛典　十七

漿傾編修臣邱柱含醑不減中山酲檢討臣何皞瑟琴笙篪叶鹿苹檢討
臣出科聯壺觴慶溢聯豫朋檢討臣周燾
仙毫七字宣元聲檢討臣周人麒驪珠迸落魚龍驚編修臣劉炳妙拈庚韻通
青蒸編修臣竇光鼐洪鐘嗣響容寸莛編修臣孫廷槐傳箋絡繹翔雲征編修
臣徐瑋李嶠鉅製音鏗轟編修臣經聞
天藻麗密排瑤瓊編修臣杜若拙金聲玉振條理明編修臣顧汝修乾統坤載涵
泰貞編修臣戈岱仰瞻雲漢章晶熒編修臣劉錫嘏微明熠熠同爝螢編修
臣羅暹春營度口吻晴雙瞠檢討臣羅奉寬藝苑鼓吹慙和鳴檢討臣叢中芷
禮成樂闋歌載賡檢討臣胡澤潢斜陽金碧明觚棱檢討臣周孔從便蕃
錫予覃餘榮檢討臣王世仕素縑文錦絳縹綾檢討臣李金臺踰丸若穎剡溪藤
檢討臣王太岳分鮮玉果蓮芡菱修撰臣錢維城兼珍拜賜爭捧擎編修臣王際華

攜歸蠙蠙勝滿籯（編修臣朱佩蓮）邱山
恩重虞難勝（編修臣王以昌）道傍觀者相誇矜（給事中臣鍾衡）古來盛事見幾曾
（給事中臣劉芳藹）六十六載此再經（給事中臣程鍾彥）若時宣豫典禮仍（給事中臣楊二酉）
神孫紹衣先民程（給事中臣程盛修）迪光介祉虔勖增（給事中臣黃元鐸）丹書申
儆几牖銘（給事中臣李清芳）敷言錫極凜訓行（給事中臣衞廷璞）泰交一德
堂廉并（御史臣包祚永）螭坳鵷鑾儲國楨（御史臣沈廷芳）八風從律六氣正
（御史臣孫灝）時暘時雨謝禱禜（御史臣張漢）與與翼翼百寶盈（御史臣柴潮生）
蠲租惠洽九野氓（御史臣馬璟）催科無復煩敲搒（御史臣張孝挂）雞竿肆
赦息剽黥（御史臣葛德潤）妻孥耽樂怡弟兄（御史臣胡寶瑔）耕田鑿井患不
攖（御史臣歐堪善）天河有水洗五兵（御史臣沈景瀾）媷荼去莠鋤芽萌（御史臣錢

度）來儀鸞鷟翔焦鵬（御史臣胡蛟齡）斯臧坰牧詠駓騂（御史臣楊開鼎）奇肱
祗貢雖以䁥（御史臣李兆鈺）獻琛奉贄拜且趨（御史臣馮秉仁）狠朧萬里銷
衛棚（御史臣湯聘）龍沙久罷甌脫偵（御史臣王應綵）
帝德廣運至道弸（御史臣范宏賓）
異數百爾欣躬膺（御史臣曹秀先）勤思報稱懷淵冰（御史臣白瀛）昌言日贊抒
丹誠（御史臣周禮）就瞻日月長升恆（御史臣戴章甫）於萬斯年歌永清（御史臣萬年茂）

黃州府志卷之首終

黃州府志卷之一

黃州府知府英　啓纂輯

疆域志

沿革

黃州府介禹貢荆揚豫三州之域周弦子國在焉（見漢書晉書地理志）春秋時并於楚或以爲黃國非也（黃國在漢爲弋陽縣今光州是）秦并天下置三十六郡在荆豫州域者爲南郡地在揚州域者爲九江郡地漢分南郡立江夏郡故又爲江夏郡地高帝時吳芮爲衡山王都邾（高帝二年項羽封）惠帝封長沙相黎朱蒼爲軑侯後漢世祖徙陳俊子浮爲蘄春侯蘄春毗尋陽軑邾毗西陽今府所領一州七縣皆其地也（通志漢尋陽地屬廬江郡今黃梅至東晉始入蘄春）三國時

西陽邾軑屬魏文帝分汝南郡立弋陽郡治西陽後爲吳有蘄春本屬吳爲蘄春郡（通志初屬魏置爲郡後屬吳案吳志魏使廬江謝奇爲蘄春郡典農宋書州郡志蘄春縣吳立爲蘄春郡是也又案入吳後初省爲縣黃初四年吳攝叛將晉宗於蘄春復置爲郡隸郢州）晉武帝平吳太康元年廢郡爲縣屬弋陽郡隸豫州惠帝分弋陽爲西陽國封武帝亥子羕爲西陽王蘄春邾軑屬焉南渡後西陽王羕以罪廢國除遂爲西陽郡成帝咸康四年於舊邾城（今治西北十里）置豫州後爲石虎所陷州遂廢孝武帝改蘄春爲蘄陽於九江王英布舊城立南新蔡郡（今黃梅地）以蘄陽隸焉自晉以後地理參差或一郡一縣割成四五四五之中旋復分合未易悉詳今特以南北史及地理諸志或見諸傳記者互相考覈存其梗概焉劉宋析西陽置建甯左郡而弋陽郡

則治期思今光山元嘉二十五年以豫部蠻民立建昌南川長風赤亭魯亭陽城彭波遷溪東邱東安西安南安房田浠水高坡直水蘄水清石十八縣屬西陽郡旋有併省其可考者長風赤亭置於建甯南安建昌邾縣所改浠水蘄水軑縣所析孝武帝孝建元年分荆江二州立郢州置治夏口以豫州之西陽隸焉大明八年省建甯左郡爲縣與蘄春還隸西陽蕭齊復立南安置齊安郡於建甯置建甯郡俱隸司州今孝感黃陂地仍以西陽郡隸郢州永明四年改蘄陽縣爲齊昌設齊昌郡隸豫州自是以後蘄春始自爲郡不復隸西陽矣語具蘄州考中永光二年魏取齊淮西地梁普通七年收復析西陽置信安縣設定城陰平二郡立南郢州析建甯置梁豐縣設齊安

郡立沙州唐書黃陂縣北有白沙關今入黃安在黃安麻城之間改建昌縣曰梁安設梁安郡改南齊安蠻左郡置立北江州案魏志增置治鹿城關今黃安地以南安之齊安郡立南司州惟西陽郡仍屬郢州隋志後齊置湘州後改爲北江州案魏收魏書湘州注蕭衍置魏因之領郡三中有永安郡北江州注蕭衍置魏因之領郡六中有齊昌郡梁安郡二州領郡不同當以魏志爲正蓋梁武是時方事征伐恢擴疆宇邊境鎮戍雖領民不多皆建爲州郡焉太清三年地入於東魏其明年爲高齊天保元年於西陽郡立巴州於齊安郡立衡州陳宣帝大建五年地入於陳廢巴衡改南郢州爲定州今麻城地廢北西陽所置十一年地入於周仍於齊安郡立衡州於西陽郡立弋州改定州曰亭州隋開皇三年廢西陽齊安定城諸郡並廢弋亭北江諸州改衡州曰黃州黃州之名所自昉也治南安縣今舊州是十八

年改南安曰黃岡大業初改黃州爲永安郡案係別置於舊邾城省州治唐高帝武德三年復爲黃州天寶初改爲齊安郡即舊邾城之永安郡乾元初仍爲黃州案與齊安郡並治隸淮南西道中和五年遷州治於舊邾城即永安城今呼爲女王城五代梁唐時屬楊吳晉漢時屬南唐後爲周有宋初徙州治於江濱今治東南二里隸淮西西路元爲黃州路隸河南江北行省明初爲黃州府徙今治洪武九年降蘄州府爲州省蘄春縣入州以州縣來屬蓋自南齊永明四年丙寅至洪武九年丙辰歷八百九十年而蘄黃復合嘉靖四十二年析黃岡麻城黃陂三縣地置黃安而黃陂仍屬焉隸湖廣布政使司領州一縣八

國朝因之雍正七年以黃陂改屬漢陽府府今領州一縣七隸湖

北布政使司漢黃德道

黃岡之名建自隋代周爲弦子國地後并於楚楚宣王滅邾今山東鄒縣遷邾子於此曰邾城在今治西北十里永安城秦楚之際項羽封吳芮爲衡山王都邾在今治西北百二十里新州隋時黃州在其地唐遷州治於舊邾之永安城故新州有舊州之名邾音近州殆傳譌耳漢爲西陽邾二縣屬江夏郡三國時屬魏隸弋陽郡後屬吳晉惠帝立弋陽爲西陽國南渡後國除仍爲郡宋元嘉二十五年以豫部蠻民立十八縣改邾縣吳芮所都爲南安增置建昌縣今黃安孝建初以豫州之西陽屬郢州太始五年改屬豫州尋還郢州蕭齊復置南安立齊安郡由是南安與西陽並爲郡治梁因之改建昌爲梁安設梁安郡立北江州後魏因之北齊於西陽郡立巴州於齊安郡立衡州

陳大建五年巴衡俱廢以西陽齊安二郡隸定州周復立衡州領齊安郡立弋州領西陽郡隋開皇初廢弋州定州及齊安西陽二郡省西陽縣入南安改衡州曰黃州治南安縣析梁安置廉城縣通志作鹿城尋廢十八年改梁安曰木蘭今析入黃安改南安曰黃岡唐武德三年省木蘭入焉四年又析黃岡置堡城縣七年省元和初省麻城入焉尋復置宋元因之明嘉靖中以上中和鄉分置黃安縣

國朝因之

蘄水本漢軑縣地宋文帝元嘉二十五年以豫部蠻民置蘄水浠水等十八縣始有蘄水之名孝武帝改軑縣爲孝甯案元嘉三十年孝武舉兵江州討元凶劭誅之即位改名梁於浠水置永安郡立湘州後魏因之梁改蘄水爲蘄春後仍爲蘄水陳因之周省孝甯入浠水隋開皇初州郡並廢以浠水蘄水屬蘄州總管府大業初稱蘄春郡唐武德元年省蘄水入蘄春四年改浠水爲蘭溪省羅田入焉天寶元年又更蘭溪爲蘄水今縣名雖仍前治已非舊矣宋元祐八年析縣之石橋鎮復置羅田縣俱屬蘄州元屬蘄州路明初改蘄州路爲府旋降爲州以縣屬黃州府

國朝因之

麻城本漢西陽縣地或以爲西陵者非也漢西陵縣在江之南隋開皇時與鄂縣同省入武昌縣隋書地理志可證劉宋分西陽置建甯左縣初置郡大明八年省爲縣蕭齊復設建甯左郡治建甯梁析置信安縣又置北西陽縣設定城陰平二郡立南郢州

又析建甯置梁豐縣設齊安郡立沙州後魏因之陳廢北西陽設南郢州曰定州後周改曰亭州隋開皇初廢諸州郡建甯梁豐省入信安十八年改曰麻城屬永安郡王志注案北魏書田益宗傳益宗兄興祖宣武帝景明初授征虜將軍江州刺史治麻城知麻城之名自來已久至隋始以名縣耳唐武德三年以縣置亭州又析置陽城縣八年州廢省陽城入麻城元和三年省入黃岡大中三年復置宋因之元屬黃州路明嘉靖中析姜家畈地置黃安縣治

國朝因之

黃安本漢西陽及鄳縣地歷代沿革詳黃岡各縣中至明嘉靖四十二年以麻城之姜家畈置縣治案黃安志有麻城泰平仙居二鄉地析黃岡之中和鄉黃陂之灄源鄉入焉

國朝因之

羅田本漢蘄春縣地梁析置羅田設義城郡立義州隋開皇初州郡並廢以縣屬蘄州總管府唐省羅田入浠水縣天寶初改浠水爲蘄水宋元祐八年復析蘄水之石橋鎮立縣屬蘄州嘉熙間廢元屬蘄州路至元十二年復置大德中移治明初改屬黃州府

國朝因之

蘄州周弦子國地漢爲蘄春縣後漢爲侯國三國時屬吳爲蘄春郡通志初屬魏後屬吳晉平吳廢爲縣惠帝時屬西陽國東晉國除爲西陽郡孝武帝太元時改蘄春爲蘄陽立南新蔡郡宋因之大明八年還屬西陽郡蕭齊改縣曰齊昌立齊昌郡並析置永興縣隸焉屬豫州梁析齊昌置羅田縣設義城郡立義州以齊昌

郡立北江州案梁無地理志而梁武州郡紛置據王志以齊昌郡立北江州後又云改羅州羅州始改蘄州則北江州當即蘄州疑非置治鹿城關者高齊廢南新蔡郡改北江州爲羅州陳因之周始改羅州爲蘄州隋開皇初於蘄州置總管府改齊昌縣爲蘄春齊梁所置州郡俱廢九年府廢爲州大業初改爲蘄春郡唐武德四年復爲蘄州天寶元年又爲蘄春郡乾元元年仍爲蘄州隸淮南西道五代梁唐時屬楊吳晉漢時屬南唐後入於周宋以蘄州爲防禦州隸淮西西路元爲蘄州路設總管府明初爲蘄州府洪武九年降爲州以蘄春縣省入並所轄諸縣屬黃州府

國朝因之

廣濟本漢蘄春縣地唐武德四年析蘄春置永甯縣天寶元年

更今名屬蘄州宋元因之明改屬黃州府

國朝因之

黃梅本漢蘄春縣地案通志及黃梅志係漢尋陽縣地屬廬江郡三國吳屬蘄春郡晉太康元年屬武昌郡二年仍屬廬江郡永興元年置尋陽郡東晉咸和中徙於江南柴桑遂爲蘄春縣地孝武太元時立南新蔡郡劉宋因之屬江州蕭齊析置永興縣屬齊昌郡隋開皇初改爲新蔡縣十八年改曰黃梅屬蘄春郡縣志以爲西漢縣名誤唐武德四年以縣置南晉州析置義豐長吉塘陽新蔡四縣八年州廢省四縣以黃梅屬蘄州宋元因之明改屬黃州府

國朝因之

黃州府歷代州郡沿革表周秦以前州郡略具於右謹列表自漢始

漢 | 魏晉 | 南宋齊 | 梁 | 後魏北齊周 | 隋 | 唐五代 | 宋 | 元 | 明

江夏郡地					
西陽國魏爲弋陽郡晉析置豫州東晉國除仍爲西陽郡於舊郡城立爲州治尋爲石虎陷廢					
西陽郡宋孝建初分荊江二州立郢州以豫州之西陽爲屬郡齊因之	齊安郡齊置治南安隸司州見隋書	安蠻左郡齊置			建甯左郡宋初析西陽置大明
西陽郡隸郢州	齊安郡隸南司州	梁安郡改安蠻左郡置　北江州	增置治鹿城關	沙州置治建甯齊安	齊安郡別置治梁豐縣仍郡治建甯縣　定城郡
巴州西陽郡後魏因郡北齊置州	衡州齊安郡	北江州	北齊初改湘州後復	齊安郡後魏別置於保城　南司州北齊齊安改安昌置州治別屬州郡仍梁	
弋州西陽郡陳廢州周復衡州立弋州	衡州齊安郡			黃州周以南司州改兼置黃陂縣	
廢　永安郡大業初別置於舊郡	黃州開皇三年衡州改置治南安餘州郡俱廢	廢　廢		廢	州郡俱廢
黃州齊安郡武德初仍黃州故治天寶初改永安爲齊安省州治乾元初復立黃州州郡並治中和初徙州治於舊郡隸淮南西道五代屬吳繼屬南唐後入周				南司州唐武德三年復置七年廢	
黃州齊安郡屬淮西西路					
黃州路屬淮南行省					
黃州府隸湖廣布政使司領州一縣八	府屬黃岡地	府屬		黃安附黃陂地	府屬麻城地

		蘄春郡 魏吳更置晉太康初省入蘄春縣 南新蔡郡 東晉孝武置於九江王英布舊城北齊廢
八年省爲析置治信縣齊以縣安縣復立郡隸司州		
南郢州 置治定城	陰平郡 陰平 湘州梁安 郡 始置治浠水縣	齊梁以後蘄春自爲郡至明始入黃州府治州郡沿革表列蘄州
定州亭州 南郢州陳改定州周改亭州餘州郡仍梁		
	廢	
亭州 唐武德三年復置八年省		
府屬蘄水羅田蘄州廣濟黃梅地		

國朝因之康熙三年分隸湖廣湖北布政使司雍正七年以黃陂入漢陽府府領州一縣七

府屬一州七縣歷代沿革表

	黃岡	縣	蘄水	縣	麻城
兩漢	江夏郡治 邾縣 吳芮所都縣仍邾名	西陽縣 在邾城西北百十里	屬江夏郡	軑縣	西陽縣地屬江夏郡
魏吳晉	邾縣 魏屬弋陽郡後入吳	晉屬西陽國隸豫州 西陽縣 州郡治		軑縣 魏屬弋陽郡後入吳晉屬西陽國隸豫州	
南宋	南安縣 元嘉中邾縣改屬西	陽郡隸郢州 西陽縣 屬西陽郡隸郢州	浠水左縣 元嘉中析軑縣置與蘄水孝寧俱屬西陽郡隸郢州 蘄水左縣 元嘉中增置	孝寧縣 孝武帝以軑縣改	建寧縣 初置爲郡大明八年
齊梁	南安縣 齊立齊安郡治隸司	州梁隸南司州 西陽縣 西陽郡治隸郢州	浠水縣 齊仍宋治梁普通初設永安郡立湘州治並轄蘄水孝寧 蘄水縣 齊仍宋治梁改爲蘄春後仍爲蘄水	孝寧縣 齊仍宋治	信安縣 梁普通初析西陽置 北西陽縣 普通初析置設定城陰平二郡立南郢州 建寧縣 齊復建寧郡治隸司
後魏北齊陳周	南安縣 魏仍梁北齊隸衡	州 西陽縣 魏仍梁北齊隸巴州	浠水縣 治仍梁 蘄水縣	孝寧縣	信安縣 北西陽縣 郡治仍梁 建寧縣
	南安縣 齊安郡治陳隸定州	周復隸衡州 西陽縣 齊安郡治陳隸定州周隸弋州	浠水縣 治仍梁 蘄水縣	周省入浠水	信安縣 陳廢北西陽改南郢州置定州周改曰亭州郡治仍梁 建寧縣
隋	黃岡縣 開皇十八年南安改	大業初省永安郡治	浠水縣 開皇三年屬蘄州府九年改府爲州大業三年改爲蘄春郡治 蘄水縣 屬蘄春郡縣		麻城縣 開皇初州郡俱廢改甯梁豐省入信安十八年改曰麻城屬永安郡 省
唐五代	黃岡縣 黃州治武德四年分置堡城縣七年省中和五年徙		蘄水縣 武德四年更名蘭溪屬蘄州天寶元年改爲蘄水 武德元年省入蘄春		麻城縣 武德三年以縣置亭州又分置陽城縣尋廢入麻城屬黃州元和三年省入黃岡大中三年復置
宋	黃岡縣 黃州齊安郡治		蘄水縣 蘄州治元祐八年析石橋鎮復置羅田		麻城縣 黃州齊安郡治
元	黃岡縣 黃州路治		蘄水縣 蘄州路治		麻城縣 黃州路治
明	黃岡縣 黃州府治嘉靖四十二年以上中和鄉分置黃安縣		蘄水縣 改屬黃州府		麻城縣 黃州府治嘉靖四十二年析麥家畈置黃安縣治

縣	黃安縣	羅田縣	蘄
	西陽及鄳縣地屬江夏郡	蘄春縣地屬江夏郡	江夏郡治　蘄春縣
		蘄陽縣地　東晉改	蘄春郡　初屬魏後屬吳旋省為縣黃初四年吳復立為郡晉太康元年廢入蘄春縣　蘄陽縣
		蘄陽縣地	
省為縣屬西陽郡隸郢州元嘉中於建甯郡置赤亭長風陽城三縣後以次廢　梁豐縣　州梁隸沙州梁普通初析建甯置設齊安郡治立沙州	建昌縣　元嘉中析南安置屬西陽郡隸郢州　梁安縣　梁以建昌縣改並更南齊安蠻左郡為梁安郡治兼立北江州治鹿城關	羅田縣　齊為齊昌縣地梁析置兼設義城郡立義州治	北江州　齊昌郡　齊置齊昌郡割郢州隸豫州梁立北江州治　齊昌縣
梁豐縣	梁安縣　魏志名梁興	羅田縣　治仍梁	羅州　齊昌郡　魏仍北江州治北齊改為羅州　齊昌縣
梁豐縣　省	梁安縣	羅田縣　治仍梁	蘄州　齊昌郡　陳仍羅州治周始改為蘄州　齊昌縣
	木蘭縣　開皇初析梁安置兼置廉城等地省十八年改曰木蘭屬永安郡	羅田縣　州郡俱廢屬蘄州總管府大業初稱蘄春郡	蘄春郡　開皇初為蘄州府九年府廢為州大業初改為蘄春郡並領浠水蘄水二縣　蘄春縣
	武德三年廢入黃岡已有麻城黃陂二縣	羅田縣　武德四年省入浠水屬蘄州	蘄州　武德初復為州天寶初改郡乾元初為州隸淮南西道　蘄春縣
		羅田縣　元祐八年復析蘄水置屬蘄州嘉熙間廢	蘄州　景定中徙治隸淮西路　蘄春縣
		羅田縣　至元十二年復置大德中移治屬蘄州路	蘄州路　至元十二年立淮南西宣撫司十四年改總管府　蘄春縣
	黃安縣　嘉靖四十二年析麻城姜家畈黃岡上中和鄉黃陂灄源鄉置	羅田縣　改屬黃州府	蘄州　洪武初為蘄州府九年降為州並所屬縣入黃州府　省入州屬黃州府

州	廣濟縣	黃梅縣
	蘄春縣地	尋陽縣　屬廬江郡
晉初仍曰蘄春惠帝後屬西陽國東晉孝武太元時改為蘄陽於九江王英布舊城立南新蔡郡治		尋陽縣　吳改屬蘄春郡晉太康初屬武昌郡明年仍屬廬江郡永興初置尋陽郡東晉咸和中徙於江南柴桑始為蘄春縣地　南新蔡郡
蘄陽縣　徙治屬南新蔡郡大明八年還屬西陽郡		南新蔡郡
齊置入州郡治　義州義城郡　梁析齊昌置治羅田　蘄陽縣　永明四年廢入齊昌析置永興縣入郡治		永興縣　齊置屬齊昌郡隸豫州梁隸北江州　北齊廢
州郡治		永興縣　魏仍北江州治北齊改隸羅州
州郡治		永興縣　陳仍羅州治周改隸蘄州
更名入郡治		黃梅縣　開皇初更名新蔡十八年改曰黃梅屬蘄州
州治武德元年省蘄水入焉四年析蘄春置永甯縣入州治天寶元年改州為蘄春郡乾元元年仍為蘄州五代初屬楊吳繼屬南唐後入於周	廣濟縣　武德四年析蘄春置永甯縣天寶初更名廣濟屬蘄州	黃梅縣　武德四年析置義豐長吉塘陽新蔡四縣八年俱廢以黃梅屬蘄州
州治	廣濟縣　蘄州治	黃梅縣　蘄州治
路治	廣濟縣　蘄州路治	黃梅縣　蘄州路治
	廣濟縣　改屬黃州府	黃梅縣　改屬黃州府

（東晉孝武置治蘄陽）

國朝因之

黃陂沿革附考（黃安原分有黃陂地不容略也）

黃陂周屬楚漢爲鄳縣地魏公子無忌謂秦不敢攻鄳阨之塞是也屬江夏郡漢末劉表以地當江漢之衝懼孫氏侵軼使黃祖於此築城鎮遏名曰黃城鎮後地屬魏爲石城鎮吳赤烏元年孫權以五萬人圍魏石城堡不克而還是也（案晉惠帝時置灄陽縣宋齊梁因之）宋孝武帝三年分鄳縣立保城縣屬義陽郡隸司州蕭齊以保城屬齊昌郡隸豫州後入於魏宣武帝正始元年於保城設齊安郡立郢州普通七年地爲梁有立司州太清二年復爲魏有高齊改齊安爲安昌郡立南司州又置

產州陳太建二年復取之廢產州餘仍舊十一年地入於周改南司州爲黃州置總管府隋大業初州郡俱廢改保城曰黃陂改衡州曰黃州以縣屬焉唐因之宋末移縣治於江夏之青山磯元初復還舊治明因之嘉靖四十二年分灄源鄉與麻城之姜家畈黃岡之中和鄉置黃安縣併屬黃州府

國朝因之雍正七年改屬漢陽府

齊安郡考

南北分疆時在南者有三齊安郡地各不同建置先後亦異蕭齊置南安縣復於縣立齊安郡見南齊書及隋書北魏於劉宋所置保城縣立齊安郡蕭梁析齊所置建甯郡置梁豐縣立齊安郡皆見北魏書北魏之齊安郡至高齊改爲安昌郡惟梁時既立梁豐之齊安又仍南安之齊安是一時有兩齊安郡似屬可疑然當時南北州郡皆邊人歸服因而授之初不責其職貢但爲觀聽之美免侵盜之患耳故新蔡郡南定南楚南建西楚東豫揚霍七州皆有之邊城郡南朔南郢揚霍四州皆有之此外同名者尚多不僅齊安郡然也其地之可考者則保城之齊安今黃陂是且黃州之名北周先立於保城隋後始移於南安隋志可考也南安之齊安郡今黃岡舊州是水經注舉水南過齊安郡西可證也建甯之齊安郡在今黃安麻城之間魏書梁置沙州於白沙關領建甯齊安二郡可證也但南安之齊安立之最先至隋始廢及唐天寶時復以表郡故其名獨彰耳

西陵辨

西陵在江南不在江北考兩漢江夏郡皆治西陵至晉始治安陸自後西陵不屬江夏郡屬弋陽郡南渡後改弋陽郡爲西陽郡劉宋因之西陵亦隸焉至蕭齊始以西陵爲西陽郡治隋廢西陽改齊安郡治爲黃州廢西陵入武昌縣此西陵在江南之證也惟水經有江水經西陵縣故城南一語後人遂疑在江北然下云江水東歷孟家溠江之右岸有黃石山水逕其北注云卽黃石磯也有西陵縣縣北則三洲也據此注則不在江北無疑經文南字定屬譌錯且西陽一縣地最遼闊自漢以後西陽蠻世爲害亦謂之五水蠻五水皆源於西陽之北山上自保城下至蘄春盡屬西陽之境無西陵地

或以麻城爲西陵考隋之麻城乃梁之信安所改信安初與北西陽縣並置本漢西陽地與廢入武昌之西陵無與也但宋祥符中李昉等輯太平御覽以麻城爲西陵地昉等去隋唐未遠不應與正史牴牾陵字想屬陽字之譌一時誤刻後遂沿襲不覺耳要當以歷代地理志爲斷附考史記楚世家正義西陵故城在黃州之黃山西二里此可爲江右岸黃石山之證輿地紀勝雲夢縣卽漢西陵縣地通志以爲跨漢陽府之黃陂黃州府之黃岡麻城德安府之雲夢此雖在江北實非黃州府治案以上辨考固各有所本而古蹟內載西陵故城出元和志亦有確據兩存以俟考核

西陽考

漢初置縣隸江夏郡後分江夏立西陽郡郡治卽西陽縣見水經地理通釋黃州魏爲重鎮太和時豫州刺史滿寵備西陽是也故城在黃岡縣東南一百三十里此據舊治在今新州而言前志謂在今西陽河宋志魏立弋陽郡屬豫州晉惠帝又分郡爲西陽國旋復爲郡爲豫州治宋孝建初屬郢州太始間又屬豫州尋還郢州寰宇記謂故西陽在今光州光山縣西二十里晉永嘉後移置邾城上流五里案水經江水東逕西陽又云江之右岸有鄂縣故城當在今治東南三十里光山之西陽見之水經淮水注云黃水東逕晉西陽城又東北逕弋陽郡此地名相同非一處也

黃郡得名考

案水經注淮水又東北合黃水水出黃武山東北流木陵關水注之水導木陵山西北流注於黃水黃水又東逕南光城南光郡治又東北逕高城南故弦高國也又東北逕弋陽郡漢郡國志汝南郡弋陽縣侯國有黃亭故黃國嬴姓東有虞邱郭南有子相廟黃水又東北入於淮謂之黃口又案太平寰宇記故黃州城在光山縣西四十里者舊相傳云古黃國別城宋昇明年置郡州帶黃水因名黃州據此二條則黃州因黃水得名其明徵也

疆界

黃州府在省治東北廣五百六十五里袤三百三十里
東至安徽宿松縣界四百一十里
西至漢陽府黃陂縣界一百五十五里
南至武昌府武昌縣界十里
北至河南光山縣界三百二十里
東南至江西德化縣界三百五十里
東北至安徽霍山縣界三百里
西南至武昌府江夏縣界一百二十里
西北至河南羅山縣界三百三十里
陸路至省由陽邏渡江一百八十里馬橋渡江一百五十里

水路泝大江至省一百八十里
陸路由河南至
京師二千八百里
水路由大江泝淮河至
京師四千七百里
黃岡縣附府廣一百九十五里袤一百四十里
東至本府蘄水縣界四十里
西至漢陽府黃陂縣界一百五十五里
南至武昌府武昌縣界十里
北至本府麻城縣界一百三十里
東南至武昌府武昌縣界三十里
西南至武昌府江夏縣界一百二十里
東北至本府羅田縣界一百五十里
西北至本府黃安縣界一百六十里
蘄水縣在府東一百一十里廣一百七十里袤一百二十五里
東至安徽英山縣界一百里
西至本府黃岡縣界七十里
南至本府蘄州界四十五里
北至本府羅田縣界八十里
東南至本府蘄州界四十里
西南至武昌府大冶縣界四十里
東北至本府羅田縣界一百里

西北至本府黃岡縣界七十里
麻城縣在府北一百八十里廣一百四十里袤一百五十里
東至本府羅田縣界九十里
西至本府黃安縣界五十里
南至本府黃岡縣界五十里
北至河南光山縣界一百里
東南至本府羅田縣界一百里
西南至本府黃岡縣界六十里
東北至河南商城縣界一百里
西北至本府黃安縣界七十里
黃安縣在府西北二百四十里廣八十里袤一百六十里

東至本府麻城縣界四十里
西至漢陽府黃陂縣界四十里
南至本府黃岡縣界八十里
北至河南光山縣界八十里
東南至本府麻城縣界六十里
西南至漢陽府黃陂縣界七十里
東北至河南光山縣界八十里
西北至河南羅山縣界九十里

羅田縣在府東北一百八十里廣八十里袤一百九十五里
東至安徽英山縣界五十里
西至本府黃岡縣界三十里

南至本府蘄水縣界十五里
北至河南商城縣界一百八十里
東南至本府蘄水縣界十五里
西南至本府黃岡縣界三十里
東北至安徽霍山縣界一百八十里
西北至本府麻城縣界九十里

蘄州在府東一百八十里廣一百三十里袤一百五十里
東至本府廣濟縣界四十里
西至本府蘄水縣界九十里
南至武昌府興國州界十里
北至本府羅田縣界一百四十里
東南至本府廣濟縣界十里
西南至武昌府興國州界十五里
東北至安徽宿松縣界二百三十里
西北至本府蘄水縣界一百里

廣濟縣在府東二百五十里廣一百里袤一百二十里
東至本府黃梅縣界七十里
西至本府蘄州界三十里
南至江西瑞昌縣界七十里
北至本府蘄州界五十里
東南至本府黃梅縣界七十里
西南至本府蘄州界七十里

東北至本府黃梅縣界三十里
西北至本府蘄州界二十里

黃梅縣在府東三百五十里廣五十里袤一百七十里
東至安徽宿松縣界二十五里
西至本府廣濟縣界二十五里
南至江西德化縣界一百里
北至本府蘄州界七十里
東南至安徽宿松縣界六十里
西南至本府廣濟縣界九十里
東北至安徽宿松縣界四十里
西北至本府廣濟縣界五十里

黄州府輿圖

黃州府總圖

每方二十里

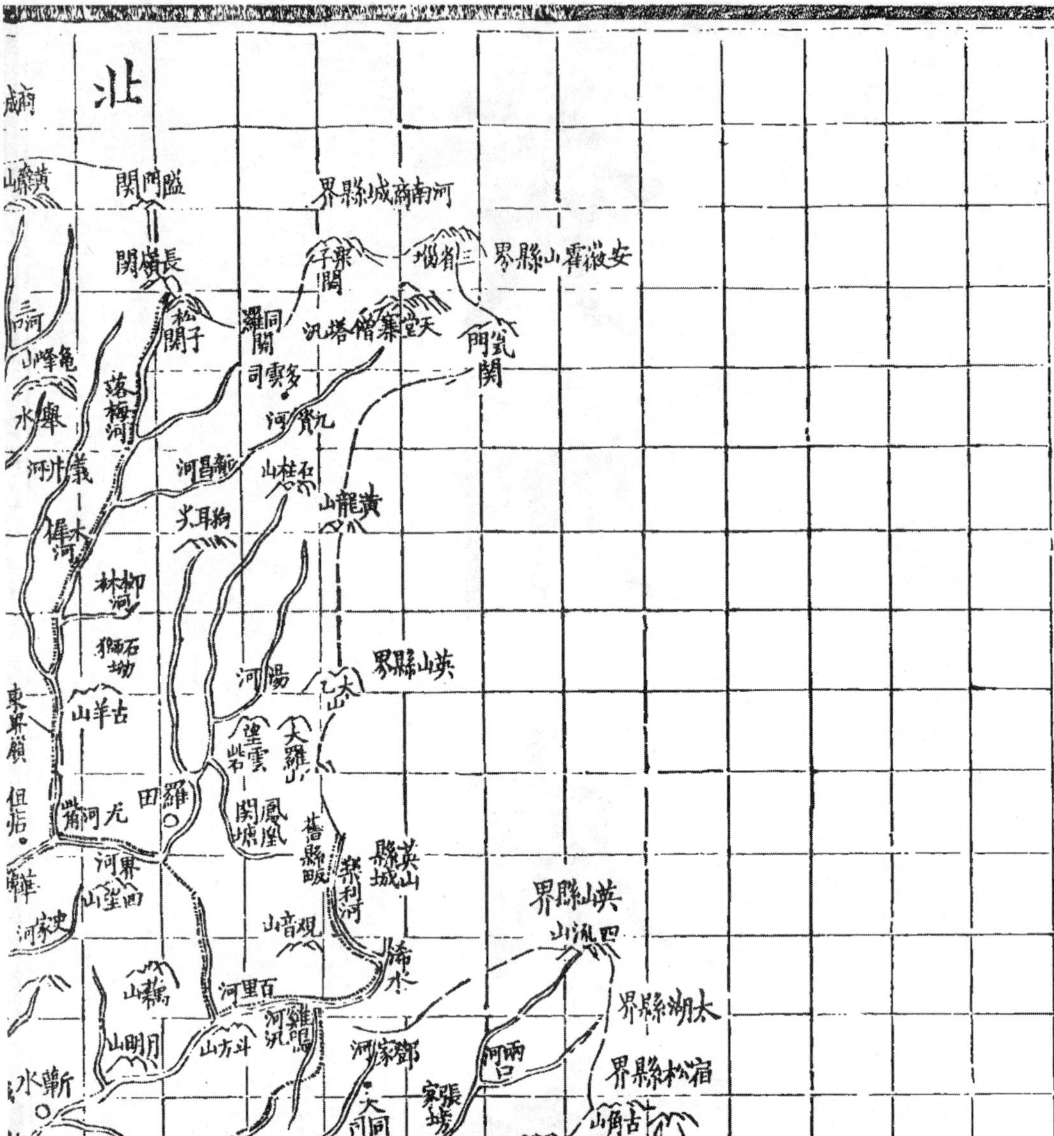
北
南
東
河南商城縣界
安徽霍山縣界
英山縣界
太湖縣界
宿松縣界
安徽宿松縣界
江西德化縣界
九江府城
英山縣城
羅田
蘄水
廣濟
黃梅
百里河
大江

西

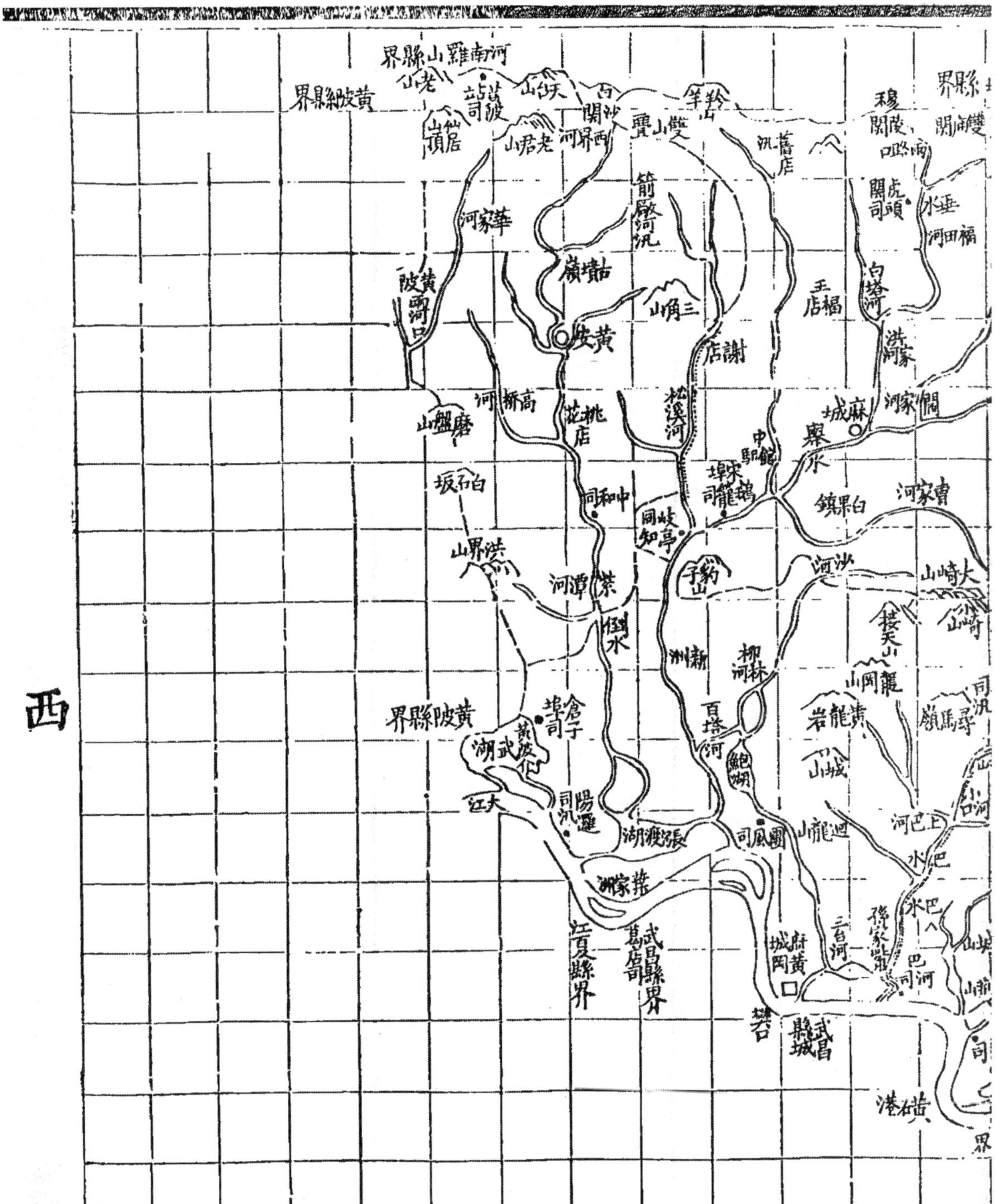

河南羅山縣界
黃陂縣界
天台山
老君山
西界河
白沙關
雙山寶
舊店汛
穆陵關
華家河
箭廠河汛
古塘嶺
三角山
黃安
謝店
王福店
虎頭關司
福田河
洪家河
高橋河
磨盤山
桃花店
松溪河
麻城
閻家河
白石坂
中和司
岐亭同知
白果鎮
曹家河
洪界山
豹子山
沙河
大崎山
潭河
倒水
新洲
柳林河
接天山
龍岡山
黃陂縣界
黃龍岩
倉子埠司
武湖
大江
陽邏司汛
張渡湖
團風司
迴龍山
上巴河
巴水
城山
三台河
黃州府城
江夏縣界
武昌縣界
武昌縣城
黃石港

黄州府城圖

城圖

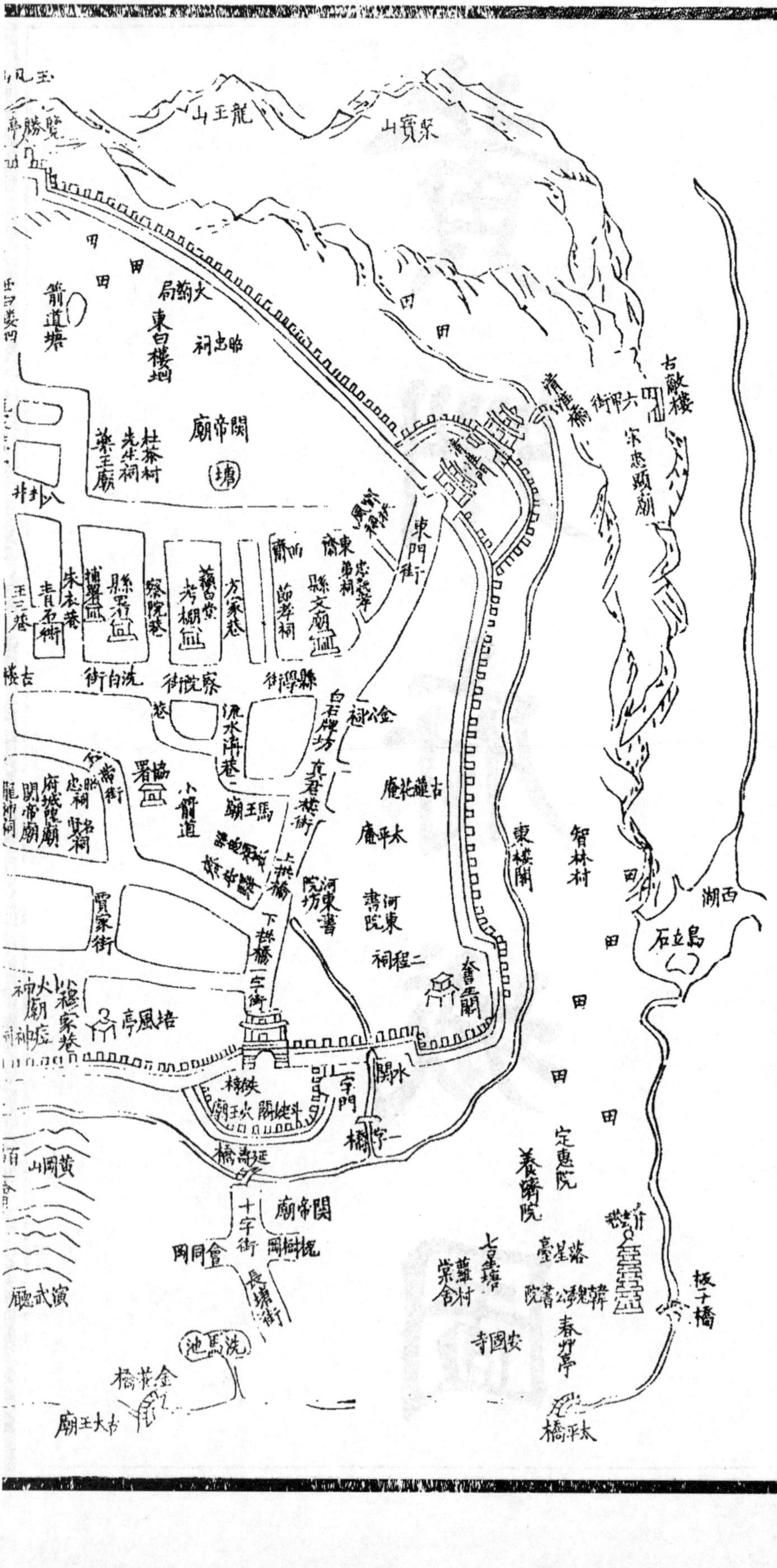
龍王山
聚寶山
覽勝亭
火藥局
昭忠祠
東白樓
箭道塘
關帝廟
杜茶村
先生祠
藥王廟
古敵樓
宋忠顯廟
東門街
東齋
方家巷
察院巷
縣文廟
節孝祠
洗白街
察院街
縣學街
金公祠
白石牌坊
流水溝巷
真君樓街
古蓮花庵
太平庵
協署
小箭道
馬王廟
府城隍廟
關帝廟
龍神祠
賈家街
河東書院
二程祠
奎星廟
培風亭
火神廟
穆家巷
水關
一字門
一字橋
延壽橋
黄岡山
演武廳
關帝廟
十字街
會同岡
長壕街
洗馬池
金花橋
東樓閣
智林村
西湖
烏石
定惠院
養濟院
落星臺
安國寺
春草亭
板子橋
太平橋

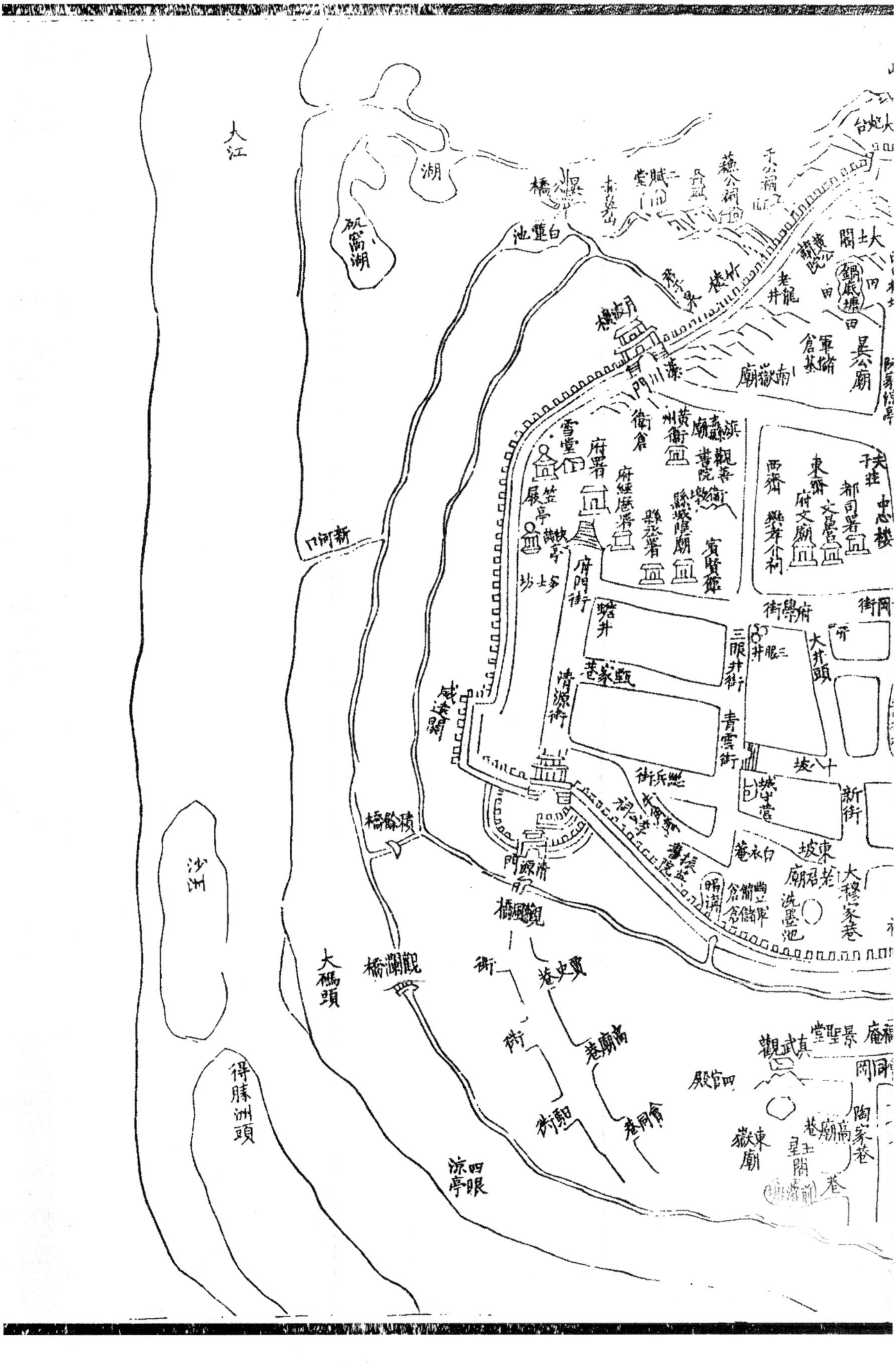
大江
湖
硯窩湖
白蓮池
新河口
沙洲
得勝洲頭
大碼頭
觀湖橋
積餘橋
觀風橋
清源門
月波樓
漢川門
竹樓
赤壁
蘇公祠
南嶽廟
吳公廟
軍儲倉
黃州衛
雪堂
府署
笠展亭
府經歷署
縣署
縣城隍廟
賓賢館
府門街
清源街
三眼井街
青雲街
府學街
大井頭
十八坡
新街
東坡
東齋
西齋
府文廟
文昌宮
都司署
中心樓
白衣庵
洗墨池
大穆家巷
賈史巷
高廟巷
會同巷
真武觀
景聖堂
四官殿
東嶽廟
陶家巷
四眼涼亭

黄岡縣輿圖

黃岡縣輿圖 每方十里

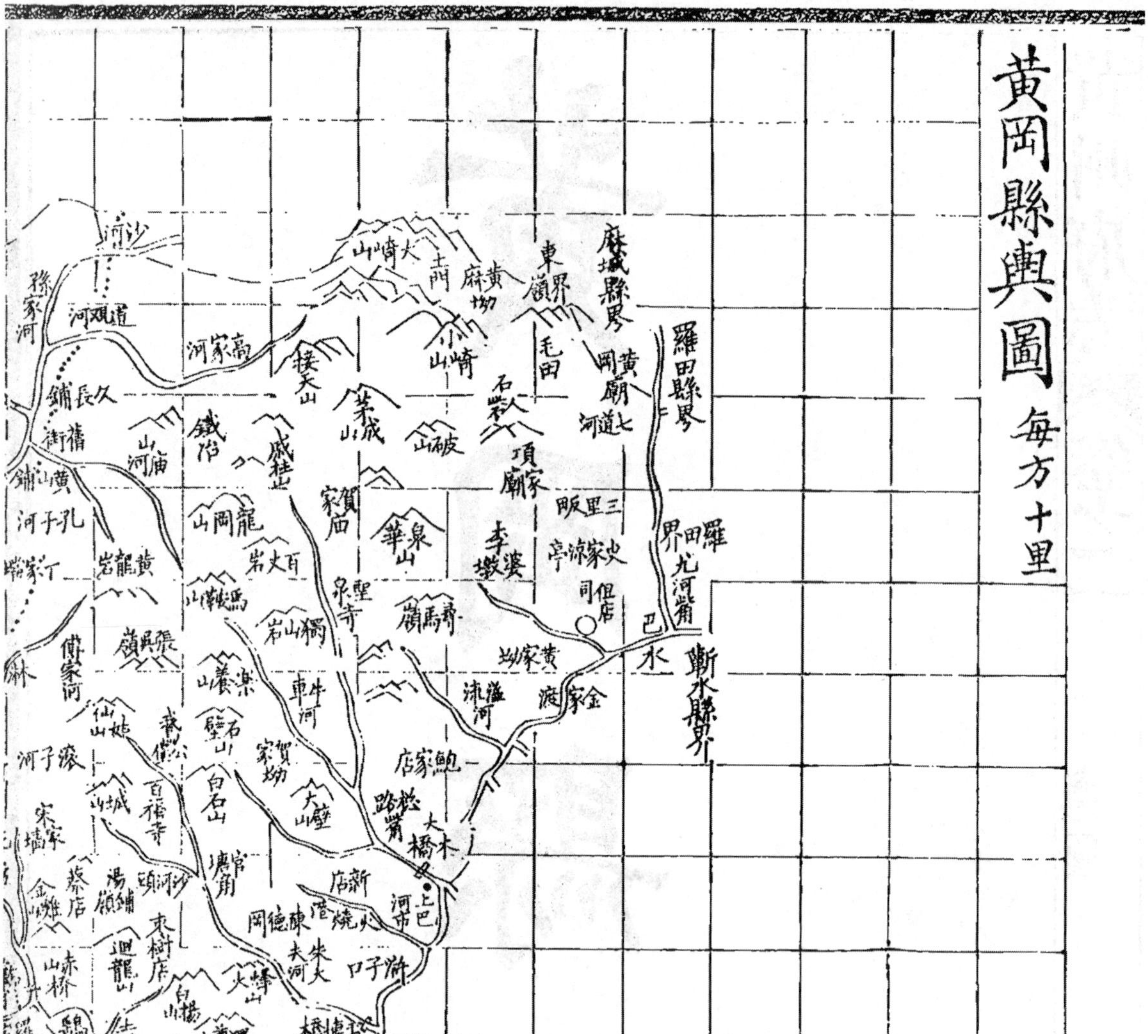
麻城縣界
東界嶺
黃麻坳
大崎山
小崎山
羅田縣界
羅田界
七道河
黃岡廟
毛田
石灰嶺
破山
項家廟
三里畈
但店
巴水
蘄水縣界
黃家坳
金家渡
溢流河
鮑家店
大木橋
上巴河市
新店
李婆墩
泉華山
賀家坳
聖泉寺
百丈岩
獨山岩
牛車河
龍岡山
鐵冶
成桂山
茅成山
接天山
高家河
道觀河
沙河
孫家河
久長鋪
舊街
黃山鋪
孔子河
黃龍岩
張嶺
傅家河
滚子河
仙姑山
城山
百福寺
白石山
石鼓山
大壁山
宋家墻
蔡店
湯鋪嶺
沙河頭
東樹店
回龍山
赤桥山
官塘角
陳德岡
燒火塘
朱大夫河
淋子口
鵝子湖
白楊山
獨山
孟博橋
王家店
望城岡
卯店
陶店
孫家嘴
蔡家潭
成家嶺
路口
洋河
西
後湖
三台河
長坡鋪
楊林鋪
長圻鋪
黃州
團風鋪
龍王磯
大江
武昌縣城
武昌縣界
打石廠距縣三十里
係黃岡武昌大冶交界
按黃岡縣採訪

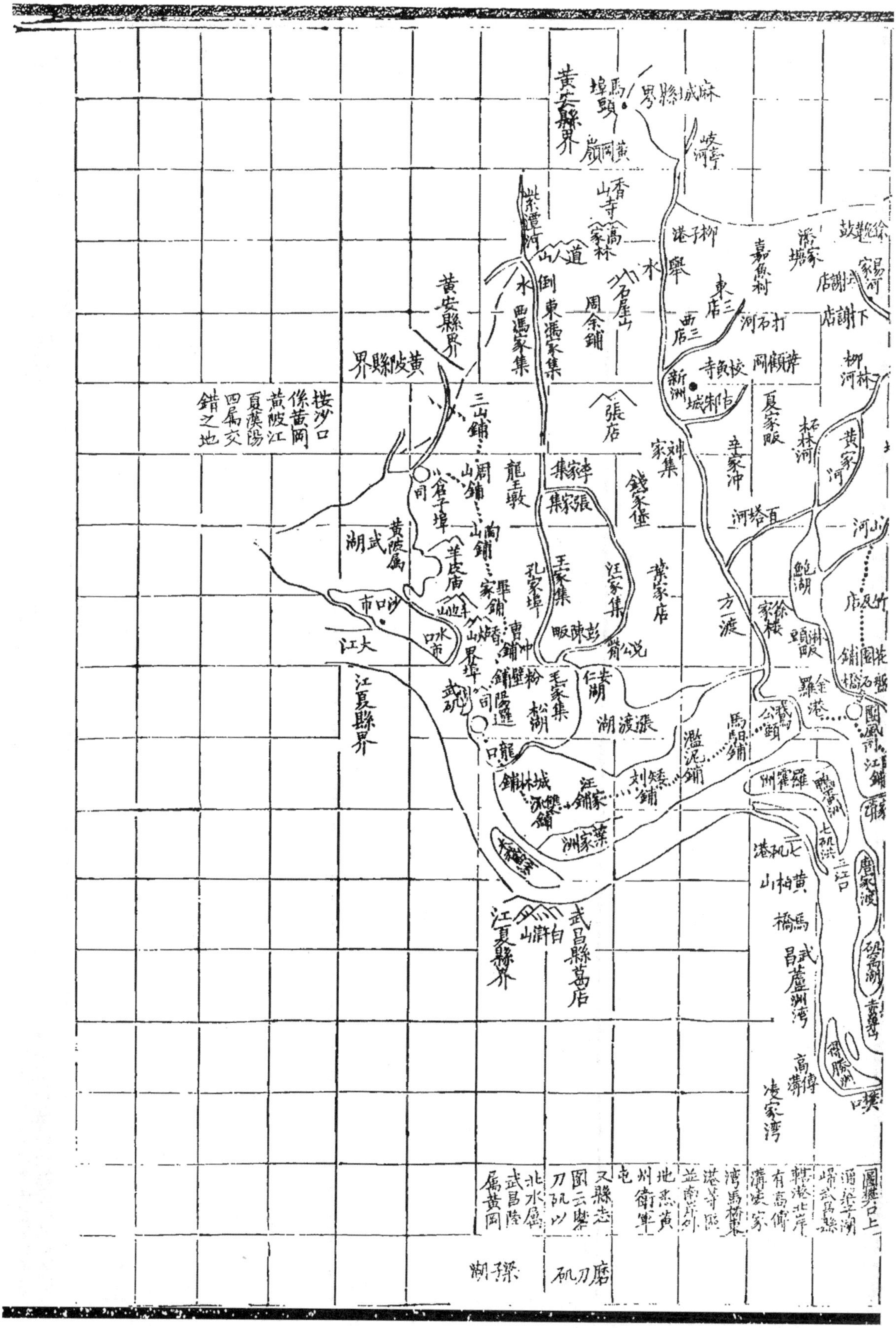
黃安縣界
黃陂縣界
江夏縣界
武昌縣葛店
大江
沙口市
張店
方一渡

蘄水縣輿圖

蘄水縣輿圖 每方十里

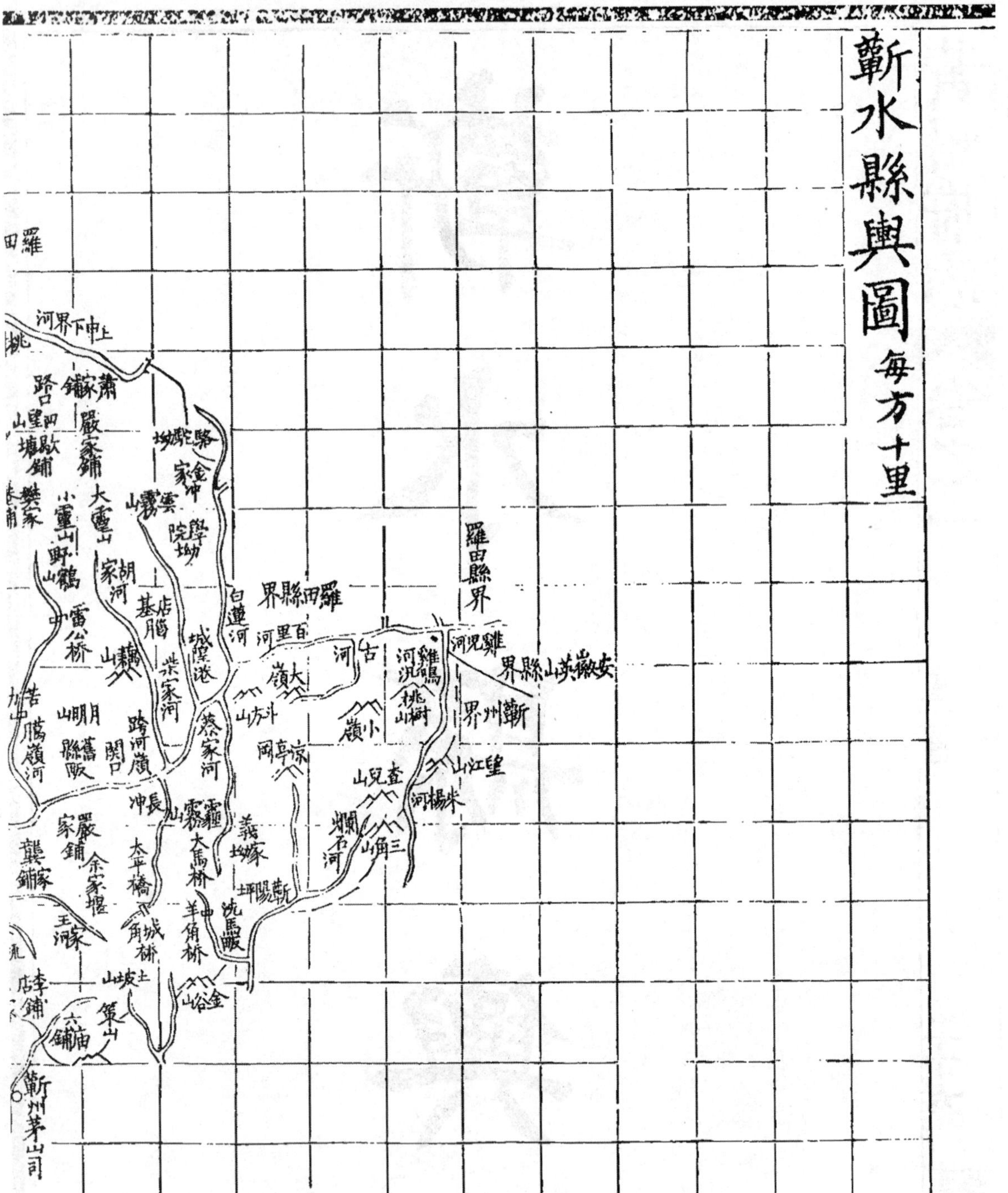
羅田
上中下界河
蕭家舖
路口
嚴家舖
大靈山
小靈山
野鶴山
胡家河
白蓮河
羅田縣界
羅田縣界
百里河
古河
雞鳴河
雞兒河
安徽英山縣界
蘄州界
望江山
查兒山
大嶺
小嶺
明月山
舊縣畈
關口
跨河嶺
蔡家河
長沖
嚴家舖
龔家舖
大馬桥
太平橋
余家堰
三角山
洗馬畈
羊角桥
王家河
蘄州茅山司

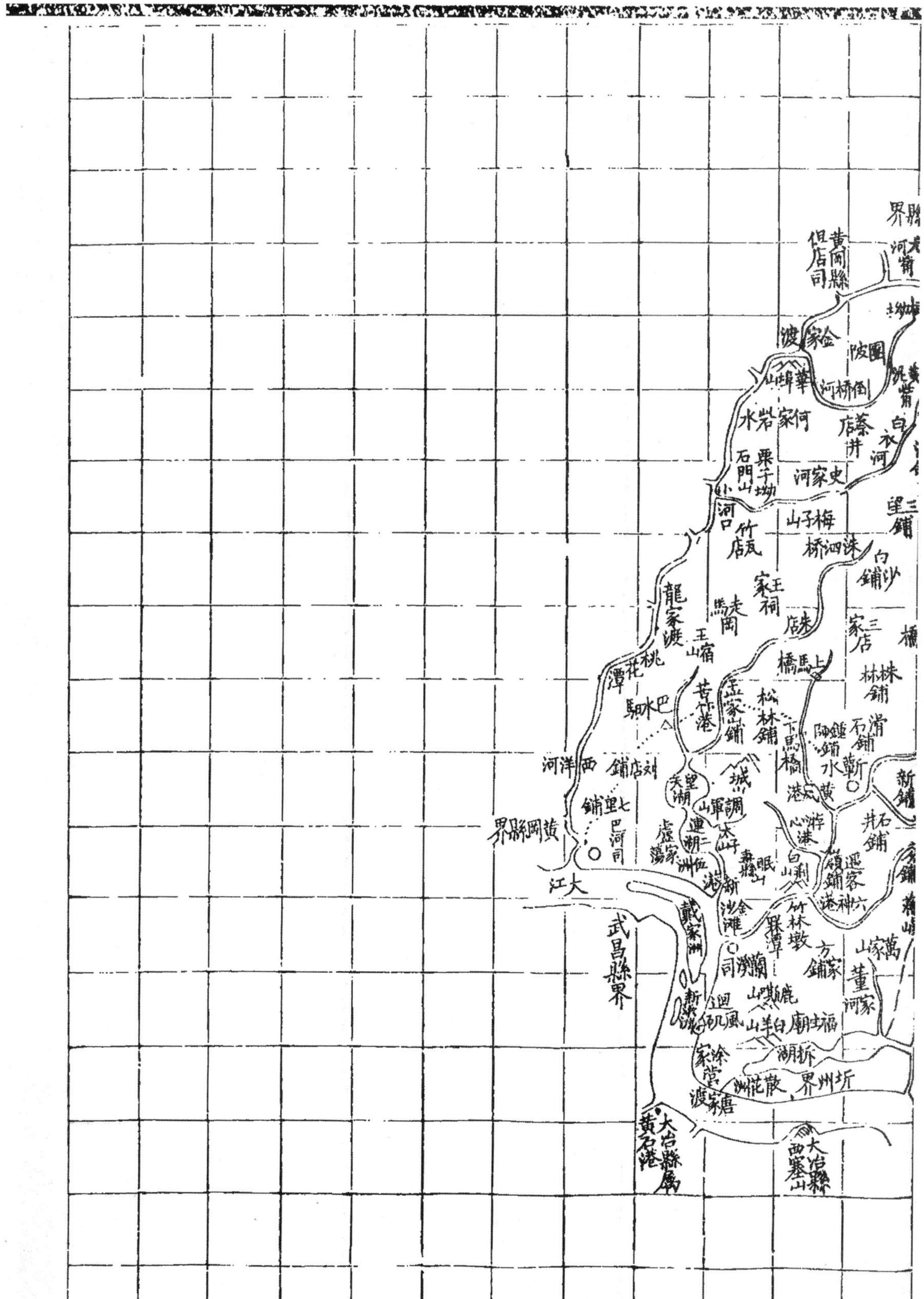
黃岡縣
但店司
大江
武昌縣界
黃岡縣界
西洋河
劉店鋪
七里鋪
巴河司
巴水驛
桃花潭
龍家渡
竹瓦店
史家河
梅子山
戴家洲
散花洲
蘄州界
黃石港
大冶縣
西塞山

黄州府志卷之一 輿圖 二十七

麻城縣輿圖

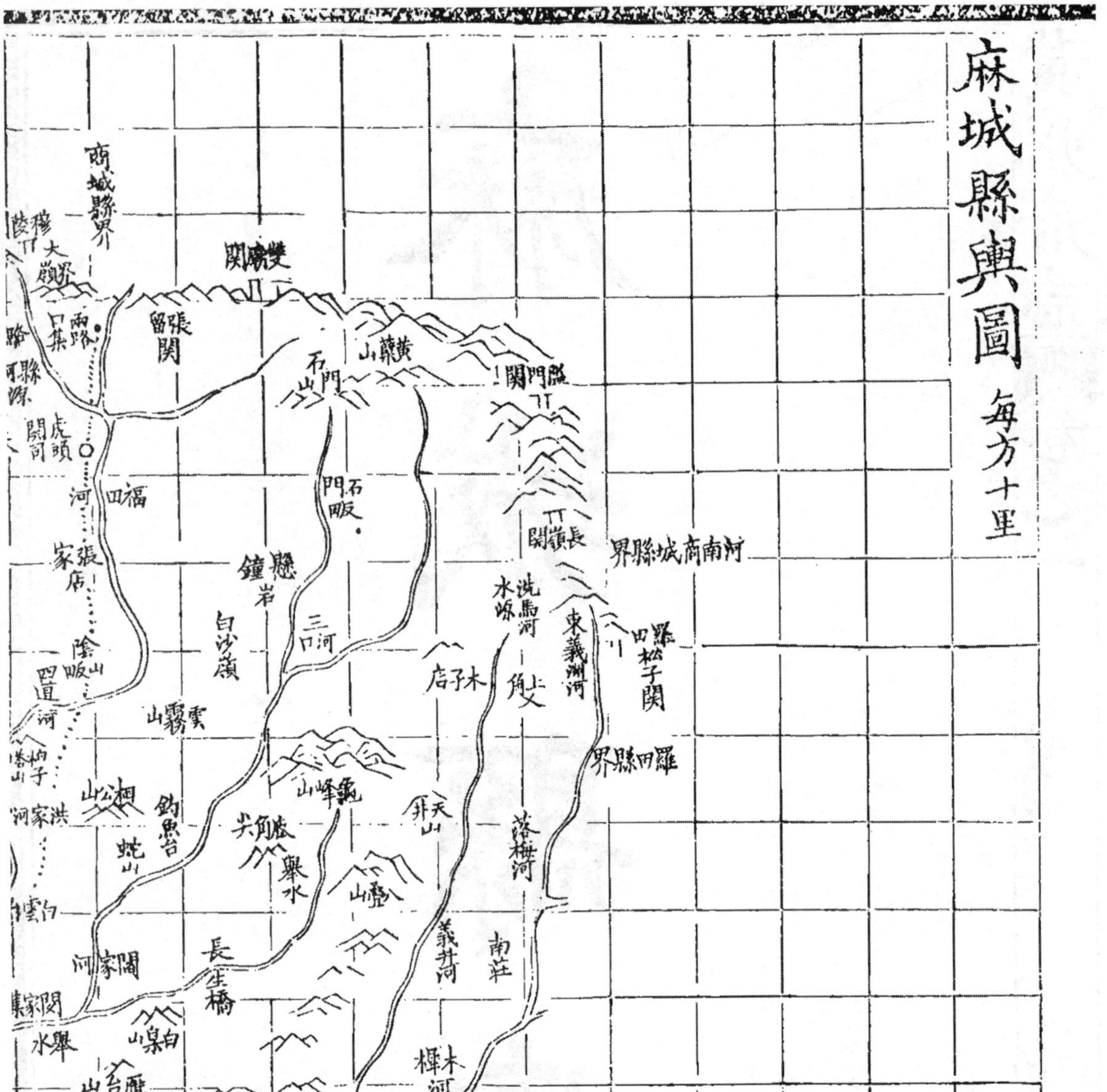
麻城縣輿圖
每方十里
商城縣界
穆陵關
大嶺關
黃藥山
石門山
虎頭關
福田河
石門畈
張家店
懸鐘岩
長嶺關
河南商城縣界
洗馬河
東義洲河
松子關
白沙嶺
三河口
木子店
雲霧山
羅田縣界
落梅河
釣魚台
舉水
閻家河
南莊
長堂橋
白泉山
雁台山
桿木河
容保壘
曹家河
義合區
白水畈
魯家台
臨田集河
橫河
大崎山
黃麻坳
東界嶺
三里河
獅子岩
黃岡廟
羅田縣界
黃岡縣界

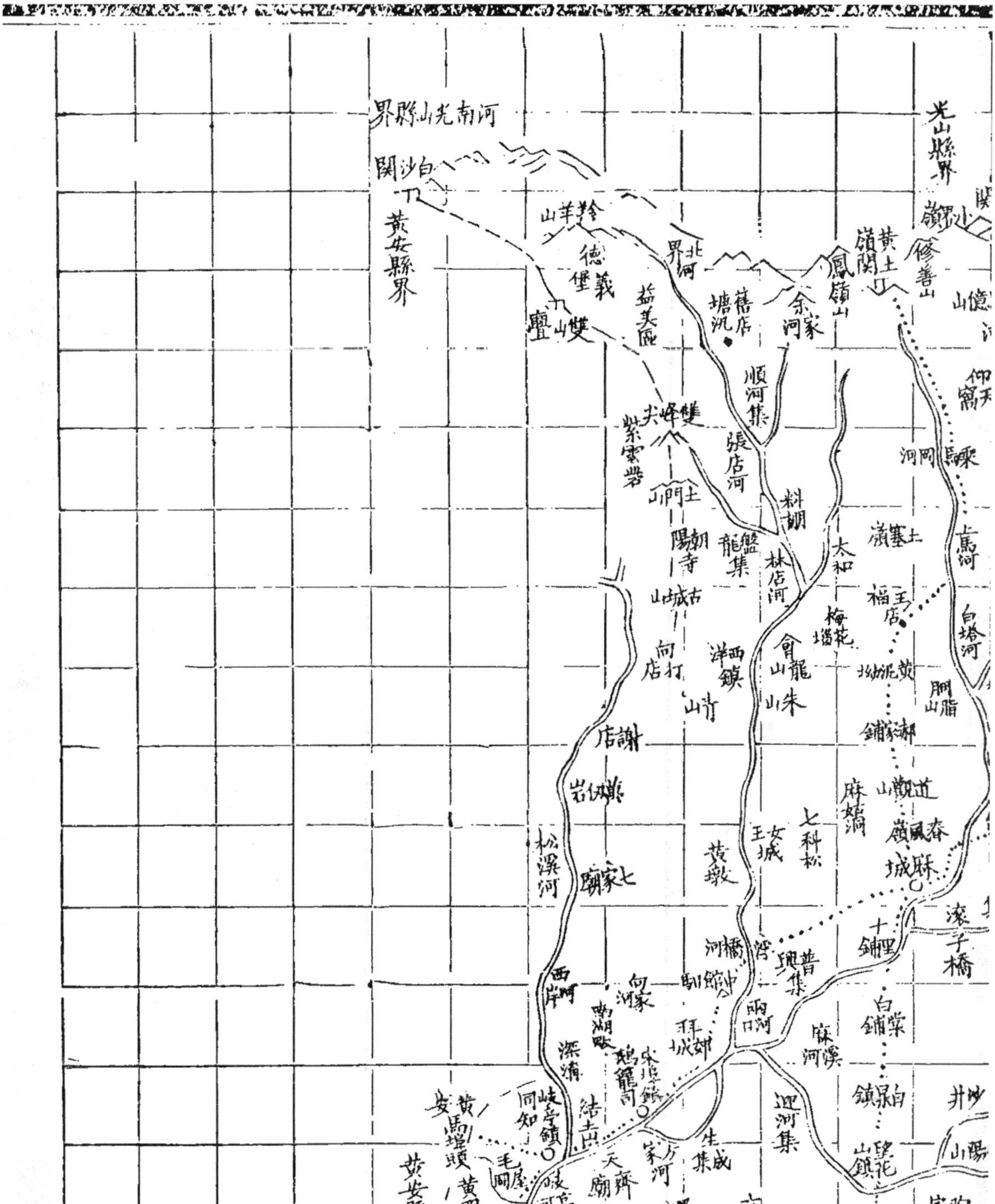
河南光山縣界
白沙關
黄安縣界
光山縣界
黄土關
黄土嶺
鳳嶺山
修善山
德義堡
益美店
舊店塘汛
余家河
順河集
雙峰尖
紫雲巖
張店河
土門
料湖
朝陽寺
盤龍集
林店河
太和
土塞嶺
古城山
福王店
梅花塔
西洋鎮
會龍山
朱山
謝店
七家廟
松溪河
黄墩
女王城
七科松
麻姑洞
道觀山
春風嶺
麻城縣
滚子橋
十里鋪
白果鎮
歧亭鎮
黄岡縣界
宋埠鎮
陶家鋪
沙河
六合集
獨山
方家河
生成集
迎河集

黄安縣輿圖

黃安縣輿圖 每方十里

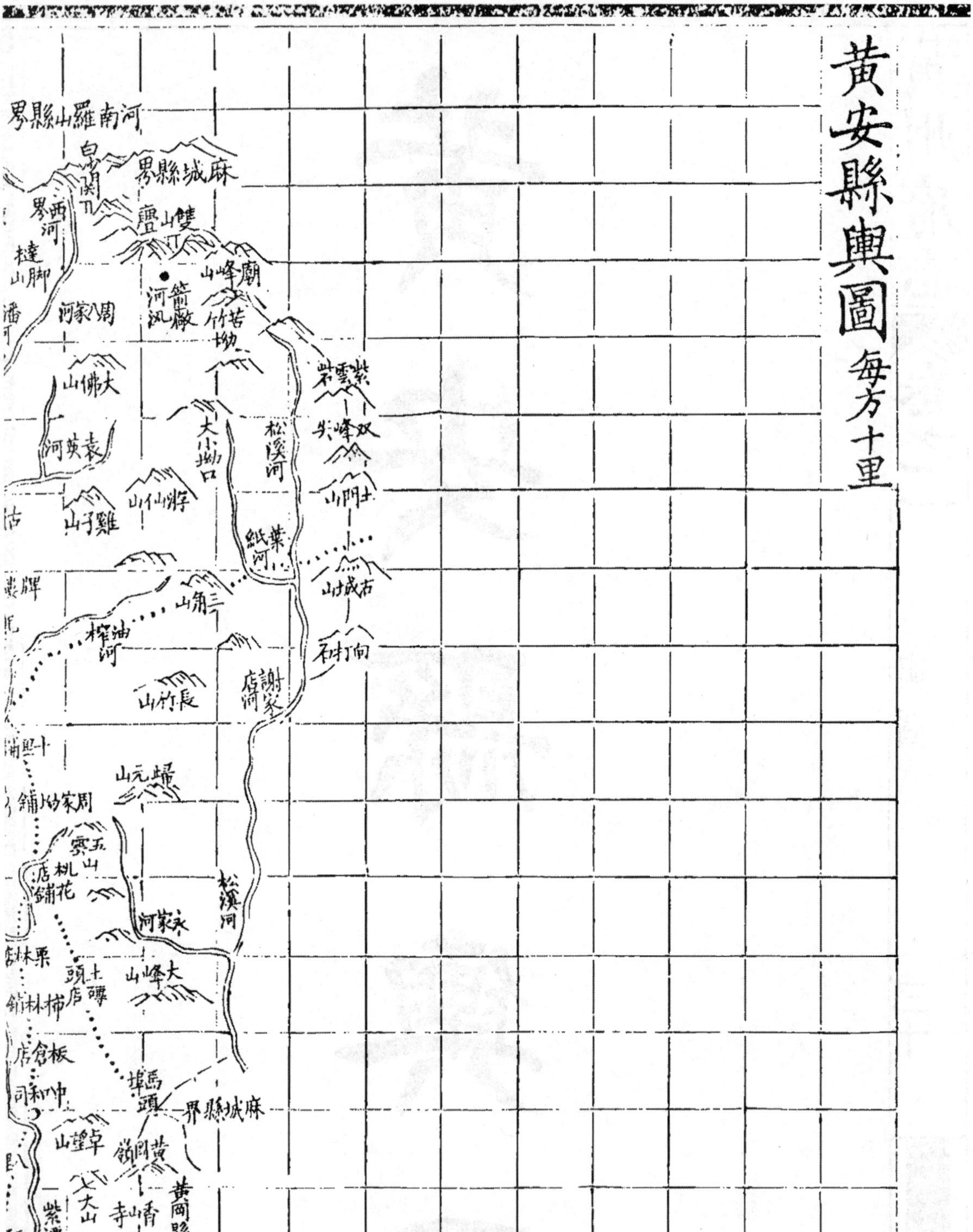
河南羅山縣界
麻城縣界
雙山壘
廟峰山
大佛山
長竹山
三角山
松溪河
紫雲岩
雙峰尖
土門山
古城山
謝家店河
永家河
大峰山
麻城縣界
黃岡縣界
黃岡縣界

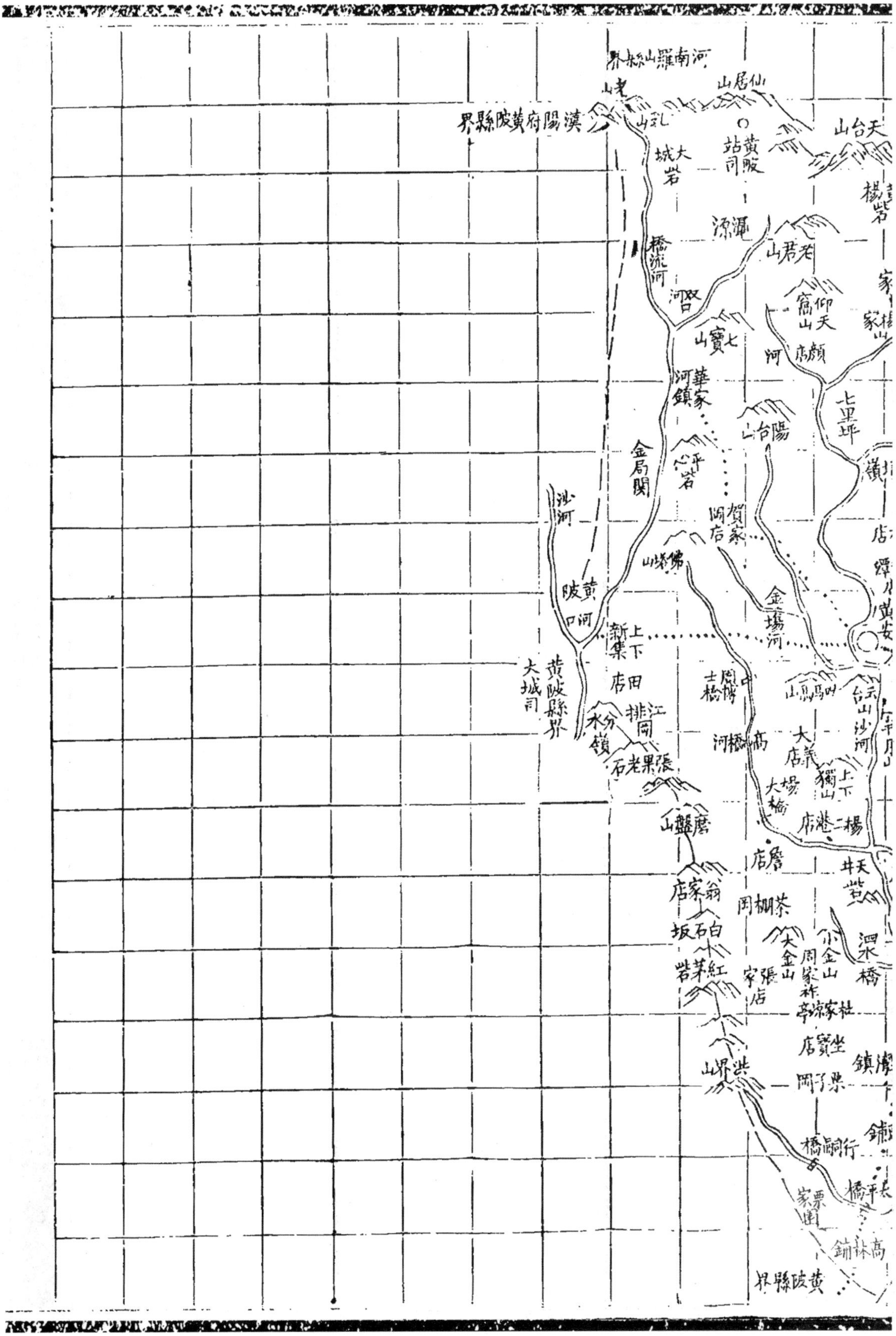
河南羅山縣界
仙居山
漢陽府黃陂縣界
天台山
黃陂站司
老君山
仰天窩山
七寶山
華家河鎮
陽台山
七里坪
平心岩
金局關
沙河
賀家店
黃陂口河
上下新集
金場河
田店
黃陂縣大城司界
周博士橋
高橋河
分水嶺
排江岡
張果老石
獨山
上下楊港店
磨盤山
詹店
翁家店
茶棚岡
白石坂
大金山
小金山
紅茅岩
張家店
杜家凉亭
坐寶店
洪界山
栗子岡
行祠橋
高林鋪
黃陂縣界

黃州府志〔卷之一〕 輿圖 三十一

羅田縣輿圖

羅田縣輿圖 每方十里

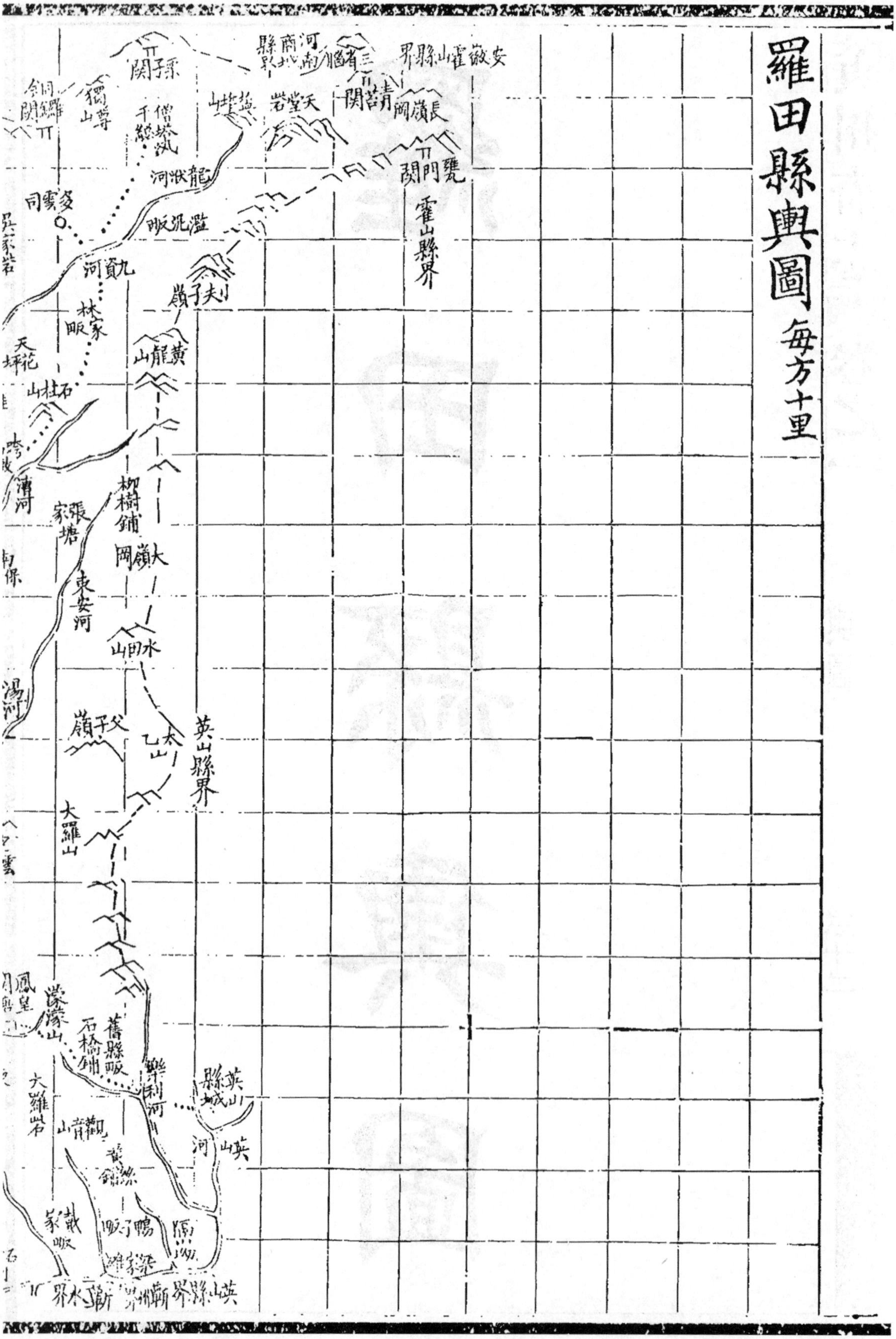
安徽霍山縣界
河南商城縣界
三省腦
青苔關
長嶺岡
天堂岩
英山
龍井河
濫泥畈
多雲司
九資河
夫子嶺
黄龍山
石柱山
林家畈
天花坪
柳樹鋪
大嶺岡
張家塘
東安河
水田山
父子嶺
太乙山
英山縣界
大羅山
鳳皇
濛濛山
石橋鋪
舊縣畈
英山縣城
英山
大雞山
觀音山
鴨子畈
英山縣界
僧塔寺
霍山縣界
長嶺關

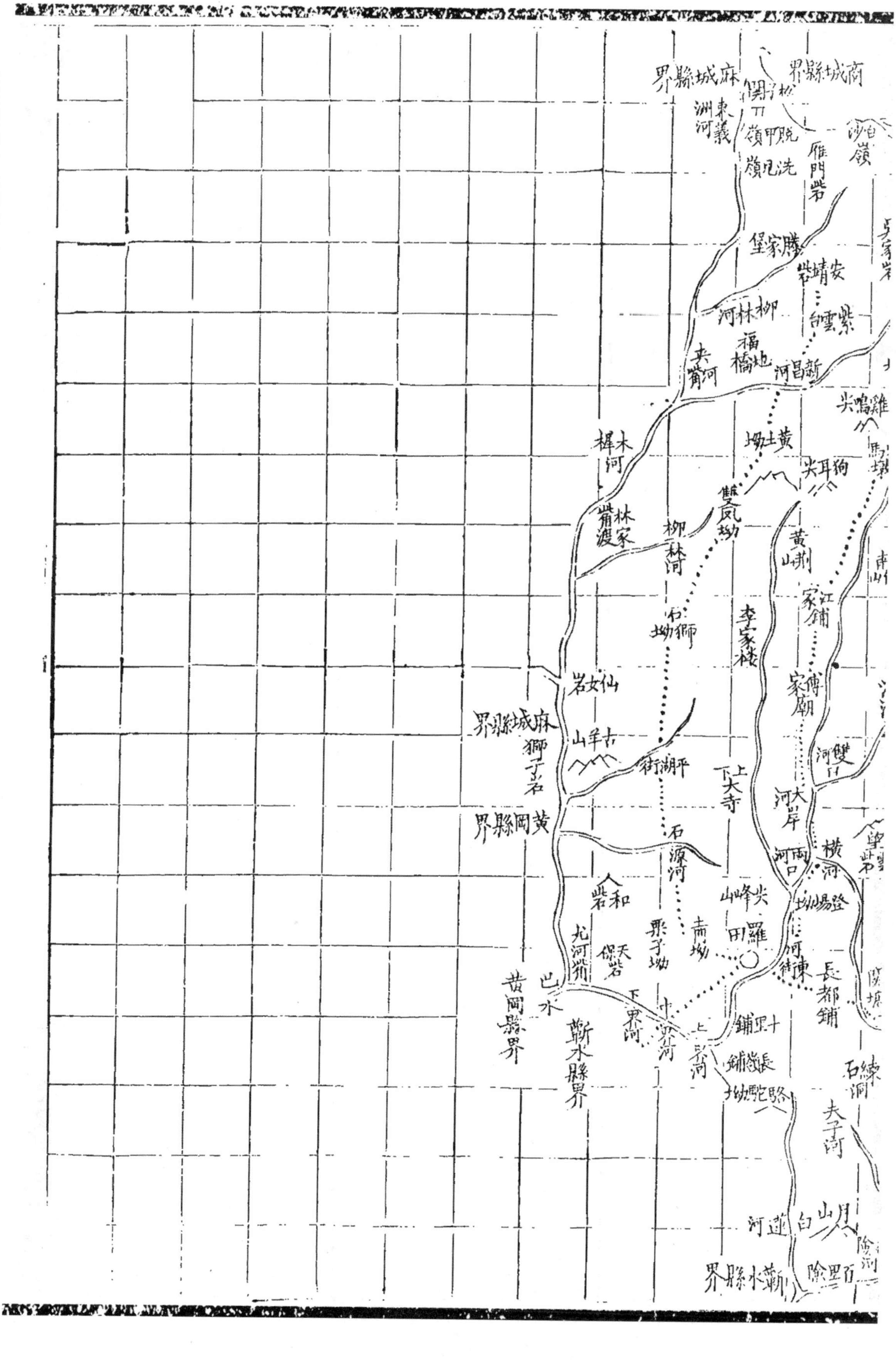

南城縣界
麻城縣界
東義洲河
沙窩嶺
雁門砦
勝家堡
安靖砦
柳林河
紫雲台
新昌河
福橋地
雞鳴尖
黃土坳
狗耳尖
木樨河
林家渡
柳林河
黃荊山
江家鋪
獅石坳
李家樓
傅家廟
仙女岩
麻城縣界
古羊山
平湖街
雙河
上下大寺
大岸河
黃岡縣界
石源河
横河
兩河口
峰尖山
和岩
登場坳
羅田
東街河
長都鋪
黃岡縣界
巴水
蘄水縣界
十里鋪
石練河
夫子河
白蓮河
蘄水縣界
百里險

蘄州輿圖

蘄州輿圖

每方十里

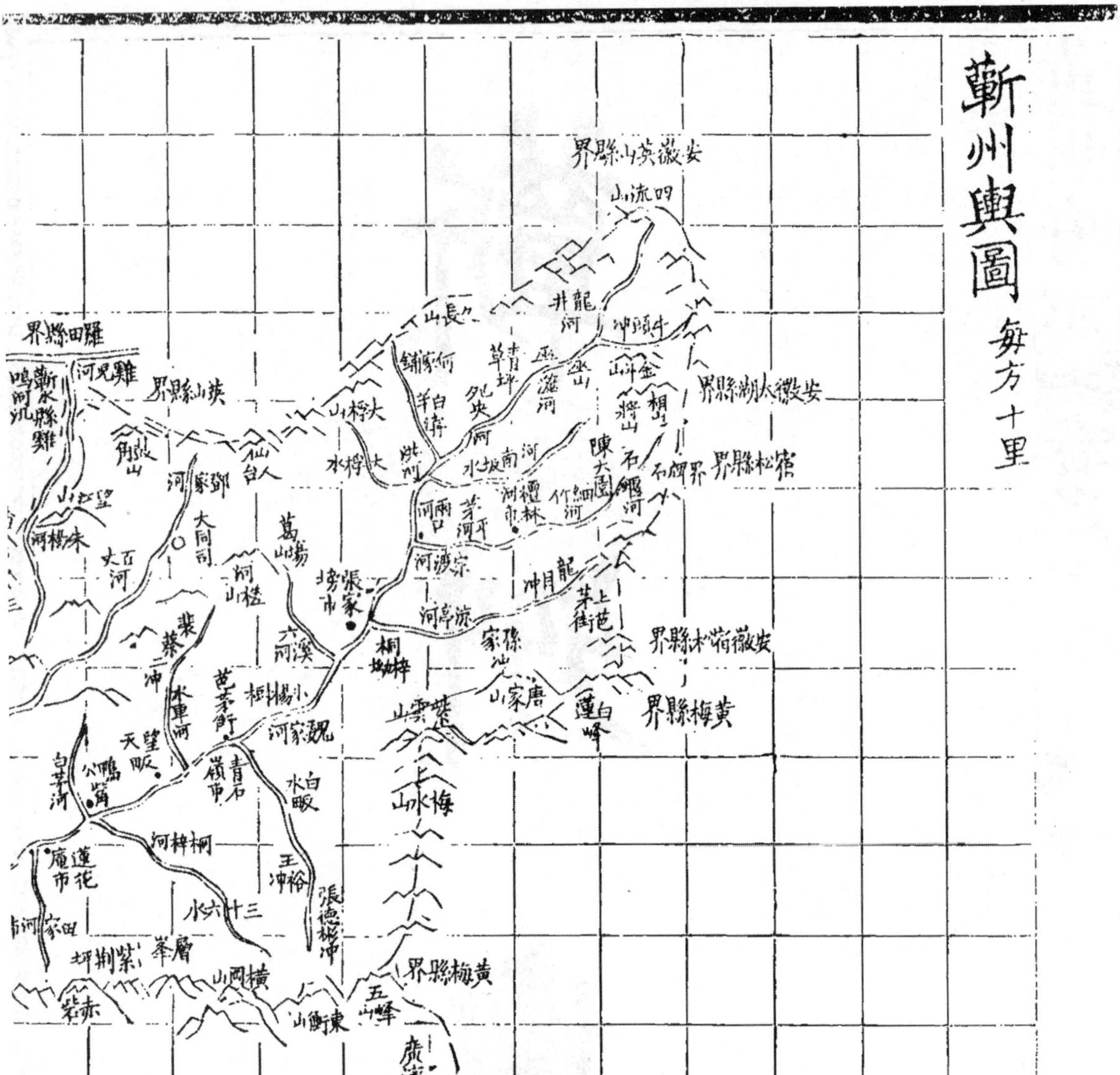
安徽英山縣界
四流山
龍井河
牛頭冲
羅田縣界
英山縣界
大樟山
安徽太湖縣界
宿松縣界
安徽宿松縣界
黃梅縣界
張家塝市
流亭河
桐梓河
唐家山
白蓮峰
梅水山
三十六水
橫岡山
東衝山
五峰山
黃梅縣界
廣濟縣界
蓮花庵市
大同司
鴨公嶺
青石嶺市
白水畈

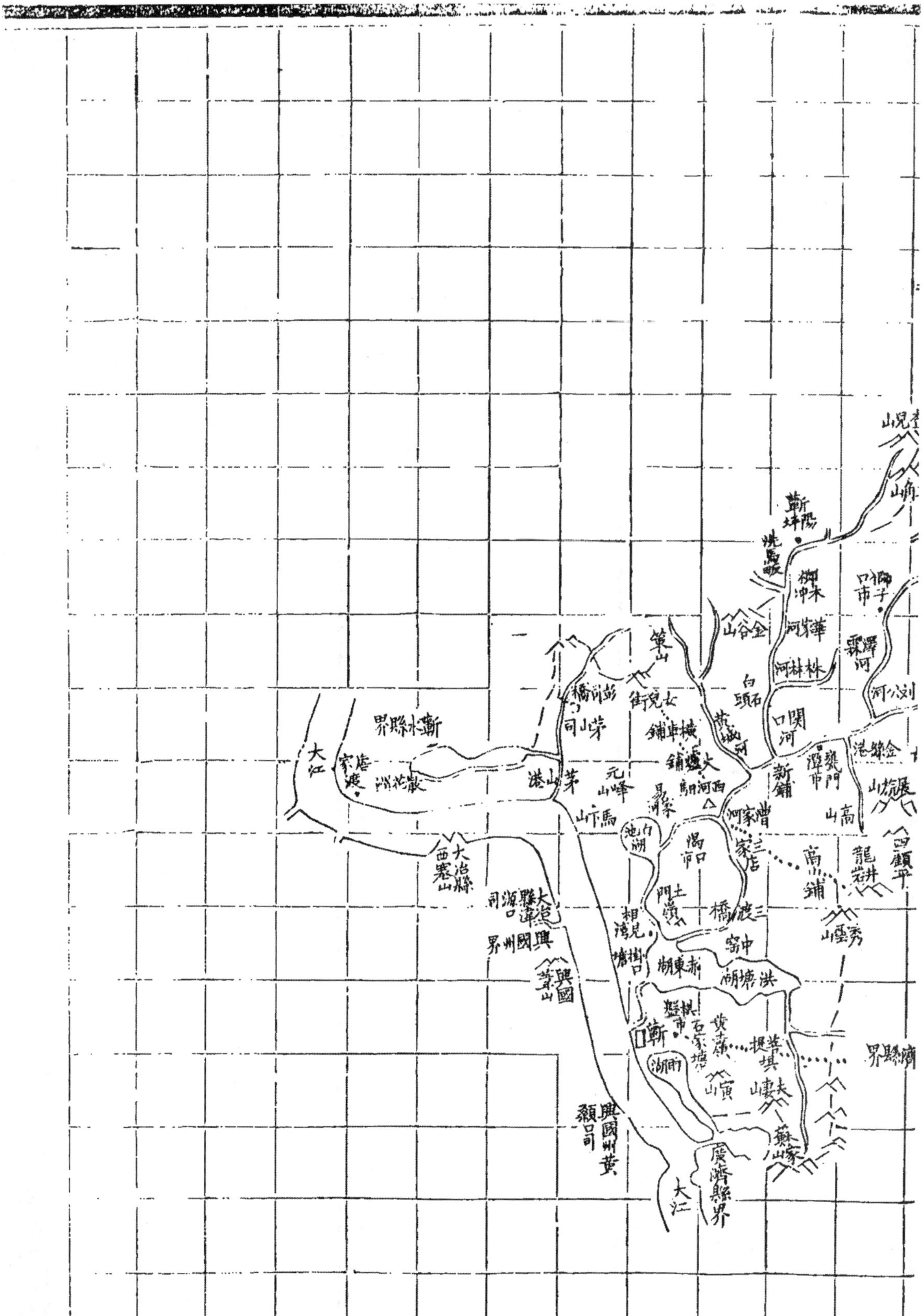
大江
蘄水縣界
大冶縣西塞山
茅山港
金谷山
大江
廣濟縣界

廣濟縣輿圖

廣濟縣輿圖 每方十里

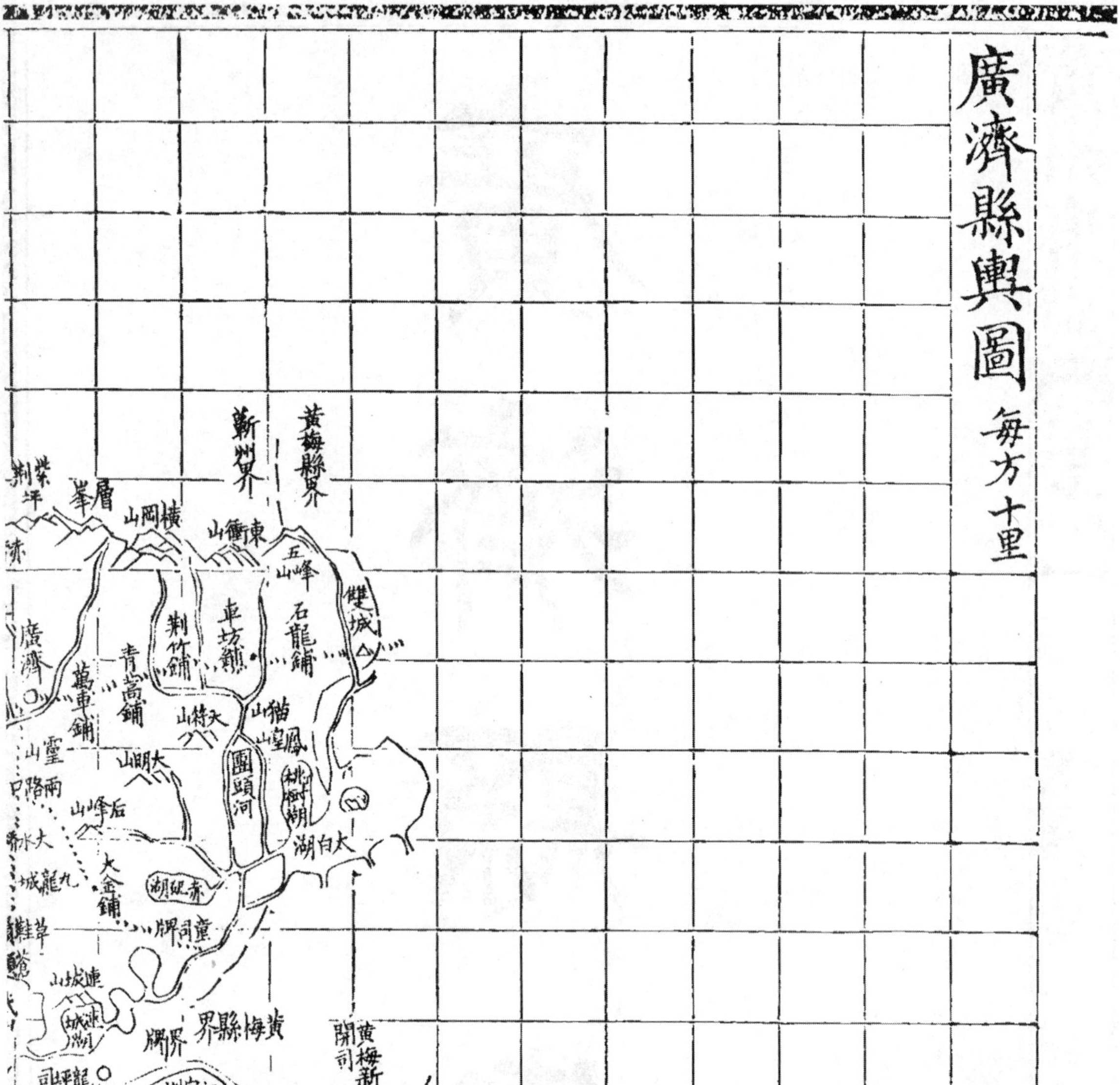
蘄州界
黃梅縣界
橫岡山
東衝山
層峯
紫坪
五峯山
石龍鋪
車坊鎮
荆竹鋪
雙城
青嵩鋪
萬車鋪
廣濟
大特山
貓山
鳳凰山
團頭河
桃樹湖
大白湖
靈山
大明山
兩路口
后峯山
九龍城
大金鋪
童司牌
草鞋
東城山
黃梅縣界
界牌
黃梅新開司
龍坪司
江家洲
團洲
大江
德化大
德化城子鎮司

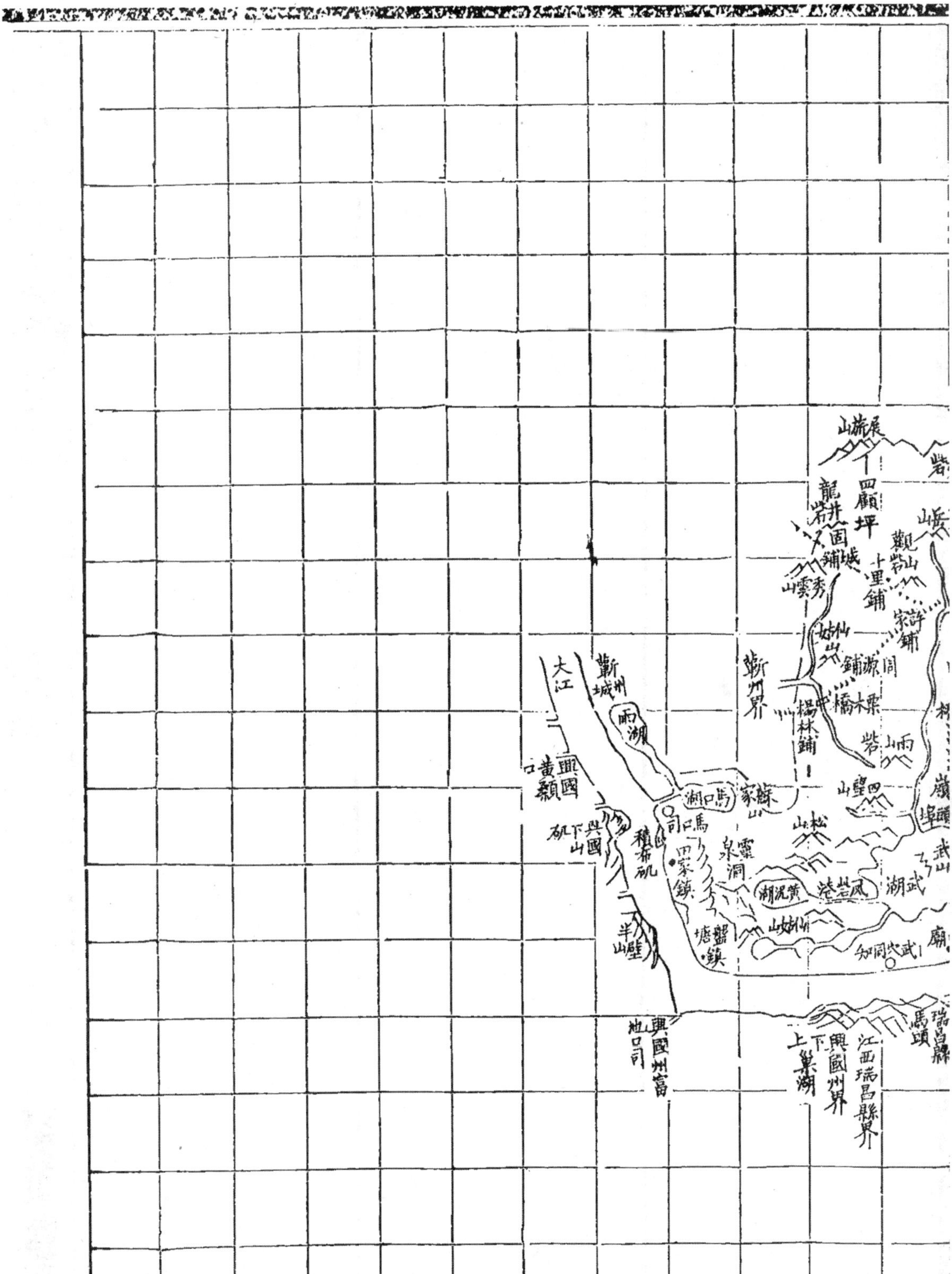
大江
蘄州城
雨湖
蘄州界
楊林鋪
四顧坪
十里鋪
田家鎮
盤塘鎮
半壁山
興國州富池口司
興國州界
江西瑞昌縣界

黃梅縣輿圖

黄梅縣輿圖

每方十里

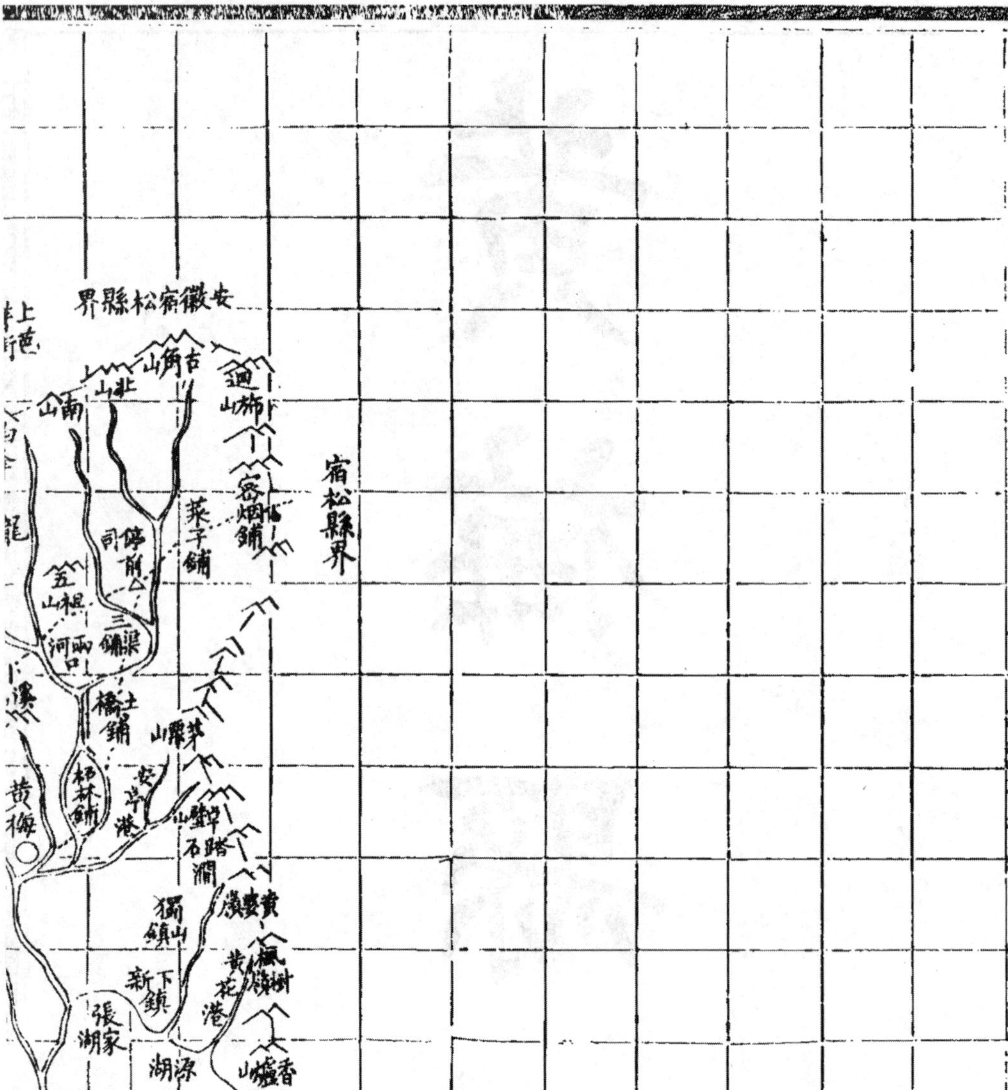
安徽宿松縣界
古角山
北山
南山
宿松縣界
菜子舖
停前司
五祖山
三渠舖
兩河口
土橋舖
杉林舖
黄梅
石路澗
獨山鎮
黄花港
張家湖
香爐山
上港
中港
下港
感湖
嚴家
曹家垻
安徽宿松縣界
楊穴鎮
清江縣丞
小池口
江堤
大江
江西德化縣界
九江府

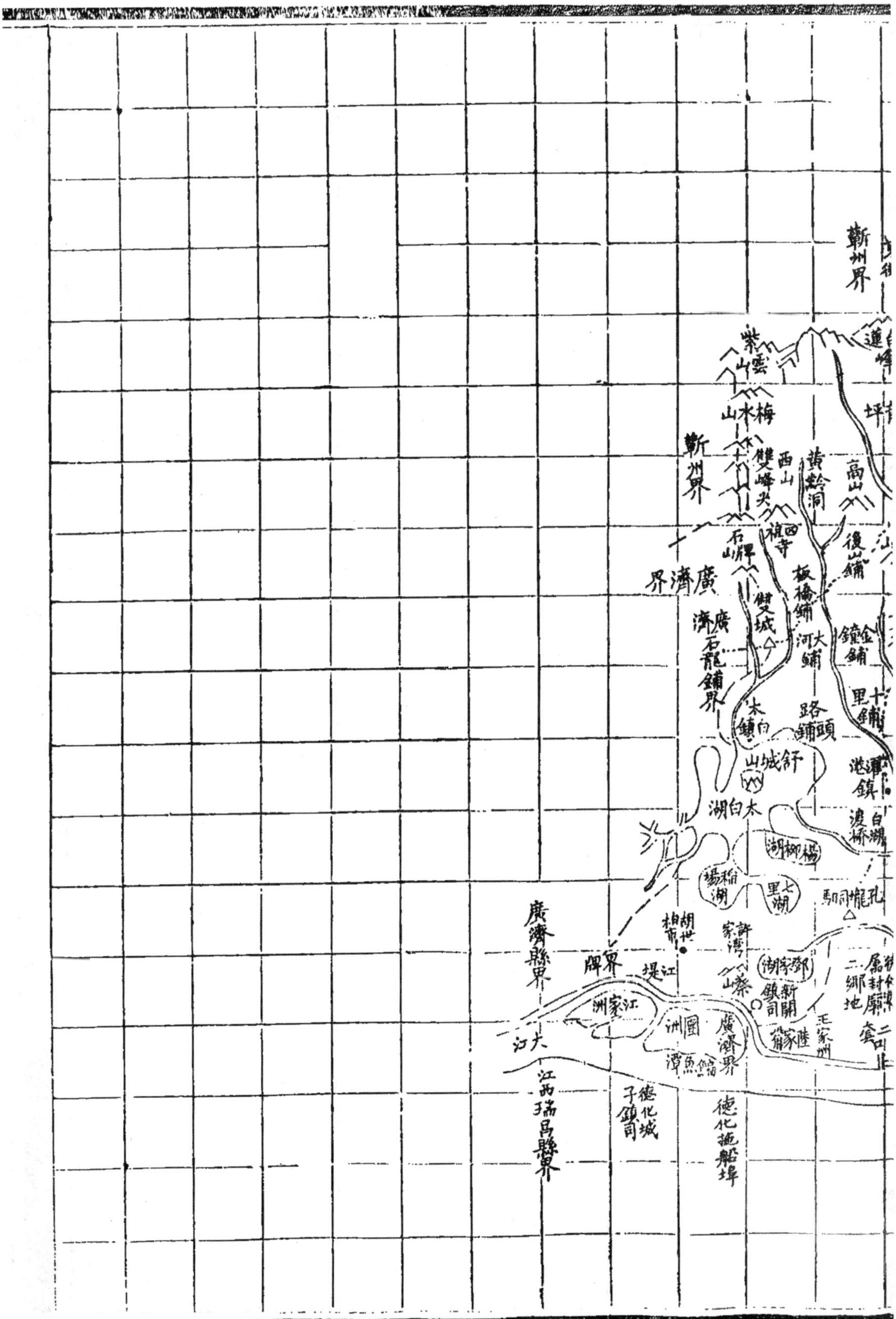
蘄州界
紫雲山
梅水山
蘄州界
雙峰尖
西山
高山
後山舖
廣濟界
板橋舖
雙城
大河舖
廣濟石龍舖界
十里舖
路頭舖
太白湖
楊柳湖
稻場湖
七里湖
廣濟縣界
界牌
江堤
許家灣
蔡山
鄧家湖
新開鎮司
江家洲
大江
圍洲
廣濟界
王家州
二鄉地
江西瑞昌縣界
德化城
德化拖船埠

星野

晉書自氐五度至尾九度爲大火於辰在卯宋之分野屬豫州潁州入房一度汝南入房二度沛郡入房四度梁國入房五度淮陽入心一度魯國入心三度楚國入房四度王志注案晉書魏文帝分汝南立弋陽郡治西陽軑蘄春邾西陵期思弋陽皆其屬縣由是觀之則黃州當[illegible]房二度矣

唐書角亢壽星也初軫十度餘七十八杪十四少中角八度終氐一度自原武管城終河濟之南東至封邱陳留盡陳蔡汝南之地逾淮源至於弋陽西涉南陽郡至於桐柏又東北抵嵩之東陽中國地絡在南北河之閒首自西傾極於陪尾故隨申光皆豫州之分宜屬鶉火古陳蔡許息江黃道柏沈賴蓼須頓胡防弦厲之國王志注案晉書西陵古弦子國則黃州當爲角亢之分野又唐書地理志淮南道蓋古揚州之域安黃申光蘄復爲鶉尾分是又自相矛盾矣

明史張十六度至軫九度鶉尾之次也湖廣之武昌府興國州荊州府歸夷陵荊門三州黃州府蘄州襄陽德安二府安陸沔陽二州皆翼軫分王志注案此則黃州又爲翼軫之分野矣

湖廣通志以黃州入翼十二度蓋本晉書翼軫楚荊州江夏入翼十二度之文然漢江夏郡則有西陽蘄春鄳諸縣晉之江夏郡則止有安陸竟陵雲杜平春鄳曲陵南新市七縣而西陽蘄春則屬豫州之弋陽郡既用晉史之文而不核諸晉郡之實可乎又洛書甄曜度春秋考異郵皆云周天一百七萬一千里一度爲二千三百九十二里黃州一府廣不及八百里袤不及五百里是於一度中纔不及四分之一而舊志且載及玉衡熒惑三台五車諸星遲留伏逆之徵應可云信而有徵乎故略而不錄懼卮言之無當也以上俱王志

形勢

黄州府東接淮陽西連沔漢南帶大江北倚五關臨深負阻屹爲雄鎮春秋時楚得其地而江黄道柏皆懼而睦於齊後卒爲所幷而陳蔡之勢蹙矣及吳魏相攻互爲重地滿寵預西陽之備而吳主撤師陸遜重邾城之守而魏人息志東晉之初陶侃鎮武昌衆議分兵守邾城而侃不許後庾亮使毛寶守之卒爲石虎所陷蓋時有險夷勢有緩急當時五水羣蠻叢聚於此禦制失宜往往引虜入寇江左視之隱若一敵國云隋唐以來蠻地咸就疆索江淮用兵蘄黄爲要會南宋之季蒙古之師多道光蔡窺五關而長江之險遂與敵共則齊安一郡所以遮蔽江漢咽喉淮汝爲南北之要衝也

黄岡縣附郭雄峙江滸鄂岳門戸西百二十里有陽邏堡南宋時夏貴以十萬人守之及爲伯顔所破而蘄黄九江如拉枯朽誠重鎮哉

蘄水縣蘭溪巴水襟帶東西石鼓青獅崢嶸南北且三角蟠蘄州羅田之間伍洲傳紫雲蘗牙之瑞山川形勢居然淮右壯觀

麻城縣北接光汝山谷盤阻陳周炅破五關而江北之地復元張柔董文炳出五關而鄂州震昔人謂欲守江南先守江北不其然乎

黄安縣爲黄岡麻城黄陂之所分置有雙山天臺之奇險五關中之大城關亦在焉叢篁深箐伏莽可虞明代增置縣治庶

幾設險守國之義

羅田縣枕固陵控英六據八關之要害聳九寨之阻深六朝時特置義州亦自有險足恃

蘄州北接光蔡東峙灊皖爲江左之藩籬淮壖之屏蔽古來言地利者蘄口之險與夏口湓城相頡頏豈非大江上下防遏爲難而蘄州雄峙江濱備禦尤不可不預乎

廣濟縣積布臨江疊石森立横岡峙北山勢嵯峨武穴龍坪雖商賈走集之通塗實臨江戍守之要地

黄梅縣南距潯陽東臨宿太爲全楚尾閭當七省衝要昔唐曹王皋討李希烈於蔡山寨而蘄黄以次收復設險之道固可忽諸

黄州府志卷之一終

黃州府志卷之二

黃州府知府英　啟纂輯

疆域志

山川

黃岡縣

山

縣東十里曰黃岡山平岡邐迤至洗馬池而止王志注舊志言土惟黃壤因以名縣案縣之得名從舊州南安縣所改不自此地始也三十五里曰霸王山縣志作霸城山六十里曰獨尊山一峯矗起旁無培塿案縣志黃岡山在城南與王志微異

縣東南四十里曰馬騎山在長圻壕與巴河對岸又迤西南一帶隔江諸山屬武昌縣然近在几案青蒼百疊如屏障焉

縣西北七十里曰赤腳山百十里曰樟松山多產樟松故名一名萬松山下即樟松湖百二十里曰蓬萊山在陽邏鎮上又二里許曰武磯山後漢黃祖屯兵處武其上案元史阿剌罕以兵扼沙蕪口逼近武磯巡視陽邏城堡後伯顏既破陽邏乃登武磯山望大江南北皆元軍也即此史作邏明無名氏武磯山詩寂寞武磯山上樹蕭條邏阜水中天垂楊不管人間事猶自青青兩岸邊　國朝陳大章武磯山詩風吹紅樹影參參獨上危磯對夕嵐萬竈寒煙迷古戍一江秋色自淮南孫劉霸業飛灰盡晉宋遺墟落照酣楚尾吳頭爭割據太平閒共老農談又北五里曰香鑪山元世祖嘗登此俯瞰大江國朝陳大章香鑪峯詩虎擲龍拏迄戰爭蒼茫四顧楚山青投鞭目已無江左橫草誰堪抗虜庭金幣例能延旦夕衣冠重慶小朝廷如何隻手遮天日空使羈囚困郝經百四十里曰石屋山高聳峭拔遠望如屋二百里曰上干山舊有龍井即黃安縣界

縣北城外曰玉几山形如玉几緊護城北稍北曰龍王山爲郡城落脈處明王一鳴九月十日同劉明伯叔孝攜酒龍山詩年年重九趁登臺爲愛龍山約再來渺渺大江秋月吐冥冥高閣野雲開幸同杖履諸公在肯放乾坤一日迴忽憶賀蘭兵馬亂西風金鼓暮天哀十里曰兩耳山雙峯峙立爲郡城北障八十里曰五雲山有井俗傳源通大江西北曰孔子山一統志孔子適楚嘗登此九十里曰馬鞍山山當孔道舊有汎防在其上宋孔武仲過馬鞍山詩足歷黃州百疊山更無平地只岡巒物皆枯槁非人境石最崔巍是馬鞍畏日流金紅豔豔亂沙堆雪白漫漫崎嶇出盡聊休息喜有松聲六月寒　國朝顧景星馬鞍山迷道就飯田家詩紆迴路復迷複嶺萬松齊有舍有樵徑無山無烏啼斷橋扶野葛履石渡危溪寒食農家飯分餐過午雞百二十里曰龍岡山舊傳有掘地得龍骨於此百四十里曰鳳凰山舊傳有鳳凰止此後人構臺其上名鳳凰臺

縣東北五十里曰迴龍山有東嶽廟歲時居民祈禱絡繹不絕六十里曰金雞山相傳古掘地有金雞飛出稍東曰白楊山縣志作白洋山有桃花洞明郎中秦繼宗著書處又東曰烽火山七十里曰城山有古城隍廟百二十里曰白雲山明王同軌白雲山中詩雨餘林氣靜山晚日光斜野店依孤樹村橋臥斷槎馬嘶遙澗水犬吠隔林花白首鋤雲者春風自一家　國朝張楠白雲山懷古詩白雲山下路淒其東入低徊策馬遲誰把土封奇士冢但逢人問列仙詩烏啼井幕傷征戰牛臥天壇憶別離擬築草堂重注易幾年腸斷政和碑稍西曰泉華山山勢陡峻泉飛若練百六十里曰大崎山治內之山莫高於此來自龜峯郡治之祖山也龍從蜿蜒飛瀑下注巖壑寺院幽邃無比縣志山頂有井俗稱龍井井旁皆白沙蘆葦有廟祀龍王遇旱禱雨立應又四時多雲氣土人每瞻雲出入以決晴雨焉　明茅瑞徵游崎山記黃岡山以百數而崎山尤稱峻特余神往久之故事非雩禱不至深箐邃谷游蹤罕入者丁未冬日會有甌脫之訟郡檄下邑當從蘄水麻城兩令君勘其地既命駕屬張侯書來請弛期乃徒御已戒裝脂秣矣因顧曹掾所勘地去崎山幾何掾對以三十里而近余曰若第裹半日糧從間道濟吾事可乎遂決筴行是日宿丁家塆土人稱去此數百武有孔子河即子路

問津處質明升輿經桀溺衝前有石梁一圯盡流水湯湯出其下征人褰裳渡曰某之不濟命也夫廟一楹像宣尼委土以當血食余謂守僧津梁不遠以若爲導師已去至道觀河於時中春如從迂徑行荊棘中幾失道遠盼青翠數峯居民指旁爲獅子巖有大司寇王公先冢在焉入山逾迅東馬懸車未至可十里許則下春矣舉頭忽見孤崖兀突仰插雲霄余下視謂有異信步山麓得一樵子稱爲留雲洞幽澗鳴泉噌吰不絕其上兩巖交峙止度一人是謂土門過此覗崎山寺邀若可卽暝色漸增山僧挈燈相迎余笑曰是可當秉燭後騎昏黑導者引炬燎原余笑曰是可當烈山山高風緊輿行別無堪適惟冉冉若墮身雲霧而已入寺勢頗宏放頹牆敗椽所之浮圖精室越翌日晨起天欲雪爲舉濁醪數卮徐詢山中遺碣了無片石第盛誇剎本唐皇所留詠多俚鄙不可讀起步門外寺額能仁猶出近筆有橋旁鐫至治年月最古左嶺兩石若偃且拱曰道人石余既探奇不息趣屋後山雀踊蒙茸至淨室洞足力疲困攤石少憩俯眺盂鉢小崎諸山森森起伏風斯下矣中峯尚在煙靄攀藤鳥舉始窮其巔近龍王祠有小嵓穴爲祖師洞祠旁有井泠然出水山僧指其下有龍湫隆冬不涸歲旱虔禱取水卽得靈雨徘徊登眺干巖萬壑競效勝山之下果然而反尋夜行處松林竹蔭眞令人應接不暇也茅子曰余登崎山而境內諸山若培塿云語稱山不在高有龍則靈茲山既以偉秀籠蓋一邑而尺水寸波

鬱鬱涌靈氣其爲瑰傑可勝道哉乃窮幽極峻不足集遊士之屐道險無徒亦自然之勢也至神王一邱領煙霞而鉞泉石又傲然自暢矣又遊崎山詩崎山高不極半嶺看雲低亂石紛排戟飛梁迴作梯天風傳遠梵人籟出煙谿直擬一捫蘿上躋攀境屢迷 國朝萬爲憚崎山紀遊詩峯轉千盤一徑微遊鞭塵撲意遲遲猨啼杉杪愁難聽巒雜村煙到始知澗草避陽留宿露石蘿銜霽曳新絲自嫌頽放無佳器漫道藏身穩待時 孫承則登崎山龍王頂詩穿雲又幾重到此豁心胸徑絕嘶風馬潭游致雨龍神囂紛駭瞩仙境罕追蹤更愛泉邊菊幽香散碧峯**又東北十里曰小崎山與麻城縣分界處巖壑更奇** 國朝王澤宏入小崎山詩結伴尋幽入畫圖杪秋山色客同癯葉疑花發兼黃紫月似燈昏乍有無歧路蠶叢悲老馬孤巢風樹感慈烏餘生得共巖雲臥忽憶君恩賜鏡湖莫訝躋攀屢歲年多生行腳徧山川風來黃葉如蝴蝶霜改青林作杜鵑秋與暮雲歸欲盡客隨殘月影相連低徊馬首吾何願獨臥孤峯病叟禪 又登小崎山頂詩蒼巖綠芙蓉大江一綫雪願作崎山農更鋤萬古月 張光璧小崎山中詩山中日正午雲氣上衣裳花閉空林豔風經隔水香古橋還歷歷村舍亦堂堂爲性耽幽石逢人笑我忙**又天神山與小崎山對峙又北十里曰將軍山峯甚峻有巨人足跡** 明茅瑞徵登將軍山絕頂詩非關性僻耽邱壑何事猿騰絕頂過千嶺遙翻紅日出萬松深護白雲抱雄圖尙說爭蠻觸猛氣驚看印薜蘿滿眼巉崖煙霧冷好將談笑釋干戈

獅子巖 在道觀河東形如獅蹲巔如獅口中可容席 明官撫辰人日獅子巖訪楚上人雪盈丈詩人日雪山去雪深不見人古徑尋之無人破何處人傳獅子聲聞聲信步步聲處到來聲盡說無生

觀音巖 在紫潭河石巖如屋爲黃安交界處

祈祥嶺 縣北百五十里道觀河關隘

留雲洞 在大崎山 明陳宗虞留雲洞詩古洞解留雲不解留車馬笑此行路心又逐山亭下拂衣向前楹元雲夜堪把蒼狗與白衣出岫何爲者爲霖在九垓從龍亦瀟灑

飛來石 在城西板橋寺宋太平興國閒雷雨墜石於寺故名又大崎山南亦有之

天舟石 在龍岡山東狀如艕艦道觀河經其麓

牛踏石 在中和鄉紫潭河中上有牛跡

觀音磯 在陽邏下舊名攔江磯知縣鍾葦盤石開徑行舟便之 明陶安過攔江磯詩朝來東北好風生吹得雲帆似葉輕穩向攔江磯背過怒濤噴薄不須驚

龍蟠磯 古名節度石在城東南江中周百餘步勢蜿蜒

如龍上有大士閣水經注是西陽武昌界分江於斯石也縣志黃邑以武昌江岸爲界磯屬黃 明王廷陳遊龍蟠磯詩巨石表江心花宮傍太陰天寒龍臥穩雲迴鴈飛深棟宇飄明鏡汀洲響梵音慈航向夕渡轉覺戀祇林 又夜酌龍蟠磯頭詩大江之半石嵯峩石上樓臺蕩碧波沙淨鳧鷗依檻泊月明舟楫逼筵過中流擬接鮫人室深夜猶聞漁父歌危坐轉鷲銀漢上幽棲翻厭碧山阿 又秋夜宿龍蟠磯寺中詩三山海上但虛聞茲境眞憐禮佛勤石勢參差蟠水府金光縹緲出江雲龍宮深壓黿鼉窟鷲嶺孤回鸛鶴羣向夕繩牀難假寐天花汀葉鬬繽紛 劉養徵龍蟠磯短歌江心古石盤樓閣二月水枯露石腳突兀翻驚象馬騰躋攀忽與虬龍搏孤根倒插馮夷宮奔濤觸石不敢東波閒毒龍啾啾語出沒無常挾風雨老僧愼莫伐鐘鼓震驚或恐攖其怒公乎渡河公無渡 國朝宋犖望龍蟠磯詩孤嶼排空起波濤萬頭連蛟龍留窟宅殿閣自江天法鼓聞山縣神鴉送客船沙頭閒極目斜日起蒼煙

川

江 源自岷山東下逕大別山與漢水會至武通口卽武湖口入縣界三十里逕陽邏堡十里逕龍口港二十里逕雙流夾四十

里逕團風鎮舉河及道觀河之水入焉又東四十里逕三江口又東三十里逕府城西北赤壁磯又四十里逕巴河口巴水自東北注之入蘄水縣界

舉水　源出麻城縣東龜峯山至柳子港入縣界南逕赤土坡又南逕秤鉤灣經流逕舊州（今稱新州）爲舊州長河三店橫河之水入焉南過姚二渡南爲廟埠潭爲黃舍潭又南爲石頭潭董福灣支流自楊家河口南爲汲水港又南爲小西河至細河口與經流合白塔河之水自東入焉南逕辛家衝又逕赤聊山爲方一渡又南至穆家逕倒河之水自西來會名倒河口合流南至徐家樓下之張家灣支流東注史壩橋河入江今湮經流南注鸛公頸古稱大舉口南入於江（縣志今舉水自柳子港下

東徙南逕宋家渡荷葉淀入舊州長河）

倒水　源自麻城之白沙關逕黃安至紫潭河入縣界南流爲石板潭南逕馮家集李家集又南逕孔家埠桑樹背又東逕張渡湖感化河之水入焉至此河分二流南至龍口爲龍口河入江東至倒河口入於舉水

道觀河　源自大崎山西南流爲高家河折而北爲倒灌河即道觀河也（以地有道士觀名）復折而西南至兩河口沙河之水會焉南過楓香樹馬鞍山河之水入焉南過舊街又南至柳林水分爲二東南流者爲黃家河西南流者爲柘林河俱會於雙河口西流爲白塔河入舉水南流注鮑湖孔子河淋山河之水皆入焉又南經史壩橋入於江（案縣志云自史壩橋塞南逕盤石橋赤山橋達三台

河至下巴河入江）

沙河　源自麻城之鐵線嶺入縣界爲沙河南流逕陶黃寨又南爲孫家河又南至兩河口入於道觀河

巴水　源自羅田之鹽堆山至尤河背爲縣之東界河河東即蘄水地南逕段家店（段一作但）又南爲陳家河一里河之水入焉（一里一作溢流）又南爲上巴河爲馬家潭東港火柴港之水入焉（縣志作火燒港）又南至魚博朱大夫河之水入焉（明刑部郎中朱恕所濬）又南逕孫家背爲西陽河（俗謂呼新洋河）南逕馬騎山三台河之水入焉又南至下巴河入於江

三台河　源自迴龍山歷瓜瓞灣會鴿子湖崩港之水逕黃婆汊過玉帶橋（即三台河橋）由沙逕合南湖白灘湖水入於下巴河

（明王廷陳秋泛三台河同魏范諸子詩賦客蕭晨此並來衰年勝地幾傳杯蒹葭水落魚龍冷島嶼風驚鴈鶩哀漁艇橫秋岸合遊軒雜沓暝原迴疎林忽送青天月沙色波光萬里開）

街埠河（一名界埠）源自郎口（即德安溳水出口）過黃陂縣至倉子埠入縣界南逕三水港又南逕陽邏堡之武磯北爲陽城河又西至大港入於江（縣志又南至新河口入於江）舊云漢水分流經此繞五通口入江明萬歷間始決新河口爲達江處（國朝陳大章新河口詩日落呼舟古渡頭鬢華霜影兩經秋山橫八字天開鐵水匯三江地欲浮三國樓船餘王氣六朝裙屐自風流黃公壘下白鷗渚只送寒潮打石頭）

上新河　在城西原無河康熙間知縣鍾韋捐錢三十萬挑濬成河引磯窩湖之水從此入江棲泊舟楫以避風濤但湖水無源春冬閒江水消涸河身常成陸地焉

三江口 縣西北三十里江分三路而下至此會合爲一梁元帝赴荊州泊三江口詩涉江望行旅金鉦間綵旂水際今大色虹光入浪浮柳條恆掃岸花氣盡薰舟叢林多故社單戍有危樓疊鼓隨朱鷺長簫應紫騮蓮舟夾鶴氅畫舸覆緹油榜歌殊未息於茲泛安流　宋陸游泊三江口詩遲明離武昌薄暮宿黃岡勿言觸熱行一雨三日涼北窗荻蕭蕭南窗江茫茫元雲一池墨碧綫半篆香尙無車馬塵況復爭奪場徐行勿掛帆此樂殊未央　明吳國倫三江口詩孤舟落日下江闊夜聽江聲逝復還逆浪捲空搖赤壁墨雲將雨過樊山　國朝奚祿詒三江口詩衆水會夏汭三江邁海門煙寒郛子郭雨暗呂蒙墩避地行舟少防關舊址存烏啼深樹裏秋色正銷魂　黃利通三江口詩落照三江古渡頭人煙簇處片帆收上弦月傍星光潔入夜風連樹影秋幾點漁燈青荻岸一竿佛火碧沙洲誰誇烈士心千里水面涼生作臥遊

樊口 縣西大江南岸元丁鶴年樊口隱居詩萬里雲霄斂翼同掛冠高臥大江隈春深門巷先生柳雪後園林處士梅翠擁樊山邀杖履綠浮漢水映樽罍誰能領取坡仙鶴月下吹簫共往來

後湖 縣東十里在舊城後故名

沙湖 縣東三十里宋蘇軾嘗欲買田處一名螺螄店

灄湖 縣東四十里接斷水界

磯窩湖 縣西北二里一名西湖

漲渡湖 縣西北九十里近湖有七湖弁屬焉

樟松湖 縣西北百一十里國朝梁佩蘭送陳仲夔歸松湖詩君家松湖屋我家仙湖樓兩湖相隔六千里空涵一氣共清秋其中日月星辰落湖底沐浴吞吐光欲浮琉璃萬頃作詭譎堆出城郭如銀洲就中亦有舴艋舟金沙鷗鷥雪片鷗楊柳芙蓉種湖尾石房書屋臨湖頭居湖之樂有如此君家松湖更難儔瞿塘五月峽水至虎鬚一倒沈豪牛江漢之大爭飛流天地浸灌不可收漁人刺船來沔口取錢賣魚爲生謀嘉魚似玉玉幾片銀鱗雪鬣光油油霜刀作膾絲纏細宜城美酒兼可求君也兄弟相唱酬慈母玉杖杖白鳩上壽進酒傳觥觴君之樂事亦已優我望仙湖歸不得登高遠念勞雙眸家人望我同湖月幾度垂銀鈎誰知欲行反夷猶羨君歸旆如飛鷲北方嚴寒青狐裘送君騎馬出白溝尋常相別已相念況乃一別將歲周我生凡事只任運文章千古夫何尤一官老大意已足但不微巧爲棘猴君年方壯茂遠猷翰林詞賦動天子八駿一日崑崙邱三生石上自記取聰明冰雪良有由始爲老生萬卷破不出蓬翟徒採搜復爲閩人少登第疏劾權相英氣遒黔陽遣戍地北極出入虎豹啼鵂鶹龍池劫灰會欲盡後歸古佛爲比邱至今清源古寺在廬嶽石壁彩翠林木稠楊循何人作引導大悲收攝吾欲投得無頭陀金色具妙相袈裟角逕隨顛湫蓮花香海試幻

泡居向坎井原蛙蝸即今平原射獵鷹臂韝少年陸博呼盧骰眼前各各不相謀與君並馬聯綢繆君行我住心悠悠幽州雪暗衡嶽霽歸去湖鳥鳴啁啾吾亦何時得歸去嶺上磔角閒鉤輈仙湖芳草青可採仰天四顧歌四愁蛯雖欄爤餌仲夔三生事

安仁湖 縣西北百二十五里明鄧雲程安仁湖卜居詩居然一少伯寓跡五湖邊席掛簷懸月門開水浸天好風吹暮雨短笛弄輕烟何處蛟龍鬬綵綸滿釣船　國朝孫錫蕃安仁湖詩白白湖中水嫋嫋竿頭絲鯉魚不受釣素書來何時藻華開寂寞照我長相思

武湖 縣西北百三十里黃祖守江夏時習水戰其中

鮑湖 縣北六十里

長河湖 縣北百二十里舊州

竹根潭 縣西北九十里通團風口注大江

烏龍潭 在庶安鄉

七丈潭 在庶安鄉

龍潭 在舊州長河側一在下伍重鄉

長港 由樊口入計長九十里北屬縣多軍人

蓮花港 在中和上鄉黃麻兩界間

大壯洲 在城西大江中郎得勝洲

舉洲 在團風鎮江中俗名鴨蛋洲又名姜家洲

佗鷂洲 與舉洲相次俗名羅湖洲

葉家洲 在城西九十里汪家鋪

木鵝洲 在雙柳鋪江中即古崢嶸洲詳古蹟

國朝前巡道周凱黃州應疏河道議黃州一重鎮也府治屬焉隸州一縣七自縣而府而道居之一副將鎮之宜其民物般阜市廛繁盛余下車之始見山川清遠城郭完好人民秀美心頗樂之既而環視城中街衢湫隘綽楔頹唐市無珍異家無宿儲民隸於兵者半隸於官者半士多寒素絕少富商大戶廉得四鄉不屬邑亦起落不常心竊異之乃詢薦紳而得其故僉曰河道不疏故也赤壁下舊有河自西北鄂家水口引大江之流入王家湖磯窩湖出觀瀾橋南入塔溝東南歸羅星湖由下巴河仍入於江繞城如帶俗呼玉帶河爲形家言者所稱當府郡屬富盛甲科赫奕大艑小艑艤泊城下自鄂家水口塞僅資湖水其流遂微河亦遂失赤壁屹然陸地商旅不通富家大姓難於持久嘉慶丁丑太守吳公之勤畚疏之工未半遷去事遂已吳公以磯窩湖之水倒出楓香橋有損地脈塞之而觀瀾橋以下未及通暢夏秋湖水泛溢居民私開溝洫二道以洩水水斜出於江不入河而河愈塞其故道猶存也余曰誠如是是官斯土者之責也乃尋故道究其源委父老悉其利弊者白余曰自河之塞不可數江水不入湖水不蓄旱潦無以資灌溉舟楫不通商旅不至貨財無以爲利賴江環如帶包我萬姓失其形勝累千鉅萬之富家今且如懸磬矣連甍接第之科甲今寥寥數人矣匪惟吾民

官亦不利凡我父毋爲賢爲惠儳指計之匪病卽憂速去其位此黃之人所痛惜者也然而民有是心非官不行民有其力非官不率侵河之旁覗若已有各私其私惟官釐焉所需鉅萬敢費官錢富家大族惟官勸焉一城之利一郡之觀易於樂成難於圖始惟官倡焉良莠不齊實賴賢智所見惟同所志或異惟官擇焉余曰誠如是是官斯土者所宜急也歸而稽之志載案之圖說將作書告勸諭斯民適奉檄往來漢上未及奉行丁太淑人憂去官於是黃之薦紳父老具楮帛弔於吾毋之前且言曰使君之志知不及行也願書其事以貽後人余昏眊罔知所云聞斯言感且媿涕泗涔涔下曰敢不如教謹就所知而書其略案志環城舊有河者也鄂家水口爲引江入河之要地高阜居上游宜深濬者五六里面寬若干丈底寬若干丈深若干丈使達於湖爲費較鉅湖水無源易於消涸非引於江水不足以濟舟楫王家湖磯窩湖之閒爲易家隄宜寬深若干丈自湖以下至觀瀾橋河道顯然宜寬深若干丈爲力尚易塔溝之河僅存一線宜倍其深廣以爲宜洩之路自羅星湖達於巴河本有河宜疏濬之計長若干里需金錢一萬有奇宜塡塞者私開溝路二道使水不得旁出宜預謀者廣集資費以支所用使工不致中輟侵佔爲田者淸釐之不遵者懲儆之宜加寬廣而非侵佔者勸令割助之旁湖之民案畝出夫以供畚挶富家大姓好言曉諭例載疏水道捐銀三百兩以上次第獎勵給匾額頂戴可以

申請爲勸工宜自下而上毋壅滯毋畏難毋避怨毋見小利毋任私人庶幾一勞永逸而爲黃州一大利也或曰引江入河恐秋水汎泛淹沒民田則告之曰不疏河則秋汎亦汪洋無涘也惟水落後宜時其疏濬或謂民久爲業奪之恐不便則告之曰糧有額可稽利自損一爾所侵佔毋自貽悔夫物會之遷移非人力所能强而因時制宜亦有心者宜力爲之謀吾知官斯土者必有憫斯民計利弊而與吳公有同心者尤願黃之薦紳父老有力之家共相協成道光七年十一月記

有謂利不什不議興害不什不議革未可起大役動大衆姑存吾言以待相時者之舉動心竊不然此事執擔夫於途而問之皆知其然也豈待後之相時而動哉閒嘗謂浮屠氏日擊木魚雲磬矢志修一佛未必不成而況官其土者乎其不爲者畏難苟安之心誤之也志不堅故也此非僕之虛言也前守襄陽時改校士館移建橋梁平治道路修城垣開水利設義學其費動以萬計而民輸將恐後豈襄陽之民獨好義乎亦以所感之有道也今人施修佛寺不惜鉅萬苟導以利弊輕重未必不樂於爲善亦既知其利弊輕重矣因循遷就而猶爲趨避之說自逃其閒尙望於民乎問心得無恧乎此又非僕之好爲議論以要譽也膺大爵享大祿而於民事漠不相關以畏難苟安之心處之曰姑俟異日安知後之人不又畏難苟安如我者乎惜天不假之以時苟假之以時事未必不行利未必不興弊未必不除黃之人富盛倍於襄陽其好義未必不什倍於襄陽儻竟如所言姑存其論此不可解者也所言可爲畏難苟安者文其過而未必可爲有心者勸也黃之人所不欲爲者有二富商大戶錙銖是計罔知遠大將以若所言爲便其佔爲田畝者私其所入尙且自利援所說以爲解而爲官者斷不然此可自信者也又記

蘄水縣

山

縣東一里曰玉臺山 通志世傳張道陵烹玉之所 舊建玉臺書院今改蘄陽書院 明王一翥玉臺山詩溪上不留絕壑窗前似隱丹砂恍惚羽人瓢杖離憂公子琵琶 又庚子仲秋劉雲麓父母邀集玉臺山詩靚岫延芝閣蒼浸繞玉臺海棠移釣磯松子落空槐雲映嵩坵彩香沉衡嶺苔衘蘆高鴈徼徑葛紫藤隈莫怨幽桐遠還歌黃鳥哀蘄西非帝里隱吏卽仙才結桂佳期邈招朋祕夢催靜篁翔寶燭宿莽灑芳埃白扇搖圓魄青莎洗舊杯壚羈嵇叔夜煙擁賀方回忽聽仙人語虛逢石戶開金鵝飄井榦獨往或重來 二里曰鳳棲山相傳張道陵煉丹雞食之化爲鳳因名下有陸羽烹茶泉

九里曰茅廬山二十里曰密峯山宋劉平隱居處四十里曰金谷山 明王一翥金谷山同周開新擱菊送浠水令詩山閣蟾明夜楓籬雨過天香藏空翠樹幽避綠雲泉蠟屐分涼葉琴堂共暮煙別來無幾日秋色兩堪憐 五十里曰斑竹山又五里曰斗方山形方如斗怪石嵌空 明柴以檠題斗方山詩何年開闢此山來巉石凌空噴雨雷最是白雲深妒客只教煙霧鎖寒苔 六十里曰三角山峰巒聳拔綿亘十餘里有宋趙不迹書觀頤硯履四大字又有三龍潭旱可祈禱下卽蘄州界 明田貢登三角山絕頂刻石題名詩掛冠歸四載乘輿到名山江海目爲界星辰手可攀龍行天下雨虎伏石中斑老衲遊何處他年再扣關 七十里曰查兒山百里曰羅浮山有仙人臺相傳劉眞人飛昇於此

縣東南三十里曰太公山 通志縣東南三十里曰峨嵋山

縣南一里曰登瀛山爲學宮向山十八里曰石龍山二十里曰

分流山二十五里曰㭬棡山有大石如蓮花傳爲伍員劍跡三十里曰燈籠山三十五里曰月子山上有龍潭四十里曰青獅山

縣西南三里曰雨標山崇禎時知縣李大受建浮屠於其上二十里曰闍黎山與白荆山對峙縣境之水多經其下三十五里曰龍泉山五十里曰仙臺山

縣西十五里曰玉鏡山有石如月一名月峯山二十里曰白荆山四十里曰太子山卽調軍山相傳孫吳屯駐處土人每得昔年兵器今廟祀皆吳君臣神像

縣西北二十里曰神山寰宇記孫權進兵赤壁時屯此三十里曰梅梓山相近有石佛山六十里曰石門山峭壁臨河明季里人何彬然築砦禦寇屢攻不破國朝楊繼經登石門山尋陳匪石何小鳧子雋諸同學詩杖策遵修垌紆嶺尚陵緬嶇嶔巖徑仄濟潊露光泫犖峯既我從層房勢難辨殊響忽鏜鞳亂流正清洒白日麗原隰倒景翳陘峴南洲樹已窺山阿葉復卷嘗懷丹邱生自結青霞撰羽駕不可從遂使徜阡淺撫茲申獨往乘月謝偃蹇雲際暝當還落木下苔蘚九十里曰華桂山山有寺唐元宗賜額

縣北一里曰蓮花山上有龐安常廟下卽蓮花池三里曰茶山出茶唐劉禹錫詩松花滿椀試新茶卽指此十里曰護山產白石十五里曰石鼓山巨石如鼓叩之有聲三十里曰游洪山五十里曰小靈山六十里曰大靈山相傳爲陶琳立砦處明季之亂保全甚衆又山曰邵藤山相傳晉王烈遊此七十里曰神保山

縣東北六十里曰羊角山形勢峻絕如羊角

觀音巖縣東五十里　龍頭巖縣東六十里三角山東

君子巖縣北十五里石鼓山　樸樹嶺縣東八里

虎踞嶺縣東三十里　長嶺縣北五里

醒酒石在城山國朝何彬然題醒酒石詩醉枕石頭眠清磬松聞響醒來天問我悠悠發深想

馬踏石縣北四十里有馬蹄痕相傳天馬昇此　太公石縣西二十里河中明周健行太公石詩序云太公石屹立河心廣惟數武高不踰尋洪濤激滿永無懷襄患相傳與水浮沈亦一奇也

迴風磯縣西南五十五里大江中宋陸游入蜀記迴風磯無大山蓋江濱石磧耳然水急浪湧舟過甚艱

石嶮縣東北六十里斗方山下石梁橫截河中飛泉如練瀉瀑有聲

川

江　自黃岡東逕巴河鎭入縣界巴水注之又東二十里逕楊林港水注之又東十里逕蘭谿鎭浠河之水注之又東十五里逕迴風磯又東十里逕散花洲之唐家渡入蘄州界

浠河　源自英山縣入縣界爲石險河夫子河之水注之又蔡家河之水注之又西南流柴家河之水注之又倒流河之水入焉又西逕縣治南爲南門河雲路口之水注之又二十里六神港之水入焉又二十里逕蘭谿鎭入於江

巴河　源自羅田縣鹽堆山與石柱山二水交會於尤河觜西卽黃岡縣界南爲童家河劉家河之水入焉又南逕黃岡之上巴河市元潭港與小河口之水自東入焉又南二十五里明家港之水入焉又南逕桃花潭爲西陽河又南歷下巴河市入於江宋張耒離樊口宿巴河游馬祈寺詩扁舟下樊溪江南正清瀉曉登巴河岸極目望春野步尋修竹寺古木爭偃亞云昔孫仲謀刑牲致師禡雄圖邈已矣英概足悲吒石梯造雲霧丹白開廣廈山僧安寂寞畏冷不出舍

勞生謁閉境頓使我心寫晚江平若席風勢欲相借又自巴河至蘄陽口道中得二詩落月娟娟墮半環嗝啞鳴櫓轉荒灣東南地缺天連水春夏風高浪卷山旅食每愁村市散近秋已覺暑衣單自憐老病心兒女三日離家已念還浩浩渾流卷白沙中流鼓楫四無涯喜逢山色開眉黛對江雲起礮車雨足川原豐稻菽日斜鷗鷺滿蒹葭長年怕作扁舟客賴有高談一笑譁自注舟人貼雲若驟車起輾急避艄大颭候也之然陸游發黃州泊巴河遊馬祈寺詩南望武昌山北望齊安城楚江萬頃綠著我畫舫橫雲帆不須挂鼉鼓不須鳴淡然隱几山水相逢迎疎雨漏薄日非陰亦非晴晚泊巴河市小陌閒展聲紫髯刑馬地一怒江漢清中原今何如感我白髮生國朝顧景星巴河舟中詩河聲帶大江秋水稍欲落南風擁高浪巖竇轉瀺灂前山上霽日宿霜倏如削應知夜雨來飄灑向豆藿炎歊不肯退時値三秋末俯舷愛清流庶以療肺渴江湖幸清晏腐儒老郎窽浩蕩宇宙閒猶然殊生活容言五月中岳陽雲氣惡千里巴陵湖波心涌城郭五五明廿憶在庚戌秋此怪會一作山靈亦蒿目人事卒焉託望望西風塵雲中眎黃鶴安得起謝公風煙一清霽南光發渡巴河詩巴河南枕大江流立馬西風古渡頭驛路一回看疎樹碧楚天遙指暮雲秋衝霄壯氣雙長劍擊楫雄心一葉舟身世浮沈殊未定忘機翻欲羨沙鷗

皁泥湖 縣南六里

灄湖 縣南七十里

黃草湖 縣南四十里

楊歷湖 縣西南四十里

拆湖 縣西南五十里 國朝顧景星拆湖詩荷芰遠聞香漁舟出浦長月光搖兩槳明滅水中央草樹弄山影禽魚安夜涼當年風鶴警春浪隱千檣

蘄湖 縣西南六十里

荷蕩湖 縣西十里今入書院名官湖

桃花潭 縣西北七十里相傳有龍居焉

六神港 縣西南二十里

鳳凰港 縣北五十里相傳有鳳凰巢此

新洲 在蘭谿口江中

麻城縣

山

縣東十五里曰四望山元季土人結砦於此全活甚衆三十里曰飯山三十五里曰游蕩山相傳唐元宗嘗駐蹕於此因名元宗南唐李璟諡**下有唐殿今廢四十里曰雞籠山四十五里曰大勅嶺山六十里曰龜峯山山勢崇高爲闔邑之望郎春秋時吳楚戰於柏舉處舉水發源於此**明一統志龜峯有白龍黑龍二井禱雨輒應縣志山形似龜多虯松怪石有噴雪巖觀音巖諸勝石刻宋熙甯五年邑令張毅字仁甫入山祈雨與江西進士吳弼同賦詩於此後立廟祀之　明董應軫龜峯山詩名山雄峙邑城東天落蓬萊第一峯掃地曉嵐堆翡翠倚空晴嶂削芙蓉琪花遍暖春香放瓊樹凝暉夕霧濃應有神靈產申甫詩人甯獨美喬松　程南金遊龜峯詩萬峯峯色一峯前上天下天雲茫然佛磬數聲落空寂松花五月飛寒煙江晴欲辨鸚鵡草日暮恐來瀟湘仙夜半呼龍件清骨短衣聊對石牀眠　國朝劉叔頤遊龜峯集唐詩萬里波濤在目前巉門開江水與雲連遊清暉直認中庭月彷曉霧橫飛入檻煙鄰怪石盡含千古秀飆巽花長占四時天睒儦不堪吟罷東回首駭且共高僧對榻眠礪　徐家麟龜峯次會龍湖太史韻歷險捫奇訪古偃蹇巖百尺一筇前因休倦足留中道已覺騰身到半天峯勢千層驅巨浪人間一片浸長煙懸知絕頂尤奇甚不造雲端肯擬還　自笑才華遜謫仙名山清興更無前振衣直上千尋壁舉手來捫尺五天奇怪愕人懸道石模糊留客宿巖煙夜闢更起看朝旭指點扶桑丹九還**六十五里曰八疊山七十里曰什子山宋末徙縣治於此**國朝鄒知新什子山記山亦多險也嘗有險於什子山者乎山峯排削山形叢嵎巖險甲邑中宋端平間徙立縣治於此避狄難也明崇禎乙亥後邑苦流賊鄉人復立爲砦至癸未春初外寇內訌騷擾日甚邑紳衿城居者盡移家於其上其峯峻家各爲砦其流長門各有井驢卸載肩卸擔人卸騎隻身斗粟喘氣孤登亘維者層巒含暉者松磴方書陰曀他砦多日苦炎苦蒸時砦多寒未暝見星未冬見雪樹先秋凋花遲春發其時序之大概然也阻雨食不勝奇冷衣不勝雲騰房牖戶綵緜不勝居者夏褎冬鑪行者拄杖扶闔貧者畏避饒益者安棲焉昔闔防與永樂諸公夜泛黃河有忽與世人疏之句余謂泛黃河不若登什子山之疏世也**八十里曰天井山百里曰雨流山**

縣東南三十里曰白臬山山勢邐迤上有鴈臺及奇峯怪石森列無數國朝顧景星白臬山詩雲破碧嶙峋沿溪屢問津亂泉晴似雪白石遠疑人康樂非無屐華陽亦有巾平生樂山水偏與困風塵　程九萬秋杪登白臬山詩望中白臬千尋峙二十年來始一遊紅葉滿林如笑客黃花臥谷各爭秋三生自昔徒聞語一壑何能畢所求回首花山煙霧合此身疑已在丹邱

縣南三十里曰五龍山五山環聚蜿蜒如龍三十五里曰鳴山有古佛寺在其麓四十五里曰雲陽山山勢西迤岡隴綿亙有望花烏石青邱高峯豹子諸山統名邑南山

縣西三里曰七里岡宋邑令張毅植松處十里曰靜明山二十五里曰大安山北有石級名自然階自七里岡至此踰白沙關爲宋時達汴之通道三十五里曰朱山明季周姓結砦保全甚衆四十里曰青山上有石閣國朝胡鉉雪霽入青山詩峭壁霜封臘雲壓蒼巖倒西風送暮寒昨夜青山老俄間天新晴日照羊腸道嵐氣冷侵衣清光淡如掃溼煙冒平林踏破橫溪縞碧澗瀉金波石溜摧瑤草無令俗子隨恐觸梅花惱披氅相因依曠絕淩遙島迤西爲大聖山五十二里曰奉道山七十里曰紫雲山八十里曰九螺山在岐亭鎮宋張憨子隱此號九螺山逸人又有了頭山馬頭山盡邑西境

焉

縣西北八里曰五腦山卽張紫徵飛昇處四峯環拱中峯獨峙神祠據焉十五里曰道觀山明吳季堅道觀山白水巖詩拂衣歸去來西山有嘉遯林花紅紫雜尊酒清濁渾挈攜款琳宮抖擻擺塵坌清明雨新霽山色逾秀潤周損同劉同人和道觀山石上韻石淙鳴壑秋邱中日月遯挈瓢下瓦亭飲水不飲渾清響寄山容白雲知秦坌靜聽泉夜心濯月漱芳潤九十里曰陽臺山百里曰羚羊山以產羚羊得名西南有分水嶺倒水分流之處南流爲艾陽寺河北流入光山縣界

縣北十里曰霸王山相傳項籍駐兵於此有霸陂傳爲飲馬處十二里曰仙居山有仙洞石室雲泉諸勝俗名洞曰麻姑洞傳爲麻姑修眞處明周應曦麻姑洞詩繫馬攀巖尋洞口野花叢竹亦荒涼潺湲玉液下幽壑迢遞藤蘿穿石牀煙繞翠微疑羽服風敲黃葉想鳴璫可憐書信寂寥入空有玉壺仙醞香王一翥麻姑巖詩去國已八載入山亦幾春相韓甦五世弔古拜三仁此地泉何響前朝樹有神麻姑巖似畫只不繪麒麟四十里曰陰山上有陰山關百里曰木陵山上有木陵關樹木茂密岡陵鬱然爲一邑要隘

縣東北二十里曰九龍山一名柏子山卽柏子塔基二十五里曰祖功山三十里曰玉霧山九十五里曰黃蘗山上產茶筍下卽河南商城縣界

萬仞巖縣西四十里一名萬人巖國朝胡鉉秋登萬仞巖詩著屐登高花滿蹊五雲飄緲碧峯齊鳴秋綠竹千條韻到眼黃芽一望迷依遲老蛩終日語窺人間鳥偶然啼徘徊欲到斜陽道紅葉飛來送我西

懸鐘巖縣東北六十里望如鐘懸天半國朝李巍游懸鐘巖詩雨過層巒翠漸生騎驢好作看山行路緣曲徑渾忘險泉以幽奇不記名日午竹雞啼灌木夜涼松鼠跳燈檠老僧指引無梁殿佛磬初敲第一聲

鳳凰嶺縣西北十五里相傳有鳳集此　石洞縣東龍湖側會鎮隱此號石洞道人

臥龍石縣東三十里盤曲蜿蜒如臥龍然　人跡石在龜峯山頂舊傳唐眞應禪師立化處

棊盤石在龜峯山頂相傳唐太宗會弈於此　道觀磯在五腦山左谷中國朝鄒知新道觀磯記磯去縣北十里許上縣巖下幽潭一溪瀠流遊人溯洞從之但見夾岸松陰修篁映日如入武陵源中無復知有人間世飛瀑如練曳於磯巔邑人邱長孺先生構亭磯側鐫其句於亭云石水生茶味松風滅扇聲遊人欲窮磯源往往不憚險巇攀蘿捫壁尋焉俯視疑亭立波底仰視疑波出磯底磯峽逼窄封以丸泥瀑爲斷聲移時決之則雪浪噴花縱躍有千尋之勢洪洞鏜鞳響振林谷峭壁如幅縣看不過寒山片石耳熟視良久有點畫隱躍苔蘚間挽水澆之則詩句井然爲宋人黃權攜家過此留詩石壁云

川

縣前河水有二源一出河南商城縣之西界嶺至兩路口山南流爲杜家河福田河逕虎頭關巡檢司署前又南逕石香鋪至陰山畈水作四折名四道河南抵洪家河會於白塔河一名

柏塔河一出光山縣之東界嶺經黃土關南流爲乘馬岡河上馬河南東爲白塔河會洪家河逕縣治東分爲二一名新河明知縣王世祿督民疏鑿以殺水勢也至城南復合爲縣前河又東與舉水合

舉水 源出縣東北之龜峯黃蘗等山卽吳楚戰於柏舉之地因名焉至縣東與源出河南商城縣石門山之閻家河合閻家河下流名桃林河又西南流爲高岸河白杲河麻溪河合汝陰河之水入焉又西爲迎河集源出分水嶺經艾陽寺下爲浮橋河之水注之又西逕宋埠至岐亭牙魚坑石頭觜之水入焉又南爲柳子港卽黃岡縣界

三角湖 縣南二里

葵湖 縣北五里縣志作菱湖

龍潭湖 縣東北二十里

響龍潭 縣東南三十里白臬山上有瀑布響如伐鼓則有雨至

龍孔潭 縣西十五里

黑龍池 縣東南三里

化龍池 縣西十里

龍池 縣北一里

張家洲 縣西南四面濱河爲闔邑水口鎖鑰

夾洲 縣西三十里

黃安縣

山

縣東二里曰杏村山上有美泉清芬可掬二十五里曰大塘山又一里曰錦屏山春夏時野花爭放燦爛如錦三十里曰三角山三峯峙列爲邑左障迤北一洞深邃莫測天欲風則轟然有聲俗名風洞四十里曰尾斗山四十五里曰長竹山上產修竹節幹淩霄六十里曰高拱山七十里曰光祿山

縣東南五十里曰清泉砦山頂有清泉

縣南一里曰金井山山勢盤屈松竹茂密傍有一井清冽不減錫泉十里曰雲臺山峯巒秀拔巖壑嶙峋山頂有臺雲覆卽雨國朝吳盛蘭登雲臺山詩城南有雲臺去城不數里峇岈上逼天矗立何秀峙緩步入幽徑煙凝山色紫怪石疊嵯峨驄馬相還池颯颯秋風生行行復止止山中一老僧山外幾樵子秋深黃葉多帀地迷遊蹤清泉繞磵流野鳥驚人起翹首望霜林爛若霞成綺古寺晚鐘聲縹緲白雲裏二十里曰仙女山相傳麻姑修道於此二十五里曰五雲山錦峯秀嶺蒼翠如繪陟頂可望大江上建有塔爲邑學宮文峯明李獻可五雲山詩淩空石壁鬱嵯峨徑仄參差隱薜蘿疊嶂擁來千雉壯三台近處五雲多舊名三角台憑欄高閣煙中賞策馬荒郊霧裏過獨怪山靈開泰運邑城今日始絃歌國朝盧紘登五雲山詩苔徑石磷磷山行展盡折十步五步停人疲徑逾窄山重林莽深多言爲虎宅時聞腥風來人人皆怖號予獨致從容大笑以向客射石昔誰雄一談便落魄行行問答閒客予心稍釋未幾履層巔四顧心目闊峻嶺蓋天青羣峯礙雲碧涼陰落我衣謖謖松千尺望遠衆山低立久境彌曠天晴日色黃空山一線白置身霄漢閒萬里供驅役深歎古人愚臥遊曾何益憑空一放歌劃然迸雲際山鳴與谷應下界自驚噴薰風吹未休倏爾人煙夕與客詠而歸路傍多虎跡五十里曰大金山又五里曰蓮花山六十里曰卓望山峯高可眺百里八十五里曰高峯山與黃岡黃陂接壤

縣西南十里曰似馬山石狀如馬上有一線天萬仞泉諸勝明吳心學講學其下三十里曰虎踏山相傳神人驅虎於此足跡尚存四十里曰龍王山

縣西十二里曰七箇山七峯並峙爲邑右障四十里曰陽臺山

縣西北六十里曰乳山有仙居巖舊傳抱朴子修煉處八十里曰老山與河南羅山縣接壤爲安邑祖山

縣北三十里曰姚公山七十里曰黃楊山山陡如壁峯頂平衍

元季土人避兵於此八十里曰天臺山顛有臺高百餘仞四面皆石壁惟石磴一徑可上約廣數畝明耿定向天臺勝概記天臺山者楚魏之交山也其山形類臺巧若天造故名天臺云由黃安北六十里而遙至界河高柳橋折而西從谷口入可十五里許至平邱嶺嶺峻而險若天塹限隔人寰者由嶺下行三里許折而北里許爲牛耳巖萬歸菴菴巖北蹬蹬縈蘿而上三里許有洞高廣可二丈許深可三丈許洞前怪石羅列如臺如几如獅如虎未可殫狀奇花異木繽紛葳甤若人夙植然者余壬申夏初一至其中題曰止止洞命叔子定力子健書甲戌子徵周思久氏遊至此中作凝神二大書弁紀詩一絕云歷磴攀蘿入紫霄披雲趺坐慮全消花開喚出仙童子閒倚洞門吹玉簫自洞下復循前道仍折而西緣溪逕入夾岸林木鮮美芃芃掩映岩石瑰奇遞呈異狀一帶溪流瀠洄潺潺涓涓如鳴珮繫玉倏湍激如飛雪噴珠倏匯集如碧鑑冰壺卽淵明所記桃花源遝度未之倘已行十數里許至赤城寺寺在山麓由寺後山透迤而上可六里許始至山巔臺故在山巔也周環皆石峭立如壁高可數十仞上廣可數畝止一逕可躋案壁鑱宋元祐七年開者從臺趾上凡一百五十餘級至離垢門又一百二十八武上至息緣門又七十二武至達天門是爲臺巔三門名皆余萬歷甲戌年所題子徵書息緣門

左石壁鑱宋端平時事令人悲楚顧其文蝕蠹不可盡讀已離垢門左有石如座學博應德劉思召氏已未春遊題曰坐忘臺叔子壬申夏追書之叔子復題曰鳴琴處循臺而右兩石硎谽中有石隱隱如龍狀子徵題曰臥龍洞洞前有泉從石竅出卽石甃池瀦之一夕積可十數斛歲旱土人致虔取水歸灑之可致雨余題曰作霖池叔子書池右從石穴傴躬伏地入數武有窗向離前有石如盤上可坐七八人隆慶已巳白下焦太史竑弱侯率六子入座其上詠詩云儘將雙足壓崔嵬下視青天萬里開飛騰莫訝不知險曾踏羊腸百折來因題曰七子臺子徵復題曰探奇窟臺西南岡有石如香几右有石如鼎鑪余因題曰告天鑪子徵書臺東西山並峙於前其峭壁皆如臺差小而俯又一山尤小而崒嵂附麗於石兩山之後又兩山亦如臺狀降班並峙殆若子弟負牆環橋質疑請益亦如昆季駢肩連袂旣翕而共學也載登臺巔騁望萬巒千巘合沓環拱其從若立其陂若伏又殆如孫子繩繩林立膝前如億萬卒徒赳赳桓桓從大將旗鼓而聽節制者壬申夏余名其臺之大者曰伯臺前中曰仲臺右曰叔臺左曰小臺叔子書仲臺叔臺兩山故聯亙屏立從東北上者無竇可入蓋宋嘉熙開始刊通以便淮蔡之避元兵者今兩石柱立如門子徵題曰了心關叔子書關右有巖西向子徵題曰留月關左有壁東向題曰賓陽留月巖巔之左有石上覆如蓋前有古松數株子徵題曰撫松巖賓陽壁左卽小

臺也上有怪石古松存甫吳心學氏尤愛之題曰披雲峯子徵書由臺東鳥徑行十數里許爲黃楊砦以巖多黃楊故名周迴峭壁亦如臺上平曠可田可池宋端平中全活十數萬衆計必屯聚於此西二舍許爲老君三舍許爲仙居四舍許爲佛塔三山咸瞠乎其後北面於臺云余嘗謂此山之勝不獨擅奇一方卽寰中諸著名山似不多讓彼兵亂之季生靈憑其險阻得以全活者其麗不億爲民立命之功爲尤鉅矣乃其宏美膚功不甚章章顯著則以界在遠徼高蹤之足音罕至而文獻之事缺如故也美不章功崇不伐可謂至德也已矣子徵茲綜其勝槩列爲十景徵詩同志以侈其勝詞宗學士是殆矜羨競美故知抱至德者未始終不遇也雖然是豈此山之情也哉　又重遊天臺詩解紱歸來苦病侵愛山時復強登臨蒼崖不改千年色古檜猶垂十畝陰風谷坐驚飢虎嘯霜林臥聽曉猿吟舊遊朋輩今何在手把茱萸淚滿襟　又題天臺別意圖贈李上龍詩層巖崒嵂與雲平一望闕門紫氣橫地坼東西分汝漢天連南北見嵩衡丹邱幾度虛　遊子白髮孤征念友生此去秣陵江萬里臨流應憶濯長纓　天臺佳氣鬱蔥蘢悵別瞻依意不窮路側徘徊吾道遠尊前酬贈古人同當年蚤見二　三子今日相看七十翁一覽岱宗天地小無勞西極訪空同　耿定力天臺詩誰壘層臺著此岑洪濛天造到于今盤懸仙　掌朝承露泉注瑤池早作霖雪立中天成玉柱風迴石籟振金鈴到來絕頂援琴鼓

萬壑千巖得我心　李贄宿天臺詩縹緲高臺起暮秋壯心無奈忽同遊水從霄漢分荆楚山盡中原見豫州明月三更誰　共醉朔風初動不堪留朝來雲雨千峯閉恍惚仙人在上頭　焦竑北山有臺詩北山有臺南山有窩鬱鬱中林泛泛橫波樂只君子來遊來歌　南山　有窩北山有臺興雨祁祁育彼羣材樂只君子其心孔諧　有臺崔巍萬山宗之樂只君子四國同之　爾德茂矣如山壽矣永昭　文德同此四國　弱侯作頌清風　珊珊顧言同心共登此山　豈無燕婉遊非其鄉不見飛鳥隨風以翔國朝胡在恪天臺行遠來不辨仙居樹近來始識天臺路憑將黃鶴羽毛高高飛絕巘凌雲霧幽撐摩青逼洞天石脂琅萊護清泉時憑蜥蜴盆能霰俯看熊羆館作煙煙開一練長江曉洞庭葉落沃焦小天目平分少室東壑奔電走河淮棹錯趾列屏西爽開函關去後幾時回行人何處尋金汁飛鳥頻頻下石臺巇巘酣

縣東北三十里曰遊仙山孤標秀異舊傳有黃鶴飛下今仙跡尚存四十里曰紫雲砦山稍東曰張家山接麻城縣界通志張家山嘗產金萬歷二十六年開採民皆奔竄尋罷

觀音巖縣南三十里　博士巖縣西北七十里

輔弼嶺 在縣東極幽靜相傳讀書其上者多騫舉 **仰天窩** 在五雲山西有峯如蓋林泉木石最爲幽勝中有腴田十餘畝隆冬不寒盛夏不暑 國朝張希良仰天窩詩十年不到此泉石事都非老馬披雲入高僧挈鉢歸諸天一氣接孤磬衆山飛翠竹黄花地從今願息機

雙山臺 在老君山北兩山對峙因名 國朝張希良雙山臺詩望去疑無路洪巖到亦開溪聲奔草屋天影臥莓苔度險心逾怯耽奇首重回往來愁化石後騎爲頻催

小桃源洞 縣南六十里 **果老石** 縣西四十里龍王山側相傳張果老曾與客弈此

川

倒河 源出麻城白沙關逕雙山臺入縣界爲雙山臺河西南二十五里爲程方河湖田河之水注之又南十里爲牌樓河又十里爲袁英河又二十里爲三河口白馬河及東流河之水注焉又西南二十里逕縣治北姚家河及阜角河之水入焉折而西爲西門河逕縣治南爲南門河金場河之水注之逕縣治東爲胡家河又十五里陡埠河之水入焉又南十里爲沙河二十里爲中河西童徐二港之水注之東銀定橋五里橋尹家河之水入焉又南十里逕八里灣會家港之水注之又十里爲紫潭河太平橋之水入焉下匯黄岡漲渡湖入於舉水注於江

灄河 源出縣西老君山西下十里金局關之水會之爲雙河口十里爲橋流河又十里爲西河官倉河之水入焉十里爲兩河口烏峯河火石橋之水注之又二十里入黄陂縣界由灄口入於江

松溪河 源出縣東紫雲砦十五里逕板門衝又十五里逕葉紙衝又二十里逕謝家店又南五十里逕岐亭爲麻城縣界與舉水會由黄岡縣之鵝公頸入於江

聖人湖 縣北三十里廣三十餘畝匯水不涸 **龍潭** 縣南二十里歲旱祈雨每於此取水

羅田縣

山

縣城内曰鳳山形如飛鳳縣署學宫俱在其麓

縣東五里曰塔山 縣志作老塔山 形如獅踞萬松蒼古一水縈洄李唐時建塔其上因名一名玉屏山有梅一株相傳唐植 明盧濬塔山詩高山拔起臨無地深井潛窺別有天擬結茆菴出塵世春風秋月送流年 閒度碧溪臨古寺忽看高閣逼諸天老梅不是仙人種那得流芳五百年 國朝呂鳴和老塔山寺詩從來不慣穿幽徑但入名山不厭深一點照人清夜月千秋知我白雲心浮圖恍挹金莖露蘭若如逢祇樹林此處並無塵到眼好攜柑酒聽鸝音 張琳塔山詩未入清元寺層林晝更神環溪流樹杪積葉散花茵路以懸崖曲山因過雨新振衣憑遠眺萬壑淨無塵 陳瑞球玉屏山讀書詩囂險鬱城市結想在巖陰肆靜山中居岫壑窮幽尋飛嵐藹圖畫流瀨濺鳴琴蔥龍春夏交時鳥遞變音讀書偶有得快活無古今節序倏已更絢綺明霜林落日遠天盡空山秋氣深暝坐寂鐘磬瞿然生道心

十里曰王道山俗傳王道人飛昇於此峯巒陡峻石徑紆迴有松一株黛色參天相傳漢植又巨石如舟宛若生成 國朝余植卓王道山詩緩步層巒興未闌盈城烟火畫中看林間鳥集人偏靜嶺際雲深夜帶寒松老懸崖山色古竹敲瀑布水流湍到來絕頂危峯上長嘯一聲天地寬

二十里曰雲蓋山上有龍泉祈雨立應三十里曰鳳凰山四十里曰藤子山又三里曰朦朧山四時雲氣朦朧因名爲義水發源處又五里曰淨瓶山五十里曰石缸山峯頂有石淵如缸春夏霖雨瀑若飛練五十五里曰太乙山爲楚皖分界

處六十里曰魁山形勢嵯峨高出衆山因名漢唐宋建縣治於此九十里曰石柱山頂有石柱高數丈奇闢無比

縣東南四十五里曰馬家山五十里曰月山昔有兄弟五人修道成功誓曰見險則過遇月則止至此月出遂止上有廟六十里曰觀音山石壁上有像傳爲大士現身明盧濬觀音山詩看盡流雲山外山山間小憩枕雲關分明夢裏聞禪語前路溪光十八灣

縣南一里曰印臺山方平如案一名書臺山二里曰鉢盂山十里曰迴山十五里曰望江山高可望江故名二十五里曰虎母山高聳若虎衆山纍纍如子隨母故名三十二里曰練崖山縣志作練石山上有飛泉直下百尺

縣西三里曰纛家山六十里曰鼓羊山縣志作古羊山氣象雄秀

縣西北五十里曰石獅山縣志作石獅坳巨石如獅故名七十五里曰烏雲山百四十里曰松子山上有松子關爲楚豫分界處

縣北三里曰雙峯山兩峯並峙俗名尖峯山五十里曰大霧山天將大雨雲霧翕然一名雲霧山國朝蕭光詠秋登大霧山絕頂詩耳熟靈峯幾十年今秋躡履縱奇觀環吳山點千螺小塹楚江橫一帶寬紅葉淺深輝下界綠蘿遠近接仙壇老僧更話驚人處時有龍雷繞殿欄五十五里曰梳髻山又名蘇雞山六十里曰掛弓山又三里曰揚旗山形如揚旗六十五里曰雞鳴山石植如筍四圍斗絕居民常聞上有雞鳴因名八十五里曰七娘山俗傳有女子七人昇仙於此石上棊履跡宛然

縣東北十五里曰覆船山明何大復先人廬墓在此二十五里曰藍柴山縣志作藍架山七十里曰南保山九十五里曰獨尊山通志作獨坐山百里曰峨眉山兩山如列眉縣志作眉山百二十里曰泊高山通志一名鶴高峯百四十里曰多雲山明盧濬多雲山詩萬仞峯高一澗寒流雲隨處擁金鞍年來我亦無心客不比巫山夢裏看國朝廖驄遊多雲山詩萬山壁立瀉澄灘石徑雲封岳色寒知否東南幾天柱可容人作會稽看谷中屢有元元廟絕阪猶留五岳祠祇惜靈風莽蕭瑟野棉花下臥殘碑遺廟荒涼九井傍殿前猶自說明皇玉龍自御龍華客不作華清第二湯百五十里曰天堂山層巒複澗奇花異木甚多有道人巖猨啼嶺駐雲嶺諸勝國朝王固統天堂砦詩天遠何年到攀蘿近斗杓雲深生雨腳月小戀山腰絕頂千峯伏遲春百鳥嬌石痕留古色篆籀想先朝姜廷銘偕郭華亭游天堂砦詩巉巖古砦插雲間吳楚東南第一關遠眺羣峯皆蟻垤仰穿高井識龍斑撫時多有當年感郎景猶餘夕照閒狐鼠至今無跳立會巡且作勝游還百五十五里曰鹽堆山三峯卓立與天堂山埒爲巴水發源處

仙人巖縣東三十里上有仙人履跡　龍背巖縣東七十里巖水出立雨

豹龍巖縣西五十二里蹲踞如豹起伏如龍故名　李蟒巖縣西北二十里上有龍泉禱雨輒應

擂鼓巖縣東北七十里爲楚皖分界處　麻姑巖縣東北七十五里俗傳麻姑飛昇處

岐嶺縣東百三十里接多雲山實爲天險上有四關北越光汝南出蘄黃東走淮西此爲徑道

狗耳尖縣北六十里山半曰牛巖有大小洞十餘處內二大洞曲折開朗可容百人

練石洞縣東南三十里下有石潭俗傳神龍居焉　風洞在月芽山獅子巖每風發洞口先起雲霧

含風洞在多雲山下每有風害稼祭之可免　大燕洞縣北二十五里洞口泉流如注歲旱取以禱雨輒應

石船在縣東北多雲鎮明王先詩介性生成肯逐流乾坤萬古一虛舟安然不怕風波險垂柳多情綰渡頭

川

平湖鄉河　源出鹽堆山五里爲巃泩河又五里爲九子河三十里爲新昌河五里爲騾走河三十里逕滕家堡十里木梓二里河之水入焉又十里爲尤河背入黃岡縣界

多雲鄉河　源出石柱山之七里衙西流四十里爲長河又四十五里東安河之水會焉爲雙河口又南三十里逕海螺石北峯河之水注之十里逕縣治東爲官渡河繞城西二十五里爲尤河背平湖鄉河之水會焉入蘄水黃岡二縣界爲巴河至巴河鎮入於江

奉泰鄉河　源出英山歷舊縣畈逕魁山南朦朧山之義水入焉蕭梁立義州以此下五里爲落銅河十五里爲雞兒河四十里爲石險河又二十里爲白蓮河入蘄水縣界由縣治南至蘭谿入於江

尤河縣南一名官渡河一名縣前河源出峨眉山之紫潭衙會多雲河南流繞縣城又西南至尤河背入巴河

湯河縣東周圍十里泉溫可浴西南入尤河

蘄州

山

州城內曰麒麟山山形蹲伏因象形而名明荊藩故宮遺址及州署學宮書院俱在其麓國朝談允謙麒麟山歌客來荷笠登北峯宮殿彷彿生悲風狠籍明月空城裏埋沒白雲山谷中指顧山河存勝概風華雖改山巖在山逆江行橫百里湘漢交流到城汜隔岸諸峯張翠屏鴻宿一洲草青青勢最軒翥氣蔥鬱列岫皆成龍鳳形桐圭分命冊諸王荊藩土茅臨楚江臺殿平陵半天起碧玉堂高翦秋水紫晶簾軸鸚鵡啄沈香火熱鴛鴦睡夜讌未已鳴朝鐘日午君王夢正濃一承顧盼殊恩寵蕭艾亦與椒蘭同竹生禁地能高潔疏疏爲節密爲葉截成長笛聲裂雲織作冰紋簟如雪幾多花鳥冊妃嬪累朝老樹封將軍簫鼓喧闐應鐘鎛滿城日夕流天樂靜如琴瑟人不聞賜妃素手彈珠閣中開七府列煙霄出入賓從車馬高吹竹彈棋吳越客鬬雞走狗燕秦豪一水荷花三十里畫舫煙波動銜尾曉夜笙歌何處來王孫泛舟雨湖裏食祿歲支萬與千王家誰復惜金錢閬閬相延習華靡蘄陽佳麗非他比六院背倚熊嶺頭美人妝閣上簾鉤行客不知狹邪處聞香才覺過青樓追歡多是少年者每日出門閒倚馬游人歌舞不知歸夜半城中鑰未下朝朝長捧千年杯誰知樂極有哀來秦中鐵騎蹂荆楚江上多年震蕤鼓帝子崇封在此間臣奉藩兮守疆土龜亦不在澤蛇亦不在山不識真龍種何年去此閒麟折角兮鳳墮翅湯湯龍磯日東逝元妃祝髮寶月菴中使披緇鐵佛寺又曰鳳凰山山勢軒舉亦象形而名上有洗墨池仙人臺舊傳李白杜甫曾遊此後人名其巔爲白甫衢上有千仞亭七葉寮今廢國朝程大中過白甫衢詩鳳壺下路一徑入孤城白甫曾經此青山爲紀名野田春草變高躅古苔生過客殊惆悵空村鳥亂鳴陳詩登鳳凰山詩鳳凰山半一茅亭對面鶴雞作畫屏左有南湖右江水不須更覓舊圖經又曰鶴雞山國朝盧參政紘構四照堂於其上今廢國朝程大中鶴雞山詩參政歸休日鶴原好著書文猶傳四照蹟已付孤墟知己東南盡山堂日月除可憐煙樹裏別自有幽居又曰卜羅山即衙署基址

州東五里曰北障山州志云在州北俗名缺齒山八里曰寅山一名迎

山山形與治城相迎故名又俗名銀山山半有小菴明高啟避迹於此案寅山在蘄州東而治屬廣濟國朝金德嘉銀山詩牛肝馬口水潺湲稼圃人家竹樹灣最喜時清無礦使大書此地是銀山十里曰龜鶴山二山並峙形如龜鶴故名舊傳山多梅花百四十里曰四隘山二百里曰大桴山州志云在州北即蘄河發源處

州東南十里曰大泉山山形秀麗中有蘄陽第一泉水最清冽有大泉寺在其麓三十里曰百家冶山即蘄竹所產處案顧景星白茅堂集宋鐵冶場也

州西十里曰象鼻山與龍峯石獅對峙即蘄河水口四十里曰圓峯山通志山有東西二菴二梵祖師西竺僧隋唐間住此山半有泉土人祈雨輒應國朝盧紘過圓峯山有感作圓峯幽淨地二梵舊禪林磵接重巒峻巖藏古木深郊原初竄跡烽火倘驚心方厭塵勞劇希從世外尋如何逢擾

攘猶苦避淩侵病婦趨徙步癡兒挈敝衾蟄棲虎不畏風動骨疑森晝永愁難度嬰啼禁勿喑舉家同罪繫累月坐沈陰何晚潛歸爨乘昏促向岑艱虞幾歷萬喘息始存今事後重來過欷歔涕淫襟五十里曰白雲山隋時建塔其上宋景定四年元兵嘗駐此國朝顧景星白雲山訪龔百子詩綠煙高處白雲遮二月山僧入采茶野火樵斤都不到層層開上杜鵑花　嘉定兵戈記不眞白雲山下起黃塵叢篠長養君休伐留與他年避世人　古寺煙深大道傍午時鐘板出雲堂種松道者歸何處已見新梢百尺長六十里曰馬下山相傳漢高祖征九江王英布下馬於此因名州志云此說非也漢蘄在沛郡之蘄縣元至元二年併入宿州今屬江南徐州府稍北曰五岳山

州西北七十五里曰靈虯山勢如虯龍若累石成者

州北六里曰龍峯山山勢聳拔爲州城屏障緜亙里許至挂口東岸作蘄河水口下有石高丈餘形象狻猊舊傳有石洞產白花蛇三十五里曰米家山山形蔥鬱類小米畫意一名虎

兒山俗名獨山六十里曰茅山蘄水縣策湖之水逕此入江八十里曰策山石徑險峻明季之亂州人張相築砦於此張相策山記策山白馬將軍故址山勢峭壁插天上有浮蓋方圓可數尺許能容十餘人下闢小徑止容一武山北怪石崢嵘不能上山西南頗夷坦山曲羊腸行者躑躅戊子秋七月土寇煽亂余禱於將軍廟吉攜婦子聚鄉勇結砦於上韓參軍駐節蘄陽連營黃城河與山勢相爲犄角己丑正月賊乘嚴寒大舉入寇緜亙十餘里余抱鼓峯頭鄉勇登陴莫不一以當百自辰至未衆賊死者不可勝計我兵開門追約十里而還韓兵亦追及焉賊遂退三月既望賊復舉來戰立三十大營於山下余分門巡守相距三晝夜賊漸逼以火箭焚砦中草屋余剋以水火不害余復以大礮擊其營發皆中韓參軍復繞山北來絕其歸路賊死者過半後不敢出秋七月余率衆下堡各事本業土人思茲山德不敢忘重新廟宇於山麓以垂來禩　國朝張士淑策山行危巒矗空起壁古長箐篠里中數土姓相依共昏曉家舍平林西雲樹可數眺豈不懷田廬四野飛旌旐鄰伴約夜歸路黑山月小谷靜發空響膽怯驚鳴鷺到家夜過半月落荒村窅生業各蕩廢頹垣翳蘿蔦破屋疏星入照我天漢表時聞虎豹嗥更見蛛蝸繞雖是舊所居不敢久停逗歎息出門去覓徑登林杪安得天下盜賊盡歸農令我笑數青峯臥亭沼百十五里曰荊竹山有燕子巖元至正間汪不花團聚鄉兵禦紅巾賊處百四十里曰三角山卽蘄水界上有龍潭舊傳值旱祈禱立應州志三峯突起大峯中有老龍洞左爲東龍巖右爲西龍巖中有會龍池捨身巖諸勝　國朝顧景星三角山詩北望司空原南下櫨梨水中有鼎足山高人合居此百四十五里曰河槎山一名查山宋程谷隱居於此名勝志谷程珦之後百六十五里曰鼓角山壁立陡峻舊傳天欲雨有聲如鼓角二百有五里曰相山抵安徽太湖縣界二百四十里曰四流山山勢邐迤有泉水分四流東注太湖南注蘄州西注蘄水北注英山

州東北里許曰玉屏山方正如屏故名明州人周副使禧施爲漏澤園俗名周公山二里曰象馬山舊傳邊徼貢象經此一

云明荊藩豢象馬處六十五里曰高山明楊晉悲高山詩并序高山鄆舍也距廣濟三十里丙子冬設險高山濟尉魏時光以鄉兵守之賊初不敢度相持旬日尉夜襲賊有功翼朝賊大至尉馬觱斷被縶不屈死　殺氣障天天不雨中原白晝驅豺虎無賴少年好英武擁尉登壇建旗鼓尉也膽氣本粗豪百金市馬如人高馬上結束青絲纏左右馳擊雙寶刀搴旗斬將不足數眇視秦寇同鴻毛軍中昨夜傳飛箭鐵騎西來亂如霰不聞犄角有何營獨引鄉兵當一面健兒身手等閒強矢石未交先怯戰衆寡相持大不支吾日久情形見尉也膽氣眞絕人夜扣壘門唯一身歸來笑擲人頭臥不知禍福如轉輪亂流馬嘶侵曉度高山遙望甯知數竹筒一吹已會圍塞斷孤軍歸去路此時拔劍怒衝冠翻身上馬突圍看黃巾赤眉有羽翼有將無兵勢難測兜牟脫處戰猶酣鞨帶斷時死不得可憐壯士在垓心援師望絕無消息高牙大纛坐城中薄祿微官死山側朝廷有事須將材豈復下僚多屈抑高山燐火繞忠魂爲爾悲歌淚沾臆九十里曰靜明山一名靖明山上有靖明寺唐建國朝顧景星送方濬還靜明山詩石徑入窮窕回巒知幾重雪高松際瓦鳥下　午時鐘斷磵無人讀空廊有鹿蹤題詩向巖壁長倩白雲封　劫火不能燒空山長宍寥寺名遺舊志鐘款認前朝踏雪迷歸路隨緣懶拄笻獨餘雙草屨

留向杖頭挑　顧昌靖明山詩拔地起崔嵬崇巒萬仞開隙寧青靄合巖護紫峯回草色常煙雨山光到醱醅須知負絕處步屧接三台　張仕渾遊靜明山詩驟入初疑誤沿源興不窮穿林人漸小攬葛道微通湖出千休杪鐘生萬壑中晚來山吐月遙指斷巖東百一十里曰九龍山有龍井九處上有高谿寺

百二十里曰金鷰山在北極峯下高聳峭拔四山環拱三十六水遶繞其前匯鈷鉧潭四方遊屐絡繹不絕山麓有金鷰寺輿地紀勝嘗有金鷰出於石開百五十里曰道觀山上有天帝觀二百里曰將軍山自太湖司空山分脈高逼雲漢爲衆山鼻祖左衍黃廣東衝紫雲諸山右發蘄水斗方雨標等山又山曰檀梨山三十六水俱發源於此

石壁巖州北八十里　老龍洞州西北九十里祈雨立應

鹿耳石州東五里　新生磯南關外大江中一名浮玉磯明李若訥有浮玉

磯賦　官應震過齊昌登浮玉磯詩萬頃茫茫片石浮孤亭獨障大江流月明有影鯨鯢懼風吼無心波浪休吳楚雨分天塹在衡廬一望帝鄉收斜陽不盡登臨興遲我重來作賦秋　國朝劉醕驥浮玉磯詩黯淡雲根太古秋鮫宮鼉窟擁冥搜磴無懸草蒼猶立人忽成雲薄欲流煙遠過城通曉磬日孤眠鷺穩滄洲櫂來鐵笛吹寒色風雨梅花暮未愁怡亭舊落水中央奔突東磯更混茫直劈江心帆路隱遠垂虹背釣臺荒天圍鶴浪千峯隔風住神燈六月涼楚客白蘋蕭瑟裏何須聽雪上瞿塘

龍眼磯龍磯門外大江中明吳國倫龍眼磯詩片石亂流中巍然抗佛宮諸天龍樹表萬象蜃樓空花雨都成雪濤驚不爲風孤僧容膝處應與海門通　國朝顧景星龍磯夕照詩義士死長江人來弔夕陽磯聲流不盡遺恨與江長

乾明磯大士閣南與鴻宿洲對相傳羅眞人飛昇處

南陽磯洲西江濱接蘄水縣界今名月石磯

川

江　自蘄水縣之迴風磯下十里逕唐家渡二十里逕散花洲十里逕茅山鎭二十里逕羅家埠又二十里逕掛口十里逕州治二十里逕烏林港十里逕馬口即州治雨湖諸水入江處下即廣濟縣界明李東陽蘄州江中怪石詩崒兀山城抱此州江間怪石攙戈矛隨波草樹愁生隙駭浪蛟龍卻避流豈有岧嶢能砥柱祇多衝突向行舟憑誰一試君山手月落江平萬里秋

蘄河　源自大杼山逕三十六水紫雲山龍鬚衝之桐梓河水入焉又南逕鴨公觜源北極尖石鼓河之水注之又南逕洗馬潭即鈷鉧潭劉公河之水入焉又南逕甕門山獅子口關口河之水注之又南逕皇城山源椰木衝白石頭朱林河之水入焉又東五里源蘄陽坪石壁巖之水注之又南五里源三角山會龍潭之雙水入焉又二十里逕蘄舊治分而爲二左爲蘄河右爲西河又南五里逕曹河市源黎企里之兩河

水入焉又東逕陳氏半畝園分而爲二至渴口市復合渴俗訛豁又東二十里逕土門山入於赤東湖其西河之水逕易家河歷楊公潭會渴口前河之水由土門西下匯赤東湖入於江

彭司河　州西北之水源蔣家山琳山會蘄水縣策湖諸水由茅山口入江

蓮市湖州東亦名沿市湖　雨湖州東一里俗名諸家湖春多桃李夏盛芙蕖爲州最勝處　國朝談允謙泛雨湖詩汎入雲深處鷺鳧入水涯引入湖最曲豈我　興彌賒客靜親鷗鳥舟行讓藕花幾時兵火靖遂志得移家　顧景星答談長益允謙雨湖詩隔江山色南屏似晴雨眞同西子湖亂後墓田無宰木長年漁艇伴樵夫君來淪茗泉稱慧我自逃名谷已愚地僻喜同車馬跡耦花蘋葉隱鷺鳧　何年指水號郞官慫恿羣公載酒看但使春波宜白墮不須剡曲屬黃冠近城禾黍先秋熟接岸風煙入夜寬肯約結盧相伴住預裁斑竹贈漁竿　盧絃雨湖漁舫詩幾曲煙波入畫中兼收風月夜瀜瀜千株高柳圍村綠十里新蕖覆水紅網罟晩天歸棹集菱蒲深處有歌通由來

蓑笠相傳業沽酒烹魚樂事同程大中遊雨湖詩短橈輕漾七箱船楓葉寒江遠接連九十九盤山盡好幽棲枉自付王宣䤯柆名湖次第漁船不肯歸輕橈故傍水禽飛可憐一派煙光落會照將軍醉打圍翻構闕韓蹶單十月寒林尚著花塵飛不到野人家停舟借問南溪水劇好分煎五祖茶寒煙被水日初低尊酒相將過別溪怪底山僧知客姓故人家在壽林酉犄𨮁喻文鏊雨湖口號蘄州城南有雨湖欲雨未雨烟模糊從來不與晴湖比瀟沆雨醲湖晴不滿知不月如湖雨半日句留值得無

馬口湖州東南十五里

赤東湖州北十里卽八里湖有九十九汊爲孔道所經國朝熊楚荊雨後泛赤東湖詩宿靄初收棹小船溪流奔瀉更潺潺山根曲折蟠新水雨腳朦朧隱遠天白鷺妨人歸別浦金波浴日落前川林禽也解晴光麗巧弄歌聲似管絃

金沙湖在赤東湖東卽赤沙湖一名東湖國朝顧景星金沙泛月詩明月亦何皎偏多雲水鄉當時兵火地到此卽清涼郭從夏夜渡金沙湖詩一葉東湖往夕陽光有餘鳥飛昏櫸木鷺宿晚窺魚明月投雲暗殘星映水疏遙看燈火亂相信是村居

西湖在赤東湖西

鈷鉧潭州東北八十里今名洸馬潭國朝顧景星鈷

鉧潭詩長河自西北曲注仍東馳發源司空山萬壑爭奔嘶兩巖忽開展水行得歸依到此若無力十里平風漪深沈百尺潭色勝青玻璃巨魚不受網窟穴安能知甘霖應祈禱雲氣初如絲委蛇金龍子色變十二時土人爲余說漢祖行軍奇出征九江王洗馬曾於斯神龍遂來合遺種留今茲訛傳信鄙謬此實藏蛟虎洪流轉木石滄沱無改移深潛不害物意若全幽姿雲中望天柱泚水尢透隨圖經莫能悉靈境興追思　又詩連雲傑萬壑起伏更嶙峋百里植梨水千山巖壑春林陰著魍魎潭定落星辰瀑漲循河下蛟龍亦有神

鴻宿洲州南二里一名金沙洲秋冬有鴻集此北朝魏時嘗徙州治於其地　明朱紳鴻洲煙雨詩一片平沙二水通幾翻煙雨亂長空樹籠野色千林暗山隱嵐光兩岸同沙鳥飛翔濃淡裏風帆搖颺有無中待看海上金烏出一掃層陰萬境融

柳嶼在雨湖一名鏡口國朝顧景星城南柳嶼詩湖光本自寬略約已多設試問集隄人胸中何太窄　又鏡湖口詩短蘆高柳酒旗翻煙含漁莊水到門撤卻石橋漁子渡望中煙樹卽桃源　射鴨山頭打槳頻鮮鱗出水白如銀鑑湖一曲無多勝只少風流賀季眞

蘄口卽挂口在州西八里隋王世積以舟師敗陳將於此卽蘄河諸水會以入江處也宋陸游泊蘄口泛月湖中詩炎天倦長路月夕泛平湖晃漾披銀闕清寒住玉壺釣絲縈

藻荇蓬艇入菰蒲自別蜻蜓浦斯遊十載無

潟口一作豁口在州北四十五里國朝顧景星豁口詩野岸泥難杙江船纜繫斜迎風放桃葉宜雨是梨花流水東西堰新村八九家兵餘得消樸漸欲見桑麻　何明豁口道中詩十里垂楊道鶯聲破寂寥日中花影直泥薄馬蹄驕淺草迷深塢殘扉續斷橋酒家春釀熟檐外一帘飄

廣濟縣

山

縣城內曰黃鵠山通志特高處爲玉枕**四山環衛一川旋繞縣治因建於此**

縣東五里曰靈山上有三十六菴曝月臺浮渡石諸勝邑人劉醇驥嘗攜蜀僧彈琴石上有記案十洲集靈山澗多石谷口有大石橫亙溪水洞其腹而出爲浮渡石其傍有浮渡菴　明劉允昌浮渡石詩并序余桐有浮渡山此石懸空跨澗形容微肖因命斯名復歌一絕白石壓溪聲黃花添客興雖無繁弱羽持贄賈餘勁　又夜酌曝月臺聽石梁泉聲詩點蒼綴碧秋容老據石臨流酒興

寬傲吏自來耽麴蘗野人都不識衣冠松巖墮月沾衣溼澗樹流雲拂座寒莫負黃花好時節明年此地對誰看　又饒嘉元和韻紫萸黃菊佳辰促碧澗蒼巖涼月寬公子俱停金齒屐使君也著竹皮冠石舒鯨背懸溪穩泉帶鴉聲入座寒勝地天留今夕醉新詩代作古人看　國朝顧景星登靈山風雨忽至簡王恂度詩茲山著靈異遂以靈名山怪石巧合沓癡雲貪往還老衲不下麓王生曾閉關泉聲雜風雨咫尺阻追攀　劉醇驥春日遊靈山詩幽意谷泉落相將任往回誰持雪浪石移近雨花臺人坐翠微笑鳥邀春色來山僧有新約會許寺門開　數轉煙蘿入微茫山氣中陰晴半壑樹鐘磬午天風飯供行廚白香分寶座紅無能隨遠社猿鶴偶然通　張仁熙遊浮渡石詩十里仙橋路飛濤沒石根峽雲驚不落絕壁冷徒蹲野老樵　秋色神龍過雨痕姤齾雨溪撒上其一拜古臺明月在常照老僧門　張維屏由浮渡石至石竹菴詩草色欲無路松陰多近山寺藏修竹裏石臥碧流閒鳥倦息高翩人勞銷壯顏讀書眞靜者來此閉幽關　又重到廣濟望靈山絕頂詩花雨繽紛仙草薰浮嵐空翠杳難分一千里路來何事要看靈山頂上雲

二十里曰余公山宋余玠墓在其麓故名又東爲大明山卽大聖山有費龍君廟中有費聖泉一名龍泉最清洌國朝胡醑大明山詩大明山勢鬱迢遙

烏道龍宮鎖寂寥絕壁尙留三窟在山頂跡人巳蹤扁楜樹鶴龍眼嶰陰巖常護百靈朝雲生處礎晴猶潤雪噴澄潭暑自消萬古公侯同廟食爲霖合爲沃枯苗䢍大二十五里曰明水山有龍潭飛瀑甚奇國朝顧景星明水山詩經年會鎖渚宮幽鼉屭纏蛟擁上頭大卵豈緣元鳥遺小郎嘗爲赤蚍憂吹笙鳳頸聞三界嘆雨驪鬢徧九州不向巫陽問消息阿香應共綵雲遊三十里曰五峯山國朝舒峻極五峯雨行詩紛紛風葉落山暝路難分鐘韻危連雨人聲遠在雲步移平石髮衣溼見松紋忽聽飛泉瀉疑岩虎豹羣三十五里曰大符山四十里曰鳳凰山五十五里曰龍頭山象如龍首兩石突立如角下有泉俗名龍眼泉

縣東南五里曰獨山衆山環峙一峯孤聳因名三十里曰多雲山天欲雨則先出雲山有風洞以石投其中卽風起明饒嘉軌多雲山詩緺雖碩貉巚東衡昔到鮑參軍是處游人更不聞風雨煙嵐封白石樓臺海色墮紅裙故山身隱空秋老別號天留與夏君莫向羅州西界問尊前相對是多雲四十五里曰太平山盤石如席可坐

黃州府志《卷之二 山川 三十三

千人通志旁有煉丹邱晉僧惠遠卓錫於此後入廬山去時笑露黃牙後人於山坡建寺名黃牙寺五十里曰崇山縣志作宗山嶺陽溪有釣魚臺國朝金德嘉釣魚臺詩黃土山頭封馬鬣釣魚臺下說康公蕭蕭風雨過寒食麥飯何如田舍翁六十里曰連城山下卽連城湖

縣南一里曰登高山十里曰紫霧山舊傳紫霧見出賢令通志紫霧山巒立如屏山下二徑一自麓西南達武穴一自麓東南達龍坪有亭當其路曰兩路口六十五里曰仙姑山相傳何陳許三仙女修煉處又山曰陽城山下有石洞深二里許洞內奇石宛然天成游蹤頗衆明吳國倫游陽城洞記陽城山在盤塘西十五里迺江與五郎磯相望去予州不盈六十里山故無名子數往來江行亦不知其中有洞頃與方山人遊三山還過蘄萶聞諸舟人云其山故有仙人洞爲草蕪土塞不知幾千百年往歲道士數輩始營而居之有一道士年最老常蓬跣入穿其中上下屈曲不知幾里見洪濤從地底湧出而聞江上曳櫓聲知其處已與江通疑有水怪窟其下遂驚而出尋自散去莫知所之今其仙蹟故在可一艤舟造也予與山人忻然豔慕之擬卽取道一遊會北風驟急巨浪拍天舟不可艤遂且棄去山人曰得毋有待乎未幾山人越元嶽數月不返而王行甫適至自黃留醉北園者十日買舟送之富口富口諸故人各攜具來覩予因就江岸與之席地飲甚豪徐起步月登漁磯瞰黃龍洲指顧江北諸山突兀天表而所謂陽城者隱隱在其西陝是夕行甫興發不能寐而予門人黃子登莊則大從之人舟坐談漸曙卽趣渡口須臾登岸行田間五里許見彌道中奔泉瀧瀧有聲心喜之而莫知所從出已入一山紆迴兩湖間高可數百仞而洞在其腹未至洞二百步有水洞一盞受山心諸泉匯爲盤渦穿石鎼而落磵道者是也時予病酲道暍稍自掬水漱之卽灑然神清從二予攀躋而上得洞門廣方丈扶攜躡石磴而下不盡一仞地稍平四壁多赭碧色而其泐處多滴乳中有石竈石牖則一道士營洞時所遺非仙蹟也趺坐少選乃令人秉炬深入得一洞稍廣而石益瓌瑋奪目覆者若華蓋褰者若緹帷挺者若土筍幹者若天柱流者若霞液湧者若雪濤紛而披者若地肺屈而蟠者若雲根與予州鳳棲嵓大相髣髴心竊異之已又緣一磴而升可仞餘得一洞高廣數倍儼然夏屋而其四隅又各一小室幽莫可窺其上之石膗廑如箭括可通日光疑卽山之絕頂乃其氣積陰甚寒而下多水泉淫淫無所投足遂不能復前而探所謂聞搖櫓聲處還至初洞使數童子簫鼓其中飲焉輟飲而出則日已下舂仍就田家小茅菴飲數行徐散步登舟與行甫別予因次而爲記蓋在萬歷壬午

黃州府志《卷之二 山川 三十四

十月既望云六十八里曰盤塘山有吳將甘甯廟仙女墳在其麓七十里曰積布山亂石臨江形如疊布俗名積布磯卽庾仲雍所謂高山也通志與隔江下山磯對東江水其流甚狹國朝金德嘉積布磯詩長風山口白雲飛月滿滄江積布磯直釣幾年魚不得江流脈脈送人歸七十五里曰青林山下有青林湖卽水經注湖水西流謂之青林水也國朝胡醽宿青林山精舍詩修竹生晚涼況在萬山頂巖臥符風期秋宵一何永起坐佛龕前耳目積空冷風停籟轉幽月落山逾靜寥寥解脫心寂寂招提境不待聞晨鐘孤懷有深省

縣西南二十里曰雨山下有龍泉塘二十五里曰後峯山山谷迴抱溪流映帶明知縣劉允昌構亭其上名杯度亭三十里曰四望山有巨石植立如門四十五里曰午山一名武山在午山湖中緜亘數里三面皆峭壁惟南一徑可登春夏湖水

漲漫山形如鯉浮水面迤南俗名團山亂山如林呈奇獻秀若虎豹虬龍不可指數有穴與午山湖潛通時有鷗出沒五十里曰蘇家山稍南曰劉季峯相傳漢高祖征英布避兵於此國朝金德嘉劉季峯詩馬上桓桓隆準公功成垓下與關中龍門史已書高祖亭長猶名楚澤東七十里曰長風山卽水經注江水又左逕長風山南得長風口江浦也

縣西二十里曰秀雲山俗名北流山頂有龍泉旱禱輒應

縣西北七里曰嶽山巋然秀出一名藥山國朝張佳晟藥山詩北郭望疏光雨峯忽天半煙靄自遲回石黛亦璀璨左峯若削華右嶺如列幔幽尋衆壑陰面向晴暉判採藥者誰歟安樂舊里閈所採信何如奇卉發陽岸下有藕陂居風雨共昏旦過客時相從羨茲峯頭爛爲我生顏色春風挾童冠緬想鹿門翁深意足浩歎二十里曰展旗山卽蘄州界

縣北二里曰白石山望之磊磊若瓊爲邑景最勝十五里曰層峯山旁有青著寺宋余玠讀書處國朝金德嘉層峯青著寺詩青著僧房夜聽鐘手提一劍下層峯釣魚山口功成日何不還山訪赤松二十里曰橫岡山高峯插天爲縣治北障梅川之水源此西卽蘄州界國朝劉醖驥望橫岡詩開門何所見橫岡當中天翠色起百里羣峯畜不前精氣祕杳靄異物挺貞堅矯首試攀陟下界徒寒煙　金德嘉橫岡詩何代仙翁跨赤龍中天萬仞削芙蓉參宮灊鶴來年到且踏橫岡第一峯張佳晟橫岡詩灊皖八百里蜿蜒沂江流中途自噴薄煎岦上重樓屏開何峭蒨白日忽沈幽勢如太華削瀑如谷簾鉤風雨閃靈祕颯颯走龍蚪儼然旌旆樹諸天列上頭我力艱窮陟矯首驌清秋城郭渺煙霧江濤咫尺愁念玆騰騫意萬派應全收　胡醖橫岡山詩拔地起芙蓉乾坤間氣鍾鯨聲生絕磴鳥道入寒松飛瀑懸千仞浮雲渺萬重始知荊楚大不獨祝融峯

縣東北二十五里曰大閭山一名沓嶁有五峯中峯曰萬舍明胡篤生構別業處國朝胡本棨沓嶁山房雨坐詩尚友先賢在幽蹤敢自尋煙霞分咳唾夢寐與高深雨後孤蛩語秋前萬木心莫彈山水曲空谷本無音三十里曰東衡山其山高起衡霄故名上有十峯磊落雲際北卽蘄州界明劉養微遊東衡山詩澗曲重岡隱郡幽窗樹交錦雞啼竹塢松鼠落藤梢積蔭滋階蘚方冬補屋茅北風吹古木還擬孟城坳　飽子讀書處危峯坐翠微六朝孤石老千載到人稀衡嶽通元氣匡山對落暉登臺重回首懷古一沾衣　國朝劉醖驥望東衡殘雪詩偶望東衡頂寒光射日來懸知前夜雪留傍讀書臺

七星巖在縣東石如七星布列　**赤巖**縣西北二十五里

捨身巖在橫岡山左側　**疊水巖**在東衡山　明劉養微疊水巖詩大壑響松風飛泉挂玉虹嶺猨啼接樹灘石立排空隱見蛟龍闕奔騰霧雨濛白沙浸浩浩斤竹古河通

桃家嶺縣北二十里縣志作桃花嶺　**靈泉洞**縣南六十里一名石燕源洞洞內有巨石如臥牀國朝劉醖驥靈泉洞詩西南多奇峯洞古益其尊幽僻絕來跡曠士獨相存始望筋骨整蹌險裂雲門泉流刷坌氣咫尺忘羣喧陰風斷六月北陸霜已繁鬼神鑿翠住怪石鬱子孫殊少蒼苔剝堅貞搖老魂瞥駭花淚闞龍貌勢各奔祟積

敌駮犖垂倒久不翻青燈照地脈悄然非黃昏曲折俯頭角衣冠羞自敦依稀丹竈在尋之清目根苦與人煙近脫身遺邱樊當攜雞犬至旋栽桃樹源　張仁熙靈泉洞詩東南有高峯奇雲鬱泱漭鱗鱗石氣寒蓄泄何深廣古洞谷其陰雲龍風所掌天地窈窕居日月不能爽遙驅江湖波隔壑答殊響我挾江雨來偕攜海濤往側肩入永巷久曲逢高敞雲光刻削深觸類滋伸長列炬視鴻濛斧鑿誰今曩旌蓋象馬形幽室何疑彷數入接清泉涓涓靜魍魎風俗嘗旱雩餘勺動歆享深知造化功窅然肅以想安知無大文千古不可朗舒峻極靈泉洞詩天開古洞絲蘿封次第分明十二重六月陰風生雨雪千年石勢長芙蓉經春隱見蛟龍出刻炬成行鳥鼠銜載酒來遊懷不淺隔山聽盡夕陽鐘

雷公洞縣北二十里　**紫石頭**縣南六十五里菖蒲山下邑中諸水入湖處雄峙水際爲濟水一關

川

江　縣南七十里由馬口港東下逕積布磯五里逕田家鎮十里逕盤塘三十里逕青林口卽武穴鎮又三十里逕龍坑今

名龍坪又三十里爲萘山卽黃梅縣界

梅川　源自縣北二十里之橫岡山匯諸谿谷水合而成川爲雙河口西南流逕畢家畈又五里逕縣治北又南逕春風橋靈山之浮渡石諸水入焉又北折而西逕仁壽橋繞廻川背歷縣治右逕四高樓北爲滄浪橋始折而南淸流港之水入焉逕劉公閘十里逕潘家壋又十五里逕東岡又二十里逕陶家塘歷紫石頭匯午山湖由連城港入於赤磯湖居業齋集川上種梅自明桐城劉大令允昌始蘄王孫仲良以紅白梅各二本來既大會賦詩有百里肩梅種我樓之句蓋種之四高樓前云　劉允昌梅川歌爲阮集之別詩江濤如雪船如驢騎驢走雪胡爲乎尋梅孟叟去已遠君來忽向梅川趨梅川長官比梅瘦新向梅川種梅樹梅樹齊眉未結花先結高樓號梅墅高樓四望煙蒼蒼晚風六月生微涼開樓置酒夜召客一一先民之遺狂狂客無如步兵最鼻息都作英雄氣塡胸已少晉魏書下筆偏多皇頡字蜾贏螟蛉在眼前猶向袁郎亮名素飽一拳拳老手毒敵不厭懽然十日飲平原平原主人輕薄尹與君生來共鄉井明朝別我走黃州閒御高樓四窗冷赤壁磯頭興未賒黃鶴樓多賣酒家到日若無吹笛客還來聽我落梅花

斤竹河　在縣治東北源東衝山至明水懸巖千仞飛泉直下噴沫如雷有龍潭在焉深不可測西逕黃牛院又西十里逕五峯山側與梅水衝之水會焉其白土嶺之荆竹鋪諸水亦由車防河歷聖龍潭與斤竹河會數里逕貓山口爲團頭河分而爲二至六石里畈復合爲一逕廖陸溪入於赤磯湖又龍湫之水逕株嶺匯十八疊歷花闗橋逕屈家河繞太平山側入於赤磯湖匯黃梅之太白湖

大金河　縣東南源白茅衝諸水匯而南逕鯉魚溝右大金廟東又十餘里逕黃花港歷辛頭岔又北逕鳳凰山獅子山諸水會焉匯赤磯連城二湖入於黃梅縣之太白湖由急水溝入於江

連城湖　在連城山下東爲廖家口有古溝通黃梅久堙正統中復開之以通兩縣舟楫

青林湖　縣東南青林山下國朝舒峻極青林行東陵之鄉青林水匯作平湖百餘里浩浩西南注大江水經載江盡於此江濤怒逐廻風旋碎雷轉轂傾山巔沃野桑麻委泥土築隄障塞虬龍淵霱虹蜿蜒勢繇邈俯仰陳迹空茫然不逢汲古搜奇士徒嗟陵谷皆變遷杖履欣逢諳掌故歷世青林湖上住座閒圖史擁百城筆下大禮騰三賦木奴列植孕風霜茨柏當軒飽煙雨午山如鯉躍晴瀾一峯橫亙門前路月明芳草櫂歌聞斜陽柳岸漁舟聚我嘗問道此中遊指點江山日無數漢與江闗匯澤東望之如雲浮太空左右琵琶與積石我家恰住青林中五月六月湖水漲門開千頃臨清曠水面金銀佛寺明波心隱現黿鼉壯靈飆忽吹瀲灎渾鱣鮪蛟鰐不相讓憶昔放艇官橋隈秋風雨岸芙蓉開青衣攜琴挈榼至先生長嘯登高臺酒酣落日在衣袖載道蓬萊羽士迴自覺蒼茫萬古意至今往往從中來顯晦遙情惟我輩戴浸遷徙復平地黃河一綫南北殊麻姑三見滄桑易龍門司馬志河渠仲雍羅含有江記爰稽往牒湖水濱先生尚友千古人新城蘭若表舊蹟書題銀牓看嶙峋洞庭黃鵠若在眼景濂草堂相爲鄰昔者巍巍禹功始江漢疏鑿百川歸海瀚吁嗟此水獨西流更歷潯陽忽中判一水就下通大雷青林右對馬頭岸又青林湖雜感詩青林湖水入江流白露蒼葭接素秋秦寇投鞭焚戰壘居人舉室亂沈舟菱歌雨過猶遺㦸魚美波寒不上鉤莫倚孤篷搔短鬢將軍伐柵此中游

武山湖　卽午山湖在縣南四十里與黃泥湖通

馬口湖　縣西南六十里國朝張仁熙寓馬口湖詩湖草碧連天鶯啼復換年移家春雨後作客杏花前細柳朝牽夢和風午送眠敝廬高更望處處有山川

刊水　卽武穴聚也水經注云對馬頭山國朝金德嘉刊水詩悠悠刊水綠渺湄疆場鱗鱗足土芝一幅溪藤白描手好來雲起馬頭時

雲瀑潭　縣南十五里國朝張仁熙雲瀑潭記山水之多陰幽險習者則神物宅焉雲瀑者板聖龍公廟側之潭而余以雲瀑名之者也或曰舊有板自潭浮出莫知所自或取而藏之以覆雞雞輒不鳴怪而視之有字曰龍因以板畫龍公狀旱禱卽應邑之沾濡者數矣予俯而揖仰淸肅而晚其側峪㟧而隘寒而殺瑟然以幽黯水雨霾赤日掩苒殆若無天者虬枝蔓艸轇轕窊窱蜿蜿蜒蜒靈怪萬狀予以是知昏黑奧窔神之所宅而都焉者也易之文言曰或躍在淵无

咎或之者疑之也故无咎物至於疑而神矣其爲龍也信哉或者東山九龍板聖其一

白龍潭 縣西南五十里蘇家山下 國朝金德嘉白龍潭詩 鬱鬱新篁簇古松白雲潭上白雲封雲興七澤三湘雨望氣占星一老農

善潭 縣西五里有南北二泉其湧溢大小有候

白鶴龍王潭 在層峯山陰龍王廟踞其上潭上常有白鶴見故名旱禱輒應 國朝張仁熙白鶴龍王潭詩

深山長曲溪山水嘗相厄上挂千尋巖下踞蛟龍宅危石遠遊人威神恇履屐元陰不掩陽龍隱淵聲法雲雷此舒卷激盪在咫尺巨湧既波濤細濺多靡霖深黝納諸巒水石同蒼碧斷綆莫時施萬仞餘沈璧修霧杳素林霜條森劍戟庶谷晚自號水壑相潮汐如怨時悲吟如物相解礫已具風雨容況復當電霹此時朔氣寒窮窕理魂魄因思昔我聞霖澤神無戮何以蟄鱗居便旋弄仙翮日暮一瞻禮倉卒勞考核我欲泛小艇履石銘其額吁嗟且獨還夕陽影歸客

鴻腦洲 即龍坑又名龍坪 國朝金德嘉鴻腦洲記縣志龍坪舊日龍坑古鴻腦洲也負連城山面大江襟帶太白大洋諸湖浸水經注江水左逕長風山南又東逕積布山南又水經東左得青林口長風積布青林蓋鴻腦洲西壞東十里爲蔡山唐曹成王皋破李希烈處昌黎韓公敘皋戰功嘬鋒蔡山踣之注云時希烈栅廣濟之蔡山杜佑通典云蔡

山屬廣濟蓋鴻腦東壞今爲黃梅界矣元史地理志宋嘉熙兵亂廣濟徙治大江中洲中洲龍坪江以南地也明興至成化宏治天下無事戶口蕃息故老嘗爲予言龍坪編戶蓋三千七百有奇土著家累千金者不可勝數而遠方富商大賈舟車輻輳廛市浩穰亦蘄黃以東沃土也然是時士非績學善屬文不得補學官弟子富人子往往藉省祭儒士冠帶榮其身嘉靖隆慶間秀才知名者鄭宏綱黃白石金太和三先生者方巾大袖行里門里人坐肆者見之咸拱立歲杪富人例致饋薪粲酒脯擔負塞衢巷太和先生揵戶謝使者歲事幸犓具勞苦鄉里敬登酒一觴蓋風俗之厚如此萬歷中我大父楚濱府君以詩鳴先大夫暨胡太僕用科名起家里中駸駸多文學士迨天啟崇禎之際學官弟子踰百數矣丙子冬流賊陷廣濟縣城尉死事令跳山砦遺者胥走江上賊游騎掠江江上人逃江南中洲居焉壬午癸未賊愈熾左良玉兵躪沿江州縣縣有宄人聚黨倡亂書伍籍脇令鈐印令蜀人張登衡恇怯予之印遂白晝殺人祭旗纛士大夫惴惴無人色倉卒立堡以禦之相持莫敢先發會賊退龍坪人渡江北還田里而亂人衷甲過江且殺人事露伏誅亂乃定當是時大江自蘄口注潯陽洊瀁勢如海甲申馬阮亂政左良玉聲言興晉陽之甲順治乙酉三月由武昌放兵下金陵舳艫相屬五百里火兩岸民居光燭天夜如晝居民竄匿太白湖闔閭爲墟江干數百里灌莽長隄馬跡成坑塹而中洲亦灰燼矣丙戌丁亥里人伐竹誅茅爲廬生聚十年屋始用陶瓦時沿舊制豐廩餼加錮復士於是蒸蒸鄉學館穀有歲至百金者伏臘宴會鄰曲洽比民俗歸仁焉南漕倉廒瀕江里胥因緣蠶食又鄉保千長僉點居民猾胥侵牟爲溪壑居民患苦之康熙甲子以後奉文散里甲易民兌爲官兌又罷千夫長民稍安堵然江身東北涸秋冬財一衣帶狹不容舠市無商賈貿遷一遇歲祲則艱食者十嘗四五比年窶甚細民惰窳亡聊而操觚翰爲童子師者終年佔畢童子奉不能滿千錢筐篚觴豆比戶閭如也傳曰倉廩實然後知禮節民生可念哉舊郡志廣濟凡七鄉四鎮有黃岡人應府檄更修耄而荒簡編刊落四鎮書其二而龍坪土名逸矣後之人又安知所謂鴻腦洲乎連城港古通黃梅歲久湮塞明正統時濬之以行兩縣舟楫連城山有砦元末盜起邑人楊普銘保聚鄉井後歸明南有女兒城或曰漢樊噲女築寨登壇必究書載江防汛地南岸自城子鎮起下至馬當北岸自龍坪鎮起下至沙灣角異時江湖羣盜如劉少溪輩過龍坑武穴輒就擒是地勢爲吳楚要害然則曹成王立功於此蓋亦地勢便也 又鴻腦洲詩 赤鼻東來三百里大江中斷湧孤汀鱒魴浪息斜陽渡無恙乾坤舊草亭

中洲 在大江中宋嘉熙間徙治於此

黃梅縣

山

縣東三里曰馬山俗名馬頭山十里曰筆架山峯形秀異故名十五里曰卓壁山二十里曰古磉山緜亙十五里有上中下等名四十里曰停前山五十里曰畢家山

縣東南五里曰龍泉山十里曰香鑪山二十里曰木嶺山三十里曰東觀山聳立湖濱即宿松縣界 國朝梅天鈞東觀山遠眺詩孤嶂起湖邊登臨意渺然曉雲迷海日暮雨隔江天石漱中流柱藤穿斷岸船匡廬横碧落峯影若相連

縣南十五里曰德章山七十里曰蔡山唐曹王皋敗李希烈於蔡山即此相傳古大江經其下有古寺稱江心寺 杜佑通典蔡山出大龜尚書九江納錫大龜即此

縣西南十里曰路頭山一名漏頭山宋末僑置縣治於此十五里曰鳳翔山峯形軒舉如鳳故名二十五里曰福盆山三十里曰舒城山在太白湖中四面皆水明季邑人黃景恆胡君孚吳之楝等避兵其上

縣西三里曰赤土山縣志作赤土坡十里曰金鐘山二十里曰大河鋪山三十里曰破額山一名雙峯山四祖大醫禪師道場下有小石磯狀如魚唐柳公權書碧玉流三大字刻其上名勝志黃梅縣有東西二山爲四祖五祖道場西山即破額山東山即馮茂山也　唐柳宗元破額山詩破額山前碧玉流騷人遥駐木蘭舟春風無限瀟湘意欲採蘋花不自由　國朝顧景星過西山詩路轉青山合橋穿碧玉流石魚疑潑刺溪鳥學鉤輈老志雲中鶴閒情澤畔牛歸來梅子熟消息問枝頭　宋犖破額山放歌破額之山何崔巍雙峯對峙雲中開上有青松萬樹相糾結下有飛泉一道相縈迴乘風直下一千丈石魚磯上如奔雷石魚映日鱗甲動噴波幾欲揚其鬐我從塵中

來選勝此徘徊釋氏遺蹟樵人說山腰殿閣生蒿萊長橋如蝀跨瀑布顧盼忽已離塵埃橋邊三大字云是柳河東石崩水激苔紋紫其書髣髴如驚龍摩挲發高興吟眺臨長風安得攜家誅茅此中住漱流枕石歎無窮　石喬年遊西山詩指點諸山似落梅半天誰劈兩峯開巨靈締造揮神斧浩劫莊嚴禮佛臺眼曠已收人境盡身高詎有俗緣來最奇倒雨飛巖壑殷殷聲聞下界雷　又題碧玉流詩危橋空棧步峯頭澗道嶔崎水偪流一派寒湍吹似雪半山清響散爲秋幸留石上公權筆曾駐江干子厚舟到此紅塵都滌盡勞勞身世幾能休四十里曰黃梅山山皆梅因以名縣

縣西北十里曰粉壁山山形壁立石色如粉十五里曰安德山二十里曰楊梅山三十里曰考田山東曰高山三十五里曰石牌山山下一水迴環三十六度一名三十六水北流入蘄河之別源

縣北二里曰方屏山形體方正俗名北邙山上有飛昇臺相傳羅致福昇仙於此國朝梅文登北邙山詩後山削如屏前山伏如几佳哉氣鬱葱蜿蜒抱城市著屐踏芳郊行行聊復止景物自鮮妍吾亦適吾履引領北望遥平疇沃且美方春事耕作曠觀識至理徘徊陟其巔上有飛仙址佇立憶鳳臺涓涓西流水七里曰七嶺山縣志作七嶺岡山分七支二十里曰小溪山五十里曰梅水山國朝吳燦如下梅水山詩青山殊累人狂遊四五日薄言下層巖餘興猶未畢時菊正妍華人家收芋栗貧富紛無數冬筍漸可乞狡獪兩輿夫驕恣疾足疾其下臨絕磵谿谺我心慄斷橋忽趁人石很水妒嫉詩意迫元暉畫致窘摩詰彎環到谷口松風吹嶰律回首諸山靈嚴整蒼顏屹　帥遠燁宿梅水山詩峭立竹猗猗柴扉水一涯樵歌煙徑外人語暮鐘時大木知名少深山得月遲終宵不成寐虎嘯隔疏籬七十里曰紫雲山爲老祖道場雙峯如劍高插雲漢有噴雪巖白雲洞諸勝下接蘄州界通志山頂僧人植茶極佳稱紫雲茶　明汪動登紫雲山詩載酒尋山寺穿雲杖屨輕路從奇岫轉人在半空行怪石虬龍臥飛泉風雨驚徘徊足幽賞直欲學無生　國朝張仁熙遊紫雲山詩鄙性好山水決往頻遭悖訪導邉層霞亦惟中所嗜頃聞貫公居古洞延空翠險矗絕人禽下臨光景碎我行叩山靈神

影甯終晦劃然天地開俯仰澄高霽指顧杖僧開眼耳一時寄　黃利通登紫雲山詩老不自珍重賈勇攀絕壁層雲入袖來危石依人立虬松接吾趾高者千百尺睛天何處雷飛泉鳴不息思欲跨風雨慚無仙佛力山僧吾左肩鳩筇吾右臂三歎負薪人毋乃生羽翼

縣東北二里曰閣宮山十里曰石門山國朝陳文炳遊石門山有懷詩石門開無事登高聊永日雲霞千里開渚壑萬形出澹澹溜泉輕飛飛度鳥疾絕磴走猨猱野樹多楓橘感別時已非憑眺情難一遠望不可期孤興與誰悉十五里曰多雲山爲流支禪師道場國朝余學益遊多雲山詩雲中樵斧聲偶雜樵夫語撥雲尋徑曲邈焉少伴侶登高一俯視離離蕩禾黍白雲無定時青山自千古二十里曰烏牙山上有靈峯院唐白居易撰碑二十五里曰馮茂山山爲馮茂所施故名一名東山即五祖大滿禪師道場頂有白蓮峯洗手池諸勝唐裴度詠東山白蓮詩遍尋眞蹟躡莓苔世事全拋不忍回上界弗知何處去西天移向此間來巖前芍藥師親種嶺上青松佛手栽更有一般人不見白蓮花向半天開　宋歐陽修遊五

祖山詩日暖東山去松門數里斜山林隱者趣鐘鼓梵王家地僻遲春節風情變物華雲光漸容與鳥哢已交加冰下泉初動煙中茗未芽自憐多病客來採欲開花 明汪美遊馮茂山詩一別東山已十年重來風景更翛然野煙疊翠依巖竹晴瀑飛聲落澗田借榻偶分元鶴夢談經應識野狐禪會心人去憑誰話幸有山僧一飯緣 石崑玉遊馮茂山詩緣磴捫蘿到上方古埏斷碣自隋唐旛拖松子敲鈴響漏滴蓮花落鉢香僧定出林雲覆座猿啼當戶月窺牀獨慚塵世波渣者生與宏師共一鄉 何遷遊馮茂山詩白日青林中行覓石髓食夜來山雨過沙上有虎跡 遲同古洞旁誰是觀心者一見白雲生忘言秋月下 國朝王士禎元旦雪中謁五祖山詩南國不搖落春風況早回行滕穿白雪大事問黃梅絕磴盤空上飛梁拂澗開萬松猶引路消息記重來 賓界琉璃淨名香篤耨熏堂開數峯雪目斷九江雲優鉢花時現頻伽鳥競聞蹤鸝山下路楓葉正紛紛 又下五祖山詩雪滿空山下翠微娛人十里盡清暉野梅香破半溪水翠羽一雙相背飛 張惟金丁酉孟冬遊馮茂山詩筍輿出北郭尋勝入幽邃山行犖确危蹋步心惴惴是時孟冬交天氣暖如熾霜葉亂堆紅礀蘿紛攢翠蒼髯排古路揖客後先至雜杳肩相駢彳亍足屢蹟翻漿白汗流亭午始入寺山僧列炬救一療饑腸沸高瞻梵王居石龕鎖深閟幽室燈熒熒炷香仰神異頓令心地淨浮生洵如寄 張維屏五祖山詩達摩

從西來心法本一燈五葉分兩支北秀而南能我聞大滿師鳳根轉孩嬰隔世受衣鉢入門鐘自鳴至今五祖山法雲護層層茲來謁禪林不問般若經不談風旛義不講大小乘但求佛施力寶筏濟眾生善哉菩提心詎忘桑梓情 構蛕蔣恩澂五祖山塔灣東坡廢亭詩弁序據舊碑在戒禪師塔前東坡嘗結社於此考戒師終於大愚東坡結社他書亦未載豈因東坡爲戒後身而附會歟 笠屐飄然萬里行孤亭猶向楚江橫黃花翠竹登山路白石蒼苔弔古情絕業漢唐諸子共高名儒釋兩家爭如何歇絕風流後屢見春明百草生 五十里曰龍坪山宋戚方營立砦於此西北曰唐家山與蘄州接界六十里曰獅子山七十里曰南山又五里曰北山峯巒峭削巖壑幽窅亦邑名勝

迴旆嶺 縣東北七十里接安徽宿松縣界 **天窗洞** 縣東南十里馬鞍山頂相傳委通源湖

火燄洞 距縣五十里路極險峻 明石崑玉遊火燄洞詩巍洞口形問名先已愕既道似天開胡爲於地著大塊氣結凝偶出煙熏灼奇肯讓人探飛還疑鳥落尋思隔世氛豈不於茲託側聞生紫芝內或藏丹藥有客昔圖遊僮奉腰帶索巖方卓以錐峽又張其角而必事攀躋能無戒履薄登登果力强許赴盧敖約

川

江 自蔡山三十里逕新開鎮二十里逕王家套口十里逕小池口三十里逕段姚市卽安徽宿松縣界

縣河 東北之水源自唐家山三十里逕隆斗衙河十里逕鼓角河又十里停前驛河之水入焉二水合流名兩河口十里逕柘林鋪又十里逕鐵塘口多雲山之陶鋪河及沙河水注之又十里逕縣治南匯張家湖歷馬頭河殷家河西逕黃蓮嵜又十里逕下新市又三十里逕東觀市由急水溝入於江

縣西北之水 源自紫雲山歷太平衙六渡河三十六水十里逕考田衙十里逕大河鋪十五里逕黃花畈分而爲二西匯長安湖東逕桂家砦同入濯港又源自安德山之漆水港並

西大葉山之水逕雙城驛歷黃梅山河逕舒城山亦入濯港逕黃蓮嵜與東北之水會由急水溝入於江

縣南之水 自白湖渡接太白湖通孔隴小江築有官隄水北亦達黃蓮嵜南卽清江鎮雖濱大江爲隄所隔邑前建漕倉於此

源湖 縣東南三十里有前後二湖爲隆斗諸河水所豬處 明汪美源湖卽景詩野客題詩紀勝遊好山好水一囊收峯巒隔岸孤青遠楊柳沿隄萬縷稠短並修蒲香細細落霞孤鶩影悠悠醉來笑指匡君室何日騎雲到上頭

咸湖 縣東南五十里 **長安湖** 縣西南三十里

太白湖 縣西南四十里 國朝王士禎太白湖詩潯陽東北白湖濱雪汊縱橫暁問津何處雲中廬岳影滿隄衰柳送行人 **陶水湖** 縣西南四十里

七里湖 縣西南五十里 **柴池湖** 縣西南九十里

楊林湖 縣西三十里接太白湖東由濯港逕白渡湖入孔隴小江至清江鎭入大江

五草湖 縣西百一十里

濯港 縣西南二十里 國朝王士禎濯港詩網罟寺前風物幽漁人網集亂汀洲阿誰識取源頭水破額山前碧玉流

邢家港 在孔隴鎭東邑先有麻鐵魚線之累邢御史寰奏免業甲遂輸此港以酬之名報德河

黃州府志卷之二終

黃州府志卷之三

黃州府知府英 啟纂輯

疆域志

古蹟

黃岡縣

邾城有二一爲邾縣故城在今府治西北十里楚宣王遷邾君居此故名水經云江水逕邾縣故城南是也一爲邾縣漢置在今府治西北百二十里吳芮爲衡山王都此水經云江水過邾縣南是也劉宋改南安縣隋改黃岡爲黃州治唐中和五年遷州治於江濱而邾縣爲舊州即今新州市有故唐蕭德言括地志云邾城在黃州東南百二十里立乎舊州以指碑曰古南安

故邾也一統志云邾城在府城西北百二十里立乎明代之黃州以指邾縣也 明劉基邾城懷古詩孤城寥落徧蒿萊萬里蕭條近楚符鴉帶夕陽歸舊壘雁將秋色下平湖遺墟渺渺生禾黍古木蒼蒼接里閭故事豈勞重借問漢江流水自縈紆 國朝顧景星邾城蚤發詩[illegible]村口煙作雲平田霧如雪前騎望不見後嶺看漸沒丹霞爍金烏落月倚懸白水砦自前朝湫隘屢曲折邾君昔徙此苦遭強楚滅曾不比附庸有何會盟列弁吞勢必至割據代不絕土宇既昄章盜賊仍草竊上帝居絳霄豈識蟻國穴干革何時休沈憂不能掇 陳大章新州二首此指邾縣即古舊州新州會是古邾城遺事空傳故址平莫道長沙封最小儘將功業讓韓彭 齊安名郡自蕭齊廢苑人耕鳥亂啼一線長江天設險至今貽笑庾征西

西陽廢城在縣東南晉書地理志漢縣古弦子國三國魏弋陽郡晉爲西陽郡水經江水東逕西陽郡南郡治即西陽縣是也又云江之右岸有鄂縣故城案鄂縣即今武昌縣今府治東南三十里有孫家犄枕山面河形勢足據巴水經其下舊

名西陽河殆西陽郡治故址歟故高齊於西陽郡立巴州蓋據巴水立名也於齊安郡立衡州據吳芮爲衡山王立名也

西陵故城有二一在縣西北漢置縣屬江夏郡晉屬弋陽郡宋屬西陽郡梁廢元和志西陵故城在黃岡縣西二里是也一在蘄水縣西南吳置吳志甘甯傳甯拜西陵太守領陽新下雉兩縣水經江水又東逕西陵縣故城南是也酈注以江水所逕之西陵即史記秦昭王遣白起伐楚取西陵之地誤

齊安故城在縣西北隋書地理志黃岡齊置齊安郡唐書地理志北齊於舊城西南築小城置衡州領齊安郡隋改爲黃州

黃岡故城在縣西北百二十里南齊置南安縣隋改爲黃岡唐移治故邾城而此城廢爲舊城市今稱新州

木蘭廢縣在縣西隋書地理志梁置梁安郡後齊置湘州後改爲北江州開皇初別置廉城縣尋州郡俱廢十八年改縣曰木蘭唐書地理志武德二年省入黃岡

齊興故城在縣北南齊永明三年置郡通鑑齊永泰元年奉朝請鄧學以齊興郡降魏注其地當在西陽弋陽二郡界

永安故城在縣北十里即邾縣故城舊以爲楚黃歇所都非也黃歇號春申君初封淮北十二縣後徙封於吳見史記安得在此或謂楚王以此封其女今名女王城宋蘇軾正月二十日往岐亭郡人潘古郭三人送余於女王城東莊禪院詩十日春寒不出門不知江柳已搖村稍聞決決流冰谷盡放青青沒燒痕數畝荒園留我住半瓶濁酒待君溫去年今日關山路細雨梅花正斷魂　又與潘郭二生出郊尋春忽記去年今日同至女王城作詩乃和前韻詩東風未肯出東門走馬還尋去歲村人似秋鴻來有信事如春夢了無痕江城白酒三盃釅野老蒼顏一笑溫已約年年爲此會故人不用賦招魂　又六年同日復出東門仍用前韻詩亂山環翠水侵門身在淮南盡處村五畝漸成終老計九重新掃舊巢痕豈惟見慣沙鷗熟已覺來多釣石溫長與東風約今日暗香先返玉梅魂

馬柵在縣北梁大寶元年邵陵王綸引齊兵營馬柵距西陽八十里疑即今馬驛

陽邏堡在縣西百二十里春秋昭公五年楚子伐吳濟於羅汭舊志以爲即此地然字從羅不從邏相傳三國時劉先主約孫權拒魏旦夕使人於此邏吳兵之至故名案水經江水東逕若城南注若城至武城口三十里武城口即今武通口陽邏堡正在其下或訛若爲邏歟元傅與礪陽邏堡詩微雨瀟瀟溼行李馬頭即見長江水煙浦明侵白鳥邊風帆亂入青雲裏望人南北久離居況復今年無素書明日重吟漢陽樹何須不食武昌魚　陳剛中陽邏堡詩陽邏殘堡高巑岏亂山勢如秋蛇蟠長江西來五千里雪濤怒濺秋風寒憶昔王師駐江上旌旗百萬騰江干

江神俛首不敢喘鏡光浮碧無驚湍乾坤一統自此始坐見北極朝衣冠我來蘄陽望夏口彷彿但認煙波竿漁歌數聲起何處白鳥飛盡青天寬觶公盈尺不論價脩然一笑生清歡興亡往事誰復問磯頭石老蒼苔乾津鼓急催渡江去又見曉日浮晴巒　明郭鳳儀題陽邏驛樓詩雄郵枕巨津樯軒聯木杪弭棹亦何營攀梯肆周眺長江浩無極連山青未了但覺去帆遲莫辨歸舟小參差遠樹迷歷亂輕鷗矯入夏暑雨盈是日炎蒸少吏道常局迫人事多紛擾逸興寄嵩麓滯迹猶江表愧無排虛翮臨風羨高鳥　王一翥陽邏晚泊詩舊居三十載就岸一帆斜傖火吹殘照浮煙澹野槎兒歸茅店月僕阻碧山霞飢困鄰多虎芳心寄海涯　國朝王封濼舟次陽邏詩望裏柴門倚岸開炊煙斷處客帆來數行山影爭南出千里江流折北迴日迴磯頭遲返照波驚石腳隱輕雷隔林鐘響蓬萊寺半和殘雲落酒杯　陳大章陽邏堡詩白鷂千艘百勝強孤軍力盡與存亡雙埋碧血懸青史手揭雲旗護國殤臍有張陳殉社稷應同巡遠祀雎陽荒陬舊蹟無人記時見昏鴉繞戰場　王心敬夜發陽邏詩帶月發江鄉歸程爭未央晨雞鳴遠岸晝楫泝流光曉色綠窗入江風透體涼御憐聞覽勝也自犯星霜

赤鼻山在城西北江濱屹立如壁其色赤玉屏山在其後雙峯

峙護實郡城北障宋蘇軾遊此作賦遂指爲吳魏鏖戰之赤壁考水經及方輿勝覽皆謂之赤鼻東坡亦設主客作疑詞未嘗實據也今仍存舊名山上樓閣頗多明末悉燬　國朝康熙間知府于成龍建堂牓曰二賦知府郭朝祚牓曰東坡赤壁厥後屢有修葺咸豐間賊燬同治七年邑人劉維楨率營弁醵金重建頓復舊觀　縣志石級繞山麓右旋上有門牓曰東坡赤壁門內左爲萬仞堂高樓翼然下爲蘇文忠公祠右爲二賦堂由堂後石級左旋上爲酹江亭有平臺曰玩月臺再上爲于清端公祠由二賦堂右轉爲坡仙亭　御書亭碑亭緣石級下爲睡仙亭再下臨白龜渚曰放龜亭　宋蘇軾記赤壁黃州守居之數百步爲赤壁或言卽周瑜破曹公處不知果是否斷巖壁立江水深碧二鶻巢其上上有二蛇或見之遇風浪靜輒乘小舟至其下捨舟登岸入徐公洞非有洞穴也但山崦深邃耳圖經云是徐邈不知何時人非魏之徐邈也岸多細石往往有溫瑩如玉者深淺黃紅之色或細紋如人指螺紋也旣數遊得二百七十枚大者如棗栗小者如芡實又得一古銅盆盛之

注水桼然有一枚如虎豹首有口鼻眼處以爲羣石之長又赤壁賦見金石　明張元忭遊赤壁記見金石　明方孝孺赤壁圖贊羣兒戲兵污此赤壁江山無情猶有慚色帝命偉人眉山之蘇酹酒大江以滌其污揮斤元化與造物伍哀彼妄庸攘敓腐鼠明月在水獨鶴在山勿謂公亡公在世間　唐杜牧赤壁詩折戟沈沙鐵未銷自將磨洗認前朝東風不與周郎便銅雀春深鎖二喬　宋韓駒登赤壁磯詩緩尋翠竹白沙洲更挽藤梢到上頭豈有危巢尙棲鶻亦無陳蹟但飛鷗經營二頃將歸去眷戀羣山爲少留百日使君何足道空遺詩句滿江樓　李堯赤壁詩贏得功名兩鬢秋巉巖登處謾夷猶鄉關地迴三千里金闕天高十二樓鶴影伴雲飛渺渺水光浮日去悠悠憑誰喚起東坡叟攜酒中流夜泛舟　文天祥讀赤壁賦二首昔年仙子謫黃州赤壁磯頭汗漫遊今古興亡眞過影乾坤俯仰一虛舟人間憂患何曾少天上風流更有不我亦洞簫吹一曲不知身世是蜉蝣一嘯滄波浩浩流隻雞斗酒更扁舟八龍寫作詩中案孤鶴來爲夢裏遊楊柳遠煙籠北府蘆花新月對南樓玉仙來往清風夜還識江山似舊不　金元好問赤壁圖詩馬蹄一蹴荆門空鼓聲怒與江流東曹瞞老去不解事謾認孫郎作阿琮孫郎矯矯人中龍顧盼叱吒生雲風疾雷破山出大火旗幟北卷天爲紅至今圖畫見赤壁彷彿燒虜留餘蹤令人長憶眉山公載酒夜俯馮夷宮事殊興極憂思集天澹雲閒今古

同得意江山在眼中凡今誰是出羣雄可憐當日周公瑾顦顇黃州一禿翁　明方孝孺赤壁歌東夏口西武昌赤壁峭絕當中央奸雄將軍氣蓋世敗卒零落慚周郎得鱸魚沽美酒孰若黃州蘇子瞻謫向江湖動星斗噫吁嚱曹公氣勢蘇子文章人物銷鑠塵跡荒涼惟有江水萬古空流長　杜庠赤壁詩水軍東下本雄圖千里長江隘舳艫諸葛心中空有漢曹瞞眼底已無吳兵銷炬影東風猛夢斷簫聲夜月孤過此不堪回首處荒磯鷗鳥滿烟蕪　李東陽和秦武昌赤壁懷古詩楚雲荆樹擁嵯峨一棹曾銜萬里波時代不同嗟我晚江山如此奈人何地從割據終全盛天遣文章爲不磨聞說宦遊兼弔古鶴樓東下水聲多　吳寬赤壁詩西飛孤鶴記何詳有客吹簫楊世昌當日賦成誰與注數行石刻舊曾藏世昌綿竹道士與東坡同遊赤壁賦所謂吹洞簫者也　何景明赤壁歌老瞞橫槊江之皋眼中吳越一秋毫吳人轂弩來江左江頭鳴笳晝舉火旌旗飄揚北風前舳艫化作江中煙英雄一去音塵滅斷水殘山弔詞客白雪堂寒煙草暮黃泥阪下臨皋路酒酣喚客吹玉簫江風山月不須招昔時霸業那足數鶴夢悠悠渺千古回首東坡百世人畫圖蒼茫空有神　王廷相赤壁亭宴謝蔣子胡子詩適志在林邱所嗟嬰宦籍雖偶登嶽謠終爾歷霞隔日來有所期蘭尊荷時哲虛館俯江郊兕覽豪賢跡鳴雷輕隔浦涼風近將夕遊禽屬啁啁落木方槭槭瑤草未堪贈佳人徒良覿遠心入洞庭曠覽狹夢澤事往情彌牽

年衰感易迫已悲王子車終返原生宅賞心非外慕懷賢亦屢積且逐餓頃歎爲君謝行役　王廷陳宴集赤壁書懷詩春深遊興屬芳洲選地張筵對狎鷗赤壁徑盤危磴出青天城抱大江流乾坤久厭三分業山水仍含萬古愁客散晴沙樓閣晚佛燈漁火共悠悠　皇甫汸赤壁懷古詩人留勝地臨江上客有高軒得並過雲起楚臺聯石壁水從湘浦接烟波漫因明月傷千里更遣迴風入九歌自愧清時承遠謫可無辭賦擬東坡　羅洪先夜泊赤壁詩五百年來此勝遊水光依舊接天浮徘徊今夜東山月彷彿當年壬戌秋有客得魚來赤壁無人載酒出黃州吟成一嘯四山寂孤鶴橫江掠小舟　潘恩黃州赤壁詩坡僊不可作哀泉響谿壑眾星羅青旻光彩粲紛錯感之幽意多酹酒謝寥廓海月東漸生照我黃花酹對月忽懷人顧影傷寂寞大叫招天風馭此橫江鶴　王世貞遊赤壁二首賓主西南勝事幷此遊端足慰平生盃仍七月稱秋望賦是雙珠可夜明血戰至今高壁色詞源終古大江聲與君聊釋盈虛意忽聽山城漏五更　將壇文苑代稱雄指點千年感慨同名在江山翻借色事過天地竟何功鄉心暫託烹鱸後客夢都拋別鶴中秋月偶圓風自好坐來羣緒爲君空　王同道赤壁讌集詩匏尊相屬復清秋覽勝聊爲汗漫遊明月忽疑人是鶴滄江今以葉爲舟巖前鳴瀑濺鮫淚林際晴雲結蜃樓覓醉不堪悲往事爲誰擊檝向中流　吳國倫登赤壁有感詩風流蘇學士所志癖登

臨赤壁雄荊楚滄江見古今不懸官閣外帆迫女牆陰尙有垂竿者能知戀闕心　袁宏道赤壁懷東坡詩夜深淸泊擲楊枝驚起澄江白鷺鷥過客爭澆赤壁酒幾人能和雪堂詩山民自種元修菜石搨剛存乳母碑見欲鑄金範老予柳淚湖上拜新祠　茅瑞徵赤壁四絕之一淚指開山自五丁秋風淒瑟暮雲平赫圻赤岸千年色猶有雄濤撼石城　呂元音春日赤壁晚眺效謝康樂體二首步出城西隅脩然靈界敞輕陰澹夕暉涼風正飄蕩雨初綠野秀臺高白雲朗疊雉刺中流千騕落漭泱林煙曳翠綃湖霞披絳幌既歡僻野性復挾滄洲賞振衣登前岡徘徊命吾黨愛此離埃氛且得脫羃鞅美酒滌煩囂劇談發神爽會須倚層樓一嘯眾山響纖月挂東林義和節西弭遊目意未足緩步信所履逕轉石磴坼溪漲漁梁毀翠荇出水鮮朱櫻然林紫涓涓芳露潤淡淡行雲止野照晃空明泉溜響清泚伊余邱壑姿眷茲景物美登眺豁幽襟俛仰忘悲喜憑高身以軒臨流耳堪洗泠泠御遠風悠悠得眞理塵世事俱非獨此逍遙是預愁還城市車馬紛如駛　王同軌赤壁陪胡茂承宴賦詩壁壘血未乾霸氣中原散蘇公夫何爲復此弄文翰俱爲地借名俯壁開樓觀上欲礙飛雲下踞江之半回思故聲華何異暮與旦蘇公昔已悲翻爲後人歎我生室其旁君來自天畔踏蘇秋尊攜木葉紛已亂癡絕君不無一笑冠纓斷高窺鸛鶴巢險坐黿鼉岸題詩擊鉢成字字珠光爛尊壘歡處饒年華暗中換

御恐留徽音千秋益悲惋三益古所稱兩情殊泮渙江上山聯翩從君偏探玩　王一鳴由龍山登兩耳山至赤壁作歌聚寶山南一尊酒主勸賓酬不離手夜深霜露沾人衣漭漭長江峽中吼兩耳山高連右肘發興攜壺作狂走風逆難聞童稚呼雲迷翻訝藤蘿陡路細石古狐狸嘷絕頂蒼茫一麴首班荊度地當開筵舉杯邀月呼青天野燒橫出孤松巔炙酒酒熱西風便明伯耳熱掀長鬚若愚矜持禮法謙叔孝問詩猶細密轟飲恨少東溟添擡頭一望山巉巉赤壁半墮滄波銜秋淚浩渺動樓樹天風空闊吟松杉十步五步山出沒東坡先生祠眼前造次留客何生賢雞酒陸續深林傳雞煮最憐白玉熟酒行滴作珍珠圓殷勤苦勸上客醉彷彿便擬中山眠酒後坐起忘主客吟偏今古呈山川老僧空谷轉清磬漁予趁月撐歸船酒罷便作城南步巒盤城郭紆煙霧月薄如霜紅蓼稀天高慣鬭清風怒吁嗟乎英雄身世多坎坷今朝且樂樂奈何向平五嶽有消息看我淋漓醉掃青天歌　無名氏赤壁懷古詩武昌東下次江皋赤壁磯頭巇畫橈廢壘煙消荒草合橫江鶴去碧天遙岸邊漁火疑殘炬水底龍吟憶洞簫往事千年增感慨荻花楓葉晚蕭蕭　國朝宋舉秋日赤壁公讌用徐亦史令君韻飛蓋眞成爛漫遊孤亭如笠俯黃州褰衣盡有滄洲興對酒寧無白雪謳斷岸霜風吹草樹寒江煙雨凍鳧鷗中宵漸吐東山月揮手還登百尺樓　金德嘉赤壁懷古二首蘇公赤壁二賦留雪堂千年雲

水空蒼蒼元豐以來一十一甲子何人江頭月下懷周郎憶昔仁宗手攬公制策云爲子孫得一宰相於巖廊英宗召試直史館解組僉判來鳳翔奇才奇才未進用神宗內殿明燭何煌煌太后感愴哲宗泣金蓮送院此眷都非常人臣遭逢累朝異數有如此安能模棱脂韋隨朝行丰骨棱棱兼翰藻其直如矢剛如鉎鏞頭草敕惠卿竄羣小側目逾鴟張舒亶楊畏先攘臂章惇蔡卞之徒不可當上誣宣仁下眾正元祐黨籍欺天閒新法蔓延其禍至此極甚於節甫亡漢溫亡唐是時我公飄零轉徙到儋耳樹下得句銘桄榔炎蒸蠻雨蒼顏老回首臨皋歲月眞茫茫滄桑易代已陳迹有客憑弔爲神傷把公詩句歌一闋安得中山松醪爲公堂下羞壺觴赤鼻今夜溶溶月猶照先生古時居先生一去雪堂虛何人堂上夜半呼斗酒往鱠巨口細鱗之江魚客子洞簫音寂寂水落石出白露初覽古長沙哀賈傅招魂汨水弔三閭男兒此身墮地無不可有口莫讀萬卷書筆欲如椽墨爲沼造物混沌其厭諸先生雪堂注周易忘言忘象已蘧蘧後來上章道士邂逅先生天上直奎宿時徵辭玉皇香案之書復何如古往今來世事不勝數藉手先生天問一起予前有倚馬萬言李供奉毋乃先生異代而同符海涵地負祇如此天之生才胡爲乎我思古人九原如可作沮溺耦耕爲最樂不然苟鉏鹿門去採藥　曾畹同僧登赤壁詩看碑尋赤壁采菊到黃州雁氣回秋渚江聲撼酒樓兵戈雙眼淚吳楚一孤舟蕭瑟

匡山客應同慧遠遊　潘耒赤壁詩黃州古郡臨江干連山抱郭如龍蟠西陲一峯特雄秀石骨削露朱砂丹朝霞流輝錦錯采浮空映水成奇觀坡仙官冷無一事攜朋載酒來盤桓烟濤微茫霜月白興酣落筆如湧瀾亦知孫曹爭戰處遠在鄂渚非齊安聊借英雄發感慨移山走海在筆端一詞兩賦照千古山名炟赫垂不刊我浮扁舟訪遺跡迴見傑閣排層巒龍鼻橫登石齒齒鶻巢高踞雲漫漫樊山對面聳晴翠蜀江萬里馳驚湍風帆行空鷗鷺小人家帶郭煙林寒秋容遠意畫不盡斜陽更與憑欄看試剔蒼苔尋古刻蘇碑趙碣皆已殘紛紛詩札擠屋壁片石共語良亦難江山清空宛如昨浮生百歲指一彈幾人到此能不朽沙蟲猨鶴同慨歎題詩一笑上烟艇東山月出飛玉盤　張希良赤壁感懷二首問鶴亭前偶振衣滄桑舉目事都非三江葉落琴臺冷一騎塵高羽檄飛烏雀覓棲何處樹魚龍空守舊時磯梅花開遍寒山路折盡南枝歸未歸　釃酒酬江眺雪峯湖山落落入孤節雨荒脊井迷金甲城覆空堆隱鐵籠雲夢地連春草闊古今人換水烟重多情一片黃泥月猶向橫江館下逢　陳大章月夜登赤壁作因東畊石羽形兩孝廉長江斷岸千仞懸吳楚一氣相迴旋巖前虬虎萬突兀怪藤老樹飛相攢窮秋靜夜莽蕭瑟而我支離攘臂乎其間舉頭不見橫江鶴明月直挂西南天我來吳會山水窟金庭玉室長留連到此劃然一長嘯運斤五岳輕人寰解衣醉倒呼玉局平地已作羽

化仙燈火熏微人跡絕戍樓鼓角聲淒然張子工文室懸磬
胡君授經廚無烟想見夜深耿不寐搜奇角勝聳兩肩徑擬
襆被來問字嚴城咫尺尋無緣寒烏啞啞棲復起病眼強合
心悄悄明朝握手應大笑定詫老夫狂病殊未痊　張楠赤
壁雜詠十首片石猶存霸業空斷艫折戟散東風精靈來往
無人見銷盡雄心一戰中赤壁在嘉魚此名赤鼻磯東坡外集何叔鑒著辨謂黃州乃慶兵處
雜引羣書云有確據滸子灘高落照橫竹堂蕪沒石天傾千年惟有
長江水依舊東流黃歌城許子灘在山之西北五里許竹堂晏元獻別墅在白蓮池左山之
北面懸巖中有一孔嬉大如碟游其下者皆作首觀天里岸相傳名爲碟兒天洪半石書石天二宇於其上郎所謂斷人
千尺是也今崩黃邑傳爲春申君故封之地鼠竊荒亭古瓦斑吾邱粉版落人
間憑誰喚起文徵仲煙水蒼茫寫此山餅江亭舊有徐書振衣千仞餘逸史文
衡山先生有赤壁圖傳世古木千章盡斧柯樓臺空倚石嵯峨登臨漫
憶虯龍注一樹冬青點綴多山之上植有大樹數千健國緲初敘戊辛研仗縮盡今存
青樹一株在玩月臺南也暁登虯龍注蚰龍古木蘇詞曲原非學士長袁綃評語
亦荒唐銅琶鐵綽風流甚肯許屯田獨擅場　陵谷遷移不
勝嗟橫江館外盡漁家仙人一去無消息零落滿林豐本花
橫江館在山之南晉副恩建宋王元之種新今廢山北有磯與赤壁並峙滸半石隱曰紅霞岫上有韭傳爲仙人所畫
冬夏不枯今崩　飛雲古洞閟青暉赤壁柯山景亦非參政過江作
記後布帆捲雨一船歸明吳明卿有過江游三山記見感甄洞齡三山赤壁柯山飛雲洞柯山在
嵊東卿張文潛故居飛雲洞在西塞山唐元緒讀書處中有顏魯公碑　山光娟秀水清奇想
見鍾譚泊舫時天壤王郎投刺入六年前刻蔓中碑譚友夏嘗夢與
鍾伯敬登一嶺伯敬曰此闕中山水地上有王子雲碑後伯敬官閩中學使友夏送王黃州舟泊赤壁在山水影中臨發

王子雲忽投刺相顧愀然故友夏詩云今君官與地前五六年加並此舟中客繼感夢裏碑　坡老印文
埋野草思翁書法化灰塵白頭袁顧凋零後遺事能傳有幾
人于清端公守黃時於二賦堂之陰得一墨晶印章上鐫渭北春天樹江東日暮雲何時一樽酒重與細論文旁有東
坡二字牛石有樓在山之東北防日流樓樓下有館陽日樓霞洪皆董思翁書癸未三月蝦於大煩二事載袁三
山顯黃公館先生雜錄雨　孤城橫壓二層閣野水濟通九眼橋閒與老
僧談往事半龕佛火夜寥寥山之戀有留坡閣吟敗岷于清端公祠九眼橋郎登山之敘
江水舊遶其下又名清風橋　徐子芳赤壁書懷詩登臨莫爲古今愁浩
渺江山煙景浮是處便佳尤赤壁四時皆好更清秋月明霄
漢波心墮人在虛空頂上遊詞賦干戈都滯迹惟餘魚酒一
孤舟　陳浩十月既望攜二子忠敬遊赤壁以仰見明月爲
韻四首坡公舊遊處千載餘清賞怪石勞丹砂懸巖絕土壤
大江走其下靜夜發奇響對岸武昌山寒煙互林莽我攜二
子來乘月蕩雙槳危酒酹公祠高山心所仰赤壁在黃州
說者異聞見豈知博達人初不泥史傳指揮周郎軍來與孟
德戰公從壁上觀奮擊駭雷電一聲孤鶴鳴驚落白羽扇四
顧寂無人江光皎如練　江風如此清江月如此明惟公不
可見使我心屏營我欲乘此月泠然御風行左攜羨門子右
拉安期生飛渡紫沂海尋公白玉京握手一歡笑用慰千載
情　千載復幾時往來人代閱今人與古人共此一輪月造
物無盡藏江山此清絕更因文字奇不逐雲烟滅長嘯激松
風豪吟灑蘭雪留與後來人捫苔摹斷碣　袁枚赤壁詩一
面東風百萬軍當年此處定三分漢家火德終燒賊池上蛟

能竟得雲江水自流秋渺渺漁燈猶照荻紛紛我來不共吹
簫客烏鵲寒聲靜夜聞　趙翼赤壁詩依然形勢扼荊襄赤
壁山前故壘長烏鵲南飛無魏地大江東去有周郎千秋人
物三分國一片山河百戰場今日經過已陳迹月明漁父唱
滄浪　周起渭避風赤壁登蘇公亭放歌今日江頭風勢苦
黑雲從風散爲雨波聲撼塌郗子城濤頭逕射白龜渚猶似
周郎萬騎橫江來千艘攔擊聞驚雷咫尺南北不可辨際天
烟焰紛成堆舟人繫纜垂楊陌忽見峭壁鑱天地崩坼髯蘇
一去青山閒老子今朝散輕策崔嵬亭子江之濱壁上二賦
猶鮮新人閒風月不可駐天上來此閒仙人秀骨疏髯脫囹
圄詩不能茹酒不吐吹脅沸地羣狐狂遣作江山文字主東
坡黃桑手自種廢壘蓬蒿邾親舉平生食飽愛閒行浣壁污
牆到岷戶武昌樊口丹楓稠載酒還作凌雲遊清波白月在
人世素心孤鶴橫天浮忽憶美人思魏闕自驚流落天南州
我拜遺像空山陬巖桂慘澹枝相樛悲風入座髯颼颼大江
茫茫東注愁二悖二蔡俱蜉蝣惟公大節今古留當年欬吐
驚龍蚪洞簫嗚咽聞中流長嘯一聲烟潦收如此江山如此
客縱無詞賦堪千秋思公不見余空返楚塞風和白石晚柳
外人家竹籬短明月正照黃泥坂　周凱冬至後六日游赤
壁詩亭皋木葉下蕭蕭且與登臨破寂寥我到不須重作賦
客來隨處好吹簫英雄夢短江山在風月情多磈礧消攜得
東坡一樽酒夕陽閒倚聽寒潮　王柏心登赤壁作五月浮

舟訪赤壁直上危闌俯千尺循麓下轉蒼山西突見摩空萬
仞石峩峨仙客來帝傍扁舟弄月歌流光江湖回首憶魏闕
美人遙在天一方酒酣忽挾飛仙舞乾坤一瞬蜉蝣羽眼中
直欲無孫曹何況當時王與呂平生忠孝多奇節九死崎嶇
氣不折宮禁徒呼宰相才流傳但誦文章傑我來長嘯悲遺
風不見扁舟玉局翁老仙一去七百載乘雲遐向蓬萊宮安
得招之下瑤闕更遺錦袍邀太白同泛滄江萬里流青天攬
取峩嵋月　程之楨赤壁懷東坡先生詩我來不見橫江鶴
公去飄然八百年終古飛濤懸斷岸一輪明月在青天熙豐
事冷王安石山水人懷李謫仙莽莽乾坤幾壬戌漁歌夏口
渺秋煙　宋蘇軾
念奴嬌詞見金石

聚寶山在縣北二里產小石光瑩類瑪瑙宋蘇軾作怪石供卽
此山石也山有浮翠亭後有泉極甘美名寶山泉蘇軾怪石供禹貢青
州有鉛松怪石解者曰怪石似玉者今齊安江上往往得美
石與玉無辨多紅黃白色其文如人指上螺精明可愛雖巧
者以意繪畫有不能及豈古所謂怪石者耶凡物之醜好生
於相形吾未知其果安在也使世間石皆若此則今之凡石
覆爲怪矣海外有形語之國口不能言而相語以形其以形
語也捷於口使吾爲之不已難乎故夫天機之動忽焉而成

而人真以爲巧也自禹以來怪之矣齊安小兒浴於江時有得之者戲以餅餌易之既久得二百九十有八枚大者兼寸小者如棗栗菱芡其一如虎豹首有口鼻眼處以爲羣石之長又得古銅盆一枚以盛石挹水注之粲然而廬山歸宗佛印禪師適有使者至遂以爲供禪師常以道眼觀一切世間混沌空洞了無一物雖夜光尺璧與瓦礫等而況此石雖然願受此供灌以墨池水强爲一笑使自今以往山僧野人欲供禪師而力不能辦衣服飲食臥具者皆得以淨水注石爲供蓋自蘇子瞻始元豐五年五月黃州東坡雪堂書　又後怪石供蘇子既以怪石供佛印佛印以其言刻諸石蘇子聞而笑曰是安所從來哉予以餅易諸小兒者也以可食易無用予既足笑矣彼又從而刻之今以餅供佛印佛印必不刻也石與餅何異參寥子曰然供者幻也受者亦幻也刻其言者亦幻也夫幻何適而不可舉手而示蘇子曰拱此而揖人人莫不喜戟此而詈人人莫不怒同是手也而喜怒異世未有非之者也子誠知拱戟之皆幻則喜怒雖存而根亡刻與不刻無不可者蘇子大笑曰子欲之耶乃亦以供之凡二百五十並二石盤云　明鄧雲程登聚寶山詩寶山山畔一停車風雨歸來笑敝廬赤腳紅雲僧送酒斷巖絕磴鳥傳書數莖愁髮垂垂白累劫名根漸漸除唱晚踏莎舒老眼江湖留得幾樵漁　國朝龔鼎孳登寶石山詩捫蘿叩蒼扃雨磴積苔繡門射江潮闊湖帶錦屏右吳峯盡入抱越嶠遠來就雉堞炫表裏鱗甍吐層構杉栝俯若薺蒙翳失橫岫鈴鐸既風展金碧亦緣圓星巖延夕暉亂泉決春溜崒嵂此浮屠拔起六橋秀往者頗相忽凭檻若襟袖及茲足目到高深乃奇湊拭壁讀殘碑陵谷幾興仆滄海豈不廣詎信桑疇茂　宋犖怪石贊并序齊安怪石名天下自蘇子瞻始余寓黃年餘遍求不可得所謂聚寶山者斷嶺頹岡纍纍皆粗石幾令予瞻之言不信今歲秋友人以石餉者屢矣較文辨色得十有六枚甚可寶翫始信子瞻怪石供非虛語也爰置晶盤注以泉水各即其形象名之而繫以贊贊曰人日有俗作宜春勝維此文石剪綵之賸繪畫莫及光彩照乘爰置雪堂發我清興宜勝春　達摩面壁影在嵩少胡爲此　石端然含照不起不滅孰擬孰貌稽首皈依淵乎微妙維摩　文禽斂翼在河之干爰覆其卵相彼流湍誰賦界爾蔚然可觀采之山麓蔦之晶盤鷥鷺　霜飛木落秋水澄清數莖翠藻潭底縱橫惟茲景物造化之妙三伏炎蒸于焉攸好瀑潭　爰有紅錦其色徧爛不出蜀道乃在寶山薄言采采濯以潺湲文章之瑞發此瓌觀𨶹蜀　赤城霞氣薄暮靄天中含片月既潔且圓盤中一靚緬彼列仙挹浮邱袖拍洪厓肩鬼臉　鬼固無形何有於面亦既有之藉石以見瞪目張脅誰爲爾撰選怪採奇高齋汞鳶魄面　念彼梵文實爲貝葉與此頑石迴然無涉誰謂無涉淵乎其淵斯焉可悟奚事陳編鞋貝　三台維六名取其半弈弈星文兩兩同熲影入斯石光彩燦爛以三代六

黃州府志　卷之三　古蹟　十

供我把翫䞨台　人有白眼維石亦然聊復爾爾高致堪儔人之白眼可轉爲青石之不轉豈曰無靈瞰白　蠢然一物名曰蝦蟇出入蒲葦鳴聒泥沙在彼可憎在此可嘉玉形丹色頹首無譁䵒蠍　端溪之良日鸜鵒眼茲石信美實維楚產足見造物好醜無限人爲地圖對之慙赧鸜鵒　抱樸子日壽矣蟾蠩三千餘歲頷有丹書高高者月亦號蟾光風清露白素彩飄揚斯石玉色非雕非刻光不經天實堪華國蟾蠩　盤中有石如肌如膚桃花一片點綴堪娛何以象之曰楊妃擬房帷妖豔作如是觀鸚妃　首飾之珍有曰貓睛維其似之乃錫嘉名今此片石實與之衡晶瑩閃爍埒彼瓊英鷸鑪　歲云暮矣滿日冰霜中宵皓魄千里流光一月一影兩兩相望誰貌此景維石之良效周生術作袖中藏脈天

柯山在縣東定惠院南宋潘大臨居此稱柯山人張耒謫黃又集亦名柯山集蘇軾詞蔚柯邱之蔥蒨即此左有八大王壩宋周肅王元儼屯兵其處因名張耒柯山賦入東門而右回兮原迆靡以相屬拔磅礴以隆起兮是爲柯山之麓其上蕭森而晻靄兮冠萬竿之修竹下磽确而堅密兮拱高林與喬木散雞犬於危阨兮雜茅茨與夏屋通樵漁之溪遂兮路從橫而斷續很土石裂暗竇谷虛鳴鳥上下伏獸號呼俯江流之蕩潏招刻山之盤紆林巒作態而蔽虧兮風雲效技而卷舒固可以開闔陰陽於一氣賓餞日月於天衢爰有窮人瞿然無歸曠四海無所投其足兮古帝命我於山之隈庇蓬茅之數椽兮撫枵腹而常飢時醉飽而自得兮亦杖屨而遨嬉踰山而東席門草藩爰有君子於茲考槃自種自食鄰里莫干圖書滿家兒稚飢寒相見輒喜有時不冠寄萬事於一笑兮不知食糲而衣單吾不加物以一毫兮亦莫受人之燠寒悟紛華之多虞兮幸寂寞之至安飲我薄酒歡有餘啜我豆羹甘而腴隱几而休讀我書乃曳杖歌日升柯之巔明遠眺兮築我之巘可以老兮終古不忒天之道兮于于而行無喪吾寶兮　又柯山雜詩二首幽人睡足岸綸巾策杖開門卯酒醺黃葉滿山烏鵲噪江城秋日少人行　蕭蕭茆屋土山前翁媼關門去稷田朝日滿簷雞犬靜荻蘺深處散炊煙　明吳國倫柯山園詩買舟三百里江上見柯山古徑雙橋外方塘萬木閒入門花石喜留客水雲閒若與王猷共山陰那得還　性僻眈幽勝風雲奈汝何寄情都不淺乘興一相過宛轉看亭榭陰森坐薜蘿移尊從所適山鳥自爲歌　叢篁開作徑灌木不知年未解亭相錯穠疑地屢遷亭葵支舊鼎種樹續新編縱失干時計端居亦晏然　散步出幽籬羣芳送酒卮隔城嚴漏下近寺嗔鐘遲秉燭雲生榻停歌月滿池不禁酣欲臥敢謂老能詩陶允宜元旦出郭至柯山園觀梅詩一年不到避喧堂庭竹蕭踈砌草荒幸有小梅三百樹春風無恙倚新妝

黃州府志　卷之三　古蹟　十一

龍邱在縣北百二十里三家店宋陳慥號龍邱居士以此南隅有濯錦池北三里為慈恩塔皆蘇軾與慥遊憩之所

東坡在城東南隅宋蘇軾居此號東坡居士慕唐白居易而名也

蘇軾東坡八首并序　余至黃二年日以困匱故人馬正卿哀余乏食為於郡中請故營地數十畝使得躬耕其中地既久荒為茨棘瓦礫之場而歲又大旱墾闢之勞筋力殆盡釋耒而歎乃作是詩自愍其勤庶幾來歲之入以忘其勞焉

廢壘無人顧頹然滿蓬蒿誰能捐筋力歲晚不償勞獨有孤旅人天窮無所逃端來拾瓦礫歲旱土不膏崎嶇草棘中欲刮一寸毛喟然釋耒歎我廩何時高

荒田雖浪莽高庳各有適下隰種秔稌東原蒔棗栗江南有蜀士桑果已許乞好竹不難栽但恐鞭橫逸仍須卜佳處規以安我室家童燒枯草走報暗井出一飽未敢期瓢飲已可必

自昔有微泉來從遠嶺背穿城過聚落流惡壯蓬艾去為柯氏陂十畝魚蝦會歲旱泉亦竭枯萍黏破塊昨夜南山雲雨到一犁外泫然尋故瀆知我理荒薈泥芹有宿根一寸嗟獨在雪芽何時動春鳩行可膾（蜀人貴芹芽膾雜鳩肉作之）

種稻清明前樂事我能數毛空暗春澤鍼水聞好語（蜀人以細雨為雨毛稻初生時農夫相語稻鍼出矣）分秧及初夏漸喜風葉舉月明看露上一一珠垂縷秋來霜穗重顛倒相撐拄但聞畦隴閒蚱蜢如風雨（蜀中稻熟時蚱蜢群飛田間如小蝗狀而不害稻）新春便入甑玉粒照筐筥我久食官倉紅腐等泥土行當知此味口腹吾已許

良農惜地力幸此十年荒桑柘未及成一麥庶可望投種未逾月覆塊已蒼蒼農夫告我言勿使苗葉昌君欲富餅餌要須縱牛羊再拜謝苦言得飽不敢忘

種棗期可剝種松期可斲事在十年外吾計亦已慤十年何足道千載如風雹舊聞李衡奴此策疑可學我有同舍郎官居在濃岳（李公擇）遺我三寸甘照座光卓犖百栽儻可致當及春冰渥想見竹籬間青黃垂屋角

潘子久不調沽酒江南村郭生本將種賣藥市西垣古生亦好事恐是押牙孫家有十畝竹無時容叩門我窮舊交絕三子獨見存從我於東坡勞餉同一飧可憐杜拾遺事與朱阮論吾師卜子夏四海皆弟兄

馬生本窮士從我二十年日夜望我貴求分買山錢我今反累馬生借耕輟茲田刮毛龜背上何時得成氊可憐馬生癡至今誇我賢眾笑終不悔施一當獲千

又大寒步至東坡贈巢三詩　春雨如暗塵春風吹倒人東坡數間屋巢子誰與鄰空牀斂敗絮破竈鬱生薪相對不言寒哀哉知我貧我有一瓢酒獨飲良不仁未能赬我頰聊復濡子脣故人千鍾祿馭吏醉吐茵那知我與子坐作寒螿呻努力莫怨天我爾皆天民行看花柳動共享無邊春

又東坡詩　雨洗東坡月色清市人行盡野人行莫嫌犖确坡頭路自愛鏗然曳杖聲

又問大冶長老乞桃花茶栽東坡詩　周詩記苦茶茗飲出近世初緣厭粱肉假此雪昏滯嗟我五畝園桑麥苦蒙翳不令寸地閒更乞茶子蓺飢寒未知免已作太飽計庶將通有無農末不相戾春來凍地裂紫筍森已錣牛羊煩呵叱筐筥未敢睨江南老道人齒髮日夜逝他年雪堂品空記桃花裔

陸游遊黃州東坡諸勝記　自州門而東岡壟高下至東坡則地勢空曠開豁東起一壟頗高有屋三間一龜頭曰居士亭亭下面南一堂頗雄四壁皆畫雪堂中有蘇公像烏帽紫裘橫按筇杖是為雪堂堂東大柳傳以為公手植正南有橋榜曰小橋以莫忘小橋流水之句得名其下初無渠澗遇雨則涓流耳舊止片石布其上近輒增廣為木橋覆以一屋頗適人意東有一井曰暗井取蘇公詩云走報暗井出之句泉寒熨齒但不甚甘又有四望亭正與雪堂相值在高阜上覽觀江山為一郡之最亭名見蘇及張文潛集中坡西竹林古氏故物號南坡今已殘伐無幾地亦不在古氏矣出城五里安國寺蘇公所嘗寓兵火之餘無復遺跡惟遶寺茂林啼鳥似猶有當時氣象也羣集於棲霞樓蘇公樂府云小舟橫截春江上臥看翠壁紅霞起正謂此樓也下臨大江煙樹微茫遠山數點亦佳處也樓頗華潔先是郡有慶瑞堂謂一故相所生之地後毀以新此樓酒味殊惡然文潛乃極稱黃州酒以為自京師之外無過者豈文潛謫黃時適有佳匠乎循小徑繚州宅之後至竹樓規模甚陋不知當王元之時亦止此耶樓下稍東即赤壁磯亦茅岡耳略無草木故韓子蒼待制詩豈有危巢與棲鶻亦無陳迹但飛鷗此磯圖經及傳者皆以為周公瑾敗曹操之地然江上多此名不可考質李太白赤壁歌云烈火張天照雲海周瑜於此敗曹公不言在黃州蘇公尤疑之賦云此非曹孟德之困於周郎者乎樂府云故壘西邊人道是當日周郎赤壁蓋一字不輕下如此至韓子蒼此地能令阿瞞走則真指為公瑾赤壁矣又黃人實謂赤壁曰赤鼻尤可疑也晚復移舟菜圜步又遶竹林三四里蓋黃州臨大江了無港澳可泊或曰舊有澳郡官厭過客故塞之

張安國東坡詩　繫船看西日曳杖到東坡暗井蛙成部荒祠鳥作窠老仙騎鶴去稚子飯牛歌興廢何須問斯文自不磨

明盧濬東坡詩　梅影橫斜雪影清縱然磽确也堪行于今筆硯知何在試聽池頭洗墨聲

南坡在城東南蘇軾集古氏南坡修竹數千竿盛夏不見日蟬鳴鳥呼有山谷氣象竹林之西又有隙地數畝種桃李雜花即此

琴臺在城西北三十里三江口宋昇明間司空柳世隆於西陽城列巨艦泝流而進降劉攘敗沈攸之嘗於此鼓琴明改建

守備司行署今廢梁簡文帝登琴臺詩蕪階踐昔逕復想鳴琴遊音容萬卷罷高名千載留弱枝生古樹舊石枕新流由來遞相歎逝川終不收

黃泥坂在清淮門外二里許宋蘇軾與二客過從處明嘉靖閒知府郭鳳儀建一盼亭邑人陶珪書古黃泥坂四大字碑蘇軾黃泥坂辭出臨皋而東騖兮並蘇祠而北轉走雪堂之坡陁兮歷黃泥之長坂大江洶以左繚兮渺雲濤之舒卷草木層累而右附兮蔚柯邱之蔥蒨余旦往而夕還兮步徙倚而盤桓雖信美不可居兮苟娛余於一盼余幼好此奇服兮襲前人之詭幻老更變而自哂兮悟驚俗之來患釋寶璐而被繒絮兮雜市人而無辨路悠悠其莫往來兮守一席而窮年時游步而遠覽兮路窮盡而旋反朝嬉黃泥之白雲兮暮宿雪堂之青煙喜息鳥之莫余驚兮幸樵蘇之我嫚初被酒以行歌兮忽放杖而醉偃草爲茵而塊爲枕兮穆草堂之清讌紛墜露之溼衣兮升素月之團團感父老之呼覺兮恐牛羊之予踐於是蹶然而起起而歌曰月明兮星稀迎余往兮餞余歸歲既晏兮草木腓歸來歸來兮黃泥不可以久嬉子瞻嘗自書詞後云余在黃州大醉中作此詞小兒輩藏去稿醒後不復見也前夜與黃魯直張文潛晁無咎夜坐三客翻倒

几案搜索篋笥偶得之字半不可讀以意尋究乃得其全文潛喜甚手錄一本遺余持元本去明日得王晉卿書云吾日夕購子書不厭近又以三縑博兩紙子有近書當稍以遺我毋多費我絹也乃用澄心堂紙李承晏墨書此遺之

夏隩通志作西隩在城西南隅二里宋明道閒夏竦守黃郡治濱江嘗苦風湍不利泊舟鑿陂於臨皋驛東人皆便之今洗馬池其故陂也

崢嶸洲舊志在赤壁山前俗名得勝洲水經注云冠軍將軍劉毅破桓元於此洲案水經江水東逕若城南注江之右岸有李姥浦北對崢嶸洲水經又云東過邾縣南江水右得黎磯北江水又東逕邾縣故城南注城南對蘆洲則崢嶸洲宜在黎磯之上乃今之木鵝洲非得勝洲也得勝洲卽古蘆洲今洲之右岸亦名蘆洲灣

舉口在縣西北五十五里今國風鷲公頸入江處梁徐文盛敗任約進軍於此

沙洑口在縣西百四十里元史作沙蕪口一作沙武口宋開慶元年元世祖自沙蕪口濟江州縣多降咸淳十年元伯顏自蔡店往觀漢口形勢開壩引船入淪河徑趨沙蕪入大江卽此國朝陳大章沙蕪口詩新郢長驅朔氣橫淪河東指岸如頳三千鐵騎疑飛渡兩戒山河一蹴平大野雲沉沙洑口長江樹接漢陽營可憐誤國咸淳相不救襄陽救鄂城

雙流夾在縣西九十里雙流鋪宋歐陽修貶彝陵時舟次其處見于役志陸游記作雙柳夾所謂回望江上遠山重複深秀者卽此明劉養微雙流夾詩孤鴻落盡暮雲高楊柳蒹葭傍客舠一片旅魂銷欲盡夜深風雨漢江濤國朝靖道謨夜泊雙流夾詩萬里江清月亦清寒光搖漾旅人情驚看柏岸濤何壯細數郵亭夜幾更三徑尚存邱壑趣百年都

似觸蠻爭當時六一彝陵去此地會聞記客程

子路問津處在縣北九十里舊有孔夫子廟後人掘地得石碣有子路問津處五字遂建問津書院宋龍仁夫明耿定向王陞蕭繼忠俱講學於此明茅瑞徵過孔子問津處詩驅車循四履晴巒來遠矚一水不容刀征人戒勿遽褰裳往從之下流苦沮洳試扣此何爲云是問津處在昔鳳歟羽深心嚮誰語屏營歧路側所遇溺與沮避世不避人相對一何倨千載憑遺跡山川應可據我來出其傍茲行豈游豫六翮阻高飛九折空叱馭雖馳雲外想已作黏泥絮仰止步荒祠低徊不能去吳國倫過問津河詩夫子南遊後山川不可名問津千古事環轍至今情雨洗沙茸淨波吹石髮輕惟應楚孺子下馬濯塵纓梅之煥過問津河詩每過問津處無愁魂自消門開蟬語寂路古馬塵囂細雨昏殘碣輕煙罨斷橋耦耕人咫尺來往慰蕭條蕭繼忠過問津河詩晚出黃花谷旰衡水一方野橋臨斷岸山市背斜陽霧暗秦碑蝕[illegible]雲生漢殿荒[illegible]空餘耦耕地今古共棲皇國朝陳大章恭謁問津書院詩去聖日以遠冥行類擿埴喤喤鐘鼓聲所習非所志恭惟問津河傳是回車地麟洲昔創始著書此築室天臺播遺風講壇樹閟祕魁

儒宿望尊學子擔簦至當時諸老翁稱疊賁鼓吹道義溯淵
源公卿連項背坐令一畝宮遙揭東林幟我行傍祠堂循牆
謹辟呵細草披蒙茸古柏摩蒼翠延階眺修椽升堂閱禮器
惕息拜袞衣彷彿瞻四氣東謁仲子祠沮溺列配位前楹奉
儒先爵里如鱗次厥西宏仁堂絃誦儼居肆想像昔人心經
營寓深意聖道日中天有目皆得視痞寐即羹牆小大隨所
識涓滴助海流塵埃裨嶽積登枝無捐本培根竢其實敬恭
鄒魯鄉趨蹌俎豆事古賢迄未亡諸賢愼塗塈罷勉有同心
修舉期
勿墜

白龜渚在赤壁磯下晉毛寶軍人有買一白龜養之漸大放於
江後寶守邾石虎來寇城陷軍士及寶赴江死者甚衆養龜
人墮水覺有物負之登東岸乃所放龜也明嘉靖間知府郭
鳳儀刻石曰白龜渚作龜形於下郭鳳儀記云龜之爲蟲也靈矣是故聖人登之以用
察來夫枯骨猶靈而況其生而況其銜恩於活己者哉世傳
毛寶放龜後獲其報將有之無足怪者攷之傳則少異焉傳
言寶入武昌市見網人售龜外骨正白長逾咫奇取令僕夫
豢之久乃放諸江後寶戍邾城石季龍攻邾且陷寶與六千

人赴江死僕投水若墮石上獨免溺視之乃所豢龜也蓋長
且三四尺矣吁是獲報者豢龜氏耳非寶也世傳誤矣郭子
曰白龜能活豢己者事甚么麽然到於今稱之不置非謂人
能利物將風人於善耶嗟乎亦煦煦者耳昔者先王親親而
仁民仁民而愛物使政行蠕動各得其所故曰鳥獸魚鼈咸
若其衆寡視此何如哉至仁無恩報不足言矣嘉靖己酉開
夏余載酒與客爲赤壁之遊時雨新霽綠虹半滅移席臨流
相顧甚樂客指點巖側曰此白龜渚也余爲之慨然太息云
舊有亭圮既新之更刻石爲龜奠之水濱用
彰往事杪秋與客再至睥睨一視江風颯然

洗墨池在縣治南宋蘇軾洗墨處　國朝康熙間通判宋犖浚
池置亭移建雪堂於池東竹樓於池西爲祠祀宋王禹偁蘇
軾張耒秦觀曰四賢祠嵌元趙孟頫書洗墨池三字石刻於
壁久廢嘉慶八年通判胡楷復浚池刻石有記明趙貞吉夜宿蘇公洗墨
池亭詩江空草綠酒旗風半醉黃州煙雨中五百年前曾洗
墨依稀猶記雪堂東　國朝宋犖詠洗墨池圖詩疇昔判黃
州一官同泛梗江山樂清曠俯仰客懷永東坡洗墨池蕪沒
無人境爬剔出神瀵一泓浮翠荇豈惟存舊跡兼可逐清景

好風澹蕩吹几席淪漣影幽人對如鵠颿香時啜茗蛙口食
墨魚饞鼓咷鼃臆說堪笑屏別來三紀餘幾思駕烟艇張
仁熙宋牧仲使君新建亭閣洗墨池上詩荒坡瓦礫年年拾
峻閣何緣此地雄捉筆舊知勞夢鶴呼尊近欲傍飛鴻殷勤
蛙口池邊月宛轉桃花檻外風惟
有南堂箋易處尚留餘墨濺江東

白蓮池一在安國寺外即東坡放生池一在赤壁磯下明劉養
微白蓮
池詩我聞西嶽蓮華峯玉井蓮開十丈紅飛灑南天作法雨
飄颻萬里隨長風託根因悟清淨理變化忽與雲煙同明月
墮地光如水素
波含華色即空

君子泉近赤壁縣志一云在棲鳳街即今倉巷宋通判孟震字亨之有賢德時稱
孟君子庭中有泉蘇軾因以名之轍爲銘軾爲跋黃庭堅爲
詩黃庭堅君子泉詩雲夢澤南君子泉水無名字
託人賢兩蘇翰墨相爲重未刻他山世已傳

金甲井舊志在赤壁宋紹興間浚得金甲二具舊傳劉宋謝晦
之敗投金甲於此案晦敗於荊州北走至安陸延頭戍爲戍

主光順之所執檻送金陵何緣得投甲於此舊傳赤壁山下
有謝鐵籠塚或其所遺也

蘇公暗井在今縣學宋蘇軾詩云走報暗井出相傳即此有東
坡暗井四字石刻

定惠院在城東清淮門外宋蘇軾以元豐三年二月至黃寓此
院東有海棠一株軾所爲賦詩也又書開嘯二字勒石下有
快哉亭前有海棠軒後有洗墨池又有睡足堂捫腹軒蘇軾定惠
院海棠詩并序寓居定惠院之東雜花滿山有海棠一株土
人不知貴也　江城地瘴蕃草木只有名花苦幽獨嫣然一
笑竹籬間桃李漫山總麤俗也知造物有深意故遣佳人在
空谷自然富貴出天姿不待金盤薦華屋朱脣得酒暈生臉
翠袖捲紗紅映肉林深霧暗曉光遲日暖風輕春睡足雨中
有淚亦悽愴月下無人更清淑先生食飽無一事散步逍遙
自捫腹不問人家與僧舍拄杖敲門看修竹忽逢絕豔照衰
朽歎息無言揩病目陋邦何處得此花無乃好事移西蜀寸

根千里不易到銜子飛來定鴻鵠天涯流落俱可念爲飲一尊歌此曲明朝酒醒還獨來雪落紛紛那忍觸 又定惠院夜月偶出詩幽人無事不出門偶逐東風轉良夜參差玉宇飛木末繚繞香煙來月下江雲有態清自媚竹露無聲浩如瀉已驚弱柳萬絲垂尙有殘梅一枝亞清詩獨吟還自和白酒已盡誰能借不辭青春忽忽過但恐懽意年年謝自知醉耳愛松風會揀霜林結茅舍浮浮大甑長炊玉溜溜小槽如壓蔗飲中眞味老更濃醉裏狂言醒可怕但當謝客對妻子倒冠落珮從嘲罵 又次前韻詩去年花落在徐州對月酣歌美清夜 去年徐州花下對月與張師厚王子中兄弟飲酒作蘋字韻詩 今年黃州見花發小院閉門風露下萬事如花不可期餘生似酒那禁瀉憶昔還鄉泝巴峽落帆樊口高桅亞長江滾滾空自流白髮紛紛甯少借竟無五畝繼沮溺空有千篇凌鮑謝至今歸計負雲山未免孤衾眠客舍少年辛苦眞食蓼老境清閒如啖蔗飢寒未至且安居憂患已空猶夢怕穿花踏月飲村酒免使醉歸官長罵 明王廷陳定惠院宴集二首石磴接巖扉行行上翠微賓朋花下至雲鳥竹邊飛韶景度欲盡舊遊存苦稀蘇公何可作今古一沾衣 結侶乘暄出憑高望眼開閭閻深負渚阡陌曲侵臺展席春雲映歸軒夕鳥催回看遠陳迹相送轉徘徊 國朝奚祿詒過定惠院詩松摧竹劚海棠軒野草漫天舊路昏有宋文章花落盡兩桓華表鶴驚喧長江嗚咽孤城戍故國殷憂白髮存廿載重來心緒亂斷碑叢裏見忠魂 案末句指其祖世亮葬衣冠處

橫江館在赤壁山下南晉龍驤將軍蒯恩建後有梓潼閣宋刺史王禹偁重修 唐杜牧題橫江館詩孫家兄弟晉龍驤馳騁功名業帝王畢竟江山誰是主苔磯空屬釣魚郎

高寒樓在今南城高阜樓下稍北卽雪堂俗呼南樓墩舊爲四望亭宋張激攝令日更爲樓取杜詩玉山高並兩峯寒句曰高寒陸游所記坡西竹林號南坡卽其地也 縣志嘉慶十八年通判胡楷建石亭於其上更名培風亭

竹樓宋刺史王禹偁建元至順間脫穎不花重修明洪武二十七年知府葉宗因舊址更建當在故城歐陽修于役志謂在興國寺陸游入蜀記謂竹樓下稍東卽赤壁磯則又當在赤壁西偏未知孰是 縣志明嘉靖間知府郭鳳儀移建今縣治西下爲賓座曰禮賢堂 國朝康熙間通判宋犖移建洗墨池西與並建之雪堂對峙 王禹偁竹樓記見金石 宋龍仁夫黃州路重修竹樓記齊安固江淮間斗僻郡然以江山之勝望東南岷江嶓漢瀰澎浩漾來天際赤壁巖其涯過江武昌樊口諸山蛟翔鳳峙森森獻狀茲其爲勝已然談是間登臨之美則刺刺稱竹樓曩宋王公禹偁字元之來守黃郡卽城西北隅薙蓁滌穢作小樓二間爲退食之娛不瓦而竹從工宜也風廛雨蝕薦圮薦新新復圮荅三百年矣至順辛未冬侯嚳埜公初涖郡懸高卿驪日是宜新之旣期穀登民和寮案雍肅刑清訟簡長日湛然於是謀之監郡公暨佐貳諸賢究廢典修故章掄材鳩工改作此樓棟宇楔櫟甍榱櫺闌黝堊漆丹悉如度蓋捐俸廩與官計之贏而民不與知焉登斯樓也所謂風帆沙鳥煙雲竹樹與夫夕陽素月之觀煥然如在至道咸平間屬予記客有聞而歎之曰王公茲樓之勝竹之助亦多矣今不竹而瓦何居予曰崑山之町以玉抵鵲彭蠡之濱以魚飼犬則繁故也黃之人昔者刈竹如菅蒯今者得竹如金珠夫後人之存古也存其意而已而奚竹之拘客又曰君子與人以其倫今之構斯樓也其猶昔人也歟予嚱然曰善論人者不於其迹於其心黃爲郡歷世稱遐陬非羈人謫客左遷鴳退不至是間王公以危言直道獲譴當朝自玉堂而滁而揚而至是州江湖魏闕之情蓋不勝黯然彼鶴氅華陽爐香易卷之云少寄其遷謫亡聊之情而已天朝混閤來黃爲腹郡且天歷初皇帝舊勞於外嘗駐蹕焉顧南州赤子遠天京勤勞擇良牧侯以豸冠名流天官清選佩二千石綬爲此來而何王公之比所謂迹之異也天壤間魁人偉士有曠萬里而同襟懷越千百年而合符節者心而已翰林以清忠鯁亮爲宋名卿侯以公廉方正爲元鉅公心術行事軒軒磊磊揭日月行中天非予所謂曠萬里越千百年而昭合者乎矧長貳若屬無不心侯之心乎然則茲樓之勝炫映今昔夫奚疑客語塞則續請曰將無異予於是大笑曰耄哉龍子昔人所謂中書君老而禿猥執筆從王公後茲其爲異歟客相與粲然遂書俾工勒石 案仁夫宋人未仕元而元時倘存此記元文宗時作 宋戴復古黃州竹樓呈謝國正詩每日黃堂事了時一心惟恐上樓遲發揮天地讀周易管領江山歌杜詩切戒吏來呈簿歷常邀客至共琴棋風流太守誰其似半似元之半牧之 明何喬新竹樓詩黃州使君文中虎勁氣英英隘寰宇西清東觀莫容身又擁朱幡守江渚江雲山雨畫冥冥使君對此若爲情驚濤厭見蛟鼉舞老樹愁聞猿狖鳴平生才名冠當世每吐忠言裨國是咚咕竊笑奸詔排一身南北長如寄使君知命不解愁竹樓闕起江之陬笑呼斗酒酬前哲風帆沙鳥任沈浮仙遊今在蓬萊島陳迹荒涼淒蔓草我來不見樓中人自酌寒泉薦蘋藻 王廷陳竹樓重修落成答郭桐岡使君詩竹樓占勝城頭出郭子爲

邦海內閒仍貫舊題應不改治絲新政自無棼雲霄懸榻緣
高士島嶼開簾近使君誰信喧囂官舍裏烟霞與客日平分
國朝金德棨竹樓烟雨詩觸目層樓景自幽千峯烟雨望
中收魚沈前浦江流杳鳥失平林過眼愁憑檻遠迎雲夢澤
捲簾疑即洞庭秋臨皋薄暮多蕭瑟今夜何人泛酒籌　金
德嘉竹樓詩月波名蹟已荒邱城角猶營古竹樓檻外冥冥
赤壁雨窗間漭漭滄江流地容拙宦居偏勝天入寒溪望轉
幽此日登臨惟載酒風帆沙鳥舊黃州　觴客登臨眺古城
短垣高柳故縱橫雲移雉堞尊前起風送商秋笛裏生異代
瓦牆惟竹色多年廢院自江聲隔鄰蕭寺疎鐘夜萬里天空
月迴
明

月波樓不知建自何代明一統志謂在府治西北城上宋王禹
偁建與禹偁詩序不合似誤或云今漢川門城樓其址也 王禹
偁月波樓詩見金石　宋葉適月波樓詩下林百果春自花
屋藏汀陰泉著沙光風膩雪誰安措煩紅密翠空敧斜愛君
樓高出江上百里江山開四向峻屏森聳遠更寒紋練縈迴
靜猶浪孤潮夜卷西頭來海門推出冰崔嵬豈知星河遭映
奪只使鸛雀常驚猜此村風俗滔且魯接樹移
花今復古勸君種學化兒孫不須擁妓呈歌舞

棲霞樓在縣西南宋閭邱孝忠守黃時建陸游入蜀記棲霞樓
太守閭邱公所作先是郡有慶瑞堂謂一故相所生之地後
毀以新此樓王志云宋李顯守黃州時建誤 宋蘇軾水龍吟詞并序閭邱大
夫孝忠公顯嘗守黃州作棲霞樓爲野中勝絕元豐五年予
謫居黃正月十七日夢扁舟渡江中流回望樓中歌舞雜作
舟中人言公顯方會客也覺而異之乃作此詞公顯時致仕
在蘇州　小舟橫截春江臥看翠壁紅霞起雲間笑語使君
高會佳人半醉危柱哀絃豔歌餘響遶雲縈水念故人老大
風流未減獨回首烟波裏　推枕惘然不見但空江月明千
里五湖聞道扁舟歸去仍攜西子雲夢南州武昌北岸昔遊
應記料多情夢裏端來見我也參差是　戴復古棲霞樓即
景呈謝深道國正詩朝來欄檻倚晴空暮來烟雨迷飛鴻白
衣蒼狗易改變淡妝濃抹難形容蘆洲渺渺去無極數點斷
山橫遠碧樊山諸峯立一壁非烟非霧籠秋色須臾黑雲如
潑墨欲雨不雨不可識須臾雲開見落日忽展一機雲錦出
一態未了一態生愈變愈奇人莫測使君把酒索我詩
索詩不得呼畫師要知作詩如作畫人力豈能窮造化

涵輝樓在縣西南 通志作縣內 宋張安國 縣志作狀元張孝祥 取赤壁賦中語

改曰無盡藏樓後有坐嘯堂及無倦味道二軒 宋韓琦涵輝樓詩臨江三
四樓次第壓城首山光徧軒檻波影撼窗牖予兄天聖中向
攝齊安守兄才無不宜吏治孰可偶公庭常寂然所樂在文
酒　蘇軾重九涵輝樓呈徐君猷南鄉子詞霜降水痕收淺
碧鱗鱗露遠洲酒力漸消風力輭颼颼破帽多情卻戀頭
佳節若爲酬但把清尊斷送秋萬事
到頭都是夢休休明日黃花蝶也愁

鏡心樓在縣北龍邱東隅團湖中元隱士董敬中建龍仁夫有
聯云水光天上下樓影日東西明劉基嘗駐此旬日詳隱逸
董敬中傳 劉基團湖鏡心樓詩團湖四面開明鏡中有高樓
接太清絳氣往來蟾影入碧光浮動日華生雲開
威鶴孤飛下湖底游魚作隊行安
得翠軿呼弄玉金銀臺上坐吹笙

將母樓　國朝商邱宋犖事母純孝爲黃州通判時築此樓於
署中以承歡 宋犖將母樓即事詩危樓百尺向江開把酒登
臨日幾迴隔岸樊山能好我故將青翠入簾來
雨過山光翠且重一輪新月挂長松吏人散盡家僮睡坐
聽寒溪古寺鐘　聚寶山頭日已曛閒尋怪石踏飛雲牧童

樵子相傳說拾
得應來獻使君

慶瑞堂 縣志作瑞慶堂 在清源門外宋王禹偁爲許端夫建 王志注陸游東坡記
堂爲故相所生之地後毀以新棲霞樓相傳秦檜父官黃生
檜於此故云考宋史高登傳檜實生古田不在此地辨見摭
聞

睡足堂宋王禹偁建取杜牧詩平生睡足處雲夢澤南州之義

相隱堂在舊司理廳宋參知政事龐籍嘗爲郡司理及入相邦
人即其地建堂因名

讀書堂在城南安國寺左宋韓琦侍兄琚守黃時嘗於西廂讀
書即此堂前有春草亭亭左有蓮花池後人爲立魏公祠
國朝道光二十七年巡道陶樑知府祁宿藻署縣金雲門重
修今廢 國朝陳大章謁韓魏公祠呈許蓼齋太守詩荒城
秋氣合寒露百草滋緩策南郊道言尋魏公祠賢守

美爲政修舉良在茲春草餘結構書堂煥榱題惟公不世
才開出當明時堂堂柱天手變化無端倪景祐治平開呼吸
定嫌疑杓縣天北極孟覆地四維公神在宇內元氣浩淋漓
黃人每矜誇謂公實我私永嘉有遺集浪語非無稽誅讟
騄驥二公姓也公眞像士異日當雒此意爲溉謀誤公在黃有譏數往來論許諸不涉私及去阳我正直留
民秉精誠格神祇昔謫相州廟載峨閔古詩帷在定敘述追典
諸圖繪儼鬚眉請得構妙手斧藻揚形儀錄公平生事附以
琬琰辭傳寫左右壁天宇爛虹霓乾坤多醜類忠一萬奸欺
微公豈有救英爽此昭垂今得拜遺像顧盼生忸怩風雨俾
勿壞殷薦謹常期匪惟慰邦人百世聯師資　王柏心讀書
堂詩祥麟瑞鸑當世稀偶然遊止生光輝黃人競誦魏公迹
亦如東國歌衮衣讀書堂枕大江口千年仰止等北斗此邦
官吏皆風流重拓高甍復其舊公昔捧日升扶桑阿衡公旦
相頡頏少年舊遊尙歷歷四十餘載嗟不忘精神上天控箕
尾浩氣猶當下來止重令草木含華滋盡遣江山吐奇偉去
年驅馬經相州江上仍尋公昔遊漁樵事業豈堪問將相勳
名安可求登堂懷抱空輪囷浩歌不見非常人乾坤開氣鬱
磅礴眞宰何年方降神嗟乎讀書誰似公正笏定策危疑中
君不見紛紜官禮誤人
國六籍高談竟何益

雪堂在城東南宋蘇軾謫黃得故營地數十畝躬耕其中是爲

東坡築垣作室落成時大雪因名雪堂後移汝州遂以堂與
潘大臨居焉崇甯閒黨禁起毀堂既而道士李斯立重建縣志
何頡之上梁文有云前身化鶴曾陪赤壁之游故事傳鵝
無復黃庭之字蓋舊額有東坡雪堂四字久爲人盜去矣**元**
末燬明洪武元年展築郡城舊址遂在城內舊縣學其基也
縣志軾嘗於雪堂前手植一梅至嘉靖後始枯知府
郭鳳儀摹形於郡齋之石額曰東坡老梅後置赤壁**宏治閒**
改建於府治東隅與竹樓對峙後移府治西北隅咸豐三年
燬於賊八年巡撫胡林翼駐師黃州重修蘇軾雪堂記蘇子得廢圃於東坡之
脅築而垣之作堂焉其上日雪堂堂以大雪中成因繪雪於
四壁之閒無容隙也起居偃仰環顧睥睨無非雪者蘇子居
之眞得其所居者也蘇子隱几而晝瞑栩栩然若有所適而
方興也未覺爲物觸而寤其適未厭也若有失焉以掌抵目
以足就履曳於堂下客有至而問者曰子世之散人耶拘人耶
散人也而未能拘人也而嗜欲深今似繫馬止也有得乎有
失乎蘇子心若醒而口未嘗言徐思其應揖而進之堂上客
曰噫是矣子之欲爲散人而未得者也予今告子以散人之

道夫禹之行水庖丁之捉刀避衆礙而散其智者也是故以
至柔馳至剛故石有時而泐以至剛遇至柔故未嘗見全牛
也予能散也物故不能釋子有患矣用之於內可也今也如
蝟之在囊而時動其脊脅見於外者不特一毛二毛而已風
不可搏影不可捕童子知之名之於人猶風之於影也子獨
留之故愚者視而驚智者起而軋吾固怪子爲今日之晚也
子之遇我幸矣吾今邀子爲藩外之遊可乎蘇子曰予之於
此自以爲藩外矣又將安之乎客曰甚矣子之難曉也夫勢
利不足以爲藩也名譽不足以爲藩也陰陽不足以爲藩也
人道不足以爲藩也所以藩子者特智爾智存諸內發而爲
言則言有謂也形而爲行則行有謂也使子欲嘿不欲嘿欲
息不欲息如醉者之恚言如狂者之妄行雖掩其口執其臂
猶喑嗚蹁蹙之不已則藩之於人抑又固矣人之爲患以有
身身之爲患以有心是圃之構堂將以佚子之身也是堂之繪
雪將以佚子之心也身待堂而安則形固不能釋心以雪而
驚則神固不能凝子之知既焚而燼矣燼又復然則是堂之
作也非徒無益而又重子蔽蒙也子見雪之白乎則恍然而
目眩子見雪之寒乎則竦然而毛起五官之爲害惟目爲甚
故至人不爲雪乎雪乎吾見子知爲目也子其殆矣客又舉
杖而叩諸壁曰此凹也此凸也方雪之雜下也均矣厲風過
焉則凹者留而凸者散天豈私乎凹凸哉勢使然也勢之所
在天且不能違而況於人乎子之居此雖遠人也而圃有是

堂堂有是繪實礙人耳不猶雪之在凹凸者乎蘇子曰予之
爲此適然而已豈有心哉殆也奈何客曰子之適也適有
雨則將繪以雨乎適有風則將繪以風乎雨不可繪也觀雲
氣之洶湧則使子有怒心風不可繪也見草木之披靡則使
子有懼意睹是雪也子之內亦不能無動矣苟有動焉丹青
之有靡麗冰雪之有水石一也德有心心有眼物之所襲豈
有異哉蘇子曰子之言是也敢不聞命然未盡也予不能默
此正如與人訟者其理雖已屈猶未能絕辭也予以爲登春
臺與入雪堂者有以異乎以雪觀春則雪爲靜以臺觀堂則
堂爲靜靜則得動則失黃帝古之神也遊乎赤水之北登乎
崑崙之邱南望而還遺其元珠焉遊以適意也望以寓情也
意適於遊情寓於望則意暢情出而忘其本矣雖有良貴豈
得而寶哉是以不免有遺珠之失也雖然意不久留情不再
至必復其初而已矣是又驚其遺而索之也予之此堂追其
遠者近之收其近者內之求之眉睫之閒是有八荒之趣人
而有知也升是堂者將見其不遡而僾不寒而栗淒凜其肌
膚洗滌其煩鬱既無炙手之譏又免飲冰之疾彼其趑趄利
害之徒猖狂憂患之域者何異探湯執熱之俟濯乎予之所
言者上也予之所言者下也我將能爲子之所爲而子不能
爲我之爲矣譬之厭膏粱者與之糟糠則必有忿詞衣文繡
者與之以皮弁則必有愧色子之於道膏粱文繡之謂也得
其上者耳我以子爲師子以我爲資猶人之於衣食缺一不

可將共與子遊今日之事姑置之以待後論予且爲子作歌以道之歌曰雪堂之前後兮春草齊雪堂之左右兮斜徑微雪堂之上兮有碩人之頎頎考槃於此兮芒鞋而葛衣挹清泉兮抱甕而忘其機人負頃筐兮行歌而採薇吾不知五十九年之非而今日之是又不知五十九年之是而今日之非吾不知天地之大也寒暑之變悟昔日之癯而今日之肥感子之言兮始也抑吾之縱而鞭吾之口終也釋吾之縛而脫吾之機是堂之作也吾非取雪之勢而取雪之意吾非逃世之事而逃世之機吾不知雪之爲可觀賞吾不知世之爲可依違性之便意之適不在於他在於羣息已動大明既升吾方展轉一觀曉隙之塵飛子不棄兮我其子歸客昕然而笑唯然而出蘇子隨之客顧而頷之曰有若人哉　孔武仲蘇子瞻雪堂詩古縣東邊仄徑開先生會此剷蒿萊鸞鳳一去應不返花柳當年皆自栽晝壁蒼茫留水墨朱欄剝落長莓苔鄰翁笑我來何暮檢點風煙興盡回　陸游自雪堂登四望亭因歷訪蘇公遺跡詩我醉飛屐登孱顏拄杖出沒風烟閒三山蔥龍斂鍔靜九關肅穆虎豹閑幾年金骨煉綠髓此日始得窮躋攀老仙歸侍紫皇案空有野水流淙潺蜿蜒翠阜圍綠野似嶺非嶺山非山向來龍蛇滿雪壁雷電下取何時還名花亦已天上去居人指是題詩處九十一翁不識公我抱此恨知無窮（蹤定年惠九院十杞一廢自海誅棠勅亦城不趨復黈在儆皎咽咽年老旃檜生縣）　明鄒迪光雪堂詠懷詩夙抱理人術亦懷憂民心如何事纓

牽託志翰墨林薄雲逗疎館當軒列遙岑喜絕人吏跡兼乏鳥鵲音對此坐偃仰南薰盪衣襟鳴琴不下堂古人予所欽　國朝劉子壯雪堂詩四壁冷冷畫雪圖到來應有古心俱未知堂上登臨者得似當年二客無　于成龍乙卯春題雪堂詩竹筍纔生黃犢角蕨芽初放小兒拳試尋野菜和香飯便是黃州二月天　陶樑甲辰十一月十九日集僚友於雪堂預祝東坡生日詩赤壁開筵賓從列一鶴南飛夜吹笛江山猶是昔人非五百年前記生日公有大名遇不偶瀕於危亡常八九文章宮內歎奇才姓氏朝中推黨首詩案烏臺罪未明謫居五載黃州城營巢幸託潘邠老耕地偏勞馬正卿量移手札由天意從此迴翔頻一易地揭來杭潁濬西湖兩郡至今留水利要津權門絕附攀一生謇諤立朝班不因差役阿君實早爲青苗詆半山升沈宦海誰能料重入中書掌制誥益招讒忌禍機深編管炎荒人不到久以井州作故鄉臨皋風月未能忘可憐九死南遷日猶道歸心負雪堂我忝詞壇稱後進湘南移節來山郡謁公遺像讀公詩淵源自古心相印酒醴紛陳預告虔此邦僚友喜多賢早知雅興耽山水合有清音勝管絃夢中萬里仇池石侑以清泉望來格人閒俎豆會常新畫裏鬚眉渾似昔紛紛舊事說元豐恩怨消時論自公不用當筵歌楚些招魂只唱大江東

南堂在臨皐南畔宋蘇軾所築與蔡景繁書所謂近葺小屋強名南堂是也　蘇軾南堂詩江上西山半隱隄此邦臺館一時西南堂獨有西南向臥看千帆落淺溪暮年眼力嗟猶在多病顛毛卻未華故作明窗書小字便開幽室養丹砂　他時雨後困移牀坐厭愁聲聒客賜一聽南堂新瓦響似聞東塢小荷香　山家爲割千房蜜稚子新畦五畝蔬更有南堂堪著客不憂門外故人車　掃地焚香閉閣眠簟紋如水帳如煙客來夢覺知何處挂起西窗浪接天　蘇轍次韻詩江聲六月撼長隄雪嶺千重過屋西一葉軒昂方斷渡南堂蕭散夢寒溪　旅食三年已是家堂成非陋亦非華何方道士知人意授與爐中一粒砂　北牖清風正滿牀東坡野菜漫充腸華池自有醍醐味丈室仍聞薝蔔香　鄰人漸熟容賒酒故客親留爲種蔬佳穩不論歸有日船通何患出無車客去知公醉欲眠酒醒寒月墮江煙牀頭復有三升蜜貧困相資恐是天

一枝堂在城內宋時建堂前有大梅樹一株　黃岡茅志云疑即東坡梅王志知府郭鳳儀重建洗墨池旁今廢

寒碧堂在東門外何氏園宋何頡之兄弟作此以待蘇軾軾爲畫竹石且賦詩

蘇白堂在考棚內有康熙閒江南布衣毛會建書蘇白堂三字額後爲學政吳省欽易名育才堂嘉慶八年邑人王宗華重建考棚復其舊名　王鑾蘇白堂記黃州督學試院之廳曰蘇白堂相沿者百餘年矣額爲康熙己未毛會建題會建字子霞吳名士而客楚者也堂故無記解之者以蘇爲宋文忠公以白爲唐太傅又蘇居東坡其名與白刺忠州時所謂東坡者合二公出處略相似連而及之所以爲一郡光口耳相傳不能辨以爲非也乾隆辛丑督學吳公白華見而非之謂白曾未至黃且人代不當居蘇後蘇爲遷客亦與試事無關爰去舊額更以育才名之如是二十餘年然而人之稱蘇白也仍翕然無異詞若有不可得而奪之者嘉慶癸亥黃岡王宗華兄弟出己貲大新試院成有日矣於廳額獨齗齗焉乃周諮而及其里之人王鑾曰蘇白堂可復乎曰可有說乎曰豈可無說而漫爲之曰雖然其必有以說之否則後之人或且謂蘇白之終不如育才而又改之也鑾曰諾鑾聞蘇公居黃州時嘗得寶鏡一枚古光黝然洞徹纖末背有銘字體兼篆隸左龍右虎輔之察之則漢代故物銅出於白水之陽稱之爲白水鏡公錄其銘事載仇池筆記白水之云亦揚州水心鏡類也古之善相士者每以鏡稱後漢司馬德操稱水鏡先生唐李固言及第亦有芙蓉鏡下之兆夫鏡

可儗人而蘇公之白水鏡又適得之黃州之地然則蘇門也
者蘇之白也蘇之白者黃州之鏡也黃州之鏡者巡試黃州
之督學也言鏡則顯而寬言蘇白則隱而切有美之堂不言
湖山黑君之堂不言畫竹額語醞藉往往有之蘇白者亦猶
是爲耳且郎吳公所謂育才者思之考校之方鼓舞作興之
道未有不原於公且明者鏡之爲用也以推移則不若權衡
以變化則不若陶冶然而虛中無我過物肖形屢照不疲毫
髮莫遁公與明兼至而推移變化之道即在其中育才者當
如是矣是故育才者督學自有之職與必有之心顧非其人
如鏡而何以外不曠職內不疚心而恢恢乎盡其能事則蘇
白者育才之本也漢有善銅出自白陽取鑄爲鏡清剛而光
此非蘇公所獲白水鏡之銘乎舉此以獻督學奚不可者宗
華兄弟悚然而興曰有是哉今請
仍以蘇白額之而記諸此廳之壁

四望亭在城南高阜即今培風亭詳前高寒樓 宋蘇軾雨晴後步至四望亭下
魚池上遂自乾明寺前東岡上歸二首雨過浮萍合蛙聲滿
四鄰海棠眞一夢梅子欲嘗新拄杖閒挑菜鞦韆不見人慇
懃木芍藥獨自殿餘春高亭廢已久下有種魚塘暮色千
山入春風百草香市橋人寂寂古寺竹蒼蒼鸛鶴來何處號
鳴滿夕陽

如畫亭在城東南隅高阜宋王禹偁建即舊東樓閣址或云晉陶侃嘗登眺於此今祀奎星名奎星閣

會遠亭在城北宋王禹偁建

覽春亭在城南宋韓琦建有詩

春草亭在城東南安國寺左宋韓琦建 國朝知府許錫齡重建有記載縣志 明王用予遊春草亭詩身返黃州心頓寬古亭憑眺快瞻韓閒遊不向愁中住久客渾如
夢裏看藹藹春光無俗礙青青草色是奇觀名賢隨地留芳
蹟賦就新詩再倚欄 國朝陳大章春草亭詩萋萋春草漾
春風緬想當年燈火紅鐘鼎三
朝垂盛烈動名只在讀書中

臨皋亭在城南江濱乃古之迴車院也通志原名亭後改爲館 **宋蘇軾嘗寓居嘗曰亭下大江半是峨嵋雪水爲築南堂於此後廢 國朝康熙間知縣李經政建亭於址以憩行人** 蘇軾遷居臨皋亭詩我生
天地間一蟻寄大磨區區欲右行不救風輪左誰云走仁義
未免遲寒餓劍米有危炊鍼氈無穩坐豈無佳山水借眼風
雨過歸田不待老勇決凡幾箇幸茲廢棄餘疲馬解鞍馱全
家占江驛絕境天爲破飢貧相乘除未見可弔賀澹然無憂
樂苦語不成些 陸游月下步至臨皋亭詩芒鞋踏松陰迢
此船未發清遊豈無伴三友風露月山川鬱盤紆鷗鷺浩滅
沒當年老先生想像散醉髮浮生等昨夢久已埋玉骨吾儕
幸強健何事拘簪笏 國朝宋如辰泊臨皋詩薄暮臨皋驛
蕭疏客鬢斑雲端迷夏口煙際認樊山噴壑聞龍吼投林羨
鳥閒龍湖有茅舍松月應常關 黃利通臨皋詩十年路不
向臨皋故國雲山笑二毛鶴掠寒江歸夢幻鵲飛深夜戴星
勞梵鐘響落嚴千尺漁火洲攢水半篙訪舊幾人顏似昔尊
前還作少時豪 趙翼臨皋亭詩臨皋亭迴倚江隈玉局曾
經謫宦來海內頻年傳死信宮中深夜歎奇才江山故宅鴻
泥在風月扁舟鶴夢迴到此始
憐生也晚屐綦不及一追陪

快哉亭在城南宋清河張夢得謫居齊安時建蘇轍詞有云一點浩然氣千里快哉風即此今移府治內西北 宋蘇轍快哉亭記見金石 陳師道和魏衍同登快哉亭詩經時不出此同臨小徑新
催草舊侵欲傍江山看日落不堪花鳥已春深來牛去馬中

年眼朗月清風萬里心故著連峯當極目回看幽徑遶雙林
賀鑄上巳後一日登快哉亭詩上巳信嘉辰流觴傳舊俗
良游悵不遂吏局方有屬東風吹小雨萬竅嗥林麓疑有泊
舟人狂歌河汝曲逾期始澄霽物色如新沐城角趨危亭登
臨慰幽獨紛華掃不見蝴蝶飛平綠茫倚窮夕矚悠哉此心
目 又病後登快哉亭詩經雨清蟬得意鳴紅塵開處見歸
程病來把酒不知厭夢後倚樓無限情鴟帶殘陽投古剎
草將野色入荒城故園又負黃華約但覺秋風髮上生

遺愛亭在城南安國寺內宋元豐中徐大受字君猷**爲郡守有善政既去民建此亭蘇軾因以名之** 宋巢穀遺愛亭記何武所至無赫赫名去而人思之
此之謂遺愛夫君子循理而動理窮而止應物而作物去而
復夫何赫赫名之有哉東海徐君猷以朝散郎爲黃州未嘗
怒也而民不犯未嘗察也而民不欺終日無事嘯詠而已每
歲之春與眉陽子瞻游於安國寺飲酒於竹間亭擷亭下之
茶烹而食之公既去郡寺僧繼連請名子瞻名之曰遺愛時
穀自蜀來客於子瞻因子瞻以見公公命穀記之穀愚樸羈
旅人也何足以知公採道路
之言質之於子瞻以爲之記

任公亭在城東南宋任伋爲黃州通判嘗游息於定惠院既去

郡人名其亭爲任公亭又於亭西建師中菴師中伋字也宋蘇轍師中菴記見金石

覽勝亭在北城上高阜明宏治間建萬歷初知府潘允哲易石亭國朝王心敬題覽勝亭詩覽勝昔曾懸夢想[illegible]淩風今竟躋亭檻凭欄果見楚天盡仰睇眞疑帝座通漢水新添春浪白樊山遙現瑞雲紅兒童竹馬官街滿爲是前辰迓郭公

一覽亭在城北國朝陳大章黃州城北一覽亭詩孤亭如戴笠睥睨出林坰江瀉盤龍影山奔萬馬形荒城圍宿靄萬井落遙青徙倚飛鴻外狂歌答渺冥王心敬江天一覽亭詩江城雨霽春風開樹裏樓臺江外山莫道茅亭官舍近城頭姑射此亭閒

望省亭一在城山明知縣簡霄建一在黃龍巖西明邑人陶仲文建

西爽亭在府署內　國朝通判宋犖建王式丹黃州西爽亭冬杪漫興二首觚棱亭子

冠山城日日登臨倦眼明天影南垂千嶂合浪花東捲一江橫留連平楚斜陽在寂歷虛簷朔吹生怪底白頭搔更短思鄉懷古劇關情　渺渺愁予望未窮遺蹤指點向寒空月波樓敞傳宵柝[illegible]春草亭荒入梵宮[illegible]今凍合坡陀橫北郭凋殘楊柳待東風年時是處關心事只在淒迷杳靄中

笠屐亭在府治雪堂前有石刻東坡笠屐像國朝陶樑笠屐亭詩笠屐會探野寺春坡仙遺像至今新批評風月都無價管領江山大有人名重郊祁原不忝黨分洛蜀果何因文章氣節俱千古漫說商邱是後身

宜亭在府治內　國朝知府王勍建王勍宜亭記公署之西南隅舊有亭曰快哉蓋宋遷客張夢得會作亭於其室東坡居士以是名之其弟潁濱爲之記然非其地矣案志宋元時郡城遺築在今城南二里許又曰定惠院下有快哉亭則遺址當在今清淮門外豈在城隅哉余來黃度其隅不宜亭遂移而少北數十武廣狹高下悉仍其舊制有老坊人曰數十年前亭原在是余笑曰是誠宜亭矣遂名之曰宜亭昔王元之記竹樓覽其勝概多所宜焉要之雨雪琴詩之宜其小者也周京蒲盧之政亦曰合人情宜土俗而已詩天保之章九如之頌亦曰罄無不宜而已宜之時義遠矣哉余之於此亦曰地宜亭則亭焉而已且雖易快哉舊名正爲亭存其眞蹟或亦循名責實之義也夫

鴻軒宋張耒初謫監黃州酒稅繼爲倅後貶房州別駕安置於黃凡三至黃建此以居張耒記云鴻軒者文潛讀書舍也客有言曰吾聞之時其往來以避寒暑之害而高飛遠舉能使弋人無篡者鴻也今子以驚暗不見事幾得譴辱於聖世蒙垢忍恥於泥塗苟升斗以自養而欲自比於鴻不亦愧乎張子曰子之言是也然余居此以己卯之秋其遷也庚辰之春與夫嗷嗷陂澤中獵食以活秋至而春去者得無類乎客曰然　國朝王乃斌鴻軒懷張文潛詩一卷柯山集千秋黨籍名死生交誼重得失宦途輕輪麥邀鄰酒浮雲慨帝京欲尋三到處江上雁鴻驚

壁陰軒宋黃庭堅甥洪芻爲黃州酒正牓其居曰壁陰軒庭堅銘之黃庭堅壁陰軒銘云甥洪芻駒父仕爲黃之酒正勤其官不素食矣又能愛其餘日以私於學名其所居曰壁陰軒余內喜之曰在官而可以行其私也惟學而已矣爲之作銘　惟道集虛觀我鏡中年耆典學考道則窮聖語道朝聞夕死調高不知千世一士觴豆舞歌不愛其光孰能劬書自憂面牆挾書呻吟白駒過隙我以道會何直尺璧古者

寸陰不易千乘之國得道之根則有枝葉務華絕根安事奕奕渴日者揠苗罪歲者不芸茅勿亟勿遲能時者謂之君子

嘯軒在城東南定惠院宋蘇軾定惠院顒師爲余竹下開嘯軒詩啼鴂催天明喧喧相詆譙暗蛩泣夜永喞喞自相弔飲風蟬至潔長吟不改調食土蚓無腸亦自終夕叫鳶貪聲最鄙鵲喜意可料皆緣不平鳴慟哭等嬉笑阮生已疏狂孫子亦未妙道人開此軒清坐默自照衡風振河海不能號無竅累盡吾何言風來竹自嘯

蒼蒼閣在柯山明王同軌讀書處明吳國倫飲行甫蒼蒼閣醉題詩臨皋萬戶充南郭中有詞人讀書閣野客能乘野興來一覽山川窮二鄂山川佳氣鬱蒼蒼白雲黃鶴遙相將庾亮南樓隔烟水春申故壘平林塘林塘烟水自今古吳魏分爭誰足武有酒且醉醉且歌圖麟畫鳳俱塵土塵土從來易誤人偏君閉閣甘沈淪爲問江鄉幾知己能令此地生精神

郭善甫故里在庶安鄉郭家新砦南王陽明過訪留三日題聯於堂曰泉石不知尊爵貴乾坤何礙野人居萬歷中知府瞿汝稷書王文成高弟清平令郭公善甫之里刻石明耿定向郭善甫先

生里表岐南十里許有一坡郭公名慶字善甫中正德丁卯鄉魁仕爲山東清平令有蓋敦洵篤行人也爲舉人時從文成王先生游最久文成念其篤實常延爲館師其所提訓者甚悉具錄文成集中比歸則以其聞諸文成者接引里中後生因而興起者甚衆不具述里有郡庠彥吳君名艮吉字仲修者故篤孝人也性資視善甫尤其敏感母訓師事善甫因爾產爲貧附善甫舟中往越謁文成行將抵越善甫一夕大憤忤中夜呼仲修曰夜來自省胞中向有俗念如許如此夾雜心安能領受先生教耶揃心痛自刻責不已徐質仲修曰子時自省如何吳仲修對曰此來一志惟求王先生教更何俗念善甫訶曰汝胞中猶蟲賊竊巢多少藏匿在末細自省察便謏謂無仲修曰但此志一眞便雜念自消何須防檢至此善甫曰不然必搜滌諸雜念盡淨廓清後此迺有樹也舟中昕夕爭論未決既至越謁文成已各就館文成時深居簡出出應四方來學者就質有常期一日值文成出應來學期善甫趣吳以前論辨語往質正文成時燕居樓上餽饋聆仲修語已不答第目攝而指示之曰子視此盂中下便能載此餽此案下便能載此盂此樓下便能載此案地又下便能載此此樓人貴能下下乃大語已便目攝仲修者再竟不理前問語仲修退就舍善甫問先生時何語仲修咽哽不能應第潛然涕數行下也善甫後以循廉著其孫名知易中萬歷已卯鄉試仕爲四川中江令有治聲膺召補工部主屯田事蓋世濟清白云仲修年八十力學不倦屢空終身晏如也有栗里柴桑之風皆無愧師門云天臺病叟曰文成之鑪錘人也不在言論辨折即精神盼睞間其陶鑄多矣雖然即郭吳之舟中省憤若此彼志學初已自得師矣豈漫然繫籍者倫哉前輩之發志爲學也大都若此吾儕志學者視之可省矣

茶村在城內鳳凰墩側明杜濬故里　國朝道光十七年邑士即其地建祠奉濬粟主知府楊庚題額曰飢鳳舊軒後燬於兵邑人劉維楨重建

王德新建茶村祠記余塵黃郡文學椽歲在甲申迄癸巳舊好易荀樵來秉邑鐸相與抗談每及杜茶村先生輒奇其詩高其節次年江安楊星山庚以望郎嗣爲郡伯予方請老悤悤謁辭而公之服膺茶村與荀樵無異並詳詢其址余以聞於及門汪生士倫者告之曰村在縣學署北倚高阜俗名鳳凰墩殆緣先生之飢鳳軒而傳是名也今榛蕪矣太守睪然神往者久之余尋去黃荀樵遂力謀建祠專祀糾合邑紳吳君光第及弟光斗朱君兆斗黃君自宸馬君希亮沈君之銓王君祚賓龔君斗南魏君鈐汪生士倫與弟士俊戴君光鈞暨余年友嚴君垣之弟璜等踴躍赴功鄉城共學者翕然和之特以事有先後及其亟者大者首修文廟次及節烈祠次至東坡暗井至丙申賡續告竣而荀樵及王魏馬三君相繼謝世茶村祠乃尙有志未逮也今秋杪汪生士俊謁選來省攜其兄倫書至始知茶村祠成於客冬已於今春先生生辰奠爾妥靈矣兼述落成之日太守於祠中手書志士不忘及飢鳳軒額且書先生梅花伴讀圖繫之以詩將刊石懸壁與雪堂鴻軒爭韻無何太守淹忽捐館黃人士爲之失望然祠事則自此盛興重九日吳汪二君治具招余齊年現任教諭周君緝化及伊戚劉君勳西齋萬君閒暨同志十數人於祠中特祀陶徵士而主以先生重靖節益以表茶村也遠近詠其事者蓋繼屬不絕云吾因之有感矣夫以遺老高風如茶村先生其祀於鄉也奚愧以尙文慕義如齊安士大夫其崇斯祀也奚疑而祀而禋之鼓而歌之乃遲在二百年後甚矣論定之難也噫嘻躋香俎豆報稱有時世之殉名者欲持矯矯之節市重於悠悠之口而且期之且夕之閒豈不謬哉抑余尤有私幸焉昔太史失不與東封儀嘗以爲恨今茶村祠榮觀超然而楊太守易司訓及王魏諸君拳拳建謀者皆不及躬慶其成余樂未瞻拜几筵猶得以耄年殘喘與聞盛會且承諸舊遊爲詩作記若相待然意者余與茶村翁亦有身後緣乎何幸如之爰不辭老拙而爲之記

熊賜履春日飲茶村精舍詩春陰吹不散此日恰新晴劇飲予非醉狂歌予獨清消祛塵俗慮想見古人情飽德非虛語如蘭句已成

王一煌題杜茶村故里詩吳楚詩人命不猶自來詞賦獨悲秋天將故老存文

獻道爲先民甘放流青冢碑應銘處士白頭義弗學留侯招魂三閭家何在痛哭江南淚未收

徐上鏞謁杜茶村先生祠詩滄海浮雲變莫測浩蕩乾坤老孤客文章志節垂光黃飢鳳千秋有生色樊川後人茶村翁少鬱奇氣悲奇窮縱橫游跡半吳楚廓然六合橫胸中晚年歸臥蔣山麓千樹梅花數椽屋閉門謝絕冠履交一編自伴梅花讀落落風塵孰吾偶合向林泉終白首一抔鍾阜葬詩人人與青山同不朽風流淪落二百年瓣香梓里欽前賢近來赤壁訪遺址崇祠屹立鄰坡仙我來展拜頻欽仰變雅遺音誰嗣響鳳凰墩畔白雲飛髣髴英靈自來往吁嗟乎勝代人文半榛杞虞山合肥今已矣茶村當時老布衣俎豆馨香乃如此俎豆馨香良有以百世聞風且興起

智林村在城外東南隅明王一翥讀書處

王一翥智林村答友詩入市非無事投巖好獨還長謠慚鳥度冥泛喜燈開曉霧思營騎春衣戀故山可憐鉦鼓急十載未開顏

國朝金德嘉王子雲先生故里四首竹瓦樓前乘舴艋康王谷宗臥斜曛柴桑依舊晉居士有字羞同揚子雲 註先生圖石日生淺李桑同字鬱陳蘇疏齡五處上之一鬱辟不就者也 智林村裏著麻衣回首鄉園萬事非書寄貧交黃御史鈞臺痛哭雨中歸

五老峯頭墨不乾校讐當怕後生難飢驅偶出烟霞窟阜帽峩峩管幼安

疑獄平反只片言當筵立雪故人寃盧枏徐渭吞聲日壇坫何人此義存 註先生客潘司李衙齋會廣濟吳約

容亮閔幸連訟繫司李怒其偁深文案之先生厲聲曰是嘗以明經三上書劾宰相侍郎者今老矣又善病豈能殺人者
耶司李悔悟事竟得解 王柏心智林村詩阮籍悲窮轍王尼宿露車
家門忠孝後天地戰爭餘削跡空逃世
荒村此讀書誰知高隱地翻遣羽人居

蘄巫驛相傳在臨皋亭右唐刺史左震斬巫處事詳秩官傳

海棠橋在城北橋側多海棠故名宋秦觀嘗醉臥此橋留詞其上今廢

韓氏園何氏池尙氏園皆見東坡志林其地未詳

蘄水縣

軑縣廢城在縣西南四十里漢縣惠帝封長沙相黎朱蒼爲侯國案漢地理志江夏郡有軑縣故弦子國水經注云城在山之陽南對五洲 劉宋孝武帝自此討元凶劭改軑爲孝甯齊因之後周廢

蘄水故城在今縣東三十里闗口南北朝宋文帝元嘉二十五

年以豫郡蠻民立縣於此宋書地理志西陽太守領縣蘄水是也 唐武德四年省蘄水入蘄春此城遂廢

郭默城在縣東通鑑陳大建五年郭默城降注晉氏不競劉石强盛郭默轉徙而南築城自保故有其名

巴河廢城明大學士姚明恭築以禦流寇未幾圮今尙有文瀾門城門山箭樓口等名

黃城鎭在縣東南五十里接蘄州界有古刹黃城殿相傳宋高宗南渡曾駐蹕於此遂名黃城後土人易爲東嶽府今廟後有古松偃若虬龍非近物也

城山在縣西三十五里有吳王孫權土城故址 國朝官撫邦城山即事詩託身千仞巓誰念深淵墮蚩蚩人事中緇俗同行坐飢餐飽復眠頹然無一可以此消其年寸心驚石火斜石冠層林樵聲起松檟俯此蒼蒼陰鞠躬語樵者樵心亦太古睨斧皤然罷安能伴汝輩移住巉巖下

伍洲在縣西南四十里大江中一統志謂伍員適吳過此因名王志注水經注作五洲以洲五相連故名宋孝武帝舉兵江洲建牙其上紫雲蔭之郎此周伍員渡江時漁父歌云日月昭昭乎寖已馳與子期乎蘆之碕 日已夕兮予心憂悲月已馳兮何不渡爲事寖急兮將奈何 蘆中人豈非窮士乎宋蘇軾王齊萬秀才寓居武昌縣劉郎洑正與伍洲相對伍子胥奔吳所從渡江也詩君家稻田冠西蜀擣玉揚珠三萬斛塞江流柹起書樓碧瓦朱欄照山谷傾家取樂不論命散盡黃金如轉燭惟餘舊書一百車方舟載入荊江曲江上青山亦何有伍洲遙望劉郎藪明朝寒食當過君請殺耕牛壓私酒與君飲酒細論文酒酣訪古江之濆仲謀公瑾不須弔一酹波神英烈君自注揪州伍子鄂廟摋英烈王

散花洲在縣東南六十里吳周瑜破曹兵釃酒散花勞軍於此 國朝鄧漢儀散花洲詩横槊高歌月滿船東南風起燄連天極知江左人才盛無那周郎更少年

蘭谿在縣西南四十里多出山蘭唐以此名縣今改作鎭 唐杜牧蘭

谿詩蘭谿春盡碧泱泱映水蘭花雨後香楚國大夫顦顇日應從此路達瀟湘 宋楊萬里宿蘭谿水驛前詩合眼波吹枕開簾月入船奇哉一江水寫此二更天朧欲酣清賞翻愁敗醉眠今宵懷昨夕雨臥萬峯前 國朝顧景星蘭谿詩飛雨自東磵湍流抱西岡瀨自英六谿眾溪流遡蘄木蘭入於江西沿河聽沙響曲折通舟航旭日水上出澄光蕩青蒼石壁閱人代流傳半荒唐陸泉旣已失丹井安能詳筆沼訪墨竹圮橋猶綠楊向非蘇黃輩佳境何繇章空明四十里三月春草芳撫影歎變化懷賢多感傷奚篠詒蘭谿詩著經陸羽樂幽棲占斷春泉任品題茶圃何年潮水沒雲山每日夜烏啼香蘭泣露鷺烽火驛馬嘶風怯鼓鞞逋客於今最苦遊人莫問楚江西天下第三鄧在溪中

巴口卽巴河口南齊東昏侯遣十三軍拒蕭衍所進屯處 宋蘇軾曉至巴口迎子由詩去年御史府舉動觸四壁幽幽百尺井仰天無一席隔牆聞歌呼自憾計之失留詩不忍寫苦淚漬紙筆餘生復何幸樂事有今日江流鏡面淨烟雨輕羃羃孤舟如鳧鷖點破千頃碧聞君在慈湖欲見隔咫尺朝來好風色旗尾西北擲行當中流見笑眼清光溢此邦疑可老修竹帶泉石欲買柯氏林茲謀待君必

薛家湖在縣西南二十五里明成祖知薛均貧甚命有司給官

湖頃餘爲贍養資故名又名欽賜湖

龍潭在縣南一里宋蘇軾乘月泛舟處潭側石壁立鼓之聲輒應名打鼓石有蘇書擊空明三字見金石明邑人胡仲謨書繼蘇二字於上明譚元春游龍潭尋蘇端明所書擊空明石詩一河風日守夏水來寂寂回環舟不息相就石磊歴石上三字寒不爲苦所食江漲有來去波撇幸未漬如茲空與明何物爲之擊擊之以幽獨雷霆於焉息未免千年枯搠水親潤滌同趣非一人爭來致涓滴剝剔數小字欲向坡求益細認始覺非三歎惜心力

筆沼俗名洗筆池在縣東二里清泉寺世傳王羲之洗筆於此今池畔小竹猶漬墨痕國朝顧景星洗筆池詩文竹留餘墨千秋照水涯如何右軍意獨許此君知老筆孤鴻爪前賢一字師接籬堪倒著日日醉山池

天下第三泉在蘭谿驛東數里南嶽廟後唐陸羽茶經品爲天下第三泉明萬歴間知縣游王廷刻石記之縣志三泉之名本唐張又新煎茶水記云得之楚僧煮茶記謂代宗朝李季卿刺湖州至維揚見陸鴻漸處士筆記曰蘄水蘭谿石下水第三乃二十水與中之一也洎宋歐陽修作大明浮槎水記俱云又新所記與茶經相反或妄附益之蓋以又新爲人不足與故斥之然茶經論水云山水上江水次井水下又云山水乳泉石池漫流者上今惟蘭谿石下水味醅色如醴試之非他水可及則此泉宜爲羽取惜永叔未至蘭谿親試之又縣東鳳棲山下有泉一統志亦稱茶泉明大梁卓世彥建茶泉亭今圮宋王禹偁陸羽茶泉詩甃石封苔幾尺深試嘗茶味少知音惟餘夜半泉中月留照先生一片心　明卓世彥由清泉過茶泉建亭其上詩浠水多泉瀑茲泉獨擅名先賢風已遠而我感常生煮茗何年事開亭此日情枯腸煩渴久一掬有餘清　國朝顧景星尋第三泉詩分茶陸處士戴笠老坡仙荒草迷前路名山仗後賢莅蘭空磧裏煙雨大江邊誰道寒蛩失廉泉在目前箏磤觚隸乾五　張仁熙陸羽泉詩造物有奇珍異類相與資權衡既有託遂爲達者師陸生雁橋客彷佛神仙兒茶論與茶經幽賞僻如癡天遣在山泉淨一發其姿有如出世友羽翼相差池陸生好澄潔易牙乃所嗆辨茶復辨水羣泉赴所司神光一以燭尺寸靡有私蘭谿數百里合香到江湄有泉伏谿側如蘭不可窺陸生產竟陵訪嚼敢倭遲一飲輒投契秋光滿淨瓷蒼涼天地閒位置已匪夷綈三側聞高士逝泉亦葆幽奇又如天地閉賢哲老茅茨苔碑空剝

落有若商山芝始知造物理隱見各有時孤舟一回顧愴惻起相思　李滋三泉詩芳泉獨湧向沈潭似遜高明品第三石火漫煎消宿渴松濤徐沸助雄談時分子午同潮汐地繞蘄蘭擁夕嵐我欲攜鐺巖下住細將茶味靜中探

伍員井在縣西一統志云伍子胥適吳過此淬劍

丹井在縣東一里相傳張道陵煉丹於此今在神光觀側一統志云此水能解熱疾

義井在縣東相傳漢壽亭侯淬劍於此

葛洪精舍在縣南十里葛公山相傳晉葛洪隱處國朝楊繼經葛洪精舍詩逃名欲與白雲深攜得煙霞種石陰鐺煮青泥松作爨洞呼明月鶴依林西流無盡澆僊藥天馬常看長道心可是昔人乘鯉去鹿門精舍晚鐘沈

閒雲樓在縣南龍潭岸側明太常官應震建官應震登閒雲樓詩序云浠邑山川甲於郡屬其南門對岸峭壁巉巖臨水依山數千百年僅一東坡居士爲此地知己而以擊空明三字鐫之巖石先恭人藏魄處距邑治可六十里而遙余諸生時以展墓取道城南尾先中議大夫后低徊留之不能去者蓋三十年往矣先中議有意卜居而未逮也會歲戊申大浸稽天祖居黃岡之烏林鎮苦懷襄甚迺徙而浠故以黃岡人遂爲浠人者始此於時卽從巖上創有小樓命名閒雲且晚憩息身世都忘不謂以進賢冠別此樓去荏苒官轍歴如許居諸而後乃今得解組歸也登樓紀事爲歌一章聊以寫山水之癖云爾　黃正色登閒雲樓詩蒼蒼城外山有樓踞其卓下瞰百丈巖常疑鬼工鑿四峯以情來碧流自天落登樓想主人寄意何淵邈十年近君王諫草如山岳一旦泉石遊對人還卻坐臥狎鷗鳥去來忘疏數醉夢山水閒虛舟寄寥廓山雲尚未閒沈潭非漠漠獨有君子心閒哉倚雲閣　黃耳鼎同王五岳春泛南潭望閒雲樓兼呈主人前官太常先生詩南潭潭水春雲生輕舟漠漠棹春明遠山涵青氣欲動滄我舟中搖曳情巖頭羣木鬱幽光桃花脈脈隱雲房雲房流雲雲有聲飛入花枝雲作香主人有樓臨潭水閒向潭心看雲起須臾變滅古松閒雲滅雲生潭如此隔岸黃埃隱城郭渡口漁人歸日落與君蒼茫略煙去回首巖松啼老鶴　周之訓題官太常閒雲樓詩閒雲閣下愛雲閒欲共雲閒雲已還出岫何心聊復爾與人近玩似猶慳春迷花鳥丹梯逕畫抱蛟龍碧水灣無俟遠煩神女約閒中來往異巫山　國朝官撫邦閒雲閣詩人區誰得似雲閒時宿清溪時度山遙作雨奇晴亦好澹

籠城去樹都刪主人出岫同無意潭影當窗不掩闌蒼碧寒松送流水朝朝閒往袖雲還

練光樓在縣治內　國朝知縣劉佑建劉佑署內隙地爲築練光樓成漫題詩山樓初眺日秋色壯簾旌遠渡來江岸飛泉雜雨聲酒難消客慮詩可發幽情信美非吾土徘徊百感生　官撫邦題練光樓詩環城皆水碧涵堂誰解當琴引練光持此素心同澹澹超然絃指竟洋洋曉簾霞舉箋爭秀暑榻星回夢亦涼不數季疵泉品第逍遙吏事即滄浪

太乙閣在縣西七十里巴河鎮明大學士姚明恭建姚明恭太乙閣初成賦詩太乙閣下江之水蒼茫海腹崑崙起寰中日月發天奇倚裏鴻濛吹浩髓問道何年說古今閒雲片片飛山陰收作藜光照夜半風聲雨聲驚不散投簪結構此江干願攬煙霞煮作餐萬億千秋峙碧落詎羨白雲與黃鶴　國朝鄧漢儀巴河鎮登太乙閣詩平津賜第久荒蕪傑閣巍然瞰楚都高處衡廬天外伏到來雲夢雨中無千家烟火猶洲渚幾葉風帆自畫圖會是赤眉燒不盡奎光深照斗牛孤

迴瀾亭在縣南宋蘇軾游此見水盤旋書激湍二字於石壁明

成化間知縣潘珏建亭王志又有李白所書鳶飛魚躍字縣志云王羲之書

壘嶂亭在縣城內一統志云宋蘇軾所名縣志云溪南文昌閣即蘇公亭舊址

春曉亭在縣東里許玉臺山前　國朝楊繼經建旋燬乾隆二十三年知縣邵應龍重建楊繼經城東隙地與劉雲麓使君構春曉亭其上率題以志始事詩綠楊晴崦一溪橫新築園齋附郭城不爲蘭畦多闢地肯因莎路獨躬耕白雲渺渺當窗落青嶂層層隔岸生誰道髯公呼不應數聲杜宇晚春情　又憶玉臺山春曉亭詩玉臺芝老狠煙矗三十年前山盡禿玉臺花發春雨深又向巖邊結茅屋屋前寂歷春曉亭春花爛漫春山青春泉欲斷不復斷春鳥未聽時可聽三年此別意長往石門苔磴隔塵壤昨夜燈前夢落花依稀似到山亭上

綠楊橋在縣東里許宋蘇軾會醉臥其上作綠楊橋詞因名蘇軾綠楊橋詞幷序春夜蘄水道中過酒家飲酒醉乘月至一溪橋上解鞍曲肱少休及覺亂山蔥龍不謂人世也書此詞橋上　照野瀰瀰淺浪橫空曖曖微霄障泥未解玉驄驕我醉欲眠芳草　可惜一溪明月莫教踏破瓊瑤解鞍敧枕綠楊橋杜宇數聲春曉　明劉允昌和蘇軾綠楊橋詞漠漠野雲生壑亭亭岸柳干霄秋原粟熟雉囮驕夜半猶啼芳草　共是風塵小吏桃李難比瓊瑤披襟岸幘過溪橋人醉蒼茫天曉　王一翥綠楊橋詩秋靜垂楊柳人行渡石橋高明遠塵俗非爲解鞍勞　國朝顧景星尋綠楊橋詩悠然今古事杜宇一聲中誰臥橋亭月偏當酒旆風舊隄無老樹野店發新叢往蹟知何在溪光處處同　張素臣綠楊橋遺址詩名勝久荒蕪滮川有遺址春曉亭畔橋綠楊三五里清泉蕩芳蘅墨沼滋蘭芷一片杜鵑聲凄凄沁人耳自昔坡公來明月爲知己醉倚綠楊根敧枕臥不起綠楊橋上人綠楊橋下水從倚問前蹤煙草迷離爾

麻城縣

麻城故城在縣東十五里晉石勒將麻胡秋所築北齊置衡州梁置信安縣隋開皇十八年改曰麻城唐元和三年省入黃岡大中三年復置元末邑人姜銘等創築今治此城廢

赤亭故城在縣西南北朝宋文帝元嘉二十五年以豫部蠻民

立赤亭縣屬西陽郡孝武大明八年併入陽城梁建甯太守黃天賜復築城於此案一統志北周及唐於麻城置亭州赤亭當以此得名又九域志岐亭有廢縣今考宋元嘉時所置縣有赤亭無岐亭意赤亭即在岐亭歟

長風故城在縣西北亦宋元嘉二十五年以豫部蠻民立長風縣屬西陽郡不詳何時省魏書田益宗傳梁遣軍主吳子陽寇三關益宗遣光城太守梅興之據長風城即此

建甯故城在縣西南北朝宋置建甯左郡孝武大明八年省爲建甯縣屬西陽郡齊復置郡隋開皇初廢

北西陽廢城在縣西北梁置縣陳廢唐武德三年復置陽城縣八年省入麻城

灤城梁建甯太守黃天賜遣其將黃公賞屯此以拒魏將田益

宋未詳其處

北江州故城在縣西梁置魏因之治鹿城關後齊併入湘州隋開皇初別置鹿城縣尋廢

南定州故城在縣東北梁置魏因之治蒙籠城未詳何時省案水經注舉水西北流逕龍成南梁定州治卽此

竹墩城在縣西北通鑑梁天監三年上遣馬仙琕築竹墩麻陽二城於三關南注麻陽卽今黃州麻城縣

東義州城在縣東九十里周以史甯爲通直散騎常侍東義州刺史築城以居卽此

什子山廢縣宋端平閒徙治於此尙有斷碑數石蓋避兵僑治也明季立砦恃險不守爲光山舉人劉鼎鬬所襲

岐亭古城在縣西七十里相傳齊梁閒爲岐亭縣亦十八蠻縣之一陳南康內史巴仲肅屯兵於此卽宋蘇軾訪陳慥處明嘉靖五年增設捕盜通判駐之　國朝改設同知爲邑西保障宋蘇軾岐亭道上見梅花戲贈季常詩蕙死蘭枯菊亦摧返魂香入嶺頭梅數枝殘綠風吹盡一點芳心雀啅開野店初嘗竹葉酒江雲欲落豆稭灰行當更向釵頭見病起烏雲正作堆　國朝陳肇昌岐亭道中次東坡韻詩春風如麥芒春衫如柳汁行行岐亭道細雨忽沾溼村翁勸解鞍好語誇計得客道信人情我行非置急山深畏虎豺亭午收鵝鴨沙路草茸茸槿籬花冪冪小憩倦體舒微酣冷面赤緬彼蘇陳遊茫茫煙水白五年三過從蝛蚣乾忘形墮冠幘灑落千首詩黯澹窮途泣狂攜拄杖遊醉擊唾壺缺往事劇浮雲餘生遞過客遙夜耿清光慷慨百憂集　王元士岐亭古蹟攷岐亭古廢縣處麻治極西之境與岡陂安三邑接壤北距光二百餘里南距黃一百餘里故曰光黃閒前明嘉靖時以盜起西山捕盜通判羅瑞登築城約週五里五門二十八敵樓以守之　國朝易以同知分鎭則岐亭雖非重鎭亦楚黃之局鑰也不綦要哉粤稽水道一自麻邑西流環繞於岐之東一自白沙關今隸黃安東流環抱於岐之西二水合流經九十里至團風入江岐北三里有杏花村卽方山子隱處清端于公建祠顏其額曰宋賢祠祠後墓三中季常先生左大儒甘望魯先生右張愍子合爲一冢碑係開山道人所立惜不傳其姓字再北里許有古松生石上相傳愍子所植大數抱根如蟠繞枝葉四邊披起曲曲盤盤垂蔭數畝之地望之如偃蓋然凡遠近學士大夫以及騷人遊客之賞勝者僉比之大陵之異臺州之奇云近城一山名九螺山西石巖鐫刻詩句卽張愍子休憩處巖前有亭曰逸亭西望江漢如在目前也岐之南一橋據廣輿記所載曰岐亭橋蘇子嘗月夜訪季常過此吟云解鞍敧枕綠楊橋是也至今呼爲東坡橋橋下泉水且重且馨橋之東有桃黃庵林木陰翳王翊號桃黃道人所居故名岐東名硯池畈田萬頃平如抵掌時作墨香是豈地氣之所獨鍾歟抑諸賢侯政治之所感歟其古賢人君子之留芳不泯歟抑醞釀於此以待後來之發洩有時歟是爲攷

龍集縣古城明嘉靖時岐亭通判羅瑞登築城掘出一碑有龍集縣字未詳何代天下郡國利病書引唐巡按疏曰岐亭鎭則隋唐之龍集縣也亦不詳所出存以備攷

白杲戍在縣南三十里魏任城王澄斬戍將吳道爽處

春風嶺一名東界嶺在縣東九十里嶺多梅花宋蘇軾自新息渡淮經此蘇軾過淮詩朝離新息縣初亂一水碧暮宿淮南村已度千山赤麏鼯號古戍霧雨暗破驛囘頭梁楚交永與中原隔黃州在何許想像雲夢澤吾生如寄耳初不擇所適但有魚與稻生理已自畢獨喜小兒子少小事安佚相從艱難中肝肺如鐵石便應與晤語何止寄衰疾　梅花二首春來幽谷水潺潺的皪梅花草棘閒一夜東風吹石裂半隨飛雪度關山　何人把酒慰深幽開自無聊落更愁幸有清谿三百曲不辭相送到黃州

鳳凰臺在縣東三十里孤峯獨秀河流襟帶昔有人於八月十五夜經嶺側時松濤息響山阿寂寥忽若有洞簫聲尋之不見還數十步仍復好音迭送或曰此鳳鳴也故名

白雲臺在縣西北十五里麻姑洞前地形平坦如臺常有白雲籠罩世傳麻姑遊觀之所

雁臺在縣東白臯山之南有石平坦如席相傳釋道一修眞此山羣雁感梵唄聲來集故名

釣臺在縣東二十五里鳳陂河兩水夾流巨石突起河中縱橫各三丈許明邑人周思久建寒碧樓於臺上垂釣其中今石倘存周思久釣臺記去家二十里而近有湖前瞰龜嶺後枕玉山左右重岡抱若城郭蓋勝境也有石形類大龜蹲水心橫三丈許縱倍之居士結茆其上覆土種竹爲門徑雜以花卉湖每遇雨漲水激石怒號如噴雪濺珠咫尺不聞人聲迨流滅浪平鷗浮魚躍居士則載酒棹一葉舟歌漁父辭極所往而後返人望之者以爲仙島也廳事外構小蓬竹中曰環竹蓬蓬右出衡門降階盡石徑曰沙潭潭前曰魚岬潭右渡略彴而西曰攙雲洞洞口盤旋上至絕頂曰柏塢出塢東臨水巖勢斗絕曰小赤壁由赤壁隴行百餘步曰松邱由松邱踰嶺下則逶迤深邃耦耕谷在焉乃耿伯子楚侗所題也居士生平好漫遊足跡幾徧寰宇每遇佳山水輒思卜築未能也乃今不出鄉園而得之日與二三子棲遲於茲追琢頑鄙方欲囊束經史毀棄筆研散愁人間寓樂象外反之吾身神理滾滾不可覊閡乃知出入口耳者遠也吾老矣倦遊將依茲湖而休焉以畢此生則釣臺亦若起予者矣因捉筆記之

杏花村在縣西南岐亭鎮有杏林杏泉宋陳慥隱居處旁爲蘇步橋蘇軾與慥嘗游宴其上故名國朝胡鉉岐亭杏花村記宋元嘉時有赤亭無岐亭說者謂岐卽赤字之譌都不可考案九域志岐亭有廢縣而坡公亦作岐亭詩贈故人陳慥則岐亭之名由來舊矣岐北三里許有杏花村陳季常隱居處也季常洛陽人好賓客喜聲妓號龍邱居士少與子瞻友善後僑寓岐元豐初坡公來黃過岐亭季常謁焉越明年復相見於村中村多佳致繞籬植紅杏數十株每杏林花發落英滿地好鳥嚶鳴春山淡冶如笑林外流泉淙淙循簷下溜空碧澄鮮紅潮掩映似爲西子洗妝行數武風漪宕漾長虹臥波則蘇步橋在焉當是時溪山淨秀花木明瑟微飆側側從絕壁下吹垂楊矮屋閒令煩襟頓洗彼兩人隱囊紗帽把酒淋漓浩歌相賠答視世之俗吏催租抱一部魚鱗冊子夜打柴門殊令人作惡矣第西窗翦燭勝會難常往哲人遙墓木半拱於今不知有宋又安問杏花村都人士當酒闌花謝每樂尋古人軼事惟是悵望九螺搨懸巖碑差得見張愍子遺跡獨至步孤村拜狂先生墓求所謂環堵蕭然者杳不可得但留兔葵燕麥搖動春風未免感慨係之季常死後數百年而有清端于公鳩工庀材墓側建宋賢祠祀陳先生上兩旁風檐虧陰騎令士子諠篝燈兀兀雜誦蓬廬俾歲時伏臘追與前賢依依如覿面語季常雖化爲異物吾知眞誠所感其精悍之色當往來村煙暮靄中諒不與枯木殘花同歸澌滅也嗟乎莫爲之先雖美弗傳杏花村不過彈丸地何眉山過於前清端祠於後以有吾季常耳然則非季常賴有杏花村亦村賴有季常也而岐亭遂與村俱遠矣

桃黃菴黃王志作花在岐亭宋蘇軾記有王翊者得雄黃於桃核內吞之甚甘自是斷葷肉有菴名桃黃自號桃黃山人

萬松亭在縣西七里岡宋邑令張毅植萬松於道以庇行者立亭其中故名宋蘇軾萬松亭詩有引麻城縣令張毅植萬松於道周以庇行者且以名其亭去未十年而松之存者十不及三四傷來者之不嗣其意也故作是詩十年栽種百年規好德無人助我儀縣令若同倉庾氏亭松應長子孫枝天公不救斧斤厄野火那憐冰雪姿爲問幾株能合抱殷勤記取角弓詩　孔武仲過萬松亭詩鬱鬱青山夾路松行人笑語綠陰中排雲架壑無餘地灑面侵襟有遠風一日勞心非欲逸千年流惠亦何窮我來俯仰尋遺愛更喜清虛萬慮空　國朝王琬萬松亭詩植翠欲千尋蒼龍護路深借枝棲伴鶴分影奏瑤琴結綠何知午垂青不辨黔一株留道左猶憶舊棠陰　亭址荒涼處猶存一木支龍蛇驚夜半濤擁覺秋遲影欲摩霄綠材成傲雪姿不愁斤斧盡春入長孫枝

三老堂原名耆英堂在縣治前街右明成化中知縣朱嵩爲縣致仕周鑑李正芳董應軫建後知縣文舜階重修明周思久文侯重修三老堂記成化間吾祖觀察使孔明公與方伯李公彥碩督學僉憲董公宗南束髮結好以風節相砥礪及登仕版歷藩臯遂飄然冥舉先後請老於家投閒養望意在人外澹如也維時蜀朱侯則川宰吾麻至則登禮三公謀多就之以故朱侯治行稱最焉御史大夫吳公行部至問侯所以治狀侯對曰下走吏何能唯是二三大夫之訓吳公擊節歎曰有以也夫士抽簪而猶不忘世豈不賢乎哉顧三公春秋高令倘亦有懿侯舍蓋公之意乎侯敬諾爰卜邑西隙地一區築舍舍三公顏之曰耆英堂自是侯有大政則延三公登堂而問焉以爲常後三公云亡堂就圮遺址鞠爲茂草迨今百餘年未有修復之者文侯舜階始埽而新之易今名曰三老堂而因屬記於予予惟憲老乞言古之道也乃晚近之爲吏者大

都柬檢柙礪廉隅勺稽於簿領筦庫之間不者或窺承當轄風旨爲名高朋求師質顧迂視之豈知親賢則益好問則宏單智寡聞者道之所不載也今朱侯行古之道文侯間其風而悅之益求光昭前烈堂成出教令凡學士大夫以公事至者皆得停車繫馬於此以時諮諏焉是侯蓋以三老望人人矣則凡登是堂者有不慨然想見其爲人思以作求之歟然進言在人擇言在心心苟虛矣即街談蕘語亦有可裨治理者不然則雖使端木說辭鄒軻持籌而辨之亦安所用哉昔子賤宰單父求五人事之而稟度焉以故不下堂鳴琴而治夫子賤在孔門負牆之列其學摩之深矣乃爲宰猶必求助於五人則學之交相資也侯振纓稽古敦素秉貞其嚴不苟其寬不縱有和平之軌焉而侯方躬躬然求之人不以自足是侯之志念深矣顧予迂耎無能繩祖武追配前修奉侯擘晝萬一乃吾黨學士大夫素所自期信者豈在單父諸人後哉誠反而思之求所以助侯者何在則庶幾哉交資之義乎而後無負於侯作新斯堂之意

桃花塢在七里橋瀕河數百畝皆植桃花今廢

百可園在縣南門內明鄧楚望建有湖亭十景詩以寫其勝 鄧楚望百可園記余歸自雅州卜邑城之南偏結茅以居名曰百可園種瓜蒔菊日抱甕其中園濱小湖南有羣山峙其前湖

上下構曰達觀樓曰欲仁堂樓前有橋通兩地而一之南北爲亭二曰抱甕曰心遠迤西又於湖中爲亭曰綠佳北有堂曰能閒皆在水中取唐人所謂綠樹爲佳客又能閒有幾人而名之也亭外曰湖上青山曰城市滄洲松竹花柳芰荷之屬繁植其中一方山水稱勝焉昔人所謂折芰燔枯此焉自足愧余非其人也仰思古昔詞人逸客用志雖同而遭時或異今聖明在上賢哲滿朝對酒而歌太平固當知所自來矣願乞一言以垂不朽不但衰白不偶竊有光輝華衮之錫當與山水並勝矣

立浪園在石牛衝堰北松谷中明曹允昌構 曹允昌立浪園記黃輿碧落浪人所居遊也處乎寥廓之觀而園焉則已陋竺天瀛島心緬以清郎至焉一乎淨寂之致而園焉則已拘顧鯨犇濤立矣九蓮三山反在地中浪人有不得避姑取超有不能一姑取寄云淵明菊和靖梅屈蘭王竹仲若鸝舌宏景松聲因性所近而取適焉二氏所稱洞天福地脈絡相連非還丹子不得至鴻都玉京之下三十六天皆實有城闕居人垂裳受吏至聖大賢處之浪人既鮮飄渡之津滯羽樊中拔天無計居既不敢卜山亦不敢深居偶山山偶園然金谷也奢土室也隘壙也哀窩也恣園焉斯可耳園而立浪者浪松也萬松摩霄骨撐髮豎其有立之義抑悲風激盪中猶有未摑者存乎是有異

焉園山也取致以水水溪也取致以池以泉捴園也取致以竹以古藤以雜種之樹以遠望之茶山環於石石園也取致以草屋以土坪巉巖複洞敧傾闥也取致以回廊以修隄以闊坂朝山也疑暮晴而雨色四時也疑一暄萋霜而鶴歌雪而蕉影初從岸庵出雲竇蒔一線溝猱鳥道彌捫蘿躋壁壁絲薜荔牆入立浪園門品曠若行野石虎之關矣松則龍而駟闉不勝駟也曰駟龍衍礎而柏丁丁雨折而蕉扇扇雲出石竇隔鈎籬望文石牛背妝西于濃抹澆背一驚矣蒼蒼者梅僂而不敢索其笑亭亭者梧過而不暇擄以吟下坡陀循半規池咫尺閬蓬宮闕不得渡又上而坡下而亭矣籐篁蒙菁萬葉交影人浸葉中水怒葉下風泉壯亂語不得聞此他下本湔汨䕸津橋而西則桃花泊榜燦然山參差桃桃先後花然洞光谷影霞片水聲西湖柳隄秦淮葉渡烟中閣鏡中山昔年晝船紅蔓入此蓋依稀近之泊而竇竇而水渟泓其伏流而出者乃反磯激魚頭頭影荇藻不可得漁然柳絲拂水颭亦鶩竿竇以上皆平臺種梅而郵其左則雪山之額也界天台道矣選濤而亭其右則張毅萬松其未燹火焉蔥蔥茫茫其古懷襄其未平也周視徑窮矣旁瞰石背有隙摩身背以入如鼠穿竇曰文石峽也越石橋藤蔓陰森九天銀河窺薇其外一過破袖亭沿塘膝到谷莊似人開蘿落紆棧閣入縮虹盧又一洞天矣西折徑松風而上躋肝雲厂鐵蓮半覆怪樹生石腹石髓滴鼯鳥動人幘衎魂醒骨冷其古仙服炁之巖

循巖而南陟嶺麓則龜峯雁石襟帶閒抱其翠色河縷白而逶迤以西千里盡望下坐石舫內虬虎以爭外波瀾斯遠近而几案皮則嚮晶曠駟龍衍也大抵部署因其自然歷亂序於思理喬木千章澗池工市石族而居以文以怪以寢以飛以讓以關山半二石特詭秀壁立坐而橫紫蘿冠錦苔皴春朱花秋紅樹碧夏綠雲步障石而玉女丈而秀以文乎伏者削而案蕩與繚則虎而圈沼與臨則牛而飲蕉與覆則鹿而蔓矣受屐笻鳶樓席枕每月明夜深主人獨嘯輒不意武邱洞簫石底潭之背峽之旁亭閣之照竹依松驚魚疑鳥依稀靈壁飛來閒遠山壘東而不露其童僧磬下升而正愛其孤龜雁兩名巒隱躍左右而琵琶半遮不肯遽開其靨柴桑牛坐煙霾封斷而邀若山河其間晴妝雨翠千變萬狀近棲而遠託旅遊而獨抱反扃而偏尋節遊而近之有不睢勇割而棄闊之以深其睠懷皇人風小年日不足樂浪人飢娛老乎顧山不衡泰水非江漢茅之屬不如北竹木之屬不如南垣有淋不能堊池有漏不能瓫檽檻有脫以敝不能丹漆以經久遠伐揚而几劚松而臺東草而席縛繩而牀瓢以椰壺以瓦筋以竹簕苧巾布羃蕭然乞寒園多山花梅黎李菊野樹香不之數而九里香乃特馥丹桂寶珠茶移植山莊者如貴游子入野人道士羣反不韻哉花亦畦厄於木且石不暢畦亦花厄於貧且僻不異花具云爾迺移株輒活曾無橐駝種樹之方好鳥來巢豈有薜翁幻禽之巧卬朋四海而飄集

樵牧迂道以歎游岸庵梵聲長塗人語嘹嘫若在坐隅馴龍衍之蒼莽則瑤池讌而冠佩醉譁昆陽鏖而鹿象怒角也肝雲厂之靚邃則鐵船峯之石蓮雲水玉泉之洞室也選濤亭之雨之月之雪谷莊之水秋之筠夏雪郵之酒杯之劍映漁實之蒲團石舫之垂楊松之野燒瀑之落暉之吐月破袖亭之冷雨酸風縮虹廬之抱琴箐講近於禽慶蚤於向平切於宗炳雖儉不及賁皇之平泉而後已過樂天之池上疏不至散稠不至甃樸不至陋交不至纖劍俠而有其嬋娟枯脩而有其絢爛湖海嶽山而有其一邱壑至乃風動茶槍難其闕者棋閒峽雨若或閭之水沈剉屑闓爐是不盡之灰綠韁擬經秦火出未灰之字或則休糧永日犍戶詮元亦有乘與騎驢下山乞食鉤松簾而進雨則鳥鼠亂其圖書挈土鎧以居雲則狼豹馴於雞犬山有勝事則元宵之放燈修袂之採蘭婦孺之鋤藥眷屬之飯藤花有勝景則紅子樹落葉階松毛徑石蒲古溝霞參嘵竈不辨晴紅山亂廚煙難分縷自每秋空晝靚枯藤落子迸打屋瓦疑於鬼兵更復掃春風而逸童塵嚮夜谷而獸鳥蟲桃花似女妖盈來二女之鬟醉葉漫山明滅看寒山之火是則武溪男女莫幻樓臺華山臙駒徙游蟻蝶庶幾鄭谷眞個廬山矣其有梧而坪有蔬而圃有碾而玉以春有絕巘而平岡以彎弧以走馬或則力難劇作而莫窮靈運之斤亦時憂畏馳驅而輒斷草堂之手興曾不及標舉斯虛或有不名有不至也間者圖爲卷素派以歌章耿懷

袖而慰羈孤脫丹神而成果道山川粲白何殊仙掌之螺笑黛依然不異菱花之巧移情送目郎是居人朗月清風便當艮友誠慮縈帆未穩終扇風濤清福雖特生塗炭則他時憬雞聲而思薄廟因晨風而懷遶人不旣傷乎嗟呼章臺之銅散其墨花綠野之石殘爲粱白奈何以電蚉之呵而欲詠海桑之玩況椎蓬閶子棗棃恆兒會無名山洞室之懷足以觸其雲木念先之感而更望其時花舊徑薙草閒階不亦難乎是以李衡枯樹室少居人叔夜新篁園無主者亦知浪山煙景百歲之內翦爲童巔而雪堂偶築於黃州愚溪亦標於西粵寓意寄情若鷺點汀沙霞鋪暮漢聽其聚則成文而散之烏有豈至如匡公五老定結斯廬靈運萬斤轟驚幽壑者乎況乃景陽鐘斷句楯簫寒駿馬堂傾鬱蔥拏戮其何有於茲園贏者曹對影婆娑尺階其幸編身傭佃陶復爲居亦云谿量而習心未掃斧構如斯不旣多與余家近衡峯泝流可達甯不欲訪王薛之高蹤讀異書於岣嶁而虎豺嗥逕禪錬他移未免桃片浸於污溪石泥封其青髓蘿攀莫極杖屐惘然更復肺病兼年而累絲難殺鹿門以繫勝具維鄰比年裴几躬攜蔣蒿自刈旣少娃兒之童子結伴羅浮兼無哦際之鞭奴相依博奧用是不得不坐選家山瓢尋短水已非梅福求閒之意亦豈鑑湖許乞之恩聊寄居遊自商嵗月而已園郎園丁出仍主客其可以園焉者其可不必園焉者胡爲乎結行制而強遊人爲是沽沽者哉

國朝劉淑頤過曹石霞先生立浪園夜酌詩集唐退身高臥楚城幽劉長卿午夜清歌月滿樓韋莊盈篋共開華頂藥皮日休圍爐同憶杜陵秋[illegible]誰言有策堪經世溫庭筠不擬將心更養愁白居易欲與明公操杖屨杜牧熟尋雲水縱閒遊曹唐

囊山莊在龜峯東什子山後明梅之熉別業今爲僧舍

劉金吾濠在西畈去縣二里許明錦衣衛劉守有別墅也中有堂曰魚樂堂華亭董其昌題額

望仙橋在縣西二里舊傳爲麻姑昇仙處

黃安縣

木蘭故城在縣南南齊置安蠻左郡木蘭縣梁曰梁安置永安義陽二郡後齊置湘州後改爲北江州尋州及二郡並廢隋開皇十八年仍改曰木蘭縣唐武德三年省木蘭入黃岡明設黃安遂爲黃安地

桃花鎭在縣南三十里宋元時爲孔道鎭東有桃花洞傳爲陳慥故居蘇軾曾三至其地云明王一翥送秋日桃花店簡耿文倩詩澹月桃花輕雲似馬山送秋戀黃葉結友悔紅顏丹竈藏非似金囊去不還人情老莫問名在有無閒　國朝詹應甲桃花店問東坡訪故人陳季常處詩此地曾經笠屐尋謫遷相遇出風塵世家豪俠偏耽隱富室妻拏轉耐貧園宅荒蕪尋故土衣冠高古是遺民而今山店花如昔誰向光黃問異人

三公井在縣南六十里元吳應澍鑿以濟行旅者人德之祝其子孫爲三公故名

勿幕泉在縣城內明耿定向勿幕泉記余邑新造城中井少民病汲余舍前鑿井三十尺許繼日夜漸積水止可十數斛而居鄰爭汲者如堵至不能朝夕家人不得已設幕以防私竊余覗之恚曰孟子云昏暮叩門戶求水火無弗與者奈何若此隘者耶維是厚直鳩工重浚之又十五尺許忽土變而沙沙盡水湧頃之水集廿尺又五蓋始及泉云爰命工繕甃甃成戒勿設幕令同巷人人得取焉第與約曰日之朝男子汲日之夕婦女汲不如約者罰示別也而金陵

楊生道南適觀其成請名曰勿幕泉余曰善蓋予於鑿井而益悟於易矣余玩易之井而益有悟於學矣無地無泉井不及泉浚未力也無學無得學鮮自得造未深也斯旨也易之井備矣初井泥志雜也故不食二井谷雖得微矣故止射鮒三渫矣可用汲矣弗甃猶弗固也得無咎耶四甃矣五洌且寒矣上六始可勿幕通之人人也予曰井德之地也深哉深哉銘曰音之淵淵出之涓涓爾視爾泉忘言韋編

高士軒在縣南元隱士吳榮一居此明太祖召之不出敕學士陶安贈號曰高士今遺址尙有巨礎十二焉

石林樵洞在縣東南二十里明焦竑書樵洞二字於壁秦儀鳳及其侶十七人從耿定向講學於此十七人者儀鳳與耿定士劉廷諫王國佐秦思君耿定曉吳願學張四維秦德修胡楚材劉鑰秦思通趙任耿定章耿定吉耿汝霖熊鉅也

天窩山房距城十五里在五雲山巔明耿定力講學處盱眙羅汝芳泰和胡直安福鄒善皆至其地

石林山房距城二十里明耿定力讀書講學處

釣臺書屋在縣南七里有石如盤踞溪上明耿定理慕嚴光之爲人因以名其齋一時名宿嘗寓於此

洞龍書屋在縣南十三里似馬山麓明吳心學講學於此

子綦別業在南城外明盧堯臣讀書處取莊周南郭子綦意

羅田縣

義州故城在縣東六十里魁山麓本漢蘄春縣地梁置義州義城郡隋開皇初並廢今故址猶存俗名舊縣畈

岐嶺關在縣東北百八十里即嶺門關三國時吳陸遜追魏兵經此 明余𤄏峻嶺門關詩曾聞陸遜此追曹陟磴梯雲戰轉勞父老尙能傳阻隘兒童亦解說垂橐天堂南峙森虬

窟雁塞西橫構鶻巢憑險舊爲戎馬地只今行旅任逍遙

鳳凰臺在縣西三十里相傳有鳳棲其上旁倚高山下臨深谷俗又呼爲釣魚臺

釣魚臺在縣西五里烏馬潭有石狀如臺相傳宋蘇軾曾游釣於此舊有蘇公祠今廢

東坡井在縣治西相傳宋蘇軾訪燕國王公經此取井水飲之歎其清洌後謂之東坡井俗譌爲鳳坡井

玉虹泉在縣東五十里上常有虹氣因名宋紹興間郡守王錫汝有刻石詩見金石 明張明道玉虹泉詩玉虹飛下翠巖前便似廬山瀑布然無復危亭如往日祇遺斷礎浥輕煙泉聲自是鳴千古險語何曾墜百川鼓缶載歌聊注目高風尙憶子喬仙

淸風潭在縣北初名鬻家潭後因謝烈女投水死易今名 國朝秦之鐸有謝烈女傳載縣志

孝子里在縣西北元孝子吳大中所居

翠屏樓在縣東關內明進士張明道讀書處又萬壽寺側古塔書院亦明道讀書舊地 明夏國孝翠屏樓詩爲仰高山踏雪苕翠屏樓外一枝梅清芬依舊人何處猶憶寒檠夜撥灰

蘄州

蘄春故城在蘄河入江之東漢陳浮所都處見水經注

羅州廢城即漢蘄春縣齊置羅州後周改曰蘄州宋景定四年遷州治於麒麟山下即今治廢州在安平鄉去今治五十里舊傳晉江夏王築城於此一名江夏城 國朝陳鼎元遊羅州城詩賸水殘山偶一遊荒城指點是羅州東周國號傳青史南宋衣冠成古邱過客幾人悲麥黍居民不自解春秋芙蕖滿目多蕭瑟清沼

猶通廢
圖流

英布城在州東南八十里蘄春郡記云九江王英布於江北築城以示背楚歸漢之意因與翻車河近又名翻車城

烈女墩在蓮市湖案顧氏論云蓮市湖俗名沿市湖湖中有彈
子山相傳元總管張某二女至正末寇亂義
不受辱連袂赴水死後生此石墩云　國朝黃天福烈女墩
詩雙娥懔大義一奮葬澄淵死骨清如水貞心苦在蓮眾中
誰勁節波底感遙天隱向塵埃外池墩護月圓高鴻蓮花
池弔二烈女詩女郎甘與水爲家野碧沈沈玉未瑕湖裏一
墩今宛在香魂
只合傍蓮花

仙人臺在州東百八十里大栲山巔舊傳劉五劉六兩眞人飛昇之地其山有九十九峯明郝守正仙人臺詩每到山中訪
二仙仙童仙洞尚依然巖隈靈藥
應千種石罅喬松已萬年苔蘚厓前留幻跡藤蘿
雲外隱諸天兩丸日月移朝莫陵谷由來幾變遷

鳳凰臺在州北鳳凰山下州志云在
乾明磯相傳眞人羅致福飛昇處

國朝顧景星尋飛昇石詩乾明磯上飛仙石苔蘚蒼黃棘
刺中華表幾時堪下鶴荒洲依舊只鳴鴻憑高晴見遠山雨
得路香聞幽谷風雲窟江聲
重載酒廿年回首欲成翁

梳粧臺一名梳粧樓在城內小教場硃砂井在城內　關聖行宮側俱明荆藩遺跡　國朝張畸宮井詩禾黍悲故宮荆棘
生宮井不照綺羅人空挹寒泉綆秋來
梧已落冬至桃還冷過此獨潸然興亡良可省　顧湖梳粧
樓詩左鐫忠孝右賢良白石粼粼尚有坊野鳥不知花落盡
畫眉聲裏勸梳粧　又硃砂井詩轆轤金井晚啼鴉燕麥春
來尚作花帝子當年抱仙骨臙脂不採採丹砂　陳準梳粧
臺詩麒麟山下舊高樓三百年餘賸一
邱蘭麝香消春寂寂野花時惹蝶來遊

涵輝閣在州西北舊治子城上宋蘇軾在黃客有誦其霽容天在水春態柳藏橋之句軾欣然以色字易態字蓋賦涵輝閣也自是涵輝之名益著宋郭祥正涵輝閣詩天垂星斗數尋
近地捲雲山千里來冰壺倒影露華
淨玉寶浴
雪蟾光頽

煙霏樓見山樓俱在舊蘄春縣圃內今廢明顧闕煙霏樓詩濃
濃淡淡起天涯縹緲
來親橫復斜雲母屏風低映戶青絲步障漫籠花絪緼造化
憑誰判早晚陰晴恐誤差分付豐隆收拾起好教日月吐光
華　國朝張楠蘄州煙光樓詩九載重維一葉舟山仍環繞
水仍流市分橋口斜通郭寺出江心對倚樓芳草鈿車游女
跡夕陽銅馬故宮愁登臨不敢高吟句恐
有元之頷此州縣案此作煙光與煙霏小
以詩載王志載存之

豈弟忠恕安民思政貴簡雙桂雙蓮等堂俱在舊治皆宋時建今廢

溪堂在舊治南宋至和中吳瑛致仕隱居處

白茅堂在北城外熊化嶺　國初顧景星得外祖馮天馭藏書八十一廚閉門著述於此張禮源過白茅堂顧漁溪出黃公
先生遺像展覜之餘感賦詩大雅
彫零後園留仲蔚蒿百城書擁榻三峽水迎毫海宇驚詩伯
蓬門哭楚騷榛苓思彼美憑弔氣猶豪　白茅堂自古三字
額猶鮮畫筆鬚眉見鴻文日月懸末登牀下拜安得枕中傳
末學瞻山斗空懷願執鞭　吳之騵訪顧徵君白茅堂故址

詩鴻詞諸老半沈淪惆悵當年汐社人
斷瓦頹垣歸隱處梅花一樹爲誰春

四見亭原在舊治白雲山宋治平間知州范純仁建州人林敏功爲之記後遷今治移於麒麟山陰明知州李榮祖重建　國朝嘉慶間知州顧澍改爲試鑑亭復廢同治十三年知州封蔚礽重建名曰雨亭元幹克莊四見亭詩前朝亭廢野蕪
侵暇日躋攀試眺吟楚地寒煙青嶂
遠漢江秋水碧流深連城阡陌桑麻藹負郭人
家竹葉森千載麒麟山下路不知游客幾登臨

環翠亭在舊治宋建輿地紀勝云超然觀環翠亭俱在蘄春郡城明高啟環翠亭詩環翠亭開紫霞裏更挹麟峯拜雉水千
巖秀色傍窗浮萬壑濤聲從座起煙消日出天溶溶玉壺
倒插金芙蓉鉤簾相對坐
長夏灑然冰雪生心胸

白雲深處亭在荆府內林木四帀翠峯環拱荆藩構亭於此明蔡
潮白雲深處詩瑞靄浮仙苑悠悠別一寰春陰琴柱潤風靜
鶴聲閒舒卷心應似登臨興未慳玉窗清夜夢元不到巫山

江山清趣亭在鳳凰山南明宏治閒錦衣衛指揮同知孫瓚建明富玹江山清趣亭詩鳳凰山下水流東亭下青山四望同春樹鳥啼屏障裏夕陽人在畫圖中松風清爽生孤桐花雨繽紛落半空待得公餘無俗事南薰一曲奏絲桐

江山一覽亭在鳳凰山明江防道劉光文建

浮玉亭在新生磯文昌閣下明萬歷十七年知州徐希明建廣濟吳亮嗣宴飲其上見水光凝碧曰此浮玉也遂以名亭明吳國倫題浮玉亭詩石抱中流險亭當一柱支河山懸震盪日月莽推移岸樹微茫出風帆上下馳望中吳楚盡秋色最堪持劉養微浮玉亭詩孤亭穩著石如拳兩岸波光秋可憐回首庾公樓上月茫茫占斷玉壺天國朝李生槃浮玉亭詩何年鞭石過東海萬里飛來江際浮不道題亭吳給事錯疑玉影匯中流

康茂才故宅在青山上鄉

邁所在雨湖北岸明州人李時珍著本草綱目處其孫副使樹

初建芝鹿山房於其左

橫車橋在州西六十里今驛路鋪遞所在也宋嘉定十四年李誠之與金人鏖戰處

廣濟縣

樊噲城在縣南午山湖濱一作武山湖世傳漢高帝命樊噲征黥布築此屯兵縣志云案史記黥布傳布西與上兵遇蘄西正義蘄音機沛郡縣名也漢書地理志於沛郡蘄縣下云高祖破黥布此係孟堅本注其非江夏郡之蘄春明矣自後人注綱目誤以爲蘄春而蘄州廣濟等處遂多高祖征布遺蹟但相沿既久故並存而論之

蘭城古詩陽治案積布山東酈注有蘭溪水口與陽城山相近或卽古蘭城歟

永甯故城本漢蘄春縣地唐武德四年以此地衝要置永甯縣天寶元年以名重改爲廣濟縣卽今縣治地

徐平章城在縣西元末縣人徐興舉賢良官平章築城禦紅巾賊賊不敢犯城址今尚存有故第在西門外二里許徐家街

劉官磯一名牛肝磯在縣南積布山麓陸游入蜀記漢昭烈入吳嘗艤舟於此國朝金德嘉牛肝磯江閣詩盤塘馬口山匯嚴牛肝磯出江之涯如象如馬篙工疑皷帆側柁人涕洟錦纜玉舟西征時中常侍兼羽林兒郵亭供帳丁男疲吏率百丈譴呵隨東南風起過斯須父老歡歎神功奇歲在丁卯肇祠基前朝尚書呂公爲紀夢薦馨答蕃釐雙桓麗碑勒有司今年乙亥新其楣柱棟蘭橑辛夷桷官割釜廩土瓷麇瓦牆石甃涓涓池曰若稽古無淫祠有庇于民則禋之坎坎者鼓悠悠篪窅冥恍惚神靈怡式遏湍瀾潛蛟螭千秋萬禩宮于斯特書紀事系以辭蕺成贔屭肩豐碑

盤塘港在縣南宋歐陽修貶彝陵時舟次其下見于役志

浴佛井在縣治右四祖大醫禪師父司馬氏爲本縣令生四祖於此取水澡浴一名清淨井

魯肅府在鐵船山下傳爲魯肅屯兵處入蜀記稱艤舟泚溢音近之譌國朝顧景星魯肅灣詩河干謦欬甘興霸風節當年子敬同汗簡渺茫三國志荒祠煙浪大江東一灣回洑千檣避兩地靈旗五夜通香火只今偏寂寞止餘優孟逃英雄

鮑照讀書臺在縣東北東衙山第一峯國朝鮑桂星鮑參軍讀書臺記見金石金德嘉鮑照讀書臺詩山雞啼徹九天聞萬里芙蓉五色雲臺下青青書帶草至今人識鮑參軍張禮源鮑照讀書臺詩崇臺劖削似天成記室風流舊著名只此丹巖安木榻曾將彩筆賦蕪城摩挲一卷雲煙老寂歷空山風雨聲晚節莫憐才竟盡至今遺迹尙崢嶸胡醑登鮑明遠讀書臺懷古詩木落寒巖鸛鵠哀夕陽愁入鮑家臺流空日月堂堂去拍座雲煙故故來骨肉至情工作別帝王大度不容才古今何限窮途淚萬里江山酒一杯

文天祺故宅在五里橋宋文天祥兄天祺寶祐末領鄉薦教諭廣濟入元不仕隱居於此國朝顧景星五里橋文家詩廬陵文信國苗裔偏寰中俎豆傳宗子家乘略長公衣冠村隴僻煙火小橋東興化長歌在何人更采風張平山畫五里橋圖天禎十世孫興化同知大才自作長歌

史孝子村在縣東南五里明孝子史玉明故居

環翠樓在縣治北玉枕山有絲幔臺探元洞俱在其下

四高樓在縣西門外卽文昌閣舊址明巡撫御史韓重建知縣劉允昌葺成之東曰禮瀔西曰乘鄂南曰幕岫北曰襟江樓下爲梅浦植梅千株隔浦構滄浪亭橋跨之又有五印心菴皆文人遊息之所明劉允昌四高樓詩樓之東摩天削出青芙蓉下鋼窮泉上薄日其氣魂魂光熊熊玉泥金檢自何代軒轅副嶽元封封赫蘇躍迹禪德通衡南儲君騎赤龍紫光繡衣羣官從我欲攬取樓之東　樓之西汀蘭渚蕙芳離離灌嬰城東節度石二浦中分經五圻紫髯未極堕臺醉大姥先將豹尾施漢皋游女光容儀明珠解摘被襪禱翻然下來黃鶴磯我欲攬取樓之西　樓之南層峯疊巘綠於藍叢花旋飛鰲白練瓊臺巖業開煙嵐夜半罡風吹鐵瓦虹蜺怒蝎吞長川仙人騎魚垂髯髯朱鬣四趾雄雌驂朝遊參嶺暮匡山我欲攬取樓之南　樓之北空山石穴陳浮國蝦蟆不躍長風沙琵琶夜彈積布月經營灝汗五千里噴薄相陶靈氣協新陽女兒衣羽翮青林童子姣且悅西

勞將軍止伐柵我欲攬取樓之北　張步雲劉使君新建四高樓詩側身遙望四高樓樓上仙人五色裘遠檻水分千派遠開簾山送萬家秋登臨舄影懸霄漢披拂琴聲入斗牛魄殺白頭人獨老難將病骨一從遊

生春堂在縣東宋建

吳易菴講堂在泉湖明邑人吳自守講學處

太僕藏書閣在龍坪明胡太僕士容購書萬卷庋閣上

二餘齋在龍坪明寇學海宅寇學海二餘齋初成漫賦四首卜居無定業小築似蝸廬日夕散鄰牧水澄窺淵魚落花人醉後種竹雨來初未敢追前躅貧哉常晏如　一室僅容膝逢人誇二餘移花乘雨過種藥帶雲鋤多癖塵緣盡無才世念疎臨風憶朋好醉草八行書　地僻幽棲穩沿階盡藥欄鶴眠松蓋午水繞竹籬寒貧劇逢迎孏時違作息安牀頭餘舊劍風雨不須彈　生平秉微尚陋巷有餘安黃雀窺簾下青山入座看日高還閉戶客至欲求冠勿復談時事令人推肺肝

藕灣在縣北六里許　國朝張仁熙讀書處張仁熙邑侯振華枉過藕灣信宿詩稼穡喧場圃傳呼長吏過到門看騎少揖徑傍秋多列坐兼童穉移樽就薜蘿園花如有待相共惜巖阿　顧景星藕灣別張長人後寄詩張子凤孤尚屏跡遠城郭觀書博九流超然悟無學茂林鮮雜轍蕭灑事著作晚歲貢帝廷松心本邱壑終南一回首長驅出京雒不揖大將軍誰爲金張客憶昔君定交文雅忻所託命駕白茅堂詩成索繩削明年造君廬語笑宛猶昨轉燭二十年艱難爽前約揭來藍輿興再入張融宅是日靈雨收風雲正清廓佳詩足雒誦改席恣歡噱白日松上行疎陰散庭幕長君展卷帙季子行膾腥香雪仰橙花亂向杯箸落上言良友誼下敘天倫樂離合何足歎相見喜無怍功名付兒輩氣誼吾曹諾許與必千秋愛君果高格幽栖繫我思雲水莽參錯望望如不窮淩風倩江鶴　談允謙秋晚過張長人山居詩晚過藕灣路松林石徑紆宛然高士里是我故人廬薜荔冰霜後蒹葭秋水餘孤燈古茅屋閒讀夜深書

杯渡亭在大藏寺前明知縣劉允昌建明饒嘉元杯渡亭詩亭雲悠悠雲氣清亭石疊疊石泉平控壓天空海鯨伏移來夜半山鬼驚霜鐘應律十月至寒葉墮樹長風生把酒賦詩獻時哲虎從驥附慚楚傖

清鑾亭在車防衛明秀才彭洪泰好客此其讌客地也劉養微

有紀事長句盡三江一韻邑人至今頌之國朝金德嘉清鑾亭詩清鑾亭荒只有詩風流猶憶鄭當時山農不省詞場事亭下牽牛唱竹枝

石牛在縣西二十里元姚楚山石牛詩一卷怪石老山巔頭角崢嶸幾百年毛長蒼苔春夜雨頭昂芳草夕陽天終宵見月何曾喘盡日和煙自在眠惱殺牧童鞭不起一聲長笛思悠然

黃梅縣

九江故城在縣西南七十里漢九江王黥布所築布又築東黥城西黥城在縣西十五里瓦市山晉孝武初卽九江城立南新蔡郡後廢　國朝胡任學三城攷案三城皆英布所築及考布生平兵事無隻輪及梅土者布初從楚爲當陽君救趙擊秦至新安入咸陽兵俱西向及歸漢屯成皋戰滎陽會垓下在豐沛之閒與梅懸絶卽謂布封爲九江王考地理志九江王都六故城在廬州府舒城縣東南六十里不得指此城以實之或云布築此以示背楚歸漢此其說又非也隨何喋布時楚使者在布所布陰許畔楚語未敢泄乃爲何所劫閒行歸漢豈肯顯然築城以示哉卽爲備羽而築

羽都彭城出兵必臨淮不築城淮上扼之而從事鞭長不及之梅布縱寡謀斷不出此蓋嘗以理度之而知或爲反漢時築也布反必由鳳陽出汝甯一帶設前向爭鋒漢別遣一將走襄樊浮江漢順流而下則巢穴危矣布甯不算及此輿況帝親征樊噲亦從漢書樊噲擊布陷陣而徐僮之戰未見噲兵及考廣濟志載有樊噲城在武山湖濱係征布築也以此參觀帝擊其前噲躡其後則布既與帝遇於蘄西會甀而又築城於梅以樹一軍爲噲對壘無疑或曰陳涉之起布見番君番君以女妻布聚黨數千引兵北向焉知不道梅而築此若然則東縣西縣城以布名是已而九江城何以名乎以爲非出於一時之爲則前以名稱後以王著斯得之矣

尋陽故城在縣北宋書州郡志尋陽漢屬廬江吳立蘄春郡尋陽縣屬焉晉武帝太康元年屬武昌三年後屬廬江惠帝永興元年立尋陽郡尋陽縣後省案通典云漢尋陽舊縣本在江北今蘄春郡界晉溫嶠移於江南故江南得有尋陽之名

南晉州廢城在縣南唐書地理志武德四年以縣置南晉州又

析置義豐長吉塘陽新蔡四縣尋廢

義豐廢縣在縣西去大河鋪一里遺址尚存

長吉廢縣在縣南二十里濯港之郭家嘴

塘陽廢縣在縣南十五里

新蔡廢縣在縣西白花坂南齊置縣隋開皇初更名新蔡後改名黃梅元初移今治此城廢黃梅薛志云梅邑原名新蔡其治不可考矣舊志以白花坂當之非也謂夏商周時即有新蔡地說本無稽沿革表已明辨之又據文獻通考謂晉武於九江王英布舊城立南新蔡郡而一統志謂九江城在縣南七十里則舊治當在今之蔡山鎮或以縣名山或以山名縣均未可知且南晉州析置四縣而新蔡居一云舊治在白花坂去今治西纔二十里耳又謂義豐舊治在大河鋪亦今治西二十里長吉舊治在郭家嘴亦今治西南二十里塘陽舊治在今治南十五里通計不越三十里之遙而分置四邑此說之不足憑者也至元人汪堯舉作今治記云漢置新蔡而黃梅之名改於唐李懃竟謂新蔡即今縣治夫新蔡之名不聞於漢而黃梅之名不始於唐李懃憲宗時人開元間李兆應制作廬山碑文自稱梅臣白居易渡尋陽作雨阻黃梅詩皆先懃而有其名此以知其參稽失實又安能援其言以爲確據乎夫梅邑雖山川險要素無藩封鎮撫史冊無可考證而學士弔古又不能核其由來此訛之所以至今傳也歟

藥師城在縣北二十里唐李藥師領兵過此築以避寇

百萬城在縣東北多雲山麓一名桐坡砦相傳唐曾元裕駐兵之所下有百萬陂亦裕所鑿

董公城在濯港之南昔有董氏築城於此避水與兵故名

鬬法洞在縣東北二十五里馮茂山卽東山一名指石洞相傳五祖入東山五顯神爭其地飛石來擊祖竪指卻之石墜地成洞故名國朝洪生春五祖指石洞詩千尺枯藤百道泉深山深處訪神仙笑逢慧業三生石悟到靈機一指禪翠竹蒼松藏古洞曇花貝葉護諸天靜中微覺清香散池上風來吐白蓮

黃齡洞在縣西北三十五里宋益修仙處劉宋元嘉末縣尹劉君弼詣洞祈雨益延入園碁聯吟是後洞所榛莽人迹罕到每於雲影中見有朱衣躍馬而行者夜半或聞打子聲洞外有潭每歲旱禱潭輒應

墜腰石在東禪寺六祖繫腰以舂米者今石尚存國朝僧晦山墜腰石詩塊石繩穿祖蹟留曹溪血汗此中收應知一片東山月長照支那四百洲喻元鴻六祖墜腰石詩姬鼎嬴璽都沈沒何人更數佛子骨奇哉區區石一卷傳之千載爲神物辛苦粒粒血汗留直教頑石也點頭試看東禪一片月長照潯陽九派流宛承琚六祖墜腰石詩南能本無能盧行本無行負薪復舂糧何當於佛性槽廠八閱月禪宗得其正腰間石一卷服勤抑何勁中夜傳衣法上座莫與競石兮己所爲衣兮師所命衣亦不留傳石亦無究竟悟徹最上乘無生滅垢淨所以南中來曾不與石併墮入塵壇中犂耕出諸穽或覆甑支牀適用非所病乃奉爲寶物因之致恭敬凝人祈福佑文人供吟詠那知說偈時無樹亦非鏡況世踰千年保無類優孟球璧失其傳燕石操其勝一物恥不知眞贋吾敢請酌以

平情論三教互參證得魚可忘筌璽地勿顧飯不獨本來無妙契西方聖

寇師洲在縣西南七十里相傳漢寇恂平河內駐兵其上

鳳凰池相傳羅眞人丹成以一丸療龍疾一丸被鄰雞啄去化爲鳳飛鳴大市池中故名今淤

玉蟾池在縣治東北昔人鑿池得白石狀類玉蟾故名今淤

瀑布泉在縣西三十里破額山卽四祖寺碧玉流泉

李玭讀書處遺址在東山麻林窪國朝翰文鏊訪李玭宅遺址詩青城自有丈人峯廬山乃立使者廟五嶽眞形果何形灊霍儲君說幻眇維山有神祀孔虔明皇賜額誇九天號加採訪託夢寐既奉敕建何乞地其事怪誕不足論其文雄偉猶當存當時文體類如此嗤爲膚淺宜含冤功惟泰甯理恍惚碑中二語尤卓越邑黎不出誰返酣我憮其文重其人徵召不赴甘貧賤曲江丞相歌海燕廬山碑字綰龍蛇至今人弔麻林窪

置馬亭在縣境後漢郡國志尋陽有置馬亭劉勳士眾散處

俊逸亭在縣西鮑照墓前取杜詩俊逸鮑參軍之義後遷譙樓迎賓館側國朝趙士泰俊逸亭懷古詩臨海王子頊出鎭荆南陞前軍領參府書記集才思靈妙鮑東海贍逸善文辭尤長於樂府梅花落南枝春日東門行代寫古別離寓意蕪城賦寄懷竹里詩悲涼柔厚處曼聲促節時不敢盡其才拙筆故遲遲帝王量不宏才士數亦奇何但謝靈運齊名而並馳杜陵愼許可俊逸豈阿私黃梅風俗古菟裘老於茲一拜文人墓孤亭夕照低山樵出北郭漁艇盪西池荒園除蔓草老圃問酴醾俯仰千秋上春風度子規前晉一完人飲酒題義熙長城何負爾壞之本狐疑忠勤而淸儉延之與慶之江左何多難骨月相雄雌功臣不自保犨小頗相宜況復參軍老應同王子悲　余文華過俊逸亭詩參軍故里草離離幾曲危亭半未敧傳遍唐人懷友句生當宋帝忌才時一方騷客兄兼妹千載文名賦與詩跌蕩城西三月暮我來弔古入荒祠　師遠燁俊逸亭詩南朝四百八十寺臺榭一一成塵土淸風明月年復年獨有斯亭自千古宋家參軍東海才揚馬鄒枚殆其伍河淸奏頌空復奇終遣沈淪佐藩府千秋坎壈多詩人滄江有鳳巷無主吁嗟乎狂風樹折百尺枝好鳥尉羅縶其羽庭草枯兮燕已去自矜多才終自侮邁軸碩人晨門吏愚其大智法艮賈日暮城西訪遺蹟南東車馬難僕數頹垣碎瓦無人問幾樹斜陽映荒鴉三月杜鵑

入月猨夜夜詩魂泣太苦

濯足亭在治北相傳羅眞人濯足於此邑人熊偉構亭顏曰濯足遺址明石崑玉濯足亭詩城邊舊沼如環局傳是羅仙曾濯足嗅雨會醫龍病縮乘雲竟跨鳳飛蠶漸瑪靈蹟眞潛伏昔灌芝之苗今產穀萍藻尙乾殊可掬蓬萊應淺將成陸豈非師去淵泉蓄須是人來淸淨續我久持齋戒脫粟希心黍米丹堪服一身恐被煙塵撲雙屣仍澆源水沃照影吹吹私致祝駐公升處爲鄉曲雖行地底尋遺躅尙隔天端餘祕籙每到悠然共往復那留大藥在汙瀆因而取笑於流俗不得綴桃空斷肉

鴛鴦亭在縣城內思姑巷世傳徐拭妻齊氏夫婦相和敬而齊事姑尤孝所居有塘畜雙鴛鴦齊每稱觴鴛鴦隨之姑死鴛鴦飛去齊思姑不已竟殞徐亦隨亡里人悼之以思姑名其巷并建亭名鴛鴦云

松風亭在治西明兵備副使曹麟建明劉一儒松風亭詩爽氣碧山頭松風此更幽彈棋

鷺鶴夢敧枕見漁舟霧鎖千峯暝濤飛萬壑秋煩襟茲可滌甯用說丹邱

西園在縣南二十五里明邑人瞿九思著書處

萬柳隄卽曾公隄明知縣曾維倫築自灌港至孔壠長四十里植柳數萬株民謠曰青青柳勝甘棠夏日不蓋樹生涼

太子驛在縣南七十里卽今臨江驛一名太子洑王志注舊志稱梁武帝行兵駐此產昭明太子故名非也案梁書昭明太子蕭統以齊中興元年生於襄陽不得在此地且宋書宋蒼梧王元徽初使王奐鎭夏口時桂陽王休範刺江州以舟過潯陽恐爲所劫留自北岸太子洑竟去是宋時已有此洑矣驛因洑得名不得傳會於梁也　唐宋之問途中寒食題臨江驛詩馬上逢寒食愁中屬暮春可憐江浦望不見洛陽人北極懷明主南溟作逐臣故園腸斷處日夜柳條新　張籍宿臨江驛詩楚驛南渡口夜深來客稀月明見潮上江靜覺鷗飛旅宿今已達此行殊未歸離家久無信又聽擣寒衣

風俗

黄岡　農力耕種士尚氣節無依阿洪溷之習自王稱欽後士多工古文詞其習相漸爾

蘄水　善田事勤女紅富人尤多畏法

麻城　士風厚善樂於爲儒出重名節處尚廉恥

黄安　民生頗爲殷盛昔患萑苻今則駸駸文物矣

羅田　崇巖邃谷力專務本用亦節儉

蘄州　務稼穡習詩書而俗侈靡豈蘄故揚州之域而風物亦大較似之歟

廣濟　淯龐近古然好氣任俠

黄梅　民惟力農不事商賈游俠

此各屬風俗之大略也以一郡言之俗尚樸直好儉約見於隋志民寡求而不爭士靜而文樸而不陋尊德樂道異於他邦見於蘇軾跋韓魏公詩淮右名區風氣和平爭訟稀少見於秦觀謝表若夫婚姻喪祭歲時節序之儀各邑大抵相似玆仍舊志所紀附後

婚禮　多遵古制近尚繁縟資奩尤務侈靡

喪禮　多崇佛事間有秉禮不用者庶民之家鼓樂治具最爲陋習或溺於形家言愆期不葬

祭禮　士大夫有家廟餘惟奉木主於中堂四時節序及祖先生忌日皆奠酒焚楮以祭

社　斂錢市牲醴以祀土神祀畢長少共飲春祈秋報有古風

焉

儺禮　人朱衣執旗鳴金比戸致祝大抵祛沴祈福之語

歲時　元旦慶賀讌飲　上元夕張燈農以火炬照田　清明簪柳踏青掃墓兒童爲紙鳶戲而田間東作勤矣　端午插艾葉飲昌蒲酒裹角黍競渡以弔屈原　七夕乞巧　中秋賞月　重陽登高　十月朔飯牛以陰晴占穀價　十二月二十四日掃舍夜祀竈神除夕張春帖子於門闔家促坐飲酒謂之團年爆竹聲喧通夕不寐謂之守歲

明曾維倫風教論余以耳目所睹記舊聞共稱黄梅民俗力農不事商賈游俠柔弱畏訟訟獄稀少士習禮教勤學而文樸而不陋彬彬有鄒魯之風蓋亦易治之區也比以縣官墨酷百姓上變當事者以紀綱之故不能輒屈吏以伸民凡上變告言縣官墨酷狀者一切麗於法而並逐吏此非不明知縣官墨酷民不堪命也然黄梅自是後被惡名號難治幾九年矣歲辛巳會令報闕而當事者意頗難梅猥謂惟不佞可使當者凡再檄辭之力不能得始以壬午春至於今將一年所有餘鞠躬受事旦夕自矢諸一切利民者輒亟興之其害民者輒大芟之則見其民循循趣敎化馴謹無所謂難治者至其風俗大端土廣人稀一夫受瘠田不下百餘畝水鄉苦潦山鄉苦旱一歲之入不足支所出以故輸賦不能前而官以是病其工匠無土著率四方來者取相通而食凡開張百貨通鹽利者又皆西吳徽歙之人若士則居恒囁呫守其師說所習誦不過本經四書文平而卑無甚奇偉間有情存石室博極國家掌故者或與共語則士夫駭其名爲相欺以爲是不可以取世資得尊顯無所用之而好異之士又雜通詭奇文輒悖經理焉至其兢兢畏法與齊民等又自縣官事發後愈益相率重足垂頭有司者又痛賤之以故士風大頹迨不佞至於是首興學重科舉愛惜人才爲一大起之風始稍稍振既余數歷拊循且久始採得其俗則貴賤不讓路卽販夫馬醫好與士大夫比肩爭走士夫望見輒引避去稍不引避販夫馬醫輒大怒罵士大夫輒隱忍不得發怒者此甚惡俗天下無有又隷卒以徵糧戸行鄉市閭輒盛氣造士夫家踞上坐坐索錢稍不如意得詈辱妻女而士夫至不敢發口余始聞之大駭退而深維曰漢所謂良二千石不過政平訟理雖犬得甯無追呼之擾而已且拒捕雖國家有禁如令有之此法所不得赦設未嘗敢逆隷卒之顔何可使若屬居然

上坐索錢詈辱也夫孔子攝中都未踰年而男女異路余之至於是邦也日月長矣無所化頑民禦暴卒者無亦民果嶇彊不奉法敎難治如虆所謂乎亟爲一大革之及問其故老則又言邑凡叔姪屬自從以下恆並坐彼此並稱號在士夫亦徵有之又編戶齊民隸卒皆得自有號相見士大夫得稱士夫號而士夫家令蒼頭盧兒若至所親者家則壻家稱外翁家令曰舅外翁家稱壻家令以伯叔並得上坐近或侍坐而壻稱翁曰舍岳傲然上坐坐於他或並席行比跬焉其偕越顛倒若此矣然後知所由來者漸蓋士夫始而古禮不行也夫安上治民莫如禮禮以節民心而政以行之刑以防之奉法行禮必自貴始然後民從令和睦浹洽敎化貴賤有別長幼有序也是故聖人以人性有男女之情姤悒之別爲制婚姻之禮有交節長幼之序爲制鄉飲之禮有哀死思遠之情爲制喪祭之禮有尊尊敬上之心爲制朝覲之禮此皆通神明本人倫正名分萬世不易者惟婚姻之禮廢則夫婦之道苦而淫僻之罪多鄉飲之禮廢則長幼之序亂而爭鬭之獄繁喪祭之禮廢則骨肉之恩薄而背死忘生者衆朝覲之禮廢則君臣之位失而侵淩之漸起此不可不遷思熟圖察也故君義臣行父慈子孝兄愛弟敬謂之六順國家官民有家禮鄉相見有禮歲時輒舉行鄉飲酒禮叔姪喪服以親疎爲重輕至詳至備共服習之矣今叔姪並坐是少陵長也彼此並稱號是小加大淫破義也稱所親童僕與稱其所親子弟者等是賤妨貴也而自士夫亦徵有此至以嬌客稱壻長其傲是禮之不行自貴犯之販夫隸卒安得不乘便因間妄自尊越居然上坐與共比肩爭走失意輒詈辱之乎且夫冠者男子始事而三加之禮邑已久廢婚者人之大倫邑乃有取妻之日會未廟見輒令新婦執盥饋於其諸姑伯姊又有如俗所稱踏白蓋頭塡妝回嫁神令巫者致詞事極卑鄙可羞又其與人交遊殊草野倨侮至不能具一刺士大夫居官不好爲深衣博帶賓至輒服所服燕服出見卽歲時謁賀長揖而已人病不爲致醫而盛稱襪星居喪不與哀泣徒多作齋醮以致閭閻嫗婦空家供僧相見稱女菩薩或稱仙佛某月某日生辰羣輩叫呼焚香禮醮不遠百里此何爲者夫午日以龍舟浮大江十月爲鄉戲此猶楚地弔屈原故事與報昭德侯舊俗不論若如長至則甚大節天下皆重之而俗不曉人日上巳寒食六月六日曝書在古所稱亦奇而俗不知何也且吾徒名爲誦法孔子不能攻異端乃稱四月八日爲佛生辰其競爲斛飯僧者相隨屬也斯不妄亦已異乎且令天下卽信有釋迦則世所稱釋迦生於周昭王二十年甲寅歲四月八日周四月當是今之二月也豈不悖乎夫禮有編戶末民分不得爲而浸淫成俗不知其僭者如鐏罍鐘鼎率意刻畫之類是也亦有其事若僭實高皇帝著在令甲所必不禁者如庶人祠堂得作祭器庶人冠得加藍衫腰帶鄉大夫沒者卽不聞上得用羊虎墓道之類是也今邑或有崇

禮正行一稟約束者則鄉黨比周而嗤其迂遠與辨奇怪則彼已溺於所聞窮於所見見以爲繁言而難考是在士大夫碌碌無所奇節超識足以轉移風俗彈壓羣小何怪乎爭路何誅乎稱號余旣有慨梅俗業已一大正之以建萬世之基度禮樂非百年無足成化者後之君子幸得受梅事毋矜徒任簿書斷獄聽訟而已其慨然奮臂大呼薦紳之士與共創謀舉行冠婚喪祭之禮分別貴賤長幼之序犯科有禁爭路有刑貴士卑隸驅邪歸正更著爲敎令令世世可通行者與民更新則致太平之基舉明主於三代之隆者端在茲乎端在茲乎必有不可辭讓焉　國朝萬年茂黃罔風俗論風俗地氣然也嘗與時移易時因風地成俗風行於上俗易於下亦有一成不易者唐魏之儉陋鄒魯之文學至今猶是也黃罔風俗所聞異辭然輕剽易怒史遷言之蓋江淮以南類然匪直黃罔矣罔俗始截隋志其言湑質儉約朱蘇氏則以爲厚善寡求不爭時之遠若合符焉抑其地有不易者也自明至中衰歲不登汙吏攫奪無撫綏術海內盜起於是邑莠民亦芽蘗數十年事勢流激豈俗使然與邑人王伯固據之乃謂五重庶安盜賊比肩民故刁悍不東於法而中和尤爲盜藪茅氏輯邑志遂因焉嘗考前明邑治北鄰麻城西鄰黃陂其時黃安未設與豫之光羅諸邑接壤蓋邑西北去三治遠而地當兩省之交稽數互匿又崇山險嶺深林密箐人跡所罕經爲逋逃藪迯而南則紅蓋之左五雲之右山澤迂紓無開阻易出沒故時西北境多盜而當其衝庶安中和無甯日固其所也中和南濱大江盜水居者以湖爲宅船爲馬自洞庭至彭蠡一艀艋橈桷數十瞬而至陽邏葉家洲三江口又俱當其衡而陽邏處中和違地水陸通汗易納嘉靖閒黨捕誅之寘黃安治扼其吭而掛其背盜以寢息夫盜挾莠民爲竄誅莠安良也而罪累良不殆於以莠爲良者耶我　朝敎澤涵濡百年以來人登三古而務農勸學岡俗爲最記曰修其教不易其俗齊其政不易其宜廣谷大川異制者固而利導之以返素樸俾無漓古處非昔無而今有也民之角忿也以不能忍輒訟旣懼訊亦輒逋訟師走丐他邑諳是者爲之士之刀筆無百一非扞法也往時見里中家百畝冬夏粲布無袠葛寸綺器用苦窳見衣冠則詫而走吏至服粟而故老猶言天崇閒民宴具常舍肉宴已計片授荷而請遺焉藁脯勅可十筵有老死不竊城市者夫伯固去天崇數十年耳伯固云孝武之際戶殷實人重爲奸其閒累年之近不謂俗之良能如今日然以爲修靡干禁多逋喜訟度善變不若是易易不若是其佹以亟此無辨而明者也物之積失有漸其返正亦有機顧積輕易返積重難返適於塗者見歧焉不旋踵而復其機迅耳邑之莠民猶是也夫八吉堡鄂境也與陽邏界江其人業魚多盜雍正閒請置官弁日再巡鱗集而稽之江行無夜警矣邑旁地士有黠習者常以其鄰爲邑詬厲數十年懲而馴之獄訟寢衰焉世固無難返之俗也況積輕者

旋返己非一日乎抑志有之命氣相高無問士庶一言遻意譁而遑狂豈地所謂輕剽易怒者耶儉約時少異矣長民者務司其柄而謹持之而文儒彬彬受之和采猶是渲質厚善者夫下之遠罪久則其被上之風以化者愈深而教行易豈易俗而理之哉

物產

黃州 白紵布 貲布 連翹 松蘿 䗪蟲

蘄水 鐵

蘄州 白綜簟 鹿毛筆 茶 白花蛇 烏蛇脯

廣濟 鐵 以上見唐地理志

黃州 苎布 連翹

蘄州 苎布 簟 以上見宋地理志

通產

穀之屬 粘穀一種七月收一種六月卽熟名江西早 中遲穀八月收 晚穀九月收佳者曰下馬秈米白長香輭又有白毛粘亦香滑但種能瘦田食不益人草復瘦牛故人不多種 糯穀佳者名魚子糯金沙糯一朝齊皆九月熟宜醸酒及粉餈次名粘糯不輭滑止可炊飯飽食仍令人惛悶 蘆粟卽北地之秫也 粟龍爪狗尾二種 黃豆 菉豆 豌豆 蠶老豆 豇豆陌上者曰地豇多實架上者曰架豇少實 紅飯豆 黑豆 茶豆有青褐色醬色三種宜炒食 芝蔴白黑褐色三種皆可榨油黑色有三楞者卽巨勝子 稨豆白花者佳 刀豆 麥大小二種 蕎麥

蔬之屬 芥 菘卽白菜有箭桿烏風矮腳三種又一種黃芽白寬根扁葉味甘肥本北產初種殊佳久則瘦韌 芸薹卽油菜初春卽秀有黑白二種子可榨油 菠薐 芹藤梗二種藤者佳品四季可采 莧赤花白三種 莙薘土名冬莧菜冬秀味佳 同蒿味香肥花如黃菊 韭 葱近有分枝丫者名羊角葱 蒜 大胡椒 薤一名藠頭 蔞蒿 萵苣 紅蔊菜芥類色赤燀之生熟得宜入口甚粹 蘿蔔大者一枚數斤 胡蘿蔔色赤而長 山藥本名薯蕷有青白紅藤三種紅最劣 芋 罌粟菜卽米囊苗最佳 白合生黃土者佳黑土者苦 瓠子 西瓜 黃瓜 南瓜土名番瓜 冬瓜大者四五十斤 菜瓜青白二種入醬最佳 絲瓜 苦瓜俗名癩葡萄 金瓜秋後赤黃可玩不中菹羹 紫瓜俗名茄子長紫圓白二種 胡盧 香瓜色黃白有青點生食

藕有白花紅花二種白者佳 萱 苦蕒菜 薺俗名地菜 沒心菜即苜蓿 馬南丹

馬齒莧土名長命菜乾者可燒取水銀 鵞腸菜 茭菰生水中夏食筍秋食苞子名菰米周

禮六飯之一

果之屬 杏沙石二種沙者佳 桃夏秋二種夏者佳 櫻桃 李苦澀 梅 棗羊矢馬鞍二種羊矢者佳 胡桃 銀杏 枇杷 栗 柑 金橘 石榴 梨韌不中啖 頻婆俗名花紅 柿尖小厚皮者澀不可啖浸汁作傘及黃扇用 葡萄 蓮子 菱

芡實 荸薺

草之屬 萱 芭蕉 蒲蘆冬秀 老更嬌莧類霜後葉紅有致 雁來紅一名鳳凰衣霜後葉紅黃色 游龍 馬蓼 虎刺 翠屏草一名翠屏松 翠雲草一種陰溼處儼如孔翠 吉祥草 萬年青葉大無莖 臭草色如大青種出西洋可辟壁蝨 洗手香即石蒲苗葉甚香 葶 虎耳草 狗尾草 鳳尾草 蒿 萍 蘋即大萍 藻淺水中所生

木之屬 松 柏 桑 槐 檀 梧 桐花實二種花者曰泡桐樹琴瑟材也實者曰油桐子可榨油 樟 櫸柳 垂柳 茶 烏桕子榨油作燈燭用 楓

皂角 櫟 楝 構即穀木汁膠粘 杜仲俗名狗骨木 薊木作炭中冶銀用 椿香者名椿臭者名樗 棠梨木可鐫板 厚樸 杉長者難得 冬青一名石蘭結子紅赤 蠟樹移蟲於枝開冬積白垢取煉之為白蠟實曰女貞子 黃楊閏有難長 天竺 竹類不一有湘妃鳳尾慈孝筀苦紫石之屬

花之屬 蘭 菊種類甚多 國朝顧景星君不見一章并序 菊以不落為德俗傳介甫詩句謂黃州菊瓣落石城作長歌不知其實無之予適在黃賦君不見一章

君不見屈平好奇餐落英爾雅釋詁落始也宏景晚服仙骨輕黃州何如鄧州產霜中落瓣皆虛名圓花高懸準天極抱本不離君子德臨川詩句偶流傳石城老子三太息君不見百榕聯彙同一根栗大合抱母尚存木名女貞菊女節辭枝墜藥何鬑鬑君不見伯姬堂上焚尾生抱柱死原嘗春陵六國時勢去何人附公子花開花落直等閒色衰愛弛無嬿妍舜華朝暮何足道松柏歲寒眞可憐君不見花奴羯鼓環兒舞十二闌干叫鸚鵡搖落徒傷秋士情飄零祇恨春風苦土爐釀熟青玻瓈淵明采采循東籬試將百本階前種會看霜華艤介時

水仙有二種單瓣者名銀臺金盞重臺者名玉玲瓏 芍藥紅白二種 金絲桃 杜鵑土名映山紅 紫蝴蝶 剪羅紅 繡毬紅白二種另有草本名洋繡毬 六月雪 荷花種類甚繁 千日紅草本花如紫菊 射干花俗名蝴蝶花 石竹花俗名洛陽錦 藏紅花花甚繁金紅色 金鍾子 子午花俗名夜落金錢 荷包牡丹綠葉與牡丹無別花時一竿橫出紅萼排懸兩旁垂綏或曰即當歸花 美人蕉 鷄冠五色甚麗 鳳仙 玉簪

酴醾 薔薇 十姊妹 月季 山丹 玫瑰 蜀葵 向日葵 罌粟 滴滴金 迎春小黃花 桂紅黃白三種亦有四季吐花名月桂 玉蘭 牡丹粉紅紫三種 辛夷 山茶 瑞香 海棠垂絲西府貼梗三種 梔子有千葉單瓣二種 臘梅有磬口蓮瓣狗纓三種近有檀心色白者香更幽 木槿 木香

紫荊 夾竹桃 芙蓉

藥之屬 茯苓另有一種土茯苓 黃精 葳蕤 天門冬 麥門冬

枸杞 地骨皮 山慈姑 荊芥 南星 半夏 茱萸

蒼耳子 小蘗 地榆 艾 香附子 青蒿 五加皮

益母草 夏枯草 西河柳 何首烏 薏苡 瓜蔞 忍冬花 旋覆花 蒲公英 草三七 芫花俗名頭痛花 金櫻子俗名糖罐 青箱子土名鷄冠莧 昌蒲 蒺藜 牵牛子 淡竹葉 車前子 土牛膝 茵陳 連翹 萆麻子

羽之屬 鵞 鴨 鷄 鶴 鷹 鷂 鴉俗謂烏鴉腹下白 鵲俗聞其聲以為喜 慈烏即烏純黑反哺 白項烏即大觜烏 鳩 鴿 鸝鴨雙飛而鳴則雨 黃雀俗名麻雀 鶺鴒 桑扈俗名蠟觜 白頭翁 竹鷄 白鷴 山喜鵲

晝眉 鸌子水鳥飛最高雄鳴雌應則雨 老鸛白黑二種 鴕鶡高等於人翅大如車毂可爲裘
皮中鍜治風韝用 杜鵑卽子規 鸂鶒 翠鳥卽鷸有山水二種 燕 雁 白鷺
似鶴而小本水居千百爲羣或擇茂林而巢積久糞凝如雪 鳧俗名野鴨 雉一名野鷄 百舌 鷓鴣
啄木 鴛鴦 鵲 鶯 鶉 鵙一名伯勞 鶺鴒俗名雪姑 鸜鵒俗名
八哥畜之能學人語
毛之屬 馬 牛 騾 驢 羊 豕 狗 貓 虎 狼
鹿 獐 麂 猴 狐牡者爲狐牝者爲狸一名毛狗 貛猪狗二種 兎 狼鼠土名
黃鼠狼 野貓 鼠
鱗之屬 鯉俗名金鯉 魴卽鯿魚 鱮一名鰱魚 鱖一名鯚魚巨口細鱗 黃魚本名鱣 烏鯉
鮎 陽鱎俗名白魚 鰄魚卽鰥魚好食魚羣魚畏之常獨行 鯽古名鮒魚 鱒俗名金眼老
油筒似鱒魚色稍黃味美 鯇魚俗名草魚 鰣魚四月出 鮆魚俗名聚刀魚形薄似刀 鯮魚

鱅魚俗名胖頭 鰟魮 鯑頭如鮎四足有聲如兒啼無食之者 鯖魚 黃鱨俗名黃頰
白小卽銀魚暴而枯之以入市 邵陽魚尾有刺最毒 河豚 鱓 黃鯝大者不過五六
寸 泥鰌 鰻 江豚 白奇
介之屬 黿 鼉水陸俱有之江畔苦其攻岸俗呼猪婆龍順索而出破蘆爲篊擊之卽不動肉味鮮美
鼈 龜 蟹 蟛蜞 蜆子 蝦 螺 蚌
蟲之屬 蠶 蚊 蝱 蝙蝠 青蛙 蜂 蠍 蜈蚣 千足
蟲 蜘蛛 蟢 鐵線蟲卽螳螂子 蜥蜴 蟾蜍 蛇 兩頭蛇
蚯蚓所化前爲頭後似頭而實非見者未嘗不祥 蝸牛 蜨 蟬 促織俗名紡績姑交秋則
鳴 蟋蟀 螢 蚱蜢 紅娘子 斑蝥 山豬如守宮而大黑如炭口赤
紅四足迅走 蟻黑小者多白肥者嚙入梁柱或一穴數石榨油中燈火用 飛蟻黑白二種有翅俱能飛 蜻
蜓 蚯蚓 蠅

貨之屬 青靛 葛 苧麻 木棉紫白二種 絲緜 茜草
專產
黃岡 黃芽 元修菜似芥蜀種宋蘇軾得自故人巢元修因名 蘇軾元修菜詩并序菜之美者有
吾鄉之巢故人巢元修嗜之予亦嗜之元修云使孔北海見
之當復云吾家菜耶因謂之元修菜余去鄉十有五年思而
不可得元修適自蜀來見余於黃乃作是詩使歸致其子而
種之東坡之下云 彼美君家菜鋪田綠茸茸豆莢圓且小
槐芽細而豐種之秋雨餘擢秀繁霜中欲花而未萼一一如
青蟲是時青裙女採擷何怱怱蒸之復湘之香色蔚其饛點
酒下鹽豉縷橙芼薑蔥那知雞與豚但恐放箸空春盡苗葉
老耕翻煙雨叢潤隨甘澤化暖作青泥融始終不我負力與
糞壤同我老忘家舍楚音變兒童此物獨嫵媚終年繫予胸
君歸致其子囊盛勿函封張騫移苜蓿適用如葵菘馬援載
薏苡羅生等蒿蓬懸知東坡下塉鹵
化千鍾長使齊安人指此說兩翁 蔫草一名淡巴菰產東北山鄉
蘄水 大柑 石耳 白合 山蘭唐以此名縣 藕粉 羅漢菜三角
山產

麻城 鹿皮 絹 白艾龜峯產者佳 蕨粉 山楂 桔梗亦產羅田
黃安 茅栗 果子狸 松鼠 纓絡松
羅田 黃精 木耳 栗 紫草 蒼朮亦產麻城
蘄州 竹本州所產織簟甚佳 唐韓愈謝鄭羣贈簟詩 蘄州竹簟天下知鄭君所寶尤瓌奇攜來當晝不得臥一
府傳看黃琉璃體堅色淨又藏節盡眼凝滑無瑕疵法曹貧
賤眾所易腰腹空大何能爲自從五月困暑溼如坐深甑遭
蒸炊手摩袖拂心語口漫膚多汗眞相宜日暮歸來獨惆悵
有賣直欲傾家資誰謂故人知我意卷送八尺含風漪呼奴
掃地鋪未了光彩照耀驚童兒青蠅側翅蚤蝨避肅肅疑有
清颷吹倒身甘寢百疾愈卻願天日恆炎曦明珠青玉不足
報贈子相好無時衰 白居易寄蘄簟與元九詩 笛竹出蘄
春霜刀劈翠筠織成雙文簟寄與獨眠人捲作筒中信舒爲
席上珍滑如鋪薤葉冷似臥龍鱗清潤宜成露鮮華不受塵
通州炎熱地此物最關身 宋蘇軾寄蘄簟與蒲傳正詩 蘭
谿美箭不成笛離離玉節排霜脊千絲萬縷自生風入手未
開先慘慄公家列屋閒蛾眉珠簾不動花陰移霧帳銀牀初
破睡牙籤玉局坐談棋東坡病叟長羈旅凍臥飢吟似飢鼠
倚賴春風洗破衾一夜雪寒披故絮火冷燈青誰復知孤舟

兒女自嘠咿黃天何時反炎爍媿此八尺黃琉璃願公滑掃
清香閣臥聽風滿聲滿榻習習還從兩腋生請公乘此朝閶
闔　范純仁贈蘄簟與潞公詩雙文封卷如筒小六月鋪張
滿榻寒曾是吐茵狂醉客敢塵齋閣助清歡　朱子和秀野
蘄簟之句詩使君兩鬢尚青青學道仍拋後院笙溽暑快眠
知簟好晚涼徐覺喜詩成人從蘄水當年寄句此韓公此日
清坐對更深誰是伴惟應閟月共長庚　明太祖御蘄州進
簟諭古者方物之貢惟服食器用故無耳目之娛玩好之失
今所進竹簟固為用物但無命來獻恐天下聞風爭進奇巧
勞民傷財自茲始矣卻之仍命四方非朝廷所需者毋妄獻
艾他邑亦產本州最佳**綠毛龜**形極小盆畜之背生綠毛浮水毛自泛**白花蛇**一名塞鼻蛇鼻向上
龍頭虎口黑質白花背有二十四方勝文尾尖有一佛指甲
腹旁有念珠斑剖之置水中自反尾滌其腹能愈風疾　案
蘄竹出百家冶山者近不多有卽綠毛龜白花蛇亦不多得
惟艾係常產焉　明王廷相蘄民謠四首龍鬚作席光電電
暑眠不及蘄陽簟涼如冰滑如藤一簟幾工能織成官府取
之只一聲有價無價誰敢爭蘄　有丸者艾生我土七年之
病得者愈五內失調邪作主富貴耽慾乃自取艾縱有靈將
笑補我欲言之上官怒蘄　龜背生毛綠的的大如錢貴如
璧養來盆中水凝碧細入之玩有何益蘄　白花蛇誰教爾
能辟風邪上司索爾急如火州中大夫只逼我一時不得皮

肉破積骨如巴陵殺爾種類絕白花不生禍胎滅蘄

廣濟　**山藥**產龍坪武穴　**木棉**　**無花果**　**銀杏**

黃梅　**青靛**　**筆竹**　**葛**　**土綢**

黃州府志卷之三終

黃州府志卷之四

黃州府知府英　啟纂輯

建置志

城池

黃州府城黃岡附郭**宋元遺址在今城南二里許**張耒雜志云黃名為州而無城郭西以江為固其三隅略有垣壁間為藩籬城中居民纔十二三餘皆積水荒田民耕漁其中**西臨大江東傍**
湖泊水漲湮沒不常王志云舊城門曰朝宗向日龍鳳餘無考　宋王禹偁請修城垣疏伏以體國
經野王者保邦之制也易曰王公設險以守其國自五季亂
離各據城壘豆分瓜剖七十餘年太祖太宗削平僭偽天下
一家當時議者乃令江淮諸郡毀城隍收兵甲徹武備者二
十餘年書生領州大郡給二十人小郡減五人以充常役號
曰長吏實同旅人名為郡城蕩若平地雖則尊京師而抑郡
縣為强幹弱枝之術亦匪得其中道也臣比在滁州值發兵
挽漕關城無人守禦止以白直代主開閉城池頹圮鎧仗不
完及徙維揚稱為重鎮乃與滁州無異嘗出鎧甲三十副與

巡警使臣敎弩張弓十損四五蓋不敢擅有修治上下因循
遂至於此今黃州城雉器甲復不及滁揚萬一水旱為災盜
賊竊發雖思禦備何以枝梧蓋太祖削諸侯跋扈之勢太宗
杜僭偽覬望之心不得不爾其如設法救世久則弊生救弊
之道在乎從宜疾若轉規固不可膠柱而鼓瑟也今江淮諸
州大患有三城池墮圮一也兵仗不完二也軍不服習三也
濮賊之興慢防可見望陛下特抒宸斷許江淮諸郡酌民戶
衆寡城池大小並置守捉軍士多不過五百人閱習弓劍然
後漸葺城壁繕完甲胄則郡國有禦侮之備長吏
免剽略之虞矣　鄭獬黃州重建門記見金石　**明洪武元**
年指揮黃榮移築今處後指揮曹奉郭顯相繼修高二丈一
尺厚依山不可計周一千八百二丈八尺有奇繚以濠塹警
鋪三十雉堞二千一百一十有九門四東曰清淮南曰一字
西南曰清源西北曰漢川樓各三閒正德中漢川門圮知府
鄭信修萬歷十三年清源門火知府范可奇修崇禎八年知
縣李希沆倡率士民深濬增築十年僉事袁繼咸分巡黃州

與黃岡知縣徐調元築城六十餘丈十六年春流賊張獻忠掩至從東北隅緣梯入驅婦女剷城旋殺以塡塹城存不及肩秋知府周大啓回郡任事先是亂民詹瑞甫汪咸一各以舟二十艘降賊爲賊鄉導賊喜恣其掠貲鉅萬賊去大啓執瑞甫咸一責以修城貸死二人因陋就簡視舊制低五尺有奇廣如其舊

國朝順治二年知縣汪士衡次第修理四年知府牛銓建譙樓康熙十一年知縣董元俊捐俸重修雉堞戍樓警鋪之屬十四年大風清源門樓毀知府于成龍修四十五年大水城圮知府李彥瑁修葺知縣鍾萼續修雍正二年久雨城圮清源清淮門樓壞知府康忱捐修十一年清源門敵樓以年久將圮

知縣暢于熊同七州縣捐貲重修乾隆十三年城東北圮四丈餘知縣邵豐鍭修池久淤塞知府禹殿鼇濬之禹殿鼇疏濬濠隍記古之立國者必審其形勝以定邦域形勝者山川環繞精靈聚毓可以殷阜民物者也公劉之詩曰相其陰陽觀其流泉陰陽以便燥溼流泉以資灌溉而水利興焉矣夫水萬物所以資生流行之地聚散多少豐儉分焉在原埜者溝洫川澮以潤畎畝在城郭者濠隍隧徑以洩淤垒而形勝在是矣黃州古齊安郡其城倚山面江形勝鴻敞古所稱蛟翔鸞峙之地附郭首邑是曰黃岡人文甲天下絃歌之聲十室而五但閭閻生貲不見充殖千金之家蓋寥寥焉匪獨民澹士拙不善治生亦邦域之形勝清秀多而蓄積少也余承簡命來守是邦期年以來舉廢補偏次第就理閒登城凭眺見大江泱漭奮迅東去於一郡城略無環繞而附郭之水其北東自聚寶山來者至南關一字門外織染橋下直走入江亦無回顧而西南城下所謂濠隍者皆平實淤塞溝徑盡堙正郭璞青囊經所謂水去無情財貨不生者也訊之耆民皆曰古有濠瀆年久而淤倘一疏導引南門下之水繞城而西同匯於觀風橋下次第北向以入大江則水法有情而回繞城郭始成形勢余然其說因令濠畔居民自一字門外至清源門下者各濬其門前古瀆寬必以丈深亦如之人易爲力工亦不煩乃民情踴躍不帀月而告厥成功焉雖所以愛養休息之道不徒恃此而宣幽導滯非奠厥攸居之一端乎今而後水既有情地自毓秀扶輿之順氣與國家之景運輻湊於民閒而美利日興焉秀者懋登進之庸樸者增居積之阜庶沃土之民富且益穀非長民者之所至樂哉更戒嗣後居民濱除者勿委之濠中動作者勿圮其隍岸而長此疏通焉可也因記其事於石立之濠畔以戒居民云乾隆十年乙丑歲夏五月日乾隆二十三年漢川門右圮二丈七尺知縣劉煜修又清源門左圮八丈餘知府錢鋆修此後郡屬分段管理隨圮隨修嘉慶四年知縣張其章十三年知縣汪慕鍾先後疏濬隍渠二十年城身臌裂過甚知縣鄭家屏請款奉文交知府吳之勷承修至二十二年工竣計修外牆共六十八段長六百六十一丈五尺裏牆共十四段長一百七十八丈五尺二十三年知府吳之勷知縣蔣祖暄深濬濠溝李鈞簡勸修安國寺塔及疏濬城河文黃州自宋刺史王元之副使蘇子瞻蒞茲土竹樓記赤

壁二賦流傳至今近千年海內人士束髮受書卽莫不膾炙斯篇如神往其地者蓋江山勝跡人地以人傳急雨密雪明月清風光景常新而文章不朽宜乎人之低徊不置至今古蹟遺基有關於士氣之盛衰民生之利弊必將爲之興廢舉墜以培其本而固其脈其宜修濬以垂諸久遠者又何如也郡城之南安國寺有南塔者亦稱文峯卽昔之青雲塔也自前明神宗時創始越三十餘年而文壞其上五層飛入卯湖是塔爲武昌漢陽諸郡上游水口作鎮又爲本郡之文星起峯詳具於當時晏考功泰徵序中今邑志僅載其文而後之踵事經營者已不可考郡城之水自城外出者明水三自城內出者暗水四皆拱衛環曲自之右轉左匯於塔前又由塔溝達羅星湖以注之江是其形勢之爲表裏固自然而無可易者塔之說以余少時聞鄉先輩之言甚習數十年來眾議同不同然因循少成事今則水之環流者直衝水之順流者逆而汜去余曩時所見又懸絕矣詩曰崧高維嶽生甫及申此卽峯之挺拔峻起者必有靈秀鍾毓之驗也又曰相其陰陽觀其流泉此卽正位奠居必審乎順逆向背之理也形家之言近於術地理之訓本乎經豈不彰明較著哉於是塔之宜增高水之宜利導邑人士咸有志於斯役嘉慶庚午夏余將以服闋赴都道郡城因得謁郭伊齋觀察吳淦匡郡伯汪潔亭邑侯而爲之請皆欣然應曰斯舉也固籌之久矣將先定其規模而後從事俾鈞一言以爲之引且爲闔郡勸當

是時賢使君政和民理公暇諮詢方大有造於我邦而邑之人士又各竭其忱輸其力鼓舞踴躍而聽命焉豈非事之興舉有時不謀而合莫之然而然歟異時者塔之峩峩聳然而出於香漢流之汩汩悠然而匯於溝渠經始某年月日落成某年月日相與歌頌於勿諼較之前賢當不僅登臨覽觀之樂爲可言也鈞不敏猶得援筆而記之　奐之勸勸論捐輸疏復水道南塔引形家之說近於術地理之訓本乎經岡屬附郭據崎山舉水之維扼夏陝龍邱之勝前代每臻殷富國初兼盛科名固氣運之鼎新寶形勝所漸致乃自康熙而後士鮮大魁民無巨富凡登仕版終少錦衣之歸稍有田廬旋非素封之舊家道則起落立見子弟亦淑懸並生種種不宜合邑共悉所以然者三臺北下之龍楓香掘而中斷一字西流之水織染建而南飛赤壁磯重湖宛轉不順其流青雲塔七級嵯峨未存其半風水已多遷變富貴焉能爲常夫察地之理者準人之情身體以血脈爲精神郡邑即以山川爲血脈血脈之氣弗貫未有身體不受其傷者山川之氣弗通未有郡邑不蒙其害者邑之告休顯而易見本府自下車巡視不勝瞿然比開李少宰曾議修復於前汪舊令因而勸輸於後其時城鄉善士捐金有差舉而未竟巳十數年茲者歲豐人和邑之士民有志斯役矢公矢慎實事實心相度悉出於官經理不由乎吏誠合邑快心之務得以役元氣而去沈疴者也惟事煩費重難於周知其仰賴於捐輸者雖少之不

遺實多之爲美非數千金必數百金最少需數十金庶有志之竟成亦衆擎乃易舉首士纘請剴切勸輸本府守土於斯亦與有責除城南隍渠楓香龍脈現就存金督率興作外所有疏復東北水道修建橋梁以及增補南塔數層所需銀兩既多且急爰舉顛末敬告邑人首領莫存畏事之心衆人勉效急公之義趁此農隙重解囊金彼此勸成踴躍竣事出有餘之力奏無量之功學者崇焉闕者通焉使岡屬山水磅礴蜿蜒灣環瀠繞雖銀盃盞注富若季倫玉帶金魚貴如叔則其稱於形家者原不可信而以賢之山澤通氣之說陰陽流泉之觀其必有裨益當時利及後嗣者氣脈聚而衣食豐山川靈而人材出安見不超軼於前而永振自今也本府亦惟率屬鳩成從而考核之獎勵之立案勒石與郡人士相附於不朽爾已此引

道光二十六年城身復裂署縣金雲門詳請修理知府祁宿藻知縣俞昌烈暨府屬牧令紳商捐貲重修計城身四十五段長三百四十六丈咸豐間粵匪竄擾城凡四陷日就傾圮知府周炳鑑知縣薛元啓勸捐修補同治五年知府黃焱杰復勸紳民捐貲增修殘闕一百五十二處臟裂十二處總計周圍長一千二百九十四丈二尺並濬濠溝黃焱杰重修黃州府城碑記黃郡介江淮間宋元無城郭略有垣壁開爲藩羅舊址在今城南二里許明初始築城今處咸豐用兵以來城凡四陷日就傾圮余以辛酉冬涖郡時甫收復城中無半椽完屋漸次安集乃得八百餘戶而生計未裕善後事宜無從著手又無歲無賊至幸皆春夏秋時內湖有水外江舟師可以駛入拒賊乙丑冬湖涸捻逆由麻城猝至徑趨近郭予與士民登陴以守歷三月而賊退乃知此城宜亟修也案城舊爲門四東曰清淮南曰一宇西曰清源北曰漢川周一千二百九十四丈二尺今皆增修高逾舊城或五六尺或七八尺或丈有奇城上皆石修馬道寬五尺至七八尺有差東西北三隅有咸豐間所掘地道十二巨穴各深數丈寬數尺或十餘丈城日下陷皆一律拆修清淮一字清源三門月城各建樓三間漢川門舊有樓亦加葺治城北大士閣上築大礮臺一座俯對城外龍王玉几諸山一宇門右爲培風亭左有奎星閣廢址今將亭加葺閣亦重建均築大礮臺此外又修小礮臺十二座又督匠於城裂之處盡爲拆補於是垣堵堅四樓櫓翼如以丙寅五月興工十一月告成用錢八千六百五十五串有奇是役也初因城防經費有餘又會收集守具石十數萬遂謀補修乃傾圮過甚工程愈大使非黃岡士紳續有捐金修府學又撙節有餘可以分濟則集費必難非士

人指引搜掘龍王玉几諸山及北城火藥局一帶賊壘窖石百六十餘萬可値七萬餘緡則無論無此購石巨資其運費工費亦難且購之亦斷非數月可辦又非官紳數十八同心協力杜盡虛浮竟至半年之久無飲城工一杯水者亦斷難以八千數百串之費迅速成此鉅工而予心有未盡者城下積土尙多必得剷平城腳有爲雨水囓露者必運土培因費絀而予又卸篆不能議此是所望於後之守土者矣城外濠水舊從東北龍王山來城內溝隧之水亦出於濠道光間爲邑紳掘水南去而附城蓄田者利濠灌溉復任意挖掘濠隧就湮予乃改濬龍王山之水由東而南而西又北至赤壁下始入江而爲閘以限其流盡塞從前外泄之道四時有水環城如帶惟濠隄尙須培築赤壁閘今歲大水爲江濤衝損亦須修補後之人以時治之是亦設險之一助也

同治八年夏大雨城開段傾圮知府英啓率知縣恆琛暨七州縣牧令籌款修補計修城身八段長一百二十七丈及清源漢川一宇三門並府前明溝暗溝均疏通

蘄水縣舊無城明萬歷三年巡撫趙賢采輿議創建知縣劉憲

董選經其事城周七百六十丈有奇高一丈五尺厚一丈門五東曰來泰南曰麗文南之右曰便民西曰永豐北曰拱辰後益以二門東南曰躍龍西南曰阜成朱衫修城記聖天子銳精圖治尤加意邊圉疆宇詔兵部行撫臺都御史汝陽趙公旣嘗巡諸屬訪民疾苦備知某縣某縣可城固麻城黃陂工方興暫爲停待其夢寐固長在江漢間也今遵新例復仗鉞而東孰爲巡閱與按臺侍御史豐城李公會行左使嘉定徐公副憲長洲馬公而案境躬親相度剩量務求於民暫勞而永逸者則我郡侯上海潘公及邑侯崇仁劉父母也議定於今四月二十八日經始方垂成開僉以城記介邑侯劉公謀於予予弗克讓竊惟蘄水之地李勣謂其濱帶江淮張耒謂其一大藪澤嘗稱劇盜出沒之衝孰不知其爲當城乎而向未有舉者功匪易也乃今一旦議建計城周圍七百六十丈樓高三丈五尺闊四丈工不甚小公廩提編價不甚裕侯且懼下人侵漁募民自出納分築以城工付戶長城樓付義民不數月告成雄壯堅緻悉合程度偉麗岑巍甲於他邑每登四樓而覽焉祇見其護峯俯揖欹朝宗於北斗滃水前抱迎豐樂於南薰而玉臺呈瑞玉鏡迎禧猶鵠乎東作發舒之氣西成康阜之景行且置壺漏以授時樓譙鼓以警怠多捕臺以備覘儲兵甲以示威可以嚴平時出入之防可以禦意外倉猝之警拱環挹秀啓他時築嚴物色之光不少厥功良亦懋矣曷以致哉易稱說以先民民忘其勞詩咏庶民子來今日之功之速夫固有以感之也後之蒞茲土而專城者得無同諸大賢締造初意而心民之心乎後之產茲土者得毋允懷諸大賢締造始功而恆心上之心乎乃同志合川錢君伯谷周君會川李君白岳王君九疑李君郢白蔡君心溪徐君近洙何君暨子予計部與諸士若民謀以陳於當事者採之以志天假之靈囿尚有恢廓培養而表章之者

崇禎八年寇警知縣龔鼎孳增城濬濠以守十六年獻賊襲陷之驅婦女掘城如平地十七年春知縣孔維時修復孔維時癸未建置紀略余自崇禎十二年季夏筮仕佐尹滃上遭西北兵起所在充斥江以北無安宇也余帥士民嬰守者數載旋以考績得北中城兵馬司僦屋於縣之阜成門家其父母妻孥隻身赴都及抵都而邊事益急天子殷憂詔舉堪任殘破郡邑者御史黃以實專疏薦水以余來試疏上報可蘄即報陷余銜君命來實念父母妻孥來也至自下始知家變訃止存萃茂兩兒急泝蘭渚殘黎環余哭曰今年癸未三月初五夜獻賊襲破我蘄僵屍遍城野迄今骼珊珊骴纍纍且燒官民廨舍無片瓦寸土掘城爲平地言訖復哭余喉哽不能哭詣黃直指前號乞終喪不得經衰到城東隅倚殘壁蔽蕭而廬焉見白骨朽齒果珊珊纍纍也睨視泚流又隱隱疑有聲斯時也秋杪霜凝磷燐悽慘悲風木者哭於寢悲棠棣者哭於荆悲斷絃與西河者哭於枕余煢煢一身諸哭畢集病幾死思整焉而乏資茂兒前席曰昔祖父藏有膳俸銀百餘兩兒尋拾藏之可佐用遂捐若干金付老成更事者募收盈原之骨厝冢於南河之南覆以白石丹土俾勿壞亦倣古作大坑埋髑髏三萬餘之遺意耳又見衙舍盡赤果無片瓦寸土也夫邑無廳事民將疇依行見頹垣碎礫之地終不室不廬矣即於是冬捐貲鳩工因官基之舊建樓二座平房三間原堂大堂及儀門旁屋共十五閒未嘗空役一夫妄派一錢而落成焉又見城堵果掘爲平地也蘄邑係吳楚咽喉城既成墟萬一賊氛復熾嗟我孑遺不鳥獸散與然而興茲大役勢必聾石誅土疲勞民力余欲逸人而事就化絕業之無用者爲有用詢諸紳士詳諸院道於甲申春便糾人慮事量址計城給工合計周城八百餘丈雉堞樓櫓一一郴修約費若干金四閱月告竣堅穩嶒峙庶可恃以無恐夫城堞屹如衙宇煥如萬家奠如余初願期至此今乃幸至此是縣尹當盡之分也是天子命余之志也是余歉痛終天之憾也嗣是事有宜爲而未及爲與夫爲之而不易爲又不得不爲者俟余次第徐理云

國朝康熙三十五年閉永豐門塞之雍正五年士民復請開因改曰開豐門乾隆三十六年復改曰文昌門嘉慶時城漸坍塌咸豐間粵賊至毀城移舊甎石於雲路口側建立僞城後官軍剿賊復縣治踏平其地遂無城

麻城縣舊土城爲後趙石虎將麻胡秋所築繫城以麻紀始事也後廢明宏治十二年知縣韋厚築石城建樓於上萬歷元年巡撫趙賢巡按舒鼇奏建甎城董其役者知縣錢節用城周九百五十八丈有奇高一丈七尺厚一丈門七東曰賓暘西曰寅餞南曰迎薰北曰拱辰東南曰朝聖東北曰小東西北曰小西劉廷舉錢邑侯新建縣城序今上御極之元年詔天下諸司繕城守修險阻以備不虞侯得部恤然日今歲邑大被而驅之役民弗堪矣無何撫按檄再至乃謀之邑人邑人曰可未也又謀之士大夫士大夫曰可未也又度其貲力以謀之監司於是議免役以充公費議分作以均任役畫地授役矢以天日無所容私且出公藏鐶官錢以貸

失業者城廣爲丈凡九百五十有奇木甓瓦石之材以枚數至三百餘萬用人力以工數至四十萬經始於萬歷元年十月凡七閱月而城成夫興是大役責成乎數月之間人莫以爲勞也說在靈臺之章矣先是侯蒞吾邑首問民間疾苦知俗敝於好訟負氣以淫侈相競耽遊遨不事本業與夫强掩弱衆暴寡賤陵貴同室相傷而自撤其藩籬也豈獨無城之患哉侯於是以禮爲敎使民婣於君臣父子長幼之節敦雅崇儉驅游惰以歸農凡陵轢囂競輒以禮法防治之由是生養遂敎化行至治有金城此民所以說忘其勞歟雖然斯有形之險也邑人知所以形於未形者乎公侯干城國家之屏障也而形勢不與焉禮樂敎化斯民之隄防也而封守不與焉廉恥禮節人心之郛郭也而城池不與焉生玆土者使人人廉平慈惠有體國愛民之心上下和而元氣壯雖無城而守固矣不然城足恃乎此侯意也敢述以告來者善繼侯志俾吾邑爲萬世金湯云侯諱節用字以中蜀之富順人乾隆辛未進士崇禎八年知縣劉星耀增修後復傾圮過半

國朝順治十一年知縣王潞修葺並濬濠康熙七年五月大雨朝聖門城圮二十餘丈知縣屈振奇捐俸修築雍正五年知縣

譚苓七年知縣楊思溥相繼重葺乾隆十一年知縣夏封泰三十三年知縣劉希向加修道光間知縣李兆元姚國振兩次修補咸豐間候補道梁作楫知縣吳林同邑紳重修同治五年知縣黃以愼增修護城礮臺

黃安縣建於明嘉靖四十二年從撫臣張雨按臣唐繼祿請也始建城同知袁福徵督其役周五百九十九丈有奇高一丈八尺厚五尺門四隆慶二年雨城半圮同知王可大葺之裁卑四尺萬歷二年知縣應存初增高五尺二十四年知縣李文芳因形家言縮南城而小之崇禎八年寇警知縣趙利珍濬城濠建敵樓設重門於四城十一年知縣李元玉改遷南門稍東數武建延秀樓於其上

國朝順治十六年知縣蕭恆重建西城樓康熙二十二年知縣張國柱修補圮缺三十六年城塌樓壞知縣劉承啓重修顏門額東曰三山西曰迴瀾南曰載陽北曰天臺培城寬五尺水關一道城濠四週六十年水城圮六十一年知縣張琮雍正三年知縣吳象寬四年知縣劉文燧相繼修五年水城復圮六年知縣賈多男九年知縣鍾彝先後補葺十一年知縣李行修勸士民捐修完竣乾隆十四年知縣彭瑞澂捐葺嘉慶五年知縣孫文驊建東北二門樓補葺西南門樓增高城垣一尺盧熺邑侯孫曉山重修城垣樓堞記邑城建自明季周五百九十九丈高一丈九尺有奇垛口九百九十七敵樓七門樓四從頹壞後舉而新之葢其難也侯受天子命宰吾邑利無不興太守謂舍侯無肩是役者因以相屬侯乃進邑人問之曰無城可乎曰設險所以守也無城奚恃姑繕補焉可乎曰修之欲其固也因陋就簡奚能堅需費鉅奈

何曰侯且不惜己財苟有力誰忍吝能家喻而戶曉乎曰嚋土之嚋石之嚋斧斤之不以胥不以隸功斯聚矣侯曰起予哉爰捐金俾邑人董其事一出一入公會計焉於是四十八會之民無不踴躍以襄斯役也歷十有五月而告成竊維是役之難甚於創始明季二縣未割地爲賊藪居斯土者皆欲城以自衞今承平日久習於恬熙咸以爲非當務之急一也明季榛莽甫闢物力饒裕今一木一石其直數倍如初乘所載一門樓費僅百餘金今啓明一樓已千金矣二也明季鄉先生既協力同心卽山野椎魯亦皆向義今多旁觀異議而閭閻大戶甚以避役爲得計三也向非侯愛民如子昭昭耳目有以服其心而鼓其氣何以舉歷任難肩之任而行所無事若此哉工竣侯不有其功歸於邑之人邑之人不敢受迺歸之太守夫知能而任太守之明也任才不疑太守之斷也使吾民安田里長子孫鶴唳風聲恃以無恐侯之惠烏可忘也用志諸石俾後人知邑有賢父母利在百世焉嘉慶壬戌孟秋月十八年知縣劉以實培寬東南北三處城身俱數尺道光九年邑紳補葺南城數十丈二十三年知縣鮑光霱濬濠增障二十九年知縣許賡藻補修東城數丈同治三年前知縣江世玉奉委鑿濠知縣文齡

增修北門月城並深濬城濠十年知縣魏輔宸重修南城十
四丈十二年知縣慶明修北門月城及礮臺垛口光緒二年
知縣諸鑣重修西門城樓
羅田縣梁時舊城在今奉泰鄉魁山下唐廢宋於石橋鎮置縣
元大德八年知縣周廣遷於官渡河卽今治也明成化十五
年信陽賊入寇知縣沈雷始築土城嘉靖九年水圮知縣勞
樟砌以石十七年水復圮知縣沈越祝翊相繼修易石爲甎
城周五里高一丈五尺厚一丈西北依山東南臨水門四東
曰長春西曰義和南曰來薰北曰永興崇禎八年流賊陷城
九年知縣白乃忠編戸增築高一丈五尺並置水關二道樓
五座劉繼盛王固統合譔白侯築城碑文羅之有城不自今日始然非今日不惟無城且無羅也考諸圖籍賦入萬

餘乃貯沙爲埤累石爲廓圖邑柳藩之狀二百年於茲矣乙
亥春寇氛侵殘高岸爲谷深谷爲陵羅且不得爲昔日之羅
也敢復望其固若金湯乎白侯爲我來斯恤餘生之斷魂收
殘灰於既燼招流亡賑饑溺止逋徵清犴獄平市價息爭訟
勸農桑修武備不帀月已登一邑於富強丙子夏聚耆民謀
曰城甚惡寇之利也未雨當先綢繆況風雨飄飆可無桔据
以圖保聚乎吾欲爲百姓愛而力尤欲爲百姓愛而生困刻
日慮事平板幹稱畚築議遠邇物土方上下相與共厥功其
費以則賦相輸錯多寡也而不足者侯滅膳以益之計彼一
年之賦以襄厥役而民不見其苦其制高以丈尋垛厚二尺
許陴城則可操弓馬縱橫於其上其額派環城九百丈每戸
築三丈六尺水旱城各牛之夫維時有定限斯踴躍赴公堅
瑕相形而民無敢草草塞責者其成功也以三陰月每一晝
夕侯督行必四周饑者粥病之者藥之勤勞先人者親襯錢
以酒之興工之始避席緪印誓不告成不復身流大堂單心
殉國之誠勤事惜民之隱何俱腆至乃爾哉城成偵報賊東
西至鄰封士女咸爭走入保侯乃大闘四門無姦不詰詰旦
故縱之賊知我兵義憤氣已奪用正用奇侯輒躍馬銜鋒凡
十一戰斬馬賊二百餘級如所號林沖挫山虎白臉二哥諸
賊皆先後授首而爲鎗礮傷殞者更不可數計賊於是有羅
城如鐵羅兵如虎羅侯如神之語驗矣魂銷誓不入羅境當
是時侯自春徂暑夜無假寐生靈賴以全活者幾數十萬向

非堅壁可恃能奏膚公而保林總若此哉昔孫叔敖城沂三
旬而成不愆於素今侯値戎馬倥傯之會鳩工庀材較艾獵
當安閒無事之時量功命日其難易爲何如耶史遷如在其
以侯列循良首矣生等嘗效鞭鐙之用痛定思痛詰言最眞
故不必別乞詼詞以頌乃頌三章曰維侯懋德允武允文信
大明作鑿築其勤鑒於成化蹶蹶圮諺信公私俱焚邪陁堞
圮風淒日熏無城可守有俶莫聞沈爲新建坑墉築勞繼舊
動勞碑碑侯增式廓乃薄蒼雯二百餘載三見神君旣堅眾
志且厲孤軍風生絕壁電掃流氛長城
萬里百雉奚云懷人未往景星慶雲
國朝康熙四十五年水圮知縣沈延禎修復乾隆十二年復圮知
縣馮孫龍倡修嗣是屢爲水圮知縣孟炳王瑅陸學泌議修
均未果遂請停修
蘄州古羅州城去今治六十里宋景定四年元兵據白雲山設
礮來攻守者懼走保鴻宿洲刺史王益遷城麒麟山卽今治
元末圮明洪武二年指揮趙應清千戸許勝因舊址修建周

一千一百三十丈高一丈八尺厚依山不可計門六東曰賓
暘西曰澄清西之右曰觀瀾西之左曰聚奎南曰文明北曰
雄武後改拱辰天順成化間指揮胡善李廣胡瑄李泰田正
王欽舒泰相繼修正德間知州楊清續修嘉靖間指揮李緒
田雨公𢌿欽陳奇策王天相復相繼修
國朝雍正五年知州華文振重修其池東南北闊十七丈八尺西
爲大江池舊有橋後橋圮池塞乾隆十二年知州蔣尙德糾
紳士疏濬建橋累工數千水循故道嘉慶二十四年知州顧
澍移建南門於州門前道光二十四年知州勞光泰二十五
年署知州楊明善前後補修二十九年大水城垣多圮咸豐
二年知州潘克溥捐俸倡士民修葺

廣濟縣無城治爲市民擁衞外開四門東曰覿陽南曰迎薰西曰繼旻北曰得朋又西北有門曰保和有慶而大河中注之治居河西東南二門在河東明崇禎十二年議建城自西徂東跨河爲之包南山壞原田興工數月不果成

國朝康熙三年知縣安璇築土爲城立門四東曰暘谷南曰明都西曰西成北曰會元周圍三里零七分乾隆四年知縣李肇梅重修尋復圮迄今未修

黃梅縣舊無城明成化二年知縣朱璧築土城周五里高一丈門四惟南阻河爲固無城萬歷二十二年巡撫郭惟賢請建石城長沙通判孫錝時署篆董其役門七東曰仁育南曰文明西曰正義北曰拱辰西南曰利道曰化龍利道久閉東南曰小南門崇禎十六年爲獻賊破毀知縣張聯芳繕之

國朝順治十一年知縣徐旻始修城樓雍正四年知縣李珣重修乾隆六年化龍門右傾裂知縣邵豐鍭修九年小南門城壞數十丈知縣楊黼時修十八十九二十年西東北各處坍塌知縣薛乘時以次修葺並置六門卡房道光二十四年知縣俞昌烈勸捐重修咸豐閒粵賊疊次竄踞城池圮塞十一年知縣覃瀚元率士民修濬並捐建東西門月城

官廨

黃州府

府署在清源門內高阜卽古西坡明洪武元年知府李仁㭊建正德閒知府余貴嘉靖閒知府郭鳳儀先後增修中爲正堂後爲後堂爲知府宅文酒樓前爲戒石亭東西司各十三楹又前爲儀門東西角門門西爲鑾駕庫東爲土地祠爲雪堂旋增修爲賓館正南爲譙樓東申明亭西旌善亭亭南爲吏廨正南爲大門崇禎末悉爲賊燬

國朝順治初知府借居黃岡邑紳洪周祿宅十四年知府徐士儀於舊址建大堂康熙十三年知府于成龍次第修建始移居二十九年知府王輔重修大堂內建枕江西爽各亭四十五年知府李彥瑁復建儀門外鼓樓後燬五十七年知府蔣國祥移大堂於月臺下科房儀門俱改置樹屏儀門外署內書亭數座船屋七閒皆極軒麗後多傾圮雍正十二年知府李天祥撤儀門外屏乾隆九年知府禹殿鼇二十二年知府錢鋆四十二年知府羅運春迭有修建西園雙桂堂笠屐亭皆是五十五年知府先福新雪堂建月窟軒五十七年二堂火重建嘉慶閒知府金城吳之勷先後修大堂二堂幕廳書室新頭門外保釐坊道光二十七年知府祁宿藻重修大堂科房並宅門以內各處頭門外添建照牆咸豐三年粵賊陷城署悉燬遺基由東至西抵城前寬三十四丈二尺後寬十三丈由南至北直長八十四丈五尺九年巡撫胡林翼駐兵郡城重建雪堂五楹又於雪堂東洗墨池前重建雙桂堂三楹池後建屋三重共十三楹知府周炳鑑黃岡知縣薛元啓重建月波樓十一年知府

黃益杰增修圍屋同治十二年知府英啟黃岡知縣恆琛會同府屬牧令勸捐重修前建頭門三楹儀門三楹大堂三楹堂下東西科房以次列堂後三楹爲宅門門內爲二堂堂東五楹爲花廳顏曰琴鶴堂又三楹爲南花廳又三楹爲書房又三楹與書房對花廳後五楹爲廚廚後上下二進各三楹二堂後爲三堂三堂七楹堂東五楹爲內宅二堂西三楹爲可談風月之室室南三楹爲書屋屋西卽雙桂堂是年拓其前爲射圃圃西爲笠屐亭光緒四年建東坡先生笠屐圖在焉亭北達雪堂堂北爲蘇胡二公祠同治十三年重修祠西爲快哉亭舊址案蘇文忠公刻石像舊在赤壁咸豐九年巡撫胡公得之瓦礫中舁至此建祠祀之十一年胡公卒於官知府黃益杰製栗主並崇祀焉月波樓乃漢川門樓光緒四年蘄州黃雲鵠書額

岐亭同知署在麻城縣岐亭鎮光緒二年同知唐訓邦重修

武黃同知署在廣濟縣武穴鎮同治十二年同知張積祺重修

通判署在黃岡縣新州鎮光緒八年通判劉忠誠建案舊署在府署西燬於兵同治六年移駐新州

推官署在府署西缺裁久廢

教授署在學宮左

訓導署在學宮右

經歷司獄兩署原在府儀門右嘉慶十三年裁司獄官署並入經歷咸豐三年燬光緒六年知府英啟率經歷高文桓移建於儀門左府監獄隸焉

照磨署原在府署儀門左乾隆初缺裁署燬

漢黃德道署在試院西北雍正七年以分守武漢黃德道移駐黃州購民房建立衙署乾隆四十三年改武昌府歸鹽道轄咸豐三年燬十一年移駐漢口鎮舊基今建黃岡縣署

黃州協營副將署在洗白街南明尚書王廷贍宅咸豐三年燬同治五年副將穆克登布修光緒六年副將陳樹勳重修

協標中軍都司署在府學東咸豐三年燬光緒八年都司張金龍重修

城守千總署舊在阮家涼亭光緒十年移青雲路街

演武廳在城南二里咸豐三年賊燬同治五年知府黃益杰修大廳光緒七年黃岡知縣戴昌言增修後堂並添建廚屋

黃州衞署在府署東北明初指揮黃榮建明季燬

國朝康熙間守備蕭成重建咸豐三年燬光緒三年守備覺羅趾壽重修

長江水師田鎮協營副將署在廣濟縣田家鎮同治九年副將李宏試建

長江水師巴河營游擊署在蘄水縣巴河鎮同治九年游擊李昌和建

陰陽學舊在府門東

醫學舊在府門西

僧綱司舊在報恩寺右

道紀司無署

黃岡縣

縣署原在府署東明洪武元年建崇禎十六年燬

國朝順治三年知縣汪士衡十年知縣劉國甯康熙三年知縣徐鏑九年知縣董元俊康熙五十年知縣鍾葦雍正二年知縣張光裕乾隆二十八年知縣葉世度四十二年知縣顧夔五十年知縣張璐五十二年知縣王正常嘉慶二十年知縣鄭家屏道光十年知縣李錦源二十七年知縣俞昌烈先後創建增修咸豐三年燬光緒元年知縣恆琛詳請就漢黃德道署舊基勸捐修建

教諭訓導署在學宫内

縣丞署在縣城隍廟右

典史署在縣儀門右

團風巡檢司署在縣西北五十里

陽邏巡檢司署在縣西北百二十里

但店巡檢司署在縣東北百二十里

倉子埠巡檢司署在縣西北百二十里

把總署在三店同治九年裁

陰陽學舊在府署左

醫學並惠民藥局舊在府署右

僧會司舊在維摩堂

道會司無署

養濟院在山川壇側同治三年知縣陳汝蕃重修並捐加孤貧口糧十二年邑紳劉維楨捐錢一千串以助經費

育嬰堂在一字門内縣志在倉子埠道光二十七年邑人胡紹瑛張殿魁倡建

蘄水縣

縣署明洪武七年建崇禎十六年燬十七年知縣孔維時修復

國朝順治十一年知縣李蓀十三年知縣劉佑增修咸豐四年燬

同治十一年知縣徐兆英重建

教諭訓導署在學宫内

縣丞署在縣署左咸豐元年裁

典史署在縣署左咸豐四年燬光緒元年重修

蘭溪巡檢司署在縣西南四十里咸豐八年巡檢陳啓安同紳民重修

巴河巡檢司署在縣西七十里光緒二年巡檢李春暉詳請移

建於經堂

把總署在縣西門内光緒三年重建

外委營房向在巴河今改駐麻城兩路口

校場向在城西郊今移城東郊臨河

陰陽學舊在縣署東

醫學舊在縣署南

僧會司舊在昭化寺

道會司舊在三清觀

養濟院在濟民倉側

育嬰堂在縣東道觀灣

麻城縣

縣署明洪武七年建

國朝順治二年賊燬四年知縣李衡十三年知縣王潞康熙六年知縣孫宏牲八年知縣屈振奇乾隆二年知縣陳鼎三十五年知縣楊朝宗楊永芳相繼修咸豐四年燬同治十一年知縣濮文昶率邑紳勸捐重建

教諭訓導署在學宮內

縣丞署在縣署左

主簿署在縣署右裁

典史署在縣署儀門右

虎頭關巡檢司署在縣北七十里

鵞籠山巡檢司署在朱皐

把總署在縣署左望岐門外光緒八年署縣陸祐勸重修

額外外委營房在朱皐

外委營房在兩路口案路口塘汛向由城守撥兵分防同治九年移巴河汛弁兵駐此

演武廳在南關外

陰陽學舊在縣署右

醫學舊在縣署左即惠民局

僧會司舊在萬壽寺

道會司舊在東嶽廟

養濟院在東門內

黃安縣

縣署在城北明嘉靖四十四年建崇禎間燬署縣梁夢卜重修

國朝順治間知縣張國柱劉承啓相繼續修雍正知縣賈多男乾隆三年知縣段紹宸先後修葺咸豐七年知縣林基重建同治元年知縣諸鑣七年知縣朱錫綬增修

教諭訓導署在學宮內

主簿署在縣署左裁

典史署在縣署右

黃陂站巡檢司署在縣北九十里由雙城鎮移此

中和巡檢司署在縣南六十里

把總署在縣署東舊爲憲司署康熙四年知縣蕭恆重建後一重置常平倉前二重爲把總署

外委營房在黃陂站同治九年由縣城移此

演武廳在縣南門外

陰陽學舊在縣署大門外左

醫學在本宅

僧會司在本寺

道會司無署

養濟院明萬歷間建嘉慶二十二年知縣林縉光修

保赤堂在縣前稍西嘉慶七年知縣孫文驊建

羅田縣

縣署元知縣周廣始建明代歷有修葺崇禎八年燬

國朝順治八年知縣李雨霑康熙間知縣王政資王光鼎金世禎姚士基沈廷楨張琳乾隆二十五年知縣王晅先後建置增

修咸豐四年燬同治八年知縣吳鳳笙重建
教諭訓導署在縣署左
縣丞署在縣署左裁
主簿署在大堂右裁
典史署在縣署西
多雲巡檢司署在縣東北百二十五里
僧塔汛千總署在多雲鎮
外委署在縣署東
校場在西關外
陰陽學舊在縣西
醫學舊在縣西

僧會司舊在縣東萬壽寺
道會司舊在縣南元妙觀
養濟院在縣署西明嘉靖時建同治八年知縣吳鳳笙重葺
育嬰堂在鳳山左巷雍正間知縣金堉建

蘄州

州署明洪武二年建明末燬
國朝順治十八年知州王宗堯修復乾隆九年知州蔣尚德嘉慶十八年知州顧澍道光十二年知州王逵二十四年知州勞光泰劉咸咸豐元年知州董炳南二年知州潘克溥先後修葺尋被賊燬同治元年知州崔蘭馨十二年知州封蔚礽次第修復
學正訓導署在學宮內
州判署在州北門內
吏目署在州署左
茅山巡檢司署在州西六十里
大同巡檢司署在州北百二十里
蘄州營都司署乾隆十二年就江防道舊署改建光緒四年知州封蔚礽勸捐重修
把總署在州北門內
外委營房在西河驛
演武廳在賓陽門外
蘄州衛守備署在水西門內卜羅山乾隆八年衛軍士新修咸

豐三年燬九年守備王珉將官井已裁衛千總署改建
陰陽學舊在府館西南
醫學毗連陰陽學舊有窮民藥局
僧正司舊在四祖寺
道正司舊在元妙觀
養濟院向在東嶽廟右同治八年知州黃式度改建元妙觀右
濟嬰堂在武襄門外熊化嶺咸豐九年建

廣濟縣

縣署近西門明洪武初建崇禎八年燬
國朝順治八年知縣毛華鵬重建康熙十一年知縣任暄猷乾隆十五年知縣虞學灝重修咸豐三年燬光緒三年知縣王方

田重建
教諭訓導署在學宮內
縣丞署在庫左裁
主簿署在幕廳右裁
典史署在縣署右
馬口巡檢司署在縣西南七十里
龍坪巡檢司署在縣南七十里
把總署在縣署東北即行察院署改建
演武廳在十字街外同治九年重建
陰陽學舊在縣署南
醫學舊在縣署南

僧會司舊在南山寺
道會司無署
養濟院在縣署東南
育嬰堂在縣署西

黃梅縣

縣署在城西南隅為六朝宋鮑參軍宅故址元皇慶元年縣令樊懋侁創建
明代歷有修葺崇禎十五年燬
國朝順治十一年知縣鄧源濂重建康熙四十三年知縣曹世璞
乾隆二年知縣莊檦七年知縣邵豐鍭十七年知縣薛乘時
先後增修咸豐七年燬光緒元年知縣覃瀚元率士民重建
教諭訓導署在學宮內
縣丞署在縣署東後移駐清江鎮
主簿署在縣署西裁
典史署在縣署儀門東
停前巡檢兼驛丞署在縣東四十里
新開口巡檢司署在縣西南六十里
孔壟巡檢司署在縣南五十里明洪武二年設清江巡檢後移駐孔壟鎮今署移建黃豆廟
千總署在西門內即兵備道署舊址
外委營房在孔壟驛
演武廳在城外西南隅
陰陽學舊在急遞鋪左
醫學舊在急遞鋪右

僧會司舊在東禪寺
道會司舊在泰源觀
養濟院舊在西關外同治十年知縣覃瀚元擇北關外高阜捐
廉重建
育嬰堂在東關外雍正十三年監生趙世法捐置

黃州府志卷之四終

黃州府志卷之五

黃州府知府英　啟纂輯

建置志

壇廟羣廟附

黃州府

社稷壇在清淮門外東北三里基長十三丈廣十丈

神祇壇在一字門外舊志作　風雲雷雨山川壇嘉慶十六年定

今稱

先農壇在清淮門外以上三壇雍正四年奉文建州縣均如制

城隍廟在坡仙坊東北明初敕封監察司民威靈公秩正二品

乾隆閒知府禹殿鼇先福舒山道光閒知府成善周維垣先

後修同治五年知府黃益杰重建

旗纛廟在衛署左咸豐九年守備趙發科同旗丁重建

厲壇在清淮門外三里民田高阜基長七尺廣四尺五寸

里社土穀壇舊志載在城十二社曰隆孝思忠主信居仁由義立禮秉智崇德安士樂天明文興讓社有長春秋社日祭土穀之神既畢會飲讀法黃岡志

先師孔子廟在治東南廟制並崇聖祠及名宦鄉賢忠義孝弟節孝四祠均詳學校　州縣均如制

關帝廟舊在報恩寺右咸豐三年兵燬同治五年知府黃益杰建

在城隍廟右額曰　武聖宮順治九年封忠義神武雍正三年封三代公爵咸豐四年升入中祀　累封忠義神武靈佑仁勇威靈護國保民精誠綏靖同治九年加翊贊二字　一在北樓窪光緒五年黃州協副將陳樹勳都司張金龍暨闔營捐建一在一字門外明知府王霽建同治十年黃岡縣七甲士民重修

文昌廟在儒學內康熙四十年知府許錫齡建同治三年知府黃益杰重建咸豐六年升入中祀

龍神祠舊在河東書院右嘉慶二十一年知府吳之勷移建城隍廟西道光閒知縣王令儀咸豐閒知縣黎道鈞先後修一在清淮門外聚寶山一在大崎山

火神廟舊在一字門復城內祀古祝融咸豐閒兵燬同治四年知府黃益杰知縣陳汝爵移建洗墨池側

武節祠在安國寺右祀唐張巡許遠明宏治閒建

國朝乾隆六十年知縣張其章重修易祠額曰雙忠道光二十

八年闔郡官紳士商重修今燬

明韋厚重修張許二先生祠記　宏治丁巳冬吾淛之天台盧侯希哲以秋官正郎擢守黃郡飭吏治以文學有古良吏風越明年政通人和興舉百廢拳拳以正人心息邪說扶植綱常爲已任又明年春偕同寅張君志仁張君士美羅君鵬舉暨厚省耕之餘訪韓魏公書院遺址於安國寺既復其地又於寺之西偏得所謂眞君殿者詢之父老則曰唐張睢陽巡也侯因歎曰元宗天寶閒醜虜陸梁乘輿播遷公時與許公遠戮力王室保障江淮雖授命顛危而抗賊喉牙卒致兩京克復論者謂二公之力居多噫奠神鼎於一時正天常於萬世凡有土者祀之亦宜直以剛正之氣而膺眞君之號我將攷而正之祠宇多歷歲年幾不能蔽風雨我將撤而新之會黃人之溺於邪說者乘農隙賫金繒扶老攜幼往禱於均之武當殆無虛日侯下令止之且召於庭諭之曰比歲荆襄篁葦閒多嘯聚雖渠魁就擒而詰捕尙嚴若曹越境而往脫爲持牒者所拘執玉石遽能分乎希福罹禍鄉黨自好者甯不承爾羞乎且而境張君者實忠烈之神靈德庇人昭答如響克修厥祠以供歲事神其不女佑乎衆皆叩首謝且曰唯命是聽侯遂上其事當道韙之乃與民約裒金推次惟女計功廩餼惟女官無督迫之嫌吏無追呼之擾民皆感悅及期子來復以義民余文學董其事材之良者以輳工之巧者以集肇工於是年季春之壬申訖工於孟夏之辛丑不閱月而

告成輪奐整飭丹堊輝映廟貌尊崇垣墉周密復故唐封爵益許公神位表章死烈事實扁揭武節門號更具牲醴率父老告於神而落之黃之士大夫咸謂侯之斯舉人心之陷溺者賴以反正邪說之譸張者賴以自息凡民皆知君臣大義而於父子於夫婦於昆弟於朋友咸以類感而風俗自無不厚矣凡我邦人可不知所重與侯屬厚記其事因次第其顛末并著黃人須侯之意且告後之牧是邦者謹修葺以永成績毋以淫祀而取慢神之譏云

忠節祠舊在鼓樓西即相公廟舊址明知府盧濬建祀唐張巡宋岳飛趙令宬吳源王遠劉卓何大節附王禹偁蘇軾今廢

三賢祠在儒學內祀宋王禹偁韓琦蘇軾今廢

七賢祠在城隍廟左祀宋周濂溪程明道程伊川張橫渠邵康節朱晦庵明王陽明久廢

二程先生祠舊在文昌廟前宋知府李訦建

國朝康熙間通判馬懷璋雍正間教授彭士商先後修乾隆間知縣王正常重修嘉慶間知府吳之勷移建河東書院右咸豐間兵燬光緒元年黃岡紳士建於奎星閣下宋朱子國朝王正常均有記見金石

岳武穆王廟在城南俗呼高廟明宏治乙未建後燬

國朝道光間邑人塑像大士閣左廂

韓魏公祠在安國寺左宋韓琦侍兄琚守黃州曾於西廂讀書後人因祀之道光二十七年修今燬國朝禹殿鼇記昔東坡刻韓魏公之詩題其後以黃州山水清遠土風厚善雖里巷小民知尊愛賢者於王元之韓魏公皆私之以爲吾邦雖小二公嘗辱居焉以誇於四方之人夫直道在民公好公惡天下之所同因其明而指示之就其事而獎勸之使之油油然樂而忘倦非啻心於人心風俗者弗喻也坡公稱黃人之尊德樂道異於他邦豈非喜其風俗之厚而與人爲善也哉今去坡公已六百餘歲而黃人祀祝之不異元之魏公亦假有私於蘇公者風土之厚善益信矣鼇豫人也官於黃已三載修赤壁濬陸渠重建二程書院景仰前徽啟迪後學亦與黃之民同此公好耳而黃州安國寺僧來請曰韓公豫之名賢也寺本爲公讀書祠歷年久遠黃人不忍其圮捐有檁棟木石公豫人成之余曰豫之賢人君子著名今古者多矣必豫人始修豫賢之祠則坡公當日以蜀人而刻豫賢之詩豈有私於豫哉昔公隨其兄琚讀書於黃非若王元之有官蹟之可紀而黃人不忍沒其遺蹟今又樂於重修使與竹樓赤壁並峙不朽非僅若坡公所云金錫圭璧被其光輝也凡觀其蹟則必思其人思其人則其人生平立身行已與夫出處張弛之雄抱偉畧必將景行而效之如武侯之自比管樂長卿之雅慕相如以尚友於千古是公之有造於此邦者大矣豈曰不必施於用也哉余也嘉其意而相成則固坡公與人爲善之志也以爲有私於豫者其猶有遂之心也夫因委廣文吳君緒榮同郡紳曹君紹烈等董其事閱三月而告竣以公之兄宋太守琚並祀焉公之詩曰兄之才無不宜吏治孰可偶君子之言而有徵益不異王元之之有德於黃人也至公功業文章世咸知之不贅

蘇文忠公祠一在洗墨池明天順間僉事沈靖建萬歷間知

縣茅瑞徵修

國朝康熙初通判宋犖重修今廢一在赤壁同治七年黃岡邑紳劉維楨修之國朝宋犖記仕而過黃靡不言蘇子瞻王元之至於張文潛秦少游非其忘之即不知之矣仕而過黃者靡不言子瞻元之之雪堂竹樓至於子瞻墨池非其忘之即不知之矣余判黃之二年梅川張長人過余而言曰吾黃自兵燹以來諸名勝悉委榛莽如子瞻洗墨池獨趙文敏手書三字猶存瓦礫中此韓陵一片石也吾君得無意乎余聞即大喜命與人移置東齋又三年爲康熙己酉余董漕自淮歸日長無事因念先賢故迹久就荒蕪使後人靡有瞻仰守土者責也言之太守渤海羅公及九屬諸有位咸捐資重修之始從坡仙坊求池之舊址甃砌劚壤水泓然瀵欲出池舊無橋與亭今創建其上以文敏字嵌門簷閒既而曰池得矣無堂何以祠爰建堂池之東祠子瞻其中以文潛少游爲配兩先生固嘗游黃又蘇門士也遂名曰雪堂成猶有餘材因建樓池之西祠元之名曰竹樓墨池因故址雪堂竹樓非其地而佐之從名也使遊人過客聚而瞻之者不忘也合之爲宋賢祠云祠既成移余書之複者置樓上移余東齋花自中州來者植池側而旁爲數楹招僧末子住其內以供朝夕於是黃之人若忘其爲舊有而煥然新出於耳目

之前也不數月余以先太夫人棄世將去郡歸里惆悵者久之歲且暮張子長人復自梅川來別余因坦步池上張子曰甚矣先賢之賴有使君也抑吾聞之昔韓魏公年少以家艱從其兄遊黃黃人思之爲刻其詩於四十年後使君忘之乎又曰吾嘗讀楚故載東坡洗墨池蛙口食墨而黑黃人殆未之信也是二說者余憫然念之遂爲記　又題壁詩地據黃州勝祠尊宋代賢崢嶸新畫棟疏鑿舊清泉一院松筠茂千年俎豆虔扶笻同老衲憑弔向春天　張希艮宋賢祠詩夢鶴已傳赤壁古食蛙誰記墨池春摩挲松雪碑中字端賴梅花賦裏人蒼水藏書非故穴元亭酒坐亦封塵江山樓閣關興廢十二年來感慨頻

忠顯廟在清淮門外祀宋贈徽猷閣待制知黃州謚忠愍趙令宬公守黃金人陷城殉節詔立廟賜額忠顯都監王遠判官吳源巡檢劉卓均以不屈死附祀乾隆六十年黃岡縣教諭李敦柱修復咸豐間兵燬遠安守備吳亮才同黃岡紳民重建宋史有傳

晏公廟在赤壁祀元平浪王晏戍仔公清江人爲錦衣局堂長沒有靈顯僖是封一作僖封一在阮家涼亭

吳公祠一在城隍廟前祀明知府吳淮以有功於郡一在永甯鄉康熙間城守吳之蘭剿賊東山戰沒鄉人祀之張瑜詩亂山處處叫寒鴉想見英雄授命時戰地土枯凝碧血蟻墳穴冷斷青詞祀祭有婦容知禮千祐無兒久爲悲只恐史官書不到數行淡墨紀新碑原註公諱闕謹案麻城志稱之蘭是其字

王陽明祠在韓魏公祠側今廢

于清端公祠在赤壁祀知府于成龍同治七年黃岡邑紳劉維楨修翰文鏊詩鉦鼓遥聞縛逆酋五關氣懾探丸兒誰知六纛班春日總是黃虀有味時曾讀政書傳史氏況因氣節傍蘇祠千秋遺澤如公少清畏人知遇主知

韓宋二公祠在孟指揮巷祀明通判韓煥

國朝通判朱犖

尊賢祠在赤壁祀明副使曹璜僉事馮應京知府羅汝稷

羅村棠舍在安國寺右祀知府蔣國祥一名蔣公書院並見學校志道光間知府祁宿藻知縣金雲門俞昌烈相繼修今廢

李公祠在胡總兵街祀知府李彥琯乾隆九年知府禹殿鼇改爲振英書院後復原名

禹公祠在河東書院右祀知府禹殿鼇增祀知府錢鋆吳之勷楊庚以知縣陳文樞鄖錦駿配皆有功書院者

名賢祠在城隍廟左同治五年知府黃益杰建祀唐杜牧宋王禹偁韓琚韓琦程顥程頤蘇軾何大節趙令宬王遠吳源劉卓元吳汝明吳淮

國朝朱犖于成龍吳文鎔胡林翼

吳文節公祠祀湖廣總督吳文鎔公字甄甫號雲巢江蘇儀徵人由編修累官雲貴總督性嚴正忠勤饒有智略與林則徐齊名曾國藩胡林翼皆出其門咸豐三年九月蒞鄂時金陵逆賊上犯公期會胡兩軍會剿未至會有以趣戰入奏者歲暮倉卒進軍黃岡縣堵城前軍失利後路無援正月十五日雪泥中北向叩首號泣赴湖水殉焉中軍副將駱秉忠謚愍烈暨陣亡殉難官弁兵勇均附祀銜名詳後昭忠祠祀位

舒貞恪公祠祀　贈太子少保都統銜鑲紅旗護軍統領舒保公字輔廷滿洲人同治三年剿賊德安府屬壽山陣亡武昌漢陽黃州德安襄陽府並建專祠委營總佐領德　隆阿驍

騎校額爾根札普圖興阿委官富喜馬甲圖恰布附祀

延公祠祀　贈太常寺卿按察使銜漢黃德道延志公字尚之滿洲正紅旗人咸豐四年在江夏白沙洲陣亡家丁房升附祀

金巢毅公祠在黃岡縣學前祀　贈太僕寺卿署府事安陸府知府金雲門咸豐三年九月城陷殉節妻汪暨二女先在省城殉難至是附祀有傳　程之楨詩廉吏家風著海陽一麾典郡殉蘄黃孤城扼險援師斷朝服辭天北水香生有清琴攜守土死餘熱血報先皇九原命婦重相見好挐雙珠拜雪堂山齋借榻傍喬柯日日荒階埽薜蘿我抱六經瞻北斗公從再世現東坡甕絲門巷居人少宿草紳耆戰鬼多一掬井泉齊墮淚先生地下憤如何

昭忠祠舊在清源門內嘉慶八年奉文建道光二十三年燬知縣劉江千總陳大勳改建禹王廟側咸豐三年兵燬光緒八年知府英啟知縣戴昌言移建名賢祠後祀位列後光緒二年奉文祠左廡添立總牌一座題某省某府屬湮沒未報陣亡團丁忠魂之總位右廡添立總牌一座題某省某府屬湮沒未報殉難士民忠魂之總位再添設總牌一座題某省某府屬凡外省客游寄居湮沒未報殉難士民忠魂之總位

楚軍水師健捷營昭忠祠在黃岡縣馬岐山同治九年記名提督左光培稟請　奏建祀副將銜參將彭開亮暨本營歷年陣亡員弁勇丁

楚軍忠義營昭忠祠在北樓窪同治十一年記名提督劉維楨稟請　奏建祀本營陣亡員弁勇丁詳縣志

黃岡縣

壇廟附郡

先師孔子廟在清淮門內

城隍廟在縣署舊址東明初敕封監察司民顯佑伯秩正四品道光間知縣劉鴻庚王令儀劉江同治二年知縣陳汝蕃相繼修

江神廟在觀瀾橋西北歷代有封號國朝封涵和大江之神乾隆五十四年知縣王正常改建赤壁左王正常新建鎮江王廟碑記江爲四瀆首源出岷山水經謂自天彭闕東逕汶關又東別爲沱過犍爲歷江陽至巴郡與涪水合長沙與澧水湘水合江夏與沔水漢水合由黃而蘄春而九江以達於江之左右水德靈長利濟萬物必有神以憑之禮四瀆視諸侯貴與五嶽等自唐及明江瀆代有封號　國朝勅封涵和大江之神蓋崇實也而民間所通祀者則以楊泗將軍爲鎮江王由來舊矣余生於蜀宦遊於楚所見治江數千里俱有鎮江王廟凡舟子賈人莫不肖像以祀朝夕瓣香唯謹世又多傳靈異事以故鎮江王之祀獨隆黃郡舊有祠在城南觀瀾亭側湫隘弗稱迄乾隆戊申大水波蕩無存余登赤壁遙望盈盈帶水風帆上下往來如織安瀾之慶非神所賜乎苟無以奠厥居而虔禋祀非所以崇明

德也於是合衆捐貲移建於赤壁之左爲屋三重最後位鎮江王像繚以磚垣翼以迴廊門以司啟閉木石夫役用鏹六百有奇經始於己酉春夏之交閱五月落成捐貲諸姓氏例得誌諸石抑余聞有功德於民及禦大災捍大患則祀之非是族也不在祀典江吞吐百川風波怪變神能鎮以安瀾俾舟之人不知風波之惡而涉險如夷其報功也固宜顧楚中所傳江神有何三王丁山王以及晏公蕭公時人與鎮江並祀其事均不可考豈辨方定位分疆而理歟抑傳聞異辭歟夫幽明之故難言矣太上先成民其次辨之其次因之爲附記於此以諗來者乾隆五十四年八月刻石

劉猛將軍廟一在清淮門內鄧將軍廟一在城西五十里鼯鵰洲祀元指揮劉承忠以能驅蝗世稱劉猛將軍雍正八年奉文建乾隆間知縣邵豐鍭移建團風鎮咸豐間兵燬同治四年封號普佑光緒六年鎮民重修

東嶽廟在城南校場側同治二年光緒八年先後重修

南嶽廟在漢川門內高阜兵燬

文昌閣在治西北四十里雅淡洲咸豐七年修有捐田劉子壯文昌閣死難序文戊子秋朔劉子避山冠再至文昌閣登樓而望其東蓊然蓬蔚隱翳苹晃凸者垣址窪者陂洫吾先子之廬而宗黨婚比之聚而處也南而左疏樹杈枒閒以遺卉鳥弄花飛竹石散藉者吾書舍而良友藏修交遊之所至止也其前蔬圃居江茆簷錯峙中爲小祠倚櫂而咏吾家所祀之洞庭神也閣之上諸君子以時射藝暇則飲酒而歌且樂焉此其地絕人區靜接有時當風晨煙夕霽曉月秋疎雨在林懸雪炤池近者眺遠者來處流瑱之時賴天子庥豈可謂不得其止者乎未幾年而賊縱以兵向之所偃處嘯咏者露蕪游羽從而有之矣方癸未之初予先去適京師社中推先叔父爲長其次爲約約有副非名德不得入自城暨山無不請屬爲之立條章設守禦雖云固圉亦以隆士大夫之勢也當是時賊已潰浠川襲郡城揚旌江岸日遣諜爲招自守令奔避洲者咸遯而諸君子益堅無敢離越有與賊閒者輒磔之至四月廿八日賊舟分向礟石遙渡眾稍引去而吾弟獨踞石治守具賊自洲首射數人入更出吾家之臂先叔父殞於水家之亡者十七友鄰之亡者十五僕妾以百數而洲中不可算計者矣是非有土城之責其殉而之死未盡合於義而朝廷之所不得聞而卹也然或者猶將笑而訾之其後大兵復省以從賊誅繫者所在蔓引而洲之人免焉猶得以殺傷之慘蒙上

憐惻豈非諸君子之有造於斯洲乎寇亂以來自河渡嶺越境迎降而亡其地死其官者復幾人使諸君子當其任雖未必不輸尺土亦豈肯陳香炬奉壺簞匍伏而勾活耶故夫諸君子以文弱之姿捍蛇豕之眾進無益於國退不能保其身家此誠甚過而至於以死自守義不招安洲之人得免亂賊之目又足以媿世之貪廉寡恥者其道亦豈得之而沒乎彼笑而訾者徒幸免耳非能有智以自全者也當賊之來獻牛酒者若而寨供舟楫者若而家導賊渡江而開省會上書求試爲之臣妾者若而人此不當一言以責之而顧不恕於諸君子亦獨何與余悲而明之次其本末紀其姓氏庶有知者得以採焉其以水殉者余叔父劉文敬諱紹熙也其登舟復歸迎母不得者余弟子宣子儁元則子儼也其懼見擒於賊而率家投江者杜亮公紀也其以宗覆絕者陳儀吉鴻郎遜夫有功鄭醒吏仕俊鄭嘿人嚴於爾翼斯行也其僅以身亡者黃伊平衡方祥明珪也其脫而卒不免者魏男英應羆張爾爲鴻儒張爾任鴻仁也其以悲傷而終者叔父君敬諱紹依兄克章諱子俊及先君也其他婦女不錄其身存而失家者微之此皆左右斯閣而向之所謂偃處嘯咏者已盡無有豈不慟哉今山谷沸涌余復踐茲洲之市廛再茂而此土就湮風雨之夜霜星之下沓然若形吻然若響其魄氣猶未忘於此乎時乃秋初屬有家祭普及疏曠澆而慰之爲之辭曰余閫古亂於傳則有豈其見之不自我後死節與忠昔謂之難凡今之人云胡不然嗟我君子爲誰而死賊投閒言毋敢近耳義不繫國名不瀆身盍之以家猶或唁嘆勿悔失策勿嘆失家視我天子不有京華疇哲則菀疇昧則落生死偶然求心不怍相彼苟生其骸僅存安能苟媿乞免彼冥遺利在里人莫知恤隱忠在王史復誰筆有爾弗居先民所賢試此卮酒旦暮百年生從何來沒從何往庶無怨怒息情潛壤

欒王廟在今縣治後同治二年三甲紳民重修

痘神廟在韓宋二公祠後同治元年二甲紳民重修

張桓侯廟在報恩寺右道光二十八年知縣俞昌烈建咸豐閒兵燬今建白衣庵後

潘公祠在樊口祀宋潘大臨大觀道光閒里人贖其故居建今廢

吳丞廟在舊邾城祀元左丞吳汝公戍邾死陳友諒之亂父子兄弟皆戰沒明以神助戰功封護國忠臣顯靈王後祀名

宦國朝黃自芳弔邾城吳左丞廟詩並序左丞名汝字國棟爲元順帝左丞相紅巾賊作亂奉勑守邾累立戰功及陳友諒擾邾丞父子兄弟力戰百餘兵敗不屈死之明太祖與友諒戰鄱陽時見丞立空中白馬紅袍助戰封爲護國忠臣顯靈王廟祀於邾過而有感弔以詩 孤城百戰答君恩碧血流光萬古存丞相有魂依屋社 忠臣無命哭軍門 紅袍白馬紛前忿紫電青霜及後昆廟祀莫嫌空一滴坐聽樵牧說淵源

大王廟在上伍鄉一名蜂城元陳友諒之亂有仙人撒土成蜂以禦賊土人廟祀之一在赤壁下即江神廟久廢

曹公祠在城隍廟右祀明名宦知縣曹愈參今廢有傳

方公祠在縣儒學右祀明鄉賢方勇有傳

孝介先生祠舊在府學左今移右祀明鄉賢樊玉衡明茅瑞徵記孝介先生祠爲邑人樊公立也先生爾爲令民見德既去民思既沒民如喪厥考妣所在創祠申畏壘之祝矣而復祀於其鄉何居鄉人矜式於是乎在爲是憑而弔之以不死先生也祀先生不以爵不以姓氏以先生位不配德而又格於易名

之例鄉人賢而私淑之則謂先生棄官從父竟死於孝居官不私一錢儼如冰雪此無媿孝介矣陶之爲靖節也孟之爲貞曜也皆其友其門人所從而私謚之者也先生孝介名與實孚此兩字傳先生之神可無間而知其爲樊公也案祀法非請於朝載在秩典不得立廟特祀今先生之賢表表梓里即以合祀鄉賢謂未盡也而先生父無子一女佁仃煢嘗幾廢如之何而昆季能翛然也則雖朝典有待而聚族以謀專祠亦古所謂鄉先生沒而可祭於社者之例也先生慕海忠介之爲人其令商城抗中貴人開採事余過其地父老猶豔述之豈爲吳望邑獨嚴事先生以爲神君惜天不假年未竟其用然先生之伸萬世者要爲無忝忠介也先生既沒之數月余叨令茲土其明年學使者元宰董公手書孝介先生祠爲贈議子弟一人衣冠奉祀未果又三年戊申春王正月而先生祠成先生弟玉衢輩數以記請始余習聞先生令吳擬赴官從受益焉而先生死矣每過其閭低徊久之先生大節炳然既可師百世而其弟又能拮据以不死先生是皆可書也遂爲之記以志歲月先生諱玉衡字元之其官政及他行詳志銘及傳余所記者先生之祠也

周忠烈公祠在青雲街祀明贈光祿寺卿周之訓妾劉氏楊氏王氏同殉節有傳通志乾隆四十一年謚節愍

將軍廟在清淮門內祀明諸生鄧雲程同治三年三甲士民重修有傳

忠義祠一在錢家堡咸豐七年本鄉紳民稟建祀湖廣總督吳文鎔知縣翁汝瀛江夏縣教諭邱文監生沈鴻鈞沈飛鵬並各區陣亡義勇同治三年兵燬一在張店豐樂寺側同治元年紳士捐建祀吳文鎔翁汝瀛暨各區陣亡殉難兵民光緒六年移建竹葉寺後

忠義廟在東茲鄉滸子口

張公廟在庶安鄉廟後有石橋爲張某建鄉人因祀之

水府廟在樊口下街兵燹後里人重修

馬神廟一在協鎮署前一在城南東嶽廟左俱廢

蘄水縣

社稷壇在治北二里

神祇壇在治東玉臺山

先農壇在治南三里有耤田詳縣志

城隍廟在治西咸豐同治間重建有祀產詳縣志

厲壇在治西二里旁有花地詳縣志

旗纛廟在縣署側

先師孔子廟在治東

關帝廟在治東

文昌廟舊在廟宇山咸豐間兵燬移祀凌雲閣同治九年建有祀田詳縣志

東嶽廟在南門外

南嶽廟在西門外

伍員廟在伍洲伍員渡江處

孫權廟在城山孫權屯軍處

張忠烈王廟祀唐張巡一在玉臺山咸豐三年燬同治十二年修一在巴河鎮咸豐五年燬十一年修明閻士選修巴河張公廟記夫忠於主者人之主皆欲其臣主於人者皆欲其忠以故劫遷代異而忠無貳軀烈有餘氣誠欲之也天地一指萬物一馬而人無窮之門游無極之野與日月參光天地爲常者誰乎南華之言曰小人以身徇利士以身徇名名聲異號其於傷性以身爲徇一也有旨哉誠傷性矣則徇名之徇何異徇利之徇唐睢陽張公遡唐迄今王公民阯罔不目怵神悚曰忠獨其所謂忠者則公固刻心焉案唐紀公尹眞源先是譙郡太守以城降使公爲長史西迎賊公還眞源帥吏民哭元元皇帝廟誓不與賊俱生起兵討賊追雍邱令戰死公併其衆令狐賊尹賊前後擁至公嬰鋒百餘戰殺賊十二萬人使公乘戰

勝之威以瓣邱一隅之地不足恃擁衆還報天子其勳酬未
必不埒李郭銘彝鼎公獨私念睢陽江淮保障甯掘鼠雀啖
茶紙殂爨妾不悔封疆之臣死封疆義也彈丸不足以當勁
敵公稱多算豈不燭照預計之刎死繼死背城戰死皆謂死
封疆而公獨不死豈難死哉括城中老弱逮城中婦女暴秦
之酷不是烈矣公弃其地魚肉其素所耳聞目見之人以成
一己之忠公奚忍之大臣慮四方念此彈丸爲江淮保障無
睢陽是無江淮無江淮是無唐也國家養士百年我宗祧藉
其休養生息之澤以有我此身而我一旦擔圭析符値此九
九之運猶得以爵號呼吸此方之人藉以扼賊之衝維其旣
衰之運使我委封疆於賊以死繼之賊蠶食江淮操國脈
我當蹶魂受譴地下公被執曰臣力竭矣死當爲厲鬼殺賊
是竭力者公之心而輕一死於鴻毛以塞死封疆之責非公
心也死一也徇利死徇名死皆有倚有倚則有盡而公之死
夫豈有所倚哉無倚之謂神神則不可知蓋所謂入無窮游
無極與日月參光天地爲常者也巴河故有公廟往有議毁
之者而巫稱公降有詞廟得無毁余過巴河禮公廟主廟者
爲余述其詳如此士人聚觀其詞曰此僞也余詰士人以果
僞也孰使之使天下之人者鬼神之德之盛而眞僞無辨矣
廟不知所自始嘉靖閒倪令曾新之至萬歷十三年余帥士
之鄉者等爲埋崩圯增甃石坊淸民基之使占者爲臺高二
丈許臺之上爲室三楹廟貌改觀瞻拜臺下可仰不可卽孰

非神所使哉君曰蘄當江淮閒蘄人當祀公公宜享蘄祀是
猶有倚之說也　朱期至題巴河睢陽王廟詩將軍百戰睢
陽日諸道援兵絕不來國亂干戈敢愛死時危天地轉堪哀
長江入夜吟風雨遺廟經春沒草萊灑淚最憐村父老每逢
伏臘獨遲迴　國朝張希良題睢陽廟碑詩漁陽鼙鼓接天
聞誓守孤城抗賊氛誰信江淮藉砥柱坐令李郭勒奇勳荒
宮雀鼠親雄劍書棟鬚髯照野雲風
雨年年寒食後村巫短笛鬧眞君

楊泗廟在糧倉下

三賢祠在縣南祀王羲之陸羽蘇軾 明胡仲謨記古人之登秩於祀或忠信孝廉祀
於鄉或從政樹勳祀於國其或高風遠韻身經歷處卽祀之
不以遠近爲限隔也邑南郭石岡之巓舊有祠祀晉王右軍
逸少唐陸處士鴻漸宋蘇文忠公東坡三賢皆嘗遊涉玆土
王之洗墨池陸之烹茶泉蘇之緣楊橋與河厓所刻擊空明
沂流光字相望俱存祠則久而珍廢遺址裂爲民居正德初
府倅龍渠謝公移建於南門外右區淪於河厥後鮮有議及
者新建斗墟陳公來牧是邦才敏急先務況値歲豐人和凡
廟學壇壝衙署坊巷咸振飭改觀下令復石岡祠地民悅而
從之撤屋隳垣拓地愈廣於是歛材鳩工搆正堂三閒東西
廊房各三閒大門一閒內飾丹青外裹以堅甓題榜翬飛周
遭縆直俯長河於一帶鍾蒼翠於萬峯雖狂夫穉子亦知其
佳麗而嗟賞焉筮日列三賢木主以世之先後爲倫次牲用
少牢率師生父老駿奔虔告仍請於當道載之典籍蓋將與
廟社之祀相爲久遠者也三賢有神歆然萃止於斯無疑矣
夫以右軍之文雅淸眞處士之奇偉沖淡東坡之文章氣節
妙悟慈良均之爲古今所向慕願予於東坡有偏嗜焉自通
籍後得官於蜀每巡至眉州必宿於祠修葺其傾圯更新其
祭器而惓惓之私未已也迄今歸田欲建一祠而力弗給謀
於斗墟者數矣玆恢復故祠乃一舉而
三得因倂記之彰予莫大之慶幸焉

朱文公祠在右軍洗墨池今廢

侯公祠在城隍廟側祀知縣侯方夏

閻公祠在治南祀知縣閻士選

孫公祠在治西北二里祀知縣孫繼善

宋公祠在治西祀知縣宋文昌

游公祠在治南雲路口祀知縣游王廷

李公祠在治西興賢莊祀知縣李汝璨

五義士祠在城隍廟右明崇禎十年建祀陣亡邑人程維常舊志作爲常**徐玉蘭蔡巨人胡方壺徐用極有丁姓捐田詳縣志**
明謝天和詩千古無死士君父復何恩忠義夙成性感激奚
足論圯橋易水上缺月弔哀猿沈沈晝欲暮昔人一片魂戎
馬躪我郊五士爲之籓一旦爭赴義唱和如箎塤報國讐未
就少婦長倚門嗟哉遘陽九壯士總無言疇能以赤心推之
如其存用士用其死不屑卹寒暄歛魂驚拱木涕恨望平原
英風壽俎豆五士炙一軒金石云有泐烈性自孤騫武侯廟
前柏至今
霜雪根

三公祠在縣街

藥王廟在躍龍門內燬今移龐眞人廟側

龐眞人廟在蓮花山側同治十一年重修

羅公祠一在躍龍門外久廢一在雲路口中衢爲施南河義

渡羅一龍建同治十一年重修

杜隱士祠在縣西北夕山下祀黃岡杜士鶚有祭田隱士墓在黃岡路口繼室柯氏墓在祠前義僕養正墓在其下

忠烈祠在拱辰門外咸豐八年邑人建祀歷年陣亡殉難文武官紳兵勇及殉難士民婦女光緒二年重修有祭田詳縣志

石威毅公祠祀提督銜總兵湖北提標中軍參將石清吉公字祥瑞直隸沙河人同治三年在鐵山嶺陣亡總兵銜副將江星南谷明發游擊曾占彪段會元附祀

謝公祠祀 贈總兵副將謝鴻禧公同治二年在縣屬陣亡遊擊易瑞霨都司艾正和楊雲臣守備蕭復勝千總唐品山

暨陣亡員弁兵勇均附祀

彭忠壯公祠祀 贈內閣學士銜世襲一等輕車都尉記名布政使福建汀漳龍道彭毓橘公湖南湘鄉人同治六年在六神港陣亡道員葛承霖提督鄧泰福羅朝雲王士益陳致祥總兵彭光友羅興祥暨陣亡員弁兵勇均附祀

麻城縣

社稷壇在縣北門外西隅

神祇壇在縣東南

先農壇在縣東南

城隍廟在縣南

厲壇在縣北

先師孔子廟在縣治東南

關帝廟在縣前街左

文昌廟在北城曹家巷

東嶽廟在北關廂

龍神廟在土主廟右

火神廟在城隍廟東

雷馬二將軍廟在陰山畈祀明副總兵馬人龍公鎮筸人明季同副將雷應乾遊擊馮虎昂指揮陳佚名所部數百人剿流賊沒於此黃安張希良有傳見縣志

遺愛祠在縣前街左祀明知縣文德連三元朱一麟典史張敬祖邑人喻儀

國朝知縣黃家璲同治初參將向百福重建有祀產

土主神祠即紫微侯廟在五腦山一名張相公祠在西門外一統志載宋時張七相公毀沿江淫祠繫獄適有火災令使張捍之立止至五腦山人馬俱化邑人祀之考張七蜀璧山縣人先人官大理評事母楊夫人誕時夢張桓侯入室七星呈瑞遂名瑞宋封紫微侯明封助國順天王國朝同治九年封號靈感

咸豐間燬同治初重修明毛鳳韶紫微侯碑記侯之為神也相傳以滅火災肇跡厥後持赤幟擁精兵御僭亂有護國佑民之功故受封紫微侯邦人即於五腦山立祠祀之無問知愚凡遇乾旱瘟疫水火盜賊之變必以告於神其闡靈昭應不可殫述誠萬民之倚庇一方之主宰也故人稱為福主神云一日太保松石劉公謂部曰吾何以答神貺昔嘉靖戊子秋予巡撫甘肅為母親初度辰適七十甲子矣予以不獲侍養悲思有痛在手甚劇呼號之聲徹於重門之外弗自知也時大虜壓境不能出寤中夢福主曰賊已至汝奚在此卧以手按余起覺而輟痛如摘遂出理軍事獲全勝神之力也又吾祖諱夢者以羣忤繫之京時著令期而不至殺無赦先期一日吾祖方至江浦病餓不能與度

不免矣忽有一人以紅戟持肉食之有頃而已知其爲福主也遂如期而至太祖親釋其縛復異其材授彰州府同知神之力也吾何以答神貺昔許立碑今始成爲復以碑文請神擇於三人者許執事執事其勿辭詔曰公命之神又命之詔雖不文其曷敢辭乃言曰嗚呼天人一理也感應一機也神也者效天之用以示乎人者也故感之善則善應之感之而不善則不善應之矣雖匹夫匹婦之微一言一行之懿猶不爽焉況以世法天民之秀豐功社稷之臣如公者有不隨遠邇而至者乎是故江浦之應啟其忠也甘肅之應所以啟其孝也非私與也傳曰天之所助者順詩曰神之格思介爾景福其是之謂乎詔敢以是爲記繫以銘曰道冠差巍五峯雲仍儲精發秀啟我神明昭德顯功佑我生民眷茲太保望族徽聲忠孝文武蓍龜效靈江浦持危光啟前聞甘肅起疴以成大勳上答神貺立碑廟門昭祀罔斁秋而復春

忠節祠在縣治內祀宋趙令宬王遠吳源劉卓入廢位設遺愛祠光緒八年重建於縣署東街闔邑歷年殉難官紳勇丁均入祠祀

岳王廟在縣南咸豐閒燬今修

陳季常祠在岐亭北二里杏花村季常墓側康熙閒同知于成龍建咸豐閒兵燬今修一作宋賢祠國朝宗稷辰重修宋賢祠並建忠節祠碑記古赤亭後爲岐亭在光黃之交爲守淮要鎮當宋神宗時中原無事有世家豪傑陳公季常先生隱居於此稱方山子初射獵山中意氣甚壯久之乃益韜晦惟嘯傲自娛蘇文忠與舊故迫謫黃州訪之於岐亭下杏花村大異之其生平蓋懷文武才略不得用於世竟以隱終沒後即葬於是郡之山原碑石至今存焉我朝康熙癸丑歲于清端公官岐亭司馬始與士流爲之建祠於基前以方山子由文忠而傳祀陳必兼祀蘇故顏曰宋賢祠清端常講學其中云後數十年有邱公名賜書來丞岐亭復爲培植其墓木修葺其祠宇居民思清端之德即祠中祀清端至今又歷百餘年矣前此已久不治近年更遭兵燹並頹垣敝甃而無存幸清端與後司馬之遺碑尚臥荒煙蔓草閒今署司馬王子省三剔蘚濯泥而讀之怦然動中與士民謀修復皆一同聲稱願省三且謂日光黃閒多氣節之士自粵逆擾黃一時義旅所聚明赴私闘雖婦女亦皆曉然於死生輕重之故而無所於避幸迪庵李公埽蕩醜類廓清全黃方慶更生而戊午之春賊復由閒道竄入旬月之閒麻城黃安相繼告陷維時李公克復九江復親率一旅之師以再造此二邑民宜二邑之民於公三河

殉難後迄今感泣思念而不能忘也記曰能捍大患則祀之以死殉事則祀之盍於舊址三盤外增建忠節祠以祀李公及在黃死節諸公而以麻安之死於寇者附祀焉紳民更莫不慨然以並舉爲當者遂集貲鳩材興工於己未年三月而於九月望日告厥成焉後之人紹清端之遺而崇宋賢推清端之意而勸忠節常則效而修明之以示鄉方善風俗則今日之舉其感發於人心風俗豈淺鮮哉省三於千里外馳書請記其事遂爲之記使鍥諸石

傳元帥廟在縣東一里民有疫禱之立應

化主廟在龜峯祀知縣張毅

昭忠祠在縣前街左

姚公祠在縣署東街祀 贈道銜麻城縣知縣姚國振光緒八年建公字芹溪奉天府蓋平人咸豐四年在中館驛陣亡按司獄李克慎暨陣亡勇丁人等均附祀有傳

馬王廟在縣署後今燬

黃安縣

社稷壇在演武場西南基廣四十八丈寬五丈五尺

神祇壇在南門外基廣二十七丈寬四丈五尺

先農壇在東門外有藉田詳縣志

城隍廟在城內西南明建

國朝康熙四年知縣蕭恒三十六年知縣劉承啟嘉慶閒邑人相繼修咸豐閒兵燬同治三年重建

厲壇在東門外基廣二十四丈

先師孔子廟在治西南

關帝廟在東門外明建

國朝乾隆閒知縣朱梓嘉慶閒知縣李榛相繼修咸豐閒燬同

治三年重修
文昌廟舊在西南郊外康熙間知縣徐秉仁移建鼇峯對面乾隆間圯嘉慶十三年知縣李榛重修光緒八年知縣陶大夏陳瑞瀾先後修
東嶽廟在東門外明建
國朝道光間修有捐田詳縣志咸豐間兵燬今修
龍神廟在北門外
火神廟在城西乾隆間建道光元年重修
土主廟在東門外
福德祠在縣署東
應公祠在學宮側邑紳耿定向爲知縣應存初建
耿公祠在鄉賢祠右明知縣李文芳爲邑紳耿定向建
馬神廟在縣署東嘉慶二十五年建

羅田縣

社稷壇在城東北一里基方二丈五尺高三尺壇前十一丈東西各五丈
神祇壇在南關河外麻地
先農壇在城東北有藉田詳縣志
城隍廟在治東咸豐四年兵燬知縣潘亮功修光緒元年知縣管貽葵重修
厲壇在縣西一里
旗纛廟在西門外今廢

先師孔子廟在縣署左
關帝廟在舊學宮右有蕭斯和捐田詳縣志
文昌廟在試院左同治九年重修
昭忠祠在學署西
東嶽廟在城東河畔後改建柳樹坪同治三年兵燬十三年重修
百神祠在縣署內
火德祠在鳳山左
龍神祠在四官殿右同治間重修
蘇文忠公祠在西門外今設義學
六賢祠在譙樓內縣治賓館後祀知縣淩嗣音粱太皞淩存彝姚孟昭王邦瀚白乃忠
興文祠舊在明倫堂右咸豐四年賊燬同治九年知縣蔡炳榮移建學署西
姚公祠在治西祀知縣姚士基
李侯棠舍在鄒家坳祀知縣李雨霑
倪公祠在縣治西祀知縣倪景豫
思樹堂在縣治南祀知縣金世楨
思蔭堂在縣治南祀知縣朱理昌
樾蔭堂在舊學宮左祀知縣王光鼎堂內左繪賑饑圖右繪平寇圖
彭公祠祀知縣彭仲芳公字杏村廣東化州舉人咸豐五年

在南界陣亡族人六品銜彭俊賢暨陣亡殉難紳勇均附祀
邑人捐有祭田詳縣志有傳

蘄州

社稷壇在北門外蓮花池
神祇壇在南門外
先農壇在符乾門外
城隍廟在麒麟山東同治閒改建山麓廟左爲八蜡廟並祀劉
猛將軍
厲壇在城北三里
牙纛廟在賓賜門外大校場
先師孔子廟在州署左

關帝廟在州治右同治閒重修一在竹瓦店
文昌廟舊在麟山書院內同治閒改建院右一閣在南門外新生
磯明李維楨文昌閣銘見金石
東嶽廟一在東門外一在閻家沖一在永福鄉雲臺山一在大
同鄉高砂里一在興隆山一在螺螄港一在安平鄉撼環畈
一在黃婆㘭
龍神祠舊在澄清門內官井側同治閒移建城隍廟右
順濟龍王廟在龍磯
火星廟在北門外有國朝顧景星記見金石
百神廟在芭茅山
大王廟在大同鄉丁家畈祀蔡萬春唐宋均有勅封明季及

國朝咸豐閒俱有顯應距廟數里遺有石槽土人謂不可動動
則雷雨交作一在策山岩祀白馬將軍
二郎廟在濱江神爲秦蜀郡太守李冰之第二子也冰鑿離
堆開二江有功於蜀載在史傳其子自宋以來尤著靈異人
稱灌口二郎累代有封號詳會典有謂非正祀者誤國朝陳詩有
記二郎神者秦蜀郡太守李冰之第二子也冰鑿離堆開二江有功於蜀載在史傳而其子自宋以來尤著靈異人稱灌
口二郎累代皆有封號雍正五年冰封敷澤興濟通祐王二郎封承績廣惠顯英王廟祀成都灌縣大清會典可
考也蘄地濱江故有二郎廟以神能禦災捍患其祟奉禮亦宜之而其稱謂有赤城王則或於僞撰之龍城錄像設有犬
及行者則惑於鑿空之西遊記愚僧奸胥謬爲禍福以怵人射利乾隆甲戌常熟錢檢亭來知蘄州事取行者焚之而應
城程叅時並爲之記但知行者之爲寓言而謂二郎神不載正祀且謂州中士大夫不能以禮正俗化其鄉人余謂其言
似是而未核其情實也本邑士大夫其浸無學識者無論已雖有踧見洽聞者亦豈能以一人之口强無知之衆而使之

信從哉錢檢亭去任未幾時而行者設像如故良有司所爲若此而況本邑之士大夫哉予既詳爲考之以明二郎神之
爲正祀而沿訛踵謬者之爲習非以勝是也
八蜡廟在東門外五里席盤石
水府廟在州南
清源廟在州西
鄉儺廟在州南二里
白馬將軍廟在西門內祀宋進士胡成以禦寇功
唐王廟在州東南
魯王廟在小西門內
芭茅山廟在鳳凰山祀總管星吉
三閒祠一在遞運所一在鴻宿洲一在羊子塛一在掛口寨

一在王廠今燬

韓公祠在　關帝廟左祀參將韓友

二烈士廟在龍眼磯祀王彥明王玠久圮 明王儼記忠義之在人心古今一而已人同此心則同此理同此理則同此忠義也惟其同雖於世之有盛衰時之有成敗而吾身之生死始有所不暇計者亦惟成就其一是已爾嗚呼孰有如二王烈士之舍生就死以全此忠義者乎考之實錄云王玠吳郡長洲人南宋爲蘄黃鎮撫使王彥明未詳何許人宋季爲蘄春守當王玠遂總管孔彥舟有異志謀叛問計於玠開陳百端不聽入罵曰逆賊萬段誠欲反幸先殺我彥舟遂囚之併家屬沈於龍眼磯下乃宋高宗紹興二年也王彥明守蘄春惠德在民當元兵壓境力戰日久糧乏不屈民不忍叛未幾城陷遂挈妻子乘大艦於城西中流慷慨鑿舟沈之乃宋理宗景定三年也夫二公仕於蘄時雖不同其生而姓偶同死而地偶同况亦忠義之在於心自有不能不同者乎蓋嘗觀高宗既南渡而天下盛衰之勢可知元主取江南而彼此成敗之迹已著世變輪雲渙卒不常大端已不可收拾而况蕞爾一州一郡乎使二公中無所主而從盛以趨成亦隨時以就功名尚可圖者乃能奮不顧身不畏死而罵賊寧舍生以自靖其忠義之氣

上薄雲霄下臨江漢此心有如此水而龍磯爲藏壑乾坤主蓋棺其得死所之地也信哉二公相隔踰百年而各相安於忠義者乎先是褒忠弔古者哀其志而立廟於龍磯之涯屢經兵燹隨修隨廢維茲辛亥秋楚兵憲丹山翁公臨江披迹慨發金貲亟圖修復而蘄守崔君遂鳩工掄材暨僚采儒紳集議相視越三月而創成之於是二公生像凜然上無風雲雨淒之患下俯洪濤激浪之區但見其湍騰灝漭開旋若昔年之憤聲怒氣未終息也何其壯哉何其壯哉廟成不可無紀予林下閒官也承丹山公命據楚通志古蘄黃志及二公傳記而旁搜無疑若蘄續志謨以王彥明爲士著因仕晉不受劉詔而遽沈於水則不審軒輊而死傷於勇矣其何以後哉雖然二公忠義言之芬齒頰書之輝簡篇地下有靈亦自得其心事之眞而俎豆於斯廟宜矣又奚所容予喙耶是故可不辨

四賢祠舊作四節祠在麟山書院東祀李誠之秦鉅王彥明王玠乾隆丁卯建今燬 明翁學淵記蘄州舊無四節祠宏治五年壬子知州楊淮始建時刑部侍郎浮梁戴公珊奉使來蘄修廣廟學考宋守李誠之王彥明通判秦鉅後先拒金元兵力不支死之王玠有事蘄黃鎮撫司會孔彥舟謀逆以罵遇害四侯忠節學政有關故於學東隙地構祠三間另門道出入用以妥神額曰四節祠後十七年知州陳霽移置泮宮坊隨令廢撤主人敬一箴亭後春秋舉祭如儀此四節祠之顛末大略也案宋史李誠之傳公婺州東陽人知蘄州宋甯宗嘉定十四年辛巳金人犯境極力捍禦城破子士允鏖戰死引劍自刎呼其孥曰城已破汝等宜速死毋辱妻及婦孫皆赴水死事聞贈朝散大夫祕閣修撰封正節侯廟祀於蘄賜額褒忠仍贈其子適直郎妻令人婦孫皆安人秦鉅江甯人通判蘄州與誠之協力捍禦不支乃赴一室自焚有老卒肯火挽出叱曰我爲國死汝輩可自求生掣衣赴火而死子浚與濯皆從父死鉅贈五官祕閣修撰封義烈侯浚濯贈通直郎淯祁十二年仍封鉅義烈顯節侯合祀李誠之廟若同時死節之士防禦判官趙汝標蘄春縣主簿甯時鳳州學教授阮希甫都大監鎮嚴剛中錄事參軍杜鄂蘄春縣令林榮統領孫中江士旺皆蒙褒贈有可考者志載王彥明守蘄州元兵壓境力戰慴之忠義不屈挈其妻乘大艦於城西龍眼磯鑿艦沈水而死州人以爲烈士立廟於磯之北岸祀之景泰間知州金銑展地重建王玠蘄黃鎮撫司聘幹辦公事會孔彥舟謀叛玠開陳百端不聽人罵曰逆賊萬段彥舟并玠家屬沈之龍眼磯而死此四侯之忠節行實也夫誠之與鉅之死同事同時褒忠之廟同祀已久定矣二王之死雖時不同而地同事同烈士之祠同祀亦無愧焉客歲予以事過龍磯見塑像露坐江干詢之曰此烈士祠也心愀然不樂適致政郡守賓奚王公以語居民僉議

建復尙艱於財力予郎毅然成之於以慰邦人專祀之思若褒忠廟廢合爲四節祠固宜昭揭於人與日月爭光使百世之下咸知感慕興起庶幾天理民彝之心可以不泯迺今重以廢弛而附諸學宮之後地不容旋官僚諸生時祀展拜無所庶民子弟至有罔知其典故者褻神簡禮甚矣不亦大可憾耶予生忝與李誠之公同鄉每誦眞西山爲公傳記輒歎欽不已州人少參顧公日巖憲巡東浙奚念桑梓被公餘澤既訪其家親奠之復刻褒忠集徧遺鄉人且諄諄語及欲予復建茲祠乃檄知州崔君一濂亦忻然從之遂命州判官徐光衞指揮王天相董其事其費則取諸鍰贖與民之好義者相率備之度地得學東故址延袤約三十丈有奇繚以周垣樹以門扃中祠三間置木主四座而以同時死節者配食於左右後寢室二間塑公與妻孥同死難者肖像使侑食一堂儼如其生或者忠義之魂炳炳有靈未必其不敘家人嘻嘻之樂也噫物之在天壤間久則必敝惟忠義之在人心終古不磨方公之初守蘄也完城備械選兵足食敵氛方熾凡以保障斯民者靡不汲汲圖之以爲死守之計卒至援兵既絕智力俱困躬自蹈之獨其忠義矢心形諸言曰吾以書生再任邊壘行年七十抑又何求所欠一死慷慨殺身其視巡遠眞卿武穆數君子相伯仲焉推李侯可以知三侯之心矣三四百年來凡蘄人士緬懷四侯往事未有不潸焉出涕瞻侯遺像亦莫不肅然起敬非由衷情之所發有如是耶信乎忠

義之有關於世教大矣抑予重有感焉四節有祠創而始之者前壬子也病於隘陋後而復之者今壬子也六十年而興廢之迹若合符節豈非默然之數耶祠成咸謂不可無記而以屬草於予第愧荒陋不文勉强執筆識其歲月終始得以附諸戴公廟記之末竊有光焉異時采入載志當有博雅君子共藻潤之是爲記　王澂四節祠詩百年正氣激飛湍磯眼難消血淚乾一艦煙埋骸骨冷八滇風灑髯毛寒心存社稷應難死夢擾魚龍苦未安酹酒臨江頻矚目征雲猶鎖樹光團　高鵬詩鑿舟應不愧江滸罵賊同心口未乾磯面水聲猶帶恨城頭山色尚凝寒不緣平日識先定爭得臨時死亦安羞殺奸諛在何處四侯祠上月團團

七聖廟在城守署右

楊泗廟在漕河下市

褒忠廟在州內祀正節侯李誠之義烈侯秦鉅均有賜額

楊公潭廟在治北二十里

崇賢祠在麟山書院東祀學正莆田林宗　明邵寶記蘄州儒學有祠祀其故學

正莆田敬齋林先生先生去蘄州若干年矣其生也故祠之其沒也春秋饗焉予於今不衰仕蘄之君子謂是舉也義不可弗繼乃葺其祠之敝益加崇奉而使來請記其事也寶作而歎曰於戲盛矣此古之遺教也夫古之教者蓋斅之以學卒之以行格之以規浹之以恩裁之以義而分不與焉非惡夫分也徒分不足以爲教教之本立矣則是分也乃吾教之所以行也而益以遠故有林先生之教則有蘄諸生之思觀其所思而教於是乎可知矣非古之遺而今乃有是哉今學校之師例出銓注其於子弟蓋分相與也始先生至蘄諸生事之亦以分而已矣久而貴其學焉懷其恩焉畏其義焉曰先生吾師也是雖不吾蒞固將輕千里而從況以朝命而來哉於是凡蘄諸生無長幼後先翕然以歸論者謂蘇湖之風復見於蘄而先生擢揚州教授去矣此祠之所以作也寶不及見先生見其孫中丞公出故太常少卿贈禮部侍郎公文所爲先生墓碑謂先生始爲諸生學成未出提學高公强而後舉及會試得乙榜例授學職或勸之辭不聽卒以教顯其校文格以義理無少遷就時稱得人至以養歸自揚尙未老也郡守岳公蒙泉客之訪之則答餽之財辭之蓋其少也敏而重其壯也順而莊其老也靜而廉迹其學行有古之遺焉以是爲蘄之師其規也非抗其恩也非徇其義也非激吾所謂古之遺教固在是矣蘄之諸生曰先生吾師豈過也夫鄉先生沒則祭於社古之道也今蘄之爲祠實取諸此而義起焉者視尊常名宦之舉相去遠矣且學校達天下而祠其師如蘄者乃不多見蘄之師在先生後先無慮百人而惟先生是祠蓋功深思遠自有不能已者而豈徒分所能致哉記禮者爲學莫先於嚴師而極其效至於民之敬學其於師去而祠沒而饗其爲嚴至矣推是心焉爲子必嚴其父爲臣必嚴其君固興起於斯豈直知學之敬而已哉然則是舉也其亦古之遺也先生諱宗字存敬敬齋所自號系出唐九牧若干傳而至先生中丞公文章德行望在海內蓋古遺才君子推其所自亦必歸諸先生云

烈士廟在大同司祀田金浦

報功祠在文明門外祀江防道吳國仕今廢　明李維楨吳公生祠記見金石

丁公祠在檀林河祀鹽運使銜丁銳義公咸豐九年剿賊於江南三河殉難提督梁鴻勝捐建並祭田詳州志

廣濟縣

社稷壇在治西半里基方二丈五尺壇下九丈五尺東西南各

五尺繚以垣

神祇壇在縣東南里許

先農壇在縣東南

城隍廟在治東北明建

國朝順治康熙閒重修咸豐初兵燬光緒六年邑人重修

厲壇在治北半里

先師孔子廟在治東南

關帝廟在治西乾隆閒修咸豐閒燬

文昌廟在治西河口乾隆閒修咸豐閒燬

石港龍王廟在縣南四十里龍池山下

龍神祠在治南道光閒建咸豐閒燬

費龍君廟在縣東二十五里唐建明修明余寅記神費姓名光燁父元昇母劉氏居邑之大聖山元昇嘗出耕劉氏餉之道遇雷雨晦冥劉氏雨霽龍鱗浹體既而有娠唐貞觀四年六月二日平旦而神生焉不食母乳天性穎異四歲就學通詩書七歲靈異彰變嘗與諸子戲而澡於澗澗水湧溢逆流諸子告於師師知不凡伺夜睡熟視之見黃龍伏於牀下益異之未幾雲霧四合雷霆激空化爲黃龍而去貞觀十年七月十日邑人瞻仰思慕不已乃建廟於山歲時致祭神生時五龍自山頂湧穴而去三穴清澈不竭不溢號靈泉久而湮其二泉止存中泉凡遇旱熯遠近郡邑皆致幣鼓樂迎泉以禱之甘雨輒應先是累朝贈廟號至宋時封昭化侯維大明乙酉廟災郡守徐麟世居廣濟奉神惟謹國初僉營田分道嶺饒寇兵圍城禱於神盡獲俘馘神之感應類如此麟拜特恩就祿養親蘄州鄉人榮之謂神福之也遂捐己帑搆殿宇維歲六月二日遵典致祭吳松余寅忝居邑宰虔率僚友齋宿靈宮恪恭乃職祀事既竣爰詢神跡歷攷所聞用鑱諸石以揚神庥復作迎享送神曲俾邑人祭而歌之庶幾人感而神格也

蕭公祠祀宋蕭化軒封水府通靈廣濟顯應陰佑侯

晏公祠祀元平浪王晏戌仔

楊泗將軍廟一在武穴一在黃花山麓名荆林廟泗作四蜀人楊臘兒以尋父朗屍不得投盤塘江死土人哀其孝祠祀之詳撫聞

胡公祠祀署縣事胡克儉

劉公祠祀知縣劉允昌

徐勇烈公祠祀督糧道徐豐玉公號石民安徽桐城人咸豐三年在田家鎮陣亡知縣杜文浩縣丞冒以謙生員吳冲謨家丁曹莖楊福暨從亡官弁兵勇均附祀

張勇節公祠祀漢黃德道張汝瀛公號仙洲山東樂陵人咸豐三年在田家鎮陣亡未入流曾壽齡暨從亡員弁兵勇均附祀

李剛介公祠祀　贈道銜升用知府荆門州知州李榞公字子華一號紫藩宣城人咸豐三年在田家鎮陣亡從亡員弁兵勇均附祀

陳公祠祀知縣陳肖儀公弋陽人咸豐三年在任殉難次子六品軍功陳恩霖暨陣亡殉難士民壯勇均附祀

蕭忠壯公祠祀　贈太子少保銜記名提督蕭河清公湖南長沙人同治三年在縣境陣亡參將楊先疇胡仲立都司徐高田守備郭華光韓開順易左勝千總徐士升江孔元暨從亡員弁兵勇均附祀

顯忠祠在武穴鎮西北五里七家山咸豐三年總兵恩長兵敗陣亡鎮人收弁兵遺骸葬於此山立祠祀之

昭忠祠在儒學明倫堂前咸豐十一年建

馬神廟在縣署前

黃梅縣

社稷壇在北邙山方二丈甃以石前後空地數十丈

神祇壇在縣東閟宮山

先農壇在東門外高二尺一寸廣二丈五尺耤田詳縣志

城隍廟在大南門內咸豐九年重修

厲壇在北邙山村官塘右

旗纛廟在演武門外

先師孔子廟在縣署東

關帝廟在縣河南岸

文昌廟在化龍門外沙洲嘉慶道光閒重建咸豐閒兵燬同治十年修

宋義廟在黃齡洞前公任番禺刺史棄官隱此能救旱疫後人祀之唐封顯應侯宋加靈濟昭德元加惠蔭善濟

岳武穆王廟在城西明萬歷閒敕建額設祀生二名國朝吳鈺詩十二金牌沮北征燕雲唾手竟無成朱仙咫尺陳橋驛一代興亡各罷兵

國朝知縣楊黼時修

昭王廟在北邙山祀宋公飛仙明封爲昭德侯有祭田詳縣志

鮑公祠在縣治儀門右卽宋參軍鮑照讀書處案治後有鮑母祠傳訛余錫椿有辨見縣志

郭公祠在治西巡撫郭惟賢建梅城民因祀焉

陶公廟在上新鎭一名高廟祀晉太尉陶侃

姜公祠在西門外祀知縣姜忻

晏公廟在段家洲祀元平浪侯晏戍仔

會公祠在西郊祀明推官會惟倫明瞿甲記故事縣令缺一李盡輒以缺聞吏部奏請除吏時十月冬未盡不得請吏中丞御史察知會司理才能治裝下縣公故留府中十數日不至先遣吏分部記籍奸邪罪名已單車馳下縣受事卽日分捕奸吏豪猾盡案驗其根株所在一縣讋服乃召縣諸生三老告之曰余始偕計數道縣問俗誠無他何至受惡名此獨吏不良故民不安其上耳夫害不除則利不作余且得去其太甚者乃今願爲百姓便宜矣卽駕行鄉問民所疾苦去之相視縣水利爲築堤自灌港至孔壠三十里語在龍江祠堂記縣戶四十二里糧多者或七八百石少至數十石卽遏里甲編爲時差役甚苦公至爲均平初民吳應麟被酒賊殺之不知主名獄吏兩長吏不具公夜夢挾鹿子仰指天訴冤自言姓吳且日語老人老人意或是吳某公遂召麟婦曰若家僮有天祿者否婦驚叩首誠有之逃亡今數年公拊手曰罪人得矣卽遣人捕得辭服坐如法公始至會令缺久簿書委積公必五鼓起坐堂左右列庭中甚設自吏以下次受署至日中昃不遑食居月餘或兩三日一聽事庭中虛無人暇則進名士飲酒相笑樂然士大夫不忍干之以私久之慨然曰誰謂此縣難治者採文學言聘諸生修輯邑志又修學宮舉行鄉飲酒禮倉庫學舍皆新襄陽楊公謂非故黃梅其見稱譽皆此類公方議築城又請臨清江兌糧不復至蘄事日月且就會後令至公得代去矣瞿甲曰自隆慶來用法深吏爭嚴酷相尙公獨外明而內恕論寬猛所先後最識政體昔膠東相謂遠守劇郡脅膽約結無奇卽有亦安所施及觀公行事知其所言非是丈夫有能忠國利民者何必大官哉

李公祠在下新鎭祀元宿松縣知縣李伯約公四川人鎭民禱雨輒應

來公祠在東嶽廟側祀知縣來三聘

金沙廟在山南鎭祀毛一公名靈宋臨川人相傳死爲雨神禱多驗劉鍵祀之後移祀建龍庵

馮公祠在下新鎭明萬歷閒議立稅廠兵巡道馮應京止之因祠祀焉

武公祠在來公祠左祀知縣武圖功

徐公祠在東門外祀知縣徐澤

石忠烈公祠在東門內祀明贈太僕寺卿石有恒以征海寇殉難敕建有傳

瞿孝子才人祠在貞節坊右祀瞿甲

帥文毅公祠在東關內祀　贈光祿寺卿江西委用道帥遠燡公在江西東鄉縣剿賊殉難兄子疇廪生萬泰附祀有傳

忠節祠在停前驛祀邑殉難官弁紳民及節烈婦女咸豐九年巡撫胡林翼奏建祠額並浩然之氣額皆胡公書

馬神廟在縣署側

補遺

羅田縣

馬神廟在縣署右

蘄州

馬神廟在都司署左道光二十八年營兵重建

黃州府志卷之五終

黃州府志卷之六上

黃州府知府英　啟纂輯

建置志

壇廟 昭忠祠祀位上

國朝

文官

湖廣總督諡文節吳文鎔祠詳專

贈內閣學士銜世襲一等輕車都尉記名布政使福建汀漳龍道諡忠壯彭毓橘祠詳專

贈太常寺卿按察使銜湖北漢黃德道延志祠詳專

贈太常寺卿按察使銜候選道葛承霖湘鄉人同治六年隨彭毓橘蘄水蘭溪潭坳陣亡附

祀

漢黃德道諡忠介王壽同高郵進士咸豐二年因公赴省殉難子六品軍功恩晉家丁二名殉之

贈太僕寺卿黃州府知府諡果毅金雲門祠詳專

漢黃德道諡勇節張汝瀛祠詳專

督糧道諡勇烈徐豐玉祠詳專

贈道銜署黃州府知府林士珍安徽懷遠人咸豐四年留防省城陣亡

贈道銜麻城縣知縣姚國振祠詳專

贈道銜武黃江防同知周祖銜號仙橋商城進士咸豐二年調省殉節姪遵聞妻張氏女李周氏僕婦蔣氏婢女小女俱殉

贈道銜荊門直隸州知州諡剛介李橒祠詳專

贈道銜升用同知知縣陸𡎺大興人咸豐四年隨吳文鎔黃岡堵城陣亡

署黃州府知府邵綸有傳廣濟因公殉難家丁楊姓兩人殉之節義錄作在省讞

贈知府銜知縣杜文浩秀水人隨徐豐玉廣濟田家鎮陣亡附祀以上咸豐三年

贈知府銜麻城縣知縣韓寶昌有傳家丁曹貴曹啟運差役羅愷殉之甚慘

贈知府銜廣濟縣知縣蔡潤琛嘉善人黃岡堵城陣亡姪振基家丁楊升楊喜子殉之

贈知府銜黃岡縣知縣湯景仁和人在江夏山坡遇害哨長賴光漢家丁關升從死最烈

贈知府銜知縣劉嗣煦善化人黃岡堵城陣亡子𡎺殉之以上咸豐四年

贈知府銜黃岡縣知縣翁汝瀛有傳

贈知府銜羅田縣知縣彭仲芳詳專祠有傳

贈知府銜五品銜麻城縣教諭劉用宣咸豐三年在省殉難

贈知府銜黃梅縣教諭宋贊元漢陽舉人咸豐四年黃梅陣亡家丁姜宏烈殉之

同知廣濟縣知縣陳肖儀詳專祠有傳

蘄州知州劉咸大興舉人咸豐二年調守省城殉節

同知銜知縣李景湖通城人咸豐七年蘄州陣亡

黃梅縣知縣鮑開運六安人廣濟因公殉難家丁余升許貴張福殉之

贈鑾儀衞經歷黃岡縣縣丞姚文暉廣濟田家鎮陣亡以上咸豐三年

贈鑾儀衞經歷直隸長蘆鹽大使易咸吉同治六年蘄水陣亡

蘄州州判魏作霖四川忠州人咸豐四年蘄州野塘嘴陣亡

贈國子監學錄訓導姚緣全耒陽人咸豐七年蘄州獅子口陣亡

湖北府經歷張兆鏞鏞一作麟咸豐七年黃梅陣亡

湖南武陵縣縣丞胥以謙順天通州人咸豐三年隨徐豐玉廣濟田家鎮陣亡附祀

漢陽縣縣丞瞿士濂沅陵人隨吳文鎔黃岡堵城陣亡附祀

縣丞褚榮秀水文生隨麻城知縣姚國振麻城黑沙洲陣亡以上咸豐四年

贈鹽運司知事羅田多雲鎮巡檢梁玉淦廣東順德人咸豐二年省城陣亡

贈鹽運司知事署漢陽府司獄坐補黃梅縣孔瓏鎮巡檢邵英大興人隨按察使江忠源廣濟勦匪殉難節義錄作咸豐三年司獄署殉節

贈鹽運司知事黃安縣中和鎮巡檢陳嘉謨峽江人黃梅袁家畈陣亡家丁方貴殉之

贈鹽運司知事候補按察司司獄李克愼直隸人麻城中館驛陣亡以上咸豐四年

贈鹽運司知事從九鄒世範新化人咸豐七年蘄州獅子口陣亡　黃瑞麒江西人同治二年黃岡倉子埠陣亡

蘄水縣訓導段縉傳江夏廩生咸豐三年協守省城殉難

湖南訓導吳炳咸豐七年黃梅濯港陣亡

黃岡縣但店鎮巡檢秦廷杰仁和人咸豐二年省城遇害　蕭建勳華陽人咸豐四年隨吳文鎔黃岡堵城陣亡

黃岡縣團風鎮巡檢蔡文熙咸豐三年廣濟因公殉難

廣濟縣龍坪鎮巡檢沈逵鴻會稽人咸豐四年廣濟五里畈陣亡　王錫五武威人咸豐四年防省陣亡家丁楊升殉之

麻城縣鷲籠鎮巡檢田象三華陽人同治四年麻城宋埠陣亡有傳

巡檢石熾然武昌府人黃岡陣亡

從九蕭位三江夏人黃岡堵城陣亡家丁張福殉之　蔡振基隨叔廣濟知縣潤琛陣亡附祀以上咸豐四年　白肇貞江夏人咸豐五年羅田南界河陣亡　桂敦臨江夏文生蘄州陣亡

吳灼長沙人黃梅濯港陣亡以上咸豐七年　徐瀛賓漢陽人咸豐十年羅田殉難　未入流曾壽麟長甯人咸豐三年隨張汝瀛廣濟田家鎮陣亡

武官

贈太子少保銜提督謚忠壯蕭河清詳專祠
贈太子少保銜提督謚剛烈羅朝雲　謚壯毅鄧泰福　謚勇毅
王仕益　謚壯武陳致祥俱同治六年隨彭毓橘蘄水陣亡附祀
贈太子少保都統銜鑲紅旗護軍統領謚貞恪舒保詳專祠
贈提督壽春鎮總兵謚武壯恩長咸豐三年廣濟老鼠峽陣亡
贈提督貴州安義鎮總兵謚剛介王國才咸豐七年黃梅陣亡
贈提督銜總兵銜副將彭榮祥湘鄉人　李錫增俱同治六年蘄水陣亡
提督銜總兵提標中軍參將謚威毅石清吉詳專祠
副都統銜協領謚壯肅密雅明阿
副都統銜墨爾根城協領西明布
副都統銜協領喀爾庫俱咸豐七年黃梅陣亡

副都統銜委營總佐領奇成額巴圖魯德隆阿同治二年隨舒保德安陣亡附祀
副都統銜總管正紅旗佐領額特亨巴圖魯明通阿同治三年府屬陣亡
總兵秦箕山同治六年蘄水陣亡
總兵銜副將江星南鄖縣人同治三年隨石清吉蘄水陣亡附祀
贈　記名總兵彭光友　羅興祥俱同治六年隨彭毓橘蘄水陣亡附祀
贈總兵副將劉中和新化人咸豐十一年麻城烏石山陣亡
贈總兵儘先副將尚勇巴圖魯陳應傑羅山人同治二年府屬陣亡
贈總兵副將謝鴻禧詳專祠
贈總兵副將忿勇巴圖魯谷明發孝感人同治三年隨石清吉陣亡附祀

贈總兵銜兩江副將高森茂江夏人同治六年黃安陣亡
贈總兵副將楊秀琪武岡人同治三年廣濟陣亡　曾傳俊　楊義堂　王德
輔　馮俊貴　蕭玉林　劉光裕　曾楚益　王永發　梁
德河　彭發山俱湘鄉人　莫得云　潘步雲　龍開宗俱湘潭人
張明燦攸縣人　余進德平江人　劉魁元穎上人　楊平選江西人
李岱雲邵陽人　周連祥桂東人　梁經魁義甯人以上同治五六年蘄水陣亡
記名總兵副將銜參將懋勇巴圖魯謚剛介丁長勝湘鄉人同治三年廣濟縣陣亡
督標中軍副將謚愍烈駱秉忠花縣人
督標中軍副將謚勤愍德亮滿洲正白旗人
黃州協副將張金甲濮縣人俱咸豐四年隨吳文鎔黃岡堵城陣亡

副將謚剛愍張文煥咸豐八年麻城城下陣亡
湖北副將佐勇巴圖魯錢光盛江夏人黃安黃家口陣亡
副將段逢春武陵人黃安陣亡節義錄作廷春以上同治六年
副將銜參將彭開亮詳水師營昭忠祠
贈副將銜參將李銀生　蕭得斌　王鳳儀　劉雲貴　劉啟貴
張玉和俱湘鄉人　劉國長　顏玉勝　吳長發　楊清勝
熊得勝　劉鎮南俱湘潭人　陳太光　喬定奪俱桂東人　廖元宗
衡山人　鍾玉和湖南甯鄉人以上同治五六年蘄水縣陣亡
興國營參將鍾聲萍鄉人咸豐四年黃岡堵城陣亡
安徽參將滕九齡同治五年廣濟陣亡
參將胡向先　劉清泰俱湘鄉人廣濟陣亡　楊先疇　胡仲立俱隨蕭河

清廣濟陣亡附祀以上同治三年　許少文同治五年廣濟陣亡
參將銜署鄖陽鎮標遊擊曠輔庭全州人咸豐三年廣濟田家鎮陣亡
參將銜遊擊蕭祖繩同治二年黃岡陣亡　黃占春襄陽縣人同治三年麻城救鮑超陣
亡　唐祖佑　李南山　黃升武　毛天祥　彭安理　謝
可宗　彭蘭桂　胡萬祥　蕭品元　左祥發　彭毓南
廖恆豐　楊名軒　黃明勝　謝品集　熊克益　熊楚益
王春華　黃益昌　高清和　李斯行　曾文益　劉光
明　陳品輝　唐春岐　王光明　李正光　廖楚英　李
清和　彭秀林　劉祥勝　賀騰貴　張騰芳　王正清
張文太俱湘鄉人　彭長遠　黃大年　李廷生俱衡陽人　李宜成
劉成葵　申明亮　陳凌雲俱邵陽人　黎光勝　左玉龍

莫國華　謝清勝　趙友桂　左鴻福俱湘潭人　藏明凱　羅
書富　劉榮華俱湖南寧鄉人　陳紹富　栗寶源俱長沙人　李勝彪
益陽人　楊宗世瀏陽人　鍾寶卿新化人　鍾榜題平江人　羅光
照洋鄉人以上同治五六年蘄水縣陣亡
贈參將銜世襲騎都尉貴州古州鎮標都司王臻祜貴筑人咸豐三年黃岡鵝
子湖陣亡
贈參將銜遊擊銜都司擺似龍棗陽人同治二年黃岡陣亡
花翎委營總黑龍江佐領奇成阿同治三年廣濟陣亡
委營總黑龍江佐領富勒胡善咸豐七年廣濟陣亡
委營總佐領防禦德海咸豐十一年黃岡陣亡
黑龍江協領穆精阿咸豐八年黃梅陣亡

協領委防禦富隆額巴圖魯德亮滿洲鑲黃旗人
協領委防禦成瓚滿洲鑲白旗人俱同治三年府屬陣亡
襄陽城守營遊擊世襲騎都尉陳展鵬恩施人咸豐四年隨吳文鎔黃岡堵城陣
亡弟舉人起鵬咸豐三年在省殉難
遊擊陳德懋縣志作德茂　陶忠泰俱咸豐六年黃梅縣黃臘陣亡　易瑞霱同治二年
隨謝鴻藲蘄水陣亡附祀　段曾元　曾占彪俱隨石清吉蘄水陣亡附祀　易伯吉
成元方　彭漢遠俱湘鄉人
遊擊銜都司李金華泌陽人府屬陣亡以上同治三年
贈遊擊銜都司尹翠日湘鄉人咸豐十一年黃梅陣亡
佐領對山鑲白旗人　富成額正黃旗人俱同治三年府屬陣亡
佐領銜委參領富明阿咸豐七年廣濟陣亡

佐領銜防禦烏當阿鑲黃旗人　七十四鑲藍旗人
佐領銜委防禦郭陞正白旗人俱同治三年府屬陣亡
花翎佐領驍騎校壽長同治二年麻城宋埠陣亡
花翎都司周益元武昌縣人　張保元江夏人俱同治六年黃岡柳子港陣亡
藍翎都司賀玉隆邵陽人咸豐十一年麻城陣亡
都司劉兆選鄖西人　許連城俱咸豐三年廣濟田家鎮陣亡　董士準咸豐四年
廣濟孝鼠峽陣亡　謝復義咸豐七年黃安陣亡　謝國俊咸豐八年麻城陣亡　胡達
咸豐九年麻城黃土崗陣亡　艾正和　楊雲臣俱隨謝鴻藲蘄水陣亡附祀　陳玉
和　陳光貴俱麻城陣亡以上同治二年　成志義　徐高田俱隨蕭河清廣濟陣
亡附祀　易萬興光山人　徐意忠湘鄉人　吳華堂常寧人俱廣濟吳文匯陣
亡以上同治三年　王鵬舉鄖西人　李世祥黃陂人俱同治四年府屬陣亡　曾正

國益陽人　常春林長沙人　喻連升銅仁人俱同治五年黃岡陣亡　朱雙成
王勝發　李有勝　李瑞村　羅林逸　鄧仁聲　朱高
文　賀廸輝　毛桂馥　潘勝暉　羅悠久　黃仁曜　周
香宜　吳有南　馮月福　宋餘慶　李長壽　朱正元
匡定武　何致祥　李洪勝　左秀華　陽玉祿　鄧紅貴
楊瑞亭　龍清勝　陳道宏　曾義友　劉載陽　王國
鳳　王三玉　陳正元　鍾昌其　宋英俊　馮蔚臣　宋
有勝　曹友田　曾廣玉　陳富光　胡品端　羅東山
陳榮華　張得勝　黃忠魁　李向明　張鳴池　何順陞
龍友勝　任立作　萬國明　蕭連升　曾起富　鄒永
勝　雷得升　劉金成　彭義貴　李受福　楊得林　熊

德和　王金魁　卿高雲　金復升　張德興　朱彰國
葉賜福　龍玉堂　朱連升俱同治五六年蘄水陣亡　陳貴玉漢陽人　陳士明武昌
花翎都司銜守備孫明友繁昌人俱黃岡新洲柳子港陣亡　魯孝孫宣城人
藍翎都司銜守備李計林六合人俱黃岡王家崗陣亡以上同治六年
都司銜守備劉鴻發常甯人同治二年麻城陣亡　吳學芳道州人　葉得
勝湖南甯鄉人俱同治三年府屬陣亡　駱性與　方玉白俱同治五六年蘄水陣亡　王
金貴六安人同治六年黃岡王家崗陣亡
都司銜武昌衛守備楊毓林渾源人咸豐二年黃岡因公被戕
贈都司閔學信武昌縣人　李長發孝感人　雷復顯天門人　王德
順湖北咸甯人　葉經魁萍鄉人　鄒人常江西人　黃全通銅仁人

李正紅桂陽人　賀萬友耒陽人　狄雲甲湘陰人　鄧得勝　鄧
得勝原有兩人　汪定國俱衡陽人　李星皎常甯人　張雨松　李玉廷
俱長沙人　唐寶臣　彭西洲　葛友勝俱衡山人　陳茂林　張鳳
池俱甯鄉人　莫光駟　唐國興　陳廷拔俱湘潭人　陳友勝　葛
雲堂　曾蘭亭　蔡勝楚　李大觀　黃楚勝　李清華
王長發　彭和祿　潘楚勝　譚義勝　張正連　熊貴和
劉榮貴　鄧慎詒　曾禎祥　文鳳鳴　羅學忠　蕭必
得　謝先泰　趙卓書　王載七　熊祥泰　王泰春　彭
景春　李容莊　蕭得友　孔竹亭　李田拔　蘇仁義
朱清和　王亦欣　陳煥會　周光隆俱湘鄉人以上同治五六年蘄水陣亡
贈都司守備鮑廣玉青陽人咸豐四年黃岡堵城陣亡　李餘順　賀德懷　羅

松軒　賀得勝　左茂蘭　趙得勝　廖榮隆　魏東祥
王巨卿　曾桂芳　曾桂祥　雷俊林　王春發　鄒雲發
易春生　易恭明　彭惠堂　鄒升高　陳獻文　唐華
封　王添來　張添祥　高玉和　彭祥勝　王定彬　朱
尊德　劉玉昌　曾福山　劉勝文　譚得勝　章雲立
羅家國　黃國瑞　易雲清　易保龍　葛桂堂　彭復勝
李清貴　曠渠才　賀起予　曾楚敖　陳勝楚　劉受
祥　彭俊德　李部林　曹永定　李定榮　譚仁和　田
茂林　諶盛德　陳盛泰　宋起祿　張祥勝　宋福益
劉裕勝　戴勝發　伍華祥　向義友　鄧連升　周福林
王九和　曾義高　龔傳之　王萬勝　曾友泰　李義

勝 彭起鳳 蕭光軒 文有餘 彭雲衢俱湘鄉人 汪開甲

胡清勝 唐福勝 羅宗勝 黃清勝 劉福田 王孝

隆俱衡山人 劉明魁 陳大興 黃文勝 葉清和 賀洪定

毛復珊 徐長春 楊輝武俱湖南甯鄉人 蕭鳳彩 曾廣旭

王萬慶 彭受益 劉德山俱衡陽人 王萬勝 趙友勝

易青雲 楊光明 譚開九 朱榮貴 許廣孝 胡壽田

周長明 吳文明 唐澤春 薛光煒 余澤明 李忠

恕 劉友貴 丁友南 劉達順俱湘潭人 嚴與朋 陳友文

楊友升 李萬勝 何秀林 晏金慶 侯太宏俱長沙人

吳楚平 林受祥 黃由立 扶紹洸 李善洪 李玉朝

俱桂東人 蕭仁家 劉玉貴 唐金聲 李玉貴俱邵陽人 謝煕

祥 張光明 周有萬俱善化人 易光明 葉修猷 唐義正

曾傳聽俱平江人 梁友林 胡定邦俱耒陽人 黃開元 張秋

林俱醴陵人 李俊易巴陵人 張錦和麻陽人 李瀛芳新化人 周

春華湘陰人 黃祖貴武甯人 文星春萍鄉人 易從龍袁州府人

蕭承恩吉安府人 鄭文敎遂安人 陳成標廣東人 常明友河南人

郭榮華黃陂人 徐榮華襄陽人 吳列臣恩施人 朱明珩

程盛發俱湖北人 宋朝喜 計文貴 丁立成 楊大順 劉

景雲以上同治五六年蘄水陣亡

贈都司蘄州衛守備賈瑞齡節義錄作瑞林武舉宛平人咸豐四年黃安陣亡

黑龍江委防禦恩科 巴雅爾俱咸豐八年黃梅花涼亭陣亡

委防禦盟爾根城領催阿克棟阿滿洲鑲紅旗人

委防禦吉林領催金祥滿洲正黃旗人

委防禦吉林藍領領催來福滿洲鑲黃旗人俱咸豐七年黃梅陣亡

委防禦領催祿昌同治二年麻城陣亡

委防禦領催愛興阿巴圖魯芮明滿洲鑲黃旗人同治三年府屬陣亡

鄖陽鎮標守備籍金泰咸豐三年廣濟田家鎮陣亡

德安衛守備王琴堂山東人

提標藍翎守備王正興江夏人

湖南辰沅道標守備楊勝龍永綏人俱黃岡堵城陣亡

江蘇宿松營守備方翔黃梅陣亡以上咸豐四年

花翎守備王加田桐城人同治六年黃岡王家崗陣亡

守備郭德山府屬陣亡 張鵬高 楊高桂均蘄州陣亡兵勇死者四百餘人

李菊生蘄州胡家壩陣亡以上咸豐七年 尹承業咸豐十一年黃岡陣亡 張有山

張顯旗俱衡州人 劉玉春道州人 楊三元 龍連升 周惠

元 湯仁貴 熊登雲 劉得名 龍得義 李恆元 孔

得心 陳步雲 田得勝 孫均龍均府屬陣亡 王高照黃岡陣亡

蕭復勝隨謝鴻禧蘄水陣亡附祀 周運泗 楊福增 謝世貴俱麻城陣

亡以上同治二年 閻樂天 王友勝 劉重友俱湘鄉人 產年豐懷甯

人 熊訓成 馮德華俱湘陰人 周文秀道州人 彭升貴秀山人

向益勝平江人均府屬陣亡 韓開順鄖縣人 郭華光節義錄作華元黃陂人

易左勝俱隨蕭河清蘄水陣亡附祀以上同治三年 馬連升蒲圻人同治四年黃岡陣亡

姚善慶懷甯人 蕭景林通城人 梁大志長沙人俱同治五年黃岡陣亡

守備黃州協千總向文斗江夏人咸豐二年守禦省城陣亡弟從九品職銜康溪殉之

花翎守備督標千總吳開泰漢川人

守備督標千總周大鵬江夏人俱咸豐四年隨吳文鎔黃岡堵城陣亡

守備千總何有貴府屬陣亡　余開泰蘄州陣亡　劉洪泰新化人　黃

德元武陵人俱咸豐十一年麻城陣亡　伍紹美耒陽人　徐光德　華躍龍

俱府屬陣亡　吳樂亭黃岡陣亡以上同治二年　劉素清漢陽人同治三年府屬陣亡

守備提標把總石學清咸豐九年麻城陣亡

贈守備千總荊山玉甯遠人　陳玉貴道州人俱府屬陣亡　唐品山隨謝鴻禧蘄水

陣亡附祀以上同治三年

前鋒委參領善福滿洲正紅旗人咸豐七年廣濟陣亡

委參領世襲恩騎尉蘇英阿咸豐十一年黃岡陣亡　富淩阿

委參領永亮

委參領領催巴雅爾俱同治二年麻城陣亡

贈守禦所千總銜署黃州大定協守備李錦春普定人咸豐四年黃岡堵城陣亡

贈守禦所千總營千總周萬和　羅玉堂　沈西海　王有武

曹南益　劉大貴　馮福春　曹品貴　孔復源　陳艮山

謝友勝　丁堅發　周楚輝　馮友勝　文茂盛　彭長

發　何隆翔　黃成暉　黃雲龍　劉春友　歐陽光　劉

榮祿　陳致祥　趙蘭桂　楊篤發　熊錫福　羅瑞章

呂漳名　彭勝友　劉守實　朱勝七　成福永　陳盛義

左得勝　陳祥太　曾聯芳　賀興旦　葉桂堂　劉復

勝　朱詒堂　彭楚勝　王福貴　王義勝　周載福　傅

俊秀　劉瑞澤　劉平安　劉有才　馬祥發　李邦魏

唐春才　賀榮華　周長生　蕭云勝　彭先太　王國福

夏俊臣　王集生　顏其育　聶桂山　王仕誠　周光

福　朱秩堂　黃永福　陳煥乎　李楚章　謝富盛　宋

壽堂　周榮南　劉森林　馮萬勝　范玉山　何友連

胡春期俱湘鄉人　顏芝武　左迎祥　袁太俊　黃友勝　陳

玉勝　陳燕珍　周福星　伍忠和　彭福星　李青華

李仕林　趙福勝　蕭友雲俱湘潭人　高萱久　陳九德　龍

佑仁　易多壽　胡運隆　陳邦喜　賀芳楚　王在清俱衡

陽人　戴山魁　孫有德　楊友陞　姚得勝　穆福庭俱湘陰人

劉俊賢　羅建章　劉得勝　唐福勝　周茂南俱長沙人

周玉萬　丁德安　段有朋　鄧廷幹　李月盛　王正甲

李正華俱湖南甯鄉人　馮國恩　朱秋成　鍾俊山　李年瑞

黃贊興　朱光勝　黃齊炳　吳鳳桐俱桂東人　許萬林

龍親恩俱清泉人　唐星朝　劉復順俱衡山人　潘春華　李添賓

俱瀏陽人　羊直富　黃友仁　魏得益　曹得和　李成秀俱邵

陽人　賀得貴　陳新亮　李得珥　李順忠俱郴州人　鍾德清

曾儀典　王喜春俱平江人　曾得發　郭維來俱茶陵人　彭正

祥　薛玉龍俱宜章人　羅云貴　李正芳俱鄱縣人　孫得昌　丁

吉元俱常德人　謝廷珠湖南桃源人　蕭竹南新化人　劉有餘醴陵人

王有升武岡人　張和成廬州人　王春和六安人　錢受山江南人

萬紫同江西德化人　陳得勝　廖明發　陳昌憲俱江西人以上

同治五六年蘄水縣陣亡

五品花翎驍騎校松坤同治二年麻城陣亡
五品銜千總哈清源漢陽人咸豐三年黃岡陣亡
五品銜貴州銅仁協標千總孫德元興義人咸豐四年黃岡堵城陣亡
五品藍翎四川廣元營把總張宗恩咸豐七年陣亡
五品花翎委官富喜同治二年隨舒保陣亡附祀
湖南鎮筸鎮標世襲雲騎尉米興桓黃岡堵城陣亡
陝西洮岷營協標世襲雲騎尉韓堂文縣人廣濟陣亡
宜昌鎮標世襲雲騎尉王長安黃梅北門外陣亡以上咸豐四年
世襲雲騎尉提標中營千總羅全鈞棗陽人
世襲雲騎尉宜昌鎮標千總王茂昌穀城人俱咸豐三年廣濟田家鎮陣亡
世襲雲騎尉羅田縣汛千總吳必昌通山人同治三年在任陣亡有傳

花翎驍騎校額爾根札普　圖興阿俱同治三年隨舒保陣亡附祀
驍騎校領催奎鎖　達春　榮太俱咸豐七年府屬陣亡　周蒙阿滿洲
正紅旗人　花廉布滿洲鑲藍旗人　海祿滿洲正黃旗人　春福滿洲正藍旗人俱同治三
年府屬陣亡
荆門營千總郭殿雄鍾祥人
督標千總魏開第江夏人
提標千總王官舉
鄖陽鎮標千總林得升
衛昌營千總粱柏臺俱咸豐三年廣濟田家鎮陣亡
湖南永順協千總向方得
襄陽營千總李英

貴州青江協千總夏連陞松桃廳人俱黃岡堵城陣亡
四川龍安營千總劉春魁廣濟陣亡以上咸豐四年
鄖陽鎮標千總高仰順鄖縣人
湖北千總李予珍咸豐九年麻城黃土崗陣亡　張大勳沔陽人俱咸豐七年黃梅濯港陣亡
千總胡載舟咸豐十一年府屬陣亡　程萬華見兵事
藍翎千總彭義發同治二年黃岡陣亡
千總曾玉龍　汪龍保府屬陣亡　程光大鍾祥人黃梅周家灣陣亡以上咸豐七年
周有清　陳定發　熊世定麻城縣陣亡以上咸豐八年　謝玉田甯遠
人　王華益湘鄉人　楊方增俱咸豐十一年府屬陣亡　胡紹興　楊培
元　譚寅芳　彭鶴林　楊福有　陳友交　胡春瑞俱蘄水陣
亡　黃行煥　嚴蛟陞　陳友年　江雲勝　廖德興節義錄作

得興　李啟才　蕭馭書　杜合意　楊茂洪　程友珍　朱
復元　胡春暢　董太元　黃中和　李文順　李兆德
李仁年　孫先德　封崇華　楊玉連　彭務實俱湘鄉人　雷
春華甯遠人俱麻城陣亡以上同治二年　鄧六十　沈仁義　章道平　周
同升　陽琢玉俱湘鄉人　劉遜和興國州人　焦添福孝感人　陳清
寶崇甯人　張聯陞京山人　徐元士常甯人　劉占鼇滑縣人　向
順品湖南永順人　賀發有湘陰人　侯亮祥符人　廖得勝　周大
鳳　易得富　張太興　王世興　王得勝　張文友　楊
光亮　黎宗貴　蔣益照　江國元　熊仕海蒲圻人　朱富
田長沙人　黃以桂應山人均府屬陣亡　江孔元　徐士升俱隨蕭河清廣濟陣
亡附祀以上同治三年　李洪陞　周雲生　余鴻發　陳傳順　金

清梅 蘇茂盛 趙勝楚 李年青 李占傑俱同治五六年蘄水陣亡
千總銜提標把總朱國寶黃岡堵城陣亡
千總銜竹山協標把總郭璁鄖西縣人廣濟田家鎮陣亡以上咸豐三年
千總銜把總左貴堂 劉添勝 雷朝棟俱咸豐七年黃安陣亡
千總銜鄖陽鎮標外委耿文興鄖陽人咸豐三年廣濟田家鎮陣亡
贈千總提標外委胡占魁同治二年麻城陣亡
贈千總外委周廷義 劉福高 王雲益 李太和 丁福興
楊元照 趙惟祿 潘敬誠 何禎祥 晏福勝 王朝慶
羅起珥 陽青雲 曾秩敘 李茂南 王貴軒 彭致
福 譚桂軒 曹永廷 章連城 胡星暉 金和春 劉
仁玉 周桐封 楊德友 王南桂 龍長勝 章益德

李復青 劉謙光 彭福泰 吳楚桂 劉洪達 鄔又四
胡榮升 謝清高 陳德明 單桂堂俱湘鄉人 陳遠章
沈楚英 黃福春 朱芾堂 王正倫 孔行圍 熊正道
羅正明俱湖南甯鄉人 趙聲揚 陳春華 張春發 彭協雲
郭立芳 方得勝 周學山俱湘潭人 朱章武 朱勝雲 郭
鎮邦俱桂陽人 唐仁和 楊德盛 朱成里 李得山俱衡山人
淩有開 熊有吉 曾維南 王善祥俱衡陽人 關禮傳 陳
作喜 詹復勝 胡周俊俱常甯人 盛之樂 馮玉順 張起
朋 柳榮貴俱長沙人 唐新發 李達明 李添生俱桂東人 袁
大有湘陰人 劉得勝祁陽人 余保湘平江人 殷端勝醴陵人
曠昌運郴州人 戴洪勝益陽人 李得貴善化人 蘇宗沛 彭

金鳳俱瀏陽人 劉玉華邵陽人 易全順攸縣人 吳茂金江西人
達士榮襄陽人 董興邦汝陽人 馬正標滁州人 盧占魁
贈千總軍功陳啟貴湘陰人 趙之嘉乾州廳人 羅福連 陽賢初俱清
泉人以上同治五六年府屬陣亡
六品銜黃安縣汛把總潘萬泰同治元年在任陣亡
六品銜鄖陽鎮標把總李克陞鄖縣人黃梅陣亡
六品銜漢陽營外委向鴻漢陽人黃岡堵城陣亡以上咸豐四年
鄖陽鎮標把總侯元陞棗陽人府屬陣亡 江殿魁鄖縣人廣濟田家鎮陣亡
提標把總李璁穀城人黃岡龍王山陣亡 柳炳富 汪以勳俱黃岡巴河陣亡
嚴廷山 陳延林俱襄陽人
督標把總李成壽

署竹山協把總齊有功
遠安營把總姚連升
宜昌鎮標把總彭鴻超
衛昌營把總程志謙
鄖陽鎮標把總郭正華 涂鑑明
均光營把總戴廷棟 莫承先俱廣濟田家鎮陣亡
江南徐州營把總孫魁亮廣濟老鼠峽陣亡
陽邏汛把總曾光貴廣濟因公殉難
道士洑把總賈加升一作嘉升廣濟因公殉難 余通發在任陣亡一作七年
蘄州營把總陳錦江夏人陣亡以上咸豐三年
貴州大定協把總彭年凱大定武舉 孟正元大定人府屬陣亡

貴州銅仁協把總林道珍貴州人
督標把總有貴滿洲正藍旗人　陳家鄰　陳萬年俱隨吳文鎔黃岡堵城陣亡萬
年兄武生澐在省戰歿
提標把總彭曰發穀城人　劉發勤南漳人　海朝福　石天德
俱湖北人　任輝先襄陽人
荊門營把總郭文雄荊門州人　曾元慶　冉玉芳俱鳳凰廳人
鄖陽營把總彭占先永順人　孫宏惠均黃岡堵城陣亡
甘肅平番營把總王慶松廣濟陣亡
督標把總施鴻德隨州武舉黃梅陣亡
武昌城守營把總王武烈府屬陣亡以上咸豐四年
六品軍功把總楊玉華黃岡孫家嘴陣亡

藍翎把總何鍾清黃岡大樹林陣亡　姚家禮　李得太俱黃岡陣亡　張
王耀宜昌人　王愼鍾祥人　趙廷煥武進人俱黃梅濯港陣亡以上咸豐七年
自新黃岡黃泥畈陣亡　彭耀發瀏陽人黃梅花涼亭陣亡以上咸豐八年　方魁元黃岡
陣亡　張洪發　呂文英　劉化平俱麻城陣亡以上咸豐十一年　王清然
同治二年黃岡陣亡　祝大興江夏人蘄水關口陣亡　曹玉清江夏人廣濟吳文區陣亡以上
同治三年
把總張興富　周華堂　周玉龍　譚永發　歐得勝　羅
芝馨俱府屬陣亡　曹華山蘄州胡家壩陣亡　胡開禮　朱大倫俱蘄州陣
亡兵勇死者二百餘人　熊得勝黃梅陣亡以上咸豐七年　黃東海　賀福堂
許國泰　杜志立　黃梅素　朱瑞五　徐茂洪　楊太和
陶英倫俱咸豐八年府屬陣亡　李白華　汪萬銀俱黃岡陣亡　何玉

春常甯人　謝友高清泉人冊作友尙　鄒祥學湘鄉人冊作周姓俱麻城陣亡以上咸豐
十一年　葉蓮升　龍逢吉　郭文耀　李坤益俱黃岡陣亡　李
高彪　孟有才　顏慶發　李仁德　劉有序　楊開照　沈
杜邦哲　譚益庭俱湘潭人　曹品紅　鍾國慶　魏一茂　彭仁和
貴庭　陳華楚　王正興　李時和　王石安
湯和鼎　周朝見　彭玉芴　王仕豹　郭青雲均蘄水陣亡
周桂山　周清楚　唐文明俱湘鄉人　蔡騰雲邵陽人　劉志望
孝感人　姚華俊沅陵人　劉光明　陳玉林　蔣正瑞節義錄作正端
龍其發　段鵬飛　榮吉祥　彭必勝均麻城陣亡以上同治二年
李前祿　蔣慶祥　徐邦玉俱湖北人府屬陣亡　陳啟祿湘陰人　陳
有德新蔡人　黃玉鑾常德人　張金品長沙人　張喜貴麻陽人

王義勝湘陰人　戴萬和瀏陽人　許賜福天門人　鄧正隆祁陽人
滿邦春辰州人　余光錫南昌人　郭積誠衡山人　李有餘岳州
人　羅爲善　周愼修　賀運澤　陳明山　蕭瑞星　陳
華堂　陳明勝　龍爾志　龍秀發俱湘鄉人均黃岡劉家集陣亡　邱明
太萍鄉人　楊楚世衡陽人俱蘄水白蓮河陣亡　楊學書穀城人蘄水白石山陣亡
黃得裕善化人　李正清長沙人　向定邦四川江津人　胡金堂
顏興邦俱羅山人　劉望國　聶得勝俱黃陂人　朱福山光山人　江
孔昭鄖陽人　曾必貴襄陽人　李昌定　劉珠德俱嘉禾人麻城李馬崗陣
亡　魏仁輝　成道燕俱湘鄉人麻城白杲陣亡　周拔萃耒陽人　姚得
勝邵陽人　王聲揚湘鄉人　黃宗益湖南甯鄉人　鄧紹發道州人
馬文輝大荔人　唐串玉綏定人　胡豐立常甯人　王國法　王

尚忠俱京山人 唐太受零陵人 孔季高新野人 盛龍彪太平人均廣濟
吳文區陣亡以上同治三年 彭良弼武昌縣人 栗明會長沙人俱同治五年黃岡陣亡
聶齊意 劉昆南 葛龍集 張勝華 龍德榮 朱長勝
周泰山 趙魁應 潘英[illegible] 尹南山 彭貴世 黃得
勝 易雲祥 李作仙 熊忠貴 陳得勝 張祥發 唐
有餘 左致益 周元魁 周添順 李復亨 陳道貴
魯復勝 陳道仁 周香友 羅開俊 彭隆發 馮有餘
汪禹臣 彭星明 蕭正藩 李祥勝 王勝隆 萬成
義 傅由舒 李道平 李淘浪 陳淮義 彭祐集 李
芳華 周興祥 龍祥發 匡魁高 羅松柏 朱紫堂
彭發堂 賀孝亭 邱永發 趙洪德 羅直上 匡林福

江登廷 李得勝 范正南 彭福榮 賀德信 彭鳳
祥 彭俊秀俱湘鄉人 戴和明 周國義 朱大義 劉福開
劉得勝 陳錫芝 鄧楚南 賈俊明 劉建鼎 成中
和 嚴有興 陳德和 劉三元 周明遠 卜元勝 周
南祥 馬有亮 陳復勝俱湘潭人 郭詠南 汪德福 楊振
武 陳克求 李漢世俱衡山人 胡榮廷 蔣新發 劉學清
劉雲發 鄧桂盛 李高陞 王以文俱衡陽人 喻光揚
王立盛 湯致和 蕭榮喜 洪太和 湯漢清俱甯鄉人 程
海南 王昌輔俱湘陰人 劉步雲 蕭先才 黃萬春俱益陽人
王益貴 譚得光俱耒陽人 李安池 黃春元 沈東海 王
開甲 康有勝俱長沙人 廖得勝 羅春生 李洪勛俱茶陵人

劉安理 饒萬才俱常甯人 楊開榜 楊翼勳俱乾州人 顏明福
曾德益俱邵陽人 蕭鳳山 柳桂林俱醴陵人 鄧大彬 鄧定
標俱桂東人 吳仕佑武陵人 李開武瀏陽人 程伯原南甯縣人 周
張大勝辰州人 劉祥發攸縣人 甘陞發 張鳳山俱平江人
開貞郴州人 陳克俊新化人 曹隆福新甯人 李照林桂陽人
馬玉春龍陽人 舒敦本巴陵人 陳本年南昌人 陳光起萍鄉人
葉春山安徽人 周朝祿 吳德勝俱江西人 羅三元四川人
鄧國泰蒲圻人 李礪鶴漢陽人 楊正元湖北人以上同治五六年蘄水陣亡
李世林全椒人黃岡新洲陣亡 沈正江湖北咸甯人蘄水陣亡以上同治六年
署提標把總外委陳均堤南漳人咸豐三年黃岡龍王山陣亡
藍翎把總撫標外委曹連升同治二年廣濟陣亡

七品章京委驍騎校永春滿洲鑲黃旗人同治三年府屬陣亡
提標外委錢得寬棗陽人黃岡巴河陣亡
荆門營外委陳大彬江陵人黃岡龍王山陣亡
江南徐州鎮標蕭營外委呂成立廣濟老鼠峽陣亡
鄖陽營外委朱士德鄖陽人 李永祿 楊鍾祥
宜昌鎮標外委穆開科
均光營外委海明泰 馬連陞俱廣濟田家鎮陣亡以上咸豐三年
湖南大定協外委陳覲光大定人府屬陣亡
提標外委魯習之
巴河汛外委康定邦俱江夏人
湖南新平營外委閻國興靖州人

督標外委王文太

湖南九谿營外委李定國

四川軍標藍翎外委馬勝玉均黃岡堵城陣亡

鄖陽營外委孫占魁廣濟陣亡

四川漳臘營外委湯廷瑚廣濟大河埠陣亡以上咸豐四年

鄖陽鎮標藍翎外委徐正興南漳人黃梅濯港陣亡

四川督標外委陳玉柱華陽人黃梅渡河橋陣亡以上咸豐七年

藍翎外委王占榮雲南人同治六年黃岡夏家畈陣亡　談運華　曾時榮

周福先俱黃岡鳳山陣亡　胡宏來　唐敏道俱蘄州陣亡　羅先春成都

人黃梅濯港陣亡　胡發魁貴州清溪人黃梅十里鋪陣亡以上咸豐七年　羅勝友湘鄉人咸

豐八年黃梅花涼亭陣亡　駱光亮武陵人　鄒林玉　劉裕後俱新化人均咸豐十

一年麻城陣亡　周如鳳咸豐七年蘄州陣亡兵勇被焚擊死者一千餘人

外委馬江咸豐四年黃梅大河鋪陣亡　羅士文　段洪發一作殷姓　彭封存

劉尚義　王恆足　楊思敬　向連陞　龍長銀　廖鵬程

劉芳林　周有亮　唐雲華　李正和　蕭意湯節義錄作意陽

周楚德　李承祿　錢萬泰　周俊賢　趙慶龍　莫士進

張大貴縣志作天貴　李明階　易榮貴　彭金聲　李世南

康餘堂　王光德　譚惟益　唐得勝　龔正益　劉春堂

謝徵輝　朱品玉俱黃麻等處陣亡　李品魁巴陵人黃安陣亡以上咸豐八年

廖樹棠　方魁元　王瑞龍　楊正坤　車崇德　周志

強　萬學高　曾楚國俱府屬陣亡　匡柏榮桂陽人　丁平山

李太山俱祁陽人　陳仁柏常甯人　胡茂盛鄖縣人　顏宗榮俱黃岡陣

亡　江興禮　鄭大香　徐世元俱蘄水陣亡　黃鈺斌藍山人

粱澤玉邵陽人　帥廷彪龍陽人　劉有才益陽人　周起先道州人

陳金玉　曾才貴俱新化人均麻城陣亡　歐正亭湖南甯鄉人黃梅陣亡以上咸

豐十一年　蔣有貴　粱發益　黃祖貞　周益勝　彭士賢

鄧榮四　童文秀　許有陞　黃文棣　吳起二　譚景福

節義錄姓談　謝壽元　張勝秋　彭佳會　譚迎春　宋德茂

謝注臣　彭玉龍　王昌柏　謝五典　左光二　文有朋

吳得連　周占陞　項興瑞　李清和　姚宗財　成怡

俊均同治元年麻城陣亡　蘇文忠湘潭人　官中和　周貴恆　蕭正

道俱湘鄉人蘄麻等處陣亡　張吉昌江陵人麻城白杲陣亡　唐敏彪　唐其榮

尹鴻書均麻城陣亡以上同治二年　張崇元竹谿人　李昌壽嘉禾人

成德亭湘鄉人　周春林湖南甯鄉人　周明昭湘陰人俱府屬陣亡　李政

議　袁光明俱蘄水營次溺斃　尹陽春　唐臣傑　劉多福　鄧

祿堂　唐玉龍　曾義勝　鄧江雲　馬春茂一作易姓　張太

春俱蘄水陣亡　王有才宜春人　李昌吉嘉禾人　李成林信陽州人

夏之時光山人　白廣興孝感人　屈高升鄖縣人　王名得長沙人

涂祥階江西東鄉人　張英永平人　葛鳳祿開州人　金廣孝

濟甯州人　魏長青宜城人　張正敖湖北咸甯人　劉先壽益陽人　李

國有湖南甯遠人　余崇師商城人　蔣得興襄陽人　陸金奎光州人

陳彬羅山人　高廷旺　郭有年俱滑縣人　陳光明　王有才

楊永富　楊得全　何仁金　唐得名　蔣光富　秦兆

山　朱加規俱道州人　歐宏元潛山人俱廣濟陣亡以上同治三年　黃有清貴州

鎮遠人同治四年黃岡陣亡 張德興平江人 江春輝旌德人俱同治五年黃岡陣亡
李芳春 周國祥 胡聚泗 江勝輝 李永貴 唐輝勝
黃金山 謝東海 江華祿 彭盛典 陽亮六 李象
泗 蔣勝武俱湘鄉人 彭萬俊 彭行高 劉善珍 饒智祺
黃新年 劉代澍 張仁和 戴倫瑞 劉維嘉 李如
科 楊正發 貝洪盛俱瀏陽人 湯維新 黃楚材俱湘潭人 湯
新元 黎桂山 張洪範 陳其忠 鄧美士俱長沙人 龔世
泰江西武甯人 蕭有林衡山人 章光遠善化人 曹得明桂陽人以上同
治五六年府屬陣亡 李其堯汀州府人同治六年黃岡新洲陣亡

贈外委湖南辰沅道標額外田華國乾州人咸豐四年黃岡堵城陣亡

贈外委署督標外委曾連升

贈外委六品軍功夏光煊俱同治二年麻城陣亡 王恩晉高郵人咸豐二年隨父壽同陣
亡 王鎮魁湖南人咸豐十一年府屬陣亡

委驍騎校官福滿洲正藍旗人

額外驍騎校委官保福滿洲鑲白旗人俱咸豐七年府屬陣亡

委驍騎校領催富昌同治二年麻城陣亡

驍騎校委官鄭旺滿洲正藍旗人

委驍騎校德林滿洲正白旗人 雅爾鏗保滿洲鑲紅旗人 內密善滿洲鑲黃
旗人俱同治三年府屬陣亡

提標營額外王永泰棗陽人黃岡龍王山陣亡

荊門營額外陳大賓荊州人

鄖陽鎮標額外康逢恩 王先德俱廣濟田家鎮陣亡以上咸豐三年

提標額外張懷寶穀城人

湖南鎮筸鎮標額外滕國興俱咸豐四年黃岡堵城陣亡

領催和錦滿洲鑲白旗人府屬陣亡 農齊爾滿洲正藍旗人黃梅陣亡以上咸豐七年

鳥鎗營委官富明阿咸豐八年麻城陣亡

委官富明滿洲正黃旗人同治三年在府屬陣亡

黃岡縣

文紳

贈按察司僉事東鄉縣知縣汪基遠有傳通志

贈太僕寺卿署貴州遵義府知府花翎同知胡霖澍妻蕭子超倫弟霖灝弟婦
汪姪全倫姪女並僕婢闔門殉節有傳

運同銜四川漢州知州劉遐亮繼妻曾妾陳女大姑二姑同殉難有傳

贈知府銜浙江通判嚴以幹光緒三年紹興府被賊行劫戕害

贈知府銜山西曲沃縣知縣丁璜有傳

贈知府銜浙江昌化縣知縣汪春溥有傳

贈四品銜湖南新甯縣知縣萬鼎恩有傳子裕瑋後亦陣亡

花翎同知許光鑾同治三年江蘇辦軍務舟覆溺死

贈知州銜五品藍翎州同洪恩潤有傳

贈知州銜州同皮長煊同治三年縣屬陣亡

州同銜劉光前同治四年督團遇害 徐寶善同治六年縣屬陣亡

四川筠連縣知縣孫如芝有傳通志

知縣江夏縣教諭邱文有傳

贈鑾儀衛經歷銜縣丞黃可詳 李維瀚節義錄作維瀚俱同治六年縣屬陣亡

贈布政司都事林逢戊歲貢同治七年縣屬陣亡准自建祠
廣東茂名縣知縣陶之駿有傳通志
江蘇縣丞李耀鐙同治二年江蘇張涇匯陣亡
湖南縣丞孫光訓同治三年帶勇破戕家丁孫福殉之
縣丞嚴厚銘咸豐八年河南陣亡　鄧開祥咸豐十一年縣屬陣亡　鄧玉林
邵際魁俱同治三年縣屬陣亡　洪連城原名艮璧同治四年鸞公頸被害　黃鴻藻
同治六年縣屬陣亡
穀城縣教諭熊聯暉咸豐五年白塔河陣亡
贈鹽運司知事五品軍功從九邱振聲附見邱文傳
贈鹽運司知事六品軍功從九郭錦麒有傳
贈鹽運司知事從九蔡敦典咸豐二年守樂省城陣亡　游翊運同治三年縣屬遇害

殷發地　黃理貞俱同治五年縣屬陣亡　童福林雙柳陣亡　郭廷煒
張德潤　夏承訓俱縣屬陣亡以上同治六年
贈鹽運司知事文生宋晒有傳
訓導梅兆棠仲孫垂綬繼妻周氏孫婦邵均遇害有傳
藍翎從九李大福同治四年河畈陣亡
從九王鵬　黃錦新俱咸豐三年縣屬陣亡　江履和宋家坳陣亡父德純亦陣亡
林志依漢口陣亡　孫格祖　羅時升節義錄作叶陞　沈桂鵬　程仁
祿團首　舒正明　舒龍甲　邵希湘俱縣屬陣亡　劉光炳武昌陣亡
陳利貞　桂鵬俱漢陽縣漢口陣亡　段俊督勇陣亡以上咸豐五年　李淩雲
黃定邦俱縣屬陣亡　黃傳準陽邏陣亡以上咸豐十一年　葉觀蘭　陳
璼俱陣亡　葉毓蘭　陳元發俱殉難　陶懋松　李棠俱縣屬陣亡以

上同治四年　夏朝仕半邊山陣亡　黃鼎　陳忠義均縣屬陣亡　舒正
揚　張世顯　詹邦弼均縣屬陣亡　徐德華陣亡以上同治六年　易正
乾同治十一年縣屬陣亡　陳世楨陣亡
海城縣典史豐正暹一作姓鄷本通志有傳
未入流黃世仁吏員縣屬陣亡

武紳

總兵銜副將劉連陞同治二年陝西交河蓮花城陣亡
贈總兵銜副將銜參將曾保元同治　年甘肅陣亡
副將直勇巴圖魯程泰旺同治六年定邊陣亡
花翎副將銜江蘇參將汪兆文有傳
花翎副將甘肅甘州營遊擊鄭啟斌甘州府陣亡

副將銜花翎遊擊赫勇巴圖魯熊履山同治九年陝甘陣亡
贈副將銜參將銜遊擊楊大發光緒二年甘肅瑪納斯陣亡
花翎參將朱有才同治六年同官陣亡
贈　銜參將銜遊擊李長益同治九年甘肅陣亡
贈參將花翎遊擊方富成光緒二年甘肅陣亡
贈參將遊擊楊得勝同治三年陝西蓮花城陣亡　江保全　方大慶俱同治五年甘
肅陣亡
遊擊李應玉同治七年陝西陣亡　石連陞同治　年臺灣府陣亡　孫景福同治
七年臨邑陣亡　游得勝陝甘陣亡
遊擊銜都司左興山同治十年甘肅陣亡　駱元益同治八年甯夏府陣亡
贈遊擊都司程德發同治五年甘肅陣亡

花翎都司高有才同治十年甘肅陣亡
藍翎都司王定富勦賊陣亡　夏福林武生甘肅陣亡以上同治五年
花翎都司銜守備黃京堂同治三年外省陣亡一作宗堂一作宗棠
都司銜守備張高發同治六年縣屬陣亡
贈都司銜花翎守備郭光印同治元年同州府王閣村陣亡　胡福應光緒二年甘肅陣亡
周登洋孝義縣倉頭陣亡一作黃安人
贈都司銜世襲雲騎尉花翎守備王勝喜同治十年甯夏府陣亡縣志作喜勝
贈都司黃州協千總張步元咸豐十一年縣屬陣亡
贈都司銜守備易正詵有傳　羅興順同治三年陝西陣亡
林廟守衞百戶銜李鴻玉同治四年鵞公頸陣亡
花翎守備夏必先同治三年襄陽陣亡　胡濟舟一作濟洲同治六年定邊陣亡

藍翎守備游豫坤同治年陝甘陣亡　何長勝德州陣亡
守備梅祖祥咸豐年陝西陣亡　趙宜修縣志作宜秀　梅祖澤　佘得先
縣志作得宜俱海豐縣陣亡以上同治七年
守備銜千總靖永鴻同治三年襄陽陣亡
贈守禦所千總營千總吳陽德光緒二年甘肅瑪納斯陣亡
贈守禦所千總藍翎六品軍功劉福銀同治二年陝西陣亡　黃得勝同治二年
直隸饒陽陣亡
贈守禦所千總軍功朱順意同治二年陝西陣亡
世襲雲騎尉萬裕偉鼎恩子咸豐四年廣濟彭家村陣亡節義錄作裕瑋
五品藍翎千總孫廣元同治五年鍾祥陣亡
五品藍翎黃岡縣汛把總周鵬翥咸豐四年隨吳文鎔堵城陣亡閭門殉節文童李昆

民人孫邦楨殉之
藍翎千總孫兆啟同治四年泰州陣亡　左啟發陣亡
千總雷光耀同治五年雲夢縣斗溝埠陣亡　狄慶祥同治四年甘肅陣亡　吳鴻德
陣亡
贈千總銜花翎把總陳發貴同治二年陝西大荔陣亡
贈千總藍翎胡步青同治年外省陣亡
贈千總銜藍翎把總李得從同治五年甘肅陣亡　邱本倫同治七年商邱縣陣亡
贈千總銜花翎外委祝開泰同治二年西安府梁家橋陣亡
贈千總銜外委朱長明　樊長發俱同治八年山東陣亡
贈千總銜五品軍功朱應隆同治三年孝感白鱣埠陣亡
贈千總銜軍功林炳垣同治六年天門陣亡

六品花翎外委孫鏞咸豐三年堵城陣亡
督標把總熊定國咸豐四年堵城陣亡幷見江夏縣志
蘄水縣汛把總萬世清有傳
藍翎六品銜把總張思發同治七年榆林府陣亡
把總潘慶芳咸豐五年漢陽縣屬陣亡　宋高亮咸豐十年江南陣亡　熊得勝廣濟
吳文區陣亡　蔡中鐸三里崗陣亡以上同治三年　陶繼龍同治四年龍珠山陣亡
徐傳應雲夢斗溝埠陣亡　吳開榜鍾祥陣亡以上同治五年　黃義順　李得
勝均同治六年榆林府因公遇害　何明倫同治七年海豐縣陣亡　李得普同治十年甘肅
陣亡　胡萬順　曹連陞　樊長青俱陣亡
七品銜外委高定魁咸豐四年武昌縣陣亡
道士洑外委鄒元熊嘉慶五年陣亡有傳

提標外委聞定鰲陣亡
花翎外委游大鵬同治三年廣濟陣亡
藍翎外委黃定元咸豐五年漢陽陣亡　王占榮咸豐六年縣屬陣亡節義錄作占雲
余光富同治元年廬州府陣亡　李天啟上海陣亡
外委王登奎咸豐四年縣屬陣亡　周鵬程咸豐五年漢陽陣亡　易太洪棗陽劉家寨陣亡　丁大有甘肅金積堡陣亡　金有禮河南陣亡以上同治四年　王開文同治五年德安府城外陣亡　徐正和　王在鈞縣志作有均俱同治七年海豐縣陣亡

贈

藍翎外委羅得勝武生咸豐四年堵城陣亡

蘄水縣

文紳

贈太僕寺卿員外郎銜工部主事蔡恭銓原名與楷同治二年殉難

賞復原官前署兩淮鹽運使江蘇淮揚兵備道郭沛霖有傳
贈按察司僉事會稽縣知縣官撫淇有傳通志
湖南耒陽縣知縣葉爲珪進士咸豐三年巴河罵賊被戕
府經歷閔兆祥同治三年縣屬罵賊被戕
安徽縣丞高輔咸豐三年隨何道殉節
贈鹽運司知事按察司司獄程上賓一作尙賓陣亡
訓導楊銑生員同治十一年縣屬陣亡
從九徐崇德身經五十餘戰咸豐七年因催糧落水　徐玉成咸豐十一年黃岡招撫被害節義錄作陣亡
典史馮禮彬咸豐四年英山縣陣亡

武紳

贈副將銜參將黃起勝同治六年楊家峰陣亡
遊擊鍾元泰同治五年德安府城外陣亡
遊擊銜都司高在福同治六年陝西陣亡
廣東虎門協右營都司高有功有傳通志
都司杜永謨同治五年德安府城外陣亡
贈都司銜花翎守備樊明發光緒二年甘肅陣亡
江蘇撫標守備方定元息縣陣亡
守備湯新仁甘肅陣亡
贈守禦所千總銜衛千總張理恕同治三年罵賊死
羅田縣僧塔汎千總劉廷建有傳
千總楊定昌咸豐八年安徽陣亡　蔡學淮咸豐十一年江南陣亡　饒仁貴麻城陣亡

衛千總范德宣同治四年帶勇遇害一作羅田人准自建祠
黃州協把總胡金柱嘉慶間剿捕教匪陣亡
把總馮宗年同治五年雲夢縣陡溝埠陣亡
六品軍功外委陳青山咸豐十年太湖縣陣亡
外委徐四元咸豐十一年黃岡陣亡　陶宏福咸豐十一年大治陣亡　盛本德同治元年羅田陣亡

麻城縣

文紳

五品頂戴知縣銜訓導項烺有傳
布政司理問黃光熺有傳

六品銜縣丞張文翀咸豐十一年受傷投水死
知縣江蘇吳江縣主簿陳際清有傳

贈鑾儀衛經歷銜府經歷王鼎文咸豐十一年陣亡
縣丞毛大綺安徽陣亡

贈鹽運司知事從九龍長春咸豐八年陣亡　傅雲階同治三年陣亡
從九張明蕎咸豐三年縣屬陣亡　彭光耀咸豐四年陣亡一作江夏人　王耀元同治三年縣屬
陣亡　王其祥陣亡節義錄作黃安人　鮑師溶咸豐十一年被賊執不屈死
安徽州吏目毛樹勳同治四年江蘇殉難

武紳

贈總兵銜副將羅啟祥同治八年甘肅陣亡
副將銜參將蔡全宗同治三年三里岡陣亡一作黃岡人又作蘄水人

副將銜陝西平涼府遊擊李承萬同治七年平涼府殉難

贈副將銜參將楊應虎同治年陝西陣亡
四品花翎遊擊李守忠同治元年松江府陣亡

贈遊擊銜守備汪高城同治二年甘肅陣亡
都司鄭元璋同治五年縣屬陣亡　呂金明同治七年甘肅陣亡　余崇德同治八年
臨川縣陣亡
都司銜守備邵成有同治三年縣屬陣亡　吳萬登同治四年南陽府老河寨陣亡

贈衛都司劉鳳高同治五年蘄水陣亡

贈都司銜守備蔡應龍同治三年甘肅陣亡
藍翎守備王定泰同治二年甘肅陣亡

贈守禦所千總銜藍翎營千總劉加福　陳泰順俱光緒二年甘肅瑪納斯南城

陣亡
五品藍翎千總程輔弼有傳
四川巴縣浮圖關千總黃光泰同治五年鞏昌府陣亡
千總劉加祿甘肅陣亡
把總唐家科安陸府陣亡以上同治二年
藍翎外委楊富興陣亡
外委楊福興同治二年安徽陣亡　張列侯同治九年甘肅陣亡

黃安縣

文紳

贈知州銜府經歷吳家驎一作家麟同治三年縣屬陣亡

贈知州銜從九戴繩武咸豐四年龍旺山陣亡

戶部主事彭宗達有傳
縣丞劉鵬翼咸豐八年廬州府陣亡
江夏縣訓導阮熙仁一名恩兌字秋府舉人咸豐二年在任殉難
訓導秦楚材有傳
安徽從九署盱眙縣典史鄧恆朗同治三年壽州陣亡有傳
職員尹鍾楚咸豐五年淋河陣亡　熊光烈同治三年帶勇被戕　王學深同治
四年帶勇陣亡　吳天銀同治六年詹店砦禦賊殉難

武紳

贈太子少保銜提督銜總兵西拉綳阿巴圖魯李大洪光緒二年甘肅陣亡

贈提督銜副將額騰依巴圖魯李宏林同治八年陝西王家灘陣亡

贈提督銜總兵振勇巴圖魯黃金堂同治十二年肅州陣亡

贈銜總兵銜副將圖桑阿巴圖魯李大勝同治八年甯夏府陣亡
花翎遊擊吳樂堂同治三年靳狪逆陣亡
遊擊郭英　劉廷幹俱咸豐間陣亡
都司銜江南守備郭翼同治四年甘肅陣亡
守備黃中庸咸豐間陣亡　黃文炳　陳德龍俱同治八年甯夏府陣亡
守備銜千總周四福同治三年在營陣亡　秦涵保同治十二年甘肅陣亡
藍翎守備衛千總華登仁同治三年在營陣亡
贈守禦所千總銜藍翎六品軍功徐新純　張發海俱同治七年饒陽縣陣亡
千總周大勝同治二年麻城陣亡　胡意誠咸豐間陣亡
贈千總銜藍翎把總張裕才同治八年宜川縣陣亡　張順清光緒二年甘肅陣亡
贈千總銜藍翎外委龔占奎同治三年陝西陣亡

黃州府志《卷之六　昭忠祠祀上　三十四

贈千總銜外委周富成同治五年江南陣亡
六品銜把總謝成萬
六品藍翎外委王文秀俱咸豐八年江浦縣陣亡
藍翎把總張應昌同治元年縣屬陣亡　黃金發同治五年在營陣亡一作黃岡人
把總吳金魁嘉慶五年陣亡　吳定元嘉慶十一年陣亡　吳克霈嘉慶間陣亡　王連元咸豐間陣亡　柏宗貴同治三年關口陣亡　孫廷相同治四年廣西陣亡　黃登貴同治五年天門皂市陣亡
把總銜外委王連升咸豐十年潛山縣小池口陣亡
藍翎外委詹以潤咸豐十一年大冶縣陣亡　陳得勝光緒二年甘肅陣亡　張永清　周清和俱光緒三年甘肅瑪納斯陣亡　李大熙上海縣陣亡
外委秦均彥咸豐十年桐城縣陣亡

羅田縣

文紳

知府周士濂有傳
贈知州銜布政司經歷熊五修
贈都察院經歷葉爲璜
六品頂翎教諭王炳榮
六品銜署安徽宿松縣知縣縣丞王培榮
知縣熊五緯力士張立志並鄉勇數十人同陣亡
贈國子監學錄訓導潘鼎梅以上俱有傳
贈鹽運司知事從九李之昇同治三年縣屬陣亡
從九羅杏紅咸豐七年督勇陣亡

黃州府志《卷之六　昭忠祠祀上　三十五

武紳

提督閻定邦同治九年在營傷亡賜祭予世職附祀廣東提督劉松山專祠有傳
副將銜花翎參將丁立賓同治四年甘肅陣亡
副將銜參將胡新焜同治六年福州府陣亡
贈副將銜花翎參將李桂春同治四年甘肅金積堡陣亡
遊擊余興國同治三年平涼府陣亡
參將銜遊擊魏金明平涼府陣亡
贈參將銜花翎遊擊易定發
贈參將銜遊擊汪定海俱甘肅蓮花城陣亡以上同治三年　林正榜一作玉榜同治九年甘肅金積堡陣亡
遊擊楊斌同治二年甘肅陣亡

贈遊擊銜都司晏子鴻同治九年甘肅金積堡陣亡
藍翎都司傅有德同治六年陝西陣亡
都司吳春和平涼府陣亡　喻文鰲河南陣亡以上同治三年　方朝宗　陳
炳元俱同治四年甘肅陣亡
都司銜花翎守備陳正發同治三年營次陣亡
都司銜守備王如玉
贈都司銜守備王枝發　周隆勝俱甘肅金積堡陣亡以上同治九年
花翎守備金運貴同治四年甘肅陣亡
藍翎守備廖文謨同治三年平涼府陣亡　汪從富同治九年甘肅陣亡
守備陳金鰲　葉明源　汪榮釭俱河南陣亡　王瑞球　潘慶
瑞俱蘄水陣亡以上同治二年　李本炎　陳萬金　葉佳會　胡中元

劉芝述　丁立勳　汪天賜俱同治四年甘肅金積堡陣亡　李春佑同治
五年甘肅陣亡　葉文楷同治八年甘肅馬家河牛角城陣亡　秦得銀同治十年甯夏府陣亡一
作黃安人　王藻春同治十一年甘肅陣亡
守備銜千總蔡功新同治二年河南陣亡
贈守禦所千總銜藍翎營千總余明高同治九年甘肅金積堡陣亡
藍翎千總胡載舟咸豐十一年尤河觜陣亡　徐邦傑同治三年陣亡　張炳發　丁
高陞俱同治十一年甘肅陣亡
千總金開榜黃岡孟鉢橋陣亡　許吉第　李啟富　饒洪貴以上咸豐
十一年安徽陣亡　王炳臣　劉士吉俱同治三年平涼府陣亡　王招太　徐
玉輝　方升亭　胡登榮俱同治四年甘肅金積堡陣亡　王麒麟　陳金
萬　陳金山俱同治五年甘肅陣亡　范平福同治八年甘肅金積堡陣亡節義錄作平富

蕭大發同治八年甘肅馬家河牛角城陣亡　葉有才　汪義俊　汪好學
葉家艮　夏高陞俱同治九年甘肅金積堡陣亡　李壽元同治十一年甘肅陣亡
贈千總銜外委徐忠林同治三年陝西陣亡
藍翎把總王嗣第
把總高保元均同治二年蘄水陣亡　汪永興英山縣陣亡　李士炳平涼府陣
亡以上同治三年　葉保元同治四年甘肅金積堡陣亡　晏紫洪同治九年甘肅金積堡陣
亡　王耀先同治十一年甘肅陣亡
藍翎外委楊斌咸豐七年黃岡孟鉢橋陣亡　金宜貴咸豐九年太湖縣陣亡　高
德彰咸豐十年潛山縣陣亡　楊敏知　鄭宗友　崔家喜以上咸豐十一年安
徽陣亡　金壽生河南陣亡　詹明陞長安縣陣亡以上同治二年　楊太興同治
三年尤河觜陣亡

外委陳文虎安徽陣亡　官中貴大冶縣陣亡以上咸豐十一年　余四元　吳
元年俱蘄水陣亡　徐中林縣屬陣亡以上同治二年　周致鰲　鄒如海俱在
營陣亡　王煥雲一作煥榮尤河觜陣亡　王志美府屬陣亡以上同治三年

蘄州

文紳

贈知州銜賚奏廳田相輔同治六年州屬陣亡
贈知州銜直隸州州同宋南英貢生咸豐七年蔡家村陣亡有傳
花翎五品銜知縣方樸初廩生陝西三橋陣亡有傳
知縣銜陝西漢中府經歷陳杏林子大年大椿同陣亡有傳以上同治二年
贈鹽運司知事從九銜張得本咸豐四年州屬陣亡　詹塏練總八字均陣亡　龔
鑾練總天井畈陣亡　張榮九漕河鎮陣亡　吳遵榮夫子嶺陣亡一作尊榮又作遵義

武洪基　陳觀正俱州屬陣亡以上咸豐七年　張子㶁　貢長士俱咸豐十
一年陣亡　陳國楹　張炳　陳樹森俱州屬陣亡　黃遐琠陣亡以上
同治三年
從九張百朋咸豐三年州屬陣亡　陳雲梯　張榮俱咸豐七年州屬陣亡　陳
介凡一名榮枝蘄水陣亡　陳鳳旗州屬陣亡

武紳

頭品頂戴　記名提督宋興元陣亡
贈總兵銜副將杜聯陞同治五年華亭縣陣亡
副將銜參將何如意陣亡
副將銜遊擊宋徵文同治二年登封縣陣亡
贈參將花翎遊擊袁永清同治二年長安縣陣亡

花翎遊擊王在上同治十二年甘肅王家堡陣亡
遊擊龔有春同治六年甘肅陣亡州志作遊擊銜
署襄陽都司吳尚賢有傳
都司吳耀先練佐咸豐十二年州屬陣亡　宋保元光緒二年陣亡一作黃岡人　李
得勝同治十年甘肅陣亡
都司銜守備陳國安陣亡
贈都司銜花翎守備吳尚秀光緒四年烏魯木齊陣亡
淮安督運府陳元吉原名甫吉武舉咸豐八年陣亡
守備銜胡友功同治三年陣亡
黃梅縣汛千總汪國泰有傳武舉咸豐四年隨副將劉福成差遣陣亡
千總張正發鄖陽陣亡

藍翎千總孫宗元陣亡
贈千總銜藍翎把總黃金鵬咸豐七年被害子美全美周殉之
贈千總銜外委李長青咸豐年甘肅陣亡附祀廣東提督劉松山專祠
贈千總銜六品軍功外委田新發同治元年陝西陣亡冊作緒發
六品銜外委陳占溪陣亡
花翎把總郝一舉同治三年麻城陣亡
藍翎把總李文才同治八年通渭縣陣亡
把總馮貴山五河縣陣亡　彭桂山桐城縣陣亡以上咸豐八年　胡惟修同治
三年陣亡　陳道玖同治四年鄧州陣亡
五品軍功外委姜宗璜咸豐十一年青石嶺陣亡
外委陳占濱同治三年陣亡　冷得勝同治年間甘肅陣亡

廣濟縣

文紳

運同銜知縣熊焴煌同治四年江南傷亡
署鎮沅府知府恩樂縣知縣劉洪度有傳通志
廣西鎮安府通判胡揩思有傳
六品銜從九柳逢春咸豐四年陣亡
贈鹽運司知事銜五品藍翎國子監典簿銜張鍾翯同治六年遇賊不屈死
從九周榮楠咸豐三年武穴陣亡母呂罵賊被害

武紳

提督銜總兵劉啟福同治七年信陽州陣亡
贈都司銜花翎守備干學祿同治三年嘉興縣陣亡

贈都司銜守備張文明同治八年甘肅陣亡
守備劉金勝同治十年甘肅陣亡
花翎千總周清泰同治三年麻城陣亡
千總張鵠有傳　胡正光同治十年甘肅陣亡
贈千總銜藍翎把總程泗友同治三年臨潼縣陣亡
贈千總銜外委李長春同治五年甘肅陣亡附祀廣東提督劉松山專祠
把總吳添祥同治四年鄧州陣亡

黃梅縣

文紳

贈光祿寺卿江西委用道謚文毅帥遠燡詳專祠有傳
贈道銜北河通判帥宗楙同治二年同監生趙元勳陣亡

贈直隸州知州銜署安徽來安縣知縣程銑子元勳殉之有傳
贈知州銜布理問帥疇見帥遠燡傳
贈都察院經歷署通山縣知縣熊繡有傳
贈按察司僉事營山縣知縣廖士貞有傳
贈鑾儀衛經歷銜江蘇知縣李燀鎧同治二年嘉善縣陣亡
知縣錢啟湘同治五年甯夏府殉難
府經歷盛世瑞同治六年縣屬陣亡
贈鹽運司知事從九帥遠星一作遠煋咸豐四年罵賊死
從九吳堃咸豐五年縣屬陣亡　徐來宜帶團被戕　王成壽縣屬陣亡以上同治六年
職員王志堂同治七年縣屬陣亡

武紳

贈遊擊銜都司項金明同治五年甘肅陣亡附祀廣東提督劉松山專祠
贈　衛都司吳曜先同治六年鍾祥縣陣亡
贈守禦所千總五品銜外委程元勳咸豐十年隨父程銑督勇陣亡
把總王國棟同治二年大荔縣陣亡　方開榜陣亡
贈外委石藍田武生咸豐四年縣屬陣亡　瞿宏澤武生同治二年縣屬陣亡一作澤宏

外籍

文士

增生王用鎮孝感人咸豐二年隨父府教授王兆春督勇陣亡　吳冲謨桐城人咸豐三年隨徐豐玉廣濟田家鎮陣亡
六品軍功文生羅應嵩京山人咸豐六年隨黃岡縣知縣葛致遠舊街陣亡
文生黃益培平江人蘄水陣亡　楊益鏳孝感人黃梅陣亡以上咸豐四年　李南

英同治三年府屬陣亡　郭錫蕃江夏人同治四年黃岡被戕
監生蔡禹琛江夏人咸豐四年蘄州三道河陣亡　陳兆元應山人同治三年府屬陣亡
文童童應賓江夏人咸豐四年隨姚國振麻城陣亡　劉墀隨父知縣劉嗣煦黃岡堵城陣亡附祀
楊承洪江夏人咸豐五年督黃岡勇沙口陣亡　李光顏巴陵人同治二年麻城陣亡
八品軍功書吏呂從　張德明俱江夏人隸督署隨吳文鎔黃岡陣亡
吏員胡以綸　吳錦春俱江夏人黃州府陣亡
書吏余煜堂黃岡堵城殉難以上咸豐四年　鄭繡章江夏人隸藩署羅田三里橋陣亡
徐織雲隸糧道署黃岡殉難　朱世斌隨營黃梅殉難　范祥慈江夏人隨營蘄州殉難以上咸豐七年　吳萬鵬隨營同治三年蘄水陣亡　吳啟榮隨營同治四年廣濟陣亡

武士

武舉毛經邦　鍾允治俱溆浦人咸豐三年廣濟田家鎮陣亡

武生陸炳烈鶴峯州人同治三年府屬陣亡
五品軍功蘇有元咸豐七年廣濟陣亡　范永發江夏人　劉得勝孝感人
朱定文銅仁人俱同治四年黃岡陣亡
六品藍翎余登龍內江人　傅志春新津人俱咸豐七年黃梅濯港被礮轟斃　錢
鎏常州人同治六年黃安陣亡
六品藍翎邱開元光山人同治三年蘄水陣亡
六品軍功劉占鼇黃岡陣亡　劉三元　孫士杰　何保元俱蘄水陣
亡　陳恩霖隨父肖儀廣濟縣任陣亡以上咸豐三年　姜鶴林　李明芳　孔
興堯　陳開勳　吳正輝均鎮遠人黃岡堵城陣亡　王熙敬海甯人隨父同治在
麻城王家山陣亡以上咸豐四年　蔣泉波龍巖人咸豐五年蘄水陣亡　張朝佐六安人咸
豐六年黃岡陣亡　汪金榜善化人府屬陣亡　陳揚顯息縣人黃岡陣亡　孫占

魁蘄州野雞塘陣亡　方開榜　袁得勝　夏正壽　程光大　索
永伸俱四川人黃梅陣亡以上咸豐七年　章友材　賀福太俱湘鄉人　程大啟　楊
通山人以上咸豐八年黃安陣亡　李復興　彭全勝　劉盛樹俱常甯人　楊
承洪　樊正祥俱江夏人均黃岡陣亡　唐采芹邵陽人蘄水陣亡　陳啟元
盧得喜　楊得位俱蘄州陣亡以上咸豐十一年　湯淪佑同治元年黃梅陣亡
丁萬太南陽縣人　田樹亭　蕭連陞俱沅陵人　王占魁江夏人　周
得勝汭陽人　周鳳彩　陳定國　陳開德　陳登富　陳若
林麻城陣亡　彭得勝衡山人蘄州陣亡以上同治二年　張萬陞江夏人黃岡陣亡
張永俊　李尚志俱定遠人廣濟陣亡以上同治三年　勞邵鯤湖南石門人
張鼎俱同治四年黃岡陣亡
六品頂戴克什圖黑龍江人咸豐六年黃岡陣亡　富成　喜勒通阿俱黑龍江

人廣濟陣亡　喀勒喀代吉林人黃梅陣亡以上咸豐七年　永德滿洲鑲紅旗人咸豐八年
麻城陣亡　圖恰布馬甲同治四年隨舒保陣亡附祀
六品銜彭俊賢化州人咸豐四年隨叔仲芳羅田多雲鎮陣亡
七品頂戴烏勒興保黑龍江披甲咸豐七年黃梅陣亡
藍翎軍功高福勝咸豐十一年蘄水陣亡　趙得元六安人同治三年麻城陣亡
軍功賴光漢咸豐四年隨黃岡縣知縣湯景江夏山坡陣亡　王玉春雲南人　楊懷
發長沙人　汪得勝　王在朝俱宿松人　田朋萬京山人　傅國勳
柯成　羅洪太俱漢陽人均府屬陣亡　劉永清湖南甯鄉人黃梅陣亡以上咸豐七
年　曾懋松節義錄作昭松　李學山俱湘鄉人　胡大貴　常科名俱湘陰人
黃和啟平江人　段長發英山人俱咸豐七年羅田松子關陣亡　姚清奇
蕭有元　蔣光緒　周加二　晏令依　楊亮彩　周朝發

曾楚望　李正五　彭盛七俱湘鄉人　盧華英湖南甯鄉人均蘄水陣亡
龍得祥芷江人　黃玉魁益陽人　張唐郊江西德化人　楊福堂
湖南甯鄉人　殷邦明武昌人俱黃梅陣亡以上咸豐十一年　劉理端益陽人　王
和久衡山人　熊得勝　鄒書品俱江西德化人　周祥發平江人　劉
俊鳳　成雲其　范齊雲　易萬明　曾長春　成有英
蕭集美　陳興咸　成春勝　楊國玉　聶成日　劉祥太
俱湘鄉人　蘇光貴辰州人　黃河清　吳連陞俱湘陰人　湯貽明湘潭
人　聶維賢湖南甯鄉人　易興德平江人　梁崇聰邵陽人　丁學
文東陽人　劉宗喜　朱鳳湘　馮和興俱江西義甯人　鄭萬亮漢陽
人均蘄水陣亡　蘇晏暉巴陵人麻城陣亡以上同治二年　朱紹定道州人府屬陣亡
姚紹華平江人　蔣福榮　劉永盛俱常甯人均黃岡陣亡　廖玉禮新化

人　朱恆德平江人　李昌興嘉禾人　沈順興應山人俱蘄水陣亡　蕭
正久湘鄉人　胡全鐸湘陰人　毛紹彩武昌縣人　彭誠毓巴陵人俱麻城
陣亡以上同治三年　劉永泰　邢友德俱穎上人　李永發全椒人　岳學
東安徽鳳臺人　翁天成安徽定遠人　高名常六安人　吳捷三漢陽人
盧得榮懷甯人　祁興博盱眙人均同治四年蘄州張家塝陣亡　張春來天長
人　徐明興安徽鳳臺人　莊大發六安人　向得桂長沙人　鄧一
元丹徒人俱同治五年蘄水野雞河陣亡　劉太和巴陵人同治六年黃岡迴龍山陣亡
花翎貴福咸豐七年廣濟陣亡　察祿同治二年麻城陣亡　札雅圖　圖額丙
額成林　羅門博爾托　福壽　來有均披甲　春丁爾登
阿　巴音保均壯丁俱同治三年府屬陣亡
藍翎馮天鎰　李尚元俱洮州廳人　馮天瑞俱咸豐四年廣濟陣亡　趙

言功咸豐五年廣濟陣亡　常林黃岡孫家嘴陣亡　慶福吉林披甲黃岡上巴河陣亡
德淩黑龍江披甲蘄州陣亡　恩恆　淩善保　勝春俱吉林披甲　蘇札
布　富英阿俱黑龍江披甲廣濟陣亡　布庫吉爾嘎勒黑龍江人　恩特恆
勒吉林正藍旗人　吉里善黑龍江鑲紅旗人　凱清阿　全祿　穆吉楞
額　德明阿　德海　依蘭保　廣成　廣成　依藍保俱吉
林披甲　富興阿　海青阿　雙淩俱黑龍江披甲　張文煥戰兵俱黃梅陣
亡以上咸豐七年　雙春滿洲鑲白旗人　三陞　春喜俱鑲黃旗人烏鎗營披甲　依
勒恆阿黑龍江鑲白旗人　常陞布特哈正黃旗人　黃六黑龍江正白旗人俱咸豐八年
黃梅花涼亭陣亡　葉枝桂　德全　雙喜　三成阿　保成　祥
德　爾明阿　永恪布　富泰　德升阿俱黑龍江西丹以上同治二年麻城
陣亡　富淩　富珠隆阿　勝福　謝復開　平德　三喜

來福　富青額　特德陞　西圖山　烏西訥　慶連　成
德　烏勒青阿　文奎　德陞　喜俊　郭希布　岳保
巴彥阿　額哲圖　郭興阿　迪普興額俱披甲　王永春
成連　富山　德全　富成阿　巴明　色克吞　李成
玉升　德勝　高榮　吳永福　汪美俱壯丁府屬陣亡　西里善
堪奇堪保　托克托善俱披甲蘄水陣亡以上同治三年
彭萬德佚職銜咸豐六年黃岡陣亡
趙振家佚職銜多雲巡檢恩溥子羅田陣亡
水師營炮勇劉名貴益陽人府屬陣亡　王得華潛山人黃岡李家冲陣亡以上同治
三年　劉名貴益陽人同治六年黃岡羅家溝陣亡
官醫艾子懷隸提標中營咸豐七年黃岡陣亡

黃岡縣

文士

舉人姜炳文咸豐四年縣屬殉難　黃啟運咸豐五年縣屬陣亡
六品軍功貢生葉蔚庭咸豐五年雙柳陣亡
貢生操南薰同治四年縣屬陣亡
廩生張承啟咸豐四年陣亡
文生羅文彪有傳　馮英漢陽縣陣亡　王際寅縣屬陣亡以上咸豐五年　王
建中咸豐五年葉家橋陣亡子大熉大防殉之　王光政　黃榮甲　黃奎均三店陣
亡以上同治三年　萬裕登同治四年楊陂廟陣亡　張步青同治間陣亡　黃明
經　黃斌俱鵞公頸陣亡
六品軍功監生沈鴻鈞咸豐五年隨知縣翁汝瀛在漢陽縣屬陣亡

監生汪維先咸豐三年縣屬陣亡　羅朝選縣屬陣亡　郭秉禮周全堡陣亡以上咸
豐四年　陳錫恩淋山河陣亡　蕭秉先風火山陣亡　徐攀桂北街陣亡侄普
澤普慶殉之　張序賓白溪畈陣亡　張銘黃陂陣亡　方韶徽節義錄作紹徽縣志
作紹輝段驥　張霞　張魁俱縣屬陣亡　馮光瀛　沈飛鵬俱漢陽縣屬陣
亡以上咸豐五年　操玉堂咸豐六年縣屬陣亡　馬成斌護母棺死　陳錦源李木砦陣
亡　江斗南龍王墩陣亡　林一枝順武冲陣亡一作羅田人　傅受祉　馬
能輝　汪光甲孝子俱縣屬陣亡以上同治三年　宋炳南上新洲陣亡　邵先
訓團風鎮陣亡　羅士斌　陳兆榮俱縣屬陣亡以上同治四年　殷士鎧
施吉祥均同治五年縣屬陣亡　汪士偉　黃德潤　黃錦標德潤子俱同治
六年縣屬陣亡　陳心齋同治間陣亡
文童汪久棟　汪久珠俱咸豐二年漢陽縣陣亡　李昆咸豐三年隨周鵬翥堵城陣亡

黃州府志《卷之六　昭忠祠祀上　四十六

雷名珖　雷名璈　雷錫驥　雷錫駒俱團首咸豐四年雷家山陣亡　孫
仲周團首縣屬陣亡　馮文瀛漢陽縣陣亡以上咸豐五年　徐達德咸豐十一年隨州陣
亡　張崇璟縣屬陣亡　陳觀亭　萬裕勳均陣亡以上同治四年
吏員張耀宗咸豐九年郭家嘴陣亡
書吏李榮光　羅最廷　李世琳　陳代耕咸豐三年廣濟因公殉難
吳德廣隸黃州協營咸豐五年隨副將劉福成省城陣亡　俞廷棟隸縣署咸豐四年縣屬殉難
陳嘉訓隸縣署咸豐五年賊逼繳征收冊不與被殘毀嘔血死
武士
六品軍功武生陶步超原名占鰲咸豐五年捐貲募勇縣屬陣亡
武生魏逢年咸豐四年漢陽縣陣亡　徐飛鵬有傳　羅嵩山漢陽縣漢口陣亡以
上咸豐五年　操元斌咸豐七年縣屬陣亡　萬律元同治三年葉店陣亡　童會三

同治四年縣屬陣亡　童會三同治五年陣亡
五品花翎劉遠熙咸豐五年花園鋪陣亡
五品銜吳大嶼咸豐七年迴龍山陣亡
五品藍翎軍功吳大福咸豐六年余家河陣亡　喻本鏞同治三年陝甘陣亡
汪廣林同治四年鸚公頸陣亡　喻本恕河南陣亡
五品軍功程太發花園鋪陣亡　徐光宗磐石橋陣亡　楊炳華漢陽縣陣
亡以上咸豐五年　操玉琛咸豐六年風火山陣亡　徐萬金咸豐九年霍山縣陣亡
吳清茂咸豐十一年縣屬陣亡　李幹枝同治四年鸚公頸陣亡　吳光富平岡陣亡
六品銜李振均咸豐三年胡家墩陣亡　陶宜橋有傳母暨婢菊香被焚死妻劉氏媳節婦
謝氏亦殉勇徐保元殉之　方樹猷鸚公頸陣亡　潘萬啟陣亡
六品藍翎軍功何敬吉咸豐九年縣屬陣亡　黃鍾俊光緒二年甘肅陣亡

黃州府志《卷之六　昭忠祠祀上　四十七

六品軍功孫連發廣濟陣亡　葉錦魁省城陣亡以上咸豐三年　鍾長升咸豐
四年堵城陣亡　黃作霖文童有傳掌金鼓黃紹福與勇丁十二人死之　葉尉廷武生縣屬陣亡
夏聯慶　王景慶文童　韓允升　王佐廷　夏玉峰子鎮鋪殉
之以上花園鋪陣亡　楊福履迴龍山陣亡　李鍾秀倉子埠陣亡　朱高發磐石
橋陣亡　殷洪亮江夏縣洪山陣亡　庫大琴　黃光瓞　朱誠周
李定國俱漢陽縣漢口陣亡　楊長青　潘國棟俱漢陽縣陣亡均咸豐五年　劉
霞芝楊乂河陣亡　成慶妍縣城外陣亡　李廣義　蔡長勝均夏家畈陣亡
以上咸豐六年　陳顯揚　余登鰲　傅志春俱縣屬陣亡以上咸豐七年　蔡
鵬清咸豐十一年興國州陣亡　黃得勝饒陽縣陣亡　宋永勝麻城陣亡以上同治二年
林文郁同治三年大崎山陣亡　周秉裕夏口冲陣亡節義錄作承裕　張蘷練勇
鸚公頸陣亡　馮得勝甯夏府金積堡陣亡以上同治四年　羅開榜同治五年殉難　程

起萬廣濟陣亡　鄭均發丹陽縣陣亡　吳悅喜　林金玉俱陣亡
七品軍功趙天才咸豐五年新洲陣亡　萬成熟鄧家叢林陣亡　張裕和王家
集陣亡以上咸豐六年　李開富同治四年殉難
八品軍功張德明咸豐四年縣屬殉難　姜守瑞葛家街陣亡　鍾春林
喻治知　喻治朝　鍾國選俱漢陽縣漢口陣亡　羅萬壘　何金貴
潘國治俱漢陽縣陣亡以上咸豐五年　吳光清潘塘陣亡
九品軍功朱秉忠咸豐五年磐石橋陣亡
軍功李春暉　盧傳發均咸豐三年廣濟陣亡　郭士簡咸豐四年石頭嘴陣亡
隗象鼎咸豐十一年遇賊不屈死　劉維名　陳士林　劉維傳　胡
天慶　張玉龍　余道宏　王勝啟　范榮富俱同治元年壽州陣亡
鄧童禮同治二年廬州府三河陣亡　王定邦同治五年德安府城外陣亡　楊宗

大　龍無儀俱孝感縣涂家巷陣亡縣志作梧儀又作吾義以上同治六年
團首陶應鏊有傳　張家騏咸豐二年辦團遇害　樊聖麒咸豐三年
本區陣亡　江可超姪履和同陣亡有傳　王子樹龍會山集眾禦賊被戕子家元姪家泰殉之
王家元　王家泰俱見前注　華忠黼三廟河帶勇遇害　劉學全
劉文楷　劉文選俱石屋山陣亡　方極照在堦城尋吳文鎔屍遇害　江德純
與子履和縣屬殉難以上咸豐四年　余國振耆民新洲陣亡　左步周　何廷順
童演崇　童祚榆　童祚紀俱縣屬陣亡　黄紹福隨黄作霖陣亡　曾
正彬　高大德　吳象南俱漢陽縣漢口陣亡　王大爊　王大防俱隨
父建中陣亡　李維德陣亡以上咸豐五年　葉開陽咸豐六年督勇禦賊被支解　洪
正紀　洪正道俱縣屬陣亡以上同治三年　萬成鸞有傳　程明珍　程
明金　程明煥均同治四年詹家湖陣亡　吳勝文督勇愉家山陣亡　尤慶元

督勇桂家山陣亡以上同治六年　劉蔓勝督勇陣亡　郭正興同治六年在城山砦帶勇陣亡
吳從順丁家壋陣亡　黄秉乾董家套陣亡以上咸豐五年　涂尚先
風火山陣亡　徐清玖霍山縣陣亡以上咸豐六年　劉楚誌七道河陣亡　鄧時
春雲龍山陣亡以上咸豐十一年　丁紹安陝西陣亡　史作楨羅田尤河陣亡以上同治三年
宋選南同治四年上新洲陣亡　史正楨同治五年甯夏府金積堡陣亡　程時鈿
桃花洞陣亡　胡宗教　蘇昌亨普安堂陣亡以上同治六年

蘄水縣

文士

六品藍翎文生彭嗣商羅田陣亡
文生王應紅隨父督團遇害以上同治三年　陳彩龍同治八年山東陣亡　周新詔
監生徐定志妻范氏遇害　徐本經　陳以政均咸豐十一年縣屬陣亡　李

士瀛同治元年江蘇福山陣亡　裴成城縣屬陣亡　李應芳陣亡以上同治三年　姚
科鼎商城縣遇害　陳功達團練陣亡
文童何聲峻咸豐四年縣屬陣亡峻胡疏作俊　高折五咸豐五年縣屬陣亡

武士

武生黄士杰咸豐十一年縣屬陣亡　朱德魁同治三年縣屬陣亡
五品藍翎彭心福河南陣亡　程虎彪江南陣亡
五品銜王開雲興國州陣亡
六品藍翎軍功朱開太陣亡以上咸豐十一年
六品軍功朱應修咸豐七年縣屬殉難　蔡連升　張名山俱咸豐十一年安陸
府陣亡　蔡金才同治間甘肅陣亡
六品銜范寅賓同治三年陣亡　王博壽同治四年直隸陣亡　董卜有漢陽陣亡

翟士雲　瞿懷義俱咸豐十一年殉難
軍功楊繡青六安州西鄉陣亡　陳裕元壽州陣亡以上同治元年　李國太棗陽
縣七坊崗陣亡　傅勝才棗陽縣城外陣亡以上同治四年　孔於耀雲夢縣陡溝埠陣亡
李昭穆天門縣皂市陣亡以上同治五年　李金友　王有成以上同治六年孝感縣涂
家巷陣亡

麻城縣

文士

廩生丁錫宇有傳
增生陳懋咸豐八年縣屬陣亡有傳
六品軍功文生夏燻咸豐四年廣濟陣亡有傳
文生吳省釗　饒立誠有傳　謝道坦子長達姪紹德殉之妻熊氏罵賊死長媳熊氏

投崖死　胡朝曙有傳　薛元義　何學海同治四年殉難
六品軍功監生鄭桂星咸豐十一年縣屬陣亡弟兆菁兆莪殉之一作黃安人　曾樹
德同治三年縣屬陣亡
監生朱濟南有傳　王士有縣志作世友縣屬陣亡　葉柏林禦賊殉難以上
咸豐三年　蕭維潛妻熊氏與家屬三名口暨勇丁梅學禮殉之　夏文梅　夏文高
有傳　彭守楷　陳明敘宋家河陣亡　黃紹棟宋家河陣亡以上咸豐八年　張
文驥　張宗銑均督團遇害　傅學浩蘄水陣亡以上咸豐十一年　黃祖溶
同治二年縣屬陣亡　張佐文　邱忠先縣屬陣亡以上同治三年　郝文魁同治六年
縣屬陣亡　屈文垣同治年殉難旌表　黃福棟陣亡
文童沈登瀛　張德成陣亡以上咸豐四年　彭天和咸豐五年黃岡陣亡　曾
榮目陣亡鄉勇從死甚眾　曾明道咸豐十一年帶勇陣亡　余衡堂縣屬陣亡　程

望伊擊賊被戕以上同治三年　劉芸棠廣濟陣亡
兵書劉光菊　袁慶儀　蔡兆麟俱咸豐八年縣屬殉難

武士

武生田立榮有傳勇劉六從死榮妹亦投水沒　劉定國縣屬陣亡　朱世昌守堡
死有傳　萬光第督勇被戕　李彩麟陣亡以上同治三年
六品軍功鄭啟仁咸豐七年縣屬陣亡黃岡志作黃岡人　周鳳彩同治二年張金灣陣
亡　王常榮同治三年陡坡山陣亡　李萬順陣亡
七品軍功汪金品即名儒咸豐四年隨總督楊霈廣濟陣亡有傳　廖瓊同治二年縣屬陣亡
張爽登同治年外省陣亡
軍功李中典一作忠典有傳　王先道咸豐十一年松子關陣亡　傅有元同治五年蘄水
陣亡　辛宗榜　王其祥節義錄作黃安人俱縣屬陣亡　楊正福安陸府陣亡以上同治三

年　譚有宗同治九年甘肅陣亡　何必先廣濟龍頂寨陣亡　李尚謨　文
正義俱孝感縣涂家巷陣亡以上同治六年　陳福奎同治間外省陣亡
團首易士元黃岡舊街陣亡縣志作四元　陳佐　胡永耀宋埠陣亡以上咸豐四年　彭清
姜正坦　周錫瑞　歐緯烈俱黃岡陣亡節義錄作黃岡人以上咸豐五年　鄭
臣龍門坳陣亡　喻士球縣屬陣亡嫂胡氏五名口投水死　馮賜發帶勇被害　鄭
兆菁兆莪隨兄鄭桂星縣屬陣亡以上咸豐十一年　曾傳謹縣屬陣亡　周灼章　葉
恆俱帶勇陣亡以上同治三年　薛元仁同治六年陣亡　劉能燕陣亡　洋爲候職
銜外省陣亡

黃安縣

文士

貢生汪學林咸豐三年縣屬陣亡

文生黃力學率工人姜世鳳帶勇陣亡殉難者三百餘人　劉琨同叔嵫戰沒姊大女姪女二女
俱遇害以上嘉慶二年　夏邦彥縣屬禦賊被害　吳鴻賓督勇被戕　秦國
用同眾堵賊被害　李雄飛同弟有賡縣屬督勇陣亡　張步月在省陣亡以上同治三年
阮藍瑛有傳勇丁阮徵乾阮太興夏永鎮同陣亡　王兆渙有傳王鳳能王俟達王佽齊王致才職員
王學深同陣亡
監生熊之昃陣亡有傳邑庠生劉琨者民盧夢伯等相繼死難者二百九十餘人之昃嫂顏氏琨姊大女暨
姪女二女均遇害　余登第咸豐八年縣屬陣亡　陳世慧有傳　陳兆奎有傳　張
象鼎同治三年縣屬陣亡　王觀照同治四年與堂姪儒童學詡弟觀德督勇被害　羅典瀛
羅典祺俱詹家砦禦賊殉難　吳文賢　吳崇貞　徐啟曙　徐昌
煥　徐昌俊　王學勤俱堵城被戕以上同治六年
耆儒楊公煥

文童吳懷建嘉慶年防堵遇害　秦步瀛　劉映海俱咸豐四年督團陣亡
程見龍咸豐八年同堂兄五十督勇陣亡　吳秉鉞同治元年縣屬陣亡　蕭漢卿同治
四年禦賊殉難　吳寶善　吳春澤均堵賊被戕　羅樹坦　羅培俱禦賊詹
家砦殉難以上同治六年　王學詡同叔觀照督勇被害

武士

武生李正春咸豐七年黃岡翦子崗陣亡　吳崇杰同治六年禦賊殉難
五品軍功吳明德同治五年雲夢縣陡溝陣亡
六品藍翎黃秀文光緒二年甘肅陣亡
六品藍翎軍功張楚英同鄂映堂曹兆寬耿玉成陣亡
六品軍功王志仁咸豐十一年安徽陣亡
軍功劉勝咸豐六年攻爬府城陣亡　陳鳳文同亡者十八人　阮義富　劉忠

移　陳清太　徐在邦　徐在天　徐在長　徐在玉　徐
六　徐應宗　吳佑朝　王東陵　王占敖　王名魁　王
德魁　劉志達　馮正明　黃德杰　陳玉樹　曾耀才
劉恆發　曾竹連俱咸豐八年攻賊陣亡　鄒正明同治五年天門縣皂市陣亡　曹永貴咸豐十年太湖縣陣亡　鍾
丹桂同治元年安陸縣陣亡　楊科興同治六年孝感涂家巷陣亡　黃有文同治六年
廣濟毛顏山陣亡
團首熊滔族人熊宗連同陣亡　李文鼎　李文福　李元墡　李元
圭　李元均俱偕監生李斌率僕丁有義陣亡以上嘉慶間　袁志伸咸豐三年禦賊被戕
吳承周　高桂芳有傳　劉對華鄉賓　李中瑜　徐東堂中瑜姪增俱督
勇李態灣陣亡　涂正山偕眾攻賊中礮死　吳克勳帶勇陣亡　金鳴謙同眾攻城
先登巷戰歿　姚熙士募勇堵賊北岡陣亡有傳以上咸豐四年　張慶元咸豐五年同弟訓導

雲錦剿賊淋山河遇害　耿文清首先堵賊陣亡　余達榮督勇被戕　張登榮西門
河陣亡　趙宗楚趙崇達趙錫詰葉宗起同亡　馮元　吳德元俱督戰陣亡　程五十
江成模率武天章武光皓黃象發李金龍崔仁富陳士助吳璜吳映堂吳六十力戰陣亡
同弟見龍督勇南河沙洲陣亡　趙錫齡率勇丁姚玉山同亡有傳以上咸豐八年　胡世雄咸豐
十年外省督勇陣亡　夏得勝咸豐十一年率勇中火彈死　程茂學有傳吳文貴徐方炳張金
奎父子王文華汪光烈汪其富孟春榮子姪三人黃六兄弟同死　劉春台壯勇劉全順仲勤學殉之
趙載珍　阮太崇有傳　王文光被支解有傳　鍾清湜　鍾清濬
吳行謹　吳行道　吳行讓　江良柱　曾雲霞　張凝
坦字鼎象縣屬陣亡　鄭遵仁督勇被害　程招財防堵陣亡同程高德程祖喜程三六閔守
信閔本朝陣亡　戴玉蘭率眾禦賊被害　李有賡隨兄李飛熊陣亡　盧春洋陝西
陣亡以上同治四年　王觀德同兄觀照督勇堵賊被戕　徐文第　徐肇第俱陣亡以

上同治六年　吳紹武　鄧宗衿（俱擊賊中礮死）
耆民吳登林　盧家貴　龔學舜（以上俱堵城被戕）　盧茂柏（一作夢柏）
羅田縣
文士
文生張賢林（有傳）　方雲錦（咸豐五年中界河督勇被戕）　屈正揚　金景
增　蕭殿春　李鍾靈　葉聯輝　汪藻　葉觀瀾（俱陣亡）
五品頂戴監生徐炳琳
六品頂戴監生郭承霖（俱同治三年陣亡）
監生徐思賦　傅汝霖　徐翊儀（節義錄作羽儀）　崔錦春　許耀
南（淮自建祠）　丁願意（尤河嘴陣亡）　蕭鳴發　陳秀雲（俱陣亡以上同治三年）
葉鳴泰　張大銀（均同治五年縣屬陣亡）

文童蕭守先　張立志（咸豐四年蘄水土門陣亡有傳）　涂道選　徐廷元
方升昶　徐子燮　閻人勤　胡采蘋　崔家喜　匡益
齡（俱陣亡）
青吏熊蓋芳（咸豐五年縣屬督勇被戕）
武士
五品銜武生郭映暄（有傳子陽和堉李時蔭同亡蔭一作英）
六品軍功武生屈飛鵬（見郭映暄傳）
武生匡從虎（同治三年陣亡）　蕭占春（同治三年平湖陣亡）
五品藍翎軍功王瑞球（咸豐七年黃岡孟鉢橋陣亡）
五品軍功匡春富　汪搶力（同治二年河南陣亡）　黃保泰（同治三年甘肅陣亡）
六品藍翎鄂捷三（咸豐十一年安徽陣亡）　李定忠（同治初年河南陣亡）　陳得

懷（甘肅陣亡上縣志作懷德）　葉虎臣（甘肅陣亡以上同治三年）
六品頂戴陳志元（同治五年甘肅陣亡）
六品軍功王三錫（文童蘄水西門陣亡）　裴應連（文童）　熊五瑞（武童俱蘄水雲
路口陣亡）　王安慶　汪席純　汪榮波　段作村　汪廷祿（文
童團首蘄水陣亡）　葉爲珩　熊五敦　王茂墀　何保江　余良
慶　辜鳳亭　王茂亭　王功恆（俱英山縣界陣亡以上咸豐四年）　王本
英（團首郝家畈陣亡）　王開榜（團首蘄水中界河陣亡）　屈餘慶（團首蘄水雲路口陣亡）
金銳　李理台　黃聯緒　鄧松烈　涂義榮　閻秋
浦　汪文龍　張時發　周啟才　王萬順　周振軍　周
廣勝　廖春林　周學貴　劉作賓　童金銃（俱團首蘄水陣亡）
郭陽和（映暄子武童縣屬陣亡）　李玉德（縣屬探賊被賊碎屍以死以上咸豐五年）　張保

和（黃岡陣亡節義錄作黃岡人）　匡盛祥（羅頴交界陣亡）　董雲慶　龔長春
王友泉　郭善美（俱縣屬陣亡）　陳大圖（縣屬陣亡節義錄作蘄水人以上咸豐六年）
汪文先　周遠祿　鄭耀先（俱黃岡孟鉢橋陣亡）　朱啟順（黃岡上巴河陣亡）
亡　王禮安　楊斌　金開榜　廖天賜　吳宜輅（俱黃岡陣亡以
上八人節義錄作黃岡人）　李保醇　瞿大元（胡疏作翟姓）　曾福華（胡疏作僧福華）
晏思齊　葉青　盧立成（俱蘄水陣亡）　廖恆吉（蘄州陣亡）　方品
元（蘄州巴茅街陣亡）　王心榮（黃梅陣亡以上咸豐七年）　沈寶清（咸豐十一年安陸府陣亡）
王東雲（同治二年英山縣界陣亡）　黃長春（同治五年麻城陣亡）
八品軍功周緒賢（咸豐七年蘄水巴河陣亡）
軍功田金玉　黃炳榮　陳秀階　何耀春（俱縣屬陣亡）　石朋
彩（七里牌陣亡）　劉占奎（廣濟毛顏山陣亡）　汪道奎（廣濟龍頂寨陣亡）　羅圖

興孝感縣涂家巷陣亡

團首余瑝　丁利名咸豐六年縣屬殉難　何敬之有傳　匡大璽

僧綱司僧月朗咸豐五年隨劉廷建陣亡

尹錦元同治九年甘肅金積堡陣亡　陳禮智　李道洪俱在營陣亡佚職銜

蘄州

文士

附貢陳璬州志作璬珣

例貢梅開祥節義錄作祥開以上咸豐十一年陣亡

增生黃翔漢咸豐十一年州屬陣亡

文生楊秉禮　周雲五俱咸豐五年陣亡　張冲斗咸豐七年蓮花巷陣亡

陳符節　陳光煜　陳寅　陳禮賓俱咸豐十一年州屬陣亡

監生龔烈州屬陣亡　吳用宜州屬陣亡一門四名口遇害　宋士鑑州志姓吳

吳必均　蔡景雲　張鵬揚俱陣亡以上咸豐七年　劉國章咸豐八年廣濟

陣亡　吳祖語　陳清泰　陳紹榮　陳勝　陳錦濤　鄧自

申俱咸豐十一年州屬陣亡　陳豐年　陳億高同治三年遇害　張德楷節義錄作

陳姓陳西貢　龔倫　陳金俱州屬陣亡　徐清泰州志作新泰遇害以上同治

三年黃用儀遇害

文童胡炳輝芭茅街陣亡　駱長發荷槎山陣亡　馬青蘭望天畈陣亡

胡一樽倪家畈陣亡　貢武廚黑石塽陣亡　陳邦恆　文汝淮俱州屬陣

亡　陳豁然　陳臣鵠　陳心一　陳忠義俱廣濟陣亡文童以次均團首

以上咸豐七年

書吏王君聘　熊玉書俱咸豐三年州屬殉難

武士

武生朱得貴團首黃姑寨陣亡　張斌團首州屬陣亡　吳德師州屬陣亡以上咸豐

七年　陳廷甲　胡攻石　王世延　龔孔階俱練佐　陳登弟

同治二年陣亡　熊登科　張彪俱同治三年陣亡

五品藍翎胡惟坤同治三年陣亡

五品軍功姜宗訓咸豐十一年州屬陣亡

六品藍翎軍功田新發冊作緒發同治元年大荔陣亡

六品軍功劉鴻　何高升俱咸豐四年州屬陣亡　方品元團首芭茅街陣亡

葉占魁州屬陣亡以上咸豐七年　游懷忠　張世相　曾得勝　管

雲枝俱咸豐九年陣亡　何以和　姜宗榮　姜宗貴俱咸豐十一年州屬陣亡

陳大年　陳大椿隨父陝西知縣杏林遇害　馬錫純練佐同治三年州屬陣亡

李春生　郝一興俱同治三年麻城陣亡　郝品先同治五年孝感縣陣亡　周

細牙同治六年陣亡

七品軍功孫宗順咸豐四年州屬陣亡

藍翎軍功張得勝咸豐十年太湖縣陣亡

軍功李春輝馬兵　盧傳發戰兵俱隸道士洑營咸豐三年廣濟陣亡　梁得勝

孝感縣東陽崗陣亡　李開福孝感縣涂家巷陣亡以上同治六年　張元作

團首宋瓊宴　彭義烈均州屬陣亡　郝有烺州屬被戕以上咸豐七年　蔡

世鎔青石嶺陣亡　陳佑泰　吳效文　李啟悠　陳占顯俱州屬陣

亡　王守敬　王守義　張楚興　張勝思　鄒永福　張

瑞昌　閻東陽俱州屬被戕以上咸豐十一年　張品先練佐同治三年州屬陣亡節義錄作

麻城縣人

黃美全　黃美周俱佚職銜咸豐七年隨父金鵬陣亡

廣濟縣

文士

文生郭石渠同治六年殉難　伍文斌一作文彬有傳　熊均霖同治十年靖安縣殉難

監生張希曾　周錫捷俱咸豐三年武穴陣亡有傳　梅開嶺咸豐十一年縣屬陣亡　岳兆祥同治六年殉難

文童劉宗岱　周炳義　周錫鑾俱咸豐三年武穴陣亡　張殿芝團首咸豐七年縣屬陣亡　彭書團首同治六年縣屬陣亡

書吏胡春柏團佐咸豐四年賊向索冊不與被支解有傳

武士

武生鍾建泰城守營兵咸豐三年東門殉難

六品軍功徐崇　何明福俱羅田英山縣界陣亡　彭宗錢爲副將劉富成運糧被害以上咸豐四年

李春華　李萬順　勒明倫俱同治元年安徽陣亡

七品軍功余心田一名尙赤軍門塔齊布幕友咸豐四年雙城驛余家墺陣亡

軍功王老松同治五年蘄水野雞畈陣亡

團首夏壽朋咸豐四年龍坪被戕最慘有傳　吳瑞榮　陳懋業有傳　夏心才俱縣屬陣亡　劉緯榮　劉隆壽二人堂兄弟率族衆擊賊俱被戕　陶仲和率族人殺賊被害　程允三率族人程超羣程祿亨程受采程正仁程海齡等煮粥勞軍遇賊被害以上咸豐七年

劉啟福佚職銜營次陣亡

黃梅縣

文士

廩生萬泰咸豐七年隨帥遠燁陣亡附祀　吳甡同治三年陣亡

增生陳步青咸豐六年同堂兄錫齡縣屬陣亡　劉禮咸豐七年縣屬陣亡縣志作劉李胡疏作劉季　洪禧咸豐十一年陣亡　吳鳳章　盧芬俱同治三年陣亡

文生李蘭蕙淮自建祠　汪之疆辦團遇害　梅登瀛　柳光祚俱縣屬陣亡　汪蘭庭宿松縣陣亡以上咸豐七年　鄧文鑑淮自建祠有傳　劉士蓮　周豹俱陣亡　王以穀隨副將劉福成陣亡以上同治三年　王贊廷縣屬陣亡　李梅芬縣屬殉難得卹　黃元瑞縣屬被戕得卹　黃廷槐縣屬陣亡以上同治六年　鄧文鑾同治九年罵賊被戕得卹

監生王義舜胡疏縣志均作義順　王明鑑　王拔進陣亡　杜朝幹禦賊被戕以上咸豐七年　趙元勳隨帥宗棆陣亡　吳鼎元禦賊被戕以上咸豐十年　張連如同治七年陣亡縣志作濂儒

文童董名壽有傳　張心純咸豐四年因爲塔齊布僱集船夫被賊將董名壽剜心分屍張心純分戶碎骨慘亡有傳　王森春　李如蘭二人一作廣濟人　王錫純　王利賓

何守貞　何宗彥　何錫珪　何新梧　汪雨梅　程清賢胡疏作陳姓縣志作漢賢俱團首縣屬陣亡　聞能義　張雨之　鄧樹勳　鄧銘勳俱停前鎭陣亡以上咸豐七年　吳時春　吳春茂　吳遇功俱同治三年遇害

武士

武生李振春咸豐七年縣屬陣亡　周國均　王開昌俱陣亡

五品藍翎軍功項錦江同治六年被賊分裂

五品銜帥連勝同治五年安徽陣亡

六品軍功余蘭海咸豐五年通城陣亡　方開榜　邱得勝俱咸豐七年縣屬陣亡　嚴寅畏同治元年孔壠陣亡　李利賓同治二年隨州陣亡　張慶[illegible]同治三年

遇害　傅海樓隨城守汪國泰剿賊陣亡

六品銜錢啟樹在營殉難　劉印佩江西陣亡以上同治五年

七品軍功潘來儀咸豐十一年陣亡

八品軍功項一貴　王坤福俱同治六年縣屬帶勇被戕　徐玉樓縣屬罵賊

被戕以上同治六年

軍功陳寶義咸豐十一年江南陣亡

團首周盤元　汪炳照胡疏作丙照　汪春雅均雨梅兄　汪解貴雨梅

姪俱在縣屬陣亡　何旺喜　何亦發縣志作一發宗彥弟　何炳珠宗彥姪孫均在

縣屬陣亡以上咸豐七年

耆民陳士遵同治三年遇害准祀

補輯

武官

贈守備千總楊太和　余永勝　魯連陞

贈千總把總李南廷　汪友朋　成景桂

贈把總外委謝申祿　傅正榮　藍翎六品軍功何連勝　宋洪

甫

把總周德麟

贈外委軍功彭宏章以上咸豐六年武昌黃州等處力戰陣亡

黃安縣

武士

團首楊正起　彭家祥　皮明高　鍾國恆　彭惟和　王

勝清　張廣福　張有富　鍾福安俱帶勇罵賊被戕　公牘　以上同治

三年

黃州府志卷之六上終

黃州府志卷之六下

黃州府知府英　啟纂輯

建置志

壇廟昭忠祠祀位下

各營官兵附本籍隸外營兵丁

黃州協營

葉之秀　涂起元　易步鼇　陳世朝　馮占魁　陳上達
淩連升俱馬兵　瞿光全　杜　清俱戰兵　朱大志
張啟太　江　元　唐　貴　胡承先　陳國太　呂鳳彩
胡德龍　桂上達　王　華　張　元　桂士魁　魏宗連
余世華　牛必貴　孫正安　曾連升　汪　榷　李元亮

李　發　徐　貴　梅開緒　艾得元　歐士貴　湯　升俱守
兵黃岡人　高　榮　張林高俱守兵蘄水人以上嘉慶間陣亡見通志　魏德槐兵目
因公淹斃見黃岡縣志　孔連太馬兵　李啟勝戰兵　張　升守兵俱咸豐二年江夏縣
陣亡　汪友升戰兵黃岡縣陣亡　蔡學林　孫楚雄　李登榜
鄭百勝俱馬兵　邱開榜發　劉必元　張福升　姚上元
孫連發　龍向連升　杜上元　謝鴻賓　徐之雄俱戰兵
鄭景春　邵希青　傅步敖一作步升　劉步貴　傅國興
周　清　張得升　李志學　許連升　王廷富　羅　元
王高升　羅萬海一作四海　張長松　余兆愷　陳得勝
黃廷梅　鄭耀辰　張萬年　李開揚　徐定元　余兆春
夏全元一作金元　孫長青　趙金魁　馬連升　秦昆厚

陳開發　徐金福俱守兵廣濟陣亡以上咸豐三年　王連發守兵黃岡縣陣亡
劉兆德　瞿翟宗福　劉上達俱守兵蘄水縣陣亡　虞德魁守兵黃安縣陣亡
白開元　高定魁　吳德廣俱戰兵　張長青　吳傳忠
許德芳　謝啟疆　洪萬友　李能璧　曾學純　魏昌榮
高有元　張萬友　程士林　葉先凱　吳志緯俱守兵江夏陣亡
朱　貴　孫連元守兵黃陂縣陣亡　劉煥彩馬兵孝感陣亡以上咸豐四年
王登奎　祝開榜　王兆貴　孫鳳山　陳萬青俱馬兵
王開揚　康定太　羅開雄　毛太元　殷得太　陳衛青俱守
兵黃岡縣陣亡　王友元　劉凱臣　李能坍　彭宗年　嚴定元
羅士明俱守兵蘄水陣亡　周鵬程馬兵漢陽陣亡　楊　太　董高升
張定太　段　魁俱守兵黃陂陣亡　李得勝孝感陣亡以上咸豐五年　余汝漢

王坤發俱守兵黃梅陣亡以上咸豐七年本節義錄　成發魁守兵黃岡人咸豐十一年縣[illegible]陣亡見黃岡志

蘄州營

王　進戰兵　夏德明　范　有守兵　蕭　全　楊　發　李有升
王　啟　華得榮　王光元　張萬春　胡占元俱蘄州人
劉　啟　方從周　羅永茂通志作元茂　李　材　寇奉有俱守
兵廣濟人　羅　明　石得升　張　法　鄒　元　萬　勝
陳　興　錢正邦俱黃梅人以上嘉慶間陣亡見通志　孫占魁馬兵　黎永發守兵
俱蘄州陣亡　董升揚　黃暢茂俱守兵黃梅陣亡　楊升華守兵江夏陣亡以上咸豐
四年　葉金鰲襄陽陣亡咸豐六年以上本節義錄

道士洑營

張炳勝守兵蘄水人　鄭漢雲　袁文茂通志作永茂　羅聖懷俱守

兵 吳興貴隸四川普安營俱蘄州人 唐功亮黃州府人隸奉甯營 孫殿華馬兵
王勝文 徐廷發 羅正元俱廣濟人以上嘉慶間勦捕教匪陣亡見通志黃岡縣志
董卜唐 董卜虞 董卜湖俱蘄水人道光間征崇陽賊在金司橋陣亡 馮楚鍷
張茂華 程甘霖 黎占元俱馬兵 衛國堯 葉昌海
楊光勝 程寶和册作姓陳 夏連升 王啟太才 童啟發俱戰
兵 游得忠 李順國 游炳陽 汪建明 陳祥得
張明元 陳連甲 徐如友 周世林 柯耀勝 司連升
瞿仕友 石松 石選濱 盧復興 白源勝册作元勝
陳定元 伍登朝 陳福元 徐文高 黃連魁 姚定元俱守
兵廣濟陣亡本節義錄 陳大發守兵 張林團風鎮弓兵俱廣濟因公殉難以上咸豐三年

八屬勇丁

黃岡縣
陳世條 張發 張志梅 龔正祿俱寄籍竹谿 傅錦林
童楚仲 王步敖 陳顯六 董有榮 祝昭錡 邵起席
巴成才 巴紹楨 商紹雲 王在隴 邢政名 余元先
邢昆山 黃登富 顧宏太 姜添裕 陳漢雲 熊光名俱寄
籍鄖西以上嘉慶間入祀鄖陽昭忠祠見通志 李紹德李家集陣亡 程年彬操家
岡陣亡 鄭萬勝廣濟陣亡 石耀彩江西陣亡 樊洪福陣亡
以上咸豐三年見縣志 羅長柏 陳光緒 陳先緒 巴興典
巴成敖 巴合陽 江國柱 江運進 王盈啟 劉義興
王一舉 曾虎保 余文獻册作姓佘 余士銘 余正順
余二僕 余士雄 盧安義 盧祖賜 盧德福 盧仁山

盧丙山 周宏義 張斯舉 曾全太 陶青山 張啟玉
余良均 余國寶 余朝選 張至太縣志作玉太 僧月朗
侯和尚 楊在禮 周福元 汪宗梅 余扶國 雷五十
周幼四 譚會川 劉正福 車天和 陳甫理 趙天壽
江明富 鄭萬春 羅才有 羅鎮武縣志作正武 姜守瀚
姜守浩 雷春暢 姜繼富 姜成約 金文訓 雷春浩
雷天盛 雷朝貴 雷錫壽 雷江 周汝芝 周辛元
周錫耀 周錫鐸 周錫烺 周正綱 周錫連 周汝安
劉明貴 僧廣應 蔡學福 蔡良貴 彭光弼 彭勝興
彭正明 彭天和 蕭道敏 蕭元德 王四兒 李八
張得勝 錢宗親 錢仁禮 周福昌 徐長亨 李永清

李正朝 朱斯常 鄭朝文 周壽天 曾仰懷 黃學禮
楊光元 蔡士榮 何家英縣志作家美 吳德松 曾世廣
金家喜 謝方樂 王耀武 江起秀 羅貞賢 熊必勇
高長久 高太姸 高紹乾 高順理 江元興 江華勝
余啟順 程保主 江萬貴 羅元乾縣志作元全 王大雄
王定曉 程宗全 錢方禮 張敘勝 胡應海 滕紹先
滕五九 曾念姸 劉遠樹 程楚珍 劉乙未 胡全姸
江同姸 王佐廷 王乘龍 王五喜 江寶善册作寶喜
江寶琴 江寶全 江寶宦 王正立 僧懷念 僧源坤
程永貴 成顯容 程金元 江華美册作華英 江長松
黃志輝 黃清季册作清李 黃德剛册作德崗 江勝交册作

勝文 江正陽 江富有 江經文 謝行萬 謝全順
謝陽春 周鳴富 羅連貴 喻三貴 李一舉 羅長久
游時順 吳立志 夏基元 夏名山 夏南溪 夏鈞凱
夏鈞松 夏楚玉 夏楚亭 夏香元 夏炳虎 夏炳德
江楚玉 陳文照 陳文秀 張志良 余心一 余心元
童紹福 韓有信 方知文（册作和文） 方有文 王大才
童秀和 童紹美 童紹先 吳高志 李攀雲 吳發元
夏鎮鏞 夏勝全 夏慶春 夏正明 夏接中（册作接宗）
吳順易 吳耀亭 夏紹宜 夏映棠 王太山 王太和
陳才主 夏人喜 夏基厚 王緒和 夏春海 王大順
姚萬隆 陳文主 劉作梅 劉金百 劉起太 王緒貴

王景福 秦兆海 劉席華 秦萬選 秦首漢（縣志作道榜）
韓以義 陸進益（縣志作益進） 李秉煥 林興楚 林宜光
巫開異 蕭延義 劉啟發 林宜香 余獻祥 陶引合
金永才 柳宏亮 金得元 金超純 柳延泰 余獻福
余起貴 陶啟洛 陶聖爵（縣志作金爵） 葉發祥 朱得勝
欒紹明 楊昌發 劉占魁 劉春喜 莊正友 周萬順
魏天喜 曹爲舉 成福壽 僧悟蓮 董本清 馮永和
馮育賢 李瑞芝 朱啟亨 朱豐華 朱豐厚 陳春意
譚萬明 王自啟 舒中太 潘得洋 王明炆 黃順楚
潘體賢 潘喜兒 王毓杰 曹心元 雷恆山 程俱全
劉遠琦 劉遠珠 劉元順 劉光杜 梅富貴 程勝福

程官賜 歐啟厚 王寶善 程福賜 王定禮 陳恆周
郭宗發 郭同發 董東選 朱廣順 江應元 程耀坤
雷受華 董宗秀 朱錫啟 朱家順 朱邦顯 劉光煦
梅意順 劉遠馨 劉清喜 梅四好 梅長發 陳平喜
程宏斌 程祥好 劉光義 梅保和 劉祖富 劉炳順
程乙酉 程定國 朱廣德 梅全明 董有順 程鸞翥
曹義積 郭耀浦（縣志作耀溥） 劉遠林 郭元全 郭光陞
江寶珍 江言芬（縣志作延芬） 梅時好 梅利好 劉遠興
程永壽 梅集成 梅士林 王國順 胡永錫 胡代好
高望元 蔡官賜 蔡鵬九 張光銘 韓長兒 熊子明
王鼎新 方兆德 陳有富 操廷揚 僧海清 梅福貴

王緒榜 陸楚盛 邢世書 陳物盛 王如岡 呂任啟
但嚴然 梅啟仁 劉華林 王際寅 梅啟才 張乃潤
陳利豐 張德懷 張維高 黃秀以 吳開順 易運宏
洪朝望 洪宗武 陳慶虎 胡爲仕 姚戴義 程永九（縣志作永久）
王國萬 萬祥祿 程勝玉 劉宏義 羅勝剛
余鳳揚 徐元豹 張同升 夏富宏 段祥昇（縣志作祥升）
張耀祖 沈應宏 宋約縱 王毓慶 王自登 王毓貞
王自卯 彭細三 靖華豐 羅汝書 姚錫章 黃和順
姚輝泰 姚國選 程其鴻 易正高 余象志 陳世德
吳君用（俱縣屬陣亡） 黎洪定（蘄水陣亡） 宋萬選 黃永長
黃永祺（册作永其） 羅地葆（册作地保） 黃天才（俱麻城陣亡）

胡文智江夏陣亡以上本節義錄　胡新甫縣屬陣亡本府册　王開甲　劉宜忠
劉克成　劉五　劉六生　劉祖德　劉金海　劉萬全
劉昌富　尹祐賜　徐長元　温宏恭　劉學訓　温輝斗
胡忠鵬　王希桂　李應尊　李之道　王宏文　王朝賢
王紹武　饒步陞　郭家琦　郭易元　郭萬清　郭立川
郭長樂　陶高升　徐慎直　徐澤魁　曹彩交　段國順
郭同春　陳裕元　陳愷南　陳儀交　陳洪升　陳洪傑
陳鳳祥　陳秀芝　温萬容　林長學　郭明發　郭國禎
劉光宗　劉高富　郭文榜　郭耀愷　郭福海　張敬型
程元松　周正發　程宗元　蔡浩山　蔡百川　江景基
羅高林　江景環　江運强　江福凝　周時太　任文魁

任用國　張世林　胡福興　劉宗才　劉洪珙　張厚德
王開福　毛連元　黄更夫俱縣屬陣亡　張履廣　張高照
倪世和俱陣亡　李天壽　傅高升俱江西陣亡以上本縣志咸豐四年
沈全壽　沈榮華　劉遠雄　雷永豐　雷瑞坤　梅祥妍
雷受祿　雷春貴　雷太坪　雷正坤　劉霞遠　劉高勝
胡文煥　程汝珍　胡昌潤　胡啟先縣志作啟元　胡普霖
徐金順　徐盛秀　徐立品　徐立尊　成敦景　羅珍修
黄紹禮　高升海　潘傳富　高雙錫　潘大發　胡三六
黄長久　蔡知義　郭應春　郭國仲　羅揮翰　周智岡
馮世杰　羅戴年　曾祖意　胡才妍　方寬法縣志作寬發
何添順　巴月明　巴春全　王月久　王全元　江清維册作

清淮
江福勝　江法楚　江運顯縣志姓汪　江連三
潘起高縣志注一作啟高　潘廷傑　潘敘勳　程明生　王廷美
李一萬　沈天順　庫長興册作長清　庫長順　游世太
胡華海　高保康　高保妍　喻世堂　喻輝斗　喻輝廣
喻志廣　王紹祥　王顯元　劉大信　羅官賜　王正興
程楚明　江春進　江未妍　江尚妍　江存志　江盛强册作
盛祥　江澤春　江逢周　江金龍　江四妍　江序登册作
序發　江明春　江興妍　庫太金　庫長明　庫全元
周重連　蔡開元　何明魁　陳有方　李義輝　徐友諒
徐明富　徐楚國　宋東海　高朝佐　王宏元　程宗志
程聰德　胡如意　胡用恭册作用泰　羅啟萬　羅世榮

宋輝林　施利盛　施人和　施邦洪　施尊六　王意柏
李望生　李清秀　李福生　李長順　李念妍　宋春喜
吳復啟　吳金和　吳開祥　吳開進　羅方祿册作方綠
羅有發　羅勳桂　羅啟勝　羅高陞　羅天富　喻崇主
喻能有册作熊有　喻恆炯　萬福先　江天賜册作天錫
陶雙祿　李五十　朱明志　張雲和　蕭賜厚　蕭心賜
蕭明勝　江新富　江合妍　江才明　江士俊　江春發
陳登選　姜午妍册作五妍　羅桂兒　趙明賓　江顯高
曾發章　曾明章　曾奇富　曾遐珍　曾遐蔚　曾宏烈
陳明顯　曾鼎朝　曾學高　曾成乾　曾異遠　曾必仁
成開國　胡元俊　陳占魁　陳觀奇　陳成富　鍾惟象

潘慶芳　曾香保　曾嚴妡　程崇元　程金林　程高杞
陳德懷　陳子容　程正陽　程遐昌　謝有坤　張奇才
胡元富　陳明周　陳作義　陳有萬　陳金海　梅亮啟
鍾開元　鍾三元　鍾國選　鍾嘉材縣志作嘉才　鍾乘龍
鍾乘宗　鍾年貴　鍾六喜　吳添秀　吳天保　吳天祚
吳光胡　盛光恆　盛光珞　盛光隆冊作光龍　盛光鴻
盛光興　盛正望　江景雲　江象坤　江勝楚　江寶國
朱祖佑　王金元　王大益　王文祥　王世啟　王天明
王楚明　王大鵬　張春林　張盛貴冊作勝貴　張希元
程宏昇　程務廉　繆元隆　李克孝　熊啟龍　徐名元
游以全　余文有　高清季　高心順　高發生　劉光先

劉大廷　曾書明　曾正安　梅長貴　梅保春　任祖佑
任福山　僧悟連　方伯有　任玉珍　任庭賢縣志作廷賢
任全順　任年太　任恆山　任象喜　任自太　許光宏
羅啟彥　黃泉源　趙名應　姚光宗　姚光和　施育林
劉高勝　周朝士　陳嘉金　陳嘉琦　陳得意　陳祖發
陳東九　魏萬發　吳大忠　吳大清　吳大文　吳天位
吳開典　吳開甫　吳天生　吳天錫　吳高松　吳開發
吳大彩　吳天樹　何先坤　何保揚　饒開杏　周福聖
周世海　欒異妡　陳其貞　徐文秀　蔡九思　蔡恆太
羅長松　羅高太　羅萬和　羅明傳　羅世連　羅萬崇
羅世春　羅通喜　羅世德　鍾春林　鍾榮先　鍾懷瑾

僧明新　僧明燕冊作明照　僧明遠　雷正勳　雷文義
雷元和　雷五喜　張提三　張敘寬　張洪陞　張五喜
張萬年　陳宗耀　陳宗利　陳宗傳　陳能太　陳天盈
錢正典　陳錦玉　羅錦文　羅錦亭冊作錦恆　羅神佑
羅飛鵬　羅全美　黃光映　黃得春　羅福喜　李天保
李地久　李祝豐　鍾乘夷　蔡東妡　吳勝高　庫太勤
熊序南　熊三妡　陳老么　僧松年　巴興華俱漢陽陣亡
朱名燦　朱永德　程學彩　張為林　張　景俱黃陂陣亡以上節義錄
劉成灘　郭　椿　郭琦林　郭恆元　胡名提　胡宗渭
胡如意　胡印海　徐元龍　徐六福　徐新慶　徐升高
徐志鳳　朱天周　徐兆華　馮永壽　程自貴　任芝三

任綿貴　胡自新　張元彥　張朋進　吳德化　宋保勝
張東伢　張正楚　張中秀　詹耀堂　吳炳珍　鄭美賜
黃心順　江寶田　余獻秋　余勉周　余德滋　江景明
張起先　李復堂　胡盛賢　謝肇東　張國元　王良才
王光朝　余獻清　余信貴　江五喜　王宗保　李芳智
徐克勤　胡世寬　徐景春　李勝春　曹義集　董東顯
程長福　陳連陞　程大平　程細平　程耀焜　江心麗
劉志良　劉振家　劉洋生　曹新元　童盛潤　黃順義
程萬法　陳宏興　羅錦坤　陶義伢　陶榮壽　陳德漢
韓克志　夏澤忠　夏椕起　夏必魁　陳國輝　徐亮興
程同順　施乾元　施更伢　胡世發　胡世選　胡錫剛

張冬望　羅載年　羅以垣　羅以詠　羅光全　江同貴
曾來伢　曾喭伢　江同春　鄧三統　王基國　韓定山
徐愼明　陳玉彩　余之福　李玉棟　何貞素　蔡明元
羅蓮貴　朱勝章　廖新伍　廖兆舜　劉　清　劉浩同
段基高　操元章　操元英　徐世啟　徐文美　徐福喜
吳從順　謝南陽　謝南世　胡名可　徐永高　胡正承
胡名舉　胡名清　雷有義　胡正宗　胡錦春　張應祥
喻在貴　王接春　戚慶善　戚天福　王雲路　王德泰
程世綱　程全福　姜麻子　朱成敬　朱成浦　揭合意
劉四貴　劉雙林　劉四伢俱縣屬陣亡　鍾文煒團風驛鋪司因遞公文事
洩被磔　毛東暘奉諭採賊事洩被磔　吳士偉蘄水陣亡　游豫生

趙家順　萬友恆　張金萬　萬啟才　萬年松　陶方興
陶占鼇　高大德　胡新輔　羅美伢　羅方友　羅方喜
羅重喜　巴謀期　何定泰　何順妍　王楚念　徐克賢
徐元亨　汪光傑　蕭金柏　吳天松　吳登書　吳連陞
陳祥珍　姚開選　姚和宗　庫太經　周式海　羅萬里
羅方美　羅方仁　羅流光　羅流美　羅方鼎　鍾遺伢
潘立春　黃道翥　陳名顯　陳明進　陳太平　陳太保
陳輝斗　陳雄太　陳朝義　陳鳳崙　陳三久　陳繼先
李松海　梅呈祥　陳宏發　陳柏順　江寶强　陳姑恩
江運緒　江寶勝　江清雅　江運登　何細受　蔡恆裕
曾正脩　曾啟勝　曾百林　曾明久　曾明富　羅世虎

羅萬太　羅春年　江昦先　江寶久　江運乾　江仕進
江寶童　喻錫章　沈添順　羅昌郡　吳天啟　庫方盛
高寶康　庫方祥　程登選　程能泰　陳銀久　喻治剛
喻在美　喻本仁　胡用功　鍾愼貞　鍾清杞　鍾清六
鍾應宏　江寶福　吳輝光　劉四伢　王福壽　王福保
劉大庭　高天保　高祖賜　高發伢　余文友　謝友坤
熊先賜　李克文　任開礫　徐明元　繆咸輔　程宗友
陳開國　陳崇高　饒應友　饒祖生　曾正敘　曾宏順
曾秀敏　曾之安　曾位潔　曾意財　曾正乾　曾應遠
曾有望　曾春發　曾鼎先　曾瑞林　曾結林　曾喜伢
曾玉輝　曾輝宗　曾春貴　曾書鵬　曾惟順　郭炳棟

郭壽山　郭成太　郭高祥　郭宗發　郭雙全　郭勝祖
郭　橋　劉細五　沈雲華　沈福祖　李英祿　李英福
李希宗　李宏順　張楚勝　張希達　徐愼强　徐文舉
李奉舉　李熙宗　徐愼利　徐福林　徐上伢　徐元亨
徐春林　張松樂　饒長順　方寬發　楊長青　周化龍
陳萬泰　陳官奇　江發楚　江則春　李鎰萬　任福三
羅世仁　羅昌盛　李共英　王德位　曾香伢　朱誠瑛
朱常春　朱元吉　喻大發　余道興　陳和慶　李全義俱漢
陽縣陣亡　萬成泰黃陂縣陣亡　曹馭成　曹興祖　詹人廣
陳應章　曹文槐　邵希高　邵際魁　王景才　郭耀溥
曹萬宜　曹文秀　邵際耀　邵全盛　蘇萬春　張道粱

王垂訓　張朝秀　倪元舉　張咸勝　孫玉龍　張登魯
張登全　張其勝　陳有乾　邵際泰　邵希棟　張兆周
邵際煥　邵際直　邵際勝　陳應德　陳應楷　張兆元
張一福　邵際祿　邵正域　張兆貞　歐陽榮蛟
邵際福　邵文福　邵際高　金世杰　柳延和　柳宏宗
李榮友　柳延禧　柳延喜　柳祚貴　袁東壽　柳延倫
李炳讓　張文泰　胡志龍　周霞起　周會音　萬成友
周高發　萬正乾　周曾芝　周啟文　周曾友　項恆記
周勝喜　胡自得　柳永林　項明延　黃載奎　黃祚升
黃永耀　黃永安　黃正祥　黃永濟　黃元寬　黃得斗
黃長齡　黃成林　萬成禮　萬銀斗　柳宏須　項明高

項明導　項長福　柳金林　張重福　柳祚興　柳明川
柳廣有　項萬福　張重學　張重昇　朱功學　項錦友
項全泰　柳金海　周迎春　黃長申　萬成義　柳宏總
項金玉　項萬友　陳封和　陳金龍　陳九成　夏朝鈞
張文華　張德華　張啟華　程澤和　李秉懷　李秉啟
李榮漢　李榮純　李榮泰　李榮清　李宗利　姜保貞
張正安　張鳳儀　毛寶玉　毛大金　李崇興　潘志據
朱豐華　徐必有　詹年豐　羅應愷　朱豐厚　謝國令俱陣
亡以上縣志咸豐五年　方喜林　張泰富　段登雲　鄒新發
郭大汜　劉興順　方榮全　張維國　蕭大義　汪有田
饒厚華　張清和　吳大福　鄧元義　鄧攀貴　鄧巨生

鄧玉光　鄧炳桂　李世豪　張大興　張國順　陳有才
李　七　張道富　陳士貴　陳福山　李應剛　陶慶順
李道喜　程顯名　楊年福　易萬選　張希棟　張宗盟縣志
作宗明　徐慎博　張國昌　胡效公　張廣元　張春富
張長壽　徐孟科　張新春　張昌才　陳宗强縣志作忠强　張裕寬
張詰元　潘志堂　羅岐宏　張錫祖　王光朝
張楚林　黃臨志　黃道富　何書宏　張恒讓　蔡步陞
余國相　余良悅　徐秉志縣志作乘志　余獻章　鄧景華
鄧文彩　鄧春榮　劉華楚　宋保佑　宋宏大　喻三黑
鍾慎禮　鍾慎法　任芝三册作之三　李學易　李廷瑞
柯進昌　李起太册作啟太　喻承譜　劉先南　劉先明

雷全興　江振青一作正青　江五元　陳　曉　成遐廣縣志
作選廣　汪　林縣志姓江　張佑喜　盛　貴　黃新乾
梅學禮　朱有貴　尹安元　胡啟凱　李　仁俱縣屬陣亡
周力林　張奏全　周尙勤　鍾敬義　謝大珠　鄭家和
戴宗選　周長興　江載德　林成武　劉正興　吳禮端
胡正富　劉興盛　胡家高　李長茂　張春陽　江載厚
周正和　張日春　盧三元　江益三　馮國治　甘開太
陳昇祖縣志作升祖　王文江　金勝德　陳時盛　曾大義
李興玉　甘和潤　金雲程　余鳳久　周　廷俱光化縣陣亡以上本節
義錄　陶善慶　孫世旺　孫之琅　姜運隆　梅慶祥
陳篯匠　李映高　黃名忠　胡世福　胡世廣　胡世春

左其義 徐全發 劉明玉 曹世德 曹懷玉 劉楚華
劉金壽 高章逵 高順泰 喻本暄 曹封申 喻治周
吳天求 吳立志 江大未 何興元 何功義 王天元
任運泰 李幹周 徐炳周 徐楙主 徐楙本 曹光耀
黃成祿俱縣屬陣亡 孫長清奉諭探賊事洩遇害以上縣志咸豐六年 何連盛
何化吉連盛姪 何公義連盛姪孫 鍾能受 項有先
鄭厚家 鄒全玉 周遠應 劉國炳 朱有名 丁玉林
張有元 潘大年 李勝才 嚴生成 吳宜清 朱一元
吳尚友 方勝先 方光勝 童必發 汪金發 汪四海縣志
姓江 饒啟發 雷應祥 姚芳春 王安成縣志作安城
江金玉 傅占魁 熊天升 張全福 張保蘭 蕭功定

羅定國俱縣屬陣亡 張有起 孫國福 胡登元 黃新發
鄒金玉 鄧玉光 鄧杜生 鄧秉貴 鄧存仁 程慶妍
鄧攀桂 李長東 程二妍 盛四喜 鄧省妍 許廷鰲俱黃
梅陣亡以上本節義錄 黃清發 王國清俱黃梅陣亡以上本府册 胡世甲
胡世顧 徐作舟 胡順發 項福生 胡協和 胡遺愷
張正望 胡名富 王高攀 楊興魁 朱立志 曾成松
陶慶光 童開第 童高翔 童開朝俱縣屬陣亡 戚永揚至賊
逼造册納稅不從被殺 陶宏泰廣濟縣南門陣亡 鄧士杰陣亡以上縣志咸豐七
年 詹首榮 吳修禮 黃任和俱縣屬陣亡 徐大發
劉年華 王永德 萬金龍 奉先勝册作姓秦 汪國勝俱外
省陣亡以上本節義錄 吳南山安徽陣亡本府册 李效慶 饒輝祖俱河

南陣亡以上縣志咸豐八年 馬正順 秦召文 彭義太 張志成
華士林俱外省陣亡以上節義錄 陶慶連麻城陣亡本縣志咸豐九年 潘新德
石洪勝俱盧州陣亡 吳太法太湖陣亡 陳德勝 蕭新喜
程永發俱潛山陣亡 吳越喜 韓松林俱桐城陣亡以上節義錄 龔志忠玉山
縣陣亡本府册 毛學楚陝甘陣亡本縣志咸豐十年 林金生 宋紹復册作
治復 左得勝 劉占魁 張學仁 邱士才册作姓邵
李克松俱縣屬陣亡 周元堂蘄水陣亡 李敬太册作敬大
柳宏名册作宏吉 陳起發俱興國州陣亡 汪定啟縣志作姓江孝感陣亡以
上本節義錄 曹 某牽馬過潭推賊墮水被賊支解 王定元 洪賢粟
洪祖喜俱麻城陣亡 王祚發 王祚譜俱德安陣亡 欒六意陣亡
以上本縣志咸豐十一年 陳步州 陳本發 陳全盛 陳 全俱陣

亡以上本府册 邱興亮 邱興榮俱陣亡本縣志咸豐閒 王星輝 王崇蛟
王崇化俱縣屬陣亡 尹思敬 尹禎祥 胡太和 程輝吉 范高明
曹慶發 孫天雲俱安陸府陣亡 夏吉慶 潘學勝俱安
徽省陣亡 徐全興 易經綸俱外省陣亡以上節義錄 陶煥章信陽州陣亡
劉啟萬潁州府陣亡 徐新喜四川雲安廠陣亡以上本縣志同治元年 吳必中
徐大勝 倪如意 酆顯仁 魯佑泰 熊習進 邱全太
侯有元 邱正利 邱存厚 何必元 熊國祥 周得勝
孫全勝俱麻城陣亡 余萬品 潘祥瑞 阮全勝 張瑞三
羅有發 周長佑 蔣得春 張允升俱隨州應山縣陣亡 萬鴻仕安徽
霍邱陣亡以上本節義錄 王銘德 姜守合 吳光清 鄭印宗
陳鳳來 龔南庭 王永興 黃金魁 陶明剛 宋福勝

余全意　李斌　熊世雄　程勝友俱陣亡以上本府册　周元啟
王武定　呂宗元俱縣屬陣亡　徐慎青　徐榮顯　徐善業
徐冬望　朱祥順俱麻城陣亡　朱雙貴息縣陣亡以上本縣志　同治二年
管開和　魯仕友　戚立强　戚家太　林時全　周恒山
吳缺兒　余宏仲俱縣屬陣亡　邵童禮　李華國　江進昌
易升祥　孫光泰　李華耀　吳全盛　施基奇　黃長發俱蘄
水陣亡　曹高升　王有良　張前喜册作全喜　王啟勝俱麻
城陣亡　郭義章　胡耀凱　胡穀生俱廣濟陣亡　鄒錫鑾
韓全勝俱安陸府陣亡　陶景秀　賀興發　王占彪　羅得勝
李學清　陳春霆　胡國順　周元金　張春發　張紹宗
黃炳禮縣志姓葉俱襄陽縣陣亡　王春保棗陽縣陣亡　曹泗源宜城縣陣亡

鮑得勝　范榮富俱安徽陣亡以上節義錄　方功鵬盩厔縣陣亡　梅黎杰
許言受　許其全　許其林　許兆林　許炳元　許樂兒
許敦兒　許國宏　許萬友　許國珍　許耀廷　黃品恆
童芳圃俱陣亡本府册　胡公爵　桂唐漣　余士鏊　高永銀
余士美　李清海　曹四十　李顯照　李家塘　黃良虎
黃國登　黃國壽　邱豫興　邱豫光　黃可久　黃可仁
黃國久　朱華堂　余篤綸　余性銀　余性和　余性舉
蕭式朝　黃國康　余復元　余有久　余裕順　余喜伢
余華清　余一品　余德用　余昌煥　余節元　余正家
余曾光　余懷圭　余在文　曹昌富　邱渭濱　程連陞
程吉華　程永泰　詹從雲　詹步雲　詹步高　詹懷玉

詹以禮　詹昌華　詹象才　詹春祥　詹全富　詹昌元
詹朗如　詹文桂　詹人意　詹人章　詹啟生　詹譜生
詹人福　詹昇華　詹文熠　詹文明　詹輝祥　詹人光
詹輝啟　徐之元　趙文發　曹鴻元　曹鴻恩　王作明
曹結子俱縣屬陣亡　程詡　夏基翼俱縣屬禦賊被害　易用偉蘄水
陣亡　丁受天　王之堯　王緒富俱麻城陣亡　范利選黃安
陣亡　黃良梅浙江省陣亡　李時發江蘇吳縣陣亡　張應崧
僧廣隆均陣亡以上本縣志　同治三年　李振璘　李振典　楊金山
楊松賢　余保元　湯勝春　戚應朝　童觀化　童效南
童定邦　童定國　汪志宏　汪均富　汪輝清俱縣屬陣亡
陳紹寅　鄒玉堂　吳有元　余邦勝　劉定安　何得勝

陳必富　王金魁　夏高升俱外省陣亡以上節義錄　雷元輝　黃才兆
黃才秀　陳良祿　陳良智　余獻紀　朱能化　黃才元
黃才意　黃良淑　黃良亭　高紹相　余銀安　余學海
余出羣　王桂杞　王桂杰　曹興祖　陳天賜　邵正朝
舒萬青　歐榮光　邵正榮　邵際春　童芝洪　歐和萬
歐和濤　邵同福　張咸甯　張文信　歐榮盛　歐榮會
張肇望　歐祚貴　張廷斌　張定安　王烈煜　傅其全
簡興桂　傅其勝　傅世綿　李十六　王成才　傅其懷
傅世龍　王烈祥　傅昌宗　傅其麟　張高翥　張聯芳
傅三留　傅長松　張占山　何永久　何永順　張肇棠
張平安　邵希勝　陳士乾　張廷喜　張咸林　邵希懷

張太元 張朝俊 陳克升 張正彩 何得高 王景壽
王文山 傅昌春 傅昌起 王華 邵希枝 張朝宗
汪兆邦 汪兆宗 劉長 張開發 汪壽 詹文發
馮廷華 馮名蓉 黃大荄 黃二荄 曹順德 曹稱意
曹利 曹官佑 曹道全 曹五熙 曹紋倫 曹遂尊
曹文德 曹文朝 曹文明 方炳照 方新順 方從順
方奠亭 方士志 蕭合 蕭百壽 歐祚法 胡嘉興
胡瀛海 胡長福 胡逃荒 胡長春 胡怡凱 胡華清
胡興 朱桂望 郭慶合 郭恩 邱辰德 曹封彝
曹隆冀 李宗起 萬裕元 萬裕英 萬裕善 萬維周
萬家喜 萬成泰 萬楚雄 余逃祖 江運會 江永高俱縣

屬陣亡 陳尚睦 陳尚懷 陳楚珩 甘永茂俱禦賊陣亡
張五意荊州府陣亡 馮明富 馮永慶 張早義 張四意俱甘
肅陣亡 張勤安 童邦勝俱陝西陣亡 陳四伢陣亡以上縣志同治四
年 蕭神元 陶早鳳 王廷華 黃得勝俱縣屬陣亡
酆賜彪麻城陣亡 彭金德 葉大祥 李長勝 熊友才俱天
門縣陣亡以上本節義錄 曾憲壽 李元喜 李正方 曹二喜
余世發 余道五 余譜久 蕭朝乾 陶守剛 余效勝
余有祥 桂陶鳳 庫方崇 戴保林 郭汝舟 徐曉泰
徐保福 徐文榜 徐祖保 徐其愷 徐祥興 徐道德
徐馥順 徐金燦 徐祖發 徐發生 徐邦選 徐志順
徐朝揚 徐朝相 徐明哲 許宏泰 許三保 夏宗清俱縣

屬陣亡 陳繼彬 陳繼顯俱甘肅陣亡 陳炳坤 徐炳吉俱陣
亡以上縣志同治五年 李在鸞 李伯壽 葉五生 廖忠義
廖永高 廖敬復 廖朵廷 廖桂榮 廖明福 廖浩然
李遠壽 文柏松 文翰生 文紹鸞 文細妍 文寶山
姜今元 張輝宇 胡立成 王本文 魯十喜 王灼義
徐必有 陶八伢 周六伢 萬成先 陳道明 朱全順
吳奇僕冊作奇僕 羅接伢 潘占楚 王斯篤 夏炳鉅
程時錮 盧萬春 鍾兆奎 王全盛 郭汝興 黃師彭
李佐朝 胡必發俱縣屬陣亡 陳恩高興平縣陣亡以上節義錄 邵際周
戴之倫 程永順 黃鳳先 李泰林 徐士愷 徐長順
徐佑元 徐效文 徐啟文 徐礮歌 徐加潤 徐全發

潘占楚 吳纘乾 呂德升 龔興貴 張家賢 胡明喜
吳纘清 魏道志 淩正德 李光前 張學顏 吳紹漸
殷名富 黎嵩高 周名年 周有山 王肇武 王肇志
王良佑 王福花 王純有 王佐楷俱縣屬陣亡以上本縣志同治六年
劉承宗 彭陽春俱膚施縣陣亡以上本節義錄 彭金得縣屬陣亡
高學義 吳萬興 楊安邦俱延安府陣亡以上本府冊 謝四元
謝坦元 徐家祥俱陝甘陣亡以上本縣志同治七年 蔡得勝 陳起發俱懷
遠縣陣亡以上節義錄同治十年 鄒海清縣志作海青 王金興 劉福
王得勝俱瑪納斯陣亡以上本節義錄同治十二年 陳義涂 丁吉祥俱徐州陣亡以上本節義
錄同治年間 左得勝 邱正興 邱士才 郭正興 萬成效
湯勝春 蕭得勝 韓起太 左昆山 左廷強俱陣亡以上本縣冊咸豐

同治閒　黃斯乾　黃世富　黃世沅　汪友升縣志作有升俱陣亡以上
本府冊　朱喜德　王宏立　周球伢　羅百福　許光化
趙攀堋　李大鍾　李大有　李大全　李大純　李世仁俱縣
屬陣亡　劉耀宇因公淹斃　八　戒追賊被戕　陶三硋黃陂
陣亡　朱和富棗陽陣亡　吳天恩　陳官應　陳全喜
陳和泰　鍾如伢　陳新發　巴春樂　何紹林　何世倫
徐望生　羅元接　羅高發　李楚伢　吳天望　謝佛佑
胡寄松俱河南陣亡　吳天級　王正順　胡應順俱安徽陣亡
劉連陞　鍾金武甘肅陣亡　美守鶴　周體堂　周家文俱陣
亡以上本縣志　方攻鵬　陳恩高　劉占楚　於五福　陳萬發俱外
省陣亡以上本縣冊　朱春福　王瓊瑞　宋五席　王騰貴

孫得奎　毛金玉俱羅田縣陣亡見羅田縣志　年未詳

蘄水縣

陳廷梅　何南水　華玉富　傅正海　柯隆富　謝繼舉
周正其　王應祥　張文貴　李全太　紀輝龍俱寄籍竹山
黃榮富　高　元　朱純珍　馬　黃　郭明水　陳萬得
周禮泰　張應南　羅守元　蕭朝耀俱寄籍竹谿　王士幅
陳助虔　鄧得高　范允全　汪朝學　王席政　李在庭
徐昌玉　胡有名　程盛華　馮庭貴　陳起富　丁會川
陳三仁俱寄籍鄖西以上本通志　高登奎　程世榮俱征陝西教匪陣亡本縣志嘉慶年閒
徐宗怨　潘立寅　吳瑞林　聶心志　潘宗武　孫邦元
易洪啟　周閧椌　王德富　周三元　江漢清　胡奉宇

徐啟道　王　高　胡均全　僧密霞　僧定如一作定儒
闞太興　任文富　任兆義　袁廷度　劉應春　王新發
周思萬　葉有富　華士元　胡永年　閔善驥　李元元
周仁和　李永年　朱開富　段榮華　程文耀　羅文昌
劉成名　徐家玉　徐建朋　樊金榜　郭端使　李作興
余得祿　涂天和　袁瑞崇　萬老大　韋啟富　龔啟高
徐加士　戴景春　陳必榮　可正久　石宗廷　易老三
易老五　陳吉兒　李求兒　施老二　華裕德　羅以貴
王大順　陳世興　黃世昌　劉正興　汪　發　羅文耀
艾　三　朱安勳　王金福　李永祥　萬應發　萬應康
李文斗俱黃岡縣陣亡本節義錄　咸豐四年　張克儉　張世宗　李自勤

徐春富　張恆義　周兆金　李有富　呂光照　江天琦
嚴如富　匡德瑞　楊志元　周廣元　潘科元　張金才
汪守明　余有容　胡先甲　童邦福　饒明成　聶楚書
胡用朝　涂煥彩　陳有萬　晏光典　徐兆富　吳士龍
陳開元　楊正廣　胡順陽　王九發　葉慶安　周開兒
周漢廣　張雙蔭　周廣才　汪文爵　汪戊兒　丁明珠
樂志友　江必捷　晏連芳　周廣材　余大有　周高陞
匡大喬　匡子枝　匡大全　王應堂　黃春輝　王文義
徐存保　裴應奎　周元傑　黃明富　汪訓交　郭培元
王友元　郭培源　楊裕敏　晏五美　張啟貴　王朝發
王文席　楊明升　夏士儉　李啟元　沈世發　郭宏義

李金榜　祝志發　姚五松　周有鉅　周世懷　周復秀
范永奇　廖鎮强　嚴近貴　林錦春　廖洪奇　廖洪壽
文光富　徐麟瑞　彭純儉　余有全　聞雲錫　林達才
周會兒　毛成材　龔傳華　李時英　李明楊　葉從興
徐思朋　李明發　江正順　蕭新禧　程世興　嚴遇賓
鄭德順　程覺修　李光榮　程登明　范效忠　田宗唐
方開甲　高明選　李德成　陳永茂　徐芳獻　張雲林
張九堂　李金榜原重　王應和　張八堂　蕭名蘭　蕭雨亭
蕭名榮　李樹華　李芝讓　李芝誥　王其順　方海珍
方聲遠　方耀南　徐際春　李金鵬　吳萬俊　潘金元
沈先義　鄭馨　馮普七　廖天慶　潘省氣　文海元

龔獻章　林雲高　唐宏元　徐紹甲　張慶祥　朱維高
王永茂　潘開甲　蕭功魁　蕭廣才　周迎春　李楚才
楊泰發　李明藥　江斗南　劉國正　汪賢良　李如意
李廷高　劉紹慶　許福春　樊大凱　張煥采　屈志大
董啟貴　朱尚疏　陶萬勝　尹謹法　周福秀　汪有才
僧登發　匡大珪　匡大錦　裴愛兒　葉光輝　朱友德
王廷福　張永林　張時發　葉六章　徐啟時　張會兒
王爲林　方宏申　左雅懷　周其時　周龍海　王春和
李成福　張煥採　張同福　張再堂　張東喜　周起才
黃雲友　祝碧封　嚴在坤　周長春　葉其中　聞進元
徐之發　胡學富　廖洪志　盧長元　胡進先　張聯升

晏六朋　程懷興　盧啟堂　瞿臣賀　汪士宏　葉茂珪
廖世義　鄭金祥　李高桂　余景章　胡啟賢　施貴生
詹大貴　施朝棟　潘得勝　楊之典　陳玉元　李文秉
張在亭　沈東海俱縣屬陣亡本節義錄以上咸豐五年　李永全　王景雲
楊榮宗　周采雲　周品貴　唐有元　孫起貴　傅春慶
傅雁宗　周彩雲　周立敖　周紹吉　周步鰲　周國泰
彭起雲　彭五兒　廖正發　王永和　朱天祥　周信華
李永順　陳玉奇　王勝春　王序洪　陳大順　張功勝
彭有才　尚九春　王啟發　王春發俱縣屬陣亡　程紹基
周文禮　趙大定俱光化縣陣亡以上本節義錄咸豐六年　呂正義　徐福太
李文遠　吳春元　張華山　黃昌林　匡春和　周占疆

蕭揚駿　王召棠　周貞祥　王兆堂　劉常山　翟大浠
朱承先　黃長林　余廣照　黃紹炳　劉廣發　劉輝南
劉寅亮　程理元　劉肇慶　胡文台　余耀連　魏春容
周大勳俱縣屬陣亡本節義錄　樂邦有罵賊被戕本府册以上咸豐七年　黃順喜
詹得有册作有德俱三河陣亡本節義錄以上咸豐八年　周永發　范永和
羅占魁　傅玉成俱陣亡本節義錄以上咸豐九年　鄭奉主　馬世發
裴正愷　華登榜　張振紀俱桐城陣亡　黃正元太湖陣亡
徐正剛　胡大發　王得才　王正容俱潛山陣亡以上節義錄咸豐十年
朱有福　熊萬吉　吳大元俱興國州陣亡本節義錄以上咸豐十一年　秦心德
陳比南　陳新勝　劉世之　陳名聲　郁世友　夏厚載俱安
陸府陣亡　錢國富　陳本宗　陳澤勝　王起福俱安徽陣亡本節義錄以

上同治元年余祥盛　陳春極　程能第　岳光興　游玉堂
陳起法冊作起發　謝國發　丁成名　丁有貴　李得彩
俱縣屬陣亡　詹瑞堂　楊金玉俱麻城陣亡以上節義錄同治二年　徐士明
陳起運麻城陣亡本麻城縣志　熊彥章　詹正美　郭光達　郭致和
徐開成　徐得順　張云富　陳文安　周玉林　汪鳳遠
劉秀保　何志善　王永和　陳老二　汪新照俱縣屬陣亡
張文治府屬陣亡　潘先發　李先春　汪金品俱黃岡陣亡
程瑞芝　張習洪　岑正順　劉學之俱麻城陣亡　王兆元
李作元俱蘄州陣亡　李福榮　陳如其　郭得勝　熊高升俱廣
濟陣亡　蔡萬山　胡宗有俱安陸府陣亡　高從茂鍾祥縣陣亡
蔡長清　鄧得揮　高飛鵬　夏致和俱外省陣亡以上節義錄　楊占標

朱得升　張有福俱陣亡本府冊以上同治三年　徐正興黃岡陣亡
王福元　馮永林　陳善保　張萬全　米明貴俱陣亡本節義錄以上同
治四年　胡得勝　孔喜勝俱安陸府陣亡　胡明德天門陣亡
陳心誠外府陣亡本節義錄以上同治五年　夏得侯饒陽縣陣亡本節義錄同治七年
王錫齡　王鳳元俱懷遠縣陣亡本節義錄以上同治十年　江點心　黃勝先俱隨
州陣亡本節義錄以上同治年間　胡太元因上打杵嶺被戕　李興發陣亡以上府冊
翟以福　裴正楷　胡以發　蔡世理　徐高法　陳續成
徐生仁　方孔悅　胡富萬　胡五名　胡五廣　潘慶林俱黃
岡陣亡　僧素雲隨團剿賊被戕支解　馮楚奎　蔡啟發　胡若寅
趙永揚　王安商　張光祺　岑正鰲　黃建華　胡永福
郭光台　程六漢　汪仁義　王世章　瞿臣象　李錫瑞

徐裕友　張公勝俱羅田陣亡　高大順　張金蘭　范忠良
戴興友　邵丙五　易繼學　周學貴俱大冶縣陣亡　瞿生敏東安
縣陣亡　李有望　陳祥發　僧務禪　夏解秀　胡明德兄弟
俱陣亡以上本縣志　郭立美　郭立鑾　郭立親　華東和
袁元意　徐有文　王洪川　王三應　王兆南　袁在郊
郭庚元　郭立興　郭五元　華起祥俱羅田陣亡見羅田縣志以上年未詳

麻城縣

沈泰　沈憶縣志作意　孟行榮　韓正時　胡國忠縣志
作國中　黃文運　朱維榮　何登起　江楚德　李又玉
程大祥　朱茂盛縣志作懋盛　田心遠　蕭可勝一作可聖
張啟全　王傳春　張天成　桂正勇　詹占渠　王能執

裴玉林縣志作玉麟　張大湖縣志作大瑚　倪士科縣志作世科
楊文華　張必遠縣志作必達　吳宏發　余肇清　蕭宗坦
余開瑞　余錫祺　傅元榜　韓正烈　操天意　羅有意
方席宗　傅元義　韓中大　龔有忠　吳在祿　傅元昭一作
元釗　李載祿　朱至公　羅有信　周如　周坦
張璧儀　彭錫五　彭煥奎　傅元鼎　傅顯功　朱永祿
詹應奎　詹應廷　陳啟達　胡春和　陳啟鳳　胡興
曹啟運　吳廷龍　吳世越　吳世宏　吳省松　吳省禮
吳省亮　吳省廉　杜尚富　梅正玉　丁文光　丁意珍
丁文台　丁明法　丁達泉　汪志魁　丁達榮　余又喜
丁雙喜　丁復貴　丁江友　丁正強　丁正興　徐瑞華

張家駒　丁正宇　夏週全　韓茂榮　劉士發　鄭傳柱
谷啟貞　蕭祖默　韓茂楊　王天錫　王天賜　鮑文清
宋老大　江　友　甘　明　丁兆祺　鄧起祥　余楚材
石作友　湯永宗　陳國旺　何國春　鄧之元　蕭如福
王定默　曹　全　熊天志　鮑學泰　丁六十　丁江升
丁達春　羅　楷（縣志作愷）　彭貴元　僧　福　曹映龍
張正湖　王文焯　曾榮光　曾天旺　王廷憲　張五福
王茂梓　江定宗　王開喜　邵世高　蕭映廷　黃祖錫
洪四喜　曾老四　曾老五　傅木匠　何老大　熊五貴
王學陞　劉晏泗（册作晏四）　王文全　彭　忠　王啟金
陳地保　張老么　王貞安　何興松　何瑞才　項學圭

黃州府志　卷之六　昭忠祠祀下　二十七

陳　貴　陳富杰（册作富沘）　周鳴順　周廷浩　胡承耀（縣志作永燿）
項　芹　項必元　郝先榮　郝有功（册作功有）
蕭芝楚（册作之楚）　劉繼連　皮以揚　陳寶第　樂清一
李慶德（册作德慶）　劉繼墉　劉維遂　劉能元　張宗國
徐本魁　董得喜　鮑長壽　鮑長發　鮑得元　鮑得保
鮑四義　鮑四美　蔡長元　蔡長富　王大好　梅玉美
曹承祖　張從興（俱縣屬陣亡）　童先柱　黃得才　江文高
程全祿（册作全陸）　程旺和（册作望和）　李立玉（册作在玉）
丁登榮（册作登雲）　閻玉蘭　丁國信　陳定興　劉似水
胡光太　張喜元　梅順好　曹明好　僧得亮（一作德祿）
詹文法　周　元（一作周沅）　張廷輝　程三元（册作姓陳）

周世發　李天保　陶應發　周錦新　周汝芝　丁維珠
陳萬泰　歐陽煒　僧德諒　周　沅（俱黃岡縣陣亡）　胡承學
何加耀　夏啟賢　魏永昌　宋輝元　汪辛巳　汪天貴
僧雪霞　余正先　張正先　游占六（縣志作占祿）　陳美彥
陳美賢　李必興　夏士照　夏庚辰　毛大好　商老大
喻良粥　舒二好　羅永貴　李學陞　夏祖貴　僧教興
周維榜　汪得彩（一作德彩）　汪德才　李鑄士　陳美鳳
李克明　毛瑞山　劉尚松　舒啟臺（册作啟台）　李杰四
孫紹福　夏步遠　汪得彩　陳楷行　商宏元　鄒基濬
僧雲霞　李學玉　劉尚赤　余紹興（俱蘄水縣陣亡）　黃德順（縣志作得順）
喻重喜　靖英甲　胡一元　洪兆貴　黃天元

黃州府志　卷之六　昭忠祠祀下　二十八

黃世珩　黃盛堂（縣志作盛棠）　楊大元　毛如意　周先杰
劉大甲　張　蘭　陳定海　劉廣順　周茂科　黃光華
黃乙未　朱文煥　邵　老　黃又喜　黃　保　周正明
項正順　項正賜　何如清　胡　三　彭　增　王文旺
汪五一　劉能貞（縣志作能楨）　黃五十　劉十全　劉福壽
黃世起　黃萬勝　袁學先　張之湖（册作之瑚）　劉進益
黃龔三（縣志作龔三）　靖　有　羅維高　張老二　周上元
蔡東昇（縣志作東升）　李五福　劉定國　羅德坤　羅維禮
陳四六　項　正　陳九如　陳天益　陳祖喜　周文順
楊德隆　周之福　楊德喜　萬德信　王心田　許天保（一作天寶）
詹成祖（一作承祖）　曹映和　汪立柱　陳宗儒

鄧學斌　熊耀坤　趙大發　畢思隆　詹中芹一作宗芹
何科進　雷巨烈　毛萬邦　張老九　王旺喜　文光恆
邱本恕　汪廣發一作廣法　徐本和　汪仁義　趙老四
萬之元　熊耀元俱廣濟縣陣亡以上本節義錄　蔡道洵　蕭正榜
梅學禮俱縣屬陣亡　詹大勳　畢登科　陳崇周俱蘄水陣亡本府册
黃德柱　張明翥　鮑長春　鮑得喬　鮑有元　王世有
王富春　王世魁　王能報　余端漢　劉士立　賈　和
李爲敏　邱治元　張世福　黃錦麒　曹應龍　曾紀先
洪作賓　王煥恩　廖廷憲　蕭　賤　董狗好　易四元
王維富　萬維元　項學舉　項爾淮　曹啟貴　曹　貴俱縣
屬陣亡　劉明貴　李在玉册作在域　李金廣　閻金秀

吳萬法　張崇興　李世山　李金菊　周錫瑞　周錫耀
周錫連　周錫鐸　周錫琅　周正剛　周汝安　吳席典
吳三永　胡其楷　尹國平　尹國堅　蔡學福　蔡艮貴
蔡國富　孫尚宏　姜正坦俱黃岡縣陣亡　楊德祥　葉文彬
夏　艮　魏長壽　羅興旺　曾二師　夏杰四俱蘄水縣陣亡
黃世炘　靖應甲　袁文景　汪金聘　李　某　萬裕緯
曹　翼　林光耀俱廣濟縣陣亡以上縣志　咸豐四年　楊金秀　方孔月
吳萬春　李懷仁　李得勝　朱長發　吳太興　張萬富
徐正發　楊文松　余應朋册作應明　詹成魁　詹倖勝
李守尋　曹運開　胡禮萬　楊定國　徐其桃　李潤功
鮑昌利　鮑得先　鮑得治　李士達　李喬枝　李喬林

夏明榮　吳萬發　楊霞林　李得時　吳壽兒　袁萬才
張定元　楊士華　陳文藻　沈得時　廖春林　沈東海
廖清發　戴金魁　魏合順　高立成　岑有富　徐克成
彭萬富　易得勝　項有先縣志作有光　鄭起仁　鄭厚榮
鄒金玉　余太發册作大發　夏啟太　夏萬合　王作二
羅宗旺縣志作宗望俱蘄水陣亡　李仙峯册作化峯　李必勝俱羅田陣亡以上節義錄
鮑春榮陣亡本府册　汪天相黃岡縣陣亡　李世山　劉繼時
沈宣瑛　李兆福俱蘄水縣陣亡以上本縣志　咸豐五年　胡四美　康步鰲
劉能泰俱黃岡縣陣亡　劉承福　喻大順　李正武　曹其山
盛學王　劉德盛　蔣德盛　李大榜　吳加勝　胡明元
胡明志　喻正德　黃加聖　盛世會　熊大文縣志作天文

余治順　余長熙俱光化縣陣亡以上本節義錄　熊崇發孝感縣陣亡本府册
李懷德黃岡縣陣亡本縣志　咸豐六年　李代成　夏順兒俱黃岡縣陣亡
蕭魁保　黃有啟　王新有　李　仁　鍾能壽册作能受
余大發　鄭厚加　尹安元　胡啟凱　鄧懷志　鄧宏應
李廣義　蔡國元　張乾坤　吳大發　夏世高　楊克安俱黃
梅縣陣亡以上本節義錄　郝輝榜　蕭學東　鄭勸善　張德潤
張元亮　周揚烈　袁宗耀　張成德俱縣屬殉難　曾總傳
馮仁堂　羅大有　秦　諴　胡德有　尹惜賢俱黃梅縣陣亡以上本府
册　咸豐七年　余開甲　程鴻進　程鴻翥　余輔朝　余十元
余秋元　夏宏彩　張開貴　何第富　張開甲　彭家宏
戴大元　彭家艮　戴大勇　胡之利　熊大璲　胡之貞

張永祥 艾宏勰 周先棟 李得和 解學富 丁正龍
李永容 蕭士華 蕭啟林 李永先縣志作承先 李永和册作永合
李得山 吳世祝 林世全 吳文貴 蕭志孝縣志作忠
蕭國才册作國材 唐國盛 唐國森 唐兆科
高正垠 黃紹模 黃敦高 丁先義 丁先德 丁之貴
丁廷松 丁廷喜 丁錦照 丁錦璜 丁錦春 丁興久
丁朝正 丁先鶴 汪直明 彭起煥 彭登高册作發高
彭啟遠 袁國祥 袁國保 袁正發 袁正鳳 袁必交
袁必和 夏文富 夏得績册作德績 夏文楷 夏得貞
夏文龍 喻成鉅 劉用貴 劉作富 黃茂輝 劉成富
鄭道勝 張文祿 張文鳳 周守成 張得洪 陳明發

曾金榮册作全榮 丁紹權 婁紹貴 婁祖 丁士正
彭得鰲 丁世艮 林先得 丁天潤 丁三汝 孫步高
劉本教 曾炳國 曾靜興 彭子琦 袁天富 袁華
李永豐 丁在榮 李顯才 程士金 毛俱有 張道和
曾文林 鄭勝和 丁正啟 田璋 李永宗縣志作承宗
詹紹名册作紹明 彭存亮 彭存方册作存芳 彭存奕
彭大學 彭學宏 彭存禮 彭存瑞 彭存學 彭存貴
彭學垠册作學根 夏學輝 僧覺靈 僧之霧 丁廷瑞
丁宋賢 丁江瑞 丁江示 丁宋開 丁江遠 丁六見
丁江菊 丁正元 戴明金 李芳菊 李之澳 李永亨縣志作承亨
李承漢 李學文 屈達富 項雲錦 項玉樹

項成有 周得順册作德順 周貞祥 周正發 王祥旭
王蔭鳳 王明甫 王示高縣志作永高 馮得順 彭得
田楚槐 田仁 馮仁金 僧月獻 余謀貴縣志作謨貴
余譜亨 余明文 余三堂 余朝付縣志作朝富 余癸酉
馮仁楷 李嗣法册作嗣發 鮑有善 鮑得恩 鮑正山
鮑有時 鮑正恆 鮑昌德 鮑昌士 鮑昌福 鮑德房縣志作得芳
鮑得順 鮑德申 鮑昌元 程天元 程朝升
盧長春 張先格 張成楚 項雲路 僧紹得 胡國鰲
詹祖詠 詹生晉册作生普 劉作林册作作霖 戴克用
戴克序 戴明陽 戴明子縣志作明梓 董重喜 馬老五縣志作馬五
董耀鶴 淩天德 張昌義 余貽合 唐五元

丁紹賢册作銘賢 丁廷仁 丁爾奎 丁佑 丁志爲
丁廷鶴 丁之啟册作文啟 楊國朗 曹金聲 張世廷
黃學江 黃學禮册作學理 黃學貞 黃堯榮 張得林
黃學訓 張正遂 張正春 黃士東 黃士達 黃士述
黃承艮 黃學剛 黃堯達 黃承發 周大僕 李永照
李永林 李大意 蕭時興 蕭時發 蕭時旺 王映瑞
江上朝册作姓汪 王之美 王如法册作和法 僧能元
僧雲得 張正堂 曹映義 夏老六 夏行舟册作行丹
羅戴金 羅艮有 丁學義 胡學艮 胡宗世 胡宗杰
胡國艮 蕭艮興 蕭艮旺 曾可奇 李子艮 李子春
李子謨册作子模 袁必春 袁必盛 袁有才 袁老九

鄭光奇　鄭太坪　鄭祖訓　袁有鳳　鄭祖賓　鄭詩華
袁有凰　袁必高　袁必勝　袁有玉　鄭詩榮　袁有金
袁有山　袁有海　李子福　李子祿　李中海　李子馬
丁達海册作達漢　羅永之册作永三　羅正禮册作正理
羅正啟　羅宗堂　王啟國　王啟玉　王啟勝　丁學泗
丁學旺　汪繼南　李中書　李仲祺册作仲其　盛正祖
王啟太　丁達奇册作逢奇　李生煥　蕭開雄　鄭之約
丁映龍　方義興　丁映江　袁士訓册作世訓　鄭傳耀
張世榮　張得麟　趙木匠　鍾廷英　高子美　張正映
張解伢　鄭光科　鄭文鳳　王正榮　李千科　羅永達
曾有玉　張得美　鄭文元　鄭文燮　王大義册作文義

王大器俱縣屬陣亡　尹長春　簡時興　醇宗海俱桐城陣亡
高世君　周　三　余秀榮册作榮秀　何樹玉　張得開
胡春華　陳余春　劉啟勝　庫盛金　庫盛銀　韓得中俱三縣志
河鎮陣亡以上本節義錄　喻士林　屈達金　彭得安　詹大洋
作大揚　詹學富　余大學　李第九　易國芝　胡光智
李安元　畢五元　許天元　熊繼儉　李得全　熊之桂
熊繼才　王廷先　方廷榜　涂必勝　詹子合　涂全德
鮑啟鳳　郭天志　楊國瑞　蔡廷升　童先元　謝紹德
謝紹興　謝長達　周賢才　方六可　陳美善　周彥泮
曹學藻　熊正祥　萬宗先　萬福朝　馬名魁　萬德漢
朱大旺　朱大漢　張永元　胡天福　張正盛　向堯奎

張永全　呂老大　李兆銘　彭啟貴　李元斗　黃應富
李允芳　王雙喜　李嗣玉　張文科　李允亨　羅正興
吳世高　僧永富　汪述榮　僧紹朗　張天喜俱縣屬陣亡以上本府册
丁江富　丁世高　丁志仁　李啟才　李子朝　李　發
李興文　李中江　彭玉印　彭存宏　彭楚富　張廷檝
張祖越　張正千　張正榮　張得趾　張世琪　張道元
袁會龍　魯國信　袁天貴　袁得祿　鄭道清　詹生譜
詹祖元　鮑得秀　鮑懷正　黃堯玉　黃堯漢　黃士乾
黃士均　黃文蔚　程子燕　程士楚　程士美　程　錦
閻宗尚　戴明泰　戴明全　戴啟泰　胡有元　王學魁
王千宗　王明虎　王元芝　鄒平斗　鄒與富　韓尚榮

韓名山　韓尚利　韓起題　韓雙齡　劉茂龍　熊茂富
熊輝照　高代理　林光發　屈達聰　屈啟德　屈達訓
屈達元　屈爭氣　田　瑰　汪士元　汪文喜　汪金甲
汪繼一　阮國奇　陳士華　陳宗愚　曾金華　曾昭準
方有瑞　馮仁模　馮仁保　馮廷義　馮仁法　馮賜恆
童志淮　甘萬坡　曹宏翥　劉浩然　曹宏謹　曹明信
董重喜　喻能喜　江連子　江立柱　喻能駒　趙志和
徐天喜　徐本魁　喻能文　徐必章　喻臣朋　黃萬泰
僧洪文　段成虎　伍大祥　伍宜仁　雷澤富　蔡世功
朱　炌　朱克恆　甘萬波　易廷桂　郭世榜　傅元和
甘正魁　尹賓泰　尹元泰　尹成方　尹爲佐　尹狗漢

尹國賓　喻顯爵　尹良唐　尹國豹　尹志倫　尹國順
郭必昇　尹啟泰　尹心德　尹士春　梁長順　翁定鎰
喻能璞　喻能勝　喻臣猶　喻臣宗　喻臣書　喻臣賢
喻泰臨　喻臣祖道光八年割股救父曾　喻臣喜　喻能垣　喻臣鈞
喻士興　僧普濟　喻臣祿　喻臣雲　余謨林俱縣屬陣亡
鄭啟彩　李子幹俱商城陣亡以上縣志咸豐八年　汪芳雲　成明玉
黃品玉　徐大奎　丁達祥　姚保林　胡天燿俱潛山陣亡以上節義錄
楊克安　鄒開第俱汝甯府陣亡以上縣志咸豐九年　劉紀曾　夏先桂
余占魁俱桐城陣亡以上本節義錄咸豐十年　鄒玉喜蘄水縣陣亡本節義錄　汪永志太湖
陣亡本縣志咸豐十一年　岳勝錢縣志作惟錢　李義春　甘芝友
何從富　駱應明　陳大發　王洪興　何永發　鄭有德

黃能光　黎國喜　周仁和　傅茂全　唐明順俱安陸府陣亡
周見章　李大新冊作大興　劉克勝　胡楚勝　雷巨安
余大順　方益元　徐開元　王辰玉　沈金元　陳本全
方成貞俱潁州陣亡　王高陞　陶煥章俱南陽陣亡以上節義錄　楊正福安陸
府陣亡本府冊　余謨甲河南固始陣亡本縣志同治元年　包紅春　方正保
涂得勝　王元和　陳得勝　鄒大發　李宏升　董卿雲
姚道全冊作道金　徐星元縣志作興元冊作鑒元　李太興　王先元
郝昌照俱縣屬陣亡　彭得隆　袁光復冊作光福俱蘄水陣亡　宋多福隨州
陣亡　余石八應山陣亡　虞宗榮　甯芝同冊作芝田俱潁西陣亡
許敬德外省陣亡以上本節義錄　明坤　曹學勝　方正萬　李成楙
萬朝選　劉文達　方起榮　陳宗順　陳開良　陳良駒

陳大榮　陳克明　陳本元　陳德寬　陳大興　陳開裕
陳宗良　陳福喜　陳大乾　陳永昌　陳正元　陳會禮
陳洪元　陳新喜　陳大元　陳會照　陳貞元　陳會太
陳大坤　陳本彩　陳尙廉　陳開洛　陳宗商　陳本湖
陳開禮　陳崇德　陳太平　陳良聰　陳開樂　陳大佑
陳良駿　陳本典　陳尙德　陳本良　陳有大　陳開遠
陳汝遠　陳本儉　陳瑞林　陳本厚　陳開貴　陳開相
陳克盛　陳會全　陳開江　陳大清　陳正林　陳本立
陳會錫　陳宗勝　陳克勝　陳會典　陳宗輝　陳克寬
陳開用　陳開楠　陳本珍　陳開華　陳全林　陳錦中
陳本質　陳全福　陳開啟　陳全喜　陳　合　陳開才

陳　漏　陳開讓　陳開位　陳本道　陳汝杜　陳起運
周幼子　徐士明俱縣屬陣亡以上本府冊　陳開義　鮑石八　周全泰
阮學全　繆洪富　蔡春泰俱縣屬陣亡　蔡春泰壽州陣亡以上縣志同
治二年　劉長春　熊洪福　梅天鳳　鄒瑞喜　夏明盛
吳金元　李楚曜縣志作楚耀　丁明懷　丁達其　鄭厚台
鄭厚達　鄭興時冊作典時　鄭德秩　鄭德利　李銀鰲
李勤儉　熊茂盛　熊思良　丁子粱縣志作子良　鄭福安
王常榮　詹文舉　夏萬年　蕭學湧　歐陽輝　歐陽杰
胡正禮　胡顯佐　曾　林　曾　佑　曾　喜　曾　福
楊林年　趙萬元　趙萬有　趙情懷　楊大正　胡天科
楊成天　張學松　張學楷　張成京　張開輝　張學魯

張學璜　張正祥　孫人耀　張東玉　張宣望　張世其
李成蒳　曾榮先　張正福　張世旺　張正榜　朱長壽
張世春　張世權　張細元　王啟勝　曹全萬　曹華記
曹學亮　張世奇　張世和　張正楚　張正全　張正孚
魏成貞　程德先　曹全蓮（作金蓮）　曹一榮　黃堯恆
黃士宗　黃錦占　黃錦奇　曾富貴（縣志姓曹）　曹有旺
王賜元　王應孚（册作應學）　余　元　鄭士魁　黃三友
陳老大　羅東喜　方二妍　羅百歲　王茂漢（册作姓羅）
王之臣　方大妍　李忠梅　胡開照　熊應山　胡開華
曹太順　郭良法（縣志作良發）　李忠杏　李子乾　李子進
丁太和　丁世望（册作世旺）　丁學周　羅正德　羅宗興

鄭光祥　王啟聖　袁有祿　袁有壽　鄭士良　袁子華
盛學泗　蕭開朝　李忠典　李忠點　李宗自　李忠存
高子興　鄭祖奇　鄭太平　李子春　李子銀　李忠立
李孫燠　李千魁　方宏盛　舒國朝　羅喜妍　宗汝潭（縣志作汝譚）
謝長仁　傅元林　傅生喜　梅則富　鄒望宏（册作旺宏）
程世鼎　鄒平鋭　鄒平昇　鄭平意（縣志姓鄒）
姚光萬　鄒平遠　鄒遐禮　徐彥貴（册作姓涂）　袁啟成
林長富　朱士元　黃義和　陳興義（册作義興）　羅有全
胡德高　胡德成（縣志作德存）　僧凡存　鄒心亮（册作必亮）
丁錦春　熊恩濂（縣志作恩濂）　程宏月　程玉謙　傅元旺
張正美　僧淨明　郭永福　郭立秋　方崇意（册作榮意）

方萬山　方萬興　方國定　方國華　方正海　張　貴
張　萬　羅正堂（縣志作立堂）　張宜右（縣志作宜保）　曹必國
曹金滿　張世貴　鄭德興　鄭光富　張保林　方正輔
張祥妍（册作詳娣）　洛正穆　張世常（縣志作正常）　張世炳（册作世丙）
虞其鳳　鍾正二　鍾正大　張正雁　黃學友
張　榜（册作榜年）　陳金洛　陳宗田　陳銑主　陳先和（縣志作元和）
陳宗虞　程子法（册作之法）　曾坦道　曾坦鳳
熊繼高　熊繼理　熊述忠　高維法（册作維發）　熊之宇（册作芝宇）
熊繼達　陳宗和　陳宗科　陳士美　曾心洛
曾本利　熊繼坦　熊繼喜　熊繼其　熊述先　熊繼良
熊楚玉　熊四喜　晏和貴　陳宗海　陳宗官　陳宗麟

陳宗銀　詹遐林（縣志作霞林）　詹道長　詹成相　詹成華
游佑瑞　畢　三　蔡全仁　邱陽春　詹春林　夏英望
詹光寵　徐上義（册作姓涂）　施成梅　邱述迎　張首魁
李學武　項雲程　商開習　李登林　周汝順　李連喜
陳四喜　夏曰三（俱縣屬陣亡）　李全祿（黃岡縣陣亡）　胡起富
陳殿文　曾呈選　蕭長春　梅定安　管復勝　毛洪興
鄒道新　王珍德（册作得珍，俱蘄水縣陣亡）　王長發　項長發（俱蘄州陣亡）
郤玉雅　王文義　曹耀勝　李大勝　吳振强（俱廣濟縣陣亡）
劉得源（縣志作得元）　毛光友　馬戴皇　吳長順（俱襄陽府陣亡）
任從啟　尹明芳（縣志作明方）　尹型芳（俱棗陽陣亡）　張榮富
高延鳳（俱外省陣亡，以上節義錄）　周先棟　陳祖喜　萬德信　王心田（俱縣

屬陣亡　王文義　張士奇俱廣濟陣亡以上本府册　張之烺　童承安
曾昭懋　丁正萬　丁昭準　丁必堂　熊連喜　王如鶴
王啟熊　王學江　詹細毛　詹和同　胡宏魯　趙萬元
張德鰲　張世堂　張功鏞　張世保　張德宜　程洪恕
黃洪恕　黃一妍　黃錦柱　黃尙銀　陳金圭　陳元圭
陳石匠　陳昆林　雷俱亨　余肇宗　鄒旺意　鄒平盈
鄒平甲　萬朝連　湯老三　僧仁成　僧凡至　僧安存
鮑榮勝　何定榮　何定華　何永習　成逢海　成逢江
田緒齡　劉芳士　劉正榮　吳其亨　董其海　尹錦鸞俱縣
屬陣亡　李長喜孝感縣陣亡　蕭方仁固始縣陣亡　張英山陣亡
以上本縣志同治三年　黃成其　李安福　成荆茂　劉壽春

張正發俱黃岡縣陣亡　李世宏　蔣定國俱襄陽府陣亡以上本節義録
鄒貴喜縣屬陣亡　戴元義上蔡縣陣亡以上本縣志同治四年　翟春華安陸
府陣亡　吳金陵　熊有富大門縣陣亡以上節義録　徐世成　陳汝茂
張光勤　劉旺俱縣屬陣亡以上縣志同治五年　董其放　李春富
王艮友俱縣屬陣亡以上縣志同治六年　劉德明　萬忠源俱饒陽滑縣陣亡
徐彥舉膚施縣陣亡以上本節義録　石高發　林學權　周正生
占文舉　林志超　張步才　李先　王廷對　李正鋒
徐長發　葉先堂　唐視榮　葉先鰲　劉錫寬　游先宏
童先璜　葉緒彬　葉緒禮　林志祥　林士春　饒道淮
林清學俱縣屬陣亡以上本府册　高學義　吳萬興　楊安邦　劉承丞
均外省陣亡本縣志同治七年　譚有宗甘肅陣亡本府册同治九年　李金山

王廣俱懷遠縣陣亡以上本節義録　夏長春　胡忠邱均外省陣亡本縣志同
治十年　李務本　李奉云　王保成　王恩成　王墨子
何必發　張得勝俱縣屬陣亡以上本府册　鄒崇福陝西陣亡本縣志年未詳

黃安縣

吳長雲　孫國棟　高崇元　王太榮　吳登雲　孫瑞岐
萬啟揚　王啟榮　吳正直　孫玉彩縣志作玉采　王得榮
吳正奎　孫艮甫　王步雲　吳志隆　吳瑞珍　吳曾國
孫元善　王大成　吳國名　吳國甫　陳明奎　吳懷元
錢萬秀　魏華國　周遺高　吳禹恆　李在明　陳金文
錢如賢　李廷秀　周廷耀　吳銀玉　吳子隆　陳大勝
錢萬海　吳希聖　吳士國　吳金國　陳相文縣志姓劉

甯根意　李廷華　陳啟文　李朝高　王士洛黃岡志作世洛
劉崇禮　李朝相　周耀凱黃岡志作燿愷　周光岐　鄒起林
吳金太　周正啟　謝仲仁　鄢正名　沈有文　孫大元
戴文采　周萬雲　周文昌　李化龍　何得名　謝耀文
謝夢瑞　鄢金林　蕭正太　吳成一　吳炳交　周光雲
錢長青　黃興占　何五　謝名華　謝夢黃　謝九州
左成龍　戴輝列　吳繼文　周萬明　吳以珍　任朝傳
張世雄　謝名甫　劉正朝　謝名得　左正有　戴紹勝
萬廷甫　周中勝　鄒必文　吳玉采　蔡朝選　謝得升
劉東只　熊方恆　左正太　戴貴華　萬金舟　萬金仲
劉萬青　吳兆獻縣志作必獻　吳兆舜　吳世賢　左之昆

易向隆 馬再艮 黃茂升 周能甫 吳珍祥縣志作瑞祥
吳自懷 邱正岡 錢伯舟 易豐儀 萬先正 黃茂林
周仲主 吳楚舒 吳之倫 李遵路縣志作尊路 孫恆遠
易奉林 陳仲顯 黃洛從 吳兆唐 吳從得 吳之顯
張得周 吳志中 易奉倫 劉金名 吳崇謙 吳兆進
王以成 易丙權 吳 岡 吳世隆黃岡志作志隆 熊于朝
熊太朝 熊正乾黃岡志作熊乾 石萬玉 熊啟達黃岡志作啟選
熊國言 熊雲朝 熊國允 熊東揚縣志作永揚 熊志其黃岡
志作志友 熊志儒 熊文遠 熊化朋 熊宗連 熊貴玉
熊貴賢 熊銀海 熊緒海 熊貴堯 熊宗萬 熊漢雲
熊立朝 熊允林 熊萬仁 聶有德 熊立有 況正興

黃州府志 卷之六 昭宗祠祀下 四十一

況朝進 況安國 況定國 況允章 況方秀 況金科
況允青 余仲勝 余士得 余宗勝 李志洛 劉洪得
余天相黃岡志姓金 陶天只 陶洪學 陶大發 李再禹黃岡
志作再萬 喻時文 王朝武 涂兆興 涂兆義 陶步全縣志
作崴金 陶見中 周得友 李子六 劉九疇 劉志仁
胡國龍 周在國縣志姓胡 伍中貴 伍見盈 段士達
段成得 錢朝獻 楊青瑞 李國太 潘士賢 易朝貴
楊青名 閔錦文 盧季瑞 董 四 易奎萬 況天相
盧茂伯 盧志高 黃耀名 周聲揚 周漢章 周宗朝
周天笏 劉允名 吳允和 張雲燿縣志作榮燿 何朝于
陶國相 黃 八 王樂山 丁世元 吳四六 陳 連

劉金傅 熊奉宜 陳國太 方有得 李 華 劉仲友
黃士吉 黃士珍 余宗文 戴萬春 羅名揚 甯有成
徐國隆 汪朝太 蕭利見 陳具選 熊丙正縣志作炳正
韓大雅 侯正順 汪大海 王志達 高國友 聶文昱
聶有愷 王啟付縣志作啟富 陳雲貴 余紀岡 陳觀南
陳仲友 陳東發 陳宇文 曾得方 曾仲貴 張啟奉縣志
作起鳳 錢應保 錢正名 張得保 易得坤 易對生
萬宗笏 萬風宜 易豐來 易宗貴 李豐敖 萬啟雲
李見都 張希烈縣志作希列 彭元朝 萬子順 李從龍
萬奉海縣志作奉汝 李裕名 沈位武 彭朝勝 劉成先
蔡勝宗 沈金勝 李自化 萬國珍 沈伯朋 李應龍

黃州府志 卷之六 昭忠祠祀下 四十二

彭得貴寄籍竹谿 楊五周 杜可禮俱寄籍鄖西以上三人祀鄖陽昭忠祠本通志
金國濃嘉慶二年禦教匪死之本縣志 丁有義 劉 嵱 姜世鳳
劉其玉 熊志有 熊志盛 熊貴槐 熊遇太俱勦教匪陣亡以上縣志
熊萬輝 熊朝文 熊耀楚 熊孔朝 熊立舉 熊大研
張永順俱堵禦教匪陣亡以上黃岡縣志嘉慶年間 秦 八 程 三 程 九
王 七 戴 三俱縣屬陣亡以上本節義錄咸豐三年 吳紀南 周維禮
周權法冊作權發 周權正 周權中 周新釆 周益大
郭二貴 王世友冊作世有 王止善 吳象乾冊作象賢
吳均治 吳修治 郭世國 郭興讓 陳光宗 陳釆之
陳定太 陳寶善 陳敬善 陳惟中 陳之德 陳開先
陳正文 陳師訓 陳可法 陳以法 陳一心冊作一新

陳一元　王世文　王知一　王天仁　王天德　王起富
王正起　王國良　秦光緒　秦炳緒　秦臣才　秦德才
秦以道　秦愼修　秦仁修　何先德　何尙德　何長富
何成宗　張春早　張啟富　彭光宗　蔡耀先　王天助
王興發　王長壽　周之節　周文進（册作王大進）　周尙文（册作
王尙文）　劉世章　吳明發（册作明法）　吳明魁　周理九
王基勝　王基富　秦尙勇　秦友一　李瑛斗　葛光先
葛勝光（册作愼光）　秦正才　秦世善　秦敦善　秦崇善
秦輔國　秦修理　秦文善　秦元法　秦知道　秦知止
秦文修　秦長發　秦國謨　陳大味　秦國正　秦知志
陳興齋　陳新齋　陳孝元　秦敬元　秦炳善　秦和中

秦和順　陳道元　陳起英　陳之城　陳序能　陳序忠
陳序恕　張朝國　彭賢二　王元善　秦廷彩　彭廷彩（册作
廷來）　王光彩（册作先彩）　彭時中　彭時富　秦宗因
張大僕　吳長太　石正德　吳家富　蔡志禮　鄭文太
秦二僕　梅長元　李發能　夏大僕　秦能富　秦思善
秦星璜　張輝洋　張文彩　秦宗文　張志道　張之儀（二名
一作姓秦）　秦道立　秦厚元　秦必成　蘇德瑚　陳江成
耿方策　耿耀明　耿連善（册作達善）　耿楚彬　耿文郁
耿文輝　秦德本　秦厚松　秦厚策　秦厚有　秦必勝
秦載玉　秦國良　秦志華　張顯青（册作顯清）　張明德（册作
張德）　張逢椿　秦在金　秦必忠　秦坦夷　秦厚廉

秦忙仁　王豫興　王繼盛　王方發　夏元喜　熊文熾
吳七　王二益　秦厚藻　雷學椿　楊正榜　楊正珂
趙載玗　陳六十　祁朝旺　黃立志　闕瑛桂　闕起
熊太元　王五一　霍起勝　霍大四　祁大僕（册作姓秦）　祁步興
黃四　胡六四　吳六　秦四十　秦大僕
丁四喜　秦四　秦七　馮春喜　曾本眞　常大紀
常命衡　董天順　馬德　倪永順　王金有　吳本育（縣志
作本昱）　吳本旭　曾元龍　高維先（縣志作爲先）　李慶
耿端五（縣志作端午）　周萬順　余紹走　孫永太　蕭光樂
程高德　周四五　周三元　周大喜　周五二　吳四一
汪國南（縣志作南國）　汪宗茂　黃萬春　雷萬才　胡玉得

僧樂道　僧廣發　羅續蘭　羅正列　吳國選（俱縣屬陣亡）
董福　張方來（俱麻城陣亡以上節義錄）　楊元勝　錢如蘭　周皮匠
余四　程嵞匠　王窰匠　楊春安（俱縣屬陣亡以上本府册）　姚正寬
黃得勝　黃士驥　黃超相　黃超翰　黃清華　袁懷寅（俱堵
賊遇害）　程世秀　程國璋（俱攻城中礮死）　車天和　陳甫理（圍城
攻賊陣亡）　楊春景　王世暹　王承福　王承運（俱禦賊身死）
夏鎭東（賊令造册不從死）　秦載諫　江林　陳曉　張佑喜
盛貴　夏師傅　羅勿　秦大喜　楊在禮　周福元
汪宗海　余扶國　雷五十　周幼四　譚會川　劉正福
趙天壽（以上俱縣志咸豐四年）　江千智（縣志作千志）　楊業琅　楊泰
鄭啟高　劉玉華（俱縣屬陣亡）　秦厚國　陳師傅　羅幼

余封紫　劉成耇冊作成考　徐永文冊作永大　郭乾元
郭乾利　郭修信　秦之玉　周新彩冊作新采　周益大
郭至中　郭之和　王金友　周天太　秦厚品　沈光遠俱蘄
水縣陣亡以上本節義錄　錢宗清　錢人理　楊餘慶俱黃岡縣陣亡
謝殿選蘄水縣陣亡以上縣志咸豐五年　劉勝　周勝　周升俱黃
岡陣亡以上節義錄　王高黃岡縣陣亡本府冊　劉之本　許彥聰
熊春海俱黃岡縣陣亡以上本縣志咸豐六年　伍占元黃岡縣陣亡　馮喜錮
馮意信　邱得勝　李長興　李正時　彭占先　祝從信
李光元　蕭勝俱黃梅縣陣亡以上本節義錄咸豐七年　秦正愷　張正剛
胡吉　祁定國　秦必勝　耿盛烈　僧秀泿　吳二喜
杜楚喜　杜國英　阮楚江　張漢宗　彭漢　秦在仁

秦必光　秦必旺　秦有章　吳同壽　張五六　謝盛明
何永亭　吳起貴　陳國良　余四僕　周祁太　秦四僕
吳璜　李金龍　黃象起　吳同壽　崔仁富　馮之伯
陳四七　吳發　程長發　吳六十　武鳳禮　陳士助
羅光發　武天元　張名友　余三元　韓子陵　馮士清
李朝興　李高懷　僧潤　黃中玉　李金秀　徐天經
李朝明　楊天富　李大德　馮學明　馮里義　詹文松
李正茂　丁天時　嚴二喜　李朝典　毛正啟　馮秉華
馮學梓　馮戚　僧元　李正法　丁先泰　嚴三喜
徐朝遠　毛光宣　馮萬福　馮中明　余山祿　僧安
李兆富　徐天賢　柳開榜　馮名貴　詹文徽　馮大勝

馮七五　李太亭　董加貞　羅玉珩　董三五　徐萬祿
陳時久　李朝玉　王東林　王得魁　王占鰲　王名魁
羅步盈　劉文煜　劉開達　劉志樂　張文達　周宏科
周宏章　姚步聖　陳朮鼎　吳啟國　梁國旺　黃啟德
胡士元　張應瑞　曾耀才　彭家瑞　黃正豐　陳清太
陳永二　陳大有　陳大發　陳步賢　彭二喜　鄧光全
吳佑朝　袁萬壽　王正明　徐在天　徐在長　徐在玉
徐在邦　徐時起　徐應忠　張喜二　葉時見　葉鳳題
葉五喜　楊有才　李朝輔　彭雲青　陳如海　陳光裕
阮紹青　阮開元　僧祝連　唐玉龍　陳如漢　何祿明
僧貴　吳立本　徐文國　王汝有　黃太亭　羅玉恆

劉先禮　劉近安　徐天起　李輝勝　李鳳朝　馮玉學
黃遠道　黃春揚　韓子林　董先耀　董得先　秦盛國
李金貴　李金蘭　劉大明　李春其　周大勇　周鳳言
李國興　方開甲　王均仁　王高主　王大好　李承一
李輝保　李裕惠　馮修保　黃正煥　黃萬才　向文達
董紹堂　董得旺　秦宗新　李承榜　梅宏昌　李廷輝
廖文元　楊秀春　周大貴　僧清閑　僧自願　阮正富
方文達　周三僕　王如意　王明德　鍾天朝　李金保
姚玉山　袁正格　盧元銀　趙錫誥　趙永信　葉二俱縣
屬陣亡　張興發　李金魁　鍾萬發俱桐城陣亡以上節義錄　陳六十
秦厚倫　石廷甲　華承先俱桐城陣亡　僧能智　僧某

余怡大　吳九喜　王尚貞　陳六如　僧增秀　僧月殿
詹起龍　梅德昌　梅德台　趙崇達　葉宗起　何大餘
武天章　武光皓　黃象發　吳映堂　鍾丹桂俱縣屬陣亡
郭　英　劉對華陣亡俱縣志咸豐八年　趙東升　李思敬　張大升俱潛
山陣亡以上本節義錄　馮前雅　馮前獻　武光蓮　武光旦
武習愷　武習均　武華科俱縣屬陣亡　黃耀古石牌陣亡以上本縣志
咸豐九年　王永和　徐金堂　李大貴　魏雲貴　華金雲俱太
湖陣亡　陳啟興潛山陣亡　聶有貴桐城陣亡以上本節義錄咸豐十年
郭星元安徽陣亡本節義錄　趙載珍黃梅陣亡　羅永華同眾禦賊死以上本縣志
咸豐十一年　李三萬　黃永澤　李振春　李光輝　李景瑜
雷大容　徐永泰　周福昌俱外省陣亡　鄒恆朗　甘國輔

甘謨和　甘志剛　黃紹全　王侯益以上本縣志咸豐年間　柯炳南安陸
府陣亡　張國保外省陣亡以上節義錄　徐　剛　朱大勝　程為漢
程為清　鄭宗正　鄭以德　鄭士俊　鄭玉青　鄭開發
何　元　何　四　何二僕　韓朝宰　毛四一　何文貞　鄧文龍
何家槐　何文珍　黃中和　黃　么　何勝萬　何玉喜
袁金貴　袁金城　黃　五　李得貴　李得新　李士志
李國興　李有元　李太乙　李　幼　王南燦　吳學太
黃士青　黃自鳳　黃茂懷　張大金　姚　夭　聶萬國
聶濟盛　金孔獻　金開志　金清源　黎文台　黎　福
張宏有　張錫潤　張　九　汪福泰　羅正宗　劉全雲
張光照　張曾獻　華林秀　華三貴　華必獻　王德寬

王應春　張登朱　徐大伢　李思義　李萬明　涂正山
李起元　尹成芳　章士寬　古春太　劉耀先　盧金照
徐耀先　汪光朝　古耀宗　尹立銀　方紹烈　古光於
尹春澤　曾學圭　韓志興　陳大僕　張寶國　劉鳳儀
李均浦　黃正升　陳治國　李鳳起　黃遇春　張紹林
張長迯　秦朝剛　黃天才　陳佑喜　王會祿　吳吉元
吳大喜　詹應才　柯五一　鄒大賓　鄒宗傳　王星輝
王崇蛟　王崇化　吳廣模　詹四元　詹三元　詹大伢
詹志禮　吳志高　吳八先　吳克智　吳佑仁　吳奎太
劉之秀　劉士俊　劉二僕　劉　元　程金福　黃萬國
劉　七　黃萬里　程道四　陳世必　陳同生　吳恆有

吳克宗　吳龍興　陳金有　陳正才　吳佑富　吳大才
袁勿興　吳佑寶　沈文舉　吳紹壽　吳廷芳　萬　四
楊曰義　朱占奎　沈文祥　程大芝　錢長清　齊開元
熊五福　何新桂　錢宗富　熊對生　曾永太　黃　超
吳紹春　錢作珍　吳德才　劉勝德　錢光仁　吳文彬
劉宗宇　吳文煥　劉鳳台　吳大喜　錢金賢　吳廷彩
錢作明　劉伯達　張之謨　張文壽　張士能　張福元
張益元　包騰鳳　張尚志　余得川　田懷明　田三元
田四元　蔡國順　張長明　張行志　張子云　張應籍
楊奎盛　周世興俱縣屬陣亡以上本府冊　曾維志　張子朝　張二意冊作
二益　楊恆盛　楊光照俱縣屬陣亡　熊大勇　張應昌

張子相　張子順　楊安元　楊奎昇俱隨城守潘陣亡以上本縣志同治元年
柯士麟　黃九洲　周得勝　周大勝　羅長太册作長泰
李金題　李登本　楊國銀　蘇見成　王開榜　汪春立
江得勝　劉元彬　劉連陞　倪太新　彭玉節　夏正陞
余繼萬　馮允升　周　有册作有全　熊　祥　樊得勝
楊宏興　蔡福昌　朱友貴册作有貴　包得勝　李立芳
孫玉慶　蔣見揚　方得勝　李亭順　楊遠升　劉文富册作大富
李漢忠　徐長勝　王德成　陳保林　唐得勝
梅長勝　金啟炳　王林惠　閔守信　桂萬和　甘　四
吳正德　桂述義册作述文　趙錫咏　趙載從　甘國普
曹　四　余丙秀　徐　八　趙錫法　趙永富册作文富

孟行安　張元遠　張黃金俱麻城縣陣亡　李天元隨州陣亡
劉應榮陝西陣亡以上本節義錄同治二年　劉仲春　劉玉升　徐世剛
徐耀宗　黃開勝　黃含好　黃曜棟　董興太　何祥啟
杜尚才　董文忠　涂炳忠　涂正興　羅坤國　黃大好
劉　六　李效書　陶德純　周四元　秦再國　劉五三
黃　三　李三元　劉十一　張喜生　成四喜　陳大狗
陳　元　彭連善　李玉林　蔡應主　秦金榜　李宗發
盧元發　吳金富　吳團元　朱　狗　江康臨　江福壽
方席春　吳五七　鄭文正　鄭洪爵　方一奇　潘榮邦
潘世舟　徐永富　潘坤儒　周慶昌　周六一　王均富
李　六　阮十二　阮文元　王宗立　王加南　趙　五

江步瀛　江步華　方映堂　方復勝　方六三　王守全
王守富　張大成　徐大僕　張明朝　秦正先　吳十五
阮十一　吳二僕　方緒同　方和盛　楊公汎　鄭國正
楊盛華　鄭國才　陳萬利　曾起可　孟三僕　吳三僕
夏國興　黃明清　夏國海　周念池　周直寬　周文太
吳春太　吳七五　劉保元　程在忠　李有志　李有剛
李元進　阮崇勝　阮新福　阮五貴　王啟春　王裕朝
王官紀　吳正有　唐家田　吳正德　彭楚安　王時友
余世德　彭大昕　彭大順　彭五狗　李之福　李十一
李士才　李翼發　蔡世凱　徐世廣　方文良　張大德
徐昌和　徐幼好　周宗明　周正元　王得意　李士先

李大喜　李四喜　阮大昕　阮太福　阮太連　姚光善
彭裕懷　蔡祖佑　彭裕才　鄭蔡七　徐祥發　徐癸卯
徐三狗　徐德美　王　五　萬景興　王華美　王元吉
王元盛　熊繼周　王來有　戴乾順　王四麻　余義有
余義富　余義貴　阮大才　阮大全　阮大禮　阮大貴
任士禮　蔡長發　李世易　王元三　周正豐　王興彩
王道本　楊家田　陳宗佑　陳宗禮　陳步賓　汪含兒
陳學禮　羅之奎　王學元　帥國弼　帥大明　鍾清湜
鍾國泰　馬天華　蕭學武　蕭錦林　王俟賓　楊紹進
王天錫　陳澤元　陳澤庶　汪開科　周金湖　周應梅
周輝福　周明能　周耀臺　周五元　周大僕　吳席傳

吳耀國　李汝立　李名興　李光宇　余應君　余應奇
王三順　黃瑞元　王團安　王禮元　王禮成　王繼立
黃元興　黃士奇　江宜春　江耀堂　江玉書　董立貞
董元發　涂國太　涂太興　涂朝望　涂朝珍　涂永清
熊正文　熊佐廷　熊輔國　余德湖　余應海　余文春
余在廷　余在朝　姜文貴　姜思輔　姜文典　吳文在
陳立彩　陳汝明　孟伯科　程世玉　程立功　程用純
程德貴　程輝緒　程德祥　程德宏　羅元喜　黃有功
沈尚義　劉際時　程尊榮　程定國　程文楷　熊大元
劉文安　程登元　程立俊　程立朝　程全福　程天福
程枝盛　程宗樂　程麻六　熊大魁　李本文　吳之朝

鄭大僕　戴學講　戴　五　戴六十　戴崇樸　張四僕
王六二　王國太　徐正中　戴　七　王正有　王正興
胡　三　周　七　劉觀記　戴正良　彭二僕　劉國棟
阮太湖　李大順　胡元善　姚大僕　姚研記　姚福元
姚恢朝　姚恢寬　姚恢敏　姚恢合　姚象珩　雷正順
雷五八　雷三合　徐昌明　徐昌起　王道坤　王二伢
王永慶　姚之萬　姚細五　阮大僕　黃遠模　周四桂
李　狗　盧　九　胡尚達　江正統　江士美　蔡觀記
江大廷　江　突　江東洋　江　九　江明義　江明暗
江　四　江明忠　江昌琪　江高三　樊安保　樊三六
楊先學　樊先成　楊　三　程克儉　程楚珩　程福壽

程癸丑　程正明　程五四　鄭鳳發　僧元子　田大進
鄭三貴　鄭東一　方錦秀　方定士　程長八　程有益
張品端　彭秉坤　彭新賢　彭新安　彭光曜　朱秉隆
張大起　陳天才　汪永和　王三元　袁文禮　王貞瀹
姚　明　彭連富　陳百學　陳士玉　胡永喜　胡永慶
王永萬　阮正順　夏長富　王德貴　王喜貴　王時孝
鍾子秀　鍾方遠　張東美　何楚高　熊起宇　鍾際高
張錫德　張高奎　張盛崇　張盛榮　張樹仁　董之富
李朝松　葉　天　彭元倫　余金鰲　余成吉　盧若泉
張宗發　田丙庸　張文才　張文愷　童先落　袁遇盛
杜尚先　何起高　陳師士　張登德　張登興　彭侍意

彭會和　鍾守禮　鍾思義　鍾福晏　鍾桂新　王開合
王德治　李正忠　王占春　王占弼　王占勳　王銀敖
王時進　王時倫　王友員　王立固　黃　正　胡　中
李得清　李得運　李得仁　李忠勝　阮　四　阮　八
王勞益　樂中億　張勝義　彭鳳貴　彭五元　胡嬰孩
彭如意　彭金華　鍾它四　鍾思周　李金成　張能友
張應富　張四一　張明魁　張純友　張孟福　張仲南
陳天元　黃天啟　彭必義　熊方勝　熊勝大　熊懷國
熊存敬　熊正對　熊長命　熊百歲　熊福壽　熊及第
熊懷福　熊懷勝　熊田元　劉六元　熊雙保　熊又元
劉啟發　李登能　李克福　李克揚　李樂乾　李之抽

周黑子　蔣發興　胡光順　胡楚揚　楊太元　熊佑喜
胡長年　熊心友　劉孝顏　王齊季　寄正喜　寄崇文
寄天元　劉學祥　劉神喜　劉紹之　陳改愁　陳磨子
陳文選　陳六元　劉四元　劉相國　劉車萬　劉太元
寄魁元　寄賜勝　萬正高　劉天喜　劉三喜　劉陀子
林順楚　馮二喜　徐正崇　李六十　李國正　李朝元
李朝花　蕭士國　蕭士樂　蕭士壽　蕭十伢　戴崇懷
阮太崇　阮太昌　阮太煜　阮曾太　阮開文　阮會䆮
阮全興　袁上元　阮崇仁　樂華揚　樂子善　樂中耿
樂永讓　阮元福　阮元祿　樂永福　蕭道太　樂永祿
阮貴林　阮方容　樂耀勝　阮徵春　阮太松　阮太懷

黃州府志　卷之六　昭忠祠祀下　五十三

袁輝德　袁輝彩　胡　四　阮方松　阮方曉　阮方志
阮方照　袁應恒　何時發　熊傳懷　熊永剛
熊永祿　夏定譽　夏定公　夏定倫　王大章　王大福
王應利　夏正熹　夏廣樂　張純寅　夏德連　夏正和
夏德鳳　袁太臨　阮太虔　夏正儒　熊開亭　宋世亭
宋　六　王開富　蔡朝玉　姚廷有　阮太勤　阮潤徵
阮太有　王廣太　李大亮　李大懷　李大安　阮德來
阮德盛　阮貞璧　阮先佑　阮朝先　阮南徵　阮宏順
袁裕盛　李有賡　李有明　吳得意　蔡定鰲　蔡耀楚
鄭遵仁　鄭坤崘　鄭秉珍　耿成勝　耿四僕　馮東矩
王天長　秦上文俱縣屬陣亡　夏國明府屬陣亡　劉大宗

劉朝望　聶際泰　李大發　華先耀　熊新貴　羅啟才
左得勝　張光福　李應乾俱蘄水縣陣亡　葉永發　姜自福俱麻
城縣陣亡　韓自仁　熊振發　潘起良　谷同興俱廣濟縣陣亡
王得勝　周得勝俱鍾祥縣陣亡　王久興栗子山陣亡　王宇福
高維仁　吳占元　石武魁　高維漢　吳明亭　陳宏富
劉先意　雷宏禮　李長升俱襄陽府陣亡以上節義錄　余學忠
張瑞三　劉永興　蓮錫珍　倪宏勝　汪爲有　李章學
龔玉金　劉元昌俱縣屬陣亡以上府册　劉全順　仲勤學　程祖喜
程三六　閔本朝　陳宗仁　陳開萬　陳步起　陳澤化
陳澤華　陳學理　張永祿　江宗信　張紹全　袁志財
袁志偶　袁惟寅　袁惟科　袁惟哲　袁惟盛　袁紹煊

黃州府志　卷之六　昭忠祠祀下　五十四

袁紹向　袁紹美　袁明德　袁高發　僧容海　僧宏澈
吳文貴　徐方炳　張金奎　王文華　汪光烈　汪其富
孟春景　黃　六　王學詡俱縣屬陣亡
石席行麻城陣亡以上縣志　帥學爲　金志忠征回匪陣亡　潘世其
王幼超　王子敬　王起會　王騰龍　朱清福　王載興
王錫文　張俟其　帥家會　帥學高　董天啟　帥必啟
彭炳金　帥時壽　王名祿　王學純　彭必義　王鳳倫
王⿰來長有　羅永華　王大炮　王三六　耿國福　李崇貴
李必鳳　楊天順　羅士恆　梅同泰　王天畢　楊國元
余文法　楊兆選　孟立勳　彭立宗　秦得材　吳九喜
秦百壽俱陣亡以上縣志　同治三年　張志成　王俟觀　王俟逵縣志

（作侯達）王侯祺（縣志作侯齊）　王志周　阮大齊
黃得勝（陣亡妻徐聞信自縊）　萬同春　黃萬象　黃萬補　黃大福
黃承奎　黃萬貴　黃萬魁　阮乾徵　阮太興　夏永興（俱縣
屬陣亡）　余長發　王起順（俱黃岡縣陣亡）　王鳳能　安得貴　闞鳳林
莊大發（俱鄧州陣亡以上本節義錄）　王敦才（俱縣屬陣亡以上縣志
同治四年）　劉永清　吳得元　程作鰲　程立信　李義德（一作
義得）　李華林　謝成美　謝學元　李大志　劉崇安（册作
學安）　許龍起　劉榮禧　殷觀賜　劉三妍（册作二妍）
鄭雙喜　王安仁　許大勝　李有明　李春迎（俱縣屬陣亡）
劉開保（麻城縣陣亡）　左光元（安陸府陣亡）　陶兆慶（外府陣亡以上節義錄）
沅大旂（陣亡本府册同治五年）　余之景　余之秀　余耀琳　楊念一

楊家昇　陳守瑄　趙錫謨　趙錫志　趙錫甲（俱堵賊陣亡
以上本縣志同治六年）　錢仁泰（俱懷遠縣陣亡本節義錄同治十年）　劉立行
金開龍　余正坦　盧春洋　胡華禮　劉洪遠　李巨揚
周良學　許紹愷　許同有　胡先義　王禮富　李錦清
熊錦耀　陳尚楝　李廣賢　夏定凱（黃陂陣亡本縣續志同治十一年）
蕭之盈　王世義　張正高　張清發　吳清萬（俱徐州陣亡以上本節義
錄同治年間）　張裕才（甘肅陣亡本府册）　徐長亨　李永清　李正朝
李　八（本續志年未詳）
羅田縣
匡龍昇　匡顯榮（俱寄籍竹谿）　靖宗元　祝盛德（俱寄籍鄖西以上乾隆間
祀鄖陽昭忠祠案匡龍昇匡顯榮縣志列明季茲從通志）　晏清明　晏六歡　袁正發

李太坪（縣志作太平）　魏　喜　匡大銘　張從兒　楊　義
段應林　許　順　李德成　尹星兒　陶順喜　錢喜生
許昌全　許昌雲　陳雙兒　劉申命　高　升　張得壽
汪榮祿　晏光典　聶楚書　童邦富　徐枝連　毛成材
龔傳華　孫起貴　傅春慶　傅雁宗　周彩雲　彭起堂
彭五兒　廖正發　李長福　周紹吉　鄭和兒　陳孔富
方魁益　周立鰲　周步鰲　周國泰　蕭名恕　劉祖賜
蕭名海　蕭名芳　劉新甫　蕭名壽　蕭名疆　程昌壽
黃科應　李成舉　周大發　童聯映　張煥典　童先和
童德麟　王曉如　王　玉　潘有象　晏禮雲　李新發
高玉貴　劉長林　潘映祥　閔燕志　王正常　王掌生

周清吉　許廷樹　趙奉鵝　趙奉奇　許德華　鄭宗祥
鄭宗發　余應和　余明海（縣志作名海）　周復興　王繼宗
趙十全　趙雙全　趙百全　楊普元　張康富　葉立行（俱縣
屬陣亡）　李清吉　戴景華　張立志　郭明松　李採勤
徐金鰲　周祖德　裴得有　黃得興　陳太順　趙永齡（縣志
作永林）　廖封義　胡賢念　胡德喜　王長昇　鄭三德
方魁一　張載堂　汪己卯　周學純　萬鳳王　樊永富
盧啟中　彭四美　項顯爵　王大有　周武全　王丹廷
周廣棨　李時德　王太和　劉開俊　張書懷　羅杏發
王錦林　李道順　李紅萬　張志德　周鳳敖　胡足兒
龔錦堂　龔永林　高上選　高傳亨　周傳容　郭兆華

許廷瑞　郭有志　林肇貞　高朋舉　周學貴　汪連璧
孫義源　萬名富　王秀之　汪庚富　錢在義　涂德宣
汪思興　龔洪秀　李春發　潘得勝　田金義　胡學富
周傳宗　葉從興　王秀枝　張再堂　李清敖　高雲升
張學連　萬鳳鳴　張鳳林　張國祥　李大發　葉長發
李時得　尹春發　閆進元　徐廣財　汪邦雄　熊光楚
黃學高　葉先南縣志作光南　張廣富　葉慶元　王時發
朱紫茂　段春奎　徐盛蘭　黃五綾　張希五　王永明
詹榮封　林　錦　晏象坤　晏象楚　童先楷　李衡善
胡首先　劉芝山　童先誠　張德勝　林學文　周萬祥
童萬選　李子實　童品秀　李先愷　何應起　丁錦林

胡太茂縣志作大茂　孫學春　陸慶福　王丹桂　李恆善
張明富　晏思傑　張迎春　胡秀章　吳四時　姚士敖
姚文發　姚德青　鄧金明　張保成　王克俊　尹正學
蕭守先　徐景林　汪春富　鄭席彬　傅廣泰　匡大貴
鄭必貴　汪添琳縣志作添林　汪兆典　汪自成　汪東濯縣志
作耀東　葉馥秀　汪義發　姚有名　汪漢廣　程理仁縣志
作里仁　汪添球　方可象　朱仕興　方勝啟　方仁珍
方理萬　葉艮善　方宏見　張得貴　匡金保　匡雁雲
段有富　閻同綬　葉茂幹　汪啟才　張映昌　張寶成
閻同壽　胡春和　陳二德　朱子茂　黃鳳敖　鄧金台
王佑祥　王炳松　楊廷福　王傳名　盧成章　程玉海

段春魁　徐炳南　胡賢彥　王長升　聞廣才　徐其生
彭勳儉　僧定餘　周遠明　饒啟發　徐林瑞　王時際
陳三元　葉興旺　陳得元　朱萬和　李采芹　胡中艮
汪恩宇　張寅春　鄧金和　王宋興　朱世純　朱占元
石萬年　錢春發　易洪啟　周開榜　張同興　王榮枝
陳二得縣志作二德　蔡金容　蔡有元　袁宗福　詹大海
何十兒　周省器　詹雲風　戴錫華　孫義元　錢文炳
劉輝甲　汪啟泰　李得時　孫正乾　魏魁元　闞俊元
王長太　彭純儉　林上珍　許廷應　樊永才　田金義
徐得勝　裴應連　張虛懷　李道逵縣志作道逵　李洪萬
張志得　羅三喜　張瑞林　涂義興　李春富　朱三楷

何宗勝　華慶祥　方奎一　周五全　徐宗達縣志作宗逵
黃五林　陳四宏　李道順　羅福喜　周勝采　李復太
張光復　張福升　高榮升　萬鳳先　陳三懷　何有元
周祚福　江林魁　程有貴　童國富　吳得元　鄭長耀
黃鳳聲　黃得名　田明月　葉正旺　林瑞麟　張得勝
徐景材　黃萬里　朱正太　洪　升　徐春桂　江希珍
朱又存　鄭金蘭　晏大樹　汪清漢　胡鳳倡　王得富
周能全　王丹亭　閻同受　胡學志　徐煥玉　徐金聲
林明輝　劉輝南　何映起　丁錦春　蔡天元　晏恩杰
周祚榮縣志作祚樂　李春明　胡守先縣志作首先　晏家坤
董先楷　劉七兒　楊廷復　胡秀華　童增喜　龔名遠

李恆善　李子時　童萬明　王廷六　汪椿福（縣志作春福）
汪自城　鄭必發　段四德　汪紹典　徐啟道　江天球
汪啟祥（縣志作起祥）　匡乃兒　方全美　葉啟珠　方可相
汪世法（縣志作世發）　鄭宗賢　方榮彩　朱士興　張老七
汪天林　汪雲波　葉福秀　段作才　陳里仁　方勝起
王立松　蕭芝號　周隆福　龔祚興　方秉均　方萬里
方裁縫　葉世榮　鄭保喜　匡時雨　汪席滔　方能剛
陳玉春　蕭萬發　方正常　王萬先　程友富　嚴廣發
祝全興　楊榮寄　余永得　傅天才　張啟元　葉茂春
項科富　嚴洪恭　廖洪志　徐瑞林（一作林瑞）　王朝升
徐奇生　徐麟瑞　林鵬飛　僧如定（縣志作定如）　唐本深

沈世發（一作世法）　鄂守國　姚懷寶　鄂全消（縣志作全銷）
汪萃懷　鄂晌銀　高明舉　高明選　高利見　陳國進
程正發　郭全有　王香祥　萬芝榮　易友兒　周映得
周學粹　張中慶　周起才　張世青　張世稿（縣志作世鎬）
張中元　閻同浸　閻同淑　王秀芝　王七香　程禮義
張中孚　張中澤　胡文台　方裡萬　方八珍　方宏鑑
方人釗　方人玗　汪廣漢　張得貴　方文和　李云秀
方高明　汪建祿　汪榮芳　汪世發　李在丙　張養利
王玉學　張從品　張美尚　張儒全　葉錫富　張三順
樊定清　樊淵潤　樊永發　李明全　陳有州（俱蘄水縣陣亡）
周正興　程以彩　陸國進（縣志姓陳俱蘄州陣亡）　呂光照　李康林

郭大才　唐本重　潘長春　高明興　汪禮純　程正啟
熊五賓　李大志　劉正紅　李有富　李自聰　張玉富
王啟富　童德成　陸光前　童耀爾　羅啟國　汪添泰（縣志作天泰）
汪廷獻　劉春華　張賢林　張貴喜　李東海
王義存　楊才義　王豐斗　楊榮宗　王孔莫　鄭芝春
鄭芝松　王咸林　鄧如意　李學植　李學輝　周意隆
周行貴　詹奉生　朱元善　李之芳（俱英山縣陣亡以上節義錄）
龔元林　廖封榮　劉立命　萬瓊尉　余定祥　王永清
周福秀　周世懷　周有炬　汪合元　張立志　汪啟泰
易得友　劉學採（俱縣屬陣亡以上縣志咸豐四年）　閔春望　李耀榮（一作耀雲）
江世容　張朋興　呂光烈　徐煥雲　林朋輝

熊萬發　魏金林　王　福　王炳雲　張養括　劉正江
潘學彬　王守法　江天喜　匡延生　張三勝　王齊慶
陳有周　姚思恕　高春貴　歐陽世應　歐陽才尉　王錦春
高耀雲　汪錦春　汪榮武　李雲秀　余萬雄　黃十五
歐陽海　雷明德　周先友　周彩堂　張富春　明海珍
童秀艮　王老二　童先喜　張春發　汪天佑　汪天朗
李學道　潘應發　柯得才　王春元　王壽春　熊五岳
程正發　汪理純　高傳久　王楷智　程佑啟　潘應元
王文田　洪啟才　鄭春發　李太平　袁正興　劉正洪
潘太和　王光斗　黃春發　黃連升　林瑞林　曾映雲
許隆魁　潘封應　汪光東　盧啟忠　晏六兒　張世高

晏萬發　包士容　楊枝南　陳長華　蕭文泰　劉在華
楊至八　毛春發　陳兆金　吳志貴　方楚勝　熊九河
陸得勝　閔成立　余光禮　張以宏　葉艮友　張養堂
張啟富　董克讓　江名才　匡盛芬縣志作盛友　王瑞林
雷春旺　張初其　張心誠　張世席　王長貴　張儒志
張純旺　胡應滿　張廷弼　葉錫聖　張天和　劉續元
汪添德　汪宜發　周聯楷　匡蜚聲　彭六清　董守丙
董守文　董守近　董身映　董守槐　董守登　劉在春
劉惟榮　劉在得一作在德　姚全恆　汪榮華　樊久貴
匡福田　匡大松　葉必興　匡利仁　匡啟迪　匡盛森
匡啟宗　王宗義　李三瑞　周永吉　匡啟義　藍時來

周隆元　匡愷悌　匡純元　姚克勤　匡寅賓　匡金斗
匡子席　匡得禮　匡永太　匡太合　黃泰富　匡會兒
匡高升　姚四傳　姚懷保　姚五音　夏有貴　鄭春先
鄭恆書　鄭恆興　鄭翠書　鄭彥奇　張養高　徐義志
彭金梯　徐勝先　江正有　李雲友　李百利　胡遵慮
鄒立賢　李景先　鄒大金　鄒大生　鄒宗祥　李景夏
李景讓　余有興　匡盛設　萬加富　李百瑞　李景雙
王天瑞　王蔭葵　周盛禮　鄒大貴　傅人耀　鄭裘玉
胡百亨　胡百奇　熊支啟　鄭宗善　汪榮先　傅東喜
余啟福　胡百琦　王秀榮　周春太　雷春茂　段遂鳳
徐元義　段楚興　畢濟時　劉生立　李源符　葉四起

樊篤朋　匡大年　汪開雲　江名聲　匡盛發　李錦霞
詹必興　趙春元　鄒宗水　胡興發　許杏林　匡人恤
楊冠羣　方翼林　金士志縣志作士舉　朱殿坤　楊正興
歐陽紳　周念　葉祥章縣志作蘇章　徐松　吳士龍
徐召富　余文耀　余宇修　張金才　汪五常　樂志有
丁長年　王科兒　汪文爵　雷坤台　方自然　方自云
涂士林　胡舜祥　周漢廣　王光用　胡狗兒　胡開兒縣志
姓周　張雙蔭　周傳松　鄧松烈　方楚聖　晏六遐
晏七其　廖洪範　文光富　尹志學　徐枝達　高培堂
張四　方榮光　徐光禮　徐益友　方全太　方全福
余開湘　廖封求　周天秩　徐報喜　姚五聰　汪啟太

涂道選　甘炳吉　高正興　陳名揚　張錦堂　劉勝瑚
劉永龍　王易祥　王銳祥　潘文成　徐維先　胡慶升
楊貫之　閻人發　閻同亥　閻同洛　劉永際　王七銳
陳本恕　黃聯崇　聞勝坤　劉寅亮　陸勝德　熊靈芝
李道榮　楊鑒餘　趙昌國　王有炯　鄧斯富　鄧勝奎
趙光奇　周天進　王雙和　吳立瑞縣志作宜瑞　何高陞
劉開甲　鄧煥仕　鄧力興　鄧開春　王皆祥　張金太
李壽元　汪勝交　徐爵豫　黃起富　李春山縣志作春三
樂榮貴　周原傑　周艮弼　潘瑞林　蕭桂林　陳開發
趙選廷　王宗林　雷尚友　羅洪先　趙昌銘　周又兒
王合兒　黃云友　嚴宗友　周祚鼎　周族鼎　蕭乙未

蕭功魁　丁景林　蕭功祥　潘開甲　蕭廣財　王永茂
周迎春　裴保國　何省氣　詹大海　鄧清華　袁從富（縣志作從福）
黃玉堂　周有志　傅天祿　王之全　陳心哲
陳送兒　陳德楷　陳德揚　蔡以元　李善英　蔡守元
陳丙申　陳連喜　周龍奇　葉新旺　張相升　楊應舉
蕭景南　詹長兒　張醒氣（縣志姓周）　陳義思　徐玉輝
黃十一（縣志作十二）　鄭長耀　葉枝秀　吳志貴　詹大元
王春朋　黃克厚　周慶元　方天珍（俱縣屬陣亡）　劉永隆
胡慶昇　程明揚　閻人和　鄭宗升　萬春玉　萬正國
潘清福　黃仙蔭　潘能興　葉耀南　許雲躍　張雙應
陳意高　黃一福　晏玉祿　涂光連　涂義全　涂光勳

周禮順　周登朝　許廷志　周文康　徐超羣　周錦山
朱和尚　王榮宗　李廷魁　李廷華　晏福照　胡忠彥
張義才　周榮福　尹隆福　嚴元宗　吳光咏　何保疆
蔡世玉　樂進　涂光烈　余光禮　陳厚瞻　熊景懷
周廣才　楊太發　郭培原　徐存保　胡長原　易保淩
李開榜　王玉奇　王選明　鄒力賓（縣志作立賓）　祝有志
匡啟發　嚴洪興　葉永盛　郭聯魁　晏以敖　徐正興
夏士檢　葉南三　葉啟友　張四海　陳永茂　徐芳獻
王順太　李多藝（縣志作多義）　左長發　李承順　余玉春
李登貴　汪順交　裴應奎　周元傑　黃春輝　李永全
黃道立　朱正太　劉開進　黃福升　黃明富　王炳松

周有儉　樂榮升　李承福　程從禮　董啟貴　胡先甲
周義元　周傳福　周槐拜　伍國祥　朱青雲　王枝春
徐得楷　廖鎮强　范乃康　王賢文　吳萬進　屈名均
江家盛　文海元　文豐喜　李其先（縣志作先其）　潘金元
曾黑生（縣志作墨生）　林昌厚　徐存制　徐存保　鄭德順
馮老七　廖洪烈　屈志大　唐洪昇　張慶祥　徐兆甲
朱維高　方榮珊　方榮珂　方煥湘　張久堂　潘大來
周祿遠　周蔭遠　朱有名　嚴生成　蕭名蘭　蕭名榮
李之讓（縣志作芝讓）　龔獻章　林雲高　王文席　楊德義
毛生摙　龔宙鐙　楊春發　夏學純　王學純　夏士儉
閻同定（縣志作同淀）　裴德才　張六東　葉茂意　汪榮炳

黃聯殿　李時英　郭宏義　閔盛立　劉肇慶　李廷高
程有孚　李光勝　程其義　吳立身　李學琪　汪永越
王本福　王本道　程殷軺　熊金台　童先乾　龔明遠
程福慶　周長庚　蕭全楷（縣志作金愷）　蕭全照（縣志作金照）
匡連芳　張會兒　童楷　劉學彬　劉方盛　晏火兒
李之誥　李之清　李賽華　楊洪山　余尚義　趙本元
董開甲　晏立鼇　晏立賢　張名富　周傳宇　胡登雲
項春元　項春華　項明良　項明相　晏興發　晏和尚
項辛喜　張煥林　張亨林　李誘兒　晏六美　晏喜林
吳祥輝　晏丁酉　張利吉　王有祿　黃昌壽　段四兒
羅虎三　張書成　劉光德　王五元　劉光燦　黃付身

黃昌志　黃昌康　周連魁　徐斯奎縣志作斯魁　徐春德
程玉梅　徐慎南　張富貴　周立興　汪雙兒　王枝梅
汪云開縣志作雲開　鎮春發　張清和　祝祥興　王明南
周鳳鼇　周先有　龔保兒　王保宸縣志作茂宸　辜見樂
辜見榘　周學禮　程全泰　周林樹　周慶禧　周世能
聞勝坤　蔡翠雲　段釗朱　張錦城　張煥彩　張國楨
許皆朝　張應華　胡鳳羽　許躍龍　王連愷　王太坪
王皆鋭　王奇海　胡鳴鳳　許燿雲　張養恩　王克進
鄭廷南　鄭廷石　王映紅　許文再縣志作文在　周佑發
周稱兒　胡占魁　朱占魁　周汝和　黃光進　周東登
姚德清　姚士鼇　王枝桂　潘從福　李保國　趙南桂

姚科覺　姚聯級　姚石泉　胡光達　張金元縣志作全元
張世池　姚春芳縣志作芳春　童開玉　項元善縣志作元喜俱蘄水陣亡
方得瑞縣志作德瑞　匡一枝　姚飛昇　王皆智　洪啟貴
王全喜　潘應和　呂文英　孫義源　孫枝葵　趙文炳一竹
文丙　王一一作王二　王見豐　晏藻林　李仕優
王佳慶　王丙松　王錦麟　董義方　楊制元　李錦霞
李瑞林縣志姓王　汪秀榮　李順道　王安成　王成發
張登成　李從本　劉雲煥　韓應昌　張正富　李輝揚
鄭從龍　張太應　黃昌賜　韓科翥　韓登愈　范光烈
童增華　黃添富　朱有得　葉光輝　王太和　祝畢峯
黃鳳敖　張太富　詹從龍俱英山縣陣亡以上節義錄　雷虔全

雷坤紹　雷坤年　雷英友　張康富　葉立行　金士舉
李道凝　鄧遂其　陳二容　裴世愛　尹錦雲　陳國俊
程正發　郭紹華　郭金友　許福春俱縣屬陣亡以上縣志咸豐五年
高名差　僧得勝　江明才　屈志義　方喜林　蕭大成
蕭大寬　蕭大立　蕭大義　朱汝蘇　朱宿庸　朱列讓縣志
作列謙　唐有元　聞輝典　徐景林　周遠爲　葉應順
方大全　方大喬　涂德香　盧思進　汪錫榮　徐起時
裴登喜　僧慈明　盧如春　朱三楷　僧發萬　張興仁
閻同直　汪今發　方子枝俱縣屬陣亡　傅人炯　匡永吉
張詠高　李錦春　李太奇　匡四喜　胡遠盧縣志作遠盧
鄒能參縣志作倫參　李得愛　鄒國良　鄒應故一作應啟

王應葵　周成禮　萬騰貴　謝定元　匡增全　熊雙喜
匡大賓　王祈美　匡盛和　匡太和　張養高　鄭春先
徐紹和　鄭恆建　鄭秀奇　匡大崴　方愷悌　方純元
方福田　方盛祥　張長春　王定元　方啟義　方啟松
方盛森　葉良德　方啟志　方啟迪　方四喜　汪明才
鄒得早　劉在得　劉七萬　鄧雙貴　姚四齊　姚四柳
姚秀春　王高陞　黃春富　匡孫信　匡金保　匡子會
匡子德　陳慶林　王文義　李家成　汪立志　潘文茂
何光友　晏六朋　劉老四　詹城壘　詹城輝　張光炳
胡中元　張喜兒　黃四喜　鄧德兒　童先富　范啟賢縣志
作起賢　鄧宗德縣志姓鄭　余雁禮　王保貴縣志作寶貴

方文發　方勝美（俱英山陣亡以上節義錄）郭應啟　周傳保（俱外省陣亡以上縣志）
咸豐六年　陳曜林　聞金榜　晏光進　王成法　黄昌達
葉九法　李能高　李道全　鄭世長　王祈正　周隆興
匡玉松　華金聲　匡大興　葉清起　周守和　鄭載道
李大表　葉揚禮　汪有芝　盛正興　盛正旺　胡復成
彭舉成　張金枝　饒良善　藍有財　余脚兒　張廣名
張世名　余開發　張世有　張世湖　徐春名　張敬亭
張青山　張清元　汪庚辰（縣志姓王）　余春發　李長興
張春華　蕭正興　蕭得安　詹雲才　周遠琦　張登發
鮑新泰　涂啟後　尹錦雲　王萬順　葉錦元（縣志作錦源）
鮑清泰　詹有生　朱有望（縣志作旣望）　胡中興　葉連魁（縣志

作聯魁）　董云慶　易二義　陳永庚　陳孔意　袁壘貴
王家貞　王禮安　吳萬玉　潘封榮　文封德　傅人依
胡高明　匡盛芬　鄒大美　郭亮恆　吳庚巳　王安松
王有泉　傅大喜　吳郎印（縣志作立印）　段登雲　匡盛志
鄭柏生（縣志作伯生）　汪保盛（縣志作保勝）　方大虞　汪有能
葉耀華　李有璧　樊秀雲　周傳樂　李立志　左祖蔭
盧啟信　葉東昇（縣志作東升）　劉升見　魏春容　張全福
南有才　張養信　閆三元　張廷弼　郭春松　胡新盛
余耀連　劉續　劉有法（俱縣屬陣亡）　周遠喬　周遠富
周遠利　葉時發　周善明（俱黄岡陣亡）　吳賀林　朱盛望
蕭佑兒　汪學魁　黄正義　徐盈喜　唐九和　劉國炳

尹大典　嚴曾慶　方大貴　方延生　鄭世鳳　鄭本善
方春和　周緒興　毛謹財　李星台　江斗南　李明蕊
李金堂　葉清　葉兆春　劉會海　李在秩（俱蘄水陣亡）
范得勝　余志高　張之朋　徐邦達　夏世和　蕭同心
李如意　陳念勝　桂復林　石定太　余同模　蕭大升
李見得　朱義明　王一老　張保和　徐宗朝（俱黄梅陣亡）
唐吉賢（縣志作集賢）　匡大會　匡啟衢　鄒得印　姚連升
匡舒兒　姚金恆　匡孫全　王金鳳　洪周學　洪禮仁
洪仁秀　鄭啟佑　鄭啟道　毛成材（縣志作成才）　徐本友
徐乙未　洪定貴（縣志作定桂）　楊敏外　徐立綱　周立敖
周兆吉　羅士明　廖正富　李良富　陳泗洪　蕭枝浩

李長八　朱佑存　徐春貴　朱宿樂　龔作興（縣志作耐興）
龔祚咏　陳三槐　陳三福　陳奇發　張金德　廖鎮邦
廖和尚　陳秀楷　胡中林　李良發　李良入（縣志作良八）
何老大　胡忠良　方太生　王立宗　羅海　羅大林
羅爭氣（俱英山陣亡以上節義錄）匡盛祥　高善美　李善揚　廖正富
徐得進　江東喜　羅雙喜（俱縣屬陣亡以上縣志咸豐七年）　張新魯
秦大順　王安東　閆永和　方旺喜　廖正福　嚴洪森
嚴光斗　嚴光順　廖鎮綱　廖正雅（縣志作鎮雅）　蕭耀輝
文豐有　胡長元　朱聯輝　徐楚榮　鄧材　徐本清
徐本有　嚴光詠　嚴光盛　嚴廷貴　嚴國傳　宋秋桂（縣志
姓宋）　嚴光歆　嚴光太　陳人富　方煥彩　方存喜

劉正榮　彭定高　沈賜榮　會基雲　方榮富　方榮前
方煥義　方銘遠　李家連　盧與朋縣志作輿朋　廖洪義
嚴有亮　文洪志　林永清　周遠瞻　周遠聲　李昌風
金景福　金運壽　徐應瑞　黃兆元　匡啟容　匡盛發
李學禮　姚啟武　姚有勛　方大志　姚普兒　方煥來
匡九兒縣志作久兒　方必貴　方細洛　涂高柱　李道乘
張全和　葉錦城　張錦廷　王炳榮俱縣屬陣亡　胡乙未
徐能麟　廖爾藺　廖洪琥　廖洪顯　廖葉讓縣志作業讓
廖洪壽　程九兒　程應宗　魏九如　林錦春　嚴近貴
廖鎮仕　嚴維屏　王春和　廖海桂縣志作梅桂　廖士義
廖洪慶　王洪順　尹常發　尹新喜　廖旺喜縣志作望喜

廖錦先　廖三元　周傳德　朱丁酉　廖春林　潘省氣
潘益周　徐大勳　周隆波　沈重芽　劉貽春　劉宣亮
鄭傳康縣志作傳廉　鄭守法　余耀遠　陳禮智　吳順喜俱蘄
水縣陣亡以上節義錄　姚虞暉　葉燕林俱縣屬陣亡本縣志咸豐八年
王冬至　楊五生　廖鎮顯　陳德松　徐枝山　童萬和
呂邦朝　汪有易　方癸酉　夏艮旦　劉福兒　左三喜
葉晏林　鄔順章　王安顯　廖宮端一作宮端　文錫三
文乙卯　潘封太　文　海　闕正陞　周尚富　周元愷
鄭戴興　王春琳縣志作奉琳　李源茂　董守本　劉在鼎
朱三椅　劉勝見　徐悟生　易得云俱縣屬陣亡　潘慶玉
雷希順俱潛山陣亡以上本節義錄咸豐十年　雷青云　余邦朝俱桐城陣亡

陳儀萬　董升恒　姚起武　陳高升　周高富　周興順
王保貴　張廣發　趙廣興　唐維元　張祥瑞　張得順
周慶喜　徐學勝　文天才　涂高主　涂士海　徐登楷
涂立剛　汪立岡　陳萬福　廖正順　王鳳林　魏文華
金正材　陳開發　鄭鵬翥　梅敏智俱潛山陣亡以上節義錄　涂高柱外省
陣亡本縣志咸豐十年　徐楚成　吳起發　徐顯章　胡存德
蕭得勝　鄔順列　雷英閔　崔傳墚　高得章　廖鎮乾
文禮豐　高文秀　李家喜　陳科貴　方連升縣志作升連
方殿顯　李桂喜　徐思賦　金景增　匡三喜　鄭宗行
程楚江　涂道遵　朱三松　祝永富　喻文鼇　易泰發
聞三清　張中元　童永貴　王紹棠縣志作召棠　程鳳江

龔元慶　王廷福　洪清洛　彭祚富　王光茂　王光瑩
王光宗　江天正　江天顯　瞿世遠　余金台　方洪科
李正奇　周隆福　李士玉　李士永　余有全　陳奉見
李善約　余春槐　李善仁　周魚兒　李貴有　余善元
鄂老四　羅現云　王禮彬　鄂全紅　高太順俱縣屬陣亡
汪三才　史維清　潘尊氣　潘紹成　童金魁　葉紹酉
劉春生　李金元　李士品　李清吉　金元意　雷英雨
陸神賜　黃廣發　童少欽　汪學江　文豐盈　汪大發
高保元　徐似海　張興倫　闊人壽　劉太任　程以彩
張揚春　張時發　程國進縣志作國俊　羅啟鳳　宋國之一作
國芝　周聯愷　周會兒　周立高　徐斯裕　葉志友

周蘭馨　瞿瑞琳　張慶傳　余開富　江天珠　許文在
江希琥　周傳耿　李春明　彭祚發（俱蘄水陣亡）　葉芳遠
朱炳輝　趙全德　徐明富　胡忠義（俱興國陣亡）　沈寶清（安陸府陣亡）
程宵洄　姚虞輝　朱元泅　匡啟訓　匡盛槃
湯中元　湯長會　姚五松　匡慶兒　李百球　吳永富
吳福先　鄭永發　胡子學　鄭乙未　匡啟利　汪存見（縣志作見存）
方啟造　胡自福　藍榮華　方大益　朱存仁
李在渭（縣志作在位）　董守初　董月明　周得春　毛春超
董道凝　劉在巽　高耀云　徐東雄　程正財　張應林
傅玉林（縣志作林玉）　嚴祥友　嚴在坤　嚴元宗　吳光詠
王新應　楊逢春　嚴嗣琮（縣志作嗣璨）　李傳富　劉方進

周得意（俱英山陣亡以上節義錄）　易德雲　李士咏（俱縣屬陣亡以上縣志咸豐十一年）
劉在秩　匡飛昇　匡大巖（俱陣亡以上縣志咸豐四年至九年）　李承福
王定義　方春和　方緒興（俱縣屬陣亡以上縣志咸豐間）　周得元（南陽陣亡）
周定愷　胡有發　毛恩進（冊作思進）　周立興
李祥順　張炳元　盧連升（俱潁州陣亡以上節義錄）　陳其安（陣亡本府冊同治元年）
朱成先　李賢舉　許全福　劉勝台（俱縣屬陣亡）　鄭首成
匡正啟　徐彩蘭（俱蘄水陣亡）　晏全暉　朱勝朝　劉光彩
匡志元　許應春　何錦其　許陰春　王清坤　陳飛熊
李瑞東　郭得元　李連元　賀隆興　楊永昌　陳必安
朱元福（俱麻城陣亡）　潘仕元（鄖西陣亡）　姚隆茂　汪得勝
劉義清　郭得勝　陳春祥　朱永發　周全忠　雷清成（俱潁西陣亡以上節義錄同治二年）

鄭啟貴　陳有富　林啟才　張煥宗
張祥雲　張金萬　張金台（冊作金臺）　張長順（冊作祥順）
鄧崇德　鄧崇勝　楊酉獻　雷雲照　晏炳然（冊作炳元）
金月桂　丁運至　汪告化　歐滿喜　金向牙（冊作向遲）
汪成全　金家驗　丁名珠　金殿懷　葉長青（冊作長清）
金瑞珍　金蘭桂　陳周發　金利明　徐恆健　丁名起（冊作名啟）
金訓鼎　歐書傳　歐庚喜　汪功友（冊作印友）
汪鳳美　史萬懷　史萬興　胡有志　汪錦林　金懷玉
歐嗣來　邱九皋　楊琮達　楊琮理　楊琮朋　楊琮球
楊琮保　楊烈友　金啟萬　胡景祥　聶南炳　金傳翠
金仁雁　徐八愷（冊作八凱）　王紫桂　王守發　陳學詩

陳祖望（一作祖旺）　徐時利　歐永取　丁同雲　胡五合
毛科主　金訓春　歐書貫　汪功岐　丁一敖　金忠義
金景雲　黃克容　江應連　張啟萌　張貫奎　張保佑
項二漢　汪瑞林　胡廷蘭　何高舉　吳普喜　蕭志誠
涂有漢　匡旱瑞　余新天　徐神賜　李昌雲　蕭揚潤
何祖喜　江得意　徐八松　王汝霖（冊作汝林）　滕枝發
王春堂　潘歡樂　趙勝瑞　程時順　許皆發　王乾泰
王南波　陳三愷（冊作山愷）　王乾福　高宗應　王名發
程士懷　周祚興　童十五　童豐才　方朝柱　陳有元
陳孔惠　汪賢舉　朱維台　樂學海　何耀宇　涂士典
涂士敖　胡忠應　胡秀江　汪正茂　汪正發　朱光明

朱長福　朱長祿　朱長典　朱兩全　徐雲豐　汪紹輝
汪紹興　胡五祥　胡忠貴　雷金玉　王金連　朱光全冊作
光前　邢先發　周龍奎　胡春容　孫顯廷　孫德興
孫德雲　孫春元　孫清吉　徐永泰　王成德　陸成宗
黃瑞兒　王見福　王萬海　汪邦林　汪邦富　胡秀傳
胡未男冊作未蘭　方廣才　陳裕義　尹東璧　熊第金
陳廣才冊作姓陸　陳先科　宋春和　李四全　張開榜
胡志道　胡朝秀　唐魁朋　江啟明　徐永福　張輔國
孫顯年　周遠有　鄂序揚　趙仁術　閻滿喜　嚴錦太
胡萬崇冊作萬榮　張得成　李坤華　李國粱縣志作國良
李天華　程文德　匡從春　匡聯芳縣志姓方　曹能選

樂恆泰　樂訓丹　徐得鳳　徐長松　鍾永發　林秀章
楊永發　何封爵　楊均儒　林合鳴　何正茂　匡高發
晏知美　王家英　嚴和泗　李鳳山　黃科發　高慶昇
葉大成　張邦應　陳保平　趙應之　汪士朝　周遠富
張得勝　周遠第冊作遠弟　朱苟兒　袁老六　徐廷取
王永和　周添祿縣志作天祿　曹世金　徐承翰冊作存翰
何尊富　張獻九　陳青牙　陳三貴　羅雙奇　張榮茂冊作
姓陳　田榮福　王應龍　蕭景福　鄭金福　蔡長林冊作
長臨　胡福貴　胡學文　蕭景發　段致和　陳大清
劉開甲　嚴祥興　周鳳鳴　周在貴　劉萬發　周隆煥
劉友春　江學早　蕭思中　蕭應春　胡學榜　周祚銳

劉耀龍　鄒八喜　余金玉　羅雙祺冊作雙旗　王雲福
羅榮茂　高應龍冊作姓周　鄭賜福　蔡長琳　胡富貴
劉燭照　李敦朝　陳永富　龔華普　龔鳳泚　徐永和
徐思喜　徐春勇冊作春男　徐雙喜　高應升　高先枝
蕭洪永　蕭正盛　方春見　文應貞　蕭士崇　馬春得
蕭仲義　高傳貴　蕭高松　高培先　徐本善　徐本奇
徐明得　徐朝富　陳傳友　陳士和冊作仕和　鄢心順
鄢名勝　鄢永義　涂登雲　涂在貴　陳元吉　陳士元
張金山　徐九春　徐會兒　徐東發　徐正興　李炳元
樂長發　金堰　葉士元　蕭早生　蕭發兒　蕭萬高
汪如二　蕭揚明　陳元寬　胡宗有冊作忠有　吳福祥冊作

祥福　蕭先台　蕭四喜　蕭壬寅　蕭顯得　蕭曾發冊作
姓葉　葉采蓮　胡耀雲　王嗣翰　蕭學章　金朋萬
蕭必有　胡三槐　呂應敖　陳賢主　秦德量　秦耀祖
李勝才　丁廣春　陳光煥　陳高興　陳效友　陳芳芝
閻序順　金訓元　蕭秀傳　孫正興　樊三元　李新照
葉祥林　李景秀　李采鳳　李祥雲　賀青選　李應奎
洪仁保　李雨岳　李永茂　李永進　李漢福　姚學賓
姚學儉　姚學義　李南賓　葉雨名冊作雨名　楊思永
李雲起　王萬益　何開景　林占魁　何中喜　徐朝順
徐乾堃　高應王冊作應舉　江一品　徐從志　蕭應廣
徐廷英　高應順　高宣華　張啟發　劉雁林　徐崇禮縣志

作從禮　王秀章　余朝安　胡廷舉縣志作廷圭　徐紹烈冊姓
余縣志作兆烈徐定國　盧升遠　盧升宏　盧啟壽　張國梁
匡音雅　羅萬福　張兆蘭　陳瑞林　曾和林　曾長瑞
胡自升　胡首名　胡　嚴　王保書　明立興　丁名典
蕭全和　潘邦進　潘章望　潘寅亭　蕭寅書　朱若林
丁小孜　許敦厚　徐世芳　鄧全喜　蕭耀霖　瞿天才
黃祺祥　余世和　周隆奇　蔡金蓮　周隆其冊作隆祺縣志作重其
洪尚賓　鄭洪昇縣志作宏升　李世洪縣志作世宏　蕭勤義
程學純　樊篤友　孫胥謨　伍順桂　郭升秀　陳開元
鄢如意　蕭自兒　陳三春　崔萬春　崔慶友縣志作慶有
龔宙文　崔龍云　蕭揚韻　蕭揚文　蕭志成　涂彩容

張金山　李枝剛　蕭長發　蕭秋連　王富兒　朱光裕
何科瑞　何第慶　蕭純武一作繩武　蕭成英　蕭早春
蕭德成　汪邦興縣志姓蕭　胡中馨一作忠馨　王爭氣
蕭任寅　胡中霞縣志作忠霞　汪荒兒　丁利名　僧如懷
張漢宗　胡學洪　張啟明　張殿奎　項二漢　汪寅生
汪廣福縣志作廣富　張得雲　胡告化　鄧從發　晏文進
晏丁巳　張艮弼　汪能立縣志作掄立　朱鴻吉　周有志
汪邦煥　伍順貴　葉扉會　郭連發　郭元發　汪天賜
高志友　汪習興　朱艮榮縣志作長榮　涂義貴　徐三發
汪先發　丁石滚　許映元　毛輝遂　胡六貴縣志作六桂
歐陽讚　朱海春　朱盛琪　黃緒德　汪進運　廖業綬

廖洪湛　廖三喜　馮克明　馮普慶　屈名桂　屈名福
余新發　蕭大寅　蕭利太　周德政　吳有意　周遠績
周三德　周席珍　周金魁　周志鼇　余艮能　嚴光秀
胡中名　胡中揚　鄂春亭　鄂濟川　匡三順　匡永槐
匡永春　姚春利　姚春標　鄒國重　匡春富　姚有枝縣志
作有技　匡孫德縣志作生德　姚松茂縣志姓葉　鄒心悅
郭時發　郭守法　鄭裘章　張如龍　王有義　鄒復順
胡子超　王祈貴　胡百恩　余望生　鄒立虎　鄭盛如
徐永璧　匡從虎　董守法　鄭傳聞　葉枝敘縣志作秩敘
彭映林　鄭盛太　劉光宇縣志姓鄭　周金樹　葉榮華
鄭洪昇　鄭永富　鄭奉清　鄭永吉　鄭春林　鄭思義

鄭維宇　鄭思宗縣志作思忠　鄭篤祥　鄭能山　鄭金滿
鄭永高　鄭世壽　鄭天祿　鄭篤遠　鄭登鳳　鄭登吉
鄭培元　鄭裘珍　鄭裘彩　鄭恆章　鄭致祥　鄭利金縣志
作金利　鄭錦春　鄭錦鳳　鄭篤仁　周令卒　周春祥
周祚和　周邦興　周隆江　周隆太　周隆淑　周隆喜
周金林　周金召　周令儀　周錦發　周紹衣　周隆歡
周隆運　周祚明　周祚容　周隆漢　周隆耀　周茂才
周春容　周必興　周之光縣志作之華　葉錫勳　葉榮煥
葉維宇縣志作新宇　葉篤舟　葉篤楚　葉東亮　葉全脩
葉金棠　葉金成　葉金明　毛青長縣志作長青　葉兆豐
毛春陽　毛春林　毛金槐　毛金玉　毛金鳳　毛金義

毛祖賜　毛文才　毛信輪　張秀枝　張秀春（縣志作秀林）
張彥榮　張啟榮　張德春　張養清　張永興　張義興
洪志遠　洪輝典　郭士清　胡顯元　董年發　董占光
董占明　董兆海　董煥章　余士和　余全炳（縣志作金炳）
余春發　左立成　左成槐（縣志作承槐）　徐啟發　徐勝啟
李道容　李榮有　陳能寬　陳兆金　劉應祥　劉福元
劉懷禮　熊玉田　熊永太　彭能太　湯啟元　湯占魁
瞿行才　沈玉彬　楊大亨　鄭明宇　張春運（縣志作春蓮）
毛思俊　董興發　鄭得勝　方得端　匡永清　匡大餘
方得厚　汪有宗　匡遙兒　方啟意　方啟祚　汪如之
方盛志　李廣太　高助兒　李長太　李高貴　胡正富

傅長林　方希禮　方四一　夏金朗　朱元貴　朱得貴
董守保　董守典　汪膀兒　汪太兒　樊從兒　周玉春
周傳詩　匡盛祿　董守善　董守能　周景星　劉林兒
李有慶　董道清　董身景　張世祥　周荊顯　方慶安
李象玉　樊永祿　樊十九（縣志作十元）　劉生模　劉在夏
黎應祥（一作應雲）　周品元　周漢宗　李在志　汪大祿
樊祖膺　匡盛察　徐書榜（一作春榜）　汪錫傳　汪錫球
余　煌　余履平　徐三準（縣志姓涂）　程敦福　樊明友
李道忍　葉起祥　龔宙烜　李顯揚　樊孔昭　石明顯
曹名昇　程正順　高節兒　高癸卯　高恆貴　趙名貴
陶名萬　劉勝才　高宗應　高族宜　許吉祥　許　海

張玉奇　許保全　徐起才（縣志姓林）　王正坤　李道太（縣志作道大）
劉鳳廷　裴貴兒　徐錦秀　宋艷林　王藻春
王耀先　高保元　萬連升　徐枝越　蔡錦雲　萬世風（縣志姓黃）
潘鼎海　沈保奇　閻八理　閻八智　閻如惠
金長發　萬全應　裴有元　徐定太　張學雲　張興旺
張孝大　張太奉　夏高升　余延壽　裴楚成　閻大坤
徐煥亭　余鳴高　李友雲　樊慎清　揚名聲　葉初意
毛和尚　李之昇　李時因　李在煥（縣志作在奐）　李在譜
樊篤誠　樊永善　胡春和　葉添德　葉添信　汪榮釭
汪正國　汪榮連　鄭兩全　張世容　李昇雲　方高德
方雲彩　葉錫祥　方宏高　方宏茂　周祚仁　周傳先

段益定　江必發　郭立鑾　黃科士　徐炳琳　潘雲在
黃聯槐　李在樂　李士賓　郭細保　藍永林　藍家法（縣志作家發）
藍家宇　賀學炳　賀同楷　饒詠昇　葉春受
劉兩順（縣志作雨順）　羅承先　程永寬　胡文主　彭嗣裔
汪　藻　劉光遥　僧大興　周治國　周名揚　周勝義
黃保泰　郭職爲　葉清鉞　葉揚琮　劉在榮　晏占魁
晏志華　晏錦彰　胡友發　盧長青　周春林　張得勝（縣志作勝得）
楊科舉　趙得元　文定邦　方品雲　范年升
宋春隆　丁高陞　方洪海　潘玉成　朱年發　涂保昌
涂文學　晏五美　項默友　王其順　高名貴　黃維天
鄧應和　童光明　王立鼇　陳保奇　魯祥瑞　張兆南

張養春 閻順天 徐士奇 鄧祥安 徐昌華 唐爲垣
潘文祖 蕭春富 蕭輝林縣志作煇材 江天奇 許耀枝
汪賢良 周美才 李在寅 許秀和 汪文舉 汪文勝
汪良賢 胡學行 蕭慶春 劉有春 周作銳縣志作祚銳
劉春富 周彩雲 王廣才 王乃福 楊得修 楊二兒
楊德榮 楊德朝 余隆發 高三鳳 洪寶兒 田定清
趙全福縣志作金福 嚴定魁 彭月喜 于國棟 楊兆祥
徐十兒 何秀林 陳全兒 文德昌 胡興志 蕭見遠
毛成材 廖洪富 徐仁義 陳子升 陳德枝 陳德懷
許中和 瞿天材 鄭另賦 鄭天受 蔡金科縣志作金柯
蔡雙兒 余大有 徐大元 余善貴 李彩芹 徐有品

鄭花子 詹啟順 陳德元 蕭壽兒 李士兒 李善喜
熊順遂 紀照兒 方榮期 葉福盛 葉義太 蕭長仁
蕭長明 廖正邦 李善連 余順 李復善 王皆啟
趙應青 周考山 晏五松 余正順 王第兒 彭春美
劉慶廷俱縣屬陣亡 趙明太黃岡陣亡 熊明揚 黃大其
甘炳基俱蘄水陣亡 汪正元 王成彩冊作成采 王啟福
湯長卿 鄒得成 鄭啟發 潘啟勝 李全發 汪有能
胡字啟 唐慶元 張太鳳 李臨風 吳福先 李臨松
王春發 丁連榮 張崇虎 葉應元 余科貴俱麻城陣亡
杜廣興蘄州陣亡 張志揚棗陽陣亡以上節義錄 胡廷粵 胡榮超
崔家驗 龔得普 蕭錦福 張光遠 徐長富 張大順

胡廷舉 葉全元 胡岩 滕和 詹世榮 胡獻瑞
童粱臣 童漢宗 胡有殿 胡東林 童興崇 呂鵬舉
晏新發 晏聯雲 劉方元 劉方德 劉學志 匡天順
廖業廣 童超第 童理位 何高升 王太交 李紹楷
李學洪 晏開綵 余有義 童載舟 童開太 呂映洲
劉高魁 劉品秀 陳登傳 趙春發 余道鐸 匡四保
蕭復有 匡履坦 匡賢名 童大保俱陣亡以上府冊 陳重雲
秦上文 周恆山 吳鈌兒 余宏仲 羅士名 彭宗年
嚴定元 萬二梅 萬年海 萬學堂 雷坤崇 雷坤域
高節喜 張興怡 汪金發 鄭懷才 鄭懷義 鄭斐然
鄭義興 葉揚全 周兆欣 閔奎敘 王枝發 徐斯義俱縣

屬陣亡以上縣志 同治三年 李應廷 朱長華 吳世貴俱外省陣亡以上節義錄
同治四年 余萬福天門陣亡本節義錄 同治五年 周玉龍徐州陣亡本節義錄 同
治六年 李貴喜 劉泰運 胡新盛 余耀運 嚴宏秀
王冬生 嚴洪恭 潘長春 廖洪志 文豐德 文豐義
廖鎮瑞 徐維先 蔡錦春俱縣屬陣亡 李應貴 黃長春
屈名盛 王羣錫 許魁發 王怡春俱外省陣亡以上縣志 咸豐同治間

蘄州

柳先富寄籍竹山 黃見高 周老六 唐先成 葉正烈
黃坤烈俱寄籍竹谿 葉正其 張勝萬 甘學舉 田禮文
蔡進科 李世進俱勦教匪陣亡以上本通志並州志 嘉慶年間 孫宗順
省城陣亡本府冊 咸豐二年 王傳名 陸國進 張必發 祝碧峯

孫光勝　詹永發　周正有　吳治本（俱州屬陣亡）　田旺生
華廷泗（俱廣濟陣亡以上節義錄）　張顯華　李景福（俱陣亡本州志咸豐四年）
何士友（蘄水陣亡本節義錄咸豐五年）　程重光　李金堂　黃賀氣
張朋典　蕭大男　李和福（俱州屬陣亡以上節義錄咸豐六年）　李德霞
蔡存銳　李國元　程保生　陳陽春　陳金元　晏鹿鳴
項元喜　張國義　王光興　汪學魁　涂啟復　黃正義
朱云友　徐大勳　朱宿全　蕭朋來　汪學江　徐早春
徐迎喜　黃棉元　郭三泰　閔自中　葉青　劉禮吉
葉春枝　葉有威　胡至忠　張見深　李冬映　李雙喜
王漢江　羅杏紅　王起懷　陶萬興　廖霞林　盧興明
鄭世奉　李福興　汪榮義　王之發　王玉成　葉繼青

盧立成　劉飛熊　丁正剛　匡孫全　汪子春　范體善
陳仲清　胡維常　江七福（州志姓汪）　田錦新　陳道蘇
魏明方　段殿貴　方親友　方玉攀　周濟川　蔡席珍
田登第　盧耀楚　胡廷耀　詹體仁　詹理先（州志作理光）
詹義方　詹義禮　詹德昭　詹聚盛　詹金彩　詹月明
詹長發　詹信升　詹春林　詹太和　詹勝生　詹二存
詹斯蘭　陳一元　王秀芝　詹道原　王長松　汪啟賢
陳開先　楊春舒　李日常　姜壽川　宋光先　宋保元
方五生　田南山　田萬枝　田本盛　田松茂　蔡均兆
朱愛成　朱廷珪　郭清元（州志作清源）　駱長發　汪福朝
張旺生　汪益霞　汪文華　汪兆元（州志作紹元）　陳能壽

吳時亨　吳心德　何象南　何逢寅　何重喜　何克楷
何尊榮　何國潘（州志作國望）　王三元（州志姓何）　吳邦趾
吳明位　吳大喜　陳定基　陳三昧　吳志松（州志作老松）
繆學志　吳繼青　黎廷棟　吳廣盈　何有信　劉炳恆
吳善亨　吳雙福　吳復望（州志作復生）　張春華　張意新
張意發　郭遇春　黃長順　蔡時發　田百朋　田時選
孫一瑚　梅至善　詹以山　詹星乙　詹希賢（州志作希前）
詹才二　康朋來（冊作明來）　田啟貴　詹才鼎　詹才廣
詹兩發　康懷廷　康再萬　陳信望　陳本志　張恢先
蔡環清　蔡琪山　貢百林　貢學賢　李遂志　周祖應
段榮先　駱其華　王開志（冊作開忠）　姜瓊林　郭祥和

張榮福　黃登高　黃秀玉　黃元耀　黃啟昌　黃其華
黃光輝　黃位章　黃品超　張採林（冊作採琳州志作釆林）　胡海潮
胡德魁　胡德山　胡在朝　胡義林　胡起富　胡一崇
胡一續（州志作一續）　胡一桂　胡高升　胡鳳春　胡思忠（冊作忠思）
胡思誠　胡本祥　胡進賢　胡孔彥　胡應喜
胡心悌　胡明尚　周二酉（州志姓胡）　劉德富（冊作得富）
吳大意　吳宗訓　張亮忠（州志作亮宗）　張德生　張振隆
張振嘉　張彥昭　張品滋　張立功　吳永秀　李春盛
王寶生　周錦秀（冊作錦繡）　龔春生　余以星　張惟義
張清玉　張錫章　張勝言　張楚賢　張亮才　張民清
張明德　張朝志　張萬科　張朝節　張朝喜　張耀商

鄧華章　孫行著　詹宜德　張列台　操昌喜　操自安
操自邦作圭秀　操正啟　操博厚　陳又新　陳手桂　陳奎秀州志
裴友交　吳首乾　張學富　余勝才　匡銀賓　胡夏松
陳本志冊作本治　李向周　劉容發　陳信益　陳信謹
龔朝選　龔大生　雷學深　龔元丁　左三元　徐銀芳
汪銀富　孫大奚　龔立勝俱州屬陣亡　袁得先　陳魁榜俱太
湖陣亡以上節義錄　李長發　李其祥　鄂正才　鄂得勝
吳有元　蕭啟後　柯勝祥俱陣亡以上府冊　朱立三　李顯揚
袁敏志　張漢銀　王對金　朱禮才　王力倉　陳一生
田乙未　張隆煥　張隆城　張意周　朱三喜　張金全俱陣

亡以上州志咸豐七年　田榮華　劉高美　萬貴林俱桐城陣亡以上節義錄
危潤生陣亡本府冊咸豐八年　周紹發　張福義　柯耀雲俱潛山陣亡以上節義錄　吳長得
郝思文太湖陣亡本府冊咸豐九年　陳帝山盧州陣亡
高懷正俱太湖陣亡　李得陞　陳玉發　朱玉科　張大鵬俱潛
山陣亡以上節義錄　郝金照　郝君啟俱安徽陣亡以上府冊咸豐十年
吳德萬　張汝象　胡象五冊作象武　闞協邦　余耀春
余成烈　余東揚　胡耀春　董有道　龔志德　程爲上
胡超羣　何斯壽　張榮泰　胡思儒　程善全冊作姓陳
駱澤昌　駱沛發　黃遠禮　游長齡　吳景利　貢兆利
龔元福　王東玉　石盈倉　張純忠　張咸儀　范廣相
李發仁　張咸宜　張應生　張世同　李福仁　陳璵繁

陳玉高　陳國文　江顯耀　陳玉維　許見龍　岑觀祿
岑時青　華高其　華連城　華步寬　華顯揚　陳齒一
陳介眉　陳佑林　陳正位　陳感生　江金有　姚名達
鄒保連　周元亨　張有周　陳來炳　李天佑　詹樹山
裴有交　裴陽春　胡細佑　吳作周　吳心春　吳三敖州志
作三教　吳象其　吳念勝　僧願來府冊州志　僧志樂府冊
州志　胡觀義　趙裕明　趙春藻　趙三喜　趙冬至州志
作冬生　陳全福俱州屬陣亡　王萬才在安徽陣亡以上節義錄　劉仁義
劉仁貴俱湖南陣亡以上府冊　王先案　王先制　陳信雄　張興均俱陣
亡以上州志咸豐十一年　朱魁榜陣亡本府冊咸豐年間　陳帝山盧州陣亡本節義錄同
治元年　韓正毛　查金順　黃金蘭俱蘄水陣亡　李玉發

高義勝冊作義盛　柯有元　明美生冊作美德俱麻城陣亡　邱成名陝西
陣亡以上本節義錄同治二年　朱鴻緒冊作洪緒　胡貞祥州志作禎祥
貢長發　萬亮彩　萬里雲　萬春堂　萬誠青　萬保元
陳必富　陳自發　陳德潤　張學成　張尚高　李永全
汪敦厚　陳祿生　陳從正　許有能　陳子朵　熊爾介
陳惟及　陳心敏　陳永塾　陳世銑　陳新舉　毛祥勝
陳金璧　陳雲祥冊作祥雲　陳必全　陳福先　陳廷煜
余同本　駱國全　曾瑞之州志作瑞楚　吳杞楠州志作杞南
陳啟書　張新春　汪修成　田傳理　田必發　王天財
丁興勝　陳位賢俱州屬陣亡　蕭殿勳蘄水陣亡　查長發
吳立志　郝漢先冊作姓鄭　郝廷選俱麻城陣亡　王大興

陳國進俱廣濟陣亡　胡瑞階　蔡善福　王正喜　黃泰階俱襄
陽府陣亡　蕭得從宜城陣亡以上節義錄　陳道玖　郝仲全　明美玉俱麻
城縣陣亡以上府冊　郝禮華　陳占壽俱陣亡以上州志　同治三年
李明太　傅勝才俱棗陽陣亡　王本善　甘再稿俱外省陣亡以上節義錄
同治四年　鄭大才　蔡樑林　湯海凡俱天門縣陣亡以上節義錄　同治五年
李本才　張文彩俱徐州陣亡以上節義錄　同治七年　鄒海清烏魯木齊陣亡本府冊
光緒四年

廣濟縣

樊金榜　郭鳳階　董得周俱寄籍鄖西祀鄖陽府昭忠祠見通志並縣志　嘉慶年間
胡正仁縣屬陣亡本節義錄　劉基燦　劉基澍兄弟爲副將劉富成運糧遇賊相衞死本節義
紀畧　咸豐四年　吳長泉縣屬陣亡本節義錄　程允三率族人煮粥勞官軍遇害

毛桂枝引導馬隊勦賊死以上本縣志　毛桂蕊桂枝弟　張仁義
蔡三保俱毛桂枝僱工同桂枝引導馬隊勦賊遇害　程超羣　程祿亨　程受采
程正仁　程宏義　程海齡俱隨族人允三煮粥勞軍被賊害以上見胡集並廣濟節義紀畧
吳瑞榮當先禦賊斃之後賊復至被斷脰死　胡熙敦扭賊同溺被黨支解　陶春和
陶金全　陶玉明隨陶仲和殺賊被害以上見廣濟節義紀畧　咸豐七年　何國炳
陶茂魁　徐長發俱安陸陣亡以上節義錄　李萬順陣亡本府冊　同治元年　孟光正襄陽
陣亡本節義錄　吳添祥陣亡本府冊　同治三年　陳殿奎外省陣亡本節義錄　同治四年
何明福羅田陣亡見羅田縣志　年未詳

黃梅縣

熊幅　洪步高　陳九錫　李學榜　伍雲得　吳文廉俱寄
籍鄖西祀鄖陽府昭忠祠本通志嘉慶間　戴助老　廖金狗　何海老

徐清芝　劉癸巳　梅興起　彭天乙　周光祖　黃周次
黃心田　石耀廷　陳老二　張天宋　楊興隆　劉步先
石開玉　曾士烈　洪揚賜　羅發萬　馮錦秀　李昌奇
曾心田　戚隆興　錢海湖　李萬茂　吳宗保　陳德林
范得林　洪季老　岳松栢　熊一老　潘應廷　帥章老俱廣
濟因公殉難以上本府冊　咸豐三年　邢之富　金夷老俱縣屬陣亡以上節義錄
熊含章　王國棟　錢來知　黃永昌俱陣亡以上縣志　咸豐四年
余長發　張春　王占元　呂得茂俱崇陽陣亡以上節義錄　咸豐五年
雷西順縣屬陣亡　李紹祖光化陣亡以上節義錄　咸豐六年　劉末老
劉集臻　程才元縣志作財源　劉大李縣志作天李　朱毛妍
胡先發　錢國用　程百寄　程雲老　徐天長　劉盛選

李樹奇縣志作澍寄　劉一有縣志作乙酉　周陶奇　李兆才
何瑞林　張壽春　周秀蘭　張大起　汪華貴　劉旺喜
陳長貴　劉觀壽　潘火老　吳永福　吳丙火　吳細毛
吳英桂　吳迎福　吳細虎　吳楚鑑　吳銀珥　吳科甲
周義元　周金相　胡隆盛　康元義　戚朱老　李融和
李乙酉　何官寄　何辛老　陳盈初　陳金福　陳新鼎縣志
作新哲　陳火老　陳斯來　陳益謙　陳再華　陳新普
陳炎貴　陳天乙縣志作天一　陳漢賢　陳際會　陳復初
陳復太　陳孔惠縣志作孔會　陳經志縣志作金志　陳安民
陳紹春　陳克紹　陳春初　陳習謙縣志作逵謙　陳璟芳
陳安育　陳旺和　陳寄老縣志作記老　陳辛老縣志作新老

汪登貴 汪學富 汪明貴縣志作名貴 汪重陽 汪正家
汪紹遠 汪毛妍 汪成金 張青選 張接豐 張春梅縣志
作奉梅 柯木老 汪從貴 汪燦林 汪留奇縣志作劉寄
汪有恆 汪宗太 汪四老 汪六老 詹起富 汪先得一作
光得 張立本 何一元縣志作乙元 何以成 何學周縣志
作學丹 何桂馥 何乘時 商加壽 董華鳳 董利普
洪一枝 洪秉正 洪金元 洪金山 洪登吉 胡發元
胡加盛縣志作弘盛 劉效忍 劉裴則 劉燦明 劉順貴
張兆鳳 張恆旺縣志作恆壯 鄭魁文 於清河縣志作清和
於懷忠縣志作懷志 於有華 於海曙 陶日華 陶玲龍
桂鳳儀縣志作鳳義 熊長發 陳日愚縣志作日虞 陳五貴

陳廷懷 陳振家 潘茂元 周立功 劉八士 呂春年
呂保連縣志作保聯 黃年貴 鄔丙成縣志作秉成 張汝獻縣志
作汝獻 張辛貴縣志作新貴 張丙子 張公煥 陳宮秀縣志
作功秀 張新度 陳癸老縣志作貴老 向黑老 向裴然縣志
作裴元 魯何老縣志作和老 劉應茂 郝松茂 程七元
何志儉 劉直堦 劉神賜 劉祖賜 劉如意 歐甲老
潘宗魯 桂懷義 馮登瀛 程喬保 程蘭發縣志作藍發
程瓊琚 商仲烈縣志姓高 商三和 商生和 商光大
商先知 商福貴 劉官賜 楊創業 李瑞栢 朱明治
黃福元 周先貴 徐官保 袁恆興縣志作恆新 袁章裴縣志
作章斐 袁學貴 袁用中 蔣宗保 陶許貴 潘明達

潘得勝 李福海 李普老 李淑奇縣志作叔季 蔡長發
蔡六老 潘益發 魏從喜 項玉燦 趙和尚 蔣光生
僧湧進 張丁保 何守貞 何式典 何美閣 何建元
何用均 何得貴 何經禮 何大庸 何榮盛 何敬業
何攸作 何約禮 何廉善 何廉進 何成有 何權量
何聯元 何艮謀 何旺發 何永盛 何士敏 何七襄
何仁早 何元善 何有元 何日選 何長安 何和尚
何元魁 何四友 何宏元 何細啞 何攸久 何學廣
何學唐縣志作學堂 何青紳 何志順 何普厚 何樹梅
向百六縣志作百有 王選青 王格非 王三太 王學光
王宏緒 王奉元 王炳煥 王錫純 王映蘭 王時敏

王奉鳴縣志作鳳鳴 王奉賢 王長春 王以正 王逢吉
王績熙 王大老 王一老 王學圃 王千老 王細驢
王義和 王澤海 王天順 王義發 王觀送 王川一縣志
作心一 王自勝 王大妍 王六喜 王泰老 王黑子
王德順 王八貴 汪名貴 汪日恆 汪連枝 汪夢熊
向寔和縣志作是和 向從德 向從義 向時茂 向官佑縣志
作觀佑 王煥雅 王蘭香 王學德 王楊貴 汪兆林
汪應扶 汪仁錄縣志作仁祿 田開榜 田開義 田細汪
田觀福 王士魁 王象奎 王德彥 王和尚 蔣茂秀
蔣學發 蔣四元 何以德 何濟時 吳祥林 吳珍品
吳矢乙縣志作矢一 吳金選 吳爾長 吳元保縣志作元寶

吳田奇　吳花子　徐起羣（縣志作超羣）　徐丙申　徐教老
徐二貴　李一成　李作朋　李大毛　李高崧（縣志作高松）
李瑞其　王登禮　王世承（縣志作世成）　吳遇恩　吳福順
吳金陵　吳兆蘭　吳兆祥　王利賓　王金樹　王佑武
王黑老　王狗老　王繼照　王七老　王艮哉　王容華（縣志
作榮華）　王才武　王應元　王以勤　王成性　王容順
王天貴　王齊喜　王文山　王海晏　王盛德　王濟川
王扶先　王仙貴　王送元　王夢熊　王學元　王學貴
王起富　王茂松　王四保　王行健　王寶珠　王聯發（縣志
作連發）　吳道五　吳商奇　吳正茂　李容芳（縣志作榮芳）
李保元　王漢川　王毛妡　王六壽　孫楚勝（縣志作楚盛）

孫楚旺　王遇武　王祖老　王太福　陳學田　陳發元
陳丙戌　陳才茂　陳貴老　陳二老　王功勝　王曰庠（縣志
作日席）　王如柳　王如松　王雙喜　王以貞　王得貴
王愛老　王陽春　劉孔皆　劉宛在　何春諒　王正華
周三福　李有元　周金香（縣志作金相）　程富老　周潘奇
何學周　祝淮泗（縣志作懷四）　祝金財　周長發　何騰龍
劉文貴　劉得貴　吳二老　向仁林　劉啟發　蔡老大
何細妡　周金玉　唐純元（縣志作能元）　金知明　王隆興
王泰山　王誦禮　王三江　王有義（縣志作友義）　王樹南（縣志
作樹蘭）　王以順　王受保　向敦厚（縣志作登厚）　向鳳美
洪迎照　洪九成　宛其發（一作齊發）　宛田貴　魯又老

鄭丁亥　石龍老　李華秀　李金保　陳家盛　柳能再（縣志
作能載）　柳普照　柳能志　柳五喜　柳丙火　柳日升
柳攸德　柳辛巳　柳普元　柳三九　柳文讃　柳求老
柳昌茂　柳第九（一作第八）　柳殿選（一作奠選）　柳細老
柳文愷　柳太啟（縣志作太英）　柳正元　柳六老　柳蘭溪
程德茂　程藍芝（縣志作蘭芝）　程敏學　程昌運（縣志作昌選）
程榮富　程香元　程香寶　程仲讓　程時和　程士祥
程艮之（縣志作日知）　程國順　程福壽　程秀堂　程太皆（縣志
作太平）　程富財（縣志作富才）　劉全老　周毛妡　周末老
唐紅元（縣志作老元）　唐世輔　潘錦春　何正順　蔡天長
周四保（縣志作世保）　周學元　周二妡　何儒林　李兆太

駱楚山（縣志作楚三）　王長青　何啟貴　李開國　李作義
劉林梅　劉一有（縣志作乙有）　向遇時　吳細和　周甲老
周鴻升　周百奇　周松發（縣志作松啓）　周狗老　唐天佑
程啟壽　王廷英　周松栢　商亮周　王四元　何賀義
鄧八五　周必勝　項燦玉　桂培發　桂培榮　桂甲老
桂兆蘭　桂九明　潘海老　施二浩（縣志作二法）　程濟盛
程士泰　程楚玉　程細妡　余錦榮　余四福　余壽老
余從老　余玉老　胡恆太　呂章三　陳天貴　陳鳳王（縣志
作鳳翥）　陳保福　陳登禮　黃加讃　張仁發　王作舟
何承先　何守先　何義松　何義爻　何義賢　何八老
何志純　何四老　王考樂（弟婦亦死）　王祥鳳（縣志作鳳祥）

王中正 王茂廷縣志作茂延 王順貴 王早貴 王福貴胡集作福喜
王映齊 王會勝 王文執 王文軒縣志作文先
王桂馥 王登老 王奉丹 王用元 王華選 王福元
王華山 王華德 王炳章 王炳文 王三老 王一保
王如柏 王克讓 王金山 王朝富 王安明縣志作安民
王合明 王金寄 王丑老 王末老 王長貴 王明誠縣志作明成
王坤象胡集縣志均作象坤 王如意 王五貴 王得貴胡集作得桂
王才元 王觀元胡集作觀緣 王花子 王立家
王心茂 王德盛 王旺貴 王佑保 王旺元 王行火
王元喜縣志作喜元 王秀章 王德義一作得義 王學脩縣志作學攸
王三保 王梅寄 王亦昂縣志作一昂 王旺名

王旺喜 王懷英縣志作懷音 王海濱 王元茂 王官寄
王連芳 王體健 王春茂 王柯老 王一老 王茂盛
王義中 王金華 王松台 王大盛 王義倫 王水老
王發老縣志作法老 王成太 王耕野 王楚材縣志作楚才
王錦堂 王迎祥 王成貴 王李寄 王年老 王陳寄
王天啟 王起唐縣志作起堂 王慶元 王三品 王仁壽
王金福 王爾加縣志作汝加 王安發 王松舟 田得周
唐學文縣志作探賊被害 程時發 江五元 王月老 吳應元
沈裕興 李節喜 任如意 周志望 張茂貴 李其高
謝高貴 李榮升 蔡發春 嚴之全 楊東升 周念章
劉志元 劉明高 黃四喜 余應元 楊榮升 楊能伸

李元發 朱得勝 涂道榜 涂添泰 陳孔揚 文封德
唐九和 何定魁 鄒大美 郭星恆 王齊芳 陳功有
涂得勝 羅大有 秦載 胡德有 尹惜賢 黃清發
王國清 吳興萬 楊公成 張長青 全草斗 趙永興
李玉興 吳世榮 唐守錫 閻得勝 吳文寬 王太益
陳福壽 龍永貴 段文星俱縣屬陣亡以上節義錄 何琥珀 何乙巳
何四九 何喬元 蔣學富 李春發 吳一賢 吳升聞
帥培惠 王才德 王茂柏 王禮厚 王義志 王有典
陳茂元 李虎老 李官寄 王心順 王香保 宛士貴
何龍旂 何秉剛 何閏九 何德義 何寅廷 何寅家
何孔春 何六一 何維垣 何乙亥 李秀江 李錦蘭

李楚得 李思義 李國順 劉體乾 李坤山 李常貴
李常富 王騰桂 王爲寶 王知義 王皆老 張華山
張莊敬 王元善 王象奎 何六老 何鴻儀 朱三貴
李末老 田天長 王五賜 劉狗老 周元發 程仁老
周盤元 李叶玉 鄧華彩 劉長珠 姜鳳占 李林福
周依點 鄧秀華 劉道高 何玉恆 何朝珍 劉逢春
鄧魁楚 劉體遠 劉履泰 劉春富 向賓寅 周金有
蔡見發 宋加全 周瑞堂 周明聰 周爲林 駱秀田
鄧行攸 鄧作聖 霍得山 徐得盛 王下貴 李聲遠
劉榮貴 劉丁酉 李服先 陳國選 鄧聚奎 劉多識
項煥玉 項從典 桂方春 桂長福 桂開才 桂金老

桂禮和　桂引和　程家壽　劉先明　黃體乾　黃仁德
何宏才　曾之蘭　曾會識　程貢禹　劉以凝　劉文德
孫東勝　曾春桂　潘五貴　潘長發　向爲質　聞神保
張成玉　趙金榮　潘日襄　潘學登　潘福全　潘得老
唐家保　金永萬　金開文　金寶和　劉官寄　劉天喜
劉普老　劉登祿　聶爲林　聞太和　方官寄　趙水保
趙爲烈　龔金起　袁翔翥　潘仲江　何盈家　何龍奇
楊有信　詹依梅　蔡學敏　陳錫齡　周元吉　陳際虞
張興朝　張四一　張百萬　張加會　石官保　周永茂
周得蛟　潘宗勝　方正和　方中老　何開甲　陳遠福
陳有德　金煥章　劉祥和　劉榮昌　劉加和　舒步交

舒宗廷　王得才　張士和　何亮初　李癸巳　程大耈
程朝鳳　程光明　陳家寄　劉兩端　石六一　熊玉明
張六元　程天順　李德貴　朱定廷　周耈俱縣屬陣亡
蔣昌秀　蔣懷義　蔣仁壽　余三益俱禦賊被戕以上縣志　咸豐七年
喻文桂　李啟元　王啟貴俱桐城陣亡以上節義錄　咸豐八年　石復順
張國貴　馮行敏俱潛山陣亡以上節義錄　咸豐九年　黃金富廬州陣亡
楊勝澤　帥連勝俱太湖陣亡　李松太桐城陣亡以上節義錄　咸豐十年
陳守謨雨花臺陣亡　樂啟元擊賊被戕以上縣志　咸豐十一年　王正發蘄水
陣亡　祁金榜陝西陣亡以上節義錄　徐林馥　徐遐齡　項開慶俱縣
屬陣亡以上縣志　同治二年　曾才茂廣濟陣亡　許興起襄陽陣亡　俱本節義錄
同治三年　鄧福山黃岡縣陣亡本節義錄　同治四年　陳學芝天門陣亡本節義錄　同
治五年　王金祥　王華先　王八壽　王德華　王金榜
王濟會　王太萍縣志作泰平　王楚懷　王毓九　王家旺
王可久　胡德望　袁玉光　王隆興　李茂章　李漢業
李恆德　胡大受　劉上志縣志作尚志　劉志賓　王良貴
王文元　吳松元　田本學　田世禮　黃紹玉　龔炳哲
王萬順　王紹業　蔡老大　余三陽　蔡啟明　瞿金福
陳三台　陳三保　張和尚　趙文才　余連才　余遇興
劉玉春　周啟才　王貞五　洪十元　樊二狗　王大富
王德福　王逢元　胡壽老　桂得意　戴玉階　戴倉海
樊丙文　胡細婀　陳甲老縣志作田老　李志富　胡佑保
陳羣瑤　李學之　李雲豐縣志作雲峰　李正先　李紹和

李鳳太　李德和　李來朝　雲錦心縣志姓雷　梅廣川
於文彬　於士喜　於六連　王益茂　王芒田　王春發俱縣
屬陣亡以上節義錄　王家茂陣亡　許廣義　蔣立誠
蔣樹燦　蔣春耕　石旦初　孫正茂　陳浣塵　陳煦輝
王有典　於煥然　張履亭　劉映池　吳有富俱擊賊被戕以上縣志
同治六年　宛貞祥蘄州陣亡本節義錄　同治十二年　吳元善　童福祥俱潁
州陣亡　崔得喜冊作得意徐州陣亡以上節義錄　同治年間
因公殉難各役附錄於左以備題名
操明　柳先　柳發　鄧雲　李春　韓榮
李愷俱馬快　顧升　胡貴　李貴俱大班
陳友元　廖登元　龍太千　廖步仁俱轎夫以上黃州府　童仕連

於相書俱團風巡檢轄夫　洪如春　李春富　李福興　方金高
石松茂　趙張保　吳從志　張啟應　潘年寄　張德嘉
焦坤元　周天保　鄭天佑　洪雙喜　劉元老　商啟才
陳任賢　呂魁老　熊炳文　潘惟情　朱香保　劉道才
李東之　洪神賜　劉隆貴　黃家春　劉官保　陳家順
蔡五元　王占魁　呂天象　孫春德　程貴保　陳全海
魯利貞俱黃梅縣差役咸豐三年　羅　愷麻城縣差役縣屬殉難咸豐四年
江　清　胡　林　向　勝　周　寅　柴　洪　高　勳
李　青　何　元　汪　彩　林　茂俱蘄水縣差役縣屬殉難同治三年

案咸豐三年廣濟土匪滋事案內殉難勇丁籍隸安徽者二十六名請卹後例得入祀各本籍昭忠祠光緒七年許奉咨

部查案迄今未奉部覆致稽請卹茲特錄名於左用備覈辦

張朝選　張金元　張懷倫　張懷盛　丁鳳寅　李芳新
鄒德盛　尤化鵬俱蒙城縣人　徐保祿　徐三理　徐三明
徐萬福　陳有田　王瑞祿　馬允恆　許萬福俱潁上縣人
馮上福壽州人　沈合義　趙守廷　賈仲科　趙　寬
管　理　鮑廷輔　胡志雄　吳樹基　李承基俱六安州人以上府冊

黃州府志卷之六下終

黃州府志卷之七

黃州府知府英　啟纂輯

建置志

鄉鎮

黃岡縣

廂坊分隸城鎮城內外四廂團風鎮二廂陽邏鎮二廂凡八廂一稱廂坊鄉

東竝鄉縣東三里轄里七　還和鄉縣東五十里轄里七

永甯鄉上鄉縣東北百二十里下鄉縣東北百里轄里十二

慕義鄉上鄉縣北百二十里下鄉北五十五里轄里九　上伍重鄉縣北百三十里轄里九

下伍重鄉縣北百里轄里八　庶安鄉上鄉縣北百五十里下鄉縣北七十里轄里十

三　中和鄉縣西北百里轄里九向係上下二鄉明嘉靖間割上鄉十二里入黃安今僅下鄉九里

赤鼻磯鎮城西明設巡檢司今廢

三江口鎮縣西北三十里明設巡檢守備今廢

團風鎮縣北五十里舊設李坪驛久裁

明王廷相舟及團風以事復回黃州詩遄發齊安城野憩團風坂簡書申巽命造亥促櫂返中夜淩迴江侵晨見南嚇推篷納升旭覽勝紛可辨嵓桂霞影蕩江離露珠泣時物豈不麗滯旅興莫展鹿門遂耕稼太史樂遊衍高賢雖自許于祿竟淟涊重來日云積歸計路應緬長嘯行曠達偃臥戒憤懣勞謙業[illegible]廣止坎道乃善楚氛與日構持此庶可遣

王廷陳自團風赴黃倏見城郭詩野水平侵岸澄江穩放船櫓聲雜鼓吹檣影曳雲烟漫逐羣鷗後俄驚百雉前長風如可假乘夕向遙天

淩義渠自團風鎮沿江西行詩未及涉江去迴環此眺聽涼秋涵野曠雲物何泠泠浪偃磯初落風遲帆乍停芋田鋤後熱藍圃望中青挽苦依沙岸縣帘截水亭斷葦生遠響叢芷發微馨月極俄傷晚干山不一形霞光隱日腳青紫界蒼冥勞望會有極動者亦云甯吾行適樂息催火出林圳

王一翥李坪詩盛世馳戎馬無非戰不庭只今鵲羽動惟見鬼憐青少婦停鍼線書生罷考經饑能迫石隱安得守殘寫

又李坪漫意詩凋傷鄉國後尚有古泉亭不見浣紗女誰鑴處士銘眾雲飄不去獨樹亦能青別路惜殘詰輿夫攜小瓶

又團風別斐臣因憶壬戌於此別堅公詩團風江上送袁

公解脫貞懷世所雄雨雪飄蕭三十載琴書元漢少年容槃
催白滸霜濤急燈逗烏林戰火紅不是玉肌經宿酒翻疑劍
俠走長空　杜濬次團江詩下馬團江滸烏林舊戰場楚弓
沙月白吳壘　成雲黃鑑影涵天遠襟流東地長江聲疑有恨
如欲訴興亡　李之泌團風江洲上詩老漁家住滄洲岸日
日風波常在眼　十年三千六百釣幾見蓬萊水清淺　射石
曾自射　鵰還故李將軍亦偶然猨臂雙收閒數雁御回溪上
打魚船　國朝宋犖團風鎮避風用少陵萬丈潭韻詩北風
江上急濃陰忽如晦孤帆隨鴟鳥飯蕩洪濤內繫纜向洲渚
一水投烟靄咫尺見鄰舟突兀柁樓大小船如蟻蟄絡繹兩
岸對港深波復平陽氣浮澹瀨雪花遠近飛著地明璣碎荒
村盡掩扉漁翁不在外驚心刻戍多到處懸旌旆江樓駐雄
師聲名傳下瀨乾坤浩茫茫萍梗偕流輩百年境遇繁適意
誰能最緬懷川路紆顧景篷窗礙悵然念去春遊賞欣吳會
陳大章舟過團風懷鄭方南詩荒江盪夕陰秋色澹無豫
沙洲昔未沈千室魚鱗聚故人休沐歸吟釣有遺處結廬近
何之四顧空雲樹廉吏亦可爲棲泊隨所遇遙知高世心獨
與古人晤閒歌紫芝篇或咏猗蘭句階前戲小童膝上坐文
度適意且逍遙搔首各遲暮
慷慨平生言含情未能去

陽邏鎮縣西北百二十里

路口市縣東二十里　**陶店市**縣東三十里

黃州府志　卷之七　鄉鎮　二

魚博橋市縣東北六十里　**上巴河市**縣東北八十里

但店市縣東北百二十里　**盤石市**縣北六十里

辛家衝市縣北百里　**舊州市**縣北百十五里今名新州

久長市縣北百十里　宋孔武仲久長驛書事詩空堂深深閉燈燭羣奴鼾眠聲動屋豆肥草輭馬亦便嚼美只如蠶上簇天事由來不可量初更月出星煌煌須臾變作霏霏雨客枕不眠知夜長

張家店市縣北百二十里　**黃岡廟市**縣東北百三十里

汪家集市縣西北百里　**柳子港市**縣西北百三十里

街埠市縣西北百三十里　**倉子埠市**縣西北百五十里

蘄水縣

南鄉轄里十四　**北鄉**轄里十三

上鄉轄里十二　**下鄉**轄里十

永福鄉轄里九　**巴河鎮**縣西七十里

蘭谿鎮縣西南四十里

麻城縣

太平鄉縣西轄里二十五　**仙居鄉**縣北轄里二十五

亭川鄉縣南轄里二十四

舊有孝感鄉共四鄉統一百三十里成化八年以戶口消耗
併爲九十四里復併孝感入仙居爲三鄉嘉靖四十二年復
析太平仙居二鄉二十里入黃安止七十四里

虎頭關鎮縣東北七十里　**岐亭鎮**縣西南七十里

白杲鎮縣南三十里北魏任城王澄攻白杲戍破之斬戍將吳道爽後爲市立急遞鋪今廢　國朝萬繩祐白杲值雨
詩小市烟寒傀火新一尊相對送殘春地因白杲山留客時
近黃梅雨困人燕得新泥沾徑好蜂含宿蕊帶花勻銀鞍傍
險歸原易無那
村醪醉轉醺

鵞籠鎮縣西四十里舊在赤壁關有巡檢司後移駐宋埠市

黃州府志　卷之七　鄉鎮　三

宋埠市縣西南六十里國朝張際亮清明日過宋埠
詩倦遊何處不思家況復清明感歲華楚水東流人北去越
天南望日西斜棲烏隔院初藏柳語燕臨風正落花惆悵招
魂猶舊俗荒原
兒女自喧華

梅家市縣東八十里　**閻家河市**縣東十五里

黃名市縣東九十里　**望花市**縣南四十里

黃安縣

太仙鄉縣東轄里十七　**中和鄉**縣南轄里十二

灄源鄉縣西轄里八　**中和鎮**縣南六十里

雙城鎮縣北三十里今移駐七里坪　**桃花店**縣東三十里即桃花舊鎮

八里灣店縣南七十里　**沙河店**縣西南十五里

呂王城店縣西北六十里　**黃陂站店**縣西北九十里

雙山壟 縣西北九十里

羅田縣

平湖鄉 縣西北　奉泰鄉 縣東南四十里

多雲鄉 縣東北　石橋鎮 縣東

多雲鎮 縣東北百二十五里　平湖市 平湖鄉

滕家堡 縣西北

蘄州

安平鄉 上下鄉俱州東三十里　永福鄉 上下鄉俱州西北六十里

青山鄉 上鄉州北百五十里下鄉州北八十里　大同鄉 上鄉州北二百里下鄉州東百八十里

崇居鄉 上鄉州東百五十里下鄉州東百三十里　茅山鎮 州西七十里

大同鎮 州東百八十里　渴口市 州北四十里

西河市 州北五十里　曹家河市 州北四十五里

廣濟縣

靈東鄉 轄四圖　靈西鄉 轄六圖

永東鄉 轄四圖　永西鄉 轄四圖

太東鄉 轄三圖　太西鄉 轄三圖

安樂鄉 轄六圖　馬口鎮 縣西南七十里

武家穴鎮 縣南七十里一名五家穴 國朝奚祿詒武家穴詩已辭溢城游不受溢城絆貧賤歲月冷關山風物換九江一點煙孤浪五家岸晨起搁流光令人生浩歎 陳文述過武穴詩浪花噴急響輕雷估客帆檣葉葉開蓬背片雲殘雨過船頭飛翠萬峯來青蓮跌宕新詩卷黃鶴徘徊舊酒杯何日乘風竟歸去橫吹鐵笛過蓬萊

龍坪鎮 縣東南七十里舊名龍阬嘉靖時景王之國將次龍阬撫臣以阬字不祥乃改今名見海隅集 國朝黃利通舟宿龍坪詩廿載鴻洲路杯中酒不虛豈知鄉故國翻欲戀舟居風雨江天暮文章世路疎相逢愁一問消息近何如

田家鎮 縣西南八十里 國朝高孝本田家鎮詩清晨打鼓發蘄州放船直下當中流青山重疊夾兩岸彩翠盡向篷窗收田家鎮在青山下人烟蔥鬱多臺榭神鴉無數迎客船遺廟猶說甘興霸家家種竹綠滿村斫來千束堆柴門湘簾織作春花影碧簟鋪將秋水痕愈風之蛇延年艾靈龜辟火如錢大應有仙人居此中雲深可許神丹丐石尤留客意亦佳眼前翠壁與蒼崖津道不妨十日住便思尋臥穿芒鞋旗尾忽轉風色別江面卷來浪如雪刺竿猶在楓林中日影未移下武穴 查嗣珣田家鎮詩青山圍四面小聚楚江頭暮雨翻鴉去神燈逐水流簾鉤堪倚醉篷影欲生秋驛路更籌急眞令我欲愁 陳文述田家鎮口號詩梨花春酒木蘭艘早雁聲中晚渡江三面青山半帆雨一天飛翠溼篷窗 胡醰兵後過田家鎮感賦詩田家鎮口水潺潺壁壘深嚴恃此關往日赤眉紛渡水至今白骨尚如山神鴉曉散甘甯廟戍馬秋嘶魯肅灣眼見干戈滿荊楚將軍何處說平蠻

盤塘市 縣西南九十里

黃梅縣

新城鄉 縣東南轄圖十　鳳源鄉 縣東北轄圖十

永福鄉 縣西轄圖十一　長樂鄉 縣南轄圖十一

清江鎮 縣南九十里　新開口鎮 縣西南一百里屢圮於江內徙

孔壠鎮 縣南五十里　唐思穴鎮 縣南二十里

濯港鎮 縣南二十里　楊家穴鎮 縣西南九十里

上新鎮 縣南十五里　下新鎮 縣南二十里

東觀鎮 距縣五十里　獨山鎮 距縣東二十里

停前鎮 距縣四十里

關津

黄岡縣

威遠關在清源門右

三江口關縣西三十里其上流水分三派至此合流

陽邏關縣西百二十里陽邏鎮一統志載宋置堡於此東接蘄黄西抵漢沔南渡江至鄂北距五關乃要害地明初設指揮守禦後廢

觀風橋清源門外明洪武中知府石磷指揮李和建明末毁國朝順治七年知縣楊日昇修

觀瀾橋清源門外馬頭街明萬歷間知縣胡某晏春鳴建國朝道光間居民募修

松竹橋一字門外東淮濠水經焉橋石上松竹形各一

清淮橋清淮門外順治初知縣劉國甯重修

清風橋赤鼻山麓今圮

延壽橋一字門外乾隆八年知府禹殿鼇知縣邵豐鋐濬濠建碑其上嘉慶二十四年知府吳之勷知縣蔣祖暄築織染橋堵水歸濠溝改建石橋

海棠橋舊城北詳古蹟

來遠橋一字門外關帝廟左亦呼織染橋

一字橋一字門外

積餘橋係城內外水會合之處

太平橋一在安國寺前塔下一在道觀河元吳應澍建

相隱橋安國寺前宋韓琦讀書堂側俗名和尚橋

新橋鐵甲巷下一名榆木橋郡城水出江處雍正十二年知縣暢于熊倡修

清濟橋縣南二里卽夏陝入江處明知府余清建義民陶畧重修改名金華橋國朝僧圓通募修

清平橋縣南三里俗呼雙橋明義民陶畧建

三台河橋縣東十五里明嘉靖中陶仲文建國朝康熙中半圮知府賈鋐募建今圮東弦鄉劉姓捐田課設渡邑紳劉維楨復捐修木橋並捐田課設渡俱詳縣志

王相橋縣東三十里明郡旌善人王相建

道人湖橋縣東三十里

魚博橋縣東六十里

瓜瓞灣橋縣東四十五里邑封職劉邦發捐修

覓兒橋近魚博邑職員范欽重建欽子職員華封復建道光間馬名東募修光緒六年衆姓重建

火柴港橋縣東八十里一名火燒港貢生馬正圭建

水口新橋縣西北二十里堵城北

長清橋縣西北二十里楓香渡舊名楓香橋明知府余清修改今名邑人潘敬重修國朝邑人王二奇募修同治間里人重建　王式丹晚過楓香橋詩迢遞山程結隊齊初冬朔吹已凄凄寒鴉下隴排牛背衰草連岡送馬蹄鄂渚直依平野北楚宮遥在亂峯西行行小住楓香路紅葉飄零白日低

鴿子湖橋縣東北四十里知縣鍾葦建僧智山重修

羅家溝橋縣西北四十里李家渡北康熙中建縣民余麗鵬職員王宗華先後重修今圮

赤山橋團風鎮東十里僧慈永重修

永清橋卽盤石橋在團風鎮北五里明知府余清建邑人陶仲文重修國朝僧智山重修黄冠林教清募修

步瀛橋團風鎮北邑人張應柳建增貢生錢履和重修

史灞橋團風鎮西北里許明陶仲文建國朝乾隆間圮監生甄潛捐修並捐葺費詳縣志

白塔河橋縣西北八十里監生姜之祥捐修

淋山河橋縣北八十里知府錢鋆取名永濟橋

泥溝橋縣北百二十里明邑人曹艮輔修

大碧潭橋縣北百里地當孔道邑紳陶國幹捐建石橋久圮今附近紳耆募修知縣陸炯有記

舊街河橋縣北百十里邑人胡文峰藍有德胡世禮胡世晏先後捐田二十畝歲以其租修造木橋

徐家橋在柳子港明邑士徐慕人癸乙獻祿隆生建

三閭橋一名三元在上巴河街頭明邑人馬興隆建

國朝邑紳王宗華重建邑人夏大受翁杰等籌貲修

沙河頭橋縣東北六十里邑人樊天成募修

孫鑽埠橋中和鄉生員尤一祥捐建祥孫舉人士藩重建並捐田以資修葺

李家集大河木橋石橋道光間監生劉耿光捐建

龍王墩橋米篩湖上二里許嘉慶間士民募建

新州延壽橋北街武聖門外監生熊醉經等募建

孔子河橋縣北百里卽子路問津處一名孔歎橋明知縣茅瑞徵建國朝咸豐三年里人募修

賀婆橋縣北上伍重鄉相傳前代賀婆建康熙時邑人謝惠重修

閬苑橋陽邏鎮蓬萊寺前明天順間僧祖眞修

望龍橋蓬萊寺前近龍口故名

惠民橋縣西百二十里陽邏驛前一名馬驛橋同治間邑人何衡宇等捐募重修

三里橋縣西北百二十里元隱士吳應澍建

玉壺橋縣西陽邏鎮華山西大江岸

陽關橋在庶安鄉

木屐口橋中和鄉王志庶安鄉誤邑紳萬禮祖建

望仙橋縣西百六十里三山鋪相傳麻姑嘗過此

棠棣湖橋庶安鄉邑人余文元捐建石橋又捐田十

三畝爲修葺費謝祝三姓共建

秀才橋 畢家鋪東三里麻城至省通衢里人吳彥玐修

余鉞橋 橋爲楚汴通衢邑人余鉞捐建故名

思善橋 永安寺西里許東至新州西通李集邑人俞楚川建

黃靳橋 縣東北百三十里雍正初邑人史公壽等與靳邑首士倡建並捐置田課以爲經費

黃羅橋 縣東北三里畈區與羅邑毘連生員張向曙倡首募建並置田課二十八石五斗以作培修經費

新橋 在倉子埠西北把琴門外通鄂豫孔道與黃陂交界兩邑人醵貲合建

樊口官渡 縣南五里渡夫二名每名工食正閏銀一兩二錢七分八釐

虎子灘渡 一作滸子灘縣西四十里濱江

巴河渡 縣東四十里

馬橋官渡 縣西二十里與武昌對岸渡夫三名每名工食正閏銀二兩五錢

楓香渡 縣西北二十五里堵城下

三江口渡 縣西北三十里

辛溪馬頭渡 縣西北庶安鄉邑人王自忠捐設

廟埠潭渡 縣西北百里王志注舊志作窰埠誤

利涉橋 在界埠上係南北通衢里人賀步陶倡捐合余邑人

段公橋 倉子埠通源門外邑人段愼遠世忠兄弟建

七星橋 曹衝鋪南四里係南北通衢邑人周文英募建

迴龍山橫河橋 縣北五十里武舉涂定鎧倡建

白龍潭渡 東弦鄉西陽河監生鄭馥造船捐田爲費

陳家河渡 縣東百十里生員陳瓚設捐田爲費

李家渡 縣西北四十里

團風橫河口官渡 縣西北五十里明陶仲文建浮橋今廢渡夫二名工食同樊口

赤山官渡 縣西北五十里渡夫一名工食銀一兩一錢六釐又監生金士榮等捐設義渡置田二石給費

鷺公頸官渡 團風鎮西北三里渡夫二名每名工食銀二兩五錢六分

鷂子湖利濟義渡 道光間邑紳范欽捐造船隻並田二石爲工食歲修之費

倒河口官渡 縣西六十里渡夫一名工食銀七錢六分

方溢官渡 縣西北八十里渡夫一名工食銀一兩三分六釐

白塔河官渡 縣西北八十里渡夫工食同方溢渡

汲水港渡 縣西北百十里

姚二渡 縣西北百十里慕義鄉

舊州渡 縣西北百二十里慕義鄉舊州長河

松湖壩渡 縣北九十里樟松湖並七湖口二處

街埠渡 縣西北百十里近陽邏鎮

感化河渡 縣北百六十里上伍重鄉

橋潭渡 縣北百三十里上伍重鄉

孫鑽埠義渡 中和鄉邑士蔡師孔造船捐田爲費

土子港官渡 船一隻渡夫二名傳遞巴水驛公文差使每月給工食錢二串四百文

張家店渡 縣西北庶安上鄉

陽邏官渡 縣西百二十里與江夏縣對岸渡夫六名每名工食銀三兩五錢

柴埠湖口渡 陽邏鎮新開口五里

雙溪渡 縣北百三十里

赤腳山河渡 縣北百三十里上伍重鄉

高水汊渡 近團風鎮爲東鄉運米上兒要津職員范斌母樊氏捐船雇夫撐駕

鷺黃渡 在安仁湖爲東西要津里人汪則林募修

柳子港義渡 庶安鄉邑士徐愈模捐金造船並捐田三石九升其租作歲修費

劉家渡 縣東桃花潭下生員范華翰同姪霖捐設並捐田畝以作工食歲修之費

徐家樓渡 縣西北六十里

金家萯渡 城東三十五里爲往來孔道邑人喻希哲捐船一隻並地四石以爲渡夫工食費

陳子墩渡 渡口有橋係往來通衢監生張鼎莖邑紳張壽安各捐錢一百串文爲修橋造舟之費

社樹唐家渡 係齊安驛至華容驛要津光緒六年知縣戴昌言捐造新船一隻渡夫二名每月給工食錢三串文

磐石橋渡 光緒七年新設渡船二隻團風鎮區首管理歲修工食等費在鎮勸捐濟用

江面救生船 光緒五年冬知縣戴昌言捐造船一隻水手五名每月工食錢十七串三百文以稅契贏餘支給

蘄水縣

綏安關 縣東六十里斗方山大嶺

綏定關 縣東九十里查兒山以上三關係咸豐九年巡撫胡林翼募民創建

昭化橋 縣東昭化寺前

畢氏橋 縣東二里鄉民程同志妻畢氏建

馬坡衝橋 縣東二十五里鄉民朱玉成建

綏靜關 縣東六十里鮑家山小嶺

綵楊橋 東門外一里邑人楊其復等重修餘詳古蹟

潘家橋 縣東十里明宣德初鄉女潘氏建

太平橋 縣東三十五里

倒流河橋　縣東四十五里鄉民郭民楚建

洗馬畈橋　縣東四十五里

大馬橋　縣東四十五里

蘄陽坪橋　縣東六十里

羅士橋　縣東南十二里邑人羅錫齋捐修久圮光緒二年邑紳彭心友捐資倡募重修

雙河口橋　縣東南十五里

王家河橋　縣東南二十里

牛積廠橋　縣東南四十里生員方以國捐修有詩云新甃長橋似砥平盡街還襲舊時名水流川字環中過人在三生石上行半夜星河虹影靜四時風雨馬蹄輕肩摩踵接應無數誰復逡巡滯去程　國朝康熙時知縣李振宗易今名有記見金石

生生橋　縣西五里舊名盡街橋明成化時知縣潘玨建

皇風橋　縣西五里縣志作鳳凰橋邑人邱養中妻楊氏建知縣李汝燦有記

麻橋　縣西十五里鄉民湯碧建朱龐安時居此

苦竹港橋　縣西三十五里鄉民湯仲新建

巴水驛橋　縣西四十里

望天湖大橋　縣西六十里

浮橋　縣治南明知縣潘玨建郎今南河渡

六神港大橋　縣南二十里明節婦李程氏建　國朝順治七年李見璧修有記載縣志光緒元年李彩重修

青蒿港橋　縣西南三十八里鄉民程福建乾隆二十二年知縣邵應龍倡捐重修有記載縣志

萬花橋　縣北十五里

新橋　縣北二十里明成化時邑人蔡明建

划船港橋　縣北三十里

洙泗河橋　縣北三十五里縣志有上下二橋

苦力橋　治東北三十五里邑王氏夫婦小貿積貲建

南河渡　縣南門外明知縣潘玨捐建浮梁久廢　國朝里人羅一龍捐置田課百餘石爲添橋修船雇夫撐駕之費知縣劉佑給額以獎後有陳士周者管理多年積有餘貲續置田課五十餘石知縣葉爲舟以好善不倦旌其門光緒間知縣多祉倡捐造救生船有記載縣志

東門河渡　縣東門外貢生李籌貞妻詹氏捐田課二十一石監生周廷豫募捐田課二十七石徽州監生方安棟捐田課五石五斗添橋造船照南河渡例續捐田課詳縣志

下河渡　縣西門外有船一隻板橋一座歷年衆共捐田課五十石五斗後有丁祥雲捐田課三十九石監生夏則大之球等捐田課二十石一斗以作船橋分給津夫工食之費

裴家河彎羅石渡　縣東十五里生員徐三餘潘晏捐有田課以作津夫工食續置田地房缺俱詳縣志

蔡家河渡　縣東四十五里邑人郭篤生同衆姓捐造渡船一隻板橋一座並置田課爲添補工食之費

六神港渡　縣西二十里

六神港下灣渡　縣西二十五里人捐田爲費

青蒿港渡　縣西南三十八里衆姓捐田課以給工食

楊林港渡　縣西南五十里衆姓捐置麥地以給工食

楊歷湖渡　縣西南五十里衆姓捐置田課以給工食

彭家港渡　縣西五十里生員王朝賓等捐渡船一隻

龍家渡　縣西北五十五里　國朝雍正二年監生何元龍捐田課五十四石造船雇夫並建涼亭一所每歲捐祭產銀二十餘兩爲修船雇夫之費

蘭谿官渡　縣南四十里津夫二名官給工食

上巴河渡　縣西北六十里貢生盧經邦生員盧文穉共捐田課九十九石各設船一隻節婦盧潘氏捐田課以給費

西陽河渡　縣西北六十里監生李時本捐田課六十石設渡船二隻

下巴河官渡　縣西七十里津夫四名官給工食又邑紳共建渡船四隻捐置洲地田課發給工食

鳳凰潭楓香渡　縣北六十里邑人何大益妻劉氏捐田課六十石爲修船雇夫之費

游心港渡　縣西十五里大河中界爲東西通道監生翟宗望倡首募建子公明姪公烈捐置田課共三十二石

中界河渡　縣北八十里邑人胡岳咸捐田課給工食

尤河舊渡　縣北九十里王徐朱三姓同設

翠石潭義渡　柳姓祖捐每年給工食穀十石

黃溉湖渡　船一隻監生楊肇廷捐田七石零設

麻城縣

虎頭關　縣北七十里接商城縣界

黃土關　縣北九十里接光山縣界

白沙關　縣北九十里接光山縣界梁置沙州郎此　國朝張希良白沙關題壁詩豫楚爭何處風雲壯此關青山百戰老赤日幾人閒繫馬藤蘿外題詩壘壁間往來仍故我深笑棄繻還

木陵關　縣北百里一名穆陵關齊陳分界處齊置北齊廢　明盧象昇過穆陵關詩介馬臨戎壁壘新連天烽火歎無民揮戈欲洗山河色仗策思援饑溺人安奠蒼生千古事掃除逋寇八年塵攜歸兩袖清風去坐看閒雲不厭貧

大城關　縣北九十里接羅山縣界

修善關　一曰修善衙在五關之旁

陰山關　縣東北六十里陰山之上

鐵壁關　縣西四十里土名鶯籠山

長嶺關　縣東北百里接商城縣界

附宋李𡌴乞復五關之險疏略云虎頭關形勢最險兩山干仞一澗銜激黃土關形勢聳峭白沙關與黃土關相去密邇木陵關山路峭壁委折而上大城關山勢不甚高峻而橫斜盤繞修善關亦在其旁使諸關之兵據險效死賊豈能遽入乎

桃林橋 縣東十五里元至元初鄉民蔣德俊建

聚賢橋 縣東十五里

紅石橋 縣東十五里

花橋 縣東十五里元至元初建

望魯橋 縣東六十里龜峯之麓

南門橋 縣一名古亭橋明知縣孫仕忠胡琮建

塔兒橋 南門外二里

永錫橋 縣南兩河口南北通衢黃麻士民同建

相公橋 西門外一名太平橋明知縣孫仕忠建

馬公橋 縣西南四十五里爲赴省通衢知縣馬某過此適橋成故名

廣仁橋 縣西二里許明邑紳毛鳳部建

橙林橋 縣西二里

樊家橋 縣西南十五里縣志作樊淵橋典商張城峻余元賜等重建邑人李樹儀等重修

李沐橋 縣西二十里官田畈邑紳李沐建王導域重修

獅子橋 縣西四十里

岐亭橋 縣西七十里岐亭鎮即縣志東坡橋一統志云宋蘇軾與陳慥會此

普樂橋 縣西北八里五腦山麓貢生熊鍾重修

永豐橋 北門外邑紳鄒本監生戚价重修

福元橋 北關廂

望仙橋 縣西北詳古蹟

檀谷橋 縣北十里

祖功橋 縣北五十里

觀音橋 縣北九十里邑人吳宗建

三星橋 一在八疊山下同治九年監生李永江捐千餘金創修一在墩陽區下監生鄒介福捐修

高橋 拜郊區北門外光黃通衢舉人胡翹霜監生胡梓中胡宗川同建

三道河橋 北上通衢邑紳郭允中建

玉龍橋 路口街北皖豫往來要道邑紳郭允中鍾靈修

福田河橋 道光間區衆建

縣前河渡 即縣志聖門河渡本門士民捐渡船一隻

高岸河渡

浮橋河渡

白杲河渡 以上三渡夏則乘舟冬置木橋民不病涉

閻家河義渡 獅子菴僧捐田一石二斗爲費

木梶河義渡 邑人余楚材捐設

虎頭司義渡 公置田八斗里人羅公望捐田五斗

白塔河義渡 本區與張留區捐田置船二隻

新河義渡 同治四年岐亭同知唐訓邦倡首募建

乾沙河義渡 拜郊區衆修造船橋並置田屋爲修補費詳縣志

黃土岡義渡 邑人余光輔倡建捐田一石九斗五升爲橋船費

岐亭東大河渡 東西要津陶姓闔族捐置橋船並置田地五石餘以資渡費

宋埠義渡 地爲本邑首鎮南北通衢舉埀諸水所經過處闔鎮捐置板橋並渡船五隻又置鋪屋兩間以租息備修理之費

黃安縣

金局關 縣西北四十里一名金山關

大城關 縣北九十里羅山界元世祖己未入此

省耕橋 縣東一里

問有橋 縣東一里杏花村口明邑人耿汝念建

龍頭橋 縣東四十里

老實橋 縣東南三十里

富家橋 縣東南五十里

霍家橋 縣東南六十里

匯源橋 縣東南七十里邑紳盧堯臣建

冬青橋 縣東南七十里舉人盧爾慥募修

壽萱橋 縣南十里生員盧復先建

利涉橋 縣南十里

三多橋 縣南二十里

二里河橋 縣南三十里邑人余朝富等募建

萬緣橋 縣南三十里楊二港舉人鍾玗建今廢

迎春橋 縣南四十里苦竹港

銀錠橋 縣南五十里達省城路元吳應澍建

孝子橋 縣南五十里以孝子周日昴名

四余橋 縣南五十里

五里橋 縣南六十里周孝子港口元吳應澍建

曲尺橋 縣南六十里

廣嗣橋 縣南七十五里由岐亭達黃陂孝感路生員盧兆豐募修周怡盛重建

太平橋 縣南八十里元吳應澍建

過仙橋 縣西南十五里

通濟橋 縣西南二十里邑紳王國佐建

楊惠橋 縣西南三十里一名王德橋達黃陂路邑人鄭君昭吳公紹建

行祠橋縣西南八十里達黃陂路僧繼朗募建　永福橋縣西南一名涂家橋舉人張棣募修生員涂國翰等重修　小藍橋縣西南七十里明邑人耿汝念建

黃石橋縣西五里　皁角樹橋縣西十里

姚家河橋縣西十二里　高橋縣西二十里貢生吳之琬建舉人吳宗理募眾重修

周博士橋縣西二十里　烏峯橋縣西三十五里

新橋縣西四十里達羅山路戒林寺僧省三重建　楊李家橋縣西五十里

火石橋縣西北四十里達河南光山羅山路　高柳橋縣西北六十里達河南光山羅山路

七里坪橋縣西北六十里

南門河官渡縣南一里　中和官渡在縣南

東流渡在縣北　清河渡八里灣上陳謝葉劉四姓募眾設立

羅田縣

鳳凰關縣東三十里接六安州界　國朝陳瑞琳過鳳凰關詩我家鳳山側乃在老塔西老塔去天僅尺五慣看峯頂明朝曦東行出郭二十里回頭老塔斜陽低羣峯蒼翠出其上頃刻令我心目迷東者在西高者下幾疑山骨無定棲不知變幻境愈妙守其常格山無奇我生偏落萬山裏懸崖絕壁長攀躋山中頗苦雙跟臨上山復憚雙腳疲急須五丁一開闢不然要令愚公移　栗子關縣西北百十里接六安州界

銅鑼關縣西北百四十里接商城界　平湖關縣西北四十里接麻城界

松子關縣西北百四十里接商城界　青苔關縣西北百六十里接商城界

石門關縣東北百里接英山界　岐嶺關縣東北百八十里一名䕫門接六安界詳古蹟

通濟橋縣東明知縣徐泰建今廢　河東橋縣東一里乾隆十一年募修

三里橋一在縣東三里一在縣南三里邑人胡明智修　黃豎公橋縣東五里

祝家畈橋縣東八里邑紳胡祥建　普濟橋縣東二十五里

段皮河橋縣東三十里邑人余志選建李正己修　黃家橋縣東六十里

玉虹橋縣東七十里今廢　僧塔寺橋縣東百三十里提督沈鴻賓倡捐修建

霸城橋縣南河街口今廢　關口橋縣南二里

清源橋縣南三里　十里鋪橋縣南十里

將軍橋縣西關外邑紳汪之泱重修　龍門橋縣西一里邑人胡效義建

板橋灣三橋縣西一屬古橋一邑人程信達建一邑人汪朝陽建

花石橋縣西四里一名滑石橋　剪刀山橋縣西門外七里醫士張善建

覓兒橋縣西二十里邑人胡明哲建　普應橋縣西六十里

三元橋縣西北百四十里松子關　河口橋縣北十里

李莽崖橋縣北二十里一作李木巖　石山橋縣北二十里地名白楊衙

觀音橋縣北七十里　石柱山橋縣東北百十里

九資河橋縣東北百二十里一名九子河乾隆十一年建有橋田三十石

官渡河渡縣東門外一名長春渡乾隆元年邑人募修共置田七十五石花地四塊作修船雋渡費後知縣吳鳳筌管貽蔡各捐船一隻　界河渡一名南關河渡邑人張文鯨胡宛言募置田五十石蓮池菴僧捐田六十石張奠坤捐田九十五石　尤河鵓渡縣西三十里邑人王殿颺捐置

夾河鵓渡縣西北六十五里河為羅麻交界處監生周復旦捐田三十四石地五畝為工食及修筏資

樂利河渡舊名落鋼河張鄭汪三姓捐置　新昌河渡縣西北七十五里眾姓捐田四十八石徐姓祖捐田六十石以為經費

蘄州

符乾關東關外　烟光樓關南關外前江後湖最為險要

第一關北關外　龍磯關水西門外

金箱橋東關外乾隆十一年建　玉印橋北關外州紳陳欲珍倡捐募建

合濟橋州東二里符乾關口州紳陳欲珍監生張燕建　滑石橋州治南宋景定五年安撫使王益建

高家橋南關外

吳公橋州大西門外

大明橋赤東湖口明嘉靖開建順治十五年州人李如嚴募建張士淑有記載州志

排垾橋赤東湖西明嘉靖十六年建國朝乾隆道光間兩次募修並造船置產給費

道人橋州北曹河市募建

轉蓬橋州北五十里瀉口市一名三洞州人陳惟執建

橫車橋州北西河驛詳古蹟

駱駝橋崇居鄉明宏治間衛舍人唐仁造

中心橋鴻宿洲明嘉靖間壽官鍾惠造

石鼓河橋州北百十五里州紳陳法璧建

馬口橋州南二十五里州人梁均宇捐貲倡建

善慶橋在西河驛為孔道要津乾隆間貢生袁士昌捐銀五百兩並募貲修知州錢鋆有記載州志道光間州紳陳之瀚復建置有田課

陽春橋在黃城河知州李琡有記載州志

相見灣浮橋八里湖心州人龔秉艮龔秉極捐

仁壽橋州北馬路口驛龔二姓捐建並渡簰一隻

青崇橋鈷鉧潭邊青崇二鄉交界處

善緣橋一在州北百三十五里里人公建一在州北二十里高溪畈交黃梅縣界又名巴家橋

六秀橋州北百三十五里係三十六水之口旁有石刻六秀橋三大字里人梅希彝募修

萬善橋張家塝下六溪河里人貲鎮商募建

三家店石橋五鄉通衢州紳龔灝龔漢池等捐建

吳桂港石橋五鄉通衢州紳龔灝龔漢池等捐建

蓮花庵大河縣橋係黃崗要路州紳龔灝龔漢池等捐田課六十餘石又竹簰一隻係先年灝祖達捐另給工食又龔姓及眾姓共捐田一石一斗竹簰三隻

乾明渡州治西

黃顙口官渡州南十里通興國州

挂口麟山書院渡州北十里今廢

沙徑渡州北十五里陳維聽王廷震兩戶各捐船一隻並置渡田州人陳謨修置沙徑渡碑記載州志

八里湖渡州北十里監生龔達貢生靳定疆捐造船隻置有田課

西河渡州北五十五里安平鄉

黃城河渡州北七十五里陳維聽戶捐竹筏二隻監生王乾胡便捐募橋渡並置田課

甕門渡州北七十五里鈷鉧潭口州人李方高建橋船捐田課二十石

闊口河渡州北八十五里其河接洗馬潭下水勢浩大分東西二流俱置有橋船東流生員李鄧林州紳駱以栽李秦共捐田課百十一石西流李秦募置田課二十六石

戴口渡在州北瀉口貢生陳天篤捐

劉公河渡州北九十里石橋木橋各一渡船二州人胡牲亭及其子孫捐有田課

歐家渡青山鄉渡邊有石鐫雲路二大字

易家河義渡州西北四十里

喇叭湖渡在祝家橋州人余法周捐船隻置田課

茅山港渡州人余履中捐船一隻田課十一石

管家湖渡州人管宜謙宜高等捐募建置有田課

株林河渡乾隆間州人陳洪緒捐置橋簰置田一石一斗又陳正書女長姑復設渡船一隻並田課以作工食二十石

廣濟縣

仁壽橋縣東門外咸豐間重修

春風橋縣東演武門外靈山諸水出焉國朝舒芝生春風橋詩不盡青山不盡溪綠楊深處鷓鴣啼行人俱說鄉關夢錯認梅川是隴西　梅浦青青綠柳垂覬陽河側草迷離白頭樵客知多少歸路歌聲落日遲　禪客相逢盡少年顏如芍藥酒如川大王峯頂春偏早長羨揚州十萬錢　桃葉桐華雁北飛名園博弈夜深歸驪騎十字街頭過笑問春深雨溼衣　安樂山閒雨乍晴當壚燈照酒帘明誰家少婦攜長笛吹出三湘暮雨聲

凝秀橋縣南門右明知縣楊阜改河流塞舊口創凝秀橋以關下流

文家街橋縣南門左

荊竹橋縣東三十里荊竹河當邑孔道

花關橋縣東四十里

雙城橋縣東六十里雙城驛東為黃梅縣界袁姓捐建

車坊橋在車坊河係荊竹河下流

五里橋縣南五里文天祿故宅在焉並見古蹟

七里橋縣南七里

楊林橋縣南十里俗名女兒橋上通蘄州太湖下抵九江橋石鐫有紹聖二年數字

開磬橋縣西南七十里

連城橋縣西南六十里與便民倉近往龍坪大路

搭水橋縣西關外

滄浪橋縣治西知縣劉允昌建虞學灝重修

黃花橋縣西六十里

松楊橋縣西十五里往蘄水驛路知縣黃玉鋐建

樂師橋縣南

塌水橋縣南

朱纂橋縣南以上四橋皆至武穴通衢

鳳港橋縣南

何家橋
陽橋
郭師橋以上三橋皆上達盤塘下達武穴鎮
官橋武山湖東爲達武穴孔道
熊家橋
周源橋縣西二十五里
栗木橋
江家橋以上四橋俱達蘄州通衢
伊家渡縣東南六十里達龍坪下街
鄧家渡縣東南六十里達龍坪上街
官橋渡縣西南六十里與便民倉近
北港口渡
松楊渡

黄梅縣

東臨通宿松佛座嶺
東南臨通湖口江
南臨通潯陽江清江鎮
西南臨通廣濟龍坪鎮
西臨通廣濟雙城驛
北臨通蘄州後山

東北臨通宿松太湖停前驛
蘆花橋東關外鄉民龔德甫建
鳳凰橋在治東今於成街
衡沙橋東關外往宿松孔道監生桂燦庚貢生鹿鳴建
老鸛橋縣東三里通宿松大路邑人桂在蟾桂彌高建
西河橋縣東四里通宿松大路邑人桂朋蘭建
沙河橋縣東五里知縣楊本俊建石梁熊勳重修
仁壽橋縣東八里邑人項世金建桂燦庚募修
青山橋縣東八里通宿松大路邑人桂世敍建
高粱橋縣東十里悠悠河邑人桂同姜建
兩河口橋縣東十五里多雲鎮知縣鍾龢俊建生員俞于道重修
勒馬橋縣東四十里停前鎮古角山口唐招討使曾元裕破王仙芝於此勒馬故名康熙時重修
上沿港橋縣東南七里
馬頭橋小南門外馬頭山下邑人桂朋蘭桂躡偲捐建
平政橋小南門外知縣鍾龢俊建監生石寅賓重建
獨山橋縣南二十里獨山鎮邑人李顯周募修
辭母橋縣西南利道門外相傳五祖出家於此辭母
卜家橋縣西南佛母塔左畔人將文子孫相繼修
白鱔橋縣西南六十里邑人王殿五建

明月橋縣西關外舊城隍廟東
太平橋縣西關外通會倉左雍正間眾姓修
穀塘橋縣西門外五里通京大路邑人桂履青建
上穀塘橋在縣西張湖鎮
下穀塘橋在縣西張湖鎮邑人聶方曙重修
上山橋縣西五里金林鎮監生俞于智重修
下山橋縣西六里雍正十年重修
濯港橋縣西二十里邑人俞穎建子于道重修
橫山橋縣西五十里元角鎮通宿松廣濟驛路監生李時旺建
石頭橋在卓壁山下俗呼石橋頭
飛虹橋即五祖花橋
渡下橋龍坪山口邑人盧立吾募建後圮
望雲橋即南山花橋土人入山禱雨至此望雲故名
聶家橋考田山口楊樹鎮邑人聶伯敏建
於家橋在多雲鎮邑人於益吾建
雙城驛橋在元角鎮義民袁少泉建
靈潤橋即四祖花橋明劉南金靈潤橋詩水氣何氤氳
星蟾夜相薄西風似有情散作霜花落試叩碧流痕泠然
動清響驚開石上雲飛去松花上道人臨水渴一飲即成
酣欲問飲時味沈吟不解譚坐見石光飛瀑音亂一花徑應
有石中人慇懃奏笙磬誰把天漿溢仙人不復掃一酒秋

塵空千峰顏色好每到月明時似有江潮送青山不可收
白鶴閒相弄時呼洗藥僧共臥青湍背那知禪夢中誤道
天花碎怪得石橋路無風雪
自沈夕陽涼易足聽罷素心迎
胡祿橋意生寺西上通大河鋪下通濯港乾隆間募修
女兒橋馬鞍山下
通理橋白湖渡下三里左接邢家港右連眠羊湖明知縣曾繼倫建橋以通二水往來
白湖渡橋明知縣朱璧倡建崇禎末以禦流寇毀之國朝知縣張雲松莊檀重建邑人桂燦庚等復捐修明徐霖白湖橋記見金石國朝金德嘉重修白湖橋記黃利通重葺白湖橋引俱載縣志
聶母橋在項橋鎮邑人聶煒南重修
清江橋停前鎮順治元年建今呼驛路橋爲七省通衢
大河橋在大河鋪邑人於益吾建於煥才重修
高橋路途鎮上通胡祿橋下通長安橋
長安橋在劉塘鎮通廣濟黃姓建
土橋去濯港半里許當京省孔道邑人俞穎建
長壽橋在楊樹鎮由後山鋪通蘄州路貢生李季章建
縣前河渡已建橋
東觀渡縣東南二十五里經感湖涉湖至段姚

白湖渡 縣南四十里上通濯港下達孔隴

清江觜渡 縣南九十里至德化路即明史所云南有清江觜是也

楊家渡 由孔隴往封郭洲渡此

黃連觜渡 去縣二十里冬月水涸梅民糧運清江取徑於此

濯港渡 縣西南二十里通太白湖已建橋

隄防 閘堰塘井附

黃岡縣

利濟隄 城外觀瀾橋西直達江濱知府吳之勷築道光二十八年知府祁宿藻知縣俞昌烈重修石隄

老鸛河隄

舊州長河隄

中州隄

鍾觜秤隄 一名簡公隄明知縣簡霄築後頽廢邑紳靖道譔重修嘉慶二十年毀於水譔孫本託捐金修復隄內有程徐二壩出水溝一道直達白水大勝二湖

溝兒口隄

邱陵湖隄

龍阬隄

白米河隄 以上俱在慕義鄉舉水所逕知縣簡霄築

灄河隄 在伍重鄉道觀河水所逕知縣簡霄築

邵公新隄 上起庶安鄉嘉魚村下迄柳子港舉水所逕向有小圍漸爲水齧乾隆八年知縣邵豐鍭倡捐建築溉田萬餘畝期年始成工費鉅萬又西南有曾家井隄四十八戸要區 邵豐鍭重修嘉魚村隄記岡邑西北之嘉魚村上承麻城諸山之水向有大隄以爲捍蔽而下游村落田廬皆陰受其庇雍正五年大水隄決乾隆八年復遭大水下游數十里皆成巨浸而傍河之田已爲沙壓不可種植矣余於是年涖岡念惟此隄所關者大親詣其地查勘詳豁其田之必不可開墾者除賦約百餘金其尚有可墾者計厥長久非修築是隄終不免隨波漂沒而工鉅費煩且督理總領甚難其人於是傳集士民擇其幹濟者數人立爲隄長總理其事余復捐俸以爲之倡其餘工費按田均派有力者任勞多財者任費秄近鄉民踴躍從事一年工竣向之平夷如坦道者屹如牖向之石田不可耕者錯如繡矣自後每歲春初農隙儆飭保正隄長加厚培高俾勿壞焉此微績耳何足記顧禦災捍患守土者所有事後之人與我同志者知民患之孔棘始事之維艱歲爲修理毋忘未雨之綢繆庶數十里之村落田廬永免蕩析飄搖之歎耳

韓公隄

長樂隄

李公隄 以上俱在城外

易家隄 赤壁山下

沙滸灣隄 在東弦鄉瀕連大河邱店孫家觜南溯戚家嶺四區賴其保障道光二十一年隄潰邑紳王鵬翥醵貲修

劉隄 在團風鎮

烏鴉觜隄 在庶安鄉自嘉魚村起下抵柳子港長十

五里眾姓修建監生胡廷瑞捐修石磯

太和隄 在下淋頭畈牛皮汊里人募貲修

福興隄 在淋頭畈里人募貲修

朱家隄 在新集北道光三十年監生陶宜富捐貲督修

桃樹湖隄 在南抵桑樹嶺之北山凹北抵畢家鋪之胡太嶺外為神仙河係倒水所經

蘆洲灣老隄 出黃柏山上袁家徑起下抵樊口計長四十里光緒五年前縣恆琛同武昌縣知縣淩心垣詳請督撫委邑紳劉維楨加修六年知縣戴昌言武昌知縣蔡炳榮諭令黃岡職員杜承恩武昌生員楊樹人等經理歲修工竣

大成隄 在城東三十里同治四年創修

佘家灣隄 自白衣菴至福興菴止鄉民吳從耀倡修

迴瀾畈隄 在西馮區通黃安大河者民楊法聯倡築

羅家河隄 在上伍重鄉道光二十九年汪德潤倡修

薛家溝何家橋隄 在樊口北岸貢生李東塈監生杜淩雲倡建

黃家圩 在上庶安鄉同治二年眾姓新築

江禹山下義圍 迴圍約三里許同治七年眾建

義成圍 隄地低下數被水淹同治元年里人創修

隄圍畈 在王集區地濱長河元時陶仁卿始築康熙七年優貢陶克家修補然江水逆來下無捍禦陶際昌倡築橫隄建大小二閘以時蓄洩厥後武生陶啟椿從九陶馥補築

朝天閘 在孔埠區米篩湖慕義湖之水皆從此出光緒元年監生陳子熙貢生夏熙農募貲於河口築隄立閘

木展口石閘 在周山鋪東北蕭家墩下同治十一年貢生夏熙農監生陳子熙等斂費創修

鐵牛嶺 在王集區摸螺湖之北黃安界上七里坪之水至此忽分為二居民圍隄自固道光二十三年監生張甲乙陳國棟修補於分水處修石磯以當其衝後邑紳張合太捐貲築隄補磯同治八年石磯浸塌眾姓計畝醵金修築

羅坪河壩 在縣北九十五里下伍重鄉居人豬水溉田

毛林口壩

芭茅湖壩

黃舍潭壩 以上俱在慕義鄉舉水所逕知縣簡霄築

紫荊港壩 庶安鄉向積水溉田明正統二年重修

八王壩 在城南安國寺左中有田築壩以捍後湖水漲宋周肅王元儼曾駐兵於此王行八故名

長塘 在縣東南一里許卽古城濠

相隱塘 在縣東南二里餘相隱橋側卽韓魏公讀書處

七星塘 在城東南有土墩七座像七星

觀塘 在元妙觀前

岳廟後塘 俗名火星塘在岳忠武廟後

葉家塘 覽勝亭下

沙陂塘 東弦鄉

葉陂塘

九姑塘

羅經塘 以形名水味清洌以上三塘俱還和鄉

菱角塘 縣北百里廣數十畝

戴家官塘 縣北百五里廣數百畝

南衝大塘 縣北百十里廣數十畝三塘俱下伍重鄉

陽陂塘 庶安鄉

官塘 在陽邏蓬萊寺右

明家堰 縣志作明官堰在縣東十里東弦鄉

樟樹堰 還和鄉

火燒堰 上伍重鄉

葛洪井 在元妙觀相傳葛洪煉丹於此

司獄井 保釐坊下舊獄前

鼓樓井 在府治舊鼓樓側

學井 府學明倫堂左又泮池門右

梅家井 在府學前向在民家知府蘇良嗣查出水甚清洌又名三元井

局林井 在縣學射圃右

東坡暗井 在縣學前詳古蹟

盧家井 縣學南街小巷味甚清洌

鐵欄井 報恩寺佛殿前

天甯井 報恩寺右一名丹砂井

分司井 舊布政分司今府城隍廟前

雙眼井 清源門內國寶坊下

通判井 紅水巷

八角井 朱衣巷內俗呼八卦井

洗馬井 一字門街俗呼爛泥井

一字井 在一字門內

義井 在縣東市以眾共之遂名

道泉井 安國寺日新堂明知縣孟津浚

溫水井 永甯鄉三里畈有三泉上煥中可燖牲下可浴

龍井 大崎山上有九井雩禱輒應

華山井 陽邏華山南元隱士吳應澍所鑿

臥龍井 在陽邏鎮關口傍俗亦名吳公義井

吳公井 在縣西百八十里元隱士吳應澍鑿

附水利議明萬歷三十五年邑令茅瑞徵上御史臺議云本縣枕據大江湖洲所在如襟帶引水灌田實爲民利但隄塍低薄則水患易侵如白塔河姚二渡新洲柳子港等處一遇霪雨便苦崩溢雖屢戒修築而民難慮始偷玩不已巨浸奔

何至八里畈三山鋪青坵山響靈廟一帶山塘淺小旱魃時困若非及時疏導正恐雲漢徒嗟穿渠濬川此實勸農第一事也又道觀河源出崎山龍井經龍岡山陽洩於鮑湖灌溉利之每値泛漲害亦獨甚王志

蘄水縣

王公隄在巴河鎮明知縣王柏築自江濱抵鎮甃石植柳

萬工隄在縣西南五十里明知縣胡奎築

伍洲沿江大隄在北永二鄉公建亙二十餘里爲兩鄉保障同治十一年修

張郭灣隄在永鄉傍河同治十一年修

鴨子陂在縣東二里

蘭溪隄在鎮後大橋同治十年修

兩路口隄在北永兩鄉上自窰坳口下迄六畝徑縣

山洋湖隄在下永鄉同治十一年修

李家灣隄在北鄉同治十一年修

飲馬陂在縣北三十五里

團陂在縣北七十里

聯塘在昭化寺前

月塘在縣東十里

聖人塘在縣東十里

藕塘在縣西十五里

胡可堰在縣西北六里

曹家堰在南鄉

官陂堰在南鄉

義門堰在南鄉

袁家堰在北鄉

胡家堰縣志作胡師堰在下鄉

慈菰堰在下鄉

段家堰在薛家湖尾

李家堰在黄草湖尾

三眼井在縣治東

向家井在縣治西

便民井在縣治北拱辰門外其石闌志云崇禎四年辛未居士黎君極重修

清泉井在縣東二里清泉寺前池中源與河通寺僧每以水之清濁卜天之晴雨焉

大水井在縣東二十里

冷水井在縣北五十里

附水利議蘄邑五鄉田野頗治但永福濱江抱湖每多滲洩之患上鄉相聯受害無異北鄉之奏勘沖瘀已見明正嘉閒矣南鄉白洋河油河界河等處漲淤時多或雨澤有靳則服穡無成重民命者其可忽徵輸而忘溝洫歟王志

麻城縣

沙河隄一名四全隄在朝聖門外明隆慶時建以護城歲久坍塌國朝康熙中知縣吳顧行重修栴任鈞新築四全隄記歲庚子爲吳侯治麻之六年敎行政修百廢俱舉自城垣泮宮義學公廨及祀典所載神壇祠宇次第煥然蓋公以敏練之才勤於庶政視邑事如家事故邑之規模氣象莫不新焉先是公修葺東城時徘徊雉堞間謂學宮近城瀕大河河流自北來斜射城下久之城必不支城既壞則學宮之脊亡次及民居不得妥處堂之安也議於城外作長隄爲城衞念城未完勢不暇兼及久之城工竣凡修三百餘丈既又加葺女城補其罅隙數十百處公曰今而後可以從事於隄矣乃捐貲市活松數千株爲地釘募工去城下浮沙車去潭水補城腳水嚙空洞以松釘駢其外又購竹編簍以細石壘其中後實之以土自應壁門至學宮東角延亙數十丈河水所激悉爲禦之公日與縣佐盧公親董其役工始與議者以防爲前此所未有創始實難公曰不然夫河水遷徙今昔殊勢昔者水勢低而去城遠觀城門石級下至丈餘則昔日之河可知今水與城逼安可無以障諸且民所難與慮始者勞與費耳今不費民不勞民何爲不可議者乃服初下松釘每架用十餘人日止下七八釘爲功甚緩蓋釘長丈餘以五尺入土設架於釘上懸石椎之架凡設版二層以坐用力柱植於土勢不得不求深穩然植須屢移功半耗於架焉公乃以意創爲架式名曰活鷹架其制用二大木橫貼地上以根架柱省去植柱於土之煩架前用橫木聯屬而缺其後以便推移釘下欲前則推之而前如舟車耳自是日下至六十餘釘一時觀者咸咨嗟稱善松釘既下土石未施而城東瓦礫充塞與城齊高下公曰此吾隄料也初募大冶土工運以塡隄估取工錢過多再度於武昌人索值甚廉眾欲許之公曰不可彼不自揣任其事力不繼將自貽戚且今二麥方青民艱於食吾令吾民負土取值貧民是利何事與遠人爭較多寡乃出示募民荷畚簣至每簣土酬以三錢見土給籌見籌給錢民相呼至者數千人無畚鍤者皆捧土入饋爭道而趨壯而力者日獲百餘錢嚾聲動地數千人往來隄上不煩而成纔旬日耳是歲夏霪雨連旬河水大漲非隄實障之城其殆哉然松椿之衞壞者已十丈公隨爲悉易以石遂爲無窮

之利云是役也公以實心興實利其仁至其義精其經營調度所全不少蓋城垣既全學宮亦賴以全城中土石積爲城患者皆爲有用之物民之饑者又藉是以飽則地利獲全民命復多所保全焉爰勒石而紀其實名其隄曰四全用誌公之德於不朽云至公之才力練達智勇深沈豈但全此一方已哉他日立廟堂上佐　聖天子綢繆陰雨將舉天下而生全之不過即此推之耳豈獨全此一方已哉吳公名顧行號勉齋江南長洲人盧公名遇號際可陝西人

東門河隄在東城外三里宋家村之左由北而東沿縣前河爲之斜長三里有餘爲朝聖門大小東門之衛

大河長隄在岐亭之南上抵潘家砦下界岡邑嘉魚村至葉家大橋縣亙二十餘里岡麻兩邑居民均資保障

落鱗陂在縣東十五里

閣公陂在縣東十五里

落葉陂在縣東二十里

太子陂在縣南四十里

一路陂在縣西十五里

七里陂在縣西二十里

宼泥陂在縣西三十里

霸陂在縣北四里

牛陂在縣東十里

鳳陂在縣東三十里

白田阪官塘在縣東南十五里

大塘在縣東南二里

龍潭衝塘在縣東南二十五里

馬家山官塘在縣西南二十五里

潘家塘在縣西南五十里

松林塘在縣西三里

沙河塘在縣南十五里

七里岡官塘在縣西北十二里

雷石塘在縣西北七里

朱家塘在縣西北四里

栗林塘在縣西北四里

興福寺塘在縣南三十五里白杲鎮西

白石堰在縣東三十五里

石牛衝堰在縣東三十里

土堰一在縣西五里一在縣北十里

響水潭堰在縣西八十里

紅石堰在縣北十里

蕭家堰在縣南六十里

千工堰一在縣西五里一在縣北十里

夾堰在縣西七里

王家堰在縣北四十里

黑龍潭堰在縣西十五里

硯池堰在縣西七十里岐亭之北

義井在縣治南街大旱不涸冬溫夏涼若有義焉

官井在縣治東街

清泉井在儒學前

仁愛井在城隍廟右知縣王世祿鑿居民懷之因名

縣井在縣治丹墀知縣杜朝紳鑿

甘露井在南關外其味甘清

虎跑井在龜峰山頂

冷水井在魯家區四時有水湧出遇旱能溉田畝

霧仙井在縣北六十里虎頭司之後每春夏雨時井中先有雲霧滃鬱故名

黃安縣

裴家塘在北關外廣數十畝灌溉甚多

柏樹塘在中和鄉

縣東街井

南街大井

西正街井

縣北街井

城隍廟井

四眼井耆民張維玉募浚

杏花井在縣東二里

羅田縣

林公隄在城南濱河知縣林宗桂築

蓮塘一在縣治東四十里一在魁山南一在縣南三十里一在縣南五里

長塘在縣北三十五里

官塘一在縣東南五十里一在縣東北五十里

蕭家堰在縣西十五里

石堰一在縣南十五里一在縣東五十里縣志云在縣東登場坳下八里

千工堰在縣北百二十里

鳳坡井一名東坡井在縣治西北鳳山西

及泉井在縣治側舊學宮前教諭陶清臣鑿

倉井在縣治右常平倉前

鄒家坳井在縣治東

元妙觀井在縣治西

石井在縣東北二十里

龍井有六在隨堆老塔鶴峰馬面多雲大霧諸山

金雞井在縣東三十里鳳凰關外

玉泉在縣西北十五里

附水利議羅邑危岡峻嶺交錯盤繞澗水聚會之區塘堰因而成之但苦山高雨集衝決最易曲澗流沙淤塞不難非補濬時興設旱魃爲虐何以灌溉不窮乎 王志

蘄州

永安壩 在州西北十里赤東湖明萬歷二年修
瓦屑壩 在州治東明宏治間知州陳霽築
東門壩 近瓦屑壩指揮李繼築
南門壩 通河街羊子塡並迎山馬口諸處
菩提壩 距州三十里通廣濟縣安平鄉以南水所注之處
永成隄 在南門外雨湖同治十一年創修
許家塘 在教場口北
馬家塘 在瓦屑壩
石家塘 州志作施家塘在安平鄉一圖二鋪西
余家塘 在谿口上畈
盧家塘 在安平鄉五圖走馬嶺下
袁家塘 在安平鄉四圖高廟山下
白陂塘 在安平下鄉白陂山下

破塘 在安平下鄉廖家山下
清水塘 在州東十五里楊家井下
鴛鴦塘 在永福上鄉馬驊山前
楊家塘 在永福下鄉烏石山下
周家塘 在長嶺山下
泉塘 在黃土山下
董家塘 在靈虬山下
藕塘 一在鎖口山一在關口河
管恕菴古塘 在寒婆嶺下
箭陂塘 在火爐鋪
聶家塘 在劉公河
胡家塘 在山口衝下
二聖塘 在青山上鄉三圖花園嵛
馬婆塘 在州北五十里
五岳塘 在西河驛
烈女塘 在五岳山下
周家塘 在州北七十里缺齒山下
鮑家塘 在青山下鄉俗名鮑家湖
陳興堰 州志作陳家堰在安平上鄉五圖東高畈
白家堰 在安平上鄉五圖蘇家畈
後河堰 在高家畈
張輝堰 在楊樹嵛畈

高家堰 在永福下鄉
高秋堰 在烏石山下
長港堰 在青山下鄉黃城河畈
蕭落長堰 在青山鄉與黃城河相近
石郎堰 州志作白郎堰在大同鄉三圖馬家畈
蓮花陂堰 在史河口畈
童家堰 在安平鄉大王山下
白鶴堰 在安平鄉管家林山下
駱家堰 在安平鄉入斗坵
六合堰 在安平鄉高德畈
冷泉陂堰 在安平鄉長林衝下
游家堰 在安平鄉馬家衝
孟家堰 在青山鄉烏石橋河
官井 在大西門內街中
義井 在州西南一里州志云西北十一里
西河井 在白雲山下廣教寺
烏龍井 在青山鄉十地河石刻有宋嘉定六年字
東洞井 在州北二十里水清澈湧沸不竭
丹井 在州東北百三十里丹井山井底有四竅
三泉 在懷德坊下
温泉 在高溪寺側州志云在桐梓河土人呼爲梅家湯池
三十六水 在州東北源出黃梅縣界今名高溪河

廣濟縣

河隄 在縣治右明邑人楊大鼇王臨相繼修
鳳港隄 在縣南五十里至武穴要道咸豐間邑人募修
孫公英隄 在武山湖西舊湖水泛田英督眾築隄後人德之故名
蓮城隄 在縣南五十里自廖家口抵望牛墩正統十二年濬淤淺以便水運舊有隄時患水齧國朝康熙六年陳大馬樊功巨募修
武家穴壩 在縣東南九十里濱江
江隄 起廣濟盤塘歷黃梅宿松望江懷甯延袤五縣盤塘一潰五縣皆成巨浸上自盤塘下抵黃梅楊家穴計程七十里隄屬廣濟明永樂二年遣部臣監築隆慶後縣丞朱邦華知縣周艮弼相繼修築萬歷間知縣劉允昌縣丞樊守純築高廣倍於舊國朝雍正五年發帑修築厥後屢有增修工程俱詳縣志吳熊青林隄記康熙二年癸卯八月江浸稽天狂瀾撼地邑侯安公躬率居民負畚擔土日夜巡視江隄以彌縫其隙而澹其災余翩諸隄柳之陰登高遠眺蜿蠕瀦盪蔡山孤嶼渺若一粟而黃梅宿松諸地界隱隱浮沈於煙雲天際之外喟然曰禹之明德遠矣後之築斯隄者厥功甯在禹下哉安公曰隄之本末可得詳與余曰水經江自蘄陽東得銅零口逕長風積布逾邁聳峙與南岸下山磯對又鈞臺

半壁橫踞江心江流狹甚厥勢洶怒而盤江以下復無崇山峻嶺以東其勢遂折而北走嚮龜山之麓東至得青林口即今土人所稱通江源也汶口經注和縣林湖水岸江鯽岭湖江湖在通江口水經注云東陵鄉西南流水積爲湖湖西有青林山即今所稱程家林也程爲邑著姓聖墓臚青林山巖往來者易以今名不復知青林山名矣山下爲青林湖湖之廣可二十里許湖之中有小山可二里許鄉人遇寇警輒避於其上因名武山後復以山名湖稱武山湖不復知青林湖名矣春漲暴湧舸艦舳艫由青林口逕道觀山樊嘴城下匯萬丈連城直達黃梅大洋太白諸湖一抵於下尋故經云又西南歷尋陽分爲二水一水東通大雷一水西南流注於江此魏晉間青林口之水道也父老相傳不知何代江漲迅發有大桅漂淪通江源水涸桅膠久之沙積礫洗此口遂息壅以湮不復有通江源益不復知青林口名矣余嘗疑其說不足據及觀崔鴻十六國春秋桓玄建元中唐水汎長高岸崩頹城角之下有大木交橫如梁柱焉後燕之初此木尚在未知所從迨攷記稽疑蓋城池當初山水莽盪漂淪巨桅阜積於斯沙礫息壅加以城池既興物固能久耳由斯以言桅塞江源理固所有無足疑者詩云高岸爲谷深谷爲陵矧江之開塞利害攸大安知非鬼神之所爲也耶青林口既閉北走之水並勢南傺盤塘以下經所謂刊水也刊林林縫經碓作註云又對馬頭岸自富口至此五十里岸阻江山者即今武穴

也武穴下三十里昔名鴻腦洲即今龍坪也又下四十里即今大灣蔡山地也而武穴獨當其衝聞之河之來也高則勢悍而善噬故治河宜多予之地江之來也遠遠則勢柔而善人故治江宜堅爲之防武穴之要害如此而明永樂二年始有部臣監築之命何歟猶記先王父爲余言元之季世紅巾騷動沿江一帶居民鮮少斥鹵沮洳蘆葦蓊翳洪武初請賊殄滅蜚鴻漸集次就舉闢萬歷間吾青林埠始受丈是知永樂二年百廢肇舉隄工雖興形埒峙嶁故嘉靖十七年六月大水犖蛟一日並起於杜家林而居民田宅皆壞隆慶五年六月二十二日夜隄決縣丞朱公邦華棄其決處於杜家林南三百步更築乃今之隄址也武穴隄員君殿碑碣可考萬歷三十六年三月至五月霪雨不止江隄大圮五鄉俱沒遺民流離無依邑侯周公良弼具文請賑邑人太平知府張公子龍上書兩臺曰廣濟里三十鄉七高原七之二低隰七之五五鄉之地內連武湖外瀕長江最爲汙下今年三四月間霪雨浹旬湖暴漲低田盡沒幸隄障江水高者尚存五月霪霖武穴龍坪隄驟潰田地廬舍無高低矣居民倉卒有升屋屋倒而死者有脫走林邱終莫濟者若邱隴棺槨擡蕩洪濤巨浸中即有孝子慈孫徒興望洋之泣如杜家林方家背等處又不可勝計矣龔降慶五年破隄水勢尚小高者半存二麥收早不熟民猶藉以聊生今年破隄甚早水勢極大登揚一麥纔爲漂流不留而兒曰很突來將何所寄命哉爲今

之計當岌岌舉行者三一曰築隄夫築隄捍水自漢唐至今久矣永樂二年部臣監築之隄上起盤塘下訖新開口綿亙九十餘里獨武穴最爲險要外江內湖其害不惟廣濟當之黃梅宿松望江懷甯勢居下流廣濟之隄一潰則濟湃之勢直至五縣皆受水害隆慶間破隄八十餘丈共計夫役七千今所破者不知幾倍則夫役工費又不知幾倍且作隄必須今冬起事來年二三月告成三月不成四月水又至矣藉隄爲防者必至失業五縣錢糧從何致辦此冬築之則不可不早也夫築隄宜早而費所當議廣濟十室九空如此哀憐之可也撫綏之可也安能復以築隄之費責之宜發官銀廣爲召募則民心樂從饑餓之衆亦得仰給食工以爲救死之資其羣然赴工者始如子趨父事矣此不惟早完工役亦救荒之一策也二曰蠲徵夫國家錢糧出自田地今歲下五鄉被水上二鄉三四月山水驟發平地水深尋丈沙壓田地過一半溺死人畜無數此按臺經過目擊親睹嗟憂不已者大雨一止田塍未及修補一旱至今禾苗立槁夫廣濟七鄉耳低苦水高苦旱粒米無收有司又以歲辦之額責之即日殺一人懸之藁竿民掉臂不顧耳此本年錢糧無拘兌運當行蠲免其明年暫且停徵庶未死之民獲再生之慶矣三曰賑濟人情一日不再食則饑況連月計日煙火寥寥者乎今百姓嗸嗸日夜如赤子之望慈母張口待哺不知幾萬奉兩院賑濟軫念民瘼甚盛心矣第有限之恩不厭衆望而廣濟倉廩又

無數萬擔之儲須本省布政司查有無礙錢糧給發萬兩不然請之內帑亦一策也夫是三者固當並行至黃州所屬水災九縣同受而築隄惟濟獨苦蓋廣濟之災由隄之決也藉令隄不預築來年有水年年告災朝廷徵輸可常蠲乎倉廩可常發乎是故事有本末當圖其本勢有緩急當先其急不然恐濟邑之民不止逃死已也書上未及行邑令周公良弼乃量賦征力以三千人築之不果成明年庚戌巡撫張公巡按史公捐金六百二十兩守道陳公巡道陳公防道韓公屬黃梅蕭丞董之訖五月告成江夏郭正域曰甯獨廣濟之利哉五縣實賴之四十一年癸丑大水隄決余叔王父太常公時在諫垣疏論水災略云楚地廣博而水鄉十居其七萬歷三十六年大水今年五月六日復大水衝隄破防蛟龍四出有連屋刻檻蔽江而下者有牛馬豕畜逐波而浮者有童女季婦紉衣見志老弱少壯禿髮脫齒很藉江沙者肉飽烏鳶之啄魂浮大際之煙如此災傷百年僅見臣邑廣濟黃梅在荊楚下流江身既高百姓如在釜底數百里赤子係命惟隄彼時洪水驟汎譬如崩山倒海從天而下百里之民皆爲魚鼈伏乞陛下大發帑金以救孑遺之民仍專遣一官經理其事嚴飭守臣多方救援則既死之民可以復甦矣是歲秋大築隄邑侯劉公允昌屬丞樊公守純督之公踐隄會有生鹿浮江而至引之岸下不死公慨然曰神示我矣吾其與父老子弟並受其祿乎作瑞鹿歌爲文紀其事於是經晝久遠以

停解南糧爲募工費塞諸決口視舊隄高廣公曰吾將倍增之且戊申隄決不過尋丈所請藩司帑金外益派丁糧六萬餘擔擔費至二三百錢僅塞決口茲欲因工於逋惟丁疆東少有積租其他計一二年所積金三千餘吏雖峻征徒受科累直以所積工費抵之而家視所逋多寡率征爲役不足則稍均攤於衆績可成也丞樊公守純有幹令專董其役凡兩月增隄高至尺十有五廣至尺十有三穹窿巖竹包石磐衆咸德之因以古觀音閣舊址爲祠祀公每歲五月十八日遣官於眞君殿前致祭河伯當其時士民龔以王吳自如等朝夕奔走因祭頒胙以報勞焉順治十六年戊戌河漢橫決景陵數邑民盡爲魚而茲隄之不沒者僅三版則劉公增倍厚址之德不亦遠乎安公於是瞿然正襟曰劉公之經營固若是哉厥功誠不在禹下矣第思部臣監築之初不經其址而紆其途毋乃糜工費乎余曰此木鸞流水築之法也古人熟識水情以江北之水必因江南之山之勢以爲瀠洄當汎濫衝木爲鸞汎彼中流聽其所之犧舺艋尾其後以竿誌之水退隨竿築之異時即有蟻孔之變庶不至攖怒觸齧矣夫是以登隄遙望勢若神龍蜿蜒戲波閒耳安公乃望洋而喜曰創者先審乎勢守者繼增其功天下事類如是也役之君子欲與河伯爭勝可不知此具乎余曰不甯惟是嘗思隄之未成也江雖作勢雷轉電迴然引之則長津委注過之則百川之輟流漂流堪憂趨避猶緩隄之既成也以一畝之瀦納萬頃之濤以一線之防懸五縣之命表裏江湖介僅坏土江飽湖餓一瀉千里爲憂不將大乎昔王遵建節河隄不溢王霸精誠滹沱不流宗勵大戰天吳退舍昌黎致祭鱷魚遠徙水德昭明變通在我當事嫺於古法而勵精以圖則萬世之利矣安公於是乎稱善

顧命左右記之

盤塘新隄

卽江隄同治元年知縣方大湜捐俸於盤塘倡修石隄三百二十餘丈皆加高培厚并建修防所於大武穴鎭刊列條例以備歲修

方大湜盤塘石工記 邑於大江之濱所恃保障瀕江生靈者類皆倚隄以爲固而隄之在一邑有關一邑利害者有關數邑利害者坐視其潰而不爲之所爲學者重負一邑之生靈更重負數邑之生靈顧欲爲之所而不深維可久之計其弊亦與未爲之計者等咸豐戊午春予承乏廣濟甫入境問民疾苦僉曰自道光戊申已酉歲江決盤塘罹害甚酷旋雖請帑興築隄而寖爲漲蝕恐尋復有淪胥患予聞之惻然抵官舍檢邑乘中載廣濟居楚之黃梅皖之宿松望江懷甯上游盤塘復踞廣濟江隄上其地一決五邑皆成巨浸始知是隄爲地至要既而循視江隄未至盤塘數里遙望銀濤雪練怒流擊搏面隄痕如一線橫繫幾欲爲長江捲之去至則浪花噴薄滲入隄若紅蠶欲絕者無慮數十處詢之土人云盤塘與國州之黃龍洲隔江相望夏秋漲發水爲南岸潮奔直注北岸衝突隄屢爲齧且緣新築歲修時例無夫役可徵自不得不卑薄乃爾始知是隄爲勢更至危夫以至要之地値至危之勢吏茲土者顧不知所爲計久遠欲求數邑生靈幸免其魚之危不可得也予爲是早夜思維計欲經久匪取材於石不可適籌得公項八百餘緡乃親履沮洳率生員蔡錦治監生游映奎郭在岐陳維敬張翼千總銜胡錫哲等賦丈屬役卽隄外最險處自趾至隄之半固以巨石崇五尺修三百二十餘丈植之欲其平堅之欲其凝鱗次之欲其無閒可乘外此三百餘丈命徒畚挶物土方增之使高培之使厚鳩工壬戌歲二月竣事四月計費所籌資外出橐中俸緡三百餘始獲成是舉焉隄成居民額手慶曰江干洪濤震盪石壁千尋終古屹立如故今石隄緜亙吾屬永無墊溺虞矣或曰不然石壁之堅成於天石隄之堅成於人成於天者有質也厚故濤卒莫撼成於人者非踵而培之烏乎久是必需吾儕一言告諸來許於是相屬請於余余曰若屬爲是慮耶固也顧人之欲善誰不如我後之君子造福斯民烏知不有什伯於余者又奚慮其不爲數邑生靈計以培此可久基也若然余不之記也可余卽是記也可遂書以勸諸石

又修防所記 修防所者儲盤塘新隄歲修之資俟有贏餘留備諸隄防險之用也修者據實以名防曷爲預名修苟實力奉行防亦自可預必也盤塘曷爲不言防而言修也修獨闕也修何以獨闕廣濟江隄舊分棚十有二上起芽林下止寶賽緜亙不下七十里期屆歲修邑令集田近某隄農民按畝徵夫督修某隄此疆爾界一循舊章盤塘地踞芽林上夫獨無可徵也盤塘曷爲獨無夫故無隄也無隄奚修也道光季年江決盤塘爲害甚酷邑人請帑興築已有七百餘丈新隄也有則奚以無夫邇隄居民各供舊役新隄故無夫也無夫則今何以修有資則有夫也有資何以有夫雇也諸隄所徵之夫不供盤塘歲修之役盤塘所餘之資留備諸隄防險之用何也夫徵之民身難兼役貲籌之官心宜兼顧也官何以有貲勸急公也公若何急田畝之捐石以十計有奇江灘之捐弓以百計者五也歲何入有田畝則有穀租有江漲則有蘆課也足乎正供之外可給歲修或猶可備防險也修防足恃乎邑令已與之約也奚約一曰杜隱佔二曰專責成三曰禁虧挪也約可永恃乎邑令猶冀經理得人也經理恆得人則每歲且修且防新舊諸隄永無潰決之患庶不負邑令綢繆未雨意也邑令謂誰巴陵方大湜也

王方田盤塘橫隄石工記 盤塘之用石工也前任方公大湜記之矣盤塘橫隄之必須石工也方公之記未之及公造福斯民慮周且遠慮盤塘隄一決楚之廣濟黃梅皖之宿松望江懷甯五縣皆成巨浸而盤塘之上巨浪橫湧出隄之後亦一決而五縣皆成巨浸豈未慮及之乎蓋盤塘隄成公方籌費繼修橫隄忽有襄陽之役遂未修故不及記也然則橫隄何以修光緒二年直隸題補道盛君取煤於盤塘之官山費二千三百金以修之也其建議則邑人呂益大董成則邑人郭在岐郭在松張鍾典阮與林也隄長二

百八十丈自趾至隄之半用巨石與直隄同而崇或過之其址之堅之鱗次之亦與直隄同卽其保障五縣之功亦無不與直隄同然則自公視之有不同乎曰奚而不同也公第欲福吾民耳不必事自我出也所不同者公記盤塘隄欲後之君子踵而培之以垂諸久使長保數邑生靈而於橫隄未及記耳光緒三年扶溝王方田承之斯邑循視江隄至橫隄上喜公之志旣慰而知公之有所未及言也因續公之記而謹記之

廣濟塘 在縣治北

案廣濟黃梅濱江皆有隄廣濟計七十里在縣靈東永東太東三鄉分爲十三棚有茅林嘴急水嘴狗兒塘龍坮窩破塘穴下塘青林嘴汪家嘴中廟五里黃花李林保賽各名舊例每年計田起役夫修築雍正六年知縣高人傑因中廟危險案秋糧派費築月隄一道一百五十二丈九年人傑恐新隄不固復在隄外砌石岸一道長與月隄等乾隆二年知縣李

肇梅復加修補又於上下砌石岸各十丈 王志

黃梅縣

唐思穴壩 自楊家穴至宿松分界雍正五年因舊址單薄請帑增修

桂公隄 在長樂鄉濱江萬歷三十六年知縣桂生芝築石崑玉桂公隄碑記見金石

石公隄 邑紳石鎮國曾德化宿松黃梅三縣築此隄卽桂公隄尾今爲同仁隄詳後

鍾公隄 自濯港抵孔隴四十里明萬歷十年知縣曾維倫捐俸倡築名曾公隄後崩塌四十八年知縣鍾巘俊重修自孔隴下至清江鎮楊家口抵宿松界

沿江隄 卽外隄同治九年知縣覃瀚元請借公款修自

驛路隄 卽內隄同治十年奉撥公款知縣覃瀚元承修

內湖隄 知縣覃瀚元董率紳民修築

民隄 名數詳縣志

村官塘

西池塘 在縣城西北

上穀塘

下穀塘

觀音塘

劉家塘

白水塘

穀嘴堰 去縣十五里

白馬堰 在縣北十里

老鴉堰 當龍坪之衝

三渠堰 在縣東南三十里

上官堰

下官堰

桑木堰

新堰

渡下堰

鸛鳥堰

三口堰

嚴家堰

嚴家閘 下孔隴十五里明邑紳邢懋學汪可受建

同仁隄 道光十八年修編康樂和親安平六字號黃梅管和字號餘歸江西德化安徽宿松分管

附水利議 梅邑當江漢下流故歲苦漲溢今壩起廣濟盤塘武家穴龍坪入邑之蔡山孔家隴唐思穴清江鎮楊家穴雖

綿亙百里然歲復爲水衝決漫沒禾稼民日狎遊魚鼈中蓋黃梅最下而彭蠡水又衝突之故其害視廣濟尤烈也 王志

黃州府志卷之七終

黃州府志卷之八

黃州府知府英　啟纂輯

賦役志

戶口

黃州府乾隆十四年志載編戶七萬一千一百四十有五計口七十四萬七百七十有五又載丁原額八萬二千九十三丁康熙四年奉文豁免運夫八丁一千五百六十五丁實八萬五百二十八丁自康熙十一年至五十年編審黃岡蘄水麻城蘄州黃梅增九百九十丁自康熙二十五年至五十年編審羅田黃安廣濟增四十二丁共八萬一千五百六十丁實徵丁銀二萬五千七百九十四兩五錢一釐四絲一忽三微三塵六纖四渺又棄同不在額徵以內之優免丁銀於雍正

七年

題准丁隨糧派歸入闔省糧銀均攤各縣增減不一開墾帶派水災開除各案不一通共實徵丁銀二萬五千五百三十五兩三錢一分九毫七絲八忽五塵七纖六渺二漠六茫八沙九灰其自康熙五十五年起至乾隆六年止（蘄水冊至十一年止）各州縣編審增益滋生人丁一萬八百八十八丁蓋自康熙五十二年欽奉

恩詔各直省丁賦以康熙五十年丁冊定爲常額每屆編審增益人丁永不加賦乾隆三十七年五年編審一次之例復奉

上諭永行停止我

聖朝重熙累洽愛育黎元戶免添丁之累里循保甲之規薄賦輕徭厚澤深仁有加無已嘉慶道光年間各州縣遵照定例每歲十月查具實在民數造冊申請咨部彙題迨咸豐二年冬迄同治六年春髮捻迭擾郡屬人民家有餘財戶有餘丁團練殺賊最有功事詳武備志承平以來休養生息民氣益蘇民數日熾滋生戶口稽之前志增益不止倍蓰計仰見

皇仁怙冒蒼赤胥荷生成凡食德服疇者當無忘其所自今據光緒六七兩年各州縣冊造實在戶口臚列如左至若丁有常額銀隨糧派載入賦稅茲不更書

黃州府一州七縣編戶四十五萬一千一十有六計口二百五十四萬一千一百一十有七（冊案）

黃岡縣編戶一萬三千三百九十有六計口一十五萬七千八百九十有五（王志）

今編戶九萬七千一百一十有八計口六十六萬一千七百八十有二（冊案）

蘄水縣編戶一萬三千一百五十有九計口一十一萬八千七百四十有一（王志）

今編戶七萬四千九百四十有二計口二十九萬三千七百八十有五（冊案）

麻城縣編戶一萬七百有四計口一十一萬二百八十有七（王志）

今編戶四萬八千一百一十有二計口二十一萬三千三百五十有五（冊案）

黃安縣編戶五千八百四十有一計口七萬九千六十有八王志

今編戶六萬六千八百四十計口四十九萬四千一百一十有一冊案

羅田縣編戶五千九百計口八萬六千二百九十王志

今編戶三萬一千八百五十計口一十八萬七千三百三十有二冊案

蘄州編戶七千九百一十有四計口六萬八千有五十王志

今編戶二萬七千三百四十有三計口二十一萬一千五百一十有八冊案

廣濟縣編戶六千八百有一十計口五萬四千一百七十有六王志

今編戶三萬三千七百九十有四計口二十萬七千五百有九冊案

黃梅縣編戶七千四百二十有一計口六萬六千二百六十有八王志

今編戶七萬一千一十有七計口二十七萬一千七百二十有五冊案

賦稅 軍屯附

黃州府康熙五十年丁冊黃岡一萬二千六百二十丁蘄水一萬四百十七丁麻城一萬五百八十一丁黃安六千一百七十四丁羅田四千五百二十一丁蘄州一萬五千五百九十七丁廣濟一萬一千三百五十一丁黃梅一萬二百九十九丁以上共八萬一千五百六十丁額徵銀數暨實徵銀數王志所載具見戶口目內

府屬田地山塘原額並陞墾額除水災案開除及蘄水縣之爲英山縣民買過田畝另款登收黃安縣之撥歸更名田地另開外實在田地山塘五萬七千六百二十九頃十七畝五分四釐六毫九絲六忽載米麥二十三萬二千五百六十七石

二斗九升三勺八抄五粒四粟各則不等共折徵銀十六萬九兩七錢五分一釐一絲四微三塵二纖四渺四漠八茫加增遼餉銀四萬三千四百十六兩二錢七分七毫六絲五微五塵三渺五漠四茫帶派麂皮京揹銀九兩一分四釐四毫九絲三忽四微二塵九纖七渺八漠一茫通共徵銀二十萬三千四百三十五兩三分六釐二毫六絲四忽四微一塵二纖五渺七漠六茫

南糧驢腳米折原額並陞墾額除水災案開除外實徵銀七千四百八兩四錢二分八釐七毫三絲四忽九微四塵七纖二渺三漠五茫

更名田地原額二百二頃五十八畝五釐編米五百八十三石

四斗七升徵租餉銀七百兩九錢四釐一毫一絲一忽八微
七塵
雜課匠班並麻城縣代徵籽粒銀共二千九百二十一兩七錢
九分一釐四毫一絲七忽七微三塵八纖八渺八漠三茫
以上地丁正雜舊額新加除無徵豁免開除外通共徵銀
二十四萬一兩四錢七分一釐五毫七忽二塵六纖三渺
二漠八沙九灰內除優免丁銀及墾派丁銀一千二百七
十二兩九錢四分九毫五絲三忽二微二塵八纖四渺七
漠五茫入另款登收外實起運存留銀二十三萬八千七
百二十八兩五錢三分五毫五絲三忽七微九塵七纖八
渺四漠五茫八沙九灰

另款奉裁優免充餉銀四千八百二十九兩九錢一分五釐六
毫六絲八忽一微四塵優免丁銀總在數內墾派丁銀五兩五錢六分
一釐三毫四絲二忽四微二塵八纖四渺七漠五茫共徵銀
四千八百三十五兩四錢七分七釐一絲五微六塵八纖四
渺七漠五茫
英山縣民買過蘄水縣米折徵銀一百十兩一錢七分一釐四
毫
蘆課原起徵並新增除泥灘溝港白沙不載課並逐年坍塌外
實在稀蘆密蘆熟地草塌草塆共一千一百六頃九十七畝
三分六釐五毫二絲五忽七微八塵七纖實徵銀一千八百
八十八兩三錢一分六釐八毫三絲九忽二微九塵九纖八
渺
漕糧除麻城黃安二縣久入條鞭外黃岡蘄水羅田蘄州廣濟
黃梅六州縣原額及新增除水災案開除外通共徵本色正
耗米四萬八千九百九十石二斗七升二合五勺三撮八圭
七粟
南糧原額及新增除水災案開除外黃岡蘄水羅田蘄州廣濟
五州縣實共徵本色正耗米四萬一千一百四十一石七斗
八升二合三勺一抄四撮四粒八粟其麻城黃安黃梅三縣
正耗米二萬六百十石一斗六升九合七勺二抄六撮六圭
三粒四粟於特請
皇仁案內永折徵銀一萬四千四百二十七兩一錢一分八釐八毫

八忽六微四塵三纖八渺以上俱王志
案以上王志載一州七縣實徵地丁等款及漕南二糧既
詳且覈顧自乾隆十四年以後各州縣陞墾豁緩之案不
一攤裁減免之數不同縷析條分各詳邑志今案本府暨
各州縣實徵實解各款數目詳列於左至如減平等款立
法因時義在節用次第附錄亦有攷焉
黃州府應徵南北乾魚府鈔及黃麻熟鐵瀸膠等項正損銀八
十三兩六錢四分八釐內除豁免鰣魚銀一兩五錢實徵銀
八十二兩一錢四分八釐又徵磯窩湖湖課銀三十二兩盈
餘銀二十四兩共由府經徵解司銀一百三十八兩一錢四
分八釐

黃岡縣

錢糧

起運銀二萬九千四十四兩四分六釐有閏加四兩七錢三分三釐內除沙壓緩徵銀二百八十六兩五錢八分四釐外應解司銀二萬八千七百五十七兩四錢六分二釐遇閏加四兩七錢三分三釐

存留銀五千貳百十八兩六錢二分四釐內除沙壓緩徵銀五十三兩二錢六分九釐應徵銀五千一百六十五兩三錢五分五釐內除坐支官役俸工等銀四千四百八十一兩九錢九分三釐外應解司銀六百八十三兩三錢六分二釐

驛站銀七千二百九十兩五錢二分四釐內除沙壓緩徵銀七十四兩四錢一分八釐應徵銀七千二百十六兩一錢六釐

內三百五十四五日應除坐支夫馬工料等銀一千四百五十八兩二錢七分八釐六十一兩九錢一分外應解司銀五千七百五十七兩八錢二分八釐四兩一錢九分六釐

耗羨銀四千五百七十兩四錢六分六釐有閏加五錢二分一釐內除沙壓緩徵銀四十五兩五錢七分應徵銀四千五百二十四兩八錢九分六釐遇閏加五錢二分一釐內除坐支佐雜養廉銀三百八十兩外應解司銀四千一百四十四兩八錢九分六釐遇閏加解銀五錢二分一釐

蘆課正銀一千四百八十三兩一錢六分八釐耗羨銀一百六十三兩一錢四分八釐俱全數解司

稅課

牙稅銀二百兩五錢五分係照同治十二年　奏銷册報開載嗣後如有增減仍應隨時更正以備查考

田房稅正額銀四十三兩六錢盈餘銀兩儘徵儘解

牛驢稅銀儘徵儘解無定額

徐州衛津貼銀十二兩

扣存減平減成皮價各項

驛站減平三百五十四日銀八十七兩四錢九分七釐五十五日加二錢一分八釐

存留役食俸齋廩膳縣丞巡檢典史養廉共減平一百二十兩七錢五分二釐

役食清查三成鋪司兵裁減六成共銀一千二百八十九兩九

錢五分三釐

驛站倒馬皮價銀十六兩

漕南二糧

隨漕淺船正項並蓆板銀三千四十八兩四錢九分內除沙壓緩徵二十七兩七錢九分三釐外實徵正項銀三千二十兩六錢九分七釐

隨漕淺船耗羨銀三百三十五兩三錢三分四釐內除沙壓緩徵銀三兩五分七釐外實徵耗羨銀三百三十二兩二錢七分七釐

驢腳正項銀一千二百四十八兩七錢六分八釐內除沙壓緩徵銀十一兩五錢七分七釐外實徵銀一千二百三十七兩

一錢九分一釐
驢腳耗羨銀一百三十七兩三錢六分四釐內除沙壓緩徵銀一兩二錢七分三釐外實徵耗羨銀一百三十六兩九分一釐
漕糧正米一萬三千一百二十一石三斗三合七勺每石一兩三錢折價銀一萬七千五十七兩六錢九分五釐內除沙壓緩徵米一百二十一石四斗五升六合五勺折價銀一百五十七兩八錢九分三釐外實徵米一萬二千九百九十九石八斗四升七合二勺折價銀一萬六千八百九十九兩八錢二釐
漕糧耗米一千三百十二石一斗三升四勺每斗一錢三分折價銀一千七百五兩七錢六分九釐內除沙壓緩徵米十二石一斗四升五合六勺折價銀十五兩七錢八分九釐外實徵米一千二百九十九石九斗八升四合八勺折價銀一千六百八十九兩九錢八分
漕糧水腳每正米一石一錢五分折銀一千九百六十八兩一錢九分六釐內除沙壓緩徵銀十八兩二錢一分八釐外實徵一千九百四十九兩九錢七分八釐
漕糧兌費銀八千兩內除沙壓緩徵銀七十四兩五分一釐外實徵銀七千九百二十五兩九錢四分九釐
南糧正米一萬四百二十二石七斗四升二合二勺每石一兩五錢折價銀一萬五千六百三十四兩一錢一分三釐內除

沙壓緩徵米九十六石四斗七升七合四勺折價銀一百四十四兩七錢一分六釐外實徵米一萬三百二十六石二斗六升四合八勺折價銀一萬五千四百八十九兩三錢九分七釐
南糧耗米一千四十二石二斗七升四合二勺每斗一錢五分折價銀一千五百六十三兩四錢一分一釐內除沙壓緩徵米九石六斗四升七合七勺折價銀十四兩四錢七分一釐外實徵米一千三十二石六斗二升六合五勺折價銀一千五百四十八兩九錢四分
南糧水腳每正米一石一錢五分折銀一千五百六十三兩四錢一分一釐內除沙壓緩徵銀十四兩四錢七分一釐外實

徵銀一千五百四十八兩九錢四分
漕南盈餘銀六百兩　光緒元年詳准核減二成隨正搭解糧庫收兌按季撥歸藩庫供支

明茅瑞徵上兩院南漕並徵議本縣逋賦爲累官民俱敝在今日勢窮必變而最累者無如南糧此不及今申以畫一之令民困未有瘳也本縣原額南漕二糧正耗各計一萬一千餘石但漕糧係軍運臨兌急如星火而南糧係民運里欠易於耽延往例分項各徵先徵漕糧於秋刻期發兌竣漕完始徵南則南糧徵於次春矣沿襲既久上下因循甚且挺至次冬開徵及今則歷再次春竟相去一年以今年徵本年之漕糧畢而方徵舊歲之南糧日此例也及查各年來文原未奉有分年之例祇緣徵不趁熟年壓一年蓋秋收有米輸納甚易小民亦自鼓舞必待又一年又起一事則民心先已怠緩保歇乘機攬包巧在零湊利在遲回及至臨期虛控無歲不虧折無歲不重賠前事種種可爲殷鑒目下無論其他即如一歲到卯有條編里長有漕糧里長又有南糧里長多一番投認便多一番保戶多一番使費計所損民膏應已不貲矣今亟反之不若申定規則議將漕南二糧一併追徵上倉完日先儘漕兌即行盤量南糧上船一帆到京計日可完前此糧里今年收漕糧明年收南糧是一役而兩年支持若併而收一年便可息肩先省一年拘保一番脩倉一番收運跋涉

便一小民先納漕糧既經一番催收又納南糧復經一番催收兩次追呼需擾今併而完不特一切省事且乘秋收有米時易於盡納便二在官原兩次開徵比較顧此悞彼終日紛拏今併一番追比則頭緒直截且衙門先省一番往來費用便三節年南糧遲悞未論完糧愆期即如陸續到卯頓難齊集致官無從開比若省一番拘保歸併一年里欠自是無從躲閃遲挨便四本縣倉廒止有一處節年漕糧先貯在廒南糧無可頓遂雇船停泊徵既不前經年守候船戶得以通同虛報侵盜或故鑿船底以漏浥呈累若併徵則同貯倉廒易爲稽查盤驗而無漏報侵沒之弊依期如數押運而無掛舊拖累之虞便五節年今日漕糧認保明日南糧認保雖經嚴禁積棍終是保歇展轉作活若歸併則保戶漸減將來此輩不驛自除便六夫有此六便亟宜申定前此勢難歸併則又有說蓋緣部運職名原分兩次催收部官互異又以文至爲辭及查漕南同徵分解兼攝原不相礙合無今後每歲屆期即將部運漕南二糧職名具文申請總委一員董成首尾徵解庶職守專一而弊端盡塞南糧不至坑官累民矣議上兩院批准允行　又上兩院全書續編議查得起派錢糧遵照全書舊額無容增減乃年來編纂未幾陸續更定奉文加編改抵無歲蔑有漸與原編數目互異經承人役了不問全書爲何物有今歲然而明歲不然者有當年開徵將畢另增一項者有已起徵旋復報罷有轉詳動經數歲忽於數歲後奉

行應於數歲前加派者諸如此類未易縷悉以致派徵無畫一宿猾乘隙夤緣或已裁省而朦朧支給或已帖行而寢格踰時此附合之機權大啟詭侵之徑竇竊見賁守道查覈有實徵冊與易知單非不悉也經承人役目爲故套臨時鹵莽了事本縣初任清查節年起徵甚有已領足而原未經派如馬價之類比比而是總之案頭全書既盡無據餘無足據者矣及查全書舊例十年一編布政徑委官裁定其間應增應減不無遙斷閱多聽決無怪今日纂編明日申改競有覬心示人不信且當書成之日不過須行州縣一冊經歲以後款目漸移東之高閣環薄實徵十造十易賦額不清其源坐此合無今後編纂全書先期行令各該州縣備開簡明文冊何項應增何項應減何項應照舊悉心參酌前件下務逐款明白登咨彙送司道覆議必求經久可行再三酌妥鈐發該府分給州縣取具甘結方准刊布刊布之後大書榜示五年十年永爲遵守即中閒稍有未盡須俟後造改編唯遇大興革大災傷奉有特請不妨尾頁添刻數行每年春令將及布政司及糧儲分守二道驗給二冊一本存驗一本發該州縣照額編派印糧官案頭時置此一書歲徵錢糧自是了了目中吏書不得援引上下且有此一冊亦不必另造實徵即此上下責成甚爲簡徑其他驛巡等官及馬頭鋪兵各役既知有成額亦不復萌徵幸之心呈檄條申一切減省此實清源之說乃其難獨在初議耳本縣徵舉數事有有其名而無其實

年復虛襲者如客夫抵編民壯隱占如此類不可審覈乎有無其名而有其實勢難屬饜者如貢士作興查奉兩院原行共額二兩非不極意節省乃年來紛紛呈討重疊批給不下百金一州縣備用有幾此竭則挪之彼如此類不可坐額乎有裁革太過反開無名之額者如府燈籠夫原入全書後因減歲徵之里甲州縣脩衙舊有額派後盡裁革一切整理無資至遇新官上任勢必小脩將何措辦如此類不可議復乎又議云查得各項錢糧一條編起徵臨時酌量緩急支解法至善也本縣異時徵收頭緒紛如相沿有摘徵之陋規蓋緣催科無法每遇一項牌提莫措隨摘一項各里分抽花名若干彙爲一冊發衙嚴比先足此項以濟燃眉又摘一項千枝萬派條編初意寖失即如同一里而或摘或否同一摘而或寡或多巨猾或積遲而脫籍孱弱或額少而屢徵獲手大恣狐威分頭不勝狼顧賦役積蠹當無過此合無嚴行申飭仍請於本縣儀門外立石大書刊示不許仍踵摘徵變亂條綱遺法庶幾覬覦永絕里納更生

國朝于成龍籌江淤地畝認糧議清查田畝一案關係國計民生既防欺隱又免包賠誠於目前籌餉之中爲久遠善後之圖煌煌　天語培養根本積累功德豈徵識淺謀所可幾及也成龍自奉親丈之檄查算黃屬田畝咸遵部頒全書起科原無缺額可省行丈滋擾屬民惟爲國用計止有衛所地畝荒熟未清江湖崩淤小民爭訟似應清丈認課者也成龍准蘄衛請丈出首蘆地

報明前往而該衛已經查確出具印結申報毋容再丈若夫淤地一項臨江鋪與洲民相爭松楊鋪與屯軍相爭屢懇丈立界限又羅湖洲李家嶺首報新淤三十五頃成龍親赴鴨蛋洲踏看除久淤已種熟者將新報之弓口畝數與老冊對查內有溢額者照畝認納蘆課此無容議惟相爭之地界尚在盈盈一水中先將竹纜量定丈數兩家駕船水面插竹水底各立界限成龍均平分之鴨蛋洲量定四十九弓臨江鋪自認一百三十二弓此地江水在上並草場白沙之無跡不知相爭之意爲何也成龍細加採訪據洲民霍雲從稱臨江鋪界內占去伊今年麥地蓋以九十月之交水涸地出種麥至來年三四月閒收麥任江水湧流如此之地似可免議留百姓以有餘無如各願認課永爲己業祈免後來之葛藤松楊鋪與屯地亦同此類至羅湖洲李家嶺據報三十五頃又報一十五頃係互控黃岡縣憑眾處明立約今丈明願承蘆課但西江之水雖淤而東江之水已崩似非永業將來包賠之苦在所不免但不認課則承業者終不安心旁觀者難禁指摘成龍仰體德意凡一切已崩者可否將新淤補還准賜印照以杜眾議庶可免賠已崩之糧而又認新淤之課也又有葉家洲係大江流水溢入有淤無崩似可承課又查蘆政淤地五年一丈自康熙二年丈後迄今十有餘年値茲奉行丈定似可免將來部差之煩又有陽邏等處湖漆清水曰湖止水曰汊載蕪鐵乾魚正供長江流水業甲納府鈔正供江

水崩淤不常凡有新淤水滲應歸長江業甲無如湖課業甲與兩岸居民每多私占取魚亦爭請丈且有舉首隱沒湖塲淤地成龍因案牘積八回府料理伏乞憲裁可否至於清查爲州縣職所當然但成龍在蘄丈洲目覩州縣在烈日之中步行查丈揮汗如雨面顔黧黑爲國忠心不憚勞瘁紀錄加級即陞固屬酬庸之恩典然或邀一時之功名貽日後官民之苦累此成龍本心所不安也

邵豐鎮丈洲地記昔于清端公守黄時清丈洲地著有定册在洲各戸咸遵此册以守成業迨後陵谷變遷崩卸靡常按册則有其名計地已無其所於是刁民猾吏從而紊亂之有將鄰洲承糧之業隱報入册者有將公存牧塲妄報陞科者更有本係折弓虚數估報實數者種種弊竇不可究詰而向所定之册亦祕匿不出五年大丈止據洲頭人造册其顛倒移易棼如亂絲余涖任後檢閲故牒爲洲地訐訟者數十餘案皆數十年來旋結旋翻目眩神揺幾難措手乾隆九年適當大丈之期於是親詣各洲逐加勘丈飭經承吏抱各案隨洲丈斷大抵彼此結訟多由於經界之紊而其故都在洲尾何也當時于公清丈弓口原有折數此册不可得見而豪强者先據實弓管業挨至洲尾則無尺寸地矣彼原册有名有業者不甘賠賦則與鄰近之戸爭執而鄰戸亦屬册載有名之業又復不甘以尺寸讓人此訟之所以連年不結也余丈竟一洲知此洲之弓口或係七折有奇或係八折有奇或係九折有奇於是統計一洲有名各戸均照折弓管業爲之立樁定界而向所佔實弓之地或有造屋種樹不可移置者爲之量基換地俾之仍無失所按名給地計弓定界一洲丈竟一洲之訟案冰釋然而暴於烈日棲於苦雨跡則繭而面則黧矣草册當塲即定飭發洲頭照造兩本鈐以縣印一付洲頭執掌一存縣案備查雖不敢追武于公而前此隱佔妄報諸弊爲之畢露亦可以息爭止訟矣故爲敘其顛末如此

蘄水縣

錢糧

起運銀二萬五千八百六十七兩六錢一分六釐有閏加銀九錢五釐

存留銀三千七百二十九兩三錢四分三釐內除坐支官役俸工等銀三千二百六十兩一錢七分一釐外應解司銀四百六十九兩一錢七分二釐

驛站銀五千七兩六錢九分一釐內三百五十四 五日應除坐支夫馬工料等銀一千六百十五兩五錢六分七釐 九兩三錢六分六釐應解司銀三千三百九十二兩一錢二分四釐 八十八兩三錢二分五釐

耗羡銀三千八百六十兩五錢一分三釐有閏加九分九釐內除坐支佐雜養廉銀一百八十兩外應解司銀三千六百二十六兩五錢一分三釐遇閏加九分九釐

蘆課正銀一百八十兩八錢四分耗羡銀十九兩八錢九分二釐俱全數解司

稅課

牙稅銀一百二十兩六錢照同治十二年　奏銷册報開載嗣後如有增減應仍隨時更正以備查考

田房稅正額銀二十五兩五錢盈餘銀兩儘徵儘解

牛驢稅銀儘徵儘解無定額

扣存減平減成皮價各項

驛站減平三百五十四日銀九十六兩九錢三分四釐五十五日加二錢二分八釐

存留役食俸齋廪膳巡檢典史養廉共減平銀九十六兩一錢五分

役食清查三成鋪司兵裁減六成黄州道役食裁減二成共減平銀九百八十三兩二錢七分五釐

驛站倒馬皮價銀十二兩

漕南二糧

隨漕淺船正項並蓆板銀五千七百十八兩九錢六分五釐

隨漕淺船耗羨銀六百二十九兩八分六釐

驢腳正項銀一千四百六十一兩八錢七分

驢腳耗羨銀一百六十兩八錢六釐

漕糧正米一萬四千九百三十九石五斗二升每石一兩三錢

折價銀一萬九千四百二十一兩三錢七分六釐

漕糧耗米一千四百九十三石九斗五升二合每斗一錢三分

折價銀一千九百四十二兩一錢三分八釐

漕糧水腳每正米一石一錢五分折銀二千二百四十兩九錢

二分八釐

漕糧兌費銀一萬兩

南糧正米一萬二千一百八十二石二斗五升每石一兩五錢

折價銀一萬八千二百七十三兩三錢七分五釐

南糧耗米一千二百十八石二斗二升五合每斗一錢五分折

價銀一千八百二十七兩三錢三分七釐

南糧水腳每正米一石一錢五分折銀一千八百二十七兩三

錢三分八釐

漕南盈餘銀八百兩光緒元年詳准核減二成隨正搭解糧庫收兌按季撥歸藩庫供支

明閻士選蘇民亭記今天子御萬年之歷九年方宇大安思以加惠元元勑所司議寬恤時下方田之令蓋始於閩而通於天下云選釋褐授蘄方蘄田歲值夏仲禾黍遍野民稱不便爲請緩其期臺使者報日可而日夜與邑士大夫里老等制弓格計便宜度肥瘠秋杪促民收斂始與厥事即以製定弓格先令里役設之里役稱便而令戶自爲丈也諸外境持弓伺民募者悉竄出境積算吏卒閉弗使出聽民自丈隴陌之閒有主督其佃者有父率其子者有兄命其弟而夫共其婦者閒有左右田鄰互丈而更番以息息而起丈者丈畢則又對相語曰某寬某緊某可無疑於官府之抽丈而某尙致恐於左右之連坐密使人察之得其情狀如此選激切自慶仰天祝曰蘄民之易爲感也蓋風行於廟堂而草偃於隴陌即一邑而寰宇可知已時出而按其所親供畝畝合也選感蘄民之不欺即不敢過疑其民而據冊以報蓋開丈於是歲九月之朔而報成於十年春正月望是役也得田五千八百四十二頃一十六畝七分一釐五毫塘六百六十四頃四十一畝六分九釐地一千五百六十五頃三十四畝三分三釐七毫畝盈於舊賦減於初選揚言於衆曰爾父老子弟知方田意乎粵自后稷甽田其制大約謂一夫三百甽而播種於甽中量人畫野已肇於此井稅之興其來日久而田萊之賦後世後稱漢云考漢史書賜民田租半三十稅一者不一禨豈漢德隆於桑井舊哉法不立而煦煦之惠易窮也史稱某歲賜田租半則歲之不賜者多而某歲三十稅一則不減者何可勝書荀仲豫常嘆官收百一之稅而人輸豪強大半之賦惠不下通而威福分於豪人彼漢儒習漢事已扼腕言之矣爾父老子弟今試度爾土地之毛斂於私者何輸於公者何聞有隱於豪強而拋於狡詐者浸失制賦初意今一釐而正之細人獲資生之利豪右靡餘地之盈無私之澤乃播均於兆庶如阜如山不井稅其制已井稅其意矣故丈事方畢而鋼通之命隨下廟堂之微意豈不以今斷自丈事之始宇內悉以均平庶幾古所稱無息無游者乃責之共哉漢德不俾矣諸父老子弟咸曰唯唯是不可無記余爲記之且冀告於後之蒞茲土者披圖按冊當知茲方土畝盡播之無遺而愛惜之因記其亭取曰蘇民明此爲蘇民舉也

麻城縣

錢糧

起運銀二萬二千三百五十兩一錢五分二釐

存留銀二千二百十七兩六錢四分一釐內除坐支官役俸工

等銀一千八百六十二兩五錢八分二釐應解司銀三百五

十五兩五分九釐

驛站銀三千九百八十三兩六錢三分四釐內三百五十四五日

應除坐支夫馬工料等銀八十六兩三錢七分六釐六錢二分外應解

司銀三千八百九十七兩二錢五分八釐一分四釐

耗羨銀三千一百四十兩六錢五分七釐內除坐支佐雜養廉

銀二百六十兩外應解司銀二千八百八十兩六錢五分七
釐

稅課

牙稅銀六十九兩照同治十二年　奏銷册報開載嗣後如有
增減應仍隨時更正以備查考

田房稅正額銀九兩六錢盈餘銀兩儘徵儘解

牛稅銀儘徵儘解無定額

徐州衛津貼銀六兩五錢

扣存減平減成各項

驛站三百五十四日銀五兩一錢八分二釐（五十五日加一分五釐）

存留役食俸齋廩膳縣丞巡檢典史養廉共減平銀七十兩五

錢七分

役食淸查三成銀一百五十四兩一錢一分五釐

漕南二糧

隨漕淺船正項銀八百十九兩四錢四分七釐

隨漕淺船耗羨銀九十兩一錢三分九釐

驢腳正項銀八百四十四兩九分四釐

驢腳耗羨銀九十二兩八錢五分

南折正項銀四千九百二十四兩六錢一分九釐

南折耗羨銀五百四十一兩七錢九釐

明梅國樓漕運改折記麻城舊隸河南介在萬山中治前止一衣帶水淤沙平淺拋土可塞雨集而漲雨霽而涸舟楫不通揭厲可涉也因附籍楚楚濱江之區例有漕運故麻不免焉計糧共四千二百石有奇水遠運苦頻年以來吏抱牘而不休民無以苟旦夕每一傳呼必立收受頭會箕斂倍於常額上下山阪出入溪澗車不方軌馬不成列負載道路之間伺候公府之門不待至水次而已疲累矣一至水次吏胥必有稽查折耗必有賠補船腳撈板之類所費倍之故心剜腹折閭閻告病曩時邑父母及鄉先生曾議及此然狡猾之徒因而爲利陰撓於主計者故朝上議而夕報罷即發言盈庭遂成作舍矣禮部儒士喻儀醑雅篤實之士也素好義而樂施奮臂興曰吾儒不能利及天下而使桑梓之中有扼腕而悲者非夫也乃輸產捐金代三鄉父老子弟而請命焉歲丙寅夏周尚寶偕不佞冒行烈日中謁當事者白其狀曰漕爲水設也近水者利本色遠水者利折色此兩利之道也奈何獨於麻而靳之令民不堪命逃死四方者種種矣此不改爲毋乃轉陸爲海化鳥行舟乎邑人嘵嘵然不憚請命者非爲私也當事諸公亦爲感動而喻生周旋其間曾改五分之三然猶未得堅決也蓋徵派猶累小民而全書未亟永利喻生依牆之哭尚未動於秦而汎舟之情猶未遍於晉也惟是西縉紳學校里老人等再因喻生之請而呼籲其事維時西蜀劉公來蒞兹土下車以來政通人和利興害祛力任其事文移旁午內云兗米一徵有破產屋市妻子言之刺心聞者酸鼻等語亡何公入覲而陳留高公代署其篆覩艱難困苦之狀毅然以身任之文移中有小民肩擔背負皮破足穿哭聲載道聞見心酸等語懃懃懇懇蓋身當之故言之親切而有

味也時東粵方伯梁公持其議而西蜀撫臺趙公往爲監司時曾身歷亭州目覩地理方允其議先後四千二百石有奇盡折色矣俞允之日歡聲載道懲者復甦勞者復息眞千年之利萬世之福哉嗟夫非常之原黎民懼焉及臻厥成而天下晏如也

喻儀比例改折說國家州縣賦役北兗最爲重大然舟楫通利者以納米爲便山徑崎嶇者以改折爲便麻城接壤河南居萬山之中北接光山至縣山路一百二十餘里東自東界嶺至縣山路一百四十餘里東北接商城至縣山路一百六十餘里俱皆鳥道懸巖每人肩負米不過二三斗日行不過三四十里自邑至岐亭一百餘里自岐亭至大江又一百二十餘里皆小溝也大約遠者至江三百六七十里近者亦三百餘里故邑之兗米一石得至掛口所費不下三四石萬民嗷嗷流離逃竄其源多出於此兼以二十一年及二十三年龍水泛漲朘田半渰小河盡塞搬運之苦視昔更加倍矣況本縣人多田少計一歲所收即豐稔僅能供一歲之用而北兗所費不貲富者已貧貧者已徙支吾展轉日甚一日大抵麻城黃安地里相近山川相同黃安之糧一半麻城所割也黃安向荷哀矜全賜改折麻城差繁役重十倍黃安苦樂未均萬民嗟怨萬歷十年陞任文知縣哀懇求改已得俞允隨被貪肆許主簿幹徵本色蓋折色萬民所共便而本色惟管糧官及房保戶棍之所甚利也本省偶折三萬七千七百前後爲鄖陽等十四州縣永改三萬三千有零其

所餘四千蓋留以待麻城今廣濟縣復以爲請彼自馬口鎮巡司至龍坪及武家穴三面邊江其邑之地遠水者不過四五十里即該縣申文亦止云百里遠近難易與麻邑迥絶且云麻城以數少無弊此廣濟士民不昧之本心也今見麻城有請而廣濟復驟變其說而云麻城有紫潭河夫紫潭乃黃岡之河往者黃安之運道也各縣士民豈不耳聞目見乎況廣濟已永改三千矣夫三面近江之地已得改三千而四面阻山之邑反不得沾其惠恐麻城士民之告爭無已也大抵地理之遠近山川之險阻圖籍可考彼此俱知又非筆舌之可以挪移伸縮者伏乞仁臺軫念衝疲荒涼之邑優恤流離困苦之民查守道見行明文並本府刑廳開報二縣鄉圖遠近水次秉公改折是一視同仁萬代之所瞻仰也

黃安縣

錢糧

起運銀一萬三千五百九十兩二錢八分

存留銀一千七百七十二兩三錢五分五釐內除坐支官役俸工等銀一千五百八十三兩七錢三釐外應解司銀一百八

十八兩六錢五分二釐

驛站銀一千三百九十兩二錢一釐全數解司

耗羨銀一千八百四十二兩八錢一分二釐內除坐支佐雜養廉銀一百八十兩外應解司銀一千六百六十二兩八錢一分二釐

稅課

牙稅銀一兩八錢照同治十二年　奏銷册報開載嗣後如有增減應仍隨時更正以備查考

田房稅正額銀十兩八錢七分盈餘銀兩儘徵儘解

牛稅銀儘徵儘解無定額

扣存減平減成各項

存留役食俸薪廩膳巡檢典史養廉共減平銀六十四兩八錢八釐

役食清查三成按察司役食裁減二成共銀一百四十三兩五錢七分二釐

漕南二糧

隨漕淺船正項銀四百八十八兩七錢九分五釐

隨漕淺船耗羨銀五十三兩七錢六分八釐

驢腳正項銀四百九十四兩二錢二分

驢腳耗羨銀五十四兩三錢六分四釐

南折正項銀二千八百八十二兩九錢五分

南折耗羨銀三百十七兩一錢二分四釐

國朝吳宏初南糧改折碑記安邑僻處萬山叢箐阻深複嶺崇岡羊腸巀嶭乃割黃岡麻城黃陂三縣餘壤特設邑治額載南米四千餘石分運襄陽鄖陽荆州諸倉以備軍糈厥惟舊矣顧沙漫水淺舺艋不通糧艘停泊江干去邑二百餘里大者驢牛小者擔負歷險逾時蹝跣躄躠而乃至水次有守候之苦有浥糜之虞有洒倉過斛點籌諸苛派名目率正供二斗而費一石闔邑之民嘗呼籲控訴求輸銀折米而自縣至兩府層累而上文移駁詰往復逾時吏胥之求索道路之齎送黠猾者之乾沒費既不貲而究無成事亦率正供一斗而費二三倍焉嗟嗟民力幾何其能堪此重困也耶歲丙子九河劉侯以閥閱名彥來蒞茲土甫下車詢民瘼洞晰情形毅然曰吏職在子民不恤其艱又焉用吏亟請於當事當事勿許又明年御史李君曲江曾吏於楚諗艱狀用言事例以黃安麻城黃梅通山大冶五邑南糧改折爲請部議難之事遂寢乙卯年會大司馬郭公總制全楚侯晉謁之初即言南糧改折一事指陳剴切郭公繕疏入告奉　特旨允行定爲每石七錢之例永行改折附入條編累年積困爲之頓除凡我父老子弟咸游太和之宇宙樂化日之舒長焉蓋嘗論之上有愛民之心而澤不下究民有欲言之隱而壅不上聞此元道州鄭監門所以獨有千古也維茲一舉民悅無疆我侯繪困苦之民情而上之制府制府舉已格之吏議而達之朝廷自非識治體急先務而視民如傷哀矜惻怛之誠意有

以感孚於大府亦奚以邀　九重之宸斷而成萬世之永利也哉闔邑士民爰謀所以不朽斯澤者屬余一言勒之貞珉以垂久遠余不獲以不文辭僅述夫始謀之艱與夫恩數之異以告將來云侯諱承啟字光仲直隸故城縣人爲政內仁恕而外剛斷釐弊舉廢開張設施有遠大器報政伊邇行將以惠一邑者惠天下矣

羅田縣

錢糧

起運銀八千九十一兩九錢二分一釐

存留銀一千八百八十六兩三錢六分三釐內除坐支官役俸工等銀一千七百八十兩六錢九釐外應解司銀一百五兩七錢五分四釐

驛站銀一千五百兩七錢五分三釐內三百五十四日五日應除坐支夫馬工料等銀八十兩七錢三分九錢八釐外應解司銀一千四百

二十兩二分三釐十九兩八錢四分五釐

耗羨銀一千二百六十二兩六錢九分四釐內除坐支佐雜養廉銀一百二十兩外應解司銀一千一百四十二兩六錢九分四釐

稅課

牙稅銀十二兩照同治十二年　奏銷冊報開載嗣後如有增減應仍隨時更正以備查考

田房稅正額銀四兩三錢五分六釐盈餘銀兩儘徵儘解

扣存減平減成皮價各項

驛站三百五十四日銀四兩八錢四分四釐五十五日加一分

存留役食俸齋廪膳巡檢典史養廉共減平銀六十六兩六錢七分一釐

役食清查三成鋪司兵裁減六成按察司幷黃州道役食裁減二成共銀三百四兩三錢二釐

漕南二糧

隨漕淺船正項並蓆板銀八百八十三兩五錢六釐

隨漕淺船耗羨銀九十七兩一錢八分五釐

驢腳正項銀三百四十八兩四錢八分

驢腳耗羨銀三十八兩三錢三分三釐

漕糧正米三千四百九石二斗八升每石一兩三錢折價銀四千四百三十二兩六分四釐

漕糧耗米三百四十石九斗二升八合每斗一錢三分折價銀

四百四十三兩二錢六釐

漕糧水腳每正米一石一錢五分折銀五百十一兩三錢九分二釐

漕糧兌費銀一千三百兩

南糧正米二千九百四石每石一兩五錢折價銀四千三百五十六兩

南糧耗米二百九十石四斗每斗一錢五分折價銀四百三十五兩六錢

南糧水腳每正米一石一錢五分折銀四百三十五兩六錢

漕南盈餘銀一百五十兩光緒元年詳准核減二成隨正搭解糧庫兌收按季撥歸藩庫供支

蘄州

錢糧

起運銀一萬九千八兩八錢五分三釐有閏加六十二兩二錢一分八釐

存留銀二千六百八十七兩六錢八分內除坐支官役俸工等銀二千三百三十二兩三錢二分四釐外應解司銀三百五十五兩三錢五分六釐

驛站銀四千五百十兩七錢四分七釐內三百五十四五日應除坐支夫馬工料等銀七百四兩六錢一分五釐六兩二錢一分五釐應解司銀三千八百六兩一錢三分二釐四兩五錢三分二釐

耗羨銀二千八百八十二兩七錢四分八釐有閏加六兩八錢四分三釐內除坐支佐雜養廉銀二百六十兩外應解司銀二千六百二十二兩七錢四分八釐遇閏加解銀六兩八錢四分三釐

蘆課正銀四百十六兩七錢四分二釐耗羨銀四十五兩八錢四分二釐俱全數解司

稅課

牙稅銀三十四兩八錢照同治十二年　奏銷册報開載嗣後如有增減應仍隨時更正以備查考

田房稅正額銀六兩二分五釐盈餘銀兩儘徵儘解

徐州衛津貼銀五兩二錢五分

扣存減平減成皮價各項

驛站三百五十四日銀四十二兩二錢七分七釐五十五日加九分六釐

存留役食俸齋廪膳州判巡檢吏目養廉共減平銀八十二兩三錢一分八釐

役食清查三成鋪司兵裁減六成鹽道役食裁減二成共減平銀五百九十八兩七錢一分一釐

驛站倒馬皮價銀六兩

漕南二糧

隨漕淺船正項並蓆板銀二千八百八十八兩四錢六分六釐

隨漕淺船耗羨銀三百十七兩七錢三分一釐

驢腳正項銀九百五兩七錢九分

驢腳耗羨銀九十九兩六錢三分七釐

漕糧正米九千六百三十五石六斗三合每石一兩三錢折價銀一萬二千五百二十六兩二錢八分四釐

漕糧耗米九百六十三石五斗六升三勺每斗一錢三分折價銀一千二百五十二兩六錢二分八釐

漕糧水腳每正米一石一錢五分折銀一千四百四十五兩三錢四分

漕糧兌費銀五千兩

南糧正米七千五百四十八石七斗一升八勺每石一兩五錢折價銀一萬一千三百二十三兩六分六釐

南漕耗米七百五十四石八斗七升一合一勺每斗一錢五分折價銀一千一百三十二兩三錢七釐

南糧水腳每正米一石一錢五分折銀一千一百三十二兩三錢七釐

漕南盈餘銀五百兩光緒元年詳准核減二成隨正搭解糧庫收兌按季撥歸藩庫供支

廣濟縣

錢糧

起運銀二萬六百十九兩四分九釐(有閏加二十四兩六錢八釐)內除水沖沙壓緩徵銀一千六百八十三兩八錢四分四釐內沙壓田地間有開墾以同治十三年爲始起徵銀二百九十五兩三錢八分一釐尚應緩徵銀一千三百八十八兩四錢六分三釐外應解司銀一萬九千二百三十兩五錢八分六釐(遇閏加解二十四兩六錢八釐)

存留銀二千八百六兩七錢九分五釐內除坐支官役俸工等銀二千五百六十七兩三錢八分二釐外應解司銀二百三十九兩四錢一分三釐

驛站銀五千八百九兩五錢九分內三百五十(四 / 五)日應除坐支夫馬工料等銀一千六百(三十七兩八分六釐 / 四十兩八錢九分)外應解司銀四千一百(七十二兩五錢四釐 / 六十八兩七錢)

耗羨銀三千二百十五兩八錢九分五釐(有閏加二兩七錢七釐)內除水沖沙壓田地間有開墾以同治十三年爲始起徵銀三十二兩四錢九分二釐尚應緩徵銀一百五十二兩七錢二分八釐實徵銀三千六十三兩一錢六分七釐(遇閏加銀二兩七錢七釐)又除坐支佐雜養廉銀一百八十兩外應解司銀二千八百八十三兩一錢六分七釐(遇閏加解二兩七錢七釐)

蘆課正銀六十四兩四錢七釐耗羨銀七兩八分五釐俱全數解司

稅課

牙稅銀一百四十五兩二錢照同治十二年 奏銷册報開載嗣後如有增減應仍隨時更正以備查考

田房稅正額銀八兩七錢二分八釐盈餘銀兩儘徵儘解

牛驢稅銀儘徵儘解無定額

扣存減平減成皮價各項

驛站三百五十四日銀九十八兩二錢二分五釐(五十五日加 / 二錢二分八)釐

存留役食俸齋廩膳巡檢典史養廉共減平銀一百兩二分四釐

役食清查三成鋪司兵裁減六成鹽道役食裁減二成共減平

銀五百五十兩八錢三分四釐

驛站倒馬皮價銀十二兩

漕南二糧

隨漕淺船正項並蓆板銀一千四百二兩一錢二分

隨漕淺船耗羨銀一百五十四兩二錢三分四釐

驢腳正項銀九百七十二兩四錢八分五釐

驢腳耗羨銀一百六十九兩七錢三釐

漕糧正米五千一百八十六石一斗八升五合每石一兩三錢折價銀六千七百四十二兩四分一釐內除水沖沙壓緩征米二百七十八石九斗三升二合五勺折銀三百六十二兩六錢一分三釐內沙壓田地間有開墾以同治十三年爲始

起徵米四十八石九斗三升四勺折銀六十三兩六錢一分尙應緩徵米二百三十石二合一勺折銀二百九十九兩三釐外實徵米四千九百五十六石一斗八升二合九勺折銀六千四百四十三兩三分八釐

漕糧耗米五百十八石六斗一升八合五勺折價銀六百七十四兩二錢四釐內除水沖沙壓緩徵米二十七石八斗九升三合三勺折銀三十六兩二錢六分一釐內沙壓田地開有開墾以同治十三年爲始起徵米四石八斗九升三合折銀六兩三錢六分一釐尙應緩徵米二十三石三勺折銀二十九兩九錢外實徵米四百九十五石六斗一升八合二勺折銀六百四十四兩三錢四釐

漕糧水腳每正米一石一錢五分折銀七百七十七兩九錢二分八釐內除水沖沙壓緩徵銀四十一兩八錢四分內沙壓田地開有開墾以同治十三年爲始起徵銀七兩三錢四分尙應緩徵銀三十四兩五錢外實徵銀七百四十三兩四錢二分八釐

漕糧兌費銀四千兩內除水沖沙壓緩徵銀二百十五兩一錢三分五釐內有沙壓田地開有開墾以同治十三年爲始起徵銀三十七兩七錢三分九釐尙應緩徵銀一百七十七兩三錢九分六釐外實徵銀三千八百二十二兩六錢四釐

南糧正米八千一百四十石三升九合二勺折銀一萬二千一百五十六兩五分九釐內除水沖沙壓緩徵米四百三十五石八斗六升五合六勺折銀六百五十三兩七錢九分八釐內沙壓田地開有開墾以同治十三年爲始起徵米七十六石四斗五升九合七勺折銀一百十四兩六錢八分九釐尙應緩徵米三百五十九石四斗五合九勺折銀五百三十九兩一錢九釐外實徵米七千七百四十四石六斗三升三合三勺折銀一萬一千六百十六兩九錢五分

南糧耗米八百十石四斗三合九勺折銀一千二百十五兩六錢六釐內除水沖沙壓緩徵米四十三石五斗八升六合六勺折銀六十五兩三錢八分內沙壓田地開有開墾以同治十三年爲始起徵米七石六斗四升六合折銀十一兩四錢六分九釐尙應緩徵米三十五石九斗四升六勺折銀五十

三兩九錢一分一釐外實徵米七百七十四石四斗六升三合三勺折銀一千一百六十一兩六錢九分五釐

南糧水腳每正米一石一錢五分折銀一千二百十五兩六錢六釐內除水沖沙壓緩徵銀六十五兩三錢八分內沙壓田地開有開墾以同治十三年爲始起徵銀十一兩四錢六分九釐尙應緩徵銀五十三兩九錢一分一釐外實徵銀一千一百六十一兩六錢九分五釐

漕南盈餘銀四百兩光緒元年詳准核減二成隨正搭解糧庫兌收按季撥歸藩庫供支

黃梅縣

錢糧

起運銀二萬一千二百八十三兩一錢二分八釐有閏加七十八兩六錢一

（分四釐）內除水沖沙壓緩徵銀四百三十二兩二錢三分四釐
又除坍佔挖廢沙壓緩徵銀一百七十三兩四錢八分三釐
外應解司銀二萬六百七十七兩四錢一分一釐（遇閏加解七十八兩六錢一分四釐）

存留銀二千五百九十九兩七錢一分二釐內除水沖沙壓緩徵銀五十二兩七錢九分七釐又除坍佔挖廢沙壓緩徵銀二十兩九錢九分六釐外實徵銀二千五百二十五兩九錢一分九釐內除坐支官役俸工等銀二千一百三十九兩八錢一分五釐外應解司銀三百八十六兩一錢四釐

驛站銀七千五百九十九兩一錢八分五釐內除水沖沙壓緩徵銀一百五十四兩三錢二分九釐又除坍佔挖廢沙壓緩

徵銀六十三兩二錢九釐外實應徵銀七千三百八十一兩六錢四分七釐內三百五十（四五）日應除坐支夫馬工料等銀五千二百（五兩一錢一釐　十六兩九錢五分八釐）外應解司銀二千一百（七十　六兩五錢四分六釐　六十四兩六錢八分九釐）

耗羨銀三千四百五十八兩六錢八分七釐（有閏加八兩六錢四分七釐）內除水沖沙壓緩徵銀七十兩三錢三分又除坍佔挖廢沙壓緩徵銀二十八兩三錢四分五釐外實徵銀三千三百六十兩一分二釐（遇閏加銀八兩六錢四分七釐）內除坐支佐雜養廉銀三百二十兩外應解司銀三千四十兩一分二釐（遇閏加解八兩六錢四分七釐）

蘆課正銀一百一兩六錢二分二釐耗羨銀十一兩一錢七分八釐俱全數解司

稅課

牙稅銀三十二兩五錢五分照同治十二年　奏銷册報開載

嗣後如有增減應仍隨時更正以備查考

田房稅正額銀九兩三錢二分盈餘銀兩儘徵儘解

扣存減平減成皮價各項

驛站三百五十四日銀三百十二兩三錢六釐（五十五日加六錢五分八釐）

存留役食俸齋廩膳縣丞巡檢典史養廉共減平銀九十兩六錢九分

役食清查三成鋪司兵裁減六成按察司並鹽道役食裁減二成共減平銀五百四十二兩四錢四分二釐

驛站倒馬皮價銀四十五兩

漕南二糧

隨漕淺船正項並蓆板銀一千一百五兩四錢一分五釐內除沙壓挖廢緩徵銀二十二兩一錢八分二釐又除坍佔挖廢沙壓緩徵銀九兩一錢九分五釐外實徵銀一千七十四兩三分八釐

隨漕淺船耗羨銀一百二十一兩五錢九分六釐內除沙壓挖廢緩徵銀二兩四錢四分又除坍佔挖廢緩徵銀一兩一分一釐外實徵銀一百十八兩一錢四分五釐

驢腳正項銀一千一百二十八兩四錢八分七釐內除沙壓緩徵銀二十三兩三錢七分三釐又除坍佔挖廢沙壓緩徵銀九兩三錢八分七釐外實徵一千九十五兩七錢二分七釐

驢脚耗羡銀一百二十四兩一錢三分四釐内除沙壓緩徵銀二兩五錢六分九釐又除坍佔挖廢沙壓緩徵銀一兩三分二釐外實徵銀一百二十兩五錢三分三釐

南折正項銀六千五百八十二兩八錢四分内除沙壓緩徵銀一百三十六兩三錢四分一釐又除坍佔挖廢沙壓緩徵銀五十四兩七錢四分八釐外實徵銀六千三百九十一兩七錢五分一釐

南折耗羡銀七百二十四兩一錢一分二釐内除沙壓緩徵銀十四兩九錢八分四釐又除坍佔挖廢沙壓緩徵銀六兩二分二釐外實徵銀七百三兩一錢六釐

漕糧正米二千七百八石七斗一升八合三勺每石一兩三錢

折價銀三千五百二十一兩三錢三分四釐又除沙壓挖廢緩徵米五十六石一斗二合一勺折銀七十二兩九錢三分三釐又除坍佔挖廢沙壓緩徵米二十二石五斗五升二合五勺折銀二十九兩三錢一分八釐外實徵米二千六百三十石六升三合七勺折銀三千四百十九兩八分三釐

漕糧耗米二百七十石八斗七升一合八勺每斗一錢三分折價銀三百五十二兩一錢三分三釐内除沙壓挖廢緩徵米五石六斗一升二勺折銀七兩二錢九分三釐又除坍佔挖廢沙壓緩徵米二石二斗五升五合二勺折銀二兩九錢三分二釐外實徵米二百六十三石六合四勺折銀三百四十一兩九錢八釐

漕糧水脚每正米一石一錢五分折銀四百六兩三錢八釐内除沙壓挖廢緩徵銀八兩四錢一分五釐又除坍佔挖廢沙壓緩徵銀三兩三錢八分三釐外實徵銀三百九十四兩五錢一分

漕糧兑費銀四百兩内除沙壓挖廢緩徵銀八兩二錢八分五釐又除坍佔挖廢緩徵銀三兩三錢三分外實徵銀三百八十八兩三錢八分五釐

案漕南項下麻城黄安黄梅例徵南折黄梅北漕暨黄岡蘄水羅田蘄州廣濟漕南二糧原徵本色咸豐七年更定漕章每米一石徵收足錢四串五百文脚耗券在内北漕每石一兩三錢折銀南米每石一兩五錢折銀並隨漕淺

船驢脚兑費及盈餘銀兩均解道庫彈收

軍屯戶丁附

黄州衛

乾隆十四年志載丁原額四十丁自康熙二十二年至五十二年逐次編審增益十九丁共五十九丁自是丁有定額永不加賦共徵丁銀十一兩八錢雍正七年奉准丁隨糧派歸入通省糧銀均攤乾隆三年又復通派減原徵銀三兩五錢四釐三毫七絲實徵銀八兩二錢九分五釐六毫三絲自康熙五十七年至乾隆八年編審增益滋生三十一丁今案四年編審一次之例據光緒三年編審册籍詳列於左

戶丁

各船老戶運軍共二百九十八戶舊管丁口共一萬二千一百四十九丁實在丁口一萬二千三十五丁各船老戶班軍共一百六十九戶舊管丁口共二千六百三丁實在丁口二千八百九十丁各船老戶城軍共八十六戶舊管丁口共一千三十三丁實在丁口一千四十七丁各船老戶舍軍共九十三戶舊管丁口共二千七百七十五丁實在丁口二千七百四十丁各船老戶哨軍共二戶舊管丁口共四十一丁實在丁口三十八丁各船老戶捕門軍共三戶舊管丁口共四十一丁實在丁口三十八丁以上運班城舍哨捕門七軍通計六百五十一戶一萬八千七百八十八丁

漕船

額設漕船二十隻

屯田

屯田地山塘原額七百五十六頃六十三畝一分四釐二忽內除江夏麻城縣代徵籽粒屯田地十八頃九十六畝五分七毫四絲七忽除明季坍卸田地共三十三頃三十二畝九分二釐坍卸糧三百九十九石九斗七升一合五勺無徵銀一百四十一兩一錢九分荒額糧六合一勺荒額銀二釐實在成熟田地七百四頃三十三畝七分一釐成熟糧八千四百五十二石三斗七升二合四勺徵銀二千九百八十三兩六錢八分八釐內除乾隆五十五年詳請豁免屯坐蘄水縣坍沒額內屯地一頃六十六畝三分一釐該糧十九石九斗五

升七合該銀七兩四分五釐載田地七百二頃七十畝一分七釐八毫三絲三忽三塵載糧八千四百三十二石四斗二升一合四勺徵銀二千九百七十六兩六錢四分三釐以上本通志

道光十一年奉文停徵糧九百五十一石九斗二升八勺

應徵屯田地六百二十三頃四十一畝六分七釐一毫六絲六忽科糧七千四百八十一石六勺應徵屯俸正銀二千三百六十八兩九錢七分九釐耗銀二百六十兩五錢八分八釐人丁五十九名額徵銀八兩二錢九分五釐六毫三絲共額徵銀二千六百三十七兩八錢六分二釐六毫

起運屯餉銀二千三百六十八兩一錢六分一釐內除沙坍緩徵外應解司銀二千六十六兩八錢七分九釐

存留銀三百二兩一錢內除坐支官役俸工等銀一百六十兩七錢六釐外應解司銀一百四十一兩三錢九分四釐

耗羨銀二百九十三兩七錢二分九釐內除沙坍緩徵銀三十三兩一錢四分一釐外應解司銀二百六十兩伍錢八分八釐

蘆課蘆洲地原額除淤溝沙套不堪載課外實稀蘆中地草地十一頃七十一畝七分三釐一毫七絲一塵徵課正銀十九兩八分八釐耗銀二兩一錢解司

漕運

軍三正銀一百四十五兩一錢耗銀十五兩九錢六分一釐內除沖壓緩徵外實徵正銀一百二十八兩七錢二分九釐耗

銀十四兩一錢六分一釐

安家正銀一百六十九兩四錢四分耗銀十八兩六錢三分八釐內除沖壓緩徵外實徵正銀一百五十兩三錢二分三釐耗銀十六兩五錢三分五釐

額徵閑丁銀一百三十七兩六錢內除沖壓緩徵外實徵銀一百六兩無耗

額徵幫津銀三千四百八十七兩一錢八分二釐內除沖壓緩徵外實徵銀三千一百二十五兩六錢四分二釐無耗

以上四款均解道庫彈收

蘄州衛

乾隆十四年志載丁原額併康熙五十二年以前編審增益共

八十二丁自是丁有定額永不加賦共徵丁銀十六兩四錢雍正七年奉准丁隨糧派歸入通省屯餉均攤應減銀七兩六錢八分五釐九毫一絲實徵丁銀八兩七錢一分四釐九絲自康熙五十七年至乾隆十三年編審增益滋生二十八丁今案四年編審一次之例據光緒三年編審册籍詳列於左

戶丁

各船老戶運軍共三百五十五戶實在丁口二萬七千八百九十九丁各船老戶班軍共一百七十戶實在丁口六千二百九十七丁各船老戶舍軍共八十一戶實在丁口二千五百四十四丁以上運班舍三軍共計六百六戶三萬六千七百四十丁

漕船

額設漕船二十五隻十年一届承修大造領運北漕赴通州交兌以便挽運京倉

土田

屯田地山塘原額九百五十頃三十六畝八分二釐六毫七忽內除荒蕪坍卸屯地三十六頃十五畝七釐荒糧一百八十八石荒銀七十七兩四錢二分一釐雍正七年額外首墾陞科額內額外田地九百十九頃三十六畝四分三釐載糧七千三百石二斗二升六合四勺額徵屯俸馬駒安軍等款共正銀三千十三兩七錢四分耗銀三百三十一兩五錢一分一釐人丁八十二名額銀八兩七錢一分四釐九絲共額徵

銀三千三百五十三兩九錢六分五釐九絲通志

起運屯餉銀二千三百四十八兩五錢三分三釐內除沙壓等案緩徵外應解司銀二千十九兩五錢九分七釐

存留銀三百二兩一錢內除坐支官役俸工等銀一百六十兩七錢六釐應解司銀一百四十一兩三錢九分四釐

馬駒備用銀六兩五錢

耗羨銀二百九十二兩二錢八分五釐內除沙壓緩徵銀二十二兩二錢四分四釐又除沖壓等案展緩緩徵銀十三兩九錢三分九釐應解司銀二百五十六兩一錢二釐

蘆課地原額及新增共徵正銀八百十六兩八錢四分耗銀八十九兩八錢五分二釐解司

漕運

軍三正銀一百三十九兩二錢三分耗銀十五兩三錢一分五釐內除沙壓等案緩徵外實徵正銀一百二十一兩九錢二分耗銀十三兩四錢一分一釐

安家正銀二百十七兩三錢七分八釐耗銀二十三兩九錢一分二釐內除沙壓等案緩徵外實徵正銀一百九十兩五錢五分七釐耗銀二十兩九錢六分一釐

額徵閏丁銀九十三兩六錢無耗

額徵幫津銀四千一百六十四兩六錢六分四釐內除沖壓等案緩徵外實徵銀三千六百十九兩七錢一分無耗

以上四款均解道庫彈收

積儲

黃州府

軍儲倉在漢川門內府儒學後舊設倉大使康熙三十九年裁儲穀三萬石零

乾隆十四年於遵

旨議奏案內照雍正年間舊額存儲以餘穀撥補不足州縣三十年奉文將原設府倉改歸黃岡縣管理咸豐二年倉穀並被賊燬九年知府周炳鑑黃岡知縣薛元啟就報恩寺基址建倉計廒五十二座十年增修大堂巡撫胡林翼勸捐收穀二萬石十一年春二月城陷八月收復檢獲燬餘淨穀九千七百七十六石同治二年黃岡知縣陳汝蕃增修二堂餘詳黃岡縣志

黃岡縣

常平倉二座一在城內洗墨池左名儲豐倉康熙二十七年建一在府城隍廟左名永豐倉雍正九年建乾隆十三年實存穀一萬二千八百九十二石零嗣是節年採買捐積撥儲屢有增益穀數俱詳縣志嘉慶十四年知縣汪慕鍾以二倉歲久就圮請將實存穀石並歸軍儲倉收存咸豐六年清查案內常平倉穀應儲一十二萬三千一百四十六石五斗一升三合七勺節年因公動用暨被賊燬均已無存

豐備倉在今軍儲倉內光緒五年奉文籌辦積穀知縣戴昌言勸捐買穀二萬石就軍儲倉五十二廒增建十三廒以二十廒儲軍儲穀石以四十廒儲豐備穀石以五廒預備收存糶

糴義餘穀石章程詳縣志

社倉分建廂坊各鄉鎮共一百一十九座乾隆十九年知縣馬元亮併爲三十座廂坊永甯上伍下伍四鄉各四座東弦鄉五座慕義鄉三座還和庶安中和三鄉各二座穀數詳縣志咸豐閒燬光緒六年邑紳劉維楨捐建二座一在魚博寺捐穀一千二百石一在陸家廟捐穀八百石

便民倉舊在樊口糧戸輸漕每阻風濤康熙閒知縣鍾葦移建團風鎮乾隆五十二年知縣王正常道光二十八年知縣俞昌烈先後修葺咸豐閒燬以上本王志縣志府卷王正常重修團風漕倉記團風距郡城五十里當水陸之會自古爲巨鎮前明隆萬閒四方居積人物繁茂比於一邑劉克猷先生序可覆按也先是漕倉在樊口額徵南北米二萬三千有奇士民輸納必渡江往往爲風濤所阻苦不便康熙中邑令鍾公葦始移建於團相傳議建之

前日有白髯老人曳杖過游其地居人不經意也洎鍾公相度定於茲衆始悟向者老人固倉神也團之人至今猶稱靈異焉倉舊制列天地人三廒倉神祠位左碑亭位右門堂廳室畧與縣署相等顧歷時既久木腐石泐駸駸不可支聞前攝縣篆史公滄園慮及此以經費不敷中止嗣是以爲傳舍歲補苴而已丙午秋余奉調茲邑多方黏葺且假僧房分貯之及兌畢而坍塌十之三天庾重地關係匪輕因循不治伊誰之責明年歲大稔余爲請於上憲借項重修報曰可於是庀材鳩工撤枯朽而盡易之爲廒六十閒兩翼以廠俾收放時風雨無患又繚以甎垣陰疏水道其他治事之所與夫齋廚溷湢靡不具備倉前街皆砌石以達於江越六旬而工告成是役也擘畫度支專司其事者吾友毘陵陸君瑛也吳門詹君桂副之而天時人事會逢其適數十年之廢墜毅然興舉不畏其難者則蜀人王某也例得併書

蘄水縣

常平倉在縣署頭門內計廒五十一閒乾隆十三年實存穀一萬三千九百石一斗五升三合八勺八抄乾隆三十六年因撥儲府穀增修十閒在畢家山三十八年改儲南漕耗米又在畢家山增修二十閒共廒八十一閒各穀數詳縣志咸豐六年清查案內常平額穀應儲一十萬一千三百五十九石一斗一升六合四勺俱被賊燬無存

社倉分建城鄉各鎮共一百九十五座城內三座南鄉上鄉各三十七座北鄉四十五座下鄉四十二座永鄉三十一座穀數詳縣志咸豐三年燬光緒五年奉文籌辦積穀知縣蔡炳榮倡捐穀一百石七年知縣多祺勸捐穀三千五十石就縣署頭門內社倉基址建倉計廒七座如數存儲

糧倉一在縣西門外一在巴河一在蘭溪知縣張維孚陳興建今燬

濟民倉在縣治北知縣潘玨建今燬明李承芳濟民倉記孟子曰五畝之宅樹之以桑五

十者可以衣帛矣雞豚狗彘之畜無失其時數口之家可以無饑矣管仲曰守國者守穀而已某縣之壤廣幾許某縣之壤狹幾許則必積委弊重之相因救時之化舉無不爲國筴後世之爲治者心於爲人用其法而良焉心於爲已倚其法而姦焉民之生死國之興喪實係之水旱不聞豐凶並誅用其力不遺其時盡其求不遺其法吾楚茲數年民之困苦可勝道哉雖然爲國家培植根本而講求王者之所天果無人哉仲伯者之佐也收其利權於已離民喪邦而所以啓之者何居衣帛食肉不饑不寒而所以使之者何居新安潘君玨以成化甲辰進士宰蘄水至今乙卯九年於茲矣予嘗道蘄蘄父老相率而告予曰吾令其養民也能其取民也不能吾生實賴之其公帑之開毫積寸升貴則吾與賤則吾收義以入之仁以散之禮以守之智以藏之倉以舊開廩以日實乃者又於治所之北郭門再開而再實爲屋者二十有四閒扁曰濟民內外完密不啻大賈富豪有成令之守守法勸民上下熟知是舉也藩參林公臬僉張公實有以成主簿王實闔端徐懋典史王恕恭趨所事惟恐後而令之志得以行焉吾民相率伐石請能言君子而文之以辭期法於遠敬以屬予不敢辭記其大較

預備倉一在華家坳一在分流鋪一在巴河一在團陂俱知縣

尹起昕建今並燬以上本王志縣志府卷

麻城縣

常平倉在縣署內計廒六十一間乾隆十三年實存穀一萬八千八百七十七石七升嗣是節年採買捐積撥儲共額穀應儲一萬六千四百四十五石八斗五升內除節年奉文動缺外應存穀五千九百二十五石八斗五升咸豐四年燬十一年知縣吳林勸捐穀五千七十石除節年因公動碾外應存穀六百七十六石六斗四升四合四勺光緒八年署知縣陸祐勤議請變價另於五年奉文籌辦積穀案內勸捐穀六千石零就姚公祠右隙地建倉計廒十座如數存儲又岐亭倉存穀五百石又買南北鄉倉田每年應收租穀三百五十石有奇

社倉分建三鄉計七十九區太平鄉二十九區仙居鄉三十四區亭川鄉十六區共倉一百一十座穀數詳縣志咸豐四年燬以上本王志縣志府卷　國朝馮楨吳邑侯建倉記事有可以不記者有不可不記者山水之遊園亭之構騷人名士之寄興可以不記者也若夫國計所賴民生休戚係焉得良有司區處措置克盡其方一時利之來者守而不變利在數十百年此豈區區者而可不記耶　國家立常平倉三十餘年矣其法以國學生捐穀爲本而輔以募捐之義穀他邑不及悉知若吾邑則始儲穀二萬餘石每歲募捐公私多寡不一大約前此所募每至三四千石其上聞者僅數十石耳合二者計之三十年間在册之穀凡二萬三千有奇此二萬三千有奇者例於青黃不接時存七糶三往者官吏欺僞相仍存糶兩弊其糶也數未浮于額其糴也價或減于市數配於貧民不能無怨也則多散之富室使儲穀本倉而封識之富室初利其可以自我通那也雖稍短其值亦姑受焉久之懼上官之綜核明而盤查嚴也則以時價折入官用是官倉常無多穀舊存敝壞數廒尚堪出納各區所糴之數千石而已其不能容者或置之鼓樓城樓中雀鼠之侵耗風雨之漂爛有不能免然官吏亦樂藉此以爲說是故敝壞之廒無復修理更無庸多置新倉爲也自長洲吳侯來蒞吾麻一舉宿弊而滌之糶必如其數糴必以實價其給價也擇鄉者之誠篤者親付之使轉給與賣穀者絕不假手吏胥其收穀也擇幕中賢而善會計者數人分監之無守候之苦無拭斛之費無淋尖踢斛之弊其糶也亦數君于親監吏不得侵其於募穀因比年告災每歲自捐穀數十石以奉成例曰吾非不知募於民歲可得數千石然吾甯捐己以裕民也公署日需米若干皆以時價買於市不知官穀爲何味然穀既實歸公廩則舊廒不能容而出入無私惟日惴惴焉以耗爛爲恐於是倉之壞者盡修又新建板倉至六十三間相度前道隙地并廢獄舊址悉置一倉焉費皆出自侯不役小民不動公帑木必堅厚牆以磚石一改向日薄板土甓之規侯忘其官家物若爲子孫數百年計也侯甫下車即欲仿行紫陽社倉恐民難於慮始也先爲文刊布四鄉大意勸民自爲積穀以備饑年又爲三字歌以曉愚氓會制府楊公奉　朝廷惠養元元德意令州縣舉行社倉見侯所刊文則大喜以爲先得我心侯迺身率僚佐暨搢紳之士募於富室巨家得穀三萬六千適歲歉侯先以所募五千餘石賑民之乏一如其己亥春賑法餘穀以次收入社倉初制府議於各縣應解公費銀兩量撥數金爲建倉費侯熟思曰一倉之費無幾合一邑百餘倉計之則已多矣盍於募穀內撥穀二十石作倉費公私其兩便

因請於上得允於是邑中社倉一百六十所不勞而就惟本城社倉四座侯捐置之不以募穀耳侯之善於處事類如此按侯於社倉親踵素封之門山谷遠所單騎裹糧以往所至闔發良規富民咸捐穀本城閱月而募完邑凡一百一十二區各給印簿制斗公舉社長二人掌之又給一木刻鈐印俾倉成後自置簿收放不經官吏以絕侵那侯美髯年六十九尚如漆迨社倉事蕆而白者半矣其勞心焦思有非人堪者昔西山先生爲太守創置惠民倉儲米萬石歲出糶於諸縣則廣置社倉儲穀數萬歲歲出貸又念倉社貸穀止給平等有田之人而細民無田者不得與也復請於常平司以義米附納社倉爲賑糶之備然恐義米有限而貧民至多不能均及於是又以居鄉之日所爲義廩規約以勸有力之家意欲公私協力共濟斯民先儒之留心民事如此其肫摯侯豈異其事耶抑凡爲父母者用心不當如是耶今邑中社倉方興常平穀撥賑者十而九矣倉若虛設然補捐者眾倉必再盈後之君子能嗣吳侯之風而修廒成規否乎又嘗讀西山先生賑糶倉記載劉侯克莊書其倉曰聊爲吾民留飯盌豈無來者續心燈先生爲申其意曰惻隱之心人皆有之夫必秉彝盡亡而後是倉可廢若猶未也後之君子以似以續至於無窮可也余於繼吾吳侯者不能無厚望焉吳侯名顏衍長洲歲貢康熙

黄安縣

常平倉二座一在縣東南憲司行署名南倉康熙三十年知縣張國柱建一在縣前右側名西倉康熙二十九年張國柱建乾隆十三年共實存穀八千二百七十六石三升八合嗣是節年採買捐積撥儲共額穀應儲一萬石內除道光二十九年動碾未買穀四千二百四十石應存五千七百六十石又清查册報新收道光三十年採買案內派買穀二千石共應存穀七千七百六十石開除道光二十九年緩徵南糧正耗動碾穀四千二百四十石應存穀三千五百二十石咸豐七年知縣彭仲芳交代案內全數糶賣價解司庫倉穀無存

豐豫倉三座光緒五年奉文籌辦積穀知縣淩心垣陳瑞瀾勸

捐穀共一萬三千一十五石七斗三升分建三倉一在縣城內儲穀五千七百六十石七斗六升一在八里灣儲穀三千一百六十六石七斗四升一在七里坪儲穀四千八十八石二斗三升

社倉分建各鄉計八十八座共穀二萬三千八百石零咸豐閒被賊焚掠殆盡光緒七年清獲穀一千餘石歸併豐豫倉穀存儲以上本王志縣志府卷

羅田縣

常平倉在縣署左乾隆十三年實存穀七千三百八石六斗九升八合嗣是節年採買捐積撥儲共額穀應儲三萬三千九百八十六石一斗五升四合七勺開除節年奉文動碾未買截至道光二十九年止共穀一萬九千九百六十三石一斗五升四合七勺應存穀一萬四千二十三石補還道光三十年清查案內奉文派買穀六千石應存穀二萬二十三石開除道光二十九年緩徵南糧派碾正耗穀六千三百六十石實存穀一萬三千六百六十三石咸豐五年被賊焚燬無存同治八年知縣吳鳳笙建倉於縣署西穀石待籌

社倉分建三鄉共二十三座奉泰鄉六倉平湖鄉八倉多雲鄉九倉穀數詳縣志咸豐四年燬光緒五年奉文籌辦積穀六年知縣管貽葵稟報三鄉計六十區每區一倉共勸捐穀七千二百七石六斗七升八年管貽葵以山水陡發撫恤被水灾民稟報動用無存

漕倉一在縣署西順治十三年知縣李南霑建咸豐四年燬同治八年知縣吳鳳笙改建縣儀門左一在城南一里名便民倉一在蘄水巴河鎮均燬一在蘄州久廢以上本王志縣志府卷

蘄州

常平倉一在州署頭門內一在頭門外計十三閒後移置　武廟角門內外左右共廒四十五閒乾隆十三年實存穀一萬一千四十四石三斗五升六合八勺八抄八撮又原捐大麥六石三斗七升嗣是節年採買捐積撥儲共額穀應儲八萬四百三十九石五升四合五勺大麥如原數內除動碾未買截至道光二十九年止共穀七萬七千二百三十六石六升九合四勺應存穀三千二百二石九斗八升五合一勺內清

查册報開除道光二十九年緩徵南糧案内派碾穀二千五百九石二斗一升實存穀六百九十三石七斗七升五合一勺大麥六石三斗七升咸豐三年被賊燬無存

豐備倉在　武廟後光緒五年奉文籌辦積穀署知州宗景藩宋熙曾勸捐穀三千石建倉計廒十二間如數存儲

社倉分建城廂鄉圖共六十四座本城廂坊共六座安平鄉六圖共十五座永福鄉五圖青山鄉五圖各共十二座崇居鄉五圖共十一座大同鄉四圖共八座穀數詳州志咸豐三年燬

便民倉在北門外　社稷壇左以上本王志州志府卷

廣濟縣

常平倉在縣署右側共十七間乾隆十三年實存穀八千九百八十三石七斗五升五勺四抄六撮五圭嗣是節年採買捐積撥儲共額穀應儲四萬七千二百二十五石五斗四升五合除節年奉文動用截至咸豐三年實存穀八千三百八十二石是年被賊焚刦無存

社倉分建各鄉共三十七圖久廢光緒五年奉文籌辦積穀知縣王方田勸邑紳議覆計畝出穀按年續捐各戶自爲存儲

便民倉在龍坪鎮今燬以上本王志縣志府卷

黃梅縣

常平倉三座一在南街一在馬號一在大堂側乾隆十三年共實存穀九千九百一十石三斗三升四合三勺嗣是節年採買捐積撥儲共額穀應儲二萬六千二百七十四石九斗八合八勺除節年奉文動碾並借給籽種穀石截至道光二十九年止未買補還倉穀二萬七百六十五石九斗六升八合八勺應存穀五千五百八石九斗四升又於道光三十年徵還出借籽種穀六十石一升七合共應存穀五千五百六十八石九斗五升七合内除道光三十年出借被水農民籽種穀一千四百四石二斗九升三合實存穀四千一百六十四石六斗六升四合咸豐三年被賊焚刦無存

社倉分建城鄉共三十六處久廢事詳縣志

便民倉在新開鎮今燬以上本王志縣志府卷

黃州衞

常平倉在黃州城内乾隆十三年實存穀一千三百三十一石六斗二升嗣是節年撥賑動用截至道光二十年以額穀五百石借給貧軍籽種未還三十年奉文豁免

社倉分建城鄉共十座咸豐六年清查倉穀無存光緒五年奉文籌辦積穀守備鮑福廖勸捐就衞署頭門外建倉計廒八座擬續捐穀石存儲以上本王志府卷

蘄州衞

常平倉在衞署前計六間乾隆十三年實存穀一千四百一十二石三升嗣是節年動撥截至咸豐三年應存額穀五百石被賊焚掠無存

社倉分設四十七伍共七十六座咸豐六年清查倉穀無存光

緒五年奉文籌辦積穀守備王鴻猷龔恩培擬勸捐穀五百石就州城内建倉存儲（以上本王志府卷）

鹽法

黃州府一州七縣額行淮南綱鹽十萬一千四百二十引每引正課銀一兩一錢七分二釐零計鹽每引重三百六十四斤解作四十四包每包重八斤四兩每包定價二錢九分九釐零每斤定價三分六釐零淮鹽有安梁二種安鹽較梁鹽色黑每包減銀二釐（淮南鹽船自儀徵出江過口入湖廣界經黃梅廣濟歷蘄州蘄水黃岡一千六百六十里至漢口鎮停泊分銷各府州縣程途悉從漢口起算）

黃岡縣額行二萬四千一百五十引

蘄水縣額行一萬六千一百引

麻城縣額行一萬一千二百六十引

黃安縣額行四千八百三十引

羅田縣額行四千八百三十引

蘄州額行一萬七千七百引

廣濟縣額行一萬四千五百引

黃梅縣額行八千五十引（以上本嘉慶八年湖北通志）

黃州府屬鹽價每斤賣價合銀三分七釐四毫零

黃岡縣水販運腳每包銀二釐蘄水縣每包九釐羅田縣每包一分四釐五毫麻城縣每包六釐四毫黃安縣每包三分蘄州廣濟縣每包四釐黃梅縣每包六釐（以上本同治十三年戶部校刊則例）

案府屬州縣例行淮鹽髮捻之亂淮運梗阻咸豐三年始同武漢各府一律借食川鹽軍務既定議復淮綱同治十一年湖廣總督李瀚章會奏將湖北武漢黃德四府專歸

淮銷設卡分堵不准川鹽攔入餘五府一州准川鹽暫行借銷淮分之界不准川鹽侵入而川分之界仍可由淮商撥售零引至分銷局卡前於沙市設立配銷局應將此局裁撤移置新隄改設分銷淮鹽局武漢黄德四府內鄂省所設抽收川稅水陸局卡應一律裁撤禁止川鹽不得顛粒侵銷四府地界其議定淮鹽售價向每引售銀二十四兩後減至十九兩二錢今應再酌減售價一兩二錢每正引六百斤定售十八兩所減之價在於應解鄂釐二兩四錢應解淮釐三兩九錢二分七釐內各半分扣其餘每斤亦照正引核減並飭武漢黄德四府除鄂中派出各防兵照常布置外凡潞私北私及川鹽越界漏稅之私均應不

分畛域幫同淮局實力緝拏此後鄂中川稅如果短少擬以淮局所羸補鄂局所絀期於鄂饟淮銷兩有裨益等因

奉

旨依議欽此是年飭據黄岡蘄水麻城蘄州廣濟五州縣申覆每月各認銷淮鹽六十引黄安認銷二十引羅田認銷五十引黄梅認銷三十引計每月共銷四百引尋奉督銷淮鹽總局批以黄岡蘄水蘄州廣濟均係鄂岸腹地銷售暢旺毋庸按月認定引數麻城黄安羅田黄梅均應嚴禁私販按月認銷官引自是以來各縣銷數節年比較均視原認引數有增無減庶冀力振淮綱規復舊額以上本冊檔

蠲卹 義舉附

漢

文帝十二年賜天下田租之半 王志注紀黄州蠲卹通行天下者不應載入首舉漢文以明賜租之始餘不具錄

宋

元嘉三十年閏月甲申蠲西陽郡租布 宋書世祖本紀

唐

元和四年免淮南稅　七年蠲租稅

大中九年以旱遣使巡撫淮南減上供餽運蠲逋租

南唐

昇元五年八月遣使賑貸黄州旱傷戶口

後周

顯德六年命以米貸淮南饑

宋

天聖四年江淮以南大水蠲民租

熙甯七年十月以常平米於淮南西路易饑民所掘蝗種

紹興元年蘄州旱詔免租　二年蘄州饑命郡賑粟萬石　五年淮東西饑詔賑之秋七月甲戌免蘄州上供及租稅　十三年賑淮南饑民仍禁遏糴　三十年十月蠲蘄黄州民附種田租

乾道五年蠲江淮等路紹興二十七年拖欠藏庫歲額錢共八十七萬五千三百緡　八年蠲兩淮明年租賦

乾道閒江湖大旱流民北渡江薛季宣行淮西爲表廢田相原隰立二十二莊於黄州故治東且以戸授屋以丁授田頒牛及田器穀種各有差廪其家至秋乃止凡爲戸六百八十有五分處合肥黄州閒竝邊歸來者振業之宋史薛季宣傳

紹熙元年十一月減蘄州歲鑄錢二十萬緡

嘉泰元年兩淮旱賑之蠲其賦　三年權罷蘄春監鑄錢

嘉定二年八月出米十萬石賑兩淮流民　十五年四月詔蠲蘄州今年租賦　十六年九月詔江淮諸司賑被水貧民

嘉熙元年詔淮襄避地流民沿江諸郡委官賑濟

元

至元二十八年十二月詔免江淮貧民逋租鈔緜　三十一年

免江淮以南夏稅之半

大德六年減免差稅賑濟饑民　九年免江淮以南租稅及佃種官田者十分之二　十年七月以米七萬七千八百石賑糶武昌興國黄州饑

至大元年江淮饑免今年常賦及夏稅遣使賑貸　二年免江淮夏稅

至治元年正月蘄州蘄水縣饑賑糧三月

天歴二年黄州路旱免其租

至順元年二月蘄黄等路饑賑糧各一月三月又以淮西廉訪使贓罰鈔賑蘄黄五路饑民

至元三年詔發義倉穀賑蘄州饑又賑河南諸路米十萬石

明

洪武八年免蘄黄被災田租　九年三月免湖廣今年稅糧十二月賑湖北水災　十年五月荆蘄大水命戸部主事趙乾來賑遷延半載帝怒誅之　十一月免湖廣田租　十九年詔本年秋糧盡行蠲免　二十三年十月賑湖廣饑

永樂二年命御史郭林等賑湖廣水災　三年免湖廣被水田租　九年湖廣水遣使賑之　十三年十二月蠲湖廣州縣水旱田租　二十二年皇太子免湖廣郡縣水災田糧

宣德八年夏六月賑湖廣饑免稅糧　九年八月賑湖廣饑勅撫按三司官行視災傷蠲稅糧十之四冬十月湖廣饑以應運南京及臨清倉粟賑濟

正統元年免湖廣被災稅糧　三年免湖廣逋賦　四年廣濟大旱知縣高偉發民閒所輸粟以賑　六年秋七月賑湖廣饑　七年大旱饑民閒輸粟一千一百石以賑者詔旌之

十年十一年十三年免旱災稅糧

景泰元年湖廣大饑免次年稅糧籽粒　六年江水泛湖田盡沒命撫按官條寛卹事

天順三年八月免湖廣被災秋糧　冬十月賑湖廣饑　四年六月免湖廣被災稅糧

成化元年免天下田租三之一　三年九月賑湖廣饑　四年三月免被災稅糧　六年三月免去年水災秋糧　九年免被災稅糧　十年三月免去年旱災秋糧　十一年水免秋

糧　十四年免被災秋糧　十六年免去年旱災秋糧　十九年三月免被災稅糧　二十二年二月免被災秋糧　二十三年正月免湖廣被災秋糧

宏治元年十月賑湖廣饑免被災秋糧　二年民饑巡撫梁璟請免徵兩京漕糧八十九萬石　三年七月免被災稅糧　八年九年十二年十四年十五年免被災秋糧　十六年賑湖廣被災軍民　十七年大旱免田租之半　十八年五月除天下十六年以前逋賦

正德三年大旱饑南工部侍郎畢亨來賑　十一年十一月免被災稅糧　十二年遣御史吳廷舉賑湖廣饑

嘉靖元年賜天下田租之半免正德十五年以前逋賦夏旱免

秋糧有差　七月賑湖廣災　二年蘄州旱免田糧有差　五年八月發各屬預備倉穀米並太和山香錢賑饑　六年水八月賑其災減免秋糧　七年大旱饑諭巡撫將貧戶儘現糧賑給不敷者給各項官銀　八年九月賑湖廣饑　十一年二月免被災秋糧　十五年二月發粟賑饑　十五年六月旱減免秋糧　十八年四月免被災稅糧免湖廣田賦五之一　二十三年旱賑湖廣饑　二十四年旱副使劉光文奏免田租之半布政司發銀賑之　二十九年三十九年四十一年免被災稅糧

隆慶三年免稅糧　四年旱蠲今年稅糧有差發贓罰銀及倉米賑之　五年以水災許改折漕糧之半

萬歷六年四月免逋賦　十二年十月免被災稅糧　十七年以災傷蠲秋糧　十八年四月賑饑　二十一年十二月賑饑　二十三年十一月災蠲賑有差　二十九年蠲加派田租逋賦　三十五年大水　三十七年旱　四十一年大水　四十五年災俱蠲賑有差

天啟四年免災傷田租

崇禎十一年兵荒詔蠲舊欠錢糧　十五年詔蠲去年錢糧

國朝

順治二年蠲湖廣賦大兵經過地方免正糧一年歸順地方免三分之一　十年蠲免九年旱災錢糧有差　十一年豁免六七兩年積欠　十二年豁免八九兩年地丁本折錢糧拖

欠在民者　十四年旱發積穀以賑知府于成龍勸民輸賑全活甚眾　十七年蠲免順治十二年至十五年民欠錢糧

康熙元年蠲免順治十五年以前未徵各項錢糧秋旱有司賑恤　三年蠲免二年水災錢糧十分之三　四年蠲免順治十六十七十八等年各項舊欠錢糧　六年黃州郡縣旱賑卹　十年蠲免四五六年舊欠地丁等項錢糧又大旱免本年錢糧十分之三　十三年十八年旱災俱奏文照分數蠲免　二十年　詔十七年以前民欠錢糧該督撫查明保題豁免　二十四年廣濟水賑穀　二十五年旱災蠲免錢糧之半其二十四年錢糧全行蠲免　二十七年蠲免十七年以前民欠漕項銀兩米麥　二十八年蠲免地丁錢糧及驢

腳南米十分之三　二十九年旱災蠲免錢糧之半　三十年蠲免湖廣應輸漕米一年　三十一年輪次蠲免起運漕糧　三十二年旱蠲賦有差　三十三年黄岡等州縣旱賑穀共十一萬八千五百六十四石有奇　三十八年　詔停黄州等七府匠班無徵銀兩歸入地丁帶徵　四十四年蠲免四十五年額賦一年地丁銀米舊欠未完者並停輸納　四十五年豁免四十三年以前未完銀米已完在官准抵現年未完足者　五十年蠲免五十一年地畝人丁銀並歷年舊欠全行豁免　五十六年豁免帶徵地丁屯衞銀兩　六十年豁免民欠錢糧

雍正四年發帑銀採買穀石於省倉及府州縣應儲之處加謹收儲　五年黄梅水災動用倉穀減價平糶以惠窮民並本年錢糧全行蠲免其已完納者准作六年應完之項　八年蠲免湖北九年分錢糧四十萬兩　十三年豁免查明十年以前民欠

乾隆元年蠲除軍田額外加徵　二年夏水偏災豁除地丁南漕銀米有差　八年夏水偏災豁除地丁南漕銀米並蠲免被災民欠　十年蠲免湖北十三年分應徵錢糧除漕糧項外其地丁銀米一概免徵　二十年蘄州大風爲災詳請賑卹有差　三十一年豁免漕糧　三十二年水偏災賑饑蠲免地丁南漕銀米有差　三十三年水偏災賑饑蠲免地丁南漕銀米有差　三十四年豁免糧米有差　三十五年蠲免地丁錢糧　四十二年蠲免地丁錢糧　四十三年旱水偏災賑饑蠲免地丁南漕銀米有差冬十月蠲免漕糧一次　四十四年加賑外豁免地丁銀兩　四十八年水偏災賑饑蠲免地丁南漕銀米有差　四十九年春黄梅廣濟二縣展賑一月豁免漕糧　五十年旱災賑饑蠲免地丁南漕銀米有差　五十三年水偏災賑饑蠲免地丁南漕銀米有差　五十八年蠲免黄州蘄州等衞屯餉丁糧　六十年豁免漕糧

嘉慶元年蠲免地丁錢糧　八月蠲緩本年應徵漕糧蠲免二年三年錢糧二次　四年蠲免乾隆六十年以前積欠緩徵地丁耗羨及民欠籽種口糧漕糧等銀兩又積欠緩徵並民借種穀草束等銀兩　七年蠲緩帶節年錢漕等項　八年正月蠲免民屯正耗錢糧一分　三月蠲免黄安縣地丁錢糧又蠲免黄岡麻城兩縣十分之五又蠲緩蘄水羅田蘄州黄梅廣濟五州縣分作三年帶徵　二十三年豁免民欠錢糧

道光元年蠲免民閒積欠　三年大水蠲賑有差　十一年大水撫卹賑饑並加賑一次借給籽種蠲免地丁南漕銀米有差　十二年蠲免地丁南糧有差　十五年豁免節年民欠銀米　二十五年豁免十一年以後緩徵地丁南漕銀米　二十八年大水蠲賦賑饑　二十九年大水蠲賦賑饑

咸豐元年蠲免道光三十年以前民閒積欠　十一年蠲免被

兵地方錢糧

同治元年蠲免咸豐九年以前民欠錢糧軍務省分以九年爲斷完善地方以奏銷到部爲憑　三年五年六年蠲免地丁銀蠲緩漕南正米各有差　七年蠲免黃州所屬各州縣被賊擾最重之處六年以前錢糧凡實欠在民者概予豁免

十一年蠲免六年以前民欠錢糧

光緒元年蠲免民欠錢糧　四年蠲免咸豐七年至同治十年民欠錢糧並漬淹挖壓緩徵各項銀兩

義舉附

黃岡縣

培心善堂在陽邏司署右側距城一百二十里於大江中設救生船收屍骸施棺木設義冢施藥茶收字紙送種牛

痘一切善舉頗多裨益係監生雷朝鼎同貢生雷霆庠生程飛熊算學生胡敬之耆民童萬青徐畏三職員胡俊川陳受發雷時楷劉瑞屏劉太銘先捐後募倡修於道光二十八年至同治三年建復堂宇各大憲捐廉佽助江漢關漢黃德道每年給銀九十六兩縣署每年給銀十二兩以垂久遠捐產詳縣志

義安善堂在東鄉劉家樓區邑紳劉維楨建捐田詳縣志

義安善局在東鄉劉家樓區邑紳劉維楨捐建捐款詳縣志

劉氏義莊邑紳劉維楨捐置捐田章程詳縣志

漏澤園舊有五處俱在東關外五里墩一係知府王輔置一係知府蔣國祥置一係知縣鍾葦置一係邑士魏永綵永經捐置一係知縣吳瑛置

附郭義園一在元妙觀左側一在教場右首俱附貢魏廷增捐置一在古火王廟後監生盧萬青典商邵源和孫復豐捐置一在桐梓岡紅花園署但店司巡檢章溆同紳民捐置一在山川壇後左側一在山川壇左側俱係公置一在清淮門外忠顯廟右係公置又與尹姓毗連一段與唐姓毗連抵四腳牌樓一段邑人王家騶捐此地近街不能開葬公議租鄧姓架屋租錢分作各處祭費一在向日門地二段朱慶宜捐一在太平橋下地一段監生王灝捐不能開葬同治六年其弟勝任稟請改作將軍廟香火之費

東[illegible]鄉義園一在劉家樓監生范起鳳捐置一在城隍山右捐職都司范欽捐置

還和鄉義園一在仙姑廟隍巖山北一在大塘角俱邑人張得勝捐置一在黃家鋪康熙四十九年邑紳曹載恆捐置又黃家鋪西職員黃宗璐捐置一在棗樹店北監生秦先畧捐置一在羅家鋪東白家塝監生周世隆及管姓合置一在馬曹廟右邑人賈景康捐置一在賀家灣對門山上邑人林界玉捐置一在郭家沖邑人江泰興廣興恆太等捐置

慕義鄉義園一在寺便湖側舉人張鉥樫附貢錢莆田等捐置一在焦家坂一在沙坂一在汪崇堆俱監生靖厚炳捐置

庶安鄉義園一在昏水壋一在走馬隄一在李家岡一在白樓灣一在王家寨一在孔家石橋俱邑人徐貢朝捐置一在烏龜石一在龜山俱封職胡啟華捐置一在紅家塘上岸大山厚本堂捐置一在文布寺南監生徐濟廣捐置一在汪集細屋山東北封職萬鴻恩捐置

中和鄉義園在周山鋪倪家山生員揭炳芳等捐置

上伍鄉義園在龍岡山側地名龜山道光十年貢生洪恩峻捐置

培心堂義園在柴柏湖南岸馬路洲東岸山雷開甲劉照玖雷朝鼎田祿三劉新甫雷朝軸陂邑王慶翰汪引湘等捐置捐產詳縣志

京都黃岡義園在都城沙窩門內萬柳堂西北地名板廠屬東城兵馬司副指揮分轄明隆慶時邑紳士置有南北兩園後園戶保護不力乾隆十九年四月初十日存案察院立有界石丈尺詳縣志

白骨冢在孫家嘴道光二十九年大水棺拋骨露邑紳王金炬捐貲收埋

白骨塔一在清淮門外古滴樓口左首明季張獻忠陷黃州肆行殺戮邑人收葬遺骸立碑識之今經兵燹碑失一在團風鎮雷壇光緒六年水師鸑江守府韓春高闓風鎮巡檢程兆梧稟縣諭本鎮紳耆募貲督建

蘄水縣

漏澤園一在治北一在上馬石知縣李蓀置

京都蘄水義園在都城崇文門外三里許疙瘩樹北人謂結核爲疙瘩樹之卷曲類之故名

麻城縣

漏澤園在邑西石家山

毛氏義冢在邑西一里地名鳳凰窩處士毛文昭捐置

西門外義冢北門外義冢順治間由縣立石表界

西門外牛棚山東西義冢知縣吳顧行捐置

五里橋西義冢知縣吳顧行捐置

白骨塔一在西門外邑人公建一在聖門外知縣易光蕙建

黃安縣

漏澤園明知縣應存初置後隨時增置在寶藏菴引龍岡南極菴木魚山十方菴東林寺王林岡大凹金井山大粱寺五方岡等處

羅田縣

漏澤園一在西關外知縣徐泰置一在北城岡知縣金世楨置一在栗子坳知縣沈廷楨置一在陳家河知縣姚士基廩生王堞先後捐置一在普陀菴王大壽捐置一在南關外張詔等捐置一在棠林河一在三里橋一在東關外一在韓塔寺方成等捐置一在李家集貢生童先福捐置一在劉家畈監生王光潤捐置一在童家菴一在長嶺岡一在僧塔寺一在油榨山林宗望捐置一在張家坳紳民公置一在西沿沖廖泗泉等捐置一在滕家堡蕭常璐捐置一在滕家堡後岡堡衆公置一在蓮花菴胡履魁捐置一在夏家坳潘奎捐置一在碓臼嘴一在雙鳳坳監生周傳松等捐置一在查樹坳監生朱宿楷等捐置

蘄州

務本堂本城紳商募建田課詳州志

歸善堂在武襄門外全勝坊

濟生堂知州熊鑾倡建

問心堂本城紳商捐建

聚德堂在觀瀾門內

保生堂在和樂坊四官殿內

大同鄉濟嬰堂在張家塝貢鑑明等募建

漏澤園舊在黃土坡今一在東關外張公山一在南關外諸家湖嘴一在北關外周公山

城外阮家碑後山義冢主簿銜李燮弟兄捐置

大同司官山大同巡檢張振南捐置

大同鄉陳氏義冢陳得鎔捐置

崇居鄉龍鳳潭義冢陳法炎捐置

白骨塔在東關外

廣濟縣

公善堂在武穴合鎮募建

漏澤園一在縣治東南知縣陳景昌置一在西郊外一在萬車鋪知縣李世德置

黃梅縣

漏澤園王志縣志均未載明何處

黃州府志卷之八終

黃州府志卷之九上

黃州府知府英　啓纂輯

學校志

學宮 祭典經籍學額學田附

黃州府學宮宋時始建未詳其處案王志明初建學即宋河東書院舊址在今府治東考河東書院宋寶祐間郡守李節因二程祠增建朱子二程祠記云立二夫子祠於學宮是宋時學宮二程祠書院均在一處但宋時郡城在今城南二里許明洪武初始遷今處似宋之建學未必即今府治東也元至正間黃州路總管劉某擴修元末燬明洪武二年命各府州縣建立學校知府李仁始建學今處在府治東正統後知府錢敏俞浩王霽相繼增修黎淳黃州府學記銘記佚銘曰惟黃建學革故鼎新何以致斯國有其人穆穆王公神綏爵位人在春風物沾時雨潭潭儒室士履典常鼓鐘經史駿發福祥當其無事爾養厥躬官守言責蹇蹇匪躬其或有虞

爾身殉道臣終於忠子終於孝觀文成化四海永清天子萬年吾道大行正德間知府余貴重葺嘉靖四年知府劉友仁擴修王廷陳重修黃州府學記嘉靖乙酉春二月代巡東萊王公秀按黃首廟謁焉謁既周而覩鄉之築黌宮之左右隈是故宮之垣卻二闕而隘其前後也加修焉曰何有於茲而夫子之宮之儉其務廣焉令後之當也無乃不可乎或曰民居也惡奪且彼安焉而病以從艱於從從且心懟代巡乃進郡守劉君友仁曰聞郡有隙以易之夫鄰也僻隙也市市易僻且倍焉其誰弗從卒如議然費也侈奚辦焉將官乎而儲無贏矣將民乎而誅無則矣守曰請融之官無出民弛供郡有盜艘可公估取估以充代巡曰善乃登期日飭有司具徒卒度可不巡丈許陳畚揭堅緶縋蘊沙礫隆瓦石棄穢積壤亢崇繕庇葺撤礙滯遂屈曲溝淖溢遂池瀦拓鋭側表衢路時饑給數覩責董者不威役夫謂平工既歲值大比學之士當選者四人而魁一代巡乃喜進諸生而言曰予知之乎風之壞也非以競故夫競也豈惟仕士亦有之夫羣而習也劣者妒賢隊而選也失者讐僾不修之務而妒以讐燧乃壞君子恥之故敦本刊華厚其儲也去侁崇眞愼其發也觀善則摩逢抑則畜務修而已忌不衷留士之良也士處子也不安於閨而能婦於室者鮮矣且夫治之無良也是無良吏故吏之無良也是無良士故士之無良也是無良師故故師天下之本也不可不愼也於是諸生唯唯再拜謝而退茲役也以六月己亥始事九月甲子落成云厥後知府應明德續葺萬歷間知府潘允哲買民居數丈拓其前知府范可奇重修崇禎間燬十七年知府周大啓建廟及明倫堂

國朝順治間知府何應玨康熙間知府于成龍蘇良嗣王輔買鉝相繼建大成門東西兩廡名宦鄉賢

啓聖諸祠五十六年知府蔣國祥重建

啓聖祠雍正元年改稱

崇聖祠各州縣學俱同二年蔣國祥同教授彭士商以學田所入重修學宮並建教授訓導署乾隆四十三年知府李國麟重修李國麟重修黃州府學記余觀斯學之大成也經營區畫蓋五年矣粤稽勒諸石者詳諸志者學始創於宋元至正黃州路總管劉某益加擴修明洪武初改遷郡治移學今處修葺者代不乏人嘉靖知府劉友仁應明德萬歷潘允哲范可奇相繼大啓

之明末復燬於兵　國朝鼎興　聖聖相傳興學之詔慶下自順治以迄乾隆知府何公應玨于公成龍蘇公良嗣賈公鉝葺修葺凡十數次規模宏整矣乃年月深久風雨摧殘己丑歲前大觀察吳公下車周覩殿廡每慮傾頹而獨力難支癸巳夏前郡守王公蒞任乃相與籌度捐銀百金爲牧令倡其各屬暨紳士等亦共效樂輸兩邑計捐銀五千兩各屬共計捐銀四千兩有奇遂卜乙未秋八月庀材鳩工次第興作功將及半而觀察與郡公俱調遷他處矣戊戌夏余來承乏是郡兢兢前規後隨諸商大觀察周憲遂續其事而落成焉先是城南隅之巽垣爲黃協演武廳火器震驚實有凝於文風詳請部院移建關外置造工價用銀一千兩零其八千餘金悉用修學於是學以內大殿壯起結構精堅廣七丈深五丈餘自殿至大成門十九丈餘兩廡相翼通爲長廊門以外泮橋駕其中櫺星門拱其前名宦鄉賢祠廟於左右文武官廳列於東西巍乎煥乎非復舊制比也　崇聖祠明倫堂俱循舊基而改建之東西兩廣文宅一在明倫堂後垣一在泮池門左側各繕齋房十餘閒以昭崇文重道之盛焉其間總匯金錢督率丁匠等事則邑侯顧名夔攝縣襄陽司馬史名湛學師陳名家麒岡丞王名湋剛董理紳士則陶國幹萬廷琯康克明王如鏊夏方坦張京皷陶履中魏壎頤廷光謝穎川郭參兩李元會張國相張朝薰李元揚宙士科翁文安雷仲輝朱鵬程等十九人俱公愼勤勞而始終其事惟戚

均魏壎八年於茲云咸豐三年賊燬同治四年知府黃益杰率八屬重修因購附近民居擴充基址廣三十三丈一尺袤八十七丈五尺中建

大成殿後爲

崇聖祠前爲兩廡爲東西庫長廊翼之大成門外東西櫛比者爲浣洗省牲所爲名宦鄉賢祠爲文武官廳爲各執事所爲禮義兩門並翼以廊頖橋櫺星門在其南正與

大成殿相直殿東爲東齋前建尊經閣閣左右翼屋四閣後正屋十旁屋二廚房一爲教授署閣前學門三重門左爲

文昌廟殿西爲西齋舊通判署址改建前建明倫堂勒臥碑於堂左勒

訓飭士子文於堂右堂前後屋宇與東齋同爲訓導署又置店屋三所歲納租錢一百串以備歲修

黃益杰重修黃州府學碑記

余以咸豐辛酉冬奉命守黃兵燹之後城市爲墟獨存龍神廟一區坿祀先師及諸祠廟之載祀典者盡郡學之鞠爲茂草久矣孜之黃岡邑志乾隆四十七年重修郡學越五年乃成當時天下承平物力充牣一修葺之役而久且難若此則知平地一簣之尤不易也乙丑秋請於學憲孫檄諭八屬士民捐貲創建卽以十一月興工未一月而捻逆自麻城入境寇逼於垣守兵無幾余率城中士民八百餘戶登陴固守而窮民城閉無生業乃編爲匠役者數百人晝從畚揭宵助巡柝凡三閱月而賊退至丙寅九月而郡學落成蓋先後曾不一年而又在戎馬充斥之中財殫力絀亦何敢期其成之速如此是則　聖人靈爽實式憑之而學校之興世道平陂之故其亦將返也學舊址地勢袤長大殿後爲明倫堂堂後爲教授署殿左爲

崇聖祠祠左有文昌宮又東爲訓導署其頖池櫺星門視大殿池而東者六尺有咫規制參錯余既首營大殿迺改建

崇聖祠於殿後而分建校官署於東西旁殿前爲兩廡爲東西庫長廊翼之至戟門門外東西櫛比者爲浣洗所省牲所爲名宦鄉賢祠爲文武官廳各執事所爲禮義兩門亦翼以廊以達兩署之前而泮池櫺星門與大殿相拱不失繩尺前甬壁爲三台形兩署如出其夾署爲門各兩重門內一爲尊經閣一爲明倫堂後爲校官居池塼庖湢圊不飾備蓋視

昔所建崇閎壯麗加整肅焉則以　文昌宮既遷建府城隍廟右而旁近之孝介祠黃州通判署久成廢址乃謀以地易並入於學坿學之民房空基復有捐入者有買置者四周度之廣得三十三丈一尺袤得八十七丈五尺方隅既正而後能拓此宏規也工既竣用銀萬有六千以其羨餘建　武廟於教授署之左於是各祠祀有廢俱舉於以感召休和闔閭繁盛士皆敦正學而維風俗昇平景象不可拭目俟之歟是役也徵材庀工纖細曲當則前署麻城縣教諭松滋熊文鏡獨任厥勞其時司學事者教授龔鯤驅訓導楊長珩例得併書云同治七年知府英啓移建櫺星門黃岡知縣羅登瀛撤兩廡更新之光緒五六年間知府英啓黃岡知縣恆琛戴昌言修葺岡邑華春禧捐鋪基劉姓捐屋基俱載縣志

大成殿正位

至聖先師孔子

列聖欽頒匾額康熙二十三年

御書萬世師表雍正三年

御書生民未有乾隆三年

御書與天地參嘉慶五年

御書聖集大成道光元年

御書聖協時中咸豐元年

御書德齊幬載同治二年

御書聖神天縱光緒元年

御書斯文在茲

考漢平帝詔稱　孔子爲宣尼公和帝封褒尊侯北魏孝文帝稱文宣尼父後周宣帝封鄒國公隋文帝稱先師尼父唐高宗贈太師元宗謚文宣王宋真宗謚至聖元武帝號大成至聖文宣王明嘉靖九年議去王號並大成文宣之稱廟

不稱殿易像爲主

國朝順治十四年始定今稱木主高二尺三寸闊四寸厚七分座高四寸長七寸厚三寸四分朱地金書

東配

復聖顏子名回字子淵魯人郕國後漢永平十五年祀七十二弟子顏子位第一魏晉祀孔子均以顏子配唐貞觀二年以孔子爲先聖顏子配饗

述聖子思子名伋 孔子孫宋大觀二年從祀端平三年升列哲位咸淳三年配饗

西配

宗聖曾子名參字子輿魯南武城人唐開元八年從祀宋咸淳三年配饗

亞聖孟子名軻字子輿一云子車鄒人魯孟孫後宋元豐七年配饗

考配位宋以前稱封爵元至順元年贈顏子兖國復聖公曾子郕國宗聖公子思子沂國述聖公孟子鄒國亞聖公明嘉靖九年改稱復聖顏子宗聖曾子述聖子思子亞聖孟子

國朝因之木主高一尺五寸闊三寸二分厚六分赤地墨書

東哲

先賢閔子名損字子騫魯人

先賢冉子名雍字仲弓魯人

先賢端木子名賜字子貢衛人

先賢仲子名由字子路一字季路魯卞邑人以上俱唐開元八年從祀

先賢卜子名商字子夏衛人鄭康成云温國人唐貞觀二十一年以經師從祀開元八年以十哲從祀

先賢有子名若字子有或作子若魯人唐開元八年從祀 國朝乾隆三年升列哲位

西哲

先賢冉子名耕字伯牛魯人

先賢宰子名予字子我魯人

先賢冉子名求字子有魯人

先賢言子名偃字子游吳人以上俱唐開元八年從祀

先賢顓孫子名師字子張陳人唐開元八年從祀宋咸淳三年升列哲位

先賢朱子名熹字元晦徽州婺源人宋淳祐元年從祀 國朝康熙五十一年升列哲位

考哲位宋以前稱封爵明嘉靖九年改稱先賢某子

國朝因之後有子朱子升列哲位稱從同木主高一尺四寸闊二寸六分厚五分赤地墨書

東廡

先賢公孫僑字子產鄭人 國朝咸豐七年從祀

先賢林放字子邱魯人唐開元二十七年從祀明嘉靖九年改祀於鄉 國朝雍正二年復祀

先賢原憲字子思檀弓稱仲憲宋人鄭康成云魯人

先賢南宮适字子容魯人

先賢商瞿字子木魯人

先賢漆雕開字子若史記作子開蔡人鄭康成云魯人

先賢司馬耕家語作司馬黎耕字子牛宋人

先賢梁鱣鱣一作鶬或作鯉字叔魚齊人

先賢冉孺字子魚一作子魯魯人

先賢伯虔字子析魯人家語名處字子晳

先賢冉季字子產魯人

先賢漆雕徒父徒一作從字子有一字子文魯人

先賢漆雕哆哆一作侈字子斂魯人

先賢公西赤字子華魯人

先賢任不齊字子選楚人

先賢公良孺孺史記作儒字子正陳人

先賢公肩定肩史記作堅字子中一字子仲魯人

先賢鄡單家語作縣亶字子家魯人

先賢罕父黑家語作宰父墨字素一云字子索魯人

先賢榮旂字子祺家語作祈字子顔魯人

先賢左人郢家語作左郢字子行魯人

先賢鄭國字子徒家語作薛邦字子從魯人

先賢原亢字子籍史記作原亢籍魯人

先賢廉潔字子曹一作子庸衛人古史作齊人

先賢叔仲會會一作噲字子期魯人鄭康成云晋人

先賢公西輿如字子上魯人一云齊人

先賢邽巽家語作邦選字子斂一云子歛魯人

先賢陳亢字子禽一云子亢陳人一云魯人

先賢琴張名牢字子開一字子張衛人

先賢步叔乘字子車齊人廣韻注作少叔乘

先賢秦非字子之魯人

先賢顔噲字子聲魯人以上俱唐開元二十七年從祀

先賢顔何字冉魯人唐開元二十七年從祀明嘉靖九年罷國朝雍正二年復祀

先賢縣亶亶史記索隱作豐一云即鄡單字子象魯人

先賢牧皮力牧之後與琴張曾晳爲友

先賢樂正克孟子弟子

先賢萬章孟子弟子以上國朝雍正二年從祀

先賢周敦頤字茂叔道州營道人

先賢程顥字伯淳河南洛陽人以上宋淳祐元年從祀

先賢邵雍字堯夫其先范陽人從衡漳又從共城後爲河南人宋咸淳三年從祀

西廡

先賢蘧瑗字伯玉衛人唐開元二十七年從祀明嘉靖九年改祀於鄉國朝雍正二年復祀

先賢澹臺滅明字子羽魯武城人

先賢宓不齊字子賤魯人

先賢公冶長家語長作萇字子長魯人史記云齊人

先賢公晳哀字季次齊人

先賢高柴字子羔左傳作季羔檀弓作季子皐家語齊人鄭康成云衛人

先賢樊須字子遲魯人鄭康成云齊人

先賢商澤字子秀一作子季魯人

先賢巫馬施字子期史記作子旗陳人鄭康成云魯人

先賢顔辛史記作顔幸字子柳魯人

先賢曹卹字子循蔡人

先賢公孫龍龍家語作寵字子石衛人一云魯人鄭康成云楚人

先賢秦商字子丕家語作丕茲魯人鄭康成云楚人

先賢顔高字子驕魯人

先賢壤駟赤字子徒壤家語作穰字子從秦人

先賢石作蜀字子明秦之成紀人
先賢公夏首首一作守字子乘魯人
先賢后處字子里齊人
先賢奚容蒧字子晳一云字子習魯人一作衛人
先賢顏祖字子襄家語作顏相魯人
先賢句井疆井一作非字子疆一作子孟衛人
先賢秦祖字子南秦人
先賢縣成字子祺一作子橫魯人
先賢公祖句茲家語作公祖茲字子之魯人
先賢燕伋伋家語作級字子思秦人
先賢樂欬欬家語作欣字子聲魯人

先賢狄黑黑一作墨字子晳家語字晳之衛人
先賢孔忠字子蔑家語作子弗孔子兄孟皮之子
先賢公西蒧史記字子上家語字子尚魯人
先賢顏之僕字子叔魯人
先賢施之常字子常一云子恒魯人
先賢申棖字子周一云子續魯人以上俱唐開元二十七年從祀
先賢左邱明魯中都人唐貞觀二十一年以經師從祀
先賢秦冉字子開蔡人唐開元二十七年從祀明嘉靖九年罷國朝雍正二年復祀
先賢公明儀曾子弟子國朝咸豐三年從祀
先賢公都子齊人孟子弟子
先賢公孫丑齊人孟子弟子以上國朝雍正二年從祀

先賢張載字子厚世為大梁人後家鳳翔郿縣
先賢程頤字正叔顥弟河南洛陽人以上宋湻祐元年從祀
考先賢位宋以前從祀者皆稱封爵明嘉靖九年改稱先賢
某子周張程邵五子嘉靖時稱先儒崇禎十五年改稱先賢
位在七十子之下漢唐諸儒之上
國朝俱稱先賢不稱子

東廡

先儒公羊高齊人子夏弟子
先儒伏勝字子賤濟南人以上唐貞觀二十一年從祀
先儒毛亨河間人國朝同治二年從祀
先儒孔安國字子國孔子十一世孫唐貞觀二十一年從祀

先儒后蒼字近君東海郯人明嘉靖九年從祀
先儒許慎字叔重汝南召陵人國朝光緒二年從祀
先儒鄭康成北海高密人
先儒范甯字武子南陽順陽人以上唐貞觀二十一年從祀明嘉靖九年改祀於鄉國朝雍正二年復祀
先儒陸贄字敬輿嘉興人國朝道光六年從祀
先儒范仲淹字希文其先邠人後家蘇州吳縣國朝康熙五十四年從祀
先儒歐陽修字永叔廬陵人明嘉靖九年從祀
先儒司馬光字君實陝州夏縣人宋咸湻三年從祀
先儒謝良佐字顯道上蔡人國朝道光二十九年從祀
先儒羅從彥字仲素南劍州羅源人明萬歷四十二年從祀
先儒李綱字伯紀邵武人國朝咸豐元年從祀

先儒張栻　字敬夫漢州緜竹人宋景定二年從祀

先儒陸九淵　字子靜撫州金谿人明嘉靖九年從祀

先儒陳湻　字安卿漳州龍溪人國朝雍正二年從祀

先儒眞德秀　字景元建之浦城人明正統二年從祀

先儒何基　字子恭金華人　國朝雍正二年從祀

先儒文天祥　字宋瑞吉水人　國朝道光二十三年從祀

先儒趙復　字仁甫德安人

先儒金履祥　字吉父蘭溪人

先儒陳澔　字可大都昌人　以上國朝雍正二年從祀

先儒方孝孺　字希直浙江天台人國朝同治二年從祀

先儒薛瑄　字德温山西河津人明隆慶五年從祀

先儒胡居仁　字叔心江西餘干人明萬歷十二年從祀

先儒羅欽順　字允升江西泰和人國朝雍正二年從祀

先儒吕柟　字仲木陝西高陵人國朝同治二年從祀

先儒劉宗周　字起東浙江山陰人國朝道光二年從祀

先儒孫奇逢　字啟泰直隸容城人國朝道光八年從祀

先儒張履祥　字考夫浙江桐鄉人國朝同治十年從祀

先儒陸隴其　字稼書浙江平湖人國朝雍正二年從祀

先儒張伯行　字孝先河南儀封人國朝光緒四年從祀

西廡

先儒穀梁赤　字元始魯人子夏弟子

先儒高堂生　字伯漢魯人　以上唐貞觀二十一年從祀

先儒董仲舒　字寬夫廣川人元至順元年從祀

先儒劉德　漢景帝子河間王謚獻國朝光緒三年從祀

先儒毛萇　趙人

先儒杜子春　河南緱氏人　以上唐貞觀二十一年從祀

先儒諸葛亮　字孔明瑯琊人　國朝雍正二年從祀

先儒王通　字仲淹河東龍門人明嘉靖九年從祀

先儒韓愈　字退之鄧州南陽人一云修武人宋元豐七年從祀

先儒胡瑗　字翼之泰州廣陵人一作海陵人嘉靖九年從祀

先儒韓琦　字稚圭相州安陽人國朝咸豐二年從祀

先儒楊時　字中立南劍州將樂人明宏治八年從祀

先儒尹焞　字彥明洛人　國朝雍正二年從祀

先儒胡安國　字康侯建甯崇安人明正統二年從祀

先儒李侗　字愿中南劍州劍浦人明萬歷四十二年從祀

先儒吕祖謙　字伯恭先世居壽州後從婺州宋景定二年從祀

先儒袁燮　字叔和鄞縣人　國朝同治七年從祀

先儒黄榦　字直卿福州閩縣人國朝雍正二年從祀

先儒輔廣　字漢卿慶源人　國朝光緒五年從祀

先儒蔡沈　字仲默建州建陽人明正統二年從祀

先儒魏了翁　字華父卭州蒲江人

先儒王柏　字會之金華人　以上國朝雍正二年從祀

先儒陸秀夫　字君實鹽城人　國朝咸豐九年從祀

先儒許衡　字仲平河內人元皇慶二年從祀

先儒吳澄字幼清撫州崇仁人明正統八年從祀嘉靖九年罷國朝乾隆二年復祀
先儒許謙字益之其先京兆人後徙金華國朝雍正二年從祀
先儒曹端字正夫河南澠池人國朝咸豐十年從祀
先儒陳獻章字公甫廣東新會人明萬歷十二年從祀
先儒蔡清字介夫福建晉江人國朝雍正二年從祀
先儒王守仁字伯安浙江餘姚人明萬歷十二年從祀
先儒呂坤字叔簡河南寧陵人國朝道光六年從祀
先儒黃道周字幼平福建漳浦人國朝道光五年從祀
先儒陸世儀字道威江南太倉州人國朝光緒元年從祀
先儒湯斌字孔伯河南睢州人國朝道光三年從祀
考先儒位明嘉靖以前從祀者皆稱封爵嘉靖九年改稱先儒某子
國朝稱先儒不稱子
右兩廡先賢先儒位次謹遵同治二年以後歷奉部文奏奉
欽定序列木主規制同十哲
崇聖祠正位中爲
肇聖王木金父公左爲
裕聖王祈父公右爲
詒聖王防叔公左次爲
昌聖王伯夏公右次爲
啓聖王叔梁公
考正位明嘉靖九年於

大成殿後立
啓聖祠祀叔梁公
國朝雍正元年
詔封孔子先世王爵合祀五代更啓聖祠稱
崇聖祠木主規制同四配
東配
先賢孔氏孟皮國朝咸豐七年配饗位在顏氏之上當西配曾氏之上
先賢顏氏名無繇唐開元二十七年從祀明嘉靖九年配饗
先賢孔氏名鯉宋咸淳三年從祀明嘉靖九配饗
西配
先賢曾氏名晳唐開元二十七年從祀明嘉靖九年配饗
先賢孟孫氏名激明嘉靖九年配饗
東廡
先儒周氏名輔成明萬歷二十三年從祀
先儒程氏名珦字伯溫
先儒蔡氏名元定以上明嘉靖九年從祀
西廡
先儒張氏名迪國朝雍正二年從祀
先儒朱氏名松字喬年明嘉靖九年從祀
考先賢先儒位明嘉靖間稱先賢某氏先儒某氏
國朝因之木主規制俱同十哲
名宦祠

唐左　震宋王禹偁明陶　安　何晩齡　滕　霄
錢　敏　王　彛　劉　肅　盧　濬　胡　錠
黄　壽　朱　節　楊　冣　吳　淮　韓秉文
郭鳳儀　商廷試　張嘉孚　孫光祖　潘維岳
王世德　祝萬齡　胡維霖　林肇開　鄒迪光
李繼周　吳叔度　秦時懋　顔顧行　潘允哲
白　范　周　浩　趙以敬　袁福徵　劉　容
胡士奇　韋　厚　汪大壯　饒　鐸　毛應時
嚴迪聰　查秉彝　吳宗周　崔孔昕　羅　瀚
歐起鳴　許士奇　李長德　葛寅亮　徐　孟
曹　賢　張　淮　安　貞　許文岐　范可奇

國朝于成龍　宋　犖　舒士貴　李彦瑁　朱士彦
唐訓方元夏　溍本黄岡芓志補王禹偁次

鄉賢祠
宋潘大臨　余　玠元王　壽　周古象明黄　榮
吳　琳　詹　同　張　璘　王思旻　鄒來學
周　鑑　陳　言　董應軫　李正芳　劉從政
王　聰　劉　廣　陳嘉學　康茂才　曾　恕
蕭　昇　謝　杲　張　佐　陳首俊　唐友義
王　濟　黄伯垓　王　麟　余　鑾　董　樸一作朴
劉以德　王　澄　張明道　買　啓　曹　珪
陳廷瓚　余文瑞　程　轍　王廷槐　方　勇

奚　樸一作朴奚世亮　邱尚忠　方　任　陳相道
范　芝　王廷陳　陶　珪　瞿　晟　耿定向
樊玉衢　杜鳴陽　曹光德　王廷瞻　於　倫
邱　岳　詹　徵　李　植　穆天顔　杜　傑
易倣之　詹時明　張　寶　李　葵　孫大祚
王同謙　張　澤　張　濟　李　田　周啓孫
李之用　周之訓　官如臯　官應震　姚　瑞
熊　瑗　熊養中　王　陛　葉正蒙　王欽濂
甄　善　劉承芳　甄其賢　樊　煒　汪之渙
祝宗文　程希召　程希伊　祝一先　王崇擢
汪世極　王鳳陽　姚文政　詹希原　詹謙之

樊玉衢　樊玉衡
國朝詹謹之　樊維域　李遐齡　王追本　王一釪
劉子壯　陳天生

忠義孝弟祠姓名詳州縣志

節孝祠姓氏詳列女

黄岡縣學宮宋時建南城外元末燬明洪武元年知縣萬士安還建於縣治東南高處即東坡故居正統二年知府錢敏重修李時勉儒學記學校之興有資於守令舊矣文翁之在蜀郡范純仁之在襄邑皆以能興學校崇教化致民俗丕變故聲譽顯於當時名聞昭於後世有不可及也蓋學校風化之源三綱五常之道由是而明詩書禮樂之教由是而行風俗由是而變人才由是而出古昔治效之盛非後世所及者有此道也洪惟我太祖高皇帝自即位以來輒詔天下郡縣皆立學詔師弟子員付之守令以程督之藩臬二司考察其勤惰而勸懲之賢能文學之士往往出於其間自公卿大夫

至於州縣之選常不乏人是亦興學校之效也比年以來儒學之士多以記誦文詞爲業而不務實學者蓋由有司每以簿書期會爲急視學校若不干己者卽廟舍頹毀教化廢弛略不加之意故爲師者怠於教爲弟子者怠於學雖朝廷專設憲臣以督理之未能或之變也吁豈漸染之深未可以朝夕革與是殆不然憲臣之巡歷有時而守令之臨蒞無間苟一加之意焉則無不可者在鼓舞而作興之者如何耳黃岡黃州之附郭邑也地濱大江舊有學規制卑監且歲久頹圮太守錢公至周覽慨歎首捐已俸欲擴而大之於是縣正僚佐邑人富室爭出錢幣以相助者甚衆乃庀材僦工諏吉興作自 大成殿以至明倫堂池臺門廡師生講誦之所齋宿之舍一新理至於神廚倉庫庖湢之處莫不備具壯麗宏偉數倍於昔經始於正統二年九月告成於五年庚申七月費不出於公帑勞不及於庶民而成此大功其孰能之公爲人端厚坦率廉靜而不阿居家以孝弟聞親喪廬墓三年朝廷旌異之在大理獄以不冤今爲黃州環千里之民無不歸心焉又能以其餘力一新郡縣之學暇則與諸生講論經史課其所業而獎勵之莫不翕然向於學文翁范純仁不得專美於前矣孔子曰身修而後家齊家齊而後國治此大學之道也若公者可謂身體而力行之矣邑學官尹勖以書來求予言夫郡縣博士樂得賢太守以蒙其作興之惠又樂得英才以盡其敎育之功何其幸哉

宏治九年僉事張彬擴修正德十年知府余貴知縣胡潔復遷於清淮門內軍器局東廢地卽今地也

朱節遷儒學記 黃岡縣舊有儒學在城隍廟之西南麗城不十數武厥址隘以陋堂宇傾圮久莫之治正德歲辛未巡按東吳王公蒞黃既謁廟首舉遷學之議詢諸衆謂附清淮門軍器局東廢地寬衍可夷而宮之也值流賊猖獗江上且不果繼而巡按山西曹公復踵其議且命以軍器局廢址並入之時流賊甫靖而歲復告歉縣堂廨宇亦就頹廢物力有不足以舉贏者適董學赤城蔡公按黃進屬吏師生而語之曰茲學當遷其無疑第更新則時絀葺舊則徒費何施而可邑令豐城胡君潔毅然任之日維茲首政風化攸繫曷敢以難辭縣治宜且後遂謀於郡守西蜀余公貴二守廣陵王君相通判山陽牛君璠蘄門毛君應時曰學宮既得厥址請如三公之命諏日舉事余公復暨諸僚指而度之謂兌隅尚存民居且舊無稽古閣曷增創之而地轄於武弁家乃貿臨皋驛舊址倍與其值而廣之於是兌隅既備坤維亦正而櫺星集賢門稽古閣各有厥址其地工費尹悉任之一出公帑之餘不以勞民命工戒事集材於市伐石於山以陶以虔百藝畢舉始事於 大成殿前爲戟門各五楹又其前中爲櫺星門左爲集賢門各三楹殿之左右爲兩廡各五楹殿之後爲明倫堂堂之左右爲兩齋各五楹又附堂小廳各三楹爲退講之所又其後稽古閣五楹閣之左右爲諸生號房各十楹閣之西爲饍堂三楹戟門之前有泮池旁以石甃之爲半璧形中以石梁之爲正道而西號之外有隙地爲射圃凡禮典所宜廨不飭備工以數計者七千有奇鈔以緡計者千二百有奇地縱爲丈五十有九廣視縱減四之三址視舊增五之二規模宏敞煥然一新於時敎諭應君鵬翀以清修博學式宏化基訓導周君纔端雅詳慎克殫矣斯之勞劉君紀適至觀茲盛舉謂不可無紀乃礎石率諸生而請紀之予謂胡尹一事之舉而三善咸集緩於修邑而先於學校公也始事訖功役不逾年斂也雖當匱縮舉難而進勇也予因是而有感焉勇爲達德之一也凡天下之事舉頹植仆固莫先乎勇而士所以造聖成功匪勇爲攸賴今天下士弊弊焉繪藻於詞章科第之閒以爲丈夫能事至語聖賢大學之道則或自誘以爲吾質百不若人而問知自立者亦悠悠歲月逡巡莫前是皆不知勇之過也吾夫子有見於天下後世之流弊必底此無疑也肆以人一己百釋達德之勇而歸其美於成功之一其防末流而慮後世不深切著明矣哉今俗之病於安安而當遷習爲陋襲也予因遷學之有成而深自恧於向往之不勇恐卒病於安常而襲陋也故倂述之以爲同志者告

厥後知縣簡霄嘉靖閒知縣孫棠敎諭張性魯萬歷三年知縣羅應鶴三十四年知縣茅瑞徵先後修葺擴地數丈得古井或云卽東坡暗井城外有岡橫亙正對學宮形家稱爲一字文星故城門以一字名城上舊有東樓閣形家稱爲學宮巽峰又爲郡邑華表明末燬

國朝順治五年知縣楊日昇因故址纔立殿宇十年知縣高自訓加修十六年知縣楊鍾秀建大成門十八年知縣徐𨮁建啓聖祠康熙十一年知縣董元俊修葺十五年知縣李經政建櫺星等門二十一年學道蔣永修知府蘇良嗣捐俸並合學士子優免銀建明倫堂及兩廡知縣汪灝釐定垣界二十九年知縣錢顧琛勸修四十六年知縣黃極重建

啓聖祠並建敎諭訓導署五十九年知縣鍾葦倡捐建名宦鄉賢二祠雍正十三年知縣暢于熊乾隆七年知縣舒成龍相繼

修築圜牆十一年教諭徐成潤建學署二重二十一年知縣
劉燈醵貲擴建劉燈重建儒學記國家造士之法極詳而養士之法亦備設立學宮俾隸名於斯者咸
就甄陶以培休明之本典綦重也官其土者有訓率士子之
責則士子肄業之地自宜悉心經理庶泮水片藻無遺憾焉
況先師靈爽實式憑之詎容苟且荒略因陋就簡其何以
薈羣材而振文教耶楚北人文素稱岡邑爲最在昔先賢
行歷歷可稽國朝尤爲蒸蔚劉克猷先生才擬大魁曹木
欣先生望重儒林其他鉅公名士佐文明而揚風雅者不
勝屈更且科名之盛或一門而蟬聯奕世或一榜而璧合多
人又皆品行純粹事業彪炳無非由學校養之有素而擴之
裕如洵哉學宮有關乎士風非淺鮮也顧岡邑學宮建自有
宋明季燬於兵燹我朝自宛平楊公粗立規模嗣經各任
逐次增修而文廟舊制尚未悉臻美備乃閱歲既久復多
圮廢亦有心文教者之所深慼也歲乙亥予自遠安調繁茲
土下車即謁文廟覩其簡陋不勝愀然竊惟教化涵濡
百度俱舉而文治尤爲首重雖守土小臣固宜仰體高厚
隨事振興以圖涓埃報稱於根本之地漫不加意耶每思
廢者興之陋者新之輒以力絀未能此衷恆耿耿弗釋也丙
子秋簿書稍暇節省俸餘急圖修葺顧鞅掌弗遑何能親理
工力爰諮紳士輩籌其相度經營之方聞予言咸各懽欣鼓

黃州府志　卷之九　學宮　十九

舞謂百年來官長有志而未逮士民籌度而中輟者一旦力
圖更新洵非細故也鳩庀之任誰不踴躍從事耶且各量力
捐己貲共襄勝舉於是擇吉興工首先大成繼及兩廡並
各祠宇暨門路垣墉次第葺理煥然聿新一時聚圜橋而仰
首者咸謂猶是廟貌今昔頓殊數仞宮牆始克備其規制而由
是先師憑依於上司鐸宣教於下諸生說禮樂而敦詩書
者以時肄業其間行將地靈人傑鳳翥鵬騫以仰副聖
朝棫樸菁莪之化方興未艾也此豈下吏之自爲力實賴諸
鄉先生暨我人士襄贊之功以觀厥成也而予因藉以上體
養士之隆典下盡訓率之官箴稍報涓埃毋忝厥職耳肇事
於乾隆丙子孟冬越丁丑迄戊寅夏仲歷
二十月而功成捐助紳士另勒石刊記四十七年署縣史
湛嘉慶十七年知縣鄭家屏先後重修史湛鄭家屏俱有記載縣志道光
八年知縣陸炯十六年教諭易慶善二十六年知縣俞昌烈
相繼補葺巡道陶樑有記載縣志咸豐三年賊燬光緒元年知府英啟
知縣恆琛勸捐復建
大成殿五楹殿後爲

崇聖祠殿前左右兩廊兩庫東西廡各五楹大成門三楹門前左
右爲更衣處又前爲泮池池有垣左右有門又前爲櫺星門
又前甬壁有左右門大成門外左爲名宦祠右爲鄉賢祠明
倫堂在
崇聖祠東北堂左爲忠義孝弟祠廟右垣外爲節孝祠教諭署在
明倫堂後訓導署在
崇聖祠後英啟有記載縣志

名宦祠

宋張　激　元吳　汝　明徐　誼　胡　潔　簡　霄
虞　儼　孟　津　賈應璧　羅應鶴　趙士登
徐宗濬　曹愈參　徐紹曾　茅瑞徵　李希沆

黃州府志　卷之九　學宮　二十

孫自一　韓秉文　武　鉞　張性魯　周　祿
姚　溢　劉　烜　林兆箕　杜遇春　吳文燮
國朝楊日昇　劉國甯　徐　籀　董元俊　李經政

鄉賢祠

唐周　墀　宋潘大臨　元吳應澍　滕　賓　冷　庸
明詹　同　吳　琳　徐　本　黃　榮　蕭　昇
張　璘　王思旻　詹　徽　曾一夔　曾　絅
曾　言　張　佐　詹希原　王　濟　黃伯垓
王　麟　余　鑾　劉以德　賈　啓　謝　昺
曹　珪　郭　慶　吳良吉　陳廷瓚　王廷槐
余文瑞　方　勇　奚　樸一作朴　邱尚忠　奚世亮

方任　陳言　陳嘉學　范芝　陳相道
王廷陳　陶珪　樊煒　王廷瞻　樊玉衡
杜鳴陽　曹光德　邱岳　李植　劉承芳
陳首俊　王一鳴　杜傑　於倫　穆天顏
易倣之　詹時明　張寶　李葵　孫大祚
王同謙　張澤　張濟　李田　張啓孫本姓周
李之用　周之訓　官如臬　熊瓔　熊養中
王陞　王鳳陽　葉正蒙　王欽濂　甄善
甄其賢　汪之渙　詹謙之　樊玉衡　祝宗文
王崇擢　祝一先　汪世極　樊玉衢　程希召
張鳳來　趙炳　易道暹　易為璉　王家欽

劉以文　徐崇德　樊鼎遇　官應震　陳四維
國朝
詹謹之　詹大有　陳肇昌　萬為境　樊維域
李遐齡　宋必達　王追本　王一釬　劉子壯
陳天生　王躬俊　王鳳采　李長青　曾世儀

忠義孝弟祠

明
曾全　奚綱　奚世亮闔門殉節　康艮臣
韋宗孝　王追臬　王一桂諡忠烈妻姚妾邱偕子女二十七人殉
周之訓諡忠烈詳專祠　周啓元諡節愍　程之奇通志程作陳
樊維城諡烈愍從子諸生齊華殉　曹士謨　郭以重諡烈愍妻子並死
蔡馨明闔門殉節　王家錄諡節愍　方堯相諡節愍
吳思温妾田子諸生江英子游及兩女殉節　余士瑋　方應星

李士奇家眾殉節　朱寵　馬士英　於斯昌諡烈愍
但銑　靖科元　陶忠義　王一沐　徐諍
王一斌　陶全斌　王德飛
國朝
汪基遠　孫如芝　吳之蘭一名國禮　劉志高
陶之駿以上忠臣
明
吳璋　奚鼎鉉　易道暹　易為璉　馮雲路
熊霈　汪陛延　王子堅通志作予見　徐季貞
史子見本姓黃　戴瑾子孫並義勇三百七十餘人俱被焚
鄧雲程　操日元　馮承遇　馮承選　蕭繼昇
操志逑　吳衍周　吳應周　王躬靖　於斯行
曹大震　魏應熊　陳鴻　劉紹熙　鄭士杰

帥有功　韋秉國　鄭儼　林秀芳　鄭長裕
汪熇南　李若梅　汪國衢　劉應權　韋石柱
劉子俊　杜紀　劉相國　陳鑛　劉子偁
劉子儼　鄭仕俊　黃衡　方珪　張鴻儒
張鴻仁　劉紹伊一作依　劉紹華　劉子宣
劉元則　樊維章闔門百餘人殉節　樊維猷　樊維清
靖乃試　楊春曉　黃蔚　程某
國朝
許堂昭　李振埥　萬裕忠　洪艮臣　胡永鈖
魏朝棟　劉遐鈞子諸生進忠同家屬三名口遇害　張越
王景銑　程玉森　朱學元　葉承康　劉恆發
李朝順　王基常　王開鼎　鄭元凱　游亨會

桂紹金　程炳榮　朱兆桐　張錦雲　林玉書
汪大受　胡全福　李達德　李紹鴻　陳澤溥
樊士銓　朱紹華　黃可鼇　陳　瑞　陶宜愷
陶瑞清　林開陽　林心寬　林光前　余艮立
黃際芬芳一作　朱鳳翔　鄧秀章　鄧聯甲
鄧松友　劉國安　郭瑄虞　曾雙南以上義士
宋董　陽元　林鳳陽明　王文奎　王　濟　周曰昂
蕭繼元　汪世楨　徐　斐　易爲瑚　黃孝子
唐　治　高　澄　樊鼎遇　劉　瀹　倪士觀
國朝劉思敬　曹大聲　鄧之璧　呂希煜　黃漢隆
謝鴻恩　楊有山　馬先祿　黃錦標　柳廷杰

董正山　汪步瀛　陳德垣　黃如蘭　梅垂綬
梅楊瀾　孫汝衡　黃文濱　熊萬勷　熊世傑
方道坦　汪極源　曾傳寶　曾傳春　林光第
徐永斯　喻德魁　王希慧　戚其中　何泗濱
蘭善珍　王恆泰　蔡本輝　徐正綱　潘志相
桂唐沐　詹以昆　秦道善　余文瀚　張逃佐以上孝子
明李文仕　陳常智以上悌弟
國朝鄧一隆　胡宗返　陳履謙　羅應賜　王世祐以上題名
節孝祠姓氏詳列女

蘄水縣學宮在縣治東宋元舊址至今未易元末燬明洪武七年知縣趙季光建宣德八年縣丞黃舍觀主簿夏時續葺旋被震正統五年知縣胡奎重修陳循修學記學校自京師以至天下府州縣莫不有夫子廟其從來遠矣蓋夫子之道如天地之化覆幬持載及於萬民則萬民之生成長養皆有所賴而不失是孰使之然哉夫子之道行也蒙天地之化者皆知感荷於俯仰之際學夫子之道者孰不欽崇瞻仰之切也哉天地俯仰有象夫子瞻仰無方此廟所由建也黃之蘄水縣學在治東之高阜前臨大溪元季廟學並燬於兵明洪武甲寅知縣趙季光始復建於此歲久日就朽壞宣德癸丑縣丞黃舍觀主簿夏時共患之始勉新禮殿未幾被震止統己未番陽胡奎以戎臣薦來理縣事下車之初即謁廟學而周覽之大懼無以稱瞻仰之盛心謀於僚佐師儒曰爲政舍此何所當先於是縣丞李蔚主簿王輔典史金鼎教諭申屠鐸訓導簡措紳左維賢僉曰不可後相與市材鳩工撤其舊而大之爲禮殿凡三楹東西兩廡戟門外楹各視殿之數有差備享有廚藏器有庫楹皆如之蓋經始於明年之春落成於是年之秋既成胡奎以職事至京求記其興舉之歲月於戲爲政以興學爲先惟令克知教化之本紀事以溢美爲戒然不敢沒人之善況求之篤如此遂爲記宏治閒知縣汪深建欞星門正德閒知縣謝爵建戟門嘉靖十五年提學道王鎔飭修王鎔重修學記蘄山之陽南溪之匯古建學宮焉負

崔抱流探奇挹勝其左則鳳棲玉臺之迴翔其南則登瀛天馬之拱向風氣萃止靈光俱存斯以文藻淵源簪纓聯續樂育餘音庶幾鄒魯善乎作者之遺也夷考邑志國初祠宇迄今僅一再修棟橈榱折瓦甓零落配席饗禮無所於依久之未有克振者走以展謁因論其不飭而諸生亦奉以告敝焉此有司之責也夫墜而得舉者亦艱矣謀諸貳則協數殷則厭衆計處稍濫則財用不給任事者情則鮮克有終今縉庶同聲二三紀而後葺不可謂般度支簡節不可謂濫師賢而丞屬不可謂惰夫鎔也會其謀而達其幾者也乃裒金於束矢取材於廢寺鳩工於比閭鍰不滿百工不踰月作而新之以求安妥聖作鍾爲豪傑興焉茲非文運之一助歟夫吾儒誦法者夫子之言所推行者夫子之道瞻宮牆而弗肅者非禮也逢圮怠而弗加之意者非義也禮以成敬義以孚信將令德之保膺而民協和在位者愼矣將帝學之緝熙而敬恭明神諸士子亦進於是矣事已而竣教諭李仁偕其僚友來重以文請因緒書其槪以識歲月云二十三年署縣江文煥重修胡仲謨重修學記聖天子御極二十有三歲之冬北俎臺省諸公謂蘄當孔道政務旁午選於屬僚檄判黃陂江公文煥署邑事至則檢身心設條約嚴吏胥之防寬里甲之役滌煩苛杜需求享祀克虔征斂未嘗擾豪右屏跡小民無隱懷前此妙齡清擢久於厥官莫之或及也維邑

廟學歲久就圮聖賢無妥靈之地師生無棲止肄業之場江公見而憂之謀諸邑判黃公國政志同力協俾民犯輕科者贖以木石諸材躬自區畫夫匠並興頹者立之廢者補之陳者新之事半而功倍焉茲固斯文之公樂也微江公則圖難於易將誰任之予觀老佛宮牆涅於天下黃冠緇衣者皆其徒也往往節衣食求施舍時葺而日新之崇本始也凡今誦詩讀書典司學校者非聖人之徒耶乃恝然不爲之所此無他故矣網羅民財以爲己有惟恐身之不肥家之不富又安肯出錙銖爲學校計耶由是觀之今之誦詩讀書典司學校弗若黃冠緇衣者亦多矣而江公其賢矣哉抑學校所以養才六經之道炳於日星師之所以教弟子所以學朋友所以切磨率不外是而已若夫模範不良志存溫飽非教也文藝是攻氣質不能變非學也相與以善柔相率以豫怠無匡失輔仁之益非切磨也今日之士習他日之官箴係焉可不愼興予時丁內艱家居無黜陟考課之責姑爲是矯俗之論與吾黨商略焉

天啓四年知縣孔榮宗繼修明末燬

國朝順治七年知縣倪篇元建尋災十一年知縣李蓀再建十七年知縣劉佑畢功劉佑重建儒學記順治十四年奉詔令天下郡邑咸修學宮不佞佑濫竽

浠宰奉督撫監司郡守檄蹶然興起曰是可以崇明祀隆師儒端士習彰 聖天子右文之深意矣夫浠之黌宮焚於寇焰距順治丁酉已十有五年前此令浠者蓋五人焉非無修復更新之志而卒不克舉者無 詔令於其前良大夫率先於其上耳於是集紳衿於庭告以捐助建修之諭皆曰天子念我士民無禮無學有年所矣育之於前而敎之於後堯舜之仁也然自兵興以來浠人之家在在懸磬非衆力之合其能濟乎議里甲爲均輸庶可以應 上旨而成盛化因上其議於督撫監司咸報可顧西南之戎馬未安荆襄之轉輸日亟踐更往返水陸交并工徭繁雜民膏欲竭下吏有方圓並畫之難而盛事多鞭長馬腹之憾越三年始立廟貌列俎豆釋奠於 至聖先師又踰時乃始就東西兩廡大成之門具宮牆可望矣是役也學諭李君以端雅鎮士棄司訓潘君以多才精幹董工役而善傅節多士歸其陶鑄不佞佑賴以免於戾獲觀成功瓜期將及宜記其事以授後人俾勿壞己成且踵前事而增華焉故敢爲之言曰浠固黃之才藪也自余溢任登賢書者四捷南宮者三余得分榮焉至賓賓雅雅以六義相質使余得效古之良吏相從於事友之聞者不爲無人黌宮既成正互相諏諮之地矣夫古之爲學以六德六行爲治身之根本今之爲學以詞章制藝爲進取之先資然修文者源本先明而身治者英華自出今古一揆也浠之庠序昔者蓋大備焉寖以一炬灰之竭歲月之力始具規模何其燬之易而成之難也君子之修身樹德亦如是矣齋祠庖湢籩篚罇爵之未備不能無待於後賢何其蠲任之勞而共濟之逸也君子之觀摩借助亦如是矣假令過此以往城闉之佻達未還風雨之摧殘不戒何能保其無敝君子之學有增而毋落富有日新之不倦亦如是矣余願二三子去華而就實愼外而修內使 國家取賢斂才於是中若挹水於河而取火於燧不其休歟敬相期於斯記

康熙二十五年知縣李振宗重修明倫堂五十一年知縣程子泰建尊經閣王志云署縣金廷襄建**後知縣黃德巽劉象賢相繼葺雍正五年知縣汪歙建忠孝祠六年敎諭夏策謙因櫺星門外向右單設一門西向於形勢不利詳請改置捐建柵欄乾隆十一年知縣許騰鶴十二年知縣葉爲舟倡捐重修移建節烈祠於鄉賢祠下並甃石爲頖池二十二年知縣邵應龍重修尊經閣四十六年知縣尹士鈺重修**

大成殿及兩廡咸豐四年賊燬同治九年重建

大成殿居中殿後爲尊經閣閣左爲崇聖祠殿前爲東西廡又前爲大成門左爲名宦祠忠義孝弟祠右爲鄉賢祠節烈祠又前爲櫺星門又前東西木柵門又前爲頖池學署在廟西中爲明倫堂堂後稍左北爲敎諭署南爲訓導署中爲土地祠前爲儒學門又前折而西有木柵門又西爲至聖坊出南門街光緒五年知縣多祺重修明倫堂多祺有記載縣志

名宦祠

明　胡奎　潘珏　汪深　江世東　宋文昌
游王廷　孔榮宗　龔鼎孳　申屠鐸　童天申

國朝李蔭祖　丁士孔　吳　瑛　李輝祖　楊宗仁
劉兆麒　石　琳　楊素蘊　陳　詵　蔣永修
姚淯霦　劉　珩　于成龍　李彥珺　宋　犖

鄉賢祠

元王　霦　明王　聰　李延芳　呂　鏞　魯永清
詹　易　張存禮　周　瑯　胡仲謨　李宗元
程　轍　朱　袗　周鳴璣　李毅嗣　王希元
周延甲　蔡斗移　周光德　閔廷甲　孫　懋
金玉節　官應震　周應期　周延光　郭士望
朱期昌　姚光盟　蔡國琦　周之士　楊楚龍
朱廷錫　黎民範

國朝楊伯廷　張問德　南有杞　李　果　鄧之驥
陳　琛　李成棟　畢友宜　劉同向　蔡紹江

忠義孝弟祠

元薛天定諡威武　明王　聰諡武毅　呂　鏞
鄧祖禹諡忠烈　程九萬妻汪弟九鼎九觀夫婦同殉
李師淵
國朝官撫渙　高有功以上忠臣
元李清七　李清八　明程為常　徐玉蘭　蔡巨人
胡方壺　徐用樞　程正秩　徐薰映闔家殉難
國朝徐　斌　方書棨　吳　珊　彭紹述　夏本松妻樂媳潘同殉
吳艮度　談世高　徐篤周　董春階　程子元

周振綱　余龍藻　汪克因　周初一　李邦貴
陳長兒　李大發　李大雙　徐定國　胡　振
葉鼎榮　張如漢　徐鴻潤　徐奎峻　馮先旭
郭晉書　曾紹淵　楊其琛　何　述　韓裕昆
韓恆茂　韓紹文　萬象新　瞿維新　陳幹述
陳運榜　郭心源　吳寶祥　姜山定　黃玉芝
陳光殿　黃金榜　李興榮　顧　怡　何本崇
皮楚珩　黃學瓊　范德裔　范德隅　范昌洙
范昌選　范昌達　范昌德　范昌隆　范昌起
范寅賓　范宗閭　李正席　朱孔揚　周經芳
江元溥　郭掄才　揚宏發　龔得勝　姚錦繡

徐本絰　李四達　孔雨三　唐雲燦　楊士傑
向鳳鳴　陳儒宗　胡永全　毛開運　韓元恆
王秉鈞子貞發亦遇害　周思旦　龔開榜　錢昌齡
蔡得法　黃朝順　張志發　石應華以上義士
明王　霦　劉　純　周　鼒　李生釆　周　易
許　恩　張世濟　王教民　范承吉　萬明善
國朝施　惠　戴華淩　宋士吉　汪瑞林　范忠湘
高遠致　高士達　唐學榮　范忠鈞　蕭汝南
雷季存　朱如岡　胡惠銑　王立富　南堂發
邢喜進　毛進兒　徐辛旺　徐慶芳　王志禮
夏原傑　張榮發　王祈壽　王立富　黃利貞

程新萬　周老四　袁來珠　柴啓舜　王天球
程求兒　蔡之發　王士瀛以上孝子
吳克科弟克順被害　陳斌弟及二子亦投水殉　高福田弟福池章木亦同亡　詹景紳弟景蘭遇害　周必有　潘裕符
潘裕炳以上悌弟

義僕附

明
王九兒　王子兒　安子　添賜

國朝
朱友富　宋啓人　涂釆林以上題名

節孝祠姓氏詳列女

麻城縣學宮在縣治東唐宋舊址至今未易元季燬明洪武初知縣張谷維趙乾相繼修建正統後知縣楊順翁選胡琮續

修嘉靖三十二年知縣陶天忠重修劉采重修儒學記麻城古號名邑國朝經術文章尤盛豪傑俊偉後先相望蓋萃靈毓秀繫乎學宮學宮在邑東南肇基大河之岸河水衝激岸輒崩學宮被浸沿久徹圮太甚棟撓瓦解柱敧牆傾壇宇墊爲沮洳門廡鞠爲茂草目之罔不心惻然未有一致猷者靖川陶君至即毅然以爲己任諮相故區會計申畫迺委諸耆官某發贖金若干程諸匠作鑿石伐材補河隄以固基址築藩垣以立範圍整撤舊葺華藻完固則明倫堂三楹文廟三楹敬一亭三楹創造新美宏敞壯麗則儀門三楹東西廡各九楹東西齋各六楹學門三楹鄉賢祠三楹工始於嘉靖癸丑八月朔二日至甲寅五月十一日畢過者色然改觀易昔慢易爲斂畏莫不須君之賢且勞也由是諸生請紀成於安峯劉氏曰夫學所以養士也嘗嘆安仰商云居肆有以也矧學之頹也久矣豈前此有司悉恝於是智疏者經理弗給力匱者處置尤難陶君德備義周勇於任事勞心苦行不肯碌碌從俗苟安而其才猷又足酬所志簿書之暇披搜教籍日進儒生坐談道奧勤課校隆賞勸士子翕然向風且數十年之廢一旦而興神靈既安師模益振益得所依矣自今二三子垂紳鼓篋優游其中顯志肄業究體達用將文采炳蔚事業煇煌俾後有考吾邑之學究文物所從來陶君功德可容晦歟君浙甯波鄞縣人諱天忠字舜臣號靖川以庚戌涖縣事廉靜無求政務畢達涖茲二紀弦誦聿興嗣是陟崇郡要有不大遂施措興廢舉墜救偏補弊以維新斯世也哉厥後推官嚴肅知縣尙德恆相繼整葺並立名宦鄉賢等祠萬歷中知縣文德新明倫堂明末兵燬

國朝順治七年知縣徐鼎建十二年知縣王璐增修周損重修儒學記維邑前爲定州爲亭州爲陽城其址皆非今麻城址麻城之城始五胡石虎將麻秋所築宋以後治之不改也縣治前稍東五百餘步爲學宮城雉薄宮牆門俯青溪素磔修渚引溪爲環泮水不假鑿也溪上層巒聳翠左柏舉右白臯峯壑千萬狀毋論晴雨嵐光皆到門後隱平岡如列屏几岡上五華鳳嶺諸山崛起與溪上巒對峙巖然秀麗區也學宮舊制 聖殿明倫堂尊經閣東西廡 啓聖先賢名宦鄉賢祠博士廨齋舍備矣創自有宋至明恢閎補葺稱壯觀先是邑慰以功業顯蹟及以文章著名者顯著自明始故老相傳以爲興崇學宮之效云逮崇禎末年之亂頹敝圮落者過半鞠爲圓蔬牧兒蕘豎至于薪刈其下楚炬焦土求如靈光獨存蓋亦難矣 上定鼎八年親政謁聖敦儒崇太學以樹教本近以文章高下寓內士畫脂鏤冰相顧自失禹航王侯涖邑而竟陵陳君西陽邵君司鐸濟美首議重修學宮于時侯捐壁上

魚二君出盤苜蓿凡士子執一贄問難悉貯之以厝置物料而邑人慕義助輸絡繹三年山林未闢有丁丁之聲伐木并開泮兒有修修之羽鳩工而規制忽還舊觀擬之雲屋天造非匠者功蓋侯雖 興朝宰邑第四人而勤政久任視邑事等家事實開創第一人也若考作室肯堂構弗棄基二君又鴻儒人倫表帥分麻甿如韓公來爲祭酒則國子監不寂寞故有是績時七月既望落成諸生再拜前致辭曰初郡城火黃岡首建 文廟是歲得大魁茲經營猶將過之侯進諸生升堂詔之曰麻動名麻自有耳吾何勖哉經國大業不朽盛事惟文章也 上方釋金戈弄柔翰每以南士人文浮靡不宗 先聖之道爲憂 御製楷模之臨軒釐飭之意得經明行修之士同治此天下耳夫文章者原本五經者也詔命策檄生於書序述論議生於易歌詠賦頌生於詩祭祀哀誄生於禮書奏箴銘生於春秋惟原本經術故能使精義霞開揆辭飆起匪曰蘭芷不自朱藍何由變情遷質哉吾崇修學宮欲使麻士瞻仰雲章知國重聖術裒然經學以應勞招耳凡風俗所好尚觀其營建而知之也凡邑牖竿寶樹知好尚者浮圖道觀桃花知好尚者黃白川巖別墅相望知地有幽處城市臺榭交錯知地有貴游儻采風問俗輶車入邑觀茲學宮巍煥雖欲不以令爲崇聖道不可得也麻士過學宮改觀雖欲不驕目不自顧所學亦不可得也此吾之志也夫諸生再拜謝曰謹受教於是以重修學宮之績及侯之言也

而記之康熙九年知縣屈振奇重修中爲大成殿東西兩廡前爲大成門欞星門後爲明倫堂堂後爲尊經閣爲敬一亭堂右爲教諭署左爲啓聖祠今稱崇聖祠大成門左爲名宦祠右爲鄉賢祠欞星門右爲儒學門門內爲訓導署署前爲忠孝祠門外右爲節烈祠四十九年知縣馬元勛雍正二年知縣吳顧行相繼重修徐家麟吳公修學記雍正二年邑侯長洲吳公涖麻之十年也侯於邑有利必興無廢不舉尤留心教育鼓勵人文學宮以次修造是年春乃落成焉曩者麻學傾圮前令亦嘗與邑中紳士捐貲葺之然　聖宮兩廡暨　啓聖名宦鄉賢三祠雖粗有規模皆未竟厥功吳侯至則竭力以完之備窗欞施丹漆創立月臺週迴石欄中嚴礱石修理贊文二碑易明倫堂側之土垣爲甎甓補建泮池三面花牆於是黌宮內外肅然整煥然光焉往昔有司謁奠　先師皆相沿行四拜禮侯特改爲九頓曰當以太學爲則也　聖宮舊貯樂器始於錢塘趙公今垂四十年器敝壞不完樂舞備員數人無知音者每二丁釋奠俗

樂鼓吹數行耳侯慨然曰此非所以祀　先師也迺特懸優格召募舞佾得數十人遠延樂師以習之不數月鐘鼓既備干羽有節洋洋盛哉前此未之有也最後又於欞星門之東創設更衣亭西建讀書堂爲諸生質疑請益之所目營手畫位置適宜庀材堅緻至此而學宮無復纖毫缺憾侯故書生貢入　京師在太學中以知禮聞膺教習以通經解義善誘後進閩其治麻也一本平生所得措諸行事慈惠溫和不爲棱角而週事精詳周密有古良吏才於吾學宮亦略見一斑矣按古者教人之法先以閭塾族師復詳於庠序之教侯甫下車卽捐金開設義學召聘名師集多士講習課誦於中又設法捐置學田近二百畝俾其先生長有廩粟諸生之貧者咸量給之十年間義學所成就既已彀矣乃其於庠序又殫心畢力若此故自侯涖麻迄今三四科吾學中掄元魁成進士者蔚然多人爲數十年未有之盛焉小序有言君子能長育人材則天下喜樂之矣斯義也責之司牧固已難之不意於侯見之焉仲春上丁祀禮既畢學先生沔陽歐公漢陽王公與助祭諸公同坐讀書堂咸喟然稱盛曰學宮至今日禮明矣樂備矣非我吳侯十年經營不克至此盍識之因以命麟麟不敢以不文辭爲之記其概云五年貢生周基國捐貲請署縣譚䓁增修乾隆元年知縣陳鼎三十二年知縣劉希向相繼修葺道光二十五年邑紳屈璞堂捐貲重修正殿兩廡名宦鄉賢忠孝節烈四祠並學署萬之傑重修文廟記余以道光丁酉七月視麻邑學事徧閱殿廡兢兢如立巖牆下每風雨至殿瓦隨之以下者輒錚錚有聲殿內雨注如傾盆爲悵然者久之頃讓生先生甫下車指之以請先生期與余共圖之余因條舉數大端先生慨然附和願以城工附其後會本邑屈鴻軒司馬與其兄崇源先生捐置賓興義莊既成以余所爲序言刻石置學宮宴集諸同學以落之酒闌將辭歸余挽之以　文廟朽敝坍塌立至君家數事義舉豈容以第一等事讓人鴻軒諾之以去繼而其姪文典兄弟別駕至縣因與讓生先生申言其意與鴻軒同口一辭乃擇吉於道光十七年某月某日時破土旋於次年春仲劉鑑三先生接任之次月興工至二十五年姚芹溪先生涖任之三年而成事以蕆費工幾萬幾千幾百有奇購料幾千幾百緡有奇合計成數得制錢一萬緡始事　大成殿一律更新其閒若兩廡若大成門若欞星門若　崇聖宮若眞官暨名宦鄉賢忠孝節烈等祠以及尊經閣學西齋或澈底重修或補葺從事率且無者補之朽者易之圮者培之缺者塈之毀滅者丹雘之巍巍乎氣象一新焉維時紳士耆民交口稱善而鴻軒暨其姪文典弟兄亦欣欣然樂終其事相率以記言請余正樂爲應之樂其廟新則教益新耳夫以廟祀之遠且多也

名山大瀆以外舉凡功德在人者例得載在祀典廟食罔替矧　大聖人德齊兩大道冠百王致令百千萬世君臣父子之倫修齊治平之理肅然一歸於正犂然各當於心而其卒也百千萬世人才之成或爲忠臣爲孝子爲義士爲悌弟爲理學大儒等而下之至於婦人女子亦復無與於詩書禮樂之訓矣而其濡染於不知者或爲一節孝或爲貞烈之世變頻仍死生立判而往往出乎萬死一生之途守其百折不同之志如鬚眉丈夫並立天地之閒而卓然有以自見者無以異而儼然丈夫者之明理義厲廉恥敦風化可知已古今之載在祀典降其廟貌明效大驗孰有如斯之盛者而謂余敢以不文辭哉顧或者曰是言也三尺童子習聞之今並是言之爲厥聞矣至於厭聞是言而其流失敗壞必將有大不忍言者余正惟其言之漸推漸遠漸遠漸忘方思於其漸忘也而大聲而急呼之俾立返於求子求臣求弟求友之常庶聖人之敎如日月之經天江河之麗地愈久雖愈忘亦愈習則愈新此卽盤銘又日新之旨與余言之新廟益以新敎相發明者也則且推原歷代以來所以立廟之由與余文所以提振　聖敎之意因屈氏重修　文廟一發之非惟麻之人應有以許我卽天下之人亦應有以許我如麻之人者當亦風敎之一大助矣芹溪先生名國振奉天人以軍功現補麻城縣知縣鑑三先生名世保甘肅人道光二十年以大挑知縣權知麻城縣事讓生先生姓王名朝栮四川人某科庶吉

士散館改知縣以道光十八年選補麻城盍文廟城工均督理其事云咸豐四年以後兵燹損壞九年知縣易光蕙十年知縣陳汝蕃補修同治七年知縣楊宗時修鐘鼓四亭光緒六年署縣張茂時補修學宮八年署縣陸祐勤重修四祠

名宦祠

宋錢　治　張　毅元馬晃蒙明張谷維　趙　乾
黃　琮　高　謙　王　篚　胡　琮　劉　規
聶　賢　劉　溥　陳子文　尚德恒　王三宅
文　德　鄧應旂　韓僉可　宋一麟
國朝王　潞　孫宏甡　黃家璲　吳　林

鄉賢祠

明鄒來學　董應軫　李正芳　劉從政　董　樸一作朴
周　庠　喻文偉　吳　山　陳　情　鄧　逵
曾　啓　趙　訪　萬　祥　劉　訓　周　鑑
萬　山　李文祥　劉　璲　曾大有　曾大顯
劉天和　詹　瑩　邱　瑩　周廷徵　劉　漢
蔣　輔　毛鳳韶　劉　釆　周思久　耿定向
喻　哲　梅　吉　梅國楨　梅國樓　李文欽
周　賢　董士毅　曾　梴　李長庚　劉　滐
陳以聞　劉廷舉　黃　卷　梅汝觀　周宏祖
蔡應陽　周思稷　劉守泰　劉守有　李承祚
劉　奕　周　業　楊王庭　周　澐據麻城新志名賢傳增

國朝梅之熉　曾　鎮　董　瑋　王路闢　曾　湄
鄒　惺　鄒士璁　袁　銑

忠義孝弟祠

明李文祥　張　勝　熊嗣先　彭有謨　周之茂諡烈愍
周應泰諡節愍子葉同遇害　周世岐　余士瑺以上忠臣
明魯元孫家人數十俱被害　毛可問　喻　儀　田可東
國朝夏家鼎　余謨署　范逢春與弟勝勳勝燾同遇害　劉懷政
曹之瑚　朱德培　徐士銓　劉能立子繼璜繼璁殉
盧啟洙　汪秉爵　張左文　何學清
屈文垣　夏仕和　曾樹德明程傳孔　劉之衢以上義士
明趙　悅　梁　庠　周　志　喻　沿　毛性中

鄒學成　夏思慎
國朝顏時熙　張正旺　羅啟忠　夏天浩　熊繼漢與弟牛扶父避亂力戰死　劉名杞　袁華祝侍父茂梅同子文光文彥僕陳發元俱被害
張之烜　黃開泰弟開第子錦城俱殉　王其文　袁學順
趙錫璘　程景堈以上孝子
李　銘　郭尚道以上題名

節孝祠姓氏詳列女

黃安縣學宮在縣治西南明嘉靖四十二年同知袁福徵知縣林葵建隆慶二年知縣李講五年知縣常正紀萬歷三年知縣應存初相繼增修崇禎間知縣趙利珍建啓聖祠明末傾毀近半

國朝順治十年署教諭林瑾修葺康熙元年知縣蕭恆重修大成門六年知縣張一躍教諭盧如參修復舊規中爲

大成殿左右兩廡各七楹殿左爲

啟聖祠（今稱崇聖祠）殿後爲明倫堂堂後爲尊經閣大成門左爲名宦祠右爲鄉賢祠各三楹櫺星門前爲頖池明倫堂左爲教諭署內宅三楹外堂三楹旁一小齋右爲訓導署內宅三楹外堂三楹學門三楹（熊伯龍重修儒學記吾嘗披閱安志而不禁有今昔盛衰之感焉顧當其盛也固頼人以維持及其衰也尤資人以補救而其間非聖賢不爲功如安邑侯龍衢張公殆其選也按安鄉僻處萬山中初無縣治去郡城遼聲教文物不能及其風樸茂其俗喬野識者慮之太學生秦鉞省祭李大夏伏闕上書請割岡陂麻之土而建縣焉疏報可遂成城於嘉靖間廛市井竈規畫秩然而學宮則在縣治西有廟有廡有堂有門有頖有祠維時人文蔚起彰爲國華衣冠禮樂俎豆薦馨浸淫七十餘年而兵燹興明社屋此邦之墟一昭於獻再沒於闖城郭坵墟而學宮之傾毀尤甚向之頖水今則巍然山矣向之廟貌若廡若堂若門今皆破瓦頹垣而鞠爲茂草矣旁竇四達啟閉無司而城闕之子衿且佻達於中矣聖賢之靈爽其奚所憑乎我朝定鼎命吏來守茲土前後六易侯而皆拘牽於禮樂百年後興之文留意於學宮者蓋寡今上御極之四年樂亭張公涖任仁心仁聞美不勝書越二年蒲中盧子章輿亦奉命司邑鐸停車榛莽中風雨不蔽始構齋堂三楹修官舍又三楹而諸生謁見廳事始堪旋馬爭募邑紳欲即文廟而鼎新之乃久廢之餘力莫辦也雖侯毅然獨任不取民半菽不費公帑一錢割其清俸購木儲材先浚頖池得故泉瀦水製如初週砌堅好樹大屏當雲路之衝以蔽內外次新正殿五楹先聖龕座柱繞龍螭窗開翡翠不厭華美四配十哲龕座亦復相當次新兩廡各七楹又創櫺星門三楹門左建名宦祠三楹門右建鄉賢祠三楹頖水之旁立禮門義路各一所殿後建庫房五楹以儲祭器法物凡材無可因者則鼎創之制有可循者則完復之起丙午終己酉侯與學師戴星僕僕度地經營歷寒暑不少輟而落厥成士民多侯之功德欲勒之貞珉用垂不朽謂余承之館閣時督京畿學政曾過侯之廬與侯周旋久見其不立圭角不盜虛聲惟以實心行實政故侯飛舄歷三邑所至輒能興利除害百廢具舉又絕無後前人誇來者之意即如是役也縻侯金錢以萬計費侯經理以三年計而身不辭勞口不鳴功從不以片紙隻字

中聞於上嚮清畏人知而德與功又過之非所謂聖賢其心而補救在手者乎都人士爲余述而丐記其事爰紀其今昔興廢之大概以志不忘至其價置之多寡與殿廡祭器之規條則俟襄事諸君子另勒之碑陰云）三十六年知縣劉承啓捐貲重修殿廡明倫堂大成櫺星等門及教諭訓導署並濬頖池六十一年知縣張琮重修雍正間知縣吳象寬繼修乾隆以來迭有修葺咸豐初兵燹損壞同治七年教諭楊覲光倡修尊經閣十年知縣魏輔宸重修

名宦祠

明　應存初　袁福徵　周天造

國朝　蔣永修　李蔭祖　石琳　李輝祖　吳琠

丁士孔　郭世隆　于成龍　任風厚　劉珩

劉兆麒　李彥瑁　張聖猷　舒士貴　宋犖

楊宗仁

鄉賢祠

元　吳應澍　明　詹同　吳琳　鄒來學　耿金

方民懷　陶釆　耿定向　耿定力　耿定理

彭台　吳化　周家棟　盧廷僥　盧堯臣

盧爾惇　吳國宇　吳國甯　秦如容　張鵬翔

國朝　耿應衡　張百程　吳之蟥　盧爾悌

忠義孝弟祠

明　阮貴卿　吳光寅　盧爾惇　王國甯　葉元（以上忠臣）

盧爾慥

明　吳士旨（妻秦同死）　熊夢祥（妻張同死）　程之渡

秦自輝　王祚昌　吳國宇（妻與沈同殉難）　吳士愷

吳之龍　吳之璋　吳之炎　胡伯　周文衡
詹宗義
國朝蕭可洗　陳澤厚　尹謙熊　程式玉　程文楷
程定國　張秀春　張秀槐　張永耀　張家模
程用純　陳澤煒與妻孟各抱一子投水　陳宗屏　陳世謐
張鳳彩　張應春　劉玉堂　劉映青　董廷秀
張鳳誥　黃毓蘭　陳德志　王殿賓　宋步雲
秦再瀛以上義士
明盧希儲父昌兄希聖弟希同皆遇害
國朝董其椿　李文運　陳澤鏞　陳澤元　江孔殷
王萬勝以上孝子

明吳一孔
國朝張慶元　華光榜以上悌弟
王之相　詹煥章　鄭作梁以上題名
節孝祠姓氏詳列女

羅田縣學宮元以前在縣東歸厚巷明洪武八年知縣石璞遷於縣南官渡河濱宏治四年水圮知縣羅勳移建舊址嘉靖十年知縣勞樟十九年知縣祝翊相繼修葺崇禎六年知縣楊見龍遷於縣治西數百武工垂成燬於兵十年知縣白乃忠以舊學宮地易元妙觀地改建

國朝順治十一年知縣李雨霑復移建鳳山麓卽歸厚巷本曹棨建

學宮碑記粵稽學宮厥始惟虞其廟祀而師者代從其君是時孔子未出卽以君天下者師天下也及孔子生魯昌平師天下以道後之君天下相天下宰牧天下者無弗本於孔子則孔子洵爲萬世師孔子能爲萬世師而能師孔子於萬世者則必學孔子之學心孔子之心事孔子之事而後可幾見世之學者羣以孔子之書媒一日之起家厥後不過趨孔子之廟而一拜已爾我年臺方悅李邑侯後孔子而生於魯之泰安德性學問經濟皆體備孔子舉順治己丑進士試化於羅雖日牛刀武城然而剔弊除奸急正卯之誅沮喪鄰寇如夾谷之備起羅庶而富教之咸如適衛之言日進諸士而教藝課業手口不倦曾何異杏壇講席哉則所謂學孔子之學心孔子之心事孔子之事不是過矣迨甲午之冬十月朔乃李侯治羅之五稔五省督師之內閣洪總督祖巡撫林已錄治狀上於　天子而內召戒途時集諸生於學之門左而儆焉曰余每對閱其所刺刺胸中如咽梗塊而弗克去之者諸生其有度之歟吾人崇祀　先師而儆　先師於風雨厭咨何假諸生憮然曰此其刺刺中懷我侯素矣諸生亦爾爾久之但他邑之學其議從修羅邑之學其議從遷竊懼此竭我侯五載之俸未足飽千百匠石之日月耳李侯曰固也不日儒者之力行與儒者之爲學有同患乎欲學而逆其難以揣揣焉不可以爲學欲行而逆其難以揣揣焉不可以命行諸生共宿其心則共出其力安在千人一鼎而一鼎猶足佐千人耶於十月卜地於治之東皋其址敞焉其氣翕焉其觀昂焉豁焉遂於十二月初十日丙寅而　聖殿告成越十八

日甲戌大成櫺星門東西兩廡啓聖宮明倫堂一一基布則累年之心一日快之百世之功一日成之不亦猗歟休哉昔孔子車轍僅至羅之鄰壤新州而羅之人文向亦表著則今日李侯以孔子之學之心之事厚治於羅不出朞月三年而羅之來日豈猶然羅之今日也耶雖然余之不謝樸陋而猶是言也豈徒爲李侯誦美又豈爲羅之學宮紀勝哉蓋深望羅之人士其相與學孔子之學心孔子之心事孔子之事則不愧爲孔子之徒矣　康熙四十一年知縣姚士基遷建縣治西五十二年知縣朱理昌復遷縣東舊址乾隆二十四年知縣王晛改建縣署左五十二年知縣張元英教諭張增健道光二十五年知縣王同治相繼重修咸豐初賊燬同治九年知縣吳鳳笙勸捐重建正殿五楹東西廡各五閒前大成門三閒左名宦祠右鄉賢祠前泮池又前櫺星門外繞以垣爲黌宮前列石坊教諭署在鳳山左訓導署在四官殿巷內俱爲賊燬知縣吳鳳笙建教諭署於故址

並改建訓導署於縣署左創常平倉故址與教諭署齊列潘彩枝有記載縣志

名宦祠案縣志有尉俊虞俊兩人查職官志無尉俊名疑虞俊誤也

元周　廣　明王　昇　張　儀　陳　鼎　龐　敬

徐　泰　余　洪　羅　勳　勞　樟　沈　越

林宗桂　梁大皞　淩嗣音　姚盂昭　王邦翰

淩存彝　倪景豫　梁志仁　白乃忠　徐　紳

田　道　陸　敏　齊　銀　李　儁　虞　俊

單思仁　章　瓊　陳　璉　陳　瓚　陶清臣

吳鳳來　丁思孔　李　勉　石　彬　張　佑

鄧　穆　盧大受　吳時俊　郭金城

國朝李雨霑　呂鳴和　王光鼎　林甲春　姚士基

胡念祖　戴　俊　謝耕雲　張若曰　王宏勳

劉祈年　殷維哲

鄉賢祠

宋王　韶　元李　謙　余　闕　吳大中　徐世英

明劉　廣　唐友義　程　瑩　王　澄　張明道

胡明庶　周　楫　蕭　洪　胡明睿　徐志亮

余　兼　汪吉舟　張　羨　王　先

忠義孝弟祠

元余　闕謚忠宣妻耶律氏子德生女福童麾下從殉者十八人居民同死者千計詔立廟

明劉　廣　蕭斯和　王　爀妻汪從殉　崔爾達全家遇害

余彌綸以上忠臣

明張正福弟正顯姪友舜友珠同戰沒　周文華　胡效素

胡一銘妻朱與幼子同遇害　胡昌然　王邦衡子鯉從死

王文宏　江有翼　江萬琮　葉欽明　葉暹明

陳守芬　方應尊妻胡殉

國朝葉端藻　余　株　李紹文　鮑輝鶴　江楚魁

屈楚珩　廖華國　王立功　郭熠楡　龔成魁

王皆聰　朱營經　郭右原　潘彩翥　匡盛道

張世純　張瑞煥　朱長樸　周有扶　葉茂魁

葉茂源　汪志明　晏連三　張大寅　方雲錦

蕭占春　葉明泰以上義士

元吳大中　明方雄才　江萬紀　胡培與　王　鯉

國朝徐生明　徐　鉅　董庭清　童開泰　劉賢鼎以上孝子

節孝祠姓氏詳列女

蘄州學宮在麒麟山陽宋乾道八年教授李宗思州守王益共建至今仍其故址未有改易朱子州學教授廳記見金石案州志宋景定四年元兵入境安撫使王益遷州治麒麟山建學即今廟學所由始年代及王益官名與王志小異俟攷元縣長野仙普化重新危素蘄春縣興學須見金石元末兵燬明洪武二年陞州為府知府左安善仍舊址建立府學九年改為州學正統九年知州王坦天順四年知州趙應隆重修萬安重修州學記天順五年辛巳春正月蘄州知州趙侯重建廟學新成初侯來涖職因過安言將建廟學功成願有記也時安許之至是學正涪州朱成具狀介生員陳玘詣安請曰功成而記之執事嘗墜言於趙侯矣願無辭辭既弗獲乃撫狀紀其成績按蘄州本漢蘄春國後為郡為縣不一後周始改為州後又更置不一國朝洪武初為府尋復為州其州之有學則自宋景定癸亥始蓋自漢以來孔子有廟

不出闕里唐制州縣始立廟通祀孔子然蘄之學雖起於宋而其學之有廟則固始於唐矣國朝混一天下首詔京師及海隅郡縣咸建廟學而蘄之廟學實知府左安善重建也然規制卑隘且歲久頹敝戊寅春趙侯來爲牧欲更大之顧勢有未能迄再期民懷其惠士服其教遂謀及僚屬曰廟學不飭惡足以妥靈明崇教化吾輩奉朝命來官於州茲事尙怠何以塞職盍撤而新之僉曰職分事也敢不祗承於是相與合謀市材鳩工首建大成殿東西兩廡戟門欞星門雕塑聖賢像次建明倫堂進德修業時習三齋及賓客之位會饌之舍至於庖廩咸以次備完輪奐具美規度適加始成祀聖育賢之所而湖南北廟學莫有踰者矣是役也以庚辰夏四月庀事僅十越月而成迺二月丁丑侯率僚屬及諸生行釋菜禮退卽丁甯諸生砥礪行業期其有成又爲之豐廩饒餼徭役凡可以崇教道而敦俗化者侯罔不究心也蓋蘄介舒黃閒其形勝阻山帶河其民務稼穡士習詩書有鄒魯之風比來擢科第躋要津以及持麾外郡者顒顒繼出今又得侯剛明仁恕勤於撫字汲汲惟學是興者政教其閒則當坐收治化成效也可期矣所可書者詎止工役之勤而已哉故併書之使刻諸珉石用以志蘄之學大興則自趙侯始侯名應隆字文盛早以明經領鄉薦拜知郴州事尋以憂去任服闋再調於蘄於時佐其事者同知淮安王倫判官覃懷武信也若耆老助貲匠氏效力者其名氏悉列碑陰云**成化八**

年知州莊轍二十年知州周廣榮相繼增修宏治五年知州楊淮以公羨銀購學旁民地毀二郎廟擴修戴珊修廣廟學記蘄之儒學在州治之東背麒麟山面江漢而趾通衢肇於宋毀於元復於我國朝興孔子廟規制咸備餘百二十年於茲守左安善錢敏王坦趙應隆莊轍其創以修者久之入於敝廟爲甚且左逼於官民家參以非其鬼之祠不可以尺寸展諸弟子升堂齋服師訓退而會講或獨息無所於居在宋守李誠之王彥明通判秦鉅後先捍金元兵力不支死之王玠有事蘄黃鎭撫司會孔彥舟謀逆以罵遇害四侯之忠節學政有關欲祠之以表以式而未能者州當藩府末流監臨大吏曠歲無足跡雖有之亦不能以累日加之才不裕見與力不定惡乎賴哉宏治五年夏秋之交司禮監太監蕭公敬錦衣衞指揮同知孫公瓚偕珊奉使涖州既事待報謁睟廟學胥曰是誠修廣之不可緩者而鎭守太監劉公雅巡按監察御史汪君宗器右布政使王君範知府劉君肅具在以爲然巡撫右副都御史樂安謝公綬進分巡按察僉事蕭山富君玹及知州山陽楊君淮而言曰修學有明詔刻得之爲有財殺當主之若輩其相以成玹曰敢如命時祠已據法撤去驛屬數家商議他徙址悉來售酬其直以丈計橫盈十而加二縱倍橫之數而加三併之以秩隆殺纔之以堵高堅中構講堂五間南向扁曰麗澤前翼棲息房四十八間東西相向門三間西向扁曰道義房絕處仍限以堵外構祠三間另門道出入用妥四侯之神扁曰四節其廟學之殿堂之齋廡之門庖倉庫凡棟梁榱桷板檻之腐折者蓋瓦級甎灰堊之破損者以至繪事之解駮不鮮者一切易以堅良仍舊增新規制益備以宏矣其費白金五百五十餘兩米二百餘石酌官民之當取者而非正供一非橫斂力亦擇其班役於官者用之始事於秋七月至冬十一月訖工淮率同知鄭昕學正袁珽訓導楊浩備永昌諸弟子劉迪吳山游仲瑀華請爲記珊嘗爲御史按察副使董學西南每見講法孔孟而忘筌蹄者切恨之所請能已於樂道耶洪惟我朝聖聖相承稽古右文置學立師徧郡縣簡俊秀充弟子員聚而教之所瞻仰聖賢申申夭夭閭閻侃侃巖巖之氣象所講讀易書詩禮春秋文字所明所率仁義禮智之性君臣父子夫婦長幼朋友之倫驗諸心身而有得形諸詞說而不悖推諸家國天下而可行從而厚廩餼以養之公貢舉以登之班爵祿以用之是則居之無異處教之無異術取之無異途矣於戲孟子三遷其業隨之程子見獵猶動俗好人非大賢異處顧可以居之乎廟學之所以修廣要非美觀聽而已幸相與深鑒而勉進之師知所以教弟子知所以學毋壞心於異術毋失身於異途處爲正士以善其俗出爲名臣以善其治雖遇變臨危成仁取義亦非所難夫然斯有以光衍我聖朝人文之化而於教養之恩作新之圖

均不負矣雖然春秋以民力爲重槃臺囿作門觀新延廄法無善書今茲之役時且義者其諸異乎彼之書歟若謝與玆非裕於才而有定力定見果動罔不獲能若是哉敍成績揚休風以爲來勸固不可少也庸書以復**嘉靖間知州石璽續修萬歷二年鄉官馮天駿捐貲重建崇禎末燬**

國朝順治初江防道范鳴珂建廟五楹十七年江防道楊志遠增修顧景星修儒學廟序順治十一年詔天下郡縣學廟兵火廢者有司能捐俸修建皆得疏聞命吏部紀錄十六年己亥刑部丹陽楊公以按察司副使駐蘄右文轄武爲天子使越明年軍府城郭繇役利病罔弗釐舉德道禮齊率先有司計所部郡縣之有學廟凡四十有四而蘄則所駐邑故首修之州守遼陽王公仔厥任官茲土者咸出廩祿鄉大夫士游於是庠者釀貲力襄事而楊公以文屬景星按學與廟本二古有學無廟釋菜奠幣卽於學漢太學闕里始立廟六朝仍之北齊令郡學立孔顏廟此郡有學廟之始唐武德初郡皆有廟未及縣貞觀中許敬宗奏天下州縣置三獻官他如立祀開元二十七年詔諸州廟立十哲七十二賢位爵公侯伯有差其後州縣莫不有學學皆有廟然邊徼下邑多無之晚代衰亂庠序頹圮或學廢而廟存以故唐宋文士之碑記多言廟不言學洪武二年冬十月辛巳詔天下郡縣

學廟並建嘉靖十年改大成殿曰孔子廟有殿有廡有堂有齋有庫有閣有亭殿廡以祀聖賢閣以尊經庫以藏籩豆琴瑟亭習升降麗牲醴堂以講論齋以居教官及生徒之來學者歷代禮儀至是釐正猗歟盛哉久之郡縣學仍空名士鮮游習禮教不行而士風大壞吁足悲矣兵火以來鞠為茂草所謂空名者又十不存五蘄之學舊有朱元晦教授廳記洪武初知府左安善摹朱書體刻於壁錢敏王坦趙應隆莊轍數公先後修之崇禎十六年正月庚辰賊燬順治五年按察副使山東范公鳴珂始建殿九年曲周王公顯葉垣芟薙草萊材鳩不固隨就摧敗無廊廡堂齋物力之難不可歎哉雖然使邦邑無賢蠻髦之鄉非廢廟而鴻都之門亦有學如其多賢則杏壇泗水不必宮牆素木瓠葉可當俎豆繇是以言德教盛衰豈系於是 天子右文楊公用答 天子鄉大夫士宜用答公景星敬書冊端以復

康熙五十一年知州劉國輔學正劉清史訓導陳作楫捐建

崇聖祠廩生馮煒增修雍正間知州王松齡率五鄉分修郡府王繹曾有記載州志嘉慶二十一年州紳張廷贊捐貲重修陳詩先師廟重修記我國家重道崇儒以 聖繼 聖雍正五年封 先師五代王爵改稱 崇聖祠而 大成殿自四配外康熙五十一年升朱子於西序之次乾隆三年升有子於東序之次道光二年增劉子宗周於東廡湯子斌於西廡其所以崇奉之者可謂至矣直府州縣虔奉 德音莫不踴躍爭先惟廟務是急顧其修也類皆良有司倡議於上鄉人士和謀於下始乃有成要未有專任其事如吾蘄張石潭者蘄故有廟元末明季皆燬於兵火順治康熙間建而修之者相續至雍正十二年城鄉紳士界畫而籌之 崇聖祠則永福大成殿兩廡至大成門則大同義路禮門外泮池則青山而明倫堂則崇居也學正訓導之署則廂坊及安平也分舉而易為功而記事者詞繁而不殺亦勢使然與閱八十二年至嘉慶二十一年木且蠹矣石且傾矣赤白亦漫漶而不鮮矣石潭毅然以為己任攻木之工攻石之工摶埴之工設色之工日日坌集自 崇聖祠以至外泮垂三年而後成共費白金一萬有奇石潭曰予豈以是為名哉亦內自盡其心耳越十年又重鐫朱文公教授廳記危太樸興學頌於明倫堂之壁且礱石而屬予記之將使闔州之人見之而有省焉多聞見以為富不專利以自封而化其人自為師家自為學之陋是則石潭之志也已石潭名廷贊字均萬州大夫鳳推重之舉鄉飲大賓云咸豐初賊燬同治二年知州黃式度勸捐修復中建

大成殿墀下為兩廡前為大成門東名宦祠西鄉賢祠前為內

泮月拱橋又前為櫺星門又前為外泮後為尊經閣又後為崇聖祠墀下為兩廡東為明倫堂學正署西為樂育堂訓導署門外為射圃黃式度有記載州志

名宦祠

唐韓思彥　員半千　呂元膺宋呂　誨　范純仁

王禹偁　林大年　梅執禮　李　宥宥一作育

虞　策　韓世清　施溫舒　蕭　服　劉光世

岳　飛　李宗思　羅　頎　王　玠　李誠之

秦　鉅　趙汝標　甯時鳳　嚴剛中　杜　諤

阮希甫　林　檠　葉　適　余　童　王　益

秦希甫　王彥明　邱　岳元趙質翁　李榮祖

耿思聖　趙昭武明左安善　徐　麟　孔思森

楊　珙　李士安　王　坦　金　銑一作姓余

莊　轍　何　綸　葉仕美　李　純　俞　敬

張宏宜宜一作直　董　佐　林　宗　夏元吉

翁學淵　侯堯封　韓孫愛　吳國仕　王世德

徐希明　韓　紹　黃仁榮　胡世賞　丁繼嗣

李若訥　陳應元　范中彥　王相悅　施元徵

唐登儁　張秉貞　路雲龍　鄒夢禎禎一作楨

何之圖　倫應祥　錢兆元　唐世照　陳　策

岳　璧

國朝范鳴珂　周漢傑傑一作俊　吳之應　王　顯

呂　陽　汪繼昌　楊志遠　李登第　張定邦
柳　愈　方于光　金　貴　王宗堯　韓　友
唐訓方

鄉賢祠

宋吳　瑛　明康茂才　陳堯章　趙　霖　馮思齊
熊　翼　王　翰　陳　溱　張　禧　甘　瑩
華仲賢　華　巒　陳大中　劉　樽　周大霖
馮天馭　馮　翱　馮　鵬　張思齊　高　鵬
李　朴　李　儒　顧　問　李啟昭　周　禧
李時珍　梁　佳　邵思學　李同春　李盛春
李建中　李孟春　李際春　徐之徠　張　星

李　楷　李　樸　李建木　岳鎮華　王之佐
李　新　夏　忠　董一化　李樹初　盧如鼎
朱　誠　顧　闕　張邦翼　李　梴　汪宗文
晏攄忠　郭承恩　孫　仍　李化龍　王臣紀
饒　京
國朝顧景星　陳　詩

忠義孝弟祠

元李宗可家屬殉亂　明操　桂　陳　相　田金浦
陳顯元諡忠烈　張效芳　李　新諡忠烈抱父屍就刃全家遇害
張邦翼諡節愍　董一化諡節愍　李　梴諡節愍
李樹初諡節愍繼妻封子延慶孫之蘋之藻同殉　饒　京諡節愍
田有龍　岳　璧　貢其志諡節愍　程文聚
國朝韓宗愈以上忠臣
明盧如鼎一家百口從死　李化龍　孫　仍　蕭　霽
陳　正　李于節妻楊子新綺孫承裘承弓同死　顧天祚
張效鍾子承馮從死　黃正中　胡其志　陳其效
陳其瑜　袁素亮
國朝孟春旭　陳寶賢　張彩霞　張晨耀　徐得和
周享志　陳登第　何登理　熊登科　張　彪
李克鳳　吳新甲　吳品南　方錫飛　何鳴鳳
左履本　樊崇本　樊崇報　葉桂馨　張元杰
劉全貴　易大舉　龔　鑫　劉映華　陳佑泰以上義士

明李延慶　李之蘋　李之藻　張承馮　余　藩
國朝王廷詔　朱　舫　李由虞　張仕秀　李由夏
蔡兆元以上孝子　胡海洲名題

節孝祠姓氏詳列女

廣濟縣學宮舊在縣治東北元末燬明洪武初知縣胡昇重建後知縣陳景昌移建東南一里許宏治十五年知縣陳奎復遷建縣治左以按察司行臺暨府公館舊地爲之陳鳳梧新遷儒學記

濟邑介江黃間地僻以簡而學又加僻焉邑東南一里許隔溪遠市淋潦時溢道爲弗通踰旬月有司弗獲一顧視齋舍頹敗旁無居民暴客奄至師生矻矻乎若將不終歲也絃響久寂鄉書拓疎蓋數十餘年邑之人習見爲當然耳宏治庚申今山西副憲南昌陳公奎以名進士拜令謁廟之餘顧而嘆曰學關於治大矣久敝如是乎改遷之責將有待於予諸生復以爲請屬下車歲方弗稔未暇也越明年辛酉政洽民和百廢俱興乃率僚屬師生達觀邑治惟縣左按察行臺與

府館並列地勢爽塏四山環抱公曰學在是乎衆志僉同不卜而協復度布政分司之左可以徙行臺廣濟驛之右可以遷府館爰具顛末白於巡撫都御史韓公重巡按御史王公約暨藩臬諸公咸是　其議盧太守濬羅節推翰吏慈恩之王戊春擇日鳩工中建　大成殿毀淫祠之材爲前門門左右祠鄉賢名宦後有齋堂　伐境內古松柏舊學椽甓可用者以爲廨宇爲號舍粟米則勸諸富室出所有以食梓人力役則取諸審戶口與訟之健於官者凡工料之需隨宜區畫不動公帑不斂細民甫數月而落成規模壯偉實甲諸邑左建鹿易堂以會饌蓋以鹿價易隙地而爲之也右建式穀書館以訓僚屬子弟釋菜禮訖邑之士民吏相賀曰是學之遷非吾賢侯何克以成乙丑夏初鳳梧奉命典學於楚聞公賢聲籍籍既以修學之資名宦鄉賢之祀費無所出欲取舊學基利充之公遂移文以達予未幾公以御史徵去矣丁卯春予閱士至濟值上丁釋奠周旋廟學顧瞻咨嗟嗣令葉溥學諭趙彔述公績亹亹不倦奠禮成而時雨降予喜賦詩一章諸生咸賡和之今且十閱歲矣予改官晉臬公以副憲同僚宋祖與道舊政公曰廣濟學成矣而久弗記徵諸東白先生而未果也予有典學一日之雅何辭焉予惟學校之設所以敦彝倫明教化自三代以來未之有改皇明稽古制庠序周寰宇其法至精且備守土之臣未能奉宣德意傳舍視之因陋就簡舊者弗暇葺而況撤而新之乎公以宏才雅操爲邑獨知所先務而又經度有方公私不匱其賢加於人數等矣使天下之守令皆若是教化之行不患其不古若也諸弟子其遠守聖賢之訓近服朝廷之化勤以勵學愼以檢身英才輩出爲時建動業無窮不徒爲章句口耳之習也斯公遷學育才之盛心庶乎無負而於鳳梧亦有光焉尚勉吾言哉是役相之者主簿宋睿典史金清而督工者義官李勝春也因并書云

明末賊燬

國朝順治十四年知縣閻國士教諭傅鍠訓導胡效順始建先師廟

劉醕驥縣學文廟碑古者入學則釋奠於先聖先師故隋唐宋天下州縣立學皆有聖廟焉廣濟廟學自明盛時具矣崇禎乙亥毀於亂順治十四載丁酉始克復之歲在娵訾斧鉞射於離宮丁文明也後甲先庚三焉樂正習舞釋菜用之故廟其時矣復學也自廟始然唐宋州縣衰亂庠序廢長吏姑廟而祭之名賢作者例得爲碑記則先廟而後學載筆亦從其先矣於是縣侯閻公國士教諭傅公鍠訓導胡公效順以委不佞醕驥醕驥辭則謂梓人之材甫庀也楚臬大夫昌言濟黌在天劉先生實倡道其間儼車服禮器之於洙泗矣郡太守以下聞而和之縣人子來以有茲宇也顧安得金人而銘之醕驥唯唯遂聲於衆曰蓋聞之廟貌也子孫而掬先祖貌之而如其形儒生而廟先聖貌之而身其道夫大學

之道明明德於天下先以致知格物也魯論門人競問仁夫子隨事告之而每以不知仁斥之故孟子曰仁義禮智知皆擴而充之明道曰學須識仁仁者渾然與物同體上蔡惟曰知仁由是文成以致良知興矣夫良知虛明靈妙心體也不起於念渾然而與物同則仁也顧知統羣生而人有生則自以情識蔽之誘於物而知且物化也執我以拒物又不相容受焉雖勉爲大公而以行仁與不仁均昧昧矣故大學者先見其大不離跂而措物知外也物物而格之眞積發機奧窔而升中天之日百川入海汪洋失際物乃非物親疏利鈍美惡順逆體性本末廓而通暢茂而渾同若一焉是物格知至也知至則知仁也而后誠意正心修齊治平惟擴而充之常一念無念渾然與物同體而已所謂知及而仁守也明明德於天下也夫明德常明時昏亦明夫子誨由以知爲知爲不知是知也靈知體著而渾然物同矣故物格則靡不格見礙情阻若吹息之埃而仁去焉故體仁者物格知至不須臾離也荀子曰夏首之南有涓蜀梁焉愚而善畏明月宵行俯其影爲伏鬼也仰其髮爲立魅也背而走此言不知仁者已體而物疑畏之故孔子告哀公曰聖知之華也知仁之實也信乎學聖道者知仁要矣州縣得廟事先聖固非僅春秋之奠簠簋犧象贊祝設而使衿帶者藉有事爲榮也廟而敬古志之則自今望廟之穹崇巢纍而竦焉履廟之階墄而齊齊翰翰焉循乎疏簷瞻乎藻井而煥焉彷徉凡筵之側久而不敢浣斷焉其亦思爲聖人之徒乎而學聖要惟知仁夫固易簡矣故曰廟先聖者貌之而身其道也抑濟之廟先學而建非專廟如子厚永叔諸記廟作於丁酉落成戊戌適閻公謝縣事傅公成進士去胡公忠信樂善獨任姑遲之然鹿鳴磬管之基在薙草藿而待之矣有敎士之責者緒興庠序廣招學徒如文翁虞溥嘉蹟則胡公盛德得人心可藉與成功使濟之禮樂無斁日新於學徵也

康熙六年知縣黃玉鉉教諭李以範修建東西廡大成櫺星等門名宦鄉賢兩祠頖池及神廚神庫各一規模大備惟射圃在舊學基側後漸沒爲民居**十七年訓導汪紹遠增修**

張仁熙重修儒學碑記康熙十有七年戊午博士先生汪紹遠始司濟鐸見學宮傾圮慨然有修復之志而是時義興愼齋蔣公督楚學故事學使者按部一臨郡庠講業公兼臨邑庠即屬庠不克至修舉必悉於是湖南北以次報葺顧謂先生曰吾讀水經而異濟焉夫江以海爲歸而桑酈注江乃止濟之青林積布地何也近探楚風輒首僂指濟濟先後多博學隱君子而治舉子業者亦惟濟最彬彬焉豈其有崇乞南城之庵玉蟠石蕡之儒乎惟爾訓濟賢壺諗諸翼日告以所得賢大夫士之宜祀於鄉者蔣公核實同日祀之歲大比錄科者皆知名士次年壬戌金子德嘉售南宮第一蔣公則大喜曰吾固

知濟之鬱而光也雖然先聖靈爽憑焉惟爾訓濟賢學宮之葺非予誰肩矣出二十萬錢付之乃益捐數年糈而鳩庀之封木千章瓴甋緊堊蠡甍涵液之屬即竹頭木屑佐之家貲而槎自武昌咸以供雇值堅緻宏麗費不下六十萬錢蓋不藉紳士一傭力一型釜鼎峙皇皇覩湖南北乃倍也工成紹遠顧退然謙謙不自居召邑弟子員告之曰非遠之能也其蔣大夫之鑑於水而無留景也抑大夫非其鑑之謂瞻鬼然者而知琴瑟書冊之藏也翬飛跂翼騫擔於天泰岱仰之日月麗而雲漢之昭也非駁娑井幹比也廉隅立則卑頑祛弗除淨則理性明行績樹則室堂作奐樸勁丹艭隨地而是也塗宮牆而朒焉豈大夫意哉其以是爲模以是爲範矣仁熙作而嘆曰善哉先生之言蔣大夫也顧其所自樹立宏矣先生訓濟六年禮賢植能以家振士困阨至不給於飧和而介不苟私毫髮即例歸苜蓿裝者悉出以嚴聖座旁及諸儒先名宦鄉賢歲時祀事齋遬維虔學地爲前令侵者請於上悉復如故而持義斷斷無假借士靡不好音懷之微先生又烏能勝任而愉快哉閟之八章曰松桷有舄新廟奕奕言先生之與大夫有成也泮之六章曰濟濟多士克廣德心言先生育士而士能推以大也於是多士賦棫樸之什而飲酒以落之焉是役也工甫興而鄖予之命適貢先生不稍倦晨夕蓋先生避名敦實勤於始而不倦於終者先生誠固然也維邑令陳公肇祉博士長蕭芳各捐俸助工而籌畫勞勤者則諸生舒峻極胡之俊張佳昆楊齊聖等也

乾隆六年知縣李肇梅三十六年知縣汪墉相繼修李肇梅有記載縣志六十年闔邑紳民加修咸豐三年賊燬八年知縣方大湜重建

大成殿東西兩廡前大成門東名宦祠階下爲更衣廳西鄉賢祠階下爲忠義孝弟祠爲尊經閣前櫺星門門外爲頖池周以石闌前爲黌牆左右各立有門外爲節烈祠西廡後爲禮樂庫明倫堂後爲教諭署敬業堂後爲訓導署方大湜有記載縣志

名宦祠

明盧濬 羅翰 胡昇 高偉 劉遜

陳昱 杜燉 江震 陳奎 璨溥

汪倬 楊阜 吳禎縣志作貞 沈瓊

李養 張芳 羅珣一作絢 洪範

舒瑄縣志作宣 詹晟 梁文 王素

魏時光

鄉賢祠

宋余玠 梅應春 梅應申 張晏然 張紹祖

元何朝舉 姚楚山 明徐麟 干克誠 王佐

陳㭊 張根 鄭達 張本端 陳愷

孫英 王欽 孫喬 史玉明 王大謨

舒賢 舒其志 吳亮嗣 胡士容 陳王道

張易宗 張步雲 金之純 胡海 胡浩

張金和 吳自守 韓紳 胡篤生 舒益生

國朝劉醇驥 李奇觀 張先基 劉登仕 梅期中

朱翼治 張仁熙 金德崇 金德嘉 郭存會

胡魁楚 胡一璉

忠義孝弟祠

明劉玉鑾家奴吏役從死 胡士容 游之雲 胡海與鄉賢又一人

胡士定家殉 張佐基 向雲子國祥殉 吳國璋

夏文緒僕隸從死 吳敏師 元周國鎮補

國朝胡揩思 劉洪度以上忠臣

元張大九 明程紹川 孫光宸 梁重其與弟之遴被賊支解寨衆盡屠

張旦熙家殉 陸嗣先子殉 方大美 張光環 胡之熊

張開熙 舒益生 胡玉成 張楚勳妻吳與三子同死

國朝胡文雅　陳大鵬　周元春　徐名聯　呂純詩
李身雅　張家學　楊榮章　呂紹國　廖鷺
余德灼　桂廷瑞　朱愷以上義士
明向國祥　陳類兒　張玉基　朱大觀　史玉明
饒起臣
國朝陳文允　蘇元周　呂和寬　劉銘璋　陳治國
陳金鑾　彭天保　周才美　周某　徐開廣以上孝子
明劉文煥
國朝張茂升　張群升　張秀升以上悌弟
節孝祠姓氏詳列女

黃梅縣學宮在縣治東南元至元五年知縣秦某創建至正七

年知縣喬思忠增修郭友直重修學宮記郡縣有學始於魏守令俾之主領敦勸治教並興法制詳密責任重矣混一之初蘄荊芰翳莫不有學蘄之黃梅在江之北前代視若邊土民性多質前至元己卯堯都秦君爲尹治今學基殿宇歲久木瓦日敗於時校官視爲傳舍議修輒止廩稍薄而主領慢事遂不興至正六年孟夏承務郎晉甯喬君誠齋思忠來尹是邑下車之初視廊廡敧傾器像減裂慨然以爲己任於是偕校官鈞臺楊璧董諸生而命之曰聖朝治化休明吾儕親沐膏澤出入禮門釋褐食祿皆由於學宜有報諸生拜首願隨公意乃撤敝更新前建兩廡爲楹七十八後設杏壇爲亭改修儀門講堂繪賢像製禮器凡植木甃甓之飾土服龕帳之用殿堂廊廡黝堊丹漆無不備修棟宇翬飛光碧照人一時翕然稱盛又不敢擬於侯泮而宮牆之外濬爲池沼以爲聖人亟稱於水俾士子游泳之暇切己省察若教導之有齋肄士之有業凡學宮之事靡不思輯經始於七年之春工畢於是秋之末土田之湮於民者皆有以致之尹意若曰學乃出教之所興學乃爲教之具吾主領敦勸之責爲其所當爲諸君甯難於始而樂成於其終乎諸君愧謝命余紀其歲月且以著尹興學勸後之心而刻銘以俟後云元末燬

明洪武三年知縣唐輔建

先師殿明倫堂堂下東西進德修業兩齋成化元年知縣黃武六年知縣戴中相繼重修並建

啓聖祠及教諭訓導署黎淯重修學宮記銘成化六年夏五月朔湖廣下車檄戒表臣百司恪遵敕旨興墜補廢自學校暨凡公署皆務葺完圖新政化維時守令有哲有昏有勤有怠或連數州縣功罔就緒罰亦隨行維新淦戴侯中由丙戌進士以令黃梅克能厥官敷法中度乃制貨財儲工役勸民助官以己丑十二月甲戌首建明倫堂東西兩齋各五楹前建大成殿東西兩廡亦各五楹殿之制增於堂廡之儀減於殿席坐先賢木主陳列祭凡皆有區畫又前建戟門欞星門各視舊規愈高益美凡九閱月而畢講道得所釋奠禮成壯麗通明仰瞻敬憚𠈁以餘力恢宏藩館憲臺整飭縣治廳事暨諸壇壝置郵之宇巡徼之司倉庾之屋百度畢舉未幾都憲公臨焉入其郊無惰農進其郭無羇旅坐其公堂無嚚訟怨咨臨其學宮師勤教弟子勤學儀文制度蔚乎足觀父老庶迓于旄而稽首曰下邑之廢學久矣惟我侯急此先務吾儕今獲知聖道當共行王化當共遵三綱五常當共由而不可一日廢幸在斯學敢具以聞都憲公曰然誠有光於進士甲科者雖微爾言吾固將表揚之以爲羣吏勸遂錄其政績薦於朝

明年夏繡斧再臨而侯之召命來矣都憲公又曰君子樂善無窮曷銘茲德以告太史氏而刻之碑於是教諭鍾安定訓導元仲余浩來請黎淯曰美哉黃梅山川之靈於地也往年大江雪漲吾汎舟上下遠而望之見德章龍坪馮茂破額烏牙諸山卷舒雲霞送迎日月而爭奇競秀於萬里雲山之表晴焉嶂屏之麗錦也晦焉樓閣之迷煙也吾意其山神靈蓄洩必鍾於人其先亂時英豪奮起而戰爭豈無奇謀忠勇之士出而仗義立節及入治朝賢俊奮庸又豈無道德之儒貞良之輔出而弼化長民然博考載籍罕聞焉惟一二釋氏子乃雄稱斯土若專其神靈者何與夫豈山川之秀豐在外說而反啻於吾道正脈與抑亦有之而傳記小說失於傳聞與無甯人心之靈惑於他道無學校之教以開之雖有山川之險莫能顯也仰惟天德崇文都憲公隆儒以振其綱督學憲副嚴公申飭教條以肅其紀又幸有賢侯成此風化之基百年文運復一新矣吾當盡收山川之靈還於爾學必有傑才科第騰芳奕世罔俾異端澆漓氣化凡我同盟務敬勖諸爰爲之銘曰有嘉新學戴侯所葺孰振厥綱都臺有檄厥初庳隘上陋旁穿燥濕不飭神罔降賢乃新斯堂人安其業冠帶搢紳古訓是式乃完斯廟神安其靈樽俎旂章粲穆在庭金節煒煌都臺來涖惟德之造師儒咸會都臺有心昭格神人旄能懋德肅激眾勤咨爾名山越暨嘉水安奠此邦歲崇祀禮爾靈在地峻極於天弗鍾於人精爽曷宜都臺有心山川

鑒燭宜配崧高甫申是毓奎璧騰輝江漢發祥羣賢褔
國聿采聿章凡爾邦侯毋替成績太史作辭永歌帝力嘉靖
十六年知縣梁廉隆慶三年知縣姜忻萬歷十年署縣事推
官會維倫三十六年知縣桂生芝相繼擴修教諭周敬修有記載縣志末
年殿宇復圮生員王敬臣募修明末賊燬
國朝順治六年知縣陳觀天教諭張士淑以諸生優免銀建
先師殿十七年教諭蕭蘊樞捐修兩廡
啓聖祠明倫堂康熙四年訓導吳祖堯捐貲暨諸生優免銀大新
之並修名宦鄉賢諸祠閱四載乃成文德翼重修儒學記有明賊張獻忠之亂三楚
儒學圮於兵燹久矣而黃梅尤甚越康熙四年歲在乙巳學
博吳君始來慨然傷之矢捐俸薪及諸生優免錢斬然大新
肇自丁未至於己酉歷長令趙公樓公徵材庀工或斷或續
至王公乃遹觀厥成樓丞徐尉莫不邪許而吳君之力爲多
云辛亥孟冬德翼客黃梅過於其外望殿堂門屏莫不丹黃
遊於其中見池墀庖湢莫不整飭憬然生敬焉諸士郭君釋

祖等請爲之記余謝不敏既而吳君自爲請又謝不敏而卒
不獲也乃進諸士而告之曰學宮也者蓋爲學設也仲尼之
後學者惟程朱爲嫡嗣後世佛法入中國而學益分自程朱
變而爲姚江往往又取佛氏之近似者以爲言是邑固大鑒
衣鉢之鄉近時卓吾李氏且以浮慧怪談助其狂瀾於三楚
宜乎學益晦而程朱之高曾日遠也雖然濂溪夫子生於道
州老於九江其地皆與黃梅近且宋之將亡也有江漢先生
忍死北遷遂使前元靡厚之風卒以程朱之學家絃戶誦至
今不泯者其功蓋不在濂溪下也姚氏所稱他人以死報知
己而江漢先生獨以生報知己留其身以傳絕學豈不信哉
今功令一以五經四書大全爲諸生準繩其說莫敢稍戾於
程朱故近時人士亦不敢不兢兢於禮法與向者浮慧怪談
時迥異矣爾鄉先輩如瞿慕川徵君聖門禮樂考一書亦可
謂有裨於聖制王公與吳君且朔望釋菜朝夕講肄其中宜
多士之日進於古也昔獻忠破楚時三楚諸士甯斷腕劓鼻
無一人肯從賊者豈非教化之厚而學校漸積使然哉若區
區科第盛衰不足言也學博吳君名祖堯鄖縣人縣令趙公
名應登上元人樓公名璇諸暨人王公名庭龍晉江人樓丞
名自新徐尉名麟瓚俱紹興人十七年知縣李成林四十五年知縣曹世璞
六十年知縣戴紹祖雍正十三年知縣莊標因舊加修乾隆

二十年知縣薛乘時倡捐重建薛乘時重建儒學記凡興大役動大工非合通國人謀之
則不濟謀之通國而無數人焉知事關人心風俗鼓舞倡率
督理於其間亦事難遽集梅邑學宮明季兵燬順治初稍稍
建復湫隘不稱制後雖屢加修葺歷久摧頹歲辛未余承乏
茲土展謁之際慨然謀所以新之而未敢遽也閱兩年歲登
案牘少向之議張者亦似相與檢束安余之樸且拙矣於是
集邑紳謀新學宮而陳君調衡喻君醒愚吳君兩儀汪君蔚
起石君待價西傳似會斐如董君聿修郭君碩輔熊君度千
張君桐皆十數人者咸謂舊材必撤殿陛宜寬恢廓更新約
需金萬數某等公措二千金爲庀材貲餘於各鎮擇公而幹
者勸輸以襄厥成然後知都人士之心是心也與余若符契
矣余惟先王之設學也集五方剛柔彊弱之不同揉而制之
以歸於一自黨庠術序拔俊髦興賓興由司徒司馬以貢於
天子端在羣聚州處之時各職其職不見異物而遷於此可
見培養人材莫先鄉學今郡縣學卽古鄉學也欣逢我
聖朝深仁厚德遠軼漢唐荒陬遐邑咸仰聲教矧吾梅夙稱
文藪號沃壤者茲一人倡而應者景從蓋涵濡於百年之久
而勇於爲善之一大驗也太史公謂入廟觀車服禮器低徊
不能去曠百世相感不過此心此理之同今則殿廡齋寢莫
如秩如瞻仰之下感發而奮興父詔兄勉敦本尚樸相見以
誠而相披以懷出能華國處足型鄉將不囿於風習而觀摩

胥化安在古今人不相及也余拭目俟之矣工始於乾隆癸
酉之秋越乙亥孟冬竣事余喜功之得成而諸紳士之任勞
任費以及各捐輸姓名俱不可泯故援例書之以諗來者嘉慶道光閒迭經修葺喻文鏊喻元鴻
俱有記載縣志咸豐七年賊燬僅存正殿八年九年十一年知縣覃
瀚元倡率補葺同治十二年覃瀚元復率紳民重修
大成殿及兩廡大成門
崇聖祠廟東建教諭訓導署覃瀚元有記載縣志
名宦祠案李美王志作李義誤
元喬思忠 明黃武 戴中 金章 朱璧
來三聘 桂生芝 武圖功 李美 蔡敏
李震 沈鑨 蕭廷儲 唐世卿 顏樸
席懋

國朝李珣

鄉賢祠

宋岳雲　元郭友直　明石金　吳宗吉　韓中

邢纓　邢實　胡鳳　韓璁　瞿晟

石崑玉　石有恆　瞿九思　洪晟　王麟

向榮　張桂　王忠　陳昉　瞿甲

段尙繡　潘文浩　沙瑞　鄧俊　龔懋

石銓

國朝帥承瀛　帥承瀚

忠義孝弟祠

明張訓　沙瑞　陳瑜　石有恆諡忠烈

周乃武　陳欽命　李先實　余鈁

國朝廖士貞以上忠臣

明洪世振　洪宇璇　石礪　石一音　洪光裕子圖從死

國朝殷兆蘭與妻投水姪被支解　朱宗廷　李南薰　吳正

程鳴鳳　周作楫　陳步青　劉李　汪之疆

胡國堂　石之貞　蔡先梅　桂象巖　吳甡

盧顯謨　洪熺　鄧榮昌　陳源正　石芬

洪昌熙　許邦謨　黃廷槐　李梅芬　陳杰

黃元瑞　王贊廷　張濂儒　王志堂　王成壽

帥宗彝　劉士林　熊家望　胡振鷺　李錦蘭

王騰貴　盧顯功　鄧兆英　阮文熙　洪鴻

宛廉美　宛國華　梅虎訓　汪宗駿　鄧協篪

陳臥龍　石富有　許載福　陳莊軒　王拔俗

洪光大引婦女投水　以上義士

元陳至立　張德懋　明陳大熹侍母與合家殉難　洪祥

瞿甲　洪圖　熊楫

國朝黃鳳高　吳啟禮　洪金聲　帥宗梯　鄧嘉賓

石晉平　帥遠詰　歐陽順以上孝子

節孝祠姓氏詳列女

祭典附府州縣學俱同

禮器

大成殿正位陳設

爵三　登一太羹　鉶二和羹　簠二黍稷　簋二稻粱　籩十形鹽鱐魚　棗栗　榛菱　芡鹿脯　白餅黑餅　豆十韭菹菁菹　醓醢鹿醢　魚醢兔醢　脾析豚拍　筍菹芹菹

篚一帛　俎一牛一羊一豕一　罇六

配位陳設四案同

爵三　鉶二和羹　簠二黍稷　簋二稻粱　籩八形鹽鱐魚　棗栗　榛菱　芡鹿脯

豆八韭菹菁菹　芹菹筍菹　醓醢鹿醢　兔醢魚醢　篚一帛　俎一羊一豕一

從位陳設東西同

爵三　鉶一和羹　簠一黍　簋一稷　籩四形鹽鹿脯　棗栗　豆四菁菹芹菹

鹿醢兔醢　篚一帛　俎一羊一豕一

兩廡陳設東西同

爵三　簠一黍　簋一稷　籩四形鹽鹿脯　棗栗　豆四菁菹芹菹　鹿醢兔醢　以

上合案

爵三簠一黍簋一稷籩四形鹽鹿脯棗栗豆四菁菹芹菹鹿醢兔醢

篚一帛俎羊二豕二罇一以上先賢案

爵三簠一黍簋一稷籩四形鹽鹿脯棗栗豆四菁菹芹菹鹿醢兔醢

篚一帛俎羊一豕一以上先儒案

崇聖祠正位陳設

爵三鉶二和羹簠二黍稷簋二稻粱籩八形鹽鱐魚棗栗芡菱榛鹿脯

豆八韭菹芹菹菁菹筍菹醓醢兔醢鹿醢魚醢篚一帛俎羊一豕一罇二

配位陳設二案同

爵三簠一黍簋一稷籩四形鹽鹿脯棗栗豆四菁菹芹菹鹿醢兔醢

篚一帛俎羊一豕一

從位陳設二案同

爵三簠一黍簋一稷籩四棗栗形鹽鹿脯豆四菁菹芹菹鹿醢兔醢

篚一帛俎二羊豕

四祠陳設四案同

爵三簠一黍簋一稷籩四棗栗形鹽鹿脯豆四菁菹芹菹鹿醢兔醢

篚一帛俎二羊豕

樂器

麾二為作樂止樂之節鎛鐘二夾鐘南呂編鐘一十六枚特磬二夾鐘南呂編磬一十六枚琴六瑟六排簫二架鳳簫六姑洗仲呂笛六姑洗仲呂篪四姑洗仲呂笙六大笙小笙壎二黃鐘大呂應鼓一搏拊二柷一敔一用以止樂木笏六

舞器

旌節二用以節舞籥三十六羽三十六

樂章

迎神奏昭平之章

大哉孔子先覺先知與天地參萬世之師祥徵麟紱韻答金絲日月既揭乾坤清夷

初獻奏宣平之章有舞

予懷明德玉振金聲生民未有展也大成俎豆千古春秋上丁清酒既載其香始升

亞獻奏秩平之章有舞

式禮莫愆升堂再獻響協鼗鏞誠孚罍甗肅肅雝雝譽髦斯

彥禮陶樂淑相觀而善

終獻奏敘平之章有舞

自古在昔先民有作皮弁祭菜於論思樂惟天牖民惟聖時若彝倫攸敘至今木鐸

徹饌奏懿平之章

先師有言祭則受福四海黌宮疇敢不肅禮成告徹毋疏毋瀆樂所自生中原有菽

送神奏德平之章

鳧繹峩峩洙泗洋洋景行止流澤無疆聿昭祀事祀事孔明化我烝民育我膠庠

祭期

每逢春秋二祭月用仲日用丁四鼓致祭

崇聖祠五鼓致祭

大成殿名宦鄉賢忠義孝弟節孝四祠同日致祭

經籍附 王志載部頒書籍兵燹後無存謹將同治間湖北崇文局歷頒各學書備紀於左

同治七年七月內頒

易經書經詩經春秋左傳禮記四書小學各一部計四十一本

同治八年三月內頒

周禮儀禮公羊傳穀梁傳爾雅孝經各一部計二十二本

近思錄讀書分年日程康濟錄實政錄五種遺規手札撮要庸吏庸言讀律心得佐治藥言學治臆說學治續說雙節堂

庸訓各一部計三十五本

荒政輯要救荒補遺捕蝗要訣各一部計五本

同治八年十月內頒

御製人臣儆心錄杜注春秋左傳經典釋文國語國策胡刻文選醫宗備要各一部計六十本

同治九年八月內頒

鄭注禮記黃堯圃宋本儀禮張臯文儀禮圖桂氏說文義證各一部計四十五本

同治十年五月內頒

聖諭廣訓明鑑大雲輪請雨經祭器樂舞錄史記湖北節義錄各一部計五十二本

同治十一年四月內頒

周易折中書經詩經春秋傳說彙纂禮記周禮儀禮義疏各一部計一百七十本

學額附

黃州府學文學定額二十名武學定額二十名　廩膳生四十名　增廣生四十名

黃岡縣學文學原額二十名武學原額十五名咸豐八年後因團練捐輸疊次　奏准永廣文武學額各十二名合前原額文學三十二名武學二十七名　廩膳生二十名　增廣生二十名

蘄水縣學文學原額二十名武學原額十五名咸豐八年後因

團練捐輸疊次　奏准永廣文武學額各十二名合前原額文學三十二名武學二十七名　廩膳生二十名　增廣生二十名

麻城縣學文武學原額各十五名咸豐八年後因團練捐輸疊次　奏准永廣文武學額各十二名合前原額文學二十七名武學二十七名　廩膳生二十名　增廣生二十名

黃安縣學文武學原額各十五名咸豐八年後因團練捐輸疊次　奏准永廣文武學額各十二名合前原額文學二十七名武學二十七名　廩膳生二十名　增廣生二十名

羅田縣學文武學原額各十二名咸豐七年後因團練捐輸疊次　奏准永廣文武學額各十三名合前原額文學二十五

名武學二十五名　廩膳生二十名　增廣生二十名
蘄州學文武學原額各十五名咸豐八年後因團練捐輸疊次
奏准永廣文武學額各十一名合前原額文學二十六名
武學二十六名　廩膳生三十名　增廣生三十名
廣濟縣學文武學原額各十五名咸豐八年後因團練捐輸疊
次　奏准永廣文武學額各八名合前原額文學二十三名
武學二十三名　廩膳生二十名　增廣生二十名
黃梅縣學文學原額二十名武學原額十五名咸豐八年後因
團練捐輸疊次　奏准永廣文武學額各九名合前原額文
學二十九名武學二十四名　廩膳生二十名　增廣生二
十名

學田附

黃州府學學田自明知府盧濬孫光祖等前後共置田七百四
十畝七分坐落山北山鄢家山白雲山蔡家潭白虎寺楊家
畈等處
國朝雍正八年清出熟田共六百八十七畝二分八釐三毫荒
田五十三畝四分一釐七毫熟田佃民每年共納折租銀一
百零三兩九分二釐四毫五絲散給貧生
黃岡縣學學田順治初巡按顧豹文置東亞鄉夏家閘田三十
五畝納穀三十八石又監生王封屺捐奔港田十畝納穀十
四石除完正賦外散給貧生兩處田畝均有侵蝕乾隆三十
二年奉文將已經報部之額內學田十二畝納租十二石折
銀六兩分給貧生額外學租八石折銀四兩留充河東書院
膏火之用　縣學西南圍牆外鋪屋二所同治十二年修置
逢歲科年分每所租錢三十六串文無考年分租錢二十串
文東南牆角內鋪屋一所二重光緒五年置每年租錢二十
串文又西南角圍牆內添置鋪屋三間租錢一併歸學以爲
歲修辦公之用
蘄水縣學學田嘉慶十九年封職王雲捐潘家坳元通菴田課
二十三石道光十一年知縣馮光燕捐置
聖廟文峯岸下藕塘一口　又鋪兒畈玉泉巷閻家河蔡家洲四
處田課共五十八石並宋公書院明知縣宋文昌置鄒家塆
田課二十四石俱係散給貧生

麻城縣學學田明知縣蔣煜始置計三十三石三斗收租二百
四十石撥給社學師薪俸並解學院賑給寒生銀由學管理
國朝康熙五十年清丈少數三石零五十七年知縣吳顧行添
置田七莊收租九十五石厥後田多散失乾隆三十年歸縣
管理知縣劉希向丈出新墾田七十二畝九分八釐計租五
十八石三斗八升五合六勺撥入萬松書院永作生徒膏火
嘉慶十七年增置近城田地田收租二十三石地畝隨田折
價後復除散失歲收租大共三百四十二石田畝章程均刊
本附縣志光緒七年闔邑捐存田一百五十五石零計租一
千六百餘石每歲折收錢一千二百串零又捐存錢四千串
文歲得息錢四百八十串文共錢一千六百八十串零爲學

官柬脩等費亦刊本附縣志

黃安縣學學田康熙四十七年僧人梵灺等因訟獻田一十八石入官坐落梅莊金井山靜養寺三處內有觀音菴一重亦坐落金井山四十九年邑紳張希良盧拱等呈請藩司撥入學宮爲修葺費乾隆間續置胡家灣胡家河靜土菴大同菴田三石零二升二十五年至嘉慶七年置李家灣與汪家田田共二石八斗二升嘉慶二十五年置靜土菴田一石二斗五升同治二年置李家灣田二斗五升

羅田縣學學田康熙三十四年撥元妙觀田一百七十一畝五分爲學田

蘄州學學田萬李二姓捐鱲魚地田課十五石魯姓捐范家灣

田課二十石李會均捐李達衝田課六石何繼周捐大塍橋田課　石監生邵本江捐邱福潭田課一百石又衆姓醵金捐置田課三十七石傅家橋地課錢三串二百文城內四牌樓地課錢二串四百文以上田地課向俱歸學官收　文武新生束脩田課光緒二年知州封蔚礽勸辦至六年止實存現置田課一千八百六十五石四斗四合六勺五抄又存現放成本錢八千一百串九百六十七文七年署知州宋熙曾准五鄉分領各舉經管辦理以備縣學束脩等費又八年提存府學田課價本錢二千四百串文息錢四百七十五串文俱交店生息以備府學束脩等費章程俱詳州志

廣濟縣學學田原額五十七畝八分八釐坐落倉前隴古器陂師姑菴郭山巖郭家墩等處田課學官經理俱係散給貧生

黃梅縣學學田置自元知縣喬思忠爲馮政祥戶侵隱明隆慶四年知縣姜忻置尤家畈田六十三畝程晃嶺田三十二畝兵亂後盡荒

國朝順治十三年教諭蕭蘊樞招佃開墾程晃嶺田租隨時折收銀兩康熙二十五年教諭周崑招佃開墾尤家畈田於六年後納租三十石俱係散給貧生又康熙六十一年邑人李時炎（縣志作質友）捐界牌石地課銀十兩穀塘橋田三十畝入崇聖祠

黃州府志卷之九上終

黃州府志卷之九下

黃州府知府英　啓纂輯

學校志

書院 義學附

黃州府

河東書院在府治東南宋乾道間郡守李訦初建二程祠寶祐間郡守李節因祠室增建書院原在舊城中後移今處

國朝雍正間知府王繹曾建爲黃中書院乾隆九年知府禹殿鼇率屬捐修仍復舊名二十三年知府錢鋆知縣劉煜陳文樞相繼籌修道光二十八年知府祁宿藻知縣俞昌烈擴修咸豐初知府楊福祺勸麻城梅姓捐貲修葺三年賊燬同治七

年知府英啓率屬捐建光緒五年冬講堂災知府英啓知縣戴昌言重修並增置號舍與書院束脩膏火諸費自知府王繹曾錢鋆吳之勷楊福祺先後勸捐存銀六千五百兩交典生息黃岡縣志載職員范紳貢生許傳魯生員劉懋梅共捐銀三千兩王姓捐銀一千兩餘爲闔邑士紳公捐咸豐初典燬無存惟舊置王伏六迴龍山泠水井祝家湖芭茅衝五處田共十四石五斗八升歲納租穀一百五十八石五斗六升黃岡廟籽粒田十四石納穀七石邑士游豐城捐汪山嵩田四斗五升納穀三石以上租穀共一百六十八石五斗六升自兵燹後作價折收以助膏火又乾隆三十二年撥黃州衞新淤洲地西北一帶稀蘆四頃三畝泥灘二頃二畝白沙五頃四十畝名曰官洲付書院管業嘉慶三年知縣張其章勘出佃戶隱淤匿熟斷令加租至十七年官洲崩坍僅存熟地六頃六十五畝租課減收二十年知府吳之勷查明隔江新淤洲白沙十頃九畝零歸入書院道光六年舊洲地漸至崩坍知縣陸炯履勘僅存七十四畝地近水鄉租無定額隨時加減同治七年杜祚烈京控杜祚緒等侵佔新官洲淤地經武昌府訊結飭縣定界上段洲地五百三十六弓歸書院管業中段至洲尾六百一十七弓歸杜祚烈等管業後有淤生該業戶不得覬覦咸豐十年知縣薛元啓斷窰步湖內故絕湖分八股之一歸書院歲納租八十錢八串文自同治七年起知府英啓牟嗣龍瞿廷韶歲捐廉銀二百五十兩知縣羅登瀛恆琛戴昌言歲捐廉銀四百五十兩共銀七百

兩以三百兩爲山長脩脯四百兩爲生童膏火邑紳劉維楨捐修費銀一千兩外捐膏火銀二千兩知縣恆琛交戶經銀總承領對年一分六釐起息共銀三百二十兩遇閏加息限二三四五月以前全繳由縣解府備發日後或發典生息或另置產業亦任提本各項章程同治七年知府英啓釐定有案

案國朝靖道謨河東書院記南宋太守李公訦於郡城建二程夫子祠蓋二程生黃陂而陂向爲黃郡屬邑舊志所載朱子河東書院記也其河東書院則宋太守李公節始建者逮明郡城改置書院基廢或曰在二程祠前無考

國朝雍正間太守宛平王公因年久廢宅建爲黃中書院嗣太守汜水禹公則以先儒之教若此其遠地若此其近冀紹餘光崇道統正厥易黃中復名河東祀二程子講堂後王公時書院以郡學租百金充膏火生徒畧具禹公捐養廉倡州縣自府以下每百金捐五兩八屬生徒至數十人其後州縣各立書院太守李公詳請郡書院以爲黃岡縣書院於時他州縣不復捐膏火之資生徒罕至乾隆二十二年八月太守虞山錢公下車慨然謂官以教化爲職且附郭縣事即郡

守事與岡邑劉公議捐養廉倡二十三年八月費未貝向租百金及公與劉公倡捐備什器脩脯聘山長考取各州縣生童得二百人時書院各州縣院試補諸生至數十餘人十月上元陳公署岡邑篆收邑所捐銀穀向租百十餘石紳士捐銀二千兩未㞐有續捐者定爲式每月給生童膏火銀各有差他州縣生童來膏火令各該屬捐給是附郭書院卽郡書院也陳公離任又自捐置書部若干槅案椅櫃各若干公與陳公固江蘇名宿公時至書院或與陳公同至書院召諸生集階下講論終日不倦至性至情見於事傳於口足動聽者心陳公與公一德一心相與有成詩云豈弟君子遐不作人公與陳公有焉公治事與士民圖久遠前在撫甯蘄州皆建書院人才鵲起稱盛黃郡書院以其近仰止程子故公尤兢兢云

府義學舊在治東鼓樓右明宏治閒知府盧濬建萬歷閒知府潘允哲移建漢川門內今廢　義學田係康熙五十九年黃岡知縣鍾葦將府縣兩學生員優免銀買王伏六中圍田課九十四石二斗蔡家衝芭茅衝羊角衝三處共田課三十五

石熊家衝田課三十石廻龍山殷家灣田課三十石共田課一百八十九石二斗又康熙五十八年清出程元仁開墾祝家湖田六石四升零入義學田近水鄉租無定額雍正二年知府蔣國祥委教授清查田畝其租穀銀兩除完餉米外餘爲延師膏火之資乾隆九年知府禹殿鼇飭委黃岡縣管理

黃岡縣

振英書院在清源門內舊爲知府李彥瑁祠乾隆九年知府禹殿鼇改爲書院後仍爲李公祠久廢

東坡書院在府城東舊傳宋蘇軾雪堂卽其地臨去以畀潘大臨陳慥於此講學遂爲書院久廢

王公書院一名正宗會館在城隅明邑紳王陞講學處久廢

定惠書院在清淮門外相傳東坡故居明崇禎初知府祝萬齡嘗於此課士久廢

陽明書院在安國寺左卽宋韓琦讀書處有明董其昌書韓魏公書院額久廢

睢陽書院卽武節祠後廨康熙閒知縣鍾葦建延王道明等講學其中久廢

觀善書院在衞墩下原名養正書院乾隆十四年衞守備商嵩捐建延師教附近軍民子弟道光二年守備王裕慶添建齋房今廢

蔣公書院在安國寺前今廢　國朝陳大章蔣公書院文蔣名國祥號[illegible]村浙[illegible]陽人伏惟我　國家重熙累洽久道化成我　皇上更天縱聖明登三咸五故所用公卿及封疆大憲皆一時英哲次第以及守令莫不茹茹連彙

極俊選焉然二千石之職更係民牧重任而吾黃老祖台蔣公轟村先生稱尤最云何則君子之爲政也不難於愼始也而難於有終不難於暫而勵精也難於其久而無倦公之始至也念九邑之凋瘵思有以休息而長養之故政多寬大惟總其大綱而民陰受鳳鸞之福將十年矣而公不以懈也意氣倍增精神倍勇質明登堂聽斷旁午退食未幾晚衙又開案無留牘民以不冤其勤且明有如此者俸粟之入數有定額向來州邑輸餽陋習概革去之飲水茹冰無塵可染其廉有如此者歲水歉民艱食公請於藩帑自漢糴米數千鍾來黃減價糶之深冬積雪窮簷得有炊煙其惠有如此者嚴關市之譏謹甲伍之法沿江上下戍樓烽燧無不修飭莠民暴客無所施其奸而弁卒之雜居閭閻者皆安堵奉法其威有如此者科歲童子試甄別謹嚴竿牘不敢闌入州邑之獄申牘上者反覆詳研出入以毫釐辨其愼有如此者修葺學宮光輝輪奐更立義塾以教草野子弟其中頗有英俊其崇學興教有如此者其他良法美意不可枚舉總下車以迄今日聚全神而貫乎始終而更闌氣迎人飲醕自醉非其性情學問有大過人者歟乃忽以詿誤解組士民驚愕如失慈母知公之貧也相與攜米蔬市薪炭與醯醢酒醴蠡腊魚肉之類叩邸舍而爭餽焉四民無論矣乃匄夫乞子亦竭其囊橐獻致恐後自罷官迄今數月餘九邑之來餽者無慮晷亦無倦色吁異矣尋奉　命檢公官貲衣被之外藏書萬卷餘無

長物府嚴寒公衣裘皆入籍緘民寅夜促買緇青木棉褐羔羊袍澤泣以獻公揮涕而受衣之一時情景若孝子慈孫奉其父祖於顛沛其誠足以格天帝而誼足以泣行路汗青所載未之有也而公已用是不朽矣今雖 恩綸召見起用有幾大抵已不復官黃而有斐不諼相與築室於相隱橋畔畫公像而生祀之顏曰蘿村棠舍蘿村者公別號也猶云召伯所茇云爾黃之人以此爲公祝釐地僉伐石而記之益以知 聖朝用人之至當循蹟之可紀與天下治安之長久爲可樂也

是爲記

問津書院在縣北九十里孔子河相傳孔子自陳蔡適楚過此士人嘗掘地得石刻有子路問津處五字宋末龍仁夫寓此講學立有

先師廟在今廟右百步外元末燬明隆慶初知府孫光祖重建邑儒郭慶吳良吉與黃安耿定向定力復講學於此至萬歷時蕭繼忠王陞始糾同志移建今處顏今名一時生徒稱盛明

季兵燬

國朝康熙間邑士鄒亙初操之盛先後修建乾隆間疊次續修規模大備中殿奉

至聖先師像東廡祀仲子及沮溺西廡祀朱子及先儒每歲春秋季月望日請主鬯陪鬯二人致祭越二日會課獎賞有差道光七年舉人胡玉森增貢錢履和生員胡華潤捐建理事齋麻城袁銑有記光緒七年監生熊明春職員黃之煥生員左秉鈞募貲重修

大成殿並建文昌閣奎星樓 院內田課前明知府王世德推官許士奇共置烽火山等處田二百五十六畝七分

國朝康熙間知府許錫齡知縣劉澤浦職員王仁長鄒江遐操衮王湃仁捐置蓮花汊等處及價置院前並夏畈田共一百二十七畝六分嘉慶間邑紳王宗華捐曹家大屋田七十畝嗣價置松林岡莊屋砦田共十八畝五分道光間職員洪恩澤附貢錢莆田監生蕭正福公捐張家墩田十五畝一分咸豐間監生王子松捐金雞山楊林港印子塝田四石二斗同治間麻邑胡能猷捐華家畈田一石八斗

明鄒元標問津書院記聖人之道無微弗暨雖俎豆遍天下一遊憩處猶切羹牆人心不死夫子萬古如生也問津書院自宋元來代有祠久而圮明雖修祠而湫隘不稱頃彭公侍御昆弟大參孫公輩入而舉祀事四顧愀然曰此非可以妥吾夫子之靈謀新之詘於力以告郡太守王公遂捐俸爲之倡嗣是郡伯李公及司理邑侯佐之侍御黃公伯仲適在里與諸同志捐金佐之成後爲殿祀先聖中爲堂前爲門右祠祀仲子左祠祀有功茲土諸有道鄉先生顏曰問津書院歲時祀罷羣諸搢紳及弟子切磋於斯甚盛舉也走使問記吉水鄒子鄒子半生泛浪墮落迷津不知凡幾而何能有所發明以復諸君子惟是思夫子覺時之心甚

切問津之意隱而不發而長沮以夫子爲知津乃再問桀溺溺以避人避世爲言夫人在蓋載中乾父坤母民胞物與故曰仁者人也天下甯有子立之聖賢哉夫既無子立之聖賢竊而親師取友以明斯道達而濟濟師師以公此道皆吾儒分內事此彭黃諸君子之重興斯地而皆以竟吾夫子津津覺世之意也諸君至此其思我夫子當時與子路依依棲棲不得行其志於天下一師一弟周旋不舍乃託之乎沮溺窮而無聊之情可悲也又思一片榛莽地今蔚爲文明之場搢紳結轍吾夫子精神如聚一堂可幸也聚而問問而思思而知津途不遠舉足便是諸君子開茲堂奧之意不孤矣昔魯哀公問夫子鄙諺莫眾而迷今寡人與羣臣慮之而國愈亂何也夫子對舉國盡黨季氏與之同辭是一國爲一人君雖盡問境內猶不免亂也夫問一也哀公問而愈迷夫子知而不迷莫迷於魯莫迷於天下可知知楚之津知天下之津可知長沮猶澗溪之水儘足自澡夫子如海溟以藏疾爲曠以含垢爲大以九圜共溺并識歸涯爲壑余嘗謂長沮接輿荷黃者深知夫子一以鳳稱一以有心歎一以知津許長沮之知夫子可知特其道不同故不相爲謀耳茲地去黃百里許二水縈迴書臺墨池顏港車坡遺跡爛然在望先是耿恭筍公每至輒徘徊不忍去欲有所創不果久埋荒霧中一旦灌而新之非王公及彭黃諸君子爲政誰復能識其大而興來學哉

國朝呂德之問津書院記論語記子路問津記其事

也未言其地史記載孔子自葉反蔡見沮溺耦耕使子路問津津其在葉在蔡亦未有定地也正義注曰黃城山下卽問津處而黃城仍未詳何處考陸應陽廣輿纂則云黃城山在葉縣一名黃柏山係子路問津處則問津之在葉也明矣乃楚志則曰問津歌鳳俱在黃岡又何以稱焉夫葉之爲楚地昭也以黃岡之卽爲葉其何據乎或曰楚之滅黃在魯僖公十二年前此楚無所謂葉也後此天下亦無所謂黃豈楚併黃之後卽其地改名爲葉也抑沈諸梁食采之時黃已在其疆內也乎皆未可知也今則實指在黃岡縣北九十里地曰孔子山孔子河耦耕處問津處且立廟建書院焉豈自古迄今歷千百年遂無一博雅之士能考核其是非者耶卽曰聖人之遺蹟人樂援之以爲邦域重何葉縣之廟祀古蹟不一援之而獨見援於黃岡也則問津之在黃岡亦若有據至書院之設始於宋之龍仁夫成於明之蕭康侯建立殿廡買置祭田春秋兩祀一遵典禮而鄉之人士無遠近講藝課業於其中規約井然長幼有序彬彬乎禮樂衣裳地也後此吾黃之士日得仰其溫良恭儉之容思其文行忠信之教鼓其進德修業之氣暢其出王游衍之心則是志於道而謹子弟之率者問津者也望道而趨不惑於他歧不移於血氣者知津者也由此而及門由此而升堂而入室津其託足之始基也可勿問歟可勿知歟昔漢文翁治蜀修起學宮招徠子弟每出必從以明經飭行之士吏民榮之風俗大變韓延壽守潁

川好古修教興治學宮鄉射讀法盛揖讓登降之儀令諸生皮弁俎豆以正民閒冠婚禮制郡以大治蓋文教者循吏之首務也黃岡詩禮地何遽不如蜀與潁川況問津之設尤助學宮之所不及者乎有心世道者接而振興之安知兩漢文治之不可復起耶至其地之在黃在葉兩存考焉可也陳文樞重修問津書院記余來楚時聞黃州之北有問津書院欲往觀之未暇也去年冬來治斯邑因事北行九十里雲皋繡壤夾岸參差古木交柯懸崖絕磴清流之瀠洄橫出其下渡河而登則巍然殿閣丹堊新成聞書聲泠泠乎若近若遠則講堂也於是進諸生而問之曰歲在甲戌　聖廟告成又五年講堂始備前此兩廡之改建則乾隆八年癸酉歲也且聞諸古言唐以前有於此建廟立學者宋末永新觀復龍公晚年隱居設教於山下明嘉靖閒耿氏楚侗門人所謂天臺先生也與其弟子健復於此講學齊名其舊址距今廟右百步天臺以地狹欲遷而未能屬其徒蕭康侯久之與王晉五孫心易彭尚寶方心宇諸人告於郡守守以下皆助之遂移建山上顏曰問津以康侯爲師其守令載名宦志內於時四方賢達往來講學無虛日有慕學者行數百里又爲廣屋舍而受之故三十年間名儒接踵砥節好修能爲文章之士濟濟成風名遂大盛又十餘年有王海伯振舊院於兵燹瓦礫之餘而時當我　朝定鼎人文肇起於是鄒公遂操右恆王梁思鄭涪思王汝載諸人同力修飭而書院又盛諸生爲余言且屬之記也如此夫自宋迄今五百餘年之閒其葺而修之者屢更矣豈地之盛衰相循各有其時耶抑其興之者在人得良有司倡之而今乃復盛耶是時郡伯錢公方修河東書院勸學興士而其風遂達於鄉曲而好學者不自私已又各能勤其所學蓋郁然又加盛矣昔唐杜牧之守黃州立廟祀先聖興學校宋孟寶玉亦於此立廟設學比屋千閒以待游士古今人大抵同情恐余材之未足濟也然吾聞問津之說矣酈道元曰相望河北層山峭舉多石室焉室中若有積卷矣而世罕有津逮者新論曰道象之妙非言不津津言之妙非學不傳蓋問津亦復難也則今之多士輻湊遠望參參如在天上其必有志於聖賢之域爲斯道之津梁引而導之者余望之矣是爲記

淋山書院在淋山河明義民孫子華建久廢

白石書院在還和鄉白虎寺區乾隆元年監生方可發募建道光十五年生員秦立五周昇職員黃宗璐續修咸豐閒職員高士元重葺光緒三年監生杜壽岐職員樊賡颺文童范霖增修　院內經管歷置祭田共課一百四十一石一斗又道

光十一年節孝范樊氏捐祭冢衝田課四十石零以作祭費

國朝彭士商募修白石書院引黃岡還和鄉有白虎寺寺有佛像有住持僧蓋自佛入中國到今俗之漸民久矣夫釋氏生長西域去中國大聖人遠目不睹溫良恭儉讓之容耳不聞仁義禮智君臣父子夫婦昆弟朋友之教故迷溺於歧途而不知而中國之人亦或從而信之至變其服棄其家滅其天親而不顧是可哀也是可懼也寺僧揑吾夫子像作聽彼講經狀特欲借夫子爲重以蠱惑愚民邀布施利耳而其無忌憚則甚矣且使觀者謂夫子大聖尚傾心嚮佛吾儕鈍根敢有貳志如是幾何不令天下盡化爲異類哉余門人進士程生後濂上舍方生可發家近於寺見之髮指爰議募諸紳士捐金錢別建書院於鄉移安　聖像於院異時所塑聽講狀則令匠氏改飾德儀請於學憲　蔣公可之而屬士商一言以爲捐者勸士商老未聞道所言何足迴瀾然忝備員學校不言滋戾是用亟呼卬須我友顧或以仍前塑像爲疑竊考明太祖甫定天下　命天下崇祀孔子於學不許雜祀釋老宮後張孚敬因議易　聖像以木主蓋愼之至也而徐存齋則曰苟像有傳流何必　輒廢欽惟我　世宗憲皇帝重新闕里廟　聖像所執玉皆頒自大內固不與凡學宮一例議撤先儒龍麟洲倡道邑之西鄉是有問津書院院中亦以像祀士商嘗往拜謁望之儼然卽之也溫恍如親侍杏壇焉

則像設亦未爲無助茲二生之爲是舉也遠遡前代舊制祇
承國家曠典而於存齋之所言麟洲之遺蹟亦復脗合不
憚勞勸諄復勸捐其備聖教也意良深矣凡讀夫子之書者
雖居位有尊卑行道有顯晦而紬繹乎仁義禮智君臣父子
夫婦昆弟朋友之教因以思温良恭儉讓之容大遠於釋氏
之跏趺而摩頂相率捐金錢以襄厥成是心理之所同然而
邪慝之所由熄也其又奚吝士商且蒞俟廟宇告
成藉得瓣香親謁如問津書院故事以志嚮往焉

坪江書院在團風鎮康熙五十二年生員錢光時陳雪洲倡建
乾隆四年知縣吳瑛添買民房以作義學道光十八年知縣
沈興樂捐廉移建咸豐三年燬光緒二年舉人嚴旭募修

白雲書院在但店鎮道光二十六年副貢何憲葵生員易兆禮
舒鶱舒鳳翎等置陳家河田課十餘石以爲經費光緒四年
監生易良材舒良玉等募修

温泉書院在三里畈地有温泉故名乾隆間丁運盛倡建爲其

鄉會文所置有羅邑田課十五石五斗以資經費又添置本
處烏鉢腦田課五十四石歲以九月十八日致祭會文咸豐
初燬監生丁之元職員史宇度徐繩武等修復

古邾書院在新州初建文昌閣康熙三十四年重修知府賈鋐
顏今名後被水圮移建河坪

龍潭書院在新州道光二十五年士紳公建

停驂書院在上伍重鄉鄧精盼等募建節婦馮劉氏捐田一石
二斗由鄧兆麟等經管生息復置田八石零以爲祭費

回車書院在沙河方家畈界連麻城乾隆五十八年邑紳陶國
幹麻紳程琮以棋山寺供有明周旻周杲官山東時奉歸
先師像率兩邑士紳建書院爲殿廡以祀之歲以八月二十七日
聖誕致祭並課文一次邑增生曹翰字蔣江學士本榮後裔嘗講學於此同
治間麻城知縣黃以慎集貲重葺　院內原置祀田在院前
並李家灣余家灣三處共三石八斗三升五合道光間知府
徐上鏞撥棋山寺田三石六斗職員王輔監生王俊捐田一
石八斗鄭炳烈捐田一石四斗光緒間麻邑貢生傅戩齋監
生傅爲表職員傅爲琦武生傅爲斌監生傅爲心傅學池監
生蔡濬典程炳烈等先後捐田共三石二斗九升

文昌書院在校魚寺區職員徐鶯海超文建置祭田一石六斗

舉水書院在劉家集河坪河水發源柏舉故名道光間羅錫川
姜六等捐置花地二石嗣程見灼思孝等捐貲補助麻邑吳
均和捐孫棧埠田一石一斗七升咸豐三年燬同治七年羅

承烈靖鵬路等募修

新義學在南門外陶家巷口順治間邑士楊允禎姜士泰讀書
處道光十年知縣李錦源修葺以爲義學久廢

小學在府城隍廟右七賢祠久廢

官義學在賀家坳牛車河金雞坳七道河三里畈李婆墩六處
光緒六年知縣戴昌言捐廉創設每館延師一人月送束脩
錢四串學徒以二十八名爲率

育德堂義學在還和鄉新店職員劉鳴南置捐田一石二斗

多善堂義學在還和鄉監生朱兆楷置捐田二石七斗五升

葆醕堂義學　安雅堂義學在還和鄉竹陂寺職員朱兆芝捐
捐田四石二升

植本堂義學在還和鄉學堂灣生員朱炳南置捐田一石四斗六升

培心堂義學在陽邏司署右側貢生雷霆算學生胡敬之等捐金倡修

陶家義塾陶國友置捐洪家蓬田三石三斗一升

孫家義塾孫世榮置並置田二石

青藜義塾在東弦鄉光緒元年邑紳劉維楨置捐田二十一石八斗一升二合五勺爲經蒙兩館延師及從學生徒經費

郭家義學在庶安鄉職員郭錦鴻置捐田一石

蘄水縣

蘄陽書院在治東玉臺山卽枕浠閣遺址順治十八年知縣劉

佑建名玉臺書院捐置田課三十三石給張王廟僧作本院香火費勒碑院內乾隆八年知縣許騰鶴重建改爲蘄陽書院咸豐初燬光緒七年修復　院內原存並續置撥入田課三百十四石四斗七升四合邑紳徐立正萬孝玉捐置田課五十二石生員陳正國捐田課五十石二斗五升王九峯捐田課六石蔡士暎捐田課三石五斗知縣錢清履及節孝蕭汪氏共捐銀置田課十三石五斗易用澄用涵用濡捐田課二十石共田課四百五十九石七斗二升四合又官湖一區卽荷蕩湖官塘八口在西關北關內外夏家鋪花地一所西陽河東岸洲地三十七廂每歲收租作山長束脩及生童膏火桂陵玉臺書院紀略人以地傳乎地以人傳也雖然要必人與地交相勝夫乃可以交相傳玉臺城南近地也山川奇秀邑志首稱諸文人墨士靡不至至則或題之或記之或咏歌之輝映棟宇閒蓋其盛也向者曲周劉父師簿書之暇登臨選勝惟曰玉臺每至輒低回留之不能去顧瞻風景有菁莪棫樸之思焉爰建書院於其上仍顏曰玉臺夫書院而玉臺焉猶賓之也玉臺而書院焉玉臺又似乎不得而主之也從地乎從人乎大抵皆師意也是役也吾鄉諸同志實襄厥成爲邑巨觀至於今稱道勿絕也迨燕山李夫子繼蒞茲土教澤化雨浩乎無旣而應城易師又訓迪之兩師仰體　國家右文至意修贊葺序文治日盛蘄人士烝烝然向風唯謹兩師顧而樂之登臨選勝亦惟曰玉臺玉臺於是乎益重諸同志奮然興曰上作下應如是其盛且美也玉臺如是其足重也其會同志講習其中歷寒暑勿怠相與以有成焉庶無負三先生作人之盛乎夫乃知麟必於其藪鳳必於其梧竹諸同志徼此玉臺弗顧也雖然玉臺誠足重乎非有人焉重之亦烏能亭亭物表傳之無窮乎哉爰述其概俾蘄人士識取指歸云爾

孫公書院明萬歷閒知縣孫善繼建

朱公書院明萬歷閒知縣朱文昌建

雲路書院明萬歷閒知縣游王廷建

大成書院明天啟閒知縣孔榮宗建

社學在縣北郭外設教讀一人今廢

麻城縣

萬松書院原在縣西七里岡後移建城內前街卽南察院舊署康熙四十九年知縣馬元勳改建於　武聖宮右知縣吳顧行劉希向黃書紳增修欽州馮敏昌題講堂額曰好德堂道光十三年鄒開魯捐貲擴修同治三年復以公項補修　書院膏火田詳學田內同治七年江世才何紹先黃潤生共捐錢五百串以助膏火光緒六年署縣張茂時撥罰款銀一百兩合錢一百六十二串併入書院存放生息八年知縣朱榮椿將積穀項下餘置田畝歲收租穀七百石零內撥一半入

書院併歸前項一例支發

馮敏昌好德堂記今春余自北地薄遊江湘以秋之一月訪黃明府

書紳佩之於麻城時明府方修復城中萬松書院求余名其院中之堂而余名之曰好德或曰是曷爲名哉余曰萬松書院之建蓋本宋蘇文忠公過張仁甫萬松亭詩而名也按志萬松亭在縣西七里岡故老云院先建岡上遂以萬松爲名及後移建城中尚仍是號故余於斯堂仍本公詩好德無人助我儀之句而名之也或曰今之萬松書院已非故地院雖有松亦焉得萬蓋萬松之已無其實況於推本詩中望助之意言之今將焉助也哉余應曰賦詩斷章其來舊矣又況好德之義蓋更有進焉者乎試詳說之今夫書院之設所以育才尤以畜德爲先士苟有才而無德則亦無足觀矣且夫人之所以不能自有其德者以未知好之故耳夫未知好之則固不思夫己德之所以成又安能助人之所爲德然而其所以不好之由則非其本心之果如是也利欲攻取之私旦晝梏亡之久有以蒙蔽陷溺而後乃遂至於不好耳昔吾夫子曰已矣乎吾未見好德如好色者也若是乎當時之人之不好德若此其甚也而更何望於後人乎雖然人心之所以不正學術之所以不明則以未嘗推本言之是以迷謬益甚而不復思返昔漢大儒董子深明春秋謂道之大原出於天學者稱之實則本於吾夫子當日之論詩詩曰天生蒸民物有則民之秉彝好是懿德夫子讀此詩而贊之孟子又從

而迹之夫好德既民彝所秉而物則實自天所生則知人之好德者其天而不好者其人也今將以己之說教人人未必從而信之而試一推本於天則人之聳然聽憬然悟固將有若行者之歸家飢者之得食斯其爲教也固易入而其成才亦有本矣苟不此之務則必將至於以人汩天滅天理而窮人欲以至於好德之終不得見而又何學問之足言者乎吾故曰人固不可以無德而德尤不可以無好也今觀明府之修書院捐廉踰衆蓋急急然以教化爲先而邑人之趨事恐後復汲汲然以好義爲尚而至于邑子弟之鼓篋遜志橫經請業尤喁喁然以向道爲心是皆可不謂好德焉也哉若是而張仁甫之栽松與蘇文忠望助皆可以是通之而至于今院之非舊地與萬松之非實數其亦可存而不論矣夫客曰善盍記之時余方即日入都不復潤飾遂書以入石如右明府吾粵之陸豐人以名孝廉與校 四庫全書作宰於是邑者

養蒙書院雍正十一年知縣李作室建乾隆二十五年知縣胡鵬年撥吳顧行所置學田穀二十八石羚羊山租錢十二串作師徒膏火五十六年知縣黃書紳增穀十石錢量加

龍溪書院在縣西明天順閒邑紳周兌建今廢

白臯書院在縣南明宏治閒邑紳董樸建今廢

經正書院在南關外明崇禎閒知縣蔣煜建今廢

國朝鄒知新經正書院興廢記邑侯蔣羽公諱煜武進人登戊辰進士蒞麻數載作養人文崇禎壬申於南關外創立書院題曰經正院三重前爲講堂中塑聖像後祀濂溪晦庵諸先儒守僧居之兩楹號舍井井鱗鱗聽善屬文者充焉院外週以垣宇松濤竹籟鳥語花陰參差掩映其中每至院咿唔聲四達春牖左開秋窗右豁環池成浦遠屏潑翠所謂啟軒瞰南峯也蔣師去未幾烽氛逼處戎馬生郊宮牆圮之榱棟薪之聖像風雨之峩峩隆構鞠爲茂草絃歌地瓦礫場矣曷勝悼歎昔文翁亦於城南立講堂堂遇火太守更修立且增二石室裵元到廣州於虞仲翔故處徘徊哀咽不能自勝有心人憑弔院址感昔人之勝事傷零落於斯文鳩工庀材安知尚不如初耶

東溪書院在蓮湖明宏治閒邑紳熊經建今廢

道峯書院在牛棚山明嘉靖閒知縣陳子文爲隱士毛鳳起建

今移建五腦山廟左

輔仁書院明嘉靖閒邑紳周思久建今廢

白雲書院在縣北今廢

明德書院在五腦山今廢

培風書院在宋杜區福田河街道光閒羅公望建捐田課五十石以爲膏火

社學在縣治內古鳳橋雍正閒知縣李作室建今廢

義學在小書院巷內道光十三年邑人鄒逊學捐建並置田六石一斗

黃安縣

萃英書院在縣治西北即義學也乾隆初知縣段紹宸戴炯彭

瑞澂相繼建知縣林光祿李世瑞增修並撥泉口寺田二石收租爲歲修費同治間知縣朱錫綬重修（有記載縣志）歲延主講置有田租以爲脩膳但肄業生童向無膏火惟每月官課捐廉獎之　書院田課原置龍王山存德菴天馬寺李家灣兩河口低寺新橋七處田共課六十四石四斗又夏姓捐田課一石黃荆窪與袁姓地租錢一串六百文永佳河租錢十串文（盧爌萃英書院碑記安邑學宮鼎建以來原無產業修葺爲難自康熙戊子年有寺田可一十八石許僧獻之官邑請之上憲允於紳士中歲選其人司其出納從此經費有貲舊者新之缺者補之而無傾圮之患矣夫學宮所以祀先師而書院所以育後學事相因也縣署前舊有社學郭西有張公仙湖書院乃不旋踵而基已墟者規畫未盡善經久無長策耳署右萃英書院創自邑侯段公閱戴公彭公以時繼修暨林公踵之更爲之廣其堂構高其閈閎後先置田九石以爲生徒膏火蓋歷四公數十年之經營而乃迄於有成都人士咸德之而猶以後此之修葺無貲未克垂諸久遠爲憾

邑侯李父台自下車來留心學校顧此學堂講舍懼其日久就傾頹於修葺適泉口寺之主構訟爰將廟田印冊立讞判歸書院委紳士輪掌爲歲修費如學宮永垂不替焉夫澤莫深於造士業莫遠於裕後古人立德立功務期傳諸不朽者非計目前計將來也公爲學校久遠計復置斯產自此經費有出管修有人度支無憂掣肘會計無敢侵漁庶幾棖樀巍煥恍廞甘棠而德造雍容叨榮玉筍文教之興駸駸日上皆我公造士之深心裕後之遠慮也繼繼繩繩有不與學宮屹然並峙者哉爰紀顛末勒石學傍億萬斯載永志勿忘乾隆三十五年八月）

仙湖書院知縣張琮建於鼇峰亭下舊有田歲收租三十二石內撥龍神祠祭費錢四串三百文餘存爲重修費

鼇峰別墅先是仙湖書院與鼇峰亭俱圮咸豐元年知縣許賡藻諭經管重修易今名前後共置田十石八斗四升坐落柴家衕等九處收租存積以爲重修歲修諸費

天臺書院明邑人耿定向致仕後講學處（茲天臺書院記古校之教修士求志

達道未有不爲時用者其在於鄉也高者尊爲父師少師而下亦不失爲更老日羣其子弟督敎之追歿則相與追思其功德祀之瞽宗推而目之曰先聖先師夔伯夷周公孔子顏子皆其人也近世理學莫盛於宋迨天聖明道間學猶未立而四書院之名獨聞於天下是時周之鹿洞陸之徐巖朱之隱屛各以道德師於鄉爲之徒者率振振雅馴行藝修好世徒知賴其用而漸摩成就之功豈一日積哉天臺先生崛起楚之黃安推明孔顏周陸之學與鄉人肄習之從遊者履恆滿戶外已宦轍所至又自其鄉達諸四方今去之數十年而其敎如存先生所風動抑已遠矣當其校士新安拔胡侯於髫齡中而授之學至是綰印綬來爲邑令乃盡推先生之言措諸政事約束精明寬簡中度閭部晏然民吏意得以其閒造先生之廬與其子弟講求未墜之緒而闡繹之嘆曰古鄉先生沒必有祭吾師顧其可後爰卜地邑東偏構堂三楹奉先生像設而同志之友及門之徒皆祔食於旁講堂三楹翼以二室待來遊者棲焉書舍二十楹羣多士於中誦詩讀書循循如瑱瑱如也惟謹牆之東西復爲孝子節婦二祠周而覽之齋祭有所肄習有次庖湢燕休各有甯宇又出其餘貲田數十畝會其人以具祀事既成書來俾余志之嗟乎先生特起千載之後明先聖之道以牖後之學者其於求仁之要修身之矩本末燦然如指諸掌藉令遐陬獨學之士精思而實踐之可以學聖人而無難況黃人息遊於斯者皆門人之

子孫昆弟也彷彿於聲容而得其意之所存能無憬然思奮者乎自是其賢者超然自信而獨立即中材亦勉焉循其矩矱而寡過不惟先生之精神丰采久而彌新侯之傳於是邑亦將無窮矣侯名向賢字某徽之歙人莅茲五載治最當遷矣而能加意於吏責所不及亦先生得士之驗也是爲記）

雲臺書院知縣劉承啟課士處今廢

桃花書院沙河王氏建

社學在　崇聖祠東基存

江汝社學明耿汝愚建

程鄉社學在邑西灄源鄉鄉故隸黃陂爲程鄉相傳宋二程夫子產此今學址存焉

羅田縣

義川書院向在城南永興門康熙間知縣張琳建名薪槱書院

厥後知縣王眼移建於城東玉屏山改名崙山書院乾隆四十四年知縣陳士鳳移建於鳳山之玉閣知縣徐昱重修改今名道光十一年知縣耿湄玉移建於新街四官殿左咸豐九年知縣潘亮功添建房屋一重同治三年燬七年知縣吳鳳笙重建並增建廚屋一重　書院租課自道光十四年知縣趙振清捐銀一千兩嗣後官紳接續捐撥現計田三十五莊共二千二百九十一石二斗四升每歲收租爲延師及膏火之費

白公書院在縣治西元妙觀左邑人爲明知縣白乃忠建

古塔書院在萬壽寺右側邑人張明道讀書處

社學明成化間知縣沈雷建於縣西嘉靖中知縣沈越買民地

重修

乾山寺義學生員胡心致等置捐田一百二十石

東嶽廟義學生員胡紹瑗等置捐田四十石

月山廟義學王輝萬等置捐田四十六石

善應菴義學監生王位尊置捐田六十石

盧家坳義學余巨才等置捐田四十一石

白雲菴義學張漢山置捐田六十石

定惠菴義學監生周芝英傅思傑鄭泮林等置捐田四十六石

葉家河義學劉世安等置捐田四十五石

什院河義學監生吳志全等置捐田四十石

奎文閣義學監生屈立添曾克忠曾榮松同眾姓捐置共田九十九石

江家鋪區義學蕭德凱江天貴李鳳慶等置捐田四十石

匡家河義學同治九年置撥有什王寺天明山田一百一十三石又買蜈蚣地田三十石

金鳳樓義學光緒元年置撥有集雲菴田三十八石

蘄州

麟山書院舊在敎場右即荆藩舊址乾隆十二年知州蔣尙德重建錢鋆續修咸豐初燬同治七年知州黃式度移建於敎場左　書院田課明江防道吳國仕知州路雲龍錢兆元共置田地課二百二十一石零五升地租錢十四串二百八十文

國朝知州錢鋆胡齊崙張彭齡買置並斷歸書院田地共課一百六十五石五斗山地課銀三兩一錢州人陳鵬張從資田傑李文甫陳起龍黃逵孫光治洪體循張艮智高振業龔攀桂田國艮共捐田課三百三十石七斗三升地租錢二串四百文呂化新劉芹堂共捐田十一石五斗五升踩田納課王承茂捐漕河鋪屋歲納租錢十串文駱式鋒捐錢二百串文生息又原置東關外田一石五斗（踩田納課外納魚藕課）北關外田課九石二斗地課錢八百文挂口蘆洲租錢四十三串文又同治十年知州呂憲瑞定案在稅契內每契價一串或銀一兩捐錢五文撥給膏火（錢鋆麟山書院記乾隆八年三韓蔣公旣來州與紳士議建書院書院址在麒麟山下始爲城守營署紳士請他闢地作城守署而以其舊署址新爲書院聘師置弟子十五年今郡守靈武李公代蔣公後）

一仍其舊蓋蔣公在州復城北舊河作城守署百務俱興李公時山民愚頑姦徒夥羅邑馬逆潛伏公盡心鋤姦姦徒他境卒用訪察力姦徒以次伏誅未遑謀書院善後策十七年余承公後山民思向化紳士欣然廣學舍益置弟子余捐養廉百金為倡紳士助之共得田四百餘租銀二千兩生息膏火既足自今以後書院能不廢三代時田皆官田故既予農復予士以養士於庠序學校三代後田盡歸民天子不能制產貧農無田何有士然士雖無田而歷代國學鄉學養與教皆并而有制蓋國家經費之餘上不自私而恩及於士故士不廢學　世宗憲皇帝以太學例詔行省建書院發帑金生息以經久遠諸上憲復體　朝廷意令郡州縣捐養廉各院時先後建書院於治所而吾州紳士又復體諸上憲意樂捐以為諸縣先是誠可嘉夫以國家經費之餘不惜頒發以為行省書院計視三代予田以養士其愛倍至而紳士節儉衣食以餘助化皆　朝廷實意潛孚涵濡禮教故能不自私而樂捐如是歟推厥所由以告多士並遺後人亦守令之事也

陳浩新修麟山書院記　聖天子稽古右文振興學校書院之設徧於直省自大都以至山陬海澨良有司以次修舉者靡弗羣萃州處陶冶而成之作人造士之盛自古所未有也湖北東南文物所聚在省會者有江漢書院其在列郡州縣者若晴川峒山蘭臺龍山鹿門龍泉彬彬郁郁不可勝紀而蘄州之麟山為尤著時惟刺史檢亭錢君因舊址

而新之創率士民謀及經久羣力畢集合新舊田之以穀種數計者四十石有奇歲收其入擇紳士之賢者籍掌之師儒廩餼惟厚生徒膳膏之給視常有加復以其羨周寒士及州人之與賓興而艱於資斧者（先是太學生何權捐石數河田以備寒士應試之費今亦併附）嘅凡數年而規制始備課試有程出納有經咸可為後來者法而於政事之暇時至講堂與諸生考經義陳古訓第其高等而加禮貌焉愛士之誠其勤若此刺史其賢矣哉夫刺史之所以拳拳而為是者豈惟是衣冠典冊之盛侈為觀美已乎將以助流教化樂育人才垂嘉惠於無窮也學者幸生聖明之世良師友敬業樂羣相觀而善不可不厚自期許以無負賢刺史之望而後之繼錢君而來者尚其無廢前人之法因已然者而益大其緒則美成在久所謂濟濟多士生此王國者將為蘄之人歌詠之矣

鳳麓書院在城內鳳凰山麓明正德間陳大中建乾隆十二年嚴秉則重修

陽明書院在北門外明嘉靖間馮天馭建

崇正書院在北門外明嘉靖間顧闕建

蘄城義學向設東西南三處同治八年改為城內城外兩學一在武襄門內一在城外租賃房屋置有義和鋪屋一所又存錢三百串按月生息

大同司義學光緒八年巡檢張振南捐廉置黃土嶺周家坳田課四十二石八斗七升三合花課三十斤魚課三十斤

廣濟縣

滄浪書院在滄浪橋南岸乾隆十六年知縣虞學灝建滄浪橋立書院於四高樓舊址名滄浪書院五十年知縣王鵬南重修　院內舊置有田十四石零五升坐落西關外舊河口雙城驛舒祥及書院門首等處又續置田計八石零五升每歲山長俸穀八十石撥歸龍坪江漢書院山長俸穀四十石其

餘分給膏火（虞學灝有記載縣志）

江漢書院在龍坪明萬歷間巡按御史史學遷為瞿九思講學建院左有仰瞻窩右有文昌閣中有敬義堂堂西有六賢祠（案縣志仰瞻窩祀瞿九思門人張復六賢祠祀胡應中胡士容寇學海金之純李奇觀金德嘉邑人張惟金有記見金石）

文明書院在武穴鎮又有刊水義學置有陸家畈田地一石八斗二升星一段租屋二所老義學基址租屋一所新街河街水馬頭共租屋二所羅漢橋大壩上後壩上二子段共租屋四所（劉映丹刊水文明書院兼義學記吾邑向有兩書院縣城之滄浪龍坪之江漢是也刊水居邑之南濱臨大江為邑之巨鎮焉而書院獨缺道光丁亥浙水鍾公展臣以江防分府來鎮建義學於後街延蒙師掌鐸爾後文風日起道光戊申李公石筠繼蒞茲任觀風課士生童聚者近千人遂捐金建刊水書院於義學左側未幾悉毀於水己酉春復竭力重建夏又毀於水時縣憲福公介五以隄工經費羨餘酌分縣城及龍坪武穴三書院為修脯資公躍然曰武穴書院

一再毁於洪濤巨浪中今殆假吾介五以成之當卽白諸鎭紳剋期集四百緡購屋一區以刊水屬邑之南有文明象遂以文明名之卽今之書院是也同治元年縣憲方公菊人以書院既復因復籌捐項建義學於書院右側接篆覃公石仙思繼其盛遂倡捐並募得靈東中下二鄉凡二千餘緡延邑舉人劉映青爲山長開館課比美滄浪增輝江漢意良厚矣予惟古者有鄉學國學有大學小學其鄉學蓋卽今書院之謂其小學蓋卽今義學之謂無鄉學不足以儲國學之選無小學不足以培大學之英今武穴邑之一區耳而乃有書院兼有義學使生其地者童年丱角皆誦習於詩書六藝之文及其壯也又得名師益友以爲講授觀摩之助其所以育後烝髦以成文明之運者豈淺鮮哉時丹方解組歸里而爲山長者適予之同懷兄既喜對牀風雨率羣從子弟以無墜青箱而尤幸吾里中得此麗澤之資將益產奇英以爲山川生色也因溯自數十年來諸公創述之艱以爲後來者勸庶幾無負前志云

梅川書院在縣治北關內乾隆四年知縣李肇梅建今廢

大經書院在永東鄉光緒三年建

社學在城隍廟右今廢

義學在縣治西康熙間知縣蕭龔建久圮

黃梅縣

調梅書院舊在東禪寺之左明嘉靖三十四年知縣張九一建

國朝康熙間知縣張雲松移建於東關外街口爲大林書院乾隆四年知縣莊標重修七年知縣邵豐鍭捐貲新之改今名十六年知縣薛乘時重修　院內原存知縣張雲松捐置田三十畝並山地坐落北郊豐都廟乾隆十七年余梅氏捐田二十畝坐落路途鎭流秀河收租三十五石二十年監生錢開泰捐田二十畝收租四十石俱爲諸生膏火之資

社學舊在東關外今廢基尚存

試院賓興卷費會館附

黃州府

試院在洗白街北明初原夏閔王三姓舊址後爲陶仲文入官宅萬歷間知府潘允哲改建北察院明末燬

國朝仍其地建大堂三楹二堂三楹二堂東爲蘇白堂堂下號舍東西列爲督學按臨公署康熙間知縣黃極鍾葦先後購院左民房廣號舍乾隆二十三年知府錢鋆復廣之嘉慶八年邑紳王宗華捐金三萬有奇購院外四周民房擴基重建道光十九年牆圮知府德山知縣劉鴻庚倡捐修補咸豐三年燬八年知府周炳鑑勸捐修復十一年復燬同治元年知府黃益杰率屬捐修光緒元年知縣恆琛購基復廣號舍三年

知府英啟知縣恆琛勸捐重葺八年知府英啟知縣戴昌言勸捐修頭門儀門內外雨棚

黃岡縣

試院附府

賓賢館在縣岡邑紳王宗華捐建並捐置田課爲邑人科舉費其田在牌樓灣燕窩地曹家大屋孟家大屋新陳灣女王城潘莊七處共三十一石二斗五升五合計租穀六百三十七石九斗六升內撥潘莊田三石五斗租穀七十石歸河東書院及送府縣學爲

聖誕祭費書院四十石府縣學三十石 實課五百六十七石九斗六升道光二十六年都司銜張炳南貢生張潔衞千總張致清捐錢一千

串文交典生息咸豐初典燬無存邑紳劉維楨捐錢二千串文存典生息陳詩黃岡新建賓賢館記賓賢館者黃岡王子宗華兄弟等捐置腴田數百畝而總其所入以資邑人科舉之費者也成周盛時鄉大夫三年大比攷其德行道藝興其賢者能者以禮賓之乃獻賢能之書於王後世鄉舉之法蓋出於此其升諸司徒也曰俊士今之舉人似之其升諸學也曰選士則今副榜貢生似之至於大樂正論造士之秀以告於王而升諸司馬曰進士則今之名不異於古焉然以予考之周禮其載取士之制綦詳而士舉於鄉入於成均者其行李往來饔飧旣廩之資顧未之及意其時士農不分力皆足以自贍而朝廷之優卹閭黨之佽助均可不事與自漢以來孝廉之舉例皆隨上計吏赴京師而其時貢禹就徵博士至賣田百畝以供車馬又其甚者負笈從官之徒入閭里之內乞食爲資若北齊書儒林傳所載固有懷材負異而困於資斧不能贏糧而景從者可勝慨哉　國朝定制舉人會試京師遠省旣得馳驛而近省亦有長夫銀兩所以體恤而資藉之者甚詳而有法矣鄉試則其地稍近厥費差省　國家治體固有不容偏爲施者非獨其力有所不能給也黃岡號稱人文淵藪弟子員多至數百人其閒以讀書應舉至於家計中落若貢少翁者時時有之若其家本素貧館穀以爲生而終歲所入盡取以供一舉之費事竣而歸枵然

無有即不至如北齊書所云而歎一飽之無時悔儒冠之貽誤有道君子所爲之蠹然心傷者然則宗華兄弟等之爲是役其有補於邑之人士固非淺淺者矣宗華等居縣東之呂陽里弟兄皆友愛其行義也孜孜如不及凡縣屬之橋梁道路諸所得爲者累費至二萬金有奇聿成其先贈君如海之志邑人士以其事白之大吏大吏具以上聞得旨褎嘉並許自行建坊而錫以樂善好施字龍鸞綽楔照耀鄉閭已又介萬于三峰乞余爲文以記之勒石於館以告來者其出入條目田畝坐落並列於碑陰云

公車費同治十一年節孝范樊氏捐田十一石零納穀二百四十七石零內除撥穀十五石作節孝祠祭費實穀二百三十二石零歸每科新榜前二名經管每屆會試按到京人數分給又光緒八年知縣戴昌言提撥縣志經費內省平銀三千兩交各質鋪按月九釐生息作文舉人公車費每屆會試於上年年終算取息銀由銀號匯交經管會館京官按到京人數分給

文童卷費道光二十六年張炳南等捐錢一千串文交典生息咸豐初典燬無存邑紳劉維楨捐錢五千串文發典生息

京都會館在南城東草廠二條衚衕路西明陶仲文捐置嘉慶閒續置房屋一所前抵東草廠頭條衚衕後抵舊館圍牆共十五閒新舊契五紙歸輪管館事人執掌邑紳屢有捐款續修俱詳縣志同治十二年邑紳劉維楨捐銀一千兩作爲修葺費

蘄水縣

試院在城西隅道光十五年知縣曠成春勸捐創建咸豐初燬知縣蔣照林佐先後修復其歲修費有葉一舉德超大有捐

湯鉢嶺田課三十石陳學標捐西陽河田課二十九石畢祚雲捐大吉嶺巴水驛黑松林田課五十三石七斗五升

興賢莊在縣北十里鍾師樓鋪明知縣李汝璨建捐置田課六十一石

國朝康熙閒知縣李振宗捐田課四十二石知縣許祚遠查出學書侵隱田課四十二石入莊知縣劉象賢重修又監生裴振宗捐田課三十三石乾隆閒邑紳徐本僊捐孟家山鋪田課四十石易姓捐桂花園田課十石嘉慶閒岡邑王宗華捐塔兒巷田課一百三十四石高熊氏捐嚴家倉田課二十石蔡蒐圃同衆續置虞家灣田課六石五斗道光閒方姓捐巴水驛田課四十二石李東尹同衆續置游家橋田課十二石又

梅子山應龍山罰款田課十二石光緒六年高錫恩銘恩捐六馬畈等處田課五十九石六斗五升俱爲文生科舉費劉象賢修興賢莊記嘗考王制先王命鄉論秀士升之司徒司徒論秀而升之學大樂正論秀而升諸司馬司馬論賢以告於王而定其論論定然後官之任官然後爵之位定然後祿之先王求賢之心至殷而進賢之階必循序有次鼓舞造就之意即行於選舉之中典至隆也迨漢唐以後天子每三年親降制詔策天下士其先必鄉舉於賢書然後由南宮而召對猶彷彿古者賓興之遺意士之懷瑜握瑾者莫不洗濯磨淬上應制科由來久矣今 聖天子御宇六十有餘年尤孜孜勵精夙夜以教養儒生爲急務其壽考作人之化徧及寰區而菁莪棫樸之才蔚然膠庠詩云師師濟濟今且不啻什伯何其盛歟惟是儒者砥節礪名從來難進易退及公車就道又往往顧行李而踟躕則邁往之氣不堅功名之心或沮英雄不免撫膺而太息也余不敏自己卯入闈後屢躓科場親歷艱難備知辛苦常恨不克操尺寸之柄爲天下韋布士稍進一籌區區此心藏之已久丁酉夏奉 命除蘄令戊戌二月捧檄來蘄下車伊始聞城北之十里舊有興賢莊一所創自前明李令迄今垂百年矣問其舍有堂宇可以聚俊彥習課藝問其產有義田可以資卷燭給舟車竊喜古人先

得我心不覺素懷大慰翌日詣莊所巡視諸考備悉其制作精詳但日遠年湮棟榱傾圮惴惴焉恐勝事且將復墜於是經營適歲首解薄囊兼集眾力共得若干金以付紳士之賢能者董其事鳩工於庚子之春即落成於是冬櫺廡櫨欂煥然改觀規模雖不侈於前人而完固可垂休於永久莊之堂宇不即鞠爲茂草者未必非幸事也若其義田則李公汝燦原捐買六十一石於崇禎之六年李公振宗續捐買四十二石於我 朝康熙之二十四年許公祚遠查出學書侵課四十二石付莊管業於康熙之三十八年今有國學生皮振宗毋蔡氏捐課三十三石余復捐我田價若干兩通計在莊田課凡一百七十有八石其日新富有之盛更足肇丕緒於將來多士之進德修業者庶幾感激而興起余得藉以仰報 聖天子教養人才於萬分之一而念年宿願一旦少酬耳其於三代養賢造士之典抑或有當乎是則前賢創建之功非余今日所敢竊附也事竣而書其年月因援筆爲之記

籲俊莊在北關外柏樹園康熙六十一年知縣劉象賢創建捐置田課六十三石爲武生科舉費黎致遠重修興賢莊並新立籲俊莊序今 上御極之元年春二月余膺 簡命按臨楚黃校閱士子每見蘄諸生氣習端謹文藝斐然可觀閒接蘄令劉君輒詢所以教士因悉其培養善類賞拔英奇而鼓舞造就之方尤有踵前事而力行者乃具述蘄邑舊有興賢莊創自前令李君許君累置田畝積三歲士之錄科而試於鄉者得取資焉歷今百年莊房傾圮康熙庚子春躬率紳士捐清俸擴院宇增田產以勵文教又慮年來武生爭控另立一莊名籲俊田畝院宇悉備嗣是文武各止其所矣旋意去冬劉君申文乞言並具所製諸碑記文詞就正於余余不敏謬職學政竊以爲學校之設有屬州縣者有屬鄉黨者州縣之學有司奉詔旨所建掌其事者廣文也鄉黨之學則賢士大夫留心斯道者所建如宋之石鼓白鹿岳麓應天四大書院是也昔人謂州縣之學或作或輟不過具文鄉黨之學前倡後隨皆務興起故士田之錫教養之規往往盛於州縣此固其遺軌歟朱子記崇安學田云周衰田不井授人無恆產而士尤厄於貧上之人欲聚而教之彼又安能裹飯而學於我嗚呼此造士之所以廣設學而設學之所以不可無田也蘄人士居則肄習有地出則行旌有色青青子衿尙何憂焉劉君其知所先哉抑吾聞唐開元間議立武成王廟配享名將六十四人儀制亦如文宣而宋樞密上言古命將出征受成於學文武張弛其道一也籲俊之創豈直息爭訟毋亦俱收并蓄以上副 朝廷崇文重武之至意歟雖然致此有本劉君蓄道德而能文章所來諸著作原原本本湛深經術其學之也裕故其教之也切其教之也切故其計之也深以遠而其防之也周以密

所謂有立於成材建學之先者也豈易得哉因擊節而爲之言

升士莊在城南文昌閣側知縣汪歙建今廢存有田課七十二石入 京都會館作公車費

公車義田在雙河口石牛鋪梅家橋葉家壋潘家坳孫家灣等處共課一百三十九石七斗五升係邑紳蔡興槐興楷陳春圃何梅墅高玉生陸續捐置

童試卷費原置有赤土坡長嶺岡楊家墩龍潭衝高湖梅家橋梅家畈等處田課四百七十六石五升又易用濡捐楊家花園聚樹河田課一百五十石三斗三升高錫恩銘恩捐西衝正畈田課四十石三斗五升陳繼勳黃書雅王志翱共捐竹瓦店田課六十四石

京都會館在賈家衚衕計屋四十四間邑紳陳廷經捐銀五百九十七兩零高玉生捐徐家馬廠孫家灣兩處田課四十七石三斗七升五合

麻城縣

試院在縣城南門內道光七年知縣董應魁創修十年知縣孟登先畢功咸豐間兵亂損壞八年南鄉士庶捐貲修理光緒七年知縣陸祐勤買民房添廣號舍

董應魁修建考棚序　壬午夏魁承乏斯邑越二年歲科兩試一值嚴冬寒慄一遇炎暑薰蒸歷來考試皆在縣署而應試者幾二千人咸聚於此或冒風雪或侵溽暑身幾頓矣奚文之能工每與同僚議建考舍以庇士林而公事旁午未暇進邑紳而商之然心實注之抑又有慮者麻邑素號名區科甲鼎盛近來稍讓前徽說者謂學宮櫺星門中柱塞向南城門爲北門新樓所剋若培風水必先二者而更張之而又益以考舍之工鉅費繁不將空言無補乎丙戌冬邑前輩袁給諫來以邑人蔡聲揚之言請曰培植文風固未可

緩要莫重於考舍蓋試集縣署非惟燥溼不時而各房卷宗關係匪淺麻邑雖疲於興作而樂於輸助者甚夥即如胡魁順願捐考舍基地蔡子學煒願爲領袖袁子一賢袁子啟盛程子元勳及其兄蔡子焞咸願襄其事魁聞之不勝擊節稱賞既欣麻邑之好善而魁數年拳拳於懷而莫一釋者藉以大慰矣爰是集衆於庭慨舉樂輸印簿分給各區一時闔邑紳士交口稱善捐貲恐後而大工興焉方諸子之踴躍圖始也費或弗湊毅然挈借隨收隨償由丁亥迄己丑三歷寒暑司土木者鳩工庀材司勸捐者櫛風沐雨未嘗一日告瘁給諫袁前輩亦屢來勞盤桓累日魁所謂心實注之而恐其空言無補者蓋至是不已暢然意滿哉夫立一議而必能有成難矣即有成而規模宏遠抑又難矣是役也諸君子胡不憚其難並不辭其累豈時至事起莫之爲而爲歟向使諸君秩當支用不給之日逡巡畏縮裹足不前爲學宮求如今日之然城門求如今日之巋然考舍求如今日之燦然得乎查所出印簿收未及半挈借之數約近三千不無展轉稱貸之苦而魁適量移隨州不獲親蕆其事以垂不朽歟何如之會同鄉同年孟君來涖此土孟君才力遠過於魁幸又樂以催繳未收印簿爲己任行且見諸君子挈借必有以彌補於其後矣奚慮焉

袁銑考舍落成序　一邑之科名覘乎一邑之文運一邑之文運覘乎一邑之士氣一邑之士氣覘乎一邑之人精神有以培養而振興之麻邑科名譪稱極盛邇來微覺蹇滯或謂學宮櫺星門中柱塞向或謂南城門爲北門新樓所剋夫改柱增南城門樓二者猶爲風水起見而培養士氣與振興士氣要不僅此此邑人再三審度得其所以培養而振興者計惟考舍重且急蓋考舍爲一邑童試計士人進身於此始所以培養士氣振興士氣即於此始故視風水尤重且急也惟是工鉅費繁當建議時銑聞之竊以爲難乃始事於丁亥歲越己丑而考舍告竣並學宮小柱南城門樓亦已改而張之蓋邑人精神萃於此矣而所以培養而振興者得矣培養而振興者得則士氣奮士氣奮則文運興文運興則科名益盛考舍之功豈淺鮮銑是以樂觀其成而爲一邑慶也至若首議之不畏其難挈借之不辭其累督工之不憚其瘁勸輸之不恤其勞則邑侯董聚五明府序之綦詳茲不贅

文武鄉會試賓興道光十五年屈璞堂捐錢一萬串文存典生息咸豐初典廢僅歸錢八千串零同治十年羅德振同姪啟迪續捐錢二千串文一併生息

萬之傑屈氏賓興義莊合記　麻城縣治之西六十里地名拜郊區有屈姓兄弟者其伯氏名光遠字星海捐職布政司理問仲氏光達字鴻軒捐職同知兄弟素友善其所措施事

無鉅細凡有益於人者一切視兄意以爲左右道光十七年五月某日兄若弟慨然於單寒之士觀光有志稱貸無門乃相與共捐制錢一萬串交典生息以爲麻城縣鄉會試道里之費顧又念鄉會賓興誼篤桑梓而水源木本之愛或反有所未周也復於是年某月某日共捐水田百石以爲義莊凡同姓之孤貧老疾以及窮而不能嫁娶者胥於是乎取之並於其中設立義塾一本當日范文正公所已行者斟酌出之求有以安其身而利其用庶幾內與外之交盡義也而仁見焉矣而吾特有異焉者以天下如此之大其家累鉅萬往往而有而非粟腐而不能貸人一斗即貫朽而不能貸人一錢自我生之初以迄於今數十年來求如屈君兄弟之仁心爲質殆未易一二數豈天下之富者得天俱薄而屈氏兄弟其得天獨厚歟抑亦其所見者誠大其所慮者誠遠洞然於萬物之生消息盈虛之理實有不可以拘泥求者故毅然爲之而不疑歟夫先王之道始於親親由是而仁民愛物其一以貫之者分雖殊而理則一君如堯舜禹湯臣如皋益伊萊一其顯然有斯民之責者不能外是以求治不待言即下此而一介之士必有其身之所接則仁千萬人爲仁一二人亦爲仁仁之量雖無窮而仁之理則隨分可以自盡故先儒呂氏謂庶人亦有齊治均平之責者此類是也誠如今日賓興受其益而士不至懷材負異困於資斧不能贏糧而從官義莊受其益而族之人不至貧匱鰥寡率仰給於大尹以代昏嫁

其子女之不能自歸者吾知異日文章報國者人人得吐氣於階前盈尺之地而朝廷廣收得人之慶葛藟託庇者人人得自勵於飮食教誨之餘而當時仁見禮俗之成由是而一邑行之舉世化之甚且至於荒陬僻壤無不鼓舞而振新之賢路日以闢風俗日以醇彬彬乎游天下於一視同仁之盛雖謂與唐虞三代比隆可耳抑又聞屈氏先人之在麻邑橋梁道路之閒匡困資無之事殆難更僕數其尤堪羡者道光十二年歲次壬辰會省城各大憲增修貢院號舍屈君之父捐輸白金一千二百兩當經大吏具以上聞得旨給予鹽知事職銜其殆以義世其家者乎余至麻城五閱月葉君石林以余曾治古文而以記屬余因把筆序之俾勒諸石樹之黌宮以告來者至其出入條貫田畝坐落並列於碑陰云

文會試賓興咸豐初邑紳羅文樞捐錢一千串文光緒二年樞子元勳續捐錢一千串文生息胡東旭有序載縣志

文生鄉試卷費劉長年捐銀二百三十兩生息

文童卷費嘉慶二十二年鮑臨雲捐銀一千兩道光四年劉錫齡捐錢一千五百串文至咸豐初兵燹無存邑紳羅文樞補捐錢一千五百串文生息文童默寫

聖諭卷費羅守禮思禮志禮捐錢五百串文分存府縣兩處生息

武童卷費同治十年武生鄧紹龍涂國泰共捐錢五百串文生息

新生院費同治十三年渝城荊沙各號公捐銀三千一百兩存商生息

京都會館在崇文門外東草廠頭條衚衕南口梁景陽重修會館記乾隆甲辰閏三月癸酉麻城會館福主神祠成景陽與計偕諸君敬迓神主升座越十有六日兩廡亦次第告竣於是前宇後祠庖湢咸具溝隧宣暢東西館夾道相通規制以備先是館無居人基地多淪沒予于壬寅秋倩理捐贖事既定撰文詳記本末越歲撤東館而重新之其室十迨復贖迪東隙地增置四室共糜白金三百三十兩除支用胡子翔鸞彭子啟鄴輩

存金七十兩外其餘皆借墊神主之祠舊在正館後楹既復基札致邑同人謀改爲之今年春孝廉王子勸胡子翹霜以所勸輸同邑之金至爲兩一百四十有奇合之程子璘程子宗洛合寄二十餘金暨吳子世渭鮑子榜李子愈達各量捐輸有差數卒不盈二百以歸借墊以建神祠皆不敷爰舉贖修館各費悉作予捐款而以前支用之費併現供勸輸者諏吉興工茲蕆厥事憶予于辛巳歲始至京邸覯神祠之湫隘慨然有興修志而未之逮及官京邸廉悉館基侵蝕狀越十年始獲鉤致其姦摘發其隱而基復又三年而室乃成蓋予之懷是志逾二十年而尤諸君子交任不疑而樂趨大義也故始則不得不任其怨繼亦不敢不肩其勞迄於今乃克恢舊址妥神人藉得報命於諸君子而私以自慰其心因以歎前哲締造之艱而負荷亦不易也計祠宇新建者凡九楹工值四百雜銷六十餘贖百緡不計也邑合輸金三百三十餘數不敷者蓋尚有二十云抑吾聞舊館規制尤宏即今東館後層尚多未復集舊事而裕新圖是於同志諸君子乂不能無厚望也夫辛丑夏北鄰不戒於火燄及祠而熄今神主升座之翌日祇融爲災勢甚熾予默禱于神風反而祠無恙神之爲靈亦昭昭矣是爲記

黃安縣

試院在縣署東道光二十八年知縣許賡藻糾貲創建後餘錢七千串文存典起息分作考棚歲修及賓興卷價諸費咸豐四年將存典成數並息錢五百三十串文付殷實家承領五年又買李德灣莊田一所計八石三斗五升每年經管收租穀息錢爲各項費用許賡藻新建考棚記懿夫戴筐六星光曜雲漢懷瑾握瑜之士騁頤沈沈將試紛彌多冗費此童子試所以宜立館舍也顧事爲前所未有而創建之其難有三多士如雲朗朗百餘閒屋非巨金莫辦其難一也近市無曠土形勢家言人人殊誰者然解者其難二也金多而卜吉矣而謀夫孔多規畫不定事奚以濟其難三也是以先後宰斯土者數議舉行而皆未克就予甲辰秋蒞任每擬督修苦無頭緒適丙午冬附貢生阮觀光稟捐錢千二百緡以資興築遂允其請亟招在城孝廉耿君灝廣文吳君言昌附貢盧君若金茂才汪君澤從九余君立豫籌議集貲並語以署東偏隙地可作基址外零星民居苟善價得之地寬然有餘眾皆曰諾即馳書告諸鄉爲民望者無遠近糜集出一冊俾自註樂輸若干數向所謂三難者茲一無齟

鼯豈偶然歟抑事與時會歟適涓吉經始越二年歲在戊申而落成凡爲屋三重中堂皇後爲燕息所前置棹號千八百有奇翼以廊房四間庖湢咸具復就爽塏地建立文昌宮及文昌先代祠各三楹一切案榻瓴甋塗茨丹雘之屬靡不豐約得中足垂久遠用錢計緡萬五千五百有奇餘緡八千二百有奇以七千緡付質庫取其子錢供春秋闈賓興及文武童試卷資其歲時修葺亦取於是更以其溢餘計緡九百二十有奇繕治城垣而其他淩雜須理料者皆預備無缺溥籍具在出入井井朗若列眉嘗謂楚北山川磅礴士生其間者類皆雄奇瓌瑋跌宕自喜蓋得江山之助也而操觚家運筆如風若有神助則直以爲戴筐六星獻相之也夫神也臨在上質在旁其啟牖文壇非特爲蒓流春蔓蓋將以窺其靈臺焉則又衡文者與多士所共爲懔懔者矣是役也思集益廣其中尤出力者石茂才瑩其子丙午科副元九華鄒拔貢聯奎黃茂才沅陳太學玉生鄒太學恆坦彭處士際超吳太學鵬翼其最也餘悉刊石以垂後云

卷費原有嘉慶二十三年余開先捐銀一千兩存典生息後因兵燹無存又道光三十年以修試院餘錢生息備各項費用詳試院內

羅田縣

試院係道光初知縣竇毓俊倡捐建造知縣趙鵬翔楊彪繼之知縣耿湞玉落成二十六年知縣王同治添建號棚同治三年燬六年知縣吳鳳笙勸捐重修

賓興館舊名興賢莊在　武廟右乾隆五十年知縣張元英創建同治九年知縣蔡炳榮移建萬壽宮左改今名原置田二十九莊共一千零五石（內有捐產姓名詳縣志）又江姓捐江老寺田納租錢十二串文乾隆五十四年知縣姜廷銘定章租課付批首經理生息爲邑人科舉費同治九年知縣蔡炳榮將廢廟田產通稟上憲分別撥入賓興書院計撥入賓興館及萬壽宮修葺看守費田七莊共一百五十五石又撥入新賓興田一百零一莊共二千六百六十三石田畝坐落俱詳縣志

姜廷銘興賢莊記羅田興賢莊創始前任張君何興賢乎爾制田取課給諸生科舉資需乎此與無需乎此與之使勉爲賢而已張君既捐廉倅邑人士翕然從令或以施爲或以公罰或以閒田之無主者經營五載而莊成於是張君調署棗陽尋丁內憂未暇善厥後也今年余承乏斯邑邑人士請定章程以垂久遠適張君將歸來羅別余具道顛末相與酌議規條鐫諸貞珉附於莊所自張君立莊以來邑中登賢書者四人後之加惠士林者從而潤色之羅田之士不蒸蒸日進乎上哉是張君又能成其終矣抑余更有進者三代學皆明倫文行交修乃不愧於賢厥後以制藝設科寓行舉於言揚而名賢迭起有志興起者其明體達用佩實含華煥之爲文章發之爲事業副　國家望增一邑光庶不負張君之雅意也夫張君名元英陝西膚施人與其事者邑教諭張君增健貢生郭地煥葉福澤及紳士潘文萃崔員陳錫封佳鼎郭地鵬時乾隆己酉嘉平月某日記

北費田在仙女石董家巖共田二百零九石知縣何蕙馨捐

文童縣試卷費田在朱家山曹家衝東關外戲龍廟連二灣城隍山等處共六百零七石府院試卷費並親供費田在黃岡楊花衝祝家衝牌樓灣等處共課一百五十三石四斗

武童縣試卷費田在平鄉茶園衝共三十五石府院試卷費並親供費田在黃岡戚家嶺陳家衝共課五十五石

蘄州

試院舊在麒麟山教場右嘉慶十三年知州范寶琭勸捐創建道光閒署知州劉鴻庚陸恩紱先後繼修咸豐初燬同治元年知州崔蘭馨勸捐移建教場左知州黃式度續修

興賢莊在石鼓河義興莊在漕河上市監生何開樞捐石鼓河螺螄廟田課一百四十七石四斗三升監生龔達捐漕河圍

壩田課百石州紳黃寶峯捐馬家衝田課六石又樂輸公項
置班王園紗帽石田課一百四十一石增置張家橋田課十
八石道光二十六年州紳龔本理本建捐楓樹林田課五十
石咸豐二年監生柴盛榮盛華盛玉貢生盛賢捐龍目衝田
課三十石增生田相照捐李家山田課十石貢生田相綱捐
湯家月形田課十石楓樹嶺田課七十石州紳夏允升捐錢
四百串文監生李聯元捐錢四百串文除償楓樹嶺田價外
祇存錢五百串文州紳周添順捐錢三百串文工程局存錢
七百串文以上租課息錢俱爲文生科舉費
聚英莊在馮家堰道光閒州紳陳國治營建並將公項營息共
置田課一百五十餘石爲武生科舉費州紳周添順復捐錢

一百四十串文
公車費監生徐文華捐樂家邊田課一百四石分給會試舉人
文童州試卷費公置羅州城田課一百十六石五斗河地十二
石傅家畈田課二十二石漕河鋪屋一所又公存錢一千串
文生息
文童府院試並武童州府院試卷費安平鄉分紹萬應菴田課
一百九十八石北關外鋪屋一所州紳王燮捐錢二百串文
生息青永兩鄉各存錢八百串文生息州紳周春江駱毅斌
陳錫經共捐錢一百六十串文生息崇大兩鄉在前置卡房
田課內支用章程詳州志
京都會館在宣武門外將軍教場上四條衚衕州紳夏允升李

宗賓捐建新會館在爛麪衚衕內箭桿衚衕州紳黃雲鵠捐
建
廣濟縣
試院在縣治河東南道光十七年知縣丁鹿壽勸捐創建每年
以夾套洲租錢爲檢蓋費咸豐九年知縣方大湜重修
興賢莊在縣治東關外嘉慶九年邑人鄒士端捐錢二百四十
串置屋鍾大隆捐萬隴田二石又置買萬隴等處田八莊共
十三石九斗三升五合周懋敬捐周篤田一石一斗四升又
置李頂五等十一處田地共九石九斗四升訓導丁燕春捐
曹家隴田二石五斗倉頭埠田租六石十字街鋪屋一所龍
坪新河埠鉤兒手歲納租錢十串文沈俊貞捐陶家畈田一

斗五升
賓興所在縣治河東岸咸豐十一年知縣方大湜倡建置有方
通方洪方文二劉太朱奇張青叟張銀重范家莊熊馬葉等
處田共二十一石九斗一升朱家岡夏雲龍等處田一石一
升花地十九塊栗木橋鋪屋七所邑紳魏邦達捐黃絲隴黃
蛇出洞等處田一石一斗七升方大湜賓興所記國家選賢與能一循成周三年大比遺意士之赴春秋闈者往往以力不克儆舟車沮觀光志一時牧令各卽其力所能逮別籌賓興費以扶植士類蓋亦深惟人才放失無以稱上意旨也廣濟故有興賢莊歲入不豐未足給多士予蒞治始卽思稍有增益苦無所出籌之既久始得公項三千緡諜諸邨人士爲購田宅歲得田租石五百賃宅貲緡五十擇端慤士董其事約非秋高戰藝暨計偕北上者毋得錙銖耗且號其儲貲處爲賓興所以示專爲賢能取給焉夫士有賢者能者邑之宰竟聽其之迸取貲不獲與賓興盛典則上無以副聖天子顯俊求賢之意下無以遂諸君子通經致用之心譬誠有所難辭而爲之宰者

殫厥心力以期振興士氣士顧不勉爲賢能慮此費不則方其窮時亦頗束身自愛一旦弋取聲華輒變其所守雖掇巍科躋顯仕無足爲邦家光此則匪直爲士者之羞抑亦有負爲士計者實甚也予既懼無以扶植多士而又冀諸君子益自砥礪篤踐實行仰答
國家求士之忱書此以記之

鄉試卷費彭世銓妻饒氏捐栗木橋老樹鯖田四石四斗零五合租歸興賢莊首士收辦試卷

童試卷費原寄典生息兵燹後追還原項買曾六腦莊田四石六斗一升納租一百二十四石六斗五升又置龍坪下街屋一所租錢九十串文原存大安山田租二十五石同治十年郭張氏捐蘄州十里畈馬口湖黃家鯖二處田十五石一斗二升二合公置田二十九石二斗六升五合

黃梅縣

試院在縣署東同治十三年知縣覃瀚元卽倉廒捕署舊址勸捐創建光緒元年監生商煥妻陳氏捐河南畈柯家嶺夏家灣田課四十五石一斗二升二合五勺例貢黎兆煥捐白湖碑田課十八石六斗八升商叔愷捐張湖鎭田課五石張袁氏盧汪氏向魏氏捐杜家楓樹白湖碑金林鎭田共課四十石六斗八升俱永作歲修費

興賢莊嘉慶初附貢許有翼同衆創立現存田五十四石五斗一升五合一勺計課一千九十石八斗八升五合又地一百二十八畝三分七釐五毫計課錢一百二十二串六百文

瓊林莊係邑紳帥承瀛捐置以助邑人會試資斧現存王家河田七石一斗三升五合三勺計課一百三十八石三斗二合

文試卷費係崇文堂管理嘉慶閒監生梅文運捐田九石五斗貢生商斯美捐田八石三斗旋因歲收不齊售田易錢發典生息道光閒監生桂中明捐錢五百串文生息作鄉試卷費咸豐初典燬追還原款不足勸捐增置田八十三石五斗七升二合三勺計課一千九百五石七斗永作大小文試卷資

帥承瀛商姓捐卷價序周官載師掌任士之廛以士田任近郊之地古者士皆授田所以資其養贍始得專心於學以圖進取其在甫田之詩曰攸介攸止烝我髦士惟士之有田者亦力於農事故卽取其秀髦而登進之也今之士率無恆產窮乏者至衣食不能自給有司舉試事或以艱於斧資竟不應其應者非破幃蹇驢卽徒行跋涉困苦萬狀府縣試每招覆至四五次吏索卷費以次倍加士益病之商藍田先生素力學有聲久困童子試援例貢成均知士之赴院府試者較縣試九累因其先人有捐助卷費之意呈於官獻常稔之田八十畝有奇爲闔邑童生府院試納卷之資又恐田之所入豐歉不常復以錢贖田請官爲發商取其息以償卷值由縣府通詳立案自是吏不得借端苛索而應試者無一錢之費

蓋既不吝於財又能計之周而慮之遠也夫世之席豐履厚坐擁多貲者服食之鮮美車馬宮室之奢麗浪費多金不稍恤而孤貧之子曾不得沾匃其賸餘又或起身寒賤甘苦備嘗向親鄰稱貸不遂嘗以有力之家於寒暖不知溫卹爲恨及幸而通顯享高官厚祿而昔時貧賤之交求一綈袍之贈不可得猶能憐及韋帶繩樞素不相知之士出其有餘助其不及使不至以貧窮阻其進取之心者更未之有也聞先生輕財重士之風其亦可以知愧矣昔范文正公置義田千畝以贍族人劉善明嘗於歉歲開倉救饑者人謂其家有續命田皆能篤宗親而惠鄰里者然其沾被僅及於一家又或補救於暫時而非定爲成例今先生承其先志爲闔邑童生捐給卷貲無一人不蒙其利又歲以爲常垂之久遠是士無田而有田卽力不能應試者亦欣欣然無所畏累皆得自奮於功名以與秀髦之選其振勵人才之功爲甚大而先生之食報於將來者亦當未有艾也爰述其端末而誌之以備惇史之採擇焉

武試卷費係觀德堂管理闔邑捐存田十一石三斗八升二合計課二百二十七石二斗五升

京都會館在軍子營仁壽菴同治五年置共十二閒光緒元年

復買館後基地並屋五間

補遺

黃岡縣文武新生院試公費邑紳劉維楨捐野雞衙馮家衙學人埁松林灣張家衝穆家堰王家灣姚家田雩壇廟張家灣等處田共三十二石四斗三升七合歲收課穀六百九十六石九斗一升四合歸劉紳兼善義莊首士管理以光緒十年爲始每屆科歲考試按照文武新生名數呈繳院試公費錢文如遇歲歉減收售穀不敷完繳仍由義莊如數補足遇有盈餘亦歸義莊已刊碑於試院 册檔

黃州府志卷之九下終

黃州府志卷之十上

黃州府知府英 啟纂輯

武備志

營汛 水師汛地附

黃州協營兵丁七百二名計馬兵七十五名戰兵一百十八名守兵五百九名乾隆十四年載在王志嗣是因時裁撥共存馬步戰守兵六百四十四名咸豐七年兩次奉文復裁歸水師六十八名同治九年長江水師營制既定復裁九十三名現存馬兵五十七名戰兵四十七名守兵三百七十九名共馬步戰守兵四百八十三名

駐府城兵二百六十一名 王志

現駐府城馬步戰守兵一百八十一名 營冊

長江水汛二十一塘 王志

晉家墩 五通口 沙口 陽城河 龍口

葉家洲 矮林鋪 爛泥鋪 鵞公頸 李家渡

羅鶡洲 鴨蛋洲 韭菜港 社樹 新河口

十里鋪 長圻壋 巴河口 烏江廟 蘭溪口

迴風磯 巡船兵丁二十二名 今裁

黃岡縣現駐三店汛防兵三十二名 但店 沙河口

馮家集 塘房三座 營冊

蘄水縣防城兵三十一名 王志

現駐縣汛防兵四十六名 雞鳴河 塘房一座 營冊

麻城縣防城兵三十名王志
現駐縣汛防兵三十六名同治九年移駐兩路口戰守兵二
十名共防兵五十六名　兩路口　舊店　黄泥岔
宋埠塘房四座營冊
黄安縣防城兵二十一名王志
現駐縣汛防兵二十六名同治九年移駐黄陂站塘兵十名
共防兵三十六名　雙山關　黄陂站塘房二座營冊
羅田縣防城兵三十名王志
現駐縣汛防兵二十七名　鳳凰關　松子關塘房二座營冊
羅田縣僧塔寺汛乾隆十八年增置防兵四十三名嗣奉裁撥
現存兵三十五名　大河岸　跨馬墩　梭子坪

甕門關　土地嶺塘房五座營冊
黄陂縣汛防城兵四十名王志
現駐縣汛防兵七十名　灄口　竹園　三根樹
雙廟　九子墩　新店　達義鋪　賈家鋪
朱家鋪塘房九座營冊
案以上六縣七汛黄州協營撥兵分防官弁名數詳職官
志蘄州營員弁同
蘄州營兵丁二百八十名馬兵二十九名戰兵四十八名守兵
二百三名乾隆十四年載在王志嗣屢經裁撥共存馬步戰
守兵二百三十二名咸豐七年兩次復奉裁撤二十四名現
存馬兵二十四名戰兵二十三名守兵一百六十一名共馬

步戰守兵二百八名
駐州城兵一百五十名王志
現駐州城馬步戰守兵一百八名　西河驛　菩提壩
大同鄉　均州城兵撥防營冊
水汛　漳源口　茅山　羅家埠　柘林背　掛口
煙光樓　唐家渡　艾家洲　袁家湖　李家洲
廣濟縣防城兵二十四名王志
道士洑營撥兵三十七名分防今裁
現駐縣城防兵三十三名　清河鋪　雙城驛　均縣城兵
撥防營冊
水汛　堡子塘　烏林港　馬口　田家鎮　盤塘

下套口　武穴鎮　中廟塘　龍坪鎮上塘
龍坪鎮下塘　道士洑營撥兵四十六名分防今裁
黄梅縣防城兵三十五名王志
現駐縣城防兵六十七名　孔壠驛　下新鎮
停前驛　清河鎮　唐司月　中路庵　十里鋪
西河口　均縣城兵撥防營冊
水汛　大灣塘　黄泥口　余家滙　陸家背
清江鎮　戴五屯　道士洑營撥兵二十一名分防今裁
案以上蘄州營汛歸黄州協鎮統轄道士洑營原隸黄州
協營自長江水師另分汛地該營裁剩弁兵歸興國營管
轄

附楚臺紀事云江流千里萑苻出沒之藪先當事者議雙流夾樂以指揮三江口統以守備上通陽邏下抵馬口聲警相聞首尾擊應舟船無虞往來殆十餘年頃開有回測而無稽睥駐劄之所或有一暴十寒者予則保甲之令墩堡之修巡哨之密要不可忽　明萬歷中黃岡知縣茅瑞徵上御史條議本縣連亙蘄春肘腋鄂渚控引江淮旁指光息楚一門戶也四通之途不遑生心五方之民奸宄接踵江洋要害豈容偷安旦夕不備不虞竊照長江一帶每十里設巡船一隻分兵哨截禁止夜行商旅賴快郎次之安居民亦獲安居之樂而九江以上此法全疏矣兵統徭永老弱徒寄空名哨分上下鈍朽坐縻工食即巡船亦竟屬烏有水寇竊發一帆順流如入無人之境守禦不協護衛所不盤詰一有失事動多委罪有司萑苻四起誰任其咎妄謂申嚴保甲修理柵欄郡縣爲政至於沿江設險原有汛地巡哨船隻祗因法久盡弛合無今後比照南中事例責令軍衛掌印協同巡司等官查修撥守或五里或十里首尾應援一遇有警前後督赴攔截自當應時就縛萬一脫逃沿路連坐又何盜之敢窺然此直救標之議也或謂城濠積水不宜淤塞應於農隙浚治加深或謂城鋪傳更遣法盡墮應令各軍照舊輪直此皆桑土綢繆之慮似當早計及備查三江口擁蔽上游實屬要害岐亭錯壤黃麻去郡特遠尤爲盜賊窩囤出沒之藪前此皆有專設衙門臨鎮其地相應照舊申飭戒嚴無撤藩籬庶幾草澤不至生心而民間旦暮安枕此實弭盜安民切務

水師汛地 附

黃岡縣

漢陽中營後領哨守備駐陽邏

漢陽營後哨一隊千總駐上葉家洲汛

漢陽營後哨三隊把總駐龍口汛

漢陽營後哨四隊把總駐水口汛

漢陽營後哨七隊外委隨哨駐陽邏協防巡務

漢陽營前哨守備駐鵞公頸領哨巡防

漢陽營前哨一隊千總駐下葉家洲汛

漢陽營前哨二隊千總駐東嶽廟汛

漢陽營前哨五隊把總駐鵞公頸汛

漢陽營前哨三隊把總駐團風汛

巴河營前哨守備駐磧磯洪

巴河營前哨一隊千總駐西河鋪汛

巴河營前哨二隊把總駐黃州城外新河口汛

巴河營前哨四隊外委駐羅家溝汛

巴河營前哨五隊外委駐牛王洲汛

巴河營左哨二隊千總駐黃岡縣屬樊口汛

巴河營右哨五隊外委駐洪家溝汛

蘄水縣

巴河營遊擊駐巴河鎮董家湖

巴河營左哨都司駐泊巴河領轄七隊專司糧餉

巴河營右哨都司駐泊巴河領轄七隊專司軍裝

巴河營左哨三隊把總駐三峽上汛

巴河營左哨六隊外委駐三峽下汛

巴河營左哨七隊外委駐巴河護餉

巴河營右哨二隊把總駐散花墩汛

巴河營右哨三隊把總駐新港汛

巴河營右哨一隊千總駐蘭溪汛

巴河營右哨四隊外委駐巴河下口汛

巴河營右哨七隊外委駐巴河上口汛

巴河營前哨六隊外委駐巴河供差

蘄州

田鎮營左哨一隊千總駐蘄州汛

田鎮營左哨二隊千總駐烏林港汛

田鎮營左哨三隊把總駐馬口港汛

田鎮營前領哨守備駐漳源口兼轄羅家埠汛

田鎮營前哨二隊千總駐羅家埠汛

廣濟縣

田鎮協營副將駐廣濟縣屬田家鎮兼轄五哨

田鎮營左領哨都司駐田家鎮

田鎮營左哨四隊把總駐磨盤山汛

田鎮營右領哨都司駐田家鎮

田鎮營右哨三隊把總駐盤塘汛

田鎮營右哨四隊把總駐三里港汛

田鎮營右哨五隊把總駐老鼠峽汛

田鎮營中領哨守備駐武穴鎮

田鎮營中哨一隊千總駐武穴汛

田鎮營中哨二隊千總駐上龍坪汛

田鎮營中哨三隊把總駐武穴下卡汛

田鎮營後哨二隊千總駐新洲汛

田鎮營後哨三隊把總駐汶河汛

田鎮營後哨四隊把總駐下龍坪汛

黃梅縣

田鎮營後領哨守備駐陸家嘴

田鎮營後哨一隊千總駐陸家嘴汛

補遺

黃岡縣

巴河營前哨三隊把總駐府塘港汛

驛遞

黃州府

齊安驛在城南原係水驛明宏治間以臨皋馬驛併焉舊屬府今屬黃岡縣

黃岡縣

齊安驛在一字門內額馬三十四

李坪驛在團風鎮久裁

陽邏驛在陽邏鎮久裁

急遞總鋪在清源門外沙街額設鋪司兵十七名凡鋪一目爲鋪司餘爲鋪兵今裁存八名 東十里至長圻鋪鋪司兵九名 十里至楊林鋪鋪司兵七名 十里至桑林鋪鋪司兵八名 十里烏柏鋪鋪司兵七名 十里達蘄水七里鋪 北十里至長坡鋪額設鋪司兵八名今裁存五名 十里至楓香鋪額設鋪司兵八名今裁存五名 十里至松

楊鋪額設鋪司兵八名今裁存五名 十里至臨江鋪額設鋪司兵八名今裁存五名 十里至團風鋪額設鋪司兵十三名今裁存六名 十里至花園鋪額設鋪司兵七名今裁存五名 十里至竹瓦鋪額設鋪司兵六名今裁存五名 十里至淋山河鋪額設鋪司兵六名今裁存五名 十里至丁家壋鋪額設鋪司兵六名今裁存五名 十里至黃山鋪額設鋪司兵六名今裁存五名 十里至久長鋪額設鋪司兵七名今裁存五名 十里至道觀河鋪額設鋪司兵八名今裁存六名 十里達麻城縣沙河鋪 又西北自團風鋪起逾十里至馬驛鋪鋪司兵七名 十里至濫泥鋪鋪司兵八名 十里至矮林鋪鋪司兵七名 十里至汪家鋪鋪司兵八名 十里至雙柳鋪鋪司兵八名 十里至城林鋪鋪司兵八名 十里至陽邏鋪額設鋪司兵十名今裁存五名 十五里達武昌府江夏縣官屯鋪 又東北路自陽邏鋪起十五里至粉壁鋪額設鋪司兵六名今裁存三名 十里至曹沖鋪額設鋪司兵七名今裁存三名

十里至畢家鋪額設鋪司兵五名今裁存三名 十里至周山鋪額設鋪司兵八名今裁存三名 十里至陶山鋪額設鋪司兵七名今裁存三名 十里至三山鋪達黃陂界額設鋪司兵八名今裁存五名 東四十里至岐亭連中站馮家集 東北二十里至黃安高林鋪 西北一十五里至黃陂甘棠鋪

蘄水縣

浠川驛在縣南額馬二十四

巴水驛在縣西四十里額馬二十四

蘭溪水驛在縣西南四十里雍正六年裁

急遞總鋪鋪司兵一十八名 南十里至石牛鋪鋪司兵九名 十里至分流鋪鋪司兵八名 十里至李店鋪鋪司兵九名 十里至六廟鋪鋪司兵十一名 十里達蘄州女兒街鋪 北十里至鍾師樓鋪鋪司兵十名 十里至松

林鋪鋪司兵十名 十里至孟家山鋪鋪司兵九名 十里至何廟鋪鋪司兵九名 十里至劉店鋪鋪司兵十名 十里至七里鋪鋪司兵十名 十里達黃岡烏柏鋪 東十里至滑石鋪鋪司兵七名 十里至株林鋪鋪司兵八名 十里至三店鋪鋪司兵八名 十里至白沙嶺鋪鋪司兵八名 十里至三望鋪鋪司兵八名 十里至樊家鋪鋪司兵八名 十里至歇塘鋪鋪司兵四名 十里至羅田縣嚴家坳鋪 西十里至遇客嶺鋪司兵二名 十里至竹林墩鋪兵二名 二十里至蘭溪鋪

麻城縣

舊館驛在縣中街久裁

中館驛在縣西三十里久裁

東館驛在縣東久裁

縣前總鋪在鼓樓街鋪司兵八名南十里至十里鋪鋪司兵六名十里至白棠鋪鋪司兵七名十里至白杲鋪鋪司兵七名十里至望花鋪鋪司兵七名十里至沙河鋪鋪司兵七名十里達黃岡縣道觀鋪　北四十五里至黃福鋪鋪兵四名四十五里至王家樓鋪鋪兵四名四十五里達河南光山縣長潭鋪

黃安縣

縣前鋪額設鋪司兵三名　東五十里達麻城縣岐亭鎮　南十里至十里鋪鋪兵一名十里至周家坳鋪鋪兵一名十里至桃花鋪鋪兵一名十里至栗林鋪鋪兵一名十里至柹林鋪鋪兵一名十里至中和司鋪鋪兵一名十里至八里灣鋪鋪兵一名十里至馬頭鋪鋪兵一名十里至太平橋鋪鋪兵一名十里至高林鋪鋪兵一名三十里達黃岡縣三山鋪　西四十里達漢陽府黃陂縣劉家鋪　北四十里至本縣雙城鎮

羅田縣

縣城驛額馬三匹

縣前總鋪在縣西鋪司兵十名東二十五里至鳳凰鋪鋪司兵三名　二十五里至石橋鋪鋪司兵三名　二十里達安徽英山縣　又東分路自總鋪三十里至大河岸鋪鋪司兵三名　六十里至跨馬墩鋪鋪司兵三名　三十里至本縣多雲司　南一十里至十里鋪鋪司兵五名　十里至長嶺鋪鋪司兵五名　十里至嚴家鋪鋪司兵五名　十里達蘄水縣歇塘鋪

蘄州

西河驛在州西北五十五里額馬二十四

蘄陽水驛在大西門外久裁

遞運所在得勝寺前久廢

州前總鋪額設鋪司兵十二名今裁存四名　東十里至兩路口鋪州志作侯貴府鋪額設鋪司兵八名今裁存三名十里至施家塘鋪額設鋪司兵八名今裁存三名十里至菩提壩鋪額設鋪司兵八名今裁存四名十里達廣濟縣楊林鋪　北五十里至高山鋪額設鋪司兵八名今裁存三名十里達廣濟縣固城鋪　由高山鋪西北十里至十里鋪額設鋪司兵八名今裁存三名十里至三家店鋪額設鋪司兵八名今裁存三名十里至西河驛鋪額設鋪司兵八名今裁存三名十里至火爐鋪額設鋪司兵八名今裁存三名十里至橫車橋鋪額設鋪司兵八名今裁存三名十里至女兒街鋪額設鋪司兵八名今裁存五名十里達蘄水六廟鋪

廣濟縣

廣濟驛在縣治左今併入梅川驛

梅川驛在縣治右額馬二十四

雙城驛在縣東六十里額馬二十四

急遞鋪在縣西門外鋪司兵九名東十里至萬車鋪鋪司兵六名　十里至青蒿鋪鋪司兵六名　十里至荆竹鋪鋪司兵六名　十里至車坊鋪鋪司兵七名　十里至石龍鋪鋪司兵六名　十里至雙城鋪鋪司兵七名　十里達黃梅縣大河鋪　西南十里至許家鋪鋪司兵六名　十里至周源鋪鋪司兵六名　十里至楊林鋪鋪司兵六名　十里達蘄州菩提壩鋪　西十里至十里鋪鋪司兵七名　十里至固城鋪鋪司兵六名　十里達蘄州高山鋪　南七十里至本縣武穴鎮

黃梅縣

縣城驛額馬五十匹

停前驛在縣東四十里東通江南太湖之楓香驛西通廣濟之雙城驛額馬五十匹

孔壠驛在縣南五十里路通江西德化縣康熙十八年添設驛馬令清江鎮巡檢管轄今巡檢駐孔壠額馬五十匹

急遞總鋪鋪司兵十六名東十里至柘林鋪鋪司兵五名十里至土橋鋪鋪司兵五名十里至三渠鋪鋪司兵七名十五里至畢家鋪鋪司兵五名十里達安徽宿松縣寨子鋪　南十里至穀塘鋪鋪兵三名十里至濯港鋪鋪司兵五名二十里至白湖鋪鋪兵四名十里至孔壠鋪鋪司兵五名十里至深溝鋪鋪兵三名十里至唐穴鋪鋪兵三名十里至老夾鋪鋪兵三名三十里至清江鋪鋪司兵五名十里達江西德化縣總鋪　西十里至金鐘鋪鋪司兵六名十里至大河鋪鋪司兵六名十里達廣濟縣

雙城鋪

碉堡

黃岡縣

陳家古砦在東弦鄉陳姓灣縣東五十里

義安堡在東弦鄉劉家樓縣東五十里

心安砦在還和鄉迴龍山縣東五十里

桃花砦在還和鄉桃花洞縣東北六十里

茅雲山砦在還和鄉縣東八十里

中和砦在還和鄉馬姓灣縣東八十里

壁壘砦在還和鄉淨明山縣東北九十里

佛山砦在永甯鄉佛過山縣東北百里

鸞礫山砦在永甯鄉縣東北九十里

流坡砦在永甯鄉縣東北百里

雲山砦在永甯鄉白雲山縣東北百里

忠義砦在永甯鄉淨明山南縣東北百里

雙虎砦在永甯鄉許家河縣東北百十里

雨山砦在永甯鄉縣東北百十里

貞安砦在永甯鄉七道河縣東北百六十里

吉安砦在永甯鄉三里畈縣東北百六十里

保安砦在永甯鄉七道河縣東北百七十里

大滔金砦在永甯鄉七道河縣東北百七十里

覆鐘砦在永甯鄉七道河縣東北百七十里

小滔金砦在永甯鄉七道河縣東北百七十里

黃龍砦在永甯鄉黃龍巖縣東北百四十里

吉祥砦在永甯鄉李婆墩縣東北百二十里

永安砦在永甯鄉李婆墩縣東北百二十里

雲峯砦在永甯鄉李婆墩縣東北百二十里

保境砦在永甯鄉三里畈縣東北百二十里

甯家砦在永甯鄉賈家廟縣東北百二十里

崎陽砦在永甯鄉小崎山南縣東北百二十里

全福砦在慕義鄉馬跑嵴縣北六十里

龍門砦在慕義鄉五雲山縣北九十五里

天仙砦在慕義鄉天仙山縣東北百十里

金安堡在慕義鄉軍步山縣北七十五里

永安堡在慕義鄉詹家嵴縣北六十五里

盤石堡在慕義鄉石盤甯縣北八十里

治安砦在慕義鄉宋家墻區縣北八十里

龍泉堡在慕義鄉城山縣北七十里

萬全堡在慕義鄉辛家衝街縣西北百十里

義安堡在慕義鄉新州縣西北百二十里

獅峯堡在上伍鄉獅子巖

張家砦在上伍鄉張宅灣縣北百二十里

陳家老堡在上伍鄉陳姓灣縣北百二十里

永清堡在上伍鄉道觀河街縣北百二十里　保安堡在上伍鄉道觀河區縣北百二十里
黃龍堡在上伍鄉　石山堡在上伍鄉
杜家堡在上伍鄉　人和堡在上伍鄉
萬全堡在上伍鄉　永安堡在上伍鄉
王家老堡在上伍鄉　普安堡在上伍鄉
墩陳老砦在上伍鄉　六合堡在上伍鄉
成興堡在上伍鄉　乾元老砦在上伍鄉
蜂城砦在上伍鄉下謝店　得勝堡在上伍鄉徐觀鼓
琵琶砦在上伍鄉　守望堡在上伍鄉
萬全堡在上伍鄉新集街縣北百十五里　古城砦在下伍鄉山廟河縣東北百十里
四柱山砦在下伍鄉山廟河縣東北百十里　何墩堡在下伍鄉何家墩縣東北百二十里

福星堡在下伍鄉馮家墩縣北八十里　淋山砦在下伍鄉淋山河街縣北八十里
安全堡在下伍鄉麻母山　萬安堡在下伍鄉
黃林堡在下伍鄉黃林墅縣北百里　方家古砦在下伍鄉方家祠
天一堡在下伍鄉柳林區　均安堡在下伍鄉
江家古堡在下伍鄉　仁義堡在下伍鄉
洪山老砦在庶安鄉余店區縣西北九十里　鱖魚砦在庶安鄉葉店區縣西北百二十里
永保堡在庶安鄉葉店區縣西北百二十里　百福砦在庶安鄉余家灣縣西北九十里
清安堡在庶安鄉汪家集縣西北百二十里　均安堡在庶安鄉陳子墩縣西北百二十里
生成堡在庶安鄉邱家嘴縣西北百二十里　人和堡在庶安鄉林子灣縣西北百二十里
萬安堡在庶安鄉蔡家大灣縣西北百二十里　義興堡在庶安鄉張店街縣西北百二十里
永安堡在庶安鄉徐家寨縣西北百二十里　安和堡在庶安鄉李姓灣縣西北百三十里

周家老堡在庶安鄉周家灣縣西北百四十里　闞山堡在庶安鄉石山縣西北百二十五里
柳溪堡在庶安鄉柳子港街縣西北百二十里　普安堡在庶安鄉三店街縣西北百二十里
孔福堡在中和鄉孔家埠街縣西北百二十里　古安堡在中和鄉孔埠區縣西北百二十里
帶河堡在中和鄉蔡成九灣縣西北百二十里　武勝堡在中和鄉李家集街縣西北百二十里
永安堡在中和鄉劉溪畈縣西北百二十里　普安堡在中和鄉羅家山縣西北百二十里
釣魚臺堡在中和鄉西馮集區縣西北百三十里　興隆堡在中和鄉興隆集縣西北百三十里
興安堡在中和鄉蘊直灣縣西北百四十里　慶安堡在中和鄉倉子埠街縣西北百二十里
金山堡在中和鄉淘金山縣西北百二十里

蘄水縣

月山砦在縣城旁五里　青山砦在縣東七十里
集安砦在縣東八十里　城山砦在縣東南四十五里

英武砦在縣南八十里　朝陽砦在縣南七十里
天培砦在縣南三十里　青龍砦在縣南三十五里
永福砦在縣南五十里　蓮花砦在縣西南距蘭谿五里
保平砦在縣西南距六神港二里　得勝砦在縣西南三十里
城山砦在縣西三十里　石洞砦在縣西四十里
斗牛砦在縣西三十五里　石門砦在縣西北六十里
飛虎砦在縣西北二十里　三台砦在縣西北三十里
青雲砦在縣西北二十六里　永清堡在縣北距西陽河一里
保和砦在縣北四十里　石佛砦在縣北四十里
鶴山砦在縣北六十里　萬全砦在縣北九十里
添福砦在縣北八十里　華桂砦在縣北百十里

天保砦在縣北十五里
白石砦在縣北十里
天堂砦在縣北二十里
大山砦在縣東北距竹瓦店一里
週邏砦在縣東北百里
神保砦在縣東北百里
四望砦在縣東北九十里
嶙山砦在縣東北五十里
永安砦在縣東北四十里
慈航砦在縣東北三十五里
義眉砦在縣東北三十里
保平砦在縣東北五十里
花潭砦在縣東北七十里

麻城縣

長嶺關鎮安卡卡門一座碉二座礮臺三座
松子關信義卡在邑極東與羅邑毘連北界商城通英霍卡門二座碉一座礮臺五座東西營房十數間
九歇山保安卡卡門一座
雙廟關固安卡北界商城卡門一座碉一座礮臺一座

兩路口大界嶺楚安卡北界商城卡門一座礮臺一座
兩路口小界嶺疆安卡卡門一座以上六處碉卡俱咸豐九年奉巡撫胡林翼諭建
必勝門卡在黃麻坳六里地咸豐五年邑人建立
保安堡在白杲鎮古戍地
高山砦在路口街西
竟成堡在路口街
帝王堡在宋杜區杜家何街西
福臨堡即福田河街南北通衢
蔡家砦在張留區
天平砦明末遺址重建
永清砦在虎頭關對河
瓦礫巖砦在宋杜區接光山界
公義堡在縣北四十里
仁義堡
寶珠砦在上馬區
獅子砦在縣西北五十里
祖公山砦在縣北三十里
福王砦原名鄢家砦在縣北四十里
安定堡在縣北四十五里黃土岡

太平堡原名瘋猪腦在白臘區
龍山堡原名古山砦在白臘區
永豐堡在上馬石
永安堡即龍山寺
天齊堡在騎驟舖
一姓堡在江樹灣
戴家砦在邊堰區槐樹邊後
江家砦在邊堰區九塘衝後
均和堡在七家廟
傳興灣堡在沙河區爲邑南門戶
周湘砦在仙居鄉永甯村
白樓窩堡在青山堡西
清平堡在九龍山距縣九十里與黃安合建
保安堡舊名楊泗寨距縣九十里爲縣北要害
蓮花山堡在高梘區距縣八十里
石樓堡在豐義區距縣七十里
人和堡在奉道山
萬安堡在縣南三十五里鳴山
同心堡在細楊區曲背尖
致安堡在走馬岡
青山堡在萬仞區爲邑西保障
保安堡在義合區豹兒腦

久安堡在唐殿區遊蕩山
金堂堡在義合區八疊山
萬巖堡在萬仞區
大勝堡在深溝區與岐亭爲犄角
人和砦在上義區鹿角尖
雁門砦在義合區北
均安堡在宋埠鎮距縣六十里爲縣西保障
永安堡在雲霧山
花石砦在墩陽區距縣七十里
康阜砦在墩陽區黃貓尖
烏米砦在墩陽區風尖山
安樂砦在墩陽區香山北
清和砦在墩陽區尖腦山
拔塵砦在拔塵山
文筆砦在關牛岩
大勝砦在篤實區上分
朝陽砦在篤實區下分
康王砦在篤實區
太和砦
利和砦
保和砦
靈山砦以上四砦在白沙區上分

百勝砦在萬古樓山頂　中和砦
天保砦　燕子砦
神武砦　清平砦
蘇石砦以上六砦在甑山區　石城砦在三杏區
大腦砦在三杏區　保安砦在懸鐘區今名三湘砦
承平砦　西峯砦
雙尖砦　鳳鳴砦以上四砦在東義洲
仁壽堡在橫河區靜山　鄧家山堡
大同堡　腦鍾山堡
鯉魚山堡　四方山堡
白米山堡以上六堡在橫河區　玉霧砦

蛇山砦以上二砦在石覲區　保安堡在大成區
燕子砦在石陂區　毅安砦在高峯區
蒲楊村堡明建基尚存　興隆砦在鼓樓山
志城砦在田家山　五峯砦
名勝砦　雲龍砦係羅田地界
人和砦在陡林　安定砦在撞嶺
屏風砦　中權砦
天井砦　蔡家巖砦
胡家山砦　朝陽觀砦
黃古巖砦　雲霧觀砦
覆鐘砦　林家砦

富居砦　保安砦
靜平砦　鮑家砦
守望砦在黃市　礦山堡在范家坳區
塔寺山堡在向打石區　萬福堡在陶家區
鳳凰堡在雙廟關西　平心堡在宋杜區下分
保定堡在木子店區距縣九十里　太平老堡在甑山區距縣五十里
人和堡在柏子區距縣三十四里　永安區在上義區距縣五十六里
保撞堡在閻家河距縣二十里　龍華堡在石陂區距縣三十里
大生堡在橫河區距縣六十里　人和堡在河井區距縣五十里
致安堡在走馬岡距縣四十里　義安堡在天齊區距縣六十里
董家堡在閔家集距縣二十五里　朱山堡在龍門區距縣三十里

同心堡在卧牛石區距縣三十五里　三合堡距縣五十里
鳳到山堡在土門區距縣五十里　黑石砦接光山縣界

黃安縣

黃楊砦在縣北七十里楚豫交界地周環如壁其上平衍宋元之季士人於此立砦避兵保全萬計事鐫天臺山石壁
黑眼砦在舞鳳山　江家村砦
大峯山砦在縣南五十里爲東南屏障　紫雲砦在縣東三十里安麻交界處
銀山砦在縣西北四十五里　江家砦
卓旺山砦　清泉砦在縣南五十里
吳家砦在縣西三十里　鮑家砦在縣西南三十里
木城砦在縣北六十里接河南界　老君山砦在縣北六十里
臺山砦在縣北七十里　大勝山砦接麻城界

三角山砦在縣東三十里
清風砦在縣東三十里以上二砦隸三角會
龍興砦卽蜂子寺古剎山距縣百里
社尖砦距縣百里北通河南南達黃孝
紅花尖砦距縣九十里
竹葉砦以上四砦在縣西北隸老山會
易城砦在縣南二十五里
天窩砦在縣南十五里
上獨山砦在縣南二十五里
程河寺堡在縣南二十里
王姥砦在縣西南二十里以上五砦隸高橋會
詹店砦在縣南三十里
程家大屋堡
王子山砦在縣南二十五里
門前灣堡
清平砦
廣慶堡在縣南九十里
人和砦
獨山砦
橫山砦
蓮花山砦
天井砦

陽臺山砦在縣北四十里
燈籠山砦在縣北四十里
永安山砦在縣東北二十五里
突山砦接麻城界
龍潭寺堡在縣東北十五里以上二砦隸道安會
福安砦在張煜村面山
傅董家堡
傅橋程堡以上三砦在縣東南隸傅左會
尾斗山砦
西張元堡以上二砦在縣東南隸松溪會
大塘山砦
鄂家砦以上二砦在縣東隸陡墩會
公安砦
安艮堡以上二砦隸張店會
清元砦在縣西北六十里
挹雲砦以上二砦隸呂旺會
天心砦在縣西北六十餘里仰天窩
八里灣堡入會共立地當衝要
寶印山砦在紫潭會距縣九十六里
太平礄砦在縣東南八十八里
龍窩山堡在縣南八十里
天鵞砦在縣東三角會

人和堡在縣北四十里隸龍潭會
夏家砦在縣南八十五里
迴龍堡
龍王山砦在縣西北四十里
石家堡
長竹山砦在土墩會
應龍堡
洪界山砦在西行會
普安砦
宏嘗山砦在西砦會
永清砦在塔兒會東距縣六十里
大成砦在縣西三十里
磐安砦在縣北三十里
龔壺砦
鵞口砦在柏林會
傅家砦
西陽砦
獅子山砦
劉德砦距縣八十里
張家砦距縣八十里
同安砦在西林會距縣三十五里
響鈴砦在縣北七十里楚豫交界處

新安砦在七里坪上通光羅下通江漢地扼險要
筆架山砦在土墩會
謝家堡在縣南九十里
磨盤山砦在縣南五十里
黃金砦在縣東十五里
抱雲砦在呂旺會距縣六十里
武聖砦在羊角會距縣六十里
萬山砦在石灰會距縣四十里
龍王砦在縣北六十里
歸元砦
龍旺堡在蔡祠會
人和砦在上莊會
涂家灣砦在棗林會
安懷砦在棗林會
關王砦在東烟會
古城砦在縣北三十里

羅田縣

松子關信義卡在平湖鄉
八斗衝卡在平湖鄉
平頂山卡在平湖鄉
馬鞍腰信義西卡在平湖鄉

五斗坳信義東卡在平湖鄉　白沙嶺卡在平湖鄉
銅鑼關奉義卡在平湖鄉　青苔關尚義卡在多雲鄉
甕門關崇義卡在多雲鄉　大嶺岡集義東卡在多雲鄉
小夫子嶺集義西卡在多雲鄉　黃龍山由義卡在多雲鄉
水田山居義卡在多雲鄉　栗子關宗義卡在多雲鄉
濛濛山遵義卡在奉泰鄉　夫子嶺循義卡在奉泰鄉
隔山坳卡在奉泰鄉
集雲砦在縣東二十里　太平砦在縣東三十里
大羅砦在縣東四十里　猴猪砦在縣東四十里
觀音山砦在縣東五十里　光山砦在縣東五十五里即石馬砦
斑竹砦在縣東六十里　周家砦在縣東八十里

石龍砦在縣東南四十里　高峯砦在縣南二十里
虎母在在縣南二十五里　保安砦在縣南五十里
楊家砦在縣西八里　萬全砦在縣西三十里
天保砦在縣西北十里　熊巖砦在縣西北二十里
雲峯砦在縣西北二十五里　入和砦在縣西北三十里
黑巖砦在縣西北四十五里　風尖腦砦在縣西北五十里
鼓羊砦在縣西北六十里　青雲砦在縣西北六十里
挂弓砦在縣西北七十里　揚旗砦在縣西北七十五里
仙女砦在縣西北七十五里　安堵砦在縣西北八十里
九龍砦在縣西北九十里　安靖砦在縣西北九十五里
新永安砦在縣西北百里　吳家砦在縣西北百里

雁門砦在縣西北百二十里　暘谷砦在縣北五十里
周家砦在縣北六十里地最險要　主簿砦在縣北六十里
烏雲砦在縣北七十五里　騎龍寺砦在縣北九十里
獨尊山砦在縣北百二十里　望英砦在縣東北三十里
南永安砦在縣東北三十里　望雲砦在縣東北四十里
北永安砦在縣東北五十里　新青雲砦在縣東北五十五里
彭家砦在縣東北八十里　天堂砦在縣東北百六十里勢極險峻

蘄州

將軍第一關在大同鄉張家塝鐵魚頭地方距城百五十里附布政使唐訓方紀略云蘄州接壤皖省山徑紛歧賊易出沒不固守無以圖存不設險無以固守不洞晰山川谷孰於我要孰於敵害則無以擇地設險咸豐七年秋奉胡文忠公檄凡界英山宿松太湖等邑諸險隘親按其地詳審形勢設卡八編鎮定綏安和親康樂諸名均以長字冠之其總關則設於張家塝以將軍山居其前顏曰將軍第一關餘建碉四礮壘五礮臺七圍藩籬也

長鎮卡地名打虎廠西界英山　長定卡地名楊樹坳西北界英山
長綏卡地名牛頭衝北界太湖　長安卡地名陳德園東北界太湖
長和卡地名小隘嶺東界宿松　長親卡地名宋家嶺東界宿松
長康卡地名棠梨嶺東界宿松　長樂卡地名唐家山東界黃梅
朝陽砦在崇居鄉距州百里　圓峯山砦在永福鄉距州四十里
馬驊山砦在永福鄉距州五十里　石人砦在州北百四十里
劉家砦在石人砦東五里許　福興砦在州北百里
青峯砦在州北九十里　天垣砦在州北百二十里
至誠砦即黑石砦在州北百十里　三朋砦在州北九十餘里
龍王砦在州安平鄉　穌山砦在州東三十里

馬面砦在州東三十里　永全砦在州北百四十里
長城砦一名望家砦在州東北百九十里東接太湖界　大桴砦在大桴山距州百八十里
小桴砦與大桴砦連界　龍頂砦在州東北四十五里
永保砦在州北百二十里　永安砦在州北百二十里
鼓角砦在州東北百八十里　盤龍砦在州東北百八十里
天生砦在州東北百七十里　大安砦在州東北百六十里
金鷲砦在金鷲寺山頂　橫岡砦在崇居鄉橫岡山
均安砦在八斗祇山　銅關砦在州東北百四十里
青峯砦在州東北百十里　石銀砦在州東北九十里
策山砦在州北九十里　歷山砦在策山砦南半里許
同心砦在州北八十里烏石山　長春砦在州東北百二十五里烟包隴

保安砦在大旺山距州四十五里　天保砦在大同鄉葛埸山距州百六十里
五岳山砦在州西北六十里　靈山砦在州西北六十里
操家砦在州西北七十里　嫲姆砦在州北九十里
展旗山砦在州東北六十里　楊家砦在州北百二十里
麻石砦在州西北八十里　女人砦在州北百二十里
太平砦在州東北九十里靖明山　烟波砦在州東北六十五里
蘆林砦在州東北八十六里　雞冠砦在崇居鄉
全安砦在安平鄉鑵山腦距州七十里　芙蓉砦在崇居鄉距州百里
黑石砦明季士人避難於中　荆竹山砦元至正間禦紅巾賊處

廣濟縣

永安砦在縣東五里靈山　鷲峯山砦在靈山東

周砦在縣東五十五里　龍頭砦在縣東五十五里
獨山砦在縣東南五里　龍山砦在縣東二十里大明山南
安民砦俗名王家砦在大明山南　後峯山砦在縣東南二十五里
觀音山砦在縣東南二十五里　廉貞山砦在縣東南二十五里
大符山砦在縣東南三十五里　保泰砦在縣東南六十里太白湖濱
寶山砦在縣東南六十里即女兒城舊址　武山砦在縣西南四十五里武山湖中
四望山砦在縣西南三十里　長安砦在縣西南六十里馬口湖
眠牛砦在縣西南六十里馬口湖　金山砦在縣西八里觀山
龍頂砦在縣西二十里秀雲山　人和砦在縣北二十里展旗山
橫岡砦在縣北二十五里橫岡山　紫荆砦在縣北十五里層峯山西
雲集砦在層峯山前　清吉砦即古游鴻砦在縣東北三十里東衝山下

安定砦在縣東北三十里五峯山　安仁砦在五峯山東北

黃梅縣

紅花砦　龍坪砦以上二砦俱宋威方駐兵處
菩提城砦唐禰山劉砦主築以避兵今爲董家城　董公城砦在濯港南詳古蹟
舒城山砦明季黃景恆等立詳忠義黃景恆傳　萬家堡在龍坪鎮紫雲山
萬全砦在龍坪鎮扯旗尖後抵蘄州界　益美砦在龍坪鎮栗林尖
長安砦在小溪鎮　福星砦在小溪鎮
雲山堡在多雲鎮　東山堡在東山鎮
高山砦在考田鎮　獅頭砦在什村考田二鎮之間
雙峯砦在元角鎮雙峯尖

黃州府志卷之十上終

黃州府志卷之十下

黃州府知府英　啟纂輯

武備志

兵事

周

惠王二十二年魯僖公五年楚鬬穀於菟滅弦弦子奔黃於是江黃道柏方睦於齊皆弦姻也弦子恃之而不事楚又不設備故亡左傳

案歷代地理志江國在汝甯府新息縣西南安陽故城黃國在今光州界或以江夏黃岡二縣爲古江黃二國者誤

敬王十四年魯定公四年蔡侯吳子唐侯伐楚舍舟於淮汭自豫章

與楚夾漢左司馬戌謂子常曰子沿漢而與之上下我悉方城外以毀其舟還塞大隧直轅冥阨子濟漢而伐之我自後擊之必大敗之既謀而行武城黑謂子常曰吳用木也我用革也不可久也不如速戰史皇謂子常楚人惡子而好司馬若司馬毀吳舟於淮塞城口而入是獨克吳也子必速戰不然不免乃濟漢而陳自小別至於大別三戰子常知不可欲奔史皇曰安求其事難而逃之將何所入子必死之初罪必盡說十一月庚午二師陳於柏舉闔廬之弟夫槩王晨請於闔廬曰楚瓦不仁其臣莫有死志先伐之其卒必奔而後大師繼之必克弗許夫槩王曰所謂臣義而行不待命者其此之謂也今日我死楚可入也以其屬五千先擊子常之卒子常之卒奔楚師亂吳師大敗之左傳

案名勝志麻城縣東有黃柏山東南有舉水故得柏舉名

漢

高帝時英布屯兵於九江城及東黥城西黥城黃梅志

案元和郡縣志九江故城在黃梅縣西南七十里

世祖時寇恂屯兵寇師洲

案洲在黃梅縣西南七十里寇恂平河內經此屯兵黃梅志

順帝永和二年八月江夏盜殺邾長後漢書順帝紀

案邾今黃岡縣地後漢書注作復州竟陵縣似誤

獻帝建安二年袁術僭號曹操征之術走渡淮留其將張勳橋蕤於蘄陽以拒之操擊斬蕤勳退走後漢書袁術傳

三國

吳

黃武初晉宗爲蘄口將以衆叛如魏還爲蘄春太守圖襲安樂取其保質孫權以爲恥六月盛夏出其不意遣賀齊督麋芳鮮于丹等襲蘄春遂生虜宗吳志賀齊傳

赤烏四年陸遜取魏邾以兵三萬戍之吳志陸遜傳

魏

太和二年滿寵領豫州刺史三年春降人稱吳大嚴揚聲欲詣江北獵孫權欲自出寵度其必襲西陽而爲之備權聞之退還魏志滿寵傳

晉

大興初陶侃為武昌太守時天下饑荒山夷多斷江劫略侃令諸將詐為商船以誘之劫果至生獲數人西陽王羕之左右也侃即遣兵逼羕令出向賊侃整隊於釣臺為後繼羕縛送帳下二十人侃斬之自是水陸肅清晉書陶侃傳

咸和初陶侃以荆江二州刺史鎮武昌議者以武昌北岸有邾城宜分兵鎮之侃每不答而言者不已侃乃渡水獵引將佐語之曰我所以設險而禦寇正以長江耳邾城隔在江北內無所倚外接羣夷夷中利深晉人貪利夷不堪命必引寇虜乃致禍之由非禦寇也且吳時此城乃三萬兵守今縱有兵守之亦無益於江南若羯虜有可乘之會此又非所資也及庾亮戍之果大敗晉書陶侃傳

咸和五年郭默叛司徒王導以默為江州刺史驍勇難制陶侃使西陽太守鄧嶽等將西陽之衆討默默戰不利入城固守默將宋侯縛默及子出降侃斬之資治通鑑

咸康五年毛寶為豫州刺史與西陽太守樊峻以萬人守邾城石季龍惡之乃遣其子鑒與其將夔安李菟等五萬人來寇張貉渡二萬人攻邾城寶求救於亮亮以城固不時遣軍城遂陷寶峻等率左右突圍出赴江死者六千人寶亦溺死晉書毛寶傳

元興三年五月劉道規與劉毅何無忌攻桓元西走江陵留郭鈴等守溢口乃大聚兵衆召水軍造樓船器械率衆二萬浮江東下與冠軍將軍劉毅相遇於崢嶸洲時兵不滿萬人衆憚之欲退守潯陽道規不可麾衆而進毅等從之大破元軍郭鈴與元單舸走江陵不復能守宋劉道規傳

案崢嶸洲今黃岡地

宋

元嘉二十八年西陽蠻緣江為盜寇西陽蠻有巴水蘄水赤亭水西歸水浠水謂之五水蠻所在並深阻種落熾盛歷世為盜賊北接淮汝南極江漢地方數千里於是殺南州令劉臺並其家口時亡命司馬黑石廬江叛吏夏侯方進在西陽五水煽動羣蠻十月太祖遣太子步兵校尉沈慶之率荆江雍豫諸州軍討之使武陵王駿總統衆軍三十年正月武陵王出次西陽之伍洲慶之自巴水至洲諮受軍略柳元景率所部進西陽會伐五水蠻世祖初元西陽蠻田益之等起義攻郢州及末年遣沈慶之討西陽蠻大剋獲而還宋書

案赤亭水即舉水水經注舉水經赤亭下又分為二水南流注於江謂之舉口南對舉洲

二十九年新蔡蠻二千餘人破大雷戍略公私船悉引入湖宋書

案新蔡故城在黃梅西

孝建元年臧質反兵敗走至潯陽載妓妾西奔使所寵何文敬領兵居前至西陽西陽太守魯方平質之黨也至是誑文敬文敬棄衆走六月戊辰質走武昌為人所斬傳首京師宋書臧質傳

元徽元年桂陽王休範謀襲晉熙王燮沈攸之討平之初休範

典籤新蔡有異志收勇士繕器械朝廷陰爲之備夏口居潯陽上遊使變鎮之復恐其過潯陽爲休範劫留使自太子洑徑去休範謀襲之建康二年夏五月率衆二萬騎五百發潯陽沈攸之舉兵討之休範留中兵參軍毛惠連等守潯陽惠連等開門降 資治通鑑

昇明二年沈攸之反圍郢州遣其將公孫方平據西陽以劉懷珍持節督豫司二州郢州之西陽軍事遣建甯太守張謨遊擊將軍裴仲穆帥蠻漢軍萬人出西陽破方平軍數千人收其器甲 陳書劉懷珍傳

齊

中興元年長史王茂太守曹景宗圍郢州東昏侯遣甯朔將軍吳子陽軍主光子衿等十三軍救郢州進據巴口西臺諸將欲分兵以襲西陽武昌高祖曰西陽武昌取便得耳得便應守守兩城不減萬人糧儲稱是卒無所出脫賊軍有萬人攻一城兩城勢不得相救若我分軍應援則首尾俱弱如其不遣孤城必陷一城既沒諸城相次土崩天下大事去矣若郢州既拔西陽武昌自然風靡何遽分兵散衆自貽其憂及郢州下兩郡俱降 梁書武帝本紀

二年遣軍主吳子陽率衆取三關魏東豫州刺史田益宗遣光城太守梅興之率步騎四千進至陰山關南八十餘里據長風城逆擊子陽斬獲千餘級梁建甯太守黃天賜築城赤亭復遣其將黃公賞屯於漴城與長風相持益宗使安蠻太守

梅景秀爲之犄角擊破天賜獲其二城 魏書田益宗傳

梁

天監二年魏長風戍主奇道顯取梁陰山白稾二戍 綱目

三年遣豫州刺史馬仙琕永陽戍主陳可等率衆一萬於三關南六十里因山起石名爲竹墩遣輔國將軍濟陰太守蕭沛以精兵二千戍之後於關南四十里麻陽舊柵起城仙琕輕騎東西爲之節度關南之民多懷覬望魏郢州刺史司馬悅令西關統軍諸靈鳳掩擊敗之盡燔其城樓儲蓄擒蕭沛及其軍主劉靈秀 魏書司馬悅傳

普通八年夏侯夔自西陽武昌二郡太守遷司州刺史帥壯武將軍裴之禮直閤將軍任思祖出義陽道攻平靖穆陵陰山三關克之 梁書夏侯夔傳

太清二年侯景遣兄子思穆據守齊安西陽太守周炅率驍勇襲破思穆擒斬之時炅據武昌西陽二郡招聚卒徒甲兵甚盛與甯州長史徐文盛擊任約於樊山 陳書周炅傳

大寶元年 太清四年 九月侯景將任約進寇西陽武昌世祖遣左衞將軍徐文盛等下武昌拒約文盛入貝磯任約率水軍逆戰文盛大破之斬其儀同叱羅子通傳首江陵仍進軍大舉口十二月世祖又遣護軍將軍尹悅巴州刺史王珣西荆州刺史杜幼安帥衆助文盛別攻武昌拔之約退保西陽文盛進據蘆洲二年正月任約告急於景三月景率衆二萬西上援約四月次西陽渡蘆洲上流以壓文盛等文盛不敢戰杜幼

安朱蹬等率所領獨進與景戰大破之獲其舟艦以歸世祖以王僧辯代文盛率巴州刺史淳于量定州刺史杜龕等俱赴西陽會景襲陷郢僧辯留巴陵景軍圍之世祖遣平北將軍胡僧祐率兵二千赴援至楊浦景遣任約率銳兵五千據白塔邀以待之僧祐由別路西上約急追之及於南安芊口僧祐潛引卻至赤沙亭會信州刺史陸法和至幷軍擊約大破之擒約送江陵景聞之遁梁簡文帝元帝本紀徐文盛杜幼安侯景傳秋七月侯景將于慶自鄱陽還豫章侯瑱閉門拒之慶走江州據郭默城八月王僧辯前軍襲之慶棄城走通鑑

承聖元年魯悉達以平侯景功授北江州刺史初梁末江東饑亂扶風人魯悉達糾合鄉人以保新蔡力田蓄穀民攜老幼歸之悉達分給糧廩全活甚衆使其弟廣達將兵從王僧辯將兵討侯景景平以悉達爲刺史通鑑

陳

永定三年北齊入寇五月魯悉達部將梅天養等引齊軍入城胡三省注悉達據新蔡城悉達麾下數千人濟江自歸通鑑

大建五年西陽太守周炅隨吳明徹北討所向克捷齊遣尙書左丞陸騫以衆二萬出自巴蘄與炅相遇炅留羸弱輜重設疑兵以當之身率精銳由閒道邀其後大敗騫軍虜獲器械馬驢不可勝數進攻巴州克之於是江北諸城並誅渠帥以城降進炅散騎常侍追炅入朝初蕭詧定州刺史田龍升以城降陳以爲鎮遠將軍定州刺史封赤亭王及炅入朝龍升以江北六州七鎮叛入於齊齊遣歷陽王高景安帥師應之於是令炅爲江北道大都督總統衆軍以討龍升龍升使弋陽太守田龍琰帥衆二萬陣於亭川高景安營於水陵陰山爲其聲援龍升引軍別營山谷炅乃分兵各當其軍身率驍勇先擊龍升龍升大敗龍琰望塵而奔並追斬之高景安遁走盡復江北之地陳書周炅傳

隋

開皇九年以周法尙爲黃州總管上降密詔使經略江南伺候動靜及伐陳之役以行軍總管隸秦孝王率舟師三萬出樊口陳城州刺史熊門起出師拒戰擊破之擒起於陣隋書周法尙傳

是年正月蘄州總管王世積以舟師出九江破陳將紀瑱於蘄口於是移書告諭遣千金公權始璋略取新蔡據其城世積繼至陳齊昌太守黃正始等詣世積降隋書王世積傳

唐

興元元年李希烈反淮南泝江徇地節度使曹王臯討之遣將伊愼爲先鋒與賊夾江陣賊柵蔡山不可拔臯聲言西取蘄州引兵艦循厓泝江上賊聞以羸卒保柵悉軍行江北與臯並西去蔡山三百里臯遣步士悉登舟順流下攻蔡山拔之閒一日賊救至復敗之遂下蘄州平黃州兵益振天子在梁州包佶轉東南財糧次蘄口賊遣驍將杜少誠以兵萬人遏江道不得西愼選士七千列三屯偃旗以待少誠分圍之未合愼自中屯鼓之諸屯悉出奮擊賊亂少誠走斬別將許少

華澧無留難拜愼爲安黃節度使貞元末詔安黃爲奉義軍
即爲奉義節度使唐書曹王皐及伊愼傳

乾符三年裴偓爲蘄州刺史王鐸知貢舉時所擢進士王鐐在賊中爲賊王仙芝以書說偓偓與仙芝約斂兵不戰許爲之奏官鐐亦說仙芝許以如約偓乃開城延仙芝及黃巢輩三十餘人入城置酒大陳貨賄以贈之表陳其狀諸宰相多言先帝不赦龐勛朞年卒誅之今仙芝小非龐勛之比赦罪除官益長姦宄王鐸固請許之乃以仙芝爲左神策軍押牙兼監察御史遣中使以告即蘄州授之仙芝得之甚喜鐐偓皆賀未退黃巢以官不及已大怒曰始者共立大誓橫行天下今獨取官赴左軍使此五千餘衆安所歸乎因毆仙芝傷首

其衆喧譟不已仙芝畏衆怒遂不受命大掠蘄州城中之人半驅半殺焚其廬舍偓奔鄂州勅使奔襄州鐐爲賊所拘賊分其軍三千餘人從仙芝及尚長君二千餘人從巢各分道而去通鑑

四年十月黃巢寇掠蘄春招討使曾元裕擊破之斬首四千級巢遁去通鑑時蘄春邑人魏英密遣其子元衛通高駢及蘄黃招討使劉巨容合兵躡之故有功王志

五年招討副使曾元裕破斬王仙芝於黃梅通鑑

中和中越州刺史路審中爲董昌所拒走客黃州及鄂州刺史崔紹卒審中募士三千人入鄂州以守光啟二年安陸賊周通卒兵攻審中審中亡去時杜洪據岳州乘虛入鄂自爲節度留後永興民吳討據黃州洪自將擊之乞師淮南楊行密遣朱延壽助洪洪引還延壽拔黃州俘討獻京師並拔蘄光州以瞿章守黃州十國春秋

光啟三年十二月上蔡賊帥馮敬章陷蘄州通鑑

文德二年夏五月蘄州刺史馮敬章叛附於楊行密淮南將朱延壽奄至蘄州圍其城大將賈公鐸方獵不得還伏兵林中命勇士二人衣羊皮夜入延壽所掠羊羣潛入城約夜半開門舉火爲應復衣羊皮反命公鐸如期至城南門中火舉力戰突圍入延壽驚曰吾常恐其潰圍而出反潰圍而入如此城安可猝拔乃白楊行密求軍中與公鐸有舊者持誓書金帛往說之許以昏壽州團練使柴再用請行臨城與語爲陳

利害數日公鐸及刺史馮敬章請降以敬章爲左都押牙公鐸爲右監門衛將軍通鑑

乾甯四年夏四月朱全忠將朱友恭攻黃州吳遣右黑雲都指揮使馬珣等救之以樓船精兵助刺史瞿章守黃州瞿章聞友恭至棄城擁衆南保武昌寨五月友恭爲浮梁於樊港進攻武昌寨拔之遂陷黃州瞿章死之馬珣收散卒三百自黃州間道走十國春秋

後梁

乾化四年楚岳州都指揮使王環襲吳黃州夜分南風暴起乘風趨黃州以繩登城徑奔州署執吳刺史馬鄴展旗鳴鼓揚帆過鄂而歸十國春秋

南唐

昇元間（後晉天福）蘄州獨木人諸祐以妖術惑衆聚數百人夜行晝息能潛取人財物進士陳起嘗僑居蘄春悉其狀後授黃梅令籍祐爲里長不服起怒會周鄴爲巡撫使師次黃梅起籍其兵執祐並其妻子斬之（黃梅志）

後周

顯德二年周主自將攻唐淮南蘄州裨將李福殺其刺史王承儁降周（五代史南唐世家）

三年周遣齊藏珍攻唐黃州未下命司超遙領刺史唐將朱元等復取舒和蘄州初唐人以茶鹽强民而徵其粟帛謂之轉徵又興營田於淮南民甚苦之及周師至民奉牛酒迎勞而將相不之恤專事俘掠民皆失望相聚山澤操農器爲兵積紙爲甲時人謂之白甲兵周兵討之屢爲所敗所得諸州復爲唐有（綱目）

五年世宗復臨淮甸連下濠泗二郡是年正月拔楚州將議濟江李景自謂亡在旦夕遣其臣陳覺奉表陳情時江北諸州惟廬舒蘄黃四郡未下世宗因謂覺曰若能以江北之地盡歸於我則朕亦不窮兵黷武景卽以四郡來上乞畫江爲界世宗許之（舊五代史李景傳）

宋

建炎初賊閻瑾犯黃州縱掠而去鄂州通守趙令宬渡江存撫之黃人乃安（宋史趙令宬傳）

元年十二月眞定府張遇聚衆爲盜號一窩蜂至是犯黃州知黃州趙令宬出城見之張遇飮以酒一舉而盡曰固知飮此必死願勿殺軍民遇驚曰先以此試公耳更取毒酒沃地地裂有聲乃引衆去未幾丁進李成兵迭至令宬俱擊卻之（宋史趙令宬傳）

二年正月東平府兵馬鈐轄孔彥舟反引兵渡淮圍黃州守臣趙令宬率兵民固守拒之凡六日乃解（宋史高宗紀趙令宬傳）

三年金人犯黃州守臣趙令宬以內艱去詔起復已還在道郡卒得金人木笴鑿箭浮江告急令宬疾趨夜半入城金人力攻翼日城陷金人欲降之大罵不屈金人怒鞭之流血被面罵不絕口而死事聞贈徽猷閣待制謚忠愍時城破都監王遠判官吳源巡檢劉卓皆不屈死焉（宋史趙令宬傳）是年十一月淮賊劉忠犯黃州蘄黃都巡檢使韓世清與戰破之（陳邦瞻宋史紀事本末）

四年李成復叛遣其副都統馬進自黃州渡江由大冶縣犯興國軍（李心傳建炎以來繫年要錄）

紹興元年正月以張俊爲江淮招討使岳飛副之三月大敗李成於樓子莊復筠州江州五月俊引兵渡江至黃梅縣親與李成戰成據石幢坡憑山以木石投人俊先遣遊卒進退若爭險狀以誘賊俊親冒矢石率衆攻險賊衆數萬俱潰成敗走奔劉豫飛招其黨張用降之江淮平（宋史張俊傳袁了凡綱鑑補）

十一年二月趣岳飛會兵蘄黃（宋史高宗紀）

乾道閒江湖大旱流民北渡江宰相虞允文白遣薛季宣行淮西收民實邊季宣爲表廢田相原隰立二十二莊於黃州故治東並邊民歸來者振業之嘗語人曰吾非爲今日利也黃州地值淮蔡衝諸莊輯西道有屏蔽矣（宋史薛季宣傳）

嘉定十二年金人寇淮西遂自光州犯麻城知楚州賈涉使李全救卻之（宋史賈涉傳）

十四年金將僕散安貞出息州奪洪門山柵統制黃某團兵五千保黃土關堅壁不出安貞遣輕兵分爲左右軍潛登別以兵三千直逼關門翼日左右軍會於山巔俯瞰關內守關者望之駭愕不能立中軍急攻奪黃土關遂入梅林關拔麻城縣抵大江至黃州克之（金史僕散安貞傳）是年三月金人圍蘄州前

後二十有五日守倅衆官晝夜擐甲登城竭盡心力是日午後忽大雨火牛被雨不得然至二更風復不順敵用火礮石礮攻城兵民無容足地遂以雲梯登城大肆殺戮知州李誠之等至新寨調西門統制縣中小將江士望等努力巷戰須臾寨內火起敵兵追至南門外江士望被殺誠之及通判秦鉅等遇賊於子城之十字街各以自隨之兵冒死鬭死傷略盡誠之度不能走奔回署內呼家屬令速赴水死遂引劍自刎（趙與衮泣蘄錄）

端平二年以孟珙知光州兼知黃州三年珙至黃增陴浚隍蒐討軍實邊民來歸者日以千數爲屋三萬閒居之厚加賑貸又慮兵民雜處因高阜爲齊安鎮淮二砦以居諸軍創張家山毋家山兩堡爲先鋒虎翼飛虎營兼主管內安撫司公事節制黃蘄光信陽四郡軍馬元兵攻蘄州珙遣兵解其圍（宋史孟珙傳）

嘉熙元年授孟珙鄂州諸軍都統制元將口溫不花入淮甸蘄守張可泰委郡去元將張柔取光州遂進趨黃州破三山寨至大湖中得戰艦沿江接戰壁於黃州西北隅有乘舟出者柔曰此偵伺我隙者也夜必襲吾不備乃分軍爲三以待之二鼓時宋師果至柔邀擊之俘數百人攻其東門矢如雨注軍少卻柔率死士十餘奮戈大呼所向仆踣執俘而還及珙入城軍民喜曰吾父來矣駐帳城樓指畫戰守全其城斬逗留者四十九人以徇諸將士彌月苦戰病傷者相屬珙遣醫

視療士皆感泣（宋史孟珙傳　元史張柔傳）

淳祐四年命分兵三千備齊安孟珙言黃州與壽昌三江口隔一水耳須兵即渡何必預遣先一日則有一日之費無益有損萬一上游有警我兵已疲非計之得也（孟珙傳）

開慶元年八月元世祖忽必烈入大勝關次黃陂得宋沿江制置司榜有云今夏諜者聞北兵會議取黃陂民船繫杙出陽邏堡以渡會於鄂州世祖曰此事前所未有願如其言辛丑晦師次江北元將董文炳下臺山寨師次陽邏堡宋兵築堡於岸陳船江中軍容甚盛文炳請於世祖曰長江天險宋所恃以爲國勢必死守不奪其氣不可臣請嘗之即與敢死士數百人當其前率弟文用文忠載艨艟鼓櫂趨進呼叫畢奮

鋒既交文炳麾衆趨岸搏之宋師大敗輕舟報捷時世祖方駐香鑪峯因策馬下山問戰勝狀世祖扶鞍起立豎鞭仰指曰天也時張柔至虎頭關與宋兵遇於沙窩柔子宏彥擊破之進與守兵戰敗之遂渡江圍鄂州會憲宗崩乃班師還元世祖本紀董文炳傳張柔傳

景定元年宋宣撫大使賈似道奏與元兵大戰蘋草坪進至黃州時元大帥兀良哈解率湖南兵北歸守將張傑作浮梁於新生磯賈似道自鄂趨黃與元軍相遇用劉整計攻斷浮梁殺殿兵百七十人遂上表言夏貴等戰新生洲進至白虎磯躬自督戰有功宋史理宗紀賈似道傳元史世祖紀

二年元中統二年元命鄂州青石磯滸黃灘所招新民遷至江北者

設官領之元史世祖紀

咸淳二年元至元三年元阿朮略地蘄黃俘獲以萬計元世祖紀

十年元將伯顏既克襄陽兵至漢口淮西制置使夏貴等以戰艦萬艘分據要害都統制王達守陽邏堡十二月伯顏集戰艘以萬計並屯布蒙古漢軍數十萬於江北遂修攻具進軍陽邏堡遣人招達達及將士皆曰我輩受宋厚恩戮力死戰此其時也安有叛逆歸降之理備吾甲兵決之今日我宋天下猶賭博孤注輸贏在此一擲耳伯顏揮諸將攻之三日不克乃謀於阿朮彼謂我必拔此堡方能渡江此堡甚堅攻之徒勞夜以鐵騎三千渡江襲南岸分遣右丞阿里海牙督萬戶張洪範忽失海牙析的迷失等先以步騎攻陽邏堡夏貴來援阿朮敗都統制程鵬飛於中流遂得南岸阿里海牙繼遣張崇實解汝楫等四翼軍舳艫相銜直抵夏貴軍伯顏揮諸將急攻陽邏堡王達死之軍大潰數十萬衆死傷幾盡夏貴僅以身免走至白虎磯諸將請追之伯顏曰吾欲遣使前告宋人而貴走代吾使不必追也伯顏登武磯山大江南北皆元軍也諸將議所向或欲先取蘄黃阿朮曰若赴下流退無所據先取鄂漢雖遲旬日可爲萬全計伯顏從之既克鄂州十一年正月朔阿朮師至黃州沿江制置副使知黃州陳奕降伯顏遣呂文煥陳奕以書招蘄州安撫使管景模復遣阿朮以舟師造其城下癸未伯顏至蘄州景模亦降元史伯顏傳阿朮傳

景炎三年淮西義士野人原寨主劉源司空山寨民傅高淮人張德興起兵應文天祥復黃州未數月元將襲破司空山殺張德興及傅高黃州復陷文文山集蘄州志

元

太宗九年冬命萬戶張柔等攻蘄州略地至黃州元史太宗紀

定宗元年命萬戶史權等攻虎頭關拔之進圍黃州元定宗紀

至元十三年興國軍毛遇順等作亂權軍事陳天祥撫之及天祥去復變大江南北多殺守將以應宣慰使鄭鼎臣帥兵討之至樊口兵敗死之遇順遂聲言攻陽邏堡鄂州大震天祥言於參政賈居正曰陽邏堡依山爲壘素有守備彼若來攻我之利也且南人浮躁輕進易退官軍憑高據險而逼之烏

合之衆與之相遇不二三日死傷必多逃遁者十八九我出精兵擊之惟疾走者乃得脫乘此一勝大勢已定然後取黃州壽昌如摧枯拉朽耳居正然之聞遇順等至陽邏堡乃引兵宿於青山明日大敗其衆皆如天祥所料擒其長斬於鄂州市遺諭其徒歸里元史陳天祥傳

十四年黃州復叛命宣武將軍管軍總管齊秉節討之斬余總轄於陣元史齊秉節傳

至正十一年羅田徐壽輝兵起壽輝又名貞一業販布袁州僧彭瑩玉以妖術與麻城鄒普勝聚衆爲亂用紅巾爲號奇壽輝狀貌推爲主九月陷蘄水及黃州路敗威順王寬徹不花遂卽蘄水爲都稱皇帝國號天完建元治平以普勝爲太師

倪文俊爲丞相明年江浙平章政事卜顏帖木兒等討壽輝於蘄水破之壽輝走免獲其官屬四百餘人已而復熾遷都漢陽爲其丞相倪文俊所制十七年文俊謀弒壽輝不克奔黃州陳友諒隸文俊麾下數有功爲領兵元帥遂乘釁殺文俊明史徐壽輝傳

至正二十一年陳友諒陷蘄黃諸郡八月明太祖遣廖永忠取江州友諒奔武昌進拔蘄州興國黃梅廣濟黃梅志

明

宏治八年河南固始賊董官盤據山谷僭稱王寇麻城羅田等處麻城志

正德四年麻城土賊據仙姑洞大肆虜掠麻城志

七年三月河北賊趙鐩劉惠別部賈勉兒寇羅田官軍擊敗之鐩薙髮爲僧逃至江夏縣飯村店獲之送京師伏誅五月賊劉六劉七自河南取道麻城至團風奪舟入江殺都御史馬炳然登陸焚漢口爲官軍所敗劉六中流矢赴水死劉七等乘舟遁自黃州順流抵鎭江至通州颶風大作棄舟走保狼山官軍蹙之劉七亦赴水死賊悉平黃岡志

嘉靖三年麻城土賊胡廷鳳據西山每至秋寇岐亭提學副使許宗魯撫諭之乃退遂城岐亭立捕盜通判署並鐵壁關巡檢司麻城志

十八年十一月羅田盜張友讓殺多雲鎭巡檢許昂友讓羅田人與弟友勇友忠等同六安人楊道富聚衆千餘人劫掠鄉

里縣令祝翊設計捕獲友讓及其餘黨惟友忠遁走六安州九龍灣與丁堯山等復收餘黨出沒六關爲害尤熾翊捕堯山令許昂擣賊巢賊方大吉等從徑路突出昂被殺巡撫陸杰委通判同翊領兵討平之羅田志

萬歷十六年戊子蘄黃大饑黃梅賊劉少溪余孟新等倡亂焚掠鄉村時兵戎久弛人心搖動知州徐希明設法防禦州判陳策死之事聞上命湖廣巡撫南京操江御史合剿三月會兵蘄州凡九閱月討平之府縣志白茅堂集

崇禎七年流賊始渡河寇江北地方九月豫賊東至於蘄水大隊入黃州廣濟蘄水志

八年正月有賊數萬寇黃安焚殺甚慘二月流賊掠麻城敗官

軍於陰山畈雷馬二將軍死之自是蹂躪地方往來如織然未嘗攻城止肆野掠各鄉依山結寨相保聚官軍坐視不援

是月流賊羅汝才闖塌天等陷羅田知縣粱志仁死之粱志仁南京人保定侯銘之裔也萬歷末舉於鄉崇禎六年調羅田知縣賊大擾湖廣志仁日月儆備羅汝才曰羅小易攻然粱君長者吾不忍加兵俟其去當取之會邑豪江猶龍與賊通志仁捕下獄猶龍知必死潛導汝才別校來攻志仁急偕典史單思仁教諭吳鳳來訓導盧大受督民守禦城陷志仁持長矛巷戰殺六賊力屈被執抑使跪罵曰我天子命官肯屈膝賊輩耶賊怒碎其肢體焚之妻唐被逼大罵奪賊刀不得口齧賊手遂遇害思仁等亦不屈死汝才在英山聞之馳

至羅田斬其別校曰奈何擅殺長者以錦繡斂其夫婦屍明史忠義傳 六月知縣白乃忠任羅田縣事繕守備十二月流賊復從蘄水至乃忠同主簿周有德救援都司李懋功與賊戰於東門外殺賊二十餘人奪馬數匹賊始遁九月寇廣濟敗鎮算軍大肆焚掠知縣黃宏會走匿是年三月湖廣賊陷麻城蘄黃大盜爬天王擁衆八百餘人村民擒之通志

十年正月總兵秦翼民逐賊於麻城黃岡開敗之麻城志 二月流賊復寇羅田白乃忠統鄉兵禦於北峯河斬賊首五林沖坐山虎火礮殺賊三十餘人會天大雨礮不能施賊分路圍之殺鄉兵五十餘人四月賊盤踞多雲寨乃忠於黑夜乘其不備攻破之生擒賊十三人獲馬十七匹賊遁走時經略熊文燦總兵左良玉招撫張獻忠一丈青等賊於蘄州荆藩爲之置宴良玉初不主撫議後果有穀城之叛通志

十三年流賊由河南詐稱官兵晝夜兼行襲陷羅田焚燬房舍殺虜殆盡羅田志

十四年革里眼左金玉五營聞張獻忠東來走麻城以勾之湖廣巡撫宋一鶴渡江進兵屯蘄州擒賊諜焚舟斷渡明史紀事本末 七月督師丁啟睿大破賊於麻城斬首千二百級賊解圍去通志

十五年七月賊革里眼率衆萬餘襲黃安破之十二月賊張獻忠陷黃梅旋陷廣濟黃安黃梅廣濟志

十六年正月革里眼復入黃安二十六日張獻忠以二百人雪

夜襲蘄州遂於三月初五日陷蘄水二十四日破黃州城內外官民房舍盡燬凡所破城皆驅婦女剷城尋殺之以填塹麻城人湯志者大姓奴也殺諸生六十人以城降賊五月破省城稱王設官至七月始拔營入蜀明史流賊傳

國朝

順治二年三月左良玉以誅馬士英阮大鋮爲名自武昌順流東下舳艫相屬五百里其兩岸民居所過成赤土居人竄匿太白湖中闤闠爲虛江千數百里灌莽長隄馬踏成阬塹鴻洲記

三年東山土賊圍黃州初明末賊亂郡城殘破居民入山避亂者多據險結寨以防剽掠合黃岡蘄水羅田麻城共四十八

寨在黃岡者王光叔易名甫楊維倘等各據一寨英王大兵在九江傳檄諭之不下副將線維錡破之光叔就擒名甫自歸維倘來降其黨陳於藻王接骨等逃匿不獲至是復煽亂圍郡城副將唐國臣固守把總鄧克剛自蘄水赴援賊衆敗潰黃州解嚴時以小李之亂鄖陽用兵巡撫檄調黃協兵往援千總田龍見素有異志鄧克剛亦以前功未賞懷怨望領兵同赴省行至葉家洲遂激衆叛百總宋鳳譪巡撫告變遣兵來黃誅反者比至龍見克剛已走東山與陳於藻等合永甯還和慕義等鄉被害尤甚巡撫復遣兵會維錡往征明年秋克之克剛不知所終於藻仍逃匿不獲黃岡志

五年三月九江寇水陸並進至蘄州城南參將韓友出兵擊敗

之蘄州志麻城人周承謨倡亂連延東南英霍等縣知縣徐鼎臣請兵討平之麻城志

六年二月蘄州上鄉土賊倡亂韓友領兵擊之其黨悉平蘄州志

十年東山李有實等倡亂攻黃州諸堡同知白秉正招撫之遂於石人寨設立千總領兵駐防尋罷麻城志

康熙十二年十月江右賊出鄱陽陷湖口等縣知府于成龍令守備黑子駐黃梅之清江鎮伺賊艘至段姚市擊敗之白茅堂集

十三年麻城東山劉青藜倡言官激民變程鎮邦鮑洪功陳恢恢李子茂等附之先是妖人黃金龍亡匿青藜家潛結河南賊渠譚以從等私立名號約以七月爲亂事覺青藜恐遂於五月擁衆數千掠曹家河黃州守將王宗臣率所部兵駐與福寺麻城知縣屈振奇率鄉勇駐白杲進討之劉君孚者青藜之從父素黠者也夜遣七旗砍黃軍鄉勇潰賊勢益張知府于成龍聞警自陽邏兼程進諭散其黨因以二人從徑抵君孚營示以至誠君孚素知成龍威信遂率衆三百人獻傾心向化旗又招洪功恢恢子茂等獻安家樂業旗以降於是程鎮邦出山乞撫盡降其衆金龍遁黃麻解嚴秋七月黃金龍鄒君升復聚麻城之紙棚河脅民助亂李家集賊方公孝等附之知府于成龍同知佟養俊麻城知縣屈振奇黃岡知縣李經政次岐亭徵鄉勇三千人進討至望花山武舉陶之琇貢生彭喆諸人及麻城紳士從之舊官程鎮邦獻地圖成龍乃令生員劉青藜武童董錫董天祿拒寒坡岔唐殿袞與

明何昆子等拒塔兒岡劉以廷同伯人等拒腦中山生員林斗文鄉保羅甸臣截其糧路夏仲昆余公俊以鄉兵伏布袋坳大崎山僧貫識伺賊於山後龍王墩區長王方遠等守賊出入隘口貢生吳晉爵生員戴宗禮程士極蔡作楫助軍糧於是生員吳之鄒貢生龔相旦領衆進剿駐鄒家河賊聞風夜遁追及油河王方遠獲方公孝斬之夏仲昆等生擒鄒君升於項家廟斬首四十餘級士民四面攻擊殺賊無算黃金龍二十人夜走馬鞍山伏兵起盡擒之斬其首餘黨撫定凡六日亂平冬十月麻城東山李公茂陳頓徹鮑世榮擁衆數千據白水畈陳鼎業合逃兵由陽邏掠驛馬何士榮自永甯鄉應之賊勢大熾先是士榮與其兄士勝從吳逆士勝死士

榮潛歸脅艮爲亂鄉約熊爾忠上其變時鎮兵隨大軍征湖南議者欲退守麻城知府于成龍力持不可計先取士榮餘賊自潰諜知士榮據黄土坳乃遣諸生張本恕等徵集鄉勇分守山隘別遣知縣李經政同生員楊瓊枝陶大定密擒鼎業父子陽邏平十一月成龍率諸生二十二人次但店黄協千總李茂昇把總羅登雲吳之蘭百總涂魁凡杜保以所部五十人來會各區鄉勇至者二千人乃遣武舉張尚聖及登雲以偏師出黄岡廟茂昇之蘭鎮邦驛丞李德等大隊進發下春鄉勇五千大集營泊金砦下八日黎明士榮率賊數萬人自牧馬巖分兩路來攻成龍令弁士各率其屬戰於黄土坳之蘭中鎗死茂昇陷陣射賊旗墜馳之馬斃遂徒步殺二

人奪馬進戰李德揮鐵棍從之是時登雲尚聖自石山東路追賊越崇嶺數重衆軍齊合大敗之生擒四十八人殺死無算士榮挾矛走左臂斷猶力戰陷泥中獲之餘黨解散乘勝抵呂王城白水畈至飯山河駐定慧寺時周鐵爪萬野于及公茂世榮頓徹據麻城之石壁賊衆數百人將入什子砦官兵進戰獲野于公茂於是生員朱愷生擒周鐵爪劉青藜生擒世榮頓徹賊平東山悉定于清端公政書

二十七年五月二十二日督標裁兵夏逢龍叛陷省城旋陷漢陽府及黄陂縣六月朔日賊舟蔽江下寇黄州時江水泛漲礮聲聞數十里終日不絶黄州副總兵阮逑守北城捍禦兵卒多與賊通俄見清源一字兩門皆豎白旗逑不能制棄城走保蘄水知府蘇艮嗣時在省署按察司篆知縣汪灝先期攜印遁賊入城從賊者割髮辮爲識借賊勢抄掠富室搜求騾馬近城數十里多被其害賊據城兩月逢龍在金口爲提督徐治都所敗逃還省城僞總兵胡耀乾閉城不納先是黄岡諸生陳玉謝素與逢龍善以事繫省獄及逢龍叛釋於獄贈以金送之歸曰事不成以子山中爲歸路及敗逃至玉謝家八月鎮武將軍瓦岱督滿洲兵討賊至黄州賊將迎降玉謝率鄉人縛逢龍至軍門磔於城東五里墩黄州平及大兵至省城賊開門迎降諸府縣悉平通志

嘉慶二年教匪齊王氏姚之富等焚仙花鎮逼近黄安界黄安監生熊之炅集鄉勇禦之相持三日賊不得進適大雨賊自

土脊嶺蜂擁至焚熊家河村落殆盡之炅陣亡賊乘勢南掠圖竄麻城界河水暴漲不能渡旋撲黄安城知縣王承銓典史鄭以仁偕紳民雨夜登陴賊知有備又提督慶成大兵躡其後遂竄羊角會横城岔而去餘黨百餘人擾華家河等處鄉勇勦捕無存者亂乃平黄安志

咸豐二年十二月十一日髮逆陷黄州先是道光三十年逆首洪秀全楊秀清等起廣西桂平縣是歲由廣西竄湖南十一月自岳州下竄十二日陷漢陽十二月四日陷省城至是陷黄州焚掠而去兩江總督陸建瀛江西巡撫張芾調兵守武穴老鼠峽

三年正月提督向榮克復省城賊船駛陽邏擾黄州向榮遣兵

擊之賊敗走趨金陵三月廣濟匪徒宋觀佑張東銘等因糧滋事署黃州知府岐亭同知邵綸署廣濟縣黃梅知縣鮑開運往撫被戕團風巡檢蔡文熙把總魯光貴等均遇害湖北按察使江忠源討平之

上諭以道士洑黃石港等處險要宜設防署湖廣總督張亮基親勘地勢以道士洑之對岸散花洲江面遼闊難以控制黃石港無險可扼乃擇於田家鎮安筏設礮飭糧道徐豐玉漢黃德道張汝瀛督師防堵七月分竄河南之賊由仙花鎮竄黃安麻城羅田前藩司唐樹義敗之竄岐亭沿河掠取竹簰將由鵞公頸出江都司董玉龍同知伍愰張曜孫伏兵殲之殆盡都司許連城擊賊馬鞍山敗之九月攻江西之賊經江忠源

擊退竄武穴犯田家鎮總兵楊昌泗及徐豐玉張汝瀛連擊敗之江忠源由瑞昌趨至按行營壘時官兵皆駐北岸而南岸之半壁山峻峭橫江天險也我兵不及駐營爲賊所得設壘數座與我軍夾江相持十二日忠源方議添兵於南岸之沙村忽東南風大作賊揚帆直上兵單部署不及倉卒迎敵忠源竟夜立巨筏上指揮督戰次日黎明風愈勁賊蜂擁上陸路賊亦麕至鏖戰多時官軍大潰徐豐玉張汝瀛許連城死之荆門直隸州李櫰候補知縣杜文浩千總魏開第把總李成壽麾兵徑進均死之賊上竄陷黃州知府金雲門殉難

詔贈太僕寺卿謚果毅廣濟陷知縣陳肖儀亦殉難十一月賊船聚巴河候補知府伍愰分兵四隊由黃州進誘賊登岸燒其船七十餘隻斬溺無數田家鎮敗後經此一戰兵氣始揚十二月總督吳文鎔出省討賊駐營堵城主事楊熙督川勇合剿

上命唐樹義帶水師夾會爲水陸夾擊計

四年春正月吳文鎔軍覆於堵城時連日大雨雪諸軍凍餒有死者賊繞道出大營後設伏林麓間連營火發兵勇大潰文鎔死之初文鎔與同官議軍事或不合劾其安守省垣不肯擊賊文鎔性剛介原與侍郎曾國藩籌商俟礮船齊備爲誓師東下計及被劾誓以死報至是殉難士民哀之唐樹義率礮船退金口被賊擊舟沈落水死三月賊竄麻城前知縣姚國振時辦團防與司獄李克愼禦賊於宋埠陣亡署知縣韓寶昌復督勇與賊戰於龍困橋勇敗死之四月賊自漢陽竄

黃安之南沙河團勇剿擊大敗之河南巡撫鄭敦謹上其功

上命湖廣總督台湧傳旨嘉獎六月賊由張店竄宋埠麻城紳民齊團練賊聞之出境已復至七月總督楊霈飭黃安知縣許賡藻麻城知縣賀棨督勇規復各縣城楊霈奏黃州爲江防要地與武昌縣相對爲省城下游第一門戶黃州一失門戶洞開省城不能安堵故將規復黃州責成許賡藻帶勇辦理閏七月署黃州府知府許賡藻率勇剿賊淋山河焚賊巢穴擒斬無數八月蘄水知縣際亨會羅田舉人熊五緯督勇援蘄水熊五緯力戰死之九月黃安戸部主事彭宗達亦以援蘄陣亡是月許賡藻同黃岡縣知縣翁汝瀛剿賊淋山河又戰於團風連敗之直抵黃州城賊望風潰追至江濱斬溺數百

遂復黃州是時侍郎曾國藩湖南提督塔齊布已復省城賊下竄集蘄濟閒就水爲柵以舟楫爲巢穴自巴河迄田家鎮賊艘比櫛國藩定三路進兵之策以提督桂明爲北路攻蘄州廣濟以塔齊布爲南路攻興國大冶中路國藩自將之以參將楊載福同知彭玉麟爲前隊以道員李孟羣爲後隊旌旆百里舳艫銜接順流而東九月二十一日次黃州二十三日水師直抵蘄州舟賊放礮迎戰我軍奮擊焚其舟三十餘隻賊大敗下竄田家鎮築城掘濠橫鐵鎖截江以木筏承之安礮其上沉錨鉤於下悉力死守堅不可拔曾國藩塔齊布議以田鎮險要在對岸半壁山遂督師先奪之十月十二日楊載福彭玉麟羅澤南率哨官陳樹勳等分水師戰船爲四

隊凡洪鑪大斧椎剪之器皆備塔齊布提陸軍陣於江南十三日黎明水師循南岸下駛擊之斬斷鐵鎖斫其木筏奪礮械燒火藥燄烈水飛軍聲震天地賊大敗追殺三十里至武穴而還當水師之下擊也陸兵飛馳而東塔齊布率十餘舟鼓棹窮追夜三更抵龍坪次午乃返是役燒賊船四千餘艘焚溺死者數萬獲賊舟五百餘軍威大震時蘄州賊陳玉成曾鳳傳率衆來援楊昌泗魁玉擊敗之賊偵知田鎮巢破棄蘄州夜遁奏入

上嘉悅將帥弁勇分別賞卹有差十一月曾國藩進駐武穴僞檢點陳玉成率蘄州遁賊踞廣濟僞燕王秦日綱收田家鎮敗賊踞黃梅僞冬官丞相羅大綱帶賊萬餘散布梅境各要隘勢猖獗塔齊布羅澤南陸軍進剿殺賊千餘收復廣濟又剿賊於大河鋪大敗之直抵黃梅城周鳳山攻其西門羅澤南攻其北彭三元列陣橋西以待賊營柵排列礮箭齊施塔齊布督兵仰攻更番疊進李續賓逼木柵斬賊目一火其柵賊大潰遂復黃梅縣城羅澤南李續賓又剿賊於濯港斬溺千餘進軍孔隴驛環攻其壘悍賊拚死鬭官軍以肩爲梯摩壘齊入尤勇者卓孚於地一躍而登賊無遁處赴水死者以千數斬首二千餘級焚其市他賊踞小池口者聞風遁去是月羅田縣知縣彭仲芳率羅田團勇復英山縣城安徽道員何桂珍與仲芳會剿太湖不克回駐樂利河英山復陷

五年春正月朔總督楊霈軍潰於廣濟退走德安賊上竄黃州

復陷黃岡知縣翁汝瀛追賊於漢口死之舉人邱文暨紳勇從死者甚衆何桂珍同蘄水知縣劉縈克復蘄水城二月羅田勇再復英山城彭仲芳剿賊中界河礮裂勇潰仲芳死之羅人痛仲芳之死也大呼復進人人殊死戰斬僞官陳文柏等千餘人時麻城勇禦賊淋山河失利千總程萬華陣亡三月蘄州土匪周十三擾蘄水四月羅田勇斬賊首田金爵於英山賊竄蘄水築土木城十餘座知縣劉縈督勇敗之是月黃岡團勇隨知縣葛致遠敗賊於縣西頂子山五月又大敗賊於降雨廟追至沙溝橋生擒僞指揮李義斬馘數千七月羅田蘄水勇剿賊駱駝坳蘄水城守萬世清陣亡八月羅田僧塔汛千總劉廷建剿賊蘄水陣亡羅田武生屈飛鵬郭映

萱與焉九月曾國藩奏言蘄黃英霍當皖楚之交萬山囘互匪黨最多幸羅田麻城黃安黃岡等縣紳民好義團練殺賊著有成效道員何桂珍往來楚皖與紳耆信義相孚每遇匱乏簞壺犒軍懇飭何桂珍督辦羅田英山麻城等屬團練

上是之十一月降捻李兆壽叛於英山何桂珍死之賊遂據蘄水寇羅田燒駱駝坳街署羅田知縣彭惠疇督團勇追剿之

六年夏四月九江賊竄黃州進逼麻城爲麻勇敗走遂竄聚於新洲木城土壘屹然抗命湖廣總督官文令黑龍江營總多隆阿副都統都興阿護軍參領舒保率馬隊會剿遇賊柳子港我兵陣於港西賊由東岸抗拒馬隊矢不虛發多隆阿身受三矛浴血苦戰賊大敗黃陂勇陳朝俯燒其營軍功吳之

傑知賊欲歸三店伏兵叢莽開賊至奮擊生擒偽檢點指揮數人遂毀三店賊壘乘夜抵新洲燒其糧艘數十隻追擊之團風斬溺死者無算是月賊二千由英山竄羅田知府許賡藻署羅田知縣彭應鯉擊於樂利河大敗之旋進克英山城九江賊寇蘄州彭應鯉擊之嚴家坳殺賊千餘擒偽總制王祥瑞又追之三望衝賊翻山遁黃岡勇隨知縣葛致遠擊賊於柳林河淋山河等處賊屢敗遂退囘黃州不出六月官兵圍黃州先是沙口陸營獲賊諜知偽翼王石達開圖上竄多隆阿督降弁范湖南率馬步兵集堵城禦之賊敗走知府許賡藻知縣葛致遠以團勇剿賊毀黃州城外壘沿江礮船轟擊子落如雨賊困守不下八月蘄州土匪吳菊兒英山土匪王順生寇羅田爲羅勇所敗而髮賊竄踞新洲團風等處都興阿分路進剿賊先期遁斬遺賊數百又追之囘龍山九月吳菊兒王順生踞英山羅勇剿之復其城楊載福率所部陳樹勳等追賊至蘄州蘄州城內賊出援楊載福令陳金鼇登岸誘敵周清元丁泗濱從下游乘虛奪城前後夾攻殲賊六百平其壘三座直抵田家鎮燒其船八十餘艘十一月二十四日官軍克復省城提督楊載福率水師清江面湖北巡撫胡林翼分師三路戰於樊口進兵圍黃州殲賊二千餘毀水壘四座遂復黃州載福進破巴河賊卡燬舟無數都興阿率馬隊追剿沿途殲賊遂克蘄水城蘄州知州石介以羅勇三千與官軍合剿遂復蘄州城都興阿復廣濟城十二月都興

阿多隆阿復黃梅城黃州平大兵進圖九江

七年春二月偽搏天侯陳玉成糾賊數萬擾黃梅知縣覃瀚元以空城誘賊都興阿擊之殲賊四千餘奪馬騾數百匹以少擊衆大獲全勝夏四月賊大集皖楚界彭應鯉領羅勇禦賊樂利河安徽布政使李孟羣飭都司盧又熊赴羅會剿戰於梁家灘斬馘五百賊痛創復集大隊來攻應鯉同羅紳廖新姚敦禮等督勇禦之分四路鏖戰自辰至申賊大敗遂復英山城蘄水勇駐雞鳴河盧又熊以勇截河賊不敢進遂竄太湖越數日糾大隊踞蘄州張家塝知縣李景湖由青石嶺進彭應鯉盧又熊由獅子口進迭戰皆勝之時陳玉成更句結皖捻擄飢民號稱十萬實得六七萬蜿蜒二蘄羅田梅濟閒

聲勢聯絡氣燄熛熾五月胡林翼令都興阿擊黃梅巴揚阿擊廣濟邢高魁舒保擊蘄州李孟羣擊羅田胡林翼親駐黃州俄官軍戰於望天畈失利林翼激厲潰卒補製軍械意氣不衰六月多隆阿鮑超擊賊廣濟戰於十里鋪敗之又敗之意生寺又敗之官橋而童司牌賊踞險築壘緜亙如常山蛇繞壘以港李續賓都興阿揮官軍填溝毀壘進賊悉遁另股竄黃岡胡林翼禦之駐傳家嶺會參將何紹彩敗賊馬鞍山多隆阿鮑超敗賊黃蠟山都司宋美富以水師敗賊菩提壩其孫家嘴之踞賊亦爲李續宜所敗前後數戰斬馘萬計賊燄頓衰而參將鮑超督兵血戰累尸登壘受傷不卻功尤最

詔加總兵銜以示鼓勵是月總兵王國才與賊大戰於濯港死之七

月官軍敗賊馬家河草雉禽獮黃岡賊無存者胡林翼進駐蘄水之月山時鄉村踞賊數萬乘我軍未定分隊撲營李續宜唐訓方嚴陣禦敵舒保以馬隊佐之胡林翼步行督戰殺賊七千有奇毀賊壘六十三座賊勢大蹙八月胡林翼率李續宜唐訓方由二蘄直達濟梅節節搜剿勢如破竹小池口者與九江對乃江皖入楚咽喉也賊據竄死守楊載福李續賓等奮力奪之追奔百八十里斬殺殆盡湖北肅清

八年春正月髮賊結捻匪由光固竄楚舒保率馬隊駐羅麻以防之二月守備梁洪勝敗賊於蘄州之黃泥畈唐訓方余際昌敗賊於南陽河殺賊千餘斬僞侑天侯陳士棠三月賊竄麻城游擊李曙堂禦之嚴家河不克遂陷麻城李續宜率所部會舒保剿賊斬千餘生擒七百餘遂復麻城副將張文煥都司謝國俊陣亡四月皖賊十餘萬分擾二蘄梅濟羅麻諸縣陳玉城爲之魁另賊數千由商城陷黃安李續賓馳赴黃安克之復縣城蘄州賊亦爲唐訓方所敗十月巡撫胡林翼丁憂會李續賓殉難三河鎮連奪主將軍氣頓寒舒保李續宜回駐黃州唐訓方駐陳德園阿達春駐小隘嶺余際昌駐英蘄之界槐樹坳唐協和駐麻城副將李成謀率水師駐田家鎮互壯聲援防賊竄武漢之路

上諭胡林翼援墨絰從戎之義馳赴黃州調度林翼疏辭不許乃強起黃人相慶於道

九年春二月胡林翼奏言臣於二月移駐上巴河竊念軍興九

年其失計每在偪城而壘一意攻堅士卒摧殘主將不覺及援賊大至轉以餘力乘虛如七年專力宿松而賊竄張家塝八年專力太湖而賊由商霍以陷麻城黃安前車具可鑒也臣查黃郡形如圜甌東爲黃梅與宿松太湖接壤東北爲蘄州蘄水北爲羅田西北則麻城黃安皆與霍英商固接壤皖楚要害應以黃州爲適中安慶廬州六安未復則黃州宜設重防且黃郡財賦繁重甲於通省官軍血戰兩載經營甫定得之甚難棄之可惜臣故專駐黃州以爲謀皖之計非分三路進剿必難成功

上韙之十二月胡林翼駐蘄州陳德園旋進駐英山城

十一年春二月陳玉成窺官軍全力謀皖鄂省空虛乃句結捻

匪龔瞎子等十數萬直撲蘄水假官軍旗幟襲黃州知府周炳鑑方試士未及設防城遂陷武昌戒嚴又分隊竄羅田麻城黃安燒殺甚慘副將成大吉守松子關會羅紳蕭樾周占魁等督勇爲援斬賊三千級殲龔瞎子賊大敗知府梁作楫固守麻城舒保帶馬隊繞赴團風與黃州協副將書紳督團截賊防其上竄四月内閣侍讀學士賀壽慈奏言楚省團練得力以黃州府爲最黃州府以黃安羅田麻城黃岡爲最八年夏賊由九江上竄九年春賊由安徽上竄兩次犯黃均被截擊此次賊過黃屬屠戮甚慘蓋洩前此屢挫之忿請飭大吏激勸黃屬照舊團練前任黃岡縣知縣葛致遠可以總司其事得

旨如所議行六月安徽巡撫李續宜駐新洲規復黃州時羅田勇擊賊何家寨千總胡載舟力戰死八月副都統穆圖善復黃梅彭玉麟會知州李瑜復蘄州多隆阿復廣濟黃州賊尚築壘抗拒總兵李續燾及臬司彭玉麟會攻黃州總兵成大吉駐上巴河多隆阿駐蘄州之曹家河以絕其援二十日黃岡人劉維楨獻計規黃州候補道蔣凝學受之誘賊出城伏兵四起燒賊壘火光照天積屍徧原野其奔三台河者劉維楨率所部楊維幹等會水師圍剿斬溺無算遂復黃州城

同治元年秋九月捻匪竄黃安團勇擊敗之提督成大吉道員毛有銘赴麻城扼其下竄舒保督馬隊進剿副將藍斯明黃安知縣諸鏞扼宋埠道員梁作楫駐兩路口以禦賊屢創之賊不敢犯

二年春三月總兵楊朝林駐麻城營壘未定捻匪由福田河闖入參將王允昌倉卒出戰追賊黃土岡遇伏被圍朝林力戰救之還保縣城夏四月髮逆會捻匪陳大濬犯白杲鎮穆正春擊敗之斬悍賊五百賊疾趨黃岡官文令副將王桐柏守上巴河成大吉駐岐亭副將蕭恆勝扼松子長嶺二關而舒保以馬隊出入其閒作爲游兵巡撫嚴樹森督師團風鎮五月髮逆僞端王藍簽子僞遵王賴汶洸與捻匪陳大濬張總愚合竄黃州成大吉楊朝林石清吉周鳳山從麻城進剿秋九月亳捻擾麻城踞宋埠爲官軍所敗旋撲縣城知縣王瀚都司向百福督勇截擊之乃竄劉結子河縱橫數萬陳列河

次兩隄翼以馬隊馳抄我軍舒保親揮勁騎馬賊奔步賊爲蕭恆勝所擊亦潰斬首三千級殲賊王瞎子程大老坎舒保率所部追擊救出難民二千餘人賊竄河南黃州肅清

三年夏五月髮捻兩逆數十萬合隊竄麻黃晝夜焚殺亙五百里皆賊壘其大隊麕聚李家集辛家沖馬鞍山諸要隘富森保成大吉分道迎擊賊拒戰破之新洲追至迴龍山水師梁洪勝率五營巡邏黃州駐三台河扼蘄濟之路適餉缺一軍大譟黃岡知縣陳汝蕃聞之搜括俸餘並假樊口釐局得三千金馳給洪勝軍始帖然用命羅田知縣王臣弼督勇分守林家嘴中界河賊突至戰於尤河羅勇死傷甚衆難民枕藉於道僞輔王陳得才據白杲麻城被圍糧竭時

上命親王僧格林沁由光山督軍會剿於是楊朝林周鳳山援麻城蘇克金駐光麻之交與楚師會梁洪勝趨蘄水扼險要姜玉順蕭河清由樊城東下四路合圍防賊東竄破其救援金陵之計六月金陵克復髮捻奔集麻黃閒恃山徑峻險馬隊難施倚白杲河爲巢穴時我軍分兩路親王僧格林沁爲客兵蘇克金陳國瑞張曜從之大學士總督官文爲主兵成大吉楊朝林周鳳山從之賊逼官軍而壘阻我餉運成大吉斬其悍目麻黃道通軍勢漸揚而蘄水賊又至初髮逆馬融和捻首賴汶洸任柱等聞金陵巢穴已碎日夜西竄擾蘄水蔡家河梁洪勝擊敗之賊又西竄羅田圖與麻城賊合秋七月僧格林沁令蘇克金敗賊於白杲又敗之閻家河又敗之紅石

堰英翰敗賊柏子塔捻首朱朝如以千七百衆降麻城東北賊始盡是月十九日成大吉督軍三路攻白杲夫子河窑耳山之賊楊朝林自六合集進周鳳山由夫子河進富森保由大崎山進大吉親率會昭仕馳出雲霧砦賊憑壘死鬬官軍用礮轟擊直擣中堅賊不支越嶺遁有伏壘中者大吉踏壘先進奮臂大呼鎗礮聲震賊大潰連奪卡壘數十座餘賊竄三角灣或竄黃安之料棚均爲我軍所敗乘勢拔白杲鎭餘匪竄蔡家河趨蘄水與賴任諸賊合是時蘄水之賊屢圍梁洪勝營壘不克分擾羅田柳林河滕家堡等處烽火照耀羅田紳勇力戰敗之千總吳必昌陣亡羅人憤攻益力殺賊無算麻蘄兩賊旣合股圖竄蘭谿左光培扼擊之乃東竄六安敗捻有北竄河南光山者八月成大吉擊馬融和於羅田大戰長嶺岡敗之斬馘二千羅勇擊賊黃泥塘敗之時蘄羅羣盜如毛難民流離山野愁苦萬狀官文令梁洪勝扼駱駝坳李成謀駐松子關周鳳山守團陂譚仁芳赴張家塝協力剿賊先後獲勝九月成大吉楊朝林敗捻匪於羅田賊竄二蘄與髮賊合石清吉力戰於翁山死之成大吉被圍於關口姜玉順李成謀兩路馳救拔其圍賊西北竄羅麻之交官軍擊賊木子店又敗之白杲僧格林沁督師過羅田進駐上巴河十月僧格林沁官文會於竹瓦店議進兵策官文督水師清江面僧格林沁專任剿賊於是裔松年派兵扼英山截其東竄之路英翰郭寶昌扼商城截其北竄之路何紹彩駐古佛

堂截其西僧格林沁晝夜窮追直抵霍山樂兒嶺賊旣懾王威武又奔逃五晝夜窮蹙乞命投械跪地者七萬人陳得才仰藥死惟張總愚賴汶洸任柱等不降劉維楨率所部忠義各營分路躡之賊焚掠北去

四年冬十一月捻匪由麻城進逼松子關羅勇嚴壘以守賊不敢犯十二月捻逆賴汶洸牛老紅竄麻城黃岡時總兵成大吉軍乏食潰於宋埠賊乘隙嘯聚十餘萬大江之北烽火彌月不絕

五年春正月總兵梁洪勝擊賊街埠死之副將韋志俊駐團風提督馬德昭會志俊軍於新洲約李清濟以舟師擊賊賊棄巢亂竄踐踏死者無數追敗之陡陂山斬賊以千計拯難民

萬餘人餘賊北竄光山黃州肅清冬十月捻逆邊馬擾麻城提督劉銘傳進軍伍家河勦之

六年春二月捻逆由黃陂竄黃岡提督劉維楨率所部楊維幹劉炳忠等敗之迴龍山賊東趨二蘄撲梅濟黃州震動巡撫曾國荃馳赴黃州飭記名布政使彭毓橘擊賊浠潭坳賊敗方渡港我軍窮追陷泥淖敗績彭毓橘罵賊死道員葛承霖提督羅朝雲王仕益陳致祥鄧泰福同時陣亡夏四月劉銘傳駐黃安之紫屏鋪分三路擊賊斬馘無算奪馬騾千匹解散難民萬人追至陡山李昭慶以兵迎擊大敗之時任柱賴汶洸竄安陸署總督譚廷襄巡撫曾國荃恐賊由光羅犯鄂調劉維楨赴麻城防白雀園木陵關之路譚仁芳赴黃安防

仙花店黃陂站之路賊不敢犯黃州平自後捻逆轉竄河南河北麕集山東七年為淮軍所殲寰海鏡清

詔湖北黃州等處經髮捻各逆肆擾者豁免節年積欠錢糧與民休息

黃州府志卷之十下終

黃州府志卷之十一上

黃州府知府英　啟纂輯

職官志

藩封

周

弦 春秋 惠王二十二年楚人滅弦弦子奔黃 晉書地理志西陽弦子國明一統志西陽城在黃岡縣境漢舊縣屬江夏晉弋陽郡治此

鄀 曹姓子爵祝融之後楚宣王滅鄀遷其君於此

前漢

衡山王吳芮 本傳 秦時番陽令也沛公攻南陽遇芮之將梅鋗與偕攻析酈降之漢元年立芮為衡山王都邾五年徙封長

沙

軑侯黎朱蒼 功臣表 以長沙相侯七百戶孝惠二年封高后三年子孝侯豨 一本作狶 嗣孝文十六年子彭祖嗣子侯扶元封元年因事免嗣編江夏至宣帝元康四年蒼元孫之子膂裹奉

詔復家

後漢

蘄春侯陳浮 陳俊傳 建武十三年增俊邑定封祝阿侯二十三年卒子浮嗣徙封蘄春侯浮卒子專諸嗣專諸卒子篤嗣

軑侯王符 王霸傳 建武三十年封淮陵侯永平二年以病免後數月卒子符嗣徙封軑侯符卒子度嗣度卒子歆嗣

晉

西陽王司馬羕汝南王亮傳亮有五子粹矩羕宗熙羕字延年太康末封西陽縣公亮之被害也羕時年八歲鎮南將軍裴楷與之親媚竊之以逃一夜八遷故得免及瑋誅進爵為王元康初進封郡王永興初以長沙王乂黨廢為庶人惠帝還洛復羕封以汝南期思西陵益其國永嘉初復以邾蘄春益之咸和初坐弟南頓王宗免官降為弋陽縣王及蘇峻作亂羕詣峻稱述其勳峻矯詔復羕爵位峻平賜死國除

宋

西陽王劉子尚與沈休文善孝建三年封

西陽縣侯蕭道成元嘉二十九年以討賊功封後為齊高帝

南齊

西陽王蕭子明武十七王傳子明字雲光世祖第十子蔡婕妤所生永明元年封武昌王三年失國璽改封西陽建武二年誅蕭諶誣子明及弟子罕子貞與諶同謀見害年十七

西陽王蕭子文武十七王傳子文字雲儒世祖第十七子庾昭容所生永明七年封蜀郡王建武中改封西陽王永泰元年見殺年十四

梁

西陽王蕭大鈞太宗十一王傳大鈞字仁輔包昭華所生性厚重年七歲高祖嘗問讀何書對曰學詩因命諷誦音韻清雅因賜王羲之書一卷大寶元年封西陽郡王二年為侯景所害年十三

西陽王蕭圓滿武陵王紀第二子後與紀俱死

陳

西陽王陳叔穆高宗二十九王傳叔穆字子和高宗第二十三子楊姬所生至德元年立為西陽王禎明二年入關卒於長安

魏

西陽郡公樊子鵠北史本傳子鵠代郡平城人也以功累封至西陽郡公後為兗州刺史孝武帝入關子鵠據城為應齊神武遣婁昭等討之左右斬子鵠以降案魏書作南陽郡公恐誤

北齊

齊安王廓武成十二王傳廓字仁宏武成第四子後宮所生性長者無過行後與後主死於長安

北周

齊安郡公李徹朔方巖綠人以平陳功進爵

西陽公宇文溫宣帝時封

隋

蘄春郡公達奚長儒本傳長儒字富仁代人也高祖受禪進位上大將軍封蘄春郡公累轉至荊州總管卒謚曰威北史作蘄郡公

唐

永安壯王孝基宗室傳太祖子璋仕周為梁州刺史卒生二子曰韶曰孝基孝基武德初封永安王二年將兵討劉武周師敗為賊所害

蘄王緝十一宗諸子傳順宗子緝咸通二年封八年薨

後周

蘄王熙誨周世宗家人傳世宗子顯德六年封宋乾德後不知所終

宋

齊安郡公趙仲郃郟王之後孝友惇謹善守法度以黃州刺史封

齊安郡公趙士㒟紹興中判宗正寺詣河南修陵寢還封後以百口保岳飛死忤秦檜放於建州

蘄王韓世忠本傳世忠字良臣陝西延安人以中興功建炎十三年封咸安郡王孝宗朝追封蘄王

明

蘄獻王瞻垠諸王傳仁宗第四子初封靜樂王永樂十九年薨謚莊獻仁宗卽位追加封謚無後

蘄水靖和王貴㸅諸王世表遼簡王植子正統二年封成化七年子安穆王豪㮢嗣宏治十四年子康順王恩鉅嗣嘉靖十二年子僖簡王寵瀓嗣嘉靖十九年子端懿王致榼嗣萬歷十年子榮順王憲熤嗣萬歷三十三年子術𨍏嗣案一統志蘄水王府建於荊州今因其名係黃州故錄

荊憲王瞻堈諸王傳仁宗第六子永樂二十二年封宣德四年就藩建昌正統十年徙蘄州景泰四年子靖王祁鎬嗣天順五年子見瀟嗣以罪賜死宏治七年以見瀟弟見溥子祐㭿嗣爲荊和王十七年子端王厚烇嗣嘉靖三十二年厚烇薨子永定王載墭已前卒其子恭王翊鉅嗣隆慶四年子敬王常涪嗣萬歷四年薨無子弟康王常㳦由安城王嗣萬歷二十五年子定王由樊嗣天啓二年子慈煙嗣崇禎十六年正月張獻忠陷蘄州慈煙先一月薨

都昌惠靖王祁鑑荊憲王第二子正統八年封鑑子懷順王見潭成化十六年嗣潭子悼僖王祐楄宏治九年嗣楄子厚熙正德五年襲封熙子載塎嘉靖中嗣塎一子翊鏵先卒國除

都梁悼惠王見溥荊靖王第二子成化二年封子祐㭿襲荊封郡爵例不襲

樊山溫懿王見澋荊靖王祁鎬庶三子成化三年封正德四年

子莊和王祐樠嗣嘉靖十一年子恭恪王厚焌嗣嘉靖三十六年子載坽嗣坽折節恭謹以文行稱讀易窮理著大隱山人集萬歷十三年子翊𨥉嗣𨥉字昇甫穎異博學工詩文士大夫樂與之遊著有廣謙堂集震岳詩話與弟翊壓翊鑋相倡和兄弟嘗共處一樓號花萼社壓字仲良文學書翰俱有名嘗爲楚藩宗正三十三年子常淪嗣

富順王厚焜荊和王祐㭿庶二子正德九年封以詩畫名萬歷十年子載垬嗣十六年子翊鍉嗣十八年子常湢嗣三十四年子由糯嗣

永新安莊王厚熿荊和王祐㭿庶三子正德十一年封嘉靖四十一年子恭懿王載壕嗣子翊鏈早卒萬歷十六年子常涓

嗣三十四年子由㰘嗣

德安王翊鍇荆莊王載壉第二子嘉靖三十六年封萬歷三十年子常㵸嗣以上四王雖封非其地然其邸與墓皆在蘄州見州志

廣濟王定爗漢川康定王譽榛子嘉靖三十六年封萬歷二十七年薨子幹壎未受封卒無子國除

蘄國公康茂才本傳字壽卿蘄人通經史大義事母孝元末寇亂結義兵保鄉里太祖克集慶路乃率所部降洪武元年從大將軍征定西取興元還軍道卒追封蘄國公謚武義子鐸以父功封蘄春侯從征南將軍傅友德征雲南卒於軍追封蘄國公子淵幼未襲授散騎舍人以坐事革冠服勒居山西遂不得嗣

文秩官表上

黃州府

晉改西陽國爲郡置太守咸康四年置刺史

戴邈永嘉間任西陽內史　毛寶陽武人豫州刺史　樊峻西陽太守

鄧嶽陳留人俱咸康間任　滕畯建元間任　庾翼鄢陵人

曹據　庾澄之義熙間任　何元度

桓石秀龍亢人　桓嗣恭祖次子　朱綽以上俱西陽太守

宋

朱齡石沛人　魯方平　謝稚俱西陽太守

南齊增齊安建寧郡守

張謨建寧太守

梁增置沙州南鄀州北江州湘州義州刺史又增置定城永安義城諸郡守皆在今府屬

魯悉達北江州刺史　王珍國湘州刺史　吉士瞻西陽太守

蕭圓正　羊思達　陸山

陰子春姑城人　夏侯夔譙郡人　周炅安城人以上俱西陽太守

田超秀定州刺史　田龍袓　杜多安

杜龕　蕭督　李洪遠以上俱定州刺史

黃天賜建寧太守　張宗之　文僧明俱義州刺史見隋書地理志

北齊置巴州刺史

田益宗定州刺史

陳

華皎湘州刺史　戴僧朔巴州刺史　歐陽量

孫瑒　畢寶　魯廣達以上俱巴州刺史

陳方泰定州刺史　周炅帶西陽武昌二郡守　田龍升

陳方慶恖王曇朗子　章昭達武康人　周法僧以上俱定州刺史

周文育義州刺史

周

楊天興齊安郡守　史寧義州刺史

隋

周法尚安城人開皇六年黃州總管　宇文弢洛陽人黃州刺史

周法僧定州刺史

唐初置總管府後置刺史又有別駕長史司馬錄事參軍事以下等員蘄州倣此

周法明黃州總管　左震涇縣人乾元間任　杜牧樊川人太和間任

劉嗣之太和閒任　韓通忠　袁一儀以上俱黃州刺史
竇宏餘黃州刺史見唐書宰相世系表下同　封踐福
李俊　李晄　王濡
蘇易　鄭孝寬　孔脊言以上俱本通志

後周

司超刺史　吳討　瞿璋
馬鄰　許文禎

宋初命朝臣出守號權知州軍事後文武官參爲知州軍事乾德初始置通判慶歷四年始置教授蘄州倣此

王明成安人乾德初任　孫光憲陵州人乾德閒任　魏能鄆人咸平閒任
王禹偁鉅野人咸平閒任　韓琚相州人天聖閒任　張鑑咸寗閒任
樂史舊志作樂黃目案宋史知黃州乃樂史非黃目也　夏竦江州人明道閒任

馬正卿元豐閒任　徐大受元豐閒任王志作君猷是字非名今改正
楊采　陳軾元豐閒任見東坡集　蹇序震
劉摯東光人　家愿眉山人俱紹聖閒任　楊汲
彭思永廬陵人　韓駒俱政和閒任　趙令宬燕懿王之後
蔡幼學　李顯案嘉慶通志作閭邱公顯蘇詩注又作閭邱孝忠字公顯
李誂　馬鄰瑞安人俱乾道閒任　薛弼
孫初淳熙閒任　李昭問慶元閒任　何大節嘉定閒任
王鑑嘉熙閒任　孟珙棗陽人寶祐閒任　李節寶祐閒任舊志李節上有覃懷
案一統志覃懷乃李節所居地非人名也誤分　向士璧
趙范　李汝士　陳弈以上俱知黃州
莫濛歸安人舊志載濛爲同知案濛爲大理正治黃冤獄其時奏盜者黃州倅濛非同知也

任伋眉山人元豐閒任舊志作任師中知黃州案師中乃伋字官止通判未知黃州見蘇軾集
孟震元豐閒任　張耒淮陰人會監酒稅未知黃州詳通志
邱岳嘉定閒任　張規　陳仲徵高安進士以上通判
龐籍司理參軍明道閒任　蘇軾元豐閒任團練副使　厲居正慶元閒任
李宗勉以上教授　朱載　毋制機蜀人以上分教

元達魯花赤一員總管同知判官推官各一員知事及提控案牘各一員

史弼宣慰使　慢達罕侯至順閒任達魯花赤
脫允布哈至順閒任總管傳作脫穎普花今依嘉慶通志改正　劉魯保定人
劉哈八兒元統閒任　趙野以上俱總管　青社任同知
太不花至順閒判官　樊克善至順閒推官

明知府一員同知通判推官教授訓導各一員經歷知事照磨檢校司獄稅課大使各一員陰陽醫學僧綱道紀各一人經

歷以下王志未列表

知府	洪武　陶安當塗人	蔡遷本明史補	李仁唐縣人	石磷	葉宗永嘉進士	陳旺宜城貢生	何晚齡由同知陞	永樂　滕霄汝州歲貢	盛璞宜城監生
同知	李仕魯濮人薦舉	安貞	白茳錢塘人	何晚齡漳州歲貢					
通判	曹振祖								
推官	李能							嚴廸聰宜春人	
教授	徐訓應天歲貢	商鼐南昌歲貢							
訓導	馬舉	田輅臨安歲貢	吳中四川歲貢	左海建昌歲貢					

正統　景泰　天順　成化　宏治　正德

錢敏舒城進士　余清巴縣人　楊玨臨海人　林表　俞浩　畢大金　王霽上海人　楊瑛長洲人　謝恭休甯人　劉肅嘉定進士　盧濬天台進士　胡錠長垣進士　曹廉安定進士　余貴綿州舉人　鄭信山東進士

薛恭　蔡壽　周浩四川人　陰秉綱　李鼐　李恒　吳傑進士　吳景　韋厚長興進士　謝朝宣龍巢進士　印寶　顧鼇　王相廣陽人　夏廷芝山東人

黃容　周孝　嚴政　常庸　江宏　張英　龔鑑　黃壽南城人　饒鐸臨川人　張德　張奇　楊悛　王澤　牛璠山陽人　毛應時薊州舉人　蕭士安　陳瑞

梁萬全　楊旭　羅瀚豐城舉人　張淵　陳璇　朱節山陰進士　張宗舜

舒旌嘗輯郡志

嘉靖

劉友仁福建進士　楊最射洪進士　吳進鎮江進士　吳世良博平進士　應天桂僊居進士　熊汲南昌進士　任轍巴縣進士　黃謹容莆田進士　郭鳳儀祥符進士　商廷試會稽進士　孫渭閬縣進士　應明德臨海進士　張嘉學鞏昌進士　葉期遠漳浦人　黃襄南安進士

江鷁四川人　趙以敬進士　蕭珩舉人　劉純應天舉人　郭夔江西舉人　胡思忠淮安進士　沈淵雲南舉人　陳然雲南舉人　谷鍾秀餘姚進士　張恩祥符舉人　袁福徵華亭進士　劉容羅山舉人

五年增設捕盜通判駐岐亭　韓宗福舉人　羅瑞登上虞舉人　駐岐亭　陳雲章生員　王一鵬舉人　李瑤四川舉人　白鉉舉人　聶璜江西舉人　鄭渭安肅官生　金珪舉人　朱夔舉人　郭逵山東舉人　郭嘉賓舉人　查應元江西歲貢　黃約歙縣歲貢　楊道南舉人　張經江西舉人　胡名學犍爲舉人　郭人治廣東歲貢　雙應麟四川舉人　黃燏南安舉人

王濬　嚴肅　王聰　張遜　查秉彝海甯進士　皇甫汸長洲進士　張日翼慈谿官生　孫照慈谿官生　趙時舉饒平進士　王臣舉人　吳宗周安慶進士　崔孔昕賓州進士　劉南金祥符進士　王佳士彭澤舉人

李泰巴縣歲貢　徐孟福建歲貢　陶登貴州舉人　倫學智南海舉人　曹賢興化歲貢　夏宗龍馬平舉人

王錡樂平歲貢　夏尚德臨淮歲貢　梁亳臨川歲貢　李宗爵樂安歲貢　張淮吳江歲貢　李葵遂州歲貢　周敬鄞縣歲貢　徐綸雙流歲貢　張翀資陽歲貢　汪梁貴池歲貢　貞柯滁州歲貢　楊復興定遠歲貢　徐臣內江歲貢　李梓信陽歲貢　沈佐壽州歲貢　楊維璧樂平歲貢　金洋崇甯歲貢　曾騰鄧州歲貢　蘇日華潮陽歲貢　王守綱武陽歲貢　梁騰光永州歲貢　王續振祁門歲貢

隆慶

孫光祖（慈谿進士）

郭任（長洲進士）　羅士賢（河南舉人）　張愚（懷甯舉人）　高履謙（舉人）　巫璋（廣德舉人）　孫漸（鄭州舉人）　蕭浩（江西舉人）　張鏞（武功進士）　王可大（應天進士）　馬應麟（裕州例貢）　張師伊（濬縣舉人）　梅繼勳（宣城舉人）　王言（上饒舉人）

張勳（壽光舉人）　周明衛（山陰舉人）

梁敦（邛州歲貢）　張容民（安甯衛歲貢）

呂圭　許士（孝豐歲貢）　嚴泰（筠連歲貢）　侯思賢（靈壽歲貢）　晁光勛（馬湖歲貢）　吳希尹（星子歲貢）　歐昇（郴州歲貢）

萬曆

潘允哲（上海進士）　鄒廸光（無錫進士）　陶克大　楊守仁　范可奇　瞿汝稷（常熟廕生）　李繼周　劉克勤　王世德（永康進士）

吳三聘（洛陽舉人）　熊琍（南昌舉人）　徐階（華亭進士）　王從詔　陶允宜（會稽人）

宋崇獻（武定舉人）　周世澤（資陽舉人）　薛一鶚（定興貢生）　陳應禎　韓煥（蒲州人監）　岐亭　張穗　王誦　莊安甫

宋萬葉（莆田進士）　李好問（魯山進士）　曾維倫（樂安進士）　高維垣　熊文燦（瀘州進士）　許士奇（海鹽進士）　張守約（永福人）

姚翼（歸安歲貢）　蔣性（瑞安歲貢）　尹遜　米允登　王世宗

黃秋（星子歲貢）　陳勑（東光歲貢）　瞿大居（建州歲貢）　李讓　劉昇　劉衢　黃學閔　李應節　朱之禎

胡若桂　馬人龍

陸壺孝（平湖人）　汪廷元

劉司賢　方昂　李麟　林正　王瀛　伍桂芳　姜一梧　唐栻

天啟

吳叔度（桐城進士）　胡惟霖　秦時懋

李維祈　胡士奇　汪大壯

尚觀光　鄒道增　姚廸嘉

李長德　王萬全　許惠一

朱丙燦　楊士超　費登俊

余選中　歐陽燧　魯紳

林鑾開　顏顧行　祝萬齡（陝西進士）

唐裀

錢夢極　鄧繼藎　崔亮彩　方象乾（桐城歲貢）

歐起鳴

余應治　徐可久　胡承訓　潘紹元　劉汝燦

崇禎

楊通宇（貴州舉人）　史繼烈（金壇進士）　許文岐（仁和進士）　龔正英（江西進士）　周大啟（吳縣進士）

虞允中　向宸　陳文德　施德裕

鄭錫祈　蕭時顯（歲貢）　宋雲龍（貴州歲貢）　駐岐亭　吳亮忠（歲貢）　張文蔚（河南拔貢）

佀鶴舉（進士）　傅上瑞（山東進士）　汪姬生（歙縣進士）　周大啟（吳縣進士）　郭光膺（晉江人）

劉莘　黃鍈　王問仁　王汝霖　費而隱　徐顯揚（房縣歲貢）

莫與京　滕爲幹　倪宗謙　朱泰　滕周翰　李逌

鄒世彦

國朝

分巡漢黃德道 舊設分守武昌道康熙六年裁十二年復設雍正七年移駐黃州改武漢黃德道乾隆四十三年以武昌府撥歸鹽道改今銜咸豐十一年移駐漢鎮兼司江漢關稅務謹案歷代刺史防禦總管各官及駐蘄下江防道舊志悉載今以曾駐巡道似未宜闕補表於次移駐以後銜名不具錄

王爾祿 清苑人進士分守武昌道　黑星

董應魁　佟鳳彩　楊世學 當塗人順治丁亥進士

陳子達 閩縣人順治己丑進士　戚艮宰 黃縣人順治丁亥進士

吳毓珍 遼東人舉人　程衡 廣甯人貢生　徐惺 上元人順治己丑進士

盧崇興 遼東人廕生　成光 大名人廕生　孟世泰 鑲紅旗人官生

尚崇恩 鑲黃旗人廕生康熙三十五年任　莊楫 武進人康熙庚戌進士三十七

年任　劉珩 滑縣人舉人康熙四十年任

金祖誠 吳縣人廕生康熙四十六年任　殷邦翰 鑲白旗人雍正元年任

趙宏恩 雍正二年任　趙宏本 鑲紅旗人雍正五年任

趙宏恩 雍正六年復任　徐聚倫 仁和人進士雍正七年始分巡武漢黃德道

朱濡 揚州人進士雍正九年任　吳應龍 江南人進士雍正十三年任

李愼修 章邱人康熙壬辰進士乾隆元年任　吳璋 乾隆六年任

姜順龍 浙江人貢生乾隆九年任　黃履昊 儀徵人貢生乾隆十七年任

嵇璜 無錫人進士乾隆二十八年任　盧謙 德州人貢生乾隆二十九年任

温葆初 大興人乾隆辛未進士三十三年任　吳之黼 江都人貢生乾隆三十四年任

周曰濵 元和人貢生分巡漢黃德道　福參泰 正黃旗繙譯生員乾隆四十九

年任　孟鈺 太谷人貢生乾隆五十二年任

連柱 乾隆五十三年任　張長庚 陝州人監生乾隆五十四年任

楊芳春 閩縣人乾隆辛卯進士五十九年任　張道源 浮山人貢生乾隆六十年任

郭善任 山西貢生嘉慶十一年任　焦和生 奉天進士嘉慶十九年署

龔元禮 浙江人舉人嘉慶二十三年署　覺羅吉連 正黃旗滿洲覺羅學生嘉

慶二十四年署　劉重麟 陝西廩貢道光五年任

周凱 富陽進士道光七年任　桂明 正黃旗滿洲人道光十三年任

陳士枚 山西進士道光二十年任　鄧應台 江西舉人道光二十一年任

陶樑 江蘇進士道光二十二年任　趙鏞 江西進士道光二十八年任

王壽同 江蘇拔貢道光三十年任　彭舒蕚 湖南人進士　徐豐玉 桐城人廕生咸豐三年署

張汝瀛 山東人舉人咸豐三年任　莊均一 山東人監生咸豐四年任

達昌阿 漢軍廕生咸豐五年任　文啟 漢軍進士咸豐五年任　文輝 滿洲人監生咸豐七年任

案漢黃德道嘉慶間有吉倫道光間有劉肇紳查炳華慶霖其籍貫出身及履任年分未能備悉存以俟考

知府一員　同知二員 一駐岐亭一駐武穴乾隆二十五年以施南同知改設武穴嘉慶十五年改爲武黃同知　通判 同治六年移駐新洲　教授　訓導各一員　經歷 兼司獄嘉慶十四年以司獄改設倉埠巡檢　推官 順治十八年裁　照磨 乾隆間裁　陰陽學正術醫學正科僧綱司都綱道紀司都紀各一人

	順治乙酉	丙戌	丁亥	戊子
知府	牛銓 河南人			王偉 山西人
同知		自秉真 杏山貢生		
通判 二員後裁一員	吳洗心 鬱舉人駐岐亭		聸晉倫 駐岐亭後缺裁以黃州同知移駐	
教授				
訓導				
經歷 照磨司獄附	曹禎高 北直人		孫士達 諸暨人 汪逢源 休甯人任照磨	

		宮家珍				
辛卯	郭鳴鳳 任邱人			尚九重 開封歲貢		
壬辰					鄧萬恒 雲夢歲貢	
癸巳					鄒毓祚 遠安歲貢	陳永明 北直人
	杜之璧 河南舉人 王猷箸 新蔡人 徐士儀 貴溪人	程雲 胡鎔 南樂歲貢 始駐岐亭	陳三章 北直舉人 馮瑞 北直舉人 王國輔 北直拔貢			
甲午				段襂 大冶歲貢		
乙未		李之桂 一作之桂 山東舉人			陳育勛 咸甯歲貢	李應兆 宛平人
丙申					郭琮 漢川歲貢	王允中 順天人以
丁酉				汪節吉 滎陽歲貢	劉之益 房縣歲貢	上三人俱照磨
			梅欽 江南拔貢 王瑞麟 直隸生員			
戊戌				王大猷 鄖縣歲貢	朱家藩 夔陝歲貢	
己亥						郭理陽 鄖縣恩貢
庚子	何應珏 桐城貢生	郭永祚 新鄉拔貢		王大章 鄖縣歲貢		
辛丑					徐之琛 武陵歲貢	
			程沚 山東拔貢		乙巳裁	
康熙壬寅				秦沂文 漢陽歲貢		
癸卯						高凌璧 商水人

年	第一格	第二格	第三格	第四格	第五格	第六格
			王全昌 北直拔貢			
甲辰			宋燁 商邱廩生			
乙巳		屠宏 順天拔貢		林甲 江陵舉人		
丙午				彭一卿 嘉禾歲貢		
丁未		張登舉 遼陽進士				
戊申	羅載情 霑化歲貢					張徙溟 濮州拔貢
己酉		余三汲 遼東廩生				楊梓 富平人任照磨
庚戌		于成龍 永甯副榜	鄧顯名 遼東廩生			
癸丑	余三汲 由同知任					
甲寅	于成龍 由同知任					
乙卯			王元臣 遼東人			李德 肥鄉人任照磨
丙辰		陳吳				
丁巳		佟世俊			詹大衡 江夏歲貢 丁巳復	
戊午		趙邦牧	王定鼎 直隸拔貢			
己未	郭廷弼 遼東貢生	翁介眉 錢塘例監		李嘉弁 孝感舉人		章士煥 通州人 戴宏仁 富平人任照磨
庚申		蘇應麟				
壬戌					易泰登 宜都歲貢	
癸亥		王瑞芳 滄州拔貢	董維祺 奉天監生			

甲子	龔長嗣遼陽廕生					趙謙聞喜人任照磨
乙丑		王民皡臨川拔貢				王鏡山陰人
戊辰	王輔鑲藍旗貢					李儀唐縣廕生
己巳		楊玉柱階州例監		張象相沔陽舉人		
癸酉	賈鉝鑲藍旗監生					祝宏猷大興人任照磨
丁丑			馬懷璋正黃旗監生			
戊寅		白瑄鑲紅旗廕生				
己卯				胡奉衡五開衛舉人		
庚辰	許錫齡江都例貢				程光琦孝感歲貢	
壬午	張焜孟縣歲貢	蔣尚忞鑲紅旗副榜	周華錢塘監生			

黃州府志《卷之十一 文秩官表上 十八

						郝全任司獄 王鄭俟售獄
癸未						席上謙汶水人售獄
甲申	李彥瑁三原進士					劉焯大興人
己丑						劉新祚東河人任照磨
庚寅			李秉乾正紅旗監生	宗琳監利舉人		
辛卯		王鸞長安監生				
癸巳	舒士貴大興監生					于祖綬會稽人任照磨
乙未				程大緒孝感拔貢		
丙申	蔣國祥鑲藍旗監生					
丁酉					禹端儀江陵歲貢	

己亥					陳樹翰孝感歲貢	
辛丑		郭朝祚鑲紅旗歲貢				李芳大興人任司獄
雍正癸卯				彭士商衡山進士		
甲辰		郎翰鑲黃旗監生				黃士會宛平人
丙午	王琴諸城貢生		公愛正黃旗人			王一政進賢人任照磨
丁未		孫爾振葉縣監生			周永昌江夏歲貢	
戊申	康忱興縣進士		梁世綬正白旗例監			
己酉		胡學成長汀監生			楊巡江陵歲貢	
庚戌		孟端一作瑞正	劉銓登州例監			
		紅旗監生				
壬子	李天祥漢軍鑲藍旗監生					

黃州府志《卷之十一 文秩官表上 十九

癸丑			胡振聲嘉興例監			
乾隆丙辰	王繹曾宛平貢生	曹鑑五無錫舉人				劉尙懃廬陵監生
己未					楊肇圻沔陽歲貢	
庚申			葉逢時涇縣貢生			潘恭鐸大興人任照磨
辛酉				楊禹傳松滋進士		易經上元人任司獄
						王世勳金谿人
壬戌		耿覲業江都監生		冷崇雲夢進士		
癸亥	禹殿鰲汜水舉人				吳繡榮漢陽歲貢	
甲子		岳都鑲紅旗生員				
乙丑						黃義成寶山優生
丙寅				王宇大鍾祥進士		

丁卯	王勍 鄞縣拔貢			
己巳		敏昌 鑲紅旗官生	賀達鵠 巴陵貢生	
辛未	張爲梅 署任	富宜		
壬申	李珌 靈州進士			
癸酉		謝辛		
丙子	來 失名 署任 錢嶅 常熟舉人			
丁丑		彭邁淵 華陽進士		
己卯	王楷 輝縣進士		張賀翰	崔毓琚
庚辰	管樂 雩都進士	袁傑 長山人始設駐武穴		
壬午		袁傑 見上調任岐亭		
癸未		陳炎檉 上元副榜 任武穴		
甲申	稽璡 本道兼理 阿敏 署任 聯寶柱 由荆州同知署任			
乙酉	夏瑚 仁和監生	張景瑎 烏程監生 任岐亭 黄馨裕 寶應人 任武穴		
丁亥	陳 失名 署任	張元爻 歸德副榜 任岐亭		
戊子	潘振鑾 陽湖監生	湯孝山 任武穴		
庚寅		張景瑎 任武穴		

年			
辛卯	張景瑎 由同知署任	沈浚安 直隸人 任岐亭	
壬辰	汪容 虞城監生	阮龍光 新建舉人 任岐亭	
癸巳	王廷棟 大定舉人	潘元會 浩川舉人 任岐亭	
丙申			
丁酉	羅逢春 古永進士		
戊戌	李國麒 昌平附貢	陳嘉謨 錢塘進士 任武穴	
辛丑		阿敏 奉天人 任岐亭	
壬寅	唆亮		
癸卯	謝廷福 上虞貢生	鄧起峰 電白拔貢 任岐亭	
	儲秘書 宜興進士		
乙巳	錢受椿 常熟監生 史湛 餘姚貢生 倪介阿 滿洲正黄旗生員	陳焱 盩厔監生 任武穴 羅經 南豐進士 任武穴	
丁未	龔龍 德興 滿洲正白旗生員		龔紳
己酉	王沛膏 署任	袁純德 太和人 任岐亭	
庚戌	先福 滿洲正白旗生員	劉源溥 香山舉人 任岐亭	
辛亥		馮福昌 化州監生 任武穴	
壬子		陳熷 秀水人 任岐亭	
癸丑		木特布 鑲紅旗官生 任岐亭	

甲寅 史湛署任 慶恩任岐亭
謝登鶴署任 施謨仁和舉人任岐亭
先福同任
乙卯 舒山滿洲正白旗監生
嘉慶 方承鼎桐城人任武穴
己未 謝登鶴
庚申 金城正白旗人
郝夢宗縣志姓賀任武穴
壬戌 張紹銘湖南貢生
甲子 李逢春 吳聯英安徽監生

黃州府志 卷之十一 文秩官表上 二十二

丙寅 婁之勷海豐進士
戊辰 清寶蒙古正藍旗生員
文棟滿洲正紅旗生員 王略
庚午 王樹勳署任 婁晉以後改爲武黃
辛未 陳懷清廣東監生
壬申 婁之勷正月回任
劉錫五七月署任
婁之勷十二月回任
蕭汝瀛十二月署任
癸酉 婁之勷回任 沈學瀛任武黃

甲戌 朱慶堯任武黃
乙亥 何兆元雲南進士任岐亭
丁丑 王廷楹清苑吏員任武黃
己卯 成善蒙古正黃旗貢生 王應樸江蘇監生任岐亭 朱寶安徽監生 王楨河南監生署任
庚辰 曹浦蓮枝江進士 黃森曾仁和監生
道光癸未 蔡行諒南昌舉人署任 方廷鎬任武黃
李光庭寶坻舉人
甲申 甘立朝奉新監生署任 林寅浙江人署岐亭 王德新江夏舉人
周維垣饒州進士 鄧培署岐亭
乙酉 陳寶森江蘇進士任武黃 周位義浙江人

黃州府志 卷之十一 文秩官表上 二十三

陳朗江蘇監生任武黃
丙戌 鍾楠順天舉人任武黃
周承章天津監生任岐亭
戊子 陸炯平湖進士任武黃
己丑 汪馨旌德人任武黃
周維垣本府兼理岐亭
許璜廣東舉人任岐亭
陳福謙任武黃
陳瀾舉人任武黃
庚寅 張憲綸武甯進士署岐亭
張寶樂富順舉孝廉方正任武黃 沈星煒餘姚監生

辛卯 鄭紹宴 溧水廕生署任
壬辰 周維壇 回任
癸巳 邵鳳儀 同知代理
邵勷 陝西進士署任
甲午 楊庚 江安舉人
乙未
丙申
丁酉
戊戌 成善 署任
己亥 德山 滿洲鑲黃旗進士
陳波 義烏人署任
庚子 萬貢珍 江西進士
慶霖 本道兼理
徐上鏞 歙縣進士
辛丑
壬寅

張青華 江蘇監生任武黃
邵鳳儀 江蘇通州進士任岐亭
張營經 見上任武黃
鄂黎希 滿洲人任岐亭
胡楷 任武黃
韓觀湖 署岐亭
張寶榮 見上署岐亭
施鏜 汀州人任武黃
舒升額 蒙古人任岐亭
龐大奎 常熟進士任武黃
胡浚箴 廬江人任武黃
郭蔭齡 濰縣進士任武黃
步雲龍 任岐亭

保善 滿洲舉人
胡仁頤

萬杏 署任
趙國華 署任
李沅訓 沅陵拔貢

陳八誥 襄陽歲貢
劉興讓 沔陽舉人
劉寶書 江夏舉人
褚子林 應城舉人
孫鴻壽 咸甯副榜

劉世杰 大興供事
畢為潤 山東人署任
王大益 甘肅吏員
羅崇倫 閩縣供事
吳大幹 大興供事

癸卯
甲辰
乙巳 劉若珪 長沙副貢署任
丙午 祁宿藻 壽陽進士
戊申 張應泰 浙江廕生署任
己酉 楊霈祺 歷城進士
庚戌
咸豐辛亥 張應泰 復署任
壬子 徐豐玉 桐城廕生
劉若珪 復署任
癸丑 邵綸 由同知署任
金雲門 休甯進士署任
甲寅 李卿穀 河南舉人
許賡藻 孝豐舉人署任
乙卯
丙辰
戊午 周炳鑑 諸暨進士

覺羅桂霖 滿洲人任岐亭
李煐堃 夾江舉人任武黃
祁彩 山西人任岐亭
陳大鏞 廣東附生任岐亭
保善 通判署岐亭
邵綸 慈谿進士任岐亭
韓印海 平湖人任武黃
福紹 滿洲人署岐亭
周祖衡 商城進士任岐亭
林士鈐 鳳陽人任武黃
黃維錡 廣東人任岐亭
劉燊 麻城知縣護理岐亭
汪敦仁 麻城知縣護理岐亭
朱澇 署武黃
趙篤慶 署武黃
岳屏璟 天津舉人任武黃

朱昌莉 江蘇舉人
張鴻謨 河南廩貢
熊啟蘇 善化人

李邦彥 嘉魚廩貢署任
王兆春 孝感舉人
哈廷珍 漢陽舉人
楊高椿 嘉魚廩貢署任

黃埴 漢陽廩貢
何蘭階 襄陽廩貢
楊長紓 漢陽廩貢

黃植基 吉水監生
何其仁 桐城監生署任
黃璄元 廣東人署任
劉穫 直隸人署任
連玉 荊州駐防蒙古生員

己未		周炳鑑本府兼理岐亭　王霞浙江供事署岐亭　仇燿南閩縣監生任岐亭		張詠棠黃陂廩貢署任		
庚申		王開福任岐亭　趙思睿署武黃				
辛酉	黃槳平江附生	王淼南陽人任岐亭		龍鯤鳳宜城拔貢		吳翹楚長沙吏員署任
同治壬戌		何元愷江西進士署武黃	覺羅經甫署任　王琦署任			趙銘鑄滕縣監生
癸亥			覺羅經甫到任			曾振春湘鄉監生署任
甲子		沈榮光兼理武黃	何元愷復署武黃			張子鑑峨嵋監生
乙丑		王誥任武黃				周宴鎬山陰監生代理　劉炳南都昌附貢署任　史通桐城供事
丙寅	牟嗣龍武進監生署任	盧慎徽永定舉人署武黃				
丁卯	英啟漢軍鑲白旗進士	張積祺濟州增生署岐亭	張東甫信陽人署任		徐鎮昇京山廩貢署任　張桂齡襄陽廩貢	
戊辰			陳其裕雲邱人	李繼昌天門舉人　賀書選蒲圻拔貢		陳燕貽新甯附監署任
己巳		唐訓邦常寧文童任岐亭				夏文桓歸安人
庚午		張積祺見上任武黃				
壬申		俞錫浚善化人署武黃	李孫蕃順天人署任			

			恆琛黃岡知縣兼護　高應庚祥符舉人署任			
癸酉		張積祺回任武黃	陳其裕回任		危湊溪安陸增貢署任　陳寶樹江夏廩貢	
甲戌	牟嗣龍復署任　英啟卓異候升回任					
光緒乙亥	瞿鍾韶順天舉人署任　英啟恩科充內簾監試官回任					
丁丑		鄭慶鑾麻城知縣護理岐亭　謝愈山陰監生署岐亭				韓秀海浙江監生署任
戊寅		蔣垣江蘇附監任岐亭				夏文桓回任
庚辰			戴昌言黃岡知縣護理			沈道源大興監生署任
辛巳			瑤建樾歸安人署任			濮文彬蕪湖文童
壬午			劉思誠益陽人			
癸未				陳寶樹兼署　亢兆彬襄陽舉人署任		
甲申				陳寶樹復兼署　蔣炳暘黃陂舉人署任　姚瑞麟隨州舉人		

推官舊表所載附錄於後

	推官
順治	丁期昌山西進士
	潘泗水南陵進士
	馬纘緒安邑進士
	祝昌商城進士
	王絲合肥舉人辛丑任此後缺裁

黃岡縣

漢縣置長丞尉各一人

甘甯字興霸臨江人邾縣長

晉置令主簿錄事史等員

孔德玹西陽令

唐置令丞主簿尉各一人

唐延構黃岡令

宋置令丞主簿尉各一人嘉定二年詔州縣立學增教諭訓導咸淳中又設主學一人縣丞以下詳縣志他縣同

鄧守忠乾德間任

周孝孫元豐間任

張潡以上俱縣令

元置達魯花赤及尹丞簿尉各一員典史二員元貞間罷主學縣辟直學訓導他縣同

王時顏至正間教諭一作師顏

胡艮佐

范世美俱至正間訓導

明置知縣教諭訓導縣丞主簿巡檢典史驛丞河泊所官稅稞大使各員縣丞以下詳縣志不具載他縣同

	知縣	教諭	訓導二員天啓間裁一員
洪武戊申	徐誼壽昌人		
	萬士安		
永樂	陳希大興進士		
	張玉宛平舉人		
宣德	袁整		
正統		尹勛	
景泰	徐瑨	簡縉紳	鍾鑑
			蕭鑑
天順	吳節淮陰人		
成化	任廣	金元	余勛
壬寅	毛錫		汪紹
乙巳	程逵		
宏治	莫潛臨桂舉人	張縉	張鳳岐
	陳曦		潘溶
	周暹奉節舉人		
正德丙寅		林智莆田舉人	劉習禮四川歲貢
丁卯			楊鑾汝陽歲貢
		王沂福建歲貢	
庚午			王麟蕭山歲貢
甲戌		應鵬翀臨海舉人	
乙亥	胡潔豐城進士		
丁丑			周盛青田歲貢
			劉紀河南歲貢
庚辰	簡霄清江進士		
		吳賓象州舉人	
嘉靖壬午	王浩上元舉人		
		張鳳鳴旌德歲貢	李修爵信豐歲貢
乙酉	夏國孝涪州進士		

戊子 己丑 癸巳 丙申 丁酉 戊戌 己亥 辛丑

方端 大理舉人
周乾 桂林舉人
龐麟 成都歲舉人
吳時宜 都勻衛監生

韓秉文 慈谿舉人
吳謨 宜山舉人
梁鳴鑾 崑山歲貢
王奕 四川歲貢
趙儒 江西德安歲貢

賈通 成都歲貢
明端 一作明瑞 富順歲貢
唐相 和州歲貢
任价 四川歲貢
田嘉禮 四川歲貢

癸卯 甲辰 乙巳 己酉 壬子 乙卯

胡民表 龍游舉人
張允濟 順天舉人
孫棠 普安舉人
虞儼 丹陽舉人
楊世第 長壽進士

武鉞 來安舉人
向上 巫山歲貢
康志 泰和舉人

吳允直 饒州歲貢
謝燕 都昌歲貢
李述 邳州歲貢
朱珓 宜賓歲貢
姚溢 汝陽歲貢

丙辰 戊午 壬戌 甲子 丙寅 隆慶丁卯 戊辰 辛未

孟津 滁州舉人 一作丹徒人
萬升 南城歲貢
來端本 蕭山舉人
高价 神木歲貢
賈應璧 無錫進士
唐應元 崑山進士

周祿 盧陵歲貢
張惟魯 當塗歲貢
王銓 山陽歲貢
葉子僉 閩縣舉人

陳長金 仙居歲貢
沈升 天台歲貢
郭濟時 龍泉歲貢
吳繼武 井陘歲貢
蘇希顏 寧海州歲貢
劉宗韶 萬化歲貢

萬曆癸酉 甲戌 乙亥 丙子 丁丑 戊寅 己卯 庚辰 辛巳 癸未 甲申

羅應鶴 歙縣進士
顏大化 桐鄉舉人
沈宏宗 會稽舉人
趙士登 涇縣進士

吳完 固始歲貢
林兆箕 一作兆基 莆田舉人
蕭文光 江陵歲貢
王旌 大涼衛歲貢

顏偉 廣安州歲貢
崔仲沂 公安歲貢
王三錫 華容歲貢
蕭一和 襄城歲貢
董廷賓 大冶歲貢
羅鳴遠 景陵歲貢
劉烜 漢川歲貢

年	上	中	下
			周化時廣濟歲貢
丙戌	劉夢周沁州進士	楊逢時江陵解元後成進士	
庚寅	涂宗濬南昌進士		李敬簡平江歲貢
			王三錫巴東歲貢
壬辰	曹愈參涪州進士	文立經全州舉人	
甲午			蕭策衡山歲貢
乙未	徐紹曾海寧進士		楊燧武昌歲貢
丙申		劉文定興國州舉人	
己亥			吳九思當陽歲貢
庚子		李趨庭鄖平歲貢	
辛丑	羅萬言廬陵舉人		
癸卯	王從詔以同知署	盧雲龍邵陽歲貢	
甲辰	茅瑞徵歸安進士		張大有益陽歲貢
			陳三聘宜都歲貢
乙巳		辜良偉竹谿歲貢	
丙午			何德泰始興歲貢
丁未			吳國澍鄰水歲貢
			陳巽語雅州歲貢
戊申			孔宏憲歲貢
己酉		劉以台	
	周萬鎰		姜一梧通山歲貢
癸丑			陳雷歲貢

年	上	中	下
	晏春鳴鈞梁進士	余應昇江夏舉人	
己未			王珩歲貢
泰昌庚申		魏閒之	
天啟乙丑		熊應元應城人	
	熊江四川進士		
	梁鳳翔廣東進士		
崇禎己巳		沈應魁景陵人	
	吳允初宜興進士		
庚午			金一星歲貢
癸酉	李希沆慶陽進士		
		李萌德嘉魚人	
甲戌		向朗元大冶人	
乙亥			毛詩序歲貢
丁丑	徐調元無錫進士		
己卯		劉應震一作應宸江夏人	
庚辰			古大復歲貢
辛巳	李希沆見上復任		
	倪鼎鉉無錫進士		
	孫晉一光山進士		
甲申		文炳漢陽人	

國朝知縣教諭訓導縣丞典史各一員巡檢四員一團風鎮一陽邏鎮乾隆二十七年增設但店一員嘉慶十四年增設倉埠一員舊設李坪陽邏驛丞二員乾隆十九年裁河泊所官三員康熙三十九年裁陰陽學訓術醫學訓科僧會司道會司各一人

年	知縣	教諭	訓導	縣丞	典史
順治乙酉	汪士衡望江貢生				
				趙振芳浙江貢生	邵魁邦浙江人
丁亥	楊日昇富平舉人				
				葉大成浙江監生	沈端浙江人
辛卯			趙慶詵一作慶光歲貢		
	劉國甯奉天廕生				
	高自訓濟陽貢生				
乙未			李明英襄陽歲貢		
丙申		任光國荊州舉人			
己亥	楊鍾秀南鄭貢生				
辛丑	徐鎔吳縣舉人一作長洲人				
			金應白一作膺白歲貢	金殿臣遼東人	
康熙癸卯		趙之璽沔陽舉人			
甲辰					吳秉鐧浙江人
乙巳			文景曜安陸恩貢		
丙午	李正美廣西舉人		乙巳裁		
丁未	董元俊華陰進士				
己酉				王公濯魏縣貢生	
		李嘉卉孝感舉人		唐紹先	
		葉自嚴江夏舉人			
乙卯					周錦臨潼人

年	知縣	教諭	訓導	縣丞	典史
丙辰	李經政奉天廕生				
丁巳				孫文涵錦縣例監	
				張文璉大興例監	
庚申	汪灝山陰貢監一作山陽人		戊午復		
		王鼎隆漢陽舉人	李光衡孝感歲貢		
壬戌				胡爾元山陰例監	
甲子				劉文烜汝上歲貢	
					姑仁瀚山陰人
己巳	錢顧琛蘇州進士				
辛未			曹宏圖荊門歲貢		
		饒倘延應城舉人	楊王志缺名	李國棟一作國楨上元例監	王廷標河間人
甲戌		劉杰沔陽舉人			
				賀雲襺永新例監	王筊揚州人
丁丑	劉澤溥漢軍正藍旗人				
		朱定番興國歲貢			陳韭浙江人
戊寅		馬常五開衛舉人			
			孫之瑞江夏歲貢	施復鑲紅旗例監	王鶴紹興人
癸未	黃極正藍旗筆帖式				
			楊正春江夏例貢		
己丑	劉蘭襄山東例監				
		林儀騮江夏舉人	王鴻		楊炤浙江人
乙未	鍾蓋蕭山人一作辛卯任				

			胡 珍漢川例貢		
己亥		江曾培荊門例貢	王業泓漢川舉人	周 圻富平例監	
					朱子吉浙江人
辛丑			楊相聖襄陽歲貢	李鼎庸奉天貢生	
		程大絩孝感例貢			紀宗偉山西人
雍正甲辰	張光裕磁州歲貢			李之藻鑲藍旗例監	
丙午		覃應鳳江陵舉人			
丁未	樊大元夏縣舉人				
戊申	張秉祖署任				
	賈多男署任				
己酉	張肯堂山西舉人				薛 愷宛平人

	樊大元復任是年有奉撤事本縣志補				
庚戌	倘 友山西舉人	李之蘭江夏舉人			
辛亥	張光裕復任	汪爀然漢陽舉人			
	暢于熊新鄉進士				
壬子			孫雲麒潛江歲貢		
乙卯	丁 ⿰土連諸城例監				
乾隆丙辰	吳 瑛歷城優生				姚惟鈞山陰人
丁巳				劉芳德大興例監	
庚申	王 湘署任				
	王 槙三臺舉人				

壬戌	舒成龍任邱監生			鄧秉鈞高平人	
癸亥	邵豐鍭山陰保舉				
甲子		徐成潤孝感舉人	熊念祖孝感歲貢	章堦仁大興例監	武士炤靈邱人
丁卯			劉棨文江夏歲貢	林宗錀龍溪例監	
戊辰					余世鎬大興典吏
庚午	陳龍友文安舉人				周正斯山陰吏員署任
	項 樟阜甯進士				
辛未	劉育杰泰州進士				史維新華陽典吏
	馬元亮鑲黃旗舉人				
壬申			徐成潤署任		
癸酉		王宇大署任	王宇大兼署	潘泰鐸本府照磨署	

			王煥魁沔陽歲貢	余有慶武進監生	
甲戌	積 善鑲黃旗拔貢	王煥魁兼署			李胘錫以白虎巡檢署
		聶朝勳天門舉人			王貽亭以中和巡檢署
乙亥	劉 煜平定州進士		聶朝勳兼署		李元培漢軍正藍旗人
			王世任宜都廩貢		
戊寅	陳文樞上元副貢				余有慶兼署
己卯	龔韶清南康進士				毛鳳梧陽湖供事
	王鳳儀太倉舉人				
庚辰	高 遴靈州進士		曹 崑荊門拔貢		
辛巳	陳 諧代州貢生			黃元濱吳縣監生	
	裴世度仁和進士				

癸未	張一飛 以黃梅縣丞署	向來雨 沔陽解元；石堪立 興國舉人			
甲申	胡廷槐 仁和進士				
乙酉					沈對 蕭山監生
丙戌	楊儀 直隸新城舉人				
丁亥				左世璟 桐城監生；周麟生 宛平吏員	
戊子			程文衡 孝感拔貢；汪芳 孝感舉人		
己丑	温鶴立 烏程進士				
庚寅		汪知本 江夏舉人			
辛卯	周世英；黃應魁 順德拔貢	鄒守謨 雲夢舉人			
壬辰			王萬年 襄陽廩貢	王濬剛 武平監生	
癸巳	顧夔 長洲附貢				
戊戌	李敬敏 鄭州廩貢				陳明鑠 浮山吏員
己亥					朱天基 南昌吏員
庚子		丁鳳鳴 雲夢舉人			
辛丑	史湛 餘姚貢生				
壬寅	閔思徵 烏程附貢				
甲辰	張瑢 如皋監生				
丙午	王正常 瀘州舉人		錢文瑛 光化貢生		謝鴻恩 宛平吏員

丁未		李敦桂 江陵舉人			
己酉			蕭琴 漢陽優貢；曾乾錫 歸州歲貢		
庚戌	胡紹中 廣東順德舉人			汪詩桂 涫安拔貢	
辛亥	劉人彥 廣安州舉人			周着華 鎮洋附監	
壬子	永保 漢軍舉人				劉明楷 汝州監生
癸丑	張其章 肇縣舉人			張映奎 海豐附監	許承烈 侯官監生；陳思顯 南海拔貢以州判署
乙卯				鈕茂華 山陰吏員	
嘉慶戊午					韓鈐 婺源供事
己未				趙嘉德 漢軍正藍旗生員	
辛酉		龔傳圭 監利拔貢；胡念祖 孝感舉人			
壬戌	顧澍 錢塘舉人		蔣義彬 漢陽廩貢	楊迎春 靈石人；袁泉 大興供事；邵學鍵 仁和附生	黃燮 陽湖吏員；時杰 清苑人
癸亥	孫光先 南充舉人；周楷 東臺舉人		朱升鈞 江夏廩貢		段成鋒 廬陵吏員
甲子	錢廷鼎 常熟附監		田啟玉 長陽歲貢		陳啟聯 海陽監生
丙寅	翟中倫 柏鄉舉人				
丁卯	汪嘉鍾 臨桂吏員		王承愷 鍾祥廩貢		
戊辰	關維紀 臨桂舉人			程汝功 大興供事	

黃州府志　卷之十一　文秩官表上　四十

己巳 汪鼎鍾 復任
庚午 樊鍾英 楚雄拔貢
辛未 郭瑾 臨榆舉人
壬申 鄭家屏 灤州廩生
癸酉
乙亥 陳若疇 安平進士
丁丑 鄭纓 侯官舉人
戊寅 蔣祖暄 全州舉人
己卯 鄭家屏 復任
庚辰 郞錦駿 代州副貢
道光辛巳 關維紀 復任
壬午
癸未 竇毓俊 楚雄舉人
劉貽孫 湘潭舉人
石煦 直隸拔貢
乙酉 陸炯 平湖進士

王升俊 興國州副貢
唐德玉 監利舉人

陳奎月 興國州歲貢
陳用琳 天門廩貢
向廷枋 歸州歲貢
朱升鈞 署任
馬傑 江夏優貢
林鍾任 漢川廩貢

曹楚棠 江蘇監生
汪啟昆 彭澤監生
傅俞 曲陽吏員
牛化麟 麗江廩貢
趙中培 固始監生
賴僉纁 南康從九
李聯 德慶監生
楊萬青 大興監生
席存棠 太湖監生
曾溶 大足監生
黃中立 奉新貢生
孫玉鎮 掖縣監生

張玉麒 山陰供事
錢康祖 大興監生
趙中培 見上代理
甘振鏞 蕪湖附貢
金在鎔 湘鄉吏員

黃州府志　卷之十一　文秩官表上　四十一

丁亥
戊子 鄧蘭薰 南城舉人
己丑 李錦源 犍爲進士
庚寅
壬辰 周向青 錢塘舉人
癸巳
丙申 范興榮 普安舉人
丁酉
戊戌 劉鴻庚 會稽舉人
己亥 王令儀 金匱監生
壬寅 劉鴻庚 見上
癸卯 劉江 大興監生

易慶善 漢陽廩貢
姚模 漢陽廩貢
周鯤化 鍾祥舉人

尹祖伊 應城歲貢
王麟紱 東湖拔貢
陳作新 黃陂舉人
任毓珏 江陵廩貢
尹廷瑛 嘉魚廩貢
桂一輪 鄖西歲貢
萬亘閣 應城舉人
程桂珊 天門廩貢
劉大文 京山歲貢
李光清 孝感廩貢
李正心 長陽歲貢

梁治旭 金堂人
張揆 大興供事
張爾璧 泰和監生
譚葵生 南豐監生
何步廷 翁源附貢
孫維垣 泰興監生
湯景 浙江監生

包萬清 鄰水從九
邵葆和 大興監生
戴均恩 大興監生
俸家林 金堂監生
戴均恩 署任
楊瀚 大興監生
金在鎔 復任

甲辰

乙巳 李兆元 孟縣舉人

俞昌烈 宛平監生

丙午 金雲門 休甯進士

丁未 俞昌烈 復任

庚戌 湯景 浙江監生

咸豐辛亥 韓寶昌 畢節監生

壬子 沈熙麟 藍山進士

癸丑 翁汝瀛 江西舉人

甲寅

楊光濤 雲夢附貢

劉炳 興國舉人

蔡正懋 吳縣監生

呂錫綸 新安監生

覃瀚元 滕縣附生

葛寶森 山陰供事

魯鴻儁 大興吏員

楊維翰 江西監生

乙卯 葛致遠 畢節舉人

丁巳 黎道鈞 宿松舉人

戊午

己未 薛元啟 泌陽供事

辛酉 程光第 光山監生

同治壬戌 學潤 滿洲舉人

癸亥 陳汝蕃 長安副貢原籍安徽

甲子

乙丑 林讓昆 平遠拔貢

吳道灼 兼署

吳道灼 應城附生

藍開壽 定海廳監生

梁以清 會稽供事

杜廷琛 宛平監生

梁杜森

張繼載 兼署

吳崇信 鄧州監生

張繼載 兼理

寶寅 漢軍從九

劉垂佩 南豐供事

祥安 監生

張繼載 綏德從九

丙寅 吳鳳笙 義甯州監生

丁卯 羅登瀛 益陽舉人

戊辰

己巳 恆琛 漢軍正白旗筆帖式

庚午

辛未

壬申

程之楨 江夏舉人

黃隆化 監利廩貢署

黃敦素 大冶舉人

朱錦標 保康拔貢署

魏澤宏 孝感拔貢

周文驥

王朝品

史久齡 江都監生

萬光垣

黃樹春 漢州監生

韓崟 羅山貢生

劉炳南

胡邦俊 涇縣監生

呂文煥 長安監生

癸酉 呂憲瑞 萊蕪進士

甲戌 恆琛 復任

光緒乙亥

丁丑

己卯 戴昌言 合肥舉人

辛巳

壬午

陳寶樹 府學兼署

熊觀國 嘉魚舉人署

詹樹棠 隨州拔貢署

楊廷楨 會稽監生

孫元棟 大興監生

濮文彬 府經歷兼署

歐陽步雲 合州舉人

王倬 平越州附貢代理

于儀韶 桃源人監生署

孫元棟 兼理

金臺 懷甯監生

呂文煥 復任

黃州府志 卷之十一 文秩官表上 四十四

癸未

甲申

顧椿齡 江夏歲貢署
楊守敬 宜都舉人

陳寶樹 府學兼署
趙寅甲 南漳廪貢署
傅上瀛 石首舉人

王錫韓 華陽人
呂文煥 見上代理
江楚良 澧州監生署
張銘新 江蘇上元文童

巡檢 分駐四鎮

團風鎮

順治

白浚 西安吏員

康熙

黃大受 撫州吏員
張德裕 遂州吏員
汪源
張茂勳 紹興吏員
王恆 徽州吏員
張郇 紹興吏員
孫榮貴 福州吏員
盧兆麟 貴溪吏員

陽邏鎮

趙文元 大興吏員
徐杰 山陰吏員
夏應陞 山陰吏員
夏祖 大興吏員
徐士泰 宛平吏員
楊成雄 大興吏員
仲宏達 會稽供事
胡公猷 山陰吏員

倡店鎮

倉埠鎮

黃州府志 卷之十一 文秩官表上 四十五

雍正

林應南 福州吏員
蔣基 揚州吏員
馮大經 涿州吏員

乾隆

周正斯 山陰吏員
郭廷爽 商邱監生署
郭家驥 新昌監生
齊岱齡 新繁監生
魏高信 柏鄉監生
張日富 南靖吏員
胡駿烈 元和吏員
潘朋年 青浦吏員
何洪 餘姚監生
逯超羣 河內監生
許錦 海甯監生

嘉慶

李寶田 營山監生
王路 慈谿監生己巳任
黃燮 陽湖吏員壬戌任
顧鼎容 元和監生
徐塏 錢塘監生
張癸生 沐陽附監
朱繡麟 宛平人

李大成 宛平吏員
薛鳳祥 大興吏員
陸世奎 大興吏員
戴士英 寶坻吏員
阮紹宗 三河吏員
居錦 大興吏員
宋登士 萬載吏員
李天眷 以麻城縣丞署
邵爵 以虎頭鎮調署
吳攀龍 大興監生
王家彥 濟甯監生
吳邦城 吳縣監生
楊正邦 烏程拔貢
蘇培智 金谿供事
孟興祖 天津吏員
樊承政 臨汾書吏
李璉 德慶監生
鍾惠霖 長樂監生丙寅任
楊璐 靈壽監生
方純熙 長甯監生

濮懷仁 大興監生
朱兆燕 漢軍監生
余承光 山陰吏員
朱兆新 大興監生
虞德明 固始吏員壬戌任
蕭正春 澠池吏員
徐承緒 元和監生
徐鳴謙 會稽監生
宋燕 大興供事

孫紹棠 華陽監生
易甫 湘鄉監生
鍾楨 監生
覃浩 武陵監生
陸念祖 元和從九
俞大鏞 海甯監生
施信孚 山陰吏員

黃州府志 卷之十一 文秩官表上 四十六

許清萬 新鄭監生
景春 大梁從九
史禮賢 大興供事丁丑任
黃繩曾 新城增貢
楊汝承 新城監生
道光
史禮賢
吳居向 高安監生
汪翰垣 旌德監生
戴均恩 大興監生
陸炳
秦元治 郃陽監生

張鳳巡 祥符人
朱葆光 山陰監生壬午任
金奉璋
張業培 吳縣監生
邱澐 山陰吏員
程瑚 安邑典吏
魯鴻儁 大興吏員

古贇臣 龍泉監生
鄧鳳鳴 新城監生
王琪 宛平供事戊寅任
李調元
張體仁 豐順監生
魏有年 通州附生
魯開章 武陟吏員甲申任
丁文 宣化人
章淑 宛平監生

周鳴瑞 成都監生
汪世樛 秀水監生壬午任
孫淦 會稽供事
周錫祺 南昌監生
成錫瓚 文水供事丙申任
邵瑛 大興供事

方命恩 清苑從九乙酉任
楊錫嘏 歸安監生
陳兆蘭 蕭山供事壬辰任
石裕禧 宿松人
雷運之 蒲城監生丙申任
王肇璜 山陰監生
黃銘鼎 休甯監生
陶廷梅 大興監生己亥任
梁桂涵 會稽監生
鄭世榮 合江監生
咸豐
嚴廷芳

王國柱 餘姚監生庚寅任
羅藻 溫江監生
顧儼 吳縣監生丁酉任
黃曦 善化監生
黃維棨 澧州監生辛丑任
陳殿邦
古登培 鎮平人
鄭雲 浙江人
呂紹烈 江西人

孫淦 浙江供事辛卯任
董長椿 陽湖監生
宋城長 元和監生
韓嘉樾 宛平監生
羅宗倫 閩縣供事己亥任
章錦文 績溪從九

恩源 漢軍鑲藍旗人
吳寶恩 江西人
黎恩照 平南從九

黃州府志 卷之十一 文秩官表上 四十七

蔡文熙 武威吏員辛亥任
嚴元清
高禮 貴池從九
黎恩照 兼署
俞學海
郭友仁 大興從九
彭兆鼇
周安鎬 山陰監生
同治
許文瀾 納谿貢生
余乃斌 武甯監生
王大治 巴陵從九

秦廷杰 仁和人壬子任殉節
黎恩照 兼署
王盛堉 未入流
俞學海 兼理
郭懷禮 羅山人
羅兆旺 河南監生
曹希祖 貴池從九
沈其鋒 光山從九
周源宗 道州人
武大定 咸陽監生
黃玉圭 長安人

蕭建勳 華陽人癸丑任陣亡
寶實 兼署
張萬選 桐城人
彭晏國 鄧州監生
韓甡 代理
彭晏國 復任

額勒金 荊州駐防
藍開壽 兼署
黃嘉澍 餘姚從九
周日嚴
龔緒紀 石門監生
周煥文 歙縣監生

史久齡 兼署
陳元善 永綏廳人
唐祖陶 益陽人
高啟壽 成都人
周煥文 代理
楊汝霖 金谿人
黃錫德 桂林人
杜精瑩 廣安從九
光緒
高鼎元 貴池文童
杜精瑩 復任
程兆梧 上元人

張裿德
余廷杰 武進人
吳應雷 海鹽從九
高鼎元 代理
童熙漳 善化人
吳介福 巴陵監生戊寅任

宓榕壽 浙江人
谷俊嶺 陽武監生
黃錫德 代理
李鈞
韓百揆 大興從九癸酉任
吳介福 兼理
趙鈐詒
韓百揆 復任

武大定 庚辰復署
倪炯 上虞從九辛巳任

武大定 戊寅任
王慶熙 咸甯監生庚辰任
倪炯 代理
覺羅瑛樸 署

阮起沅 巴陵監生辛巳任
李本貞 霍邱監生癸未任

陳瑛 大興監生壬午任
汪瑛 陽湖監生癸未任

蘄水縣

明

知縣

洪武 朱文漢
甲寅 趙李光
郭德謙 舉人
祖宗文 舉人
陳德義 舉人
張政 蘇州舉人
永樂 尹起畊 廣東舉人
曹興 廬州舉人

教諭

李恕 潯州舉人
鄭昌 廣東人

訓導 二員天啓間裁一員

張友諒
勞謙 浙江人
盧與齡 豐城歲貢
張坤 江西歲貢

知縣

宣德 譚渭 廣德歲貢
鄭伯圭 江西舉人
王振 福建舉人
陳李 福建舉人
正統己未 胡奎 鄱陽舉人
李文輔 舉人
蔣茂 舉人
李序 真定舉人
楊端 廣東舉人
天順 何實 東莞舉人
王杲 吳橋人

教諭

申屠鐸 淮安舉人
薛謙 武進人
鄭京畿 太和舉人

訓導

左惟賢 武進歲貢
簡縉紳 臨江舉人
王顆 江西歲貢
閻學 銅梁歲貢
宋叔昭 莆田舉人
趙友 安岳歲貢
鄧林 長甯歲貢

知縣

陳洪 新淦舉人
成化 陳興 許州舉人
楊經 新昌舉人
丙午 潘珏 婺源進士
宏治 余淅 綿州舉人
黃鳳 吉水舉人
張正 烏程舉人

教諭

李廣居 四川舉人
周同綸
劉復 來安人
陳訥 江陰人
宋玉 楚雄人

訓導

盛德 上元歲貢
楊復初 太和歲貢
胡廣 瑞州歲貢
周寬 雲南歲貢
徐文質 四川歲貢
冉磁 涪州貢
汪溥 南城歲貢
胡深 西安歲貢

甲子 汪深 進賢舉人
程昌 祁門進士
何澄 侯官舉人
正德甲戌 王伯 灌縣舉人
曹逵 太倉進士
辛巳 謝爵 常州舉人
嘉靖 徐申 崑山舉人
甲午 楊世相 泰和進士
拱廷臣 桂林進士
王幹 眉州舉人
譙陽 南充舉人
李佳 金堂舉人
周愼 高淯監生

張渠 德興人
聶才綸 全州人
林增 古田人
李仁 儀衞司舉人
鍾萬 順德人
蕭璞 大足人
高鼓東 南昌歲貢
施顯卿 無錫舉人
黃鍾 南昌歲貢
黃鑒 四川歲貢

夏時亨 一作時享 濰縣歲貢
朱鈁 直隸歲貢
李班 英山歲貢
李元素 雲南歲貢
劉璧 定遠歲貢
麥盈之 高安歲貢
牟正表 巴縣歲貢
余鑒 滁州歲貢
梅乾 內江歲貢
官仕 威遠歲貢
楊元 太和歲貢
吳臣 華亭歲貢
胡用中 光州歲貢
鄔元綸 甯海歲貢
陳吉 新繁歲貢

盛鳳 合肥舉人
方玉岡 崑山歲貢
蕭祥庚 太和舉人
庚申 陳蘭化 新建舉人
倪民悅 上元官生
曹恩 天長歲貢
譚汝讓 興建人
謝子岡 安福舉人
隆慶 張惟孚 成都舉人
劉憲 崇仁舉人
萬歷 董選 嵩縣進士
己卯 閻士選 江都進士
乙酉 孫善繼 萊陽進士
丙戌 王建屏 陝西進士
崔濤 山東進士
江世東 歙縣進士
涂宗濬 南昌進士

郭聘 內江歲貢
劉光裕 寶甯人
申騰漢 淸浪衞人
尹桑 大冶選貢
蕭文明 江陵歲貢
杜芳偉 同安舉人
黃榜 舉人
秦光祚 一作元祚
周日庠 乙酉舉人後成進士

陳滌 奉節歲貢
段盡忠 山東歲貢
董爵 浙江歲貢
陳莞 福甯州人
李陛 一作李陞 甯國歲貢
鄭文運 雲南歲貢
顧承勛 鳳陽歲貢
朱萬銓 茂州歲貢
周岱 睢州歲貢
黃日旭 華亭歲貢 蘇志姓董
陳塤 福建歲貢
李蕃 上元歲貢
俞之屏 馬平歲貢
徐緘 青陽歲貢
汪楚賓 長沙歲貢
傅之道 萬縣歲貢
汪學海
盧宗頤
文在人

己酉
辛亥　杜長春綦江進士
甲寅　宋文昌商城進士
丙辰　游王廷臨川進士
天啓壬戌　孔榮宗商城進士
李大受浪穹進士
崇禎庚午　李汝璨南昌進士
乙亥　龔鼎孳合肥進士
胡振芳浙江舉人

游一清
青宗益常德舉人
張邦譽歲貢
武典歲貢
易惟時荊州舉人
黃問景陵舉人
陳之恪武陵舉人
詹在前景陵舉人
唐之學貴州歲貢
王體中雲南歲貢

陳正言
曾上哲
喻嘉指
謝天植耒陽歲貢
王璧岳州歲貢
黃裳吉
劉漸
房進雲
陳任聖武陵人
邵巨武昌歲貢
童明衡鍾祥歲貢
毛應龍歲貢
李庚潛江歲貢

癸未　孔惟時四川選貢
國朝置知縣教諭訓導各一員縣丞一員同治閒裁典史一員巡檢二員一巴河鎮一蘭谿鎮驛丞河泊所官俱裁陰陽學訓術醫學訓科僧會司道會司各一人

知縣
順治乙酉　孔維時四川選貢
田玠昌樂選貢
高岫寧晉貢生
倪籥元平湖進士
劉澤溥太原貢生
甲午　李蕋狄道舉人
丙申　劉佑曲周拔貢
康熙　李長敏大興進士敏一作應
洪理順龍溪舉人
乙卯　蔣燦廣寧鑲白旗人
己未　李振宗嘉善進士
李育任邱舉人
許祈遠固始廩貢

教諭
鄒應孝臨川舉人
周瓊大冶舉人
段移大冶歲貢
李子翼孝感舉人
易永升應城舉人一作永昇
周統安陸舉人
金玉新化舉人
陳世玭孝感舉人

訓導
王大章鄖陽歲貢
潘如晏臨湘歲貢
丙午裁
戊午復
朱體仁安陸歲貢
李之岳大冶歲貢
胡爾愷辰州歲貢

縣丞
孫偉鍾祥歲貢
童天申施州衛歲貢
金音荊州人
張楨黃岡人
沈啟隆浙江人
湯楫如丹徒選貢
馮應泰延長歲貢
吳世睿太倉拔貢
王霖句容人
李容榆次歲貢
張燮桐城貢生

典史
楊文達
成之偉
王如德陝西人
楊世芳富平人
張守禮宛平人
施鳳翔鄞縣人
楊晉華州人
雷雲鶴陝西人

年	一	二	三	四	五
	王　烈 宛平人			侯元勳 固安監生	費緯貞 宛平人
				王　鉽 仁和貢生	
甲申	程子泰 霍山歲貢				
	侯方夏 建水州舉人	嚴肖愉 興國舉人	周扶樞 甯鄉歲貢		李　給 天津衛人
	金廷襄				葛宏道 上元人
	黃德巽 都昌貢生				
	戴紹祖				
	林緒光 閩縣舉人				
	田廷棟				
戊戌	劉象賢 鑲藍旗監生				
雍正	張　琳 署任	謝聖寵 沔陽舉人	高　淯 荊州歲貢	章紹俊 遂安貢生	徐世安 臨榆人

黃州府志　卷之十一　文秩官表上　五十四

年	一	二	三	四	五
	楊　煒 商南貢生	夏策謙 孝感舉人	徐郁士 一作都士 江陵歲貢		孟詩讚 宛平人
	汪　歙 盧龍舉人		謝　鼎 [illegible]陽廩貢 原籍黃岡		
	劉光然 山陰貢生				
	汪　歙 復任				
	路聲聞 安邑貢生				
乾隆	張正品 天台舉人	楊爲邦 靖州歲貢	張倩昌 漢陽歲貢	尤士域 一作士棫 漢軍拔貢	夏正位 如皋人
	路聲聞 復任	陳繼成 崇陽舉人		益士傑 華亭人	黃錦玉 臨武人
	李肇梅			李元培 聊城拔貢	
	陳學沆 桐城舉人				
	董秉鈞				
癸亥	許騰鶴 惠來進士				

年	一	二	三	四	五
			黃金縱 枝江歲貢	劉光彩 瀏陽監生	陳　鋐 上虞人
丙寅	龔爲舟 邵武進士				
	劉育杰 泰州進士	涂天根 孝感舉人	周卜甯 松滋歲貢	黃　卓 南城拔貢	余宗焞 休甯人
	覺羅德興額 鑲紅旗人	水文錦 雲夢舉人	葉　雯 沔陽廩貢	潘汝鳳 烏程人	周文燦 順德監生
	伍澤概 祁陽舉人	周廷璋 沔陽廩貢	張開東 蒲圻歲貢	宋宏煥 新建人	梁鴻佐 嘉應監生
	王　棫 深澤進士	張秉極 雲夢舉人	陳　勳 荊門舉人	莊道明 湘陰貢生	孔興璋 宛平監生
	錢　嶔 常熟舉人	游東顯 安陸舉人	張定模 當陽廩貢	陳盤言 石埭監生	薛克睿 原武監生
	邵應龍 餘杭副貢	葉繼雯 漢陽拔貢	陳受培 江夏廩貢	鍾　昂 武平監生	周　禮 湘潭監生
	王鳳儀 太倉舉人	程明澄 孝感舉人		高其偉 東安副貢	查克丹 正白旗監生
	沈　周 錢塘舉人			韓德厚 孝義監生	劉懷登 宛平監生
	王　烺 汝州進士			徐世顯 海甯監生	朱日辰 番禺監生

黃州府志　卷之十一　文秩官表上　五十五

年	一	二	三	四	五
	譚之綱 茶陵舉人			周良儒 普安拔貢	沈道和 大興監生
	舒繼葬 仁和監生			張慶漣 嘉興廩貢	江　麐 桐城監生
	徐碩士 嶍峩舉人			徐光祖 正白旗監生	朱邦珪 大興監生
	和剛中 蒲城舉人			陳　照 會稽監生	
	周　濬 仁和舉人			許　恂 杭州人	
	潘元會 涪州舉人			祖恪鋐 漢軍鑲白旗人	
	伍文與 新建舉人			趙秉鑑 聞喜監生	
	王　棫 福山舉人			厲世求 靜海監生	
	陳嘉謨 錢塘進士			莫子捷 高明舉人	
	王裕增 仁和舉人			王三錫 泌陽拔貢	
	尹士鈺 東莞舉人			任以依 蕭山監生	

劉[illegible] 澠池舉人　魏燿 柏鄉監生　謝錫位 會稽舉人　高舉 漢軍鑲黃旗監生　蘇扎哈 滿州鑲白旗筆帖式

嘉慶

趙方泰 開州舉人　關維紀 臨桂舉人　藍修文 浙江舉人　陳德潤 湖南舉人甲子任　何呈麟 湖南舉人己巳任　石城 浙江進士　張五緘 涇陽舉人　徐璧觀 江西進士　徐時英 貴州進士　錢清履 錢塘舉人　克精額 滿洲監生　黃虎文 太倉舉人

道光

周如蘭 上饒進士壬午任　馬宏圖 荷澤監生　沈棠 浙江監生　明謙 漢軍舉人　馮光燕 廣東舉人戊子任

王全 孝感舉人　徐鼎 江夏舉人庚午任　曾元亮 漢陽副貢　吳輝泰 江夏廩貢　徐正階 天門廩貢　王炳文 江夏舉人　王坤之 江夏舉人　曹芳溢 江夏舉人　徐慶會 孝感廩貢

蔡宗岱 天門廩貢　陳璠 大冶廩貢　孫尚賓 東湖廩貢　何夢芝 鶴峯歲貢　王本善 咸寧舉人　秦篤慶 漢川廩貢　朱鏞 江陵副貢　徐朝桂 漢陽歲貢　蕭道鶴 孝感舉人　何夢之 宜昌拔貢甲申任　張典孝 江陵歲貢

平治 直隸吏員　馬尚襄 神木監生　張起茂 吳縣監生　畢所謂 文登縣人　孫紹棠 華陽監生　周玉墀 江蘇廩貢壬戌任　陳濂 順天吏員丁卯任　俞衡文 甘肅舉人癸酉任　張錞 江蘇監生　陳楨 江西監生　劉世異 江蘇監生　段成鋒 陝西監生　甘振鏞 河南監生　李柏年 天津監生　余大亨 浙江供事　晁春 山東監生　何步廷 直隸監生　樊彬 天津廩貢　羅鏡清 廣東監生　黎國俊 廣東供事

朱廷錫 江西監生　古贊臣 新建供事　俸家林 金堂監生　徐大鏞 山西監生　朱汝漢 陝西監生　張維新 歷城監生　巴雲 四川監生　徐學浩 懷甯監生丙申任　侯定邦 河南監生　巴詒穀 六合監生

龐大奎 常熟進士　曠成春 永新舉人辛卯任　王汝霖 天津監生　梁芸滋 滎城監生　趙鵬翔 臨城進士丁酉任　李恂 鳳陽舉人　王德興 上元舉人　趙鍾彥 陽湖進士癸卯任　金寶樹 元和進士　董師雍 錢塘舉人　梅體萱 南城進士丙午任　王慶雲 大興舉人

咸豐

劉[illegible] 南豐舉人辛亥任　際亨 漢軍舉人　易光蕙 湖南附生　蔣照 甘泉舉人

同治

陳五典 陝西進士　徐暢達 南部舉人　任廷槐 玉山進士　王震 山陰供事　趙晏清 臨潼監生　徐兆英 江都舉人

方新運 江夏舉人　劉希祖 雲夢舉人丁未任　張經緯 雲夢恩貢　何景康 黃陂舉人　熊堯先 署任　沈煥翔 武昌舉人丁巳任　胡績宗 武昌附生

楊如春 江夏廩貢　劉遠楷 漢陽廩貢　晏成烈 公安廩貢　段緒傳 江夏附貢己酉任　胡德壎 天門舉人　閔洪 江夏廩貢　胡在泗 恩施歲貢　張鑫泰 大冶廩貢壬子任　熊堯先 漢川附生　汪兆麟 安陸附生　胡書田 武昌附生署任　哈承義 漢陽舉人署任

王溶度 固始監生　劉邦棟 山西貢生癸巳任　傅輝龍 江西監生　陳漣 太原監生　夏廷樾 新建監生　孫啟佑 汾陽監生　丁紹儀 江蘇監生　張汝琛 上蔡監生　夏廷棨 新建監生　張繼武 滄州監生　張詰祥 福建監生後裁

錢錫箴 上虞附貢庚申任

鄭燦林 英山進士署任
濮文昶 溧水進士署任
林佐 大興監生署任
庚午 余祖潤 沔陽舉人
甲戌 多祺 漢軍正藍旗附生
光緒 孫嘉艮 稀魚廩貢署任
丙子 蔡炳榮 德清監生署任　萬修塘 應山舉人
庚辰 多祺 復任
壬午 陳豪 仁和優貢署任
甲申 多祺 復任

黄州府志《卷之十一　文秩官表上　五十八

巡檢 分駐二鎮
順治 沈應相　陳王猷 巴河以上任　王家相　陳忠
何鋐英 蘭谿以上任
康熙 沈一亨 任巴河　金華國　李給　胡廷臣 蘭谿以上任
乾隆 計宏錞　謝洪志 大興監生　李皓 宛平監生　陳新銘 元和監生
邱子瑤 黔陽監生　蔣仲瀓 廣安監生　江萬錦 宜興監生　猶賜瑤 甕安監生

聞人濟 大興監生　王廷璣 河內監生　張煒 甘泉監生　莫本立 榮城監生
裴大文 曲沃監生　徐彩 會稽監生　許玉墀 海寧監生　李秉義 山陽拔貢
劉光俊 廬陵監生以上任巴河　王原向　孫泰交　黃元照 休寧監生
李士梧 如皋監生　浦寶光 東流監生　張敬茂 吳縣監生　趙慶 陽湖供事以上任蘭谿
嘉慶 沙重五 江蘇監生　谷宗珍 河南供事戊辰任　賈佳士 江蘇監生　謝葵 廣東監生
曹鈺 浙江監生　鄭時彥 雲南監生　張岳 江都監生　巢日煥 江蘇供事
孫循賢 山陰監生　韓作桴 河南監生　施鑠 宛平監生　艾聯棠 上元監生
馮昌綸 河南吏員　汪瑛 江蘇監生　鄒聯榜 河南監生
朱本榮 壽州監生　郎官堂 四川供事己卯任
道光 李元俊 直隸吏員甲申任　鄭時彥 浙江供事丁亥任　吳炳 貴州監生一作炳 順天辛卯任　李元俊 己亥復任
袁鈺 吳縣監生　楊維翰 甘肅吏員丁未任

黄州府志《卷之十一　文秩官表上　五十九

咸豐 衛緩光 廣東附生戊午任　陳啟安 河南吏員　張增耀 浙江監生　陸鎔 蕪湖監生
蔣桐 吳縣監生
同治 劉學清 安福監生乙亥任巴河　俞德城 元和監生癸酉任蘭谿
光緒 程兆梧 上元人庚辰任巴河　沈炳章 德清監生辛巳任巴河　劉瀛 長壽監生辛巳任蘭谿　劉學清 見前壬戌任巴河
林春昉 巴陵監生癸未任巴河　劉廷柱 山陰供事癸未任蘭谿　李春暉 長沙監生署巴河　姜枏 懷寧監生甲申任巴河

麻城縣

後趙		
麻　秋 石虎使築城督工禾嚴峻因以姓名城		
後周		
史　甯 東義州刺史		
梁		
吉士瞻 西陽太守	蕭　詧	岑洪遠 俱定州刺史
陳		
田龍升	陳方慶	章昭達
周　炅	周法尚	周法僧 俱定州刺史
唐		
徐　嚴 字景肅任知縣舊志另載景肅誤		
宋		
錢　治 武進人進士		
元豐 張　毅	翟起宗 金壇人以上俱縣令	胡定之 岐亭監酒
張　恂 龍泉進士	李臺卿 瀘州人	楊　掞 臨川進士以上主簿
元		
馬兒蒙 蒙古人	樂九成 蒙古人俱達魯花赤	秦達善 邑貢生任教諭
明		
知縣	教諭	訓導 二員天啓間裁一員
洪武 張容維	夏均輔 邑貢生	桂　南 邑貢生
趙　乾 歸安人	鄧　泰 南昌人	

楊子秀 餘姚薦舉丙寅任	張宗琦 重慶人	鄧　林 邑貢生
永樂 孫仕忠 仕亦作士		張德宣
王士光		王　懋 宜興舉人
黃　琮 高安人		朱　甄
高　謙 米脂人		朱　華 長壽舉人
王　篚 蒲臺人		熊復禮 桂林舉人
正統 楊　順 潁上人		陶　春 浙江人
景泰 鄧　謙 江西德安舉人		王　紋 宜山舉人
		劉　顒 萬安歲貢
		李士實 楚雄歲貢
天順	陳祖舜 四川人	李　芳 蘇州歲貢
	陳　鉞 莆田舉人	王　用 四川舉人
		陳　鍠 泌陽舉人
成化 李　顯 舉人	劉　涓 閬縣舉人	費　溟 廣東舉人
劉　珂 萬安進士	曾　瑀 番禺舉人	薛　理 湘陰歲貢
朱　嵩 四川歲貢		敖仰孚 新喻歲貢
胡　琮 蘇州進士		
劉　規 巴縣進士		
薛承學 江陰進士		
陳　興 許州舉人		
宏治 孔　榮 番禺舉人	李忠義 廣東舉人	喻　俊 蒼溪歲貢

年			
辛亥	高清 揚州舉人 蘇志姓商		
		王章 黃巖舉人	
甲寅	聶賢 長壽進士		
		楊珣 湖陽舉人	夏滾 德興歲貢
戊午	韋厚 長興進士		
		張嵩 舉人	
庚申	劉溥 交處進士		
	楊暉 蕪湖舉人		
甲子	薛价 蒲州進士		
正德	宋賢 四川解元	張舜舉 武功舉人	馮崇 雙流舉人
辛未	侯璧 諸城舉人		

年			
			汪朝宗 浮梁歲貢
乙亥	蔡時 新昌進士		
			嚴球 慶符歲貢
戊寅	王世祿 廣德州進士		
			劉以讓 巴縣選貢
庚辰		梁鼐 閬縣舉人	
辛巳	王應賢 中牟進士		
		楊英 太和舉人	周楫 都勻選貢
嘉靖癸未	杜朝紳 崇慶州進士		
		戴恩 儀封歲貢	王機 永嘉監生
戊子	陳祥麟 福建進士	汪泗 開化人 亦作姓江	

年			
	李景藩 汝寧舉人	齊璵 天台歲貢	陳恩 墊江歲貢
庚寅	陳子文 閩縣進士		
	王生賢 廬陵舉人	譚大智 潼川州歲貢	鄭賢夫 閩縣監生
	羅道卿 吉水舉人	何祥 內江舉人	黃傑 同安貢生
	李寶 浮梁舉人		青雲 遂寧監生
甲辰	黎泮 樂平舉人		
		貢安國 寧國歲貢	般子瑞 威遠歲貢
丙午	羅士賢 番禺舉人		
		沈一貫 無錫舉人	魏洪量 威遠歲貢
戊申	金勿 富順進士		
		張翺 邵武舉人	黎大鵬 新蔡歲貢

年			
庚戌	黃釜 餘姚舉人		
	何銓 句容貢生	秦伯修 全州舉人	
壬子	陶天忠 鄞縣進士		
丙辰	尙德恒 南充進士	林繼習 潮陽舉人	
庚申		胡錦 餘杭歲貢	
辛酉	蘇松 廣安州進士		
	胡昇 餘姚舉人		
隆慶	瞿翾 四川進士	孔承宣 鄰水人	陳萬 雲南人
	穆煒 新建進士	雷汝恒 九江舉人	游壽 汝陽人
			楊鵰 南充人
萬歷癸酉	錢節用 富順進士		

甲戌 王三宅 汲縣進士
連三元 永年進士
文德 涪州進士
鄧應旂 四川進士
游朋孚 婺源進士
己亥 韓僉可 瀘州舉人
劉文琦 南充進士
張鏈 瀘州進士
張翼明 永城進士
壬子 宋一鱗 南樂進士
丙辰 莊應德 武進進士
天啟癸亥 戈允禮 保山進士
甲子 趙洪範 嘉定進士
崇禎戊辰 蔣煜 武進進士

詹景鳳 海陽舉人
何仁言 桂陽歲貢
郭鉞 豐城舉人
王尚禮 歙縣舉人
薛應期 江夏舉人
王九思
劉良知
祝萬年
劉日曦 彭澤舉人
趙璧烜 雲南舉人
馮奇 江夏舉人
吳一鯤 江西舉人

袁椿 沔陽貢生
周拱 豐城歲貢
潘元珍 歲貢
左親臣 雲南歲貢
胡試 江夏歲貢
周惟德 松滋歲貢
王尚賓 漢陽歲貢
李宙遜 嘉魚歲貢
王應振 漢陽歲貢
蔡藎明 漢陽歲貢
劉奎鼎
湯衡
王夢尹 澧州歲貢
梁映璧 歲貢

甲戌 劉星耀 金谿進士
丁丑
庚辰 單恂 華亭進士
辛巳 杜特彥 全州舉人
陸賀錫 上海恩貢

王用亨 舉人
孫節 雲南舉人
鄒學成 舉人
蕭頌聖 定遠歲貢

國朝知縣教諭訓導縣丞典史各一員巡檢二員一虎頭鎮一蘄龍鎮陰陽學訓術醫學訓科僧會司道會司各一人

知縣　教諭　訓導　縣丞　典史

順治丙戌 李衡 恩縣恩貢
丁亥 徐鼎 華亭進士
己丑
辛卯 劉愷 鄒平進士
壬辰
癸巳
甲午 王璐 餘杭恩貢
乙未
庚子
辛丑 苗增秀 大興貢生
康熙甲辰 孫宏生 樂安恩貢
己酉 屈振奇 洋縣進士
丙辰
丁巳

沈一道 江夏舉人
陳應善 景陵舉人
高遠 漢陽舉人
黃熊 漢陽舉人

魏在相 應城歲貢
陳堯前 武昌歲貢
堵際亨 漢陽舉人
鄧烈 澧州歲貢
張祚應 鄖陽歲貢
丙午裁
戊午復

賈國相 大興人
施泰 浙江拔貢
朱之鼎 四川人
李繼文 歲貢
張文德 順天恩貢
蔣枸 長洲監生

徐世臣 餘姚人
王興隆 大興人
徐朝興 曲阜人
王政 韓城人
樓可瞻 大興人
楊蕙芳 大興人

戊午	崔涵璽高平例監		朱士匡通山歲貢		
己未		陳仰可應山舉人		陳希堯正紅旗人	裴士珍華縣人
壬戌	祁嘉謨大興歲貢				
甲子		萬士彥隨州歲貢			
乙丑					吳必顯仁和人
丙寅			李際盛公安歲貢		
丁卯	趙蒼璧錢塘進士	汪僎漢陽歲貢			黃起有華州人
己巳	鄭鼐盧龍歲貢				
壬申	侯國璋一作國章正白旗例監			劉興詮正紅旗監生	
癸酉		許錫祉江陵舉人			
乙亥	翟鴻儀聞喜進士			呂夢禎溧陽貢生	
丙子	金世禎奉天貢生		程大純孝感例貢		章振大興人
丁丑	姜橚保德進士		張岱嘉魚貢生		
己卯	劉承啟故城貢生				
庚辰	傅天培奉天監生				
辛巳		劉舜年一作舜卿大冶歲貢			
戊子					宋德盛虞城人
己丑	馬元勛泌陽進士	明濂興國州舉人		盧遇延安人	
庚寅		蕭運芳沔陽舉人			
辛卯	金廷襄				
乙未	吳顧行長洲歲貢				
己亥		歐陽士升沔陽舉人			汪炎房山人

庚子			王希詮漢陽歲貢		
雍正甲辰	楊思溥閬中舉人		袁其修沔陽歲貢		
丁未	譚苻南豐舉人			楊瀚無錫例貢	
己酉	楊思溥復任			秦鼐江南人	
辛亥	李作室沁源舉人	曹志紳雲夢舉人	孫之昊安陸歲貢		
壬子			向嵩遠安歲貢		
甲寅	李奎梅福清貢生				
乙卯	陳鼎海鹽監生				馬延之宛平人
乾隆丙辰				李日璵一作自璵吉水貢生	
戊午	丁翊壽長興舉人				岳東順義人
壬戌	龔之璜大興人			張成器丹徒貢生	
甲子	夏封泰歸安進士				
乙丑			林賞舉大冶歲貢		
丁卯			廖宗乾遠安歲貢	胡纘祖汾陽例貢	王德鳳鞏縣人
辛未	賀溥崞縣舉人	劉肯堂漢陽舉人			
癸酉	單言揚高密進士			李天眷山西舉人	
丙子	杭世馨錢塘舉人	秦廷章建始拔貢			
丁丑	孟炳滿洲人		熊道漢川歲貢	鍾光國湖南人	
己卯	胡鵬年北直舉人				
壬午	羅均邵武進士		王之緯郧西歲貢		吳尚志湖南監生
甲申	劉希向山陽進士			諸元昌浙江監生	朱輔業
乙酉		李芳華孝感歲貢		高其偉北直副榜	

丁亥		丁崇 江夏舉人	謝聲亮 興國舉人		王嘉猷 浙江監生
己丑	顧駉 如皋進士				
庚寅	楊朝宗 陝西舉人	王定璜 武昌舉人	王立慼 黃陂歲貢		
壬辰		戴學焔 孝感舉人	鄧以豫 江陵舉人	衛法祖 陝西監生	裴大文
癸巳	楊永芳 昆明舉人				
丙申			程龍甲 鍾祥歲貢	章楷仁	
己亥	李正中 衡陽舉人		李中璵 石首歲貢	湯汝梅 江南監生	
辛丑	莫子捷 高明舉人			屈振甲 江南監生	
壬寅	葛桂芳 巢縣舉人		李本榮 鍾祥歲貢		顧錡 江蘇監生
癸卯	王佩葵 婺源進士	彭之煥 京山舉人		沈輝吉 蘇州廩生	
戊申	郭瑾 北直舉人	王守正 江夏廩貢		楊界 鑲黃旗監生	
己酉	沈清直 浙江舉人	劉喻義 漢陽舉人		吳端 山西拔貢	
	楊樹本 桐鄉副榜				
庚戌	黃書紳 陸豐舉人	張立誠 天門舉人			
壬子					孫士清
癸丑					楊天顏 廣東人
甲寅	花尚阿				
	馮振鷺 舉人				
乙卯	姜廷銘 保德州拔貢				
嘉慶戊午	孫捷三 陝西人	張本 潛江人	吳醇 舉人	龔自璇	劉燦英
		蕭超運 黃陂人			
辛酉	黃家璲 連江舉人				

壬戌	李維本 直隸人				王廷映
己巳	黃奎泰 桐城人		陳之翰 拔貢		
	李維本 復任				
癸酉	崔中倫 直隸人			涂以綸	
甲戌				郭時雍 順天監生	
乙亥	陸費瑔 浙江副榜		史銘桂 拔貢		
丁丑	託恩東阿 滿洲人				包萬青
己卯	關維紀 廣西人			程宗豫	古宗弼
	張五域 陝西人				
庚辰	李廷勳 山東拔貢				
道光辛巳	郎錦駿 山西人		余志鴻 松滋廩貢		
				龔自璇 浙江監生	
壬午	周鳴鸞 湖南人			俞昌烈 宛平監生	朱汝惠
	董應魁 山西進士				
甲申	李洛 直隸人				
	馬鴻圖			沈施梁	曹萬鵬
乙酉		郝範林 應山舉人			
己丑	呂恂 順天舉人				
庚寅	孟登先 陝西人				
辛卯	李兆元 山西舉人		彭兆珂 拔貢		
癸巳	沈湞				
	黃兆遇				

甲午 林寅 大興人	周大鈞 武昌府舉人	黃博前 荊州優貢		
乙未 王汝霖 直隸監生				
丁酉 劉維禧 陝西進士	萬之傑 江夏舉人			
邱上東 廣東監生				
戊戌 王朝桝 璧山進士		陸昌齡 沔陽歲貢		
己亥 劉世保 甘肅人				
辛丑 陸恩紱		鄧貽楷 江陵歲貢		陳文灼 四川吏員
張日爍 貴州人優貢				
壬寅 劉江 順天人			吳晉恩 江西人	
癸卯 李湘甲 湘南人		楊長珩 漢陽廩生	劉珍	
姚國振 奉天人				
			邱纘璣 紹興人	梁桂涵
己酉 鍾榮光 江西進士				戴酯
庚戌 姚國振 復任		王積泉 江夏附貢	胡先預 涇縣附生	
咸豐辛亥				洪澄鑑 涇縣監生
壬子	汪登瀛 江夏舉人		周正鈞 涇縣人	
癸丑 姚國振 復任	朱孔暘 歲貢	李忠墀 黃陂舉人	陳恩沛 江西監生	
韓寶昌 畢節監生		閔烜 德安廩生		
甲寅 賀榮 山西人				
瑞存 鑲黃旗滿洲進士				
乙卯 劉棨 南豐舉人				

丙辰 汪敦仁 湖南舉人				胡翰澤 涇縣廩生
戊午 王須三 江西拔貢	王伸之 江夏舉人		徐焰 江西人	
己未 易光蕙 湖南人		劉杰 江夏廩貢	李登素 湖南人	裴肇修 四川人
				金臺 懷甯監生
庚申 陳汝蕃 長安副貢原籍安徽				
辛酉 吳林 江蘇舉人	王丹林 應城廩貢		趙寅東 河南附生	
同治壬戌 王瀚 直隸人	劉用宣		傅維祜 四川人	
甲子 范琨				
王瀚 復任	熊文鏡 松滋附貢			
丙寅 黃以慎	黃贊祿 黃陂舉人		涂香 江西人	
丁卯 廖恩澍 湖南人				
戊辰 楊宗時 陽湖供事				
己巳 鄭慶華 桂林舉人		黃隆化 監利廩貢		
李宗炳 開縣人				
鄭慶華 復任				
庚午 張鴻舉 湖南人		鄧顧驤 松滋廩生		
濮文昶 溧水進士		賀子一 蒲圻歲貢		倪濤 昆明監生代理
壬申 鄭慶華 復任				
癸酉 劉祝穀 天津人		朱騏 大冶歲貢	藍江注 湖南舉人	
甲戌 鄭慶華 復任			宋賓 安徽人	
光緒乙亥 潘康保 江蘇舉人			尹承綸 山西監生	吕文煥 陝西監生
鄭慶華 復任				

丙子	潘介繁 江蘇舉人			
丁丑	鄭慶華 復任			金臺 復任
戊寅		黃光濱 江夏歲貢	劉炳南 江西附貢	
己卯	張茂時 江蘇監生		鄭應昌 廣東監生	
庚辰	陸祐勤 江蘇附貢			
辛巳			吳明 直隸監生	
壬午	朱榮椿 涇縣副貢		吳保藩 固始監生	殷廷瑜 桐城監生代理
癸未				馬藻 固安監生
甲申				陸承綬

巡檢（分駐二鎮）

康熙
崔鎣 任虎頭
張彭年
盧起秀
王伯宏
何伯彩 以上任鷲龍
邵爵
喻 失名
王杜

乾隆
王敬仁 金谿人
孫必貴 安徽監生
趙秉鑰 陝西監生
王路
姜濬 陝西廩生
龔兆棠 直隸吏員
楊秉純 直隸吏員
賈心誠 山西監生
朱杏堂 浙江監生任虎頭
趙欽中 成都監生
章濬 四川監生
陳需霖 浙江監生以上任鷲龍

嘉慶
董長春 任虎頭
王席珍
孫兆棠
鄒鯨

道光
胡宗瀚 順天監生丙寅任
劉毓繡 順天供事甲申任
項同煦 原名炳浙江監生丁亥任
錢德承 浙江監生乙未任
鄭雲
朱如煌 江西供事丁酉任
陸蔭墀 江南人一作順天監生己亥任
丁永祿 安徽人庚子任
梁桂涵 浙江監生癸卯任
王則典

咸豐
趙渭濱 河南人
胡翰澤 涇縣廩生
侯象騊 甘肅人
周得材 江蘇人
吳晉恩 江西人

同治
張金蘭 浙江人
涂香
周秉鈞 浙江人
田象三 四川華陽人
袁潤霖 湖南人
陳浚衢 江西人
王世德 河南人
許成傑 四川人
陳雲階 四川人
趙定熙 河南監生庚午任鷲龍
張文煇 北直人甲戌任

光緒
文鼎 漢軍從九乙亥任
馮汝彥 河南人丙子署
張振清 河南監生丙子任
蔣慶㽦 直隸附生丁丑任以上任虎頭
韓作梓 河南監生庚辰任
殷廷瑜 安徽監生壬午任以上任鷲龍鎮

黃安縣

明 始建邑

	知縣	教諭	訓導（二員天啓間裁一員）
嘉靖甲子	林葵 大理舉人		
乙丑		周天衢 江安歲貢	饒有仁 青城歲貢
丙寅	李講 清平舉人		
隆慶戊辰		文承誥 全州舉人	
庚午	當正紀 富順舉人	劉寵 長淮衛歲貢	袁伯偉 豐城歲貢
			高樹 高陵歲貢
萬曆癸酉	應存初 仙居舉人	曹裕 天長歲貢	
甲戌			項生奇 龍泉歲貢

丙子	孫振芳廣西舉人		
丁丑		王元弼南昌舉人	馬錦成都舉人
庚辰	章如鈺會稽進士		
辛巳	黎來王一作來玉順德舉人		
壬午			趙應麟長沙歲貢
癸未	余相會稽舉人	劉允祚衡陽舉人	
戊子	劉冠南盧陵舉人	趙時中穎州歲貢	王鑰湘陰歲貢
庚寅	秦煒容縣歲貢		阮良謨邵陽歲貢
壬辰	李含錦雲南舉人	何鋆大興舉人	
			王建極歸州歲貢
乙未	李文芳綿州進士	熊輪城步歲貢	
己亥	王家泰瓊山舉人	田文齡恭城歲貢	
			鄢長仕鄰水歲貢
甲辰	胡尚質欽縣拔貢		
		高可升雅州歲貢	彭洵永州歲貢
		李應南衡陽歲貢	
庚戌	錢宏毅靖安拔貢		
		董大雅永嘉歲貢	
		呂時煥江夏舉人	
辛亥	李克榮玉田恩貢		
癸丑	向應賢通江進士		
乙卯	宣大勳一作大猷蒙化進士		

		費朝宗鉛山歲貢	郭紹孔澧州歲貢
丙辰	汪世臣高安舉人		
		武建邦祥符歲貢	熊兆漢陽歲貢
己未		黎汝謨羅山舉人	
天啟辛酉	丁惟謹楚雄舉人	黃圖昇蒲圻舉人	
			徐自新嘉魚歲貢
壬戌	林鳳翀莆田舉人		
丙寅	陳汝情保安歲貢		
丁卯	蔣洪先全州舉人		舒應鵠漵浦歲貢
崇禎庚午	王嘉善灘縣舉人		
壬申		胡試江夏歲貢	潘應源光山歲貢
癸酉			傅應元安陸歲貢
甲戌	趙利珍滕縣舉人		
乙亥		黃元春新建舉人	
丁丑	李元玉新貴貢生		
	孫□江都舉人	張道謨漵浦歲貢	
癸未	梁夢卜三水人詔取士	方懋修漢川舉人	
		吳守中漢陽歲貢	

國朝知縣教諭訓導典史各一員巡檢二員一中和鎮一雙城鎮乾隆二十七年以雙城巡檢改設黃陂站陰陽學訓術醫學訓科僧會司道會司各一人

知縣	教諭	訓導	典史
順治丙戌 任有剛平原舉人		駱中駿蒲圻歲貢	

庚寅	蕭世賁 大興 進士			
壬辰		林瑾 大冶 舉人		
			王大猷 郿西 歲貢	
癸巳	楊之琳 西安 舉人			
甲午	詹人訓 常山 貢生			
乙未				張起蛟 通州 吏員
丁酉	汪景勳 河閒 舉人			
戊戌	蕭恆 三原 進士			
己亥				李震 山陰 人
			范起鳳 鄖縣 歲貢	
康熙癸卯			甲辰裁	陳聖訓 東陽 人
乙巳	張一躍 樂亭 貢生	鄒璧明 隨州 歲貢		
丙午		盧如參 應城 舉人		
庚戌	李同亨 宜興 進士			
癸丑	徐秉仁 遼東 舉人			
乙卯		劉士臣 沔陽 舉人		
丙辰			戊午復	陳銓 彭城 裔人
戊午	白良琯 遼東筆帖式		彭焱 孝感 歲貢	
庚申		王顯奇 沔陽 舉人		
壬戌	王雲明 西華 舉人			
癸亥	張國柱 遼東 監生			

乙丑			周國購 江夏 歲貢	
庚午		龔璋 蒲圻 舉人		
壬申				盧元吉 通州 人
丙子	劉承啟 故城 貢生	宋希若 蒲圻 舉人		
戊寅			龔啟正 監利 歲貢	范經邦 宛平 人
辛巳	何錫祿 廣寧 監生			
癸未		舒其超 通山 舉人		
乙酉				劉克紹 宛平 人
丙戌			劉啟先 通城 歲貢	陶宗發 會稽 人
己丑				汪嗣彰 宛平 人
庚寅	陳宸範 冀州 拔貢			
壬辰		吳繩琦 孝感 舉人		
甲午	張琮 雲南 例貢			
丁酉		龔世綱 應城 舉人		陳引循 三河 人
雍正甲辰	吳象寬 山東 進士			
乙巳	劉世燧 一作文燧 山陽 進士	蕭昱 漢川 舉人	周卜年 當陽 歲貢	
丁未	賈多男 直隸 舉人			
庚戌	鍾彝 平湖 舉人			徐世傑 大興 人
辛亥		陳嚴重 江陵 舉人		章文傑 宛平 人
壬子	馮爲榕 丹徒 例貢			
	李行修 歷城 舉人			
癸丑			張珩 江夏 歲貢	徐文彬 宛平 人

甲寅	段紹扆 唐山舉人			
乙卯		張之珩 江陵進士	吳緒榮 漢陽歲貢	
乾隆庚申			鄭時中 潛江歲貢	
辛酉	蘇鼎鄰 如皋舉人			
壬戌	林春澤 廣東舉人			
甲子				潘秉誠 山陰吏員
乙丑		賀萬年 江陵舉人	劉應祖 潛江優貢	
丙寅		李迺 沔陽舉人		
丁卯	李晉岳 閬縣舉人			
戊辰	彭瑞瀓 丹棱舉人			
庚午	戴炯 湘潭舉人			
癸酉		周道尊 天門舉人		
甲戌	彭鐸 奉新廪貢			
乙亥			劉珖 建始歲貢	劉珂 永清監生
戊寅	林光祿 武平監生			宋壖 山陰監生
辛巳		丁棠 江夏舉人		
癸未	王粵麟 興甯舉人			
乙酉	李世瑞 臨桂舉人			
丁亥			鄒鏈 漢川舉人	
壬辰	張尚寶 長沙舉人			
癸巳		程廷楫 漢川舉人		
甲午				李德和 安邱人

乙未	陳文豫 施秉舉人			
戊戌	胡金門 仁和監生		胡超銓 江夏廪貢	吕法梅 山陰吏員
庚子			周學乾 東湖廪貢	
壬寅	陳玉 山陰吏員	江鍾奇 潛江舉人		
癸卯				劉培章 旌德監生
乙巳				宋之黻 無錫供事
丙午		陳家騏 江陵廪貢	劉光鈞 東陽廪貢	
丁未	朱梓 閬縣舉人			
戊申				朱晉 山陰供事
己酉	王承銓 汝陽舉人		蕭尊德 天門舉人	
辛亥		劉雲鶴 應山舉人		
嘉慶丙辰	韓海 長壽舉人			鄭以仁 會稽供事
丁巳	仇必達 崇慶舉人			
己未	陳增慶 閬縣舉人署理	左俊 雲夢廪生		
庚申	孫文驊 綿州廪貢			
辛酉			傅登道 鍾祥歲貢	
甲子	李榛 甯陵舉人			
己巳		戴際雲 漢陽舉人		
癸酉	劉以寶 河內舉人			
甲戌				陳繼述 南溪監生
乙亥	立豫 鑲黃旗舉人		汪瀛 沔陽拔貢	
丙子	林縉光 南海舉人			李中杰 介休人

戊寅		彭光泰 安陸舉人		
庚辰		俟安國 興國舉人		
道光	邵勷 山東進士		黎景珠 鄖西歲貢	
癸未	李介白 長壽舉人			
庚寅	周鶴立 浙江舉人	萬慶恩 孝感拔貢	汪向懋 天門貢生	
		葉本立 隨州拔貢		
辛卯	劉坤琳 四川進士	白濤 江夏附貢		宋丹墀 吏員
		王丹墀 孝感附貢		黃鶴鳴 監生
	楊始昇 山西舉人			
壬辰		呂庭桐 應城舉人		汪承恩 休甯監生
	詹應甲 吳縣舉人			
丁酉			厲德輿 襄陽舉人	曾鳳巢
戊戌	魏之文 貴州舉人			丁永祿
			曹芳溢 江夏舉人	
己亥	劉維禧 陝西進士			
庚子	夏雲岫			章鑅 山陰監生
	劉江 六興監生		曾庭 襄陽副榜	
壬寅	鮑光霨 浙江舉人			
	李載蘇 江蘇貢生			
甲辰	許賡藻 孝豐舉人	鄧炳麟 黃陂舉人		

己酉	蔡傳樞		艾城境 黃陂附貢	
	許賡藻 充鄉試內收掌復任			
咸豐辛亥	吳晉恩 代理			
	彭仲芳 廣東舉人			
	許賡藻 充恩科鄉試同考官復任			
壬子	巴揚阿 鑲黃旗舉人			
	許賡藻 卓異候陞回任			
癸丑	王頌三 拔貢	劉建侯 襄陽舉人		
	許賡藻 調署黃陂復任			
乙卯		黃本驥 應山貢生		
丙辰	嚴元淯			
丁巳	林基 歷城拔貢			
戊午	楊宗時 陽湖供事	吳湘 隨州增貢	危淩漢 安陸增貢	
己未			余攀龍 應城附貢	
庚申	諸鑣 錢塘監生			
辛酉		李芳 孝感廩貢		黃桂森 烏程監生
同治壬戌	江世玉 上元附監	柯茂枝 武昌舉人		金鵬 休甯人
癸亥	文齡 蒙古正藍旗貢生			盛寶銛 武甯監生
乙丑				沈嵩祥 會稽監生
丙寅	林基 復任	鄭世輝 鄖陽貢生		
戊辰	朱錫綬 鎮洋舉人	王大紳 歸州拔貢	張鴻猷 房縣廩貢	
		楊觀光 雲夢舉人		

己巳 胡承組六安監生 平建章東陽附貢
陳嘉謨新甯監生 佘用時興國廩貢
柴鍾嶽巫山監生
庚午 高文桓歸安人府經歷代理 鄭錫元江蘇監生 馬士彬蒲圻廩貢署 閻夢華武昌歲貢署 張成裕京山優廩生署
辛未 魏輔宸大甯增生 劉世大漢陽舉人 李如棠光化廩生
壬申 哈承義漢陽舉人 傅炳南石首舉人
癸酉 徐龍雲任縣舉人 慶明滿洲鑲紅旗監生
黃尊祿黃陂舉人
甲戌 王葆修英山進士
光緒乙亥 諸鑣復任 胡洪鼎通城舉人 王世清德安舉人
丙子 黎大春通城廩生 李鳴鑾湘陰監生
丁丑 方宗堃天門增生 陳柄基南鄭監生
己卯 淩心垣宜賓進士
辛巳 陳瑞瀾湘鄉拔貢
壬午 陶大夏新野進士

癸未 張錫壽賀縣舉人

巡檢分駐二鎮

順治 皮純臣江南人 梁成德福建人 王有捷成安人 徐應春薊州人
康熙 朱瑞麟紹興人 金之彪紹興人 張大綬江甯人 劉建纖汶上人
濮舉賢青縣吏員以上任中和 毛宏鼎山陰吏員 夏國政山陰人 李永潤山東吏員
陸進朝 于萬錫德平人 張璣仁和人 胡岱江南人
楊可棟三原監生以上任雙城
雍正 周禮扶風吏員 佘通漢雲南吏員以上任中和 湯國瑛餘姚吏員 高愨貴池吏員
蕭重器大興吏員以上任雙城
乾隆 鄭鉽仁和供事 李肱揚嘉應吏員 張得仁會稽吏員 王貽亭會稽吏員
伍又陶山陰人 鄧洪南城人 李綸山陰人 陸念祖元和人以上任中和
崔天樞宛平人 宋登任江西人 袁銓上元供事 朱履亨海鹽供事
喬立中閿鄉吏員 蘇智明石埭吏員 張邦榕北江人以上任雙城後改黃陂站
杜體元武進人 章應龍江西監生 蔡安國蕭山供事 周履福祥符吏員
柳瑄成都監生以上任黃陂站
嘉慶 姚青構安徽監生丁丑任中和 陳德榮大興吏員 彭求敏奉新監生 梁正興石門監生
胡光國貴筑人己卯任以上黃陂站

道光
李聯 廣東監生癸未任　曾中孚 任中和　方純熙 四川監生癸未任　范鴻聽 順天供事乙酉任
任爲霖 順天人甲午任　王沼 順天吏員丁酉任　戴鳳閣 江蘇監生甲辰任　張金瀾 浙江監生己酉任
黃應瑞　俞世琛 江蘇附生庚戌任　劉昌壽 以上駐鎮未詳

咸豐
陳嘉謨 江西監生咸豐辛亥任陣亡　李隆發 鄖縣吏員戊午任以上中和
張錫謙 元和附生　定家正 新建軍功以上任黃陂站

同治
勞庭楨 浙江人　鍾文垣 浙江監生庚午任以上中和　梅殿華 商城監生壬戌任
陳濟洪 新繁監生丁卯任　劉學源 善化雲騎尉庚午任黃陂站　康士珍 六合監生庚午署
陳濟洪 癸酉復任　王先立 懷甯從九以上任黃陂站　李冠英 臨川監生癸酉任中和

光緒
劉如升 潛山監生丙子任　俞懋基 安徽監生以上任黃陂站　江廷璋 大興監生壬午代理中和　陸宮杏 順天監生甲申任黃陂站

黃州府志卷之十一上終

黃州府志卷之十一下

職官志

文秩官表下

黃州府知府英啟纂輯

羅田縣

宋

吳季益 弋陽人任知縣

紹熙
詹魯山 任知縣

元

大德
周廣 宏農人

至順
陳珂 俱任達魯花赤

廖王佐　蔣翹之 廬陵舉人俱任教諭

明

知縣	教諭	訓導 二員天啓間裁一員
洪武 唐元 舉人	曾嘉勉 廬陵舉人	葉琳
石璞 舉人	何明 浙江人	
	錢休 象山舉人	
宣德 王昇 紹興進士	章瓊 欽州監生	丁思孔 見名宦祠
張儀 鄒平舉人	陳[illegible] 南昌舉人	
羅如 南昌歲貢	陳瓚 淮安舉人	
陳鼎 慶遠衛解元	陳訪 銅陵舉人	
王恕 廬陵舉人		

正統
段容監生
龐敬嘉興舉人

天順

成化
張暹雲南人
徐泰江陰解元
余洪六安州監生
陳德成長樂人

宏治
沈雷華亭歲貢
王璣山東人
羅勳永州進士
楊琦鄞縣舉人
康紹儒宛平舉人

正德
蕭英新淦舉人
夏雷嵊縣舉人
殷佐高唐舉人
章式臨川舉人
張愉南充舉人
周英忠州舉人

崔見賢揚州歲貢
徐衢餘姚歲貢
曾嘉慶泰和舉人
陶清臣泰順選貢
楊鑾秀水舉人
蔡元偉晉江舉人
鄧山銅梁歲貢

李勉盧陵歲貢
胡學儉太和歲貢
李鑑山東歲貢
葉春潁州人
吳承宗莆田歲貢
袁英常熟歲貢
石彬天台歲貢
陳誌永嘉歲貢
張佑固始歲貢
姚瓚鄧州歲貢
韓鐩桐城歲貢
趙廷佐桂林中衛舉人
鄧穆吉水歲貢
馬順定遠歲貢
郭愈華龍南歲貢
孫本淑璧山歲貢
洪烱歙縣歲貢

嘉靖
夏國孝涪州進士
鄒明魁雞賓舉人
勞樟崇德舉人
沈越錦衣衛進士
唐鯉化閩縣舉人
林宗桂閩縣舉人
祝珝一作祝翊蘭谿舉人
梁士翹東海舉人
徐文烱宜興歲貢
方長卿餘杭舉人
張廷器閩縣舉人

隆慶
余懷喜象山歲貢
朱長用廣德舉人
蔡銳泰興歲貢
梁大鼎一作大鼐

凌嗣音烏程進士

萬歷
張三畏獲鹿歲貢
葉子僉閩縣舉人
莊量福建舉人
王壽
姚孟昭浙江舉人
徐言句容舉人

李明言揭陽歲貢
黃德裕浮梁舉人
熊烱桂林舉人
徐瑞龍游歲貢
許寅曲江歲貢
蔣學成桂平舉人
陸夢豸
吳繼武井陘歲貢
饒思鄒新淦歲貢
蕭懋功江夏歲貢
錢文昇歲貢
劉儁
蕭應鳳彝陵舉人

黃彥珠邛州歲貢
蔡方邳州歲貢
石煥甯州歲貢
王尚儒四川歲貢
黃深信陽歲貢
方可成涪安歲貢
王文寶德平歲貢
王德民貴州歲貢
張翊雲南歲貢
劉寶歲貢縣志寶作實
狄巡山陽歲貢
冉三元萬縣人
黃桓含山歲貢
王重民南康歲貢
金閣
王鳴鳳
馬應龍穀城人

芮聰
王邦翰 高陵舉人
張世維 海門舉人
李一陽 歸安舉人
壬子 袁應龍 餘干選貢
范世禎 一作世楨 靖江舉人
淩存羲

張克曾 河南貢生
唐昆機 宿松人 蘇志作艮基
程光裕 江夏貢生 蘇志姓陳
胡天定 巴陵貢生
程三樂 合江舉人
吳國泰 池州貢生
周廸 莆田解元
楊芴 瀘溪人
蕭貢 岳州人
黃甲士 四川人

徐恬 巴東人
韓養量 山西人
冷逢選 南漳人
張濂 四川人
嚴惟愨 孝感歲貢
朱廣 南雄人
李時春 辰溪人
張謙亨 江陵人
烏應元 襄陽人
鄭餘慶 當陽人
吳翰東 廣東人

天啟 倪昌豫 鄞縣舉人
崇禎 張其舉 廣西貢生
楊見龍 廣東舉人
甲戌 梁志仁 江甯舉人
乙亥 白乃忠 江津舉人
劉燧 四川人
沈壽嶽 宣城舉人

鍾明朝 浙江貢生
鄭之鱗 揚州貢生
譚光先 武陵舉人
吳鳳來 福建舉人
金道合 潛山貢生

張守心 唐縣人
傅宗夔 雲南人
牛化質 彰德人
盧大受 寶慶人
李楷 山西人
吳時俊 彌勒州人
李鯤騰 陝西人
歐陽煌 潛江人

國朝 知縣教諭訓導典史各一員巡檢一員駐多雲鎮陰陽學訓術醫學訓科僧會司道會司各一人
汪洋識 廣西歲貢
李占興 嘉魚貢生

知縣　教諭　訓導　典史

順治丙戌 白廷芳 山東歲貢
胡應徵 三河進士
庚寅 李雨霑 泰安進士
呂鳴和 直隸副榜
婁泰 冀州恩貢
康熙 王政賓 莆田進士
蔡嗣襄 福建舉人

胡念祖 縣志姓吳 大冶舉人
吳緒揚 鄖陽歲貢
袁一鏡 荊州人
喬士魁 巴陵歲貢
李儞 荊門歲貢

陳修 漢川人
胡士魁 沔陽人

徐明貞 海鹽人
俞從先 浙江監生
陳從禮 會稽人

癸丑 王光鼎 遼東廕生
壬戌 林甲春 莆田舉人
金世禎 一作世楨 奉天貢生
姚士基 桐城舉人
壬午
癸未 沈廷楨 鑲白旗貢生
劉芳遠 崇仁進士
朱理昌 即墨舉人
壬辰

吳大成 江夏舉人
張佐瑞 漢陽例貢
夏尚忠 江夏歲貢
程大肇 孝感歲貢
戴俊 監利歲貢

向宗可 荊門歲貢
何孔義 漢陽歲貢
張君曰 荊州歲貢
萬鍾粟 平溪衛歲貢
王宏勳 黎平歲貢
劉祈年 江陵歲貢
殷維哲 巴東歲貢

陸錫綬 雲南人
何邦榮 浙江人
邵廷榮 紹興人
李蕙 直隸人
吳思泳 通州人

癸巳	張琳鑲紅旗生員			葉釆江甯人
丁酉		謝耕雲沔陽例貢		
			楊九錫崇陽歲貢	
辛丑		張坦含巴東歲貢		
雍正癸卯				商世業大興人
	余執中山東舉人			
乙巳		周璽江陵舉人		
丙午			陳燦遠安歲貢	
丁未				沈光國順天人
己酉	劉宏儁正黃旗監生			
壬子	金珊廣順恩貢		黃椿崇陽歲貢	
乾隆丙	張正品天台舉人		許成珂荆門歲貢	
	彭朝佐溧陽舉人			
戊午	丁翊壽	李适沔陽舉人		
己未				朱宏仁清平衛人
辛酉	施宗遠平湖舉人			
壬戌			黃士相竹谿歲貢	
癸亥	王培仁安福舉人	李作朋當陽副貢		沈學周大興人
甲子	王瑩中深澤進士			
乙丑			尤延祚竹谿歲貢	
丁卯	馮孫龍仁和舉人	劉棠文江夏歲貢		
戊辰		彭大本江夏拔貢		

壬申	孟炳漢軍鑲紅旗人			
		熊士桌荆州人	彭大本見上	
甲戌	蔣熊之陽湖進士		王文健長陽歲貢	
		向治歸州人		
乙亥	王眼汝州進士			
		寇軫鄖陽人		
戊寅				沈廷楨大興人
辛巳			萬載常雲夢歲貢	於永隆
		唐鍾甲通州恩貢		
乙酉	陸學泌吳縣監生			
丁亥	王鴻典雄縣舉人			
	左世珋桐城監生			
戊子			王典竹谿貢生	
庚寅		龍鎬江夏拔貢		楊越山陰人
辛卯			鄧元才宜都貢生	
壬辰	永慶正黃旗舉人			
癸巳	王湘常熟舉人			
甲午	陳士鳳河陽進士		褚華應城舉人	
丙申				韓皓廣東人
丁酉		程文衡孝感拔貢		
庚子	劉永華益陽人			
壬寅	徐昱金谿舉人			

	張元英 廣施舉人			
甲辰		張增健 天門副貢		
丁未	楊界 漢軍正黃旗人			
戊申	楊開鏡 陽湖監生			
		孫荔		
己酉	姜廷銘 保德州教習			
庚戌		蕭學青 孝感副貢		
辛亥				汪師孟 吳縣監生
嘉慶己未	馬士俊			
辛酉	侯賜樂			
壬戌	劉澤清 浙江舉人			
			梁珖 襄陽歲貢	
乙丑	陳本禮 武陵舉人			胡鼎
丙寅	屈樸 陝西舉人			
丁卯		楊金玉 宜昌拔貢	羅肴墀 宜昌歲貢	
己巳	陳本禮 復任			
庚午				陳旭 順天監生署
壬申	方椿森 桐城舉人			
				戴均恩
				徐煌
癸酉	張開雲 河南舉人			
甲戌	竇毓俊 雲南舉人 一作道光癸未任			

乙亥	趙鳴翔 浙江進士 一作道光甲申任			
丁丑	李廷謁 廣東拔貢			王文杰
戊寅		蕭業成 鄖陽拔貢		
己卯	蔣祖暄 署任			
庚辰	周鳴鸞 長沙舉人			
道光壬午			孫鍾琇 崇陽舉人	
癸未	張廷琳 湖南舉人			
甲申	楊彪 陝西拔貢			
乙酉				盧繩祖
戊子	耿濬玉 昌邑舉人			
己丑		陳學洛 安陸拔貢		
壬辰	趙振清 陝西進士			
癸巳	孫湄 山陰監生			周錦源
己亥	李湘甲 湘潭進士			
庚子	王汝彤 信陽監生		陸步奎 江夏舉人	
辛丑		譙祖墀		
壬寅	許賡藻 孝豐舉人			
癸卯	王同治 海寧進士	彭兆珂 潛江拔貢		杜憲曾 浙江人順天供事
咸豐辛亥		汪登瀛 舉人	向煦 沔陽貢生	
壬子	彭惠疇 江西新昌進士	陳中欽 天門舉人	陳中欽 兼署	
癸丑	彭仲芳 化州舉人	吳長春 漢陽附貢	姚廷儒 漢陽附貢	廖登元

甲寅		李延選宜昌恩貢		
乙卯	彭惠疇署任			
丙辰	林基歷城拔貢 彭應鯉仲芳次子			韓匡國山西人
丁巳	崔蘭馨南宮監生	楊一蕴安陸舉人	李丙成應山歲貢	劉鼎鑫署任 顏培成嘉應州人
戊午			李承揆隨州舉人	
己未	潘亮功廣東舉人	朱琢章武昌附貢		馬駍吉山東人
庚申		吳長春復任		
同治壬戌	何蕙馨息縣生員			
癸亥	王臣瑯太倉監生			

甲子				張煜涿州人
乙丑	吳鳳笙義甯州監生			吳紫光雲南人
丙寅	陳汝松山陰監生			
丁卯	吳鳳笙復任			
戊辰				曾傳桂湖南人
庚午	蔡炳嵩徵潛監生			
辛未	管貽葵陽湖監生			
光緒丙子			吳觀瀾江夏廩貢 陳鏞孝感舉人	
戊寅		汪春瀛江夏附生 賀義芷武昌廩生		

甲申		陳竇樹府學兼署 朱綬燊巴東廩貢署		

巡檢

順治	涂彬主簿任三月裁			
康熙	項之芹徽州人	孫蘭宛平人	周之楨紹興人	金鎮揚州人
	徐廷佐江西南昌人	楊湶熊揚州監生	錢廷棟杭州監生	何肇魁武強人
雍正	張廉太原人			
乾隆	鮑梓昇青陽監生	李茂才儀隴人	張中權蕭山人	王文瑗絳州人

	王燾會稽人	趙廷鈺會稽人		
嘉慶	賞汝元	時常清甘肅人戊辰任	柳逢春丹徒人一作順天供事乙亥任	
道光	錢垓嘉善人一作順天監生	周恒福大興人	李玉華涉縣人監生己丑任	王慶瀛錢塘人
	莊鎬武進人丙申任	任信培錢塘人	梁玉淦順德人壬寅任	黃基山西人
咸豐	趙恩溥仁和人監生辛亥任	譚祖蔭南豐人	顏培成嘉應州人	張樂華容人
同治	陳華孫浙江人	孫載欽浙江人	李承祚山西人	王樹義直隸人
	吳紫光雲南人	王勗仁桐城人	楊元復江西人	王丕基陝州人
	曾傳桂署任	王權江蘇人	鞠友蘭墊江人	馬士棻臨邑人
	周濂清石泉人甲戌任			
光緒	黃執中善化從九己卯任	馬賁圖四川監生庚辰任		

蘄州

魏

晉　宗 蘄春太守　謝　寄 廬江人蘄春典農

陳

黃正始 大建時齊昌太守見隋書　黃　詠 大建時齊昌太守見陳書　周　炅 定州刺史領齊昌郡事見隋書

周法尚 齊昌太守一作黃州總管　胡　顯 承聖時羅州刺史見隋書

隋

王世積 興國人開皇時總管　史　祥 朔方人總管

唐

祖　雍 安撫使　李　寶 道王元慶四世孫刺史　徐齊聃 長沙人司馬高宗時任

李　播 蘄春令　薛宏宣 錄事參軍　薛　嚴 司馬以上見宰相世系表

員半千 全節人中宗時任　宋之問 汾州人睿宗時任　王　晤 景城人開元時任

杜　敏 乾元時任見金石錄　鄭　紳 貞元時任　呂元膺 東平人德宗時任

伊　慎 兗州人建中時任　李　播 順宗時任見白居易詩以上刺史　韓　皐 順宗時任觀察使

韓思彥 錄事參軍　裴行立 稷山人守真曾孫元和時任刺史　蔡少霞 陳留人明經任參軍

李道古 憲宗時任觀察使　裴　渥 進士乾符間任刺史　李　象 任太守

張　舟 蘄春主簿　許文禎 刺史

後唐

馮行章 乾德時任案乾德在宋初似有誤通志作敬章

後周

李　平　王承儔 俱顯德時任刺史

宋

岳　飛 湯陰人紹興間任制置使　史嵩之 鄞縣人沿江制置副使　孔彥舟 紹興時蘄黃鎮撫使

孫　情 紹興時防禦使　劉光世 保安人任防禦使　乃　猷 寶祐時防禦使

萬文勝 嘉興時都統制　譚延美 朝城人任刺史　明　鎬 安邱人乾德間任以下知州事

王禹偁 鉅野人咸平間任　劉　沆 永新人天聖間任　呂　誨 鄆城人治平間任

劉　拯 南陵人元豐間任　許　將 閩縣進士神宗時任　范純仁 吳縣人元祐間任

林大年 錢塘人　張商英 新津人元符間任　秦希甫 進士元符間任

梅執禮 浦江進士　李　宥 青州進士　蕭　服 廬陵進士政和間任

余　童 樂平人　馬　防 政和間任　林　震

喻　樗 建德進士　陳過庭 山陰人政和間任　徐處仁 穀熟進士徽宗時任

韓世清　夏倪翁　施迥舒 淳熙間任

王　甡　王　霆 東陽人嘉定時任　孟　珙

張大可 嘉熙時任通志作可大　陳　晦　章　熹 宣城人

李　潛 潁州進士　李誠之 東陽人嘉定間任　徐　臬 嘉熙間任嘉慶通志作果

俞　伺 由寺丞知蘄春見梅聖俞詩　王　益 景定間任舊作安撫使誤　仲彌性 見李洪詩

章孝寬　沈　起 鄞縣進士　厲 佚名見戴石屏詩

葉　適 括蒼進士以上知州　林　棨 嘉定間知縣　楊　偉 天禧間任

王　玠 長洲人紹興間任　杜　謂 嘉定間任以上錄事參軍　嚴剛中 大都監

孫　中 統制　趙汝標 嘉定間任防禦判官　趙長規 乾德間通判

何　閎　程　戩 陽翟進士　呂　溱 揚州進士真宗時任

錢　易 進士天禧間任　虞　策 錢塘進士元豐間任　劉　極

孫昌齡 熙甯間任蘇志作通齡　胡宗回 元符間任　夏　竦

羅　願 徽州人　李　材 太和人宣和間任　范應鈴 豐城人開禧間任

祖士衡上蔡進士　聶冠卿新安進士　秦鉅江甯人嘉定間任
管景模景定間任　桂璧貴溪人　王彥明
甯時鳳以上通判　邱岳嘉定間任防禦推官　李宗愿建甯人乾道間任
汪安行績溪人紹興間任　阮希甫嘉定間任以上教授　程渭老黟縣人主簿
江士旺　陳興　曹全
邱卞以上俱小將　李斌軍士　趙與裕司理參軍以上見宋史傳
龐籍司理
元　謹案元史地理志蘄州路宋為防禦州至元十二年立淮西宣撫司十四年改總管府
張好古中統時移戍蘄州　解觀吉水進士錄事參軍　趙賓翁至正間任
狄恩塑　趙昭武　志榮祖雲中人以上總管
顧士徵總管本通志　鐵木兒駐控長江鐵一作帖　鄭鏞眞定人

馬俔以上通判
明　洪武初設知府附郭有蘄春知縣十年改知州省蘄春知縣有州同州判吏目及巡檢驛丞等員嘉靖十五年始設下江防道僉事駐蘄州州同以下舊志未列表今仍之增知府同知通判一格
下江防道採訪使附　知府同知通判附　知州知縣　學正　訓導二員天啟間裁一員
洪武　左安善任知府　王德明蘄春知縣　李賢貴池歲貢　陳堯章
萬惟民任同知　孔思森曲阜舉人以下知州
徐麟廣濟人任知府
建文己卯　夏元吉湘陰進士採訪使
永樂　楊琪舉人　傅舟　趙霖王高要縣自舉人
宣德　李德元任通判　李士安　汪景福　陳隲歲貢
李素

正統　王倫淮安人　李信圭泰和人　萬鈞黃陂人　李太鉛山歲貢
王韶應天人　王坦鄆城舉人　陳壐　陳克仁莆田舉人
陳琳浙江人　錢敏舒城進士　羅鍾忠州歲貢
周仁廣廬陵人以上同知　姜浩
張翥
景泰　武信以上通判　陳範
金銑山陽舉人
天順　劉夔江津人　趙應龍合州舉人　王諶蘇州人　柯茂池州歲貢
何謙東莞人　何堯中合州舉人　董佐臨川舉人　徐仁蓬溪歲貢
馮長夾江人以上同知　林宗莆田人　黃和安慶衛歲貢

鄭琚福建人　朱成重慶人
鄭昕吳江人　陳瑄閬縣舉人
李能南溪人以上通判　裘淑登天台舉人
倪憲仁和舉人
成化　劉鎧浮梁人　莊轍上元進士　楊浩嵊縣歲貢
林宗董莆田舉人　錢承德常熟進士　李務本舉人
邱蘭光山人以上同知　何綸一作何倫順德舉人　蕭環新淦歲貢
李謙任通判　王宣進士　衛永昌南豐歲貢
白福祥祥符進士　劉聰江都歲貢
周廣榮上高人　王一鶚巴縣歲貢

宏治

魏雲 興化人任同知　張宏宜 華亭進士　劉佐 進賢人以上通判

楊準 山陽進士　侯直 華亭進士　陳霽 秀水舉人　潘珏 婺源進士

袁珽 東莞舉人　李時達 博羅舉人

林鍾 連江歲貢　吳伯鈞 內江歲貢　張灝 德興歲貢

正德

方溥 祁門人　俞敬 永康進士　劉禾 江都監生以上同知　單軫 慶符人　周松年 南溪人　李昭 慶德監生以上通判

余忠 無錫舉人　李紳 內鄉舉人　葉仕美 閩縣舉人　黃嵩 浮梁舉人　李純 莆田進士　楊清 山陰舉人

劉瓚 宜城舉人　黃玉 臨安舉人　周綱 晉甯歲貢

羅昕 儀隴歲貢　李明 名山歲貢　蘇能 甯鄉歲貢　封淵 內鄉歲貢

嘉靖丙申　魏良輔 新建進士始設

江防道僉事駐蘄州

沈濮 吳江進士　吳中立 舉人　彭紳 平樂監生　趙廷松 樂清進士　吳植 固安吏員　馬璽 無爲州監生　李方 宿遷監生　馬承學 吳縣進士　李智 程番監生　王誦 興國選貢

魏修 興化舉人　李學先 莆田舉人　李林 進賢舉人　周南 南京羽林衛舉人　周訓 甯州舉人　馬淮 秀水舉人　高惟孝 偃師舉人　張洗 鄱陽舉人

倪鎧 上虞舉人　王舜卿 閬縣舉人　周子德 華亭歲貢　華榮 金華歲貢　孔昭 清遠歲貢　鄒士亮 萬安舉人　陳韞 龍溪舉人　楊演 武義歲貢

王啓 賓州舉人　章鑰 富陽歲貢　裴文朱 一作文采 辰陽歲貢　趙士讓 閬縣舉人　石渠 濟浦歲貢　郝珉 建水歲貢　鄭器 寶應歲貢　陳寵 內江歲貢　宋綱 留守衛歲貢　李茂 蒙化衛歲貢

燕翼 遂甯監生

胡聰 雩都歲貢

壬寅

吳儲 新建選貢　梁睿 三水拔貢以上同知

陳震翊 閬縣舉人

劉鵠翔 閬縣舉人　岑性 邳州歲貢　龍如卿 萬載歲貢

聶少夔 漢川歲貢　余士皋 星子歲貢　喻太升 富順歲貢

甲辰　劉光文 閬中進士

譚崇 巫山監生　孫甫 犍爲進士

羅天爵 德化歲貢　范德光 巴縣歲貢

丙午　卜大同 秀水進士

戊申

吳鳳 貴溪舉人

庚戌　翁學淵 遂昌進士

萬敏 南昌進士

孫琚 豐城監生　陳琨 武進官生

崔一濂 南海進士

[redacted]　王猷 江津歲貢

辛亥

文炯 會昌吏員　何進隆 雩都選貢

谷鍾秀 餘姚進士　范信 金華舉人

毛尚志 河南歲貢　陶瑚 四川歲貢

癸丑　沈寵 宣城舉人　周美 崑山進士

徐光 當塗監生　賀望 永新監生以上通判

石璽 滁州舉人　向天貞 眉州舉人

謝恩 直隸歲貢　程序 休甯歲貢　王賓 合肥歲貢

辛酉	麻瀛 宜城進士		袁伯嵩 豐城舉人		
					何燭 彭澤歲貢
壬戌	孫袞 如皋進士				
					先知 當塗歲貢
甲子	包汴 嘉興進士				
					王時鳳 合肥歲貢
隆慶戊辰	袁世榮 華亭進士	周詵 三水吏員	蕭奇勳 莆田進士	羅教 四川歲貢	王聘 河南歲貢
	盛當時 華亭進士	顧夢羽 崑山恩貢以上同知	聶瀛 保定進士	劉繹思 桂林舉人	吳道宣 福建歲貢
壬申	戢汝止 簡州進士		楊魁 江山歲貢		
					王春 醴泉歲貢
					李綸 興平歲貢
萬歷甲戌	楊松 河南進士		裴應時 河間舉人		
		尹復仁 祥符人		匡直 洛陽歲貢	葉仲 仁和歲貢
		何良佐 廣昌人		沈華 昌化歲貢	高校 彭澤歲貢
丙子			劉點 臨川舉人		
丁丑	侯堯封 嘉定進士				
		陳汶 分水人			陳燭 南昌歲貢
		王承光 涪州人以上同知			米濟世 蒲圻歲貢
戊寅			路雲龍 宜興進士		

		金翔 金華舉人			熊□□ 江西歲貢
庚辰	王廷稷 晉江進士				
		李桃 歙縣人			
辛巳	劉宏道 常熟進士				
		徐貞 臨川吏員			
癸未	洪一謨 歷城舉人				
		王用禎 南充進士			
乙酉	李復聘 陝西進士				
		劉介齡 南海進士			
丁亥	李琦 江陰進士				
戊子	陳朴 河南人		徐希明 上虞舉人		
		金標 宜城人			
辛卯	李文郁 禹州進士				
		張應時 吉水人			
壬辰	丁繼嗣 浙江進士				
		陳策 江西貢生			
丙申	韓紹 歸安進士		鄭夢禎 莆田舉人		
		管一鳴 南陵監生以上通判			
己亥	沈孟化 永定衛進士				
			譚經 吳縣人		
辛丑	黃仁榮 南昌舉人				
			蔣如蘭 全州人		

癸卯	張應鳳 元城進士				
乙巳			何之圖 婺源舉人		
丁未			侯大節 汲縣進士		
戊申	韓孫愛 慈谿進士				
己酉			朱圻 商城舉人		
庚戌				李炳奎 江西舉人	
辛亥	胡世賞 合州進士				
壬子			趙善紀 南海舉人	江有光 沔陽舉人	
乙卯	吳國仕 歙縣進士		倫應祥 東莞舉人		
丁巳	王世德 永康進士				
己未			湯應選 臨川舉人		

庚申	李如檜 山東進士				
天啓壬戌	李若訥 臨邑進士	是年同知鈌裁		裴胥卿 枝江舉人	
					辛大方 江西歲貢
甲子			錢兆元 仁和舉人		
乙丑	陳應元 福建進士				
					吳伯裔 漢陽歲貢
丙寅			胡承烈 山東歲貢		
					魏應龍 漢陽歲貢
丁卯	范中彥 范縣進士				
崇禎己巳	儲顯祚 宜興進士				
		錢元宰 紹興吏員			傅□□ 孝感歲貢

辛未	王相悅 泰州進士				
		沈□ 浙江貢生 以上通判			
壬申	施元徵 無錫進士		唐世照 灌縣舉人	余盛 富順舉人	
癸酉	唐登儁 四川進士				
甲戌				龍憲 常德舉人	
乙亥	唐纘悅 福建進士				
丁丑	張秉貞 桐城進士				
戊寅			張叔鑑 新淦舉人		
己卯	張定志 蘇州進士				
庚辰	許文岐 錢塘進士		孫光祚 山東舉人		
辛巳			陳邦奎 南海舉人		

				馬□ 歲貢殉難	
壬午			黃金榜 上元舉人		
癸未	洪世擢 一作天擢 歙縣進士				
甲申			張邦衡 一作登衡 臨桂舉人		

國朝知州學正訓導州判吏目各一員巡檢二員一大同鎮一茅山鎮驛丞裁陰陽學典術醫學典科僧正司道正司各一人

下江防道駐蘄州康熙間裁歷任十數員舊志載表今移錄於前

順治	范鳴珂 威遠恩貢 乙酉任	周漢傑 安福舉人 庚寅任	吳之應 直隸舉人 辛卯任
	王顯 曲周進士 壬辰任	呂陽 無錫進士 甲午任	趙映乘 祥符進士 丙申任
	汪繼昌 休甯進士 丁酉任	劉緝堯 曲沃進士 己亥任	楊志遠 丹陽進士 辛丑任
康熙	李登第 廣甯貢生 壬寅任	于成龍 永甯副貢	楊大鯤 武進進士
	何可化 清苑進士	徐惺 崑山進士 九年鈌裁	

	知州	學正	訓導	州判	吏目
順治乙酉	蘇中和 襄陽人	熊仲龍 漢陽選貢			靳宏謨
丙戌	張定邦 遼陽生員			田信 安肅生員	
丁亥	柳愈 甯晉舉人		彭祖商 監利貢生		
戊子		錢民瞻 襄陽選貢			高明則 一作則明 廣施人
己丑				史可成 遼東生員	
庚寅	方于光 大興進士				
辛卯	包隆道 浙江拔貢			邵殿邦 密雲拔貢	
壬辰	龐堯年 遼東貢生				
癸巳	金貴 滿洲貢生				
乙未		李開早 武陵舉人	毛之健 巴陵歲貢	吳爹瑜 高陵歲貢	范明琦 甯波人
丁酉				于漣泓 肅甯歲貢	
戊戌		任崇 嘉魚舉人			
己亥	王宗堯 廣甯廩生				
庚子			龔學洵 公安歲貢		
辛丑					沈毓林 浙江監生
康熙乙巳				王奪標 單縣進士	
丙午		尚登岸 京山舉人			
庚戌		傅彬 孝感歲貢		吳自性 嵊縣人	
辛亥	高子翼 閬縣進士				
甲寅	李成才 遼陽貢生				鄭淑聲 莆田人
丁巳			曾三壽 監利拔貢		

	知州	學正	訓導	州判	吏目
辛酉					陳法羣 會稽人
癸亥	張士騆 新建進士			陳平 廣甯廩生	
甲子		龔起燦 潛江舉人	唐振烈 通山歲貢		
		胡慶祖 枝江舉人	賀興初 衡陽歲貢		
		張友奎 鍾祥舉人	楊我韜 江夏歲貢		
庚午					項厚 錢塘生員
甲戌		王泰生 鍾祥舉人			
					韓宗晉 餘姚人
丙子			岳東瞻 漢川歲貢	黃卷益 臨川監生	
己卯		丁鼎 鍾祥舉人			
庚辰					萬士璜 丹徒監生
辛巳	遲惟培 正白旗舉人	劉清史 監利舉人	余師龍 漢川歲貢	俞廷佐 山陰監生	
甲申	劉國輔 正紅旗舉人				
癸巳			陳作楫 沔陽歲貢		
		王如治 雲夢舉人			仇天牧 山陰監生
甲午				米文楷 武安監生	
乙未					余嘉謨 秀水監生
戊戌			周卜瀍 例貢生		
己亥	王玠 鑲紅旗廩生				
辛丑			江增福 州志姓汪 荊門例貢		
雍正癸卯					陸瀚 仁和監生
丙午		劉日章 沔陽舉人	王一甯 江夏歲貢		

黃州府志　卷之十一　文秩官表下　二十四

丁未	華文振 宿州監生				
己酉	蔣嘉年 鑲藍旗監生				汪自來 州志姓王 石埭人
庚戌					童鎮邦 仁和監生
癸丑	童鎮夏 會稽監生	朱　銓 東湖舉人	甘昌祚 漢陽歲貢		
甲寅				雷　濯 宛平監生	
乙卯	王松齡 正白旗官生			李日熙 介休例貢	
乾隆戊午					任蔣玲 蕭山生員
庚申			劉克宣 建始歲貢		
壬戌	劉　淑 臨汾貢生			孫衍慶 大興監生	
癸亥	蔣尚德 鑲紅旗舉人				
甲子		李功永 黃陂舉人			
乙丑					賴期選 龍南武生
丙寅					萬世信 南昌監生
丁卯					陳以績 如皋生員
戊辰		江宗望 漢陽舉人	吳之隆 一作之龍 石首歲貢	王士讓 安溪副貢	
庚午	李　珌 靈州進士				
	錢　鋆 常熟舉人	王世法 江夏舉人			李　灘 永城人
辛未	劉　義 山東進士				
辛卯	張[illegible] 烏程監生		黃冊元 保康歲貢		
	朱[illegible]	程大中 應城舉人		王會鉦 瓊州生員	秦廷諫 山陰人
己丑	謝[illegible]尊 東莞進士				
	陳嘉謨 錢塘進士	譚則騰 沔陽舉人		魏　根 柏鄉拔貢	胡惟忠 歙縣貢生

黃州府志　卷之十一　文秩官表下　二十五

	趙望齡				
	李國騏 嘉應舉人				
庚子	德　泰 正白旗人				
	高為濟 直隸舉人				
甲辰	王希曾				
丙午	常丹葵 交州舉人				
己酉	胡齊倫 會稽人				
甲寅	曾維道 直隸拔貢				
嘉慶丁巳	魏肇高 柏鄉進士				
		高亮量 武昌舉人	魏鳴和 蒲圻舉人		蔡世珠 監生
戊午	張　琴 直隸舉人				
		蕭　錦 孝感舉人	孫萬鈞 監利廩貢	包　涵 海鹽副貢	
己未	范寶璟 嘉善進士				
	椿　齡 漢軍進士		覃長運 東湖廩貢	侯錫樂 直隸拔貢	許清萬 四川監生
				胡宗李 常熟監生	
甲戌	顧　澍 錢塘舉人				
	張彭齡 漢軍人				
	夢　齡 漢軍人				
道光辛巳	鄧蘭薰 江西舉人				
		王振龍 監利舉人	王之孚 江夏優貢	陸嵩齡 大興監生	方　進 錢塘監生
乙酉	李　鍔 解州進士				
丁亥	林　寅 福建人				

			宋德潤 漢川廩貢		
己丑	左章炳 雲南進士				白英第 湖南監生
庚寅				陳進 江蘇人	
			鄧承源 江陵廩貢	喀隆阿 正白旗筆帖式	劉世儼 江西監生
辛卯	王達 揚州進士				李應嵩 廣東監生
壬辰	馬鴻圖 山東廕生				
		蕭漢訓 沔陽舉人		馬銓 大興監生	涂楨 大興監生
癸巳	鍾振超 揚州進士				
甲午	孫承恩 杭州附監			宋讓農 雩都監生	
丙申			何皋 江夏舉人		
丁酉	愛祿 滿洲祁人				
					張銑 安鄉監生
戊戌	林萃 侯官舉人	張廷華 漢川舉人			
己亥	劉鴻庚 會稽舉人				
					潘箴 婺源監生
辛丑	陸恩綬 浙江廕生				
癸卯	龔啟 監生			熊琛華 高安貢生	
甲辰	勞光泰 南海進士		張恩誠 咸豐廩貢		
乙巳	楊明善 江蘇進士				
		黃開甲 大冶舉人			
丙午			郭亦崇 通城舉人		

丁未	劉咸 大興舉人				祭正麟 吳縣監生
己酉				魏作霖 新都廩生	
庚戌	董炳南 浙江舉人	路履中 武昌舉人			王廷幹 歸安監生
咸豐辛亥	潘克溥 夏津舉人	劉德鈐 漢陽舉人			
				覃瀚元 廣西藤縣人	
				呂口	
甲寅	瑞存 滿洲進士				
				王盛堉 大興議敘	
				徐有源	
丙辰	石介 湖南舉人				
				周宗洛 江蘇元和廩監	
戊午	彭應鯉 化州監生			程明 漢軍義學生	
	李瑜 四川監生			黃軺 貴筑供事署任	
庚申			張經緯 雲夢恩貢		趙瀛 宛平監生
辛酉	崔蘭馨 南宮監生	劉進昌 江夏附貢			
同治壬戌				徐樹樑 奉新監生	趙儒臣 臨湘從九
癸亥	黃式茂 善化舉人				楊榮埜 富平人
甲子	王庭楨 無錫副榜署任				
乙丑	福惠 正黃旗謄錄署任				
丙寅			周棻 通城恩貢		
丁卯	孫福海 山東舉人		王韶鸞 均州廩貢	德春 鑲黃旗人代理	
				徐樹樑 調闈差回復任	

戊辰	黃式度復任		李希曾香山監生代理	
				杜廷琛
庚午		朱　驥大冶舉人	徐樹棨調署沔陽囙任	汪泰占宿松監生代理
辛未	徐樹棨以州判代理			
	呂憲瑞萊蕪進士署任			
壬申	封蔚礽容縣進士			
癸酉			朱　錕宛平監生	
			李文泰化州監生	
甲戌			左毓麟固始監生	陳　錕光化監生
				王□□
光緒乙亥	熊　鑾安義優貢		周　棨復任	王先立懷甯從九

黃州府志《卷之十一　文秩官表下　二十八

			胡之魁黃陂增生	
丙子	封蔚礽復任			張從周鄖縣貢生
丁丑		陳寶樹府學兼署		
戊寅		葛修墉由蘄水教諭署		
己卯	宗景藩錢塘舉人署	陳作相安陸廩貢	徐有源宿松監生	
		陳國正咸甯舉人		
庚辰	朱熙曾吳縣貢生署		馮維松慈谿監生	
辛巳			劉崢嶸大冶廩貢	
壬午	封蔚礽復任		胡振緒監利歲貢	安煥文四川監生
癸未				何　澐巫山附貢

巡檢分駐二鎮

嘉慶　王邦瑞山西貢生壬戌任　邱　炳任大同　金韞珍浙江監生乙亥任

道光　倪光甫浙江供事乙酉任　邱　煥甘肅人庚寅任　吳　森順天供事己丑任　宮汝泰雲南監生辛卯任

邱　煥甲午復任　紀樹勳陝西吏員壬寅任　崔士華雲南供事癸卯任　宋組同江西人戊申任

王恩銓安徽供事己酉任

咸豐　張　濟桐城供事辛亥任　楊榮鋆富平監生　于允福文登從九己未任茅山

同治　吳楚翹益陽從九壬戌任　楊國瑞崇慶人壬戌署　羅寶書富平監生癸亥任　蕭如楠平遠從九癸亥署後任

黃州府志《卷之十一　文秩官表下　二十九

戴耀墀臨川監生甲子任　周宗洛元和監生　監江注湖南舉人　戴耀墀甲子復任

蕭爲福廣東監生癸亥署　封繼榮廣西貢生　章　梧巴陵監生庚午任　張承之休甯監生辛未任以

上俱大同

光緒　黃執中善化從九丙子署　徐樹森閬中監生丁丑任　龍　霖桃源監生己卯任以上俱大同

穆毓中朝邑從九己卯署　李維新武進監生庚辰任俱任茅山　張振南內邱監生辛巳任大同

丁席珍天津監生甲申任茅山

廣濟縣

宋	朱 晞 休寧人孝宗時任知縣	孫 構 博平進士判官	
元	陳 聚 延祐時任教諭		
明	知縣	教諭	訓導 二員天啟間裁一員
洪武戊申	陳 桂		
	胡 昇 新淦舉人	羅 絢 一作羅珣泰和舉人	
壬戌	陳景昌 舉人		
丙寅	佘 寅 松江人		
永樂	王 佐 光州人	陳 聚 揚州人	
宣德		洪 範 建德人	
正統壬戌	高 偉 浙江進士		舒 瑄 一作舒宣貴池舉人
	劉 遜 館陶舉人		許 冕 歲貢
	陳 昱 浙江監生		
天順癸未	張 琮		
	孫 節 舉人		
		李 坦 一作李垣江西歲貢	曹 瑄 宣州舉人
成化	杜 嶔 蘭谿舉人	李 復 廣東歲貢	孫 復 歲貢
	張 安 山東舉人	穆 芳 廣西舉人	劉 威 永州歲貢
癸巳	江 震 錢塘舉人	趙 杲 欽縣人	

宏治	張 瑶 上蔡舉人	顧 昂 浙江歲貢	詹 晟 浙江監生
			王 垓 浙江歲貢
庚申	陳 奎 南昌進士		
	葉 溥 龍泉進士		孫顯祖 雲南歲貢
正德壬申	孫 寵 上海歲貢		洪 清 安慶歲貢
	石 鼎 趙州進士	王在俊 長樂舉人	趙 顏 歲貢
			劉 鉅 吉水歲貢
			徐長齡 永川州歲貢
己卯	王良佐 華亭舉人		
		戴 謙 江西歲貢	
辛巳	汪 倬 貴溪舉人		
嘉靖庚寅	李 重 成都歲貢	王 潮 揚州歲貢	梁 文 崇化歲貢
		龔善治 南昌舉人	
丙申	侯嘉祥 廣西舉人	周 良 吳縣歲貢	
			葉 杞 建德歲貢
			梁 本 星子歲貢
丁酉	王 綽 歲貢		趙 嶔 麗水歲貢
己亥	謝 秩 分宜舉人		

辛丑		熊應周一作應同富順舉人	俞鳳新都歲貢
	蔣崇祿成都舉人		
甲辰	黃儀新城舉人	包啟蒙蒙陰歲貢	喬魏泗陽歲貢
	劉寬建昌監生	吳哲晉安舉人	李中和一作忠和陸豐歲貢
	段重盧陵舉人	賀鐸武進歲貢	林懋北勝州歲貢
		胡東明江西歲貢	張懋學浦江歲貢
戊午	楊阜宜興舉人		
		許維翰桃源歲貢	胡朝縉長汀歲貢
辛酉	胡尚志績溪舉人		
	何濬南海歲貢	李錫開封歲貢	劉鳳鳴孟縣歲貢
乙丑	丁璓永昌舉人		

		胡翺行湯溪歲貢	王守恒贛榆歲貢
丙寅	梅友竹婺江舉人		
			李縉漳浦歲貢
			高廉漢川歲貢
隆慶	閔德充烏程舉人	張鐙秦州歲貢	顧槃秀水歲貢
	朱邦華南城歲貢由縣丞任		吳奏桐城歲貢
庚午		劉鶴齡一作鶴林桂林舉人	
辛未	劉則唐盧陵舉人		
壬申			馬同春南充歲貢
萬曆癸酉	姚璵歸安歲貢		
		石中美桂林舉人	

戊寅	陳傑成都人		
			孫霞一作孫震太平歲貢
		吳宙	
己丑	王廷俊江西人		
	胡克儉光山進士		赫大化鄖陽歲貢縣志姓郝
			王國賓
辛卯		陳道濟南康舉人	
甲午	劉廷揚禹州舉人		
			黃貴銳
戊戌	張憲圖洛陽舉人		
			王之翼沔陽歲貢

癸卯	尚方珍山西舉人		
丙午	趙國華南昌舉人		
丁未	周良翰江西舉人		
庚戌	蔡洪輝同安舉人	魏秉忠廣昌人	
壬子	劉允昌桐城進士		李寅奭
			秦時中
乙卯	夏可雷四川舉人		
丁巳	趙之璋四川舉人	胡來賓	
己未	張燮元光山舉人		
天啟辛酉	張燮任雲南舉人	萬一和	
壬戌	劉俊四川舉人		郭金範

崇禎戊辰	王世臣高安舉人	吳熊紀	
		許　煒江夏人	符於思龍陽人
	周　驥江津舉人	會發祥鍾祥歲貢	
乙亥	黃參會晉江舉人 蕭友葵		
丙子	黃　恂四川舉人		
庚辰	朱議澭江西人		李　苑宜都人
辛巳	張登衡桂林舉人		

國朝知縣教諭訓導典史各一員巡檢二員一武穴鎮一馬口鎮乾隆二十年以武穴巡檢改設龍坪鎮陰陽學訓術醫學訓科僧會司道會司各一人

	知縣	教諭	訓導	典史
順治乙酉	程啟南襄陽人 郝光輔永平人			
				陶失名
戊子		王禹錫崇陽人		
己丑	馬步月			
辛卯	毛華鵬四川人			
壬辰	許大華南昌舉人			劉文延山陰人
	王世名山陰舉人一作名世			
甲午	龍　雯			
乙未			王　金宜城人	
丙申	楊　楚安邑人	傅　鍠孝感舉人		姜天棟浙江人

	知縣	教諭	訓導	典史
丁酉	閻國士保定歲貢		胡效順邵陽貢生	
己亥	孫謙亨東安選貢	李延春宜城人		
辛丑	安　璇贊皇歲貢	李以範漢陽舉人		葉天琇仁和人
康熙乙巳	黃玉鉉洋縣進士			
戊申				童汝楠浙江人
己酉	任暄猷河南進士			
壬子		胡大猷武岡人		
癸丑	潘士學遼東人			
丙辰				湯　銘江南人縣志作楊姓
			汪紹遠漢陽例貢	
丁巳		羅人龍枝江人		
辛酉	王繼茂直隸人			薛家楹韓城人
壬戌	陳肇祉江西監生			
甲子	顏正色浙江進士	蕭　芳邵陽人		
			劉大年安鄉人	
丙寅	錢文炌烏程進士			
戊辰				康克俊咸陽人
己巳	萬　佺寶應監生			
		徐昆兄興山歲貢		
辛未				張　成宛平人
乙亥	劉　臨樂縣副貢			
		熊忠璋蘄州舉人	王業久漢川歲貢	

丁丑				王賓 大興人
癸未	劉淞 正紅旗歲貢			
丙戌	李世德 正黃旗歲貢			
		歐陽遷 漢川舉人		
癸巳	蕭龔 武平舉人			
乙未				秦鏡 三原人
丁酉		胡理 武昌舉人	劉國泰 江夏歲貢	
戊戌				賴起龍 新安人
壬寅	張孚先 儀封舉人			
雍正甲辰	顏希聖 德州進士	宋道正 江陵舉人		林錫轂 玉田人
			嚴于素 荊門歲貢	
戊申	高人傑 興平舉人			
		左賜桓 漢陽舉人	譚之琥 京山貢生	
乙卯	李肇梅 福清貢生			
乾隆戊午			江禹注 江陵歲貢	
辛酉	王如璋 廬陵監生			
壬戌				蔣文淩 大興人
癸亥	鄭理 奉天舉人	鄧肇丙 沔陽舉人		
乙丑	李國棟 嘉應舉人			
丙寅			陳景行 鄖縣歲貢	何昌懋 一作昌楙 山陰人
丁卯	虞學灝 金壇舉人			
戊辰		龔佐龍 孝感舉人		

癸酉	高聯登 沅陵拔貢		李方華 孝感廪貢	
乙亥	馬汝明 太原舉人			
丙子				張盛世 遂甯監生
				耿基 聊城人
	曾日秀 江西人			
丁丑	劉可考 定陶進士			
己卯		熊紹祖 孝感舉人		
庚辰	陳箴 宛平舉人			
乙酉	戚朝柱 德清副貢		程行超 天門廪貢	
丙戌	陳世増 奉天監生			
戊子	劉長靈 全州進士			
庚寅	汪墉 嘉善舉人			
辛卯	張鵬南 永定舉人	周于德 應城舉人		
	曹銘 宜興舉人			
乙未	張鵬南 復任			
	許法震 安陽進士			
丁酉			田成桂 大冶歲貢	
戊戌	嵇樀 正紅旗人	張奎臨 江夏優貢	劉春甲 襄陽舉人	周世玢 山陰監生
				錢桂 宛平人
己亥	閔思敬 烏程附貢			
壬寅	王鵬南 婺源舉人			

	黃 瑄 錢塘舉人	羅苂曦 江陵舉人	米 燦	
	林贊盛			
	卓振清 拔貢			
乙巳	李□	周吉墀 漢川舉人		
嘉慶戊午	駱 寬 錢塘進士			
	樊鍾英 貴州拔貢	王鶴齡 仝舉人	王虞俊 進士	
	韓元龍 江南舉人	汪有桂 廩貢	胡遴選 黃陂舉人	
己巳	唐永耀			
甲戌	張維翰 雲南舉人		林鍾任 漢川廩貢	
乙亥	李大年			

黃州府志《卷之十一 文秩官表下 三十八

		汪貞崎 興國舉人	劉遠英 漢陽舉人	邱 炳 河南城人
戊寅	劉赤江 浙江舉人			
道光辛巳	張維翰 復任			
壬午	周向青 錢塘舉人			錢康祖 會稽人
	蔣啟廷 廣西舉人			
	鄧蘭薰 江西舉人	王之孚 江夏優貢	王本善 咸甯舉人	
甲申	張維屏 番禺進士			
	郝延年 直隸進士	王朝幹 仝廩貢	楊文煒 江夏優貢	
	傅觀震 四川舉人			
	范紹濂 廣東拔貢			
	李 林 江西監生			

壬辰	李 琇 漢軍貢生			王 鏞 直隸生員
癸巳	黃 照 東莞舉人	張 謙 京山舉人	魏 瑛 武昌縣人	
	育 德 滿洲人			
甲午	蔣 炯 錢塘廩貢			
丁酉	丁鹿壽 通州舉人			湯朝瓚 仁和監生
			姚 模 漢陽廩貢	
戊戌	毛鴻順 武陟進士			
庚子	雙 穗 滿洲舉人			
	蔡學清 福建舉人			
	崔志伊 浙江舉人			
	吳 燊 江蘇拔貢		黃 塤 漢陽廩貢	

黃州府志《卷之十一 文秩官表下 三十九

癸卯	顧廷琥 江蘇舉人			
甲辰	王慶雲 順天舉人			
乙巳	福昌阿 滿洲廂藍旗進士		徐憲曾 孝感附貢	
丙午		李之琛 黃陂舉人		
			丁燕春 漢陽附貢	
己酉	蔡潤琛 浙江監生			
咸豐癸丑	陳肖儀 弋陽監生			黃承祖
	張祥泰 廣東舉人	萬炳元 天門附貢		方其校
丁巳	李遇泰 江西監生			彭 詠
戊午	方大湜 巴陵附監			
同治癸亥	覃瀚元 廣西附貢			盛炳剛 浙江監生

黃州府志　卷之十一　文秩官表下　四十

		楊瑞枝 竹谿歲貢		
甲子	德 廉 滿洲舉人			
		余德基 安陸舉人	熊文鏡 松滋附貢	
丙寅	劉昌緒 山東進士	劉承謙 江陵舉人	羅輝緒 隨州廩貢	
		杜映藻 當陽人		
丁卯	覃瀚元 復任			
戊辰	艾佐龍 山東監生		楊文焜 鍾祥人	
		梅漢章 黃陂舉人	張鴻猷 房縣歲貢	
庚午	劉宗元 河南監生			
	朱榮實 涇縣舉人署			
辛未		丁培鈞 鍾祥歲貢署		萬光垣 華容監生
壬申		葉祝茂 武昌舉人		劉嘉勳 商城監生
癸酉	陳元章 宛平監生			江文穎 廣西監生
甲戌	余思訓 長沙舉人			
	史 酭 桐城供事			
光緒丙子	龍兆霖 甯鄉從九			
丁丑	王方田 河南進士	諶 璋 沔陽舉人		
		梅漢章 復任		
戊寅	吳同堉 錢塘副貢		王大紳 歸州拔貢	
			魏澤清 孝感舉人	
己卯	王方田 復任			葛熊光 樂亭供事

黃州府志　卷之十一　文秩官表下　四十一

辛巳				陳榮誥 當塗監生
壬午	張茂時 婁縣監生			盛寶懷 武進監生
	王方田 復任			傅 蒓 成都貢生

巡檢 二分駐鎮

順治　王國相　李 裕 以上任武穴　林 經　沈尹陞 以上任馬口

康熙　陳國佐 紹興人　袁世甯 以上任武穴　劉源泗 山東人　施 偉 直隸人

呂爾揚 河間人　阮紹棨 紹興人　韓有恆 直隸人　鮑梓昇 青陽人以上任馬口

雍正　黃庭耀 浙江人任武穴　譚 夔 潮州人　孫天祥 長洲人　王繩且 上虞人以上任馬口

乾隆　朱履亨 海鹽人　顧 洵 大興人以上任武穴後改駐龍坪　任麟樞 宜興人

王文明 丹徒人　顧以忠 武進人以上任龍坪　李廷俊 畢節監生　傅 森

丁 鈐 大興人　姜 寬 如皋人　曹祝齡 青陽人　蔡師曾 太倉人

袁 暹 江西吏員己酉任以上任馬口

嘉慶　王萬年 甘肅人己巳任龍坪　袁 暹 江西吏員　白應鵬 四川監生己巳任　宋 燕 順天供事甲戌任

朱桂森 上元人戊寅任以上任馬口

道光 鍾志槑廣東監生甲申任龍坪　邵瑛　吳樹蕃
陳薰蕪湖人順天供事己亥任　嚴元醇歸安人　洪業廣歙縣人以上任馬口
沈逵鴻浙江供事乙巳任龍坪
咸豐 李克慎山東人　李以珍秀水人以上任馬口
同治 高舉祥符供事九年任龍坪　蔣溶陽湖人　魏烈賢犍爲人
吳鏞儀徵監生壬申署　陸重輝四川監生癸酉任以上任馬口
光緒 楊彝庚聞縣監生乙亥任　許景耦山陰監生戊寅任龍坪　張正國安徽人辛巳署馬口
程鑫浙江附生庚辰任龍坪鎮　阮起沅巴陵監生現任馬口司

黃梅縣

齊
一 席謙南新蔡太守

梁
一 垣榮祖南新蔡太守

唐
一 張元素洛陽人任知縣

南唐
一 陳起蘄州進士任縣令　張維楙縣尉

宋
一 李恷貴德時任　李綱見曾鞏王絪達墓誌銘　蔡攄嘉興人

唐汝舟臨川人見輟耕錄　程晃浮梁進士祥興間任以上俱知縣　陳時敘主簿
袁標鄞縣人任縣尉　曾阜南豐人鞏之從兄弟任知縣王志列元代誤

元
樊懋僊正定人皇慶間任縣尹　喬思忠晉寧人至正間任縣尹　忽都花蒙古人任達魯花赤
也孫帖木兒主簿　陳可大江西人任教諭

明
知縣　教諭　訓導二員天啓間裁一員
洪武 白德誠貢生　洪友璋由薦舉任從縣志名宦補入
唐輔
黃子政舉人
永樂 張同寅舉人

楊遇春歲貢
張德進士
徐仲勳
景泰 錢濟舒城進士
黃武歸安薦舉一作成化間任
王端舉人
成化 戴中新淦進士蘇志作宏治間任　魯壽興國人　元仲雲南人
李震渠縣人
王原賓舉人　佘浩
鍾安定歲貢
金寬舉人

宏治　金章 上元進士　朱璧 樂平進士一作成化間任
正德　袁仲言 進士　林福 舉人
嘉靖　諸偁 秀水進士　郭基 舉人　梁廉 泰和舉人　劉璋 桂林舉人
程宇 富順舉人　馬應龍 永昌舉人　張九一 新蔡進士　胡效忠 沭陽舉人　劉伯源 舉人　楊本俊 太和舉人　丁儀 舉人　周俊 貢生　徐行慶 進士　陰縉 貢生

張永壽 舉人　梁文儲 南海貢生　唐世卿 海甯舉人　沈愷 舉人　沈鑨 平湖人　熊梁 舉人
王廷美 歲貢　徐爵 歲貢　蕭廷儲 廬陵舉人　黃早 瀘州舉人　饒光庭 歲貢　段盡忠 曹州歲貢

王輔　劉應恢　袁傅　支學禮　王宣 淮安舉人　鄧琳　阮鑑　龔章 聞縣人　嚴玉振　顏樸 廬陵舉人
許珍　汪廷瑤 繁昌歲貢　陳裕　馬驥 辰州人　席懿 四川歲貢　孫勵明 歲貢　聶翰　昝用中 四川歲貢　胡躬行 歲貢　徐慶 歲貢　劉佩 歲貢

隆慶　范德超 巴縣舉人　姜忻 南昌進士　蔣熡 舉人　張維翰 安鄉歲貢
萬歷　葉鏜 舉人　來三聘 浙江進士　皮宗詩 舉人
甲午　孫鉉 餘姚舉人　馮可立 四川人　陳嘉言 江西人
戊申　桂生之 貴溪舉人
辛亥　武圖功 曹縣進士
王繼祖 舉人　鍾顯俊 上杭舉人
天啟　徐澤 潼川舉人　周獻 舉人　饒臺 湖口舉人
崇禎　王質 山西進士　何文郁 貴州貢生　張聯芳 北直舉人

陳文 靖安舉人　魏申 許州歲貢　張相 南昌舉人　滕國賢　何子遠 德化人　謝自修 蒲圻舉人　周敬止 舉人　汪堯夫 舉人　黃建中 舉人
林若偉 漢陽人　周玉振　闕士琦 桃源舉人後成進士　吳思文 江夏舉人

程大本 歲貢　范堪 歲貢　謝君相 歲貢　劉壽仁　雷孟賜　包長臣　楊梓　李銓
劉師洛　吳世卿　張堯勳 一作克勳　張聖化 汝南人　李明元

癸未 施廷賢 浦江人

安貞 洪武時以本府同知署任

羅瀚 豐城舉人宏治時以本府同知署任

謝朝宣 龍渠進士正德時以本府同知署任

瞿孔昕 一作姓崔竇州進士嘉靖時以本府推官署任

劉介齡 南海進士隆慶時以蘄州通判署任

曾維倫 樂安進士萬歷時以本府推官署任

國朝知縣教諭訓導縣丞典史各一員縣丞駐清江巡檢三員一新開鎮一由清江移駐孔壠鎮一停前鎮兼驛丞原設驛丞裁河泊所官五員裁陰陽學訓術醫學訓科僧會司道會司各一人

	知縣	教諭	訓導	縣丞	典史
順治乙酉	張秉紀 襄陽人			趙紹 山西貢生	
	張典 北直貢生	張士淑 蘄州貢生	傅若訓 孝感恩貢		時必昌
		胡廣濆 武陵舉人後成進士			梁文正 一作正文
丁亥	李鑄貫 北直選貢		蕭仲蔚 鄖陽貢生		
戊子				陸道亨 江南人	
己丑	陳觀天 江南選貢				
庚寅	鄧源濤 遼東人				
	陳獻赤 星子舉人	蕭蘊樞 孝感舉人			盧顧俊 東鹿人
癸巳				董復楨 一作復禎河南人	
乙未	祁山 北直貢生			章國材 浙江人	
丙申	孫琦 北直貢生			沈宗文 直隸貢生	

	知縣	教諭	訓導	縣丞	典史
戊戌	徐昱 平涼拔貢一作甲午任				
己亥			吳祖堯 鄖縣歲貢		
康熙	趙應登 上元人		劉逢吉 潛江歲貢	戴國宰 山西歲貢	徐麟瓚 紹興人
	樓璇 諸暨副貢			高如乾 山西歲貢	
				陳嗣起 浙江例貢	
己酉	王庭龍 晉江進士				
甲寅	李成林 廣甯廕生				
					樓自新 諸暨人
丁巳		吳從周 應城歲貢			
己未			周汝楫 彝陵歲貢		
庚申	吳景恂 一作景珣長安進士				
甲子			彭大年 巴陵歲貢	沈鋐 海甯人	陸豐 大興人
乙丑	歐陽旭 丹徒進士	周崑 漢陽例貢		汪會 黟縣恩貢	
丙寅			方坦 漢川歲貢		
己巳	胡湄 進士	蔣玄毅 江夏歲貢			
					王經 陝西人
辛未	張雲松 鄖縣人				
壬申			譚必章 巴東歲貢	李銓 晉江監生	
乙亥			楊道儀 石門歲貢		張其秀 奉天人
丙子			黃正瓊 荊門歲貢		
丁丑		彭述憲 潛江例貢			
庚辰	李錦 揚州人				

辛巳		張洙 漢陽廪貢			
壬午				朱丙壽 山陰監生	
癸未	曹世璞 唐縣進士				張聖銘 大興人
丙戌			黃之朱 慈利歲貢		高應鳳 宛平人
戊子	李世德 正黃旗歲貢		劉亥宣 監利歲貢		
己丑	遲日旭 監生				
壬辰	申鵬翔 陝西舉人				
甲午	戴紹祖 奉天貢生				
丙申		汪自重 江夏例貢			
壬寅	李秉乾 漢軍監生				
	金虞 錢塘舉人				
	金廷襄				
	史鳳輝				
雍正癸卯	李珣 濟源舉人				顧景 山西福山人
乙巳		王綍 歸州舉人	丁宗綸 監利歲貢	馬方義 唐縣附監	
戊申	吳象寬 海豐進士			楊世澤 定番廪生	
己酉			李發榮 房縣歲貢		
庚戌				孟遇隆 一作遇春 鑲白旗人	
辛亥	孫叔諫 山東歲貢		張琪 襄陽歲貢		
壬子	錢家豎 嘉善舉人				葉鳴琇 一作鳴秀 大興人
癸丑		張士昌 江陵副貢			
甲寅	莊標 陽湖舉人			張文德 四川舉人	

乙卯					徐晉 江南人
乾隆戊午					史岡 浙江人
庚申				益士傑 華亭監生	
辛酉	邵豐鍭 山陰人				
壬戌			李光先 安陸歲貢		
癸亥	林宸彥 莆田舉人				
	楊黼時 大埔進士				
甲子		胡其鑾 咸甯選貢		王世勳 金谿人	
乙丑			許元醇 房縣歲貢		
戊辰	任重 巴縣舉人				
庚午				張一飛 無錫人	
辛未	薛秉時 原武舉人		吳應魁 東湖歲貢		
壬申		龔佐龍 孝感舉人			
		米紹聖 鄖陽拔貢			
癸酉					季九鳳 江都人
丙子			屈海 東湖歲貢		
	姚思廉 浙江人	潘英 京山副貢			
戊寅	葉世度 仁和進士	熊增 歸州恩貢			
	陳文樞 上元副貢				
辛巳	徐堅 崑山人	葉修贈 興國舉人			
			吳黽 襄陽歲貢		陳世琰 江甯人
壬午	會衍塘 曲阜貢生				

甲申	熊文瑞 貴州舉人			田邦植 滿洲人	
	和剛中 蒲城舉人				
丙戌	王繩祖 濟甯副貢				
					楊天符 大埔人
丁亥	呂世慶 餘姚舉人				
戊子	史易 承德進士				
己丑	周世英 長洲人				
庚寅	蔡爽 湘潭舉人		高倘 棗陽歲貢		
辛卯	潘元會 四川舉人				
壬辰	王鴻典 雄縣舉人			蘇挺 江陰人	
癸巳	曹麟閣 貴池舉人		曹開濟 東湖歲貢		

黃州府志 卷之十一 文秩官表下 五十

乙未		杜學審 歸州恩貢			
丙申	陳文豫 貴州人		楊作愷 竹谿歲貢		劉對墀 任邱人
丁酉	王廷憲 睢州進士				
	歸朝煦 常熟人				
戊戌	李敬敏 鄭州貢生	黃中道 漢陽廪貢			
己亥	謝紹清 信豐拔貢				
庚子		駱文昶 孝感廪貢	詹啟模 黃陂舉人		
壬寅	屈振甲 浙江人			王廷棌 萬全人	
	福慶 漢軍舉人				
					王惠 蕭山人
癸卯	張瑢 如皋人				

甲辰	高爲濟 任邱舉人				
乙巳			李先翔 嘉魚舉人		
丙午	陳士鳳 河陽進士				
			別文楧 天門拔貢		
丁未	何溥 清苑舉人	史明儁 棗陽拔貢			
	劉超 通州貢生				
戊申	徐昱 金谿舉人				
	胡經中 順德舉人				
己酉				鍾昂 武平人	戴聯之 德清人
	張仁一				
	永保 漢軍舉人後更名永佑				

黃州府志 卷之十一 文秩官表下 五十一

	劉人彥 四川舉人				
	黃應文				
嘉慶	甘慶鍒	黃崇祿 鄖縣拔貢			古鳳
	徐鑅慶 江蘇舉人	盧駿 武昌副貢己未任		張從鼎 寧國貢生甲子任	曾懋德 龍泉人
	吳鼎			彭紹濟 江蘇監生丙寅任	
	徐健			李祥鳳 順天舉人辛未任	
	王廷琛				
	楊懿 江蘇人				
	劉廷模 貴州拔貢				
	董世臣				
戊寅	王敬祖 嘉定進士				

己卯	周如蘭 上饒進士				
道光壬午	楊昌 雲南舉人	史銘桂 沔陽拔貢	李丙皋 孝感舉人		
	張維屏 番禺進士				
			伍賢毅 松滋歲貢	陳楨 浙江人	俞廷鏞 浙江人
癸未	陶洽 會稽人	劉學澍 孝感解元			
	蘇昶 順天供事				
甲申	竇欲峻 羅平州拔貢			朱坦 江蘇人	
	鄧彬 嘉應州進士				
己丑	許捷陞				
庚寅	楊鏕 南鄉人孝廉方正				
辛卯	鄧蘭薰 江西舉人				

黃州府志　卷之十一　文秩官表下　五十二

壬辰	賴以立 奉新進士				
	舒阿昌 滿洲舉人				
癸巳	楊翊清 一作承澤 貴州廩貢				
		朱之溎 拔貢			
甲午	王錫田 萬全舉人				
丙申	賴樹勳 廣西舉人				
丁酉	魏文翰 鄭州進士				
	賴樹勳 復任				
				鄭嘉穀	
戊戌	趙富晨 內江舉人				
己亥	夏廷樾 新建人				

			王景彝 江夏拔貢	陳安國 浙江監生	
庚子	沽興榮 吉安舉人	楊繼煥 監利拔貢			
辛丑	夏雲峒 奉天進士				
	劉江 大興監生				
				貢佳士 山東人	
壬寅	金崇城 黃平州進士				
癸卯		宋賛元 漢陽舉人			
甲辰	俞昺烈 宛平監生				
乙巳	福昌阿 滿洲進士				許清瑞 順天人
丙午	梅體萱 南昌進士				何其仁 順天吏員
丁未	金崇城 復任				

黃州府志　卷之十一　文秩官表下　五十三

己酉	周汝驤 雲南人				
	鮑開運 六安州廩生				
咸豐癸丑	張祥泰 番禺舉人	王槐銘 保康拔貢		吳嘉廉 順天供事	汪翰垣 安徽監生
			張佩 東湖歲貢	張致裀 直隸人	徐石麟
				吳崇信 鄧州人	龍霖 湖南人
甲寅					許清瑞 復任
丙辰	覃瀚元 藤縣生員				阮起沅 巴陵人
丁巳	哲綿 滿洲文生				
同治癸亥	史維基 大興供事	杜映藻 當陽廩貢	陳會隆 應城歲貢		
				楊孟祥 南昌人	徐巨爽 江西人

丙寅	多壽 荊州駐防生員			王青㙜 衡山人	楊燊庚 福建人
戊辰	楊應桓 江蘇舉人		陳兆慶 孝感舉人		周秉鈞 會稽人
己巳	覃瀚元 復任				
庚午					馮樹棠 廣東人
壬申	陳祖心 羅山副貢		王鼎元 嘉魚舉人	劉桂林 什邡監生	劉文輝 陝西人
癸酉	覃瀚元 復任				徐鴻恩 臨川人
甲戌		虞兆棻 松滋副貢			
光緒乙亥	袁瓚 奉賢拔貢		蔡廷瑛 南漳增貢		于彭年 諸暨監生
			袁光澍 興國州拔貢		
丙子	劉培元 直隸舉人				李延辰 甘泉監生

黃州府志《卷之十一　文秩官表下　五十四

丁丑	虞兆圻 全州進士				
	柳玉麟 湖南貢生				
	馬銘 名長洲廩生				
庚辰	劉式穀 萬載舉人				
辛巳	袁鏞 江西德安監生	朱直 大冶舉人			朱鍾 江蘇監生
壬午		魯學鍾 江夏副貢			王振家 上元監生
	濮文彬 蕪湖人府經代理				
	陶壽嵩 南昌優貢				
癸未	鍾穀 江西監生署任			陶敦良 信陽州附貢	劉瀛 長壽附生
甲申	向堯階 彭縣舉人				
	濮文彬 代理				
	鍾穀 復署任				

巡檢 分駐三鎮

順治 朱之標 山陰人　包文申 邢臺人以上駐鎮失考

康熙 魏文蔚 富平人　趙鼎 山陰人　王之珪 渭南人　李士進 大興人

李大訓 新城人　徐必達 錢塘人　常振國 燕山左衞人署任　鍾元徵 會稽人

秦宏典 上元人　張文福 德州人　赫令德 鉅鹿人　陸士芳 大興人

馬喆 大城人　沈德韶 石埭人　程之榮 同州人　祝世榮 大興人

雍正 閆燈 大興人　魏銓 宛平人　黃開基 宛平人　鄒士麟 山陽人

彭天綱 宜賓人　孫季連 大興人　周禮 扶風人　陸鈐 桐城人

王廷傑 安邑人

乾隆 趙錦 吳縣人　周正施 大興人　鄭德榮 宛平人　周嵩 陽湖人

邵應鍾 宛平人　石相國 龍溪人　韓德厚 孝義人　孫雲峯 泗州人

黃州府志《卷之十一　文秩官表下　五十五

虞好善 山陰人　祝麟徵 諸城人　祝逢盛 固始人　張家桂 鉛江人以上十二人

任新開孔壠　焦秉乾 靈寶人　高霞 洪洞人　施元愷 青陽人

沈謂 大興人　蕭潤清 平遠州人　許兆棠　程大鼎 以上任停前鎮

許承烈 候官人駐鎮失考

嘉慶 王際飛 山西監生丁卯任　章鑑 江蘇人戊辰任　李夢珠 廣東舉人丙子任　劉振 迪化州人戊寅任新

開鎮　王寶 山東人任新開鎮　姚奉龍 浙江人任停前

道光 涂椿　邵瑛 浙江人　吳嗣宗 涇縣人以上任孔壠　金奉璋

李廷槐 浙江人山東供事甲申任　章源清 紹興人順天供事乙酉任

馮杞 順天監生丁亥任　王銓 順天供事己丑任　邵瑛 順天供事己丑任　劉克典 四川人乙未任

王壽山 高郵監生丙申任　黃銘鼎 休甯監生癸卯任以上任停前　徐炳 桐城人

咸豐 朱文彬 涇縣人　程啟安 南陽人任孔壠　楊維新 清江人　周紹基 長沙人戊午任新開

鎮　王季良河南人任停前鎮

同治　馬錫蕃四川人　閻灝長安人　余德銓望江監生丁卯任以上任孔壠

成廷珍陝西人　王祥玉商水監生丁卯任以上任停前

光緒　王永昭陝西咸寧縣附生己卯任　邱文煒四川監生辛巳任以上任新開鎮

夏先煒懷寧監生庚辰任　郭發銘仁和貢生辛巳任以上任孔壠　恆謙滿洲監生

孫運昌仁和監生俱壬午任停前鎮

黃州府志卷之十一下終

黃州府志卷之十二

黃州府知府英啟纂輯

職官志

武秩官表 衛官水師官弁附

國朝

黃州協副總兵改設副將一員守備改設都司僉書一員千總二員一城守一羅田僧塔寺汛又黃陂汛一員把總四員一黃岡縣汛原駐但店改設三店一陽邏汛改設黃安汛一蘄水汛一麻城汛經制外委五員一駐府城一黃陂站一灄口一羅田一麻城兩路口額外外委三員一駐府城一麻城宋埠其一團風汛於同治九年裁

蘄州營原設參將裁以守備改設都司僉書一員千總一員駐黃梅汛把總二員一城守一廣濟汛經制外委一員駐西河驛額外外委一員駐孔壠驛

道士洑營原設都司一員同治五年改設守備八年裁水汛營員改設長江水師分駐把總一員同治九年酌留貼防大冶經制外委一員駐鎮隸興國營額外外委一員駐本汛

黃州協營

	副總兵後改副將	守備雍正十一年改設都司	千總	把總
順治	徐勇都督同知總兵	吳進德	趙祿	
	線維鑄以下副總兵	劉傑	李玉以上蘄水汛	
	楊廷機	何允燒		
	張大治遼東人	陳天才		
	佟透	解[illegible]		
	李占春陝西人左都督管副總兵事	潘宮桂以都司僉書任		
康熙	王宗臣浙江人以下副將	張其操	姜應雄	王朝相

	孔宗舜	朱　諟	謝上爵	曾啟林
	李　麟陝西人以署都督僉事任	馬應功以都司僉書任	馬文悅	楊奇佺以上蘄水汛
	林良斛			
	阮　迣福建人左都督管副將事	長　漢	馬良伯以上蘄水汛	
	萬永祺鑲白旗人以署都督僉事任	丁延祥		
	孫宏謨陝西人	黑　子		
	鄭　雲福建人以左都督任	汪世福武進士		
	葉芝蘭鑲紅旗人以左都督任	曹　耀甯夏人以署都督僉事任		
	李如松陝西人以參將任	石從龍陝西武進士		
	林　滙福建人以左都督任	吳日光將樂武進士		
	鄭繼寬直隸武進士以署參將任	李進寶鎮海人後更名梁國相		

	馬良燦山東人以署參將任	梁家楨武進士		
	鈕鴻傑直隸人以參將任			
	劉玉振陝西人以參將任			
雍正	李繩武正黃旗人以署都督同知任	劉　捷陝西人以遊擊任	柳友楷均州人蘄水汎	王光祖
	杜　興陝西人	解廷瑜山海衛武舉以上守備後改設都司		賈良柱
	朱文華陝西人以守備任			熊作相
				曾啟林
				胡金柱以上蘄水汎
乾隆	馬大用懷甯侍衛由參將任	王　讜大興人	覃世培漢陽世職	普天樂應城武亞元任水汎
	王守乾乾州人由都司任	蔡瓊玟安樂人侍衛	傅之章江夏世職	曾大榮黃岡行伍
	劉應標松潘人由都司任	劉連捷[illegible]州人衛	唐萬年江夏世職	李宗堂江夏行伍

	朱秋魁金華狀元由參將任	鄭　嵩江都武進士	范　燦以上城守	胡得茂
	楊澤淡順天武進士由參將任		翁際盛黃岡人由把總任	翁廷槐以上黃岡汛
	鐵　保		傅鼎和興國人	胡如坤任麻城汛
	解　遜		趙天開大冶人	呂鳳鳴任水汛
	王三元		王之鴻蘄水人	
	伍中阿		余士選黃岡人	
	許成麟		曾大榮	
	黃士桓		黃之璉黃岡人	
	吳宗甯		胡如海	
	明　善		石光泰蘄州人	
	劉永甯		胡得用	

	陳大紱		葛正新江夏人以上羅田僧塔汛	
	包定邦			
	沐特恩			
	常　山			
	龔學盛			
	明安國			
	劉廷基漢軍鑲黃旗人			
嘉慶	穆特恩	高　定	黃科達大冶行伍	張世太江夏行伍
	邸飛虎	馬　爽	余攀桂江夏廕生	韓國明江夏行伍
			李開榜黃岡行伍	白　瑤
	劉廷基	鄭國鴻	蔡國保黃岡行伍以上城守	
			薛定太	黃科達見上

李正太 安陸人
杜宗連 黃岡人
蔡國保 江夏人
魯陽春 蘄州人
彭登甲 潛江人
余寶達 蘄州人
李定愷 黃岡行伍
方用觀
鄭貫玉 黃岡人
黃明達
余紹宗 以上羅田僧塔汛

譚上選 黃岡行伍
李開榜 黃岡行伍
周文秀 黃岡行伍以上黃岡汛
楊啟林 江夏行伍
周文秀 見上
李開榜 見上
余攀桂 江夏行伍以上水汛
喻簣
姜兆貴 大冶行伍
李志全 黃岡人以上蘄水汛

道光

瑞琇
王世平
薩勒哈
都爾崧阿
英俊
雙福
佛善

孟毓栢
梁廷誨
强謙
鳴起
豐圖
薛升堂
景雲
高行之
富勒賀

劉澤新 漢川世職
葉元瑞 江夏武舉
王宗貴 龍陽行伍
李定愷 由把總任
陳大勳 漢陽武舉以上城守
周運福 黃岡人
周鵬翥 黃岡人
黃世璋 大冶人
鍾文才 竹谿世職
譚榮名 施南人
龔召榮

姜兆貴 見在水汛
李定愷 黃岡行伍
王加祿 雲夢人武生
陳聲遠 宿遷人
鍾廷義 咸甯武舉
黃世璋 大冶行伍
呂得魁 黃岡行伍
喻家興 黃岡武生以上黃岡汛
周鵬翥 黃岡行伍
周元 黃岡行伍
龔兆榮 德化武生
余有元 黃岡行伍

呂紹珠 黃岡人
呂森 黃岡武舉以上羅田僧塔汛

魯光貴 江夏行伍以上水汛
黃世忠
王允貴 武昌人
程愷
萬世清 黃岡行伍
張定愷 黃岡行伍以上蘄水汛
邵玉安 湖北人
覃邦彥 湖北人
邱定太 黃岡人
趙發科 黃岡人

咸豐

張金甲 山東人
舒寬
穆騰額
書紳 漢軍鑲白旗人
穆克登布 正黃旗蒙古筆帖式

周祿 安徽人
雙慶
素陞 荊州駐防

陳雲會 黃陂武舉
余通發 大冶行伍
周連升 穀城人
李世德 德安世職
張芝元 黃岡行伍
李鳳儀 由把總任以上城守
陳雲會 見上
劉廷建 蘄水行伍
徐兆達 由把總任以上羅田僧塔汛

伍鳳翥 黃岡行伍
馮楚志 蘄水行伍以上麻城汛
馬福 黃岡行伍任黃岡汛
王登朝 黃岡行伍
馬萬貴 江夏行伍
李開貴 黃岡行伍
胡得魁 穀城行伍
哈映榮 江夏人
李崇本 鄖縣行伍以上任水汛
萬世清 見上
王金魁 黃岡行伍以上蘄水汛
李世德 德安世職
陳以祥 興國行伍
徐兆達 江夏行伍

黃州府志　卷之十二　武秩官表　六

同治

孫　衡江夏人由都司署
劉芝瀛天門人
穆克登布卓異候升回任
尋署鄖陽鎮
富　昌正白旗滿洲人
穆克登布復任

黃世璋由千總陞任
馬　福由把總署任
魏金榜江夏人
錢德誠由千總護理

周大鯉武昌世職
胡鳳揚由把總署
馬開國黃岡行伍
伍鳳翥由把總署
錢德誠棗陽行伍以上城守
吳必昌通山世職
顧得勝襄陽軍功
哈映榮江夏軍功以上羅田倉塔汛

朱福元黃岡行伍以上麻城汛
滿登榜黃岡行伍黃岡汛
徐兆達見上
胡鳳揚黃岡行伍
張廷舉蘄州世職
詹龍躍
程　愷
董興榮江夏行伍
田應陞江夏人
陳開陞江夏人以上蘄水汛
熊定國江夏武舉
朱福元署任以上麻城汛
李崇本鄖陽行伍
胡理斌
胡文熙以上任黃安汛

光緒

徐秉忠黃岡世職城守
李貞福黃岡行伍
舒文衡石首軍功以上蘄水汛
徐兆金黃岡世職
董開泰黃岡行伍
操鴻恩黃岡世職
舒文衡見上
李鳳儀由黃梅調任羅田倉塔汛
董開泰復回任以上麻城汛
徐秉忠黃岡世職
滿登榜由把總署城守
陳易新黃岡武舉以上黃安汛

張祖誠湘鄉軍功
陳樹勳善化行伍入武庠由乾州協調補

胡炳煌武昌武舉
張金龍江夏軍功
鄧槃發蘄州人儘先遊擊署
楊得山棗陽人陞用遊擊強勇巴圖魯

蘄州營

參將王志載表因缺裁移錄於前

徐秉忠以千總署黃岡汛

順治

韓　友陝西人

賀世虎

馬應龍以副將任

康熙

王　魁

黃廷秀十四年任以後缺裁

守備雍正十三年改設都司

千總

把總

順治

張　祿
賀繼戈
程士然浙江武舉
袁應登

劉　南
湯　銘
李世忠以上任廣濟汛

黃州府志　卷之十二　武秩官表　七

康熙

王俊民
張潛蛟武進士
張崇信
李蔚延武進士
余　鈞武進士
于　淵武進士
曹建功
高可慶
楊正心武進士
萬孔府甯夏武舉

黃　甲
馬靖忠
陳之鉉宛平人
高一貴
劉元吉以上廣濟汛

蔡交成
呂世忠
常進國大同人以上黃梅汛

雍正

韓　璠

劉元吉任廣濟汛以下任黃梅汛

李廷琦黃岡人

乾隆
趙如龍 武舉 以下改設都司
麻錦 武舉
王烈 侍衛
王逢
梁文賢 安順人
劉起英 常德人
李治剛
陳維傑 建水人
觀德
王一魁
王炎

李廷琦 黃岡人
鍾玉 興國人
李正榮 黃岡人一作世榮
翁際盛 黃岡人
吳燦 鄖縣人
劉兆奇 德安人
岳雲凌 德安人
王仲 河南人
蕭金 黃岡人

柳友楷 均州人任黃梅汛以下任廣濟汛
譚金 黃岡行伍
余近貴 黃岡行伍
施似龍 德安行伍以上任城守
李世榮
陳起忠 蘄州人
范允青 陝西人
胡得仲 黃岡人
趙治國 黃岡人
汪純一 興國人
鍾玉 見上以上任廣濟汛

常泰
田武
嘉慶
劉遇盛 任邱武進士
廣壽 正藍旗人前鋒
魏愼德 施南武舉

徐敎 興國行伍
唐萬年 江夏行伍
蕭金

唐萬年 德安世職
陳聲遠 江南人
黃科達 見上
李登榜 蘄州行伍
曾煌 以上任城守
李正太 應城行伍
黃之墀 黃岡行伍
黃科達 見上以上任廣濟汛

道光
潘在田 汝陽武進士

陳聲遠 江南人

王正魁 江夏行伍

諶萬芳 漵浦武進士
張璣 醴泉侍衛
吳杰 鄖陽世職
富興 滿洲世職
肇敏 滿洲武舉
董玉龍 直隸侍衛

趙發科 黃岡人
李大春 黃岡人
傅玉成 黃岡行伍
陳錦 蘄州人
陶兆麟 蘄江人
黃世璋 見上

蔣尚英 黃岡武生
陳錦 江夏人
王最義 蘄州行伍
馬萬貴 江夏行伍以上任城守
王允貴 武昌人
黃世忠 大冶人
秦邦彥 漢陽人
孫宗墀 黃岡人
施燦華 大冶人
陳景 武昌人
祥成 荊州駐防

魏廣春 大冶人
汪國泰 蘄州人
李文魁 武昌人
孫之運 黃岡人以上任廣濟汛

咸豐
石文棣 江夏世職
曲春泰 陝西世職
戚恒 鑲白旗筆帖式

汪國泰 蘄州人
吳虎臣 蘄州人
胡得魁 襄陽人
陳啟 由把總任
蔡紹陽 麻城武生
傅玉成 黃岡人

陳啟 大冶行伍
徐紹達 見上
柳遇春 山陰行伍
陳金榮 江夏行伍以上任城守
衛廣春 大冶人
馬萬貴 武昌人
柳遇春 以上任廣濟汛

黃州府志 卷之十二 武秩官表 十

同治 王三錫 湖州武進士
吳國材 襄陽行伍
胡鳳鳴 河南軍功
葉定國 江夏行伍復姓熊
何大鳳
光緒 高登恒 靈壽人侍衛
田其述 湖南軍功
殷開山 襄陽行伍
鄭承第 永清人侍衛

富邑嘿 荊州駐防
吳定泰 由把總任
龔定泰 蘄州人
王代昌 江夏行伍
李鳳儀 由把總任
汪偉臣 蘄州人
張玉春 江夏人

蔡紹陽 麻城武生任城守
吳虎臣 蘄州人
張占魁 穀城行伍
黃河源 漢川人
賽士俊 漢陽人以上任廣濟汛
熊光福 黃陂軍功任城守
賽士俊 漢陽人
汪本恭 蘄州行伍
吳德亮 黃岡行伍以上任廣濟汛

道士洑營

都司
道光 吉安 滿州人
薛升堂
咸豐 陳展鵬 湖北人
石清吉 湖北人
賽國勝 漢陽行伍
李世德 由千總任

把總
杜宗運 黃岡行伍
周光榮 湖北行伍
詹光貴 見上
呂得魁 見上
王兆元 荊門州武舉
余通發 大冶行伍
馬福
李鳳儀 黃岡行伍

黃州府志 卷之十二 武秩官表 十一

王三錫 湖州武進士
楊得升 房縣行伍
同治 李大貴 江西人
馬有功 黃安人
譚應祥
吳開榜 江夏行伍
孫衡 江夏人
胡炳煌 武昌武舉五年後改設守備
秦殿魁 孝感人
張定舉 見上
亢凌雲 山東武進士
楊新發 孝感人九年缺裁

吳定泰 黃岡行伍九年缺裁

衛官表 附

明

黃州衛指揮 今汰
曾斌 衡州人
陳榮 滁州人
彭盈孫 麻城人以上洪武間
夏聚 懷遠人
倪義 六合人
郭顯 保定人
嚴禮 蒙城人
彭宏 蘭陽人
胡海 臨淮人

牛瑛涉縣人以上永樂間　孟凱德州人　趙能陽信人以上洪熙間
郭忠廣昌人宣德間　李勳沂州人　張永魚臺人
張貴章邱人　胡輔海縣人以上成化間　袁達懷遠人
劉威蘄水人　滿芳定遠人　彭宏四川人
李士以上嘉靖間
蘄州衛指揮今汰
陳聚諸城人　茆德合肥人　李軫鳳陽人
王榮南部人　王忠五河人　李郁洛陽人以上洪武間
田文陽信人　岳得清河人　李郁上見
李旺江都人　姚勝滁州人　李春虹縣人
舒祥興國人　胡詰鳳陽人　王成定遠人

王英玉田人以上永樂間　王天相嘉靖間　李楷息縣人萬歷間
趙應清　田鳳　胡善
王啟　李廣　胡瑄
田正　李泰　王拱辰以上崇禎間
黃州衛鎮撫今汰
詹勝鳳陽人　劉綱江西人　余瑛江西人
李芳衡州人　王蒙亮濮陽人　徐福江西人
蘄州衛鎮撫今汰
袁德　唐鳳　梁棟山陰進士
陳友直
黃州衛千戶今汰

李成靖海人　潘正初贛州人一作潘正　秦得鳳陽人
朱昺泰州人　毛大節巴陵人　王繼泉
吳佛關廣德人　張養元鳳陽人　任秉直南昌人
嚴興六安人
蘄州衛千戶今汰
朱福　湯成　胡成
王隆　劉全　顧安
宋興　張麟　杜彬太原人
朱貴　季成婺川人　朱朋
王彬　歐成淮甯人　華稷
洪阿忠四川人　程文聚死難　吳眞

陳福清滁州人
黃州衛百戶今汰
葉成新建人　陳德新息縣人　左良臨汾人
李誠鳳陽人　朱昱儀眞人　陳虎安常熟人
杜玉臨淮人　方可大山陰人　范天受廣德人
吳斌兗州人　雍大亨壽州人　韓望六安人
梅芳南昌人　潘亨餘干人　張文舉廬州人
高興合肥人　陳洪卿
蘄州衛百戶今汰
趙德成　王仲良臨淮人　李慶
張德　劉勝宗　戴文雲

賀清　蕭義　龐興
周源　李華　劉華
蕭旭　史整　鄭富
趙公保　方英　梅玉興
高仲祥　黄魯　陳巖
許宗　袁福蘄水人　鍾成
陳八郎　李泰　王潤
郝成　王翰　李能八
許添九　崔富一作崔福　羅保
許必榮　吳勝一　田斌
田足國以上二衛俱世襲至崇禎末止年籍失考

國朝黄州衛守備一員　千總一員今裁　百總一員今裁
蘄州衛守備一員　千總一員今裁　百總一員今裁

黄州衛守備

田登元武進士　劉振斗武進士　周京武進士
朱昱武舉以上順治間　王清遠武進士　李芬武進士
劉爾愷武進士　陳善言武進士　蕭成沅陵人
姜宏毅　方玉璣武進士以上康熙間　黄璋正白旗監生
劉鈞大興人以上雍正間　王國傑錢塘武舉　馬成大興人
商裔平江武進士以上乾隆　倪虎榜直隸武進士　王裕慶大興武進士　嚴鼎浙江人監生
方凱江西人　王吉昌直隸武進士以上道光　趙發科雲南武解元咸豐間任
克猛額滿洲監生　劉清瑞浙江監生　額勒金漢軍監生
汪琳安徽盱眙監生　劉清瑞復任　覺羅趾壽滄洲正紅旗武進士以上同治間

恒琛黄岡知縣兼理　柏廷標江蘇清河軍功　鮑福麐合肥軍功以上光緒年任

蘄州衛守備

任之鼎　陰養蒙東强武進士以上順治間　朱日芳浙江武舉
張瑞鳳武舉　耿煓京衛武進士　陳晷舒城武進士
裴袞錫武進士　蕭維翰延安武進士　齊國中咸甯武進士以上康熙間
馬鵬保定武進士　趙源長上元人以上雍正間　劉方貴漢軍正白旗人
嚴秉則四會武進士　劉鎮宛平武舉　王
葉　朱　張
范　吳　冀坦合肥武舉

李湄歷城監生　張　徐學海湖南武舉
金栒雲南武進士　耿廷棟祥符武舉以上乾隆　焦元一府谷武舉
王桓武舉以上嘉慶　劉光照河南武舉　楊廼澄長清監生
任繗渾源監生以上道光　丁維揚山東武舉　慶祥滿洲武進士
許璐山西監生　王琨渾源監生以上咸豐　謝藩連平監生
孫廷珍興化武生　謝藩復任以上同治間　宗景藩署蘄州知州兼衛任
宋熙曾署蘄州知州兼衛任　李桐丹徒軍功　王鴻猷清河武童
龔恩培江陰軍功以上光緒年

黄州衛千總今裁

程士然　萬宗儒　徐鳳翥
史在勳以上順治間　龔鵬程　牛應照
宋舉　陳可寄　蔣偉
陳鐸　溫文輝以上康熙間　張振
張星輝以上雍正間　楊正心　王廷俊

蘄州衛千總今裁
李復奇　戚文郁江西人以上順治間　楊鎮邦建德武舉
張祿　徐必成　郝培植濟甯武舉
吳宗煦漢陽武舉　龔門祜漢陽武舉以上康熙　王時敏貴池武舉雍正間
李樸曲沃武舉　吳進勳甯夏人以上乾隆間　積昌漢軍監生嘉慶間
曹煥堂汶上監生　何世昇漢軍武舉　顏兆燕

李光斌寶應監生　謝失名以上道光間

長江水師營武秩官表附

國朝同治八年添設長江水師駐防府屬江路

漢陽中營

前領哨守備駐紮鵝公頸本營前後二哨汛境駐防北岸上自窰頭下至龔家街
龍大樑衡陽軍功記名總兵同治八年任　崔光華清泉州軍功補用副將十年任　黃榮華長沙軍功總兵銜十一年署
韓春高湘陰軍功記名總兵十一年任

前哨一隊千總團風汛後調葉家洲汛
任典伍湘陰軍功記名總兵同治八年任　李勝楚湘陰軍功補用遊擊十二年署　夏輝銀江夏軍功花翎遊擊光緒四年署

許開貴衡陽軍功記名總兵五年署　劉取仁衡陽軍功總兵銜五年署　王興仁清河軍功都司銜七年署

前哨二隊千總趙家磯汛後調東嶽廟汛
姚正順漢川軍功補用遊擊同治八年任　李士俊江夏軍功補用都司十一年任　常際清江夏軍功補用都司光緒四年署
馮長榮湘潭軍功補用副將五年任

前哨三隊把總下葉家洲後調團風鎮
歐陽齊春善化軍功補用副將同治八年任　王萬美衡陽軍功拔補千總十一年任　常際清見上光緒二年署
周蔚堂長沙軍功補用守備三年任

前哨五隊把總鵝公頸汛
周志發湘陰軍功補用參將同治八年任　楊永慶龍陽軍功拔補千總光緒五年任

後領哨守備陽邏汛
劉高俊湘鄉軍功記名總兵同治八年任　朱秀宣衡陽軍功記名總兵光緒元年署　鄧金楚湘鄉軍功記名提督四年任

柳邦平本哨二隊千總五年護理　沙廣泰山東軍功補用參將五年署　彭三泰衡陽軍功都司銜六年任

後哨一隊千總上葉家洲汛
朱秀宣見上同治八年任　鍾貴祁陽軍功補用副將光緒元年署　夏輝銀見上四年任
朱秀宣四年復任

後哨三隊把總龍口汛
彭正發湘鄉軍功補用副將同治八年任　謝得勝湘鄉軍功補用參將十年署　楊國楨江夏軍功拔補把總十年署
李鎮彪衡山軍功都司銜十年任　張嶽雲本哨四隊把總光緒二年署　馬明進益陽軍功補用守備二年署
熊耀發乾州軍功補用都司四年任

後哨四隊把總水口汛
彭金魁永順軍功補用副將同治八年任　熊昌凱湘陰軍功補用遊擊九年代理　胡勝臣湘鄉軍功補用守備九年任
王潤生湘陰軍功補用守備九年署　畢得勝湘鄉軍功補用副將十年署　陽連玉潊浦軍功補用守備十一年署

張嶽雲醴泉軍功補用守備十一年任
巴河營遊擊駐蘄水縣屬巴河鎮兼轄三哨汛境駐北岸上自磧磯洪下至散花塽
李昌和善化軍功記名總兵同治八年任 張復勝寧鄉軍功記名總兵十一年任 李全彪本營右哨都司光緒元年署
邵雲錫祁陽軍功記名總兵三年任 王洪陞江夏行伍九年陞署
左哨都司巴河鎮
曾玉和江夏軍功提督銜同治八年任 龍海雲湘潭軍功記名總兵光緒三年署 李全彪見本營右哨三年署
祖興盛長沙軍功儘先遊擊四年署 陶運亨衡陽行伍儘先都司六年署
左哨二隊千總樊口鎮汛
劉取仁見漢陽中營同治八年署 彭三泰見漢陽中營十一年署 蕭全友衡陽軍功儘先守備光緒三年任
右哨都司巴河鎮
彭必勝湘鄉軍功記名總兵同治八年任 龍海雲見本營前哨守備九年署 李全彪武寧軍功記名總兵十一年任

譚長燦茶陵軍功記名總兵光緒元年署 曾玉和見本營左哨四年署
右哨一隊千總蘭谿汛
王有桂湘陰軍功記名總兵同治八年任
右哨二隊把總散花塽汛
王太和湘鄉軍功儘先都司同治八年任 劉取仁見漢陽中營光緒三年署 萬大勝江夏軍功儘先都司五年任
蔣仁善衡陽軍功儘先守備七年署
右哨三隊把總新港汛
高傑長沙軍功儘先都司同治八年任 周國賢湘陰軍功儘先參將光緒三年署 馮得勝枝江行伍儘先都司六年任
前哨守備磧磯洪汛
陳海鵬湖南人儘先遊擊未到任 蔣振元長沙軍功記名總兵同治八年任 王清和寧鄉軍功記名總兵八年任
龍海雲見本營左哨九年任 羅振泰清泉軍功總兵銜九年署 羅海雲十二年復任

任典伍見漢陽中營十二年署 龍海雲光緒三年復任 蔣本元衡山軍功儘先都司三年兼護
龍海雲五年復任 章益勝湘鄉軍功儘先副將五年署 鄧開榜長沙軍功儘先遊擊七年署
前哨一隊千總西河鋪汛
蔣本元見本營同治八年任
前哨二隊把總新河口汛
李榮勝益陽軍功儘先副將同治八年任 鍾楚良湘陰軍功儘先都司十一年任
前哨三隊把總府塘港汛
袁世德湘潭軍功儘先遊擊同治八年任
田鎮營副將駐紮廣濟縣屬田家鎮兼轄伍哨汛境上自羅家埠下至陸家墈
李宏試清泉軍功記名提督同治八年任 王兆祥本營左領哨都司光緒五年護理 王裕春長沙軍功總兵銜五年署
許雲發衡山軍功提督銜七年任

左領哨都司田家鎮汛
梁永學衡陽軍功記名總兵同治八年任 周國材本營右領哨都司十年兼署 王兆祥湘鄉軍功記名總兵十一年任
左哨一隊千總蘄州汛
梁貴友衡陽軍功總兵銜同治八年任 陳有元益陽軍功儘先都司光緒二年署 徐官澍樂平軍功儘先都司四年署
谷祥發湘鄉軍功記名總兵五年署 梁貴友六年復任
左哨二隊千總烏林港汛
楊金榜長沙軍功總兵銜同治八年任 梁貴友本營一隊千總十年兼署 熊昌凱見漢陽中營十一年署
李榮勝見巴河營副將銜十一年任
左哨三隊把總馬口港汛
宋維明清泉軍功副將銜同治八年任 谷祥發見本營十年署 傅士明益陽軍功守備銜十二年任
何健漢清泉軍功儘先守備光緒七年署 丁得盈湘陰軍功儘先都司七年任

左哨四隊把總磨盤山汛
陽積富衡山軍功遊擊銜同治八年任
右領哨都司田家鎮
周國才湘鄉軍功記名總兵同治八年任　王兆祥本營左領哨都司十一年兼署　龍大樑衡陽軍功記名總兵十一年任
右哨三隊把總盤塘汛
甘瑞藻湘陰軍功儘先都司同治八年任　胡家吉新建軍功儘先千總光緒六年署　劉順發長沙軍功儘先千總七年任
右哨四隊把總三里港汛
邵元宏邵陽軍功儘先遊擊同治八年任　李為政長沙軍功儘先把總九年署　湛青松平江軍功儘先都司十一年任
右哨五隊把總老鼠峽汛
朱家光衡陽軍功儘先都司同治八年任　朱登朝藍翎外委光緒二年護理　彭金榜江夏軍功儘先守備二年署
屈昌佺衡陽軍功本營外委四年任
中領哨守備武穴鎮汛
王裕春長沙軍功總兵銜同治八年任　張善喜武昌軍功儘先副將九年署　祖興盛見巴河營十年署
崔光華清泉軍功儘先副將十一年任　陶運亨衡陽行伍儘先都司光緒二年署　王榮書湘鄉軍功總兵銜六年署
鍾光裕清泉軍功記名總兵七年任
中哨一隊千總武穴鎮汛
蕭長清長沙軍功記名總兵同治八年任　馮長榮本哨外委九年署　周遠佐星子軍功記名總兵九年署
袁運陞江夏軍功副將銜十二年任
中哨二隊千總上龍坪汛
譚良燦見巴河營同治八年任　許成浦衡山軍功儘先遊擊十一年署　萬大勝江夏軍功儘先都司十二年署
彭俊彩湘鄉軍功儘先副將十二年任
中哨三隊把總武穴下卡汛

曾鳳山衡陽軍功儘先都司同治八年任　徐官澍見本營十二年任　馬明進見漢陽中營光緒四年署
徐官澍五年復任
前領哨守備駐茱漳源口兼轄羅家埠汛
王兆祥見本營同治八年任　栗維善長沙軍功副將銜十一年署　祖興盛見巴河營十二年任
梁友貴見本營光緒四年任　祖興盛四年復任
前哨二隊千總羅家埠汛
劉金相善化軍功都司銜同治八年任　陳有元見本營九年任　王佐朝益陽軍功儘先參將九年任
張炳興千總銜十一年護理　許開貴衡陽軍功記名總兵十一年署　許成浦見本營十二年署
曹友山湘鄉軍功儘先都司光緒元年任
後領哨守備陸家嘴汛
李如勝湘鄉軍功提督銜同治八年任　譚良燦本營中哨二隊千總十一年任　曾鳳山見本營光緒元年署
譚良燦四年復任
後哨一隊千總陸家嘴汛
顏世玉清泉軍功總兵銜同治八年任　袁運陞見本營八年署　宋宣升乾州廳軍功儘先都司十三年任
後哨二隊千總新州汛
沙廣泰見漢陽中營同治八年任　王興仁清和軍功都司銜同治間任　沙廣泰光緒五年復任
夏玉軒藍翎外委五年護理　曹春華長沙軍功儘先守備六年署　陳有元見本營七年任
後哨三隊把總汲河汛
李明廷長沙軍功遊擊銜同治八年任
後哨四隊把總下龍坪汛
胡立顯湘潭軍功儘先參將同治八年任　蕭藎南清泉軍功都司銜十一年任　王九堂長沙軍功儘先千總十二年任
許成浦見本營光緒四年署　王寶林湘鄉軍功儘先千總五年任

黃州府志卷之十二終

荊楚文庫

〔光緒〕黄州府志（中）

〔清〕英啟 修

〔清〕刘燡 鄧琛 等 纂

荊楚文庫編纂出版委員會
武漢大學出版社

黃州府志卷之十三

黃州府知府英　啟纂輯

職官志

秩官傳

晉

黃岡縣

戴邈廣陵人永嘉間西陽內史有勁節清操通志

毛寶字碩眞榮陽陽武人咸康四年庾亮鎮武昌表爲江夏相督隨義陽二郡亮謀北伐令與西陽太守樊峻以萬人守邾城石虎遣其子鑒及其將夔安李菟等率二萬騎來攻援兵不至城陷寶及峻遂與士眾六千人赴江死參通志

梁

吉士瞻馮翊蓮勺人天監間西陽太守在郡清約家無私積通志

隋

蘄州

王世積闡熙新國人高祖受禪進封宜陽郡公高熲知其才能甚善之授蘄州總管平陳之役以舟師自蘄水趨九江有功進位柱國荊州總管

唐

左震涇縣人肅宗時黃州刺史乾元元年遣中使女巫乘傳分禱天下名山大川黃州有巫盛年美色暴橫尤甚震至驛門破鐍入曳巫至階下斬之悉獘所從少年籍其贓數十萬請以代貧民租民始歌曰我欲逃鄉里我欲去墳墓左公今旣來誰忍棄之去越歲又歌曰吾鄉有鬼巫惑人人不知天子正尊信左公能殺之累拜荊州刺史案震斬巫事績甚偉舊志略今參嘉慶通志加詳

杜牧字牧之樊川人第進士太和間黃州刺史專任德教剛直有奇節吏民懷之

蘄州

員半千字榮期齊州全節人中宗時宏文館學士有清節武三思用事出爲蘄州刺史不專任吏務以文雅化俗禮教大行

伊愼字寬悔兗州人通春秋國策天官五行書李希烈反曹王皋拔爲大將會賊泝江徇地皋授愼兵與賊戰大破之拔蔡

山遂下蘄州卽拜刺史封南兗郡王天子在梁州包佶轉東南財糧次蘄口賊遣驍將杜少誠以兵萬人遏江道不得西愼擊斬賊將許少華漕無留滯唐書本傳

呂元膺字景夫鄆州東平人德宗時蘄州刺史除夕錄四囚或以父母在歲旦不得省爲恨因泣元膺悉脫械縱之而戒期還吏白不可答曰吾以忠信待人人豈我違如期俱至自是羣盜感愧避境去後除鄂岳觀察使

韓思彥字英遠蘄州錄事參軍嘗過汴州有張僧徹者廬墓三年詔表其閭請思彥爲墓志餽縑二百不受徹固請之乃受一縑謂家人曰此孝子縑也不可輕用其清介類是

南唐

黃梅縣

陳起蘄州人昇元間進士令黃梅時妖人諸祐挾左道惑人從者數百起聞籍祐爲里長不服且出謾言起捕斬之由是知名拜御史通志參州志蘄水志

宋

王明字如晦成安人乾德初荆湖轉運使開寶七年將用師南唐以明爲黃州刺史帝密授成算明既視事卽完葺城壘訓練士卒衆莫解其意俄而王師自荆渚乘戰艦下卽以明爲池州至岳州江路巡檢戰櫂都部署所向克捷遂平金陵

孫光憲陵州人太祖時黃州刺史有治聲通志

王禹偁字元之鉅野人咸平初知黃州聞濮州盜夜入城略知州監軍因疏江淮諸郡宜並置守捉軍士閱習弓馬葺城壁完甲胄爲禦侮之備上嘉納之州境二虎鬭其一死食之殆半羣雞夜鳴經月不止冬雷暴作偁疏引洪範陳戒且自劾上遣內侍勞問醮禳之日官云守土者當其咎上惜其才命徙蘄州未踰月卒

欒史知黃州性簡默能處繁劇在郡獻廣孝傳五十卷總仙記一百四十一卷

韓琚仁宗時知黃州弟琦詩曰予兄天聖中向攝齊安守兄才無不宜吏治孰可偶公庭常寂然所樂在文酒

馬正卿元豐間知黃州愛民下士廣學舍禁妖巫人咸感之

徐大受字君猷神宗時知黃州崇儒重道下士愛民多善政蘇

軾嘗稱之

陳軾元豐間知黃州時蘇軾謫黃人皆引避懼其累己軾獨願交遊期共憂患

趙令宬安定郡王令衿兄建炎初通守鄂州領兵戍武昌賊閻瑾掠黃州去宬渡江存撫之黃人乃安李綱言於朝擢知黃州奉詔修城六月而畢屢卻劇寇以內艱去詔起復時金人犯黃州郡卒浮江告急宬疾趨夜半入城金人力攻城陷欲降之大罵不屈敵怒鞭之流血被面罵不絕口而死都監王逵判官吳源巡檢劉卓同赴難死之事聞贈宬徽猷閣待制謚曰忠愍

孫祁字居敬東陽人淳熙間進士知黃州有善政

何大節字中立嘉定十四年知黃州金人圍黃詔馮榯督兵援之逗遛不進大節召僚佐各予便差使自爲去計乃取郡印佩之誓以死守一夕左右告曰城陷矣大節從容出投江死

孟珙字寶玉棗陽人知黃州增陴浚隍蒐討軍實邊民來歸日以千數爲屋三萬間居之厚加賑貸又創兩堡分處軍士兵威大振自茲經略荆襄金人憚之

莫濛字子濛歸安人以祖廕累官大理寺正時黃州倅奏親擒盜五十餘人帝命濛窮竟既至咸以冤告濛命去囚桎梏引倅至庭詢竊發之由鬭敵之所遠近時日悉皆牴牾折之語塞濛具正犯數人奏上餘釋之帝諭輔臣曰莫濛非獨曉刑獄可俾理金穀除戶部員外郎後除湖北轉運判官復知鄂

州卒於官
孟震字亨之元豐閒通判黃州有令德時稱其庭爲君子庭庭中有泉蘇軾名曰君子泉（宋茅志震字亨之 通志作孟震亨誤）
任伋字師中眉山人通判黃州寬柔惠愛負氣節與兄孜齊名當時稱大任小任師中既沒黃人結廬祀之
陳仲微字致廣高安人嘉泰二年進士通判黃州理饟饋以身律下隨事檢攝軍輿賴以不乏制置使將上其最辭曰此職分也何最之有
張世傑范陽人理宗時累功至黃州武定諸軍都統制與高達援鄂州有功從賈似道戰蘋草坪奪還元所俘（通志）
米立淮安人從陳弈守黃州元兵至弈降立潰圍出江西制置

使黃萬石署爲帳前都統制元兵略江西立迎戰被執不降行省遣萬石諭之立曰立一小卒何足道但三世食宋祿宋亡何以生爲再三說之不屈遂遇害（通志）
洪朔字駒父樂平人宣和閒爲黃州酒正廉潔自持榷酤有法
毋制機蜀人分教黃州兼領河東雪堂二書院教人以明體達用爲先學者稱爲平山先生
龎籍明道閒黃州司理參軍獄無寃滯時夏竦知黃州謂籍有宰相器後果然

黃岡縣

張瀓籍貫未詳前志稱其治邑有善政（縣志祀名宦）

麻城縣

錢治字良範武進人進士景德閒舉茂才異等以推官監麻城茶場遷著作郎終尚書屯田郎長於決獄歷有循聲歐陽修亟稱之（舊志祀名宦）
張毅熙甯閒知麻城夾道植松萬株蘇軾謫黃作詩詠之入山祈雨雨降賦詩刻石（通志）
胡定之熙甯閒監酒稅嘗載書萬卷喜借人觀蘇軾謫黃定交日從軾遊（通志）
楊掞字純父臨川人進士理宗時麻城尉向士壁守黃州檄入幕尋以戰功升三官

蘄州

劉沆字衝之永新人天聖閒知蘄州州有巨姓尹氏僞券侵田

沆鞫奪之人稱其明
李宥字仲嚴青州人進士仁宗時知蘄州歲凶委棄嬰孩者道相屬宥命吏收取計口給穀俾營婦均養之每旬閱視所活甚衆或殺人以米十石給傭者使就獄曰我重賄吏爾必不死宥得其情論如法
韓世清知蘄州州人請爲兵馬鈐轄有賊劉忠入境世清設方略破之
張商英字天覺新津人元符閒知蘄州有善政祀名宦
余童徽宗時知蘄州歲饑急賑濟盡括境內人戶第爲三等量口貸之又度五邑地置場均糶立法伺察民以爲便（通志作余童明誤）

王玠長洲人景定閒爲蘄黃鎮撫使司幹辦公事會鎮撫使孔彦舟謀叛玠開陳百端不聽大駡曰逆賊憾不斬爾萬段彦舟並玠家屬沈之龍眼磯後人立廟磯上祀之案蘄州志玠長洲人高宗紹興二年死節明一統志作景定閒疑誤

章燾字彦博宣城人孝宗時知蘄州爲政寬平不擾蘄產竹簟例充苞苴燾悉罷去

葉適括蒼人湻熙進士除太學博士朱熹爲林栗所論適上疏言非是出知蘄州治務鎮靜入爲吏部郎歷官侍郎世稱水心先生

王彦明景定二年守蘄州元兵壓境彦明力戰以糧乏不支率家屬登舟中流鑿之闔家死州人立廟祀之

王益景定閒知蘄州政尚寬和開麒麟山立郡治案舊志王益之次有呂誨通志有范純仁雖皆知蘄州然史不載其宦蹟宜刪

錢易字希白臨安人吳越王孫第進士太宗時通判蘄州上言四方長吏競爲殘暴非法之刑非所以助治請除之帝嘉納

李誠之字茂欽東陽人嘉定閒知蘄州金人犯淮南選丁壯守城募死士迎擊遇於橫槎橋大破之居數日金人擁衆臨沙河欲渡又破之尋金兵大至蘄兵直前奮擊殺其帥金人攻益力圍城數重燔木柵誠之又殺其將卒數十人金使持書來勸降誠之戮其使越二日金人益攻具以進誠之設計禦之夜出擣其營會黃州失守援兵不至城遂陷率兵巷戰子士允力戰死誠之引劍自刎妻許及婦若孫皆赴水死事聞贈朝散大夫封正節侯案王志作慶元閒知蘄州茲從通志

秦鉅字子野江甯人通判蘄州金人犯境與知州事李誠之協力捍禦城陷鉅與誠之各率兵巷戰死傷略盡鉅歸署疾呼吏人劉迨令火諸倉庫乃赴一室自焚有老卒冒火挽出之鉅叱曰我爲國死爾輩可自求生掣衣就焚而死次子浚與弟灊偕死教授阮希甫判官趙汝標錄事參軍杜諤都監嚴剛中俱死難各贈官有差時蘄春知縣林㮚統制官孫中小將江士旺陳興曹全邱卞軍士李斌等皆鬭死

王霆東陽人理宗時知蘄州建學舍祠祀忠臣嘗貽書丞相杜範乞置瞰江三新城蘄春於龍眼磯安慶於盂城滁陽於宣化不報南宋書

甯時鳳字祥夫浮梁人蘄春主簿金兵寇黃郡奉李誠之檄助城守死於難案時鳳一作蘄州通判

桂壁貴溪人以薦授蘄州判北兵徇蘄太守徐羿逸去壁欲獻奮發申明大義率城中人日夜捍禦敵不能犯踰旬乃出奇兵擊之圍遂解

汪安行績溪人高宗時蘄州教授學政嚴肅孝宗稱爲樸直做家老子遷知澧州案舊志州志俱作汪姓通志作江誤

李宗思乾道閒蘄州教授移建學舍切磋生徒朱子嘗稱其日月有程不獵不惰非俗吏所及通志

廣濟縣

朱晞字子淵休甯人孝宗初知永安民立生祠政知廣濟請更

合肥之兵從之徙知靖州

安德裕河南人太平興國中知廣濟軍時軍城新建德裕作軍記及圖經三卷優詔加獎通志

孫構字紹先博平人進士廣濟判官歲舊入圭田粟六百石構止受百石餘以畀學宮

元

史弼至元間爲黃州等路宣慰使盜起淮西司空山弼討平之通志

劉魯字景文保定人守黃州三年政先學校復舊置四館以訓諸生自是郡人蔡堅趙思義相繼領河南行省鄉解咸謂興學所致

劉哈八兒元統間涖郡政以德禮爲先聲動江淮案舊志此次有夏璿官黃州行省都事查元史百官志黃州路無行省都事之官且並不載宦蹟宜刪

黃岡縣

吳汝字國棟饒州人至正間以左丞戍邾城大水隄盡決汝悉力裁石巨舫塞之徐壽輝亂破邾下武漢諸城汝起兵復武昌後飲黃鶴樓爲僞漢兵襲破率其麾下渡江以圖興復不克死之部將黃榮劉戶沈權等統眾還饒州明太祖與陳友諒戰鄱陽黃榮以兵從榮稱戰時見汝白馬紅袍憑空助戰乃敕封護國忠臣顯靈王邾民立祠祀之縣志祀名宦

麻城縣

馬兒吉思任麻城達魯花赤襟懷軒豁政尚清簡暇日登臨山水賦詩自適

樂九成蒙古人從宇术魯子翬學以世胄知麻城有政聲劉青田云先生質粹而溫行果而毅學博而知要可想見矣

羅田縣

周廣安農人大德間知羅田以縣治在魁山下崎嶇不便民遷官渡河至今仍之縣志祀名宦

蘄州

張好古字信甫中統間移戍蘄州李璮叛踞濟南宋人攻蘄好古率兵迎擊力竭死之父晉亨在濟南軍中聞而哭之曰吾兒死得所矣案元史好古所戍乃宿州之蘄縣非蘄州也詳通志存參

卜顏鐵木兒字珍卿唐兀吾密氏至正十二年徐壽輝陷湖廣

詔率軍討之十三年自池州戰勝進攻蘄州擒僞帥鄒普秦克州城進兵道士洑焚其柵抵蘭谿口時賊踞黃連砦爲巢又克而殲之分兵徇巴河上下於是江路始通合兵攻蘄水拔其僞都獲將相而下四百餘人壽輝僅脫時諸將皆分道討賊卜顏鐵木兒獨控長江十六年卒生平廉介人不敢干以私常乘花馬時稱爲花馬平章云

趙貧翁守蘄州有廉明聲通志

黃梅縣

樊懋侊直隸正定人皇慶九年任黃梅興學校課農桑有循聲始改建縣治通志

也孫帖木兒至正間任黃梅主簿時賊陷武昌舳艫蔽江而下

也孫帖木兒請擊賊江州路總管李黼大喜瀝酒與之誓急檄諸鄉落聚木石於險隘遏賊歸路倉卒無號乃墨士卒面統之出戰黼先大呼陷陣也孫帖木兒繼進賊大敗逐北六十里

明

陶安字主敬當塗人舉人少敏悟博涉經史尤長於易洪武初任黃州知府翦荊棘建廨宇闢田野均賦役逋民相率歸附

李仁字守道唐縣人洪武間黃州知府性端謹言行不苟下士愛民廨宇壇廟學校倉庫皆經營創建媲美陶安

葉宗字承允永嘉人洪武二十九年以新化縣丞擢守黃州志量宏大決事如神治行稱第一先是宗與靈壁知縣周榮宜

春知縣沈昌昌樂知縣于子仁並坐事逮訊部民爲叩闕太祖喜立擢四人爲知府榮河南府昌南安府子仁登州府宗黃州府由是長吏競勸一時多循良之績焉參明史循吏傳寶慶府祀名宦祠

何晚齡漳州人洪武間同知黃州有政聲就擢黃州知府廉明果斷才能益著歷陞兩淮鹽運使卒於官反葬黃州蔡家潭置有祭田詳冢墓

滕霄字九皋汝州人永樂間黃州知府在官十八年廉能清愼政績最著其後註籍黃岡馬鞍山施建大輿寺置墓田若干石墓今在祥興灣屋後參通志

盛璞字玉夫宜城人永樂五年由國子生知黃州匹馬一僕不攜妻孥警敏有才剖決無滯勢豪斂避

余清巴縣人正統間知黃州持廉秉公政平訟簡軍民畏服比卒囊無餘金黃人賻之乃歸

錢敏舒城人永樂間知黃州興學校課農桑修城池葺公廨政事文章爲諸郡最

楊珏臨海人景泰間以福建按察使左遷黃州知府勤於撫字性直諒遠奸佞卒罹謗誣士民惜之

王霽字景明上海人成化間黃州知府善聽斷有能聲境素有火災與虎患江水嘗暴溢壞民廬至是害息九年賜誥旌異參通志

謝恭字文安休甯人成化己丑進士黃州知府學問宏博居官

清苦舉廢墜興學校士民愛戴

劉肅字敬之嘉定進士黃州知府值蘄州宗藩弗靖監司倚肅爲重卒賴以安屬歲饑賑救有方遷貴州參政

盧濬天台人進士宏治間黃州知府廉明慈惠觀風各邑遇名山水輒留題詠右文禮賢修府署毀淫祠時三江口有水妖歲壞舟濬草檄投水中妖遂滅除水妖事詳撫聞

胡錠字希曾長垣人進士正德間黃州知府時值盜警督兵防守歲饑急賑恤死者具棺瘞之理民事如家事

余貴縣州人正德間黃州知府爲政寬猛適宜學校公署修飾一新城內浚井二十餘處民用利之名曰余公井

楊最射洪人進士嘉靖間黃州知府清介嚴明不避權勢凡乘

傳貴人並當轄差遣聞其風多迂道去徭役大省

吳淮鎮江人嘉靖閒由御史遷黃州知府簡重有爲製文廟禮器建號舍數十楹於東坡書院拔諸生茂異者講習其中一時人才稱盛

郭鳳儀字舜符祥符人進士嘉靖閒黃州知府性清介不以家屬自隨政尚平恕歲旱祈雨輒應郡人王廷陳嘗記其事

商廷試會稽人進士嘉靖閒黃州知府簡重有威馭吏尤嚴肅無敢貪緣舞法者

張嘉孚肇昌人進士嘉靖閒黃州知府耿介精明遇事立斷馭吏嚴犯法輒抵罪舊有學田二區隱沒十年嘉孚燭其弊田仍歸學

孫光祖慈谿人進士隆慶閒黃州知府治先教化明察善聽凡民瘼豪奸無不周知公餘與諸生論學不倦一郡以治

范可奇萬歷閒黃州知府增廓學宮訓課多士廣倉儲治道路築隄防並於江干設船救生隨所在施槥瘞骨善政甚多祀名宦

瞿汝稷字元立常熟人景淯伯子也以任子累官黃州知府每聽訟堂上手草爰書誦聲琅琅徹堂下訟者叩服時採木旨下他郡率役富民多破家稷獨給官緡董以衛弁民閒宴如直指得其治狀爲之歎服

王世德字迴溪永康人進士萬歷閒黃州知府宅心仁恕練達機宜尤留意人才與推官許士奇修葺問津書院擇師課士人稱盛舉（案世德本黃州知府通志作推官誤）

祝萬齡陝西咸寧人進士崇禎初以薦起任黃州知府興賢舉善木鐸徇路凡三載奸宄皆感格爲良民嘗曰吾輩讀聖賢書奈何一領簿書棄之如遺因集兩學諸生於定惠院延儒士王家欽爲師迪以正學學者稱爲關西夫子後家居死流賊難（參明史）

許文岐字我西仁和人進士崇禎閒黃州知府值流寇擾江北文岐殺悍賊一隻虎奪大纛還擢下江防道駐守蘄州四年屢戰却賊癸未張獻忠陷蘄被執不屈拘留之時舉人奚鼎鉉數十人同繫文岐密約被掠良民數萬期四月起義滅賊謀洩被殺事聞賜祭葬贈太僕卿詳明史

國朝乾隆四十一年
賜謚忠烈

安貞洪武閒任黃州同知守法不撓爲奸吏訐奏被逮獄既成帝諭湖廣提刑官曰律在法司守法固宜貞佐郡所爲朕訪之非其私也猾吏污衊以報忿耳此風一長有司無官矣吏反坐

白范錢塘人黃州同知有善政

李仕魯字宗孔濮人洪武閒以朱氏學舉授黃州同知太祖曰朕姑以民事試子行且名子矣期年以治行聞（明史作除知州）

袁福徵華亭人進士嘉靖閒黃州同知時盜賊充斥深山窮谷身自搜捕境內遂安

許一鶚字百萬定興人萬歷閒貢生任黃州通判荆王某姬誣他姬酖世子一鶚白其誣奄人傳太妃命欲竟其獄卒直之後以蘭州知州家居殉難

嚴迪聰宜春人永樂閒黃州推官法紀森嚴鞫獄詳慎民以無冤

羅瀚豐城人宏治初黃州推官伉直有清操讞獄善求隱微多所平反

朱節山陰人進士正德閒黃州推官性明敏不受私謁遇文士雅敬重之

吳宗周安慶人進士嘉靖閒黃州推官練達有爲深悉民隱樂與諸生談論尋以憂去

崔孔昕賓州人進士嘉靖閒黃州推官剛方廉介門無私謁持法不少貸公暇與諸生論文多興起者

佀鶴舉崇禎進士爲黃州推官殉難見明史

徐顯揚房縣人歲貢任黃州教授教士有方崇禎癸未守北門城陷被執不屈死郡人收葬於石牛山

黃岡縣

徐誼字宜叔壽昌人洪武初黃岡知縣時太祖征陳理於武昌誼作詩送使者曰紅旗招颭壓滄溟畫舸長驅上洞庭百萬生靈新撫納九重天語自叮嚀猿啼山月灘聲咽鼉吼江風水氣腥好語湖湘諸將帥漢家信誓重丹青太祖覽而壯之加授承務郎時兵燹後邑里殘破誼撫綏流亡修葺廢墜庶政咸理

胡潔豐城人進士正德閒黃岡知縣廉介有幹才其於民推心置腹藹如也時御史督學命遷縣學於今址歲祲不贍潔爲區畫告成其他振飭類是累官至都御史

簡霄清江人進士正德閒自石首改黃岡知縣敏而文有遠猷督修諸鄉隄壩爲民永利累官南京兵部侍郎

虞儼丹陽人舉人嘉靖閒黃岡知縣明敏公恕不妄取一錢緩徵省刑民至今思之

孟津字伯通丹徒人舉人嘉靖閒黃岡知縣不事嚴切而丰采凝然無敢譸張者退食正襟危坐雖家人不見喜慍之色

賈應壁字文宿無錫人進士隆慶閒黃岡知縣性清介有吏才政尚簡要百姓安之累官按察使

羅應鶴歙縣人進士萬歷閒黃岡知縣勤於撫字尤好引掖人才推獎皆一時名士累官保定巡撫

趙士登字應庸涇縣人進士萬歷閒自武昌移黃岡知縣專務德化察民疾苦有不便即時除去聽訟片言立折奉詔丈田調停曲當邑人咸受其庇累官吏部侍郎

涂宗濬字吉甫南昌人進士萬歷閒黃岡知縣先是歲饑且疫流亡過半宗濬勤恤民隱興利除害豪猾膽栗民漸安集暇則與諸生論文後擢御史累官延綏巡撫邑人塑像與趙士登並祠

曹愈參字石清涪州人進士萬歷閒黃岡知縣儉約率下不事

繁苛訟獄寃息愈參毋病篤士民相率禱於神數日果愈衆大喜其得民心如此累官河南按察副使

徐紹曾字衷耿海甯人進士萬歷間黄岡知縣有魁盜夜殺人按之急遂譾愬上官幾爲移聽士民爭雪其寃賢聲益起會倭徭交警徵發不時又中使採榷來楚横施荼毒紹曾極力捍蔽民深德之報最擢去行李蕭然歷兵部武庫司郎中

茅瑞徵字五芝歸安人進士初任泗水知縣有循聲萬歷間知黄岡事勤恤民隱凡保甲賦役水利郵傳備極經營民感其德公餘手輯邑乘並赤壁集體例嚴明稱善本後徵拜御史去官至湖北副使著有象胥錄三大征記見明史

李希沆字鼎武慶陽人進士崇禎間黄岡知縣清廉好士膽識

過人時流寇肆掠希沆嚴守備有警輒單騎佩刀先馳邑中義勇從之追遂披靡民賴以安

孫自一字澄如光山人進士崇禎間黄岡知縣清介有惠政士民愛之獻賊之亂自一方解餉軍門及歸城陷乃與邑諸生王之經結寨大崎山保殘民圖恢復時亂離倥傯民有爭訟必取決賦稅輸山中無或後者會賊掠梅家湖自一率鄉勇五百人往救力戰死之賊退民求其屍面如生印猶在握因藁葬湖岸詳明史

國朝乾隆四十一年

賜謚節愍

韓秉文慈谿人舉人嘉靖間黄岡教諭身範諸生不獵浮譽一時名士咸資造就

武鉞來安人舉人嘉靖間黄岡教諭丰度安雅博洽多聞遇貧士輒分俸給之

張性魯當塗人貢生嘉靖間黄岡教諭慷慨多大節遇事持正論無所隱諱啟聖祠圮捐俸修建

周祿廬陵人貢生嘉靖間黄岡教諭温文爾雅與諸生縱談名理終日忘倦

姚溢汝陽人貢生嘉靖間黄岡訓導性耿直事關學校輒力爭之博學能詞賦有登眺詩云鄉心一雁遠時序二毛侵論者謂其風韻遒逸

劉烜漢川人貢生萬歷間黄岡訓導持守方正非孔孟之言不

道閒居無踞坐跛立嘗謂清貧二字爲學者立身之要

林兆箕莆田人舉人萬歷間黄岡教諭邃於經學集諸生課藝寒暑不輟多所造就

吳文燮福建人明季黄岡縣丞獻賊之亂文燮分守南城晝夜不懈城陷罵賊死之明史

國朝乾隆四十一年入祀忠義祠

杜遇春霍邱人永樂間以人材任縣典史清節特著入覲緼袍拜闕下成祖見而賢之擢爲御史未幾以他御史誤軍糧事並坐極刑後詔給葬求屍莫得乃葬其衣冠於縣東七里螺螄湖子貴遂籍黄岡以上俱祀名宦

蘄水縣

胡奎鄱陽人舉人正統間蘄水知縣邑有迴風磯當蘄湖大江二水之匯常衝激爲民患奎築萬工隄分障之立江神廟磯上患乃息後知黄州七年政尚寬厚爲民興利暇則訓課諸生多興起者參通志

陳興許州人舉人成化初蘄水知縣閱九年公正廉明始終如一吏咸畏法民不忍欺

黄鳳吉水人舉人宏治間蘄水知縣性慈而剛催科無擾雖被罰不恤也久之曰吾奈何以頭搶地乞靈貴人遂謝去

汪深進賢人舉人宏治間蘄水知縣時倉儲缺乏乃籌畫倡捐以勸旬月而六倉鼎然越再朞儲粟二萬石歲歉民賴以生

曹逵太倉人進士正德間以隨州判權蘄水知縣性廉明値武

宗南巡鄰省應協辦差事逵先期籍甲乙甚具絲毫無苛派民悉德之去任男婦操壺漿以送

蕭祥庚太和人舉人嘉靖間蘄水知縣清廉儉約催科有法奏最得異等尋告歸大府徵之竟不出

閻士選江都人進士萬歷中任蘄水知縣時方清丈田畝士選與邑紳里老製弓格度肥瘠計便宜俟秋斂畢令民自爲丈不假手吏胥欺隱弊絕更留心風化於蘄鄉賢中舉孝弟忠信禮義廉恥八行各以一人當之刋刻成書家諭戶曉俾人知所倣法民風丕變

孫善繼萊陽人進士萬歷間蘄水知縣下車値歲荒勸邑庠生楊永貫出積穀六千石富民黎朝臣捐金千四百兩以助賑全活甚衆

杜長春字貞陽綦江人進士萬歷間蘄水知縣懲奸罰惡不畏強禦清覈錢糧無欺隱包賠之弊每月課士評隲不爽人咸爭自濯磨

李汝璨字衡嶠南昌人進士崇禎時蘄水知縣性廉明洞悉民情吏弊値大造黄冊編審里甲稱平行保甲嚴吏漏閭里帖然創置興賢莊田以贍貧士庚午癸酉兩次分闈得人最盛

龔鼎孳字孝升合肥人崇禎甲戌進士蘄水知縣値流寇猖獗鼎孳籌畫方略調度兵餉修城池登陴防禦不少休息賊勢少緩卽進諸生講學好士愛民治行爲全楚最

鄒應孝臨川人舉人崇禎間蘄水教諭左良玉兵叛城陷罵賊

遇害

國朝乾隆四十一年入祀忠義祠通志作孕孝

童天申字滌所施州衛官籍由鄉貢授蘄水訓導流賊入蘄以身殉難贈國子監助教

吳文弈福建人蘄水縣丞彬彬儒雅有良吏風崇禎癸未流寇至城陷遇害賊焚其尸於明倫堂

國朝乾隆四十一年入祀忠義祠

麻城縣

張谷維麻城知縣披荆棘立學校創始之功居多舊縣志祀名宦

趙乾歸安人洪武初麻城知縣有謀略善設施政聲丕著建廟學文教振興後遂家焉通志祀名官

胡琮蘇州人進士成化間官御史謫麻城知縣勤撫綏修廢墜雖風裁凛凛豪右憚之而小民皆得輸其情府志祀名宦

黃琮高安人有幹濟才民有去後思

高謙米脂人丞樂間麻城知縣爲政勤敏民心悅服以上二人縣舊志祀名宦

高清揚州人宏治四年任麻城知縣建漏澤園有惠政

王簋蒲臺人丞樂間任麻城知縣正直廉能折獄如神縣舊志祀名宦

聶賢字承之長壽人進士宏治間麻城知縣凡大政疑獄諸司所不能決者剖斷如流時有聶青天之稱累官刑部尚書

劉規字應乾巴縣人進士宏治間以忤劉瑾謫知麻城政尚德化有蒲鞭示辱之風二子相繼登第秩官表作成化任

劉溥字公濟安慶人進士宏治間麻城知縣質實嚴明尤惡異端悉燬淫祠以祛民惑以上三人縣舊志祀名宦

王世祿廣德州人進士正德間麻城知縣先是縣河衝激爲患因開新河以殺水勢並建縣署民不知勞旋調任去

陳子文閩縣人進士嘉靖間麻城知縣徵稅糧立條鞭法民閒稱便縣志注府志祀名宦

黎泮樂平人舉人嘉靖間麻城知縣值歲祲盜賊蠭起白晝羣聚刦倉廩泮杖斃爲首數人仍令富戸平糶於是食足盜息

尚德恒南充人進士嘉靖間麻城知縣積倉於岐亭便民輸納修學宮建名宦鄉賢二祠後擢吏部去

蘇松廣安人進士嘉靖間麻城知縣築河隄重建鼓樓修縣志額退思軒曰清風亭

錢節用富順人進士麻城知縣萬歷初詔天下繕城垣節用計公費均力役閱七月而城成通志案縣舊志祀名宦

文德宇舜階涪州人進士麻城知縣德政稱最擢御史去縣舊志祀名宦

宋一麟南樂人進士萬歷間麻城知縣清釐除奸人咸懷服縣舊志祀名宦

鄧應旂進士萬歷間麻城知縣縣志注祀名宦

戈允禮字敬輿保山人進士天啟間麻城知縣愛民如子弊絕風清在官八月以艱去前令文德有善政邑人至今頌之曰前文後戈召杜同科

蔣煜字羽公武進人進士崇禎間令麻城鋤姦課士解繁決滯綽有吏才倡建書院置學田邑士至今蒙惠

貢安國甯國人歲貢嘉靖間麻城教諭日進諸生講學不倦嘗攝縣事清惠得民

詹景鳳號東圖海陽人舉人萬歷初麻城教諭以詩文名兼長書畫邑人士爭寶藏之著有詹氏小辨六十四卷六緯擷華十卷見明史藝文志

蕭頌聖定遠人貢生崇禎時以麻城教諭署縣事癸未獻賊破城脅授偽官不屈自縊死

國朝乾隆四十一年

賜謚節愍

高公勺內江人嘉靖間由歲貢任麻城縣丞政尚寛恕不衒聲譽傚裘羸馬自得也署縣篆有黠盜謀刦庫忽相戒曰恐累高公遂散去

李體明滎澤人舉人崇禎壬午任麻城縣丞長厚寛和到任未久獻賊破城罵賊不屈死

馬人龍鎮筸人崇禎八年提兵千餘守麻城遇賊滿天星等擁衆數十萬肆抄掠人龍同其將雷應乾爭前殺賊戰於陰山畈賊尸徧野會大雨賊四面環攻人龍應乾及所部皆死焉

國朝乾隆四十一年

賜謚節愍

石都司軼其名籍崇禎丙子禦獻賊沒於西門外

黃安縣

林葵大理人舉人嘉靖間黃安知縣時邑治新設建衙署定規制寛嚴有體士民德之

李講清平人舉人嘉靖間黃安知縣綜覈精敏吏胥多憚之而御民以寛嘗曰愚民非猾吏比偶犯小過教戒之足矣嘗建學宮力爲創畫有古循吏風

應存初浙江人舉人萬歷初黃安知縣憫民疾苦首剏條鞭法省一切經費而增城堞修學宮善政備舉復捐廉俸以賚寒畯士林德之

秦煒容縣人歲貢萬歷間黃安知縣歲祲盜起民多流離煒盡心撫輯窮鄉僻壤躬履周至獲盜輒懲之邑賴以安

李文芳向應賢俱四川人進士萬歷間先後任黃安知縣聽斷嚴明清賦籍節夫馬治績相同邑人旣爲立碑建祠東關並崇祀焉

趙利珍滕縣人舉人明季黃安知縣督兵扼流賊親冒矢石屢立戰功賊相戒勿犯利珍撫循有術士民樂附

梁夢卜三水人崇禎末襄陽推官權黃安知縣邑新殘破撫字招徠遺黎復聚時軍興徵發不時夢卜以書諭山砦父老無不流涕急轉輸邑治燬於寇夢卜葺宇以居榜曰德風雖當倥偬之時猶躬親校士首拔張希良咸以爲知人後罷官卒於漢上

郝景春江都人舉人以府照磨攝黃安篆甫三日羣賊奄至堅

守八晝夜賊解去擢知房縣卒死於難（明史忠義傳）

黎汝謨羅山人舉人萬歷間黃安教諭剛方正直師範尊嚴入悉吏胥弊竇後攝黃安篆取巨蠹數人寘之法時論快之稱神君云

黃元春新建人舉人崇禎間黃安教諭工詩古文日與生徒論古今成敗不輟著有青萊文集

周天造莆田人吏員嘉靖間任黃安典史時邑新設佐修城池葺公署招商賈通貨財邑中至今享其利

羅田縣

龐敬嘉興人舉人正統間羅田知縣律身廉介涖政嚴明壇壝鋪舍祠廟捐貲建置不憚經營祀名宦祠（通志）

徐泰字士亨江陰人舉人景泰間羅田知縣清廉仁恕督課農桑創便民倉以備荒歉邑距江遠漕米轉運維艱泰買蘄水巴河地建倉數十楹置附近田數十畝為歲時修繕費民咸稱便（通志作成化初任）祀名宦祠（見一統志）

羅動四川永州人宏治間進士任羅田知縣清靜簡易重儒勸學頗著賢聲

勞樟崇德人舉人嘉靖間羅田知縣性剛直雖大府不能撓值凋敝後稽賦懲奸時無猾吏亦無冤民始修石城新學宮皆身親督理民樂趨赴祀名宦祠

祝珝（縣志作翊）蘭谿人舉人嘉靖間羅田知縣纂有羅田縣志八卷並序見鄞縣范氏天一閣藏書目錄

凌嗣音烏程人進士隆慶間羅田知縣潔已愛民恤獄囚改監所邑人懷德為祠祀之

李一陽歸安人舉人性純孝好學萬歷間羅田知縣公暇披吟不輟選邑子弟有文行者讀書署內造就頗多

梁志仁江甯人舉人崇禎七年羅田知縣八年羅汝才分其黨攻城城陷志仁巷戰手刃數賊勢孤被執迫之跪罵曰我天子命官肯屈膝爾賊耶賊支解焚之妻唐奪刃殺賊不得嚙賊手亦被殺汝才聞之馳至斬其別校曰奈何擅殺長者以錦繡殮其夫婦事聞贈蘄州知州（明史）

國朝乾隆四十一年

賜謚烈愍

白乃忠字邇事江津人舉人梁志仁既殉節乃忠任羅田知縣時邑里殘破井野蕭條乃招集流亡謀於衆曰賊氛未靖守禦當嚴募民有勇力者分為七營簡閱練習步伐整齊賊至躬冒矢石輒擊敗之民獲安堵復於戎馬倥偬時重修邑志才兼文武在任五年治績丕著

陸敏烏程人宣德間羅田主簿廉正勤敏在任五載巡按稱最祀名宦祠

齊錕臨漳人宏治間羅田主簿淡泊渾樸任事明敏嘗權知蘄水吏莫敢欺祀名宦祠

李儁（縣志作鐫）大理人嘉靖間任羅田主簿時賦役煩興不妄施鞭扑值例應朝覲郡縣先期啟行儁檄獨後至人皆憂其無備

乃即日匹馬就道無所顧慮卒於京祀名宦祠

陳墉南昌人舉人宣德間羅田教諭潛心理學善解經旨應陝西鄉試聘入闈所取多知名士在任九年陞鎮江府通判祀名宦祠

吳鳳來福建人舉人任羅田教諭盧大受寶慶人任訓導單思仁任典史崇禎乙亥流賊陷城知縣梁志仁既被害鳳來大受思仁齊赴難同時死之詔贈鳳來國子監助教大受學錄思仁羅田主簿廕襲有差見明史

國朝乾隆四十一年均入祀忠義祠（案縣志鳳來大受均稱祀名宦祠）

吳時俊彌勒州人任羅田訓導有氣節崇禎時送郡試回至江家山遇賊殉難

李鯤騰陝西人崇禎閒任羅田訓導重名義端表率值土匪倡亂命長子率義兵進勦遇害鯤遂以憂卒

郭金城四川人崇禎末爲羅田守將賊逼城率所部五百人大戰斬百餘級追至英山休州坂賊大集困三日力竭被執脇降不屈遇害祀名宦見明史

國朝乾隆四十一年

賜謚烈愍

蘄州

夏元吉字維哲湘陰人進士以戶部侍郎充採訪使尋鎭蘄州州人祠祀之州舊志

周美字濟叔崑山人進士嘉靖閒擢下江防兵備僉事廉介沈

毅熟精兵法蘄舊有盜艇剽劫商民美立團操法造戰艘令材官日巡江上獲盜獄成卽懲之盜由是不敢犯境馭下嚴肅暇則教課諸生頗多成就去任日蘄州物產一無所攜

侯堯封字欽之嘉定人以御史出僉楚臬治蘄州潔已愛民清盜有法甄其父兄各約束其子弟嘗倣朱子遺意設社倉五十餘所又建飛梁於掛口築新生磯舟行者得無恐蘄人肖像關聖祠祀之

韓孫愛字君溥慈谿人進士累遷江防參議執法嚴明課士興學修築江岸浮玉磯蘄人肖像祀之

吳國仕字長谷歙縣人進士隆慶閒任下江防道推誠愛物捐俸數百金建文昌閣於浮玉磯置祀田二百石兼賑士之貧者歲以爲常士民德之爲立報功祠

張秉貞字坤安桐城人進士任下江防道時流寇踞地擄掠秉貞親至渴口勦之賊遁民賴以安

王世德字迴溪永康人進士任江防道有惠政增築文昌閣磯勤於課士著有麟鳳會業並祀報功祠

左安善洪武初蘄州知府創衙署興學校公勤廉潔惠政及人

王坦字子平鄆城人舉人正統閒蘄州知州政尙寬平訓士愛民歷久不渝

莊輗字仲輿上元人進士正統閒蘄州知州廉介有爲建明倫堂樂育堂貯書樓以教育諸生時劇盜逼境兵民有被害者優恤其家通志作成化時任

錢承德常熟人進士何綸順德人舉人先後任蘄州知州有善政至今並稱

葉仕美閩縣人舉人正德閒蘄州知州時流賊犯境仕美單騎招集守禦城賴以全

李純字在誠莆田人進士正德閒蘄州知州潔已愛民遇事能斷豪猾無敢逞者

石璽滁州人舉人嘉靖閒蘄州知州判王常洽淫暴惡璽鞫因祈雨詭令知州接雨跪烈日中須臾雨驟至平地水深尺許不令起璽密疏陳狀詔奪王爵廢爲庶人

潘珏字玉宇婺源人成化閒令蘄水架梁建倉多善政宏治閒任蘄州知州創阜民倉踰年大旱民賴以濟自是益廣倉廒

積粟至八萬餘石在任十年政行化洽（參通志）

鄭夢禎福建人舉人萬歷間蘄州知州剛正不阿時太監陳奉開採銀礦檄夢禎監稅夢禎極言不便大拂奉意奉劾之並及江防參政沈孟化遂降調去州人惜之

徐希明上虞人萬歷間蘄州知州江中有石磯爲舟患希明築基建亭於上名曰浮玉行者得以趨避（通志）

錢兆元字長人仁和人舉人天啟間蘄州知州每聽斷必焚香告天祈免冤抑暇則進諸生講課時三王之國供用浩繁兆元廉敏強幹務以身先民得無擾擢辰州同知泣送者萬人（通志作萬歷間任）

唐世照字伯闇濯陽人舉人崇禎末蘄州知州性明敏習勤勞

流寇隔里眼竄踞青山鄉民多流離世照於附城通衢掘濠築險分住流民日夜巡警寇不敢窺尋以勞瘁卒

傅舟永樂間蘄州學正學問淹博應詔纂修性理大全

林宗字存敬莆田人天順間蘄州學正課諸生晨夕察其勤惰諄諄誘掖咸出至誠州人建祠學宮祀之

陳策江西人貢生萬歷間判蘄州黃梅賊首梅鐣詹三漢倡亂入州境踞柴家山策從知州徐希明會官軍勦賊策奮勇突賊巢賊鉤之遂被執脅降不屈死之

封繼榮廣西容縣貢生任荆藩紀善時荆府幾務繁冗榮因時措置井井有條爲諸王所倚重子良儒益藩教授父子俱以詩名

廣濟縣

胡昇字高軒新淦人舉人洪武初廣濟知縣闢榛莽招流亡百廢俱興九年秩滿士庶戴之詣闕乞留太祖降勅襃美後遂家焉萬歷癸丑崇祀名宦祠

高偉浙江人進士永樂間廣濟知縣有政聲（一作正統間任）

劉遜館陶人舉人正統間廣濟知縣平易端恪卒祀名宦子受欽遂家焉

陳昱浙江人監生正統間廣濟知縣政清嚴吏不敢欺節省民財事亦克濟三年致仕歸

杜燉蘭谿人舉人成化時廣濟知縣惠政及民廉介自守尋調上元民遮道留之

江震錢塘人舉人成化九年廣濟知縣文章政事爲時鄭重後官至吏部侍郎

陳銓南昌人進士宏治間廣濟知縣心存仁厚政有條理遷儒學於縣署右絃誦丕振尋擢御史累官廣西布政使

葉溥龍泉人進士正德間廣濟知縣洞察民隱誠心涖政無赫赫威而吏不敢欺尤作興學校賓禮韋布有長者風（表作宏治任）

汪倬貴溪人舉人正德間廣濟知縣時鄉民流徙田爲蘄人所侵民多賠累倬請於朝凡得田者即編隸爲民賴以蘇

楊阜字弇西宜興人舉人嘉靖間廣濟知縣初邑無城市至是聚居民貿易成街曰楊公街又曰玉帶街建八門鑿九井西北有池曲轉又改河流繞縣右接梅浦清流塞舊河口以培

地氣創凝秀橋以闢下流迄今水道環流民稱楊公績焉以上俱祀名宦

姚翼字翔卿歸安人歲貢萬歷間以黃郡教授任廣濟知縣清編戶正昏禮闢布衣吳自守敦崇古道單車造廬訪焉邑大治

劉允昌字燕及桐城人萬歷間廣濟知縣敏練有爲大吏重之疑獄多屬其聽斷他邑爭以訟來乞決蘄豪鄒長武斷殺人員拘而斃之時獄司吏徐某下通書吏爲奸廉得詳治之建滄浪橋修梅浦閘叉樹碑前賢墓爲寇山人營葬崇祀孝子闡發幽光一邑向化

周驤江津人崇禎初以鄉舉任廣濟知縣吏治勤敏左右無敢

欺者徵比以單爲率法歸畫一鄉民皆得自輸里胥無能作弊至今法之租賦皆手冊細書一目可曉靈東四圖倉米居半黠者憑焉多爲欺隱驤集諸書吏核校飛詭諸奸狀搜剔無遺

張登衡字埜心桂林人舉人崇禎末以蜀令移廣濟知縣招集士民於大江洲上防禦流寇胥吏素憚威嚴思乘亂爲不軌歃血私盟立營以義勇爲名士紳偵知恐變作約洲民立保定營以防之衡宴然若弗聞者時天旱步禱諸奸見久無督過意衡出必隨後行香江北廟奸黨皆從衡預與保定營長密計忽鳴鼓督衆擒其魁數十人投江中餘黨以靖通志

梁文崇化人歲貢嘉靖初廣濟訓導品行端正有古人風培養士氣訓誨不倦嘗捐俸新兩廡並資助寒畯士人德之

陳道濟南康人舉人中禮闈副榜萬歷間署廣濟教諭在任三年鼓舞多士初道濟居廬山麓以茂才異等選入白鹿洞讀書同時士人奉爲嚴師焉

曾發祥字戩穀鍾祥人以明經任廣濟教諭崇禎乙亥流賊圍濟發祥協力堅守城陷不屈死賊焚屍於明倫堂

樊守純通志純作仁西平人萬歷四十一年爲廣濟縣丞有幹略邑自戊申江水破隄癸丑再決委守純修築由盤塘至龍坪接黃梅壩六十餘里計租起夫立期赴工舂鍤杵築悉有程度

王素樂平人洪武時以掾爲廣濟典史好讀書公餘習舉子業至夜分不倦中湖廣鄉試士大夫榮之

魏時光新建人崇禎九年任廣濟典史善舞雙刀團練排兵三百人赴蘄州高山鋪禦賊賊至河口憚不敢渡已而賊間道掩至時光匹馬揮刀與賊鬬賊環攻之剚斷被執不屈死事聞贈廣濟主簿予䘏詳明史祀名宦

國朝乾隆四十一年

賜謚烈愍

黃梅縣

黃武歸安人金章上元人進士先後任黃梅知縣有善政案金章舊志作金元昆山人今本縣志

戴中新淦人成化間黃梅知縣持身清潔涖政明敏修學宮葺官廨建倉儲穀凡有廢墜慨然興舉梅人德之

來三聘蕭山人進士萬歷間黃梅知縣清介愛民徵收草除火耗有羨餘卽充解費期年後調任合肥梅人乞留不得有疑獄輒褁糧往訴決判訖卽鈐合肥印故當時有黃梅案牘合肥印之謠邑人思之建祠東關外

桂生芝貴溪人舉人萬歷三十六年黃梅知縣值大水衝隄邑民半罹水患生芝多方拯濟先給銀米繼以請蠲請賑請建隄工派丁糧民皆趨事遂成永利稱桂公隄時獲眞盜輒投之水故歲荒民得安枕

武圖功曹縣人進士萬歷間任黃梅知縣治尚清簡獄無大小情僞盡知當時有肺石無冤民之頌百姓請祀名宦並建特祠

曾維倫樂安人進士萬歷間黃州推官權黃梅知縣下車問民疾苦旌善良鋤凶暴學宮及壇廟城垣修葺一新自濯港至孔壠地最低下維倫捐資築隄四十里民賴其利

施廷賢浦江人黃梅知縣崇禎十七年獻賊陷城巷戰被執勸降不屈自刎死

國朝乾隆四十一年

賜謚節愍

沈鑨平湖人嘉靖間任教諭有雋才入名宦

蕭廷儲廬陵人嘉靖間任教諭爲人醇謹遇事出以平恕善類賴之入名宦

顏樸廬陵人舉人嘉靖間任訓導學問淵洽訓迪嚴正有古人風後祀名宦

席慜四川人嘉靖間任訓導敦行勵節軫恤寒士當事賢之後祀名宦

闞士琦字禓公桃源人天啟甲子舉人署黃梅教諭博學工詩文在任三載日夕課士沾丐餘芬者皆成彬雅著有桃源[illegible]解鄖當草捕鯉堂稿蟛蜞集行世後甲戌成進士官南安[illegible]

縣

國朝

郭鳴鳳任邱人順治間黃州知府潔已奉公愛民如子歲旱祈雨輒應復值年荒施粥賑饑一郡多所全活尋陞本省輿屯道

余三汲遼東人初任黃州同知持廉秉公百務具舉尋陞本府知府未匝月移守武昌郡人如失慈父母

于成龍字北溟永寧州人副貢由知縣歷官歧亭同知黃州府知府康熙十三年東山賊起衆號十萬將逼郡城成龍率鄉勇二千人進勦討誅賊首得賊名籍焚之脅從解散餘黨悉平次年大饑振䘏活數萬人性剛嚴明決疑獄重案判斷如神積盜皆斂跡時討吳逆大兵雲集供軍需並有功尋以卓異陞任去位望日隆卒謚清端郡人建祠至今祀焉並祀名宦祠

李彥瑞字輯五三原人順治丁未進士由中書官黃州知府嚴正率屬革除陋規清查積貯歲荒民得以濟蒞任十年嘗置

屋數楹舍止羣吏彥瑄既沒乃葺作祠宇迄今奉祀李公歲
時唯謹後祀名宦參冊案

舒士貴大興人監生康熙間黃州知府舊例行戶由府給牒猾
吏藉派累民士貴廉得其弊但取完額餘俱革除刊碑永禁
歲旱禱雨立應以疾卒於官祀名宦

蔣國祥鑲藍旗人監生黃州知府潔己奉公恤民好士雍正二
年撥公田稞百八十餘石爲義學束修膏火之資本詳學校志

王繹曾宛平人貢生乾隆初黃州知府廉介有爲二年改建黃
中書院修葺學宮本建置志

王勍鄠縣人拔貢爲關中理學名家乾隆十二年授黃州知府
蒞任數年激厲風化政治昭明尤留心文獻與岡邑㢘常靖
道讞纂修府志體例詳核至今奉爲楷則本王志大序錄

李珌字君采靈州人進士乾隆十七年擢任黃州知府甫下車
清理積案塵牘一空遇疑獄片言立折先是任蘄州値奸民
馬朝柱謀逆泌偵知躬親捕治獲其器械及僞印劄按名戢
除兵不勞而事定郡邑肅然敘軍功得擢任事詳州志

錢鋆字檢亭常熟人舉人乾隆間知蘄州新書院增學田纂修
州志勇於有爲尋擢黃州知府葺官廨增號舍修書院補城
垣善政甚多詳州志黃岡志

儲祕書字玉函宜興人乾隆間進士累官黃州知府儒雅風流
士民欽仰著有緘石齋詩稿評者以爲素練輕縑雅宜時用
兼工倚聲見 國朝詞綜本湖海文傳補錄

先福正白旗人附生乾隆五十五年黃州知府儒雅清廉聽斷
明決重新雪堂修建月窟軒公暇輒吟咏其間詳建置志

吳之勷海豐人進士嘉慶九年任黃州知府修廨署築隄防甲
戌大旱之勷率屬走籲百神暴身壇所會大府下郡縣禱雨
法須飾婦鏡一枚對日設案磨墨潑其上誦咒抹勻誠求必
應之勷訪聞郡城南許希曾祖母殷母氏李兩世貞節以禮
借鏡置壇如法虔禱甘霖立霈命鼓樂送還作靈鏡頌紀之
詳藝文志

李光庭字樸園寶坻人道光初黃州知府聽斷明決政理刑清
未久以病去任黃人思之

周維垣簡州人進士道光間黃州知府多惠政士民感戴

邵勸陝西人進士道光間任黃州知府才學兼優戢暴安良尊

崇儒術人稱賢太守

楊庚字少白號星山江安人以拔貢官工部出爲黃州知府禮
士愛民常晨詣河東書院會諸生講習娓娓不倦士風爲之
一振捕蝗祈雨事事皆勤懇爲之在任五年引病歸留別詩
有茶村詩卷壓歸舟之句著有星山小草行世

徐上鏞字蓉舫歙縣人進士道光間黃州知府圭璧束躬政存
大體著有吟梅館課行世

萬貢珍字荔門江西人進士道光間以編修任黃州知府明敏
有爲甫下車適岡邑詳命案樊四十餘人貢珍提訊按律原
情辦理稱平官民無累方議改建書院修塔濬河以培植地

方尋遷擢去士民懷之
祁宿藻字幼章壽陽人進士道光間以檢討任黃州知府廉明敏決愛民息訟麻邑某與兄嫂爭產搆訟不休宿藻爲判詞累千言諭之叔嫂皆感泣去喜培植士林增書院膏火每課藝講解若嚴師値歲旱親詣大崎山禱雨甫三十里甘霖立霈民情歡洽去任郡人攀留不忍舍咸豐二年累擢江甯布政使値粵賊下竄防守金陵積勞致疾卒
楊福祺字子厚歷城人進士道光庚戌以編修任黃州知府性清介而政不苟留心文學士民頌之
邵綸浙江慈谿人進士岐亭同知咸豐三年春廣濟土匪宋觀佑等因糧滋事知縣蔡潤琛不能制力求去時綸署府事檄

黃梅知縣鮑開運兼攝濟篆會帶兵勇往彈壓觀佑等陽受撫不三日糾其衆入城肆殺掠綸及開運均遇害同時死事者團風巡檢蔡文熙陽邏汛把總魯光貴道士洑營把總賈加升及兵勇書吏丁役等一百八十餘人詳見武備志
金雲門字葯僊休甯人進士累官至安陸府知府所在有政聲初任黃岡繕葺城垣復名勝古蹟重修青雲塔爲郡邑壯觀聽斷明決士民稱頌咸豐三年移署黃州知府九月粵賊由廣濟上竄孤城無援時府署已經兵燹移治考棚雲門聞警朝服坐大堂作詩二章云笑赴清流死泉香骨亦香滿腔餘熱血泉下侍
先皇命婦投繯日雙珠爭後先泉臺忠烈魄相待已經年未幾賊入城至堂堂下有井雲門手劍禦賊且格且行及階投井死郡人後呼爲金公井先是二年冬賊由湖南竄陷鄂垣時雲門防堵通城妻汪並二女寓鄂垣殉難故詩中及之事
聞贈太僕寺卿准建專祠謚果毅旌卹並如例
許賡藻字枚卿孝豐人舉人明決有爲道光間令黃安洞悉民隱咸豐時粵匪肆擾賡藻督團練議堵勦邑人士樂爲之用屢著戰功丙辰擢守黃州時逆燄方熾賡藻籌辦軍需勞績益著詳黃安志
黃益杰字子山平江人附生咸豐辛酉以軍功擢黃州知府耿介有爲勸民息訟力除積弊時承兵燹後文廟學宮試院百廢俱興同治乙丑冬捻匪擾境益杰率士民登陴固守捐數

千緡賑附郭饑貧疏濬濠隍城賴以全郡人於大士閣建生祠益杰峻拒之乃稱爲黃公講院
白秉貞字懿生奉天杏山人貢生順治初黃州府同知斷事明決遇物慈祥一郡歸心時東山屢不靖秉貞請勦撫兼行四閱月遂平定四十八砦
宋犖字牧仲商邱人康熙三年由廕生授黃州通判事母純孝築將母樓於署朝夕承歡時當西山征役後民力凋敝多方撫恤嚴行保甲盜賊遠遁施散衣藥作育人材捐俸修復雪堂竹樓墨池崇祀先賢在任六年以內艱去百姓呼號送之後官至吏部尚書加　太子少師卒年八十　賜祭葬如例生平著作宏富有西陂類稿四十六卷祀名宦子至翰林授

浙江提學參文獻徵存錄

鍾黼字展臣浙江人道光初武黃同知廉靜寡欲培植地方武穴向無義學黼捐俸倡修延師以訓蒙士去任時士民夾道爭送本廣濟志

李炳奎字石鈞夾江人舉人道光間武黃同知在任數年日以文詞課士殷勤不倦創立書院屢爲修葺本廣濟志

丁期昌安邑人順治初推官精律例多所平反舉廉官第一通志

王絲合肥人順治間黃州推官斷獄明慎每定爰書至忘寢食臺使決讞多委任焉

彭士商衡山人進士雍正初黃州教授品行端方情殷課士究心宋學重建二程祠爲後儒矜式本黃岡建置志

曹浦蓮枝江人幼穎異嘗多病因字曰靜軒每讀書清坐默識紬繹義理遂貫串六經以能文稱年六十始舉於鄉旋成進士道光間任黃州教授持己訓人皆從主靜做工夫郡人賴成就者甚多閱十九年告歸手植桐樹高數丈許著有桐茂堂稿黃岡童範儼鄧琛及門士也梓而行之

王德新字菊門江夏人舉人道光間黃州訓導教士嚴謹師範凜然嘗手輯黃岡志稿知縣俞昌烈續修邑志一循其例工詩古文詞著有葆醇堂稿行世

王兆春字梅岩孝感人舉人道光間黃州教授性耿介學養兼到年七十餘猶吟誦不輟咸豐七年告歸道遇賊避水次賊躡之長子少岩奔救身沒於河人稱其孝次子嘉喆同治辛未進士

賀壽慈號儀臣蒲圻人拔貢同治七年官黃州教授性爽直無城府培植士類不輕褫一衿遊於門者咸知以禮法自飭賓僚接見或涉公事絕口不一言至耆宿雅故者則談讌竟日夕無倦容工書法晚尤蒼勁求請者泚筆立應焉光緒八年監修邑志明年復監修郡志遘疾卒年六十九

張大治遼東人順治十一年鎮黃州紀律嚴明素未讀書凡疏剳令幕客口誦入耳即解愛民下士有儒將風

李占春陝西人康熙初鎮黃州善飯有勇樓季之城能距而超每夕跳城外察墩卒馴擾雖圉人不敢犯疏圃卒於官身後蕭然五子皆貧莫能振

王宗臣浙江人氣質雄偉歷官戎政以恤兵愛民爲念滇黔川蜀之間皆著奇績康熙五年授黃州副將優恤士卒賞罰嚴明士民無不戴德辛亥歲大饑捐俸賑濟全活甚多未幾江右告警領兵赴蘄西援湖口親駐江干多方捍禦積勞成疾卒事聞贈左都督予祭葬廕子麟紱入監

穆克登布字熙齋正黃旗蒙古人咸豐十一年由施南副將調黃州廉潔謹慎曉暢營務黃郡迭經兵燹穆克登布厲士卒招流亡軍民共戴時公廨久燬構屋數楹一官一榻布衣疏食宴如也後調任去郡人士焚香餞送有泣下者

李宏試字月卿清泉人咸豐間從大軍援勦髮捻克復黃州府

城累戰功陞至　記名提督同治八年借補長江水師田鎮協營副將時水師始分汛宏試蒞任修衙署置操場設火藥公局整飭戎行勤練士卒並於廣濟蘄州置田收租永為本營獎卹之費賞罰嚴明轄境安謐他如捐修廟宇施棺瘞骸有善必舉光緒五年卒於官

黃岡縣

楊日昇字白石富平人舉人順治初黃岡知縣招撫流亡薄稅省刑民漸歸附時伏莽未靖昇與副將唐國臣討平之壬辰歲旱禱雨立應素性清介囊橐蕭然猶捐俸賑饑民賴以濟

劉國甯字漢章奉天人廕生順治間黃岡知縣催科有法革一切陋規邑當水陸衝兵差絡繹國甯每單騎往迎民以不擾

城內多火災預置救火器具有警輒以身先之時年僅弱冠邑人稱神君云參通志

徐擶字亦史吳縣人舉人康熙初黃岡知縣愛民息訟捐金救災修建學宮興復古蹟文物燦然著有吳郎五集寓黃小草書法亦工黃人謂以文學為吏治者必首推徐尹焉

董元俊華陰人進士以經術起家任黃岡知縣悉罷朘削之政條教一新訟獄衰息舉卓異時方草創邑志未成以憂去後令李經政繼之亦著賢聲以上縣志俱祀名宦

劉澤溥字惠菴漢軍正藍旗人康熙間黃岡知縣端方耿介培養士林捐俸置田撥入問津書院重修上新河橋建亭曰觀瀾後陞任去士民刻像嵌赤壁

樊大元字咸巖夏縣人舉人雍正初知黃岡清廉溫厚不輕敲扑培植人材尤留心寒畯在官一年以案盜失出罷行李蕭然邑人送之多泣下

陳文樞上元人副貢乾隆二十二年由教習任黃岡知縣以廉能稱嘗擴新考舍籌備書院修饒儲書籍以資考訂捐建問津書院講堂邑志年久未修前令劉煜倡捐搜輯已擬例分門文樞接纂續編未成陞任去後令蔡韶清竣其事

葉世度字涵齋仁和人乾隆二十六年由庶吉士改黃岡知縣廉靜寡欲為政務持大體嘗言正人心厚風俗求之刑禁間左矣加意人才公暇輒詣書院進諸生講論口授指畫如家塾師

史湛字澹然餘姚人貢生乾隆四十六年以岐亭同知攝黃岡知縣先是吏胥舞法每值驗勘百端需索民甚苦之湛加意釐剔積弊悉除時有史青天之稱

王正常字方山瀘州人舉人乾隆五十一年任黃岡知縣振風紀鋤奸頑斷案畢剴諭兩造如家人語民感泣相戒勿輕瀆丁未旱祈雨立應蝗起迴龍山為文禱劉將軍廟越二日有雀幕天而下啄食殆盡時士人為作神雀頌戊申大水預籌賑撫民無蕩析次第修建文昌閣二程祠江神廟及團風漕倉百廢俱興尤培植學校增河東書院膏火公餘輒親臨講藝在任七年以治行第一陞山西郡丞

汪慕鍾字潔亭臨桂人吏員嘉慶十二年由蒲圻縣丞權黃岡

知縣性謹厚不務繁苛每値勘驗減騎從省釋株連民多德
之
闕維紀臨桂人嘉慶戊辰知黃岡潔已愛民尋遷去民乞復任
道光辛巳再莅任振拔人材作興書院邑人至今思之
鄭家屏字奕圃灤州人廩生嘉慶十六年爲黃岡知縣性剛毅
以培植地方爲念邑巽峯向有四望亭久圮家屏糾貲重建
適癸酉鄉試獲售八人拔萃優行副貢又六人家屏捐建多
士坊於縣學前以誌其盛倡議修塔疏河工鉅未就而去二
十四年復任政如初以疾卒於官値
仁宗賓天家屏遺屬素服斂家人以公服弗瞑改斂乃瞑
鄖錦駿字牧雲代州人副貢嘉慶二十五年權黃岡知縣清理
積牘甫半月訟繫一空廉知稔惡奸民急捕治之闔邑稱快
爲河東書院勸輸追欠得二千餘金以充膏火故邑中多絃
誦聲朞年去任士民餞送塞途力謝不能止也
蔣祖暄字晴山全州人舉人嘉慶二十二年由羅田調署黃岡
知縣時大旱羅民潛往大崎畚龍神去岡民爭之匿弗與兩
造洶洶聚至萬人訴於官祖暄馳往羅民爭拜馬首祖暄委
婉開導仍舁神還明年又旱暄徒步往禱得大雨有崎山禱
雨記政尚簡易慈祥剴切吏畏民懷咸尸祝焉
李錦源字蓉檥犍爲人進士道光九年任黃岡知縣性仁厚縣
試所拔多知名士倡捐景聖堂義學邑中效之者十數處延
前令陸炯府訓導王德新纂修邑志値辛卯水災事未竟旋

解任去
范興榮字仲華普安廳人舉人道光閒黃岡知縣潔已愛民培
養士類有古循吏風尤善聽斷折疑獄多奇中民以不冤知
府楊庚深倚重之以卓異陞鹽提舉去行李蕭然邑人稱范
青天云
俞昌烈字鴻甫大興人監生道光二十六年任黃岡知縣聽斷
明決前令李錦源集貲修邑志編輯過半値水災中止至是
勒成全書去任寓省垣咸豐二年粵匪陷鄂昌烈力刃數賊
死之闔家殉難得卹祀省城昭忠祠見節義錄
翁汝瀛字蓬山鉛山人舉人咸豐三年任黃岡知縣慈惠得民
心有禦變才時粵匪擾黃汝瀛至西北鄉練勇攻勦每戰輒
克明年九月汝瀛率勇先官軍克復黃郡五年元日制軍楊
霈兵潰廣濟奔馳過黃檄令集勇遏賊上竄汝瀛率二萬餘
人尾追至漢口令曰火之無遺人衆輕敵鼓譟爭前遇伏大
潰汝瀛陣亡紳民從死者數百人事
聞贈知府銜卹如例
葛致遠字毅山畢節人舉人究心經世之學兼習壬遁風角術
以揀發來楚咸豐五年春粵匪上竄黃岡知縣翁汝瀛陣亡
大府遴委攝縣事致遠閒道徒步至李家集招勇團防越日
賊大股抵倉埠致遠邀擊於井字山身先陷陣團勇繼之擒
斬甚衆悍酋范潮蘭率所部降兩年大小百餘戰所向有功
時方倥傯而治獄徵賦皆無廢事郡城克復卸篆去黃人思

之
薛元啟字雲錦泌陽人咸豐九年黃岡知縣剛方正直有幹才
猾吏屏息治盜嚴而勤恤民隱聽斷無冤時軍需旁午咄嗟
立辦會巡撫李續宜移師安徽奏調元啟隨營遂解任去
孫芝瑞江夏人貢生康熙間黃岡訓導事父以孝聞教士有法
度事關學校者力爭之爲時所重
李敦柱字槐亭江陵人舉人乾隆五十二年爲黃岡教諭學深
養粹古今文皆有體要教養寒畯造就良多倡修名宦鄉賢
忠義節烈諸祠並東關外忠顯廟刻有鬱林石稿二編士人
傳誦
程之楨號維周江夏人舉人大挑知縣改官黃岡教諭時兵燹

後院宇學舍皆民間輸金重修楨董其成無毫髮侵蝕故事
士甫遊於庠謁學官以束脩進權家貲爲輕重楨言之輒赧
然意不樂受也得度外之士則姁姁引進如飢渴之切已清
俸所積悉以購書史手丹黃不倦喜爲詩取法梅村高者比
肩大歷著有維周詩鈔八卷兼工書畫書摹眞卿畫仿思肖
卒後遺墨黃人士至今寶寿之比之鄭虔三絕云
李景唐奉天人貢生康熙六十年任黃岡縣丞有聽斷才不妄
笞扑苞苴請託無敢進者及去父老餞送江干猶諄諄勸民
勿輕訟聞者感之
魯開章字犧堂武陟人吏員道光間但店巡檢潔己奉公辛卯
夏山河漲溢流民入境章倡勸紳耆斂貲護送境內宴然

蔡文熙武威人團風巡檢偉軀幹有勇略咸豐三年廣濟土匪
宋觀佑等抗糧聚眾署知府邵綸往撫之知文熙才檄同往
文熙投袂起帥首跨雙刀單騎馳赴觀佑陽受撫陰結死黨
乘機突入城殺掠時兵弁僅百餘人傷亡過半綸遇害文熙
憤曰事不可爲矣惟一死以上報
國家下報邵公耳乃格殺數人被重創死
蘄水縣
李蓀字德馨狄道人舉人順治十一年蘄水知縣性勤敏簿書
皆手自裁決治敦大體崇節義禁揑誣巨奸斂迹修建廨宇
學宮規制宏敞事未竟以忤上官去蘄民惜之
劉佑字雲麓曲周人拔貢順治間蘄水知縣治敦大體前令李

蓀葺學宮未竟佑捐俸落成與邑人士修輯志乘典章文物
蔚然可觀
李振宗字欲仙嘉善人進士康熙十八年任蘄水知縣治務寬
和留心文獻續輯邑志重修廟學增置倉廒凡所建造皆利
於民
侯方夏字于東雲南人舉人康熙四十五年任蘄水知縣廉明
慈恕禮士愛民戊子歲歉鄰邑洶洶方夏請於大吏發常平
倉賑之邑賴以安去時士民號泣遮留者數日
劉象賢字思菴漢軍鑲藍旗人康熙五十七年以筆帖式任蘄
水知縣沈毅有爲篤於造士邑故有興賢莊資文生赴鄉試
之費象賢捐俸買田租立籲俊莊振興武科雍正初總督楊

宗仁舉行社倉法象賢捐廉買穀董勸紳耆各於城鄉置倉
以備荒歉士民賴之
許騰鶴字集之惠來人進士乾隆初蘄水知縣沈靜寡言崇理
學創修蘄陽書院構樓祀宋五子於上歲捐金延師課士優
者獎勵文教聿興邑有書院自茲始
邵應龍字雲谷餘杭人副貢乾隆閒由教習任蘄水知縣勇於
任事續輯邑志取廢寺田及官湖租以培書院凡地之有關
於前賢勝蹟者皆捐俸新之尋以內艱去
蘇扎哈滿州鑲白旗人乾隆五十九年蘄水知縣慈惠寬和民
無冤獄前令高續修邑志蘇扎哈踵成之在任十年善政甚
多

錢清履字竹西浙江人舉人嘉慶二十四年任蘄水知縣性豁
達加意士林捐廉倡修 文廟並請上憲增撥府學二名
趙鵬翔字雲衢臨城人進士道光十七年任蘄水知縣慈惠廉
明禮賢愛士繼前令曠成春勸捐倡修試院期年告成
王慶雲字仲卿大興人舉人道光二十九年任蘄水知縣秉性
端嚴任事勤敏痛懲盜賊遇可憫者勸令改行盜因斂迹
陳五典字賡莊長武人進士初任穀城有政聲同治元年任蘄
水知縣催科不擾民樂輸將治獄勤慎不事株連邑人稱之
夏策謙字恭占孝感人舉人雍正初蘄水教諭務實學飭行以
孝弟為先語人無隱情衣冠自朝祭外儉樸如寒素司鐸十
年與府教授彭 士商齊名

葉繼雯字雲素漢陽人拔貢乾隆五十年署蘄水教諭訓迪勤
懇值歲大旱捐金數百買米賑飢購蘆席以瘞死者邑人德
之後成進士官內閣中書
張楨黃岡人順治初便宜置官授蘄水縣丞楨收集遺民供給
軍需蘄人始定闖逆餘黨襲羅田會梁帥某統兵數千將赴
黔經邑境楨敦請協勦賊因遠遁蘄人益安堵
沈啟隆山陰人順治初蘄水縣丞有幹濟才五年春東山寇起
交煽郡縣啟隆從大尹調兵城守又隨大將軍安定旁邑奉
委以數十騎入羅田卽攝羅篆事定還蘄以軍功薦擢去
萬世清字輔齋黃岡人武庠生任蘄水把總遇事果敢咸豐五
年中台山禦賊殉難事

聞得卹邑人捐有祀田詳縣志詳人物志

麻城縣

王潞字又韓餘杭人恩貢任麻城知縣八年修舉廢墜勦除賊
寇四境安平舊例南糧收貯岐亭水次後移城內東南達宋
埠河水淺涸運送艱難潞率里長至宋埠收納費省十之二
三
孫宏姓樂安人恩貢康熙十三年任麻城知縣政尚嚴明苞苴
悉絕初徵收法不畫一胥吏作奸民累甚宏姓里置一箱一
冊限民自輸月終躬親會計遂杜挪移之弊邑民勒石紀德
屈振奇字鶩容洋縣人進士康熙閒麻城知縣薄賦省刑戡定
東山亂賊治號循良建鼓樓修儒學已酉同邑人士纂輯縣

志多所表章
姜櫄字崑麓保德州人進士康熙間任麻城知縣定徵收條例
催科不擾行保甲法平爭訟清盜源招商賈在任三年邑大
治後入爲行人累官至侍郎
李作室沁源人進士雍正間任麻城知縣法令嚴明蠹吏屏息
好微行訪民間利病舊例催科多用差役反致遲延作室定
三限徵收每限二十日爲期以里長董之不事追呼而輸將
恐後
丁翊壽長興人舉人乾隆三年任麻城知縣善聽斷有劇盜踞
山村偵者不敢近翊壽挺身自擒獲其膽畧過人如此
單言揚高密人進士乾隆十八年任麻城知縣治尚清肅以儉

率下胥吏服飾不敢侈邑附郭數大坂柴薪皆仰給縣東荒
山山民拒禁搆訟數年言揚判荒茅任人樵採坂民以安
劉希向山陽人進士乾隆二十九年任麻城知縣治先教化尤
加意人才捐廉俸修黌宮築城垣清丈學田資生徒膏火性
端方無敢私謁者
黃書紳陸豐人舉人乾隆五十六年任麻城知縣愛民禮士設
書院課生徒纂修邑志徵文考獻掌故賴焉
黃家璲字璞山連江人舉人嘉慶間麻城知縣性和厚以德化
民人不忍欺在任未及一年邑大治擢任去惟布衾敝簏而
已餞送者焚香簇擁三日始能出城父老至今傳頌
陸費瑔原名恩洪桐鄉人副貢嘉慶間任麻城知縣政尚清廉

捐貲修萬松書院文教彬彬稱盛焉後累官至湖南巡撫
董應魁安邑人進士道光四年任麻城知縣性至孝宅心風教
倡修試院在任八年士民多被其澤
姚國振字芹溪茌平人道光間以軍功授麻城知縣晉運同銜
在官十餘年多惠政咸豐四年三月督勇禦賊縣南中館驛
陣亡事
聞贈道銜賜卹准自建專祠並給雲騎尉世職子繩瀛承襲試用司
獄李克慎直隸人同時殉難　贈鹽運司知事附祀
韓寶昌字善甫畢節人監生咸豐四年四月任麻城知縣時逆
匪竄境前令姚國振戰沒寶昌受篆即督勇勦賊未及一月
陣亡於龍困橋事

聞贈知府卹如例
吳林字木齋嘉定人舉人咸豐十一年任麻城知縣性質樸刻
苦任事嘗勘案匹馬行數日不倦時粵捻蹂境林預籌修城
浚濠築礮臺儲米粟民心安集賊屢圍城以有備輒敗去皆
林經畫之力也
劉祝穀字彗樓天津人性剛決同治十二年權麻城知縣折獄
明斷囹圄爲空馭吏胥尤嚴門清如水捕治盜賊不遺餘力
城中夜不閉戶民風爲之一變
蕭超運黃陂人舉人嘉慶二十五年任麻城教諭老而好學循
循善誘不愧名師
萬之傑江夏人舉人性孝友分箸時以恒產讓兄自甘淡泊道

光十七年任麻城教諭有文名與編修金光杰舉人田漢傑同時人謂湖北三傑教人務先實學一時知名士多出其門

田象三四川華陽人麻城鵝籠司巡檢同治四年在任殉難後給卹如例

黄安縣

詹人訓常山人順治間黄安知縣清操冰潔性坦易近人嚴東吏胥革興文教士民樂之

張一躍樂亭人拔貢康熙間黄安知縣性清介馭吏嚴愛民切至勸諭如家人語捐俸五百餘金修復學宫

張國柱康熙二十二年任黄安知縣奸民以訟受責銜之戊辰歲乘夏逢龍之亂詭連汛兵詐傳僞檄襲城民皆逃散國柱

懷印出收合義勇入城擒渠魁斬之餘黨以靖上憲嘉其才使久任清廉勤敏始終不渝

劉承啟直隸故城人貢生康熙三十五年任黄安知縣弭盜鋤强愛民息訟黄岡詹大衢故名宿承啟親詣其廬聘修邑乘建學宫課士子詳請南折善政甚多

吳象寬海豐人進士雍正三年任黄安知縣化民善俗惠政及人歲歉親歷鄉村勸賑遠者授米近者施粥存活以萬計邑界光羅盜賊出没象寬嚴捕務清保甲懲惰遊民以安堵捐修學宫及城垣凡義學社倉並加修葺

彭瑞澂丹稜人舉人乾隆間黄安知縣留心民瘼公暇就田間父老問疾苦善政宜民居多

朱梓涇縣人舉人乾隆間黄安知縣性好學著有雙泉堂賦稿壽培植士林倡建奎星樓人文蔚起

林縉光南海人舉人嘉慶間黄安知縣主修邑乘仕不廢學涖事廉明不愧循良之目

楊宗時江蘇人咸豐八年黄安知縣時粤匪甫退邑中屍骸枕籍宗時捐廉收瘞葺衙署修碉堡民賴以安

江世玉號樂峰上元人附監生由縣丞歷保知縣同治元年莅任黄安時河南捻逆出没不常玉下車即招募健卒設保安局預籌守禦城舊圮玉稟大吏尅期修築躬率士紳巡視嚴戢奸宄去城遠者分立土堡畬黄轉徙咸有定所賊偶一躪及無所饜其欲乘機迎擊獎獲無算邑人有勇如山立賊不

敢入之謠歲時下詣鄉社廣宣

聖諭一以忠孝大節相敦勉聞者莫不感奮以條陳楚中防勦事宜大吏嘉許調辦營務去之日泣送者蔽於道年餘訟獄不能平者猶紛紛走訴必得玉一言而後止蓋其在任時敏於治獄不事刑威故民情如此

文齡蒙古人貢生同治初黄安知縣愛民育士値捻匪竄境文齡築城浚濠嚴守禦捐廉俸千餘緡餉軍安邑城守乃固

彭焱孝感人歲貢康熙間黄安訓導工詩文有才名教授生徒遇寒畯尤加意成就

呂庭栩應城人舉人道光間黄安教諭樂引進後學邑人士多從遊著有詩文賦稿梓行年九十告歸百有三歲卒

李中杰介休人嘉慶二十一年任黃安典史在官十七年儒雅
清廉捐建藕香亭因以名其詩集
梁正興澧州人監生嘉慶十三年任黃陂站巡檢老成練達在
任十年鎮靜不擾民咸安之
羅田縣
李雨霑山東人順治己丑進士任羅田知縣單騎就道時寇氛
甫熄城市爲墟雨霑多方設備勸撫兼施招集流亡開墾田
畝汰革陋規興學課士歷任六年邑以安集報最擢肅州
道祀名宦祠
呂鳴和直隸人副貢順治間羅田知縣仁慈善下勤政剔弊民
樂輸將能詩工書時稱雙絕爲祀名宦祠

王光鼎遼東人廕生康熙十三年羅田知縣廉能稱最時荆岳
用兵軍需嚴急光鼎傾橐供給不以累民鄰邑慕之爲歌義
州行嘗以歲旱立壇禱雨徒步赤日中率父老泣拜少頃大
雨如注民以爲神後塑像祀樾蔭堂祈雨輒應陞巖州知府
祀名宦祠
金世楨奉天人貢生康熙間任羅田知縣有幹濟才官無廢事
歷除積弊歲歉設法賑飢存活無算
沈廷楨鑲白旗人貢生康熙四十二年任羅田知縣寬猛兼濟
吏民畏懷捐俸建義學置倉基施義園善政甚多
金珻廣順人貢生有吏才雍正間羅田知縣事無大小一投剖
判未嘗留獄

王眼汝州人進士乾隆二十年任羅田知縣剛方果斷判決如
流尤培植士林移建學宮於治東立塔山書院延名師講業
公餘身親督之在任十年始終不懈
張元英膚施人舉人事親孝乾隆四十七年任羅田知縣多善
政修葺學宮振興文教兩次捐廉俸置興賢莊田二百餘石
後令姜廷銘復增置士皆德之
實毓俊雲南人舉人嘉慶十七年任羅田知縣涖事精勤尤加
意人才創建考棚改修書院匾曰甫定陞任去至道光初後
令楊彪耿濬玉趙振清相繼經營竣事
彭仲芳字杏林化州人舉人咸豐三年任羅田知縣剔弊除奸
恩威並用時省垣陷環羅皆賊仲芳練勇堵禦克蘄水英山

太湖等處五年賊衆襲境仲芳力戰陣亡事
聞賜卹入祠太憲廉知其子應鯉才令攝羅篆克承父志屢立戰功
後擢知蘄州
戴俊監利人康熙五十二年以歲貢任羅田教諭樂善好德月
課勤慎獎進後學諄諄不倦捐建黌牆文物一新後祀名宦
孫錘琇崇陽人舉人道光初羅田訓導學養優邃溫厚和平著
有耕心堂制藝人傳誦之
吳必昌通山人同治二年任羅田僧塔汛千總三年賊踞羅境
邑令王臣弼退保多雲鎮集鄉勇規復縣治必昌率所部繼
進遇賊戰於兩河口斬首數級適馬蹶被執不屈死之
劉廷建蘄水人僧塔千總咸豐四年隨知縣彭仲芳督辦團防

屢立戰功五年八月帶勇剿賊在蘄水關口陣亡

蘄州

范鳴珂字鴻磐威遠衛人貢生順治初任江防道駐蘄州時當兵燹後人民離散廬室蕩然鳴珂多方撫綏稍復生理丁亥九江之變督師防禦持以鎮靜民不驚擾

呂陽字全五無錫人進士順治間以薦舉授下江防道冰蘖自茹聽斷明審胥吏屏息平劇盜李有實等力行保甲以清盜源捐造巡船增修望臺自潯陽至漢川民咸安堵新蘄州學宮課士衡文循循若師友州人至今頌之

徐惺字子星崑山人進士康熙間任下江防道多惠政歲歉賑饑全活甚衆建奎星樓與士人吟詠其中風雅冠時

韓友字心吾陝西人長弓弩知方略順治四年以參將駐防蘄辦土寇擒僞總兵曹德參平四十八砦及江州僞將吳高率舟兵攻蘄友出擊殲之鎮蘄六載人民安堵陞總兵去州人祠祀之

王宗堯字銘一廣甯人廕生順治間蘄州知州時文廟燬於寇宗堯新之民困於徭役請給僱役官錢民大稱便

劉國輔字長民奉天人舉人康熙間蘄州知州在任最久諸弊革除時稱鐵面劉

劉淑字文僩臨汾人貢生雍正間蘄州知州性慈愛遇死罪輒不忍決朞年致仕瀕行憫窮民逋欠社穀悉爲代完民咸德之

蔣尚德字德輿奉天人舉人乾隆初蘄州知州性謹厚引接善類平反疑獄浚隍渠引流入江以通水利移建營署置書院疊捐廉俸資生童膏火暇與諸生剖晰經義往復不倦由是人益勵學

曾維道直隸人拔貢乾隆五十九年蘄州知州潔已奉公勞心撫字時襄鄖教匪滋擾蘄當上下游之衝調撥差遣軍需旁午維道籌辦悉協而民不驚丁憂當去任大吏慰留事平乃去士民遮道焚香泣送之

顧澍字伴蘂錢塘人舉人嘉慶間任蘄州知州十二年性和政簡與民休息著有金粟影菴詩玉堂試帖詩餘等集士林珍之勸修文廟城垣並奎星閣治績丕著

李諤字遵皋解州人進士道光三年蘄州知州樸誠剛正人莫敢干以私時稱鐵面鏡心常平倉朽壞諤修補添建以廣積儲後多賴之

林壽平字櫟夫侯官人舉人道光十八年署蘄州知州通達事理課士如師愛民如子捐置本城東西義學以育寒畯修建北壇社稷壇以重農桑士民咸愛戴至今祀之

劉鴻庚字西垣會稽人舉人道光二十年署蘄州知州潔已愛民教育士類適海氛不靖兵差絡繹鴻庚悉心籌備軍供不乏嘗捐書院膏火重修考棚州人至今歌頌

潘克溥字澤農夏津人舉人咸豐初蘄州知州喜進士人問邑疾苦纂修州志多所裁定著有四書備考詩經說林諸書

黃式度號蘭丞善化人舉人同治間由知縣陞任蘄州知州實心撫字民以無擾當兵燹甫靖　文廟書院考棚建置一新性明決善斷恤民隱振士氣孳孳如不及凡再三任士民歡悅出於至誠尋以內艱歸送者盈途

李功永字書竹黃陂人舉人乾隆間以聞喜知縣任蘄州學正窮經不輟課士有方

程大中字拳時應城人舉人乾隆間任蘄州學正訓士有法待諸生若子姓尋成進士文章學問卓越一時學者宗之乾隆乙亥與州牧錢鋆纂修州志生平著述甚富四書逸箋採入四庫館其餘在山堂集甲乙存稿等書俱梓行

劉進昌號升衢江夏人附貢生同治初任蘄州學正值捻匪犯境逼近東城昌同知州王庭楨登陴堵禦城賴以安善後籌

黃州府志　卷之十三　秩官傳　五十七

修　文廟助建濟嬰堂凡諸善舉皆樂為之

魏作霖字雨三新都人廩貢道光己酉任蘄州州判平易近人咸豐甲寅禦賊於野塘堖遇害得卹如例

項厚字博安錢塘人附生康熙間任蘄州吏目清勤好學工詩古文守道孟世泰嘗稱之謂賢而隱於下位者也

陳以績字熙載如皋人附生乾隆間任蘄州吏目詰奸暴安善良壬申平馬逆敘功以績與焉

程士然字燕又浙江人武舉任營守備訓練有方陞夔州遊擊調漳州以不附耿逆遇害贈懷遠將軍後家於蘄

廣濟縣

王世名（縣志作名世）字松谿山陰人順治初權廣濟知縣下車訪民疾苦嚴懲奸胥請免積年逋賦革陋規聽訟無留獄未幾新令至濟民乞留不得焚香泣送數十里不絕

閻國士字振華保定人歲貢順治十四年任廣濟知縣持己清廉不忍以官價取民物凡丈田均差修學宮輯縣志諸事自國士始

孫謙亨字有終東安人拔貢順治十六年任廣濟知縣丈田作稅計里均差詳請漕米折解黠保不得侵漁大府才之書上考

黃玉鉉字振公洋縣人進士康熙四年任廣濟知縣值歲凶縷情力請蠲銀四萬餘兩為政恩威並用招流亡勸農業明獄訟士有貧而未昏葬者必捐俸賙濟去時惟殘書敝笈而已

黃州府志　卷之十三　秩官傳　五十八

顏正色浙江人進士康熙二十三年任廣濟知縣兌漕訖嘗賸米三百餘石均匀散還花戶戴德

劉臨渠縣人副貢生康熙間廣濟知縣初南漕二糧各廒分納水腳銀亦分兌民間苦煩擾臨至察其情歸併之民咸稱便戊寅蝗災臨單騎出郭籲天泣拜攫蟲食之蟲散去

李世德滿洲人貢生康熙四十五年任廣濟知縣歲屢旱穀米騰貴世德發倉廩減價糶時山東大饑流民載道世德就南山寺日給粥二次全活多人值癘疫流行施藥療病死者具棺殮置漏澤園於萬車鋪惠政良多

李肇梅福清人貢生雍正十三年廣濟知縣有能聲重修學宮

增築龍坪石堤及新河堤壩建梅川書院於黃鵠山置育嬰堂於西關外士民戴之

張維屏號南山番禺人進士道光間廣濟知縣勤於政治禮士愛民嘗手書廳事楹聯以敦勸邑人後署黃梅亦多惠政公餘著述自娛所刊南山全集及

國朝詩人徵畧等書風行海內書法遒勁人得片紙爭寶弆之

黃照字昱齋東莞人舉人道光間廣濟知縣涖政精勤尤重學校滄浪書院舊有膏火歸官管理書吏從而侵蝕照選殷實士紳董其事士林始得實惠故事月課兩次照增一次所取士捐廉給奬有差

丁鹿壽字莘野南通州人舉人道光間廣濟知縣作育人材每

課士親爲評騭修建考棚率諸生董其事不數月告成邑人樂得庇廕焉

毛鴻順河南武陟人道光乙未進士任廣濟知縣以廉明稱邑有舞文吏鴻順燭其弊重責之後無敢作奸者

陳肖儀字琴泉弋陽人監生咸豐三年權廣濟知縣九月粵匪逼縣治胥吏皆逃或勸暫避不從子恩霖侍側衣冠坐堂上大書撐持天地惟忠孝未靖逆氛心不甘語未畢賊驟至執肖儀父子肖儀罵不絕口乃戕其子於北門擁肖儀於西門河橋支解死事

聞賜卹准建專祠恩霖附祀

胡效順字抒白邵陽人貢生順治十四年任廣濟訓導時學宮久燬丁祭行於寺乃與教諭傅鍠協力建修約諸生襄事工賴以竣邑令以私忿辱士效順力伸其冤陳邑疾苦於上官士民德之且捐俸倡修邑志自處布衣蔬食澹如也

譚之琥字禮西京山人歲貢雍正間廣濟訓導宏覽博物工詩賦古文尤潛心性命之學自十三經注疏及歷代賢儒宗旨罔不研究著有崇祀賢儒錄在任七年以老致仕

劉春甲字午橋襄陽人舉人乾隆間廣濟訓導時縣令以案牘故入秀才罪春甲不可婉言爲解愛惜人才士多德之

姚模字竺君漢陽人廩貢任廣濟訓導月課諸生殷勤考校如塾師並捐廉優奬人皆自奮

姜天棟仁和人順治十三年任廣濟典史縣無城親詣街巷率

民通溝渠伐栅置守柝聲達旦又協議請兵設防境賴以安戊戌夏江水暴漲隄幾潰天棟方病瘧強至隄上呼壩卒受事隄遂無害又歲旱偕龍坪人露頂跣足祈雨甘霖應焉其盡心佐理治績甚多

耿基字慶長聊城人乾隆間署廣濟典史勤捕務盜皆斂迹民獲安枕

黃梅縣

徐昱永平人拔貢順治七年任黃梅知縣甫下車省民疾苦力懇緩征逋欠平市價息爭訟創修邑志善政備舉流亡歸集者數百戶

李成林廣甯人廕生康熙十三年黃梅知縣丙辰大水鍾公隄

泱多流亡會吳逆叛官兵進勦駐紮邑西踏傷禾稼民益洶懼成林備設渡船導官兵使出境開倉賑飢流民漸復鍾公堤當孔道偕邑丞樓自新露夜奔馳募舟載土鋪隄夾道植樹梅邑卒賴以安

歐陽旭丹徒人進士康熙閒黃梅知縣在任六年多惠政時督標裁兵夏逢龍叛郡邑官多聞風遁旭與士民設守備晝夜環城巡視相依若家人會官兵進勦道出黃梅旭供億不絕事平行取刑部主事累官雲南督學

李秉乾漢軍正紅旗人監生康熙六十一年以本府通判攝黃梅知縣執法甚嚴勤恤民隱告期收百餘紙就詞立判不煩兩造面質邑人服其神明

李珣濟源人舉人雍正元年任黃梅知縣折獄慎刑不憚反復值歲歉請發倉穀一萬四千石以貸後民閒逋欠約六千石悉代償之又請增廣學額治聲丕著累官山東按察使祀名宦

王鴻典字慎齋雄縣人舉人乾隆三十七年由應山知縣調署黃梅知縣甫下車廉得猾吏擿發之胥役駭爲神多從業去聽訟受牒卽訊控者悉得其情署牒尾使持詣里黨處釋時無終訟者徵收有法罷胥役追呼而民無逋賦

劉學澍李丙皋俱孝感人舉人道光初同爲黃梅校官學有根柢訓迪諸生以立品爲重非公不與縣官丞尉相接見培植單寒發揚士氣兩人師範略同

史維基大興人同治二年以軍功權篆黃梅甫抵任歲大旱禱雨立應邑故澤國夏汛暴發隄防幾潰基董眾堅修民獲安堵聽訟無留牘以謂遷延歲月弊竇益開民有失業之憂訟且不得直焉訪求邑中諸義舉增置崇文堂田畝充士子試卷費罄橐中金不惜也尤嫻武事粵逆披猖基官白螺巡檢嘗署襄陽知縣創修戰艦督行堅壁清野之法大府策其功舉以爲各郡邑式梅固當孔道兵興事尤繁軍需籌辦不以擾民親募勁勇迎勦賊眾之逼境者劉塘蔡山大河諸戰績邑人士至今猶樂道之

劉振迪化州人任新開司巡檢保護堤塍晝夜周巡不辭勞瘁嚴緝盜賊閭閻相安在任三十餘年始終不懈

汪國泰蘄州人武舉咸豐四年任黃梅縣千總是年冬粵匪踞縣城泰隨官軍謀攻取遇賊戰於金林鎮力竭陣亡事
聞賜卹給廕如例

黃州府志卷之十三終

黃州府志卷之十四

黃州府知府英　啟纂輯

選舉志

科貢表

進士

黃岡縣　蘄水縣　麻城縣　黃安縣　羅田縣　蘄州　廣濟縣　黃梅縣

唐

周墀 尚書僕射

閭伯璵 戶部侍郎

徐良賢

徐粟

徐琉

徐遜志

徐貞志 學士

五代

陳起 黃梅令

宋

李委

楊棐

田蕙

王韶

梅應春

劉朝俊

潘丙

姚彥艮 評事

劉復

心田

桂 御史

張炳

甘澤 主簿

甘霖 主簿 一作蘄州人

王世規 學士

少保燕國公

余天錫 大學士

李俊臣

王宲 翰林學士

梅應申 禮部侍郎

招討使

魏謙 四川制置使

尚書

徐山 太子太師

劉昕 蘇州守

徐愿 寶謨閣學士

陳義 四川宣撫使

徐洼

王仲瑄 翰林學士

田景

劉思齊

張新卿 禮部尚書

劉應端 縣志名煥然運僉 浙江僉憲

余玠

王大用

張晏然 禮部尚書

魏允勛 江南運使

張紹祖 總管

黃琮 御史

元

蔡堅
李希白
趙玉峯 樞密使
李謙 行人
梅溢 一作鎰陽縣知
汪堯舉

趙思義
何誠
余闕 總管
梅盛
汪振卿 御史

薛漢卿 博士
林景春
余試
陳經 學士

劉眞
魏明

劉漢傳 常州教授

周葉 一作貞
葉貞 一作
左容賢
楊煥
李芳孫

陳子英 翰林承旨
郭友直 總管府經歷

明

洪武十八年乙丑
王瓛 知縣

戊辰
王德甫 鈞連知縣是時未設縣隸後黃安
張仕安 縣丞

甲戌
劉從政 山西參議
張濟

建文二年庚辰
王政

永樂二年甲申
彭克誠 無錫知縣
許禎 霑化知縣
韓中 全州知州

丙戌
蕭昇 御史
劉旭 同知
胡琦 無極知縣

壬辰
張璘 應天府尹

戊戌
方正 考城知縣

辛丑
鄭思賢

甲辰 祁州知州 熊翼 副都御史

宣德五年庚戌 江淵 四川籍尚書入內閣

癸丑 鄒來學 副都御史

正統四年己未 劉訓 山西參政

壬戌 李正芳

乙丑 趙訪 山西布政使

戊辰 謝昺 副都御史巡撫貴州 周鑑 福建僉事山東按察使

天順元年 王翰

丁丑 劉澄 廣信知府 主事

成化二年丙戌 黃伯垓 苑馬少卿 呂渭 行人 萬山 郎中 周原學 行人

己丑 李灝 參政 鄒騏 參議

壬辰 董紋 湖口知縣

乙未 華仲賢 福建左布政使

戊戌 魯義 定遼衛籍 熊經 隴州知州 王本儉 廣西副使

辛丑 張佐 福建僉事 曾永清 江西參政 喻宗府 知府

甲辰 王璘 廣西參政 董樸 江西參政

	丁未	宏治三年庚戌	癸丑	丙辰	己未
				楊鳳 陝西副使	王麟 封邱知縣
	徐紹先 銅仁知府				
舒晃山 副都御史　淩山 員外郎	李文祥 兵部主事	劉燧 豐城知縣　董紘 參議	曾大有 江西布政使　董紝 參議		阮章 副使　梅吉
	華鑾 編修　壽儒 工部主事				
	邢纓 雲南副使	徐欽 行人			

	壬戌	乙丑	正德三年戊辰	辛未	甲戌
	王濟 四川參政	余洪恩 行人	鄭文炳 知府	曹珪 太僕少卿　余鑾 行人　賈啓 副都御史巡撫延綏	
惠州知府	曾大顯 江西參議		劉天和 兵部尚書贈少保	鄭雲翔 參政	周文熙 僉事　劉淑相
	何景明 河南籍陝西副使				王澄 山西參議
		張思齊 布政使	陳大中 福建運使　余志 知府		劉樽 鶴慶知府
				鄭傑 大理寺卿	
		廖紀 廣西副使	邢寰 南昌知府	石金 御史贈光祿少卿	

丁丑

王廷陳
給事中

劉漳
蘭州籍

魯綸

詹瑩
順天府尹

范時敏
福建參議
僉事
鄉科闕

高鵬
蜀府長史

辛巳

余文瑞
定遼衞籍
行人

周琊
廣東提學副使

毛鳳韶
雲南僉事

葛鵶
給事中
楚案紀明史俱作鵶通志作鴻誤

胡仲謨
雲南按察使

嘉靖二年癸未

劉桂
汝甯知府

喻希禮
御史
贈光

郝守正
懷慶知府

王廷梅
太平知府

曾烶
祿少卿
福建參議

阮朝東
四川提學副使

丙戌

曹誥
甘肅巡撫

胡仲誥
陝西參議

李采
推官

陶珪
山西按察使

胡鳳
四川參政

己丑

汪文淵
金華知府

劉采
兵部尚書
贈太子少保

張明道
江西副使

朱鴻翔
泌陽知縣

陳念
郎中

黃卷
陝西副使

壬辰

方任
副都御史
巡撫應天

劉滌
刑部郎中

胡明燕

- 董德明　通志姓黃　河南參政
- 乙未
  - 李學顏　戶部郎中
  - 呂韶　樂平知府
  - 周岱　主事
  - 方民悅　廣東副使
  - 馮天馭　刑部尚書
- 戊戌
  - 阮朝策　知縣
  - 李寵　知府
  - 顧問　福建參政
  - 洪恩　太僕卿
  - 冷珂　布政使
- 辛丑
  - 方治　主事
  - 董威　總督前黃陂人設縣後隸黃安
  - 劉宦
- 丁未
  - 奚世亮　延平同知贈參議
  - 邱岳　禮部侍郎

- 鄭眞　通志作直
- 庚戌
  - 劉廷舉　袁州知府一作副使
  - 顧闕　福建副使
  - 曹麟　天津副使
- 癸丑
  - 錢邦偁　太僕少卿
  - 劉涑　知縣
  - 朱移　浙江右布政使
  - 周思久　瓊州知府
  - 孫喬　戶部主事
  - 瞿晟　廣平知府
  - 趙教　四川僉事
- 丙辰
  - 耿定向　戶部尚書贈太子少保
  - 李啟昭　知府
  - 張譜
  - 蔡完　御史
- 己未
  - 王廷瞻　戶部尚書贈太子少保
  - 周鳴塤　廣東參議
  - 鄧楚望　浙江副使
  - 周宏祖　光祿卿

壬戌 王同道（巡按御史） 李幾嗣（廣東副使） 陳謨（僉事） 周禧（提學副使）
方岳（參議 癸亥始設縣） 田成法（御史）
乙丑 徐時可（廣東參政） 董石（知府）
熊養中（戶部員外郎） 邱齊雲（湖州知府）
隆慶二年戊辰 徐應聘（福建副使） 周思稷（參議） 周思敬（戶部侍郎） 劉如臯（知縣）

易倣之（四川參政）
贈工部尚書
辛未 杜伸（四川僉事 贈太僕少卿） 王希元（江西參政） 劉守泰（吏部主事） 耿定力（兵部侍郎 贈戶部尚書） 李盛春（兵部侍郎） 劉天衢（太僕卿）
汪沛然（戶部郎中） 徐一唯（兩淮運使） 劉諧（福建僉事）
周文卿 李時成

萬曆二年甲戌 陝西副使
直隷提學御史
朱期至（懷慶知府） 周宏綸（御史 贈太僕少卿）
丁丑 何鳳起（雲南副使）
蔡斗移（長蘆運使）
李載陽（太僕少卿）
李際春（汝南副使）

庚辰 李之用（雲南副使） 劉如寵（副使） 王大謨（廣西副使） 汪可受（薊遼總督）
石崑玉（大同巡撫）
癸未 樊玉衡（御史 加太常少卿） 梅國樓（江西參議） 唐一鵬（御史）
曹繼孝（衛輝同知） 梅國楨（兵部侍郎 贈右都御史）

陳楚産 兵部主事
劉奕 杭州知府

丙戌
王一鳴 臨漳知縣
徐存德 戶部主事
李承槐 主事
彭遵古 光祿少卿
彭好古 僉事
龔楙 巴縣知縣
邢楙敬 知縣

己丑
阮文蔚 行人
何其宏
周崇惠 僉事
周家棟 御史
閔廷甲
周應嵩

左通政使
國子博士

壬辰
余心純 嘉善知縣
吳士瑞 四川副使
李挺

乙未
樊玉衡 崑山知縣
周應明 禮部主事
吳化 戶部主事
舒其志 江西布政使
邢楙順 刑部員外郎
孫大壯 陝西苑馬卿
李長庚 吏部尚書
程可文 臨海知縣

戊戌
官應震 太常少卿
金玉節 刑部員外郎
袁世振 兩淮疏理鹽法副使
穆天顏 御史
張文光 國子司業
張邦翼 江西右布政使
萬一奇 開封推官
丁酉
章石麟 南安知府

辛丑
於倫
周延光
黃建衷

右通政使
光祿卿 一作左布政
主事
曹光德 御史
周應期 巡按御史
王同謙 戶部主事
程大猷 興國衛籍官

甲辰
汪元極 國子司業
張應奎 漳州推官
田生金 太僕卿
吳亮嗣 太常少卿

郭士望（福建按察使）梅之煥（甘肅巡撫）
張策（知府）
宋時魁（鄉科闕）

丁未

杜應芳（福建按察使）
周之夫（溫州知府）
陳以聞（刑部侍郎）

庚戌

秦繼宗（戶部郎中）
朱期昌（常州知府）
鄭人昌（知府）
盧堯臣（甯前衛推官）
胡士容（太僕卿）

鄒之易（兵部主事）
甄淑（刑部尚書）

癸丑

周之訓（山東參議 贈光祿卿）
周邦璟（兵部侍郎）
劉鍾英（吏部侍郎）

丙辰

田生芝（通政使）
王先（刑部主事）

己未

祝世美（太常少卿）
姚明恭（文淵閣大學士）
周振
秦植（吏科給事中）
王珙（太常少卿）
石有恆（長興知縣 贈太僕卿）
樊維城（福建副使）
蔡璿（成都知府）
蕭震（紹興知府）
晏清（廣東副使）
李樹初（山西副使）
田乃稗（推官）

天啓二年壬戌

靖科元（浙江副使）
毛舜嶽（知府）
饒京（御史）
洪周祿（常州知府）
陶承謨（參議）
李梃（遵化副使）
何閎中（雲南參政）
蔡茂春（福州知府）

乙丑

劉宗祥（江西巡撫）
田雨公
王源昌（河南觀察使）

陶起虞 太和知縣
魏公韓 保定巡撫

崇禎元年戊辰
王用予 檢討
楊兆龍 建德知縣
張入徵 知縣
鄧謙 山東副使
劉伸 知縣
劉承棠 推官

辛未
嚴師範 河南巡撫
桂啓芳 海陽知縣
鮑之祥 臨川知縣
劉近臣 金谿知縣
石確 宜興知縣
趙之英 御史
熊世懿 博士

甲戌
陳瑾 福建提學僉事
南有臺 戶部郎中
周之茂 工部郎中
秦如容 行人
劉侗 吳縣知縣
宛三奇 建德知縣

丁丑
余士瑋
黃耳鼎
毛羽儀

九江推官
御史
王追駿 正定知府
畢十臣 御史
牛若麟 御史
周壽明 給事中
韋克濟 南安知縣

庚辰
萬日吉 崑山知縣
高宏基 大名推官
毛祈蕃
王臣縉 錢塘知縣

壬午
吳元伯 山東參議
姚居恭
王都俞
張國光 同知

癸未
王爾祿 清苑籍
陳儒樸 行人
曹允昌 嘉定知縣

案唐宋元明科目王志遺漏頗多而各州縣志彙載唐宋元通籍諸人均無年代可攷茲查明代進士科分較詳概行增入至唐宋元科分未詳惟將通志已載者補入表內其未載者附錄表後以備參考

唐

徐登 廣濟人永淳朝四門館助教
徐鵬程 廣濟人天祐朝

宋

古耕道 黃岡人英宗三年見蘇文忠集　李禹卿 蘄水人英宗三年蘇州府通判
王厚 羅田人翰林學士　余天任 羅田人兵部尚書依宋史補
程綸 羅田人文天祥同榜　陳承惠 蘄州人侍郎
馮杰 蘄州人據宋史補　徐世亨 廣濟人乾德朝
徐貌 廣濟人熙甯朝知府　周聰 廣濟人建炎朝司理參軍
徐曉 廣濟人　周文俊 廣濟人大理寺評事
董起潛 廣濟人以上隆興朝　周大鎮 翰林學士
游侶　董忱
徐萬立 御史　美賢
周應隆　宋玟 俱廣濟人以上景定朝

元

康茂才 蘄州人至正間進士明勳臣　陳泊太 羅田人至正年
周珏 廣濟人　徐興 廣濟人
徐皝 廣濟人

明

張柳 黃岡人　洪應衡 羅田人河南籍　張庸 黃岡人按察使　廖逢節 羅田人河南籍

案黃安縣志載有李沆李若水李綱李宗勉查宋史四人籍貫本非黃州或係後人寄籍黃安不忘其祖之意故未入表

國朝

	黃岡縣	蘄水縣	麻城縣	黃安縣	羅田縣	蘄州	廣濟縣	黃梅縣
順治三年丙戌	莘成賢 右通政使							
丁亥		李生美 德安知縣	喻勳 知縣；項始震 知府					
己丑	劉子壯 狀元修撰；曹本榮 侍讀學士；汪基遠 東鄉知縣；程啓朱 贈殉難僉事山西運使	胡三順 萊陽知縣	周禮 高州知府			盧紘 蘇松糧儲參政；汪衡 南平知縣；李本晟 浙江巡撫；謝觀 江南籍主事	張先基 棗強知縣；毛炳 龍泉知縣	
壬辰	黃中實 行人；汪煉南 侍讀學士；魏邦哲 禮部員外郎		胡躍龍 新城知縣	吳之珍 諸城知縣；鍾琇 漢中知府		張正志 衛輝推官		

戴治盛 霍邱知縣
歐陽璧

乙未
熊光裕 杭嚴僉事
楊繼經 刑部員外郎
萬邦維 主事
王澤宏 禮部尚書

戊戌
陳肇昌 順天府尹
張邦福 紹興推官
鄒宗彥 綏陽知縣
盧經 興化推官

王封濚 禮部侍郎
王保釐 常州通判
李天馥 合肥籍武英殿大學士

己亥
杜衡 平山知縣
李成棟 雅州知州
董時升 夏津知縣
王追騏 給事中
王元士 瓊州知府
饒軫中 推官
吳升東
汪淑問

御史
汪士奇 刑部郎中
汪嗣聖 同知
直隸灤州籍犍爲知縣
奚祿詒 常州同知
樊維域 平鄉知縣
葉封 工部主事

辛丑
鄭二成 知縣
宋叡 大理評事
龍可旋 杞縣知縣
汪沅 滎澤知縣
宋必達 甯都知縣
程啟張 武城知縣

康熙三年
楊允禎

遂甯知縣

甲辰

丁未　陳國祝　兵馬司指揮

庚戌　周之美　廣元知縣

唐封

盧綖　如皋知縣

吳瑾　刑部員外郎

鄭昱　安徽布政使

鄒琥　知縣

癸丑

周維秬　沈邱知縣

韓庚寅　兵部主事

黃州府志　卷之十四　進士　二十五

己未　王材任　僉都御史

畢友宜　建甯知縣

吳應庚　吏部員外郎

黃亮　閿鄉知縣

宋敏求　檢討

王風采　會稽知縣

龍向傳　榜姓呂知縣

壬戌　王懋德　甯都知縣

金德嘉　會元檢討

王懋才　新建知縣

乙丑　宋如辰　左春坊中允

袁同賢　本姓鮑知縣

張希良　傳臚侍講

戊辰　陳大章　庶吉士

徐廣淵　廣宗知縣

鄒士璁　內閣學士

辛未

鄒汝魯　太常卿

黃州府志　卷之十四　進士　二十六

甲戌

何通　知縣

黃利通　工部主事

丁丑　萬爲恪　遂安知縣

張仕渾　清水知縣

王一導　甯紹台道

范基祚　吏部主事

庚辰　余珫　四會知縣

楊可喬　鹽山知縣

葉道復

王開泰

福安知縣　庶吉士改知縣

癸未
王文炳　通志姓黃　吳堡知縣
欽士佃　庶吉士
王漢周　肇昌知府

丙戌
陳大輦　福建臺灣
李煥　知縣
王開運　知州

道

汪度宏　保昌知縣
王全才　長甯知縣

己丑
曾謹　檢討
鄒汝模　庶吉士

壬辰
周有堂　禮部主事

癸巳
袁國梓　吏部主事
徐流謙　檢討
吳世模　重慶知府

乙未
王楙績　永州教授
杜啓運　西和知縣

戊戌
李瓊枝　本姓陳
雷天鐸　庶吉士
楊熉

辛丑
靖道謨　右玉知縣　庶吉士姚州知州
萬繩祐　庶吉士
盧建中　吏部主事
彭之華　城武知縣

雍正元年癸卯
萬禮祖　太平知縣
方可丹　新淦知縣
周嵩

大理評事

甲辰

徐立御 貴東兵備道

丁未

周祚縉 施南教授

李高松 定遠知縣

許岳 永和知縣

庚戌

吳率祖 清江知縣

孫民則 武安知縣

張易源 安仁知縣

黃州府志《卷之十四　進士　二十九

癸丑

李應魁 永順同知

嚴繼陵 襄垣知縣

彭韶 教授

陳之琯 興縣知縣

熊淇 知縣

朱榮經 樂至知縣

鄭維嵩 文登知縣

乾隆元年丙辰

萬年茂 御史

何御龍 大城知縣

方楚正 洛川知縣

程浚濂 河工同知

龍于飛 改名雲斐 渾源知州

張壯國 息縣知縣

丁巳

張素臣

教授

己未

王光珮 登封知縣

王華拳 德安教授

壬戌

馮子式 益陽知縣

甘學涓 興安知縣

乙丑

畢志璜 義甯知縣

岑天構 虞鄉知縣

張夢楊 鄖陽教授

陳履中 貴池知縣

徐天球 順慶同知

戊辰

陳應龍

萬繩宗 教授

郭本才 崇明知縣

黃州府志《卷之十四　進士　三十

李長青 潼商兵備道

朱案扶 南漳教諭

陳天寵 長壽知縣

辛未

邱恩榮 衡州知府

劉夢鵬 饒陽知縣

范朝綱 戶部主事

范思皇 福建御史

年	一	二	三	四	五	六	七	八
	宋廷採 大理知府	學政						
壬申	周棟隆 略陽知縣 王封渭 猗氏知縣			吳汧 陵縣知縣				石爲藝 崇仁知縣
甲戌		徐養忠 輝縣知縣	吳家駒 確山知縣					
丁丑	程興仁 郿陽教授						張德源 資陽知縣	
	宋鏊 安陸教授							
庚辰	周凝光 衡山知縣						劉斯輿	
辛巳	張念祖	華觀貞 歸班知縣						
癸未			程琮 垣曲知縣			陳良翼 嵩明知州		
丙戌	嚴承夏 杭州同知							
己丑			梁景陽					

年	一	二	三	四	五	六	七	八
壬辰		徐愈達 歸班知縣	太僕少卿					
乙未	靖本誼 萬安知縣	程光琠 檢討						
戊戌						陳詩 工部主事		
辛丑		潘紹觀 庶吉士韶州知府						
甲辰	龍澍					劉之棠		
	南昌同知							
丁未		潘紹經 編修給事中						
己酉	李鈞簡 編修倉場總督							
乙卯		華豐貞 三臺知縣						石文漣 吳縣知縣
嘉慶元年丙辰			陳橋 湖南知縣					帥承瀛 探花浙江

己未
蔡文闓 黔陽知縣
張錦珩 南安知府
巡撫

辛酉
朱治咸 仙居知縣
徐陳謨 眉州知州
黃樹棠 茂名知縣

壬戌
萬鼎琛 庶吉士瓊山知縣
蔣鏞 廈門同知

乙丑
萬希煜 平遠知縣
程德楷 編修光祿寺卿
張錫謙 庶吉士長沙知府
帥承瀚 檢討副都御史
張秀之 知州

戊辰
秦光扆 滄州知州

己巳
汪極三 鄆城知縣
陳瑞球 庶吉士樂平知縣
喻士藩 編修雷瓊兵備道
石產瑚 秦州運判

辛未
萬鼎洋 定州知州
袁銑 編修禮科給事中
喻元準 庶吉士柳州知府
汪兆柯 東安知縣
梅茂南 內閣中書
曾鵬 陸川知縣

甲戌
萬承宗 庶吉士大定知府
張履恆 內閣中書

丁丑
王鵠 平鄉知縣
陳澐 編修江南道御史
奚先凱 原名先愷 內閣中書

己卯
胡美彥 庶吉士高州知府
陳沆 狀元修撰
蔡紹江

	（續前）	庚辰	道光二年壬午	癸未	丙戌	己丑
1				萬家福 庶吉士；汪封渭 德州知州；汪兆雲 鄖陽教授；靖厚欽 平武知縣		李士燮 四會知縣
2	刑部員外郎		蔡紹洛 天津知府			程度 朝城知縣；楊兆晉
3						
4					盧鴻遠 廣西知縣	
5						
6		陳鑾 江夏籍探花江蘇巡撫署兩江總督				
7		陶金烇				文鳳喈 緜竹知縣
8						吳文林 檢討

	（續前）	壬辰	乙未	丙申	辛丑	甲辰
1	上林知縣		會世儀 保定同知署天津河間知府；王思引 赤城知縣		丁璜 曲沃知縣殉難贈知府	胡霖澍 遵義知府殉難贈太僕寺卿
2		郭用賓 庶吉士山西冀甯道	畢至 漢中知府；葉爲珪 耒陽知縣	郭沛霖 編修淮陽道署兩淮運使殉難贈光祿寺卿		陳廷經 編修內閣侍讀學士
3						
4		汪潤 廣西左江道	陳玉麒 唐山知縣			
5						
6			陳廷揚 鹽源知縣			
7				劉映丹 庶吉士商河知縣		
8						

丁未
王家璧　光祿寺卿
高士濂　陝西道御史
匡慶榆　原名一青　肥鄉知縣
駱利鋒　更名敏修　袁州知府
張殿賓　荊州教授
帥遠燡　編修　江西道殉難　贈光祿寺卿

庚戌
蔡興楷　庶吉士　工部主事殉難　贈太僕寺卿
饒豐　江西知縣
翟雲章　刑部主事　獲鹿知縣

咸豐二年壬子
周世英　主事
劉秉琳　天津河間兵備道
蔣奎樓　戶部主事
吳學澄　茶陵知州
彭宗達　戶部主事

癸丑
吳榮　澧州知州　署岳常澧道
李廷簫　歸德知府
黃雲鵠　四川建昌道
鄧宗衡　刑部郎中

丙辰
魏邦達　萬載知縣

己未
張崇第　四川知縣
張璟槃　庶吉士　香山知縣
宛立俊　刑部員外郎
阮光鼎　刑部員外郎
喻樹琪　德安教授

庚申
林鏞　兵部主事
方鳴皋　壽張知縣
徐宗一　吏部主事
陳得遇
畢保釐　編修　蘇州知府

同治元年壬戌
徐肇嵋　庶吉士　四川直隸州
陳鳳翥　萊陽知縣
梅雨田　瑞金知縣
張貢璋　編修

癸亥
王毓藻 蘇松常鎮太糧儲道
朱景星 宜昌教授
張相宇 編修
陳錦 庶吉士廣東道御史
劉燡 編修常德知府

乙丑
蔡福謙 郃陽知縣
李士彬 庶吉士巖州知府
陳西庚 甯陝同知

戊辰
洪良品 編修戶科給事中
熊汝梅 庶吉士梁山知縣
陳杞 西甯知縣

辛未
陳受梁 瀘溪知縣
盧遂采 吏部主事義烏知縣
張楷 編修金華知府
李聯芳 陝西平利籍編修
毛五和 編修
郘樂裕 武昌教授
王鴻舉 德安教授
盧英僩 吏部主事

甲戌
陳天驥
潘頤福
洪鏊 刑部主事

原名恭壽編修
署峽江知縣
萬錫珩 戶部主事

光緒二年丙子
陶銳 吏部主事
吳兆泰 編修
施典章 四川籍庶吉士
周錦心 直隸知縣
王齊海 江蘇知縣

庚辰
王丕釐 編修
周遂貞 庶吉士臨高知縣
戴如松 陝西籍
李和燮 山東知縣
杜炳珩 吏部主事
程仁均 山東知縣
熊潤南 吏部主事

癸未
鄭葆清 安徽知縣
萬邦華 四川知縣
蔡卿雲 戶部主事
曹步雲 刑部主事
周錫恩 庶吉士

黃州府志卷之十四終

黃州府志卷之十五上

黃州府知府英　啟纂輯

選舉志

科貢表

舉人上

黃岡縣　蘄水縣　麻城縣　黃安縣　羅田縣　蘄州　廣濟縣　黃梅縣

唐

徐珊 祕書正字
徐鵬程

宋

潘丙 解元進士　姚彥艮 解元　戴珠　王漢舉　黃元功 解元　徐貌 知府　王大用 解元進士
楊棐 進士　陳公華 福州知府　徐曉　魏允勸 進士
劉復心 進士　賈紹南 德化知縣　董起潛 解元　黃琮 進士
甘淨 進士　劉漢傳 進士
甘霖 進士

元

蔡堅 河南榜進士　李芳蓀 解元進士　趙玉峯 進士　林景春 解元　周應龍 解元 縣志作宋人　陳天祥
趙思義 河南榜進士　周煬 縣志作謁　毛文穆 解元　楊華　魏明 進士
左容賢　戴珠　程均美 監縣知縣　郭友直 進士
楊煥 進士　程志剛　陳子英 進士

劉眞 進士　蕭再瑞 知縣
李希白 進士　汪世豪
畢蘭亭 解元
葉眞 進士
何誠 進士
楊煃

縣志作謁

明

洪武二年己酉
李原舉 解元 龍谿知縣

甲子
徐福一 解元
張仕安 進士
張庚
王瓛 進士
楊朝佐 通志姓湯
李閏 通志作閏

庚午
戴綸 山東巡按御史
廖士芳 通志作士仕
葉銓 知府
潤御史
王樸 給事中
柳隆 井研教諭

癸酉
許禎 進士
劉從政 解元 進士
章琦 南昌訓導

丙子
李翔
熊紹祖
汪祐

柳州教授
知縣
州志作佑 教諭

建文元年己卯
余思恭 池州教授
盧懷 審理 一作麻城人
黃瑞禮 知縣
毛賢
李楚山 鄱陽知縣
周志雄 戶部主事
朱彤 紹興通判
王政 進士

壬午
彭克誠 進士
楊文質 國子助教
余志 沂水教諭
王忠
趙獻文 御史
鄔玉 知縣
以上二人縣志作洪武丁卯
廖敏 通判
王廷中 彰明訓導
程式 郫縣訓導
韓中 進士
馮性 萬年教諭

錢　斌
李　懋　全椒教諭
永樂三年乙酉
劉　鎰　封邱教諭
陳文顯
王秉常　知縣
徐克賢　禮部郎中
張　彤　工部主事
楊志高　通志姓湯
周　才　知縣
唐惟慎　汝州訓導
何　進
蔣　輔　給事中
唐友義　縣志友作有
胡　琪　進士
喻永懷　交阯布政司經歷
胡　暹
劉　旭　進士
黃泉　縣志作彔
明　晉　光州學正
朱　恕　刑部郎中
蕭　昇　進士
周　和　廣安學正
戊子
姚文政　泉州同知
張　嵩　河間通判
畢以成
張　价　晉江教諭
楊守中　縣志中作忠
汪　善　吉安知府
傅思聰
馬汝賢
鄒　正
陳　情
胡　肇　安岳知縣
陳以忠
張　恒

戴思文　桂林推官
同知
周　愷　知縣
魏思義　懷遠知縣
張　淵　教諭
李致中　欒安州判
楊　貞　同知
李　儀　鹽運副使
辛卯
易應端　縣志端作瑞
岳池訓導
丁　質
劉　縕　訓導
劉　傑
商　玖　御史
丁可信
靳　瑾
張　璘　本姓周進士
潘　虔　州志作慶　威遠教諭
甲午
冷　俊
可　鉞
段　志
陳　庸
徐　顯
周　蘊

方正（潼川州判　進士）
何宏
王福（海豐知縣）
喻矩（一作炬）
程義（翰林孔目）

項琥（鄆縣訓導）

胡文彬
葉剛
葉璲（縣志作燧）
胡凱

胡僖（綿竹教諭）

姜時敏（重慶知府）

王韡（主事）
劉政

丁酉

柳紹先（滎陽知縣）

喻友誠（教諭）
陳敬

程燧（解元　雩縣訓導）
鄭杜（潮州同知）
張惠（贛州通判）

陳烈
何鑑（昆明教諭）

曾榮（知縣）
余悅

庚子

鄭源
羅倫（廬陵人黃岡籍訓導）
鄭思賢（進士）

邱思恭（敘州知府）
焦昌（安縣訓導）
彭鋐（縣志作鉉）

鄒泰（運同）
鄒來學（進士）
林志聰

張璉
徐鐸

周道敬（教授）
段叡

邢繼祖

陳謨（府知事）
穆景（秦府典儀）

何文憲（一作憲文）

王以清
周鑑（進士）
李溥
汪洪（教諭）

癸卯

陳綱

鄢忠（訓導前黃陂人設縣）

何清

董熙（安福教諭）

劉禮（封邱縣丞）

金珂 縣丞

後隸黃安

熊翼 進士

田昀

徐謙 教諭

胡仁德 荊州教授

甘忠

程讓 教諭

段仲章

張迪 知縣

鄭達 盩厔知縣

宣德元年丙午

周銓

呂鏞 清流知縣

張本端 四川僉事

朱銘 學正

己酉

唐中 靖甯同知

柳復本

楊志 縣志作忠紀善

楊廷春 教諭

陳顯 武陞教授

壬子

汪鑑 南安知府

董應彰 解元雲南

徐昱 通判

陳浩

參議

李正芳 進士

陳哲 通判

劉訓 進士

乙卯

鄧達 縣志作逹貴州僉事

李太初 教諭

金球

商瑜 助教縣志蕭山教諭

正統三年戊午

張詳

李鑑 御史

胡應先 知州

宋誠 榆林副使

吳顗 德平教諭

辛酉

謝杲 進士

吳永喆 御史

陳敏 知縣

陳愷 重慶知府

彭本 通州衛經歷

趙訪 進士

袁瑄

丁懋仁

黃州府志　卷之十五　舉人上　十一

甲子

知州　李自能　萬全都司斷事　徐一悌　蒙化同知　陶鼎　翁源知縣

知縣　劉克昌　同知　黃賓　知縣　項九霄　知縣

劉瑄　教諭　陳漆　工部主事

伍常　固始知縣

丁卯

楊憲　知縣

蕭允恭　縣志恭作功　同知

劉澄　進士

魯琛　解元

景泰元年庚午

邵綱　大足訓導　周儒　蒼溪知縣　楊洪　蓬溪知縣　李琥　梧州通判

徐溱　夔州教授　薛濟　臨川知縣

董緒　通判　周洙　知縣　鄒淪　知縣

廖侃　知縣　李秉　永平教授

毛晟　訓導　張禧　推官　江琳　州志作淋　知縣

陳悌　御史　李錦　趙觀　周原學　進士

黃州府志　卷之十五　舉人上　十二

項九萬　通判　李能芳　喻哲　學正　熊祥　浦江知縣　江榮　學正　吳宗鼐　教諭

王惠　大理評事

癸酉

張寶　本姓周　試場火死　贈進士　王孚　襄城教諭　劉瑢　長甯知縣　劉克昌

張瑣　閩縣教諭

曾啟　犍為教諭　徐公善　同知　程子隆　縣志隆作龍　知縣　周坤

周楫　知縣　方端　蕭洪　固始知縣

王翰　進士　黎冕

陳綱 鶴慶同知
陳墭
教諭
鄒崇道 教諭
鄭瓚 審理
劉仲輢 知縣
劉仲軽 同知
謝旭 通判

丙子
董佐 洛川訓導
孫讓
鞏恭 南充教諭
黃琦 知縣
周瓘 同知
朱兌 復姓周濟甯知州
黃瑪 知縣
劉綱 清遠知縣
胡祥 昆陽州同

天順三年己卯
程儉 知縣
李灝 進士
彭大倫 推官
張嗣玉 訓導
周昱 知縣
唐瑩
華仲賢 進士
王誥

知縣
萬山 進士
鄒騏 進士
壬午
徐頤 樂清知縣
王文學 徐州訓導
呂渭 進士
董紋 進士
周昶 教授
李濂
羅尙芳 時未設縣後隸黃安

鄒淡 石泉知縣
陳本德
盧瓚 山東榜教諭
羅孟芳 司務

成化元年乙酉
黃伯垓 進士
魯永清 進士
劉瑄 知縣
徐樸 海鹽知縣
金蘭 南昌訓導
吳守元

賈汝楫 進士 京闈 彰德通判
蔡必興 通判
黃時中 阿迷知州
喻宗府 進士
曾夔 知縣
喻珍
易濂 武隆知縣

知縣
王本儉 進士
趙永賓

戊子
張佐 進士
程岳 潁州同知
毛成
周錦
甘瑩 福甯知州
易潤 縣志作泳 祁州學正
江伯鯤 知縣
聞韶 石城知縣
何珍 提舉
鄭璽
王闓 縣丞

唐學 知縣
林舜 知縣
鄭景和 推官
李玉樹 教諭

辛卯
徐賦 簡縣知縣
萬祥 蘇州同知
王麟

鮑琦 知州
高成 知縣
馮燮 僉事
李玄 知縣
胡濟南 知縣
李本芳

知州
甲午
李曙 臨潁知縣
鄧延
周銳 通志作統
田鵬 乳源知縣
何宗清 成都知縣
邢纓 進士
朱珊 雙流知縣
秦安 雒南知縣
張貫宗
鄒璽 滎昌知縣
淩山 進士
徐徵
朱澄 淮安通判
邱瑩 開縣知縣
洪儒
李騰芳

知縣
長史
曾大賢 學正
熊經 進士
丁酉
熊璋 潼川知縣
段景會 縣志會作春知州
魏澄
謝慶 盱眙知縣
秦尙賢 緜州州判
洪應奎
桂相

知州
管謙
舒昆山 進士
明紳 知縣
毛彝 通判
庚子
梅秀 臨川知縣
徐紹先 進士
董樸 進士
劉翀 知縣
王忠 夔州推官
陳富 奉化知縣
劉燧 進士

王文約
劉壽山
萬居恭
趙經
陳情
阮章　進士
李沐　京闈　教諭
癸卯　蕭鳳
李文祥
壽儒孫英

進士
進士
孝豐知縣
蔣珂
楊潤　知州　縣志作僉事
華霽　同知
王璘　羽林衛籍　京闈進士　通志作丙午科
鄒同　知縣
周廷璋　知縣
盧廷春　通判

董佐
丙午　唐有義　通志姓徐
李汰　義烏教諭
董紘　進士
華巒　解元　進士
韓璁　萬安訓導
梅海春　知州
劉瑩　學正
劉臣　知州
洪晟　永甯知縣
周珪　通判
甘澤　渠縣知縣
吳節　知州
汪文燧　通判

陳公器　縣志姓成　教諭
鄭琦　知州
鄭尙和　知州
董紘　進士
宏治二年己酉　李潤
程節
曾大有　解元　進士
梁奎

余復善 廣昌知縣
毛騡 知州
項淵

王麟 進士
周廷徵 九江副使
徐欽 進士

汪正 參政

熊縝 邛州知州

蘇勳 通判

喻瑄 知縣

余本 教諭

壬子

李忠 白河知縣
詹易 饒州訓導
王寶 知州
蕭時賓 通志賓作賢 分宜知縣
陳僖 豐縣知縣

張伯洪 分水教諭
王袞 知縣
蕭時臣 上蔡知縣

曹自學 教諭
袁倫 知縣

唐書 巫山知縣

喻文英 知縣

乙卯

陳禎 歸善知縣
李尚仁
陶寶 解元知縣
黃廷玉 晉江知縣
張易宗 雲南提舉
石麟

秦尚恭 大名教授
梅吉 進士
陳大中 進士
邢寰 進士

楊鳳 京闈進士
李文璧 知縣
張思齊 進士

趙源潔 知縣

王本元 通判

戊午

王濟 進士
徐吉貞 戶部郎中
李文欽 陝州知州
何景明 河南榜進士
廖紀 九江衞籍京闈進士

柳復本
劉天和 進士

陳時 知縣

陳文

王宇　襄府長史　僉事
劉漢　一作煥　商水縣知

辛酉
曹珪　進士
陳廷瓚　彰德通判
余洪恩
程翺
曾大顯　進士
趙賓
熊夔　推官
王澄　進士
楊榮
程仲禮
向榮　知州
蕭大韶　進士　南雄通判
郭鏜　順天亞元　尉氏知縣
謝廷珪　推官
耿光　後隸黃安　衢州教授
曾煥　推官
阮朝聘　縣志作聘陽

甲子
張濟　本姓周　清河知縣
曹璽　嘉興通判
郭文輔　廣東鹽提舉
陳榮　西鄉知縣
錢重器　榜姓田　江津知縣
錢貢　榜姓田　杭州同知
侯正綱　知州
王廷　知縣
毛馭　太平知縣
宋良臣　通志姓朱　確山知縣
劉輔良
周球　南樂知縣
張桂　深州知州
石金　進士

正德二年丁卯
郭慶　清平知縣
胡永華　清河知縣
鄭文炳　山東榜進士
呂爵
周瑯　進士
方鳳　濟源知縣
毛驌　知縣
鄧樸　通判
詹瑩　進士
李漢　一作羅田
胡大有　天長知縣
傅全　京闈
余志　進士
張禮
鄭傑　進士
陳言　都昌知縣

庚午
周瓚 偃師知縣
李宗元 沈邱知縣
熊縦 知縣 人廣西榜
余鑾 進士
操永魁 長史
毛驗 知縣
陳墀 南部知縣
鄭雲翔 進士
賈啓 留守衛籍京闈進士
劉光 通判
周傳

匡輔 烏撒知府
王儀 思恩知府
劉樽 進士

洪模
胡鳳 進士
陳華

知縣

癸酉
王廷陳 進士
王廷梅 進士
余文瑞 進士
夏時中 通判

董士毅 蓬州知州
阮朝東 解元進士
周文熙 進士
劉淑相 進士
毛鳳韶 進士

張明道 進士
方敬 京闈推官
甘棠 嵩府長史

余慶 建昌知縣
胡橋 彰明知縣

劉漳 陝西榜進士
魯綸 山東榜進士右二八題名丙子

喻沖 僉事
喻希義 知縣
胡承學 知縣
秦鏜 知縣
鄒崇義

知縣

丙子
梅賢 江安知縣
程轍 國子助教
吳孔祥 通判
王廷錄 鹿邑知縣
蔡月涇 月一作日
熊大輅 知縣
王廷儒 四川僉事
程象
鄒崇仁 知縣
曹誥 進士
徐煬

王德純 監察御史
姜茂 知縣
饒繼明 開縣知縣
葛鴻 河南榜進士
高鵬 進士
葛盛 京闈
李樸 隴州知州
曾倫 雲南榜
劉傑 忠州知州
張達

己卯
劉桂 進士　胡仲謨 進士　吳濂 定州知州　程翰 知縣　陳昉 淮安同知
金國用　陳欽 大理評事　俞希禮 進士
曹詔 知縣　張瑁 一作滑濤州知府　陳仲愚 知州
蔡珀 荊府長史　彭鳳儀 教諭　楊鳳 教諭

嘉靖元年壬午
陶珪 進士　劉采 進士　郝守正 進士　陳晟 青神知縣
魏春 西安知縣　周載 長蘆運使
盧靜　劉澡 進士
曹譜 吏部司務　阮朝隨 知縣
孫欽 濟南通判　曾烶 進士

鄭廷相 邯鄲知縣　周岱 進士
劉淞
阮朝策 進士
鄒驗 知縣

乙酉
方任 進士　李龔芳 高郵知州　汪篤初 知縣　胡明庶 進士 解元　陳吉言　張穎 通判
宋大經 知州　胡仲誥 進士　汪三山

萬民望 滄州知州　劉本 同知
汪文淵 進士　周鼐 通判
王秉直　李采 進士
張澤 本姓周蒙自縣知　陳金 通志作全 教諭
宋希文

通志姓朱知縣

戊子

余鏖般 蘭陽教諭

相周資 知縣

胡明通 金華通判

李時言 巴州知州

周宏

李寵 進士

胡明青 通判

馮天馭 進士

朱鴻翔 通志鴻作鵬進士

朱文式 縣志文作大敎諭

翁景昕

王廷槐

林文明 知縣

張仁 開封通判

董德明 廣西榜進士

陳念 進士

曾嘉誥 知縣

方民悅 進士後隸黃安

羅大會

冷珂

辛卯

李學顏 進士

李承陽

邱柟 推官

邵思學

文大才 興化同知

周繼學 靖江知縣

四川榜進士

黃卷 京闈進士

謝九遷 亞元

蔡完 同知

姜仲賢 萍鄉知縣

汪玉 廣安知州

呂禧 丹棱知縣

黃梅 知縣

甘澧 開封通判

知府州志作旌德知縣

縣

奚樸 富陽知縣

周廷聘 知州

廖正僑

王鳳陽 萬縣知縣

王同松 嘉魚教諭

毛鳳岐 甯波通判

甲午

汪文瑞

易文訓

王采 郎中

郭欽 資縣知縣

呂　韶　進士
王同鶴
劉　亮　彰德通判
戴　澮
李時芳　興化同知
張大經　大同知府

丁酉
黃自然　揚州通判
唐　珪　淮府長史
盧大化　邵州知州
杜　銓
陳廷舉

駱　億　知州

劉廷舉　進士
周宏毅　通判
萬　戩　知州
周宏烈
陳仲晦

陳素養　知州
劉　捷　知州
劉　宦　進士

高　暘　蘇州知府
張大顯　處州推官
顧　問　進士

劉　寅　通志作賓　四川知州
姜　壽　莒州知州
舒良材
周勝夏　廣東副使

洪　恩　進士
曹　麟　進士

知州
陳尚訥　魚臺知縣

庚子
周之冕　餘杭知縣　一作知州
劉　珙　甯羌知州

徐步雲　祿豐知縣
錢邦偁　進士

通志作學朱知州
董　性　合州知州
劉　瀾　高陽知縣
方民懷　後隸黃安

董　威　河南榜進士前黃陂人設縣後隸黃安

楊　芳
陳仁近　眉州知州

熊　偉　兖州知府

陳萬策　貴池知縣
涂　瑜　敘州推官

癸卯
杜鳴陽　江川知縣
黃泰然

彭　曉　林縣知縣
方　治　進士後隸黃安
劉　炎　知縣
朱文木

陶　釆　四川僉事前黃陂人後隸黃安

汪本浹　靈壁知縣

張　筵
姜　梅
盧　奎

張　價　國子學正
胡伯資

瞿　星

郾城知縣
奚世亮 進士
魏鳳陽
嚴宏 養利知州
丙午
萬一貫 肇慶同知
朱廷相 大甯知縣

知縣
周戴 西安同知
郭進賢 知縣
張衷 知州
鄧楚望 榜姓周進

蕭繼美 惠安知縣

知縣
胡煥
田成法 進士
楊旦 知縣
胡伯涵
饒之初 孟縣知縣
周宗 武陟知縣
倪民望 南康知縣

邱岳 進士
奚世文 建州知州
羅朝錫 九江同知
鄭眞 山東榜進

士
邱梁 通判
周賜
明善 知州
胡玉璣 知州

易鴻磐 州志磐作盤韓城知縣
吳之翰 知縣
陳其愚 知州
孫喬 進士
胡莊 知縣
邢奎 知州

己酉
士
黃士元 一作元吉撫州通判
程鳳金 彭澤知縣
袁文屋 通志屋作星商城知縣
羅星
周鳴塤 進士
李猷 甯國同知

江渾 通志作澤知縣
何一乾 通判
趙敎 進士後隸黃安
彭台

湯一賢 知縣
化之行 同知
董士仁 州志士作仕推官
洪大賓
徐龍 翰林孔目
吳應科
瞿晟 進士

王府長史
祝宗文 大足知縣
江漢 甯國同知
袁廷椿 通判
李文運 滁州知州
蕭濂 瑞州通判

後隸黃安
李本仁 敎諭

員外郎
易龍見 路南知州
顧闕 進士
陳文章
劉拯 知縣

壬子

陳仕 嘉興同知
汪之汸
王廷贍 進士
曹瑯

宋袗 進士

耿定向 進士後隸黃安
周思久 進士
劉洓 通志作諫進士
朱繼孔 通判
袁亮

萬言策 知縣
余瑞 福建副使

周祈 平樂知府
甘繼忠 玉田知縣
周禧 進士

乙卯

黃自任 蘇州通判
汪仲川 四川參議
熊養中 進士
陳廷政 建水知州
王睦

樂洨 西華知縣

苑馬卿
朱繼魯 通志姓熊員外郎
蔡光祖 郎中
周宏迪 石屏知州
周宏祖 進士
方岳

馮天駿
吳鳳瑞 兖州同知
韓表來
李啓昭 進士
甘受學

邢璧 政和知縣

山東榜進士後隸黃安

眉州知州
曹承誥 郎中

戊午

范宗鎮 通志鎮作政甯州知州
嚴璞

李畿嗣 進士

陳謨 縣志姓唐進士
劉方 通判

周祚 郎中
戴符

徐祥麟 戶部主事

杜傑 長甯知縣
邱養蒙 成都通判
曹光

梅汝求 一作求球
熊讜 主事
曾嘉祐
蔡應陽 山西布政使
周思大 知縣

王省吾
徐之徠 武進知縣
高世相

辛酉
嚴珣 兵部郎中
馮言 瑞州通判
葉維喬 銅梁知縣
王同道 進士
王追美

阮孝 知州
邱齊雲 進士
邱龍雲 同知
曾嘉祿 知縣

史修 知州
王之佐 廣南知府
高儒
余登庸 州志作時禮知縣
劉天衢 進士
程希顏
張步雲 太平知府
章宗理 新城知縣

何天德 舞陽知縣
王址
李植
周文卿 福建僉事 江夏籍通志姓王 進士

癸亥始設縣

甲子
周樸
朱期至
劉守泰
耿定力
壽
表舒
企
段倘繡

曹繼孝 樂安知縣 進士
徐時可 進士
李之用 進士
曹美
杜伸 進士

胡邦謙 進士

董石 解元 進士 進士
周思韶 知州
謝鼇 知縣
黃嶘 知州

周思敬 進士 進士
李萬薦 知州

李建中 永昌同知
易可訓 昌平知州
余時中 岐山知縣
劉如皋 進士
李盛春 進士

監察御史

易倣之 進士
汪本奕 鞏縣知縣
袁文伯 潛山知縣

隆慶元年丁卯
王追伊 潁州知州
劉逵 真陽知縣
江沛然

李時成 進士
張鵬翔 三河知縣
徐一唯

徐雲山 推官
周思稷 進士
阮宗孔

陳正誼
程希皋
宛如麟
吳之問
李孟春

江夏籍進士

進士

知府

刑部主事

余光先　雲昌知縣

劉功允　瀋府長史

徐應聘　進士

邱一奇　池州同知

梅國楨　本名鼎進士

劉諧　京闈進士

李爵　四川榜郎中

庚午

李裕　泰州知州

朱朝龍　沁源知縣

徐銘　武定同知

汪守廉　曲靖同知

汪之渙

易之貞　馬湖知府

梅春元　更名在廷

高儀　浙江提舉

張巽

楊大軌

王應奎

同知

王廷植　定遠知縣

葉正蒙　封邱知縣

涂巍　廉州知府

程希凱　定遠教諭

汪一有　應天榜泗州知州

胡仲合　大理推官

王希元　進士

李承泰　知縣

周宏祁

王寵麟　知縣

曾嘉袞　同知

葉正奇

馬希遷　復姓田

張日新　江油知縣

邢應軫

萬歷元年癸酉

王同晉　寶應知縣

余應鶴　知縣

黃宗聖　淮安通判

劉道　登州知府

李第

石三復　本姓桂正定同知

何鳳起　通志起作池進士

周延甲　虹縣知縣

周宏論　進士

鄒思亮　通判

李世薦　同知

羅樹聲　西安同知

蕭譽　兵部主事

李際春　進士

張邦彥　知州

燕祖召　副使

陳王道

瞿九思　爲授待詔

嚴自綮

王夢麟　彰明知縣

余心純（進士）　梅維範
於廷諍　陳楚產（進士）

丙子
王同大　蔡斗移（進士）　徐　期　胡效臣（旌德知縣）　李載陽（進士）　呂應期　邢懋敬（進士）
汪孝川（杞縣教諭）　周　迪（應天榜松江通判）　李承槐（進士）　湯之相（黎平知府）
朱萬年（安順知府）　周道大（萍鄉知縣）　黃順乾（知縣）

廖自伸（貴州同知）　張文光（進士）　周至德（通判）
陳九德　毛思龍
周時烈（敘州通判）　詹仰望（知府）
陶　便（湖州通判）

己卯
郭知易（工部員外郎）　潘學聖　黃　圖（解元進士）　王心正（嘉興通判）　劉如寵（進士）　王大謨（進士）　石崑玉（進士）

曹士彥　何其宏（進士）　劉　奕（進士）　王三極（封邱知縣）　劉廷策　汪可受（進士）
阮文蔚（定遠知縣）（進士）　黃建衷（進士）　唐一鵬（進士）
李汝賢（鹽山知縣）　謝師啓（教諭）
王　陞（重慶同知）　鄒思哲
陳首俊（通志作首守南溪知縣）　梅國正

余履盛（桂陽教諭）
杜若芝（南充知縣）

壬午
樊玉衡（進士）　胡承甯　劉承芳（通志作芳棠，審理）　盧堯臣（進士）　袁世振（進士）　瞿　甲
王一鳴（進士）　朱期萃　梅國樓（進士）　耿汝忞　張　星（歸德同知）　龔　懋（進士）
瞿成名　馮國祥　梅國森　熊華宇

吉安同知　吳嵩　孫大壯 進士　吳士瑞 進士　盧國禎 蘇州同知　孫紹芳 廣西榜同知

知縣　徐存德 進士　閔廷甲 進士　周光德 渠縣知縣　何其謙 伏羌知縣

汪源浩 教諭　王之機 四川參政　黃在中 知縣　曾之賢 御史　閻遇 知縣

乙酉

汪起雲 解元睢州知州　蔡正茂 墊江知縣　盧勳　孫大祚 推安同知

陳所志　周應期 進士　桂凌雲 通志姓杜重慶通判

劉秉鑰 長史　王可相 同知　彭好古 進士　楊王廷 廷一作庭

彭遵古 進士通志作麻城人

王榆 六安知州

陳其要　蕭明哲　宋道亨

徐來建 蘇州海防同知

邢懋順 進士　邢懋學　熊國華 瑞州推官

戊子

贈僉事　周有為 武定推官　鄧奎 同知　劉美 嚴州通判　章宗孔 同知　徐學禮　曹光德 進士　程登雲　｜辛卯　汪元極 解元進士

張原碩 縣志作元碩知州　｜金玉節 進士

廣信同知　吳從周 司務　王延 同知　詹淑 知府　周崇惠 進士　周應嵩 進士　周制 開化知縣　劉文杰 同知　李鼎 通志姓劉　劉承緒　｜梅維芳

秦懋　周家棟 進士　吳化 解元進士　｜韓邦哲 東昌同知

｜黃之士 閬鄉知縣

張效堪　王之臣 陽朔知縣　李瓊 知府　史朝貞 京闈同知　顧懋宏 應天榜　｜夏忠 思明同知

程可文 進士　｜舒其志 進士

鄒如穎 遂安知縣　張存意　龔鉊

盧登　周應明 進士　汪廷玉 州志姓江 僉事　宋元宰 堂邑知縣
熊養初 梧州推官　李長庚 進士　陳王道 同知　董三奇 達州知州
祝名先 開封同知　田生金 進士　黃鳳翔
洪聲遠 雲南參政　鄒衝 評事
何天申 應天榜順天治中　劉泮 同知
黃朝用 見多士坊　汪之澄
甲午
秦繼宗 解元進士　陳秉厚 甯國同知歷任知府　黃會中　朱一統 秦州知州　張邦亨 知州州志作知府　張嵩 潯州知府
黃中 肇慶同知　楊繼哲 大同推官　毛可教 知府　龔漢臣 知縣　宋之琦 長甯知縣
汪應節 吳江知縣　孫慈 灤州知州　曹大受 貴州副使
樊玉衡　周延光　周邦基

進士　進士　更名邦璟 進士
梅獨早 翰林孔目　黃位中
程元瑜 應天榜　鄒瑄 通判
萬一奇 黃陂籍進士
吳思溫 廣西布政使
官應震 進士
梅敬祖 一作姓樊
丁酉
穆天顏 進士　張應奎 進士　熊嗣先 敘州同知　張邦翼 進士　石柱國 萬載知縣
王同謙 進士　王成位 肇昌同知　蕭世聘 延平同知　項楚
章石麟 進士　毛茂春 司務　陳時官 同知

黃州府志　卷之十五　舉人上　四十七

胡款闕
周之夫 進士
汪宗文 雲南右布政使

陳鴻恩 貴陽知府
楊之彬 同知

羅一哲 沅江教諭
熊所師 贛州推官

周藎臣 原名張周俊石泉知縣

陳余達 安甯知州

周之訓 進士

胡來臣 眞陽知縣

華崇 隨州籍同知

庚子
鄧應張 德州同知
楊惟一 工部郎中
周應嵛 知縣
彭應會
汪之浹 南雄知府
王之栩 同知
吳亮嗣 進士
胡宥垣 南召知縣

黃州府志　卷之十五　舉人上　四十八

吳時泰
王之民 全州知州
田生芝 進士
蕭魚 登州知府
劉世甯 知州
楊大鼇

於倫 進士
曾汝鏞 知州
晏攄忠 廣西副使
劉人表 開封同知

曾日省 潛山知縣
王育德 陝西右布政使
劉銳 知州

吳徵
鄒人昌 進士
嚴恭 京闈副使

官應賓

黃拱辰 蔚州知州

程士升 泰州知州

吳瓚 知州

癸卯
鄭之良 四川副使
郭士望 解元進士
王奇 知縣
秦文化
王焯
劉賓 贛州知府

鄭謙 雲南知府
畢大猷 穀城教諭
梅之煥 進士
王夢篆 平樂通判

劉文忠
許元卿
毛調元
邢懋勳

知縣

梅啟元 海甯知縣

甄淑 進士 知縣　孫逢時　王養中

魏國賓 江夏教諭　姚明恭 進士　李 道 主事

王同定

丙午

杜應芳 進士　游之英 麗水知縣　鄧漢臣 知縣　秦 植 一作羅田人進士　張會心　王臣紀 泗州知州　石有恆 進士

陳 慤　張繼孔　蕭應鳳

黃州府志《卷之十五　舉人上　四十九

同知　知縣

余士忠 孝感教諭 漢陽籍　鄭天懿 知縣

鄒之易 進士　李新楚 知縣

晏 清 進士　陳以聞 進士

余宏靖　田生蘭 主事

閻察言

周世盛 知府

己酉

陶起虞 進士　朱期昌 京闈進士　王之楨 知縣　王 先 進士　胡士容 進士

程之試 開封同知　劉鍾英 進士　汪攀龍 推官　陳嘉言

王一桂 戶部主事贈太僕少卿　周崇極 貴州僉事　陳維賢 河南解元

宋應軫

黃州府志《卷之十五　舉人上　五十

主事

李 延 主事

壬子

杜祝進 國子助教　南有臺 進士　周維光 知州　王 猷 御史　李 梴 進士

邱惟明 定遠知縣　楊搓龍 進士　劉涵清 知縣　蕭 震 進士

邱惟時　毛舜嶽 進士　田乃穉 進士

邱宗魯 青田知縣　蔡茂春 進士　易道偉 州志偉作

王欽濂 南陵知縣　李五美 惠州海防道　趙世貞 壽州知州　魏之琛　魏國彥

劉孔源 推官

傳　邵于行 臨桂知縣　劉琛 京闈　曾鳳釆 知縣

同知

乙卯

劉宗祥 進士　洪周祿 進士　靖科元 進士　曾齊賢

朱朝熙 泉州知府

劉忠清　鮑之祥 進士　周應昕　毛丹釆 縣志釆作彩 推官

耿汝忞 巴陵訓導

黃可柱 工部主事　洪應蒿 河南榜解元

王珙 進士　田雨公 進士　玏世德

金之純 興安知州　甘許國 保定同知　陳楚瓊 石泉知縣

石有信

周三俊 知州　李顯祖 知縣

劉秉衡 知州　周之茂 進士

戊午

汪熼南　祝世美 進士　何閎中 進士

王覺民　蔡璿 進士　桂啟芳 進士

劉承棠 進士　梅之耀　周士美

耿汝思 應天榜　韓邦光　胡贊華

王煋 通志作煜

李樹初 進士　饒京 進士　李新 陝西僉事

余鍾岳　陳欽命 教諭 縣志兵馬指揮

王六如 主事　嚴師範 進士　阮維岳 知府　屠振鐸 知府　樊維城 進士　蕭正大

謝天申 西寧知縣

田宏恩　曾嗣禹 金壇教諭　周振 京闈進士

洪名鼎

知縣

程烀　興濟知縣

天啟元年辛酉

王家錄　闕南僉事賠光祿少卿

魯若參　應城教諭

劉伸　進士

劉之楨　石泉知縣

袁雲龍

梅調燮　京闈六安知州

石確　進士

劉相可　知縣

陶承謨　進士

饒嘉元

陳瑜　兵馬指揮縣志作四川分守道

盧士澄　通志作士仕

趙之英　進士

呂元音

曾嗣仲

周宏邦　九江知府

鄧謙　進士

程良球　渾源知州

吳思文　岳池知縣

牛若麟　進士

舒中天　一作天中蒲圻教諭

甲子

魏公韓　進士

畢九臣　紹興同知

周應華

田漚　孝豐知縣

劉近臣　解元進士

王源昌　進士

李雲程　山東榜

張效葵　州志效作

張楚偉

孝延安同知

蕭繼芃

董九功　學正

貢其志　通志姓黃江夏教諭

程之敦　萍鄉知縣

周世璽　知縣

劉廷教

余士璋　通志璋作瑞麻城人進士

楊魯

樓銹

丁卯

周啟元 高苑知縣贈僉事

周之士 福州同知

周世垣

秦如容 進士

王增 知縣

李雲慶 泰甯知縣

藍季曙 獻縣知縣

宛三奇 進士

蔡馨明 眉州知州

鄒師捷

王燝 通志作鼎 監軍道

康思孝

劉近甲 醴陵教諭

王用予 進士

熊世懿 進士

鄢之燧

陳鵬舉 副使

劉師健

陳儒樸 進士

周渫 助教

李鄧林 知縣

張久徵 京闈進士

崇禎三年庚午

王追駿 進士

楊繼錦

胡公國

盛世彥 永嘉知縣

金天宿 甯海知州

劉子壯 進士

高宏基 進士

朱師忠

朱永昭

王一翥

胡三宗 武功知縣

陳師泰 蘇州知府

饒應元 通志姓馮 溧水知縣

張士志 縣志姓陳

畢期玕

詹大有 金谿知縣

邱之宗

李掞林 鳳陽知府

蕭奎

陳瑾 進士

易士龍 宿松知縣

癸酉

於斯行 殉難

南居翼

朱之理

盧希儲

陳奇思

石鎮國 杭嚴兵備道

葉國章 徐聞知縣 胡三順 進士 詹應熊 吳卿 信豐知縣

汪煉南 進士 魯元公 知縣 洪世講 昌黎知縣

汪𤄊南 馮九思 推官 張國光 進士

李如瑾 河南知府 劉怡 知縣

魏師田 陸涼知州 董璜 京闈同知

鍾天與 劉侗 京闈進士

奚還吉 通志吉作古

吳元伯 御賜進士 山東參政

胡公陳 一作丙子

李標

丙子

萬曰吉 進士 周壽明 解元進士 江山柱 知縣 張士智 李炳然 萬安知縣 藍縉

張士佺 黃正色 蕪湖知縣 鮑修吉 盧紘 進士

韋克濟 進士 畢十臣 進士 毛祈蕃 進士 王臣縉 進士

萬爾昌 黃耳鼎 進士 毛羽儀 進士

黃鉉 毛元暉

詹謹之 兵部主事

己卯

濟南推官

奚鼎鉉 李見璧 曹允昌 解元進士 江載清 分宜知縣 余彌綸 仁和教諭 梁之垣 饒來中

張正熙 知縣 游宗先 本姓鄒 謝應申 朱晙 原名由鑰 張復熙

秦餘馨 楊僑 劉鍾磬

韋成賢 安定知縣 進士 梅念殷

王源善 本姓陳 周損 饒州推官

陶克峻
葉采
於斯昌 兵部主事
王山玉
方應地 殉難
劉子芬 通志地作第
魏應熊 殉難

詹大衍 江夏籍
壬午
程文金
甌喻勳 進士
劉洪瑤
蔣文
曹澄
謝天知
董珍
吳敏含 知縣
蔣昶 邢臺知縣
郭都城 咸甯教諭
張繼善
鄒知新 萊陽知縣
翟近扆 通志扆作吏教諭
晏濟 鳳陽推官
南之俊 本姓王
董璋 長垣知縣
張楚璠

戴治盛 江夏籍進士
王欽命 均州學正
千應試
補遺
黃岡縣
安節 教諭見九江志
胡廷蘭 辛卯科
周若菘 雷州推官崇禎四年
鄭抱素 廉州知府
成敏貫 新甯知縣
胡如穎 戊子科
龔化 崇禎年
張庸 中會試

黃州府志卷之十五上終

黃州府志卷之十五下

黃州府知府英啟纂輯

選舉志

科貢表

舉人下

黃岡縣 蘄水縣 麻城縣 黃安縣 羅田縣 蘄州 廣濟縣 黃梅縣

國朝

順治三年丙戌
魏邦哲 進士　李生美 進士　項始震 京闈進士
汪衡 進士　毛炳 進士　邢秉鈞
周九華 獻縣知縣　程維伊 慶元知縣
李本周 進士　張先基 進士　熊兆師 陽山知縣
鄧錦 本姓曹彰德通判　汪文光　劉暉 學正
董艮宣 武昌教諭
宋黃佐 本姓黃　李果 洪雅知縣
張偶賢 本姓林交河知縣
歐陽璧 進士

戊子
曹本榮　張五衡　周禮
李本晟
梁憲

進士
程啟朱 進士　楊繼經 進士　金九鼎 知縣
進士
進士
凌建奇 翰林孔目
黃中寶 進士
汪基遠 進士
王用世

辛卯
王澤宏 京闈進士　李之驥 本姓鄧祿勸知州　王元士 進士　鍾琇 京闈進士　徐熙明 永新知縣　顧咸泰 大名知縣　宋叡 進士
王承啟　李華 教諭　萬邦維 進士　吳之珍 進士　張正志 進士　吳瑾 進士
張之杜 常德教授　陳琛 臨漳知縣　胡躍龍 進士　蕭湑 京闈
熊夢熊 本姓胡　駱驌 平樂知府　董時升 進士
孫如芝 筠連知縣　桂沖霄 本姓柴南　黃倫

殉難 海知縣
汪申達 歸州學正 高耀基 顏允基
陳肇昌 進士 高翥
王成
何開藻 知縣

甲午
馮雲傳 本姓熊潛 王保潼 進士 江漢英 程一棐 國子助教 劉匡生 劉洪璽 廖士貞 江西榜營

黃州府志《卷之十五　舉人下　三

江教諭 山知縣殉難贈四川僉事
張本忠 江陵教諭 洪一翥 攸縣教諭 唐封 進士 程之澍 郴州學正
熊光裕 進士 邢子愿 監利教諭 郭更名
宋必達 進士 毛祈華
樊維域 進士

汪沅 進士
程啓張 進士
汪建遇
杜琦 黔陽教諭
胡翊明 祁陽教諭
杜碩

黃州府志《卷之十五　舉人下　四

榜姓楊博羅縣知
黃名啓 應山教諭
王一釬 京闈

丁酉
汪士奇 進士 張邦福 進士 鄒宗彥 進士 盧綖 進士 張承位 桐鄉知縣 饒軫中 進士 程允迪 祁縣知縣
王追騏 進士 李成棟 進士 鄒四知 教諭 盧經 進士
奚祿詒 徐東映 吳虞廷

進士 通志 知縣

通志東作秉衡山教諭

周之美 進士

程維極 桂陽學正

吳升東 進士

王封濚 進士

杜衡 進士

龍可旌 進士

宋文球 巴陵教諭

汪嶼南 武邑知縣

徐孚有 國子博士

杜士英 永豐知縣

黃如松

林昆翰 禮部郎中

余卓 宿遷知縣

魏信陵

洪有守 京闈

葉自嚴 武昌籍衡

州教授

葉封 黃陂籍進士

李天馥 合肥籍進士

庚子

張從瑜 長沙教諭

王追騄 刑部主事

鄒琬 進士

周維秬 進士

余德嘉 會元

張金基 沔陽學正

黃州府志　卷之十五　舉人下　七

王之鯨　刑部員外郎
楊允禎　本姓吳　進士
鄭二成　進士
鄭一洪　貴溪知縣
葉　達
劉本源　京闈
李必泰　蒲圻教諭
藍應家　知縣

康熙二年癸卯
陳敏常　興國學正
朱國是
梅佳楠　江夏籍
丁盛時
操之盛　景陵教諭
江永祚　宜都教諭
王萬瞻　邵陽教諭
盧　緯　山陰知縣
劉遐祚　銅鼓衛教授
劉洪璇　建安知縣

黃州府志　卷之十五　舉人下　八

余世羽　瑞安知縣
陳國祝　漢陽籍進士
丙午
鄭　昱　進士
畢紹顏　郾城知縣
秦　至　婁縣知縣
黃嘉應　江夏籍
盧爾慥　京闈
胡　坦　景陵教諭
黃名凱　九溪衛學正
胡思樊　鄖陽教授
張仲經　彝城知縣
己酉
王鳳采　進士
袁　進
韓庚寅　進士
程　達　荊州教授
曾鳳喈　教諭
陳宏仁
張希良　進士
袁懷吉　本姓周綏

孫鈞 夏縣知縣
鄧維憲 襄陽教諭
徐光林 通志作林麟齊東縣知
壬子
晏勔明 應城教諭
周梓
蔡楷
秦如完 楓柏知縣
劉懋京
甯教諭

王文繡 本姓黃
蕭之年 榜姓姚教諭
盧絳 都察院經歷
姚之年 本姓蕭通山籍教諭
乙卯
王材任 京闈進士
丁巳
韋鍾藻 南闈餘姚知縣

戊午
朱敏求 解元進士
畢友宣 進士
吳應庚 進士
黃亮 進士
熊心璋 廣濟教諭
劉懋弼 江夏教諭
徐奇志 知縣一作黃岡人
胡之太 滦水知縣
高鎰
王懋才 武昌籍進士
徐雲宏 京闈白河知縣
詹士懿 漢陽教授
張萬選
龍尚傅 榜姓呂進士
毛鴻漸 咸甯教諭

辛酉
汪基美 公安教諭
邢雲 教諭
蕭一舉 武岡學正
俞士鼎 縣志作翰姓荆門學正
黃利通 進士
許文岐 本姓鄧武岡學正一作羅田人
劉同向 永州教授一作黃岡人
李如龍 教諭
邢維正 江西榜

王懋德（武昌籍進士）　官純貞（本姓楊）　陳世封（學正）

孫篤棐（宿遷知縣）　黃道茂

甲子

宋如辰（解元進士）　閻成志（縣志成作承）　鄒士璁（進士）　何　通（進士）

張仕渾（進士）　張佳晟（安陸教授）　張光庭（武昌教諭）

江一崙　邢子植（宜城教諭）　袁同賢（本姓鮑進士）　秦如鎬（江夏籍）

陳正誼（棗陽教諭）

吳國禎（興國學正）

祝軒齡（寶坻知縣）

舒士才（本姓盧永定衛教授）

王如治（蘄州學正）

丁卯

熊開任（通志作任）　畢元英　鄒汝治　王　復（孝感籍）

林可喬（本姓楊進）

仕

士

陳大章（京闈進士）　徐廣淵（進士）　王　楠

王澤深（京闈進士）　鄒汝魯（羅源知縣進士）

周　岑（本姓陳）　曾世璜（貴州榜知縣知州）

謝加恩（刑部主事）

王鎮邦（見寶善集）

庚午

陳大華（解元）　胡　理（廣濟教諭）　陳文錦（一作黃岡人）　秦琪芳

李丞昇

王一導（進士）　李正達（湘潭教諭一作黃岡人）

陳　詰（柳州學正）

萬爲恪（進士）

張　楩（歸州學正）

陳大奉（戶部郎中）

葉道復（武昌籍進士）

癸酉

欽士佃 解元進士一作蘄州人 田美中 本姓李

杜必春 榜姓譚 程士棟 交城知縣

萬燦

袁豐 歸州學正

程有年

彭鴻詞 甕安知縣

顧昌

黃州府志《卷之十五 舉人下 十三

安陸教授

王漢周 進士

朱之裳 通志姓宋

丙子

范基祚 進士

陳大慶 桐鄉知縣

己卯

易天壽 王建琰

郭林 教諭 吳宏初 邵陽訓導

王琬 岳州教授

黃芴

劉文起

蔣基豐

石再華

漢陽教授

陳澤周 衡陽教諭 鄧維翰 榜姓劉

童儒 本姓張

王全才 進士

盛文賢

余珖

靖州學正

張仕學 沅陵教諭

王夢弼 宜昌教授

王開泰 江夏籍進士

黃州府志《卷之十五 舉人下 十四

進士

王文炳 進士

徐流謙 大興籍京闈進士

葉王前 京闈副使

壬午

葉正碁 本姓童歸州學正 徐源舒 零陵教諭

張炳彪 沔陽學正

王開運 通城籍進士 張粹金 善化教諭 黃之卓 天門教諭

姚必發 本姓王通志作黃陂人
汪之珍
王如种 和順知縣
王材進 武岡學正
陳大聲 進士
王開銓 江夏籍知州
李天培
王　昇
潘同料 興國學正
邢承烈 江西榜廣甯知縣
宋敏道
劉祖陶
陳　灝
汪度宏 進士
涂士通 本姓鄒通城教諭

沈文謨
乙酉
王材遠
徐源遠 蕭甯知縣
李　遠 永州教授
張　藥
胡宗憲
金啓江
蔣天柱
姜世坦 崇陽教諭
楊　節 本姓周周道州學正
周曾謹 進士
張　條 衡山知縣
張啓疆
張　觀 學正
金龍起鳳 漢陽籍
孟應泌
朱　梅 本姓唐知縣
易時憲
宋應辰
蔡　仕
黎世俊
王策勳 桂陽學正
李　煥 本姓王湘潭教諭 進士
汪惟鑾
胡　珵 石首教諭
鄭可格 中書
戊子
袁士昆
徐作枚
胡文域
劉　待
董洪基

本姓陳甯遠教諭
樊齊伊中書
王顯勳本姓蕭
孫昌運本姓朱一作石昌遠首教諭
王楙績

榜姓鄧兗州同知

隨州學正
鄒汝默知縣
鄒汝模進士
汪世偉縣志姓江教諭

澧州學正
蕭文璁
秦天洪

鄖縣教諭

黃州府志《卷之十五　舉人下　十七

進士
杜樞教諭
夏銑本姓曹

辛卯
杜啓運進士
袁國桴進士
范元灝
邵曰霄
夏啓灝本姓熊天門教諭
楊仁迪

吳世模進士
張棣中書

孫民則進士

張惟金江陵教諭

李履坦本姓周

溫縣知縣

京闈嶧縣知縣

張楠衡陽教諭
周有堂進士
楊正發本姓陶
王一闓
楊雋本

黃州府志《卷之十五　舉人下　十八

本姓陳棗陽教諭
周嵩進士

癸巳
陳士俊
王漢書襄陽教諭
陳師栻德平知縣
鄒受祉

徐喬綏瀏陽教諭

徐家麟均州學正
曾從致
曾銳知縣
唐治

彭之華進士

張正問刑部主事
王琮
王開藩江夏籍

藍士袞

蔣天桂教諭
胡梅

蒲圻教諭　教諭
萬禮祖 進士
周祚縉 進士
甲午　楊瑞杞　胡承捷　李廷翼 教諭　鍾灝　龔啟堂 荊門學正　方策　石燦 東陽教諭
鄭維嵩 進士　官　錄萬 知縣　諏　韓王錫 黃陂籍解元
李瓊枝梅 本姓陳進　琮 本姓程　胡文坦 縣志坦作

士　坦
陳師履　鄒懋衡 知縣
王樹材　程均 桃源教諭
王如旦　董昌其
丁酉　靖道謨 進士　程夏開　梅任鈞　程均 京山教諭　雷天鐸 進士　劉价　陶永曜
喻良材 本姓潘　嚴繼陵 進士　彭際泰 教諭　盧建中 進士　汪鵬　吳涓秀

陶肇曙 恩施教諭　畢封基 巢縣知縣　王時忠
呂成旭 本姓杜　耿昭需 武源知縣
朱南朋 本姓王無錫縣知
王一華 衡山教諭
鄭琛

楊熉 進士
庚子　於萬震　徐本僊 雲南糧道　萬繩祜 進士　江天池 教諭　王世銳　熊恢
甄衣錦 本姓王　徐立御 進士　胡錦 知縣　朱榮經 進士
王坦 固始知縣　楊宏謨 縣志謨作模　楊龍光
童文麟 江夏籍　胡鑛

吳卒祖（江夏籍進士）　郭瑛

魯之裕（江南榜）

雍正元年癸卯

王封岱　胡承揆　周邦孚　韓步月　朱忻　游聖選　黃有福（衡山教諭）

陳師豫（主事）　周坤順　鄒瑜（本姓潘解元教諭）　吳逢瑞（通志作逢廷）　趙錦倫

方可丹（進士）　奚學標（從化知縣）　祝湛

余世宗（一作黃岡人）　鮑啟泮（中書）

胡作舟（江夏籍）　萬詢（知縣）

李高松（進士）

皮日升

朱寀扶（進士）

靖天綱

王封岷

王封槷

余承堯

王封岐（鹽大使）

宋鍔

嚴世同

吳其達（榜姓周京山教諭舊誤入康熙癸巳科）

甲辰

萬壽祖　朱文魯　高岱　游挺秀（萬載知縣）　石中璧（本姓蔣）

汪依仁（海陽知縣）

劉近顒 本姓王新野知縣
李應魁 進士

丙午
徐世正 清澗知縣
胡紹緒
梅湄
彭奕明 兩中副榜准作舉人
熊淇 江西籍進士
王世法 江夏籍
朱本績 知縣
張錫嵒 枝江教諭

王光珮 進士
許岳 進士
郭宗乾
汪永開
陳師洛
知縣
鄒攀梁 知縣

張起鵬 五經副榜准作舉人

己酉
朱澤遠 進士
龍于飛
施士卓 永州教授
劉自拔 本姓潘監利教諭
張易源 進士
吳樂
張壯國 進士
袁省 東湖教諭
方楚正 進士恩賜中書
黃之騏
陶文夔

壬子
萬年茂 進士
張泰臣 進士
蕭斯芝
陳之琯 進士
朱孔濟 大冶教諭
汪振聲
王本義 雲夢教諭
李大鶴
周際聖
彭韶 進士
宋大蘇

乙卯
程後濂 進士
何御龍 進士
萬繩宗 進士
秦人蕃 龍山知縣
陳履中 進士
徐天球 進士
洪禹拜 應山教諭

王如旦 更名如瑄 蒙陰知縣
潘伊琦 琦一作琪 公安教諭
張炳瑛
熊慶源

余從龍 天門教諭
傅楫

乾隆元年丙辰
萬年豐 浙江鹽大使
甘學湄 進士
王華孕 進士
何昇 京闈湯陰知縣
張彥
張錫鑾 江夏教諭
張必元

萬綿祖
劉士榮
胡本榕

萬繒祖 東湖教諭
萬廷望 岳州教授
鄭宗璜 米脂知縣
張雲鴻 京山教諭
胡蓋凡 雷州同知

王本燦
陳文光 恩施教諭
周學校

張廷偉
王年松 鎮原知縣
周茂建 石首教諭
周起龍 孝感教諭
胡玫

戊午
郭維本
張聯奎
盧國彬
郭本才 進士
程同男

萬希賢 解元 萊州鹽大使
畢志璜 進士
吳起鵠
馮子式 貴州榜進士

辛酉
宋鏊 進士
徐明理 知縣
黃鶴
張夢楊 解元進士
張德源 進士

李長青 進士
張鴻文 江夏籍
孫祚顯 恩施教諭
孫祚濬 應城教諭
萬紱祖
張夢魁
韓觀理

黃陂教諭
王棶穌 歸州學正
陳應龍 京闈南元進士
陳天寵 湖南榜進士

甲子
樊廣烈
岑天構 進士
江會默 教授
盧萬年
余函秀 教諭

蔡必朝
瞿顯然 嘉魚教諭
周棟隆 進士
孫廷槐 黃陂教諭
萬年治
馮詔

丁卯
靖式文
劉夢鵬 進士
侯天柱
吳沂 解元進士
劉萬甯 石首教諭

范朝綱
周象豫

進士
宋嶽源 鍾祥籍石泉知縣

庚午
胡心安 象州知州
周象晉 東湖教諭
邱恩榮 進士
徐七斿
張璧 永壽知縣
石爲藝 進士
陶文翆 孝感教諭
石步雲
舒攀桂
范思皇 進士
隆德知縣
宋廷採

進士

壬申
萬廷璧 興國知縣
徐養忠 進士
葉栻 教諭
吳恢聲
呂士模
夏曾浴 嘉魚教諭
張念祖 進士
范之光
吳家駒 進士
張京鯉 上饒知縣
阮文經
杜乘時 宣化知縣
王國柱
王封渭 進士

易世詰 本姓嚴 黃陂籍 仙游知縣

癸酉
張鳳鳴 兗州知府
程應麟 直隸知縣
鄒茂材 知縣
張兆講
劉斯興 進士
汪振玉 西隆知州
程興仁 進士
龍雲起
劉恩訓 溧陽知縣
劉祚禹
徐立階

丙子
蔡履豫 江夏籍
詹回瀾
郭湛 知縣
吳中理 浮山知縣
鍾銓 竹谿訓導
胡芬 興國學正
葉際昌 崇陽教諭
胡本立 均州學正
郭一捷 棗陽教諭
華觀貞 進士

韓智 黃陂籍
韓光斗 黃陂籍
李清 歸州學正
胡可郁 安陸教授

己卯
周凝光 進士
畢從升 常德教授
吳成喻
陶大朋 江陵訓導
蔣方營 嘉魚教諭
余文煥
黎慕蓮 恩施教諭
楊聯奎 江夏教諭
許謙

宋本敬 中湖南解元榜姓陳鎮安知府

庚辰

張宗震 宣恩訓導
徐楝梁棨景陽
柯士俊 東陽教諭
陳艮翼 進士
冦建侯 上饒知縣

張其洲 平利知縣
侯映甲 解元進士 高臺知縣
陳守約
蔣志坦 黎陽知縣

於長源 宣恩訓導

朱申 京闈

壬午

嚴承夏 進士
李濤 知縣
王梓德
蔣方熙 解元

陳勉中
程琮 進士
馮世振
石龍光

周孔彰 趙城知縣

萬年衢 順昌知縣

隗文炳

萬廷翼 咸豐訓導

邱之松 四川籍

熊正銘 江夏籍禮縣知縣

乙酉

邵明鸞
南
溟
鄒茂槐
駱沛霖 武昌教授
梅
渭

張雲濟
李飛鳴 武昌教諭
胡翔霨 德安教授
方克壯

濟通志作際

彭述 建始教諭 杭州通判

徐立天 棲霞知縣

戊子

朱大勳 石首教諭
張聯箕
王
湋
周應昌
胡
薰
張植炎 惠安場鹽大使

周邦勳 石首訓導
柯之桂 竹谿教諭

杜魁
耿秉鉞

襄陽教授
盧國榆

庚寅
霍純 京山訓導
程鳳翱
王秉謙 教諭
吳大杬 應山訓導
蕭光詠 甯鄉知縣
張夢禮
廖驄
操履騮 荊門學正
鄧夢麟
張沉
朱霞遠 臨城知縣
靖本誼 京闈南元

進士

辛卯
劉之銑 石首教諭
徐愈達 進士
程璘 公安教諭
江涫風
陳佑澄
陳鳳藻 大埔知縣
潘紹經 進士
楊琯
蕭學均 安陸教授
張文淵
陶起駒 四川籍
曾曙
姚學捷 臨淄知縣
柴承玨 均州學正

甲午
吳夢鴻
潘紹觀 進士
梅英熾
孟正芴 安順知府
陳詩 解元
胡攀龍 思恩知縣
尤士潘 沙河知縣
徐賡泰
張鳳騰 黃陂教諭
高斯薰 進士
喻文鑾 淄川知縣
張士昱 京闈平和知縣
程光瑛 進士
吳瑄
熊光鵬 江夏籍濱州知州
羅玉堂
汪楫

丁酉
龍澍
陳士珂
王勸
汪泉遙
胡鴻鳴

進士
孫步樓 襄陽教授
徐家鶩 太湖同知
漢陽訓導
枝江教諭

己亥
林向鳳
顧佑賢 歸州學正
鄒藻 學正
張椿 隨州學正
陶起庠 安陸教諭
孫承炳 廣靈知縣
陳光詔 武岡知州
胡翹霜 學正
張夢墉 歸州學正
朱英 武昌教諭
靖本詡 安陸教授

黃州府志《卷之十五　舉人下　三十五

張大運

庚子　萬岳　徐應璿　吳世渭　劉宗海（茼城知縣）　劉之棠（進士）　張光遠（江夏教諭）　蔣志堉（歸州學正）

邱士麟（解元宜城教諭）　戴錫綸（河南榜嘉應知州）

萬希科（荊州教授）

陳翊休（巴縣籍）

陶啟駿（四川籍）

陶啟騋（四川籍）

癸卯　汪兆霖（蘄州知州）　徐愈進　鮑　榜　廖易元（新河知縣）　帥承瀛（進士）

王士珍（峽江知縣）　李愈達（教授）

龍門鯉

黃州府志《卷之十五　舉人下　三十六

丙午　李鈞簡（解元進士）　徐連城（石首教諭）　陳邦傑（榜名橘進士）　阮夢夔（江陵教諭）　陳豐露　龔執桓　石　然（鎮平知縣）

黃位三　朱德輝（江夏訓導）

汪鳳超　方　蔚

靖本託（京闈郇陽知縣）　陳錦文

戊申　黃樹棠（進士）　華豐貞（進士）　江培福（知縣）　余　杰（竹山訓導）　吳煥鈞　徐養宁（嘉魚教諭）　石本盛（武昌訓導）

錢周德（內閣中書）　畢從德　鮑　鵬（訓導）　鍾錫卣（漳平知縣）

王　勳（教諭）　夏林烈（宜城教諭）

己酉　萬希煜（進士）　李郁煥（通山教諭）　郭喬楚　吳　海（解元）　陳景程（中書）　蕭光縉　帥承濂（益都知縣）

萬希宗（益陽知縣）　余兆鵬　李元淑　朱家麟　郭地鵬（漢川教諭）　張學韶

蔡文瀾（進士）　徐翼亭（公安教諭）　范位盤（均州學正）

宋廷楓 湖南榜　陳良玨 通城訓導

壬子　宋治咸 進士　袁履謙 訓導　張錦珩 進士　朱錫綬　石文漣 進士

熊衍椿　吳大梲　石基善

秦士恢 武昌籍　石文彩 宜興知縣

吳嗣泰

段先達

本姓潘江夏籍

甲寅　胡燧　徐愈敬 宜城教諭　熊良駿 教諭　黃鳳詔 澄邁知縣　胡鴻薰 黃陂教諭　張傑 潛江教諭

劉之鑾　胡文翼　李元愍 訓導　蔡理元 鍾祥訓導

張士旻　雷榮達　汪步丹

楊倘瓚 武昌籍

乙卯　孫修實　謝　郁喻光祿　雷嘉錫　張文鵠　聶兆薰

張元諒 德安教授　李瑞麟 天門教諭　孟嗣琮　知縣

嘉慶三年戊午　陳元陽 鄖西教諭　畢翰書 雲夢訓導　王映台　高翥 吳川知縣　李華郁　吳曙　石安國 長樂訓導

王兆京 穀城教諭　蔡世鶯　張文鱗 潞安同知　吳林 京山訓導　張起錡　張酺 瀘州知州

程愨 宜都訓導　干廷植 鶴峯訓導　李泰交 鄖陽教授

汪兆柯 進士重宴　蔣鏞 進士

鹿鳴

李懷若

庚申　汪謙　徐陳謨 進士　張夢筆 更名秀芝進士　彭鵬蛟　蔡道中 荊州教授　商濯英 雲夢教諭

萬鼎琛 進士　何宗禮 崇陽教諭　彭魁 天保知縣　喻元準 進士

李振堃 清江通判　盧薰　師承瀚 進士

杜枚　喻元沆

辛酉

陝西榜嘉魚教諭
張履恆 進士
梅延 更名德音即墨知縣
許性華 當陽訓導
詹聞鏊

徐昌林

程德楷 進士
袁銑 進士

李昺

更名士藩進士
湯思永
錢灝 荊州教授
劉蔚華 隨州學正
石遠懷 利川訓導

黃州府志　卷之十五　舉人下　三十九

甲子　丁卯

靖崇鄉 歸州學正
萬鼎洋 進士
程光禮 荊州教授
劉昌檜

徐立籖
蔡紹江 進士
周文郁
徐躍

胡民惠
張錫謙 進士
王國謨

閻海 應城訓導
童埰 安陸訓導
潘光照 襄陽教諭
閻湘

張文玘 解元
詹如松 漢川訓導
王瑞光 江夏籍
陳時光

石光榮
鄧錦 棗陽教諭
宛承玠 阜寧知縣
聶兆芳 咸寧教諭
熊繡 漢陽教諭
萬覲光

戊辰

永順教授
萬仞 更名鼎欽監利教諭
陳肆三 漢川教諭
魏鴻
孫世芳 巴縣籍
汪極三 進士

漢陽訓導
聞斯行 襄陽教授重宴鹿鳴
董際芳 天門教諭
周玉彰 咸寧教諭
徐聞光 公安教諭
李新元

梅茂南 進士

秦光辰 進士
韓大榆 更名致中荊州訓導

江夏教諭
江學勤 江陵教諭
陳瑞球 進士

胡翔鸞 更名敏潛江訓導
葉彪 潛江教諭

陳煥 更名元吉鄖縣訓導

黃州府志　卷之十五　舉人下　四十

劉遐亮 漢州知州
陶致孝 江蘇知縣
曾鵬 進士
趙榛 江夏籍開平知縣

胡理元 鄖陽教授
周世南 羅江知縣

李承洛 鄖西訓導

石鳶奎 歸州學正
石產瑚 進士

彭光第 宜都訓導
孫 恪 巴縣籍
庚午
萬承宗 進士
徐奉詔
項 森
程 炳 武昌教諭
陳其殷
張鍾珽 臨清州同
喻元霈 大名同知
嚴 垣 鄖陽教授
陳繼會
錢光選 瓊山知縣
陶 煒 宣恩訓導
陳 鑾 江夏籍進士
李肇鎡 更名鈺黃陂教諭

嚴承啟 巴東教諭
宛夢龍 更名名震餘姚知縣
童先惠 更名兆鏞武昌教授
喻元澤 京闈
胡其蔚
王基浩 巴縣籍廣西知縣

癸酉
汪引鴻 武昌教授
陳 沆 原名學濂進士
陳錦階 更名準山西知縣
喻宗泰 當陽教諭
余作梅 遠安訓導
楊兆晉 進士
田書田 更名王武昌教諭
李 贊 定州州同
李榮鴻 更名樹滋潮州同知
陳鵬枝 竹山教諭
胡必楠 翰林典簿

胡美彥 進士
靖易璉 榜姓易
胡學仁
汪封渭 進士
丙子
王 鵠 進士
楊兆鼎
陳五典 麟遊知縣
王南杰
郭 潤 甯明知州
余承書
李承傳

奚先愷 進士　郭應台 漢川教諭　陳曉陵 天門教諭

李鼎玉 東湖教諭　陳澐 進士

奚先悌 淶水知縣　司先格 鄖縣教諭

戊寅 王鶴　周忠燮 原名鼎孝咸教諭　廖昇 鄖陽教授　陶金烇 進士　趙磊 解元宜昌教授

劉成柏 湖南知縣　王藍田　梅芳 監利教諭

黃州府志《卷之十五　舉人下　四十三

邵際然 江夏籍均州訓導　李鰲 惠州知府

胡玉森 襄陽教授

己卯 周華桂　楊兆豫 興國學正　吳鳴泰　文鳳喈 進士　王綬林 澠池知縣

鄒運寅　郭應運 光祿署正　盧鴻遠 進士　劉潤

王侯祐

道光元年辛巳 靖厚欽 解元進士　胡璧華 順德同知　李映春 定襄知縣　朱輅

沈連洪 漢陽訓導　蔡辛 公安教諭

李學海 光州籍　李燮元 漢陽教授

蔡紹洛 進士　潘雲水

壬午 汪兆雲　詹雲　江昌煥　葉偉　陳廷揚　黃經塾

黃州府志《卷之十五　舉人下　四十四

進士 漢陽教授　進士重宴鹿鳴　解元

嚴家珩　楊錦　陳紹瑞

吳大鏞 蒲圻教諭　范德華

萬家福 進士

王思引 進士

乙酉 謝道壇　郭用賓　孟汝昆　潘煥龍　吳開第

李士燮 更名炎婺源知縣 進士
程　庚 原名利賓 進士
京闈 商邱 鄒平知縣
建始訓導 蔣傚濂
汪士俊 興化知縣
蔡紹瀛 隨州學正
桂常青 安陸教諭
萬　淯 襄陽訓導
高維藩 江夏教諭

戊子
嚴啟棠 畢至 張錦芝 教諭
郭紹華 光化訓導
吳文林 進士
汪氣濟 公安教諭
司克燕 進士
趙　瑛

會世儀 應山訓導 進士
德安教授
丁　璜 進士

辛卯
劉　炯 范德煒 江文鉅 汪　潤 進士
漢陽教諭 興山教諭
陳秬鬯 余懷珠
王自鈞 葉為珪 進士
阮恩兌 江夏訓導
劉映丹 進士 吳　鈺
青陽知縣
靖郁齡 更名郁恒
潘炳勳 長樂教諭

洪恩溢 漢陽教授 同知
汪　鵬 房縣訓導

壬辰
靖華璧 臨安同知
葉　鵬 程烺 曾陳玉麒 進士
詹　翰 更名元瀚 宜都教諭
程光振 宜都訓導
柳先庚 蒲圻教諭
張際春 鄖陽教授
陳本中
謝漢清 武昌教授
司先榜
陳信煜
陳　芳 夏樹穀

南樂知縣

甲午
熊聯輝 穀城教諭
陳廷經 進士
曾榮秩 石首教諭
吳世楷
甘家遴
吳光珩 宜昌教授
余懷珍
史宇衡 峨眉知縣
徐奉詒 張國用 胡榮美 余錫椿
余宗道 竹山訓導
黎瑞科 吳勛衡
陳懋烈 臺灣知府署臺灣道
嚴啟柱 襄陽教授
徐廷鈐
張星煜

乙未

陳堯松 閔兆聯 解元 張光斗 更名家俊大冶教諭 匡慶榆 原名一青進士 劉映青

萬鼎勷 山西知縣 郭沛霖 進士

曾邦俊 原名忠京闈嘉魚教諭 李鶴 通山教諭

徐儒棨

丁酉

吳榮 進士 陳兆奎 楊光鎮 彭煥興 解元 陳甲三 更名炳甲恩施教諭 張殿賓 進士 吳敬

方新運 江夏籍 翟雲章 原名景陽進士 盧繪雲 黃兆魁

胡濙經 京闈 徐儒模 夾江知縣

范序鏞

郭廷槐

己亥

林 解元國子監丞 王 郭時郁 安甯知州 吳玉亭 劉秉琳 進士 陳太賡 鄧廷鈞 覺羅教習

廖志基 方鳴皋 進士 羅文樞 吳克達 吳鑅

萬鼎彝 更名鼎璜鶴峯訓導 潘景卿 陝西榜 汪遠昌 四川知府 阮恩元 西安知縣 李濬源

詹有鈞 宜都教諭 高士濂 原名期進士 耿瀾 荊州訓導

李大坊 更名應觀四川藩庫大使

王家璧 武昌籍進士

朱光燦 四川榜

胡綬 更名霖尚 京闈進士
高兆封 江夏籍
庚子 嚴由彩 鄞縣知縣 秦克科 漢川教諭 胡兆鼎 張聯璧 饒豐 進士 吳鑾
張毓樫 潘日朗 京闈南陽知縣 袁學濬 萍鄉知縣 陳玉冕 蔣夢樾
邱翔 魯應綬 陳耀辰 蔣傚江 更名奎樓 進士

帥遠燡 特旨賞給舉人一體會試後成進士
高浚
王燕瓊 石柱同知
癸卯 邱文 江夏教諭 謝炬 李力銳 黃美鵠 更名雲鵠 居肯堂 陳得遇 進士

進士
鄧琛 蒲縣知縣刑部郎中 左源 駱利鋒 進士
雷浩 更名春沼 襄陽教授
奚德澐
萬裕鵬 興國學正

甲辰 萬裕滋 更名裕澐 荊州教授 楊春芳 興國學正 彭宗達 進士 陳昌綸 榜名綸 內閣中書 黃體仁 張坦道 胡鎮渫
童先權 鄖西教諭 畢保釐 進士 蔡景星 宜昌教授 蔣祖謨 更名憲儀 歸州學正
童範儼 吳城同知 聞馥
姜炳文 安陸教諭 周世英 進士
張顯理 彭俶祥

丙午
四川榜
喻泰望　謝駿　熊五緯　朱今元　余信芳
更名炳元
熊炯　汪陶　鄧宗衡
內閣中書　宜都訓導　進士

己酉
張百揆　艾旭升　夏梧　王幹　陳焜烈　宛立俊
解元興國學正　武強知縣　進士
汪鏞　鍾李　庶　張迪曾　張璟樂　陳心傳
連江知縣　天門教諭　進士
雷名瑄　閔慶棠　蔡燮光

原名致孝　京山教諭　刑部主事
張榮埊　蔡興槐
更名烈泰永平知縣　貴陽知府
李雲藻　行唐知縣
熊燧
蔡興楷　京闈進士

咸豐元年辛亥
周禾田　徐湊瀚　阮光鼎　何明　魏邦達　鄧鍾麟
解元應城教諭　亞元　進士　宜城教諭　進士
嚴旭　郭光庭　彭宗逵　饒雲鵬　梅雨田
石首教諭　浙江知縣　進士
石濟川　朱肇昺　袁惟穀　胡斌
更名易誠當陽訓導　漢陽教諭　咸豐訓導
范忠粲　朱景暉
陳留知縣
任步瀛

應山教諭
吳學澄　原名學湆進士
蕭裕昆　國子學正

壬子
黃啟運　蔡興保　鄧楚翹　方琛　張寶成　朱澤楠　喻樹琪
殉難　河南榜　監利教諭　署武昌教授　進士
張子琴　江夏籍沔
陳鳳翥　進士
石相煜　京闈遠安

陽學正 教諭
李廷簫 進士
戊午補行乙卯 黃引今 江蘇知縣 徐肇峒 原名紹梅進士 袁汝霖 孝感教諭 徐宗一 解元進士 何 廉 永壽知縣 陳 杞 進士 梅顯相 鄖陽教授
林 鏞 進士 汪濟漢 通山訓導 成鳳來 監利教諭 席錫爵 京山教諭 郭元勳 朱燮元 鄰水知縣 吳 鐸 天門教諭
王定儀 王繼超 劉 棨 監利教諭 毛五和 進士 王齊海 進士 袁秀升 黃陂教諭 桂月恆 武昌訓導
馮耀坤 蕭棣棠 周澤遠 秦必顯 葉爲璜 黃 鳳

黃州府志 卷之十五 舉人下 五十三

房縣訓導 殉難贈都察院經歷 咸甯訓導
王槐青 光化訓導 胡東旭 熊桂林 教諭 余文煥 達縣知縣 陳 錦 進士 程應玉 建始訓導
黃啟濬 江西知縣 陳恩嘉 江西候補道 熊天均 竹山教諭 余 燾
童紹元 原名理順石首教諭 梅調羹 直隸知縣
張崇第

進士
錢崇柏 沔陽學正
邵樂裕 進士
己未 盧璲采 進士 李 煦 雲夢訓導 程燕曾 興文知縣 夏維楨 劉 熚 解元進士 吳 錚
錢崇蘭 翟生瀚 王光珣 熊汝梅 進士 張艮璋 陝西榜進士
胡名桂 王光炳 黃 鵠

黃州府志 卷之十五 舉人下 五十四

本姓熊潛江教諭 教諭
胡士瀛 程 鵬 福建知縣
陳履清
童先域
萬作孚 漢川教諭
汪洪壽

京闈　河南知縣

同治元年壬戌補行辛酉

陳天驥（進士）　任　鰲　蔡福謙（進士）　張相宇（進士）　王嗣喆（孝豐知縣）　陳瑞林（更名金銘）　劉宗沅　尤　珪

王毓藻（進士）　徐坤元　汪士玉　王承志（通山教諭）　陳西庚（進士）　鄧文煥（襄陽教諭）

劉　漆（江陵教諭）　朱景星（進士）　蔡駿杓（崇陽教諭）　秦子鈞（陝西知縣）　張紹春（伏羌知縣）　李士彬（進士）　張　澈

徐方炯（枝江訓導）　程鳳墀（新城知縣）　余棣棠　張雲翼（大冶教諭）　洪安瀾　石達生

陶　銳（進士）　程定祥（安陸教諭）　詹文楷（漢陽教諭）　胡履祥　張良珏（陝西榜）

黃炳珩

靖玉津

陳受梁（進士）

汪忠元（原名寶忠）

甲子

洪良品（進士）　鄒崇翰（原名桂松）　余雅祥（解元　竹谿）　李和燮（進士）　鄭桃枝　王　師（更名祀植）　陶　鵠（監利訓導）　李炳贊

教諭　教習

張秉鈞（雲夢教諭）　蔡興芳　陳魏煥（四川知縣）　陳燮鋒　喻燦烈

林　堃　王鴻舉（進士）　羅有壬（內閣中書）

嚴用勳（盧山知縣）　張　楷（進士）　黃道榮（教習）

萬鳴珂（更名錫珩　進士）　汪　鴻（江西知縣）　羅汝霖（郎中）

周植蘭（武昌籍）　戴如蘭（陝西榜）

王鉅臣（四川榜）

丁卯

曾　詠　李　鎰　馮　翼　盧　方　石心杰　陳士龍（天門籍）　洪聯芳

童燕禄（都昌知縣）　王尚彬（四川榜）　吳桂華（蒲圻教諭）　童　顏　洪　鏊（進士）

趙鴻漸　周慶成　李春藻

庚午

汪引禾　聞　捷（襄陽教諭）　李開第　李焱庚　潘恭壽（更名頤福）　李錫鈞（竹谿教諭）　蔣鴻勳

進士
毛 崑 國史館謄錄 周鴻文 李聯芳 陝西榜進士 阮鴻績 張星煥 京闈興平知縣 何希遜 陝西榜
樊篤鍾 國史館謄錄 熊嗣龍 河工知縣 戴如松 陝西榜進士 秦夏聲
盧英倜 進士 徐家駒 魯學鎔 江夏籍 張之鶴 大冶教諭
周維埜 通山教諭 葉成章 陝西榜

程兆庚
癸酉 王丕釐 進士 聞 會 解元 周宗濂 熊 飛 臣星煥 張瑞霖 王建桓 江西榜
張紹江 蔡卿雲 榜名榮埜進士 吳玉光 張純悳 周錦心 更名錦濤進士 陳子睿
嚴啟藻 華南杰 吳起鴻 謝 瑄
蕭承露 陝西榜 周遂艮 進士 孟人杰

趙成粲 陳鳳之
朱又襄 石寶書 榜名寶香
馮肇基
光緒元年乙亥 汪理孚 秦祖洄 進士 吳兆泰 進士 熊潤南 蕭 闌 陳 台
陳 疇 王孔彰 鮑迪彪 何 棠 黃奉榮
王國賓 羅錫三 夏貢琛 陳淑祥

周亮采 蔡貉光 李廷簽
杜樹滋 施典章 四川榜進士 張廷渠
杜 昱
夏 雲 陝西榜
夏建寅

陝西榜
夏燿埜 陝西榜

丙子
周燮時 錢毓芳 考取謄錄 余士珩 王學典 王皆陞 陝西榜 胡 鈞 胡與瑚
鄭浚明 更名葆清 進士 鄧世垣 河南榜 石 琨 王皆裕 夏 槐 江蘇知縣
夏燿奎 更名寶彝 周元丙 覺羅教習 朱宗城
杜炳珩 干煥章

黃州府志 卷之十五 舉人下 五十九

方廷珏 進士
呂文暹
萬邦華 進士
雷 溶

己卯
萬維屏 閻 璜 曹步雲 進士 吳景福 周錫恩 進士 方詠昌 劉寅恭 解元 何錫紱

程仁均 進士 吳逢周 陝西榜 劉煥奎 胡中俊 張慶翎 蔣春祺
熊樹中 鄧祥麟 洪 鎮
劉亮藻

壬午
王基磐 任煥琳 吳泰晉 張東煜 解元 劉寅浚
王會釐 程清光 李 專 熊起渭
喻慶藻 任國標 袁用賓 石 金

黃州府志 卷之十五 舉人下 六十

蔡錫元 陳會佑 鄧芝秀
蔡逢癸
曾永齡 京闈 刑部主事

黃州府志卷之十五下終

黃州府志卷之十六上

黃州府知府英啟纂輯

選舉志

科貢表

貢生上

明

黃岡縣

陳敬刑部員外郎　趙玉東平學正　唐友善一作友誠山西副使
蕭英河南參政　郭子奇南昌教授　張庸知縣
以上洪武　潘淑忠州知州　李信烏程知縣通志作知府
舒志善布政司理問　余必選慶府奉祀　史誠鴻臚寺序班

但先磁州同知　以上永樂　彭進雲南副使
鄒仕昇永平通判　胡子貴資縣主簿　蔡伯和兵馬司指揮
龍友誠汝甯推官　傅思旻靈川知縣　以上宣德
劉政鎮遠知府一作夔州　林讓蓬州訓導　吳英處州知府
陳雍河南道御史　鍾旻渠縣教諭　張佑兵馬司指揮
楊懋蒼梧訓導　王林施秉知縣　以上正統
謝永試一作永誠四川布政檢校　王應奎銅仁府照磨　周義新城知縣
劉金巫山訓導　王震潯州推官　顏和甯國府經歷
魏鏞杞縣訓導　彭鑫遼東衛經歷　黎瑄儀隴訓導
以上景泰　蔣聰甯府審理　張鼎上海主簿
蔣文運成都訓導　萬棲崇慶州判　王鐸處州衛經歷

鍾鳴如皋訓導　黃鏞葉縣知縣　朱靜安吉知縣
曹珙內江知縣　詹源澤餘姚知縣　曹通長亭知縣
黃瑞鄖城知縣　喻銘新淦知縣　以上天順
周敏重慶推官　屠明餘姚主簿　靖安成都知縣
單麟主簿　陳艮　黃斌岳池主簿
彭倫開封推官　宋明達肇昌府照磨　鄭鑑萊蕪知縣
劉本蘭州同知　黃崇什邡縣丞　鄭瓛安福主簿
聶聰甌甯主簿　朱琛貴州宣慰司經歷　王進江南理問所案牘
孫艮謨謨縣志作模大足知縣　劉璋璋一作章湖州推官　王昇岳池知縣
宋榮臨安主簿　馮璋常熟主簿　邱仁樂平縣丞
朱聰威州學正　周正延平府經歷　李世高鄆縣縣丞

蔡勳訓導　楊子榮子一作于馬湖府訓導　陳鸞太平同知
徐時中遂平教諭　周郁銅陵主簿　喻乾忠
以上成化　蔡昆白河教諭　曹儀
王儁邵武推官　謝昱長山縣丞　喻訓山陰知縣
詹寶蘇州府經歷　李涇太康訓導　詹玉商州知州
鍾琛　秦尚友一作黃安人　秦尚經一作黃安人
徐輔大理衛經歷　李珊　袁寶
張鶚新興教諭　汪經　李義成都府經歷
張紘本姓周　鄒軒上林知縣　賀祿潼川學正
王玠　邱大鵬　張滋一作茲
樊鐸獲鹿知縣　以上宏治　宋昇陳留訓導

袁璽開封教授	李文明劍州學正	袁釗碭山教諭
皮珪陵縣訓導	王爵萬載訓導	王德湯溪縣丞
馮大本定海縣丞	方敏廣昌教諭	詹孟夏潮州知事
杜華廣東鹽提舉	徐麟慶陽通判	曾介德化教諭
劉大同太康訓導	陳言慶陽通判	袁尚明鄧州訓導
邢寬南昌訓導	吳慶楚雄教諭	邱峻灌縣訓導
董公善開封通判	馬艮選貢光山知縣	閔泰彭山知縣一作梁山
朱應詔縣志詔作韶	胡靜新建訓導	陳溥應天府經歷
以上正德	宋章威遠知縣	劉大倫彭水教諭
張文淵	徐寬遂平訓導	李春蘭谿教諭
周廷相曲靖推官	樊模恩兵馬司指揮	潘士佑士一作仕華陽教諭

林嵩福建布政司理問	王箴夔州訓導	許賢周府教授
余洪績	陳杲	蔣夔歸德通判
李承芳承縣志作成教諭	董昱永定教諭	黃芳益府審理
陳暹知縣	萬珊興國學正	曹琮由南漳學晉紀善
宋希哲霍邱知縣	鄧廷鳳蒼溪知縣	杜翔上高知縣
范芝定遠知縣	吳偉	徐崇德白水教諭
呂祥	侯佐	許錦敘州訓導
李仁	孫鉞州判	熊忠一作姓彭溫縣知縣
陳實	吳紀泰和訓導	黃薰
曹雲鳳	謝文祥知縣	陳恩
趙寅	黃華府知事	蔣希周訓導

張欽訓導	羅素雅州訓導	劉錠夔州府訓導
張治本姓周德化訓導	陶珽選貢裕州判官	聶惟賢湖口知縣
余瀹大足主簿	張玉振訓導	余廷柱訓導
李澍	徐相大足教諭	徐希孟武學教授
蔡明試處州訓導	甄善訓導	袁邦祥商城知縣
胡濬新蔡教諭	康祥訓導	魏麟
張起龍登州府訓導	劉承芳同安訓導	陳大器新甯教諭
朱宸江陰訓導	林民表主簿	曾守約訓導
蔡明儒訓導	孫之祜主簿	鄧正教授
汪文相棗陽教諭	蕭文奎訓導	邱尚策訓導
屠宗禹	周文炳訓導	張井

劉廷憲德安教諭	蔣自貴錦衣衛經歷	劉文斌國子監博士
張紹啟訓導	以上嘉靖	李實訓導
汪一右右通志作佑中鄉試	廖通訓導	沈廷臣縣志作艮臣國子監學錄
袁邦祿通志作廷祿訓導	劉文熾	徐自懋成都通判
高士石門教諭	梅一株濟南推官	劉賢歙縣知縣
王光光祿寺署丞	郭朏民	黃楊平津縣丞
以上隆慶	陳嘉學知縣	余艮知
邱尚夔通山訓導	蕭偉一作韋承天教授	鄭文彬遼東籍累官知府
王松	黃自中河南教授	徐鏘選貢溫縣知縣
余大韶梧州通判	黃甲兗州通判	何天申中鄉試
陳化孟津教諭	陳嘉謨	王同恆選貢

高松
樊焯 選貢興隆衛教授
高柏 選貢郴州學正
蔣賢
王同亨 楚府教授
蕭友蘭 延長教諭
姚端 蘇州教授
秦一清
朱廷光
熊養純 教諭
梅應時 湖口教諭
劉文爚
陳大奎
陳養 教諭
余應奎 英山教諭
樊鼎遇 選貢德陽知縣
高第 安慶教授
劉文元 華容教諭
邱縉
汪傑 選貢臨洮通判
魏岫 訓導
余繼盛 縣志姓金
祝文斗 雲南通判
陳相道 選貢知縣
汪儒
林國卿 衡山訓導
陳宗顏 通城教諭
龍雲程
李之本 瀏陽訓導
宋德祈 咸甯教諭
劉功遠 武昌訓導
周啓孫 平度同知
程師明 沛縣丞

李應翠 德安府訓導
汪廷柱 德安府訓導
葉維楨 楨一作正
徐言 邛州知州
陳三鳳 知州
彭應元
余道南
陶一經 武甯知縣
趙炳
羅一振
魏士元
范垠 恩伊陽知縣
胡瀞 一作灝遂平知縣
胡克矩 訓導
陳九成
王同鼎 江甯知縣擢刑部主事
詹時明 筠連知縣
周道泰 瑞昌教諭
黃自新 王府教授
胡譽 國子監博士
邱一讓
劉誥
程汝遷
張一鳳 雲龍知州
杜秉哲 副
胡瞬
操明德 仁和知縣
劉宗祺 副舉賢良方正重慶知府
程迪 梧州通判
胡朝卿
邱式儀 麻城教諭
劉鍾虬
杜桂芳 副

余學淵 安順推官
杜璠芳 一作橘芳竹山訓導
官撫辰 選貢徐州知府
王追盤 咸甯訓導
樊維甫 南關副
王追皋 三科副榜副使贈太僕卿
以上萬歷
官撫極 選貢太僕卿
以上泰昌
胡克武 訓導
呂元音 選貢中鄉試
曹士謨 一作艮謨隨州學正
洪聖典
廖自强 江油知縣
曹之棟 公安訓導
余本涓
樊玉衢
黃德
熊應鳳
杜鎮 副榜選貢
曹之建 四會知縣
曹對揚 副
張奇節 本姓周嘉魚教諭
邱一儒
葉應昌
方來賓
夏道律
於斯瑞
杜喬芳 漢陽訓導
王箕
杜鋥 選貢
鍾天錫
樊玉銜 恩孝感訓導

袁用宜 衡州教授
洪有臨 恩夾山知縣
王家鎮
陶彥 德安訓導
邱之璽
鄒之旦
江中柱 通志姓汪崇善知縣
以上天啟
王士龍 潛江訓導
張二南 隆慶同知
阮國允 興國學正
余艮 雲南通判
方堯相 成都同知一作僉事
奚所蘊 恩廣濟籍江夏教諭
黃登雲 拔臨洮知府
曹之翼
李士英 簡州知州
林之華
王施大 副
杜瓊芳
龍塤 應城教諭
杜詔先 副後更名濬
陳克岐 一作峻拔虹縣知縣
丁應明 一作應用吉安同知
魏師卜
何昌祚 拔
萬引吉 拔
孫錫蕃 霑化知縣
嚴之聰 海甯知縣
魏師段 潞安同知
程之奇 荆門訓導殉難
王承祜 祜一作永副
劉文運 推官

萬里春副
孫希伸副
程之奇沔陽學正
李春先拔高平知縣
以上崇禎
蘄水縣
黃紹祖刑部侍郎
葉輝鹽運同知
鄒以修刑部主事
李思默溫州知府
王瓚青神知縣
程紀新津知縣
劉粲楚雄同知
朱伯琦教諭
張珩嘉祥主簿
陳賓金華同知
以上洪武
劉渻一作純瀘州吏目
徐添理一作添福浙江道御史
劉俸建平縣丞
張瑛
戴鵬鎮遠同知
徐渻一作純肇慶衛經歷
柴孟湊河南倉大使
柴孟淯
以上永樂
方文質江津知縣
黃思剛典州左衛經歷
徐振程番府經歷
王鏞高廣通知縣

以上宣德
王德全
張富賀縣知縣
徐信衢州知府
魯忠鶴慶知府
以上正統
陳賓恩同知
陳仕霖太平知府
王直楚雄經歷
程思銑保甯知縣
方清崇慶州吏目
樂武
李端鴻臚寺序班
龔淵鶴慶府吏目
劉汝賢
華鏞奉新縣丞
余璣易州吏目
以上景泰
戴自省銅梁縣丞
殷倫隆慶衛經歷
邢道鑑
以上天順
彭垍新添衛教授
張文禮榮縣知縣
周仲寬成都同知
郭奎留守衛經歷
邱高遂平訓導
周仕淵平樂推官
周宣瑞州府經歷
周仲安
吳志金壇訓導
樂和眉州訓導
以上成化

徐公正
南朝陽
王奉縣志作泰
南時陽
胡宗周酆都訓導
萬福順慶府經歷
游庠光祿寺署丞
詹子雲順德主簿
汪倫
王紳渻安縣丞
周紹武
以上宏治
張練瑞州府照磨
畢鴻
王中正都昌知縣
陳大鵬泗州州判
樂恢
李性文嵋峨知縣
程文遠
李延芳汶川教諭
袁紹芳
閔子厚
桂森忠州州判
邱璽長壽訓導
周臣清平知縣
以上正德
龔鰲
周仕哲
邱璋
畢艮凱
張珏
周制雲南布政司經歷
朱文明教諭

魯思井研訓導
何爵斷事
夏尚表鎮江通判
周玉球
汪輔大興知縣
朱蘊祥葉縣縣丞
魯辨彭水訓導
潘瑤鄖城知縣
熊正山安岳知縣
程輅商水知縣
周望豐城知縣
徐文臣
陳鵬商水知縣
陳鉽通判
潘瑯
游虬
李之實
徐克私鳳縣知縣
周延士恩溫縣知縣
柯楚山恩麗水縣主簿
胡行謙恩思恩知縣
周鳴咸恩一作選貢休甯縣丞
以上嘉靖
萬艮儒祁門訓導
周申
李昉直羅山訓導
華邦基
葉廷梅
夏貢一作貴常德府訓導
畢竟霖
周博
以上隆慶
畢艮謨訓導

錢邦似 周中 陳紐一作鈕秦安知縣
王三輔 錢邦伊恩衢州通判 王希舉
周延大 徐一豫禮部儒士敘州府檢校 邱文山大庾知縣
周道行 楊達春通山教諭 徐喬齡恩一作選貢吳江知縣
易之會隨州學正 邱民極副 周之祜
饒正宇 周延申略陽知縣 汪凝撫州通判
楊伯瑋星子知縣 楊伯廷四川經歷署雙流知縣 以上萬歷
畢昌 陳于前選貢懷慶通判 李生一
以上泰昌 程九萬恩興安知州署東流知縣 錢鑛甯州訓導
汪劾忠 黃耳鼎選貢中鄉會試 姚允恭恩保定通判
以上天啟 楊伯賓 呂應宸瀘州州判

楊日隆經歷 萬事忠 周之僑
畢竟芳 郁文初恩韶州知府 閔以棟華昌同知
黎宏祚恩縣志作祚宏通志宏初 夏繼青副 王士俊恩
夏之謨 姚居恭重慶同知 畢祖洲恩
何彬然 王來泰 華于寬
周健行通判 楊廷簡 劉炎
南山石 周從奎 徐二南
以上崇禎
麻城縣
馮子恭通志名恭僉事 張遜主事 史仲鉉員外郎
黃銓同知 夏詔通志作誼同知 詹讓縣志作仲讓同知

梅國棨選貢同知 劉承禮同知 毛添佐同知
余祚同知 李玉同知 周祥通志作庠陳州知州一作
同知 鄒庠同知 劉子弼同知
李長年同知 田生玉同知 周應泰同知一作甯羌知州
董楫通判 董渠通判 王賾通判
汪添昂通判 張淑安知縣 劉昺通判
董繼縣志作檵通志作機通判 張應奎推官 王之謨通判
李燧通志作璲通判 吳敏推官 余學淵推官
王廷介知縣 方暘知縣 于軫參縣志作軫義知縣
袁春知縣 喻珊知縣 周廷制知縣
曾三異推官 李袞通志作李素知縣 李鼎一作鼐蒼溪知縣

王之策知縣一作黃安人 董子延知縣 廖敦知縣
朱大坤知縣 詹仰斗知縣 黃銘吉通判
董繼舒知縣 王都俞知縣 梅之煒助教
魯仲禮州同 周仁縣丞 周溥主簿
鄒崇敬教授 晏然教授 鄒承流副通判
鄒崇禮學正 萬鶴齡學正 萬彭齡學正
梁宸成都教諭 梁賓教諭 熊吉璧山教諭
鄒承申通判 徐賓訓導 周瑩一作營訓導
馮濂訓導 盧勛訓導 王美訓導
鮑鳳訓導 唐明德 金向華縣志姓余訓導
周偁訓導 周應時訓導 鮑聲訓導

曹巽之順甯知府　劉堯祚堯通志作克訓導　毛本學
劉德敏　董　治　鄭昌期
朱大任　李春榮　曾若洛洛通志作洛
王則乾拔知縣　以上王志　劉仲韡通判
董子昂州同　劉天申府經歷　楊福四拔知縣
王世安知縣　楊時春副教授　劉天民常州教授
楊鳴鳳教授　喻民標副教授　楊　赤副學正
周　代學正　喻民恪副　劉守巽教諭
劉　暹教諭　梅渾然教諭　楊　浹訓導
李文佐訓導　梅厚菴訓導　周之禮訓導
周崇恭縣丞　鄒思觀副　董子大

鄒承午副　楊　濾拔　楊　淅
董子範　鄒　鎮　鄒之龍
周之甫　周崇柱　周世建
李長策恩　周宏禮　周宏祐
王重慶　李作霖副　駱于麟
李　瀹　魯　晟　周　揆恩
李文裕　李承裕　楊之發副
劉文聰　曹應旻　李春時拔
李春捷拔　熊逢昌副　劉凡定
陳　淑　謝寅和　毛應時
黃　道　阮伯成　李　守

張繼哲　陳　濬　鄒思誥
李　華　鄭雲翀　鄒　璉
吳學成　王路闢　喻文炳
喻宗武重慶府訓導　喻　濱　喻　澡
喻希臯　喻希書　喻元啟
以上據縣志增
案王志載有吳山夏均輔喻文偉嚴毅鄧林桂南六人縣志
列入徵辟俟考
黃安縣
王國任任縣志作佐湄安知縣　方　傑眉州州判　耿汝愚
汪廷美　趙文林豐城縣丞　程子鳳興國學正

陶　湻濟甯州判　韓宗德鳳陽教授　王三顧拔
王之策拔通江知縣一作麻城人　吳　謙麟遊知縣　汪　霑
秦思九壽州訓導　吳楚儒拔洛陽知縣　韓宗正常德教授
方一鯤夔州教授　王之模模縣志作謨平涼通判　周之禮東安教諭
韓邦偉拔宛平知縣　黃　通石城知縣　方民昭
姚一右右縣志作佑和州學正　毛舜孝　耿汝思中鄉試
王　偶敘州通判　吳光龍拔廬江知縣　彭應選拔靜甯知州
丁世美　吳　采通志作宋成都通判　秦　棟
曾師孔巴陵訓導　熊光楚象山知縣　胡應祥
李時芳　王之賞武昌訓導　王之春
程繼善安慶推官　王國甯副彭縣知縣　韓　勳拔

吳光寅以薦授范縣知縣　劉廷玉　劉三台
韓漢文拔　蕭引鳳　王之獻鳳陽縣丞
程之渾副淮安知府　秦鉞縣志作越江津縣丞　王儉經歷
秦邦甯蒼梧教諭　秦尚充長興縣丞　吳尚壽縣丞
陶彥　秦尚仁　張順澧州學正
耿汝相荆門學正　李正紀　余燮縣志作欒劉陽訓導
鍾永泰　韓若勉中書　彭壽雋德安教授
王偉　吳立儒　趙應奎漢陽訓導
方之奇潼關教授　程自重辰州教授　王宗正湖州教授
耿應運豐城知縣　吳光乾光一作先盧山知縣　秦思顥新甯教諭
吳純學推官　以上王志　盧爾悌

以上恩貢據縣志增　王道坦江甯訓導　王率正
以上拔貢據縣志增　盧大儒唐縣教諭　以上副貢據縣志增
秦尚友息縣縣丞一作黃岡人　秦尚經福清知縣一作黃岡人　韓宗望鴻臚寺鳴贊
韓廷敬賓州州同　吳國宦　吳欒
秦自輝　王大鼎經歷　周世雄
王大節經歷　周伯英　張所養
周標　戴鐸　王之京
以上歲貢據縣志增
羅田縣
吳純御史　王道知府　祝瓊通政使
蔡明甫浙江鹽提舉　方宗中中縣志作忠縣丞　祝成才

徐志亮拔南京東城御史　吳昇福建道御史　李志亨樂平推官
董儀同知　樂貢　鄒奇
王吉　鄒淵　胡進
胡鍾　周相　樂鳳儀
吳齡　盧鑑　孫裕
聞林　熊飛　晏謙縣志作謙縣丞
王惠　吳文　熊敏
王昇　蔚禧　王定
洪清　朱啟縣丞　曾煥
饒觀重慶府檢校　周濟雲南布政司理問　方正
楊學　盛思縣志作鍶教諭　徐信辰溪教諭

李儲　李宗　李本
徐尚敏山陰知縣　涂敏原州訓導　喻鎬
林玉重慶通判　周瓚　鎭本仁壽主簿
胡全思恩府知事　張彥翰林孔目任上蔡教諭　韓忠
張蓋　王邦儀郴州學正　葉源
欒九成　王儼武康知縣　葉隆拔宛平知縣
陳倫　項清池州同知　程仲智邳州州判
胡大倫　曾思武建昌知縣　陳灝德興知縣
余大德豐縣主簿　聞廣豐縣主簿　鄒瀾源源縣志作淵太倉通判
李本勝陽武縣丞　王應時高淯主簿　張顯榮江安知縣
祝壽華陽主簿　余孟正揚州衛經歷　張羨

祝鳳　余羕　王沼崇府審理
汪吉舟臨漳縣丞　歐陽時　汪昆淮府紀善
胡九鼎　李朝陽道州教授　李南陽寶甯通判
張煒　聞嘉識合肥知縣　胡明睿
王德盛峨眉知縣　舒翼酆都主簿　黄梅廣東鹽運使
王渠獲嘉知縣　聞奇檢校　董正遂甯訓導
王德茂茂通志作懋學正　胡大亨宜川訓導　祝敬宗恩教諭
龔相　蕭克紹桂林通判　蔡惟忠知縣
蔡惟孝海甯訓導後陞知縣　黄可望承天教授　黄之恩長沙教授
余慶教授　余裕教諭　王桀通志作啟
周玠通志作介岳池教諭　胡效勞恩新甯教諭　王來儀

胡漸　胡效順成都教授　萬言試松江訓導
胡效華　胡沛峽江知縣　胡效恭
蔡相衡岳州教授　萬言書訓導　徐代棟鍾祥訓導
蕭繼顔房縣訓導　祝啟衷衷縣志作宸洛陽縣丞　張萬善
王櫟　胡效祖漢川教諭　余可甲咸甯訓導
汪之沛臨武教諭　胡范縣志作範昌黎縣丞　胡瀛訓導
閻時泰武安訓導　蕭燾一作國朝人　余一貫教諭
張翼北永州訓導署新田知縣　王輝縣志作煇教諭　王烶
胡一立縣志作一祥　聞士偉拔　胡存忠拔中部知縣
余先覺拔嘉定州判　周明瑋拔夔州通判　林桀通志作肇拔龍南知縣
方啟棠副廣安州同　以上王志　胡名高宜城知縣

姚子立　以上恩貢據縣志增　汪之河陽河通判
葉焕明廣陵教諭陞授知縣　張濬徽州教授　張冕長沙通判後擢監軍道
周克章　匡日輪慈利教諭　匡日朗
余玉繁昌知縣　以上拔貢據縣志增　王極
程雲卿　胡效賓　以上副貢據縣志增
周崇興　李海　姚灌湘潭訓導
周家珍　李友緣　蕭再輔太湖知縣
王邦俊　王邦基　蕭以禮雲陵知縣
周希國　張道明　周朝泰
余元亮　蕭洧商城教諭　張禕
蕭時正荆州教授　蕭繼愚安陸教諭　蕭繼慶

蕭銓長沙教諭　謝謙潁上訓導　周憲金谿知縣
程思謨七品散官　蕭志懷　蕭志悌
王德懋華亭知縣　王德讓　葉正賢
王大福　王正敘　童蒙吉霍邱訓導
王楹　周明謨德安教授　周子蓮教諭
廖應聘辰州教授　余祉　王光輔
王光運王志作國朝人　周玉　高德厚通志作厚德
朱鳳來　廖讓　廖之賜常德教授
張以仁金谿知縣　張木惠州同知　周環
胡歴然　胡一奇荆州教授　吳宏武昌教諭
聞天河泰安州教諭　張樂宗固始教諭　王淑

王枟貫溪縣丞　張蓁　王焼長沙教授
王燎國子監丞　張夢甲　張梯
王邦誥　王邦聘　王邦蘭大冶訓導
李滄　張瓚　李騰芳
李近貴　胡湜　胡清
李奇珍　胡瑞然　胡燦然
胡紹然　胡大德　李宗蘭
胡效節　胡一瑄　張思忠
汪朝汶　胡敎謙　胡效務
汪學敏　董承寵　匡以輝
匡士彥　桂宏元　汪有元

周旋　以上歲貢據縣志增
蘄州
朱仕進進一作俊王志作明人官同知州志作元人官侍郎案王志官蹟入元代作明人似誤
馮思齊御史　呂仲和廣德州吏目　楊遜通志姓梅河閒通判
李思善福清主簿　張允誠江安教諭　曹正義戶部主事
以上洪武　余觀化州州判　李瑄大足知縣
以上建文　昌祚華亭知縣　李端知縣
毛義知縣　潘浩御史通志作知府　葉畿通志作璣知縣
王慶知府　葉蓁知府　顧濂衛輝府經歷
陳惇通志作渲重慶推官　熊兆縣丞　馮銘經歷
李俊主簿　江永餘干縣丞　潘讜儀隴知縣通志有潘讜潘

讜二人　曹善縣丞　張通增城知縣
陳暹西安知縣　翁裕縣丞　盛源縣丞
朱謚趙州知州　張清永豐縣丞　張禮經歷
馮志祁門縣丞　以上永樂　王志經歷
朱訥海甯衛經歷　陳惠丹陽主簿　陳昇無錫主簿
寇昱典寶一作典簿　周紹主簿　周傑訓導
王慎教諭　徐卿　趙昌主簿
以上正統　謝忠照磨　李茂州志作英縣丞王志有李
茂李英二人俱官縣丞　戴珍　陳恕漢州吏目
張福教諭　楊英　張承清路南州吏目
以上天順　何瓚高縣知縣　陳玘貴州知州

張冀敘州府經歷　傅敬費縣知縣　昌玉華亭縣丞
張綱訓導　鄒誠訓導　宋環主簿
曹裕　封玉主簿　陳濟
熊琳射洪教諭　李淮贛州府訓導　顧昊
朱易普安知州　朱暉永甯衛知事　以上成化
劉琛教諭　馬驄　劉迪
王麟南雄府經歷　齊賢惠州府照磨　游仲瑪雷州推官
宋埜陝州同知　馮翱兗州推官　曹珙
曾昇德興縣丞　甘銘廣東布政司都事　吳山
張瑩訓導　蔡萬鍾　以上宏治
王鸞舞陽教諭　昌允升　李梁兗州府訓導

甘泉　張清晉甯學正　馬謙
王鳳鄆縣主簿　李顯廣安州判　陳祜州志作佑
彭珠莘縣縣丞　邱隆鞏縣訓導　陳斐
胡思明　程仲甫通志姓陳廣信通判　陳詠萬縣訓導一作通判
壽鳳清江縣丞　以上正德　張思學
徐金　陳僚扶溝訓導　馮鵬
嚴泉　劉經濟敘州通判　梁珠副涓安主簿
王仲儒眉州學正　傅京　劉經綸忠州州判
張漢齊河教諭　化雨深州學正　李世賢弋陽訓導
姚仲生　王廷艮雅州吏目　楊仲金教諭一作安福縣丞
韓世奇　李仲儒儒州志作孺　壽濂南昌縣訓導

黃州府志《卷之十六　貢生上　十九

鄭逵通志作達訓導　盧琮州志作宗　田璽訓導
彭綬　鞠蕙　桂㨗
張湘知縣　高鵾　劉作教諭
陳資教諭　李元貞訓導　韓萬鍾潁州學正
黃思恩訓導　湯金訓導　李頌訓導
田于藍訓導　顧闌　鍾沂訓導
李言聞太醫院判　宋艮相來安訓導　馬文龍廣安訓導
以上嘉靖　余大中訓導　舒晴訓導
高曜訓導　以上隆慶　王鵠訓導
李鍾濂訓導　張文華訓導　姜仲卿
田行轍　張積通志作績　韓疏來

易之豫　陳伊通志作尹　劉寓拯
田澤　王顯仁　王之信
易可賢武陵訓導　郭承恩什邡知縣　佘芳州志姓仝通判
徐有成教諭　汪凝通判據通志補　湯孫說
張兒教諭　馮士冠士通志作世知縣　張維
侯來朝教諭　楊一新教諭　何其中中州志作忠
華時行　董一化印江知縣　顧大訓訓通志作順南昌通判
化大訓常熟教諭　傅作相選貢潼川知州　李樸副廣西鹽提舉
顧大儀　陳吾悃副　吳傑
駱本善　以上萬歷　張邦立
李培照磨　馬廷紹經歷　李樹宗

黃州府志《卷之十六　貢生上　二十

袁熙振　李扶通志作秩淮安同知　李猶龍石屏知州
蕭之禎禎一作楨選貢平和知縣　葉芬廣濟訓導　何廷獻教諭
何光綬同知　周易　顧天錫
袁秦亮　張翼仁和縣丞　楊善
以上天啟　張效方荊門學正　馮一麟揚州府訓導
徐有望　茆遂粱建甯縣丞　王有爲鄞縣訓導
張效侗　李廷模通志作廷謨　夏思
馮櫆推官　張效忱　陳宰
駱思駬　陳正　袁道林選貢
蕭鎰選貢　袁玉振選貢　陳顯元副新安知縣
顧景星選貢　田之璜選貢　馮楫黃州府教授

李檟　蕭鼎　蕭爽
以上崇禎
廣濟縣
王佐（饒州知府）　江豹　張質（御史一作長史）
徐愷　黃理　胡文興（主事）
宋玨（同知）　胡海（安南夏華知縣）　徐志稜（淇縣教諭）
楊應斗　鍾澄　以上洪武
范暹（知縣）　張根（左春坊司諫）　陳彬（御史）
董春（知縣）　黃宜中（同知）　楊朝英
劉康（兵馬司指揮）　李奎　解銑
徐銓　張庸　徐文昕（崇安教諭）

黃以信　余文簡　鍾用（襄陽教授）
胡佑　以上永樂　陶茂
蕭成　鍾寶（國子監司業）　以上宣德
黃榮　王弼（山西道御史）　劉鏡
朱仲禮　盧韶　田致和
毛釗（成都通判）　吳誠（知縣）　以上正統
王宗明（重慶同知）　王昇（知縣）　何侃（知縣）
朱輝（博羅知縣）　周鑑　王景（蘭陽知縣）
王奎　張溶　馮慰
以上景泰　陳章　魯昕
陳勇　程鵬　王時汝

陶紹（知府）　瞿思　王時魁（兵馬司指揮）
楊寬　趙溥（拔應山教諭）　徐佋（鳳州州判）
舒玉　藍掞　朱能
饒孟奇　張賓　胡泮
程通　以上成化　田漑
胡湘　陶憲　陳琥
陳經　魯俊　趙瀚
董文　張質（伊府長史）　以上宏治
張賢　梅緝　張贊（馬湖府訓導）
王欽（蜀府教授）　胡櫝　魯翔
董儉（拔瓊州推官）　李正含（通志含作倉）　李淑

余謙（通志姓全）　胡棨　田秀
張琳（恩平縣丞）　陳棫（通志作域教諭）　呂用聘（祿豐知縣）
以上正德　呂宸　梅綎
伍學貫（鴻臚寺少卿）　張懋　饒繼學（廣安州通判）
徐文（均州訓導）　徐謙（舞陽主簿）　張璵（彭縣知縣）
張頌（潯州通判）　李恭（許州學正）　余彰
李元　舒良相　張淑儀（淑通志作叔）
劉輔聖　陳叔學（叔通志作淑甯國府訓導）　王表儒（甯國教授）
魯邦鳳（拔）　胡繼矩（桂陽學正）　李觀（副瀘州知州）
以上嘉靖　楊明望（通志姓梅台州教授）　陶裘（慶符教諭）
張釵　以上隆慶　游吉（武昌訓導）

張鏌教諭	徐來聘永甯知州	胡其大大通志作太拔禹州學正
張淦副	徐來舉乾州學正	饒于震恩臨海訓導
胡敏見	許如龍	吳之龍嘉魚訓導
楊民服蔚州學正	呂希孔嵐縣知縣	舒龠
翟待通志作代教諭	蘇雨廣州通判	楊民表
劉秉鉥	劉秉鈇蒲圻訓導	張金和平武知縣
陳于闕	王逢年署正	劉洪甲工部郎中
陳文斌訓導縣志作國朝人	甘廷諫	潘如皐
梅調燮恩中鄉試	以上萬歷	楊大烈
文衡國拔	方雄堂貴陽教諭	毛煥兩中副榜
翟近鸞	劉秉鉶	游之雲陝西苑馬寺監正
干崇雅	奚所蘊漢陽教諭一作黃岡人	以上天啟
吳敏師恩確山知縣行取太僕卿	吳敏功恩南谿訓導	劉近顏拔永從知縣
劉洪芳	宋懋雲	藍縉拔
梅之魁	張星朗	方正友友一作有保昌知縣
劉爛	吳亮思	饒嘉亮
陳敬中黃岡教諭	劉洪昕員外郎	向芳石門教諭
解輔	龔欽	陳文
陳世範一作姓劉	梅嶧	梅益
劉士俊	張宗濟	舒會
梅皿	李晏	馮體道
胡士定潁州衛經歷	張金麟麟一作鱗	王行乾

張欽進賢教諭	以上崇禎	
黃梅縣		
張訓鴻臚寺序班	劉彥高知縣	於敬刑部主事
劉仕恭縣丞	趙靖吏目	以上洪武
鄂鎬吏目	汪瀚主簿	黃真檢校
以上建文	陳淵主簿	張士緣士通志作仕知縣
馮敏主簿	張翀照磨	高昂經歷
翟敏縣丞	黃芳惠縣丞	以上永樂
潘文浩梧州知府	洪亮縣丞	劉敏學通判
施綸州判	孫旺	劉睿檢校
黃茂	以上宣德	徐湆檢校
劉欽知縣	濮端吏目	張儼吏目
邱洪	劉潛吏目	徐淶鑑縣志作徐鑑知縣
袁俊照磨	以上正統	韓英
江澄	李馥教諭	汪岳同知
以上景泰	張怡	翟紱
王頤教諭	石信經歷	黃譜州判
胡機	以上天順	許文訓導
吳文州判	潘銓訓導	鄧俊大足縣丞
徐用	龔麟教授	官祿光祿寺署正
沙瑞甯府紀善	劉紳學正	以上成化
梅琥通志姓楊知縣	石璽	羅伯遲

石鸞主簿　胡瀚　胡鑑州判
李藻　項潔縣丞　趙忠審理
劉瀚　以上宏治　向必成沛縣知縣
程仲義經歷　翟華縣丞　程仲甫工部主事
王宗憲拔灌陽知縣　張清訓導　徐鎧
張璽主簿　周龍　沈瀹長洲縣丞
以上正德　吳珂湖口知縣　余世魁訓導
洪範都事　桂棟　石鎮主簿
李人傑恩　夏文質　袁鎏
沈汀主簿　徐鎡　程麟通志姓陳拔涪州
周渭照磨　張洪　張潤訓導

李同雲知州　田寶知縣　盧俊信陽學正
洪佑教諭　鄧天麒通志麒作麟豐城訓導　黃卷
周京　徐廷獻通志獻作猷　李馥宇訓導
以上嘉靖　田珊訓導　王清訓導
吳治　沙奠蘭英山教諭　以上隆慶
胡惟貞教諭　石岷玉據通志補　何召棠教諭
梅枝訓導　劉楚儒訓導　程夢麟通志姓陳四川推官
柳榮　石朝章州判　楊璞訓導
魏廷槐　熊華學　熊汝璞
汪美　汪勳　陳廷榮副
黃若雲拔新甯知縣　王國士　徐廷鑑知縣

石有定拔　徐洙通志作涞知縣　李棨通志作熒教諭
李芳春教諭　石應昌泰順知縣　石鍾靈縣丞
馮體道　王夢周荆門學正　祝多壽永州學正
吳鳳翎　商起巖教諭　邢懋才拔蒲圻訓導
余夢龍教諭　張宏道教諭　張宏慶教諭
熊汝瑤　以上萬歷　劉宥教諭
以上泰昌　石翰明　石粹玉
陳錫　石煒然沭陽知縣　陳龍顏
張養浩　沈一鳴　以上天啟
周士龍　商祚永　王賢臣
魯如愚　魯邦常拔　程甲代

張瑛拔　熊啟翼　郭應昌教諭
周天度拔　陳干　毛文錦
周應夏　洪度　曹鯤
以上崇禎

黃州府志卷之十六上終

黃州府志卷之十六下

黃州府知府英　啟纂輯

選舉志

科貢表

貢生下

國朝

黃岡縣

梅斯瑞訓導　曹亮釆桂東教諭　殷之捷訓導
方炤知縣　陳敦昭平知縣　劉公琰拔景甯知縣
周維鼐鼐通志作鼎通判　梅斯美教諭　官撫邦蘄水籍大冶訓導
王用世中鄉試　祝世標教諭　謝興邦副蘄水籍

金鳴虞　王澤宏中鄉會試　胡克竣縣志姓陳拔知縣
甄嘉棠　王躬允澄海知縣　樊維遠訓導
周士韻推官　熊光裕中鄉會試　靖乃獻豐潤知縣
王協隨州訓導棗陽知縣　穆修鉅鹿知縣　王源曾州判
陳之賓教諭　呂尚和清豐知縣　祝守峻澧陵訓導
劉承祜江夏籍　洪有守拔中鄉試　高登雲拔嘉興知縣
鄭光聚教授　高思忠副以歲薦官遂安教諭　熊雯拔遂甯知縣
周泰祥祁陽教諭　張可瞻清浦知縣　王一喬
汪部孫拔洪洞知縣　林秀　官純允沅江通判
官撫應通判　葉秀麻陽教諭　錢交臾副內江知縣
晏勷明知縣　張洸中書　操日臻

張宏任　姚彥　何履仕
樊齊略恩　曾克明　朱日濬均州訓導
余世羽中鄉試　何石彬興國學正　王昌烈
汪以載拔　余二俊　王追駁
邱學岱　王追驥天柱訓導　王追駬江陵訓導
周世對武昌訓導　趙應瑞　林正所六合知縣
陳之宗　操之盛副中鄉試　程童吉副
王祖華副　余世安雲夢訓導　鄭可教江夏訓導
邱正寅　蕭廷相通城籍　彭永祜拔思南同知
以上順治　陳繼賢　孫叔嗣黃安籍
陳吉副教諭　程景申縣志姓陳　易道憲

陳鴻元　王如琮　馮士尹
廖之渾　李拱祝　李遐齡
汪墀穀城訓導　劉宏蘭應城訓導　孫子侯
袁璜琮璜縣志作黃副　王追驊　李朝琅
廖如愚　程芳烈副竹山教諭　郭又述又縣志作文
張宏功　瞿體元　王之張
汪基邦　黃煥文副　王材任拔中鄉會試
王源復拔郴州學正　洪有能副　詹大衢副翰林孔目
黃善滋副固始知縣　陳肇熙江夏籍平江教諭　曹大輅
陶稽勳　王一鱗　汪在兌
陳大章中書中鄉會試　王適大冶籍　龔克繼

詹大衡黃陂教諭　王材升主事　王封渫黎城知縣
魏嶠知縣　王維冀　王鍾璋羅田籍
宋一俊嘉魚籍潛江教諭　汪維鏞副南漳教諭　陶五秉
王學朱靖州學正　詹士朗嘉魚訓導　劉孫茂靖州學正
姜維周鄖陽教授　段光文襄陽訓導　周維樸漢陽教諭
周維棫甯遠教諭　曾明德本姓李衡州府訓導　程光禧江陵訓導
杜士默拔大冶教諭　詹士廉拔南漳教諭　王追駒拔甯鄉教諭
陳清　陳大業　龍世斌世縣志作士訓導
張世彬　萬爲隨江夏籍桂陽學正　陳大年副鄧州知州
鄭昱長沙教授　劉隆譽副　黃復生安順通判
王一鯤沔陽學正　范同文拔　王嘉勳

王掄士拔武甯知縣　樊齊英　萬奇英應山訓導
余先緯　周承馭馭縣志作文　張聯奎
葉世郁　袁國喬　喻以章
靖裕元武昌訓導　蕭國樞恩　劉繩東副
王嘉肅　王一煌通城籍　王名超羅田籍襄陽訓導
萬覲祖　萬廷璜　王文燕武昌籍
郭壯尊本姓奚咸甯籍　程國器華容教諭　王樹仁
王名啓　陳際昌江夏籍國子監助教　陳芳烈
張錫國　孫鴻勳副　王一鄰桃源訓導
陳首撰瀘溪訓導　樊齊伊中鄉試　杜大任雲夢訓導
樊齊佶穀城訓導　張一珽嘉魚籍拔南漳教諭　王一鰉鰉一作鯉

周繼宗　鄭可格宜城訓導中鄉試　周命新副
操士望羅田籍　曹一嵩拔　靖乃懷隨州籍
熊鍾濬訓導　杜魁楚　陳師履中鄉試
胡塤　余鼎煌本姓龔　王茂勳鍾祥訓導
樊聖濂本姓易恩　王策勳副中鄉試　王維宏崇陽籍
汪維銓　王澤昌　孫顯奇
龍傳封武昌籍　孫昌運拔麻城籍教諭　顧本恭武昌籍
王正位蘄水籍　熊涓　歐陽應理漢陽籍
王紀勳副　袁應時　陳寅亮武昌籍
程宏元　王詢相　杜上志羅田籍
邵其文　陳珽一作埏　王楙柯

袁壽眉咸甯籍　王楙蘭副　李高楠副榜姓徐
周宏祚　陳應鳳保康訓導　葉學册姓唐麻城籍鄖陽訓導
陶正發册姓楊中鄉試　陳如峯訓導　周從易羅田籍
許奇　方嘉祥羅田籍訓導　吳至德本姓陳咸甯籍訓導
謝鼎鄖陽籍蘄水訓導　陳昱襄陽訓導　周維禮德安府訓導
魏緯縣志作煒兵馬司吏目　葉淩雲　胡思虞本姓邱
宋猶璟　黃晟沔陽籍　葉應時蒲圻籍
王如柘武甯知縣　葉維藻副應城教諭　王如程
余其鳳　韓世昌　杜邦奇江夏籍
熊之聘巴東訓導　於正泌恩　陳大鴻恩
黃起文起縣志作啓麻城籍　樊世法縣志姓黃羅田籍　匡乃启

祝伊齡沅陵訓導　鄧尚文　余鼎鍾
鄧文炳通城籍　夏忠賢武昌籍　陳大啓武昌籍
葉　錡　劉同寬　劉元勳鄖陽籍訓導
馮三才蒲圻教諭　汪元炯　胡如斗一作姓鍾
陳師洛三科副榜中鄉試　孫問禮應城訓導　詹士齊黃陂籍
謝應珏竹谿籍松滋訓導　方國楨武昌訓導　王封樂副中鄉試
孫士表應城訓導　熊同義大城知縣　喻良才武昌籍
李崇義副　杜宗藩藩一作籓　宋葉芳
熊鍾秀訓導　黃　鶱孝感訓導　魏永絲淮安鹽大使
蔡來儀副麻城籍　曹宜高　靖乃成宿遷知縣
汪　煥縣志作渙　桂時榮　余欽若恩

龍際舜一作際華　夏興邦拔縣志作恩　以上康熙
陳必達　余學乾副崇陽教諭　陳師弼副
萬壽祖一作姓黃中鄉試　龔陳渤副　汪茂本拔
孫偉略拔　彭之凰拔　劉　鋒恩
方可榮　田宏道　杜邦惺
王道明武昌府訓導　張起鵬五經副榜　陳　昌
劉廷相　王世通　詹士盛
陳　裕竹谿訓導　姚文鳳　徐學燕沔陽訓導
周士濂本姓程漢陽籍　李時英通城訓導　陳師晉知州
王一佐　雷震元枝江訓導　劉　奇本姓余漢川訓導
王道亨　萬正勳　袁應炳

胡天健拔江夏籍鉛山知縣　孫天祿當陽訓導　周興邦拔
汪永書拔署華亭崑山沛縣知縣　陶玉華副當陽教諭　萬娛祖
魏永經竹山訓導　王如旦拔中鄉試更名如瑄　陳應龍拔中鄉會試
袁其昌京闈副　范朝綱副中鄉會試　張儀鳳副
萬綿祖副中鄉試　孫延禧延一作廷副長陽教諭　周起龍副中鄉試
王如芝公安教諭　夏克仲石首訓導　吳令璋
以上雍正　郭克煥恩　葉瑞麟副
萬經祖副　余思潤副　徐繼先
袁　竹　楊維楓　雷大年
汪峻發　詹伯瑤邛州州判　王封渭副中鄉會試
萬廷綱副　詹世純副　秦開夔

孫祚濬拔中鄉試　邵光祖拔　陶鳴岐副巴東教諭
陳健颺副　王古岡岡通志作綱　呂　愷
嚴　洊　方可觀　鄺光旦鄖西訓導
謝仁法法通志作發　呂德芝　靖式文副中鄉試
李光緒　周璵賓璵縣志作嶼副　蔡履豫江夏籍中鄉試
周邦佐副　龍華封副柳州州判　程化龍
王維翼　童一鯨　楊聯奎副中鄉試
萬希濂副　蔡必選副　黃自芳
程之駰恩　邵光映恩　魏應魁副崇陽教諭
王宏猷副　齊　曦　程興仁中鄉會試
張鳳鳴拔中鄉試　周凝光拔雲夢訓導中鄉會試　萬廷瑄拔合江知縣

周攀鼇副通山教諭　孫廷璋副　陳宗夔
於正滈　王維淵副　程志韓
王世坦鄖陽訓導　夏其城　楊瑞棕
孫士敏　胡如琮　舒學乾
杜敢元　周鼎新房縣教諭　王世迥
陳希聖　程開泰　吳起鸞
張雲濟拔中鄉試　靖本誼拔中鄉試　王炳文兵馬司指揮郎岱同知
包德全　陳啟疆潛山訓導　曹　穀
周邦勳中鄉試　孫洪濟　王錫觀觀一作冠副
萬人傑　胡世經恩　林隆建通志作建隆
姚如鍏　邱雨濬恩貢賜副榜　楊肇遠

張士旦京闈副岳州教授　王如鍪副長陽教諭　陶萬甯
周　璜宜城訓導　童龍光攸縣教諭　馬正塾德安教授
萬希科拔中鄉試　孫承炳拔中鄉試　羅萬邦
王槐堂　黃紹慈　王待詔
李鈞簡副中都會試　王養濤副　萬年華竹山訓導
魯昌期恩南漳教諭　陳　琢　佘攀龍
李天訓副　張掄元　萬希洛
宋文燦　葉大隆　程益超
陳廣旃　汪耀宗恩　王　鑾副
張　賓副　熊廷俞　周漢德
詹聞鍪副中鄉試　商　權副　嚴文乾

邵國柱　韓振煒　宋治咸拔中鄉會試
王　廉拔榜名玫　徐　璋副選應山教諭　萬希艮恩
林中柱恩　鄭國柱　高沺霖
劉秉撝副　程光華副　萬希烜石首訓導
以上乾隆　宋天暉恩　樊廣祚原名淵滙
張履恆副中鄉會試　萬鼎鉅恩　萬希槐南漳訓導
佘家騏　萬鼎芬副　嚴家駒
易　塽本姓靖拔中鄉試　王宗柏　王宗埜
周鳴鳳　吳之任通城訓導　羅道映
李茂林　王鴻譜　羅　埴
陳　昕恩　羅景南　龔斗南優雲南府經歷

謝道墡更名茨拔中鄉試　舒　棠拔竹山訓導　黃理中
鍾　英　劉仁炳蒲圻訓導　曾世儀副孝廉方正中鄉會試
朱兆斗優　趙廷海天門訓導　陳　模
龔　炳副保康教諭　劉　瑩副　姚際運
林太倉恩　范　燃恩　陳　瑨
以上嘉慶　陳元闓恩　童十聲
萬裕臨恩　程光國　王佐猷副
萬鼎時　周夢霖　龍爲紀蘄水籍
王際霍拔更名際雲封川知縣　黃之璇副選崇陽教諭　洪恩瀚副石屏知州
萬鼎實拔　黃自宸　王　然拔巴縣籍
謝志烜　蔡鎔舉　萬鼎會

萬鼎勳優中鄉試 余文蔚 羅柏章
嚴春華 戴如蘭副 劉秉仁
陳汝鈞副 闞宜煌 李希勉恩
鍾應鸞 陳樾 喻泰勳副
高謙 吳桊拔中鄉會試 李開善副
朱兆槐 梅見田拔 單開第拔
龍霦江夏籍拔善化知縣 王家璧武昌籍拔中鄉會試 喻承瑛
汪引芝副 熊耀春副 汪士倫
沈之銓 喻宗德副 徐方炯副中鄉試
方鏞優教諭加鹽提舉銜 程紹洛 萬鼎東
嚴惇仁恩 游亨祖 童紹元原名理順副中鄉試

胡一棨副 萬樹滋 商桂
奚先恕 汪士儀副廣東知縣 黃啟運拔中鄉試
萬成錦拔 錢崇蘭拔中鄉試 陳庚甲恩
林開運恩 余士璧 以上道光
錢崇柏副中鄉試 許汝梅恩房縣訓導 黃炳珩副中鄉試
鄒家俊恩署江夏訓導 朱玉 游鉞
汪引光恩 陳炳星 游鴻運
游豫桐副 林夑元原名夑副 林焜恩
汪引鴻恩 林逢戊 朱振文
丁暉吉 許傳德恩 杜承勳拔
謝廷書拔花翎同知署易州州判 以上咸豐 徐夢麟恩

張述恩 萬裕襄 王懿輝
金汝遂恩 林秀棠恩 靖華述
包長庚興國訓導 夏慶週原名引恬 嚴啟芳
嚴用烈副松滋教諭 周維莖優考授知縣中鄉試 石紹响
王丕釐優考授知縣中鄉會試 喻九萬副 蕭煜
張紹江恩中鄉試 嚴啟藻中鄉試 王兆翔副
傅承霖拔八旗教習 雷溶拔中鄉試 夏耀奎拔中鄉試
以上同治 萬綬恩 於鍾林
林煜南副內閣中書 余蔭煊副內閣中書 錢儒猷優考授教職
嚴啟森 游坊 徐肇基恩
楊延福原名挺芬恩 萬成聲 鍾士偉

以上光緒
案王志載有程奕王材成王封藻吳大本魏嗅周祖武鄭昌姜祚昌劉隆道宋敏政王澤霖王沐仁宋鎧王澎仁熊同仁王澳熊同智陳際鼎靖天紀共十九人縣志列入例選侯考

蘄水縣

徐一倬 徐二瑞恩 官撫邦大冶訓導一作黃岡人
岑柱瀾訓導 南應建 周之篆
周爲弼恩鳳陽府通判 楊繼暘拔授推官 徐學昌吳縣知縣
李生蹊監利教諭 周從文新甯教諭 南仲拔廣東澄海知縣
何之旭拔德化知縣 夏奇男拔 皮浚明訓導
黃士英衡陽知縣 黃宗鼎 畢瀛洲恩

楊成洪洪一作珙　胡旦　楊錄用恩通判一作州判
王臨民臨安府通判　李見瑤拔江都知縣　畢紹昌恩休甯知縣
鄭嗣產　歐陽鼎　南之傑拔長山知縣
李報玉　畢鳳洲麻陽訓導　胡其鼎副
以上順治
徐四公　張屛公
高子才　楊于儒　陳之賓天柱訓導
姚師孟　徐五宗縣志作廩貢石首教諭　徐雲宏拔中京闈鄉試
張問政　何聖時　周文翰
李開禧　楊于星　李師聖戊子辛卯兩科副榜
李光祖副遠安教諭　官純佑拔　官純滋拔
李向榮桂東訓導　瞿然　畢燦

畢翊祿　錢從變　蔡文雝副
胡繼昌訓導　李克馨　汪芳珍芳一作若恩通城教諭
華佳賓恩　徐子芳　南光發拔中書
楊仁迪拔中順天鄉試　鄭毓諶拔藍山知縣　郁煌
胡捷詔恩　汪光泰恩　景士智訓導
張逢年　徐[土連]　李垓
楊乾性　葉五玉中河南副榜　葉維藻副應城教諭
姚謝玉訓導　汪天霦　徐泗水
陳首潼副　畢開潤　顧維新
徐雲文恩　陳作仁羅田學庠姓張　潘鍾俞
南岡　徐高楠　李鑒潛江訓導

馮之貞　王大詰　以上康熙
黃芝拔八旗教習　牛光熙　高應玕恩
葉學成鄖陽訓導　畢開璞恩　萬元常雲夢訓導
徐守中拔虞鄉知縣　蔡文浩己酉甲子兩科副榜州判　范徽典
萬元文　李琮武昌訓導　楊瑛一作姓施
徐明理拔中鄉試　葉梅拔　以上雍正
周經政恩　范之鼎恩　周多才
周郁燦　姚有萬　鄧統
閻國淇保康訓導　梅士錦拔八旗教習　陳鵬翥翥一作舉拔八旗教習
畢封斗優正白旗教習　王士發本姓南　南雲龍五經副榜
華士椿　董際旭漢陽府訓導　李鎮衡

瞿漢勃勃縣志作渤　徐七旂中鄉試　姚可行
蕭龍文　蔡文泗　聞盛榆副大城縣丞
李鍾興副光化教諭　徐燭理拔　尙惇典副興山教諭
汪夢旭副　鄭毓虔恩　張昺
王立人　徐聞昌　徐棟粱副中鄉試
畢封臺　李樹極　李從宜
顧佑賢副中鄉試　瞿學炳副　朱梓
李正國　程鳳翽拔當陽訓導中鄉試　胡承仁
高文龍恩　鄧聯珠蒲圻訓導　畢從泰
潘伊超優中副榜　潘伊瓏隨州訓導　潘紹經副中鄉會試
馮紹京恩　潘伊超副　胡峯山

陶傑 恩	景璟男	陳士珂 中鄉試
徐蓋凡	李科棨	畢封詔
程士榜	徐國祥	范世業 拔孝義廳同知
鄧正林 副	徐愈進 副中鄉試	徐待銘
馮佐霖 恩	夏觀典	李運齊
徐光龍	徐益偉	彭可萬
李光台 興國訓導	熊向寅 副	蔡士揚
司朝綬	雷知孝	畢從簷
陳學登 副	王兆敏 恩	王永祚 房縣訓導
張奎臨 優江陵訓導	徐立筵 拔中鄉試	潘紹渟 拔宜都教諭
潘伊璐	程開英 副	彭清和

程元善	夏之魁 副	徐鵬飛
徐道渭 房縣訓導	董際華 孝感訓導	曾 綛 恩縣志作歲貢
鄒學尹	陶會宗	以上乾隆
畢蘊岱 副沔縣知縣	程鴻賓 賓通志作寶	徐立樞 優
范世棨	瞿念二 漢川教諭	彭大年
王永祺 南漳訓導	任 璧 拔	裴學賢 嘉魚教諭
黃永清	徐家驥	程名彩
盧廣振 副通山教諭	范德熥 房縣訓導	蔡白炡
楊 璐	郭文琇 利川訓導	陳光璐 恩縣志作歲貢
秦仁勳 恩	陳 沆 優原名學濂中鄉會試	閔光第 恩
范 偉 副	秦 彝	周夢壁 歲中副榜

龍爲紀	司先榜 拔	陳光宇
周夢壁 副通城教諭	徐應穀 恩	徐應期
趙之駿	蕭文龍	李 言 恩
徐 灝	陳 書	徐應豫 恩
徐 鐸	徐道敏	汪 鵬 優中鄉試
陳學瑞 副	詹大鏞 恩	以上嘉慶
郭應銑 副	張星輝	張 純
楊國璜	陳學位	周 炳 副
黃 爕 副	陳 策	葉爲珪 拔中鄉會試
蔡紹瀛 拔中鄉試	陳學鈞 拔	楊 純 優中副榜
徐儒檠 副中鄉試	畢 至 優中鄉會試	李長庚

徐道瑛	徐儒模 優中鄉試	郭受城 當陽教諭
徐錫鷟	聞之達	黎瑞科 副中鄉試
楊 純 副崇陽訓導	郭廷槐 恩	周賢路
秦浚旭 副	徐應預 恩	周 椿
胡曉山	任步瀛 副中鄉試	郭時旭 優八旗教習
王 彬	李徵善	李 庶 拔中鄉試
汪名登 副	黎彥鴻	南 潤
潘裕恩	汪 爕	楊 晼 一作琬
李 華 副	李 寅	周應會 恩
汪澹新 恩	黃學瓊 恩	程 煥
周子璉 副	郭用中 優安徽知州	蔡興保 副中鄉試

潘應予副　陳慶長拔淮揚兵備道　夏應霖原名芳𦲫圻訓導
郭時澍以上道光　奚承授副
熊淦　謝華棠德安府訓導　胡筍恩
王鴻度副　郭錦標副　朱景星中鄉會試
李開第　范濱　黎昌韓副
蔡先衢署漢陽府教授　周春林恩　郭時楷恩
王觀化　蔡興蕚恩中鄉試　嚴炳華
何先梅拔廣東知縣改就中書　游慶堯原名賢筠拔　以上咸豐
余錫麟副　周岐鳳　周鈵鉦
畢秉鈞副中書　畢保衡副　馮肇基中鄉試
徐鳳迎　熊嗣龍中鄉試　潘寶卿

何汝梅　任鍇　蔡卿雲原名紫堃拔中鄉會試
熊仙舉　石應桐恩　吳兆鴻恩
以上同治　楊榮華副　范嶸柯原名施御
袁亭　徐藝蘭副　熊繼鼇八旗教習
高岡　任煥琳中鄉試　侯炳元
程奎照　蔡學準　以上光緒
案王志載有官撫渙曾僑華文薰陳兆玉姚師譽南夢班張親聖鄭文先王綸李見傑楊擇善程紹伋鄭毓吉姚嗣烈徐七辨汪承寵張盛文汪世燦何元錕楊朝正共二十人縣志列入應例貢考

麻城縣

黃鉉　楊構知縣　喻之章
李春江武昌教諭　鮑之煒訓導　王國章教諭
余維新通志姓金訓導　鄭羽南知縣　田宏恕訓導
程浩台州同知　王承時知縣　田宏慮恩
周搢知縣　陳士琳知縣　史聯元知縣
蔡之治恩　黃素臣恩　王都命知縣
楊會訓導　李孔茂訓導　李春旺訓導
鄒知微恩　鄒世美沅江訓導　程百朋恩
成一卿訓導　鄒知彰副　毛燕若
周長流　謝加恩教諭　劉韋孫訓導
徐勉　何克孝同知　程之渫恩一作黃安人

徐大韓　陳子乾　李之素
楊親傳傳縣志作傳　江文桌縣志姓汪　徐志尹州同
董程通判　劉允知縣　黃元
董樵知縣　周禎縣志作楨　張若棫知縣
陶同文副　萬幾　馮人樞
薛從王　白光啟　毛羽長
張文豹定安知縣　王龍翔訓導　毛之璋教諭
梅先月州同　梅垌　黃正運
王延雍運使恩鹽　梅映月州同　戴畢
董子昂同知　李中素臺灣知縣　阮資石
陳肇興　萬魏知縣　王宏祐祐縣志作祜拔二次副

金湛　董天策　盧之鱗
胡士上　陶承奇訓導　董紳
張熙載　江漢偉　曾熾縣志作偲熾
周維藩　江漢書訓導　蕭淩雲
鄒芝芳　黃文耀　劉彬
鄧艮弼訓導　曾堯徵拔　吳紹夏訓導
陳禪拔知縣　劉琇恩　梅肇錫
鮑啟泌副長沙通判署衡州知府　彭奕明二次副榜作正知縣　羅汝纓
董學洙拔知縣　阮鳳昌　成撰副枝江訓導
鄒懋栗副　董學源拔通判一作州判　鄒起鳳恩
蔡來儀副　李前　蔡慎思

趙惇典　周時先　鮑啟濂拔
萬諮　田法夔　梁景陽副中鄉會試
鄒茂材副中鄉試　熊調鼎　李維烈
曾堯愷　以上王志　曾汝魯
梁中斗　劉懷馨　曾之萊
龔斐成　龔士任　李素文
黃元吉　周炳枝　胡如鵬
鄧艮夔蒲圻訓導　胡維錕　李廷材恩
熊寵錫　顏日成　劉士元
黃國琰　熊約　曾銘肅恩
劉亦亨　馮士彬恩　郭士模

范宏銳　曾廷望　周之棟拔訓導
阮文諄通志文作交　丁慰祖副　周鋆
汪廷謨副　程宗洛拔　劉宏坦
陶永祺　程璘恩中鄉試　鄒茂林
熊學韓　鄒佐履　陳翀
王槐年訓導　王家棣　蔡朝邁訓導
胡鳳濟　羅寅斗副二次　汪昇泰恩
丁楚珣通志作庭珣　甘芝檢副　梅士楙
程合璧恩　鄒藩　羅文濬
郭喬楚拔中鄉試　詹鍾普恩　程其溶
吳以甯　程其湘副　鮑楠

楊蓁　田夔　陳鳳翀
喻錦　蕭爲　董懋績副
吳泰來　程德楷拔中鄉會試　項森副中鄉試
吳敏學通志作學敏　雷振元訓導　鮑輝業拔知縣
盧萬之拔知州　沈南吉　夏均泰
魯濤　程德懋副咸甯教諭　魯恕模訓導
胡曰圖知州　張顯均　鮑惠然
鮑芸堂拔知縣　嚴祖光　葉榮先陝西石泉籍
魯行煒　范自省恩　曹文治
羅文樞副中鄉試　江紹肇　李元捷
熊炳照恩　甘櫄副　林子應

戴錫纓　張謨　董喬英
張文藻拔　陶祖淵　陶露柏
袁作梅　方廷棨恩教諭　程其桂
孫鶴齡　李賓玉恩　楊一醑拔
董縉　羅江　魯學鍾副江夏籍黃梅教諭
吳玉清　夏文瀾　程元勳
張待詔　程德椿恩　羅映奎
張鵷　鮑含章副教諭　戴鼎新恩
楊正楷恩　熊燦恩　鮑輝遠
鮑用儀　萬道南恩　郭時泰
蔡國鈞恩　羅喻烈優　蔡錡

鮑明珠　王子驥　羅汝霖拔中鄉試
袁魁　詹兆朱副　胡秀三
李賓玉　包用儀　王立清拔竹谿籍正定知府
張廷杰　程熙祖　劉寶麟
魯坪甲副　陶之樂　羅雲漢
蕭芬　曹步雲副中鄉會試　周匯川
夏慶勳　李飛熊　吳兆泰拔中鄉會試
曾逑經　袁樹松　蔡道濬恩
張錦鵬恩　鄒倬田　程恩晉副
饒艮離　葉煥芸恩　以上據縣志增
張鳴鐸優貢貴池知縣查縣志保舉內增入

黃安縣
鍾琇拔中鄉會試　盧繩慈拔松陽知縣　耿宗壎婺川知縣
蕭渭中鄉試　劉玫　吳棨鄖西訓導
趙應瓚松滋訓導　程之龍道州學正　程之渫知縣一作麻城人
李映珍教諭　彭繩祖拔兗州知府　葉玆縣志作滋
盧之懔新甯教諭　李光炳攸縣教諭　周啟祚訓導
程之驥武岡學正　吳繼善漢陽訓導　張德一拔
江維清竹谿訓導　王先正副瀘溪縣丞　秦中理拔澄城知縣
盧爾慥拔中順天鄉試　耿起宗安鄉訓導　姚觀
曾岳年岳縣志作若拔元城知縣　曾鼎年　蕭來鳳
黃漢臣拔　孟應瑄拔東光知縣　盧惟玆均州學正

周承玟本姓黃　曹維翰教諭　何遜
張經錫城步訓導　盧之驎　彭鴻功
黃瑄　張敦仁　鍾應遂嘉魚訓導
程楙根　盧緒襄陽府訓導　吳宏初中鄉試
吳之雍　汪霖　楊震生
胡明直　陳志道　吳倘
程應世副　江宗　孟之春荆門學正
張曾禧曾縣志作會拔大冶教諭　張永皋　葉若
秦全　張瑜　韓際世
秦國鈺　盧緝　韓撰
蕭曰鏊　程韻　龔士任

吳世奇咸甯訓導	劉紹唐	黃天錫本姓鍾副
何溥	彭之夔副	盧淮詩拔竹谿教諭
葉有孚副	曹有庚	閔德芳本姓董
李元涵	吳青選拔中副榜	劉逵通志作達副松滋教諭
盧濤大冶順導	吳羽鳳恩	張炳蛟拔巴東教諭
耿恕	汪勉	張炳鯤拔邵陽知縣
吳樹熾石首訓導	黃維垣	楊天柳崇陽訓導
耿昭震副故城縣丞	張洪軒本姓周	吳世哲
彭寶通志作寶	以上王志	阮治遠
韓之璋	羅三捷	胡子龍咸甯教諭
周遠範	汪經國	張文治

盧國櫨	吳大桂	王風熾
吳觀泰	張去非	阮徽復
張錦序	江澤玉	阮方玖
胡美勳	江月華雲夢教諭	王風恂
陳家棟	劉天霞	徐卓成
王儀吉	以上恩貢據縣志增	張炳翰遠安教諭
吳超楚枝江教諭	秦光楚	張錫講中副榜
張起唐	鄒聯奎	耿瀾中鄉試
彭宗選	秦予鈞中鄉試	秦慶鈞
以上拔貢據縣志增	江文祥	張鼎
秦文勳	江濯之	吳青選當陽教諭

吳蕙	張忠坦房縣教諭	盧國棆興山教諭
盧薰中鄉試	王華平	劉楚望
張錫講	孟春柳	石音諧
陳兆梅	陳周珍	石九華枝江訓導
徐克達知縣	李玉	陳錦梅
戴春秀	李廷管	尹華珠知縣
陳常宜城訓導	謝連春	余中珩
以上副貢據縣志增	周楨	韓張梗阜城知縣
韓張楠泰州知州	孫叔嗣一作黃岡人	秦世英
黃任奎	劉鋒	陳勃
劉時	盧淮訓導	吳萬選

吳兆澧房縣訓導	劉念高	吳之琬
吳文斗石首訓導	王時鏡	王增爵
王光嵩	周士炳	吳玉潤
盧兆沖黃陂訓導	王灝	胡海
王風墀	鍾渾	高植嗣
孟道沅	耿秉鈞	韓成表
鄧文煜咸甯訓導	程光洛	張發東
李宗蓮	彭夢蓮	黃夢椿
程天桂	吳大松	盧煐
鍾僖	盧耀舉	彭國棁
張廉坦	吳若谷	吳中宷

阮夢臯　孟對時隨州訓導　汪德綸
袁紹煥　周步墀　袁　逵
袁　鈺　盧茂宗　王華稷
張開鼎　陳昌運　吳東晟
王鈞彥　彭樂熹　江鎭東
熊錫亨　吳業烜　阮鑑明
盧　鈞　張　準　張九如
李焕庚中鄉試　石　璐　吳燕翼
熊　漢　黃　薰　李豔春
張雲錦歸州學正　吳端委　吳東暹
吳東昇　陳　寅　秦兆霖

徐譽麟　熊克楷　華　封
張　炯　陳耀德　袁春煦
袁惟洛　以上歲貢據縣志增　盧　熿
以上優貢據縣志增
羅田縣
胡一鉉常德教授　胡一濟青田知縣　方應星茶陵訓導
劉一炅　余彌峻拔安仁訓導　周光垣湘陰訓導
羅三才拔開縣知縣　喻於義恩縣丞　黃維鍜恩廣西僉事一作明人
金有聲恩縣丞　蕭　熹一作明人　王光運縣志作明人
涂宗尼　胡闇然闇縣志作闇　胡升然
王光範　葉泰明　佘　鑑縣志姓余

喻於禮訓導　張　翀桂東訓導　胡起龍
劉朝興　周錫袞　胡　圻
徐　鉅拔崇陽教諭　秦文爛　徐登明
余黃鏞　陳世奇　秦之鐸拔教諭
葉自成恩　閔　煋訓導　馬其爵
周文蔚　何作聖　劉翼運
蕭　晏潛江訓導　徐士敏　林煥騰
胡　鉉　張作仁一作歡水人　徐思源
周　炅恩　周　易拔　徐乾源訓導
董啟棟　汪德溥　歐陽時雍
何　昇拔中京闈鄉試　熊之聘　朱文順

楊　玨　胡師淇　晏一麟
董啟杜　劉餘蔭潛江訓導　葉繼詩
汪有元　以上王志　胡思清長陽教諭
陳文煌　余　勳　周　鼇
董　元州判　陳維祚　郭地煥
金　甌　史尚焜　陳家濂
匡人瑞　葉　鼇　周鴻漸
孫濟川　周杏春　李力璘
葉錫奎　王兆蘭　姚夢飛
何　松　汪寶鑾　許承嶽
以上恩貢據縣志增　汪學昇　李德錦

余　邦　　廖易元中鄉試　　陳景程中鄉試
何光洛興國學正　　閻　鎧　　陳瑞琚應山教諭
朱輝藻　　匡盛清　　陳　鏞戶部主事
潘福恩　　以上拔貢據縣志增　　余　淮
吳士魁竹山教諭　　王雁題　　楊道坦大冶教諭
潘煥龍中京闈鄉試　　張周訓　　郭佩蘭
葉艮杞　　以上副貢據縣志增　　胡全清長陽訓導
胡淑然　　史彥懋　　歐陽應旦
歐陽時班　　歐陽最　　胡全文
金朝傑　　葉啟柏　　張　樂固始教諭
胡履業　　徐學溥　　朱效乾崇陽訓導

朱維鼇監利訓導　　葉名松　　胡履本
李一清　　程　伸　　鄒廷幹
汪澤嗣　　晏二銘房縣訓導　　林　衡
閔　錯　　閻增彩　　田如霖武昌教授
何毓珣興國學正　　葉夢翥　　匡　弼竹谿教諭
葉福澤訓導　　徐學顯　　胡履仁
何攀龍　　葉大鵬襄陽教授　　晏文運
郭先庚　　朱列樟訓導　　李三彩
周文俊　　廖封疆　　江本坦
周傳杞　　周傳櫞　　周傳柳
張　域　　秦逵舉　　秦杏林

董翹秀　　廖　驄奎文閣典籍　　廖封彬
朱文浩　　潘之翰　　葉　松
李一洹　　陳新藻　　李　槐當陽訓導
王　焜　　晏嘉賓　　董家元
嚴　浩　　廖鳳池　　閻道鐸
閻　瀚　　閻　增　　方洪觀
李光郊　　葉敦鼇　　吳佐卿
王邦吉　　鄭國俊　　金尚俊
楊道城　　葉茂雄　　王用賓
崔曉春　　金兆棠　　王安申
王兆炳　　王枝炳　　李力琮

潘煥瑛　　楊振逵　　鄭懋昭
姚燕春　　林國楨　　李媲庚
葉慶蘭　　姚佩玉　　周紹垣
余　綽　　童德嗣　　周榆壽
以上歲貢據縣志及册案增　　匡　鼎　　潘肇鏞教習用知縣累保歸部候選道
以上優貢據縣志及册案增　　周錫恩考授教職中鄉會試　　周　龢八旗教習

蘄州

高　培恩浙江溫處道　　皮浚明鄖縣訓導　　陳王道恩趙州知州
李　坦一作增生趙州知州　　陳之京　　李本裕
張士淑黃梅教諭　　劉復周　　葉　彭知縣

王　協華亭知縣　張承瑞滋陽知縣　董良因教諭
葉俊士施州衛教授　馮　琮教諭　張效鍊副平湖縣丞一作知縣
陳言先九溪衛教授　封　岳　李　淑
欽國樑兵馬司指揮一作黃岡人　方　舟副嘉善知縣　張　泮副天柱訓導
以上順治　晏　昇穀城訓導　李本亮訓導
孫天衢武陵教諭　陳文炳　陳其勅
易　恂訓導　龔　柏　王世泰
王世鼎　王永圻嘉禾訓導　金天斗
孫　芝訓導　田之玉　呂呈瑞訓導
駱思伯伯州志作白　王　極　陳　常訓導
張　梓　李本衍胙城知縣　葉優士仁和縣丞

程大肇　葉鳳翔訓導　桂儀廷
王天爵　朱家瑞　馮以觀拔常甯教諭
張世炳　馮　炯副　傅傳道
王永昌　張如斗　葉世榮副教諭
張之粱副崇陽教諭　舒嘉抱　陳　謨州志作模
袁孔士　張士灝　張聯翼拔
李永震震州志作振教諭　蕭　銓　張啟翼應城訓導
李澤溥　葉鳳喈訓導　李振玉
張仕厚荆州府訓導　易時敏恩　方彭鑫
黃天福蒲圻訓導　王仔古恩　葉枝茂訓導
張承顯　顧燕翼恩　陳有夏

王　鎬荆州府訓導　朱　性公安訓導　張聯芳
陳治猷應山教諭　饒斌泰竹山訓導　陳欲珍恩施訓導
李生芳　朱孔陽　董開生
陳豐曾　王欽猷　李宗瀚
以上康熙　秦　京拔　李生棠
李光緒　蕭　濬　駱漸逵
陳履中拔中鄉會試　湯力忠拔　陳道兼
李永甯恩　伊　琦　劉文超
張　翼咸甯訓導　陳廪年拔　易　經訓導
胡之偉　李應庠　以上雍正
高尚正　姜　壎　許　熊

張　申穀城訓導　范　正　伍文宣
余正古　游　泮拔　王　棫貴池訓導
王　柯　熊楚輝　陳其秩
董　堪恩　陳　瑛　王　球恩
陳　坎　張崇煜　童　巒副
朱正述拔　孫　超　張士度
褚經白　何錦坊恩　張良木恩
劉之綱恩　高斯柏恩　李培滋恩
陳良玨拔中鄉試　陳文斗拔雲夢教諭　陳受琦拔衡州教授
胡自梅通志作自旃副　胡　薰副中鄉試　姚宗沛副
呂士模副中鄉試　張文淵副　童之軾軾通志作鉞副

陳艮翮副　李華郁優中鄉試　袁開宙
王德修　童接驗　張煒
陳洪廩　王世溎　范卿組
伍景儒　王材　葉青
董夢龍　金起濤　陳天篤
陳聖霖　王一經　張泰矚
張仕耀　孫振緒　王一元
張峻封　陳櫆績漢陽府訓導　涂渾
李永年　張文甲　顧啟賢保康教諭
劉之紳　張兆龍　胡永鉅
李鍾翰　以上乾隆　王彬德恩

胡有贇恩　顧啟欒恩　范位模恩
張文玘中鄉試　詹之玉拔　方燊材拔崇陽訓導
葉翹秀拔　劉營詩副　陳有執副
余長齡副　童啟倫優　孫時行
汪佑炯　王光賓　蕭光緒
陳丹墀武昌教諭　王樂　袁之芬
張光鼎　陳復三　吳金度
湖鴻曦　吳祖信　范世鼇
顧啟環　陳佑格　童昌旺
張攀桂　陳佑模　以上嘉慶
駱鍾藺恩　陳德麟　陳光烜拔更名三辰唐縣知縣

方應珪拔　陳錡副長陽教諭　陳鳳翀副
詹如南副署甯朔知縣　吳之驥優教習用知縣　王學智南漳教諭
葉卿琛　胡愿荊州府訓導　范廷光
詹文蔚　陳烺拔原名夢京安盧滁和道　陳豐翥
胡鴻翔　田達材　李瑞玉
張捷　葉維城　錢選
陳瑗　王錦鱗　詹銘
王泳森　葉翹榮　許作龍
鄧祖德　岳凌漢　童啟伊
袁鍾瑜　胡佳蔚　韓炳忠
以上道光　陳瑞林優中鄉試　詹如雲

文抒藻　夏文斗副　華紹濂
張宇欽　陳寶恩貢賜舉人　王天麟
陳世型　何選恩　張子銘訓導
陳孔皆　錢壽霖拔署魚台知縣　吳春藻
以上咸豐　駱嶽恩　張意遠鶴峯訓導
陳朗辰　吳朗副通山教諭　宋裕春恩鄖陽教授
楊瑞林　胡之準恩　石貢禹
胡佐仁訓導　童家鴿　陳孝升訓導
吳占魁更名文彬　黃美琮　陳杆宗
張新藻恩　張綸　許士瑩拔內閣中書
洪兆炳副　以上同治　陳殿槐

胡茂林恩鄖縣訓導　葉兆淋　陳世儀
姜正旭　陳肇基　馬星朗恩
陳懋元　田聯昇　朱鼎元
高漸逵　以上光緒
案王志載有張士遜陳之棫陳文藻三人州志列入應例俟
考
廣濟縣
楊復儀封知縣　張懋純　胡一璉拔廣西布政使
劉醇驥　胡來庭曲江知縣　梅朗中拔成都知府
毛焜　孫克諧安陸教授　胡魁楚建平知縣
劉漢美漢通志作煥鄖縣教諭　夏時奇襄陽教授　陳文斌應城訓導

毛煒副　劉堡恩　毛燦
郭存仁　梅時中　周登任副訓導
舒芝生副麻陽教諭　劉懋從恩　張仁熙
李宏　以上順治　呂應啟
劉懋敏　吳熊　胡右軍
吳元會　劉懋佳恩　張佳邑
楊國鎮　舒逢吉瀏陽訓導　夏鼎彝
王衍治　毛同鵬副　吳又升升縣志作昇
梅奕庭銅鼓衛教授　梅英庭　葛如藩
葉庶副教諭　張元爵拔壽光知縣　金啟洛拔東昌知府
阮文茂　龔鼎臣　李之綱

張甡基　胡繼昌　徐映珠縣志姓呂
藍之柱　李日躋　伍全閭
張鉉璧　李之經恩教諭　陳聖陛
金德崇　張盤基　金啟江副中鄉試
胡統思副　陳種義副　柯承緒副
劉懋勳　郭承類　吳兆烈
胡應亨　饒起弼副　蔡國鎮
余天覺訓導　梅正庭　毛永年
以上康熙　張錫崑拔　劉光斗副
李光恆　胡士祿　金啟汾
劉天成蒙城知縣　劉洪佑拔光州州判　劉洪行

張成熙　胡士宏　劉洪御沅江教諭
饒起彝　劉光祖隨州訓導　張濬源武昌訓導
楊承綜拔石門知縣　方論秀　干渾元恩
張理源　以上雍正　舒鑌副
李錫元　張儲源　劉本烜咸甯訓導
郭鍾琛長陽訓導　張竅　伍儒倜
陶文莘拔中鄉試　庫世膺副　朱榮世
呂嘉亨　藍士編　胡錫冕興國訓導
向廷燕副　張江恩　夏嘉桂
劉世滑　徐樹新石首教諭　張瀚
方寵文　卜本儒　李文炳

張滄恆 宜都訓導	徐光宙 副	吳 滄 恩
劉名榜 拔	徐天才	劉超儁
周煒綸	程邦喜	陶大眉 安陸教諭
劉 桐	陶廷喜 拔溫縣知縣	湯仁敬
劉 枚 恩竹谿訓導	熊應龍 崇陽訓導	吳 梅
張鳳英	陳 亨	張植琇 琇通志作秀
于效侃 通志作學侃	張應元 拔	段永振
張材棟	周煒智	夏本聖
以上乾隆	夏林賢	張植燦 恩
張光奎	饒玉振 副宜都教諭	褚承璋 拔
劉 翹	江聲遠	張承憲

熊國霖	夏煥桂	陶金烇 副中鄉會試
王鳳墀	陶金冶 拔	熊鼎梅
夏煒墉 興國學正	王本固	孔昭史 京山訓導
徐黃中 恩	張燦明	胡熙望 副
金振基 當陽訓導	吳 梯	張燦佩
以上嘉慶	劉映青 副中鄉試	盧 玉
魏德眉	夏煒琳 恩	胡致中
郭洪梅	劉映丹 拔中鄉會試	劉騰驤 竹谿訓導
胡志棠	張步瀛 原名奎耀	劉炳蔚
張 越	王振玉	張 駿
張 坦	金魁漢	李奮熙

張殿賓 拔中鄉會試	夏㰖墀	陳以烜
周鉅青 副	李兆暘	田漢章
劉因培	徐 絅	蕭光際
劉宗沅 拔中鄉試	李念祖 恩	以上道光
張 鵬	胡錫瑛 恩	劉 駒
范遠振	郭烈昌	夏㰖墀 恩
周金柱	劉國海	夏琮鼎 拔署貴溪分宜知縣
以上咸豐	田漢倬	蔡 瑩
劉秀椿	劉鍾榮	夏鳴珂 恩
于鉅清	李錫鈞 中鄉試	夏 槐 中鄉試
魏附朱	吳宗儒	盧 策 拔山西知縣

陳士彬	劉 玉	魏建洙
以上同治	吳鍾銘	劉斯善
金章淦	楊枝燦	田材驥
陳兆轂	劉寅清 優考授知縣	鄭子榮 副
文紹儀	以上光緒	

案王志載有梅政庭周國泰周來泰三人縣志列入例職俟考

黃梅縣

黎 平	歐陽佺	徐 健 恩
鄭孟師	陳 萃	魏 朔 教諭
鄧起鳳 教授	歐陽任	項 城

熊楚 董學 蔣衮耒陽訓導
張瀓副雲龍知州 石碘縣志作瑛 梅開瓊巴陵教諭
黃中醋恩 吳士千興甯訓導 以上順治
黃景恆恩 趙之牧 徐之綸瀏陽訓導
陳文蔚 石觀國宜都訓導 石定烈拔安義知縣
劉學成宜都訓導 吳剛雲夢訓導 石永年興國學正
胡懿 魯觀 程長治副
程之亨 熊經 王璽
吳卜祺 石高年武昌府訓導 熊正拔保康教諭
汪方長 趙之曾 瞿道宏
陳夢弼 董日躋 石岑年恩

張應說 李天培中鄉試 邢維樞江西德化籍萬年訓導
董洪基拔 張俊本姓石 石再犟
石鍾岱 石崧 王宏業副
汪夢甲副通山教諭 梅秀 江士俊本姓石縣志作姓呂
石嵊年 石悠遠恩 李鍾岳
石坦 邢臺江西德化籍 邢煒中江西副榜
胡康勳本姓陳 洪奎 蔣從姬
黃之騏中鄉試 劉世理縣志姓吳恩 以上康熙
趙曰助曰縣志作日拔 石敏恩 吳中鼇鼇縣志作龍
劉廷相 趙士謙 熊我蘇拔萍鄉知縣
袁申副趙州州判 洪材 毛必友副

洪晉副 姜祚昌 吳士見
趙錫堂拔 石會圖優 以上雍正
石天潤潤縣志作閏恩 胡鎮楚當陽訓導 沈之仁江西德化籍貴溪訓導
石際會 石磐基磐通志作盤 喻化鵠
石敏公 熊坤蛟拔咸甯教諭 石尚志
趙欽 汪夢林江西德化籍 陳士元
錢國棟 曾光岳恩 石鑑
田必昇恩 喻之琛 吳國彥
黃際飛副 於慕仕恩施訓導 吳冀札
程一飛 張嘉稷 洪如淮恩
喻之堂 石之璋 梅渭中鄉試

李本質拔 胡如炳 李祚
李經保康訓導 吳文發恩 石元吉副
黃大本 陳煥旂 蔣志堉副中鄉試
吳延齡 黎孟鈴 喻文鏴拔分巡通永道
劉夢元副光化教諭 石元吉副崇陽教諭 胡琛副
余士秀士通志作世武昌府訓導 宛映雷恩通志作副榜教諭 石有成
余傳奐 劉夢元京闈副教諭 喻文鏊恩竹谿教諭
石本涓 洪天鯤 石純儒副
張書紳 喻鐘拔長陽教諭 喻桐恩
石渠 蔣志壆 熊之琰通志作之瑩
以上乾隆 何應元恩 黃光泗監利訓導

張裕春	程國昌 恩	劉許華 副通城教諭
余文華 副	帥承法 副	帥承濟 拔
帥承洙 拔岳州同知	吳光玉	單天椿
商兆梅	熊賡鹿	吳 篔 副
胡邦彥 副	王光璵 恩天門教諭璵更作豫	吳鯨石
宛翼廷	喻元湢 副房縣教諭署太湖知縣	石 實 副
吳直鈞 蒲圻訓導	王學澍	吳韓晉
帥宗森 拔	袁履修	黎元梅
王開琇	吳 端 恩	黃經塾 中鄉試
熊實校	以上嘉慶	柳 溪 恩
陳 璽	喻樹儁 優福建知縣	鄧 朋

洪景先	吳學謙	周漢章 副
傅榮椿 拔教諭	鄧 瑩	李抒愷
吳志堃	余朝蓋	汪 瀚
洪 基 副	吳秉鑑	項元省
喻元洽 恩	余騰霄	帥遠燡 拔 賜舉人中會試
宛翼期	帥宗梓	錢光成 副
熊 寅	鄧士紳	石 聲 恩
傅 熢	李廷瑞 副	帥宗棨
傅 鳳	宛承琛	帥宗榦
石相煜 拔中京闈鄉試	單如膏	胡 炯
岳兆元 恩	以上道光	王荆華

陳寅賓	雷鳴甲 副	洪生春 恩
陳汝賢 房縣訓導	蔣慶祚 恩	程應玉 中鄉試
喻同模 署枝江訓導	汪 炳 副	黃森桂
翟光斗	項榮琳 拔宜都教諭	劉開第
以上咸豐	蔣祖澍 恩	柯在桂
陳 鼎 恩	吳廉善	何錫予 副
蔣祖楨	蔣 瀚	柯龍光
石 磊	梅 實 拔	桂鳳喈 恩
王蓮炬	以上同治	王雲燦 恩
陳 煃	李錫鳳	鄧廷杞
胡同立	黃廷灼	於先甲

吳 育	鄧廷樾	以上光緒

補遺

黃岡縣

蕭繼忠 明副榜	黃一章 明歲貢副榜	穆守文 明歲貢四川教諭
陳九疇 明歲貢	靖乃試 明歲貢殉難	張 義 明歲貢
嚴 照 明歲貢	賈長念 明歲貢	嚴玉琳 明副榜
賈肇坤 明歲貢	賈 利 明選貢	嚴 瑩 明歲貢
嚴 試 明歲貢	黃 蔚 明副榜殉難	龍鳳儀 明歲貢蘄水籍
嚴師箴 歲貢	嚴師進 歲貢	鄧守元 歲貢
陳立功 歲貢江夏籍登州府經歷	鄧伯遺 歲貢	石一魁 歲貢本姓袁通城籍
支奇英 歲貢武昌籍見通志	向大任 歲貢嘉魚籍見通志	邵 暹 恩貢

姚　試歲貢見通志　熊鍾濬歲貢訓導見通志　陳子乾歲貢見通志
李之素歲貢見通志　楊親傅歲貢見通志　江文卓歲貢見通志
高農佐拔貢興山訓導　李士璜歲貢　歐陽麟歲貢
嚴世達歲貢　嚴龍天副榜　舒日覲歲貢册姓劉江夏籍
邵光烑歲貢江夏籍　邵國棟恩貢　胡兆桂歲貢
周之彬歲貢　龍　保武昌籍議叙府經歷　龍廣心歲貢武昌籍
張建鎬拔貢醴泉籍江都知縣　余啓奇歲貢江夏籍漢川訓導

明
詹　蔚

國朝
王　澳京山訓導　蕭延相
陳大年副知州　龍世斌訓導　馬　堂
魏永經　程　奕同知　王如忠

包德銓　李紹蘭　黃基志
熊之聘　吳至德訓導　胡飛熊孝廉方正
楊正發　章克繼　李士夔拔
王鉅方拔巴縣籍　陳　謨　李兆蘭
王槐銘　王緒壇　王家瓚副武昌籍
劉秉鈞以上黃岡籍　程士國　李尚榮
姚　試　鄭惟棟　王立葳五人見通志黃州府州縣學未詳

恩賜附

黃岡縣

乾隆
邱雨濬己酉副榜　張　泉乙卯舉人

嘉慶
張　泉丙辰國子監司業　邵鴻昌戊午舉人己未翰林院檢討　史夢甡甲子舉人乙丑翰林院檢討
朱俊傑戊午副榜　熊文綱戊午副榜　徐　興甲子副榜
張士暾甲子副榜戊辰舉人
陳宗器丁卯舉人戊辰翰林院檢討　秦　灝戊辰舉人辛未翰林院檢討
汪　鄴戊辰舉人己巳國子監司業
王夢京庚午副榜　王三錫庚午副榜　楊錫紛癸酉副榜
熊鳳彩癸酉副榜　姜　鑰癸酉副榜　程覲光癸酉副榜
魏桂求癸酉副榜

道光
吳　謙乙酉副榜　杜夢沅戊子副榜　劉泰階甲子副榜癸酉舉人

咸豐
梅　甲戊午舉人　林樹滋戊午副榜

同治
鄧渭璜壬戌舉人癸亥翰林院檢討
陳　蘭丁卯舉人　夏振舉丁卯副榜　何憲葵丁卯副榜
汪辛桂庚午副榜　曹文裕庚午副榜　王大坊庚午副榜
嚴啟蔭癸酉舉人　陳運辰癸酉副榜　廖志圭癸酉副榜

光緒
陳　蘭丙子翰林院檢討　劉泰階丙子翰林院檢討　夏振舉丙子舉人
熊寅典丙子副榜庚辰重遊泮水

蘄水縣

乾隆
王應徵甲寅舉人乙卯翰林院檢討　任偉烈乙卯舉人

嘉慶
任偉烈丙辰翰林院檢討　陳　常戊午副榜　徐立徯甲子舉人乙丑翰林院檢

討
黃京甲庚午副榜　胡雙峰甲子副榜　范偉庚午舉人
道光聞愈堅辛卯副榜　郭時翥癸卯副榜
咸豐朱耀午戊午副榜　汪煜己未舉人
同治周茂林壬戌副榜　朱燮甲子舉人　王守中甲子副榜
蔡學敏庚午副榜　柳炳奎癸酉副榜　高毓穠癸酉副榜
光緒何會英乙亥舉人　方映華乙亥副榜　盧敏丙子舉人丁丑翰林院檢
討　閔兆宋丙子舉人丁丑翰林院檢討

麻城縣

乾隆李對己亥舉人　李華己酉副榜
嘉慶陶思淑甲子舉人乙丑翰林院檢討　陳甫周丁卯舉人

鄒塽丁卯舉人
咸豐潘光烈戊午舉人庚申翰林院檢討
同治戴春榮壬戌舉人　陶瑩舉人　黃學煥
張起南　劉天驥　劉自徵
劉紹先以上副榜縣志俱未載科分

黃安縣

道光羅致之戊子副榜　阮秀松辛卯副榜　夏秉中辛卯副榜
熊梁起丙午副榜
咸豐江昌會戊午副榜　閔致中己未副榜
同治吳待選壬戌副榜　武鳳翔壬戌副榜　鄒象山
吳大元　石晶水　程向榮

王夢賓　周文炳以上縣志補遺未載明科分正副

羅田縣

嘉慶周新第戊午副榜　朱瀛洲庚午副榜癸酉舉人　廖封爵癸酉舉人
道光胡師見壬午副榜　劉學炟癸卯副榜　金日雕甲辰副榜
同治郭暉吉丁卯副榜
光緒謝家駒乙亥副榜

蘄州

乾隆裴緒緯乙卯舉人翰林院檢討
嘉慶李永年戊辰副榜　翁承烈庚辰舉人　張光鼎庚辰副榜
陳大猷庚辰副榜　張夢桂庚辰副榜　張學濂庚辰副榜
涂德徛庚辰副榜

道光田森材丁酉副榜　吳華封丁酉副榜　李琳庚子副榜
董逢科庚子副榜
咸豐范霖辛亥舉人　胡南薰辛亥副榜　陳本升辛亥副榜
程天驥辛亥副榜　方石麟辛亥舉人壬子翰林檢討　吳敏辛亥副榜
吳德旭辛亥副榜　童繼梁戊午舉人　陳寶戊午舉人
同治許利堃丁卯舉人　田相扙丁卯舉人　田培翰癸酉舉人
葉兆燻癸酉舉人　翁鼎新癸酉副榜　吳子雲癸酉副榜
胡兆唐癸酉副榜　王應龍癸酉副榜　陳宏舉癸酉副榜
光緒曹濱丙子舉人丁丑翰林院檢討　張其楷己卯舉人庚辰翰林院檢
討　田相緯己卯副榜　王國治壬午副榜
袁知本壬午副榜　李丙烜壬午副榜　陳田疇壬午副榜

朱　啟壬午副榜　陳應夔壬午副榜

廣濟縣

嘉慶張宗華戊午舉人己未翰林院檢討

劉　柏丁卯副榜庚午舉人　張光輪庚午舉人辛未國子監學正　藍　青甲子副榜

張　榕癸酉副榜

道光張華林辛卯副榜　劉炳秀庚子副榜

咸豐朱玉池己未副榜　饒　田己未副榜

同治蕭光際壬戌舉人　胡周翰壬戌副榜　胡搢珊壬戌副榜

李　驎丁卯副榜　李　杜庚午舉人　朱玉池庚午舉人

饒　田庚午舉人　陳兆斗庚午副榜　劉本森庚午副榜

黃梅縣

乾隆鄧　來乙卯舉人　李俊偉乙卯舉人

嘉慶鄧　來丙辰翰林院檢討　李俊偉丙辰翰林院檢討　李懷若戊午中式舉人己未翰林院檢討

桂日新戊午舉人己未翰林院檢討

黎鳴琴戊午副榜　周闢疆庚申副榜　王金聲辛酉舉人壬戌翰林院檢討

洪韶覺辛酉舉人壬戌翰林院檢討

胡心泰辛酉舉人壬戌翰林院檢討　費　晃甲子副榜

李繼白甲子副榜　王文鑾丁卯副榜　洪國儲丁卯副榜

黃光蟾丁卯副榜　梅　甘丁卯副榜　周邦豪丁卯舉人己巳翰林院檢討

王學元戊辰舉人己巳翰林院檢討

石從典戊辰舉人己巳翰林院檢討　潘太貞戊辰舉人己巳翰林院檢討

何應元庚午舉人　蔣志圻庚午副榜

程元祥癸酉舉人　吳文岡癸酉副榜　蔡澤濟癸酉副榜

歐陽青癸酉副榜　王國材己卯副榜

道光吳　鸞戊子副榜　李鳴雍戊子副榜　陳有孚癸卯副榜

吳爾強丙午舉人丁未翰林院檢討　洪光大丙午副榜

程鳴鳳丙午副榜　熊時春己酉舉人庚戌翰林院檢討

宛映梅己酉副榜　石開秀己酉副榜　洪遇春己酉副榜

洪　鐘己酉副榜

咸豐傅　鳳辛亥舉人壬子國子監學正　湯鎮東辛亥副榜

陳如森戊午副榜　胡永清己未副榜

同治吳其香壬戌舉人　石之松壬戌舉人癸亥翰林院檢討

潘誠一壬戌副榜　聶榮春丁卯舉人戊辰翰林院檢討

熊元烋丁卯舉人戊辰翰林院檢討　汪開源丁卯副榜

程軒躍丁卯副榜　陳汝昌丁卯副榜　熊遇知丁卯副榜

洪大誥癸酉舉人甲戌翰林院檢討　梅森春癸酉舉人甲戌翰林院檢討

陳煥林癸酉副榜　王　鈺癸酉副榜

光緒胡肇澤乙亥副榜　梅際泰乙亥副榜

補遺

廣濟陳鴻謨同治壬戌副榜

黃州府志卷之十六下終

黃州府志卷之十七

黃州府知府英　啟纂輯

選舉志

武科表

案州縣志年代科分不盡詳備茲據各傳補輯其中仍有科分無攷者註以闕科年代無攷者彙列於後

進士

黃岡縣蘄水縣麻城縣黃安縣羅田縣蘄　州廣濟縣黃梅縣

明

嘉靖闕科　文質　狀元錦衣衛都督諡昭義

隆慶闕科　文應詔　錦衣衛指揮諡昭勇

萬曆二年甲戌　金來相　福建都指揮僉事

金行文　參將一作余姓

丁丑　黃萬里　都司

庚辰　周宏謨　遊擊贈都督僉事世

癸未　劉承禧　會魁錦衣衛指揮　襲

彭信古　瓊州遊擊一作參將

劉守有　錦衣衛指揮加太傅

袁千里

守備

丙戌　吳時喬　山東都司

金章

丁亥　吳應邦

己丑　萬吉齡　遊擊

壬辰　劉僑　都督加宮保

乙未　羅四維

戊戌 杜修 石峽遊擊 榜眼 遊擊
王追琯 遊擊
辛丑 金城 四川都指揮僉事
金印 京營千總
甲辰 李甘來

丙午 邱坦 海州參將 浙江遊擊 晉作參將
梅國林 錦衣衛指揮一作癸未科
癸丑 張燮 經略參謀殉難
胡海 蘄州副將

丙辰 張應祖 應一作念
孟淑孔 經略參謀
蔡一申 狼山副總兵陞都督
徐時濟 三江口守備
梅廷和 遊擊
己未 陶紹侃
鄧祖禹

天啟二年壬戌 李文玉 辰沅參將陞副總兵
戴天顏
余士昌
乙丑 王吉士
翟志超 都司
崇禎元年戊辰 劉甄賢
李師淵
徐諍 固原遊擊
辛未 周應盱 指揮

丁丑
闕科
張班
陳經邦 守備
劉幼堪
蕭明時
雷應貴 遊擊
鄒之寵
黃定儀 遊擊
喻秉鉞 把總
羅萬有
王融
周乃武 寧波遊擊

守備 袁尚絅

案黃岡志載有操重五建文武進士黃安志載有武籌武亨洪武武進士查明史是時未設武科鄉會試附此俟考

黃岡縣 蘄水縣 麻城縣 黃安縣 羅田縣 蘄州 廣濟縣 黃梅縣

國朝
順治九年壬辰
張奇 衢州都司
秦文光

乙未
管遵王 守備

丁酉
張文光 光一作先

戊戌
嚴鈞 州志作均

辛丑
丁彭
饒武中

康熙三年甲辰
張峻基

闕科
張尚聖 守備 或作辛未
張銘 洗馬林守備

己未
周中時 守備

壬戌
錢宏勳 廣羅協都司 見縣志官績

辛未
黃武坦 會元 惠州副將

甲戌
官珍

丙子　孫繼仲　泗洲衛守備

丁丑　朱應高　徐州衛守備

庚辰　錢奇策　本姓李名廷岳都司

己丑　李鳳亭　守備

戊戌　胡良棟　侍衛　徐本信

辛丑　王鎮勳　更名錫勳侍衛

雍正二年甲辰　曹紹烈　徐立正　桂林參將

丁未　駱文璜　涼州守備　童璋　提塘

乾隆三十六年辛卯　何永清　傳臚汀州遊擊

甲辰　胡定泰　河州總兵

嘉慶六年辛酉　陶開甲　衛守備

同治七年戊辰　裴清輔　衛守備

辛未　饒敷國　守備

光緒二年丙子　程鳳池　衛守備　徐連元　衛守備　吳錫龍　衛守備

丁丑　何夢龍　侍衛　周之德　三等侍衛

武舉

明

黃岡縣　蘄水縣　麻城縣　黃安縣　羅田縣　蘄州　廣濟縣　黃梅縣

黃州府志　卷之十七　武舉　九

嘉靖元年壬午　呂營四
闕科　文質 進士
戊子　羅大會
甲午　方之龍
隆慶四年庚午　張維新
闕科　文應詔 進士
萬曆元年癸酉　吳時喬 進士都司　胡振揚　文應科
闕科　李光祖 恩平掌印　周宏謨 解元進士　劉守有 進士　萬吉齡 進士

黃州府志　卷之十七　武舉　十

留守使
金來相 解元進士　黃正遠
彭信古 進士　劉承禧 進士
徐飛熊
徐福 守備
金城 進士
金印 解元進士　黃正清
壬午　杜修 解元進士　方之圖
乙酉　黃金色 進士　王追琯 副總　方之麟　方之元

兵
於黃國
陳全斌
於必聖
黃伯麟
蕭鄧侯
辛卯 張燮（進士）
聞嘉謨
甲午 金章（參將 進士）
羅清

李世將
吳文光
丁酉 陳天威
易尚文
甘鼎
闕科 易道俊（都司）
鄧祖禹
田有龍（解元 永甯守備 殉難 賜廕）
黃思隆
黃賓王
葉顯祚
靖韶

岳州遊擊
庚子 宋全斌
聞嘉謨
詹聖恩
王追瑤
韓宗芳
黃鎮中（解元 密雲守備）
趙定國
牛可耕
孟淑孔（鎮遠守備）
李大來（湖州守備）
癸卯 徐時濟（進士）
李甘來（進士）
杜春芳
何東白

李英
丙午 徐時俊
李廷標（遊擊）
胡一驄
千將
滿思漢
夏珍
胡海（進士）
饒嘉會
己酉 張應祖（進士）
胡文垣（縣志作文）
方定（解元 一作）

杜紹伊　坦　丙午科
壬子　郭　亢　胡向義
蔡一甲
於　佳　謝　錦
程雲翥
桂正丸
陳一龍
張　楷
乙卯　易道賓　盧舜臣　陳圖功
易良材　據州志武勳補
易兆周

張元凱
戊午　杜鴻漸　程正秩　曹　飛　兵部參謀見縣志績官
目　梁　授邑營官
蕭元勳
盧舜臣
闕科　劉威遠　洪鐘響
李金魁　解元
李鎮鄂　歐陽梅　縣志云舊府志作歐梅誤
郭昌臣
蘭補袞
右五人一

作戊午科　胡承寵　守備
天啟元年辛酉　王吉士　一名追祖解元進士　方叔壯　參將　方淑魯胡　芳　干鴻漸　縣志作鴻漸
陳茂襄　陸　海
吳漢材
盧　枯　鍾　鼎
張甯遠
甲子　劉國禎　周　碧　胡　伯　翟志超　進士
劉之奇

黃　國
李文敎　王之印
張鳳翼
蕭道泰　陳　金
王　選
蔡大賓　胡　奇
王一斌
丁卯　趙　璧　周之亮　秦在中胡　斌
張邦傑　甘州守備　馬湖守備　舒萃生
陶紹侃　李師淵　進士　蕭　鄰　胡乃甯
鄖陽左軍

闕科
都督
李文玉 進士
夏茂材
陳其善
余宏濟
陳意伯
程元極
陳介玉 右七人作辛酉科

方嗣芳 或作壬午
方嗣孔 或作丙午

李標 守備
楊模 遊擊
劉克 守備
李棟
李武

崇禎三年庚午
黃瑞
陳時可
于應泰
李涉域
于應奇
陳文奇

闕科
楊天貞

癸酉
朱家棟
杜紹芳
張膽
黃名秀
王屋
王一沐
毛一桂
王子堅
葉植

黃玠
毛師堯 原姓胡名

守備
吳良才

丙子
方應星 都司
徐諍
王一斌
陶全斌
王德飛

邱坦 解元進士
王融 進士

一国

于若霖
李泰國

己卯
盧伯魁 守備
秦文恢 守備
胡順錫

壬午
秦文調
秦文光 進士
夏舞羽
胡順

千總
趙光早
彭泰龄
徐萬憲
胡白
張君禾

闕科
余宏化 或作萬歷乙卯
陳經邦 進士
雷應貴 進士
胡第
趙完樸

黃岡俞志未載年代諸人列左
滿思謙
滿如弦 廣東指揮　揚州參將　或作萬歷乙卯科

麻城志未載年代諸人列左
金萬里
守備
鄒斗虛 遊擊
劉守濟 左都督
梅國林 進士
梅廷和 解元 進士
梅漣

黃梅志未載年代諸人列左
周乃武
進士
蔡玟 守備
張其謨 守備
李先實 守備
戚佐

萬瑞鳳 都司
金行文 進士
金亮韻 守備
金啟玉 守備
周應盱 進士
周應嶠

周應延
魯仲存 守備
黃萬里 進士
萬瑞暹
袁千里 進士

羅四維 進士
吳應邦 進士
彭益孫 副將
劉僑
劉九升 錦衣千總
劉永繩

陳紹宗 指揮 總兵
袁世章 參將
羅啟芳 都司
洪天祐 守備
蕭演華 都司

陸邦議

徐世華

胡呈祥

劉成胄　指揮

何維揚

顏藎臣　守備

陳王前　遊擊

胡思名　總兵

梅滋　守備

黃定儀　千總

進士

鄒之寵　進士

袁尚絅　進士

周思旦

周之謨

周思治

周世傑

金啟生

金石城

劉鍾震

劉幼堪　進士

蕭明時　進士

國朝
順治五年戊子
梅守盛 進士
喻秉鉞 進士
羅萬有 進士
枼植 臨清都司

見州志武勳
闕科
陳萇
李成功
姜疆 南鎮左營守備
乙酉
張奇 進士

辛卯
於斯貞 豐州千總
郭正中
夏韜 千總
黃天錫 守備
翟斯楷
程曉 榆林鎮都司見縣志宦績
宋英
孟賢 本姓程文生史式安東衛守備
彭岱齡 守備
李廣生
陳良美 本姓宋
田永年
甲午
徐逢春
徐雲鵬
趙應禎
管遵王
王秉鉞

鳳陽守備
備千總
進士
杜洪烈
江之鯨 守禦
郭祖儀 普安守備
郭桐封 會副
劉茂基 都司僉書
易爲斌
楊國安 縣志作國安遊擊
何如清
程士龍
杜天篤

黃州府志　卷之十七　武舉　二十五

丁酉
奚鼎鋕 鋕一作誌衡州守備
蔡進卿
金龍翔 守備
趙琦
張峻基 進士

張文光 進士
鄭仁虎
蔡之茂
陳士昂

陳士奮 士縣志作文遊擊
王鼎

李毓靈
吳之寬

桂士泰
劉之英

陳璧
汪之鯨

闕科
嚴鈞 進士
方昴

丁彭 進士
王道

庚子
向文明
蔡仲巒
丁良捷
梅滋
余斌
饒武中

黃州府志　卷之十七　武舉　二十六

千總
仲一作中
守備
千總
進士

周從奎
彭進
李如寬 守備

孫鼎鉉

熊光 京城千總
王信 縣志姓程

闕科
管一舉
余欽

張成斌 開平衛千總
陳師貞

總

陳國贍 九江衛千總

袁鼎 陝西衛千總

康熙二年癸卯
陳邦畿 縣志作姓陸本姓秦解元
劉先定 千總
鍾玕

黃雲際 本姓余
孫繼仲 千總
萬略 守備
蕭演華 都司僉書
吳紹起 守備
陶朱
張其維

丙午
張玉
彭可治
袁斯年

己酉
甄應魁 榜姓陳
楊丞之
李文舉

盧邦憲 榜姓方
邱紹孔
程宗孔
蔡捷 縣志姓周
劉再昇
李大謨 都督太傅

壬子
鄭繼啟 本姓洪副總兵
葉有功
魯試
姚從時
張朔

陶之琇 榆林歸德堡城守 縣志作翔
張尚聖 縣志琇作秀
蔡之駉 羅田籍進士
胡道中
汪家禎

闕科

戊午
范貞
葉煥 青州千總見州志尚義
張大經
張銘 進士
石鼎
戴時旭
張學載

湯佐

李之彪

周中時　進士　或作甲子

欽科　田旣霑

辛酉　田奕坤　鍾其鐸

劉之炎　見縣志行義

蕭儲

錢宏勳　進士　見縣志官績

石奇　江西中軍守備　見縣志行義

甲子　黃式坦　進士

羅宏仁　榜姓詹

吳洪範

胡紹虞

王家相　一作劉姓

黃時順

閔鴻

胡之萍

徐宏業

劉紹衡

劉永祚　都司僉書

劉榮　京營守備

劉炳

丁卯　王鎮邦　榜姓雷

周有悅

庚午　李其武　解元

朱應高　進士

方之致

甘液俊

周維新　本姓嚴

胡封魯　縣志姓胡　一作黃岡人

雷鎮邦

李荃

夏廷達

陳鵬舉 彝陵千總

癸酉 楊繼暐 暐一作偉 官珍 進士 周時歷 段雲

孫繼仲 進士 詹鴻才 錢奇策 進士

包昌 李荃

陶之俊

熊一夔

劉經邦 或作癸巳

方百里 百一作伯

陶成唐

楊繼暐

丙子 胡亮揆 宜州衞千 姚黃 本姓鄭

總

張思賢 汪應瑚 縣志作應映

胡士英

己卯 萬邦俟

佘正坤

徐志遠

壬午 陳元德 陳起書 周成阜

吳墉

孫英 葉濂

乙酉 陳益標

楊作楫 都司

李風亭 進士

康時 遊擊
吳國璽
戊子
駱尙賓 都司署龍門副將
闕科
劉莫邦 或作癸巳
秦龍光 縣志失載
王長年
黃之綱
葉育德
余學益
王煥

胡良棟 進士 或作癸巳
管世英
王鎭勳 進士 或作庚子
吳傑

癸巳
方成德
陳登科 參將
駱文琮 興武衛守備
甲午
吳師驥
江成章 榜姓方
余國佐
徐本任

文生中式 滁州衛千總
丁酉
姜灝
駱文璜 進士
袁之曉
徐本信 進士
庚子
任必壽
王銓

雍正元年癸卯　曹紹烈（進士）　周世麟（臨清衛千總）　鮑啟湘（千總）

陳　龍

（闕科）　余　意　徐立正（進士）　鄒維翰

汪應元　李廷岳（梧州都司）

吳　傑

丙午　徐于宣　彭壽言

張　俊（千總）　劉洪儀（天津守備）

徐本修

己酉　汪應源　彭　枝（指揮）

駱文瓊（千總）

饒學韜

壬子　饒光祖

李樹聲

徐立得（千總）

乙卯　方　雄　董開泰　錢　傑

（闕科）　童　璋（進士）　舒學禮

乾隆六年辛酉　康克明（松江衛千總）　華應奎

張　雄（都司）

甲子　王萬載

丁卯　劉夢龍

庚午　王一相　周必仙　胡美瑜（千總）　方世鋏

馬自強（雲南榜）

黃州府志　卷之十七　武舉　三十七

壬申　黃金鳳　徐世勳千總　駱朝鐘十總　胡國勳

癸酉　胡美珍千總　胡國梁興武衛千總

丙子　陳鵬舉一作劉姓

己卯　鄒占魁領運千總　李廷輔

庚辰　鄧繼禹千總　戴光國

壬午　胡兆元吉安所千總

乙酉　李廷楚　何承清進士

黃州府志　卷之十七　武舉　三十八

戊子　胡振凡五品頂戴　王治岐　楊　鼇

庚寅　陳占鼇江南副將　張開第

辛卯　程　標　唐楚甲　何見龍

丁酉　姚開第大河千總　張　英英一作瑛　汪朝楷千總　黃開榜

己亥　康逢吉千總　姚開鼎大河衛千總　黃天定　夏大魁

庚子　汪承恩重宴鷹揚　胡萬青

江淮衛千總重宴鷹揚
錢俊 本省提塘
癸卯 胡定泰 解元進士 熊紹漢 甯波衛千總 吳尚賢 據通志補
張元音 羅鳴皋 四川榜
丙午 胡超凡

鄧步雲 五品頂戴衛千總
戊申 馮占鼇 石占鼇
王道誠
己酉 鄧兆麟 營千總 王協和 方大元
壬子 陳開榜 田夢飛

甲寅 朱光弼 田開甲
乙卯 張定安 陳金第
沈光甲 江淮衛千總
嘉慶三年戊午 陳開甲 李春華 胡大定
張萬選

庚申 陶開甲 進士
辛酉 胡開泰 重宴鷹揚 解元 衛千總
杜步雲 道士洑把總
甲子 楊勳臣 京提塘 余楚魁 陳文光 廬州衛千總
丁卯 張定邦 周新甲 盧鳳山 黃金鎔

戊辰 守禦所千總 黃陂千總
庚午 王衛清 盧魁 藍茂秀 大冶把總
癸酉 張四維 姚楚傑 黃占魁
丙子 劉秉宇 陳甫吉 衛千總
戊寅 張步洲 龔玉琳

鄭良玉 龍港把總
己卯 胡治朝 泗州衛千總 湯定國 遠安守備
道光元年辛巳 蕭兆寅 吳赤虹 守備 田定邦 守備
壬午 庫占元 千總 詹從鼇 守備
乙酉 劉定國 謝定魁 徐三元

許際泰 贛州守備
戊子 霍鳳鳴 解元 東湖千總 魯陽春 守備 文炳
孫聯元
胡逢吉
辛卯 張兆澤 李萬春 夏聿修 方定國

東平所千總 屈光國 解元 守備
壬辰 談之鼎 守備
甲午 馮樹增 千總 陳明聰 寄籍鄖西 黃美耀
乙未 曾鳳儀 李定三 駱定侯
丁酉 白紹科 袁步瀛

	陳占鼇
己亥	鄧聯恩；王定甲
	呂森（解元 黃陂 千總）
庚子	吳德田 呂金烇
	蔡耀清
甲辰	周良濟 周舒甲 田春魁；汪國泰；程萬里
	胡錦新（守備）；（黃梅 千總）；柳森春
丙午	胡文斌 魯龍躍（千總）
	劉唐英 夏廷幹（守備）
己酉	廖玉森 徐金第 黃品元（守備）；張鵠
咸豐元年辛亥	涂定鎧 魯錦城 鄭飛鵬（守備 遊擊銜）；吳炳

壬子	劉定宇（捐改知縣）；徐上達
戊午補行乙卯	羅權；伍翹楚 周占魁；方之紀
	袁殿傳；劉國典
己未	袁鳳池
	劉步元
同治元年	呂紹蘭 李玉麟 陳璧華 夏士元；吳立三 饒敷國
	（守備）；（進士）
壬戌補行辛酉	鄭占鼇（儘先千總）；伍子奇（千總）
	胡理斌
甲子	胡文照；胡秉棠 陳彩基
	裴清輔（進士）
丁卯	潘海清（藍翎守備）；王臣銳（千總）；方之政

庚午　陳精鋭　周之德 進士
明金榜　游定京
馮定元
癸酉　陳易新　李鵬翥　程鳳池　董錦祥　王兆龍

黃安把總　守備　進士
光緒元年乙亥　鄒振聲　徐連元 進士　葉雲程　吳錫龍 進士
石砥中
丙子　葉鳳藻 解元　何夔龍 進士
劉鳳藻
己卯　邱鴻春　劉鴻賓

壬午　桂樹滋　劉國棟
案王志載有蘄州張世斌呂玠胡心作胡萬年王路五人州志作武功出仕未入武舉表存以俟攷

補遺

明

黃岡武舉
萬歷戊子　汪繼海
辛酉　張昌　李篤生　朱玉佐　陳製
張呂傑
天啓甲子　徐瑶　桂奇楊　劉甄賢 進士　俞士昌 進士

戴天顏 進士
丁卯　黃正清　劉邦賢　劉惕之　張班 進士
靖魁元 鄖陽守備　於聖　張文凱　徐諍

國朝武進士　胡道宗 遊擊

黃州府志卷之十七終

黃州府志卷之十八

黃州府知府英　啟纂輯

選舉志

薦辟

唐

麻城縣

閻伯璵　戶部侍郎

黃梅縣

李　玭　開元時舉博學鴻詞不赴

南唐

蘄州

丁必稱　知臨江軍

宋

麻城縣

田　蕙　大理寺評事　田　桂　御史

蘄州

吳遵路　學士　林敏功　元符閒詔徵不起

廣濟縣

余　玠　四川安撫制置使　張旻然　咸淳閒禮部尚書見明一統志

董　忱　徐萬立　御史　姜　賢　副使

黃梅縣

戚　容　以博學薦授祭酒

元

黃岡縣

滕　賓　翰林學士　董敬中　參知政事　賈　勝　選舉廣平教諭擢太湖令

吳應澍　天歷閒徵召不起

蘄水縣

李玉林　駱子才

麻城縣

秦達善　本縣教諭　毛廷元　團練副使　毛迪功

上官公謹　趙壁峯　成大用

楊應辰　王　宣　吳　溫　徵召官閩南招撫使

王松齋　薦舉官同知一作黃岡人

羅田縣

程廷佐　行人　程志剛　以孝廉舉授行人　姚宗華　以孝廉舉授吏部主事

黃梅縣

陳復一　以德行薦授大理寺評事　陶　復　以學充才贍薦授蘄州別駕

明

黃岡縣　案縣志有蘇哲蔡鑑王庸三人王志列入蘄水

詹　同　以文學舉累官吏部尚書　吳　琳　以文學舉累官吏部尚書　吳仁山　以賢良方正舉貴溪知縣

詹　蔚　以賢良舉甯波知府　楊　仲　以經明行修舉本府訓導　湯　仲　以經明行修舉本縣訓導

潘子安　由保舉官夔州同知　黃　奭　衢州知府　王友諒　以經明行修舉羅田訓導

萬　英　以經明行修舉本縣訓導　王　旻　以賢良方正舉新都知縣　徐　本　以經明行修舉廣東布政

詹　徽　以秀才舉累官吏部尚書　李本中　以人才舉鎭甯同知　王　琛　以人才舉巡檢

吳　琛衢州同知並見黃安志　洪　道以儒士舉安陸知州案縣志一作黃道王志有洪道黃道二人

黃　鎮以儒士舉封邱知縣　王　璽以人才舉清泉場鹽大使　謝希哲以人才舉長垣知縣

劉以文陽城知縣　王思旻以人才舉泰州同知　劉以德以人才舉官知府

李仲才以纂修大典舉萬縣知縣　劉　鼎廣西新安縣丞　吳添佐山東蒙陰縣丞

張　歷衢經歷　邱端熙平定知縣　邱尚湯夔州同知

張　滋以經明行修舉知縣　涂友紀以人才舉開縣主簿　郭世完以異才舉都司參謀

朱荃宰武康知縣　汪世極通城教諭　張鳳來以逸士舉

劉宗祺以副榜舉賢良授重慶知府　何世遠桂林同知

國朝

韋克振甯波知府　王志周廩貢官吏部郎中　汪指南福建分守道案縣志入

蘄水縣

黃州府志　卷之十八　薦辟　三

楊思義以天文舉累官戶部尚書　蘇　哲以儒士舉欒州學正　楊　泰以天文舉正定同知

薛　均以人才舉應天府尹　楊子旻以人才舉太原同知　沈　傑以儒士舉汀州同知

蔡　鑑以儒士舉晉府長史　王　庸以儒士舉晉府紀善　易　愷以人才舉太醫院

席　永以人才舉倉副使　張民瞻以天文薦按察司副使　梅思溫以人才薦撫州局大使

周　澍以人才薦定遠縣驛丞　王　道以天文舉廣東知府　王如源以天文舉甯波通判

徐　麟以儒士舉並見廣濟志　王　彬以醫學舉太醫院判　郭　闕以人才舉南禮部主事

易　濬以人才舉署本縣事八月　張存禮以天文舉德慶州知州　黎民範以賢良舉不就

麻城縣

馮　英以賢良舉　夏均輔以明經舉教諭　鄧　林以明經舉訓導

桂　南以明經舉訓導　喻文偉以明經舉懷遠知縣　吳　山以明經舉內江知縣

嚴　毅萊蕪知縣　趙　洪以人才舉知縣　劉　夢以人才舉同知

熊　瑄以賢良舉　毛鳳起嘉靖間舉賢良遺逸不就　朱家亨萬歷間舉賢良遺逸不就

黃安縣

案吳榮一並見黃岡志隱逸

吳榮一洪武間徵召不起　吳光寅歲貢生以薦授范縣知縣　戴思齊舉賢良方正究平知縣

盧爾愔崇禎間舉賢良方正官巴州知州　耿汝思崇禎間徵召不起

耿應衡廩生舉賢良方正授遵化推官後官至甯紹台副使

羅田縣

案王志有程志剛今從縣志入元代

王思忠以人才授分宜知縣　程　壽以人才授甯府儀賓　程　瑩以人才舉累官布政使

方雄才以人才擢鴻臚寺卿　李子文以人才授洽化知縣　李　鍾以天文舉累官太常少卿

李　相以天文舉欽天監司業　聞玉成以人才授奉新知縣　余登龍以武勇擢靖州總兵

胡　渤以韜略授指揮僉事

蘄州

黃州府志　卷之十八　薦辟　四

陳堯章臨安知縣　曾　黼吳縣知縣　李時珍以醫學舉太醫院判

廣濟縣

徐　麟以儒士辟官蘄州知府　徐文顯以孝弟力田舉刑部侍郎　王克誠以人才舉龍泉主簿

黃梅縣

洪友璋訓導　劉嗣儼以孝廉薦授蜀府典儀正　楊以道以孝廉薦授兵科給事中

徐士廉以經明行修薦授教諭　沙　興以孝行薦授知事　洪爾高以儒士薦授訓導

洪升遠以孝行薦授蘄州同知　魏　鐶以孝弟力田薦未授官　陶　瓊以人才薦授庫大使

周　俊以人才薦未授官　吳宗吉以志行薦授英山知縣　瞿　罕以薦授崖州知州

曹　飛授兵部參謀

國朝

黃岡縣

張　楨英王委用蘄水縣丞　陶之駿茂名縣丞　李君柱新安知縣
杜　琬大冶教諭　呂尚韶生員薦舉浙江鹽大使　曹宜溥召試博學鴻詞授檢討
王追騏召試博學鴻詞不就　葉　封召試博學鴻詞未用　陳繼謨以醫學舉吏目
王如玟以賢良方正舉監利教諭　邱良驥以賢良方正舉通城教諭　易洪周以醫學舉授禮部主事
靖道謨庶吉士舉博學鴻詞不就　程後濂舉博學鴻詞不就　歐陽賢孝廉方正
曾世儀孝廉方正中鄉會試　胡飛雄庠生孝廉方正　張　鵠增生孝廉方正
蔣　鵬庠生孝廉方正　盧鴻熙庠生孝廉方正　王緒塏恩貢孝廉方正
黃文豹庠生孝廉方正　倪聯奎庠生孝廉方正　羅應鯤庠生孝廉方正
歐陽璸文童孝廉方正　曾　琛監生孝廉方正　汪元善廩生孝廉方正
余陰楓庠生孝廉方正詹事主簿　羅文翰職員孝廉方正　高萬鴻監生孝廉方正

蘄水縣

徐　灝以薦授潛江知縣　王國英舉賢良方正官至鹽運使　周廷楹監生以醫學舉
徐本僊由知州召試博學鴻詞未用　南昌齡由監生召試博學鴻詞未用
范序鑅增生孝廉方正直隸州判　李祖域庠生孝廉方正直隸州判

麻城縣

熊輝祖貢生孝廉方正　吳亮寅增生孝廉方正　徐步階貢生孝廉方正

黃安縣

黃日槐孝廉方正

羅田縣

閔三元以人才授大同府經歷　張雲翰孝廉方正

蘄州

顧景星召試博學鴻詞不就　李生燊廩生以賢良方正舉　李永慶以孝友舉考授州判

李永芬增生孝廉方正　王東山庠生孝廉方正　周春江庠生孝廉方正
李有益增生孝廉方正考授訓導　許來獻廩生孝廉方正　陳文蔚廩貢孝廉方正
夏　松從九孝廉方正　熊方柏廩生以算學保主事　蔡兆熊以算學送同文館學習

廣濟縣

吳世元孝廉方正孝感教諭　吳　渲孝廉方正　金本孜孝廉方正
彭　琨附生孝廉方正　陳紹虞孝廉方正　夏　槐孝廉方正以知縣用

黃梅縣

張澤潤孝廉方正　汪華樞附生孝廉方正　於開甲附生孝廉方正
趙漢星附貢孝廉方正

仕進

明

黃岡縣

王琳雩都知縣　陶以榮大理通判　奚珊平陰知縣
邱民心累官周府長史加四品服　龔益連州通判　明彝翁源知縣
謝臯敘州同知　奚世奕光祿寺署丞　邱增河池同知
邱纓甯州同知　王台光祿寺署丞　程先登泰州判官
王同軌太僕寺主簿　鄭一德光祿寺署丞　陶一蘭兵馬司副指揮
潘文元江西副理問　陳萬巻永平通判　劉文焰鴻臚寺丞
曹士奇知州　徐襄光祿寺署丞　方一盛正定知府
陶化廣東布政司理問　涂西山晉州通判　劉載欽縣知縣

江躍鯤梓潼知縣　奚元吉東昌通判　鄒士正武定州同知
秦一才雲龍州同知　奚三益壽州知州　晏際明知府
樊維師附貢淮安推官　王廷校署紫陽知縣

蘄水縣

范煥建陽知縣　徐紹禮甯府典寶　陳景文東鄉知縣
王承寵兵馬司　胡仲方兵馬司　方北買泰安知州
桂木武城知縣　潘時敏兵馬司　程若典南昌知府
周鳴臚兵馬司　周道恭長史　徐步逵楚府典儀
李用賓福州通判　周之祚光祿寺丞　徐二儀光祿寺丞
周之儒武學教授　吳忠忠州鹽提舉　彭嘉春巫山典史陞知縣
楊溢仁和知縣　張所逸衢州通判　陳任爵增城教諭

麻城縣

周楷商城教諭　楊橋明軍功官知縣　趙誥通判
李廷對光祿寺署丞　李春瀾光祿寺署丞　李文簡知縣
楊渭知縣　楊民仰知縣　李涇教諭
董士齊訓導

黃安縣

王元善署涇陽知縣　秦尚宏北京後軍都督經歷　吳可學光祿寺署正
盧永阜鳳陽通判　吳士伸署申州知州　耿應台上林苑丞
吳燧鴻臚寺丞　戴揚沅江訓導

羅田縣

胡明忠唐府審理　汪儒息縣知縣　胡大祥溫江知縣

汪慶舟蒼梧知縣　蕭珊荊府奉祀　羅尚質成都府教授
周元清汀州知府　周洞清廬州知府　周希福廣德州知州
周崇古龍游知縣　周汾江西知縣　周珙武龍知縣
周瑞六合知縣　余璋任富知縣　余洸太倉知州
余灝定海知縣　余應爵宛平知縣　王炕淮安通判
胡澧河南府通判　周鳳翀潛江教諭　徐聘應天同知
蕭斯和光祿寺署丞　蕭有亨武英殿中書　汪之河陽河通判
匡代戶部員外郎　匡士聘順天通判　廖塙公府伴官
張羲馬邑知縣　匡敬承官主祭　劉禮高公府伴官

蘄州

曾訓霸州同知　張文建昌通判　程彩鳳工部營繕所所正

吳英處州知府 馮天駿錦衣衛千戸 楊棻通判
馮汝振鹽提舉 胡世則雲南府知府 張效藝文思院副使
張其彥知縣 王之賡平凉通判 韋宗周副使
李模指揮 欽育陽荆府長史

廣濟縣

陳烈副使 張爲最兩淮副使 張京然荆府儀賓
張華宗潞安府同知 胡士宏昭化教諭 夏承緒署白河知縣
方勝大靜樂知縣

黃梅縣

汪藎知州 洪紹貞旌陽知縣 熊汝瑗思恩通判
余澤洪縣知縣 曹鳳荆府奉祀正 潘涙荆府典寶

楊勳思恩同知 熊儒荆府典儀 蔣永中書
石輅同知 陳世清典儀

國朝

黃岡縣

官撫燕貴池知縣 操志葵閬谿知縣 官純徹雅州同知
劉更生甯鄉教諭 程奕西安同知 王材成南康知縣
王封灤江津知縣 吳大本吉水知縣 魏峋雲夢訓導
周祖武興甯教諭 鄭昌郧西教諭 劉隆道常德府訓導
宋敏政耒陽訓導 王澤霖瀘溪教諭陞知縣 劉天植山西通判
王沐仁通城教諭 王澎仁荆門訓導 熊同仁太平知府戸部郎中
熊同智羅田教諭 陳際鼎蔚州知州 靖天紀漢陽訓導

朱鍠肥鄉知縣 張鳴皋龍泉知縣 王澳京山訓導
張鳴遠醴泉知縣 余宏仁陵水知縣 陶國幹安順知府
陳發鄒縣知縣 馬堂宜昌府訓導 王嵩歷城知縣
邱安校瑞昌知縣 陳本謙郧西訓導 王榮鑣廪貢庠名志鈞錦縣知縣
周嘉謀廪貢通山訓導 王謙亨廪貢署雲夢訓導 王士拔廪貢署江夏教諭
萬鼎恩署新甯知縣 游寅華廪貢署南漳訓導 汪銘序廪貢安陸訓導
汪銘瀚鎮原知縣 劉錫琪附貢署貴溪等縣知縣 程仁傑太平知府
萬世清通判署芮城知縣 曾錫齡阜城知縣 汪轂杭州西防同知
劉錫鑾署龍巖直隸知州 劉錫珪廪貢孝感訓導 王自籛署霍山知縣
曾永齡刑部主事 王家溶附貢當陽訓導 汪春溥昌化知縣贈知府銜
胡文炳廪貢蒲圻訓導 程仁育遷安知縣 汪秉鈞廪貢署武昌府訓導

洪恩澤鎮平知縣 張道南廪貢隨州訓導 游豫楷江西補用知府
鄧仕林浙江候補知府 黃際寅廪貢署宜城教諭 徐作霖代理建平知縣
游豫鑒分部行走員外郎 杜德章署縉雲知縣 龍芾署吳江知縣
王純桂廪生天門訓導 洪艮朋分部行走郎中

蘄水縣

官撫渙會稽知縣 華文薰武康知縣 陳兆玉長沙府訓導
姚師譽潞安通判 魯僖順德知府 南夢班淮安同知
周構國子監學正 楊擇善潛江訓導 華載勳監利教諭
張親聖臨湘訓導 鄭文先甯波知府 毛文埜軍功楡林道
姚嗣烈巴東訓導 鄭毓吉隨州訓導 何元鯤吳堡知縣
徐立松附貢松溪知縣 王壽榕附貢海甯州知州 蔡紹淵廪貢嘉魚訓導

蔡紹濼 廩貢潛江訓導　歐陽桼 廩貢通城訓導　陳廷俞 廩貢署咸甯訓導
陳廷紹 附貢署佛岡廳同知　徐偉度 增貢中書科中書　潘大鏞 廩貢歷任通山松滋訓導
蔡興栟 附貢中書科中書　徐崇文 附貢利川訓導　陳旭昇 附貢中書科中書
李元清 廩生河西知縣　何桂珠 附貢孝感訓導　蔡興臺 附貢歷署松滋長陽訓導
畢東之 附貢署漢陽府教授　謝純卓 附生署武功知縣　陳慶華 附貢中書科中書
蔡興麟 附貢中書科中書　蔡興驥 附貢中書科中書　蔡家衍 附貢中書科中書
陳兆濱 附貢中書科中書　張桂 附貢中書科中書　李榮蹊 歷署平武開縣知縣
畢獻 署開縣知縣　陳日新 海城知縣　程葆光 歷署秀山彭水知縣
程榮光 戶部主事　郭階 江蘇候補道　高錫恩 兵部主事
楊宗震 軍功四川候補道　陳恩受 定海廳同知　陳恩浦 中書科額外中書
胡勳盛 刑部額外主事　徐宗岳 署寶雞知縣　畢衍熿 庠生安縣知縣

麻城縣

張颺 廣東布政使　萬象 知州陞刑部郎中　毛埜 知府一作文埜見蘄水志
王有容 知府　朱珍 訓導　王孟猷 修文知縣
鄒屺 訓導　阮朝南 汝陽知縣　阮啓鍰 南丹州知州
王象先 泌陽知縣　萬成章 知縣　鄒汝謙 岳陽知縣
鄭文坦 通判署彭水知縣　熊紹龍 訓導　成倫 廩貢孝感訓導
張均 訓導　丁雅均 巡檢署宜春知縣　鮑棟 仁懷同知
鮑材 嵩明州知州　鮑標 同知　鮑楊 通判
劉東昇 順德知府陞鹽法道　毛正坦 太湖廳同知　毛大綬 工部員外郎
鮑覲堂 登萊青兵備道　鄭保齡 兵部主事　鮑秉禮 茶陵州知州
鮑師釗 海城知縣　程德模 大冶訓導　鄒芳 東鹿知縣

鄒壽嶧 霸州知州　鄔承楓 江油知縣　鄭兆荃 高縣知縣
鄭兆芝 沁水知縣　蔡懋康 署松潘廳同知遂定知府　熊暉吉 懋功廳同知
胡應瑞 嘉魚教諭　鮑雅堂 天門訓導　郝廷楷 宜城教諭
項蔭棠 歷署長甯等縣知縣　項映 來鳳訓導　羅元勳 廩生刑部主事
羅啓蟠 刑部郎中

黃安縣

盧爾恒 署安慶通判　張杭 襄陽訓導　吳性誠 淡水海防同知
張葆渲 武昌訓導　秦堃 縣丞署高台知縣　秦德鈞 高台知縣
孟大鈺 上猶知縣　李廷簣 鄖西教諭內閣中書　劉中孚 安徽休甯知縣
程常八 安徽石埭知縣　夏懋修 署通城教諭　張承庥 署雲夢訓導
袁思迦 監利訓導　葉蔚春 光化教諭　葉有孚 長陽教諭
金錫楨 甘肅候補道　張長清 蓬溪知縣　劉鳳墀 附貢分部行走員外郎

羅田縣

劉名超 襄陽訓導　潘光烈 廩貢歷署應山大冶教諭　陳瑞琳 歷署桐柏等縣知縣
王枝珠 增貢署當陽教諭　王子聯 附貢署漢陽府教授　廖新 鳳陽通判署潁州知府
涂銓 附貢署監利教諭　童紹恢 廩貢歷署棗陽等縣訓導　胡履坦 代理潛山知縣
屈彤雲 廩貢中書科中書　陳保昌 增貢主事　姚敦禮 廩生候選知府
張組 安徽補用知府　張珏 山東知府　石磊 升用知府
王培榮 署宿松知縣　張鼎 庠生咸甯教諭　葉爲琛 庠生通山教諭
周鏡芙 襄陽訓導　熊第垣 增生代理桐鄉知縣　匡孫燕 安陸訓導
周士濂 江蘇候補知府　姚肇基 附貢中書科中書

蘄州

高克紹同知　陳之棫署衛輝通判　吳祖吉保定通判
楊世璐廩貢襄陽府訓導　陳選三河知縣　張蔓選廩貢德安府訓導
楊崇興貢生署荆州府訓導　江筆華廩貢署德安府教授　陳輔辰縣丞署錢塘知縣
李宗賓甯夏府知府　夏允升安徽知府　張汝棨廩貢署襄陽府教授
張藻鸞增生署公安訓導　孫映魁附生署當陽訓導　陳文錦附生署安陸府教授
范步蟾附生署黃陂訓導　李國柱署靜甯州知州　陳懋森廩貢歷署石首當陽教諭
陳來仁安徽候補知府　陳琦附貢江蘇補用知府

廣濟縣

朱翼治兵部員外郎　梅旼庭青浦知縣　劉洪度威遠同知署鎮沅知府
魏雲琯廩貢嘉魚訓導　劉蔚豹廩貢通山教諭　夏賓揚州通判
朱光烈楚雄知府　胡從復長沙訓導　吳占魁署蘆山知縣

胡是光廣西藩經歷署灌陽知縣　吳登垣廩貢潛江訓導　呂益大廩貢署石首訓導
徐丹中廩貢潛江教諭　周煒廉廩貢襄陽訓導　蔡佩紳附貢署南漳訓導
鍾全泰附貢署武昌府訓導　鍾本洙附貢應城訓導　陶鴻附生署太平知縣
張燦艮布理問署辰州通判　呂正朝署循化同知

黃梅縣

梅春瑞昌知縣　汪鯤躍潁上知縣　吳璋贛縣知縣
梅士傑夏縣知縣　汪時敏代州州同　梅用調署建昌通判
傅邦繡廩貢署大冶訓導　胡學逖廩貢署南漳訓導　傅家顯戶部員外郎
帥承治廩貢興國訓導　帥宗榆遂安知縣　張攀梅廩貢署武昌訓導
石步瀛廩貢監利訓導　帥惺附貢柳州知府　帥宗棨吳江知縣
程銑署來安知縣　陳蔓蓮永城知縣　余宗液廩貢署蒲圻訓導

趙礎附貢署房縣訓導　程凝昇戶部主事　石廷樾附貢漢川訓導
宛立儔增生署壽昌知縣　湛如淵附貢署天門訓導　桂一枝附貢署公安訓導
石騋附監署咸甯訓導　宛志由增貢安陸府訓導　龔周幹廩貢鄖陽府訓導
龔周楨附貢興國訓導

補遺

蘄水縣

王培源代理霍山知縣

廣濟縣

張汜廩貢均州訓導　張材魁廩貢蒲圻訓導　解麟廩貢武貢訓導
胡卜元廩貢隨州訓導

武勳

陳

黄岡縣

周　炅 定州刺史龍淵縣侯　周法僧 定州刺史武昌縣公

隋

黄岡縣

周法尚 滄海太守贈武衛大將軍

唐

黄梅縣

唐國徵 安南將軍　魏　英 封五原郡公　魏元衛 南樂郡公

宋

羅田縣

蕭彦和 以功鎮蘄州縣志作明人

黄梅縣

胡　瑞 封威德侯　施　綸 授左衛使　桂丙四 總幹昭武侯

元

黄岡縣

吳　賢 襲懷遠將軍　吳　汝 行省平章左丞　賈興甫 見王夢澤集未詳何官

蘄水縣

薛天定 招討上護軍贈總管　薛　徵 兩淮水陸都統制後仕明督金華軍事

黄梅縣

陳國玉 大將軍司馬大元帥　陶德甫　燕士貴 指揮

明

黄岡縣

王　弼 封定遠侯　廖永安 封郧國公　廖永忠 封德慶侯

胡　恩 世指揮累官松潘總兵　黄　榮 黄州指揮使　王應隆 世千戶歷守備

王　景 世襲千戶贈武略將軍　曾一夔 世指揮都督同知　曾　恕 世指揮雲南都司僉書

曾　言 世指揮歷都指揮司僉書　曾　爵 世指揮官都指揮使　滿思謙 世指揮官參將並見武科

倪敏政 世指揮官參將　牛可耕 世指揮官守備　李應鶴 世千戶本衛指揮使

陳　訓 世副千戶　徐　便 都指揮僉事　韋　富 指揮同知

賈　忠 雲中指揮　胡平重 太嵩衛指揮僉事　樊　標 車騎校尉

黄省二 瀘州衛指揮　牛　瑤 世指揮　牛　斗 世指揮

陶紹政　王一瑞 都院中軍　張龍思 明威將軍

李　實 辰沅遊擊　李　梅 四川壘茂遊擊　陳宏憲 平越守備

劉國治 督糧守備　李士奇 郧陽都司　朱　寵 世襲正千戶

馬士英 遊擊殉難　王廷相 南省都指揮　郭以重 世襲指揮殉難

蘄水縣

王　聰 封武城侯　王　誠 世衛指揮　徐學知 錦衣衛

魯　毅 遼東都指揮使　南尚魁 南京都司　柴　坤 校尉

周之謨 以將才授守備　徐三楚 本省兵巡中軍

麻城縣

彭有謨 副總兵　楊仲祥 萬戶　魯重光 總兵

魯德位 遊擊　魯　彬 副總兵

黄安縣

阮貴卿將軍　戴世英錦衣衛指揮使　王　融御前指揮
周文二指揮使　董學聖指揮使　周　隆副將軍
周夢楊驍騎將軍　王三錫兵馬司　王三鳳兵馬司
秦金輝陝西守備　耿汝念指揮使

羅田縣

劉　廣永平指揮殉難給功臣田　蕭　江以功任貴州將軍　胡　渤
劉　寬　蕭　議廣東守備　蕭斯和一作斯用汴梁守備
劉一炎都督僉事　周仕聰堅城衛鎮撫　羅萬緣夔州總兵
崔爾達西安指揮　廖進忠騰越總兵後遷商城見商城縣志
胡效彥

蘄州

康茂才封蘄國公謚武毅　柳艮正封吉安侯　康　鐸封蘄春侯謚忠愍
李　棟世襲指揮參將　李　楷貴州總兵　陳福清授千戶
操　桂忠信校尉　王　啟指揮使　易貞吉參將
田金浦守備殉難　賈世儀授校尉　熊　轍守備
陳申舜定海副將　張心鉉守備　岳　璧蘄州衛指揮使殉難

廣濟縣

陳受三義勇將軍　王添勝征南將軍　周洛文雲南遊擊
楊普銘追贈驃騎將軍　伍維辰襄陽遊擊　鍾　原
胡士完臺莊守備　張佐基潮州副總兵　吳國璋神機營中軍

黃梅縣

石　泰昭武將軍　於　顯都督贈英山侯　於　珑都督

商定國指揮　董　鏜守備

國朝

黃岡縣

陳士銘寶慶總兵授拖沙喇哈番　劉志高守備贈遊擊殉難　劉思玉松江府川沙營副將
滿如弦世職副總兵並見武科　胡　亮雲南虎泊口總兵　陳有年永州右營遊擊
黃天吉即馬天喜嘉興守備　劉　先大名中軍　錢　龍安慶總兵加都督同知
陳其亮拖沙喇哈番　陳其智拖沙喇哈番　鄷化龍都督同知
劉　耀長沙守備　黃延宗雲南遊擊　張三奇福建遊擊
黃可登瀘州指揮　馮　植貴州上江遊擊　劉啟哲江南總兵
翁際盛辰州永綏鎮守備　謝應珍懷遠守備　譚上達提標中營守備
詹玉彬紫陽營都司　易光殿署峩邊營遊擊　伍正邦四川夔州守備

馬　陞遊擊　徐兆達鄖陽守備　王振揚遊擊
汪紹文儘先參將　劉維楨儘先簡放提督　鄭啟貴記名提督授陝安鎮遊擊
王庭清參將　蔡全宗儘先參將　王榮昇儘先遊擊
邱得勝頭品頂戴記名提督　易用剛記名提督　江寶全副將
孫顯寅記名提督儘先總兵　方永順遊擊　孫兆蓮儘先遊擊
張松萬參將　胡昌會記名提督任河州鎮總兵　王春發儘先遊擊
胡如東副將署河州右營遊擊　胡緒勝副將銜臨洮營都司　雷芸桂浙江處州鎮遊擊
程朝立記名總兵補用副將　項　鵠總兵　吳定邦遊擊
呂方仁遊擊　馮立川副將　韓登榜甘肅補用副將
徐修寶遊擊　王泰來副將　劉崇慶副將
劉志和兗州府臺莊營參將　陳光先儘先參將　鄧得勝頭品頂戴記名提督

鄧慶昌留湖廣補用副將　黃鈞萬湖北撫標即補參將　王開吉參將
洪尚銀副將　劉永興頭品頂戴記名提督　王玉山河南補用副將
鄭均福甘肅補用副將　鄭朝賓遊擊　鄭啟斌甘肅甘州左營遊擊
張正順浙江補用參將　王明海遊擊　胡萬春副將
邱受德湖北撫標補用參將　祝廣文補用副將　賀雲興提督銜
周鶴齡補用副將　周模善記名總兵　周炳榮署浙江紹興遊擊
曹文斗參將　馮明珍遊擊　張壽安記名提督甘肅甯羌遊擊
張世元兩湖補用遊擊　羅文志參將　馬長興儘先補用遊擊
丁文起遊擊　孫永揚遊擊　余朝貴記名簡放總兵
汪學禮副將　易用廉副將　周鵬舉記名提督
朱萬新記名副將　鄧正揚岳州中營都司　周占標四川督標右營遊擊

黎吉祥本姓雷儘先遊擊　皮大霖記名提督　曹本旺記名簡放總兵
范鎮國甘肅補用遊擊　劉連陞副將　彭百勝副將
劉照炯遊擊　曾保元儘先參將查縣志廕襲補　熊履山儘先遊擊查縣志廕襲補
楊得勝遊擊查縣志廕襲補　方大慶遊擊查縣志廕襲補

蘄水縣

高有功署都司殉難贈僉書　朱應龍夷陵中營遊擊　冷文瑞本姓瞿鎮遠總兵
易應試福建遊擊　韋參阿達哈哈番　周友阿達哈哈番
潘成玉廣東中營參將　彭心友遊擊署河南汝甯守備　李金聲記名總兵
劉炳忠副將　艾景勝記名總兵　胡應祥儘先補用遊擊
戴錦芳竹山副將署鄖陽總兵　裴人傑總兵　石懷祿遊擊
向兆熊副將銜　徐長春遊擊　陳雲從遊擊

黃啟勝儘先參將　鍾元泰遊擊

麻城縣

蔡得春總兵　李士文總兵　袁發記名提督
朱聯陞記名提督　雷才貴遊擊　高得勝副將
李承萬副將署平涼遊擊　鄒占陞遊擊　李應珍補用參將
萬金榮總兵署陝西遊擊　周占魁遊擊　鄒基鴻副將
李元先遊擊　李嘉崇參將　馬復震副將
陶希榮參將　羅啟祥副將查縣志廕襲補　楊應虎參將查縣志廕襲補

黃安縣

熊啟祥參將　吳士達衢州參將　吳清泰副將
薛金榜遇缺簡放總兵　薛金桂儘先副將　薛如州儘先參將

李大勝副將　劉得昇湖北補用副將　洪殿元儘先補用副將
張有德遊擊　詹起倫記名提督　詹起厚遊擊
馬有功竹山協中軍都司　胡世英記名總兵　馬有德宜昌鎮左營遊擊
王勝林遊擊　李宏林記名總兵　李鎮殺虎口守備
江兆進遊擊　羅得勝儘先參將　李大洪記名總兵
劉大福記名總兵　黃金堂記名總兵　李大全補用副將
王德勝副將　劉用富記名提督　華勝堂總兵
徐元勝副將　秦厚仁參將　秦得勝參將
黃玉秀參將　張端純參將　詹以潤遊擊
張啟銀遊擊　梅玉焜參將　彭勝金遊擊
胡景運總兵　郭際會遊擊　張子治參將

羅田縣

周室鼎 山西都督同知　王光蘭 江西中軍守備　周大英 興國州守備

閻定邦 記名提督　余萬明 遇缺簡放總兵　陳登桂 儘先補用總兵

趙連科 陝西補用副將　徐定邦 副將　徐光耀 副將

李祥豐 副將　李桂春 副將　余朝柱 副將

金錦林 副將　童定遠 副將　廖鎮基 副將

易定發 副將　丁立賓 參將　李時萬 參將

葉紫成 參將　金同德 參將　胡新烜 參將

楊斌 遊擊　葉啟貴 遊擊　王枝發 遊擊

晏子鴻 遊擊　汪定海 遊擊　周瑞鏕 遊擊

余新發 遊擊　樂學魁 遊擊　吳世泰 遊擊

屈志成 遊擊　楊宏勝 遊擊　鄭光裕 遊擊

魏金明 遊擊　林玉榜 一名正榜遊擊　汪杏林 督標補用遊擊

張錦春 遊擊　王才旺 河南汝陽守備　余興國 遊擊

蘄州

李世忠 都司　張洪 四川成都守備　張文藻 思南遊擊

易光殿 遊擊並見黃岡志　鄧光楚 江西袁州衛守備　陳臨 守備

顧得橒 揚州衛掌印守備　胡元禧 江西候補參將　周添順 副將

張廷舉 道士洑營都司　管則遠 陝西紫陽鎮都司　江玉奎 江西餘干縣水師守備

詹德勝 瓜州守備　吳必海 樊城都司　鄧燊發 儘先遊擊署黃州協都司

廣濟縣

張華基 興國參將　劉志陞 授都統阿達哈哈番　伍經 貴州守備

胡振雄 雲南總兵　黃繼學 廉州水師遊擊　方義庵 雲南總兵

陶登槐 贛州參將兩署總兵　周之龍 沔陽遊擊　藍斯明 記名提督

徐鎮國 儘先補用副將　汪義勝 儘先拔補遊擊　姚松齡 參將

周啟茂 補用副將借補長江千總　吳心有 留陝補用參將　楊占魁 儘先補用副將

陳開泰 補用參將　王德滋 副將　程祖望 參將

陳德知 參將　蔡廷甲 遊擊署鄖陽都司　劉啟福 記名提督

朱新霖 參將　陶金會 遊擊銜　解如山 遊擊

夏璜 參將銜　程日賢 兩湖即補副將

黃梅縣

紀正國 鎮國將軍署九門提督　曾孫達 天津都司　紀大昌 長沙守備

廖德旺 副將銜上海守備　梅金魁 貴州上江遊擊　宛大勝 記名總兵

羅彬 補用遊擊　李泗益 補用副將　宛乾元 浙江補用遊擊

宛立功 補用遊擊　王茂元 記名總兵

補遺

黃岡 程泰旺 副將　楊大發 遊擊　朱有才 參將

李長益 遊擊　方富成 遊擊　李應玉 遊擊

石連陞 遊擊　孫景福 遊擊　游得勝 遊擊

麻城 李守忠 遊擊

黃安 吳樂堂 遊擊　郭英 遊擊　劉廷幹 遊擊

蘄州 宋興元 頭品頂戴記名提督　杜聯陞 副將　何如意 參將

宋徵文 遊擊　袁永清 遊擊　王在上 遊擊

龔有春 遊擊

封贈

唐

黄岡縣

周頊以子墀貴贈禮部侍郎

宋

羅田縣

王世規以子韶貴封燕國公

廣濟縣

周宗傑以子大鎮貴贈翰林學士

明

黄岡縣

蕭德輔以子昇貴封奉直大夫

謝志善以孫祖貴贈通議大夫

謝希哲以子祖貴封通議大夫

張福以子佐貴封承德郎

王文凱以子麟貴封文林郎

王文奎以孫廷瞻貴贈資政大夫

王濟以子廷瞻貴贈資政大夫

王麟以子廷梅貴贈奉政大夫

陳良以子廷瓚貴封承德郎

曹儀以子珪貴封奉直大夫

杜承璘以子華貴贈奉直大夫

曹自學以子誥貴封承德郎

陶以亨以子珏貴封文林郎

汪綍以子文淵貴封奉政大夫

方勇以子任貴封承德郎

李大安以子學顔貴封承德郎

呂湑以子韶貴封奉政大夫

奚樸以子世亮貴封承德郎

邱尙忠以子岳貴封資政大夫

王廷槐以子同道貴贈奉直大夫

徐榮以孫時可貴贈參政

徐尙義以子時可貴封參政

熊瓔以子養中貴封奉直大夫

奚樟以子世文貴贈文林郎

黄珪以子士元貴贈文林郎

汪廷儒以子仲川貴封奉直大夫

范芝以子宗鎮貴贈推官

李陽明以子植貴贈奉直大夫

徐廷蘭以子應聘貴贈中憲大夫

易明幾以子倣之貴封奉直大夫

江濟以子沛然貴贈奉政大夫

杜鳴陽以子伸貴贈奉政大夫

汪廷彩以子守廉貴贈奉直大夫

涂友紀以子瑜貴贈推官

涂東山以子巍貴贈奉政大夫

杜傑以子應芳貴贈左參政

孫安以孫大壯貴贈苑馬寺卿

徐檻以子銘貴贈文林郎

汪廷信以子一右貴封奉直大夫

劉承芳以子道貴贈奉直大夫

李田以子之用貴贈中憲大夫

樊煒以子玉衡貴封奉直大夫

曹雲深以子繼孝貴封文林郎

余瀹以子心純貴贈文林郎

吳嶽山以子士瑞貴贈奉直大夫

孫仕時以子大壯貴贈苑馬寺卿

韋體亨以子石麟貴贈承德郎

穆守文以子天顔貴贈文林郎

官如皐以子應震貴贈中憲大夫

於廷試以子倫貴封中憲大夫

曹自化以子光德貴贈推官

廖珩以子自强貴封中憲大夫

朱顯富以子萬年貴贈徵仕郎

王文炳以子陞貴封奉直大夫

孫仕亨以子大祚貴贈奉直大夫

何友亮以子天申貴贈承德郎

鄭善以子文彬貴贈朝議大夫

鄭重以子之良貴贈文林郎

王都以子欽濂貴贈文林郎

李癸以子五美貴贈奉直大夫

鄭廷桂以子謙貴贈奉政大夫

王臺以子家籙貴贈奉直大夫

甄善以孫淑貴贈資德大夫

甄其賢以子淑貴贈資德大夫

王家欽以子源昌貴封承德郎

秦必富以子繼宗貴贈承德郎

晏應元以子清貴贈奉直大夫　祝一先以子世美貴封奉政大夫
郭士民以子知易貴贈文林郎　洪承化以子周祿貴封承德郎
劉功允以子宗祥貴封中順大夫　牛拱極以子若麟貴封文林郎
靖潮以孫科元貴贈中憲大夫　靖國洪以子科元貴贈中憲大夫
程士翼以子之試貴封文林郎　張榮甫本姓周以孫璘貴贈中大夫
張時中本姓周以子璘貴贈中大夫　王景以子璘貴贈中憲大夫
樊大護以子模貴贈文林郎　邱仁以子民心貴封正議大夫
劉天富以子洪貴封奉直大夫　黃時熙以子一中貴贈奉直大夫
賈春以子啟貴贈正奉大夫　汪守廉以子傑貴封奉政大夫
邱韶以子一奇貴贈奉政大夫　樊玉衡以子維城貴贈中憲大夫
王廷遷以子同謙貴贈承德郎　周啟孫以子之訓貴贈中憲大夫

程暹以子士升貴封文林郎　程汝遷以子焞貴贈文林郎
嚴倫以孫師範貴贈奉政大夫　王追哲以子一桂貴封奉政大夫
靖以昭以子安貴贈文林郎　汪之清以子元極貴贈徵仕郎
劉藻以子文焰貴贈鴻臚寺丞　靖泗以孫韶貴贈廣威將軍
靖國甯以子韶貴贈廣威將軍

蘄水縣

王貴卿以子聰貴封武城侯　張吉華以子銑貴贈徵仕郎
魯綱以子永清貴贈評事　徐溱以子紹先貴贈承德郎
游復初以子庠貴贈光祿丞　徐桂以子貞吉貴贈奉直大夫
周紹吉以子珊貴贈奉政大夫　胡溥以子仲謨貴贈副使
陳厚元以子欽貴贈文林郎　張大昕以子瑨貴贈奉直大夫

汪復榮以子輔貴封迪功郎　朱文奎以子袗貴贈副使
周楫以子鳴塤貴封承德郎　田貢以子邦偁貴贈朝議大夫
李美以子繼嗣貴贈奉政大夫　王季芳以子希元貴贈副使
徐文言以子一唯貴封朝議大夫　李廷誌以子時成貴封奉直大夫
徐步雲以子存德貴贈文林郎　何大昭以子鳳起貴封文林郎
何鳳池以子其宏貴贈文林郎　朱袗以子期昌貴贈通奉大夫
蔡月濂以子斗移貴贈大中大夫　閔翔以子廷甲貴封通議大夫
易任以子之貞貴贈刑部司務　楊伯資以子繼哲貴封文林郎
周栻以孫延光貴贈通奉大夫　周鳴仰以子延光貴封通奉大夫
楊申春以子伯廷貴贈徵仕郎　楊溢以子惟一貴封奉直大夫
姚子鶴以孫明恭貴贈光祿大夫　姚光盟以子明恭貴贈光祿大夫

畢大猷以子九臣貴贈奉政大夫　謝魁芳以子天申貴贈文林郎
黃一選以子耳鼎貴贈徵仕郎　周延甲以子之士貴贈奉政大夫
南邦取以子有臺貴贈奉直大夫　朱廷錫以子朝熙貴封奉直大夫
楊繼周以子楚龍貴贈文林郎　高如岳以子宏基貴贈推官
周國勳以子光德貴封文林郎　胡潤以子仲芳貴贈承事郎

麻城縣

鄒惠和以孫來學貴贈通議大夫　鄒希曾以子來學貴封通議大夫
鄒瀚以子馹貴封奉政大夫　梅玉鼎以子吉貴贈奉政大夫
劉仲輇以孫淑相貴贈通奉大夫　劉瑚以子淑相貴封通奉大夫
劉紀公以孫采貴贈榮祿大夫　劉漢以子采貴贈榮祿大夫
劉仲輢以孫天和貴贈榮祿大夫　劉璲以子天和貴贈榮祿大夫

毛本學以子駁貴贈承德郎
毛　驥以子鳳部貴贈文林郎
王本榮以子宇貴贈文林郎
李文玉以子寵貴封奉政大夫
陳孟常以子文貴贈奉直大夫
董　紹以子樸貴贈奉直大夫
吳　璋以子孔祥貴贈文林郎
周　坎以子文熙貴贈奉政大夫
周貞常以子兌貴贈文林郎
周仲馗以子鑑貴贈奉直大夫
萬　鏞以子山貴贈奉政大夫
黃　璲以子卷貴封奉直大夫
周　洙以子廷徵貴贈奉直大夫
周廷徵以子載貴贈中議大夫
萬玉璇以子楊貴贈文林郎
周　篪以子思久貴封承德郎
周　鈜以子宏祖貴封奉直大夫
劉　濬以子廷舉貴贈奉政大夫
蔡　珩以子應楊貴贈奉直大夫
鄧　植以子楚瑩貴封奉直大夫
董子竹以子石貴贈奉直大夫
袁　杲以子亮貴贈奉政大夫

劉際源以子光貴贈承德郎
周　法以子思稷貴贈文林郎
董世才以子應彰貴贈奉政大夫
周應曦以子損貴贈推官
周應說以子崇極貴封奉政大夫
劉　夢以子從政貴贈奉直大夫
李思敬以孫正芳貴贈通奉大夫
李　瑗以子正芳貴贈通奉大夫
劉從憲以子訓貴贈奉直大夫
楊添源以子廷春貴贈文林郎
周伯玉以子坤貴贈文林郎
萬　鑑以子祥貴贈奉政大夫
鮑志靈以孫琦貴贈奉直大夫
鮑仕學以子琦貴封奉直大夫
楊時春以孫潤貴贈奉直大夫
楊本輝以子潤貴封奉直大夫
詹復初以子瑩貴贈承德郎
鄒　驄以子崇仁貴贈文林郎
周廷儀以子岱貴贈承德郎
鄒　淮以子驗貴贈文林郎
李　瑩以孫寵貴贈奉政大夫
周　篇以嗣子思稷貴贈文林郎

周文密以孫思敬貴贈資政大夫
周　任以子思敬貴贈資政大夫
鄒　輯以子思亮貴贈承德郎
梅汝觀以子國楨貴贈資政大夫
梅　寶以子在廷貴贈奉政大夫
楊民試以子王廷貴贈奉政大夫
李　坊以子承槐貴贈文林郎
周　霑以子崇惠貴贈奉政大夫
詹易巽以子淑貴贈奉政大夫
李承祚以子長庚貴贈榮祿大夫
周宏祐以子應明貴贈承德郎
梅國森以子之煥貴贈通奉大夫
曹　富以子大受貴贈長史
周崇唐以孫邦璟貴贈中議大夫
周　業以子邦璟貴贈中議大夫
李承大以子迪貴贈文林郎
陳大道以子以聞貴贈承德郎
周之亮以子世盛貴贈奉政大夫
劉子勳以孫鍾英貴贈資政大夫
劉幼城以子鍾英貴贈資政大夫
李承桂以子延貴贈承德郎
劉守豫以子承禮貴贈奉政大夫

劉守濟以孫僑貴贈光祿大夫
劉承棨以子僑貴贈光祿大夫
鮑　治以孫之祥貴贈文林郎
鮑啓敬以子之祥貴贈文林郎
喻友誠以孫宗府貴封奉直大夫
喻　哲以子宗府貴封奉直大夫
萬仲昇以曾孫正貴贈楚府典儀
喻　瀹以子希禮貴封奉政大夫
曹巽之以子允昌貴封文林郎
胡　藻以子思銘貴贈武德騎尉
劉　深以子守有貴贈五軍都督

黃安縣

耿大振以孫定向貴贈通議大夫
耿　金以子定向貴贈通議大夫
陶文明以子采貴贈通議大夫
周　孔以子家棟貴贈文林郎
耿汝愚以子應昌貴贈承德郎
秦獻忠以子如容貴贈徵仕郎
方　鳳以子民悅貴封奉政大夫
王明易以子德甫貴贈奉政大夫

趙時相以子教貴贈承德郎　盧廷篪以子堯臣貴贈奉直大夫
戴光穎以子思齊貴贈文林郎　韓梅以子宗德貴封文林郎
韓宗正以子邦哲貴封奉直大夫　王惠以孫三極貴贈文林郎
王國孝以子三極貴封文林郎

羅田縣

張立以子義貴贈徵仕郎　王永昌以子澄貴贈奉政大夫
王澄以子德純貴封奉政大夫　蕭洪以子時臣貴贈文林郎
張大洪以子明道貴贈中憲大夫　汪汶以子慶舟貴贈徵仕郎
蕭玭以子繼美貴贈文林郎　余梧以子瑞貴贈奉政大夫
王德立以子榆貴贈奉政大夫　王德純以子儀貴贈文林郎
王宗以子儼貴封文林郎　蕭繼美以子譽貴贈奉直大夫

汪韶鳳以子之浹貴贈奉政大夫　蕭天敘以子應貴贈奉政大夫
王邦伯以子先貴贈文林郎　胡效藎以子一賓貴贈儒林郎
朱鳳來以子一統貴贈奉政大夫　林維藩以子槃貴贈文林郎
廖鳳以子逢節貴贈奉直大夫　胡月光以子大有貴贈文林郎
胡大韶以子明通貴贈奉政大夫　胡大經以子存忠貴贈文林郎
周月楠以孫明瑋貴封承德郎　周純以子明瑋貴封承德郎
劉應春以子廣貴贈宣武將軍

蘄州

康文廣以曾孫茂才貴封京兆郡公　康德懋以孫茂才貴封京兆郡公
康壽以子茂才貴封蘄國公　馮寶以子思齊貴贈奉直大夫
王恭以子翰貴封承德郎　張允誠以子彤貴封迪功郎

華玨以子仲賢貴贈中憲大夫　陳理以子大中貴贈承德郎
劉仲誠以子樽貴贈太僕寺丞　高政以子鵬貴贈中憲大夫
郝源以子守正貴贈奉直大夫　馮翺以孫天馭貴贈資政大夫
馮鵬以子天馭貴贈資政大夫　甘銘以子澧貴贈文林郎
周大霖以子禧貴贈奉直大夫　曾墉以子訓貴贈徵仕郎
顧敦以子問貴封朝議大夫　李時珍以子建中貴封文林郎
李時言以孫載陽貴封中憲大夫　李元英以子載陽貴封中憲大夫
李儒以子盛春貴贈通議大夫　張乾以子邦翼貴贈中憲大夫
劉義以子如寵貴贈推官　李建中以子樹初貴贈中憲大夫
李建木以嗣子樹初貴贈中憲大夫　晏印台以子攄忠貴封奉政大夫
王之鄰以子珙貴封奉直大夫　李于節以子新貴封奉政大夫

張文以子思齊貴贈中大夫　易用明以子濂貴封文林郎
易象以子鴻盤貴封文林郎　蕭明哲以子世聘貴封奉直大夫
易東以子龍見貴封奉政大夫　蕭孟石以子霞貴封承德郎
李模以子本衍貴封文林郎　饒邦彥以子京貴贈奉直大夫
袁名失以子世振貴贈中憲大夫　葉芬以子植貴封武德騎尉
王紳以子天相貴封明威將軍

廣濟縣

孫萬善以子喬貴贈承德郎　劉世重以子天衢貴贈中憲大夫
張鏞以子步雲貴贈朝議大夫　王照以子大謨貴贈文林郎
舒賢以子其志貴贈奉政大夫　吳廷學以子亮嗣貴贈中憲大夫
劉秉鈇以子洪甲貴贈徵仕郎　胡應中以子士容貴贈奉政大夫

周萬羅以子勝夏貴封奉政大夫　劉鳴卿以子近臣貴贈奉政大夫
藍仲銘以子季曙貴贈文林郎　程椿以子可文貴贈文林郎
王仲禮以子佐貴贈中憲大夫　鍾澄以子實貴贈奉政大夫
金鼎赤以子之純貴贈奉直大夫　徐黯以子來建貴贈奉直大夫
張文宗以子懋貴贈文林郎　張常山以子本端貴贈中順大夫
張造端以子昌宗貴贈奉政大夫　張瑄以子金和貴贈文林郎
張可仕以孫佐基貴贈榮祿大夫　張勝然以子佐基貴贈榮祿大夫
張聿滋以子宗漢貴贈承德郎　胡本臣以子海貴贈鎮國將軍

黃梅縣

邢暹以子綬貴封奉直大夫　徐用以子欽貴封行人
石迪以子金貴封奉直大夫　胡世槐以子鳳貴贈奉政大夫

曹容以子麟貴封奉直大夫　汪智以子藎貴贈奉直大夫
瞿廷桂以子晟貴贈承德郎　洪模以子恩貴贈奉直大夫
倪鳳岐以子民望貴贈文林郎　段洧以子尚綸貴封文林郎
石承芳以子崑玉貴封承德郎　汪勳以子可受貴封參政
黃卷以子若雲貴封文林郎　周渭以子寀貴封承德郎
宛一成以子三奇貴贈文林郎　張惟正以子國光貴封文林郎
洪勳以子紹貞貴贈文林郎　胡聞詩以子寄垣貴贈文林郎
劉維屏以子實貴贈中憲大夫　洪宇璇以子晟貴贈文林郎
石堅以子泰貴贈昭勇將軍

國朝

黃岡縣

曹大輔以子本榮貴贈文林郎　王崇擢以孫澤宏貴贈資政大夫
王用予以子澤宏貴贈資政大夫　陳廷仰以子瑾貴贈奉政大夫
王追本以孫封灤貴贈資政大夫　王一釬以子封灤貴贈資政大夫
王同觀以子追駿貴封奉直大夫　汪之渙以孫煉南貴贈中憲大夫
汪世極以子煉南貴贈中憲大夫　汪世柱以子指南貴贈中憲大夫
熊應龍以子光裕貴贈奉政大夫　奚應賢以子祿詒貴贈文林郎
龍睿宮以子可旌貴封文林郎　王追騋以子之鯨貴贈奉直大夫
孫應鴻以子錫蕃貴贈文林郎　汪明盛以子士奇貴贈奉政大夫
陳鳳禎以孫肇昌貴贈通議大夫　陳天生以子肇昌貴贈通議大夫
靖乃勳以子道謨貴贈文林郎　宋敏求以子鍠貴贈文林郎
熊文學以孫同仁貴贈中憲大夫　熊道亨以子同仁貴贈中憲大夫

王追騏以子一導貴贈奉政大夫　程詹以子啓朱貴贈中憲大夫
周綃以子之美貴贈文林郎　陳恩以孫士銘貴贈光祿大夫
陳天開以子士銘貴贈光祿大夫　范維藩以子基祚貴贈文林郎
宋必達以子如辰貴贈承德郎　劉紹賢以子子壯貴贈儒林郎
劉紹華以嗣子子壯貴贈儒林郎　吳元伯以子升東貴贈文林郎
樊玉衢以子維域貴贈文林郎　鄭復禮以孫昱貴贈通議大夫
鄭先慶以子昱貴贈通議大夫　王澤宏以子材任貴贈中順大夫
王承祜以子懋才貴贈文林郎　王承啓以子懋德貴贈文林郎
謝啓元以子加恩貴贈文林郎　余雲際以子琉貴贈文林郎
萬爾昌以子爲恪貴贈文林郎　靖第元以子乃成貴贈文林郎
陳大華以子師栻貴贈文林郎　王紹蝠以子漢周貴贈奉政大夫

欽國樑以子士佃貴贈文林郎
王漢澳以子栐績貴贈文林郎
周之彬以孫嵩貴贈文林郎
周大伸以子嵩貴贈文林郎
胡正君以子天健貴贈文林郎
馮旭以子式貴贈文林郎
易時憲以子洪周貴贈承德郎
李元春以孫應魁貴贈文林郎
李一肴以子應魁貴贈文林郎
萬紳祖以子年茂貴贈文林郎
汪璣以孫依仁貴贈文林郎
汪度宏以子依仁貴贈文林郎
宋敏德以子鏊貴贈文林郎
鄭傑以孫維嵩貴贈承德郎
鄭日晨以子維嵩貴贈承德郎
宋承璟以子廷採貴贈朝議大夫
宋籛齡以子本敬貴贈文林郎
陶成新以子國幹貴贈朝議大夫
李師泌以子高松貴贈文林郎
王錫璜以孫炳文貴贈奉直大夫
王天全以子炳文貴贈奉直大夫
王炳章以嗣子嵩貴封儒林郎

許國昌以子岳貴封文林郎
王君甫以孫年松貴贈文林郎
王家相以子年松貴贈儒林郎
胡啓爵以孫蓋凡貴贈文林郎
胡紹虞以子蓋凡貴贈文林郎
萬燦以孫廷璧貴贈文林郎
萬壽祖以子廷璧貴贈文林郎
呂文律以子尚和貴贈文林郎
呂文士以子尚韶貴贈儒林郎
劉則甯以子公琰貴贈文林郎
舒其章以孫攀桂貴封奉政大夫
舒學昺以子攀桂貴封奉政大夫
方紹莊以子可丹貴贈文林郎
杜啓元以子乘時貴贈文林郎
張國柱以孫鳳鳴貴贈朝議大夫
張世俊以子鳳鳴貴贈朝議大夫
李芳峙以曾孫鈞簡貴贈光祿大夫
李國祥以孫鈞簡貴贈光祿大夫
李長青以子鈞簡貴封光祿大夫
嚴世勳以孫承夏貴贈奉政大夫
嚴文任以子承夏貴贈奉政大夫
朱鶴皋以孫霞遠貴贈文林郎

朱大有以子霞遠貴贈文林郎
龍宗亨以孫澍貴贈文林郎
龍廣福以子澍貴贈奉政大夫
萬廷璁以孫鼎琛貴贈文林郎
萬希嵩以子鼎琛貴贈文林郎
靖乃賓以子天紀貴贈徵仕郎
靖式禮以子本誼貴贈文林郎
靖式文以子本託貴贈文林郎
蔡王臣以孫文蘭貴贈文林郎
蔡可遠以子文蘭貴贈文林郎
萬經祖以孫希煜貴贈文林郎
萬廷篁以子希煜貴贈文林郎
張從龍以孫履恆貴贈文林郎
張青選以子履恆貴贈文林郎
汪世綸以孫兆霖貴贈奉直大夫
汪耀宗以子兆霖貴贈奉直大夫
李茂桂以孫振堃貴贈承德郎
李夢鯉以子振堃貴贈承德郎
萬覲祖以孫希科貴贈文林郎
萬廷閏以子希科貴贈文林郎
汪肇封以孫極三貴贈文林郎
汪于濰以子極三貴贈文林郎

奚祖文以孫先凱貴贈奉直大夫
奚光煐以子先凱貴封奉直大夫
胡文炳以子玉森貴封儒林郎
萬廷璧以孫鼎洋貴贈奉政大夫
萬希宗以子鼎洋貴贈奉政大夫
胡士琮以子美彥貴封中憲大夫
汪世昇以孫兆雲貴贈文林郎
汪謙以子兆雲貴封文林郎
靖式政以孫厚欽貴贈文林郎
靖本詔以子厚欽貴贈文林郎
王成岡以孫鶚貴贈文林郎
王如鏊以子鶚貴贈文林郎
曾大榮以孫世儀貴贈奉政大夫
曾廷彩以子世儀貴贈奉政大夫
謝從本以孫燚貴贈奉直大夫
謝志烜以子燚貴封奉直大夫
李元搢以孫士燮貴贈儒林郎
李嗣湛以嗣子士燮貴贈儒林郎
曾文秀以孫鵬貴贈文林郎
曾雄以子鵬貴贈文林郎
丁盛湯以孫璜貴贈文林郎
丁學楠以子璜貴贈文林郎

梅鉅昂　以孫延貴贈奉直大夫
梅濤　以子延貴贈奉直大夫
王廷坤　以孫際雲貴贈文林郎
王運宸　以子際雲貴封文林郎
王大鼎　以孫思引貴封儒林郎
王鳳譜　以子思引貴封儒林郎
嚴承軫　以孫啓柱貴贈儒林郎
嚴愔仁　以孫用勳貴贈奉政大夫
曾世奇　以子邦俊貴贈文林郎
史流基　以曾孫宇衡貴贈中議大夫
史光楨　以孫宇衡貴贈中議大夫
史封鼎　以子宇衡貴贈中議大夫
林萬青　以孫壬貴贈奉直大夫
林致祥　以子壬貴贈奉政大夫
吳鑣　以孫榮貴贈通議大夫
吳湘　以子榮貴贈通議大夫
王如曙　以曾孫燕璦貴贈奉政大夫
王壽椿　以孫燕璦貴贈資政大夫
王槐發　以子燕璦貴贈資政大夫
鄧溥　以曾孫琛貴贈中憲大夫
鄧廷炯　以孫琛貴贈中憲大夫
鄧覲光　以子琛貴贈中憲大夫

雷化成　以孫春沼貴贈文林郎
雷時坤　以子春沼貴贈文林郎
石錫純　以子濟川貴贈文林郎
童陞鼇　以孫範儼貴贈朝議大夫
童楚騏　以子範儼貴贈朝議大夫
洪源柱　以孫恩澤貴贈奉政大夫
洪志鵠　以子恩澤貴贈奉政大夫
劉懋梅　以孫錫璺貴贈朝議大夫
劉秉恕　以子錫璺貴封朝議大夫
林太倉　以孫鏞貴贈奉政大夫
林一枝　以子鏞貴封奉政大夫
王志釙　以孫毓藻貴贈中憲大夫
王寶城　以子毓藻貴封中憲大夫
王巖　以孫楚城貴贈文林郎
王志鑑　以孫丕釐貴贈文林郎
王福田　以子丕釐貴封文林郎
程行恕　以曾孫仁傑貴贈奉政大夫
程義鑑　以孫仁傑貴封朝議大夫
程登榜　以子仁傑貴封朝議大夫
程登極　以子仁育貴封朝議大夫
萬景楠　以子渭貴封文林郎
陳元闈　以孫受棨貴贈奉政大夫

陳汝爲　以子受棨貴贈奉政大夫
洪恩峻　以孫艮品貴贈中憲大夫
洪鈞　以子艮品貴贈中憲大夫
邵正泰　以孫樂裕貴贈文林郎
邵際模　以子樂裕貴贈文林郎
盧聯魁　以孫璲棨貴贈朝議大夫
盧斌　以子璲棨貴贈朝議大夫
盧啓泰　以孫英倜貴贈中憲大夫
盧尹常　以子英倜貴封中憲大夫
陳如岱　以孫天驥貴贈朝議大夫
陳仁祖　以子天驥貴封朝議大夫
萬裕海　以子作孚貴贈文林郎
錢履和　以孫崇柏貴贈文林郎
錢莆田　以子崇柏貴贈文林郎
萬鴻恩　以孫錫珩貴贈中憲大夫
萬慶琛　以子錫珩貴贈中憲大夫
陶熾　以孫銳貴贈奉政大夫
陶兆增　以子銳貴贈奉政大夫
杜前恕　以子炳珩貴贈奉政大夫
謝全義　以孫庭書貴贈奉政大夫
謝漢宗　以子庭書貴贈奉政大夫
包嗣梩　以孫長庚貴贈文林郎

包宗華　以子長庚貴贈文林郎
汪世禧　以孫士俊貴贈奉直大夫
汪紹龍　以子士俊貴贈奉直大夫
嚴啟柱　以子用勳貴封奉政大夫
孫一井　以子繼仲貴贈武德將軍
馮君勱　以孫楦貴贈懷遠將軍
馮明修　以子楦貴贈懷遠將軍
馬士駒　以子天喜貴贈武德將軍
康益隆　以子時貴贈宣武將軍
胡士瑜　以孫定泰貴贈武翼都尉
胡夢鯉　以子定泰貴贈武翼都尉
易蘭　以孫光殿貴贈昭武都尉
易天澤　以子光殿貴贈昭武都尉
鄒元熊　以嗣子覲光貴贈武德騎尉
鄒元揚　以子覲光貴贈武德騎尉
詹世純　以孫玉彬貴贈昭武都尉
詹啟驊　以子玉彬貴贈昭武都尉
靖必義　以子兆貴贈宣武都尉
劉應梅　以曾孫維楨貴贈振威將軍
劉琁　以孫維楨貴贈振威將軍
劉熊興　以子維楨貴封振威將軍
胡宗敏　以曾孫昌會貴贈振威將軍

胡元愷以孫昌會貴贈振威將軍
胡名輔以子昌會貴贈振威將軍
胡世甲以子緒勝貴贈武顯將軍
鄭之鳳以曾孫啟貴貴贈武顯將軍
鄭士勳以孫啓貴貴贈武顯將軍
鄭良埏以子啟貴貴贈武顯將軍
鄭如汧以曾孫均福貴贈振威將軍
鄭作機以孫均福貴贈振威將軍
鄭耀玉以子均福貴封振威將軍
劉曰忠以曾孫志和貴贈武義都尉
劉金典以孫志和貴封武義都尉
劉應槐以子志和貴封武義都尉
李能增以孫鳳儀貴贈武德騎尉
李時鋕以子鳳儀貴贈武德騎尉
鄒烈亨以孫承勳貴贈武德騎尉
祝大順以曾孫廣文貴贈武顯將軍
祝其桂以孫廣文貴贈武顯將軍
祝光殿以子廣文貴贈武顯將軍
周宗琪以曾孫占標貴贈武功將軍
周功高以孫占標貴贈武功將軍
周振慶以子占標貴贈武功將軍
周夢槑以孫鶴齡貴贈武功將軍

周宗信以子鶴齡貴贈武功將軍
程正宅以孫朝立貴贈武功將軍
程國瑞以子朝立貴贈武功將軍
王景柏以子明海貴封武功將軍
陳元泰以孫光先貴贈武義都尉
陳本諒以子光先貴封武義都尉
孫樂萬以曾孫顯寅貴贈建威將軍
孫平荃以孫顯寅貴贈建威將軍
孫平譽以嗣孫顯寅貴贈建威將軍
孫貴才以子顯寅貴封建威將軍
滿會其以子登榜貴贈武德騎尉
胡萬青以子治朝貴贈武德騎尉
余啓利以孫朝貴貴贈武功將軍
余良友以嗣子朝貴貴封武功將軍
余良信以子朝貴貴封武功將軍
雷穀春以曾孫芸桂貴贈振威將軍
雷方德以孫芸桂貴贈振威將軍
雷懋科以子芸桂貴贈振威將軍
張應立以曾孫壽安貴贈建威將軍
張可常以孫壽安貴贈建威將軍
張金愷以子壽安貴封建威將軍
操廷松以子鴻恩貴贈武德騎尉

彭國海以子百勝貴贈武顯將軍
彭家錩以孫百勝貴贈武顯將軍

蘄水縣

李嘉甫以子果貴贈文林郎
楊伯廷以子繼經貴贈奉直大夫
張問德以子邦福貴贈文林郎
李多蓁以子成棟貴贈文林郎
王三尊以子保瀅貴贈文林郎
曾一變以子僖貴贈奉政大夫
南有杞以子之傑貴贈文林郎
南之傑以子夢班貴贈奉政大夫
王啟軌以孫國英貴贈中憲大夫
王夢鯉以子國英貴贈中憲大夫
徐時可以孫本偲貴贈中憲大夫
徐粱以子本偲貴贈中憲大夫
徐本仁以子立御貴贈中憲大夫
程宗栻以子維伊貴贈文林郎
鄭士聖以子文先貴贈文林郎
楊道曾以子仁迪貴贈文林郎
華之瓊以子文薰貴贈文林郎
畢瀛洲以嗣子紹奭貴贈文林郎

畢祖洲以子紹奭貴贈文林郎
胡嵒以子三順貴贈文林郎
韋廷高以孫參貴贈資政大夫
韋正宇以子參貴贈資政大夫
徐大業以子廣淵貴贈文林郎
龍嗣恭以子雲斐貴贈奉直大夫
范瑢以孫思皇貴贈文林郎
范同仁以子思皇貴贈文林郎
奚祿遠以孫學標貴贈文林郎
奚淯以子學標貴贈文林郎
劉有學以孫夢鵬貴贈文林郎
劉文選以子夢鵬貴贈文林郎
程紹伊以孫光璵貴贈文林郎
程開熹以子光璵貴贈文林郎
閆淇昌以子盛榆貴贈徵仕郎
潘秉禮以孫紹觀貴贈奉政大夫
潘伊超以子紹觀貴贈奉政大夫
何德敏以子御龍貴贈奉政大夫
郭揚善以孫一捷貴贈文林郎
郭純心以子一捷貴贈文林郎
陳嘉齊以孫光詔貴贈文林郎
陳士珂以子光詔貴贈文林郎

楊光甲　以孫兆晉貴贈文林郎
楊學煥　以子兆晉貴贈文林郎
楊以斗　以孫兆豫貴贈文林郎
徐士俊　以孫陳謨貴贈奉政大夫
徐鵬飛　以子陳謨貴贈奉政大夫
詹成模　以孫雲貴贈文林郎
詹仁魁　以子雲貴贈文林郎
聞酯昌　以孫斯行貴贈文林郎
聞盛楨　以子斯行貴贈文林郎
陳光詔　以孫廷經貴贈中憲大夫
蔡文釆　以孫紹洛貴贈通奉大夫
蔡士玗　以子紹洛貴封通奉大夫
李文德　以子龍貴贈奉直大夫
程　準　以子度貴贈文林郎
周化邦　以子世南貴贈文林郎
畢鳳樞　以孫至貴贈中憲大夫
畢際曦　以子至貴贈中憲大夫
胡楚言　以孫璧華貴贈奉直大夫
胡枌山　以子璧華貴贈奉直大夫
郭時峻　以孫沛霖貴贈通奉大夫
郭受城　以子沛霖貴贈通奉大夫
陳　沆　以孫慶長貴贈通奉大夫

陳廷經　以子慶長貴封通奉大夫
陳廷柱　以嗣子恩嘉貴贈中憲大夫
高飛鵬　以孫士濂貴贈中憲大夫
高慶霖　以子士濂貴封中憲大夫
周印峯　以孫世英貴贈承德郎
周丕基　以子世英貴贈奉直大夫
蔡紹瀛　以子輿槐貴贈資政大夫
郭文益　以孫時郁貴贈中議大夫
郭應堂　以子時郁貴贈中議大夫
徐廷榜　以孫肇嵋貴贈儒林郎
徐飛鳴　以子肇嵋貴封奉直大夫
吳文炳　以孫學澄貴贈奉直大夫
吳玉振　以子學澄貴贈奉直大夫
王安泰　以孫壽榕貴贈奉政大夫
王登雲　以子壽榕貴贈奉政大夫
畢蘊修　以孫保釐貴贈奉政大夫
畢華藻　以子保釐貴贈奉政大夫
方維藩　以孫鳴皋貴贈朝議大夫
方　昂　以子鳴皋貴贈朝議大夫
方之佑　以嗣孫鳴皋貴贈朝議大夫
方　曙　以嗣子鳴皋貴贈朝議大夫
翟文鼇　以孫雲章貴贈奉直大夫

翟天懿　以子雲章貴贈奉直大夫
李景星　以子煦貴贈文林郎
朱朝昌　以孫景星貴贈文林郎
朱彥標　以子景星貴贈文林郎
郭沛霖　以子階貴贈通奉大夫
熊爵侯　以孫炯貴贈奉直大夫
熊洪標　以子炯貴贈奉直大夫
陳啟源　以孫日新貴贈奉政大夫
陳佑謨　以子日新貴贈奉政大夫
謝階蘭　以曾孫純卓貴贈通奉大夫
謝紹逸　以孫純卓貴贈通奉大夫
謝啟艮　以子純卓貴贈通奉大夫
楊金度　以孫宗震貴贈通議大夫
楊正倫　以子宗震貴贈通議大夫
張士彬　以孫楷貴贈奉直大夫
張若傑　以子楷貴封中憲大夫
駱　傑　以子尚賓貴封明威將軍
駱于賓　以子文璜貴封明威將軍
駱　俊　以孫文璜貴贈明威將軍
徐本任　以子立正貴贈昭武都尉
余光朝　以孫宗祿貴贈昭武都尉
余元高　以子宗祿貴贈昭武都尉

裴光倫　以曾孫人傑貴贈武功將軍
裴國順　以孫人傑貴贈武功將軍
裴爵華　以子人傑貴贈武功將軍
劉在有　以曾孫炳忠貴贈武功將軍
劉文曜　以孫炳忠貴贈武功將軍
劉裕才　以子炳忠貴贈武功將軍
戴大梓　以曾孫錦芳貴贈武顯將軍
戴時炳　以孫錦芳貴贈武顯將軍
戴基廣　以子錦芳貴贈武顯將軍
孟國相　以孫名發貴贈武德騎尉
孟天爵　以子名發貴贈武德騎尉
楊一瑜　以子勳臣貴贈武德騎尉

麻城縣

鄒　甲　以子宗彥貴贈通奉大夫
唐世興　以子治貴贈文林郎
鄒承第　以孫士璁貴贈資政大夫
陶　順　以子承謨貴贈提學副使
鄒　惺　以子士璁貴贈資政大夫
鄒文璧　以子汝魯貴贈通議大夫
萬　魏　以子緇祜貴贈文林郎
陳以聞　以子儒樸貴贈行人

陳五德以子鵬翥貴贈奉政大夫
鄒承敬以子知新貴贈文林郎
董士嚴以子璋貴贈文林郎
程自勝以子浩貴贈奉政大夫
金應學以子九鼎貴贈文林郎
張上銘以孫颺貴贈通奉大夫
張學海以子颺貴贈通奉大夫
胡公國以子躍龍貴贈文林郎
鮑宗芳以子同賢貴贈文林郎
萬邦依以子象貴贈奉直大夫
胡文垣以子錦貴贈文林郎
江漢瑞以孫曾默貴贈文林郎
江策廷以子曾默貴贈文林郎
吳來儀以孫家駒貴贈文林郎
吳桂以子家駒貴贈文林郎
程世焯以孫琮貴贈文林郎
程里以子琮貴贈文林郎
梁汝璜以曾孫景陽貴贈中憲大夫
梁森材以孫景陽貴贈中憲大夫
梁灼以嗣子景陽貴贈中憲大夫
梁燿以子景陽貴贈中憲大夫
鄒率訓以子茂材貴贈文林郎

胡鋐以子翔霭貴贈承德郎
鮑啟沃以子楊貴贈承德郎
鮑禹鼎以孫標貴贈奉政大夫
鮑啟汾以子標貴贈奉政大夫
甘受信以孫學湻貴贈文林郎
甘雲章以子學湻貴贈文林郎
程里以曾孫德楷貴贈中議大夫
程琮以孫德楷貴贈中議大夫
程其溶以子德楷貴贈中議大夫
毛生輝以子文埜貴贈朝議大夫
王應德以子琬貴封奉直大夫
王晉錫以子勸貴封奉直大夫
袁知政以孫銑貴封奉政大夫
袁復言以嗣子銑貴封中憲大夫
袁復聰以子銑貴封中憲大夫
鮑玉堂以孫覲光貴贈朝議大夫
鮑承烈以子覲光貴封朝議大夫
鮑樟以子炳禮貴贈奉直大夫
蔡輔臣以孫榮光貴贈奉直大夫
蔡大封以子榮光貴封奉直大夫
羅永賢以曾孫文樞貴贈通奉大夫
羅尚祥以孫文樞貴贈通奉大夫

羅其孝以子文樞貴贈通奉大夫
羅鳳岐以孫汝霖貴贈奉政大夫
羅志禮以子汝霖貴贈奉政大夫
羅承米以子喻烈貴贈奉政大夫
蔡天三以孫懋康貴贈朝議大夫
蔡赤城以子懋康貴封朝議大夫
程德模以子燕曾貴贈中憲大夫
胡廷采以子應瑞貴贈文林郎
程九萬以子宗洛貴贈文林郎
程光照以孫鵬貴贈朝議大夫
程華璧以子鵬貴贈朝議大夫
程世璲以子均貴封文林郎
吳宏灼以孫兆泰貴贈奉政大夫
吳維會以子兆泰貴贈奉政大夫
余貽智以孫雅祥貴贈文林郎
余謨高以子雅祥貴封文林郎
蔡耀明以孫福謙貴封奉政大夫
蔡國俊以子福謙貴封奉政大夫

黃安縣

鍾繼鳳以子瑀貴贈中憲大夫
彭象賢以子純祖貴封中憲大夫

盧爾悌以子絳貴贈奉直大夫
盧爾恆以孫建中貴贈奉直大夫
吳之璜以子應庚貴贈奉直大夫
韓名世以子庚寅貴贈承德郎
張百程以子希良貴贈奉直大夫
耿興朗以子昭需貴封文林郎
韓邦舊以子張樞貴贈文林郎
盧弨以孫永阜貴封中憲大夫
盧甯安以子永阜貴封中憲大夫
吳士愷以孫應庚貴贈文林郎
盧組以子建中貴封文林郎
吳宏初以孫濟貴贈文林郎
秦國鉉以孫人藩貴贈文林郎
秦學海以子人藩貴封文林郎
吳文鳳以子濟貴贈文林郎
吳緒以孫中理貴贈文林郎
吳文煒以孫性誠貴贈奉直大夫
王時恩以子華塋貴封文林郎
張炳蚊以孫錫珩貴贈中憲大夫
張智坦以子錫珩貴贈中憲大夫
吳中理以子性誠貴贈奉直大夫
秦學泗以孫光宸貴贈奉直大夫

秦大樟以子光辰貴封奉政大夫　黃如恆以孫鳳詔貴贈文林郎
黃天聰以子鳳詔貴贈文林郎　余文蔚以孫開運貴贈儒林郎
余秉剛以子開緒貴封文林郎　余秉和以子開運貴贈儒林郎
孟存謨以子應瑄貴贈文林郎　孟之春以孫正芴貴贈文林郎
孟道文以子正芴貴贈朝議大夫　甘受信以孫學純貴贈文林郎
甘雲彰以子學純貴贈文林郎　吳擬升以孫中理貴贈文林郎
汪德綸以嗣子潤貴贈朝議大夫　汪元需以子潤貴贈朝議大夫
汪守謨以孫潤貴贈朝議大夫　彭焯興以子宗達貴贈朝議大夫
阮瑾懷以子光鼎貴贈朝議大夫　李亨佐以孫廷簫貴贈朝議大夫
李映棠以嗣子廷簫貴封朝議大夫　李映春以子廷簫貴封朝議大夫
阮夢皋以子恩元貴封奉直大夫　劉希聖以曾孫秉琳貴贈榮祿大夫

劉公行以孫秉琳貴贈榮祿大夫　劉載華以子秉琳貴贈榮祿大夫
李德馨以孫翔鳳貴贈儒林郎　李春芳以子翔鳳貴封儒林郎
毛敬之以孫五和貴贈奉政大夫　毛道南以子五和貴封奉政大夫
張兆甲以孫之鶴貴贈奉政大夫　張櫟材以子之鶴貴封奉政大夫
秦光鼎以孫予鈞貴贈朝議大夫　秦再煜以子予鈞貴贈朝議大夫
劉仕杰以孫中孚貴贈奉直大夫　劉天祿以嗣子中孚貴贈奉直大夫
劉文燮以子中孚貴贈奉直大夫　程煥新以子常久貴贈奉政大夫
劉正極以子茂基貴贈明威將軍　陳其新以子英貴贈武德將軍
胡超羣以子世英貴贈振威將軍　胡贊華以子順貴贈武德將軍
袁步洲以子殿傳貴封武德騎尉　劉嗣宗以曾孫用富貴贈武顯將軍
劉永興以孫用富貴贈武顯將軍　劉文高以子用富貴贈武顯將軍

董道原以子錦祥貴封昭武都尉　吳志棟以曾孫清泰貴贈武功將軍
吳萬全以孫清泰貴贈武功將軍　吳玉臺以子清泰貴贈武功將軍

羅田縣

周之典以曾孫室鼎貴贈榮祿大夫　周樀以孫室鼎貴封榮祿大夫
周曰庠以子室鼎貴封榮祿大夫　陳文煥以子之琯貴贈文林郎
何天祜以子昇貴封文林郎　廖啟鳳以孫易元貴贈文林郎
廖煥以子易元貴贈奉政大夫　羅憲表以子三才貴封文林郎
蕭昶以子光詠貴封文林郎　郭地煥以孫潤貴贈奉直大夫
郭先庚以子潤貴贈奉直大夫　匡啟鳳以孫慶榆貴贈奉政大夫
匡隆泉以子慶榆貴封奉政大夫　陳景程以子瑞球貴封文林郎
陳景嶸以孫錦貴封徵仕郎　陳瑞珅以子錦貴封中憲大夫

陳瑞珠以子鏞貴封奉政大夫　潘光斗以子煥龍貴封奉直大夫
潘煥龍以子肇鏞貴封中憲大夫　潘彩枝以子頤福貴封承德郎
高雲龍以子耆貴封奉政大夫　張士玲以孫文鱗貴封奉直大夫
張之泮以子文鱗貴封奉直大夫　張文鱗以子組貴封通議大夫
張文鉠以孫星煥貴贈奉直大夫　張周謂以子星煥貴贈奉直大夫
何珊以子廉貴贈奉直大夫　張一駿以孫鼎貴贈徵仕郎
張二桂以子鼎貴贈徵仕郎　張周謙以嗣子珏貴贈朝議大夫
張周詢以子珏貴贈朝議大夫　姚二珩以曾孫敦禮貴贈朝議大夫
姚三煥以孫敦禮貴贈朝議大夫　姚四渭以子敦禮貴贈朝議大夫
廖申以子新貴贈朝議大夫　屈汝芹以孫彤雲貴贈徵仕郎
屈立添以子彤雲貴贈奉直大夫　周監昌以孫鏡芙貴贈奉直大夫

周杏春以子鏡美貴贈奉直大夫
張周綬以子瑜貴贈儒林郎
閻增山以曾孫定邦貴贈武功將軍
閻道鉛以孫定邦貴贈武功將軍
閻同洸以子定邦貴贈武功將軍
汪必先以孫杏林貴贈武功將軍
汪于閬以子杏林貴封武功將軍
趙全富以曾孫聯科貴贈振威將軍
趙國趾以孫聯科貴贈振威將軍
趙思聰以子聯科貴封振威將軍

蘄州

盧楷以孫綋貴贈中大夫
盧如鼎以子綋貴贈中大夫
高自見以子培貴贈中憲大夫
王道隆以子協貴贈文林郎
張效論以子承瑞貴贈文林郎
顧天祚以子咸泰貴贈文林郎
李本秦以子坦貴贈奉政大夫
汪襟如以子衡貴贈文林郎
張邦基以子正志貴贈文林郎
王御龍以孫開銓貴贈文林郎

李際春以孫本晟貴贈中憲大夫
李標以嗣子本晟貴贈中憲大夫
李梴以子本晟貴贈中憲大夫
張志翰以子仕渾貴贈文林郎
陳法壁以孫艮翼貴贈承德郎
陳輝以子艮翼貴贈文林郎
陳先櫫以孫詩貴贈奉直大夫
陳猷漢以子詩貴贈奉直大夫
吳璘以孫祖吉貴贈文林郎
吳洪兒以子祖吉貴贈文林郎
陳振聲以子準貴贈文林郎
駱千鸐以孫利鋒貴贈中憲大夫
駱萬森以子利鋒貴贈中憲大夫
陳艮梅以孫三辰貴贈文林郎
陳信廣以子三辰貴贈文林郎
陳發以曾孫烺貴贈資政大夫
陳學訓以孫烺貴贈資政大夫
陳麗生以子烺貴贈資政大夫
黃獻祖以曾孫雲鵠貴贈通奉大夫
黃大綸以孫雲鵠貴贈通奉大夫
黃金鏜以子雲鵠貴贈通奉大夫
陳際盛以曾孫懋烈貴贈資政大夫

陳嘉穀以孫懋烈貴贈資政大夫
陳東旺以子懋烈貴贈資政大夫
李榮甲以孫宗賓貴贈通奉大夫
李溱清以子宗賓貴贈通奉大夫
陳顯瑤以孫杞貴贈朝議大夫
陳洮淵以子杞貴贈朝議大夫
熊錫祚以子方栢貴贈承德郎
何立焱以嗣子明貴封奉政大夫
宋錫喻以孫裕春貴贈奉直大夫
宋南英以子裕春貴贈奉直大夫
李德禮以子有益貴贈承德郎
何之望以子明貴封奉政大夫
江開泰以子筆華貴贈奉直大夫
陳夏以孫西庚貴贈奉政大夫
陳鳳立以子西庚貴贈朝議大夫
夏文元以孫允升貴贈資政大夫
夏光耀以嗣子允升貴贈資政大夫
夏光華以子允升貴贈資政大夫
王昌燾以孫師貴贈奉政大夫
王燮以子師貴贈奉政大夫
顧紹龍以孫得櫺貴贈奉政大夫
顧道中以子得櫺貴贈奉政大夫

楊大廷以孫正清貴贈朝議大夫
楊鑑興以子正清貴贈朝議大夫
李興憶以曾孫士彬貴贈中議大夫
李克鳳以孫士彬貴贈中議大夫
李樹滋以子士彬貴封中議大夫
汪禮章以子陶貴贈文林郎
陳惇信以孫煥新貴贈承德郎
陳平山以子煥新貴贈承德郎
陳信濤以子輔辰貴贈儒林郎
夏捷南以孫松貴贈承德郎
夏勝觀以子松貴贈承德郎
陳信溥以子之塏貴贈奉直大夫
管廷機以子遵王貴贈定遠將軍
童一成以孫璋貴贈武德騎尉
童心怡以子璋貴贈武德騎尉
何開府以孫永清貴贈宣武都尉
何世昇以子永清貴贈宣武都尉
詹能魁以曾孫德勝貴贈武功將軍
詹宏源以孫德勝貴贈武功將軍
詹道彬以子德勝貴贈武功將軍
龔如棠以子鑾殉難卹贈武德騎尉
龔攀桂以子烈殉難卹贈武德騎尉

汪文炳以子國泰殉難卹贈騎都尉
吳失名以子遵義殉難卹贈武德騎尉
鄧紹懷以孫縈發貴贈武義都尉
鄧瀛埜以子縈發貴贈武義都尉
周崇珍以孫添順貴贈武功將軍
周至長以子添順貴贈武功將軍

廣濟縣

胡　浩以子一墉貴贈奉政大夫
劉自理以子洪度殉難特封中憲大夫
劉啟敬以孫茂溶貴贈中憲大夫
劉登仕以子茂溶貴贈中憲大夫
金之純以子德嘉貴贈徵仕郎
梅世魁以孫朗中貴贈中憲大夫
梅　燦以子朗中貴贈中憲大夫
朱鴻堡以子榮經貴贈文林郎
劉后華以孫志陞貴贈資政大夫
劉啟孝以子志陞貴贈資政大夫
吳應碧以子瑾貴贈奉直大夫
金德嘉以子啟洛貴贈中憲大夫
宋明桂以子獻貴贈文林郎
夏一龍以子賓貴贈需林郎

朱翼治以孫光烈貴贈奉政大夫
朱本績以子光烈貴贈奉政大夫
楊齊賢以孫承綜貴贈文林郎
楊日進以子承綜貴贈文林郎
徐之聯以孫天球貴贈文林郎
徐侯昂以子天球貴贈文林郎
郭文元以子本才貴贈文林郎
毛如穎以子炳貴贈文林郎
劉秉鑛以子洪璇貴贈文林郎
張亭然以子先基貴贈文林郎
張惟金以孫璧貴贈文林郎
張禮源以子璧貴贈文林郎
陶文萃以孫廷熹貴贈文林郎
陶大朋以子廷熹貴封文林郎
鍾義堂以子錫卣貴贈文林郎
文殿詔以孫鳳喈貴贈奉直大夫
文元藻以子鳳喈貴封奉直大夫
吳德汾以孫光珩貴贈奉政大夫
吳仁校以子光珩貴贈奉政大夫
饒玉振以孫雲鵬貴贈奉政大夫
饒儀鼎以子雲鵬貴贈奉政大夫
夏煥桂以孫琮鼎貴贈朝議大夫

夏獻墀以子琮鼎貴封朝議大夫
胡周鎰以孫鴻炳貴贈奉政大夫
胡錫統以嗣子鴻炳貴封奉政大夫
胡錫鑽以子鴻炳貴封奉政大夫
劉雲翥以孫熚貴贈奉直大夫
劉樹瑶以子熚貴贈奉直大夫
魏雲琯以孫邦達貴贈奉政大夫
魏德肩以子邦達貴贈奉政大夫
魏德合以嗣子邦達貴贈奉政大夫
王凝鼎以子秉鉞貴贈明威將軍
藍朝晃以曾孫斯明貴贈建威將軍
藍廷金以嗣孫斯明貴贈建威將軍
藍廷桼以孫斯明貴贈建威將軍
藍於長以嗣子斯明貴贈建威將軍
藍於義以子斯明貴贈建威將軍
周明珠以子啓茂貴贈建威將軍
雷慶萬以孫承基貴贈武翼都尉
雷惟德以子承基貴贈武翼都尉

黃梅縣

熊華夏以子兆師貴贈文林郎
石應昱以子鎮國貴贈中憲大夫

紀尚珩以曾孫正國貴贈光祿大夫
紀天榮以孫正國貴贈光祿大夫
紀仲勝以子正國貴封光祿大夫
紀正通以子大昇貴封奉直大夫
石日乾以子燦貴封文林郎
黃中理以子利通貴封文林郎
洪夢甲以子世講貴贈文林郎
帥　明以曾孫承瀛貴贈光祿大夫
帥光榜以孫承瀛貴贈光祿大夫
帥上文以子承瀛貴封光祿大夫
帥光庭以孫承濂貴贈文林郎
帥上理以子承濂貴封文林郎
帥宗栻以子遠燁貴贈承德郎
帥宗杰以子遠融貴贈文林郎
喻于智以孫文鏘貴贈中憲大夫
喻之塾以子文鏘貴贈中憲大夫
石峻年以孫為藝貴贈文林郎
石　鑑以子為藝貴贈文林郎
石可成以子文彩貴贈文林郎
石　舉以子文漣貴贈文林郎
石文桂以子產瑚貴贈奉直大夫
石卓椿以子然貴贈文林郎

蔣中璧以孫志坦貴贈文林郎　蔣方焯以孫鏞貴贈奉政大夫
蔣志坦以子鏞貴贈奉政大夫　蔣志培以孫奎樓貴贈奉政大夫
蔣楚蘭以子奎樓貴贈奉政大夫　蔣夢樓以子憲儀貴贈儒林郎
宛近光以孫建侯貴贈文林郎　宛利璧以子建侯貴贈文林郎
宛相以孫名震貴贈文林郎　宛繩祖以子名震貴贈文林郎
宛炳南以孫立傳貴贈朝議大夫　宛名頤以子立傳貴贈朝議大夫
宛名揚以子立俊貴贈中憲大夫　鄧象賢以孫宗衡貴贈奉直大夫
鄧瑩以子宗衡貴贈中憲大夫　胡維新以孫可郁貴贈文林郎
胡任學以子可郁貴贈文林郎　胡益謙以孫攀龍貴贈文林郎
胡夢錫以子攀龍貴贈文林郎　鄧宗岱以子鍾祥貴贈奉直大夫
梅茂先以嗣孫雨田貴贈奉政大夫　梅協恭以孫雨田貴贈奉政大夫

梅光藻以子雨田貴贈奉政大夫　錢鮮以孫灝貴贈文林郎
錢開泰以子灝貴贈文林郎　錢丕基以子光選貴贈文林郎
李政以子贊貴贈儒林郎　吳秉純以子文林貴封儒林郎
吳元衡以孫鐸貴贈奉政大夫　吳疆以子鐸貴贈奉政大夫
趙麟以孫磊貴贈文林郎　趙輝以嗣子磊貴贈文林郎
趙煌以子磊貴贈文林郎　程國瑚以孫凝昇貴贈朝議大夫
程文炳以子凝昇貴贈朝議大夫　程咸倉以子銑貴贈朝議大夫
陳體齋以曾孫夢蓮貴贈通奉大夫　陳竹菴以孫夢蓮貴贈通奉大夫
陳墨林以子夢蓮貴贈通奉大夫　項心安以孫棨琳貴贈儒林郎
項順第以子棨琳貴贈儒林郎　洪爐以孫鍪貴贈奉政大夫
洪坦以子鍪貴贈奉政大夫　陳澤乾以子英貴贈奉政大夫

鄧朋以孫文垣貴贈奉直大夫　鄧士藻以子文垣貴贈奉直大夫
錢振楚以子宏勳貴贈振威將軍

補遺

黃岡縣

童期茂以孫兆鑽貴贈文林郎　童承閔以子兆鑽貴贈文林郎

蔭襲

宋

蘄州

吳　瑛以父遵路蔭補太廟齋郎

元

蘄水縣

薛楚卿以父天定蔭襲總管

明

黄岡縣

張　官本姓周以父璘蔭　　詹　紋以祖同父徽蔭官尚寶寺丞

詹希原同從孫以蔭官中書舍人　　謝　元以父暴蔭官鴻臚寺主簿

奚繼良以從父世亮殉難蔭入監　　奚繼善以伯父世亮殉難蔭官鴻臚寺主簿

康守功以父良臣殉難蔭官仁壽主簿　　王追皋以祖廷瞻蔭官至安順知府

曾　恕以父指揮全征橫江殉難蔭官至都司僉書　　韋蜀麟以父宗孝殉難蔭官南京衛經歷

甄若玫以祖淑蔭官國子監學正　　王源發以父家錸殉難蔭

周之記以兄之訓殉難蔭　　王封勣以父一桂殉難蔭

蘄水縣

王　玫以父聰襲武城侯　　王　琯承襲武城侯

王　玘承襲指揮僉事　　劉　威以父調襲黄州指揮

麻城縣

劉　溧以父天和蔭入監　　劉守蒙以祖天和襲錦衣千戶

劉守孚以祖天和蔭錦衣千戶　　劉守有以祖天和襲錦衣千戶

劉守乾以祖天和蔭都督府都事　　劉幼基以祖釆蔭

鄒　瀾以父來學蔭官河西知縣

黄安縣

耿應昌以祖定向蔭主事官至楚雄通判

耿應興以祖定向蔭主事官至刑部郎中　　周世鎭以祖思敬蔭太常典簿

蘄州

康　鐸以父茂才蔭封蘄春侯　　康　鑑以父茂才蔭廣西指揮

康　淵以祖茂才蔭散騎舍人　　康　永鐸元孫蔭千戶

田足樹以父有龍蔭蘄州衛百戶　　易惟畿以父貞吉蔭官守備

馮汝承以父天馭蔭官知府　　李　榔以父盛春蔭官知府

李　斌以父信襲千戶　　李　俊斌子襲千戶

李　景俊子襲千戶　　李　珍景子襲千戶

李　震景子襲千戶　　李　儒震弟襲千戶

李同春儒子襲千戶官思恩參將

廣濟縣

呂朝四以忠勇世襲銅鼓衛指揮　　胡　崙以軍功世襲百戶

楊　勝以祖普銘蔭襲指揮王志作黄梅人

黄梅縣

汪道春以父可受蔭官思恩知府　　石　磐以父有恆蔭官至副使

國朝

黄岡縣

汪維錡以父基遠殉難蔭官至霸州知州　　韋鍾炳以父成賢蔭官石城知縣

曹本懋以兄本榮廕
曹宣溥以父本榮廕後以博學鴻詞授檢討
李提龍以父占春廕官至知府
陶思哲以父之駿殉難廕
王麟紱以父宗臣廕
陳其亮以父士銘世襲拖沙喇哈番
陳其智以父士銘世襲拖沙喇哈番
汪封渭以太高祖基遠殉難襲雲騎尉作為文生中鄉會試官德州知州
鄒觀光以嗣父元熊陣亡襲雲騎尉
鄒承勳以父觀光承襲病廢接襲雲騎尉作為文生
孫廣墉以七世祖如芝殉節襲雲騎尉
陶士貞以高祖之駿殉難襲雲騎尉
林世榮以父逢戊殉難廕入監
鄧世英以父士林差次病故准廕入監
孫崇俊以祖廣墉承襲病廢接襲恩騎尉
汪銘琢以父封渭承襲病故由監生接襲恩騎尉作為文生
萬裕瑋以父鼎恩殉難襲雲騎尉
萬成績以伯父裕瑋承襲陣亡接襲雲騎尉
萬成纘以嗣父裕瑋陣亡襲雲騎尉
桂芳以父鵬陣亡襲雲騎尉

熊慶齡以父聯輝陣亡襲雲騎尉
熊敦高以父慶齡承襲病故接襲雲騎尉
邱忠輔以父文陣亡襲雲騎尉
江襲恩以父履和陣亡襲雲騎尉
江永清以父襲恩承襲病故接襲雲騎尉
劉儲年以父遐亮殉節襲雲騎尉
劉在鑣以父儲年承襲病故接襲雲騎尉
張毓才以兄步元陣亡襲雲騎尉
張鴻恩以父毓才承襲病故接襲雲騎尉
周殿恩以父鵬翥陣亡襲雲騎尉
祝玉昆以父開泰陣亡襲雲騎尉
郭潤霖以父光印陣亡襲雲騎尉
黃家政以父啓運陣亡襲雲騎尉作為文生
黃道昌以父家政承襲病廢接襲雲騎尉
黃俊以父榮甲陣亡襲雲騎尉
邱斌以父振聲殉難襲雲騎尉
邱忠耿以叔斌承襲病故接襲雲騎尉
張國勳以父德潤罵賊被害襲雲騎尉
李亮功以父棠陣亡襲雲騎尉
李端坤以父亮功承襲病故接襲雲騎尉
殷錦章以父發地陣亡襲雲騎尉
陳燿宗以祖元發陣亡襲雲騎尉

陳佑倫以父燿宗承襲病故接襲雲騎尉
操鴻恩以祖南薰被賊焚死襲雲騎尉署倘塔汛千總
洪賢德以父德潤罵賊遇害襲雲騎尉
黃澤鴻以父奎陣亡襲雲騎尉
游豫榮以父翊運罵賊遇害襲雲騎尉作為文生
游毓棠以父豫榮承襲病故接襲雲騎尉
童逢吉以父福林陣亡襲雲騎尉
程含林以父仁祿陣亡襲雲騎尉
葉宗乾以父毓蘭罵賊遇害襲雲騎尉
梅雄飛以父兆棠被賊逼脅不屈遇害襲雲騎尉作為文生
汪毓麒以父士偉被賊焚死襲雲騎尉
萬福珍以父世清陣亡襲雲騎尉
徐秉忠以父寶善陣亡襲雲騎尉官黃州城守千總
劉在鵾以嗣父福銀陣亡襲雲騎尉
孫貴成以父鏞陣亡襲雲騎尉
劉定一以父光前勦賊遇害襲雲騎尉
陳之熙以嗣父發貴陣亡襲雲騎尉
孫世德以嗣父廣元陣亡襲雲騎尉
羅金聲以祖文彪陣亡襲雲騎尉作為文生
施用斌以父吉祥陣亡襲雲騎尉
王藻翔以祖建中陣亡襲雲騎尉作為文生

曾官榮以父保元陣亡襲騎都尉兼雲騎尉
丁大鈞以父璜罵賊殉難襲雲騎尉
鄧潤林以父開祥陣亡襲雲騎尉
黃秉鈞以嗣父鴻藻罵賊死襲雲騎尉
江兆安以父保全陣亡襲雲騎尉
林定國以父志依陣亡襲雲騎尉
熊錫官以父履山陣亡襲騎都尉兼雲騎尉
王汝英以父勝喜陣亡襲雲騎尉
舒直亨以父正揚陣亡襲雲騎尉
何承先以父長勝陣亡襲雲騎尉
王光嗣以父景慶陣亡襲雲騎尉
黃功興以父義順製辦軍裝遇害襲雲騎尉
李定鈞以父得勝製辦軍裝遇害襲雲騎尉
楊金鏞以嗣父得勝陣亡襲雲騎尉
羅汝霖以嗣父興順陣亡襲雲騎尉
易元舉以祖正詵陣亡襲雲騎尉
馬詒垓以祖成斌罵賊死襲雲騎尉
方道金以父大慶陣亡襲雲騎尉
李潤藻以父得從陣亡襲雲騎尉
黃鴻恩以父得勝陣亡襲雲騎尉
姜煥雲以父炳文陣亡襲雲騎尉作為文生
王松以父際寅陣亡襲雲騎尉

宋樹榮以父晒罵賊死襲雲騎尉
胡霖瀚以兄霖澍殉節襲雲騎尉
夏錦榮以父承訓陣亡襲雲騎尉作爲文生
邵大璋以父希湘陣亡襲雲騎尉
李進先以父淩雲陣亡襲雲騎尉
陳士斌以父兆榮陣亡襲雲騎尉
劉金標以父聯陞陣亡襲騎都尉兼雲騎尉
洪定中以嗣父連城遇賊被害襲雲騎尉
郭鈺斌以嗣父廷煒罵賊死襲雲騎尉
林執中以曾祖一枝陣亡襲雲騎尉
陳煥垣以祖錫恩陣亡襲雲騎尉作爲文生
汪　椿以父光甲陣亡由文生兼襲雲騎尉
邵　棠以祖先訓陣亡襲雲騎尉作爲文生
汪鳳翥以嗣父兆文陣亡襲騎都尉兼雲騎尉

蘄水縣

官純心以父撫澳殉難廕入監官知縣
蔡毓崧以父恭詮原名典楷陣亡襲雲騎尉
馮觀瀾襲雲騎尉
李才岐襲雲騎尉
馮朝瀚襲雲騎尉
徐長善襲雲騎尉

程必翔襲雲騎尉
劉光楠襲雲騎尉
黃啟勝襲雲騎尉
官繼祖襲恩騎尉
姚科鼎襲雲騎尉
方定元襲雲騎尉

麻城縣

鄒汝霖以父士璁廕七品京職
夏失名以父文高陣亡襲雲騎尉
余恩蔭以父崇德陣亡襲雲騎尉
曾憲珍以父樹德殉難襲雲騎尉
黃敦典以父光禧陣亡襲雲騎尉

黃安縣

吳金魁嘉慶五年襲雲騎尉
吳定元嘉慶十一年襲雲騎尉
吳克霈襲雲騎尉
彭超鸞以父宗達殉難襲恩騎尉
阮釗銑以父熙仁殉難襲恩騎尉
吳先發襲雲騎尉

詹廣元給二品廕生
詹廣仁給廕生
彭行鴻襲雲騎尉
汪亮采襲雲騎尉
李業恆以父大勝陣亡襲騎都尉
李傳宗以父宏林陣亡襲騎都尉兼雲騎尉
張煥奎襲雲騎尉

羅田縣

熊魁瑾以父五緯陣亡襲雲騎尉
閻敘吉以父定邦軍營立功病故襲騎都尉兼雲騎尉
王茂椿以父培榮殉難襲雲騎尉
潘振宗以父鼎梅殉難襲雲騎尉
熊魁瓏以父五修殉難襲雲騎尉
許鴻賓以父耀南殉難襲雲騎尉
汪九如以父藻殉難襲雲騎尉
王敘勳以父炳榮殉難襲雲騎尉
傅兆濂以父汝霖殉難襲雲騎尉
蕭廣榮以父殿春殉難襲雲騎尉
徐斯得以父炳琳殉難襲雲騎尉
崔家駒以父錦春殉難襲雲騎尉

徐文奎以父邦傑殉難襲雲騎尉
周德珊以父士濂殉難襲雲騎尉
余善樂以父明高殉難襲雲騎尉

蘄州

盧昭初以父絃廕入監
韓宗彥以父友廕
韓宗愈以父友廕官陽朔知縣
吳德桂以父尚賢死難襲雲騎尉
吳必海尚賢孫接襲雲騎尉
陳隆吉以父觀正殉難襲雲騎尉
詹文炳以父塏殉難襲雲騎尉
詹承祖塏孫接襲雲騎尉
張　彪以父榮九殉難襲雲騎尉
宋裕椿以父南英殉難由教授兼襲雲騎尉
宋守經南英孫接襲雲騎尉
龔定泰以父鑾殉難襲雲騎尉
吳世忠以父遵義殉難襲雲騎尉
吳景韻遵義孫接襲雲騎尉
汪偉臣以父國泰殉難襲雲騎尉
張廷舉以父沖斗殉難襲雲騎尉

吳正揚以父用宜殉難襲雲騎尉　龔宗遂以父烈殉難由廩生兼襲雲騎尉
黃舒甲以父翔漢殉難襲雲騎尉　朱茂林以祖士鑑殉難襲雲騎尉
張必承以祖鵬揚殉難襲雲騎尉　蔡之準以祖景雲殉難襲雲騎尉
吳正璜以父必均殉難襲雲騎尉　武朝佐以父洪基殉難襲雲騎尉
吳必燧以祖祖語殉難襲雲騎尉　張中科以祖得本殉難襲雲騎尉
梅楚材以父祥開殉難襲雲騎尉　陳杰以父清泰殉難襲雲騎尉
陳遵法以父紹棨殉難襲雲騎尉　貢國翰以嗣父艮士殉難襲雲騎尉
陳世朗以祖勝殉難襲雲騎尉　陳保如以父錦濤殉難襲雲騎尉
鄧錫垣以父自中殉難襲雲騎尉　陳慶清以父禮賓殉難襲雲騎尉
陳錫祥以父寅殉難襲雲騎尉　陳定祥以父璥殉難襲雲騎尉
陳隆淇以父億高殉難襲雲騎尉　張必陞以祖子壽殉難襲雲騎尉

陳子龍以父樹森殉難襲雲騎尉　陳海瀾以父鳳族殉難襲雲騎尉
陳錦遵以父介凡殉難襲雲騎尉　龔恩榮以嗣父倫殉難襲雲騎尉
張中立以祖德楷殉難襲雲騎尉　劉　鵠以父國章殉難襲雲騎尉
張四林以父百鵬殉難襲雲騎尉　陳又新以父杏林殉難襲雲騎尉
田理燮以父相輔殉難由文生兼襲雲騎尉　張鳳彪以父正發殉難襲雲騎尉
方桂琳以父樸初殉難襲雲騎尉

廣濟縣

劉恩謨以父洪度廕入監　胡搢思以父一捷廕官鎮安通判
劉茂溶以叔志陞廕由中書官廣州知府　劉茂渭以叔志陞廕官金壇知縣

黃梅縣

紀大昇以叔正國廕官至工部員外郎　廖應投以父士貞殉難廕官汶川知縣

帥宗栻以父承瀛廕戶部陝西司主事　帥　晼以父遠燡殉難襲騎都尉
程開甲以祖銑殉難襲雲騎尉　帥元鐸以父疇殉難襲雲騎尉
帥遠鼇以父宗楙殉難廕入監讀書　帥培垣以父遠星殉難襲雲騎尉
黃承先以父元瑞殉難襲雲騎尉　李成業以父梅芬殉難襲雲騎尉
盛朝棟以父世瑞殉難襲雲騎尉　王宣杰以父贊廷殉難襲雲騎尉
王超凡以父成壽殉難襲雲騎尉　項書紳以父錦江殉難襲雲騎尉
鄧國熙以父文鎰殉難襲雲騎尉

右封贈廕襲採錄邑志悉依原文稽之會典按以體例頗有舛誤訂正無從姑俟再攷

黃州府志卷之十八終

黃州府志卷之十九

人物志

儒林

黃州府知府英　啟纂輯

明

黃岡縣

郭慶字善甫正德丁卯舉人質直力學時王守仁倡道東南慶徒步往從之三年始歸充然有得也授清平知縣有氷櫱稱勤於撫字捐俸給貧民牛種後乞休歸民不忍舍爲立祠祀之家居不治垣屋澹泊自守戚里有困匱輒賙給焉耽吟詠每詩成常自削稿故著述不多見云卒祀鄉賢孫知易詳宦

蹟

吳艮吉字仲修號石梁師事王守仁講艮知學家貧授生徒渠矱嶷然而純粹可掬學者暱就之作詩歌有邵堯夫風孟津宰黃岡延之書院有暮夜懷金請閒者力御之及卒耿定向備棺斂爲作傳知府瞿汝稷誌其墓著有居湖集祀鄉賢

王陛字進吾萬歷己卯舉人學宗湛若水隨處必求天理爲安授威遠知縣捐俸振饑轉泗州知州濬周家橋以殺水患歷重慶遵義府同知皆有政績致仕歸率子弟講學於正宗會館著有退省錄退問集綱鑑讀要諸書卒祀鄉賢子家欽字仲修孝友文章一時推重知府祝萬齡聘主講定惠院亦祀鄉賢孫源昌詳宦蹟

樊煒字崙川祖模以孝友稱煒萬歷己卯拔貢生講艮知學博通經史授漢陽訓導教諸生以篤行監司守令折節禮之弟子一秉程度遷興隆衞教授致仕歸著有史學集等書祀鄉賢子玉衡詳忠義玉衝詳宦蹟玉衢詳篤行

案煒歸田後繪柱下史於堂配以漆園東方希夷康節四先生焚香抱膝相對時長子玉衡以疏請建儲被譴過省謝不孝公曰我顧不滂母若哉其侍父病衣不解帶者七旬母疾侍藥餌夢神人授以丸旦而母愈人以爲孝感（參高世泰撰本傳）

余心純字西澗萬歷壬辰進士授嘉善知縣研精禮經言動悉遵榘矱時以戴記儒宗立坊表之初邑中於廷評以戴記鳴

世所稱樂葵先生也心純與樊玉衡王一鳴劉功遠暨漢川尹應元同受業焉而心純所學爲尤顯有禮經捜義行於世

詹時明字爾用少慕薛瑄之學求王守仁之所以異處以歲薦授常德訓導日坐堂舍與諸生講學務實踐戒浮靡遷江西武甯教諭署縣篆彌歲簿書刑獄之事一以至誠爲本擢四川筠連知縣解組歸談道講藝學者尊爲沖默先生卒祀鄉賢子謹之詳宦蹟

蕭繼忠字康侯性豪邁弱冠補諸生舉副榜先是從父文憲爲酷吏所斃其子繼元愬於朝吏疑繼忠使之誣置諸獄繼忠投獄井經宿不死遂讀易窮性命之旨既出折節力學游燕都歷金陵豫章訪求名儒與焦竑相劘礪後講學白鹿書院

歸與郡人修問津書院門徒常數百人時附魏璫者銜楊左
益推楚士繼忠亦被逮緹騎至言動自若會魏璫誅乃免著
有語錄諸書
朱荃宰字咸一崇禎己卯辟舉授武康知縣以考最赴京師卒
於道囊中惟圖書而已艾南英稱其孝友廉讓留心著述於
車戰舟師皆有師授著有周易內外圖說毛詩類考禮記會
通孟子年表諸書皆奉敕頒行

蘄水縣

李汰字清之性謹厚敦行孝弟少失怙終身哀慕領成化丙午
鄉薦任永新訓導刊小學家禮頒示學者遷義烏教諭郡守
廉其貧遺金三百悉以修學宮甲子福建鄉試應同考聘有

干以私者叱遣之其人譏爲腐儒汰謝以詩曰義利源頭頗
識眞黃金難換腐儒貧莫言暮夜無知者充塞乾坤有鬼神
尋致仕歸卒祀義烏名宦祠著有立菴集子宗元詳宦蹟
蔡月涇字沙江性純孝博學好古年十四割股愈母疾正德丙
子舉於鄉嘗擔囊受業於王守仁入南雍與湛若水游終身
不仕教授生徒歲至數百人生平言動無戲渝郡邑有司罕
見其面學者稱爲大隱先生著易經膚說三卷

麻城縣

毛鳳起字瑞東諸生少習舉子業後厭棄之從王守仁講學歸
而授徒作心學圖致知說以明其旨嘉靖壬辰詔舉賢良敦
行遺逸之士有司以鳳起應辭不就知縣陳子文爲建道峰
書院居之就教者益衆鳳起德性和易志行高潔孝友敦睦
老而彌篤卒後邑人於五腦山建明德堂與劉承烈並祀
劉承烈字拙齋諸生自幼受書卽以聖賢之道爲己任聞耿定
向講學執贄往師焉旣歸閉關讀書翛然自適人呼爲拙聖
著有同道錄格物解聞見錄等書
周思久字柳塘工詩善書法嘉靖癸丑進士任瓊州知府致仕
抗志希古品詣卓犖與耿定向以理學相切劘嘗謂門人歸
善楊起元曰學必求至聖賢非但欲爲鄉黨自好人也建輔
仁書院時會講焉著有柳塘遺書及石潭集卒祀鄉賢時有
王可任字重菴諸生亦潛心理學與思久及耿定向友善晚
年著讀易便覽論者謂與紫陽相發明

案思久嘗置酒飲楊起元酒酸謂之曰世人云酸秀才願
子他日無忘此味也及起元館選又引山雞自矜其羽爲
喻以警戒之縣志

黃安縣

耿定向字在倫三歲時有公卿到門問其祖曰更有上者否曰
獨有聖賢耳曰兒當爲聖賢矣由是潛心理學嘉靖丙辰成
進士授行人擢御史劾太宰吳鵬六事語侵嚴嵩事旣寢出
按甘肅舉劾無所私去任行笥一肩有以石經饋者留境上
而去尋督南京學政開崇正書院以明道彰教爲己任隆慶
初擢大理寺右丞與高拱忤謫橫州判官拱罷量移衡州推
官萬歷中累官右副都御史吏部侍郞陸光祖爲御史趙之

翰所劾光祖已留定向復頌光祖賢詆之翰給事中李以謙言定向擠言官定向求去帝不問以內艱歸起復撫閩會詔下方田法定向摹地圖揭之後屏區列其壤地高下廣狹之宜條八法下之報竣獨先廣寇林道乾訌海上定向以計討擒之丁外艱起復爲南京右都御史御史王藩臣劾應天巡撫周繼疏發踰月不以白定向定向怒守故事力爭自劾求罷且詆藩臣論劾失當藩臣坐停俸二月於是新進諸臺省爭齮齕定向不休時已除定向戶部尚書督倉場定向求去益力章九上乃予告歸講學天臺山嘗謂學以悟入以修證閱七年一日整衣冠危坐而逝年七十三贈太子少保謚恭簡與弟定理定力俱祀鄉賢孫應昌詳官蹟明史參王錫爵撰本傳

耿定力字子健兄定向督學南畿定力以諸生從師事史桂芳友楊希淳焦竑輿自新皆以學問相砥礪隆慶辛未成進士授工部主事出爲成都知府蜀最苦採木定力議豫採探分夷險布恩信明賞罰使商夷樂趨操縱在手乃可集事當事悉從之又念收木留難豫請工部頒式於商人及木至皆中程吏不得要索所省無算蜀民賴以全活者眾旋督學福建錄蔡清陳眞晟後裔以示風向遷南僉都御史督操江疏言榷使罔利藪姦已復上疏極言礦使之害累官南兵部侍郎卒贈尚書所學以求仁爲宗以與人爲善爲用眞修實詣超然自得仲兄定理字子庸隱居不仕兄弟相與講學不倦學者稱八先生羅近溪贊曰儒者之高蹈聖世之逸民理學宗工其八先生乎明史參葉向高撰本傳

彭台字公甫生四歲而孤穎異不羣讀書務根極理要反躬省證嘗爲尺籍記日履題曰天鑒在茲夢寐少離於道輒竟日不懌嘉靖己酉領鄉薦益孜孜以明道善俗爲己任卒年二十九祀鄉賢

吳心學字少虞家世業農一意孔孟之學隱似馬山中鑿山開徑倚石爲壁引木爲巢於絕頂兩巖間面壁靜坐久之訪學求友足跡幾徧天下收遺書數百卷歸教人以下學上達爲宗居山中凡二十年卒初入山鋤石得記云似馬山中出洞龍故學者以洞龍稱之

羅田縣

胡明庶字功甫嘉靖壬辰進士孝友力學尤精理數有蔡邵皇極律呂二書圖解行世弟明通明睿明書皆知名明通爲最著云明庶明睿俱祀鄉賢

胡明通嘉靖戊子舉於鄉學宗程朱嘗曰居敬窮理可到聖賢不必求新異也授信豐知縣振饑弭盜有功歷金華通判甫一月聞母墓圮遂告歸家居儉約如布素學者稱東郊先生著有征邁集

蘄州

韓萬鍾字天爵少貧窶嗜書史持守方正不失尺寸以歲貢爲休甯教諭擢潁州學正益以身範物究心天人之理著有皇極註解等書

顧問字子承少卽有志聖賢年十六偶疾父母以爲憂問曰疾易愈耳政恐以此廢學不至聖賢爲大罪可懼也嘉靖戊戌成進士除壽昌知縣俗好溺女下令嚴禁之徵爲侍御史遷浙江按察僉事疏食澹泊人呼爲茹菜顧公隆慶中擢福建參政九疏乞歸講學不輟羅洪先嘗曰子承眞聖人之徒也年八十一卒與弟闕並祀鄉賢

案問字子承一字日巖生時母夢巖端日升大如車輪驚寤而目中猶睹光耀流燭上下以故字之云三楚文獻錄

顧闕字子良方六歲頴焚祝天爲道德性命之學以報劬勞恩弱冠舉於鄉嘉靖庚戌成進士除刑部郎父母卒與其兄問同廬墓側服除補禮部郎移南京吏部稽勳司遷福建副使

年僅三十九決意告歸里居四十七年一日忽召子孫語曰昨夜夢一聯云津吏報增三尺水山人歸臥幾重雲今歲當大水吾將逝矣已而果然闕治經尤精詩易學者稱桂巖先生子大訓詳文苑

廣濟縣

吳自守字介夫爲諸生不得志潛心性理攜篋往匡廬山閉關研究三年有得尤邃於易蘄州顧問建讀易庵延之自是稱易庵先生從游者日衆設講堂泉湖側以待四方學者卒祀鄉賢王志注云舊志有吳一庵案自守號易庵縣志並無名一庵者訛易爲一一人兩見恐誤

韓紳字南皐諸生篤志好學從吳自守游而學稍異自守主宋儒持敬而紳直捷頓悟以陽明爲歸入吳訪管東溟東溟主張釋氏教與紳未肯服有往來論道書載東溟問辨論中性至孝父母歿各廬墓三年致悲烏繞塋之異有集稿三卷未行世祀鄉賢王志入孝義今依縣志移入

楊民服字信甫號任庵性孝友弟遘疾齋沐露禱嘗讓弟以廩餼迫應貢則讓翟又讓趙曰翟以資淺趙以詿誤吾不讓二人其遂已乎後以歲貢任吳縣訓導遷蔚州學正專心聖賢以求放心尋本體爲訓

胡篤生字孟培少篤學專心性命之旨時楊民服司訓吳縣從管東溟游篤生亦往執贄焉東溟之門稱篤生暨楊民服韓紳江夏段煥然爲楚中四君子卒祀鄉賢

黃梅縣

瞿九思字睿夫十歲從父晟官吉安事羅洪先十五作定志論後從同郡耿定向游學益進舉萬歷癸酉鄉試居二年知縣張維翰違制苛派民聚毆之維翰坐九思倡亂巡按御史向程劾維翰激變吏部尚書張瀚言御史議非是九思遂長流塞下子甲年十三爲書數千言歷抵公卿訟父冤甲弟罕亦伏闕上書求宥屠隆作訟瞿生書徧告中外馮夢禎亦白於楚中當事而張居正故才九思乃獲釋歸三十七年以撫按疏薦授翰林待詔力辭不受詔有司歲給米六十石終其身乃撰樂章及萬歷武功錄遣罕詣闕上之卒年七十一九思學極奧博一時嗜古篤志之士鮮其儔崇祀鄉賢甲詳孝友罕詳宦蹟明史文苑傳

周來蘇字子仁世居五祖白蓮峰之東自號蓮峰居士不喜制舉業潛心理窟深得良知之旨耿定向定力皆心契之著述甚富明季燬於兵卒後以郡守請立祠東山歲春秋上戊致祭邑人石喬年爲之傳子詡雲詳孝友

國朝

黃岡縣

曹本榮字木欣號厚庵之建孫父大輔諸生以篤學稱本榮少即有志聖賢學行端粹順治己丑成進士選庶吉士初好王守仁書及得館師胡此庵激發退而深思一年豁然有省遷司業以正學爲六館倡順治九年應

詔上言其略云承二帝三王之統當以二帝三王之學爲學宜開

經筵討論經史以崇德廣業

報聞十二年

詔舉行日講擇滿漢詞臣七人充日講官本榮與焉累遷左庶子十四年奉

敕與大學士傅以漸撰易經通註復纂修歷代通鑑累遷

國史院侍讀學士素善病

上遣良醫診視

御筆作書親書丙申仲秋倣宋僧巨然筆意賜之

上一日讀孟子人知之亦囂囂顧本榮曰自得無欲汝足當之其被眷注如此康熙二年以病歸卒於揚州臨終沐浴正衣冠視日方中危坐而逝學者稱爲文靖先生所著有五大儒語要居學錄格物致知說及古文輯略奏議稽詢數百卷子宜溥字子仁由廕生舉博學鴻詞官檢討篤學勵節操著有鳳岡詩集

案本榮同年漢陽譚鳳禎官大理評事卒於京邸貧無以殮本榮爲之治喪其妾生子令室中婢乳之魏象樞爲賦古人交行後遵化周體觀過漢陽有詩云漢陽得見譚公子舉止恂恂文學深卻憶黃岡曹厚老果然不負託孤心蓋紀實也 通志

陳大章字仲夔父肇昌督學廣東大章隨侍交梁佩蘭陳恭尹獲講習之益工詩古文及官中書與都中諸名士唱酬故事中書例得與春秋闈試康熙戊辰大章成進士引

見

上稔知其姓名以問閣臣特改庶吉士傳爲館閣盛事大章性恬淡不趨榮利旋乞歸奉母孝養備至築室松湖鍵戶讀書究心天人之理學益純邃教子弟有家法置節孝祀田兼以贍族著有詩傳名物集覽玉照亭詩北山文鈔讀史隨筆抱節軒類記等書卒年六十九子師晉字道川貢生與漢陽彭湘懷同輯杜濬詩 參先賢學行略

萬年茂字少懷號南泉曾祖爾昌祖爲悋父紳祖數世清德語具各傳年茂生而清英年十四楚撫觀風取冠八郡巡撫王士俊尤器之目爲鼎彝法物乾隆丙辰成進士入翰林濳於勢利一刺不投要津日與同志趙青藜蔡新輩以道義相切

斠時史館例進經議年戊指陳時事不避忌諱掌院鄂爾泰讓之弗爲動辛酉典試山東壬戌會試同考稱得人梁國治劉墉其最著也擢御史遇事益敢言如請免蘇州米豆稅闕毆未及丁請勿償皆議行越二年上疏劾于振陳邦彥其略曰廉恥爲國維之大學士列清華之長本年八月二十八日

我

皇上賜宴臣工於瀛臺殊恩異數千載一時際此隆遇正當深自砥礪詎有侍講學士于振陳邦彥向侍郞傅恒越禮獻媚近前屈膝觀禮之場衆目驚駭請亍罷斥俾知無禮之逐共敦羞惡之心奏入

上因其語稍戇抑之遂免歸追修

高宗實錄

仁宗覽其疏命勿諱方年戊之未出都也兩月間研玩周易作圖說六卷發體用一源之旨楊名時見而歎曰歷聖心傳在是矣歸里杜門謝軌樂志養親是時大吏慕其賢聘請主講歷麟山涑水鷺洲豫章河東嶽麓江漢各書院學者咸尊仰之乾隆五十七年重宴鹿鳴卒年九十子承宗詳文苑孫鼎恩詳忠義鼎勳詳宦蹟

蘄水縣

徐子芳字茂孫諸生祖齡子也誕日家人聞墨香經宿不散幼穎悟父愛之嘗語以古今人物學問源流及濂洛關閩之學子芳甫七歲能誌之不忘及年十二遭親喪家既貧又值亂離猶業學不輟是時陽明良知之說盛行子芳獨屹然不惑研究經史性命之文思於古人正學有所發明潛心體驗至忘寢食凡七載浩然有得每一論列古今必剖晰源委將以措之行事惜未竟其用卒年八十三以歲貢終著有四書口義壁經本義周禮參說左國詳解及爾雅補註離騷疏義等書子乾文字公健學以主敬爲宗名其齋曰惕廬雲文字公倬與兄乾文承父學一家相師友時有三徐之目孫明理詳文苑

徐雲宏字元石年七歲卽知向學康熙乙卯拔貢戊午舉順天鄉試授道州學正遷建昌知縣潔己愛民革除陋規邑中廢里俱成村落時有視民如子恤士如珍之謠以父艱歸起白河知縣卒於官大學士高安朱軾經紀其喪得所著書歎曰是合儒林循吏爲一人矣子守中由拔貢守山右歸里無儋石儲（王志入宦蹟今依縣志移入）

官純滋字秀士一字蘭九撫邦子康熙辛酉拔貢生幼卽恥事帖括遒取古今典制因革暨名賢博議裁以己論爲書百卷名曰經世則後益研究經傳尤精詩易嘗游都門貴人聞其名欲納交輒自斂跡時論高之弟純佑同科拔貢爲文原本經史宏麗雅贍督學姚純燾嘗曰楚之役利獲二雋未幾卒於京純滋子正德詳篤行

劉夢鵬字雲翼父文選爲諸生有聲督學張以優行舉夢鵬乾隆辛未進士授饒陽知縣饒故多姦猾夢鵬緝之力案無留

牘緩徭役免浮稅造士撫民循聲卓著以丁艱歸尋卒著有
春秋義解屈子章句其論春秋大旨推本公穀謂公穀屬詞
比事義不詭於儒者

麻城縣

袁銑字金溪嘉慶辛未進士由編修授御史晉禮科給事中侃
直端重風采嶽嶽爲文必根柢經術少受業同里鮑鵬學以
宋儒爲歸宿嘗巡通州漕務稽查豐裕倉屏絶餽遺巡視南
城咸爲驄馬之避遇事敢言所陳皆關天下利病道光元年
首上請停捐例一疏得
旨褒嘉又論科場積弊
報可

宣廟有忠君愛國尹壯圖洪亮吉後僅見此人之諭然卒以言事去
官疆吏雅重之延主講江漢書院教人以勘破義利關爲下
手工夫學者翕然從之士風一變出其門者如喻懋泰王家
璧彭久餘古韻梅見田陳堯松皆有聞於時其他成名以去
者甚眾時同年友王贈芳督學楚中銑不令其子應試其方
正如此著述多散逸僅存四書義蘊林則徐爲之序謂足以
闡發聖言其行誼具王贈芳所爲傳後祀鄉賢

黃安縣

盧緯號雲浦爾悌子性穎敏事親孝康熙癸卯舉人授山陰知
縣折獄多平反新陽明書院集邑子弟讀書其中值
聖祖南巡會稽縣闕未補緯一身兼任事無不辦會餘姚諸暨饑民
亂大吏擬捕剿緯乃單騎往諭輸金粟振之民遂安謐全活
無算旋以病歸著有麟經要義五經精義及宜園集等書

張希聖字亞石百程次子諸生品學純正知縣蕭恆聘之使其
子師事焉希聖因徧讀廿一史研究經義學益粹會安陸有
異鳥人面鳥身頷下白髭長三尺眾莫識希聖曰明萬歷十
五年此鳥見於秀水縣其年大水已而果驗羣歎其淹洽父
沒泣血三年事母姚孝養備至季弟希天病親調湯藥嘗寓
郡城有女奔焉立拒之其勵品若此年五十卒

羅田縣

秦之鐸字勝木九歲能文十二歲補諸生祖父文煒以學行受
知楚撫延入幕課讀遭夏逢龍之亂沈於江父基諸生以哀

毀卒鐸孤貧事母至孝居恆苦志力學康熙己酉拔貢生肄
業太學大司成以楚材目之歸益耽經史富於著述尤敦本
勵行喜闡揚節孝學者稱楓廬先生

蘄州

盧紘字元度號澹崖如鼎子順治己丑進士授新泰知縣晉桂
林同知歷任蘇松糧儲長蘆鹽運使多惠政性好學雖簿書
旁午不廢蒐討而操槧懷鉛未嘗少輟州志出其手筆爲錢
謙益所激賞比之申叔左史云（王志入宦蹟今依州志移入）
案紘官新泰時值海寇傲擾紘躬宿譙樓兩閱月一夜南
城邏卒見所執槍頭火起如列炬一軍譁然以爲不祥紘
往覘之曰虜破有日矣問故紘曰昔車師後王姑句家矛

端出火其妻殷紫㸚曰此兵氣也利用殺敵又晉惠帝永興元年成都王伐長沙每夜戟鋒有光如懸燭以此卜之勝氣在我無疑矣未幾海寇果授首參錢鋆撰本傳

廣濟縣

李奇觀字巨海孝友質行鄉人化之少時與金之純同學研求濂洛大旨以力行爲歸當明末寇亂里中立守望營保障衆推李公長者主其事事平家居授徒多所造就姪必泰甥金德崇德嘉皆出其門卒祀鄉賢

陶起庠字謹之乾隆己亥舉人安陸教諭父大眉曾任是職議建節孝祠未果因卒成之教士多所成就致仕歸十餘年卒起庠性純篤事親以孝聞終身孺慕不衰與人接皆矢以誠

嘗病學者徒務記覽爲辭章不明正學乃取四子書研精提要著四書集說其書一以朱子爲宗於漢唐諸儒之說抉擇精審誠有裨於後學

黃梅縣

石喬年字偓尹礪子諸生石氏自崑玉中丞不阿宰輔直節震天下一再傳並以忠孝著喬年少即敦氣誼崇名教不治帖括家言寂處湖濱杜門著述皆能明道見志判別人禽義利之界極精時徵博學鴻詞楚使者薦舉喬年辭不赴黃利通爲立傳

補遺

明

麻城縣

鄧光舒字葆之萬歷丙午舉人授浮光廣文歷陟廷評寺正守廣南致仕留心性命之學嘗曰心爲主則諸物爲奴視黃金爲瓦礫不難也幼常爲後於伯父伯父舉子甫三歲而沒光舒撫循教訓既長舉遺產悉授之歸本生父此傳王志未載兹從康熙乙丑蘇志補錄

文苑

宋

黃岡縣

潘大臨字邠老性警敏不羈以詩名於時與蘇軾黃庭堅張耒洪芻徐俯輩游庭堅稱爲天下奇才臨川謝無逸嘗問有何新作荅云秋來景物件件是佳句恨爲俗氛蔽翳昨有詩云滿城風雨近重陽忽催租人至遂敗意止此一句奉寄聞者賞之年未五十卒著有柯山集祀鄉賢弟大觀亦能詩名與兄埒

何頡之字斯舉篤學善屬文自號樗叟蘇軾謫黃建雪堂頡之作上梁文爲時所稱有黃州雜詠詩陸游讀而和之黃庭堅

宿黃州觀音院鐘樓有詩云鐘鳴山川曉露下星斗溼老夫梳白頭潘何塡篪集謂大臨及頡之也

孫賁字公素爲韓魏公琦書記琦知之深後官奉議郎蘇軾嘗與之摹魏公詩勒石

蘄州

夏侃字均父自府曹左官祁陽監酒文詞富贍儕輩罕及著有遠游堂集 補錄通志

黃梅縣

王仲瑄性敏慧善綴文崇甯間進士官翰林學士

元

黃岡縣

滕賓字玉霄至大間爲翰林學士有文名嘗作韻府羣玉序卒祀鄉賢

明

黃岡縣

潘子安由薦舉任四川夔州府同知工詩賦著有海天清嘯集

王廷陳字穉欽父濟吏部郎中廷陳穎慧絕人幼好弄父抶之輒大呼曰大人奈何虐天下名士正德丁丑成進士選庶吉士益恃才放恣故事兩學士爲館師體嚴重廷陳伺其退食獨上樹杪大聲呌呼兩學士無如之何佯弗聞也武宗下詔南巡與同館舒芬等七人將疏諫館師石珤力止之廷陳賦烏母謠大書於壁以刺珤及執政皆不悅已而疏上帝怒罰

跪五日杖於廷時已改吏科給事中乃出爲裕州知州廷陳不習爲吏又失職怨望簿牒堆案漫不省視夏日裸跣坐堂皇見飛鳥集庭樹輒止訟者取彈彈之上官行部不出迎已而布政使陳鳳梧及巡按御史喻茂堅先後至廷陳以鳳梧座主特出迓鳳梧好謂曰子候我固善御史卽來候之當倍謹廷陳許諾及茂堅至銜其素驕蹇有意裁抑之以小過榜州吏廷陳爲跪請茂堅故益甚廷陳大罵曰陳公誤我直上堂搏茂堅悉呼吏卒出鎖其門禁絕供億且將具奏茂堅大窘鳳梧爲解乃夜馳去尋上疏劾之適裕人被案者逸出奏廷陳不法事收捕繫獄削籍歸世宗踐阼前直諫被謫者悉復官獨廷陳以罣吏議不與屏居二十餘年嗜酒縱倡樂益

自放廢士大夫造謁多蓬髮赤足不具賓主禮時衣紅紫窄袖衫騎牛跨馬嘯歌田野間嘉靖十八年詔修承天大志巡撫顧璘以廷陳及顏木王格薦書成不稱旨賜銀幣而已廷陳才高詩文重當世一時文人才士鮮能過之著有夢澤集卒祀鄉賢明史文苑傳

王追美字輝之廷儒孫七歲舉郡神童郡守疑其妄試之應聲而就乃大驚補諸生搜羅圖籍悉力爲詩古文嘉靖辛酉舉於鄉放情山水詩酒自娛著有岣嶁山人集子一鳴自有傳

呂禧字本善總角作烈女旨酒二賦奇字盈幅時人莫識也王廷陳見而奇之呼爲國器嘉靖辛卯舉人授丹稜知縣性簡靜吏事清飭暇卽吟詠不輟楊愼爲序其蜀稿年九十卒著

有見一山人集子應端諸生以博學稱孫元音自有傳

王一鳴字伯固追美子七歲郡舉神童登萬歷丙戌進士與同年謁政府王錫爵獨揖之曰子天下才也會修國史大學士趙志皋薦有詔徵用未上而史局罷授太湖知縣發廩煮粥修築隄堰民賴以蘇居四載移任臨漳兩臺藩臬使者有撰著悉屬焉卒於官著有朱陵洞稿祀鄉賢子封東諸生善書法

秦繼宗字西汀萬歷甲午舉鄉試第一授饒陽教諭庚戌成進士累官戶部郎中爲人德性純厚力學不懈經其指授者皆有成就著有尚書彙解禮記疏意行於世

呂元音字節之禧孫髫甫燥以文名比長學益博知縣茅瑞徵修輯縣志舉屬裁定論者多稱之天啟辛酉以拔貢舉於鄉未仕卒從孫德芝字時素歲貢生亦有文學嘗輯黄岡續志數卷考校古蹟頗多詳核云

王同軌字行甫高才博學以貢爲南太僕寺主簿與國吳國倫雅重之同呂元音修輯縣志稱善本著耳談二十四卷備載明代嘉言懿行及幽隱神怪之事子追醇有才名著有漁唱等篇文通明詩初選等集同時有汪世楨何譔宋家瑚方日旭亦以博奧聞

孫應鴻字茂長諸生少勤學淹貫經史百家案積萬卷信手拈取無不習熟書法亦工妙與黄梅瞿九思善九思所訂六經皆資折衷尤精易傳著有河洛理數詮等書子錫蕃詳宦蹟

鄭先慶字亦懷明末諸生博學多才放情塵表于清端成龍所稱肯巖老人也嘗爲跋漁舟詩又序其集而刊之欲使讀書談道者知江漢間有張子同陸鴻漸其人也卒後金德嘉爲表其墓子昱詳宦蹟

蘄水縣

郭文輔字艮卿少貧父使牧牛輔挾筆硯及獨足几就巖間註周易宏治甲子舉於鄉官鹽課提舉著清聲解官歸家忽火文輔籲天曰有不義物願焚之火遽滅嘗曝日中葺敝履督稅吏執之詰知爲文輔甚懼文輔曰汝非知我笑而遣之

朱期至字子德袗子萬歷甲戌進士與江夏蕭艮有京山李維楨俱以佳公子登上第出爲懷慶知府志意廓如以清靜爲

治與蘇州山人胡之驥善卒後之驥詮次遺稿名玉屋山人集弟期昌字辰翁萬歷庚戌進士常州知府蚤歲以文學顯名爲楚十二子之一卒祀鄉賢

周光德字翼明萬歷壬午舉人授渠縣知縣值旱雹光德設壇禱禳有麥秀岐穗之瑞是歲不爲災聞親病乞歸養博綜羣籍凡天文地理兵屯法律之屬莫不研究著有太極圖說卦傳衍義諸書卒祀鄉賢子健行字弦玉歲貢生父喪廬殯所殯側有古松枯榦復生習井冬溢人以爲孝感生平博學工古文詞孫壽明進士臨海知縣明亡以遺逸終傳詳宦蹟

郭士望字應璜舉萬歷癸卯鄉試第一甲辰成進士選考功員外郎典試山西歷官福建按察使才長學富爲文瑰瑋奇麗

卒祀鄉賢

黄正色字美中可久子崇禎丙子舉人授蕪湖知縣有冰蘖操不可干以私未幾乞歸茆屋數間圖書滿前接討無虛日善書人有得其片楮者皆寶之著有黄氏文統畏合堂稿

金甌字卜公玉節子少孤事母以孝聞與黄正色王一翥劉侗輩以文章道義相期許崇禎壬午舉於鄉值寇亂道梗未上禮部試明年城陷病沒年五十一子思默諸生工詩古文一時名公雅重之

徐宗齡字商賢諸生弟祖齡字周史廪生少孤奉母林教立志奮發稍長並有名於時與曹允昌黄正色以詩文相摩切祖齡慼慨時事所抱尤偉是時楚中破敗巡撫何騰蛟江防道許文岐就大學士姚明恭所籌畫恆延祖齡抵掌其閒多忠謀讜論惜不能用祖齡子子芳詳儒林

麻城縣

梁宸字西橋少穎悟嘗館沔陽編修童承敘家童偶閱漢書有遺失宸悉記誦無訛弱冠食餼三讓貢於年長者卒就教職與許吏部善臨選許令自擇宸曰有命乃簽成都許爲悵惘又欲致其子補廪餼辭曰年少當力學功名易得亦易失也

熊吉字子敬經孫以歲貢官南陵訓導課士有方督修城池收瘞暴骨縣人德之陞璧山教諭不赴解組歸與毛鳳起劉承烈等講學邑中著有柏舉文集麻城志略等書

鄧楚望字震卿逵孫嘉靖己未進士歷禮科給事中伉直敢言

後以言事忤旨出爲順德知府旋轉浙江觀察使致政歸築百可園優游林泉日以賞花賦詩爲樂著有詩删續稿

邱齊雲字謙之嘉靖乙丑進士授富順知縣歷戶部郎出爲湖州知府致仕歸年未四十宦情甚淡惟寄興詩酒耽懷游覽著有吾兼亭集粵中稿國雅中選集等書子坦字長孺萬歷丙午武舉官至海州參將旋棄官歸與梅之煥李長庚劉侗時相唱和著有南北游草楚邱集度遼集諸稿

王兆雲號赤厓博學家多書築垂雲樓藏之交遊悉江左名士著有王氏青箱錄明詞林人物考等書子陞號西陽工書

魯晟號秋崖之賢子歲貢生博學瑰行爲邑名士閩人吳與滋爲立秋崖逸老傳所著詩文極富散軼殆盡今惟爲邑人周

禮作蝶園詩草序尙存
劉侗字同人爲諸生有名受知督學葛寅亮禮部以文奇奏劾侗與景陵譚元春黃岡何閎中降等自是名益著初游京師與同里周損著帝京景物略所爲詩文皆幽古奇奥無一字拾人殘瀋崇禎甲戌成進士之吳縣任卒於維揚舟次侗以千秋自命不苟同於世惜未竟其用時有周世遴字伯譽妙齡儁才並見賞於葛學使早卒有文稿傳世陳際泰序之
曹允昌字石霞崇禎己卯舉鄉試第一癸未成進士喜讀書不任吏事授嘉定知縣棄歸奔父喪於永昌時黃岡何閎中客死於滇允昌並挈其櫬歸至昆明昌以哀毀卒家人欲置何柩屢舁昌柩不起其弟允明祝曰得匆爲何先生乎今當偕

行耳乃發昌與何並未一面聞者益歎其義所著詩文雄奇偉岸人爭誦之
案允昌由知縣左遷福建照磨轉入雲南順治八年潛歸里内院洪承疇檄致軍中允昌佯狂謾語醉吐污洪茵又以詩誚之遂遣歸見白茆堂文集

黃安縣

盧大儒原籍麻城居中和河東學者稱東河先生嘉靖丁酉副榜歷浮光唐縣兩學教諭陞鳳陽府通判少讀書日可盈寸稍長博極羣書尤精胡氏春秋子孫遂世其學焉子廷篪詳孝友孫堯臣詳宦蹟
王心正字定宇萬歷己卯舉人黃安設縣以來舉於鄉者自心正始嘗應雲南鄉試同考聘得士六人多捷進士人稱冰鑑後歷官嘉興通判有清操
耿汝愚字克明定向長子年十七游庠兩舉副貢生嚴毅狷介時俗敬憚博通經籍於字學尤精著有韻會類編從弟汝忞字克勵定力子聰穎好學寓目不忘萬歷乙卯舉人與焦竑艾南英論文賦詩無意仕進
吳光龍字荀長化子十歲能文十八爲學使董其昌所賞識旋舉拔貢生廷試第一文譽日隆與邑人秦如容共捐貲建置會館及授廬江知縣循聲林著僅八月告歸宦橐蕭然善古近體詩工書法尤喜作徑尺大字凡商周彝鼎晉唐書畫鑒别眞贋不差累黍一時推爲風雅之宗年七十九卒

吳采字君素年十二補諸生學使葛寅亮董其昌皆奇賞之長益博學强記廿一史中輿地爵秩過目不忘書法得眉山之奥以歲貢官通山教諭尋擢成都通判道梗不能赴遂歸

羅田縣

蔡惟忠博覽羣書尤精究於五子暨眞氏蘇氏書由歲貢授滄溪訓導以建城功陞知縣致仕歸
朱正振字敘九廩生明季寇亂廬舍盡焚父爾且避兵猶袖書督課遂博通羣籍工詩古文詞著有亦山詩草

蘄州

甘瑩字德輝成化戊子舉於鄉授福甯知州抵任數日卒生平尙氣節能詩尤長於樂府祀鄉賢

華鑾字伯瞻仲賢子幼負儁才弱冠舉成化丙午鄉試第一丁未成進士授編修性凝重文詞清麗館閣推重之尋卒李東陽誌其墓祀鄉賢

郭承恩字惺寰性靜無他嗜精研經史及先天理數之學由歲貢累官什邡知縣冰蘗自矢暇與諸生講論學術鄉封多負笈至者告歸著作甚富卒年八十九祀鄉賢孫從詳藝術

王儀字望之正德庚午舉於鄉累官思恩知府吏民懷之生平能文章好著述致仕後與郡守正修蘄志十二卷以高簡稱

守正字中夫嘉靖癸未進士累官懷慶知府告歸與儀游一時碑版文字多出其手

陳仁近字元復博學好古寒暑一鐙不輟嘉靖庚子舉於鄉官

眉州知州告歸著有春秋一是應叩鳴諸集顧問評其書曰大雅之音彎乎沈沈難諧俗心

李時珍字東璧號瀕湖言聞子諸生生時有紫芝生庭白鹿入室之異精岐黃術官楚王奉祠正王薦於朝授太醫院判時珍學問該洽著述甚富其本草綱目一書窮搜博採芟繁補闕歷三十年閱書八百餘種稿凡三易而成卒後子建元上之朝敕禮部刊行王世貞董其昌爲之序崇祀鄉賢子建中詳宦蹟建木詳篤行參明史本傳

顧大訓字德蒙闕子歲貢生授南昌府通判少折節讀書藏書五萬餘卷手錄千餘卷書法精嚴無一字誤著有續高士傳八卷雜文詩詞八卷子天錫自有傳顧氏家傳

顧天錫字重光天啟歲貢生博通經史受知於督學董其昌入北雍對策語及閹寺主司乙之尋選中牟知縣不就嘗講學海淀天津歸陳先世遺書教子景星名重海內著有易林說史評顧氏蘄州志及石室集詩文景星詳隱逸

袁橐亮字公寔世振子歲貢生少磊砢不羈詩古文詞援筆數千言時錢謙益譚元春常相唱和與同郡王一翥吳亮思曹大聲易道暹馮雲路汪陛延詹謹之劉侗俱有名復社値寇亂不屈死詩文多散佚

廣濟縣

寇學海字巨源博學工詩嘗獨往廬山白鹿洞鍵戶數年取魏晉盛唐諸詩冥會之大有所得已而歸里名滿公卿間時稱

寇山人晉慶成王願交驩山人辭不見使者三至乃往王延入南鬻坐敬禮殊於他客由是山人名益高所至輒傾倒轍迹且半天下顧性任俠不羈橐中裝隨手散去倦游歸徒四壁立諸名士過從累日夜不絕其卒也停厝淺土萬歷中知縣桐城劉允昌始遷葬於縣東郭畢四嶺伐石表墓並刊其二餘齋遺集王志入隱逸今依縣志移入

劉養徵字敬伯賓子諸生家貧工吟詠自號康谷子詩宗何李而稍自放逸黃岡何譔何謙兄弟皆博學與養徵交最深歲時通有無均休戚如同氣然養徵以苦吟卒譔弟兄不遠三百里賻其喪並爲刊其詩集弟養吉詳孝友

張皆然字匪譽其先世子龍太守以詩雄江漢間皆然業尤力

爲諸生亦顯名嘗遊京師交遊多海內賢俊歸治圃於月塘讀書其中著有兩易子集

饒嘉元字鈍庵之初孫年十二冠童子軍初爲詩不善劉養微目攝之遂止不爲乃讀書大藏寺偏覽古今詩卒與養微齊名中天啟辛酉鄉試典試者爲江陰繆昌期得嘉元文大賞契後繆及於難哭泣成疾死著有夢謝堂詩草弟嘉繩亦能詩從子來中字厥修學問該洽詩名震一時崇禎己卯舉於鄉國變後不上公車著有晚照堂集

楊大鼇字用極萬歷庚子舉人上禮部不第游南雍南雍諸生千餘人盡識之歸囊竭舟過彭澤適其父故人爲邑宰邀之竟挂帆而去年三十卒知縣劉允昌刻其集子晉字子馬諸

生能繼父業

吳亮思字幼睿崇禎歲貢生少從劉養微爲詩有聲黌序錢塘葛寅亮督楚學覽其文激賞之由是與同郡何閎中樊維城黃正色王一翥齊名十三年有詔按才禮部尚書林欲楫耳其名以應選爲權貴所擯放歸子敏權有文名

劉子杜字幼陵年十二爲諸生好學負經世志詩文皆有聲明季亂撫時自傷故名字皆用杜少陵詩名浣花溪寄意也年二十六卒妻王氏守節遺孤王乘舒峻極以女字之後爲諸生有文名孫三本烜歲貢咸甯訓導本烇諸生本煒國學生俱克紹家學本煒博覽羣籍著作尤富

黃梅縣

胡宦字仰成諸生學問閎博文不屬草頃刻盈數紙出入經史學者稱南邨先生同邑瞿星字景星舉嘉靖癸卯鄉試文詞與宦齊名

程夢麟字子瑞萬歷歲貢生幼英敏應試立成數藝督學姚奇之謂孺子其宿構耶對曰左思一紀公權七步才遲速皆天也遂入郡庠後選四川推官不就嘗纂修邑志復與修省志著有麟經語錄忠孝通考等書

吳宗吉聰穎嗜學工詩文築梅山精舍日以著述爲樂後膺薦辟授英山知縣卒祀鄉賢

洪度字公度崇禎歲貢生工詩文兼善篆隸嘗從汪侍郎可受於黃連洲別業適洪濤浮儆篋至發之乃宋僧道肯集篆金剛經三十二分字多磨滅度精思七晝夜重臨刊布董元宰何象岡諸公釋以小楷摹勒上石藏都門摩訶庵明季城陷被執不屈死子鳴夏諸生有父風

國朝

黃岡縣

劉子壯字克猷一字稚川髫齡穎慧屬文即驚其耆長弱冠舉於鄉順治己丑

賜進士第一人授修撰制策條奏如開

經筵立滿學教習及屯衛諸大政皆蒙次第舉行垂爲令甲壬辰充會試同考所拔多知名士尋告歸蕭然如布素性孝友九歲失恃每念母輒爲孺子泣遂以屺思名其堂嘗過吳門有

小吏被誣繫獄白於令脫之吏鬻女得金以獻子壯急贖還之官翰林時捐金贖同鄉難婦俾得完聚他篤行多類此少讀書舉洲文昌閣省身維謹旦晝所爲夜必焚香以告天平生覃精論著所作制藝經術爛然雄深古厚陵轢一時與漢陽熊伯龍齊名至今學者奉爲蓍蔡卒年四十四祀鄉賢著有岵思堂詩文集行於世參先賢學行略

高思忠字孝移順治辛卯副榜少穎異每試冠軍督學高世泰奇其才招同修三楚文獻錄後以康熙戊午歲薦授遠安教諭以疾未赴任

高登雲字丹壑順治辛卯拔貢授嘉興知縣有惠政晚告歸與奚祿詒同修郡志謹嚴雅潔有陳承祚遺風杜濬嘗爲序其

詩稿所著有羣書衲四卷續羣書衲四卷參楚詩紀

汪煉南字冶夫世極子順治壬辰進士選庶吉士授編修值楚省大祲倡請蠲賑辛丑督順天學癸卯庚戌鄉會兩元皆其所拔士甲辰考最晉侍讀學士以疾歸卒於舟次

朱日濬字菊廬好學博文端方自守順治歲貢生均州訓導講說經義後進以爲典型著有五經門句解百餘卷黃州文獻錄六卷門人王材任梓行之

王澤宏字涓來用予子順治乙未進士選庶吉士累官禮部尚書立朝持大體御史某疏請流人宜徙烏喇澤宏不可事得寢又嘗上疏請移湖口關還九江商民便之爲建生祠

聖祖仁皇帝先後賜以夙夜惟寅及尊道堂匾額尤工詩著有鶴嶺山人詩集福清魏憲稱其五古則鄴下彭澤七古則浣花徂徠近體則絳州鹿門飄飄乎如蟬蛻之遇秋風洽然善矣子材升貢生能詩材任自有傳

王封濚字五書順治戊戌進士選庶吉士時年甫十八居官廉慎康熙間

御書尊德堂額賜之累官禮部左侍郎年六十餘卒於官

賜祭葬著有蒙春園詩集子如稱諸生亦能詩

王追騏字雪洲同觀子順治己亥進士選庶吉士改給事中多所建白以乞養歸閉戶窮經者二十年時以博學鴻詞徵不就晚好易象懸河洛圖於座朝夕省覽著有居俟樓集

樊維域字念庵玉衢子少失怙事母以孝聞順治己亥進士教

授德安課士以孝弟廉隅爲本遷平鄉知縣以廉能稱因母老乞歸卒祀鄉賢子齊伊舉人官中書齊英諸生孝友文學鄉評重之

奚祿詒字克生順治己亥進士博覽羣籍爲文力摹西漢累官常州府同知有清名歸無長物嘗修黃州府志文筆簡潔著有知津堂集

葉封字井叔先世嘉興人父長青明末官黃州衛經歷攝黃陂令賊至殉節死封占籍馬後徙居黃岡樊湖讀書養母順治己亥成進士除延平推官改登封知縣復嵩陽書院院側有宋崇福宮故址稽史得司馬文正公以下曾以宰執領宮使者十有二人祀以祠置祀產焉旋遷西城兵馬司指揮封少

負英姿學詩於外舅杜濬在京師與宋犖王又旦曹貞吉顏光敏田雯謝重輝丁煒曹禾汪懋麟稱十子王士禛定其詩合刻之士禛最賞其嵩山諸詩謂當專集單行毛際可亦稱其嵩游草可與施閏章中岳少室詩相伯仲嗣又以所作己庚詩郢中懷古詩寄士禛論次風格益高兼精爾雅說文訓尤工篆隸後以博學鴻詞薦還工部主事未上而卒著有慕廬集嵩山志嵩陽石刻記（參先賢學行略）

案封居樊湖同邑王澤宏以翰林里居月夜汎舟湖上聞書聲出菰蒲中先悲婉而後怡悅如懶瓚之在衡山者曰此必井叔也迹之果然（先賢學行略）

周世甦字甯質號丹崖以歲貢官瀘溪訓導詩文皆淹雅可誦

居雅淡洲與劉子壯曹剛來友善嘗爲屺思堂集作敘所著有丹崖詩文集二卷尚存

鄒亙初字公竈與操之盛同學爲諸生皆有聲一日亙初講學之盛聆之瞿然若失遂北面執弟子禮時以爲難亙初文本經術教人以德行爲先之盛字右恆文詞雄偉康熙癸卯舉人天門教諭爲理欲消長榮枯循環二圖說令學者省察晚歸與亙初修葺問津書院以啟後學亙初子江遐諸生孫士通舉人通城教諭之盛子士望貢生皆能傳其學

胡思樊字樊川康熙丙午舉人鄖陽教授風流文采照耀一時卒於任著有樊川詩集

欽士佃字文思康熙癸酉舉鄉試第一庚辰成進士官翰林少孤家貧汲水拾薪事母以孝聞性澹泊臨事不苟工詩古文學院韓菼極推重之謂爲尹師魯梅聖俞之亞著有瀛洲集

程芳烈字子揚少爲文敏而有法康熙己酉副榜嘗環屋種松千株號半山莊讀書其中不關世務後選竹山教諭不就子之駟　恩貢生善書孫後濂自有傳

詹大衢字麗明謹之子康熙壬子副榜翰林院孔目居母喪有白燕來巢之異穎敏力學寒暑不輟著有大易疏晦於朱子本義大有發明兄大衡貢生黃陂教諭子士朗貢生嘉魚訓導從子士懿戊午舉人漢陽教授一門俱有文學

靖乃勷字敬庵諸生好讀書尤精三禮之學受知於蔣學使永修性慷慨有經濟才康熙十三年山寇蠢動知府于成龍討平之勷贊畫之功居多縣有嚚胥飛灑無徵錢糧於其族族人莫辨勷取冊一覽卽燭其弊其才識多類此子道謨自有傳

陳芳烈字仲紀康熙歲貢生好古勤學博極羣書尤潛心易理爲文雄博浩衍著有觀心堂集

胡之太字康臣讀書目數行下九歲失怙恃依叔氏自給奉事無異所生康熙戊午舉人授長沙教諭先行誼後文藝學者宗之擢溗水知縣以老病謝歸之太夙擅才名甲子與修通志年九十卒著有萃古名言及卦餘集

王材任字擔人澤宏仲子康熙己未成進士澤宏方官翰林學士材任不肯留京師曰吾將歸而肆力於學歷官僉都御史

持法平允糾劾不避權貴著望雲白沙及集唐和蘇諸集統
曰尊道堂詩鈔先是澤宏領袖詞林風流文采傾倒一時所
著詩安和醞雅有燕許臺閣氣象及其投老江南矻矻風雅
遠近奉爲總持材任饒有父風尤工七律集句幾於無縫天
衣歸田後住常熟虞山之西磵故號西磵泊長洲沈德潛稱
詩吳下材任歸然魯殿靈光猶與同人唱和險韻成集想見
此老據鞍矍鑠興不淺也（參先賢學行略）
案材任歸田後沈德潛於歲正八日因招飲賦贈云接引
詞流老愈謙山莊留客夜猒猒酒懷還逐風情好詩律眞
同將令嚴屋角一枝梅破萼天邊半鏡月窺簾閒身正許
關農事穀日欣聞大有占雲山高臥是　君恩往事追思

歲月奔虎尾履餘猶有悸袞衣補就略無痕青尊紅燭人
逾健花史茶經客共論相約鏗鏘押强韻雪車冰柱集韓
門（歸愚全集）
宋如辰字斗凝康熙甲子舉鄉試第一乙丑成進士選庶吉士
澹泊自守朝會供直外閉戶著書炊煙常絕泊如也歷春坊
中允致仕歸教授自給家居三十年邑令罕見其面弟敏道
字白山壬午舉人工詩古文孫本敬詳宦蹟
陳大華字西嶽肇昌子年十四與諸文士泛舟鸚鵡洲賦詩曰
漢祚日已非志士憤不已褊心固其常英氣亦何偉不見大
小兒捐生同一理長嘯俯大江日暮酸風起諸文士爲之閣
筆年二十二舉康熙庚午鄉試第一手撰錄經史成帙書法

雋逸遒麗卒年三十二著有石髓集詩六卷書法緒言十卷
嗣子師栻舉人德平知縣修築隄堰捐置義田義冢義學士
民賴之著有敬義堂集
張光璧字斗符諸生父本忠廬父墓側賊至將掘其墓冒死捍
護賊釋之順治甲午舉於鄉官江陵教諭光璧博綜羣籍七
歲善屬文十八應郡試作涵輝樓賦文不加點知府何應玨
大加稱賞嘗以郡志多所闕誤殫心補輯成郡志注遺五卷
事繼母馮曲盡孝養馮沒哀毀成疾卒子亮采有學行蚤卒
士林惜之孫念祖自有傳
萬燦字季方爾昇子康熙癸酉舉於鄉同舉者爲袁豐欽士佃
丁光偉皆有名文場而燦尤藉甚官歸州學正文章法度一

變舊習人比之子厚之在柳州焉以母老假歸母沒哀毀骨
立旋卒子娛祖歲貢壽祖舉人咸能傳其家學
陳大慶字頤伯於書無所不闚一覽不忘能詩尤工樂府康熙
丙子舉於鄉除桐鄉知縣有惠政解組歸家徒四壁而豁達
自如人服其高致著有樂府及古近體詩四卷
張楠字耕石康熙辛卯舉人好古博涉過目即能成誦爲詩刻
削清麗敏捷過人嘗和友人百韻詩援筆疾書名噪一時晚
授衡陽教諭詩多散失
王楙績字乃言父漢澳早卒家貧母佘氏年二十一苦節育之
楙績勤學好古爲諸生有聲康熙乙未成進士除永州教授
主講嶽麓書院雍正四年與修省志以疾告歸子光珮進士

歷官通渭登封知縣廉介嚴明士民稱之
吳純德字以占諸生潔己好修讀書不事章句務得其要傾著
有古文纂略諸書
靖道謨字誠合號果園乃勷子才識英練學求實用以文學顯
楚中康熙辛丑進士選庶吉士雍正元年官雲南姚州知州
下車訪求民間疾苦除陋規清積案獄訟寖少以病乞歸歷
主鼇山白鹿江漢書院先是關中名儒王心敬講學江漢海
內所稱豐川先生者也道謨往受學焉復游於楊文定名時
之門由是學益純粹嘗修雲南貴州兩省通志 四庫全書
提要謂其刪訂釐正條理分明乾隆十四年修黃州府志義
例簡潔迄今賴是書以爲援據乾隆元年豫督王士俊薦舉

博學鴻詞十五年楚撫唐綏祖復以經學舉皆不赴家居孝
友建祠宇置義田六百餘畝以贍族人又倣朱子社倉法儲
穀備荒凡積累四十餘年而後成鄉故多水爲築隄障之數
十村得免水害年八十四卒孫本詡舉人有學行安陸教授
朱棨扶字典傳雍正癸卯舉於鄉教諭南漳振興文教與修安
陸襄陽鄖陽府志以艱歸哀毀踰常性廉慎樂施勸善至老
不懈乾隆戊辰成進士未仕卒
孫偉略字頤園雍正癸卯拔貢潛心理窟以程朱爲宗卒年八
十餘著有四書參訂語錄十三經原委等書
王道明字雙崎少孤貧母陳夜爇柴以供讀道明奉母訓益發
憤通經史諸子爲文工鋪陳排比似陸宣公奏疏以雍正癸
卯歲貢授武昌府訓導嘗道重其學行延掌勺庭江漢兩書
院貢生主講江漢者金壇王汝驤外惟道明而已卒年九十
六著有雙崎詩文集孫士珍詳宦蹟
周祚縉字炎紳雍正丁未進士官施南教授少英敏年十六補
弟子員家貧力學博稽羣籍搜奥探奇爲文高簡澹遠有涵
齋文集行世
王如玫字二思父封權諸生純孝篤學如玫雍正五年舉賢良
方正授監利教諭培植士類人咸感之卒祀名宦生平力學
勵品性激岸寡言笑嘗與江陵張旋均選楚北詩佩行於世
時同舉者邱艮驥字渭牧家貧力學敦行誼官通城教諭
程後濂字貢書芳烈孫乾隆丙辰進士事大父及父母朝夕服

侍躬滌污穢家有薄產舉以讓弟生平篤志力學嘗以博學
鴻詞舉未赴河東總督白鍾山奇其才辟署海贛同知尋以
父病乞歸著有治河末議
周茂建字展野世達子通經博學文章卓然成家游江漢書院
夏太史力恕目爲畏友不以儕弟子列乾隆丙辰舉於鄉任
石首教諭
萬嵒字三峰乾隆庚子舉鄉試第一事親以孝稱敦行誼博通
經史初選來鳳訓導母老乞養服闋授宜城教諭訓士以崇
實爲先旋引退著有三餘隨筆一百二十卷年九十童顏兒
齒望之若仙
宋鏊字愼三如辰從子誠篤好學有文名乾隆辛酉舉人壬戌

登明通榜官恩施教諭創修施南府志丁丑成進士任安陸
教授以誘掖後進爲務多所成就著有四書分辨詳解子治
咸自有傳
張念祖字緒玆乾隆辛巳進士藏書萬卷手丹黃甲乙皆徧自
四書九經及史記爾雅文獻通考皆有纂釋約百卷又有可
齋詩文集三十餘卷少孤事母孝母病篤夢神授以鍼法依
用之遂瘳從兄某析產蕩盡念祖迎之歸復均田宅需次銓
部未選卒
邱士麟艮驥子乾隆庚子舉人博學强識習春秋左氏於劉鄭
賈服之學多所發明同里萬希槐淹貫經史儕輩中無足當
其意者獨與士麟善每共談論輒歎服

王鑾字伯聲號徒洲髫齡出語輒驚人年十四入庠游江漢書
院巡撫梁國治山長張曾敭皆奇之爲文高古閎深時以方
邑先輩王廷陳中乾隆丙午副榜遠遊粵黔放情嘯詠歸徙
居邑東古高士莊自題其閭且作墓表年六十餘卒子源峨
能詩門人王鶴嘉慶戊寅舉人亦辯博能屬文
李鈞簡字秉和號小松長青子乾隆丙午鄉試第一己酉進士
幼端敏三歲侍大母膳置膝上匙箸或參差輒取正大母奇
之五歲解賦詩及釋褐授編修嘉慶己未分校禮闈庚申典
江西試復視學江西擢內閣學士三執文衡得人最盛盧坤
鮑桂星白鎔花杰皆出其門先是鈞簡入詞垣有權要聞其
才欲羅致門下鈞簡不與通故葳之十載其人敗乃歷官工

兵吏三部侍郎十年
聖駕東巡獻一東全韻九言詩
賞蟒袍一襲十四年出督倉場請復通倉舊制開溫榆上流皆得
旨施行至今稱便會因事鐫級補侍讀起順天府尹尋以編修致仕
鈞簡生有至性事父母極孝文詞雅健晚更沖和著有周易
引經通釋融齋日錄
萬希槐字蔚亭嘉慶歲貢生九歲能屬文博通經史百家言經
指授者多所成就聞藏書家不遠數百里走致之著有困學
紀聞集證錢塘陳嵩慶蘄州陳詩序之謂爲王氏之功臣閻
何之諍友後爲南漳訓導
宋治咸字小阮鏊子嘉慶辛酉進士授仙居知縣政平恕先是

台州獲洋盜僅憑通事言定讞死四多冤郡守檄治咸鞫勘
研詰乃俱商民以誤拒汎船被捕立出二十餘人罪台民德
之後緣事免歸歷主鷺洲中江聚奎河東書院年八十六卒
著有幾復堂詩古文集孫焜詳孝友昞詳忠義
萬承宗字梓巖年茂子嘉慶甲戌進士選庶吉士改都勻知縣
擢知府歷大定平越兩郡有慈惠聲歸田後主荆南書院旋
主江漢書院閱十五年造士有方先是年茂掌教江漢時承
宗生於講舍至是六十年仍主講席肄業生以世德作人稱
之生平於書靡不窺耄猶好學修江陵縣志又與邑人張履
恆同修問津書院志典覈詳贍車服禮器考據特精子鼎恩
詳忠義鼎勷詳宦蹟鼎宣廩生性孝友父病侍寢席衣不解

帶以憂勞成疾卒

張履恆字長溪嘉慶甲戌進士官內閣中書治易尤精周禮學爲文清剛遒宕力掃浮靡引疾歸杜門謝軌著述自娛主講河東書院纂修縣志及問津書院志又嘗輯周禮以教學者

謝焱原名道堦字暘夫道光乙酉舉人幼聰穎喜博覽下筆數千言如宿構初充嘉慶癸酉拔貢生學使鮑桂星奇其才曰小謝清發今在子矣由是名動公卿問後以大挑分發安徽任霍山婺源等縣公餘仍勤著述古文駢體文均有家數尤工古近體詩解組後嘯詠林泉誘掖後進惟纂修邑志一至郡城著有暘夫詩鈔四十二卷年七十五卒

萬裕臨字靖園　恩貢生文藻華贍教人以敦品勵行爲本嘗

主講河南正陽縣奎林書院縣最陋百餘年鮮捷秋闈者自臨掌教文風丕振屢掇巍科生平撰著甚多爲時所重

王佐猷字介臣道光壬午副榜性簡傲勤學不倦爲文謹守繩尺及門多所造就同治十一年重遊泮水年八十三卒

陳棫字晴嵐歲貢生天資穎敏於書無所不闚弱冠有聲庠序諸名士樂與之游性任達不羈年四十家居教子弟遇里黨寒畯輒資以膏火督教之終日坐齋中肆力蒐討聞遠近有異書必力致之里中推爲通儒著有廿二史蒙求疊韻十六卷子堯松字東喬生有夙慧五歲善屬對年十九游庠食餼肄業江漢書院山長袁銑學使吳其濬朱蘭皆目爲大器歲科課試屢膺首選道光乙未舉於鄉生平博通經史才思濬發詩文皆閎中肆外著有史餘六卷及詩古文集年四十二卒時同族員文譽者芳字香山壬辰舉人回始吳氏延教授子弟以名德重於一時

汪士倫字彝仲歲貢生少以孝稱學問淵博爲文師南豐詩學劍南教人以朱子小學爲本尤喜徵文考獻凡三楚人物罔不搜輯論列嘗籌建杜茶郵祠並刊變雅堂集所著有春秋內外傳集釋皆散佚僅存挹雲書屋文集一卷西坡詩鈔二卷

梅見田字菊階道光丁酉拔貢生方聞博學史漢文選每背誦如翻水而尤邃於經說經宗宋儒間亦兼綜漢學制藝初近天崇漸臻正嘉體格詩古文卓然成一家言嘗受知於阮文

達公元袁給諫銑學使朱蘭尤激賞之性狷介喜默坐達官貴人聞其名爭投刺輒避弗見侍郎馮譽驥督學楚中時減騶從訪之議刻其詩文見田固辭馮作楚北遺賢歎詩蓋深惋其數之奇也年七十九卒所譔著兵燹後鮮有存者弟儒寶工詩蚤卒有瑞石遺草三卷

能耀春字愛亭道光己亥副榜通經史凡所論述多發先儒奧旨咸豐間避亂山谷有所感憤採歷代兵事輯成武事類纂一書布政使唐訓方見之亟稱賞將刊行會改官去未果

錢崇蘭字湘畹篤學有儁才工詩爲駢儷文淵雅有則兼治說文學年十七補諸生由拔貢中咸豐己未鄉試初粤賊之亂郡城未復守土官駐邑西之李集招崇蘭襄辦防剿頗著謀

略事平議奬不就徙居城山草堂有竹木園池之勝與弟崇桂崇柏讀書其中足跡不入城市光緒七年邑令延修縣志書甫成病明年有郡志之聘未及赴卒於家著有湘畹古近體詩存四卷駢體文存一卷雜著二卷

蘄水縣

李見璧字元瑩生釆子崇禎己卯舉人生平以著述自任家多藏書縣令劉修邑乘多所訪詢一時壇坫之士皆重其詩文黃正色曰元瑩詩有立乎詩之先者默然深思其於道也不厭奪取而緩出之其推許如此著有宏圃文集宏圃楚詩四書從信錄詮註劉養眞易象義遺諸書

徐灝字若谷少爲諸生才名藉甚有汝南顏子之目順治初以

辟薦授本省潛江知縣旋告歸卒於家子孫淪落僧寮著述散失惟詩還一書見於官純滋文稿純滋稱其祥風善氣溢溢眉睫間於書無所不讀尤嗜洛閩之學語學者切己近裏斷古今是非成敗若燭照數計論五經如洪鐘發聲百谷皆應純滋固非苟於言者

高耀基字文中如岳子讀書目數行下工詞賦好樂府爲文獨抒己見不蹈襲前人一字順治辛卯舉於鄉著有溪潭詩六卷時同舉者陳瑮字非石篤學有異才長於詞賦屢赴禮部試不第授臨潼知縣卒於官祀鄉賢有渫菴詩文集

楊繼經字傳人順治乙未進士累官刑部員外郎篤學工詞賦嘗輯邑乘於兵燹後搜殘補闕攷證者賴焉有菊廬詩文集若干卷王士禎嘗錄其詩入感舊集中參通志

徐暹字公石幼穎悟過人年十四補諸生旋食餼爲文自抒胸臆空所依傍父蕙映以宿學中副貢生母周氏有才學蕙映閨閣中嘗以詩文倡和暹素承家學又外家周氏文學萃於一門暹由是所業益進及明末闔家殉難獨暹墜城得脫故其詩多蒼涼悲憤之音

邢子植字郚士少以才學自負文詞鴻贍性跅弛不羈禮法之士或少之然多其才不以爲過也由康熙甲子舉人爲宜城教諭振興詩文士咸悅服同時有諸生李國琳每樂與談詩時相詰難及國琳老而後歎其非所及也國琳有牆東集草堂集

錢從燮字二友康熙歲貢生承家學窮經研史髫齡入泮試輒冠其曹爲古文力摹西漢邑人從游者甚眾

桂陵字延陵啟芳子廩生爲人奇偉倜儻詩文宗法眉山知縣劉佑置玉臺書院聘陵主講著易經四書正解理學正宗諸書燬於難子曰馪諸生亦有稱

南光發字璞予穎悟博洽隨父夢班之任淮安時長沙陳恪勤公鵬年以事過淮光發訪之投敗葦舍於夜月寒霜中商摧古今達曙不倦以康熙癸酉拔貢試高等候補中書年三十五卒子昌齡自有傳

南昌齡字念貽光發子生四歲而孤寄食外家黃岡王氏蓋尚書澤宏孫女之子都憲材任之從女子濡染熏習十三郎工

文詞年十七旋里四壁蕭然家破於宦心危於孤三世一身九棺在殯經營盤錯從破麓中檢殘書午夜篝燈枕經葄史以江漢澄清賦知名雍正十二年巡撫吳應棻以博學鴻詞舉乾隆元年九月

御試保和殿二次旋放歸益肆力論著尤沈酣於詩自謂始學松陵倡和繼學義山晚嗜昌黎焉子心恭字伯容亦能詩奇氣硉矹豪邁瑋麗卒屯鬱蹭蹬以諸生終邑人王雲輯昌齡詩曰檮野遺詩心恭詩曰豆塍遺詩通志參先賢學行略

徐明理字澹山子芳孫少沈毅英爽為諸生時巡撫吳應棻以博學鴻詞舉薦不赴乾隆辛酉領鄉薦主司陳兆崙稱其文純古淵茂力追西漢嘗從莊有恭校士江蘇莊深重其文行

黃州府志《卷之十九　文苑　四十三

後截取知縣以病辭纂修邑志及廣濟志掌教蘄陽書院

徐立蘇字醒古廩生父本僊官雲南糧儲道蘇隨侍任所從楊名時游甚器之九歲為古詩樂府十三歲為東園賦灑灑數千言羣訝其工奔母喪往來滇楚以疾卒年三十

程光璵字抱璞幼穎異乾隆乙未進士選庶吉士益讀中祕書詩文博雅典贍掌院程文靖愛其才旋授檢討充

武英殿分校尋病卒

潘紹經字箸舟父伊超由優貢中副榜工詩古文教子有法度紹經成乾隆丁未進士授編修充

國史館纂修

大考一等遷山東道御史修八旗通志晉兵科給事中旋乞養歸里歲饑鬻產活人無算生平博覽載籍長於撰述著有黃赤道經緯圖古文詩賦內外集諸書七十餘卷弟紹觀詳宦蹟

胡文翼字有璞諸生少承祖訓研究經史兼治漢學乾隆甲寅舉於鄉三上春官不第遂不求仕進著有湖北水利考班馬異同考正杜工部年譜諸書

范世瑛增生博綜經史嘗手繪天文地輿二圖坊刻中有舛謬者悉正之受知於鮑學使桂星年八十二卒

孔時字務庵增生家貧力學枕經葄史邑名宿徐躍夏之魁皆推重之晚年教授鄉里門下士捷鄉會試者甚眾

徐躍字南野嘉慶丁卯舉人博學能文楚督汪志伊阮元林則徐先後延為上客作大洪山賦阮為勒石官漢陽訓導值歲

黃州府志《卷之十九　文苑　四十四

饑勸富民設粥振卹全活無算致仕歸主講蘄陽書院巡撫張岳崧以經師人師額其門重游泮水卒年八十七著有古文詩集如干卷宦蹟見漢陽志

聞斯行字勇齋嘉慶丁卯舉人石首教諭晉襄陽教授同治丁卯重宴鹿鳴性嚴謹嗜學兩主蘄陽書院成就甚多年踰九十猶好學不倦

陳沆原名學濂字太初號秋舫光詔子母周夢月入懷而生年十二為諸生既冠以優行選鮑學使桂星得其卷驚歎曰天才也中嘉慶癸酉鄉試己卯成進士

廷試第一授修撰性純孝母疾搏顙籲天請代父宦湘南沆輒欲棄官歸侍生平方聞綴學經史百家之書靡不閱覽為詩古

文以獨到爲宗直與古作者並沆既以文章雄海內負重譽
士大夫造其門者日益衆時邵陽魏源官中書以博洽稱性
簡傲沆與之交人謂沆且貴何折節乃爾沆不聽交益篤既
又與編修董桂敷姚學塽總督陶澍賀長齡主事龔自珍講
求修己經世之學由是嚮道益力充然有得著近思錄補註
十四卷詩比興箋四卷簡學齋詩文如干卷行於世壬午典
試粤東癸未充會試同考官號爲得士卒年四十五弟澐丁
丑進士授編修辛巳典試廣西官至江南道監察御史因陳
言過激左遷主事子廷經詳宦蹟

蔡紹瀛字登夫拔貢生道光乙酉領鄉薦歷蒲圻枝江教諭隨
州學正擢內閣中書友教都門多所成就河帥栗恭勤公毓

美遣其子弟受業著有删訂古事苑諸書子興槐詳宦蹟

汪鵬字若山優貢生道光辛卯舉人授房縣訓導以振興文教
爲己任主講鄖陽房縣書院條約嚴明講學不倦及門中多
賢達如賀壽慈彭久餘粲肇煌陳廷經其最著者子名登副
貢生掌教安陸府及京山竹谿各縣書院造就亦多遭父喪
哀毀成疾逾年卒

徐肇梅字蜀溪豁達有大志下筆灑灑千言無塵壒氣同治壬
戌進士選庶吉士改吏部主事例授四川直隸州知州生平
著述甚多毀於兵燹賸有壺齋詩古壺齋雜錄若干卷

范昌棣字季常增生父德煒由舉人授興山教諭昌棣天資穎
異博覽載籍學使張之洞創建經心書院選高材生十數人

肄業其中昌棣與焉試江賦用禁體張得其卷甚歎服以謂
己不能及也遂置第一頃之以疾卒於齋舍張悼以詩有使
我楚江無顏色之句

麻城縣

鄒知新字師可幼穎慧力學不輟明崇禎壬午舉人順治八年
選宜城教諭造士有聲陞萊陽知縣以解逃違限解任歸著
有縣志十四卷文簡事該惜未付梓然後之秉筆者多取裁
焉

王汝霖字用肅諸生少有文名爲文援筆立就督學王發祥歎
爲當世史才知縣王潞嘗以邑志屬其纂修會遷去不克授
梓庚戌志成多所採取

周禮字在魯順治己丑進士會
詔進士有願從軍者聽禮從大軍下廣東授高州知府遇事果斷不
畏彊禦清理獄訟忤權貴放歸以詩酒文章自娛家無儋石
晏如也與黃岡奚祿詒同修郡志體裁謹嚴年八十餘卒

李春江字公楫少以神童稱年十三冠童子試旋食餼十六以
拔貢
廷試第一授武昌縣教諭與譚元春劉侗艾南英皆爲文字交子
中素自有傳

周維秬字錫卣康熙癸丑進士授沈邱知縣未赴官歸少聰穎
博學負文名知縣屈振奇修輯縣志維秬多所參訂當時稱
善本所著有蓼園文集藏於家

李中黃增生少孤事母孝博極羣書富於著作知名士咸心折焉

李中素字子鵠春江子歲貢生少孤性孝友倜儻多才詩古文詞下筆立就素聞沛上閻爾梅名千里訪之不遇遙贈詩十首後爾梅得詩京邸諷誦不輟名動公卿晚授湘鄉教諭主岳麓書院已而以卓異遷閬縣知縣調繁臺灣有惠政值野番滋事計擒渠魁餘黨悉平卒於官

李佐字艮哉號螺峰諸生好讀書不修邊幅善書尤工詩著有坡鄉堂詩集同時劉振鐸字省吾亦以書名一時參通志

董天策字克勤康熙歲貢生以春秋教授生徒遠近學者稱柳溪先生知縣姜𢳣特致尊禮顏其所居室曰名重江都

胡鎡字震軒躍龍孫廩貢生少好學通經術尤精易義壬辰鄉試薦不售遂絕意仕進益肆力詩古文詞知縣劉希向甫下車訪縣名宿往謁首舉弭盜安民數大事悉見採納既乃匿跡山林絕不通款曲希向益重之著有端池文集六卷震軒詩集二卷子翔霱詳宦蹟

張文藻字華圃道光丁酉拔貢生賦性瀟灑審音律工書法詩宗韋柳文得歸方門徑督學朱蘭江漢書院山長袁銑深器異之晚歲寄情山水奬掖後進名彥多出其門著有小山書屋文集琴泉詩存藏於家

楊正楷號靜犇 恩貢生家貧嗜學師事同里宿儒田子元問立身爲學之要子元教以一誠字正楷守其教得盡通諸經有所發明於易尤邃所著說易之書數十巨編兵燹後蕩然無存士論惜之生平精力瘁於經術閒治古文詞絕去凡近嘗仿白居易秦中吟爲新樂府十章諷時政知縣鍾榮光深歎異之性篤友愛鄉黨無閒言子元卒貧無嗣正楷歲分俸脯贍其家終始如一

黃安縣

盧之憬字敬生順治初歲貢生九歲能屬文補弟子員旋食餼未冠博通經史明末避亂山砦眾爭攜財物之憬獨載書籍朝夕諷誦後歷任光化新甯兩縣訓導

程一棐字坦之諸生寓岐亭遇寇焚掠一棐以溼絮蒙其母突火出乃免性好學淹博敏捷日可成三十藝順治甲午舉於

鄉官武昌府教授甲寅之變士多遠徙學使按籍除之一棐力爲請復數百人尋擢國子監助教致仕歸卒年七十一

王延字紫洳少孤七歲能屬文長博通經史年五十始受知於御學使拔入郡庠歎其抱才久困且叩生平所讀書益歎服卒以諸生終

張希良字石虹百程子康熙己酉舉於鄉爲江夏教諭甲子與修通志乙丑成進士二甲第一授編修戊辰分校禮闈擬譔五嶽異名濟瀆源流 京師形勢策問總裁大學士王熙歎曰張公可謂博物君子矣歷左右春坊贊善纂修
三朝國史
大清一統志明史春秋講義類函稱

旨賜
御書白羽扇賦累官侍講督學浙江致仕歸年八十二卒希良所著有春秋大義宋史刪文章宿海格物內外編諸書其詩文爲士林推重出門下者多所成就子欒詳孝友

吳應庚字遠齡少孤穎敏力學博極羣書成康熙己未進士授隆昌知縣以廉能擢吏部主事晉員外郎公慎自矢坐累還光祿典簿陞署正謝病歸著有冰鑑堂三楚文獻錄蜀史備遺及詩文等集

吳宏初字愼旃之珍子康熙歲貢生應
廷試第一授邵陽訓導修學宮置膳士田於學政無不修舉丙子領鄉薦尋解官歸益肆力經史知縣劉承啟修縣志多資其

討論子羽鳳貢生文鳳諸生皆孝友積學孫汧詳宦蹟

吳世模字文炊性澹泊不事生產從伯兄世楨學事之如嚴父爲文閎肆如萬斛泉湧康熙癸巳成進士充
武英殿纂修授四川重慶知府涖任未久卒

江宗字長文年十四補弟子員爲邑名士屢薦未售張侍講希良督學浙江聘閱試卷稱其詩文棋酒字爲五絕以歲貢授江陵訓導未任卒

張忠坦字笏山炳鯤子乾隆辛卯副榜歷任宜都房縣教諭乞養歸生平敦品誼說經娓娓不倦乾隆乙巳戊戌嘉慶壬戌歲饑皆捐貲振䘏丁巳春豫匪竄境團練鄉勇保障一方子錫謙詳宦蹟

張錦珩字如亭父智坦諸生有隱德錦珩學問深醇登嘉慶己未進士官吏部郎中遷雲南道御史授南安知府倡修校士館以便試者所拔多寒畯引疾歸歷主鷺洲墨池河東書院清修樸學爲士子矜式

盧熿字鏡亭博學能文尤耽吟詠少遊山東有岱游草尋主河南雪香東周書院以父艱歸廬墓三年服闋睢州牧復聘主襄臺書院有洛游鞏游嵩游等集已而歸里邑令孫延主萃英書院歷十餘載年七十嘉慶庚午始以優貢生入都有古今體詩數卷道光二年纂修邑志生平澹然無欲藹然可親從游者多知名士節縣藝文志本傳

盧鴻逵字秋渚敦品積學教授生徒列膠序取科第者不可枚

舉道光丙戌成進士以知縣分發廣西署新甯州未上卒

彭煥興字小眉國梡子幼穎異年十四補諸生每試輒冠軍嘗北遊皖豫南走星沙江山勝概往往發爲文章至道光丁酉始舉鄉試第一年已逾五十矣性澹泊不樂仕進立家塾課子姪姪宗達詳忠義

盧繪雲字素傭道光丁酉舉人性孝友家貧嗜學博通經史爲文縱橫百變一歸典則尤工詩賦主萃英書院講席門下多掇科第年七十餘卒

毛五龢字燮臣少穎異從同邑劉秉琳游博覽載籍寒暑不輟咸豐戊午舉於鄉同治辛未成進士
朝考第一選庶吉士授編修居京邸手不釋卷鍵戶讀書寡交游

所著詩文一時推重卒年五十四

羅田縣

雷天鐸字四聞抗志希古倜儻不羣康熙丁酉舉人戊戌成進士選庶吉士邑之入詞林者自天鐸始文章爾雅爲後學矜式

朱文魯字禮在少孤敦品力學雍正甲辰舉於鄉學先躬行以居敬窮理爲要文章雅潔啟迪後學成就甚多子維龍歲貢官監利訓導培植學校士服其教

葉繼煌字廷輝廪生英姿卓犖歲科試輒冠其曹比長學益進掌教義川書院邑先達多出其門族有鬻子者三人皆贖之拾遺金立還其人

匡鼎乾隆乙卯優貢學問淹雅爲文力追先正受知於初學使彭齡以大器相期許屢躓棘闈遂絕意仕進授徒江漢間門人進士古韻最知名

郭先庚字巽亭歲貢生爲文出入經史自成一家言家居教子弟以躬行實踐爲先里中來學者多所成就子潤舉人爲永福知縣有政聲

陳瑞球字韻石景程子少負異稟文章根柢經史年十六補諸生嘉慶己巳成進士選庶吉士改武甯知縣因俗立教民情大和調欒平地濱鄱湖有水患迺捐俸築隄防數十處徧植榆柳瑞球常率僚友置酒賦詩其閒有往訴者就隄上判決之性彊直迕撫某銜之劾免尋起內閣中書充國史館分校素嫺掌故當事倚重以艱歸服闋時已垂暮矣後視弟瑞琳中州卒於道 節縣藝文志墓誌

陳瑞琳字九香景程次子宏才博識詩宗法眉山風調清深脫棄凡近獨步一時道州何侍郎淩漢奇其才爲序其食古研齋集鏤板行世瑞琳自少時已名滿江漢入困諸生援例爲府經歷官河南歷署桐柏葉縣郾城知縣所至卓著政聲詩名尤噪豫中季弟瑞琚字雨玉拔貢生應山教諭詩與琳同宗派頗饒氣骨子昌綸自有傳

廖驄字方雪歲貢生奎文閣典籍博學能文詩宗玉局好游覽凡遇名勝處多有留題著有介生樓詩集

朱輝藻字翔垣道光丁酉拔貢爲文湛深經義書法清挺具體歐陽率更晚歲家居授徒兩主義川書院講席教人敦本崇

實以經術節誼相切劘成就甚眾 節縣藝文志墓誌

陳昌綸字凝甫瑞琳子道光甲辰舉人官內閣中書天姿穎異博涉經史尤工詩應童子試有句云煙雨隔江詩入畫雲山到楚氣都奇知府楊庚亟賞之後隨侍梁苑北渡黃河覽太行王屋諸勝得山川之助詩境益高陶閤學樑祁相國寯藻皆愛其才年四十餘卒著有量齋詩鈔无行所悔之室文鈔時有熊五緘字素卿廪生聰穎絕倫爲文有根柢亦不永年士林惜之

蘄州

李炳然字人虎號東皐崇禎丁丑會試登乙榜授吏部司務出

知萬安縣尋告歸爲人温文爾雅不苟言笑研究諸經義疏老而彌篤州人士治經學者皆賴其指授年九十餘卒

汪衡字蘭友順治己丑進士授南平知縣政尚簡靜尤加意士類公餘課業多所成就旋移疾歸詩酒自豪與李炳然盧紘以文章氣誼見重一時

張正志字爾思幼讀書目數行下窮究諸史百家爲文法歐曾與顧景星李炳然時相考證順治壬辰成進士任衛輝府推官剖疑獄一郡稱治因直見忤謫州判遂致仕歸

陳之京字覲伯順治歲貢生學淹博與同里李本晟盧紘結詩文社盧李皆通顯之京累試不售遂卜築山中肆力詩文著有叢桂堂集

張士淑號蘧庵順治歲貢生黃梅教諭值兵燹後廟學無存士淑竭力經營廟成規模宏整當事奇其才命攝縣事多善政以終養歸著有秦餘草雲溪雜著等書

李春期字子疇師事伯父炳然以倡明學術爲己任精研經史務探本源年八十一卒著有石圖澄源錄二百二十卷

劉遐祚字菊潭康熙癸卯舉人歷官銅鼓衛教授興國州學正時諸生有盧姓被仇家誣陷遐祚爲白其冤酬以金不受詩文有奇氣辛酉應貴州鄉試同考聘稱得士孫萬甯詳宦蹟曾孫之棠自有傳參通志

顧昌字文饒康熙癸酉舉人風采儁逸善作古體文工詩賦以父景星所譔著徧謁諸名宿從之游卒得蕬軒曹寅編輯白茅堂詩文集行世昌亦以勞瘁卒

陳其勅字五惇康熙歲貢生博涉羣書詩古文援筆立就姪道兼歲貢孫鼎元諸生皆克承家學鼎元詳篤行

陳謨字友夏康熙歲貢生嗜學好古教授生徒多所成就著有尚書講義茹堂偶草諸書

晏昇字東白攄忠子康熙歲貢生高才博學名動一時嘗爲雲門社長時盧紘在蘇松督糧儲參議任所修蘄州志顧景星與焉數致書訪遺事名宦科目多出昇手年九十補穀城訓導辭不就

李生棨號兩峯生甫三月失怙母諸氏撫而教之通經史百家言爲州學生有聲雍正五年以賢良方正舉後應聘修湖廣通志多所考正著有尚書義疏四卷兩峯詩文集十二卷

李易生號蓮山歲貢生生有夙慧經史百家過目成誦所作詩古文詞力追先正著有蓮山全集藏於家參通志

駱沛霖字宗雲幼失怙好讀書每試皆列前茅工部陳詩謂獨出冠時宜其有以異於恒人也舉乾隆乙酉鄉試歷武昌府學官游其門者甚衆秩滿截取知縣未仕卒著有易經纂說

胡薰字與載號蘭亭少穎異乾隆戊子舉於鄉知州胡齊崙以孝廉方正舉辭不赴志耽經籍勤於撰述著有周易晰言尚書集義詩經詳詁禮記纂特牲饋食集訓春秋通解鄉黨類考諸書門下通經術者數十人卒後陳詩誌其墓子愿字汝誠以歲貢官荆州訓導學行亦有稱

陳詩字觀民號愚谷博聞强記舉乾隆甲午鄉試第一戊戌成
進士授工部主事以母老乞養歸母憂服闋主江漢書院遊
其門者多楚中名士聲譽震一時雖王公大人莫不存問嘗
總修湖北通志道光二年自江漢歸蘄州至老猶以著述爲
業卒年七十九卒之夕大星隕於湖之東南士類咸悲慕之
生平於經史子集各有著作俱詳藝文志崇祀鄉賢
劉之棠字憩亭萬甯子十歲能屬文篤志力學涉獵羣書爲文
閎博淵雅乾隆甲辰成進士教授子姪多成名年四十七卒
著有憩亭詩文集參通志
陳本中字爲山初爲諸生性耿介不諧於俗讀書慈雲閣幾三
十年苦心孤詣務求根柢一時績學能文之士推本中爲翹

楚道光壬辰始舉於鄉年已暮矣家居講學成就後進甚衆
張聯璧字奎徵天資穎敏博涉羣書詩文儕輩罕及補諸生肄
業江漢書院文名益噪舉道光庚子鄉試江西學使張芾聘
閱試卷甚稱其才年五十三卒
黄體仁字靄人幼孤受母氏楊教苦心勵學爲詩古文彬雅可
誦道光甲辰舉於鄉再上公車絕意仕進壬子纂修州志裁
定多出其手惜著述經兵燹散佚無存
吳之驥字展其道光丙午優貢考取教習改知縣不就喜著述
文宗選體詩法劍南書得羲獻筆意著有蜀船草伴星廣唱
集林蘭堂文集
何明號雪園家貧樵牧養親年十九始感憤讀書值暑月以松

柏屑能避蟲日市村落間得錢易米夜即燃以照讀咸豐辛
亥舉於鄉上禮部不第遂肆力爲詩古文才思横溢下筆千
言性嗜飲豪宕不可一世名藉藉動京師澹於仕進喜獎掖
士類同治三年選廣通知縣乞改教職授宜城教諭從遊者
不遠數千里負笈而至未幾卒於官著葵藿齋古文若干卷
廣濟縣
劉醇驥字千里號廓庵祖秉錄父洪芳皆績學有名醇驥生而
有文在手曰歷里嫗饒一見奇之許字以女留居親授句讀
十五入邑庠每恨宋元以來文習日卑孱因奉左國史漢爲
繩矱詩宗初盛唐五七言近體尤雄深雅健或苦其文生獷
奡兀幾不可句醇驥益自喜更曲折與盡乃止年過壯始悔

雕篆曰取周程張朱象山慈湖餘姚山陰内江書浣劇植蓄
崇禎十五年督學高世泰聘修楚四朝文獻錄順治四年督
學王念尼聘主通社以歲貢當上公車因入京與魏裔介曹
本榮魏象樞講業極歡或勸仕爲有司者醇驥曰吾固不任
是遂歸與同里張仁熙倡長風山社力振楚風湖廣兵巡參
議李呈祥分巡興國躬率博士弟子數十人以師禮迎至赤
庵康熙五年由吳入燕道曲阜謁孔墓作文告　聖廟十二
年有
旨修直省通志布政使張九如徵醇驥等分局著書未及成而止十
四年卒醇驥貌頎而癯好深沈簡默介然高岸語無擇貴賤
不可狎或告宜委折盡人情不可强也不善治生產以故貧

窶沒至不能具棺衾焉祀鄉賢著有芝在堂集弟醕駿詩文亦有聲齋居業集

案醕驥與族祖秉鉩齊名秉鉩字幼凝以醕驥年少長降其尊相容接休戚必共顧景星詩云梅川二劉絕可憐還鄉遙望復經年開書借問新秋色只在疏籬苦竹邊先賢學行略

張仁熙字長人順治歲貢生家大江濱之藕灣父楚偉天啟甲子舉人好遊所至有詩著雪巖集仁熙年十一屬文有奇氣父早沒仁熙廬墓生芝因編古孝行十卷以自勵事祖父母歷三十年及沒復廬墓側鄉人賦孝子慈孫歌方流寇躪楚職方楊卓然擬安插降賊於蘄黃山後號曰新民仁熙上言

武侯兵民雜處渭濱而不亂以屯田耳今新民實賊也坐食民粟而弗佃舊民之畝不數月新民去而蠶食他方舊民還而寄命空谷蔓延濡染可爲寒心灑灑數千言職方見而韙之卒不能用警至避地蘄州蘄破還走藕灣檢殘書讀之與劉醕驥顧景星以詩學相切劘有聲江漢閒商邱宋犖官黃州通判時賓之雪堂世所傳雪堂墨品仁熙爲犖作也當事以隱逸薦辭不出康熙癸丑甲子兩修省志年八十四卒祀鄉賢子四佳勖佳晟佳邑環金皆積學能文佳晟詳宦蹟從子佳杲字斐瞻諸生博覽羣書尤精春秋於諸儒異同多所辨正卒年八十一參先賢學行略

王臨本姓朱字泰生累世同居以孝義聞臨補諸生家貧力學曲盡孝養嘗作禹貢圖河洛攷胡篤生亟稱之流賊至見臨坐大松樹下執卷微吟賊魁梁廷柱素知書夜燒炬出所挾書相質天明揖臨揮刀去後因江行避雨得邑殘志於村店前後失次其存者又率略不雅馴遂慨然以修輯爲己任詢故老訪碑碣勒成全書時稱善本王志入隱逸今依縣志移入

陳文濤字濤生時泰子家世敦尚躬行濤謹守家法其所著徵古堂類稿論學諸書由程子主敬以通新建良知之旨有功後儒

舒逢吉字康伯益生子康熙歲貢生天資敏捷文不加點兼嫻韜略參副總兵王宗臣幕討山賊有贊畫功後任瀏陽訓導上官知其才令攝縣事判決如流獄多平反著有綜雅百卷

詩文集二十卷弟峻吉遂吉皆以文行知名時有河東之譽峻吉自有傳

案逢吉值明亂遁跡緇流走塞上入蜀遊京師歷大梁返儒服主講上蔡書院轗軻悲憤盡發之於詩施閏章題其北征詩有悲歌終古聞燕市絕調何人復楚騷之句參先賢學行略

舒峻吉一作峻極字漸鴻父益生明季避亂至豫章與南昌彭士望胡以甯輩爲明宗室奉國中尉議霽之友見魏禧朱中尉傳峻吉自少隨侍得交海內賢豪後歸里補諸生久不遇遂棄舉子業攻詩古文旁通金石篆法兼三橋雪漁之長行草尤酷似米芾爲人抗直任俠友人劉子杜才而夭爲文告其靈

以女字遺孤王乘卒督課爲名諸生他質行多類此著有韋園集參先賢學行略

案峻吉同里王衍治字恂度萬歷時名臣大謨之孫歲貢生廷試入都不更謁一貴人獨與施閏章王岱交著柳舟稿閏章謂宋元得令之日獨操唐音其歸也閏章送之詩曰先朝遺直有聞孫江漢風流詩卷存鄉夢只懷三徑竹貴遊愁向五侯門娛親膳美將魚膾送老吟多坐樹根赤壁磯頭歸棹遠更期何處共清樽先賢學行略

金德嘉字會公號豫齋之純子生五歲而孤與伯兄德崇事母朱至孝年十五遊於泮旋食餼舉順治庚子鄉試官安陸教授凡九年康熙壬戌會試舉第一授翰林院檢討史館推爲

碩儒莫能望其肩項凡遇編纂職務殫思萃力若明史列傳表揚殉節諸臣一統志分撰楚省諸郡以及禮記解義通鑑講章鱗次就稾最夥丁卯典貴州試得士多名俊致仕歸荒江寂寞蓬蒿滿徑斗室中圖書充塞兀坐編摩寢食不倦撰述歌詠卷帙不下數十足跡不入城市幾二十年卒年七十有八門下士私謚曰貞孝先生祀鄉賢子啟洛啟汾俱克世其家學洛詳宦蹟汾自有傳

郭存會字聚五諸生敦行績學詩文日有聲值歲饑有鬻其少妻於存會者既至睠其有憂色詢之急還其夫費錢二萬不計也性好遊闕里廬山諸名勝所至輒記之成帙闕里記伍涵芬選入日華堂集聖節會約仇滄柱選入小學大全卒祀鄉賢子元哲好施與鄉里多受其惠

阮文茂字駿公康熙歲貢生事父母以孝稱沈靜嗜學寢食幾輟與同里金德嘉以文章相引重年七十七卒著有竹巖詩文集

張惟金字貢方步雲曾孫少孤績學事母孝弟早世撫遺姪若己子弱冠補諸生旋食餼試輒冠其曹所爲詩文雄奇瑰瑋尤邃性命之學言動悉有矩矱康熙辛卯舉於鄉授江陵教諭諸生以文字就正者無虛日一時上官悉遣子弟就學焉致仕歸年八十卒門人私謚曰貞文祀江陵名宦祠著有黃孀堂詩文集子易源德源俱進士學行有稱禮源廩生以黃鶴樓賦知名知州蔣尚德延主麟山書院

魏洪賓字玉岡尙忠子增生酷嗜詩書尤精周易與郭存會阮文茂張惟金以文學顯名年八十餘猶能蠅頭細書好學不倦子昌期亦以著述自娛孫雲瑄詳宦蹟參通志

金啟汾字禹甸德嘉子雍正歲貢生爲古文詞原本性靈貫穿經史而法派一本震川尤喜爲詩出入眉山劍南聞兄啟洛沒於臺站躬迎其喪舟至蕪湖病卒年六十一從弟啟江字同九康熙乙酉舉人詩文亦有聲子業講詳孝友

胡復亨字仲克魁楚孫年四十補諸生其學無所不窺一以程朱爲鵠深疾嘉隆以還講學標榜之習四方以書幣來者謝弗往晚築補山樓讀書其上學者稱補山先生年七十八卒兄肇亨字孟嘉諸生博通經史工詩善書

胡本寀字容卿倜儻不羣年十三通經史兼治古文詩賦賦種花詩有一葉去留禁俗手半枝晴雨奪天心之句弱冠舉乾隆丙辰鄉試屢躓春闈益肆力於學生平敦孝行尤以誘掖後進爲己任

胡本桑字赤韜廩生工詩賦作竟陵詩歸論朱學使激賞之每試郡人士輒相從問奇字仿李長吉錦囊得句輒投其中乾隆十四年與修郡志著有研北草堂詩鈔

張光遠號施庵乾隆庚子舉人屢上禮部不第博聞强記儕輩莫之及性和平樂易有以疑事質者爲反覆辨釋晚任江夏教諭殷勤課士彷彿蘇湖遺風

陶金冶字范之博學多聞工詩賦嘉慶癸酉拔貢生督學鮑桂

星深器重之主滄浪書院十餘年游其門者多獵取科名以去

饒豐字芑坪玉振子性孝友事父母能得其歡心與兄儀晉儀鼎有怡怡之樂好讀書於六經諸子靡不研究尤精於史漢道光庚子舉於鄉庚戌成進士以知縣用分發江西未幾卒

朱澤楠字小西父錫昌諸生家貧授徒自給父卒益貧窶落魄無所之至黃岡樊東陽范斌一見異之斌留之家塾越數年補諸生咸豐壬子舉於鄉署武昌府教授涖任三月卒澤楠性通敏善屬文博涉傳記兼工漢隸豪於酒與朋輩飲酣縱談今古辨論不少休嘗與樊范陟廬阜游錢塘觀廣陵八月濤所著詩文益放逸灑灑絶俗洪侍御良品序其集

胡醕字雪舫諸生貌寢而羸性簡易不工爲寒暄語篤友誼朝夕切劘必推懷相與有過則面斥之弱冠即工詩值粵賊亂猶以詩提唱邑中繼軌劉醕驥長風山社故事詩境益進未幾卒年四十八著有聽香閣詩集

黃梅縣

陳夢弼字帝侯康熙歲貢生少靜默研心古學與蘄州顧景星廣濟劉醕驥爲文章友築南郡別墅著述其中今所傳者僅北遊草一帙

黃利通字曉夫幼穎異不羣康熙甲戌進士授賀縣知縣有政聲會征八排猺人利通上平猺策計在於兼用鄉兵尤在於以猺平猺帥府嘉之旋擢吏部主事丁憂服闋補工部營繕

司主事逾年告歸僻處太白湖濱斗室蕭然歌聲出金石聞出游不輿不蓋一蒼頭擔簦隨之蕘童釣叟往往指目爲措大詩不削草頃刻數十首極揮灑之致古文豪邁不能拘以繩尺興到伸紙疾書紙不擇嘉惡書已出戶外長嘯逾阡陌巖壑阻絶乃返有石亭懷亭等集高安朱軾長沙陳鵬年爲之序從子之騏自有傳（通志參先賢學行略）

熊恢字溥含康熙庚子舉人是科直省中式多知名士而恢更以孝友廉潔爲同人所矜式當時黃梅有五子之名恢其一也

蔡洲字瀛洲爲人質直不假修飾見人輒畏縮若無所容及飲之酒則縱論古今旁若無人叩以經史疑義靡不引伸曲證

剖別毫芒爲文冥心獨造去其鉛華非世所好以諸生老

黃之騏字孟閑家貧好學世父利通以詩古文名一時梅與荆豫揚三州接壤以文事來質者無虛日之騏既承指授又與諸名士相辨論其文章遂自爲機杼成一家言有志學齋詩文行世年六十由歲貢舉雍正己酉鄉試乾隆元年
恩賜中書舍人

李枚字西卜諸生博通經史尤精三傳爲文援引考據縱橫馳騁極才人之致年五十受知於督學蔣有德延致幕府時馮詠儲大文在幕中咸相推重聲名振江漢間未數年卒

喻化鵠字岑居一字物外歲貢生先世由麻城遷梅種德績學化鵠尤振其緒與同里黃之麒熊恢李枚蔡洲稱黃梅五子

化鵠十三齡爲諸生有聲不樂進趨刻意論著時金壇王步青評騭四書文別裁僞體桐城方苞以古文爲天下倡化鵠既私以自厲又與兩人往返辨論遙相應和所爲古文多苞點定制義則步青爲之序且掇其尤者入選本然化鵠竟無所遇充貢入太學而卒爲人長身玉立發聲若洪鐘藏書萬卷博覽多聞策健騾歷游吳楚嘉山水詩清癯而以骨勝不多作兼善書法初學李北海晚乃工懷素大草人爭寶之葺宛園於城西隅以待四方賓客有自知堂一勺亭留耕山莊以俟書屋諸勝號宛園老人孫本鑰輯其文曰素業堂雜著從孫文鏊自有傳參先賢學行略

程士煥字肇文諸生幼嗜書過目成誦母慮其弱禁不予膏火士煥私買香爇之引光就字遍覽經史子集晚棄舉子業杜門著述著有洛水年譜先世彙言南湖藏稿等集藏於家

余函秀字賞貞乾隆甲子舉人性闊達不事拘束詩古文皆攄寫性靈而制義奧衍精微窮極幻眇應城程大中亟稱賞之參通志

李本質字義民乾隆乙酉拔貢詩古文倔强豪放在太白長吉之閒爲海鹽朱學使丕烈所獎許著有自覺堂詩古文集

胡如炳字虞濱乾隆歲貢生文筆閎博知縣薛乘時見之驚曰子黃岡後身也題其稿爲嗣劉集時修邑乘即屬襄輯成編

石元吉字文藻父志陞諸生少孤力學事母至孝元吉承庭訓爲文雄奇跌宕兼韓蘇之長以其餘力旁涉靈素時稱絕技

乾隆辛卯丁酉兩舉副榜遂棄舉子業肆力經史官崇陽教諭受聘修棗陽縣志歸里後纂修邑志具有史裁著有易經遵聖春秋闡義周禮爾雅旁訓等書均稱善本族子本盛字一泉乾隆戊申舉人官武昌訓導卒後編修余集戴均元按其文稿爲序以行世

黎孟鈴字嶼東乾隆歲貢生初入泮縣府院三試皆冠軍博覽經史爲文雄健有根柢與石元吉稱莫逆交尤講韻學體例同異辨晰精詳

喻文鏊字治存子智孫有道詩人也學者稱石農先生乾隆間以諸生充　恩貢後注竹谿教諭辭不赴年三十以詩名本篤行爲文章一門百口謹受教約子弟讀書能顯其名性通

介絕俗弗矜岸異當時賢士大夫比比傾慕求一識面莫可得尊禮之無近遠也居里鄉聞善必揚有過者從容含和待其自化生平盛德事不一默默內信不以語人守道之專如此古文入韓柳之間詩法昌黎已乃鑪冶百家學與才副嘗游梁宋秦隴間山川靈奇奔躍腕下詩遂以成今所傳紅蕉山館詩集是也又著有考田詩話八卷紅蕉山館古文八卷湖北先賢學行略不析卷行世無錫秦瀛序其詩萍鄉劉鳳誥爲之跋上高李祖陶序其文見各集中子元鴻自有傳

喻元澤字惠伯文鏴子嘉慶庚午舉人教習考滿當得知縣以病歸主蘄州麟山書院學問淵博尤精攷據著有訓詁補義地輿沿革考文選集證等書

喻元鴻字太沖號鐵仙文鏊子附貢生幼構思苦遲鈍十七八時閉戶瞑坐三閱月忽灑然悟下筆成篇一空前人壁壘經義外尤善詩歌古文著述多種閒以餘力從事篆隸鐫刻金石贋眞一見立辨性廉靜一門昆季取青紫者纍纍獨絕意進取敝衣粗食當承平之時常若有無窮隱慮於考田山中築菟裘老焉未幾粤逆陷梅城內一片焦土而山中藏書如故蓋識超也著有古文詩集若干卷初彭齡陳詩張維屏俱爲之序上高李祖陶曰翹園文和雅似歐石農文奇崛似韓鐵仙文敷暢似蘇祖孫父子一脈相承而面目各別文之所以眞也又有觸書家範三經雅言詁餘學庸貫諸書待刊

陳元吉榜名煥字堯堦嘉慶戊辰舉人品行端重學問淵博精考据成書多種其鄉黨三考四書疑案暨經解同邑帥承瀛謂其融會衆說辨晰詳明嘗遊江南名家世胄爭師禮之主講海州力鬬風氣成就迥異尋常晚官鄖陽訓導

黃經塾字煥書號滌泉少英敏有大志緣先世遷梅未久思自立門戶折節讀書有聲庠序生平篤內行重然諾里有爭隙輒排解之人咸服才名益著以歲貢舉道光壬午鄉試第一癸未大水房師張維屏適令梅凡恤災修隄諸務皆所贊畫保闔邑災黎後館江西撫署值大水撫軍趙炳言塾座師也復以施於梅者陳之趙奏撥帑下諸州縣全活無算晚年著有日知錄四書便解地理質疑待梓

蔣恩滌原名傚濂字酉泉道光乙酉舉人爲文清矯詩尤駘宕

閒曠詞亦工秀嘗游許乃普學使幕書記序傳多出其手著有竹林老屋詩鈔陶閣學樑爲敘刊之

吳鈺字式如道光辛卯舉人年二十即知名制義出入大家詩古文亦卓然不染時習上公車十四次不第晚掌教調梅書院著有聽桐軒詩文集弟鏁字衡尊己亥舉人亦工詩著有祗塵子集

余錫椿字培園道光甲午舉人幼孤受業伯兄廷蘭爲詩歌古文賦尤敏異長與黃岡汪士倫廣濟徐黃中同邑吳燦如爲石交邑乘遺佚缺略搜求考訂錫椿之力居多燦如字杏墅諸生自幼岐嶷詩文饒有天籟所著兩山詩草灌木樓等集皆瀟灑出塵

洪基字福生道光甲午副榜性聰穎善草書邃於經學初年教授生徒課時藝多獲雋登上第者晩閉戸卻埽訂古今譌誤求眞是著周易釋義學庸辨考尤精者聲韻徵經一書積日累月冥神會悟破切反之說引諸書互相證勘著其得失大致等於顧氏本音段氏音均而簡明過之又著有十三經得聞萃言漢史辨疑地理辨正詳訓等書均有功後學曾受宿松劉令聘主講松滋書院

時夢樓字岑南道光庚子與弟奎樓同舉鄉試幼敏異工詩文年二十補諸生肄業江漢書院與一時英俊遊往來唱和錚錚有聲嘗入西蜀東遊閩得山川之助故命筆絕無俗氛奎樓咸豐壬子成進士授戸部主事性疏放在官不名一錢年五十餘卒於京邸

補遺

黃岡縣

龔斗南號小梁嘉慶癸酉優貢生性孝友工詩古文詞尤長於書法初學歐趙晩年益蒼勁雅近鍾王名噪江漢閒尺幅寸楮人爭藏之由宜城訓導擢雲南府經歷年六十卒於任著有小梁詩集

明

詹駁字三畏同之裔孫少負奇姿十歲爲名諸生從學於羅洪先輪貢讓後人者三卒年三十九（此傳王志未載茲從雍正癸丑湖廣通志補錄）

黃州府志卷之十九終

黃州府志卷之二十

黃州府知府英啓纂輯

人物志

宦蹟上

陳

黃岡縣

周炅字文昭本汝南安成人祖彊齊太子舍人梁州刺史父靈起梁通直散騎常侍廬桂二州刺史保城縣侯自靈起先世避西晉亂徙永安黃岡遂爲永安周氏炅少豪俠任氣有將帥才代爲西陽太守封西陵縣伯討侯景有功進爵爲侯陳高祖代梁炅與王琳起兵伐之爲陳將侯安都所敗見獲陳世祖釋而用之爲定州刺史兼西陽武昌二郡太守進都督安蘄江衡司定六州諸軍事改封龍源縣侯會炅入朝定州刺史田龍升以江北六州七鎭叛入於齊炅討斬之盡復江北地進號平北將軍定州刺史卒於官贈武昌郡公謚曰壯子法尚自有傳（詳隋書）

隋

黃岡縣

周法尚字德邁炅子少果勁有風概好讀兵書爲陳始興王中兵參軍父卒後監定州事督父本兵數有戰功封山陰縣侯與長沙王叔堅不相能叔堅譖其將反法尚懼歸於周宣帝甚優寵之封歸義縣公隋高祖受禪拜巴州刺史破三鵶叛

蠻於鐵山轉黃州總管尋遷永州總管安集嶺南仍給黃州兵三千五百人爲帳內嶺南州郡皆降其後屢討平叛蠻賞賚優渥煬帝嗣位轉雲州刺史金紫光祿大夫後爲滄海太守討羣盜王薄孟讓等卒於軍贈武衛大將軍長子紹基靈壽令少子紹範最知名詳隋書

唐

黃岡縣

周墀字德升昃五世孫少孤事母孝及進士第官集賢殿學士長史屬詞高古文宗雅重之李宗閔鎮山南表爲行軍司馬開歲召還太和末李訓鄭注亂政以黨誣搢紳紛逐諸名士獨墀雖嘗爲宗閔所禮亦無以罪也累遷翰林學士武宗即

位以疾改工部侍郎出刺華州徙江西觀察使劾舉部吏蠲捕劇賊進義成節度使封汝南縣男宿將暴驁不循令者墀令鞭其背一軍大治以兵部侍郎召判度支進同中書門下平章事宣宗時河南節度使王宰重賂權倖求同平章事領宣武墀言天下大鎮如汴幷者幾宰求何可厭帝納之駙馬都尉韋讓求爲京兆持不與由是妄進者少衰會議河湟事墀對不合旨罷爲劍南節度使駙馬都尉鄭顥言於帝曰世謂墀以直言相亦以直言免帝悟加檢校尚書左僕射卒贈司徒祀鄉賢詳唐書

麻城縣

閻伯璵進士官袁州刺史時征役繁重袁特殘破伯璵專以惠化招撫逃亡皆復數年閒商旅闐輳州境大治改撫州百姓隨之舟航相繼吏不能止其見愛如此到撫一年撫復大治代宗徵拜戶部侍郎未至卒唐語林

黃梅縣

魏英字時育以義俠聞爲太原兵馬將與高駢友善子元衛尤稱機警王僊芝據黃梅英以卒七千助招討使曾元裕破之殺五萬餘人追斬僊芝傳首長安已黃巢逼蘄春又密遣子通駢及蘄黃招討使劉巨容合兵躡之賊死十七事聞封英五原郡公太子少保元衛左驍衛大將軍南樂郡公

南唐

蘄州

丁必稱字季言知臨江軍時江西和買例以稅産均敷無稅者以物力必稱積郡帑羸餘代輸之乃請於朝乞永與蠲免擢潼川提點刑獄

宋

黃岡縣

王揆字孔度泰和六年任虔化令築子城濬濠建廨舍創始功多後人賴之江西贛州名宦志

蘄水縣

李禹卿字君益通判蘇州隄太湖八十里爲渠以益漕運蓄水溉田千餘頃歲饑出粟三萬全活萬餘人復以棘寺丞出守潼川廉明多善政惠商通遠百物充牣江南蘇州四川邛州名宦志

廣濟縣

余玠字義夫家貧落魄好大言爲白鹿洞諸生殺人亡命脫走江淮時趙葵爲淮東制置使玠作長短歌上謁葵壯之留幕中嘉熙元年與元兵戰於汴城河陰有功累擢制置司副使淳祐元年入對稱旨授四川宣諭使尋授安撫制置使大更弊政遴選守宰築招賢館以禮士曰集思廣益諸葛孔明所以用蜀也蠻中冉氏兄璡弟璞有文武才前後閫帥辟召堅不起聞玠賢來謁玠闢別館待以上客兄弟終日不言惟對踞以堊畫地爲山川城郭狀初不解一日屏人謂玠曰爲今日西蜀計其在徙合州城乎玠躍起執手曰此玠志也遂從其計徙合州城諸砦於釣魚山屯兵聚糧爲必守計十年率

諸將巡邊直擣興元與元兵大戰十三年又大戰於嘉定皆敗之有戎帥欲舉統制姚世安爲代玠惡軍中舉代之弊遣都統金某往代世安閉關不納又援丞相謝方叔密求玠短言於帝前玠鬱鬱不樂寶祐元年以資政殿學士召聞命愈不自安一夕暴卒蜀人莫不悲慕建祠祀之並祀鄉賢詳宋史

梅應春號雪樵寶祐丙辰與弟應申同舉進士授餘干令遷盧州安撫使當國事多艱之日勞瘁不辭政績不著累官禮部尚書應申爲四川制置使區處庶務各得其要俱祀鄉賢

姜賢咸熙間以薦舉累官副使有清譽號樵隱先生

游侶字同人寶慶丙戌進士歷官刑部侍郎簡重明敏治獄多平反端宗朝致仕元興累徵不起至元十五年卒年九十五

張紹祖字可成進士任甯國路總管操縱中度邊鄙肅然卒祀鄉賢

黃梅縣

劉昕字公正進士以功名自許初任眞州牧後遷蘇州守皆有德教案縣志昕爲宋崇甯間進士王志列元誤

元

黃岡縣

冷庸字用和至正間任西臺御史有風裁後祀鄉賢

蘄州

朱仕俊字時英耿介好讀書至正間以太學生授樞密院經歷出守贛州興學勸農力除淫祀改潮州擒大盜金元佑調判

延平遷建甯同知致仕歸

黃梅縣

汪振鄉至元間進士官御史端廉直諒不阿權貴有古驄馬風

郭友直至順間進士任天臨路總管府經歷以德化民祀鄉賢

明

黃岡縣

詹同字同文初名書婺源人幼穎異學士虞集見之曰才子也以其弟槃女妻之至正中舉茂才異等授郴州路學正避亂黃州因家焉太祖下武昌召爲國子博士賜名同時功臣子弟敎習內府諸博士治一經不盡通貫同學識淹博講易春秋最善應敎爲文才思泉湧一時莫與並遷考功郎中直起

居注會議祫禘禮同議當遂用之洪武元年與侍御史文原吉起居注魏觀等行循天下訪求賢才還進翰林直學士遷侍讀學士帝御下峻御史中丞劉基曰古者公卿有罪盤水加劍詣請室自裁所以勵廉恥存國體也同時侍側遂取戴記及賈誼疏以進復剴切言之帝嘗與侍臣言聲色之害甚於鴆毒創業之君爲子孫所承式尤不可不謹同因舉成湯不邇聲色垂裕後昆以對其因事納忠如此四年進吏部尚書六年兼學士承旨與學士樂韶鳳定釋奠先師樂章又以渡江以來征討平定之蹟禮樂治道之詳雖有紀載尚未成書請編日歷帝從之命同與宋濂爲總裁官七年五月書成自起兵臨濠至洪武六年共一百卷同等又言日歷藏天府

人不得見請如唐貞觀政要分類更輯聖政宣示天下帝從之乃分四十類凡五卷名曰皇明寶訓嗣後凡有政蹟史官日記錄之隨類增入焉是年賜敕致仕語極褒美未行帝復命與濂議大祀分獻禮久之起承旨卒同以文章結主知應制占對靡勿敏贍帝嘗言文章宜明白顯易通道術達時務無取浮薄同所爲多稱旨而操行尤耿介故至老眷注不衰子徽字資善洪武十五年舉秀才官至太子少保兼吏部尚書有才智剛決不可犯勤於治事爲帝所奬任後誣藍玉黨下獄及子尚寶丞紱俱死從孫希原爲中書舍人善大書時宮殿城門題額往往皆希原筆也同徽希原俱祀鄉賢（明史列傳）

吳琳字朝陽應濔子性純慤力於問學太祖徵荊楚名儒詹同薦琳博學能文乃爲國子助教與同並教胄子同才藻過琳至商榷經義亹亹不窮自遜不及也洪武元年除浙江按察司僉事復入爲起居注四年典應天鄉試賫纁帛求書四方六年晉兵部尚書改吏部尚書量材授官號得人踰年乞歸帝嘗遣使察之使者潛至舍旁見一農人坐小杌旋起拔稻苗布田貌甚端謹使者前曰此間有吳尚書在否農人斂手曰琳是也還白狀帝爲嘉歎卒祀鄉賢弟琛自有傳（明史附陳修傳）

廖永忠其先黃岡人元大德中徙居巢永忠豪邁有大志元末聚少年保巢湖旋迎明太祖太祖見其少謂曰若亦圖富貴乎對曰願事明主除寇亂垂名竹帛耳太祖悅以副水軍帥從渡江拔采石取太平蕪湖定建康討海寇所至有功與陳

友諒戰康郎山諒中流矢死太祖賜永忠田及硃牌鏤金字八曰功超羣將智邁雄師既而降陳理走張士誠降方國珍執陳友定充征南將軍平兩廣太祖諭諸將曰永忠戰鄱陽奮勇忘軀眞奇男子其封德慶侯食祿千五百石又充征西副將軍從湯和伐蜀蜀平太祖親製碑文美之永忠上印綬太祖論平蜀功增祿千石洪武八年卒子權由散騎舍人襲侯（依縣志增入）

黃榮機警有謀明初從太祖定江淮平中原有功授陽和衛指揮後從傅友德平蜀論功賜金幣還鎮黃州修城浚濠招懷降附民甚賴之卒祀鄉賢

徐便章富洪武時均從征伐有功便尤嗜學累官遼東都指揮

僉事富官指揮同知調金州衛宣布恩信頗著勞績俱詳盛
京通志
徐本性倜儻嫺文辭洪武初由薦舉任嘉興知縣重農事賑養
貧乏擢平陽知府荒殘後建置一新累官廣東布政使卒祀
鄉賢參廣輿記山西志案王志作雲南布政今依明史改定
黃奭洪武初官衢州知府營公署增城堡振文教興水利頑民
嘯聚奭親入其壘擒縱得宜闢衢之功爲最祀清節祠浙江衢州名宦志
李本中洪武中由薦舉任通許知縣清謹公平驗丁編徭吏胥
縮手貧民無耕具者貸之使不失業許人咸頌其德河南名宦志
陳敬洪武時由歲貢授龍川知縣時盜起爲害民不聊生都司

官將發兵剿之敬與邑人謀請爲先圖密遣人誘擒其魁民
賴以安後擢刑部員外郎惠州名宦志
蕭昇字彥高永樂丙戌進士拜監察御史九載上疏省親文皇
命給道里費賜敕褒之中允王愷贈以文稱其禮以律身明
以折獄皁囊曉進臺閣生風白簡夕飛姦回落膽其見重朝
署如此卒祀鄉賢
胡恩字前江黃州衛指揮督運漕艘報最累遷瀘州參將移鎮
松潘諸土司長官例奉金幣恩一切擯斥威令大布三載進
秩總兵
張璘字文玉本姓周曾祖原昇還黃蒙張姓璘永樂壬辰進士
歷官山東參政宣德閒調福建性廉幹所至有治聲考最陞

應天府尹益剛正自守雖中貴不爲屈卒祀鄉賢曾孫濟自
有傳詳明獻徵錄
方正永樂戊戌進士宣德閒任考城知縣寬刑薄賦守法奉公
得爲政之體河南名宦志
王景字時亨先世以武功顯永樂閒襲榆林千戶英宗北狩景
與袁彬等七人擁護有功復辟時已卒特諭祭葬贈武略將
軍子世襲子璘字廷玉成化甲辰進士官廣西右參政與副
總兵毛倫平思恩土官岑濬亂璽書褒勞事見明史
劉以文字彥章洪熙中任温州府照磨以廉能稱擢知太和改
陽城有美政澤州名宦志稱其明於治體不矯飾爲廉不姑
息爲惠嘗璽書褒嘉增秩命再任後致仕歸民爲樹碑歿時

耆老數十人赴弔於家並立祠以祀正統中有劉以德者由
人材任知府亦有治聲俱祀鄉賢
王琳正統二年由監生任雩都知縣親賢愛士矜卹民瘼邑舊
苦差徭農民不諳水石皆驅供別郡夫船之役琳入覲奏其
狀及諸邑皆免之以憂去百姓送者皆泣下祀名宦祠雩都縣志
謝景字伯明父希哲由人材薦舉官長垣知縣以幹濟顯景登
正統戊辰進士授戶部主事景泰中都督黃竑得幸奏求霸
州武清地景承命往勘還奏地實民產請罪竑天順三年由
御史出知九江府以憂去民不忍舍起江西副使歷四川布
政使所至以清慎稱晉副都御史巡撫貴州平麻陽趕子坪
蠻有功後致政歸卒諭祭葬祀鄉賢參一統志楚紀明史

王思旻有幹才起家薦辟正統中為泰州判官泰故多牧地孳馬民閒思旻為奏罷三之二復苦水患請部使者蠲租六萬餘石挽舟哀訴至以身投水使者大驚具奏獲允造廣運望江二橋置預備倉八十閒秩滿當去民乞留遷本州同知德政益楙後歸老於家泰民祠祀之卒祀鄉賢子文奎詳孝友孫麟自有傳 明史附循吏吳履傳

鄒璽成化甲午舉人授榮昌知縣邑值兵荒極意蘇息作饘粥以活饑民視獄中冤抑及輕罪者咸出之 四川重慶名宦志

張佐字良弼成化辛丑進士有介行任彌勒州知州政平訟息平十八砦運籌有功累官按察僉事免歸饘粥不繼旻如也卒祀鄉賢 雲南名宦志

王麟字體仁思旻孫宏治己未進士授封邱知縣勸農桑鋤強梗一境大治嘗途中見百餘人舉大木為耶許歌有蒼頭乘馬鞭之問之為太宰馬公治宅麟執蒼頭撻之復切責太宰子比入覲天下計吏庭謁尚書卽向時所稱馬太宰也起席曰誰為封邱令賢哉愛其民因下揖時兩賢之卒祀鄉賢子廷槐詳孝友

陳廷瓚字汝忠宏治辛酉舉人授沈邱知縣擢彰德通判清謹有惠政遇歲祲賑濟有方全活者甚眾祀鄉賢子仕自有傳

張濟字三峯宏治甲子舉人知嵩及清河二縣以氣節稱解組歸閉戶自怡同里王廷陳贈以詩云自遂歸田臥何曾入郭行比鄰稀識面州郡只知名其風概如此卒祀鄉賢

曹珪字廷獻正德辛未進士授桐廬知縣時屢年旱暵江西盜起邊軍南下經畫周緻事濟而民不擾召拜御史按廣西平猺獞有功再按陝西時武宗遣中官迎指揮韶鳳妻過陝珪遮留疏諫竟得寢歷官有餘俸不置私產悉與異母弟共之著有南坡奏議卒祀鄉賢曾孫士彥自有傳 參浙江名宦志

賈啟字啟之正德辛未進士授涇縣知縣為政嚴明事至卽決民有官清吏廢之謠累遷副都御史巡撫延綏啟博學多才慷慨談邊事甚覈所至有治聲及致仕家居儉約不殊布素鄉人稱為篤行君子卒祀鄉賢

余鑾字廷儀正德辛未進士授行人奉使封唐王王餉以金帛不受歸與諸生論學不輟有豪右觸法懷金求解鑾曰吾豈

以多金禍鄉曲耶斥遣之卒祀鄉賢

王廷儒號七澤濟子正德丙子舉人由都察院都事轉四川按察僉事左遷成都府漢州判官攝綿竹性公直一介不取撫卹窮民加意學校士民德之歸建家廟如制子弟有不謹者廟責之撫異母弟尤友愛孫追美詳文苑 參四川名宦志

案王濟生五子廷儒前妻子也繼室徐生廷瞻方幼有羣盜夜至索金露刃將加於廷儒徐抱幼子請代賊義而釋之其後廷儒友愛諸弟至老不衰 縣志

陳言字秉忠正德歲貢生仁慈謙慎鄉里稱為長者任慶陽府通判嘗督邊餉捐俸以助軍民立祠祀焉卒祀鄉賢

張澤字龍山本姓周父岐篤志慕古楊慎所銘萬松處士也澤

嘉靖乙酉舉人任蒙自知縣蒙當安南之衝時方用兵澤不避險阻招撫安輯累著勤勞撫按將議功遽乞養歸卒祀鄉賢孫啓孫博學篤行以歲貢官平度同知亦祀鄉賢曾孫之訓詳忠義

萬民望號樊江子嘉靖乙酉舉人有孝稱文學豐贍操履端潔教諭新野訓士誠懇惟恐不至於成又請修新野名宦鄉賢之祀應南畿同考聘校士稱最遷甯州知州士民攀轅遮道卒祀鄉賢新野名宦志

曹誥字廷寵嘉靖丙戌進士授瑞安知縣適山寇犯平陽境藩臬會劄駐邑中誥調度有方事集而民不擾值歲歉審貧困者刻期賑之治邑六年革姦胥懾豪右疏通水利具有政績擢禮部主事累官甘肅巡撫卒於任浙江名宦志

陶珪字廷獻嘉靖丙戌進士累官山西按察使性端介不附權勢所至稱廉平餘俸給諸孤姪事繼母以孝聞善擘窠大書邑里重之卒祀鄉賢

汪文淵字赤崖嘉靖己丑進士選庶吉士改戶部郎中出爲金華知府時嚴嵩擅權其僕怙勢橫甚文淵捕逐之嵩每欲加害媒孽無所得僅免官歸金華人祀之孫世植詳孝友

王鳳陽字桐岡定遠侯弼之裔也弼子誠孫貴遷黄岡爲世族鳳陽少穎敏力學嘉靖辛卯舉於鄉任萬縣知縣時土苗作亂練鄉勇勦撫有功撫按交薦以疾乞歸講學著書耄年不倦卒祀鄉賢從孫欽濂自有傳王志汪舊志有王弼傳考弼實定遠人不應立傳今附見王鳳陽傳內

方任字志伊嘉靖壬辰進士歷刑科給事中以戇直忤權貴改兵部主事出爲四川僉事江西參議副使所在有廉幹稱晉江西右布政以母病告歸苫次拜副都御史巡撫應天不起父勇性方嚴任每先意承志義方孝行鄉評推重俱祀鄉賢

董德明嘉靖壬辰進士歷官處州知府周䘏民隱府縣常例蠲革悉盡才識明達四境安其治五載擢山東兵備副使仕終河南右參政浙江名宦志

劉珙字商陳嘉靖庚子舉人除黄縣知縣摧鋤豪右無所避海賊臨城肆掠拒御之遷知甯羌州民被仇家夜殺七人索屍不得珙焚香告天雷發其屍而冤雪歷仕不置生產居鄉以

公亮稱子功允自有傳

周之冕字元服嘉靖庚子舉人授餘杭知縣勸農桑勤教化凡訟牘悉置祕室吏胥無所售其姦催科酌緩急尤崇奬孝義節烈後陞知州浙江杭州名宦志

邱岳字南正尙忠子嘉靖丁未進士擢工科給事中時伊藩典模貪愎僭侈岳上其罪狀得勘定直聲隆諫垣累官禮部右侍郎典冊多出其手遇事敏達勵操清素每誡其家不得與公事致仕歸兩奉恩詔存問卒祀鄉賢

程鳳金嘉靖己酉舉人任彭澤知縣多善政方正不阿直指按部上謁獨後直指諷之鳳金出曰御史所以有權者能去人之官也吾官自去御史何權爲詩懸縣門云一生惟拙天知

我三載無能我愧官今日銓衡方論定好歸舊隱理漁竿遂挂冠歸直指旋悔遣追之竟不返邑人立祠祀之有禱輒應九江名宦志

陳仕字又愚廷瓚子嘉靖壬子舉人授弋陽知縣築城捍賊遷嘉興通判從胡宗憲破倭有功晉同知以母老乞歸家貧授徒自給友愛兩弟其子九疇應貢在弟前令稱疾不出弟遂得先貢廣信名宦志

杜傑字汝英鳴陽子嘉靖戊午舉人任長甯知縣歲歉賑飢全活甚眾時九絲初定黠酋內訌拮据調劑卓有政績後采木山中值水涸露禱雨注木乃出先是西南夷騷動議征討傑力陳不可當事弗聽卒致敗人服其識卒祀鄉賢子應芳自

有傳四川名宦志

王廷瞻字稺表濟子嘉靖己未進士授淮安推官入爲御史督畿輔屯政穆宗在裕邸欲易莊田廷瞻不可隆慶元年所部久雨請自三宮以下裕府莊田改入乾清宮者悉蠲其租詔減十之五已言勳戚莊田太濫請於初給時裁量田數限其世次爵絕歸官制可高拱再輔政廷瞻常論拱遂引疾歸神宗立起故官歷太僕卿萬歷五年以右僉都御史巡撫四川番屢犯松潘廷瞻令副使楊一桂總兵官劉顯剿之殲其魁羣蠻納款風村白草諸番久居二十八砦率男婦八千餘人來降復命總兵顯討建昌傀廈洗馬姑宰鐵口諸叛番皆獻首惡出降增俸一級進右副都御史撫南贛入爲南京大理卿歷兩京戶部左右侍郎以右都御史出督漕運兼巡撫鳳陽諸府寶應氾光湖隄嚙水濟運平江伯陳瑄所築也下流無所洩決爲八淺匯成巨潭諸鹽場皆沒淮流復奔入勢益洶湧前巡撫李世達等議開越河避其險廷瞻承之鑿渠千七百七十六丈爲石閘三減水閘二石隄三千三十六丈子隄五千三百九十丈費公帑二十餘萬八月竣事詔旨褒嘉賜河名宏濟進廷瞻戶部尚書巡撫如故尋改南京刑部尚書未上乞歸久之卒贈太子少保賜祭葬祀鄉賢子同鼎詳篤行同觀詳孝友明史列傳

李植字艮材嘉靖辛酉舉人除萬縣知縣治獄明決時爲之語曰勿歧舌見必屈杜若脣冤必伸有無賴子殺一家七人而

匿大索久不獲植禱於神得其貌窟而跡之卒伏辜考最徵拜御史請省壽陵費上嘉納之後以伉直出爲福建僉事爬搔宿垢風采一新尋乞假治喪卒於家王世貞誌其墓祀鄉賢參四川名宦志

王同道字純甫廷槐子嘉靖壬戌進士授蘇州推官擢御史謫內江知縣調停里甲訓迪人才江民頌之詩古文詞咸有逸氣四川資州名宦志

袁文伯字絅齋博學篤行嘉靖甲子舉人授潛山知縣政簡民和士風大振會江院白某過潛無所取給白不懌呼語之曰子讀中庸柔遠人乎曰知縣只解子庶民而已即日挂冠歸養親不懈者三十餘年時稱孺慕先生著有詩集十卷子希

變詳隱逸

陳萬卷字德備嘉靖中以吏員授安平縣丞值白蓮賊起萬卷白令督鄉兵急擣其穴賊方會飲舉事聞萬卷至整眾出禦萬卷三戰皆捷擒其魁賊忽仰首咄咄作幻術甲騎起空中萬卷瞋目大呼風雨驟至人馬皆墮地蓋翦紙爲之也於是眾恐就縛撫按上其功賜金帛擢永平通判安平人立廟祀之參通志

范芝字德和性至孝有儁才好學洽聞兄及姊子貧不能自立推產贍給之嘉靖間以選貢除定遠知縣甄善除惡招撫流亡邑大治以母老乞養百姓遮留不得去微服遁歸卒祀鄉賢定遠名宦志

劉功允字順廷珙子隆慶丁卯舉人授懷遠知縣轉溫州同知剖決簿書人稱神明贖鍰不入私橐悉以賑貧士修學宮整飭海防民賴以安調汝甯官況清苦如舊子宗祥自有傳宗祺副榜博學饒才略舉賢良授知府不就浙江名宦志

汪守廉字克辨祖大章有隱德歲饑出穀千石貸鄉里不責償守廉隆慶丁卯舉人任茂州知州視民疾苦如痌瘝切身士民愛慕苗獠傾服陞曲靖同知以清白聞璽書賜金褒之子傑選貢臨洮通判卒祀名宦孫國灤詳隱逸四川茂州名宦志

易儆之字惟儆隆慶戊辰進士授行人歷戶部郎任衢州知府衢五邑舊苦餉解儆之爲酌道里僉正戶米少者止幫路費民免困累轉四川涪州道以招諭楊應龍晉參政卒祀鄉賢

浙江名宦志

涂巍隆慶庚午舉人任廉州同知陞知府敦大不苟片言決訟歷十餘載未嘗誤杖一人攝篆四府所至有仁聲廣東名宦志

汪一右隆慶庚午舉人累官泗州知州時總河潘季馴請加泗城護隄命一右董其役隄長二千餘丈高於舊二丈又建子隄千六百八十丈一右勤苦倍至凡二年竣工泗水患息泗人祀諸名宦祠見明世法錄

葉正蒙字養源隆慶庚午舉人授封邱知縣創書院崇學校尤以廉潔著聲擢直隸州知州因父病乞養歸里父卒廬墓三載後祀鄉賢封邱名宦志

杜仲宇沖宇鳴陽子隆慶辛未進士仕至松潘兵備道捍守邊

陲以勤事卒巡撫喬維新爲治喪事發篋僅敝衣數襲聞於朝贈太僕少卿賜祭葬子凌雲以孝稱孫琦詳篤行

江沛然字應吾隆慶辛未進士以給事中謫廬州府經歷署廬江事積弊之後力爲振刷廉巨姦寘之法一境肅清海忠介公瑞亟稱之後遷南戶部郎中罷歸江南名宦志

曹士彥字孟彥生有至性事繼母以孝聞萬歷己卯舉於鄉任定遠知縣清正自矢勵學勸農振滯摻姦民有不若訓者婉諭之及卒邑人張御史一鯤斂金治其喪號哭送者數千人立祠以祀有禱輒應子之建詳篤行定遠名宦志

郭知易字如紀慶孫萬歷己卯舉人授中江知縣有廉幹聲擢工部主事時方建兩宮御史議簽人夫運石知易上議造車

法所費視舊僅十六之一官儲無損而民不擾遷員外郎告歸囊無餘物耿定向稱其世濟清白云

洪聲遠字四極萬歷辛卯舉人授高平知縣歲大旱飛蝗蔽日聲遠禱天暴日中俄雨降蝗盡死遠近異之陞戶部主事出知貴陽府時土司安邦彥作亂圍城聲遠禦之大小數十戰外援不至激勵士卒誓以身殉人皆感奮無叛志圍遂解以功擢新鎮道監軍副使撫物寬和民皆愛戴晉雲南參政以老乞歸子有守舉人博學能詩古文尤工書畫貴州名宦志

何天申字德錫萬歷辛卯舉人授廬州通判三載召判順天時乾清宮災歷代珍寶蕩盡上按籍召商買補天申抗論明王不貴異物今珠寶價一千一百四十萬有奇取之太倉則不

足加派則厲民惟宜加意修省以回天變疏入落三級補無爲州判築鰱魚壩二十里民賴其利移判鳳陽致仕歸

樊玉衡字元之焞子事親以孝聞性澹泊無所苟萬歷乙未進士授商城知縣商故徵賦保伍與胥役爲姦又縣拘囚者例用馬快所至家輒破玉衡悉罷之遂按誅豪蠹敎以孝弟廉讓朞年訟獄衰息會中使採礦至商玉衡宣言無礦與之抗因導入險爲文告山靈曰有礦當吐符陳貢不然而令與璫藉口括金以爲民禍神其殛之璫怏怏去調知崑山縣民以織造中璫苛稅譟其門璫怒郡縣約往謝玉衡曰彼自擾民賴郡邑戢之彼不我謝反謝之耶卒不往在崑五載不私一錢報最方推吏部主事聞父病遽乞歸養去之日儆篋一肩而已旋以侍疾勞瘁卒商崑兩邑祠祀之崇禎初敕建專祠諡孝介祀鄉賢著有智品十卷

孫大壯字心易生有儁才萬歷乙未進士累官福州知府治行清簡時稱循吏擢江西右參政終陜西苑馬卿所著詩文袁宏道推重之

周蓋臣萬歷丁酉舉人任石泉知縣清操有惠政民懷思之四川名宦志

穆天顏字象懸萬歷戊戌進士授番禺知縣舉最拜福建道御史疏劾稅監及諸權貴凡所建白婉曲引喻時疏多留中而天顏奏輒下部議行歷巡按廣西大著風節以艱歸天顏性至孝方少時父守文敎諭四川卒於官與兄扶櫬走萬嶺中貲盡逆旅不納會雷雨昏黑哀號逐電光行聞者皆爲感泣

卒祀鄉賢

官應震字暘谷如皐子萬歷戊戌進士初爲南陽知縣再補潍縣舉循良第一召爲戶科給事中於人才消長東宮國本禮儀奢儉宦豎朋黨無不陳說在諫垣九年前後二百餘疏皆救時碩畫神宗嘗以敢言稱之光宗卽位遷太常少卿尋乞歸天啓間屢召以魏璫用事不起卒祀鄉賢著有疏稿二十餘卷苑雜政紀十卷子撫辰詳隱逸撫邦撫極自有傳撫渙詳忠義案王志入蘄水今依通志移入

於倫字大常萬歷辛丑進士官通政使以不附魏璫告養歸璫敗起原官不赴卒祀鄉賢子斯行詳忠義

曹光德字大洪萬歷辛丑進士授嘉興推官政稱清簡涖任三年以憂去所攜惟圖書而已時江西鄧元錫力排心學嘗著五經繹光德爲參訂焉後官監察御史卒祀鄉賢

鄭之㫤字直夫萬歷癸卯舉人累官敘州同知時烏蒙安邦彥爲亂川西南半陷督撫朱燮元檄之㫤監軍賊一日稱觴爲壽之㫤提兵入其壘擒賊將四十餘人殺傷無算獻俘京師遷鎮遠知府征苗復有功晉按察副使歸卒

杜應芳字懷鶴傑子有異才萬歷丁未進士授禮部主事出爲河間知府時福藩之國屬邑供億需五萬金應芳上議得省三萬後三王之國視爲例天津稅璫馬堂橫肆應芳得其弟不法事捕訊之堂坐此逐去旋督學四川無敢以片牘干者

後遷福建按察使歸卒妻樊氏死難詳列女傳參四川名宦志

程之試字考錫萬歷己酉舉人累官開封府同知治河著勞績河有妖墓像祀之之試縛其像投諸河妖遂絕

鄒之易字心元少貧負薪水以供母登萬歷庚戌進士授銅梁知縣徵解錢糧不取羨餘嘗解餉至府有吏兌銀稍不平叱之曰窮縣脂膏供若高下其手耶去任有存積三千金謀諸邑紳置義倉廣儲積安奢之叛城賴以全後官兵部主事

甄淑字爾儀號錦石萬歷庚戌進士授陽武知縣調太康皆有異政入爲吏科給事中疏請額丁額米兩衡其數丁隨米收額不減而貧民罔病熹宗從之他奏疏多救時碩畫會楊漣被逮淑疏救激切及阮大鋮嗾傅櫆劾魏大中左光斗諸人淑復疏辯其冤忤魏璫削籍歸崇禎初起官歷南北刑部尚書詳明史

王欽濂字孟周博學多文萬歷壬子舉人知江西南陵縣首開六連湖澤及數千戶時寇躪江南捐俸賑饑練鄉勇增城堞賊不敢窺撫按以守禦功疏薦第一尋卒於官祀鄉賢長子承祜副榜有詩名孫懋德懋才同榜進士懋德自有傳

李五美字尊菴萬歷壬子舉人累擢欽州知府時山寇劫掠民多逋賦五美設營分戍解散之賦因以登上官胥徒過境騷擾痛懲不稍貸修城濠葺學宮蒐志乘文物煥然狼賊趙承烈據河州五美畫策堵禦兩省賴之會惠州有海警題授惠州海防道勞績尤多廣東名宦志

王六如字凡夫萬歷戊午舉人授信豐知縣時寇盜蜂起軍供無數富戶謹愿無不破產者六如請照糧編派黠者不得規避往倉庫典守外簽里民六如釐正之責歸庫吏邑人立祠以祀內遷主事卒江西名宦志

祝世美字濟之萬歷己未進士授諸城知縣有異政調東阿以最擢吏科給事中遷兵科都給事會張應昌殺良冒功世美上疏劾之後以守城功陟太常寺卿乞養歸卒

晏清字泰徵萬歷己未進士授蕪湖知縣廉介明允調吳江百姓請留吳吏來迎爭於路不得行再宿然後去值水潦爲民請命得邀全荒例改折擢吏部稽勳郎時魏璫用事請封其從子良臣爲伯清阻之不得行尚書周應秋怒遂削職崇禎

初起官歷廣東鹽法道卒於鬱林子霱明有文學時與其五
孫俱亡子婦樊氏護櫬悉歸葬參太平府名宦志
官撫極字建之應震次子泰昌拔貢生任貴陽通判駐畢烏有
捍禦功畢烏人肖像祀之陞平越知府忽苗帥藍二率萬衆
圍城七晝夜撫極力禦之伺其懈以壯士七十人夜襲賊營
擒藍二餘散去以功陞太僕寺卿致仕歸
廖自強字中立天啓歲貢生授江油知縣縣有荒糧萬餘自強
泣言於大吏疏請得盡蠲免邑人尸祝不衰
曹之棟字喜玉天啓歲貢生學問博洽與易道暹相友善後任
公安訓導具人倫鑒公安人士悅服卒後祀諸名宦祠子大
濩嗜古工書法詳隱逸

程良球天啓辛酉舉人知渾源州申革草商除民大害以憂去
任士民懷之大同府名宦志
何閎中字蘧宿號絅卿性敏捷讀書目十行下天啓壬戌進士
歷任四川提學副使素饒才學復善鑒別所拔皆名儁遷瀾
滄兵備道捍患禦災功績甚著生平德量寬厚時稱蘧宿先
生子昌祚詳孝友四川雲南名宦志
靖科元字若谷天啓壬戌進士授邯鄲知縣興利鋤姦民懷其
惠歷工部郎中以發京商事與周延儒忤罷歸時流賊蹂躪
築砦小崎山保聚鄉族遭土寇襲破之以身殉焉子乃心稟
生乃式貢生俱從死案縣志選舉表科元官至浙江副使
劉宗祥字梧陽功允子天啓乙丑進士授金壇知縣時海盜王

武烈爲亂捕寘諸法餘黨憤起人皆危懼宗祥悉討平之舉
最擢御史崇禎初巡按江西條陳興利除害數事稱旨繼按
四川陛覲面劾侍郎張捷行私捷坐免官時侯良柱秦良玉
討平奢賊賞格不行宗祥上其狀始錄前功後巡撫江西致
仕歸
王源昌字紹貽陞孫天啓乙丑進士授禮部主事出知平陽府
抗監軍中使以清直聞崇禎十三年分巡大梁時宗室驕恣
源昌執法裁制不假借移鎮河南禹州歲旱人相食源昌設
法賑濟全活甚衆流寇陷洛陽將窺禹源昌飭練鄉兵防禦
周密郡賴以全遷汴梁觀察使乞終養歸年九十卒河南名宦志
魏公韓字小韓少事祖父母以孝聞天啓乙丑進士授太平知

縣修復伯嚭祠墓城垣壞募諸紳士力築之已寇至督鄉兵
斬獲無算民立生祠祀焉歷汝南大名薊永道興士愛民所
至皆祀名宦魏忠賢張彝憲聞其名欲致之公韓不稍屈崇
禎初巡撫保定以母老乞歸隱居樟松湖築室曰漁臺甲申
後杜門不出年八十一卒
陶紹侃字惜之倘義有勇略天啓丁卯武舉授鄖陽遊擊會漢
中亂陝撫檄爲前部至三條嶺大雪敵未備突騎乘之斬獲
無算事聞擢前軍都督僉事値房竹寇亂力戰紅坪灣渡泥
關諸隘遷臨鞏總兵左軍都督告歸卒於家
王用予字安生崇禎戊辰進士授淮安推官釐白冤獄修文起
書院每月親臨課士歲荒賑饑活流民以萬計淮有新舊兩

城頻苦水患捐貲爲築三壩兩城獲全會有詔選儒臣有治行者入翰林遂授檢討子澤宏詳文苑 江南名宦志

易士龍字雲間崇禎庚午舉人授醴陵教諭葺考亭書院崇尙正學遷大昌知縣流寇兩次來攻皆力禦得免寇退門者俘三十餘人以間諜論且云前此皆以是得紀錄士龍訊知其陷賊狀盡釋之改宿松縣歸年八十四卒子爲泰詳孝友

牛若麟字鶴沙崇禎丁丑進士授吳縣知縣饑民蜂起將爲亂若麟亟賑卹治其魁變遂定後陞監察御史 江南蘇州名宦志

蘄水縣

薛徵天定孫元末爲兩淮水陸都統制明太祖遣左司郎中吳明遠齎手詔召之遂渡江從太祖參幕府畫策屢中命督金

華軍事軍政修飭子均自有傳 通志

楊思義魁梧奇偉有幹才太祖稱吳王以薦舉授起居注累官戶部尙書大亂之後人多廢業思義請令民閒皆植桑麻四年始徵其稅不種者罰如周官里布法詔可又請令天下立預備倉以防水旱凡所經畫皆詳密時稱其能調陝西行省參政卒於官 王志注明史本傳不詳其籍里今據通志舊志邑志選舉內皆註蘄水人年代官爵悉與史合

案邑之黃草湖尙有其墓

薛均徵子生時徵夢人投萬鈞懷中因名萬鈞後更均治五經補博士弟子洪武中以懷才薦舉上十策高帝異之會其母疾固請放歸旋除知合州治行爲天下第一文皇時擢應天府尹崇尙清約買舍旁片地種菜嘗自芸之帝廉得其狀笑曰人皆樂惟朕與均獨苦也年七十乞歸特進禮部侍郎或疑其歸裝宜重中途伺發之惟紙馬板一具文皇知其貧命有司賜官湖頃餘後人因名欽賜湖又曰薛家湖子孫世守之兼鬻紙馬至今巴河有薛紙馬之號

案均爲邑之巴河人至今父老猶能述其清苦所居地曰神馬嶺即所謂紙馬之號也萬歷閒知縣閻士選題其廬曰清白世家 縣志

魯毅定番衞指揮洪武中月魯帖木兒反攻圍城池時衞初設百度未舉毅運謀撫衆晝夜拒守伺賊怠擊破之陞遼東都指揮使 四川寧遠名宦志

黃紹祖洪武中貢入國子監陟刑部侍郎楚紀謂其老成有才

戴綸字經邦英邁方正篤於孝友洪武庚午舉於鄉任監察御史出按山東風裁稟稟以糾劾忤時貴謫梧州通判再謫庫官尋改監倉糧歷官以清忠自持時貴欲致之死以無隙而止 見分省人物考

吳永喆字克明正統辛酉舉人事母以孝聞博通羣籍授南川教諭賙恤寒士訓迪有方學士江朝宗布政使蔣雲漢御史蔣泰俱出其門尋拜河南道御史蜀人至今稱之

范煥字五雲監生任建陽知縣設義學訓蒙士省賦清刑百姓德之尋行取赴京士民泣送載道 建陽名宦志

張存禮字秉周成化閒以天文辟舉授德慶州知州州有沈獄存禮下車立爲剖雪歲旱累年禱雨立應又敎民修轆轤製

水車農民利之他善政不可枚舉致仕歸正言飭行鄉里式焉卒祀鄉賢

曾永清字本端成化辛丑進士爲大理評事執法不阿出知成都府清介有聲遇旱糴粟賑之府舊無倉乃置倉儲粟明年又饑民用不困安縣賊烏合萬餘永清往諭之皆散去又設八釜於門外令訟者就爨立與判決而歸民間有鬬不解擔之謠歷官江西左參政卒祀鄉賢

徐紹先字繼之成化丁未進士正德中知銅仁府時鎮筸苗作亂紹先繕城堡備芻粟治器械練民兵苗聞而憚之不敢犯境（貴州名宦志）

徐吉貞字天相宏治戊午舉人授忠州知州催科不擾條陳六

事深切時艱時麻鷂兒文千戶暴横里中百姓惶懼吉貞計除之遷南戶部郎中乞歸紘誦自適孫步雲舉人爲祿豐知縣有善政（參四川名宦志）

田重器字國用本姓錢宏治甲子舉人正德中知江津縣興廢舉缺多善政縣有巨惡計擒之民賴以安子貢字少江與父同榜舉人任絳州知州絳多宗室貢執法不頗宗人主事來州放糧有混領銀一封者主事語貢夜令人款其門曰州中有事相喚其人卽持銀出曰將送來矣其見憚如此孫邦偁自有傳

李宗元字東皋洙子正德庚午舉人除沈邱知縣邑初建百事草創宗元廉以律己嚴以御下政無不舉臺檄有不便民者輒封還之治行居河南第一卒祀名宦並祀鄉賢

李延芳字叔慶正德歲貢生爲大足訓導操履醇正言笑不苟校士寒暑不少輟諸生貧者捐俸助膏火歲祲道殣相望力爲捄之陞汶川教諭致仕疾劇値父忌辰索衣冠强起力不支伏枕痛哭而卒祀四川名宦並祀鄉賢（王志入孝義今從縣志移入）

程轍字子建正德丙子舉人沈毅有大節雅志不仕父强命之授墊江教諭俗頗陋轍從容勸誨每社飲以談說經籍爲娛蜀人化之後官國子監助教著有說易錄卒祀鄉賢

周瑯字光載正德辛巳進士歷都諫以論列抗直出爲廬州知府廉惠一時稱最援輯包孝肅公奏議序而梓之遷廣東督學以行誼經術教士規範嚴肅請託一無所徇卒於官著有

顯侗集春秋補傳祀鄉賢孫應期自有傳

胡仲謨字啓忠正德辛巳進士沈毅樸訥臨事不苟授遂安知縣豪猾斂跡民皆樂業後官雲南按察使尤折姦洗貪凜凜難犯告歸年八十六卒祀鄉賢（浙江嚴州名宦志）

朱袗字汝衷嘉靖癸丑進士擢南御史出知常州府爬姦剔蠹舊俗一新晉陝西副使値西羌跳梁乃城金川選精騎千餘自持短兵督其後賊盡駭散尋參政雲南有銀場官吏乾沒則嫁禍齊民袗廉得其實寘乾沒者於法後官浙江按察使擢雲南右布政以老去送者萬計至毘陵猶弗止卒祀鄉賢子期至期昌俱詳文苑

錢邦偁重器孫嘉靖癸丑進士授臨安知府慈恕得民除一切

陋規尋常詞訟為之勸息歲儉設粥救饑捐俸完民逋稅陞苑馬卿去後民歌誦之雲南名宦志

周鳴塤字思友嘉靖己未進士授餘姚知縣邑以倭亂後徭役最苦鳴塤下令丈田按籍雇募公私便之有官湖為豪貴竊據核令還官歲溉田數千頃分校鄉闈主者索所私卷堅執不與歷廣東參議掛冠歸三十年絕足不入城市卒祀鄉賢

李畿嗣字民欽嘉靖壬戌進士除廣信推官庇平民忤權相旋擢營繕司主事督乾清宮工世宗親賜食卒為嚴嵩中傷左遷漳州同知數平海寇漳人德之擢知惠州府先是沙田陸梁人民逃散畿嗣縱反間擒賊首流移盡復時嶺南有事羅旁羅與肇慶相接延袤數千里剽掠不可制當事調畿嗣為肇慶知府畿嗣設方略大破之盡平羅旁東西山升瀧水為直隸羅定州置東安西寗二縣隸焉捷聞遷監軍副使卒祀鄉賢子生采詳孝友參稿建志

易之貞字忠甫隆慶庚午舉人署青浦教諭以廉勤擢戶部郎中督餉易州奏免積逋二十萬行部至艮鄉憫逋糧故官為請減十之九且捐俸代償之奏罷礦璫王虎卒為忌者所中出守馬湖三月歸案縣志之貞本舉人通志作進士誤

王希元字白岳隆慶辛未進士初任南太常博士厓禮典樂多所建明時有富商妾生遺腹子嫡子利其貲逐之訟久不決訴之希元嫡子求勝賄千金希元諭以義均其財并取所賄金給妾子南人頌之擢吏科給事中以議兩宮朝禮忤權貴

謫滇南旋提學福建轉江西參政會御窰作器淫巧縻費浚民抗疏罷之尋乞歸卒祀鄉賢孫教民詳孝友

徐一唯字心溪隆慶辛未進士授萬載知縣沉毅果決置學田以贍師生定瀏陽豪戶爭廣洞田地之亂擒大圍山巨寇李大鑾等民賴以安累官兩淮鹽運使孫三餘三仕詳篤行江西袁州名宦志

何鳳起字近郲萬歷甲戌進士授葉縣知縣善聽訟不曲事上官張居正子懋修北上所過餽遺甚厚鳳起獨贈以疏布居正聞而驚曰此必清操令也鳳起適罷職居正言於朝即日遷知廣德州歷官雲南按察副使

蔡斗移萬歷丁丑進士由刑部郎出為臨江知府以正卒屬以惠字民陞長蘆鹽運使冰檗自矢課賦無私商民頌之卒祀鄉賢

徐存德字恆菴萬歷丙戌進士任仁和知縣時搢紳[illegible]政俗刁健存德絕遠權勢毅然與之更始座師某使人致書存德邑郎囑其使為之干請存德拒其請而厚贐遣去使猶懇求不已遂笞而逐之歲歉且疫存德捐俸賑饑民呼為活命官奏最擢南戶部主事旋致仕歸

閔廷甲字龔墟萬歷己丑進士授常州府推官以敏練稱嘗自言始至誤斷一獄至今悔不能已擢吏部郎中時神宗欲立福王為嗣廷甲同孟養浩等伏闕上疏力諫坐鐫級後陞通政使布衣蔬食以清白聞卒祀鄉賢子以棟歲貢生晝呂府

同知有才名江南名宦志

張文光字公瑾萬歷戊戌進士授檢討以論楚藩華烽事忤沈一貫謫光山縣丞久之遷尚寶丞每慷慨陳言述古今法戒修身講學之要累官國子監司業

案文光本邑人其鄉會科具載郡邑舊志後遷江夏故通志作江夏人

金玉節字雅初萬歷戊戌進士授長興知縣勇於有爲值礦使爲民害玉節繩以法卒不敢肆歲當編審立走區走田法通融均攤詭寄無所容民稱便焉遷刑部員外郎卒祀鄉賢子甌詳文苑浙江湖州名宦志

周延光字斗垣萬歷辛丑進士授金華知府政靜民和晉副使

提督浙學春秋兩闈元魁皆所拔士遷左布政收筦關支躬自閱視主藏吏抱牘記出納而已宿弊一清卒祀鄉賢浙江金華名宦志

周應期字際明萬歷辛丑進士授行人司奉命册封豫章益王擢御史按嶺南執法如山有神明之頌先是應期祖瑯督學嶺南得士最盛及應期至粵人慕如考妣同祀名宦並祀鄉賢

游之英萬歷丙午舉人授麗水知縣值歲歉開預備倉以賑且施粥食之學宮圮捐金爲倡他祠廟堰埠幷加修葺時有虎患之英禱於神械至之人謂精誠所感云浙江處州名宦志

謝天申字元菴萬歷戊午舉人授西甯知縣持躬嚴潔尚禮致捐俸創建典學書院進邑人士面課之咸奮於學廣東名宦志

蔡國琦字廷玉性孝友萬歷中由太學生任壽光主簿署縣事歲歉賑饑作勸賑歌示民存活甚眾卒祀鄉賢

畢九臣字恆甯天啓甲子舉人弟十臣字恆泰崇禎丁丑進士九臣初爲儀瀧知縣時儀被流寇焚掠城圮九臣招集流亡捐貲修復募勇禁戰寇不敢窺歷四載遷紹興府同知十臣任慈谿知縣適歲饑姦人揭竿糾眾圍積粟之家謹愿者皆惶恐十臣聞之即率執杖役二門豎一輕騎至圍所叱曰若等將作亂耶抑饑求貸穀耶如作亂即縛我去如求貸何不先告我眾皆俯伏杖其倡首者二人事乃定旋行取御史都城陷遂歸杜門著述以終

桂啓芳字叔開崇禎辛未進士授海陽知縣時海寇劉香老猖獗啓芳以計擒其黨林龍角周瑞偉杖斃之出奇助督府卒平劉香老忌者奪其功落職歸益讀平生所未竟書披衣挑燈達曙不倦子陵詳文苑

黄耳鼎字澹巖幼好學崇禎丙子應順天鄉試道逢老人哀泣問之以被冤致鬻女耳鼎紆途三日傾囊贖女歸之後試期弗顧也會棘闈火試改期遂登賢書明年成進士授中書擢廣西道監察御史彈劾不避權貴巡按陝西值闖賊破都城奔赴江南尋卒

周壽明字天格光德孫崇禎丁丑進士授臨海知縣鑿東湖注大河環衛郡城寇不能犯備軍芻糧擾民壽明治以法立靖

復攝海甯天台象以計典廉能第一調曲周三月召對稱旨擬擢吏垣都城陷遂歸入山國初徵起壽明瀝陳親老詞甚哀得免伏處終身足跡不入城市著有敦和堂集孫節周自有傳

高宏基字元開如岳子崇禎庚辰進士授大名府推官歲饑捐俸給貧民牛種山東梟賊米玉竄境宏基諭以禍福尋就撫時流離初復俵馬苦費重宏基白直指疏請改折郡人德之

麻城縣

吳山宇仲安洪武初舉明經任合州學正教化大行擢內江知縣稱廉吏生平博學多聞尤精春秋鄉來學輩出其門卒祀鄉賢

李甯字景安洪武初爲餘干知縣才識英敏值羣盜竊發甯率鄉兵會官軍擒渠魁散其黨數百人歲饑移粟賑民民咸懷之勒石以紀

楊敬洪武初爲富陽知縣剏置廳宇建立學校寬猛得宜民懷其惠楚紀

劉從政字恭明洪武甲戌進士拜監察御史謇諤伉直彈劾無所避保靖宣慰司族屬相仇殺從政齎敕撫諭之歷河南山西參議皆清慎卓著循聲卒祀鄉賢分省人物攷

鍾亮縣志作鍾亭洪武中知定陶縣有惠政秩滿當遷民請留之遂復任山東曹州名宦志

毛添佐字公輔永樂間由知州署肇慶知府守正奉公庶務修舉允敬禮賢士去後民思慕焉廣東名宦志

董應軫字宗南宣德壬子舉鄉試第一累官福建提學僉事天順七年廣西大藤峽賊亂舉朝以經濟推應軫陞參議往討平之卒祀鄉賢子紱自有傳

鄒來學字時敏宣德癸丑進士授戶部主事督餉陝西規畫有條理陞員外郎從王驥征麓川有功晉通政司參議正統十四年也先犯京師擢僉都御史提督軍務巡視畿甸東北諸關隘時人情洶懼廷議惟謀守城來學請分遣文武大臣帥兵據險邀敵歸路廷議韙之於是命來學帥所部趨紫荊關道易州追躡虜後方百務叢脞之際來學綜覈名實刻期樹功凡築城浚池轉餉練兵事爲之所京師賴捍禦焉景泰開

陞副都御史巡撫南畿勸農桑修水利姦吏勢豪悉繩以法又請留京儲以備賑濟復軍運以省勞費時善其議以勞遘疾卒諭祭葬崇祀鄉賢孫驥成化己丑進士歷刑科給事中補參議以耿介稱參楚紀及分省人物攷

鄧逵一作鄧達宣德乙卯舉人授江津知縣狷介不苟政暇課諸生文藝訓誨諄諄擢御史官貴州僉事卒祀鄉賢孫楚望詳文苑四川重慶名宦志

劉訓字忠言其先世有名夢者從高帝起兵官同知賜田麻城因家焉訓正統己未進士初知金壇縣有惠政性儉素治蔬圃以自給邑人王豪錢澍貧而好學訓以俸資給之後俱成進士吏部尚書王翺特疏薦治行爲天下第一累擢山西參

政卒祀鄉賢孫璲自有傳分省人物攷

李正芳字彥碩夙有隱德正統壬戌進士歷官東昌南陽知府改授保甯時趙鐸反正芳率兵討之設奇制勝功甚著累任山西布政使去後民甚思之卒祀鄉賢子瀨字士清成化己丑進士官參政以廉平稱孫文祥自有傳四川保甯名宦志

案正芳家居時與督學僉事董應軫按察使周鑑俱以碩德重望爲時所師法知縣朱嵩爲建耆英堂於縣治之右凡有大政輒請諮議麻城舊志

周鑑字以人正統乙丑進士授監察御史出按江西大學士陳循子所爲不法鑑置大辟陳切齒伺無所得乃諷部遷雲南副使九年不調鑑汰貪墨理誣枉開寶泉壩溉田數萬頃陞

山東按察使乞歸卒祀鄉賢孫廷徵自有傳

周庠貢生正統中爲陳州知州緩刑罰興學校復業之民計口授田教以種植居數年州漸富庶百姓戴如父母卒祀鄉賢河南名宦志

熊祥景泰庚午舉人授浦江知縣築城修學建演武場政績不著子縝知成都縣亦有賢聲後知邛州四川名宦志

喻文偉以明經舉歷官懷遠知縣有廉介稱卒祀鄉賢

曾啓景泰癸酉舉人授犍爲教諭誨人不倦爲文尚理致不事浮藻士習爲之一變祀犍爲名宦並祀鄉賢

劉綱景泰丙子舉人授清遠知縣賑濟饑民創修學宮均賦役勤撫字士民爲立遺愛亭廣東名宦志

宋兌字繼東景泰丙子舉人授濰縣知縣專務以德化民不爲矯激之行秩滿奏留復任後陞濟甯知州山東名宦志

鄒淡天順壬午舉人授石泉知縣時經番夷之害民多逃徙淡善於招撫復業者眾四川龍安名宦志

黃時中字宜之成化乙酉舉人授阿迷州知州時初設流官百務肇舉時中善於撫綏得夷民心雲南名宦志

董紱應軫子成化壬辰進士授湖口知縣清慎惠民邑有蘇觀渡水齧隄壞紱重築之民被其澤江西名宦志

邱瑩字北山成化甲午舉人授開縣知縣持政廉平榜其門曰愛百姓如子受一錢非官卒祀鄉賢

王本儉字節之成化戊戌進士初任吳縣知縣改豐城其父遺

詩勖之因勒石後堂日夕自省邑大治歷桂林副使會蠻寇諱本儉提兵討平之卒於軍

熊經字載道成化戊戌進士授無錫知縣有惠政諸生邵寶吳學輩皆所識拔時有徐姓作石榔於太湖欲毀民居開河通舟經弗許閱六年內召爲人中傷出知隴州以疾致仕經性剛氣豪善談論敦孝友有東溪集行世孫吉詳文苑分省人物攷

舒昆山字楚瞻幼奇穎成化甲辰進士累官副都御史所至有政績能文章一時碑碣多出其手明一統志

董樸字汝涓紹子成化甲辰進士任重慶知府明禮義正風俗以艱去渝民勒石銘其德起知楚雄府課農桑立碉堡興學訓士諸生貧不能婚葬者資助之陞江西參政解組歸倣廬

終老爲詩類陶韋時稱董五言卒祀鄉賢子士毅自有傳四川雲南名宦志

李文祥字天瑞正芳孫自幼俊異弱冠舉於鄉旋登成化丁未進士萬安當國奇其才以孫宏璧與同榜款於家文祥意弗慊也屬題畫鳩有春來風雨尋常事莫把天恩當己恩句安深銜之孝宗嗣位文祥上封事請裁抑中貴選用大臣萬安票旨謫陝西咸甯丞尋以王恕薦召爲兵部主事監司以下餽贐皆不納到官未踰月復以中書舍人吉人言事牽連下獄貶興隆衛經歷都御史鄧廷瓚征苗咨以兵事大奇之欲薦爲監司文祥辭曰昔以言事出今以軍功進不可乃請齎表入覲兩上疏告歸不許還經商城曲河冰陷死焉年僅三

十祀鄉賢詳明史列傳及分省人物攷

周廷徵字公賢鑑孫宏治己酉舉人以教諭擢御史按陝西時安化王寘鐇反廷徵調榆林副總參游時源等分布要害令楊英爲書密達仇鉞擒寘鐇並首惡何錦等檻送京師都御史楊一清太監張永總兵始至永以功不由己乃追還寘鐇別自報捷又盡奪甯夏將士功與諸貴倖紀功給事中郄夔懼而自盡甯夏幾再變賴廷徵威望素孚又爲撫定而白其功於朝尋陞九江兵備副使卒祀鄉賢子鉞自有傳分省人物攷

劉璣字士約訓孫宏治庚戌進士授豐城知縣興學育才邑好淫祀首毀之以正民俗自守狷介不私一錢徵斂有方姦猾屛迹述職爲江右第一卒祀鄉賢子天和自有傳

唐書宏治壬子舉人授巫山知縣捌修石城民永賴之四川名宦志

曾大有字世亨宏治癸丑進士授定遠知縣費舍官廨城郭坊市悉增修誅妖賊孔布等一境晏然擢監察御史直聲震臺端以忤劉瑾除名瑾敗累陟江西布政使卒祀鄉賢分省人物攷

陳文字簡之宏治戊午舉人授崇明知縣遇風潮大變請賑濟活三千餘人又擒海賊施珙父子以抗言忤巡按調延州尋爲襄府左長史文外和內剛居官清介歷任幾三十年田廬如故著有自怡集

梅吉號西野宏治己未進士歷官惠州知府以白士子冤忤巡按挂冠歸囊只俸金八兩清節冠時祀惠州名宦並祀鄉賢子汝觀詳篤行

曾大顯字世榮宏治壬戌進士累官禮科給事中忤劉瑾謫江西布政司照磨歷署參議所至有風裁以疾乞歸卒祀鄉賢子烶自有傳

毛馭宏治甲子舉人授太平知縣綜理有方剖決無滯吏民不敢欺浙江名宦志

劉天和字養和璣子正德戊辰進士授主事改御史出按陝西時鎭守中官廖堂奉詔辦御食物於蘭州使天和天和以非所司辭堂奏天和拒命詔逮之部民哭送者萬人久之謫金壇縣丞遷湖州知府多惠政累遷僉都御史督甘肅屯政請以肅州丁壯及山陝流民於近邊耕牧且推行於諸邊尋奏當興革者十事田利大興改撫陝西請撤鎭守中官及罷爲

民患者三十餘事誅洮岷番四十二族之不用命者討平湖店大盜及漢中妖賊就進右副都御史母憂服闋以故官總理河道時黃河南徙歷濟徐皆旁溢天和疏汴河自朱僊鎮至沛飛雲橋殺其上流復疏山東七十二泉自鳧尼諸山達南旺河濬其下流不三月訖工加工部右侍郎尋以兵部左侍郎總制三邊軍務倣秦綋隻輪車以禦敵屢破吉囊殺其子小十王論功加太子太保遷南戸部尚書召爲兵部尚書督團營言官論天和衰老遂乞休歸家居三年卒贈少保諡莊襄祀鄉賢天和初舉進士劉瑾欲與敘宗姓謝不往晚年內召陶仲文以刺迎稱戚屬天和返其刺曰誤矣吾中外姻連無是人仲文恚其罷官有力焉孫守有廕錦衣衞指揮亦祀鄉賢守濛以恩例當廕讓其季父溧又以軍功當廕復讓其弟守孚守有子承禧掌錦衣衞士大夫獄急時頗賴其力明史列傳

董士毅字維遠樸子正德庚午舉人授南充知縣一介不取有青萊布衣破繖羸馬之謠遷知蓬州清操益勵歸時囊無長物正德三年大旱捐穀濟人瘞饑殍者不下數千卒祀鄉賢

劉淑相字養忠正德甲戌進士授南京兵部主事武宗南狩參贊尚書喬宇選一人奉迎諸司皆憚淑相獨請往得旨還宇深器焉嘉靖初晉郎中嘗跪伏左順門爭大禮歷任順天府尹執法持正權貴多憚之未幾與內閣夏言忤奏下錦衣獄尋放歸分省人物攷

詹瑩字廷玉正德甲戌進士南戸部主事歷福建參議性甘澹泊耿定向先進遺風稱其在官時日用鹽豉粥云卒祀鄉賢

毛鳳韶字瑞成正德辛巳進士授江浦知縣有善政擢監察御史上弭災八事如復舊制以革鎮守尤關天下利害巡按陝西雲南貪墨吏皆望風引退終雲南僉事著有聚峯文集卒祀鄉賢明一統志

喻希禮字節之嘉靖癸未進士以重慶推官擢御史會議大禮杖謫者多死荒徼希禮因禁中祈嗣上疏極諫世宗震怒尚書夏言力救之謫戍六安十餘年赦歸卒隆慶朝追贈光祿少卿賜祭明史附薛侃傳

曾烶字日宣大顯子嘉靖癸未進士授獻縣知縣擒巨盜懲里

豪以能著御史某行部目攝之遂拂衣歸後擢給事中世宗南狩抗疏止輦廷杖下獄謫判靈州累陞福建少參拜命未就而歸卒祀鄉賢參王世貞撰墓誌

劉采字汝質父漢宏治戊午舉人官商水知縣愛民好士卒祀鄉賢采嘉靖己丑成進士時張璁當國采爲會試所拔高等特嚮意采不肯往謁補宿州知府屬歲饑采請移帑羨代輸至秋民爭償無逋者後巡撫山東采礦命下歲急采疏請緩辭極婉剴獲允御史某請開膠萊河通海運采條其不便者五事遂寢先是詔近畿撫臣屯兵臨清備入衞後咸以爲常士卒疲苦采疏請罷之累遷南戸部侍郎鎮武營卒以乏糧殺侍郎廷議以采代采至處以鎮靜凡運艦至戒主計者剗

除一切積弊轉輸稱便反側乃安以災異自劾免穆宗立起南工部尚書改兵部尚書凡四載乞休歸釆歷官四十餘年清介如一卒年七十四諭祭葬贈太子少保謚端簡祀鄉賢分省人物攷

案釆父漢知商水縣時流賊劉六等竄境漢掘窟以藏家口及賊退妻女皆熏灼死惟一子七歲以鼻置土罅得免卽釆也縣志

黃卷字景文一字萬巖幼聰穎强記少長工屬文廖學士道南見而奇之曰吾輩人也三年盡得其學嘉靖己丑成進士授刑部主事任職無害考最遷山西按察僉事所治太原爲王國子侯爭民田而訟者王右之民每不得直卷至一切付三

尺無所依阿王叓媿謝約束不謹丁外艱起復按察山東甫至有傳敵騎窺臨清者巡撫曾銑素才卷屬之城卷晝夜趣事如期成大雨水溢城輒隤卷曰下必有伏淤也發土丈餘而淤見乃去之多貰民閒敝缶實以灰而基之城賴以固歲祲民苦饑請於臺發庾粟贖鍰以賑且多市二麥種貸民俾無廢藝事明年麥大熟皆雙歧而七穗吏請以瑞聞卷不可曰昔不聞災今乃聞祥耶遷陝西右參議制府議城花馬池檄往督役卷操畫如臨清而嚴倍之樵者獲白鹿以獻或謂當進諸朝卷曰是又且以瑞麥嘗我無如我騃何秩滿進甘肅按察副使以河套之議與督師不合乃引疾歸年才四十有五屛居田廬一椽僅蔽風雨課僮僕種蒔自給性好遊遇佳山水輒登臨嘯詠不能去卒年七十五祀鄉賢參王世貞撰墓誌銘

案卷解組歸服犢鼻褌躬督田事嘗從鄰舍借耒鄰人負送卷曰但借足矣奈何復妨汝務因自肩還又嘗以隻雞樽酒奉邑令曰瓦樽當見還令笑與之其清樸如此王志僅載此二事列隱逸攷麻城志卷政績風節卓卓可表故移列宦蹟

劉淼嘉靖壬辰進士官郎中以不附權貴改汝甯通判爲政嚴明人不敢欺後復爲南京刑部郎中卒祀鄉賢

周鈇字汝舉廷徵子任河南郟縣縣丞討擒巨盜僉事林騰蛟激賞之知縣死檄鈇攝郟篆適嚴嵩私人鄢懋卿理鹽法州縣無不饟金奉者吏白鈇鈇歎曰丞惟一身有婦耳何所得數百金鄢至失望乃出故簽二付典史緝之鈇曰此欲借爲

名耳陰備二新簽屬典史以所緝故簽入鄢大怒蹴破之鈇陽謝曰何不以屬丞丞已備新簽矣鄢視簽則新也而中枵然愈失望然無以難之已攝盧氏有老吏當戍者鈇待之厚吏叩頭曰左藏贏金三千無知者請爲公壽鈇得金具白諸司充官用後還郟以豪右冒荒額爭於上官不遂憤甚投劾歸子宏祖宏綸俱有傳

陳仲晦嘉靖丁酉舉人任石屛知州治海口建六閘軍民稱便雲南臨安名宦志

董性士毅子嘉靖丁酉舉人授安岳知縣課諸生除巨盜斷冤獄民立碑頌之擢易州知州至則爲民興利立邊防永久規以外艱去官服闋補合州合於蜀爲劇郡又值歲祲性一意

撫字民無失所後致仕歸

劉灁字汝觀嘉靖庚子舉人授銅梁知縣邑故多逋賦灁嚴禁催擾惟以牒付族長督率如期人無敢負者有盜魁朱宏仁以賄通隸卒剽劫四十餘年灁廉得隸卒寘之法復計擒宏仁餘黨悉遁再知高陽邑多巨璫每以非理撓法灁無所聽璫以蜚語中之遂拂衣歸

劉廷舉字巨塘嘉靖庚戌進士授分宜知縣以不附權要調上蔡尋擢袁州知府仁威並著郡大饑廷舉發廩捐俸施粥民賴以活申明聖諭頒刻小學士風丕變去之日有澈底澄清一巨塘之謠卒祀鄉賢江西袁州名宦志

周宏迪字元惠嘉靖乙卯舉人授灌縣知縣政尚嚴明猾吏豪

民不敢肆陞石屏州知州四川名宦志

周宏祖字元孝武子嘉靖己未進士擢御史隆慶改元司禮中貴及藩邸近侍廕錦衣指揮以下至二十餘人宏祖疏請止賚金幣悉停世襲且言願陛下勿與謀議勿假嚬笑則彼無亂政之階已又疏請故侍郎薛瑄從祀請蠲淮南州縣被水馬戶折價請汰內府監局錦衣衞光祿寺文思院冗員及彷行古社倉法詔從之復因地震星變上疏略曰陛下嗣位三年未嘗接見大臣咨訪治道邊患孔棘備禦無方事涉內廷輒見撓沮內臣爵賞太厚謝詞溫旨遠出六卿上尤祖宗朝所絕無者疏入不報其冬詔市珍寶宏祖復切諫尋遷福建提學副使以忤高拱調判安順拱罷移廣平推官累遷南光祿卿卒祀鄉賢子應嵩詳篤行明史列傳

周思稷字養初隆慶戊辰進士授臨海知縣慈祥廉靜有古循吏風在邑五年嘗清丈田畝稽核戶口不事察察而人不敢欺又酌定鹽課上下利之陞主事歷參議卒祀鄉賢浙江名宦志

孫一謙萬歷時爲南京司獄給囚米甚均衣敝至爲囚浣補一切舊弊釐革殆盡囚深德之秩滿轉靈山吏目侍郎王世貞爲詩美其行

羅樹聲字伯實萬歷癸酉舉人授灌縣知縣以清敏稱西征之役軍書旁午樹聲供億有方民以不擾又剏觀風樓爲一邑偉觀後陞西安府同知四川名宦志

周宏禴字元孚宏祖弟倜儻負奇氣好射獵萬歷甲戌進士官

順天通判奏劾兵部尚書張學顏黨中官張鯨乞爲屏放帝怒謫判代州遷南兵部主事時章奏多留中宏禴疏諫且請早建皇儲不報累官御史按甯夏巡撫梁問孟巡茶御史鍾化民取官帑交際劾罷之河東有二古壩宏禴易以石濬渠北達鴛鴦諸湖大興水利以誤薦哱承恩貶澄海縣尉天啓初敘建儲功贈太僕少卿子應泰詳忠義明史附李沂傳

魯之賢字伯艮萬歷壬午舉人任深澤知縣北俗輕生之賢禁溺縊嚴反坐刑以是清奏最擢御史首劾罷貪撫張明綱巡按宣大會代藩廢長立幼上疏切論實爲當時國本地也子晟詳文苑

王之機萬歷壬午舉人歷官四川參政會建昌猓亂之機受命

偕劉綎討之大小五十六戰諸猓巢穴一空改雲南復以才幹機警著績滇藩莊兵爲盜執法相忤投劾歸（參明史）

陳楚産字北學萬歷癸未進士授博野知縣清廉勁直百姓稱陳青天遷兵部主事歸里數十年不起凡邑中利弊輒言於令篤交遊不以貴賤易視梓里咸敬愛焉

梅國楨字克生汝觀子少雄傑自喜善騎射萬歷癸未進士授固安知縣暇日輒較射每就射所決訟數語立遣有中官詣國楨請收責於民國楨僞令民鬻妻以償民夫婦哀慟中官爲燬其券以政最入爲御史會甯夏鎮將哱拜子承恩等據城叛命國楨監李如松軍討之破其外援決黄河大壩水灌城城中食盡援絶國楨挾諸將趨南關總兵牛秉忠買勇先

登國楨援梯大呼諸將畢登賊退據大城國楨使閒許以相圖自效賊黨遂殺劉東暘許朝俘承恩以獻拜自焚死以功累陞兵部右侍郎總督山西宣大軍務撫循邊徼恩信甚至丁父艱歸卒贈右都御史祀鄉賢子之熉詳隱逸（明史附魏學曾傳）

梅國樓字瓊宇國楨弟萬歷癸未進士選庶吉士歷遷四川敘州副使時播酋楊應龍反特起李化龍督軍務檄國樓隨軍進勦國樓同將軍劉綎冒險出奇併力合攻播州平捷聞加一級卒祀鄉賢（王志注案縣志舊通志俱無梅國樓傳而舊志特載平播事查明史亦未及存以俟考）

彭信古字叔鐩萬歷癸未武進士累官瓊州遊擊朝鮮用兵信古率步兵用大棓擊其渠魁衆軍繼進逼城濠毁其栅尋以礟裂失利後乃敘功賜廕

楊王庭字中愚萬歷乙酉舉人授德化知縣江北地形窪下民數千聚廬而居時夏流汎溢將淹没王庭破浪拯濟築隄捍之民感其德號楊公隄建祠以祀以忤礦璫調桃源縣晉廣信府同知告歸戚族之貧者咸仰給焉卒祀鄉賢

詹淑字茂修萬歷乙酉舉人授資陽知縣公正慈廉條陳勸農養生省用恤刑等議皆見施行後擢知府歸卒（四川名宦志）

彭好古字熙陽萬歷丙戌進士授歙縣知縣擢御史歷僉事剛直不撓風格類古人弟遵古自有傳

蔡茂春萬歷壬辰進士授建德知縣興學育才勸農積穀捕盜恤孤設義冢立小學興利除害無不條舉（浙江名宦志縣志作天啟壬戌進士）

曹大受字無可萬歷甲午舉人授浙江新城知縣理滯獄鋤巨

憝因性鯁介左遷蜀藩典簿會奢賊變募死士擊之以功擢貴州兵備副使意有不合竟拂衣歸

李長庚字孟白號酉卿父承祚以和厚稱教子有法度卒祀鄉賢長庚萬歷乙未進士授戶部主事歷江西左右布政除解費察吏弊清介絶俗入爲順天府尹京畿荒旱疏請平糶賑饑免税皆朝上夕可改副都御史巡撫山東盡心荒政民賴以蘇盜蔓武定諸州縣討擒其渠魁遷戶部侍郎督餉天津時諸事剙始百務坌集長庚悉辦治晉刑戶二部尚書以憂歸崇禎初起工部吏部尚書帝嘗褒以勤勞清慎六年修撰陳于泰疏陳時弊中官王坤力詆之侵及首輔長庚上言內臣輕議朝政流禍無窮爲萬世口實帝不懌又與溫體仁不

合遂削籍歸家居十年卒祀鄉賢詳明史列傳

楊之彬萬歷丁酉舉人任姚安知州省獄訟平賦役蠲苦丁復鹽市修學宮一州利弊盡爲釐舉其開擴城郭功尤著後陞同知姚安名宦志

熊所師字呂源家貧歲歉有知交餽稻數十斛分給親友立盡從弟妹不能自存者教養婚嫁之萬歷丁酉舉於鄉授贛州推官守將縱兵剽民按法劾罷隨爲州將所中謫廬州州判州有豪强犯法前守屢捕不能得所師攝州事擒寘諸法後調北流知縣卒櫬歸貧不能葬

王育德字澤寰萬歷庚子舉人初任嵩明知州東川土蠻之變以擊賊功陞僉事尋知永昌府佐巡按擒斬叛蠻馬一駿分

巡臨元規復十八砦觀察黔中銅平蠟耳山苗倡亂率兵入其界撫之黔賴以安累官陝西右布政使入覲卒於京

梅之煥字彬父國楨從子少孤從母日課書盈寸倜儻異凡兒年十四爲諸生御史行部閱武之煥騎馬突教場御史怒命與材官角射九發九中長揖上馬去萬歷癸卯與楊漣同舉於鄉以功名節義相期許甲辰成進士選庶吉士改吏科給事中東廠太監李浚誣拷商人之煥抗疏劾之出爲廣東按察副使擒誅豪民之沈殺烈女者民服其神海寇袁八老掠潮州殺守吏潮非之煥所部自請往嚴兵扼海道散其黨八老乘潮遁乞降於閩之煥督學山東八老率舟師援遼調之煥於登泥首謝曰海上之役畏公天威故走閩今公在此某敢不爲公死乎之煥温語遣之其視學闊略教條謝絶請託暇輒進諸生於庭賢者降階迎不肖者申以夏楚諸生悅服天啓間巡撫南贛丁艱家居時魏璫興大獄逮楊漣拷死因擿漣黨以之煥爲首坐削籍逆黨梁克順誣以贓私復坐追贓遣戍莊烈帝即位以原官召巡撫甘肅大破套寇威服邊方聞温體仁用事遺書中朝暴其過會京師戒嚴有詔入衛瀕行西部入寇之煥留甘肅戰敗之復西定悍卒王進才之變抵京師已後時體仁修隙指劾之遂罷歸邑阻山多盜之煥率健兒助吏搜捕無脫者流賊起秦隴蔓延光黄間之煥用軍法部勒鄉人立堡與邑治相犄角賊不敢犯所全活數十萬人崇禎十三年復官卒卒之日里人皆巷哭失聲明史參楚寶

陳以聞字石泓萬歷丁未進士授吳縣知縣調無錫行均田均役法發運弁勒兑狀數決大獄甚有風力晉尚寶寺丞以與楊漣高攀龍善忤魏璫削籍崇禎初起官累擢刑部侍郎被論歸卒祀鄉賢

周崇極字無所萬歷己酉舉人任南陵知縣有中涓奉差歸輜重絡繹役夫不堪其苦內有蘭花數百盆崇極碎其一則金珠寶其中將盡碎之中涓氣奪急出金自募役人咸快之陞貴州僉事有叛苗御史執使治罪崇極給苗冠帶且誡曰姑貰汝罪效順則止不然將盡戮無赦諸苗喜相戒勿叛朝議善之

劉鍾英字俊卿萬歷癸丑進士官翰林值梃擊東宮一案舉朝

沸騰或勸上章鍾英曰皇上誠慈皇太子誠孝忍不爲君父
留餘地耶明旦太子果下令禁外廷無妄言衆乃服其識天
啓辛酉典試閩闈崔田等嗔不附黨削籍歸自是楊左大獄
興一日梅之煥憤甚過鍾英言欲往京一語忤楊左諸君死
鍾英爲言忠激忘身無異抱薪救火向使唐李訓鄭注少濟
以狄梁公之學問何至仇士良殺二王一妃四宰相耶梅意
乃解崇禎元年起官祭酒尋遷吏部侍郎再疏乞養疾歸

周宏謨字元文萬歷時武進士官遊擊同李如栢等戰平壤會
倭闕白陷朝鮮王師敗朝用沈惟敬議款令宏謨同往諭倭
就款還疏倭情甚悉復遣往議封貢至朝鮮仁施縣病卒贈
都督僉事廕黃州衛千戶

劉僑字東卿天啓時襲祖天和錦衣職授北鎭撫司魏忠賢屬
陷汪文言以株累正人僑不從削籍歸崇禎初起用爲五城
都督命訊喬允升易應昌之獄僑素知二人端方保全之後
委緝六部十三省事僑極言耳目難信忤旨謫戍馮元飈疏
僑忠直宜還職報可未用卒明一統志參通志

鮑之祥字若孩崇禎辛未進士授臨川知縣時軍興加派祥不
忍鞭扑涕泣勸諭値編審召里長聚庭下面均徭役吏不敢
欺平居蔬布自奉一如寒素江西撫州名宦志

周損字遠害少與劉侗遊京師共著帝京景物略崇禎己卯舉
於鄉癸未會試登副榜授饒州推官値馬士英兵過樂平民
苦其擾聚衆殺數人英怒欲屠城院司議執殺兵者以獻樂
平民不聽上司檄損攝縣事損單騎往諭民皆投戈乞命損
曰隨吾來策汝以不死從者數十萬人損白上司曰兵民相
殺適足相當復重戮吾民恐激變今國用告匱若以償金諭
必從如不從職敢任其咎民聞歡聲震天損首爲捐俸次覩
民貧富斂之共得萬金以報且許續金若干城得免屠及索
所許損屢以空文婉謝事遂寢損學問淹博詩文皆有稱

黃安縣

吳琛字文錫應澍子少好學修父業與兄琳齊名授衢州同知
盡心奉法政多偉績

耿光字謙甫宏治辛酉舉人四任教職以春秋歷聘分考所在
得人初應四川聘有貴勢遣人以重賄丐錄其子光焚其書

麾使去性篤孝念養不逮親居常悲愴賦詩見志誦者感焉

方民懷字懋元嘉靖庚子舉人絶跡公府嘗寓旅舍有女來奔
叱之女跪曰父爲債窘故爾急與囊金遣之去任林縣知縣
五載多惠政監司臨以非禮遂解紱歸囊無一錢卒祀鄉賢
弟民悅字懋德乙未進士官至廣東兵備副使嚴緝海盜洋
面肅清商賈悉受其惠及卒民爲立祠祀之

周思敬字子禮隆慶戊辰進士除工部郎出備兵甯州參政涪
州皆著奇績遷南戶部侍郎主事趙學仕侵牟有罪恃奥援
爲解思敬劾之擬戍時議援朝鮮思敬抗陳不可兪旨報罷
朝野震服倭寇起思敬護解兵餉協同劉綎討平有功卒贈
工部尚書孫世甯博覽羣籍事孀母以孝聞

彭遵古字旦陽好古弟萬歷丙戌進士與顧允成友善耿介厲名節當釋褐初會南御史房寰連疏詆都御史海瑞遵古同允成諸壽賢抗疏爭之略言寰妒賢醜正不復知人間羞恥事臣等自㓜讀書卽知慕瑞以爲當代偉人寰大事貪汙閧瑞之風宜愧且死反敢造言逞誣臣等所爲痛心因劾其欺罔七罪始寰疏出朝野多切齒而政府庇之但擬旨譙讓及得遵古等疏謂寰已切責不當出位妄奏奪三人冠帶還家省愆久之遵古以御史言起用終光祿少卿　明史附顧允成傳

周家棟字隆之萬歷己丑進士授臨海知縣清理徭役修築湖隄民懷其惠課士有知人鑒一時儒習斌斌焉尋擢御史巡鹽兩浙老稚數百里擁馬足歡呼曰此我曩時父母也卒祀名宦初採礦命下黃安有河名金場姦胥妄指以累平民家

棟爲之奏罷邑人德之亦祀鄉賢　浙江名宦志

韓邦哲字貽初萬歷辛卯舉人壬辰會副任涪州知州廉明耿介士民畏而愛之秩滿晉東昌同知發姦摘伏羣邪斂跡檄所屬罷煩役省浮徵佻猾之風一變熹宗朝以魏璫擅權乞休歸郡人爲立去思碑崇祀名宦

吳化字敦之萬歷乙未進士授鎮江推官數斷疑獄民有壓死者誣爲諸生某撲殺化案之曰撲人者右其手理宜橫今縱而左非撲也民乃服遠近神之累官戶部主事卒祀鄉賢子光龍詳文苑

盧堯臣字贊動萬歷庚戌進士授僉都知縣邑多貴勢堯臣持法不撓被中傷謫去久之起濟甯府甯前衛推官致仕歸卒祀鄉賢子爾惇詳忠義爾悌詳孝友

王之策萬歷中由選貢授通江知縣茹檗飲冰鋤强剔蠹善於撫字　四川名宦志

秦植字立之萬歷己未進士授全椒知縣未下車卽發諸吏姦蠹狀至則杜苞苴除耗羨薄稅通商調桐城知縣去時惟攜布絮一篋而行在官時有勢宦因壻家中落欲悔婚丐於植植曰第以白金數百來令女一出質斷之易耳宦如其言比就鞫植曰君所以如此者嫌壻貧耳今不貧矣因呼女入室治匳具嫁之時論無不稱快後陞吏科給事中　江南名宦志

吳士伸字季舒生有異徵髫齡失怙執喪禮如成人以諸生遊

成均除南京典膳尋署東城兵馬司時闖賊犯順士伸分門設守賊不敢近以直忤時謫溵水簿就權郾縣旋擢申州修城垣集流亡賊來攻士伸親冒矢石擒殺甚眾去後申人思之立碑頌其德著有司城紀略雉山園小吟子之珍自有傳

程繼善字明起以歲貢授安慶推官訟無留滯有某將勢驕橫繼善刻其狀逮繫之世爵崔某祖墓木爲健兒竊伐反受誣抵重辟爰書既成立爲昭雪崔德之立祠祀焉解組歸流氛四起立堡大勝山訓練鄉民隱然爲一方保障子之渾詳篤行之渡詳忠義

耿應昌字公府定向孫由恩蔭歷官刑部主事疏言廠衛之弊降上林苑監丞遷戶部復以前疏降廣西布照磨值猺叛全

省震動應昌往撫之猺悅服饋萬金弗受尋陞雲南楚雄府通判致仕歸順治初以原官起用年老不赴終於家

羅田縣

程瑩精易學兼善草書少喪父事母盡孝繪思親圖朝夕奉祀如生又置義田供祀事由吏員擢禮部郎中出爲瓊州知府以興學爲首務凡登科貢者皆所拔士邱濬時未遇瑩拔置第一並資給以成其學後爲名臣瑩卒於任宦橐蕭然以衆賻始得歸葬瓊人立祠祀之並祀鄉賢（參邱濬撰墓誌銘）

周楫蕭洪景泰癸酉同科舉人楫官知縣以清慎稱尤喜奬進士類洪三任教職亦以廉介聞所得俸資悉周諸生貧乏後陞固始知縣　俱祀鄉賢

聞韶成化戊子舉人授石城知縣才識敏給防禦廣寇兵食恆足開擴城池至今賴之（江西贛州名宦志）

王澄字克清正德甲戌進士初爲番禺知縣祛妖僧表貞節政績卓著擢戶部郎中時尚衣監王振奪民閒田産園林澄奏還之復歲省租役銀一萬三千兩督淮餉值歲饑割俸以賑全活甚衆歷河南山西參議皆清慎有賢聲卒祀鄉賢（參廣東志）

王德純字一之正德丙子舉人授襄城知縣擢御史出爲姚安知州剛明正大不事苛繁新棟川書院修儒學遷養濟院士民咸懷其惠（雲南名宦志）

葛鵾字子中正德辛巳進士選庶吉士擢刑科給事中會戶部主事羅洪載以杖錦衣衛百戶下詔獄鵾與同官安磐等抗疏請付法司不聽出補知府（參楚紀明史）

張明道字希程少有大志不屑世利發明朱子綱目啓迪學者年五十成嘉靖己丑進士授都察院都事累官江西按察副使歷中外政績著聞爲一時循良冠卒祀鄉賢

王榆萬歷乙酉舉人知六安州悃愊無華每朔望向神誓曰愛民不及愛子殃及我子治郡不及治家殃及我家民感其恩爲建生祠（江南名宦志）

蕭魚萬歷庚子舉人由汝州學正遷温江知縣勦奢寇有奇功擢工部主事時魏閹柄國魚不爲屈出知登州府清操如水致仕歸卒

王先字思侗萬歷丙辰進士學問宏博識見明通臧否人物悉

當任溧陽知縣戊午分校南闈得士六人聯捷南宫者五陞刑部主事理刑淮安卒於官溧陽士民聞之立祠以祀

國朝順治八年湖北學政狄敬溧陽人也甫下車檄取先行述請祀鄉賢

汪吉舟歲貢生河南臨漳縣丞徐志亮拔貢生山東武城知縣均清正有聲志亮擢御史俱祀鄉賢

蘄州

康茂才字壽卿元末進士時寇陷蘄州茂才結義旅保鄉里尋從明太祖渡江太祖命爲都水營田使興屯田陳友諒窺應天茂才設伏大破之攻左君弼於廬州從太祖伐友諒大戰鄱陽湖伐張士誠大戰尹山橋俱克捷遷同知大都督府事

從大將軍徐達經略中原留鎮河中撫綏瘡痍民立石頌德陜西平留鎮山西後從漢中還軍道卒贈蘄國公謚武義祀鄉賢子鐸自有傳明史列傳參通志

康鐸字伯聲茂才長子襲封蘄春侯少有父風年十歲侍太子讀書大本堂太祖灑宸翰賜之曰謹承祖業愛爾勤功詔往墾鳳陽荒田年十八統兵討平辰州峒獠後從征南將軍傅友德征雲南克普定破華楚山諸砦明年卒年二十三贈宣力武臣蘄國公謚忠愍

陳堯章博通經史精校讐洪武初任臨安知縣興利除害惠愛及人以勤勞致疾卒時有趙霖任鳳陽府通判贊畫時政卒多裨益俱祀鄉賢

黃安泰洪武初知彭澤縣時兵燹後民物凋瘵安泰以廉勤爲政百廢具舉民賴以甯

馮思齊字賢希洪武初以貢入太學儀度瓌偉上幸學見之尋擢御史初爲諸生時與百戶黎暄有隙及按江西暄被誣繫九江獄思齊平心直之後以言事激切謫雲南推官尋召還卒祀鄉賢

朱彤字彥功洪武丙子舉人官紹興通判廉正有威人不敢干以私去官送者闐郊父老流涕而別浙江名宦志

熊翼永樂甲辰進士宣德中爲御史巡按陜西劾鎮守中官占種屯田擅役士卒上嘉納之正統四年授僉都御史督甘肅軍務鋤豪强恤軍士在邊十年以剛正見稱擢副都御史致仕卒祀鄉賢通志

宋誠字彥實正統戊午舉人授徐州知州器宇才能迥出人表一時吏民畏服陞敘州知府礦賊亂練鄉勇守禦復從大軍征剿賊平蜀王入告陞榆林副使卒祀鄉賢子壁詳孝友江南名宦志參白茅堂集

陳溱字濟寬正統甲子舉人授工部主事督濟甯河閘值中貴樓船有犯禁者繩以法中貴銜之誣以他事逮詔獄謫戍貴州清平衛溱慷慨就道至則日持戟從事憤激賦詩怨而不怒有風人之遺著有獨醉堂稿卒祀鄉賢

張禧字吉夫景泰庚午舉人授推官性伉直人不敢干以私讞獄多所平反遂與長官不合丐歸家貧甚州大夫聞而周之

悉不受卒祀鄉賢

王翰字廷舉天順丁丑進士累官廣信知府廉謹愛民不阿上官嘗陳便民七事直指時弊僉事陳騏按部苛細翰不爲動會大理卿夏時正巡視摘陳言事罷之百姓乞留不得歸構數楹校讐古書絕口不及世事年八十五卒著有萬松窩集祀鄉賢

華仲賢字廷佐成化乙未進士授刑部主事時潞城知縣王溶貪酷賢按治其事不少貸歷官廣東參政會採珠命下賢力革舊弊事集而民不擾擢布政使以廉靜稱後引疾歸卒於家祀鄉賢子巒詳文苑

甘澤字仁夫成化丙午舉人歷教職甄陶有法陞渠縣知縣捍

禦鄰寇邑賴以全渠人繪像祀之歸輯州志九卷蘄舊無志剏始之功後人賴之四川順慶名宦志

馮翱字時舉宏治歲貢生初爲諸生時比舍火起翱自外馳歸負其母及先世誥命出餘無所問後爲兖州推官治獄平恕郡守委督所屬逋賦故有賂遺或以例告翱驚曰此何例耶召賂者亟還之卒祀鄉賢子鵬詳孝友參通志

張思齊字希賢宏治乙丑進士授四會知縣水患洊臻民聚爲盜思齊設法築隄遂成膏壤民阜盜息遷知亳州白蓮賊趙景隆掠歸德思齊偕指揮石堅擊斬之賊平陞四川僉事疏治麻衣河民便之尋備兵建昌勦雅州苗族爲亂者鎮守中貴人欲攘其功誣思齊混殺良民逮至京事白改霸州民有

訴中官奪產者思齊上其狀部使者不報遂投劾歸後起瓊州兵備僉事累官布政使卒祀鄉賢參通志

陳大中字時甫正德戊辰進士任南戶部主事積羨金還公帑擢慶遠知府所屬土官舊例各以金銀器物爲贄大中拒不受獞酋藍錢壓爲寇商旅非結眾持械莫敢行大中率民兵擒渠魁戮其黨數百人事聞擢轉運使卒祀鄉賢參通志

劉樽字宗器勤苦嗜學年五十始登正德甲戌進士授海豐知縣改遂甯俱能以德化民循聲懋著擢知鶴慶軍民府取道還省墓以疾卒祀鄉賢

高鵬字汝南正德丁丑進士授湆安知縣尚書喬宇薦其才當道忌之左遷亳州判官移知南充訊獄果斷不畏強禦士民仰其德歷重慶知府蜀藩長史著有四體發蒙秉忠定論省心全要等書卒祀鄉賢四川順慶名宦志

甘澧字鍾衡嘉靖辛卯舉人授旌德知縣時條編未行澧裁省廚傳寬里甲諸費有中貴過縣索供億橫甚澧但致常餼而已中貴度無所得乘傳去江南甯國名宦志

馮天馭字應房號午山鵬子天性寬厚篤於孝友嘉靖乙未進士授大理評事改御史兩任京畿學政設科重行誼敦廉讓崇表貞孝修諸名人廢祠大學士王試時年十二天馭極器重出東坡稼說授之生平學有本原深契鄒東廓宗旨霍渭崖常語人曰馮應房何其溫而能立也累官刑部尚書致仕歸於雨湖建臥雲樓校刊文獻通考學者稱午山先生卒祀

鄉賢

吳鳳瑞字翼靈嘉靖乙卯舉人冠後始習舉子業以理學爲鄉里倡任太和教諭有師範督學檄主正學書院遷永豐知縣轉開封通判有浚河功擢兖州同知以直忤當道當道廉知其端方愈優禮之

徐之徠字子迎方七齡卽毅然有閉戶之志嘉靖戊午舉人授梁山知縣蘇困減徭冰蘗自矢調武進不避權勢以病免卒年九十有二祀鄉賢著有性命集

周祚字台峯嘉靖戊午舉人授海澄知縣邑新造難治祚綏荒招逋戶口以實復歿賦清徭絕蠹食之弊後官郎中福建名宦志

王之佐字以才嘉靖辛酉舉人初任懷遠知縣舉卓異歷工部

員外郎督理河東牆并朝日壇竭力盡心後以廣南知府致仕歸閉戶讀書不入城市卒祀鄉賢

周禧字子吉生有異徵性孝友嘉靖壬戌進士官御史風裁凜凜出按浙江築海塘嚴海禁毀除淫祠妖僧消地方隱患旋擢江南提學副使正學術釐文體人文奮興以勞疾卒祀鄉賢

李建中字龍源時珍子性至孝十歲能文十二爲諸生有巡按御史舟阻風駐驛諸生入謁指柱構楶孔曰楓木年深生孔子建中應聲曰菊花秋老見黃香御史奇之曰子才位當亦黃公一流嘉靖甲子舉於鄉任蓬溪知縣以廉稱潼川旱禱即應呼爲李公雨尋擢永昌同知因親老謝歸著蜀遊草明

月山詩數卷卒祀鄉賢子樹初詳忠義

李孟春字憂池隆慶丁卯舉人授西平知縣官箴清肅歲旱鬻產佐賑不忍開徵爲撫按所劾民泣控願完積年逋當事疑之徐查覈果全完歎曰有牧民若此者乎極爲雪救尋遷刑部主事以養親乞歸卒祀鄉賢

李盛春字菱池孟春弟隆慶辛未進士選庶吉士改吏部時東宮未正位叩闕特疏詞甚激切後出撫保定礦璫肆虐四方騷動盛春力請停役爲太監王虎所扼然在任數年核兵馬綜錢糧卓有成績亡何黨議紛起盛春方晉南兵部侍郎堅意乞歸尋卒賜謚恭質諭祭葬祀鄉賢

李際春字和元孟春季弟萬歷丁丑進士授歸安知縣時詔量郡邑田豪右隱占獨累窮民際春按籍履畝未嘗少徇累遷汝南副使平礦盜沒心秤之亂歲饑拮据荒政全活甚多以勞瘁卒祀鄉賢際春天性孝友嘗訓其子曰吾居鄉居官惟以鬼神二字時時在念汝輩宜知之子樸詳孝友樾詳忠義孫本晟自有傳

李載陽字旭峯萬歷丁丑進士授洛陽知縣丈地清徭百姓稱便後以南御史出知漳州府加意學校歲饑多方賑恤客役夜譁廉其魁寘之法眾皆讋服累陟太僕少卿參河南福建名宦志

張星字聚薇萬歷壬午舉人授如皋知縣邑有沙田歲苦水漲歷沒星捐俸從海瀕濬河導水入海農以有秋又鹽場舊例每一撒丈費商人數千金星單騎裹糧而商不擾中官怙勢

滋害星正色不爲屈遷歸德府同知卒祀鄉賢

夏忠字孺和萬歷辛卯舉人授桃源知縣時苦海寇忠修葺城堡嚴保甲萑苻無警遷知鄧州革羨餘有大辟繫獄者百餘出脫九十二人梓有鳴冤錄陞思明府同知致仕歸槖清白堂先人墓側著有文禁十卷蘄州志八卷卒祀鄉賢

汪宗文字絅先萬歷丁酉舉人授上高知縣民瘠而玩惟務惠綏不專倚法民以感動逋賦應期告竣入爲部郎榷河務鈔關除羨耗累官雲南副使所至有聲晉階右布政告歸居鄉恭謹里人懷之卒祀鄉賢

袁世振字抑之萬歷戊戌進士授臨川知縣善論文識艾南英於童子時陞戶部郎時邊餉仰給鹽課鹽法久壞商引不行

世振為十議上之神宗覽奏嘉其能特命為兩淮疏理鹽法副使賜璽書疏理之官自此始世振立十綱舉商歡赴期年舊額外溢七十萬上降敕嘉獎凡疏理四年助邊餉入太倉四百餘萬會嫉者謀去世振用其黨遂乞歸崇禎初起揚州海防副使未赴卒著有鹽法綱册十六卷子素亮詳文苑

晏攄忠字元灝萬歷庚子舉人授廣州海防同知歲應支放軍餉四十八萬攄忠不隱纖毫瓊州生黎與熟黎構禍當事者勒兵深入後援逗留前軍盡衄攄忠監紀其地策情形急白大府只固藩籬後行其議遂寢兵陞廣西副使著有粵政條議卒祀鄉賢子昇詳文苑

王臣紀字爾瞻萬歷丙午舉人任江山知縣有巨猾柴某武斷

鄉曲已復聚謀不軌臣紀立除之陞泗州知州時魏璫脅附數乞歸不予告尋丁外艱歸遂不仕卒祀鄉賢弟臣縉字大紳崇禎庚辰進士授錢塘知縣忤大吏罷歸順治初入閩督藩授分巡副使兵敗遂為僧著有麟經稿行世書法尤精參白茅堂文集

李楷字端甫同春子萬歷間襲千戶職授靖州守備隨劉綎征苗播攀藤越樓山關立奇功加世襲指揮陞浙江參將會海賊入犯設奇大破之累晉貴州總兵歸里居喪廬墓兄弟雍睦及卒弟棟嗣其爵楷後祀鄉賢

李雲慶字紀卿時珍曾孫天啓丁卯舉人初任將樂知縣潔清自矢勸農桑興學校調泰甯昭雪疑獄乞歸日行李一肩送者為之流涕福建名宦志

李猶龍字又明天啓歲貢生任石屏州知州值普名聲叛攻圍臨安州有土人倡亂立㢡之境內肅然率民固守賊不敢犯州賴以安雲南臨安名宦志

梁佳字士奇廩生任壁山縣丞有惠政以終養歸建烟光樓粲險禦寇邑中事多賴焉卒祀鄉賢

廣濟縣

徐麟字月齋太祖起兵由儒士辟舉洪武初授宣武衛鎭撫歷河南府同知百廢俱興郡邑稱治時元降臣宋玉集散卒謀夜叛以刻漏為期麟廉知之戒司漏者故遲緩玉疑不敢發黎明遣邏卒盡獲之以功擢知府後調蘄州歷永道房三州俱有政聲卒祀鄉賢子文顯由薦授刑科給事中忠直敢言

後擢刑部侍郎楚紀

張根字伯原洪武中以歲貢為順昌教諭永樂間轉太子少傅侍皇孫講讀仁宗卽位諭諸臣曰張根誠實可用然老矣宜優逸之遂以本官致仕歸卒祀鄉賢案張根一作永樂時歲貢

王佐監生永樂間授徽州府同知有惠政遷知饒州府廉靜寡欲以德導民後免歸僚屬贐以金不受人益重之因立卻金亭於江滸卒祀鄉賢楚紀

鄭達字叔通永樂癸卯舉人任盩厔知縣開渠溉田千頃調崑山值大荒厎羸盈道路民哭達亦哭煮粥賑之疫作廣設醫藥多全活重學校恤窮嫠自奉清約圖書外一無所好卒祀

鄉賢

陳創監生永樂中任監察御史整肅風紀歸休日篋無寸積及沒其殯葬皆里人所賻祀鄉賢

陳愷正統辛酉舉人歷戶部郎中性敢言不避權勢出爲重慶知府矜孤䘏暴郡人賴之卒祀鄉賢

王弼正統歲貢生官山西道御史糾貪墨決疑獄風紀獨持吏民畏服

張易宗字祖義宏治乙卯舉人任聊城教諭訓士多所成就擢判瑞州有解餉四人私折印封府欲致之死易宗爭之不能得因閉閣謝事時兩臺奬易宗廉使者至府乃釋焉隨陞雲南鹽提舉卒祀鄉賢子顯稟生性至孝以扶母櫬哀毀卒頌

價自有傳

王欽正德歲貢生任巫山訓導捐俸給貧士類稱義陞蜀府教授正道匡弼登對不阿歸事繼母以孝足不抵公所鄉士大夫咸尊重焉卒祀鄉賢

呂用聘正德歲貢生任祿豐知縣督民耕種其俗桑麻成不知織紝躬教爲紡具使夜作民感之爲立教織亭郊多虎患作文驅之虎大哮而去

張穎字平岡篤志好學嘉靖乙酉舉人授舞陽知縣爲政務飭大體釐弊竇鋤强悍邑中神像皆易以木主曰鬼神何常形而儼然貌臨人乎盡毀之後官通判

文大才字希周宋信國公兄天禎十世孫九歲爲諸生父早逝事母方祖母董色養備至嘉靖壬辰會試登乙榜授封邱知縣甫三月百務犁然會當道以事怒他令盛氣向大才語大才恚移疾自罷不待報徑歸兩臺才之檄郡敦諭還是時武進薛應旂知慈溪縣亦不待報歸並追還洵異遇也尋調嘉定嘉向有茶課吏緣爲姦大才悉剔罷商賈便之晉興化同知致仕

李觀字賓卿嘉靖丁酉副榜任瀘州知州瀘密邇牂牁烏羅雜處觀至葺雉堞詰姦宄地方以安瀘累年逋賦多流亡觀具劄以請獲免十之四奉檄治餉烏撒軍民府當受代日存羨千金置不問主者遣吏持至中途以成例請觀曰不受羨卽吾例也卒散之軍吏以疾歸卒子甘來自有傳

張頌字用之易宗子嘉靖歲貢生博極羣籍工詩善書法性篤厚父病衣不解帶者三月及卒哀毀骨立督學黜徐生某欲選頌頌不忍奪竟謝去授潯州通判署桂平知縣有富民王寶者爲仇家所陷獄已成頌廉而脫之寶屢以苞苴壽不受

弟價號衢南嘉靖癸卯舉人與江陵張居正相得官國子學正以病卒於京居正哭之哀爲賻斂治具歸其櫬與孤初價妻劉氏目盲或恐以盲故易價曰吾不妻盲誰妻之者及卒劉泣血扶櫬南歸

饒之初字子復嘉靖丙午舉人授孟縣知縣孟故孔道輪蹄輻輳始刱田租賦馬匹後田租轉徙不常里馬如故之初奏記所司請均賦置馬遂爲定規他如招流亡除姦蠹建社學善

政畢舉値臬司行部索金不獲銜之會大計屬考功左遷岷府審理致仕歸孫嘉元詳文苑

孫喬字木齋祖英孝豐知縣有政聲卒祀鄉賢喬以嘉靖癸丑進士授戸部主事奉督南漕不激不隨人咸稱便復命道卒亦祀鄉賢

張步雲字子龍嘉靖辛酉舉人累官太平知府時酋長例得襲一酋未有子犯法繫獄直指錄囚酋得偶歸而婦娠生子其弟賄謀襲誣子非酋出步雲卻其賂刺血驗之以情申監司監司受賂不之直步雲棄官歸會長隄兩決五縣爲魚步雲時年八十四爲書數萬言控兩臺各捐金修築至今賴之卒祀鄉賢參通志

劉天衢字一登隆慶辛未進士授中書舍人萬歷初選監察御史憂形於色耿定力怪問之曰監察職不易稱也無何御史傅應禎劉臺咸以論列首輔張居正被逮天衢毅然疏救卒獲保全遷陝西參議駐興安先是興安患水災天衢下車議賑捐貲築隄濬濠全活甚衆累遷雲南副使時巡按汰客兵兵鼓譟執同知强爲帥天衢穿隧通賊臥榻密出之遂平賊遷金滄道左參政値緬甸入寇乃移駐賊衝集八郡材官及諸司士兵分討之凡四閱月盡復所陷地遷山西按察使加太僕卿致仕參通志

湯之相字惟尹少貧父爲縣吏不能自給之相假市肆貿易取資夜讀萬歷丙子舉於鄉由學訓爲南助教晉刑部郎出知黎平府地雜苗獠之相釐定嫁娶科條使男女有别俗殺人不抵惟以銀贖故仇殺益多之相不爲末減乃少戢催科外不濫取一錢黎民懷之

王大謨字維允萬歷庚辰進士授太湖知縣甫八月御史按覩才之薦爲刑部郎適中宫父錦衣張某卒孽子爭財自殺下部鞫所由倘書密屬大謨大謨至其家慰弔引見其稺子蒼黃訊之得實歸具詞平允錦衣嗣子得全上與中宫大悅每歲熱審中官例至大理寺南嚮坐尙書以下皆侍大謨曰春秋尊王人而奄尹不列朝署使者當下中官怒大謨抗疏極論之不報後督學雲南捐俸構五華書院聚諸生講業遷廣西左參議以母老乞歸薄田數畝外無餘羨焉卒祀鄉賢

徐來聘字任卿父龕舉人翰林院孔目素精理學與廖道南等日夕講論來聘萬歷歲貢生歷官永甯知州有猺獞相仇殺大憲密檄勦之來聘不忍單騎詣營諭以禍福翕然歸化後解官歸士民祀之

徐來建字明卿萬歷乙酉舉人任壽州知州壽近濠河時爲患丁徭偏重來建奏記臺使懇均二賦租歸田庸歸丁悉剗其平臺使爲奏可民困用蘇轉蘇州同知以艱歸子甲猷諸生輕財好義以文著

張嵩字太室萬歷甲午舉人爲南雄推官有善政晉南大理寺正與黃奕陽郭青螺相契所往復書皆經時理政之言遷潯州知府有異教妖祠煽衆謀作亂官兵率爲所扼嵩密計招

誘遂散去臺臣以爲能表薦方超授兵備中忌者言遂致仕歸

舒其志字元渚父賢事親至孝年四十夢神贈雙璧始有子長其心次卽志也登萬歷乙未進士授行人擢四川督學藻鑑如神得人稱盛陟江西按察使時淮王欲立寵倡子而錮世子於祕室倡子左右皆羣盜出沒彭蠡聞其志初弗問忽夜半出片紙捕其黨賞之法面責王王立出世子而殺倡子稅璫李道爲暴於湖口鳳凰磯其志計縛其魁送九江獄衆校爭投水其志故爲之書曰若往此吾知不免惟束裝宵遁耳璫果遁尋得旨所稅仍屬戶部鈔關居民祠祀之遷江西布政使歸卒與父賢俱祀鄉賢子爾默皆知名孫益生詳忠義

芝生詳篤行湖廣通志

吳亮嗣字明仲萬歷甲辰進士授南充知縣治最擢兵科給事中數上疏時多留中而亮嗣獨得報神宗朝異數也嗣感激益請勵精圖治節宂費裁稅璫時滿朝薦劉光復因事繫詔獄嗣請釋之又疏理熊廷弼之誣及董其昌張濤等人材可惜因張差事請申飭禁衛又請飭京營武備條戰守事宜天啓初遷太常少卿歸卒祀鄉賢弟亮思詳文苑子敏功貢生南谿訓導敏含舉人浙江新城知縣俱能詩敏師詳忠義

李甘來字季子觀子萬歷甲辰武進士授岳州守備洞庭湖有巨盜爲民害先是備兵者受賂容隱甘來至亦受之且厚其賜盜大喜一日甘來至其營解衣痛飲約爲兄弟翼日邀盜飲預伏壯士甘來酒盡數石盜魁皆沈醉伏起羣盜盡縛隨搗其巢無一脫者遂擢浙江遊擊弟大來字枕參萬歷庚子武舉授南澳廣營千總降海寇黃育一調潮州中營守備鍾林秀據九連山爲亂大來搗平之功甚偉林秀挾致生員數十名大來力爲申雪以疾告歸崇禎十年立砦獨山頂寇屢攻不克鄉人悉獲保全

胡士容字仁常應中子萬歷庚戌進士授長洲知縣捕豪惡樂斐江石塘政聲不著調嘉定請徵折色省轉輸費鉅萬遷蘄州參議魏黨崔呈秀蘄人也薦其倡姬弟爲材官怫然絕之有姦贓吏捕急投崔氏弟竟取論如法郡邑爲魏忠賢立生祠士容禁不許遷江西副使忠賢黨誣以多乘驛馬侵盜倉

儲逮鎮撫獄掠治擬贓七千論死蘄及長洲民聞之咸輸鏹以代崇禎初乃獲釋補陝西副使遷參政卒贈太僕卿祀鄉賢子嵛字是恭諸生長七尺膂力過人嘗隨父任往來秦晉間相地勢講求戰具崇禎五年阿害囊素入寇嵛從軍力戰敗賊於甘又敗於涼御史上諸將士功皆議敘適士容卒嵛扶櫬南歸服闋僅授蘄州衛百戶世襲明史附耿如杞傳參芝在堂集

金之純字健之萬歷乙卯舉人補淅川知縣以治績擢興安知州流賊突至之純誓以身殉丁壯皆感激殊死守一歲中賊薄城者四糧盡將陷密檄旁郡遊擊唐通爲援夜縋敢死士會襲之斬獲甚衆賊去民饑且疫設粥食調醫藥存活數千人擢知漢中府會疾卒年四十五興安人廟祀焉並祀鄉賢

之純篤於友誼江夏吳裕中劾丁紹軾語侵璫矯詔死杖下親故皆竄匿暴屍衢中之純獨臨其喪反其櫬於三千里外妻李氏有節操訓子德崇德嘉皆知名崇詳孝友嘉詳文苑

張金和字汝節萬歷拔貢生由教職遷平武知縣始至值小河卒因府胥索賄滯糧聚訴太守金和單騎諭解之徐誅首惡潘掾令妾誨淫得吳商金又殺妾與商金和得情誅掾李潘父子殺人郡納賄欲脫之金和寘之法在邑三年政平訟理解組歸年八十六卒祀鄉賢子楚偉舉人孫仁熙詳文苑

劉近臣字亦棐父鳴鄉有隱德嘗鬻產以濟人之近臣生有夙慧天啓甲子舉鄉試第一對策忤璫崇禎辛未始成進士授金谿知縣有能聲邑故多巨室有貴公子兄弟嚚訟院司累訊弗能決近臣諭以孝友大義兩造讋服新二陸書院時課諸生其中考最遘疾卒艾南英爲序其文集刻之

黄梅縣

於顯好讀書善騎射豁達多大節屢從太祖征伐有功官至前軍都督僉事卒贈英山侯諡襄武縣志作武襄

潘文浩正統間由歲貢任灌陽知縣至誠惻怛薄斂省役有虎噬人爲文禱城隍越三日虎伏死廟門毛韡若有笞杖痕獠猺黠素爲民患不可制乃以恩誘其黨縛之降由是疆場甯謐擢梧州知府卒祀鄉賢

鄧俊字偉人成化歲貢生任四川大足縣丞有善政民爲立遺愛碑卒祀鄉賢

韓璁成化丙午舉人任萬安訓導學問該博制行孤介士林宗之後充雲南鄉試同考官得人稱盛卒祀鄉賢

邢纓字文甫成化丁未進士授常熟知縣會邑大水發藏賑之活數萬人入爲御史彈劾不避權貴劉瑾憚之遷雲南副使卒於官祀鄉賢子寰自有傳

廖紀字惟修以九江衛籍登宏治乙丑進士由安吉知州累擢工部郎中執法奉公多忤權貴出知延平府歷平陽皆有政聲嘉靖五年晉廣西按察副使征思恩田州叛苗遘疾卒著大學管窺一卷見朱彝尊經義考

陳言字萬言縣志作萬年正德丁卯舉人授泗州學正以躬行迪士不諜諜拘詞藝遷都昌知縣以循良稱卒於官士民祠祀之

邢寰字伯宇正德戊辰進士上弭盜議稱旨超擢刑科給事中以犯顔諫諍爲己任上呼爲酸子禁中有所爲輒問近侍曰邢酸子得無知乎時車駕將遠狩寰拜伏闕下遮阻乃從厚載門出太監畢眞保宸濠孝行寰抗疏駁之世宗即位多所舉劾官終南昌知府祀鄉賢孫懋順自有傳明史附汪元錫傳參通志

案寰以忤中貴謫廣德州判陞南昌知府宸濠謀不軌寰實首發其姦及卒世宗諭葬祭並御書龍牌以旌表之縣志

石金字南仲正德辛未進士以御史按廣西值土官岑猛亂後姚鏌措置乖方部落復擾金與尚書王守仁共撫定之還臺數月與御史喻希禮皆以言皇嗣得罪金疏言陛下一日萬幾經理勞瘁何若中涵太虛物來順應凡人才之用舍政事

之數施始以九卿之詳度繼以內閣之機謀其弗協於中者付諸臺諫之公論陛下恭默凝神挈其綱領使精神內蘊根本充固則百斯男之慶自不期而至王守仁以首平逆藩繼靖大寇乃因疑謗泯其前勞大禮大獄諸臣久膺流竄困鬱既久物故已多望錄守仁功寬諸臣罪則太和之氣塞宇宙間矣疏入帝震怒下詔獄謫戍宣城久之赦還卒隆慶初贈光祿少卿祀鄉賢先是張璁桂萼用事御史儲良材輩爭附之金獨侃侃不阿以是有名明史附薛侃傳

案金風釆凝峻與漢陽戴金有二金錚錚之譽江西副使胡世甯坐發宸濠姦狀逮獄舉朝噤莫敢言獨金力辨之縣志

余慶字馨江正德癸酉舉人初任浮梁知縣不數月舉案牒所未結者聽斷悉平後補建昌有豪民李玉成楊時茂盧充王寶等爲民患慶曰稂莠不刈奚長嘉禾力爲翦除輿情尤協凡事一以清正自矢後丁內艱歸卒

陳昉正德己卯舉人任淮安同知治事詳明張弛有法沭陽鹽城閒旱災昉煮糜散粟多所全活卒祀鄉賢

胡鳳字文明嘉靖丙戌進士授常熟知縣勦海寇倭金民得安堵遷廣州知府以廉惠稱晉威茂兵備副使適白草番煽亂鳳俘其酋李保等以獻尋轉參政卒祀鄉賢廣東名宦志

洪恩字汝承祖晟舉人爲永甯知縣祟祀名宦鄉賢恩嘉靖戊戌進士歷戶部員外郎督儲江西悉革常例犒邊羨餘皆詳請歸公出爲衢州知府會倭寇熾恩設法擒其諜檄諭礦洞散其黨調任永昌寬洪慈祥時有洪母之頌擢太僕卿以疾歸

曹麟字汝祥學問宏博下筆輒數千言嘉靖庚戌進士任許州知州許比歲不登民多流亡麟到官問民俗疾苦以清滯獄儲倉廩廣招徠爲先務並建德星書院以課士政教大行會劇盜司尚照來寇麟登陴爲好語賊心易之渡濠薄城麟已令城濠皆盛沙壅上流俟賊半渡決水溺死無算賊遁走追至襄陽斬首數百陞戶部員外郎提督永平山海薊州等處邊餉又奉敕催趲漕運皆稱旨遷天津兵備副使整飭嚴明倭偵知相戒不敢犯以兩親並八旬告歸常與黃安耿定向

蘄州顧問顧闕黃岡王廷陳等講窮理盡性之學著有肖鶴算老菊侶等集子飛由廩生中武舉嘗以籌兵三十六字衍萬言策伏闕上之授兵部參謀後爲當路所沮抑鬱卒著有說劍集小遊草等編

瞿晟字景明號蓮川嘉靖癸丑進士初授戶部主事行兌江西釐正斗量公私稱便累擢郎中時討倭寇需餉急晟旦暮持籌無遑沐飯凡三月餘鬢髮頓白遂盡得諸隱匿狀並舉芻輓便計百餘條以獻上覽而韙之次第施行先是雲中軍乏食朝廷發十萬往賑當事侵沒其半晟抗疏劾之當事銜恨中諸分宜相嚴嵩嵩方忌華亭相徐階而晟故階所舉士遂出知廣平府廣平比歲惡盜起饑民爭附之晟捐俸市粟賑

饑捕盜魁寘諸法羣盜皆股栗遁明年夏旱蝗晟以郡西南之水紆折東北達直沽可建閘資蓄洩乃布稾鳩工成閘內溉田三萬九千頃有奇復於下流鑿長渠三百里繞雞澤入洺河瀉鹵皆成上腴又從黃梅召工人往治水車引水廣平人始工桔槔時兵部尚書楊某奏晟有邊材可大用晉太僕寺卿未行卒祀鄉賢子九思詳儒林 參明史

段尚綉字毅菴嘉靖甲子舉人授泰興知縣卓著清廉聲行取南監察御史時同鄉南糧解役以逋負留滯南都尚綉傾囊濟之眾感德立碑邑西關外卒祀鄉賢

王夢麟字文郊性孝友萬歷癸酉舉人授彰明知縣居官不事苛刻愛民如子三載解組歸安於貧約以終

石崑玉字楚陽萬歷庚辰進士授戶部主事督漕稱廉潔歷蘇州知府執法不阿時有石蘇州之目蘇人大學士申時行崑玉座師也其親串在籍者守令多伺意迎候崑玉恥之會時行舍中兒暨戚某橫里閈崑玉俱械繫治以法作書報時行時行為優容手慰答之後擢大同巡撫時邊事孔棘卜失兔請封未果崑玉開誠撫諭旋充使登壇宣封皆稽顙呼萬歲擢吏部侍郎為忌者所尼告歸生平奏疏詩文為一時冠著有齡山堂稿石蘇州集石居士詩刪行役紀聞卒祀鄉賢子有恆詳忠義有信詳孝友孫確自有傳礪詳忠義龔磐皆知名

汪可受字以虛號靜峯勳子萬歷庚辰進士授金華知縣有政聲遷吉安知府修復白鷺書院以徵輸厲民造條編法遂為永例督學山西陟布政使舉廉吏第一詔不次擢用歷官兵部侍郎總督薊遼親歷險阻修飭堡臺京陵賴以拱護因疾乞歸著有道心亭說下車草沒後子道春詣闕陳父勳績請卹典情詞懇款奉旨賜祭葬道春後官思恩知府亦有政聲

鄒如穎字允貞萬歷戊子舉人以才學名家任遂安知縣歷官九載囊槖蕭然致政歸居深山讀書以老

邢懋順字祥卿寰孫萬歷乙未進士官刑部員外郎抑奔競止苞苴著知爾篇自勵會錄四一時平反得活者數十人沒後貧無以殮葉相國向高輓詩有祥卿不愧真清吏之句孫秉鈞字和石順治丙戌舉人有才名為仇家所傾死

石確字敦五有恆子崇禎辛未進士授丹徒知縣有善政調宜興值荆溪民變確詣鄉諭散其黨徐計擒首惡民得安堵一時名士若董其昌陳繼儒輩皆為詩歌紀其績以艱歸年饑平糶賑濟里人勒碑頌之

瞿罕字曰有諸生七歲能文父九思被冤流塞下罕年十二與兄甲重繭千里伏闕上書天下稱雙孝崇禎中薦辟授崖州知州以興教育才為己任罷崖黎月供米平閩人林八亂告歸民思慕之子道宏歲貢生讀書守禮不墜宗風嘗輯歷代遺書名曰瞿氏世業 崖州名宦志參楚紀

黃州府志卷之二十終

黃州府志卷之二十一

黃州府知府英　啟纂輯

人物志

宦蹟下

國朝

黃岡縣

汪瀹南字涵夫明崇禎癸酉舉人順治二年授吳縣知縣充鄉試同考稱得人張九徵繆彤皆出其門調貴溪有岡揭山賊數千人爲患瀹南示以威信親入砦招撫賊首周飛雄盡降其眾累官河南知府所至有聲著有天鏡堂遺稿

陳瑾字公瑜家貧好學明崇禎甲戌進士順治初用薦辟起禮

部郎中尋督學福建拔孤寒杜請謁權貴不敢干以私暇與諸生論文講道及歸行李蕭然著有陳子性書子際昌貢生際鼎蔚州知州孫應鳳保康訓導俱克世其家福建名宦志

陳克峻字伯鳴明崇禎乙亥拔貢生順治初授虹縣知縣有清名歲旱設法賑救全活萬人以母艱歸課子著書不與外事年八十卒

詹謹之字仲庸時明子明崇禎丙子舉人順治初授濟南推官釐清宿弊力御鹽引及嶽廟各陋規訊讞務得實情全活甚眾尋以疾歸杜門著述卒祀鄉賢從子大有以舉人爲金谿知縣嚴介自持不避權貴一時誣挾者屏息崇儒尚禮谿人思之亦祀鄉賢子大衡大衢俱有文行衢詳文苑

孫錫蕃字棐臣應鴻子少工詩文明崇禎己卯拔貢生順治初任公安訓導爲學根極理要一宗紫陽課士十則以躬行實踐爲先士風丕變歷遵化霑化知縣均有清惠聲嘗纂修公安縣志及本邑志子寅寓孫鍠鎬皆有文行

晏濟明崇禎壬午舉人順治初爲鳳陽推官治獄平反者眾他郡疑獄不決悉就理焉爲守所忌罷歸年八十二卒

韋成賢字念莪祖石麟明進士戶部郎中督臨清倉以廉著父克振雄才博學以薦授甯波知府成賢順治丙戌進士選庶吉士丁亥充會試同考得人最盛遷侍讀出爲江南參政督理糧儲滌除宿弊賦足而民不擾陞右通政使以丁外艱哀毀卒

操志葵字我忠順治三年由例貢任蘭谿縣丞剿白頭賊有功授蘭谿知縣廉潔自持輕徭減賦人無敢干以私

淩建奇字仲平順治戊子舉人積學篤行丰采凝然曹本榮劉子壯皆師資之授翰林院孔目奉

命册封安南能稱職

世祖嘉之賜象骨扇異數也尋典試山東卒於官

王躬允字爾極順治歲貢生隨大軍赴粵授澄海知縣下車訪疾苦問利弊大姓陳退夫集萬人壁鷗汀以自保有楊許者素刦掠先歸命構鷗汀鷗汀懼不敢出躬允廉得其情單騎儒服往壁人望見曰王使君來我輩數萬人活矣自縛出迎事得解城隅有故宅時爲祟居民皆徙避躬允以文榜其宅

祟不復作謚澄三載治行爲全粵最解組歸卒年八十有六

陳士銘字大新爲諸生時豪爽好談兵講求天文及山川阨塞順治六年以鄖陽守備勦流寇身經百餘戰亦嘗挫劒賊平以軍功累擢總兵鎮守寶慶卒於官

程啓朱字念伊博學有經濟才順治己丑進士授神木知縣以最擢刑曹出知衛輝府招集流亡撫以慈惠在任十八年擢山西鹽運副使衛人思之二年卒於官詩載百名家選子奕契奕俱有聲奕字禹何由保山知縣擢西安同知以廉靜稱

李君杜順治七年從征入粵授新安知縣潔己奉公勞心撫字時營兵肆暴守備王守祖復縱之君杜力爭不得投劾去上官廉得其實守祖被劾民益感君杜之德廣州名宦志

杜碩字芳洲順治甲午舉人榜姓楊性至孝父病兩載不解衣三日始一食父沒痛不欲生後除博羅知縣償逋欠懲蠹蝕革陋規均田糧士民以忠孝廉明歌之弟衡字章臣己亥進士平山知縣有文名博羅名宦志

熊光裕字肅行順治乙未進士授榆次知縣課最洊陞杭嚴道修築海塘實資保障署按察使民無冤獄悍兵攘奪移文提督禁飭境內肅然又以鹽價日騰請提鹽引民被其惠以老致仕卒於家見浙江通志李漁資治新書

汪嶼南字與山性孝友父世植明末死雅淡洲之亂嶼南守父屍不忍去賊至逼入江不沈逆流上舟人拯之順治丁酉舉於鄉授廣東新安知縣邑素有苗患嶼南撫其酋遂不復叛以艱歸士民送於分水塘爲清水分流之頌後授武邑邪民爲亂大吏以疲卒五十使往嶼南慷慨赴敵民望風降及歸築室江洲以老

陳肇昌字扶昇順治戊戌進士授寶雞知縣招徠撫字錮除逋賦民懷其惠歷陞戶部郎中督學廣東時兵燹後士多流亡肇昌加意培養申明條約嚴飭學校嶺表士風賴以起衰考最陞僉都御史授順天府尹九卿廷試會推秋讞諸大政多從其議條上輒報可生平好汲引人才凡所薦達多爲名臣卒祀鄉賢著有三楚文獻錄一百卷湖廣通志若干卷詩文集若干卷嘗命諸子從名儒陸隴其游故其後多以德業顯子大章詳儒林大華詳文苑大年大犖大韸自有傳

汪士奇字凡子順治己亥進士授東鄉知縣康熙十三年賊兵肆掠士奇練鄉勇保障孤城復設奇制勝盡追賊所擄男婦數千人而還賊平興學校育人才士民愛戴累官刑部郎中孫度宏詳孝友

吳升東字巢徽順治己亥進士授登州推官時于七叛案株連大獄滋起升東反復讞鞫全活無算陞浙江道監察御史風裁侃侃知無不言以條陳免官旋奉
旨起復協理河南道事乞告歸卒著有玉磬齋瑞芝堂等集

王追騏字里之同觀子順治庚子舉人任犍爲知縣縣故瘠供膳例派里甲追騏悉捐之興學勸士文治遂盛擢刑部主事多所平反乞歸有百餘人焚香跪道左詢之則署廣西司時

所釋死囚也謝之慼泣而去孫封渭進士猗氏知縣有文名

宋必達字其在順治辛丑進士授甯都知縣請免清泰懷德二鄉逋賦招集流亡適閩賊張志在阻兵窺贛南圍甯都必達率義勇與營帥協力破走之境賴以安已奉檄誅黨亂者必達抗言良民協從願以官職保其無他全活甚眾解組歸中途爲賊所刼繫密室中夜半忽有多人持兵仗大呼宋公擁以去蓋甯都百姓也卒祀鄉賢子敏求康熙戊午舉鄉試第一己未成進士授檢討有文名孫鍠貢生肥鄉知縣清慎自矢善政甚多江西名宦志

龍可旌號鶴皋順治辛丑進士授濟陽知縣初在讞局決疑獄數十起釋株連至數百人洎涖任鋤强懲猾吏畏民懷濟郡

舊例秋糧輸官至春僅給以正令民解赴水次往返千餘里多賠累可旌廉其弊捐耗免解民立碑頌之著有端峯文稿

梁鉍康熙初爲長安縣丞攝縣事農民盧某方耕其婦饁之食已噴血死前官治婦罪已成獄鉍訊其由同詣饁所有樹翳其上伐之中盡蝎也遂白婦冤

鄭昱字方南先慶子康熙庚戌進士歷建陽唐縣知縣以廉能晉工科給事中有敢言聲出爲江西糧道裁陋規數萬盡釋被冤諸生晉廣西按察使持法平允遷安徽布政使涖官月餘宿弊一清尋以老乞歸讀書教子不與外事鄉人以爲模楷子可格舉人官中書工詩文江西廣西名宦志

鄭繼啓本姓洪成童時蹻捷走城堞瞥如飛鳥用長矛如雪練無敢禦者康熙壬子舉武科從提督趙良棟征吳逆平湖南袁州渡鐵鎖橋先登以軍功擢官副總兵

王鳳采字汝載躬俊子康熙己未進士授會稽知縣性廉而幹能力任大事邑大嵐山連金甯溫台四郡界有白頭賊者乘歲饑誘民爲亂鳳采廉得其魁捕寘於法時有董金氏以姪奪其腴田二百畝叩閽稱浙江無一職官

上賜以黃衣遣歸命督撫鞫之及訊金氏衣黃衣不肯跪鳳采在下座叱之褫其衣上官俱色動即委鳳采勘所侵地止七畝疏入

上令再讞卒從鳳采議上官器之鳳采治縣以戢豪强安閭左爲務而性强記自城市至窮鄉凡狹邪武斷之徒能歷歷指其名

每一牘入懸揣之輒得其主使與曲折之故及坐廳事出片語摘伏竟無遁情涖任十四年民習而安之以老罷官卒於家訃至浙人爲位哭之崇祀名宦並祀鄉賢浙江名宦參通志

王懋德字一士欽濂孫康熙壬戌進士授廣靈知縣値荒亂後有招徠生聚功後任甯都歲饑發倉捐賑民得全活尤好振拔孤寒興學勵俗故所至輒有聲弟懋才字國士同榜進士新建知縣亦好汲引人才擢最將遷以疾歸卒

謝加恩字勖菴康熙丁卯舉人任安縣知縣時土荒民少招集區畫眾得歸業興學校教士有法在任八載布衣疏食素履蕭然報最擢主事滁州名宦志

萬爲隨字廣瞻康熙時歲貢生初知府于成龍平東山賊以爲

練長資謀略焉出任桂陽州學正值亂後捐俸倡修學宮進諸生勉以忠孝大義州鄰苗境多侵掠爲隨與州牧李往擒其魁民獲安堵桂陽名宦志

陳大年字子山肇昌長子康熙庚午順天副榜授徐溝知縣邑當燕晉孔道會
聖祖親征噶爾旦芻糧車輛之屬取辦俄頃嘗四出雁門關馳驅無後期以艱歸起樂清知縣建修隄閘及塘堰各數處報墾田五千餘畝遷鄧州知州教民修濬溝洫植桑養蠶咸獲屢登鄧人德之

陳大羣字季超肇昌子嘗從名儒陸隴其遊講明正學康熙庚午舉於鄉任會理州知州境故卭僰地民俗悍獷不知禮義

大羣至輕徭役抑豪强擇子弟之秀者親爲訓迪夷風一變凡日用經費悉從故鄉營辦不以累民考最擢戶部郎中引疾歸子師洛舉人有學行

王掄士字以三康熙癸酉拔貢生由教習任武甯知縣剔姦鋤猾興學右文值邑大祲爲粥以賑五閱月咸得全活士民爲建生祠三所比卒囊橐蕭然櫬歸之日送者泣下並祀諸名宦祠著有問津書院志甯國府志永安州志濟平縣志諸書

范基祚字叔文少孤酷貧事母孝祖母早逝母田氏事翁撫子茶苦萬狀康熙丁丑基祚成進士授淯川知縣清操自矢案無留牘以最擢吏部主事去任民攀轅不得行父老多泣下者子元灝辛卯舉人官温縣知縣孫朝綱乾隆辛未進士官

鄒平知縣剿除劇盜數百人鄒人德之晉戶部主事卒於任

萬爲恪字敬如爾昌子康熙丁丑進士授遂安知縣釐剔宿弊日坐堂皇令吏卒無事則散俾民得自前言疾苦遂故瘠邑民間歲納出三千金供官曰幫費爲恪悉屏之值水災先賑而後請吏爭以故事須待報否且得罪不聽既賑並請豁其賦有巨盜毛六謙劉念郱爲害爲恪招至開諭之盜感泣爲良民其爲政寬厚多類此後二十年子紳祖經其鄰境擔夫皆邑人爭以值不受以遺愛猶尸祝云紳祖詳篤行孫年茂詳儒林廷望年豐自有傳

王一導字子引康熙丁丑進士授德化知縣聽訟無留滯以明慎稱艱歸起知屯留縣值歲耗撫循賙恤全活甚眾治最擢

吏部主事雍正間累遷郎中周歷四司剔弊釐姦名譽大起
御書得雨詩一章賜之典試浙江稱得人尋授甯紹台道兼理海關執法清嚴商民咸便子封岱舉人因母老不赴選以孝養終孫如鏊自有傳

余琥字用南康熙庚辰進士授四會知縣始至胥吏有獻金者力懲之地濱海經亂丁耗田多蕪請以丁隨糧更募墾給牛種生齒遂殖邑苦盜用其魁治之盜立止建義學立程式人從其教子宏仁陵水知縣多惠政

王漢周字胥侯康熙癸未進士授奉節知縣有廉明聲課最歷官肇昌知府諸大吏稔其才凡鄰郡重獄委決無虛日多所平反陜人德之以疾卒於官四川名宦志

陳大華字子京肇昌子康熙丙戌進士授永安知州其地猺獞雜處爲定嫁娶喪葬之禮調西隆革頑輯暴以治行第一擢福建鹽運分司委丈民田稱平允歷分巡臺廈道至則賑濟饑民撫綏番落生番歸化者八社涖臺三年以疾卒臺民人持香一束哭階下聲震寢門子師豫純篤嗜學雍正癸卯舉於鄉大華任臺灣例不得攜家屬憂母徐老無以奉養師豫承父志孝養備至徐嘗曰汝父爲清白吏汝復善事我如此可謂忠孝一門矣年三十六卒人咸惜之

王全才字仲默躬俊孫康熙丙戌進士任廣東長甯知縣地偪叢山中嵐重泉毒人咸危之全才曰王陽叱馭何患焉既受事志益厲俗尚巫每假淫祠惑衆取而置諸法並毀其祠風頓息盜魁吳辛龍嘯聚爲民害全才率士兵傾其巢辛龍伏法境賴以安卒於任

靖乃成字我思少警敏具經濟才以歲貢生官漢川訓導遷宿遷知縣邑有地濱黃河崩淤無常民隨淤任種以供正賦前令額外加派民苦之乃成力請奏免圈柳地民庄也軍丁冒占訟不休廉得其實斷復本業宿人至今頌焉

周嵩字元峯祖之彬貢生于成龍任知府時以儒林俠骨顏其室父大紳諸生敦行誼嵩孝友勵節操博通羣籍雍正癸卯成進士授大名知縣釐革蠹弊屢決疑獄洩李茂隄水患居民稱便尋攝長垣有重囚稱病取保故於家嵩以違例當削職民哀號乞留巡按御史莫禮博李徽上其事

特旨留任復攝元城威縣政聲益著擢大理評事卒櫬歸過故治民哭而祭者絡繹於道孫熙鐙監生元孫宗德中書俱以孝稱

萬禮祖字履素爲境子雍正癸卯進士任安徽太平知縣縣故呰窳多逋賦爲捐貲代償其無知抵冒者訟繫寬挺之嘗語其掾曰爲父母不克胥匡以生而使謂逡我以生吾不忍爲也解組幾不能歸民醵金贈行不受孫希槐詳文苑

汪依仁度宏子雍正甲辰舉人任海陽知縣清介自矢門無私謁聽訟不尙刑威而判斷悉當歲饑捐廉助賑存活甚衆士民爲立生祠祀之

胡天健字行觭父正君好施與里有疫徧給棺木助葬貧家以是替天健雍正己酉拔貢生歷瀘溪安仁鉛山等縣知縣興學校均賦役所至有聲雍正十年逆民黃申冠猖獗天健往剿獲其首閭閻安堵人頌其德子心安自有傳安仁縣志

萬廷望字東表爲格孫乾隆丙辰舉人任定邊知縣縣治流沙沮洳雨水輒溢入城廷望開渠導之患遂息營兵餉不支縛副將噪甚徒步往諭一軍感服調米脂以乞養歸卒年八十

萬年豐字武溪爲格孫乾隆丙辰舉人嗜學工詩以知縣借補浙江石堰鹽課大使鹽筴利病詳悉無遺嘗奉檄丈勘沿海圩田屏絶餽遺核實具報陋習一清及歸笥中惟端溪石數片而已

郭維本字有如質直力學弱冠舉乾隆戊午鄉試第一因親老不赴選晚任公安教諭遷山東萊州鹽大使前官卒以緝私

獲利維本曰瘠人肥己吾不爲也卒於官櫬不得歸民爭賻之著有道菴詩文集

馮子式字汝瞻少隨從父煊任黔中因以黔籍舉乾隆戊午鄉試壬戌成進士復本籍授永順知縣有疑獄七久莫決子式至讞悉得情民服焉調麻陽闢荒田設義學治績稱最復調益陽益著慈惠聲生平負性剛方常以事忤上官略不爲動

李長青字松村自幼嚮學苦家貧父子躬耕里中有塾師李芳深經術力進之長青且耕且讀爲文日雄健悉田間腹稿也如是者十餘年乾隆戊辰成進士授寶山知縣去之日典商某訟嘗得直餽以儍卻不受歷蘇松二府同知在蘇時筦錢局有銅商餽以金正色拒之謂無事而餽有事將何如其人

悚然退擢同州知府泝江將赴陝舟子意有重裝盡去其船中物待之既而反之相與竊笑座師陳兆崙貽書歎美焉生平篤親故李師沒爲置祭田十畝卒祀鄉賢江蘇陝西並祀名宦子鈞餘詳文苑

案長青官寶山時分校鄉闈得人最盛修撰陳初哲其所取士也通志

胡心安字勉茲天健子乾隆庚午舉於鄉任廣西興安知縣懲姦吏均徭役修葺灕江書院文教聿興大吏閱兵騶從過境勢張甚心安慷慨入訴大吏氣餒戒其下曰勿犯强項令也權知象州移興業訟獄多平反後投劾歸道經興安灘河淺適有長官乘船在其前眾挽之仍不進心安舟最後岸旁耕者覘知之羣釋耒耶許牽挽舟遂前長官爲嗟歎久之孫美彥自有傳

邱恩榮字駕六乾隆辛未進士授萊蕪知縣屢剖疑獄鄰邑蝗起預飭鄉民爲捕蝗具及入境悉滅之調泰安疏治泰山泉源引汶水歸運河民以爲便擢知岳州府姦人有言臨湘可開礦者大吏檄勘恩榮力言不可乃止調衡州衡山縣民曠大忠被誣以仇殺入秋審恩榮復勘得平反後大忠援例入成均子孫游泮水越千里造其門拜墓三次

宋廷採字釆持敏求曾孫生而穎異年十九成乾隆辛未進士授南召知縣委訊裕州嫠婦疑獄立白其誣賑河北水災多所全活擢南甯同知釐定鹽價民利賴焉遷大理府知府辦

理銅鹽等務大吏優獎以爲各屬風服官十餘年聲迹如一

萬廷璧字仍軒乾隆壬申舉人任贛州興國知縣敝衣羸馬司閽惟一老僕有鍾氏叔姪以茶山構訟姪乞邑紳以金進廷璧笑曰若以此金遺官盍遺阿叔其人慙去僧曇亮有藏經語涉悖謬株連無辜甚眾廷璧力爭不獲遂投劾去子希宗自有傳

張京鯉號小還乾隆壬申舉人任均州學正教士有法擢江西上猶知縣歲饑籌賑不敷乃馳信歸家售產益之全活甚眾家以此貧泊如也

張鳳鳴字虞溪世俊子少有神童目長尤該博經史多聞强識乾隆癸酉舉於鄉以甲戌明通授邯鄲知縣擢知兗州府嘗

召見行在對稱
旨嘉以老於民牧
賜紫貂糙緞諸珍異鳳鳴聰明慈惠所至有聲雖鞅掌不廢著述旁通兵法陣圖見蒲圻張開東詩集

萬廷瑨字武皐乾隆癸酉拔貢生授合江知縣邑有羣盜盤踞山谷閒廷瑨偵得渠魁劉天明陳方升寘之法境內肅然會大軍征緬甸吏謀派編戶供軍行廷瑨斥曰資糧芻屨責在縣尹何與民事嚴禁之越五年罷歸廷瑨少孤貧力學爲文峭蒨似柳州其楷書尤稱絕技云

宋本敬字賓門如辰孫陳恪勤公鵬年其外祖也往依之因隸湘潭籍舉乾隆己卯湖南鄉試第一歷長治陽城兩縣知縣

擢鎮安知府清慎廉平始終如一陽城民建祠祀之時同寮山左顏某亦以清廉著民閒有南宋北顏之稱

嚴承夏號橫溪乾隆丙戌進士授孝豐知縣甫涖任吏進陋規御之立除其名自是蠹猾屏息調定海洋盜爲害承夏造船四隻選民壯訓練值大霧躬執弩弋獲百餘人寘諸法擢杭州同知卒於官

靖本誼字伯宜質敏學博乾隆庚寅南元乙未成進士授樂安知縣地瘠民貧俗多訐訟本誼廉其魁嚴治之巡撫吏鄧某恃勢佔民田積訟十餘年不決本誼按吏罪以田歸民訟爲止調萬安罷歸參通志

王如鏊字又溪一導孫乾隆甲午副榜選長陽教諭訓士有方嘉慶元年偵知邑之朗坪有教匪嘯聚以告邑令令猶豫如鏊徑稟按察使張長庚飭弁兵七百人進勦不克因委如鏊同新令分途堵勦如鏊馳向王廟當賊衝誓以身殉賊遠遁城遂獲全子鵠自有傳

汪兆霖字定山乾隆癸卯舉人初爲井陘知縣有循聲調安肅當畿輔孔道差繁吏擾民多逃亡霖偏履鄉村剔除宿弊再遷大城徭役尤重每歲酌減數千金以最擢薊州知州

王士珍號華巖道明孫乾隆癸卯舉人授分宜知縣有世家某控其胞姪士珍舉卓茂語再三諭之某感泣求息遂爲伯姪如初調峽江培士愛民百廢具舉

龍澍號肅齋乾隆甲辰進士授新泰知縣歷金谿贛縣皆以慈

惠得民贛濱江嘉慶五年甯都蛟水暴漲贛承其下流兩邑男婦漂沒哭聲不絕澍備船急拯之救一人予錢五千存活無算其死亡及廬舍蕩析者悉爲安置調繁任南昌晉同知革寶昌局陋規年七十一卒於任

胡定泰字平川膂力過人善騎射工技擊舉乾隆癸卯武科第一甲辰成進士以侍衛授湖南中營都司征逆苗累戰皆捷嘉慶二年教匪擾川楚泰從征進兵南漳房縣擒斬數千人四年擊賊於鳳縣進口關身被數傷仍力戰遂擒賊李槐李潮殲賊首張漢潮等五年擊廣西五金柱大股賊殲斃龐洪勝生擒龐有兒楊六燕累功歷官河州鎮總兵在鎮六年兵民懷畏十一年署甯陝總兵會暑雨蒸溼舊傷復發遂引病

歸泰在軍歲紀律公賞罰與士卒同甘苦故人皆樂爲用前後經三百餘戰勞績最著

靖本託乾隆丙午舉順天鄉試選知縣得陝西旣至綰篆興平時白蓮賊入屋鄠逼縣境當事檄以斷河渡遏賊蹤本託更益舟以待惟禁持兵器被脅者爭脫歸生全無算尋任郃陽建考棚新　文武廟是科鄉舉得七人先後成進士蓋曠六七十年所未有也歲旱徒步禱雨立應雖饑歲民不知荒邑人建生祠禁之弗能止

萬希宗字可亭廷璧子乾隆己酉舉人授武陵知縣以廉能著嘗過龍陽有民欲投水詰之云以囊金投旅館館人暗易以錢愬諸官不得直希宗代訊館人枚梧乃朱書銀字於其手置別所紿曰字滅罪汝再訊其婦大呼銀字在否館人連聲應云在在遂責婦曰爾夫自供矣婦果出銀案遂白歷任四邑均有治聲子鼎洋自有傳

李振堃字承齋嘉慶庚申舉人授印江知縣平訟獄課農桑興學校報最陞清江通判遷普安直隸同知兩督鉛運運丁無敢擾民者分校鄉闈拔取多儁士解組後以翰墨自娛書得顏歐法人咸寶之

萬鼎琛字璞軒嘉慶壬戌進士選庶吉士改曲江知縣俗剽悍輕生地多官山聽民占葬常有將親骸貯瓦器中彼此盜埋構訟不已琛廉得輕生者坐誣盜葬者坐罪風頓息調始興移瑣山捕獲盜魁歐亞四及其黨數十名按以法保阜異以

勞卒於官

萬鼎欽字抑齋嘉慶丁卯舉人任監利教諭振興文教捐廉修學宮時頻年水災悉心賑撫庠序中有被誣者必力雪之卒後遺橐蕭然

汪極三字植齋少孤貧事母孝嘉慶己巳進士授正陽知縣俗強悍盜賊出没山谷閒極三購擒其渠又新阜教匪倡亂設法殲之調鄖城除漯灣河漁舟稅疏濬鴻渠資助書院膏火士民誦之

萬鼎洋號小岑希宗子事繼母孝待弟友愛嘉慶辛未進士授曲陽知縣治行稱最有富民忤其族族因訐其曖昧事富民懼私獻三千金求庇時值修學宮臨訊置金案上曰某出此多金助修學宮豈是不自愛人遂以金作捐款而洗其垢後攝易州知州去任士人爭相餞一老儒貧獨後餞不獲曰公不我飲某不齒矣洋笑從之

汪兆柯字則亭嘉慶辛未進士授廣東東安知縣地瀕海寇盜充斥兆柯營海防覈窩戶居民安堵後粵垣苦旱適兆柯赴省大雨如注上官喜謂曰東安雨也一時傳誦陞羅定州知州引疾歸咸豐戊午重宴鹿鳴年九十一卒

曾鵬號南池嘉慶辛未進士授陸川知縣邑命案向多株連鵬廉得其弊首犯外皆省釋有貢生某與陳姓爭刈禾某糾眾鎗斃一人立寘之法民服其公

王鵠字霞坡如鏊子嘉慶丁丑進士任石泉知縣鋤姦弭盜民

懷其惠調米脂創書院課耕織政簡刑清以艱歸服闋入爲兵馬司指揮値歲饑監視粥廠釐剔宿弊胥吏悉憚之任滿選平鄉知縣移疾歸其家猶寒素也

胡美彥字俊民心安孫嘉慶己卯進士選庶吉士改戶部主事遷刑部郎屢斷疑獄旋辦理通州倉場糧務向例官米兵米合發弊叢生美彥請分給遂爲例授廣東高州知府護兵備道會剿粵賊劉八半載疊著勞績卒於官子霖澍詳忠義

靖厚欽字院南道光辛巳鄉試第一癸未成進士授平武知縣即古陰平郡羌夷雜處欽開誠布公民夷協和時有兵差擾民繩之以法諸將領皆斂戢暇則詣龍門書院進生童講論文史士風大振子郁恆辛卯舉人由東湖敎諭陞漢陽府敎

授所至培植士類布政使張建基欲以廉能薦辭不就

會世儀字鴻階廷彩子少英敏有德器道光初元以副貢舉孝廉方正乙未成進士授昌黎知縣抉姦弊拯疾苦捐廉重修文廟及韓文公祠訪造處士齊慶懷墓廬旌以孝子黎俗大化邑舊有孟公祠亦前宰有德政者士民復奉儀祿位於内稱孟會祠旋調赴遼陽辦理團防大吏以居心仁厚事求實濟聞

於

朝擢保定府同知去任時老幼攀留爲繪臥轍圖紀之尋署易州及天津河間府事以疾卒於官生平篤於天倫以孝經能括羣經之要引證發揮梓以公世又喜表彰忠義如郡城之忠顯廟杜茶村祠皆率同人倡捐重修縣令闕某囘廣西原籍

多年因感知遇時以金寄贈武昌衞某臨終託妻子後資助數十年不替其重義輕財如此歷官數十年未嘗置家產以萊羹名軒祀直隸名宦祠詳畿輔通志名宦錄祀本邑鄉賢

汪封渭號竹千道光癸未進士歷夏津邱縣諸城知縣陞東平知州調德州所至有惠政四充鄉闈同考官士來謁不受贄貧者佽助之聽訟反覆開導不輕加鞭笞諸城歲大祲捐廉給粥全活無算德州城西運河隄高於城每患潰決封渭更築子隄晝夜督催幾廢眠食德人至今賴之

汪士俊字秀民道光乙酉舉人任興化知縣嘗捐俸賑饑咸豐三年粵賊據揚州興化戒嚴士俊督民團練水軍倣宋張榮連漁船爲水寨法扼險堵禦賊不敢窺因勞成疾卒

洪恩瀚字崑泉道光乙酉副榜授石屏知州甫履任卽捐貲修學宮加城堞嗣詳請免賦役蠲苦丁復鹽市禁銅礦皆允施行士民爲立去思碑

李士燮字子烈母姜氏以苦節　旌士燮道光己丑成進士授四會知縣有政聲大吏稔其才檄從征猺匪堵捕出力以受瘴成疾卒事

聞贈同知銜廕子入監

王自錡字竹泉父大玉郡增生品學爲里黨矜式自錡夙秉庭訓中道光辛卯舉人以大挑知縣簽分安徽歷署青陽銅陵縣篆倡建義倉捐俸課士卓著循聲咸豐壬子充江南鄉試同考官識拔多知名士吳廷芬劉廷枚吳寶善其最著者弟

自籍從九品以軍功保府經縣丞留安徽補用署霍山知縣咸豐九年春賊犯境時簕兵不滿三百設伏堵剿破賊萬餘生擒賊目數十人事具平定粤匪紀略

史宇衡號望村道光甲午舉人大挑知縣籤掣四川因母疾不赴母卒服闋始補峩眉縣甫下車胥吏進陋規力卻之並除其名蠹猾竦息居官多惠政不以酷刑威民邑有史母之譽會猓夷滋事衡督兵堵禦年餘悉平士民於眉山祠祀之

萬鼎勳字力堂承宗子由優貢生中道光乙未鄉試權五台知縣攝應州屢決疑獄所至有循聲每出不以輿從自隨只攜老僕二人民不知擾考最晉知州丁外艱歸卒

李應觀初名大坊字言齋道光己亥舉人任達縣知縣有藍李

二逆構亂大坊繕城修守備賊氣沮又有土豪張聯陞者武斷鄉曲嘗箠其從弟至死弟婦鳴官前令不敢究大坊執之陞黨糾聚將為變大坊飛稟上官立寘於法其黨皆散

嚴由霈字南屏道光庚子舉於鄉任鄞縣知縣性慈惠愛民如子邑人士爭頌之時軍書旁午籌備軍需有功子以幹浙江通判殉難

王燕瓊號杏田道光庚子舉人以知縣籤發四川委辦西藏巴塘軍台因裏塘夷人不靖瓊親詣夷酋查祿娃營諭以大義查泣謝事平署會理知州平滇猓李寬等之亂敘功以知府用復署彭山縣裁陋規八百金有劇盜張萬年黨與連數境捕寘於法調劍州一洗從前積弊年滿民籲留不得為建清官亭旋題補石柱同知甫視事卽裁夫馬陋規千餘貫會土匪張浩然等聚眾燒香謀不軌瓊密飭鄉團捕獲之以勞疾卒於官民皆設位致祭著有銅豆山房樂府雜集若干卷

王家璧字孝鳳先世黃岡人祠墓戶族皆在自其祖念辰遷武昌縣遂寄籍焉家璧高才茂學道光丁酉拔貢生己亥順天舉人甲辰進士改兵部主事父子異為豪右構陷戍雲南家璧年九歲牽衣請隨行子異呵止之乃矢志雪父冤讀書見古人忠孝事歌哭不能自已鄉舉後行八千里併日而食省親戍所以大母喪暫歸供職兵部時復乞假詣雲南隨侍三載雲貴總督賀長齡林則徐咸器重之咸豐元年

大赦子異格於例刑部侍郎曾國藩力請釋奏入

報可家璧益感奮圖自效粤賊構亂隨營差遣諳悉戎機曾國藩胡林翼左宗棠先後疏薦擢大理寺少卿授順天府府丞旋調奉天府府丞兼學政以事左遷光祿寺少卿居官論列時政如固海防興水利懲機器和將帥散會匪黨與戢揀金徒眾諸章奏海內傳誦御史吳可讀彈劾成祿被議家璧峻詞疏救同官尤為心讋至其保禦鄉邦變通牙帖軍需取給商不病而

國課裕捐建西山懷忠祠祀死事諸臣邑賓興鉅款亂後乾沒白疆吏規復漢回不靖主講關中胥化於善近畿歲大歉傾貲助賑民無意外之變凡此皆其實心實事之可紀者單懋謙有云孝鳳之行堅苦卓絕一出於誠蓋紀實也年七十卒著

有奏議雜文詩集若干卷

童範儼號桂丞道光甲辰舉人由軍功授安義知縣以廉能著調臨川捐廉賑饑善政備舉督修邑志捐金爲倡撫軍嘉獎並飭各州縣以臨川爲式東鄉民因糧滋事範儼奉委往撫士民郊迎三十里其得民心如此陞吳城同知裁陋規殆盡以乞養歸卒於家從孫燕林同治丁卯舉人歷署弋陽都昌縣事亦有政聲

吳榮字又桓伉爽有俊才道光丁酉拔貢領本科鄉薦咸豐癸丑成進士授刑部主事改湖南直隸州大吏稔其才甫至省即委權桂陽篆地鄰粵境賊猝至榮簡練鄉勇力戰卻之復招集流亡培植士類桂俗訟獄判斷後必納官錢屏勿受政

聲翕然改權監衡州值衡永郴桂旱荒奉檄辦賑咸被實惠旋署岳常澧道澧州大水榮棹小舟勘災省隄防撫老弱報最有期以勞疾卒大吏咸惋惜之著有誦芬書屋詩文集

易用剛咸豐七年以武勇投大營自效時粵賊蔓延各省用剛隨大軍克復安徽天長縣城九年解鎭江府圍同治二年克復無錫金匱城生擒賊目三年又復宜興荆溪等縣城每戰輒先登身受重傷累擢提督旋以勦除捻逆功
賞穿黃馬褂未幾卒

蘄水縣

饒應元字善仙明崇禎庚午舉人順治中任溧水知縣天資長厚而事有執持妖婦曹氏邪術惑民應元擿其姦申請誅之

編徭役立排丁法民無偏重偏輕之累江南名宦志

程維伊字懷人順治丙戌舉人授慶元知縣建官署葺學宮民鮮春糧授種導植食鹽聽民自買禁姦商運賣之弊丙子充鄉試同考得士皆名雋平湖陸清獻公隴其爲尤著後致仕歸著有積雪樓稿松源彙編

李生美字伯純弟果字伯徽順治丙戌同舉於鄉丁亥生美成進士授德安知縣清操勁節饒有膽識草寇負嵎領民兵摧破之以勞致疾卒果爲洪雅知縣處蹂躪之後辟土招亡修城葺學亦卒於官祀鄉賢

官撫邦字綏之應震子順治歲貢生任大冶訓導學問該博詩古文卓然名家並善書法居恆常自撝謙其言訥訥不出至

於教育人材惟恐不盡成也披荆立學尤爲勞勣著有琦玕詩草子純仍異才早逝純滋詳儒林

何之旭字山夢順治辛卯拔貢授德化知縣值亂後寇燼屢然之旭禁暴戢姦邑有起色作聽事堂題曰不侮鰥寡不畏彊禦不生事以擾民不懷私而忘公德人遂呼爲四不堂著有白雲六編皆治德化上下文移因事制宜動見本末

南之傑字偉公有杞子順治丁酉拔貢生授利津縣丞署萊蕪知縣兵燹後邑多流亡之傑力請於上得除荒田三千七百餘頃蠲積逋二萬一千餘兩民困以甦改定海丞陞長山知縣邑漕糧數百石例輸德州去邑五百里費數倍之傑令民就買以兌民甚利之告歸長山人爲刻攀轅集子夢班貢生

一任華亭縣十載有政聲晉淮安外河同知
聖祖南巡賞以
御書賜之孫光發詳文苑
張邦福字緫五父問德嘗兩佐劇邑狷介有聲卒祀鄉賢邦福
順治戊戌進士任紹興推官精明練達摘發如神訟牒悉置
內署句訊之下情偽立剖吏不能爲姦去紹之日民爲立郭
山書院郭山其別號也後歷官五城兵馬司乞歸子萬選舉
人有文才浙江名宦志
王保釐字東郊順治戊戌進士溫厚和平與物無忤任通江知
縣修城垣建學宮爲政平恕不尚苛刻後陞常州府通判
李成棟字雲浦順治己亥進士授樂昌知縣留心民瘼懲姦宄

恤窮困置義倉建書院善政纍纍遷雅州知州尋告歸卒祀
鄉賢案通志廣東志俱作李棟誤
徐五宗字子九三餘孫康熙十六年由廩貢生授彝陵訓導署
興山縣篆值吳逆未靖招撫流亡卓有政聲歷石首教諭捐
俸葺學宮課生徒多所成就子源舒作枚自有傳源遠舉人
肅甯知縣有循良稱
畢友宜字見次少有至性父沒後每試藝必焚香告墓所康熙
己未成進士授建甯知縣除積弊杜請謁同考閩闈得士稱
盛以疾告歸杜門訓子當事罕識其面卒祀鄉賢
劉同向字校五康熙辛酉舉人任新化教諭捐葺學宮訓飭多
士以窮經力行爲務秩滿陞永州教授諸邑弟子列郡庠而

遠未至者歲試之期悉召至而飲食教誨之後沒於官新化
永州俱祀名宦本邑祀鄉賢
徐廣淵字伯志康熙戊辰進士授廣宗知縣郎古沙邱地南近
漳水隄忽決城不沒者三版萬戶震動廣淵痛哭籲天願以
身塞洪波陡平丈餘水退即日加築躬率畚鍤延袤數十里
居民安堵名曰徐公隄邑多陋規歲耗民財三千餘金廣淵
悉爲革除民懷其惠
徐源舒字崑渟五宗長子康熙壬午舉人授零陵教諭零附郡
有重鎭弁兵每與庠士忤籍有猺生儇侫無知亦不靖源舒
諭士子以禮自守召行伍與之約誡勿再擾於是弁丁斂跡
命猺生習威儀言辭請學政於試卷面註明猺籍分別考試

捐俸修葺學宮程課士子又時周恤寒士黌序大振乞疾歸
當道禮賓鄉飲三次年八十一卒
周節周字成菴壽明孫榜姓楊康熙乙酉舉人任道州學正振
興庠序整飭士風學署有敬一亭嘗於暑月置臥榻其下有
貧生爲族豪誣以盜葬祖塋州牧委勘豪進金求免節周叱
曰此何地敢二心以服官乎詰且往曲直立判回署而亭摧
榻已齏粉乃喟然曰向若不畏四知當與是榻同盡矣子象
晉舉人東湖教諭有學行
徐作枚字民櫺五宗子康熙戊子舉人總河陳鵬年奏請各省
候選人員曉暢河務願效力者赴工作枚捧檄赴袁浦次年
署北河同知南北河督交疏保授兗州府黃河同知引

見奏對河務甚悉
恩賚御書墨刻貂皮諸珍到任估計工程不浮不刻各汛堡置小鐘
夫給絮衣水發則鳴鐘集救隄少滲先以絮衣塞之是年秋
蕆家樓水發雷雨交作隄幾潰作枚疾呼曰我等守土無可
去之義如不獲願以身塞衆感奮力救獲免後以同僚不相
能遂解組歸

徐本僊字佑倫梁子康熙庚子舉人考授中書雍正時揀發雲
南總督鄂爾泰深器之檄權昆陽知州郡有滇池周三百餘
里山溪五道旁入沙淤每淹民田有建言會五爲一俾流急
以刷沙者大吏韙之本僊謂以一河總五倍之水岸衝沙積
勢必橫決爲害益巨再三指陳大吏悟乃止補文山知縣捐

建書院培植士類時以報墾爲功本僊獨條陳利弊文山遂
無加賦累委審烏蒙東川重案平反數百人陞雲龍知州革
井竈陋規捐軍需馬匹代完民間無著浮糧代民繳運米夫
價民慶更生大吏以知府保題丁內艱歸服闋赴部兵部侍
郎王士俊以博學鴻詞舉
召試內閣仍以雲龍州任內保題授永昌知府條減公件歲免千餘
金所轄土司如猛卯抄擄孟定開廠孟連承襲諸大案本僊
深謀獨任定難倉卒邊地以安尋晉雲南糧道五年解組歸
築室石雲吟詠自適工擘窠書人爭寶之著有曲辰堂詩集
卒年七十有七子立崧自有傳立蘇詳文苑參通志及先賢學行略
案本僊權昆陽知州時前政臧某意其弗習於錢穀也約
一夕面交代毋以吏胥及幕客與聞本僊一一綜覈之晝
諸而退覆案僅失計十數金耳人服其明達通志

冷文瑞字錫五本姓瞿父凝端居近糧倉祁陽冷成鶴在縣幕
司倉廒出納夜夢黑虎繞倉楹開晨往見文瑞在焉因丐爲
己子教之學後註柳州籍入營伍起千總歷狼山鎮標都司
前後遣丁迎冷及本生父至署孝養備至洊擢鎮遠總兵整
飭撫綏兵民德之尋權古州鎮篆時瘴疫流行文瑞親診視
捐藥資多所全活旋以染疫卒聞者多爲流涕長子逢泰以
州判署隆安知縣歸里次子逢春仍居祁陽嗣冷姓

徐立御字從六本仁子雍正甲辰進士初任新鄉知縣有殺人
於道者未獲立御禱而往驗屍忽起坐曰殺人者某也語畢

旋仆觀者大駭立拘其人一訊即服調滑縣有僧被殺獄未
決株連者衆立御稔其俗多黠少飲博負則爲盜乃密諭幹
役紿羣黠以博盡縶之羣方譁辯一人獨股慄願受笞立御
叱曰博小罪耳汝奈何殺人慄益甚遂夜收於內署厥明合
幹役趨其家曰某已供實有刀與僧衣亟持出其家驚怖付
之案遂決陞光州知州補黎平知府修城開江興學建廟躬
先勞役署鎮遠篆減水榷舡租商旅稱便晉貴東兵備道時
苗疆新闢立御布威信設方略躬歷窮巖深箐歲無安輸遂
致瘴疾卒於官

徐立正字丹懷雍正甲辰武進士官成都守備護參將時瞻對
用兵軍需甚急正咄嗟立辦提督武深器重焉旋護泰甯副

將詳請夷人入流者子弟應試以彰教化未幾署阜和遊擊提督岳奏頒行各部種印信委牌飭正賫赴阿旺勞丁之長女柔結住瑪歸時酬以良馬金帛一無所取尋署建昌中營遊擊一日宵遠失火延燒甚熾正請用以火攻火法排鳥鎗數百對放火應鎗而息擢桂林營參將將抵粵疾作遂致仕

王國英字紫儲生八歲而孤事母氏友諸兄庭無閒言讀書不屑屑治章句而能以書法世其家爲諸生立身行己不肯後於古人雍正五年舉賢良方正

召對稱旨授宛平知縣宛平爲京府首邑向承辦海子羊草爍湮不時輒賠補民受其累國英請於當事得豁除又捐廉代償逋賦二千四百兩有奇畿甸之民皆相慶怡賢親王深器重之

十三年

特簡南雄府知府

賜御書墨刻紫金錠香珠貂皮等項到郡大吏皆稱其爲王宛平也尋擢兩廣鹽運使以疾致仕參通志

潘成玉字德璋幼隨祖遠出乾隆中緬匪倡逆以貴州行伍從軍進剿所向有功由營千總擢古州營守備又隨征大小金川羅博瓦括爾崖之戰成玉功居多將軍豐陷賊陣不得出成玉單騎救之又乘閒襲虜巢大軍隨至遂平其地擢都司晉廣東右營遊擊會海盜梁亞香等糾黨數千人焚劫商賈成玉率部屬殲擒之而赦其爲從者粵人戴如父母官至廣東中營參將

范思皇字西懷璿孫乾隆辛未進士選庶吉士改吏部勤慎供職丙子典試福建拔錄多知名士尋督福建學丁父艱起復補江西道御史旋以原品休致優游林下嘗有句云

帝遣閒身歸畎畝天留老眼看兒孫其循分自得如此卒年七十四子世業自有傳

程應麟字耀東才識邁衆事祖母蔡母李以孝稱乾隆癸酉舉人以大挑知縣分發直隸時

上幸木蘭應麟奉檄至密雲潮河見上流浮漚謂從人曰連日陰霾浮漚者水汛也可速渡甫登北岸而浮橋官渡盡漂去諸辦差者皆爲水阻應麟獨無誤黃河水決需秫稭急應麟奉委任邱買辦二十五萬增其值不數日報竣委審疑獄多所平

反又委賑景州饑親核村民禁絶侵蝕後以勞瘁卒

葉際昌字占祿蚤失怙事母孝性豪爽好客岡邑名士王一鶚沒葬巴河鳳山年久就堙爲之倡修立碑由乾隆癸酉舉人選均州學正訓迪有方尤培養士氣但用財疏後官歸後其家益貧沒之日竟無以殮

范世業字素夫思皇子性伉爽練習時務乾隆丁酉拔貢生充四庫館謄錄由議敘州同累官陝西孝義同知嘉慶初教匪訌楚境寖及秦中大吏議守禦世業指陳要害擯不用已而賊果從漫川關入一如其言大吏内悔復使世業往探見積尸滿野撫膺痛哭乃怒馬而返直至廳事前下馬排闥入抱大吏足具述生靈橫死狀聲隨淚下中雜憤詈語纚纚不可止左

右皆失色大吏掖之起亦不之責也尋有訛傳賊犯某縣者大吏既心器世業使督兵堵禦至則仳離數千人皆難民也呼而撫慰之臨去難民扣馬曰官舍我去吾屬無生理矣皆痛哭世業亦哭會大雨與難民露立林中竟一日夜既霽始散去難民獲全而世業以是得寒疾不數月卒大吏率其屬厚賻之參通志

徐立崧字松之本僊子由附貢生援例分發福建初署連城知縣創建試院嗣任歸化構訟者以暮夜金求袒卻之仍直其事調松溪時學宮頹廢倡義新建並置學田三百石勒碑紀之

陳光詔字金門乾隆己亥舉人大挑知縣分發湖南歷任長沙湘陰永定平江辰州等州縣陞武岡知州任平江時有教匪滋事詔擒渠魁數人大僚欲株後患諭呈黨册詔密焚之餘黨卒爲良民他如創建書院均平賦稅所至皆有政迹致仕歸年八十卒子二沆澐俱詳文苑孫廷經自有傳

潘紹觀號巽山紹經弟由舉人官中書軍機處行走乾隆辛丑成進士選庶吉士改刑部主事晉郎中總辦秋審請減情輕法重免死案二件改緩改矜定新例數條京察一等出知韶州府安南咨送海盜三十七名惟案誅一情實者餘皆全活之英德饑民刼奪官米上憲將發兵駢誅紹觀親往勸諭衆立散嘗伴送暹羅貢使入都事竣回任尋擢浙江甯紹台道未上卒著有巽山詩集

華豐貞字年占少爲諸生家貧甚從潘吏習簿書大憲閱所辦稿奇之贈以貲勉就學乾隆乙卯成進士授三臺知縣有大姓以壻貧悔婚謀娶者亦豪族兩家俱重賂求袒並受之紿攜女出質惟所願往臨訊取兩家金給貧壻當堂斷領完娶觀者如堵皆頌廉明後以年老改教職告歸卒年八十八

徐陳謨字廸皋嘉慶辛酉進士授四川東鄉知縣時文獻散佚邑乘闕如謨蒐輯成書捐廉付梓重修黌舍城垣衙署倉廒百廢具舉提督羅思舉未遇時以非罪繫獄謨奇其才言於大吏力出之不十年羅乘際會立功名深感其德會謨量移要地鄉民籲羅乞代留者數千人羅以聞於大吏獲留任後陞眉州知州卒於官

蔡紹江字曉沙嘉慶己卯進士授戶部主事改刑部晉員外郎充則例館纂修官部曹廿年勤謹端慤守正不阿名重都下教人務崇實黜華門下士如大學士賈楨葉名琛其最著者晚年益屏辭章專研程朱之學卒祀鄉賢著有周易補說宋名臣言行録補編詠左詩箴漕運河道圖考詩文集六十卷

胡璧華號崑白道光辛巳舉人任咸甯教諭署辦崇陽逆匪有功論陞知縣撰有平崇紀略知府金雲門爲勒石黃鶴樓歷官直隸昌黎等縣攝順德府同知皆有惠政乞養母歸承歡備至年八十重游泮水主講蘄陽書院造就多知名士著有求可齋詩文集

蔡紹洛字蓮橋道光壬午進士歷任棲霞陽穀等縣知縣斷獄

如神吏民畏服尋遷吏部員外郎咸豐初擢御史多所建白出知天津府値賊擾後緝撫兼行恩威並濟大吏上其勞以道員卽補卒於官著有帝鑑圖詩

蔡紹沅字潤圃爲渾源州巡檢甚著循聲有某姓案經前任詳辦已議抵沅力白其冤旋獲眞犯越數年解餉過大同車覆折足延醫治數日卽痊詢醫里居卽向被誣獲釋人也大驚喜率妻子拜送於道後陞縣丞以母憂歸

程度字謹侯道光己丑進士授朝城知縣嚴懲蠹役之擾民者除濫派徭役邑有程青天之名又捐俸倡建書院佽助士子膏火自是掇科第者甚衆後以病解組歸

楊兆晉字海樓道光己丑進士授博白知縣博案山積抵任帀

月舊牘胥淸有同室相爭重賂求祖者晉拒之動以至性訟立解歲旱且蝗禱於城隍神應若響調上林地廣而荒請緩征民賴以活年餘卒於官民哭之如失慈父母焉

郭用賓字孟寅道光壬辰進士選庶吉士改刑部陞郎中每讞四五聽並用析入毫芒舞文吏無敢文致人罪者出爲河間知府尋調山西蒲州値歲旱捐俸設義倉施饘粥全活甚衆洊擢冀甯道歷署按察使有富豪因姦仇殺餌以重金立卻之寘諸法咸豐三年粵匪北竄巡撫哈芬委令專辦晉省軍務統兵出守太行賊不敢犯旋以賊由陽城繞據高唐獲譴

柳先庚號西圃道光壬辰舉人選蒲圻教諭咸豐二年粵匪犯楚歎曰疾風知勁草今正其時安有偷生苟活而可齒於人類者乎佐設守禦計會大兵追賊下寘委權邑事賑撫悉當境內獲安嗣艱歸著有西圃詩文若干卷

畢至字春亭道光乙未進士歷工部郎中出爲漢中知府有善政後府屬甯羌州歲饑官民不協勢幾變時至隨總督舒辦理安徽營務已二年巡撫王奏調仍回漢中至單騎臨屬民喜躍相謂曰生佛還矣羌地遂平定子衍熿諸生任安縣知縣亦有政聲歲祲施粥活數十萬人卒後民祠祀之

徐儒模字西泉道光丁酉舉人授夾江知縣甫下車結積案百餘起計除凶棍某闔邑以冰心旭日頌之夾邑僻處士少師承肄業亦無專所倡建雲吟書院捐俸佽助膏火文教大興後祟祀名宦

郭時郁號梅溪道光己亥舉人大挑教職在籍督鄉團巡撫胡林翼錄其功洊保知州選雲南安甯州適獨匪滋擾郁剿撫兼施境內安堵旋移提舉黑鹽井修黌宮建書院編排石橋運鹽者稱便後調永北廳永北向無學田撥稅課充之又以逆獨產業作賓興罰鍰租課向屬官收郁勒碑入公靡不悅服乾隆時有李某官是土多善政士民建祠祀之至是立郁長生位於其中顏曰李郭二公祠

陳廷經號小舫沅子少從學於邵陽魏源明經世大略道光甲辰成進士選庶吉士授編修尋官御史骾直不避權貴咸豐初巡視中南北三城兼辦團防擢給事中所陳奏如請籌八旗生計請覈各省釐捐偏省巡撫當兼轄武營遣散勇丁必

編歸行伍立功戰將毋授文官中國習洋人長技以制敵邊帥仿充國屯田以備邊其隨事納忠如此廷經旣以身許
國凡有彈劾無所回撓
朝廷亦嘉其直王中丞榕吉贈詩云同朝爭識超宗面
天子深知汲黯忠蓋紀實也官至內閣侍讀學士年七十四致仕前一日猶備陳邊防事宜洋洋數千言大旨謂邊省各辦團練郎制外夷之法居數月卒於京師所爲詩文不墜家風晚留心理學得考亭靜坐法其汲引後進孳孳如不及著有奏疏詩文若干卷弟廷柱優廩生有儒行蚤卒子慶長自有傳

高士濂原名朗號玉山幼純篤家貧力學道光甲辰進士歷刑吏二部郎中旋授陜西道監察御史風骨嚴峻朝野憚之歷

充秋審查倉監試諸差措置不苟嗣因母疾乞休居保定親侍藥餌四十餘日無少懈毋沒哀毀骨立遂以疾卒著有養拙堂詩鈔

蔡興槐字植三道光己酉舉人由中書擢直隸州揀發貴州攝歸化廳理苗通判值賊退集流亡繕城堡請免民半租以蘇窮黎境多苗洞素與漢民構釁槐剖示利害皆讋伏手書定界碑置其境尋任貴筑知縣會外國主教胡縛理與黔撫爲難幾成巨禍槐單騎詣胡所諭以信義事得解大府上其績擢知府權知銅仁擒斬踞賊包茅仙伍雲炤於山洞闔郡肅清敘功以道員留黔補用歷任黎平鎭遠兩府均有政聲值寇亂移守貴陽賊薄城下境內裹糧避難者麕至大吏將塞

闉以守槐曰糧不入必無城民無依必附賊啓門納之賊不知所爲遂宵遁旋丁父憂歸請終母養主講本郡邑書院數年卒於家

陳慶長字子奉廷經子道光己酉拔貢生
朝考一等以知縣分發江蘇歷署昭文華亭青浦縣事尋補元和皆著循聲洊升知府辦理水師營務釐局糧臺利興弊革金陵克復糧臺餘米萬石慶長悉以分給軍民清潔之操一如其父累官淮揚河務兵備道弟恩嘉字子政咸豐戊午舉人官兵部員外郎同治時新設通商衙門上憲欲爲保送辭不就後改江西補用道便道省墓卒於家

范忠渠字靜軒咸豐辛亥舉人初任閿鄉知縣值兵災後諸事

需理渠修葺書院清釐案牘卓有成績馬營勇潰掠及桃林渠內愼守備外設偵探獲其魁送營正法民得安堵調補陳留卒於官

方鳴皋字鶴亭咸豐庚申進士授壽張知縣旋調署武城兼理臨清直隸州凡所涖任興利除弊頌聲如出一口年老致仕囊無餘貲掌教蘄陽書院年八十三卒

楊宗震字仿西性忠直以布衣傾家練勇助官軍剿賊咸豐七年總督官文檄委輸餉募兵十年隨營至甘肅以出力保府經歷受知於將軍金順辦理營務箋奏擘畫多出震手攻克甯夏王家疃及肅州等處累有功大軍出關震籌備糧餉贊助軍謀不遺餘力關隴肅清以道員留蜀儘先題奏加按察

使銜光緒二年丁父憂歸卒於家

麻城縣

董瑋字公朗厚重有容明崇禎壬午舉人順治時官長垣知縣興利除害政尚寛大卒祀鄉賢子時升順治己亥進士官夏津知縣亦有政聲

項始震順治丁亥進士授縉雲知縣時山寇縱横鄉邑殘破始震招撫之民閒婦子散失者捐金贖歸後陞大理同知浙江名宦志

王有容字自牧順治時任龍巖知縣時方軍興徵夫取餉羽書旁午有容多方調劑民以不擾暇則增城浚濠儲糧置械及漳郡失守賊來逼城有容乞師於贑與民瀝血死守調兵據

勝屢挫其鋒賊解去

程浩字天行父自勝明靜海典史清介有惠政浩順治辛卯拔貢生授河南按察司經歷巡撫賈漢復聞其清操委署臨潁知縣轉台州同知時海寇鄭成功出没無常浩日與知府郭曰燧等協理軍務有勞績告病歸行李蕭然時同年友羅載惇官黃州知府卒家口不能遽歸浩醵金資其旋里有古人風

胡躍龍字羣吉公國子順治壬辰進士任鄖陽教授捐建學宫値西山遺孽跳梁大兵進勦委給糧行閒士無譁者連攝鄖竹房三縣篆武當香稅典司者舊有例躍龍兩委監不受一錢巡按御史李稔其治行列首剡遷直隸新城知縣旋致仕歸修橋施藥設塾賑饑鄉里頌之孫鉉詳文苑

鄒宗彥字坦齋順治戊戌進士庚子同考北闈所拔皆知名士旋授綏陽知縣愛民如子政暇以春秋課士聯科獲雋者二十餘人秩滿擢澤州知州未上病卒綏陽人德之祀名宦祠

汪淑問字邁陶順治己亥進士授犍爲知縣安輯流亡犍人德之案淑問直隸灤州籍見國朝題名碑錄

王元士字大周順治己亥進士任定海知縣以海防禦賊功陞瓊州知府除負鹽陋規訪求明邱濬海瑞後裔拔取之士民稱頌不衰

鄒世美康熙歲貢生好作詩尤長於集古晚任沅江訓導捐修學宫與同學謝某置學田四十石兩院保舉署沅江知縣頗

著名迹

王楠號頤中康熙丁卯舉人授武陵教諭詳陳興革十要葺文廟修隄塍以大計擢羅源知縣善政尤著調署閩縣有把總被誣侵蝕馬價擬斬楠理其冤將軍不懌楠曰職在核實縱姦廢法故殺負心官可去勘不可更也後有巨盜薛彥文横肆人心震驚楠察知城東有姦宄爲内應者密示捕員於二更時擒斬之次早同營將入山搜獲賊首餘黨悉平巡撫黃國材特疏保薦因老病乞休士民感德鐫碑頌之

鄒士璁字石瞻康熙戊辰進士由檢討典試山東尋督山西學條約悉關大體累擢内閣學士壬辰充
殿試讀卷官旋奉

命祭告東嶽監賞綠旗兵丁越三年乞休出入禁闥垂三十年小心謹慎及解組名公祖餞贈以詩歌宦成之美擬二疏焉歸以餘資建祖祠置田以供祀事清閒淡泊足跡不出戶庭卒祀鄉賢子汝模己丑翰林能繼父業

鄒汝魯字鈍齋康熙辛未進士初爲清豐知縣革錢糧宿弊民甚便之再任獲嘉邑西有來雲寺界與延津縣接居民置地二十四畝爲香積資明末寺廢地失墾後構訟不息汝魯剖折之俾各得一十二畝兩邑均帖服行取御史轉大理丞時有家人以事誣其幼主者獄上汝魯託疾未署押因得緩獄大吏隨雪其冤有知縣杖斃民樊仇家夜竊其尸懸周姓門縣役與周有隙誣周重獄申部汝魯駁之得白擢僉都御史

大振風紀蒙賜石硯詩文外任奉天府尹終太常寺卿著有鈍齋詩文稿

魯之裕字亮儕父重光累官雲南永順鎮總兵有異政父卒之裕寄籍太湖年五十五中康熙庚子江南鄉試由內閣中書出知河南確山永甯二縣尋授贛州知府陞湖北下荆南道移直隸清河道署布政使之裕氣概豪邁所至侃侃自將不隨上官俯仰初田文鏡督河道駐河南之裕抵省值中牟令以事忤文鏡命之裕往摘印卽受事中牟之裕入其境聞士民嘖嘖稱令賢惜其去遽反叩轅門力白中牟令能得民宜留任文鏡賞異之如所請官荆南時免太和山香稅三千餘兩請蠲沔陽州積荒地丁缺額銀七萬餘兩創設安襄鄖三郡書院修復諸葛武侯隆中草廬羊杜峴山祠及陽春白雪臺諸古蹟在淸河濬通畿南河道七百餘所以老病致仕歸生平所著詩古文及纂輯經史源流諸書共二百餘卷卒年八十有一

案之裕之學無所不窺尤精水利所著式馨堂文集多見採於　皇朝經世文編嘗撰下荆南道志詳核典雅稱善本邑南望花山魯姓是其族人後裔今寄籍江夏縣王志參縣志

鄒汝謙字謙公由貢生選授岳陽知縣潔己愛民修學宮培書院文風大變岳俗輕生多株連無辜謙嚴禁之同宗無服輒聯婚謙諭以百世不通之義違者立杖斷離風俗以正再攝

靈石潞城人咸戴德乞休歸里布裳徒步晏如也

鮑啓泌字師鄴雍正丙午副榜任湖南石門知縣邑多虎患泌至輒遁去調任通道除採買轉長沙通判承修貢院捐銀四千餘兩號舍一新署衡州知府適通道猺窰嘯聚大吏因泌前任時有惠政委查驗卽單騎往曉以大義責懲首犯數人餘悉省釋苗民帖然

甘學涫字石泉乾隆壬戌進士授興安知縣政簡刑清造岑陽書院延師敎育文風丕振邑有僧犯姦餽重金不受有誣富民私宰耕牛者爲之辨釋後餽酒內藏百金召其人笑還之尋解組歸士民流涕餞送著有簡齋文稿

吳家騊號栖㠐乾隆甲戌進士授確山知縣邑當孔道舊苦供

給家駒除勘合外無所與民賴以安聽訟多平反有吳青天之號信陽富民杜姓因姦殺人投刀而逸州弗能決上憲以委家駒家駒廉知死者爲杜舊佃遽令決莊前塘水落而刀見徑拘杜以刀入傷處適合遂伏罪四充鄉試同考官所拔皆名宿

鮑棟字宇週廩貢生署印江知縣有廖戴吳三族爭田訟數十年不決棟往勘無所可否置酒勞之三族皆幡然悔願以爭界爲閒壤轉仁懷同知詳請廣學額三名文風蔚起歲饑捐廉設廠施粥饑民大蘇以卓異入都卒

鄭文坦由附監援例授通判初攝廣元知縣捐建義學置學田繼任彭水邑屬通衢役夫工食素爲吏蝕乃捐銀給夫勒碑以杜其弊復判緜州有蕭姓先與貧生婚後悔之坦捐俸三

百金爲生置田宅斷蕭女歸生生以力學成名

侯映甲字麗山乾隆庚辰舉人初授祁門知縣明決果斷而操守廉潔屏除一切陋規丁母艱歸服闋選高臺卒於任子幼扶櫬歸里家徒四壁無朝暮資未幾亦卒無繼嗣者廉吏無後人咸惜之

胡翔霱字裔雲鋐子乾隆乙酉舉人任杭州通判遇事勤敏委辦兜盤頭海塘眾議撤舊柴塘翔霱不可外仍柴塘內加石塘工始就杭郡多火災羣不逞輩因火搶奪翔霱禁救火兵丁及諸無賴不得藉事作姦違者按律坐境內肅然歷署九郡所在有聲著有武林遊草四卷

梁景陽字鳳喈號梧岡乾隆庚辰鄉試第一己丑成進士歷官吏部郎以勤慎聞轉監察御史累擢太僕少卿所陳奏多削草其請彌封硃卷以杜關節一疏得
旨施行籙入科場條例人始知出於景陽云景陽爲人廉介明敏待人篤摯有同年友卒於京無子遺女三流離失所景陽爲嫁其長女而攜次幼者返里各爲婚於名家縣有會館在京被侵越景陽贖歸新葺里中好義者咸助之參通志

程德楷字憲甫號松亭嘉慶乙丑進士由編修典福建鄉試尋視學貴州時黔省教匪煽亂奉
旨撰刻訓民七說分發府縣訓士四論曉諭諸生大學士曹振鏞以家學淵源人品端正薦入直 上書房授惠親王讀攝授
皇長子讀旋視學江西以光祿寺卿卒於京惠親王親臨奠

醊奉
旨予葬弟德楧字端甫以廩貢任大冶訓導從弟德懋字禧甫以副貢任咸甯教諭俱能振興文教培植人才士林至今稱頌

梅茂南號庚村嘉慶辛未進士歷任鹿邑東安等縣知縣以廉明著宰鹿邑時河決捐鉅資以捍患人咸賴之爲河南同考首薦周文勤公祖培期以偉器後果爲賢相

陳五典字慎齋嘉慶丙子舉人大挑知縣分發陜西歷署葭州及平利臨潼等縣實授麟遊所至多惠政有年家子某督陜甘學政以典缺清苦欲謀於院司遷之典力戒勿言某出告人曰陳公清風亮節眞令人相對赧顏也

毛正坦字循齋由監生援例任句容寶山等縣知縣政聲卓著巨盜宋久和積案未獲坦率役擒之築海塘隄岸民皆利賴至今呼爲毛公隄後擢太湖廳同知乞疾歸

羅文樞字北一道光己亥舉人任龍安潼川等府知府遇事立斷積牘一空時髮賊藍姓最悍屢擾蜀稔樞惠政且憚其圍防不敢犯境著有愚溪文集綱鑑輯要等書

袁學濬號蓮渠少從學於季父銑有文名道光庚子舉人咸豐間練勇出境剿賊保知縣歷署泰和萬安縣初赴泰和值隆冬夾道兩山爲賊踞濬夜帶二十餘人火而入賊不敢動旋率眾攻城濬先士卒登陴固守經兩月城賴以全調補萍鄉未上卒

程鵬字九希幼穎異爲黃安名宿劉秉琳高足弟子咸豐己未舉人由教習揀發福建歷署霞浦閩縣南安等縣知縣到省時有黃葉兩姓自乾隆間爭墳構訟互叩闍久未結鵬奉檄往訊立判決咸稱神明霞浦故多曠地募民墾數千畝有奇鹽稅叢弊鵬請官運定價弊立除在閩縣擒逆首楊虎清保升同知南安任內徵銀減價立碑民咸頌德兩充鄉闈同考得士最盛鄭啓植張端陳懋侯輩皆出其門

黃安縣

江載清字子厚明崇禎己卯舉人順治時爲分宜知縣甫下車問民疾苦除煩苛革虛冒如報減浮糧其大較也卒於官貧無以斂撫軍助其喪乃得扶櫬歸泣送者數千人祟祀名宦祠

耿應衡字玉齊由稟生舉賢良方正授遵化推官累官鄜州兵備道甯紹台副使熟知利弊凡所因革悉協時宜先是安邑賦役雖有條鞭之法而里甲不清胥役飛詭應衡爲倡畫一之議至今公私稱便卒祀鄉賢子宗塤字篪伯以歲貢生官上虞知縣亦有政聲

韓張梗字因孺順治歲貢生任應城訓導遷漢陽教授訓士有方擢阜城知縣創立義學延師課士興利除弊訟獄衰息阜民德之建祠於學宮側奉祀不衰

盧繩慈字昭許爾愔子順治戊子拔貢生授松陽知縣力鋤豪強善決疑獄時海氛初靖軍需供給一切不以勞民卒於任

生平與張希良之父百程爲死生交臨沒執百程手以未及迎養老母爲憾啓其笥只薄俸數金松人哀其廉斂金以殯祀名宦祠松陽名宦志

彭繩祖字若昭順治戊子拔貢生除泉州通判時大軍集廈門轉輸芻糧無缺攝泉永春晉江三邑篆復攝博羅籲免丁徭羅人建祠以祀長甯山寇猖獗指畫方略渠魁授首督撫交章題敘擢石阡知府移兗州脫辟四百餘人時東省地震旋患澇陳救灾十策大吏據實入告

敕下其議通行六郡涖兗五載兩攝道篆清名惠政東魯至今頌之

孫之夔詳隱逸

鍾琇號青巖順治壬辰進士除袁州推官多決疑獄有良家子

爲賊所脇琇爲申釋有誣鄰盜牛者琇以牛誤入爲解袁介楚粵山谷之閒流亡結聚謀不軌大吏議用兵琇諭降之尋擢戶部郎中典江西鄉試後出知漢中府一意與民休息省徭役闢荒蕪卒以耿介忤上官罷歸著有心遠堂集

吳之珍字貞吉士伸子幼好擊劍及長折節讀書順治壬辰成進士授諸城知縣邑近海舊設防衛芻茭糗糧供億不貲珍力請報罷他如核逃亡勸開墾革兩稅羨耗禁緝捕株連諸惠政甚多旋以親老致仕子宏初詳文苑

程之澍號傅巖順治甲午舉人任郴州學正值喪亂後士鮮嚮學澍親爲啓迪程課綦嚴一時人文蔚起應江西同考聘稱得人庠士某以掘地受礦誣禍幾不測澍力白於上憲乃免

未幾卒於官郴士立祠祀之

盧經字叔向爾悌子順治丁酉與弟綎同舉於鄉戊戌成進士授興化推官時海賊入寇閩憲檄附海五十里者限三日遷內地經請寬其期民始得從容遷徙莅任一載平反疑獄活死四二十有三人著有長安秋興稿

孟應瑄字禮乾生而蚤慧有神童之目順治庚子拔貢生考授教習選瀏陽教諭課士勸學文風蔚起遷德安教授擢東光知縣興利除害人稱神君子之春　恩貢生荆門州學正喜排難解紛多義舉

盧綘字行浦爾悌子康熙壬子舉人署監利教諭修葺學宮改孝感課士多所成就擢絳縣知縣常俸外不名一錢歷任十七年勸導切至訟獄衰息橫嶺關多虎忠綘爲文告神刻期徙去陞都察院經歷以疾告歸綘以經術爲吏治故所至有聲著有春秋闡微行世子濆附貢生居憂廬墓六年

秦人藩字巨屏雍正乙卯舉人任龍山知縣修學宮築隄防興水利調繁苗疆尤以化俗愛民爲急案有株連者反覆申理不惜捐俸以生之解組歸主講書院多所造就

張炳鯤字南池乾隆辛酉拔貢生以教習用知縣分發陝西歷任十餘城多善政如折富室孟賈等連年大獄革民閒產子報官之累讞三水獄釋枉繫三百人攝葭州代貧民完逋糧官涇陽時治提兵私牧之害任扶風郤里長之供給在寶雞革里馬之苛派終宰郃陽上辦賑條陳糾剔採買舊規諸議

識者韙之郃民爲立祠與明名宦葉夢熊並祀焉子忠坦詳文苑孫錫謙自有傳

吳汧字雉山宏初孫乾隆丁卯舉鄉試第一壬申成進士歷任范縣陵縣德平知縣皆有政績兩次恭逢
聖駕南巡辦公勤愼蒙
恩賞緞加級任內勘辦水災二次蝗災三次賑卹得宜乙酉戊子兩校棘闈所拔皆名宿卒時官橐蕭然請領貧員路費始歸葬子大梁字櫟園工書法尤好行其德

吳中理字淑黃文煒子乾隆丙子舉人授保康教諭修黌宮建齋舍廣庇寒士擢浮山知縣縣久無科第因買學宮前民房撤去之科名遂盛民有貧鬻妻女者捐金贖還子性誠彰化

知縣亦有政聲終淡水海防同知

吳大杬字孟仁乾隆庚寅舉人補應山訓導新學宮表節孝士之貧者資以膏火嘉慶初教匪竄縣境與邑令修城垣設守禦賊逼城率眾登陴衣不解帶者二十七晝夜尋截取知縣未赴部卒弟大梲舉人性肫摯有義行

張錫謙字乙舟忠坦子嘉慶乙丑進士選庶吉士改官戶部洊授辰州府知府調長沙清結積案數百起時稱神明長沙知縣某辱責生員復以爭市試卷事遽收生童二十人眾聚鬨勢張甚錫謙馳往開導並諭釋被收二十人逾日皆詣府自投無一逃者當道欲興大獄賴謙力爭始從輕典會猺匪趙金龍倡亂調署永州清保甲督團練危城獲安累軍功以道

員即選引疾歸卒孫相宇字芝卿雋才茂學少有名稱同治癸亥入翰林卒年僅三十餘

秦光辰字洛臣學泗孫嘉慶戊辰進士授完縣知縣升滄州知州治行為燕中最洎去滄民攀留載道嗣任遷安武清滿城遵化等州縣擢知景州民閒產子例納官稅光辰屏勿受有富豪強姦流民婦致死無知者光辰廉得其實按律治之卒於任子堃阜康縣丞有循聲孫悳鈞甘肅知縣死狷逆之難

汪潤字玉恬德綸子道光壬辰進士授工部主事累晉郎中歷都水營繕兩司例案紛歧吏胥叢弊潤先後主司稿姦猾皆斂手在部二十年上官倚之咸豐元年以協辦大學士杜受田薦邀　記名逾年監督坐糧廳總八省漕儲北通糧務剔除積弊次第就理秩滿加道銜授撫州知府未上留辦海運旋授廣西左江道便道回籍以病乞休潤素家貧洎通顯凡里中鄉會試及因公入都者輒樂為東道主兩充順天鄉試同考所拔多名雋與門下士氣誼尤篤

張際春字煦坪道光壬辰舉人授沔陽州學正喜育人材士習蒸蒸日上值粵匪陷沔際春練鄉勇隨大軍克復保升鄖陽教授適賊竄安襄各屬鄖郡告警隨郡守總戎督兵出勦以功加鹽運同銜

劉秉琳字崑圃咸豐壬子進士授寶坻知縣治獄多所平反雜徭不便商民者胥除之會僧親王駐天津合州縣備樹株為禦敵長柵有索倫兵擅伐縣民墓田木復詭以村民縶馬稟

翼長札索村民急株連且數十家秉琳單騎赴營晨立礮臺下敵礮飛過頂上屹不動日晡獲見翼長從容陳說民得直兵自是不敢肆九年調任宛平革票規防私押請託者屏不聽十年洋人深入當道檄秉琳等赴其營議犒具同官多恇怯不前秉琳曰自古怕死者皆轉念誤之耳遂獨往與之抗論不少屈洋人禮之犒具悉如我議嗣任深州知州髮賊撲城秉琳固守四十餘日賊環攻七次悉力拒卻城卒全升正定知府政聲益著其開井區田水利蠶桑皆籌畫興勸有成效後分巡天津河閒兵備道辦賑治河堅忍耐勞循良為一時冠移病歸卒直隸紳士疊次籲請大吏疏奏奉

旨事蹟宣付史館並附祀天津曾國藩專祠秉琳少酷貧嗜學尤勵

行誼清操亮節歷晦顯如一致焉著有朔風吟草二卷

羅田縣

黄惟鍛明拔貢生　國初官廣西右江道後擢貴州按察司僉事兼貴陽兵備道時黔江甫定政務殷煩惟鍛廉正公明宣布善政所至官吏胥役悉遵法紀

徐熙明字子甯重謙子順治辛卯舉人官湘潭教諭擢汾陽知縣寬賦減刑丁外艱服闋補永新知縣從征南藩辦理糧餉疊著勞績後因疾致仕歸

周光垣字勝木歲貢生任湘陰訓導捐修學宮士苦徭役力請得免時吳逆叛據誓死不屈棄官屏居以終

陳之琯字正功雍正癸丑進士授興縣知縣興爲簡邑土薄賦

少尚沿丁稅餘弊民間生子必呈縣入册吏緣爲姦致生子多不舉琯力禁之永著爲令至今生齒日繁皆曰陳公所活也涖任甫六月以事改安陸府教授囊無餘錢襆被猶自羅載往者民皆攀轅泣送

何昇字晉風由拔貢生中乾隆丙辰順天鄉試歷任德清秀水仁和等縣知縣勤敏爲一時冠大吏器重之後調河南湯陰邑爲南北通衢差役煩重昇慈惠愛民而才足以濟之甚有政聲著有步齋文集

周室鼎由行伍隨大軍至黔時黎人背叛黔粵搖動鼎設奇制勝以萬人破賊十餘萬邊境肅清累功陞總兵官

蕭光詠字芳嵒乾隆庚寅舉人任甯鄉知縣勤政愛民民不忍欺以不阿大吏被劾去

陳景程字雪門乾隆己酉拔貢生本科舉人官沔陽學正清潔自矢人不敢干以私兩江總督陸建瀛時爲諸生程一見推偉器極意栽培俾得騰達遷常德府教授致仕後截取知縣不赴改就中書子瑞球瑞琳俱詳文苑

郭地鵬字華亭乾隆己酉舉人學問淵博時知縣姜廷銘重修邑志鵬悉心採輯又創建興賢莊捐置塚地闔邑頌之後官漢川教諭留意人材受業諸生多敦品勵行者

張文鱗字藻香嘉慶戊午舉人署靈石知縣補授壺關縣在靈石時舊例按丁納稅吏緣爲姦民不堪擾鱗概爲蠲剔民德之爲建生祠治壺關六年以實心化導去後民思慕不置充庚午辛巳兩科同考官所拔皆知名士大學士祁寯藻出其

門後祀壺關名宦祠

閻海字晴皋嘉慶甲子舉人館於都下賈相國楨昆弟皆從受學後官應城訓導甫至即勸修學宮城郭凡孝義節烈無不表揚敎諸生以敦本崇實造就甚多會水災出俸貸粟哺饑民存活以千計內擢翰林院待詔致仕歸主講義川書院師範端嚴士林欽服

潘光照字朗垣嘉慶甲子舉人任襄陽敎諭性嚴毅人不敢干以私接見諸生惟以敦品勵學相勸勉暇日輒喜吟詠著有自怡詩草襄陽游草

郭潤字蓮墀嘉慶丙子舉人授永福知縣僅攜一僕往興學校

勸農桑循聲卓著時粵匪蠢動大吏知其才調署天河襄理軍務以功遷甯明知州未行卒於任邑人哀之孝廉張某輓詩有停春父老驚相告扶櫬妻孥尚未來之句

潘煥龍字四梅道光乙酉舉人初任洧川知縣興學課士文風大振移商邱甫下車河決金龍口城不沒者三版煥龍師吏卒塞之貸粟哺餓全活甚眾時用兵臺灣商邱爲戎車孔道民苦芻茭無所出煥龍自購給又以計擒捻匪誅其魁民得安堵尋告歸養親事畢需次山東會堂邑黠民鬩漕幾致亂單騎往定之旋履鄒平任治理一如洧川商邱時適大吏某行部悉索甚遂解綬歸煥龍績學工詩少時才思清綺長游京師與吳嵩粲曾燠陳沆輩相切劘所詣益進著有四梅花

屋集臥園詩話子肇鏞字濂舫道光癸卯優貢由教習用知縣值粵匪蹦楚辦理團防以功保知州陝甘總督楊岳斌知其才檄入戎幕積功累保候選道節縣藝文志本傳

郭紹華字秋丞道光戊子舉人任光化訓導教人以修身立品爲務貧士入泮輒助以貲咸豐五年河口鎮鹽局滋事聚眾數千時下游髮逆猖獗人皆惶懼縣令欲請兵紹華止之集士紳開陳利害眾遂解散

匡慶榆原名一青字星芟道光丁未進士歷署故城隆平等縣知縣補肥鄉聽斷明決以獲劇盜功保陞同知因親老乞養歸里服闋爵相李鴻章督師東征檄辦營務復經理鹺政於荆襄閱盡心籌畫北師資以接濟旋以疾卒於差次著有詩經序註正指客窗消寒筆記

張紹春字益三家貧好學事母孝同治壬戌舉人署伏羌知縣時回逆甫靖伏莽尚多紹春爲綏征輸修守禦士民安堵會潰勇叛圍其城紹春登陴固守值援兵四集內外夾擊大破其眾旋題補大通知縣未上卒

廖新字琴舟以通判試用安徽任鳳陽府判頻年水旱請賑濟饑每訟牒至前判斷如神丁艱歸以練勇功保知府服闋赴皖署潁州知府調署滁州值大亂後招流亡勸開墾設義塾以培士林暇則登豐樂亭召父老詢問疾苦滁民慶更生卒後滁人祀之於豐樂亭節縣藝文志本傳

余萬明字玉昆少貧爲里塾執爨有相者至曰此大貴人也塾

生皆竊笑咸豐初粵匪蹦楚中萬明投官軍爲選鋒屢著戰績不數年洊保提督充豫軍統領同治間奉檄至甘肅剿回逆總督熙麟稱其有大將風密疏保薦萬明益感激誓立功嘗臨陣手蛇矛躍馬直前礮洞馬胸仆地更易馬大呼入賊壘獲勝乃返又嘗夜攻哈密回營計洩被執回恨之刺骨將百計毒苦縛於梯倚石壘上會守者稍懈明奮身躍梯飛立壘外縛繩寸斷竟得逸然終坐失律褫職久之復其官後回逆肅清萬明無所施又身被三十餘創遇陰雨輒痛楚以疾乞歸逾年卒

閻定邦字協臣幼與群兒戲以兵法部勒其曹皆讋慄咸豐間粵匪竄楚定邦年十六投筆從戎至武昌大營累功保守備

轉戰河南時搊匪猖獗奉檄赴甘肅拊循士卒與最下者同甘苦每戰必先登所向輒克前後斬馘以千計梟著名賊目以十數提督雷正綰將軍穆圖善總督左宗棠皆奇其勇略洊保提督博勇巴圖魯嘗鏖戰涇州飛礮洞胸達背猶裹創督陣歸營延醫以鐵鋏出之痛絕復蘇後以竹筩寄家中扃甚固屬云非我死勿啟沒後家人啟視則血衣一襲即受礮時所衣者蓋預爲招魂虛葬地也後逐搊至金積堡創發卒年僅三十有三左帥上其事

賜祭葬事蹟宣付史館定邦好詩書尤培植士類嘗捐餉銀二十萬請大吏奏廣本邑文武學額各二十名士林頌之節縣藝文志本傳

石磊字子英少負大志喜言兵當粵匪蹂躪蘄黃遂投筆倡義旅以捍衛桑梓自任每與賊戰所向克捷巡撫胡林翼稔其才以布衣保授從九旋援例得縣佐襄事豫軍將軍穆圖善素聞其名檄赴甘肅協理營務凡邊塞形勢剿撫機宜千里懸決如指掌以功洊保知府乞假歸卒

張珏字玉坡諸生粵匪竄境辦理團防累保通判嗣襄安徽巡撫李續宜軍務援六安州以功洊陞同知同治二年大軍駐無爲州賊衆數萬圍攻援絕糧匱殺馬以食珏曉以大義士卒感奮苦戰月餘賊受創遁擢知府因母老乞歸

蘄州

張效葵字叔向邦翼子明天啓甲子舉人順治中任鹽亭知縣縣多蕪田葵履畝清丈民賦始均又牛斗亮等以傷人抵命

案旣成葵訊知其冤皆平反之尋擢延安府同知益著聲績

李本晟字賜若楩子誕時祖際春夢人冕紱輿從止於庭自言唐西平王因名焉順治己丑進士以主事授廣西僉事分巡蒼梧時西粵用兵督餉飛輓毫無匱乏常率輕騎撫猺獞定陸川博白山寇遷雲南按察副使建義倉招流亡出俸勸義絹贖被俘男女陞雲南右布政後奉裁歸里值吳逆變以晟久轄滇南密遣諜授僞劄晟縛以

聞起太常卿轉大理卿巡撫浙江晟天資厚重與物無忤歷官中外三十餘載正己率屬屏絕苞苴蕭然若寒素撫浙時以迎

詔使坐江亭中諸司獻食不受忍飢竟日歸而疾作遂卒遺表上

賜祭牛壇浙人祠祀之著有三楚文獻錄知天閣諸書參通志

顧咸泰字斌素天祚子順治辛卯舉人任大名知縣禦水災廣積貯除妖尼弭盜安民卓著聲迹告歸縣人立石頌德建祠以祀著有石倉詩補行世大名縣志

高培字茂先順治　恩貢生官衡州府同知歷台州知府時八閩不靖浙東諸郡靡不被兵自永嘉丹巖失守章安遂爲危疆培調輯軍營訓練鄉勇請餉賑均徭役人心以固督撫上其事陞分巡溫處道在任十年致仕

張承瑞字帝先順治歲貢生授甯德知縣首清祉夫里役築礮臺禦倭寇修趙公橋以便行人時防帥忿軍剽掠爲民患瑞單騎諭止之及歸甯人勒石紀績後補滋陽知縣屢奉憲檄駮審疑獄昭雪二十餘人著有好生錄

張承位字生共邦翼孫順治丁酉舉人任桐鄉知縣興賢愛民務行其志縣有猾吏位欲寘之法吏倚勢家骫法上官曲縱之遂移疾歸

陳言先字以詞幼失恃事父至孝順治歲貢生授九溪衛教授其地獞苗雜處人不知學言先多方造就庠內外皆彬彬爾雅舊衛屯諸生貧者多典出造運罔措爲請於衛守論典者得半價以贖無力者輒爲捐助漕賴以濟告歸年九十三卒

李本衍字介繁康熙歲貢生授胙城知縣除弊懲姦育士恤貧不遺餘力胙城舊多盜官不能制本衍相地要害築望樓伏丁壯設法誘擒之大盜屛息歲大旱本衍書暴於日夜露宿三日大雨委發沙西賑因粟竭盡鬻家產以濟民始得蘇去

任時送者皆爲泣下

李坦字我平增廣生援例授亳州同知經理江南八旗糧餉歲省帑金數萬陞趙州知州甫渡河遇饑民老幼挈行坦給資令歸鄉土面遣者以千計下車逢奇旱禱之立應發官倉貸民穀種歲乃有秋尋遭蝗害饑民載道坦設廠爲糜捐置寒衣千餘領境內德之卒祀名宦祠子永昇詳篤行

熊心璋字公朗康熙戊午舉人授彝陵州學正一以端士習興文教爲己任捐俸改修學宮釐祀事定課程與人語必勉以道誼諸生質辨經疏皆厭所請而去繼補廣濟教諭一如在彝陵時著有芝麓山房集

王永圻字公錫八歲時避獻賊亂與家人相失落水漂流百里外能知其父母所在人咸異之康熙中以歲貢生授嘉禾訓導修　文廟嚴課程事詳嘉禾志先是爲諸生時于成龍總督兩江聞其賢聘教其子蘇松巡撫于準其徒也

張仕渾字近愚康熙丁丑進士初授保定知縣後任清水五充同考官所得多知名士五十一年夏邊陲告警軍書旁午仕渾豢佩八邑屢著勳勞其文縣近地熟苗勾引外苗搶劫仕渾單騎入其砦諭以忠義衆苗羅拜散去泰安連邑染疫癘仕渾齋戒牒城隍疫遂止凡所至皆以潔己愛民稱

張仕學字琳山康熙己卯舉人任沅陵教諭興學造士無忝厥職尋署辰州教授會永順司苗民猖獗督撫委諭悉歸順加軍功一級又委修辰河路工完固民咸德之弟之粱自有傳

張之粱字劍川仕學弟康熙戊子副榜任崇陽教諭造士有方學田被侵者清還之作貧士膏火又石城古堰注田三萬餘畝學田居其中粱欲爲士民計久遠派工修築旱無竭澤堰戶立碑頌之

陳常字蓺極由廩貢授邵陽訓導勤於校課一時知名士皆出其門以母老乞歸家居尤多義舉子欲珍字席聘由廩貢授恩施訓導築館舍贖學田定課程邑人爲立碑紀其事

陳履中字遠登乾隆乙丑進士未赴選會教匪馬朝柱謀逆履中偵知星夜赴州以變告復捐貲募勇從知州李珌設法勦捕事平授貴池知縣多惠政解任池民攀轅不忍舍脫雙履供奉城隍廟中每城隍誕辰同前循吏某所留錦袍捧獻之

並祀名宦祠

劉萬甯字褱堂遐祚孫乾隆丁卯舉人授石首敎諭修學宮增牆高三尺許以培地脈石邑自後科第相望又與知縣黃謀建石壇書院於學宮前指授生徒從遊者衆縣有疑獄陳氏子幾以無辜抵罪甯力白其冤出之同里孝廉呂士模卒於都甯爲之治喪具歸旅櫬著有蓼懷堂文稿子之棠詳文苑

陳艮翼字孔十乾隆癸未進士除福安知縣調福清督撫以卓異薦調諸羅越二年陞嵩明州知州因母老乞養旣得請奏會有疾未及歸而林爽文作亂陷諸羅艮翼就縛縣民奔救之曰奈何殺我好官得不死當是時爽文犯臺灣不得逞遁歸大里杙餘黨留諸羅艮翼遣人密言於府率義兵會總兵

柴大紀復諸羅遂奉檄復知縣事諸羅居臺灣南北之中於時彰化鳳山相繼陷府城倚諸羅爲屏蔽故爽文圍益急而艮翼之守益堅嘗兩獻策於大帥請乘虛擣其巢又請出奇兵夾擊皆不省而援師遷延至刺臂血爲書亦不應乃深溝高壘激厲守禦無虛日自六月被圍迄於十月火藥竭兵民食且盡艮翼禱於神以油粃爲糧士民皆忍飢荷戈以俟大兵之至而府城遂得恃以無患事旣平追論餽道府節禮革職又在圍城審錄俘獲具得疲癃老弱有保證者數十人力爭於軍門釋不殺而勉從大紀原奏以已戮報迹涉扶同擬斬監候讞之日士民皆翕然同聲猶謂艮翼保全無辜泣數行下也

上察其情釋令回籍越一年入都祝
萬壽恩給知州原銜丁母憂歸旋卒著有三生項談二卷諸羅守城日記一卷參通志

陳準原名錦階號笏生嘉慶癸酉舉人任蒲圻訓導公安敎諭陞知縣初署山西應州潔己愛民前官沒於任虧帑二千金準慨然代償權和順縣清釐積案革除私稅民咸悅服後歷長子平魯二縣亦多善政卒於官

陳鑾號之楣先世蘄州人後移籍江夏嘉慶庚辰一甲三名進士授編修道光初由江蘇知府歷官兩江總督初守松江創行海運釐定章程十餘條漕艘無滯海運之利自此始調江甯値水災流民蔽江下捐廉籌賑全活無算遷上海道濬吳

淞口置救生船於黃浦江陞江蘇布政使築寶山華亭兩邑海塘計數千餘丈開太倉州昭文縣河以興水利其開濬浙江峻太湖隄岸巡撫江西修沿江圩岸一如在江蘇時官兩江最久如立義倉驅旱蝗弭礦稅修前賢祠墓以彰忠節培江浙書院十餘處以植人材善政不可枚舉
上稔其賢勞
特旨溫慰擢署督篆兼權河督察吏鋤姦閱河巡海皆以實力整頓積勞成疾卒於官遺疏入
上震悼
贈太子少保長子慶涵
恩賜舉人江南人士立像於滄浪亭祀之並請祀名宦祠鑾少有至

性事親一循古禮更友于兄弟殫心學業方未第時兩江總
督百齡聞其賢禮之幕中於三省吏治河防漕務鹽筴營務
海防早留心講求故及身措之裕如也督兩江時預知邪說
必興奏請推闡
聖諭中黜異端以崇正學一條
上嘉納
敕翰林院撰四言韻文頒行各省學政恭書刊刻徧諭鄉塾倡修江
夏縣學宮刊碑示後大觀書院燬助新之値楚省災傾貲協
賑無以飢寒滋事者厚於宗支於蘄州建家廟置祀產於江
夏仿范文正贍族之舉詳立規條
宣廟御書義莊二字賜之著有先正格言十卷集兩湖歷代名賢墨

蹟十卷耕心書屋詩文集若干卷
陳懋烈號灼亭道光甲午舉人歷將樂福鼎漳平等縣知縣所
至多惠政陞澎湖通判民叩大吏乞留不得焚香泣送旋陞
知府引
見奏對閩中吏治稱
旨加道銜授臺灣知府會戴逆作亂勢猖獗懋烈不動聲色勦撫兼
施逾月獲其魁寘之法事平署臺澎兵備道兼提督學政練
兵籌餉校士衡文悉臻妥善後署興化知府卒
江筆華號穎卿廩貢生署興國州訓導德安教授值髮逆亂知
府阮福委督隨州團練未幾賊踞郡城筆華從候補道金國
琛參謀戎幄請就城北近河以桶盛沙塞下流積水灌城賊
必退金如其言賊遁時廟學試院俱燬新任知府王知筆華
有幹才專倚修治閱數月工竣後隨藩司唐訓方辦軍務累
保知縣加知州銜

廣濟縣

胡一塽字公侑順治戊子拔貢生任兗州通判先是香鑪口河
決久弗治塽躬督畚鍤悉心籌畫功成總河朱之錫特薦陞
東昌府同知兼攝推官平反大案二十餘起擢戶部員外歷
郎中出榷龍江關以廉著會荆襄長隄衝決塽請帑修築兩
郡賴焉遷廣西道以路梗留廣東兼筦學政逆藩陷城授以
巡撫僞劄抗節不受及六軍恢復事
聞授廣西布政使數年致仕歸清貧有踰寒素築室春風橋畔人莫

知爲方伯第也年九十卒祀鄉賢子搢思詳忠義
張先基字開有順治己丑進士授棗強知縣讞大辟獄十餘起
活其矜疑者十二人鑒拔人材尤有卓識於諸生中得宋師
祁於童子中得鄭司直端張殿揚鄭穉王偭等棗強人物自
是稱盛先基生有至性事繼母如所生待異母弟極友愛兄
嫂繼喪撫遺孤如己出親伯叔之嗣殯葬盡禮置田供祀事
族黨貧乏者咸周恤之卒祀鄉賢弟銑甚能詩著有宛彼堂
集（王志入孝義今依縣志移入）
梅朗中字雪侯順治己丑拔貢生授甕安知縣調建水知州値
土司祿昌賢之變附郡被脅誘揭竿起朗中請宣德威給牌
示信凡赴治領牌者卽爲良民爽人爨人遂相率歸順後擢

戶部郎出知成都府告歸年八十八卒祀名宦鄉賢子奕庭歲貢歷武岡訓導銅鼓衛教授每月朔聚諸生於明倫堂講學尤喜培植寒士旼庭爲青浦知縣開浦匯塘故河四十里詳請黃波鎮南漕改折六千石青浦便之以剛直忤部使者落職英庭歲貢生謁選都門同鄉不得歸者傾貲以助金盡不能得官卒無悔

胡魁楚字爾大能文篤行誼事繼母能得其歡心順治中由歲貢生任建平知縣建俗貧民多以其妻質錢於富室踰期不償婦不得歸魁楚痛懲之俗頓改建平距省會四百八十里童子試於縣有名例得免更徭而入選者率以賄魁楚拔單寒生二十人學使取半之邑人大服邑有以姦殺人者前令屢訊不能決魁楚齋宿城隍廟三日庭鞫案乃具後以治獄不撓忤監司意拂衣歸建平人焚香祖道有遠至蕪湖關者卒祀鄉賢孫復亨詳文苑

李必泰字元闢順治庚子舉人任蒲圻教諭取家藏粟麥泛舟西上售以葺廟學修垣墉增廨舍別構雪堂賓延文士騰觚飛爵風流豪舉名藉藉江漢閒妻陳氏常脫簪珥治具家日落無怨言泰祀蒲圻名宦參居業齋集

張金基字寶持明季奉母避亂江南山峒兵猝至妻金氏被執不屈碎腦死金基弗顧負母疾走得免母不食累日命幾殆金基嚼雪水哺之漸甦役中順治庚子舉人授沔陽州學正教士有法一時稱爲人師卒於官櫬歸諸生數百人哭送江

上祀安陸名宦王志入孝義今依縣志移入

吳瑾字璞懷康熙庚戌進士任萊陽知縣課最擢任蒲川清馬政減羨餘治行藉甚丁艱服闋補滄州滄州旗丁駐牧地瘠而賦多逋瑾委曲籌畫輸將及額有宵壬馬七馬八句連黨與爲河閒諸郡患刊章名捕莫能得瑾至榜諭導以自新羣姦羅拜階下乃上其名數於大府寬宥之姦黨解散入補刑部員外郎以疾告歸至保定病沒同年友參政邵九緘任含殮之役先是瑾在蒲以古鑪餉九緘款識繫千年物瑾沒九緘乃出鑪伴其櫬以行寓書誡其家世守之參居業齋集

朱翼治字簡臣父懋乾諸生有善行翼治援例授兵部員外郎有湖南黜革武生三人拘繫都門同官不聽回籍翼治以告在可宥降從輕典遂得歸素饒於財翼治從母王教廣施予人咸德之卒祀鄉賢

胡振雄字英吾有膂力嫻韜略康熙中吳逆反振雄從軍雲南有功總督趙將軍敘給總兵銜時逆黨披猖圍城急糧將盡雄誓眾死守逆兵退補右鎮總兵後從征馬鞍山身負重傷猶手刃劇賊二所向無前尋致仕歸

金啓洛字禹書德嘉子康熙戊午拔貢生由教習授廣宗知縣值軍興需騾馬他縣多取供里下啓洛悉出己貲購辦五十五年雨溢鄰民蜂擁曲防與廣宗民相持甚急啓洛單騎入稠人中問曰此水能倒流乎眾愧服而遁廣宗民德之後擢東昌知府除陋規千數百金又護城隄決溺水者眾捐俸拯

之全活無算

張佳晟字晉天仁熙子邑有山曰紫荆坪宋余義夫讀書處也晟構室其側居五年徧覽羣籍中康熙甲子舉人授沅陵教諭沅界五溪苗獠學宮廟制荒簡無名宦鄉賢祠晟捐金修葺兼修縣志立學規凡事之有裨風化人文者悉次第舉陞安陸教授嗣子錫崇舉人官枝江教諭課士嚴毅邑中言師範者推焉

張元爵字其修康熙乙丑拔貢生授安化教諭訓飭多士以敦實行崇正學爲務每月分題課藝入首選者助以膏火自是鄉試多獲雋五十六年歲大祲元爵具關代民借義倉粟五千石分給民賴以甦後擢壽光知縣謝絕餽遺邑中積弊革

除殆盡引疾歸卒年八十有四

游挺秀字豹文雍正甲辰舉人授萬載知縣廉潔不名一錢上官某頗黷賄以其無所獻也詭索鸜鵒百以示意挺秀佯不省籠百鸜鵒與之上官恚甚吹索其疵遂罷官士民貸之始得歸　通志

劉天成字鴻生雍正歲貢生任蒙城知縣摘姦發伏案無留牘建義學拔單寒士風日振遇歲旱禱雨輒應蝗災拜之息謁上官請免積逋竟致訶譴毅然告疾歸族里間婚喪不自支者必委曲佽助之卒年八十有二

劉茂溶字華生登仕子以叔都統志陞廕補中書值討黔苗從軍有功洊陞廣州知府州濱海三十六嶼商船叢集有巨盜劫掠殺人與姦牙相表裏前官利其賂卒不問溶稔知之與牙人約有劫商殺人者卽擒牙寘諸法由是海嶼晏然建義學資膏火刻廣東文選卒於官

楊承綜字亮采雍正庚戌拔貢生授黟縣知縣力懲刁悍良民獲安調嘉興治獄多平反鄉民馮綸音被盜苦株連鞫得其實釋輕罪者五人時稱明允改補石門以勞致疾歸卒

方楚正字鍾靈乾隆丙辰進士授洛川知縣捐社倉米五百石添建書院房舍十二年鄰邑大祲就食洛川者踵至楚正嚴保甲法更不時親歷以安集之邑得安堵

徐天球字卿石乾隆乙丑進士由知縣擢順慶府同知委辦西藏糧務西藏明烏斯藏地土人分爲三部曰康曰衛曰藏均

有大員駐藏防護而漢官輪運糧糈凡內地狪民與土番交易拊循無術輒致流亡天球加意懷來各得其所艱歸服闋遽以疾卒大吏咸悼惜之　通志

郭本才字楚士乾隆戊辰進士授安縣知縣創書院置義倉嚴捕嘓匪兇暴斂迹再任崇明時颶風大作邑被潮災物產蕩然本才履畝詳勘立報大吏按戶給賑無遺無冒調繁無錫甯靜不擾吏民畏懷以捕蝗致疾卒於官　通志

陶廷喜字艮菴乾隆丁酉拔貢生授嘉魚教諭時祖文萃以舉人官孝感教諭父大朋以舉人官江陵訓導一門三學博人以爲榮會教匪披猖喜隨營有功擢河南溫縣知縣前令虧帑甚鉅喜代爲塡繳河內窰戶婦與人有私謀殺本夫而匿

其屍案久不結承審被黜者十一員宮至盡翻前讞釋姦夫而賞之輿議沸騰比夜選幹丁潛抵窰所獲姦狀啓屍於窰底獄乃決邑稱神明自是豫省疑讞悉以委焉

魏雲琯字白崖洪賓孫廩貢生任嘉魚訓導時孝邑旱災上憲遴委辦理井然有條全活甚眾調四川龍安府經歷總攝清平等關茶務甫視事以榷稅繁重言於上官汰其浮者閱半載清積牘六百餘件士民稱快告歸祖餞者數十里

饒玉振字特軒嘉慶庚申副榜任宜都教諭署宜昌教授性純篤宗族以孝友稱在官訓士先孝弟後文藝十年不倦宜都向無賓興館　大成殿亦圮玉振咸興復之歸里後築娛老軒日默誦義經一過卒年七十有八子豐詳文苑

文鳳喈字丹山道光己丑進士授緜竹知縣時狪民煽亂喈聚鄉團平定之上憲奇其才委任西藏軍糧府藏民獷悍不馴喈因俗為治政令肅清三年復知緜竹以母艱歸

劉映丹號慕韓鳳詔子由拔貢生中道光辛卯鄉試丙申成進士授庶吉士散館改平陰知縣下車觀風得孫丞錫卷奇其文延至署親教之後成進士己亥充同考官得士十二人副榜第一為濟甯于如川庚子復入闈得一卷頗類于生薦之主司拔置第一及拆卷果如川也山東傳為佳話在任三年請緩逋賦勸置社倉增書院膏火士民賴之調商河力懲刁悍遠近肅然以艱歸不出優游林下者二十餘年著有馬稷山房詩鈔子宗沅由拔貢中同治壬戌鄉試才思以敏捷稱

張殿賓字禮臣幼聰慧讀書目數行下道光丁酉拔貢生本科舉人丁未成進士授荊州府教授構講堂課士專崇實學從遊者每歲數十人荊南文風為之一變

魏邦達字實甫咸豐丙辰進士授萬載知縣時粵逆竄江右圍其城邦達團於鄉得練勇二千城圍以解大吏奇其才檄擊新昌上高等處踞城悍賊賊退保歷同知直隸州旋權河口同知篆乞養歸服闋襄理釐金總局又辦貴溪釐務皆勤慎不避嫌怨並稟請杜諸卡積弊大吏嘉之尋以疾卒

夏琮鼎字甲臣咸豐辛酉拔貢生

朝考以知縣用分發江西署貴溪知縣興文教育人材季課額獎外更捐給膏火士林稱之聽斷明決獄無冤民如建堂育嬰恤孤貧修橋梁諸善政不可殫述歷署進賢分宜民情愛戴一如任貴溪時生平喜為善嘗撰訓俗格言以警世同治十年以父艱歸明年卒於家

黃梅縣

石鎮國字球公明崇禎癸酉舉人順治初膺薦由戶部郎中任永平道建學崇祀懲豪民之兼并者轉安廬兵備道時劇賊朱統錡據飛旗砦勢張甚鎮國駐兵太湖與操江御史李日芃合兵攻破之用計降其餘砦擒統錡於英山羊角河皖北獲安宿松德化黃梅接壤地曰段姚濱大江歲有水患檄會三省建長隄民戴其德稱為石公隄調浙江杭嚴兵備道以老乞歸

蔣昶字昇公與仲兄文同舉崇禎壬午鄉試順治時任邢臺知縣邢有大案株連甚衆昶至爲之開釋編審丁額減除故絶七百餘丁他如興學校營公廨清郵遞善政不可枚舉邢民德之立祠以祀著有月燈文稿

張瀲字眉有順治甲午副榜康熙七年授雩都知縣政務簡靜十三年閩變起他部助亂者據厓石山擁衆至城下瀲開城以待賊疑其有伏信宿退去擢雲龍州知州江西名宦志

梅開瓊字公璐順治歲貢生授巴陵教諭每月吉聚諸生於明倫堂諄諄教督復躬自採訪有實行者嘉獎之一時士風丕變

石定烈字咸可康熙辛亥拔貢生任沔陽州學正以卓異授安

義知縣冰清自矢勤於聽斷邑素苦差擾爲立徵限蠲逋賦革陋規安民德之

廖應拔字豈允父士貞在營山任被賊執拔聞變赴救刃傷頭顱幾死以廕入監授汶川知縣拊邊地馭土司振興文教民始知學兩權灌縣篆疏濬九都水堰諸邑利賴民間頌曰廖公兩世來官於蜀移孝作忠遠邁廉叔

石爲藝字漱芳鑑子博覽載籍以詩古文鳴於時乾隆壬申成進士歷任泰興溧水寶應知縣累著循聲調任崇仁未一年積逋一清有貴人投刺者爲藝以其族人方有訟待讞堅拒不見涖官十餘載囊槖蕭然參通志

宛建侯字禹三乾隆庚辰舉人補長甯知縣寬厚樸實本儒術爲吏治始受事值歲祲捐貲平糶施粥以德和民閱七年士學民風與化移易以卓異調上饒病卒

胡攀龍字介眉乾隆甲午中鄉試第二名官思恩知縣學問淹博初在京就館於大學士彭元瑞館僮有繆姓貧而慧異之商之彭得與其孫伴讀資給衣履數年學日進爲醵金納監旋中京闈在思恩獲山中謀亂者數百人訊之多惷愚攀龍曰此非梗頑特失教導耳爲垂涕曉諭皆感泣因盡釋之生平盛德事多類此晚年告歸主講調梅書院卒年九十有一

喻文鑾號嵐波于智孫乾隆甲午舉人大挑知縣嘗署直隸稾城事以兄文鏴守正定迴避改山東署惠民調淄川所至以廉能稱稾城瀕河歲斂民錢數千築堤護之迨河他徙斂如

故鑾曰此錢何名亟罷之又爲除差徭平官價一邑如釋重負在惠民時前官不省獄囚多凍斃爲製棉衣調方藥全活甚衆邑漕運久困丁弁恐索值開徵愀然曰竭萬姓脂膏爲若輩飽饞吾不爲也力求去旣而山東虧空案發州縣官多罣吏議鑾獨超然事外人稱明哲焉著有春草園詩集子元霈自有傳元湆嘉慶庚午副榜署石埭知縣時太湖漕號難治控訐蠭起湆奉檄監收委曲調劑囂爭立化

喻文鏴字引山于智孫乾隆丁酉拔貢生歷任懷遠涇陽知縣留壩廳同知晉蘭州知府被議開復改正定調保定陞通永道丁內艱歸生平明敏精勤自縣令迄監司所至功施卓著如築懷遠城修涇陽鄭白二渠辦陝省教匪軍需防禦省垣

搜獲姦細創建櫂壩新城其尤著也守蘭州平反州民馬贇
一案保全名節官保定首府每日發審案填委隨到隨判積
卷一空嘗謂讞獄最難以鍛鍊爲明決譬如折生果而食之
匪惟戕物抑亦自伐其性眞仁人之言懸車時年甫六十優
游林下人爭羨之子元準元沆俱有傳元澤詳文苑
石然號鏡湖乾隆丙午舉人授鎮平知縣時襄鄖教匪滋事延
及汴境近鎮平然亟檄文武生議守禦修城練勇巖緝句引
諭百姓無妄動境賴以安擢知鄧州以艱歸
石文彩字熹棠乾隆壬子舉人任宜興知縣值大水條陳轉運
勸諭諸章程大府韙之檄合省一律通行又決王姓積訟擒
土豪二人伏法遠近稱快以老致仕歸著有紫雲山房文集

石文漣號曼香乾隆乙卯進士歷任鎮洋上海陽湖吳縣知縣
性亢傲善決獄官陽湖鄰邑有謀殺親夫經驗無傷一案上
憲委訊漣微服密訪抵暮宿蒙館得其實係與所私用鐵籤
從尾閭刺入死者明日提訊猝揭其隱語塞實諸法又有控
鄰人推牆斃其子者急詣驗額掌有傷適椎髻女子在側辟
從人婉詞問曰死者汝何人曰阿弟曰吾知汝弟係汝抱擲
軼肩而斃因舉手作狀女泣然曰洵然父母屬勿言也即時
斷結治他獄多類是吳人有石青天之目後以忤上官罷歸
帥承瀛字士登號仙舟少穎異年十七舉乾隆癸卯鄉試嘉慶
丙辰一甲第三名進士授編修累遷侍郎歷吏禮刑工四部
辛酉戊寅典試廣東江南癸亥戊辰督學廣西山東歷奉

諭旨讞案山西陝甘河南山東江南等省所至公正廉明人心帖服
道光元年巡撫浙江釐姦剔弊興利舉廢其大者奏請鹽政
改歸巡撫兼理停加課銀五十萬歲減商捐外款銀二十萬
庫帑無虧商民稱便杭嘉湖三郡大水請帑金留漕艘奏免
米販關稅以徠遠商全活饑民無算又捐費濬西湖修海鹽
石塘凡利
國便民者靡不悉心經畫
成皇帝嘗以一代名臣獎之四年丁艱回籍有應入平餘金八萬吏
以舊例告辭曰攜此何用留半作濬湖資餘以濟貧士惸獨
可耳浙人感之建生祠於西湖起復當詣
闕以目疾陳情家居十餘年爲闔邑置瓊林莊并闔族祀產數百

畝二十年卒遺疏薦濱州杜受田侯官林則徐語不及私蒙
恩優卹予祭葬祀浙江名宦本邑鄉賢孫遠燡詳忠義
張醕字步軒嘉慶戊午舉人任華陽知縣有政聲屢決奇獄有
寡婦子年未冠隨伯他讀清明告歸未抵家徧覓無迹伯被
控莫伸醕至詢知中途道旁半里許有尼庵即僞爲賈繒者
私詣庵窺少年尼有身益疑之密遣人夜擲沙庵後近聽之
果徐聞女子焚楮私祝隱約稱相公翼日卒衆圍庵掘後院
得屍嚴訊之係豨乙茶過庵困於羣尼致斃即毀庵法治羣
尼斷少尼爲寡婦婦果生子伯得釋邑人神之後以獲盜功
擢瀘州知州卒於任
帥承洙字遵魯嘉慶辛酉拔貢生署攸縣知縣補藍山調衡陽

政績可傳者多其尤奇者攸有薙髮傭相戲其一人被推跌坐水甕上笑不止頃之氣絶衆以爲推者毆斃推者弗能辨甘抵償洙勘訊哀其情致生之邑人大服又有二人爭水隔塘相詈一人舉鋤擊地一人應聲倒鄉衆鳴官述其異洙驗視身隱隱青紫痕詫曰豈有隔塘能死人者乎命涸塘水有足跡一線瑩瑩可辨洙曰世稱前生刼得毋是耶宜解不宜結斷舉鋤者備棺殮爲服斬衰邑人愈服明允後遷岳州同知子宗楡官袁浦鹽場大使遷遂安知縣以廉能著

錢灝字博海嘉慶辛酉舉人以大挑授武昌府學訓導擢荆州教授甄陶士類不愧人師官武昌時與袁銑萬承宗爲文字交刊訂楚北金石錄等書一時從遊多知名士如古韻童輔

曹澍鍾其尤著者著有遜敏堂文集蠡餘詩鈔

鄧錦字絅亭嘉慶辛酉舉人任棗陽教諭捐修　文廟費五百金課士先行後文凡寒畯贄儀謝絶不受精岐黃術著有長春錄傷寒新編諸書

蔣鏞字聲永父志坦官紫陽知縣值教匪至有全城功鏞登嘉慶壬戌進士授連江知縣陞澎湖通判遷廈門同知歷著政績任連江擒斬蔡牽幫匪數十名四境安堵有朱渥者沿海爲亂大帥以書招降渥宣言必得廉惠蔣爺來乃可鏞毅然往曉以大義渥果心折就鏞前戮其不用命者數人隨率衆投誠海氛立靖澎湖爲臺廈咽喉兵民皆仰食於臺颶發米艱至鏞倡捐勸輸設義倉積穀萬餘石至今利賴

帥承瀚字海門承瀛弟嘉慶乙丑進士授檢討方梗不諧俗久之以少詹事督學順天風裁益峻尋遷太常卿轉左副都御史嚴持風紀人莫敢干以私有座師某相權重門如市瀚終歲不一往及被譴出都衆畏禍莫敢近瀚獨厚贐泣送二百里外其力矯趨避世態類如此兄承瀛撫浙時浙紳吏入都者類來謁瀚署於門止弗見大學士蔣攸銛嘗有言曰二帥雖兄弟然一主和平一尙嚴峻各極其是人以爲定評卒葬京師西山祀鄉賢子惺字根實性孤介以附貢取謄錄授徐州運河水利通判勤敏廉潔後陞柳州知府未赴卒

喻溥原名元沆又名士藩字公輔文鑅子與兄元準同榜舉人嘉慶己巳進士由編修改御史轉兵科給事中外和內直侃

侃不阿如奏請飭營規汰漕員查倉匪嚴督撫曲庇懲大幕招搖皆關要務時同官欲以查獲賭博入奏溥曰此我輩應辦事奚奏爲出爲雷瓊兵備道嚴立條規守令奉行維謹沿海地面編排船甲互相盤詰立循環號簿按月親稽一時海疆肅清大吏倚任之惜未竟其用而卒

喻元霈字芥舟文鑾子嘉慶庚午舉人歷任博野知縣霸州知州大名同知少隨父鑾任最久熟諳吏治初試用委辦發審判決悉當有生員控一戶書案久懸提訊窺生貌枯瘠志苦不伸而書肥面鮮衣情詞傲辨細窮顛末係挾本官爲奥援者立笞書生感泣曰數年覆盆今始得覩天日矣案結大吏稱之曰能在官時卒以除蠹安民爲急後卒於任

錢光選字萬青嘉慶庚午舉人歷署遂溪會同昌化知縣釐弊除蠹卓有政聲補授瓊山瓊首邑政務煩劇措置咸宜有滯獄片語折之邑人大悅臚列其治績勒石於堂

宛名震原名夔龍字兆鼎嘉慶庚午舉人歷任分水常山開化知縣政尚寬平尋補餘姚最號繁難而沿海塘工尤疲於奔命震至日夕巡勘加意修築歲事督辦大員將申詳敘功震曰此中關天心民命告成而已何敘功爲生平喜論文三次充浙闈同考門下士來謁必挽留數日縱論高談興會飆舉

喻元準字萊峯文鑅子嘉慶辛未進士選庶吉士改禮部主事轉員外郎中出爲柳州知府護理右江道調署梧州病卒性疎略不事周旋久官儀曹辦事畢即歸宅飲酒賦詩暇或習射自娛達官貴人不一造謁當時有喻傲子之稱而公事諳

練上下和協在柳州斷獄恤商撫猺練勇卓有政聲

帥承治字士安廩貢生隨兄承瀛廣西山東學使任襄力最多晚授興國州訓導訓士嚴正不率者斥之州胥陵轢紳士則必繩以法士氣得伸尋充江漢書院監院整飭學規一掃數十年蒙溷雜沓之弊山長袁銑歎以爲得未曾有也

吳文林字寶書道光己丑進士選庶吉士授檢討充
國史館纂修時列清班者多疎防檢文林獨謹飭端嚴不染習氣乙未充順天鄉試同考丙申充會試同考所得士必勖以正如河南周沐潤以名元捷南宫氣甚盛謁見文林曰才不可恃恃才適自伐也後官吳中果以傲慢獲譴人服其先見所著有保虛堂文集

帥宗埶字鑑軒援例授無錫縣丞以保舉擢署華亭知縣華濱海多盜甫下車即擒治渠魁數人羣醜懾服道光二十九年大水隄塘傾潰大府籌辦賑恤埶固請展賑三月亟修海塘因備樁石躬親董理華人德之

宛立俊字偉甫道光己酉舉鄉試第二名咸豐己未成進士官刑部主事以保薦赴熱河充都統衙門理刑官廉惠平允無苛刻鉤深之書人懷其恩期滿保陞員外郎未任卒

補遺

黃岡縣

洪恩澤字惠臣同治間由監生例選鎮平知縣在任數年建書院修縣志設義冢省訟獄解組時囊槖蕭然

黃州府志卷之二十一終

黃州府志卷之二十二上

人物志　　　　　　　　黃州府知府英　啟纂輯

忠義上

元

蘄水縣

辥天定宋末盜起里人推爲郡長募義勇保障寇不敢犯元世祖下江南手詔拜爲防守尋擢先鋒使從平定閩廣累遷兩淮防禦都招討至治二年寇至淮力戰卒於軍上遣中使護喪贈總管謚威武錫廕孫徵事明太祖詳宦蹟（王志入宦蹟今依通志移入）

李清七與弟清八居黎山以義烈名至正十一年妖人徐壽輝陷蘄水人多脅從清七兄弟以爲恥避匿不出賊怒大索獲之兄弟歷陳大義堅抗不屈被殺有司嘉其義爲立廟於辥湖東之太公石歲時致祭焉

蘄州

李宗可有志略善槊余闕以兄女妻之用爲州判權義兵萬戸統新軍守水砦陳友諒陷安慶宗可橫槊入賊中擊殺甚多聞闕死馳還或勸之降怒曰元帥遇我厚死即背之他日何以相見地下乃盡殺其家屬據牀縱飲至醉自刎

廣濟縣

張大九幼習左氏春秋元末見天下兵起遂隱陳友諒强致欲官之不可友諒怒刲其足而去

周國鎮有武略徐壽輝踞蘄水遠近皆降國鎮於石龍坡之北合鄉民立周砦以忠義自矢血戰卻賊衆賴以全赴京畿請勤王順帝壯之授汝甯招討使

明

黃岡縣

廖永安字彦敬永忠兄也少倜儻自豪元末江淮兵起聚保鄉里聞太祖駐和州遣人納款太祖大悅元蠻子海牙集樓船寨馬場河安敗之於裕溪尋破鱭魚洲等寨太祖指揮諸將渡江安舉帆前向牛渚拔采石克太平蕪湖俘獲萬計海牙僅以身免張士誠寇瓜埠安乘夜擊之拔常州從常遇春進

攻池州斬其帥復攻樅楊及江陰石牌海寇皆有功陞同知樞密院事士誠寇常熟安與戰於福山港大敗之又率舟師擊士誠太湖乘勝深入水淺舟膠爲呂珍所獲降之不可尋卒於姑蘇年四十七喪歸太祖郊迎親爲文祭之賜葬鍾山之陽配享太廟謚武閔封鄖國公以從子昇爲淮安衞指揮僉事（依縣志增入）

留全正統閒征橫江戰死子襲指揮子恕詳篤行

方勇字松軒諸生性英敏博學善屬文正德閒流賊數犯黃州城門不啓有官軍臨城郡守疑爲賊將然礮擊之勇曰未可若非賊非抗官軍乎察之果官軍也未幾賊大至圍城急勇率鄉勇千人激以忠義誓共官軍滅賊大破之黃州解嚴勇

謀略素優凡大疑大計守令皆取決焉卒祀鄉賢子任詳宦蹟

吳璋倜儻負氣爲邑掾吏嘉靖時議大禮諸臣忤旨譴謫纍纍璋曰死忠孝者分也我其爲陳東歐陽澈乎徒步詣闕上書救楊廷和等復力持前議詞甚激切帝怒下錦衣獄杖之越數日太廟災帝問湖廣前日上疏小吏何在守者疑不能容歷死以報帝曰惜哉朕將有以用之也

奚世亮字明仲父樸舉人富陽知縣有清操卒祀鄉賢世亮嘉靖丁未進士授南戶部主事榷稅以廉著轉刑部郎中出知思南府左遷高郵州同知先是世亮餉楊繼盛於西市嚴嵩銜之至是削秩四十一年倭犯閩浙乃起廢以爲福建延平

府同知時興化缺守倭寇且亟凡委署興篆者咸計避以屬世亮世亮曰承平受爵臨變而避非忠也遂捧檄往倭圍興化率士卒登城親冒矢石踰月總兵劉顯遣卒八人齎書城中衣刺天兵二字賊殺之而衣其衣紿守者得入夜斬關延賊副使翁時器參將畢高皆縋城走世亮獨格鬬身被數創死賊平乃得遺骸於旗亭事聞贈福建右參議賜祭葬祀鄉賢廕從子繼善授僉事府錄事妻王氏以節旌明史附忠義黃釧傳

康艮臣嘉靖閒以掾爲定海尉率義兵與倭戰斬首三十餘級身被重創猶手戈馬上以死事聞廕一子入監

樊玉衡字以齊煒子萬歷癸未進士授廣信推官晉御史時儲位未定光宗爲皇長子年九齡未覩學朝臣未敢言衡抗疏請正元良之位越三年忽傳三王並封之旨衡復疏諫語益激亡何謫判無爲州稍遷全椒知縣二十六年四月玉衡以冊立久稽上言陛下愛貴妃當圖所以善處之今天下無不以冊立之稽歸過貴妃者而陛下又故依違以成其過陛下將何以託貴妃於天下哉由元子而觀則不慈由貴妃而觀則不智無一可者願早定大計冊立冠婚諸典次第舉行使天下以元子之安爲貴妃功豈不並受其福享令名無窮哉疏奏帝及貴妃怒甚旨一日三四擬禍且不測大學士趙志皋等力救言自帝卽位未嘗殺諫臣帝乃焚其疏忍而不發再踰月以憂危竑議連及遂永戍雷州全椒人哭送之名其草疏處爲翼日堂居雷州二十四年長子鼎遇伏闕請代者再不許光宗登極季子維城時官海鹽知縣覃恩當封請停

封追父罪於是起南京刑部主事以老辭疏陳親賢遠姦十事優詔答之尋命以太常少卿致仕卒於家祀鄉賢子鼎遇詳孝友維甫詳隱逸維城自有傳詳明史列傳

孫大祚萬歷乙酉舉人累官淮安府同知有惠政遷易州知州時稅監王虎以開礦駐橫嶺肆爲民害大祚力與之抗不少屈虎嘯甚尋虎以橫恣激廣昌民變乃誣劾大祚阻撓礦稅坐貶役礦稅罷以楚雄推官起用未任卒贈按察司僉事旌其忠節事詳明史祀鄉賢

韋宗孝字養玉母常臥病咳血孝必以手承之母卒刻木像朝夕奉祀卽道途飲食必先獻然後敢嘗萬歷閒授嵩明州吏

目值武定賊鳳騰霄反犯嵩明出禦而敗被執不屈闔家殉難僅遺一子蜀麟老僕韋全自棄其子而匿之缺甃中得免事聞賜祭葬贈本州同知蜀麟廕入監明史附忠義蘇夢暘傳

王追臯字直之廷贍長孫萬歷時三中副榜以任子官郎署轉貴州安順知府時安邦彥作亂安順道絕臯傾家貲募壯士以行巡撫王三善聞而壯之且素知其材略可用因委署平壩兵備副使督兵討安酋十七戰皆捷以勞病三善欲以三千騎護歸臯曰不忍負國並不忍負知己遂卒於軍子一翥陳其狀贈太僕卿廕一子入監一翥詳隱逸

易道暹字曦侯諸生好學尚氣節居深山中積書滿家與艾南英爲文字交甚篤崇禎八年流賊至道暹惜所積書又以己

所著書多不忍棄逡巡未及行賊逼近長子爲瑚奉母走青峰巖道暹攜幼子爲璉擔書以行遇賊紿曰余書賈也賊笑曰汝易曦侯何紿我道暹曰若既知我當聽我一言愼勿殺人焚廬舍賊曰若身不保尚爲他人言耶道暹厲聲叱賊賊怒殺之爲璉請代賊並殺之未幾爲瑚亦被殺道暹爲璉俱祀鄉賢乾隆四十一年

予祀忠義祠爲瑚詳孝友明史附忠義馮雲路傳

馮承遇承選崇禎八年遇賊被執賊偉其貌脅之去大罵不從賊怒俱殺之同時以罵賊死者有蕭繼昇吳衍周吳應周諸人承遇子雲路自有傳

王一桂字千秋萬歷己酉舉人崇禎九年以戶部主事督餉昌平

大清兵入喜峰口圍昌平一桂分門協守以南城最要身往扼之俄西城陷一桂被執死妻姚氏妾邱氏陳氏及子女家衆凡二十七人投井死僅遺十歲兒與一婢潛土穴中得免事聞贈太僕少卿賜祭葬廕子乾隆四十一年

賜謚忠烈明史附忠義王肇坤傳參通志

周之訓字日臺一字無逸啓孫子立身方嚴好學洽聞萬歷癸丑進士授戶部主事榷淮關約己通商旋督學八閩校閱皆出一手累遷浙江按察使坐事罷起山東參議備兵萊海以繕城功增級賚金移濟南分巡副使崇禎十一年冬十二月

大清兵自畿輔南下是時巡撫顏繼祖移鎭德州濟南空虛止鄉

兵五百萊州援兵七百勢弱不能支而督師中官大將皆擁重兵觀望不救之訓與右布政使張秉文等分門守晦日糧盡兵民思潰諸官集計事之訓按劍曰今日之事與諸公守此土死北面拜哭遂乘城二日城破秉文戰死之訓死於南城上闔門皆死之弟之記伏闕疏陳贈光祿卿謚忠烈賜祭葬建專祠並祀鄉賢廣濟劉醕驥爲之傳乾隆四十一年

賜謚節愍明史附忠義張秉文傳參通志

方應星字文卿崇禎丙子武舉巡撫宋一鶴擢爲都司授兵三百防守遠安闖賊據襄陽招之不從遣賊將合數萬騎攻城三日不能下叛卒開門應之應星被執不跪誘以僞職大罵死之王志注按通志載武昌武舉查舊志科甲內係黃岡縣人今收入

周啓元字善長父有爲甯國知縣啓元年十二侍父病晝夜不輟父卒哭幾絶歸次蕪湖舟覆啓元抱櫬浮水出乃歸葬天啓丁卯舉於鄉官高苑知縣兼攝樂安臨朐崇禎十五年

大清兵東下破高苑啓元朝衣握三縣印坐堂上不屈死事聞贈按察司僉事廕子入監乾隆四十一年

賜謚節愍 明史附忠義邢國璽傳 參通志

程之奇 姓陳 通志 崇禎歲貢生官荆門州訓導十五年十二月闖賊寇州之奇與學正張效方盟諸生於明倫堂佐知州盧學古守城賊環攻四日援絶城陷不屈死乾隆四十一年

予祀忠義祠 明史附忠義盧學古傳

王家錄字愧修天啓辛酉舉人官刑部郎有請恤刑熱審諸疏

改戶部員外郎督餉榆林李自成方據西安遣將陷延安綏德將及榆林時家錄擢關南兵備僉事未行曰撫軍方罷總兵官已遁吾不可去當守此土崇禎十六年十一月賊攻榆林家錄助兵備副使都任督軍民固守二十餘日賊礮如雨城無完堞家錄令軍士乘城婦女運水灌其堞冰結數寸賊不能上乃謀穴地入家錄以火藥灌燒之賊死無算勢稍卻旋合甯夏諸賊來攻援絶城陷都任死之家錄引佩刀自刭遇救甦醮頸血書忠義二字復自縊死屍六日不僵賊見之皆下拜事聞贈光祿少卿賜祭葬廕子乾隆四十一年

賜謚節愍 明史附忠義都任傳 參通志

奚鼎鉉字仲雪崇禎己卯舉人下江防道許文岐守蘄州引與俱十六年獻賊陷蘄與文岐同被執文岐密謂鉉曰賊老營多烏合餘皆被掠良民若告以大義同心協力賊可殲也於是陰相結期四月起事以柳圈爲信謀洩同被害乾隆四十一年

予祀忠義祠 勝朝殉節諸臣錄

案明史云文岐見殺鼎鉉以計遯與此小異

樊維城字紫蓋一字九宗玉衡季子萬歷己未進士除海鹽知縣以清能稱遷禮部主事天啓七年坐事謫上林苑典簿莊烈帝即位抗疏請誅魏忠賢且言高皇帝定律人臣非有大功朦朧奏請封爵者所司及受封之人俱斬今魏良卿良棟鵬翼白丁乳臭兒並叨封爵皆當按律誅忠賢所積財半盜

內帑籍還太府可裕九邊數歲之餉因請褒恤楊漣萬燝等十四人召還賀逢聖文震孟孫必顯等三十二人亟正張體乾許顯純楊寰等罪其月又言崔呈秀雖死宜剖棺戮屍五虎五彪之徒乃或賜馳驛或僅令還鄉何以服人心昭國典末斥吏科陳爾翼請緝東林遺孽之非乞釋御史方震孺罪帝並採納之崇禎元年遷戶部主事進員外郎歷泉州知府福建副使八年罷歸十六年春獻賊圍黃州維城率衆拒之三月二十四日城陷抗聲罵賊受刃洞胸死從子諸生齊華殉之乾隆四十一年

賜謚烈愍 明史附樊玉衡傳 參通志

郭以重世爲黃州衛指揮崇禎十六年聞獻賊陷城自他所來

赴難妻李氏止之以重曰朝廷畀我十三葉金紫不能易一死耶吾將先殺汝矣行遇賊脅之去不從賊露刃逼之乃好謂賊曰從汝誠易但抱小兒者吾妻也汝爲我殺之吾無累矣賊如其言以重卽奪賊刀殺一賊羣賊繼至遂赴水死乾隆四十一年

賜謚烈愍詳明史忠義傳參通志

曹士謨字獻虞十歲就童子試府縣皆首拔督學鄒愚谷詡之曰異才也仍以冠軍旣長學益富知縣茅瑞徵延與呂元音同修邑志天啓初歲貢除隨州學正教士有法尋告歸值獻賊寇黃州與樊維城倡義固守城陷死之乾隆四十一年

予祀忠義祠

李士奇世襲黃州衛指揮陞鄖襄行都司尋致仕歸崇禎十六年獻賊破黃州率家眾挾弓矢奮身禦之矢盡被執罵賊死

王子堅通志作子見武舉明季寇警與力士徐季貞通志姓余學正曹士謨守城衝鋒破敵殺賊無算城陷猶奮力巷戰賊眾叢矛刺之被執齊聲罵賊賊怒且妒其勇皆磔之乾隆四十一年俱

予祀忠義祠勝朝殉節諸臣錄

馬士英字子才幼尚氣節崇禎間流賊肆掠英團練鄉勇阻潭水立寨保聚十餘年巡撫宋一鶴親臨獎慰題加游擊銜崇禎十六年三月獻賊犯境時蘄弁夏大武黃推官許士奇降賊素與士英契招引再三士英峻拒之曰吾終不負宋公與賊戰力盡死親丁殉者五十一人總鎮毛顯文躬弔祭焉

吳思溫字揚休萬歷甲午舉人通志作江夏人萬歷乙卯舉人官廣西布政使告歸寓武昌崇禎十六年獻賊薄城率兵守保安門抗節而死葦席裹屍數月不變妾田氏子江英諸生子婦游氏及兩女俱投井死

馮雲路字漸卿諸生年三十棄舉子業從賀逢聖講學遂寓居武昌著書數百卷巡按御史林鳴球疏薦其賢並上所著書不用崇禎十六年獻賊將渡江雲路貽書逢聖曰在內以甯湖爲止水在外以漢江爲汨羅甯湖雲路講經處也城陷乘桴入甯湖賊至持令招安同里有朱生者勸暫屈勿死雲路答曰我生平惟讀忠孝書未讀降賊書也遂懷所著藏易投湖死子永明諸生痛父之死哀毁幾絕終身不入城市乾隆

四十一年

予祀忠義祠詳明史忠義傳參通志

案雲路初隱居江南九峯山中杜門絕與縛草爲亭題曰待與亭巡撫宋一鶴兵備道張秉貞許文岐三顧請教不得見御史林銘球造其廬請曰君儻稅駕棘闈若輩得以榜頭副皇上求賢之典雖私亦公也雲路謝曰是何言哉路敢以一人之伸作國家亦公之倆乎制科取士堂曰至公未聞亦公也林益歎服朱日濬馮徵君傳

熊霈字渭公諸生與馮雲路同寓武昌喜邵子皇極書頗言未來事崇禎十六年元日盡以所著書付弟雲霽以歸曰善藏之城破前一日貽書雲路言明日當覔我某樹下及期行樹

旁賊追至躍入荷池以死著有性理格言春秋主左十三經注疏評略大易參立齋古今文及圖書懸象諸書乾隆四十一年

予祀忠義祠 明史附忠義馮雲路傳

汪陛延一名三奇字亦常諸生貌古心樸從馮雲路遊嘗著五經成崇禎十六年寓武昌獻賊至與雲路分門守禦城陷陛延呼曰我黃岡汪陛延殺賊者我也賊執之以刃脅降不屈謂其子部孫曰我生平力學在今日汝有母勿死也賊投之湖湖水及胸陛延坐而死賊去始斂貌如生乾隆四十一年

予祀忠義祠 明史附忠義馮雲路傳

操志述字振翼獻賊攻武昌城內糧盡述數見禮於楚王亟請發帑以犒守卒不聽城破赴難長子日元請從許之次子瞳亦往止之曰宗祀不可絕遂同日元赴水死

史子見諸生尚氣節里有毛主伯爲獻賊僞總兵至辛家衝搜括富室招納亡命子見憤甚殺主伯獻賊怒下令三日不獲子見屠其鄉子見挺身往賊磔之皮肉都盡骨猶屹立不仆乃鎖其頸於彰孝坊夜分鎖脫骨走臨湖寺次日賊大索獲之復刃其首至今鄉人以爲神立廟祀之乾隆四十一年

予祀忠義祠 參通志

戴瑾字可懷諸生膂力絕人明末聚義勇守馬鞍山獻賊至瑾伏狹路邀之殺賊千餘人射獻賊中有賊訝其勇欲生致之圍數重瑾登樓飛瓦擲賊賊不得上乃積薪焚之瑾及子孫并義勇三百七十人俱燼乾隆四十一年

予祀忠義祠 一統志

王躬靖諸生弱冠尚氣節善射流賊之亂保障山砦每戰輒勝賊聞其名招之不從後困於迴龍山罵賊不屈死

於斯行字爾翼倫子崇禎癸酉舉人流賊破團風鎮被執不屈死同時曹大震字子旦諸生孝子大聲弟也亦以罵賊死乾隆四十一年俱

予祀忠義祠

樊維章字闇生諸生英果有智略明季羣盜起率子弟練鄉勇立砦桃花洞賊不敢犯及獻賊陷黃守愈力賊晝夜攻破之章被執勸降不屈死弟諸生維默維清亦罵賊死清死時血高丈餘濺賊面默首在地猶僵行手斃人乃仆闔門死者百餘人

鄧雲程字扶風諸生父士駿以孝友稱雲程性倜儻流寇逼黃守令召雲程計事曰生聚教訓此時已無及惟有不肖一軀可當餓虎之蹊耳持一鐵鞭重四十斤長五尺許縋城而下獨當賊衝三晝夜賊不至乃還聞賊陷京城北望號泣嘔血數升忽忽狂走卒於河南商城子之愈以櫬歸同里杜濬爲撰鄧子哀辭 案杜濬哀辭云卒於洛南之橫谿俟攷

朱寵黃州衛千戶崇禎十六年奉憲司王瓚檄赴上游禦流寇三月獻賊破黃州五月武昌陷寵隨憲司兵東下聯義兵復黃州城次年聞國變仰藥死

但銑由歲貢選授某邑訓導値流寇亂未赴會聞都城失守思陵殉社稷奮然曰銑校官也所以訓導諸生者何事豈以未食其祿而不同其難耶遂絕吭死

方堯相字紹虞崇禎歲貢生官成都同知十七年獻賊寇成都堯相從巡撫龍文光守城監紀軍事兵食絕請濟於蜀王不應泣投於池以救免城陷被執不屈遂殺於萬里橋下其絕命詞云時危節見古今同取義成仁且盡忠江水茫茫願借力此身飄蕩赴國風乾隆四十一年

賜謚節愍 明史附忠義張繼孟傳參通志

蔡馨明字克薦天啟丁卯舉人官眉州知州流寇至守禦力竭題詩大雅堂云澄清板蕩是男兒大廈難將一木支父子酬

恩思主德全家殉難想天知芙蓉城陷誰階禍大雅堂空獨臥屍萬里黃岡魂莫往好爲明聖護峨眉遂闔門殉難乾隆四十一年

予祀忠義祠 見湖北詩錄

余士瑋字季美制行端方尺寸不苟崇禎丁丑進士任九江府推官左良玉兵叛士瑋仗義入其營罵賊賊斷其左臂父老泣扶之出越十日卒於廬山乾隆四十一年

賜謚節愍 見一統志九江府志

於斯昌字文言崇禎己卯舉人獻賊寇黃聞其名索之敝衣草笠走免後以督師萬元吉薦授兵部主事唐王時佐元吉守贛州城破被執不屈死乾隆四十一年

賜謚烈愍 勝朝殉節諸臣錄參通志

蘄水縣

王聰性謹畏有膂力建文時以燕山中護衛百戶從靖難兵取薊州攻遵化徇涿州轉戰莊平滑口破南軍獲馬千五百次江上略南軍舟濟師累功封武城侯後從邱福北征本雅失里戰死贈漳國公謚武毅祀鄉賢 明史附邱福傳

呂鏞宣德丙午舉人任宣陽知縣有政績調清流縣流寇鄧茂七至清流邑無城郭鏞拒之力不能支具服端坐庭中抗聲罵賊遂被支解清流人立廟祀之並祀鄉賢 一統志

鄧祖禹字文元萬歷己未武進士授遊擊屢立戰功征辰沅苗擒賊酋飛天王張五保斬首千五百級夷其巢陞副總兵崇

禎間流賊入楚移鎮德安數與賊遇多斬馘功復移孝感會應城急檄祖禹往援孝感士人泣留曰兵一動城不保矣祖禹不得已留兵一半守孝感率七百人入應城賊突至圍之數重血戰自辰至酉爲賊所執欲降之禹曰須換卻心肝乃可賊怒剜肉剖心而死賊退子天源天河覓屍歸應城人祀之並祀鄉賢乾隆四十一年

賜謚忠烈 明史附忠義張紹登傳參通志

李師淵崇禎戊辰武進士累任陝西固原遊擊七年夏賊來犯擊卻之閏八月朔賊陷龍德師淵隨參政陸夢龍禦之賊麕至突圍不得出師淵夢龍大呼奮擊俱戰死

程爲常徐玉蘭蔡巨人胡方壺徐用極俱武舉崇禎十年春流

寇至邑令募壯丁五百八十人守城以五人主五營三月與
賊力戰死邑令立五義祠祀之乾隆四十一年俱
予祀忠義祠

程正秩字維明力勇善射萬歷癸卯戊午兩科武舉授邑營官
督本府團練崇禎十六年三月流寇逼城力戰死

程九萬字翼雲天啓恩貢生任興安州知州崇禎十三年以事
謫池州府知事尋署東流知縣順治二年四月左良玉叛將
楊幺兒破東流九萬死之妻汪氏弟九鼎九觀殉焉江南通志

義僕附

王九兒州判王悅民僕負擔隨主與流賊遇賊探其擔得金問
主人何在不言加之刃無懼色乘間肘悅民使去賊先剮其

目次斷其手每一揮刃問主何在終不肯言

王子兒諸生王三愼僕各被賊刺數槍兩無生理三愼欲自投
水中子兒力止之裹創負三愼從亂尸堆中走七十里竟抵
家親串聚觀皆泣下

安子官氏家僮負盾守城被執不屈死後得尸見臂間鐫有大
憾流賊四字

添賜廪生李添植僕寇執添植賜願以身代遂被殺

麻城縣

張勝天順六年任雩都尉長河峒賊竊發勝率民陳世用等禦
之賊圍急援兵不至死於陣江西通志

熊嗣先字懷恒修儀博學萬歷丁酉舉人授南充知縣循聲卓
著陞敍州同知以督兵死奢賊之難贈秩廕一子黃州衛百
戶後祀南充名宦祠一統志

周應泰字子登宏瀹子任甯羌州知州崇禎十年流寇圍甯羌
應泰堅守數月城陷被執不屈與次子諸生蕖同遇害乾隆
四十一年
賜謚節愍陝西通志

彭有讀初名讀少貧困從戎累立戰功崇禎四年以援登萊功
授副總兵賜名有讀登萊人生祀之後里居率眾禦流寇眾
寡不敵力戰死

魯元孫諸生獻賊擾楚與兄諸生振公弟諸生聖叔糾眾守雲
霧山砦糧盡垂破元孫以兄大宗義不可死促之逃須臾砦

破被執賊愛其材欲生降之元孫大罵曰吾家世忠義豈從
鼠賊耶賊擁至陶家鋪復罵曰欲殺便殺何相逼爲遂與家
人數十俱被害

周之茂字崧如崇禎甲戌進士歷官工部郎中以服闋需次都
下闖賊陷城搜得之迫使跪不屈折其臂而死乾隆四十一
年
賜謚烈愍明史附金鉉傳參通志

周世岐字文生任北直隸甯衛守備賊至戰死遂葬甯衛祭家
塘

黃安縣

阮貴卿性英烈明太祖起兵時從行間屢立戰功及與陳友諒

戰鄱陽貴卿奮臂衝鋒被賊礮碎其首死太祖詔鑄銅頭葬之

彭應選字克符萬歷癸卯副榜旋膺選拔任靜甯知州闖賊擁眾十餘萬圍城應選登陴擊柝親冒矢石十閱月糧匱外援不至賊射書入城云獻彭某圍立解否則城必屠應選告士民曰余死守孤城凡以爲百姓耳與其城破而玉碎曷若吏死而城存耶眾皆哭願死守應選姑應之淩晨朝服北面再拜畢獨縋城直入賊陣大呼曰我靜甯知州也速殺我救一城之命賊壯而釋之竟觧圍去

胡伯少有大志好騎射天啓甲子武舉後賊氛漸逼伯度形勢設木柵以守險賊才之招以書不往崇禎八年秋賊眾突至

環攻必欲得伯而後已伯慨然曰豈以吾一人故累眾人耶苟吾死而圍解死亦何恨語賊曰我卽出可解此圍賊許之遂單騎赴賊營圍解卒自刎死

吳士旨性友愛事孀嫂撫諸孤姪悉盡道歲歉出粟賑饑鄉里多所全活明末寇亂率勇堵禦與妻秦氏俱以罵賊死

吳光寅字念陬諸生高才磊落爲提學董其昌葛寅亮所賞時行保舉法以何閎中薦授范縣知縣多善政踰年被劾罷方候代賊至光寅督戰罵賊死閎中子昌祚爲文哭之

吳國宇字祁陽諸生博學敦實行崇禎時闖賊横掠國宇同子諸生士愷團練鄉勇有捍禦功後率老幼保風水山砦因汲道絶内潰國宇士愷以罵賊死孫諸生之龍之璋之玫皆被殺妻韓氏妾沈氏亦死里人思國宇功祠祀之私謚士愷曰孝勇國宇並祀鄉賢

秦自輝字景行慷慨有大節崇禎十五年賊襲黃安輝奉知縣李元玉設壇誓眾力捍疆圉築三角山砦十六年省城陷賊將擁兵逼砦砦潰被執抗罵不屈死

盧希儲號蓮峰崇禎癸酉舉人奉其父諸生昌逃難山砦流寇掠而執之曰出金卽活汝儲罵曰恨不殺汝以報朝廷豈反向賊求活耶遂遇害父昌罵賊益厲亦死兄希聖弟希同相繼罵賊死

熊夢祥事父以孝聞賊掠縣境夢祥倡義堵禦賊銜之蜂擁至三角山按姓索夢祥急夢祥與妻張氏訣曰吾當爲國死汝

盍行乎氏以死自誓俱爲賊執賊惜夢祥勇略欲生之夢祥罵不絶口身被百創死張氏益奮罵賊縛氏足而馳道經古堰氏奮躍入水馬逸不得墮賊拔刀斷其雙足推溺之堰水盡赤

王祚昌字斗南諸生明末賊氛四起各立山砦以自固眾推昌爲砦長力捍强寇會圍久糧絶不能守昌啓砦突圍率眾當先血戰死

王國甯字萬咸崇禎己卯副榜試北雍第一授彭縣知縣賊至國甯冒矢石登陴固守久之兵盡糧絶城陷死之

盧爾惇字以崇堯臣子少負才名崇禎末舉賢良方正授巴州知州獻賊入川至城下爾惇發礮中獻忠幾斃賊復合眾來

攻城陷巷戰身中百創死祀鄉賢子繩慈詳宦蹟純慈詳孝友

程之渡字韋如諸生父繼善官安慶時楚帥左良玉子夢庚叛沿江下之渡聞之亟往省父而父已掛冠月餘貧不能歸遂留皖未數日夢庚兵訌江上執之渡之渡曰汝父爲朝廷鎮帥不能出力報效乃自相殘殺乎罵不絶口遂被害

羅田縣

劉廣洪武中以軍功爲指揮僉事守永平有膽略善用雙刀邊騎突入廣率四十餘騎遇於城北力戰死之事聞遣使護喪至金陵賜楮幣葬紫金山祀鄉賢

張正福勇敢善戰正德六年流寇趙瘋子掠黃州正福與弟正

顯姪友舜友珠應知府胡定募攻賊壘馘賊首八卒以深入受困正福死於陣弟姪俱戰死胡定撰文祭之

崔爾達崇禎時任陝西西安指揮適闖賊寇西安達登陴拒戰參將王根子內應城陷全家遇害載明紀輯略

胡效泰諸生崇禎十二年流賊竄縣境江家埠知縣白乃忠命效泰率勇禦之失利被執賊知乃忠有貂君花馬攜效泰至城下遣語守陴兵與我馬卽釋效泰大罵曰死便死耳馬不可得也賊殺之

余彌綸崇禎己卯舉人授浙江仁和教諭告歸流賊寇羅田綸攖城守禦城陷死之時光祿寺丞蕭斯和亦以城破不屈死

周文華膽略過人流寇千餘竄白馬坳華率衆拒之手長刀殺賊十八人自辰至午不少卻卒以衆寡不敵被執不屈死

王邦衡字養默廩生崇禎十六年爲流寇所執子鯉字翰伯亦廩生聞父被執奔賊所願代父受戮賊並執之均以罵賊死

乾隆四十一年予祀忠義祠勝朝殉節諸臣錄參通志

葉欽明弟運明俱諸生其父常學率衆築堡於大羅山賊屢攻不克適欽明運明運糧入堡賊偵知於中途攔截執之俱抗節不屈遂禁錮其地土臺中越日以火焚死

郭艮甲諸生性孝友同鄉人立砦高鵬山賊圍之鄉人知力不敵涕泣待死甲曰勿怖吾能掉三寸舌走之遂單騎入賊壘賊酋曰汝來何爲甲曰乞數千人性命耳酋曰以糧畜來宥

汝甲曰砦中人掘草根剝樹皮食已數日矣安有此酋曰汝不怕死耶甲曰某怕死某不來矣言訖引頸受刃賊義之竟解圍去子聯第歲貢生事繼母以孝稱

王爓字安定天啟丁卯舉人累官河南監軍道告歸崇禎八年流賊陷羅田知縣白乃忠至倡議築城爓助之城成保全甚衆甲申之變盡室南遷道遇賊率家丁與戰不勝死之妻汪氏殉焉

方應尊字省叔廩生沈毅嗜學嘗構讀書臺於宅旁崇禎十七年賊陷京師尊聞變踉蹌登臺望燕雲痛哭閉門面北危坐不食而卒妻胡氏殉焉

陳守芬儒士平居教子弟以節義每云儒者讀聖賢書當識忠

孝事一旦臨大節毋苟且偷生以貽後世譏隱居不仕時與
杜茶村相往來後聞闖賊陷京城絶粒不食卒

蘄州

操桂字丹精洪武四年從柳艮正軍攻取所向有功授忠信校
尉十六年赴遼陽值偵達侵境桂領本衛騎兵迎敵乘勝深
入會敵救至轉戰陣亡義犬銜其首蹴沙瘞之歸嚙健兒衣
若有所欲往從至瘞所出之面如生函歸飾衣冠以葬事聞
命御史趙傑致祭贈宣武將軍廕其家襲衛職崇禎十七年
裔孫承勳殉難都下

陳相中所百戶趫捷敢戰正德九年由廣西調雷州從官軍守
陽春鳳凰砦時陽春山賊猖獗乘夜來攻相督兵拒之兵潰

挺身力戰殺數賊卒被害廣東志

田金浦字麗水萬歷十六年黃梅劉少溪倡亂金浦聚義勇捍
衛鄉閭知州徐希明上其功使防禦本境會賊聲言攻城金
浦與州判陳策選勁騎迎擊斬首數十賊奔潰金浦暫憩叢
竹間賊忽大至奮臂殺賊力竭而死事聞贈總兵子宗演冒
刃負屍歸鄉人建烈士廟祀焉

陳顯元字長卿崇禎時以副榜授新安知縣惡衣糲食徒步問
民間疾苦以城堞傾頹不利禦寇率士民入保闞門砦賊檄
降立碎其檄及來犯死守月餘力竭而陷見賊怒駡賊恣殺
砦中人顯元叱曰守砦者我也百姓何辜甯殺我賊怒支解
死無子其甥浦某以櫬歸葬事聞贈僉事新安人立廟祀之

乾隆四十一年

賜謚忠烈明史附忠義劉廷傳參通志

張效方字正甫崇禎歲貢生官荆門州學正闖賊寇州效方盟
諸生於明倫堂助城守城陷死之乾隆四十一年

予祀忠義祠明史附忠義盧學古傳名作效芳

李新字卽巖萬歷戊午舉人官潛山知縣歷戶部主事榷臨清
關稽有舟車二稅奏免車稅以便商遷陝西僉事以親老乞
養歸崇禎十六年獻賊屠蘄闔家被執新父諸生于節爭先
駡賊引頸受刃賊脇新跪新駡曰我昔官秦中爾輩方爲廝
養今日肯屈膝廝養耶賊怒新抱父屍駡不絶口賊臠割之
其母楊氏及弟綺子承裘承弓同殉焉新祀鄉賢乾隆四十

一年

賜謚忠烈明史附忠義許文岐傳參通志

張邦翼字君弼萬歷戊戌進士由臨海知縣遷南戶部主事督
學廣東最得士刻有嶺南文獻錄行海內移浙江驛傳道請
免里解以蘇民困監軍四川平安世咱諸蠻歷江西右布政
以老乞歸獻賊陷城不屈死之祀鄉賢乾隆四十一年

賜謚節愍子效葵詳宦蹟參通志

李樹初字客天時珍孫萬歷己未進士任戶部主事晉郎中督
宣大餉時太監王坤節制宣大巡按道進見猥由角門入樹
初稱疾不往將中傷之適璫敗得免後以山西副使致政家
居會流寇猖獗磬家貲築磐石砦乾二險蘄人賴之崇禎十

六年獻賊陷城被執不屈死長子延慶貢生孫之蘋之藻廩生同遇害次子具慶陳狀允祀鄉賢乾隆四十一年

賜謚節愍具慶詳隱逸志參通

案樹初致仕後扁舟湖上自課詩文有穎餘慵緒數十卷及城破與家人訣曰我雖在籍自當盡節爾輩讀聖賢書死生有命亦不可屈於賊也故一門爭從死焉州志

李梴字長甫際春子天啓壬戌進士初任博野知縣申堡制嚴保甲調眞定時魏璫莊佃爲民害徑繩以法累官兵部郎備兵遵化値歲荒民無宿儲僵仆滿道官兵或竊殺以冒功梴嚴妄殺之罪給錢煮粥並給印票護之活難民五千餘人崇禎十六年春獻賊至蘄時梴致仕家居條守禦二十四事衆議未決城遂破被執不屈死事聞賜祭葬祀鄉賢子本裕本仁俱以學行知名本晟詳宦蹟本甲詳孝友乾隆四十一年

賜謚節愍參通志

饒京字黃山天啓壬戌進士巡按蘇松諸郡再巡淮揚甚著風裁大姦蟠固不可動者悉按誅之遠近肅然崇禎十六年獻賊陷城殉難祀鄉賢乾隆四十一年

賜謚節愍參通志

岳璧字連城蘄州衛指揮獻賊破蘄璧自屋墮地不死賊擁至城上脅之降璧怒曰我世臣也城亡與亡豈汝降哉賊怒刺之仆地氣將絶瞋目視賊曰我爲鬼亦能殺汝時大雪血流赤丈餘目眥不合後祀鄉賢乾隆四十一年

賜謚烈愍明史附忠義郭以重傳參通志

董一化字南鯤以歲貢除仁化知縣鄰民有冤當事不能決立爲剖釋改知印江縣其地近苗捐俸脩城以備不虞致仕歸獻賊陷城不屈死祀鄉賢乾隆四十一年

賜謚節愍參通志

盧如鼎字呂侯廩生潛心好學性篤孝友崇禎十六年賊至鼎率義勇守南城城陷遇害子姪從死者九人鼎祀鄉賢乾隆四十一年

予祀忠義祠子繇詳儒林參通志

李化龍字如雲孫仍字雲孫俱諸生崇禎十六年獻賊破蘄以不屈同死督學部列狀以請詔入祀鄉賢祠乾隆四十一年俱

予祀忠義祠

蕭霽字東曙年七齡州府道試皆第一次年歲試亦第一食廩餼時稱神童崇禎十六年獻賊破蘄時年二十四賊見其穎秀欲留以爲佐霽曰我家世受國恩豈仕汝耶賊怒臠割之霽才與顧景星齊名惜著作散佚

陳正字剛中諸生幼穎異爲文雄奇英邁巡按朱某觀風拔其卷冠九屬與同郡張子都齊名獻賊陷城欲降之正罵不絶口觸石死

顧天祚字悠也諸生性耿介篤氣誼教授里塾每出館穀以周飢寒流寇陷蘄天祚不屈觸石死著有後松園人物博觀等

集子咸泰詳宦蹟

張效鍾字期伯以廩貢入太學有聲獻賊陷蘄執鍾使跪鍾曰
吾家世忠良豈從賊耶駡不絕口賊梏殺之子諸生承禹同
死諸生黃正中字君位亦以城破不屈死

胡其志字存雅監生夙負氣節遇事伉直敢言崇禎十六年遇
賊於蘇家山全家被刦其志曰釋我妻子奉母歸吾願荷戈
賊許之行至五里墩紿計毋可免乃大駡賊賊殺之妻張氏
以節終

貢其志天啓甲子舉人官屏山知縣廉明有政聲解組歸里寓
省城崇禎十六年獻賊圍城城陷闔門自焚死乾隆四十一
年

賜謚節愍入祀省垣鄉賢祠

陳其効字無功爲州諸生有聲明季賊至避亂於牌石地方慷
慨悲歌坐水中而死

廣濟縣

胡海字伯川宣德中以貢任安南夏華知縣黎利反死之

向雲字從龍善騎射以武舉任興國營千總治軍有法正德初
江西羣盜起無敢逼興國者六年春南贛巡撫周南分兵三
路進勦雲前驅破賊巢斬馘無算尋中流矢卒於軍長子國
祥赴難死

程紹川萬歷初劉少溪作亂川率敢死士擊之陷陣歿時稱烈
士焉

劉玉鑾四川忠州吏目萬歷二十八年播州楊應龍率數萬人
五道並出攻龍泉司玉鑾率家奴吏役挺身拒敵死之

游之雲字飛卿以恩貢任德州判崇禎時還陜西苑馬監正流
寇圍城雲登陴拒守不食七日城陷死之乾隆四十一年
予祀忠義祠

胡士定字振常應中子少從瞿九思遊博記多通由選貢授潁
州衛經歷署潁州事值獻賊肆掠士定集民兵城守每出戰
殺賊賊憤甚圍攻益力城潰賊執士定挾之降士定大駡不
絕聲賊抽刀連斫中其腦及肢體撲牆下賊謂已死捨去家
人俱沒於賊臏老蒼頭從積屍中尋掖灌以湯藥得甦事聞
朝廷旌其忠節擢知潁州以創甚給假歸里築吼江樓杜門
著述以終乾隆四十一年

予祀忠義祠子玉成諸生流寇掠鄉村被執不屈駡賊死
案通志以士定駡賊死入忠義傳王志據金德嘉胡經歷
傳改入文苑縣志據胡氏家傳移入忠烈茲仍從通志

吳國璋號隱華萬歷時任神機營中軍兄亮嗣還兵科遂告歸
崇禎時歲荒出所藏穀數千石減價平糶活人甚眾後避賊
觀音砦被執駡賊死時有胡之羆立砦羊頭岔亦以砦破死

孫光宸諸生流寇盤踞其鄉執宸爲鄉導宸計免鄉人於難紿
之曰某地有金帛可掠也導賊出境及至毫無蓋藏賊怒殺
宸鄉人德之葬而祠焉

舒益生字民裕其志孫幼尚奇節流寇至黃梅益生率死士四

人偵於石隴賊驚疑未即至乃疾馳歸呼邑人遠遯賊至居民數萬以預避得不死獻賊遣人持衣帛召益生手刃召者遯山谷間乏食採野蔬自給凡三閱月後以高隱卒祀鄉賢子逢吉峻吉遂吉俱有學行詳文苑

梁重其諸生崇禎時與弟之遴集衆保大符山砦十五年獻賊自黃梅猝至一時十餘砦俱降大符獨守殺賊目百餘人賊怒力攻破之重其被支解衆俱屠

張楚勳字搗謙事父孝崇禎十六年與妻吳氏及三幼子俱被賊縶罵不絕口賊怒殺之屍骸悉遭燬滅先是長子開熙字功人諸生素以忠孝自勵遭流賊亂罵賊不屈觸石死至是闔門皆殉惟次子觔熙得脫開熙乾隆四十一年

予祀忠義祠

張旦熙字象明崇禎時率鄉人堅壁守大佛山獻賊攻破之旦熙被執不屈全家殉焉時有方大美諸生獻賊招之不屈死

張光環字君墉年十六補諸生明季流寇肆虐光環年八十餘率衆保集四望山賊莫敢近一日賊故引衆去砦中咸喜欲歸視其家光環曰此紿我也皆不聽環亦不能獨留徐行至深溪邊賊數十騎忽擁至縛環招降環厲聲曰吾肯爲鼠輩辱乎遂赴水死三日顏色如生

陸嗣先字孟思天才豪邁喜爲詩劉養微極賞之又與吳亮嗣爲文字交獻賊破黃梅胡篤生主燕子砦嗣先主萬安砦約誓甚嚴賊至環攻其砦破之執嗣先授以僞官不屈墜馬死

子廷文亦被殺饒嘉軌編次其詩

吳敏師字恂可亮嗣子由恩貢任確山知縣解組歸時邑治經獻賊焚燬令移治中洲胥役結黨殺掠敏師以計定其亂遂聯絡蘄黃四十八砦與方國安諸軍攻獻賊於金沙洲奪舟百餘進攻武昌復其城事聞行取太僕寺正卿尋以追賊卒於湘中子兆崙諸生思父憂鬱卒

夏文緒字爾開負膽略崇禎時以軍功任四川總部獻賊入蜀文緒陣歿僕隸死散略盡妻董氏夜行晝伏孑身歸

黃梅縣

張訓洪武歲貢生官鴻臚寺序班告養歸聞建文遇難拜辭其父士英曰忠孝難兩全矣乃正衣冠北面拜投井死子孫環

井而居至今稱忠井云一統志

沙瑞字鳳翔成化歲貢生事親孝任甯府紀善宸濠反覘瑞從事瑞泣曰大王謀即倖成千秋後且稱叛逆矧事未可知何必首亂以憂太后乎宸濠恚曰若不從且死瑞頓首流血曰甯死耳豈可失臣節囚之瑞痛哭自經死祀鄉賢參通志

周乃武初爲諸生試棘圍不利遂赴武科聯捷進士授甯波遊擊禦倭屢立戰功後爲倭襲勒降不屈罵賊死

石有恒字伯常崑玉子性高潔以文章名萬歷己未進士初授遂安知縣下車時以避勞邀利畏禍三事自誓以程朱正學課士訓民輸運不任里甲有羨緡公儲之充運費督僮僕種園蔬不用民一物士紳餽遺辭不受歲災親履荒瘠地問民

疾苦監司檄郡縣過羅抗議力爭出帑金市粟民賴以濟調長興縣再調常熟長興民籲請得留時巨豪葉朗山吳野樵等結島寇爲亂剽掠無虛日撫按檄有恆討之有恆設方略擒其魁賊稍戢而餘衆散處湖蕩伺間爲出入有恆請馳檄各屬分兵搜捕未果行天啓三年正月朔城門夜啓賊突入有恆方正衣冠待漏聞變出立廳事賊露刃脅之不爲動且叱曰草賊敢叛天子殺王臣耶索印不可强之行不可以刃傷其長子確亦不顧賊擁之出儀門有恆曰頭可斷此限不可踰也遂被害血上噴移時不仆主簿徐可行奔赴亦死之賊入署搜其篋粗葛二端俸金二兩而已賊亦相顧驚歎事聞贈太僕寺少卿諡忠烈祀鄉賢有恆嘗與鄒元標講學東林元標推服之子確詳官蹟參東林列傳

陳瑜字藍生天啓辛酉舉人性篤孝父殁刻像以祀由閩中教諭累遷至四川分守道寇犯蜀閬八月外援不至北面稽首曰臣力竭矣遂殉難蜀人立祠祀之

石礪字用之有信子廩生少負奇姿有勇略崇禎八年賊入黃州梅城岌岌礪破家貲倡守禦討奉祖崑玉書乞師江西開府得標卒三百人兼程抵邑甫入城賊騎突至礪率衆登陴堅守賊負版排列進攻發火毬焚其版明日賊駕雲梯逼城礪率士卒發礮石弩箭用巨鉤曳其梯斃賊無算賊積尸焚城下穢烟四塞礪令守者各含醋得不亂相持旬日礪晝夜巡城給錢米相勞苦婦高氏具橐饘餉衆衆益奮賊遁城獲

全十年冬賊騾至奪城門礪急令鎔鐵汁沃之賊死門爲錮架巨礮貫入賊營炙熱灰和糞以罐擲之賊稍卻明日賊隊忽繞而南大噪曰城破矣礪曰此其意不在南急趨視西北則果架長梯攀城上礪令擲飛槍舉前撓鉤法破之賊同營盛張宴樂礪亦椎牛饗士乘閒發礮殪其魁賊更爲戰樓瞰城中礪令截竹爲梨花繫長竿刺樓中縱火焚其樓賊遂遁去城復全未幾以勞卒年四十有四邑人私諡曰端毅著有怡雲閣集夢餘隨筆等書子喬年詳儒林參通志

洪光裕字惟顯諸生同石礪捍城屢著勞績礪死力不支城陷被執罵賊不屈與子圖同死宗人世振年十三爲諸生督學董其昌甚愛其才城陷亦不屈死

余鈁字有甯廩生任判府鳴贊流賊陷蘄州奇其貌欲降之鈁大罵賊怒殺之闔門皆被害同時諸生洪宇璇亦以罵賊被賊剖心死

陳欽命字祗若萬歷戊午舉人初授直隸玉田教諭明季多難莊烈帝詔天下以勤王備兵策欽命對稱旨擢兵馬司副指揮闖賊陷京城死之

國朝

黃岡縣

汪基遠字星伯順治己丑進士授東鄉知縣黜姦貪撫良善清田糧嚴保甲修城興學次第舉行有賊掠殺一家數人掩捕得守巢窟者寘諸獄賊率黨來劫遠與弟基遂急乘陴禦之

漏下四鼓城不守乃北面再拜曰臣力竭矣遂遇害事聞贈按察司僉事祭葬如例廕子惟錡官沁水知縣霸州知州嘉慶六年補　給恩騎尉世職六世孫封渭承襲詳宦蹟（江西名宦志）此傳本王志案縣志云時金聲桓叛後所在嘯聚土寇吳君寵攻東鄉基遠督兵出戰死之弟基遂諸生東鄉之役獨力保全基遠家屬及維錡卒於官復爲經紀其家以義稱

王象虞伉直有智略順治初土寇起東山府同知選爲四十八砦練長象虞提義勇千餘所向克捷時有紙砦鐵人練長王君之謠子友栢化龍俱諸生以學行稱

孫如芝字素公工古文詩詞順治辛卯舉人除鈞連知縣城中

僅七十三戶如芝悉心招徠創禮殿建城垣逾年大治當事奇其才檄修蜀志論列皆出其手丁內艱歸次江安値吳逆反賊帥强以僞職拒不受自縊死乾隆六十年補　給恩騎尉世職

鄭正暹父母病躬嘗藥滌垢後任奉天海城縣典史有金州豪王守祿通島舶爲姦府屬正暹擒治守祿密賂以千金卻不受獄益急守祿遂陰賂塾師觴正暹而酖之府廉得狀捕守祿等六人棄市（案王志入宦蹟今依通志移入）

胡珠字山佃明季諸生尙節義以走馬試劍自喜父早卒事祖來通以孝聞獻賊之亂珠獻策巡撫宋一鶴趣其言而不能用楚竟以破左良玉鎭武昌聞其名辟之不就遂避居岳州平江磻溪躬耕自給吳三桂反迫致之珠走避瀕死者數得免亂平反其居屋已灰矣而故人所寄白金三千擲野塘中倘在覓其人還之康熙二十三年聘修楚志後客死於岳

吳之蘭字國禮黃州協把總有材勇康熙十三年東山賊何士榮亂之蘭從知府于成龍進討力戰死士人哀其忠立祠祀之（見于清端公政書）

張本恕字全淑鳳來子諸生初爲但店練長平石入砦山賊有功康熙十三年羅山賊周鐵爪潛入麻城東山聚眾謀逆邑有何士榮自長沙歸以吳三桂僞劄煽眾附之知府于成龍率師使恕督所練勇防禦恕因陳山中形勢請益兵二百防守黃土嶺及戰周鐵爪何士榮皆就擒賊平將上其功謝病不起成龍爲表其門（見于清端公政書）

張尙聖字文先康熙壬子武舉有材勇十三年何士榮之亂尙聖受知府于成龍令率鄉兵四百人先駐黃岡廟賊眾突出戰於黃土堈尙聖冒矢石爭先與官軍合大敗之士榮挾矛走陷泥中就獲餘黨悉平後尙聖成武進士官守備同時著績者有貢生龔相旦生員吳之鄒曹洪仁官純恭靖天德程鎭邦諸人（見于清端公政書）

胡來寅字協恭善屬文有勇力康熙時東山賊劫部落寅出穀五百石爲糧率勇捍禦尋被執不屈夜乘間遁路遇官軍身先引導遂搗賊巢知府于成龍酬以金帛不受

陶之駿廣東茂名縣丞康熙十九年祖賊猖獗之駿領兵追勦

至蕉林會武弁逃去之駿毅然直前歿於賊議卹廕一子思
哲入監乾隆六十年追　給恩騎尉世職
陶應鑿客西蜀嘉慶二年白巾賊倡亂鑿練勇禦之屢挫賊鋒
賊畏其能聚衆數倍夜突至倉卒鬪勢莫能支遂遇害蜀人
憐之葬於雲陽保祖山入祀昭忠祠（見夔州府志雲陽縣志）
鄧元熊有勇力善騎射由行伍拔補道士洑營經制外委巡緝
江面晝夜不懈盜賊斂迹嘉慶元年調征襄鄖教匪屢著戰
功五年七月大兵擊匪於鄖屬花果園元熊當先陷陣歿於
軍　給雲騎尉世職
萬鼎恩字芾棠承宗子官常德府經歷歷署州縣有政聲道光
二十九年署新甯知縣縣自雷再浩煽亂民多不靖十月十

四日逆賊李沅發聲言入城劫獄邑紳擁鼎恩走鼎恩絕裾
曰死耳城一步不可出賊至怒罵不屈遂遇害事
聞贈四品銜　給雲騎尉世職　賞祭葬銀祀昭忠祠子裕瑋襲職
旋從大軍禦賊廣濟彭家村兵潰戰死復　給雲騎尉世職
劉遐亮字執菴嘉慶戊辰舉人官漢州知州因病假歸寓居省
垣咸豐二年十二月四日粵逆陷城亮顧其妻曾氏曰吾與
若受
朝廷爵命義不辱於賊雖在籍與死官等耳起結繯於梁左右各
一夫婦朝服自經死先是城將陷亮呼妾陳及二女前各與
匹綾促之縊二女死陳氏氣不絕淚涔涔下遐亮肅衣冠拜
之目乃瞑徐遣奴僕輩持餘財散去有不忍去者數人後並
死於賊事
聞贈運同銜　給雲騎尉世職並　旌其妻
丁璜號皤溪道光辛丑進士歷左雲萬泉知縣皆有治績咸豐
三年粵匪北竄璜時任曲沃親率兵勇登陴固守晝夜不懈
賊麕至穴地轟擊城陷璜返署朝服坐堂皇賊至呼曰汝不
畏死耶璜罵曰生不能殺汝死當爲厲鬼滅賊遂死之前一
日璜題詩自誓曰偶傳烽火即糾紛取義成仁夙所聞地下
若逢恭世子應憐伯氏早圖君事
聞贈知府銜　給雲騎尉世職
江可超咸豐四年粵賊踞黃徵鄉民納貢超謂其姪履和曰時
危見節義豈可俯首乞憐於賊乎乃捐貲募勇數千拒賊三

月二十四日與賊戰於宋家埂勇潰超與履和同日被殺廬
舍亦焚履和職員蒙　給雲騎尉世職
邱文號斐臣道光癸卯舉人選江夏教諭未赴任咸豐五年隨
知縣翁汝瀛督勇至漢口勦賊正月初十日陣亡　給雲騎
尉世職入祀忠義祠文死後其父從九品振聲復督鄉團同
治三年六月賊至被執脅降不屈斷其右肱以死
贈鹽運司知事銜復　給雲騎尉世職
羅文彪號春圃諸生性剛直督辦鄉團咸豐五年正月初十日
隨知縣翁汝瀛勦賊漢口在後湖陣亡子樹梅潛入賊境負
屍旋里面如生同里監生林志依馮光瀛沈飛鵬沈洪鈞俱
於是日戰沒武生徐飛鵬最稱驍勇是日率勇至武當口遇

伏起飛鵬衝突往來連斃數賊因馬傷力盡死後文彪志依
均　給雲騎尉世職沈飛鵬洪鈞同入祀忠義祠
郭錦祺從九品咸豐四年傾家貲首倡團練禦賊於郭在岡程
家山石頭嘴等處殲賊無算五年正月初十日隨知縣翁汝
瀛勦賊江漢至沙口陣亡
贈鹽運司知事銜　給雲騎尉世職
黄作霖字壽民負才未遇以吟詠自娛粵寇之難霖爲六堡練
長誓死滅賊咸豐五年十月知縣葛致遠禦賊失利霖率勇
往援至丁家壋賊麕至霖知不免以馬授故人子馳去力戰
死之賊退殮其屍令旗猶未去手時隨霖掌金鼓者曰黄紹
福殉焉邑士錢莆田爲詩哭之士大夫屬和者衆

梅兆棠字衢達諸生性剛毅初爲團練長有禦賊功已而賊麕
集約數萬衆知不敵咸避去棠憤然曰大丈夫死耳何避爲
賊及門棠罵曰反賊敢入我室賊扶之罵益厲仲孫垂綬被
執不屈賊並殺之棠繼妻周孫婦邵均以罵賊被殺棠家
給雲騎尉世職
許棠昭諸生篤學尚氣節咸豐六年粵賊竄黄脅昭至上巴河
誘之降昭罵不絕口賊以兩刃夾其頸罵如故巴河人知昭
者環跪賊前求釋昭曰吾自分死耳汝曹奚爲叱之起賊知
其終不可屈殺之
易正詵咸豐四年在籍辦團練七年從大軍解固始城圍尋帶
楚勇克復天長縣積功至守備兼理營務同治元年禦賊於

上海縣浦東力戰陣亡　給雲騎尉世職
汪春溥字璧餘浙江昌化知縣咸豐十年粵匪竄昌化昌化無
城春溥練勇八千守縣之十二都相持五閱月賊敗走盡復
縣境十一年因公進省城陷春溥投望仙橋河死事
聞賜卹加知府銜廕一子入監
胡霖澍號石渠美彥子道光甲辰進士歷婺川貴定義興知縣
署遵義府事咸豐五年丁父憂時狪苗蠢動黔撫奏請奪情
留署固辭不可乃墨絰從戎練勇保衛境賴以安同治元年
三月二十三日苗匪圍城糧絕城陷霖澍督勇巷戰力盡死
之妻蕭氏子超倫弟霖灝弟婦汪氏姪全倫姪女一及僕婢
等皆殉事

聞贈太僕寺卿　給世職入祀昭忠祠事蹟宣付史館
洪恩潤號朗泉州同加五品銜性剛直同治三年五月捻逆竄
境潤議率鄉勇堵禦先奉母移避團風鎮行至淋山河賊驟
至使僕奉母先行自留餌賊賊酋令負槍潤罵曰狗賊我方
欲殺爾爲爾役耶賊怒斷其脰而死議卹
贈知州銜　給雲騎尉世職
陶宜橋字步皋性豪邁初倡辦團練總督楊霈保授六品銜同
治三年五月粵逆竄上伍鄉橋督勇八百餘堵禦十七日賊
大至勇士余保元力戰死衆驚潰挾橋走橋泣曰吾母尚在
牀褥吾何忍棄之徑歸家賊適至搜得團練戳記怒曰吾仇
也舉火焚其屋橋以身衛母鬚眉俱焦賊拘至門外罵不絕

聲賊剖其腹而死母卒被焚橋妻劉氏媳節婦謝氏同被害
婢菊香亦焚死賊退其友邵樂裕爲殮葬焉

宋眪字亮臣治咸孫諸生性聰穎博聞强識自經史諸子外天文地輿算法兵術靡不精曉下至蟲魚草木諸細碎書日識數千言歷久不遺一字生平嚴毅孤峭以忠義爲質同治三年五月粵匪犯黃眪激勵團勇力戰不勝罵賊死

贈鹽運司知事銜　給雲騎尉世職

汪兆文偉軀幹膂力絕人應郡縣募討賊所向披靡從大軍征江南數有功累保江蘇補用參將同治四年假歸捻逆適至兆文督鄉勇戰於鵝公頸不勝死之從死者數百人　給騎都尉世職

萬成鸞字鳴岡博通經義尤邃於史漢同治四年捻逆盤踞漢黃閒道員梁作楫徧招策士鸞與焉與賊戰於武湖敗績賊擄鸞至黃陂姚家田勸之降不屈遇害賊退鸞戚陂邑孝廉方正周玉書歸其屍面如生

蘄水縣

官撫漁字萃之應震子順治初由監生任會稽知縣時郡守持法太峻漁請少需之弗聽民乃揭竿殺郡守及鄰邑官不忍及漁漁抗節不屈遂遇害事

聞贈按察司僉事

賜祭葬錄其子純心

賜名存均入監讀書嘉慶六年補　給恩騎尉世襲罔替參通志

高有功幼爲賊所掠及長遂籍山東以材能授守備康熙十八年署廣東虎門協右營都司駐潭州號令嚴肅征剿海寇血戰死事

聞贈廕

賜祭葬子二僑寓肇慶

郭沛霖號雨三用賓弟道光丙申進士改庶吉士授編修　大考升贊善咸豐初以道員留南河補用署兩淮鹽運使旋擢淮揚道粵逆犯揚州沛霖飛稟乞援辭稍戇激與大帥齟齬被劾落職九年隨巡撫翁同書軍於定遠賊至沛霖登陴固守踰十餘日援絕城陷遂遇害孤子階求遺骸不得收遺衣冠殮之事

聞奉

旨復原官照道員例議卹　給雲騎尉世職祀昭忠祠並祀江蘇名宦祠

義僕附

涂釆林余鳳祺僕同治三年賊至林負主人子逃子被殺林亦被創或勸速遁林曰主人以子託我死而棄之何面目見主人乃負屍閒道歸卒遇賊被殺

麻城縣

項焜諸生少任俠尚義咸豐初粵匪竄楚焜倡起鄉團屢著戰績累保訓導加五品銜從官軍至沔陽里仁口禦賊力竭陣亡　給雲騎尉世職

朱濟南王世友俱監生沈登瀛儒士咸豐三年督勇隨知縣韓寶昌破賊復縣城後禦賊於龍困橋全師盡没三人從寶昌殉焉皆 給卹如例

李忠典咸豐四年二月在石陂區練勇以衛鄉閭先後殺賊無算七月初六日賊至忠典奮力衝鋒復大敗之遂會官軍復縣城九月隨知縣賀棨赴蘄水助勦力竭陣亡 給卹如例

夏熉諸生老成練達鄉望素孚咸豐四年粵匪駐麻城熉同詹兆朱胡鼎三童先桃等倡義起團殺賊復率各鄉練勇從官軍規復縣城後隨知府許賡藻出境追勦在廣濟縣陣亡

汪名儒一名金品恂謹敦厚少從學於同里詹兆朱與胡鼎三童先桃相友善咸豐四年隨同倡團殺賊旋從總督楊霈勦

賊至廣濟陣亡 給卹如例

黃光熺候選布政司理問咸豐四年隨父品隆督勇保障地方與賊戰輒勝旋以帶勇出境勦賊在廣濟車河鋪陣亡 給雲騎尉世職

陳際清任江蘇吳江縣主簿候補知縣咸豐四年粵賊踞金陵吳江失守際清在任所殉難後 給卹廕如例

程輔弼武生保舉千總加五品銜咸豐四年辦理團防充練首從知府許賡藻勦賊蘄水蘄州等處所向有功五年二月帶勇至岡邑淋山河追賊沒於陣 給卹如例

謝道坦諸生品學純粹咸豐八年三月粵賊陳玉成由松子關竄麻道坦率鄉兵百餘人當其鋒戰敗被執不屈死其長子長達孫紹德俱力戰陣亡妻熊氏罵賊死媳熊氏投崖死一門義烈人咸惜之後 給卹廕如例

夏文高（節義錄作文梅）監生咸豐八年粵賊竄麻城文高督數區鄉兵於閻家河邀擊衆寡不敵遂敗且死 給雲騎尉世職監生彭守楷亦同日陣亡

陳懋增生性誠樸有學行咸豐八年為賊擄入邑城屢欲屈之懋謾罵不已遂不食數日死同難有見其事者始為人言之後 給雲騎尉世職

饒立誠諸生咸豐八年粵匪陷麻城立誠為所執欲屈之誠大罵遂奪其械反傷賊俄衆賊至遂被害 給雲騎尉世職

劉懷政監生咸豐十一年三月賊至懷政諭以大義賊截其耳

復抗聲罵賊賊怒以槍斃之

田立榮武生咸豐十一年賊由蘄水北竄榮居二里河夜中聞警即赴鄉局舉號督勇突與賊前鋒遇徒手搏戰暗中奪得賊槍殺數人力竭死隨丁劉六同殉榮妹亦於是日罵賊赴水死

曹之瑚諸生性素迂樸同治二年賊至獲瑚瑚為陳說利害諭以大義復謾罵不絕聲賊怒殺之

胡朝曙諸生孝友方正里黨素稱同治二年督勇禦賊兵潰被執不屈死

朱世昌武生同治三年賊至率鄉人守人和堡賊攻之不克乃以長圍困之絕其汲道衆潰而堡破世昌死之

丁錫宇廩生品行端正同治六年二月自黃州送考歸至邑南陶家呰遇賊被執錫宇大罵賊脅以刃不屈死　給雲騎尉世職

黃安縣

張百程字日闢鵬翔子諸生篤學兼精騎射崇禎時流賊寇境結堡保聚鄉里九年應試郢中寇逼城射殺緋衣白馬賊時婦女數百幾不免百程持滿捍禦悉賴以全十六年土寇起帥堡眾討平之百程節義文章爲士大夫引重爭相延聘所贈遺悉以購書著有樸園文集卒祀鄉賢子希旻詳文苑希聖詳儒林

吳載瑜字石攻諸生明末流賊猖獗瑜建呰磨盤嚴守禦勦除賊首及其黨數百人里中以安順治時土氛復熾邑令任諭爲團長仍守磨盤以扼要害羣逆不敢窺伺賊平上其功提督松將奏請官之以老辭

周文衡字旦生諸生順治三年六月流寇猖獗眾推衡爲練首峙糧於峯山呰畢力捍禦賊久不退衡命弟文健夜半潛出請救於官兵已而救兵至亦敗圍久糧絕不能守衡率眾突圍血戰死

江中清字公砥諸生明末賊氛起歲且洊饑羣推清爲大峯山四十七呰長事無鉅細咸取決焉順治初土寇肆擾清據守大峯堡極力防禦凡八閱月賊不敢犯境事平邑令上其功將官之固辭不出

孟存誠字明善諸生順治六年土賊王晉功等結黨十餘萬爲亂誠與族振凡戚江底聚勇於岱峯山呰悉力堵禦賊晝夜環攻誠隨機應變相持六閱月賊多死傷適巡撫遲提督柯率大兵至圍始解弟存譔以孝稱

李之瑋字蜚聲年十五爲邑諸生先居省會獻賊陷城投江殉難流三十餘里漁人救之復甦康熙十三年吳逆猖獗邑令徐委辦團練境內以安復值河南賊譚以從作亂將及縣境守令檄瑋往撫乃入賊營指陳利害反覆勸諭賊竟降事平以功當賞力辭不受

熊之旻監生嘉慶二年春教匪由羅山仙花鎮入犯之旻與從兄文炳招聚丁壯數千於東西二土脊嶺堵禦賊不能進越四日天大雷雨東嶺兵潰之旻罵賊死之文炳復收餘燼連獲二賊賊始遁去之旻　給卹如例

彭宗達號信甫國椗孫咸豐壬子進士授戶部主事尋假歸四年粵匪竄縣境倡捐募勇禦之四月十九日督隊搗賊巢甫合圍賊遁去七月侍郎曾國藩攻克省垣以手書期會水陸並進宗達率勇追勦斃賊多名九月十五日大戰於蘄水南關外雲路口自辰至未力竭遇害時年三十有九奉
旨照知府陣亡例議卹　給雲騎尉世職入祀昭忠祠

姚熙士李中瑜涂正山金鳴謙咸豐四年粵賊據縣城沿鄉剽掠熙士等團勇勦捕斃賊多名二月賊至河口熙士督戰於北岡失利被執不屈死四月十七日中瑜在李態灣督戰陣

亡十八日正山率勇攻城中礮死鳴謙拔戟先登與賊巷戰被戕旋團勇齊集攻退城賊熙士等以倡首遇難人咸惜之

高桂芳咸豐四年督家丁與吳承周勦賊至城北河岸持梃連斃數賊復前追遇伏死知縣許賡藻嘉其忠義厚賻之

夏鎮東字景陽生平篤嗜詩書咸豐四年六月禦賊被執脅令造烟民冊鎮東不從被賊拷掠死

秦楚材諸生咸豐四年六月率眾禦賊因大雨勇潰被執不屈死

郭清棟監生膽略過人咸豐時粵逆犯境捐貲團練隨知縣許賡藻收復縣城所向輒先入時稱頭隊軍以功保五品銜旋因受重傷病卒同時諸生李振春督勇屢獲勝仗後戰沒於

陣

趙錫齡字與三咸豐八年四月賊犯境捐貲募勇堵禦身親七戰手刃數賊陷入陣與勇丁姚玉山同遇害邑令林爲文以弔之

宋步雲字海樓廩生善屬文尤精岐黃術咸豐閒率生徒赴郡試遇賊被脅至隨州終不屈遂遇害隨人憐而葬之其弟某尋至啓棺視之面如生

陳世慧號敏亭監生少孤事母孝讀書識大體同治元年督勇禦賊殉難學師柯茂枝作詩輓之同時儒士吳秉鉞亦以督勇勦賊死

陳兆奎監生少讀書明大義同治元年九月糾勇禦賊眾潰被執賊欲授以僞職不屈死

程式玉監生同治二年賊入境式玉被擄逼降不屈賊怒因焚死

鄒恆朗號心齋監生隨官軍營辦理文案因克復金陵保授盱眙巡檢同治二年赴任遇苗逆被執大罵不屈死其妻弟諸生王殿賓殉焉

王文光年八十二同治三年五月賊由河口東竄文光督勇未齊賊突至被執大罵不屈賊支解之越日其姪諸生棟殮其屍怒容猶未釋邑人袁惟穀作壯氣歌輓之

阮太崇守紅幹山砦同治三年五月賊圍攻砦北門甚急崇率勇出砦擊之礮傷賊首數名賊卻旋以後援不繼力戰死

程茂學倡首督團前知縣許賡藻獎以職銜不受同治三年八月賊蠭集長塔茂學率勇堵禦眾潰被執勺飲不入口越六日死諸生吳鴻賓亦同時督勇陣亡

秦再瀛諸生性剛直博覽羣書同治三年捻逆竄城北被執不屈大罵死之

王兆渙諸生膂力過人同治四年十二月偕宗族男婦百餘人避賊水口寺賊圍寺門渙發礮斃二賊賊索渙急渙曰予不出無以救眾人從屋上大呼躍下且鬭且走賊追及之縛而沈於水眾獲脫

阮藍瑛諸生倡修上竿山砦保障一方同治四年十二月賊入境瑛率眾堵禦屢挫賊鋒五年正月二十四日下山追勦力

戰受傷同砦嘔血死

羅田縣

熊五緯字臥雲道光丙午舉人咸豐四年三月粵匪陷羅五緯捐五百金倡督鄉團同知縣彭仲芳殲賊於石柱山七月遂復羅城時蘄水陷賊前令劉緊新令際亭同來請兵五緯慨然直前至蔡家河遇賊猝敗之追至蘄水城三戰皆捷賊憤甚八月二十一日賊合死黨三萬餘蠭擁至麏戰久圍兵稍卻五緯揮戈入陣左右衝突身被數創死明年大吏奏其事

奉

旨賞世襲雲騎尉附祀武昌昭忠祠五緯負匡時大略而忠義憤激之氣每寓於詩著有仰止書屋集節縣藝文志本傳

張立志膽略過人每戰以雙刀陷陣賊憚之咸豐四年八月從熊五緯援蘄水破賊於土門中礮陣亡

楊力虎監生倜儻有大志咸豐四年賊竄羅田知縣彭仲芳退保多雲鎮力虎偕聞其政招募丁壯倡起鄉團屢獲勝仗既而攻克英山蘄水等縣大小十餘戰皆身先士卒所向有功保用州同旋因積勞成疾卒

張賢林諸生有膽略咸豐四年十一月督勇攻賊於英山城被執林罵不絕口賊刳其腹裂其尸倍極慘毒

王炳榮字華舫諸生保舉教諭加六品頂戴咸豐八年二月二十二日督勇剿賊於英山陣亡　給雲騎尉世職

郭映暄武生五品銜咸豐五年八月同子陽和壻李時蔭督勇攻賊於蘄水陣亡附祀武昌縣昭忠祠武生屈飛鵬亦同日陣亡

王培榮咸豐時以縣丞署宿松知縣賊屢犯境培榮團勇防堵閒出奇計破之九年隨官軍駐定遠賊環攻城陷遇害　給雲騎尉世職

周士濂江蘇候補知府奉巡撫薛煥檄帶勇進攻太倉州同治元年四月十九日與賊接仗力竭陣亡　給雲騎尉世職

潘鼎梅字燮卿諸生候選訓導好學能文慷慨有大志同治三年賊犯羅田督勇迎戰遇害

贈國子監學錄　給雲騎尉世職

熊五修字禮臣監生豪爽有才辦理團防屢立戰功歷保府經歷同治三年五月禦賊於官亭山兵敗死之

葉爲璜字渭溪咸豐戊午舉人同治三年六月督勇禦賊臨陣被執大罵不屈死之

贈知州銜　給雲騎尉世職

何敬之儒士同治三年六月率勇禦賊於花銀巖力竭被執不屈死之越數日殮其屍見襟上有詩云縱非罵賊死卻勝從賊生生難破賊膽死定追賊魂

贈都察院經歷廕一子入監

蘄州

韓宗愈字又昌其先陝西人以父友　恩廕官陽朔知縣性剛直不屑夤緣當事會吳逆兵起愈抗節不屈以死妻李氏扶

櫬歸葬

吳尙賢號立齋乾隆癸卯武舉任襄陽水師營千總署都司嘉慶元年正月隨總兵曾攀龍於宜昌府鳳凰山攻勦教匪攀龍陣歿尙賢奮力死戰亦遇害事

聞給雲騎尉世職入祀昭忠祠

孟春旭號九齋監生精岐黃術活人最多咸豐三年十月賊至被執不屈鞭撻數百仍駡不絕口越一日死

宋南英貢生直隸州同銜督勇勦賊咸豐七年在蔡家村陣亡

贈知州銜　給雲騎尉世職

陳杏林號春農漢中府經歷保舉知縣同治二年賊至守城力竭遇害二子亦同殉焉　給雲騎尉世職

方樸初字素吾郡庠生以軍功保舉知縣加五品銜光緒元年隨都統多隆阿營與賊戰於陝西三橋地方力竭死之

廣濟縣

胡搢思字其讓庠生以父一墀膺康熙十九年授鎭安府通判值雲南土富州州判沈文崇子紹基作亂踞府城搢思抵蓮花嶺賊拒不得入乃招集鄉民並調田州諸土司兵議勦賊遠棄城走踞上甲馬隘搢思旣入城官軍猶未集土兵赴調者無幾九月初一日賊乘夜攻陷之搢思厲聲駡賊遂遇害乾隆二十九年入祀昭忠祠鎭安府志參通志

劉洪度字若千生有異稟由監生任岑溪知縣邑雜猺獞時出剽掠洪度團練鄉勇擒其渠魁諭以義而遣之遂感激向化擢石屏州知州以進藏功晉威遠同知適猓黑焚慢哈地方洪度率衆捕之又奉檄密拏土官刁瀚通志作刁澣除其害因署鎭沅府事兼攝恩樂縣値改土歸流一切草創稽戶口清田賦悉心安輯奔馳不暇歲暮至鎭沅雍正五年正月猓黑驟圍城正部署間而武弁先遁城遂陷洪度手刃數賊力戰死事

聞贈鎭沅知府

諭祭廕子恩蔭入監並

誥封其父自理中憲大夫參通志

周錫捷字報功監生身軀俊偉善拳棒咸豐二年冬粵賊踞武昌武黃同知施鏜諭起團練於武穴各隘口設八棚棚設更夫二十名命捷督之以監生張希魯文童劉宗岱周炳義捷

弟錫鑾爲之佐捷每曉更夫以大義人皆知憤三年正月賊下竄捷與希魯等議集更夫禦之議未就而賊至捷見事急手持雙刀立刃二賊賊環刺之洞胸死希魯宗岱炳義錫鑾同殉焉以下本廣濟節義紀略

胡春柏縣書吏咸豐四年其弟春果奉縣諭辦團柏襄其事十月十五日賊至搜柏身得勇冊執冊使指引將盡屠之柏不可拷掠無完膚終不一言賊怒焚其廬拽至城東五里坡支解之

夏壽朋咸豐四年冬充勇目其叔庠生黻墀爲團首十二月二十七日賊竄至龍坪掠其家見旗幟縛壽朋强詰以團練姓

名先淋沸水繼加炮烙壽朋絶不言賊怒剖其心肝死

胡文雅字則端監生咸豐四年除日總督楊霈所部兵潰賊入北鄉新耳砦逼其鄰婦將亂之文雅大罵往劫賊婦逸去賊怒斫其首罵猶不止疊被槍矛死賊退家人殮其尸鄰婦具衰絰若喪父母焉

張鵠字瑞圖道光己酉武舉咸豐七年夏佐知縣李遇泰督團練以偏師禦賊於打杵口陣未成賊驟至鵠力戰不敵遂遇害初縣境戒嚴遇泰將請兵於都統多隆阿而難其人鵠以單騎往旣得請且奪賊驢馬數匹而還至是卒　給雲騎尉世職

徐名聯儒士咸豐七年五月十三日被賊某擄去逼指巨室之

有窖金者名聯弗應賊怒斷其一指再四問終不言以次削其十指備極慘酷而死明年夏聯子正玉擒某賊於途獻於官磔之時論稱快

張家學儒士咸豐七年五月賊踞錢家塝擄家學誘使爲書手家學憤罵曰吾輩讀書人豈爲賊曹弄筆墨耶强之不從賊怒斫之中七傷死

陳懋業字四悦性剛直族事咸取決焉咸豐七年夏率族衆擊賊殺三人餘逸去次日賊以千人至懋業知不敵悉遣其衆遂被執賊剖其心肝決首而去

吕純詩居鄉爲童子師咸豐七年六月初十日路遇賊脅至黄梅大河鋪拘數日屢加以黄巾赭衣純詩卒不屈賊怒縛其手連斫之死賊退家人覓其屍猶以故衣得識焉

伍文彬字金周諸生同治六年二月遇賊被執脅之跪文彬大罵曰我秀才豈爲賊屈耶賊怒以洋銃擊斃同時諸生郭石渠國子監典簿張鍾冕監生岳兆祥以不屈死均　給世職

黄梅縣

黄景恆胡君孚吳之棟俱諸生崇禎間寇擾蘄黄三人奉上憲檄聚衆防禦於邑西之舒城山其山三面臨水乃斷山北陸路引湖水環之壘土爲城城上設木柵置男婦其中賊初與石礪角旣偵知山有積粟撤兵來攻君孚急呼衆持魚叉殺賊兼放弓弩賊少卻至冬水枯桑白湖橋口水驟漲漂賊壘賊死大半隨乘木簰來攻矢落如雨君孚招衆排舟載板束

草其上賊矢攢草上或射板片不得入人藏船中架百丈火發焚賊無算賊驚散三人均衣食息紛競別男女累衆至數萬皆有統紀時賊氛四起縣城鄉聚俱破壞而舒城山獨完順治二年總督佟以賢能薦赴部邑令張典趣就道景恆等俱辭不赴君孚子淑詳篤行

廖士貞號介石以九江衛籍中順治甲午江西鄉試康熙十九年除營山知縣甫帀月滇孽譚宏裨將彭時亨叛被執至渠縣拘縶月餘誘以僞職貞大罵不屈北向再拜引頸就戮事聞贈四川按察司僉事祭葬如例祀四川名宦　京師昭忠本邑忠義各祠廕子應拔入監後官汶川知縣詳宦蹟嘉慶六年補給恩騎尉世職參通志四川志

朱宗廷咸豐四年春粤賊陷梅撝入城脅以刃不屈且罵賊奇其貌甘言誘之罵益厲擁至城西石梁上叱曰跪乃免宗廷曰頭可斷膝不可屈遂殺而投諸水仍植立水中不仆

董明壽咸豐四年冬提督塔齊布匹馬行江北覘形勢日薄暮賊掩至壽與里人張心純者潛護送至陸家嘴渡江賊覺之怒磔壽純赴水死

熊繡琥青齋嘉慶甲子舉人性戇直聲如洪鐘咸豐初署通城教諭值粤逆陷城繡請兵克復即攝邑篆五年團勇於本邑黄泥坳十月賊大隊忽至眾潰遇害

贈都察院經歷　給雲騎尉世職

帥遠燡字逸齋承瀛孫少磊落有大志道光丁酉拔貢生

恩賜舉人丁未成進士選庶吉士授編修咸豐初軍事日棘屢上疏言事六年援例以道員候選謁侍郎曾國藩於江西慷慨談時務國藩奇其才頃之國藩以親喪旋里遠燡蒿目時艱知天下事非曾公莫辦親至其家勸之出山留連帀月始返江西大吏旋奏留委用七年粤逆擾撫建官軍屢敗遠燡憤甚募卒千人赴東鄉堵剿十月七日賊大至眾寡不敵營陷遠燡手刃數賊力竭死兄子布理問疇廪生萬泰同遇害事

聞贈光祿寺卿謚文毅

賜祭葬　給騎都尉世職

敕東鄉及本籍建專祠疇

贈知州銜　給雲騎尉世職並萬泰均附祀

吳正諸生咸豐七年遇賊奪刀斃之他賊怒肆加殘毁正罵不絶口死

程銑字鵬萬由監生授安徽池河巡檢粤匪東竄以守禦功陞知縣咸豐九年攝來安篆十年四月賊渠龔某率眾萬餘陷來安銑督勇巷戰力竭遇害子元勳殉焉

贈直隸州銜照知縣例議卹　給雲騎尉世職

鄧文鑑字達甫諸生練勇剿賊嘗擒賊目奪其矛並獲僞印救出難民無數復捐貲倡修萬家堡同治三年秋賊至鑑督勇禦之力竭陣亡受害甚慘

敕於本堡內立祠建坊　給雲騎尉世職

補遺

蘄水縣

夏繼青字湛若明季副貢生性剛直流賊躪楚傾貲結砦野鶴山賊至事急眾議欲降青獨持不可極力堵禦賊恐眾圍攻砦潰青衣冠危坐罵不絶口賊怒遂臠割以死子諸生時敏枕遺骸痛哭賊憐其孝委之去青博學多能著有鶴山文集縣册

黄岡縣

飯桶佚姓名以力大善飯故名傭於宋埠有年咸豐四年賊至埠逼使降大罵不從賊臠割之至死終罵不絶口麻城志

黄州府志卷之二十二上終

黃州府志卷之二十二下

黃州府知府英　啟纂輯

人物志

忠義下

黃岡縣

許升　萬裕應均江夏殉難　方追遠被賊支解　方追祖
方繼學　方廷鐸　左龍均遇賊不屈死　縣志以上咸豐二年　徐德俊
王對兒　涂尚志　王鼎洛　靖士元　王應文　熊家祥
熊養正　童家駒　曾光耀　馬先珠　汪維壽　戴承祚
李明漣　顧國型　顧朝珩　張謙益　節義錄　汪後貴廣濟
殉難　萬成芳江夏殉難　王道揚陶店被賊擄不從遇害　陳永昌堵城

被賊擄不屈被焚死　趙錫麒遇賊力鬬死　程一鵬省城殉難　李壽禧堵城
遇賊使牧馬不從大罵奪賊刀自刎　於鳴義賊至鄰婦多避義家義拒賊於門賊怒刺死　張必昌遇賊
馬家河被執不屈死　周兆熊鄧家塝殉難　胡先明蔡家潭殉難　王廣雄路口
殉難　鄒緒瓊賊脅令牧馬不從罵賊被殺於陶家衝　嚴厚銑城外百福巷被擄不屈死
喻正光　張永發　熊有朋　方邦安　齊遠道　徐貞
羅盛懷　邱衍春縣志　李士成新採　以上咸豐三年　黃錦標　黃忠義
黃彩以　黃義成　黃步雲　操再魁　盧治墉　曹近主
程漢川　余順祥　王廷福　王得順　楊大元　王鉅萬
楊萬鵬　梅廷秀學　蔡尚義　蘇正懷　梅紹啓　黃福昌
劉發興　王乃第　韓正玉　左大元　張大鵬　左勝義
韓克連　洪延齡　韓高彩耀　梅文義　李啓源　蘇明福德

雷必順　江大月　巴錫古　巴永耀　巴紹冕　巴福高
江宏弼　江朝福　江德廣　江福堯　江長青　張必法
張耀富　張福　僧開朗　僧滿情　節義錄　劉文珠松楊
鋪殉難　黃正佳鷺公頸殉難　江大悅雙河口殉難　歐宗煦
郭家梅均陳德岡被執不屈遇害　李大合李家集殉難　王開鈺省城
殉難　余作翽遇賊逼授偽職不屈投馬橋龍坑死　鄭宜玟賊逼脅不屈死
盛之鏞團風殉難　徐士貴村　徐士志　縣志以上咸豐四年
周大漣蘄水殉難　王模春府冊　李能璧　朱勺庭
朱豐樂　李懷遠　謝紹林　鄧廷彩　袁流敖　汪久潢
龍繼湘　戚友山　洪延聰　韓廷廣　但傳祥　在化祐
游全義　游占元　游如坤　韓玉林　孫國寶　洪全盛

沈繩武　陳正青　歐廷海　羅正興　李萬忠　盧正有
李裕元　沈崇禮　潘世英　余大才　張道文　余合全
祝洪盛　戴乾富　劉崇正廣　劉最元　石萬春　劉全發
劉步雲　朱長久　王遵守　邢世選　張乃堂　張道灼
吳春富　王大英　梅其發　史存戢　張喜生　吳作敖
夏道興　陳正宏起　陳七兒　陳璞山　陳萬順　夏有德
夏彌進　靖華貴　陳全富　陳如田　靖豫固　程世喜
陳連三　陳體乾　吳祥太　陳學翰　僧鴻禧　節義錄
胡華維縣屬殉難　戈客人　陳祐祥被擄至李家集不屈死　李能祺堵城
殉難　林有倫　林宇正倫子　林宇遠倫子　林宇全倫姪均因穆協鎮館其家
賊猝至護官兵見殺　馬遵恆團風殉難　葉咸熙　葉咸績　葉咸亨俱咸

熙弟　葉宜升　葉宜蘭俱咸熙子葉家大橋殉難　汪在元路口殉難
萬三伢遇賊逼脅赴水死　馮明春　萬大安　萬廷善安子　萬希棟安孫
隗理選　熊德鈺　歐陽道隆　姜念祖　徐澤耀均遇
賊不屈死　舒後椿鳳凰潭殉難　吳永應　柯煙匠　鍾發伢
李國棟　謝國富　謝全順　謝行周　謝紹伢　謝洋三
吳長烈　秦明柱　黃必興　姜必興　程仁和　秦德成
秦後儒　周啟華　王仁貞　何官泰以上咸豐五年縣志
韓雙貴　張善成　操本烈　韓明才　李大嵩　張時全
徐起鵠　操元貴　操元祿　方永太　郭侯喜　孫華林
張榮升　談國楚　陳本善　陳忠發　涂秉祜　楊以柏
楊興祿　王基槐　袁起偉　黃定太　方正順　呂宏恩

操薰明　方萬年　王彩學　黃明剛　竇大山　胡新輝
胡新德　胡新慶　徐恒萬　胡全順　易輝廷　易起先
陳如駿　李狗兒　吳彩臣　何各貴　張占雄　羅全昇
吳太山　韓克義　操敦萬　操本進　張立昌　吳魚躍
吳天機　喻普應　任殿鰲　盛敦榮　鍾義謙　鍾維畏
鍾清鵠　程志義　程至信　程福玉　張天佑　王發牙
張浩元　張楚傑　張榮昇　畢大嵩　畢二嵩　劉恒發
僧能和　僧滿容　僧勝明　僧普應節義錄　邵光昱鳳凰
殉難　徐八戒徐家樓殉難　葉鳳鳴被賊擄不屈遇害　汪家駮黃家
鋪殉難　馮地泰遇賊不屈死　張翔樂李家集殉難　何允懷
涂秉熙　羅雙熙　羅天二　羅許二　曹高嵐　詹香二

曹天耳以上咸豐六年縣志　盧榮朝與賊鬭被殺並剖腹　喻潤湖
喻潤讓潤湖弟均迴龍山殉難　陳萬英　陳萬豪英弟　陳繼德英姪均罵賊被刺
劉恒法路口被擄不屈為賊刺投水死　李紹遲淋山河被擄罵賊賊斷其舌死
曹世才洪家橋殉難　齊應玉被執不屈為賊磔死　曾光煜遇賊被殺並碎屍
陳文煦　李正萬　范應卓　余朝江　龍兆年　程鳳朝
程國亨　周隆發均遇賊逼脅被殺　葉祚學　葉祚珠祚學弟均與賊鬭殺數賊
後賊眾不敵死　齊必耀與賊鬭力竭遇害　李榮呈　劉啟望均遇賊不屈死
陳紹柏上新洲殉難　汪瑞昌汪家衝殉難　陳一名遇賊被刺傷左手名奪刀　喻治春麻城
刺賊賊屬至遂遇害　萬裕朝見賊擄掠忿罵遇害以上咸豐七年縣志
殉難咸豐八年縣志　吳遂海遇賊逼脅不從投水死咸豐九年縣志
彭元善　杭邦友　胡克善府冊　王豐有遇賊逼降被殺

羅象威　胡克厚以上咸豐十年縣志　吳光宗　王基常
黃家駉　黃步昌　黃時濤節義錄　楊名顯縣屬殉難
黃豐漣安陸殉難　胡元佑本城殉難　范應楠迴龍山遇賊被脅不屈死
胡文學路口遇賊被擄罵賊賊割其舌遂以石自碎首死　張元宏王家倉遇賊不屈死
張元烈　張元濃均元宏弟同殉　范鵬程遇賊逼脅投水死　龍愷遇賊
不屈被殺　盧進思　詹基茂憤賊擄掠奪刀殺賊後賊眾至被銃擊斃　柳黃泰與賊
鬭被殺　歐陽坤　李能學　華名實均遇賊不屈死　馬先匯陳家
畈遇賊不屈被刺至死罵不絕口　詹名春下巴河遇賊不屈死　張肇仁大壁山殉難
黃松福三台河遇賊脅降與賊鬭被害投屍於水　陳學文罵賊被殺並解屍　曾光炬遇賊
不屈賊斷其臂死　胡元福　劉正亨　索永課　丁貴福　丁為名
以上咸豐十一年縣志　曹發興　徐錫公　王光政　朱紹華

余良宜　楊聲炳節義錄以上咸豐間　朱五遇賊被執妻某伏深林中
趙出救護賊欲污之夫婦大罵不屈死　劉維邦鵝子湖被劉投水死　羅殿華　余錫鼇
馮昌盛　羅千强　羅千智　陳昆項　黎國定　陳秉義
劉德新　吳開和　王淸仁　江天壽　蔡三喜　彭光振
高紹虔　涂錫鼇　徐正剛縣志以上同治元年　王元富
陶忠烈　張載青　黃耀奎節義錄　游亨鼎李家集遇賊不屈死
童榮春禦賊力竭赴水死　江正春　韓永興　王之香　王宗周
陳仁美　陳集祥　張福祖　余開發　余勝發　雷全興
雷瑞林　雷克相　雷克明　雷時光　任運亨　繆咸鳳
羅春秋　羅萬合　吳勝博　李同太　謝紹祖　謝勝伢
喻治秀　羅金榜　程波浩　程應從　程應山　程集昌

黃州府志《卷之二十二　忠義下　五

程希禮　程守富　程開揚　程希賢　程楚南　程有賜
程宗勝　程學順　程定安　劉學森　吳太紹　吳天祥
陳秉忠縣志以上同治二年　王子樹　王純鑑　王純英
王宏德　韋祥春　傅其和　胡華藻　胡鉅剛　胡華匾
左春藻　左致遠　吳林元　汪伯勤　孫振緒　孫時良
孫正啟　孫時安　孫明烱　喻德恒　徐萬珍　鍾明馨
鍾明程　鍾明玖　鍾明紹　鍾明經　葉汝蘇　林方興
林光前　林才聖　陶啟黃　潘中有　繆如賢　繆國安
繆勝祥　孫正成府冊　胡全福　張澤玉　張能升
張士煌　張金鐸　黃亮采　黃時亨　黃周舒　黃家賢
黃民傳　黃萬斌　黃遂昇　黃定中　黃世用　黃萬松

黃芹香　黃添福　黃民富　黃正英　吳承富　黃兆璜
黃兆福　黃淸潔　黃克遂　黃有萬　黃兆才　黃佑生
黃六伢　戚光常　王士賢　童光祖　張鳳樓梧　吳楚還
張采亭　黃極三　黃百侯　梅垂綬　韓舉維節義錄
王飛熊泉華山殉難　戚應朝小崎山殉難　熊純以黃泥擋殉難
李鳳鸞硤石衝殉難　熊永天鐵冶殉難　陳應朋金鋪山殉難
張道和葉家店殉難　戚必煌茄子巖與賊鬭死　熊永祿鮑家店投水死
操敬廷投崎山巖下死　胡秀坤李家楊林殉難　胡介春葉家店遇賊不屈死
胡十伢均介春子同遇害　邵正茂五雲山殉難　邱忠麒　邱恕地均蘄
水遇賊不屈死　邱忠遠羅田殉難　余道舉遇賊鬭死　黃得發
孫福均縣屬殉難　林光斗李婆墩殉難　聞佐相趙家山殉難

黃州府志《卷之二十二　忠義下　六

邱忠進但店殉難　王良元遇賊硤石冲罵賊被斷舌焚死　李卜云羅田
葉家苑殉難　熊永壽蘄水團陂殉難　余道炷蘄水李木巖殉難　鄧聲遠蘄水
蔡家店殉難　傅光和環　傅高柏均遇賊不屈投瓜瞇灣河死　胡萬金迴龍
山殉難　龍景華被賊追至鵝子湖投水死　何永枝林坡殉難　羅運春傅家
港殉難　鄒鳳山　周其德　劉開成均蘄水巴水驛殉難　王家良赤山
橋遇賊赴水死　周西安　王緒亮均金鷄屈殉難　徐德清鵝子湖殉難
熊之槐馬家嶺殉難　盧安譜在余家塝殺斃二賊後賊衆至遂遇害　李太宗憤賊
肆掠擊賊被焚死於迴龍山下　朱後銀蘄水東港橋遇賊投水死　龍泰福病篤被賊焚死
徐際奎憤賊淫掠罵賊遇害　譚文智鴨子坡殉難　朱宗意南湖殉難
徐立書魏家嘴遇賊不屈死　徐立春見賊擄掠忿罵遇害　陳原敏賊追急赴水死
王基鍇携眷屬避賊抱姪赴水死　張全元百道河殉難　范耀福與賊鬬殺賊一傷賊二後

賊蝟集遂遇害 陳一𤆬遇賊赴水死 喻成柱因子被擄往救遇害 張全壽大崎
山殉難 喻在儒史馬湖殉難 霍德宜歐家園殉難 徐本善錐子
河殉難 高萃業柳林下店殉難 孫正麒羅田李木巖殉難 朱家瓚與賊
闘手刃二賊賊廧至被執射死 喻錫麒 陳茂英 陳茂豪英弟 傅其鼇
李達時 鄧玥華 李繩武 梅立節常 梅思道立節立常姪均遇賊不屈
死 張履周 何應楨 鄭鳳山 邱恕利 易世熙
徐懋柏 范萬義 華可照震 王大珏 江佑興國 許光弼
潘全元 江景烈崇 李成秀 李有光 劉春季 羅鳳友
羅懷德 羅舍伢 陳祖義 劉萬宗 程志富 錢啟富
王恒美 高雙富 張希禮 李克聰 羅方萬 羅亨華
羅聰伢 羅美喜 黃麒元文 黃年順 彭正大 張仁貴

庫且伢 黃效仁 黃如鐸 黃東輝 黃柏朋 熊國凝
吳如約 吳遂堂 喻承輔 李海和明 李天起 吳扶佑
羅貞起 高四八 高慶豐 王懷興 吳以明乾 程宗萬賜
劉先蘭 饒應才 高長玖 史春發 崔德富 崔光治
崔光烈俱德富子 崔光學富姪 王肇吉 賈起興 余宏友
吳世太 李士友 徐延貴 陳德儒 華載順 周其中
高世攀瀚 高世朝春 方廷釗發 方追鶴報 方追驥龍 方追駙溥
方廷藻 傅世松 方華元 方追喜萱 方追紋連 方燿先富
方繼纓年 方繼連登 方繼松士 張一湖 方繼乾傳 熊應崎
曾庭相楷 曾庭模 張廣珠 張銀生 陳一清 馮先德
喻成升 喻喜兒升姪 范耀先成 喻啟德 吳光發 吳鍾毓

程柱國 徐之隆 馮明順 汪陽春 錢廷甲 張錦春
江保煦 江高林 謝邦彥 王自謨 王大應適 王汝合
黃濟灝 黃聖照 江宏旺 汪士興 李光宋 熊國正嚴
陳炳松縣志 丁際志 丁今生 丁時潞 丁名儉
丁孔學 劉雙貴均羅田殉難 羅田縣志 以上同治三年 游豐貴
游亨陞 潘章富 李學捷 李忠善 蕭崇山 張南山
張容順 張明伢 張祥志 張永富 張楚銀 張望生
任曰勝 嚴秀蘭 劉順理 劉萬勝 劉昌寒 余世發
余全順 曹封益 曹隆成 奚德貴 王發勝 王發耀
王步金 王緒春 王全福 王成芝 王秉重 王自京
王自政 王旺甫 何歡生 孫德明 孫章瓊 孫清吉

汪捷勝 汪元志 汪永貴 汪一進 汪應台 汪同春
胡茂璜 曾結子 陳開華 陳賓玉 陳名有 陳春明
陳愼玉 陳受唐 陳保國 陳有禮 陳財來 陳依舜
陳二意 陳紹南 陳緒漢 陳錦祥 陳國華 陳振交
葉基肇 周東海 周顯才 周廷顯 周物青 周正海
周兆寬 周元光 周尚喜 周普吉 周基松 陶聲遠
陶仁尊 向明松 韓開選 韓嘉行 韓萬育 韓成英
韓普濟 韓濟才 韓大生 韓朝永 韓芳九 韓永發
韓啟才 韓錫來 韓恭壽 韓掄元 韓世善 韓馬牙
羅千貴 羅明啟 羅依聖 羅東望 般體寅 童壽喜
林秀華 林繼秀 林開榜 林仁義 林向輝 黃必興

黃光選 李忠喜 童象南府冊 陶雲受 陶盛德
楊名啟 周宗琳 胡定樂 胡祖興 林映祿 周步新
邵宗貴 周傳伢 張紹祥 周功起 陳春暄 邵國寶
涂春霆 涂敦貴 韓啟富 易世龍 程馬牙 周宗琯
陳天春 周廷萬 周鳳岐 涂康林 周普貴 張文耀
葉慶昇 王一清 尹應舉 張紹元 林儒珍 林華玉
張含倫 熊克勝 葉肇廸 陳炳清 楊占鼇 汪久恕
林題榜 陳獻國 童象本 袁繼賢 王自玖 周廷選
林光楚節義錄 陶聲遠 韓高陞均縣屬殉難 王基桓
王緒洪基桓姪均遇賊不屈赴水死 胡步高陽邏殉難 劉德成木磯口投水死
黃艮傑葉店官殉難 金長富黃六憤賊擄掠輿鬭死 林美秀見捻匪入村淫掠持鋤禦之賊紛至鬭死
吳代遠賊追一婦人入家力護之婦逃免遠鬭死 嚴啟信因子用賓被擄罵賊被殺並焚其屍
萬裕熙遇賊肆行鞭扑傷重死 萬成彰被賊焚死
萬邦傑由其姑祖父胡美彥高兼道任所歸途遇捻匪不屈死 賀受連捻匪至婦女有奔避連家者賊索之加以刃連怒罵賊被縛倒懸焚死
程元善與賊力鬭死並焚其屍 陳四伢手刃二賊賊衆至遂遇害
汪永蕃 羅載籍 羅載瑾 王家漢 孫志瀛
張同舒 杜前旌 杜學彬 陳清伢 陳金聲 陳正高
陳大邦 陳裕照 陳德敬 陳曉三 陳清照 夏正常
程先振 程前盛 程丁亥 程宏盛 程高崇 程兆伢
陶策維 吳禮瑞 吳德明 鄧宗憲 彭澤均 彭永輔
彭永輅 彭永志 彭經綸 陶啟柯 程宏忠 程光猷
程朋萬 張紹春 張百益 張勝先 張復先 桂春富

桂應元 戴宗萬 施基柏 劉裕啟 李懷祿 李天貴
李懷才 李萬幸 李西山 李名玠 吳正泰 吳成章
吳天春 吳天年 江才禮 王正立 王遵順 高天登
張正仁 張銀元 高步仁 喻治精 喻治偉 庫居敬
庫復萬 程玉寬 程永樂 方殿揚 羅望生 羅載杏
鍾會久 王朝亮 羅啟禮 邱法惠 王自泰 陳錦賢
馮先才 朱功松熾 謝奉選 朱萬欽 萬鼎祺 萬成仁
童香亭 陳秉清 萬裕鎧 萬裕楨以上同治四年縣志
李艮才 李明亮 劉昌珠 劉永富 劉萬盛 劉內春
何貞護 舒之雄 汪鳳金 汪鳳珠 汪宏定 蔡長久
王鉅榮 魏占鼇 張玉喜 張金福 張子英 張國安
張應亨 張常 袁能貴 袁士華 陳百遂 陳聯輝
陳上蘭 陳長金 陳福祥 陳賓于 陳如川 陳品輿
陳才高 陳才富 陳國材 陳受登 陳常泰 陳瓊華
陳聖懷 陳雙喜 陳結綵 陳賜鯉 陳長平 陳師尙
陳治高 陳祜季 葉肇回 陳從周 葉際會 葉大有
孫偉好 孫邦楨 林方興 林美學 林繼元 林攸凝
林春露 林已巳 林光杰 童耀普 童衍歆 童錦春
童全三 周洪艮 周超羣 周萬清 邵忠貴 黃必新
黃又和 黃元和 黃之華 黃啟華 向善逃 向龍光
向世安 向惠普 陶明楚 陶勝强 韓高升 韓普周
韓豐有 郭正興 鍾光明 郭學易 段體仁 段耀名

府冊 羅十貴 周元吉 周合林 陳高璧 汪孔輝
程先貴 周燕瓊 江有恒 周惇五 王右牙 夏芹牙
張安定 尹幼牙 陳時清 林紹勳 胡振揚 張萬年
邵位高 葉大彭 張直常 張仲衡 陳兆先 張登週
節義錄 陳長金縣屬殉難 黃可蔭三店殉難 王景銓
王景坤 梅化鵬 傅高福均遇賊脅降不屈死 汪承傑 汪承玉均長
林嘴殉難 揭復仁 揭潤 羅金紹 羅宏福 鍾崇高
黎崇德 方勝鼇 陳仁純 張希智 羅貴有 羅文楷
黃光美 鍾朝貴 李國禮 李葉興 喻在順 吳全順
朱三元 陳恒山 吳鳳友 王才昇 王大敦 汪大椿
縣志以上同治五年 龍泰焜賊擄至西陽河不屈被殺 馮盛梅孫家嘴殉難

桂唐濟葉店殉難 祁芳楨遇賊不屈被殺焚屍 陳德塾遇賊脅赴水死
鄒自遠賊知其子應祥隨營逼交遠罵賊死 劉際松被賊執自以剪刀斷縛赴長塘死
范廷榮 程曾慶 羅載銓 羅載元 羅新吉 羅正遂
鍾清雄 王士萬 喻錫基 汪德朝 徐德立縣志以上同治
六年 蔡林蘄州殉難 節義錄 張松和縣志
黃時律 鍾幼子姪 羅德華 羅潤石節義錄以上同治間
柳宏濂見賊淫掠憤罵被割舌死 湯武聞賊至衣冠罵賊被殺 羅承理 羅載經承理
弟均遇賊逼脅投水死 王毓湘 汪彬 陳元發均遇賊不屈死
汪錫瑲玦 汪錫祉俱見賊火民房救之遇害 陳香圃 歐作烋 江正順
王全順 王福鼇 蕭耀先 廖秋發 廖華先 廖國杜佐
邵正興 廖永富 徐銀貴 徐勝望 巴紹秀 王三元

巴貽寶 徐思聰 徐行潔 徐澤亨 徐廷善 巴興發揚
巴遐先 巴成英 胡錫祥 何長春 何銀生 江運興
隗錦繡 蔣光祿 王春保 李佐朝 盧萬東 胡必發
縣志以上年未詳 附 尹一源漢陽人咸豐四年縣屬殉難 彭萬德江夏人咸豐五年縣屬殉難
蘄水縣
吳艮度縣志 孫紹興縣屬殉難 石應華湘潭殉難 節義錄
以上咸豐四年 蔡正明罵賊被戕 張想兒雲路口被殺 劉廣餘
府冊 王立人 翟生凝銑 翟生康 翟生壽瑞 蔡彖才
蔡世楫 李紹瑄均縣屬殉難 節義錄並縣志以上咸豐五年 彭成發
蔡星樸縣志名是勳 汪應順 汪裕崙均縣屬殉難 節義錄以上咸豐
六年 袁鳳全 陳國榮 張登元 張登和 蘇明揚

郭有德 廖登元 岑啟壽 馬世光 馬岐兒世光子
胡以銀 張文宗 李鳳億 李正德 汪中富 陳佑茂賊逼
投水身死 蘇景占賊擄不從被殺棄屍塘內 袁鳳成 袁鳳賓兄弟被擄不從罵賊均被
戕 王啟富罵賊被追投水死 袁萬山 袁鳳朝萬山子父子均被擄遇害
馬世榮賊擄不從被戕 徐啟鈺府冊 馬大考 李大發 李大雙
陳長兒 周初一 李邦貴節義錄以上咸豐七年 王士隆
程勝宗 王金富 王金貴 王金宗 王榮貴 王廷貴
王廣德 王序倫 王天海 王步高 王用禮 袁有恒
程德明 陳紹基 王云貴 王洪遠 錢克昌 陳九思
范立勛 徐廸華 徐本初 徐三元 黃泰宇 彭從如
徐三友 徐本連 徐慶芳 徐本達 徐本英 徐照陞

王春厚　徐本有　程必盛　徐本椿　黃升耀　魯行道
陳思七　魯朝典　郭時連　胡若富　郭時在　郭立雲
王雲光　徐升三　皮立成　江鑫斯　石宗來　蔡福春
邵廷柏　江朋友　陳國興　陳昌發　程利文　杜時光
南堂雄　湯雄珠　呂在勝隆　趙必遂　蔡廣明　姜寶富
李玉發均在縣屬殉難節義錄　程梓蘄州殉難以上咸豐十一年
徐士明麻城殉難府冊　夏原傑　夏本盛　萬里富　華宗福
徐文志　石應璜節義錄以上同治二年　朱代榜　畢連進
畢衍其　畢天秩　張兆鏞　楊定昌　朱德魁　王立田
張漢兒　劉永年　范榮望　蔡東榮　蔡起陽　李紹仁
蔡四應　馮宗發　周百鈞　孫萬初　朱隆文　奚純兒黃安

殉難　徐林馥　岑正發　張金發　胡懷德均在縣屬殉難節義
錄並縣志以上同治三年　僧素雲隨團勇剿賊被賊獲磔死　徐連陞　徐觀順
朱成桀　朱季望　陶春元　朱登高　袁國仁　李德普
王宗仁　袁瑞棠　汪裕福　孫天保　孫天義　孫開成
孫邦華　孫天久　孫開玉　孫邦秀　孫邦學　孫國盈
孫天章　孫邦德　孫天壽祿　孫邦興　孫國興　李洪人
孫天興　孫天勝邦興子　孫邦祿　馬奇林　李庚元洪人
子　孫天珠　郭時金　郭兆德　郭時春　馬仲祿
彭朝主　周公雲　周公鼇　胡得祿　周必學　袁金堂
徐懷主　周公章　徐樂兒　游正全　郭康正　徐貴友
袁金聲　王安舒　王祁旭　袁鳳逵　程崇山　胡國忠

徐應元　王必順　周從華　李文山　趙根烈　鄒志雲
王啟壽　游告化　游光顯　袁啟全　王啟友　詹楚法
詹應槐法子　駱蔭官　王紹華　胡以興　畢作庶　張登才
彭心超　程文曜　胡明高　楊愈申　任文興　游全信
彭順忠　廖心餘　徐全元　吳正祿　詹以貴　艾永豐
袁國楷　彭天呈　余祥勝　徐有兒　徐映同　陳開甲
吳克順　綦金遂　王應銀　徐正綱　王得勝　徐奎有
陳耀華　程云發　袁義明　張肇位　杜春發　李多發望
徐愈詮　張心順　汪亮堦與妻徐同赴水死　汪光祿　范世玉均赴
水死　夏榮華　張士驤　蔡志國　朱以悠　朱春和
詹長元　徐士品　周紹祺與妻桂同赴水死　李成華　蔡光和

瞿鈞佐均赴水死　胡德勝　李朝英　徐其俊　王濟川
申宗榮　艾美貴　袁鳳壽　艾景融　王佑發　程洪昇
羅正望　朱家富　艾景華　王德盛　艾美棣　夏懷暢
程春發　朱文同　程云啟　陳顯貴　程洪安　陳才元
程云利　程云福　程能禮　程洪元　王全福　程廷發
程佑之　張天爵　程云才　程得行才　程廷瑞　張文知
程得一　程法之　程連芳　陳光義　程必啟　周琢堂
胡又正　蕭長萬　周慶華　程玉章　程達義　王博經義
徐金進　陳裕鑫　胡明元　楊五奇　陳舫春　楊奎光
徐同有　徐德順　王光榮　徐十梅　陳功發　賀東傳
陳宗順　王明義　楊之樂　陶有明　楊慶先　徐世隆

徐開榜　徐光達　徐九禹　陶廷舉　王巽生　徐日富
徐萬福　徐日貴　徐期寅　楊行先　徐傳富　徐高義
徐瑞凝　陳承祥　徐十庚　陳名堅　張廣興　王朝宗
陳瓊英　王朝望　徐春容　陳祖應　陳維誠　陳何爲
陳裕儉　陳焱亭　陳名湖　陳光玉　王朝序　陳安太
陳之信　陳祿有　陳蔭青　陳裕發　陳佐亭　陳光其
陳應運　夏慶高　陳應登　陳朝佑　翁曰有　南棠梁
陳佑賢　夏慶福　王喜人　南義太　王正萬　陳之禮
胡名發　王萬和　陳全太　程正國　陳名樂　王普周
熊春發　翁光蘭　李芝蓉　胡金山　李青雲　童興榮
饒宏發　陳崇發　張春先　陳正啟　楊國義　張得元

王世發　李庚緒　王世順　楊仲常　陳榮發　陳彩興
王東祥　陳明主　王續宗　楊邦殿　陳貞易　王廷棟
戴錦全　周正發　陳昆倫　戴基耀　陳學海　王春秀
陳松林　陳學登　陳恒南　戴錦照　陳耀華　陳瑞祥
陳維金　陳高升　范忠耀　陳克芹　樊祈發　陳吉平
陳科明　陳勝春　陳名金　陳時春　陳慶會　陳春華
陳春發　陳光求　陳敏中　陳萬雲　陳克揚　陳科發
涂正春　陳啟華　郭鳳祺　陳慶雲　涂兆才　郭鳳祥
郭雲興　王發仁　郭名全　陳殿宗　陳永青　涂金萬
嚴齊有　樊名均　樊名虎　郭榮華　徐時茂　涂應基
陳文斗　郭雲程　徐興富　樊雨金　徐彩貴　嚴時富

陳廷元　徐彩廷　陳春耀　陳敦明　楊效成　徐興榮
陳宏福　徐金典　畢際佳　王勢法　陳超羣　陳廷秀
周正啟　王寶麟　陳名發　陳有法　陳光興　畢際利
王彩秀　畢正興　王祥興　陳道安　王朝棟　陳名崇
陳光純　陳光元　陳光月　王步蟾　徐志富　王祥訓
陶應龍　王朝聘　王萬興　賀正朝　翁兆容　王學成
陳宗福　佘含鼎　陳名全　徐士洪　陳瑞有　王瑞志
陳光詠　翁兆晉　徐光明　陳見斗　劉萬高　陳繼霞
陳雲禮　劉萬豐　徐才高　陳光達　翁開成　徐光彩
南葵明　徐志才　陳正興　南種玉　陳朝進　陳榮先
張以貴　周宏仁　談世文　南敦序　詹光斗　柴世勳

華南發　滌朝興　高耀祥　萬理富　蔡興育　李應芳
徐九華　戴子紅　汪景和　王兆海　胡有元　汪紹忠
蔡學元　蔡興斌　林德貴　蔡高遂　施桂生　程文法
陳玉山　田望來　詹瑞高　饒登才　韓才兒　詹世發
陳以德　詹大富　詹瑞海　陳玉明　汪光連　胡霜降
程元喜　裴永貴　王啟發　鄭萬法　韋興仁　胡立恭
裴慶皇　姚三元　翟正耀　陳科兒　詹有華　戴錦章
胡祥兒　詹有發　胡福兒　胡庚寅　石萬杰　胡元兒
施起法　華光發　胡春揚　陳狗兒　胡望林　胡滿兒
韋興才　胡三德　胡重兒　王起發　詹瑞棠　胡孝兒
陳三陽　胡雙喜　葉貞爵　魯廣發　柴海義　胡正望

程學福　詹得兒　陳孚壽　魯田兒　馮啟壽　程孚山
李作江　何桂林　張聲炳　程萬盈　彭尚吉　彭長年尚吉
長子　彭長庚　潘裕孚　潘裕炳孚弟　郭道愷　何貞萃
程顯貴　范榮升焚死　郭光清　王　淏殉父　南集鈞
熊儒德被磔　周老四殉佐　吳毓蓮　周必有　瞿春學　程必時
程達全時子　王榮華妻媳同死　鄧世瑞罵賊死　鄧世應被賊
戕死　袁紹廷　漆東木　王道立　王樹德立子　胡粒珍
胡攀級珍子　汪裕樸焚死　詹正富英山殉難　艾美方　王世虎
王覺元　王石磙元子　葉瑞芝　樂時漢　樂萬周漢子　邢喜連殉母
柴　子正發子　毛學兒　毛永才　蘇長兒　南玉璣
郭啟富　郭聯捷　楊安慶　萬中彩　楊坤言　董公楷

朱光發　朱世有　呂有元　馮名占　南玉衡　王金斗
蔡長名　蔡學均　林世喜　陳佑應　蔡世望　王顯名
邱起元　邱廷詔　邱福應　蔡以太　張楚和　張楚祥
裴德耀　瞿生藻　孫元國　張際選　瞿生學　瞿賢良
叚應元　蔡興汝　蔡耀華　瞿得隆　戴兆文　叚光芷
叚光芬　瞿天球　蔡世元　鄧有富　陳耀先　蔡廣明
蔡春華　蔡興淑　蔡世達　蔡世遑　南啟貴　南玉森
徐允發　王學佑　徐兆晉　王暉吉　王必法　潘學海
叚得應　彭天卓　程大年　夏萬全　岑興雙　熊會朝
姜正禮　閻泰豐　李邦英　魯朝典　夏明昇　黃星炳
王金富　王金貴　王金甫　毛安宇　陳文啟　毛得溥

郭光琇　徐本法　郭耀榮　方朝發　陳萬壽　李錫麟
王　悅　姚璧華　黃玉彩　王春松　徐同江　童必才
鍾　四　鍾　七　易啟壽　陶正富　龔啟從　鄧際廣
徐啟祥　段芳筌　陳天仁　邱啟法　湯永安　王興隆
李光志　張四喜　張家才　陳嘉貴　周天喜　蔡士明
周德高　戴太禮　李發友　姚時貴　汪中富　徐經玉
楊順豐　柴時發　王正發　王長元　黃萬明　郭立財
郭立家　汪茂林　周國元　湯豪志　李兆豫　蔡興渭
余新發　姜志法　楊士法　韓名達　韓青因　高世慰
何紹柏　何耀起　高開念　高鳳亭　王顯烈　楊貫勳
胡惟喬　張善春　張步聰　王壽兒　范有博　胡永時

胡又楷　胡銘中　秦道法　胡惟興　王祥曉　胡若訓
鄧正明　郭時有　鄭耀高　董華泰　董卜喜　朱文坤
楊之發　董有善　陳星璧　夏士興　朱紹清　朱開仕
詹長壽　詹　捷　李登瀛　馬時來　王紹祺　郭儀齊
皮得貴　熊得明　龔萬富　石記名　何道謙　焦啟人
焦先德　鄧應華　徐蘭藻　徐仁濟　王萬祥　朱長樸
王錦元　徐九祺　袁和重　徐學璜　侯光逵　袁履坤
袁鳳朝　潘學德　呂洪義　姜輔壽　任松海　操開榜
劉如江　尚八顧　尚七鳳　尚七玉　楊愈興　華柱安
張若仁　夏輝斗　夏家謨　周自善　陳惟緒　萬思睿
方棣華　周楚仲　方應元　周會川　張發志　姜殿東

周新貴　姜榮貴　岑克賢　周惟冕　周必望　周自華
張三英　姜德才　姜從建　姜品一　潘禮志　徐衡效
王蔭壽　范昌錦　陳紹基　郭純粹　郭輔朝　程必富
郭立縉　郭立行　方道鴻　徐春發　郭雲福　魯家樂
查春法　閔玉太　郭登第　郭承啟　葉秀愷　瞿能壽
郭光魁　陳開運　盛振義　程世家　程理明　王廷彩
馮宗茂　張傳盛　李文立　李有勳　馮以望　陳明發
談世九　李元龍　袁紹濂　王崇勳　王崇谷　王萬富
王如松　王丁酉　周國棟　王汝安　盧必得　岑正祿
王承德　馮永德　程文松　張崇壽　王興舟　鄧遠才
陳雙春　張國才　江錦揚　江四元　段廷愛　杜學貫

蔣華榮　侯應祿　張從壽　徐一株　陳基濤　高國華
楊光路　董公貴　許時貴　胡萊山　林德高　白品會
張退金　戴世林　鄢樹霖　張恒太　張宗連　胡明志
徐開臣　張應明　戴錦燦　李士高　陳學易　郭光需
高秉中　王萬鵬　高兆霖　王樂太　王經太　鄭欣榮
李一春　瞿雲山　范昌嫺　甯永高　徐九逃　趙才人
陳世曉　李應魁　姚作霖　姚興璜　陳象爵　王進雲
南九玉　陳時順　王利安　徐祥雲　陳光華　陳光朝
陳光祿　王四華　王尊榮　陳光輝　陳周南　王高陞
王審洪　陳永俊　張登祿　張廣才　徐儒祕　艾文煥
楊　準　王瑞榮　夏本盛　葉明耀　魯芝汝　孫邦明

鄧以和　張以福　周公爵　徐奎福　徐奎友　劉志禮
胡以愔　瞿文春　瞿文富　胡正乾　胡國興　何廷彩
張華富　黃顯富　程云發　蔡廷文　游景滄　游運興
汪學連　汪善滋　汪鳳升　汪春發　汪九皋　汪義山
汪凌雲　汪兆槐　汪光升　汪太安　汪義泰　汪秉明
汪濟春　汪道政　汪啟運　汪耀貴　楊周易　楊之楷
楊尊棠　楊尊武　吳兆興　王宗揚　方或躍　郭立福
戴錦亨　楊尊佩　楊尊俊　楊尊剛　楊尊中　楊之金
楊之祜　何金祥　詹鳳友　何文燦　南載友　楊六兒
詹瑞應　李隆潤　雷運興　楊祖福　杜金元　詹步雲
朱有富　南耀榮　黃之岡　王世道　杜秋發　南起萬

周德興　王世法　王得祿　南玉執　黃自起　杜明亮
湯景春　杜廣才　姜有能　杜立業　南瑞隆　王得如
王春華　南起明　邵和尚　南國雄　楊元高　南興綱
周　升　南思謨　王紹福　王世華　王世廓　陳勝高
吳萬福　湯廷雲　華佳和　南萬國　陳可榮　王金榮
繆新起　南起貴　楊大順　南金地　李時來　南長安
夏成照　杜恒典　李隆和　王萬康　楊萬有　楊興仁
李隆勇　杜登寅　汪德志　李正方　杜新干　王世則
辜玉成　南富徵　南宗傑　南正東　南能照　楊四喜
楊志發　楊廣富　徐九河　徐九漢　徐起才　楊知孝
楊尊孟　楊貫壽　楊之乾　楊之煜　樊自脩　樊光林

陳兆元　陳天章　馬登貴　湯永瑶　蔡金榮　高起發
高宏發　童楚望　江正楚　楊永富　楊永席　嚴升舒
楊福乾　楊尊芳　楊潤林　楊聞車　楊聞奇　楊鳳太
楊明玉　宋啟云　姚　典　韓全泰　王名貴　江興林
江云高　江有華　夏高玉　陳志高　周國柱　周譜兒
詹義財　翟紹貴　劉一舉　劉天祿　馬廣德　馬文弼
鍾貴榮　南堂祿　南士虎　南長青　南玉芝　南方里
南興河　南道泰　南元發　南興如　南方恕　南方禮
南順兒　南浮極　南玉青　南之秀　南國友　南國發
南國清　南有發　南海三　南學章　南善念　南玉軒
南堂連　南堂釆　南朝喜　汪祖性　熊光富　汪在德

吳際裕　姜永言　姜善富　高紹蘭　高紹光　高軒雲
熊長亨　楊名江　楊建和　楊正茂　楊曉堂　楊利川
杜如仕　楊立哲　楊名啟　鄭升富　夏之寅　楊慶雲
朱肇容　韓聲千　張孟義　周彩章　楊長福　楊長春
朱紹基　章春發　楊大道　馬期宗　馬期華　嚴家和
嚴家成　嚴時來　朱如久　朱以冬　朱正林　朱光勝
吳啟貴　蔡春泰　楊如意　江彩九　周月賓　鄧文啟
余朝啟　余朝雲　楊光路　何興富　裴成美　翟生璜
翟生暒　翟生瑪　孫兆興　鄧升庸　張純太　張純和
劉老二　胡象福　夏興隆　夏啟富　夏啟先　王學山
裴步雲　熊永爵　詹啟元　余立松　饒得先　蔡裕釆

張和順　田有江　禹正林　韋在福　裴正元　李元善
鄧升發　徐正如　舒朝爵　舒朝貴　舒兆玉　易世英
易世虎　饒成名　蔡長元　許光壽　蔡世春　蔡世純
蔡六福　蔡學蠡　蔡柯長　戴起富　裴成松　蔡興藻
蔡以福　蔡以潴　李國法　裴如松　裴興元　裴萬明
裴正啟　詹大有　裴起萬　翟生進　裴用先　翟天顯
馮兆基　蔡學道　蔡學高　潘宜詔　李元德　李元太
王德華　胡象明　蔡學博　周文發　詹啟法　蔡學鈺
蔡學鏜　饒正壽　蔡興祿　蔡慶善　蔡志義　蔡志萬
蔡開甲　萬兆江　田有成　翟國富　韋志富　蔡云牙
陳得富　孫兆章　蔡以惠　周禮德　宋順起　張耀釆

周承澡　蔡起勝　蔡學坊　馮玉文　南堂啟　李勝廣
奚瀛洲　奚德濬　奚長慶　張九才　張九理　楊尊廣
劉先友　饒正義　饒正望　蔡世祿　蔡興復　謝懷友
詹玉芝　詹玉發　詹勝釆　杜志道　楊萬義　裴六元
李世林　蔡廷貞　張元義　張閏兒　戴基志　吳正元
詹時坤　畢伯際　文映璜　艾永典　詹作林　裴得義
石耀勝　田友富　陳興泰　夏克旺　謝志和　謝志友
王德貴　蔡學優　南啟華　張正廣　黄文達　周正美
閔國祥　夏敬全　蔡興源　蔡佐興　蔡佐先　高巨啟
吳兆春　王楚玫　袁呂榮　徐鳳朝　徐均有　袁峻德
袁文耀　胡敦實　方文煥　徐務本　徐艮玉　李敘富

李敘貴　李敘意　李敘春　程有能　李金華　李三漢
李敘黃　陳國玉　陳孟春　陳玉蘭　李大雲　李光進
汪以江　劉兆德　施朝爵　張光興　謝有富　陳文光
陳印生　葉南山　裴永華　胡光耀　甘時春　朱喜兒
游應初　裴立成　張進哲　謝爵周　邱志義　裴學中
邱興發　李四兒　操克勳　裴師立　裴德昆　詹正旺
詹大信　詹成能　陳光義　曾永江　潘學河　蔡立階
阮國富　張鴉雀　胡立成　謝金容　劉成名　程正興
胡瑞明　李高義　徐崇法　徐廣發　徐厚祿　徐廣和
彭春泰　徐國祥　徐雲高　徐立型　徐全喜　徐東賜
徐興朋　徐士書　徐士華　徐十敏　徐皆吉　徐春先

徐應緒　徐九壽　徐黙佑　徐十均　徐典兒　徐春來
徐斯詠　徐天才　林長安　徐玉賢　徐高升　徐十銑
徐士雄　徐春華　徐廣義　徐廣才　徐啟發　周祥茂
李獻鳳　李壬寅　李會宗　李仙發　徐有福　徐承建
徐早春　徐知方　徐春槐　徐成章　賀朝義　賀正春
楊輝榜　徐永祥　徐廷華　徐宏高　徐鳳春　徐巨雲
徐高鴻　徐清典　徐維高　徐時茂　徐宗枝　徐連級
徐懷清　徐艮木　徐錦玉　徐錦名　徐席聘　王朝義
張方明　徐啟才　徐艮修　陳盛名　徐八進　萬世廣
徐士遇　何兆明　邢普雄　徐九雲　徐象勤　徐耀楚
聶新志　徐連元　徐占鼇　徐貞輝　王應奎　王有元

王芝蘭　夏光祚　朱長青　朱萬青　姚興璜　姚三桂
徐艮玉　徐月泉　徐登選　徐守林　徐正發　徐五喜
黃光明　黃光遠　黃之發　徐大順　蕭正興　徐北海
王四江　王志舉　徐九貴　徐兆泰　潘名見　周萬富
蕭永年　蕭永發　蕭楊和　方學章　王審華　王其福
邢壽光　邢維英　蕭紹達　蕭學富　蕭芝榮　蕭運隆
蕭運際　王正發　朱長杞　朱長壬　朱長香　朱細牙
朱列庚　王祈祺　王審經　王審維　王審象　王學密
王平初　王審綱　王祈貞　王章茂　王曉春　王惠和
王廷楷　徐十源　徐維錡　余宏順　姚三萬　施應元
郭正起　查光興　施漢永　姜芝蘭　蔡東海　曾云江

樂雲門　樂玉振　樂觀述　吳天印　吳重印　吳三印
吳義永　吳天德　李德勳　游采雲　游紫雲　游申堂
游華亭　游宗亭　游太原　游友兒　游從貴　游南朝
游中立　胡瑞興　陳　元　張登雲　陳六乾　周心銘
謝兆泰　吳廷耀　葉正發　劉春興　劉躍學　周細牙
曾　二　胡象山　胡兆先　姚三錫　汪國祿　蔡學海
徐文德　李玉琦　徐懷清　徐巨安　徐濟太　周景雲
徐恒敏　徐名學　徐七兒　徐道周　徐見義　徐見得
徐正學　徐廣勝　陳玉書　徐錦繡　徐紹智　徐吉徵
徐國弼　徐光初　徐道林　高登榜　周恒豐　王華綱
邢四友　王丙元　蕭鶴齡　蕭犬兒　蕭金林　蕭青選

王審其　王審林　陶文林　邢士元　夏時昌　邢春貴
徐壽山　徐海濱　徐青雲　徐富純　徐世玉　徐士彥
徐志順　徐秋桂　徐松淮　徐十元　蕭必楚　徐慶雲
潘盡傳　徐福先　邢長興　何高照　徐德和　徐聯輝
徐德榮　徐金華　徐九富　徐斐文　徐秀春　張起萬
徐朝會　徐翠璜　徐士禮　高慶緜　徐峻極　徐鄉秩
徐士源　徐楚書　徐祥盛　徐祥雲　徐起才　徐坤元
邢永發　徐丙先　邢士貴　徐長安　徐以南　邢迎全
徐志禮　邢從香　徐期福　徐金聲　徐春林　徐應林
徐九祿　徐永發　徐敬都　徐九機　徐有餘　徐雨聚
徐福興　徐北海　徐瑞章　徐瑞雲　徐廣續　徐正國

張方明　徐合起　徐惟駒　徐鶴年　王元先　徐朋躍
徐兆進　邢朋萬　邢從元　徐有成　徐世美　徐佩升
徐敦敘　徐國仁　徐國惠　王如意　王致義　江立陽
楊之茂　楊之志　楊汝賓　夏應芝　辜成發　徐十全
邢之祥　邢永富　徐九齡　徐九彬　徐九樹　徐廷茂
徐道名　徐懷水　裴成美　桂海南　姜全兒　裴六和
徐士齡　徐士菊　蕭長青　彭兆謙　蕭登敘　徐士慶
徐士佑　徐萬選　徐士意　徐十遠　徐九惠　徐十義
徐士先　徐士滿　徐士發　徐士恭　徐士讓　徐士賢
徐光明　徐丙喜　徐期春　胡捷三　胡貴三　胡文紹
李得友　李得祿　呂起貴　徐耀南　呂三中　徐昌富

徐占鼇　徐師意　徐十揚　徐蒼海　夏金菊　徐十貴
徐十歡　徐九桐　夏金華　徐成章　蕭萬海　徐十道
蕭四傑　徐席才　夏瑞鼇　徐士艮　徐九富　夏春發
徐躍龍　楊有才　楊貫國　徐士利　徐昌富　湯漢府
蕭五福　徐十楨　張登五　張應台　蔡是和　張登常
張登朝　徐長春　徐正叙　徐九昌　張登耀　徐起華
徐國正　蕭五端　蕭五和　徐士桂　張之元　徐必觀
徐國興　蕭六比　蕭六壽　徐克進　徐奎占　蕭金元
李道美　徐士虎　蕭五漢　李在梅　徐周順　蕭四知
李星騎　徐士傑　岳正發　徐八康　彭六武　徐萬和
蕭四福　徐士達　徐士智　蕭五常　彭爲謙　楊秀蘭

蕭五綱　彭計年　楊秀榮　蕭四虎　彭鴻漸　楊起名
楊得萬　彭元吉　彭爲三　楊天順　楊得才　徐成秀
徐如海　徐青錢　徐宏發　徐壽春　徐天才　徐士惠
徐九如　徐松林　徐坤美　徐十財　徐文魁　徐興富
徐宗典　徐高昇　徐朝鳳　徐先兒　彭之茂　彭韶華
張成義　張成元　張起雲　彭從雲　彭五槐　彭艮魁
徐八喜　徐永昌　徐開發　徐士春　徐開運　徐永志
彭六鳳　徐祚意　徐孔泗　徐士科　徐士永　徐炳喜
徐彩堂　徐雲路　徐禪發　徐士菊　徐爲宗　徐士春
徐添財　徐添貴　易三元　馬文郁　聶新江　張正位
李以爵　吳正富　張啟富　潘立瀛　黃朝謨　郭以明

易世萬　柴後學　徐宗恕　潘宗武　張東明　蔡世興
王成貴　萬新起　聶榮盛　李廣榮　李兆泰　王如義
李十全　李尚元　何有元　李開序　王繼云　李啟玉
王世英　王世祿　張金發　吳永富　岑石匠　程　某
羅國興　陳正有　廖心德　程玉堂　程益茂　黄大亨
鍾協邦　劉東雲　王登全　胡思照　胡九元　張兆丙
彭正名　艾美桂　彭天萬　岑正旺　羅國發　羅正才
李永發　李明山　張永全　袁萬銀　袁玉衡　袁鳳受
黄正江　李伯倉　楊周道　程萬朝　程學全　程理寬
程益永　程修祥　程萬方　張理松　岑隆江　岑隆清
張新和　熊高貴　楊良福　楊以滿　李保和　胡朝陽

胡申之　詹坤厚　張萬采　張萬一　方長發　王立田
張　漢　艾啟華　龔官次　龔天祿　袁來圻　張寶輝
侯令松　周可發　周光發　詹昆玉　徐必岡　陳廷望
徐永清　李開泰　李朝志　周長順　葉啟貴　葉啟榮
陳紹祺　陳永富　黄得咏　黄升立　張正隆　黄朝馭
李春華　張登仁　陳東發　李椿華　李廣太　任鳳翔
周全榮　聶正海　聶正光　周道秀　熊玉堂　李登厚
李登寶　李廣元　李恩陳　李光富　李世德　艾世隆
艾開運　葉萬和　葉端倫　潘孔嘉　潘明才　萬必勝
周全義　萬宇志　艾斗寅　艾樹棠寅弟　陸芝蘭　艾奉銑
黄良金　陳金台　汪昆和　柴玉書　柴廷耀　查玉成

姜耀元　郭瑞春　李廷拔　李象裕　汪秀升　汪象法
毛必得　劉廷訓　李時旺　熊廣秀　熊紹春　陳起庸
葉保成　陳名才　熊廣興　熊春秀　柴奉采　陳耀華
廖以元　廖世祿　詹松旺　李友連　程和禮　程得方
程田兒　程荀兒　程世友　李朝發　李朝進　李五兒
李右生　李百福　李開富　胡志興　胡邦發　胡以清
胡以德　胡以松　舒兆發　汪興發　汪長元　汪裕猷
汪錦比　徐家興　徐尚本　徐明兒　萬應金　舒兆才
萬應祿　劉光宗　樂萬全　陳右茂　姜文烈　田開言
岑正能　岑正國　鄒祖應　鄭象乾　趙應得　翟文有
詹以貴　詹其貴　張文發　鄧長林　左慶才　舒士富

潘立寅　周緒德　陳鳳翔　彭光南　徐家明　陳春應
鄭光全　聶新沐　李國清　李士堯　周細牙　徐文志
袁登聯　張恒發　吳正元　張有天　程世榮　張以義
朱代祥　朱代富　朱昌榮　朱演隆　劉克勤　郭陽春
王天元　陳九方　張恒載　張長福　張長祿　謝銀洲
汪長興　蔡興邦　蔡興國　胡永財　胡春富　游世玉
胡春吉　胡福義　胡國安　胡文璧　胡逢旺　程開富
程世福　程益信　熊元發　方良富　魏宗光　魏宗友
魏宗才　程步雲　張開科　趙德鵬　樂觀勝　岑萬和
樂天保　楊世起　饒盛達　華高照　張成元　蔡學嵐
陶應榆　王承和　錢以祿　周顯承　彭紹述　周景舜

彭天萬　周泰來　岑興福　周伯均　周自發　甯永祥
郭金華　姜際渭　張士德　張若順　詹春田　葉明耀
岑萬有　李正利　李細年　周大嵛　李邦發　詹松興
徐朝禮　徐映懷　鄧美生　岑萬有原重　鄔宗旺　閻心鴻
閻家祿　李歲益　李正元　李正友　徐奎祿　閻心構
岑興全　李邦興　張士哲　徐映强　姜際發　徐映海
詹廣富　張正旺　程自貞　岑朝志　岑運生　鄔金全
趙恩元　岑興濟　鄔凝平　趙恩容　趙勝仁　張士利
趙正德　張志全　趙月泉　趙心旺　趙秀青　閻奉遠
張興旺　詹松洪　張士雙　胡正發　詹松曙　張士宗
張士勲　趙秀賢　趙正揚　熊洪發　詹松垦　趙啟濬

熊接本　岑正和　岑正珠　蕭志善　蕭添祿　蕭學雲
毛國梁　蕭其梁　徐永全　蕭添位　蕭九如　周守强
周守義　周守元　黃開志　顧繼烝　胡席明　王克家
顧繼裕　黃華山　何燦垦　顧繼禧　萬賓和　周顯烈
顧光保　周啟林　周守科　周福山　周以華　周榮楚
周繼有　汪清季　黃繼升　周惟壽　吳觀吉　黃禮親
徐煥章　吳耀才　周金元　程必時　艾　姓　陳明發
陳宗發　申有恭　戴兆玉　陶正貴　馮宗貴　余天洋
李纁龍　徐同志　徐鳳興　高國華　張若邁　龔玉堂
郭春啟　戴基豪　黃大元　蔡學棫　郭春德　瞿宏寬
郭兆凝　王榮先　郭紹金　吳席懷　徐陞三　李萬順

郭全禮　郭立四　郭時望　郭朝太　郭懷慶　何文興
郭聞重　郭光修　胡學資　郭時元　郭文斗　郭萬先
郭春富　吳輝吉　郭光楚　郭得意　郭瑞芝　郭普照
郭時運　郭起發　郭光有　郭以祿　郭光華　郭光禮
郭耀川　郭重秀　郭光先　郭瑞才　郭永太　王廷貴
王安雨　王紹興　王洪發　王愷元　王天久　王德全
王乙未　王用賓　王安紹　王祈貴　王錦申　王二望
王恒遠　王松祥　王天驛　王天驗　王思主　王成夏
王恒耀　王彩成　王祈皆　王志雲　王地利　王天祈
王祈後　王祈佑　王安和　王天庸　王天長　王天滿
王樹春　王樹恒　王樹聲　王祈信　王祈義　王天序

王天貴　王得權　王祈庚　王祈田　王祈奚　王天林
王得順　王喜生　王永義　王天成　王天財　王祈先
王祈端　王壽亭　王遠耀　王蔭桃　毛望典　范際啟
毛國祥　錢紹脩　張肇應　張肇桂　張肇其　張肇意
張肇松　張肇貴　張肇喜　張肇鳳　張友徵　張華文
張祥兒　張肇祥　張華留　張吉徵　張肇從　張芝蘭
錢祖武　陳賓發　張萬勝　陳光隆　陳全喜　陳榮發
陳正月　陳普序　陳斗書　陳星階　陳克家　陳方來
陳志高　陳象興　陳興隆　陳長林　陳翠美　陳成彩
陳惟采　陳紹榮　楊光裕　楊晉雲　皮聖瑞　張肇全
范以應　王祈郁　張肇志　張肇雙　張源徵　張茂枝

張國富 張英發 王仕隆 王安榮 王松榜 王思愼
王安訓 王安財 王祈忠 王祈定 王祈祺 王天海
王天順 程廣茂 陳德盛 陳明清 陳德隆 范學增
王十元 郭應鍾 郭應毓 郭明高 郭兆林 郭時逢
郭繼倫 郭名高 郭鳳山 詹文志 詹朗山 詹性齋
詹毓勳 詹玉和 詹鶴齡 詹家讓 詹占奎 黃春鳳
郭長發 郭光想 郭本枝 章新茂 吳天襲 吳心香
吳懷瑾 吳金枝 吳天壽 吳耀林 吳光遠 吳文照
吳耀遠 郭本祿 朱志道 郭立平 郭壽斗 郭漢祥
郭興泰 郭德潤 郭西郁 郭光宇 郭光奇 郭瑞林
郭在安 郭時貞 吳紹棠 章汝效 章九成 郭步盈

郭光永 郭采興 郭本意 郭得喜 郭紹基 郭本武
郭時勝 郭鳳秀 易繼齡 易用禧 郭永茂 郭登高
郭壽昌 郭行道 易用晉 郭遊全 萬興耀 程必之
程遠泉 程遠暢 程遠振 程紹桂 程春華 程輝先
程明發 程明提 陳惟續 程象恒 程必有 嚴科利
嚴正興 范時呈 嚴登緒 嚴科吉 程萬全 張天保
程春懷 程雁春 范楚旺 程緒能 程萬芝 饒從高
饒萬春 程世奉 王八生 王大牙 李喜兒 嚴科富
嚴科貴 嚴科元 王全奉 沈金海 程勝祥 程列美
程倫彩 周繼山 胡順山 萬德玉 劉登彩 黃遠揚
吳玉田 吳緒懷 吳文備 黃立高 吳世皇 吳道文

黃登學 瞿春山 瞿正懷 瞿兆豐 瞿春法 瞿臣佐
瞿上元 郭玉池 汪喬三 詹興禮 郭得寬 瞿運來
鄧世貞 郭本才 郭紹漢 瞿寬鴻 瞿克寬 郭永敦
郭春啟 郭金玉 李之和 郭時興 郭瑞之 郭立明
郭登富 郭艮友 李春和 郭全福 郭時慶 郭元利
郭世金 郭列祥 郭顯義 郭玉珍 郭玉華 郭金秀
郭顯和 郭五貴 郭全義 郭開耀 魯啟明 郭光海
汪啟發 郭立旺 陳瑞吉 郭楚華 蘇金林 方秀春
方正明 郭時元 魯行道 方正萬 方春福 方致祥
方正祿 瞿光照 瞿光斗 郭雨福 郭德億 郭光梅
郭啟發 郭立貴 蘇光銘 蘇新發 蘇德祥 郭立謙

李義勳 李福勳 李明勳 李全義 陳懷同 郭艮秀
郭艮采 郭慶會 郭艮柱 袁興泰 袁正才 袁施印
郭雲斗 郭立松 袁裕春 毛德仔 毛紹華 毛佩玉
畢心法 裴學重 徐本鍾 徐本性 徐永縉 徐若霖
萬懷珠 萬長學 萬丁巳 郭時祥 郭光賓 郭光喜
郭時旺 郭永興 程黑兒 郭六喜 徐文秀 徐先榜
郭光修 陳高遠 陳高輝 陳高明 陳得富 劉東勝
鄭篤賓 郭玉林 郭光泰 何殿元 何文旺 郭光金
郭立壽 章高明 王懷亮 郭祥升 李正華 高福地
高章木 高遠志 高士達 林世喜 葉必先 縣志
郭立誠 郭立階 郭立富 郭立成 郭時俊 郭應宏

王大才　瞿朝雨　江兆奇　江兆林　江兆興　江金敖
羅田志　以上年未詳　附　劉昌臧江夏人同治五年縣屬殉難
麻城縣
羅愷節義錄　劉芸堂廣濟殉難　張貴生　江君泰
胡細二均縣屬殉難　趙狗縣志　以上咸豐四年　張雙鷺公
甄殉難　張義堂　李定國俱小洲殉難　李啟泰鷺鷥洲殉難
李宗發　張文坦俱縣屬殉難　縣志　以上咸豐六年　鄒士良　鄧紹祖
黃開泰　陳明叙　黃開第　黃錦城　段如官　沈士聯
唐士元　張世國　張德先　張德芝　熊蔭棣　汪植樂
唐成楷　唐成椿　余之樂　熊學海　郤于官　朱啟有
僧興明　鄧志梁　熊成章　鄧志功　熊之天　陳從周

馮廷華　陳逢標　范勝勲　馮正元　范勝壽　童期泗
童先寶俱縣屬殉難　縣志　以上咸豐八年　王合　羅立章俱縣屬殉難　縣志
以上咸豐十一年　鮑石府冊　萬朝選　方啟榮
陳汝遠　陳本儉　陳瑞林　陳本厚　陳開貴　陳克盛
陳克勝　陳合義俱縣屬殉難　周幼子節義錄　魯行卓
吳五　童先喜　童玉堂　朱正元　朱福　易廷甫
易廷禹　黃向榮　黃開運俱縣屬殉難　縣志　以上同治二年　張豐玉
張景春　張步階　張步雲　江志勝　謝榮德　彭信剛
朱茂和　朱明耀　朱維俊　朱維秀　朱維儒　朱紹登
朱良材　朱克利　楊盛柏　李九均　李九榮　陳士朝
陳崇菊　羅立望　段如燮　吳廷升　萬開國　萬基宏

萬基祥　羅文爽　喻一棠　黃蔭泰　徐春波俱縣屬殉難　縣志
以上同治三年　榮連右　榮大右俱黃岡殉難　李保元太平菴殉難　張元明雪窰
彭勲縣志　以上同治五年　張長順新州殉難
山殉難　張金祥回龍寨殉難　縣志　以上同治六年　毛寶臣　毛雲洲
毛應河　毛應述　彭青臣府冊　劉理文縣志　以上年未
詳
黃安縣
阮大福江夏殉難　咸豐四年　蕭大勇　許興隆　張起明　劉盛
劉松　梅三　熊體仁　雷學春俱縣屬殉難　節義錄　以上咸豐
八年　尹謙雄　尹希賢　景泰先　喻利見府冊
林常楚　李振軒縣屬殉難　節義錄　以上咸豐十一年　周宗仁

縣志　同治元年　附　胡華山孝感人咸豐十一年縣屬殉難　蔡明體　蔡祥成
蔡清益俱孝感人同治二年縣屬殉難　夏永正黃陂人同治五年縣屬殉難　節義錄
謹案縣志云粵豫二匪先後竄擾安邑死義者三千餘人俱
採入昭忠祠各列牌位姓名甚繁無庸備錄茲擬仍飭縣查
報俟報到日分別補列祠祀以免湮沒
羅田縣
簡如意　涂朋　黃潤科　李普應　李道煌　節義錄
李映春　王廣興　縣志　以上咸豐三年　周萬全　胡學洪
胡祚興　余起章　余永明　方文光　傅芝蘭　余三珍權
傅先四應　方金肇元　方豔朗　方云國　方從德　方云升久
方永道　方成裕　方克獻　方省氣　周慶祥　王輝璧

王光照朗 傅長青 胡中和 胡永昌 周見中 方禮仁
胡高升 周隆道 方有學 余言敦 明士榮 方崴運
鄭其祥 楊景和 楊允高 節義錄 方秀廷 縣志以上咸豐
四年 裴春華 潘光湞 童象太 潘乾彩 楊細姩
金仕舉 祝二元 萬奉玉 閻元四 徐秉富 詹瑞松
袁德 高雲路 周廣朝 王開太 周隆念 楊正興
胡訓陽 朱殿安 徐廣元 賀楚鰲 黃聯緒 鄭隆泰
鄒大剛 董道品 金家發 金家齡 袁四麟 史春容
胡二義 歐元折 歐層巒 朱士金 汪景山 歐與立
邱魯坤 方楚萬 歐才高 丁貴福 丁爲名 歐光榮
胡龍光 歐陽鶚 歐陽光發 歐陽光楚 歐陽世妹 歐陽應理

黃州府志 卷之二十二 忠義下 三十五

周勝喜 葉紹復 徐曰干 高鳳翥 楊貴 潘和親
張雲超 涂之紀 晏五松 楊建元 朱義和 江彰宇
金家桂 劉仲芳 喻一高 畢明發 葉響目 毛艮弼
童兆達 晏朝獻 方廣載 涂勝坤 涂勝寅 熊有德
徐厚占 周懷邦冊作槐邦 王榮發 高文啟 黃鼎三
余有先 童廷隆 楊啟貴 方永慶 徐利貞 林尹泰
孫許應 閻海中 徐尹付縣志作永富 晏長發 尹大杜
徐尹安 涂如意 徐東富 胡登奎 周學尊 阮時連
匡鳳喈 王開太 童勝先 余和尚 張希齡一作希林
汪必興 王大斌 王快耇 王二耇 汪必取 汪廷吉
汪廷珍 汪天進 僧映悟 伍全元 伍涂奇 張中全

金株 朱四煥 劉彝泮 李光和 李大標 張寶元
李學履先 葉慶安 涂義和 涂光廉 涂中元 涂雙兒
周祚康 胡觀寶 歐陽嗣淵殷 歐陽士俊 歐陽世俊東 歐陽書巘
黃勝海 饒啟成 童兆蓮 陳有萬 汪元生 熊第璟
胡月朝 陳厚占 周廣裕 張瑞安 盧啟唐 蔡世志
汪四海 饒厚華 王雷富 周鳳獻 王枝燧 胡常茂
晏月四 袁節德 黃先揚 胡兆魁 汪發 王開太
楊四 涂二元縣志姓徐 張世爐 張連貴 賀家立
節義錄 李道宏 秦宜泰 閻同樂 僧文續 王雲富
縣志以上咸豐五年 張呈秀 張意兒 胡華明 胡華照
葉友兒 匡啟墉 胡楚懷 吳時有 李石寶 張書祥

黃州府志 卷之二十二 忠義下 三十六

胡時發 張中讓 鄭見喜 汪成林 郭時萬 李協中
葉兩倫 李祥甫 樂大華 葉春桃 汪是榮 葉意清
僧靜善 節義錄 匡大雅 縣志以上咸豐六年 鄭明達
匡啟章 鄭傳耀 王豐人 王永太 王安堵 魏剛明
袁文載 方人柏 鄭紀昌 鄭紀增 王周義 王人達
謝三智 張世元 王安亨 鄭宗彥 王祈保 鄭見發
鄭五才 匡東朝 王廣成 吳耀富 吳耀貴 王首先
王安譜 王安傳 王祈才 汪秀章 汪必恆 汪紹基
陳正發 張勝祥 汪添志 汪席東 汪添華 張東久
周時泰 鄭二僕 葉逢春 汪秀玉 葉玉懷 方元兒
周國仁 陳正財 鄭思志 匡文啟 藍時豐 鄭載德

汪德朝　鄭顯照　孫世昌　張保元　鄭右先　汪錫其
鄭五才　鄭宗宇　鄭隆賢　吳壽貴　鄭潤身　王恆士
袁耀廷　謝傳宗　謝家裕　李雲太　王祈據　鄭雲路
王安祚　鄭世長　范時安　傅人紀　張興高　張世祖玉
張永習　張太興保　張世瑚　張養棣　張世用　余萬全
李道煦　李文遠　張榮太　陳朝幾　節義錄　方洪高
方秋艮　方連九　以上咸豐七年縣志　熊藎芳　呂芝蘭
葉滋藎　羅乾幹　詹楚雄　樂大海　董述昌　鄭隆春
葉鳴泰　余文義　歐陽文義　以上咸豐四年至七年縣志　屈立金
馮有才　馮仲林　馮普天　馮仁雄　吳志恕　吳興林財
金運鐶　金運通斤　胡忠成全　王立富　吳世榜　徐萬林

徐德周坤　徐仁禧洪　江啟前祥　汪啟厚　蕭士美　徐昌宗
駱春華　駱書順　徐枝新　周正和　嚴嗣忠　王同占春
徐耀元　徐存艮順　徐芝瑞　徐仁和　王宇宙　徐德厚乾
蕭方富貴　嚴洪壽　江傳貴習　廖先九　文化南　文光龍焰
文太來妍　文汝來　文保太　朱盛元　李光鈞　李承明連
李承中　李正發　江傳松　江漢清　李華封　潘封福高
潘封爵硃　李太福　李應普發　李應枝　李承謨　李承祿麟
李應萬斗　李承舟利　李先達麟　李高舉　潘鳳祥　李應鳳凰
屈汝齡載　屈立意　屈志富裁　屈志元　屈名喜　田百歲
屈志旗期　朱長發　夏金印林　蕭耀宗　余懷德　夏朝春貴
余奕全　文光和　潘天舉　李勝義　李承江　潘隆耀

潘封登祿　潘封保　余世財　李勝牙　屈立遵敬　潘萬成
潘陽春　文豐明　余新全　余艮則明　廖洪達德　廖洪福
廖天慶　廖洪海縣志作洪梅　廖從吉　蕭時玉　潘長生
夏金玉凌　夏金義　江廷豐　江應朝　江受恆　江生達
江開貴　潘輝斗　夏德富　蕭才華　朱在廷　徐仁楷
徐存太　徐仁衡　胡德盛　胡學坤　徐存貴　徐後馨和
徐存毅寬　徐芝彩　胡正旺　朱藎崇　徐文廣　蕭孝遵
蕭永富　唐應升恆　蕭成咏　徐德泰　江傳照興　江維章
朱曾喜　江維喻　徐德華　曾大閑　徐能貴敬　徐本坤秀
高宣元　高傳梓遠　高玉章　朱廷玉　朱九貴　朱映貞
徐朝緒　朱朋發　徐以忠　徐應鰲鳳　徐勝江　徐明彩

高傳麒　高培柱　蕭映梅　徐得泰　徐應台萬　嚴登团
胡士周　宋顯林　晏三廣　徐能靜　徐乾元　林松貴
閻同震　閻人械　王楚雄　閻人青玖　方周士　方有元
方煥浦文　方榮珠　李昌典　方榮照　張公貴　方榮遐
文宏全濟　曾永和　金永懷　方洪進　金景貴　鄭盛達
匡孫茂　董道進　匡隆昌福　鄭純紀福　鄭永天　鄭世元
張純望　吳祈山　王人信　王寬仁　王安保　魏芳蘭
陳義富　匡文恆　匡啟貴財　陳正興　華金聲　呂助行
吳至寶　匡啟進奎　汪有枝　汪慶廷　葉清啟　方廷柱
張勝國　張天元　傅人書牲　范時發　胡太來　葉太項
汪廷祥　張以義　節義錄　鄭傳福　鄭傳紀　以上咸豐縣志

八年 韓舉佐 朱春福 葉紹江 高長齡 周五喜
晏五魁 黃光照 胡明善 葉錫福 余在林 羅洪恩
鄭官齡 羅錦秀 胡秀良 胡蠟官 王瓊林 宋五席
王騰貴 孫德奎 李盛朋 王永嗣發 王雙兒 程泰樂
汪邦鈇 項名顯 胡學聘 吳海林 徐金容 許建林
何登順 何順兒 涂禮南 王春冬喜 汪兆祿 劉新成
蕭被婉 蕭功元 蕭被湖秀 蕭鼎銘 李登棠珠 李敦奇池
李敦柏 程起鵬 李敦蓉鳳 何登榮 周遠猷順 周遠祥
黃甲春 廖朋成 周慶其鰲 劉明貴 廖洪濤昇 廖鎮光
文光儀 廖正國 廖封富 廖封炘縣志作封炌 文可彬保
文光明海 廖封遂進 廖生才 廖業發 葉福坤 廖封廸潤

黃蠟官 廖安全 廖祖喜 廖揚团 廖鎮海 吳興平
吳萬邦 林景達端 林景海縣志作昌海 李三友 李應財發
李永瑞 方成昱 徐勝從 徐本康 蕭上元 蕭功宜成
蕭名琮瑛 金景旭 邱明楷 金運貴 方緒豐 詹承喜秀
詹華泰 方煥祥 詹尚志 方榮全 方榮金 詹承雲
方煥澤 詹承榮 方榮祖選 吳廷秀 李長春 蕭慶春
蕭正才 陳人松 黃紹玉 周漸逵 楊同春 彭惟甫
聞德昇 文楚傳材 王祈權耀 王祈灝 王安意福 施懷仁
熊順喜 謝召蓁 謝克召 許福太 童兆春 樊明春
張士鼇 張中濬 洪高主 歐陽雲龘 歐陽世彬 胡學簡
胡長春 樊永久 童先濱 許財源 樊旺兒 徐永青

郭開運 何國海 喻開策 童邦友 胡合泰 胡勝彩
汪永傑 胡學連 徐盛典 王田元 汪鳳萃 孫萃春
晏開太 胡中清 周祥原太 何富太 趙春發 徐世和
詹金墉朋 黃富升 羅啟材 王春輝 李連貴 劉明赤
李光青 王同令 徐思銳 王省皇 傅有聲 王名明學
王有爵 周士林 周德興 周恒翠 王金台 鄧立本
周得兆 趙連昇 王多瑩 李夷發 趙得和 胡常吉
周永太 王遂有 胡得兆 胡保林 胡雁春 方奇秀
王應奇元 王若良 龔瑞春 趙連科 孫得魁 閔一勤
潘楚傑 胡鳳鳴 祝應昌 祝萬江 王禮佑 祝長發
潘二樹 楊老八 陳三菴 匡文發 匡勝美 鄧恒樂

趙海涵 許恒泰 楊爲學 胡瑞林 王立誠 余登成
段三喜 陳時泰 段連科 鄧垂芸 吳長春 吳元年
楊德懷 趙星喜 蕭志奇 方勝山 楊德恒奇 余奇山
王六生 趙普發 王石混 潘盈廷 方勝義 滕之發
王善元 王來發 王乾鳳 黃成林 周善良 姚玉輝
姚五秀 王丹鵬 張保書 劉時泰 王大祿 王大全
段丙子 吳占魁 高永錫 楊細和 王一安 胡承啟
趙長安 楊爲主 傅有升 王丹發 鄧九思 姚祥發
王士華 潘奇友 蕭天德 滕廷凱 胡才興 許萬雁朋
鄧金科 鄧象貞 鄧雁龍雲 董乃兒 唐九舟 鄧燿盛財
鄧光勝 鄧至琯 蕭應蛟 鄧金國 鄧保瑞 鄧文楷

蕭雙貴　鄧士成　蕭在元　闞學成　周玉明　黃宗兒
周文選　周高秀　徐昌勲　蕭金林　鄧澤遠書　王同贈
闞志召　鄧遠鳳　鄧林祥　何應啟　江顯清　江希鴻
江學龍　蕭上國　蕭從發　潘承宗　潘禮法　潘立志
楊枝高　傅相時　傅朝貴　傅善華　蕭全元　張保川
周天才　鄭見名　李天順　楊萬龍　余立志　周連輝
蕭利發　蕭得全　蕭順喜　徐耀奇　蕭省氣　鄭榮貴
唐永容　徐朱喜　徐光普　徐正發　江希德　江學月
許奉高　方從修　王文貴　胡應康　葉廣進　洪有生
洪定元　彭九元　彭鳳賢　王文益　王用賓　彭助發
傅光明　高文發　彭文茂　彭有則　彭明揚　傅顯耀

鄭海棠　金鳳翥　周爲之永　童邦良棨　余開奇　許學儉
王蕩平　陳奇順　田國鈞　于景福　陳二貴　童先發
胡和尚　宋廷法　葉武元　朱長慶　李光俞　朱名啟
王順德　方文金　王文楷　楊道啟　江老大　朱列名
童兆康　王茂宗　陳廷鄰　祝朝獻　張九思雲　方洪楷
陳隆山　蕭顧工　姜守貴　祝傑洪　陳廷華　陳啟發
陳宇順　陳克敏　陳福順　汪福來　朱廣文　陳名登
陳永江　潘尚文　周成五　徐位兒　朱營經　吳善長
張久朋節義錄　沈禮松　沈禮楷　王安富　王瓊瑞
楊同江　張世登　張元顯　張世濬　楊六兒　縣志以上咸豐
十一年　蕭方貴　縣志咸豐間年未詳　張華山　童恒珠

童金貴　童桂林　呂應龍　呂應周　晏立敎　童曉林
李云華　趙昌樂　李久珍　王漢江　胡康林　李正生
李四傑　李國珍　周興貴　李灼英　縣志以上同治元年
張文義　余保江　王廣興　王耀元　王錦純　王金鳴
王枝茂　祝玉林　祝時太　程金萬　程春和　程鳳兒
周新元節義錄作心元　周兆興節義錄作兆典　周得秀　周保珍
潘光前　李光榮　詹世龍　聶得豐　郭遂邦　郭登元
郭朝宗　高金富　高名遠　高成遠　甘爲富　石祥升
石祥興　許祥圭節義錄作祥翥　閔月桂　閔秀春　閔山林
張鳳南　張獻書　張九坵　鄧維高　鄧維天　鄧廣勝
余金秉　余三元　王如海　王漢杰　王定太　王廣勝

祝連科　程景春　雷才兒　周和兒　胡應發　陳起耀
趙思明　趙進德　趙三台　趙長春　潘文學　潘金榜
潘學儒　李映春　黃春才　徐義興　徐志成　蔡國華
蕭茂坤　閔奎席　樊福先　鄧春富　王成高　王廣泰
王禮發　程青早　程細牙　周其富　胡開太　胡希太
陳高進　陳秀茂　趙連貴　徐光祖　徐一位　郭洪正
郭召照　高永程　高長意　高援兒　吳高主　汪鳳舉
汪天梅　陶萬有府册　崔家驗　胡廷夢　潘寅書
胡獻瑞　廖業廣　陳登傳　李三太　李多才　葉　春
詹楚珩　晏五紀　高雨椿　詹廣才　胡萬章　童開元
鄭錦堂　徐士賢　潘煥壽　潘煥瑞桂　涂光祖　沈利貞

陳百川 葉啟明 蔡隆順 楊新兒 楊以貴海 楊以福
葉會源 史摯占 匡德潤 李聯陞 張時元 胡隆發
徐八元 查慶林 喻廷有 劉勝義 劉長興 郭啞吧
聞錦國 陳正興原重 瞿臣生 葉兆源 余善炘 涂玉階
何和暘 劉得兒 李金玉 彭大興 羅松 段士焜
黃科濬 葉世瑤 匡四存 熊萬益 何和尚 馮俊源
王海春 楊兆先 許掄魁 趙依獻 周德茂 李恒久
汪光全 陳有元 陳裕義 宋春發 宋杏林 張一株玉
孫胥春 宋五桂 黃煥輝 陳清元 張之炳 陳冏兒
陳洪貴 陳春華 朱坤元 周深雲 陳學升 吳輝遠
喻霞兒 吳士魁進 喻愛兒 吳高發 李簡德 熊第方

胡癸赤 周存燕 何普喜 蕭祥發 陳孔安 孫崇貴
張芝田 汪名復 胡時貴 胡東兒 王萬有 何士舉
何金鳴 方廣發 王萬春 吳書馨 胡一敖 孫胥清
孫顯謨 林萬春 王開泰 雷豔春 孫德興 林萬里
林學章 陳廣志 陳金元 周景春 陳孔泉 王朝度
周永緒紹 方朝柱 程士槐 周隆則均 周祚鳳 蕭開從
周雲升 周登元 周致兒 胡忠勇 胡貴安 秦鳳魁
李盛登 胡忠雁 李昌琇 徐明珠 徐東耀 葉先菊
汪賢主 陳傳曉有 徐在貴縣志姓涂 涂錫元 鄢起順
鄢心和 鄢永義 李昌發宗 葉萬高 蕭揚暄 蕭大港
閻庚喜 閻人嚴 陳二列 陳彩鳳 朱長耀江 陳三均

涂登元 陳學先 陳義興 蕭二見 汪文傑 徐八禮
涂義財 涂錫朋 朱盛喜 朱盛朝清 朱長雁 方萬興太
胡五域言 胡五喜 胡忠宴享 丁廣才縣志作廣春 徐定發
徐本槐 徐占魁 金傳進 徐世朝 胡五治 胡雲慶
胡漢奇 胡景春 吳士昌 袁宗林 童成章 袁行明
雷太巴兒 雷雙四 汪文富見 汪雙全 汪勝玉 汪云貴
董道和云 吳秋兒 汪廣安 汪貴梅 歐廷玉 歐蒼玉
晏金秀 晏文茂華 汪邦佐 晏時兒 晏學兒 周祚貞
張致學 王盛典 王以富 周光楚 周啟云 周世華
汪光勝 汪永智 王胥康縣志姓汪 汪文黃 汪邦魁
汪赤林 汪瑞林 汪壬發 汪林高 汪遲兒 汪七僕

汪慶堂 汪席祥 胡中思 胡一僕 周萬有 張萬松
雷坤棕順 雷虔達 汪錦林 雷義廷 胡忠謨 張志學
張寶林 張登榜 張永發 張禎祥 鄧崇元 張瑞能
晏能才 晏錦雲 晏炳元 晏狗兒 王珍林 王品國
王仁李 雷雲照 楊光潤 董和氣 汪文照興 楊春華
董和喜 汪恒耀 汪玉堂朝 汪文裕地 汪文童華 汪文慶福
胡象鼎 周玉懷 吳瓊林 汪雲樹香 雷虔林棘 黃世學瑞
雷坤錫 汪月兒 孫心元 黃葉高縣志作業高 許廷福
許階順 王一元 汪文省 王盛貴法 徐九科榜 許廷綬
許映坤 潘成全 王廣發 方正爵 姚迎春 周文賓
張正國 李金奎 熊遠香 熊富奇 孫朝貴 陳崇興

徐八敖元 張孔富 涂己亥 涂春洪縣志姓胡 王義忠縣志
作志義 李金魁 王天才 王續兒 黃朝取 涂名海
樂殿照 徐興才 阮金榜 阮金耀 涂金秀 張孔照
周傳名 周祚皇 周履泰 黃長祿 朱登元 李奇玉
周恒年 汪邦珍 汪玉林 汪清太 汪習貞 汪春華
涂崇本 涂錦秀 龔長青 吳勝春 吳朝柱 胡春貴
涂金佐 許成名 許又喜 涂景揚 張狗兒 張文先
張順意 張順生 涂洪高 周戊申 方有貞 陳裕前
胡虎兒 涂鳳春 胡全順 胡開榜 汪學州 汪文炳
汪開榜 王又喜 夏利見 孫春崇 李學理 王成璋
金元和 金錦雲 金臻林 汪景林 陳孔興 王紫貴

楊先春 王成主 王四喜 王之松 徐長春 楊慕葵
金易德 金商燦 徐曉春 汪松梅 汪鳳翔 汪則學縣志
作則榮 汪功祥 汪成準 楊太安 彭雲山 秦元生
雷來林 雷偉仁 朱祖喜發 雷坤頒森 雷英鏈 陳建寅
李長秀 李錦華 雷栗木 朱盛脩 張漢傑 張永銳
朱永才 朱長青 朱海潮 雷春明 雷長松 雷鉅富
雷清江 楊繼鴻 晏七桊 江成光 江鶴鳴 江廣俊
曹高主 曹和尚 高啟貴 高得全 胡中意 晏七柱
李萬春 李一海 張勤學 黃春鼇 晏均法 李五全
晏印乾 晏春楚 晏福林 雷坤照純 黃繼美 丁道和
雷英麟 雷辛孟 雷清和璽 雷恒豐瑞 雷鉅坦 楊繼湘

晏義春 胡貫春 丁太山 黃有昌 黃會榮 黃金山
黃國英 黃貴元 江太元 江芝蘭 楊遇順 楊庶采
楊允富 楊五見 楊大慶 楊秀發 劉得富 楊常明
曹五兒 楊太平 楊允興 楊繼秋 雷富貴 樂明舉
林之讓 林景梅 方國敘 方鳳山 樂永箴 曹四華
曹五桂 樂永美 樂永坤 楊繼相 方泗泌 楊永綿
楊允照 方大合 李應福 方高發 徐黑牙 方鳳儀
徐福香 林應亨 唐四貴 胡學財 徐揚海福 李應明
林昌烈 楊存兒 林均和 蔡春台 方子玉 徐普林
周席福 楊宗奇 方文煥 林正彩 林維明 方堯賓
徐本海 李應玉 徐本福 徐來喜 李應昇林 陳永發

李祥太 樂太宗 趙決信 蕭被謀富 蕭元林 何開國太
何永貴 何炳煃 何科榜 何太山 何登元 蕭名福
唐克寬 雷清源 雷秀華 蕭懷賓 黃甲辰 蕭光譜
蕭功午 蕭登伢 徐功成 黃守伢 黃御貴 黃高伢
黃順兒 何登魁 張元禧 劉守宗昆 嚴永義 黃甲根
黃國英 龔世耀 龔正主 龔學祥禮 龔開太 龔玉開
龔奠坤 龔元福 劉新鼎照 程學全 劉新高 林景新
劉逢智 劉逢仁禮 王嗣珠 廖鎮宇 廖富麗 晏富春
雷楚國 雷開文 林應琮 李應雲 程學宗 廖鎮珠
李懷禮 廖國榮 廖廷玉 張正發 周玉蘭 陳占鼇
文豐富 文金龍 廖業瑞 程學林 程福義 廖霞林

程士彩 廖洪盛 周昌運 潘祥雲 屈志意取 廖鎮國榮
廖聲揚 李承閤 吳興貴 潘天義 胡忠久太 屈在郊
江廷秀 吳萬堂財 駱春富 高崇見 高長有 唐益興
曾興財 朱福興 林昌閤 嚴洪富 徐存獻 鄭士貴
吳興年 朱國美 徐立春 高貴团 徐立雙 文豐全
詹 秋 蕭夔韻 宋三槐 李世宏 高傳正 蕭志貴
高裕有 徐得英詩 蕭辛未 馬春發 高宣甲 余永合朝
余士貴 蕭士宏蓮 徐永族 唐魁明 張榮縉 吳鳳祥
夏玉書 方榮漢 方善才 蕭大洪 方渙書 方場蘭
朱潤身 黃國寅 周應和 彭永秀 匡勝祥 匡懷章
匡顯廷 匡保太 匡推兒 匡細和 匡春喜 匡卯兒

匡庚寅 伍昆玉 姚三海 姚四枋 姚春利照 姚奎璧
姚四逝 姚龍光 姚五就 姚有厚宮 姚象敖 胡子州
匡子美懿 姚光發 姚必高 姚登名 姚有駱 鄒芳遠
吳東樹 姚景耀 匡金榮 方隱榜 方高鳳 方邦彥
鄭藏洛 方榮發 方大進 方啟華 鄭元福 吳榮先
姚月奇 姚元達 姚有明理 姚永興 姚榮耀 姚有組
姚啟才 朱錫章 匡 慶 姚有鈐爲 楊合興 姚鳳梧
安元善 安全學 安和兒 姚全義 匡孫遠厚 匡永達
匡孫才 姚四速 匡子富意 匡孫堃湖 匡孫久松 方盛人和
方啟霸 方若清 方學海 藍兆春 傅時富 鄭傳應
方思成 鄭伯友 阮洪裕 毛添獻 方啟保洌 張秀書

方盛瑃 方大絢恕 鄭長準 陳福堂 李松木 余如意
萬世槐 鄭斐富長 鄒永茂 鄒立傳 匡盛文心 匡本源
匡啟章 匡盛玟琡 匡盛渚忠 匡永發 匡桂林 姚衡文
姚隆海 吳光祖 朱長達 朱盛宗 朱學全 胡學遠
安金懷 安永義 姚五祓 安祖興 姚禮叙 安省氣
李全志 方盛興 姚有業 姚純志 姚學珍 姚四焜
匡孫高惠 匡丙戌 匡汝成 匡細牙 匡經典 匡長久
匡五生 匡興文 匡金容 匡安念 匡入泮光 匡續兒
匡正清 匡接志 葉錫祿 鄭高朋 方大金原重 方奎松
方盛倫壽 方文勝 鄭國興 方能高 汪金喜 袁耀奎
王廣照 王元善 葉揚席 夏新春和 匡懷遇 匡長青

王大湖忠 汪佑兒 匡巨川 葉超海 李在德明 匡啟全
汪云柯 汪有富發 鄭得林 鄭二僕 鄭長青 王萬年
樊天順 方啟剛 方長生 傅如意 匡永興 汪金練
周玉林 王恭朝 葉丑兒 方致祥 胡遠照 葉丙子
王恭福 葉苹和 方啟善 王文學 葉云耀 胡子谷富
葉求兒 葉彩雲 王勝元 葉之晋 方奉仁 葉玉顯
葉枝貴 胡子秀 葉彩臨 葉長春 陳公華 葉久旭
葉九輝敦 方克善 朱四十 葉茂倫 方田喜 朱元春
葉艮屏 方有成 葉錫盛 姚之茂味 葉丹緒 葉九揚
沈金枝 葉九恆 周隆昌 方大茂枝 沈前漢 陳維先
葉長春原重 陳春和 范有學 方啟高 李學義 盛廷漢

胡子亭　方盛洛　方啟珖　胡如喜　傅二璜　石中興
葉之富　傅炳綸　姚之發　方大成　葉九耀　周東喜
姚爾熾　周第友　姚五儒　范正富　方旺順生　葉萃容
胡如意　方攸生　方啟兆　李正脂　李發葭　李源汎
匡啟境　劉存其　方玉階　趙四發　方廣周　鄭傳成
方正海勳　方啟勝　方大慶鳳　鄭載貴　方登元　方會雲
鄭學美　方大剛廷　鄭懷容　方良善　方大珏　吳時松
何登旺　左應泉　李從發　董守敏　董道潤　董身昌
董守成鼎　董道公長　董守永守清　董坤霞　劉應瑞　劉海順兒
劉在雲旺　董守意萃　董守增棋　劉登雲　劉應雲　劉在富
劉在冬　劉在洲泳　劉在旄　劉可咏　劉在意　劉勝耀

匡朝容　匡啟森　匡本淮　匡盛時　匡啟坤　汪得勝
汪有道　汪芳規　匡啟幹雁　縣志姓汪　呂邦之　汪榮學
呂學成敏　汪德潤　呂邦基慶　呂添德　呂良廣　汪庭珊
葉鳳林　葉福賜　葉六長　李永壽　陳開耀　陳道湧
袁玉春　熊永全　彭金楷格　沈啟龍　沈家興　沈正江
沈玉田　沈慶全　瞿一元　楊枝順　匡啟壽　湯曾有發
匡洪潤　周芝蓮　葉康珠　葉耀宗　葉澤寬　葉萬全
毛信壽　毛信昀曨　毛文魁　毛云松　毛正興　毛勝明
毛良瑞　張儒師　張應方　張云才　張霞林　張世利
董身貴宇　胡子順　胡陸亮　胡楚興　胡春發　胡懷耀
余士學　余春林　余勝彬　左大興　余一珠臧　左得勝

左正啟　徐紹曾　徐廣雲　徐聯昇　李在潤　李勝啟
鄭篤志　周隆準香　周祚疇　周金雲　周芳節有　周巨川
周太法　周永厚　周維旭　周永照明　周長獻佑　周祚振秋
鄭明旭悌　周祚德　周芳藻　鄭學賢　鄭耀先　鄭應春
鄭錦堂原重　鄭永廣　鄭金宇　鄭學先松　鄭金榜　鄭宜正
鄭金選　鄭得先　鄭斐藻　鄭世丑　鄭兆成　鄭顯達
鄭朝貴　鄭新楚　王振翥　王永太　王全進　王周禮
王春富縣志作春福　匡東朝　汪召友　章明富　鄭宗義璜
鄭載福青　鄭光蕙　鄭承志　鄭秀錡　王全兆　鄭光明
鄭盛庶應　謝心富　吳啟先　王有貴　陳必正　張全明
黃陸揚　藍順慶　藍采玉　匡啟鳳泮　匡啟純　王恩南

王安利　王秀春　王祈發鵾　王祈雁　王尚質　葉啟璜
葉有青　葉克明　鄭篤元樸　鄭玉成　胡遠福思　胡遠成祥
張世選　朱興隆　胡子楊椿　胡子槐　傅金利　匡永祈
王善榮　王聲振　胡家太　李百壽淮　李福三　李景正
李百奇　匡啟楝　胡遠慎　傅天秩　傅春義　張蘋藻
劉榮耀　劉殿元　李春旺　左顯升　左成錦　劉長生喜
傅智啟　傅人林　傅才高安　傅才興　傅金祥　李廣才
段慶雲　余啟華　匡啟元亨　匡大林富　匡大勝珍　匡年喜
匡大珠　葉高也　胡心誠　胡長友　李印福　葉克承
姚有滔　姚啟珩　姚三洛河　姚四瀾稿　姚五鏈禾　李香樹
李秀豐　李景能惠　李百隆進　李正喜　王天耀　鄭明緩

吳際會 李廉美 湯東好 湯祖喜 匡啓誠朝 匡倫制
匡盛蒸世 蕭廣才 蕭汝霖 吳太原 吳際恆 吳繼縋
吳開太 吳豔祿 吳兩春 吳滿堃 吳殿安 吳長生
吳時富 徐勳遥 嚴元文 吳太元 吳繼承 吳　恆
吳雁祿 吳興富 吳奠安 吳大燒 鄒仕和 匡維清
匡盛鋇鉊 匡啓生勝 匡大願管 匡文僕 鄭兆遠 鄒宗典
鄒艮元 李連美 李順連 匡啓霖釗 匡雁鳴 匡心喜
匡金安 楊仕照 匡啓篪笳 匡盛紀榮 匡本信 徐兆開
鄒均安 徐本鉞 徐永瑞 匡本智忠 董賢芳 董丙萃
鄒定遠 鄭隆春 鄭玉書 鄭細奇 王五福 吳太豐
萬秀升 萬心田 萬名海 李孝忠 李有朋 鄒長發

匡啓垣 鄒成利 胡世魁 鄒自立 鄒成家 鄒昌前
鄒大岡堃 鄒仁義 鄒國榮 鄒立堃 鄒雁題 鄒繼全
鄒春芳 鄒宗驗貴 鄒宗運達 郭文煥 鄒春陽 鄒心驥
鄒丁未 鄒立友全 王天正 劉在福 鄒興耀 鄭祖恩
鄭漢朝 鄭榮生 鄭兆達 華錦懷 匡殿立 匡盛太
匡啓英灼 匡啓智 胡楚槐 胡起富 鄒登岸 李正型友
鄒金雲 鄒耀祥 鄒得興 李永義 匡泣宗 匡文雅
匡文春 匡儀廷 匡文元芹 匡文貴 匡耀富 傅才煩
傅德兒 張天慶 周長青 鄭名汝 方汝聖 毛九思
石國幹 潘啓意發 潘耀明 程太寬 胡泰順 胡宗德達
胡宗維 胡詩元捷 李鳳彩 李德崇 盧瑞雲鼇 張玉堂

胡書耀嚴 胡宗禮義 張萬盛 李高祥 方啓輝 方大瑞
沈元堃 余清太 盧錦雲 余士萃 余石兒 余老五
程宏遠 程應斌 程春發 程錦堂 程金凌 程必賢
程清灝 胡履霜 胡太平 王永福 易寶齡 易冬生
盧明弼 盧旺德 程懷興 盧開甲 胡泰鴻 郭大智
郭光楣 郭映雪 郭節林 葉天申 葉茂寅節 葉錫璜琚
葉艮有 葉秀茂椿 葉秀林 葉福壽 葉祥泰成 葉聯層
黃大福 黃起孝 黃世迎 方騰蛟 王保州 汪志明
葉茂珪 瞿進賢 涂道宏 盧天開 朱四煥煦 汪秀堂
汪蘭室 張萬福 汪煥垣 涂二起 李道宗 汪永發
胡時茂 盧永貞 余二茂 余光佑 王寶林 朱雙貫

王曷兒 喻均陶 盧世習 盧昌時 郭啓富 郭永見
郭全義 王巨椿 王秀發 王定祥 王寶成 涂友兒
黃七兒 汪四喜 盧時萬 盧宗珩 盧得萬 樊永樣
樊明富 王象正 王杏林 王佑發 盧必昌 盧族華
汪錫斌 涂三雄 徐萬江 徐福玉山 李道芝 葉秀彩
汪錦堂 葉錫明 葉連應 羅玉華 王松茂 王嵩雲
盧文鉞銳 盧添才 楊應亭 楊雲華 盧巨旺 余紹賓
盧疇書 盧啓祿 葉東友 余顯揚 徐成舉 盧士福
盧奉璋 盧應銘 盧承宗 盧名達耀 盧光誠遠 朱三棟棕
盧超羣 胡宗應 盧榮貴 汪榮福 潘廷祿 潘彩舟
何楚華 程學兒 丁名揚 程有力 程楚材 何楚發

胡成主　胡鳳翥　樊廷龍　程同春　程勝友　張金全
歐陽書蓮　林紹義　王望楚　葉彩章　張掄魁　葉揚春
葉楊清　胡紹宗　胡廷富　高明才　樊秀書　王雁雲
李明恕　李大富　龔楚賢　程杏林　李輝林　羅勝祥
羅五奇　劉典輝　張一德　劉壽員　趙雲春　汪長發
汪愷兒　李順銀　蔡興榮　胡長有　高長福　尹金全
潘三鳳　羅雪亮　潘宗揚　胡道宗　葉朋鼇　葉耀先
程奎興　朱大鑒　李大福　劉恆義　程榮顯　汪榮義
潘廷福　郭理廣　周天官賜　王永秀　張二列　聞三進
周首魁　王皆俊　徐斯會　高長清　程其理　劉在乾
劉楚珍　張一遠　徐高喬　喻八鈞　龔必第　樂瑞彩

徐枝順　萬世有　胡平安　李在天闢　李顯朝　王智恆
李道垣　王添才　黃有剛　黃賢貴　袁麒麟　周文定
葉茂辛　胡乙宏　盧文墀　余士朝　余廷選　盧遂風
盧世榮華　歐陽典馨　高宣林　盧金萬　張得意　高宣得
張世三　汪錦繡　何得元　伍太和　劉巨鼇　劉在寬
劉步陞　劉炳玉　劉亭名亭一作廷　汪太山　葉長茂
葉福均　葉茂洪壽　周隆祥　周傳聲　周祚義縣志作祈義
周新國　江遠柔　江五福　江鳳泰高　段方順桃　段永麟
段一正　賀德普　賀全喜　賀學連書　張六成　張啟華
張五南　李樂利祿　李光亮　李大貴　李學優　李道概
李道蓋岸　李習才　李有年翼　李在璣　馮楚利　馮明湖

馮明山興　王啟明仁　王安喜和　王安意　王祈旺　王天雨
周隆旺　周祈志彩　周祈位　周永章　張五才倫　黃二智
黃科順　黃甲第福　郭清明　郭殿鼇　黃甲書奎　郭光喜蔚
郭志仁　郭國祿　郭紹江　郭致中　郭祥瑞吉　郭學榮
郭三連　郭繼明　郭光翼　黃金槐　黃科志連　黃甲書
黃連志意　黃科竣　黃科福　曾富榮　徐鵬程　程志學
陳五祿　劉雲映　藍家利　韋奉春　鄭己丑　洪老二
黃春學　朱望祺　朱四美　朱四熊渭　孫有富縣志作富有
孫高照　孫本善　汪隆周　汪文柱　汪學魁炳　汪紹發
汪登鼇　汪有堂　汪優喜　葉大緯　黃勝茂縣志姓葉
葉錫棟　葉庭安　賀玉學　胡發貴　范翼高　胡永發豐

范翼相龍　李載福　范英福　龔三鳳　龔四德　樊時美
李在忠信　李朝高　馮殿春　馮禮瑞坤　馮明秀禮　陳士奇坤
胡自天　沈禮杰　沈義洪　樊席普　胡永明　胡壽春
夏用文　林開榜　葉錫圭　李輝貞　何昇連　樊廣坤
袁守全　蔡文成　李輝利　汪永祥　劉彝材效　易愛兒
易鳳才　聞二富　聞三發　劉勝福　葉永祺　童耀南
許掄元　潘士恆　李廷照　葉琳　童國華巨　張義和
鄭十二　余茂林　葉殿華　葉尚質　葉玉山　葉思艮
葉文來　葉五喜　鄭大友　葉丙元　鄭榮儉　鄭昌銑
鄭宗意　王安順　張儒敏　葉茂盛秀　張世其德　張宣發
匡春和　張世俊　匡全恆　瞿廷魁　瞿德俊　葉翠

張養（興周） 張杞榮 張有義 張平成 張從秀 張養瑚
張純長 葉錫乾 葉春陽 余和順 王錫昌 張長兒
劉鳳林 汪得時 張養培（一作養皮） 張青松 張用時
張世（隆啟） 張又兒 黃金秀 張學珍 李啟發 王雙貴
葉艮六 張儒雙 張再和 張丙元 張養熙 彭立本
萬有富 張羣饒 趙大昇 張煥早 程雲福 張召基
張（金鑑）雲 張必有 王玉書 饒家賓 楊春明 宋陽軒
饒能貴 葉在友 汪艮玉 汪名公 汪云（祥金） 汪云（財楊）
童玉堂 童先發 童世萬（縣志姓章） 汪廷貴 饒正華
方盛桃 宋世託 孫以柏 賀學朝 賀金山 賀太鳳
賀時泰 賀同高 賀順興 李道如 賀祥發 李有祿

王文華 王士美 王廣義 王三意 樊元吉 賀從福
賀秀南 賀有成 王全意 張躍龍 張昇財 張錦林
張儒鼎 匡春秀 張思玉 張（天儒）貴 熊南學 王得意
熊能朝 李正坤 李金雲 趙世柏 汪合意 汪廣書
張代義 張申華 張復（起高） 汪俊之 張崇（安太） 汪建昌
吳有朋 葉玉成 張養（其忠） 周勝德 周盛州 匡克類
汪漢江 汪長兒 張名選 南在名 張名義 張五元
張如意 張必發 黃宗枝 饒後（成福） 饒後（相琳） 張元兒
黃萬枝 張文林 匡仁和 饒後琦 葉慶會 張有財
葉華得 張華貴 張養（明連） 張恒書 葉九（思成） 葉端啟
嚴華得 張連玉 張得譜 汪天約 汪云啟 汪西今

汪廷佑 汪長富 汪金彩 林肇鼇 汪十一 郭景山
程三陽 程秀茂 程煥章 郭如興 石[illegible]又 高恆亮
周傳富 樊福元 徐光勝 吳高翥 陸癸酉 李紹貢
李新彩 李勝意 李格意 李春香 賀九富 李志雁
李廣才 李應學 李萬順 李福春 樊高宇 樊仲秀
樊篤文 樊允吉 楊寶亭 楊步雲 樊長俊 李恆吉
李勝春 陳永青 樊學楷 毛奇用 葉萬興 賀善元
賀道賢 姚佑美 姚明富 李春（品華） 李意旺 劉奶兒
葉茂榮 葉秀榮 葉錫菊 葉來旺 葉茂階 葉連應
周守魁 羅永發 羅啟瑤 胡有乾 王正恆 王天意
胡朝安 胡秀書 熊啟元 余應選 甘節兒 汪蕙芳

江運安 汪金敖 汪俊選 汪宏德 汪錫勳 盧錦成
王務生 郭鳳兒 郭義 葉錫壽 葉爲友 張丙余
葉端玉 葉爲貴 張四 李登舉 鄭丙福 張六
龔雷煥 陳金秀 余九元 徐應發 徐嚴生 涂至剛
涂至忠 胡學璧 涂春和 涂賢珠 蕭長生 龔兩才
陳高桂 涂遂永 涂永佑 王太和 王象明 王義順
涂金重 涂歡樂 涂謹宣 胡（四五）弟 方立成 徐祥梅
胡祥勝 徐克進 胡來發 張丙耀 張愛生 張宏遠
朱閩盛 朱雙桂 王高上 黃七僕 陸如意 葉得發
葉長齡 余雙桂 方啟韜 葉學懷 葉學海 曾四海
高蘭斌 李復先 潘概元 葉有（義先） 高傳楷 劉移

劉福　潘文獻　陸既和　樊朱　陸鳳鼇　劉金周
方寶全　方人瑞　汪廷舉　方德興　葉華祥　葉彩明
葉和尚　汪自宜　汪秀朋　汪儒席　汪隆旺　葉翠成
瞿定魁　瞿德峻　汪必貴　葉清季　葉貴兒　余玉封
涂從宜　方漢松　方丙能　葉艮深　方金遠禮　方春昭媚
葉錫懷　方明寬　郭云台　方春早　方仁美　葉子容
陳慶八　張養吉　邱鳳照　方入云學　方寶玉　汪九思
方文立尊　王保周　吳永清　吳金玉　葉端品青　葉加治
方大發貞　方文騰　葉艮發　方文茂義　段作賓　匡瑞林
張楚善　方言勝盛　汪正一　汪玉高　方明高　陳盛棋德
陳甚友祥　陳起旺寅　陳起樂瑞　陳起新　陳盛才　葉丙能其

陳盛洙　葉茂桐　黃勝友　葉正光　方金全　方必得
方玉秀　胡有書富　熊文玉　熊雙曾　余萬春　葉華名
葉呂範　葉士貞　余艮升　余春喜　張坤元　張位高
葉純玉　葉機匠　夏三　葉金貴　劉伯魁　葉添升
余光明　張儒亮秦　張自林　張純心　葉士其　葉芳林楫
葉己卯　方得明　汪德　葉寶萬　葉端琨　葉文翰
高時兒　余楚善　余輝業　閻長春　喻雙慶　王金泰
魏萬青　張四春喜　張炳耀　萬芝蘭　李文銳　徐金鳴
王廣載　余雲林　余士海　潘鼎梅　聞學華　徐大壽
閻順清　徐士玉　李鳳照　秦鳳鳴　劉禮祥　瞿一保
余爲玉　裴宗兒　裴多生　胡懷玉　張世太　戴正愷

徐志春　裴六財　裴永恭信　裴時兒　裴恩兒　裴永玉
夏有德　秦宜泰　瞿保　劉鳳彩　劉於望　劉彥祿
裴世愛　胡學玉　王長發　童義兒　徐錦發　高長貴
陶艮有　徐金明　孫之愷　王彩雲　徐桐華　樊成高豪
徐文遠　李華廷　汪華春　張章槐　張永康　徐九如
瞿正遂　徐玉林　徐之列　李在貴　裴宗獻　裴元發
余席華　余輝藻　裴和尚　張金明　涂春林　涂道長
涂三意　夏正發　程學成　夏春傳富　胡宏升　胡興高
朱三河　胡宗林　胡學揚烱　徐十忠　雷才高　宋七元
宗元佑　王六方　宋五梁嗣　宋六竹烱　瞿正大興　王七洪
萬二杰　萬年方　胡學詩書　樊慈順貴　張錦秀　周朝成

陳士河　毛貴兒　周心元　程尊應　王萬青　王金龍
陳士傑足　陳枝雅　陳枝嗣　葉啟析　葉永揚　陳枝林箴
陳枝敏惠　王其利　王學進　王應槐　王枝喜　王長發
李士二　劉宗道　葉又照　熊玉周　葉錫學　葉錫葛
熊序然　葉春發　葉永能　葉士幹　葉興和　葉華太
高維寅　余賜福　余艮先　劉國相　周錫祥　葉新悠喜
姚光宗　葉書思　葉進用　葉進昇　陳枝春　葉錫愷
葉添康　葉廷有　葉端登彼　葉金玉　葉有得　葉四元
陳純渚　陳純彩　陳士馥琪　陳洪宗　葉彩云　葉金兆
葉學鼇　葉永德　劉利賢　周奉圭　葉錫琳衡　葉端源
葉錦全　伍修德　方人祿　方文定　吳才美　方金玉

張吉志　方有尊　方鳳祥　王有朋　胡百朋　王博學
汪廷樹　陳萬全　葉同興　葉艮華　葉唐照　葉名喬一作名橋
張剃頭　葉在州　葉其政　余登雲　余善念　余朝棟
葉艮財　高啟友　葉得先　葉長壽　葉知輝　葉有懷
周星月　葉端珍延　葉在聘　葉三和　葉煥章　劉萬枝
陸既清　劉九珠　劉象賢　余榮華　劉尙選　葉錫謀
余榮富　周寬遠　劉禮懷　余天順　葉祖元　劉秀芝
余前勲　葉揚茂　劉揚名　陸學富　葉錫行趙　林起萬
孫應先　余在秀　余復生　余鳳先　徐金才　孫長年
李祥華　張瑞玉　張周謀　張正申　張世雲　胡學禮
周新祥　周蓋君　葉三喜　李光和　鄒新發

方大興虎　方學周　楊光祿　胡啟富　方大受　傅春奇
傅學萃　方元喜　方盛久　姚正興　方啟理　傅時春
方殿鼇　方能發　方兆儒　楊方文　傅人維　樊明遠
樊篤齊福　樊誠興　樊永宗　樊篤發善　樊永有洪　樊篤本輝
樊明義　樊永運　樊明趾習　樊永傳　樊篤光盟　樊永近
葉逢春　葉錫玆　葉茂珠璜　涂玉階　葉錫珍珩　葉錫書
汪舟旗　汪起鳳　汪永有　葉錫城　葉道賓　李在坤
葉茂枝　孫東彩　孫芝秀　李啟聖　李君義　葉義朱
張聖瑞　葉端仁富　張二光猷　張保林　張三勲　張四義
葉茂書　葉錫元玉　葉錫珠貴　葉艮義安　葉紹先堂　葉誠意
葉萬春縣志作春萬　樊明傑　樊篤序　樊永懷　樊永宏久

樊允發　樊錦春　樊正旺　樊海兒　樊秀春　樊光普照
樊成法　樊春柏　樊美春照　樊克勤　樊六生　樊喜兒
李明安　鄒洪正　于啟雲　郭孔言　郭公平　郭祥湧
郭佃愷　賀永華　李德全　于長久　李啟華縣志作啟發
李得華　李有義　李己亥　李春喜　魏光勝　葉占榜
葉振青　李迎春　李正桃　李在見　李在原　李玉懷
彭明揚　李喜兒　李士起　李五喜　李星照　李金儒
李雲奇　葉勝和　葉桂兒　李志勝　葉雁彩　李彩鳳
李南永　葉永華　李呈祥　李友志　胡千發　葉正時
李用志　李高明　李東玉秀　徐金鼎　徐士霖超　徐金城
徐士義　李玉堂　李友文　葉高朋　李高照　李永興

葉新發　李顯列　葉茂盛　葉錫高能　葉錫雄　葉錫英
葉端成　李坤海　葉魁萬　李坤洲堃　何明望　郭艮善
李金玉　李金鳳容　李連修　董道懋謙　劉致祥　劉在增
董守義功　劉在芩文　劉惟剛琳　劉惟勝朋　劉亥兒　劉光潤
劉生麒　劉在啟莪　劉春彬　劉在成楷　周秀堂　周啟鳳
周慶想春　周德隆　周慶佑　周德義　周潤身　周寬裕
周正高　周明法　周金秀　左承啟　左德化　左登魁
胡應昌　張世亘　汪傳福　毛春雨　毛生吉　毛如朗
余春茂　尉啟發　尉本心　尉啟雲　王雲陽　匡啟先
徐光典縣志作光興　石老五　李道其　左登仁　瞿十五
王祚慶　胡春台　沈羽豐　張發錢　汪之興　趙五魁

方大本　方文興　葉長順　葉春和　吳立功　沈濟賓
沈春松　毛祥勝　尉瑞成　姚學彬　姚有彬書　姚四國
劉在其　周春貴　周祚紀　周承福　余有志　余鳳敵鳴
余鳳采高　余大明　李明濬　李道樹煒　李在楷　李明四
李大旺　李耀陞　樊秀舉　汪天富　何登榜　何參兩
匡大順　匡文道　李守應　李源琴泉　李發椰橪　李仲勳
李藥林　余煥明　余佑喜　余大有禮　余大州利　余登樹雲
何登鶣　何四喜　毛佑兒　毛信精　毛春千　毛先慶
毛述志　毛生古　毛生彩　毛春魁萬　毛信善恆　毛春翮歲
毛春暖曜　毛仕信　毛春雲　張養氣和　張十四　姚有琇琚
姚五塤　姚虞意　姚有豈　姚五甲旺　姚有棫程　姚有枝濡

姚虞望　姚虞順　姚虞美廷　李端秀　葉潤珠　葉賢仕儒
葉登發　葉景城　葉遠濟　葉日恭　葉楚珩　葉端意瑚
葉周盛　葉立明　葉錫輝　葉艮恆壽　董汝奇　葉啟玉
李道安　程清蓮　盧世德　高傳松　劉一　葉初佑
陳士陽明　陳枝煥　王祥久　葉端豐　葉悅兒　葉辛丑
姚全忠　姚啟後　姚虞書　匡孫意　楊枝福　姚佐湯
方連九　方啟修容　方盛全　鄭得秀　方大椿奇　方啟揚
楊光爵　陳長發　張長興　方啟進　王玉明　方大昌
方盛柏　汪月雲　方玉林　方行參　李高祥　李啟輝
方大瑞　王全紹　何紀純　劉起元　李學璞　李學珊璉
王立藻傳　晏光榮　胡枝桂　余三秀　余三盛朗　熊光洛連

熊翹楚　熊天官賜　熊林浦　熊楚發　熊全美　熊朝富
吳楚興傑　張祥獻福　張易元　張金祥　張松廣　詹全得
胡祖賜　胡履魁　龔秋兒　孫枝楷　孫洛禮才　童邦基
童雲發　陳詩舉　吳四起旺　吳宜德　熊超羣　陳魁元
潘春林　趙應具　易占鼇　熊鳳旗　汪鳳華　汪金元
熊二意　程承高　程四起元　程年豐　程太鳳　劉勝奇
趙金堂　王盛世　何三元　汪連科　雷承和　徐揚春
王友度　王秀雲　王五　汪樂兒　汪昌貴　汪勝次
陳大　程祖蔭　程大　王紹曾　孫秀春　趙應元
王漢廣　王立霞　趙啟才　何成太　胡中取　黃金應
何清太　張光久明　胡中開　紀光發　邱玉奇　邱象祥

張光厚　龔道坦　陳漢松　陳林和　龔安喜　蔡世用
蔡殿選　張耀彩　張楚玉　張枝鳳　張枝堂　邱玉堂書
詹德隆　詹長豐　詹鳴龍　詹履和豐　詹五癸　周從發
龔早揚　李春奎　李三洪　胡清吉　胡步趨　胡興茂
劉交泰　張之勳　張光達　王鳳高　劉全友　劉祥興
劉老五　王鳳鳴　陳舒德　胡德有　陳老大　李二紀
李三鴻　李寶純　李二梯　胡萬雄　胡其太　晏六富
張長明　晏五黃　胡鳳華　胡鳳池　胡士玉　童邦祥
龔世學　秦國和　文高喜　朱梴朋　王光德　楊德發
滕艮福　胡雲起　王士玉　雷漢宗　張勝典　胡輝地
陳金耀　匡履坦　胡學意基　何友魁　胡有典　王秀魁

王永豐　高開發　滕漢豐　滕福善　雷廷生　雷廷柱
雷添生　范泮水　范炳榮　胡萬從　童先得　童耀祖
程輝第　何戒之　何順魁　楊得發　龔世賢　龔時發
童先楷　龔明義　呂艮展　吳又喜　方達芳　童祥兒
張明玉　張秀山　張春典　蕭福芸　童官保　魏老三
何東盛　項思楷　童邦輔　王元德　方勝兒　童賓鑑
童禮元　馮才學　萬鳳海　萬雁春　文景元　文豐意
萬正發　楊光慶　易光榮　文金斗　童映林　文名啟
易和太　童金品　文坤義　方四寶　童光秀　李茂蘭
晏恆泰　方漢才　周學魁　周親仁　張世英　張一枝
陳詩富　童邦運　張東貴　胡暢兒　張一壯　童先昌

余咸甯　余光默　吳鳳守　余時貴　晏雁鳴　童賓見
楊先慶　楊東明　晏高明　晏會應　張有益　魏禮泰
晏交普　童啟梅　晏大　李大　廖鎮啟　王天奇
傅成萬　萬鳳泰　劉保和　劉高魁雲　晏恆光　晏連雲
晏星發　楊光圭明　吳文方　吳和太　晏文普　晏天福
劉學洛致　晏瑞祥　晏連榮發　晏七拂　晏芝高　項光玉
童邦珊　童先敦賜　童如玉　童先榮兆　方其美　陳書貴
陳秀章　陳七妫兒　童四兒　童運春　周永和　雷寶子
雷得元　雷坤發　熊光樂　胡中發　周合林　周美兒
周永青順　李照煦　雷進廣　晏曉明　項光位　項春杰
項鳳敖　晏立程　李敦厚　李紹棠　李占鼇　晏山喜

張金貴　胡漢江　王又義　汪隆春　朱江發　韓登瑾
葉雁林　段玉春　王同誥　閔崇貴思　王春喜懷　王金富
秦朝進　李光藻　李秀茂　李輝榮　王長有　李高升
王香發　葉長進　葉宇貴　張得榮　汪國義　王名利
王在忠　汪壬辰　汪國元　王榮章　王強先　王文秀
王玉春　周同盛　黃修庭　張世恭　周全勝　程辛未
李輝丙　王南勳　王庭選　王安務光　王安御殳　張春德
張廷華　周金川　王安裕　周連科　黃學忠　葉殿選
葉春秀　葉宇高　李召品　徐正全　余永清　余彬賢
余善得　朱華國　朱用賓　王雲章　李輝羽　韓鳳儀
周雙喜　王庚元　王承發　王安壽　王立德　劉紫雲

王長青春　王長發貴　會海富　周錫春　王廷選　葉華春
羅丹桂　王平安　陸東發　黃仲喜　劉焰明　張楚雲
周有元　汪長春有　朱宗茂　朱慶雲　朱二見　祝春魁
沈海元　周有祿　周金田　王五智　徐斯美　王有玉
段顯揚　閔從利　宋懷有　王同華　朱得華　朱興雲
徐朝貴　王德茂　王勝高　朱金元　朱旺兒　張坤茂
王廷豪　汪啟發　萬功獻　葉長秀　姚長輔　張啟祥
王國元　周漢祥　周四友　周雁春　王瀏源　沈連陞
沈十六　沈得和　王祥光　韓殿揚　周慶祿　沈自春
周慶壽　沈元發　歐定富　汪耀廷　周遠奎　余善祿楷
黃枝春　余艮木　黃昌書　朱得福　余善篤　王安元全

王安(進祥)　朱望　朱鳳翔　朱長壽　王壽喜　朱竹山
黃枝松　樊金明　曾學富　鄭慶雲　韓舉維　張元己
汪龍春　周隆(鍔細)　周傳准　周傳栁　汪昇堂　朱玉田
沈德(慧敬)　沈自趣　李茂林　沈盛才　汪人辰　沈德宏
周祚椿　朱金鼇　周春輝　王安璜　張元紀　張泰應
王大啟　王同滿　周鳳翥　閔三元　閔春鵡　閔春燕
閔玉樹　吳義和　王春秀　祝傳槐　汪連春　周遜烈
周召興　閆奎習　周有兒　王萬才　閔維(德源)　周德全
程弓本　黃光漸　閔維洛　閔從心　周鵬昇　周漢昌
段漢書　辜金瑞　周見恆　周應和　李力(槐枝)　王象泰
王飛熊　王階芬　周永清　紀章瑞　胡中秋　詹長鳳

周世海　詹德龍　黃昌明　黃春貴　胡耀先　高立波
胡祥發　潘學正　喻鳳先　黃隆春　詹世和　徐金奎
詹世河　周世和　詹禮(貴鳳)　趙易奎　喻步選　喻鳳兵
詹明龍　趙國孝　胡保貞　雷漢松　鄧春林　鄧廣德
吳崙山　趙思(敬智)　閔春盛　張風嵐(子某同死難)　趙獻書
胡學江　黃維第　王金明　王恕海　余秀發　童接喜
趙成章　王成祥　王名魁　易丙輝　周鳳彩　周克祥
周代益　汪錦雲　王廣盛　陳長春　陳蒼玉　周從義
程學(高良)　李再喜　姚升奇　周登俊　陳在學　陳得和
周漢雲　王立春　周名揚　陳宗全　張元訓　王天秀
張邦奎　張雅懷　蕭奇富　胡首名　胡學福　胡愷先

江希若　江希貞　魯先奇　魯鳳敖　王寶書　蕭年青
蕭普應　王四有　王廣有　王朝海　王己卯　丁明典
丁景春　潘章紀　閻兆印　段六兒　匡勝義　王老六
李學元　周庶兒　楊榮才　楊士高　楊德春　楊本貴
楊道同　楊兩能　蕭全來　唐永江　楊建康　吳素兒
周傳曙　王立朝　劉昌輝　許寬懷　汪庭玉　汪必用
汪必炎　江學(高卷)　江學文　江學稿　江學悅　江學存
江學藝　劉兆榜　劉萬林　詹有才　江學榮　江天(歡麟)
劉錦林　周榮華　胡太珍　周三友　周勝宗　鄭興祥
周容照　鄭興楨　高東璧　周春義　周新喜　周亮玉
李雲波　周有材　唐懷德　陳邱山　周賜(德壽)　洪有利

傅守勲　洪文則　周志全　雷春發　朱萬春　胡應文
劉大　高東品　周心太　周金(有友)　胡忠奇　高勝有
徐春槐　周太靈　張邦(潔馨)　方敬忠　周祚興　楊懷義
張存德　王克成　余開有　葉式元　周禮學　王志名
余清遠　方相玉　江天富　周遠益　陳從(盛元)　張邦科
周天恩　周宋順　周登元　胡友信　余學早　聞翠梅
王象連　周心法　余柏林　藍金龍　周友海　周常清
方衛萬　周文榜　周友法　徐能發　周永富　朱萬祿
江太和　余世和　黃其祥　胡學發　陳守章　余明魁
周美元　周龍發　余善云　徐方友　李恆泰　蔡老三
陳三見　蔡學成　張三才　張四九　(節義錄)　僧應峰

汪蘭堂　胡太年　徐年生　蕭長生　儈漢松　羅永祥
羅永安　汪運安　王嵩雲　徐顯揚　劉賢潤　李順銀
戴正愷　劉兆華　童鳳旗　秦宜和　李雲發　樊明傑
葉福茂　李明利　李義聖　程清蓮　高宏亮　熊柯田
徐枝喬　葉耀材　葉芳林　葉啟楫　汪德兒　鄭雙曾
張義和　葉錫仁　葉錫（禮信）　葉正光　葉勝友　葉端祥
王長林　葉金德　葉祿喜　儈道興　劉賢儒　陸既清
陳盛州　王得義　陳萬全　方本立　汪先春　汪榮舉
葉汝奇　張世義　張養弟　張義周　張世恆　張十
鄭永發　姚四迎　姚五垣　姚五梓　姚魁殿　姚有忠
匡子高　劉殿元　萬世槐　匡盛淮　匡盛潴　匡盛犖

董煥倫　彭希高　彭懷清　匡太忠　方啟羣　陳繼先
方三喜　鄭學勝　董身省　董道濂　毛信情　李大脂
蕭昆山　胡忠言　李發樅　項祚富　胡忠智　汪雲林
丁道和　田兆昌　吳興恕　林昌華　潘隆（爵銖）　周德紳
李應農　廖先久　廖洪春　廖財福　熊翹楚　呂朋展
晏廣發　晏輝（旗田）　晏新喜　王禮信　李際泰　沈德（立心）
（縣志　以上同治三年）　附　呂芝蘭（懷甯人）　葉滋藎（歙縣人俱咸豐七年縣屬殉難）

蘄州

王德立　王細（臘寅）　王方太　王奉升　王春年　王廣大
王有（富生）　王照四　王兆熊　王遠發　王廣青　王洪發
王象爾　王朝選　王樹和　王在中　王光前　王呈祥

王景松　王全壽　王細牙　王（雙崇）德　王甲三　王均烈（州志作均照）
王紹彩　王貴亨　王鳳（元林）　陳佑富　陳效（烈東）
陳以崇　陳（昌同）春　陳咸有　陳耀焜　陳學餘　陳拔翠
陳（金錦）帛　陳維翰　陳廸吉　陳萬室（一作萬時）　陳瑞年
李克富　李財春　李耀彩　李紹士　李興文　李海生
李克（祥諧）　李克（惠學）　李美應　李三愷　李善（祿啟）　李後盛
李（榮從）先　李長華　李智生　張朝陽　張連之　張星斗
張殿明　張（艮自）友　張耀（正華）　張長（林茂）　張旺喜　張（暉金）望
張世艾（州志作世燮）　張緒全（州志作緒金）　張均雅（州志作均維）
張履豐　張天財　張桂枝　張紹（英菊）　張元（儉槎）　張先吉
張馭爵　張元樸　張（紹春）發　張七生　張緒（先祥）　張啟勝

張道（松富）　張新榮　張時舉　張萬全　張開揚　張耀先
張懷禮　張有（善序）　張（興元）發　張（容起）萬　張永（清禮）　張益善
張秀（芝之）　張廣壽　張興貫　張致君（州志作至君）　張象書
胡奇賢　胡佑（馬八）　胡作麟（州志作霖）　胡佑緒　胡正興
胡從周　胡坤維　余在中　余鎮寰　余懷瑜　余炳宣
余國（清卿）　余太旺　余秉先　余克（勁敬）　余（長國）青　余鳳山
余廣夏　余美節　余廷秀　余澤普　余象高　余興讓
余世遠　余光（才遠）　余顯然　周陽春　周本知　周興發
周赤中　周友德　周士容　徐在德　徐邦爾（州志作卯爾）
徐勝懷　徐百歲　徐立周　徐新志　田星斗　田相棟
田（長春）發　田位中　田高爵　田兆元　葉名（才玉）　葉長富（州志）

作長福　葉大年　葉戒之　葉習之　葉心純　葉文際
葉發祥　葉榮科　葉思恩旺　葉統萬　葉財勝　葉松柏
葉本興　鄭啟松　鄭國選　鄭君谷　鄭榮發　鄭立剛
鄭炳勳　鄭慶揚州志作慶暘　管福有　管文煥　管世富
管澤仁義　管耀宗　管克讓　管松茂　朱興訓　朱文坤
朱澤珍　朱世傑　朱有富　朱定太　朱恒德州志作恒懷
朱兆元　朱富隆　朱行書　詹名規　詹高星　詹郁玉華
詹亨爵　黃細躬　黃節勝　黃思愠　黃志恒　董應堂
董有普　董老五　董德位仁　黃人善　吳學明高　吳仁量
孫秀升　孫子彰　孫興義　孫名旺　孫有元　孫已爾
孫芳城　郝全政照　蘇序賓　蘇大倫　駱國富　駱宏太

駱元勝　龔映春　柯顯榮　何遐玉　康萬和　蔡魁富
紀國華　熊光祖　汪東雲　江有德　范金周　萬五敦州志
作五燈　柯躍華州志姓何躍作耀　姜彩新　謝連升　許福先州志
作福光　劉廣明　祝文秀　丁萬年　江從寬　劉方和
丁名山　江名蓄　丁方和　何象易　高興德　劉榮懷
丁至剛　顧新盛　潘義和　蕭方順　汪以仁　尹德勝
凌義申　凌自新　楊艮傑　江玉階州志姓汪　楊壽生
鄧芳林　萬澤久　姜行五　袁達聰　姚緒納　方中清
彭君爵　江全具　夏朝佐　夏惟成府册　劉五福
馮壽兒　吳太禮　周必長　朱秉成　成啟國　張迎祥
江全聚　柳耀華　葉大　張緒光　張其生　徐邦嘉

王太芳　張恒禮　鄭清時州志作清石　楊義學　余廷煜
張新桂　駱昌發　管嬰兒節義錄　熊玉書　翁永修
州志　以上咸豐三年　董萬倉府册　張得才　江允中
朱安粉　蕭汝龍　董顯文　董洪才　顧六壽　董惟選
劉細咬　董滾生滾一作袞　張耀青　侯青敬　熊效松
胡禮得　湯紹國　周巳生　許明萬　駱允元　駱聖坒
駱開益　駱盈川　駱有訓　駱可觀　王紹才　利紹盈
李長茂　李耀春　王春和　潘名揚　張會爾　孫修五
左良普　袁耀勳　翁　成　董耀華　節義錄并州志　汪經綸
黃梅志　以上咸豐四年　李蔭檽府册　王先彬　王名達
王德道　馬天衢節義錄　李隆祥　袁耀春　管宏德

洪自知　曹相開全　州志　以上咸豐五年　劉時泰　鄭如節
程明萬　張有祿興　岳興發　景成元　姜全元　張本開
葉期紅耀　葉菊生　劉金海　李復三　萬遐林　管啟學
童大海　葉從先　易孔嘉　易明財一作明材　易明智
萬昌遠　傅從本　張起秀　張位三　姚英國　楊有貴
潘永盈　楊以德　王在明府册　操紹興成　江連生州志
姓汪　朱秀貞　田亮弼　石四九　操映朝法　操三十
黃勝朝　石洪山　何鼎元　何三細和　何玉華　何德全
何學博　何二生　熊明德　田正楚　邱高照　韓合元
韓慶全　韓廣顏　韓宇勝　童顯文　徐名其　傅萬九
陳中和　節義錄　以上咸豐六年　陳手朋　陳崇禮　陳兆初

陳開嶺　陳雪兒　陳勝生　陳安宗　何桂又生　何克諧貴
何兩明　何祖德　何開甲　何建會　何恒茂　何世喜桂
何儒鏡　何自新　何以時　何在先　何定芳　何新成
何長久　何世義　黄金坦　何從發　何世德鳳　胡細四
胡耀華　胡宗輝宗一作祟又作重　胡出地出一作儲地一作第　胡首瞻
胡應環　胡文席　胡遐昌　胡盈朝　胡維祺　胡宏升
彭啟後　彭惟楚才　彭會三　彭秀榮　彭從矩　彭帝登
彭紹康　彭福先　王存望　王建君　王宗承　王細和
王甲申　王勝生　王宗永　余道學尊　余一尊梁　余興國
余林瑞　徐廣有　徐玉華　徐禮先　徐佑全　裴奇珍
裴再衡　田傳家　明翠光　劉二元　梅廣學　黄遐棟

趙丙元　郝有焜　吴世青　周文瑞　姜美觀　姜定桓
張西生　郭學文　張泗汝州志作泗洳　郝思華　郝方珠
武應川　李福先　吴徵楚　吴錫圭州志作錫珪　朱景秀
蔡雍書　蔡海蒼　蔡秀芳　吕松林　田天佑　操昌信
程仁先　湯全福　操大純　鄧明魁　黄瑞枝　黄登禪
曾蘭枝　張文道　鄧入章　吴永祥　吴能習　吴德金
府册　朱英明　何義堂　何廷揚　田天喜　盧居添
田首先　操春佩　田器之　朱立三　李大　田林接生
方本忠　范進四生　田登榜　田相明　田發祥　田周南
吴玉佑　段長太　王鳳鳴　胡應元　喬玉書　朱秉先
魯耀兆華　田傳純　孫蒲生　蔡品紅　蔡璧懷　王世傑

吴明遠　胡逢年　殷啟盛元　方癸巳　田能勇　詹可發
陳大細生　陳春之　葉瑞之　王廷選　張啟才　祝錦林
陳元年　齊治方　文以林　陳應春　伍松齡　田癸未
周席占　宋漢廷　宋光先　朱長貴　朱廷高　胡惟善
涂天喜　方良臣　吴永林　劉從志　陳兆桂　魏永康
江老四　江心望　程啟元　孫東九　方辛酉　郭集成
江元發　徐有品貴　詹實從　詹兆老　劉達善　陳希曾
黄天來　田啟庚　王宗武　陳仲青　陳明寬　陳克猷
陳佑德　余耀棠　陳餘艮　余金榜　余萬倉　朱兆奇
方細二　吴集林　朱餘章　王餘懷　余誨交　蔡老三
范佑四　胡興宜　范三生　周可詠　陳南山　陳有元

陳錦懷　朱禮才　陳心明　汪忠瑞　汪利陞　朱任賢
陳則敬　蔡癸未　范蘭亭　田汝生　汪老八九　汪十五
方才富　劉春華　劉二成　徐孔照　金良有　陳得意
胡成宗　彭廣玉州志姓陳　吴敦睦　汪珍生　黄裁縫
康定明　鮑伯康　鄧顯照　劉汝梅　劉四海　余則先
陳望生　康奉運　康定福榮　康保兒　汪大四　文向榮
彭榮秀　胡正太　范有大生　葉連生　王輝北　齊雲展
朱東杰遴　朱廷皆　孫時得　詹明志　吕九元　陳效邦
宋在廷　陳長春　方艮成　江自寅　吴型虎　陳利名
陳老四　田品賴生　胡勝友　田維翰　湯廣元　王春集
彭世珍　張義生　涂得義　詹庚寅　詹道友　李載道

文從寬　文有範　詹炳文　王守湛　王先枤義　王先梧柱
王先傳　王巨川　詹爲象　吳承謙　吳及梓　陳守場
伊品三　陳細妍　余龍華　蔡士衡　陳志芳　陳效三
陳十九　陳習中　陳閏生　陳云濤　孫四友　劉太豐
吳君仲　陳廣青　方欽玉　陳文懷　李春發　余續之
陳在春　鄧復勝　宋像成　湯二喜　李英庭　李得青
黃得久　郭兆溥　田禹錫　吳起雷　陳慶華　陳步青
陳才用　陳廣義昭　吳一桂（州志作一枝）　吳盛興　吳均秀
繆金地　劉耀先　熊雙有　吳興仲　吳苟長生　蔡春發
蔡廣樂　萬元照　何有志　曹紹啟　吳景楹保　吳相玉
葉惟艮　周超羣　駱秀超　駱星集　駱心敏　武慶天

宋希聖　吳憫森　康子香　何國攀　何崢嶸（州志作尊榮）
何重喜　范才海　尹太元　嚴與朋　涂長輝　齊長庚
康萬年　徐啟貴　馮光能　吳有待　詹顯照　詹大細妍
陳應乾　王神佑　李樂交　夏裕豐　吳兆宗先　鄧富全
文歲和　蔡丙才　鄭八元　鄧慰賢　陳兩全　詹勝才
蔡有恩　詹豔方　陳東山　田開緒　田十五　蔡玉田
張玉山　蔡元福　吳文蔚　吳長福　方瑤琨　吳天瑞
程學陞　程相均　蔡用貴　蔡公應　詹壽隆　詹騰馬
盧士訓　朱輔廷（州志作撫廷）　詹裕坤　朱詠山（州志作詠三）
操永興　汪春福（州志作福春）　汪貴四生　余國揚　余海山
汪春茂　徐孔照　王細十（州志姓汪）　余五生　張本得

何三生　何殿才　詹尚舒　程再爵　程玉槐　胡輔周
吳有興　張得昌　張慶三　張可心　胡永興　蔡興復
呂新二　岳起富　蔡耀祥　詹斯陶　宋地久　馬心愷
陳四喜　葉逢春　汪景蘭　劉象志　黃士貴　萬元俊
萬木匠　吳德健　陳永富　楊大富　江自成　蔡曉東
陳化龍　龔得志　鄒寶蓮　蕭退遠　龔以高　王守元
鄭芳林　詹可法　駱耀玉　王蘭貴　裴永生　王爲美
胡萬才　陳道貴　文能發　舒魯元　蔡樂意　李士財
駱太波　劉春計　黃占元甲　黃大細財　駱文烈　蔡官懋
范定理　葉金玉　黃克勤　余從學　蔡相玉　宋興復
詹景元　劉宗聘　張金才　蔡禹貢　吳映才　張文燦

蔡象山　蔡習明　蔡寵士　蔡登第　蔡義保　蔡倫俊
舒發祥　吳世清　蔡邦棟　吳八壽　徐慶春　范太交
陳寶山　范十三（州志姓蔡）　陳老四　李瑞林　李才生
鄧保元三　范錦忠　張有德勝　范綉春　范清高　張安舒
張集經　張續宗　蔡全福　范禮右生　詹品山　楊清瑞
陳自明　方玉潘　詹自有　張品炳周　魏省三　陳保善
范美池　蔡有山明　蔡錦章　程國其　程丕兒　范新之
范金水　范三壽　湯金以元　范象山　范有風　萬耀先
詹心壽　黃二友　張紹蘭　管毛頭　張天長　胡正泰
吳廣發　吳金有　吳雙六　貢乾久　貢自遠　王以德
繆安福　繆愷明　繆啟勝　何得賓　何習業　何三妍

何六十　劉樂永　劉得富　郝方元　吳百魁　胡意高
胡仲南　胡（映又）生　鄒成先　朱有意　王利貞　周惟山
吳三妍　熊老二　郝老九　吳戸安　王告惠　吳作聖
蔡老大　吳立成　吳起發　李得崇　王恒茂　李廷茂
楊跛子　貢玫富　吳景權　吳顯占　周棠　蔡荊樹
陳永盛　鄧光文　周萬盈　涂大有　華春育　華甲長
王常泰　李士春　陳楚士　陳能泰　胡首均　駱明觀
陳永臘　貢百齡　萬金先　黃惟志　黃艮木　駱光琪
王立春　駱諒陰　貢乾九（州志作乾元）　張福意　黃得佑
馬大耇　張連意　戴得意　龔惟岳　葉四老　鄒成之
吳云洋　吳望枝　駱接後（一作接厚）　駱國興　吳關賜

孫永餘　王乙丑　宋有元　甘金山　甘有富　胡雙南
黃用三　王啟望　陳世欽　宋明藍　宋大（振源）　王惟啟
徐國柱　劉萬江　翁萬發　高意廷　祝青貴　陳繼富
陳應彩　李起財　王君德　胡自卓　周聿修　周永豐
胡榮宗　王德照　周用夏　汪震青　田寓山　高啟秀
胡登朝　丁逢晚　高敦樸　李得（意中）　江翔鸞　張永富
管澤元　尹有財　胡福九　陳萬發　許作朋　甘方泰
龔耀明　高利貞　段新發　梅禮西　胡斯義　伍錫相
高（大二）耇　顧年秀　江紹紀（州志姓汪）　陳明國　劉興（必則）
高立富　沈啟中　田傳長　張世儀　戴盛元　陳自强
張洪濱　余有貴　駱萬有　程甫察　張繩祖　蔡大耇

余應生　胡位生　陳四保　劉海高　王錦秀　丁丙元
高秉忠　馬天福　駱玉崑（一作玉昆）　龔辛未　龔用章
朱光盛　胡學志　蔡恒發　張應廣　吳教知　陳天民
洪和賞　陳有年　龔遐珍　龔柏生　張聞道　黃紹從
童家駒　童宗夏　駱利貞　駱履豐　龔銓照　郝大耇
張中孚　彭佑喜　黃炳國　黃立鏞（州志作立傭）　龔二耇
張孿生　龔二耇（原重）　張二耇　張（大二）耇　黃二耇　王恒青
胡得之　吳星素　李保全　盛牌兒　曹福生　華品玉
范金（有友）　徐三和　陳其有　江爲昭　鄧利貞　汪東明
胡福全　童咬生　朱文鳳　蔡松林　余麟瑞　徐永才（州志
姓余）　張理泰　田金榮　王福遠　田克勝　何國珍

程鳳慶　黃二（小躰）　駱懷貢　程景文　夏全素　陳三益
康奉廉　鄧儀富　張有全　貢九生　夏佳全　方三聞
張慶雲　張金（山華）　張宗禮（州志姓陳）　陳太皆　管金玉
張世禮　傅東曉　周長壽　周明生　駱節生　蔡煥彪
馮大耇　黃（大二）耇　楊四鄰　陳方珠　趙炳元（州志作丙元）
陳幼子　楊子　僧儼朝（義節錄）　何延恕　何有才
黃貢才　黃世榜　周錫彥　周正的　周文博　劉二元
周忠明　黃得義　黃源耀　黃遐（琯綬）　陳一平　岳春茂
高翼廷　李啟祥　朱本杭　鄒能載　王老五　程能仕
胡一高　陳拳（鐸鑑）　田必元　田傳（珪元）　田百朋　田傳（寒翊）
詹心益　詹益三　詹二生　康蒼玉　康五和　朱星秀

田啟貴　盧七生　宋希聖　詹裕昆　詹騰雲　蔡相玉
康載萬　康東衢　彭義烈　詹淮三　田傳蓁　田廷表
張一材　胡則恒　方木恕　高立正　范才浩　何定秀
段殿貴　方親友　方玉攀　盧耀楚　詹十從　何貴生
胡崇耀　吳景壽　范福全　胡星魁　沈可智　范美鏡
李寶詮　陳如意　李第久　龔中理　程洪寬　程官訓
張世青才州志 以上咸豐七年　游邦傑　杜曙初　杜樹滋
府冊 以上咸豐十年　張禮太　張正家　張雨亭　張介福
張德廣　張長青　張信鴻琴　張理明　張四氣節義錄作士器
張以泳　張君弼　張五喜　張興達　陳得金　陳占禮
陳履中　陳魁秀　陳海晏　陳龍玉　陳以珍　陳達材

陳高明　陳文虔　陳占梅　陳星一　陳永和　陳廷章
陳殿明　陳信旺田　陳文富　陳咸德　陳為先　胡天祿
胡老十　胡寅石　胡一信美　胡應法　胡一桃　胡德純位
胡兩灼　王朝舉　王丙元　王才與　王品玉　王自泰
王榮發　管位三　管登仁　管心道　管遐林　管長邇
管全義德　管榮富　李集高　李揚廷　李道遠　李瑞珠
李尊爵　鄒文海　鄒福澤　鄒能再　朱蘭交　朱學海
朱凱元　周正廸　周志興　鄧明道　鄧耀之　吳德年
吳貞密　吳占元　董天瑞　董志元　岳啟茂　詹伯春
楊名顯　裴品元　余以忠　楊從美　趙士貴　雷朝選
萬明華　易富生　鄭尚久　余法章　黃添籌　萬高進

閻霞照　姜金彩　范有忠　黃用賓　毛咨雨　何才廣
柳榮貴　趙細躰　趙時芳　馬元生　馬丁未　梅光龍
何以詩　何文炯　曹永久　甘玉祥　石心谷　徐金安
劉雲煥州志作仁煥　劉全交　劉興汝　夏一清　余容富
夏純甫　夏治青　何省揚　夏益元　姜成委　府冊
陳勝太蘄水殉難　陳小兒　胡文禮　彭以烈　管遐爾
陳子節義錄　張泰春　彭以勳　何儒鑑金　李瓊珠
高立政　蔡文光　蔡德義　陳文則　方全敏　李映德
童顯朝　蔡丙才　蔡文鳳　龔楚江　張應科　游貞富
熊家裔　張世蕃　州志 以上咸豐十一年　張進業　張世緒元
張廣仁　張紹懷　張名厚州志作明厚　謝福高　謝興位

鄭正邦　舒興才　姜全發　府冊　章兆春　節義錄
曹以仁　鄭心和　張元世　李啟相　李德儉　州志 以上同治
二年　鄒承先　府冊　劉國寶　張世德　吳讓舜　黃遐元
駱食發　陳效東　曹艮修　曹相臣　張序齡　何集成
李惟高　陳彩蓮　白啟明　劉遠道　劉榮升　田太方
葉有晉　余鳳山　鄭清石　王雙應　龔楚善　李文斗
朱心珠　童啟琄　胡則恒　阮光被發　李本閏　李彩袞
朱其富　徐有福餘　阮光習　萬松九　朱秀榮　朱廣德
朱信川　朱榮先　李本裕　朱溥桂　李細全　甘鼎淮
李有源　童二繼　雷細赫　朱金巳　張清枝　童家驛
汪金眞　胡保之　張金旺　鄭象書　孟步瀛　孟廷修

張則昌　張高舉　周道裕　陳以佳　張應方　張新有
張紹盈　張百有　張時賢　謝得富　州志　以上同治三年
何彰智　府冊　同治四年　管調元　節義錄　葉有根　胡同愷
胡金備　何細六　胡用和　胡和尚　朱利久　州志　以上同治
六年　附　馬學瑞　蒲圻人　畢傳敬　江錫奇　均安徽人
王必達　李世彩　均江西人俱咸豐四年州屬殉難　棠敬　江夏人同治二年州屬殉難

廣濟縣

張鍾緯　張沛霖　節義錄　董二四貴　祝得倫　袁高益
闞世松　闞承秋　夏元興　夏布訓　夏長生　鄧元生
金明　黃細伢　姚濟光　孫長林　呂本基　周榮淇
陳洪太　張登鰲　孫二連　孫喜生　葉紹宗　王光志

張長得　段細春　庫惟勤　庫贊春　劉祖發　陳有生
桂得仁　余望生　余介元　饒有元　廖林生　陶新年
張三得　崔茂翠　袁細催　劉可發　陶治忠　吳美生
饒三生　田三益　夏才茂　夏六十生　張萬受　李鴻吉唐
林洪先　許聚太　廖二益　黃發生　駱正萬　陳從友
張三益　胡青蓮　彭十來　程國雄　孫正茂　陳年福
王長林　陳大林　李啟福　潘六生　田福蘭　田世和
陳爵珍　王小山　陶四生　彭六生　胡隆發　華林生
蔡永康　金和生　張德順　郭鳳文　郭望生　張金賜
張桂林　張京式　張廷宇貴　張致祥　張紹仁　張植材
張慶鴻　張漢元　文光才　劉光宗　張春壽　張正華

周魯珍　饒煥啟　程福堂　游光寶　劉耀先　程名揚
陳世德　周得義　胡鳳文　劉勝柱　胡慶初　饒牛生
周祖生　蘇光宗　朱廣和　許若成　宋恒元　鍾禮才　縣志
作理財　藍永華　藍炎松　張應華　張孔彰　劉玉貴
萬春貴　張登雲　原重　周一元　許錫勤　廖廣義　廖天賜
許作梅　何席珍　宋能進　李二齊　吳三密　程長青
何義元　程正陽　李國興　陳金旺　王寶之　胡朗遠
吳逢時　廣濟節義紀畧　以上咸豐三年　劉進發　大冶殉難　王士賢
徐保珠　侯義賢　侯炳龍　陳端友　陳福壽　陳爲政
項才福　劉三四生　干必容　舒品翰　柯象宜　彭魁璧
節義錄　以上咸豐四年　居子方　嘉魚殉難　劉其錦　劉用折

節義錄　以上咸豐五年　張仁義　劉心忠　干純青　陳照琨　黃梅
殉難　府冊　李長興　節義錄　彭二六　彭細兒　張如勝
張迎先　胡業旺　胡熙貢　胡勝瑞　干延壽　何克祐
陳五生　饒有忠　蘇四德　陶鳴春　胡錫堂　劉大耇
張燦炳　鍾立貴　項士芳　李玉光　縣志作玉先　江大和
余大生　節義錄　以上咸豐七年　劉義生　饒輯瑞　劉衍玉
劉秀金　洪永忠　余鳴悅　方承烈　吳長生　桂復照
僧常修　縣志　以上咸豐三年至七年　張文先　張維翰　朱運德
桂啟福　藍正太　藍斯文　藍松發　吳大耇　張大耇
張二連　程高元　周一生　姜金有　程福三　王勝鰲
孫連珠　趙以端　余茂和　劉又生　江大全　倪輯瑞

范有春　李洪超（縣志作洪起）　周承業　戴錦旺　鄧汝福
許輝士　劉有勝　江順青（節義錄）（以上咸豐十一年）　徐新發
甘源昇　游恒興　廖興學　饒厚載　陶新彩　郭振隆
余以壽忠　饒厚坤　胡春堂　張潤三（縣志作閏三）　饒錫福
葉有梗　游鳳樓　蔣榮堂　劉幼子（節義錄）（以上同治六年）
田材濬　田鎮聯　柯繢高　夏沛澈　陳明倫　張繼本
藍斯海　陳玉懷　張玉藻　陳斯烈　胡力成（縣志作立成）
張凝二　張紹尊　張繼五　魯林太　楊銘恩　楊時雨
甘滋懋　張錫義　李加玉　董學書　熊祖福　董鍾秀
游光恒　干士恒　干嘉霖　干旭日　干四漢　干從貴
王福有　范連興　吳伯琴　吳廸吉　郭在茲　陳學寅

陳華章　蘇伯祥　葉立才　葉立高　楊裕明　李遠壽
蘇春元　董祖勝　董爲松　廖浩滋　魏惟興　廖均棠
廖忠義　胡德備　劉曜先　馮登賜　馮應揆　宋鴻敏
宋佳善　宋美衢闈　宋成林　琛成章　宋懋德　程百海
程金元　蘇福喜　胡太恒　周裕道　涂鍾義　湯遂明
呂慶餘　陳輝均　胡業儒　宋正科　許壯壽　劉新命基
鍾本梧　周鉅斗容　周希亮　周理璜　彭效泰　邢錫亭
周元勳　周鉅鐸　徐曉峯　劉基創　余新春　吳開定
李榮癸　彭宗鑑　余華春　張重律　藍正本　劉卓璧
盧俊瑞　蘇大廣　李映榮（縣志）（以上咸豐十年至同治六年）　李在鸞
李柏壽　李遠寄　葉五生　廖永高　廖敬福　廖采廷

廖桂榮　廖明福　廖浩然　文柏松　文翰生　文紹鑾
文細伢　文寶山　姜金元　張輝宇　王本文　王灼義
魯十喜（府冊）（以上年未詳）

黃梅縣

殷騰鳳　殷五一　石林元　周玉階　吳天時　蔡蘭勳
陳功和　王以德　趙金禮　殷本全　宛三元　楊大春
吳茂桂　安朝倖　湯道入　陳紹友　石表濂　洪元珍
李采芹　胡正興　僧眞修常（節義錄）　於春先　於金烈
吳海揚　李承覘　李盛豐　李國興　黎孔旹　黎能先
黎以調　黎金喜　李輝燦　李燦梅　何訓初　鄧守信
袁可珍　鄧同祖　李登巳　李二老　張承祖　張長春

桂有典　石生和　詹仁喜　戢飛龍　張甲申　張雷老
張保香　桂悠遠　帥上老（縣志作尙老）　詹和寄　詹得喜
王迎賓　潘品端　何松本　余汝漢　王坤發　帥遠焱
陳可大　歐運喜　程大興　畢燦湖　鄧宏江（縣志作洪江）
喻樹俊　蔡官寄　趙渾初　李時發　李太來　陳天元
聶觀寄　魏邦興　邢學春　石英烈　石春育　石潔山
石茂華　石盈芝　石惟德　石思美　石元美　石青吉
吳榮高　吳克謙　岳均華　岳效禹　龔方恒　楊辛志
袁官志　舒學坤　紀汝恭　李和會　羅德興　羅春發
蔡潛龍　魏煥采　余秀芳（縣志）（以上咸豐四年）　張　春
吳德茂（府冊）（以上咸豐五年）　何潤九　何寅佳　何六一

劉正高　劉學得　劉三元　劉映啟　潘郁之　劉家和
汪春南　李席珍　何金元　方觀寄　蔡財源　孫鼎和
何富翁　劉禮太　何福保　楊士俊　楊七壽　周汝賢
黎履平　黎才虎　周勳臣　黎端午　黎長青　陳張寄
楊細伢　楊徐貴　汪末老　夏年茂　陳滌泉　王按宗
張玉槐　楊咸萬　楊和尚　黎鍾靈　黎周冕　何王老
周廣元　周雙喜　周心貴　周闗賜　柯三太　柯秉寬
柯德裕　柯大溜　柯佳保　柯兩喜　於龍喜　於迎春
於二龍　於和尚　邱金福　邱火老　邱柏元縣志作百元
姚長青　姚辛巳　姚闗保　姚金河　姚石寄　顏在前
顏華彩　顏三和　顏己丑　顏福春　黎闗寄賜　黎三元連

黎九德　黎宛寄　黎丙四元　黎連元喜　陳谷揚　陳柯老
陳義和　陳細伢　陳登厚　陳清明　高峻欽　高二虎
黎體任　黎既芬　黎麟趾　黎癸未　黎烈和老　黎之太
何松本　桂三和　石譜老　張繩祖　張長春　詹三元
李林福　鄧衍攸　桂開才　何朝珍　鄧逢春　何乙亥
吳升文　陳聯方　宛士桂　李官老　石觀保　金煥章
劉祥和　張正家　張乙亥　祝啟盛　程文斌　盧石寄
潘茂蘭　商金烈　商金瑞　商春華　陳宏謨　饒大賓
盛文林　戢龍飛　魯會義　柯六老　柯楊老　柯保治
柯連貴　柯世壽　柯二喜　柯保禮　李二慶　王新喜
謝天長　蔡春富　柳榮順　王觀保　柳貞貴　鄢九老

鄧大元　胡鳴盛　胡枝家　柳子豐　柳瓊林　柳鳳堂
柳光華　柳新喜　柳宗先　李大稼　李得財　柳二老
石迎和　許家福　程大新　魏邦彥　李宏柱　蔡錦堂
黃在廷　聶懷德　徐登富　林求老　樂長春　樂金喜
向瓜綿縣志作柳　聶太極　石福田　石鴻谷　石公會
石益之　石蘭猷　石捷三　石必發　石錫五　石士豪
陳五賜　陶錦堂　錢時隆　章本芝　周楚友　周楚富
周當會　周祖老　章才旺　章細伢　潘錦燦　潘念祖縣志
作念純　潘廷碩　潘定甲　般週時　般細伢　劉心田
歐正興　趙才富　吳在田　趙學貴　許至業　章禮和
章興起　章福賜　周士則　魯芝蘭　趙松生　郭功茂

潘華甲　鄒太交　張效蒂縣志作效對　王德明　蔣尚禮
張攀任　張明之　趙永保　金保和　劉觀奇　潘德壽老
聞太和　張毛考　周常貴　何毛老　張開炯節義錄
王義元　吳昇明　潘荒老　何茂森　王德啟　劉士魁
李神保　宛其哲　李掖成　李一元　能泰春　李楚望
桂來賓　黃五壽　項豫順　王天材　王作舟　胡家茂
董昌運　王登泰　陶宏吉　楊步高　程炳元　程秀柏
王大茂　王柏遂　程登祥　何天福　商百金　程國學
孫哲和　潘奉明　夏地保　王鵬翥　金仁和　金蓮老
馬春林　石次懷　岳朝矩　劉鳴和　周則仕　周才富
熊欽鑒　黎慶龍　陳鳳甲　宛連善　宛國棟一作國東

周二虎　趙金璧　劉世勲　王春和　黃玉珙　吳五九
李從先　王協和　李啟後　李文樸　李鳳貴　柯海柱
唐國楝　詹文訓　黎海老　宋裕文　宋先貴　宋才老
張善老　尤王寄　余照恒　趙順德　喻敏仁　張全仁
袁有義　張天明　張昌後　張輝燦　周經綸　陳士尊
潘錫瀚　方鴻軒　劉登賓　程樹模　王文炳　江田老
盧以竹　盧學起　盧振廷　余懷清　向勤家　江得元
江福申　僧福壽　盧咸林　蔡華林　洪膏林　陳得貴
洪　舒　錢萬茂　洪錫恒　洪育民　吳浩元　吳林松
胡清鑾　鄧慶安　劉永清　楊本立　楊立朝　錢文新
鄒茂啟　鄒學先　翟滄海　翟克順　栁正明　栁文奎

張利川　張文亮　張志才　張大順　張廷桂　張明義
方艮佐　程鳳翔儀　程福山　程正山　程百勲　程加年
程加楷順　張何老　田春旺　田啟發　洪席珍　徐官福
李殿魁　李聲榮　馮映梅　周樹青　程來儀　潘明彩
魏煥文　程作舟　王六喜　張茂貴　劉志元　朱得勝
胡德友　王國清　張長青　金草斗　闞得勝縣志　以上咸豐
七年　鄧國珍　鄧玉亭　鄧經野　鄧秀枝　周宏志
金一峰　李應文　趙友直　李玉樹　戢德光縣志作得光
張國祥　喻　鵬　鄧聰睿　鄧恩澤　鄧禮和　張能愷
張時習　張山鳴　張金印　張敦復　周鼎先　洪井然
陳茂松　商天順　商黙佑　王天賜　石履成　石德裕

程凝正　程啟萬盛　徐均雅　李祥順　李春桂　李金鑑
縣志以上咸豐十一年　李振先　程作先　程慶餘　縣志以上同治
二年　孫時發　盧咸凝　吳作新　吳啞子　吳楚鑾
吳清漣　王天錫　王偕光老　王潤四縣志作潤泗　王革非
王四桂　王恩義　胡之加　呂明發　何郁堂　何七受
何朱老　何闞寄　何旺生　向闞佑　陳福初　張六老
朱亘初縣志作日初　朱庚太老　程文彬　栁五和　劉乙酉
府冊以上同治三年　田玉山　陳世六　胡守桂　詹仲壬
王宏發　梅立裕　梅光澤　梅慶上　陳茂勝　周天門
熊昭勛　梅之桂　涂丙哲　郭洪興　許四喜　許一元
黃六元　黃二孖　梅老大　李細孖　袁祖旺　袁細孖

王旦亭　吳青榮　吳復海　吳士蘭　吳章華　吳兆龍
丁春和　吳五元　黃開業　黃士盛　黃茂功　黃祖賜
黃秀常　戢炯南　戢位壯　戢尋久　戢守儉　戢鈞耀
陳士育　陳益友　陳七二孖　錢艮能　許有貴　許二和
許三節老　許女明　趙小山　梅金福節義錄　黃煥适
府冊　趙隆貴年十四賊逼大罵溺死　王松柏　張文貴　趙浣初
王尊五　樊炳文　胡式清　胡經有　胡大壽　陳邦緒
縣志以上同治六年　陳臥樓節義錄　張禮端　李宗綏
項成蘭　洪有朋　洪大志　胡鳳樓　劉錫純　陳黑皮
栁步墀　陳瓊林　王宗坦　蔡金茂　項癸未　蔡金魁
湛品貢　栁思善　盧麟泰　梅清溪　陳得金　熊展也

僧悟參 縣志以上同治間

黃州府志卷之二十二下終

黃州府志卷之二十三

黃州府知府英 啟纂輯

人物志

孝友 耆壽累世同居附

宋

黃岡縣

董陽西陽縣人三世同居外無異門內無異煙南豫州刺史舉以聞詔榜其門曰篤行董氏之閭蠲一門租布 南史附孝義劉瑜傳又宋書云西陽董陽五世同財為鄉邑所美與南史稍異並存備考

元

黃岡縣

謝不受治春秋不第奉母屏跡林泉吟詠自適

林鳳陽事母孝居宅火負母出避家貲蕩然過客憐之遺以金

蘄水縣

周古象元兵掠至蘄贅蒙古氏既生子未嘗見喜色妻詢其故曰有母在欲歸省妻許之且屬曰當奉母勿以妾故復來及歸母尚無恙奉事惟謹母沒廬墓不復娶其妻亦終身不嫁淮西守臣幹克莊為立孝里門卒祀鄉賢 明一統志

羅田縣

吳大中字時夫父疾衣不解帶父沒泣血幾死奉母陳廬墓側閱十有七年母年逾九十無疾而逝大中哀慕終身事聞旌其門曰吳氏孝子卒祀鄉賢 通志作弋陽人入流寓俟攷

黃梅縣

張德懋蘆塘村人母老妻亡傭工以養或與肉食必懷歸奉母値兵亂負母走唐山浚谷中從所識丐米爲炊坐母上座跪進之復歌舞以爲歡母死廬墓側哀慕終其身

嚴仲祥性孝友有子十一人九世同居不蓄私財天歷中旌爲義門

陳子英江州義門陳氏後泰定初徙黃梅十世同居門以内尺帛斗粟無私者元末大饑妻勸異居卽出之以明經領鄉薦官提舉

明

黃岡縣

王文奎字時曜思旻子髫齡失怙侍鞠於庶母李氏文奎恨弗逮養奉李如母恭事諸兄撫諸姪如己出又置祖祠祀產歲積粟數千斛以貸族鄰尚書安陸孫公額其堂曰孝友李東陽有孝友堂詩序子濟自有傳

王濟字體民文奎子宏治壬戌進士官吏部郎中母沒廬墓服闋任河南參政聞父疾三疏乞歸籲天請代不解帶入内者四年及卒哀毀幾滅性正德中旌表尋起四川參政不就家居置義田義館以贍族人卒祀鄉賢子廷陳詳文苑廷儒廷瞻詳宦蹟名山藏

李文仕性孝友兄某被誣繫獄文仕代赴理死杖下

劉承芳字世美少穎悟善屬文舉止沖雅父母蚤卒事繼祖母以孝稱仲父幼孤奉事罔懈撫從弟尤友愛以歲貢授同安訓導未任卒祀鄉賢

唐治以掾授冠帶馴謹若儒者父死未葬鄰居火治出貲募人舁柩人各自顧無應者或挽之出治伏柩號哭曰父柩在此吾何生爲一時左右數百家俱燬治室獨免柩獲全治以火氣熏灼竟死萬歷閒詔建坊旌之明史附孝義李文詠傳坊後圮康熙閒知縣鍾莘修復現立有碑在團風鎮

周曰昂字民翹生而篤孝親卒哀毀廬墓三年感白鳩營巢之異有司以聞旌其閭

高澄字汝清諸生讀書行義里中貧者周遺不倦大父得暴疾澄刺血籲天請代疾愈大母目雙瞽澄斷葷酒不入内寢日

以舌舐之二十年而目復明事父母飲食必嘗而後進父疾枕有百金意以畀季子澄亟使其弟辭枕因而受之父卒廬墓三年人以其所居在南城凡稱南城公者卽謂澄也後獲旌表子松歲貢柏選貢郴州學正俱以孝稱參通志

陳常智兄常仁嘉靖閒遇變坐戍常智以兄無子詣戍所請代同戍者白其事尹義之兄得釋代戍一年卒事聞乃歸葬

詹景麟號南山子事父母能盡孝養親卒廬墓蕭山下攀樹號泣行道傷之評閱書史窮年著述時稱楚黃博洽者必首推之年三十餘卒三楚文獻錄

王廷槐字稚占麟子嘉靖戊子舉人麟蚤卒終身泣慕事母孝養備至視身澡潔而喜濟人緩急廣收道殣瘞之歲以爲常

辛祀鄉賢子同道詳宦蹟同軌詳文苑

樊鼎遇一名維藩字命夫萬歷壬午選貢授德陽知縣有善政先是父玉衡請建儲得罪謫戍雷陽鼎遇考績例得封引卲康生例願停己封代父戍疏再上不報遂去官悲鬱成疾膚色如琉璃澈見五內未幾卒祀鄉賢（明史附樊玉衡傳）

劉瀹父沒廬墓三年晨昏號泣不絕萬歷間旌

王達尊女王城農夫也母病衣不解帶者三年家雖貧隨母所嗜必力致之母失明日夕舌舐求愈及卒廬墓盡哀

劉思敬彭克永俱割股救親

案傳內止割股一事者係錄王志餘已詳州縣志不備錄

胡心明家貧事親孝友愛兄弟母病籲天求代與弟心孝爭割股以進病獲痊

易道昌道旦道暹兄弟友愛道昌善飲兩弟則勺飲不入口旦暹每侍兄飲必極其歡凡有事三人坐議怡怡如也婢僕雖有分主而役使隨其所便有過徑扑責之不以相告三人無日不促膝一室兄或有疾弟終夜坐牀側視藥不倦弟病兄亦如之道昌字文我道旦自有傳道暹詳忠義

易道旦（一作道坦）字瞻明道昌弟童時父豫之病危禱於祖割左股以進壽愈性澹泊修身立行老而彌篤鄉里稱之

徐斐諸生獻賊陷城勒其母爲爨不屈將殺之斐願以身代不許母遇害斐大罵至割四肢耳鼻罵猶不絕口（一統志）

倪士觀諸生母劉氏苦節士觀純孝萬歷時母子俱旌

龔繼元父爲酷吏高維垣冤與弟繼尤詣闕上書不得達維垣乃疑其從弟繼忠爲黨誣以盜榜笞且死宗族株累者衆元語尤曰事急矣有楚伍員伍尙事在我死汝爲其生者復具疏詞極哀切元懷入自剄闕下竟得旨下撫按勘問抵維垣罪出繼忠於獄尤天啓甲子舉人忠詳儒林（三楚文獻錄）

黃孝子逸其名淋頭畈人事母孝明末當事給冠衿旌之羣稱爲黃孝子云

汪世極舉人父之渙卒於臨清舟次世極聞訃以頭觸地幾死匍匐扶柩歸廬墓三年凶歲賑饑全活數千人以薦授通城教諭卒王一翥爲文哭之後祀鄉賢子煉南詳文苑

汪世植字晉卿文淵孫五歲失怙生母范苦節撫之獻賊破團風母年九十不能行植負母逃賊執之欲挾以去不從遂遇害弟世柱亦篤孝友工文章子嶼南詳宦蹟

張岐鳳諸生寄籍江夏事父母色養如嬰兒既喪廬墓六載曉夕哀號行人聞其聲莫不悲惻嘗有羣虎入其徑岐鳳不爲動虎亦帖焉再宿而去山下忽出一泉衝突嗚嗚然與號泣聲相應里人異之因稱爲號泉先生欲上其事固辭乃止一時士大夫多爲詩歌表之（王志入國朝今依縣志移入）

王崇權字平衡三歲失怙奉母李氏以孝稱爲人忠厚謹飭童稚皆親之晚與其妻同享大耋兩受封誥孫澤宏以尙書請得歸養鄉黨榮之卒祀鄉賢子用予詳宦蹟

王同觀字養所廷贈幼子年十三父臨歿摩頂謂之曰九吾宗

者必此子也後入國學事母董氏盡孝與兄同鼎友愛無閒教十子皆以文行顯壽九十三乃終子追騏詳文苑追騄詳宦蹟

何昌祚字子安閩中子明季選貢安貧好學務求實踐時閩中官蜀道梗昌祚留養於家事祖父直以孝稱母余沒昌祚奔喪自蜀歸值峽中道險每抱棺號泣日夜不絕聲與弟昌祿友愛無間居鄉恂恂重交誼賑荒瘞骼郡邑爲立善人碑嘗避亂樊湖盜劫其鄰見火光中羣盜呼曰無驚何善人後僑居江南之童山

王自誠字雲所團風市民也母病篤自誠爲嘗糞及卒慟哭死竟日乃甦縣令獎其孝年九十三卒子田見亦以孝稱

祝邦勝字敬甫父尙仁多病勝日夜扶持逾久不懈病篤爲嘗糞驗吉凶時咸稱爲孝子知府許文岐知縣吳允初皆獎之

易爲瑚字伯賜道暹長子諸生有文名暹死賊時瑚奉母走青峯巖團練鄉勇誓殺賊報父仇後卒爲賊所殺學使洪天擢以父忠子孝額旌之

陳四維字孟達明季諸生性孝友好藏書以貧寒畯兼有謀略流寇掠蘄黃四維集義勇全活數百人卒後巡按御史汪承詔優其文行請祀鄉賢

蘄水縣

王燾七世同居一家三百（明史作二百）餘口人無閒言巡方御史微服造其門有二叟坐見一婦人抱嬰兒至肅然起立問其故曰此兒雖小諸父行也御史嘉曰不謂此閒尙有古風請於朝洪武九年十一月詔旌爲孝義之門卒祀鄉賢（明史附孝義鄭濂傳參通志）

劉滄永樂歲貢生父蚤卒母呂氏苦節滄事之惟謹念母老不能彊飲食輒泣下母沒廬墓三年芝生冢上事聞詔建坊並立祠祀之

周鼐字孟調母病侍湯藥惟謹母卒慟甚含殮畢長號一聲遂絕

姚永濬父蚤卒事母張氏孝謹母沒三年溫凊臥榻一如其生一日耕田歸見妻蔡氏供饌襛衽不肅號泣曰汝眞死吾母矣妻幾被出

許恩獨與母居夜半鄰居火恩驚出徧尋母不得復突入與母俱焚止存其手尙抱母身不解云（明史附孝義李文詠傳）

萬明善割股救親廬墓者再嘉靖間旌

朱文明嘉靖歲貢生孝事父母嘗割己田以周兩弟廩俸所餘分給族里甫貢將北上會歲歉盡散邑令所贐六十金於親屬稱貸以行尋沒於北子鬻產償負貧無立錐

郭尙堯邑窮民割股救父獲蘇門外芝草生大如斗

牛二不識字傭工養母母病劇封其雙股肉以進母獲愈有司旌以綽楔愕眙走避邑人官撫邦爲詩贈之

蔡斗煒蔡株南山石易有象俱割股療親

樂韶性和易善屬文母程氏卒哀毀廬墓三年父卒亦如之（王志）

注案蘄水縣志傳係樂韶舊志作樂和誤也

可清蚤失父事母至孝母沒哀毀骨立廬居殯所三年

李生朵字白受蕺嗣子諸生篤於孝友父歷宦途生朵奉大母暨母色養盡歡父沒卜地營葬耗盡心力手足㾓痺竟以是終督學金旌其行子見璧詳文苑

周易諸生兄弟十一人易母氏王餘俱繼母南出南產幼子祿貌悪甚父環欲棄之易泣諫不可潛育於舅家長始歸環沒易事南尤謹知縣閻士選舉易孝子旌其廬曰閔孝姜義

黎民範字爾瞻廩生蚤喪母事庶母尤謹居父喪廬墓兄蚤逝撫孤姪如己子姪天又爲姪撫遺孤生平頗以文章幹濟自負萬歷閒辟賢良不就卒祀鄉賢

孫悊字虛白萬歷甲午舉人初知灤州多惠政調補無爲州以廉能稱分俸先爲其兄置產居喪骨立守禮甚嚴卒祀鄉賢

王教民希元孫父三捷嘗爲樂林丞歸崇禎八年賊突至三捷老不能逃教民侍左右不去賊執三捷將殺之教民求以身代賊以刃加頸詰之連聲應諾無懼色賊遂殺教民舍其父

張世濟字垂雲廩生崇禎十六年流寇屠蘄世濟以父櫬未窆趣家人奉母遠避身獨留寇至世濟泣以實告寇憐而釋之依櫬餓死妻胡氏以姑馬氏病癱瘓侍湯藥寢不解帶者十九年每有所奉必膝行詣榻前歲久板着膝處洞二穴知縣葉爲舟題其廬曰雙孝故里

李珩玉字石公諸生曾祖母潘母南俱苦節玉幼聰慧知友讓母病危嫂楊氏十六而寡玉甫十齡各刲股肉以救

麻城縣

趙悅父母同日死悅號痛盡哀負土成墳人或助工哭而辭之廬墓側六年有二白鵲馴繞墓門正統中旌表見明史孝義傳總敘

梁庠母病篤庠身不離榻衣不解帶者三載里中稱爲苦孝

周志父沒遺腹生母董氏守節四十餘年卒後志廬墓三載兩院嘉其孝行爲聯語錫之

熊廷岱諸生母死廬墓三年萬歷二年知縣王三宅旌其閭墓在古城碑猶存咸稱爲孝子壙

劉天篤號御華以諸生領鄉薦春闈不第遂絶意仕進素以孝稱父母沒廬墓三年後人稱其地爲孝子山同邑曹允昌有劉公廬墓圖贊周禮有孝子劉公御華卷軸跋

喻沿毛性中鄒學成夏思鎮俱割股救親沿廬墓三年

毛可學號思溪性孝友以經學世其家率弟可教同志切劘年七十三卒與劉承烈並祀五腦山明德堂

黃安縣

李學梅字平橋家貧嘗爲臬司掾父分產厚給諸弟大父不平梅跪曰愛弟卽同愛梅奚擇焉及父母沒日匍匐墓側棲榛莽閒遇雪則藁臥雪中世宗崩諸司哭臨梅伏庭下哭獨哀督學顏應雷高之督臬獄不浼囚一錢有一囚法不應死梅力爭於上囚竟得生嘗師里人張高得聞王守仁之學爲耿定向所重曾爲作李掾傳其曾孫仲友友林俱爲母病割股

克紹前徽云參通志

王威幼失父母從父時瑩撫存之瑩多病臥牀褥十餘年威扶持惟謹瑩病劇嗜好怒詈俱失常威及妻張氏百計將順踰年瑩沒媪病痢張爲手滌衽席媪與威相繼沒家益落張年纔二十餘守八齡孤兒紡績自給數十年門內叠歲夭亡者共五人相繼守義一門五節人咸稱焉

張四維家貧不能供親甘旨人餉以一糭一果必懷歸奉親衣襦稍鮮者則持與少弟與人交肫篤不欺從同邑耿定力學稱高足弟子

陶采字左山嘉靖癸卯舉人歷官四川兵備僉事公廉勤謹所至有清白聲年五十即累牘乞養置宅城中奉母以居日夕

依依膝下若孺子卒祀鄉賢

盧廷箎字心齋歲貢生母卒昆弟俱無力營喪葬箎與妻余氏悉出衣服簪珥治之嘗值歲除偷兒潛入獲焉偷兒紿曰歲暮無以將母故耳箎即分卒歲之物半給之卒祀鄉賢子堯臣詳宦蹟

吳國甯字敬庵母黃氏蚤逝事父及後母以孝聞父病嘗糞度不起痛哭幾絕及沒廬墓三年幼弟三皆後母出初父欲析產甯曰兒筆耕可自贍無需此盡推所有與諸弟并教之成立孝感士人鄒某以貧故鬻妻甯捐金數十贖之後補星渚倅移吉水丞歸卒祀鄉賢

吳一孔字秀崖孝友嗜學明季與弟一相同遊邑庠值流寇至有欲殺其幼弟者誤執孔孔不置辨遂遇害

阮啟屺字文燦邑增生明季流賊擾邑境家人走避村西北石砦中屺年九歲行稍後爲賊所得無懼色賊異之縱歸不旬日砦破屺父幸脫母徐存亡未之知也因大慟奔覓亂屍中不可得踰年見砦中婦女有自遠方歸者意母氏尚在也乃攜健僕與俱編古孝子及夫妻子母亂離事爲俚曲行乞於外且歌且泣又故爲癲狀誘沿鄉婦女出觀聽時年僅十四歷十數州縣寒暑凡三易竟無音耗不得已復歸歸後每經石砦必徘徊其上潸然出涕曰是其屺乎母安在吾望之也遂以屺自名事繼母黃待諸弟皆無閒言先黃卒黃悼慟之過於所生云據張希良阮孝子事略補

羅田縣

方雄才以人才擢鴻臚卿成祖御書如存孝思堂二扁旌其門

胡全諸生幼時凡得菜蔬必以奉母母病篤割股作糜以進壽愈邑令欲以上聞全力辭之

張棨諸生父病侍藥餌不解衣者終年及父母相繼卒哀毀骨立廬墓各三載兄弟有鬻其產者絕不與校妻林氏亦賢林死棨終身不再娶

汪之達性孝友母沒廬墓三年人稱西廬先生

胡一驥諸生母病割股啖之數日痊邑令撰額獎之

江萬紀父鰥居紀卒妻王氏敬事三十餘年後病篤紀割股救之立蘇踰年復病竟卒人以爲王氏事翁孝尤難於紀云

張羕歲貢生撫兄遺孤愛如己子嘗讓産值千金不吝又捐貲修學宮人有爭其地者卽與之卒祀鄉賢

胡明睿明庶弟歲貢生輕財好施建書院於黃道山以經學教授生徒與諸兄弟相友愛太守顏其堂曰一門友恭卒祀鄉賢（案縣志作明濬）

胡培與諸生崇禎八年流賊破城執其母培與奪母於陣母得脫培與戰死

董其鑑諸生負母避亂山中賊至鑑以身蔽母願代死賊感其孝釋之與兄弟析産讓其膏腴平時完人婚姻濟人困乏鄉里稱頌子四皆賢幼子𨗻清自有傳

王坊字弟徵少孤事母孝明季流寇充斥坊率家屬避難遇賊與母相失坊追尋被擄賊將殺之忽空中呼曰此子不可殺乃置於營坊思母墮淚成血其夜若有人掖之使行賊覺追之坊匿深谷天明其母及家屬咸集無恙蓋以至孝感神云

蘄州

壽儒字宗魯成化丁未進士授主事父畏寒而不喜薰被儒輒身溫之母有疾不食儒亦涕泣不食通籍後俸得坊金盡以予族屬之貧者

馮鵬字翀霄諸生有學行學者稱獨齋先生晚入太學祭酒湛若水極推重之父病日侍湯藥夜露處戶外得溼疾卒大學士徐公少湖銘其墓祀鄉賢子天馭詳宦蹟

羅天立傭工奉母母病割股救之人稱所居曰孝子里

李言聞字子郁性至孝里中有兄弟爭田訟不休言聞具酒食召其人欲解之旣醉爭如前言聞入跪父靈几前曰兒無狀不能感閭里言訖大悲痛訟者聞之大笑後數年訟者死獄中族人瓜分遺田言聞爲斂葬焉子時珍詳文苑（參白茅堂集本傳）

朱璧誠子任綦江主簿以親老謝歸侍養惟謹親沒哀毁廬墓

李同春字仰池父儒字東池歲凶盡家貲散賑家以是落不少悔卒祀鄉賢同春爲蘄州衞千戶領漕運代完旗軍折米五百石中途聞母病號泣不食者五日夜夢神命以解維速行明午河且凍因解維行三百里旦抵淮漕撫以越次繫之白以夢候之果然漕撫奇而釋之曰爾孝感神矣征粵西苗有功陞參將尋乞休訓諸弟孟春盛春際春皆貴顯兄弟並祀鄉賢子楷詳宦蹟

李樸字質甫際春長子執父喪哀毁過甚及葬有術士私樸曰是日利某不利公樸叱曰某吾弟也汝欲不利某耶妹適黃梅生員瞿平年十八而寡樸爲貧掖者四十八年得膺坊表捐造馬口橋瘞暴骸濟貧乏義聲尤著兩中副車授廣西鹽提舉卒祀鄉賢

顧敦字化之敦睦婣族與異母弟友愛無閒素喜陽明則言及朱儒詩每令人歌誦以自適子問闕俱詳儒林

熊秩字體若自號天放子諸生崇禎閒奉母避賊州城中未幾城陷母適病秩力疾負以走止於旅舍母遽不起造次罄橐金棺殮賊退謀歸葬以舟載棺天大旱水淺不得進秩仰天

大慟七日夜不止雨驟至舟遂發四夜枯禾亦有起色人咸謂之孝子雨

余藩事母孝崇禎十六年遭獻賊亂以母柩在堂悲號不忍離為賊所殺妻張氏時年二十四守節垂六十年乾隆九年並建坊（王志入國朝不合今改入明代）

廣濟縣

劉文煥與兄文煇洪武初解南糧愆期法當死煇請坐煥曰兄子幼兄死則子孤無託詣吏請代叩頭流血所司上其狀命宥之則煥已死矣太祖特書義民二字旌之（明史附孝義伍洪傳）

張本端宣德丙午舉人累官四川僉事性醕謹勵風節父沒廬墓三年有白鹿常棲止於其側遠近異之卒祀鄉賢

史玉明蚤孤傭工養母母老起居甚艱每負置田畔奉食母卒構茇舍於墓側時有虎患或勸其遷居玉明泣曰吾父母在此甯為虎食不忍去也虎至玉明拜之弭耳去嘉靖初卒於墓舍僧永鑑鄰人顔友緣備棺營葬焉後鄉人建亭顔曰孝子亭立碑於所耕田畔旌之並祀鄉賢（一統志）

伍伯啓母病割左脇肉和粥進之立蘇知縣陳奎獎之

程希濂（縣志姓陳）字勉哉諸生事父母以孝稱父病疽口吮之不幸蚤喪父哭以詩云夜來一片庭前月猶照當年事我心

陶之哲字復九隱居不仕精五經性理諸書生八月而孤事母至孝母老為耆衣衽檢被席足不出里外者十餘年母年九十七卒哀毁廬墓前有古松每天氣晴朗白雲聚其上經晝不散

夏伯弼母病篤為嘗糞驗之妻干氏刲股救姑越二日而愈著有庭訓十三則

胡文少孤事母極孝問安視饍一循古禮見母衰老調攝尤謹不敢少離其側邑令旌之

戴忭母年百有二歲事之盡孝御史奬以聯云百二萱親天下少七旬孝子古來稀

張金榜年十六父病割股以進及父沒榜亦以毁卒

盧應昇字時卿歲荒家貧母病危思肉食不得默禱於天割左股啖之母愈

翟近辰幼時父病割股後舉崇禎壬午鄉試任華容教諭

周以貞割股救親邑令旌奬

呂默卿父晩竹目盲十年默卿日夜吮之目復明

劉洪甲字不先天性至孝祖母櫬自宦邸歸或以舊宅為忌甲獨以己宅殯後比屋遭寇燬此屋獨存甲以歲薦歷官工部屯田郎

徐多猷字虛孺家貧嗜學性至孝父任乾州學正卒櫬歸遇大雨不止停輀路側晨夕伏棺痛哭道傍主人感動請移室內留數日乃行及葬廬墓三年母久病居一土室甚固會天將雨猷心動遷之未幾雨至屋壞母無恙

何所白朱喬俱廬墓

劉秉鍜程有璋李敷倩俱割股救親

陳類兒性穎慧少孤貧爲人飼鵝聽里塾讀書遂能代生徒扤筆塾師奇之予以衣食而授之經後寇亂侍母伏山澗母被獲抱母痛哭以身求代不得與母俱死

龐耀事母孝母病赴横岡山謁眞武宫默禱願以身代躍投捨身巖巖高千尺墜地竟不死母尋愈

案龐耀事已載王志毋抑謂其事雖愚其孝可憫歎茲將縣志續載三人及蘄州志載一人事與耀同者均倣王志例收入亦善善從長之意也

朱大觀諸生先人墳爲荆府發掘觀衣冠投大江而死

鍾鼎字集之貌甚偉寡言笑九歲喪父事母以孝聞母卒三年不入内室逢忌日奉主悲號聲達戶外後中武舉益飭躬砥

行族姪魁蚤孤爲授室歲給衣食令就學成諸生其師毋沒喪無所歸爲營葬地並劃田以祀其師

胡海字光伯萬歷癸丑武進士蘄州副將俸餘所蓄悉與弟浩共之同居六十餘年未嘗有疾言遽色鄉人多爲所化兄弟俱祀鄉賢浩子一璉詳宦蹟

劉養吉字修仲養徵弟生平狷謹持論必依名節兄弟之閒怡怡如也養徵死吉哀毁骨立母復病卒强起飲食襄葬事既而語其妻曰余力竭矣老父幸賴汝遂卒年三十一無子妻事翁能承其志以節終

張玉基字乃璞明末奉母避兵江南山峒兵搜峝殺掠至峒側玉基以身餌賊死之母乃得脱同時張楚俊字士升父病在牀賊至欲加刃俊以身衞父被十餘創賊憐而釋之

張光南獻賊至全家被擄光南獨脱躡其後至金口驛伺賊鼾睡負母晝夜奔馳抵家七日母旋卒同時胡之郁字節若諸生獻賊掠其父與郁走湖湘父遇害時久雨無月色平地水深三尺郁裹遺骸望電光而走帀月始歸葬

黄梅縣

王麟事親誠孝竭力供甘旨父沒廬墓三年舉成化辛卯鄉試所得坊金悉以分卹族黨時舉人王忠事親亦孝俱祀鄉賢

瞿甲字太初一字釋之九思子幼舉神童會九思遭墨吏誣甲年十三爲書數千言歷抵公卿訟父冤初赴臬司臬司問爾尚乳臭何能曰能賦詩時大雪令賦之有蒼天若念生民苦

何不連飛六月霜之句年十九舉於鄉未幾卒巡撫郭維賢命建祠祀之題曰孝子才人並祀鄉賢弟罕亦爲父白冤往返徒跣伏闕五次冤卒伸人稱瞿氏雙孝崇禎時辟舉知州傳詳宦蹟明史附瞿九思傳

洪祥字士高父友璋病癘年餘衣被垢穢祥必躬滌之父一日謂祥曰吾病稍愈汝姑就室留一僕侍我足矣祥陽諾是夜父起呼僕祥入父驚問曰兒也已而父疾良已祥與妻完顔氏益竭力奉事祥喜讀書明義理年九十七卒里閈號爲隱德先生子亮亦以孝稱官武義縣丞

周燐性篤孝年十二爲諸生母疾日夕服侍肌體盡削母沒遇風雨輒抱棺呼號以哀毁卒

胡思謙幼聰敏五歲母卒哀號擗踊勺水不入口者五日後繼母卒哀麻皆衣三年不御酒食哀瘁以終

龔映祥母疾割股療之越七年母又疾祥又割股及卒同兄映麟廬墓三載邑令旌之案縣志作映麟作映麒俟攷 國朝人

張恩兄光病疽醫言吮之可愈兄顧恩曰汝嫂亡誰爲吮者恩曰嫂猶人合耳兄弟天合忍坐視乎含水哏之再四愈

胡玉錡母卒廬墓十載不歸母畏雷聲每風雷至必繞墓號泣墓在馬鞍山坂中至今名孝子坂

周詡雲來蘇子父卒廬墓三載足不踰墓垣每遇風雨必伏墓側悲號哀聲達林谷來蘇以理學見重儒林詡雲上請得立祠以祀

石有信字叔孚崑玉次子萬歷乙卯舉人內行純篤事親能盡人子禮御史余某特疏薦舉有孝同孺慕清畏人知之語下部以孝行徵堅辭不出子礪詳忠義

國朝

黃岡縣

張愈奎字雲衢父母皆年踰九十奎曲盡孝養後奎壽亦至九旬念及二親輒泣數行下里中有紛爭事每出一言解之皆折服時比之王彥方

王躬俊諸生少以純孝稱兄弟五人三世同爨立義學延名師訓鄉人子弟做朱子社倉法倡捐米穀遇歲旱計口賑給時東山未靖大軍進勦俊糾集鄉勇籌糧餉贊方略不帀月寇平當事者議題用力辭不受年八十餘手不釋卷卒祀鄉賢子風采孫全才俱詳宦蹟一統志

劉思敬父病劇日夜侍奉手捧污穢三年衣不解帶蝨如蛆弗覺也父卒既殯號泣氣絕而沒此與割股者別一人

張本忠字淇思鳳來子嘗從名儒張溥游溥亟稱之明季廬父墓側流賊至將掘其墓忠冒死捍護身受數刃賊釋之家貧讓諸弟日食豆粥晏如也巡按郜炳元嘗旌以詩順治甲午舉於鄉官江陵教諭子光璧詳文苑

易爲泰字開子諸生事親孝父士龍明季知大昌縣值寇至爲泰身冒矢石以火攻退賊後獻賊破武昌流屍蔽江下爲泰斂葬之凡七十餘骸家僅中人田宅皆讓於昆季撫諸孤從

子如己出見路人貧乏者輒謀助之康熙二十七年夏逢龍之叛敗後逃入白雲山泰與陳偉縛之以獻事遂平年八十三卒子天壽舉人漢陽教授有文行

許顯字諸水與從弟顯勵學爲名諸生母羅病風痺顯扶持十餘年不離牀褥母涕泣痂生於面顯以舌吮之母沒後授徒終老得貲輒分給兄弟顯亦友愛撫孤姪如己子

萬爲境字子容諸生母蔡苦節撫之境事母孝謹博通經史尤精宋五子書康熙三十二年歲祲倡助社倉賑濟流亡年七十餘卒祀鄉賢子禮祖詳宦蹟

鄧一隆字瑞林家世孝友一隆尤恭謹勤儉著家規十六條家訓四十三章歲二次集男女序班會講又立功過簿以寓勸

懲子弟誦讀至年二十度稍能文乃令終業否即改習農商婦女以黎明集內室治女工財物悉貯公所推一人掌其出入年老及有疾者別優養之自隆高祖文書至曾孫丕槐輩同居八世內外無閒言雍正元年　旌一統志

鄧之壁一隆姪事親純孝父病嘗穢焚香誠禱父立愈居喪哀毀三載不入內室雍正元年　旌

曹大聲字子先諸生有名復社父之鼐寢疾三月不能起康熙三年冬月火發門扉皆爇急和衾挾父走風燄卒不可出稽首呼天稍反風解衣蒙父犯火出越二日父卒大聲舉體焦爛撫枕搶泣目眥盡血痕越四日亦死雍正七年　旌

呂希煜字孟陽諸生有文名父尚和爲清豐知縣煜隨侍值母

喪哀毀骨立扶櫬歸徒步行三千里哀感路人後值父喪盜入其室索財帛無所得煜身衛父棺不去被殺雍正八年　旌

馬鞍山丐者不知姓名日出乞食必載酒肉慰其母自茹腐惡時缺餐備於人或以館食貽其母輒喜否則強之不至母老疾常負而遊母亦樂而忘其貧雍正五年大疫其鄰人死經宿而甦曰吾聞冥官哀孝子母老使歸見輩從喧送孝子則東鄰丐者也時丐者病方甦後果終孝養云

謝鴻恩父患痰疾臥牀不起恩日夜哺授飲食扶持寢興溲便手爲洗滌凡十一年父卒哀毀如禮築室墓旁日夜號泣乾隆元年　旌

黃漢隆諸生家貧父客死河南漢隆徒步奔喪道遠柩不得歸因以布殮尸盛以大囊緘以縢長如被襆狀負之走夜宿郵亭或野店門外露坐守之凡二千餘里乃歸既殯葬大哭嘔血死乾隆五年　旌

胡必元字亥之事母孝母素患痰每病輒晝夜不離側晚年患疽與其妻同吮之遂愈及沒涕泣目幾盲殯於庭遇火伏棺號泣不忍去族鄰并其棺出之始免

張世俊字怙瞻性純篤與諸弟相友愛治家嚴肅有法卒家人耕織諸器具皆自爲之不假市購四世同居男婦數十外內各一人掌之其雍睦如此子鳳鳴詳宦蹟

汪度宏字擴如士奇孫康熙丙戌進士事祖母以孝聞兄沒姊

寡子女無依度宏皆撫之爲畢婚嫁祖姑適陳亦寡迎歸奉養三十年如一日舅沒子女幼亦爲撫養而婚嫁之官保昌知縣有惠聲及歸猶寒素也子依仁詳宦蹟

陳大年本姓朱字士登增生父以大年教讀自贍有屯產欲予繼出子大有大年先意承志併歸之大有少負異才忽中折妻寡子幼屯產無存者大年以積脩贖回授之且教其幼子霞遠獲登賢書

杜承仕勤儉孝弟其先人咸亨七世同居析爨時八十三人承仕恪遵遺教子德隆刲股療母疾孫希美刲股救叔父疾曾孫輔元刲股救伯母疾元孫維學輩皆敦孝義復五世同居

左飛鳴字雲衢增生善屬文父因公累逮獄飛鳴蒼黃隨往乞

代倚跧戶哭竟日勺水不入口獄卒感動扶入見父乃撫鋃鐺大號同繫者皆泣下獄官聞而憐之脫其父械未幾父病遂允代繫飛鳴在獄日構文一篇思如泉湧若有神助月餘縣令提比飛鳴瀝情泣訴令察其貌曰孝子也釋之尋冠軍入庠父嬰沈疴服勤勞瘁數十年不懈

周漢興五歲時母目盲倚懷舐之經月愈父病私禱於神割股救之獲瘳迨父母先後亡廬墓六年兄漢德歲貢生性亦孝友感漢興事彙古之敦孝者爲孝行錄昆季五人怡怡終其身

胡宗返事母盡孝母病篤割股以進初貧困中歲服賈漸饒歲饑糶米貸鄰里配徐氏得偕老享年百有一歲生子五啟華

文盛文學文炳文郁皆承父志文學文炳於父病危時禱神割股不謀而同文學子殀聘媳徐女入門守貞一門孝義五世同爨大吏奏請　旌其閭

張錦明七歲失恃有弟一父繼娶李生二子異視前子明戒弟使無懟父卒明事繼母尤謹母病明刲股以進病痊遂大感悟諸弟貧困明並竭力資助之

王朝仁父蚤喪母戚氏瞽仁傭工奉養甘旨不缺每應人役蚤午必歸備再食之需母病仁割股救瘳後母沒居喪衰絰不去身

錢周德號蘭臺乾隆戊申舉人例選中書性篤孝母蚤卒繼母異視之悉忍受奉事惟謹母後感悟

杜炎明副貢濬姪孫事母周以孝聞友愛兄弟家有湖業悉讓於姪鄉里義之

李學珠蘆洲鄉民乾隆三十二年大水珠攜己子並兄子乘船遭大風勢不能兩全遂棄子保姪以全兄祀

於長源乾隆庚辰舉人祖正湄歲貢生父萬承兩世以孝稱長源母病躬侍湯藥三載母沒水漿不入口瀕死者四遂病噎啜粥以生後任宣恩訓導子象模象椿事親亦孝長源病痘椿常口吮之卒不起椿廬墓數載嘔血卒

夏傳鼎增生父若豪監生有隱德喜爲人解紛嘗拾百金仍返其主鼎事父極孝父沒泣血三年足不出戶教子啟連啟逵啟迥皆爲名諸生迥蚤卒其子正枚監生事繼母亦孝母稍

拂意必長跪請罪色養至老不衰

謝志煌性孝友父方楚廩生晚年病瘋手足拘攣時煌母蚤沒凡興居飲食皆煌與其兄諸生志烈扶抱哺食之溺器廁牏躬親洗滌十五年如一日

姜聞韶父沒遺腹生總角時父柩歸窆甬不克葬伏柩側號泣竟日事母尤善承歡子若熊諸生母汪病篤熊嘗糞驗之醫者慮其不可治竟得痊人以爲孝感所致

方念宗從九品事親孝居喪哀毀盡禮與諸兄相友愛晚濟人以岐黃術子同春嫡出次鏞優貢幼喪所生母春視之如同母與妻黃撫之成立鏞詳篤行

張朝棟馬家潭農民父某客死鄖西棟行乞至鄖得瘞所傭於

郞三年積貲扶櫬歸旅店多拒宿依櫬野棲悽愴達旦卒歸葬焉

萬鼎芬嘉慶庚申副榜逮事大母隨父母後奉起居惟謹與二兄敦手足誼子家福亦孝友弱冠成進士授庶吉士假歸省親執父喪盡哀成疾時母亦病躬侍湯藥母痊而家福疾篤卒年二十四屬家人以麻衣斂宗人咸哀之

靖厚炳監生父病癰口吮之母患痢親嘗其穢均獲痊兄嫂蚤逝遺孤華薳教養兼至薳亡又遺二歲孤撫之成立

倪章福長圻壋農家子力田事親曲盡孝養父母沒廬墓六年隆冬偃臥雪中一日覺有身覆之者視之其母也福大哭聲達村舍開蘄水陳修撰沆為其叔聘妻作劉貞女行并紀福

事

陳履謙貢生祖啟華父貴世篤孝友道光間七世同居男婦長幼凡百五十餘人謙與弟履亨督率之共敦雍睦建支祠延師課子孫之秀者或改業則商於外均恪守家訓家漸饒凡推解之事無吝心亦無德色大吏奏請　旌其閭

曾廷彩一名道宇天仁事父母以孝著友愛昆季積學未遇研經史訓子六人以嚴嘗以孝經教之曰此天經地義百行之原也大本不端文采無足道矣且人生窮富不如清貧金玉之美奚敵經籍之光汝其勉之著有拙齋集熊士鵬選其詩入荊湖知舊集中子世儀詳官蹟

洪恩峻字堯民貢生和厚端方動必以禮而內行尤篤少失怙恃育於祖母及長竭力孝養待祖母母家情誼倍摯視從兄弟如同胞嘗共設質庫兄弟支取略盡惟峻款獨存仍分給之尤喜施濟捨藥散穀歲以為常買龜山地十餘畝施為附近義冢佃傭某抗租家人將控諸官恩立碎其牘鄉人至今稱盛德焉

石錫純字粹亭監生事父母以孝聞胞兄暨堂兄借豪家銀數千兩索逋構訟純慨然變產代償道光十一年大饑傾貲助賑家遂中落淡如也生平重道尊師延請郡庠生李之蘭課讀子姪輩禮意之勤歷十五年如一日

陶熾字海春未冠時讀書里塾有鄰婢夤夜來奔峻拒之事父母至孝母氏王壽八十餘熾日誦元人詞曲及稗史可驚可

喜事以為娛如是者二十年年五十九先母一月卒生平仗義疏財村人洪某值年荒將鬻妻子急止之與以錢累二百緡子兆增年十九失怙繼母程性嚴厲每發怒輒怡然以受媳葉氏體夫志曲意事姑雖笞扑無怨言

沈之銓字次山歲貢生性坦直樂志養親不慕榮利教人先行後文學者仰如山斗子光灤諸生亦以孝稱

王起秀字俊亭素行端方有至性親病侍湯藥常廢寢食及沒喪葬盡禮弟婦青年守志孤姪甫三齡秀視若己子撫之成立遇戚黨孤貧必竭力周卹之

李大經字星軒性至孝父沒終身依母寢處好讀書不屑為制舉業於治河安邊諸大政無不通曉大吏耳其名屢羅致之

辭曰古人一日之養三公不易紹裾捧檄功名之士吾不願效也卒未往誦經籍課子弟以寒素終年七十三子孫多成名入仕

程宗謙增生父病篤刲股療之又因父患痢嘗糞人以爲難父沒三年內日至墓側悲號母老耄設榻母室中夜伺起居八年不懈

姜煥垣字星墅諸生幼喪父母賴庶母唐撫育成立煥垣事之愛敬不啻所生同治二年唐病侍奉湯藥衣不解帶者累月及沒痛哭嘔血升餘亦於是日卒

宋焜字暉田治咸孫增生性至孝事繼母曹尤謹曹性嚴急稍不合聲色俱厲焜每率妻徐氏長跪請罪母卒感悟生平志

操方嚴教生徒以敦行爲本成就甚多

於逢年字益紹母氏李病癱瘓三十餘年困牀褥逢年日夕侍起居常抱持之咸豐間賊至偕兩弟冒鋒鏑負母逃賊不忍加害

魏澤選雙柳區農人道光十一年水災選行乞養母嘗渡七湖從高阜乞食反至湖濱湖適冰凍選慮母無食遂履冰歸甫及岸冰解洎母卒哀痛幾滅性同里葉大松亦村氓也少孤貧道光二十九年大水扶母至豫境求食次年夏母病死松負屍匍匐歸屍不變咸以爲至孝所感

張傳馨字雲程少孤奇貧授徒鄀塾間常不能舉火得數錢即市餅餌奉母母憐而分與之必詭對曰生徒已進食其實無有也有聞而餽遺者拒弗受嘗夜讀有少婦來奔朗誦不顧婦乃去生平未嘗告人時有偷兒從梁上見之每向人述其事

邵正泰鄀農也少孤貧傭工養母甘旨常不缺母沒廬墓三年値除夕雪深三尺餘且從墓歸僵凍幾絕

陳宏順幼孤貧母氏徐遘瘋疾體痿目瞽手足指盡脫宏順爲母哺食起居坐臥皆抱持之十五年不少懈又有舒必揖陳桂者其事相類必揖事瞽母飲食湯藥必手進之卒後日省墓三次一日詣墓前忽僵仆舁歸遂卒桂屠而鰥母病痿饋酳滌濯無不躬親經三十年如一日三人皆不識詩書而至性過人

方廷珍少孤事母孝母沒廬墓三年齊衰不去身道光二十六年冬有售妻者相泣路隅問其值計錢十緡珍典衣如數給之得不售其人請姓名終不告

王地紹字竹其增生父兆卿諸生督課甚嚴紹侍奉惟謹怒則跪受教非色解不敢退蚤失恃事繼母如所生父晚年喜居城紹迎母同奉養焉凡祖遺田宅悉予弟惟授徒自給有餘猶分潤之

王基鎬字武民諸生父祚賓善書法鎬性篤孝友母病焚香籲禱兄病亦如之粵逆之亂僑寓浠川母沒未及葬賊突至鄰人皆走避鎬獨守母棺號泣賊不忍傷同治初邑人議舉孝廉方正堅辭不就

蔣鵬字翼南爲諸生有聲粤匪初至時父柩在室鵬守棺號哭鄉人感動爲飲葬焉事繼母能得歡心同治元年舉孝廉方正因母老未赴部遂授徒養母以終

靖家清字慶之諸生性至孝父怒輒跪謝色霽乃起事繼母惟謹與從兄華蘧相友愛蘧卒妻程守志清敬禮罔懈鄉人奉模楷焉

劉應梅字榮重內行修潔尤誠於事先祖祠距家里許每日晨興往供香火風雨無間者數十年性和厚遇人有危難事必竭力扶持族鄰倚重卒年八十餘

范欽字雨山紳子都司銜母病嘗藥禱神願以身代病立愈母仁厚樂施與欽先意承志嘗發粟二千石賑饑民他若義冢義田義渡悉體母志施之無吝色

左秉衡監生父廷璧蚤逝事母氏王曲盡子職母病親奉湯藥衣不解帶依母側設一榻十年未嘗入私寢戚黨稱之

童堃字厚卿廩生事父母以孝聞因食指繁兄弟始析箸堃一無所取惟以筆耕奉養有餘猶分給諸弟年荒屢代償逋負雖啜粥食虀晏如也爲人樂易和平而有介節居恆沈酣經籍著述甚多年未五十卒

朱善富幼篤天性每有疾恐貽親憂祕不以告及長因父病遂習醫藥餌必親煎父病旋愈父没事母益謹鄰舍火延及善富庭母老不能出善富適自外歸冒火衝入負母毁垣出居喪尤哀痛盡禮巡撫胡林翼奬以額曰百行之原

涂孝子逸其名薙髮爲業鰥而貧奉母必營旨甘母老扶衰滌穢必躬親之嘗割股以療疾母没廬墓三年

喻志忠家貧忍飢養父歲歉隨父行乞河南父病卒忠負尸行七晝夜歸葬祖塋又有羅詠裳者父没於外隻身走數千里負父骨歸

王家策字象翥天性純摯父于映邑庠生積學而貧晚益困策傷兩兄短折父母衰頽遂棄儒執藝事以其値營甘旨親没既葬無力結廬幕天席地伴宿墳側號泣往還三年無間後以憂鬱成疾卒

汪慈煉性純篤生父洪琥患癰煉口吮之後琥復病刲股療之愈洎生父母嗣父相繼没事嗣母亦以孝稱

林作楨字敘齋州同銜父蚤卒事生母劉曲意承歡母病侍寢嘗藥衣不解帶者數月昆弟四友愛無閒言子大份亦以孝稱居母喪勺飲不入幾不起後父喪竟以毁卒

温正德年十二父没母患瘋痿家酷貧乞食養母澣衣滌穢歷二十餘年母没廬墓三載

馬先株先祿兄弟友愛事母以孝聞咸豐三年冬粤匪竄境時母年七十有六先株負之逃遇賊傷母及株肩猶忍痛不釋先祿望見慘忿直前奪刃與賊鬬賊斫其首死

張述佐祖期瑚病臥牀褥佐日侍湯藥不離側咸豐四年春髮賊黃以安等掠近村佐負祖出避遇賊於途殺佐並剖其腹越數日黃逆等爲鄉勇所殲聞者稱快鄉人共表其阡曰孝

孫墓

曾傳寶傳春兄弟也捻逆之亂同負老母至界埠渡口賊忽至欲渡無舟二子負母涉河俱沒於水尸浮出猶一子負母一子扶母如故

羅文潤幼失怙母病割股以進兄天潤析居文潤衣食悉分予之母臨終猶以天潤爲慮又憂其二子無耦文潤復剖貲平分爲兩姪完娶延師課讀久而益勤族中貧乏者以時周卹

蘄水縣

施惠孩提時鄰家予以棗栗必懷歸遺父母父亡貧不能治喪遂傭其身主者與之食必餘半以養母冬母寒無力置緜乃刈艾作絮兼之薪恐妨主者工雞鳴走江干拾蘆根歸始旦

夜則抱母足溫之值流寇亂負母逃被執叩頭流血請殺身留母賊感動兩釋之母年九十七卒廬墓三年雍正元年
旌

戴華淩自幼孝謹不先親食親或不懌必婉容慰解父病三年侍湯藥廢寢食父沒益竭力奉祖母及母母年逾七旬保護尤至有延之訓課者以母老堅辭不赴前後執親喪哀毀骨立廬墓六年雍正三年　旌

徐梁字兩州諸生幼孤事孀母江氏以孝聞董理家政置祀產睦子姓族人敬服邑有貧乏自鬻者出貲贖之子孫登仕籍者甚眾人謂梁盛德之報子本仁自有傳本傳詳宦蹟

方師璟字崇友諸生常以父病禱於神願以身代至感神示夢於其父遂獲瘳弟患瘵疾璟與共臥起百計調攝三年不入己寢其父撥田課四十石與璟以示獎勵弗受里人至今稱其田爲孝子田

岑世鎮字來章諸生事親孝友愛諸弟俱教督爲諸生後雖別居猶以筆耕餘貲置產分給從父三參貧乏嗣世鎮捐己產約四百金爲繼立貲鄉族咸稱其義

瞿世正字憲邸諸生性孝友居喪盡禮撫愛幼弟凡家貲悉登簿籍並題簿首曰慰我先志及弟成立舉所積贏餘悉推予之族戚歎服

徐本仁字伯倫梁長子少失怙事兩世孀母備盡孝道課諸弟後先登科甲族人以家政委之年未弱冠長老咸推服焉以

急難告者竭力濟之子立御詳宦蹟

宋士吉父蚤卒事孀母鄧氏備極誠敬每自外歸必稽首母前母若色變則伏地請罪乾隆七年與母節同　旌

王效武字國香王讓七世孫也父抱病幾危武嘗糞割股肉以進病愈奉養十餘載父死廬墓三年

鄒安義字杏橋有嫡堂弟析居已久產盡無嗣安義招與同居爲娶婦俾有似續後遭亂散處復撥田課給之

郭文瓏諸生篤於根本嘗應鄉試畢兩場聞兄疾遽買舟歸羣挽之不得族有訟財產者捐金解其紛焉

王秉彝監生事叔如父析箸時提膏腴田二十石爲叔養贍諸季所負債出己資償之敬宗收族排難解紛里人至今稱頌

馮廷巽竇人子事母孝嘗乞食供母餐母亡號泣幾絕
王明人與弟立人友愛甚篤立人蚤逝遺孤四明人撫如己子
皆成立卒後子家瑁諸生克承父志析居之日分產業爲三
以其二與立人諸子戚族賢之
任欽才有至性父以伯子素疏放恐爲兩弟累令析居不獲已
泣從之自取磽瘠十餘畝腴沃歸兩兄後伯子家落代償重
負兩兄沒諸猶子益不振欽才悉爲經理年九十六卒
張若杞從九有孝行母患目疾幾失明醫藥罔效醫云須以舌
舐之杞舐年餘目愈
夏之鼎增生事親孝年六十奉事老母飲食湯藥猶躬親之督
學鮑桂星王贈芳兩旌其門

樂繼韶附貢生家貧嗜學館穀積有餘歸其舊產於兩兄以慰
親志門人畢保釐爲誌其墓
朱順才父患臌痛母得狂疾扶持溲溺浣滌穢污歷十載如一
日年逾七十孺慕彌摯親沒逢生忌必泣奠墓前
董前禮母患痿疾禮扶持十有七年足跡未嘗出戶母卒廬墓
終身
董春泰業農事親孝愉色婉容出告反面父母先後沒遷葬合
墓廬守三年
蔡時章母患痿侍奉十餘年夙夜焚禱不懈有僧授以藥忽不
見母食之立愈人以爲孝感
汪雲飛字道模幼孤事孀母朝夕不離側四方延之課讀輒以
母老辭與弟友愛寸縷盃羹讓而受惡終身無閒言
李德懷農家子弟德重好鬭因誤殺人被逮懷泣曰吾弟一子
未成立不可去請代之役不允懷曰以一命償一命吾兄弟
事爾何擇焉慷慨赴縣讞成終無悔言
周夢堅號介夫嘉慶丙子副榜昆弟三人皆業農以食指繁謀
析箸堅曰我以筆耕無需田也概屏之惟分敝廬數閒每歲
館脩必分潤昆弟晚選通城教諭以方修家乘建祖祠未赴
任尋卒
陳學瑞字輯菴嘉慶己卯副榜授徒鄂渚多所成就每歲杪旋
里米鹽薪炭必多備以分潤骨肉故累年館穀頗豐而家無
立錐地其至性肫篤如此

馮佐漢性孝友弟光瀾以事抵法佐漢代繫獄並赴配所後光
瀾補諸生漢逢赦歸不入私室侍母晨昏終其身
李曼全幼孤孀母胡撫之成立貧不能娶事母四十餘年手執
爨躬滌溺器母時以過撻之安受不怨
閔超羣監生飭孝張氏嗣子每欲表母節或以貧難之羣曰吾
非母苦守無以至今日何忍以貧故使湮沒不傳嘉慶十五
年事得上遂罄其貲爲建坊母卒廬墓側歲時屢易子若孫
亟請始痛哭歸邑進士畢至爲撰孝子傳
顧從譜性友愛有從子四孤貧無依譜引與己子同居視猶一
體且皆爲之完娶譜年耄一家至八十餘口始令析箸分產
必均族人義之

畢華旦號月坡監生以孝稱毋遘疾侍奉湯藥衣不解帶者百餘日教子姪皆成名晚歲粵賊竄蘄猝執旦旦無懼色一賊熟視曰此蘄邑忠孝人也竟舍去其兄華旭事親亦孝兄弟俱以上壽終

麻城縣

顏時熙字炎文諸生父如愚病篤割股救之愈順治十二年知縣王濬詳報院司給匾奬之

何佐諸生事母孝家貧就館百餘里外常徒步歸省母卒痛幾絕既葬坐冢旁枯樹中十四日族里爲結草廬以居佐朝夕哭奠知縣吳顧行重其孝時賙之後竟卒於墓側

袁藻元諸生父病祕結月餘醫藥罔效元跪榻前銜溺管吸兩

晝夜始通病漸愈知縣屈振奇給額奬之

蔡愼思字二餘歲貢生父病侍湯藥經年不解帶既沒寢柩側三年母毛氏素畏雷愼思聞雷必衣冠侍左右雖中夜亦然妻鄒氏亦以孝稱其長媳胡氏嘗因姑患氣痛刺臂血和酒以進痛立止人謂孝姑宜有孝婦云

胡有才家貧傭工每得肥甘必攜歸奉父母母病割股和藥救之父得寒疾才抱父足睡者六年卒後復廬墓

尉賦字士朝父病羸性躁急賦先意承順病篤醫云便之甘苦可決生死賦親嘗之復割股以進及卒哀慕終身

商廷周生十歲父沒事母至孝初爲人牧日得十錢貧母食長傭工鄉里朝食毋而出併力工作日未旰輒入侍毋年老益衰常畏寒廷周每夕必溫衾裯歷二十餘年如一日

劉洪元甫三歲父禔遺遠貿於蜀久不歸人亦莫知所在元稍長欲往尋母憐其幼止之後成立慨然曰天下豈有無父之人乎母有兒侍養天涯海角兒不得父誓不歸遂由蜀而黔而滇艱險備歷至南徼憩旅店得殘簿見父名知父已出關復裹糧以往一夕息大樹下夢老僧若爲指示狀遲明遇一僧與夢符詢之僧告以父所在如其言果見老叟操鄉音乃其父也跪稟曰大人安乎兒洪元至矣老叟矍然起呼洪元小字爾何由來此爾少患瘡體有疤痕試與捫之信相持大哭遂同歸時雍正六年四月也禔遺年七十五在外三十六年歸家五十日壽終

李重貴齡餘喪母及長父沒送葬遂廬於墓側獨居深山茂林中絕不與世人往來三年畢因思己少失恃未克盡禮復廬於母墓側茹素服齊衰者三年後竟不歸娶以家產授諸兄弟自攜薄貲付近墓懸鐘廟僧與同淡泊以終其身

余貽智字承源嗣母李氏青年守節無子然性剛嚴又無資產他子弟莫肯爲後者貽智重母苦節願嗣之母小不適卽盛怒怒輒偃臥不食智跪榻前母起則起母食則食家人非智莫能承意旨智妻汪氏卒慮繼娶者難承歡遂不更娶立兄子爲嗣養母終身

李巍字奠川增生性孝友父病痰手足不能運巍左右服侍廢田園延名醫其後家益落兄弟同心財物不私己兩弱弟賴

以成立生平手不釋卷而於考古之學尤精

郭尙道兄弟三人兩兄繼沒遺姪六襁猶己子維時同居已六世親丁百餘口皆率其教內外無閒言歲饑嘗買穀千石以救荒又於皖豫通衢修橋路甚夥道光十六年官紳爲請旌建坊

熊鍾字允萬貢生父世城母陳繼母徐皆誠篤有隱德鍾弟五人均有學行而家事一稟於鍾蓋鍾之先世皆孝友廉讓伯叔昆季不異財者已五世矣鍾能守家風益加誠謹子孫衆多皆恂恂率教

黃士旺祖父年老手足不仁旺善事之牀褥汙穢親爲湔洗紹無懈志旺沒後長子學瑞事母亦以孝聞

夏仕和事母孝母中年得疾不能行飲食溲溺惟和奉事無稍怠迨沒喪葬盡禮後遇賊不屈死

尹志福家極貧隆冬常以草縢裹足乞食養母母老無齒嚼而食之母病不能行常負之遊母八十餘卒福哀毀骨立終身不忘

李紹先貧爲傭母病樵採易肉以奉病劇紹先思割肝而不知其處禱於神夜忽自覩胸間新生一痣遂於痣處得之割少許昏絕於地旋甦和羹進母乃瘳越數年母無疾而卒力不能葬黃岡謝孝廉助以貲旣葬先傭工以償之

黃開泰州同銜咸豐八年粵匪陷城泰以父柩在堂命子錦城護眷屬外出已與次弟開第同守柩賊至俱罵賊不屈死錦城旋以尋父叔同城亦遇害錦城英年績學人尤惜之

袁華祝監生咸豐八年三月賊竄麻父茂梅病篤不能行祝侍父揮其弟文光文彥及老僕陳發元去避亦相守不忍離賊奄至華祝被執不屈文光文彥率發元救護賊並殺之茂梅驚死賊退鄰人歸見諸被賊戕者屍多變惟華祝所居有二犬守門外收其屍面皆如生

周煥文母病瘋與弟煥武盡心調護五年如一日父廷桂幕遊久不歸文將往尋武爭往由陝入川請父歸不許遂隨侍閱數年父沒於潼川輿櫬苦無貲因淺葬且埋石以誌方歸而課諸兄行至石泉而沒文聞之痛幾絕念母老難離至同治元年母服闋遂決意入蜀沿途乞食遇賊擄之文泣訴其情

得脫乃達葬所哭數日忽一冢土裂石見文發冢負父骸道經石泉攜弟柩同歸文是時年六十三間關萬里人咸謂有神呵護云

楊作棟監生同治三年二月與父占春俱被賊擄賊欲殺占春棟泣求代賊怒曰汝欲活汝父非多金不可吾且釋汝二日不來吾即殺之及出設法無可得復入賊營乞父賊曰汝來無多金豈謂吾不殺汝耶棟曰情知必死但求勿傷吾父賊曰孝子也兩釋之

王其文家貧事親孝謹母陳氏病癱瘓文親奉飲食藥餌穢溺亦自滌之同治三年髮捻入境文侍母疾不去被戕母遂困餓以死

張文蔚字敬輿至性過人父病且死蔚自侍湯藥以至終事形銷骨立哀感鄰里母羅因宿疾忌葷蔚爲廢肉以䭾母疾旋愈同治間粤匪猝至蔚負母入山行荆棘中無所苦適季弟天如爲賊死母哭至喪明蔚朝夕泣禱於神三年母目愈人皆稱爲純孝之感

袁學順家甚貧同治初父客死漢中順沿途乞食往尋因聞警而反年餘再往至興安歲饑人相食又反十一年冬復匃親友得旅資冒風雪行兩月抵漢中訪葬父劉姓者適他往尋至鳳縣遇之告以處啟冢以囊負骨仍乞食而歸計三次往反一萬二千餘里聞者無不嗟歎

黄安縣

盧爾悌字以申明恩貢生父堯臣五夜篝燈著書悌嘗侍側父就寢乃敢歸私室父病嘗藥及糞卒後廬墓三載崇禎十五年流賊陷城悌棄妻孥獨負母縋城出其他敦族睦鄰殯師葬友卻盜贓歸難女盛德事甚多卒祀鄉賢子九皆知名緯詳儒林經緯詳宦蹟

盧純慈字熙叔諸生父爾惇明季知巴州抗節死事平純慈孑身數千里尋父遺骸聞有武弁昔與父共患難未死在某岡中往覓得之其人已衰病不能起呼使近榻熟視歎曰盧官人有子官人當日殺賊過當賊已支解矣壯士甯有屍耶純慈痛哭幾絶其人慰而遣之歸及母卒廬墓三載孺慕終身子雲鳳諸生繼父志復兩次入川覓骸不獲乃具棺招魂葬焉雲鳳品學素優知縣李行修請爲鄉飲賓復延爲社學師著有巴州公案巴游草臥堂存稿

盧紀慈字念倫父爾慥舉人事節母以孝聞紀慈年十三補諸生父客京師慈奉祖母匡母樊曲盡孝養父歸慈左右承歡罔閒祖母與父相繼沒慈精堪輿術親卜窀穸雖寒暑登陟不少息父臨沒以幼弟紏慈爲屬後弟每嬉戲紀慈涕泣自責弟卒感悟迨母卒哀毁成疾遂不起

張欒字易村希良子康熙乙酉舉人事繼母劉以孝聞撫弱弟曲盡友愛族黨貧而才者資以力學多所造就里有某貧不自給鬻其子欒聞而贖之厥宗賴以不覆生平隱德多類此兄棣舉人己亥歲歉捐穀千石濟貧民季弟榮諸生弱冠丁母艱七日不飲勺水旋以嘔血卒聞者傷之

吳應選父疽發背展轉牀褥五閱月洞胸穿臆臟腑俱見臭惡不可近選侍湯藥口吮舌舐呼號數絶父病忽瘳邑令張奬以額曰能竭其力

吳之璜字渭卜博學能文詩字尤工侍孀母余左右就養及卒廬墓憂思咯血以卒祀鄉賢子應庚詳文苑

秦中理號雲山拔貢生方九歲時母患心胃痛醫稱不治私刲左股以救疾遂愈後屢蹶場屋資館穀以奉母母沒苫塊三年哀毁成疾卒

彭大興有至性祖病篤父頗知醫診之泣謂大興曰脈絶矣奈何大興泣夜半割左股肉爲羹以奉之漸有起色數日病愈

後祖知其事視之則血痕如掌存焉 通志

阮林遠字星吉曾祖啟屺以孝稱自有傳林遠母盧病乳劇日夜祈以身代一夕恍惚見祖母授以藥曰用此當愈手受之實無有也而香聞一室母病竟痊人稱曰小孝子 通志

盧聚慶父卒貧無以殮乃質身於周姓以其值葬父周義之爲折券遣歸同族盧明善盧紹先皆以貧苦負擔乞米養親親病無錢市藥刲股以進親病竟痊 通志

王之相字衡甫母沒廬墓三年未嘗見齒父遘疾前後刲股以進者三壽延八載邑令胡給額旌之

吳文煒字含章博學多能尤精勾股有兩兄與嫂相繼沒子女幼飲食教誨不啻己出小功女弟適陂邑周姓苦節四十餘年老依母族洎沒煒爲之具棺殮歸葬於周子中理詳宦蹟

秦學泗諸生弟學治監生父母俱年逾耄耋兩人白首斑衣曲盡色養同居亦絕無間言族有質產者貧不能贖以產還之邑令梁表其門曰孝友傳家泗孫光辰詳宦蹟

吳餘鳳年十餘齡祖母病重私刲股以進病愈鳳隨殀從叔宏初爲作孝童傳其後有吳克敏者少孤家貧採薪養母嘗二次刲股以愈母病後己病劇夢神佑之人以爲孝感也

江孔殷廩生孝友誠慤父偶墮於水殷救之父甦而殷斃學使胡深爲惋惜給銀以葬且弔以詩銘其墓曰孝子

江鑒字驗唐諸生母彭蚤世事繼母汪如所生汪性嚴毅動加鞭撻鑒順受之祖有遺業擇其尤者以讓弟

鄭道亨字嘉會母患癰以舌舐之而痊又患瘋疾三載親調湯藥衣不解帶母終父繼沒廬墓三年有白鶴常繞其墓

金作礪諸生幼失恃父疾九載親調藥餌刻不離膝及沒昕夕哀毀致疾而卒生平敦行尚義有族姪自沏子母遠寄豫省母死自鬻爲僧礪訪之贖以歸俾得成立

郭天明幼失母躬耕負薪以養父父病侍湯藥衣不弛帶病篤割臂和羹以進復嘗糞知不可起搶地痛絕及卒廬墓六年有白兔馴擾之異當道旌其廬

秦文茲父枋遊滇省不歸茲隻身往尋久弗遇忽夢有神告之處果見父偃臥於馬伏波廟中氣不絕如綫急覓醫調治越兩月愈苦饔飧不給乃爲人傭以供踰年還里後避亂三山

砦砦潰茲不顧妻子抱週歲姪逃出

宋璵諸生弟環監生琦諸生天性純篤父沒皆廬墓三年哀毀骨立母疾日侍湯藥衣不解帶疾篤焚香同禱爭以身代後病痊人以爲孝感兄弟和睦無閒璵年八旬環琦事之惟謹

羅正玉家貧孝養父母父病數月刲肝和肉以進次日遂愈逾年父沒玉數日不食母慰之始飲粥奉母孺慕終身

毛聲亮甫四齡得佳果輒懷歸遺母年十四侍父疾刲股者再後值母病侍湯藥兩月餘不解帶刲股以進母疾尋瘳及沒泣血失明衰絰廬墓三年子志訓有父風父病割股者三嘗侍湯藥昕夕無倦與父同爲學使者所獎

閔啟洸監生兄弟析居後貿易興安十餘年蓄積甚厚兄沒家

日替憫兩姪孤苦攜入陜延師課讀俱入商學旋以己萬金三分之姪二子一郡守錫之額曰孝友情篤

詹煥章號堯臣貢生凡父命敬奉無違父病親侍湯藥朝夕扶持數年不少懈父沒哀毀骨立塑像事之每供奉猶爲孺子泣巡撫胡林翼爲之請 旌

盧治鐸兄弟五人鐸養親尤得歡心父病割股和藥以進有弟不慧盡情撫之平生守正不阿嘗道拾遺物立還其主不告姓名鐸沒後子學源哭泣盡哀十餘年未嘗見齒亦以孝稱

江傑監生性樸誠少從父貿西蜀父沒舟行至半途風大作他舟多覆沒傑伏柩呼號獨得濟同治三年賊掩至傑負繼母逃妻子弗顧也尤好施予每終歲輒出穀米以給族之貧者

張其方父患癱醫治罔效其方以口吮之遂愈兄遠館家恆不給所需食用皆方給之

張庚雨字友蘇貢生父席賢品學純粹授徒不計脩脯其甥劉秉琳賴以成就庚雨生而孝友少時爲父買藥赤足涉層冰中血漉漉被踵趾母年老少睡庚雨扶持抑搔終夜無倦兄早亡遺一女愛逾己出晚年以足疾發遂卒

羅田縣

徐生明字苡生諸生父益謙爲流賊所執將殺之生明跪泣願以身代賊義之因得並釋父卒廬墓三年其子鉅事親亦以孝稱父沒友愛異母弟父嘗代邑貧民輸丁稅鉅因力請當事得丁隨糧派如鄰邑例後以拔貢授崇陽教諭卒雍正十二年 旌建父子孝子坊

李之乾性至孝康熙四十五年夏大水乾父年八十有八病臥危樓中乾侍疾不離水驟至乾禱天哀號依依不捨時比鄰廬舍盡沒而李氏屋獨存人以爲孝感

董庭清明孝子其鑑季子諸生流賊破城冒刃救父父得脫庭清被害無子從姪位南盡出家財營葬勒碑以表越數日南死族人義之葬南於庭清墓側

郭天枚字亭植少穎悟能文章母沒哀毀骨立復孝事繼母其父爲仇家誣繫獄枚就獄奉養寢食與俱卒以此致疾及父冤白而枚疽發背死

匡人仁字惠甫母卒弟人義尚幼父怒撻弟仁抱之號泣父卒

每朔望哭輒嘔血事後母孝後母弟貧仁出金安集其家仁卒遺孤幼義亦母事其嫂子視其孤

李正芳諸生父卒哀毀骨立廬墓三年不飲酒茹葷事孀母尤曲盡孝養嘗爲兄病刲股與姪析居田屋器具美好者皆讓以歸姪

朱文順字洪宇歲貢生少喪母繼母涂氏病垂危籲天求代獲愈復病風痿文順左右扶持躬親澣濯七年無倦容雍正元年郡守以孝行優奬

嚴肇仁字育萬母病目竭力扶持衣服穢器躬爲澣滌四十餘年不懈母沒仁哀毀泣血尋卒

余蘄字秀川性孝友好施與弟四分析有年家漸落蘄代償宿

負招與同居族中貧乏者累次周給有負蘄數十金者病篤
蘄往視取劵對其人焚之
王鋐字汝墉監生力敦孝友孀母胡苦節撫孤子遠鋐友愛如
同胞後遠卒胡遂以鋐爲巳子鋐孝養備至母病刲股啖之
愈後竭力爲母請　旌
陳上啟弟上榮上發發蚤卒啟與上榮暨從弟楚華均敦友愛
啟卒遺孤子錫封榮與楚華鞠若己子延師課讀補邑諸生
榮卒華仍撫諸姪教讀不懈姪景程由選貢中經魁五世同
居皆啟之教也景程詳宦蹟
汪屏翰父文璧嗜學不倦以攻苦致疾翰年方十五夜半刲股
和藥以進璧食之不知也旋假寐夢神告曰汝有孝子可延
汝壽及寤詢知嗟歎不已疾隨愈
明學峻年十三母卒哀痛盡禮過於成人繼母易病危峻割股
療之越數年易卒父復娶童氏張氏峻事之均如生母家貧
與妻百計經營所得悉以供養因迭經哀毀年三十五卒咸
豐十一年巡撫胡林翼爲請　旌
徐學顯歲貢生天性純篤事父母及繼母曲盡孝養生平潛心
經史品行端方同邑江希泂事親亦以孝聞孺慕之忱終身
不改又葉敦泗勤學植品篤於孝友家素貧事親務謀甘旨
巡撫胡林翼並爲請　旌
李寓儁父耄期得疾手足不仁儁奉侍六年不去左右父卒兄
弟析居儁以家貧產薄悉讓之兄而身任逋負後儁稍裕迎

養兄嫂二十餘年畢其喪葬
李鴻勳字俊生監生幼失恃事繼母曲盡孝思其父豪俠好義
里中有稱貸無不慨然畀之書劵纍纍山積父卒勳恐以追
逋貽累悉召其人焚之其克承父志如此晚年尤精醫學廣
儲藥餌以濟貧病
何珊字寶樹諸生父世振有隱德喜周恤貧乏珊嗜學能文天
性孝友嗣母王氏沒珊痛哭絕而復甦者再遂得嘔血疾旋
卒妻匡氏爲督理家政時珊弟四俱穉幼匡撫之成人未幾
相繼殂謝匡又爲諸姪及姪女謀畢婚嫁里黨稱之
嚴錫麒幼失怙母丁病噎稍進食錫麒始食否則涕泣而已母
疾革與弟錫麟佩珩同日刲股以進母沒偕二弟廬墓三年
墓前薦食如生時後佩珩病麒籲天請代宗族鄉黨稱孝友
焉
王淋諸生事繼母張以孝聞張氏前夫子貧屢告貸積數十金
張疾篤瞪目視其前子淋曰母得毋憶若所負金乎取其劵
即榻前焚之張笑而瞑
王盛典字蘭亭事嗣父母以孝聞父沒家貧無以奉嗣母乃授
徒供甘旨己與妻茹虀糲融融如也及嗣母病手足痿痺牀
褥污穢典躬親浣濯十年無倦色生平處己剛方非義之財
一介不取
朱紫電家貧奉父母膳必親炊親沒廬墓三年後每值小除日
詣墓所供飲饌新歲上元乃歸歷三十年無間

周飛鳴字豐亭歲貢生事後母以孝聞與後母弟乃鳴友愛尤
篤乃鳴析爨後家産蕩然飛鳴招與同居終身無閒
王枝栲枝杜性孝友母中年病瘓栲杜負以出入並親滌污穢
二十餘年弗倦及沒哀毁骨立殯葬盡禮兄弟暮年式好尤
篤有伯康君實遺風
王皆坦祖母余氏苦節咸豐十一年賊至父枝溥負母避亂猝
遇賊身被數十創急走得脱後溥病坦尚幼焚香告天刲股
以進溥立愈時謂孝子孝孫皆苦節之報
劉光遠天性純篤母右脇患疽遶口吮之無難色母復病兩次
刲股療之尋愈
劉賢鼎家貧織布爲業自幼順於父母父沒事母尤謹母病劇

乏醫藥日夜憂思遂詣觀音山禱於神潛匿龕下夜半持刀
剸其腹剸肝裹以紙廟祝望見神幄有赤光趨視見鼎跪神
前腸纍纍滿地亟爲納腸入腹束以布舁至鼎外家鼎泣謂
衆曰請急烹肝進吾母勿以狀告母食之果愈越四日鼎以
創死光緒八年　旌
蘄州
王御龍字時可明季寇亂家貲蕩析承平後御龍居積節縮家
復饒兩兄蚤世以己財推與諸姪一無所吝子綏猷欽猷亮
猷皆以學行稱同里有陳先棨者兄子夭撫其遺腹子至於
有成鄉黨並稱其義參通志
王廷詔諸生事父孝父沒與妻張氏侍母盡歡吳逆亂廷詔奉

母避於黑山洞口負米以養採橡自給值彊寇刦奪張以身
蔽姑連受三刃寇尋釋之姑病疽穢甚張口吮無難色及沒
詔廬墓三載乾隆五年與張氏並　旌
李由虞字宗舜少失怙育於伯氏來元事節母張氏及祖母以
孝聞來元卒由虞居喪三年不入内寢五世合爨族黨咸稱
其義乾隆十年以節母孝子並　旌又有李宗海者天性篤
厚同居歷三世一門雍穆人無閒言孫華郁舉人爲陳詩高
足弟子參通志
張仕秀字雲龍天性篤摯父病背癰爲吮膿血母有目疾口舐
其翳及親沒廬墓三年繪親像懸堂中坐卧不離逢生忌日
素服哭奠數十年如一日兄弟五人交相友愛有司上其事

爲請　旌表
易爲豫字二如諸生獻逆屠蘄豫被掠縶賊營號泣思親水漿
不入口賊渠温仲元曰此孝子也釋之豫歸闔門俱盡尸骸
暴露拮据殯葬悉準於禮康熙中歲大饑豫力白大吏發倉
粟賑救自捐穀四百餘石以助布政使徐惺題額獎之
李本甲字幼萌諸生父梃母曹氏明季皆以寇亂抗節死甲事
兄本晟甚謹本晟爲雲南布政使甲攜僕省之偶言先塋數
失守木本晟恚甚歸罪於僕叱之跪甲以爲叱己也亦跪本
晟掖之起且釋僕本晟撫浙卒於官甲聞喪奔赴哭之慟尋
卒
王永墭字載侯母年九十墭依依孺慕與伯兄永垣仲兄永圻

愛敬彌篤以文行受知於知府于成龍于爲顏其堂曰孝友
傳家由歲貢生授縣丞未任卒
汪存濟號澤菴諸生事繼母段以孝聞有從兄避亂出亡濟遠
訪諸滇南遂偕歸割己產之半予之著有滇南錄
李永芬號慕軒增生七歲執父喪哀毀如成人事節母金備極
孝養母卒茹蔬三年從兄弟析箸有負債者代償之姑母適
韓而寡芬貸餉數十年姑老病將死遺銀餅數枚其嗣子莫
知也袖還之乾隆二年舉孝廉方正
李由夏字奠川監生父病爲嘗糞及沒廬墓每一悲號行路心
惻母病露禱求代病尋愈平居事親出告反面飲食必親奉
凡時物未進父母不敢嘗乾隆十七年旌

王輿鑑字德操幼執父喪若成人母病依依牀第母沒廬墓事
諸兄甚恭三兄相繼沒均家貧無子鑑經紀其喪並割己產
以贍嫂
李大生字暎寰諸生少事父母以孝聞母病諸弟幼大生晝夜
哭泣兩目盡盲禱於文昌神神示以夢吉翌日母病愈大生
目亦明
余載廣字應煌父病危刲左股煮糜食之愈未幾母病割右股
和羹妻汪亦割股進弗瘳兩親繼逝廣哀泣如孺子苫塊三
年不入內寢
蔡明璋字載士諸生父病爲嘗糞母病刲股療之叔父負債逋
亡罪累璋父幾斃獄中璋白其冤事平復行乞遠求叔父遇

於懷甯迎歸平分己產事之如父
蔡明謙字受益年十六失怙友愛諸弟其季弟母尤愛憐之明
謙默體母意當母病革時呼季至榻前以母所蓄金數百悉
予之
蕭韶號蒲溪監生少孤事節母董盡孝母厚於族戚韶竭力承
母意家中落僅有田七十畝其從弟以債負勢窘甚韶盡售
其田代償之以舌耕自給
張忠取父病偏枯取晝夜扶持五載如一日父沒廬墓三年母
沒亦如之州牧劉給有孺慕天眞額
王秦安字漢光諸生貧無妻授徒里中每日自塾歸爲母炊爨
母老衣裙皆躬親浣濯終母之身無懈又兩弟以貧故遠出

秦安咸召歸以筆耕贍給之
王元長家極貧道光七年閏五月山水驟發瀕湖民居多漂沒
元長茅屋數間母棺在焉倉卒無措大慟以身縛棺隨流入
江浮沈三十里忽反風水逆行復捲母棺並元長近所居沙
岸止焉鄉人感之醵錢葬其母延元長爲村塾師大同巡檢
邱炳以其事聞於州知州林寅召元長慰問甚厚時州試已
竣知元長以貧故久不試特予補試並助資斧是年遂入州
庠郡邑人士咸賦詩美之漢黃德道周凱爲作王孝子歌
梅紹先天性敦篤少時卽知色養旣壯父病革紹先焚香夜禱
不應乃走赴橫岡山眞君廟叩首神座前請以身代起趨山
後之舍身崖崖去地數百丈紹先奮身下投住持僧驚見之

見安坐崖下無恙詢其狀紹先茫不自知也使人舁歸則父病已少閒矣後父沒廬墓三年學使者王嘗額獎之

黃大綸號雲山昆季五人綸爲嫡嗣其四皆庶出也綸處兄弟恭而和故四人亦愛敬之晚年羣議析箸綸不得已悉讓膏腴母病久湯藥必親嘗衣污垢躬自洗滌十餘年如一日焉

余松齡諸生性誠篤自甘藜藿奉親則極甘美母患痰疾臥褥不能嘔松齡常手接之家貧與弟長齡藉館穀度日每節序歸篝燈伴讀一室閒怡怡如也

江開泰號平階監生事繼母何盡孝年六旬猶依依膝下狀若孩提母病篤泰取糞嘗之病旋愈學憲王獎以額

陳艮吉幼孤年十三侍母疾衣不解帶者七日夜疾甚淚下沾

衣目盡赤陰刲左股以進母疾漸瘥越三載母沒廬墓數年

鄧瀛奎號鶴亭監生內行純備兄瀛洲有伯道憂以子儒嗣之族弟姪之貧難娶者爲置產完娶俾各有後祖塋碑碣伐石徧立其他修譜建宗祠設義學諸善舉皆捐貲玉成之

會會章農家子貧無妻自啖野菜力謀羞饍以奉母母病中囊廁牏必親洗滌嘔痰則以手承之母卒廬墓三年不食鹽酪知州黃式度以純孝性成額獎之後入天竺山不知所終

蔡兆元號錫之諸生初居祖母喪數日不飲食母病兆元日夕服侍衣不解帶弟兆廉病疽吮之不愈慟哭幾絕州人習其事爲請　旌表

朱舫號月帆增生少喪母終日號泣寢食俱廢事父能先意承志季弟年未冠勤勤訓誨期於成立年三十一卒族里哀之彙其事爲請　旌表

廣濟縣

劉登仕字希卓性醕謹事父母以孝聞母病咳唾污穢躬侍榻手浣衣不解帶者累月母卒哀毀骨立三年不入內値歲荒鬻廩賑饑全活甚衆卒祀鄉賢子茂溶詳宦蹟自理自有傳

陳文允諸生父病劇親嘗糞父卒居喪廬墓事繼母亦如之乾隆四年　旌

蘇元周靈東鄉農民竭力農事以盡孝養親沒廬墓哀切鄉族稱之乾隆四年　旌

呂和寬監生幼事雙親克盡子職親卒廬墓乾隆六年　旌

劉銘璋事親至孝親沒前後廬墓六年事祖母亦以孝聞乾隆十四年　旌

陳治國母病痿痺偕婦王氏左右就養始終不懈親沒廬墓三年乾隆二十八年　旌

張思斗字裕公諸生少失怙遭左兵擄入營夢神人引導得歸母胡因失子喪明斗舐之隨愈子天聘亦孝友同居六世無閒言好行善事捐修鳳港橋及郭家壩

吳熊字四維歲貢生髫齡侍親疾禱以身代不藥而愈弱冠失怙侍哀毀骨立明末寇亂人多竄伏熊獨操畚捐填墓遇賊斷右臂不去屆親忌辰至老猶匍匐至墓號泣如舊時

楊承緒字振宗父卒繼母劉苦節撫之緒好讀書而體弱善病

母以爲憂緒因善自保護外祖貧緒迎養之母病泣禱願以身代沒後哀毀盡禮廬墓數年哭奠不輟

劉自理字明水登仕子監生甫二齡母徐卒繼母李愛憐之稍長知身自徐出時於無人處掩泣年十二葬母離家三十里伏冢呼號徹晝夜父誘之歸不聽禁之不可廬墓三月彊攜以歸父沒哀毀骨立居繼母喪亦如之子洪度詳忠義

李纚武字昭遠諸生少依父母流寓興國常採薪以易甘旨父固名宿館穀豐盜入室以火燎鐵器灼其父武號泣跪求盜感去母沒盡哀既葬廬墓父不許乃朝夕往哭奠父沒廬墓三年又鬻產創立宗祠並贍鄰族

魏芝芳字蘭若父病割股和藥以進明季賊至父被擄傷痛幾

絕後母又爲賊所執芳號泣願以身代賊義而兩釋之一日匿母深谷自出覓食以養賊突至母遇害芳竭力葬母廬墓側日夕悲號子向忠詳篤行

龔必勘字允武武生膽略過人有羣盜入室執其兄勘持梃奮擊得脫後應試郡城聞母訃一慟幾絕歸營葬事冒雪渡江舟人欲緩渡勘叱曰母喪在堂敢以風雪阻耶促解纜中流舟覆溺水死妻廖氏截髮茹素苦節終身

伍正遠八歲母卒擗踊如成人父病疽遠口吮膿血復刲股和羹以進病尋愈後父沒廬墓側置家事不問家人感之男婦五十餘口和睦無閒言

藍士秀字文昭諸生有夙慧工詩文授生徒以供甘旨父母病衣不解帶者數月居喪茹素不入內室視弟遺孤如己子

金德崇字峻　公之純長子事母李至孝李卒未有葬地崇食糲衣麤殫心計營兆域弟德嘉病咽喉劇崇禱天願以身代初補邑諸生爲文伸紙疾書不加點竄與德嘉俱負當時名後餼滿上春官暴病卒著有草窗雜錄祀鄉賢

胡楝元事母孝家貧釀酒爲業日出爲人釀夜必歸省或予以肉食必懷歸進母母病劇持香楮禱於橫岡眞武廟誓以身代禱畢投捨身巖下竟不死僅損一齒舁歸母尋愈又有藍愷文胡士爵者均以母病禱神投巖代母母病皆獲痊

戴邦材字大勳父千智葬其父華玉於瑞昌廬於墓側邦材不忍父獨處隨居三年後邦材母沒亦廬墓三年臨終時囑其

子以己棺從葬父墓

金業講字能侍諸生父啟汾病劇業講刺指血書疏願以身代旣沒廬墓三年晚主講本邑江漢書院後學多所成就溫學使兩次獎其優行

劉文德字大型其先塋在蘄州之沙徑一日舟載祖父父母櫬往附葬遇大風雨舟覆文德抱其櫬浮沈巨浪中悲號不已忽泊岸若有推移之者人以爲孝感吳學使旌其門弟斌諸生居親喪廬墓三年

吳世炎諸生父病反胃日事湯藥一切不假諸人母患痿痹舌强不能言世炎進衣進履適如其意胞叔校苦病久世炎亦侍奉罔懈學使邊以白髮丹心旌其門

胡之璽字欽若諸生十齡父卒哀毀如成人母沒殯於室値火災擗踊哀禱遽反風柩得無恙黃岡會益之來濟一見如素交館餐無倦會妻死爲治喪葬會尋卒亦如之士大夫高其誼

劉之烜字暘谷事孀母張氏孝身無完衣而親膳必豐母病焚香默禱願以身代旣沒水漿不入口數日悲痛終身仲弟之焜妻孥迭喪族兄有赴岑溪任者之焜偕往有留粵意烜徧訇數千里挈以歸憫其無嗣爲置側室時焜年踰六旬得生二子

董可棟字陳九諸生事親孝與弟同爨六十餘年未嘗有疾言遽色江右田姓居莊側鬻子葬妻棟陽收其劵予以棺旣殮

召其人焚之

吳清字恆達祖兆岐以清長而能文授錢百千助膏火清用以置田累積至五百石有奇析箸時與諸弟均分凡所負債清獨售己產償之人服其義

董永瓅字聯珠母病痢四十餘日瓅手滌穢衣及卒哀毀骨立逢父母忌辰齋戒祭奠有佃某歲祲鬻妻瓅出金使贖之並給牛種

張世璜字琴軒諸生與弟世琮最友愛雖一食之甘必分也妹一適阮貧寡無子璜養贍之終其身琮字碧軒縣丞銜樂行善事道光末歲大祲市餅餌以給飢人精岐黃術有延請視疾者並購藥予之

楊家潮字德海有至性父承槩病火結如廁苦不能下潮日摘其糞出之諸兄蚤年析爨未幾俱卒潮日往來諸姪家代爲經理雖夜雨不少閒中表某窮無所歸收養三十餘年沒復爲之營葬

陳金邑字海珊優廩生少失恃事繼母如所生母病頸癰邑口吮膿血病以痊父之瓚善病邑侍湯藥恆累月衣不解帶父沒哀毀致疾卒

范溥高傭工養親父沒守墓卒於墓舍族人哀之斂錢以葬

張錫穀諸生年三十二喪妻父年逾七旬穀以子兼婦職父病親爲嘗糞衣不解帶者數月里人皆稱其孝

黃梅縣

陳文炳字夏玉諸生事節母殷色養備至撫弟教育有成尤篤友誼受某姓遺孤終身不負其託以學行見重於時年九十餘卒子其雯志陞俱詳篤行

梅如岡字淩遠諸生性敏勤讀書侍尊長恂恂爲一門子姓主進則悉奉其頤指長幼內外均無閒言孫兆龍字六陽諸生饒才幹輒傾貲濟人急嘗爲外戚洪姓贖產又請諸外氏柩葬己山並割田保墓鄉里尤義之

吳宏勳字治房諸生事後母孝撫三弟皆成立嘗構三樂堂與諸弟講習其中自題有事親最樂爲善最樂讀書最樂之句

洪明字鼎孺諸生爲文澹逸古樸以闈試母卒不與殯憤棄功名日夜號泣成疾卒

程之立字位侯諸生蚤孤事母孝歲儉產落必具甘旨母疾三年侍湯藥不懈母卒結茅墓側晨夕哭奠有馴虎夜鳴若助哀者積傷成疾卒妻陳氏苦節終身

吳楚奇字少池九歲割股療父病後官四川名山典史告歸孝友爲鄰里矜式父卒守墓側不忍離刻木肖像以祀

吳光業字敬修侍父病衣不解帶者數年父沒廬墓三載黃利通嘗贈以詩

汪醇厚孝事父母人無閒言母沒廬墓三年道光七年邑人士以孝行舉學使王給額獎之

張先達字登鼇性謹厚篤內行道光七年邑人公舉孝友學使王獎之

王雲開父蚤逝事孀母孝養備至與兄弟怡怡以承母歡母卒廬墓側刻木肖母像朝夕奉祀

梅光藻字治圃閉戶讀書居近市人罕識其面者幼長於嗣母日依依孺子慕母病劇醫稱宜下但糞味忌甘藻親滌槭嘗嘗之哭禱聲震鄰里數奇未遇教子孫皆成名

黃鳳高家酷貧妻亡無子不能復娶母老患癱臥牀褥飲食溲溺鳳高輒抱持上下日以傭藝微貲供饔飧旦出晚歸按期無失如是者十餘年母沒絕粒不食死同邑喻文鏘爲之傳

孫文光諸生父病足疾朝夕負之出入數年不懈父足尋愈母目疾幾盲醫治罔效光每晨舐之目忽明鄉里有忿爭輒爲解釋

傅浚漢業農秉性篤厚弟煃妻許氏幼抱歸苦無乳漢以己所生女出養他姓即以妻乳乳許氏煃讀書賴以成名

蔣芬諸生家貧父蚤卒奉母維謹兩兄皆抱痼疾芬以舌耕調護之並爲諸姪完娶後食指日繁至老不忍析箸鄰里有不肖者父老輒舉芬以相諷

黃上聘字雨亭少孤而貧資束脩以供母母善病誓不遠遊館徐宅去家五里攜弱弟授讀聘每歸省必負以偕慰母意也郡縣試每冠曹偶嗇於遇年甫四十以疾終

汪炳字兆麟咸豐己未副榜好學篤內行事繼母尤曲盡其孝母老且瞽炳負之避亂陶足深山艱苦萬狀一日猝遇賊詢其故反憐而釋之論者以爲孝感

項榮善字吉甫監生幼孤孀母程病筋骨三十餘年善視湯藥罔懈避亂負母趨湖濱母卒未殮賊突至善守哭甚哀賊感而去後載柩渡湖遇風舟覆善繫棺於身誓以死殉漂泊里許卒獲全葬後廬墓有馴雉巢其側

李振展字時來母沒廬墓晨昏哭奠枯桐爲之復生鄉人摘其葉傳而觀之同姓有名振剖者字本初執親喪七日不食及葬廬墓三年學使王額其堂曰篤孝

帥遠誥咸豐閒值粵逆亂奉父母避山中力耕以養諸弟出就學雨雪餽食無稍缺伯母老無子迎入山事之如母同治六年春賊猝至父病詰負父趨山巔次負母賊已逼近念伯母猶在舍復往負之中途遇害

耆壽附

宋

黃梅縣

黃眉翁姓名無考年一百六十歲見隱逸

元

黃梅縣

楊俊字士元初為諸生後棄書覓石龕古磉山中優游偃仰年一百三十歲見隱逸

明

蘄水縣

陳觀峰有隱德年百歲王志摭聞

麻城縣

惠州知府梅吉年百歲見葉向高撰梅國禎神道碑

劉鸞挂年百二十歲見鶴林錄

廣濟縣

劉杲年百有九歲見縣志陵墓

黃梅縣

劉玨生平以利濟為事年百二十一歲王志摭聞

胡仲冕壽官敦行尚義年百歲

國朝

黃岡縣

張長亨精岐黃術年百有九歲

監生王炯年百有七歲光緒元年題請建坊給七品頂戴

袁殿選年百有四歲　袁昌泰年百有三歲

韓士忠年百有二歲題請建坊給緞疋併昇平人瑞額

周必奇　方明定　皆年百有二歲

華魁史見篤行　監生雷開甲　華同才　郭元義　嚴長春　以上皆年百有一歲

胥應蛟　胡來通見隱逸　生員於心實　生員洪世永　袁文衡

見于清端政書　沈家琮道光二十八年詳請學憲額獎　劉植玉　董繩武　謝文德

高文富　楊法毅　許士龍　盧佐秦　陳錫球　陳啟才

陳巖　周宗嵛　周宗成　李光前　陶華榜　郭文有

監生王朝棟　合浦知縣方本貴　王正憲　林開和光緒七年

詳請旌表　增生孫開煥　以上皆年百歲

蘄水縣

馮益三年百有八歲　章元貞年百有六歲

汪永漢年百有五歲　南建華年百有三歲

杜能舟年百有一歲

王士信　錢文祿　夏觀道　皆年百歲

麻城縣

潘光烈家貧嗜學暮年精力不衰咸豐九年

恩賜翰林院檢討同治六年詳請建坊年百有二歲

劉以甲年百歲

黃安縣

吳應剛年百有六歲道光閒題請建坊見縣志善行

羅田縣

李必蓁年百二十七歲　黃錫恩年百一十六歲

李季隆年百一十四歲　李必芳　李道壽　皆年百一十三歲

姚洵年百一十歲　李必泰　祝一爝　皆年百有七歲

李必取年百有六歲　張啟榮年百有四歲

吳國利　張啟興　岳池教諭周玠　生員歐陽繼淑　皆年百有三歲

高鳳國　李金約　李必楹　李一富　張啟華　皆年百有二歲

匡明山　許德眾　張拱北　皆年百有一歲

黃金石年百歲

蘄州

監生胡其倖年百有五歲

胡海洲年百有三歲題請建坊給昇平人瑞及五代同堂額

王德洲年百有二歲　朱成岩年百有一歲　翁效太年百歲

廣濟縣

劉斯江年百有二歲學憲游給以熙朝人瑞額

宋展書年百有二歲

阮士鼎　朱美白　皆年百歲

黃梅縣

汪鴻年百有八歲建坊　尤文華年百有三歲建坊

李玉書　張得義　皆年百有二歲

監生桂德修　陳方泰　皆年百有一歲

周鳳彩　李錦蘭　胡春太　胡日章　皆年百歲

累世同居附

元

黃梅縣

陳子英十世同居見孝友

嚴仲祥九世同居天歷中旌表義門見孝友

明

黃岡縣

張鳳來五世同居見篤行

蘄水縣

王壽七世同居見孝友

蘄州

胡從瀾五世同居見篤行

國朝

黃岡縣

鄧一隆八世同居雍正元年　旌表見孝友

貢生陳履謙道光十二年　旌表見孝友　杜咸亨見孝友杜承仕傳　鍾大烈闔門三百餘口殉粵匪之難十數人　以上皆七世同居

劉學開道光六年請學憲額獎　宋清泉　皆六世同居

劉學剛道光九年詳請學憲額獎胡宗返道光八年旌表杜維學見孝友杜承仕傳邱安
衡道光十二年詳請學憲額獎王正憲　歲貢黃自宸見縣志孝友生員羅應
鯤咸豐十一年旌表程敦極　郭言槍詳請學憲額獎以上皆五世同居
藍有德見通志吳大裕嘉慶二年詳請旌表廖澤厚道光二十八年詳請學憲額獎左順
邦　羅大琮　監生雷朝鼎　生員丁杰　朱斯德　監生
張周六光緒年旌表孫宏學　孫之順詳請學憲額獎增生孫開煥
曾光灼　張可偁　張之業　曹同倫　周宗遠　監生吳
大玉　程大酯　監生王朝棟　以上皆五世同堂

蘄水縣

監生楊璧臣見縣志孝友湯昌貴見縣志孝友　皆七世同居
王學典見縣志孝友章運明見縣志孝友　皆六世同居

王炳忠見縣志孝友附貢陳旭升見縣志孝友彭應華見縣志孝友　恩賜副
榜王守中見縣志篤行　以上皆五世同居
華廷訓乾隆五十一年詳請旌獎給瑞凝五葉額並銀緞見縣志孝友翟永銳見縣志壽考程序
榮見縣志壽考黃觀瀾見縣志壽考徐本恕見縣志壽考　以上皆五世同
堂

麻城縣

郭尚道六世同居道光十六年請　旌建坊見孝友
熊　鍾五世同居見孝友
監生熊之義見縣志孝友田承先見縣志老壽劉以甲見縣志老壽　皆五世
同堂

黃安縣

張齊堯七世同居見縣志孝友
帥文秀見縣志孝友監生耿炳秀見縣志善行鄭宏陞見縣志善行徐　瀚見縣
志孝友監生王治璧見縣志孝友職員何體乾見縣志孝友　以上皆六
世同居
吳　洼見縣志孝友生員張鳴鑾見縣志儒林　以上皆五世同居
增生張鳴珂見縣志儒林增貢秦大樟見縣志儒林邱顯庸見縣志善行　以
上皆五世同堂

羅田縣

葉中組　高傳梅　皆七世同居見縣志孝義
周祚興六世同居見縣志孝義
監生閻道鍰　監生葉原中　李善滿　許飛鵬　閻道永俱見

縣志孝義　以上皆五世同居
周昌潤五世同堂見縣志孝義

蘄州

廩生王士達七世同居見篤行
朱萬彩六世同居見篤行
生員田登甲　增生胡　藻　生員胡啟錫　監生王　煌
監生吳紳秀　監生吳洪杰　監生陳法震　陳學訓　邱
金鳳　余　勳　胡海洲　駱如川　監生田正明　田相
詩　朱和地　胡來和　張如墉　周正喜　監生蕭世珀
王耀泰　朱宗貫　監生黃大綱　王楚魁　王德洲
監生陳協律　王旭升　鄧紹模　裴善英　職員駱長裕

胡宗一俱見州志壽民張國耀見州志正直以上皆五世同堂

廣濟縣

洪自逸七世同居見縣志百歲翁

張天聘六世同居見孝友張思斗傳

劉達章　生員殷輅俱見縣志孝義皆五世同居

余錫臺　張起珍以壽給八品頂戴俱見縣志百歲翁洪自逸　皆五世同堂

黄梅縣

尤文華　尤明義文華次子與父俱旌表建坊監生項心安俱見縣志義行　皆五世同堂

補遺

蘄水縣

封職潘煥南五世同堂縣册

孝友補遺

國朝

蘄州

蔡于燕字平若幼穎慧嗜學年十二父母相繼亡于燕居喪號泣之聲不絕既葬廬墓即墓廬讀書十九補諸生尋食餼品誼爲士林推重子世華字樸先諸生性醕謹人有爭執得片言輒冰釋咸里不給必推館穀周之曾孫恒山號荻灘積學能文事節母盧至孝兄故撫姪成立知州曾奬以額舉鄉飲耆賓

黄州府志卷之二十三終

黄州府志卷之二十四

黄州府知府英　啟纂輯

人物志

篤行

宋

黄岡縣

潘丙字彥明以解元舉進士與蘇軾善文而有行其弟原秀才軾稱爲佳士工舉業見軾與朱康臣書

董助教敦信義恤貧乏大觀閒歲大旱嘗爲飯以待餓者又設資餌給小兒多所全活以壽終

明

黄岡縣

董經綸多隱德家頗饒好施與以義聲聞四方

孫子華陶以諒兩人皆輕財好施正統閒値歲祲各輸粟賑濟子華數千石以諒千餘石有司以聞上賜子華敕旌爲義民勞以羊酒免差役三年亦旌以諒之廬

朱文智字道全諸生與弟分財輒以多相讓嘗歸省江右饒虔吉信歲並荒慨然助賑正統成化閒輸穀凡三千有奇事聞特敕旌之勞以羊酒免本戸差徭五年

曾恕字希仁黄州衛指揮僉事性至孝父全正統時征横江戰死嗣詔錄諸陣亡子姓恕後至人問之曰吾不忍也後督漕以介聞監司咸旌異之卒祀鄉賢

王孚生而穎秀童時與張寶共學於白鹿洞景泰癸酉同舉於鄉天順癸未會試孚弟美玉與偕値貢院災美玉踰牆負孚出復共入尋寶則頭面半毀又負其屍而出尋將骸骨南還孚後爲襄城教諭應河南鄉試聘有以賄求關節者叱之去襄城有尙書子違教令孚扑之尙書怒孚遂乞歸建書院於西阜山莊以來學者年七十餘卒

曹艮輔字大忠居崎山陽釣於清溪號清溪居士以妻奩置產分諸兄弟族黨咸周給嘗有盜過其門曰是長者犯之不祥

黃伯垓字鵬遠成化丙戌進士累官苑馬寺少卿節操清亮鄉評稱重厥後有余文瑞正德辛巳進士以學行稱卒祀鄉賢

劉伯江宏治時歲大饑邑及麻城黃陂三縣尤甚伯江捐穀萬

石銀千兩全活甚眾

易大厦字廣居好施與嘉靖中出粟千餘石賑饑詔旌義民得冠帶後有史秉直諸生萬歷十六年邑大荒秉直捐米六百三十石煮粥於團風鎮以賑邑令給額獎之

邱尙忠事後母承順唯謹子岳在諫垣有聲尙忠偶謁縣令令疑有所請因問近得家書否即應聲曰兒屬家書惟諄諄老夫愼勿造公府耳時稱其介卒祀鄉賢岳詳宦蹟

王秉直字子愚嘉靖乙酉舉人負性伉直生平無一字干有司所與游必賢豪長者非其類輒引去不交一談也

杜鳴陽字子鳳嘉靖癸卯舉人歷遂甯江川知縣有惠政故人朱廷相女許聘豪右迨廷相死且貧豪右背約女無所歸鳴陽乃聘爲仲子傑婦其秋傑舉於鄉人以爲盛德之報卒祀鄉賢傑詳宦蹟

汪之渙字鳳溪隆慶庚午舉人萬歷戊子大饑捐穀拯濟穀盡自食菜羹甲戌公車道上見少婦自鬻贖夫罪與之金既而其夫送婦以券至之渙曰吾哀汝貧豈有私乎焚券令歸卒祀鄉賢子世極詳孝友

王相字艮弼諸生堂懸湛若水講學語以自警置義田贍族歲大饑施粥於路一日見婦人渡河爲鄉人所阻相乃以騎濟之因捐貲建橋後名王相橋知府潘允哲列名旌善亭相與鄭廷桂邱鳳鳴及從子養儀凡四人

鄭廷桂字石濱好施與有貸不能償者輒焚其券年八十餘卒

諸子廬於墓忽一人率妻子拜哭墓前問之則瞿姓也曰微翁之惠某無室今三子皆成立矣平生善行多類此子謙舉人雲南知府讜讚皆以文學稱

王同鼎字調甫廷瞻子以歲貢爲江甯知縣有廉聲性好施予歲饑弟同觀捐粟千石以賑同鼎亦力附之一郡多所全活

方一盛字新宇萬歷閒由儒士官四川鹽提舉持法平允商民賴之擢正定知府乞養歸事親以孝閒建祠宇置祭產又設粥賑饑掩路骼修橋梁凡濟人事不遺餘力年九十餘卒

孫顯祖字衡洞諸生喜賙恤貧乏有彭城塘歲獲魚利盡捐入宗祠供祭祀貧戚有遭喪者指他人田求售顯祖應之或言其詐乃曰吾聊爲麥舟贈耳還其田亦無德色以家事付二

子棲隱山林年八十卒子應鴻詳文苑

張鳳來字文宇少孤事祖母以孝聞一門五世同爨嘗遊歷四方旅次遇盜喪其貲斧獨友人所寄百餘金獲免仍還之封識宛然又拾道遺二百餘金還其主生平義舉多類此有司嘗旌其門曰長者里卒祀鄉賢子本忠詳孝友本恕詳忠義

官如皋字直卿諸生家貧力學事親以孝稱母歿泣墓慼至處事恆以誠恕自勵或面折人過久之人以爲愛我尊曰古愚先生卒祀鄉賢子應震詳宦蹟

劉文元歲貢生華容教諭性方正有故人王追美臨終以幼子一鳴爲託元許諾不卒教則扑之又不卒則捧追美木主跪一鳴而泣諭之一鳴鄉薦後謁文元衣履偶未肅輒怒叱不

稍假一鳴卒成名進士

徐崇德字象賢貢生賦性坦直以禮經名四方士多游其門官白水教諭風節特著卒祀鄉賢

徐襤字天佑有隱德兄早卒子幼撫育教訓俾至成立里中有不能葬者助之無德色（王志隱逸移入）

阮文蔚字自質萬歷己丑進士生平介潔嘗道經維揚鹺賈奉千金屬居間文蔚曰吾先世無千金產况敢侵士大夫權竟卻之後官行人卒時貧無以斂巡按李天麟爲經紀其喪

萬一儁字傑初嘗避賊鄂城有河南人李姓者士人也亦以亂奉母至賊圍城儁縋而出復入求得李與俱出乃行又避亂崎山路遇賊劫其帑已知爲儁也謝而歸之從兄一奇嘗曰吾弟渾厚如太古他日遠大吾不及也子四俱以名德重於時爾昌爾昇詳隱逸

曹之建字中甫士彥子歲貢事繼母肅以孝稱戚族貧者婚葬皆助之由吳江教諭擢四會知縣有清直聲孫本榮詳儒林

何謨字皐長弟謙字緘仲兄弟皆博學尚氣誼人有一善力爲表揚與廣濟劉養微善養微病供其器用服食絡繹不絕養微沒走三百里經紀其喪幷爲刻康谷子集謨子元方篤行能文以諸生終著有元方遺集廣濟劉醇驥序以行世

何直字報所幼聘同郡鄧氏女女年十三目眇足跛鄧翁謝請他聘直不可竟娶之後鄧卒遂不再娶父母卒日必省墓歸則扃坐一室以詩文自娛子閎中詳宦蹟（三楚文獻錄）

樊玉衢字荆軒少從父煒司訓漢陽會張緒講學江漢玉衢與兄玉衡師事之侍父疾衣不解帶者三年比卒哀毀骨立兄玉衡早卒事寡嫂如母又置義田贍族立義倉以備凶荒見善輒行不遺餘力卒祀鄉賢子維域詳文苑

葉國章字憲可事繼母孝崇禎癸酉舉人授徐聞知縣以疾歸平生好行德義全活甚衆有鄉人來仝者以已女償人債章爲贖歸又嘗借蘇州陳楊二人金百餘兩値兵亂無可歸乃分濟饑人書其上曰某氏之金使歸美於陳楊也

杜鈺字子堅諸生習父時芳訓言動不苟有夏姓者垂老爲豪右債窘鬻其子鈺爲贖之後與弟鏞同舟鏞溺鈺赴救並沒於江詩文甚有稱著有子堅遺稿同里杜濬爲之序

義僕附

華魁叟邱高奎僕也明末兵亂高奎年甫十二爲賊擄魁叟奮身入賊中七年乃尋得之邱氏數世孑傳至是得不絕既歸延師訓之補諸生爲明經高奎卒有幼子四魁叟復撫之成立前後事其主五代年百有一歲

胡義勤杜岕僕也性樸拙喜聽人言忠孝節義事其父以震死遂終身不娶崇禎甲申之變岕與兄濬盡室居金陵僮僕輩爭趨勢要且約義勤同去義勤曰吾命薄願與主人同飢寒洎岕歸沒義勤號哭嘔血得喘嗽疾明年復之金陵依濬濬憐其老病善視之年五十五卒濬瘞於松江西門外福蕃後并銘其墓

蘄水縣

陳遵德正統六年陝西饑捐穀五百石往賑中途爲難民所奪復載六百石以往有司上其事敕旌義民勞以羊酒給復三年

徐朝仕正統間陝西饑出千金穀千二百石助賑賜敕嘉獎

南鑑榮景泰六年知縣何實立集義倉鑑榮捐穀五百石助賑成化二年邑大饑復賑穀千石當事賢之禮賓鄉飲

蔡時成化時出粟五百石賑濟授承仕郎

胡溥字㝢周少勵行好學以嚴謹爲閭閈師教二子仲謨仲誥皆成進士仲謨詳宦蹟

王承芳然諾不欺延江西鄒生爲師鄒積數年館金託承芳經營後鄒歸承芳疾不起乃以匣儲金予母登記封置牀頭囑家人俟鄒來予之子希元詳宦蹟

南邦取字賓吾愼言笑嚴取予居常與人無競至義氣所激則凜乎如烈日嚴霜不少屈焉教子敦行力學皆知名子三有臺進士戶部郎中有杞諸生性厚重以孝友稱卒祀鄉賢

高如岳字鎭南博學强記入南監爲祭酒郭明龍所器重就新津推官楊一鵬嫉之不爲屈遷靈川衞經歷投劾歸事母孝養無缺置義莊三十畝以贍族人年饑煮粥多所存活子宏基詳宦蹟耀基詳文苑

朱廷錫字善吾年十二通周易聲名籍甚比長問字者填門歲入館俸與弟共之萬歷間三中副榜知縣游王廷舉鄉飲禮

造廬敦請年八十二臨卒招一寄金者至手付之而瞑祀鄉賢

徐三餘三仕一唯孫俱諸生英年有才學值明季亂散家貲數千徧給貧苦惟擁殘書教子弟爲實踐之學遠近師事之三餘孫五宗詳宦蹟

麻城縣

夏子文正統六年春大荒詔民間出穀賑饑文捐米千餘石敕封奉訓大夫建坊

萬祥字河東成化辛卯舉人授蘇州推官舉卓異士民請留陞本府同知丁艱歸遂絕意仕進授徒西塾學者稱河東先生縣址瀕河春夏患衝激祥捐貲疏上流爲新河以殺水勢至

令賴之祀鄉賢
李文欽字天存文祥弟宏治戊午舉人任南陽通判以母老乞養不許遷陝州知州未幾棄官歸養母卒哀毀骨立居鄉質直見人言不順正色責之其風概不愧父兄卒祀鄉賢
梅汝觀吉子有隱德生平不談人過失待同宗親戚無不加厚教子孫均爲名人卒祀鄉賢子國楨詳宦蹟
劉守泰隆慶辛未進士授吏部主事父瀾與張居正同年或謂可援以入中祕不從轉考功司值計典人莫敢干以私卒祀鄉賢
周應嵩字子中宏祖子萬歷己丑進士磊落不羈好施與父没以所市產還其主者無算一日置數十金於篋爲同塾友盜去家僮私啟其緘金在焉嵩命緘之終身不言授南京國子

監博士踰月得疾歸卒子振詳隱逸
喻儀字麟野諸生以邑不通舟楫漕糧運兌甚爲民苦萬歷二十四年呈請當事奏准永改折色邑人推爲義士卒祀鄉賢
田可東字季川尚義好施有故人密寄千金旋卒逾十餘年其子成立東送還之封識如故
鮑時發諸生好施與歲歉散貲財爲粥賑饑三年不倦年六旬焚僕券歸其財產人多頌之
胡公國字爾定崇禎庚午舉人多義舉值土寇猖獗建拜郊堡保全數萬人監紀道賈同春縱兵剽掠公國躬詣經略盧象昇陳訴兵始輯同時周檻字若庸諸生變家產建柴梅侯山屢卻賊復以計擒賊目張靖徐槐等巡撫宋一鶴親臨驗功移咨禮部授河南商城教諭公國子躍龍詳宦蹟
蔡之瀾諸生與知府許文岐爲世交文岐陞下江防道駐蘄州獻賊陷城被執不屈死之瀾聞變冒死入賊中背屍殮之親送至文岐家嗚於巡按後以殉難得請賜祭葬

黃安縣

邱文本姓盧字靜軒正統間河南鄭州大祲文出穀一千一百石負擔往賑之有司上其狀旌爲義民仍免本戶雜派差徭三年
阮昇字光也多積粟每實粟一倉必識其上曰命倉妻杜勤紡織亦以其餘易豆麥儲之遇重價不市正統五六年歲洊饑

黃岡麻城黃陂之民逃亡殆盡昇乃盡出所積設賑招之散者以聚一日昇忽有憂色徐歎曰舊穀盡矣新穀未登乏三日食奈饑人何杜曰是奚足憂吾之豆麥詎不足支三日乎昇大喜立舉以賑存活無算撫軍聞之引當時民謠阮昇積下萬年糧三邑饑民活命長之句以聞廷議授之職辭不就隱逸終身據張希良義士述補
耿大振字鳴甫持身閑家一秉於禮遇子姓嚴峻內外肅然妻李氏没不再娶終日危坐觀書史不樂與俗人接惟儒冠至則劇談不倦年七十一卒子金自有傳
耿金號靜菴廉介仁厚里有劉某與逸盜同名令捕之時長子定向爲諸生金使往白其誣劉奉金帛謝不受家婢樵鄰壞

鄰子毆之越日暴死金召鄰叟慰之曰吾婢實以病死吾不訟也定向巡西夏債帥持千金求薦金叱遣之初定向與弟定力鄉會捷報至漠然不爲動後定向謫橫州判金一嘯而已無慍色年八十四卒祀鄉賢子定向定力定理俱詳儒林

程自重字任甫歲貢生好學不倦初任安陸教諭其故人將爲致書上官求右轉重謝卻之適攝縣事掾請執法重曰同鄉無執法例某但護印耳悉留以俟來者終辰州府教授

張榮明嘉靖六年販穀至江西值上饒縣歲饑盡捨以賑濟存活無算地方官上其事旌表建坊

張廷舉字懷溪萬歷十七年邑大饑闔族苦徭役越境避之舉毅然以身任逋賦值徵比期賠累甚鉅以是家益落而前此

借貸者悉不責償子鵬翔自有傳

汪世洪字小溪積德好施里中某以貧鬻身洪出五十金代贖之萬歷初歲旱荒出穀五百石以贍鄉里知縣孫振芳表其門

秦儀鳳字應泰存心濟物有友人家病疫人莫敢近儀獨且夕往視歿殯其母居恆教子弟以孝友家庭雍睦宗族化之

秦如容字介臣諸生家貧刻苦讀書尤敦孝行崇禎甲戌成進士選中書念邑人計偕北上無停驂所爲倡建會館又置義塾以教宗族子弟著有雪浪篇問有山房諸集卒祀鄉賢

吳光乾字彥清歲貢生襟懷灑落與何閎中王一翥善任四川金堂教諭學使使閱試卷有富室子賄之不受已而從糊名中得之富室齎金謝乾曰吾豈掩人以取利哉仍不受擢盧山知縣不樂仕進棄官歸

程之渾字內昭繼善長子善屬文崇禎己卯副榜官淮安知府以世亂挂冠歸里居恂恂退讓有腴田數百畝奴僕十數人悉與羣從共之

鄭稚橋重然諾有人寓居於安一見投契其人後爲青州守值世亂留宦囊及二妾託稚橋無何安亦亂稚橋急詢二妾母族一在杭州一在揚州乃買舟南下親送至揚適其人調任別郡舟次相遇泣謝之約偕往稚橋固辭歸

張鵬翔字拱北廷舉子諸生嗜學博聞有隱德崇禎十六年邑令舉鄉飲大賓不赴次年復强之爲書懇辭先是里中有黨

人之變翔卒仲子百程會衆剿之亂乃定好事者蔓誅不已翔流涕爲言殺降不祥多所全活晚講尙書於壁山學者稱壁山先生著有壁山文集卒祀鄉賢百程詳忠義

羅田縣

余羕歲貢生順父母篤同氣博涉古籍不尙浮華成就後學甚衆學者稱迎山先生卒祀鄉賢

胡漸歲貢生博通經史言行不苟後學多宗之嘗與張居正友善張貴屢招不至時稱其介

胡效義貢生豐縣主簿友愛昆弟尤樂施與嘗捐貲倡建邑中文昌閣萬魁塔他如施粥施棺木修橋修路善舉甚多鄉里咸稱其德

胡明性恂謹好義尤篤天倫家庭雍睦人皆義之訓誨諸弟均以學行名於時弟明睿詳孝友明通詳儒林

徐重謙少孤貧母童氏苦節教以力學遂潛心經史閉戶著述敦品自好從游皆名下士知縣李甫霑李成紀咸敬禮之子熙明詳宦蹟

蘄州

顧禧正統中大饑賑穀一千二百石事聞勞以羊酒命有司立旌善坊

王泰字德温方正不阿人有貸不能償者輒焚其券子翰敭歷中外骨鯁有父風詳宦蹟

陳詠字叔雅以貢任四川萬縣訓導工文善書言動以禮一介不苟取年八十卒貧甚門人賻之乃葬

胡從瀾與弟從滿從潼世居蘇家山五代不析箸正德中載穀千石至省城值饑盡捐以賑事聞敕旌

李樸字滄夫正德丙子舉人官隴州知州以直見忤調任不赴遂歸著有存笥稿詩文集卒祀鄉賢

張維宇養初萬歷歲貢生任學官危冠博帶言笑不苟荆定王爲世子時尊禮爲師及嗣封延教懿昭世子州人士以經術顯者多出其門

史朝貞號介臺萬歷戊子舉人官同知負性剛直與人接言色不苟歸田後時事有不便者正議爭之鄉里咸倚賴當道亦敬重焉

孔庭訓字聞卿諸生少負雋才篤氣誼惡惡甚嚴落寞合李侍郎盛春副使際春獨器重之命子姪奉爲師

陳信號恂齋持躬謹飭雖獨處無跛倚容弟書年十八爲諸生窮經至嘔血不輟兄弟學行爲時所重

李建木字泰階時珍季子少爲名諸生性澹泊耽書史嘗拾金於路移日不去待其人還之親戚假貸不能償者輒焚其劵亦不與人言萬歷三十六年大水莩死載道建木爲粥以食全活數百人卒祀鄉賢嗣子樹初詳忠義節錄白茅堂集

陳其瑜字拱珍存心仁厚嘗出數百金修渴口鎮石路人免泥濘之苦貧死者施棺斂之又捐河西地十餘畝爲義冢明季死於賊

廣濟縣

張本森字木齋遊學齊魯間授徒三年積館穀數十金值歲饑悉以賑貸貧民赤手歸與婦相向怡如也後子孫鼎盛

吳仲美字原溪正統四年邑大祲美輸賑穀一千八百石活人甚眾事聞旌義民賜冠帶後成化間復捐穀一千二百石以周貧乏子守坦有父風亦以救饑受旌

藍懋忠正統四年出粟一千五百石賑饑敕旌其門寵以冠帶羊酒從子瓏成化時復爲闔邑代輸春租

程孔艮游校毛思甯鄭德廣徐伯安梅桁桂希堂成化間俱輸穀賑饑

彭幅縣志作愊宏治二年出穀賑饑事聞旌以冠帶

程友悌劉再清戴子檢（縣志作子儉）徐萬貴程紹宗王應中李正芳劉璜饒仲魁呂用賢宏治間俱輸粟賑饑事聞旌以冠帶

胡繼矩字成方父萬金有隱德繼矩嘉靖歲貢生孝感訓導時心學盛行繼矩厲禁之士無染其習者廩祿所入悉寄歸營家廟表先塋贍族黨自奉清苦寒素所不堪撫治王世貞薦於朝以翰林院待詔徵尋卒子其大拔貢禹州學正有父風

胡應中字廷道隆慶四年中茂才科內修端潔好行善事嘗置義田以贍宗族年饑捐貲濟人有貸不償往往焚其券構涇塋書屋招聚四方名賢講學因使其子從之游著有語錄學者稱教菴先生子士定詳忠義士容詳宦蹟（居業齋集）

陳王道字仁輔萬歷癸酉舉人學宗陽明聞羅汝芳闡道盱江往質其門學益進嘗欲仿行范仲淹義田朱子社倉法時廣濟苦漕運張居正爲相王道與劉天衢請改折色獲允其半後人賴之卒祀鄉賢從孫文濤詳文苑

藍孟文萬歷三十六年水災賑穀六百石又爲本族代輸秋糧

陳叔牧（縣志作淑牧）萬歷間代闔族輸租千石

徐萬隆居心忠厚有黃梅里役解餉數百金投宿因醉遺於廁隆拾歸徧訪其人還之事聞旌其義

王友立嘗得橐金於舊河口求亡者不得以告於官則某里役領解之三百金也令義而旌之

饒嘉班字季雅諸生好周人之急施棺至猝不能備鋸庭前大枋以益之晚讓宅於兩兄自處數椽淡如也

李調元與弟數倩以衛籍運漕艘邑黃義仲附舟北行染惡疾不可近李爲進藥餌湯酏數取衣澤澣濯之經數千里不輟黃死爲歸其櫬費數百金無德色友人龔哲以兵亂死鄒國昌以疫疾死皆爲置棺具殯之

張金璣字涵珍饒於財萬歷三十六年水災輸粟活饑民甚眾崇禎初歲苦旱人相劫奪璣亦被劫邑令拘究反爲辨而寬之崇禎十三年荒疫代輸闔圖南糧三百戶獻賊之亂殘骸徧野親提筐筥收瘞焉年八十四卒

黃梅縣

石銓陶文達正統時出穀賑饑銓捐穀六千四百石文達捐穀二千五百石事聞賜坊旌爲義民勞以羊酒免本戶雜派差役三年銓祀鄉賢

黃仲懋正統時歲饑出粟二千五百石助賑旌義官平生於津梁祠祀無不助修

魏澄成化丁酉舉人行履端潔嘗爲人雪沈冤謝以金卻不受

張士美（縣志作士義）正統時罄家財救旱災事聞給冠帶居鄉授徒貧者不取贄

余壎字天瑞家頗饒而好施與遇同里饑寒輒分給有貸而不能償者取券焚之宏治中大饑壎捐穀千石邑令將以上聞壎辭曰吾以恤鄉鄰也敢要名哉邑人名其里曰瞿曇嶺（通志）

沈淪素行清介正德歲貢生官長洲縣丞夙與蘄州馮天馭交密後天馭督學江南按臨長洲同閱長洲卷人不敢干以私

王夢篆字珍文萬歷癸卯舉人沈酣典籍由靖安知縣遷平樂通判清苦自甘行李惟圖書數卷歸田後葬族喪之無主者十一棺修祖墓使闔族知所世守年八十卒

國朝

黃岡縣

陳天生字植其父楚安生母劉俱早逝事嫡母蕭至孝弱冠補諸生敦行尚義至老彌篤葛巾芒屩逍遥遊詠有古隱君子風卒祀鄉賢子五長肇昌詳官蹟

鄧錦字子燦本姓曹順治丙戌舉人歷官兵部主事出判彰德府解組後沈酣圖史被服若儒素端方誠篤里中稱爲長者

杜琦字奇玉仲孫警敏力學事母以孝聞順治甲午舉於鄉授

黔陽教諭日集諸生講禮法程文藝士風丕振子士默字伯緘倜儻好義由選貢教諭大冶值歲饑民譁士默諭之輒斂息故人索震老無子知縣汪灝子壻貧不得歸士默幷資給之終其身無德色

蔡師孔諸生居濱大河嘗捐造義船置田數十畝爲修理費又置族祠義學並白雲寺香火田各數十畝子之騏諸生亦好施有旗丁逋官糧之騏捐穀三百石銀二百兩貰其死者七人後鄉飲聘爲大賓

韋克繼字承公歲貢生和厚樂善從弟妹之孤子皆爲婚嫁又故人避仇遠遯遺子方數歲克繼育之三十餘年學成有室其父始見焉克繼招之歸也年七十餘卒

易中瑜字與偕諸生家貧尚義族有幼稚貧而爲僧者贖歸爲之撫養授室其妻弟出繼他姓亦收養之嘗拾遺金歸其主

龔鼎鏗字夏彝十歲能屬文以歲貢選訓導未赴任卒孝友敦厚里黨號爲正氣先生弟錫恩諸生輕財好義從子陳謨善處兄弟亦以義稱

陳維藩字爾碩康熙十年饑賑穀四千石次年再饑爲粥於路以食餓者存活甚眾布政使徐惺知府于成龍給匾旌之年九十八卒

周之鳳字爾尊康熙十四年歲饑捐穀千餘石以賑知府于成龍給匾旌之

胡可封諸生康熙十八年歲饑捐穀五百石又勸捐千餘石活

人甚眾知府王輔親至其家旌以額

張美之市民也尚節義少時遭流寇身被數創走伏荻林中見女子言自江陵避亂迷路不得歸美之引歸其家禮視唯謹歲餘亂平訪於江陵果得其父壻迎之歸美之壽九十餘

杜大任字連玉歲貢生雲夢訓導性孝友鄉飲升賓坐知府李彥瑁知其賢有加禮嘗講學於城南草堂遇貧士助薪粟多所成就子啓運進士西和知縣以廉幹稱

靖乃質字素菴諸生留心經濟康熙甲寅乙卯閒連歲旱荒質捐穀爲鄉里倡全活甚眾知府于成龍獎異之又嘗捐千金爲宗族建祠修譜族蕃星散質年幾七十所至詢訪不憚勞瘁鄉族稱焉

周有堂字叔陰少孤事諸兄敬愛備至家貧力學康熙壬辰成進士授中書舍人雍正丙午典試浙江稱得人補禮部主事遷吏部以疾歸仕宦二十餘年貧如故

周世達字道以監生能文章尤敬禮賢士見貧乏輒賙之鄉里賴以舉火者甚眾家以是落不恤也子八人多能文者茂建詳文苑

方可丹字一常雍正癸卯進士授新淦知縣有廉平稱以病改辰州教授訓士先行後文丁艱歸閉戶不出知府禹殿鼇重其爲人延主講河東書院多士景從後以方正舉選襄陽教授卒

孫天祿字亦煒歲貢生少失怙恃事祖母以孝稱喜讀書尤敦

黃州府志《卷之二十四　篤行　十八

行誼邑有貧鬻其女者訪知爲故家後乃擇從子年相若者婚之人以爲義晚授當陽訓導因疾乞歸

萬紳祖字純子性孝友父病求醫一日夜行二百餘里及卒殮殯皆如禮歲時館穀悉付兄弟無所私嘗急父執之難崎嶇齊豫顛沛間雖危迫不忍去又嘗值歲暮貸金償私逋途遇被誣者告以困卽傾囊予之子年茂詳儒林

王如海樂施予凡修橋梁設義渡施棺櫬皆不惜重貲大吏以好善樂施旌之并爲請建坊子宗華克承先志捐田百餘畝於問津書院又捐七百餘畝於賓賢館百餘畝於蘄水興賢莊　京師黃岡會館黃州試院鄉試貢院皆增修而繕葺之前後費金錢以十萬計巡撫高杞上其義行議敘鹽課司提舉弟啟麟宗著議敘州判參通志

徐璋字袞郇乾隆己酉副榜敦品勵學家無儋石吟詠自適精岐黃術無遠近皆應其請道光八年選應山教諭未任卒從姪夢麟字再陵　恩貢生亦食貧力學性孝友奉嗣母夏及本生父母生事葬祭悉如禮兄弟無恆業麟以筆耕同甘苦授徒數十載成就者多著有嚼梅書屋文稿

孫承則字南溪性方嚴言動不苟讀書以先正自勵而尤服膺同邑杜茶村嘗註釋變雅堂集室內設茶村位每晨起盥手焚香然後展卷遇茶村生日必採四方名茶供之平生負經世志於防江治河選將練兵諸事多所論撰後因次子宏任抱才蚤逝遂絕意仕進徜徉山水以終著有春泉亭集

黃州府志《卷之二十四　篤行　十九

許希曾字省齋議敘鹽知事祖母殷母李俱以苦節　旌詳列女傳希曾幼逮事曾祖職員景道恪遵祖訓以孝稱性樂施予族多貧乏歲時均有周給宗祠圮力謀新之道光十一年大水民艱食平糶倉穀里中貧不能償者代償無德色復捐錢粟助賑全活者眾

范紳字朝典家素封勇於爲義里中有鬻婦者予以金婦得留嘗修橋以便行人助河東書院膏火以勸多士每歲春夏閒貧民乏食多方賑貸先後費穀二千餘石咸豐九年巡撫胡林翼請於
朝得建坊子四廉斌欽鈺斌字廷士布政司經歷持躬儉約而施與不吝道光辛卯辛丑歲洊饑倡捐施粥存活無算族鄰有

故力爲排解遇緩急必傾囊濟之巡道劉肇紳知府徐上鏞知縣王令儀各旌以額欽詳孝友

樊蔭南字波亭貢生事父母以孝稱少嗜學與邑人王鑾爲文字交生平慷慨敦風誼里有前明名宦葉夢陽墓坍塌久不治蔭南爲封築作文表其阡咸豐初先人孝介先生祠就圮蔭南出重貲修復旋毁於兵燹復捐建之並置祭田供祀事其見義勇爲多類此卒年九十四子純藻貢生善繼親志咸豐三年歲祲以父命出穀四百餘石賑饑又捐建沙河頭橋行旅稱便

徐佐文布政司理問銜生平多義舉嘗修問津書院又修鴨溝石橋會家河橋行人便之每歲暮於負逋不能償者輒焚其券里中有牙角爭必多方排解雖傾囊不惜也

徐懋元字文菴懋修字心齋俱監生皆仗義疎財道光辛卯壬辰水災懋元糶穀數千石減價十之五辛丑歲饑捐穀三百石全活甚眾懋修值道光己酉水澇糶穀二千石減價十之二咸豐丙辰大旱捐米百餘石爲粥賑饑懋修卒年九十六

萬鼎券字蕉貽道光己亥舉人家貧授徒每歲脩金分潤諸伯叔歲庚戌館保定適同邑舉人奚德澐亦就幕畿輔以病卒鼎券竭力治其喪復賻金爲倡歸其櫬生平喜誘掖後進多所成就卒後選鶴峯訓導

嚴耀京字高峯性伉直樂施與姪光訓棄儒服賈爲追逋者所迫耀京鬻產代償之自是家漸落有勸其索償者辭曰既與之復索之是益人之貧以濟己也終不問年六十七卒

邵際模號吉菴幼聰慧九歲能屬文家貧失怙年十六即授徒養母卒能自成就列門下者多通顯生平尺規寸矩爲里黨矜式凡事涉爭訟必竭力排解踵謝則屏不一見子樂裕泮遊後猶勤勤督課得通籍成進士人咸謂食報不爽云

胡國安字六平從九品同居百餘人和睦無閒言與朋友有肝膽尤敬禮寒畯咸豐四年賊至國安慷慨集團毁家紓難安麻兩邑人士均倚重之

馬先甲先福異母兄弟也先甲生甫週母劉卒事繼母朱孝敬備至與弟先福友愛逾同母兄弟均性樂施予同治甲子之難閭里凋敝出粟數百石周䘏之他如施棺藥修橋梁諸義舉皆竭力以應不稍倦卒年各七十餘

萬裕青號選亭諸生潛心理學務實踐事嗣父以孝聞咸豐四年有鄰村某導髮賊毁其家及鄉團立或勸青究治置不校某感悔請賠償力卻之年八十四卒

程澍森諸生行誼純篤咸豐十年由儒學申報好學篤行義士巡撫胡林翼奬以古之良士額　奏請建坊

張煥清字玉階世重儒術煥清益折節讀書承先志喜推解咸豐間粵氛熾甚煥清捐重貲練勇從知縣葛致遠剿賊不避艱苦巡撫胡林翼以義士額奬之

王元定字長卿家貧嗜學通經籍能文及門成就甚眾年四十不遇遂寄情山水忘懷得失以終

單開第字乙峯道光丁酉拔貢性孝友族黨無閒言讀書慕古
人行事遇義舉尤樂爲同邑皋人廖志基交最久廖無子貧
病且死以其妻爲託第倡義醵金月權子母俾薪米無缺之
終其身第復經紀其喪春秋省廖墓歷久不廢人咸稱盛德
焉卒年八十一
方鏞號笙甫念宗子道光癸卯優貢幼失怙恃育於兄嫂嫂年
八十餘鏞母事之初屢試優等文名震一時知府楊福祺延
爲子師課讀外無一語及他事咸豐閒臈巡撫胡林翼聘襄
辦善後事宜胡來函稱其孝友於家名利澹然當時以爲確
論退歸後教授生徒著述自娛鏞爲人如太和元氣而操履
甚端詩有唐音書法倣褚河南畫蘭尤臻逸品先就訓導職

繼保教諭加鹽提舉銜年七十五卒著有笙甫詩草
殷必達別號石田老人諸生食貧績學性嗜酒讀罷輒飲咸豐
初粵逆踞黃將啗以僞職必達託大醉佯狂以免已而逃之
小岐山寺呼二子昇竹榻坐白雲古松閒飲酒自適同里諸
生劉澤字春如守正不阿而性亦坦率兩人皆隱居教授終
盧鴻熙字六于諸生事親孝父歿廬墓甫數月賊至號泣不忍
去家人強避之賊去仍守墓日夜追思肖像奉之如生前性
方嚴日書功過格又著勸善書數萬言里有溺女習每覘知
給湯餅錢二千逾月勸人取爲養媳復立籍援堂募善士集
貲繼之同治元年舉孝廉方正
羅殿俊字傑夫輕財重義咸豐六年河南正陽大饑酒匠某將

鬻妻給金賙之有游姓鬻女俊家女之姑母謀贖還即遣之
不索值嘗過光山遇二小兒乞食詢悉一家流離相繼物故
惻然收養數年送歸籍
龍逢洙字積齋性謹厚樂於爲善玉帶橋圮洙捐貲修補遇貧
乏者尤竭力佽助前知府黃益杰撰幾輩效廉公謙約平生
無得失毀譽十四言奬之可想見其概云
劉熊興字欣園慷慨好義戚友以緩急告必應及子維楨貴善
行尤著如營建祖祠昭忠祠置祭產義田義塾義局善堂社
倉三台河橋渡皆令其子次第舉辦又於　京師岡邑會館
江夏句庭高觀兩書院暨郡城河東書院賓興館卷價孤貧
口糧以及赤壁黃鶴樓洪山塔廟三泉亭長亭諸名蹟各捐

貲助之而直晉兩省大荒先後捐賑尤鉅奉
旨旌表建坊著有碧雲山館詩集
徐鍾衡原名中和字南山縣丞銜事親孝與弟友愛無閒言生
平見義勇爲不避勞瘁同治初首謁當事綜核縣屬團練捐
貲銀數稟請奏廣文武學額所需經費悉竭力籌畫以底於
成邑人士交稱之
蘄水縣
桂大生字元直諸生特立獨行不求聞達詩文書畫名重一時
華亭董尚書其昌深加器重學者稱爲貞介先生
楊繼杜字文升諸生居家孝友人無閒言性好士凡楚中知名
者多延於館供其困乏人以緩急告無不應之著有周易辨

疑三傳從同等書

范𤪊字睿玉諸生好施與嘗捐軍田二十八石以厚族人又捐崇義倉社穀百餘石鄉里賴之子同仁字純希監生性寬厚閭里有鬻子者同仁爲贖還鞠育長而遣之有某鬻身於同仁察知爲葬父故立還其券孫思皇詳宦蹟

張師聖字念尼廩生讀書尊經術言動悉有準繩嘗捐金救水災歲歉復捐穀助賑買僕知爲良家子焚券不責償更予金以資其生理子旭榆亦多義舉大吏兩錫額奬之

徐允福字巖公諸生幼孤事繼母以孝聞喜扶掖後進有貧不能卒業者多方以成其材族子某因貧鬻身允福捐鏹贖之外姻某孤貧給田二十石道拾遺金二百兩封還失者無德色子四泌志遠克紹先志屢修橋設渡費數千金弗吝也

王夢鯉字龍友諸生存心剛直見義勇爲邑苦里長役多流離蕩析者夢鯉率眾請於當事輾轉三年至康熙乙丑始獲革除時同邑諸生張鳳起捐貲三百金助夢鯉請民困獲紓兩人力也夢鯉子六人俱列黌序季國英詳宦蹟

鄭崑璜字汝堅從邑名士徐子芳受學爲諸生安貧樂道家巴河闤市也非以文字質者終身罕得見其面每往還館舍必取徑後山不履市廛年七十四卒

周多才字以謙歲貢生自少至老篤學不倦於聖賢道義能深思自得而確守之雖衰影急遽之地不失所秉持蘄黃後進有文行者多出其門

官正德字咸一純滋子廩生少失怙友愛羣從奉孀母三十餘年備極孝養營葬祖墓悉出私橐見人過失直指無隱有以非禮至者若虛舟之觸焉文辭高古至老不懈於學

袁明甫字一耀有某因責負急將鬻其養媳者明甫爲捐金償之康熙三十二年大旱飯饑餓於道彌月弗怠郡守戴特奬以額子引吉亦歲施棉衣膏藥捐修彭家港路置義冢於黃草湖畔妻李氏施棺木百二十餘具蓋一門均好義云

張世名好善樂施康熙間邑旱捐米周給貧乏邑有盡街橋久圮世名捐貲重建知縣李振宗爲易名生生橋並爲之記有遠客某死無歸世名葬之祖墓旁子庋孫睿俱諸生蒸蒸慕義克繼前志

潘秉禮字鐸士增生敦品力學鄉里有鬬者望其顏色輒驚走隨事訓人皆爲所化里有栗木橋通衢也歲久欲傾議修之而未逮臨終命其子伊超出五百金成其事孫紹經詳文苑紹觀詳宦蹟

陳連字孚交諸生孝友端謹不輕入城市訓子弟以修身立品爲務家法嚴整族鄰有因貧廢讀及困乏者必資助之孫士珂自有傳

葉方雲字從龍孝友和平慷慨好施蘭鎮居浠河下流前江後湖地勢低下雲捐金數百自街後至彭家港約五里許均修石路行人便之

陳天錫生平多義舉邑巴河口河道淤塞每久雨積水害稼天

錫捐近河地數十畝開溝引水西流民獲其利知縣汪旌以額

李光浩主簿銜好施與窮冬袖金入城遇婦人攜兒哭甚哀詢之乃爲夫所鬻以償債者浩出金與之夫婦母子獲全夜有盜攫其貲既覺佽以財勸其改行盜感悟偶過屠肆見一牛將就縛浩以重價贖歸同邑劉夢鵬嘗賦詩美之

范觀瀾諸生嘗館中州有羅邑王某因歲歉鬻其子爲奴瀾詢知捐館穀爲贖歸又館英邑拾遺金三十兩急榜通衢訪得其人還之

陳士珂連孫乾隆丁酉舉人性端重言動悉遵禮法以引誘後進爲己任與同年生徐家鷺相友善鄉里有陳徐二君子之目子光詔詳宦蹟

徐家鷺字蘆村乾隆丁酉舉人北上時遇一人徒步行甚艱問之王姓烜名河南汝州籍亦就試禮部者鷺憫然引與共輿王既成進士令蘄水下車踵門修謁鷺一往答拜不再至其署士曰徐子殆超於澹臺氏乎他日鷺宅被盜王差捕甚急鷺使其子止之後選歸州學正以病不赴

陳學位字素庵歲貢生能文章重氣節貧無立錐地志操益堅列門牆者皆敦品誼不隨流俗

司先格號覺軒嘉慶丙子舉人鄖縣教諭事父母以孝聞訓子授徒必以實學有姊適易姓貧而寡分財養贍成其節解綬歸主講蘄陽書院士類悉荷甄陶年八十一卒

周鼎字理齋嘉慶戊寅舉人家貧力學居鄉闤闠足跡不出戶庭歲歉有鬻妻者鼎捐館金贖之後任孝感教諭

徐奉詒字奎門道光甲午舉人淹博書史卓有文名五上春官四薦不第遂閉戶著書後進多所造就尤謹持風節非公事不入吏庭知縣王慶雲獎以品行端方額時論服之

畢蘊珩布政司理問銜好善樂施道光間建橋易家河口以便來往又施棺木千餘具每具另給錢五百文米一斗同時畢際德際遠兄弟亦修橋路施棺粥以好義稱

徐奉諧諸生輕財重義族有鬻獨子爲僧者諧爲贖還復助之金娶妻生子得繇宗祧弟奉策諸生亦好施道光二十一年冬大雪月餘人多凍餒策典衣得百金易米分給之

高琨字年茂監生慷慨好施捐陳家廟河渡田十石子樹華字玉生捐公車田六十一石戚誼田六十石又捐義莊田二百石以贍族之貧者邑中一切公舉輸助不吝孫錫恩銘恩捐卷價並興賢莊田課百石

李之翰諸生篤學勵行性謹厚足不履蟲蟻每出必以布袋盛錢遇殘廢者輒與之歲寒備棉衣給凍者朔望誦文昌格言數十徧夜聞雷必起整襟危坐年踰古稀端坐而逝

何汝梅字燮臣歲貢生性公直里中有牙角爭排解立服同治間髮捻猖獗倡建石門砦保全甚多晚歲下帷授徒及門多知名士弟先梅字少春拔貢生敦品勵學詩文負時譽朝考以知縣用簽分廣東不就閉戶讀書以終著有庾南詩文集

麻城縣

鄒惺字克忠少從外父趙之英遊學京師蚤立名譽及之英巡視遼東病卒無嗣惺閒關千里扶櫬歸葬順治初土寇竊發惺與當事力保危城八年夏叛僕作亂偕邑人上變得殲渠魁亂乃息縣吏叢姦賦常十倍惺數白諸臺司釐剔弊竇如餉由官解役由官雇至今賴之康熙十三年滇黔變起縣中蠢動惺陰破其謀時巡道徐郡守于撫勦並用悉如所言厥後子孫科第聯翩人以爲垂蔭之遠祀鄉賢

吳晉爵有材略順治初邑東不靖同知于成龍督兵進勦晉爵助以僮佃千餘人事定後贈有勤襄允猷額又康熙時夏逢龍之變晉爵助義勇芻糧協力守城得無害知縣趙蒼璧復以額

獎之

周長流字子謙歲貢生父延齡有介節嘗客督師丁啟睿幕一總兵賴其力得陞遷持白金五百謝之不受長流承家學性尤好施捐設縣河義渡募渡夫置莊田區畫盡善先是諸姪相繼沒孀婦遺孤產業盡廢長流以己業分給之復捐建宗祠置遠近祖墓祀產知縣姜橚稱其六行皆備云

李廷對監生考授縣丞性仁厚有友負千金不責償且厚恤之縣役捕盜誤致七人爲力白其誣後果得眞犯居恒教子姪以孝弟爲本里黨咸敬憚焉子華　恩賜副榜亦勇於爲善嘗捐義家修橋梁施丹藥凡宗親貧乏者必竭力周恤之

成撰字西翰康熙壬子副榜任枝江訓導篤志潛修耄耋不倦邑中知名士多出其門年九十三卒

王琬字序周康熙丙子舉人資性醇厚動必以正嘗襄校山西試院人不敢干以私任岳州教授有廩生某以非罪入吏庭郡守將褫責之琬力解得免某亦力學成名後任湖北教職

鮑珩字友韓附貢生康熙五十七年冬珩令保甲於附近五區中計貧戶授穀雍正二年邑大饑復捐穀給近村貧民五年陰雨連緜穀昂貴珩出穀減價以糶闔縣蒙惠又生員蔡瑗雍正元年賑江西饑捐穀一千石總督楊宗仁給額獎之

李之素字雲山歲貢生言動必由禮義爲邑中所矜式著有省身輯要孝經內外傳等書

熊調鼎字繼周胸襟曠達與物無爭家無宿糧而勤學不輟以

歲貢選訓導不就教授生徒多方開示邑里望其杖履皆曰我家先生輯有廿一史提綱等書

馮士彬字偉文天懷坦直行誼高潔以　恩貢應銓訓導不就交游或勸駕笑謝之邑令慕其賢三舉鄉飲位介賓亦不赴同人有就正者必直言無隱年九十終

程九萬字鳴玉少聰俊負文名族伯渭南家素豐乏嗣其妻阮氏立九萬爲繼數年族人突聳阮氏以渭南嬖婢晏姓有數歲子謂其遺孤設計購來更立之九萬卽日束裝歸不與校也

劉朝驥諸生里中李某身故子亡遺老嫗欲嫁其媳償朝驥負朝驥急止之立還其劵乾隆四十三年大饑鄰族乏食朝驥

月給以米其逸行多類此

何世遂乾隆四十三年大饑罄所藏粟賑濟粟盡出田十餘石貸人聽變賣全活甚衆

鄭輝朝性淡定有王姓負債未償反自焚其廬而縱老母肆賴朝不與校爲葺其廬更賚以錢穀其人悔且泣迎母歸乾隆五十年大祲有任姓乞糴於鄰不與朝延至家給米數斗陰反其錢於米中

江萬年好施濟嘉慶間連歲饑饉萬年罄倉賑恤又借穀百餘石以益之遇流民給資斧全活甚衆後鬻田七石以償所貸至今人頌其義焉

吳泰來歲貢生爲邑南宿學博覽羣書兼通星象尤好獎勵後

進一時皆宗仰之著有碎琴集

張世鎮號南極諸生好學深思夜以繼日與袁銑同學白臯之中院數年袁兄事之晚歲授徒從游者不計脩脯人皆以夫子稱著有歷代名臣錄三才合一說等書

陶露柏字仙崧歲貢生學贍品端士林欽仰嘗主講萬松書院邑令某偶失禮貌柏毅然辭退詞義嚴正令踵門謝之年八十餘卒

胡應瑞廩貢生授嘉魚教諭生平賑困乏捐義田甚夥族婦羅氏貧寡無依瑞歲時給以錢穀且雇一婦伴之歷十數年繼之節賴以全

鮑芹堂字香巖好讀書博覽經史兼精岐黃術治病概不取貲極貧者自往診之且餽之藥近村有兄弟貧而鰥叩門告貸因慨然解囊遂得娶婦以延宗祊

屈光遠字星海布政司理問銜同弟光逵友愛好義嘗捐制錢一萬貫爲本邑文武鄉會試賓興資復捐田百石立屈氏義莊義學重修　文廟費錢萬餘緡教諭萬之傑爲之記

羅公望慷慨好施捐義學於福田河街南顏曰培風書院並捐田數十頃延師課讀其他捐廟田修街道不一而足

羅守禮思禮志禮兄弟篤厚好義每遇凶年輒有周䘏咸豐六年大旱河南尤甚饑民入境者絡繹時守禮已沒其弟同子姪等捐萬餘金買米散給全活數萬先後賑饑費三萬餘金並捐闔邑文童卷費錢五百緡後捻逆掠麻相戒毋入羅善

人門

胡鼎三童先桃俱諸生居同里少同學於詹兆朱桃性迂直三尤慷慨任俠咸豐四年粵匪竄境兩人倡謀殺賊義聲播遐邇自後團防四起厪率勇隨知府許賡藻出境助勦又嘗主東鄉永清局與甘國楨等同心督練皆爲讀書好義之士

黃安縣

黃漢臣字勒鼎拔貢生敦品力學順治初土寇披猖密書誘之漢臣潔身遠遁嘗捐金爲從弟贖產教孤子成名宗族貧不能斂者備棺給之赴

廷試時有友人爲謀速選以父年老辭歸

韓名世字友生祖勳拔貢生積學勵行父瑞璋生名世踰月而

沒母吳苦節撫之明季世亂士多廢學名世獨閉戶讀書爲石壁藏書數萬卷有就業者資以膏火母沒廬墓三年又著述經史詩文於廬中者二年年六十四卒

姚應魏字德昇諸生刻苦食貧冬夜讀書以木棉擁足常達旦授徒羅山羅彻南劉海宇亟重之有紈絝子頗怠業魏訓之語罷遽辭歸曰安能以阿堵物誤人子弟舉鄉飲賓辭不赴子觀性耿介類其父以歲薦徒步入都中表虞某令永年遣騎强邀之至其署信宿即行一無所取 王志隱逸移入

江佐清字君翼諸生幼以孝聞父沒母目瞽飲食起居朝夕服侍無少懈值歲祲出粟以賑貧者不逞之徒反乘閒以掠其餘有司嚴捕之清曰吾施濟不盡於人何尤力解之事遂寢

方仲公以字行好學工詩與耿子家僧天則善子家嘗遠游僧聞已死仲公徒步千里往尋之遇諸塗攜以歸天則病漢上仲公往問凡飲食藥餌必躬親及沒復經理喪葬乃返生平無蔬菜之量而好讌客客至每典衣盡歡惜卒後著作散佚

鍾玠字仲玉諸生家貧好施嘗有丐者鬻其子給錢五緡不受契後適他郡遇一人迎宿其家覩堂上尸祝主爲已姓字詢之即鬻子者也應試黃州有蘄水文童覆舟僅以身免將行乞歸玠留寓資給之遂獲雋後造謝出息以償概不受邑有冤獄屢爲白於官其人來謝亦拒不見卒後邑令徐爲文祭之比之郭有道云

韓陶世字用巖諸生嘗奉父命往均州途遇父子泣者詢知負貴人債訟於官急鬻子以償世如其數與之遇老嫗哭甚哀曰夫死無嗣不能具棺即傾囊以贈歸請資斧父喜曰恤寡憐貧子素志也汝不愧麥舟矣

張楚賢諸生寡言笑好古成癖講學於華嚴菴閉戶十餘年正襟危坐嘗曰聖賢之道惟在主敬生平動靜語默無一或苟

陳道賢道文道謨行義不倦康熙五十七年大旱捐穀二千石廢產八十餘畝於土庫店設粥廠以賑饑人其後有貢生必隆者亦慷慨任俠里有牙角爭必爲排解人咸德之

秦仲武字右泉事母孝嘗經山僻聞婦人哭聲甚哀詢之則以夫繫獄將轉嫁贖罪者也即傾囊以贈又有無辜株連鬻子者爲出金贖之後爲江甯通判多善政解組歸煮茗施粥修

道成梁諸善事行之不留餘力

華文海天性純摯父沒廬墓三年尤喜周人之急有楊姓被誣控將鬻子海湊金與之吳某以債故自縊救之蘇代償其負生平淡泊自甘足跡罕入城市

韓思純諸生家貧好施乾隆四十三年大饑道殣相望純典衣鬻產捐粥三次復向富民勸捐全活無算

吳兆澧字稼軒乾隆歲貢生孝友剛方理學深邃值歲歉輸粟濟貧主講邑中書院六年無干謁無偏私人咸欽服後授房縣訓導卒於任子大桂 恩貢生以博覽稱著有清白遺編

張光坦字汝川諸生生七日失恃事繼母孝友愛二弟析居時以美產讓之乾隆五十年歲大饑力不能賑有山木價值數

百金許鄉人採以易粟年七十八卒

吳之琬字孔煥監生好行善事嘗修石橋者三施義渡者二建祠宇者一乾隆五十年設粥廠以濟饑人多所存活

張智坦字縝圃諸生品學純粹重然諾好施與乾隆五十年歲大祲罄所有以濟族戚萃里中俊秀建塾延師課之讀資以膏火生平懿行至今人猶頌之子錦珩詳文苑

汪德綸字心瑾歲貢生乾隆五十年歲歉鬻產周饑兄弟三季弟早逝撫姪如子並招仲弟暨孀妹同居以娛親志主講萃英書院光明磊落學者宗之子潤詳宦蹟

王華平字春植乾隆壬子副榜生平行坐必端不妄言苟笑舉子甫數月婢抱之墜火殤婢惶恐無人色平曰數也不之咎

有山與鄰近鄰冒爲己有平書契贈之居恆以善教人里有牙角爭得平片言立釋所爲詩亦多清新可誦節縣藝文志本傳

秦光鼎字調齋監生沈靜好讀書五薦棘闈不售乾隆時歲饑族戚就食全活甚眾嘉慶初教匪犯境首倡練勇守城賊旋遁居鄉遇事排解每出一言無不感服族有節孝戴氏已蒙奏請建坊苦無資鼎佽助之貞珉至今屹然

徐高泰家貧事親孝親卒家漸裕每飯泣然流涕痛親不逮有友寄金八百於泰友暴卒人無知者泰送還其家又葉某爲人會計失百金泰如數給之子立方監生亦好善同治間有二童自賊中逃出去家各數百里立方資遣之

孟謙高好善樂施嘗外貿遇無賴子窘極逼妻爲富商妾高贈以財物遂爲夫婦如初又里某借銀納官糧屬婦藏之爲鄰家竊去婦自縊高聞急呼其夫解救傾囊與之婦賴以存

熊錫亨字會嘉歲貢生篤孝友年垂暮事親如孺子兄弟四人伯叔季俱先逝亨課生徒遇孝弟字輒流涕生平克己寡過喜讀儒先性理諸書嘗著檢心錄以自警年八十五卒子漢字星槎亦歲貢生性方直知縣王葆修浚心垣常延訪地方利弊深引重焉

彭國梡號樸齋歲貢生學宗程朱文倣蘇柳及門多名下士居恆不問外事沈靜剛直鄉里嚴憚之子煥興詳文苑

熊章文號斐然監生好施與嘗建樂善堂置救生船施捨藥材棺木棉衣不可枚數歲荒捐席篷開粥廠皆竭力爲之

盧學溥號淵泉諸生少孤事母孝咸豐間屢負母避賊課徒以明理盡倫爲要歲得脩金輒分諸兄弟他如還遺金瘞殘骨收贅女援溺人盛德不可枚舉

張鎮字錦城附監生品端學博家寒素歲獲館金輒以其餘製寒衣買棺具給戚里之凍殍者

耿漢字鎮川熟於先儒語錄言動悉有法程旦晝所爲夜必登之日課以自警家無儋石從不乞憐於人其徒熊汝梅官蜀中累書招之不一往以安貧樂道終其身

羅田縣

嚴欽謨字賡盛諸生學問淹雅品行端方訓戒子弟常以崇實去浮爲首務順治初流賊蠭起謨倡捐募勇堵禦鄉人賴以

保全

林煥騰字孟詞秉性純厚敏而嗜學義利之辨最嚴邑令心儀其人然講學外罕見顏面子四皆諸生並有名邑人雷天鐸少貧困騰飲食教誨卒成進士

葉敦舉字朝選天性敦厚讀書以窮理爲務父年七十染危疾敦舉禱天願減己年增父算父疾果愈年逾八十嘗建祠置產捐渡濟人座右徧書箴銘立功過格以自警

廖湖字五和監生好施與每歲杪散米五十石絮被綿襖累百平時亦多推解

蕭廷元字守士幼失恃事繼母能得歡心與弟析居割腴田以讓之性好施嘗以葬地與人歲饑出穀周急里有因貧離婦

者代贖之俾得完聚

傅元佑字右人好善樂施每歲暮捐棉衣絮被糜粥貧人多賴以存活有鬻妻償債者出金代償全其夫婦

陳泗樹諸生素與周士宏友善宏故貧士病革以幼子雝爲託及卒樹收養之偕子姪就學九年雝年十七爲邑諸生旋列明經邑人至今稱樹之能篤友誼焉

郭地煥字星岳歲餘失怙母氏鄧苦節撫之成立由　恩貢以教職用不就生平稟性剛方遇事決斷鄉里無不帖服創立邑興賢莊採輯縣志不憚辛勤克蕆其事時有葉大鵬字程遠亦以歲貢選教職不就接理興賢莊悉臻美備又嘗捐穀百餘石爲族祀產焉

王鳳翥諸生慷慨好義歲荒有鬻子者翥出金受之旋妻以婢越數年其父來視翥焚券俾偕父歸同時衛千總王蓋英字遠峯嘗於歲歉値鬻孩者買爲僮長配以婢還其券資遣之

李學勳字映璋諸生品學俱粹知縣孫涓延之課子鄉人有構訟者密賄勳求解免勳正言責之卽託故解館歸

晏文鼎字錦舒髫齡入泮事父母至孝年三十失偶終身不娶教讀數十年門下多知名士生平行誼卓越知縣趙振清極推重每云錦舒有非公不至遺風

鄭紀漣字居正貢生議敘鹽知事嘗捐田二百餘畝爲試卷費後値大水田壞復捐錢爲修理之邑有貧不能殮者常給棺木助葬費子懋昭字德鄰歲貢生候選教諭捐田七十餘畝

益書院膏火並補卷費之不足梁家灘兩河口義渡費亦賴以給昆季三人其父以昭居長且積勞遺命田產兩分之昭得其一及別居昭仍析而三焉里中貧不能讀及應試無資者昭常佽助他如減糶拯饑諸善行靡不備舉

葉炳蔚諸生德性純粹伯兄湯獻中年失明蔚扶掖周至甘旨必豐居家塾四十餘年來學者必諄諄教以先行後文熟於小學及先正格言鄉里有爭者輒引數條爲解釋年八十卒

陳瑞珅字慶昇諸生豪俠有膽略嘗雨雪中遇湯某僵仆於地解裘衣之得不死又嘗造棺木累百以給貧民咸豐四年粵逆竄楚偕弟瑞琫捐貲募勇戰輒有功同治三年賊竄至珅退保熊崖砦揮長刀率壯士迎戰手斬大旗賊目一人生擒

四人餘悉遁去鄉人獲全

王渭封號竹村州判慷慨樂施里中寒士不能就傳者助以膏火多所成就嘗捐金百餘修石橋以便行人咸豐間知縣彭仲芳殉節於羅羅人爲建專祠封倡捐田百餘畝爲香火資

童先福字柳坪官訓導樂善好施出於至性舅氏没代爲殯葬並捐田擇人護其墓同里趙坊與福友善坊卒福爲撫遺孤割田四十畝以贍之家買二婢詢知有夫俱招至團聚予以生業其他施棺木恤族鄰瘞枯骨善行不可枚舉

張邦基字翼亭增生好讀書藏千卷於靜室非同志不得入嘗捐資倡立義學族中貧乏者輒資給之道光壬寅及咸豐丙辰大饑籌錢糴米按戸分給有負其債者約千餘金不責償

蘄州

劉臣生字生生事親以孝聞居鄉尤多義舉品望端凝州人矜式之年六十舉順治甲午鄉試未仕卒孫文起舉人靖州學正有文名蚤卒文超自有傳

張泮字叔度順治庚子副榜丰采踔厲與姪士淑學修切劘老而彌篤盧紘修州志泮與其事多所裁正後選天柱縣訓導以老疾辭

龔栢字百子康熙歲貢生篤志好學至老不倦品行爲士林所尊著有半畝園詩集顧景星爲之序

李永昇字志南坦子康熙庚午舉人性豪爽無私曲與同里張仕渾馮以觀顧昌相友善每讌集賦詩節響清越慷慨悲歌聞者壯之著有若堯村集

張梗字孟楠康熙庚午舉人選歸州學正辭不就嗜古工詩居鄰雲母山多古松築萬濤園朝夕觴詠其中足跡不入城市著有萬濤園詩集後有陳鼎元號澴溪諸生築園於河干修篁古木遠絶塵氛家多藏書知名士往來攷正無虚日著有半畝園集

吳善玉字百美監生操行耿介尤樂施與里農苦無牛者輒買給之嘗載麥泊陳子鎮值水荒貧民持券乞貸至百餘家玉一一應付如期往責貸者無以償遂火其券以歸

張國翼字雲翥諸生性剛直有爭者質之輒解爲州牧李所知會李擢撫州郡丞去旋卒翼走千里賻之且爲鐫其政蹟於

石晩年鑿靈巖寺險道以利行人

陳正經字綸章諸生肄業　國學性孝友樂施與會各屬丁隨糧派經力襄其事爲士民倡州人德之子履中詳宦蹟

張啓翼字仕翰康熙歲貢生任應城訓導教士以敦本爲先邑向無學署翼捐資建造乙歸後値歲荒收䘏族鄰輿論稱之

李澤溥字沛蒼康熙歲貢生才識過人知州張士騏有疑案不能決延溥至頃刻立判家世貴顯饒於貲溥振乏䘏姻族散藥施棺鄉里德之蘄俗富家田往往限年易佃溥獨不然令子孫世守焉著有雨湖閣文集

陳治猷字贊侯康熙歲貢　任應山教諭正己愛人邑有陳生貧而嗜學年五十未娶適往江南過蘄治猷父以四十金贈

生生驚謝猷父曰勿謝兒書問中請以此助君娶耳生受之
乃有室
王星慶字皇士廩生性和平樂施與族有孤子公瑞者無所倚
星慶給腴田經紀其家俾得成立又朱氏子兩世單傳貧不
能娶祀幾絕星慶貧給完娶士論賢之
劉文超字大章匡生孫雍正歲貢生簡質靜穆有古君子風授
徒三十餘年門下多知名士撫教兩孤姪僡佶俱爲諸生超
無子以佶嗣
秦京字永鐵雍正癸卯拔貢家貧無子皓首窮經當時士大夫
咸敬禮之京與州人熊楚荆張畸郭從李生槃黃載華黃載
嶠及釋重珂結吟社稱雨湖八子有合刻詩集楚荆字漢南

畸字子駿載華字秪南載嶠字丹崖皆一時好古績學之士
各著有集從詳藝術生槃詳文苑
何一貢字序尊家世豐厚好施與族有貸貢貲貿死於外者貢
越千里舁其櫬歸不責前貸仍周其妻子鄰有鬻子者貢捐
金贖還雍正五年歲饑穀價昂率姪開發等減價糶穀六千
餘石遠近賴之
陳滋古字書潤歲貢生性伉爽勇於爲善雍正五年捐穀二千
石煮粥賑饑族鄰有貧乏者每歲出穀分給之知州蔣嘉年
以敦仁好義表其閭
李鑑字治淩事繼母以孝聞捐修北關外橫街輸糧者稱便周
卹鄰里減糶捐骼善行著聞雍正十年以善人舉各憲旌其

閭
袁培松號石齋監生爲人岸然負異有古高士風親喪廬墓三
年遇　國制則易服而泣居常閉戶人罕覿其面嘗慨世俗
爲形家所惑著有風水本義一書
張協占字吉菴諸生屢蹶鄉闈著書自適踐履純篤一時奉爲
典型乾隆九年公舉鄉飲介賓知州蔣尙德重其人給額獎
之
童有忿字禾周少孤事母孝侍疾三年不少懈里有二孀婦貧
甚母憐之有忿給衣食以全其節族有貧不能娶者輸金爲
納婦又捐修橫河橋圳口路數百丈行旅稱便
王鑾號槐村增貢生慷慨任事倡建麟山書院偕州人黃載安

等捐銀二千餘兩置膏火田復集修　文廟州志費計千餘
金歿後知州錢鋆親致祭子世澍諸生經理書院三十七年
覩如己事費絀屢捐貲以助州人賢之
袁開宙號哲軒乾隆歲貢生性慷慨其女適陳未一年而寡遺
腹子詩賴開宙以養以教得成進士爲名儒
陳述古字彭儒監生乾隆初捐穀數百石入社倉五十年大饑
述古時寢疾命其子施米繼之以粥復令告糴豫章廣爲接
濟至麥登乃止蜈蚣頸巴家橋大王廟界嶺等處橋路皆述
古修建
陳尙義年五十無子買一妾至之夕哭甚慟問之則固有夫與
子不索其値而遣之已而慮其別鬻也更多予之貲其夫妻

毋子竟得完聚後尙義髮妻柳氏年五十孿生二子

王椿號華顛初爲諸生善詩文工書法與陳詩同受知於胡學使居恒踐履敦篤酷嗜宋五子書著有周易輯要儀禮經傳通解典制窮源四書尋繹等編子映齡諸生亦以學行見稱

陳其殷字楚奎嘉慶庚午舉人一試春官不第遂絕意進取鍵戶讀書無寒暑閒著有知鑑錄續綱目讀史餘言尤精岐黃著有脈法指掌經絡會解諸書

張廷贊號石潭勇於赴義嘗建宗祠又獨力捐修　文廟費白金萬餘他如陸家橋大徑橋烏龜石諸要津各捐船渡而於下河廟橋屢頹屢建尤大費財力州牧重其行舉鄉飲大賓

方蒼璧諸生嘗遇歲饑竭廪穀三百石以贍族里不足又稱貸

數百石已而鬻田償之

李興憶號南坡監生徙居英山生有異稟好讀書教子孫咸有家法尤喜施與如賑饑民設義渡修橋梁治道路諸善舉詳英山縣志流寓傳子克鳳爲人樸厚剛直以孝稱後死於難

黃兆魁字葵圃道光丁酉舉人咸豐閒巡撫胡林翼駐節巴河招入戎幕命與某友勾當軍需某嫉魁持正多方牴牾洎胡公議罷某魁力止之胡公語人曰黃葵圃眞君子所謂犯而不校者也與以官不就歸益潛心經史著作甚富

胡南薰號全吾廪生　恩賜副榜少從孝廉陳艮玨遊陳老貧之出入者三年後究心經解道光中朱學使面試水道謂所解非三十年不能辨巡撫胡林翼嘗索其書助百金命繕就付梓未幾胡卒弗果著有禹貢山川圖考二卷藏於家

張鳳翼號梧岡監生性端方好施與道光十五年大旱率兩蘄豪族開廠賑饑存活甚衆咸豐元年偕二子鄉試路遇素衣婦人哭甚慟詢知其將鬻女以養姑者鳳翼傾囊給之是夜寄宿古寺大風雨壞壁遲明於壁中得錢數十緡人以爲獲報之速

王士達號宗溪廪生性端方七世同居内外嚴肅雖居城市不尙紛華惟以奬掖後進爲己任至今閭里猶稱其家範焉

陳位殷號哲生增貢中書科中書銜少負雋才文詞清麗旣屢試棘闈不售益潛心實學教子一經於富貴澹如也

洪在上號雲亭監生好義舉嘗捐貲築白水湖圍隄逾二千金

命子克昌董其役時有監生龔順捐千金助修士人並祠祀之

廣濟縣

程命甫崇禎末寇亂遺骸徧野甫悉爲收埋歲饑甫自江右載米歸里中多賴以全活徽人王時宇少鹽課夫婦將投水甫爲代還其課周子艮欠地租賣妻以償甫爲贖還令其完聚

范應明字起公諸生明季寇擾應明居喪朝夕哀絰哭旣葬廬墓不以亂廢禮寇掠里中婦女十餘人傾囊贖之不給則繼以豬牛有夫久陷賊中應明爲資給其婦數年歲饑里中不能自存者舉家鬻爲人僕應明鬻產贖歸之

舒芝生字瑤草其志孫順治庚子副榜任麻陽教諭性孝友父

母昆弟無間言邑尉湯銘柩不能歸芝生倡捐佽助有黎蘇生者與芝生同入監黎卒召其子賻百金得扶櫬歸芝生與兄並生弟觀生繼先世業俱以詩文稱雄時有三鳳之目

于應採字擇可監生順治癸巳己亥歲祲前後捐穀一千一百五十石又施被驟棺木歲以爲常子爾漸歲貢生敬禮端士周恤貧乏無吝色

鍾汝瑞字景亭有義行康熙十年歲祲捐穀一千五百石救饑又捐金修靈西橋

胡一玠字石存一璉弟庠生有別業名容園日與知名士游處康熙十年歲歉賑活無算羅某鬻妻陳某質子皆助以金不足則囷粟繼之爲宗族故舊舉其婚喪而撫其遺孤者不可

勝數子繹思字綏文諸生值歲饑自食麥設粥廠以濟鄉黨知縣鄭理旌其廬統思自有傳

陳三鳳字東鳴家僅小康而樂施予邑大疫捐貲賻棺千餘具貲罄至拆屋梁代之卒之日聞者流涕子宣闈自有傳

劉自澄州同銜康熙三十二年歲大饑約諸弟出穀賑貸歷三月儲積悉空有卒於官者收恤其家且教其子及成立厚贈遣之嘗以四十金置一婢既至知已字人急呼其父領歸不索值

魏尚忠字孝資少孤事母孝外祖鄢姓乏嗣忠爲伐石表墓並置祀田康熙三十二年邑大旱出田租三百六十石分給饑民偶至湖口縣同寓蔡某被盜欲投繯忠傾囊與之値蟲荒

有張姓鬻妻爲捐金以贖張願爲奴固卻之子洪賓詳文苑

宗人倘惠諸生亦好義有表弟貧爲償以館穀贖歸並爲娶妻以延舅祀故人胡天旭死亦教養其子成立

李如金里人谷某貧乏將鬻其妻如金贈銀三十兩得勿鬻康熙五十六年歲荒售產富室獲穀二百石以周鄰族明年大疫捨棺二百具葬男婦之無依者年八十六卒

胡統思字恪先一玠子康熙時兩中副榜父晚年患瘋疾日在牀褥每唾統思必手承之洎居喪哀毀骨立督家政有條理性好客九重康介邑令李延爲義學師弟子多所成就

陳宣闈父三鳳有義行早歿宣闈事孀母張躬耕奉養以孝聞初貧窶後家計漸裕值災疫流行施櫬三百具又置義冢於

縣南登高山子宗岱諸生亦好施與

李六奇字祕成諸生父歿廬墓三年徽郡汪某緣負債鬻妻奇贈二十金保其家室嘗自郡歸途遇江西吳某以飢寒交迫夫婦將投河奇攜至家厚賙之得全其生年九十六卒

彭華國字玉書諸生居親喪廬墓六年嘗捐二百五十金贖族所鬻之墓木以保祖廕又捐百金贖族人所典祭田兩次重修車坊鋪石龍鋪橋費三百餘金每遇荒歲必減價平糶里人稱之

胡澤民字守宗諸生歲祲輒出穀以周貧乏嘗市絮被予雪夜之無衾者買一僕有戚容問之曰父爲債所迫民立焚其券資遣之年八十卒

張希集字臻成慷慨好施嘗因族人志德之嗣恐其先不血食捐穀六十餘石爲祭費里有張某苦饑將鬻子爲撫字十餘年且爲定婚配有於某奇窘將鬻妻持金贈之夫婦得全又嘗出貲助貧不能娶者二人邑東鄉木溪坂素無橋梁捐貲建之年八十四卒

熊啟聖字承三監生幼失怙恃事諸兄友恭備至賙卹宗黨捨棺木施絮衣卒以爲常乾隆八年歲凶捐米二百石助賑嘗買僕婢詢其父故諸生也立還之

吳保璽字國玉州同銜乾隆三十三年歲大祲施粥活饑民以萬計陽城山爲邑往來通衢險仄難行璽捐金開道牛肝積布各磯巨石激湍流舟觸之多覆沒璽於水涸時鳩工鑿之

行旅得無患

李學蓮字汝青監生父大材性仁厚嘗懸學喫虧三字額於庭以訓子弟蓮體其志爲親購葬地費鉅不以累兩兄乾隆五十年大旱貸雷姓錢賑饑族之貧者娶助聘殯助棺讀書助膏火他如修河橋瘞暴骨立古塋碑碣靡善不爲年九十卒

劉雲翥字吉菴諸生生平以禮自持雖燕居獨處未嘗見其跛倚終日手一册至老不倦家教肅然閨門雍睦好周濟貧困有九藥二種製成必焚香虔禱曰願服此者人人痊愈後力不給猶典衣繼之子樹瑤廩生居心制行克承先志

饒振巽字耐亭監生田租計三百石歲儲其半以周貧乏不能償者聽之偶至黃梅小池口拾遺金數百悉還其人無德色嘗有盜入其室巽覺偵家人熟睡呼之出再三勸諭並給以資盜謝去卒改行

劉蔚桂號厚齋好施與如置義冢捐祀田修鳳港橋皆獨力爲之無少吝租入極薄銘其斛曰天年不一人力惟艱少收一斛多收幾年嘗過挂口舟覆昏夜若有紅燈前引浮至岸得不死人以爲忠厚之報子鳳詔字丹墀監生克繼父志歲祲冬夜爲粥以食餓者親族給以米杜門教子後皆貴顯子映丹詳宦蹟

胡振龍字雲生素與同邑宋某善宋因事繫獄龍出二百餘金解之嘗過蘭谿投宿村舍夜聞哭聲甚哀問之乃因負租將鬻妻龍惻然命僕取金六十兩俾得團聚時年四十餘尚無

嗣夜夢神命復娶遂連舉七子

熊日模字範齋道光戊申己酉大水捐賑累數千金年七十家人議稱祝模不許以其資伐石修路行旅便之

劉鍾榮號小谷歲貢　恩賜舉人天性敦樸制行端方生平讀書外幾不知馬之幾足學問淹博尤粹於經義五經集註至老猶能背誦主講滄浪書院有年同治十年襄輯縣志年九十餘卒

朱美旌號卓夫布政司理問銜伯叔無子者四旌事之如所生道光十二年歲大饑族中多斷炊者旌皆給之粥同治間連年水漲旌舉家食饘粥而族人恃以無患並將穀數十石貸極貧者不責償

楊枝燦字白谿歲貢生家貧力學性簡介慎交游朋友或有過輒面規之其論詩文尤精不肯絲毫假借同治十年編輯縣志邑人士咸以體裁簡當稱焉

黃梅縣

汪慎言字敷公貢生兄弟八人皆列庠序慎言博學多才負氣尚義有故人子被誣繫獄爲之伸雪里人爲債逼將鬻妻慎言代償之俾得完聚

胡淑字宗遠君孚子諸生有血性遇事敢爲如革里排清兑弊免徵役南漕改歸本地驛銀坐支起運凡關邑中利害者靡不身肩其任力求盡善而後已至施棺槥助喪葬義舉尤多

喻穎字魯成諸生性純篤好義舉崇禎十四年流賊陷城穎纔

十齡導母縋城出得免及長捐腴田百餘畝以恤宗族每值歲饑輒散粟數百斛知府于成龍題額以獎後舉鄉飲大賓黃利通爲文紀之子于智自有傳

梅光啟字開士諸生有爲豪家索債將鬻子爲償者光啟質產代償且以餘金授之曰留此爲日用需勿復貸也

石永年號鳳池廩生任興國州學正年四十即解組歸歲祲出粟千石以貸貧者或米價騰溢減值之半以糶市賈爲平知府于成龍旌之

趙之曾字沂公康熙歲貢生性敏嗜學喜周里黨賑饑貧凡借貸弗償者置不問子士泰工詩著雪亭詩集喻文鏊亟賞之

蔣天桂字蟾木康熙癸巳舉人弟中璧字鳴喈雍正甲辰舉人兩人敦本睦族遇歲歉各出粟賙卹不計償橋梁有傾頹者即捐金修築

梅文字二郁諸生性謹飭鄉社講集恂恂其閒嘗捐金建宗祠爲族人立約束法祭時第其行誼而旌別之雖親屬無所避子天鈞諸生孫渭舉人俱有學行

吳夢梅字調五監生重義輕財乾隆二十九年江隄決散穀數百石以賑貧溺子書田附貢三易增生克承父志捐建路途鎮河西石橋往來稱便

喻于智字醒愚監生慷慨有父風父穎嘗捐惠族田一百三十畝族人以事售出于智贖回之歲歉賑饑解家口隄逼近外江于智捐糧地數十畝隄內移得完固又於化龍門外改舊

河建文昌閣捐銀一千七百兩有奇嘗買樊魯占田魯占卒以田給其妻子其子死無後于智子之塋又爲營葬具嫁其女俾主魯占祀之塋子文鏊詳文苑文鏴文鑾俱詳宦蹟通志

陳其雯字儲士文炳子弟志陞字履謙皆諸生其雯建宗祠置祀產性和緩無疾言遽色志陞頗卞急而眞誠自矢有外姻再世而孤力爲撫之二人子孫俱知名

余心極字碧開諸生矜嚴好禮作止有則未嘗與人忤而人自不敢犯嘗曰人生惟安分守己最受用故邑余氏最有家法

胡鎭楚字宅湘乾隆歲貢生刻意勵行嚴義利之界自少至老不輟學博覽羣書爲文浩博奧衍後授當陽訓導

李一鶴字雲騏諸生幼穎異究心經史爲文成一家言好周卹

貧之訓子孫皆成立能以文學世其家著有懷清堂集

石鑑字冰鏡乾隆歲貢生動履矜慎學問精實爲邑雅望知縣吳教諭王交薦人才檄下不就日坐皆春堂課子姪著書自娛子爲藝詳宦蹟

李懷若字超倫爲人方正族鄰有過失輒畏懷若知而懷若心實慈厚有因債逼將鬻妻者爲代償之事遂寢嘉慶戊午年八十舉於鄉明年　賜翰林院檢討

許有翼字鶴舫附貢生創立賓興館捐田五十畝又出錢四百緡助修學宮奎星閣書院次第落成鄉鄰爭訟常捐貲解釋戚友賴其分潤者不可勝數姪孫芬字春溪例授州同聞有翼創賓興適疾革亟稟母趙氏捐田百畝益之母子卒邑人

爲祠於館中

尤文華字光斗族中孤貧胥賴存恤歲歉鬻產以濟所修橋大小凡九座有路出叢冢中爲別修石路以保衛之卒年一百有三歲子孫五世同堂　旌表建坊

胡邦彥字燦宇嘉慶戊辰副榜性傲岸與人交際稍涉諓諛干謁輒掉臂去之時擬科名者競尚路史竹書文選邦彥曰是詭道也讀聖賢書而以此獲遇不如不遇故垂老不遇以副貢終

梅華敏父文運監生疏財好義嘗欲捐縣試卷貲未果華敏與弟吐玉克承厥志於嘉慶二十一年捐田九十五畝付房書經理闔邑至今賴之

桂燦庚監生家頗饒自奉儉約而樂施濟尤喜繕橋梁如衡沙橋仁壽橋白湖橋雖費多金勞心力不恤也宿松石編修葆元嘗爲之贊

商斯美字士玉貢生好行善事嘉慶二十二年捐田八十三畝作闔邑府院試卷貲旋以田課多窒礙易錢一千二百緡發典生息姪承德監生補捐錢二百緡後有監生桂中明捐錢作鄉試卷貲今已撥入崇文堂置買田產

蔣楚鐸字傳之諸生敦品績學或延之課子弟必審擇其人而後往故出其門者雖世家子率恂謹無澆薄習族子恩濊孤貧訓課十餘年不受脩脯卒爲名孝廉

蔣楚璠字魯堂諸生率弟輩讀書樂行善事邑稱小南門蔣氏

堂伯母貧無子迎養十餘年喪葬盡禮再從姪恩濊幼孤貧其得成立皆璠與楚鐸教也

余朝蓋字觀成歲貢生性端介酷嗜學諸經皆手錄子史百家過目必撮其要著經藝餘談分天地人物四部悉見根柢

胡春元字輝祖監生樂施予道光十二年邑大饑出穀千餘石拯濟子思藻於大水後檢埋骸骨至數百家人謂其能繼父志云

石寅賓字茂倫監生咸豐三年粵逆東竄邑南關外橋梁久廢奔避者往往陷溺寅賓急爲修復費二千金不署名鄰里貧不能遷者近百家悉資助之其他義產義莊義塾之置甚夥

補遺

黃岡縣

華兆鈺字質堂布政司理問性孝友少勵志於學喜敬禮宿儒長者與邑士靖厚欽朱兆斗稱莫逆交尤樂施予道光十一年大水出廩粟數百石以賑饑他如建宗祠置祭田捐義冢修橋梁善舉甚夥知縣俞昌烈嘗以明義急公額獎之卒年八十一孫祐禧監生克承家範亦以篤行稱

范華玉號寶田由翰林院待詔保光祿寺署正加五品銜　賞戴花翎生平勇於爲善里人蕭姓者家貧鬻其婦議已成華玉急走人贖以金且給之衣食河南民年饑鬻媳亦爲給資遣之歸咸豐閒軍興華玉捐資助餉以萬計家素饒因是中落初無悔志知府許賡藻贈以詩云抒忠益信貽謀善人物

西陵第一流蓋紀實也

蘄州

王聖埏號平原候選從九性樸誠兄弟極友愛嘗運糧艘外戚張元理客山東病卒適黃岡汪封渭知德州稔知埏名以理櫬及金幣附埏舟南旋會髮逆亂道梗糧艘停泊清江埏買地安厝理櫬并封識之歸以金幣盡遺其子其義行多類此

黃安縣

張家俊字灼三道光乙未舉人授大冶教諭躬行表率並立學規十餘條一時士習烝變歸里主講萃英書院循循善誘尤喜振拔單寒同治八年總修縣志年八十二卒

黃州府志卷之二十四終

黃州府志卷之二十五

人物志　　黃州府知府英　啓纂輯

隱逸

唐

黃梅縣

李玭開元中明皇夢神自稱廬山使者請立廟廟成詔刺史獨孤正訪諸工文辭者製碑以進凡六百八十一人獨玭文稱旨詔舉博學鴻詞不就或勸之對曰世所稱詞學何如張九齡裴耀卿賢今槪以李林甫罷去予安能保予之必終也竟築室東山麻林之窪讀書樂道稱衡門居士以老

宋

黃岡縣

王文甫博學篤行隱居不仕東坡來黃嘗因其弟子辨過從往來凡四歲及移臨汝有留别王文甫記

麻城縣

張憝子隱居九螺山自稱九螺山逸人東坡志林所云黃州故縣張憝子行止如狂者也熊吉贊云內史之戇以閑其君惟子之戇獨成其身龍德而隱今鮮其人九螺之山因子益名

王翃居岐亭建桃黃庵自號桃黃山人熊吉贊云桃黃之庵中有隱君尸居蔬食抱樸含眞匪道曷依匪善曷行無懷之民葛天之民

蘄州

林敏功字子仁年十六以春秋舉進士下第杜門不出者二十年博通五經尤長於詩元符末詔徵不起賜號高隱處士弟敏修字子來亦不仕終老以文字相友善世稱二林

吳瑛字德仁父遵路博學强記議論英偉官龍圖閣學士瑛以廕補太廟齋郎仕至虞部員外郎告歸臨溪築室種花飲酒超然塵俗之外嘗有盜入室覺而不言及取被乃曰他物惟所欲夜正寒幸舍吾被後召為吏部郎中就知蘄州皆不起卒祀鄉賢（詳宋史隱逸傳）

廣濟縣

宋玹字子文少舉進士晚退老西郊增完舊構一觴一詠優游

以終元祐七年卒濟南林遹祖誌其墓宣德郎陳璞書碑邑中金石文字以此為最（墓誌見金石）

梅國湑（縣志作醑）字作所應春子工詩賦宋亡肥遯林石武昌程平章薦之屢聘不起謝之以詩（詩見集部）

姚楚山明爽有智略屏跡山林日事吟詠過其廬者皆稱為白雲處士家卒祀鄉賢（縣志作元人）

黃梅縣

黃眉翁失其名寡嗜慾雅歌酣飲咸湻閒已百歲空谷中遇異人授以藥謂可再周甲子果一百六十歲眉長三寸垂兩顴故人稱眉翁

元

黃岡縣

范愷字士元博學能文性淡泊不求仕進家雖饒裕處之若寒素年九十餘終

吳應澍性惇實重義樂施歲饑設粥於路貧不能殮者助之棺置橋四十餘處井十九居民便焉湖廣平章事以聞詔徵不起御書西山二字賜之人稱西山先生後祀鄉賢子琳琛俱詳宦蹟

董敬中字仁輔大德八年為參知政事明初隱居團湖因以自號劉基屢薦復躬往聘之竟不起

廣濟縣

何朝舉有志操師事饒魯養志巖阿不樂仕進著有文公性理

吟卒祀鄉賢

黃梅縣

汪堯舉字熙甫清介自立天歷中登進士第不受官歸隱林泉詩酒嘯詠以終

楊俊字士元初為諸生厭之遂棄去覓石龕古礫山中優游偃仰一百三十歲卒

明

黃岡縣

吳榮一洪武初棲中和里石壁山種蔬養鶴博覽豪吟嘗荷鑱斸藥以濟人弟榮三元末庠生與兄偕隱或勸之仕曰吾已食餼於元何仕為厥後有王瓚及思裕者俱以隱德名

張岐字鳳鳴本姓周幼失怙事母孝好讀書絕意科目隱居邑西之樟松湖雅談橫經操觚至老不衰年八十八焚香端坐而逝楊愼爲銘其墓稱曰萬松處士子澤詳官蹟墓銘見金石

樊志張原名維甫字雨同縣志字山圖隨父玉衡成雷陽二十四年及父歸卒志張哀毀幾殞遂不應鄉舉潛心易學益王遣使再聘皆不就著有易象易數易適易占諸書

袁希夔字子理文伯子年十五和李維楨宮鶯白鷺詩各十章維楨大器之已而與三袁唱和又與喻羨長錢仲舉贈答於金陵遊跡幾半天下歸隱苧山之麓結茅曰遯園以著作娛老子璜琮副榜詩文敏捷有稱

易爲鼎字用王生而有文在手曰汪號汪來子丞以文章氣節

著明季學使高世泰修三楚文獻錄鼎與汪三奇龍塡劉醕驥皆與焉亂後棄舉子業築室白雲山授徒以老龍塡字夢先貢生官應城訓導以文名海內者三十年見文德翼雅似堂集

陳鴻恩王志作鴻思字大鑾萬歷丁酉舉人歷官貴陽知府所至有政聲後退居林泉手一編吟誦不輟以老

洪周祿字半石天啓壬戌進士常州知府解綬歸里肆志詩文行草書妙絕一時急難好施鄉里德之年七十餘卒

陳師泰字交甫崇禎庚午舉人累官蘇州知府告歸隱居樂道好唫詠書法直逼大蘇家貧問字者餉以酒卽用款客談論竟日年八十餘卒

韋克濟字孝忍崇禎丁丑進士授南安知縣以誠格巨猾邑人賴之丁艱歸遂隱居武昌賢廩鄉率諸子躬耕自給究心典籍與從弟克振以詩文自娛

李之泌字鄰仙諸生精大易宗法程朱不爲王弼京房之學絕意仕進以長桑術終其身嚴氣正性對卿士閉目袖手端坐不一語督學徵之不起與才人何履仕齊名時稱何李子孝迪孝种皆敦篤力學种善詩及書法

王一翥字子雲號補菴追舉子以父廕當得官不就嘗遊京師魏瑺耳其名要爲記室一翥棄僕從間道遁崇禎庚午舉於鄉國變後住廬山之智林村出入皆素衣某縣令者與一翥善縣有冤獄一翥入白之酬以千金掉首去不顧也歸寓郡

城之東所居村仍榜曰智林讀書其中家益貧所業益進文宗西漢詩本風騷天下莫不知有王子雲者卒葬巴口之鳳山著有智林村稿

杜濬原名詔先字于皇號茶村祖若芝舉人官知縣父祝進舉人官國子助教世有隱德濬少慕張江陵之爲人慨然有用世志崇禎己卯中副榜福藩擁立考試七省貢生因南下見馬阮用事朝政不綱遂絕意進取僑寓金陵改名濬年才三十餘耳負才跅弛意氣籠罩人江南諸老或出或處爭引重焉晚住雞鳴山之右城之僻遠處也益以文章氣節自勵貧不克舉火不以干人日列故人所贈湖毫沈水香梅花片三物坐其閒陶陶然誦所爲詩古文嘗謂文體壞於范陳詩體

壞於元白又謂諸妙皆生於活諸響皆出於老作詩力追少陵燈船鼓吹百韻長歌雖以此得盛名應是別調五言律尤高渾沈雄自名一家古文亦獨闢町畦睥睨一世年七十七卒越十九年湘潭陳鵬年守江甯始爲營葬於蔣山北梅花村生平論詩極嚴於時人多所詆訶有富於財者重價購其集而焚之世傳變雅堂詩古文不及十之一二子世農字湘民世廈字柏梁世廈早夭所傳燕子磯懷古有鐵積千年石潮歸萬古痕之句者世農性孝友賦斷雁吟哭之目欲眢可謂至性過人者矣亦先濬卒世捷字武功亦工詩並見詩觀先賢學行略參胡紹鼎撰本傳

案喻文鏊湖北先賢學行略云于皇有偶見詩選中昔年

仲兒世廈燕子磯詩驚歎淚下之作又有捷兒從江陰歸金陵詩云今秋喪汝兄顧黃公爲湘民作斷雁吟序則云湘民哭其弟柏梁是于皇三子長世農次世廈又次世捷方望溪墓表云一子幼迷失一爲僧遠方一世濟似誤

杜岕原名紹凱字蒼略號些山明季諸生與兄濬同阻亂寓金陵志行不殊而趣各異濬峻廉隅孤特自遂遇名貴人以氣折之於眾人未嘗接言語而著述滿天下岕退然一同於眾人與人語雖兒童廝隸惟恐傷所作詩古文雖子弟不肯示自評點而已其宏肆兀奡遜阮而氣益昌家貧而學益富與濬同後濬七年而卒得年同方苞並表其墓苞與兄舟故嘗從岕受業者也著有些山集參先賢學行略

官撫辰字凝之應震子少穎異博學精天文兵法以選貢授桃源知縣上治河需兵議當事不能用丁母憂歸總督徐標舉爲真保監軍又擢徐州知府皆不起及閩粵諸藩聘之慨然曰天道不可違也臣節不可變也遂祝髮於維揚名德是又號知劍道人雲游名山古剎老歸黃居維摩堂卒葬其處

萬爾昌字師二一僑子崇禎丙子舉人座主吳偉業錄其減膳撤樂表程式多士名重當時流寇亂昌之武昌謁楚藩亟言防城不如防江爲畫策不聽遂歸自是絕意仕進與兄里春弟爾昇爾晸閉戶撰述相師友知府于成龍欲見之不可得遂安毛際可序其詩文以爲大節在淵明閒而詩亦得其遺意年八十四卒著有頤莊詩文集頤莊隨鈔子爲恪詳宦蹟

萬爾昇字退修爾昌弟爲諸生有聲後棄舉子業結廬武湖之濱顏其齋曰秋水岑兄弟師友一門之內雍如也共往來者自王一翥魏公韓數人外罕覿其面嘗論歷代史論互有異同得失參半著史求一書折衷羣言務求至當人爭傳誦好接引後進經指授者多成名卒年七十有四弟爾晸字舒季諸生篤學尚節義亦以高隱終子燦詳文苑

曹大濩字尙白之棟子諸生生而偉異讀書厲節不求仕進善詩文工書法臨摹古帖甚富年八十餘鶴髮清癯蕭然物外士林重之子本復字剛來詩與書法亦有稱

魏澤霖字鶴山家貧嗜學讀書於湖山之一葦菴厭舉子業怡情山水少交游人多不識者從孫希聖亦能詩

王士龍字水簾工詩古文名藉甚以歲薦授潛江訓導及歸刈茅結廬遠近多請業者年八十餘卒同邑陳大章稱其逸才高節古之文獻爲序其集

汪國灤字漪公守廉孫諸生才敏贍以詩名晚隱並阜山麓號阜山樵人魏公韓稱爲雲霄之上有其人麋鹿之羣亦有其人與王一翥萬爾昇輩同以氣節見重一時著有樂志齋稿

樊維師字向父少負逸才詩文下筆立就宏光時由附貢任淮安推官一時名士多與游後歸田結廬寒溪側吟詠以老

蘄水縣

李子賢以孝聞持身醕謹平生無媟褻語以山水自娛鄉里重之

程在霄性矜嚴好古籍謝絕賓客每呼童子挾卷隨步唫詠晚號孤山樵隱

柴大楠磊落英奇弱冠棄家遠遊塞外涉混同鴨綠諸境晚歸傍巖臨溪築一室廣不盈丈隱居四十餘年讀易老諸書足不出戶

程文遠字尚質正德時歲貢生不樂仕進嘗於林泉勝處築臺自娛有詩云泥塗風雨怯沾衣臺築荒園祇自宜竹放靈根封砌穩樹披清影下階遲湛若水題其臺曰樂壽號以訥菴贈句云天下方多巧訥菴原不知菴中人默坐兀兀到皇羲

畢良凱嗜古多著作以春秋名世黃士夫多宗之嘉靖間舉明經不仕生平恥干謁邑令慕其賢每造訪焉

柴杰博學有隱德嘗坐竹林中讀書竟日於書無所不窺尤精於易與兄木友愛最篤析田廬爲四一予與三姪均每戒子云知事宜少識人毋多饘粥外有餘則去之不可以田產累子孫也

黃可久字柳溪初爲武昌諸生甘貧力學與妻偕隱臙脂山下精丹經內典醫卜諸書每瞑目默坐自號出塵道人歷游名山後歸老於浠築室泝流光之濱居之子正色詳文苑

楊伯浩字洪宇萬歷時人邃於理學辟舉不就後絕跡城市知縣杜長春游王廷皆敬禮之

麻城縣

甘望魯幼爲人牧奮志攻苦研窮程朱之學卒成名儒以黃陂有二程子望魯臺因以自號（縣志作元人）

董紹號明山以明經考選不樂仕進暇日登山臨水徜徉忘歸留心著作因家世冠裳謙謹過於石氏子樸詳宦蹟

李瑞字白岡食貧好古不慕榮利與同邑劉尚書采爲莫逆交萬歷初建縣城照糧里輸工瑞親操畚鍤往役焉劉尚書適致仕歸以老友從役特入城省之瑞役作自若不顧也

劉秉鑰號三章萬歷乙酉舉於鄉授長史挂冠歸里築室東山研究易理足跡不入城市三十餘年善草書晚年目暗揮灑如故

朱家亨字太宇清操不苟萬歷末詔舉賢良遺逸備詹事府用有司以家亨應不就焚香課讀以壽終

周振字若臨應嵩子萬歷己未進士值天啓朝魏忠賢用事遂不赴選歲時伏臘每樂與田夫共飲温温穆穆不知其爲軒冕中人鄭仲夔冷賞

梅之熉字惠連國楨子博涉羣書頡頏海内名宿明末亂起棄廕襲散家財歸隱囊山爲僧別號槁木以著述自娛祀鄉賢案之熉常與三吳復社諸子主盟文壇馳聲海内國變後北行上書請葬莊烈帝歸隱囊山地極幽僻晚且祝髮披緇麤衣糲食以終其身著有春秋因是泙廬史論等書子坰克承先志縣志

黃安縣

孟論堯字紹唐諸生博通經史與族人論性講明理學宗旨論

性字原仁幼聰穎讀書過目成誦偶倣木牛流馬遺制造小牛能自走長益好學從耿定向兄弟游淡於仕進蓬蓽蕭然定向貴顯無隻字通問晚年定向致仕造廬道故蔬菜糲飯歡留竟日定向歎息而去

趙文淵字海岳少有卓識嘗讀史歎曰物滿人概人滿天概今海内不見兵革久矣生齒日繁陽氣太盛殺氣殆將開乎遂偕妻陳氏預避於石門山中後果有闖獻之亂文淵著有南華新解訂訛諸書

韓勳字欽父崇禎乙亥拔貢生不屑俗學獨肆力於五經諸史明末隱居教授生徒數百人嘗謂王通以禮樂屬弟子無有受之者卒成開元遺憾作擬正諸書以寓王道年八十餘卒

孫名世詳篤行

周世鎮字元樸諸生以恩廕補太常典簿尚書葛屺瞻侍郎張元始皆器重之引疾歸鼎革後年尚少耕鑿山林深自韜晦

國朝徵賢良遺逸大吏交薦復以疾辭晚年益精性理諸書優游林下以老

羅田縣

唐友義鄉薦後不上公車棲遲衡門屢辟皆辭自號多雲老叟年九十餘卒祀鄉賢

乢琳玉廩生本姓方正學先生裔孫素有大志甲申之變思陵殉社稷琳倡義勤王既知事不可爲北向拜哭解其眾遯跡深山晚年自塑遺像至今猶存

蘄州

袁信讀書敦禮閭義勇爲嘗以便民事陳言於朝特旨俞允錫以爲善陰騭孝順事實二書歸隱年九十八無疾而終

朱紳字懋孚平居自食其力田間耕牧卷册相隨憑弔古今慷慨激烈時人莫窺其際

盧楷字汝端才識過人少應童子試輒不利改就臬掾年四十以親老乞養給告身爲州祭酒隱居於鄉築園亭濠上當道數禮聘之固辭不赴年七十七卒孫紘詳儒林

陳侯周字舜生諸生父病割股以療妻死不再娶明季棄衣巾袒褐芒鞋遯於山澤以壽終

廣濟縣

胡曈字必暉諸生少聰穎爲詩古文下筆有奇氣洪武二十五年詔秀才隨詹事府左春坊分班直文華殿侍講曈應選赴京就職靖難兵起拂衣歸子孫三世皆不仕

柯仲立號半山孝友博學作半山書舍聚一時文士講論經義窮年不倦後移雨山號雨峯居士

程希關沉酣典籍素以古人自命搦管爲文詞頗類莊騷嘉靖辛酉舉於鄉屏跡深山力敦內行以終

劉賓號渫泉隆萬間隱居講學與吳自守陳王道友善知縣劉允昌稱爲卓隱先生子三養微養吉養度皆以詩文名家養微詳文苑養吉詳孝友

劉秉鋒字昇之事孀母孝母卒哀毀骨立年四十喪妻不復娶有僕久役於家聞其先爲士族焚契遣之隱居授徒以歲貢終子洪芳號芝圃亦歲貢生詩文早歲有聲嘗游吳與長洲諸名士飲酒唱酬四座傾倒孫醞驥詳文苑

徐來寵字玉吾博學善譜晚年爲隱士服芨茅赤土山下顏曰蚓可齋友至自起烹茗備雞黍其子請代輒麾去曰吾自適志耳書其楹云灑掃一室以待死破除萬事以延生

吳人玉字稺圭諸生性至孝爲文淵古浩博著述甚富絶意仕進善卜筮預知吉凶年七十自置棺題曰逸我亭

楊勳一名大勳字介子明末廩生甲申後留髮茹素爲道者裝與四方緇徒往來有勸其赴貢選者不答而去

黃梅縣

商顯雅好詩書永樂二年徵聘至朝固辭不仕賜號樂耕徵士翰林張和美作寒江歸隱圖題詩送之有畫圖不盡寒江意千古高風一釣舟之句

石維屏諸生結茅山中讀書砥節薦舉德行堅辭不就

汪淮宏治間兩爲社學師屢膺義辟力辭不就

王宗憲由選貢任灌陽知縣嚴正自矢不阿當路涖任八月掛冠歸翛然自得毫無慍色

程仲魯字少愚布衣高尚慕邵康節之風常乘小車出入載筆牀茶竈吟詠自適刻有東峯外稿

汪美號勉齋仲弟勳號逸齋相繼入庠皆負奇氣試輒高等食廩餼當歲薦時勳名次先美不就曰某弟也不可以先兄美

膺薦亦不仕作見志吟名其亭曰省心季弟灼字竹菴幼不

能詩中年究心內典久之不假思索輒成韻後勳子可受貴

動乃迎其兄與弟共居樂志亭年皆六七十餘更相唱和著

有怡怡堂詩集可受詳宦蹟

蔣文字素公崇禎壬午舉人遭世亂不仕住烟波深處每得魚即欣然賦詩嘗曰昔人投錢飲水吾以詩易魚亦不薄其值矣弟昶詳宦蹟

余振遠字宣臣增生德器深沉明末屏跡烏鴉山下以詩酒自娛賦詩云雲山千萬疊茅屋兩三間未了詩書債重來補聖賢著有安溪詩集

李芬字應秋諸生端謹自持荊王屢辟府屬弗就後以師禮徵

應之期年稱疾歸賜㕑家圩田百畝不受晚遭流寇建砦龍頭山子五倶知名

國朝

黃岡縣

胡來通字安吾年十二有僧見之曰此人閒百歲翁也性好施與明楚撫魏光緒會表其廬順治十七年壽百歲僉謀建坊來通力辭之忽一日沐浴更衣端坐而逝孫二珙諸生好學工詩金聲譚元春嘗序其集珠詳忠義

余師皐字廸甫諸生積學窮養多所著述明末流賊亂手録無一存者隱居龍岡山中子世羽舉人瑞安知縣有清白聲

錢材海字會川簡默端嚴讀書城山龍泉寺歴數十年罕與外

接通易理兼工顏柳書法孫兆清諸生能世其學著有自怡齋詩鈔

蘄水縣

詹樹字宜振能詩文工畫嘗作三峽圖黃岡王侍郎封瀠寶之華亭名宿吳樊桐昌祺館浠上屬作長江圖黃鶴樓圖稱爲絶筆然性孤介聞公卿召輒匿走年八十餘卒

李根字美發工書能詩隨分自甘無求於世酷嗜竹石因以名齋詩見同聲詩選

吳振起字卿雲博極羣書性好游窮涉人跡不到之處每遇斷碑殘碣剔蘚剜苔務求源委嘗夢見宋郭君錫墓銘蔡襄筆次日尋其地悉與夢合作書室於蓮塘之上顏曰泊艇著有

梧齋詩文八卷

周起瓊字玉臺癖潔性成簡於應對嗜古名畫圖書尤嗜硯嘗作百磨硯銘字法顏眞卿李西臺詩類徐文長而幽峭過之居蘭谿上有宦家子知其名敦請爲師即夜匿走

麻城縣

劉淑頤字百年幼倜儻有奇才徧游海內所如多不合歸隱於龜峯沈波草堂沈尙書德潛嘗選其詩入別裁集

梁中斗字季昂歲貢生少以李鄴侯自況數奇不遇隱居鳴山之谷口莊著有雪亭詩集

梅鳳藻字丹山少穎悟多聞爲文雄傑人皆以大器目之中年絶意進取教授生徒流連詩酒著有香雪樓詩集晚居邑北

萬壽集之龍門河自號龍門山人

黃安縣

趙光早字爾昂好讀古書不屑爲舉子業高臥山中三十年不入城市自號蘧蘧子知府于成龍招之以疾辭著作甚多年八十餘卒

彭之夔繩祖孫諸生康熙丁酉鄉闈擬元數日卒置副車遂謝場屋授徒山中知縣張琮耳其名延之不至造其廬避不見張徘徊久之曰今泄柳也袖其所注易以去

羅田縣

蔡容遠涉獵羣書長於古文所撰誌銘膾炙人口一時藝林若張思明劉繼元胡來賓胡節張大鳴張八鵬蔡芳輩日與講

學不輟惜皆淪落不過著述罕傳

蘄州

顧景星字赤方號黃公明選貢生曾祖闕祖大訓父天錫皆以文章氣節高自標揭景星母明孕十三月而生生之夕巨蛇蟠屋上光色熒異父夢星降於庭形如半月占曰是謂景星因以名焉三歲尚不語一日語忽述彌月及前生事甚悉歲饑有司元夕張燈家人衣以彩襦慫往觀戚然曰何不以此賑饑吾不願往六歲能詩八九歲讀經史目十行下即著有詩文一囊稱聖童熊文燦挈張獻忠等十餘營降賊過蘄荆王止賊首飲走馬後苑縱寵姬觀之爲戲景星年十六聞之急謁知州唐世熙曰熊公不得死所矣獻忠於諸賊中最黠

不早除之有後患奈何不爲備反令此輩得窺王宮虛實耶崇禎十六年正月賊屠蘄景星與父俱被執於賊前爭代烹節姑劉死賊義之得免展轉流寓之崑山南都擁立試流寓貢生景星名第一授推官隨上敬陳四事疏詞旨剴切通政抑不上遂歸崑爲長隱計

大兵下崑山多羅貝勒命以原職隨征辭養歸里康熙十七年舉

博學鴻詞以病辭

詔咨送來京入覲

保和殿再以病懇放還廢門著述顏其堂曰白茅取易無咎之義詩文恢博雄悍自詫不讓古人兼通六書之學著有白茅堂集黃公說字等書崇祀鄉賢子昌詳文苑先賢學行略參文獻徵存錄八李柄然撰本傳

李具慶字亞白樹初子明諸生博覽多通值獻賊陷蘄全家殉難具慶被創僅乃得免鼎革後屏居湖濱絕意進取江防道呂陽延入雲門社與晏東白華二華主盟文壇殷殷以誘掖後進爲己任著有芸香草荷汀集諸書

廣濟縣

陳定中字大馬明季棄學籍隱於醫結茅於湖曲柳陰中竭力奉母以耕釣終其身

呂楚奇字正孺篤志好學守正不阿見少年猥薄者必正色讓之年四十絕意功名自號沃沃山人與鄉之能詩者結霞石盟分韻聯句自夜達旦知縣王名世以賓筵請固辭獨策杖

山水閒與父老談世外事年八十二端坐而逝

黃綬字人長少穎秀值寇亂廬舍火故人賈任啓建牙於江西往依之歷諸帥幕府稱上客倦遊歸結茅龍坪授徒里中得錢輒沽具延客酒酣賦詩或潑墨爲蘭竹書效歐陽率更體年八十卒

胡懷玉字楚瑛少喜遊俠長折節讀書不慕榮利初隱於醫後隱於酒家有大匏可注一石賣藥沽酒注匏中顏其居曰匏齋自號匏叟客至出匏飲輒醉醉輒高吟或枕匏臥臥起索筆直書自古近體以至填詞小令往往雜出蓋又隱於詩云

黃梅縣

洪樞字文宿諸生博學能文流寇陷城後歸隱湖濱或勸其應

試以疾辭杜門卻軌飲酒賦詩年七十一卒

吳世理字宣三　恩貢生性伉爽遇友難輒以身赴博通今古除教職不就隱居太白湖年八十六卒

吳履字綏公廪生嗜古力學斷簡殘篇不惜重貲購致二一手錄邑志燬於兵順治時知縣徐昱親謁其廬得手鈔數卷藉以按輯顧淡於進取一試不售退隱湖濱著作日富及歿黃利通曾達有詩輓之

石室字書牀號秋水嗜古好奇雅不喜舉子業所爲詩悲壯蒼涼亢傲自憙家貧好遊嘗浮漢達湘登天柱祝融最高頂歸而詩益奇崛築室林泉日與名流相倡和喻文鏊亟稱之

藝術

唐

黃岡縣

道泓幼爲沙門與天官侍郎張敬之厚善所言吉凶無不驗嘗爲張說相宅見東北隅有三坎丈餘泓曰公富貴一世而已諸子將不終後說子均垍俱以汙安祿山貶斥死

宋

蘄水縣

龐安時字安常家世業醫父授以脈訣安時曰是不足學乃讀靈樞太素甲乙諸祕書旁及經傳百家爲人治病立愈有婦產七日不下安時令以湯熨其腰腹自爲上下拊摩有頃子隨手墮詰其故安時曰兒出胞手執母腸吾捫兒手鍼其虎口即縮取兒視之右手鍼痕存焉蘇軾謫黃聞其名乘籃輿訪之與語甚相得安時少患聾以手畫字即解軾嘗戲之曰余以手爲口君以眼爲耳蓋一時異人也詳宋史方伎傳

廣濟縣

程小八善茅山法能役雷霆風雨

元

黃岡縣

葉如菴儒醫診視有方撰傷寒大易覽一編爲時所宗

麻城縣

樊子晉讀書明理審病察脈預知人十年生死醫家宗之

明

黃岡縣

陶仲文初名典眞少喜方術嘗受符水訣於羅田萬福敦與邵元節善嘉靖中由黃梅縣吏爲遼東庫大使秩滿需次京師時元節得幸年老宮中黑眚見治不效因薦仲文以符水噀劍妖遂絕莊敬太子患痘禱之而瘥帝深寵異十八年南巡有旋風繞駕仲文言主火是夕行宮果火帝益異之授神霄保國宣教高士歲餘進封眞人明年以祈禱御疾功特授少保禮部尚書尋加少傅仍兼少保帝自二十年後遭宮婢變移居西內日求長生君臣不相接獨仲文得時見見輒賜坐稱之爲師而不名旋以獲大同諜者王三功加少師仍兼少

傅少保一人兼領三孤終明世惟仲文而已二十九年春災異頻見仲文言有冤獄得雨方解時都御史胡纘宗下獄株連數十人爰書上帝悉從輕典果得雨乃以平獄功封恭誠伯歲祿千二百石仲文得寵二十年位極人臣然小心愼密不敢恣肆三十九年卒年八十餘帝聞痛悼特謚榮康惠肅隆慶初追奪秩謚詳明史

宋子京學舉子業不售去而學醫久之心志開朗一望知人病源有巡道無他病但不能食郡守薦子京往子京曰且無往試俟其出觀之巡道出子京從輿上望見之乃敝衣冠垢汙而進巡道怒次日病愈呼子京詰其故曰昨日垢敝乃醫公者也公平生常得喜病一怒而喜自消又見舁棺者漏血一滴曰此可生也問之則婦以難娩死呼其夫開棺鍼之娩一男母子俱全視郡守脈謂十年後當領西南節鉞然必墜下頦至十年撫蜀果病且兩月邀子京治之至署交拜以手掖撫軍起而下頦已上矣

甘霖字時望少嗜河洛奇門禽星之學遇奇人授以太乙六壬皇極範圍周易大定諸數後謁武當宿紫霄宮又得終南無礙師元養接命之祕形家之術常聘贊幕府平播酋平島夷屢犯虎口卒獲全陳繼儒謂霖忠孝塡胸精神滿腹闕中張儀仲刻其所著五種祕笈全書謂根柢儒理非楊曾廖賴所能頡頏云

蘄水縣

易坤字本厚少業儒善吟詠尤以醫名成化二十一年應取至

京補太醫院醫士不競時好人多重之

楊先春膂力絕倫有大盜劫其家先春舉石礎盛茶飲之盜驚去又嘗遇盜先春曰我與若校騎射可乎乃揚鞭走馬衝突樹下以手抱樹雙足夾馬懸空中盜大恐而去會蘄州紅旗賊起駐羊角尖當事檄先春督勦拔樹爲梃擒其魁賊平復隨征麻陽洞有功予以官力辭不受案王志入孝義今依通志移入

麻城縣

蔡密得茅山法呼風喚雨驅鬼役神奇幻莫測密後傳縣人謝龍龍傳汪炳炳傳陶仲文其法益顯

宋有章習道法能以符呪治病嘗濬池得一古銅印篆刻蔡密

二字用之其術益進比縣亢旱三禱三應徙仰止亦精其業

曾震字飛伯出遊襄鄧間遇畫師陳某盡得其法而於寫眞特妙達官貴人爭延致之 通志

歐陽方且字旭之諸生遇異人授以太乙數每課吉凶無毫髮爽甯南伯左良玉徵入幕欲授以官辭不就

黃安縣

彭長溪精醫善用鍼石一日道中見一男子問曰常患脇痛否其人曰然長溪曰腹有蛇將嚙汝肝吾爲鍼之鍼入囑勿動約七日來此如期至長溪曰蛇已死可去鍼三日蛇自腹中出首已腐矣

耿興儀字鐵山善畫馬作山水尤工 通志

劉秉德字均粹博通醫家書一日入城遇瘞小兒之以痘殤者曰可活也乃置尸井旁汲水注之俄頃兒嚏遂活有貴人目中見鏡形乞治秉德邀過其家旣至几上置醢一楪秉德入內久不出貴人渴稍稍飮且盡劉乃出曰見鏡乎曰無矣劉曰君善飮醉食魚鱗鱗黏肝故致斯疾也乃歡飮而散 通志

陳志明字養晦習岐黃苦於術之無奇由是北遊燕薊西入關中東至白下南涉湘沅徧謁名師遂得其要於傷寒陰陽二證汗吐下三法尤精

張昌張清兄弟也皆力能碎石斃虎捷若猱猴未建邑時里中多盜聞盜卽往救後先斃盜百數盜魁恚甚佯爲結好陰圖之一日折柬招昌飮清曰不往示弱往恐見害昌曰往哉汝爲吾繼昌至羣盜出迎皆如猛獸奇鬼狀昌南向坐盜列兩行前擁十餘席盜魁曰聞公高藝試觀可乎曰諾衆方屬目已飛越十餘席立堦中北向矣會清亦至遂攜手去羣盜股栗裔孫有正甫者傳其槍法能敵二十餘人盜不敢犯

羅田縣

萬福敦少爲僧知縣徐泰召與語大器之命蓄髮訪道四方號玉山善踵息修鍊旁通風角堪輿奇門符水尤聖於醫其他繪畫諳琴擊劍蹴踘蹻雜伎種種入能品語人禍福多奇中人問以故曰太清無纖雲誠則明矣年六十始娶生一子正德十五年遊霍山謂主人曰靈鶴且夜至倘余假寐幸亟呼出戶也是夜風聲驟起瓦甓皆鳴主人驚出見羣鶴集竹

梢仆壓牆屋呼玉山不應入戶覘之則正襟趺坐逝矣年九十二嘗以術授陶仲文仲文貴上詢其師贈福敦爲眞人

萬全字密齋廩生潛心醫學尤精痘疹一日於鄉先生家適見兩新婦不及避全語主人曰此皆未痘痘將出矣一可救一不可救越月果如其言又有患痘者死已半日全視之令置汙泥中三日痘復發藥數匕而蘇有家少年佯大病重幃密室呼全診視全曰越十五日當死不必藥也少年掀幃叱之曰我何病聊試汝耳全曰診脈如此至十五日果死

余某明季諸生宦遊四川嘉定州霪雨連月州牧建齋醮祈霽雨如故咨於余答曰久雨陰盛當宣幽出滯君得毋留獄乎乃清其訟牒百餘出沈獄十餘人又令選童男四十八人衣

赤衣執紅旗向南方鳴金鼓以宣之次日果霽

蘄州

龐憲字鹿門幼從名醫李時珍得其學有客耳聾就憲診視曰胃火也客曰耳屬腎與胃何涉憲曰君未知素問靈樞耳胃經絡起於鼻上過於耳旁或於食時則聾更甚一匕而愈州守夫人病瘧診之曰此瘧勿藥有喜但過十日當下血夫人不悅越十日果血下亦一匕而愈蘄多名醫如張慕愷韓泰陳泰李言聞嚴政郝守道之屬皆有聞於時

蒲心章荆藩良醫精太素脈通風角鳥占每診疾斷人窮通壽夭百不失一用藥多立效後以壽終顧氏耳提錄

廣濟縣

胡獻琛字克忠幼業醫以疾求治者輒效有饒秀才病酒伸頸期期不能出一言久之無聲獻琛曰是火在經絡也投三劑而愈萬歷癸卯邑大疫製藥活萬餘人年八十三卒子懷玉亦以儒醫著詳隱逸

蔡紹夔字惟益精醫理荆王患痢聞夔名召之數劑而愈王贈額曰醫冠楚黃後過蘄王問曰先生欲富貴乎對曰富貴非吾願家有薄田數畝子孫耕讀最足樂也王益重其品年逾七十面色如兒童至八十餘卒

朱顯綬字熙菴少有隱德喜讀書尤深於易精卜筮常學丹術於王雲鵠登樓設榻足不履地者數十年自是解觀天象知世變避亂江濱人士多依之案王志隱逸方伎俱載此人今依通志歸入藝術

國朝

黃岡縣

胥秉哲字匡生家世業醫嘗游吳會燕豫間遇沈痾投劑即痊有徐某妻孕而疾延診脈曰倏隱倏見尺中有神非癥非痞結爲狐形以藥投之果產異物某中丞夫人病殁將殮秉哲至望氣色謂可活乃就棺藥之須臾聞聲息竟獲甦王方伯女患痘已死視之曰生氣猶存藥之即起著有診法精微等書後徙居江夏

袁黃琮字三山精於畫理嘗畫觀音像安國寺僧戒顯視之曰筆已通神可留寺中供養然不久存人世也未幾禪堂火衆見畫像銜煙而去其徒汪欒正亦能詩畫得其祕傳

索震字獻子工隸書善寫墨竹風致瀟灑鐫石法文三橋其外孫徐元士傳其法頗稱能品又諸生王如琮篆刻亦蒼秀

方可發字適成貢生能詩善繪事以畫梅著名得楊補之梅沙彌不傳之祕嘗寫老梅一株勒石於赤壁坡仙亭

易洪周原名德溥以字行精岐黃業雍正七年怡賢親王以疾徵之進藥立效

世宗憲皇帝召對稱旨授禮部主事卒於官時蘄水人周廷楹與洪周同徵廷楹有至性以葬親乞歸然兩人在蘄黃間名最著

邵光祖字可樓乾隆辛酉拔貢學純養粹尤工書法神氣流貫骨肉停勻駸駸乎入二王之室矣所遺真蹟悉箴規名言識者寶之

曹昌曉字耀勳本榮嫡孫學植淹博眞書章草均法董文敏後有曹善字復堂漢陽籍亦本榮裔孫工八分篆籀皆擅時譽

劉之鑾號雲亭乾隆甲寅舉人嗜學善屬文尤工書畫書摹唐碑晚益蒼勁畫法倪黃著墨不多而神韻自遠

張利川號星槎國子生少秉異資屢困場屋遂棄舉子業留心圖史旁及雜流善草書得米南宮筆意尤精卜筮占驗多奇中晚客吳下求書者坌集年九十餘歸老於家

涂治屺字己山諸生工書法自成一家同時有李濤者自號青虬道人善丹青有馬夏遺意涂書李畫一時並稱

李之蘭字玉階增生積學工書得王夢樓筆意姿態橫逸同里諸生馬光烈字斌臣書法顏柳兼工繪事名與之蘭埒

高序奎善風角星象占卜多奇中常手周易一卷眉批縫注皆徧書凡數十更嘗於居室側作小渠僅容斗水人問之曰偶作劇耳數日鄰舍火而奎居如故又嘗突入鄰家促臥人起梁旋傾直碎其牀居恆室內几席多參差置之作奇門式盜不得入晚年遁去不知所終後有徐習功者亦精風角壬遁諸術粵逆竄境知縣翁汝瀛葛致遠先後督鄉兵招習功占勝負無不驗

蘄水縣

嚴楚璧目雙瞽康熙間以星卜名海內本省巡撫某夫人將產問之曰弄璋耶瓦耶楚璧屈指算曰璋也弄瓦也弄果產一男一女由是公卿交聘殆無虛日許纘曾滇行紀程

徐儒粲字季方由供事授典史穎悟能文尤潛心醫學居京邸公卿倒屣迎所診治皆愈著有傷寒正宗四卷

周文煥精易數卜筮多奇中晚年過英邑遇異人所言益不測同治三年年七十三函詩與諸子有清風明月任遨遊之句遂長往不知所終

麻城縣

曾鎮隱居柏子塯石洞因號石洞道人畫山水筆墨蒼老鶴髮藜杖簪冠羽服望之若仙劉侗嘗爲序贈之卒祀鄉賢

曹愫號素菴幼遍經史不遇遂以畫名畫馬畫雁尤工薦紳家多珍弆之

鄧履寬業岐黃尤善書畫寸牋尺幅人爭寶貴

彭文楷字端軒別號旭陽山人善醫農某患腹痛劇諸醫束手楷診之曰脈大小無定脣朱面白此蛭入腹也用田泥水飲之果下蛭千百而愈其治病多以意創有方書未載者

黃安縣

李文軒順治初嘗從山僻間得素書一卷砭鍼數枚鐵馬勒一具遂精馬醫巡撫林公聞之召試其術有馬孕數月軒曰當產黑駒已而果然邑紳有愛馬病令視之曰爲我具雞黍已而取雞腿二納馬鼻中須臾出蜈蚣長數寸許馬遂愈

韓五公子者兵部職方司庚寅季子也生而聾且啞父敎之識字能摹樂毅論見者以爲神肖有武力徒手可敵二三十人雍正間歲大祲富室吳某家近河南有流民將行劫吳延韓

衞之盡逐流民去及歸有十餘人以棒尾其後擊之棒未至
碎爲兩段一人斷右臂餘皆遁通志

楊重華王子甯彭仁池三人皆瞽目楊以手相馬牝牡年齒毛色德性歷言不爽王善攻木運斤自若彭以星學自活而遠行不用相一日憩五里山旁失錢十七枚既歸仍往原處尋得之皆異人也通志

羅田縣

廖國遇自號遂穀老人善書法嘗避兵蕭寺得衲子衣服之敲木魚唱梵唄賊突入問和尚以何術過活漫以字傭對賊未信裂紙立揮數幅拏詫爲奇僧竟舍去因篆其章曰半僧復一日病臥自言有人召作字戒家人勿遽斂遂昏絕累日始

蘇由是晚年書款更號又蘇

蘄州

徐琮字侶蒼一號顛客精六書之學金石刻具有法度亦工詩畫與長沙陳鵬年相友善同里有方舟者工畫草蟲尺楮寸幅人寶貴之王志入隱逸今依通志移入

鄧元緡字霞素善丹青與徐琮同師黃樵長徐精山水鄧工花鳥及寫眞陳大章玉照亭集

郭從字層崖承恩孫諸生性嗜酒豪爽不羈喜讀秦漢書工書畫尤精古篆至今寶其流傳圖印如韓陵片石不可多得所作詩見雨湖吟社合集原名從後改從故號去山云

黃軒字著南畫花草人物工細異常江南文士雅愛慕之向與陳瑷同師鄧元緡陳亦楚楚有致

王恕號蘭渚善畫山水人物品高神足率以大劈斧帶水墨皴爲之蘄以畫傳者鄧霞素黃著南而後此其接武也

廣濟縣

藍生挺字是效諸生好形家言讀書有得則徧歷前朝兆域以自考驗吉安守趙某延爲上客先是官是地者多齟齬以去生挺指署中某物宜添某所宜去又安福科名寖衰生挺與令步學宮傍使人掘得古溝謂令曰開此溝科名復盛矣是科捷鄉闈者五人趙亦陞僉事去存實堂稿

閔貞字正齋父德裕工形家術與母程相繼卒貞年始十二比長欲圖父母像奉之遂極力學畫藝既成爲人傳影皆酷似

而父母像終不肖一日遇田叟於塗儼然其父也延至家飲食之陰摹其度態又數年見丐婦宛如母狀乃合而圖之懸之堂中見者以爲如生嘗游藝都門王公貴人爭相推重題其所作奉餽圖皆稱爲閔孝子通志

黃梅縣

程萬藻字匡汝精青烏術嘗游潛霍英六爲金尚書光悌祖父營葬預卜當福某支干所生人果驗即尚書也闔邑謀建奎星閣請藻擇地閣成是秋捷鄉闈者九人僉以是德藻藻曰適然之數也

陳文斌字武烈精醫術立起沈疴貧窶者不較藥值常置夜燈以照人行一日視病遠方晚歸中塗遇雨昏黑不辨路忽見

數丈前燈光隱見若近若遠直達里門則門前照夜之燈也
著有傷寒纂要諸書
周金樹字貫亭工書法能作望雲草書梅自喻化鵲石謐後金樹其傑出也與蘄水王雲廣濟徐襄同時以字名家人爭寶貴又善勾股算法著有算法精言
胡嶼字龍光精繪事著色鮮明歷久不壞畫瀟湘八景於山市晴嵐洞庭秋月能空中起色山寺晚鐘亦象外傳神師法閔貞其外祖也嘗爲喻文鏊畫黃梅出山圖極工見考田詩話

補遺

黃岡縣

許傳德字聿修　恩貢生居城南棲鳳窩即東坡所稱古氏南坡地因以南坡自號爲博學工文辭尤善書行草得南宮三昧喜作擘窠大字人爭弆之著有音韻源流攷毛詩音義補史腴摘論南坡詩鈔等書
邱翔字翼臣道光庚子舉人工制舉文字試輒冠其曹兩試春官俛得仍失遂絕意仕進歎曰身爲士遂不足康濟人耶乃專心醫學自神農本草以下諸書靡不畢覽已而治病皆立愈風雨寒暍有請必往病痊概不受謝鄉居獎掖後進尤矜恤族戚貧苦云所著傷寒辨論二十餘卷實能發明仲景之蘊又濟世金丹如干卷

遷寓

漢

黃岡縣

周仁周平王次子汝墳侯烈十八世孫西漢時徙居黃岡繼烈封侯其後以避西晉亂復他徙至周靈起仕梁（王志注案唐宰相表周仁當漢時封汝墳侯後徙安成傳五世至汝曹掾燕燕九世孫防防十三世孫靈起其先世避西晉之亂徙居永安黃岡是徙自晉世者當爲防之後人周仁封侯地則汝墳時則漢代並無徙居黃岡事諸志似失考存以傳疑）

三國

麻城縣

毛玠字孝先陳留平邱人玠攜幼子家於麻城有魏武手書萬古高風四大字迄今子孫珍藏之（王志注案毛玠卒於鄴有考見冢墓志）

南北朝

廣濟縣

徐儉一名報東海郯人陵之子幼而修立勤學有志操梁元帝召爲尚書金部郎中累官御史中丞隋大業閒子斐授廣濟令儉來就養遂留居西郊

黃梅縣

鮑照字明遠東海人文辭贍逸古樂府尤遒麗劉宋義慶時與太尉袁淑吳郡陸展東海何長瑜並著才名宗藩臨海郡王子頊鎮荊州以照爲前軍參軍掌書記因築室於黃梅今邑治基即其舊宅有讀書臺在廣濟東衝山

唐

蘄州

李泌字長源京兆人七歲能文天寶中詣闕獻復明堂九鼎議得待詔翰林仍供奉東宮因賦詩譏誚楊國忠安祿山等國忠嫉之詔斥置蘄春郡

五代

蘄州

陳曙蜀人嘗舉進士唐末遯跡蘄山室中惟一榻素書數卷與蛇虎雜居雨雪滿堂自若也數十年顔鬢不改後徙鄂渚不知所終

宋

黄岡縣

韓琦字稚圭相州安陽人兄琚天聖間守黄州琦從之寓安國寺讀書白晝青燈風雨無怠後登進士仁宗時入相封魏國公謚忠獻黄人想其德望爲立祠於讀書處

蘇軾字子瞻眉山人嘉祐二年進士元豐二年知湖州言事者摭其謝表語爲訕謗謫黄州團練副使本州安置攜子邁寓居定惠院遷臨皋亭故人馬正卿爲守從請故營地東築雪堂以居自號東坡居士與潘大臨陳慥王文甫游往來江上著赤壁兩賦嘗夜至浠水醉眠溪橋又渡江至武昌遊西山寒溪題詠甚富將買田沙湖以老尋量移汝州去

秦觀字少游高郵人元祐中爲祕書省正字工樂府與蘇軾相友善紹聖初坐黨籍出判杭州尋以御史劉拯誣其增損實

錄削秩編管黄州

張耒字文潛淮陰人弱冠第進士紹聖初坐黨籍謫監黄州酒税徙復州徽宗立起爲通判黄州召授太常少卿復出知潁州汝州初耒在潁聞蘇軾訃舉哀行服言者論其罪遂貶房州別駕安置黄州耒凡三至黄士人就學者衆

陳過庭字賓玉山陰人中進士第宣和二年爲御史中丞時方臘陷諸州過庭上言致寇者蔡京王黼竄二人則寇自平又言朱勔父子皆刑餘小人竊取名器罪惡貫盈宜正典刑以謝天下由是大與權貴忤以罪罷知蘄州未半道謫海州團練副使黄州安置

龍仁夫字觀復江西永新人文學與同郡劉詵齊名而尤深探濂洛關閩之旨所著周易集傳十八卷多發先儒所未發初薦署爲江淛儒學副提舉未就後仕爲湖廣儒學提舉鼎革後授陝西儒學提舉不赴遂僑寓黄州益博究經史以道自任舉陰陽律歷靡不研究與西山吳應澍參政董敬中及鄉里草廬吳澄相友善擇孔子山之勝築書室於其麓以時講學明五經爲時矜式學者稱麟洲先生嘗過潯陽呂文煥遊琵琶亭令賦詩仁夫卽席賦曰老大蛾眉負所天忍將遺憾付哀絃江心正好看明月又抱琵琶過別船呂大慚晚愛陽邏山水之奇時一登覽特於江側磯石上大書淮甸上游四字以識之年九十餘卒卽葬陽邏華山之陽學者建祠祀之子孫遂世家於黄云

右傳載問津書院舊志與江西吉安志合但考姓譜及一統志楚通志皆謂先生元人姓譜謂仕爲湖廣儒學提舉一統志謂授陝西提舉案度宗九年二月呂文煥以襄陽叛降元十年七月帝㬎即位十二月陽邏堡潰沿江諸郡皆呂氏舊部曲望風款附呂氏爲有宋國賊先生詩所謂遺憾哀絃琵琶別船蓋以硠老姦之魄而聲討賊之義也築室問津僑居終老安得復有屈節事元之理蓋先生仕宋爲儒學提舉陝西提舉必元所授未就者嗚呼北戸傷心西臺痛哭先生確然爲有宋一代完人雖紀載傳訛其不得以沒先生之高節明甚又考襄水無琵琶亭宋史德祐元年呂師夔以江州叛降元設宴庾公樓則先生入席賦詩坐客皆泣者當在白樂天賦詩處即諸書之流傳失實可知矣康熙丁亥七月十有五日

雨山舊史後學陳大章記蹦𨑂書

蘄水縣

程居字隱谷咸淳三年授漢陽簿有惠政遷廸功郎由漢陽徙蘄占籍査山之東迄今子孫稱盛

麻城縣

陳慥字季常眉州青神人太常少卿希亮子少時使酒好劍嘗與蘇軾遊眉之西山馬上論用兵及古今成敗自謂一世豪傑晚棄田宅遯於光黃閒之岐亭菴居蔬食徒步往來山中妻子奴婢皆有自得之意人見其所著帽方屋而高因謂之方山子及蘇軾謫黃州過岐亭始知爲慥云

李臺卿字明仲廬州人貌陋而性介博學彊記所著史學考正同異多所發明知天文律歷千載之日可坐數也蘇軾謫黃州臺卿爲麻邑主簿始識之後罷官歸卒

蘄州

蒲遠猶字仲俞成都人慶歷進士官閬清令到官踰年病脚氣乞歸尋醫過齊安任師中仮館諸臨皋亭不期月孫叔康昌齡在蘄春以舟迎之遂家焉詳金石蒲遠猶墓誌銘

朱服字行中烏程人熙甯進士知廬州值歲饑便宜賑濟全活甚眾坐與蘇軾遊貶海州團練使蘄州安置改興國軍卒

劉摯字莘老東光人累官右僕射辨白邪正紹聖初爲羣小所惡貶光祿卿蘄州居住將行語諸子曰上用章惇吾且得罪若惇顧國事不遷怒百姓但責吾曹死無所恨正慮意在報復法令益峻奈天下何憂形於色無一言及遷謫意

孫傅字伯野海州人仕中書舍人宣和末高麗入貢使者所過煩費擾民傅言索民力以妨農功於中國無絲毫之益宰相謂其辭意同蘇軾熙甯中所奏貶蘄州安置

廣濟縣

王濟開國元勳審琦十世孫封宗翊郎高宗渡江護蹕南來保障江黃任蘄州刺史後寓居廣濟

文天禎廬陵人天祥兄寶祐閒舉於鄉署廣濟教諭天祥死棄官隱居廣濟五里橋東迄今家世儒業未艾萬姓統譜

黃梅縣

陳宗達字世顯江州義門陳伯宣之後兄弟五人達居第三康定初以乏食來家黃梅世篤孝友

胡文政江州人建炎中北兵至其父瑞以良家子從軍兄弟六人俱赴敵死文政收兵還江州過黃梅蔡山江心寺遂家焉

岳震忠武王飛第四子飛討李成駐兵黃梅詔進屯洪州飛以士卒非震莫可彈壓因留震黃梅及飛以誣死震易姓匿太

河間弟霆聞震所在亦潛往依焉遂改鄂姓孝宗時錄徙嶺南雲雷支裔而此派不及其後分爲十三戶仍復岳姓家有忠武遺鉦一面有警輒自鳴云

元

黃岡縣

蔣彥忠南昌人勸課蘄黃元末兵起隱居黃岡庶安鄉講學授徒因家焉

麻城縣

喻千祿江西人黃州刺史勤政愛民工吟詠尤精陰陽律歷諸書與弟百祿卜居麻城有墓在三角湖上

蘄州

蔡相字鈍夫原籍閩中建陽西山四世孫也延祐二年舉進士授衡陽令多惠政陞衡州守致仕歸路經蘄陽西河驛見山川秀杰遂家焉晚號西河隱者

顧士徵字季貞元平江路昆山縣人阿瑛第七子也元統間進士至正末参江州總管李黼幕時黼總管江州兼攝蘄州徐壽輝亂兩地俱陷賊士徵走詣卜顔帖木兒請兵復江州進復蘄州以功遥授蘄州路總管固辭明初隱居蘄之鈷鉧潭自稱顧七官人年八十卒

黃梅縣

張允中鄱陽人元末以進士任戶部主事管九江稅廠因稅額不足降黃梅稅課司尋落職因家於梅

洪備饒州人忠宣公皓之裔元末授江州路建昌令再授廣州路清遠令不赴過江訪舊經蘄之黃梅悅其山水環秀買田築室於東山子孫世家焉

明

黃岡縣

劉簡字孔章江西臨川人明初任黃州知府政簡刑清建置書院士林賴之靖難兵起棄官寓居赤壁下旋徙東弦鄉服官十餘年惟留書數篋而已後裔家於黃人稱所居爲留書灣

周浩字季深四川人正統間任黃州同知視民如子遷石阡知府致仕後附籍黃岡孫瓚舉人爲偃師知縣

陳世昌江西舉人官武昌同知有善政解組後士民挽車留之遂家於黃廷瓚仕懿即其子孫也

蘄水縣

范承吉其先姑熟人學士常之後洪武初徙居蘄之土門少孤廬母墓三年一日之野獲遺金數百守之以還遺者有司以孝義旌其門其子後遷黃岡之魚博村

胡之驥字伯良蘇州人以詩名萬歷初與蘄之故懷慶守朱期至善因家焉期至卒驥爲序遺稿行世晚著詩說紀事數種

麻城縣

趙乾歸安人元趙孟頫之裔洪武初知麻城縣後寓居於縣西之牛棚山麓子孫家焉

蔡毅中光山人萬歷中進士授檢討以上言礦稅事忤大學士

沈一貫計典鐫秩起爲麻城丞歴禮部侍郎以疏救楊漣忤
魏忠賢罷歸 明史列傳

黃安縣

焦竑字弱侯金陵人耿定向門人定向督學江南竑執經問道後入詞林訪師過安寓天窩書院與温陵李贄及騷人馬逢暘呂四峯何心隱輩同遊處凡所題詠遺墨尚有存者

呂四峯失其名福建諸生有文武才應試日值海賊至當事啓院出之四峯拔檣桿並掀舉甃岸石擊賊舟應手斃碎賊遁仍入闈終試師事江西梁汝元 一作了元 唯謹來楚主黃安吳氏庭有老槍纛孔九四峯手弓注矢次第畢貫又於壁間大書所爲春日郊行詩淋漓飛動聞汝元死乃去

殷海鶴孝感人明末亂以妻子僮僕數口來居邑西之岐峯山變姓名曰江夏陳生訓蒙自給酒後吟詠極苦一日不知所往其壁間遺句云閉戶不聞巖虎嘯披衣常待燭龍明至今人呼其址爲陳先生廬云

羅田縣

蔣翹之廬陵人掌教羅田因隸籍焉工吟詠凡山水之勝多經

游覽

蘄州

壽章陳遜俱吳人羅啟蜀人以仕荆藩占籍於蘄章子儒舉進士見孝友傳遜子灝本府教授啟子志觀愿慤工詩

廣濟縣

魏良輔字師召新建人以進士歴江防道僉事駐蘄州壓山東左布政致仕因州民見思遂與弟良儒家廣濟鄭公塔側良儒與從兄弟良弼良器良政同事王守仁後俱成進士良儒以明經老

張復字子遠休甯人聞黃梅瞿九思講學龍坪執贄就弟子列值九思被誣子甲上書救父復左右之得直罷歸嘗曰學以治心也心念穢雜如野馬亂絲僅聳悅夸人乎製大鞭懸座右每妄念起輒自痛鞭如是者二十年著作宏麗古雋有黃河圖考行於世 案復又載黃梅僑寓志

黃梅縣

瞿大成其先合肥人祖通官右都督父能佐高帝以開國功官

大都督建文中副李景隆將兵禦燕戰白溝河敗績能及長子大芳俱死季子大成逃之黃梅遂家焉後補戍籍從征有功授都指揮得世券以奉通祀七傳至廣平知府晟生九思

楊哲順天人洪武進士任湖廣分守副使弊絕風清吏胥不敢仰視入籍黃梅離城二十里黃花港建有副使坊

國朝

黃岡縣

補帽匠不知何許人無家室居止嘗擔補帽具往來黃州團風閒以所得值市米取擔頭小鐺作炊或煎水爲茗飲晚乃舉襆被投逆旅攜書數帙琴一張時讀書亦閒爲琴操問其姓名漫云姓何字白雲後徙居蘄水何廟鋪卒葬其地蘄水徐

子芳爲作何白雲傳（案補帽匠又載蘄水流寓志）

栴士楝字敬亭宣城人僑於黃性極清潔每至村市無絃誦聲即迂途避之曰俗塵汙人也能詩善書尤精繪事名士多與之游訓導馬正塾頗得其筆意

冷紘玉號芝巖山東膠州進士官安陸同知緣事罷主講河東書院凡十餘年引掖後進多所成就

蘄水縣

李恕字相如肇慶人寓巴江閒作書畫人無知者適參政李爲霖於行館見其畫曰此吾友筆也亟索之邑令訪求輿致執手流涕留連數日始別恕能酒善琴尤長於詩所著鶴歸堂集識者評其爲怨誹不亂之音卒後邑人咸稱之曰十潭先生

麻城縣

吳與泌號亦白閩人或曰明季顯宦罷官流寓麻城與曹允昌魯晟輩相友善博學工詩文所傳有秋崖逸老傳（案秋崖曾晟別號也）

廣濟縣

石山輝字韞玉浙江會稽人乾隆閒主講滄浪書院每春秋必設饌奠寇山人墓居數年病卒門生故人以其所遺貲殮葬畢四嶺山人墓側（桑梓紀遺）

黃州府志卷之二十五終

黃州府志卷之二十六

黃州府知府英啓纂輯

人物志

列女一

宋

李氏黃梅人韓秀妻宣和末秀久客汴姑老病劇氏泣禱於天懇醫調治姑愈益盡孝養姑嘗語人曰吾今九十三吾媳亦六十矣吾子有若無也吾非媳何以終老乎

元

武氏蘄水人趙政二妻年二十二夫沒家貧守節事舅姑尤謹事聞旌表

蒲烈女黃梅人邑吏蒲汴女（麻城縣志作蒲拱女）年十六（舊志作二十六）爲紅巾賊所執女顏色不變紿賊以隨我至山橋僻處潛拔簪刺其一目賊伏地衆賊追刃之罵不絕口死（王志作麻城人原注云舊志作黃梅今從省志考黃梅志注通志府志俱作麻城誤今依黃梅志更正）

張氏二烈女蘄州人父任總管長女年三十一次女年二十九俱未字至正辛卯寇逼蘄二女與父相失乃相語曰我世宦豈可被賊辱乎挽手赴蓮花池死

伏貞女黃梅人少許聘未嫁而壻亡女誓守貞以養父母嘗爲母吮疽年二十七卒里人號曰孝女

明

黃岡縣

節婦

魏氏熊谷眞（通志作鎮）妻　吳氏熊拳妻　胡氏吳受妻魏年二十四夫亡終舅姑養撫幼子拳依父家紡績自給拳長娶吳受女生子官受官童會拳沒於五開衛戍所衛檄取官受補伍時吳受妻胡亦早寡依女以居於是三孀日夕抱孤而泣吳私計曰兒獨應伍兒必亡我偕兒往姑與母老亦必亡乃兼程赴京陳情太祖詔有司體勘得實魏胡均以節旌吳以孝義無雙旌並復其家後官童子仁博學有文名

周氏進士余文瑞妻夫沒氏嘔血不食面垢髮結以夫衣易爲衾枕婢偶曝其衣誤雜男子衣中立焚之

劉氏庠生倪天瑞妻年二十夫沒撫孤士觀爲諸生授徒奉養

氏年踰九十卒萬歷二十二年旌後十二年士觀亦以孝子並旌

方氏舉人盧靜妻副都御史方任妹年二十四守節事舅姑以篤孝稱卒年九十六萬歷二十三年旌表建坊

王氏進士癸世亮繼妻都察院都事王廷儒女嘉靖間世亮殉興化難蒙諭葬時氏年二十二苦節七十餘年後封恭人萬歷間三蒙存問年九十四卒詔建忠臣節婦坊祔葬世亮墓

汪氏庠生王追宣妻夫亡無子弱齡苦節年六十餘卒事聞旌表

盧氏庠生曹銓妻年二十二夫沒撫棺哀慟夜自縊以救甦撫遺孤勤苦萬狀偶鄰媼以微言挑之氏翦髮齧指唾媼面不再見年七十五卒萬歷三十六年旌表建坊

周氏韋體亨妻生子石麟尙幼體亨疾篤指老母幼子瞪目視之俄卒氏守志奉姑孝謹撫石麟辟纑佐讀石麟後登萬歷壬戌進士官主事氏封安人三十五年旌表建坊

吳氏曾祿妻　邱氏魏璋妻　王氏陶以憲妻俱年少守節養舅姑撫遺孤甘寂茹苦終身不易

鄭氏樊燎妻　吳氏藍繼妻舊志稱其節並蒙旌表

汪氏徐某妻萬歷四十二年御史趙應元疏畧云十九于歸未及期而良人早逝廿年守志不移時而姑舅雙亡准旌表建坊

陳氏庠生林廷（邑志作廷模）妻歲貢生恩之女嫻習詩禮年十七適

林未逾年夫病劇製木主授氏而卒氏自縊家人壞戶救甦血貫雙眸乃强起事舅姑盡孝年五十病且死治棺自題曰復主廬遺命與主俱瘞其故篋中有橫江詞云日落孤帆盡江流片石微千秋盟白水不逐海風吹蓋自謂也然生前無一字示人萬歷四十二年旌表建坊

王氏袁文任（通志作文仕）妻　何氏袁希詩妻王適文任甫二年文任性孝友以兄冤代刑斃杖下舅姑年老遺孤希詩僅閱月王苦節至年八十病篤希詩妻何氏刲股救之又四年乃卒天啓四年賜坊曰節孝流芳

余氏進士樊玉衡繼妻衡歷宰商城崑山氏相之以廉著衡沒謚孝介家貧甚氏勤苦奉姑立從子維孝爲嗣一女適漢陽

李應楠苦節四十餘年天啓六年詔以廉貞雙美旌之
袁氏賈燿妻年十四適燿二年而燿沒遺一女氏攜歸依父以居茹素飲水清苦萬狀迨女嫁誡曰自汝父死我眼未嘗覩男人女人一世不可輕覩人也卒年六十有六
李氏庠生王相妻年二十而寡子崇擢僅三歲食貧教子以孫用子貴受封並旌表
宋氏鄭一魯妻一魯省父四川還至巫峽溺死氏年二十一聞訃觸牆幾斃矢志守節撫二孤成立衣惟麤麻足不越閾歷五十三年卒
劉氏庠生杜桂芳繼妻年二十七夫沒氏撫孤琬以節終流寇陷城廬舍俱燼氏柩獨存人以爲苦節之報

熊氏於伯貴妻　張氏舉人於廷諍繼妻伯貴早沒熊苦節五十餘年壽八十孫廷諍亦早卒張年二十四孀居四十餘年奉旨建坊賜額曰完名全節
雷氏詹景麟妻年十八于歸事舅姑孝越八年夫沒夫所譔著親檢成帙出入以禮自持有姊適同里張澤澤既貴姊有餽遺屏不受教二子有法及孫時明遂爲名儒年九十六卒
胡氏曹獻甫妻年二十二夫沒守節撫孤孤夭母與兄弟欲嫁之誓死不變伶仃紡績年七十二卒
何氏貢士王箕繼妻知府何晚齡女年二十夫沒子鳳閣在襁褓依夫前室子孝廉鳳陽以居苦節四十八年卒鳳閣子都諸生都子欽濂見宦蹟

陳氏知縣王欽濂繼妻　杜氏舉人王承啓妻陳年二十七欽濂沒撫二歲孤承啓苦志訓迪舉於鄉尋卒婦杜年二十四孤懋德甫八月茹荼飲泣養姑教子四十餘年後懋德成進士官知縣
國朝康熙二十九年以雙節補　旌
陶氏牛斗妻黃州衛指揮牛可耕母也娠三月而夫沒可耕生保護尤苦可耕得襲祖職耕子若麟成進士官御史氏且百歲疏請旌表
屠氏張懷楠妻年二十五夫沒家貧更值荒亂兩子繼沒孑然無依汲水負薪以自給年逾七十卒
余氏舉人曾齊賢妻年十九夫沒撫二子克明克修迄成立苦

節五十年大學士姚明恭疏請旌之
蔡氏庠生黃楞開妻　鄧氏黃文宗妻蔡年二十夫沒守節撫孤文宗娶媳鄧逾年文宗復沒生遺腹子燕喬姑媳共撫之以雙節稱
陳氏庠生何高甫妻年十九夫沒遺腹生女相依終身年六十九卒
杜氏庠生劉胥運妻年二十三夫沒子隆譽尚幼忍死撫育時訛傳有富室求婚氏引刀自刎因救免苦守以終
王氏庠生汪繼周妻年二十三夫沒無子思殉家人持之乃終喪閉處一室僅畱牖納饘粥年六十病劇且死始開關治後事焉

余氏朱蒙妾蒙妻劉舉子女各一余無所出及蒙卒劉他適余辛勤育之日事紡績非丙夜不休壼政嚴肅親屬莫敢窺其門踰三十年忽謂子廷琦及女曰吾命將盡不能終視若輩惟望若輩爲上流人耳越數日無疾而逝時年五十四三十年明史作二十年

欽氏庠生余大鉤妻隨父取任蔚州倅贅大鉤於任未一載歸黃而大鉤沒氏年僅二十守節撫遺腹孤卒年六十

陳氏王朝文妻年二十二夫沒撫孤子維繼爲諸生守節五十二年卒

王氏武舉蕭鄧侯妻年二十夫沒撫遺孤萁爲諸生家貧事舅姑孝年逾八十卒孫之年舉人

王氏黃正存妻年二十七夫沒家貧撫三歲孤紡績自給年六十八卒

李氏熊行之妻年二十四夫沒家貧遺子二氏守節撫孤事舅姑孝年逾七十卒次子飛雄諸生

劉氏邱九圍妻夫沒子玉崗甫週歲氏勤苦撫育成立凡歷六十餘年八十七卒玉崗亦以孝稱

王氏周升岐妻年二十一夫沒家貧甚撫孤學易艱苦萬狀誓死不渝年逾七十卒

汪氏庠生吳茂兌妻副使士瑞孫婦也年十八夫沒撫孤景星事姑孝守節四十五年

曾氏庠生周之詰妻夫沒無子苦節自矢卒年七十

余氏陶華野妻夫沒無子氏守節備極艱辛事姑以孝稱撫按額獎之邑長史邱民心爲之傳

蔡氏易明虛妻年二十四夫沒遺孤二長僅數歲次遺腹生家貧母家欲嫁之氏誓以死守事姑孝守節五十年卒

吳氏熊爾興妻年二十四夫沒事繼姑孝撫孤文華爲諸生屢經寇亂卒全其節年逾七十卒

趙氏汪晨妻年二十二夫沒遺孤應秋甫二歲氏撫之成立奉舅姑殯葬如禮守節六十年足不踰閾年八十二卒

姜氏庠生陶旺妻年二十四夫卒撫孤守節四十四年本縣王志補

何氏張淩雲妻　阮氏諸生程彭時妻俱年二十餘夫死家貧無子孝事舅姑苦節終身

桂氏孝子唐治妻治死於孝遺孤二氏苦節教育之兄弟食貧勤業不忘訓迪

李氏庠生徐天初妻年二十七夫沒課子斐雯相繼爲諸生獻賊陷城被執勒氏爲爨不屈死斐殉詳孝友

李氏張問達妻年二十一守節獻賊陷城氏投井死

郭氏易爲禧妻禧早卒氏守節十餘年崇禎癸未獻賊破郡城不屈死　郭氏易爲祉妻與爲禧妻故姊妹也賊襲山寨氏被執不屈賊怒撻之斃復刃剚之子時弧同遇害

胡氏陳順道母　湯氏陳順道妻　李氏陳由道妻湯李俱守志盡孝明末寇至二人棄子扶姑胡逃避姑以衰朽不忍累二媳乘閒自縊二媳痛甚亦自縊鄰里斂三屍瘞之縣志入烈婦今

移此

程氏贈文林郎王追駼妻年二十八獻賊破城氏與駼竄居武湖舟邸駼病沒三孤各隨乳母未審存亡氏脫簪珥倩人涉險徧訪得之扶駼櫬赴鄉依外戚居苦節四十二年長子之鯨順治庚子舉人

羅氏同知何世遠妻遠卒於桂林無子氏扶櫬還楚涉險五千餘里途遇盜殺其僕劈其棺氏身護之亦被重傷歷盡艱危始得歸葬苦節以終以上王志

汪氏易明耆妾夫沒氏撫嫡子女恩勤有閔下逮諸孫治家勤儉有法守節五十五年卒

劉氏庠生易遂之妻年二十三夫沒守節撫二孤教之成立次

子道位諸生

王氏易建之妻年二十四夫沒遺子道備氏矢節撫之族有利其家貲者謀害孤氏辛勤保護得無恙

趙氏易道敏妻年二十七夫沒書篋外無長物氏撫孤紡績自給寇焚其廬百折不渝卒年五十一

柴氏庠生易為經妻年二十九夫沒遺瞽子及一女子夭氏苦節以終女適方姓罵賊以烈死

陳氏易明晉妻　董氏易儀之妻　陳氏易儀之妾　應氏易道端妻人稱三世四節

葉氏易明序妻　蕭氏易偲之妻　王氏易明占妻　余氏易傳之妻俱姑婦雙節

段氏易念之妻　郭氏易念之妾共撫庶子以嫡庶雙節稱

陳氏易依之妻　陶氏易從之妻　周氏易道新妻俱年少守節撫孤

邱氏陶雅妻　徐氏陶以陽妻　戴氏陶瑗妻　蔡氏陶世儒妻　魏氏陶思魯妻　熊氏陶思仁妻俱年少守節

鄒氏庠生王之經妻年二十三夫沒撫孤成諸生尋夭氏孳一老婢獨處樓上守節四十餘年卒

林氏庠生陳繼書妻年二十五夫沒守節撫孤夫兄弟欲嫁之氏刺目自矢值寇亂備閱艱險家道以興撫二子士閎肇遠俱諸生卒年六十七

靖氏舉人魏師田妻田沒於京邸氏依父科元避寇山中元闔

家死氏藏石窟得免撫孤成立守節四十餘年卒

萬氏靖天錫妻錫沒於小崎兵難氏年十九攜孤必純得脫又遺腹生子嘉植並教之成諸生

李氏庠生蕭璧妻年二十二隨璧避難璧罵賊死賊逼氏不屈梃刃交加無完膚賊去越三日復甦苦節四十年撫孤邦符為諸生

羅氏易明徵妾徵及妻俱沒遺孤甫五歲氏撫之艱辛備至伯氏利其產謀害孤氏籍產付之丐餘以存孤及長乃大會族里收還所籍產

甘氏陶克順妻克順從戎麻陽死氏年二十四止一女誓死守志事姑孝卒年七十四

楊氏易崑生妻年二十二夫沒生子甫歲餘氏矢志苦守紡績
自給撫孤成立年八十卒
樊氏晏鶚明妻副使維城女博通書史明隨父清沒於鬱林氏
扶櫬崎嶇數千里得歸葬自是長齋誦佛苦節而死嘗爲文
祭夫略曰子孫同稻蟹之無遺夫姑已若敖之不食孤忠淪
落撫時而泣文山未亡飄零逢八而思范式風鳴鶴唳皤身
獨竄蒼梧瘴雨蠻烟離魂誰歸赤壁
張氏萬五玉妻幼明大義夫沒無子毀容自矢撫從子年鼎爲
嗣守節三十年卒鼎成諸生能守母訓
萬氏陳季昌妻夫亡守節明末攜子道平避賊許子灘賊追及
氏奮袂投江中有物承之浮十里得免道平得舟亦免漢陽

熊伯龍爲撰奇節記
徐氏庠生姜璽妻夫沒無子依女以老守節五十年卒
張氏庠生樊玉衢妻夫沒三子俱幼氏茹苦撫而教之維域成
進士維鼎維忠俱諸生守節三十餘年卒
樊氏庠生何昌祖妻年二十七夫沒誓死撫二女遣嫁畢獨棲
一樓三十年以全節稱
王氏庠生王憲伯妻年二十二夫沒子女各一姑老且病氏刲
股以進姑愈後子女俱夭煢孑終身卒年八十四
余氏庠生鄭季良妻年二十九守節事姑孝撫孤二一洪舉人
官知縣一灝諸生氏卒年八十五
易氏朱光坤妻夫沒無子苦節依從子以居閉室誦經不見一
人年六十九卒
王氏何昌祚妻夫沒無子終身衰絰閉居一室三十餘年一日
櫛笄扃戶而死
甘氏王學任妻年二十八夫沒守節事姑孝撫孤成立卒年六
十二
王氏庠生易學汾妻賢而有勇年二十二避難遇寇氏抱子持
槍連刺三賊得脫比歸學汾已沒苦節撫子康時以文行稱
康時妻死撫其子德宣成立而夭復與宣妻方氏撫其曾孫
嘉會方守節六十二年卒王年九十九卒嘉會亡妻馮無子
守節以終康時門人王道明爲立三節傳以上王志
葉氏庠生曹激揚妻崇禎十六年流賊陷城激揚殉難氏青年
守節卒年七十戴志以上採訪節婦

烈婦
項氏李富妻正德間爲流賊徐彥明所刦氏紿賊防閑少疏投
江死
盧氏劉鵬妻夫沒痛哭嘔血自縊死嘉靖中旌
杜氏州判秦一才繼妻雲南大理人一才倅大理雲龍州娶爲
繼室氏年僅十八一才年且艾無子或慮其不能偕老氏曰
不能偕老獨不能偕死乎未幾一才自雲龍歸黃岡屬其族
弟繼宗經紀後事一才卒氏請繼宗爲治兩棺宗如其請氏
服斬衰答弔客曰吾不欲客謂先夫無子也自蓺自紡成布
以斂婢僕三年喪畢服酖以殉蓋初嫁時所攜也血漬五官

猶自拂拭不假他手臨絶乃令加故䘓衣於衫上

樊氏按察使杜應芳妻年七十獻賊破城氏白髮皤皤坐堂上賊亦不欲加害會見眷屬受傷大罵遂被戕

樊氏舉人王一翥妻獻賊破黄氏被掠至三江口賊逼之罵曰我天下名士妻爾敢辱我賊問姓氏曰吾夫黄岡王子雲也賊笑曰名士有何官職氏曰卻不作賊乘閒遂大呼翥子二字躍入江死一翥後以翥子名其集

屠氏王二林妻被流賊執大罵引頸受戮屍彌月不壞

王氏李君賓妻遇流賊不屈乃先屠其舅姑及夫仍不屈賊猶無意殺氏氏奪刀自刎死

曾氏吳周封妻性介不苟言笑勤紡績佐夫讀書不繼則典簪

珥無難色遇流賊瞋目大罵不屈賊未忍殺氏度不能免抱七歲女奔赴賊所焚廬舍中膚髮立燼賊義之拾其骨裹以白絹瘞之再拜而去

蕭氏庠生黄正遠妻爲流賊執大罵見殺事聞獲旌子文繡舉人士錄諸生

王氏同知奚祿詒妻通孝經及楊愼史談獻賊破城隨夫避亂於大冶之獨虹山下祿詒爲土賊石可鼎刼去氏投江死惟八歲幼子在旁及祿詒脫歸氏死已十餘日後封孺人

倉厫烈婦不知姓氏獻賊破黄殺人盈城黄岡李拱硯走伏城外糧倉下見賊以行縢牽一美婦至坐倉畔石砌上年二十餘抱半歲許兒賊解行縢求歡婦怒罵之脇之以刃罵益厲復置刃婉求之終不屈賊斬之首墜五六步腔血濺賊身猶抱兒端坐不仆

李氏朱曰灝妻幼通書史遇流賊不屈投並釜䔍湖中死四日浮出顔色如生（王志原文考縣王志作被殺越七日得屍少異）

王氏庠生易道尊妻崇禎乙亥二月與二女爲賊所追躍入塘攢石破腦母女沈水死

熊氏易道一妻賊至奔山谷賊退子爲璘野哭求之七日獲其屍刃痕叢聚血漬衣裾

汪氏易時昇妻避賊天井畈賊至被縶奮罵賊怒斷其首懸樹上一子甫晬乳婢爲匿積草中以免

陳氏易吉甫妻聞賊警以麻徧束其身及爲賊掠不屈作炬焚

之罵聲激烈而死

華氏易瞻明（邑志作道日）妻爲賊所追躍入池中賊亂刃攢死

周氏易道重妻避亂洞中爲賊所得驅之不行殺之屍坐於岡上

易氏庠生何剛妻易仰之女罵賊被磔

易氏庠生夏繼璜妻易文我女素喜讀女誡繼璜死於賊氏守節撫孤賊至抱幼子厲聲罵賊怒刃之舉火焚其屍

易氏庠生何際時妻易道旦女遇賊奮罵不屈死

易氏李爾常妻易道位女賊襲山寨氏泣謂母曰與其受辱生毋甯潔身死自投懸巖而斃

易氏劉伯昇妻易道傳女賊至抱一子藏叢莽中賊搜得之亢

聲大罵刺之不懼賊縱火被焚死

易氏方爾聞妻易爲繼女遇賊被縶大罵賊刃之膚盡裂猶聞罵聲

陶氏易爲瑾妻城陷扶姑王氏登埤賊至厲聲罵賊賊迫之同姑墜城死

杜氏監生王封帶妻年二十夫沒無子日夕嗚咽柩側不食死

樊氏庠生杜鈺妻鈺弟鏞溺於江鈺赴救俱死氏年二十九攜幼孤迎屍殯於堂慟不欲生喪畢語其子曰兒長不須我矣不食死以上王志參縣王志

牛氏洪有奇妻于歸逾年夫沒氏痛哭淚血淋漓而死其兄若麟爲請旌表縣王志

殷氏汪鼎臣妻姑與夫避賊山寨寨破被殺氏値母病歸省聞之佈奠江濱號泣投江死

張氏王躬靖妻年二十三靖殉獻賊之亂氏聞訃曰吾夫忠義不屈死吾何以生爲遂焚香叩首入室自縊死

姚氏贈太僕卿王一桂妻　邱氏王一桂妾一桂死昌平亂姚與邱及子女二十七人俱投井死

劉氏贈光祿卿周之訓妻　楊氏　王氏俱周之訓妾之訓死濟南難劉與楊相持入井死王自刎死

吳氏庠生樊維清妻奉姑避難氏爲賊執欲犯之氏以手抓賊面罵曰吾父按察使吾夫名士賊子何敢爾賊怒斷其手與耳賊去其母家婢爲尼者適見之掖入廟次日姑尋至氏語姑曰吾可以對吾夫矣又曰姑老矣淚雨下不復能言握姑手而沒

王氏易伯昇妻遇賊投水賊擊以石破腦與女俱溺死

李氏庠生潘南嶽妻避亂武昌縣遇賊以烈聞武昌府志

邢氏庠生胡珙妻江夏人歸珙避亂鄂城城破居鄰皆逃氏曰女人面目可令賊見耶投井死

熊氏汪郜孫妻義士熊霈之姑也城破自縊死

鄒氏余明貴妻年十七適余獻賊陷郡城驅之行投塘死賊退鄉人收葬之身帶箭及重創數十處

夏氏庠生熊兆聖妻避亂山寨寨破氏投水死

鄭氏蕭某妻其夫爲四川黎雅營弁氏避兵憩郵亭見柱有驛

梅鶯別意隄柳暗離愁句遂成十絕題書於壁自經其旁其七勖夫云日星浩氣在人間立志當如張別山音信須憑隴外寄暗傳汝婦已投繯見者傷之楚北詩佩

尹氏林廷爵妻崇禎丁丑爲賊所掠氏搶地求死罵不絕口賊刃之裂其屍

梅氏謝宗湯妻獻賊之亂爲賊所執大罵而死

邱氏黃名儒妻年十九儒客於外流寇至里人促之避氏以少婦不可令人見攜幼女投塘死

劉氏包明文妻避賊山寨寨破賊執文氏泣請以身代文得逸去賊欲逼之奮罵而死

楊氏邱翊運妻崇禎癸未避獻賊亂至大士閣磯爲賊所執逼

登舟氏奮罵投江死縣王志補遺
某氏舉人汪建遇母　杜氏汪建遇妻某與子媳避賊山寨寨破某投巖死杜泣罵遇潛逃遇未肯杜曰君慮妾爲賊污耶請先死以明妾志亦投巖死
田氏布政使吳思溫妾　游氏吳思溫子媳及兩女寓居武昌崇禎十六年獻賊陷城氏聞溫殉節相率投井死
陳氏吳岳母　朱氏吳岳妻朱年二十四夫沒守節事姑陳孝明末流寇將至陳自揣恐累媳投井死朱覺棄子廷朝於道亦投井死里人名爲節孝井至今石封不啟
易氏何石父妻遇賊被執受重創死
甄氏刑部尚書甄淑女適生員於斯來來早卒氏貞潔自守崇

禎癸未獻賊破黃州以罵賊死倍極慘酷新採補輯
邱氏博士黃正元妻　朱氏庠生黃正珩妻　朱氏黃正亨妻俱明季遇賊不屈死節以上縣王志　以上烈婦

貞女

陳女知縣陳相道女通論語許聘汪二南未嫁二南卒女毁容誓不再字父母嘉其志製斬衰歸汪成服苦塊於二南靈右者三年卒年五十七
余女余家店余君儒女未嫁而壻夭有熊宦欲購之女毁容矢志紡績自給依父母終以上王志
朱女許配張倫未婚倫病劇請於父母親侍湯藥倫沒守貞不返卒年八十八萬歷四十四年旌縣王志補遺
余女安湖余承靖妹許字張氏子張子幼爲賊掠父母欲更嫁之女曰吾已許張矣閉門誓守五十餘年終以上貞女

烈女

劉女父負薪爲活正德間流賊過黃見女殊色欲亂之女紿賊以飾妝請賊置女舟中投江死
張女未詳何許人嘉靖間父挈居團風鎮女工詩其父先有所許已而悔故徙居此有富商謀娶父許之女曰兩髦何在遂至此乎引刀自刎遺詩云搖落林居風日清黃花白露客心驚頗傳信美非吾土卻憶飄零即此生隱几晝曛飛海嶼杖藜秋色醉山城年華轉换俱陳迹底事猶牽世上名
陶女名足大陶成芝女年十四許聘朱廷傑廷傑死女欲往奠母堅止之涕泣竟日自縊死

易女易道久女字孫某乙亥遇賊不屈死
易女易道光女字熊友嘉仲子某養於熊賊襲白雲寨熊子被殺女憤罵號哭賊攢刺之死參王志戴志
團風鎮烈女逸其姓氏明季獻賊破團風女登樓避賊招之不下焚其樓女掌痕般然頹牆間過者恒相指示
金女鴨蛋洲漁家女崇禎末許字李某次子比長李子痴呆日甚謀於金父母欲以長子配之父母許諾女聞悲憤曰此何事而可以移易乎父母强定婚期先一夕女私縫周身衣夜半投江死以上王志
竹瓦鋪池邊烈女佚其姓氏賊至女結衣履自縊於池邊樹上

邑人易爲鼎爲記（王縣志）

樊口烈女不知姓氏年及笄未嫁左兵東下過樊口掠置馬上以手侵其乳女怒齧賊手不得脫賊衆斷其首批其頰齒已入骨賊剜肉出齒頃刻死（詳武昌縣志　以上烈女）

孝女

朱女通政使於倫妻隨倫萬安縣任聞母死廢飲食哭泣五日而卒萬安人立祠祀之事聞獲旌（王志）

蘄水縣

節婦

王氏甘原禮妻適原禮甫二年禮亡氏年二十四甘貧守節五十三年洪武初旌表（一統志）

潘氏李渭妻永樂時人年二十三夫沒踰七月生遺腹子守節歷五十九年卒

呂氏劉永釗妻年二十四夫沒父母欲奪其志引刀破面誓以死守歷五十八年事聞獲旌子湄以孝稱

胡氏汪弼繼妻　楊氏汪弼妾弼卒胡年二十三楊遺腹生男兩人誓死共守織紝自給事孀姑以孝聞時稱雙節

楊氏王仲謨妻年十五適王越二年夫沒父强之再適氏斷髮自誓敬事舅姑撫遺孤以完節終

胡氏周道妻宏治時人年二十夫沒子鳴球在襁褓舅姑憐之令再適氏以死誓守節六十年卒

楊氏周鳴復繼妻景春女年十九適周逾年夫沒無出撫夫前室子延祚如己出孝事舅姑至老不渝

程氏李寅妻鄉賢李宗元之冢孫婦也年二十五夫沒治葬卽成二槨虛右自待言動一秉禮法簾幃肅如還舅姑葬立嗣子俱竭心力施建六神港石橋邑人賴之有司屢旌其門年八十九終

鄧氏張存貴妻家貧早寡翁年九十病篤無從得藥乃齋沐禱天割股以進一服而蘇氏卒年七十二

何氏諸生蔡寵妻年十六適蔡越二年生子際盛甫百日夫沒守節撫孤歷五十九年卒

楊氏庠生徐尙國妻年十八夫亡遺腹生子鉉撫之成立姑病割股以進萬歷四十三年旌

劉氏周鳴洛妻年二十餘夫沒子延甲僅三歲次尙襁褓氏辛勤撫育苦節四十餘年後延甲及孫之士俱鄉薦

楊氏周延祚繼妻年十九夫沒無子父母欲奪嫁之氏以死自誓撫前孤如己子苦節以終

胡氏李彰芳（舊作漳今改正）妻年二十二（縣志作三十）夫卒子幼誓志守節家人待之少恩母家亦憖置不顧氏憤勵課子勤女紅以終

鄭氏舉人易文訓妻　李氏易文誥妻文訓會試卒於京鄭喪葬祭祀依家禮舉行夫弟文誥妻李生子偲甫八月誥沒家貧甚鄭偕李誓死苦守人稱雙節

廖氏袁正魁妻年十八夫沒撫孤守節五十八年終萬歷間知縣具詳申院署云白屋甘貧青年砥節引繩卻聘猶存項下

之痕拾穗存孤常灑指中之血受盡五十八年之苦方完七十六歲之貞事聞旌表

潘氏李學妻年二十一夫沒家貧守節撫從子以終

羅氏郭廷庠妻年二十八夫沒家貧撫二子親操井臼織紝以養舅姑年六十八卒孫士望官祠部請　旌

湯氏庠生楊伯亮妻年十九夫沒矢志守節撫孤繼震成立爲諸生氏卒年七十五

畢氏庠生李浹嗣妻年二十七夫沒矢志守節課子若嚴師卒年六十五官師表其門

蔡氏庠生楊學浦妻年十八夫沒苦節五十年終

畢氏王望民妻年二十三夫沒遺腹生子宗玆辛勤撫育歷五

十餘年孫士廉諸生

袁氏程若召繼妻夫沒矢志守節四十餘年初撫夫前室周氏子如己出夫遺產業半予前子半與己五子人稱其賢後五子俱入庠孫曾聯登科第(參縣志)

孫氏張邦恒妻年二十五夫沒子五衡甫四歲氏茹苦自甘織紝以資五衡讀後衡中順治戊子鄉試氏卒年五十

宋氏(邑志作朱氏)華甲妻年二十二夫沒苦節五十四年(以上王志)

林氏徐存念妻夫沒氏年三十遺孤三教之成立奉孀姑尤謹年六十一卒後裔以科甲顯

周氏朱朝吉妻字德芳博覽經史工詩文適朱數年夫沒守節年未三十亦沒著有鳴鞘集(以上縣志)

吳氏蔡應兆(舊志作乾)妻應兆以繼母奇嚴逼之自縊氏年二十二痛憤死守姑復强之他適氏百折不回憂虞險阻歷三十一年崇禎十六年獻賊屠城氏大駡爲賊殺(王志)

陳氏庠生南有恒妻夫沒一子仲甫八月氏苦守撫之成立歷二十六年崇禎十六年遇流寇氏殉難仲甫
國朝順治戊子選貢爲澄海令

李氏南邦鼎妻貢生李仕女年二十六夫沒無子矢志守節崇禎十六年遇流寇殉難時年六十(以上縣志　以上節婦)

烈婦

徐氏程安國妻夫暴病外戚家有張某力爲求醫不愈竟沒氏慟絕不飲食歛夫葬爲兩壙廬一待己悉檢什器奉姑曰媳

不卽死者爲夫疾時特勞張君未謝故也頃張君來弔氏備酒食拜謝畢遂投夫墓側池水死時年十七(本通志一統志補)

申氏李新期妻夫沒土豪李豺强委禽焉氏斷髮不從豺劈門縛至其家乃自縊死

陳氏年十四適鐵匠周世文姑寡贅夫蔡鳳鳴窺氏少艾挾姑勢百計迫之氏堅拒不從告太姑曰兒不能爲狗彘行也夜自縊死鄰黨喧傳聚觀烈日中面色如生耆儒謝朝宣皮子恕摛文祭奠進士何文興爲作傳

尙氏詹某妻流賊至不及避踞坐大呼曰死卽死耳不能向汝賊求生遂遇害

洗馬畈婦某氏爲賊所執不屈賊刃其腹一手抱嬰兒一手捧

腹使氣不卽盡以待夫夫至付兒放手而斃明史
李氏庠生何之旦妻崇禎八年流賊至蘄執而逼之去不從則衆挾之李罵益力詈賊求死賊怒刺之創徧體未嘗有懼色賊斷其頸死從婢阿來抱李幼女守哭賊奪女將殺之不與伏地以身庇之刺數十創婢與女俱死明史
畢氏徐一三妻崇禎十年爲流寇所執氏大罵曰我夫與父兄皆何如人而爲爾辱耶自巳達午罵不絶口卒不屈賊殺之後請旌
柴氏庠生郭鞏妻流寇執而逼之氏罵曰余家累世清德安能從賊求生可速殺我賊就背砍之見肝而死
吳氏庠生郭琯虞妻武昌縣貢生吳如揆女流賊破寨殺琯虞擄氏氏慟哭願與夫同死遂殺於琯虞尸側案縣志列國朝今仍王志原列

孟氏王靈妻崇禎八年罵賊被殺是日王敎民以子代父同時死邑令龔鼎孳爲作王氏表異傳
李氏庠生南有杞妻　周氏南之傑妻李於崇禎十年流賊破寨被執促之上馬厲聲大罵賊乃刺殺後以子之傑貴贈孺人周於崇禎十六年亦以烈殉後以之傑繼妻高氏子夢班貴贈宜人
姚氏庠生南士華妻相國姚明恭姪女明季賊破寨夫被擄痛哭號救賊以兵威之氏曰吾以得死爲幸被賊殺
南氏庠生游文錦妻庠生南𡎺斗女適游生子一値流寇掠野猝不及避與婢一兒匿於林中屬夫負子去且訣曰如被獲誓不與賊俱生後賊搜獲逼之據樹罵賊不屈賊怒殺之後文錦返至林中見氏兩眼俱淚手猶抱樹不解一兒身被數創氣尚未絶
周氏副貢徐蕙映妻　邱氏徐暹妻周爲延廉次女與姊德芳兄之冠之篆俱有才名及適徐閨中唱詠盈帙崇禎十六年流寇陷城與夫俱死其子暹好學自書屋縋城脫走邱亦投潭死
吳氏庠生蔡應渚妻　廖氏蔡應渚繼妻吳於崇禎十年遇賊不屈投水死廖於十六年城破抱子同溺死
蔡氏舉人楊儕妻年十六適楊崇禎十六年寇至儕攜二子避

賊江南留氏在城臨行屬氏曰可出則出毋蹈險以自辱也三月城破氏謹奉夫言遂殉難成節
胡氏錢應運妻崇禎末流寇屠蘄氏抱幼子走避遇寇令去子以從氏指罵不輟賊怒兵之旣死子猶在抱僵立不仆人咸異之因名其子爲成節
鄧氏陳所望妻崇禎末流寇突至望以搬糧入城未出氏急挾子心壽匿河巖中被賊搜獲推兒入河挾氏上馬氏堅拒不從投地者數次賊怒曰不去卽殺氏大呼曰甯殺不去賊遂殺之
鄔氏徐文覲妻　張氏徐文覲媳崇禎十六年流寇襲蘄覲父母新殯見賊勢熾城且晝閉不敢啓因縋柩出城安厝屬氏

暫偕子媳居守三月初六城陷賊衆提刀入室逼氏及其媳擁之去鄔紿之與俱至南關外湧月臺下投河死時年三十三張年十五亦赴水死以上縣志 以上烈婦

孝婦

汪氏壽光知縣蔡國琦妻姑病劇氏侍湯藥不倦兩次割股以愈族黨異之

徐氏蔡國嵩妻國嵩幼失明氏父議悔婚氏年十一聞之泣訴於父曰女無再許曷爲寒盟議遂寢後歸蔡生子二俱爲諸生

袁氏程祉妻有懿行孝事舅姑相夫無違教子有方鄉里則之稱女中君子後子孫以科第顯以上縣舊志 以上孝婦

烈女

王女名夢貞王論女笄而未嫁曾祖母喪女翁及壻行奠讀祝有輕薄子歸言得覷女女聞之曰女子義不受誣遂憤罵不食三日自縊死論葬之妻錢墓側鐫詩碑陰時嘉靖三十七年季冬事也案邑劉志云 國朝順治十四年修志求得殘碑歷百年方得表彰足徵貞終不泯云 以上烈女

麻城縣

節婦

鄒氏主事李文祥妻夫謫死氏年三十苦節四十餘年王世貞題其家云一門七節萬里孤忠蓋氏後一門繼者有六節婦云

劉氏周宏祚妻劉端簡公采季女夫早沒守節三十餘年坐臥一樓執翁姑喪盡禮以節孝稱通志

毛氏劉文縣志作劉守蒙妻侍御毛聚峯女幼工詩年二十四夫沒矢志不渝年逾八十卒事聞旌表刻有毛文貞詩集

李氏王師妻師卒氏年僅二十餘越兩月生子山玉鄰媼勸其改適氏泣曰我餘生與此呱呱隨分待盡而已其叔母亡遺一女氏更撫字之牮鄰家火起氏搶地呼天同一老僕扛夫柩出輕若神助自是家業盡焚饑寒益甚終無怨言洎山玉能讀書力奉甘旨無缺以壽終一統志

李氏王埏春妻前鴻臚李長至女土賊徐大元等乘亂殺埏春父子祖孫五人氏冒險奔控破家貲擒諸賊當道置之法氏請得逆首祭於夫墓哀感路人後服素茹苦以終以上王志

唐氏鄒友二妻夫沒守節撫孤其翁老惑於繼姑劉氏百計逼之嫁氏引刀截耳示以死守後以完節終

宋氏廩生胡石銘妻生二子一女石銘病殂氏慟哭死而復甦者數瘞畢躬績以撫子女時有舉人江某欲娶之遣人踵門氏大罵某强逼之氏攜子女謁中丞梅之煥白其事梅深嘉而憐之召江痛責遂寢氏歸激烈不自忍大哭於夫靈欠請從權以完名節遂削髮爲尼並二子一女皆披剃焉杜門不出作苦如初後兵荒洊至力不能支越數年氏卒二子終於僧岳州教授王琓曾爲行狀記其本末

劉氏周某妻兩見學校節烈祠祀其一自屬前周宏祚妻一不詳夫名今補列此

李氏案王家樓街有石碑上鐫節孝李氏坊中鐫奇烈幽貞四大字旁鐫嘉靖三十六年丁酉歲邑尊吳暨闔邑紳士同

立衙後有節孝李氏墓夫家及生卒年月失考 以上縣志 以上節婦

烈婦

張氏知縣劉漢妻漢任商水知縣流寇至城陷氏同女鸞山死
土窟中 正統中旌

王氏梁某妻 本學校節烈祠祀補

李氏舉人周宏烈妻年二十夫病願先死以明志及夫危不食
而死次日夫乃卒

喻氏舉人周宏祁妻夫沒以憂毀殉夫弟宏綸稱氏大節似其
父希禮云

李氏知州王寵麟繼妻年二十夫沒子幼氏哭泣不食經四十
日而疾革知族衆將不利於孤豫戒家人置棺中勿封殮族
衆果蝟集謀孤殺毋氏從棺中言曰知汝輩計必出此矣衆
大慙去氏乃瞑目

鄒氏董應長妻夫沒觸棺頭裂姑與毋抱持之勺水不入口者
六日遂絕事聞旌表

余氏葉振華妻隨夫避賊於斑竹園勢危急度不能免遂自經
夫解救數次抵暮乘夫不見縊樹間死

董氏庠生戴崇禮妻年二十偕夫避寇時子曜甫六月餘投之
乳母屬善視之行至楊家冲遇賊猝至擁氏上馬氏奮身投
塘死 以上王志

吳氏庠生王掄廉妻廉卒氏求死未得復念舅姑老孝養備至
崇禎壬午賊至氏被擄奪刀自刎死

李氏馮 通志作馬課 玉二妻夫沒氏年少翁姑欲嫁之氏號痛不已
並舉所受田地盡還之翁姑惟率一婢紡績自給而仍供奉
翁姑如禮撫姪為嗣御史熊克美書節孝二字表其閭崇禎
癸未春流賊至氏率子與媳及婢奔避路與賊遇投河死

傅氏張祖望妻縣官王仲韶婢也其夫久客於閩未歸主母逼
之嫁氏大呼其夫者三投懸巖死時年二十六

周氏周濇于妻夫遠貿崇禎乙亥氏被流賊擄去時同擄衆男
女俱長跪乞哀氏獨不屈賊必欲屈之氏曰頭可斷膝不可
屈被賊殺

鄒氏王山甫妻名勝大思直之女賊至氏先與夫約曰我若為
賊擄誓必死恐屍久難認我以耳鐶裹腳帶內為記夫識之
崇禎戊寅二月砦破賊擄氏及子女各一氏力持子女罵賊
賊怒舉其子女撞石而死氏罵愈厲賊以木樁釘氏腹而死
後九日夫往尋屍果不能認忽記氏言解其腳帶有耳鐶在
焉見者哀之

毛氏庠生王汝楫妻進士祈蕃女也事祖姑與姑孝崇禎癸未
五月獻賊破武昌楫攜家避亂為賊所擄氏顧楫曰事急矣
當以一死酬夫遂罵不絕口被殺

鄒氏王貞一妻名伯弟思伋之女歸王生子女各一俱被賊擄
氏抵死不屈被賊剖胸死

楊氏韓某妻甫適韓卽為兵掠抵死不辱自刎死

榮氏朱應麟妻夫遠館河南崇禎癸未春卒於館生徒扶櫬至

以百金賻辭不受質衣物營葬畢從容自盡
羅氏庠生梁鎮妻　王氏梁孟孫妻崇禎乙亥寇至鎮與孟孫
均外出羅攜王避亂於鳴山賊獲羅勒之上馬羅曰吾士人
妻也豈爲賊婦延頸受殺王見姑死曰吾豈獨生賊亦殺之
後人埋其屍於山麓
周氏舉人王山玉繼妻崇禎壬午七月流賊破砦氏露宿小舍
產一男日嘔血數升旋被執氏罵不絶口賊怒殺之無血頸
上有刀痕二白如練以上縣志　以上烈婦
賢媛附
曾氏尚書李承祚妻御史曾肇山女嘗買新宅掘地得金數千
曰宅乃新購金豈我有召原業主還之

吳氏保甯推官熊夔妻熟習經史手錄古聖后賢母孝女列傳
成集縣志　以上賢媛
貞女
彭女幼字曹石霞次子及笄未嫁壻病往侍湯藥未幾壻沒遂
矢志終身奉侍兩姑撫伯氏子以承祀縣志
烈女
劉女名鸞山商水知縣劉漢女隨母張氏遇寇殉難
熊女諸生幼學女也許字劉康康遘疾且篤女刲左股肉遺之
爲幼弟誤棄復刲寸許父母遣唁康少瘥閱月死女聞訃慟
仆絶粒父母力救乃曰不令我哭弔於劉終不生於是偕之
往觸棺毀裂是夜自縊姑救解泣諭之曰吾子未汝諧何必

死女曰兒食以股卽事以身矣不死何歸舉家防益密遂呼
父母與姑曰請許我伴孀姑終餘年姑喜諾女伴起櫛沐拜
康靈入室乃閉戶自撞家人破戶入已觸柱死矣御史舒鰲
給銀與康合窆事聞旌表復其家以上王志並通志一統志參縣志明梅國楨輓有詩
鄒女鄒思識女年十六未字父母早喪依兄居牛棚山崇禎辛
巳監軍孔貞會領兵至麻適兩兵入兄家窺女豔鞭兄欲挾
女女匿後園踰牆出兵知之追至畈中女宛轉百計莫脫紿
曰無苦相持吾隨汝歸又紿之曰吾已至家將何往當許吾
櫛沐換去泥衣許之女入廚卽拔刀自刎女叔諸生鄒思試
居城聞之走報孔給銀備衣棺封殮置兩兵於法邑人公舉
請旌以寇亂未行以上烈女

黃安縣
節婦
彭氏耿大賓妻年二十六夫沒遺孤二氏苦守終身未嘗齒笑
卒年六十六郡守孫表其墓
張氏王威妻與夫皆至孝翁姑暨夫相繼沒氏年二十餘撫孤
苦節數十年如一日邑令匾奬之
黃氏王惠妻年二十四夫沒矢志撫孤病不用醫曰嫌其診視
也亦不用禱曰天年果盡得早從夫地下足矣卒年八十二
孫三顧歲貢三極舉人
張氏蔡純仁妻　徐氏蔡純信妻張年十八夫沒舅姑逼之嫁
氏引刀截耳塞戶以居奉主牀頭蚤暮哭越數歲寇掠鄉村

舉家遁氏繫組於頸懸梁據几以待屬老婢曰寇如入門卽推几使得速斃寇過門未入遂獲免後純仁弟純信亦早沒娣徐感之矢志與張同居諸叔奪其產志愈堅邑令聞而贍之及卒各與其夫同穴

周氏張信妻夫沒年二十六苦守歲荒內艱外患以身捍之一日斷炊池上有棃一株取其實蒸而食終不乞鄰貸粟艱辛四十餘年卒以上王志

韓氏監生吳若傑妻夫故事哀姑孝撫孤成立

李氏庠生吳緒妻年十六歸吳性孝順娣姒咸矜式焉夫沒撫孤教養兼盡以孫中理貴贈孺人以上通志

葉氏選貢彭鴻功妻兗州知府繩祖冢媳夫沒於外訃至氏哀

號慘怛投於池以救免及夫櫬歸攜三子環泣欲啓棺視殮止之寢苫樽旁葬畢矢志撫孤以完節終王志通志

王氏韓琮妻庠生王三輔女幼通書史嘗刲股救母以孝聞崇禎乙亥賊襲鳳水山琮父子俱被害氏受重傷死而復甦兄弟舁入城醫治乃痊時年二十九誓不再適居韓惟破屋數椽瘠田數畝以一婢女自隨織紝終日以給衣食足不出戶庭守節四十五年卒

趙氏監生鍾應造妻勤儉自持夫死氏欲殉鄰嫗救之得甦撫孤裕淑蔓齡俱成立

張氏李文華妻生有四子夫沒苦志教養有成年六十九卒

周氏歲貢吳大松妻　韓氏吳克塤妻周孝事舅姑和睦娣姒氏本巨族而荊釵裙布若貧女然韓爲長孫婦克塤早逝韓矢志自守嘗刲股以療祖姑疾節孝並著

葉氏彭守則妻年十九于歸進止以禮姑姒皆歡夫遘羸疾誓以死殉夫曰死易耳汝若生吾乃不死遂卒一慟幾絕繼而曰吾不難殉夫子死而難背夫子之屬我生也取夫弟之子爲嗣勉終喪事歲時血流滿袖聞者傷之飲泣茹荼四十年如一日

張氏王世亨妻夫沒無子翁強之嫁氏曰下不能爲王氏續宗祧上又棄其衰老之翁人將不食吾餘矣遂矢志守節撫夫弟成名養衰翁無閒以節終

鄭氏庠生彭承芳妻承芳早逝氏年二十六撫十月孤家貧耕

耘餬口嘗遭儉歲併日舉火終不製衣無所怨尤五十年如初志教孤德禎成諸生姓氏見通志

鄭氏王世臣妻　方氏王世巨妻　秦氏王正極妻鄭年二十六夫沒撫遺孤至十三歲夭夫弟世巨妻方年二十六夫沒撫孤正極成諸生媳秦年二十五極沒遺孤三秦苦節自矢孝事兩姑人稱王氏三節姓氏見通志

董氏秦尚樸妻年十六適秦越五年夫沒遺孤環甫二歲女僅四齡氏悲號慟絕舅姑勸之曰與其從夫而死毋甯代夫養親乎遂矢志撫孤事舅姑孝卒年六十見通志

耿氏周之復妻恭簡公女也年二十四夫沒子女俱幼腹尚有娠痛哭垂絕願以身殉姑解之曰若念吾兒亦念吾兒有垂

自之母乎氏泣曰吾以其心死死者姑以其身生生者乃密斷一梳破一鏡置棺中孝事孀姑卒年五十四彌留之際召二子曰吾向嘗斷梳破鏡以殉爾父存其半以待今日爲取以殮言訖而逝女二一適王竭賊投井死一適詹早寡守志終其身

黃氏劉廷諍妻年三十夫沒三子皆幼時夫柩在庭氏每事必告鄰有失火者將及氏家氏伏柩大號願以身殉鄰媼急持之終不動哭聲益哀火及屋榱桷半燬忽止年八十卒

馬氏葉明之之妻　方氏葉向華妻馬年二十二夫故遺孤二歲矢志撫成有議再醮者則斷髮破面茹荼三十年邑令爲請旌子向華復夭媳方能繼姑志撫幼孤至於成立年六十

卒

鍾氏徐國善妻年二十八夫沒苦節撫孤迄於成立且饒智力內振家聲外弭侵侮時稱巾幗丈夫有司爲旌其門

余氏孟淮妻少嫺內則長適孟事孀姑孝年二十五夫沒遺孤二存誠存謨氏號慟誓以身殉姑止之乃苦守紡績以資養撫又值寇警一身衣紉百結備勵艱貞卒年七十九孫應瑄拔貢教授德安琮璜俱諸生曾孫之春廩貢之夏太學生姓氏見通志

王氏秦文實妻翁學韶卒氏隨夫就館麻邑夫沒孤啓意年十三邑豪某欲奪爲妾氏知勢不可直拒紿以少待期年豪信之乃密與子運薪柩下然之佯驚失火拾骨於囊負之攜子夜行晝伏山谷間輒迷所往有鳥前導抵家始飛去旣歸葬夫骨於翁墓側教啓意爲諸生

汪氏庠生秦際昌妻于歸越二年夫亡年二十撫孤琚芳五十餘年俾入庠且誕孫七十三卒姓氏見通志際字作裕

柴氏何邦文妻　滕氏何邦文副室柴適何無出邦文另納滕氏置於別室生子應朝二歲柴年二十八夫沒將殉家有老僕泣請曰主人有子安用戕生詢得實遂迎歸與滕並志撫孤後配吳氏生子三遜貢成均述達皆冠小試柴年六十五卒滕亦以節終朝續娶賀生子通成進士姓氏見通志

欒氏庠生石麟趾妻夫沒守節撫孤正嵩女喬大後正嵩娶妻李氏生子作礪喬大年亦及笄賊至氏偕子女及媳走避遇

賊逼近持刀奪喬大氏救女罵賊死嵩伏母屍哭罵賊殺之喬大被賊繫馬上乘間拔刀刺賊目賊怒支解之時李攜作礪匿藪澗中三日不食僅得免收三屍歸葬撫作礪成立補弟子員娶妻生四子復值寇亂李卒以罵賊死一門之內前後殉節者四人

劉氏丁遂妻夫沒守節歷三十餘年明末流賊破寨氏扃戶將雉經賊擊戶氏叱曰我節婦不可以面目見賊賊捽戶入解其懸乃以頭擊賊被亂刃刺死家有二犬守其屍數日不食死子斯昌諸生時觭廩生

趙氏夫沒其名佚守節避賊風水寨賊縱火焚之氏伏二子於牆隙中以身捍火火洞兩腋終不釋手母子俱死三傳舊入烈今仍從節論

秦氏江至衡妻生子女各一年二十四夫卒誓死不貳明季族豪覬產氏力持不為摧折流氛方熾氏避居同姓西砦人多欲逃氏訓子弟與家僕曰與其獨奔遇賊死何如同聚一處有險可恃乎眾矢守禦卒賴以全孤夭撫孫密成諸生嘆曰書香有託可瞑目報先人矣年七十八卒（以上縣志）（以上節婦）

烈婦

王氏庠生韓璣妻明末流賊至氏慮不測豫置薙刀衣囊中已而遇賊不屈自刎死（王志注省志作韓生璣誤今從縣志改正）

某烈婦不知姓氏崇禎丙子流賊至罵賊不屈被縛於邑南彭氏庭柱上磔死（以上王志）

王氏庠生秦瑗妻崇禎乙亥正月初七日流寇至執其姑氏奮

身往救以頭觸賊罵不絕口賊擁之馬上批賊頰賊怒殺之投其屍於塘水盡赤

某氏庠生秦珩妻適秦甫十月避寇山寨寨破姑被執同娌李氏往救厲聲罵賊刃斃之無血痕殮時神色不改

周氏武舉盧舜臣妻性至孝樂施與嘗傾倉賑饑民崇禎壬午七月初六夜賊陷城婢僕勸之行氏叱曰若獨不聞女子不出閨門乎賊入室氏大罵遂遇害（見通志）

周氏王有永妻當寇亂之際常語其夫曰時事阽危如此女子之身名節至重非獨不可辱於賊並不可死於賊也及聞賊至先自刎死

李氏王嗣杰妻隨夫入山避亂遇賊於道夫被刃佯死賊豔氏不忍加害百計誘之上馬氏罵曰爾殺吾夫恨不殺爾取心肝奠夫前以雪吾仇安能隨爾去也賊怒杖殺之夫甦終身不娶

吳氏麻城庠生黃純武妻教諭吳采女也崇禎甲申五月歸甯時流寇餘孽猶未盡一日賊暮至舉家驚散氏獨與一婢匿樓上賊將逼樓氏謂婢曰吾義不受辱惟一死以謝父母取石自擊其首血流滿面死時年二十七（麻城烈婦採自黃安志故列此）

程氏李袞章妻賊陷城氏匿胥井中賊入室執袞章縛之將加刃氏憤極躍出大罵以身覆夫賊怒刀斧亂下被數十創罵不絕口死夫得脫去

河邊烈婦不知姓氏明末流寇之亂被擄縛馬上將渡河奮躍

大呼縛斷賊急持之嚙賊賊負痛乘閒拔賊刀自斷其頸未絕賊猶持之遂躍入水中水從口入血自喉湧踊時氣絕見者莫不傷之

李氏庠生藏應龍妻崇禎八年流賊突至應龍被執氏罵不絕口與夫俱遇害

周氏盧之懔母崇禎末罵賊死（見孝婦黃氏傳）

周氏光祿吳士仲繼妻生而端凝歸吳事孀姑孝嗣隨夫宦金陵扶姑櫬歸葬寓風水山寨適流賊攻甚急氏遂投繯遇救復甦賊入氏罵不絕口被賊碎首死賊退其子收殮遺骸見氏顏色如生報經撫軍獎以額以時多故請　旌未果

樊氏王烈女之母明季攜女避難陽邏磯投江死（詳王女傳）（以上縣志）

以上烈婦

孝婦

劉氏二尹王國任妻甫六齡聞王母熊訃啼泣不食嗣値熊忌日輒申哀慕旣笄于歸事繼姑陶得歡心國任壯歲無子劉爲置妾生子三錫撫如已出督敎惟嚴隆慶壬申成諸生

李氏耿大振妻靜菴寡言笑事姑秦孺人至孝秦性嚴急易怒且撻李敬受之無怨懟娠第三子將娩晨猶受撻含淚井汲歸亟入室而誕子卽耿恭簡父也性廉嘗乞若於世姑中有遺金謚以還家中落勤苦治生猶省約以爲施與屬纊時强起沐浴更衣而逝年七十一封淑人

秦氏耿靜菴妻生子四定向定理定力定裕事兩世尊章以敬

待諸姑姒以和夜勤女紅令諸子讀書於側課熟方許寢子所交遊必察好賙孤婺貧苦歲祲自撙節以資族屬疫則施湯藥活無算長子巡西夏有持千金求薦者靜菴已遣之入告秦秦愀然不樂聞已遣乃色喜後就養於督學南畿署中布衣蔬食無異寒素諸子婦化之

彭氏耿恭簡妻初歸耿時家未裕一切曰爨皆躬先之及仲娣歸姑令値日任事乃曰娣初至且孱弱奈何勞之獨任如常翁靜庵爲官錢窘彭罄匳中數金奉姑姑喜且泣曰婦貧家女匳中止此乃以佐公耶恭簡從昆負債繫獄恭簡盡括衣笥匳具代償彭無難色後隨恭簡任未嘗購一服飾布衣糲食以迄白首泊如也年六十二卒封淑人

熊氏孟聖睽妻事孀姑極孝夫病危欲以身代閉戶投繯家人解之氏乃焚香默禱刲股作糜以進夫飲訖睡熟詰朝病愈以上縣志 以上孝婦

貞女

周女名映雪周大用女也幼誦讀能吟詠字某氏子未嫁壻沒聞訃矢志守貞死後傳有詩云辭卻蒲團二百年曾將玉骨洗清泉生平抱負無他事雪在山頭月在天縣志

烈女

胡女名黑女　妹次女正德中流賊至兩河口被擄不從賊令羣婦密誘之女曰可死不可辱乃截其足趾手指仍不從賊怒皆剉之萬歷二年知縣應存初表其墓王志參縣志

姚女姚觀一女年及笄爲賊獲欲犯之見衣裙綴紉甚密使營中女子誘說百端不可脅以刃不屈始褫其衣縛其手足令兩力士左右夾持喊聲震地曰我姚觀一女已許人義不受辱展轉顚撲至於折肱毀體終不可近賊怒支解之旬餘面色如生

王女許字松陽令盧繩慈幼聰慧通孝經內則諸篇明末隨母樊避難陽邏磯聞府城陷母女俱投江死

彭女庠生彭世濟女幼字司理盧經年及笄未嫁賊至隨父避亂山寨中會賊攻寨急女自刎父置之亂草中寨隨潰世濟入水恍見其女牽之而渡遂得生次日具棺殮之以上縣志 以上烈女

孝女

楊女陂邑監生楊世傳女幼字阮昌綸年十五兩次刲股以愈母病于歸後事翁姑亦以孝稱卒年六十四黃安孝婦兼採黃陂志因列此

吳女吳大榘之三女質沈靜幼侍父母愛敬備至父沒一慟咯血未幾卒

王女名皎若字淑潔沙河王氏女幼工吟詠長適黃郎遭夫家離亂遂長歸奉母著有瓊軒詩集耿恭簡吳曲蘿張石虹爲之序以上縣志

壽婦

熊氏何儒之妻壽百三歲縣令表以額聯

羅田縣

節婦

李氏舉人周錦妻年二十二夫沒無子矢志守節奉姑孝卒年八十事聞旌表

周氏姜尙忠妻年十八夫沒一子甫半歲守節奉姑曲盡孝養姑病風疾晨昏扶持不懈

許氏王必文妻年十六于歸生子甫週歲夫沒誓不再適事翁姑以孝聞

張氏程雲鵬妻年十九生子方升甫八月夫卒杜門育孤兄勸改適氏憤激舉茶甌擊之守節五十餘年卒

徐氏黃綸妻年十七歸黃甫半月繼姑逐令別居後生子可行六月而夫沒氏年十九姑欲奪其志遣媒詣氏氏持刃刺之

乃止及姑病侍湯藥惟謹居喪哀毀盡禮子復天氏辟纑備茶以終其身

蔡氏庠生張鶱妻年二十四歸張生子恒甫四月夫沒父母欲令再適氏斷髮焚柩前誓無他志年八十卒

胡氏庠生蕭玭妻年二十四夫沒撫週歲孤繼美守節三十餘年夜夢玭邀之遂卒後美洎孫譽皆領鄉薦

徐氏張義妻　王氏諸生張美妻娣姒也徐年二十三夫沒無嗣繼姑强之嫁誓死不從王年二十美沒遺孤二以一爲義後娣姒同心白首完節

胡氏王邑溪妻年二十二夫亡子必登尙幼服闋姑令別適氏誓死不從矢志守節卒年八十

徐氏程詳之妻年二十四夫沒氏矢志守節奉祖姑盡孝撫遺孤仲仁成立年七十餘卒

陳氏庠生胡效藎妻夫亡子一賓甫週歲守志訓孤年七十四卒後以子貴贈安人

李氏余梧妻年十八生子瑞才甫一歲夫沒氏通孝經小學訓子成名卒年六十事聞旌表

蕭氏余文郁妻年二十夫沒撫孤苦守卒年八十餘

胡氏王立妻年二十夫沒守節教子光宇成名卒年七十

熊氏胡某妻年二十夫沒遺腹生子闇然守節四十餘年後闇然列明經克盡孝道

楊氏段喜樓妻年二十七獻賊陷城夫被害氏撫孤守節卒年

五十
余氏胡效賓妻夫沒家貧苦守訓子成立有司請　旌以上王志
以上節婦

烈婦
閆氏庠生胡粹然妻爲流寇逼大罵不從被賊支解
胡氏貢生王炆妻被流賊擄竊其刀自刎死子七八三爲諸生
案王志此次有董氏傳考縣志是烈女故移後
汪氏庠生江文柱妻流賊擄其夫脅氏去氏請釋夫乃從及夫行遠大罵被殺
胡氏庠生方應尊妻避賊至赤剎巖聞夫殞痛哭投巖而死以上王志

朱氏胡一銘妻崇禎八年二月初四日夫婦率幼子避亂遇賊被執罵賊同死
丁氏胡昌然妻崇禎末賊至隨夫避亂遇賊不屈同死
汪氏舉人王燦妻夫婦避兵南遷路遇賊夫爲賊殺氏被執不屈奪賊刀鬬死以上縣志

外籍附
唐氏羅田縣知縣梁志仁妻崇禎八年二月城陷志仁殉節唐大罵奪賊刀不得口齧賊手遂遇害本志明史梁仁傳補　以上烈婦

孝婦
聞氏余忠素妻事公姑孝姑病劇氏禱神願以身代割股作糜食之旋愈王志

貞女
王女父早喪諸弟俱幼女誓不字撫弟成立年九十餘卒王志

烈女
劉女許字姚相未嫁而相死鄰人張正位與人爭娶速之訟女不從自縊死事聞旌表
陶女正德間爲流賊所擄女罵賊不屈死
蔡女諸生蔡容遠女許字余先覺第三子陷於流賊數日甘死不從被刺數十創而死以上王志
董女幼字喻於義未嫁聞流賊陷城赴泮池死後於義以選貢成名著有哀詞以上烈女

蘄州

節婦
陳氏羅冠妻年二十四夫沒家貧苦節三十餘年卒永樂間事聞旌表
呂氏陳溥妻清平衞人呂仲貞之女溥幼隨父徙戍清平因娶氏年甫十八生一子夫沒舅姑以老疾還鄉呂之族不忍氏俱還欲再之氏誓與孤同死生卒歸蘄事育兼盡年八十三卒
黃氏庠生田祿妻年二十四夫沒家貧矢志撫孤卒年七十三
潘氏易宗元妻年二十八夫沒痛哭嘔血髮結不理撫遺腹子東初守節六十五年卒有司以聞
劉氏馬廷賓妻　潘氏馬如駕妻劉年二十夫沒家貧守節事

姑撫遺孤如鴛爲諸生復死孫甫三歲同媳潘撫之萬歷中
旌
劉氏庠生楊杲妻　華氏楊榯妻　田氏舉人楊芳妻劉年二
十八夫沒無子撫姪芳爲嗣芳本生父榯亦早沒榯妻華年
未二十與劉共課芳讀芳登嘉靖庚子賢書尋沒媳田無子
勵志同守劉華年逾八十卒田年六十三卒
黃氏庠生朱用謙妻夫沒氏年二十二矢志撫孤子垓成諸生
守節四十餘年垓徒步叩閽以請崇禎中得旌
龐氏登仕郎王懋仁妻御史王珙祖母以完節終崇禎時珙陳
狀准旌建坊鳳山麓
夏氏張思清妻　傅氏晏文明妻俱少寡無子不忍絕夫嗣立

黃州府志《卷之二十六　列女一　四十二

姪繼之以苦節終
李氏張頤妻萬歷二十九年旌嘉慶通志脫妻字州新志亦作張熙
顧氏劉鉞妻顧景星之姑年十八適鉞僅八十州志作十八日鉞以
赴童子試溺死暑甚屍潰氏抱之痛哭遺腹生子復殤翦髮
垢面苦節四十餘年後年七十值獻賊亂偕弟夫婦及景星
暨他婢奴共七人出走遇賊酋擒奴十餘人七人向賊叩乞
請代死氏坐地大罵曰我命婦死不爲枉何至乞生汝酋汝
非吾楚人乎少年不殺賊爲將軍反倚賊荼毒鄉里豬狗將
不食汝餘賊憮然刀墮於地良久曰聞母言使人大慚吾豈
甘心作賊者母且休矣急騎馬去復囑東行勿南果無恙後
終於崑山姪景星以喪歸祔於鉞墓事聞旌卹參通志

翟氏楊某妻年少守節事姑至孝姑病刲股以救撫子權爲諸
生年六十餘卒
廖氏典史張忠祿妻年二十一夫沒齧指誓守紡績養姑嘗盛
暑爲姑煮藥灼其一目姑沒葬祭如禮撫二子克懋克恕成
諸生年六十四卒請旌
陳氏庠生王從禮妻諸生陳治策女年十五適禮禮有痼疾氏
解奩妝佐藥餌凡八年禮卒氏守節孝事舅姑撫三子應龍
夔龍御龍垂四十年明季避流賊至武昌城陷氏曰未亡人
得死所矣指庭前井謂兩子婦曰若輩有意乎二婦再拜先
下氏取帨履縹之井幹乃投井俱死
趙氏周大權妻年二十七夫沒家貧遺孤祉甫四月撫之成立

黃州府志《卷之二十六　列女一　四十三

守節五十餘年
徐氏曹行仁妻年二十夫沒矢志奉姑家無儋石人或憐而助
之卻不受毀面而㷀居六十餘年卒以上舊志
黃氏庠生陳九德妻年二十九夫沒家貧撫二子皆成諸生氏
姊適朱用謙亦青年苦節時有黃女雙節之稱
李氏庠生瞿平妻憲副李鑒池女年十八苦節年六十四卒建
坊旌表
張氏主事壽儒妻江夏人年二十八儒卒氏撫孤嚴訓戒俾成
立氏以壽終
朱氏庠生李震妻年三十守志撫三子成立年八十五卒
吳氏陳元妻年二十二夫沒矢志守節撫四歲孤紡績自給卒

年六十七
周氏庠生張邦式妻年少守制苦節五十年崇禎九年下江防
道唐旌其門曰貞節以上州志
張氏胡其志繼妻採訪 以上節婦
烈婦
邱氏張文秀妻正德間隨夫攜女避霸州賊劉六之亂於江南
大山磯同女被殺王志
朱氏諸生楊榜妻 楊氏庠生盧紱妻楊於崇禎癸未獻賊毀
城被擄賊欲負之楊紿之曰我能行乃攜母朱行俱入烈火
中死
袁氏庠生盧震初妻年二十二獻賊陷城氏度不能脫拜辭祖

舅姑及舅姑抱週歲子投井死以上王志
何氏庠生陳時硅妻崇禎癸未獻賊屠蘄時硅罹害氏挈子師
儁避深林中得脫歸求夫骸於積屍中認自製頭巾得之具
棺以殮厝之河東旋赴北極尖避難而賊又至氏見勢危囑
兒左肩曰速逃吾從此訣矣遂投山後懸巖而死
李氏布政使張邦翼妻明季癸未之變同夫死節
國朝巡撫何疏請 追贈忠烈一品夫人
曹氏參議李梴妻 蕭氏諸生李本育妻
陳氏諸生李本純妻 馮氏諸生李本繹妻
邵氏諸生李本張妻 管氏諸生李本泌妻
張氏增生李本德妻 鄭氏諸生李本嘉妻
張氏諸生李本昌妻 馮氏學正張效方妻
劉氏學正張效方妾 劉氏諸生張承匯妻
侯氏諸生張承匯妻 王氏張效旗妻
周氏諸生張承已妻俱崇禎癸未獻賊陷蘄殉難
魯氏駱沛輝妻以上州志 以上烈婦
貞女
鄭女麻姑鄭崇德女幼字董氏子未嫁而壻沒女聞慟甚建幽
室圉隙以受飲食盥盆爲浣濯具終日績麻其中遂名麻姑
其盆名老女盆至今猶存鄭氏以其積貲置田租九石爲女
祀產州志
烈女

張女庠生張文秀女正德中霸州賊劉六等出秦淮逼蘄州文
秀載妻女避江南大山磯窖中賊獲女欲污之女大罵不從
並其母邱氏被殺王志
孝女
徐女年甫十二母病刲股救瘳州志
廣濟縣
節婦
朱氏徐宗妻年二十一夫沒守節終身洪武中旌明一統志
張氏何儀妻年十六夫沒守節附居母族撫姪華宗爲嗣正德
中華宗入京陳請得旌年九十七卒
劉氏張鳳妻年二十夫沒無子齧指自誓卒年八十

張氏徐九敘妻夫沒氏年十九殮時裂鏡納其半於棺誓無他志以節終其裂鏡詞云夫鏡照妾心妾心死不變妾鏡照夫魂夫魂飛不散百年霜雪姿獨對寒天怨

査氏程啟妻年十九夫死守節至七十七卒

李氏董傑妾直隸人初傑攜嫡寓京生子松週歲復娶氏月餘傑沒嫡亦亡氏年二十家人欲奪其志乃翦髮自誓餈糜哺孤出貲歸夫及嫡喪於濟撫松成立事聞旌表

饒氏庠生張鈍妻年二十餘夫卒無子女守節以終

邢氏胡嬌妻　李氏胡煥妻　張氏胡敏德妻邢夫沒無子撫姪敏見爲嗣苦節數十年事聞獲旌嬌族弟煥妻李年十九煥沒撫遺腹子敏德爲諸生德復早沒媳張依姑守節撫姪

端木以承夫祀

梅氏楊洪宇妻年十九夫沒遺孤甫三月父母欲奪其志氏以死自誓卒年五十

董氏鍾聲純妻　蕭氏鍾聲純媳董年二十生子甫一月夫沒守節撫孤成立娶媳蕭舉孫而子又亡蕭守節事姑四十餘年董卒年八十九

張氏胡乙丑妻年十八夫沒守節撫遺腹子順時成名卒年八十

劉氏饒欽覲妻年二十二夫沒守節四十餘年獲旌

張氏劉某妻舉人劉人表祖母年十九守節九十一歲沒

張氏翟斯岡妻夫病割股以救夫沒守節終

岳氏梁我集妻（縣志集作雲）　彭氏程元遜妻　周氏程希尹妻　陳氏程元憲妻　劉氏程希契妻　童氏程才妻　程氏張鞏基妻俱早寡苦節終身

吳氏饒某（縣志殉哥）妻石蒼（縣志蒼石）女適饒逾歲夫死抗志守節舅姑不能奪明末隨母避賊山中常懷利刃防不測卒年四十餘

以上王志

劉氏國子學錄張價妻價卒於官扶櫬挈孤歸里安貧勵志撫子琈爲諸生

趙氏張養孩妻事夫惟謹夫沒事姑孝撫兩孤成立

陳氏劉季忱妻年二十四守節九十六歲卒

胡氏張尙忠（縣志忠作宗）妻寡父母欲嫁之不可守節四十餘年

盧氏舉人楊大鼇妻年二十六夫沒遺孤甫十月氏矢志撫之守節三十年

程氏副舉人張淦妻夫沒氏年二十六苦節自勵九十餘卒

吳氏張楚芳妻年十九夫亡守節三十八年卒

朱氏庠生楊戎妻隨夫避寇夫沒寇迫城下氏計出夫柩藏家譜遺像於懷攜二子縋城以免守節四十七年卒

王氏庠生張寅熙妻　王氏庠生張佳蘊妻　馬氏王錫袞妻寅熙侍母避兵母卒寅熙繼卒妻王氏年二十五攜子佳蘊逃竄山谷後徙居武湖佳蘊補諸生早卒媳王氏年二十五依姑守節撫子錫袞又卒媳馬氏年二十九撫子元耀相繼守志人稱一門三節（以上縣志）

以上節婦

烈婦

王氏蔡禾忠妻夫沒姑暨族人逼改嫁氏投水死族人瘞之㝎於水滸是歲大旱縣令徐愷爲之改葬雨隨降

王氏楊啟顏妻夫病癱值流賊至氏侍側不離賊挾其夫氏以身翼護賊掠之行見他婦皆縛置馬上因紿賊曰吾何逃第創重不勝縛賊諾令乘馬行十餘里躍入道旁塘中死越兩旬自塘直立面色如生

唐氏潘龍躍妻崇禎十三年避賊靈杲山賊至加刃龍躍頸索錢唐跪泣乞以身代夫不許女巽大跪泣乞以身代父不許唐知夫不免投於塘女從之賊愴然釋其夫明史

張氏饒燮中妻　黄氏饒起臣妻左兵東下張與媳黄俱爲賊執張罵賊以所佩小刀自殺黄赴水死起臣被繫逃歸尋母故處亦悲號而死

張氏田廣生妻避流賊入枳棘中賊牽之不出遂倒拽之頭面破裂復被支解

胡氏劉仲霖繼妻夫沒守節撫孤流賊入境被執不從賊奪懷中兒拉殺之氏愈憤罵賊撞以巨梃腦破而死

費氏周士龍妻隨夫避賊山巖俱爲賊擄氏乘閒屢促夫去曰女子死則死耳丈夫獨不見幾乎士龍逃氏被殺

胡氏呂彰美妻年十九夫沒撫孤爲左兵所執涕泣謂鄰婦曰吾死矣幸爲我保此孤兒語訖投塘死鄰婦亦感激同死

龔氏馮如集妻嘗割股愈繼姑病後被賊執詭曰珍寶埋林中

汝取之釋我可也指其處賊往即將所佩刀自刺死

江氏縣志作張姓　許惟高妻遇叛卒百計不屈賊割其耳刃其背刳食其心乃死

施氏向日啓妻字蓉姑適向三年值流寇亂氏同夫逃避騎牛行至蘄水界泣語夫曰賊嗜殺書生攜少婦能兩全乎君善自保勿顧我詰旦經池邊躍入死子廷賡舉人任巴陵知縣

王氏查文生妻姑病足不離牀褥氏扶持無倦色流賊至被執不從遂遇害

劉氏張成見妻遇流賊罵不絕口被賊殺

魯氏黄伯常妻被流賊執欲犯之怒罵不屈賊亂刃裂屍死

曹氏朱邦樸妻性湻篤事舅姑孝年三十無子納妾於夫生一子值亂遇流賊不屈被害

鄧氏劉盂秩妻流賊至偕女昭走避事急投塘死舊注縣志作鄭氏

程氏張簡熙妻舅姑俱陷賊氏每涕泣悵望以不及奉事爲憾及流賊至隨夫避深澗中賊搜見遂自溺死

張氏王凝鼎妻避賊於殷家衝寨寨破投波絲洞巖下死月餘子秉鉞收殮面如生秉鉞後任貴州衛守備以氏死事聞
國朝順治中贈恭人

陳氏鍾恆甫妻縣志恆作儉　梅氏饒全中妻　饒氏胡士恭妻俱遇流賊不辱憤罵被殺

劉氏楊齊聖妻　劉氏饒牧夫妻　徐氏張明育妻　王氏吳敏功妻　徐氏饒帝臣妻　劉氏吳敏師妻俱遇流賊投水

死

黄氏劉官玉妻夫沒氏撫女守節避兵湖上擕女及數婢同舟舟膠淺黄見勢急與女婢同投水死值三伏顔色如生

陳氏李日逹妻崇禎乙酉春遇賊寇赴深澤死侍兒從之

徐氏劉滋妻滋赴陝幕卒於中州氏截髪茹苦事舅姑撫孤及三孫闖賊南竄氏年七十罵賊死

徐氏趙家鼎妻死節赤砦

吴氏郝存仁妻遇賊不屈死節

劉氏胡汝行妻適胡數載夫沒守節流賊充斥氏避兵深山爲賊擄不屈遇害子二皆祚皆仁（以上縣志）

金氏張金基妻（採訪）（以上烈婦）

孝婦

李氏呂楚蘭妻幼爲父母吮疽適呂又割股救姑有司復其家

劉氏呂國珍妻　千氏呂聲瑶妻劉未嫁時父母病前後割股食之皆愈及適呂姑有疾告其夫割肉療之姑復痊夫弟瑶亦割股俄千氏感之亦爲姑割股焉

胡氏太常少卿吳亮嗣妻年十八歸吳結褵之三日卽解耳璫資舅姑薪米值大寒冰雪脱服禦姑之寒而自咬疏衣憊亮嗣久不遇氏力貧支持及亮嗣擢給事中乞養不遂氏馳歸躬調藥餌飲食必親奉厠牏未嘗假手浣濯姑卒擗踊如禮平居訓諸子以孝庶子不異己出年五十卒（以上縣志孝婦）

貞女

楊女名九姑楊恩之女幼字雷某未嫁壻沒女誓不再字父母怵之曰他日不終節奈何女泣曰天若令女有夫雷郎當不死因刺一目以見志卒年九十六永樂間事（王志）

烈女

胡女胡太僕女幼字周氏子爲繼母所誣投江屍浮出逆流而上衆咸冤之知縣夏可雷爲白其事

張氏二烈女一名福媛舉人張伯瑜（王志作張楚璠注伯瑜名）女隨父避兵見執鞭之流血罵不絶聲遂被害有同族科甫女亦被執賊令乘馬女乘之若不爲意及至門首投塘水死初兩女閏誓卽共誓不辱果踐其言

張女父順早卒女許聘未嫁值流寇至解帶自縊賊見而解之

女大罵不從被殺至慘（以上王志）

梅女梅孔木女隨父母避兵武山湖女被執縛馬上罵不絶口賊殺之遺屍笠兒嶺道旁

查女名勝姑查用珍女隨兄避兵沙河被執脅以白刃不屈賊縶之至橋頭觸橋而死

樟樹女不知姓氏年及笄賊欲犯之女抱樟樹大罵曰我父母弟妹俱死汝手汝吾仇也有死而已賊見其志不移揮刃殺之血漬樟樹土人因稱爲樟樹女

張女名桑張謙之女爲賊所執罵不絶口被殺（以上縣志）（以上烈女）

孝女

徐氏張楚偉妻徐存吾女也存吾官壽州以勞致疾且殆氏方

十歲卽割臂肉烹以進年十二能詩文存吾官蘇州楚偉就婚焉後隨楚偉歸道過京口報父書云四時之序成功者退山林觴詠暢敘幽情何必紆青拖紫乃稱貴乎他日存吾哭女詩有渡頭分手處京口寄書時之句卽謂是書也洎歸布衣荆笄事舅姑惟謹年十九生子仁熙未彌月遘疾卒縣志參顧景星白茅堂集

黃梅縣

節婦

張氏縣志訛通志作陳氏誤馮永妻永以綱運赴京溺死氏年二十二聞訃水漿不入口者七日苦節七十餘年卒

邢氏嚴高妻名聖貞年二十五夫沒守節以終正德間旌

陳氏夫家失考年二十六夫與弟俱亡僅遺孤姪氏同娣撫之一日盜至執孤將殺之氏叩頭告曰一家之命懸於此子幸以某代盜怒刺之血流不止乃捨去年七十餘卒

陳氏胡鵷妻年十七縣志作九夫沒遺孤甫兩月氏毀容誓守事姑益謹孤夭撫從子為嗣紡績自給苦節四十餘年縣志作卒年七十

周氏劉瑄妻年二十四夫故遺腹生子詔尋夭氏織紝自給苦節以終請旌

王氏庠生石元岱妻年二十二夫沒奉翁姑撫弱子年至七十有盜入室舉家驚走氏獨危坐不出盜怪問故氏抗言曰吾夫棄世時屬毋踰此門今敢偷生以背遺言乎盜義而釋之

胡氏庠生李文明妻孝廉胡橋之妹年二十七夫沒子殤僅一

女氏痛哭水漿不入口者五日鐫誓詞於夫墓門結廬其側手植雙柏踰年為牧豎斷其左二尺許氏跪而泣曰左夫道也奈何見折浹月柏長與右齊人以為誠節所感卒年七十八時有徐拭妻齊氏以孝稱同巷居知縣曾維倫因題曰節孝巷氏有一婢相依不忍出嫁亦以壽終有惡少欲逼節婦嫁造貼詆言迅雷驚死縣志參

章氏胡世松妻性純謹事舅姑極孝夫病侍湯藥累年不倦夫沒守節壽一百有一歲

汪氏庠生熊華夏妻幼事母孝及長適熊夫病劇夜半籲天引刀割左臂三寸許烹而進之達旦家人見血痕滿地問氏不言昏然痛絕逾月夫卒勉鞠弱子閱六載一日忽大慟觸地嘔血數升而死

黎氏庠生王作雨妻年十八適王生一子甫三歲夫沒蓬首垢面足不履閾三年制滿人令去服氏曰吾服甯有盡期耶齊衰終身卒年六十五知縣陳額獎

王氏副貢陳廷榮繼妻年二十夫沒守節撫夫前室子頤年迄入庠卒年八十六知縣武學師謝贈有額

胡氏庠生黃若坤妻年二十三夫沒養姑盡孝年七十一卒

潘氏庠生沈文澤妻于歸十日夫沒毀容斷髮以節終

周氏庠生石顯親妻年二十餘夫沒朝夕泣血三年兩目俱盲守節四十四年卒巡撫方請旌

胡氏梅亮中妻年二十二夫沒苦節事孀姑向氏孝敬彌篤姑

痫焚香祝天割股食之尋愈

黃氏石維錯妻錯乃天閹氏相敬如賓錯亡財產悉讓伯叔閉門守節茹素終身

劉氏王廷賓繼妻年二十夫沒撫五歲孤兒完節以終

李氏庠生瞿平妻年十八夫沒每日置夫衣冠書籍於庭撫而哭之苦節六十餘年崇禎間旌

洪氏庠生王聖臣妻年十九夫沒扃閤自守閱二十餘年流賊至隨父走黼城而死

汪氏程太仲妻少年守節卒年九十有九縣新志汪通志作江氏誤今依縣志

陳氏庠生嚴之恒妻年十七夫沒僅一女苦節四十八年左兵之亂攜女投井死

邢氏庠生石研妻年二十六夫沒無子盡出私蓄貲產還石諸昆弟獨處一室設夫主朝夕泣奠苦節終身以上王志

施氏柯大經妻夫死哀毀骨立苦節三十年

嚴氏王修妻性端莊夫死苦節四十年

瞿氏庠生熊華問妻幼讀書能文父九思羅冤女日夜號痛既適熊事熊祖父母孝謹夫沒守節後以微疾卒

宋氏鴻臚寺序班張訓妻訓故氏哀毀絕粒幾死強起撫孤苦節三十年有司匾其居曰雁臺

劉氏舉人瞿星妻事姑孝星以會試客死京師氏聞三日不食悲號幾死子九韶補博士弟子又夭苦節四十年有司旌其堂曰完貞

程氏庠生岳懷甯妻素知大義遇寇逼令上馬不從寇怒砍頸伏地骨未斷舒甦未幾夫沒毀容自誓盡瘁養姑父母欲奪其志遂終身不復歸甯

王氏庠生倪鳳岐妻鳳岐居父喪哭泣盡哀舊志載入孝行鳳岐沒氏年二十餘遺孤民望氏辛勤撫之後以民望舉於鄉授南康令封孺人卒年八十餘

鄒氏倪乾端妻孝廉民望冢婦也夫沒無子舅姑繼沒氏哀毀骨立守節四十一年卒兩院旌之

胡氏庠生石砥妻年十六夫沒取夫書盡焚之曰吾夫生平手不釋卷不忍此書不隨之去也遂閉戶苦節外人莫敢窺其面卽眷屬亦不接見年三十一卒

梅氏邢士琇妻士琇亡家貧撫從子爲嗣勤織紝以供朝夕教愛兼盡後子爲諸生亦夭守節五十年卒

勞氏庠生嚴天申妻江西德化人副憲堪孫女年十九夫亡茹苦守節四十年

周氏廩生胡振鷺妻　劉氏胡振龍妻鷺龍兄弟也俱爲賊殺家產盡荒兩婦年俱少誓同死守紡績自給有餙以改適者卽引刀自加其頸冰操凜然人稱一門雙節

胡氏經魁洪模妻年二十八夫亡事姑孝撫孤勤苦七十年卒

羅氏泗州學正陳言妻隨夫至任子善卒於官署言以思子亦亡氏力歸二櫬與媳李氏撫幼承先卒年八十六

陳氏庠生程達都妻孝廉陳言女夫沒遺孤二氏紡績教育俱

爲諸生值水災斗米千錢氏出粟周貧之全活甚眾苦節四
十餘年卒知縣馮額獎
徐氏庠生李淑妻年二十夫沒無子寇亂歲荒艱難困苦氏與
婢僕二人耕鑿紡績至死不變
王氏舉人魏澄妻年二十七澄以會試客死氏苦節以終有司
爲顏其堂
胡氏張惟正妻正苦學早逝遺子國光幼家貧甚氏啜粥茹草
教子成立後登進士官鎮江同知氏得贈孺人年七十三卒以上縣志 以上節婦

烈婦

石氏庠生曾偉妻獻賊陷城夫婦俱被擄氏私語夫曰我惟有

死君其潛逃勿依我少頃賊逼上馬氏投井賊復撈之遂以
頭觸石血流滿面罵不絕口被賊殺
梅氏庠生石一音妻明季丙子夫爲流賊所執不屈遇害氏聞
痛哭投湖死事聞旌表
商氏馮公甫妻氏及姑與夫並爲賊執强氏從氏佯許之迫脱
姑與夫乃奔投烈火中死
周氏程夢斗妻夫遭里中惡少窘辱以死氏痛夫死非命白於
有司又不忍暴屍讎黨止於坐戍氏以冤未盡雪抱棺毁裂
而殞以上王志 以上烈婦

孝婦

完顏氏孝子洪士高妻見李氏藏書孝義傳曰完顏氏貴家女
也士高父宗海爲本學訓與縣尹完顏善尹以女妻其子性
質溫柔宗海病篤氏同士高侍奉竭力不愧孝婦新縣志

烈女

洪女庠生洪世寵女麤涉書史年甫及笄爲流賊所執道經烈
燄投火死王志

黄州府志卷之二十六終

人物志

黃州府知府英　啟纂輯

列女二

國朝

黃岡縣

節婦

劉氏陶光先妻年二十夫喪勤績養姑茹荼撫子苦節五十年順治九年　旌

魏氏劉三重妻年二十二夫沒無子剌一目自誓依兄子紡績為活守節四十餘年卒順治閒　旌

陶氏陳天球妻年二十夫卒無子依孀姑張氏姒劉氏守節數十年康熙二十八年　旌

李氏諸生晏勣明妻殉節李士奇季女烈婦朱家婦妹也明崇禎十六年父與姊沒後李年二十于歸越五年而勣明卒慟絕復甦不食者六晝夜家人以母老子幼勸之遂矢志養撫五十年不踰梱母家人來者闔而與言七十五卒後督學潘令建祠本縣俞志鄭昱撫節婦傳補

劉氏鄧顯奇妻年二十五夫卒三子俱幼或欲奪其志氏截髮示之敬事舅姑教育三子成立

徐氏李又白妻年十四歸李越四年夫亡矢志四十餘年訓遺孤如嚴父遇娣姒和而有禮內外稱賢　俱雍正元年　旌

陳氏修職郎王時聖妻年二十六夫沒子道明甫七歲通志作五歲家貧舅姑老氏守義孝養自啖穅秕道明偶拾遺金一橐氏不啟視令覓其主還之教子為明經年五十三病革指所坐木榻曰吾苦守二十八年但對此不愧耳

邱氏宋正元繼妻年二十三夫亡鞠前室子曲盡母道奉舅姑極孝孀居三十餘載不踰闑閾

方氏庠生郤之瑜妻　宋氏監生郤先陟妻方年十五適之瑜未一載夫沒撫遺腹子先陟娶媳宋氏舉孫光祖甫五歲陟又逝宋時年二十五矢志奉姑撫子方以憂慟寢疾十七年宋百計調護獲壽終姑婦雙節

余氏蔡繼周妻本通志補

段氏庠生魏裕淵妻年二十四夫沒遺孤永楷氏以姑衰子幼誓志苦守卒年五十一　俱雍正四年　旌

龍氏鄭可榮妻年十九夫沒撫遺孤事舅姑孝夏逆之亂舅病弗能起鄰里皆逃氏侍湯藥不忍離持家勤儉好施予姻戚貧乏每賴周恤雍正五年　旌

熊氏陳位一妻年二十夫沒無子事舅姑曲盡孝道舅姑沒未葬值夏逆之亂人競逃匿氏獨依柩不去撫姪為嗣時出餘貲以周鄉里

蔡氏夏同霖妻夫沒撫遺孤克倧成立娣姒皆早寡氏勉以大義待諸從子如己出同居四十年內外和睦無閒　俱雍正七年　旌

張氏王漢杰妻夫沒事舅姑撫週歲孤林蘭辛勤備至年五十四疾革林蘭刲股爲羹以進延三月卒

胡氏庠生李元龍妻年十四歸李夫以才幹見知於總制紫毓榮從征洞庭沒於軍兩孤俱幼氏遣僕扶櫬歸葬斷髮誓志教兩子禮重師友督責甚嚴待戚族鄉里極慈惠有婚葬不能舉者助之守節五十年卒　俱雍正八年　旌

樊氏孫維巘妻年二十四夫沒撫孤成立時山寇竊發居民走匿氏以舅姑未葬攜子土謀守棺痛哭不忍遠離後歸窆有枯柏復榮之祥雍正九年　旌

周氏庠生方應張妻年二十三夫沒遺孤介甫六月氏矢志撫之有欲奪其志者氏斷指以誓卒年六十六

楊氏劉翔妻年二十一夫沒撫遺腹子夔超教之成立氏持守修潔締造辛苦守節三十年卒

夏氏喻順澤妻年二十一夫卒撫遺孤人悅成立姑胡氏年九十餘夏事之盡孝臨卒執姑手泣訣哀不成聲　俱雍正十一年　旌

杜氏孫自融妻年二十三夫亡事夫祖以孝稱教二子維翰廣瑒俱成名守節三十四年雍正十二年　旌

汪氏陳來蘇妻年二十三夫沒無子立姪爲嗣飢寒不免終無他志守節四十五年如一日焉

王氏陳可麟妻　俱雍正十三年　旌

張氏庠生曹世治妻年二十六夫沒守節撫孤紹琦成立卒年六十四

熊氏庠生熊羲模妻年二十二夫沒守節撫教兩孤卒年六十餘　俱雍正間　旌右二傳本邑王志補

張氏邵光國妻夫應試墮水死氏迎屍殯畢痛絕數四撫遺腹子成立奉孀姑盡禮守節三十七年

龍氏程逢泰妻年二十五夫沒家貧教二孤甚嚴事舅姑盡禮守節五十五年　俱乾隆元年　旌

虞氏吳之溁妻年二十五夫亡家貧勤紡績以撫二孤守節三十三年

何氏曾永鞏妻年十六于歸甫八月夫沒守節撫嗣子履泰成立年八十一　俱乾隆二年　旌

汪氏胡生奇妻夫早亡一子復夭撫姪爲嗣守節三十六年乾隆三年　旌

秦氏鄭洪勳妻年二十五夫沒撫七月孤教之成立守節三十一年

鄧氏鄧光國妻年二十五夫亡家貧紡績以奉舅姑撫孤鵬成名守節三十九年

徐氏舒其彩妻年二十九夫亡撫孤成立守節四十三年

顧氏解元陳大華妾年二十五華卒嫡早逝無子撫從子師栻爲嗣登賢書守節四十年

陳氏王家勳妻　陳氏王之統妻家勳卒陳年二十五撫二孤成立長之統復早逝媳陳年二十四與姑共撫孤孫姑守節

五十二年媳守節三十五年
朱氏程熾祚妻　余氏程基統妻朱年二十夫卒撫遺腹子統基復夭媳余年二十三無子同姑矢志朱守節四十七年余守節三十一年
朱氏庠生劉隆禮妻年二十七夫沒事姑孝姑病目氏日舐之目復明撫兩月孤芳燾成立守節三十一年
張氏陳光濟妻年二十六夫卒家貧紡績自給撫三歲孤士昆登賢書守節五十九年
馮氏秦琢成妻年二十六夫亡家貧事孀姑以孝稱撫從子爲嗣守節四十二年
藍氏陳起龍妻夫亡家貧鞠育四孤其從子少失怙恃氏亦撫

如己子未幾從子夭氏復撫其從孫守節三十五年
龔氏庠生鄒一標妻年二十七夫沒家貧辛勤紡績撫孤子之駿成名守節四十八年
李氏謝其恩妻　高氏謝宏才妻乾隆四年以姑媳雙節建坊
高氏程（縣志作陳）大鵬妻年二十八夫卒奉養衰姑得其歡心撫三歲孤成立守節四十二年
李氏蕭徵文（通志作文徵誤）妻李明璵女年二十五夫沒欲殉經救得甦紡績以事舅姑二子俱夭撫嗣孫俊偉並曾孫詠均經成立
吳氏沈應晟妻　曾氏余思湟妻　胡氏陳艮佐妻　張氏庠生鄒澄中妻　潘氏劉承祥妻　俱乾隆四年　旌

饒氏庠生胡壎也妻年二十五夫卒僅遺一孤艱辛撫之守節五十四年
吳氏朱（縣志作李）孚極妻年二十六夫卒事衰舅繼姑以孝稱撫四月孤成立守節二十七年
張氏奚祿貴妻夫蚤喪奉舅姑以孝稱撫二子成立守節四十年
胡氏訓導朱一俊妾年二十九一俊卒嫡亦逝氏撫從子爲嗣守節三十九年
陶氏朱峙中妻年二十四夫亡事舅姑盡孝撫育二孤守節四十三年
孫氏庠生王溢勳妻年二十二夫沒躬勤紡績事孀姑尤氏盡

孝姑沒倍服斬衰以代子職撫二歲孤履中爲諸生守節三十九年卒
陶氏曹本洪妻年二十夫沒一子復夭氏剺面自誓事繼姑得其歡心立姪爲嗣守節三十一年卒
羅氏胡純虞妻夫早喪奉舅姑撫孤子守節五十年
王氏吳璋斑妻年二十六夫卒撫孤守節二十六年
黄氏靖必昴妻　祝氏靖必昱妻黄年二十一夫亡無子治家有法事衰姑孝撫從子本誠爲嗣課之成立祝年二十夫卒無子事舅姑亦以孝稱撫從子本誥爲嗣慈嚴交至黄守節三十二年祝守節三十三年
易氏高一申妻年二十而寡家貧無子以從子爲嗣飢寒勞瘁

操守愈厲年六十餘卒
丁氏鄭墀妻年二十七夫卒事舅姑撫二孤成守節二十七年
劉氏楊春曉妻年二十五夫卒撫孤成立舅病足不能行氏奉
事盡禮守節三十五年
楊氏夏祜申妻年二十七夫沒矢志撫孤守節三十年
孫氏庠生李天柱妻年二十三夫亡遺子女各一氏艱辛撫之
守節三十八年
龍氏王克俊妻　李氏蕭徽文妻　俱乾隆五年　旌
梅氏陳道洙妻年二十二夫沒無子以從子爲嗣守節三十九
年
何氏歐陽秩妻年二十五夫卒孝事孀姑撫孤成立守節三十

二年　俱乾隆六年　旌
劉氏庠生孫光錫妻　張氏孫自怡妻劉年二十二夫亡家貧
撫育孤子自怡及長怡復夭媳張氏年二十同姑矢志撫遺
歲孤人龍成立劉守節五十七年張守節四十年
聶氏潘二有妻年二十五夫卒事姑克謹撫八月孤教之有法
守節四十六年
黃氏庠生張瑄妻年二十六夫亡僅遺一女撫從子爲嗣守節
三十餘年
李氏庠生孫維翰妻年二十四夫沒撫二孤成立守節二十六
年
樊氏王嗣可妻年二十三夫亡撫五月孤教之成立守節五十

四年
王氏湯德治妻年二十八夫亡奉孀姑撫孤子守節三十六年
李氏劉隆業妻年二十九夫卒孝事孀姑撫教孤子守節五十
三年
陳氏樊齊文妻　俱乾隆七年　旌
彭氏朱蓋輿妻年二十四夫卒無子撫從子爲嗣家貧居一茅
廬母氏有語其難守者氏號泣終身不至母家苦節三十四
年
汪氏曹廷楗縣志作犍妻　汪氏曹熙妻廷楗妻汪年二十四夫沒
遺腹子熙撫之授室生子而沒偕媳汪氏撫兩孫內外嚴肅
四十年如一日

王氏程熊占妻年二十二夫沒事孀姑孝撫孤大才成立守節
四十四年有孤燕巢梁之異
吳氏朱徽文妻年十九夫卒孝事舅姑撫孤成立守節三十四
年
馮氏張則我妻年二十七夫卒事舅姑盡禮撫遺歲孤成立守
節四十一年
周氏庠生靖匡世妻年二十五夫卒無子奉孀姑甘旨罔缺以
從子天祜爲嗣盡心鞠育守節三十五年
吳氏饒萬次妻年二十六夫卒撫育一孤守節三十年
王氏魏光瀚妻年二十三夫卒無子奉孀姑得其歡心撫姪爲
嗣守節三十三年

張氏葉日周妻年二十八夫亡無子事寡舅以孝稱撫從子爲嗣守節五十八年

吳氏陳啟運妾年二十六夫亡事嫡盡禮撫三歲孤成立守節四十四年

湯氏徐載甯妻　余氏監生徐鏊妻湯年二十七夫沒撫二孤成立次子鏊復亡媳余年二十六無子以從子爲嗣湯守節四十六年余守節二十七年

黃氏陳方模妻年二十二夫卒撫三孤成立守節五十四年

吳氏庠生童曰康妻年二十六夫卒奉事舅姑撫育孤子守節四十二年

朱氏張其源妻年二十六夫卒事舅姑盡禮撫孤成立守節三十八年

陳氏許帝餶妻年二十六夫卒一孤未週撫之成立守節三十七年

陳氏監生朱一麟妻夫早沒辛苦撫孤

趙氏許賜文妻年二十六夫卒孝事孀姑撫育從子守節四十三年

汪氏龍南伯妻　范氏龍勝友妻汪年二十五夫卒撫六歲孤勝友勝友生子僅六月復夭媳范年二十六與姑同志共撫之汪守節四十二年范守節五十四年

王氏吳克繩妻年二十一夫卒撫孤成立守節三十六年

陳氏李子言妻年十九夫沒遺一孤辛勤撫之守節五十九年

唐氏張晥林妻年二十八夫沒三歲孤復夭撫從子爲嗣守節三十年

彭氏胡之恂妻年二十夫亡奉事七旬舅姑撫育三歲孤子守節四十八年

周氏庠生王天爵妻年二十五夫沒孝事舅姑撫孤成立守節六十一年

孫氏葉豐楊妻年二十八夫亡事孀姑以孝稱撫孤成立守節三十八年

程氏劉文台妻年二十五夫亡奉孀姑有孝稱撫孤子成立守節四十九年

張氏雷國燦妻年二十夫沒撫五月孤方興成立既方興復夭氏偕媳共撫一孫守節三十八年

吳氏胡德玉妻年二十九夫沒家貧撫育二孤守節三十八年

李氏沈應昇妻年二十七夫沒無子以從子爲嗣守節三十一年

林氏周祚仔妻年二十四夫亡家貧撫二歲孤成立復夭再撫二幼孫苦節五十二年

劉氏甄載耜妻年二十八夫沒遺孤七歲氏奉姑鞠子守節五十四年

陶氏蔣穎菴妻年二十三夫亡紡績以養舅姑撫一子復夭更撫幼孫守節三十四年

方氏懷遠將軍馮明修妻　歐氏通志作歐陽氏孫有道妻　袁氏周

則堯妻　成氏余啟宣妻　龍氏杜柱妻　周氏孫廣錦妻
俱乾隆九年　旌
吳氏單從儒妻年二十六夫沒孝事孀姑撫孤復逝又撫幼孫
守節六十八年
鄧氏教諭鄭昌妻年二十六昌卒嫡亦亡撫孤成立守節三十
三年
李氏張西在妻年二十九夫沒家貧撫孤成立守節三十一年
汪氏方可正妻年二十五夫沒奉繼姑以孝稱撫姪爲嗣守節
四十二年
羅氏齊國楫妻年二十夫卒撫十月孤教以義方守節五十年
嚴氏庠生詹世賓妻年二十二夫卒家貧撫遺腹子啟龍成名

守節三十四年
馬氏孫士彬妻年二十七夫亡事姑撫幼子守節三十三年
喻氏庠生霍維源妻年二十八夫亡奉病姑湯藥盡禮撫孤志
瀛成立守節四十一年
鄭氏庠生汪維鉅妻夫早亡無子甘貧守節　俱乾隆十年
旌
程氏桂崇妻年二十二夫卒無子以姪爲嗣守節四十三年
吳氏庠生胡士昴妻年二十七夫卒孝事舅姑撫二歲孤成立
守節四十一年
曹氏梅長綍妻年二十八夫亡家貧奉事孀姑撫孤成立守節
四十二年

童氏邱古璋妻年二十四夫亡撫遺腹子成立守節三十一年
劉氏郁重榮妻年二十八夫沒遺孤甫八月撫之成立守節三
十六年
舒氏李世麟妻年二十三夫沒撫五月孤成立守節五十五年
沈氏黃鉅妻年二十一夫亡事孀姑撫孤子守節四十年
羅氏孫仔儒妻年二十三夫亡家貧閫範清肅撫三歲孤士英
成名守節三十二年
任氏胡啟爵妻年十九夫亡勤紡績以奉舅姑撫育三月孤子
有和丸畫荻風及孫蓋凡遂登賢書守節五十六年
盧氏韋通志作羅姓訛鍾焜妻年二十四夫亡撫孤守節三十二年
張氏庠生萬信妻　萬氏庠生汪念祖繼妻張年二十四夫亡

僅遺二女氏孝事舅姑撫姪爲嗣一女適汪年二十五而寡
子與前室子俱殤亦撫姪爲嗣以節孝稱張守節四十七年
萬守節二十七年　俱乾隆十一年　旌
姜氏張紹江妻年二十三夫亡奉孀姑撫三歲孤成立守節五
十一年
周氏袁心宅妻年二十八夫亡孝事舅姑撫二孤成立守節三
十四年
李氏周世軸妻年二十六夫亡家貧撫四月孤士珮教之讀書
授室後士佩復亡煢煢獨居守節三十一年
周氏朱堯儒妻　柳氏朱昭茲妻周年二十四夫亡撫育二孤
長子昭茲授室後復夭媳柳年二十七無子以姪爲嗣周守

節五十九年柳守節三十五年
程氏鄭日晃妻年二十四夫亡撫從子爲嗣既嗣子復夭氏與
媳力撫孤孫守節五十一年
朱氏庠生余光先妻年二十七夫亡撫三歲孤成立守節三十
年
龍氏王道亨妻年二十五夫亡家貧一子甫二歲舅姑喪葬盡
禮守節三十七年
郘氏劉永興妻年二十二夫亡奉侍孀姑撫育嗣子守節三十
二年
靖氏庠生程元義妻年二十一夫亡孝事舅姑撫從子爲嗣守
節四十四年

陳氏庠生張溟妻年二十二夫亡撫四月孤迄成立子死復撫
孤孫偱兩姒俱亡氏並撫其幼子女不啻已出守節三十年
張氏庠生孫鈞妻年二十六夫沒無子事舅姑孝立再從子祚
松爲嗣舅姑沒夫弟及娣俱亡遺孤甫二歲氏撫育如己出
家貧甚艱苦自立守節三十九年卒本縣王志補 俱乾隆十二
年 旌
陳氏周卜恆妻年二十夫沒家貧無子其兄勸之再適氏翦髮
自誓終身不至兄家守節四十二年
徐氏易德暅妻年二十夫亡無子以從子爲嗣守節三十三年
顧氏庠生蕭建極妻年二十七夫亡以姪爲嗣孝事舅姑守節
四十五年

姜氏周懿德妻年二十七夫亡撫五歲孤成立守節五十年
陳氏徐尙文妻年二十七夫亡撫二歲孤成立守節四十一年
王氏邱自西妻年二十二夫亡兩子繼夭撫從子爲嗣守節三
十八年
林氏童昌惠妻年二十五夫亡以從子爲嗣守節二十八年
高氏郭祚起妻年二十二夫亡撫二歲孤成立守節三十一年
汪氏李宗唐妻年二十六夫亡事衰舅以孝稱撫八月孤成立
守節三十四年 俱乾隆十三年 旌以上王志中有續補者另加注
王氏易文中妻 方氏易得宜妻 馮氏易克家妻三世苦節
霍氏邱之進妻
胡氏監生姜維寬妻 魏氏姜夢鯉妻胡年二十二夫沒守節

事夫祖以孝稱撫孤夢鯉能文孤夭媳魏亦亡復撫孤孫備
嘗艱苦時年八十有二侍婢貞靜相依不嫁時年六十八
俱乾隆十四年 旌
馮氏張亮工妻 孫氏張亮彩妻馮年二十七夫沒遺孤繩祖
尋夫兄亮彩亦沒其子念祖幼與姒孫苦節相依撫教成立
素重節義如蘄之節婦馮雲龍母盧氏奚孔文妻吳氏皆待
之有加禮後繩祖卒復與婦周撫孤孫卒年七十二案盧氏吳氏似籍蘄非黃岡人嘉慶通志列黃岡並訛龍爲路似誤考吳氏見蘄水志盧氏似佚仍依通志補列於次
盧氏馮雲龍母
袁氏童尙賓妻年二十一夫沒家貧矢志事舅姑盡禮撫孤成
立守節三十三年 俱乾隆十五年 旌

李氏龍希哲妻年十八夫沒守節事姑撫遺腹子廣材甫成立
病夭復與婦童撫嗣孫年八十卒
梅氏劉昌明妻年二十夫沒守節親族欲嫁之氏剺面剪髮得
免撫半歲孤成立
余氏程華柏妻年二十夫沒守節孝事舅姑立從子爲嗣舊志補遺
張氏顏熤妻年二十九夫沒貧苦矢志事姑孝撫教七月孤喬
有文名守節四十年
姚氏梅源仁妻年二十二夫沒無子守節事舅姑盡禮撫嗣子
成立　俱乾隆十六年　旌
蕭氏夏克炯妻與王氏夏克墉妻娣姒也均夫沒無子同誓死
守節王後於五十二年旌有傳

王氏方思种妻年二十一夫沒守節養舅撫週歲孤同壽成立
俱乾隆十一年　旌
姚氏副使陳大鞏妾　冷氏陳啟謨妻大鞏卒於臺灣署中姚
年二十八扶櫬歸里矢志不貳嫡卒爲嫡撫一孤既孤啟謨
亡與其婦冷氏同撫嗣子元忠卒年六十三
程氏謝仁瀠妻年二十夫沒矢志守節事舅與繼姑盡禮撫遺
腹子方東成立　俱乾隆十八年　旌
陳氏庠生王燮佐妻年二十二夫沒矢志撫孤時既時及其婦
俱亡復撫孫錫璋成立卒年八十餘乾隆十九年　旌
曹氏孫士璋妻年二十五夫沒孝事姑姑卒夫弟妹俱幼氏爲
挍育有成課孤子之寅爲諸生守節三十三年

甄氏汪鄴山妻年二十一夫沒事姑孝撫孤廷棟成立守節三
十七年
陳氏鄭爵魯妻年二十八夫沒守節撫嗣　俱乾隆二十年
旌
靖氏謝如鑣妻年二十二夫沒守節孝事舅姑立從子仁湛爲
嗣
王氏於正宗妻年二十一夫沒守節孝事舅姑撫孤蒼林尋夭
後撫嗣孫士鄰　俱乾隆二十一年　旌
陳氏史君宣妻年二十九夫沒矢志守節事舅孝　旌表
王氏監生鄭珌妻　孫氏鄭心菊妻王年十九珌沒矢志守節
事舅盡禮撫孤心菊尋夭孫年二十二守節事姑孝撫嗣子

存祖王年四十五卒孫年五十八卒
王氏監生汪聯芳妻年二十八夫沒守節撫孤啟運尋夭與媳
王氏茹苦撫孫成立
呂氏孫坦妻年二十三夫沒矢志撫孤子錞子夭撫孤孫祚海
成立卒年七十六
鄭氏龍祖輝妻年二十三夫沒守節孝事姑撫嗣子廣智成立
年四十九卒
方氏張隆昱妻年二十三夫沒事姑孝力措祭產二畝以供祠
祀撫孤京鮻貢成均
黃氏姜之琇妻年十九夫沒守志孝姑撫八月孤文灼成立守
節四十四年

江氏詹宇端妻年二十八夫沒守節孝事舅姑撫三歲孤授室而天復撫兩月孤孫

龔氏汪顯祉妻年二十夫故撫姪爲嗣事姑孝姑卒未葬鄰火發氏撫棺號痛風反火滅柩得存

劉氏李翰妻年二十二夫沒遺孤殤母家欲爲改適氏誓死不可奪撫嗣子基榮成立

程氏黄士郊妻年二十八夫沒守節孝事舅姑撫孤成立卒年五十八

王氏童繼松妻年二十七夫沒守節事舅姑至孝撫孤成立年五十三卒

周氏王必選妻年二十三夫沒守節撫二孤成立年六十四卒

陳氏熊時元妻年二十夫沒守節事姑孝撫週歲孤成立年八十六卒

舒氏童繼模妻年二十五夫沒守節孝事舅姑撫孤志瑤成立年五十七卒

彭氏舒學昌妻年二十六夫沒守節奉養舅姑撫二孤成立年五十七卒

隗氏程正綬妻年二十三夫沒守節立嗣事姑孝年五十三卒

杜氏庠生劉晉運妻年二十三夫沒守節時訛傳富室求婚氏引刀自剄幾絶以救甦奉養舅姑撫孤陞譽中副舉人

田氏文林郎范維藩妻年二十五夫沒守節家酷貧朞功無依事舅以孝聞教子基祚力學荼苦萬狀後成進士爲循吏氏受　封典年五十九卒孫曾繼仕

佘氏文林郎王漢澳妻年二十一夫沒家貧苦守撫教孤子懋績以進士官教授氏膺　封典

詹氏陶克讓妻年二十八夫沒無子守節事姑孝卒年五十一

胡氏州判徐倘禮妻年二十五夫沒守節撫孤時濟以武進士官守備氏年八十卒

孫氏贈僉事官撫渙繼妻渙沒於會稽之難氏年十八守節撫孤純心承蔭官知縣年五十餘卒

田氏舉人王用世妻年二十四夫沒守節閫範清肅撫遺腹子澤霖由歲貢官盧溪教諭有聲氏年八十卒

馮氏王尼望妻年二十二夫病刲股食之及沒三子繼殤氏勤

苦守志養姑卒年六十四

沈氏王某妻壻初病癩父母欲令他適弗聽歸於王生一女年二十二夫沒苦節以終卒年六十

舒氏王惟邦妻年二十一夫沒家貧苦守撫三月孤成立閫範整肅卒年六十餘

劉氏楊文炳妻　宋氏楊瑞松妻劉年二十六文炳沒矢志撫孤瑞松早夭媳宋年二十五同姑守節撫孤事姑極孝劉年六十五卒宋哀慟而死

鍾氏汪基遠妻　成氏王銓勳妻鍾年二十二基遠沒苦節撫孤銓勳早夭媳成年二十五同姑守節撫孤永裔成立鍾年六十六卒

夏氏周國寶妻　陳氏周國棟妻娣姒也夏年二十九夫沒陳年二十六夫沒俱苦節撫孤夏年七十餘陳年六十餘

王氏龍時齋妻年二十四夫沒苦節撫孤孝養舅姑年八十四卒

龔氏陳滄瀛妻年二十二夫沒家貧苦節孝事舅姑年八十三卒

瞿氏周國華妻年十九夫沒家貧苦節撫遺腹子成立年七十一卒

張氏庠生宋敏功妻年二十四夫沒守節立嗣撫之年四十卒

雷氏袁達士妻年十八夫沒撫遺腹子亦殤苦節以終卒年六十八

姚氏王夷和妻年二十七夫沒守節孝姑撫孤卒年八十一

呂氏涂幼澤妻年二十七夫沒家貧撫孤孤夭苦節以終年六十卒

陳氏成汝嶰妻年二十二夫沒苦節立嗣卒年七十

呂氏孫徵吉妻年二十六夫沒苦節撫孤卒年七十

曹氏監生葉槐妻年二十五夫沒守節孝事舅姑卒年五十

汪氏方與時妻年二十四夫沒守節立嗣孝事繼姑卒年六十

陳氏庠生孫一軏妻年十八夫沒守節立嗣卒年六十九

余氏百戶朱元吉妻年二十二夫沒撫孤守節卒年八十一

周氏汪德智妻年二十夫沒守節卒年七十五

曹氏黃金鏞妻年十九夫沒守節卒年七十七

曾氏王長泰妻年十七夫沒守節撫嗣卒年八十七

李氏杜宗本妻年二十五夫沒守節撫二歲孤卒年六十五

戴氏張君耀妻年二十四夫沒苦節撫孤卒年六十四

劉氏庠生喻炳元妻年二十夫沒撫孤守節卒年五十二

牛氏庠生劉隆時妻年二十一夫沒守節無子卒年七十

劉氏王季占妻年二十一夫沒守節無子卒年七十

陳氏官伋妻　汪氏官思誠妻陳年二十一守節貧苦撫孤思誠誠夭媳汪年二十三事姑撫孤陳年七十二卒汪年六十六卒

江氏王伊克妻年二十四夫沒守節貧苦年五十一卒

程氏熊輔妻年二十七夫沒苦節教二子成名年八十卒

熊氏監生張玉起妻年二十四夫沒守節撫孤年五十六卒

盧氏朱一龍妻年二十三夫沒守節孤夭撫嗣年六十七卒

熊氏邰幹臣妻年二十夫沒守節嗣子殤年三十五卒

樊氏庠生姚兆麟妻年二十五夫沒守節撫孤卒年五十二

項氏袁士翰妻年二十四夫沒守節無子夫庶弟三歲失怙恃氏撫之成立卒年六十二

吳氏姚士琳妻年二十四夫沒守節貧苦無子假從姑宅紡績其中閉不舉火有饋遺者堅不受卒年六十四

童氏邱世綵（通志作世祿）妻庠生童應達女年二十八舅姑雙逝夫亦繼沒家貧紡績奉祀盡禮訓二子成立守節　俱乾隆二十四年旌

劉氏陶若霖妻年二十夫沒守節撫嗣事姑孝卒年五十四乾
隆二十七年 旌
劉氏黃世作縣志作會楷妻事姑盡孝年二十餘世作沒乏嗣撫姪
餘慶一作光國為嗣教之成名
李氏陳貞俊妻年十七夫沒無子矢志自守姑病三載氏侍湯
藥不倦母家憐其年少微言感之氏毀容翦髮以見志撫姪
國泰為嗣教之成立 俱乾隆四十一年 旌
靖氏王乃立妻年十八適王甫三月乃立沒無嗣時姑患筋骨
痛氏坐卧扶持侍湯藥歷數十年如一日撫嗣子大文成立
乾隆四十三年 旌
孟氏曾建中妻年二十二夫沒無嗣奉舅姑孝順撫夫弟建鏞

成立建鏞以次子為之後乾隆四十五年 旌
繆氏姜如法妻年二十于歸越三月夫沒時舅姑早逝夫叔母
胡氏繆事之如姑同居苦守撫從子起鳳為嗣尋夭復撫嗣
孫文佐成立乾隆四十八年 旌
黃氏孫祚洛妻年二十適孫生一子甫二年夫沒矢志守節繼
姑童老病卧牀七載氏日夕扶持不懈撫子廷樞成立乾隆
五十年 旌
王氏臯克埏妻年十八夫沒家貧日夜紡績事舅姑饔飧無缺
舅沒典簪珥殮葬如禮姑目瞽氏多方醫治得愈撫嗣子必
貴成立乾隆五十二年 旌
史氏王廷佩妻年二十三夫沒無子閉戶自縊母破壁救甦奉

舅姑孝撫嗣子運翥列成均
汪氏李君謨妻年十八舅姑早逝夫亦繼沒勤儉持家擇繼姪
文燾為嗣撫養成立
童氏監生李可校妻廪生童超群之女年二十四夫沒事舅姑
盡孝撫養二子成立
易氏汪延岳妻年二十六夫沒欲以身殉母勸以養姑撫孤為
重遂矢志自守竭力孝養撫孤子于全子會成立亦克盡孝
族黨稱之以上縣王志參新志
胡氏張思鯨妻年十九夫沒守節撫嗣俞志 俱乾隆五十四年
旌
王氏殷大瑞妻年二十一夫沒殮畢引刀自刎未殊復絕粒祈

死姑止之乃撫遺腹子事姑二十餘年不怠姑病劇刲股以
進不愈氏曰吾死期也一慟而絕
沈氏童士焜妻年二十一夫沒無子姑年八十多病氏事之孝
姑沒悲痛而死
徐氏監生王一豫妻 詹氏王封祖妻 操氏王如縠妻 王
氏夏克瑚妻徐年二十二夫沒截髮誓守撫孤封祖尋夭徐
不食卒苦節二十九年媳詹撫遺腹孤如縠娶媳操氏如縠
旋沒詹慟哭而卒苦節二十八年操無依如縠有從妹適夏
克瑚而寡操相依苦守
劉氏江世經妻夫病刲股以進年二十一守節二孤繼夭貧苦
養姑姑病復刲股姑疑所食起視其手創血淋然姑哭曰兒

孝乃至此及姑沒氏曰吾得見吾夫矣絕粒數日而死時年
五十六歲里人厚葬之勒碑紀其事以上縣王志
周氏柳一亭妻年二十五夫沒氏投繯姑壞戶救甦且訓之乃
起奉姑撫遺歲孤成立家貧甚姑老病逾年卒氏殮畢是夕
自縊死守節三十六年族人義之爲合葬風臺山
劉氏夏岱妻年二十五守節立嗣姑患癰吮之得痊祖姑老遘
脾疾澼灌不懈以孝稱卒年七十五二傳縣志孝婦
趙氏童承會妻年二十七夫沒無子夫弟年幼氏哀號絕粒母
秦氏諭以事老撫幼遂截髮矢志隨姑紡績姑沒喪葬盡禮
夫弟暨嗣子宣恩並成立縣王志續補 俱乾隆間 旌
張氏杜識妻 段氏庠生汪沃之妻 吳氏汪度孚妻 李氏庠生黃志忠妻

何氏黃珍妻 尤氏主事王材升妻 陳氏庠生李正芳妻 陳氏監生李光
庭妻 郭氏黃榮麟妻通志作陳氏 湯氏王養烈妻 胡氏汪士通妻 湯氏汪芳妻
陳氏左經國繼妻 李氏孟應洛妻 羅氏王昌融妻 余氏庠生呂修齡妻
黃氏夏道永妻 金氏沈應昌妻 龍氏監生李聯芳妻 袁氏楊友金妻 孫氏張驎妻
廖氏張騵妻 袁氏謝永命妻 馮氏曹世濬妻 孟氏曹世湛妻 鄭氏杜士煥妻 楊氏庠生陳宗
禹妻 吳氏楊作枚妻 楊氏劉志向妻 劉氏奚先緒妻 王氏唐耀卿妻 何氏唐文溁妻
孫氏劉訓臣妻 周氏庠生吳世英妻 張氏梅國楠妻 劉氏庠生胡桂宮妻
周氏胡元位妻 奚氏余承嶸妻 劉氏尹嗣美妻 馬氏張惟中妻 吳氏監生張思和妻
王氏錢名震妻 田氏監生包輝序妻 張氏許可妻 周氏許廷珍妻 郭氏李永貴妻
王氏陳文煊妻 歐陽氏龔學乾妻 張氏夏爲炳妻 陸氏杜茂長妻 吳氏杜鄰侯妻
魏氏郭助發妻 陳氏李國枚妻 柳氏王如墉妻 左氏郭步韓妻 霍氏馮書賢妻 程氏楊以鍠妻

李氏張世良妻 姚氏李可梅妻 鍾氏王永言妻 李氏庠生劉芳妻 霍氏劉耀南妻
秦氏夏方傑妻 黃氏張之仲妻 徐氏毛文峯妻 李氏楊崑妻 程氏陳起義妻 張氏吳文明妻
劉氏龍宗猷妻 吳氏庠生杜士諒妻 王氏庠生杜梅妻 萬氏龍宗傳妻
倪氏庠生陳浩妻 熊氏龍際嘉妻 童氏呂昌柏妻 李氏程世祥妻 鄧氏陳常儀妻
曹氏汪永康妻 淩氏喻順時妻 張氏喻乾在妻 張氏王世銘妻 高氏監生陳茂績妻
項氏龍毓旭妻 邱氏王如琳妻 陳氏龍欲瑗妻 喻氏呂昌槐妻 王氏陳茂覲妻 胡氏龍廣盛妻
張氏劉熙光妻 王氏李涵靖妻 王氏龍廣炎妻 柳氏陳茂祚妻 倪氏高公爵妻通志高作馬
鍾氏王汝剛妻 王氏陳基才妻 曾氏龍維松妻 甄氏杜機妻 王氏陳士銓妻 龍氏王佑我妻
黃氏庠生呂自超妻 呂氏王永第妻 陳氏呂應皋妻 呂氏王元思妻 呂氏喻順衍妻
汪氏謝漢江妻 徐氏奚祖炳妻 劉氏奚萬和妻 何氏倪若凡妻 夏氏龍萬選妻 殷氏王如珍妻
劉氏黃玉墉妻 嚴氏陳肇禮妻 殷氏鄭道渙妻 倪氏張文煜妻 周氏監生楊履善妻

孫氏庠生王光福妻 孫氏杜學昌妻 李氏貢生樊齊英妻 朱氏庠生趙世
芳妻 黃氏趙大任妻 劉氏趙大本妻 邱氏樊念和妻 汪氏樊舒宙妻 曹氏晏時妻
高氏朱之倫妻 樊氏監生熊于翰妻 孫氏庠生劉昌運妻 袁氏江迴瀾妻
樊氏庠生葉道謙妻 祝氏廩生馮淸原妻 謝氏汪某妻 曹氏黃某妻
李氏馬正彩妻 劉氏熊文[illegible]妻 熊氏張表海妻 袁氏陳世甫妻 熊氏高時春妻 陳氏包有斛妻
鄧氏易德棟妻 曹氏易時宜妻 舒氏陳介仁妻 黃氏陳應位妻 程氏陳應鏵妻 劉氏易子碩妻
通志作陳碩 程氏王之瑾妻 陳氏王時聯妻 盧氏王道泮妻 王氏陳方際妻 方氏易時遇妻
趙氏庠生易德忠妻 楊氏孫君明妻 易氏何如代妻 李氏何在職妻 孫氏熊養純妻
何氏熊養純媳 楊氏熊運鋒妻 陶氏易壽淮妻 呂氏易壽漢妻 熊氏易敦懷妻 孫氏易敦懷媳
孫氏易甫冠妻 賈氏孫之玕妻 汪氏孫立繩妻 丁氏汪世崇妻 鄒氏易德巖妻 魏氏張體乾妻
倪氏童偉元妻 邵氏余克勝妻 王氏孫之覲妻 汪氏孫泮秩妻 何氏熊追烈妻 劉氏熊文熇妻

張氏庠生何士讓妻　雷氏丁式義妻　尹氏盛若堯妻　何氏丁盛海妻　何氏胡慕廬妻
劉氏但希文妻　陳氏易魯占妻　何氏蘭及三妻　陳氏魏芳範妻　何氏蘭茂周妻　陳氏熊湘水妻
殷氏廩生靖乃心妻　陳氏廩生程起淵妻　丁氏袁恪妻　陳氏袁恪媳
甘氏靖天工妻　劉氏靖必發妻　吳氏靖必泰妻　顧氏靖本福妻　汪氏監生陳喬妻
蘇氏石玉書妻　李氏蘇宏勳妻　王氏姚亨豫妻　黃氏凌以醇妻　吳氏庠生王世迪妻
舒氏倪之麟妻　秦氏謝惟楚妻　郃氏王埰妻　汪氏萬璧妻　陳氏張漢宗妻　王氏吳名高妻
邱氏靖天禔妻　操氏靖天授妻　靖氏童永安妻　謝氏靖本濬妻　靖氏邱兩湛妻　陳氏李自天妻
胡氏劉起洙妻　龔氏汪述蔣妻　葉氏宋呎源妻　姚氏隗道南妻　羅氏龔伯友妻　王氏吳名成妻
鄧氏葉之華妻　胡氏庠生宋鑲妻　程氏劉一濤妻　郃氏舒兆占妻　周氏龔世則妻
周氏汪鑛妻　宋氏修職郎劉世濂妻　曹氏龔宗韓妻　姚氏曹錫璋妻　曹氏於事公妻
操氏陳定位妻　朱氏周祇安妻　汪氏汪承祥妻　童氏汪永元妻　劉氏胡世熙妻　詹氏童子恕妻

黃州府志　卷之二十七　列女二上　二十五

邱氏庠生汪世爵妻　曾氏霍正直妻　杜氏庠生王封典妻　張氏杜若權妻
樊氏王如績妻　倪氏涂錦妻　呂氏於萬巽妻　陳氏吳名施妻　王氏鄭亦鏜妻　郃氏甄封洪妻
王氏吳炤妻　王氏胡世佑妻　汪氏曹廷楠妻　周氏梅啟昌妻　徐氏郃先楚妻　涂氏王方般妻
曾氏龔昇高妻　夏氏梅光被妻　宋氏廩生黃驤聯妻　謝氏庠生陶瓊起妻
彭氏姜文烈妻　姜氏蔡三若妻　劉氏監生陶澍國妻　何氏黃志道妻　劉氏黃得其妻
夏氏王霞汝妻　夏氏游甯遣妻　王氏監生黃鄯士妻　隗氏夏必銑妻　操氏戴朝尊妻
程氏黃士郊妻　楊氏劉思達妻　王氏袁紀雲妻　李氏王光履妻　杜氏操履岷妻　劉氏王來鏞妻
曹氏吳象乾繼妻　劉氏王光祥妻　鍾氏劉啟哲妻　方氏鄒受員妻　張氏郃文升妻
王氏王世源妻　洪氏涂之綸妻　徐氏涂思智妻　盧氏庠生操壽履妻　王氏王立業妻
吳氏黃士英妻　左氏王倫伯妻　李氏毛有昇妻　楊氏鄒治秩妻　郃氏黃達妻　王氏郃鼎和妻
祝氏王世浩妻　鄒氏操士敏妻　王氏石在珩妻　李氏操廷楝妻　袁氏童子位妻　熊氏操采若妻

王氏吳調達妻　袁氏范純炎妻　祝氏吳天楨妻　吳氏齊同鏞妻　王氏孫維章妻　張氏王映文妻
舒氏戴裕祿妻　劉氏程日耀妻　趙氏庠生易德揚妻　楊氏監生朱岳妻　徐氏鍾裴生繼
妻　熊氏程世瑛妻　程氏余文燦妻　胡氏陳友龍妻　馮氏庠生邱式儀妻
錢氏鍾衞生妻　潘氏鍾魯生妻　徐氏胡盱妻　汪氏廩生程光旦妻
李氏童之翰妻　高氏童之旦妻　林氏童士雷妻　周氏監生童國材妻　彭氏余濟川妻
馮氏監生彭化龍繼妻　彭氏黃士濬妻　江氏汪叔友妻　朱氏李長達妻　廖氏監生姜之
采妻　熊氏周頤妻　劉氏彭思周妻　鍾氏劉甫載妻　史氏呂應玫妻　姜氏黃禮哉妻
楊氏徐繼松妻　曹氏鍾載陽妻　桂氏錢自輝妻　黃氏張紹前妻　張氏曾太占妻　庫氏曾萬侯妻
王氏胡朝岳妻　錢氏萬文伯妻　何氏陳履安妻　袁氏鍾奇生妻　盛氏鍾秉烈妻　張氏鍾神燦妻
胡氏萬敘水妻　吳氏邱龍翔妻　陶氏汪國伸妻　劉氏張必友妻　程氏余海書妻　邱氏胡鶩妻通
志鶩作列馬　陶氏胡子颺妻通志作蔡氏　蔡氏徐學言妻通志作程氏　程氏徐世松妻

黃州府志　卷之二十七　列女二上　二十六

高氏徐正言妻　劉氏汪國寶妻　朱氏姚士瑾妻　劉氏姚次仁妻　童氏庠型侯妻　張氏庠從忠妻
徐氏黃名儒繼妻　曹氏黃雲純妻　郭氏黃雲盛妻　熊氏黃朔妻　朱氏黃士璿妻
蕭氏邱龍光妻　吳氏邱士袚妻　許氏邱體仁妻　黃氏邱世繹妻　王氏孔四重妻　姚氏張瓊之妻
蕭氏黃之驤妻　徐氏黃之錦妻　湯氏程邦傑妻　謝氏吳叔嗣妻　楊氏李之垣妻　程氏錢之嵩妻
陳氏胡如坤妻　袁氏李世儒妻　柳氏胡士元妻　曾氏童仰之妻　張氏王世馳妻　鍾氏吳登尼妻
謝氏蔡宏玉妻　曾氏童昌懿妻　汪氏王家傳妻　胡氏余承颯妻　張氏余烈學妻　胡氏黃源渤妻
陳氏汪世銓妻　黃氏任如海妻　朱氏黃云瑜妻　萬氏李克俊妻　余氏喻世顯妻　吳氏余璧六妻
陳氏余斐明妻　周氏余廷杰妻　羅氏余崇志妻　余氏蕭正則妻　陳氏任克理妻　余氏周克厚妻
黃氏邱士犻妻　黃氏監生許云旭妻　鄧氏王全宜妻　王氏汪世雄妻　周氏汪世寶妻
劉氏黃家益妻　汪氏胡之常妻　胡氏陳世勳妻　蔡氏庠生萬爾景妻　魏氏庠生萬爲
壯妻　萬氏高岱妻　萬氏庠生王飛雄妻　萬氏魏重光妻　柳氏庠生朱國

順繼妻 陶氏朱承標妻 王氏葉自華妻 周氏葉時培妻 戴氏葉時濟妻 萬氏袁應鳳妻
柳氏江象瀾妻 宋氏監生蔡朝榆妻 周氏陳德鳳妻 周氏陳德翥妻 程氏陳宗祿妻
吳氏庠生邱安行妻 吳氏邱士鑑妻 程氏林方海妻 彭氏羅澤珍妻 黃氏李立貞妻
周氏監生朱承澍妻 田氏黃之梅妻 胡氏陳之洪妻 熊氏張象樞妻 周氏萬廷衡妻
鄧氏萬輝祖妻 金氏萬廷顯妻 陶氏朱承耀妻 鄧氏庠生林應奎妻 周氏張浩源妻
朱氏周熙懷妻 周氏庠生宋景洛妻 張氏庠生許甫榮妻 程氏朱承誥妻
周氏庠生邱信古妻 許氏萬廷昇妻 黃氏何承涵妻 李氏杜天相妻通志天作廷
萬氏熊文鳳妻 李氏陶文侯妻 張氏陶思慶妻 張氏劉廷柱妻 何氏王柱極妻
程氏潘西佑妻 譚氏陶文開妻 姚氏陶文舉妻 金氏陶克遂妻通志作余氏 桂氏陶文旭妻
程氏陶文洪妻 方氏陶文昌妻 徐氏陶文耀妻 常氏陶文佑妻 陳氏陶文宗妻 汪氏陶宇塋妻
蔡氏陶思道妻 邱氏陶文貴妻 程氏葉念依妻 童氏葉晉水妻 詹氏葉文昭妻 周氏葉某妻

黃州府志卷之二十七 列女二上 二十七

陶氏葉佩周妻 萬氏陶應昱妻 胡氏吳明弼妻 潘氏熊至仁妻 周氏朱承懋妻 鄧氏朱天益妻
童氏金能因妻 陳氏庠生李有睿妻 李氏喻友臣妻 程氏庠生林朝宗妻
喻氏胡應運妻 徐氏周世仁妻 吳氏程東泉妻 劉氏萬位育妻 曾氏林廷仁妻 汪氏吳秀卿妻
張氏吳璁祖妻 程氏庠生萬鼎黃妻 彭氏鄧尚勳妻 劉氏江存治妻為姑割股通志遺依
王志補 周氏揭宗軻妻 葉氏劉鍾鼎妻 萬氏劉之源妻 魏氏陳芳烈妻 陳氏陶思洵妻
汪氏庠生周士禮妻 杜氏庠生周邦獻妻 周氏段邦彥妻 張氏段爾康妻
范氏監生周价繼妻 周氏庠生嚴文任妻 周氏方之德妻 陶氏宋宗燦妻
宋氏程兆義妻 呂氏徐國章妻 周氏徐巄孺妻 王氏徐大元妻 蕭氏庠生夏瑜妻
胡氏陳三瞻妻 馮氏余宏仁妻 鄭氏陶思球妻 李氏庠生程應祚妻 胡氏葉仲載妻
張氏陳維翰妻 靖氏庠生陳廷鈞妻 徐氏陳希妻 夏氏吳有庠妻 雷氏魏現妻
鍾氏程之孟妻 程氏張之瓊妻 邱氏葉自超妻 周氏葉祥士妻 周氏劉芳燀妻 殷氏董祚連妻

陶氏朱國機妻 周氏朱承誥妻 余氏庠生韓大紳妻 余氏賀克成妻 范氏周之美妾
潘氏周榮路妻 余氏庠生周華國妻 萬氏周熙陶妻 杜氏周季襄妻 孫氏童繼栩妻
袁氏周運詵妻 江氏劉國甯妻 陶氏陳芳馥妻 王氏靖本棟妻 孫氏陳徂徠妻 葉氏萬一能妻
陳氏監生李之斌妻 熊氏陳大郁妾 錢氏陳偉昆妻 余氏陳錦裳妻 張氏陽邏鄭某
妻 齊氏陶思恒妻 林氏王天義妻 盧氏陳思道妻 陳氏童之昭妻 邱氏陳世則妻
邱氏周秩斯妻 葉氏周熙冕妻 雷氏周熙樸妻 朱氏周運會妻 童氏周承璽妻 魏氏周熙權妻
張氏周熙輝妻 陳氏監生周惟樞妻 熊氏周利川妻 向氏周柏石妻 邱氏周汝興妻
童氏周熙萃妻 朱氏周士高妻 張氏周作霖妻 袁氏庠生周文憲妻 陶氏周承銘妻
陶氏周熙光妻 楊氏余艮才妻 楊氏余在文妻 周氏程利厚妻 周氏程兆正妻 周氏張子淑妻
盧氏陳道妻 錢氏童士利妻 黃氏吳國籃妻 余氏黎元榮妻 何氏陳文在妻 黃氏陳效虞妻
周氏陳選周妻 林氏陳博也妻 雷氏陳子佳妻 袁氏陳念崧妻 郭氏陳秉章妻 李氏陳咸若妻

黃州府志卷之二十七 列女二上 二十八

戴氏陳瓊夫妻 林氏庠生袁幼成妻 陳氏林載揚妻 胡氏林魯仲妻 朱氏葉倫釬妻
陶氏王德昭妻 陳氏張書懷妻 鄭氏林方挹妻 何氏陳啟盛妻 葉氏黃正和妻 曾氏庠生夏夢
齡妻 曾氏陶應郙妻 童氏葉昌義妻 李氏劉文彩妻 高氏李如龍妻 何氏程嘉盛妻
陳氏陶文焯妻 鄧氏陳克極妻 余氏戴世瓛妻 葉氏楊眉玉妻 林氏葉溢懷妻 童氏葉阜兆妻
王氏陶思懌妻通志懌作澤 葉氏林振蒿妻 雷氏魏峯妻 向氏程景綱妻
葉氏陶應輝妻 萬氏魏綱妻 周氏魏崍妻 陳氏陶應純妻 韓氏陳芳極妻 周氏陳世嶽妻
袁氏陳世婕妻 葉氏陳德和妻 張氏周桐柏妻 蔡氏周繼胡妻 陳氏周祚峒妻 陶氏庠生周世
烇妻通志世作士 葉氏周世熉妻 韓氏周祚隩妻 喻氏周祚新妻 張氏周祚調妻
葉氏周祚榜妻 何氏葉應軒妻 常氏劉廷棟妻 童氏陳元照妻 陳氏周伯山妻 葉氏陳子垂妻
王氏陳大文妻 陶氏周祚秀妻 汪氏林宗揆妻 韓氏林若許妻 李氏揭若嵐妻 江氏程兆準妻
余氏張一棠妻 李氏袁應遠妻 戴氏陳憲章妻 陳氏林常春妻 王氏柳一元妻 杜氏程梧妻

向氏陳同仁妻　陳氏鄭辨玉妻　程氏葉大材妻　雷氏林常耀妻　雷氏林常士妻　李氏林常通妻
葉氏林常甯妻　葉氏林常美妻　熊氏陳先一妻　王氏廩生陶隆運妻　張氏許東會妻
張氏許正昌妻　李氏庠生鄧文煥妻　李氏葉出萬妻　徐氏柳載千妻　陶氏葉世經妻
周氏陶應譜妻　周氏汪提遠妻　陶氏袁應頫妻　陳氏段邦基妻　高氏葉同桂妻　熊氏葉同榜妻
韓氏監生袁應永妻　陳氏徐韶妻　余氏徐大隆妻　呂氏殷閎周妻　王氏郭鴻功妻
周氏庠生程八文妻　吳氏庠生程兆坤妻　盧氏周世丕妻　彭氏周祚輝妻
魏氏江象濱妻　朱氏余良諭妻　郭氏余國構妻　陶氏向全熙妻　黃氏陶會極妻　林氏張天和妻
朱氏賀克健妻　黃氏張應樂妻　張氏周以甯妻　向氏周民長妻　張氏林永芳妻　孫氏陳德成妻
陳氏張一濂妻　張氏陳世祚妻　林氏庠生詹世賢妻　嚴氏詹世瑞妻　袁氏詹世賚妻
陳氏詹啟才妻通志才作奉　程氏凌君顯妻　程氏熊聞遠妻　王氏萬世昌妻　吳氏李先懋妻
雷氏陳材勤妻　楊氏庠生陳漢章妻　謝氏陳材美妻　周氏陳焯觀妻　何氏胡慕文妻

袁氏胡近光妻　蔡氏商範維妻　林氏黃昆山妻　喻氏黃龍山妻　汪氏聶世子妻　李氏夏必榮妻
汪氏李宗常妻　鍾氏汪毓元妻　沈氏鍾三陽妻　邱氏夏超萬妻　周氏凌思儒妻　童氏商方訓妻
施氏商世興妻　張氏鍾載萌妻　凌氏童炎妻　陳氏詹啟鉉妻　許氏童士俊妻　汪氏戴基泰妻
胡氏曹本梁妻　曹氏袁其賓妻　甄氏監生余思澤妻　熊氏朱世宏妻　劉氏黃雲斐妻
程氏陶韶久妻　凌氏陶德堯妻　邵氏魏基鉅妻　李氏監生王如錦妻　盛氏監生湯光
謙妻　孫氏張蓃俊妻　王氏程宏任妻　奚氏葉光祖妻　龔氏齊維臣妻　魏氏朱士龍妻
徐氏崔任遠妻　汪氏徐慶忠妻　王氏監生朱彭年妻　周氏李如珠妻　朱氏監生馬自
榮繼妻　熊氏樊廣霖妻　姚氏鄒祖顯妻　包氏余連玉妻　吳氏汪國燃妻　江氏繆品茲妻
魏氏童希穆妻　胡氏邱孔在妻通志孔作九　王氏邱翊仁妻　孫氏邱世有妻　朱氏邱子喜妻
汪氏邱時文妻　張氏邱能遠妻　羅氏邱實泰妻　李氏邱廷宗妻　陶氏邱亦山妻　王氏邱裕後妻
蔡氏魏中虛妻　汪氏魏汝明妻　陳氏魏萬國妻　姚氏余先進妻　黃氏鍾立賢妻　江氏鍾全章妻

彭氏桂斗山妻　汪氏李懸玉妻　徐氏張利涉妻　周氏吳炎周妻　胡氏邱之廷妻　任氏張克遠妻
王氏胡世美妻　林氏萬昆山妻　高氏羅結遠妻　雷氏鍾儒望妻　程氏鍾儒行妻　郭氏姚簡能妻
可氏郭元章妻以上縣王志參通志　江氏張汝賢母　林氏徐述伯祖母
王氏萬廷儒妻　鄭氏陳啟宏妻　陳氏余艮申妻　周氏李搏九妻　鄭氏王如仁妻　舒氏甄之炳妻
黃氏余學禮妻　左氏黃淑懷妻　程氏羅道岣妻　汪氏俞書粹妻　羅氏徐某妻　童氏曾序妻
余氏喻承龍妻　沈氏孫隆吉妻　郭氏李位三妻　萬氏喻定榜妻　皮氏宋起鳳妻　蔡氏杜東瞻妻
王氏汪宗元妻　胡氏胡啟緒妻　汪氏蔡德紹妻　周氏朱承禹妻　葉氏高廷視妻　劉氏周自邠妻
曾氏胡哲士妻　胡氏佚夫名　周氏李謨妻　阮氏陳復殤妻　陳氏陳杜妻　邵氏黃達妻
邱氏萬履祖妻　董氏萬廷瑞妻　王氏萬廷任妻　周氏萬年苞妻　杜氏萬希桂妻　胡氏萬希勳妻
鄧氏萬鼎雯妻　王氏萬希楷妻　蕭氏監生萬希軾妻　杜氏萬希文妻　陳氏萬希范妻
陶氏庠生萬希熉妻　萬氏童應綬妻　萬氏程家鈺妻　高氏靖亦是妻　周氏陶應普妻

商氏姚某妻　金氏周青選妻　陳氏熊繼楷妻　聶氏張文浩妻　汪氏雷啟觀妻　雷氏陳其言妻
皮氏朱敏德妻　萬氏庠生靖必會妻　王氏靖必普妻　王氏萬茂才妻　盧氏周克履妻
汪氏姜維寅妻通志姜誤作江　熊氏袁啟鸞妻　王氏賀開懋妻　袁氏童敬巽妻　劉氏劉伯勤妻
程氏張若海妻　朱氏王應伯妻　張氏張文祚妻　涂氏羅道遂妻　邵氏魏士文妻　曾氏陶鳴球妻
謝氏胡允澤妻　胡氏喻定三妻　吳氏蔡昭歧妻　謝氏蔡觀揚妻　孫氏程錫印妻　王氏周士川妻
程氏周厚安妻　王氏周鳴林妻　蔡氏周素安妻　杜氏周儀舜妻　杜氏孫象賢妻　鄭氏孫和鳴妻
陳氏孫學高妻　錢氏萬文栢妻　張氏陶之琯妻　葉氏沈萬祿妻　葉氏胡志高妻　陸氏胡某妻
李氏王際春妻　張氏鄭文耀妻　童氏馮季艮妻　舒氏余洪元妻　余氏余開文妻　宋氏吳汾瑞妻
胡氏王維藻妻　蔡氏程德應妻　周氏周紹中妻　王氏胡叔際妻　周氏胡定邦妻　胡氏林紹興妻
周氏林鳴玉妻　程氏商順妻　邱氏郭宇妻　余氏童德全妻　金氏孫顯揚妻　邱氏孫孟遠妻
宋氏胡元高妻　張氏曾聖亮妻　程氏童奉綱妻　周氏監生童應瑞妻　李氏杜天相妻

童氏程元勳妻詹氏李光玉妻胡氏趙祝三妻胡氏余九開妻汪氏胡心德妻黃氏胡承基妻
熊氏童發祥妻吳氏孫金美妻張氏胡應安妻尤氏唐君輝妻胡氏饒金美妻成氏庠生喻廷
佑妻李氏游恒周妻袁氏朱奎妻熊氏宋天旣妻縣志宋作朱張氏朱慶云妻
袁氏朱慶勳妻蔡氏朱慶昌妻陶氏朱慶祥妻周氏朱錫貴妻朱氏高延禧妻胡氏朱天元妻
顧氏呂起鵬妻朱氏汪延淵妻王氏周甫山妻朱氏賀克政妻羅氏方佑我妻萬氏羅啟賢妻
胡氏曾正智妻夏氏羅道尊妻方氏馮承龍妻柳氏熊士鎵妻李氏熊某妻金氏段謨典妻
王氏王本智妻通志作陳姓李氏童昌名妻胡氏張思鯨妻靖氏鄭可揖妻邱氏商一澤妻
黃氏商一緒妻縣志緒作渚胡氏庠生靖若愚妻胡氏監生靖式玉妻
萬氏靖大銑妻程氏汪芝妻周氏邱勝庠妻王氏程之騋妻劉氏王運韶妻周氏王應灝妻
陳氏張文燦妻商氏羅道術妻羅氏徐立元妻孫氏張元致妻王氏蔡全安妻李氏蔡仲和妻
張氏邱艮璽妻袁氏朱天懿妻張氏羅廷貞妻王氏靖本謹妻李氏靖本謙妻陳氏段本鐵妻

周氏段邦彥妻王氏曾　銑妻呂氏曾　銑妻葉氏陶應章妻許氏陶應璜妻陳氏邱漢三妻
魏氏邱有三妻謝氏邱方明妻杜氏孫洪恩妻蔡氏孫永福妻余氏萬呂伯妻程氏揭鴻澤妻
陳氏揭鴻章妻周氏揭緒禮妻柳氏李振興妻劉氏李太嵩妻朱氏王升佑妻李氏王升阜妻
聞氏王升華妻嚴氏王朝會妻李氏左成祿妻程氏左學濬妻王氏商一淵妻蕭氏商錫禎妻
黃氏商錫柏妻葉氏余朝定妻袁氏余聖全妻張氏曾文煥妻余氏監生曾雲翔妻
張氏曾廷祿妻朱氏曾槐茂妻喻氏張倫謙妻杜氏張重信妻曹氏尤一禎妻汪氏尤芳林妻
杜氏尤岷山妻徐氏林宜銑妻徐氏桂山璞妻李氏林在躬妻李氏桂躍宗妻黃氏朱士偉妻
林氏朱天岱妻孫氏朱天任妻嚴氏朱慶德妻周氏朱國翹妻柳氏朱國翹媳朱氏程熾佐妻
余氏程基統妻縣志作吳某妻黃氏劉士亨妻蔡氏劉廷立妻童氏周運昌妻羅氏游國英妻
汪氏游祚廣妻楊氏張運奎妻錢氏張運桂妻胡氏張連正妻魏氏羅某妻陳氏周伯三妻
曾氏吳益增妻易氏吳光祖妻沈氏金錫文妻韓氏程鉞華妻程氏朱孔位妻柳氏朱然妻

柳氏羅之迅妻方氏段語典妻陶氏段某妻熊氏張文驥妻汪氏喻廷仕妻馮氏曾大宗妻
汪氏張大勳妻許氏甄某妻嚴氏甄謨艮妻黃氏張之仲妻吳氏張應宗妻姚氏陳之騮妻
張氏吳文銘妻胡氏余維城妻尤氏趙士掄妻尤氏趙事能妻吳氏蔡連舉母朱氏蔡連舉母
宋氏蔡連舉妻余氏霍一勳妻周氏朱維賢妻殷氏陳大章妻向氏周熙适妻董氏貢生曹宜
松妻程氏王繩法妻姚氏王南恢妻呂氏易壽漢妻袁氏童敬愼妻張氏楊開三妻
夏氏郭景雲妻方氏喻人樞妻甘氏黃廷材妻吳氏王有文妻林氏童有用妻王氏姜溥妻
閔氏余瑤嬋以上通志參縣志
蘇氏監生劉文煥妻年二十四夫沒守節事姑孝卒年四十七
嘉慶十年建坊嗣子士壎監生
劉氏詹伯章伯一作百妻夫沒無子舅姑先故依叔翁苦志守節拒
嫁以死嘉慶十五年建坊

林氏陳應楫妻年二十四適陳五月夫沒誓以身殉孀姑舒氏
勸止之遂守志事姑孝撫嗣成立嘉慶二十一年建坊
陶氏劉成達妻年二十四夫沒守節事姑孝姑患痿痺氏不離
左右撫嗣天復撫孤孫卒年六十
胡氏程應本妻年二十四夫沒苦節撫孤卒年六十一　俱道
光元年建坊
陳氏王懋章妻年二十九夫沒守節卒年八十道光二年建坊
王氏胡至淵妻年二十六夫沒守節撫孤卒年六十七
李氏朱廷珍妻年二十五夫沒守節撫孤卒年六十一　俱道
光四年請　旌
汪氏夏正樞妻年二十夫沒守節撫嗣道光六年建坊

游氏監生陶運魁妻年二十七夫沒守節撫孤定安列成均

殷氏許世福妻　李氏生員許文達妻姑婦也殷年二十世福沒矢志撫孤文達成諸生尋夭李年二十五守節撫孤子希曾議叙鹽知事銜孫汝齡庠生汝梅房縣訓導汝鳳從九品汝鐸議叙八品汝勳監生殷卒年八十一李卒年六十四

詹氏鄧丕椿妻年二十夫沒守節卒年七十九

萬氏魏瑛妻年二十七夫沒守節撫孤卒年九十二　俱道光六年　旌

鍾氏劉光發妻年二十七夫沒矢志守節事繼姑孝撫教二子成立長成柏舉人湖南知縣氏卒年七十一

孫氏方思禹妻年二十五守節貧苦撫孤成立卒年八十三

謝氏龍毓復妻年二十三夫沒守節撫孤卒年七十八

余氏龍廣玉妻年二十八夫沒守節撫孤卒年七十五　俱道光七年　旌

羅氏游瓊妻　汪氏贈職游定寶妻姑婦也羅年二十六瓊沒矢志守節孝事舅姑撫孤定寶成立尋夭汪年十九守節事姑孝羅卒年七十一　汪以子豐元貴　封太宜人卒年七十六

葉氏余烈鶴妻年二十七夫沒守節撫孤集英成諸生孫錦才兆李俱諸生氏卒年八十　俱道光八年　旌

易氏馬重書妻年二十六夫沒守節孝事舅姑嗣子沒撫孫先駒貢成均氏卒年六十六道光九年建坊

洪氏曾必仁妻年十九夫沒守節茹苦終身道光十年建坊

姜氏李嗣溶妻年二十二夫沒守節事重闈曲盡孝養撫二子成立士杰監生士燮進士氏卒年五十

劉氏許傳智妻年二十九夫沒守節撫嗣卒年四十六　俱道光十一年建坊

胡氏范綱妻年二十二夫沒守節撫嗣子二濂諸生欽捐職都司氏卒年八十

何氏廩生王士奎妻年二十五夫沒守節撫嗣卒年四十一　俱道光十七年建坊

周氏江開華妻年二十三夫沒守節撫孤

李氏徐萬春妻年二十二夫沒守節事舅姑孝撫遺腹子士醇列成均孫錫楷庠生彥樽職員曾孫方烱舉人長陽教諭氏卒年八十九　俱道光十八年建坊

陶氏劉漢東妻　張氏劉宗賢妻　胡氏劉方琦妻三世姑婦也陶年二十三漢東沒張年二十六宗賢沒胡年二十七方琦沒相繼守節陶卒年九十三張卒年六十八胡卒年五十道光二十年建坊胡長子昌傑郡廩生

程氏林世族妻年二十五夫沒守節事姑孝撫孤士寵成立卒年六十五道光二十二年　旌表孫方啟太學生元孫潤郡廩生例選訓導癸武生壬解元國子監監丞

張氏羅千善妻年二十二夫沒守節撫嗣卒年八十四

黃氏廖秉鑑妻年二十七夫沒守節撫遺腹孤成立卒年六十

五子志灝監生孫立權吏員

白氏馬元長妻年二十五夫沒守節撫孤卒年六十五孫希亮監生曾孫光烈元孫錫蕃俱庠生　俱道光二十三年　旌

許氏劉士長妻　范氏劉士達妻娣姒也許年二十四士長沒范年二十五士達沒均矢志守節孝事舅姑初許未有子常以夫祀爲念范歸生子照翁姑命許撫之爲嗣達旋沒別無次丁時翁已故姑命兩氏同心撫養成立列成均議叙八品

喻氏范吉妻年二十夫沒守節卒年四十三

何氏監生汪振鐸妻年二十八夫沒守節撫嗣卒年七十五嗣子擊達監生孫森廩生

姜氏鄧之璜妻　張氏鄧丕楹妻姜年二十二夫沒守節撫孤

卒年七十三張乃姜之孫媳年二十三夫沒守節卒年八十九　俱道光二十五年建坊

盧氏周運隆妻　賈氏周功升妻盧年二十六夫沒守節撫二孤成立愷監生盧卒年五十七賈其孫媳也年十九夫沒守節備歷艱辛道光二十六年請　旌

董氏胡名鋹妻年二十四夫沒守節撫嗣卒年三十四道光二十七年　旌

章氏張長宣妻年二十九夫沒守節撫孤子成立子椿年布政司理問銜孫遐翥遐齡俱監生炳南都司銜氏卒年八十九

賈氏廩生黃元汲妻年二十四夫沒守節舅姑年九十奉養周至嗣子宗珵自襁褓撫養成立捐職州同長孫鑫從九品次孫森縣丞幼孫垚從九品氏卒年九十三

曾氏王蘭錫妻年二十夫沒守節撫孤筱列成均卒年五十一

陳氏宋官懋妻年二十一夫沒守節現年八十二　俱道光二十八年請　旌

童氏羅元碧妻　劉氏元碧妾夫沒童年二十七劉年十八相依守節撫姪文彪成諸生童卒年八十三劉卒年六十一　俱咸豐八年補　旌

易氏何丞揚妻　詹氏何丞陞妻娣姒也易年二十二丞揚沒守節撫嗣承貴成立宗讜游擊詹年二十五丞陞沒守節撫遺腹孤東旭成立捐從九品孫紹棠邑庠生紹楨職員易卒年五十四詹卒年五十九

尤氏李正堔妻年二十四夫沒矢志守節現年八十九　俱咸豐九年補　旌

許氏劉世義妻年二十五夫沒守節撫嗣

夏氏劉世霖妻年二十七夫病危適子殤恐增夫病忍泣吞聲夫旋沒屢欲身殉悼念舅姑強起奉養立嗣誓守

謝氏呂期俊妻年二十二夫沒守節撫孤卒年八十八

褚氏嚴翼妻年二十八夫沒守節撫孤卒年七十九

邢氏監生嚴光第妻　萬氏嚴紹遵妻姑婦也邢年二十九光第沒矢志守節卒年八十八萬年二十六紹遵沒同姑守節現年八十五

童氏余獻鈺妻年二十夫沒守節撫嗣　俱咸豐十年補　旌

聶氏（王之富妻）汪氏（王開泰妻）操氏（彭天振妻）彭氏（康逢原妻）齊氏（謝心一妻）謝氏（鄧東海妻）
王氏（羅毓崑妻）劉氏（李大訓妻）羅氏（朱必秀妻）彭氏（陶早成妻）童氏（張玉聲妻）汪氏（張萬年妻）
蔡氏（舒光珍妻）舒氏（黃德任妻）舒氏（王昌棟妻）馮氏（王向陽妻）王氏（彭其壽妻）施氏（吳文海妻）
王氏（朱雄楚妻）汪氏（程世勳妻）曾氏（陶履棫妻）柳氏（夏一倩妻）陳氏（范霖如妻）方氏（舒明鼇妻）
李氏（吳承先妻）楊氏（王周清妻）謝氏（吳學書妻）詹氏（黃錦東妻）王氏（羅啟琳妻）吳氏（王必秀妻）
李氏（張士雄妻）王氏（張鼎芳妻）姚氏（詹起鳳妻）葉氏（張採玉妻）陶氏（胡家駿妻）趙氏（蔡得貴妻）
周氏（陳士芳繼妻）　戢氏（巴高峯妻）魏氏（葉肇左妻）楊氏（庠生童攡藻妻）
吳氏（韓豐曉妻）姚氏（羅鎮文妻）夏氏（潘明昆妻）周氏（童渭濱妻）陳氏（喻有功妻）李氏（喻有文妻）
朱氏（鄭鳳舉妻）陶氏（林朝九妻）陳氏（韓宏猷妻）劉氏（韓宏道妻）秦氏（朱文運妻）段氏（張世韋妻）
邱氏（張大清妻）蔡氏（胡家俊妻）陶氏（胡朝宗妻）邱氏（余艮永妻）陳氏（余艮紳妻）詹氏（奚振鎔妻）
李氏（張以州妻）徐氏（程自有妻）朱氏（項永安妻）曾氏（項永昌妻）朱氏（余炳南妻）舒氏（甄世烈妻）

段氏（張世常妻）李氏（王承桂妻）章氏（張五卿妻）曹氏（王兆瑩妻）盛氏（徐繼鍠妻）姜氏（汪於俊妻）
錢氏（彭時中妻）竇氏（胡永耀妻）潘氏（吳運崧妻）　以上縣俞志學憲冊

趙氏監生范應昇妾年二十三昇沒撫孤孤沒復撫孤孫嫡病氏侍湯藥罔懈卒年六十六

何氏庠生舒鶱妻年二十八夫沒守節撫孤成立歲饑出匳貲數百金以濟夫族

邱氏巴貽範妻年二十五夫沒無子取田宅捐入義學卒年五十九

戴氏毛正己妻年二十三夫沒遺孤甫三月辛勤撫之尋夭氏痛夫無嗣旬日不食卒時年四十三

潘氏胡運崧妻年二十一于歸數月夫沒氏自作祭文千餘言極沈痛閉戶三載憂鬱成疾卒時年二十六

歐氏貢生饒兆棠妻年二十五夫沒撫孤事孀姑孝姑衰年昏瞶嘗臥牀褥氏侍奉不倦苦節六十餘年五世同堂

張氏徐文梓妻年二十七夫沒撫嗣子事舅姑孝粵賊至將戕其姑氏請代死賊感動俱獲免苦節五十餘年

徐氏吳天㘶妻年二十七夫病刲股夫尋沒撫嗣年六十四卒

張氏李傳俊妻　余氏李傳圻妻　龔氏庠生李雲棟妻俱青年苦節撫孤余毀容避賊嘔血卒咸豐十年　旌一門三節

楊氏劉萬炳妻年十九于歸甫二月夫沒撫嗣子成立性好施予嘗捐貲重修曾家墩大石橋守節三十六年卒

劉氏張正時妻年二十八夫沒事姑孝姑沒依母侍奉不倦喜施予嘗解衣衣乞婦撫孤尋夭偕媳游撫二孫苦守廿餘年

黃氏李榮光妻年三十夫在廣濟因公陣亡氏苦節撫孤同治間　旌現年六十二歲子世瓏吏員

陶氏陳作梅妻年二十六夫沒無子日夜紡績積貲置田五畝爲舅姑祭產苦守六十九年

余氏宋明亨妻年十九夫沒撫孤親見四代壽百有一歲孫登瀛監生曾孫逢癸庠生

陳氏陶鳴樫妻年二十一夫沒撫嗣子家貧食苦氏性至孝極力營舅姑葬地親檢夫骨祔之年五十二卒

曾氏鄉賢曾世儀之女雞澤縣典史汪益猷妻性孝順解經義于歸後得舅姑娣姒歡心年二十九夫沒撫一子三女茹苦

守志咸豐間粵匪竄近黃境氏聞警以子女屬家人遠避從
容自經時年四十四同治間御史胡毓鈞奏 準旌表並自
建專祠子鎔浙江經歷
劉氏張廣浩妻年二十二夫沒撫孤性好善嘗捐產以資祠祀
守節三十餘年卒
童氏楊名立妻夫病篤刲股和藥以進病旋愈越三年夫沒氏
撫孤成立守節三十餘年
潘氏四會知縣李士燮繼妻年二十四夫沒撫孤二尋夭兩孫
亦夭氏改屋爲祠以存夫祀苦節四十餘年自題壁云深悔
捐軀當年未殉夫偷生歸旅櫬忍死撫遺孤火燼灰難熱
根殘葉亦枯祠成悲更切淚與墨同濡

李氏孫廷楷妻年二十五夫沒撫孤孤夭撫孤孫事姑孝姑病
刲股療之苦守六十七年
祁氏王業勝妻 李氏王國華妻 張氏蘇昌運妻 秦氏范爔燈妻 董氏監生范步雲妻
胡氏袁必發妻 夏氏鄭恩榕妻 馮氏陳德倫妻 樊氏市都事范鈺妻 李氏王學耀妻
王氏武生呂兆麟妻 李氏呂麟麒妻 嚴氏張家燿妻 范氏喻治焜妻 周氏孫顯亨妻
宋氏段由基妻 劉氏呂麟鵬妻 龍氏王勝材妻 馬氏殷道泰妻 陳氏董超奇妻 徐氏邱承富妻
石氏監生龍奕夔妻 潘氏劉世澤妻 閻氏監生劉錫璈妻 翁氏劉泰賓妻
鄭氏廖世英妻 涂氏方繼隆妻 金氏喻泰純妻 張氏喻人龍妻 宋氏喻民服妻 彭氏劉際瀛妻
殷氏趙國勝妻 鄭氏喻治稊妻 馬氏喻泰烈妻 蘇氏孫顯貞妻 章氏張家騤妻 張氏王鉅林妻
胡氏劉成紹妻 王氏庠生劉浩妻 李氏郭啟泰妻 尹氏孫宇禮妻 江氏孫宇射妻
余氏庠生鄒棣芬妻 李氏張士英妻 賀氏監生殷道明妻 黃氏胡光國妻

石氏監生王勝禧妻 汪氏監生王勝祥妻 康氏邱忠瑚妻 張氏邱忠璉妻
程氏戴敦倫妻苦節咸豐五年賊至殉難 夏氏誥贈大夫王槐長妻 呂氏孫顯塘妻
范氏陶光祖妻 杜氏劉大鵬妻 馬氏王勝楷妻 劉氏謝宏猷妻 謝氏監生劉熙和妻
潘氏章能義妻 吳氏楊時言妻 龍氏趙廷樂妻 宋氏喻民福妻 賀氏監生殷祺妻
許氏王正綱妻 方氏喻民欽妻 王氏吳紹椿妻 張氏范燦妻 金氏程世友妻 王氏張啟才妻
周氏范宏爵妻 周氏范朝榮妻 柳氏范一槐妻 巴氏程年爽妻苦節咸豐五年殉難 邰氏范鵬程妻
沈氏職員揭洪妻同治元年旌 王氏范耀璟妻 王氏范昆源妻 包氏徐光武妻 殷氏陳謙吉妻
楊氏喻國洪妻 黃氏徐延恭妻 盧氏舒兆海妻 樊氏王希元妻 胡氏曾光璧妻 郭氏羅朝富妻
許氏羅朝陽妻 夏氏沈登春妻 吳氏范開禎妻 何氏馬澤學妻 李氏馬思潤妻 張氏馬重鈴妻
李氏馬重瑜妻 龔氏賈起勝妻 李氏徐景文妻 周氏馬思純妻 鄧氏馬先恩妻 高氏縣丞涂凌
雲妻 熊氏余道泰妻 徐氏王宏信妻 陳氏孫有益妻苦節同治三年賊至殉難

李氏梅家龍妻 朱氏王士盛妻 吳氏施天珍妻 徐氏吳遠祖妻 熊氏樊恭福妻 張氏趙必桂妻
孫氏羅朝謨妻 王氏羅朝輔妻 胡氏孫含暉妻 葉氏吳兆忍妻 樊氏王勝准妻 何氏監生高潤
妻 林氏孫正麟妻 劉氏監生林際綸妻 鄧氏熊正翺妻 高氏余獻斗妻
守節同治三年賊至殉難 郭氏鄧能承妻 何氏鄧能會妻 徐氏吳作道妻 戚氏吳作垣妻
鮑氏陳封眺妻 王氏孫允道妻 蔡氏丁深植妻 鄧氏林光烈妻 黃氏林光彩妻 余氏徐某妻守
節同治三年遇賊殉難 黃氏舒興棚妻 周氏誥贈大夫林大溶妻 邰氏林錫恩妻
翁氏邱恕揚妻 汪氏王自鑫妻 姚氏張生珠妻 邱氏庠生靖家清妻 吳氏張永謙妻
鄭氏張光孚妻 江氏曹封惠妻 陶氏蕭開基妻 廖氏曹隆順繼妻 王氏吳步高妻
朱氏職員廖道合妻 熊氏廖同書妻 徐氏廖同元妻 徐氏廖同鼇妻 葉氏廖一堃妻
饒氏廖道厚妻 江氏張守第妻守節同治三年賊至殉難 張氏廖一泚妻 程氏廖澤興妻
黃氏廖澤銘妻 張氏廖道德妻 江氏廖一正妻 蕭氏廖道廣妻 方氏余獻玉妻守節同治三年賊至

聶氏王之富妻汪氏王開泰妻操氏彭天振妻彭氏康逢原妻齊氏謝心一妻謝氏鄧東海妻
王氏羅毓崑妻劉氏李大訓妻羅氏朱必秀妻彭氏陶早成妻童氏張玉聲妻汪氏張萬年妻
蔡氏舒光珍妻舒氏黃德任妻舒氏王昌棟妻馮氏王向陽妻王氏彭其壽妻施氏吳文海妻
王氏朱雄楚妻汪氏程世勳妻曾氏陶履械妻柳氏夏一倩妻陳氏范霖如妻方氏舒明鼇妻
李氏吳承先妻楊氏王周清妻謝氏吳學書妻詹氏黃錦東妻王氏羅啟琳妻吳氏王必秀妻
李氏張士雄妻王氏張鼎芳妻姚氏晚起鳳妻葉氏張採玉妻陶氏胡家駿妻趙氏蔡得貴妻
周氏陳士芳繼妻　戢氏巴高峯妻魏氏葉肇左妻楊氏庠生童摛藻妻
吳氏韓豐曉妻姚氏羅鎮文妻夏氏潘明昆妻周氏童渭濱妻陳氏喻有功妻李氏喻有文妻
朱氏鄭鳳舉妻陶氏林朝九妻陳氏韓宏猷妻劉氏韓宏道妻秦氏朱文運妻段氏張世韋妻
邱氏張大清妻蔡氏胡家俊妻陶氏胡朝宗妻邱氏余艮永妻陳氏余艮紳妻詹氏奚振鎔妻
李氏張以州妻徐氏程自有妻朱氏項永安妻曾氏項永昌妻朱氏余炳南妻舒氏甄世烈妻

段氏張世常妻李氏王承桂妻章氏張五卿妻曹氏王兆瑩妻盛氏徐繼鍠妻姜氏汪於俊妻
錢氏彭時中妻寶氏胡永耀妻潘氏吳運崧妻以上縣俞志學憲冊
趙氏監生范應昇妾年二十三昇沒撫孤孤沒復撫孤孫嫡病
氏侍湯藥罔懈卒年六十六
何氏庠生舒鶱妻年二十八夫沒守節撫孤成立歲饑出奩貲
數百金以濟夫族
邱氏巴貽範妻年二十五夫沒無子取田宅捐入義學卒年五
十九
戴氏毛正己妻年二十三夫沒遺孤甫三月辛勤撫之尋夭氏
痛夫無嗣旬日不食卒時年四十三
潘氏胡運崧妻年二十一于歸數月夫沒氏自作祭文千餘言
極沈痛閉戶三載憂鬱成疾卒時年二十六
歐氏佾生饒兆棠妻年二十五夫沒撫孤事孀姑孝姑衰年昏
瞶嘗臥牀褥氏侍奉不倦苦節六十餘年五世同堂
張氏徐文梓妻年二十七夫沒撫嗣子事舅姑孝粤賊至將戕
其姑氏請代死賊感動俱獲免苦節五十餘年
徐氏吳天嘶妻年二十七夫病刲股夫尋沒撫嗣年六十四卒
張氏李傳俊妻　余氏李傳圻妻　龔氏庠生李雲棟妻俱青
年苦節撫孤余毀容避賊嘔血卒咸豐十年　旌一門三節
楊氏劉萬炳妻年十九于歸甫二月夫沒撫嗣子成立性好施
予嘗捐貲重修曾家墩大石橋守節三十六年卒
劉氏張正時妻年二十八夫沒事姑孝姑沒依母侍奉不倦喜

施予嘗解衣衣乞婦撫孤尋夭偕媳游撫二孫苦守廿餘年
黃氏李榮光妻年三十夫在廣濟因公陣亡氏苦節撫孤同治
間　旌現年六十二歲子世瓏吏員
陶氏陳作梅妻年二十六夫沒無子日夜紡績積貲置田五畝
爲舅姑祭產苦守六十九年
余氏宋明亨妻年十九夫沒撫孤親見四代壽百有一歲孫登
瀛監生曾孫逢癸庠生
陳氏陶鳴樫妻年二十一夫沒撫嗣子家貧食苦氏性至孝極
力營舅姑葬地親檢夫骨祔之年五十二卒
曾氏鄉賢曾世儀之女雞澤縣典史汪益猷妻性孝順解經義
于歸後得舅姑娣姒歡心年二十九夫沒撫一子三女茹苦

守志咸豐間粵匪竄近黃境氏閭警以子女屬家人遠避從
容自經時年四十四同治間御史胡毓鈞奏　准旌表並自
建專祠子鎔浙江經歷
劉氏張廣浩妻年二十二夫沒撫孤性好善嘗捐產以資祠祀
守節三十餘年卒
童氏楊名立妻夫病篤刲股和藥以進病旋愈越三年夫沒氏
撫孤成立守節三十餘年
潘氏四會知縣李士燮繼妻年二十四夫沒撫孤二尋夭兩孫
亦夭氏改屋爲祠以存夫祀苦節四十餘年自題壁云深悔
埒捐軀當年未殉夫偷生歸旅櫬忍死撫遺孤火燼灰難熱
根殘葉亦枯祠成悲更切淚與墨同濡

李氏孫廷楷妻年二十五夫沒撫孤孤夭撫孤孫事姑孝姑病
刲股療之苦守六十七年
祁氏王業勝妻　李氏王國華妻　張氏蘇昌運妻　秦氏范燿鐙妻　董氏監生范步雲妻
胡氏袁必發妻　夏氏鄭恩榕妻　馮氏陳德倫妻　樊氏市都事范鈺妻　李氏王學燿妻
王氏武生呂兆麟妻　李氏呂麟麒妻　嚴氏張家燿妻　范氏喻治焜妻　周氏孫顯亨妻
宋氏段由基妻　劉氏呂麟鵬妻　龍氏王勝材妻　馬氏殷道泰妻　陳氏董超奇妻　徐氏邱承富妻
石氏監生龍奕夔妻　潘氏劉世澤妻　聞氏監生劉錫璬妻　翁氏劉泰賓妻
鄭氏廖世英妻　涂氏方繼隆妻　金氏喻泰純妻　張氏喻人龍妻　宋氏喻民服妻　彭氏劉際瀛妻
殷氏趙國勝妻　鄭氏喻治稊妻　馬氏喻泰烈妻　蘇氏孫顯貞妻　章氏張家騤妻　張氏王鉅林妻
胡氏劉成紹妻　王氏庠生劉浩妻　李氏郭啟泰妻　尹氏孫宇禮妻　江氏孫宇射妻
余氏庠生鄒棣芬妻　李氏張士英妻　賀氏監生殷道明妻　黃氏胡光國妻

石氏監生王勝禧妻　汪氏監生王勝祥妻　康氏邱忠瑚妻　張氏邱忠墀妻
程氏戴敦倫妻苦節咸豐五年賊至殉難　夏氏誥贈大夫王槐長妻　呂氏孫顯塘妻
范氏陶光祖妻　杜氏劉大鵬妻　馬氏王勝楷妻　劉氏謝宏猷妻　謝氏監生劉熙和妻
潘氏章能義妻　吳氏楊時言妻　龍氏趙廷樂妻　宋氏喻民福妻　賀氏監生殷祺妻
許氏王正綱妻　方氏喻民欽妻　王氏吳紹榕妻　張氏范燦妻　金氏程世友妻　王氏張啟才妻
周氏范宏爵妻　周氏范朝榮妻　柳氏范一槐妻　巴氏程年爽妻苦節咸豐五年殉難　郤氏范鵬程妻
沈氏職員揭洪妻同治元年旌　王氏范耀璟妻　王氏范昆源妻　包氏徐光武妻　殷氏陳謙吉妻
楊氏喻國洪妻　黃氏徐延恭妻　盧氏舒兆海妻　樊氏王希元妻　胡氏曾光璧妻　郭氏羅朝富妻
許氏羅朝陽妻　夏氏沈登春妻　吳氏熊開禎妻　何氏馬澤學妻　李氏馬思潤妻　張氏馬重鈴妻
李氏馬重瑜妻　龔氏賈起勝妻　李氏徐景文妻　周氏馬思純妻　鄧氏馬先恩妻　高氏縣丞涂凌
雲妻　熊氏余道泰妻　徐氏王宏信妻　陳氏孫有益妻苦節同治三年賊至殉難

李氏梅家龍妻　朱氏王士盛妻　吳氏施天珍妻　徐氏吳達祖妻　熊氏樊恭福妻　張氏趙必桂妻
孫氏羅朝謨妻　王氏羅朝輔妻　胡氏孫含暉妻　葉氏吳兆忍妻　樊氏王勝淮妻　何氏監生高潤
妻　林氏孫正麟妻　劉氏監生林際綸妻　鄧氏熊正翺妻　高氏余獻斗妻
守節同治三年賊至殉難　郭氏鄧能承妻　何氏鄧能會妻　徐氏吳作道妻　戚氏吳作垣妻
鮑氏陳封眺妻　王氏孫允道妻　蔡氏丁深榰妻　鄧氏林光烈妻　黃氏林光彩妻　余氏徐棻妻守
節同治三年遇賊殉難　黃氏舒興棚妻　周氏誥贈大夫林大溶妻　郤氏林錫恩妻
翁氏邱恕揚妻　汪氏王自鑅妻　姚氏張生珠妻　邱氏庠生靖家清妻　吳氏張永謙妻
鄭氏張光孚妻　江氏曹封惠妻　陶氏蕭開基妻　廖氏曹隆順繼妻　王氏吳步高妻
朱氏職員廖道合妻　熊氏廖同書妻　徐氏廖同元妻　徐氏廖同鼇妻　葉氏廖一堃妻
饒氏廖道厚妻　江氏張守第妻守節同治三年賊至殉難　張氏廖一泚妻　程氏廖澤興妻
黃氏廖澤銘妻　張氏廖道德妻　江氏廖一正妻　蕭氏廖道廣妻　方氏余獻玉妻守節同治三年賊至

殉難 程氏廖一煜妻 祝氏廖一品妻 舒氏鍾光清妻 方氏朱光壽妻光一作元
胡氏傅其祥妻 鄭氏龔珍法妻 曾氏舒正梅妻 徐氏郭熙煜妻 劉氏王緒鈞妻 靖氏監生王毓
滋妻守節同治三年遇賊殉難 孫氏涂定榮妻 張氏夏鈞德妻 徐氏夏鈞祿妻 邵氏方可謀妻
趙氏方可傳繼妻 何氏方同嵋妻 何氏游家珍妻 王氏宋之壎妻 萬氏宋之均妻
劉氏宋之坡妻 王氏曹祥興妻 張氏祝煥銑妻 高氏張宏煜妻 彭氏李啟遇妻 江氏黃行讓妻
熊氏黃繼美妻 張氏張榮爵妻 邱氏余獻清妻 陳氏鄢行福妻 操氏陳瑞芝妻守節同治三年殉難
呂氏鄢行福妻 周氏梅祚義妻 陳氏余獻銘妻 鄧氏余獻發妻 黃氏陳積桂妻 秦氏汪士横妻
游氏余篤禮妻 夏氏王光明妻 魏氏王蔭貴妻 涂氏王純章妻 張氏徐國銘妻 趙氏徐國儉妻
戢氏監生徐步青妻 戢氏巴貽秀妻 邱氏徐國安繼妻 朱氏邱贄昱妻
王氏邱時敘妻 張氏邱時敏妻 吳氏尹衍義妻 涂氏李自強妻 秦氏范亭壽妻 范氏徐國萬妻
曹氏徐國勳妻 雷氏鄧同梅妻 詹氏陳志瑛妻 張氏鄧希魁妻 萬氏尤真尌妻守節同治四年遇賊

黃州府志《卷之二十七　列女二上　四十五

殉難 王氏江金波妻 熊氏郤正達妻 王氏嚴承基妻 何氏潘全烈妻 邱氏巴正榜妻
熊氏黃維勳妻 洪氏宋生富妻 喻氏黃心恕妻 華氏隗象志妻 范氏余獻文妻 鍾氏郭耀彬妻
胡氏監生萬裕金妻守節同治四年遇賊殉難 姚氏庠生王廷瑞妻 王氏張和平妻
吳氏鄧三堚妻 周氏鄧文翰妻 龔氏監生洪銑妻 朱氏洪賢寶妻 張氏胡正明妻
曹氏余起堈妻 胡氏洪鉞妻 萬氏尤紹家妻守節三十餘年同治四年遇賊殉難 徐氏洪恩灝妻
成氏陶慶元妻 蔡氏按司獄洪駿妻 曾氏庠生鄭森烺妻 吳氏胡國仁妻
熊氏曹遠亨妻 江氏詹聞泰妻 胡氏監生洪賢奇妻 羅氏王斯信妻 姜氏陳如文妻
王氏熊履剛妻 劉氏熊履正妻 蔡氏王義成妻 高氏劉其揚妻 李氏宋清海妻 童氏馮崇恩妻
守節同治四年遇賊殉難 童氏羅啟芳妻守節同治四年遇賊殉難 畢氏羅承天妻
謝氏王蔭松妻 汪氏鄧函燧妻 謝氏鄭家楚妻 余氏曾連枝妻 鄒氏監生梅文煥妻
張氏監生王蘭銘妻 蔡氏曾晉若妻 陳氏曾世銑妻 謝氏曾世鎮妻 王氏鄧有富妻

高氏王懷燕妻 吳氏鄧秀臨妻 周氏鄧耀清妻 蔡氏鄧志東妻 隗氏鄧丕杭妻 邱氏蕭庶增妻
陶氏王尊華妻 龔氏監生洪賢榜妻 徐氏洪良棟妻 陶氏何桂華妻守節同治三年遇賊
殉難 黃氏周名馭妻 舒氏夏基禮妻 嚴氏舒昌瑜妻 靖氏王心清妻 李氏涂鈺妻守
節同治四年遇賊殉難 李氏王心潤妻 鄧氏操養瑢妻 李氏夏佐賢妻 夏氏馮榮富妻
操氏李其環妻 徐氏鄭直彩妻 李氏庠生胡宜丙繼妻 王氏胡華濟妻 張氏胡貢珍妻
張氏王模治妻 黃氏左治瑩妻 王氏汪代鉞妻守節同治五年遇賊殉難 趙氏李光燕妻
戴氏毛樸臣妻 李氏王廣泰妻 呂氏李定清妻 徐氏王純熉妻 李氏王純燉妻 何氏左宏全妻
吳氏張立楷妻 舒氏曾允尌妻 張氏王純志妻 王氏州同趙堯章妻 王氏唐斯枝妻
詹氏監生胡忠弼妻 詹氏胡忠樹妻 周氏監生胡翊治繼妻 李氏監生胡必
珂妻 張氏胡忠黼妻 洪氏胡良材妻 洪氏戴瓊英妻 戚氏戴鉅珠妻 梅氏何發福妻
王氏王鉅惠妻 張氏童奉麟妻 舒氏李之培妻 韓氏陳受恩妻守節同治五年遇賊殉難

黃州府志《卷之二十七　列女二上　四十六

童氏程一翥妻 陶氏易堃山妻 游氏汪相永妻 余氏沈正準妻 李氏沈成松妻 汪氏沈成禮妻
王氏監生沈連溪繼妻 錢氏喻承爵妻 陳氏邱豫垙妻 徐氏劉光嵩妻 劉氏周邦杰妻
李氏庠生汪家駒繼妻 汪氏陳臨甫妻 梅氏汪引文妻 朱氏余獻鎰妻 陳氏汪久智妻
羅氏修職郎汪引霄繼妻 沈氏汪士銑妻 夏氏汪士芳妻 胡氏余性嚴妻 劉氏徐利賓妻
張氏余國猷妻 郭氏徐能祥妻 余氏監生朱誠榮妻 李氏監生朱誠點妻
陶氏朱成功妻 李氏徐能行妻 張氏徐能柱妻 黃氏徐達理妻 陳氏徐能煥妻 邱氏蕭道福妻
陳氏黃可霞妻 楊氏張守孝妻 李氏徐克賢妻 熊氏黃世發妻 尹氏黃子清妻 庫氏鍾盛矩妻
王氏熊元意妻 郭氏熊名豪妻 朱氏熊名讓妻 李氏徐文渠妻 郭氏徐文炳妻 陶氏職員徐憲
章妻 黃氏曾毓重妻 徐氏朱正發妻 項氏徐直軫妻 左氏蕭服江妻 王氏朱元勳妻
徐氏石鈞雲妻 朱氏監生朱聯芳妻 彭氏張玉蘭妻 徐氏徐光前妻 何氏李有華妻
左氏徐服楚妻 朱氏左在全妻 王氏沈光第繼妻 胡氏沈成鵬妻 郭氏徐文柄妻

游氏徐巨川妻余氏徐愼煒妻黃氏江高成妻李氏沈正煐妻徐氏朱功浩妻朱氏余獻㶃妻
程氏熊元亨妻鍾氏江定宗妻徐氏雷名熺妻朱氏徐神賜妻王氏徐秉鈞妻郭氏曹靖周妻
汪氏王昌梓妻許氏熊超濬妻熊氏熊明愷妻毛氏王廷燾妻饒氏江有聲妻王氏鄧文松妻
王氏彭定塏妻童氏程鳳儀妻劉氏封職宋之幹妻守節撫孤五十一年光緒七年旌孤文奎暨孫膺職銜
尹氏黃子清妻商氏程從虎妻吳氏李繩武妻李氏沈則岐妻柯氏贈振威將軍胡名輔妻年二十
六苦節撫孤三長世甲封職次子昌會提督三子如東副將氏封一品夫人程氏袁祥寬妻蔡氏熊應昌妻
許氏熊正松妻鄧氏熊德明妻沈氏劉定經妻陳氏謝先揚妻錢氏監生余開文妻
韓氏余有翼妻孫氏謝先墉妻程氏朱功潤妻程氏朱裕吉妻邱氏周宗品妻黃氏周振維妻
蕭氏王文銘妻童氏周丕鈞妻項氏周振才妻胡氏周奎運妻陳氏周宗孝妻龔氏程品璋妻
程氏吳秉風妻萬氏王家說妻張氏王家培妻劉氏韓安福妻程氏監生陶清妻
田氏萬鼎賓妻陳氏邱希愷妻周氏萬裕樅妻靖氏張崇翰妻李氏張崇志妻張氏童奉璘妻

張氏羅千懌妻羅氏方以謨妻鄭氏馳贈大夫盧湘妻徐氏盧鍾曦妻徐氏盧鍾嶶妻
胡氏劉光祖妻羅氏監生劉紹基妻楊氏監生劉晉侯妻滕氏監生劉鳳
詔妻楊氏劉光昌妻潘氏監生劉作霖妻朱氏監生劉厚村妻
馮氏劉明烜妻皮氏職員楊慶相妻周氏甄光彩妻唐氏監生游豐銳繼妻
邱氏張和熅妻邱氏周宗坤妻劉氏盧鍾春妻陳氏李敦爊妻陳氏劉昌渭妻周氏劉萬杰妻
沈氏監生張作霖妻胡氏馮良智妻甄氏段啟淦妻林氏張章鵬妻施氏張重寶妻
朱氏張文光妻程氏張承澤妻胡氏張瑞堂妻張氏貢生張彬妻李氏職員林甲
妻明氏監生劉繼棠妻徐氏張用衡妻潘氏張宗燾妻桂氏庠生萬裕
恩妻桂氏萬成枬妻靖氏庠生萬成桂妻葉氏庠生陳寅妻
萬氏汪久勷妻袁氏徐宗琇妻汪氏童理明妻周氏韓嗣忍妻周氏武生韓俊妻
陶氏武生韓獻檳妻陶氏監生韓步蟥妻童氏韓仲熙妻阮氏韓尊慶妻

周氏張斗柄妻周氏汪于鐸妻余氏監生袁允謙妻陶氏周位列妻吳氏吳式萬妻
童氏庠生范應昌妻程氏杜前躍妻甘氏孫貴卿妻葉氏孫貴顯妻周氏程源連妻
任氏劉明成妻邱氏張純祖妻葉氏陶之珞妻向氏陶鳴凰妻邱氏揭昭鏽妻涂氏邱九和妻
商氏程一舉妻左氏程本桂妻江氏監生程環溪繼妻張氏倪開恆妻周氏朱時義妻
李氏張鳴珂妻陳氏張勝鼇妻袁氏王超謨妻蕭氏王夢富妻趙氏庠生王用賓妻
蕭氏王家愷妻余氏王家謨妻萬氏王家誂妻鄧氏王家諛妻彭氏王家鉞妻張氏王家駟妻
王氏項必達妻袁氏張光杰妻蕭氏楊鴻琪妻王氏陶應河妻袁氏增生林杰妻
楊氏陶應欽妻楊氏陶啟蘭妻甘氏沈文普妻童氏陶懋昭妻林氏陶懋賞妻曾氏陳祜祥妻
蕭氏余有春妻劉氏武生徐飛鵬妻夫陣亡金氏徐文斌妻朱氏曾道謨妻汪氏朱賓之妻
袁氏葉啟榮妻萬氏游豫霖妻段氏張承洙妻張氏張懋之妻胡氏張景殺妻周氏汪明佑妻
徐氏李裕章妻程氏李英奇妻楊氏翁紀琇妻萬氏胡元鐸妻守節同治四年賊至殉難

段氏舉人嚴家行繼妻守節同治四年賊至殉難陶氏嚴家瑜妻童氏夏朝瑞妻葉氏張濟寬妻
邱氏雷必檀妻袁氏徐之啟妻張氏李名顯妻林氏姚宏宗妻蔡氏李國彥妻王氏周宗遴妻
盧氏曾道生妻周氏王自琨妻胡氏王養松妻聶氏陳光璧妻余氏程宗翰妻祁氏監生張文
掄妻李氏阮天錫妻周氏雷名桂妻熊氏張鳳翥妻汪氏王世熹妻余氏王澤海妻
李氏朱功煜妻余氏朱功爛妻守節同治四年賊至殉難葉氏朱功煒妻祝氏謝光祖妻
姜氏謝萬發妻萬氏童篤亭妻周氏萬成樑妻蔡氏張居宜妻周氏庠生張于江妻
鄭氏王一滋妻葉氏張受書妻夏氏張之燮妻陳氏曾先登妻李氏監生程步雲妻
萬氏吳作鍵妻張氏吳兆華妻劉氏陶啟富妻徐氏陶啟富妾張氏徐文梁妻王氏林繼善妻
周氏張祺柏妻邱氏張斗大妻黃氏徐華霑妻張氏黃光燕妻萬氏貢生袁允玉妻
陳氏羅士英妻鄭氏監生盧湘繼妻陶氏尤定邦妻張氏王崇玖妻劉氏謝永和妻
王氏黃振壂妻呂氏馮盛柯妻楊氏聞佐堂妻董氏聞佐幗妻魏氏何渭妻事袁姑孝順

吳氏王先映妻 葉氏羅錦瀾妻 陳氏羅志清妻 何氏汪維清妻清一作先 高氏朱館渭妻
學冊作江 楊氏何紹琮妻 顧氏張家騏妻夫在省陣亡 孫氏劉年芳妻 杜氏江蘇典史
龔士濬妻守節撫嗣並爲姑割股 喻氏蔣廷甲妻 王氏張榮翰妻 王氏張能鈺妻 王氏張能銓妻
姚氏王代玉妻 龍氏吳春士妻 潘氏吳遇選妻 樊氏監生吳秉鈞妻 倪氏吳遇連妻
王氏孫顯璇妻 陳氏胡永揚妻 白氏楊輿銘妻 劉氏庠生黃鑑妻 沈氏黃道煜妻
龔氏庠生周繩祖妻 黃氏李榮華妻 呂氏李榮廷妻 孫氏胡承基妾 胡氏朱德魁妻
柳氏劉昌爵妻 萬氏吳緒達妻 韓氏張昌材妻 徐氏范柏松妻 李氏魏之璜妻 奚氏嚴厚銓妻
王氏胡志淵妻 魏氏葉承勳妻 熊氏雷名祖妻 陶氏雷名琥妻 曾氏監生徐萬年妻
楊氏劉文德妻 程氏雷錫湘妻 陶氏雷錫清妻 郭氏夏錦彩妻 呂氏倪良楷妻 姜氏宣德郎張
景雲繼妻 章氏舉人奚德濂妻 萬氏沈之寅妻 龍氏黃振基妻 杜氏李光瀚妻
陳氏李盛科妻 周氏杜啟錦妻 李氏杜紹經妻 胡氏鄭信安妻 周氏鄭耀全妻 涂氏王龍順妻

黃州府志　卷之二十七　列女二上　四十九

董氏劉玉藻妻 顏氏胡宗仁妻 李氏朱學源妻 龔氏姜念赤妻 嚴氏庠生姜炳芳繼妻
汪氏姜景儒妻 王氏姜景伊妻 陳氏汪光旦妻 包氏周學瀛妻 蕭氏余春有妻 袁氏高世選妻
汪氏王家政妻 楊氏監生華景濂妾 劉氏葉大志妻 胡氏葉年學妻 曾氏王鉅楷妻
樊氏胡心舉妻 吳氏江美玉妻 黃氏秦明光妻 洪氏武生秦德裕妻 程氏武生陳鼎
昌妻 田氏霍希潛妻 涂氏王純章妻 張氏郭世佑妻 張氏魏明海妻 張氏魏明儉妻
魏氏葉應燦妻 余氏監生程高森妻 雷氏單先愷妻 殷氏振威將軍雷方德妻
梁氏邱豫貴妻 張氏監生雷輝邦妻 陶氏王出賢妻縣新志出賢誤作述貴
沈氏朱楚材妻 張氏承德郎曾組齡妻 熊氏監生陳萬年妻 王氏王廷杜妻
劉氏張昌櫶妻 熊氏周學溥妻 張氏歐陽學文妻 陳氏王應蛟妻 劉氏李鳳棠妻
陳氏葉新炯妻 項氏倪世珍妻 王氏吳遂達妻 王氏王六楷妻 余氏王文成妻 鄭氏杜紹龍妻
饒氏王定兀妻 殷氏李學燦妻 嚴氏王國琛妻 翁氏劉思友妻 鄭氏職員馮成龍妻

張氏戴承經妻 柳氏王克震妻 沈氏杜祖輝妻 蔡氏凌興宇洪 吳氏王模極妻 劉氏邱豫輝妻
方氏劉心培妻 高氏趙文燿妻 吳氏武生胡楚欽妻 劉氏霍裕壽妻 程氏李天才妻
黃氏秦紀光妻 熊氏陳紹蕘妻 邵氏秦有璋妻 王氏邱亨泰妻 鄧氏庠生吳道豐妻
胡氏呂兆恒妻 汪氏胡得壽妻 鄒氏胡啟昌妻 黃氏徐雲松妻 黃氏殷道濟妻 李氏郭啟泰妻
鄧氏龍大霖妻 徐氏夏定朝妻 徐氏范柏青妻 杜氏汪啟倫妻 唐氏秦紀濂妻 陳氏熊承終妻
李氏熊光耀妻 涂氏王隆順妻 胡氏郭鍾運妻 金氏郭鎰運妻 曾氏黃嵩雲妻 徐氏白開華妻
劉氏夏興國妻 劉氏喻安懷妻 汪氏會傳信妻 胡氏雷朝岡妻 王氏余廷梅妻 蔣氏監生廖志
灝妻 詹氏王純忠妻 王氏王純熙妻 王氏廖志堅妻 歐陽氏趙啟俊妻
孫氏何世學妻 李氏雷名芳妻 周氏雷名萱妻 林氏孫正鄰妻 嚴氏庠生胡炳元妻
胡氏陶宜熉妻 熊氏邱豫彬妻 王氏邱豫彬妾 余氏世職鄒承勳妻 趙氏盛文選妻
戢氏袁祥振妻 汪氏徐先瑞妻 張氏盧盛宇妻 朱氏霍仁麟妻 吳氏張鳳鳴妻 江氏張正銑妻

黃州府志　卷之二十七　列女二上　五十

汪氏雷名宗妻 周氏葉文炳妻 陳氏葉永發妻 靖氏宋選周妻 羅氏陳備錦妻學冊作程姓
吳氏王祚起妻 張氏胡正明妻 劉氏謝先睨妻 唐氏石忠業妻 周氏李永清妻 王氏余廷鏞妻
陳氏李大增妻 汪氏陳書照妻 郭氏葉世寅妻 陶氏韓槓妻 董氏楊家杰妻 程氏監生閻清
妻 徐氏范松妻 周氏廖一習妻 程氏汪金安妻 余氏王自浩妻守節同治五年賊至
殉難 徐氏李有紀妻 奚氏王應元妻 胡氏監生王朝選妻 姜氏汪文彬妻
林氏雷名杜妻 蕭氏監生陳玉華妻 朱氏孫有敬妻 蔣氏石耀章妻 謝氏郭宗梅妻
王氏鄭耀勝妻 馬氏周振玉繼妻 周氏楊得春妻 羅氏劉姿姜妻 羅氏王先翰妻
上二人守節同治八年遇賊殉難 李氏方本樹妻 項氏歐陽宗燦妻 王氏龔之宜妻
魏氏龔之敍妻 以上縣志 蔣氏謝多祜妻 徐氏謝啟恩妻 姜氏汪永恭妻苦節六十二年五世
同堂 蔡氏吳秉琯妻 萬氏張翔蔚妻 姚氏熊宗璠妻 六人本公牘補 劉氏黃世烈妻
巴氏黃鴻烈妻 羅氏彭燿先妻 [illegible]氏劉士仲妻夫故守節現年七十二歲 張氏江運驥妻

倶光緒九年十年請旌 以上已請旌奬節婦

黄州府志卷之二十七上終

黄州府志卷之二十七下

黄州府知府英 啓纂輯

人物志

列女二

黄岡縣

節婦

李氏胡出楷妻年十八于歸適年夫沒咸豐六年春賊至姑適病氏不忍離賊露刃索金布婦紿之曰我孀婦無多貲有錢投門外塘中爲若取之至塘側投水死

陳氏庠生朱德滋妻夫沒收夫遺稿珍藏之同治三年賊至括財帛並火其書氏忿與賊爭被殺

王氏庠生何樹鵠妻年二十九夫沒事姑孝遺孤早殤立姪撫之同治三年賊至氏避居深山五日不食死時年四十四

李氏陳育英妻年三十夫沒苦節四十三年嘗乞食奉翁姑同治四年十二月遇賊不屈被賊積薪焚死

胡氏王勝銓妻年二十八夫沒撫孤先澤尋夫媳周氏相依苦守同治五年二月賊至刼氏氏罵不絶口被殺右五傳縣志入烈今移節

陳氏馮康宗妻年十九夫殉難氏茹苦誓守事舅姑孝舅姑沒氏哀痛不食死時年四十六

余氏胡世洋妻年二十八夫沒事姑孝歴久不懈姑沒水漿不入口數日卒時年五十

孫氏吳廷楷妻年二十三夫沒撫嗣事舅姑孝姑患乳癰氏甞

以舌餂患處勤紡績以供湯藥姑沒氏撫棺痛哭三日不食
死時年五十五邑志入孝今仍列節
陶氏王世淮妻　魏氏葉肇鑑妻　黃氏趙大任妻　劉氏趙大本妻　孫氏童繼相妻　龍氏贈職劉世
芬妻　姚氏龍逢熙妻　陳氏呂期和妻　李氏呂麟祥妻　謝氏陳光裕妻　張氏喻凝五妻
張氏徐兆茂妻　方氏呂期烈妻　范氏劉士虎妻　孫氏龍逢魁妻　孫氏楊在宏妻　喻氏傅天池妻
鄭氏陳宗貞妻　李氏吳宗輝妻　楊氏甄光朝妻　王氏王文琳妻　孫氏張承顯妻　范氏龍廣珠妻
范氏孫家偉妻　鄧氏孫之仕妻　吳氏王建雍妻　呂氏庠生王宗相妻　梅氏王士玉妻
詹氏王家琪妻　涂氏王家政妻　汪氏劉楚義妻　王氏吳世豪妻　李氏高永才妻　殷氏孫紹周妻
熊氏尹之琳妻　馬氏劉文勳妻　張氏劉文蒸妻　孫氏劉文熉妻　袁氏劉懷瑾妻　黃氏劉士登妻
張氏劉士垣妻　彭氏劉華貴妻　龍氏呂鳳錩妻　楊氏呂應光妻　吳氏呂昌煐妻　淩氏呂期端妻
袁氏呂期燭妻　龍氏李可則妻　曾氏李可元妻　袁氏李可鉅妻　郭氏李可珠妻　陳氏李時曦妻

王氏李其溥妻　孫氏李可久妻　楊氏陳宗亮妻　周氏陳光瑜妻　鄭氏陳永梅妻　喻氏張夔熊妻
孫氏張書緒妻　廖氏王以義妻　鄭氏王鳳節妻　淩氏庠生王大烈妻　鍾氏袁宗純妻
陳氏劉經書妻　趙氏呂因相妻　劉氏尹嗣楝妻　龍氏喻和秀妻　劉氏喻大桂妻　熊氏喻大用妻
趙氏高殿榮妻　殷氏謝時秀妻　呂氏張思鰯妻　吳氏張其昌妻　潘氏張其瑁妻　王氏陳萬鼎妻
何氏張文元妻　吳氏嚴紹墩妻　傅氏張其輝妻　霍氏張其鵬妻　喻氏龍逢清妻　牛氏龍可輔繼
妻　樊氏庠生龍兆麟妻　詹氏庠生龍際堯妻　鄭氏龍澤潤妻
周氏龍宗元妻　陶氏龍宗珍妻　陳氏龍廣璞妻　周氏龍宗章妻　高氏龍敬若妻　李氏龍逵翼妻
謝氏淩朝勝妻　李氏劉玉松妻　王氏夏萬青妻　李氏夏萬年妻　齊氏柳祥福妻　尹氏孫廣濟妻
李氏孫善洋妻　董氏孫善崢妻　陳氏孫善倡妻　李氏孫自暢妻　汪氏孫自濬妻　吳氏孫善宏妻
王氏孫善舒妻　徐氏孫善士妻　趙氏孫家啟妻　夏氏孫家選妻　李氏孫善源妻　吳氏孫善楫妻
方氏孫善陵妻　陳氏孫善炎妻　祝氏孫善鼇妻　孫氏龍廣生妻　孫氏馮文昇妻　董氏孫克雯妻

孫氏龍景芬妻　龍氏高家善妻　王氏監生張萬景妻　柳氏范秀發妻　喻氏陳錫璠妻
鄭氏陳錫璜妻　晏氏祁宏仁妻　張氏祁芳蓮妻　陳氏魏家興妻　孫氏王全倫妻　杜氏喻國樂妻
許氏喻陞妻　歐氏庠生喻繼業妻　王氏范夢熊妻　程氏張年亨妻　胡氏周艮村妻
奚氏范夢印妻　程氏朱學寬妻　余氏張應隆妻　謝氏陳光達妻　聶氏監生張其瑞妻
楊氏袁方烜妻　董氏張希齡妻　陳氏庠生王家佐繼妻　楊氏王宗順妻　歐陽氏監生
王驗發繼妻　夏氏邱煜妻　王氏陳定普妻　謝氏劉思聖妻　金氏王基漢妻　胡氏陳本達妻
吳氏劉一詩妻　張氏唐開興妻　鄒氏唐國相妻　許氏龍逢貴妻　劉氏鄭子恆妻　黃氏倪成天妻
王氏鄒廷韶妻　黃氏孫志方妻　姚氏楊之統妻　張氏楊德芳妻　孫氏楊於海妻　謝氏楊在祿妻
李氏高廷昌妻　黃氏汪于申妻　王氏喻泰謙妻　許氏龍景華妻　楊氏龍景傑妻　呂氏喻大中妻
謝氏喻大祿妻　鄒氏劉際逵妻　尹氏呂至泰妻　龍氏呂仕賢妻　張氏庠生孫萬全妻
尹氏孫貴榮妻　龍氏蘇恆琪妻　張氏孫自朝妻　陳氏孫廣璠妻　陳氏龍景雩妻　林氏龍逢華妻

尹氏劉世福妻　范氏劉世瑜妻　楊氏呂昌橋妻　周氏呂應淇妻　金氏張文藻妻　姚氏孫善爲妻
羅氏孫顯璋妻　喻氏庠生孫欽妻　劉氏胡棌妻　蔡氏鍾志安妻　吳氏王啟富妻
李氏王東興妻　黎氏龍景栻妻　李氏龍廣志妻　張氏佘之斌妻　劉氏王武松妻　程氏龔兆煇妻
李氏余大富妻　龍氏監生孫顯功妻　袁氏楊在煜妻　祝氏陳宗會妻　夏氏呂期崇妻
宋氏吳纖銳妻　汪氏秦厚元妻　陳氏孫顯璿妻　胡氏孫顯環妻　張氏龍逢吉妻　章氏張其佐妻
劉氏呂麟潤妻　邱氏呂麟蒼妻　楊氏淩士堃妻　胡氏淩世瑁妻　郭氏張之友妻　馬氏張應高妻
余氏張之炯妻　范氏許勳照妻　包氏姜思濂妻　喻氏倪章常妻　李氏喻封治妻　范氏涂天杜妻
朱氏鄭忠壽妻　徐氏吳士俊妻　陳氏吳文燦妻　范氏吳應隆妻　胡氏吳家爵妻　阮氏高傳逵妻
鄒氏胡璋妻　彭氏李其倫妻　王氏李其錞妻　邱氏李可樒妻　楊氏李英烇妻　黃氏龍世富妻
羅氏陳宗訓妻　曾氏王家楫妻　張氏王家猷妻　喻氏龍太敏妻　王氏龍景福妻　胡氏龍逢添妻
汪氏王如柏妻　鍾氏夏恩雄妻　闕氏龍逢相妻　張氏夏永黃妻　陳氏吳緒燦妻　殷氏劉應璜妻

何氏監生余文鑾妻　劉氏劉成堯妻　金氏馮世衡繼妻　孫氏王宗恒妻
潘氏嚴名彰妻　范氏陳楙高妻　馬氏張期珍妻　汪氏劉衡妻　畢氏庠生孫維楚妻
張氏夏永之妻　孫氏龍世潤妻　夏氏呂文海妻　張氏呂兆棠妻　朱氏劉成基妻　許氏涂敷炳妻
楊氏秦其塏妻　尤氏翁開勳妻　倪氏江世茂妻　余氏江可榮妻　盧氏華載治妻　吳氏孫家烈妻
王氏何世逵妻　鄧氏樊明通妻　宋氏杜德興妻　楊氏盧朝揚妻　朱氏賀文煥妻　劉氏羅名俊妻
林氏楊一忠妻　葉氏楊以爵妻　賈氏張德遠妻　蔣氏傅尚學妻　鍾氏樊明珠妻　陳氏柳地寬妻
高氏羅名位妻　方氏羅洪福妻　王氏徐成雁妻　陳氏范世溥妻　喻氏祁方梅妻　韋氏高仕周妻
鄧氏高維昌妻　李氏吳承僅妻　孫氏程兆廣妻　宋氏王克讓妻　余氏黃宗照妻　汪氏程心楷妻
王氏張其祥妻　趙氏舉人朱大勳繼妻　陶氏劉永恕妻　汪氏馬思奎妻　余氏張德富妻
劉氏州同朱廷運妾　吳氏朱廷運妾　陳氏於萬繼妻　余氏於事羲妻　包氏於子玗妻
官氏徐培基妻　陳氏夏觀信妻　陳氏同知銜朱映光妾　劉氏黃宗鼎妻　張氏監生劉馨

妻
孫氏余敏勝妻　盧氏余志煒妻　徐氏徐之胡妻　張氏袁起杰妻　賀氏王汝麟妻
戚氏黃景先妻　孫氏鍾善義妻　曹氏熊會逵妻　孫氏汪承祥妻　何氏童志開妻　汪氏郭延昌妻
邱氏汪宏仁妻　黃氏童楙發妻　林氏童楙達妻　倪氏王在學妻　童氏林際錦妻　周氏秦後鍠妻
李氏江可舉妻　陳氏江可河妻　汪氏李永華妻　熊氏邵光經妻　阮氏賀國政妻　龔氏劉成禮妻
汪氏華載典妻　杜氏樊允偕妻　姚氏徐佳齊妻　童氏樊允志妻　程氏羅應武妻　余氏於象椿妻
何氏汪維均妻　周氏董德光妻　盧氏操全介妻　傅氏蕭有宏妻　祁氏劉自光妻　丁氏汪德權妻
張氏汪希廉妻　龍氏樊明易妻　樊氏王國隆妻　朱氏監生汪振勳妻　朱氏徐世英妻
金氏徐廷春妻　袁氏晏如錦妻　周氏曾家駒妻　靖氏郭維彬妻　楊氏盧克三妻　周氏何萬才妻
龔氏涂尚仁妻　秦氏汪士謨妻　鄒氏樊廣系妻　郭氏程應棹妻　於氏程遇煥妻　孫氏柳天波妻
華氏柳維啟妻　馬氏柳一耀妻　江氏樊廣元妻　杜氏齊相傳妻　周氏李世際妻　陳氏李日堯妻
李氏趙值道妻　孫氏方同鋕妻　熊氏汪佑貞妻　熊氏王本帶妻　盧氏樊咸山妻　徐氏周瀛先妻

陳氏賈封宋妻　包氏徐中興妻　葉氏孫光明妻　夏氏樊明廉妻　殷氏何世昌妻　曹氏晏恭安妻
李氏程炳文妻　余氏郭志嵋妻　盛氏郭志崙妻　涂氏徐之鯨妻　孫氏何永海妻　王氏劉宗良妻
熊氏樊東海妻　李氏汪承姬妻　孫氏徐京邦妻　楊氏汪輔仁妻　宋氏孫光照妻　易氏林有義妻
歐陽氏余師潤妻　余氏童有禧妻　盧氏童志晨妻　周氏余鍾萁妻　陳氏丁中家妻
方氏余從松妻　王氏余從逵妻　吳氏廣靈知縣孫承炳妾守節咸豐四年遇賊殉難　韓氏余從任妻
賀氏余道極妻　孫氏余必郅妻　汪氏馬思茂妻　陳氏夏盈之妻　余氏劉兆興妻　周氏樊淵深妻
樊氏祁芳有妻　孫氏程源智妻　倪氏包有善妻　李氏孫承倡妻　余氏盧國佐妻　孫氏余道先妻
童氏余道克妻　甄氏羅隆謙妻　張氏戴鉅貴妻　徐氏羅錫久妻　易氏夏光紱妻　鄭氏何承鍈妻
王氏賀文成妻　曹氏段大定妻　孫氏汪維强妻　陳氏張周耀妻　葉氏何永緒妻　熊氏江發第妻
劉氏黃齊鳴妻　樊氏李守相妻　朱氏何德燦妻　陳氏何永洋妻　徐氏周熙福妻　王氏周會祥妻
李氏周輔龍妻　盧氏徐培德妻　呂氏涂錫宏妻　馬氏譚之衎妻　華氏譚德壽妻　孫氏何德瓊妻

張氏夏思忠妻　孫氏賀章坦妻　徐氏樊允巖妻　嚴氏庠生翁運吉妻　丁氏何世齡妻
曹氏雷世郴妻　夏氏監生雷榮妻　何氏熊澤均妻　熊氏賀澤炎妻　程氏熊方泰妻
曹氏王肇瑩妻　謝氏易世錫妻　王氏林開耀妻　李氏熊定周妻　戚氏庠生王永忠妻
方氏王永鸞妻　金氏徐大璋妻　丁氏何萬常妻　蘭氏何萬明妻　盧氏何能遂妻　朱氏何正國妻
何氏丁宴瓊妻　金氏丁道佃妻　蕭氏丁道禮妻　徐氏丁學楩妻　朱氏丁華國妻　熊氏陳貢玉妻
徐氏陳世官妻　夏氏熊庭煥妻　蔡氏熊廣宣妻　丁氏熊御南妻　陳氏熊彩章妻　姚氏熊金爾妻
何氏舒永富妻　賀氏熊士振妻　易氏王杜山妻　楊氏王永武妻　董氏王永長妻　戚氏童榮華妻
方氏江天壽妻　戚氏曹振楷妻　朱氏李宗逵妻　孫氏李國垂妻　熊氏陳開祿妻　周氏胡德峻妻
高氏李開文妻　趙氏庠生易德忠妻　戚氏熊運發妻　王氏何登榮妻　蘭氏易世謨妻
但氏胡道煥妻　劉氏童楙榆妻　江氏熊富貴妻　徐氏熊逵明妻　徐氏熊需懷妻　倪氏方從權妻
方氏戚良津妻　易氏曹朝綱妻　王氏戚方城妻　熊氏戚方壁妻　梅氏陳焯呂妻　鄒氏孫之鑾妻

梅氏孫廷璜妻　余氏孫廷瀚妻　錢氏孫廷蹇妻　丁氏孫廷渭妻　劉氏孫廷驪妻　李氏孫承堯妻
郤氏孫承班妻　樊氏孫承昂妻　張氏孫宏猷妻　王氏孫承耀妻　戚氏易中復妻　方氏蔡興盛妻
徐氏易宗儒妻　王氏林榮高妻　熊氏易世詮妻　南氏熊學桂妻　戚氏林世彤妻　華氏王臣良妻
陳氏丁道玉妻　何氏魯勳隆妻　陳氏江正瀣妻　何氏江天德妻　孫氏何楚珍妻　史氏丁名麟妻
陳氏張裕傑妻　何氏熊文煥妻　易氏王永紹妻　易氏酆時翔妻　孫氏闞多璵妻　高氏易壽海妻
黃氏易中立妻　諶氏易世昌妻　孫氏易繼祖妻　郤氏秦廷璋妻　熊氏陳紹堯妻　汪氏操履秀妻
李氏操履祿妻　秦氏胡穀妻　曹氏錢興佐妻　曾氏張先照妻　姜氏張先灝妻　韋氏朱萬福妻
劉氏朱萬安妻　宋氏陳德智妻　傅氏陳志逵妻　馮氏陳德敏妻　舒氏詹宙經妻　胡氏詹閏鉞妻
鄒氏詹亮采妻　徐氏詹楚彥妻　樊氏傅适世妻　謝氏王運通妻　張氏王大焄妻　李氏王紹通妻
陳氏王繩模妻　邱氏黃存榮妻　謝氏王維揚妻　朱氏吳文數妻　萬氏王乃鋼妻　張氏張道炳妻
黃氏王漫妻　程氏王澈妻　夏氏程其潔妻　吳氏程基裕妻　易氏但啟鼇妻　王氏程麟占妻

黃州府志　卷之二十七　列女二下　六

汪氏監生鄧璽妻　程氏劉如墀妻　葉氏張禹則妻　葉氏監生張超妻
朱氏霍本志妻　鄒氏霍燕妻　劉氏吳新祖妻　萬氏靖本詵妻　王氏姚開煜妻　周氏程大康妻
王氏吳復祥妻　秦氏馮錦妻　夏氏馮淘妻　洪氏吳宗欽妻　陳氏鄧明株妻　吳氏曹昌坦妻
趙氏夏楙池妻　黃氏張鈴妻　宋氏吳繼祖妻　袁氏龔傅式妻　熊氏李維政妻　李氏劉廷瑛妻
魏氏監生龔合志妻　陳氏夏斯才妻　郭氏陳鴻翮妻　王氏張肇祥妻　李氏余良法妻
高氏盧翔逵妻　汪氏盧永定妻　王氏王名智妻　龔氏監生程廷梅妻　徐氏項世球妻
朱氏郭洪晉妻　陳氏詹際鋒妻　吳氏曾光照妻　熊氏韋堯彩妻　史氏萬遂遠妻　張氏王乃煇妻
左氏舒明選妻　吳氏武舉姚開第妻　張氏黃經河妻　孫氏州同劉百明繼妻
王氏王祚錦妻　謝氏李丕元妻　徐氏涂建昌妻　徐氏張起祥妻　晏氏王子望妻　劉氏汪堂玉妻
劉氏汪東明妻　華氏李士睿妻　汪氏庠生劉百縉妻　王氏監生張光濟妻
樊氏何世全妻　李氏謝運濟妻　詹氏黃經泮妻　郤氏夏會南妻　陳氏汪東啓妻　李氏汪希聖妻

高氏袁同熙妻　於氏熊志位妻　熊氏靖必達妻　汪氏史承褚妻　夏氏夏長進妻　陳氏庠生熊于
岡妻　張氏熊國宗妻　李氏靖厚地妻　熊氏汪家苾妻　朱氏吳之潤妻　廖氏董興隆妻
守節咸豐四年遇賊殉難子正山同死　袁氏吳光煇妻　吳氏陳文典妻　吳氏汪惟鎬妻
孫氏郤正渾妻　秦氏監生郤正翔繼妻　王氏郤正恆妻　王氏方思讓妻　孫氏史敘典妻
汪氏史崇樞妻　張氏鄭廷櫓妻　張氏余德莊妻　史氏易中祿妻　韓氏陳時特妻　徐氏秦有龍妻
唐氏秦有析妻　張氏邱裕德妻　吳氏羅萬鼎妻　童氏陳嘉猷妻　林氏陳可相妻　楊氏陳永康妻
張氏童志壽妻　程氏李成才妻　霍氏宋照妻　程氏吳裕彩妻　江氏吳大槐妻　吳氏姚廷剛妻
舒氏監生詹人壽妻　王氏曹汝倫妻　汪氏曹鴻鳴妻　舒氏曹首魁妻　鍾氏孫開燦妻
熊氏監生郭維聰妻　蘇氏鄒孚鍾妻　陳氏張崇和妻　徐氏傅其雲妻　曹氏徐學舉妻
許氏郤昇章妻　曹氏徐萬銘妻　馮氏童架書妻　郭氏鄒檢琇妻　夏氏鄒檢珂妻　方氏鄒善聰妻
陳氏趙應和妻　洪氏汪鵬翥妻　熊氏余廷佐妻　盧氏蘇海潮妻　郭氏羅朝貴妻　陳氏謝年亨妻

黃州府志　卷之二十七　列女二下　七

王氏朱元秦妻　周氏張道傳妻　范氏黃心坦妻　程氏王大山妻　姚氏王大松妻　涂氏拔貢王廉
妻　王氏張道燿妻　張氏桂光禮妻　王氏沈正煜妻　黃氏王際晨妻　夏氏王昌育妻
吳氏吳起鉚妻　吳氏黃才壯妻　劉氏張之濤妻　靖氏王大灼妻　史氏毛繼仙妻　劉氏史先達妻
喻氏張文煥妻　姚氏張文錦妻　黃氏吳其義妻　劉氏吳從招妻　李氏楊全恆妻　左氏陳應蛟妻
王氏張永基妻　程氏羅萬吉妻　吳氏程基裕妻　梅氏程其舉妻　蕭氏程其祿妻　姚氏程希彭妻
羅氏易壽仁妻　周氏易中模妻　史氏易立山妻　王氏吳作黃妻　姚氏吳宗泰妻　張氏靖華齡妻
尹氏吳兆崢妻　史氏程基案妻　靖氏熊士俊妻　汪氏史義和妻　程氏監生靖華蓮妻
靖氏劉殿揚妻　蔡氏史先紹妻　史氏汪國容妻　邱氏程國泰妻　張氏靖必榮妻　袁氏靖本苙妻
萬氏靖本開妻　陳氏靖本鑑妻　吳氏靖厚鋒妻　汪氏靖華超妻　蔡氏汪必榮妻　劉氏劉玉堦妻
羅氏汪國爵妻　汪氏史緒桂妻　陳氏靖華貴妻　趙氏靖華元妻　李氏靖華墾妻　黃氏靖厚福妻
王氏靖華山妻　夏氏吳啟鎔妻　靖氏姚輝儀妻　梅氏舒章貴妻守節咸豐五年遇賊殉難

鮑氏庠生靖厚鐔繼妻　杜氏靖華玥妻　王氏吳憲成妻　吳氏詹其華妻　童氏靖崇宣妻
羅氏程備錦妻　羅氏袁大維妻　靖氏劉其桂妻　倪氏涂繡章妻　徐氏涂兆西妻　黃氏董先達妻
靖氏鄧漢三妻　王氏程其貴妻　洪氏萬宗福妻　劉氏羅世球妻　黃氏趙文燧妻　黃氏劉之鎔妻
王氏王自安妻　黃氏王大祥妻　黃氏陳吉寶妻　王氏曹烈豐妻　舒氏武庠姚之煥妻
朱氏姚之炯妻　趙氏涂建賢妻　夏氏涂端儀妻　張氏涂端佩妻　蕭氏涂端傑妻　陳氏熊長海妻
吳氏王乃厚妻　李氏楊子銓妻　劉氏張淩雲妻　周氏朱元彩妻　王氏隗理文妻　吳氏王大坩妻
王氏吳禮學妻　靖氏萬宗緒妻　史氏監生羅萬鈞妻　劉氏羅學政妻　王氏張之法妻
胡氏鄒裕鼇妻　吳氏周明萬妻　於氏王一位妻　王氏熊正喻妻　馮氏熊正富妻　張氏丁元彩妻
馮氏熊國富妻　王氏王全茂妻　王氏張一賢妻　王氏陳名魁妻　袁氏靖厚坦妻　呂氏秦鼎舒妻
黃氏秦紀光妻　熊氏林美章妻　唐氏秦紀廉妻　張氏監生陳希俊妻　汪氏陳德豐妻
徐氏項世琛妻　吳氏秦明泰妻　廖氏陳燿妻　汪氏陳德穌妻　汪氏陳光裕妻　蕭氏吳紹貞妻

吳氏鄒敞杜妻　周氏秦德楷妻　程氏徐光名妻　葉氏徐崇安妻　高氏徐先觀妻　劉氏徐世洪妻
范氏徐光廷妻　戢氏徐崇爵妻　劉氏徐崇喜妻　曹氏徐先鼎妻　范氏徐先長妻　曹氏徐先正妻
邱氏徐先弟妻　宋氏監生龔於瑾妻　李氏霍正泰妻　林氏徐崇宥妻　趙氏徐先潔妻
鍾氏武生王際成妻　羅氏王昌愷妻　涂氏秦明譢妻　汪氏胡益善妻　熊氏胡益禮妻
胡氏秦紹恩妻　盧氏江樹青妻　田氏霍淵妻　鄒氏汪希奭妻　胡氏李如山妻　詹氏李義申妻
汪氏陳力昌妻　陳氏庠生張湏妻　陳氏王大淋妻　余氏監生秦允治妻
宋氏劉正泰妻　戴氏宋佑啟妻　梅氏涂純璜妻　羅氏邱尚泗妻　王氏余粹和妻　劉氏高登庸妻
熊氏柳德新妻守節咸豐五年賊至殉難子廷杰同死　陶氏邱竑鼎妻　王氏邱炳耀妻　王氏史緒洪妻
王氏張克順妻　劉氏熊應牠妻　張氏邵明智妻　鄒氏詹宙光妻　萬氏邵際淑妻　倪氏鍾大進妻
余氏鍾光輝妻　黃氏鍾大彩妻　余氏監生梅啟鳳妻　曾氏孫世學妻　鄭氏鄒檢鏵妻
曹氏謝方高妻　黃氏謝方漠妻　梅氏張士燿妻　李氏張永銑妻　李氏蕭如鳳妻　謝氏蕭學書妻

謝氏李步雲妻　王氏蔡汀鶴妻　王氏李威鎰妻　董氏監生陶履恕妻　劉氏曾德凰妻
張氏梅長高妻　胡氏謝方成妻　朱氏劉祚興妻　汪氏劉祚遠妻　蕭氏陶國綱妻　張氏陶履棟妻
胡氏陶宜亨妻　史氏陶履潔妻　龔氏陶國明妻　周氏陶成龍妻　王氏周才瑄妻　劉氏周國是妻
和氏何國梁妻　王氏陶成鳳妻　胡氏李榮檜妻　梅氏於孚守妻　梅氏李啟爵妻　雷氏王子騁妻
陳氏張良佐妻　蔡氏何萬卷妻　王氏曾德鴻妻　左氏熊世滄妻　何氏熊世涔妻　王氏熊世淵妻
張氏熊以樓妻　楊氏熊以椿妻　陳氏熊以榮妻　胡氏熊永炳妻　劉氏熊履坣妻　梅氏劉長曜妻
戴氏梅之法妻　方氏高楚傅妻　湯氏劉裕逵妻　夏氏王世英妻　胡氏王出賢妻　何氏陳明璽妻
方氏何世清妻　陳氏戴世泰妻　楊氏梅之桓妻　喻氏梅涓妻　劉氏馮理勝妻　戢氏鄧丕棕妻
操氏鄧三卿妻　戴氏曾宏韜妻　呂氏熊永輝妻　馮氏監生王懷琮妻　王氏張光義妻
竇氏張永浩妻　許氏張永法妻　梅氏張永波妻　張氏吳兆黃妻　吳氏徐維楚妻　邱氏熊永譽妻
宋氏謝仁濟妻　徐氏洪啟輝妻　龔氏陶文蕙妻　李氏曾必俊妻　謝氏武生鄒聯元妻

張氏孫世琮妻　曾氏王蘭錫妻　蔡氏鄭建洲妻　盧氏鄭建洛妻　熊氏謝仁崇妻　張氏汪斯祥妻
萬氏汪宗煥妻　余氏曾德慎妻　李氏李先剛妻　徐氏李朝念妻　梅氏於符宋妻　王氏胡夔山妻
于氏馮長春妻　李氏監生洪恩漢妻　王氏徐其裕妻　胡氏羅鎮烈妻　王氏羅士志妻
謝氏戚定超妻　周氏戚定讓妻　黃氏周啟粱妻　蔡氏梅用渾妻　鍾氏梅用篤妻　劉氏梅用衍妻
楊氏於子柱妻　陳氏於子阮妻　陳氏於子蓉妻　周氏周文瑤妻　程氏於南山妻　胡氏李榮榜妻
張氏戴宗信妻　王氏監生姜作桓繼妻　孫氏羅朝元妻守節咸豐六年遇賊殉難
彭氏胡楚章妻　徐氏李光全妻　梅氏陶之龍妻　江氏汪朝棟妻　王氏汪遵海妻　王氏朱文毅妻
黃氏朱楚琳妻　尹氏洪源偉妻　程氏陶履恭妻　胡氏陶履英妻　王氏陶文龍妻　邵氏熊長濬妻
王氏馮鑣妻　楊氏馮鈖妻　張氏馮萬豐妻　詹氏馮起鯉妻　但氏馮之綿妻　劉氏程日耀妻
李氏梅之珠妻　楊氏梅鉅濤妻　彭氏陶景羅妻　王氏梅淦妻　竇氏胡世康妻　李氏陳之闆妻
陳氏喻德寬妻　蘇氏李世榮妻　舒氏王基壽妻　左氏葉光熙妻　朱氏胡必琇妻　郤氏庠生操大

承妻　靖氏葉應蘿妻　甄氏孫汝泉妻　祝氏黃基晃妻　黃氏汪其格妻　王氏許仲英妻
胡氏王光容妻　梅氏王流長妻　於氏梅濾妻　陳氏蕭大鶴妻　李氏胡道海妻　孫氏李可喬妻
王氏趙其懷妻　董氏童懋霖妻　王氏陳發剛妻　王氏李士英妻　黃氏胡世玖妻　唐氏李世發妻
葉氏操啟盛妻　胡氏胡世璟妻　劉氏秦同昇妻　邵氏舒昌晰妻　陳氏范乃珍妻　操氏黃紹恕妻
甄氏黃克從妻　童氏徐炳蔚妻　邵氏舒光元妻　蘇氏王巨英妻　童氏張夢珩妻　汪氏張夢桂妻
靖氏庠生張有聲妻　黃氏張對山妻　劉氏唐世位妻　徐氏舒光耀妻　李氏何玉光妻
余氏李躍勝妻　王氏李萬隆妻　羅氏張本魁妻　舒氏齊勳妻　汪氏夏上珣妻　胡氏夏楙興妻
熊氏夏楙勝妻　王氏夏楙屺妻　朱氏夏炳璋妻　熊氏夏基蕙妻　周氏左道坤妻　熊氏王鉦源妻
許氏李華國妻　汪氏張光烈妻　程氏毛之瓊妻　徐氏舒廣儒妻　徐氏孫祚漢妻　夏氏孫德昇妻
陳氏孫廷柜妻　甄氏孫祚源妻　李氏高華重妻　熊氏戴高起妻　徐氏戴名章妻　靖氏王正清妻
何氏左宏潤妻　黃氏許天吉妻　王氏戴紹經妻　喻氏李應生妻　蔡氏李應侯妻　王氏舒光海妻

邵氏陳文蓮妻　夏氏胡定舉妻守節咸豐六年遇賊殉難　胡氏王緒煦妻　祝氏王基梓妻
徐氏王基瀚妻　劉氏王基仁妻　王氏王基濬妻　舒氏王基鎬妻　王氏王緒唐妻　孫氏王緒柳妻
童氏王緒貞妻　曹氏舒大山妻　劉氏張維嶽妻　龍氏陳楙緒妻　吳氏陳基闢妻　陳氏王緒廣妻
陳氏王緒昌妻　曾氏喻通詳妻　徐氏喻通論妻　楊氏喻今詳妻　許氏監生胡必璜繼妻
李氏胡必錦妻　邵氏胡世祿妻　劉氏王世傅妻　韓氏王佳準妻　徐氏舒席儒妻　汪氏羅炳輝妻
萬氏羅炳有妻　李氏王鉦雄妻　梁氏戴耀楚妻　范氏汪世景妻　李氏汪世曉妻　李氏胡瑞蘭妻
守節咸豐六年賊至殉難　陶氏庠生汪奉璋妻　周氏程源福妻　朱氏陳服官妻
程氏陳服典妻　汪氏李茂楠妻　戴氏施國隆妻　汪氏喻承柏妻　吳氏喻在元妻　汪氏繆春和妻
魏氏繆聯魁妻　吳氏朱俊鋐妻　黃氏胡正闔妻　朱氏汪于揆妻　陶氏庠生汪兆引妻
徐氏陳啟明妻　張氏陳尚德妻　劉氏陳必興妻　許氏汪永驥妻　徐氏吳光逍妻　舒氏余元洪妻
汪氏余之駛妻　陳氏童敬壽妻　何氏袁悅石妻　陶氏照磨胡永孚妻　李氏邱之棟妻

胡氏朱祖濂妻　陶氏汪于彰妻　姜氏汪于彩妻　邱氏余元太妻　王氏童恆熙妻　余氏余履珍妻
袁氏汪永恒妻　陳氏江于傑妻　朱氏汪淵妻　林氏汪謹文妻　王氏汪祝封妻　朱氏汪君義妻
魏氏胡師剛妻　霍氏汪世瑜妻　錢氏汪世昶妻　張氏胡景義妻　鄧氏余依德妻　涂氏程心梓妻
李氏裔永方妻　李氏裔祚珩妻　周氏余艮瑶妻　汪氏黎從善妻　陶氏童敬彭妻　童氏萬方有妻
桂氏李士智妻　桂氏劉以玉妻　萬氏童敬綬妻　張氏童奉璘妻　陶氏庠生汪萬年妻
劉氏汪兆彩妻　童氏汪兆輝妻　周氏童敬興妻　張氏童敬禮妻　陳氏童鳳儀妻　陶氏任開福妻
張氏邱正身妻　朱氏邱之自妻　任氏胡品三妻　周氏童先坊妻　童氏徐炳蔚妻　汪氏沈習英妻
余氏汪世暄妻　張氏監生汪代鏞妻　王氏童敬義妻　魏氏邱之鳳妻　楊氏李之墉妻
鍾氏監生陳樹蟾妻　童氏徐恆盛妻　汪氏童奇猷妻　陶氏童敬桂妻　周氏童光湘妻
徐氏巴興泉妻守節咸豐十一年遇賊殉難　童氏汪亭珠妻　魏氏童奇彬妻　王氏童士華妻
陳氏汪代第妻　汪氏謝燿宙妻　董氏童宗鼎妻　袁氏童士重妻　周氏童士欽妻　陶氏周熙庸妻

陳氏袁心繪妻　周氏袁心谿妻　劉氏童奉韓妻　汪氏童奉義妻　胡氏童敬憲妻　江氏童奇勞妻
李氏余艮會妻　戴氏監生李振鼓繼妻　桂氏余咸正妻　程氏魏理才妻　任氏喻在岵妻
萬氏高起義妻　喻氏汪依仁妻　朱氏汪引銑妻　林氏魏志煋妻　謝氏李伯池妻　呂氏庠生吳兆
鼎妻　袁氏汪延福妻　余氏曾智廠妻　袁氏魏可祿妻　李氏汪于煜妻　陳氏袁燿邦妻
蔡氏張大衡妻　饒氏汪懋舜妻　霍氏汪封徐妻　陳氏謝長興妻守節咸豐十一年遇賊殉難攜女同溺
張氏蔡周富妻　魏氏萬方興妻　周氏魏可嘉妻　萬氏余國鳳妻　古氏胡正立妻　陳氏汪兆聯妻
劉氏武生汪大鵬妻　汪氏曾志豪妻　姜氏汪引恭妻　霍氏汪引松妻　汪氏童演垛妻
汪氏王玉昆妻　劉氏余商珍妻　邱氏汪瑞林妻　沈氏余時獻妻　許氏陶比山妻　林氏魏可桂妻
童氏魏可鳴妻　徐氏魏可試妻　王氏朱志順妻　劉氏職員宋加貞妻　袁氏監生童龍
文妻　汪氏余艮琪妻　范氏陶廷楷妻　華氏監生汪引鵬繼妻　萬氏童錫光妻
汪氏繆大猷妻　郭氏徐繼助妻　沈氏張士任妻　邱氏張爲禮妻　張氏黃世茂妻　吳氏張虞卿妻

陳氏程國賢妻曾氏劉宗五妻吳氏徐秉灝妻徐氏游明坤妻操氏彭終理妻蕭氏張維麟妻
夏氏蕭其秀妻鄧氏戴基寶妻守節咸豐十一年賊至殉難熊氏曹鳳舉妻劉氏劉正朝妻
黃氏郭言諄妻徐氏郭言詠妻程氏郭維珍妻潘氏巴行達妻徐氏吳光倫妻方氏張爲祿妻
徐氏張世敦妻王氏張守馥妻朱氏張世茂妻馮氏張世恩妻李氏張守暄妻方氏張萬福妻
劉氏熊驥妻徐氏鄭之常妻楊氏朱正連妻蔡氏馮應昌妻鄧氏監生馮康伯繼妻
許氏馮華封妻陳氏鄧如銳妻徐氏宋正武妻胡氏鍾敘毅妻湯氏蕭天成妻何氏劉士昭妻
林氏徐文鼎妻黃氏徐華霖妻張氏徐文粱妻萬氏程家珏妻曾氏監生黃芝之妻
陳氏曾大愷妻余氏庠生游欽璋妻周氏曹應海妻李氏郭守成妻彭氏郭士太妻
李氏郭維昭妻王氏郭言株妻阮氏郭載友妻王氏郭艮臣妻張氏郭志泰妻余氏郭洪元妻
龔氏郭卜彩妻徐氏郭廣傳妻趙氏郭紹楚妻成氏郭紹崙妻阮氏劉經延妻段氏徐國和妻
鄧氏邱汝咏妻曾氏劉作檐妻徐氏郭維耀妻郭氏劉作極妻盛氏監生徐繼銳妻

陶氏胡樹森繼妻袁氏胡樹森妾張氏胡錫粱妻陳氏邱民俊妻鍾氏程景怡妻
張氏江合選妻彭氏程大瑛妻鍾氏徐世遴妻胡氏黃晁夏妻朱氏胡士榮妻陳氏程家熙妻
王氏柯行三妻曹氏劉孔祥妻李氏董楚湘妻葉氏郭國正妻羅氏郭祥宇妻溫氏劉學柏妻
陳氏劉學峒妻徐氏劉學凱妻陳氏余艮傑妻陳氏陳萬傑妻吳氏張世傑妻趙氏劉士凱妻
汪氏江嘉言妻汪氏何應麟妻曾氏程德洪妻熊氏邱安禮妻鄒氏邱汝吉妻趙氏王廷煌妻
施氏胡古鼇妻巴氏王越來妻汪氏柯秀廷妻王氏曾茂賢妻夏氏曾春華妻鄧氏曾希唐妻
張氏曾宏貴妻汪氏曾兆金妻宋氏湯維慶妻徐氏余國清妻宋氏胡聲有妻閔氏楊楚襄妻
湯氏藺廷柱妻胡氏徐保泰妻江氏廖勝元妻陳氏劉玉斗妻余氏郭言順妻王氏郭宗唐妻
余氏徐盛煒妻胡氏胡思美妻陳氏胡宗長妻曾氏胡元鈺妻黃氏陳重矩妻李氏張揚彩妻
江氏張啟高妻張氏施廷南妻羅氏張輝海妻張氏宋致朝妻宋氏張垂棘妻施氏胡士週妻
段氏郭在泮妻程氏劉正鼇妻張氏胡常楫妻曾氏庫日浩妻戴氏監生姜巨川妻

朱氏邱汝潤妻黃氏黃仕可妻陳氏黃均輝妻蔡氏徐合義妻郭氏徐春方妻郭氏李思舜妻
高氏許呈槐妻胡氏黃世禧妻余氏彭保合妻劉氏彭保柏妻徐氏彭保雄妻胡氏朱席東妻
徐氏朱府賓妻黃氏朱格義妻巴氏朱致甫妻陳氏朱輔臣妻黃氏徐耀芝妻黃氏郭維政妻
胡氏曹某妻張氏劉有斐妻朱氏劉作樟妻郭氏曹朝綱妻張氏曹興周妻鄧氏曹純福妻
劉氏曹靖黃妻鄧氏曹希堃妻徐氏曹靖夏妻郭氏劉孔瑞妻張氏郭存悌妻趙氏余獻正妻
陶氏余艮智妻周氏徐泰山妻郭氏朱新發妻劉氏郭維熙妻郭氏朱正亨妻劉氏余艮睿妻
左氏周庭佩妻董氏周常泰妻余氏監生余德徽妻李氏羅載崇妻守節同治二年賊至
殉難郭氏曹靖洲妻胡氏程從龍妻梅氏程明羽妻馮氏程光星妻鍾氏程明泮妻
劉氏程明桂妻雷氏程明桂媳徐氏程明廉妻霍氏陳勝甫妻高氏陳步林妻張氏陳正輔妻
熊氏程廷光妻熊氏成艮輔妻梅氏程光前妻宋氏黃慶吉妻童氏胡楚望妻高氏監生張光
理妻謝氏張光理妾劉氏何永揚妻何氏劉崇效妻吳氏邱汝賢妻程氏鍾朝榮妻

黃氏鍾德仲妻廖氏董興隆妻余氏黃興朝妻李氏程斯治妻陳氏沈章榮妻蔡氏夏振文妻
潘氏陳廷珠妻周氏陳玉池妻王氏戚容宏妻守節同治三年遇賊攜女溺死陳氏監生胡鶴
壽妻張氏胡述江妻程氏汪于濰妻萬氏陶啟涵妻李氏施渭藻妻葉氏呂昌茂妻
一作茂昌同治閒賊至殉難郭氏黃榮麟妻程氏羅永觀妻尤氏周文旺妻程氏萬希崧妻
王氏曾敬中妻胡氏羅達耀妻王氏張應檟妻童氏林申錫妻胡氏陳廷鎬妻黃氏庠生呂自
超妻柳氏曾有基妻易氏萬希炯妻林氏張應壽妻呂氏余天才妻徐氏監生李明
義妻張氏雷懋麟妻揭氏張本翰妻陳氏宋豊積妻陳氏向昶賢妻黃氏宋明光妻
宋氏張之鯨妻萬氏供事王世烈妻陳氏王國輻妻張氏王國連妻袁氏王磬譜妻
薛氏欒重豪妻陳氏汪延熺妻陳氏陶鳴柏妻胡氏監生許德華妻汪氏周運光妻
周氏許正官妻江氏李達建妻萬氏王源保妻楊氏劉文德妻韓氏葉肇海妻黃氏葉大勳妻
程氏林常巘妻張氏程美材妻靖氏周熙鈁妻王氏林志遠妻陶氏朱慶奇妻王氏陳方際妻

宋氏黃澤普妻　甘氏程定先妻　程氏童有宜妻　陳氏監生周偉烈妻　汪氏陶應縉妻
陳氏州同王岑妻　嚴氏程道廣妻　李氏杜天柏妻　林氏葉大鼇妻　周氏楊宜發妻
李氏韓初官妻　胡氏陶景康妻　呂氏監生曾紹龍妾　萬氏周士愷妻　施氏曾紹麟繼
妻　王氏曾朝桂繼妻　范氏張光明妻　程氏監生周璉妻
宋氏羅之屏妻　葉氏萬希懋妻　嚴氏夏公祿妻　柳氏陳章德妻　胡氏張勝海妻　胡氏曾新傳妻
朱氏熊世法妻　陳氏趙文鼇妻　林氏劉文悠妻　張氏嚴文正妻　陶氏嚴文玖妻　杜氏嚴文藪妻
萬氏嚴世熏繼妻　姚氏嚴文符妻　廖氏嚴承忍妻　胡氏嚴家驥妻　張氏嚴承輝妻
朱氏周熙泮妻　萬氏周熙安妻　許氏甄永曨妻　周氏陳錫鵬妻　胡氏張德茂妻　張氏陶之嵩妻
周氏萬希俊妻　許氏曹家臣妻　袁氏陳受瑢妻　周氏陳受韜妻　林氏陳受韡妻　鄭氏陳受經妻
陶氏陳啟爍妻　張氏陳啟鍇妻　汪氏陳之蘭妻　周氏陳德孝妻　陶氏陳德馨妻　汪氏陳美文妻
郭氏陳才高妻　柳氏段朝東妻　聶氏周宗郃妻　王氏李有裔妻　劉氏李克先妻　張氏盧煥仁妻

游氏盧基典妻　孟氏盧鍾輔妻　盧氏監生羅啟麟妻　程氏羅道翊妻　胡氏陛獻公妻
周氏羅元橡繼妻　金氏羅起延妻　金氏羅起杏妻　劉氏張起祥妻　錢氏羅道价妻
李氏羅千京妻　曾氏羅千悳妻　謝氏羅啟爵妻　楊氏庠生羅啟泰妻　張氏羅啟鳳妻
胡氏方福祿妻　熊氏程世瑛妻　周氏陶之年妻　張氏曾聖清妻　朱氏曾聖拔妻　余氏曾聖傳妻
萬氏游瑞妻　胡氏游瓚妻　程氏游理妻　李氏游珠妻　李氏監生游衡周妻
李氏游克茂妻　張氏游克信妻　羅氏游逢青妻　劉氏游逢時繼妻　吳氏韓豐全妻
余氏陶之緯妻　程氏陶之慷妻　潘氏陶思纜妻　朱氏庠生胡春岱妻　李氏胡士瑄妻
徐氏張受玉妻　李氏張德昌妻　張氏張廷相妻　萬氏張正楚妻　胡氏張聖瑜妻　羅氏張世鼇妻
熊氏張文耀妻　高氏張履謙妻　羅氏張希瑾妻　陳氏張希琪妻　潘氏張敦本妻　范氏張定遠妻
程氏張雲會妻　熊氏張利邦妻　余氏陳世崧妻　熊氏陳序宗妻　劉氏陳序新妻　熊氏陳序炎妻
高氏陳序堂妻　魏氏陳啟玉妻　程氏陳玕妻　楊氏陳啟桐妻　欒氏陳世昌妻　王氏陳本智妻

徐氏陳治世妻　丁氏陳圭瓊妻　蕭氏陳錫丞妻　黃氏鄧陛華妻　程氏鄧陛茂妻　柳氏鄧青山妻
桂氏鄧顯庸妻　汪氏鄧正全妻　高氏鄧正朝妻　陶氏李源馨妻　蔡氏李應奎妻　潘氏朱成名妻
彭氏蔡常富妻　彭氏蔡守相妻　陶氏徐鳳綸妻　劉氏徐世紀妻　李氏周高士妻　陶氏周功崇妻
夏氏詹昌寶妻守節同治三年遇賊殉難　楊氏周功崎妻　葉氏周崇崧妻　徐氏周永裕妻
沈氏袁紹庭妻　賀氏袁紹祖妻　邱氏羅啟祥妻　庫氏羅昌發妻　陶氏羅千古妻　邱氏羅元盛妻
繆氏羅學知妻　潘氏周展斌妻　張氏周高爵妻　張氏劉之炫妻　張氏孟永亨妻　商氏沈正相妻
李氏商一秀妻　陳氏商應昌妻　程氏商德顯妻　商氏王正福妻　徐氏王一瑾妻　李氏王楫妻
劉氏曾漢儒妻　鄧氏商勳達妻　徐氏金廷獻妻　曾氏邱希瓊妻　桂氏邱希璵妻　許氏曹鳳彩妻
鄭氏吳崇聖妻　陶氏林宜盛妻　程氏杜前躍妻　游氏潘德鄰妻　林氏夏元智妻　李氏周振泰妻
陳氏劉宗智妻　劉氏方鳳彰妻　靖氏雷懋功妻　魏氏雷谷省妻　陳氏王志理妻　余氏李文德妻
葉氏喻在治妻　李氏柳德燿妻　倪氏李士袞妻　張氏劉政玉妻　林氏潘萬祿妻　程氏夏正圻妻

蕭氏夏起棟妻　劉氏夏起功妻　柳氏陳章憲妻　林氏庠生張元芝妻　沈氏張元蘭妻
游氏羅啟鼇妻　汪氏童先莊妻　周氏童先寬妻　殷氏袁承譜妻　周氏雷方銘妻　張氏雷方英妻
劉氏監生陳允茂繼妻　高氏庠生雷光祐妻　胡氏周尚鎬妻　羅氏庠生游克
憲妻　程氏游豐彩妻　程氏監生游爵妻　沈氏游豐鐙妻　揭氏游克宗妻
張氏游豐豪妻　鍾氏羅啟綳妻　方氏曾朝梓妻　趙氏熊衍慶妻　胡氏張金海妻　羅氏張文超妻
劉氏劉同發妻　萬氏吳士欽妻　張氏吳潤圭妻　劉氏劉之高妻　楊氏張玉堂妻　李氏張景垣妻
嚴氏張本道妻　李氏曾有基妻　陶氏雷方興妻　呂氏雷時英妻　程氏陳光才妻　孟氏照磨張士
最妾　劉氏陳士鳳妻　周氏陳序賢妻　蘇氏劉大綱妻　劉氏劉光銓妻　王氏陶宜廣妻
守節同治三年遇賊殉難　楊氏羅千橋妻　桂氏羅千戶妻　石氏羅道錦妻　程氏羅啟暘妻
徐氏羅啟乾妻　許氏羅永康妻　孫氏羅永寅妻　桂氏劉大宇妻　劉氏方鳳章妻　葉氏陳子仲妻
姚氏李可梅妻　朱氏高宗泗妻　陳氏鄧克申妻　揭氏方經濟妻　孫氏張元智妻　朱氏林向連妻

邱氏余本良妻　陶氏余以年妻　阮氏甄模詣妻　熊氏劉公純妻　張氏曾庭玉妻　汪氏賀閎相妻
向氏陶之佐繼妻　劉氏潘宏保妻　阮氏林宜璜妻　金氏林宗弟妻　張氏林宗信妻
劉氏林宗禮妻　聶氏揭先鎩妻　程氏杜河源妻　林氏程錫長妻　賀氏程為則妻　高氏程開宗妻
潘氏程承宗妻　程氏鄭安樂妻　吳氏程異黃妻　方氏程國珍妻　周氏程俱揚妻　程氏張秀玉妻
程氏袁起廉妻　江氏程兆準妻　朱氏程源國妻　張氏程上達妻　汪氏程心中妻　陶氏程源椿妻
周氏貢生程俊妻　沈氏程一寬妻　程氏項家英妻　欒氏周以翰妻　袁氏庠生程其
祥妻　李氏程源瀚妻　李氏郜奎光妻　張氏潘先達妻　陳氏段朝彬妻　邱氏揭緒棻妻
程氏揭昭陞妻同治閒賊至殉難　鄭氏孫希傳妻　葉氏呂昌義妻　胡氏曾朝檜妻　姚氏熊宗璠妻
劉氏金保定妻　商氏林宜恕妻　桂氏林常溢妻　余氏林宗苞妻　邱氏林向模妻　羅氏林向彬妻
商氏林常美妻　林氏李東曉妻　李氏左繼隆妻　商氏左聖英妻　楊氏監生左琛妻
徐氏王履中妻　徐氏左法楷妻　聶氏熊世清妻　甄氏張錫爵妻　林氏陶鳴洙妻　段氏葉先美妻

邱氏張席珍妻　金氏張于鑑妻　葉氏戢榮菁妻　雷氏葉克和妻　周氏張輝啟妻　陶氏張先緒妻
朱氏高宗衍妻　呂氏陶之康妻　葉氏高祚格妻　朱氏庠生余紹璘妻　童氏余文德妻
余氏林允剛妻　周氏庠生林天錫妻　王氏監生林大典妻　葉氏武生顧夔
典妻　林氏程加頎妻　袁氏周熙府妻　楊氏林有枝妻　鄭氏林宗禹妻　余氏童有智繼
妻　葉氏童承潤妻　艾氏知縣林希貞妾　周氏林向光妻　陳氏林常全妻
童氏林向玠妻　周氏林向信妻　周氏程源淇妻　欒氏程心達妻　祝氏程人保妻　杜氏程昱豐妻
張氏張長宜妻　鍾氏胡國鼇妻守節同治三年遇賊殉難　陳氏孫永萬妻　袁氏葉應鶴妻
蕭氏葉應鸞妻　蕭氏葉同讓妻　蕭氏葉萬慧妻　汪氏楊鴻轉妻　郭氏楊鴻壽妻　胡氏桂兆華妻
劉氏游豐杰妻　童氏萬成愷妻　柳氏夏起則妻　熊氏徐繼銑妻　陶氏張于瑞妻　揭氏張于傳妻
程氏張和昇妻　王氏何致福妻守節同治三年遇賊殉難　李氏林宜鶴妻　程氏監生揭楚
良妻　胡氏林宜成妻　柳氏林宜華妻　姚氏鄭國寶妻　李氏林宜章妻　邱氏林常師妻

陶氏周熙錦妻　朱氏周熙貴妻　周氏賀克學妻　潘氏張景元妻　溫氏李一仁妻　羅氏徐天申妻
劉氏徐心睿妻　胡氏徐耀祥妻　萬氏張錫良妻　潘氏程建業妻　柳氏夏起儒妻　王氏林宜斌妻
羅氏林常吉妻　楊氏林宜璋妻　雷氏陶啟嵒妻　向氏王本瑜妻　汪氏王本琮妻　徐氏監生李佐
堂妻　萬氏李景超妻　雷氏邱成偉妻　邱氏陳本讓妻　孫氏陳元陶妻　周氏陳受金妻
陶氏陳德阜妻　張氏陳受逑妻　陶氏陳啟峯妻　陶氏陳元盈妻　周氏陳世開妻　陳氏陳元忠妻
周氏陳世名妻　張氏陳世瑗妻　陶氏陳德庸妻　葉氏陳祜恆妻　吳氏陳德潛妻　王氏陳德富妻
余氏陳振陞妻　汪氏陳受錦妻　郭氏陳祜發妻　陶氏陳元易妻　鄭氏陳啟鴻妻　黃氏陳啟紹妻
王氏陳其文妻　朱氏陳元軫妻　雷氏陳德健妻　葉氏陳其任妻　周氏陳德長妻　張氏陳元楷妻
萬氏陳受蕨妻　陶氏陳德昭妻　周氏陳祜璥妻　何氏陳德邃妻　王氏陳受徇妻　陶氏陳德飭妻
向氏陳受治妻　梅氏陳日安妻　程氏王磐妻　葉氏陳啟梁妻　金氏胡履泰妻　楊氏監生董潤
鼇妻　戢氏何兆珍妻　袁氏何兆聖妻　童氏陶啟鳳妻　余氏陶鳴春妻　黃氏陶鳴泰妻

余氏陶懋雩妻　程氏陶鳴車妻　范氏張世鏡妻　易氏張先文妻　李氏楊世望妻　陶氏楊世積妻
袁氏楊芳龍妻　林氏楊錦妻　余氏薛承德妻　曾氏薛承峻妻　袁氏薛承緒妻　朱氏薛天榮妻
朱氏薛祚樂妻　方氏薛祚祥妻　萬氏薛祚緒妻　余氏薛遠桂妻　甘氏薛遠岳妻　朱氏薛遠登妻
程氏朱國成妻　施氏朱國鞏妻　徐氏朱承奎妻　周氏朱國匡妻　柳氏朱承統妻　杜氏朱承輔妻
楊氏朱承應妻　金氏朱承煜妻　閔氏朱承校妻　陳氏朱承明妻　黃氏朱承傑妻　林氏朱岱山妻
陳氏朱天秩妻　陶氏朱天祥妻　黃氏朱天睿妻　童氏朱天明妻　諒氏朱天庸妻　陶氏朱天勳妻
錢氏陶啟亭妻　汪氏周啟槐妻守節同治三年遇賊殉難　葉氏朱遺昭妻　喻氏朱天忠妻
張氏朱風會妻　葉氏朱士宏妻　胡氏朱乾吉妻　程氏朱慶貴妻　程氏朱豐孝妻　陶氏朱雨溪妻
葉氏朱慶忠妻　蔡氏朱慶會妻　楊氏朱占魁妻　周氏朱時義妻　李氏朱豐炎妻　王氏朱豐元妻
李氏朱豐垣妻　楊氏朱豐純妻　林氏朱豐梅妻　甘氏朱豐輝妻　楊氏朱豐良妻　余氏朱豐軫妻
周氏朱功純妻　朱氏周樂芹妻　朱氏曾聖扶妻　朱氏葉能徵妻　朱氏汪有光妻　朱氏金致中妻

朱氏張希昌妻　余氏羅千穛妻　張氏鄧盛富妻　童氏王一榜妻　陶氏王自傅妻　周氏王成憲妻
王氏李翼煌妻　陳氏程有仁妻　吳氏陳星貴妻　周氏萬元周妻　周氏萬元孟妻　何氏林向勇妻
喻氏張禘妻　劉氏李元採妻　徐氏朱鍠妻　周氏姚世銓妻　朱氏左宙乘妻　陳氏左洪高妻
劉氏方德遐妻　黃氏余謙壽妻　左氏謝發達妻　張氏邱亨富妻　盛氏閻朝楝妻　汪氏監生魏闕妻
殷氏魏士鈺妻　許氏高必鋐妻　王氏袁國相妻　陳氏嚴厚楝妻　孫氏余廷相妻
鄭氏周文德妻　汪氏吳英榮妻　吳氏鄭士潡妻　孟氏張廷隆妻　周氏職員朱大有妻
魏氏龔應瑞妻　劉氏李世烈妻　李氏龔應璽妻　陳氏李世熙妻　黃氏龔應琦妻　徐氏郭玉芹妻
羅氏康錫侯妻　宋氏李元琮妻　李氏歐陽永照妻　郭氏歐陽永烈妻
唐氏嚴堦妻　夏氏秦大柱妻　黃氏曹承德妻　朱氏王永和妻　劉氏石華松妻　汪氏石景松妻
曹氏李可桂妻　倪氏邱文會妻　蕭氏黃發科妻　黃氏殷學書妻　張氏邱尙環妻　高氏黃虞堦妻
魏氏王士進妻　李氏王全偉妻　黃氏王世義妻　童氏魏封晉妻　姚氏曾開榜妻　呂氏徐懋炳妻

黃州府志《卷之二十七　列女二下　十八

李氏徐希均妻　鄭氏徐希塏妻　涂氏許道秀妻　李氏監生姜如篆妻　周氏郭金泥妻
一門五節四巳請旌周尙待旌見縣志郭景雲妻夏氏等傳後　盛氏左登榜妻　張氏李嗣江妻
吳氏王世桂妻　鄭氏奚先志妻　陳氏余烈東妻　鄧氏巴興周妻守節同治三年遇賊殉難
李氏王家聘妻　嚴氏沈鈺妻　朱氏余勝壽妻　胡氏馮文忠妻　夏氏秦榮先妻　蕭氏陳隆妻
劉氏周國秀妻　王氏杜大陞妻　郭氏雍智亨妻　陳氏蔡英全妻　吳氏杜之鐸妻　蔡氏張德興妻
季氏王大猷妻　朱氏嚴道漢妻　洪氏操養亨妻　周氏李士富妻　柯氏宋金玉妻　袁氏屠瑤妻
許氏柯昌倫妻　楊氏柯昌塏妻　趙氏沈家駒妻　龍氏王正元妻　劉氏鄭靖妻　徐氏李元相妻
謝氏張光前妻　胡氏洪奎斗妻　楊氏李國琪妻　姚氏監生李士龍妻　歐陽氏熊宇柱妻　章氏張試妻　劉氏馮艮思妻　賀氏汪輔杞妻　葉氏周俊妾　程氏李大才妻
吳氏萬作材妻　林氏涂啟蔴妻　蔣氏庠生戴光鎮妻　郭氏李能增妻　葉氏汪起昌妻
張氏吳光熙妻　談氏徐希烜妻　王氏徐大順妻　程氏徐大用妻　邱氏杜世杰妻　嚴氏朱鈺妻

郭氏把總李志全妻　陳氏曾先登妻　袁氏周兆熊妻　陶氏周位列妻　袁氏陶懋富妻
徐氏鄭之金妻　程氏歐陽永勳妻　馮氏歐陽永清妻　李氏職員許汝鳳妻
龍氏石勝琮妻　吳氏陳秉鏞妻　喬氏杜輔勳妻　吳氏滿鳳麟妻　淩氏李宗蔴妻
龔氏秦道乾妻　劉氏馮應隆妻　嚴氏程澤普妻　喻氏王官沔妻　王氏邱亨太妻　詹氏奚先懋妻
柳氏張士俊妻　陳氏樊聖龍妻　李氏樊聖鳳妻　龍氏陳光林妻　龍氏陳懋桂妻　汪氏劉有貴妻
呂氏劉有榮妻　左氏王試業妻　李氏王試才妻　夏氏劉煥妻　鄧氏徐大發妻　汪氏黃自鈞妻
龍氏庠生姜若熊妻　畢氏舒大紳妻　曾氏舒大敍妻　熊氏徐宗鐙妻　孟氏曾家相妻
趙氏高有立妻　吳氏龍逢天妻　沈氏任士鼇妻　操氏杜廷逵妻　李氏杜廷榮妻　黃氏監生杜長青妻
鄭氏杜廷魁妻　周氏杜紹鎰妻　閔氏鄭士芬妻　杜氏鄭艮燊妻　劉氏鄭作揆妻
郭氏鄭艮斌妻　江氏杜紹璋妻　袁氏鄭艮棫妻　章氏喻家溥妻　孟氏章廷澄妻　郭氏朱長庚妻
李氏成士義妻　江氏詹文明妻　劉氏羅發韌妻　王氏孫宜萬妻　李氏邱亨鼎妻　左氏方明發妻

黃州府志《卷之二十七　列女二下　十九

魏氏鍾廷梅妻　萬氏謝本錄妻　夏氏謝道泰妻　徐氏謝本鉅妻　姜氏余必貴妻　雷氏劉士信妻
杜氏王如師妻　汪氏胡元壽妻　鄒氏胡朝楨妻　詹氏胡兆愷妻守節同治三年遇賊殉難
邱氏謝宏仁妻　王氏庠生陶鳴岡妻　余氏陶國維妻　繆氏謝方德妻　胡氏楊學琦妻
王氏吳德璋妻　劉氏韓春旭妻　朱氏徐秉禮妻　林氏楊名安妻　孫氏黃樹檀妻　周氏李正鈺妾
陳氏張大海妻　黃氏陳正萬妻　胡氏張大志妻　魯氏靖厚鼒妻　周氏吳賜福妻　霍氏尹金銳妻
黃氏尹金錡妻　程氏歐陽某妻　劉氏王勝禔妻　熊氏袁某妻　劉氏吳某妻　尹氏陳大洛妻
陶氏陳元駱妻　駱氏曹繼志妻　何氏曹繼富妻　方氏曹克元妻　詹氏李成琈妻　殷氏孫顯勤妻
張氏程行懋妻　何氏王臣鳳妻　曾氏胡世恢妻　程氏李懷萬妻　喻氏鄒檢鋒妻　戴氏徐太甯妻
沈氏李有章妻　賀氏周中楫妻　李氏周中貴妻　張氏庠生許篪妻　汪氏陳力魁妻
高氏蔡騰蛟妻　宋氏蔡中玉妻　蔡氏詹楚恒妻　夏氏呂紹華妻　周氏監生楊肇端妻
吳氏祁承祖妻　邱氏王季庠妻　周氏王受眞妻　樊氏徐本進妻　鄧氏庠生游豐際妻

游氏盧鍾漣妻 陶氏周明選妻 陶氏朱廷傑妻 熊氏洪楠妻 阮氏程彭時妻 陳氏孫自修妻
龍氏孫時傑妻 李氏孫貴業妻 傅氏孫顯玫妻 王氏靖必智妻 馮氏王世祿妻 劉氏汪全貞妻
曾氏陳盛高妻 謝氏陳啟楷妻 徐氏黃宗陞妻 鄧氏黃曉南妻 孔氏王如柏妻 王氏童奉侯妻
胡氏童奉琛妻 童氏庠生游繪召妻 童氏楊雄楚妻 陶氏楊玉華妻 李氏楊世旺妻
陶氏楊世精妻 張氏羅之榮妻 李氏游德隆妻 汪氏葉應鶴妻 魏氏葉肇聖妻 徐氏葉同謨妻
李氏王德義妻 朱氏趙蘭如妻 黃氏趙蘭如媳 羅氏黃步文妻 孫氏祁隆基妻 周氏陳德文妻
王氏范芝友妻 劉氏陳一魁妻 柳氏吳成善妻 龍氏庠生呂謙妻 吳氏陳基闢妻
龍氏陳楙博妻 賈氏程時元妻 倪氏黃開明妻 趙氏聞興乾妻 趙氏龍景賓妻 奚氏萬應松妻
徐氏吳義芳妻 祁氏吳逢琳妻 祁氏吳家騆妻 沈氏陳德增妻 徐氏庠生喻成彥妻
操氏陳瑞蘭妻守節同治三年遇賊殉難 馬氏從九周振玉妻 葉氏喻宗振妻
孫氏喻思健妻 袁氏喻榮夫妻 喻氏鄭聖煉妻 夏氏周乘詳妻 張氏柳元美妻 沙氏呂至瑚妻

黃州府志　卷之二十七　列女二下　二十

張氏王宗炳妻 黃氏張昌標妻 金氏龍景瑞妻 劉氏喻大猷妻 馬氏喻大鵬妻 金氏喻泰嶽妻
馮氏喻民魁妻 方氏張文栻妻 劉氏王基貴妻 鄭氏汪源亮妻 楊氏袁昌伊妻 劉氏袁榮杞妻
劉氏袁克容妻 傅氏袁方呈妻 汪氏劉泰敘妻 金氏劉士奎妻 金氏呂因照妻 范氏陳宗禹妻
王氏張世棚妻 龍氏劉士韥妻 劉氏方之本妻 龍氏王士信妻 劉氏袁昌煦妻 陳氏呂一順妻
夏氏周勝和妻 鍾氏李得意妻 陳氏劉泰康妻 龍氏劉際祥妻 劉氏王勝麟妻 陳氏劉泰舒妻
周氏劉際洙妻 龍氏劉泰金妻 尹氏王昌桂妻 張氏喻安富妻 馮氏吳廷玉妻 宋氏王勝福妻
夏氏王勝賢妻 顧氏王克鑑繼妻 龍氏王槐耀妻 劉氏袁昌潤妻 黃氏許定祿妻
楊氏蔡大奎妻 王氏蔡大奎媳 陳氏孫之啟妻 呂氏陳光勝妻 許氏劉士榮妻 吳氏龍得順妻
劉氏李如槐妻 孫氏孫宏山妻 殷氏袁昌先妻 秦氏黃衍敘妻 呂氏劉世富妻 范氏楊修衡妻
孫氏楊於蛟妻 陳氏楊在倫妻 宋氏楊於旃妻 邱氏龍逢懷妻 鄭氏楊修聰妻 周氏楊於灦妻
王氏盧全驥妻 陳氏李能先妻 顧氏劉泰晉妻 陳氏夏景文妻 殷氏傅高典妻 張氏縣丞呂桂

馨妻 孫氏監生呂青選妻 龍氏鍾金萬妻 劉氏呂朝墉妻 孔氏呂一玲妻
周氏劉開榜妻 張氏孫顯琛妻 鄭氏謝厚弼妻 倪氏孫貴瑕妻 蔡氏許登瀛妻 汪氏貢生劉廷
賓妻 沙氏監生王基常妻 孫氏孫平勤妻 龍氏孫胥弟妻 王氏喻泰原妻
周氏趙必凱妻 喻氏監生王士賢妻 劉氏王勝鏞妻 周氏王先澤妻 鄭氏王勝鵠妻
曾氏王勝棠妻 陳氏徐家駒妻 魏氏高長青妻 孫氏張元宗妻 劉氏李宗友妻 戴氏楊廣仁妻
劉氏謝時祿妻 劉氏謝啟田妻 劉氏謝定逵妻 夏氏謝定季妻 劉氏李永全妻 張氏宋緒武妻
曾氏龍景礄妻 孫氏王勝祜妻 劉氏王勝霖妻 黃氏劉成檜妻 宋氏劉成棣妻 胡氏劉成勳妻
鄧氏王名州妻守節同治三年遇賊殉難 王氏劉功極妻 游氏劉功迪妻 汪氏劉功尙妻
殷氏劉功立妻 吳氏金尹龍妻 廖氏吳先合妻 霍氏劉光駒妻 胡氏唐國漢妻 吳氏鄒學欽妻
呂氏方極熠妻 劉氏殷之棟妻 李氏殷之楊妻 尹氏劉明珠妻 鄒氏監生夏永松妻
劉氏王子徵妻 鄒氏羅治熠妻守節同治三年遇賊殉難 李氏戴永發妻 林氏陳艮棟妻

黃州府志　卷之二十七　列女二下　二十一

劉氏張揮域妻 姚氏唐國輔妻 李氏董祥玖妻 吳氏劉一鳴妻 劉氏夏隆勝妻 尹氏梅高陞妻
黃氏梅春華妻 金氏殷道彰妻 董氏殷澤璜妻 祝氏黃基崑妻 王氏劉玉琛妻 陳氏劉玉琮妻
馬氏劉能鐸妻 許氏劉維邦妻 霍氏吳紹奎妻 許氏楊一道妻 劉氏楊之桂妻 張氏鄭其節妻
程氏涂錫龘妻 郭氏高世洙妻 淩氏涂錫田妻 舒氏杜希富妻 何氏王純潛妻 張氏劉祖剛妻
童氏何承桐妻 朱氏涂定祥妻 華氏涂錫三妻 石氏徐立禹妻 傅氏孫功元妻 童氏何宗喜妻
徐氏鄭聞朝妻 馬氏涂錫有妻 霍氏涂祥啟妻 倪氏曹運材妻 童氏王宏鵬妻 蕭氏鍾大盛妻
操氏杜希高妻 鄭氏汪後尙妻 何氏黃道燠妻 方氏江宏旺妻 張氏林光映妻 朱氏王士盛妻
蕭氏王士全妻 朱氏李待剛妻 張氏賈榮陞妻 尹氏徐善發妻 華氏徐延長妻 童氏周其瑾妻
鄭氏周其信妻 包氏王士武妻 操氏蕭潔壽妻 倪氏汪昉先妻 張氏賀文玉妻 黃氏朱福馨妻
洪氏孫正艮妻 易氏王希文妻 吳氏曾庭魁妻 張氏曾庭槐妻 胡氏羅朝佐妻 王氏羅朝鳳妻
張氏外委羅得勝妻 陶氏孫胥前妻 鄭氏涂錫祥妻 宋氏孫光詔妻 張氏曾光烙妻

徐氏羅錫九妻　曹氏張光彩妻　曾氏華陽旭妻　汪氏華陽逵妻　何氏胡緒麟妻　楊氏凌士塈妻
余氏盧世武妻　陳氏賈起模妻　何氏秦同意妻　賈氏秦同芳妻　傅氏秦同節妻　尹氏秦道宇妻
詹氏秦道崇妻　張氏何宗岳妻　王氏周宗武妻　賈氏周宗山妻　何氏朱德業妻　蕭氏劉士琠妻
蘇氏奉直大夫王鉅清妾　葉氏趙邦燀妻　葉氏李士貴妻　吳氏凌聲本妻　李氏羅盛寰妻
朱氏貢生孫金諾妻　程氏縣丞馬重鑾妾　陳氏馬先橘妻　林氏馬先絅妻
王氏翁奎煩妻　張氏職員翁壽田妻　盧氏馬詒金妻　李氏劉啟煌妻　熊氏陳百魁母
包氏夏賢詰妻　李氏翁運麟妻　胡氏余必詠妻　孫氏萬光賓妻　樊氏余道柱妻　黃氏樊篤恒妻
王氏朱承瀚妻　江氏孫正啟妻　方氏宋世琥妻　包氏余鍾箭妻　孫氏余鍾凝妻　張氏余鍾笙妻
周氏賈榮魁妻　馬氏賈榮會妻　李氏梅烈龍妻　翁氏陳百魁妻　汪氏樊允侃妻　馮氏從九樊純鎔妻
涂氏杜之珠妻　徐氏夏賢妻　吳氏徐際順妻　邵氏程明禳妻　於氏程明玉妻
李氏詹以昆妻　劉氏羅運壽妻　鄭氏李達三妻　劉氏李達孝妻　張氏李達岐妻　舒氏監生樊篤喜妻
孫氏盧進賢妻　汪氏程時鐸妻　苗氏程時順妻　趙氏葉承恕妻　賀氏黃聖熙妻
劉氏李紹乾妻　曹氏程明愷妻　吳氏張全美妻　劉氏張之應妻　周氏張有昆妻　盧氏監生張道璋妻
鄧氏王希華妻　舒氏湯天毅妻　倪氏湯天壽妻　鄧氏王臣武妻　陳氏王希錡妻
周氏胡德俊妻　傅氏胡德彩妻　徐氏胡成豐妻　陳氏王永財妻　倪氏羅齊勝妻　王氏胡業美妻
涂氏戚其興妻　王氏戚必貴妻　王氏羅祚佑妻　羅氏王希鳳妻　戚氏王臣秀妻　羅氏王希勝妻
程氏王士彥妻　何氏王臣懷妻　熊氏王希焜妻　湯氏易繼耀妻　陳氏戚必明妻　佘氏戚光照妻
程氏王士友妻　王氏林大琮妻　易氏林光冀妻　杜氏倪艮荆妻　陳氏倪世坰妻　林氏監生倪玉山妻
王氏林維松妻　童氏傅昌域妻　吳氏林大連妻　甘氏林繡春妻　孫氏林光揚妻
林氏易繼嶜妻　馬氏包一瀇妻　熊氏包宗顏妻　鄭氏包宗僩妻　馬氏包宗烜妻　彭氏陳興騮妻
索氏陳興貞妻　陳氏熊至德妻　陳氏賀國鈞妻　熊氏易繼藻妻　林氏孫正太妻　張氏方一乾妻
程氏賀文濟妻　王氏賀文漂妻　孫氏林大縉妻　鄒氏林大縉媳　孫氏林大綮妻　劉氏曹光烜妻

熊氏孫允財妻　江氏孫永佑妻　饒氏孫正旺妻　汪氏李顯廷妻　方氏熊序昭妻　王氏萬邁逈妻
孫氏熊先槐妻　於氏倪元櫟妻　陳氏孫宏理妻　萬氏熊玉音妻　賀氏田受元妻　徐氏孫正鴻妻
賀氏汪蕊豪妻　方氏汪洪秀妻　熊氏易濟川妻　蔡氏方豐盛妻　徐氏方東山妻　徐氏方永隆妻
李氏華揚光妻　朱氏章廷採妻守節同治三年遇賊殉難　何氏華名琳妻　熊氏方獻珠妻
何氏舒允蔭妻　熊氏舒昌祿妻　朱氏何國敬妻　熊氏何第炎妻　方氏何利富妻　徐氏何廣傳妻
鄧氏辛德懷妾　何氏張修德妻　邱氏曹宏麟妻　華氏何登紳妻　王氏史作舟妻　尹氏監生邱向榮妻
王氏邱汝孋妻　雷氏邱澤含妻　尹氏劉大成妻　余氏雷鉅勝妻　張氏雷鉅宗妻
史氏何元應妻　何氏熊尊照妻　高氏熊正譽妻　王氏熊明士妻　方氏熊律明妻　高氏熊維亮妻
丁氏方杜興妻　華氏方仲秀妻　余氏方成名妻　熊氏方春發妻　熊氏方光朝妻　董氏方口暌妻
樊氏方洪州妻　何氏鄧能福妻　王氏鄧能玉妻　賀氏鄧時喬妻　何氏胡榮封妻　鄧氏熊國讓妻
易氏熊國禮妻　丁氏蔡興松妻　方氏蔡科球妻　何氏蔡科瑚妻　雷氏蔡第永妻　丁氏蔡件瑞妻
何氏陳應典妻　陳氏何利豐妻　黃氏陳學原妻　蔡氏監生黃鍾輝妻　劉氏楊均茳妻
陳氏方懷奇妻　林氏方炳煥妻　方氏熊超羣妻　劉氏何崇言妻　杜氏何君瑞妻　陳氏蕭豐壽妻
熊氏陳言酤妻　廖氏丁道猷妻　丁氏熊正美妻　方氏鄧維垣妻　華氏彭履中妻　許氏庠生丁𨛭妻
張氏聶萬欽妻　何氏聶世啟妻　雷氏聶遐聯妻　黃氏丁金榜妻　邱氏劉昌進妻
熊氏易繼觀妻　張氏程鎮孚妻　孫氏程鎮煦妻　隗氏章朝相妻　靖氏姚開佐妻　程氏吳秉尉妻
周氏易中模妻　程氏黃濟歛妻　劉氏熊道美妻　黃氏徐澤榮妻　萬氏徐澤廣妻　史氏張之准妻
張氏史緒玭妻　王氏史緒洪妻　劉氏毛象乾妻　洪氏華繼明妻　汪氏洪國翥妻　涂氏佘獻金妻
袁氏洪國臣妻　喻氏史存德妻　程氏史存枋妻　廖氏邱民倪妻　洪氏涂正亨妻　洪氏朱和久妻
李氏王毓堅妻　操氏靖華梅妻　喻氏黃濟壎妻　黃氏張廣英妻　王氏陳祚和妻　范氏靖應和妻
程氏祝恒棟妻　程氏黃濟堂妻　胡氏董延福妻　李氏汪忠瑞妻　胡氏汪厚遠妻　饒氏江景琳妻
吳氏江運化妻　黃氏趙文燧妻　黃氏邱忠文妻　華氏邱忠昌妻　劉氏李宜𩣡妻　孫氏程春[illegible]妻

吳氏程鎮清妻 胡氏張能哲妻 胡氏監生鄧亮禹妻守節同治三年賊至殉難 方氏巴思城妻

張氏巴貽秀妻 汪氏巴謀玨妻 余氏程源創妻 吳氏洪見田妻 羅氏黃濟時妻 熊氏羅正獻妻

汪氏余獻釗妻 程氏史天蒙妻 駱氏史大廷妻 張氏監生巴炳南妻 蔡氏張能禎妻

程氏黃必陞妻 黃氏張大俊妻 華氏隗廷樑妻 黃氏徐澤普妻 謝氏徐澤民妻 汪氏張大材妻

張氏洪敦九妻 劉氏謝顯親妻 汪氏謝顯佐妻 楊氏呂正富妻 楊氏熊國貴妻 黃氏黃世榮妻

張氏黃能暎妻 張氏黃謹錫妻 黃氏黃心順妻 邵氏王毓潤妻 朱氏胡福昇妻 汪氏彭光振妻

余氏靖應鶴妻 吳氏史汝和妻 趙氏李正漢妻 袁氏李大鍾妻 夏氏李大純妻 羅氏李正英妻

劉氏姚克祚妻 鄭氏鍾定森妻 單氏程紹坤妻 劉氏程華基妻 宋氏靖應權妻 張氏靖源煥妻

程氏靖應坎妻 吳氏余葆清妻 鍾氏靖茂椿妻 奚氏曹隆爵妻 舒氏王世倫妻 夏氏吳運進妻

蕭氏王出佐妻 張氏曹楚學妻 陳氏王出樂妻 曾氏王尊鼇妻 林氏王出伸妻 陳氏王師鴻妻

史氏王昌熾妻 林氏王出強妻 王氏曹同岱妻 汪氏鄢耀發妻 鄢氏涂國順妻 汪氏王祚冬妻

黃州府志　卷之二十七　列女二下　二十四

汪氏陶之松妻 吳氏陶啟輝妻 王氏陶啟燧妻 王氏曹隆英妻 童氏曹隆週妻 鄒氏李克明妻

李氏王昌貞妻 左氏李克成妻 操氏龔後垣妻 王氏盧安樂妻 馮氏梅仁智妻 吳氏鄒啟杜妻

余氏徐科發妻 范氏舉人鄒運寅妻 余氏操元瑞妻 余氏李國銓妻 沈氏鄧聯榮妻

陳氏謝志剛妻 施氏周有貞繼妻 姜氏汪鳳霖妻 徐氏錢榮熙妻 王氏余延發妻

徐氏毛之璉妻 秦氏劉開品妻 余氏邵一龍妻 舒氏徐用恩妻 徐氏陳高善妻 鍾氏張家魁妻

余氏張昌炎妻 胡氏張其柏妻 張氏符中汶妻 秦氏何克松妻 賈氏夏澤洪妻 張氏陳善亨妻

宋氏梅思哲妻 張氏梅思達妻 童氏梅思仁妻 鄭氏張昌森妻 鄧氏汪啟鈺妻 錢氏胡德進妻

周氏李自強妻 孫氏霍厚彬妻 許氏方追騎妻 王氏張崇節妻 汪氏張肇謹妻 顧氏陳炳科妻

盧氏韋啟富妻 但氏高正茂妻 陳氏宋國鎮妻 吳氏邱忠斌妻守節同治四年遇賊殉難

林氏黃家麟妻 胡氏邵正業妻 胡氏邵際開妻 孫氏邵正學妻 舒氏詹文郁妻 邱氏張咸宏妻

陶氏監生邵芳妻 傅氏歐陽和椿妻 徐氏歐陽榮有妻

熊氏邵正達妻 徐氏邵際強妻 張氏邵希魁妻 雷氏邵同梅妻 黃氏鄒鳳翔妻 黃氏邵同柱妻

邵氏詹文藻妻 孫氏曹鴻勳妻 陳氏童盛漢妻 葉氏鄒定太妻 韓氏邵正和妻 王氏邵希德妻

孫氏鄒補元妻 曹氏梅善章妻 殷氏邵正葵妻 舒氏邵際煥妻 張氏歐陽榮仕妻

歐陽氏陳三妻 徐氏陳應豐妻 蔡氏張肇智妻 舒氏張肇貴妻 何氏張一梅妻

童氏邵際琪妻 吳氏邵開泰妻 胡氏邵正豐妻 夏氏邵正鏞妻 傅氏童志洪妻 姚氏羅光連妻

曹氏郭耀溥妻 汪氏童世祥妻 曹氏趙學珍妻 曹氏趙繼埬妻 羅氏趙學春妻 舒氏趙學陞妻

王氏邵際福妻 吳氏舒中達妻 蘇氏歐陽榮蛟妻 朱氏歐陽和洙妻

余氏邵正荃妻 舒氏邵正洋妻 胡氏歐陽和春妻 王氏陳文學妻 詹氏曹廷鳳妻

邵氏何永容妻 顏氏從九陳士彬妻 曹氏王本桂妻 張氏王烈煦妻 程氏趙得元妻

王氏鄒善賢妻 汪氏鄒善應妻 汪氏張兆景妻 邵氏熊世海妻 蔡氏陳芝魁妻 黃氏詹華道妻

郭氏陳曜勳妻 郭氏楊材高妻 汪氏王永棠妻 梁氏張肇祖妻 秦氏高能典妻 羅氏詹人獻妻

黃州府志　卷之二十七　列女二下　二十五

劉氏詹炳文妻 霍氏詹以鏞妻 洪氏孫開信妻 汪氏孫開文妻 詹氏王景智妻 徐氏詹文鳳妻

何氏鍾明道妻 秦氏張人喜妻 趙氏王景華妻 但氏王景星妻 徐氏鍾光雄妻 朱氏曹元發妻

魏氏曹基甯妻 盧氏范明文妻 陳氏傅萬有妻 汪氏傅昌祺妻 涂氏鄒守己妻 曹氏鍾光族妻

周氏鍾明理妻 胡氏張朝綱妻 霍氏張中元妻 柯氏鍾光斗妻 董氏詹景雲妻 王氏詹以鈊妻

郭氏鍾明廣妻 程氏詹人堂妻 黃氏詹勤修妻 邵氏詹有發妻 靖氏詹文習妻 陳氏詹宙鍔妻

徐氏詹宙鎧妻 姚氏孫學珊妻 余氏張家和妻 徐氏喻最高妻 陳氏馮明萬妻 余氏汪應遇妻

徐氏陳名昭妻 舒氏陳志學妻 徐氏邵希元妻 曾氏汪應迎妻 靖氏吳秉爵妻 李氏霍厚銓妻

陶氏舉人王定儀繼妻 姚氏汪汝忠妻 熊氏汪汝選妻 靖氏王鼎初妻 彭氏朱家燧妻

守節同治四年遇賊殉難 余氏王伯樂妻 徐氏王毓祐妻 舒氏王自容妻 陶氏王自任妻

陳氏汪極烺妻 熊氏王大慶妻 張氏史志周妻 汪氏史志學妻 蕭氏王自儀妻 王氏周永和妻

王氏游亨益妻 謝氏洪子棣妻 唐氏童振銘妻 張氏馮天高妻 李氏陳百物妻 隗氏張知蘭妻

江氏張知模妻　巴氏汪極哲妻　涂氏張知李妻　程氏張知熙妻　何氏張本福妻　萬氏程元福妻
朱氏陳積銓妻　姚氏陳德泰妻　陶氏靖源炯妻　但氏靖源照妻　吳氏但德珍妻　詹氏吳經典妻
姚氏郭應光妻　張氏王毓藝妻　姚氏陳德泰妻　汪氏吳兆錩妻　姚氏吳秉墉妻　夏氏吳兆瑢妻
繆氏吳邦翰妻　汪氏吳秉如妻　洪氏吳德煇妻　易氏吳兆寬妻　張氏吳秉茹妻　江氏吳作埈妻
楊氏吳作剛妻　王氏吳作黃妻　李氏吳兆鈿妻　吳氏吳秉璧妻　黃氏張本東妻　吳氏吳邦烈妻
邱氏吳體仁妻　胡氏左宏朝妻　張氏程奉維妻　靖氏姚禮亨妻　王氏傅昌澤妻　舒氏傅昌溢妻
方氏傅昌浴妻　江氏陶懋明妻　徐氏陶德道妻　蔡氏童振祿妻　孫氏張慎敏妻　霍氏庠生楊樹
華妻　黃氏張廷恩妻　毛氏於子琯妻　汪氏張咸炳妻　洪氏熊國豪妻　項氏蔡延桂妻
鄭氏龔世鴻妻　庫氏孫承杰妻　王氏但傅禧妻　舒氏熊克棠妻　馮氏熊鳳愷妻　呂氏程由燦妻
霍氏王乃吉妻　袁氏王大熙妻　李氏張乃鴻妻　張氏王昌敬妻　姚氏張乃珂妻　吳氏張生意妻
張氏易用和妻　王氏熊養鳳妻　王氏左化遊妻同治間賊至殉難　吳氏姚乃鑄妻　姚氏王師洛妻
馮氏熊國富妻　程氏熊家進妻　王氏熊如海妻　姚氏朱佑天妻　陶氏王際寅妻　劉氏王際早妻
王氏王昌紱妻　王氏王昌詑妻　吳氏史志生妻　汪氏王明祿妻　吳氏王際晟妻　廖氏黃心墀妻
余氏黃謹銘妻　高氏黃厚典妻　喻氏庠生靖厚棻繼妻　黃氏庠生靖鳳祥妻
熊氏靖成藝妻　姚氏靖源煒妻　沈氏靖源烺妻　靖氏王毓濬妻　鄧氏操元典妻守節同治四年遇賊
殉難　吳氏但德貞妻　吳氏姚秀常妻　舒氏曹仲恒妻　吳氏劉廣發妻　朱氏邱蟄煌妻
謝氏陶慶文妻　周氏陶慶煊妻　朱氏陶慶鳳妻　何氏陶慶武妻　劉氏曹允庥妻　朱氏孫益雄妻
陶氏曹允清妻　孫氏徐本林妻　曹氏彭可文妻　李氏陶慶珍妻　陶氏李汝輝妻　李氏陶兆齡妻
管氏張世勳妻　梅氏張正春妻　秦氏周積身妻　何氏沈正坒妻守節同治四年遇賊殉難
徐氏余德重妻　傅氏成天義妻　梅氏陶宜權妻　胡氏梅慶豪妻　徐氏梅慶澤妻　陳氏汪承杰妻
舒氏孫之虎妻　李氏孫師國妻　梅氏孫之良妻　張氏陶慶宏妻　周氏周維烈妻　謝氏陳錦華妻
劉氏陳名傳妻　曾氏李惟貢妻　陳氏李光華妻　程氏潘夏典妻守節同治四年遇賊殉難

孫氏李騰輝妻　陳氏張東元妻　張氏王家琨妻　梅氏王世怡妻　張氏何文楨妻　詹氏何士春妻
汪氏陳如志妻　方氏謝宏麟妻　朱氏何金生妻　徐氏梅文燦妻　謝氏梅發章妻　戚氏庠生梅海
奎妻　鄭氏監生楊志璠妻　何氏姜天杰妻　張氏王巨祿妻　黃氏邱朝剛妻
姚氏謝志點妻　姜氏謝道坎妻　程氏謝德蔭妻　鄒氏何敬仕妻　梁氏劉維朗妻　姜氏黃如文妻
姚氏羅鎮文妻　喻氏曾崇安妻　朱氏曾廣仁妻　徐氏郭存快妻守節同治四年遇賊殉難
王氏曾廣才妻　洪氏曾昭福妻　張氏黃如剛妻　王氏方之銓妻　楊氏羅海晉妻　周氏羅海照妻
陳氏羅海璥妻　盧氏羅鎮毅妻　張氏謝德琮妻　鄒氏謝德俊妻　蕭氏謝德茂妻　蕭氏徐國智妻
蘇氏葉啟虎妻　梅氏監生葉芝秀妻　梅氏職員葉蘭馨妻　王氏王定元妻
曾氏喻際盛妻　胡氏羅從永妻　段氏姜守虎妻　胡氏姜鳴鴻妻　蘇氏姜之珩妻　毛氏曾意祥妻
唐氏鄭澤堂妻　蕭氏鄭澤春妻　史氏孫爲友妻　程氏汪璜妻　周氏陳茂暢妻　江氏劉其銓妻
蔡氏方步宗妻　程氏江同倫妻　章氏江國輔妻　江氏汪長富妻　蔡氏姜貞才妻　詹氏姜應梅妻
逄氏姜開藹妻　黃氏方步青妻守節同治四年遇賊殉難　汪氏彭天濬妻　黃氏汪佐鈞妻
朱氏汪南山妻　彭氏汪映三妻　姜氏汪映三媳　吳氏汪策勳妻　程氏汪潤川妻　曾氏汪忠保妻
廖氏程含宏妻　沈氏程行謨妻　蔡氏程教庸妻　江氏程惇容妻　姚氏程勝耀妻　吳氏吳倫發妻
胡氏羅鎮烈妻　曾氏朱方仁妻　舒氏朱方華妻　江氏曾崇益繼妻　胡氏職員洪鑑
妻　張氏洪良明妻　邱氏黃師彭妻守節同治四年遇賊殉難　張氏梅揚福妻
董氏劉紹先妻　李氏曹文榜妻　朱氏汪坤元妻　孫氏汪文俊妻　汪氏呂耀全妻　陶氏胡柏壽妻
陶氏李兆鴻妻　傅氏李清和妻　戴氏李士穀妻　周氏洪啟壽妻　尹氏洪啟禧妻　傅氏洪賢林妻
胡氏孫師勳妻　李氏胡明楷妻　陶氏李才昇妻　陶氏胡天助妻　劉氏余啟甲妻　何氏曾連祿妻
阮氏王朝楨妻　陳氏余成桃妻　龔氏陶文敏妻　阮氏余啟延妻　陶氏余士鋼妻　陶氏余士鐸妻
傅氏張敬道妻　徐氏呂新桂妻　龔氏徐其玉妻　張氏徐之璜妻　鄒氏徐其泰妻　曾氏周振起妻
守節同治四年遇賊殉難　徐氏孫之才妻　趙氏徐之鳳妻　周氏徐正有妻　龔氏徐正雄妻

張氏謝道堯妻　王氏周國壽妻　朱氏徐國鷹妻　何氏徐其勳妻　戴氏余士珍妻　余氏方宗獻妻
蔡氏徐本珍妻　葉氏徐本盛妻　洪氏周慶祥妻　呂氏汪某妻　蔡氏徐本馥妻　何氏周訪曉妻
胡氏待詔周標妻　洪氏胡天錫妻　洪氏胡天桂妻　洪氏武生周傑妻
傅氏從九洪良澐妻　孫氏王光潤妻　汪氏陶宜智妻　胡氏洪良辰妻　成氏戚可誨妻
梅氏監生戚德滋妻　楊氏曾新喜妻　王氏縣丞洪良璧妻　傅氏監生曹占
魁妻　曾氏王士章妻　洪氏劉永欽妻　傅氏洪良想妻　胡氏巡檢洪福善妻
周氏胡儒芳妻　曾氏石久發妻　曹氏熊松國妻　周氏朱文煥妻　劉氏曹章煥妻　曹氏成天鎰妻
陳氏余重才妻　王氏鄒守仁妻　謝氏從九楊潤川妻　朱氏陳志張妻　曾氏陳繼美妻
謝氏陳正仁妻　戴氏程光煥妻　朱氏熊永燎妻　鄧氏熊錫祿妻　徐氏熊洪慈妻　梅氏熊錫璜妻
彭氏熊錫強妻　蔡氏熊錫俟妻　許氏熊錫瑜妻　蕭氏洪桂林妻　李氏許天船妻　馮氏鄧三品妻
陳氏鄧三多妻　彭氏鄧三墀妻　李氏鄧三統妻　蔡氏鄧三坦妻　宋氏鄧維孝妻　楊氏鄧維鋕妻

姜氏鄧維海妻　張氏鄧維義妻　陶氏鄧維聰妻　高氏鄧函炯妻　詹氏姜裕盛妻　李氏姜元衢妻
宋氏姜體恒妻　方氏姜亨元妻　郭氏徐天應妻守節同治四年遇賊殉難　張氏姜守典妻
鄧氏馮朝發妻　高氏蕭尚讓妻　李氏蕭倫春妻　朱氏蕭紹達妻　高氏魏可則妻　蕭氏魏可義妻
高氏魏道和妻　劉氏吳世俊妻　周氏劉天秀妻　鄧氏彭光儀妻　宋氏蔡呈祥妻　鄒氏徐正珩妻
高氏蕭倫愉妻　朱氏鄒守盛妻　鄧氏守節同治四年遇賊殉難　邵氏周貞楠妻　張氏周恒嶽妻
喻氏周恒瑞妻　曹氏周恒山妻　李氏周恒昌妻　謝氏周名馳繼妻　周氏周恒玥妻
鍾氏楊奇斌妻　周氏楊重鏞妻　梅氏甘榮禎妻　王氏於孫霓妻　徐氏於孫霍妻　吳氏於孫瑋繼
妻　陳氏於孫腆繼妻　程氏於孫珽繼妻　李氏陳育英妻
守節同治四年遇賊殉難　張氏於孫琅妻　徐氏於孫棟妻　梅氏於孫元妻　童氏於賢良妻
蘇氏徐志美妻　於氏劉治孝妻　梅氏周國卿妻　於氏周宏廣妻　周氏李之林妻　周氏李時彬妻
黃氏曹高雲妻　傅氏胡天球妻　范氏舒正裴妻　喻氏王景慶妻　徐氏舒明梁妻　王氏舒明楝妻

陳氏馮康宗妻　王氏孫崇儒妻　童氏王昌燦妻　曾氏徐懋堂妻　夏氏夏懋春妻　熊氏王祚裔妻
王氏王緒桂妻　王氏舒中樞妻　郭氏舒正炬妻　詹氏王緒能妻　王氏徐炳騶妻　王氏徐炳健妻
樊氏徐基彬妻　王氏徐基晁繼妻　王氏徐基耀妻　王氏張道熊妻熊病割股熊殁守節
同治五年遇賊殉難　許氏徐基瑛妻　但氏徐基梁妻　傅氏徐基珊妻　王氏徐基璧妻
錢氏徐炳煥繼妻　王氏徐厚本妻　劉氏王景鏞妻　李氏熊家富妻　陳氏舒中武妻
曹氏舒正部妻　范氏徐鍾球妻　彭氏孫廣寬妻　徐氏孫宗海妻　姜氏舒光藻妻　謝氏舒桐妻
王氏舒楷妻　徐氏舒昌珍妻　靖氏舒昌駒妻　程氏舒昌准妻　王氏舒中海妻　蕭氏舒中錆妻
朱氏舒中陳妻　萬氏庠生舒謙受妻　王氏程大用妻　李氏舒光曉妻　童氏徐炳驎妻
黃氏徐基槐妻　邵氏王景嶸妻　夏氏劉超顏妻　楊氏王景應妻　夏氏馮之貴妻　夏氏王祚棣妻
張氏徐懋官妾　曹氏蔡宗駒妻　舒氏王緒純妻　魏氏王基信妻　詹氏王緒傳妻　陳氏王祚楷妻
張氏王景太妻　李氏劉稱億妻　許氏王子鴻妻　夏氏羅士英妻　汪氏羅士鴻妻　朱氏張廣傑妻

吳氏汪學修妻　向氏陶啟華妻守節同治五年遇賊殉難　汪氏吳成主妻　劉氏周金鳳妻
張氏洪國川妻　張氏羅正官妻　王氏吳德高妻　王氏吳大鏞妻　吳氏蔡繼修妻　張氏徐春周妻
程氏操元猷妻　高氏操元炎妻　李氏操元福妻　姜氏操三意妻　彭氏涂啟耀妻　章氏涂直良妻
章氏涂其琳妻　黃氏陳攀枝妻守節同治五年遇賊殉難　劉氏涂正啟妻　徐氏涂尚德妻
徐氏涂耀妻　吳氏高成祚妻　吳氏曹清太妻　周氏蔡士仁妻　涂氏戴則貞妻　王氏馮開永妻
羅氏范乃崧妻　吳氏范受霖妻　曹氏史天寅妻　孫氏史存登妻　王氏羅文瀚妻　夏氏羅文蘭妻
張氏羅治美妻　張氏羅光龍妻　任氏羅文華妻　韓氏秦道廷妻　黃氏秦同儀妻　陳氏劉越秦妻
羅氏黃宗舜妻　陳氏夏炳堃妻　吳氏劉國相妻　韓氏吳天財妻　夏氏吳首元妻　黃氏陳物郁妻
詹氏江發雙妻　陳氏史德盛妻　葉氏夏友儒妻　陳氏韓順籃妻　劉氏韓澤華妻　夏氏韓嚴德妻
張氏高時耀妻　夏氏劉馭爵妻苦節事舅姑孝嘗割股救父並捐田修橋　操氏李定彖妻　羅氏李厚吉妻
王氏李忠值妻　王氏涂尚質妻　劉氏馮地泰妻　李氏劉越清妻　夏氏劉越寬妻　范氏張述選妻

張氏劉爟祖妻　劉氏毛正聰妻　沈氏毛正烈妻　程氏毛正輝妻　涂氏毛正邦妻　劉氏張榮遠妻
孫氏童開朝妻　韓氏胡必榮妻　王氏胡華縉妻　鄒氏胡忠勷妻　王氏胡忠模妻　王氏胡艮燿妻
劉氏胡忠榆妻　王氏王萬和妻守節同治六年遇賊殉難　詹氏胡艮燮妻　李氏監生李寶
林妻　李氏徐基杜妻　黃氏徐基榮妻　王氏喻同英妻　林氏李春壽妻　曹氏戴鉅暢妻
曾氏戴永順妻　胡氏戴永宗妻　林氏戴楙宗妻　程氏戴楙郁妻　王氏戴炳坤妻　胡氏徐基琚妻
熊氏王純濤妻　徐氏王尊榮妻　巴氏黃錦標妻　馬氏曹國烜妻　操氏梅綱妻　彭氏戴鉅緣妻
操氏戴鉅曒妻　汪氏霍汝錫妻守節同治六年遇賊殉難　曾氏戴鉅曉妻　操氏戴鉅納妻
蔡氏戴永翥妻　李氏程年杜妻　王氏程斯芪妻　高氏戴鉅曜妻　李氏許行塋妻　梅氏高慶檳妻
徐氏高畢槃妻　沈氏高畢勳妻　操氏高慶森妻　靖氏梅綸甫妻　陳氏朱興智妻　胡氏朱興福妻
陳氏朱興會妻　戚氏王純全妻　張氏王純樂妻　劉氏王純珍妻　梅氏武生王純焜妻
喻氏高畢怡妻　於氏王純熺妻　王氏王純柏妻　王氏高慶蔚妻　徐氏高慶競妻　程氏王模泰妻

黃州府志《卷之二十七　列女二下　三十

孟氏蘇必庸妻　胡氏蘇必興妻　楊氏庠生趙棠繼妻　張氏童承龍妻　熊氏童演玶妻
廖氏童本諒妻　葉氏職員童慶恆妻　陶氏童祚煜妻　呂氏童祚佳妻　汪氏童祚佶妻
萬氏羅載策妻守節同治六年遇賊殉難　葉氏庠生李騰蛟妻　葉氏李俶常妻
童氏徐炳濤妻　雷氏陶啟太妻　段氏陶鳴化妻　韓氏陶鳴信妻　程氏陶守楨妻　王氏陶鳴桂妻
靖氏宋選舟妻　童氏宋選粲妻　吳氏宋選志妻　孫氏陶之宏妻　雷氏陶鳴誠妻　袁氏童有奇妻
胡氏童有昭妻　陳氏童有相妻　葉氏童演珏妻　尹氏童演乾妻　易氏陶懋堂妻　余氏陶懋棟妻
高氏汪鵬妻　汪氏夏正鼇妻　陶氏夏朝瑄妻　胡氏夏朝運妻　魏氏夏萬鴻妻　黃氏夏慶彰妻
庫氏夏朝膺妻　汪氏童奉玠妻　胡氏謝先仝妻　魏氏袁步魁妻　徐氏汪守先妻　汪氏胡士海妻
童氏胡應柏妻　馮氏胡孔漢妻　錢氏李邦敬妻　汪氏徐宗傳妻　周氏徐敏德妻　童氏徐必量妻
徐氏魏道剛妻　童氏謝健亭妻　盛氏謝崇員妻　任氏陳文仲妻　吳氏淩烈祥妻　魏氏淩生財妻
汪氏淩正倫妻　汪氏胡天錫妻　段氏陶鳴富妻　汪氏胡名士妻　程氏任從豪妻　尤氏李運暢妻

汪氏陶禮泰妻　周氏程源敬妻　余氏程昱蘭妻　陶氏程毓靈妻　李氏程昱茂妻　林氏佾生魏道
洸妻　林氏魏正高妻　林氏汪久亨妻　程氏汪延逴妻　宋氏汪永燮妻　童氏汪永禕妻
童氏汪久垣妻　陳氏汪永耀妻　童氏汪永寬妻　陳氏汪久順妻　霍氏汪永松妻　胡氏汪緒釗妻
吳氏汪久珠妻　余氏汪啟祁妻　吳氏庠生李度妻　胡氏汪至典妻　汪氏李振堦妻
王氏李運宏妻　陳氏李象文妻　周氏童奉職妻　張氏職員萬里鵬妻　黎氏萬誦謙妻
余氏萬有江妻　吳氏萬年富妻　蕭氏萬盛光妻　袁氏萬一理妻　某氏劉承炯妻　張氏曾泰保妻
萬氏劉元年妻　王氏從九童蘭亭妻　何氏張期鵁妻　陳氏張敬瀚妻　王氏程世曜妻
王氏程生顯妻　魏氏程步瀛妻　陳氏程榮洪妻　夏氏程發勝妻　汪氏程椿元妻　游氏程本勳妻
邱氏陳遠彰妻　童氏胡景塋妻　張氏胡景謨妻　舒氏胡運攖妻　吳氏胡運亭妻　袁氏胡運燧妻
徐氏胡傳薪妻　張氏邱忠輔妻　鄧氏邱忠潤妻　劉氏蔡天秀妻　李氏夏文舉妻　何氏夏子驥妻
陶氏余有發妻　汪氏謝鎮臨妻　陳氏汪典章妻　蔡氏汪以容妻　周氏曾聯魁妻　魏氏曾聯鶴妻

黃州府志《卷之二十七　列女二下　三十一

汪氏曾全松妻　桂氏曾慶玲妻　汪氏曾澤普妻　余氏曾預豐妻　王氏汪承鴻妻　程氏汪秉撝妻
楊氏汪克起妻　張氏汪新譜妻　蔡氏汪華譜妻　沈氏汪慶采妻　程氏汪慶甫妻　尹氏汪邦慶妻
汪氏胡芝蘭妻　王氏童有庚妻　童氏陶廣夏妻　謝氏魏道偉妻　任氏魏可武妻　阮氏魏道久妻
任氏魏正茂妻　童氏魏道松妻　曾氏魏道溶妻　姚氏張敬燃妻　熊氏萬喬秀妻　余氏王永惠妻
高氏王焻妻　江氏高天壤妻　周氏童期貞妻　余氏程一槐妻　喻氏陳思艮妻　謝氏高天潤妻
沈氏程運確妻　沈氏陳思立妻　余氏陳吉林妻　程氏陳仁楊妻　周氏高天泰妻　劉氏霍必僑妻
余氏張清泰妻　夏氏錢海民妻　陳氏錢必遠妻　余氏錢其林妻　何氏李傳詩妻　曹氏李殿紀妻
陳氏黃佑啟妻　陳氏劉崇輔妻　蕭氏汪文志妻　李氏汪封疆妻　廖氏汪封蘭妻　李氏汪鴻翼妻
霍氏汪銘玉妻　王氏邱忠池妻　張氏羅千盡妻　萬氏王業岐妻　余氏王維剛妻　林氏喻承宗妻
黃氏喻在周妻　胡氏喻在灼妻　沈氏喻獻臣妻　汪氏喻美彰妻　張氏喻治起妻　黃氏喻友生妻
吳氏喻錫琳妻　劉氏喻錫堃妻　朱氏喻在元妻　余氏喻承鼇妻　邱氏喻承逵妻　汪氏喻承業妻

吳氏喻克章妻桂氏沈正壽妻邵氏沈正文妻魏氏汪方珍妻周氏沈正泰妻程氏沈正朝妻
程氏沈成厦妻周氏沈正河妻徐氏庠生沈肇鳴妻繆氏程明銑妻錢氏程明英妻
吳氏程明豪妻余氏程仁先妻詹氏吳天蔭妻程氏陳邦熙妻高氏陶新照妻庫氏陶啟前妻
高氏胡吉堂妻童氏汪恢業妻郭氏汪先伸妻余氏汪元賢妻袁氏汪元佩妻陳氏汪元璲妻
黃氏喻在炯妻董氏李呈吉妻余氏胡文理妻陳氏劉光時妻桂氏劉周易妻高氏劉法喜妻
高氏劉啟瑚妻邵氏袁潮海妻沈氏黃正容妻陳氏沈正惠妻陳氏庠生沈瑞蘭妻
沈氏陳仁昌妻朱氏沈成藝妻夏氏沈成仁妻葉氏沈成雁妻汪氏沈成窠妻徐氏張佐廷妻
汪氏胡文華妻潘氏羅鳴鳳妻汪氏陶鳳池妻蔡氏陶鳴鈴妻江氏喻錫棻妻胡氏沈成名妻
桂氏沈世烈妻邱氏沈成昇妻繆氏沈正盛妻胡氏饒錫慶妻黃氏饒源潤妻喻氏霍順德妻
萬氏喻德均妻周氏高天曙妻余氏高佑勳妻潘氏高輝典妻胡氏夏仁壽妻程氏夏餘柯妻
閆氏夏道信妻劉氏夏敦元妻繆氏雷名虎妻羅氏夏道炳妻吳氏霍坤倫妻陶氏劉啟永妻

宋氏陶對佑妻歐氏萬誦勝妻詹氏余獻銳妻汪氏余篤敏妻余氏余性蕙妻余氏黃世仁妻
余氏黃世用妻黃氏余國明妻高氏余性澤妻陳氏余獻善妻黃氏汪于珊妻童氏汪引煜妻
易氏汪久興妻周氏汪能全妻夏氏汪緒斑妻童氏汪緒雯妻徐氏余性仁妻夏氏余世義妻
陶氏余篤宏妻張氏余世秀妻盧氏余篤元妻陶氏余世廉妻梅氏余世繡妻徐氏余良珊妻
李氏余世隆妻張氏余世盛妻余氏余篤仕妻陳氏余篤富妻劉氏余紹祖妻汪氏余世乾妻
汪氏余世良妻庫氏余篤全妻沈氏余篤經妻胡氏監生余慶芳妻陳氏余篤禰妻
陳氏余篤垓妻余氏魏大有妻靖氏余國英妻魏氏余國柱妻汪氏余國福妻黃氏余性運妻
姚氏夏朝選妻汪氏余體泰妻黃氏高起仁妻汪氏黃安定妻沈氏汪引滋妻陳氏汪世英妻
胡氏陳雄甫妻陳氏李繼宗妻余氏陳有昇妻萬氏陳祥發妻童氏蕭國泰妻陳氏蕭國柏妻
胡氏黃源法妻袁氏黃良能妻胡氏黃才椿妻劉氏黃國清妻程氏黃良開妻余氏黃國仁妻
曾氏黃國興妻高氏姚永傑妻童氏黃國鈞妻李氏游大懷妻邱氏桂雅懷妻余氏桂陶鑰妻

俞氏桂紹金妻余氏李良鈫妻胡氏黃可楝妻徐氏黃才陞妻鄧氏黃良溥妻羅氏貢生黃步
文妻程氏黃良松妻曾氏黃可綸妻張氏黃用久妻孫氏黃國壽妻程氏黃國佐妻
余氏黃良勤妻劉氏黃才選妻陳氏黃才號妻易氏黃良喜妻喻氏黃良壽妻熊氏黃源平妻
余氏黃可貴妻孫氏邱緣興妻程氏黃源翥妻陶氏黃源明妻朱氏黃可弱妻陳氏黃良鴻妻
靖氏黃濟堯妻喻氏黃良珍妻陳氏黃良鳴妻童氏蕭露瀼妻周氏錢仁民妻羅氏李良富妻
譚氏胡希榮妻蕭氏高永隆妻詹氏高爲俊妻蕭氏高士鐸妻胡氏汪引霄妻李氏汪于立妻
林氏汪偉盛妻王氏汪殿舟妻余氏汪殿起妻李氏汪偉耀妻曾氏監生汪引點妻
雷氏監生汪引點□鄭氏羅載灝妻劉氏監生黃履豐妻歐氏黃爲學妻
沈氏程源銑妻周氏胡瑞祥妻蕭氏余性道妻吳氏范光彩妻余氏范光天妻陳氏范光西妻
萬氏高起毅妻饒氏萬年宏妻劉氏武生萬鼎揚妻程氏蔡道剛妻陶氏余良清妻
桂氏李元洪妻黃氏吳秉武妻王氏吳德潤妻胡氏劉某妻余氏李列熹妻陳氏余性順妻

陳氏余心化妻張氏程鎮容妻余氏陳得先妻余氏余良湧妻余氏朱仁耀妻朱氏劉棣華妻
歐氏江其周妻劉氏劉明倫妻郭氏劉光閎妻曾氏劉光祿妻劉氏陳懷泰妻溫氏劉學彥妻
郭氏蕭源遠妻劉氏劉明剛妻金氏張廣元妻陳氏郭薇佩妻鍾氏職員郭克爽妻
吳氏郭肇崇妻張氏郭存冀妻郭氏溫永豐妻鄧氏溫正和妻張氏柏昇宏妻陳氏陳聞博妻
張氏余國康妻楊氏郭春榮妻熊氏程利勝妻郭氏程占春妻秦氏程克進妻李氏程耀啟妻
陳氏程高宏妻惠氏程運進妻趙氏程耀廷妻郭氏程耀壽妻朱氏江延芬妻吳氏劉德鳳妻
歐氏江永玢妻劉氏曹華國妻熊氏劉光洛妻胡氏程全妻沈氏靖春妻易氏程國船妻
魏氏程太伢妻劉氏曹懷玉妻郭氏劉維奎妻郭氏劉循銹妻張氏桂均元妻蔡氏宋清江妻
羅氏程勝從妻張氏余應南妻林氏劉序鴻妻龔氏郭肇修妻劉氏許呈樂妻徐氏許宏烈妻
彭氏朱誠瑜妻黃氏監生蕭成亨妻郭氏彭爾善妻熊氏黃德楇妻郭氏黃世強妻
湯氏黃師淑妻陶氏黃可鏞妻邱氏監生程天鑑妻黃氏周宏發妻黃氏許詩俊妻

吳氏黃可發妻　許氏黃明學妻　曾氏黃兆奎妻　余氏朱官志妻　徐氏朱官祿妻　李氏朱官巨妻
李氏黃可銓妻　詹氏方耀明妻　姜氏彭爾鈔妻　余氏李發富妻　黃氏李慶元妻　蕭氏李繩武妻
喻氏李長春妻　彭氏黃吉妻　王氏黃光賢妻　喻氏黃亮彩妻　董氏黃兆彩妻　周氏黃光第妻
黃氏邱民惠妻　黃氏程天錫妻　許氏程元富妻　黃氏熊起能妻　胡氏熊明善妻　朱氏邱汝潤妻
郭氏徐慎燮妻　朱氏石志義妻　夏氏吳開甫妻　江氏吳天長妻　吳氏江訓成妻　羅氏吳天晳妻
庫氏黃光陞妻　吳氏許光宏妻　郭氏陶啟鴻妻　江氏把總番慶方妻　高氏羅萬里妻
沈氏羅萬程妻　桂氏江景潘妻　羅氏程鼎琛妻　饒氏謝南鼇妻　吳氏陳嘉琪妻　談氏羅永和妻
桂氏羅方定妻　施氏李恭太妻　邱氏庫楚斌妻　江氏張永萬妻　陳氏彭正大妻　江氏謝邦意妻
鍾氏陳奉先妻　王氏江開南妻　何氏江海明妻　何氏江理中妻　廖氏江景才妻　吳氏江開第妻
劉氏江景芝妻　徐氏江景信妻　張氏江國楚妻　謝氏張先久妻　庫氏張永公妻　王氏江順興妻
徐氏鍾金妻　胡氏靖建文妻　靖氏姚起璜妻　程氏雷聯元妻　劉氏喻錫榮妻　庫氏喻治易妻

高氏喻治士妻　江氏吳永起妻　江氏羅昌瑤妻　高氏李共發妻　桂氏李共華妻　庫氏劉履恒妻
庫氏張全順妻　江氏程元烈妻　徐氏成天錫妻　熊氏程朝聘妻　魏氏程道傳妻　熊氏程朝爵妻
許氏程朝品妻　邢氏程朝太妻　董氏程衍緒妻　劉氏程宏發妻　熊氏程運太妻　雷氏程裕楷妻
施氏沈高林妻　徐氏黃伯宗妻　汪氏黃緒明妻　程氏黃楚發妻　王氏黃宏昇妻　鍾氏沈志忠妻
王氏曾全亨妻　潘氏曾全貴妻　陳氏程常珍妻　程氏鍾嘉蔭妻　史氏曹儒浩妻　張氏庠生余玉聲妻
張氏余玉光妻　高氏羅岐鳳妻　汪氏鍾質興妻　魏氏鍾定邦妻　胡氏沈寶林妻
劉氏徐玉琦妻　邱氏胡世永妻　郭氏徐懷智妻　郭氏徐修辭妻　陳氏徐懷陵妻　郭氏徐從智妻
余氏徐秀傑妻　朱氏徐光典妻　蕭氏徐光第妻　徐氏余長命妻　李氏石厥典妻　劉氏楊祚亨妻
張氏楊豫章妻　劉氏胡邦甫妻　郭氏朱光坦妻　周氏余國琇妻　王氏郭濟元妻　項氏余猷琛妻
李氏余艮恭妻　陳氏余國斌妻　黃氏郭家亨妻　張氏胡世琨妻　李氏胡世琮妻　余氏監生徐兆鯤妾
張氏徐文林妻　汪氏徐文柏妻　蕭氏郭存道妻　陳氏郭厚義妻　朱氏郭言福妻

蕭氏徐慎熠妻　周氏徐文興妻　陳氏朱順慶妻　宋氏張晏林妻　江氏張守國妻　鄭氏張登山妻
詹氏王乃松妻　丁氏徐慎熙妻　黃氏郭在序妻　黃氏郭存會妻　劉氏熊邦輔妻　周氏徐慎德妻
謝氏徐慎宜妻　徐氏朱祥順妻　巴氏徐慎志妻　郭氏徐象愷妻　戢氏徐景傳妻　郭氏徐惟善妻
陳氏徐文鳳妻　鄭氏徐開勝妻　陳氏程顯仁妻　吳氏曾興剛妻　巴氏曾勝武妻　徐氏曾先明妻
蘇氏曾炳勝妻　徐氏劉川玉妻　劉氏徐榮顯妻　程氏郭慶合妻　黃氏徐華祿繼妻
張氏徐建高妻上二人姑婦雙節　阮氏胡錫藻妻　黃氏徐秉濟繼妻　周氏熊名利妻
劉氏郭文秀妻　黃氏黃楚善妻　劉氏郭在鎬妻　詹氏胡元濟妻　徐氏胡名高妻　夏氏胡名輝妻
徐氏胡名爍妻　郭氏胡名焜妻　黃氏胡名煒妻　余氏胡元照妻　胡氏宋如闓妻　徐氏郭國義妻
黃氏徐秉德妻　胡氏夏朝獻妻　胡氏陳士玉妻　傅氏胡元珠妻　鄧氏余國榮妻　李氏余國榮媳
張氏余國有妻　朱氏朱必魁妻　劉氏徐啟富妻　徐氏余應效妻　洪氏胡世涵妻　熊氏馮永耀妻
靖氏余性發妻　周氏靖華璟妻　王氏程鎮陞妻　操氏金世有妻　方氏金昌貴妻　戴氏周錫綸妻

程氏張正利妻　董氏邱永祥妻　曹氏汪永瑤妻　錢氏靖厚學妻　黃氏吳天階妻　李氏李本有妻
沈氏胡元楯繼妻　張氏胡昌壽妻　劉氏涂春山妻　滕氏監生張書紳妻
程氏張殿昇妻　鍾氏劉仲珩妻　曾氏監生張希榕妻　余氏劉豁達妻　胡氏劉建中妻
張氏劉遠徽妻　劉氏游正名妻　郭氏游豫源妻　涂氏何利啟妻　胡氏張大文妻　陳氏張受柏妻
郭氏桂仲英妻　桂氏張正寬妻　李氏劉之垣妻　高氏劉永錕妻　陸氏劉永鑾妻　張氏劉昌運妻
沈氏張元盛妻　劉氏張臨益妻　徐氏張殿桂妻　章氏張錫炯妻　朱氏張席珍妻　劉氏張錫珍妻
胡氏張志寬妻　李氏張則徽妻　劉氏張西銘妻　鄭氏監生張鈞緒繼妻　李氏何仁勝妻
李氏張德昌妻　雷氏張仲明妻　李氏張希瑞妻　羅氏彭均明妻　吳氏張斌羽妻　李氏張傳德妻
胡氏張以義妻　陳氏張嚴先妻　汪氏張國楚妻　李氏張連魁妻　劉氏張士周妻　程氏張宗理妻
張氏李名富妻　程氏李名煥妻　羅氏潘錫嘏妻　胡氏游亨詔妻　張氏潘紹庭妻　張氏潘世運妻
陳氏潘輝前妻　潘氏黃臨志妻　廖氏庠生游豫承妻　何氏潘偉昌妻　張氏游豫序妻

張氏游豫堃妻　涂氏潘起紹妻　劉氏余良燈妻　阮氏張德盛妻　傅氏張德順妻　胡氏張松林妻
胡氏張金萬妻　陳氏朱忠蓮妻　程氏劉繼楊妻　張氏周長林妻　馮氏周步樓妻　程氏周燬銑妻
周氏錢邦純妻　劉氏彭國瀛妻　潘氏封職朱成名妻　范氏監生劉定逵妻
謝氏劉明槐妻　張氏劉德發妻　徐氏劉明柏妻　劉氏劉承詣妻　劉氏劉光銓妻　江氏程勝先妻
劉氏劉光海妻　陳氏馮家麟妻　周氏馮家本妻　童氏馮世楷妻　羅氏馮家興妻　游氏庠生劉名
宣妻　劉氏劉羣忠妻　周氏陶思圻妻　劉氏劉繼枝妻　潘氏成子淑妻　張氏李有倫妻
嚴氏曾繼程妻　李氏羅承理妻　徐氏羅載燕妻　劉氏羅載熹妻　林氏羅爲國妻　周氏蔡常節妻
蔡氏林向森妻　胡氏周宗銀妻　胡氏周宗海妻　陳氏周學新妻　雷氏周學經妻　胡氏周學先妻
羅氏周學書妻　雷氏周學雲妻　袁氏周學舉妻　周氏庠生羅慶璪妻　嚴氏羅以祜妻
余氏羅啟謨妻　徐氏羅千烜妻　周氏羅千檖妻　馮氏羅光綬妻　王氏羅啟璇妻　潘氏羅千元妻
彭氏羅發源妻　彭氏羅千朝妻　彭氏羅承先妻　高氏羅載魁妻　黃氏羅載書妻　張氏羅載卓妻

張氏羅載瑋妻　顧氏羅以孩妻　柳氏陳昆須妻　王氏陳昆美妻　潘氏陳庠原妻　潘氏陳兆岐妻
詹氏陳昆綬妻　曾氏彭如寶妻　張氏彭國富妻　黃氏彭國綱妻　胡氏彭萬燿妻　雷氏彭萬申妻
李氏彭萬合妻　蔡氏陳啟均妻　陳氏方以卜妻　馮氏方以璁妻　陳氏方以亮妻　羅氏方萬錦妻
陶氏葉文顯妻　陳氏劉以恒妻　周氏雷宗法妻　劉氏方厚業妻　蕭氏何貞才妻　陳氏匡春融妻
周氏劉庭楨妻　蔡氏鄭步雲妻　羅氏馮祥貞妻　張氏楊應春妻　沈氏游亨灝妻　周氏游亨法妻
張氏游大江妻　鍾氏黃斐昭妻　張氏劉大明妻　彭氏劉大志妻　周氏劉繼浩妻　羅氏劉明鈔妻
游氏劉楚鎮妻　羅氏曾紀綱妻　羅氏劉明炅妻　喻氏雷正發妻　謝氏雷正全妻　劉氏羅以明妻
徐氏雷勝先妻　蔡氏方福修妻　劉氏方壽旭妻　朱氏黎在京妻　方氏胡大善妻　雷氏方邦垣妻
張氏盧鍾鸞妻　程氏盧英洛妻　劉氏盧惠銀妻　胡氏王天爵妻　陳氏劉承華妻　王氏陳昆緒妻
張氏趙宏峻妻　方氏徐永盛妻　左氏羅應林妻　陶氏羅依斗妻　柳氏羅光明妻　張氏鄧新德妻
施氏張豐禹妻　王氏吳懷仁妻　汪氏吳蓋爲妻　王氏吳雙富妻　姚氏張道清妻　甘氏李祚元妻

彭氏張文炳妻　童氏李秉剛妻　沈氏程前錦妻　程氏陶聯宏妻　魏氏陶啟棖妻　萬氏武生陶步
超妻　甄氏陶子清妻　姜氏張均妻　吳氏桂伯勛妻　陳氏桂陶詵妻　徐氏程家福妻
李氏張恒升妻　程氏王時來妻　陶氏趙大吉妻　汪氏彭隨計妻　陶氏劉某妻　張氏徐長春妻
程氏徐景會妻　李氏陶懋賓妻　王氏陶七伢妻　羅氏陶先則妻　金氏陶嶸鸞妻　羅氏趙某妻
李氏趙家聲妻　陳氏張丰庭妻　童氏李永寬妻　程氏江祈藻妻　羅氏陳封元妻　林氏陶復順妻
施氏萬開來妻　陶氏譚某妻　金氏王家俊妻　金氏王承璜妻　陶氏王家瑞妻　李氏王開成妻
陳氏王世臣妻　徐氏王萬源妻　程氏王可易妻　羅氏王欽點妻　張氏王兆俊妻　林氏王春回妻
曾氏陶思道妻　潘氏陶思繩妻　張氏陶應敏妻　胡氏陶啟文妻　段氏陶鳴泱妻　王氏陶復元妻
童氏陶啟廣妻　熊氏陶應超妻　李氏張豐舜妻　宋氏張少川妻　呂氏張紹富妻　張氏張作朋妻
胡氏張恒椿妻　曹氏張恒位妻　王氏程慶暘妻　李氏程承淩妻　甘氏程仁清妻　高氏程如珩妻
甘氏程仲能妻　鄧氏徐耀德妻　商氏徐慶千妻　李氏徐一尊妻　張氏陳錄義妻　陶氏易用鐸妻

孫氏易用鋆妻　程氏黃本宗妻　周氏張某妻　陳氏余良獅妻　張氏桂永壽妻　周氏余良逵妻
桂氏高天永妻　徐氏王用賢妻　戚氏桂天才妻　李氏桂陶陞妻　盧氏尤脩冕妻　傅氏尤瀛海妻
雷氏尤脩翥妻　桂氏陳封銜妻　羅氏陳封礽妻　李氏胡某妻　鄭氏程前鎬妻　林氏李大秋妻
甘氏李大宗妻　王氏陳元閣妻　周氏陳師舜妻　呂氏陳敦甲妻　葉氏陳明善妻　雷氏陳德儉妻
王氏陳國相妻　王氏庠生陳海觀繼妻　萬氏陳受葳妻　楊氏陳振鋆妻　周氏陳師湯妻
宋氏陳受榮妻　王氏陳祜棠妻　蕭氏陳慶源妻　陶氏陳鳴方妻　周氏陳祜凝妻　陳氏監生陶瑞
庭妻　熊氏陶啟榮妻　周氏陶懋學妻　龍氏陶開義妻　林氏陶鳴三妻　段氏邱法程妻
欒氏邱忠慈妻　陳氏邱忠告妻　袁氏邱樹蘭妻　萬氏庠生汪榮珪妻　周氏童先讀妻
雷氏童人壽妻　張氏葉肇逵妻　潘氏黃仕紫妻　文氏貢生周天祿妻　周氏袁士英妻
段氏庠生葉周鼎妻　陳氏李彥彬妻　袁氏葉祖芬妻　黃氏葉祖藻妻　魏氏胡美垣妻
邵氏易中林妻　陳氏易世康妻　陶氏羅岐寬妻　楊氏監生陳錫穀妻　陳氏童廷纓妻

陶氏單維芹妻周氏林向俊妻陶氏林向傑妻周氏林常和妻周氏林常峻妻王氏林宜衞妻
陳氏林宗粱妻周氏林宜國妻張氏林常華妻段氏林繼圯妻童氏林美穗妻藍氏林美珏妻
童氏林向蕙妻夏氏林美瑛妻萬氏王源保妻韓氏楊家會妻林氏楊和凝妻向氏郭作睿妻
楊氏韓謙讓妻程氏韓勝春妻周氏童本煜妻林氏陳振華妻向氏段時彥妻周氏張世洋妻
邱氏張世光妻陳氏張先煥妻朱氏張錦林妻李氏周宗瑞妻楊氏張應祜妻邱氏張應鳳妻
劉氏張世杏妻周氏鄧忠烋妻郭氏葉陽春妻林氏葉百順妻魏氏胡美坦妻周氏胡美堵妻
葉氏縣丞汪永清妻童氏汪引樞妻葉氏童先崇妻劉氏童先喜妻魏氏黃榮春妻
陳氏向承聖妻林氏向承福妻陶氏向揚高妻王氏向仲寬妻黃氏林向爗妻林氏監生施吉
祥妻鄭氏黃朝聖妻朱氏林先甲妻姜氏林廣福妻張氏林克緒妻夏氏林財聖妻
周氏林更元妻林氏葉漢文妻周氏陳兆文妻陳氏楊炳武妻周氏林功唐妻陶氏林有源妻
袁氏林美琳妻陳氏葉祖禧妻周氏葉祖賓妻張氏監生葉濟川妻鄧氏王家惠妻

周氏尤列廣妻張氏庠生陳慶飂繼妻萬氏項國棟妻邱氏項緒除妻羅氏項緒耀妻
郭氏潘志貞妻余氏潘貞祥妻顧氏陳祜濬妻孫氏葉毓芬妻陳氏呂永暢妻胡氏熊復宗妻
汪氏熊引宗妻段氏熊祖蔚妻李氏熊宗合妻夏氏熊宗珂妻周氏熊維楨妻商氏熊念興妻
方氏段煥畢妻熊氏段煥章妻張氏段煥新妻柳氏段煥組妻徐氏段煥謨妻郭氏段煥錦妻
羅氏段啟珩妻余氏段啟榮妻某氏段啟榮媳林氏段煥書妻張氏從九段遐齡妻
吳氏段煥銘繼妻柳氏段煥繪妻雷氏段道章妻阮氏段煥蔚妻王氏段啟明妻
林氏曾蕃明妻王氏曾有美妻陶氏曾有功妻胡氏曾有翼妻張氏曾有濬妻黃氏曾道貴妻
蕭氏曾蔚里妻吳氏曾朝慶妻胡氏曾有年妻蕭氏張景璋妻姚氏張景恒妻段氏陳光彩妻
施氏張雲峰妻汪氏張景春妻張氏職員段長吉妻王氏羅作琳妻周氏羅德奎妻
宋氏羅作珠妻張氏陳展祿妻湯氏監生張煥之妾羅氏汪承勝妻徐氏柳祚興妻
邱氏甄在藻妻萬氏嚴啟儒妻徐氏嚴啟儲妻張氏周曾輝妻邱氏姚崇潤妻曹氏張鳴鏞妻

童氏沈文治妻程氏黃裕寬妻晏氏柳端翼妻程氏柳延洪妻萬氏柳延壽妻蕭氏柳洪炳妻
葉氏柳洪遐妻張氏匡公袞妻王氏柳宏鵠妻程氏夏正鉅妻黃氏夏朝頎妻沈氏夏宗斐妻
葉氏李錫儉妻張氏李忠松妻陳氏余信麟妻談氏柳宏亮妻江氏夏朝忠妻周氏李忠彬妻
萬氏李忠校妻商氏潘輝先妻周氏陳本仁妻彭氏陳封相妻劉氏黃祚福妻張氏吳宗華妻
方氏萬咸強妻陸氏萬旭東妻廖氏夏朝堵妻張氏夏朝椅妻劉氏甄永保妻楊氏甄廷棟妻
林氏金承松妻羅氏段煥來妻劉氏彭家鑑妻陳氏張勝芝妻張氏張泰福妻張氏萬長泰妻
葉氏熊傅恕妻張氏劉豐亨妻劉氏董輝先妻夏氏林向鵬妻柳氏林錦昌妻汪氏曾全松妻
姚氏陶啟祥妻金氏王宗進妻吳氏林宜佑妻陳氏林常勤妻何氏林常鑫妻柳氏林常春妻
左氏林向讀妻潘氏柳延禧妻王氏柳文耀妻陳氏張守貞妻葉氏程紹邦妻金氏程開耶妻
李氏林宜章妻萬氏巡檢段曜奎妻段氏胡明善妻陳氏嚴連陞妻張氏萬裕貞妻
胡氏庠生萬裕芴妻陶氏萬成鑑妻鄧氏萬成嶠妻萬氏汪引球妻萬氏商九玉妻

李氏萬鼎玫妻張氏辛從泰妻周氏萬鼎讓妻陳氏萬咸貞妻萬氏張翔蔚妻張氏游豐世妻
萬氏龍輔國妻陶氏萬咸明妻唐氏萬裕秀妻童氏萬成基妻吳氏萬成遴妻童氏萬咸溥妻
萬氏程輝模妻臧氏潘開緒妻陶氏萬鼎書妻陶氏萬裕鐙妻章氏庠生邱登榜妻
童氏邱發全妻羅氏章發毅妻曾氏章能儉妻潘氏章遠甫妻林氏萬裕福妻童氏萬成杞妻
朱氏萬成梓妻阮氏萬成儉妻張氏萬咸舉妻陶氏張崇科妻萬氏陳啟純妻王氏監生張翔
鵬妻羅氏張翔冏妻邱氏孫至猷妻邱氏孫至盛妻倪氏萬炳文妻蕭氏庠生萬鼎
文妻周氏萬清照妻萬氏沈鴻賓妻周氏嚴啟方妻李氏嚴啟棻繼妻
許氏嚴應禧妻揭氏嚴川煦妻許氏嚴獻朝妻余氏嚴啟厚妻張氏嚴用琚妻張氏嚴承瀚妻
陳氏嚴家柏妻葉氏嚴啟永妻楊氏嚴啟謨妻嚴氏程金衡妻陳氏熊光成妻萬氏邱恕敬妻
葉氏邱忠恪妻萬氏邱忠弼妻程氏邱法孟妻嚴氏潘業章妻柳氏嚴文華妻韓氏王國富妻
胡氏庠生嚴家騏妻胡氏喻維學妻陳氏胡心銀妻朱氏胡光炳妻林氏金世灝妻

林氏金承煥妻　宋氏金承喜妻　陳氏金世璜妻　甄氏金承勳妻　吳氏金之慰妻　甯氏金永甯妻
宋氏金永貴妻　黃氏金世恒妻　金氏林常江妻　陸氏程一榮妻　周氏吳秉江妻　柳氏嚴家幹妻
程氏張元鼇妻　錢氏張于亮妻　程氏張和剛妻　李氏張居爵妻　陶氏沈文申妻　袁氏沈章潤妻
林氏沈恒昇妻　金氏沈益啟妻　金氏沈章興妻　魏氏范崇壇妻　李氏范崇垠妻　汪氏范崇坤妻
程氏羅永宗妻　陶氏羅流芳妻　陳氏羅澤蘭妻　姚氏劉士魁妻　羅氏劉貞琦妻　張氏金世貴妻
程氏龔心樂妻　孫氏杜引愷妻　程氏杜永煦妻　羅氏金世鳳妻　金氏杜前表妻　程氏杜志善妻
黃氏杜鼎肅妻　柳氏邱恕衎妻苦節孝姑割股兩次　胡氏杜祚舜妻　王氏揭駿模妻　邱氏孫貴相妻
沈氏甘承廣妻　程氏周如俊妻　邱氏周如鑌妻　程氏金德晉妻　劉氏程兆發妻　鄭氏庠生嚴啟
棣妻　杜氏嚴濬妻　潘氏周丕富妻　周氏萬方周妻　周氏萬邦儉妻　張氏謝先掄妻
余氏謝玉聯妻　邱氏袁效武妻　周氏邱忠懷妻　袁氏邱忠貴妻　李氏邱法達妻　陶氏祝光雯妻
張氏祝廣友妻　朱氏祝正發妻　陳氏邱希治妻　何氏陳士奇妻　邱氏周中烈妻　林氏周中炳妻

陶氏朱德貴妻　李氏周振才妻　袁氏余宏量妻　鍾氏余獻緒妻　張氏余獻功妻　吳氏余性申妻
周氏余有華妻　宋氏余國坦妻　胡氏余德元妻　張氏余性善妻　程氏余正邦妻　沈氏余獻琅妻
陳氏余獻岐妻　童氏余有謨妻　邱氏余有悖妻　周氏武生余兆清妻　余氏張雲門妻
楊氏余國安妻　童氏余桂馨妻　涂氏余有德妻　吳氏余獻勇妻　謝氏余性靈妻　周氏謝文周妻
余氏宋廷榮妻　薛氏賀克錦妻　孫氏賀艮全妻　胡氏閔錫珍妻　吳氏周宗發妻　薛氏周功地妻
陶氏周巨興妻　陳氏周功茂妻　楊氏周功麦妻　張氏周振勳妻　楊氏周爲富妻　朱氏周永康妻
朱氏潘鳳麒妻　吳氏周向朝妻　張氏周宗顯妻　陳氏周方文妻　張氏周宗魁妻　朱氏周功瑜妻
周氏余希成妻　郭氏汪廷法妻　余氏薛遠淮妻　邱氏周宗坤妻　蕭氏朱廷翰妻　孫氏朱子目妻
朱氏楊遷鶴妻　白氏施瑞林妻　胡氏施宗茂妻　陳氏施爲珍妻　謝氏陳家齊妻　蕭氏施宗盛妻
余氏周祖茂妻　程氏朱豐孝妻　陶氏朱豐霖妻　汪氏朱功潤妻　徐氏朱功浩妻　嚴氏庠生朱雨
金妻　張氏朱功元妻　程氏朱功禮妻　萬氏朱功來妻　劉氏朱豐利妻　陶氏朱豐年妻

賀氏朱澤志妻　陳氏朱澤民妻　施氏朱澤富妻　余氏朱澤斌妻　邱氏朱程傑妻　施氏朱萬紫妻
陳氏朱起文妻　高氏朱澤煥妻　邱氏朱功勝妻　葉氏朱萬應妻　周氏朱澤炳妻　周氏朱澤柏妻
閔氏朱萬鎰妻　朱氏夏立本妻　朱氏李煥林妻　朱氏庠生余兆麟妻　朱氏陳方斌妻
蕭氏薛遠康妻　葉氏薛存蛟妻　朱氏薛存蘭妻　方氏薛存桂妻　韓氏張廷禮妻　向氏張定海妻
林氏張念元妻　周氏張鵬九妻　余氏曾傳意妻　胡氏曾傳種妻　余氏曾傳修妻　鄭氏程輝炎妻
郭氏李從周妻　楊氏劉堯武妻　王氏周宗遴妻　朱氏陳志楝妻　邱氏汪明忠妻　劉氏童奉久妻
雷氏陳厚明妻　朱氏陳金勝妻　王氏周宗澄妻　周氏周高科妻　周氏鄧金鳳妻　周氏葉大泰妻
陳氏周鼎揚妻　陶氏周伯書妻　陳氏周家瑞妻　童氏周輝楚妻　林氏周錦宣妻　余氏周元一妻
周氏周功瑚妻　陶氏周功楷妻　段氏周功春妻　段氏周功龍妻　郭氏周功喜妻　張氏周丕讓妻
向氏周功提妻　嚴氏周振華妻　陳氏周振嵐妻　沈氏周丕承妻　郭氏周振堂妻　張氏周功傑妻
葉氏周宗海妻　魏氏周功億妻　陶氏監生周啟祥妻　陶氏周功仕妻　鄧氏周功敬妻

羅氏周振炉妻　宋氏周功愷妻　許氏周運福妻　林氏周功仁妻　宋氏周宗建妻　蔡氏周功玄妻
林氏周振棋妻　李氏周熙和妻　林氏周宗剛妻　陶氏周功美妻　陳氏周運敞妻　黃氏周天祿妻
鄭氏周丕遵妻　童氏周丕熙妻　張氏周丕烈妻　韓氏周振宦妻　陶氏周振起妻　張氏周功顯妻
陳氏周功華妻　周氏邱宏新妻　劉氏朱承宗妻　朱氏高祚格妻　周氏陳大魁妻　黃氏陳士元妻
成氏陳篤敬妻　周氏李邦衡妻　方氏宋廷輝妻　高氏宋雁賓妻　陳氏周中接妻　陶氏葉訓文妻
張氏楊正美妻　周氏楊心忠妻　余氏鄭方遠妻　余氏宋明仕妻　胡氏程勝萬妻　吳氏程德剛妻
蔡氏程恒初妻　張氏程源坦妻　易氏周可誼妻　林氏周可達妻　蔡氏吳秉琯妻　魏氏吳兆勳妻
林氏吳秉悌妻　施氏吳宗道妻　程氏吳作節妻　程氏喻長青妻　蕭氏羅文獻妻　項氏蔡祈龍妻
張氏蔡仲義妻　范氏潘臨高妻　周氏袁紹冕妻　葉氏袁紹時妻　張氏袁承緯妻　余氏袁士和妻
葉氏孫法顏妻　鄭氏孫崇儒妻　羅氏邱長福妻　程氏邱玉全妻　徐氏邱鳳彩妻　韓氏邱迎春妻
童氏邱占鼇妻　周氏邱忠主妻　邱氏孫貴相妻　程氏蔡朝鈞妻　林氏程一雄妻　欒氏程一敏妻

孫氏程源全妻　劉氏程源神妻　朱氏邱希聖妻　胡氏周丕鼇妻　沈氏楊顯琳妻　陳氏周振榜妻
陳氏周功備妻　陳氏周丕泰妻　張氏周國良妻　柳氏周宗福妻　童氏余德文妻　張氏賀克璧妻
涂氏賀開連妻　葉氏方翊壽妻　孫氏余獻得妻　賀氏周祚長妻　段氏周宗鼎妻　胡氏周功潤繼
妻　張氏周祚榮妻　周氏劉思爵妻　白氏周振和妻　賀氏余有範妻　朱氏余勝郁妻
林氏周宗璜妻　童氏周丕矩妻　周氏張謙宏妻　汪氏黃奇玄妻　鄧氏王家惠妻　曹氏成天鑑妻
陳氏庠生周服冕妻　汪氏王一幹妻　陳氏王自熾妻　賀氏王自恕妻　汪氏王自燦妻
陳氏王德輔妻　周氏王成壽妻　周氏王成發妻　李氏張昌義妻　萬氏周成鵠妻　袁氏邱勝悌妻
姚氏武生邱忠福妻　邱氏王自桂妻　羅氏王朝剛妻　陳氏夏太和妻　聶氏殷明炯妻
畢氏袁運昇妻　汪氏詹文明妻　邱氏楊兆祺妻　胡氏鍾廷椿妻　鄭氏王全均妻　夏氏王永恒妻
吳氏王光映妻　胡氏王永厚妻　郭氏王本朝妻　吳氏王光煦妻　歐陽氏奚德鴻妻
龍氏汪浩猷妻　汪氏奚德沅妻　王氏熊文海妻　何氏熊文林妻　汪氏胡永秀妻　林氏胡文學妻

黃州府志　卷之二十七　列女二下　四十二

葉氏王光華妻　胡氏潘定安妻　鄧氏汪禮文妻　王氏張定國妻　熊氏汪明蓮妻　秦氏潘志遠妻
王氏葉廣勝妻　鄒氏葉大金妻　胡氏柯元興妻　王氏張興盛妻　葉氏張興懷妻　楊氏祝煥相妻
余氏庠生王炯妻　龍氏倪晉德妻　陳氏孫祚烈妻　謝氏郭家梅妻　羅氏馬明曙妻
余氏李承燮妻　王氏萬承祖妻　錢氏李興詭妻　王氏包信祥妻　方氏魏之琮妻　郭氏鍾清祿妻
左氏鍾清瑞妻　王氏鍾清一妻　歐氏鍾清富妻　鍾氏孫學俊妻　江氏林炳坤妻　王氏錢鳳鳴妻
蔡氏廖成瑞妻　左氏鍾大榮妻　周氏魏德賢妻　張氏錢咏齋妻　蔣氏謝多祜妻　謝氏張其愷妻
王氏鄧兆熊妻　左氏周開榜妻　鄧氏王夢熊妻　馮氏祁鳳標妻　蕭氏徐學成妻　孫氏喻德乾妻
龍氏趙廷樂妻　戢氏王夢麟妻　姚氏趙必寬妻　劉氏曾啟樂妻　曾氏林常普妻　蘇氏萬咸秀妻
李氏邱忠行妻　余氏范開陽妻　鍾氏尹天浚妻　朱氏李文照妻　汪氏鍾明玉妻　徐氏汪光泰妻
程氏廖秉禮妻　高氏舉人廖志基繼妻　李氏方光俊妻　畢氏方一沅妻　方氏高運棠妻
陳氏盛承書妻　楊氏姜正興妻　劉氏舒開齡妻　張氏監生歐陽永清妻　羅氏鄧兆榜妻

葉氏夏振海妻　余氏杜祖武妻　夏氏黃家驥妻　劉氏潘先敬妻　王氏徐本應妻　邱氏胡顯誥妻
楊氏胡顯詔妻　袁氏孫顯發妻　張氏程正熙妻　李氏梅加珠妻　鄧氏龍瑞啟妻　徐氏龍長青妻
陳氏杜維炳妻　康氏胡道周妻　張氏經歷胡楷妻　王氏石勝年妻　劉氏鄭清淮妻
彭氏柯益濤妻　鍾氏張友高妻　石氏李步魁妻　袁氏孫萬春妻　李氏石耀秀妻　王氏劉轂程妻
李氏朱存華妻　吳氏把總吳占魁妻　呂氏從九曾寶賢妻　秦氏潘啟先妻
王氏胡之文妻　熊氏胡之準妻　白氏胡文富妻　何氏陳兆翦妻　王氏陳德彰妻　左氏陳德才妻
王氏康復興妻　洪氏劉兆光妻　王氏劉兆雄妻　陳氏秦樹儀妻　巴氏周同志妻　夏氏周明玉妻
陶氏周必義妻　李氏鄒承鏞妻　夏氏張其才妻　胡氏洪廷槐妻　夏氏王德元妻　夏氏王德輝妻
柯氏汪兆德妻　胡氏汪世才妻　喻氏王兆勳妻　左氏陳光泰妻　周氏陳光典妻　王氏汪佐勛妻
何氏胡楚才妻　王氏秦世運妻　夏氏羅朝佐妻　鄒氏陳照蔡妻　張氏潘德璋妻　楊氏李華山妻
王氏監生李朝順妻　汪氏把總萬世清妻　曹氏余光德妻　汪氏許繼祖妻

黃州府志　卷之二十七　列女二下　四十三

張氏王家順妻　胡氏宋之壯妻　汪氏石耀江妻　高氏倪發藻妻　白氏鄭振洋妻　柯氏高伯環妻
王氏劉玉浣妻　黃氏詹太發妻　歐氏許茂先妻　徐氏朱振松妻　胡氏謝復初妻　郭氏謝封臣妻
賈氏謝廷弼妻　汪氏李鳳凌妻　張氏謝南強妻　黃氏謝正坦妻　周氏杜啟釗妻　田氏柯世鈺妻
吳氏柯澍妻　張氏詹啟鼎妻　杜氏嚴之秀妻　吳氏陸定富妻　史氏秦廷俊妻　夏氏王永恒妻
沈氏金時崇妻　金氏蕭啟智妻　左氏余廷容妻　湯氏董尚英妻　王氏鄭世壯妻　范氏雍子輝妻
張氏雍孫玉妻　張氏謝儒度妻　吳氏杜德萬妻　嚴氏王國璨妻　蔡氏鄭良棕妻　陳氏鄭良策妻
陳氏鄭燿臺妻　何氏鄭士漣妻　吳氏鄭良本妻　王氏鄭良杷妻　徐氏鄭玉堂妻　黃氏繆長生妻
徐氏朱顯謨妻　陳氏王光瀅妻　程氏杜紹琯妻　陳氏蕭世煥妻　王氏余光裕妻　陳氏沈家昶妻
高氏沈家壽妻　談氏徐宗選妻　劉氏林光玉妻　秦氏陳椿齡妻　熊氏劉啟榮妻　王氏何科盈妻
鄧氏龍泰霖妻　熊氏江蘭璨妻　葉氏陳德秀妻　廖氏陳德星妻　熊氏陳德玲妻　張氏陳厚恩妻
程氏秦明常妻　李氏蕭圖豪妻　李氏張盛文妻　杜氏汪啟綸妻　邵氏汪啟盛妻　陳氏童先泰妻

程氏熊承絡妻 朱氏熊敏禮妻 楊氏胡益芳妻 王氏陳邦佐妻 吳氏陳祐松妻 王氏吳紹椿妻

某氏吳紹椿媳 胡氏吳光佐妻 戴氏李之綱妻 張氏李茂槐妻 吳氏李開富妻 馬氏霍仁江妻

曾氏霍仁淮妻 吳氏霍仁萬妻 陳氏王能哲妻 許氏王模瑄妻 胡氏王模潤妻 夏氏王模理妻

吳氏泰宗鎧妻 方氏李慶元妻 李氏霍厚仝妻 黎氏程光馨妻 胡氏許代連妻 周氏楊延銘妻

桂氏楊延鏡妻 陳氏陶懋灼妻 陶氏楊逵德妻 邱氏楊逵懷妻 陳氏職員魏明傑妻

張氏葉聲志妻 陶氏葉大宏妻 袁氏葉大東妻 童氏葉年安妻 牛氏葉年美妻 王氏汪永綸妻

胡氏汪永緯妻 黃氏袁祥貴妻 葉氏袁秉勝妻 徐氏陳應洪妻 陳氏葉祖喜妻 徐氏陳方佳妻

葉氏陳應許妻 王氏陳步隆妻 黃氏陳應恕妻 葉氏陳鳳龜妻 張氏袁傳黨妻 張氏曾光聰妻

張氏曾廷江妻 傅氏戢一諧妻 陶氏戢世貴妻 胡氏戢昌福妻 林氏戢榮壽妻 桂氏戢昌蘭妻

陳氏戢昌梅妻 徐氏戢昌顯妻 胡氏戢鑾琦妻 黃氏孫裕贏妻 黃氏孫上達妻 陳氏程明聲妻

袁氏程高柏妻 嚴氏陶合珠妻 萬氏程方熙妻 張氏沈方命妻 霍氏葉大萃妻 許氏雷墜富妻

何氏黃可觀妻 程氏何熙榮妻 陳氏何高偉妻 戢氏何高邑妻 黃氏余忠誠妻 童氏余學獻妻

林氏楊逵炳妻 徐氏楊逵齋妻 邱氏楊殿魁妻 夏氏程啟馥妻 韓氏雷時松妻 胡氏雷名著妻

呂氏雷錫廉妻 葉氏雷錫高妻 余氏雷時謙妻 董氏雷名倫妻 呂氏雷名松妻 張氏監生呂邦

治妻 雷氏呂後順妻 葉氏監生呂暢妻 李氏庠生呂錦春妻

呂氏經歷胡澤經妻 童氏庠生呂定安妻 雷氏尤貞坊妻 雷氏蕭鴨程妻

楊氏雷時鐸妻 童氏葉開壽妻 袁氏葉克強妻 陳氏雷時清妻 殷氏雷名揚妻 趙氏葉華封妻

易氏雷錫渠妻 馮氏雷懋純繼妻 汪氏徐之驤妻 邱氏雷懋綸妻 童氏林向干妻

奚氏劉成魁妻 何氏袁可珍妻 呂氏何世福妻 梅氏張正發妻 胡氏王定魁妻 董氏林紹庚妻

黃氏林紹甲妻 汪氏王先華妻 何氏蔡新盛妻 王氏孫顯昌妻 翁氏林光祖妻 何氏林光耀妻

曾氏朱永壽妻 霍氏宋化山妻 楊氏陳鼎旺妻 黃氏陳開揚妻 陶氏王玉南妻 王氏汪如顯妻

李氏曾新耀妻 張氏余國珣妻 董氏邱裕考妻 熊氏霍仁正妻 徐氏沈鴻漸妻 游氏袁士斌妻

張氏沈先照妻 張氏余獻鼎妻 胡氏宋天成妻 曾氏廖志元妻 喻氏萬泰其妻 鄧氏徐從權妻

萬氏彭三意妻 吳氏汪錫福妻 黃氏程積桂妻 邢氏鄒子建妻 陳氏劉學穎妻 江氏萬成虞妻

許氏陶鳴壽妻 易氏張廣洛妻上七人俱守節殉難 以上縣志 胡氏林宜楠妻 蕭氏林常俊妻

張氏熊衍樞妻 周氏熊宗達妻 萬氏劉壽仁妻 楊氏馮盛杞妻 胡氏王朝選妻 孫氏王必光妻

王氏王長德妻 許氏王正剛妻 陳氏黃受貞妻 李氏陳光寅妻 張氏孫允珩妻 李氏鄭家祺妻

饒氏江有聲妻 余氏龍景瑚妻 王氏曹祥興妻 邵氏徐某琅妻 梅氏高慶經妻年二十四歲守節四

十四年 馮氏劉明忠妻 高氏馮應泰妻 王氏高慶青妻年二十二歲守節四十四年

殷氏王緒仁妻 熊氏金登厚妻 謝氏熊朝楚妻 汪氏庠生沈成新妻年二十九歲守節現年五十三歲

張氏府經劉承倬妻 童氏劉泰渭妻 沈氏鄧聯榮妻 喻氏阮澤敬妻守節六十餘年

劉氏尤貞瀚妻年二十八守節現年七十一歲 林氏張銘盤妻年十八守節六十歲卒 以上待

旌節婦

烈婦

王氏邢某妻團風民家女也年二十二夫沒家貧無子有富室

求婚其母諾之氏聞自縊死康熙二十七年事

何氏任某妻強暴欲犯之不從而死康熙五十四年　旌建坊

並將樊口倉基詳請招佃納租每年清明由府委員致祭

吳氏范彩雲妻案吳氏本蘄水人死烈在黃岡故原傳兩見舊志考通志傳列蘄水又列姓氏於黃岡今仍舊

皮氏孫時霖妻家甚貧子女幼鄰人夏道生乘時霖外出恃強

逼之氏堅拒不從忿極縊其幼子女自經死夏伏法雍正十

二年　旌

喻氏王大任妻年二十二無子夫病劇氏禱天願以身代病弗

瘳乃預製兩棺期以同死夫沒殮畢自經死乾隆六年　旌

謝氏王宗楷妻年二十一夫沒殯葬畢密縫周身衣自縊死乾
隆九年　旌
張氏周某妻乾隆十四年請　旌以上王志
胡氏庠生舒之巘妻巘有文名早沒無子氏年二十痛極絕粒
死族人以從子光澧嗣之乾隆十八年　旌
杜氏方昆一妻夫沒無子事祖姑孝或勸之嫁號泣絕之既而
私相議有成言氏聞之曰我思葬舅姑及吾夫耳今不能矣
自縊死時年二十六
徐氏余承嶟妻夫沒無子撫從子爲嗣家貧甚或議嫁之氏聞
方爲子綴襦襦成自縊死
何氏熊元裕妻夫沒無子立姪爲嗣殯畢越三日引嗣子於殯

前跪而哭拜辭舅姑曰婦不孝不能終事舅姑有娣姒在舅
姑可無慮拜娣姒託舅姑與其嗣子是夜自縊死遠近聞之
爭赴弔焉
周氏何丞裕妻年二十五夫沒家貧子幼殮殯畢家人有議改
適者氏聞以二子託其父投繯者三飲酖者再卒自縊死知
府禹贈有額
張氏周宗聖妻農家女也嫁浹旬夫沒殮畢氏夜赴水死厥明
家人得其屍面如生爲合葬焉
程氏監生陶國渾妻年二十于歸夫沒生遺腹子復殤遂自刎
姑奪其刀得不殊乃絕粒數日死
操氏黃樂鈞妻于歸甫一年年二十夫沒殯葬後氏蓬垢不欲
生舅姑強止之越四十九日氏值生辰痛哭遂卒
胡氏王述祖妻年二十二夫沒殯畢泣曰今可從夫地下事舅
姑矣徐以一女託姒氏素饌祀先抱夫主號慟閉戶自縊死
程氏葉大俊妻年二十四夫沒誓以身殉家人防之乘閒自刎
死距夫亡七日時乾隆二十三年事
包氏齊昇妻父煥早逝無子母李氏苦節撫之既適昇昇力學
成瘵氏刲股以救昏仆復甦比沒無子立夫兄曦子爲嗣哀
號嘔血五月而卒時年二十七郡中士大夫多爲詩傳以表
其烈
鄒氏操履駿妻幼失恃從繼母訓年十八歸操越二年履駿沒
氏慟不欲生逾九十九日而死

王氏徐茂一作懋德妻年二十一夫沒哭屢絕因有娠勉進飲食
胎旋墮慟夫無後自縊死乾隆五十六年　旌嗣子光岳貢
生以上縣王志參通志
張氏嚴某妻在沙街三官殿爲尼夜遭強暴趙滿生圖姦抗拒
不從被毆死時年二十九趙伏法　題請建坊墓前舊縣志
周氏監生范興妻年二十八一作十九夫沒遺孤二朝夕泣血越數
日抱主嘔血死咸豐九年　旌子步雲監生衡六品銜
汪氏馬思濱妻年二十一夫沒氏哀毀成疾彌月嘔血數升卒
立姪成己爲嗣咸豐十年補　旌子成己從九
熊氏陳一燗妻年二十六夫沒遺孤甫歲餘氏哀毀骨立半月
死已　旌

熊氏庠生馬河清妻年二十四夫沒覓死不獲哀毀骨立未幾
卒已 旌嗣子澤澳監生參縣新志
杜氏方可珍妻 涂氏方大浩妻 宋氏楊瑞松妻 俱 旌
蕭氏劉良才妻年十九夫沒姑聽讒言强嫁之不從獎命前令
張辦擬仍令與夫合葬建坊墓前以上縣志 以上已 旌殉夫烈婦
周氏楊於琥妻年二十六夫沒無子氏父母憐其少令改適不
可遂自縊死
何氏陳德朝妻乾隆五十年大荒夫鬻氏於湖南商者誆之行
甫登舟投江死時年二十九
李氏王登泰妻江南人登泰騃且貧其家議改嫁氏不從投水
死夜聞鬼哭諸生王家祿作文弔之遂寂

張氏河南人遭河決鬻身入楚劉某買配家僮望楚婚數月僮
沒氏悲號不已主翁慰之曰待覓佳壻匹汝氏聞迸淚入房
雉經死衣裳密縫髻髮緊綰面尙漬涕痕主翁憐而合葬之
諸生劉揚烈紀以詩
余氏徐本燦妻夫患痰疾氏茹其痰禱神願以身代及夫沒投
水死時年二十九遺子女各一
熊氏賀澤淋妻年二十六夫沒誓以身殉姑防之密一日乘姑
偶出自經於牀距淋死四十九日
郜氏靖士彥妻年二十八夫沒無子家極貧服闋有欲奪其志
者氏哭於夫墓歸雉經死
徐氏王時成妻年二十于歸家貧紡績養舅越歲夫病劇氏侍

奉藥餌衣不解帶者三年夫沒既殯氏雉經死啟視其笥中
已爲舅預備身後衣衾等物舅悲痛尋卒氏亦無子同里紳
耆醵貲葬之並立碑墓側以紀其事
程氏李宏才妻年二十二夫沒無子姑將嫁之氏聞自經死
汪氏魏基恒妻年二十三夫沒氏誓以身殉旣念舅沒姑老娣
未歸勉留奉養越三載夫弟受室乃自縊死
周氏諸生熊廷瑞妻年二十六夫沒遺腹生子數月而夭氏朝
夕號哭遂不食死
周氏諸生朱繼前妻年二十四夫沒無子朝夕泣血不已延月
餘竟以哀毀卒塚生異草經冬不彫
潘氏楊兆福妻年二十八夫病禱神願以身代病劇氏持觽割

股救之卒不起氏旦夕悲號遺腹生子託姒氏育之以哀毀
卒
劉氏汪朝選妻年二十九夫沒無子欲以身殉舅姑止之從數
月家人强之他適遂不食卒
商氏林基仁妻年二十四夫沒撫遺腹子未幾夭痛夫絕嗣憂
憤自盡
夏氏傅士璜妻年二十餘道光二十一年大水夫謀鬻婦濟饑
氏覺之一日同往市乞食經相隱橋氏乘間投水死夫抱三
歲子倉皇往救亦墮水死次日尸浮出氏面色如生里人哀
之爲醵貲合葬於青雲塔側
胥氏柳延忠妻及笄歸柳姑王氏逼以非禮挫辱百端竟餓死

謝氏喻本仁妻咸豐五年正月本仁隨知縣翁汝瀛勦賊漢鎮陣亡氏年二十一哀毀不食嘔血死
秦氏高能典妻同治三年賊至典殉難氏悲泣十餘日嘔血數升卒
呂氏王代陳妻年二十一夫沒氏以頭搶地誓不欲生每哭痛絕或竟夜始甦憂鬱成疾卒
陳氏鄒善楫妻楫性癡氏執婦道無怨事舅姑以孝聞楫沒氏悲痛號泣數月卒
劉氏知府洪恩澤妾恩澤病危氏刲股以進卒不起氏哀毀成疾卒
王氏洪艮丞妻艮丞病瘵氏割股和藥以進越六日死氏呼天大慟股創迸裂數月亦死

劉氏余篤貞妻年二十五夫沒家貧竭力營葬畢以孤託兄嫂獨往夫塋泣奠畢投水死
胡氏夏朝巘妻年二十八夫沒氏飲泣失聲將以身殉家人守護甚密自是晝夜痛哭淚盡繼以血日飲水一勺月餘卒
徐氏杜紹瑾妻年二十六夫沒母家憐其貧苦欲奪其志氏不從投水死立姪爲嗣
張氏職員朱福基妻年二十五夫沒撫嗣因姑哭子慟飲泣吞聲憂鬱數月嘔血而卒
金氏范明久妻　汪氏張其珠妻　張氏劉孔刊妻　賀氏王世崇妻　何氏童盛秀妻　石氏萬廷梓妻
羅氏史先遇妻　梅氏周才楠妻　潘氏胡運崧妻　陳氏余獻琰妻　劉氏嚴家義妻　梅氏羅太志妻

林氏馬先疇妻　以上縣舊志　吳氏東弦鄉范某妻道光間某餓樊氏殉　新採
呂氏萬咸滋妻　邱氏方瑞霖妻　邱氏何科發妻　劉氏楊道生妻　傅氏歐陽和廉妻
王氏吳光榮妻　蕭氏曾富若妻　張氏潘德一妻　汪氏陳名熙妻　以上縣志　鄧氏余國權妻
俱殉夫　新採　姜氏邱衍春妻　湯氏孫開瑞妻　陳氏張永秀妻　李氏柳萬泰妻
張氏李振瑛妻　汪氏徐家全妻　易氏樊誠環妻　熊氏羅正順妻　王氏盧文俊妻　易氏汪昆璜妻
蔡氏汪能萬妻　蔡氏左法湯妻　張氏李陽晢妻　李氏胡秀坤妻　李氏嚴啟信妻　朱氏陳廣生妻
嚴氏萬裕楨妻　黃氏吳舜庸妻　譚氏彭定銳妻　俱咸豐同治間賊至殉夫　以上待旌殉夫烈婦
曾氏漢州知州劉遐亮妻咸豐二年省城爲賊陷隨遐亮朝服分左右自縊於梁女大姑二姑殉焉
劉氏訓導鍾臨書繼妻咸豐五年三月賊至投水死子清鵠年十三遇賊劫之大駡賊斷其舌死

周氏夏朝琨妻琨少有隱疾及長不能人琨兄語氏家令其別字氏聞以死誓卒歸琨咸豐十一年二月氏避賊石碑賊至氏投水水淺賊躡之捽其髮氏駡曰逆賊汝頭不知當爲何人斫去敢犯人耶賊怒刃之未殊駡愈烈賊亂刺死先是同里有人陷賊中後脫歸言其事甚悉
周氏庠生梅兆棠繼妻　郤氏梅垂綬妻同治三年五月賊至兆棠駡賊死賊掠周索釵鈿周憤甚怒駡投河死孫媳郤亦於是月遇賊投塘死後數日垂綬復以不屈被戕
許氏庠生程濟壬妻　王氏程年靖妻許季女順姑年十二王長女珍姑年八歲同治三年五月避賊崎山兩人日攜二女坐塘側誓以俱死且謂村人曰吾輩乃程家河程秀才眷屬

也來覓屍者煩告之賊至四人皆投水死越數日濟壬遣葉某覓屍至其處無所見葉大聲祝之屍皆浮起

馬氏舉人陳疇繼妻同治三年八月賊至氏病劇時亢旱里有緞子塘水不盈尺力疾撲入泥首自盡賊退就殮衣履猶未溼

朱氏孫紹煌妻 賀氏孫正清妻同治三年九月聞警朱率女投河死煌從子媳賀攜幼子時艮時迴從死煌從子正啟正成皆以趨救爲賊所傷投水死成子時安亦投水死一門殉難者凡八人

周氏程秉金妻同治四年冬捻逆竄黃金挈妻子走避突遇二賊不得進氏屬金負子奔獨立山旁賊至逼氏上馬氏大罵賊怒舉矛亂刺死

程氏章殿魁妻同治四年十二月氏聞警抱幼子走避遇賊於途賊奪其子將犯之氏枝柱大罵賊刃之未殊棄去氏投水死賊退收其屍子猶在抱中

宋姓黃姓姑嫂也避難至陶璜寨賊逼近同赴寨外大塘溺死 以上縣志俱旌

劉氏監生高森妻 涂氏徐敦禮妻 范氏馬先珠□ 馬氏庠生程錫疇妻 以上咸豐三年殉難 徐氏余獻珠妻抱子溺節義錄銖作珠 程氏余獻銖弟婦

喻氏王于樹妻 操氏余占鼇妻 江氏余占鼇媳 張氏余魁榜□ 朱氏余艮駿妻 楊氏李應生母

張氏曹鴻釗妻 王氏胡長安妻 洪氏左有銘妻 劉氏羅正春母 童氏韓明太妻 余氏韓宏昇妻

陳氏武生程前榜妻 林氏監生劉善長妻 以上咸豐四年殉難 王氏郜同彬妻

劉氏左植基妻女庚兒從亡 汪氏汪開福妻 彭氏朱玉德妻節義錄作德玉 張氏朱世豪妻

胡氏陳百楷妻 羅氏張智仁妻 劉氏左毅鋭妻與前劉氏左植基妻均有女庚兒從亡縣志載一本採訪一出節義錄疑係一人 王氏梅長青弟婦 馮氏程大興母 吳氏程大興妻

黃氏陳懷玉母 程氏馮天章弟婦 以上咸豐五年殉難 錢氏陳泰仁妻抱子溺

夏氏監生胡華泗繼妻 唐氏朱功勳妻 金氏千總呂森妻 蔡氏左宏勳妻

陳氏張開明妻 雷氏張理占妻 趙氏宋宏大妻 李氏易超訓妻 以上咸豐六年殉難

張氏余國輝妻 李氏楊家駒妻偕二女一子聲炳從亡 以上咸豐七年殉難 孫氏祁開旺妻

方氏祁開盼妻 余氏徐德明妻 卜氏庠生余文翰母 涂氏祈開明妻 陳氏張繼厚妻

抱幼子死 以上十一年殉難 黃氏廩生徐方穀妻 黃氏訓導游鴻運妻

何氏監生張六起妻 周梁氏攜子全節 以上同治二年殉難 吳氏馬澤進妻

靖氏監生王毓滋妻 傅氏監生劉鎔妻 梅氏陶長生妻 張氏胡艮駿妻

程氏戴永槐妻 方氏陳德圻妻子同死 傅氏監生賈兆凱妻攜幼女溺 譙氏鍾光明妻

攜子明誠明久明紹溺 朱氏鍾明璧妻 郭氏鍾明敦妻 朱氏鍾明祥□ 徐氏王純學妻

張氏庠生胡桂馨妻 胡氏任楚善妻 吳氏汪引盛妻 陳氏畢蓮儀妻 夏氏賈榮逵妻

王氏張金鐸妻 鄢氏張澤玉妻 胡氏黃民富妻 邵氏黃兆福妻 熊氏黃有萬妻 宋氏黃伯侯妻

歐氏謝光鴿妻 張氏熊玉圖□ 林氏戚細佑妻 程氏王光發妻 舒氏何善政妻 賀氏於五福妻

林氏戚家太妻 徐氏吳兆賢妻 程氏林登魁妻 熊氏監生汪步瀛母 陶氏戚懷珍祖母

梅氏戚懷珍母 馬氏鄧兆珠妻 馬氏鄧兆芳妻 余氏陳河清庥母

謝氏劉玉田妻 李氏王文凱妻 操氏胡愷妻 胡氏胡美振妻 蔡氏左春灤妻 徐氏王諫書妻

梅氏胡崇逵妻 張氏胡忠利妻 王氏胡長元妻 胡氏王純翊妻 張氏王緒祿妻 張氏陳萬年妻

彭氏李復元妻 王氏貢生張之屏妻 徐涂氏 王氏許恒山妻 蕭氏程九善妻

秦氏吳太和妻 蕭氏王鴻程妻 馮氏王濟臣妻 王氏周得秀妻 熊氏朱步瀛□ 葉氏王皆安妻

周氏張文義妻　李氏王有萬妻　金氏金開太母　胡氏趙楚善妻　石胡氏母子二人
熊胡氏母子二人　高熊氏母子二人　許陳氏　陳段氏
黃陳氏　陳高氏　高陸氏　胡陳氏　高葉氏　林涂氏
胡周氏　萬陳氏　王陸氏　王氏胡有福妻　王氏王長明妻　陳氏秉二保妻
楊氏童丁未妻　徐彭氏　某氏戚定乾嗣媳　以上同治三年殉難　王氏潘春華妻
羅氏張新勝妻　姚氏從九王際鈺妻　黃氏周正乾抱幼女溺　曾氏監生嚴家
治妻子啟相救母遇害　秦氏增生陳澤溥妻　馮氏郭兆先妻　程氏涂春陽妻
趙氏汪科高妻　郭氏陳德成妻　邱氏張有才妻　張氏周宗燠妻　邵氏周明珠妻　林氏周功超妻
劉氏林美英妻　周氏程炳裕妻　徐氏周宏盛妻　陳氏葉紹春妻　周氏陳斯和妻　吳氏郭廣運妻
陳氏韓普盛妻　周氏向有倫妻　林氏吳尚德妻　周氏陳祜猛妻　陶氏張兆豐妻　鄧氏童守典妻
向氏林繼先妻　胡氏徐秉先妻　程氏徐兆奇妻　汪氏陳泰封妻　陶氏周景文妻　朱氏胡家誦妻

潘氏周效太妻　朱氏陳緒漢妻　周氏陳有貴妻　張氏林向珩妻　張氏黃自福妻　汪氏陳金榮妻
陳氏陳先登妻　段氏林和義妻　程氏繆才選妻　吳氏陳楚勝妻　丁氏周文魁妻　齊氏黃元醴妻
袁氏程輝映妻程一作陳　周氏劉永亨妻　李氏嚴秀蘭妻　羅氏嚴家哲妻　陶氏嚴家瑜妻
陳氏熊宗洛妻　郭氏齊恒山妻　夏氏熊天祐妻　盧氏劉永志妻　潘氏劉永正妻　陳氏任荒兒祖
母　劉氏任荒兒母　李氏童錦烈妻　陳氏彭開城妻　周黃氏　張周氏
林向氏　林潘氏　張陶氏　周丁氏　陳氏王志元妻　劉氏孫炳泛妻
張氏董成清妻　彭氏董成炳妻　張氏劉家穠妻　李氏張崇義妻　劉氏胡春浩妻　唐氏藍鳳梧妻
王氏胡春霖妻　馮氏韓建忠妻　彭氏胡元裕妻　李氏張家鵠妻　章氏謙學儀妻　閔氏胡元濬妻
魏氏李光勳妻　彭氏袁壽生妻　呂氏王才蔚妻　梅任氏　李氏熊華堂妻　徐氏郭有榮妻
詹氏段青選妻　劉氏王國順妻　黃氏王錫穀妻　龔氏陳啟松妻　以上同治四年殉難
邱氏陳祖受妻　周氏陳得高妻　林氏陳國群妻　朱氏陳丕輝妻　顧氏王熙灼妻　程氏韓家珍妻

王氏陳受和妻　葉氏張可信妻　童氏張榮傳妻　張氏張成虎妻　姜氏胡紹達妻　張氏張國用妻
袁氏陳順理妻　吳氏周福來妻　戴氏左法舜妻　孫氏李長甫妻　秦氏吳祥富妻　曹氏王時英妻
鄢氏張運太妻　李氏張宏光妻　曹氏汪鳴鳳妻　林氏王有章妻　陶氏陳祜勝妻　胡氏黃近貴妻
胡氏劉芝放妻　蔡氏易繼會妻　孟氏何利傳妻　曹氏劉光明妻　胡氏劉其仁妻　盛氏任孔運妻
施氏程本寬妻　黃氏羅啟芳妻　陶氏江有恆妻　陳氏汪得名妻　陳氏黃時佑妻　周徐氏
向周氏　周羅氏　周葉氏　張周氏　陳程氏　周潘氏
汪趙氏　林葉氏　王顧氏　林楊氏　葉氏　陶氏陳又勝妻
以上同治五年殉難　任氏霍汝揚妻　宋氏黃可祥妻　巴氏黃可吉妻　以上同治六年
殉難　彭氏李本福妻同治十三年殉難有案　某氏余應泰嗣媳
靖氏五品封職萬裕愷妻

外籍烈婦附

趙氏吳廷貴妻湖南衡山籍廷貴運鹽爲業咸豐二年冬髮逆陷武昌趨黃州廷貴船泊陽邏賊縱火焚舟氏越火死長子德和痛母憤駡賊以矛剚其腹腸出而死奉文入

劉氏江蘇人從九黃傳準妾咸豐十一年殉難　李氏江夏人庠生郭錫蕃妻同治六年殉難　節義錄參縣志　以上已旌殉難烈婦

曹某氏咸豐五年避賊麻城薛家山賊至投河死子大畲甫五歲見母屍浮水面沿河號泣十餘里至楊乂河遇鄉人避難歸者乞收屍舁歸瘞之

彭氏軍功施正泰妻咸豐五年世泰練勇勦賊六年三月賊劫氏勸泰降氏瞋目大罵賊斷其舌猶喃喃不絶聲被積薪焚死

某氏吳文學妻咸豐七年六月避賊王九塘水次賊用洋鎗擊
死
袁氏趙邦高妻咸豐七年六月賊哭至氏走避不及遂剺面自
毀乘閒攜幼子投潭死
姚氏譚大庸妻咸豐九年賊猝至不及避被掠乘閒投水賊追
至水中氏大罵賊怒刺數十創死時年十九
羅氏監生林味根妻咸豐十一年二月賊至赴水死越數日得
屍面如生先是伯舅志依以陣亡得廕卹氏曰人誰不死阿
翁雖死不朽矣至是死節
王氏汪維第妻咸豐十一年二月遇賊戟手大罵賊碎其首死
血漬地經年雨洗不滅

鄭氏監生張春陽妻　蕭氏張兆潤妻　周氏張兆潤繼妻咸
豐十一年三月賊至鄭蕭俱投泥金灣塘死後周於同治三
年八月避賊過前塘知爲姑及蕭自盡處涕泣不忍去比聞
賊近亦投塘死一門三烈
林氏劉光琳妻偕姪孫女珍女同治二年九月賊至與彭保佑
妻李氏同匿村後溝中賊覺呼之不出積薪爇死
無名氏婦女石屋山劉姓村後有陰溝長半里許中空洞可容
百餘人同治二年被賊用毒煙爇死婦女無算
童氏孫正高妻　戚氏孫正亭妻同治三年五月賊至泣相謂
曰與其受辱而生不如潔身而死遂攜手投水死
汪氏左世連妻同治三年五月賊至氏不及避逼令乘馬道經

塘側躍入水賊以矛刺之瀕死罵不絕口
葉氏徐懋柏妻　賈氏徐炳智妻同治三年五月賊殺懋柏見
賈將迫之葉大罵曰鼠賊殺吾夫復逼吾媳耶當死爲厲鬼
殺賊言畢相率投水死賈子尚在襁褓亦同溺死炳智尋以
憂卒
雙塘烈婦不知姓氏年二十許同治三年五月避賊至雙塘見
賊至投水死越日屍浮出幼子猶在抱土人埋之雙塘側於
瑞芝爲立碑
易家山烈婦不知姓氏同治三年五月避賊至易家山套子灣
見賊近投水死　同時有不知姓氏烈婦在洪家栗林遇賊
日將暮苦不得死大罵激賊被磔死　又二烈婦不知姓氏

在鄭家濠見賊近均投水死
馬氏劉紹熊妻　劉氏程德環繼妻同治三年八月同避賊淩
家汊賊至劉令夫前室子以鑾獨奔自攜已子女隨母馬氏
俱投水死環尋以病卒一門之內惟鑾獨存劉之力也
周氏陳裕容妻同治三年八月賊至氏有孕不及遠避賊劫之
剚刃傷其胎死於孫家竹林之山塘
鍾氏童振敦妻同治三年八月避賊金雞山湖畔賊至劫氏氏
奮力捽賊入水俱斃越數日漁人得屍手猶握賊髮不可解
屍置於路旬日面如生家人舁歸葬之今稱爲烈婦墓
喻氏郭耀玉妻同治三年秋避賊馬家河無舟楫時婦女皆藉
男子濟有戚屬欲負氏氏揮之去急躍入水水淺不得死次

日至蘄水湯鋪嶺聞賊馬聲仍赴水死

邢氏楊萬高妻　李氏楊世元妻同治三年九月賊逼近俱投水死賊退家人得屍猶握手不可解

周氏江某妻職員江履和姪媳也同治三年遇賊逼之行氏罵曰吾家固能殺賊不能從賊者也賊捽氏刺其顱血染草皆殷創重死

王氏阮永科妻邑東絃鄉人同治三年九月逆匪竄黃氏抱幼子甫三歲攜女年十八避於蘄水新洋河遇賊逼至東港橋氏抱子赴水死女厲聲罵賊亦赴水死

余氏汪時啟妻同治四年十二月避賊雩壇廟賊至氏大罵不屈被賊殺燔其屍鄉人瘞之名其處爲烈婦墩

孫氏王光漢妻同治四年賊劫氏氏指賊大罵賊怒撲之地榜笞刺劉無可擊者氏至死不少挫

戚氏黃世壽妻同治四年十二月賊至獲壽索金壽不與將殺之氏紿曰釋我夫與若金賊釋壽問金所在氏瞋目罵曰我適救夫誑汝耳安得金被賊殺

張氏喻治全妻同治四年十二月遇賊被創氏大罵賊捽氏投火死

高氏黃才年妻同治四年十二月賊掠氏氏大罵賊抉其齒罵愈烈含血噀賊被殺

朱氏萬鼎豫妻同治四年十二月賊至劫氏氏不屈被賊梃擊死積薪焚之

柳氏監生陳照明妻同治四年十二月賊入氏村氏閉戶拒之賊焚其室死

連湖烈婦同治四年避賊連湖港者近萬人港中一洲四面皆水賊無如何適擄一婦卽改裝作避難狀來喚渡舟子推船將至岸婦大呼曰此賊也特劫我以誘汝者愼勿來舟子大駭急揚帆去回視婦則已爲賊寸磔矣

界埠渡口烈婦同治四年十二月避賊至界埠渡口賊劫婦婦不屈大罵被賊寸磔鄉人朱昌林等隔河見之

新洲烈婦不知姓氏同治四年冬賊驅婦入新洲民舍婦罵曰咄反賊死則死耳我豈肯爲奴輩辱哉賊好言慰之罵益厲賊褫其衣縫結不可解被賊積薪焚死女姥黃目擊其事

鍾氏軍功張惠瞻妻同治五年正月賊執氏剚刃於頸曰吾當殺汝念汝老有金卽免氏大罵曰死則死耳安所得金被賊殺

甄氏曾啟壽妻同治五年五月賊至索錢帛不與賊縛氏手足懸梁下積薪焚死

徐氏張自開妻同治六年二月在赤山橋遇賊劫氏上馬氏掇橋石投賊且投且罵賊怒縛氏爲的然礮擊死時年十七

喻氏黃州協守兵夏開貴妻賊至貴奉協差偵事事洩賊縶氏嚴詰氏瀕死不屈旣恐賊無左驗必終累貴遂引頸就縛索盡力自縊死

熊氏周振鐸妻咸豐三年殉難　方氏梅如芳妻　胡氏胡華捐妻　張氏王樸循妻　張氏程鵬舉妻

徐氏羅方溥妻 姜氏監生胡兆鼇妻子益元亦以救母亡 以上咸豐四年殉難 邵氏秦同旭妻
黃氏王大勳妻 余氏黃心應妻 余氏陳廣忠妻 鄧氏劉昌杜妻 萬氏王德成妻 吳氏登仕郎黃
國榮妻 汪氏江開福妻 程氏庠生馮焜妻 程氏馮占連妻 韓氏王景鍾妻
張氏監生曹鴻彬妻 吳氏江景鸞妻攜子從父死 陳氏李世盛妻 夏氏從九段俊
妻夫婦子女從亡 陳氏葉大鋆妻 黃氏項玉先妻 萬氏項明德妻 胡氏項遂輝妻
逢氏柳光和妻 魏氏柳宏發妻 張氏萬長友妻 柳氏萬炳義妻 張氏萬炳坤妻 潘氏朱功普妻
李氏羅應愷妻 張氏羅永緒妻 柳氏張文太妻 石氏汪德明妻 李蕭氏 李劉氏
以上咸豐五年殉難 林氏張朝松妻 葉氏張萬福妻 余氏諶可六妻 徐氏邵正芝妻
王氏庫南山妻 徐童氏 以上咸豐六年殉難 王氏張大才妻 姚氏歐陽廣興妻
胡氏蕭書朝妻 涂氏陳勳坤妻 張氏胡永林妻 陶氏梅必武妻 周氏殷時柯妻 涂吳氏
李氏涂敷堂妻 趙袁氏有傳攜子同溺 某氏歐學崑妻東絃鄉孟博區人 以上咸豐七年

黃州府志《卷之二十七 列女二下 六十

殉難 劉氏監生高笙妻 鄒氏高通祿妻 王氏吳光量妻抱女溺
馬氏柳地江妻 王氏孫克全繼妻 王氏李鑑堂妻 劉氏余永興妻 周氏雷鉅印妻
湯氏黃某妻 何氏王世亮妻 張氏歐陽榮義妻攜女溺 張氏歐陽榮富妻攜女溺
黃氏職員黃慶餘妻 戚氏鄒會元妻 王氏姜象雲妻 鄧氏姜象雄妻 邱氏巴貽豐妻
華氏巴謀道妻 張氏徐其發妻 范氏王道學妻 涂氏王模健妻 秦氏王基暢妻 宋氏張全喜妻
李氏張煥春妻 吳氏李大謨妻 陳氏張同發妻 駱氏皮昌業妻率二女孫同溺 羅氏方壽天妻
子媳俱從亡 某氏方壽天媳見前傳 程氏方壽和妻 陳氏方壽江妻 胡氏陳鴻翥妻
葉氏陳鴻益妻 張氏監生劉作霖妻 章氏張希熙妻 馬氏張履坦妻 劉氏潘潤和妻
徐氏謝永興妻 黎氏彭百興妻 廖氏萬世澄妻 何氏胡挺才妻 王氏徐行貴妻 譚姚氏
駱氏皮明勳母與孫女清秀潤秀投水死 以上咸豐十一年殉難 某氏邱能順媳咸豐閒殉難
王氏劉維炳妻抱子溺 胡氏劉維棟妻抱女溺 汪氏李國華妻 劉胡氏攜幼

女溺 王氏劉國祚母祚同溺 以上同治元年殉難 易氏方追禹妻 項氏朱時行妻
張氏吳光魯妻 李氏彭保佑妻 徐氏劉序德妻 劉氏王合意妻 夏氏游亭鉉妻 羅氏監生游亭
煦妻 劉氏庠生游汝楊妻 蕭洪氏 以上同治二年殉難 童氏王台生妻
邱氏徐延隆妻攜子投井 李氏陳德福妻 陳氏吳逢海妻 熊氏范應發妻養媳熊女從亡
王氏龍繼汝妻抱子溺 龍氏李如初妻 夏氏柳黃河妻 余氏劉宗年妻 王氏林允興妻
童氏林光鼇妻 李氏張芝蓉妻 徐氏監生章履謙妻 劉氏姚四佑妻 楊氏何敦嵘妻
張氏何敦仁妻 張氏曹光太妻抱子溺 胡氏涂祚剛妻 吳氏秦後富妻 劉氏樊純楷繼
妻抱女溺 林氏李居貴妻子同溺 龍氏羅錫萬妻 賀氏汪大邦妻 汪氏余道煥妻
歐陽氏職員朱承浩妻 程氏宋宗禮妻 李氏徐傳松繼妻 鄧氏劉祖全妻
汪氏李待問妻姪同溺 曾氏程時學妻 陳氏殷道吉妻攜子明輝溺 聶氏熊全義妻
萬氏史立泰妻 張氏監生熊玉衡妻 戚氏湯伍杰妻 萬氏操敬延妻 方氏李應廣妻

黃州府志《卷之二十七 列女二下 六十一

林氏陳德齊妻 胡氏陳懷楚妻 汪氏華福容妻 余氏邱恕仍妻 易氏齊達昇妻攜女溺
熊氏張興業妻 曹氏孫永楷妻 林氏孫永模妻 周氏林步升妻 周氏林大順妻 程氏王全興妻
熊氏從九林際陽妻 夏氏劉爵廷妻 范氏丁名辛妻 何氏徐三元妻 雷氏劉宏進妻
汪氏王臣瑞妻 程氏林時元妻 楊氏史雲發妻 周氏高成啟妻 方氏湯象炳妻 方氏鄧顯順妻
徐氏鄷體和妻 熊氏鄷能準妻 楊氏陳瀛洲妻 曹氏庠生何毓浦妻 舒氏何玉樹妻
林氏戚方輝妻 高氏劉昌杜繼妻 張氏盧萬啟妻抱子溺 易氏汪玉鶴妻
周氏王自謨妻 易氏江澤周妻 羅氏江澤忠妻 舒氏方志玉妻 吳氏鄒善發妻抱子溺
歐氏傅其先妻 尹氏林大光妻 劉氏謝廷祿妻女再生從溺 舒氏汪全勝妻 方氏詹文華妻
江氏詹崇元妻 吳氏曹基珠妻 吳氏朱高太妻 盧氏軍功徐炳貴妻 詹氏王超傑妻
時氏王景宏妻抱女溺 胡氏王緒秋妻 馬氏鄧玑華妻 馬氏鄧林華妻 張氏杜輔賢妻
涂氏陶啟元妻 王氏陶啟廣妻抱幼子同溺 秦氏程啟楷妻 李氏貢生張景良繼妻

邱氏史天培妻　吳氏程國楫妻　桂氏吳秉芹妻　鄧氏巴貽仁妻　陳氏張肇禮妻　童氏郃希杜妻
郃氏秦三妻　陶氏周長順妻　何氏周長順長媳　張氏周長順次媳
宋氏謝道芳妻　汪氏王長有妻　梅氏孫爲楷妻　蔡氏孫師肇妻　徐氏監生陶維垣妻
陶氏梅烈勝妻　吳氏鄧維審母　傅氏鄧維審妻　吳氏鄧維驷妻攜子女同溺　何氏熊錫琛妻
抱子溺　洪氏鄧在進妻　鄧氏劉堯民妻　熊氏陶楚宏妻　王氏黃顯烈妻　胡氏董傳高妻
吳氏洪景田妻　余氏胡德貴妻　何氏王朝翰妻　吳氏陶邦佑妻　曹氏趙新燦妻　陶氏胡正茂妻
周氏胡正薰妻　曹氏胡登龍妻　劉氏胡儒珍妻　周氏劉雅南妻　王氏方之源妻　謝氏曾廣貴妻
陳氏楊萬盛妻　梅氏王城經妻　劉氏周長元妻　劉氏趙錫璜妻　徐氏楊某妻　楊氏余其發妻
奉母徐攜幼子又賜同溺死　李氏陳坦元妻　王氏高畢澂妻　葉氏孔憲山妻　洪氏王基治妻
郃氏王崇浩妻　王氏舒中瑛妻　梅氏五品銜胡華級妻　韓氏秦楚春妻　江氏涂尚勇妻
歐氏高章達妻攜子采喜女梅秀溺　徐氏江景權妻　劉氏羅貞啟妻　張氏汪煥文妻　徐氏蕭式容妻

張氏黃艮富妻　郭氏劉學勝妻　陶氏溫志亮妻　曹氏溫永升妻　張氏劉逵輝妻　朱氏劉同輝妻
抱幼女溺　郭氏監生周大修妻　劉氏曹紹元妻　馮氏曹紹貴妻　張氏曹志道妻
曾氏黃輝獻妻　黃氏庠生黃家福妻　徐氏彭爾麒妻　程氏郭元春妻　郭氏徐天印妻
董氏徐慎慶妻　雷氏徐佟榜妻　孫氏熊名簡妻攜幼女溺　張氏汪蔚彬妻　徐氏張秉翰妻
周氏曹義取妻　梅氏郭能貴妻　余氏徐明福妻　桂氏鄧家起妻　宋氏劉叔玉妻　朱氏劉庭光妻
抱女溺　許氏劉士啟妻　胡氏張緒楷妻　劉氏張登連妻　周氏張全壽妻　劉氏王域先妻
曹楊氏　汪曹氏　某氏監生黃席恆妾　喻氏陳芳獻妻孫女芙蓉孫乾軼同
死　陳胡氏　蔡氏　徐氏　劉氏　郭氏
林氏　某氏見縣志王集區烈女傳　以上同治三年殉難　蔡氏劉希有妻　郃氏鄭聞興妻
賀氏倪世墺妻　童氏高春光妻　梅氏張炳奎妻　李氏王之年妻　梅氏陳明忠妻　李氏朱長全妻
李氏林程遠妻　程氏詹以珍妻　呂氏江景星妻　姜氏劉昌泰妻　陶氏孫兆桂妻　王氏陳昇山妻

胡氏陳光第妻　黃氏王光驥妻　陶氏王光炯妻　高氏王緒亨妻　宣氏王世蘭妻　彭氏徐之冕妻
童氏王景宏妻　徐氏袁章翥妻　陶氏李勤文妻　楊氏李克美妻　王氏陳秀嶺妻　張氏黃才緯妻
任氏程純柏妻　袁氏蔡望華妻　羅氏鍾起義妻　姜氏軍功鍾汝信妻　沈氏高純亮妻
曾氏劉萬青妻　曾氏陳長興妻　張氏王文進妻　朱氏何福全妻　楊氏李基柏妻　蔡氏彭扶佑妻
汪氏喻仁周妻　李氏吳成發妻　沈氏吳有富妻　高氏羅志大妻　李氏羅明太妻　梅氏陳季陞妻
李氏劉萬年妻　余氏高春山妻　李氏余振衡妻　曾氏庠生陳見灼妻　劉氏陳道坦妻
胡氏熊世剛妻　羅氏監生熊元修妾　李氏王廷圭妻　陳氏庫太友妻　胡氏黃遐逵妻
高氏喻錫億妻　萬氏徐紹倫妻　高氏江長松妻　萬氏嚴保元妻　余氏張和尌妻　商氏李延仁妻
李氏甘顯朝妻　周氏賀奎煥妻　余氏賀向辰妻　欒氏程錦春妻　周氏萬成恒妻　張氏萬鼎燕妻
闔門自縊　魯氏萬裕敦妻　李氏萬成全妻　程氏監生張於晉妻　童氏李光彩妻
李氏李光明妻　薛氏從九張崇源妻　羅氏陳元宏妻　張氏程萬年妻　李氏李發殿妻

金氏林向桐妻　李氏甘必重妻　熊氏職員張熺鈞妻　李氏李英祥妻　周氏陳致修妻
明氏劉以順妻　周氏朱澤蓤妻　周氏朱福昇妻抱子投崖死　賀氏周振發妻　陶氏周振富妻
何氏徐道松妻　周氏徐道溢妻幼子隨溺　陶氏陳先貴妻　詹氏張守先母　許金氏
袁喻氏　金許氏　嚴羅氏　嚴陶氏　某氏千總胡希翰妻
金家橋烈婦　以上同治四年殉難　陶氏王兆武妻一作咸豐五年　何氏李永光妻
陳氏張正發妻　劉氏曹基墉妻　戴氏王超連妻　洪氏黃可際繼妻　董氏職員黃家
璧妻　林氏黃全階妻　繆氏張惠先妻　章氏張紹祖妻　徐氏黃全魯妻　吳氏劉萬春妻
羅氏吳光崇妻　陳氏徐秉賜妻　郭氏朱順祥妻　汪氏李德高妻　屠氏方壽銀妻　汪氏陳嘉會妻
胡氏吳成禮妻　以上同治五年殉難　施氏職員程毓楠妻　余氏萬方吉妻
黃氏喻錫瑛妻　劉氏羅以堃妻　羅氏鄧家亨妻抱子死　羅氏鄧元亨妻　王陳氏
周熊氏　龔氏　胡氏　以上同治六年殉難　方氏陳澤妻　黃氏邱興榮妻

童氏邵希高妻吳氏邵希高姪媳王氏張學輝妻抱子溺胡氏朱家信妻
喻氏朱恒發妻朱氏黃德榮妻程氏管宏鈞妻某氏管明珠妻郭氏劉學灝妻董氏劉光煦妻
盧氏羅啟煜妻羅氏張克仁妻張氏鄧永升妻女寶姑同溺張氏程秀椿妻徐氏羅方明妻
劉氏彭連喜妻袁氏彭啟才妻王氏彭高類妻李氏程松發妻彭氏張應貴妻劉氏張庠章妻
陸氏柳宏科妻抱幼子同被殺魏氏柳宏富妻張氏王德成妻張氏周高望妻李氏陳光錫妻
曹氏陳德發妻蔡氏張新富妻朱氏張重慶妻吳氏張德妻宋黃氏毛氏汪極源祖
母巴華氏巴邱氏李孟氏李李氏王集區烈
婦見新縣志無名氏烈女傳朱氏路口區祝某妻

外籍烈婦附

夏氏黃陂萬迪宏妻同治四年殉難以上節義錄參縣志待旌殉難烈婦

孝婦

舒氏庠生徐復琥妻姑臥病氏同琥日夜扶持凡五載琥沒氏染足疾膝行以侍姑病姑年九十四卒氏以哀逝

余氏興國州訓導包長庚妻事舅姑孝姑晚年得昏瞀疾常自絕粒食或以利刃自扼其吭氏多方救護湯藥非氏不能強進姑病劇氣虛苦遺矢不下氏手擘剔之不避臭惡歷十年如一日焉

陳氏范耀聯妻同治六年二月隨姑避賊與賊遇氏以身蔽姑賊刃之創劇赴水死

陳氏劉士斑妻王氏劉士華妻呂氏陳文秀妻王氏庠生賈慕南妻邵氏州同隆入
祿妻靖氏監生李光達妻吳氏庠生程思孝妻靖氏修職郎謝
從本妻張氏王基澍妻舒氏監生徐士芬妻張氏舒灼妻童氏監生汪步

青妻許氏監生邵正勳妻黃氏靖華國妻魏氏袁宏陞妻方氏監生張立
棟妻杜氏劉光斗妻燕氏楊天申妻以上邑舊志徐氏監生舒中炳妻劉氏鄢光勝妻
吳氏吳起祖妻陳氏洪某妻邵氏左鵬程妻鄒氏邵希澤妻溫氏程錫侯妻
劉氏鄧丕楷妻曹氏汪才高妻張氏庠生舒韡妻徐氏李光啟妻丁氏何清晏妻
某氏謝名樂媳胡氏布經歷黃如鐸妻柳氏邱恕桁妻何氏王大伸妻汪氏王光照妻
晏氏張大楠妻管氏孫文朗妻熊氏翁運淮妻李氏周恒忠妻楊氏邵錦庭妻梅氏曹世錦妻
吳氏程文魁妻詹氏沈正容妻羅氏黃貴啟妻官氏汪鉻傳妻劉氏舒中耀妻金氏陳啟濱妻
羅氏徐宏發妻田氏何德洋妻邱氏職員李彬妻但氏鄧函焰妻王氏范芝選妻
張氏監生蔡福田妻孫氏張光後妻孫氏邱恕松妻張氏外委鄭燿瓏妻
梅氏吳大順妻劉氏程子華妻羅氏庠生靖應杰妻夏氏萬振英妻熊氏程奉馨妻
杜氏把總鄭兆樂妻韓氏陳仁親妻同治三年賊至氏救翁被害旌郭氏徐長林妻

同治三年賊至衞姑被害死汪氏姜天富妻汪氏姜似源妻同治四年賊至與天富妻先後救姑被害
以上縣志王氏張業勝妻孝事姑病六年哀毀卒以上孝婦

貞女

劉女劉若順女幼字陳仲玉年十八未嫁壻沒女聞訃誓不再字父母沒教弟之勳成名卒年七十二乾隆十年旌王志

孫女孫如藩女幼字李廷桂未嫁壻沒女年十七聞訃往弔遂不返紡績奉姑喪葬盡禮守貞三十八年乾隆二十三年旌

坊

曹女曹有章女幼字徐應舉年十九未嫁壻沒女聞訃絕粒七日父送歸徐拜姑成服奉事盡孝夫兄生子茂松甫半月請為嗣育之成立卒年四十一乾隆二十四年建坊

蔣女蔣元珖次女幼字胥銘年二十未嫁壻沒女聞訃痛哭絕粒翦髮自誓縞素親往奠殯畢乘閒覓死舅姑慰之遂留養紡績以佐晨夕嗣舅姑先後沒女無所依仍還母家孝事父母及父母沒喪葬如禮時年七十五乾隆五十二年建坊縣王志補遺

余女余店鄉民余君儒女未嫁而壻夭有豪宦求之女毀容矢志依父終老同知于成龍額旌之

周女永甯鄉民周子恒女許字同里陳氏子陳子遠出不歸父沒或勸改適女正色曰幼受陳聘已決終身言者慚退紡績自給年六十餘卒

周女諸生周有光女許字張東惠子紫文未嫁而紫文夭時女

年十七請於父母歸張守志舅姑已逝或勸其改適誓死拒之身無完褸並日而食伯叔舅各出錢米以作膳資守貞逾四十年

程貞女大崎山民家女也許字陳敦本年十九敦本沒女往哭遂不歸家貧守貞紡績修子婦職足不踰戶年七十六卒黃麻兩邑人士爲之禮葬焉通志程作張姓誤

詹女舉人詹士懿女幼字王封爵未嫁封爵贅王欲其別字女語母曰女從一而終奈何以贅易爵沒女往弔執婦道事繼姑守貞五十三年卒爵弟亦早亡妻王與詹同居苦節六十年卒合葬道周

馬女上伍鄉民馬輝九女許字同里陳命儒未嫁命儒外出不歸或議更字女怒誓死依父母守貞年七十九卒

張女張君卿女許字劉必昆未嫁必昆遊四川久不歸其母病無所依女遂執婦道奉姑勤侍數年不懈必昆沒人勸改適女怒誓死守終

李女李崇義孫女幼字梅涉川見梅光被妻夏氏傳

戴女鄉民戴中時女許字孫盡臣次子年十八壻亡矢志守貞或議更字女覺悲號毀容乃止紡績茹齋至親罕見其面年七十一卒

江女訓導江漢書孫女許字徐世經未嫁世經沒女年十八聞訃請於父母以歸徐衰服成禮事姑盡婦道年四十七卒

萬女幼字鍾天錫未嫁天錫沒女年十六聞訃歸於鍾堅貞誓

死貧苦勤績族人爲立從子麟生承祀守貞五十六年卒

左女左芳名女幼字張氏子未嫁張子遠貿尋沒女年二十四守志依父母勤苦終身年五十九卒

程女南湖程氏女幼字胡氏子未嫁壻沒女誓死守志父喪母老兄嫂俱逝養母撫姪苦貞五十餘年卒

蔡女幼字童士占次子未嫁壻沒女堅貞勤苦養母守志四十五年卒通志作士占妻誤

巴女幼字黃宋璧子年二十未嫁壻沒有勸其改字者女哭拒之養母以孝聞鄉里爲立牓稱之守貞四十四年卒通志作宋璧妻誤

萬女許字徐氏子年十八壻夭女衰服臨喪或以改字爲言女

曰名分已定吾生猶死也遂立嗣以守姊苦終身足不踰閾
年七十餘卒
童女江夏童兩松女許字周昆樹子運康周以子廢疾謝有議
改字者女初聞截髮自誓再則裂其面三則截其耳事乃止
壻沒女遂閉居密室中十餘年惟一婢侍飲食及壻弟生子
請立為後曰吾今有母道乃出與家人一見苦貞數十年
王女許字殷履雲次子殷子外出十餘年不歸履雲語其父母
令改字女誓死苦貞六十餘年通志作履雲妻誤
邱女許字鄭某子鄭子年二十外出十餘年其父母將為改適
女誓曰願守終身閉室紡績卒年五十七以上縣王志
梅女庠生梅志郊女幼字王宗玠未嫁壻沒女年二十二聞訃

往弔矢志守貞事舅姑以孝稱卒年五十九嗣子士訓諸生
候選主簿
余女幼字歐陽華　王女王德女幼字邱汝謬姓氏見通志作乾隆五十八年
旌俞志補
徐女徐繼直女幼字胡名銓未嫁壻沒女年十九矢志往守撫
姪國經為嗣舅病劇竭力以奉藥餌卒年七十道光二十七
年建坊
嚴女教諭嚴承啟長女幼字喻治豐年十九未嫁壻沒女聞訃
毀容誓守父母嘉之送歸喻事舅姑孝撫姪為嗣教之成立
卒年五十巴東令劉家麟紀以詩已　旌
許女許瑄女幼字陳應祖未嫁壻沒女聞訃終日悲泣有議更

字者幾自經死依父母苦守終身卒年九十四已　旌
吳女職員吳正倫女幼字張占魁魁病沒女年十五請於父母
詣弔有祖姑逾七旬遂留守貞侍奉養祭盡禮立魁姪華珠
為嗣現年五十餘已　旌縣志
程女程文女幼字萬咸輔未嫁壻沒女聞訃絕粒數日適萬事
輔父母及大父母惟謹逾年輔父卒次年大父卒女慎終盡
禮三年服滿會輔生日女潛至輔墓以輔所遺絲帶自經死
族人憐之附葬於咸輔墓側已　旌
郭女字彭宗禮通志　周女麻城秉蘭女字陳封震　王女永逵女　張女軍功崇典
女　朱女定山女幼字徐紳賜　王女光全女字徐秉鴻　江女貢生清峯
女字徐世輔　張女字余應太　雷女監生英女　沈女文郁女字杜前樫　曹女字王彬杰

徐女字徐光前　程女程楷女字萬裕熚楷一作鴻潤　蔣女超義女一作敬羣女字張昌棻　華女啟順女
趙女監生敦乾女字陳巨勳　張女瑛女守貞同治四年遇賊偕嗣媳殉難　林女監生一枝
女字孫氏子守貞殉難　以上縣志已旌貞女
劉女劉文瑄女幼字倪文錦年十八錦病劇女請於父往視疾
錦已不能言尋沒女遂留守貞養翁姑撫姪以存錦祀服除
歸甯老姨微諷之女頳怒哭辭父母而去越二十餘年父母
壽各八十乃一歸省修撰陳沆紀以詩見藝文
鄧女吏員鄧廷烈女幼字林國彩未嫁彩沒女年十九聞訃同
母往弔號痛成服誓不返奉彩叔母盡禮撫嗣成立卒年三
十一
靖女監生靖榮賢女許字謝氏子年十九壻亡誓以死守謝氏

具禮迎之女設主於室足不踰閫病家人延醫女指手曰有診吾手者吾必自斷之乃止一日索憲書吾某日去及期沐浴更衣端坐逝縣俞志補

張女許字曾𢰅莪未嫁壻沒女年十八聞訃泣絶家人救甦誓不再字女往弔矢志守貞撫從子爲嗣事姑孝謹兩次刲股後姑沒成疾年三十五卒

陶女幼字戚定乾年二十一未嫁乾沒女聞訃歸戚守貞事舅姑撫嗣子成立授室同治三年遇賊時女年七十矣賊索金女罵曰爾作賊合斫頭死須金何爲賊怒撻之將逼其嗣婦女憤率婦投水死已旌右二傳縣志入烈女考舊志入貞女故移此

陳女名揚女字孫顯達　某女名蘭花節婦馮鑣妻王婢女字焦正元正元沒奉王守貞卒年七十三

馬女監生經邦女字賈榮鳳　程女歲貢光國女字靖華班　張女字吳文明　吳女元甫女字陳氏子　操女履康女字梅超連　靖氏學正崇彌女字謝氏子　劉女字陶永州　王女字陶慶鶴　汪女字李得宜　方女一林女字謝氏子　徐女對重女字胡格非　張女歷壽女字李定中　熊女江夏熊廣旂女字趙材　王女光祿女字陶履華　謝女方杰女字王基闓　胡女廷桂女字劉名義　陳女字余德方　李女字袁悅素　陳女諒釆女字汪敬祖　黃女元純女字徐波海　欒女勝友女字張永清　張女字黃世用　胡女伯嘉女字鍾國保　程女字廖澤興　吳女字程明昇　姚女字程之駟　易女字陳受禮　胡女昇東女字涂志方　余女監生敦崇女字周文珊　李女仁高女字鄧萬明　陳女貢生畏三女字熊衍杞　陳女字朱承武　余女成章女字歐陽華　徐女字余延桂　李女嗣曾女字王宗富　徐女天柱女字余氏子以上俞志　高女府經歷銜樹槐女　汪女厚耀女字易氏子　汪女字王運大　黃女衍孝女字曹世鏞　王女字王明友　熊女監生熊芝女字洪才能　王女烈燾女字鍾明譽　羅女字程國森　劉女兆鋘女　陶女慶讓女字徐宜梁　謝女字梅紹寅　胡女字羅從灝　管女字徐國禮　張女永貞女字胡忠檜　何女字甘仁玳　霍女字梅揚福　吳女字汪廷獻　周女大典女字曹大玉　謝女字劉氏子　彭女字朱成學　喻女聰四女字胡氏子　蔡女字汪傳受　雷女字袁祥集　潘女學山女字邱氏子　熊女副榜熊寅典女字劉敘泗　段女之璠女字程昱基　徐女廪生徐漣女字熊宗琦　許女字張永義　董女鼎煥女字朱漣　朱女有福女字邱勝先　劉女榮宗女字甄氏子　謝女畢元女　廖女監生文秀女目眇願不字紡績資建祖祠並置祭產　韓女百歲士宗女　王女葉自華婢女　王女字徐秉鴻守貞同治五年殉難　王女字王春望守貞殉難以上縣志待旌貞女

烈女

歐女歐彝臣女性端厚每誦貞烈事三復不厭許字蘄水徐基盤基盤沒女遂自經時年二十父母合葬之康熙五十九年建坊舊志列蘄水考通志依一統志列黃岡今從之仍存姓氏於蘄水

吳女幼通書史許字桂登瀛未嫁壻沒女聞訃旬日不食父母密防之乘間至後圃竹林中自縊死衣帶有句云此身已許桂三生誓不將身別字人兩家義而合葬之乾隆八年建坊王志

汪女名長姑團風市民汪用和女也言笑不苟幼字王必選未嫁選沒女聞訃欲往弔父母止之自經者三防之密乃經素而居既而父欲更嫁之女聞整衣自縊死乃歸櫬於王合葬馬乾隆十五建坊舊志補遺

楊女庠生楊以鏞女幼字蘄水汪士敏未嫁壻没女聞訃同母往弔號痛成服投繯者再家人防護之絶粒十日死乾隆十七年建坊

蕭女蕭惟玉女鄰人欲犯之不從自縊死乾隆三十八年建坊

王女王其富女幼字葛世華年二十未嫁華没訃至女大慟欲往奠母阻之偁世華葬女更素服乘母就寢扃戶自經戚族憐其志附葬於世華墓乾隆四十年建坊

李女許字尹繼宗未嫁繼宗夭女欲殉母止之乘閒自經

朱女庠生朱建三女許字程文正未嫁文正没女聞自經死時年十八合葬五雲寺側

喻女喻章彝孫女幼字蘄水高涓璜之子未嫁壻嬰病流爲匃

其家令女別字女泣曰命定矣安知富者之不匃乎事遂止次年復議改適女聞之自經死

梅女梅以衡女許字鄭心應年十八未嫁心應没訃至女方理絲母起爲餐遂登樓自縊死兩家義而合葬之知縣暢于熊請旌

萬女幼字王乃禧未嫁壻没以身殉通志作妻誤 以上縣志已旌殉夫烈女

孫女理問孫承煦女幼字馬先知未嫁壻没女聞訃朝夕飲泣絶粒死立二姪爲嗣長澤球監生

靖女職員靖天柱女幼字汪封雍未嫁壻没女聞訃七日不食卒家人以色絲裹其足旋散易以素帶始止汪迎棺合葬爲之立嗣

張女幼字程其鐓年十九未嫁壻没女聞訃號痛三日不食投河死

劉女劉光錡女幼字周德風未嫁壻没女年十七欲往守貞母止之遂哀號嘔血踰月卒母嘉其志歸周合葬

劉女監生劉廷光女幼字方元美年十七壻没女欲往弔家人止之乃縞衣守貞謂父母曰兒當以死殉但不服喪三年非志也服闋自縊死父母移棺與元美合葬以上縣舊志

徐女名玉姑武生徐起鵬女幼字麻城胡金元未嫁元卒女聞訃求歸胡父母弗許女知志不得遂逾三月沐浴更衣服毒自盡先告父母曰我死當祔葬胡壻言已氣絶赴告於胡爲合窆焉

段女段漢章女幼字通判徐榮華長子代焠未嫁壻没女聞訃誓不再字哭泣月餘卒兩家感其義合葬之

余女名十姑余永延女幼字陶懋利嫁有日矣利病没女聞訃引翦自刺其喉死父母哀其志固請諸陶與利合葬焉

張女榮安女字何世鳶 何女殿揚女字舒典廷 彭女字朱家珣 楊女字林向駿

張女紹全女字杜甫宗宗被賊戕女投水死 以上縣志待旌殉夫烈女

朱女名壽珍監生朱洪女及笄未字同治二年九月隨母陶避賊嘉魚村賊逼近女泣拜母曰兒不能復事母矣投水死已旌

許女名宗珊庠生許佐猷女幼字蘄水吳作霖同治三年八月隨母避賊賊至逼女上馬左右翼之經山隘匹馬先驅乘閒

躍澗中水淺不得死賊趨救女急出懷中利翦自刺其喉死

已　旌

孫女名艾姑之浩女咸豐二年遇賊投水死　劉大二女俱漢州知州劉遐亮女咸豐二年殉難

余女名鴈姊獻珠妹咸豐四年殉難　熊女字呂某咸豐五年賊至投水死　喻女名淑玉華亭女

羅女名蓮踪志仁妹　左女名庚姑毅銳女　熊女名念姑克安女　以上縣志

採訪參節義錄　王女名長姑光潤女　毛女名得姑　呂女名美姑　以上咸豐六年

殉難　霍女汝揚女　楊女名鳳姑　楊女名掉姑俱家駒女　以上咸豐七年殉難

徐女名翠姐德明女　方女朝發女　張女字余應泰　涂女之望女　以上咸豐十一

年殉難　喻女泰陞女　游三四女俱歲貢游坊女　陳女名秀英歲貢游坊嬸女

陳女名銀菊鵬彩女　陳女名梅蘭監生彥昭女　以上同治二年殉難　龍女監生步高

女　龍女泰安女　鍾女名庚女光勳女字汪氏子　張女能升女　郭女光甲女

許女言受女　許女安國女節義錄作國宏女　熊女名貞士珍女　孫女紹煌女

陳女名貞女　陳女名順女俱齊王女　宋女　以上同治三年殉難　汪女名連姊步

朝女字戴氏子　周女名鴈姑振乾女　周女名鳳姑明强女　謝女劉玉汪養

媳　陳女緒主女　以上同治四年殉難　張女名巧姑萬年女同治五年殉難

左女左楨基女與前毅銳女疑係一人　劉女名敏姑士學孫女　汪漢女

王女名當生才貴女　楊女名引姑得貴女　李女名要生紹棠女

章女名喜貴文廣女　陳女名小姑有順女　喻女名福姑松亭女

劉女名玉姑習傳女　徐女名全姑世奇女　以上節義錄參府冊

外籍烈女附

黃女名小姑江蘇人從九黃傳準女咸豐十一年殉難見節義錄　以上已　旌殉難烈女

邏江烈女不知何姓順治初爲兵所得留詩衣帶閒投江而死

有人江猶是女兒身之句陳芳烈有詩見藝文

烈女十九姑咸豐六年三月賊踞黃岡劫掠艮細百餘人置團

風江舟中俾人輸金粟自贖女歎曰身雖爲虜義不受辱於

飛廬板上題詩云生長朱門十九春而今竟作亂離人殺身

無益君王事盡節聊酬夫壻情江水夜深沉弱質月明誰與

弔孤魂傷心父母恩難報但願來生作子孫時夜闌占護稍

懈遂潛出投江死嗚呼烈女可不朽矣惜姓氏不傳爰節詩

中十九二字稱以十九姑縣志稱烈婦十九孃或曰此烈女也移此

余女幼字冷氏子咸豐十一年二月賊至劫女上馬女佯爲歡

笑賊大喜行里許經塘側女紿賊需人馭馬賊馳去將有所

掠女乘閒投水死

熊女熊永順女同治三年遇賊大罵不屈賊不欲殺驅之行至

中途躍入水中賊亦入水拯之女捽賊髮沒之俱斃

余女名重姑余學海女同治三年賊至掠女女紿賊渴甚思飲

水賊縱之飲投水死賊退海拯其屍槀葬湖畔至冬斂之面

如生

陳女陳道遠女幼字鄭氏子同治三年五月遇賊賊欲犯之女

紿賊俟塘側比至女已投水中賊怒刺以矛水濡首猶聞罵

聲及死被賊裂屍

闞山烈女不知誰氏同治三年五月十八日女避賊至闞山賊

近投水中賊擲矛刺死土人憐而葬之婦女疾病禱輒有效

或曰女余姓新洲人遂呼爲余姑墓爲立碑

長官塘三烈女不知姓氏同治三年八月賊夜至三女俱投水
死賊退里人撈其屍其手猶相挽云
倉埠鎭烈女不知何處人同治四年冬女被賊劫至倉子埠大
罵不屈賊令老媼勸之不聽問其姓氏亦不答賊怒撲殺之
媼曰其聲類邑之東鄉人
李女同治六年賊至隨母走避賊及之劫入民舍女哭且罵賊
怒以竹爲弓榜擊其手足支火鎗擊死女至死罵不絕口
尤家泊烈女不知姓氏捻匪之亂死於孔埠區尤家泊塘中監
生尤本珣等具棺歛之葬隄畔有疾病者禱之輒應村人復
歛貲存尤姓生息以供祭費
無名氏烈女髮逆之亂有匃婦自言曾乞食賊中見賊掠一女

子年可十七八械縛馬上至張姓新屋灣甫脫縛卽解帶自
經賊奪之將褫其衣女齧賊指脫去已而作欵曲狀與之食
女罵曰待官軍至醢賊爲脯吾當飽食賊怒終無殺意時賊
方毀屋積薪爲燎火熾謂女曰不從當死女曰卽死不從賊
大怒捽女投火中骸骨皆燼賊衆詫曰眞烈女
劉女名泰敏際欽女字孫氏子 鍾女名金壽字孫氏子 鄒女名掌珠 以上咸豐三年
殉難 邱女名蓉姑時晏女 李女世治女字黃氏子 段女從九段俊
女 以上咸豐五年殉難 朱女艮位女字孫氏子 祝女煥舉女字朱列富
朱女列富妹 以上咸豐七年殉難 黃女名富姑心泰次女 陳女字王氏子
徐女名如意炳泰女 王女純善女 王女王某女 劉女監生宗祺女宗一作榮
張女名元潤建章女 皮女名清秀明勤女 皮女名潤秀明儉女

程女字雷才高 王女名素貞庠生基鎬女 王女名蓮女 謝女長興女 以上咸豐十一
年殉難 石女徐基琳婢女咸豐間殉難 劉女光琳姪孫女 陳女名菊伢字
雷錫爵 徐女正常女 徐女兆華女 徐女紹甫女 以上同治二年殉難
萬女成燾女 陳女一順女 祁女文綏女 黃女宗弼女 馬女先疇季女 熊女范應發養
媳 徐女之虎女 徐女傳松女 林女徐傳松養媳 張女字杜氏子
王女名玉英純志女 王女朝美女 王女學忠女 石女鐵治人 李女長富女
戚女容宏女 陳女應順女 操女操某女 林女監生秉艮女 熊女富禮女
何女深逵女 倪女世友女字孫永成 江女公甫女字陳氏子 汪女名鳳生應
透女抱兄子死 郭女甸揚女 陶女陶彬孫女字梅氏子 舒女中鑛女字王明文
童女名和娣盛元女 鄒女守厚女 鄧女維祿女 鄧女維瑤女 鄧女維錦女
吳女禮恒女 葉女 舒女庠生占益女字張氏子 吳女名羣娣秉文女字胡氏子

朱女興禮女 闞女方秀女 魏女職員魏鏞女字林氏子 蔡家畈烈女
蔡家塘三烈女 羅萍塘烈女 呂家塘烈女
楊家塘烈女 鋪司塘烈女 王集區蔡家田烈女
與一婦投河死土人疑爲姑婦 謝女名再生廷祿女 高女名梅秀章達女
鄧女維駟女 熊女名簡女 陳女獻芳孫女 齊女逵昇女 賈女監生兆凱女
阮女永科女 以上同治三年殉難 靖女棟有女字羅氏子 胡女廷彩女
胡女名桂枝秀坤女 胡女學彩女 胡女潤田女 余女字袁氏子 蔡女天鑄女
邱女名桂女希廉女 袁女一清女 袁女名茴女成名女 羅家橋烈
女 北流河烈女 金家橋烈女 以上同治四年殉難
霍女汝錫女同治六年殉難 某女名有娣字聶氏子 姚女名融姑啟貴女字趙及長
易女二和女 徐女字朱致儒 史女名香蓮 王女尤經祖婢女 鄧女名寶姑永

升女　歐氏次女榮富女　以上縣志　祝女路口區祝某女

以上待旌殉難烈女

孝女

程女余玉美妻氏母張依美避賊雅淡洲鄰舍火氏先出復冒火入救母適風烈火猛母女俱焚死已　旌

晏女晏萬勝女母卧病身有惡蝨除之不盡女泣取數十枚吞之乃絶病劇時刲股和藥以進遂愈

熊女熊玉成女事繼母孝母病危女焚香禱神刲股以進尋愈女旋無疾而卒

王女甯紹台道王一導女幼善病母曹憂勞成疾女痛母病由已誓養母終身曰北宮之女獨異人耶父没事母孝母卒哀痛數月亦卒年五十六縣王志

吳女名回娣吳天督女幼字沈氏子年十六未嫁同治三年五月奉母避賊蓮湖港母病跪侍湯藥焚香禱神願以身代及母没晝夜號泣勺水不入口家人勸之女曰父死依母母死何依終不食而死

周女名秀蘭周鳳儀女同治五年遇賊不屈賊傷其臂父負歸醫愈後母患目疾女以舌餂之目復明父病侍湯藥年餘不倦父没哀毁不食死已　旌

曾女值隸按察司司獄奚德琇妻事父母舅姑至孝奉姑與夫櫬歸葬撫嗣子女備歷艱辛道光二十八年父病割臂和藥以救同治七年　旌大理寺少卿王家璧爲立傳嗣子承爵

監生

邵女張廷耀妻　胡女庠生王連福繼妻　曹女名發娣　鄭女耀光女　沈女沈秉鐸女

張女張文開女　舒女監生舒杰女　黄女張夏和妻　張女胡光泰妻　盧女羅仲臺妻

李女羅建聲妻　沈女周輝澤妻　劉女劉年裕女　徐女徐正椿女　戴女戴永祿女　王女名雲

張女張星煥女　許女從九許光樞女　張女張本順女適靖　曾女曾艳芳女

江女職員履和女幼字汪家珊因父被賊害痛父殉難　熊女王音女救母被賊殺　以上縣志　以上孝女

壽婦累世同堂附縣志續修於光緒六年依原年編錄

江氏張汝賢母壽逾百齡乾隆十八年旌　林氏庠生徐沚伯祖母乾隆二十二年壽百歲曾元七十餘人　唐氏趙世德妻乾隆四十五年百二歲　汪氏洪顯達妻嘉慶十一年九十九歲六世同堂子孫曾元凡三十餘人子源渠妻梅氏亦年九十六五世同堂請獎　徐氏贈職胡宗返妻嘉慶二十四年五世同堂年百歲　涂氏胡文麒妻嘉慶二十二年壽百一歲五世同堂子孫

曾元二十餘人知縣獎額　鄧氏李開緒妻年百二歲五世同堂道光二年旌　董氏儒士張宏煥妻道光三年壽百歲　程氏監生沈世家妻道光八年壽百歲子孫以科名顯　孫氏鄭建潤妻道光十年年九十八　羅氏汪佳祥妻道光二十四年年八十九　袁氏葉敬榮妻道光二十四年年九十一以上三人俱五世同堂請獎　孫氏陳大定妻道光二十四年壽百歲

李氏儒士張受慶妻庠生張商六母百二歲道光二十五年旌孫百揆曾孫紹江俱舉人百揆現爲興國州教諭孫翠之中書　吳氏封職庠生李夢鯉妻年百一歲道光二十六年旌　唐氏從九杜和萬妻年九十六歲五世同堂道光二十七年請獎子孫曾元四十餘人　胡氏段朝楚妻年九十三五世同堂道光二十九年督學給匾　蔡氏余文烈妻咸豐三年年百歲五世同堂督學額獎　徐氏汪承恩妻咸豐八年壽百歲

李氏張鳴珂妻年九十六五世同堂咸豐九年請旌　陶氏喻元博妻咸豐九年九十九歲

余氏宋明亭妻年二十九歲守節壽百一歲子孫曾元十餘人咸豐十年巡撫獎額上二人俱五世同堂

陳氏張一恒妻咸豐十一年年百一歲　鄧氏徐朝章妻咸豐十二年年百歲

李氏周中申妻同治二年年百六歲　朱氏程明惠妻年九十六歲五世同堂同治三年請旌　胡氏王正謨妻同治五年年百三歲五世同堂親見八代子孫曾元二十餘人　程氏陳士琪妻同治八年壽百三歲　胡氏儒士王養松妻同治九年壽百一歲督學給匾子孫俱業儒　王氏汪永發妻同治十二年壽百三歲　方康氏同治十三年壽百八歲　戢氏孫高祿母光緒三年壽百二歲　施氏涂士印妻光緒四年百歲目及五代　韓氏奚大發妻光緒四年壽百四歲　余氏增生萬鼎新妻光緒四年百歲　陳氏喻錫樂妻光緒四年壽九十七　葉氏四川石柱同知王燕瓊母光緒四年年九十二歲眼觀七代上二人俱五世同堂　萬氏王基恒妻光緒五年壽百三歲　李氏余起垓妻光緒六年百歲曾元四十餘人　何氏徐其勳妻光緒六年壽百歲曾元三十餘人　巴氏戢海若妻光緒六年壽百歲　彭氏陳光斗妻光緒六年壽九十四歲上二人俱五世同堂　操氏胡華瑞妻光緒七年壽百一歲　陳氏汪亨瑞妻五世同堂旌　沈氏雍慶亨妻年百四歲督學獎額　童氏李正剛母年百歲　程氏汪純臣妻現年百二歲　車氏魏世徵妻壽百一歲　劉氏魏澤富妻壽百一歲　賀氏監生余滑叟妻壽百四歲督學給額子孫榮顯　朱氏張玉安妻現年百歲　徐氏張承先妻現年百歲　閔氏夏宗耀妻現年百歲　周氏夏基立妻年二十八守節現年百一歲　李氏夏聲富妻現年百三歲　張氏涂崑妻現年百二歲子孫六十餘人　盧氏李鉉簡母年百歲目及五代　徐氏李正國妻壽百一歲　張氏尹萬書妻壽百一歲眼觀九代夫萬書九十六歲卒次子天成媳徐氏現年各九十三歲曾元林立　羅氏桂自輝妻百二歲五世同堂已旌　孫氏杜權時繼妻舉人杜樹滋祖母現年百歲子孫曾元二十餘人　宋氏監生黃鏊妻壽百一歲五子皆入庠稱孝友督學給匾　方氏黃世珂妻壽百一歲　王氏徐年江母守節七十餘年現年百歲　徐氏萬祥瑛妻年九十二　嚴氏王龍久妻年九十七　楊氏余艮信妻封夫人年九十二歲子孫曾元二十餘人　蘇氏鄒希龍妻年九十八子孫曾元二十餘人　鄔氏陶堯章妻夫婦俱年九十八卒　童氏朱朝驥妻現年九十九　段氏向欲東母八十二歲　汪氏葉鶴林母八十四歲　賀氏林心泰母八十一歲　楊氏周德富妻年九十五歲子乃仲

及婦萬氏均年九十餘歲　鄭氏汪永桂妻九十五歲　張氏職員林繡依母年九十六歲　劉氏職員羅文發妻年九十八子孫曾元二十餘人　張氏陳治平妻現年九十二　以上五世同堂　龍氏孫德貴妻七世同堂卒年九十六　尹氏監生易榮昌妻現年九十三歲督學額獎　黃氏儒士黃承武妻現年百歲　李氏監生甄在昀母年九十歲男婦六十餘人　胡氏於孫楷母現年九十八　曹氏熊文珍妻現年九十二　陳氏儒士羅一川妻現年九十一　黃氏監生張遐齡妻現年九十歲　陳氏劉名泰母現年九十五歲　陳張氏年九十二歲以上五世同堂　張氏陳春圃妻年九十二五世同堂巡撫獎額　胡氏會楚祺妻年九十七歲曾元六十餘人　程氏陳光明妻九十四歲　曾氏李定川妻九十八歲　李氏龍景春妻壽百餘歲子孫曾元七十餘人以上五世同堂　龍氏李國甯妻現年百歲子孫曾元六十餘人以上壽婦

孝婦補輯

龔氏阜城縣知縣曾錫齡妻順甯府經歷龔斗南次女年十八于歸事翁姑以孝聞明年翁保定同知世儀病醫藥罔效時錫齡奉差道遠未歸氏每夜齋戒焚禱翁病劇氏憂甚於七月二十二日三更時刲左臂數寸奉藥以進翁病頓瘳光緒十年　旌現年五十八

黃州府志卷之二十七下終

荊楚文庫

〔光緒〕黃州府志（下）

〔清〕英啟 修
〔清〕刘燡 鄧琛等 纂

荊楚文庫編纂出版委員會
武漢大學出版社

黃州府知府英　啟纂輯

人物志

列女三

蘄水縣

節婦

江氏庠生徐時可妻　姚氏庠生徐粱妻江年二十一適徐五年夫沒撫孤子粱未弱冠爲諸生尋夭偕媳姚撫育諸孫備嘗險阻卒全其志子孫科第蟬聯咸以爲累世苦節之報康熙六十年　旌（通志作徐粱年訛）

陳氏王文學妻（本徐本僊節孝吟見藝文）

龍氏張登翼妻年十九夫亡舅姑衰老一子在襁褓家貧勤操作課子永綏爲諸生年八十沒

郭氏周有繼妻年二十一夫亡孝事舅姑教子廷德有成苦節五十餘年

張氏高元哲繼妻年十九而寡未生子撫前室二子如已出年五十沒　俱雍正元年　旌

汪氏戴三祝妻年二十七夫亡舅姑未葬氏力舉三柩無缺禮氏幼通經史親教子縉雲成明經纂先賢嘉訓垂爲家範年八十四沒

曾氏戴晉琮妻年二十四夫沒哀痛慘切每哭暈絕事舅姑盡孝撫孤成立

粱氏戴起源妻夫亡撫遺腹子成立事祖姑孝每晨溫衣而進晚爲熏被俟安寢乃退　俱雍正三年　旌

易氏程朝鼎妻年二十二夫故遺二女立從子爲嗣苦節五十二年

南氏高啟疆妻年十九夫死撫遺腹子至十餘歲而殤獨柱幾死守節三十餘年　俱雍正四年　旌

繆氏戴天眷妻年十七夫亡無出矢志守節惟一老僕傭栄以給饔飧親亞之宅足未嘗履言動秉禮者數十年九十一終

徐氏畢開亦妻　吳氏畢封理妻　李氏畢從佑妻（本通志補）徐年二十二夫沒生遺腹子封理年十八娶婦吳甫十月封理夭族人覬產爭繼徐言吳有娠姑待之彌月果生孫名從佑姑

婦閉戶撫養備極艱辛從佑年十七娶婦李年餘復夭族人議繼如前吳詢新婦有三月娠族衆未信爭繼不已屆期産男女各一徐吳哀喜交並詐乳媼於蓐中壓斃其女吳痛甚親爲撫哺涕泣祝天吳孀居近二十年忽乳注得哺孤成立三代單傳獲存禋祀子孫昌茂咸以爲節孝之報云雍正五年請　旌（本縣志補遺）

聞氏程楷妻聞啓謨女年二十二夫亡立從子志道爲嗣復夭氏寡居無依堅貞不渝苦節數十年又立從孫基繼志道爲後年七十餘終

蔡氏楊成雲妻庠生蔡國蒲女年二十四夫沒孝事舅姑遺孤本性早夭立從子傑性爲嗣苦節五十二年　俱雍正十一

年　旌
江氏監生袁其珆妻年二十六夫亡撫二孤之明之曉俱成名
楊氏監生李幹貞妻贈文林郎楊道曾之女年二十三夫亡無
子矢志守節遺腹一女適蔡立從子紹總爲嗣支持先業修
理祠墓捐田附祀閭黨稱之年八十餘終　俱雍正十二年
旌
楊氏庠生李蒲妻年二十二夫没撫孤永治成名孤没復撫兩
孫
張氏庠生鄭文衡妻年二十七夫亡奉事孀姑撫孤毓珠成名
守節三十四年　俱雍正十三年　旌
華氏王步瀛妻年十九夫亡無子立從子爲嗣守節三十三年

汪氏徐如梅妻年十八夫没立從子爲嗣守節二十七年
戴氏徐基美妻庠生戴士桂女年二十八夫亡僅一女立從子
清緒爲嗣守節二十六年
何氏畢開祐妻年二十九夫亡孝事孀姑撫二子成立守節二
十九年
朱氏庠生萬永慶妻年二十三夫卒姑目失明克盡孝養撫幼
孤成名守節六十一年
李氏胡潤詔妻年二十而寡立從子爲嗣守節四十四年
程氏李聞璠妻年二十四夫亡一子旋夭立從子爲嗣守節四
十年　俱乾隆元年　旌
王氏庠生蔡友仁妻年二十夫没奉姑盡孝撫遺孤爲諸生苦
節六十一年曾孫清純妻范亦以節稱見後
楊氏畢開疆妻年二十八而寡矢志撫二孤苦節二十五年長
封斗成優貢生以教習没於京復撫弱孫從乾苦節二十五
年次子揚楚庠生長媳李氏亦以節稱見後　俱乾隆二年　旌
袁氏黄從震妻年二十夫亡家貧竭力撫孤復憫從姪幼孤無
依鞠養授室苦節五十四年乾隆三年　旌
江氏監生方師瑋妻年二十二夫亡守節孝事舅姑撫兩孤成
美成傑俱列成均卒年八十五孫御龍國學生
王氏庠生楊永焜妻　馮氏庠生楊元昊妻　李氏楊永煜妻
夫俱早没娣姒同爨共矢柏舟王李撫字遺孤馮氏立嗣奉
祀一門三節

周氏庠生程正炳妻　陳氏程士豹妻　蔡氏庠生程正煒妻
周年二十八守節撫孤士豹復夭媳陳十九矢志撫孤原銓
復夭炳弟正煒妻蔡年十八守節撫孤學瑗後爲縣佐長孫
應麟直隸知縣次孫繼東庠生蔡以之嗣陳氏後三孀同節
參縣志
張氏監生徐與參妻年二十八夫亡欲以身殉姑抱遺孤强起
之事舅姑逮祖舅姑皆盡禮撫五歲孤宗連成立守節二十
四年　俱乾隆四年　旌
柴氏周洪登縣志作惇妻年二十三夫亡家貧奉舅姑盡禮遺孤必
纘復夭立孫以祥承祀苦節二十九年
徐氏監生張永年妻夫亡守節一子早死以族子爲嗣

龔氏庠生周漢昭妻年二十八夫亡無子撫姪爲嗣苦節四十一年　俱乾隆六年　旌

周氏鄖世松妻年二十六夫亡立從子爲嗣孝事舅姑守節三十五年

鄧氏縣丞宋國器妻年二十八夫亡守志奉孀姑孝撫孤士吉成名守節六十一年

曾氏劉邦正妻家貧夫病割股以進及夫死撫兩子漢伊正全皆成名守節五十四年　俱乾隆七年　旌

尚氏庠生萬永芳妻年二十二夫亡撫九月孤成立苦節六十一年

胡氏王天祐妻年二十二夫亡無子立從子爲嗣守節三十年

俱乾隆八年　旌

蔡氏武進士徐本信妻夫卒京師氏聞訃幾絕事兩世孀姑盡孝撫遺孤立行迄有成守節二十七年乾隆九年　旌

魯氏石永銓妻年二十六夫沒事孀姑孝撫五歲孤桂濤成名

陳氏可光義妻年二十四夫亡氏奉舅姑孝撫兩月孤啟棟成立守節三十三年

孔氏可啟謨妻年二十五夫亡家貧撫四月孤一煜事舅與繼姑以孝著

李氏范家槐妻年二十三夫沒遺孤四歲旋夭立從子爲嗣與孀姑同寢室奉事勤謹

翟氏南風高妻年二十七夫沒撫孤娶媳而夭立從孫承祧守節三十年

徐氏李達妻年二十七夫沒甘貧守節孝事舅姑撫遺腹子有成

盧氏張雄壽妻年二十五夫沒甘貧守節女紅自給孝事孀姑撫二子成立

張氏華濟川妻年二十八夫沒甘貧守節孝事舅姑撫三歲孤旋夭立從子爲嗣　俱乾隆十一年　旌

徐氏李長郁妻年二十四夫客死氏迎柩歸葬無子忍死二十年俟夫弟啟昌舉子立爲嗣苦節六十餘年

王氏監生鄧應善妻　尚氏鄧朝棟妻姑婦也王年二十四夫亡撫五歲孤朝棟成立授室後棟早死王與媳尚同心矢志

立族孫爲嗣建祠宇捐祀產守節四十餘年氏沒後尚克繼姑志以節終　俱乾隆十二年　旌

趙氏庠生楊承材妻年二十九而寡孝事舅姑撫兩孤成立守節三十二年

倪氏姚玉麟妻南漳令桐城倪灝女年二十八夫沒遺一女復殤氏奉孀姑孝謹姑沒喪葬盡禮人稱節孝兩全以上王志參通志縣志　俱乾隆十三年　旌

陳氏監生李楷妻年三十夫亡守志三十八年乾隆十四年　旌

南氏庠生周郁仕妻　王氏周象乾妻南年二十于歸夫病割股二十四夫亡子夭立姪象乾爲嗣象乾早逝婦王年二十

二生一女撫從子搆雍後以節終
徐氏儒童李近守妻年二十六夫亡撫遺腹孤成立　俱乾隆
十五年　旌
項氏袁士龍妻年二十九夫亡守志奉舅姑撫遺孤苦節二十
六年乾隆十六年　旌
林氏庠生徐士俊妻年二十九夫亡力奉舅姑存沒備禮撫子
應魁鵬飛成名苦節二十六年
余氏孔世璲妻年二十二夫沒撫嗣孝事舅姑守節三十年
俱乾隆十七年　旌
王氏萬維藩妻年十九夫沒守節三十六年乾隆十八年　旌
蔡氏姚承典妻年二十二而寡苦節三十一年乾隆十九年

旌
周氏歐陽成栻妻孝事舅姑年二十八夫亡撫孤子灼入國學
灼亡復撫兩孫龍溪鳳儀登仕籍守節五十九年乾隆二十
一年　旌
朱氏監生張能行妻年二十四夫沒遺孤旋夭立姪鴻勳為嗣
成諸生守節五十一年
王氏高正觭妻年二十一夫沒孝事舅姑守節三十二年　俱
乾隆二十四年　旌
李氏聞開源縣志作源昌妻　葉氏聞盛棟妻李年二十四夫亡時
祖姑年八十李與姑奉事維謹撫孤子盛棟成名娶葉嗣盛
棟夭無子立姪大勳為嗣與葉撫養成立年九十三卒乾隆

二十五年　旌
華氏黃士炎妻于歸四載夫沒守節乾隆二十六年　旌
樂氏庠生程開儀妻年二十二夫病篤嚙氏臂以盟血流遍體
氏願以身代及沒遺腹生子光琫訓為諸生事舅姑養祭盡
禮守節五十五年乾隆三十二年　旌
戴氏鄭毓芳妻年二十三夫亡遺孤嘉謨教之列成均守節五
十七年乾隆四十二年　旌
詹氏鄭毓苦妻年二十一夫亡無出立姪嘉謨守節五十餘年
乾隆四十三年請　旌
李氏董仲芹妻年二十四夫故無所出立姪存賢為嗣守節四
十二年乾隆四十九年請　旌縣志補

郭氏陳斐章妻年二十二夫故敬奉孀姑撫孤正魁俾入國學
苦節三十年
胡氏程天奇妻年十九于歸越五年夫故撫三月孤成立苦節
五十餘年本縣志補　俱乾隆五十五年　旌
張氏附貢徐六敏妻年二十九夫沒事嗣舅姑與本生姑孝養
備至撫教遺孤二子鳳岐國學生翼亭登乾隆己酉賢書守
節三十八年乾隆五十六年　旌縣志補
鄧氏王際泰妻年二十三夫沒遺孤基幼家貧氏泣血支持躬
藝園蔬寒冬拾蘆炊爨以養舅姑舅沒奉孀姑范年逾八十
病臥牀褥氏侍奉衣不解帶者三年教子基為諸生撫孤姪
如己出苦節四十九年

桂氏庠生奚祿遠妻幼通女史事父母以孝稱于歸後事舅姑備得歡心年三十夫沒氏勺水不飲誓以身殉因念子幼乃强起視事營葬舅姑及夫櫬均盡禮守節四十七年卒以孫標貴　贈孺人

何氏王某妻何人碩女年二十一夫沒守節撫孤居河東街河水漲溢居民逃避氏以手抱孤繫繩姑柩堅挽於腰隨水升屋號呼願以身殉鄰屋盡毀氏室獨存姑柩得免淪沒水退竭十指以營葬孤復夭撫孫艱險備嘗以壽終

畢氏蔡國崑妻夫沒家財分給諸姪不留餘貲苦守數十年卒知縣許贈有額以上通志參縣志

宋氏馮大遂妻年二十三夫沒一子先殤氏誓不欲生姑楊泣

勸之乃隱忍相依初大遂甫生而母呂亡繼母楊視如己出待婦亦然越七年楊沒氏慟甚絕粒張兩目血淚交流氣息奄奄未幾卒

夏氏庠生欒士瑛妻年二十七夫沒脫珥典衣奉姑教子族有無賴子逼令改適氏翦髮自誓以全節終

蔡氏余尙賢妻年二十八夫病家貧割股和藥以進卒不起氏矢志苦守逾七年卒

廖氏高天德妻事舅姑孝年二十七夫沒生遺腹子不育遂絕粒日夜號泣姑泣諭之乃强起立嗣子樹華教之成立孝慈兼盡守節六十一年卒

章氏夏光官妻年二十夫沒事舅姑孝有姪自蜀歸攜斑竹一株植於庭僅存一葉歷年青翠氏沒卽枯人以爲苦節之驗氏卒年七十七

陳氏謝履祥妻年二十四夫沒事翁姑養生送死無失禮一子旋夭立嗣又夭家無儋石紡績自給不出閫閾者四十餘年卒年七十

聶氏喆職熊洪標妻年二十八夫沒顧二子歎曰天果不負苦心人當使若輩讀父書爲亡父吐氣迨子炯燧入鄉選諸孫髫齡能文章氏猶紡績不輟卒年七十二

陳氏萬秀升妻于歸二年生子甫週歲夫沒鬻環佩以養翁姑課子下帷慈嚴並至以全節終

胡氏佾生蔡興校妻黃岡胡美彥女也年二十三夫沒生遺腹

子不育撫嗣子學炯成立炯沒偕媳許氏相依誓守嘗捐田資義渡卒年六十以上縣志俱旌

徐氏吳毓棻妻年二十適吳逾年夫沒氏毀容截髮誓死靡他督學王請　旌

袁氏萬仁綬妻年二十九夫沒矢志守節孝事舅姑撫嗣子葬夫預成二壙卒附葬焉

畢氏李仲參妻　孫氏陳宗高妻　王氏游琬妻　范氏王士亨妻　鄭氏錢宏沛妻　戴氏江純貞妻

余氏汪基賢妻　張氏龍雲登妻　張氏程啟貴妻　李氏周有資妻　王氏庠生馮傑興妻

李氏胡承稻妻　蔡氏胡時選妻　張氏熊青棻妻　操氏熊正蓄妻　南氏潘宗海妻　吳氏彭文炳妻

王氏庠生張家深妻　萬氏蔡應義妻　汪氏高兩儀妻　董氏庠生萬景煦妻

石氏程延泰妻　蔡氏胡倉選妻　王氏監生李紹麒妻　袁氏李以書妻　張氏一作章姓

舉人張萬選妻 王氏徐紹緒妻 詹氏庠生柴文貞妻 袁氏姜崇炎妻 彭氏庠生范可
孝繼妻 蔡氏庠生官棟妻縣志棟作諫 周氏周廷梓妻 陳氏熊菁莪妻 岑氏姜封湄妻
姚氏庠生林天植妻 游氏監生趙藻妻 畢氏庠生張玄功妻
吳氏奚孔文妻 高氏南運昶妻 蔡氏涂際雲妻 徐氏蔡永珩妻 陳氏庠生徐雲範妻
周氏監生徐定中妻 楊氏盧坤戴妻 徐氏王博仁妻 陳氏郭應得妻 陳氏監生吳從
佑妻 楊氏蔡永瑢妻 陳氏汪煥湘妻 畢氏監生李士鵬妻 周氏李聞振妻
郭氏徐五序妻 李氏袁用文妻 盧氏南金蘭妻 張氏華殿英妻 王氏劉世鏡妻 張氏劉不亨妻
潘氏程元義妻 葉氏黃子壽妻 邱氏庠生程芝英妻 顧氏龍雲從妻 徐氏楊炳陞妻
蕭氏程良佑妻 葉氏監生汪承天妻 王氏周忠妻 奚氏馮大炯妻 何氏秦安吉妻
欒氏庠生李瑾妻 王氏高正簡妻 孫氏易克全妻 潘氏陳心憓妻 江氏邱璠妻
李氏涂元亨妻 周氏庠生姜世鐸妻 方氏監生周協命妻 周氏郭璧臣妻

王氏南應朝妻 余氏南嘉魚妻 孔氏黃宗堯妻 鄧氏李紹泌妻 余氏陳廷輝妻 汪氏余仰高妻
鄧氏汪啟謨妻 袁氏庠生李瑛瑚妻 陸氏張聖修妻 李氏鄧思魯妻 張氏何之亨妻
聞氏庠生蔡應麐妻 徐氏胡珂選妻 鄢氏潘德友妻 游氏官瑱妻 余氏葉毓華妻
王氏胡質詔妻 舒氏王兆恆妻 熊氏陳子鏘妻 南氏陳孔占妻 何氏陳隆世妻 易氏陳諦軒妻
張氏蔡士楷妻 楊氏庠生蔡士楠妻 范氏陳哲時妻 徐氏陳際雲妻 雷氏孔世瓛妻
馮氏孔世琪妻 瞿氏彭冠羣妻 徐氏彭二璋妻 易氏南兩峩妻 范氏監生潘成學妻
甘氏李昆儒妻 程氏楊成翩妻 詹氏徐七正妻 楊氏程元鵬妻 張氏胡以郁妻 潘氏胡楚昶妻
王氏胡禮府妻 張氏周振洛妻 楊氏周宗旦妻 陳氏李公錫妻 楊氏瞿條有妻 楊氏瞿君厚妻
馮氏蔡永法妻 尙氏監生蔡文瀾妻 萬氏庠生蔡文洙妻 陳氏貢生周璺
甫妻 陳氏周延偶妻 陳氏徐受中妻 司氏庠生李聞楚妻 胡氏郭正魯妻
程氏庠生徐師齡妻 張氏庠生楊吉泰妻 何氏庠生樂聞韶妻縣志聞作則

陳氏郭一得妻 李氏庠生吳學禮妻 張氏姚應麟妻 張氏庠生周協正妻
熊氏庠生高于岱妻 張氏萬民則妻 彭氏胡成棟妻 汪氏胡志鰲妻 汪氏徐坤緒妻
周氏王三尊妻 華氏王毅宏妻 李氏方帥環妻 王氏周之規妻 彭氏張聯箕妻 袁氏方之魯母
甘氏張國通妻 郭氏陳農章妻 馮氏陳嘉雲妻 郭氏陳斐章妻 廖氏黃寶臣妻 王氏黃孔訓妻
以上通志闕補縣志 陳氏徐澤揚妻 南氏饒訓世妻 汪氏高啟賢妻 葉氏汪承天妻
余氏鄭紹利妻 程氏高佑琳妻 陳氏監生周建子妻 周氏畢從關妻 翟氏徐天彩妻
周氏樂觀興妻 程氏徐振家妻 華氏從九佾昌平妻 滕氏蔡世勳妻 汪氏程步瀛妻
黎氏汪俊傑妻 楊氏熊天桂妻 程氏熊天桂媳 潘氏張宏居妻 程氏張之臯妻 程氏職員朱步
鑾妻 李氏王仲昌妻 熊氏陳喜達妻 楊氏監生袁大經妻 華氏詹仁達妻
郭氏張彩瑞妻 侯氏監生張則銘妻 潘氏朱永錫妻 江氏徐棻峯妻 熊氏朱永元妻
易氏夏之瑚妻 江氏夏觀禮妻 畢氏封職程開駟妻 游氏尙子爵妻 李氏程開泰妻

盧氏尙六官妻 徐氏程世宜妻 唐氏拔貢范世業妻 閻氏范世樂繼妻
沈氏王松琳妻 陳氏程世兆妻 王氏程遠琪妻 萬氏郭文焯妻 南氏郭文觀妻 周氏徐德超妻
陳氏徐本聰妻 李氏增生閔道銓妻 鄭氏徐集璜妻 程氏吳正治妻 陳氏庠生徐奉
策妻 劉氏葉景珠妻 翟氏葉景春妻 王氏蔡白煌妻 胡氏黃有富妻 馬氏畢祚鼎妻
程氏畢際春妻 胡氏庠生謝世焜妻 潘氏李開珊妻 鄭氏李開球妻 孔氏廩生畢蘊
芳妻 胡氏陳名和妻 陳氏郭應舉妻 王氏范德炳妻 郭氏范昌遴妻 任氏理問范昌
佑妻 周氏監生范忠進妻 易氏庠生盧勳妻 饒氏何貞復妻
王氏何貞珩妻 周氏何兆槐妻 華氏監生瞿永清妻 徐氏瞿永和妻 謝氏瞿永淮妻
鄧氏蔡世新妻 裴氏易繼宗妻 黃氏張錦華妻 王氏張順賢妻 周氏監生陳開華妻
王氏監生陳淮繼妻 蔡氏柳文周妻 熊氏柳文斗妻 李氏柳文煥妻 龍氏張得勝妻
柳氏張得超妻 洪氏徐七溶妻 林氏庠生徐士俊妻 翟氏程世傑妻 蔡氏裴爵尙妻

陳氏裴登鼇妻　傅氏夏之璜妻　石氏夏光瑩妻　王氏徐九玫妻　徐氏徐光照妻　易氏程文煥妻
楊氏徐學治妻　畢氏徐登妻　鄧氏徐九銳妻　丁氏監生徐鴻策妻　胡氏曾開第妻
龍氏李耀熺妻　徐氏李祖均妻　陳氏吳兆達妻　徐氏增生王理川妻　李氏高之峯妻
高氏徐繼泰妻　葉氏李守誠妻　王氏朱暉丹妻　袁氏朱之秀妻　周氏安正耀妻　李氏鄧文榜妻
潘氏葉秉雅妻　江氏葉秉彩妻　李氏任欽選妻　張氏監生任振麟妻　李氏鄧高佐妻
王氏胡隆山妻　畢氏庠生潘紫卿妻　范氏景子芊妻　楊氏庠生潘鳴祥妻
張氏武生潘祚翥妻　歐陽氏鄧家秀妻　王氏胡輝緒妻　張氏高命瑄妻
王氏優貢高文龍妻　楊氏高天泰妻　陳氏高天球妻　王氏何宗甘妻　余氏高之翰妻
余氏蔡時珠妻　陳氏蔡時倉妻　高氏何聲銘妻　舒氏監生何紹蘇妻　汪氏何紹時妻
饒氏潘山秀妻　黃氏閔咸性妻　江氏曾紀政妻　曾氏張汝湨妻　許氏吳維廷妻　胡氏程世高妻
任氏王廷桂妻　岑氏熊爵公妻　葉氏汪泮林妻　陳氏蔡永綱妻　徐氏葉紹璿妻　左氏葉紹觀妻

方氏張基緒妻　張氏章開勳妻　王氏徐一燊妻　李氏徐生恂妻　饒氏蔡世達妻　翟氏周永清妻
陳氏周世才妻　王氏周永壽妻　陳氏周永義妻　陳氏周樹潤妻　謝氏周勳蔚妻　胡氏周勳模妻
吳氏周宗全妻　陳氏謝芳芝妻　龍氏徐應貞妻　夏氏柯之俊妻　劉氏柯顯仁妻　陳氏周勳宇妻
陳氏張和華妻　高氏易世環妻　王氏汪彩藻妻　李氏雷道輝妻　王氏徐愈鍨妻　曾氏郭一都妻
李氏郭應宏妻　郭氏艾東水妻　岑氏艾泳台妻　閔氏艾之馨妻　徐氏程開仕妻　楊氏蔡文焯妻
郭氏吳光藻妻　汪氏徐德成妻　胡氏傅殿魁妻　胡氏李連香妻　吳氏安正耀妻　郭氏謝啟僊妻
郭氏黃泰瞻妻　郭氏萬代滋妻　郭氏監生周必及妻　徐氏閔道森妻　李氏庠生陳杰
妻　胡氏王宗人妻　黃氏徐德縉妻　郭氏袁宗連妻　楊氏夏光宗妻　許氏潘國祥妻
李氏蔣修文妻　吳氏何道周妻　姚氏李文燭妻　馮氏何寶璋妻　胥氏徐愈達妻　呂氏陳學昭妻
姚氏傅宗貞妻　游氏曹星蘭妻　胡氏王聯輝妻　夏氏徐七駿妻　徐氏高開旦妻　孔氏南玉仲妻
鄔氏舒忠宣妻　華氏程世科妻　袁氏程開源妻　柴氏郭應昆妻　汪氏陳家裕妻　朱氏汪名選妻

呂氏徐煥妻　蔡氏朱應瑾妻　程氏周道芳妻　畢氏程寶書妻　以上縣志府冊　奚氏彭光華妻
黃岡內閣中書奚先凱女守節三十一年咸稱賢孝　姜氏從九葉之茂妻　以上俱已旌
陳氏吳遐壽妻年二十四夫沒與孀姑共勵冰霜一門雙節督
學王額獎之
李氏蕭仲芹妻　汪氏監生蕭鈞秀妻　以上縣志俱獎　以上已旌獎節婦
張氏優廩生陳廷杜妻年二十二夫沒堅貞自守孝事翁姑撫
夫胞兄內閣侍讀學士廷經次子恩嘉爲嗣守節十八年卒
彭氏監生石永鍠妾漢陽人年二十三鍠沒無子嫡婦令改適
氏曰妾生沒時無後命妾不敢背嗣子本皓甫數月辛勤撫
育家貧紡績度日苦節三十九年卒　以上縣志
胡氏何長禾妻年二十夫沒無子家貧甚胞兄舉人璧華給衣

食度日苦節四十二年卒　採新
范氏蔡清德妻　李氏畢封斗妻　王氏姚元魯媳　程氏徐漣猗妻　彭氏徐六璞妻　馮氏陳嘉鬐妻
李氏尚五福妻　周氏尚六鼇妻　王氏拔貢陳鵬翥妻　魯氏夏世璋妻　漆氏廩生徐立
蘇妻　劉氏謝光四妻　汪氏庠生楊以斗妻　柳氏貢生盧智煥妻
駱氏庠生徐登嵋妻　郁氏蔡士森妻　孫氏登仕郎張厚萃繼妻　畢氏王士泰妻
蔡氏徐燕緒妻　李氏方修立妻　郭氏毛恆旭妻　聞氏縣丞盧廣祚妻　蔡氏庠生徐益
僎妻　夏氏庠生陳光倫妻　萬氏郭喬塋妻　瞿氏郭正泌妻　閻氏舉人徐棟
梁妻　尚氏庠生徐高麒妻　王氏蔡文彪妻　徐氏庠生李允漢妻
張氏懷在延妻　袁氏程開東妻　黎氏徐顯烈妻　駱氏梅永溥妻　涂氏葉金華妻　張氏監生蔡文
沐妻　陶氏雷知微妻　楊氏雷震一妻　汪氏胡源淇妻　張氏余士懷妻　周氏謝藎臣妻
鄧氏杜朱政妻　廣氏張元魁妻　張氏姚一清妻　段氏姚一凝妻　彭氏朱依渭妻　戴氏陳士鍠妻

李氏章佳士妻　姚氏詹光台妻　饒氏湯世鎮妻　田氏胡楚珍妻　周氏范廷楫妻　李氏胡公省妻
張氏王紀攀妻　董氏華謙貞妻　高氏景斯廣妻　徐氏李含燮妻　吳氏程倘位妻　周氏林緒和妻
龔氏王榮茂妻　李氏王邦珍妻　陳氏李椿良妻　周氏閔性邦妻　郭氏閔性詞妻　張氏閔性敏妻
張氏郭應卿妻　江氏郭應玕妻　徐氏朱會琛妻　何氏徐五衛妻　陳氏畢封甡妻　程氏畢封珏妻
畢氏張大勳妻　畢氏張厚履妻　范氏李永芳妻　董氏監生胡楚第妻　潘氏胡楚瑤妻
袁氏庠生李聞龍妻　范氏李含德妻　胡氏楊芝蘭妻　廖氏監生方有瑤妻
王氏何永興妻　徐氏彭東義妻　皮氏彭道合妻　張氏彭台占妻　瞿氏彭咸宜妻　葉氏彭唐瑞妻
范氏程永參妻　段氏程紹洛妻　翟氏李閒桐妻　張氏程元駟妻　石氏庠生程鳳翽妻
方氏庠生蔡士梓妻　董氏江大顯妻　邵氏陳載華妻　王氏張應瑚妻　戴氏陳嘉告妻
周氏陳端明妻　陳氏蔡季玉妻　劉氏張本梓妻　林氏張國統妻　周氏庠生潘伊湄妻
孫氏舉人徐立天妾　梅氏盧廣勳妻　華氏閻盛樟妻　余氏監生石文蓁妻
陳氏程之鐸妻　陳氏何元勝妻　范氏潘伊鎬妻　程氏楊以煥妻　閻氏庠生方松妻
畢氏方之鐸妻　張氏吳應武妻　陳氏周奉彬妻　陳氏周繼亭妻　潘氏監生盧廣厚妻
鄧氏艾必煥妻　李氏庠生蔡文淇妻　李氏郭學優妻　陳氏監生謝光青妻
周氏郭一善妻　張氏郭應珩妻　陳氏庠生吳必高妻　胡氏李含覺妻　徐氏庠生柴世
琯妻　范氏黃作舟妻　顧氏徐集奎妻　李氏楊繼榆妻　徐氏楊明傳妻　任氏庠生顧建
寅妻　馮氏張永臺妻　龔氏潘伊本妻　鄧氏潘爾治妻　胡氏潘紹階妻　胡氏潘踐理妻
盛氏潘蘊玉妻　陳氏周青選妻　何氏姚二元妻　陳氏王兆昌妻　張氏程廷封妻　王氏姚二昱妻
何氏王兆岐妻　陳氏王曉馨妻　王氏程岐山妻　陳氏姚良志妻　夏氏王士松妻　徐氏姚一澈妻
張氏蔡文瀅妻　蔡氏陳一德妻　徐氏陳文玉妻　畢氏陳選選妻　王氏陳文耀妻　胡氏陳文禮妻
蔡氏陳運謙妻　鄔氏盧智炳妻　徐氏盧廣樂妻　徐氏李煥縉妻　徐氏高之銳妻　龔氏高光斗妻
孔氏何龍躍妻　郭氏駱繼宗妻　黃氏周洪璽妻　周氏何汝璸妻　萬氏何自撝妻　李氏翟宗旦妻

賀氏鄭祚信妻　胡氏鄭嗣庠妻　李氏鄭以勝妻　劉氏李含桂妻　徐氏王清人妻　石氏裴國治妻
詹氏監生羅心周妻　楊氏貢生程良澍繼妻　倘氏可鳳翥妻　王氏可嵩齡妻
李氏吳開官妻　蔡氏華任生繼妻　可氏李之樞妻　閻氏李士海妻　查氏閻本立妻
熊氏庠生王龍章妻　盧氏南方明妻　李氏監生可三省繼妻　頓氏王安人妻
劉氏監生葉植妻　陳氏顧雙才妻　郭氏彭奎璧妻　張氏林向夢妻　馮氏胡楚江妻
汪氏徐立衛妻　馬氏程人紱妻　程氏袁光秀妻　宋氏庠生徐鳳樓妻　張氏徐家偉妻
江氏徐子嘉妻　龔氏盧席珍妻　夏氏奚正坤妻　郁氏范魯占妻　汪氏王之朝妻　范氏潘冬香妻
王氏潘龍光妻　陳氏潘紹庚妻　王氏華久占妻　郭氏吳應善妻　陳氏饒成珠妻　袁氏胡一元妻
高氏胡二璽妻　蔡氏高世偉妻　夏氏高世儀妻　邵氏牛正檜妻　蔡氏監生朱衣彩妻
孔氏可三銘妻　江氏庠生秦錫爵妻　高氏徐方岳妻　彭氏監生徐七詵妻
楊氏徐七誨妻　彭氏瞿顯勳妻　余氏徐七謙妻　王氏詹星景妻　周氏鄭世珍妻　張氏周世德妻
程氏鄔韶禧妻　高氏監生徐六呂妻　夏氏徐七駿妻　汪氏監生秦得吉繼妻
周氏高呈趾妻　田氏杜永福妻　何氏杜永鐸妻　潘氏張宏遠妻　曹氏畢從書妻　岑氏畢運星妻
陳氏詹德備妻　華氏黃陳棘妻　范氏潘紹義妻　徐氏周必祺妻　李氏范世滔妻　徐氏范世潤妻
傅氏范德栿妻　馬氏朱傳仁妻　邢氏王學喬妻　陳氏汪啟淵妻　涂氏程原敏妻　袁氏庠生戴邦
治妻　王氏吳方茂妻　景氏袁可玳妻　周氏可四訓妻　高氏庠生王三兼妻
余氏徐允緒妻　閻氏朱應爵妻　何氏王學富妻　穆氏徐焰緒妻　傅氏高全文妻　王氏汪乘鰲妻
周氏李岑妻　王氏貢生盧起鵬妻　柴氏李廷元妻　周氏詹義德妻　楊氏方猷煦妻
沈氏周化烈妻　徐氏翁效炳妻　陳氏李正華妻　翟氏監生萬於義妻　萬氏周全心妻
程氏萬錦才妻　任氏李才達妻　王氏徐九階妻　程氏張揚高妻　岑氏王振爵妻　畢氏侯含郁妻
徐氏李明顯妻　畢氏方協會妻　裴氏方先澳妻　萬氏朱應椿妻　嚴氏周希厚妻　周氏劉懋全妻
李氏侯鳳主妻　張氏李象鼇妻　余氏徐本貴妻　徐氏詹志愈妻　蔡氏張佐隆妻　周氏謝有才妻

潘氏庠生李鍾秀繼妻　郭氏孫國山妻　任氏袁邦盛妻　易氏張兆彥妻　李氏袁大紳妻
蔡氏監生羅文封妻　翁氏萬望才妻　陳氏王國漣妻　熊氏閻太仁妻　薛氏謝光熙妻
萬氏朱昌齡妻　李氏張楚義妻　鄒氏夏之圭妻　陳氏夏心誠妻　聞氏劉光俊妻　樂氏李朝達妻
張氏職員徐光祀妻　程氏庠生張履和妻　朱氏畢運興妻　胡氏張毓輝妻
魯氏袁邦美妻　詹氏李廣興妻　李氏李世昌妻　呂氏何聯昇妻　周氏陳耀榮妻　畢氏程寶書妻
趙氏張啟志妻　陳氏監生胡文烜妻　樂氏熊至懷妻　胡氏楊以興妻　樂氏胡文煥妻
熊氏胡永祿妻　岑氏楊艮貴妻　古氏胡文輝妻　熊氏樂從德妻　江氏楊過柞妻　馮氏李銓衡妻
龔氏朱有富妻　李氏監生張家俊妻　潘氏舉人徐儒棨繼妻　李氏劉開基妻
袁氏李朝正妻　侯氏李銓術妻　李氏監生劉芬妻　程氏監生劉芬妾
王氏程錝妻　柴氏郭時林妻　華氏范德柄妻　張氏郭經志妻　黃氏郭應祿妻　鄭氏郭光琳妻
樊氏庠生郭時謨妻　瞿氏郭鳴陽妻　余氏郭孚吉妻　朱氏郭天祿妻　瞿氏林科臣妻

郭氏易文煥妻　郭氏詹琦智妻　余氏詹文思妻　郭氏詹向奎妻　范氏黃二壽妻　郭氏詹範宇妻
郭氏章璐階妻　郭氏章若柱妻　夏氏郭青林妻　吳氏瞿艮柯妻　李氏廩生徐文淵妻
汪氏閔道極妻　王氏周必崙妻　王氏周繼恭妻　華氏周守貞妻　王氏周成炳妻　畢氏王天錫妻
徐氏許世魁妻　劉氏郭連科妻　陳氏繆建寅妻　李氏郭正庭妻　何氏郭時才妻　陳氏郭時忽妻
熊氏監生朱衣相妻　萬氏朱應蕃妻　周氏瞿臣玖妻　瞿氏郭豐蕃妻　李氏郭應祿妻
瞿氏王廣懷妻　毛氏郭立年妻　胡氏黃行素妻　劉氏周繼西妻　萬氏吳緒圻妻　郭氏徐伯瓊妻
夏氏徐瑞庭妻　蔣氏徐昌傑妻　葉氏駱兆楷妻　范氏郭文淪妻　許氏徐本兆妻　郭氏詹長智妻
艾氏張德盛妻　馮氏翁如瑗妻　楊氏葉忠茂妻　楊氏沈紹才妻　華氏武舉馮樹階繼妻
郁氏潘玉祥妻　鄭氏司覲勝妻　李氏張艮寶妻　馮氏司先遠妻　鄭氏畢際喁妻　鄭氏宋承烈妻
張氏易錫堂繼妻　姚氏馬農亨妻　嚴氏鄧道遠妻　畢氏馬萬青妻　楊氏謝大業妻
馮氏謝世詢妻　周氏謝世達妻　徐氏謝世桂妻　潘氏謝輔業妻　張氏謝廷業妻　詹氏謝廷岱妻

盧氏程世武妻　朱氏陳裕珠妻　裴氏陳光琇妻　江氏陳學春妻　謝氏陳學書妻　戴氏蔡士效妻
艾氏陳遠悠妻　張氏石萬麟妻　戴氏張修文妻　蔡氏陳裕美妻　葉氏何有學妻　汪氏朱龍躍妻
陳氏朱鳳翔妻　張氏朱鳳美妻　李氏朱士玉妻　吳氏余朝清妻　李氏余光吉妻　汪氏詹朝富妻
蔡氏詹文發妻　馬氏談士理妻　余氏張應時妻　周氏郭時璐妻　李氏程兆義妻　郭氏韓卿點妻
周氏胡詩卿妻　劉氏胡喬秀妻　曾氏張祥霞妻　楊氏張祥華妻　徐氏郭時敏妻　任氏廩生范忠彥妻
張氏秦近仁妻　羅氏秦仁顯妻　范氏南玉湖妻　饒氏南匜山妻　程氏庠生南龍臣妻
謝氏田興旺妻　羅氏千總南恩義妾　張氏韓國升妻　楊氏程光林妻
陳氏南方陽繼妻　葉氏陳天喜妻　王氏徐賚有妻　王氏徐兆蘇妻　何氏徐之崧妻
陳氏王蔭俊妻　徐氏王學詩妻　李氏王問應妻　楊氏王心一妻　郭氏吳毓莘妻　華氏徐瑞雨妻
范氏監生尚懋昭妻　胡氏李永安妻　趙氏千總程正銓妻　華氏李邦本妻
樂氏袁登高妻　徐氏馬艮琨妻　畢氏典史徐儒棨妻　游氏王福康妻　張氏岑德登妻

胡氏職員閻光謨繼妻　鄭氏彭國梅妻　某氏彭國梅媳　余氏彭正一妻　游氏閻正義妻
熊氏閻心福妻　徐氏閻大聘妻　閔氏游景薛妻　劉氏艾永有繼妻　程氏岑興鑅妻
張氏姜承綸妻　張氏趙智士妻　龔氏閻八花妻　張氏李承露妻　岑氏李邦奎妻　徐氏岑興旺妻
畢氏岑德輝妻　汪氏岑隆健妻　熊氏萬枝芳妻　徐氏監生閻正櫓妻　李氏庠生高樹蔚繼妻
楊氏吳星耀妻　陳氏吳啟福妻　南氏高長法妻　郭氏陳裕麟妻　汪氏陳鴻鈞妻
張氏增生陳優光抒妻　陳氏江金元妻　劉氏陳鴻魁妻　姚氏陳百川繼妻
倪氏陳鴻南妻　繆氏陳學華妻　司氏陳學貞妻　彭氏張和金妻　王氏邱尚堯妻　馮氏王曉人妻
徐氏王際昌妻　周氏姚層發妻　黃氏湯順明妻　劉氏姚其政妻　詹氏石克俊妻　彭氏張元泰妻
蔡氏王永泰妻　湯氏王彥人妻　瞿氏王達人妻　蔡氏王善艮妻　周氏王祈元妻　周氏王安市妻
蔣氏王學信妻　徐氏王寶卿妻　周氏增生徐道妙妻　徐氏周敝貞妻　杜氏王安美妻
盧氏張永林妻　李氏張濱鼇妻　徐氏王安吉妻　南氏蔡以文妻　彭氏張昌義妻　蔣氏申昌棟妻

湯氏戴國仁妻王氏蔡廣明妻詹氏徐道先妻宋氏饒正華妻徐氏陳濟川妻程氏徐振楷妻
胡氏李作良妻華氏段成學妻程氏徐振新妻江氏杜學高妻馮氏段昭營妻盧氏徐振遠妻
易氏徐振選妻鄭氏徐振遇妻袁氏易繼煌妻余氏易繼蒸妻蔡氏監生徐道游妻
蔡氏徐協一妻馮氏徐道銖妻華氏徐道宜妻徐氏王榮耀妻王氏徐世藻妻孫氏翟生暘妻
張氏馮佺鳳妻范氏張世儒妻胡氏夏象震妻王氏夏象篆妻李氏張金志妻程氏陳昇巨妻
何氏吳煥南妻陳氏朱以厚妻周氏楊如意妻涂氏陳學簡妻饒氏庠生陳鴻清妻
徐氏陳德源妻徐氏方追湯妻蕭氏徐有文妻李氏蔡興仁妻夏氏周開熙妻羅氏方葆純妻
袁氏程開國妻閻氏李萬永妻周氏徐七綸妻鄭氏陳佑春妻閻氏楊慎修妻胡氏郭鍾秀妻
周氏郭光復妻陳氏郭濟川妻盧氏郭方山妻鄭氏郭文釗妻李氏黃一榮妻柴氏郭巨典妻
劉氏郭應麟妻洪氏徐德芳妻高氏徐文元妻查氏監生岑天壽妻謝氏岑德本妻
李氏汪萬全妻徐氏熊達大妻陳氏徐德晉妻王氏洪梁材妻姚氏李錫純妻呂氏陳學昭妻

黃州府志卷之二十八　列女三　十九

徐氏陳學全妻張氏徐家偉妻李氏守備徐學春妻郭氏張曙東妻聶氏徐鴻翔妻
石氏夏光瑩妻李氏李國榮妻詹氏胡東權妻李氏綦鴻讓妻王氏鄧禮聲妻程氏徐紹雲妻
汪氏徐立衡妻胡氏陳名和妻周氏張文連妻許氏黃光典妻盧氏郭光麟妻龔氏胡人賢妻
李氏鄧象吉妻潘氏李朝遂妻陳氏李彬妻陳氏李玉堂妻袁氏李淩玉妻鄧氏夏高魁妻
龔氏夏瞻璧妻陳氏徐亞軍妻游氏武生官方彩妻郭氏魯金祿妻傅氏郭文美妻
萬氏郭萬元妻黃氏郭應節妻萬氏吳守圻妻周氏柳地青妻朱氏胡喆夫妻劉氏胡有陵妻
徐氏王雲天妻馮氏王做天妻萬氏王祈理妻繆氏馮開報妻趙氏程茹臣妻李氏徐岡復繼
妻朱氏王學晉妻陳氏皮孔彰妻黃氏皮一松妻李氏皮一枝妻畢氏柴先瑚妻
馮氏柴裕盛妻汪氏柴後紳妻余氏詹鹿芊妻郭氏魯重珩妻侯氏皮一瑩妻龔氏彭五桂妻
汪氏彭六嚴妻龔氏彭六岱妻徐氏龔毓恆妻張氏彭六旺妻郭氏柴承祿妻黃氏江有訓妻
彭氏龔守明妻汪氏彭建勳妻瞿氏彭建利妻陳氏林明耀妻江氏汪國才妻守節四十六年同治

三年殉難潘氏汪淏妻汪氏蔡興杰妻周氏杜興璜妻游氏李耀麟妻胡氏汪盛選妻
孔氏何貞訓妻張氏李宏萬妻鍾氏彭廣周妻蔡氏劉春山妻楊氏劉本仕繼妻
邵氏陳廷瑞妻李氏陶宗秀妻可氏饒正明妻李氏饒懷烈妻盧氏陳遇春妻陳氏裴禘禎繼
妻王氏裴履中繼妻張氏南玉書妻劉氏南堂陞妻陳氏南堂陞媳
南氏禹文寶妻湯氏謝宗復妻張氏呂長吉妻石氏張定元妻談氏汪光祖妻閔氏郭時悌妻
汪氏郭時浩妻劉氏郭時耀妻李氏柴守仁妻徐氏郭光連妻黃氏柴心元妻王氏舉人李新
元妻周氏衛千總蔡紹麟妻劉氏蔡興選妻蔡氏易利貞妻汪氏易利貞媳
姚氏饒得高妻王氏徐一貴妻易氏饒成名妻方氏張文楷妻趙氏張文珠妻饒氏張文郁妻
高氏張順理妻張氏夏祈昌妻高氏周能義妻邱氏胡惠光妻程氏陳代謙妻陳氏夏贍梅妻
張氏陳光典妻胡氏陳開偉妻王氏汪金元妻余氏何斐章妻南氏何兆椿妻艾氏裴永太妻
李氏畢之桂妻方氏周禮義妻何氏奚德澡妻何氏潘立寬妻彭氏陳開文妻戚氏張時安妻

黃州府志卷之二十八　列女三　二十

邱氏蔡興耀妻李氏蔡興貞妻陳氏詹興義妻楊氏馮宏友妻馮氏蔡興綬妻徐氏胡三讓妻
徐氏袁文珠妻徐氏胡五詞妻陳氏徐以炎妻楊氏徐九丑妻王氏徐八楷妻徐氏齊賢棟妻
盧氏胡五佑妻王氏胡富春妻余氏徐七謙妻鄔氏徐善邦妻童氏徐七效妻袁氏汪啟簡妻
畢氏李祖揚妻陳氏夏本源妻嚴氏王必達妻何氏嚴齊念妻王氏徐八仲妻徐氏嚴世貴妻
楊氏余普興妻熊氏徐八烙妻陶氏徐六獎妻高氏徐勝吉妻陳氏姚二柱妻徐氏潘敬崇妻
程氏陶昌年妻王氏高祖邦妻徐氏程三連妻李氏徐高翕妻徐氏陳馭輝妻朱氏監生徐定
泰繼妻陳氏徐永祥妻王氏庠生徐三錫妻裴氏徐濂淦妻藺氏徐淮水妻
胡氏徐八格妻何氏徐九思妻王氏徐用修妻徐氏王博德妻徐氏王博章妻丁氏邢魯選妻
熊氏蕭大德妻彭氏王學禮妻彭氏王兆豐妻李氏庠生王紱妻程氏蕭占魁妻
齊氏徐八區妻蔡氏劉士琦妻陳氏王均懷妻洪氏王以實妻何氏胡五泰妻徐氏王博名妻
楊氏高禹善妻程氏徐鳳山妻高氏王博江妻黃氏王乾席妻姚氏高承綬妻高氏王審亨妻

朱氏王審利妻 徐氏姚二旗妻 熊氏李勝全妻 何氏王學典妻 王氏李一炯妻 王氏陳春茂妻
高氏陳敦發妻 王氏徐周生妻 江氏姚克耀妻 王氏何廷槐妻 夏氏王臨照妻 馮氏翟天秋妻
楊氏李待校妻 舒氏庠生徐占鼇妻 袁氏監生蔡興樾妻 韓氏朱博源妻
李氏謝文達妻 徐氏程開崢妻 鄭氏董育泰妻 鄭氏潘裕紱妻 李氏潘曾珠妻 胡氏李時杰妻
張氏董方聰妻 李氏綦元發妻 王氏翟天謙妻 郭氏綦光海妻 范氏胡喜盛妻 董氏
邵氏胡喜俱媳 董氏潘曾瑛妻 葉氏正秦雲妻 葉氏潘裕元妻 李氏胡岱山妻
李氏胡在中妻 張氏胡楚有妻 潘氏胡杜中妻 馮氏鄧正邦妻 方氏從九潘裕諴妻
胡氏吳士堂妻 黃氏吳仲榮妻 潘氏監生葉廷玉妻 潘氏胡惟楚妻 董氏胡永交妻
鄧氏任斯長妻 羅氏張臣遠妻 吳氏潘鳳翥妻 徐氏潘鳳領妻 陸氏汪甫黃妻 董氏鄧光照妻
蔡氏潘山茂妻 南氏張性乾妻 孔氏張中美妻 陳氏王秉儀妻 陳氏湯作貞妻 楊氏湯雄瑜妻
南氏湯維玥妻 何氏南克和妻 闕氏監生楊貫芝妻 邵氏楊大有妻 孫氏佘天職妻

王氏楊尊榮妻 楊氏蔡學春妻 張氏吳海之妻 可氏黃均典妻 楊氏庠生徐泳麟妻
李氏魏兆寬妻 施氏姜開祿妻 曹氏夏正典妻 陳氏楊貫源妻 曾氏楊如年妻 潘氏姜正花妻
詹氏楊光業妻 馬氏余復初妻 田氏江修玉妻 李氏陳士偉妻 余氏南艮貞妻 岑氏孫開基妻
華氏程金門妻撫孤苦節三十年同治三年與子步雲媳陳氏孫元保闔家殉節 胡氏郭光求妻
熊氏郭開榜妻 郭氏黃名富妻 陳氏錢祖寅妻 駱氏郭立德妻 陳氏葉象楠妻 段氏葉賢養妻
程氏葉維梳妻 朱氏任敏琳妻 袁氏嚴玉椿妻 洪氏吳方尉妻 郭氏曾連芳妻 陳氏郭開優妻
游氏彭國松妻 周氏彭國瑞妻 李氏彭正光妻 周氏夏高魁妻 陶氏周雲封妻 王氏徐宏高妻
徐氏徐八忠妻 徐氏徐大文妻 楊氏徐八壽妻 楊氏夏賢禮妻 粱氏監生范德泉妻
徐氏夏賢智妻 張氏程光星妻 張氏李文啟妻 楊氏夏光宗妻 高氏夏光順妻 何氏夏漢循妻
陳氏夏王林妻 黃氏夏兆豐妻 祝氏徐本興妻 李氏周紋文妻 黃氏夏秀峰妻 徐氏夏學曾妻
謝氏楊之富妻 章氏夏學志妻 李氏艾必利妻 呂氏郭應杰妻 華氏呂國興妻 王氏陳朝滿妻

徐氏王祈用妻 劉氏王祈應妻 董氏王天仁妻 陳氏張貴徵妻 顧氏嚴正國妻 范氏嚴端祥妻
王氏嚴鎮清妻 程氏陳布宇妻 王氏陳克全妻 王氏陳應學妻 鄒氏陳若懷妻 傅氏方貞選妻
包氏王志學妻 高氏王志典妻 夏氏江文林妻 胡氏徐本仁妻 畢氏彭海門妻 馮氏謝方上妻
余氏周雲妻 彭氏庠生萬貴妻 余氏高秋陽妻 余氏庠生張兆涵妻 李氏張志和妻
黃氏詹祥雲妻 王氏鄧正明妻 郭氏柴先信妻 章氏李兆年妻 馮氏蔡興遺妻 徐氏張永澈妻
張氏胡敏詔妻 李氏翟天職妻 熊氏王博通妻 賀氏蔡時昌妻 鄭氏李允福妻 范氏董卜興妻
楊氏任艮駒妻 張氏鄧正勳妻 李氏鄧量德妻 張氏范庚旺妻 熊氏高開情妻 孫氏王學讓妻
李氏楊必榮妻 方氏李一謙妻 孫氏李遇芳妻 夏氏張之元妻 陳氏翟天聲妻 何氏王尚剛妻
張氏李先進妻 高氏王尚環妻 何氏高神琳妻 汪氏李榮祺妻 郭氏趙理明妻 李氏畢運光妻
畢氏黃啟順妻 王氏庠生詹復成妻 查氏黃國名妻 畢氏江元龍妻 閔氏詹登雲妻
朱氏葉士瑛妻 王氏王祥士妻 易氏羅展雲妻 姚氏從九王珂妻 嚴氏王安華妻

程氏潘裕昆妻 陶氏王祈志妻 徐氏閔問俊妻 吳氏葉文浩妻 江氏葉文淵妻 盧氏監生胡相選妻
李氏庠生胡文偉妻 孫氏胡燕山妻 李氏繆如清妻 鄭氏監生陶士麟妻
戴氏林家合妻 陳氏葉前楷妻 江氏徐士鴻妻 李氏陳鵬九妻 周氏萬國和妻
繆氏李榮祚妻 張氏王學容妻 熊氏王審語妻 余氏王審明妻 李氏華元禮妻 詹氏王安祥妻
徐氏邱鳳桐妻 王氏鄧瑞球妻 王氏程開朗妻 孔氏陳儒珪妻 陳氏周文榜妻 龍氏徐士珍妻
陳氏周勳臣妻 鞏氏李本淮妻 陳氏程遠慶妻 范氏郭時福妻守節三十七年咸豐十年殉難
陳氏江懷信妻 吳氏陶永寬妻 楊氏徐兆勳妻 周氏胡兆才妻 李氏馮宗秀妻 楊氏孫光選妻
楊氏南楠興妻 游氏王正福妻 楊氏王必煥妻 涂氏綦文式妻 郭氏王正寅妻 葉氏王式觀妻
周氏謝登第妻 葉氏吳艮度妻 江氏葉利泰妻 汪氏監生王詠梅妻 徐氏庠生陳兆梅妻
彭氏陳舜德妻 程氏陳心高妻 熊氏涂應求妻苦節四十三年同治三年殉難
董氏陳紹勇妻 郭氏陳道由妻 楊氏陳永茂妻 徐氏南極玉妻 張氏王三龍妻 華氏陳功聰妻

王氏陳金鼇妻　羅氏王永智妻　楊氏王光興妻　曹氏陶彩貴妻　陳氏徐祥興妻　王氏陳名標妻
王氏楊一第妻　張氏聞耀妻　丁氏葉爲銘妻　張氏周文躍妻　南氏陳步雲妻　朱氏布理問彭
濱妻　徐氏范忠全妻　汪氏吳運泰妻　周氏職員戴玉含妻　姚氏職員葉秉
忠妻　張氏戴宗俊妻　南氏桂維增妻　劉氏周廣全妻　陳氏王紹富妻　江氏徐應中妻
袁氏張若梓妻　徐氏馬良現妻　劉氏程學達妻　袁氏李九如妻　游氏郭時和妻　陳氏李錫璜妻
郭氏劉士啟妻　黃氏何光興妻　韓氏朱在川妻　張氏艾時亨妻　陳氏徐昇文妻　潘氏李才亨妻
張氏斐顯文妻　岑氏龔光宗妻　王氏職員程秉鈞妻　樂氏游賢爵妻　楊氏熊寶元妻
艾氏程開億妻　易氏程正鏞妻　屈氏萬春和妻　夏氏王應池妻苦節四十八年同治三年孫負避亂遇害
王氏張永文妻　郭氏王祈添妻　程氏范時壽妻　王氏范時松妻　瞿氏郭振泌妻　胡氏郭甲之妻
劉氏郭甲之媳　鄧氏郭若賓妻　郭氏詹名高妻　華氏郭光杞妻　袁氏周必偉妻　邱氏繆明乾妻
李氏曹榮隆妻　潘氏徐同望妻　張氏許兆發妻　謝氏陳士哲妻　張氏吳成宗妻　聞氏歐陽光達
妻　李氏王敏泰妻　涂氏王艮泰妻　程氏李屏國妻　易氏張原基妻　李氏楊膏厚妻
李氏司先楷妻　戴氏楊光昕妻　聞氏楊光暉妻　鍾氏彭祖武妻　王氏彭繼武妻　馮氏周世楨妻
劉氏申永洙妻　馮氏徐同名妻　李氏徐經械繼妻　鄧氏徐隆其妻　陳氏余永耀妻
談氏余新智妻　李氏戴才獻妻　潘氏庠生戴學章妻　陳氏袁開烈妻　程氏萬錦才妻
葉氏監生楊厚坦妻　劉氏楊厚利妻　鄭氏庠生李樹森妻　王氏徐宗譜妻
涂氏馮滄珍妻　申氏馮邦鎮妻　張氏馮鴻興妻　張氏馮伯貞妻　魯氏馮佐宏妻　鍾氏馮艮芝妻
周氏馮異賢妻　陳氏增生馮艮瑜妻　楊氏監生李時選妻　涂氏李守茂妻
劉氏庠生李守遇妻　葉氏李守迪妻　張氏廩生李桂林妻　蔡氏李鴻翥妻
徐氏李鴻翥媳　鍾氏馮佐綍妻　楊氏馮佐伊妻　周氏馮艮龍妻　王氏庠生馮廷賢妻
盧氏馮大容妻　周氏馮佐勝妻　劉氏馮大周妻　嚴氏馮大檜妻　張氏馮佐鳳妻　陳氏監生馮大
林妻　江氏馮佐典妻　詹氏馮大達妻　張氏馮邦盛妻　張氏馮大炳妻　林氏馮闓第妻

呂氏馮邦信妻　徐氏馮邦泰妻　謝氏張申志妻　葉氏袁有鄰妻　吳氏袁其禮妻　袁氏庠生宋成
武妻　李氏潘敬祥繼妻　李氏任斯允妻　朱氏李待綵妻　傅氏王保泰妻
姜氏韓九皋妻　范氏張雲濤妻　陳氏張因休妻　張氏柴開元妻　柴氏談九章妻　夏氏湯雄現妻
黃氏談同德妻　張氏王祈祚妻　張氏陳光信妻　汪氏何宗發妻　李氏徐十志妻　葉氏彭堂瑞妻
涂氏徐以文妻　陳氏庠生閔掄元妻　程氏吳以忠妻　程氏周明賢妻　許氏王大才妻
徐氏蔡世珩妻　汪氏顧席田妻守節三十年同治三年罵賊遇害　劉氏夏律修妻　汪氏顧逢年妻
守節三十年同治三年殉節　周氏張金階妻守節五十年殉難　段氏方廸光妻守節五十年殉難
熊氏吳文玉妻　陳氏黃廷相妻　陳氏顧道俊妻　錢氏周緘黃妻　陳氏胡稱奇妻　黃氏胡自德妻
郭氏胡遂枝妻　岑氏錢祖青妻　牛氏岑三重妻　熊氏岑天棟妻　畢氏程世昌妻　程氏世襲雲騎
尉徐崇德妻　王氏閻天昇妻　閻氏李士棫妻　岑氏錢祖田妻　閔氏監生黃正烈妻
張氏彭正紀妻　陳氏周從約妻　王氏李象周妻　胡氏陳洪義妻　余氏戴耀祥妻　駱氏鄧世芳妻
守節三十九年同治三年殉難　饒氏張定魁妻　姚氏林鳳鳴妻　王氏李春海妻　富氏南運達妻
黃氏王有才妻　高氏封職畢華林妾　徐氏畢祚甲妻　葉氏監生閔盛棟妻
王氏胡盛椿妻　楊氏蔡緒純妻　程氏王安集妻　王氏夏心法妻　王氏蔡世壽妻　蔡氏監生周文
封妻苦節五十一年同治三年罵賊被戕　楊氏陳三綱妻　查氏傅雲達妻　吳氏周文采妻
楊氏王士顯妻　王氏談同桂妻　黃氏王鈺人妻　談氏王聯輝妻　郭氏瞿懿杰妻　南氏夏光照妻
李氏庠生鄭應璧妻　葉氏皮士鎔妻　張氏柴裕三妻　彭氏廩生龔道精妻
王氏周道榮妻　袁氏龔懷振妻　徐氏彭四輔妻　夏氏李緒方妻　蔡氏李緒華妻　朱氏孫朝進妻
呂氏胡象勇妻　江氏黃文彥妻　程氏王采和妻　姚氏劉曾旭妻　胡氏陳先琪妻　游氏虞付友妻
袁氏翟天玉妻　杜氏蔡士構妻　張氏袁宗瑚妻　方氏周必登妻　李氏柴先琳妻　胡氏林志朝妻
郭氏監生柴步鼇妻　艾氏劉漢汝妻　饒氏張永富妻　邱氏秦士朝妻　李氏王萬全妻
謝氏聶聖臣妻　陳氏監生王秉鈞繼妻　齊氏徐十鐸妻　胡氏施天德妻　陳氏裴祿麟妻

陳氏王兆第妻 陳氏徐德譜妻 徐氏陳德才妻 瞿氏徐啟棟妻 徐氏陳光坒妻 徐氏楊之綰妻
蕭氏王博純妻 蕭氏王學賓妻 姚氏楊秀恆妻 孫氏朱德太妻 何氏王淦珠妻 杜氏姚五鉞妻
譚氏朱品元妻 張氏李周勳妻 程氏李良華妻 祝氏馮敦志妻 李氏馮宗順妻 張氏顧光文妻
沈氏范德榮妻 綦氏馮志中妻 劉氏張世鼇妻 鄧氏江宗順妻 鄭氏胡惟良妻 陳氏李錫蕃妻
李氏段名傳妻 李氏李作容妻 周氏舉人葉鵬妻 孫氏監生李芬妻
樂氏胡公榜妻 李氏范明善妻 涂氏董貴泰妻 李氏葉中清妻 張氏董世隆妻 郁氏董華泰妻
王氏胡若興妻 葉氏李作炳妻 王氏李光慶妻 朱氏李有勳妻 李氏潘祥芝妻 朱氏胡喆妻
胡氏秦世福妻 董氏秦正瑞妻 杜氏湯東岩妻 朱氏李有元妻 李氏馬仲高妻 胡氏王安利妻
高氏何聲譜妻 高氏庠生何聲殿妻 黃氏高硯田妻 高氏何聲塑妻 酆氏何紹松妻
張氏何建遂妻 徐氏高文琳妻 章氏何宗昌妻 柴氏何德熙妻 汪氏何建業妻 王氏高命錦妻
王氏何兆太妻 王氏何兆法妻 何氏王道明妻 張氏何宗範妻 夏氏何宗常妻 高氏何宗毅妻

黃州府志　卷之二十八　列女三　二十五

劉氏何宗儒妻 吳氏何聲明妻 畢氏庠生何景麟繼妻 徐氏何聲鳴妻 王氏何聲鑾妻
胡氏何輝時妻 程氏何守敦妻 黃氏李志才妻 程氏何聲洪妻 易氏何紹芬妻 高氏何文炯妻
田氏楊以永妻 夏氏陳廣玉妻 孔氏周至純妻 柯氏楊雄理妻 徐氏楊之蘭妻 余氏王德明妻
柳氏陳大誠妻 柳氏陳啟信妻 劉氏孔玉亭妻 邱氏周隆順妻 王氏杜光恆妻 高氏吳豫章妻
高氏南堂昱妻 陳氏楊尊銘妻 徐氏楊尊理妻 石氏李君習妻 楊氏閔道宗妻 艾氏王朝聘妻
閻氏熊志才妻 董氏李節齋妻 程氏徐尚勳妻 袁氏張宗信妻 侯氏張守慶妻 李氏程理富妻
熊氏劉玉衡妻 樂氏游鑒平妻 熊氏楊愈達妻 鄧氏程開雄妻 孟氏朱昌善妻 毛氏郭熙臣妻
汪氏郭一連妻 李氏郭開時妻 郭氏毛恆旭妻 王氏程遠慧妻 范氏程世利妻 范氏程其昌妻
王氏程燚秦妻 黃氏郭光榮妻 范氏郭金秀妻 李氏郭乙妻 李氏葉振木妻 黃氏羅紹棠妻
張氏郭應珩妻 范氏郭時晨妻 陳氏郭良升妻 徐氏郭振馨妻 艾氏郭文華妻 匡氏黃陳壎妻
夏氏張隆耀妻 呂氏周定揚妻 李氏葉宗思妻 程氏郭振亭妻 汪氏唐玉麟妻 張氏余宏華妻

張氏余天爵妻 王氏錢三台妻 楊氏徐學炬妻 涂氏王祥有妻 李氏張乾賜妻 劉氏楊厚翰妻
守節五十四年賊至殉難 潘氏李自忠妻 潘氏戴星照妻 何氏戴文光妻 李氏戴廷堅妻
楊氏庠生司彬妻 胡氏張純發妻 李氏葉賢久妻 蔡氏易繼能妻 陶氏馮勳顯妻
李氏馮應坤妻 熊氏庠生楊海妻 郭氏八品銜楊品壎妻 徐氏鄧立金妻
李氏余道楷妻 馮氏李獻璵妻 熊氏李獻珍妻 談氏袁士忠妻 馮氏李士舜妻 潘氏袁家萬妻
談氏袁載奇妻 蔡氏馮闢賢妻 徐氏李文蔚妻 張氏李思文妻 王氏李允舒妻 徐氏李含德妻
陳氏李含元妻 江氏馮邦桐妻 談氏馮開文妻 曾氏馮鴻瑚妻 王氏周守芬繼妻
葉氏馮宏範妻 周氏馮宏珠妻 潘氏謝府業妻 王氏馮鴻雲妻 程氏楊厚榕妻 顧氏朱得福妻
祝氏楊兆復妻 劉氏宋榮和妻 胡氏任良璧妻 湯氏汪道和妻 胡氏劉士鼎妻 郭氏談九爵妻
王氏夏尚禮妻 葉氏范忠忱妻 郭氏范延和繼妻 劉氏南玉珍妻 馮氏石懷珠妻
徐氏高福淇妻 齊氏徐效前妻 胡氏徐士平妻 王氏徐履任妻 潘氏徐學琚妻 龔氏徐優敍妻

黃州府志　卷之二十八　列女三　二十六

王氏徐士祥妻 王氏徐勝高妻 王氏夏超羣妻 徐氏彭芝桂妻 盧氏徐兩儀妻 王氏徐八龍妻
陳氏徐十光妻 胡氏徐十全妻 毛氏吳開泰妻 顧氏黃志亭妻 吳氏程榮義妻 李氏萬承志妻
姜氏閻太朝妻 張氏閻太階妻 汪氏周德富妻 陳氏周學鵬妻 彭氏王學極妻 夏氏王學倫妻
柴氏王侯泰妻 高氏吳成聞妻 黃氏王懷德妻 蕭氏方從信妻 吳氏李光遠妻 蘇氏姚廷榮妻
王氏程鯨之妻 鄔氏陳能茂妻 張氏陳開正妻 潘氏徐昌渭妻 葉氏陳文奎妻 周氏汪文煜妻
朱氏汪文選妻 葉氏方魯瞻妻 楊氏葉前櫬妻 彭氏侯金元妻 蔡氏張理池妻 戴氏蕭國瑚妻
陶氏周邦本妻 龔氏張方育妻 王氏張和萬妻 王氏周國琳妻 梅氏徐道浩妻 朱氏姚光興妻
倪氏余文堂妻 饒氏蔡濟川妻 陳氏蔡濟川弟婦 周氏閻良惲妻 劉氏庠生徐錦
妾 喻氏周士柯妻 盧氏周志華妻 阮氏姚祥發妻 滕氏陳精義妻 呂氏劉祥玉妻
蔡氏張大武妻 詹氏余正國妻 馮氏戴華萬妻 蕭氏徐成元妻 袁氏汪士林妻 龍氏歐陽宗良
妻 周氏萬國和妻 徐氏張若華妻 鍾氏陳善述妻 徐氏張樹德妻 鄧氏胡國順妻

杜氏王君太妻 李氏徐啟賢妻 劉氏周勳儼妻 陳氏章芝喙妻 王氏龍功茂妻 龍氏楊修己妻
蔡氏戴光烈妻 陳氏戴銓發妻 饒氏程式玉妻 聞氏程世凝妻 王氏胡慶堂妻 王氏陳光迎妻
鄧氏李守揚妻 周氏詹義德妻 曾氏劉善季妻 夏氏蔡志富妻 郭氏柴華勳妻 樊氏王九思妻
馬氏王正坤妻守節四十六年同治三年罵賊遇害 徐氏范昌璽妻 陳氏瞿永利妻 葉氏瞿濟舟妻
范氏瞿綿洲妻 瞿氏周乾梅妻 郭氏章若成妻 吳氏詹元勳妻 張氏高天桂妻 陳氏朱鳳翔繼
妻 朱氏李春才妻 馬氏李兆瑜妻 瞿氏陳佑仁妻 虞氏桂鵬萬妻 汪氏王榮學妻
曾氏何應萬妻 王氏李開潤妻 易氏陳兆元妻 謝氏李春太妻 陳氏瞿鳳鳴妻 陳氏楊貫瀛妻
舒氏蔡文煥妻 廖氏潘士勳妻 楊氏汪志鴻妻 呂氏庠生何士灏妻 易氏蔡興聯妻
陳氏徐九洲妻 瞿氏周恆章妻 張氏徐九鳴妻 謝氏何明萬妻 周氏魯龍彬妻 張氏詹大貴妻
劉氏裴錦揚妻 彭氏徐德裕妻 柴氏楊宗械妻 李氏馮宗習妻 李氏胡理盛妻 邱氏胡世奉妻
謝氏瞿時棟妻 吳氏瞿賢齊妻 戴氏任斯開妻 張氏李含春妻 景氏董世岵妻 潘氏瞿天福妻

胡氏李守澤妻 李氏李作欽妻 任氏范學廣妻 余氏潘裕楫妻 李氏潘裕楫弟婦
劉氏胡有嶙妻 徐氏庠生潘裕茂妻 潘氏潛江黃昌煜妻 張氏黃正修妻
李氏王安福妻 胡氏董大德妻 李氏汪天順妻 王氏汪成秀妻 陳氏邵家清妻 某氏邵家清媳
一夏氏何建和妻 高氏何宗洙妻 陳氏何希廷妻 何氏高紳琳妻 高氏何建本妻 盧氏何建宗妻
張氏何宗耀妻 李氏高玉美妻 江氏李柏時妻 陶氏李德隆妻 張氏監生何紹雄妻
何氏王尚恆妻 陳氏何紹棠妻 王氏何聲貴妻 黃氏何聲鎔妻 易氏庠生夏太儀妻
汪氏夏國志妻 可氏陳揚聲妻 韋氏吳成和妻 王氏監生謝履澍妻守節三十五年殉難
程氏監生謝履璧妻 劉氏余天祿妻 易氏程鳳翔妻 李氏夏本珍妻 高氏張開延妻
縣志作章姓 何氏章洪根妻 傅氏胡永和妻 陳氏范序鏞妾 潘氏程原祿妻 李氏程敬清妻
何氏高軒志妻 熊氏何聲智妻 胡氏何紹寅妻 夏氏何聲郁妻 高氏何宗柏妻 陶氏汪忠禮妻
王氏洪壽益妻 徐氏徐賢越妻 周氏錢良善妻 程氏陳瀑亭妻 周氏程世奎妻 陳氏郭立茂妻

黃氏艾天富妻 程氏監生徐設四繼妻 胡氏黃顯典妻 李氏可廷珍妻 孫氏葉光海妻
嚴氏朱厚昌妻 柴氏黃運全妻 魏氏程師洛妻 瞿氏柴先闢妻 張氏黃升玉妻 龔氏監生夏敬
愈妻 秦氏胡士槐妻 晏氏徐光璐妻 丁氏徐九耀妻 汪氏徐光藻妻 廖氏徐茂林妻
王氏徐茂元妻 沈氏潘宜琳妻 徐氏庠生潘茂妻 沈氏董世德妻 南氏高之珩妻
徐氏高之鏡妻 龔氏高光斗妻 董氏程德初妻 侯氏周城烈妻 余氏孫紹俊妻 熊氏闕元善妻
周氏蔡世槐妻守節至八十歲終 葉氏吳佐理妻 劉氏諸生潘祥桂妻劉瑩詩女夫故撫周歲子成立年九
十卒子孫以科名顯 袁氏舉人蔡世鷺妻 張氏庠生徐世紳妻
畢氏庠生徐世純媳 范氏庠生楊之雄妻 邱氏庠生潘祥子之媳
王氏監生程開酉妻守節事翁姑五十年著有永松閣詩集 吳氏教習郭時旭妻
胡氏彭文啟妻 鄭氏彭瑒源妻 周氏監生張文連妻守節年九十二遇賊殉難 葉氏陳天喜妻
夫病刲股和藥以進年二十六夫沒矢志撫孤有諷以改適者氏憤激瀕死守節十二年卒 以上縣志 以上待

旌節婦

烈婦

吳氏范彩雲妻歲饑隨夫乞食至黃岡宿賀家坳涼亭夫早出行乞樵子田士義過亭見氏獨處欲犯之氏大罵不從田以斧砍之及其小女創甚越五日死田後伏法氏雍正二年
旌 一統志

高氏周耀先妻家貧姑老夫爲人傭氏紡績以供姑養自餐野蔬夫死鬻敝室以殮及姑沒殮畢痛哭自縊死時年二十二
乾隆四年 旌 以上王志參通志

蔡氏監生楊登雲妻年二十五夫沒無子殮畢誓以身殉家人密防之乃絕食勺水不入口者七日臨沒曰吾今得從夫地

下矣
范氏李紹稷妻年二十三夫沒氏痛不欲生自經兩次均被救
免父母聞之勸令歸省倍加防護是年十一月初七值伯父
誕辰乘閒登樓自縊死
張氏王德懷妻懷爲人傭工氏乞匃度日懷病沒氏時年二十
二自縊死 以上通志參縣志
盧氏李聞仕妻年二十一夫沒無子時孀姑岑氏在堂氏欲以
身殉恐傷姑心忍飢七日於悒而卒姑爲立姪含瑾爲嗣乾
隆三十二年旌 縣志
魯氏張正奇妻節義錄奇作琪 咸豐四年賊至殉夫 以上已旌殉夫烈婦
趙氏徐鳳超妻年十九于歸事孀姑孝夫沒無子僅一女時氏

年二十三嘔血暈死累日始甦逾年夫葬畢氏痛哭未幾卒
徐氏羅廷謙妻年二十七夫沒無子理喪畢謂夫姊曰妹幸無
後累非若姊以撫孤爲重言畢痛哭夜深防護稍疎氏就棺
側自經
李氏潘季嵛妻生次子甫一月夫病家貧甚氏竭力求醫藥竟
不起殯葬畢俟子女睡熟抱次子投水死
王氏胡紹山妻家貧姑病質衣環備湯藥生子甫週歲夫沒族
人欲奪其志氏聞之抱子日夜泣於姑側搥胸嘔血數升而
卒
涂氏徐象泰妻 嚴氏程達賢妻 吳氏徐九己妻 王氏徐新湛妻 李氏徐天萬妻 葉氏熊定誥妻
易氏潘鶴祥妻 駱氏柴奉時母 王氏監生談世昌妻 陳氏朱法鼇妻 王氏譚古亭妻

蔡氏張成霞妻 夏氏高巨啟妻 詹氏南玉璣妻 陳氏華樹昇妻 胡氏虞漢富妻 柴氏陳廷貴妻
南氏夏敬福母 徐氏毛永才妻 劉氏王天成妻 陳氏黃利貞母 夏氏陳科書妻 熊氏楊周道妻
陳氏楊安慶妻 王氏徐廷元妻 陶氏程必時妻 范氏程必時媳 樂氏夏本松妻 周氏葉瑞芝妻
陳瞿氏 陳郭氏 周氏監生夏宏勳妻同治六年賊至殉夫 以上縣志待旌殉夫烈婦
皮氏陳貞吉妻 朱氏庠生蔡學麟妻 以上四年殉難 程氏監生陳鴻寶妻
王氏監生陳鴻賓媳 王氏陳儒璓妻 李氏徐金榮妻 周氏袁瑞蘭妻 張氏何御階妻
以上五年殉難 樂氏袁鳳開妻 畢氏岑永有妻 閻氏馬良仁妻 徐氏岑幸妻
閻氏游秀和妻 蘇氏黃兆先妻 畢氏林逝同妻 周氏張成鵲妻 柯氏庠生湛元瑞妻
柯氏監生張廣懷妻 沈氏武生程以鏵妻 桂氏監生張迎光妻 以上七年
殉難 王氏熊永習妻 王氏南春啟妻 陳氏南春啟媳 袁氏王羣英妻 范氏王兆發妻
陳氏徐本松妻 李氏徐德佐妻 吳氏徐未己妻 沈氏徐垂裕妻 李氏任甲三妻 李氏任先庚妻

佘氏周勳貴妻 劉氏陳理賓妻 黃氏郭長青妻 余氏郭純德妻 袁氏王必堂妻 詹氏何自勝妻
何氏方兆連妻 姜氏湯光烈妻 郭氏李光周妻 范氏監生徐定志妻 郭氏庠生徐典
譔妻 以上十年殉難 王氏吳有年妻咸豐間殉難 徐氏楊定昌妻
傅氏任玉明妻 張氏奚承松妻 潘氏徐九華妻 胡氏徐道周妻 朱氏黃炳坤妻 徐氏李自塤妻
蔣氏朱肇烺妻 張氏奚建亭妻 綦氏徐林馥妻 徐氏姜能歡妻 謝王氏 謝陳氏
呂陳氏 王氏從九徐兆鬯母 程氏庠生畢塾妻 劉氏監生王爲
基妻 以上縣志參節義錄並府冊 以上已旌殉難烈婦
王氏 劉氏俱相國姚明恭妾各生子不育順治二年避兵亂
從江西經潯陽值兵變明恭躍小艇得脫王劉爭赴水死
畢氏林某妻畢萃初次女母早卒父攜弟避亂秦中氏依孀伯
母馬居年二十于歸咸豐七年六月歸省適賊至與族妹繡

蓮泣持赴水死山陰陳謨爲立傳吳郡殷兆鏞作雙烈行
范氏郭時福妻陳氏程步雲妻夫婦暨姑華氏子元保俱殉難見華氏傳譚氏知縣潘日朗妻咸豐三年殉難
駱氏孫天和妻周氏孫天俊妻楊氏程學福妻石氏柴汝霖母李氏徐伯發妻邵氏徐家貴妻
徐氏駱萬年偕女死潘氏夏本松媳某氏彭尙吉妻某氏彭長庚妻某氏郭光清妻
某氏王立富母某氏王榮華妻某氏王榮華媳某氏郭啟富妻某氏吳儀蓮妻某氏瞿春學妻
某氏王天球祖母某氏王世虎妻某氏邴喜連母某氏南堂發母某氏艾美方妻
某氏毛進兒母以上咸豐四年殉難何氏徐廷桂妻涂氏王楚賓妻蔡氏翟正彩妻
徐氏王安胡妻陳氏徐宏興妻黃氏姚希中妻張氏周則華妻張氏邱裕元妻張氏畢廷元妻
曾氏邱永揚妻胡氏邱永祿妻王氏邱永堂妻龍氏邱永祥妻高氏何文曜妻以上咸豐五年
殉難夏氏陳英雄妻胡氏樂萬周妻傅氏鄧守財妻張氏傅春貴妻李氏傅達仁妻
胡氏袁鳳勇妻范氏葉宗遠妻饒氏程理玉妻周氏從九程定太妻傅氏胡永和妻

程氏庠生杜繼陵母石氏吳起華妻王氏李待駟妻呂氏周芝田妻章氏陳瑞進妻
畢氏林光垂妻萬氏蘇崇林妻盧氏汪金懷妻佘氏程萬榮妻楊氏陳見和妻熊氏袁金友妻
徐氏岑永清妻艾氏潘名揚妻郭氏葉振鷺妻陳氏張某妻楊氏汪成主妻詹氏聞佐財妻
王氏岑萬利妻周氏游萬發妻楊氏蕭大勳妻佘氏蕭大發妻錢氏李文佐妻王氏鄭能富妻
偕子死閻氏游賢啟妻以上咸豐七年殉難錢氏陳太仁妻偕子死
郭氏吳長春妻陳氏徐文祥妻偕姑死周氏胡致中妻偕子死周氏段金山妻
南氏柴正發妻張氏毛新喜妻偕子死王氏監生徐惟巨妻李氏郭光仁妻
偕女死張氏黃祥容妻張氏楊雙玉妻華氏樂邦利妻李氏陳桂勳妻沈氏司正興妻
謝氏袁來年妻徐氏王必揚妻徐氏王必發妻李氏職員任先妻童氏徐均普妻
徐氏張志法妻抱子死楊氏徐春容妻孫氏何明德妻可氏吳德琪妻裴氏蔡呈祥妻
裴氏蔡成金妻李氏湯朝榮妻戴氏李文道妻葉氏龔大培妻鍾氏蔡松深妻徐氏蕭萬理妻

佘氏周勳貴妻偕子死唐氏余庚祥妻王氏張洪友妻蔡氏龔天進妻李氏錢從曜妻
黃氏戴萬有妻龍氏陳某妻朱氏張春貴妻王氏監生徐國棟妻王氏徐國棟媳
陳氏程代豐妻何氏高開順妻李氏蔡世仁妻以上咸豐十一年殉難方氏詹霞明妻
佘氏程金憲妻郭氏柴正啟妻江氏夏耀華妻蔡氏張臣詠妻畢氏陳心應妻韓氏陳尚得妻
汪氏虞彩發母韓氏江仁江妻柴氏江文忠母朱氏程啟明母傅氏黃廷榮母李氏江松秀妻
張氏江某妻姚氏高豐盛妻詹氏何得勝妻郭氏蔡效鴻妻鄭氏曹紹棠媳張氏甯啟政妻
鄭氏蔡興青妻李氏闕家順妻徐氏王心友妻周氏姜華貞妻楊氏潘克桂妻陳氏何兆容妻
偕女死陳氏何兆祥妻偕子死李氏何兆祥媳徐氏李某妻陳氏李某妻
熊氏舉人郭光庭妻郭氏教諭柳先庚媳高氏王肖曾妻熊氏王肖曾媳
江氏王肖曾媳周氏熊隆富妻偕子死李氏華頂秀妻閻氏潘學勳妻黃氏李象富妻
張氏郭興太妻夏氏何懷興妻佘氏蔡興祿妻徐氏姜能歡妻岑氏徐某妻救姪女死

黃氏韓德昌妻佘氏江黃進妻偕子死以上同治二年殉難何氏張若穡妻陶氏汪中禮妻
何氏王正修妻朱氏高天祿妻黃氏庠生何述媳馬氏吳成榕妻楊氏夏洪奎妻
王氏夏太和妻韓氏王雲煥妻王氏陳大勳妻王氏楊永春妻楊氏貢生張樹勳妻
詹氏楊兆太妻楊氏程德全妻楊氏王金順妻陳氏張春桂妻楊氏童明旺妻陳氏南高升妻
楊氏高命既妻潘氏邵曜林妻夏氏武生吳先甲妻楊氏南伯秀妻游氏胡某妻
蔡氏侯光全妻馬氏楊紹聰妻程氏樂榮邦妻王氏程理法妻董氏江瑞昌妻程氏謝信華妻
汪氏余自云妻陳氏黃春發妻景氏王秋厚妻柴氏黃正興妻陳氏樊玉亭妻周氏馬敦華妻
范氏黃玉英妻楊氏汪世發妻柴氏馬士映妻毛氏柴時貴妻郭氏熊大椿妻章氏郭春太妻
李氏郭兆德妻黃氏李敬業妻郭氏李瑞楷妻張氏徐賡元妻虞氏程金獻妻徐氏龔永發妻
何氏徐十郁妻蔡氏裴祿榜妻陳氏范元茂妻於氏增生徐藝林妻王氏劉昌基妻
吳氏朱如禮妻李氏朱崇德妻以上二人俱偕子死佘氏汪瑞祥妻抱女死潘氏陶登明妻

熊氏徐德新妻 邢氏徐爾尙妻 徐氏王長春妻 徐氏邢善慶妻 鄒氏徐志仁妻 王氏李登和妻
蕭氏徐世錫妻 徐氏張德鰲妻 江氏石萬江妻 夏氏吳銀鍇妻 陳氏楊協和妻 江氏蔡朝雲妻
吳氏汪國祥妻 向氏江士懷妻 張氏徐如碧妻 王氏徐遐昌妻 朱氏庠生汪濟翰妻
陳氏程觀麒妻 徐氏李受益妻 徐氏王學海妻 李氏李朝志妻 王氏李益修妻 王氏胡先元妻
胡氏賀德裕妻 李氏高登第妻 閻氏王兆祥妻 胡氏王萬全妻 姚氏洪慶槐妻 王氏徐宜來妻
萬氏徐家賓妻 周氏徐九興妻 周氏徐月川妻 涂氏徐學純妻 何氏盧德富妻 王氏龍太勝妻
呂氏饒德發妻 饒氏韋金榜妻 張氏職員饒躍姪媳 徐氏袁有尙妻 郭氏章春奇妻
談氏郭保元妻 張氏郭遊全妻 郭氏徐豫元妻 顧氏袁云華妻 黃氏閔學政妻 童氏郭光球妻
樂袁氏 余氏陳緒恆妻 夏氏黃繼林妻 龔氏錢美壽妻 蒯氏舉人周鴻文母
陳氏徐九應妻 蔡氏庠生范忠愷母 李氏李興仁妻 林氏蔡金仁妻 羅氏翟天綸妻
李氏徐奎先母 夏氏庠生郭應元妾 徐氏夏朝舉妻 高氏何普照妻 王氏高均祥妻

王氏徐大椿妻 葛氏吳學濂妻 夏氏陳大才妻 陳氏汪兆元妻 郭氏楊起興妻 陳氏監生徐廷
槐妻 楊氏監生韓兆琪母 王氏蔡之隆妻 章氏高復禮妻 陳氏吳行芝母
程氏詹金鳳妻 吳氏南唐坤妻 高氏李祖善妻 明氏袁東懷妻 王氏閻光雲妻 傅氏庠生李森
姪媳 魏氏張新福妻 張氏趙大貴妻 蔣氏朱代乾妻 王氏袁鳳友妻 畢氏彭心力母
范氏郭時春妻 畢氏附貢郭時彥妻 郭氏張春容妻 郭氏張心法妻 王氏張效太妻
郭氏王懷春妻 汪氏馬永富妻 陳氏張高選妻 游氏瞿春和妻 張氏王孟太妻 柴氏郭道愷妻
汪氏瞿行全妻 宋氏徐理宏妻 樂氏嚴身福妻 曹氏嚴身貴妻 徐氏楊懷宜妻 齊氏徐洪緒妻
王氏徐應林妻 童氏徐金萬妻 朱氏詹瑞應妻 王氏李型典妻 賀氏胡富潤妻 汪氏游高升妻
李氏胡春發妻 賀氏夏鳳翔妻 李氏陳坤才妻 夏氏徐思敏母 王氏杜志道母 胡氏呂興仁妻
潘氏蔡美玉妻 嚴氏蔡興銘妻 李氏徐啟發妻 汪氏徐元坤妻 王氏馮玉文妻 程氏蔡是壎妻
韋氏張某妻 蔡氏謝某妻 吳氏裴廣容妻 湯氏許時貴妻 鄧氏周成旺妻 高氏何義春妻

華氏監生郭樹滋妻 李氏郭新榮妻 郭氏章春祺妻 郭氏李鳳鳴妻 陳氏郭紹春妻
程氏徐篤行妻 程氏封職郭光志妻 汪氏郭時惠妻 姚氏郭本發妻 范氏徐本厚妻
郭氏王席賓妻 范氏王安綸妻 張氏王庭貴妻 段氏陳象興妻 王氏庠生陳士型妻
曹氏同知郭時郁妾 范氏王祈人妻 劉氏郭紹豐妻 范氏郭鳳儀妻 周氏范雲先妻
王氏李春發妻 陳氏詹嘉讓妻 郭氏章玉春妻 周氏吳光華妻 易氏宋承祿妻 黃氏裴文爵妻
鄧氏邱啟富母 游氏岑萬進妻 周氏夏核元妻 許氏周道正妻 程氏周懷清妻 萬氏錢以光妻
徐氏王廣發妻 徐氏庠生吳祖吉妻 李氏葉明泰妻 涂氏監生胡學彬妻
楊氏王光全妻 方氏周有順妻 郭氏監生周懷禮妻 萬氏周廣明妻 李氏姜懷潤妻
張氏李正修妻 吳氏王必達妻 陳氏熊六株母 陳氏王春深妻 吳氏陳洪周妻 周氏孫如錢妻
楊氏徐十發妻 徐氏陳金懷妻 徐氏陳金陵妻 彭氏熊榮華妻 姚氏陳名三妻 楊氏陳秀其妻
程氏陳步青妻 楊氏陳廷曜妻 徐氏范忠耿妻 嚴氏范忠佑母 熊氏劉楚奎妻 王氏徐瑞林妻

陳氏王子雲母 陶氏熊時興母 周氏謝永燿妻 陳氏方廷輝妻 韋氏綦某妻 朱氏袁紹廷妻
畢氏蔡世福妻 查氏蔡世連母 王氏楊之榮妻 陳氏進士周世英母 畢氏陳先蔭妻
王氏李邦傑妻 徐氏王學典妻 馬氏王介廷妻 徐氏王勳獻妻 何氏王韻章妻 徐氏監生王春
榮妻 徐氏程敬業妻 徐氏徐萬邦妻 孫氏焦啟榮妻 葉氏程春林妻 李氏郭立鰲妻
周氏馬某妻 汪氏何某妻 華氏龔某妻 劉氏馬某妻 廖氏李某妻 胡氏程世義妻
喻氏程開謨妻 楊氏樂崇六妻 華氏郭長發妻 方氏郭啟元妻 方氏胡炳煥母 郭氏王祥泰妻
陳氏余之法妻 李氏陳祥雲妻 汪氏王成章母 魯氏王高士妻 姜氏戴錦發妻 洪氏陳以木妻
程氏陳裕富妻 張氏陳光遠妻 楊氏陳華松妻 王氏陳啟順妻 李氏林先利妻 姜氏艾永光妻
抱子死 陶氏徐利舉妻偕子死 鄭氏瞿行學妻抱子死 於氏王獻台妻
高氏吳高升母 張氏楊映龍妻偕女死 陳氏高淩漢妻 汪氏夏之發妻偕子死
楊氏陳應復妻偕女死 何氏吳裕富妻 南氏柴正玉妻偕子死 陶氏張艮興妻

林氏張廣興母 夏氏楊肇基妻 郭氏張長茂妻 李氏熊洪福妻 孫氏焦興太妻俱偕子死
廖氏張艮揚妻偕姒死 李氏潘宜順妻偕女死 李氏蔡興朋妻 柴氏李元貴妻
呂氏黃朝舉妻爲夫死 周氏職員閔效貢妻 王氏徐楚發妻 夏氏徐綬春妻
偕媳死 胡氏徐綬春媳 彭氏徐十志妻抱子死 呂氏饒光乾媳 田氏何貞在妻
張氏段昭興妻抱女死 徐氏郭聯捷妻偕媳死 胡氏李有潤妻抱子死
某氏庠生高致遠母遠與弟士達殉 熊氏監生姚錦繡孀母與繡俱焚死 某氏監生陳幹遞妻夫婦均遇害
瞿氏王天和母 鄒氏祝宏耀妻偕女死 吳氏詹潤身妻偕媳死 詹氏綦有泗妻
同戴死 戴氏綦之性妻 程氏張尙福妻偕女死 魏氏張朝貴妻偕媳死
張氏汪正發妻偕子姪死 何氏徐九槐妻抱子死 王氏胡志發妻同女死
葉氏庠生皮慶芳妻 王氏范同春妻 徐氏程朝清妻 李氏監生潘裕浥妻
王氏監生謝履澍妻 潘氏王長青妻負女死 王氏徐中元妻 劉氏方洪春妻

偕子死 徐氏胡粒珍母偕子死 朱氏胡攀吉妻偕子死 程氏胡攀吉弟
婦 龔氏陳先富妻抱子死 王氏胡名旺妻 劉氏胡金鳴妻 陳氏徐辛旺母
偕子死 楊氏陳金才妻偕姑子死 魯氏郭大時妻抱子死 楊氏劉春和妻
偕子死 陳氏舉人徐家駒母 徐氏夏正元妻偕女死 徐氏夏春發妻
偕子死 王氏洪義和妻偕子死 魯氏監生朱學瀾妻 徐氏程開錦妻
楊氏程世仁妻 孫氏程世紀妻 李氏程世啟妻 周氏程世嘉妻 袁氏程學禮妻 徐氏程開崿妻
某氏永甯寺西岡烈婦死攜孫子手 某氏大仙廟下祠塘烈婦義犬同死 侯氏彭壽椿妻投水死 以上
同治三年殉難 王氏潘會熙妻 王氏張長喜妻 謝氏戴先甲妻同子死 潘氏庠生胡璧
妻抱子死 王氏鄢宗貴妻 鍾氏馮傳啟妻 翟氏夏廣順妻偕子死 潘氏王紹海妻
偕子死 以上同治六年殉難 曾氏朱如柏妻 董氏朱才班妻 吳氏童光葵妻 胡氏高紹貞妻
秦氏南興縉妻 沈氏葉艮朋妻 周潘氏 李陶氏 馬岑氏 易張氏

馬孫氏 馬王氏 程馬氏 萬吳氏 廖氏徐仲發妻 蔡袁氏
李氏陳時興妻 李氏張以福妻 傅顧氏 程氏徐啟山妻 李氏袁啟富妻 詹李氏
傅任氏 郭葉氏 徐龍氏 周甯氏 龔陳氏 詹闓氏
左徐氏 詹闓氏原重 萬劉氏 程周氏 李樂氏 胡鄒氏
張可氏 趙傅氏 馬氏李光耀妻 胡周氏 鄔氏任鳳朝妻 何氏李顯華妻
艾氏陳廷志妻 李氏葉志榮妻 謝馬氏 李劉氏 程詹氏 周華氏
周萬氏 周何氏 周詹氏 周李氏 萬李氏 馬羅氏
萬鄭氏 胡氏姜國延妻 南魯氏 李氏羅永高妻 胡氏程敬業妻 王氏監生趙廣
壽妻 趙傅氏 楊氏畢啟秀妻 朱氏黃詩章妻 楊氏監生郭時源妻
王氏汪瑞祺妻 查氏張學猶妻 汪氏鄧升庸妻 裴氏張萬貴妻 李氏張從天妻 申鍾氏
張氏謝克勤妻 章呂氏 袁李氏 樂氏趙建利妻 程胡氏 徐徐氏

袁夏氏 徐朱氏 彭王氏 李彭氏 李陳氏 李胡氏
陳程氏 艾氏詹成能妻 陳易氏 謝汪氏 蔡余氏 吳駱氏
袁氏徐成安妻 李氏王之桂妻 蕭氏徐慶會妻 張氏徐宗彩妻 盧氏徐成仁母 陳氏朱艮玉母
陶氏徐交泰妻 徐氏陳至德妻 朱氏徐奉先妻 周氏徐士雄妻 汪氏徐觀典妻 徐氏蕭應春妻
楊氏徐方庶妻 胡氏徐道周妻 徐氏徐十銜妻 周氏徐宏發妻 徐氏周光照妻 王氏周之琦妻
蕭氏徐廣學妻 徐氏張明亮妻 孫樊氏 劉氏王世昌母 祝氏朱朝義妻 范氏徐從發妻
張氏徐九機妻 徐氏胡元興妻 朱氏徐必友妻 楊氏王金槐妻 胡氏王國安妻 張氏王天順母
孫氏徐世德妻 張氏徐景福妻 蕭王氏 蕭王氏原重 徐蕭氏 陳氏徐志傳妻
蕭氏王朝陽妻 王氏徐登榜妻 李氏徐疇炏妻 彭氏姚勝文妻 辜氏徐月泉妻 吳氏徐十全妻
楊氏朱存中妻 王氏何定朝妻 朱氏徐時發妻 楊氏夏中和妻 李氏夏承富妻 徐氏王繼春母
徐氏王繼春妻 楊氏王繼春媳 夏氏江明志妻 劉氏游成玉妻 陳氏蔡世明妻 胡氏孟明友妻

吳氏張書山妻　游氏胡文美妻　胡氏張以發妻　周氏胡大凝妻　黃氏陳正啟妻　萬邱氏
姚氏謝兆德妻　詹氏謝兆太妻　張氏姚恆學妻　姚氏王立人妻　劉章氏　張氏徐成章妻
徐鄭氏　徐李氏　胡氏徐玉彩妻　楊氏徐澤遠妻　徐氏楊玉賓妻　胡氏蕭四福妻
李氏蕭五耀妻　徐氏蕭登敘妻　彭徐氏　夏氏徐以南妻　朱氏徐保琳妻　徐蕭氏
李氏徐能宇妻　汪氏徐八法妻　胡氏徐八長妻　高氏徐士奎妻　王氏彭鳳槼妻　葉氏徐興明妻
余氏李天祥妻　李氏徐槐洲妻　彭何氏　彭氏徐九忍妻　徐氏夏朝舉妻　李氏吳世烈妻
汪氏郭席朝妻　郭張氏　劉氏郭紹豐妻　周氏郭賀富妻　沈氏郭勝元妻　范氏郭鳳儀妻
黃氏郭長清妻　黃氏王應龍妻　袁氏王春英妻　張氏王必興妻　范氏王安萬妻　匡氏王鳳鳴妻
吳氏王祈旺妻　桂氏王遂宗妻　傅氏王安善妻　王氏張肇福妻　王氏張萬勝妻　章氏毛高明妻
彭氏毛斗南妻　田氏毛正興妻　劉氏夏慶楊妻　舒氏王萬青妻　閻氏毛雲卿妻　張氏毛丹書妻
范氏王金奎妻　段氏王文峯妻　田氏張登榜妻　魯氏瞿貞一妻　某氏陳朝之妻　范氏郭敦元妻

郭氏蘇登耀妻　周氏郭朝楚妻　黃氏郭慶林妻　李氏方正敦妻　郭氏瞿克勤妻　黃氏李正學妻
郭氏李得意妻　彭氏李廣明妻　祝氏李廣再妻　李氏黃某妻　李氏范某妻　郭氏李高升妻
黃氏范礽雲妻　繆氏范厚啟母　王氏陶應龍妻　瞿氏陳紹王妻　李氏陳在廷妻　張氏姚萬海母
劉氏陳宇周妻　高氏楊承先母　胡氏陳祥有妻　田氏南集秋母　張氏江之紀母　姜陳氏
劉氏江興隆母　南氏劉元亮母　楊氏江有義妻　姜氏湯元高妻　楊氏王萬模妻　查氏楊國賓妻
陸氏楊天太妻　陸氏南時亨妻　胡氏楊貫秀妻　南氏蕭殿明妻　余氏蔡興隆妻　李楊氏
李湯氏　黃氏鄧文啟妻　楊氏汪學連妻　吳氏汪興遐妻　李氏汪朝貴妻　萬華氏
馬潘氏　黃蘇氏　陳程氏　岑徐氏　陳王氏　袁周氏
林畢氏　張魯氏　袁樂氏　徐李氏　游閻氏　馬胡氏
陳程氏　岑畢氏　陳王氏　周張氏　馬閻氏　程袁氏
夏潘氏　程楊氏　楊徐氏　楊張氏　黃朱氏　奚張氏

王袁氏　任李氏　王袁氏　徐潘氏　郭黃氏　徐郭氏
朱蔣氏　何詹氏　徐胡氏　李徐氏　任李氏　徐陳氏
南王氏　郭余氏　徐萬氏　徐吳氏　何夏氏　蔡倪氏
吳潘氏　畢程氏　陳劉氏　湯姜氏　任傅氏　楊徐氏
徐李氏　饒張氏　王劉氏　周余氏　李郭氏　方何氏
王范氏　徐沈氏　陳裴氏　熊王氏　朱氏李伯發妻　李氏艾永旺妻
瞿氏馮廣順妻　李氏馮朝榮妻　閻氏謝承昇妻　徐氏汪亮堦妻　桂氏周紹禋妻　以上縣志

以上待旌殉難烈婦

孝婦

潘氏名煥媜字伴霞舉人郭光庭母羅田潘煥龍姊也性至孝克盡婦道侍夫疾口吮癰疽母病刲股和藥以進少工詩著

有漱芳閣詩鈔陳沆爲作弁言

胡氏岑隆訓妻事翁姑以孝聞姑寢疾十三年氏侍湯藥未嘗離左右督學王贈有額

畢氏徐光翰妻事姑孝每事必得姑歡心勤儉自飭不尚鉛華督學王贈有額

楊氏附貢趙必達妻性淑謹事母與姑極孝養卒年三十六子獻清郡庠生

王氏監生任文度妻孝事翁姑待下慈惠夫沒教子成立

范氏閔道至妻幼嫻女箴于歸後敬戒無違能養姑志俱督學王額奬

張氏徐兆極妻幼嫻閨訓曉大義于歸後孝事翁姑道光八年

督學王額獎
周氏朱維綱妻年三十二夫沒守節嘗以紡績貲建夫祠置祭
產使夫享祀不絕邑令馮額獎
王氏黃金桂妻　陳氏翟亘榮妻　陳氏韋恆祥妻　李氏府知事陳謨妻　翁氏附貢任殿
瀛妻　周氏監生張若霖妻　石氏傅世渠妻　岑氏程學洙妻　翟氏楊之綺妻
王氏修職郎何文明妻　楊氏增生湯兆桂妻　楊氏汪立貞妻　金氏王秉國媳
徐氏可一煜妻　徐氏陳光坣妻　彭氏王朝俊妻　謝氏賀績春妻　李氏州同蔡興栻妻
高氏監生姚鼇陞妻　姜氏高紹進妻　胡氏程本貞妻　熊氏閻耀和妻　周氏黃迪吉母
虞氏江四懷妻　方氏庠生陳學纁妻　周氏徐錫五妻　詹氏監生柴軾妻
徐氏艾文煥媳　胡氏陳慶會妻　周氏彭永順妻上三人俱賊至救翁死　王氏陳元善妻
高氏夏嘉會妻　張氏郭聯捷媳　郭氏王天和妻　郭氏魯重節妻　盛氏范楚望妻　徐氏陶釆和妻

俱賊至救姑死　以上縣志　李氏舉人胡壁華妻　新採　以上孝婦

貞女

鄒女麻城舉人鄒汝治女幼字進士徐廣淵子如楧未嫁壻沒女年二十聞訃號泣力請於父母往弔遂茹素奉姑立姪爲嗣尋夭媳陳年二十二相依數十年以終乾隆元年　旌王志並通志

翟女諸生翟廷謨女幼字饒上池未嫁壻沒女年十八聞訃哭暈投地數次請於母同赴弔撫棺泣血絕飲食者三日諸姑强起乃進淡粥自是入居深室撫嗣子華光入邑庠卒年六十餘

邱女邱德崇女許字監生安撫邦子士鑛通志作撫邦聘室誤未嫁壻亡同母往弔撫棺痛哭矢志守貞立姪正壁爲嗣苦節四十餘年以上通志參縣志

陳女陳光澍女幼字蔡士徵未嫁壻沒女聞訃痛不欲生欲往弔父母不許或有議改字者女泣曰生許蔡門死卽蔡鬼遂守貞母家歷三十餘年卒

周女父信臣早沒母遺腹生女幼字岡邑王以坤之子女年十六母亡依伯叔居王氏子流爲匃旋沒時女年二十二或有勸其改字者女泣曰一女字兩姓辱莫大焉遂焚綺麗縞素終身姪庠生周承烈迎養於家守貞六十餘年

王女農民王志賢女幼字范德植未嫁壻故女年十六聞訃奔喪號擗幾絕因勸勉起拜姑縞素入室事姑盡孝守貞二十

五年卒以姪昌爲嗣　以上縣志已旌貞女

陳女幼字熊服周之三子年十四爲熊養媳越五載未婚壻沒女以孀姑在堂誓不再字族人嘉其志立夫兄次子定誥爲嗣尋夭媳葉氏以身殉女遇益慘而志益堅里有三世全貞之譽

徐女庠生徐雲路女幼字吳德厚年十八未嫁厚故聞訃奔喪與孀姑陳同勵冰霜貞潔自守卒於壻家

徐女舉人淩翰女字張學洙　彭女運東女字黃千齡　鄭女字陳佑春　郭女聞宦女字庠生謝詳訓之姪某　章女字郭時潤　王女致賢女字范德潤
萬女字葉元宮　楊女維聯女幼字謝世誥　程女字徐十準　楊女天成女字南楚欽
孔女字楊貫沲　江女字段永江　盧女鵬九女幼字周勳賢　胡女青雲女幼字方廷琛　以上

縣志待旌貞女

烈女

歐女黃岡歐𤻬臣女幼字蘄水徐基盤未嫁殉原傳舊志列蘄水考通志注一統志列黃岡是女本籍今從之仍存其姓氏

高女高時憲女也幼字李飛雄之義子招兒未嫁人爭以兼金啖其母母利其賄微示意於女女佯諾恐變生不測夜半自經

韓女韓國珍女也幼字方開逝子先岱通志作開逝妻訛未嫁壻沒女年十八聞訃欲奔喪母以未婚止之女泣告以有姑可事母堅不許女易素服日夜號泣聞壻葬畢卽自縊死

高女高一崑女幼字夏國傑

俞女幼字高渭璜之子傳人黃岡仍存舊列 以上通志

黃女黃儀宰女也幼字萬濃陰未嫁壻沒女年十七聞訃終日哭泣不止遂同母王往弔一慟幾絕拜見舅姑欲留守志舅姑勸諭暫歸及歸而憂鬱益劇越二年有富室求婚女聞憤甚乘隙登樓自縊母奔救之氣已絕矣是夜萬家燈火盡暗母家爲葬於聯二塘立烈女碑縣志

程女程人高女也幼字曾氏子未嫁壻不才女日夜紡績積有餘貲授兄密以付曾勸其營家計壻仍不悛將鬻女爲轉鬻計女聞憤極泣曰貧苦常也棄妾命也生何爲哉自頸至足固縫其衣履躍入池中溺死縣志 以上已旌殉夫烈女

方女方觀敍女也幼識字喜讀列女傳許字周辰樞未嫁壻沒女聞訃遂以身殉遺示訣函於父書案有生受周氏聘死葬周氏山之語周族迎棺合葬焉

孫女孫國玉女也幼字南堂取未嫁壻沒女聞訃梳洗訖潛赴宅後池中溺死留香珠金釵於池邊以爲信後與取合葬詩人多弔之副貢夏之魁作烈女行有蘭閨詎識烈女傳清池照膽三尺濺一股香釵一佩珠聊寄慼幃作別書之句蓋紀實也

楊女幼字李守能未嫁壻沒女隨母赴弔痛哭頻絕誓守壻家舅姑議其一時激烈恐難持久女聞遂自經

楊女秀枝幼字陳德林未嫁壻沒女年二十一聞訃往弔痛哭絕粒幾死姑懼送歸誓不改適旋自經

何女何子康女幼字王道泗未嫁壻染疾女往侍湯藥衣不解帶壻沒女服衰服躃踊柩前父母強之同歸女不從絕粒彌月死衣袂皆密縫示不欲再易衣也遂與泗合葬焉

翟女庠生先鳴女　郭女知州時郁女幼字吳登畦見通志　陳女字夏家謨

侯女庠生侯令榮孫女　李女仵舟女幼字涂良珠　黃女儀宰女　王女字李選齋

楊三姑自庸女字李守崙　以上縣志待旌殉夫烈女

鄒女有餘女　大女姚士華女　佑弟張守緣女　姚細女　郭長女卜三女

賀女新烈女　蔡女兒德溥女　程庚弟重亭女　鄒女

吳順芝映南女　姚信弟士華女　南恩蓮春起孫女　以上縣志

姣姑魯氏女　畢姑字熊世堅　楊林姑上元縣人　細姑吳克棠女　懷珠蔡信女

登娣游秀和妹　秀蓮畢繼之女　恩蓮王氏女　謝嬌姑　以上節義錄已旌殉難烈女

陶女義和女　蔡女世宏女　王女廣德女　張女天敔女　郭女時乾女　畢女從九祚勳
女　畢文字謝明德　劉女鳳章女　引弟李某女　郭女成選女　衍蓮畢祚勳女
甯女永凝女　元弟李文佐女　詹女鄧能富養媳　敦弟游賢敔妹　吳女長春女
柴女正發女　袁女毛新喜養媳　王女監生徐惟巨媳　郭女光仁女
程女成仁妹　李女有善妹　周女緒鳳女　徐女字王祥吉　張女金葵女　徐女吉貞女
新弟蔡學朝女　郭女德三女　蘇女得祿女　嬌女李行春女　張女父失名　楊女字陳正木
喜弟程代豐女　陳女貢生起誥妹　易女紹胡女　寶釵吳蔭南女　查女程敔發媳
鄧女字彭順隆　程女建太孫女　徐女士林女　蘇蓮弟字侯保貞　方順弟
玉姑徐映壽女　高女何兆祥姪媳　蘇女明才女　姚女鳳岡女　姚女鳳春
順弟閻太和女　庚弟程家豐女　劉女名新弟　詹女字方雲和　范女利生女　徐女字張承凝
高女尊賢女　高女神秀女　夏女士才女　王女監生光全女　會弟程克學女

黃州府志《卷之二十八　列女三　四十三

徐女字程理順　謝女永周女　鄒女字黃紹槐　柴女時成女　江女字李克勳　程女光台女
彭女開發女　王女楚春女　姚女字陳祝三　姣姑陳清揚女　有枝姚春雲女　徐女明達女
徐女承建女　王女爵文女　郭有弟字詹瑞懷　徐女字蕭某　徐女德純女
彭女周瑞女　胡女春和女　陳女兆典女　翟細旺戴天公養媳　汪女春茂女
翟女天養女　瞿女得志女　又芝易繼祥女　宋女本貞女　徐女崇發女　明喜徐士周女
望發陳庠爵女　王女世順女　楊女谷蘭女　向女外委楊平安媳　姜女正綱女
楊女監生文炳女　潘女字雷續明　高女職員德純女　來弟張春秀女
李女李廣女　樂女名釆英　潘女字徐尊冕　王女字徐香山　李女得愷女　夏女大貴女
張女聲利女　郭女象華女　周女金華女　郭女萬友女　細嬌張友徽女　詹女謙善女
胡女學彬女　秋蓮陳東元女　王女煥章女　查女新元女　瞿女紹元女　黃女明高女
細女郭時晧孫女　郭女紹貴女　閏弟侯光宗女　涂女雲峯女　王女字萬中祉

萬女監生紹麟女　胡女名求女　柴女正玉女　張女良興女　秀英蔡興朋孫
女　鈕女字程遠望　徐女失父名　周女必有女　徐女楚發妹　彭女徐十志媳
饒女光乾女　程毓弟周正朝養媳　江車弟周正朝養媳　青蓮郭席賢孫
女　戴女郭啟富養媳　郭女詹潤身養媳　金弟張倘福女
范女同春孫女　劉女張朝貴養媳　謝女履澍孫女　胡女攀吉女　王女金斗妹
程家山塘二烈女　陳女東元女　胡女有興女　楊氏二女俱尊坤女
朱女家梓女　鈕女錦亭女　周女字孔從讓子　李女金其女　會弟胡某女
李黃女　桂枝李某女　順其李某女　王女李廣再養媳　湯巧女
楊細娣　陳女　畢九女　饒杏林以上縣志待旌殉難烈女

孝女

畢女三姑蘇州知府保鰲第三女母郭多病女侍奉十六年如一

黃州府志《卷之二十八　列女三　四十四

日母卒將殮女强收淚爲製履履成一慟而卒
徐女監生文蔚女母病篤醫藥罔效女斷手指和藥以進母卽
愈案斷指類慧可斷臂事近殘毁不可爲訓姑存其舊
饒女饒芝蘭女　孫女庠生奚象堃妻爲母割股　畢女庠生畢炳垣女方藻香妻爲父割股
柴女萬忠謨妻爲父刲股　徐女廣文徐崇文女王景會妻　徐女徐兆書女　王女王學音女
蔡女職員蔡是墉女　胡女胡高志女　王女王春發女　周女胡永祜妻　高女余體坤妻
蔡女監生程凌漢妻　余女徐振動妻上四人爲父割股　胡女范忠輔妻爲母刲股
熊女訓導岑子銓妻爲母並姑先後割股　夏女何準興妻節義錄準作淮咸豐四年賊至殉父旌
李女何秉乾妻同治三年賊至殉父　裴女邢金明妻　徐女閻毓煥妻俱同治三年賊至救母死　以上縣志
待旌孝女

壽婦邑志修於光緒六年今依原年錄

彭氏進士章邦福妻　呂氏任振紳妻　以上壽百十歲　王氏邑庠生夏之森妻壽百七歲　高氏王三茂妻　方氏庠生朱斗欽妻　李氏袁登妻　以上壽百四歲　盧氏李含鼎妻　劉氏蔡世貴妻　以上壽百三歲　杜氏呂昌木妻　胡氏王明富妻　以上壽百二歲　郭氏瞿顯峻妻　申氏范國耀妻　汪氏湯大德妻　向氏監生王家賓曾祖母　詹氏郭有義妻　高氏監生潘知愛妻　萬氏張一祥妻　袁氏閻正仁妻　游氏王學德妻　錢氏謝振元妻　周氏瞿璇重妻　艾氏張德盛妻　石氏李君習妻　以上壽百歲　以上縣志　劉氏陳維續母現年百二歲親見七代五世同堂本公牘補

黃州府志卷之二十八上終

黃州府志卷之二十八下

黃州府知府英　啟纂輯

人物志

列女四

麻城縣

節婦

劉氏彭益孫妻進士信古孫媳進士守有孫女年十七于歸佐夫數運漕京邸時翁壽鼎沒於京夫因折糧繫獄氏乞募集貲扶翁櫬歸並彭氏先人未葬者均為安厝且營貲賠糧贖夫還里氏無子前妾亦皆無出復為置妾陳氏夫沒生遺腹子枝次年陳亦沒氏擇地與夫合葬撫孤成諸生時兵寇交訌鄉人無所逃避氏捐貲建堡多賴生全歲大饑捐貲煮粥全活無算順治十八年　旌

蕭氏劉之衢妻年二十適劉明季流寇起本族有附賊黨者衢獨攖其鋒遂遇害蕭慘慟矢志報復生子翼運僅數月屬僕婢負子走匿乃糾同宗請官兵剿除兇類後教子成明經守節五十年本縣志補

梅氏庠生李春流妻年二十六夫沒遺二子中黃中素辛勤教督治家嚴肅內外無閒言二子亦孝養備至康熙十年　旌

吳氏曹愓妻年十八夫卒無子立嗣子退一承祀苦節五十八年康熙五十六年　旌

張氏貢生胡文陛妻幼嫻吟咏年二十八夫沒屢欲自經家人

救免姑沒氏哀毀骨立喪葬盡禮越數年二子繼沒長子庠
生維銓妻董依姑守志俱以節終
程氏監生王經世妻年二十夫亡生遺腹子濬孝事祖姑暨姑
存沒盡禮年九十二卒
徐氏曾昇士妻夫沒苦節三十年事姑孝撫孤璽尋夭媳董氏
相依守志紡績養姑撫嗣承祀　俱乾隆二年　旌
劉氏吳應泰妻苦節四十六年　周氏張文址妻　梅氏彭選
之繼妻　田氏梅介錫妻　張氏鮑雲際妻　俱乾隆三年
旌
葉氏庠生何三曾妻雲南平度州知州調元女也年二十一夫
隨父之彥俱沒於滇南任所遺孤佐僅三歲氏奉姑扶櫬歸

里居茅廬紡績養姑教子佐成諸生守節五十七年卒佐事
母孝哀號廬墓以終乾隆四年建坊（王志補遺）
蔡氏庠生戴如珊妻　劉氏鮑如哲妻　閔氏李士珍妻　鄒
氏李克志妻　陶氏王鈺妻　魯氏陳世炳妻
鄒氏廩生楊晉妻　蔡氏廩生楊知數妻鄒年二十六夫沒遺
孤三矢志撫之尋二子繼亡僅季知數娶妻蔡舉孫甫就塾
而知數亡蔡年二十八相繼苦守一門雙節　俱乾隆四年
旌（俱通志）
喻氏曾之杰妻夫故氏年二十四乾隆五年　旌建坊自作敘
文詩文稿多佚守節五十八年
陶氏武舉王銓之繼妻年十九于歸數月夫沒氏哀痛投繯者

再以救甦遂封髮毀容孝事衰姑育孤子苦節以終乾隆五
年　旌
凌氏高元愷妻年十九夫沒苦節教子歷四十餘年
劉氏李廷茂妻　鄒氏王楚觀妻　丁氏庠生梅廷松妻　俱
乾隆七年　旌
董氏楊次春妻年二十五夫沒孤夭紡績養姑喪葬盡禮守節
三十餘年
李氏副貢陶同文妻年二十六夫沒奉養舅姑稱孝守節三十
餘年
朱氏陳次水妻夫早沒奉繼姑盡禮撫遺孤成立守節五十一
年乾隆八年　旌

鄒氏庠生董玉琳妻年二十六夫沒奉姑撫孤辛勤備至守節
四十餘年乾隆九年　旌
徐氏董元化妻　高氏董子璘妻徐年二十四夫沒撫二孤成
立高年二十九夫沒奉姑徐盡孝撫孤成名徐守節三十五
年高守節四十八年
董氏庠生王修敬妻　俱乾隆十年　旌
董氏庠生唐棣妻夫早沒孝事舅姑教子成立守節三十餘年
陳氏丁懿妻夫卒屢欲自盡以救甦奉舅姑教嗣子孝慈兼至
守節三十餘年
戴氏涂伯祿妻夫卒事姑盡孝教子有成守節三十三年
袁氏李滿垣妻夫卒守節五十三年　俱乾隆十一年　旌

貢氏庠生周文坤妻夫卒孝事舅姑撫二孤成立守節三十一年乾隆十三年彙　題（以上王志參縣志）

毛氏彭崑妻　吳氏劉士昌妻　俱乾隆十四年請　旌

曾氏盧具瞻妻適盧一載年十八夫亡事翁姑盡禮教子以嚴苦節四十二年乾隆十四年　旌

萬氏江世侃妻年二十六夫沒氏觸棺昏絶復甦事翁姑孝撫姪起峰爲嗣年八十卒乾隆十五年建坊

陳氏劉自任妻早年夫沒矢志孝順翁姑撫孤子夫弟夫婦旋亡撫三孤如己出旣子沒又撫嗣孫苦節四十六年乾隆二十四年建坊

熊氏董誠妻夫故氏年二十四生子甫彌月上事翁姑及夫弟

膏火之費皆資紡績守節六十二年乾隆二十六年建坊

孟氏舉人胡鑛（通志作曠）妻年二十一適胡未一年夫沒生遺腹子亦鴻氏撫之成立紡績以養舅姑足不踰閫里黨咸稱之年六十六卒乾隆二十七年　旌

鄒氏董滀之嗣子媳感姑貞女陳守貞矢志終節乾隆三十九年　旌（見縣志陳貞女傳後）

曾氏楊必選妻于歸五載夫故氏事姑教子動中禮法子一魁吏目亦以孝稱乾隆三十九年建坊

鄒氏程（通志作陳）九萬妻岳陽令鄒汝謙女抜貢程宗洛之母于歸三載夫沒誓殉經救數四得甦事衰翁至孝撫孤教育辛勤有祖姑節孝未揚氏力請建坊　旌表舅姑沒後氏念母老

擇近居朝夕奉甘旨遷居之日有孤燕飛止幃幕旦夕哀鳴氏以白絨繫其足自是每歲必來儒學鄧以琢有句云可憐精白毫無滓時染霜幃血淚紅並立傳刋龍池節孝坊乾隆四十一年　旌（以上縣志）

巢氏袁之進（一作俊）妻　周氏袁之進孫媳巢年二十六夫沒觸棺仆地昏死再三父母責以撫孤大義乃忍死經營家貧紡績以養舅姑及舅姑沒鄰有周其乏者巢槪卻之周亦早年夫沒苦節以終乾隆四十二年建坊

蔡氏李域妻年二十八夫故守節事公姑如禮撫子女慈嚴有法乾隆四十三年建坊年八十三卒

戴氏（通志作段氏）鮑文龍妻年二十三夫沒氏觸棺腦裂母救治乃

痊姑老多病紡績以資湯藥撫八月孤其健成名凡里中苦節不能自存者必竭力成其守乾隆四十六年　旌

項氏李位妻夫沒撫遺腹子子逝又教孫天錦就學補諸生守節七十一年卒乾隆五十三年　旌

丁氏監生鄒旭衡妻　成氏鄒光宙妻丁年二十三夫沒遺孤二長夭次光宙氏撫之成立授室未幾卒丁乾隆五十三年建坊媳成事姑孝逢姑怒必下氣怡色晝夜侍側苦節二十年卒

董氏陳焯妻年二十三于歸四載夫故觸棺仆地幾死孀姑泣曉以大義董忍死依姑事葬盡禮教子大坦成立乾隆五十四年　旌

吳氏江緒妻年二十一適江夫病篤氏延醫調治夜則焚香籲天及夫沒矢志事姑撫孤家貧紡績針黹是勤姑沒喪葬盡禮守節四十二年卒乾隆五十五年旌

彭氏監生鮑楫妻進士彭韶女年二十五夫沒一子甫三歲矢志撫孤事姑孝適鄰家火起氏扶柩號呼鄉鄰將舁柩出忽返風滅火人咸異之

張氏千總胡美珍妻年二十六隨夫赴任四川生一女越三載珍奉檄分守巴堂卒於官氏售釵珥偕姑及女貰舟扶夫柩歸葬家貧甚氏紡績嫁女養姑姑沒喪葬如禮

劉氏王槐元妻年二十三夫沒氏悲號絕粒姑止之乃忍焚嫁時服飾卽娣姒譏集紅紫未嘗着身事姑孝苦節終身舉人

王炳謙贈聯云卅載冰心惟飲蘗千秋鐵膽更貽荼蓋實錄也

劉氏監生項傳妻　龔氏項傳子媳劉年二十七夫沒以頭觸棺腦裂幾斃姑延醫救愈事姑孝教子成諸生𡘋夭媳龔依姑撫孤劉卒年八十八龔卒年六十二以上通志參縣志

汪氏庠生詹大戶妻　詹氏庠生程傅孔妻　曾氏朱長裕妻　鮑氏程景洛妻

劉氏庠生周洋妻　胡氏周聖植妻　程氏候選州同吳國瑜妻　戴氏程瑍妻

丁氏陶廷選妻　陶氏劉士堂妻　李氏喻輝隆妻通志隆作龍　葉氏桂久盛妻　熊氏郭亮基妻通志亮作宏

董氏吳宗玉妻　傅氏鄒知禮妻　劉氏宋曰序妻　熊氏胡世達妻　歐陽氏熊士瑗妻

曹氏監生喻梓妻　周氏熊萬資妻　袁氏祝其銘妻　蕭氏項倘妻

戴氏馮鎮朝妻　黃氏庠生吳斌妻　鄒氏魯廷柏妻　戴氏胡墀妻　謝氏阮長銑妻

王氏丁楚澍妻　鄒氏喻步瀛妻　傅氏喻坤妻　阮氏杜承爚妻　劉氏董以執妻通志董作黃

胡氏梅柯妻　馮氏江自渡妻　曾氏石朝東妻通志東作棟　董氏張煥妻　徐氏熊宗圭妻

曹氏熊均安妻　胡氏梅仲材妻　熊氏羅洪勳妻　詹氏鄒魯曉妻　曾氏鄒定臣妻　陳氏董彥妻通志董作黃

王氏董承瓊妻通志作黃永瓊誤　朱氏董子美妻　鄒氏董與權妻　楊氏董文鸞妻

唐氏通志董某妻卽董文鸞母　李氏董本泰妻通志本泰作本木李氏作丁氏　何氏吳治烈妻通志治作志

丁氏周仲遴妻　熊氏葉椿妻　劉氏熊文源妻　羅氏姜希訓妻　袁氏羅永揚妻

徐氏董光燦妻　伍氏熊紹涔妻　胡氏袁之綱妻　羅氏唐亦樓妻　丁氏張世珍妻　陶氏趙文奎妻

胡氏周之楧妻　林氏陳定泰妻　蕭氏佘天錫妻　楊氏王崇忠妻　鄒氏閻士聰妻　田氏鄧岳岱妻通志鄧作鄭

羅氏楊允宜妻　李氏劉汝翼妻通志作劉氏　曾氏毛致純妻　彭氏監生鮑汝一妻

桃氏梅洪洛妻　李氏劉次黃妻　楊氏劉綱妻　劉氏萬綱穆妻　陳氏李洪職妻

喻氏熊永文妻　陳氏甘松妻　胡氏蕭斯苾妻通志斯作時　祝氏洪祚妻　王氏吳永墀妻

田氏庠生夏廷勳妻　周氏彭大堅妻　周氏監生胡文埏妻　廖氏周重戀妻

鮑氏曹學濂妻　宋氏周重珩妻　周氏胡達妻　周氏劉熱妻通志熱作熟　曾氏劉茂枝妻通志枝作林

蕭氏任天旭妻　白氏劉恕妻　貢氏庠生吳英妻通志英作煥　熊氏楊翠如妻

喻氏鮑儉妻　胡氏王國某妻　羅氏王國連妻　陳氏王國連媳　王氏曹思近妻　丁氏喻元偉妻

姜氏董意妻　朱氏戴學權妻通志作學仝　朱氏羅士耀妻　董氏朱峻妻　鄔氏周世燦妻通志作世傑

項氏周湘妻　王氏鄒明溥妻　朱氏陳作哲妻通志陳作程　王氏梅書洛妻

蕭氏項笙妻　周氏黃藍田妻　丁氏王顯怡妻　傅氏胡濱妻　李氏夏志昂妻卽通志夏某妻

戴氏程道遠妻　曹氏葉文煥妻　項氏江維垍妻通志江氏項維垍妻　黃氏楊會慕妻　阮氏蔡思齊妻

王氏李垣妻　王氏李如璋妻　戚氏阮守富妻　佘氏吳敏學妻　陳氏董金甲妻通志董作黃

李氏鄭尙忠妻　葉氏鄭志融妻　李氏監生龔學泗妻通志作董氏　金氏龔秀妻通志作曾氏

項氏施維禮妻通志施作師　劉氏馮思芳妻　蘇氏戴乾衞妻　宋氏甘魯泉妻　梅氏楊其淸妻

通志楊作湯 曹氏胡廷桂妻通志桂作柱 彭氏瑜道妻 王氏瑜和也妻通志和作知
周氏李岣妻通志岣作岣 杜氏白世珩妻 劉氏石銓妻 黃氏監生胡灼妻通志灼作炳
戴氏王嘉謨妻 王氏馮世壽妻 唐氏劉天驄妻通志驄作訓 唐氏劉其忠妻 梅氏董誎妻
丁氏鄒桂妻 龔氏庠生曹文龍妻通志龍作隆 李氏陶應傑妻 劉氏辛問易妻 王氏范正源妻
鮑氏馮燾妻通志燾作濤 朱氏梁生忠妻通志忠作中 梁氏戴丕顯妻 畢氏羅文起妻
詹氏王文灼妻 劉氏淩行法妻通志行作珩 劉氏淩妻 胡氏項智遠妻通志智作知
熊氏唐尚珍妻 熊氏劉之容妻 聶氏徐必恕妻 田氏萬綱成妻 黃氏倪之炳妻 熊氏曾堯行妻
王氏盛必大妻 劉氏趙徽妻縣志趙作鄭是否一人未詳 程氏李飛鵬妻 關氏李國用妻
王氏丁懌妻 余氏胡貞妻 王氏羅廷楨妻通志作國禎 曹氏貢生羅廷桂妻
王氏貢生羅廷槐妻 鄒氏鮑毅然妻 董氏羅洪壁妻 陳氏羅洪周妻 黃氏梅巨鰲妻
鄒氏王際隆妻 鄧氏宋一相妻 羅氏畢法妻 曾氏董德流妻 丁氏陳源淪妻 林氏瑜之友妻

黃州府志　卷之二十八　列女四　八

江氏庠生張恩銘妻 袁氏瑜灼妻通志灼作炳 顧氏張文煥妻 周氏鄒學洙妻
劉氏羅文宗妻 李氏胡錫連妻 吳氏胡鍾妻 魏氏盧紹美妻通志盧作胡 朱氏王采芹妻
盧氏鮑正言妻 黃氏湯聖言妻通志言作吉 彭氏金士輝妻 項氏藍世光妻 梅氏李應鍾妻
熊氏李應鍠妻 陳氏熊太和妻 王氏朱汝壽妻 黃氏饒仕榮妻 金氏夏克仕妻 魏氏李科妻
屈氏監生蕭繩光妻 劉氏庠生馮秩五妻 江氏劉孔柏妻 項氏陳國珩妻
劉氏程志道妻 黃氏林國瑞妻 王氏林友三妻通志林作淩 王氏陳世才妻 吳氏周行健妻
程氏郭茂煌妻 李氏張炳妻縣志炳作灼 陳氏高型于妻 周氏侯映第妻 劉氏李士盛妻
盧氏董方中妻 周氏黃文良妻 余氏劉殿元妻 蔡氏庠生董時措妻 李氏王淮妻
羅氏王國權妻 萬氏袁廷杜妻 劉氏李增妻 瑜氏桂必攀妻 程氏黃天定妻 吳氏王淮妻
梁氏吳鎧妻 董氏曾丞藻妻 張氏施必華妻 黃氏董時源妻 蔡氏胡士爵妻 任氏鄧清拱妻
劉氏監生鄒遐東繼妻 梁氏朱戩妻 黃氏方一智妻 羅氏朱利川妻 程氏鍾士[illegible]妻

劉氏侯映科妻 周氏劉作模妻通志作士模 曾氏鮑啟泮妻通志泮作洋 金氏鮑啟泫妻
通志泫作洪 劉氏劉自在妻 王氏鮑如何妻通志何作河 熊氏蕭華淵妻 吳氏李如久妻
何氏劉維岳妻通志作維嶽 張氏洪天濟妻 何氏李文輝妻 王氏戴吳熙妻 黃氏王必傳妻
吳氏江陳妻 汪氏陶堂妻 余氏屈元淮妻 王氏丁楚眉妻 劉氏汪庭型妻通志汪作王
王氏洪人光妻 毛氏洪光直妻通志光作元 饒氏劉懷瑾妻 劉氏張大金妻 胡氏葉汝炳妻
梅氏萬坦妻 鄒氏周廷芳妻 陳氏監生熊綬繼妻 金氏庠生林占春妻
郭氏金沂妻 熊氏李廷櫄妻 周氏李廷桜妻 伍氏毛汝射妻 黃氏戴廷桂妻 馮氏范雲妻通
志作馬氏 曾氏詹鍾明妻 彭氏黃鎧妻 蔡氏盧之璧妻 查氏鄒應時妻 陳氏周士文妻
梅氏劉永顈妻 梁氏王榮臣妻通志作王氏 瑜氏曾銜妻 徐氏金文浚妻通志浚作俊
周氏徐檜妻 李氏黃時卓妻 王氏黃士品妻 余氏鄒茂權妻通志作茂全 鮑氏黃楚善妻
羅氏吳梅妻 詹氏熊宗玗妻 趙氏劉國應妻 詹氏胡懋灼妻 劉氏梁宗灝妻 張氏丁楚瀛妻

黃州府志　卷之二十八　列女四　九

李氏成源泉妻通志成作陳縣志源作原 黃氏李坦妻 李氏周聖思妻 王氏洪大學妻
吳氏徐士敬妻通志作徐某妻 段氏張之國妻 王氏甘楊材妻 葉氏熊祖顯妻 甘氏楊正廷妻
歐陽氏胡以高妻 徐氏戴之紀妻 蔡氏戴祥兆妻 李氏陶紹對妻通志對作封
詹氏李元繡妻 陳氏陶梓妻 曾氏王培棟妻 唐氏王培棫妻通志棫作玉 李氏監生鄒台
衡妻通志鄒作周 瑜氏周真諒妻通志真作直 潘氏熊鍾德妻 丁氏監生李元
溥妻 羅氏李必英妻 閻氏李必興妻通志作閻氏 楊氏江曾爲妻 劉氏蕭偉妻
程氏李天祿妻 龔氏成仗光妻 羅氏王崇儒妻 余氏王崇儒媳通志王某妻 曾氏詹文廣妻
詹氏吳鍾妻 高氏監生丁養銳妻 徐氏李世輝妻 鮑氏監生吳懋蘇妻
熊氏金暢妻 郝氏胡美珠妻 項氏劉光煦妻 瑜氏丁之璧妻 王氏陳敦脩妻通志陳作程
鮑氏夏廷素妻 白氏甘時妻 鮑氏李森妻 丁氏監生曾文海妻 陶氏鮑名揚妻
李氏王振和妻 丁氏王之楷妻 劉氏俞之輔妻 甘氏金鎰妻 鄒氏王國安妻通志作安國

劉氏唐玉妻李氏熊懷元妻王氏蔡萬琰妻通志琰作年陳氏毛子正妻洪氏蔣大文妻
戴氏蔡作城妻袁氏晏錫躬妻王氏羅學怡妻通志怡作玲梅氏熊祖燁繼妻
田氏黃有志妻梅氏劉以式妻袁氏李廷梧妻王氏劉炎煦妻楊氏韓某妻盧氏祝際豐妻
吳氏王掄嚴妻謝氏成天漢妻顏氏楊親佺妻朱氏周鵬妻縣志周作鄒秦氏劉栻妻
江氏周宏梅妻周氏李文魁妻董氏劉榜妻曾氏鄒林妻甘氏萬仁貴妻熊氏王國熙妻
劉氏陳太華妻趙氏彭斐然妻縣志彭作鮑梁氏吳鎧妻甘氏何得思妻王氏陳倬玉妻
江氏某某妻顏氏劉某妻白氏馮時和妻鄒氏張文元妻梅氏趙汝純妻華氏王某妻
程氏周金綸妻梅氏鄒起然妻聶氏周志侗妻歐陽氏汪克均妻李氏陳維鎧妻
熊氏董之煦妻李氏夏某妻吳氏李天錫妻鄒氏吳泗妻魯氏梁某妻胡氏趙廷普妻
詹氏鄒思澤妻黃氏庠生朱士錦妻陳氏劉某妻張氏黃墀妻汪氏余純太妻
蔡氏李棫妻林氏喻之友妻董氏徐廷志妻劉氏趙嶶妻鄭氏嚴志和妻梅氏高坦妻

黃氏胡文翰妻丁氏毛某妻陶氏王銓妻朱氏鮑極妻龔氏項某妻鮑氏萬文銳妻
陶氏張漢元妻王氏鄒永江妻阮氏蔡某妻陳氏黃錞妻鮑氏姚大章妻羅氏王文炳妻
熊氏鄭瑜妻史氏劉魯望妻張氏程金典妻陳氏監生劉梁妻曹氏俞成望妻
金氏梅某妻曹氏金某妻鄒氏張炳驤妻童氏汪士芝妻李氏尹上華妻毛氏邱之德妻
李氏鄒士毅妻梅氏朱德鋼妻李氏熊士材妻劉氏夏廉妻唐氏熊啟妻曾氏甘泉妻
傅氏張祖望妻曾氏李承祚妻李氏陳某妻鮑氏蔡之瀾妻劉氏曹銘妻唐氏曹之元妻
王氏梁孟孫妻吳氏熊夔妻周氏吳天錫妻曾氏監生楊應賓妻宋氏周其昌妻
丁氏任義妻義一作意江氏監生唐志源妻胡氏劉維崧妻黃氏胡汝川妻
曾氏夏超興妻劉氏丁國棟妻黃氏吳必江妻陶氏唐泰妻任氏熊士京妻以上通志縣志
李氏李兆蕊女王應庭妻年二十三夫沒撫遺孤遘奇病聘壻
　曾年十六聞信歸侍湯藥數日越卒曾死而復甦者再自是

姑媳相依矢志守貞三十八年卒嘉慶十七年請旌
屈氏庠生詹燁妻魯氏梁汝璜妻王氏董承琮妻汪氏余純泰妻周氏黃清肅妻
胡氏鄒心雲妻饒氏羅文蔚妻汪氏喻通鑑妻劉氏盧義麟妻盛氏林正舉妻吳氏魯紹雄妻
吳氏魯廷楓妻盧氏楊正鏞妻胡氏袁之俊妻朱氏陳興化妻彭氏金文坦妻阮氏李某妻
張氏袁方賢妻陳氏袁鼎妻王氏劉炎煦母張氏袁十全妻胡氏庠生李元恩妻
唐氏葉長春妻以上嘉慶前旌
鄭氏嚴志和妻年十九夫故絕食者數日翁爲立嗣撫如己出
　日勤紡績敬事翁姑守節七十七年道光二十三年旌縣志
高氏伍啟榜妻于歸四載夫沒子甫週歲姑患足疾氏負之出
　入二十餘年不懈卒年七十一道光間請旌
李氏周長泰妻羅氏唐之奇妻周氏蕭思敬妻陳氏唐士坤妻陳氏唐雄妻陶氏李士藩妻

饒氏理問熊紹溯妻劉氏熊織基妻鄒氏周啟楠妻吳氏張大然妻吳氏庠生彭佐
宇妻梅氏李元愛妻江氏貢生張廷樹妻戴氏淩文煥妻李氏任之壽妻
丁氏李生邦妻劉氏李作枝妻董氏會酵妻丁氏會永治妻鄧氏鄒洪殿妻董氏鄒洪閣妻
孫氏胡一楚繼妻丁氏會紀河妻王氏貢生丁國楷妻王氏蔡學連妻
徐氏鄭義興妻夏氏周大宗妻劉氏董亨顯妻劉氏羅宗渼妻黃氏羅源妻黃氏淩世萬妻
馮氏魯大爲妻胡氏魯仁愷妻趙氏通判鮑楊妻吳氏胡志盛妻周氏胡士型妻
吳氏鄭勵亭妻胡氏程國柱妻劉氏監生鮑其仲妻范氏監生鮑開美妻
阮氏監生鮑其松妻羅氏董存體妻徐氏胥名仕妻詹氏陳瑞之妻鮑氏監生徐士
璧妻史氏朱元仕繼妻馮氏周尚楷妻蔡氏周邦義妻董氏戴之濱妻
胡氏蔡世型妻袁氏陳堦妻羅氏袁承印妻彭氏鄒家瑜妻鮑氏周錦榮妻羅氏梁李妻
李氏傅聖裁妻彭氏張廷楹妻方氏吳楫妻羅氏吳世華妻朱氏張家蔭妻盧氏楊廷仁妻

劉氏周勳妻　施氏蕭明倫妻　何氏蕭義妻　陳氏蕭長青妻　何氏蕭蓮孚妻　黃氏周叔美妻
袁氏監生周銘鐘妻　侯氏周海雄妻　張氏周之洛妻　金氏周士煥妻　李氏庠生周宗
武妻　周氏胡肯構妻　陶氏張梗妻　陳氏唐梁妻　曾氏涂士泮妻　高氏陳德讓妻
吳氏貢生唐維有妻　傅氏盧承德妻　李氏林文泰妻　朱氏李遵照妻　馬氏盧文哉妻
羅氏毛正璋妻　周氏曾永榮妻　程氏監生張宗銑母　陶氏李之學妻　黃氏金文澗妻
林氏金秀松妻　唐氏劉道洪妻　曾氏陶雲漢繼妻　以上道光閒旌
毛氏謝嘉言妻夫故以死殉姑力挽始忍死撫子事姑病毛割
股救姑
劉氏周維昭妻年二十夫沒子炳伯僅週歲家貧矢志苦守扶
姑攜子就食母家卒年九十一
夏氏王啟元妻年十九夫沒無子矢志養姑二十年不少怠同

治四年賊至因目瞽難行自刎未殊遂縊死時年五十三
俱咸豐十年　旌
鄭氏鄒開梓妻　胡氏鄒其炳妻鄭年二十七夫沒絕粒數日
家人勸止遂矢志苦守家貧紡績自給撫孤其炳成立後炳
以禦賊殞命鄭與媳胡教養孤孫俱以節終咸豐間請　旌
郭氏何文炳妻　宋氏熊廷柱妻　丁氏曹汝忠妻　劉氏陳明全妻　吳氏熊惠然妻　徐氏監生范在
梁妻　宋氏王懋敬妻　江氏周營波妻　蔡氏余必鰲妻　朱氏余日福妻　嚴氏甘騰蛟妻
王氏洪連璧妻　萬氏丁鎮寰妻　熊氏監生王正坦妻　向氏黃士棟妻　王氏監生梁錫
琪妻　董氏楊成信妻　王氏監生羅立勳妻　羅氏胡士書妻　羅氏黃維欄妻
袁氏方啟玉妻　蘇氏貢生吳世珍妻　鮑氏廩生程德本妻　洪氏庠生程熙
曾妻　王氏傅之琰妻　吳氏彭之坤妻　羅氏閻文奎妻　周氏胡宜烈媳　詹氏楊熠妻

徐氏吳光南妻　胡氏梁洪杰妻　蔡氏葉兆蘭妻　徐氏傅為秋妻　胡氏傅之珩妻　龔氏金學榮妻
王氏袁履泰妻　程氏張光甲妻　桂氏彭純儀妻　劉氏唐應乾妻　劉氏鄒茂隆妻　朱氏張丕國妻
盧氏周枝珠妻　陳氏袁有虎妻　王氏毛正海妻　梅氏江應燦妻　姚氏王振欽妻　陳氏劉光文妻
王氏洪大城妻　呂氏庠生李士雅妻　胡氏鮑蓉夏妻　舒氏鮑芹堂妻　汪氏吳永昌妻
余氏劉曰美妻　金氏劉能科妻　艾氏喻一楓妻　黃氏盧炳權妻　胡氏黃品遵妻　姚氏詹可華妻
胡氏鄭瑞蘭妻　朱氏嚴仁和妻　徐氏梅在蔚妻　張氏王先鐸妻一作明瑛　梁氏庠生袁學
瀛妻　王氏梁錫琪妻　吳氏李繼祖妻　張氏李錫冠妻　帥氏王明弼妻　李氏監生郭惟
楚妻　李氏鄧士賢妻　梅氏萬方泰妻　馮氏郭時潤妻　王氏陶明煩妻　郭氏馮怡然妻
張氏劉宗桂妻　梅氏萬方益妻　梁氏傅為傑妻　阮氏江志鰲妻　楊氏魯正樂妻　胡氏羅文樹妻
趙氏魯學魁妻　張氏吳世璜妻　范氏艾學謙妻　劉氏艾學瀛妻　袁氏李行健妻　唐氏熊天遂妻
胡氏陳開義妻　屈氏陳澤春妻　唐氏屈文梓妻　盧氏陳興燮妻　張氏陳興煒妻　吳氏戴履功妻

蔡氏戴履毅妻　傅氏戴履萬妻　張氏俞廷模妻守節五十六年於八年聞賊警自經　劉氏胡宜烈妻
撫姪為嗣苦節至六十七歲同治二年同媳周氏避賊投塘死　以上咸豐閒旌
黃氏袁學海妻于歸三載夫沒遺孤數月殤氏痛不欲生以勸
止姑老翁病在牀氏侍湯藥者八年如一日撫姪為嗣年四
十七卒同治四年　獎
胡氏監生蔡涉謙妻事姑病氣痛刺手滴血沖酒飲之立止姑
又患頭昏氏登樓取藥失足墮地股骨錯出越宿完如初
王氏毛堦妻　萬氏余之科妻　董氏姜必章妻　黃氏袁學海妻　羅氏梅之懷妻　向氏監生葉喬
松妻　張氏葉樹森妻　林氏葉輝勝妻　俞氏李光琛妻　侯氏葉明陽妻　董氏袁世銑妻
朱氏理問梅在圻妻　胡氏賀禕妻　蕭氏吳德豐妻　蕭氏張兆棠妻　胡氏王錦衣妻
守節於二年賊至自溺死　劉氏監生楊美琳妻守節三十二年於三年因子一殉難孫二被擄罵賊被戕

郭氏周楚杰妻守節三十一年於四年罵賊被割舌死以上同治間旌

郝氏祝正豐妻年二十八夫沒家貧撫孤萬順成立娶天媳鄭氏依姑苦守疊經兵荒姑媳無恙郝年一百一十九鄭年九十有三尚主中饋耤紡績以養姑一門雙節俱臻上壽八咸欽之光緒元年請旌

董氏袁尚玉妻 董氏朱德封妻 阮氏劉理惇妻 胡氏胡大綱妻 閻氏吳大文妻 戴氏董伯鳳妻

張氏羅承楷妻 石氏余宗蔭妻 洪氏郭時瀚妻 李氏余夏璧妻 以上光緒八年旌俱公牘

鮑氏李廷標妻 吳氏蔡駿樾妻 蕭氏吳德豐妻 袁氏羅承米妻 程氏監生李代杜繼妻

張氏成棟妻 蔡氏熊肇封妻 史氏熊作用妻 以上光緒間旌 以上已旌節婦

郭氏郭素女唐徽妻年十六適唐二十五夫沒僅一女家計蕭條母女相依紡績度日雖爨火不繼族人延之不往餽亦不

受乾隆三十年十月十四日夜郭知力不能支奉祖先誥敕一切焚之用帶先束女死卽自經死

顏氏庠生楊親佺妻 鄒氏監生張宏學繼妻 萬氏張鉞妻 周氏毛鈞妻

阮氏李躍龍妻 唐氏庠生周道坦妻 熊氏董之聰妻 王氏汪之維妻 王氏董承琮妻

胡氏董意妻 陶氏張漢元妻見董氏張煥妻傳 盧氏張秉赤妻 伍氏張思貴妻 周氏李光渭妻

周氏監生夏廷灼妻 鄒氏劉佑發妻 鄒氏成家駿妻 宋氏郭思汲妻 馮氏李英妻

董氏劉楞妻 周氏張漢浚妻 曾氏鄒森妻 楊氏萬維端妻 張氏李煇妻 周氏監生楊立功妻

萬氏徐旭鍾妻 丁氏李書田妻 魏氏李景周妻 董氏徐廷智□ 梁氏楊之春妻

曹氏貢生周穎櫄妻 庫氏杜塡妻 鮑氏羅學爾妻 黃氏廩生成振妻

程氏楊知經妻 李氏監生周金針妻 李氏附貢成儉妻 陳氏黃存文妻

李氏盧紹富妻 吳氏黃士魁妻 劉氏鄭徽妻 吳氏徐鳳棲妻 張氏董櫄妻 胡氏鄭鳴鑾妻

吳氏羅維亨妻 周氏王必仁妻 章氏劉兆懷妻 李氏監生熊循道妻 吳氏鮑士智妻

丁氏張志艮妻 程氏趙華中妻 唐氏李正春妻 黃氏吳文淑妻 林氏何其惠妻 彭氏盛世穗妻

范氏張大由妻 陽氏夏大田妻 楊氏張立功妻 江氏張楚桃妻 李氏陳維愷妻 趙氏庠生鮑斐然妻

蔡氏楊厚載妻 范氏鮑維實妻 劉氏庠生陳大華繼妻 王氏儒醫陳仲玉妻

余氏屈必振妻 高氏郭步青妻 江氏陳學珠妻 彭氏周大化妻 黃氏舉人張沆妻

熊氏葉仲福妻 吳氏周思穆妻 劉氏周志顯妻 吳氏徐貴妻 羅氏熊世封妻

婁氏羅神卜妻 徐氏劉止遠妻 周氏朱玲妻 高氏胡正福妻 劉氏田時秀妻 羅氏曾銓妻

江氏曾培初妻 張氏曾國志妻 甘氏廩生曾錫妻 周氏曾宗慎妻 徐氏羅士俊妻

滎氏羅洪茂妻 黃氏馮世頌妻 吳氏劉士誠妻 楊氏凌士選妻 宋氏沈治岱妻 陶氏張海年妻

宋氏鄧輝祖妻 鄒氏程維遂妻 楊氏曾政妻 郭氏周承三妻 陳氏周之鉦妻 馮氏羅洪軒妻

戴氏袁綱妻 胡氏周試妻 汪氏袁十全媳 吳氏郭億妻 周氏庠生王槐聯妻

陳氏熊世文妻 張氏鄭明晨妻 何氏夏汝彬妻 劉氏蕭永昇妻 梅氏李如珀妻 鮑氏曾永苞妻

萬氏曾啟坊妻 董氏鮑銘杰妻 扶氏廩生朱珣妻 李氏曾行正妻 蔡氏梁天和妻

余氏商仁作妻 楊氏職員童承楷妻 夏氏童期濂妻 夏氏胡金淮繼母

熊氏宋志書妻 丁氏楊勳臣妻 熊氏詹子熾妻 余氏喻能家妻 鄒氏曾永儀妻 金氏熊乃龍妻

李氏庠生鮑文鳳妻 李氏張修之妻 王氏何以梓妻 周氏項管妻 徐氏董其聖妻

王氏董世坦妻 周氏董先槐妻 毛氏董實妻 黃氏董慎鑒妻 劉氏董士道妻 涂氏董珩妻

劉氏董時舉妻 洪氏江文銘妻 戴氏阮文炬妻 劉氏潘永誠妻 馬氏王文汶妻 吳氏涂志錦妻

龍氏林鳳儀妻 劉氏郝之炎妻 馮氏吳輝文妻 陳氏夏有珍妻割股救夫夫沒守節又爲姑割股

以上乾隆嘉慶間

萬氏王熾昺妻夫沒無子事孀姑孝撫姪爲嗣守節五十六年婢春梅憐氏苦節願相依終身年六十卒

宋氏何權之妻 吳氏監生鮑炳妻 黃氏張士材妻 程氏黃天亨妻 曹氏李晉任妻
張氏甘桓妻 江氏何世文妻 秦氏劉棫妻 徐氏吳霞山妻 徐氏羅廷柏妻 楊氏監生吳啟
模妻 李氏汪澤瑫妻 魯氏李宗源妻 楊氏趙思甯妻 王氏毛塝妻 彭氏監生田煥
妻 甘氏何得思妻 萬氏張宜哲妻 周氏丁之文妻 喻氏楊敏功妻 程氏江勳妻
張氏監生楊田功妻 江氏周宏梅妻 江氏戴士儀妻 董氏李元睦妻 嚴氏詹必發妻
嚴氏詹廣生妻 郭氏田煜妻 曾氏丁楚漢妻 梅氏郭起源妻 李氏周世泰妻 蕭氏吏員杜承
燸妻 馮氏杜承炤妻 杜氏丁之鎰妻 曾氏萬焜妻 吳氏周作妻 趙氏周志信妻
周氏趙某妻承模女 董氏陳學思妻 陳氏周世家妻 李氏周重新妻 吳氏周思過妻
林氏周之寰妻 張氏周思登妻 閻氏胡天順妻 周氏梁學潮妻 凌氏王思熾妻 俱嘉慶道光間
馮氏周士有妻年二十四夫沒家貧苦守撫孤將成立尋卒氏
泣數日曰吾所以未從殉者欲爲夫延宗祀耳今如此何用

生爲遂自經死時年五十九
顧氏熊守有妻 張氏宋志游妻 錢氏余正福妻 江氏管其浙妻 宋氏武舉王道誠妻
程氏胡從鍘妻 盛氏林正舉妻 張氏何時萬妻 鄒氏蕭國楨妻 蕭氏周仍壽妻 劉氏陳紹泮妻
胡氏梁超和妻 鄒氏楊成坍繼妻 周氏彭長年妻 周氏姜大榮妻 胡氏陶典妻
曾氏伍文鳳妻 黃氏何德蘭妻 毛氏鄭德楷妻 王氏姜必祿妻 周氏夏文海妻 吳氏劉之泰妻
吳氏范景周妻 蕭氏范景鏌妻 吳氏范珣妻 何氏黃天祿妻 何氏高綏予妻 胡氏劉光乾妻
曹氏鄒成龍妻 曾氏陳啟謨妻 鄭氏曾廣潤妻 李氏丁守勳妻 朱氏張永泌妻 許氏夏尙榮妻
喻氏胡名魁妻 僥氏吳貽謀妻 喻氏吳其彬妻 喻氏吳士坤妻 程氏萬維龍妻 羅氏王熾昌妻
熊氏李時鳳妻 王氏李勤滌妻 鄭氏丁傅緒妻 羅氏鮑如渙妻 榮氏袁宗德妻 周氏羅維玢妻
吳氏沈慈妻 劉氏庫文秀妻 王氏沈惇吉妻 夏氏傅士聖妻 黃氏羅宗源妻 楊氏王學貴妻
周氏王之瑛妻 唐氏楊思珠妻 黃氏楊公泰妻 甯氏魯行智妻 吳氏梁履和妻 鄧氏梁聖和妻

黎氏李景柏妻 謝氏朱緒宗妻 方氏朱信人妻 胡氏庠生朱輔弼妻 趙氏熊國榮妻
雷氏李生卿妻 廖氏李生春妻 廖氏宋紹堂妻 梅氏監生李生保妻 李氏吳萬元妻
胡氏梁景沾妻 黃氏梁學澄妻 黃氏李正保妻 陶氏陳繼文妻 丁氏朱龍妻 雷氏庠生李宗
甲妻 楊氏李楚賓妻 丁氏魯恕明妻 唐氏劉光華妻 姜氏唐太榮妻 胡氏江以河妻
湯氏監生艾揚蓮妻 董氏陶國有妻 朱氏楊白達妻 周氏熊鳳山妻 吳氏胡志盛妻
黃氏胡能福妻 周氏龔命琦妻 丁氏張紀逵妻 洪氏張時濱妻 江氏張楚楨妻 袁氏余廣涵妻
萬氏虞共榮妻 梅氏程洪渭妻 胡氏鄒必雲妻 戴氏程永泰妻 姜氏胡立學妻 方氏監生胡士
春妻 王氏羅承棟妻 羅氏袁學榮妻 周氏袁學龍妻 李氏袁杰妻 吳氏萬才選妻
江氏李永駒妻 齊氏李文錦妻 甘氏萬人貴妻 萬氏黃周明妻 朱氏楊國瑞妻 畢氏羅立太妻
屈氏蕭承龍妻 項氏羅禮龍妻 周氏項蘋妻 楊氏程作聖妻 曾氏羅宗烈妻 王氏羅宗忠妻
胡氏張正豪妻 程氏袁銓妻 胡氏程世譽妻 葉氏鮑廷棟妻 張氏羅立萬妻 馮氏黃文忠妻

劉氏袁有熤妻 陳氏胡米妻 歐陽氏曾天義妻 李氏廖思鑒妻 汪氏陳正才妻
任氏監生熊殿臣妻 江氏熊繼儒妻 童氏熊永驛妻 杜氏王宗燃妻 童氏熊永廷妻
蕭氏監生鮑其材妻 唐氏鮑其盛妻 劉氏鮑開洛妻 劉氏黃清輔妻 黃氏金德超妻
陳氏黃清德妻 曹氏羅世杜妻 熊氏鄒天衢妻 潘氏曾淑貴妻 曾氏程維英妻 胡氏童成坤妻
熊氏童金堂妻 劉氏朱志麒妻 周氏姜文榮妻 吳氏周文秀妻 張氏李東元妻 夏氏李渥燮妻
汪氏雷材安妻 晏氏熊宗奇妻 張氏范有仁妻 甯氏閻貴妻 戴氏周基發妻 林氏周銘祿妻
梅氏田燮妻 汪氏鄧源玉妻 傅氏羅宗廣妻 阮氏羅承太妻 胡氏郝元塾妻 項氏李森海妻
胡氏郝志理妻 蕭氏周世福妻 熊氏曾啟序妻 吳氏庠生鄒照啟妻 祝氏項業妻
李氏蔡天銘妻 鮑氏庠生劉國彩妻 畢氏監生詹成衡妻 劉氏潘廷杰妻
胡氏陶朝宗妻 蔡氏董楷妻 劉氏戴啟後妻 陶氏戴文梓妻 施氏陶聯光妻 楊氏陶同尊妻
黃氏陶紹元妻 金氏成楚善妻 程氏陶履陽妻 李氏周廣睿妻 李氏陳端林妻 蔡氏戴文瀚妻

羅氏問賢之妻　戴氏蔡世斌妻　龔氏陳均妻　榮氏羅承英妻　熊氏程棡妻　涂氏董炘妻
王氏金某妻　彭氏蔡育倫妻　陳氏明盛文妻　王氏周楹妻　劉氏周和妻　金氏曹國銘妻
鮑氏吳敏連妻　李氏李名塤妻　柳氏吳宏錦妻　周氏蕭正煥妻　朱氏陳興化妻　陳氏吳天章妻
鮑氏吳敏求妻　王氏羅元甲妻　周氏龔受檟妻　彭氏劉崇仁妻　劉氏周營江妻　陳氏馮紹勝妻
鄧氏張之壽妻　金氏黃琯妻　范氏馮均祥妻　王氏吳志珙妻　黃氏吳志連妻　程氏鄭義峯妻
朱氏張宗翰妻　楊氏張士傑妻　胡氏賀榮端妻　李氏胡中諄妻　王氏彭信文妻　胡氏余世宏妻
刲股　劉氏朱德報妻　阮氏蔡福乾妻　戴氏周方甸妻　向氏陳光智妻　黃氏董利儲妻
金氏葉先才妻　張氏江澤松妻　劉氏庠生薛邦仕妻守節十年道光十年姑沒子夭乃自盡
李氏葉全宗妻　趙氏葉重芳妻　以上道光間　尉氏貢萬堂妻　戴氏楊之勳妻　李氏江思理妻
張氏龔泰來妻　謝氏梁學潮媳　吳氏李光璧妻　鄭氏甘其聰妻　范氏宋振興妻　鄭氏羅士富妻
夏氏王臣庶母　金氏王臣妻　屈氏程啟灼妻　嚴氏王文憲妻　馮氏梅景雲妻　曹氏熊廷達妻

黃州府志《卷之二十八　列女四　十八

陳氏袁宗道妻　饒氏羅文蔚妻　劉氏王如坃妻　周氏蔡啟逑妻　商氏夏以松妻　夏氏余德元妻
夏氏余德利妻　王氏魯仁臺妻　陳氏汪宗裕妻　熊氏李壽妻　段氏薛本孝妻　吳氏庠生李雲
路妻　艾氏喻一樓妻　侯氏曾立可妻　梅氏蔡錦璧妻　熊氏朱德培妻　張氏喻全禮妻
洪氏張楚柏妻　成氏蒙發之妻　張氏袁繼淮妻　江氏熊秉敬妻　夏氏丁興隆妻　喻氏方正旺妻
張氏曹翊妻　趙氏羅立倫妻　黃氏丁江淮妻　廖氏丁江漢妻　劉氏辛宗普妻　喻氏袁之順妻
汪氏袁長樹妻　汪氏喻通鑑妻　王氏何永貴妻　夏氏童承楷妻　歐陽氏曾廣楚妻
蔡氏鮑效洙妻　張氏龔命享妻　尹氏袁文墀妻　胡氏鄧全榮妻　方氏嚴守先妻　喻氏洪國典妻
江氏熊楚洪妻　鮑氏何煥妻　陳氏熊元沅妻　周氏毛廷相妻　王氏朱見榜妻　孫氏董廷銘妻
鮑氏朱克鏞妻　魯氏吳世泰嫂　黃氏吳世泰妻　余氏吳世泰姪媳　梅氏李如珩妻
馮氏羅承翥祖母　周氏羅承翥妻　傅氏羅立倫妻　彭氏劉士栗妻　徐氏周志學妻
夏氏金朝灼妻　童氏余思陶妻　曾氏黃輝漢妻　熊氏喻能魁妻　周氏朱學斌妻　劉氏黃起謀妻

張氏李文瀚妻　黃氏曾廣龍妻　程氏李楨妻　熊氏李裕元妻　鄭氏庠生李瓊英妻
方氏李玉山妻　劉氏蔡占科妻　楊氏陶百吉妻　李氏陶文枬妻　梅氏戴鳴颺妻　李氏龔命富妻
王氏張元和妻　胡氏唐之科妻　楊氏劉應上妻　章氏劉兆懷妻　盛氏饒國仁妻　范氏王學剔妻
周氏屈光盛妻　陳氏屈光甲妻　鮑氏魯國泰妻　楊氏曹學煥妻　阮氏貢生黃維翰妻
施氏陳士珩妻　周氏陳士珍妻　鄭氏羅維瓚妻　徐氏金炳煥妻　羅氏徐龍煥妻　金氏喻世保妻
吳氏鮑輝朗妻　黃氏范在寅妻　李氏劉裕和妻　程氏袁繼倫妻　段氏袁本敦妻　孟氏艾宗仲妻
項氏李森湛妻　羅氏盧世暹妻　吳氏范在榜妻　段氏姜守堯妻　蔡氏戴作瀛妻　郝氏樂新泰妻
葉氏羅立祥妻　甘氏林志杭妻　萬氏梅啟漢妻　蕭氏賀秀章妻　李氏劉正采妻　黃氏姜元珍妻
張氏監生劉錫愷妻　胡氏盛宏健妻　趙氏王太淮妻　江氏張天貳妻　胡氏劉傳基妻
董氏戴啟貞妻　唐氏鄭其楨妻守節三十年於三年罵賊被殺　馮氏吳世甲妻苦節八載
喻氏湯士富妻守節俱於八年殉難　張氏熊茂泰妻守節爲叔姑割股　張氏葉曉林妻四川漢州人守節九

黃州府志《卷之二十八　列女四　十九

年於十一年遇賊擄女投水死　程氏余中祿妻年二十夫故事撫兼盡有勸改嫁者憤極卒死
毛氏熊光壽妻夫故兩次自盡以救甦守節五年姑沒爲夫立後絕粒死　唐氏周錫璜妻守節於十一年遇賊
投水死　李氏吳兆廣妻守節於十一年擄女殉難　以上咸豐間
項氏蕭典華妻年二十六夫沒事姑孝撫孤苦節十一年同治
二年九月聞賊至氏以死自誓告鄰婦曰若收吾骨當在某
池賊退如言獲其屍
項氏監生陳有華妻夫病劇氏焚香默祝刲股雜餌以進未幾
夫沒事姑孝撫孤際清成立任江蘇吳縣主簿適賊至城陷
氏與子俱殉難
羅氏陳全春妻監生羅承樹女也年二十四夫沒苦守四年同
治三年避難某姓家聞賊至偕居停童媳某女及父表弟媳

吳氏走避賊逼近三人同赴水死

毛氏曾昭銀妻夫沒姑老且瞶子啞一女一養媳俱幼氏紡績以供朝夕同治三年賊至攜老幼逃於外廬舍灰燼欲歸無所遂行乞商邑至六郡六人欺其孤寡逼令改適氏堅拒之會久雨絕食迫將幼女爲六人養媳得薄金姑及子媳始獲生還以未亡人流離轉徙千餘里辛苦萬狀對姑無怨言人咸歎爲奇節

黃氏劉秉智妻年十七于歸越三年夫沒姑多病夫弟幼氏辛勤備至苦守十四年同治三年遇賊被擄與羣婦同行氏言笑自若道經塘側投水死

曾氏陶學典妻　汪氏鄧源玉妻　李氏魯金木妻　江氏蕭萬民妻　丁氏王臣媳　江氏陶流恕妻

馮氏陳道鏵妻　張氏黃天泰妻　吳氏汪櫃信妻　石氏汪承楚妻　丁氏汪櫃福妻　王氏姜守明妻

劉氏監生梅在壎妻　楊氏庫汝安妻　張氏余啟潔妻　喻氏董錦元妻　鄭氏曾昭材妻

李氏周澤溥繼妻　夏氏周澤溥媳　吳氏徐之松妻　張氏王明城妻　黃氏董慶利妻

熊氏李煦之妻　唐氏丁鎮瑤妻　羅氏張功箕妻　張氏李凝春妻　鄒氏袁宗立妻　黃氏羅文旭妻

李氏羅文權妻　黃氏張明榮妻　鄒氏楊坤堂妻　鄒氏王熾昶妻　鄭氏郭文煜妻　曾氏任鳳湘妻

熊氏余貽宗妾　盧氏楊正錦妻　吳氏魯紹雄妻　黃氏蔡學湘妻　胡氏夏啟先妻　劉氏熊承灼妻

李氏袁啟鎮妻　張氏陳鉅妻　曹氏丁明章妻　尹氏楊易明妻　鄭氏楊鍾蔭妻　郭氏楊清墀妻

汪氏吳冀杰妻　李氏吳聖炙妻　張氏王廷貴妻　丁氏袁文衡妻　李氏田如溶妻　梁氏姜志揚妻

董氏劉文鳳妻　鄒氏李杲棟妻　周氏趙載鐸妻　洪氏張問德妻　彭氏胡均學妻　朱氏周仍德妻

蔡氏楊東明妻　魯氏馮其駒妻　汪氏喻全甫妻　熊氏鄭廷梓妻　劉氏魯能達妻　歐陽氏張楚材妻　程氏萬世朝妻　袁氏傅堯春妻　張氏邱豫言妻　袁氏武生丁學醇妻

曹氏羅承楷妻　嚴氏武舉石雲峯孫媳　白氏石潤玉妻　丁氏熊太旺妻　吳氏熊太和妻

余氏張廷梁妻　丁氏陳宗夔妻　施氏項泰祥妻　喻氏凌作梁妻　王氏沈樹滋妻　竇氏李永緒妻

李氏鄭楚賢妻　秦氏李永第妻　吳氏劉永耀妻　陳氏羅立賢妻　劉氏蕭忝熙妻　胡氏劉德重妻

曾氏童志鵬妻　馮氏黃德福妻　程氏袁繼宋妻　李氏郭時濟妻　鄭氏胡大信妻　熊氏洪明堂妻

段氏朱文信妻　彭氏胡君學妻　范氏鮑正宇妻　蔣氏監生唐楚魁妾　蔡氏拔貢鮑輝業妻　李氏羅承棠妻　徐氏朱松茂妻　吳氏監生黃敦緒繼妻　丁氏朱文盛妻

鄒氏朱志信妻　郭氏汪逵勳妻　陳氏王之佐妻　戴氏閭文玉妻　熊氏董啟洙妻　羅氏王文儒妻

金氏胡惠麟妻　陳氏袁鼎妻　熊氏鄭德桂妻　田氏郤如禮妻　歐陽氏陳之桂妻

王氏羅永龍妻　周氏詹世鎬妻　陳氏閻恢彩妾　劉氏羅佑鼇妻　晏氏劉傳貴妻

熊氏李崇蓮妻　王氏曾炳嶽妻　王氏曾榮建妻　趙氏曾培駒妻　田氏董美華妻　曾氏董立玉妻

王氏黃作梁妻　王氏梅實妻　徐氏李代村妻　王氏陳憲文妻　何氏張湛妻　歐陽氏張祖

信妻　程氏汪應萬妻　俞氏梅潮妻　朱氏梅天揆妻　熊氏梅天極妻　夏氏商重東妻

歐陽氏張學柏妻　曾氏理問鄭德泰妻　胡氏周澤禮妻　周氏曾廣鳳妻

熊氏汪述禮妻　劉氏梅增茂妻　龔氏參將余玉峯妻　鄒氏董伯蘭妻　俞氏梅增輝妻

俞氏梅錫榮妻　魯氏馮元照妻　阮氏姚成富妻　蕭氏蔡光聖妻　雷氏增生洪祜妻

劉氏盧義麟妻　蔡氏戴大懷妻　鄒氏戴翹柏妻　李氏戴士烈妻　梅氏丁明揚妻　周氏江萬虎妻

姚氏程爲政妻　羅氏梁洪曜妻　朱氏姜守愷妻　熊氏監生唐之朝妻　曾氏郭斯鑽妻

劉氏喻自逢妻　閻氏余金朝妻　羅氏王銑妻　梁氏袁學浩妻　程氏王本念妻　梁氏楊鍾驥妻

李氏李文遂妻　戴氏李之勝妻　饒氏蔡正恆妻　阮氏魯博濟妻　魯氏鄭亨衢妻　吳氏涂成魁妻

戴氏魯成元妻　涂氏魯仁桂妻　程氏李倘福妻　羅氏胡志敏妻　范氏葉向仁妻　王氏黃周潤妻

胡氏喻金富妻　陳氏王光宗妻　趙氏監生陳士瑜妻　周氏劉崇仁媳　羅氏畢之發妻

蔡氏阮喬齡妻　徐氏馬明福妻　萬氏黃維祿妻　左氏鄭德普妻　涂氏吳光斗妻　王氏鄭承禧妻

楊氏鄭承高妻　陳氏王家鎰妻　孫氏鮑鳳喈妻　李氏郝世勳妻　甘氏王嗣芹妻　熊氏駱廷渭妻

熊氏朱德培妻　龔氏朱德報繼妻　蔡氏朱德珖妻　吳氏羅佑邦妻　劉氏朱汝樂妻

曹氏傅宗明妻　李氏徐其貴妻　蔡氏傅爲昶妻　張氏余均亮妻　胡氏熊正模妻　鮑氏吳宏壘妻

周氏李湖妻　楊氏彭文燈妻　吳氏王錦廷妻　朱氏龔啟湖妻　張氏劉常播妻苦節有年

周氏王亨妻錦堋女守節十年攜女遇賊殉難　鄭氏劉能進妻守節十年三人俱同治二年投水死

方氏鄒德政妻　陳氏余天貴妻　鄒氏詹士俊妻　胡氏王朝鳳妻　甯氏鄒長連妻　朱氏羅立華妻

朱氏甯家穀妻　袁氏汪邦英妻　袁氏汪志旋妻　汪氏張宗明妻　毛氏徐啟元妻　劉氏董延安妻

吳氏李廷杰妻　陳氏林啟發妻　羅氏鮑汝詁妻　彭氏董本權妻　榮氏羅承榮妻　俞氏王天泰繼妻

丁氏劉名梓妻　鄒氏董承宗妻　鮑氏葉世坤妻　羅氏項勝平妻　方氏葉樹梅妻

楊氏張大元妻　胡氏張宗田妻　羅氏盧坤俊妻　鮑氏周士棣妻　劉氏唐應林妻　程氏戴啟偉妻

董氏戴國元妻　淩氏董延生妻　董氏熊映權妻　徐氏王景乾妻　馮氏監生周啟威妻

張氏樂元宗妻　鄧氏劉紹椿妻　唐氏劉常友妻　王氏吳其洲妻守節五十一年同治三年罵賊被戕

鄔氏劉繼瑞妻　彭氏王定理妻　彭氏曹如倫妻　陳氏董顯清妻　黃氏胡文祿妻　戴氏周尚義妻

鄒氏羅立朝妻　吳氏蔡駿衡妻　李氏戴能高妻　黃氏戴能華妻　曾氏于必信妻　宋氏彭忠芳妻

葉氏林必貴妻　饒氏林學義妻　謝氏涂必郴妻　江氏監生劉明宇妻　馮氏曹廷貴妻

范氏羅映榮妻　熊氏劉能珍妻　胡氏吳大剛妻　羅氏王家宜妻　張氏黃錫祿妻　錢氏何朝昇妻

劉氏周容彩妻　劉氏周枝梅妻　金氏盛蘭妻　朱氏樂元和妻　鄒氏張蔭棠妻　江氏魯朝舉妻

徐氏吳喬齡妻　蔡氏戴全世妻　鄭氏羅啟銳妻　甯氏王文富妻　胡氏吳大鏞妻　葉氏蔡世弼妻

余氏羅佑均妻　蔣氏陳維章妻　梅氏吳永錫妻　郝氏監生陳士珖妻　金氏樂元材妻

羅氏周文奎妻　毛氏周文彪妻　姜氏羅立湖妻　楊氏馮錦熙妻　黃氏董延睿妻　史氏熊作用妻

胡氏江啟元妻　魯氏戴啟發妻　鮑氏金之相妻　黃氏金秀橋妻　楊氏王修文妻　熊氏王志亨妻

王氏蕭正第妻　胡氏理問黃光熺妻　馮氏訓導項煨妻　郝氏貢生劉繼嵗妻

李氏賀有章妻　程氏張世學妻　趙氏王太鼎妻　毛氏涂元瑾妻　熊氏吳士德妻

唐氏王士忻妻　某氏程某妻　張氏江某妻　吳氏朱某妻　周氏毛某妻　鄭氏王玉麟媳

丁氏徐鼎心妻三年避賊聞警投水死　鮑氏劉人進妻鮑熙女年二十三守節十一年三年聞賊近投塘死

羅氏楊鍾俊妻　閻氏姜守誥妻均守節十五年於三年遇賊投水死　楊氏袁尚甲妻庠生楊培本女三年遇賊投水後病故守節十三年

魯氏劉文堂妻魯大朝女三年遇賊投巖死守節四十三年

汪氏楊承宰妻　鮑氏熊學啟妻　程氏鮑錫耀妻俱守節有年三年賊至殉難

王氏黃光前妻三年殉難守節三十六年　王氏鄧文松妻王光炳姑母青年守節於三年與王家四烈同日罵賊被戕

劉氏陳啟煌妻守節十八年於三年聞賊近投河死　周氏王天錫妻守節事姑十七年於三年罵賊被戕

王氏劉國珵妻守節於三年殉難　彭氏周燮妻守節於三年賊至與姑王氏赴塘死

屈氏李士貴妻事姑撫孤數十年因艱難赴水死　郭氏張鋆妻守節三十餘年

朱氏王世朝妻守節後因議嫁自縊以上同治　周氏毛楚材妻　艾氏翁崑山妻　舒氏余文尉妻

程氏羅汝明妻　余氏吳祖玉妻　楊氏張紹成妻　周氏李光峋妻　鄭氏余福楚妻　張氏楊士泰妻

陶氏李賢鎰妻　程氏周學明妻　黃氏嚴培科妻　李氏李上桂妻　吳氏魯正宇妻　羅氏胡克式妻

王氏吳復禮妻　曾氏袁德壽妻　劉氏袁德裕妻茹苦守節十六年　劉氏李如泰妻　金氏饒道杞妻

毛氏金之莖妻　陳氏馮席堋妻　羅氏劉家穟妻　梅氏涂文喬妻　趙氏劉承玕妻　金氏徐宗仁妻

羅氏祝鳴鳳妻　羅氏唐文謨繼妻　袁氏艾德煥妻　傅氏徐行達妻　張氏徐之仁妻

夏氏傅爲文妻　尹氏傅成基妻　謝氏劉伯松妻　鮑氏鄭長春妻　李氏徐方昱妻　彭氏喻錦煥妻

張氏劉文學妻　楊氏劉啟鳳妻　余氏雷生楠妻以上光緒年以上縣志　余氏曾家聯妻

劉氏汪植權妻　戴氏熊之煥妻　王氏李廷松妻　石氏庠生曹學奇妻　葉氏監生鄒鍾麟妻

蔡氏劉業相妻　陳氏董思全妻　王氏庠生鄒國淮妻　李氏馮志章妻

張氏黃錦城妻　張氏袁啟祿妻　熊氏監生鄒繩典妻　蕭氏張汝富妻　程氏貢生汪鳳儀妻

袁氏王某妻　宋氏劉祖斌妻　游氏丁正習妻　曾氏鄒心熾妻　胡氏任載祥妻

黃氏汪嘉榮妻　陳氏歐陽文高妻　王氏歐陽孔炷妻　陳氏歐陽孔煒妻
胡氏會廣魁妻　萬氏會天驥妻　王氏丁典祖妻　丁氏夏文邦棟妻　漆氏麋生余蔭松妻
廖氏余雅金妻　余氏沈士陽妻　丁氏金國琛妻　張氏　吳氏俱金國琛媳
王氏陳維喜妻　商氏鍾學珍妻　童氏夏承章妻　張氏鍾希悌妻　黃氏宋正洋妻
丁氏詹子雲妻　詹氏汪元發妻　方氏監生江夢星妻　曾氏程士聰妻　夏氏童先照妻
汪氏童先保妻　汪氏張承頁妻　方氏張全太妻　劉氏翁定耀妻　田氏丁朱烘妻　王氏唐有祥妻
張氏會廣驥妻　歐陽氏曾廣灝妻　蔡氏熊肇封妻　羅氏吳志行妻　劉氏鄭兆章妻
羅氏閻承楷妻　閻氏楊啟洛妻　羅氏王森妻　趙氏庠生袁學澄繼妻　馮氏董錦星妻
董氏戴楚俊妻　謝氏梁宏元妻　胡氏增生梁煥甲妻　戴氏魯仁美妻　戴氏涂啟宗妻
項氏魯朝煦妻　阮氏劉理惇妻　劉氏羅佑才妻　徐氏羅佑志妻　黃氏羅立隆妻　許氏趙大發妻
吳氏羅崇尚妻　馮氏羅立敬妻　周氏王家祥妻　朱氏羅佑贊妻　劉氏羅立鳳妻　吳氏黃光增妻

涂氏吳大受妻　畢氏鄭承寬妻　丁氏鄭承全妻　胡氏傅之闊妻　何氏傅濟川妻　王氏羅立藻妻
朱氏榮天朋妻　羅氏王廷相妻　馬氏羅佑國妻　傅氏羅立照妻　楊氏劉名揚妻　劉氏凌開宙妻
李氏王方茂妻　梁氏馮賜秀妻　閻氏徐某妻　孫氏徐本念妻　馮氏周貴妻　蔡氏周杏妻
江氏周亮寅妻　姜氏周文壽妻　胡氏程正順繼妻　夏氏戴全勝妻　蔡氏戴玉官妻
戴氏尹本楷妻　蔡氏梅隆文妻　胡氏戴金全妻　蔡氏戴國清妻　李氏戴國頁妻　尹氏戴勝友妻
尹氏夏鳳仁妻　傅氏劉從全妻　余氏萬德福妻　蔡氏熊作舟妻　魯氏羅立聰妻　蔡氏楊沚妻
陸氏程耀典妻　姚氏中書梅茂南繼妻　羅氏朱文墀妻　張氏羅承楷妻　汪氏袁光銑妻
劉氏袁光泰妻　李氏李名俱妻　羅氏祝鳴鳳妻　李氏吳之愷妻　趙氏李朝鼎妻　夏氏李朝萬妻
王氏彭信書妻　程氏彭信寬妻　王氏吳宏熺妻　王氏黃汝坦妻　張氏熊國瑞妻　曹氏郭天僉妻
王氏范勝源妻　熊氏李維綱妻　黃氏艾宗伯妻　萬氏張文鳳妻　熊氏袁繼壽妻　程氏熊正倫妻
周氏喻鳴高妻　陳氏張維先妻　鄢氏袁光玉妻　祝氏袁開明妻　鄧氏袁瑞蘭妻　毛氏劉大俊妻

唐氏劉文錚妻　鄔氏羅元培妻　鄭氏王兆旭妻　劉氏衛守備楊國瑞妻　曹氏楊功盛妻
彭氏金超亮妻　胡氏金超會妻　范氏龔學成妻　葉氏吳均樹妻　王氏龔立華妻　朱氏夏光孝妻
蔡氏胡炳皎妻　吳氏毛光福妻　李氏劉常雍妻　屈氏劉繼耿妻　陳氏郝廷科妻　高氏郝廷魁妻
劉氏庠生李華妻　鄧氏陳乾坤妻　李氏李漢書妻　蔣氏李麟妻　陳氏項志遠妻
林氏朱學材妻　蕭氏朱之琈妻　周氏郝元堂妻　胡氏蕭楚連妻　項氏胡中霞妻　胡氏江承瀛妻
金氏胡玉山妻　項氏監生阮觀瀾妻　項氏祝家楷妻　蕭氏袁文璧妻　劉氏樂元秀妻
陳氏樂元會妻　郭氏張澤華妻　項氏趙錫堂妻　王氏吳之煥妻　王氏舒元照妻　湯氏金長竹妻
王氏監生彭金華妻　江氏從九彭源台繼妻　趙氏汪家恭妻　李氏周永緒妻
張氏周喬廉妻　李氏李長興妻　戴氏鄧兆康妻　李氏張士俊妻　郭氏成溥泉妻　李氏洪邵魁妻
李氏張錫堂妻　劉氏監生王增璽妻　林氏龔性道妻　江氏趙載飛妻　王氏周大元妻
趙氏鄭廷友妻　劉氏周之綰妻　鍾氏周之楊妻　宋氏陳啟全妻　樂氏唐文彬妻　王氏吳蓋臣妻

劉氏周茂樓妻　萬氏甘作圭妻　彭氏陳光信妻　李氏王支照妻　陶氏龔成秀妻　張氏成棟妻
李氏張鴻妻　胡氏彭延彩妻　陳氏監生馮光鉞妻　鄧氏樂保湄妻　王氏吳起鴻妻
鄭氏羅文福妻　盛氏翰增稟妻　江氏湯錦昀妻　李氏葉光善妻　張氏劉文學妻　郝氏葉宗效妻
鄭氏方明魁妻　洪氏張世焯妻　張氏嚴彪炳妻　江氏陶廷楷妻　江氏胡定洛妻　黃氏金大燦妻
李氏顏士典妻　洪氏郭時瀚妻　袁氏貢生郭恆燦妻　李氏郭時濟妻　袁氏沈世允妻
傅氏王德楚妻　梅氏王世傑妻　帥氏唐兆北妻　張氏田坦妻　洪氏張世焯妻　曾氏潘祥華妻
伍氏翰士銑妻　楊氏江士鎮妻　鄒氏熊天禮妻　鄭氏熊泰運妻　王氏張金榮妻　宋氏職員何青雲妻
石氏庠生曹學奇妻　周氏王廷有妻　袁氏趙載和妻　杜氏丁世基妻
趙氏張鼎銘妻　白氏萬克順妻　桂氏凌士楨妻　劉氏白之杰妻　劉氏監生羅懷禮妾
范氏涂宏均妻　某氏熊宏緒妻　王氏劉蓮之妻　羅氏方啟富妻　某氏羅啟憲繼妻
楊氏曹信功妻　鄭氏江均性妻　李氏程之彬妻　梅氏周耀奎妻　胡氏傅成闊妻　喻氏劉如年妻

劉氏喩臣釗妻嚴氏熊定三妻劉氏熊啟泮妻劉氏康明德妻鄒氏劉能仁妻晏氏袁德啟妻

萬氏周思穆妻自斷其耳趙氏周思信妻周氏趙某妻董氏陳學思妻陳氏周世家妻

以上縣節孝錄洪氏傅學浩妻黃岡人年二十九夫故守節今五十歲待旌以上待旌節婦

烈婦

蔡氏周方旦妻結褵一載夫病疽淹牀席者四年屬纊日氏登樓雉經手揮其女曰汝可依外祖母勿戀我也先其夫刻許死遂同穴葬之康熙十九年旌王志並一統志

陳氏易士周妻乾隆十年以烈婦旌王志

董氏王倘泰妻幼會割股救父年二十適王逾年夫沒氏自刎家人救免哀毀骨立後因母病歸侍湯藥父憐之與王家議改嫁氏聞輒自憤曰父不諒女心是迫女死也卽引薙刀斷喉死時年二十九

郭氏呂志仁妻祝氏成天祚妻何氏周銘階妻曹氏監生鮑汝時妻通志作曾氏劉氏庠生周昌妻以上通志鄒氏吳海甯妻童氏汪士芝妻周氏蔡學柳妻徐氏阮紹獻妻

熊氏江國章妻程氏丁時安妻戴氏庠生鄒德智妻以上縣志

周氏劉光直妻夫病數年氏卽誓以身殉及夫沒五日往哭於墓時小姑從行哭畢令小姑先歸遂投水死以上已殉夫烈婦旌

鄧氏劉元聯妻年二十五夫沒於蜀氏守節撫二孤囑賓遣人往搬夫柩無何所遣之人亦死於蜀氏遂不食死

黃氏甘正停妻年十九適甘未幾夫沒子方兩週家貧諸伯仲强奪其志氏料身無所歸乃抱兒泣曰守之不堅不如死遂投水死兒失哺亦死時年二十八

管氏王欻舉妻夫病篤時詰於氏曰爾青年若何氏曰生則同室死則同穴耳恐夫不信卽於是日自縊死夫旋卒

王氏王定則女陳某妻既婚生子夭夫外貿疾沒柩歸氏出望撫膺大慟而絕

胡氏監生劉維洋妻王氏丁志順妻陳氏袁先秩妻管氏馮斐然繼妻

王氏庠生馬伯藩妻黃氏晏永全妻金氏喻世鳳妻淩氏武生涂楚聯妻守節有逼再醮者氏抱女投塘死彭氏伍文煥妻父母欲奪其志投繯死金氏喻世鳳妻

李氏曾廣學妻金氏李士楓妻曾氏張世舉妻萬氏丁廣成妻晏氏翁定鑑妻咸豐八年夫陣亡自盡余氏白某妻咸豐八年夫遇害氏攜一子二女投水鄭氏吳祖渭妻盧氏梅錦蘭妻

陳氏王雙喜妻同治八年守節自經黃氏梅漢章妻成氏曾天徵妻王氏陳某妻胡氏蔡開元妻

魯氏廷材女江某妻蕭氏劉松妻鄒氏吳珠妻黃氏王世官妻朱氏張宗澧妻

葉氏汪志保妻以上縣志以上待殉夫烈婦旌

王氏庠生秦在妻時北山周承謨倡亂麻城在從之氏泣諫曰汝必欲爲此當早備一棺使吾母子寢處其中勿俟禍及也在不聽官兵至氏攜八歲子奔寨求避衆不納謂其子曰汝父爲逆誰肯相容氏復奔至田間以刃刺其子遂自刎俱死相隨一婢名桃兒亦大呼自刎見者無不泣下

唐氏熊啟之妻唐法颺女初女及笄有降賊李有實强委禽父弗許遂適熊其歸甯也李邀於路氏不屈曰甯爲刀下鬼不爲反賊妻李怒刃之罵不絕口死

徐氏庠生周煊妻知州徐志尹姊也順治己丑居衞生堡值流賊烜逃出氏陰藏小刀堡潰囑僕負幼子急行遂自刎死通志

縣志
胡氏庠生喻士亨妻　丁氏喻士球繼妻胡丁均有孕咸豐八
年三月賊至同攜亨女弟愛珠亨女富英在黃家坳投塘死
士球亦是日陣亡節義錄參縣志
鍾氏舉人王光柄妻　王氏鄧文松妻　石氏王光鉅妻　陳
氏王耀元妻　陶氏王太臨妻一門五烈均於同治三年五
月罵賊被戕死以上縣志
項氏蕭典光妻　閔氏葉文麟妻　周氏丁達海妻　劉氏鄭光祖妻　劉氏蕭維潛母　袁氏蕭維潛媳
劉彭氏　劉魯氏　劉周氏　劉黃氏　劉龔氏　熊氏庠生謝道
坦妻　熊氏謝長達妻　羅劉氏以上咸豐四年殉難　唐氏鄭其楨妻　熊氏謝安太妻
童氏常山妻　江氏韓文元妻　熊氏謝天祿妻　毛氏謝天才妻　楊氏常國寶妻　常氏熊士志妻

夏氏熊士國妻　詹氏童學金妻　熊氏商定國妻　顏氏高之楷妻　張氏常長興妻　江氏常泰來妻
熊氏常之楷妻　陳氏常之禮妻　劉氏熊士權妻　鄒氏熊士鑑妻　羅氏熊光柱妻　沈氏熊天本妻
熊氏沈廣勤妻　常氏詹士鼇妻節義錄士作世　以上咸豐八年殉難　張氏何忠貞妻咸豐十一年殉難
李氏都司鄭元璋妻　劉氏羅某妻羅氏母　羅氏周甲耀妻冊作耀甲
卜氏楊士楷母　董氏職員梁超瀛妻　劉氏守備梁殿元妻與夫妹三姑同投水死
董氏鮑石妻夫婦被賊焚死　鄒氏職員萬崇軒妻　吳氏從九劉壽山妻
周梁氏　張氏王四妻　陳梅氏以上同治二年殉難　胡氏廣西知縣姚清臣妻
王氏鄭兆芳妻　郭氏周楚華妻　黃氏張之烺妻　王成氏　鄒尹氏　劉項氏
劉郝氏　王李氏　李羅氏　徐喻氏　劉陳氏　陳施氏
陳李氏　林周氏　林唐氏　林喻氏　郝王氏　余張氏
葉甘氏　葉何氏　陳彭氏　郭程氏　周郭氏　王戴氏

李張氏　盧夏氏　盧石氏　夏胡氏　楊王氏　賀余氏
許氏從九張希祖妻　以上同治三年殉難　陶氏張庭棶妻同治四年殉難光緒元年旌　以上同治八年殉難
王丁氏　吳馮氏　劉郭氏　劉袁氏　趙熊氏
鮑氏毛大受妻　蘇氏同知毛正坦繼妻　葉氏員外郎毛大綬妻　楊氏吏目毛樹
勳妻　段氏毛寶臣妻　馮氏毛雲州妻　郭氏監生周首一妻　李氏都司鄭元
璋妻　以上同治間殉難　以上節義錄並府冊　以上已旌殉難烈婦
曹氏黃學啟妻年三十咸豐八年四月賊至殺其夫强氏行氏
堅抱一樹大罵不從被斷足碎身死
阮氏胡正大妻同治二年二月扶姑攜子避賊鐵仙嶺賊至氏
屏立巖下二賊進氏連奪其矛斷卽以半段擊之俄一賊
自後擊以鋤腦碎死時年三十四

馮氏劉杰妻夫外貿氏事孀姑孝同治二年二月賊至逼氏乘
馬氏哭且罵賊鞭撻之罵益厲賊怒以鳥鎗擊之死越數日
家人殮其屍面如生
黃氏柯宗魁妻同治二年全家被擄氏紿賊曰釋我家人我便
隨往賊如其言氏度家人踰山已遠罵賊不屈被寸磔
王氏陳國潤妻　胡氏陳國能妻王年二十九同治二年賊至
全家被擄氏曰釋我家人願從汝去賊允之行至塘側投水
死時潤弟妻胡亦於是日投水死
龔氏熊大楷妻年二十一同治二年九月夫外貿氏抱子扶姑
避難賊逼近氏以子付姑囑曰兒毋戀我祖母年邁爾母不
能盡孝兒長大時當為我補之囑畢投水死賊亦驚訝釋其

姑與子不殺

董氏鮑大倫妻同治三年夫病垂危適賊至索銀未遂賊怒焚其室氏衛夫不忍去俱被焚死

張氏來正紀妻年二十一同治三年五月賊攻楊眞山堡三面被圍獨北面險岐氏攜一女與夫訣曰此堡難守妾志不辱君宜珍重自全遂抱幼女投巖死是日堡破賊退旬餘殮其屍面如生

王氏來正遇妻監生載萬女同治三年五月賊破楊眞山堡氏攜三子被擄大罵不屈賊殺其長子脅氏曰不從將盡殺之罵愈烈賊又殺其次子氏曰任賊割裂終不從賊遂撲其幼子氏罵不絕口賊怒以刃劈其胸死

王氏葉代信妻同治三年五月賊破人和堡氏抱子罵賊不屈賊斷其首而死子哺母血二日亦死

黃氏張之燮妻同治三年五月隨家人避難氏見賊殺其翁左文及夫弟之烺乃厲聲大罵攜幼女投巖死賊退始殮死經月餘面如生

諶氏王先定妻同治三年五月賊破人和堡氏抱子投巖未死被賊執氏大罵被賊解屍並殺子

傅氏王寶先妻同治三年賊破人和堡氏被執乘以馬行至塘側投水死氏先與夫言堡破吾誓不生君後見腰褻繫瑤環者卽妾尸也後果如言

宋氏張世泰妻同治三年五月賊猝至全家被擄氏不屈賊縛氏於樹積薪焚之氏罵不絕口賊斷舌並首時年二十九

周氏胡元魁妻生子祿兒甫三歲翁與夫俱沒姑目雙瞽氏苦守同治三年七月扶姑攜子避亂母家遇賊不屈砍傷氏足氏遂舍姑棄子投水死時年三十六

閆氏吳大文妻姑早沒事病翁以孝聞咸豐十一年賊至文被擄不屈見殺氏因翁老三子俱幼堅貞自矢同治三年九月賊又至氏投水死時年二十九

周氏劉文銀妻　尹氏劉從國妻娣姒也同治三年賊至走避周著紅衣語尹曰儻不及避惟一死耳以此衣爲驗行至羅家山遇賊投水死越數日家人覓見其衣果得屍時年十八

李氏袁正誼妻年四十一夫沒於蜀姑老子幼氏紡績以供朝夕同治三年扶姑避亂姑忽以疾卒氏慟哭尸次里人感氏孝代爲收殮翌日賊至焚屋及棺氏號痛呼救遂被賊戕時年五十八

項氏劉學岱妻　鄧氏從九張廷楨妻俱咸豐四年殉難

袁氏劉浩然妻賊入城姑與夫俱遇害氏罵賊被戕二歲幼女亦被戕

袁氏蕭正榜妻　張氏蔡登愷妻　劉氏蕭之模妻

袁氏喻士玉妻　甘氏張正春妻夫被賊殺罵賊被戕　熊氏沈業允妻　洪氏監生喻際雲妻

汪氏熊繼會妻攜兩子投水　陳氏張維泰妻　蕭氏汪成富妻　余氏夏明泰妻抱子女投水

黃氏何宗輝妻　谷氏鍾瑞儼妻　胡氏梅尉起妻　顏氏張世笈妻　蕭氏吳家良妻　江氏張世奇妻

張氏黃學順妻　宋氏余貽靜妻夫與二子一女俱殉　詹氏童期泗妻　段氏余士沆妻　萬氏范如意妻

張氏龔安睦妻　夏氏喻顯周妻　徐氏喻臣烈妻　劉氏劉志福妻以上咸豐八年殉難

劉氏羅文轅妻　毛氏周學海妻　毛氏周在彥妻　毛氏周正奎妻　楊氏田承元妻　喻氏劉致遠妻

蕭氏李時燧妻　張氏李凝文妻幼女同溺　周氏葉蔚林妻　陳氏鄭能清妻　吳氏知府總星
堂妻　熊氏羅佑俊妻　詹氏盧德新妻　黃氏羅佑仕妻　易氏羅佑賢妻　王氏羅啟興妻
姜氏鄭謙益母　羅氏鄭謙益妻　喻氏鮑東瀛妻　某氏朱克鍊母　方氏羅元芝妻　鄧氏徐正福妻
黃氏朱克鍊妻　羅氏謝光玉妻　王氏謝光普妻　王氏王士進妻　吳氏王士恭妻　黃氏潘某妻
盛氏監生鄭汝霖妻攜女及孫女投水死　毛氏王天海妻　謝氏涂金敏妻　郭氏毛大鵬妻
一作徐氏　董氏孫廷芝妻　張氏毛光奎妻　毛氏董啟濂妻　金氏毛光遠妻　梅氏熊開元妻
阮氏江啟發妻　劉氏李國楷妻　盧氏毛明功妻　毛氏楊光全妻　毛氏周在瑞嫂　盧氏周在瑞妻
唐氏鄔維坤妻　郝氏劉繼珩妻　吳氏劉繼璜妻女順全同投水死　何氏劉繼琯妻　胡氏劉繼復妻
楊氏江百歲妻　周氏鄭茂棣妻　施氏郝明舉妻　以上咸豐十一年殉難　盧氏閻聖言妻
孔氏王錦珍妻均同治元年殉難　梅氏蔡長春妻　馬氏朱心喜妻　徐氏梅開先妻　王氏郭天仕妻
黃氏郭炳華妻　汪氏周學義妻　余氏陶文勝妻　顏氏伍宜楠妻　王氏蕭正國妻　張氏劉常璠妻

黃州府志〈卷之二十八　列女四　三十二

馮氏董載堂妻二妹意姑細妹同投水死　劉氏周耀富妻攜十六歲女投水死　羅氏姜必錦妻
攜十五歲女同殉難　李氏黃作棣妻　趙氏唐文勳妻　羅氏閻先禮妻　余氏洪兆祥妻
李氏楊楚利妻二子從溺　曹氏高世剛妻抱幼女投潭死　梁氏董慶科妻　程氏李之農妻
戴氏胡光普妻　王氏陳正烺妻　涂氏梁作述妻攜六歲子投水　李氏彭啟祥妻　魯氏胡繡梓妻
秉幼兒女投水　馮氏張士貴妻姪女多姑八女同投水　王氏胡正利妻　朱氏羅啟祥妻
尹氏從九崇軒母　羅氏黃錫文妻　王氏羅啟鑾妻　羅氏王思義妻　畢氏蕭國和妻
范氏萬學全妻抱子攜女投水　譚氏徐正順妻　熊氏喻得高妻　馮氏李楚章妻　鮑氏盧正義妻
羅氏朱克魁妻　李氏龔樹彬妻　張氏汪志桁母　黃氏汪志桁妻抱嬰投水　葉氏朱光海妻
榮氏王在明妻　郝氏蔡光國妻　汪氏黃成勳妻　范氏江元焰妻　汪氏周學義妻女罵賊被戕
吳氏朱福禮妻同女引弟投水　劉氏涂必寬妻　朱氏范黑伢妻　梁氏周錦貴妻挽賊辮投入水中斃
氏死尸乳女猶在抱　王氏劉孔年妻　江氏周全選妻有傳　沈氏尹國元妻

尹氏監生鄒文忠妻　劉氏羅文梁妻　羅氏王嗣義妻　羅氏榮士祺妻　胡氏王朝友妻
抱女投水　徐氏吳士珍妻與小姑同投水　胡氏徐學榮妻　劉氏吳廷楷妻攜二子投水
吳氏淩紹傑妻　吳氏熊國寶妻　馮氏庠生閻培妻賊近將子交夫遠避抱幼女投水　周氏李廷煥妻
楊氏貢生余樹楠妻同小姑投水　黃氏董啟信妻　王氏董正元妻　趙氏唐文勳妻　馮氏唐應逵妻
夏氏丁正來妻　鄭氏王應法妻與小姑投水死　汪氏蔡賢成妻　李氏梅光耀妻　梅氏江學福妻
劉氏劉能綏妻　畢氏農家婦　郝氏劉某妻　郝氏屈文璧妻　項氏屈春生妻　陳氏項德安妻
劉氏郝輝瀛妻　劉氏胡正楷妻　錢氏項正安妻　李氏胡珍堂妻　吳氏從九劉壽山妻
張氏李炳泰妻　周氏樂以成妻　項氏劉某妻　周氏周名盛妻　以上同治二年殉難
傅氏監生陳作霖妻　梅氏傅某妻　朱氏羅楚南妻　陶氏周正禹妻　譚氏王世有妻
唐氏郭步瀛妻　何氏王朝發妻攜幼女投水　喻氏監生徐九思妻　夏氏丁錦堂妻
李氏周輝殿妻　向氏陳某妻抱女嬰投水　毛氏鄭傳瑞妻　王氏鄭傳林妻　丁氏杜明農妻

黃州府志〈卷之二十八　列女四　三十三

朱氏李有本妻　余氏張金約妻　張氏陶勉都妻　鄒氏郭履朝妻　毛氏胡紹功妻　蔡氏梅本仁妻
尹氏鄒某妻　張氏黃堯衡妻　張氏伍均順妻　陳氏熊茂啟妻　曾氏蔡存甲妻　丁氏劉國年妻
李氏程士益妻　某氏程士元子媳從夫投水死　某氏童承鏜母見王氏傳　胡氏程士榮妻
王氏童承鏜妻　王氏吳其淵妻　許氏黃世宗妻　周氏程宗瑞妻　段氏劉鳳儀妻　盧氏鮑榮勝妻
張氏喻士壽妻　袁氏王元樂妻抱嬰不屈被賊戕　王氏周熙之妻　彭氏周燮妻守節孝姑與王氏同赴
塘死　熊氏金秀諾妻　陶氏吳光勝妻　汪氏鄧望祿妻　陶氏何永熙妻　陳氏監生趙錫
智妻　盛氏吳均榮妻　程氏郭思泰妻　胡氏李興元妻　張氏羅佑號妻　方氏周其智妻
夏氏范自權妻　蔡氏余家和妻　魏氏方明道妻　喻氏鄒世齊妻　某氏佚夫名抱子投水見李女傳
鄒氏袁能鋒妻懷孕難行投塘死　吳氏范景湘妻　林氏饒道煥妻　吳氏林清裔妻　金氏林清裔于
媳罵賊不屈被戕姑媳猶握手不釋　張氏周明德妻　丁氏夏代槐妻　萬氏張維鳳妻　喻氏徐某妻
徐氏何從富妻　顏氏江天德妻　江氏黃全喜妻　馮氏朱德耀妻　金氏學陶女周錦洵妻

李氏王某妻　羅氏李某妻　王氏劉之福妻　吳氏周尚熾妻　戴氏劉文朗妻　李氏黃作棣妻
李氏黃盛富妻身有孕兩手挾二幼子投塘死　蕭氏萬登祿妻　郭氏熊宏桂妻　李氏劉泰順妻
陳氏袁開科妻　項氏歐陽斌纖妻　吳氏胡志豐妻　盛氏秦學玉妻　盛氏秦學禍妻
程氏戴元功妻　鮑氏沈德麟妻　羅氏傅成江妻　周氏傅學珪妻　張氏吳華亭妻　梅氏羅啟迪妻
黃氏榮天朗妻　張氏林章合妻　王氏詹士祿妻幼女被戕氏投水　唐氏羅緯楷妻　萬氏劉繼逵妻
周氏王澤金妻　羅氏馮景松妻　周氏鄒德臣妻　董氏吳天鶴妻　曾氏趙錫珍妻抱幼女投水
張氏閻某妻　周氏毛光英妻因衞簪姑遇賊近攜女連桂投塘死　吳氏毛光裕妻　姜氏周麒麟妻
吳氏熊振林妻　夏氏周錦倫妻　周氏繆會喜妻　汪氏熊某妻　周氏熊某妻　方氏盧世儀妻
談氏程景堈妻賊擄其翁氏助夫救翁殺六賊力竭被害　張氏程德富妻　梅氏熊光熙妻　涂氏毛家政妻
同夫妹毛桂女金女投水　劉氏李士選妻　胡氏張大緒妻　涂氏梁應生妻抱子死
戴氏劉萬鼇妻　范氏毛光恕妻　王氏周在寬妻　楊氏唐心愉妻　余氏吳炳靈妻　熊氏萬嘉言妻

范氏江朝椿妻　黃氏胡壽堂妻　方氏周其志妻　章氏周廷格妻抱子投水死　成氏陶之桂妻
朱氏陶國瑞妻　李氏李錦茂妻　陳氏李高文妻女有弟同溺　李氏李士和妻女連弟同溺
某氏陳天朝妻　陳氏鄭世甲妻　龔氏周耀元妻　楊氏鄭某妻　胡氏榮端妻　胡氏張致揚妻
鄭氏王玉麒媳見玉麒女傳　徐氏張夔芝妻並子丹桂等三人投水　林氏曾仲妻
王氏曹儀妻　楊氏張金魁妻　陶氏張光顯妻　李氏張喜生妻　余氏張文淇妻　胡氏張某妻
董氏趙錫濬妻　劉氏陳某妻　萬氏林學蘇妻　施氏陳某妻　某氏某某妻　曹氏吳兆慶妻
周氏林某妻　盧氏吳家美妻　唐氏林某妻　喻氏林某妻　王氏郝某妻　張氏余某妻
甘氏葉某妻　何氏葉某妻　彭氏陳某妻　某氏程某妻　張氏江某妻　吳氏朱某妻
周氏毛某妻　以上同治三年殉難　曾氏程立坤妻　吳氏陳亮俊妻與養媳李青姑李佰
女同投水　徐氏吳家福妻　許氏從九張希祖妻　舒氏張汝蘭妻　陳氏張玉和繼
妻　樂氏胡均暢妻　呂氏何士武妻　朱氏程元法妻　陳氏王維祺妻　以上同治四年

殉難　施氏李春陽妻　柯氏榮長發妻　李氏張學禮妻子福生女金枝同投水死
黃氏吳輝蔭妻　以上同治五年殉難　王氏金朝宗妻同治六年殉難　毛氏方春榮妻
同治間攜十二歲女投水　劉氏涂成松妻　葉閔氏　以上待旌殉難烈婦

孝婦

陳氏李俊公妻乾隆八年以事姑孝　旌祀節孝祠王志通志
伍氏監生劉明瑄妻咸豐四年四月瑄遠貿賊至人皆驚走惟
姑萬氏老病昏矇未出氏行里許大哭卽逢首爲匃形潛回
家負姑出竟俱全後姑八十八歲卒
蔡氏董澤久妻其母阮病危氏歸省割股以進後姑胡病急氏
復割股和藥俱獲痊
程氏鄒至誠妻　李氏甘學游妻　董氏王瓊瑰妻　郝氏李勷妻　萬氏周思穆妻　趙氏贈文林郎

王炳嶽妻殉姑　羅氏庠生王文思妻　董氏王文爍妻通志爍作燦　周氏劉士模妻
胡氏吳國貴妻　李氏吳國貴妾　張氏熊繼傑妻　童氏程映炳繼妻　方氏周代翰妻
通志周作蔡　劉氏商義元妻　廖氏職員程洪瀚妻　饒氏監生程映陛妻
鄒氏程兆璘妻　童氏職員程映文妻　蔣氏張永均妻　田氏鄧人偉妻　商氏監生李光
燦妻　董氏王文灼妻　彭氏監生童元坦妻　徐氏喻威及妻　金氏喻子義妻
李氏熊士材妻　以上乾隆嘉慶間　羅氏訓導梅傳芳妻　汪氏程兆聯妻
陸氏程正順妻　吳氏羅承璽妻　陸氏程四箴妻　程氏夏翹齡妻　程氏程正順妻　吳氏夏崇啟繼
妻　廖氏程文泰妻　王氏程效南妻　夏氏庠生鮑爲連妻　周氏王若理妻
汪氏李洪亮妻　張氏守備陳作楫妻　金氏喻有志妻　劉氏周承章妻　黃氏周之敦妻
趙氏周源妻　盧氏鮑如秀妻　鄒氏蔡慎思妻　胡氏蔡慎思媳　以上道光　唐氏徐龍攀妻
袁氏庠生楊錫臣妻　以上咸豐

楊氏監生王紹南妻監生楊開敏女事翁姑孝敬備至夫病刲股以療氏年八十二卒殯於門側同治三年賊至縱火居屋盡燼氏柩獨存咸謂孝德所致云

張氏蕭金元妻　金氏黃向榮妻　祝氏王增元妻　張氏王世倫妻　吳氏廪生劉樹芳妻　李氏張金榜妻　王氏熊丙妻　范氏監生丁達裕妻以上孝婦

貞女

鄒女舉人鄒治女幼字蘄水徐如樸未嫁如樸沒女年二十聞訃號泣請於父母往弔遂茹素奉姑立從子爲嗣嗣復故與媳陳氏依姪守貞以終乾隆元年　旌通志參縣志

陳女陳昌言女幼字汪庭基未嫁聞壻沒往弔見姑哭子喪明遂相依奉養歷二十四年姑沒葬畢女避居蓮花洞十數載

易居室爲祠捐田奉祭祀縣令丁奬以額通志

李女庠生李中黃女幼字監生張坦未嫁壻沒女聞訃痛哭不已求往張視殮畢乘間自縊以救甦乃依姑以處足不踰閾守貞四十餘年卒乾隆三年　旌王志

李女歲貢李世臣次女幼字朱瑤瑤卒女聞欲自盡家人密防遂至夫家撫姪爲嗣尋夭又撫堂姪不果別立後守貞四十餘年卒乾隆八年　旌本縣志補

陳女監生陳戒德女幼字董湄年十九未嫁壻沒女聞訃卽以身殉家人救免遂適董奉姑姑病痿凡卧起扶持飲食湯藥晝夜不懈姑沒喪葬盡禮撫嗣子成立尋夭媳鄒氏感姑高節亦誓死守乾隆三十九年　旌

成女庠生成蒲女幼字熊楚興通志作均未結褵而楚興沒事翁姑六十一年卒乾隆四十七年　旌通志參縣志

江女教諭江漢書孫女江華女也幼字徐某年十八未嫁壻沒女聞訃請於父母喪服往弔詣靈几稽首至地氣絕復甦誓以身殉家人防之密其舅姑以居室狹隘令返母家女不得已蓬首垢面屏居一室年三十六無疾而卒

徐女監生徐免庵女幼字鄭志成之子維泮方議婚期壻沒女年十八聞訃凶服往弔遂不返憂鬱成疾未半年亦沒臨死惟囑同穴以信其誓云

鄒女內閣學士鄒士聰孫女也幼字黃安張希艮之孫炳驪未嫁壻沒女聞訃求死不得欲往弔祖姑劉力止之迨祖姑八

旬女白父請親至張門拜祝祝罷復請於祖姑謁翁姑與壻葬所祭奠痛哭失聲越數月祖姑憐女善病令仍歸侍親闈不數年以憂鬱卒

曾女幼字王越未嫁越卒守貞三十八年嘉慶十七年與姑李氏同請　旌詳節婦李氏傳

李女廷煌女　劉女字彭象　徐女字吳有章　丁女庠生謹度孫女字胡維璣　陶女庠生耿然女　曾女字尉承理　謝女字均道女白氏子　周女富甯女字饒興珍　金女字梅氏子　管女宗秀次女字阮紹祖　羅女字王文博　王女字王崇煌　唐女監生從仁女字葉懋　陳女廷棟次女字熊楚望　鮑女廩生鮑霖之女　趙女字鮑有通志隆作陰　王女字蔡應昌　鄒女內閣學士士聰次女字庠生周馮　陶女二有女字胡氏子　劉女慕樓女字嚴大械以上通志參縣志　汪女字劉應瑶　歐陽女注女

字瑜顯僂 董女世存女字聶天澤 以上道光
張女張春玉女幼字余氏子未嫁壻沒守貞已奉旌表咸豐
九年二月賊至同姪女翠姑走避賊擄翠去女堅齧翠衣衣
脫齒落身受重傷同投水死
石女幼字唐粱年及笄未嫁壻沒女聞訃衰服往弔矢志苦守
三十餘年不出戶庭晚年自啖蔬糲以甘旨奉翁姑撫姪國
賓爲嗣守貞四十七年卒咸豐十年請旌
夏女之熺女字張定祥 李女廷槐女字蔡啟焌 以上咸豐 陳女字董氏子
蔡女禮之女字陳氏子 劉女字魯氏子 羅女名掌珠大明女並爲母割股三次 以上縣志
以上已旌獎貞女
曹女曹斐徵次女幼字金勸哉之四子未嫁壻沒女聞訃號痛

絶粒數日復持刀自刎喉斷過半父母救治踰晝夜復甦嗚
咽流涕曰女子從一而終者也既不許女過金門願後勿議
婚從此與母相依母病篤女泣曰與其無母不如我死可以
益母壽乃禱於神割股以進母病得瘥後股創不合終忍痛
強顏恐傷母心旋卒
羅三女廷試女 蕭女字江坦 范女有德女字董時祥 劉女字徐士琳
阮女字吳世瑛 以上乾隆嘉慶間
魯女汝貞監生魯文墨女幼字李必輝未嫁壻沒女聞訃再三
求赴父母力阻許令在家完貞誓不再字道光三十年女年
六十矣自將紡績餘貲囑諸弟置田爲翁姑及夫祭祀費旋
無疾而卒

周女周光烈女年十五未嫁壻沒守貞母家女紅度日誓守七
十餘年卒出殯時房內異香數日不散
鄭女堯則女字曾永茂 何女振之女字劉銘 王女士國女字范景芳
楊女字林之緒 程女前明女字林氏子 曾女世艮女字汪大元 涂女迦先女字
畢思陞 高女懷玉女字劉維禮 趙女本支女 王女太和孫女字范景鈺
鮑女字魯鳳堂 曹女字吳璽 張女字董宏綸 榮姑字羅承啟 梅女字尹正容 鄒女興貴女字
陳氏子壻瞽守貞 以上道光 羅女紹北女字朱茂南 曾女曾輝女字蕭埰
黃女萃川女字周之麟 尹女作孚女字周方信 劉女炳愈女字胡增憲 以上咸豐
劉女炳愈女字胡四知 案此與前劉女卒年事蹟畧異故兩存 華姑華學政義女
黃女名七姑黃清海次女幼字周之明 林女玉魁女字尹國典 劉女名細伯達
女 李女縄翼女字劉縄珩 周女名基坤炳夏長女字胡必賢 以上同治

熊女字鄭瑜 程女前明女字林正本 劉女字李士寬 周女秉蘭女字陳封震
張女宗富女字劉氏子 春桂鮑效沫婢 桃兒庠生秦在樓婢 姜女必錦女
以上縣志 以上待旌貞女
烈女
阮女名端懿監生阮文炳女幼字葉汝熾年十七未嫁壻沒女
聞訃引帶自縊死葉父迎柩與子合葬雍正十二年旌
曾女通志作董女 庠生朗之女幼字甘權年二十未嫁壻沒女聞訃
堅請於父母易服奔喪撫棺痛絶踰時復甦姑防之甚密遂
守貞壻家力盡婦道終喪省墓觸石頓絶乾隆十一年旌
以上王志參縣志
劉女庠生劉禮女幼字曹銘年二十一未嫁壻沒女聞訃問父

節烈二字於義何居父不答益不忍其一旦就死也防之甚密女度不能自由乃櫛沐飲食如常夜自縊死乾隆十四年請　旌王志補遺

周女州同周爕女也幼字庠生顔日升未嫁壻沒女聞訃投繯數次以救免一夕夢壻謂曰爾果有志相隨明旦拾梧桐下一物是汝全志期矣翼午女沐浴作書遺兄嫂至樹下吞異草立死顔族哀之迎棺與日升合葬時于成龍同知府事為詩輓之

梅女梅商彝四女也幼字朱德鏞年十六未嫁壻沒女聞訃將投繯家人勸止又六年有議婚者女請於母曰事急矣請歸兒於朱以絕外議否則兒不欲生父乃拒媒者既而其舅至

女懇父延舅入後堂拜見啼泣求歸朱舅未允乃絕粒三日不得死父慰之曰女志固美更待十年而後可女恚曰十年父母老舅姑衰女何託焉遂乘母外出投繯死朱族迎棺與鏞合窆立姪緒元為嗣

張女張維楚女幼字程金典年十六未嫁壻病劇女聞白母欲往服侍母不允越二日訃至又欲往送葬母亦不允女曰生不許往死必送歸是夜遂自縊死面如生兩族迎送女棺與金典合葬

李女幼字尹上華未笄而上華卒女年十七聞訃欲往哭母阻之乃毀面去飾乘閒自經死尹姓感其義迎棺合葬焉事在乾隆六年三月十一日

毛女許字邱之德未嫁而德卒女欲往不得悲慟數月聞有議婚者至潛往後園自經死

劉女蘄水劉時周女幼字夏廉年十六廉故女聞訃絕飲食數日父母勸莫解自投水死

李女李琬之女也幼字程氏子未嫁壻病女欲往問之父母不許壻沒女聞訃號泣欲往致祭又不許女以死自誓父母防之甚密後二十餘日有來議婚者父母私許之女聞潛至園中自縊死

李女監生李經邦女也幼字周士毅年十七未嫁壻沒女聞訃方食即停箸入房閉戶自縊母趙喚家人救甦嗣是飲食少進號慟月餘不食死

史女史象玉第三女也幼字劉魯望未嫁壻沒女聞訃自縊家人救甦欲適劉事姑為父母力止後聞父母有議婚意遂不食死

周女幼字喻通鎬未嫁壻沒女聞訃欲往弔家人苦阻女曰我生為喻姓婦死為喻姓鬼況夫無昆弟堂有翁姑誓在必往家人持之益堅遂絕粒三日乘隙自盡嘉慶十三年學使吳給額

彭女名載弟字朱家珣　劉女時周女　以上己殉夫烈女　旌

劉女幼字吳昭民生卒年月失考墓在吳姓村前栗林山與昭民合葬康熙五十八年吳世奇誌其墓有句云桃夭未賦竹點先斑乃隕命於青鋒幸連枝於黃壤

林女林玉奎女幼字尹國典未嫁典外出不返女誓守閱五年
其家勸之曰若多備妝奩可別字乎女曰一棺足矣遂乘閒
投繯死
淩女淩萬照女幼字姑子鄭光泰而其祖另許程國元二姓因
婚涉訟女聞恥之遂投水死
丁女丁必鼇女幼字鄭勝龍年十九未嫁壻病劇女欲往侍湯
藥父母弗許女意決母遂同至龍家及壻沒女語母曰兒生
乃鄭氏人死卽鄭氏鬼母請歸母以女爲念母不可强女俱
歸至家是夜自縊死時嘉慶十五年事鄭聞耗迎棺與龍合
葬
林女玉暌女幼字尹四福未嫁福外出數年未歸女父議改字

女決志不從未幾議定女聞沐浴更衣自縊死
尹女承景女字傅氏子 丁女長泰女字詹澤榮 徐女字胡志桂 以上縣志
以上待旌殉夫烈女
鮑女鮑子知女也許字蔡作楫三歲喪母依姑載養年十七未
婚合家避賊戴家寨會寨破投巖死 姓氏見通志
龔女名字貴安智女 鄒女天貴女 以上咸豐四年殉難 喻女名愛珠士
球妹 喻女名鳳英士球女 汪女遇鼇女 喻女名富英士亨女
鄒女名鳳英士銓女 熊女得海女 以上咸豐八年殉難 袁五女監生
光鑾女咸豐十一年殉難同治十一年旌 楊女士楷女 梁女超瀛女字涂啟柱
陳女名寅姑 以上同治二年殉難 毛女名祥姑樹勳女同治閏殉難 劉女名書枝
張女名琇女 甘女 林女名三女 林女名嬌姊 游女名滿女 余女名金姊

胡女名順女 李女名全姊 李女名鳳女 李女名有姑 曾女 丁女 以上
節義錄參府冊 以上已旌殉難烈女
張女張文傑女幼字黃安程氏子年及笄未嫁咸豐十一年九
月賊至女恐見執奔赴壻家門首塘溺死賊退收殮衣裳縫
固面如生
王女福弟王定泰三女也年及笄父欲爲擇壻女曰兒無兄弟
誰侍晨昏願終身奉養同治三年賊至投水死
范女十姑范存榮女同治三年游勇猝至女避不及投水中沒
及肩母扶病出呼且以好言乞勇弗退迨日暮女見勇尙立
水邊遂大慟數聲自溺死時年十八母坐岸悲哭天明尸浮
依母側父母尋病餓卒

張女淨姑庠生張問政女幼字陶子驥同治三年隨母鄒氏行
遇賊賊將加刃於母女紿曰留我母命給我馬行至柏子塔
側投塘死母亦於是日投巖死陶姓迎女棺葬之
白杲女不知姓氏福田河有賣油者自賊中逃出稱女節烈狀
知爲白杲人遂以白杲女稱同治三年五月女隨親屬避難
東山賊猝至縛女馬上獻賊渠賊渠見女有殊色大喜送至
內室女大哭求死賊知難遽犯命先所擄婦女勸慰之女泣
曰吾名門女豈從賊死而已毋多言賊爲出錦繡珠玉誘令
自擇女不顧凡兩晝夜百計誘之終不動哭益哀聲益厲賊
乃坐堂上戈戟林立左右捽女至坐地向西泣賊設酒醴且
酌且問曰汝一女子倔强乃爾今從則生不從則死左右磨

刀霍霍有聲女詈無懼色令以刀劍加頸問從否女誓死不
從賊終愛其色目左右止項之賊飲已醺執刀勃然起厲聲
問曰願死乎願活乎女亦奮起大罵曰死吾願耳何問爲賊
乃砍爲數段左右無不嗟歎私相謂曰吾輩自起事以來若
此女固僅見也

鄒女名鳳貢生虞門姪孫女　汪女汪王女字董兆流　曾女紀德女　曾女茂楠女
張女名鳳姑世奇女　唐女金二女　佘女名細女貽靜女　唐女有健女字
巢發周　朱女文寬女字韓兆元　劉女基燧女字韓長貴　以上咸豐八年殉難
羅女承守女咸豐十年殉難　姚女宗富女字鄧文獻　王女定遠女字謝光棟
王女名鳳姑監生朝盛女字董氏子　王女尚孺女字淩大驥　李女名幺女楚虞女
金女名喜弟秀松女　羅女立孝女字李國槐　徐女光照女字李習清

鮑女堂之女字李習和　鮑女從九慶鍏女　王女天海朱女　周女學海女
劉女名順全繼璜女　劉女字羅元坊　李女兆賡女　左女名愛姑萬才女
張女名賽玉從九德耀女　馮女名均春國楨女字毛五石　羅女元仁女字鄭鍾麟
鄧女發魁女字黃安李氏子　以上咸豐十一年　陳女元亮女字佘文富同治元年殉難
梅女化庭女　董女名意姑　董女名細妹俱載堂妹　周女耀富女　白女名瑞貞
蘇女字李賜　蔡女和昇女字洪彭壽　李女天發女字袁金龍　胡女曉高女
朱女復禮女字王朝清　朱女名引弟福禮女　胡女字闓全順　王女名菊姑朝
佐女　徐女學銘女字王福志　楊女暢春四女字朱氏子　閻女名佳姑鎮
泗女　林女庠生蜚翰女　徐女庠生徐在豐幼女　黃女三元女字
袁兆科　李一女文蘭女字袁氏子　胡女能先女　祝女名多娣光富女
喻女名銀伢大朋女　鄒女名九女德裕女　鄒女名玉英景元女

羅女咸裕女字余德伢　邱女正商女字汪喜泰　黃大二女俱增隆女
項女大有女字汪學勤　黃女名旺先德女　曾女啟章女字蔡氏子
熊女名秀鳳監生品瑞女　李女名鳳貴炳元女　張女亮全長女　程女名福山義
齋女　黃女名先秋秀英女　劉女名慶弟繼柏女　王女玉麒女字
鄭氏子　唐女名先弟文運女　張女名金枝學禮女　劉女名壽枝隨
嫂項氏等投水　柯女名均喜宗逑女投火焚僅存其手　湯女名玉英錫順女　以上同治
二年殉難　郭女履和女　萬女名嬌金魁女　劉女名五枝永吉女
丁女監生正學女　田女紅芝女字熊繼湖　程女名細黛士元女與兄嫂同溺
陶女名引弟有成女字吳默　江女朝主女　張女名秀芝開炳女罵賊被砍斷手及臂舌即投水死
李女字郭某　又黛江光坤女　易女明進女字陶存和　鄢女啟漢女字高石山
張女能玉女字盛花梓　鄧女名三代廷獻女　葉女七姑大志女字翁明禮

桂女思霞女字張積慶　鮑女效德女　王女字朋女劬字易自隆　程女啟榮女字
周錦淇　江女啟興女　閻女金佑女字陳朝緒　楊女名秀英庠生蔚華女
楊女名桂姑　羅女承信女字丁氏子　夏女先甲女隨叔父光兆弟宗鎔宗國宗裕宗清宗和避
難同赴水死　胡女名順姑兆倫女　鄒女爲安女　胡女可法女字彭名鴻
胡女名全弟志勝長女字吳氏子　李女名鳳姑正舉字劉氏子　李女名全弟宣元女字陳東賜
李女名有女植保女字黃氏子　劉女名元英昆源女　秀女唐文蔚女　舍弟張成林女
方女代璜女字宋文楠　王女名福娣定泰女　袁女名雲姑能高女字劉明遠
王女天楷女　吳女名玉弟昇和女　毛女名桂女　毛女名金女俱家政妹
毛女名連桂家政女字周繼武　李女名有弟高文女　李女名連弟士和女
伍女名又姑尊女字胡庠槐　楊女樹楠妹　方女同城女遇賊不屈受數十傷死　以上同治三年
殉難　方女春榮女從母毛溺死　王女王亨女見縣志節婦周氏傳　梁女名三妹超

灊女 甘女 林三女 游女名滿女 胡女名順女均遇賊不屈投塘死

楊女名旺娣德廣女 袁女諸店人聞賊警預作絕命辭三首藏衣帶間有月明誰與弔孤魂之句投

繯死 李女名青姑 李女名喜女玉灼女 毛女名三姑監生正琦女

熊女世義女 彭女名春林禮海女 項女名桂枝鍾鈺女 黃女土門區新

屋灣人被賊支解 王女唐文運養媳 羅陳姑 鄧女名六姑旺

鼎女字高維勝隨母袁罵賊被戕 張女名多姑 張女俱士貴姪女 楊四女

鄭女汝霖孫女 以上同治閒殉難 以上縣志 以上待旌殉難烈女

孝女

駱女駱代興女五歲失怙八歲失恃依伯叔撫養伯父世興病篤百藥罔效女刲股和藥以進病立愈時女年十二後伯父得年八十餘歲

程女名瑗黛廩生兆榮女

楊女名先第貢生楊楷女咸豐十年祖母被賊殺女大罵為賊裂尸

彭女國學童元坦妻庠生彭山陰女年十六時為母割股知縣吳顧行贈額

楊女名金桂咸豐十一年二月十六日隨家人避難賊馬沖散女獨扶七旬祖母奔至天齊區賊至將擄女祖母護救女罵賊不屈祖母被殺罵益厲被殺

吳女吳紹宏長女同治二年隨祖避難萬丈巖遇賊欲殺其祖女以銀二錠救免賊復強女同去女偽隨之中途墜巖死

胡女繼容女字廖宏昇 吳女廷金女 以上縣志 以上孝女

壽婦縣志續修於同治七年依原年分錄

郝氏祝正豐妻年一百二十歲光緒元年旌

節婦補輯麻城

張氏李世智妻年二十九夫故守節現年五十四

黃州府志卷之二十八下終

黃州府志卷之二十九上

黃州府知府英　啓纂輯

人物志

列女五

黃安縣

節婦

匡氏盧堯臣妻年二十九夫沒守節教子爾慥舉鄉試康熙十一年　旌

杜氏庠生吳之璜妻年二十四夫沒茹荼守志撫子應庚成進士康熙二十五年　旌

李氏庠生羅銓妻年二十八夫沒遺孤五歲舅姑衰且病氏力

貧奉養教子勤學苦節三十四年康熙四十四年　旌

案此下王志有彭氏傳經考正移列貞女說詳後

蕭氏張棠妻年二十夫沒奉舅姑以孝稱撫遺孤炳彪登鄉薦康熙四十七年　旌

程氏庠生吳疇妻夫沒撫孤成立叔程某家貧年老無子氏典釵珥爲之納妾生二子氏苦守三十七年卒

郭氏庠生程翥妻年十九適程無出勸夫納妾生一子甫週歲夫沒姑老氏扶侍不懈教子殿邦成名

程氏監生彭萊通志萊作宋妻萊病篤以母老子幼爲慮氏引錐刺血滴萊身以明其志萊卒竭力奉姑撫二子啓鐩嗣鐩爲諸生啓鐩娶妻盧氏未二載而沒盧慼姑節操亦矢志苦守立

從子偉業爲嗣

婁氏耿應福妻年二十一夫沒遺孤紹宗甫週歲氏斷指截髮破面毀形矢志苦守養姑撫子數十年無閒言紹宗成諸生孫曾能讀書世其家本縣志補　俱康熙五十三年　旌

黃氏程在鵬妻年二十二夫沒撫子成立苦節五十三年康熙五十七年邑令請　旌本縣志補

張氏庠生王磬妻夫沒無子含斂後閉戶自縊以救甦自是移榻姑室姑病五載晨昏服侍無怠撫從子爲嗣值山水暴發倉皇不及避他居皆傾氏室獨無恙雍正元年　旌

孟氏庠生江彭年妻年二十五夫沒奉兩世孀姑倍加敬謹歲連歉氏勤紡績以供甘旨自食薇蕨撫半歲孤嚴慈並至雍

正四年　旌

江氏庠生王顯盛妻年二十二夫沒遺孤十月氏艱辛撫之守節數十年

鄭氏彭承芳妻　俱乾隆元年　旌

朱氏尹啓明妻年二十一夫沒事孀姑孝撫孤子輝爲諸生氏後病篤媳孟氏刲股以救

鍾氏盧濂妻

王氏庠生盧漳妻年十八夫死絕粒自經以救甦撫從子爲嗣復夭又撫從孫　俱乾隆三年　旌

金氏通志作鍾氏誤程乃武妻乾隆六年　旌

陳氏庠生吳翔鳳妻年二十四夫以省父卒於外氏迎柩歸守

節四十六年乾隆八年旌
馮氏吳滋妻年二十適吳五載夫没苦節至八十八歲卒乾隆
九年旌本嘉慶通志補
秦氏劉文元妻年十九夫亡奉孀姑撫八月孤成立守節三十
七年乾隆十一年旌以上王志
江氏庠生芊若迫妻縣志芊作吳 乾隆二十一年旌
盧氏趙映高妻 吳氏趙錫類妻 盧氏映高長孫媳 李氏
映高次孫媳 聶氏映高五孫媳映高妻盧未嫁夫病氏歸
侍湯藥越三年夫没欲以身殉因念夫七代單傳乃止撫嗣
錫類娶媳吳生子五錫類没姑媳相依苦守後孫媳盧李聶
均無子早寡苦節終身皆氏教也乾隆五十三年旌

董氏吳兆彥妻縣志彥作硯 乾隆五十五年旌
秦氏監生徐鍾玉妻于歸四載生子開先而夫没夫弟鍾儒幼
聘王氏女未嫁而鍾儒没女聞訃奔喪亦矢志苦貞二氏共
撫開先成立皆守節四十年卒乾隆五十六年旌以上縣志
萬氏監生吳大棻妻 張氏吳若熙妻 吳氏吳遵妻縣志作韓氏 王氏秦國鉉妻
鍾氏王明璐妻 魏氏庠生盧纁妻 熊氏程繼韶妻 熊氏郭元會妻 陳氏吳遂妻縣
志遂作適 徐氏黃經偉妻 程氏吳之璘妻 張氏庠生盧纓妻 耿氏盧之極妻
陳氏庠生吳信鳳妻 鄒氏庠生吳德鳳妻 李氏庠生盧縉妻
曹氏吳如琇妻 鍾氏吳鉉太妻縣志太作泰 劉氏吳大柷妻 方氏吳秉堃妻 虞氏舉人吳恢
聲妻 鍾氏庠生吳鳴鳳妻 何氏吳丁鳳妻 韓氏吳兆泌妻 耿氏吳壎妻
王氏吳來學妻 張氏庠生吳達妻 宋氏吳如珩妻 金氏吳若邃妻 黎氏吳建翔妻

虞氏吳斐聞妻縣志聞作文 鍾氏吳建業妻縣志作業鑑 劉氏吳大昕妻縣志作陳氏昕作炘
張氏吳月三妻縣志三作山 陳氏吳映楚妻 孟氏吳承淦妻 張氏吳承清妻縣志承作永
劉氏周遠裕妻 耿氏歐光濂妻 張氏喻某妻 吳氏馬細三妻 鍾氏盧國華妻縣志作秦氏華作樺
程氏張諦載妻 張氏謝載侯媳 王氏庠生熊中沅妻 秦氏汪能仁妻 姚氏盧近光妻
張氏彭光錢妻 高氏喬文曹妻 鍾氏盧國極妻 周氏盧國炳妻縣志作鄒氏炳作柄 趙氏何承烈妻
趙氏路一翥妻 張氏盧孫嫡妻 秦氏趙其盛妻 吳氏韓學信妻 馮氏韓樸妻 鍾氏庠生吳彪
妻 霍氏吳利占妻 周氏王士冕妻 韓氏吳繩祖妻 王氏金之堦妻 吳氏汪勷妻
吳氏宋文煊妻縣志煊作煜 馬氏王某妻 劉氏李如周妻 王氏陳中曠妻縣志曠作廣
馮氏庠生阮時泰妻 方氏阮恭遠妻 盧氏阮右益妻 耿氏秦錫義妻 李氏秦永濟妻
江氏秦之璋妻 曾氏王顯志妻 江氏王明新妻縣志新作薪 張氏監生孟道漢妻
陳氏江雪樵妻 彭氏江鳳翔妻 張氏江亦思妻 盧氏庠生江遠妻 耿氏江卓庵妻

盧氏江世靜妻縣志靜作靖 鍾氏江昌梓妻 鍾氏張德恆妻 王氏秦文寶妻 吳氏江炎文妻
陳氏王邦政妻 康氏王承儒妻 梅氏盧醇妻 王氏盧輝巨妻 葉氏盧履元妻 黃氏盧多年妻
甘氏盧士德妻 洪氏盧從文妻 黃氏盧言思妻 李氏盧理萬妻 盧氏董方中妻 王氏盧必珍妻
縣志必作兆 吳氏鍾希士妻 馬氏劉成達母 劉氏劉映書母 馬氏蕭引鳳妻 何氏盧采巖妻
趙氏盧文化妻 程氏周金綸妻 馬氏陳某妻 盧氏陶文祥妻 鄭氏喻士榮妻 王氏秦心鳳妻
吳氏陶國楷妻 秦氏盧晟妻 袁氏張德衡妻 徐氏吳惟有妻 張氏盧士林妻 張氏戴有甯妻
吳氏戴有珖妻 方氏吳俊業妻 吳氏耿甥妻 張氏鍾某妻 秦氏趙某妻 韓氏吳志才妻
張氏吳承暉妻 秦氏吳大仁妻 鍾氏汪勳妻 王氏盧湛妻 王氏汪璪妻 張氏鍾澄妻
閔氏俞二妻 盧氏彭鸞其妻 何氏吳頴賢妻 成氏戴履壽妻縣志作何氏 王氏秦舜黃妻
張氏謝某妻 盧氏周志荼妻 曹氏陳文試妻 陳氏吳際會妻 戴氏方篆妻 吳氏陳中韓妻
韓氏吳齊生妻 劉氏馬炎妻 汪氏周世能妻 周氏余士傑妻 張氏戴某妻 黃氏吳業貞妻

韓氏吳大德妻　官氏秦承海妻　程氏盧之瑛妻　張氏盧之瑛妾　林氏陶應泗妻　梁氏陶國樞妻
宋氏李大泗妻　杜氏胡美翰妻　熊氏陳光朝妻　王氏黃某妻　曾氏王熙俟妻　張氏吳威鳳妻
劉氏陳如周妻　吳氏徐國有妻　張氏喻大連妻　張氏吳鑰妻　邱氏吳文占妻　方氏吳文明妻
曾氏吳蘭妻　錢氏吳正方妻　黃氏吳莊妻　曾氏吳廷樞妻　張氏吳道南妻　盧氏彭豹其妻
盧氏伍煥彩妻　金氏徐端太妻縣志端作瑞　郭氏汪洪弼妻　耿氏彭二妻　楊氏葉八妻
盧氏李廷甫妻　陳氏程景妻　盧氏詹廷選妻　吳氏盧國楹妻　李氏吳遵路妻　吳氏王曰校妻
范氏吳大綗妻　曹氏秦在妻　周氏李周楝妻　陳氏詹用九妻　詹氏周萬彩妻　洪氏詹聲宏妻
袁氏鍾農章妻　秦氏徐之綗妻　吳氏秦文錦妻　張氏喻大妻　王氏徐某妻　徐氏徐玉妻
曹氏金名望妻　阮氏王在時妻　黃氏周家睦妻　趙氏秦在婢　陶氏秦某妻　盧氏彭啟錢妻
陳氏周四妻　楊氏張之孚妻　劉氏張啟席妻　張氏鍾某妻　李氏江樹德妻　陳氏吳雄翥妻
郭氏張炳獻妻　韓氏吳若傑妻　王氏吳兆揆妻以上通志　劉氏劉永名妻嘉慶十年旌

鄭氏趙載玉妻　某氏袁朝綗妻縣志作徐氏以上嘉慶年間旌　王氏石常圻妻道光二十二年旌
洪氏張有典妻　秦氏胡鏞妻　劉氏胡啟鐸妻　劉氏胡煜妻以上道光間旌
余氏程華典妻　陳氏李中麟妻　沈氏吳道修妻　張氏王壽林妻　夏氏吳聰妻

柳氏劉德新妻年二十六夫沒事姑曲盡孝養姑病篤刲股寸許進之延年三載氏苦節四十一年臨終屬孫繼勳取篋中衣並一蒻納棺中家人問故但泣不言強請之始知有刲股事袒視之瘡痕猶在已　旌

車氏熊嘉桂妻年二十于歸越四載夫沒翁姑老病氏事之謹嘗捐錢穀助夫叔之旻督勇勦賊旻死於難夫弟娶妻車氏生三子夭其二及夫弟沒氏同娣氏撫長子熾瑞成立苦節四十餘年卒學使請　旌

宋氏監生熊之杰妻年二十于歸未幾夫沒矢志苦節嘗捐錢米集丁壯禦賊夫弟之旻以罵賊死妻黃氏同勵冰霜以長子天栻爲杰嗣教之子成立學使請　旌

徐氏汪煥玉妻節孝盧獨人女年二十一生一女夫沒氏泣曰舅姑見背夫又繼沒何以生爲飲泣不食數日母聞往解之乃承母志撫孤勤紡績足不出戶者三十年咸豐十一年

旌

李氏吳東晨妻年十八歸吳未半載夫沒誓以身殉舅姑泣止之立夫弟東晸子爲嗣姑病兩次刲股以進皆愈延年二十六載氏年七十餘咸豐十一年　旌

程氏孟道誠妻　黃氏孟正籩妻　尹氏孟大受妻程夫沒撫孤正籩正籩入成均程病媳黃刲股療之長孫媳尹夫沒亦苦守立姪爲嗣有祖姑風焉

阮氏胡獻臣妻年十六于歸生子二長六歲次四歲夫沒氏忍死守節養衰姑撫子後氏病篤長子之炎刲股救之

吳氏李宗成妻　吳氏李爲潮妻宗成妻吳年二十八夫沒撫孤爲潮爲海成立事翁姑孝卒年七十餘爲潮妻吳氏年二十四潮沒遺孤學清甫週歲繼姑守節後學清爲諸生病篤妻何氏嘗刲股救之學使請　旌

袁氏彭某妻年二十四于歸越二年夫沒遺一女家貧紡績自給女既長適吳姓氏年七十二無疾而卒女身任殯葬不累親族人稱爲賢母孝女云學使請　旌

劉氏毛志章妻年十九夫沒矢志撫孤家貧紡績采野蔬爲食
歲饑佐以草根卒年七十餘咸豐間巡撫胡請　旌
黃氏龍傳文妻　戴氏辛慕光妻　王氏辛學賢妻　熊氏秦德豐妻　吳氏秦厚熙妻　以上咸豐十年
旌　鍾氏江國璧妻　張氏李裕仁妻　陶氏梅德謨妻　胡氏石珠妻　胡氏監生戴維
弼妻　毛氏戴秉明妻　吳氏監生戴茂榮妻　徐氏戴之給妻　葉氏戴士典妻
阮氏戴士謨妻　戴氏周錫綸妻　陳氏庠生吳克誠妻　以上咸豐十一年旌　王氏陳光斗妻
程氏王某妻　涂氏梅先健妻　劉氏監生周濟妻　熊氏庠生郭元會妻
余氏吳家龍妻　張氏袁本全妻　鄭氏秦有松妻　張氏貢生韓邦舊妻　方氏趙韶光妻
馮氏武士鵬妻　張氏余開緒妻　應氏登仕郎吳大鏞妻　江氏夏延顯妻　葉氏吳玉彩妻
王氏馮慶信妻　張氏趙某妻　來氏趙某妻　來氏趙某媳　李氏劉傳名妻　張氏黃安慶妻
劉氏庠生江昌璧妻　李氏尹創敏妻　汪氏尹開奐妻　王氏庠生韓國華妻

劉氏庠生詹聞頌妻　張氏監生石有璜妻　李氏謝雲燦妻　余氏張之琯妻
陳氏謝聯恩妻　李氏石忠法妻　周氏鍾正培妻　程氏吳本性妻　王氏孟大謨妻　吳氏孟裕謙妻
余氏薛斯本妻　以上咸豐間旌　王氏劉紹玉妻　后氏劉廣乾妻　王氏王幼儒妻
以上同治元年旌　李氏王國楨妻　劉氏楊步奇妻　譚氏耿普俊妻　以上同治二年
旌　鄧氏袁志鼎妻同治三年旌　余氏方世勳妻　王氏貢生方佑崑妻　以上同治
五年旌　耿氏胡焱遐妻　王氏程化龍妻　秦氏黃維垣妻　詹氏陳廷傒妻　詹氏盧生陳文
彬妻　石氏吳寶珠妻　方氏吳寶善妻　吳氏熊世胄妻　李氏熊成蛟妻　阮氏李亨清妻
王氏胡曰瑚妻　周氏李承祁妻　吳氏郭興理妻　劉氏監生謝映春妻　黃氏劉士樞妻
林氏監生熊天棟妻　方氏劉自鑑妻　陳氏劉自禮妻　雷氏庠生徐上國妻
錢氏熊慶域妻　徐氏熊林域妻　王氏吳德金妻　周氏程天敘妻　孟氏熊汝椿妻　江氏鍾錫極妻
江氏鍾大德妻　張氏鍾純植妻　耿氏秦必發妻　尹氏李鴻春妻　張氏來光煥妻　徐氏趙載昂妻

閔氏趙某妻　閔氏李士廉妻　董氏黃元吉妻　劉氏熊可棟妻　周氏熊紹泮妻　李氏周光典妻
劉氏尹玉振妻　鄒氏周家梓妻　阮氏夏之杋妻　陳氏尹玉質妻　耿氏秦德霖妻　江氏秦厚曉妻
盧氏秦瑜山妻　吳氏秦德純妻　彭氏監生秦厚慶妻　江氏秦厚烺妻　胡氏秦昌嗣妻
黃氏熊賜華妻　陳氏張時懋妻　方氏張時壽妻　胡氏夏國輝妻　陳氏王國科妻　陳氏何溱妻
來氏方永洪妻　崔氏方如坦妻　江氏薛文樫妻　姚氏鍾之烈妻　胡氏鍾之烈弟婦
劉氏熊致泰妻　謝氏熊致泰弟婦　江氏秦與九妻　夏氏李正鵬妻　以上同治間
旌　耿氏孟遵謙妻　楊氏薛邦文妻　周氏熊克昶妻　沈氏吳道修妻　方氏阮方策妻
胡氏張錦琇妻　張氏陳用儀妻　以上公牘補　常氏阮維城妻　吳氏阮太安妻　秦氏汪學槐妻
陳氏秦再岳妻　單氏監生秦大格妻　姚氏庫大使秦光黼妻　以上光緒元年旌
李氏夏光縉妻　宋氏吳應春妻　孫氏王承乾妻　吳氏王邦堯妻　石氏羅星照妻　以上光緒二年
旌　王氏劉世演妻　戴氏劉克明妻　以上光緒三年旌　潘氏李廷芴妻

光緒六年旌　李氏李方顯妻　張氏劉恒太妻　汪氏吳國珍妻　以上光緒七年旌
吳氏熊世胄妻光緒九年旌　以上縣志　陳氏方某妻守節五十年　李氏韓某妻守
節俱咸豐四年殉難　以上節義錄　以上已旌奬節婦
董氏孟正音妻音喑啞翁道新議廢婚氏父許諾氏方總角聞
之欲自刎乃止後歸音生子女數人音啞而戾時加箠楚氏
曲承之終身無怨言音先逝二子亦夭氏茹苦至九十而終
王氏耿應旂妻　吳氏韓宗孟妻　吳氏夏以亨妻　秦氏耿應永妻　吳氏庠生薛瑞璋妻
李氏謝如金母　吳氏袁友信妻　葉氏胡光國妻　李氏庠生劉銓妻　韓氏方遵義妻
葉氏劉漢簡妻　王氏庠生李垓妻　秦氏庠生熊養和妻　詹氏王定民妻
陳氏韓邦貞妻　吳氏郭士達妻　吳氏劉予裕妻　姚氏王某妻　汪氏徐某妻　陳氏鄒建武妻
李氏周維鼎妻　王氏庠生王萬化妻　喻氏張一仲妻　秦氏王某妻　張氏楊自棟妻

周氏陶璜次妻 陶氏秦中理母 王氏熊一鵬妻 秦氏秦子馥妻 萬氏楊文岡妻 耿氏庠生王以
甯妻 秦氏王岱妻 王氏張宇神妻 江氏程濂叔妻 張氏庠生李如英妻
許氏胡子和妻 江氏庠生吳立宗妻 梅氏監生董承舒妻 吳氏董萬瞻妻
秦氏吳文光妻 黃氏庠生馬文盛妻 蕭氏吳光綸妾 彭氏庠生吳舞鳳妻
韓氏吳彩鳳妻 秦氏吳之璧妻 楊氏吳應羽妻 盧氏吳應洽妻 盧氏監生吳大棐妻
陳氏吳世棠妻 方氏吳應鍾妻 鄧氏吳鼎趙妻 陳氏吳鴻妻 韓氏吳宗信妻 徐氏陳必壽妻
江氏吳洞妻 陳氏吳秉興妻 周氏吳贊化妻 虞氏吳伍鳳妻 韓氏吳兆灘妻 黃氏吳兆鉅妻
耿氏吳兆瀇妻 秦氏吳兆沆妻 韓氏吳兆熠妻 韓氏吳如岡妻 祖氏吳大智妻 姚氏吳瀊妻
王氏吳顯烈妻 歐氏吳業華妻 王氏吳業鋭妻 李氏吳大惠妻 劉氏吳大椐妻 范氏吳大栩妻
韓氏吳大森妻 虞氏吳大楙妻 黃氏吳懷玉妻 韓氏吳大顏妻 韓氏吳大華妻 胡氏吳杠妻
祝氏吳業久妻 張氏吳克恕妻 王氏吳大禮妻 張氏監生吳南陵妻 韓氏吳宏典妻

黃州府志　卷之二十九　列女五　九

秦氏吳選妻 虞氏吳崇業妻 張氏吳恒妻 韓氏吳楚產妻 黃氏吳琛妻 何氏吳若儲妻
韓氏吳大禧妻 黃氏吳業鈐妻 韓氏吳若甗妻 王氏吳如勝妻 周氏吳楚棟妻 汪氏監生吳大
樞妻 夏氏吳鉞妻 李氏監生吳世範妻 李氏吳若英妻 彭氏吳大化妻
劉氏監生吳若古妻 高氏吳承芳妻 潘氏吳世統妻 袁氏吳大懋妻 周氏監生吳成
秀妻 張氏吳業貴妻 韓氏吳佶妻 張氏吳際時妻 韓氏吳承誌妻 余氏吳蒙元妻
韓氏吳宏義妻 汪氏吳業禮妻 張氏庠生吳夢龍妻 羅氏吳天才妻 王氏吳克聰妻
胡氏吳業奇妻 胡氏吳大裯妻 余氏吳克艮妻 韓氏吳大樺妻 鍾氏吳大蓋妻 岳氏吳士駿妻
宋氏吳尚質妻 張氏吳一德妻 秦氏吳槓林妻 陳氏吳俊妻 方氏吳份妻 胡氏吳業煥妻
陳氏吳業澄妻 韓氏吳懷玉妻 蕭氏吳履觀妻 何氏吳紝妻 葛氏吳大義妻 韓氏吳大成妻
陳氏吳子麟妻 韓氏吳璣妻 秦氏吳若伸妻 黃氏吳業紹妻 李氏吳璉連妻 石氏周之冕妻
王氏周如蘭妻 陳氏周如鶴妻 吳氏吳璧成妻 王氏周如錦妻 錢氏黃天明妻 盧氏何鳳瑞妻

石氏何士偁妻 張氏沈之潤妻 楊氏黃之瑚妻 陳氏黃福妻 姜氏黃福媳 張氏熊蘊妻
黎氏熊國柱妻 秦氏熊國艮妻 余氏熊彬雅妻 張氏熊時憲妻 李氏熊天瑞妻 張氏熊有義妻
陳氏庠生熊元彩妻 胡氏庠生周棟妻 李氏秦在楊妻 劉氏張士禮妻
金氏孟正樞妻 劉氏耿中理妻 王氏耿昭鼎妻 劉氏耿敬臣妻 郭氏耿忠富妻 鄭氏耿普義妻
秦氏耿文獻妻 彭氏歐銹妻 彭氏歐紹漢妻 周氏歐錡妻 王氏歐名貴妻 王氏歐若爛妻
劉氏歐若榆妻 徐氏歐廷檳妻 江氏歐廷杰妻 彭氏庠生郭象寬妻 張氏徐光初妻
陳氏吳自得妻 孟氏吳雲鵠妻 馮氏吳芳泰妻 姜氏吳杰之妻 吳氏宋文煌妻 李氏周大烈妻
李氏周文元妻 張氏周朝俊妻 鄭氏楊秀妻 金氏陳大經妻 黃氏劉棨貴妻 吳氏劉泰來妻
吳氏劉陞鼇妻 張氏劉文蔚妻 吳氏劉沂妻 項氏庠生黃承遠妻 夏氏邱承楷妻
朱氏黃棟妻 耿氏張人俊妻 蕭氏徐士楷妾 羅氏鄭元瑞妻 夏氏鄭元英妻 蕭氏庠生袁昭
衷妻 吳氏袁文犀妻 吳氏耿秉墀妻 秦氏李志林妻 胡氏陶貢柟妻 吳氏王華晟妻

黃州府志　卷之二十九　列女五　十

秦氏王華晟媳 田氏張棨範妻 吳氏監生耿玉妻 方氏徐士禮妻 余氏徐維揚妻
張氏夏承起妻 李氏陳詩妻 秦氏陳必茂妻 秦氏陳必名妻 甘氏陳作賓妻 徐氏徐邦安妻
張氏江文熤妻 程氏尹大乾妻 孟氏尹大恒妻 劉氏李士釗妻五世同居 熊氏袁紹豐妻
黃氏監生王時平妻 黃氏袁紹濂妻 張氏戴遜三妻 余氏戴世江妻 梅氏戴士選妻
秦氏戴之煥妻 張氏戴之榮妻 程氏戴之輝妻 王氏監生戴之鼇妻 孟氏戴朝輿妻
戴氏黃德紹妻 鄧氏監生黃德高妻 馬氏汪萬成妻 陳氏監生黃植三妻
李氏黃廷熉妻 阮氏袁承綬妻 張氏監生王時和妻 桂氏湯國正妻 詹氏陳之城妻
陳氏黃廠壽妻 周氏庠生張雲龍妻 程氏監生張國玉妻 秦氏耿秉秘妻
秦氏耿文朝妻 鄢氏耿文炳妻 吳氏鄧文俊妻 徐氏祝義智妻 秦氏徐秉恒妻 李氏秦在揚妻
劉氏張士禮妻 吳氏胡守信妻 周氏貢生來世運妾 劉氏 程氏俱監生陳
紹鼇妾 余氏吳志深妻苦節四十二年 吳氏鄒承熙妻 吳氏鄒崇書妻 陳氏鄒大有妻

王氏鄒永迪妻 王氏鄒揚若妻 張氏吳玉成妻 熊氏貢生劉士極妻 黃氏劉文熤妻
張氏監生劉士杜妻 羅氏劉文熤妻 辛氏吳維正妻 向氏吳持璧妻 劉氏吳維新妻
趙氏吳持元妻 楊氏韓聰妻 汪氏韓某妻 王氏庠生吳天健妻 王氏韓琴材妻
吳氏韓光楚妻並割股救翁病 吳氏韓文彩妻 嚴氏韓尚義妻 程氏韓紹世妻 彭氏庠生韓端
之妻 陳氏韓紹濱妻 張氏韓泗濱妻 曹氏韓如松妻 李氏韓德輝妻 吳氏韓在涂妻
黃氏韓鼎重妻 吳氏韓之琯妻 吳氏韓紹安妻 胡氏韓時綸妻 李氏韓步奎妻 張氏庠生韓二
康妻 宋氏韓嘉會妻 吳氏韓成治妻 劉氏韓遇之妻 吳氏韓步高妻 雷氏韓華若妻
姚氏韓廷燠妻 杜氏韓銘妻 胡氏韓睦宗妻 鍾氏韓立行妻 張氏韓進妻 劉氏韓應時妻
吳氏韓傳妻 郭氏周煌士妻 馬氏周某妻 楊氏周某妻 秦氏周某妻 謝氏吳熾妻
何氏吳昌士妻 馬氏吳耀煌妻 吳氏金宇璜妻 秦氏江澤瀚妻 張氏程士元妻 徐氏程懋梁妻
張氏程錫鼇妻 江氏何士信妻 鍾氏何士信長媳 秦氏何敦安妻 秦氏秦遐生女

黃州府志《卷之二十九 列女五 十一

秦某妻 鍾氏汪以德妻 王氏汪楚璋妻 程氏庠生汪乾仁妻 江氏汪元孝妻
羅氏汪之璋妻 劉氏貢生黃文斗妻 車氏李紹搢妻 雷氏庠生徐上國妻
鄢氏吳志遠妻 張氏陳壽元妻 楊氏吳之熯妻 葛氏艾大禮妻 吳氏陳銘詩妻 韓氏陳中鏞妻
黃氏陳鴻詔妻 袁氏監生陳中鉌妻 吳氏陳西園妻 吳氏陳正灣妻 姚氏韓超漢妻
秦氏趙載墒妻 周氏庠生阮理妻 陳氏阮臨遠妻 魏氏阮方晶妻 梅氏阮時御妻
張氏阮方均妻 梅氏阮時道妻 周氏阮懷遠妻 張氏庠生阮定乾妻 張氏阮正明妻
何氏石從釆妻 秦氏石天言妻 秦氏石天暘妻 秦氏石常佐妻 李氏石常謙妻 胡氏庠生石中
玉妻 秦氏石中璐妻 程氏石天朗妻 鄭氏石天祿妻 李氏石進朝妻 鄭氏石大亨妻
鄒氏石正璧妻 鄒氏石名曉妻 宋氏黃待選妻 秦氏余秉恒妻 徐氏秦鎬繼妻 王氏庠生秦時
妻 梅氏庠生秦錫恩妻 丁氏秦光暾妻 秦氏秦錫文妻 吳氏秦淑妻
盧氏秦之鎬妻 張氏秦達天妻 張氏秦永茂妻 陳氏程應泰妻 吳氏秦法妻 李氏秦兆柏妻

余氏秦永昌妻 李氏秦心國妻 周氏秦廷應妻 楊氏秦秉謨妻 周氏秦廷芴妻 胡氏秦秉純妻
周氏秦林妻 秦氏秦新尉妻 高氏秦樹綱妻 黃氏秦鳳颺妻 黃氏秦光乙妻 熊氏秦人蘭妻
楊氏秦新綸妻 向氏秦新玉妻 阮氏秦思勝妻 汪氏秦必舉妻 丁氏秦誠鴻妻 李氏秦華揚妻
齊氏秦載皋妻 傅氏秦載瑝妻 張氏秦載堂妻 劉氏秦載容妻 熊氏庠生秦蘭妻
武氏秦盛清妻 周氏秦茂亨妻 魏氏秦樹元妻 馮氏秦應貞妻 楊氏秦永川妻 秦氏王光衡妻
張氏王玉轂妻 丁氏王光各妻 羅氏王利時妻並爲姑病割股 鍾氏王華璧妻 楊氏王顯賜妻
汪氏王明珠妻 黃氏王明典妻 郭氏王鳳太妻 劉氏庠生王俟弼妻 盧氏王時億妻
孟氏舉人胡鑛妻 楊氏孟五習妻 周氏孟元長妻 楊氏孟之暴繼妻
楊氏孟謙益妻 耿氏庠生孟道中妻 耿氏江昌寶妻 楊氏江堂英妻 劉氏江文炳妻
李氏蔡承祿妻 劉氏周川才妻 韓氏江鳳翥妻 孟氏程存信妻 尹氏孟希成妻 程氏孟尚賢妻
成氏夏振國妻 李氏江鳳騰妻 張氏江澤耀妻 劉氏王士冕妻 張氏王光緒妻 韓氏庠生吳耀

黃州府志《卷之二十九 列女五 十二

祖妻 吳氏庠生王顯治妻 熊氏黃乾貞妻 張氏吳瑛妻 王氏監生秦舜
煌妻 吳氏秦有玧妻 張氏秦汝平妻 張氏秦泉妻 馮氏秦有國妻 程氏秦源妻
徐氏秦德良妻 羅氏秦德和妻 楊氏秦厚錫妻 周氏秦厚坤妻 吳氏秦有瑚妻 周氏秦德芳妻
耿氏秦在雅妻 吳氏秦國華妻 楊氏秦在茲妻 耿氏秦德明妻 韓氏秦有質妻 韓氏秦有惟妻
謝氏秦有樂妻 趙氏盧希堦妻 胡氏盧纘祖妻 王氏盧學山妻 葉氏邱承華妻 鍾氏周遠翩妻
曹氏庠生程文試妻 唐氏程國寶妻 韓氏袁士榭妻 涂氏袁士榭媳 石氏鄭邦治妻
吳氏盧國椅妻 金氏庠生盧國栻繼妻 江氏孝廉盧國彬妻 秦氏盧國棹妻
劉氏石得珠妻 王氏韓輔世妻 方氏韓鳳德妻 彭氏江澤祥妻 秦氏江澤燧妻 黃氏庠生王華
科妻 虞氏吳勝周妻 劉氏附貢張光甲繼妻 蔡氏周如鵠妻 顧氏詹人錦妻
王氏方鳳藻妻 鄢氏彭士棟妻 張氏雷士淮妻 江氏王炳鳳妻 陳氏李克行妻 陳氏趙然會妻
李氏劉光灼妻 方氏蕭之屏妻 劉氏蕭之翰妻 張氏尹大訓妻 韓氏吳大謙妻 戴氏吳大樹妻

彭氏張炳瑞妻　彭氏張錦瑤妻　杜氏張錦儷妻　郭氏張炳獻妻　程氏來成珠妻　董氏金宇輝妻
吳氏金清泰妻　劉氏謝世權妻　李氏車行坦妻　劉氏車中桂妻　李氏車得雋妻　周氏黃道五妻
張氏金清濂妻　李氏張錫勇妻　鄒氏盧德煥妻　吳氏盧德燿妻　李氏武士宏妻　周氏阮方坤妻
熊氏陳玉順妻　周氏監生潘應宗妻　劉氏潘應仕妻　張氏劉同義妻　柳氏宋文照妻
黃氏宋文熙妻　雷氏李逢春妻　趙氏戴之光妻　劉氏戴堯璋妻　楊氏黃模妻　秦氏黃夔龍妻
張氏劉大禮妻　鄭氏石常塤妻　張氏盧某妻　徐氏吳某妻　阮氏王某妻　徐氏余相泰妻
高氏盧汝坎妻　彭氏余宏緒妻　曾氏夏德寶妻　袁氏夏鴻基妻　鄭氏夏廷佐妻　江氏鍾錫類妻
劉氏張輝漢妻　曾氏辛士倫妻　江氏鍾樞母　劉氏余承俊妻　秦氏張瓚瑶妻　江氏鍾華表妻
李氏余義太媳　袁氏李希白妻　單氏鍾裕福妻　成氏余啟太妻　王氏李顯華妻　戴氏鍾慎俊妻
黃氏柯有坤妻　吳氏李茂盛妻　江氏鍾大豔妻　袁氏柯承業妻　吳氏徐瑞麟妻　康氏鍾裕墀妻
吳氏柯聲明妻　胡氏袁一鳴妻　方氏鍾慎燦妻　秦氏姚正發妻　王氏袁其名妻　張氏鍾値妻

張氏曹乾元妻　吳氏陳某妻　萬氏程鳳翥妻並爲姑病割股　孟氏李廷瞻妻並爲姑病割股
金氏庠生夏士俊繼妻黃陂侍講學士金國鈞女也年十八夫
故孝事嗣姑姑病兩次割股救瘳撫嗣成立越三載姑沒氏
亦不食死
黃氏車伯模妻　劉氏張光復妻　馬氏張正焯妻　金氏閔承槿妻　黃氏張行健妻　張氏吳盛蘭妻
張氏熊光陛妻　徐氏張元魁妻　蕭氏張元禮妻　趙氏張元績妻　瞿氏閔之顯妻　高氏閔潤號妻
黃氏張天成妻　陳氏高維迴妻　石氏黃明禮妻　趙氏黃宗漢妻　秦氏趙元旌妻　吳氏張永祿妻
喻氏張全喜妻　程氏張廷格妻　程氏張文錦妻　劉氏張廷模妻　葉氏張御龍妻　楊氏董其鈺妻
涂氏董煥章妻　彭氏余德謙妻　方氏孟大隆妻　程氏余春華妻　彭氏余達明妻　汪氏彭秉亮妻
金氏監生陳玉潤妻　何氏陳文選妻　盧氏江明哲妻　鍾氏江明庸妻　鍾氏江昌發妻
王氏江廷貴妻　李氏庠生王崇虎妻　夏氏吳爾愷妻　周氏監生吳爾悌妻

李氏吳爾富妻　韓氏庠生方文煥妻　劉氏王崇元妻　陳氏劉祥先母　周氏張文春妻
王氏江昌年妻　黃氏陳正清妻　張氏江錦輝妻　陳氏吳言慎妻　袁氏黃德進妻　鄭氏監生熊錫
詔妻　陳氏監生王文彬妻　熊氏李駁妻　孫氏黃時清妻　張氏黃金富妻
吳氏秦光斗妻　鍾氏吳爾恂妻　徐氏庠生樊金榜妻　王氏來光第妻　劉氏來必均妻
聶氏來光揚妻　童氏吳佑厚妻　劉氏庠生王登化妻　徐氏夏景春妻　聶氏吳大煦妻
張氏蕭之璧妻　鄭氏蕭可先妻　程氏王理陽妻　秦氏周之鎬妻　楊氏周登瀛妻　耿氏何之堂妻
秦氏庠生蔡懷遠妻　秦氏吳持法妻　陳氏馮賢賓妻　尹氏庠生陳疇妻
秦氏監生涂士琳妻　宋氏涂觀瀾妻　余氏涂錦屏妻　劉氏周如炬妻　江氏周如昌妻
李氏程龍選妻　廖氏程鵬太妻　蔡氏程鵬翥妻　蕭氏職員程世達妻　羅氏程迪貞妻
佘氏楊春妻　黃氏秦厚溥妻　姚氏李貴元妻　熊氏劉國昆妻　李氏夏德涵妻　張氏夏錫倫妻
張氏庠生盧鑑妻　張氏盧翼之妻　陳氏盧存恕妻　黃氏盧獻廷妻　姜氏汪某妻

徐氏汪保中妻　李氏程洪勷妻　方氏程天昶妻　高氏汪華昇妻　秦氏汪之明妻　孟氏李有洛妻
周氏李承駒妻　劉氏辛慕星妻　石氏辛慕斗妻　鍾氏李之槐妻　張氏劉正順妻　陳氏胡之棟妻
陳氏江三勝妻　吳氏胡志栗妻　季氏胡作楫妻　胡氏武習章妻　熊氏李宗溶妻　王氏庠生李傑
一妻　秦氏周宏遠妻　吳氏羅宗翰妻　李氏羅邦鈔妻　馮氏羅邦芹妻　耿氏庠生董思
敏妻　葉氏董受祿妻　周氏董朝貴妻　陳氏李之杰妻　秦氏李必麟妻　李氏庠生周光
煒妻　單氏李之朓妻　阮氏耿秉錫妻　陳氏石常載妻　王氏貢生陳德誥妻
王氏陳德謨妻　周氏熊克昶妻　熊氏戴爲官妻　趙氏陳獻瑞妻　詹氏庠生劉永年妻
陳氏周元起妻　王氏董炳第妻　王氏阮太來妻　羅氏葉有容妻　張氏葉艮勛妻　李氏葉尚志妻
馮氏葉士明妻　葉氏陳開保妻　李氏唐官太妻　周氏唐正安妻　周氏葉名桂妻　劉氏徐在儒妻
劉氏葉士英妻　蔡氏張萬朝妻　李氏張春柳妻　張氏劉三顧妻　顧氏張士彥妻　何氏張柏青妻
吳氏張士灼妻　李氏王幼康妻　周氏彭新榜妻　吳氏何學海妻　辛氏李太創妻　李氏楊崇恭妻

胡氏楊家麒妻 孟氏徐光灼妻 帥氏徐澤瀚妻 李氏戴之綱妻 戴氏劉克明妻 王氏劉世潢妻
盧氏吳超倫妻 劉氏盧映貴妻 程氏庠生徐開第妻 李氏徐開動妻 馮氏徐開杰妻
高氏徐光英妻 趙氏徐志玭妻 李氏徐志誠妻 李氏徐宗儀妻 陳氏徐開賢妻 陳氏徐朝海妻
熊氏庠生秦蘭妻 周氏李獻文妻 秦氏孫仲富妻 胡氏徐緒煥妻 黃氏孟光燧妻
黃氏孟太緒妻 汪氏彭華鴻妻 楊氏彭緒艮妻 黎氏彭華會妻 喻氏張講妻 楊氏張應璣妻
孟氏余環生妻 薛氏張應墀妻 來氏蕭光貴妻 涂氏詹兆行妻 劉氏詹聞奎妻 朱氏謝履謙妻
王氏黃登意妻 武氏馮奇賢妻 劉氏車世宇妻 劉氏車開仕妻 吳氏車開榮妻 陳氏劉自清妻
聶氏張永盛妻 王氏張絛奶妻 黃氏監生熊光潤妻 程氏吳立志妻 蕭氏吳立忠妻
蕭氏吳崇本妻 潘氏吳立政妻 楊氏孟五習妻 周氏孟元長妻 韓氏庠生孟祁謙妻
彭氏孟葆謙妻 吳氏監生馬子榮妻 陳氏庠生秦載嶽妻 陳氏陳克新妻
尹氏監生陳德泉妻 彭氏布經歷陳德輝妻 袁氏馬開榜妻 涂氏江通泉妻

柳氏張大木妻 程氏沈春楊妻 張氏程錫鼇妻 方氏張潤身妻 吳氏王道漢妻 黎氏監生陳應
春妻 吳氏胡永基妻 聶氏方崇善妻 潘氏方代先妻 鄭氏方重德妻 熊氏周光斗妻
金氏曾之榮妻 聶氏楊三和妻 王氏李斯文妻 吳氏高立恒妻 王氏陳友貴妻 張氏陳錦春妻
秦氏陳秀璋妻 陳氏高庠獻妻 黃氏高鳳朝妻 陳氏高正芴妻 鄭氏魏大勇妻 李氏魏顯烈妻
趙氏蔡志魁妻 劉氏董其銀妻 閔氏伍大順妻 江氏吳德杰妻 王氏夏振秀妻 阮氏夏振社妻
彭氏夏振金妻 周氏夏振貴妻 李氏夏德章妻 錢氏黃天明妻 周氏袁觀斗妻 詹氏袁觀斗媳
吳氏袁定豪妻 包氏李永森妻 黃氏黃登峋妻 劉氏黃維藩妻 徐氏董漢文妻 金氏楊承科妻
李氏董某妻 劉氏董基福妻 梁氏王道金妻 潘氏王嘉猷妻 王氏方以順妻 熊氏方厚福妻
張氏方以信妻 孟氏吳開甲妻 阮氏李懷寶妻 周氏李天爵妻 秦氏胡大基妻 李氏胡大猷妻
戴氏胡大坤妻 吳氏吳大觀妻 李氏胡道貴妻 趙氏徐光揆妻 程氏李開春妻 李氏熊讃洲妻
林氏熊讃洸妻 胡氏熊鳳岡妻 車氏熊天健妻 趙氏韓廷藻妻 熊氏華文煥妻 熊氏閔鳳哲妻

戴氏王克勤妻 阮氏盧東海妻 彭氏毛光炬妻 彭氏薛元勳妻 姚氏葉永春妻 胡氏鍾正邪妻
耿氏熊之勝妻 秦氏熊肇芳妻 江氏戴道進妻 徐氏戴德新妻 涂氏徐光翰妻 方氏徐德善妻
鄭氏黃德懋妻 趙氏黃文燮妻 趙氏孟光灼妻 洪氏劉映祥妻 劉氏劉顯華妻 楊氏劉天煥妻
劉氏李玉彬妻 楊氏劉天倫妻 葉氏徐太福妻 鍾氏吳業華妻 吳氏庠生陳兆葵妻
華氏黃成章妻 李氏黃時行妻 李氏黃時仁妻 周氏黃庠爵妻 張氏周世援妻 黃氏涂世玉妻
劉氏彭昌琦妻 袁氏葉代忠妻 劉氏葉代福妻 單氏錢人明妻 黃氏熊文燧妻 張氏熊茂春妻
陳氏熊欽典妻 張氏趙采寶妻 甘氏趙載傑妻 阮氏趙會溶妻 孟氏趙會淳妻 張氏李元貴妻
甘氏趙永乾妻 曹氏甘用賓妻 趙氏甘謨喜妻 傅氏甘汝湘妻 汪氏趙錫瑶妻 劉氏舉人王南
杰妻 尹氏王佚休妻 楊氏王道文妻 張氏監生劉琪愷妻 劉氏李明良妻
彭氏劉德仁妻 洪氏王志魁妻 梅氏徐光駒妻 方氏吳文發妻 周氏阮徵堂妻 劉氏阮太龍妻
袁氏姚開明妻 劉氏尹光祖妻 熊氏陶元彬母 李氏陶元彬妻 李氏熊玉珊妻 徐氏黃金龍妻

黃氏熊之忠妻 張氏吳業喜妻 詹氏彭銘心妻 彭氏監生吳後裕妻 鄭氏吳宗訓妻
王氏監生王應理妻 鄭氏胡澤普妻 劉氏閔益貴妻 張氏趙永世妻 徐氏趙珊和妻
袁氏趙錫金妻 周氏趙永拔妻 劉氏馮士達妻 秦氏韓步墀妻 吳氏庠生金儒藩妻
阮氏詹文泮妻 羅氏孟道同妻 程氏秦俊衡妻 楊氏羅利妻 熊氏劉光緯妻 曹氏楊盛道妻
熊氏王崇裕妻 鄭氏方代佐妻 袁氏吳映魁妻 汪氏羅士有妻 蕭氏鄭炳貴妻 楊氏秦某妻
周氏鄭大松妻 潘氏鄭大成妻 梁氏鄭大志妻 汪氏鄭思曉妻 李氏高國瑚妻 秦氏陳如海妻
張氏韓祥增妻 張氏劉德美妻 方氏鄢安德妻 胡氏劉玉珩妻 吳氏方鳳陽妻 王氏戴崇美妻
羅氏戴文仕妻 姚氏杜金貴妻 杜氏戴正位妻 冉氏戴正周妻 蕭氏戴崇聖妻 陳氏鄢士彬妻
程氏陳輝國妻 吳氏耿文堃妻 鄢氏耿文立妻 汪氏耿成琪妻 黃氏耿秉誏妻 余氏耿成珩妻
袁氏耿艮均妻 鄧氏耿普玉妻 秦氏耿忠華妻 耿氏鄭景光妻 張氏鄭緒祥妻 鍾氏張之銀妻
胡氏曹國琪妻 秦氏胡元有妻 秦氏鄢三合妻 葉氏鄢步瀛妻 耿氏余榮瑛妻 張氏石得鏌妻

李氏劉應龍妻　石氏監生劉三寶妻　葉氏邱世澤妻　楊氏庠生秦正隆妻
徐氏秦炙秀妻　王氏秦厚昇妻　葉氏鄭大文妻　王氏鄭文徂妻　詹氏吳惇典妻　祈氏蔡積德妻
吳氏余正宜妻　張氏余正元妻　鄢氏葉德泰妻　蔡氏歐禮南妻　秦氏胡義亭妻　張氏吳敬堂妻
秦氏李承祀妻　程氏謝倘義妻　盧氏謝映梅妻　劉氏劉夢蛟妻　韓氏庠生劉光祿妻
鍾氏劉得寶妻　周氏袁志本妻　秦氏劉夢周妻　樊氏胡木仁妻　江氏胡宏富妻孫女二女同治三年
同殉難　胡氏鍾值相妻　王氏王應恒妻　張氏張端緒妻　張氏甯某妻　劉氏黃文炳妻
吳氏王銳妻　馬氏王士杰妻　王氏王大志妻　鍾氏王志廣妻　帥氏汪正發妻　孟氏帥秉貞妻
王氏帥秉朝妻　劉氏鍾純毅妻　袁氏鍾慎逵妻　張氏監生鍾宗谿妻　李氏庠生周邦
欽繼妻　戴氏鍾值文妻　吳氏郭道生妻　張氏監生鄢太原母　袁氏周金鼇妻
彭氏秦德蛟妻　馬氏陳啟悉妻　秦氏監生陳啟聰妻　劉氏盧光被妻　問氏徐國隆妻
胡氏蕭志謙妻　熊氏周定元妻　張氏監生鍾清澍妻　張氏鍾履厚妻　楊氏鍾直檜妻

黃州府志　卷之二十九　列女五　十七

江氏鍾清陛妻　郭氏鍾值道妻　鍾氏張浩妻　蕭氏鍾清懃妻　姜氏吳士勝妻事瞽姑孝
方氏陳正渙妻　黎氏張錫文妻　張氏石得欽妻　程氏黃友文妻　江氏程立魁妻　葉氏歐陽炳燮
妻　鄧氏歐陽炳發妻　胡氏歐陽炳發妾　余氏劉志一妻
吳氏鄭興艮妻　鄒氏庠生劉光亭妻　閔氏汪洪海妻　程氏汪光映妻　吳氏陳之鳳妻
蔡氏陳延才妻　余氏熊化鵬妻　孔氏庠生涂觀國妾　吳氏陳勝宏妻　鄧氏陳如清妻
徐氏熊光采妻　鄧氏周玉輝妻　周氏王尚訓妻　李氏詹朝富妻　胡氏詹人德妻　吳氏詹人芳妻
王氏鄧九元妻　王氏武習柳妻　袁氏王華和妻　王氏吳勳妻　戴氏馬淸臣妻　陳氏王天程妻
余氏吳希賢妻　徐氏吳德舉妻　戴氏何文翰妻　何氏韓嗣亨妻　何氏黃坤妻　耿氏喻通元妻
劉氏熊建忠妻　彭氏喻金鑑妻　江氏監生閔紹文妻　耿氏監生孟遵謙妻
李氏夏文志妻　宋氏夏德春妻　阮氏李太玉妻　王氏李大彬妻　熊氏夏國義妻　何氏劉才雄妻
徐氏姜必正妻　劉氏李朝宗妻　王氏薛斯育妻　尹氏徐鳳昭媳　劉氏來必葵妻　葉氏藍永祿妻

劉氏詹文元妻　秦氏監生帥延齡妻　周氏貢生涂觀成妻　宋氏貢生涂觀
成嫂　孟氏趙載欽妻　金氏程登庸妻　何氏李綸妻　楊氏李榮妻　雷氏李輝楚妻
況氏李士穀妻　盧氏李士德妻　劉氏李全祐妻　胡氏李全萼妻　祝氏錢溢妻　盧氏錢作芝妻
李氏黃純元妻　李氏黃錫珪妻事繼姑孝　張氏黃維周妻事翁姑孝　李氏黃裔坤妻
涂氏黃宗漢妻　葛氏何美蓉妻　周氏何耀先妻　錢氏何文周妻　甘氏徐永昭妻　何氏黃殿試妻
張氏盧宇奠妻　曾氏盧戒咸妻　黃氏盧方虞妻　黃氏盧克明妻　陳氏盧巨臣妻　何氏黃來珩妻
徐氏閔中行妻　李氏盧方獻妻　伍氏何美姿妻　聶氏錢青選妻　陳氏黃文燿妻　李氏黃元太妻
袁氏方緒禮妻　黃氏熊澤妻　黃氏熊駒妻　祝氏熊駱妻　劉氏詹文元妻　吳氏詹以村妻
徐氏李正榮妻　劉氏附貢張光甲妻　華氏張鳴驤妻　吳氏陳雁傳妻　張氏詹志朝妻
吳氏詹文進妻　邱氏彭常智妻　吳氏姚珠妻　郭氏謝宗能妻　黃氏熊履中妻　伍氏熊勝海妻
李氏盧錫圭妻　黃氏盧汝翼妻　李氏庠生盧詔來妻　汪氏盧學湘妻　方氏監生盧學

黃州府志　卷之二十九　列女五　十八

泗妻　李氏張柏森妻　曾氏劉宏禮妻　劉氏石兆麟妻　阮氏詹啟章妻　林氏熊廷棟妻
王氏熊光成妻　祁氏姚宗雅妻　黃氏張明志母　黃氏陶華蓄母　余氏張某妻　徐氏陶北堂母
萬氏涂某妻　周氏涂某妻　柏氏徐某妻　萬氏吳國楨妻　曾氏劉明謙妻　羅氏閔懷鳳妻
董氏劉大謨妻　袁氏傅久天妻　謝氏江士聲妻　石氏江士愷妻　粱氏鄒洪璋妻　汪氏鄒本堂妻
高氏鄒貞元妻　周氏張天太妻　粱氏鄒本寬妻　高氏梅德春妻　吳氏胡順天妻　張氏劉大鯉妻
羅氏劉大鶴妻　陳氏余達妻　楊氏監生陳宗傳母　熊氏劉自興妻　甘氏袁正勳妻
成氏夏振國妻　阮氏夏德貴妻　劉氏夏德彩妻　吳氏夏定相妻　阮氏夏定忠妻　阮氏夏定槊妻
彭氏夏定楷妻　胡氏夏國謨妻　蕭氏夏定坤妻　周氏監生夏澤霖妻　戴氏監生吳文
源妻　馬氏夏天高妻　薛氏楊業曜妻　楊氏徐騰燿妻　楊氏徐國建妻　孟氏楊志廣妻
袁氏劉大鳳妻　吳氏劉大珩妻　陳氏劉行明妻　耿氏劉富明妻　周氏石得義妻　徐氏王文煥妻
李氏謝載輔妻　陳氏趙錦綉妻　秦氏趙永太妻　程氏倪元盛妻　楊氏蔡承銓妻　趙氏張地蓬妻

鄢氏盧之深妻 黃氏陳俟綉妻 胡氏袁朝陽妻 吳氏李承華母 方氏戴洪恩妻 陳氏鄒殿騰妻
耿氏庠生秦光翥妻 王氏秦厚重妻 胡氏秦必安妻 吳氏秦必華妻 郭氏王國輔妻
張氏舉人王映台繼妻 秦氏王行恕妻 汪氏王愼宗妻 秦氏陳秀彬妻 秦氏江昌和妻
吳氏胡道潤妻 王氏吳紹春妻 秦氏吳懷周妻 王氏吳德秀妻 袁氏王昇吉妻 江氏吳德潤妻
羅氏吳世亮妻 尹氏孟峯立妻 張氏孟光祿妻 袁氏孟崙立妻 李氏孟立成妻 余氏孟大模妻
汪氏孟謙珮妻 張氏孟奎榮妻 薛氏羅家賓妻 曹氏劉東明妻 耿氏孟道中妻 詹氏王道成妻
王氏耿普全妻 余氏張時勉妻 黃氏蕭啟賢妻 宋氏王道冲妻 徐氏汪宗沅妻 徐氏石有德妻
吳氏鄒煥文妻 秦氏吳伯朋妻 佘氏張天啟妻 萬氏張大德妻 顏氏阮輝燦妻 張氏吳永彥妻
韓氏張文傑妻 秦氏王華楠妻 汪氏王鳳昇妻 張氏王俟樂妻 王氏王俟成妻 王氏監生王昌
運妻 王氏程爲格妻 康氏庠生王華躍妻 韓氏庠生王華棶妻
程氏王華明妻 王氏江汝珍妻 李氏監生秦厚祿妻 周氏秦大元妻 佘氏吳勳榮繼

妻 徐氏林繼志繼妻 王氏徐萬順妻 王氏靳季蘭妻 秦氏董其文妻
夏氏雷士濟妻 張氏盧上載妻 陶氏熊輔殷妻 彭氏熊傑妻 王氏監生張聯奎妻
張氏李和妻 周氏吳汝太妻 李氏趙連城妻 陳氏庠生梅占魁妻 李氏梅春馥妻
李氏馬維選妻 黃氏監生李家時妻 雷氏李光朝妻 楊氏李存義妻 李氏劉之鸞妻
秦氏李宗堯妻 劉氏李鳳曉妻 劉氏李永禮妻 李氏劉國台妻 夏氏胡萬泰妻 夏氏熊必銘妻
熊氏夏世奎妻 熊氏許酯朗妻 楊氏王恒太妻 程氏黃敦元妻 鄭氏秦昌吉妻 王氏秦昌裕妻
吳氏王邦堯妻 程氏董爲德妻 陳氏吳士宜妻 蕭氏王世華妻 單氏王世秀妻 方氏王世逵妻
李氏張珠燦妻 江氏董基超妻 喻氏程存純妻 馬氏何恢詩妻 李氏聶有達妻 來氏陳先斗妻
胡氏陳伯先繼妻 戴氏方和禮妻 李氏陳某妻 胡氏陳澤謹妻 王氏監生陳宏
恩妻 劉氏楊崇詢妻 劉氏阮徵理妻 陳氏阮太文妻 汪氏熊文新妻 劉氏熊文壽妻
戴氏詹天錫妻 董氏楊家隆妻 周氏袁惟稷妻 彭氏鍾清華妻 錢氏熊烈益妻 黃氏余之津妻

李氏羅之同妻 蔡氏郭本寬妻 喻氏鄒步昇妻 林氏鄭大德妻 毛氏黃金選妻 黃氏高立藻妻
熊氏宋紹祥妻 唐氏楊光祖妻 石氏詹人灼妻 石氏來光科妻 石氏艾光福妻 高氏艾自奇妻
周氏胡能緒妻 楊氏秦昌耀妻 方氏來必新妻 沈氏王勝朝妻 程氏薛宏光妻 劉氏余世均妻
汪氏耿艮芴母 秦氏耿艮芴妻 劉氏胡源啟妻 李氏秦鈞詔妻 熊氏陶紹安妻 余氏陶華英妻
熊氏陶華昇妻 陶氏劉三春妻 李氏陶清才妻 秦氏汪義和妻 熊氏羅煥德妻 李氏庠生鄒文
奎妻 郭氏耿普隆妻 周氏耿普葵妻 鄭氏鄢太禎妻 秦氏張履祥妻 李氏秦鈞治妻
雷氏孟立仁妻 李氏孟立國妻 彭氏增生熊克榛妻 孟氏熊煇妻 胡氏韓賢志妻
周氏馬德良妻 黃氏陶國榮妻 熊氏陶紹進妻 戴氏汪瑞蘭妻 萬氏黎本發妻 黃氏監生樊安
本妻 蕭氏萬紹富妻 張氏江昌煦妻 盧氏劉長元妻 盧氏監生彭學洲妻
彭氏張錦樹妻 鄭氏張錦映妻 王氏張廣森妻 夏氏張濟成妻 鍾氏張憲純妻 周氏監生張廷
楨妻 劉氏張樹苹妻 李氏何元成妻 黃氏夏德瀚妻 趙氏江載籍妻 張氏鍾紹洛妻

劉氏江逼仁妻 胡氏劉應達妻 辛氏葉銘玉妻 江氏謝象法妻 蔡氏職員袁昌錫妻
喻氏蔡長安妻 吳氏孟光栩妻 張氏孟光祿妻 線氏黨啟太妻 武氏王見元妻 鍾氏袁祥興妻
戴氏監生李中炳妻 鍾氏戴崇濂妻 張氏余壽萬妻 袁氏余士俊妻 鄒氏程立浦妻
劉氏曹功成妻 李氏余文龍妻 王氏府經歷何聿修生母 祝氏陶紹景妻 段氏陶華艾妻
張氏陶建坤妻 秦氏余榮璵妻 江氏李心潡妻 程氏詹文開妻 徐氏詹文發妻 石氏羅新照妻
龔氏程惟杰妻 余氏彭興舉妻 何氏詹世太妻 趙氏楊先銘妻 曾氏石甫全妻 馮氏伍全萬妻
余氏程映春妻 車氏黃大矩妻 來氏王學連妻 潘氏王學瑚妻 管氏庠生王肇基繼妻
皮氏李大業妻 尹氏孟行端妻 黎氏張道生妻 鄧氏監生韓煇藻妻 趙氏徐某妻
雷氏李清太妻 伍氏李萬國妻 趙氏監生程步廷妻 彭氏布經歷程書忠妻
阮氏程本祥妻 吳氏程立顯妻 祝氏董賢怡妻 董氏張純輝妻 柯氏陳高興妻 吳氏陳高升妻
程氏陳長青妻 萬氏黃之煒妻 徐氏吳芳春妻 李氏吳介士妻 秦氏監生何恢瑾妻

袁氏戴崇仁妻　戴氏張學炯妻　李氏庠生戴蓮炬妻　余氏王正高妻　盧氏陳義和妻
陳氏徐之壽妻　王氏盧金和妻　戴氏盧嵩年妻　江氏庠生盧顯烈妻　曾氏盧金玉妻
李氏監生盧達魁妻　李氏盧叔明妻　洪氏董開朗妻　王氏尙永厚妻　趙氏熊映書妻
胡氏張士鐸妻　劉氏程本俊妻　秦氏汪金樂妻　吳氏韓廷椿妻　童氏金輝鼎妻　余氏秦兆昆妻
陳氏秦厚濂妻　熊氏秦必鳳妻　秦氏周玉烜妻　袁氏耿艮鈞妻　王氏余大愷妻　黃氏吳仲謨妻
金氏吳鎮妻　錢氏何祥琦妻　黃氏錢光鈺妻　吳氏陳富珍妻　潘氏黃登純妻　宋氏黃登衢妻
張氏監生吳國梁妻　徐氏吳登榮妻　顏氏阮太安妻　王氏阮方燧妻　陳氏霍元艮妻
袁氏杜作舟妻　章氏張繼芝妻　胡氏張士鑑妻　秦氏耿成玉妻　戴氏耿成珽妻　雷氏蕭士貴妻
詹氏吳佑麟妻　劉氏詹紹舜妻　韓氏胡大雄妻　吳氏胡宗泰妻　吳氏胡兆佳妻　張氏吳佑祥妻
劉氏劉禮元妻　戴氏葉開文妻　高氏吳成林妻　黃氏張澳妻　杜氏張士鈺妻　吳氏張兆杞妻
謝氏曾秉權妻　杜氏吳承文妻　袁氏胡錦棟妻　謝氏盧紹玶妻　盧氏劉國城妻　阮氏盧登達妻

楊氏秦再墀妻　戴氏劉栻妻　張氏劉克久妻　錢氏曾傳裕妻　周氏熊兆泮妻　陳氏馮際春妻
楊氏袁成煥繼妻　張氏陳如桂妻　吳氏劉德宏妻　周氏曾傳俊妻　吳氏周淸太妻
王氏胡開源妻　阮氏監生王明福妻　甘氏高維壽妻　趙氏閔文先妻　張氏閔淸在妻
趙氏張黃興妻　秦氏秦必元妻　劉氏蔡世河繼妻　胡氏監生王起朝妻
李氏庠生江忠敬妻　江氏王侯迪妻　耿氏蔡巨川妻　邱氏秦鈞敘妻　鄢氏秦鈞國妻
張氏秦再賢妻　汪氏王涵瑜妻　楊氏張永志妻　殷氏林常樂妻　陳氏吳行琯妻　程氏吳立勳妻
蕭氏吳行禮妻　趙氏吳立昭妻　高氏吳本太妻　方氏蕭作瑞妻　黃氏王侯臺妻　鄒氏王幼達妻
熊氏貢生鄒恒貞妻　蔡氏周玉烇妻　金氏竹谿教諭光煦女阮釗妻　方氏武生阮方
策妻　胡氏張錦綉妻　張氏陳周儀妻　吳氏王幼懷妻　王氏江昌妻　汪氏監生石佑
靈妻　鄢氏石佑河繼妻　黃氏高立藻妻　李氏周玉和妻　張氏周爲鼎妻
田氏監生周金銘妻　汪氏趙海珊妻　戴氏汪玉華妻　王氏方春煦妻　蔡氏趙錫文妻

車氏監生趙觀海妻　吳氏趙載瑾妻　李氏趙永方妻　李氏倪應國妻　梅氏監生吳修
德妻　王氏監生吳德揚妻　吳氏王家國妻　熊氏張立紀繼妻
張氏趙錫坦妻　顏氏李學舉妻　張氏陳光璵妻　鍾氏江永玖妻　吳氏戴爲寶繼妻
陳氏庠生王道偉妻　張氏董德正妻　鍾氏江明智妻　熊氏詹道金妻　張氏庠生江永
昇妻　李氏耿成芴妻　王氏王學江妻　張氏秦必銑妻　王氏李維明妻　張氏王錫朋妻
羅氏祈開朗妻　毛氏趙載望妻　楊氏吳南陵妻　汪氏高士奎妻　秦氏劉華文妻　楊氏盧言成妻
徐氏戴德馨妻　余氏余秉文妻　吳氏邱必黼妻　陳氏李之杰妻　陶氏吳履常妻　車氏熊天健妻
黃氏熊文朝妻　黎氏李永善妻　梁氏王家瑞妻　胡氏江永徽妻　胡氏江永樂妻　蕭氏楊明元妻
馬氏張鳳藻妻　江氏張艮輔妻　黃氏程天榜妻　余氏程廣成妻　袁氏張新永妻　徐氏余正高妻
劉氏張光復妻　陳氏孟光顯妻　張氏黃啟本妻　孟氏曹繼杞妻　黃氏李利賓妻　張氏趙起堂妻
高氏方敬樟妻　劉氏武習策妻　武氏王金發妻　高氏詹汝綸妻　李氏劉世選妻　張氏劉世湘妻

熊氏夏德輝妻　吳氏阮徵仁妻　黃氏龔傳文妻　張氏董文重妻　譚氏耿普沅妻　柳氏劉光達妻
張氏鍾淸醇妻　張氏石士璜妻　石氏劉士諳妻　王氏馮定忠妻　陶氏梅德潤妻　李氏羅金榜妻
胡氏曹公璵妻　王氏王崇魁妻　尹氏徐鴻達妻　劉氏貢生吳世法妻　曾氏胡大謙妻
王氏鄒恒秀妻　周氏胡大講妻　吳氏胡大觀妻　邱氏劉玉台妻　楊氏王侯運妻　董氏張純輝妻
秦氏熊得祿妻　鍾氏江昌永妻　成氏阮泰雯妻　余氏程典華妻　程氏孟光傑妻　劉氏盧映璧妻
周氏王錫朋妻　吳氏監生孟欢寬妻　江氏秦昇旭妻　劉氏戴若太妻　吳氏秦光斗妻
張氏曾文妻　余氏吳勳庸妻　何氏李天佐妻　阮氏李亨一妻　張氏吳步才妻　徐氏夏錦春妻
盧氏徐心立妻　戴氏劉弼妻　晏氏袁梅妻　徐氏楊宗富妻　吳氏程效伊妻　成氏吳映南妻
余氏方永茂妻　王氏方代啟妻　詹氏鄧文照妻　方氏吳萬山妻　黃氏劉志起妻　李氏盧炳彝妻
王氏阮方震妻　秦氏楊朝剛妻　李氏夏正傳妻　夏氏阮徵文妻　詹氏陳建侯妻　江氏盧訓鐸妻
吳氏徐瑞麟妻　楊氏吳世忠妻　楊氏蔡承銓妻　張氏尹敏創母　秦氏吳必高妻　秦氏吳必盛妻

周氏吳必貴妻 張氏王文教妻 夏氏蕭益輝妻 段氏陶清孚妻 吳氏鄒士林妻 吳氏鄒煥文妻
王氏陳家槐妻 高氏朱天元妻 秦氏趙永怡妻 汪氏倪元發妻 甘氏監生黃德先妻
鄭氏監生趙錫鎔妻 黎氏李永祥妻 秦氏李承楨妻 彭氏胡仁泰妻 黃氏羅光連妻
王氏余文烈妻 劉氏余文艮妻 艾氏張新月妻 劉氏張新奎妻 程氏余至光妻 程氏楊崇智妻
熊氏黃力學妻 劉氏石德鳳妻 蔡氏吳本治妻 黃氏吳本正妻 張氏趙永畢妻 盧氏韓泰墉妻
秦氏秦厚基妻 張氏余邦俊妻 周氏監生潘應宗妻 李氏潘昌璨妻 張氏戴楚順妻
余氏監生陳兆奎妻 吳氏韓志崇母 陳氏郭文思妻 胡氏貢生胡萬春妻
秦氏監生徐緒藻妻 來氏方澤霖妻 石氏汪宗元妻 王氏余全太妻 王氏方忠烈妻
袁氏庠生王恩詔妻 吳氏彭家振妻 程氏貢生古有彧妻 趙氏桂正盛妻
徐氏李大文妻 范氏蔣大模妻 姚氏監生李韻鏵妻 陳氏姚志昇妻 胡氏監生李法妻
先妻 程氏登仕郎雷光繹妻 范氏貢生吳炳忠妻 吳氏吳文源妻

汪氏江作霖妻 秦氏李承顯妻 王氏李宗珍妻 秦氏耿艮笏妻 余氏張大忠妻 馮氏王學詮妻
秦氏王茂桂妻 郭氏王尙忠妻 黃氏車伯模妻 劉氏張光復妻 馬氏張正焯妻 孟氏張大儒妻
劉氏劉之杷妻 袁氏鄒正業妻 包氏庠生李杜妾五世同居 王氏葉朝闕妻 秦氏葉明德妻
談氏劉天印妻 閔氏黃來東妻 祁氏陳東顯妻 錢氏吳國名妻 以上縣志待旌節婦

烈婦

陳氏吳遂妻年十八于歸逾年夫沒氏號泣不已乘隙投繯死
乾隆四年建坊姓氏見通志
吳氏庠生盧瀠妻年十九于歸三載夫沒氏屢求死未得乃強
起爲夫立嗣營葬畢形銷骨立越數月卒乾隆十四年請
旌王志補遺
耿氏秦在墀妻年二十五夫沒氏卽自縊家人救甦及夫葬日
竟服毒死乾隆十九年　旌姓氏見通志
孟氏王風渙妻夫以牽連繫獄家貧如洗百計營求冀夫出獄
因乞貸於鄰爲盜所逼見殺事在乾隆五十二年　旌
高氏甘用椿妻于歸三年夫沒遺一女事姑孝有惡少𡾰以穢
語悲恨不食死同治間邑令請　旌
吳氏藍如菘妻年十九歸藍事公姑以孝著夫遘危疾知不起
泣誓偕亡及夫沒遂自盡
李氏孟大連妻年二十于歸僅一月夫沒氏水漿不入口撫棺
痛哭者四十餘日不脫衰絰自經死
吳氏張棟妻于歸未一載夫死殉之邑令請　旌
耿氏鍾棖妻夫病沒投繯死邑令李額獎之以上縣志已旌獎殉夫烈婦

張氏農民李子方妻鄰有木匠祝子昂瞰其夫出入室欲犯之
氏大罵扭喊被斧斫死子昂旋伏冥誅時康熙間事縣志藝文
謝氏趙士泰妻適趙甫三日夫暴卒氏哭泣七日不輟舅姑父
母勸之食氏謝曰我義不可活偷生非所願也是夕不聞聲
啟戶視之已自經矣舅姑哀其節合葬之
劉氏吳際春妻年二十適吳數載夫沒氏矢以身殉以救免追
葬夫畢守者稍懈以翦刀自刺其心死
秦氏蔡逮宗妻夫試文不售勸肄武鬻妝匳爲考具亦不售旋
沒屆百日氏送夫葬畢沐浴更衣扼吭而卒
楊氏職員江永禧妻未嫁時禧有瘵疾公姑信俗說爲禧請嫁
母家難之氏願往適江之夕禧疾重侍湯藥月餘禧沒舅姑

爲立嗣氏每食必奉翁姑後供禧靈越月餘將甯母以環瑱遺諸姑姒歸楊沐浴更衣投後園池中死翁沅有義池記

董氏戴克勤妻年二十于歸翁姑俱喪家貧如洗越三年夫沒無棺氏亦自盡氏母來見兩屍在室哭甚哀氏微甦語母曰壻無棺女之罪也母宜節哀語畢而絕

方氏李極妻　陶氏庠生李天勅妻　張氏何呈漢妻　程氏陳新齋妻　劉氏孟正樾妻

程氏余立元妻　程氏江行七妻　吳氏孟承濂妻　吳氏周逵諮妻　以上縣志待旌殉夫烈婦

顏氏熊席鼎妻嘉慶二年春教匪入境擄掠鄉民氏懼辱閉戶自縊八年　旌

陳氏汪濤妻咸豐四年遇賊不屈死御史胡毓筠奏　旌

蘇氏張炳坤妻　秦氏陳序倫妻　秦氏吳修治妻　黃氏江朝貴妻　王氏程思訓妻　單氏秦厚藻妻

節義錄藻作早　李氏耿之輝妻節義錄作文輝　馮氏耿連善妻節義錄馮作馬善作喜

熊氏秦厚元妻　蘇氏張朝國妻　黃氏趙某妻　王氏秦大僕妻　熊氏秦志華妻　李氏秦厚策妻

秦氏張啟富妻　秦氏葛光先妻節義錄葛作郭　王氏郭興讓妻　秦氏陳艮友妻　曹氏蔡思衡妻

單氏秦坦夷妻　李氏黃某妻　以上咸豐四年殉難　秦氏李朝王妻　袁氏周作梅妻

陳氏汪某妻　以上咸豐八年殉難　黃氏尹金山妻　孟氏尹文明妻　以上咸豐十一

年殉難　劉氏吳某妻　袁氏何某妻　方氏黃某妻　馮氏李某妻　汪氏李某妻

張氏李某妻　武氏涂某妻　譚氏季某妻冊季作李　梅氏劉某妻　張氏蕭某妻

李氏吳某妻　梅氏戴某妻　左氏闞某妻　吳氏張某妻　易氏張某妻　章氏張某妻

甯氏周某妻　蔣氏田某妻　甯氏傅某妻　李氏吳某妻　韓氏吳某妻　盧氏王某妻

黃氏吳某妻　秦氏韓某妻　李氏王某妻　高氏吳某妻　李氏吳某妻　江氏韓某妻

張氏石某妻　雷氏吳開泰妻　以上同治元年殉難　趙氏董某妻　王氏董某妻

萬氏黃某妻　隗氏黃某妻　羅氏汪某妻　吳氏潘某妻　趙氏潘某妻　潘氏秦某妻

蔡氏吳某妻　傅氏楊某妻　吳氏潘某妻　熊氏潘某妻　張氏方某妻　魏氏梁某妻

席氏李某妻　汪氏阮某妻　陳氏鄭某妻　涂氏陳某妻　胡氏陳某妻　余氏陳某妻

張氏鍾某妻　彭氏鍾某妻　康氏鍾某妻　楊氏陳某妻　胡氏陳某妻　胡氏陳某妻

鍾氏陳某妻　孟氏陳某妻　胡氏陳某妻　楊氏陳某妻　秦氏陳某妻　蕭氏陳某妻

彭氏陳某妻　鍾氏陳某妻　張氏王某妻　鍾氏蕭某妻　帥氏馬某妻　鄭氏戴某妻

江氏劉某妻　江氏胡某妻　汪氏江某妻　葉氏江某妻　萬氏江某妻　樊氏江某妻

彭氏樊某妻　江氏劉某妻　雷氏劉某妻　葉氏汪某妻　帥氏汪某妻　袁氏庠生朱景

程妻　樂氏王某妻　劉氏王某妻　楊氏彭某妻　柯氏劉某妻　鍾氏王某妻

姚氏張某妻　樂氏阮某妻　董氏阮某妻　鍾氏彭某妻　張氏戴某妻　向氏陳某妻

周氏李某妻　阮氏李某妻　袁氏張某妻　張氏張某妻　桂氏張某妻　李氏王某妻

宋氏王某妻　汪氏王某妻　徐氏王某妻　柳氏朱艮熠妻　黃氏江某妻　謝氏江某妻

王氏姚某妻　陳氏王某妻　張氏汪某妻　胡氏王某妻　戴氏王某妻　陳氏戴某妻

李氏胡某妻　劉氏胡某妻　金氏張某妻　吳氏黃某妻　余氏黃某妻　劉氏姚某妻

江氏胡某妻　陳氏胡某妻　周氏李某妻　徐氏雷某妻　劉氏熊某妻　阮氏熊某妻

夏氏熊某妻　熊氏胡某妻　劉氏胡某妻　夏氏胡某妻　夏氏劉某妻　夏氏李某妻

徐氏李某妻　胡氏王某妻　李氏胡某妻　劉氏胡某妻　阮氏胡某妻　蔣氏胡某妻

鄧氏胡某妻　毛氏胡某妻　許氏胡某妻　熊氏胡某妻　吳氏熊某妻　王氏熊某妻

胡氏劉某妻　胡氏王某妻　夏氏李某妻　胡氏王某妻　馬氏劉某妻　馮氏劉某妻

林氏林某妻　熊氏陳某妻　林氏許某妻　林氏張某妻　蔡氏鄭某妻　夏氏鄭某妻

王氏阮某妻　汪氏李某妻　陳氏方某妻　李氏彭某妻　周氏李某妻　鍾氏蕭某妻

王氏蕭某妻　蕭氏陳某妻　黃氏戴某妻　陳氏蕭某妻　劉氏蕭某妻　吳氏蕭某妻

董氏李某妻　金氏李某妻　董氏阮某妻　夏氏阮某妻　王氏阮某妻　夏氏阮某妻
樂氏阮某妻　王氏樂某妻　巫氏樂某妻　王氏李某妻　王氏李某妻　艾氏熊某妻
袁氏樂某妻　楊氏余某妻　柳氏余某妻　涂氏周某妻　吳氏李某妻　袁氏臮某妻
李氏周某妻　秦氏涂某妻　胡氏涂某妻　蕭氏涂某妻　劉氏江某妻　王氏江某妻
趙氏江某妻　余氏姜某妻　孫氏姜某妻　許氏姜某妻　金氏康裕德妻　劉氏陳某妻
張氏張某妻　吳氏陳某妻　吳氏羅某妻　胡氏陳某妻　余氏陳某妻　彭氏余之讓妻
彭氏帥儒三妻　楊氏陳某妻　劉氏張某妻　汪氏王某妻　楊氏王某妻　黃氏羅某妻
趙氏程某妻　劉氏張某妻　鄭氏劉某妻　以上同治三年殉難　余氏謝某妻
程氏謝某妻　李氏謝某妻　徐氏王某妻　耿氏王某妻　胡氏王某妻　崔氏王某妻
以上同治四年殉難　操氏王俟武妻　帥氏王學仁妻　胡氏王幼壽妻　林氏劉某妻
葉氏陳某妻　雷氏馮某妻　洪氏王某妻　以上同治五年殉難　以上冊錄已旌殉難烈婦

曹氏蔡權達妻咸豐四年殉難　武氏涂心恒妻與女溺死　薛氏庠生周文楷妻　以上咸豐十一年殉難　彭氏庠生吳亮燮妻　吳氏張啟雲妻　賈氏葛勝貴妻　劉氏吳楚勝妻
以上同治元年殉難　徐氏黃得勝妻　張氏趙錫甲妻俱同治間夫亡殉難　節義錄勇冊補

陳氏馬福妻福瞽家貧父母欲改嫁之氏聞之號泣絕食有勸者怒叱之卒歸福服事惟勤終日忍饑無怨言同治三年遇賊不屈投水死

江氏楊先勳妻事翁姑孝同治三年賊至氏謂夫曰汝速逃無我慮與村媪坐塘濱賊將近氏大呼曰我書香家女可苟生乎遂投水死時年二十五

呂氏黃耀棟妻同治三年賊至氏扶衰姑抱嬰兒走避均被擄氏哀求釋姑與子賊允之及姑攜子去氏大罵不屈投水死

河邊婦　土橋坂婦均不知姓氏河邊婦年二十許同治三年遇賊至投清河潭死尸浮數日面如生竟無尋之者里許土橋坂有婦溺死數日賊退鄉人撈起嬰兒猶在抱中並瘞之

王家河無名氏烈婦同治三年賊至王家河一少婦逃匿河曲賊偵獲迫之不屈大罵賊怒以沸糜徧淋婦身倍極慘酷罵不絕聲且云死當作厲鬼殺賊旋斃時有王老人被賊斫佯死悉其事惜不知姓氏眾義之共爲歛葬號烈婦塚云

吳氏周六一妻　梅氏胡克寬妻　夏氏胡克明妻　涂氏胡克廣妻　葉氏江永年妻　汪氏江永晶妻
李氏吳崇熖妻　楊氏涂心潔妻　康氏周世堃妻　陳氏向瑞蘭妻　方氏程在媳二子一女同亡
熊氏張秀春妻　郭氏張秀珠妻　鍾氏劉正大妻　秦氏監生徐緒棻妻　李氏王輝禁妻
余氏楊先瑨妻　詹氏監生方重文妻　熊氏張秀椿妻　董氏李朝舉妻　金氏李中豪妻

熊氏監生陳士湘妻　吳氏監生葉煌源妻　胡氏葉開楚妻二子從亡
趙氏桂克昌妻　傅氏劉克廣妻　黃氏劉振海妻　謝氏袁紹向妻子二喜女細女偕亡
許氏戴崇隆妻　張氏鍾清浥妻　魏氏鍾瑞椿妻一子同溺　盛氏鍾道信妻　吳氏羅大武妻
黃氏羅之模妻　吳氏江以新妻　王氏洪懷典妻　石氏盧滿玉妻　劉氏監生盧秉虔妻
戴氏盧玉岩妻　胡氏監生陳宗翰妻　鍾氏陳澤遠妻　蕭氏陳澤鏡妻　涂氏陳宗仲妻
秦氏陳澤善妻　楊氏貢生陳宗椿妻　孟氏監生陳兆蘭妻　彭氏監生陳澤燗妻
孟氏陳澤煒妻　胡氏陳宗璽妻　余氏陳宗良母　李氏秦再習妻抱彌月子同死
周氏增生鍾藻妻　宋氏劉茂明妻抱一女十四歲同死　張氏石景義妻　熊氏胡光鐸妻攜女恩弟媳女夏女子貴臨溺死
趙氏張黃林妻　劉氏胡家鳳妻攜女帶弟子新喜溺死
歐氏秦必成妻　雷氏吳懷秦妻　以上同治三年殉難　程氏徐登鼐妻　張氏程玉豊妻
劉氏石慶壽妻　汪氏王俟倫妻　王氏蕭四之妻　楊氏王萬藏妻　羅氏王俟豹妻　雷氏蕭俟秀妻

吳氏羅細四妻　黃氏羅六之妻　徐氏雷某妻　彭氏胡某妻　施氏梅秀春妻　帥氏王鳳藻妻
胡氏王祥太妻　耿氏王學諄妻　胡氏王道德妻　崔氏王長明子媳　徐氏王學冀妻
以上同治四年殉難　黃氏趙載瑤妻苦節四十年同治五年駡賊投水死　劉氏夏某妻
張氏梁才久妻　錢氏張開來妻　黃氏熊太一妻　韓氏詹以楷妻攜三歲兒投水死　以上同治六年殉難
吳氏潘紹國妻　熊氏潘紹柏妻　趙氏劉開基妻　胡氏戴正明妻　李氏秦再習妻
張氏張瑞彬妻　陳氏監生向開林妻　吳氏謝象忠妻　蕭氏謝萬義妻　江氏盧立愼妻
王氏盧潤妻　王氏盧泳妻　袁氏舉人張輔臣姪媳　張氏張普祥妻　鄭氏戴繩武妻
鍾氏劉某妻　姜氏周世樟妻幼女隨亡　吳氏彭春堤妻　徐氏雷文貴妻與小姑方雷氏被殺
雷氏方某妻　董氏尹楠妻　李氏盧全福母　劉氏盧全福妻　戴氏盧丹山妻　甘氏張秀株妻
郭氏張秀柏妻　陳氏方承橋妻　劉氏沈陽春妻　董氏汪某妻　劉氏胡紹英妻　陳氏胡清仁妻
鍾氏胡尊仁妻　汪氏胡國仁妻　董氏胡日柳妻　雷氏胡宏訓妻　徐氏胡宏典妻二氏娣姒也攜子七

僕女二女偕亡　金氏胡日朗妻　夏氏盧滿玉媳　劉氏盧遠昌妻　李氏盧某妻　吳氏陳植瑾妻
余氏陳植瑾弟婦　劉氏陳澤旨妻　楊氏陳澤舉妻　張氏吳行謹妻　黃氏傅天富妻
余氏孟行儉妻　耿氏王六五妻　徐氏王某妻　楊氏蕭啟澤母　王氏蕭啟澤妻守節負姑楊氏溺死
胡氏王幼儀妻　以上同治間殉難　以上縣志待旌殉難烈婦

孝婦

袁氏馬純信妻姑詹氏病醫藥罔效氏刲股和藥進姑尋愈越數載信疾其子有功亦刲股以療後有功妻張氏病劇長女歸視又刲股救之病若失三代盡孝人共稱焉

吳氏盧勝材妻　吳氏盧國材妻　秦氏盧鼇妻　鍾氏盧華年妻　葉氏江昌大妻　闞氏鄧某妻
羅氏王某妻程氏王某孫媳割股救祖姑見程氏傳　孟氏尹輝妻爲姑割股舐目見朱氏尹啟明妻傳
何氏庠生張光甲妻　孟氏張利兒妻　袁氏庠生劉斌妻　張氏盧學漣妻

戴氏知府鍾青巖妻諸生戴采和女嫺禮教年十八歸鍾孝舅姑和妯娌青巖方讀書戴勤紡績以供膏火鍾有孤女數人襁褓失怙恃爲哺乳鞠育後適名門有孤姪數人亦依以養時流氛熾戴恆保護之青巖既貴戴隨任裙布荊釵家人忞化未幾歸卒贈恭人

李氏瀘州刺史李長年之女幼聰慧伯父大冢宰李長庚鍾愛之五歲誤墮金魚水瓮中端坐逾時若有浮之者然衆皆異之既適鄉賢盧爾悌媵奩極盛漠不介意惟執婦道盡孝敬伯父會以一珠助奩價不貲婢偶失罏中懼責李曰物成敗有數不之咎歲辛巳邑大飢典服飾約數百金易穀以賑生子九四子舉於鄉二子成進士餘皆食餼列明經目擊孫曾三十餘人壽八十終封太孺人

黃氏學博盧之懍妻姑周棨沈疴氏親侍湯藥經月衣不解帶私嘗姑糞朝夕禱天願以身代姑沒復甦延年一紀崇禎壬午七月初六夜流賊至周駡賊死夫赴鄉試氏哀毀幾絶茹素終身年六十二姓氏見通志

梅氏諸生耿戚宗妻甘肅巡撫之煥女孫也幼習詩書並內則及笄歸耿事姑至孝夫中年染疾爲脫典簪珥醫之生二子自課甚嚴婢生子譜入雁行自爲文以紀其事餘產三分之里族稱賢

樊氏郡學博樊維獻女孝廉盧爾愷妻父以殉節亡兩兄先逝姪樊永大復夭家貲累萬樊之族將謀立氏中子爲嗣氏泣

謂夫曰父死之謂何而乃因以爲利乎因擇立樊屬戚以承其祀家貧悉歸之事孀姑尤孝姑病渾身痛楚藥罔效需氏摩其患處則少閒日與姑同寢處不少輟閒則進饘粥滌裾褕焚香籲代越三年姑起夫客京師一紀子六人皆氏自課年六十七卒

李氏鄉飲賓江澍德妻性溫惠相夫以敬處族戚無失禮好施與鄉鄰貧者多德之叔氏某幼遭橫逆釁產不得直氏亟請於夫罄資以助後某以忤權貴意將被逮氏籌使避得解並活其妻子後氏病劇喪具倉猝莫辦姑年八十欲以所置槥與之氏固辭待其子別市至乃瞑子南才諸生次南錦隨氏卒孫十人俱能文姓氏見通志

張氏鄭思孔妻事後姑王以孝聞王病篤割股奉羹救瘳氏年八十卒邑令以額獎之子君昭亦能率母教重建苦修橋

汪氏吳持權妻年二十五夫因貧遠貿翁姑年老氏紡績以養三十餘年無少閒翁姑沒夫卒於外氏喪葬如禮族黨稱賢

耿氏邵陽訓導吳宏初妻諸生耿宗邁女幼秉父訓熟經史內典年十七歸吳勤儉自守逮夫逝經理家政得姑歡心養叔姑䘏寡媳訓子女暇仍考析書史疑義創定歲時家祭及族往來儀則爲子孫法壽九十六親見五代以孫汧貴贈孺人

韓氏訓導吳兆澧妻七歲喪母事繼母如母視所生弟如同胞于歸後事翁姑孝順隨夫任不改寒素風疾中值夫病沒强起成服哭奠隨逝遺囑以衰絰殮年七十五

馬氏李承啟妻　甘氏孟炳南妻　金氏監生黃梅甲妻　彭氏邱世瑜妻　梁氏吳國進妻

孟氏陸某妻　汪氏石天江妻　李氏黃金印妻　耿氏江永言妻　盧氏庠生胡道元妻

羅氏周玉烘妻　趙氏高秀中妻　彭氏陳得萃妻　涂氏李之驪妻　孟氏周如珍妻　徐氏宋錫恩妻

盧氏戴正基妻　李氏監生鄧維楚妻　秦氏王鳳雅妻　張氏庠生阮恩頤妻

劉氏舉人阮熙仁妻　楊氏庠生阮恩晉妻　劉氏石公順妻　留氏劉天綱妻

何氏李學濤妻　以上縣志待旌孝婦

貞女

彭女幼字陶宗澍未嫁宗澍患癱疾喑啞不能言動陶父請改盟女聞之遽剪髮誓死引刀自持曰夫病而再字非人類也父知志不可奪乃歸於陶拜舅姑侍壻湯藥宗澍卒欲以死殉翁姑力止誓死如初苦守三十三年康熙四十四年　旌前令劉承啟表之曰幼知守節久愈全貞入室未成婚三十年依然處子爲婦供子職十二時克盡孝思云案彭女本以貞終王志作彭氏列節婦今節錄縣新志傳改列貞女

張女舉人張棣女也幼字鍾裕仁未嫁聞裕沒女奔喪痛哭誓以死守終身無怨言乾隆四年　旌

彭女幼字張炳龍未嫁而炳龍卒守貞不字乾隆四年　旌

胡女幼字吳鼎禮未于歸而夫沒聞訃易服矢志守貞請於父母歸吳苦貞三十餘年卒乾隆二十四年　旌案縣志稱妻氏今更正

王女監生王士冕女幼字徐鍾儒未嫁壻夭往弔撫嗣以貞終

吳女幼字黃泰以貞終　俱乾隆五十六年　旌

戴女幼字秦煇鄂年二十五未嫁壻病不能言翁姑屢辭婚女

聞不可遂適秦侍湯藥月餘壻沒誓以身殉翁姑勸止之立
姪俊楷爲嗣卒年九十六嘉慶間　旌
吳女字盧文　阮女阮以鐸女字王在時　吳女字陳繼蕃縣志繼作季　以上通志
秦女幼字張萃滄守貞十年卒請旌有傳見縣志藝文
吳女舉人吳大杬長女幼字耿秉釗年十六未嫁釗沒女聞訃
奔喪矢志自守家貧紡績奉事孀姑生養死葬罔不盡禮守
貞四十三年知縣孫贈有額
戴女幼字徐應時年十三壻沒女聞訃矢志守貞家貧女工自
給族黨憐之歲時有周濟者女未嘗求助卒年八十督學贈
有額
江女全姑江烋女幼字儒童程立綸年十八方納吉立綸遽沒

姑矢志靡他泣請父母變服詣程事孀姑執婦禮足不履中
庭追終壻制病不醫不食而卒同治十一年　旌
李女李之芳女幼字張氏子年十七未嫁壻沒女聞訃誓不再
字依母終身母病劇嘗割股和藥以愈母女卒年七十九學
使爲立貞女傳
胡女名再女胡道明女幼字張德□子守貞同治三年殉難　涂女山喬女字黃大金子
詹女仁山女名長姑字石秉標光緒五年　旌　詹女字石經藻子案二人疑是一人　以上縣志
以上已　旌獎貞女
方女幼字庠生阮朝鳳未嫁年十七鳳沒女慟甚密約囚婦伴
至鳳家著孝服哭靈側姑念其幼勸歸女以死誓姑始憐受
之女孝事尊嫜教育嗣子瑾懷成立守貞四十餘年六十三

卒後孫光鼎成進士任刑部主事請封恭人
謝女愛姑監生謝聯甲女幼字曾氏子未嫁同治三年壻被賊
擄三年未歸曾許謝女他字女蹙然曰名分已定誓不再字
抑鬱成疾卒臨危將紡績餘資付親以賙貧乏泣囑父母於
死後立曾門謝貞女墓碑
阮女懿姑處士阮紹遠女幼凝重字辛子學福學福以貧餬口
無下落女及笄待之無音耗遂齋居小樓數年有富室子遣
媒至女義斥之引刀斷髮欲遁空門母泣止之撫幼弟四生
計悉憑十指勤織絍給饔飧以甘旨奉母同治八年福兄子
正發自豫歸迎之女乘小車來髮蒼蒼拜先墓先祠卽以發
爲嗣命之曰吾年六十老矣女於阮母於辛夫復何恨當於

西山深處營生壙一樹女貞木於側異日葬吾骨汝其識之
二女吳諤姪女從姑　貞姑　四姑俱吳氏女秦女字張嗷滄並爲姑病割股
吳女　耿女禧宗女字黃氏子　趙女監生本隆大女字方緒賢壻卒守貞立嗣
陳女字王爲士　江女澤懷六女字盧端鐸　阮女方揚女　李女字監生程直賢
阮女文教四女　劉女字程恩賜　王女字夏景揚　馮女世選二女　王女字耿秉浩　胡女字秦德甯
李女字秦廷枝　周女庠生盛唐姑祖母　吳女字陳宗璜　秦女字張芬滄　劉女字夏承平
秦女字楊之鳳　王女王光洛女字耿秉直　以上待旌貞女
烈女
祝女幼字程國泰泰遠出貿易于歸愆期有李亞言者唆其父
以飲食謀娶之父諾詐令女同母往視已嫁姊適經李門叔
至家逼之成婚女執意不從自刎死附葬程氏祖塋雍正六

年　旌

鍾女幼字江塹未嫁壻沒父母將另聘女聞之閉戶自經家人

救免嘔血數升月餘而卒江氏迎棺合葬之以上通志

李女名璞姑字陶家鰲　詹女字石秉楞　陳女字周永膺　以上縣志　以上已旌獎殉夫

烈女

將女幼字胡之瑚未嫁壻沒父欲爲女另字何姓女誓不可告

母曰兒死當送葬胡氏墓潛自經死母聞於胡遂迎棺合葬

馬

熊女庠生熊飛翥長女　以上縣志待旌殉夫烈女

二女庠生劉現女嘉慶二年教匪至殉難見縣志藝文熊之旻傳

向女向開時女咸豐八年賊入境擁女上馬女乘隙投水死

趙女貞姑監生趙觀海女父早逝同治四年十二月初四日于

歸前一日賊驟至舉家驚散女隨母奔避勢急投水死賊退

殮其尸面如生見者皆泣下　俱已旌

耿女楚珩三女　秦女懷仁女　以上咸豐四年殉難　吳女名金姑　劉女名載姑

尹女名玉姑應量女　馮女名載女　尹女名玉女光字次女　以上咸豐十一年殉難

王女國升女　鄭女　黃二女　張女名易女　涂大女　吳四女

張四女　張六女　張女名孝女　金女名秀姑逢年女　以上同治元年殉難

阮五女　陳六女　劉二女　汪二女　汪四女　陳女

陳女名引弟　余女之合長女　帥女名引姊崇樂孫女　朱女名幼女庠生景程女

欒女　陳女　陳二女　吳大女　吳二女　盧女

張女　李三女　周七女　涂女心恒女　胡大女　王三女

黃三女　戴七女　謝四女　蕭女名再女　胡女名貴女　胡女名對女

胡女名喜女　王女名佑女　王女名鳳女　蕭女　蕭大女　李女

王女名登女　程女名嬌女　雷女字劉氏子　以上同治三年殉難　以上縣志道參節義錄府冊

以上已殉難烈女　旌

石女名連弟漢林女咸豐三年殉難　盧女庠生春藻大女咸豐八年殉難　鄭女瓊舟次女　余女字翁承烈

以上咸豐十一年殉難

張女張元順女年十六字某未嫁同治三年賊至隨父走避龍

王山下女泣謂父曰父女恩情於斯永絕矣言畢遂投水死

方女細五年未及笄值歲奇荒隨父母匃食日暮至江濱有破

屋半間往投宿夜深水賊至擄入舟女不受汙投水死

王女金海三女　張女名孝女天春女　以上同治元年殉難　胡女克翥女　胡女克昌女

薛女同春三孫女　楊女名桂女鼎盛次女　程女映月女　黎女名蓮女

孟女監生孟朝福三女　劉女名載弟濟仁女　劉女名載弟世祿女

王女名敦弟永順女　吳女名全弟世元女　彭女名鳳女昌禹女

葉女春爽女　陳女宗幹八女　陳女名引弟宗幹姪女　陳女宗翰女　王女名登弟

吳女名金第田富女　吳女名英弟監生家珍女　吳女名全弟世元女

雷女名小姑雷文貴妹字方氏　以上同治三年殉難　崔女王侯桂媳同治四年殉難　余女可德女同

治六年殉難　胡女宏富二女　程女天在大孫女　胡女宏訓大女　袁女名細女細

向女　鍾女瑞椿大女　劉女茂明女　胡女名恩弟光鐸女　胡女名帶弟家

鳳女　張女名喜女天眷女　以上待旌殉難烈女

孝女

戴女兆舜二女字監生盧國榮　孟女道舜大女年十二割股救母　李女監生華潤長女　以上縣志

壽婦縣志修於同治九年今依原本錄

董氏江士清妻杜氏何爲勤妻張氏詹聞淮妻劉氏監生吳朝選妻　蕭氏李國才妻

俱壽百歲以上待旌壽婦

黃州府志卷之二十九上終

黃州府志卷之二十九下

黃州府知府英　啟纂輯

人物志

列女六

羅田縣

節婦

秦氏庠生朱世符妻年二十八夫沒值歲荒自食麥粥竭力具舅姑饌課子文魯登賢書束脩皆紡績資也雍正四年　旌

鄒氏周漢勳妻　龔氏周重山妻鄒年十九夫沒誓以死守姑老且病朝夕具粲啖之撫孤重山授室而亡媳龔相厲守節

王氏庠生周言宣妻年二十二夫沒父母欲令改適氏聞躍池覓死以救免氏幼知書以經史課二子成立苦節四十四年卒　俱雍正八年　旌

許氏廩生周成璋妻年二十七夫沒鞠養三孤先後成諸生守節四十五年雍正十一年　旌縣志作乾隆元年旌

童氏監生潘二環妻年二十二夫亡撫二子成立守節四十三年

丁氏監生廖峻芳妻年二十一夫亡守志

夏氏庠生廖榮芳妻年二十一夫亡孝事孀姑撫孤成立

陳氏王之濱妻年二十五夫卒勤儉自矢守節四十五年　俱乾隆三年　旌

汪氏方淑美妻年二十三夫亡撫一子成立守節四十一年乾

隆四年　旌

蕭氏劉之聖妻撫孤維錫成立守節四十三年乾隆十一年

旌

陳氏聞一善妻年二十四夫亡事姑盡禮苦節四十年乾隆十

三年　旌以上王志

陳氏蕭晟妻　熊氏金其鋒妻　俱乾隆十四年請　旌王志補遺

孫氏吳承書妻年二十六夫亡守義撫孤教成諸生通志參縣志補

王氏郭綱妻蘄水人原任嘉定州知州王悅孫女年十九于歸事舅姑孝越九年夫沒絕粒數日姑泣諭之曰舅沒我老病汝何可死遂勉進食與姑共寢處奉十餘年無懈意撫夫兄子天松爲嗣年八十一卒　俱乾隆十七年　旌

胡氏王文俊妻年十八歸王甫五月夫沒生遺腹子遂忍死自守歷試諸艱孤夭撫姪鉉嗣教之成立事舅姑孝嘗兩次刲股愈姑病乾隆二十四年　旌

羅氏李明詩妻年十九于歸甫二載夫沒僅遺一子撫之成立事翁姑孝學使王額表卒年六十四子宗禧後亦以好善樂施　旌通志

易氏庠生蕭有基通志脫基字　妻夫沒遺孤二長雲青四歲次雲胄二歲氏苦守課子成立族里欲爲表其節氏謂子曰我守節豈爲名乎事遂寢知縣林賦詩以紀其節

丁氏朱世燕妻　金氏朱文輅妻丁年十九生子文輅甫六月夫沒勵志撫孤娶媳金生子維紹而輅亦沒丁泣喪明時金年二十五事姑尤以孝聞丁卒年八十五金卒年六十一參縣志

匡氏幼字董宗惠未于歸惠有癩疾指脫齒落不能自飲食家復貧甚惠父告女父可另擇壻女父諾之商女女佯諾請一往省至則侍疾唯謹肌肉腐脫不避臭惡凡起立飲食扶持無不如意惠延殘喘五年乃沒舅姑憐其苦且少令改適女誓死靡他晝夜紡績以養舅姑立姪戴武爲嗣卒年八十餘歲

劉氏李成錦妻　劉氏李某妻　周氏王光華妻　廖氏蕭需人妻　鄒氏庠生胡之玉妻

余氏徐添孳妻　晏氏蕭志義妻　尹氏程鳴岐妻茹苦守節族人强嫁斷髮破面乃止　徐氏周晨妻

閔氏周晨媳　鄭氏嚴以正妻　龔氏陳復享妻　夏氏廖世和妻　張氏方銘榜妻並刲股救母通志銘作明

雷氏某妻　程氏唐永柏妻　晏氏唐永楷妻　黃氏唐永槐妻　陳氏郭天杜妻

周氏郭天椿繼妻　李氏郭天椿□妻　匡氏匡四科妻縣志匡作方事姑孝寢食不離者二十年

劉氏庠生高清妻　楊氏劉之棟妻　汪氏閻道坦妻　余氏劉維坤妻縣志坤作錕　江氏胡世勳妻

匡氏晏二江妻　潘氏晏二灌妻　張氏汪安國妻　周氏庠生胡世勳母

李氏胡世勳媳　朱氏江澤灌妻縣志江作汪　金氏徐雲錦妻　江氏王炳萬妻　蕭氏何國賢妻

朱氏朱世儀妻縣志作徐氏　朱氏胡哲士妻縣志朱作李　胡氏朱文松妻　歐陽氏朱維式妻

余氏周炎卿妻　廖氏劉勝才妻　胡氏劉漢華妻　龔氏劉魏樽妻　胡氏秦衛瞻妻

鄢氏蕭炎維妻　王氏尹之誨妻縣志誨作珻　張氏李登雲妻　楊氏段雲叔祖母縣志作祖母

周氏董國用妻　匡氏王守義妻　張氏康儒人妻　周氏王標妻　胡氏廖某妻　馮氏晏榮昇妻

周氏王本全妻　孫氏吳某妻　李氏周某妻　胡氏郭集妻　聞氏余忠袁妻　胡氏汪傑妻

王氏郭某妻　劉氏周光佑妻　徐氏徐志妻　何氏祝二湖妻　陳氏何應選妻縣志陳作程

李氏王鉞妻　熊氏金其鋒妻　蕭氏崔正經妻　以上通志參縣志

酆氏郭天枚妻年二十四一子僅歲餘夫以父被仇誣憂鬱死氏痛夫死於孝誓相從死其父勸止之撫孤成立以完節終後子地煥以領恩薦候選孫三二人泮一食餼道光十二年旌

羅氏李明詩妻　孫氏吳承書妻　滕氏童有達妻　文氏何毓鋌妻　蕭氏劉之勝妻　葉氏徐廷保妻

姚氏監生黃政桂妻　王氏庠生朱維鍊妻　陳氏閻運輝妻　王氏庠生童有懷妻　李氏聞吉第妻　張氏童有虞妻　王氏李文炳妻　王氏胡學坡妻　何氏祝哲士妻

張氏從九葉炳文妻　李氏庠生葉夢熊妻　羅氏葉夢點妻　葉氏汪澤兌妻

方氏聞楚俊妻　周氏胡履順妻　張氏石慶龍妻　童氏胡明泰妻　呂氏王鄒賢妻　朱氏聞楚璜妻

江氏庠生胡履櫄妻　周氏林澤祥妻　陳氏姚三模妻　汪氏袁學書妻　王氏童光鐸妻

李氏童光耀妻　廖氏朱宿澍妻　葉氏張國仁妻　汪氏葉添才妻　晏氏葉夢恙妻　郭氏葉文琦妻

李氏監生胡開泰妻　余氏黃甲會妻　王氏葉釗章妻　童氏文舒妻　劉氏張維翰妻

黃氏高雲青妻　商氏方宗勝妻　蕭氏王立溢妻　涂氏庠生蕭文鳳妻　王氏佾生葉文壇妻　許氏明學峻妻　徐氏祝鳳彩妻　李氏李賦純妻　余氏黃科祥妻　樊氏張一駿妻

楊氏羅二儀妻　汪氏童邦元妻　匡氏周祚傑妻　裴氏王國鏞妻　劉氏蕭學浩妻　江氏庠生周克昌妻　張氏涂二義妻　盛氏周有愷妻　陳氏童光虎妻　王氏童啟黼妻　張氏黃開玉妻

鄭氏祝克明妻　金氏辛建掄妻　羅氏周昌麟妻麟一作齡　張氏王枝柏妻　熊氏余璧妻

陳氏文有輝妻　盛氏周新鼎妻　程氏潘迪妻　晏氏祝榮貴妻　高氏郭昌義妻　李氏胡履烈妻

余氏涂德滋妻　曾氏李華年妻　蕭氏周有韶妻　李氏徐大序妻　王氏劉五榮妻　蕭氏劉五柳妻

涂氏余席珍妻　劉氏童邦翰妻　雷氏童邦林妻　朱氏王添浩妻　王氏童大奎妻　余氏張世珍妻

徐氏李道崇妻　張氏監生王言妻　楊氏蕭被明妻　趙氏童邦勤妻　潘氏蕭霖妻

張氏葉敦寬妻　李氏葉毅善妻　陳氏周昌藻妻　方氏匡興仁妻　徐氏朱啟黼妻　許氏傅昌耀妻

盛氏庠生葉復愷妻　金氏徐楷妻　張氏庠生葉敦化妻　匡氏胡丙泰妻

金氏胡泰來妻　鄭氏庠生匡文提妻　金氏庠生葉彰善妻　王氏知縣何昇妾　段氏匡盛世妻　張氏朱會銘妻　汪氏葉乾采妻　方氏王人俊妻　何氏傅必達妻

魏氏潘采繩妻　葉氏郭坤鸞妻　張氏鄭紀達妻　胡氏蕭泮水妻　胡氏從九江文斌妻

胡氏徐學賢妻　徐氏周魁妻　匡氏姚四勳妻　李氏葉復渭妻　陳氏朱啟宣妻　何氏傅二鵷妻

葉氏高洲妻　蕭氏唐永蔭妻　唐氏朱維先妻　王氏葉啟液妻　段氏鄭紀發妻　葉氏張泮逵妻

余氏方渙才妻　劉氏蕭被楷妻　魏氏匡孫側妻　李氏董家炳妻　廖氏楊道基妻　夏氏蕭功遐妻

田氏蕭名芳妻　許氏劉勳妻　童氏劉紹泮妻　蕭氏鄂朝榮妻　唐氏蕭功秀妻　文氏鄂緒強妻

祝氏黃類顯妻　王氏張二仁妻　周氏廖封州妻　周氏廖鎮鯢妻　周氏黃鴻廣妻　盛氏王允敷妻

童氏王皆億妻　彭氏聞雲安妻　周氏童二海妻　楊氏朱宿芳妻　晏氏祝四鼇妻　胡氏辛紹英妻

田氏廖鎮殿妻　晏氏雷志純妻　陳氏庠生盧臺妻　黃氏王茂誥妻　余氏王立常妻

劉氏蕭學浩繼妻　李氏廖洪程妻　匡氏胡纈秩妻　王氏胡金臺妻　童氏王立球妻

余氏林應珪妻　鄂氏蕭士璜妻　葉氏庠生李上林妻　楊氏詹廷英妻　周氏童二梅妻

蕭氏方渙漣妻　朱氏方渙瓊妻　李氏林景福妻　王氏童逵揚妻　周氏童啟奇妻　蕭氏文宏燧妻

蕭氏徐思中妻　孫氏吳承書妻　童氏晏五采妻　匡氏童啟中妻　田氏吳士璜妻　田氏吳志科妻

張氏吳宜發妻　黃氏周榮昌妻　張氏黃甲盛妻　彭氏聞輝策妻　萬氏監生韓映春妻

張氏監生汪紹妻　張氏周室昌妻　明氏江學敏妻　胡氏監生張煥如妻

夏氏陳大湘妻　陳氏庠生童賢輔妻　方氏周有訓妻　傅氏張克霈妻　黃氏拔貢何光洛妻　胡氏宣德郎周有芹妻　史氏李一徽妻　周氏李之光妻　晏氏李學豐妻

胡氏庠生周楚魁妻　盧氏童先峯妻　張氏從九葉煥妻　方氏周祚杰妻

王氏童春芳妻　鄭氏庠生匡鼎逵妻　涂氏葉茂薰妻　李氏監生葉茂煦妻

汪氏王正啟妻　曾氏胡致中妻　方氏潘文鳳妻　熊氏余德然妻　王氏廩生童炯妻
周氏童士文妻　王氏姚文華妻　董氏張大錢妻　葉氏庠生盧兆鼇妻　晏氏盧士毅妻
匡氏姚三煥妻　王氏姚五人妻　汪氏朝議大夫張周謙妻　匡氏姚五輌妻　朱氏汪文蔚妻
葉氏汪澤理妻　周氏江雲軒妻　楊氏監生秦金城妻　葉氏高登瀛妻　閻氏朱宿楨妻
胡氏蕭用賓妻　何氏盧士傑妻　張氏李道銓妻　江氏周隆榮妻　趙氏余世芳妻　晏氏歐陽連妻
周氏張文璧妻　周氏蕭被瑛妻　熊氏余國安妻　祈氏何世珮妻　劉氏張國鏞妻　沈氏庠生張學
洙妻　郭氏葉端津妻　王氏匡人俊妻　葉氏張國仁妻　周氏監生王本權妻
匡氏王國昌妻　周氏張國英妻　何氏盧士俊妻　朱氏張文蔚妻　廖氏石自新妻苦節己旌後咸豐
十一年偕女艮桂避亂投水死　童氏王文舒妻　王氏潘鼎彝妻　伍氏姚五祐妻　以上縣志

白氏張三熙妻夫沒家貧姑老子幼氏紡績養姑撫子糠粃自
甘歷四十年不易年七十餘卒咸豐間請　旌

吳氏嚴兆松妻　楊氏庠生廖中嶽妻　張氏黃科魁妻　汪氏李開榮妻　蕭氏胡師恕妻
羅氏閻同山妻　金氏閻同信妻　李氏增生周傳榮妻　朱氏曾榮煥妻　周氏廖啟明妻
李氏嚴永蘋妻　林氏方文玖妻　廖氏監生周平妻　胡氏周筠妻　張氏李勝朝祖
母　朱氏李勝朝母　葉氏李勝朝妻　丁氏崔龍燦妻　蕭氏崔龍運妻　周氏李二樽妻
文氏閻同厚妻　尹氏閻同漢妻　黃氏李應泳妻　羅氏李光祚妻　周氏監生曾生進妻
涂氏監生曾炳妻　李氏廖灼妻　程氏段翰助妻　郭氏段元貞妻　歐氏庠生閎錡
妻　王氏金名樓妻　何氏段桐山妻　葉氏段利亨妻　朱氏增生涂炯妻　以上縣志
晏氏熊五緯妻　周氏胡咸中妻並爲姑與夫刲股　鄭氏張祖彝妻　劉氏余艮枝妻　胡氏何登珣妻
梁氏黃英妻　周氏龔光華妻　周氏羅大成妻　以上本公牘補　陳氏周祚瓏妻　陳氏張孔電妻
陳氏羅士光妻一作光士　陳氏雷一浩妻　陳氏黃在時妻　陳氏許耀麒妻　陳氏周登榜妻
陳氏蕭用賢妻　陳氏黃顯秋妻　陳氏楊尊五妻　陳氏鄂緒貞妻　陳氏匡隆平妻　陳氏周肇昌妻

陳氏庠生汪學鼎妻汪一作江　陳氏汪灝妻　陳氏段光前妻　陳氏周文謨妻　陳氏閻人棻妻
陳氏廖業芸妻　葉氏汪鈜妻　葉氏汪澤寬妻　葉氏潘文凱妻　葉氏董宜顗妻　葉氏汪添健妻
葉氏鄭紀蘭妻　葉氏郭大仕妻　葉氏陳省堂妻　葉氏曾長沙妻　葉氏劉東曙妻　葉氏李大彝妻
葉氏郭昌鼎妻　程氏詹升恆妻　程氏黃錫祥妻　程氏廖加益妻　程氏王五登妻　程氏童鳳泰妻
程氏陳光玉妻　程氏周逵源妻　程氏葉自芳妻　丁氏周鑑妻　丁氏朱文英妻　丁氏金友楨妻
丁氏江承鰲妻　丁氏朱烈勳妻　丁氏江先第妻　丁氏汪錦順妻　姚氏周文禮妻　姚氏王立琮妻
姚氏龔遠祿妻　姚氏王階熙妻　姚氏徐大楷妻　張氏王學富妻　張氏李一英妻　張氏楊道達妻
張氏金維顯妻　張氏鄭必顯妻　張氏賀能高妻　張氏江受天妻　張氏葉敦梅妻　張氏蕭必貴妻
張氏董厚俊妻　張氏劉鶴聞妻　張氏王皆謣妻　張氏汪萬堂妻　張氏劉仲琦妻　張氏鄭紀芝妻
張氏方啟富妻　張氏方渙然妻　張氏汪榮錡妻　張氏徐本琳妻　張氏汪廷富妻　張氏金致和妻
張氏周報春妻　汪氏陳之璠妻　汪氏葉敦華妻　汪氏胡泰安妻　汪氏羅啟宗妻　汪氏屈立紀妻

汪氏雷坤璵妻　汪氏匡大旺妻　汪氏高傑茗妻　汪氏段春藻妻　童氏程祺焰妻　童氏趙啟龍妻
童氏盧鳳祥妻祥一作翔　童氏程萬雲妻　童氏王枝杏妻　童氏程太全妻　童氏方大曾妻
童氏王皆暐妻　林氏監生江善言妻　林氏何永讓妻　林氏丁允明妻　林氏蕭功梅妻
林氏王枝焜妻　李氏周橋妻　李氏胡全銜妻　李氏周祚有妻　李氏徐六俊妻　李氏吳邦英妻
李氏王本周妻　李氏裴爵元妻　李氏王立慎妻　李氏樊廣才妻　李氏晏五常妻　李氏周祚先妻
李氏黃維起妻　李氏周祚湘妻　李氏郭本樂妻　李氏監生童德星妻　李氏周祚誼妻
李氏劉新民妻　李氏郭士琸妻　李氏盧文煥妻　李氏丁鎮緒妻　李氏徐秋賓妻　李氏張三友妻
周氏江文棟妻　周氏江文貴妻　周氏王三梅妻　周氏余介康妻　周氏張國仁妻一作張國
周氏鄧鋼妻　周氏方賢禮妻　周氏張紹訓妻　周氏鄧朝選妻　周氏江文萃妻　周氏陳乾一妻
周氏江學浏妻　周氏余延嵩妻　周氏徐得恆妻　周氏陳憲章妻　周氏庠生江本濂妻
周氏盛金燕妻　周氏王本華妻　周氏徐德金妻　周氏詹道溫妻　周氏許廷經妻　周氏夏公梅妻

周氏余士儀妻　周氏潘文斗妻　周氏郭一椿妻　周氏李之頤妻　周氏張賓賢妻　周氏余善鐸妻

周氏胡文起妻　周氏董厚浩妻　周氏黃有趾妻　周氏黃文晉妻　周氏傅遇主妻　周氏張鰲妻

周氏張翼妻　周氏彭翊宸妻　周氏王文杰妻　周氏龔召江妻　周氏汪再璁妻璁一作聰

周氏金景珩妻　周氏胡學芾妻　周氏唐一續妻　周氏李賢萬妻　周氏余開貞妻　周氏江天輝妻

周氏余善述妻　周氏李家富妻　周氏王功會妻　周氏王光鈺妻　周氏歐陽建勳妻

周氏黃昌棻妻　周氏黃長煦妻　周氏何登榮妻　周氏余階雲妻　劉氏許宗茗妻　劉氏監生周世

鳳妻　劉氏周對佐妻　劉氏田燻妻一作燻公　劉氏江文脈妻　劉氏朱長蔚妻

劉氏閔仁合妻　劉氏周祚德妻　劉氏毛春槐妻　劉氏許應成妻　劉氏胡中滌妻　趙氏胡全鏘妻

趙氏雷萬秀妻　趙氏周林妻　趙氏王先華妻　趙氏張本楷妻　趙氏黃顯親妻　趙氏許廷梅妻

蕭氏周梓妻　蕭氏朱相庚妻　蕭氏張邦鐸妻　蕭氏余文郁妻　蕭氏胡師傑妻　蕭氏張維烈妻

蕭氏朱宿陛妻　蕭氏方榮材妻　蕭氏廖封海妻　蕭氏庠生金景駟妻　蕭氏周隆院妻

黃州府志　卷之二十九　列女六　八

蕭氏周啟利妻　蕭氏周啟亨妻　蕭氏高攀桂妻　蕭氏周祚勳妻　蕭氏程甯溪妻　蕭氏劉永太妻

蕭氏徐仁尊妻　蕭氏曾傳喧妻　晏氏龔仕學妻　晏氏王士進妻　晏氏高光諺妻　晏氏程清鑒妻

鑒一作鋆　晏氏童先和妻　晏氏傅才炫妻　晏氏監生閻人鐸妻　晏氏徐文彬妻

晏氏陳宗壽妻　胡氏高光材妻　胡氏徐學賢妻　胡氏張邦綬妻　胡氏江文蔭妻　胡氏閻鳳池妻

胡氏閻三杰妻　胡氏徐定安妻　胡氏張世濬妻　胡氏方渙乾妻　胡氏王家喜妻　胡氏金景如妻

胡氏徐存珩妻　胡氏徐本意妻　胡氏李春生妻　裴氏董宜福妻　裴氏周慶芝妻　鄭氏劉鉞妻

鄭氏庠生張士位妻　鄭氏周祚元妻　鄭氏周祚元　鄭氏江漢廣妻　鄭氏張養瑞妻

江氏許國棟妻　江氏王本仁妻　江氏徐式默妻　江氏周祚茂妻　江氏劉作幹妻　江氏許文射妻

江氏余明春妻　江氏周禮祥妻　江氏丁明晃妻　江氏屈懷寶妻　江氏張雲緯妻　季氏李必榮妻

朱氏雷志學妻　朱氏李廷取妻　朱氏周永定妻　朱氏鄂緒進妻　朱氏庠生李尚賓妻

朱氏金呈瑞妻　朱氏郭元鍠妻　朱氏蕭成訓妻　朱氏高燦和妻　朱氏徐本麟妻　朱氏江傳薪妻

朱氏余良鰲妻　朱氏李大鏞妻　朱氏閻人垓妻　朱氏鄂緒科妻　朱氏廖鎮河妻　洪氏王之璧妻

洪氏周光潤妻　洪氏周祚顯妻　王氏姚三宋妻　王氏陳開見妻　王氏周祚禮妻　王氏監生晏樞

妻　王氏庠生夏光國妻　王氏徐德懷妻　王氏劉五榮妻　王氏萬有德妻

王氏葉茂遷妻　王氏胡泰熊妻　王氏汪炳智妻　王氏鄧垂獻妻　王氏陳蒼祺妻　王氏王立幹妻

王氏徐樹位妻　王氏胡太秉妻　王氏周朝錫妻　王氏周聯貴妻　王氏李光台妻　王氏李善林妻

王氏胡太洛妻　王氏周隆太妻　王氏徐應麒妻　王氏張周譽妻　王氏黃可義妻　王氏張永椿妻

王氏周傳喜妻　王氏周吉慶妻　王氏葉應運妻　王氏劉彥壽妻一作劉彥　王氏涂義上妻

王氏監生張炳妻　王氏胡秉中妻　王氏蕭士熾繼妻　王氏余善銳妻

王氏彭光遠妻　王氏嚴和畹妻和一作如　王氏張盛鴻妻　王氏李三戒妻　王氏蕭自達妻

王氏張世錞妻　王氏晏思純妻　王氏朱太勳妻　王氏供事陳時棟妻　吳氏鄭士旺妻

吳氏趙國麟妻　吳氏聞三元妻　吳氏彭文永妻　吳氏林之榮妻　吳氏文一榮妻　吳氏方森妻

黃州府志　卷之二十九　列女六　九

吳氏文春和妻　吳氏陳樹貞妻　余氏高天理妻　余氏王文交妻　余氏林之玉妻　余氏程祥善妻

余氏李必高妻　余氏胡師純妻　余氏朱尚泗妻　余氏丁鎮仁妻　余氏汪學仁妻　余氏方鵬翥妻

余氏周永佑妻　余氏聞式登妻　余氏金運選妻　余氏廖洪興妻　余氏盧啟利妻　許氏周效鳳妻

許氏江希樸妻　許氏丁方茂妻　許氏陳人位妻　許氏監生劉長恆妻　許氏洪顯榮妻

許氏王枝高妻　羅氏高文光妻　羅氏周復旦妻　羅氏余義賢妻　羅氏陳二楹妻　羅氏王文述妻

羅氏周夢熊妻　羅氏張紹裘妻　雷氏崔興階妻　雷氏朱宿棠妻　雷氏方文濟妻　雷氏林楚發妻

雷氏何登烇妻　田氏廖煒繼妻　田氏廖封湘妻　田氏廖封咸妻　田氏廖洪彌妻　田氏蕭功烈妻

金氏歐陽賢錦妻　金氏歐陽書珍妻　金氏丁明新妻　金氏朱文輅妻

金氏閻同信妻　金氏徐能儀妻　金氏汪添樂妻　金氏余新春妻　徐氏胡師潤妻　徐氏汪一輪妻

徐氏陸正奇妻　徐氏葉樂善妻　徐氏丁之鰲妻　徐氏盧澍妻　徐氏監生葉茂炳妻

徐氏崔先春妻　徐氏盧文聘妻　徐氏盧文藻妻　徐氏黃科保妻　徐氏金元愷妻　徐氏王茂鋑妻

徐氏陳大川妻　徐氏熊占鰲妻　徐氏黃學純妻　徐氏王邦怨妻　徐氏黃長庚妻　徐氏童邦鑫妻
徐氏林維仁妻　徐氏朱長賢妻　徐氏胡興蒲妻　龔氏方永龍妻　龔氏胡泰焴妻　涂氏盧占鰲妻
涂氏張文煇妻　涂氏歐陽世萱妻　涂氏葉錫璋妻　涂氏盧天保妻　涂氏盧文中妻
黃氏蕭廷道妻　黃氏余對揚妻　黃氏王立成妻　黃氏姚五坤妻　黃氏周祚詔妻　黃氏王皆純妻
黃氏王枝焜妻　黃氏庠生吳用臧妻　黃氏周傳斌妻　袁氏王四湖妻　袁氏汪文亮妻
袁氏汪必啟妻　夏氏屈如楠妻　夏氏徐德奇妻　夏氏徐仁立妻　嚴氏張昌駒妻　嚴氏馮德曜妻
嚴氏周啟宗妻　嚴氏周祚林妻　嚴氏周慶發妻　嚴氏馮玉其妻　祝氏高光麟妻　祝氏王本成妻
祝氏監生余鈉妻　祝氏汪慶沅妻　祝氏王茂志妻志一作制　祝氏汪慶元妻
閻氏劉大楷妻　閻氏周勝先妻　閻氏周祚杏妻　閻氏程開路妻　閻氏黃維翰妻　邱氏丁明榮妻
邱氏龔守魁妻　邱氏余善信妻　於氏張孔有妻　方氏詹有智妻　方氏林兩玉妻　方氏唐光鳳妻
方氏徐思誠妻　方氏吳志文妻　方氏王以政妻　滕氏趙世鈺妻　滕氏熊第琛妻　滕氏楊生祥妻

沈氏許文玉妻　沈氏庠生葉錫斑繼妻　沈氏張之翰妻　馬氏王鎔妻　廖氏周傳森妻
廖氏郭思琢妻　廖氏庠生周隆貫妻　廖氏丁明重妻　廖氏李宏魯妻　廖氏唐文榜妻
廖氏金景良妻　廖氏朱長燕妻　廖氏李會王妻一作士會　廖氏潘學洙妻　廖氏王嗣亨妻
文氏晏三才妻　文氏李方周妻　文氏李其崇妻　熊氏朱列梁妻　熊氏王明倫妻　熊氏晏步鰲妻
熊氏閻敘煌妻　彭氏楊道照妻　彭氏葉敦桂妻　楊氏廖中嶽妻　楊氏蕭恆銘妻　楊氏徐本珍妻
楊氏金高勝妻　楊氏周慶棠妻　楊氏高啟鑑妻　楊氏趙昌大妻　潘氏嚴文賓妻　潘氏盧文釗妻
潘氏周傳新妻　潘氏王皆峻繼妻　潘氏嚴光祖妻　潘氏陳大麟妻　黎氏董厚鍾妻
樊氏郭元墨妻　何氏王大昇繼妻　何氏葉錫祿妻　匡氏張大賓妻　匡氏李善慶妻
鄧氏汪添鰲妻　鄧氏王本志妻　鄧氏周傳佩繼妻　鄧氏文光訓妻　鄧氏把總余宏
玉妻　鄧氏廖洪貴繼妻　高氏葉茂林妻　高氏汪廷德妻　高氏徐從虎妻
高氏庠生郭維翰妻　唐氏李元臣妻　唐氏王階添妻　崔氏徐榮松妻　崔氏朱長輝妻

郭氏葉福喜妻　郭氏鄭鳴皋妻　郭氏張應祥妻　郭氏汪賡堂妻　曹氏汪洪巡妻　曹氏楊繼英妻
明氏周祚浩妻　曾氏葉師善妻　曾氏許階屏妻　馮氏詹元福妻　馮氏陳有力妻　范氏徐之學妻
范氏張中慰妻　范氏黃光潤妻　蔡氏余在泳妻　蔡氏高漢松妻　蔡氏周祚薪妻　蔡氏王學文妻
毛氏周若交妻　毛氏賀湯聘妻　毛氏余家和妻　商氏胡泰榮繼妻　夏侯氏歐陽
世熙妻　樂氏王立道妻　樂氏胡榮康妻　樂氏方文朝妻　歐陽氏汪邦綉妻
瞿氏盧世守妻　瞿氏周效文妻　鄒氏葉茂林妻　湯氏汪榮淮妻　孫氏廩生熊五緘妻
閔氏朱二濂妻　盧氏張彩雲妻　盧氏董守璜妻　盧氏葉錫琭妻　屈氏丁楚堂妻　屈氏廖洪範妻
屈氏周國治妻　屈氏廖洪用妻　傅氏鄭起珠妻　傅氏趙昌光妻　龔氏王立箴妻　傅氏李秉均妻
尹氏文可超妻　尹氏周傳龍妻　聞氏張邦藝妻　聞氏王枝翼妻　鄂氏周慶榮妻　史氏張勝貞妻
阮氏蕭枝煥妻　段氏汪學鑑妻　秦氏蕭昌春妻　以上光緒四年請旌　以上俱奬節婦旌
李氏周某妻　胡氏郭某妻　李氏庠生林奎妻　龔氏庠生林銓妻

李氏失夫名　徐氏庠生林鑣妻　陸氏潘文藻妻　陳氏胡履業妻　童氏段文潾妻
雷氏何靖臣妻　王氏庠生童懷元妻　丁氏羅一貫妻　魏氏胡師旦妻　王氏高明道妻
李氏高騰基妻　晏氏蕭永龍妻　崔氏蕭成麻妻　陳氏歐陽錦妻　閔氏廩生史啟源妻
喻氏史秀楙妻　王氏晏三近妻　楊氏王一紅妻　涂氏金孝敦妻　李氏監生高致錡妻
潘氏胡熙泰妻　羅氏葉紹會妻　晏氏葉崇高妻　涂氏晏舜典妻　胡氏晏三槐妻　李氏蕭大俊妻
胡氏監生高騰均妻　涂氏高致鉅妻　晏氏羅二躍妻　雷氏何興仁妻　張氏廖有金妻
鄧氏廖啟槐妻　林氏廖啟格妻　李氏廖從欲妻　田氏廖模妻　胡氏李以薰妻　劉氏雷國榮妻
蕭氏廖繼聞妻　江氏蕭光誥妻　徐氏監生蕭光濟妻　周氏蕭天藻妻　匡氏蕭行魁妻
陳氏汪某妻　周氏監生廖有信妻　周氏監生廖啟楩妻　文氏徐之厚妻
蕭氏貢生屈如崧妻　廖氏周玉柄妻　李氏周貽穀妻　熊氏廖燦妻　周氏彭柏祥妻
嚴氏彭彩山妻　李氏陳之智妻　汪氏陳之智媳　徐氏方淑謀妻　周氏方士懷妻　羅氏黃國書妻

余氏涂潤妻　李氏唐承元妻　徐氏郭國瑞妻　徐氏丁學陶妻　朱氏方銘牖妻　吳氏蕭常健妻
某氏文與甸妻　江氏陳之瑾妻　劉氏廖啟楚妻　蕭氏朱用玉妻　嚴氏朱學質妻　朱氏文宗華妻
晏氏蕭朝秀妻　雷氏廖津妻　周氏庠生蕭常琮妻　鄂氏廖奉妻　劉氏廖烈妻
方氏廖五元妻　蕭氏鄂宗孔妻　徐氏嚴從五妻　吳氏嚴柏魁妻　周氏庠生廖允青妻
劉氏周兌佐妻　余氏陳尚忠妻　余氏監生吳效成妻　余氏吳廷琢妻　某氏唐承柏媳
徐氏張問善妻　文氏方深文妻　吳氏文運選妻　余氏方肆筵妻　蕭氏林起鵬妻　朱氏周大受妻
蕭氏周艮友妻　廖氏監生周桂濃妻　田氏廖瑚繼妻　某氏廖瑚妾　劉氏徐雲成妻
張氏汪名沂妻　楊氏盧文鍾妻　李氏葉士貞妻　周氏監生郭天棟妻　李氏郭地燦妻
劉氏匡四長妻　張氏方四科孫媳　葉氏匡五麟妻　王氏胡履坎妻　陳氏朱效儀妻
吳氏李偉人妻　黃氏郭維則妻　彭氏庠生李鄰妻　祝氏裴國棟妻　曾氏劉世耀妻
徐氏盧汝楊妻　余氏劉四渠妻　董氏監生周敘五妻　汪氏楊一圻妻　徐氏葉訓取妻

徐氏胡成粱妻　夏氏徐佐均妻　鄂氏李必建妻　龔氏郭地奎妻　李氏樊勝全妻　楊氏盧重音妻
張氏謝一元妻　葉氏鄭四校妻　汪氏張其謀妻　張氏盧士諶妻　張氏葉能裕妻　王氏匡文燦妻
王氏汪律妻　趙氏涂一義妻　朱氏匡學玉妻　汪氏葉乾彩妻　陳氏胡廷用妻　王氏張文會妻
藍氏汪澤强妻　葉氏匡利水妻　樊氏董有楚妻　樂氏劉光興妻　鄭氏汪名瑜妻　郭氏汪名彰妻
汪氏劉四田妻　朱氏郭世奇妻　朱氏鄒如泰妻　汪氏鄒有節妻　劉氏高著妻　童氏高著媳
宋氏樊名山妻　李氏庠生郭邦麟妻　黃氏葉仲夏妻　葉氏李必榮妻　胡氏汪杰妻
賀氏監生李光明妻　張氏傅時德妻　葉氏匡人佳妻　張氏匡人儒妻　胡氏匡人文妻
張氏匡人鼎妻　鄭氏貢生劉鉞妻　朱氏李登雲媳　盧氏李維岳妻　徐氏李大瑞妻
段氏熊簡能妻　瞿氏李藹然妻　王氏胡履奇妻　許氏李成武妻　王氏周邦伯妻　傅氏嚴維第妻
王氏李一泮妻　童氏匡江妻　許氏涂雲料妻　胡氏涂雲料媳　黃氏周國昌妻　傅氏監生陳鎬
妻　鄭氏王應周妻　呂氏匡朝佐妻　葉氏監生周信妻　楊氏李生佳妻

鄭氏王崇照妻　徐氏王崇縉妻　徐氏龔全智妻　趙氏許象晉妻　胡氏張士達妻　劉氏童琛妻
匡氏何之榮妻　李氏童士能妻　趙氏張廷魁妻　汪氏王一炎妻　唐氏王美石妻　周氏李華國妻
胡氏熊泰名妻　徐氏周在朝妻　張氏周在朝媳　胡氏毛廷連妻　黃氏羅品三妻　李氏周南有妻
蕭氏周琴探妻　余氏程象坤妻　周氏府經歷王文虎妻　潘氏閔仲朝妻　胡氏陳典則妻
張氏李孟則妻　周氏江文昂妻　盛氏周心鼎妻　許氏潘河妻　李氏胡履桂妻　閻氏童一元妻
童氏滕天富妻　汪氏王正起妻　韓氏汪玉彩妻　王氏陳大法妻　江氏周密妻　徐氏閔瀾觀妻
楊氏詹華彩妻　鄭氏董家誌妻　周氏汪正祥妻　丁氏胡周美妻　黃氏庠生王國棟妻
許氏王世榮妻　童氏趙成洛妻　汪氏庠生王萬籌妻　某氏王萬籌媳　李氏鄧金妻
李氏丁台位妻　羅氏李對成妻　鄭氏庠生張台三妻　鄭氏羅羣斗妻　李氏王海騰妻
閔氏吳周樹妻　周氏許宗朝妻　江氏王次臣妻　宋氏祝雲程妻　金氏陳雲瑞妻　姜氏蕭德量妻
陳氏王安舒妻　劉氏庠生周傳海妻　朱氏雷子傳妻　蕭氏朱宿江妻　雷氏何靖成妻

何氏崔宗周妻　涂氏雷華王妻　蕭氏歐陽金妻　金氏熊登枚妻　陳氏蕭廷瑞妻　涂氏張廷魁妻
劉氏監生周曰旦妻　孔氏監生鄭三重妻　蔡氏程祺炳妻　張氏高雲權妻
周氏張大哲妻　楊氏羅大廷妻　張氏朱慶雲妻　徐氏羅乾德妻　胡氏監生何登珣妻
鄭氏劉周向妻　劉氏歐陽賢法妻　沈氏張之翰妻　匡氏張大賓妻　匡氏姚應賢妻
朱氏汪澤龍妻　潘氏盧文越妻　李氏姚應達妻　張氏姚一瓊妻　朱氏姚一珩妻　胡氏姚二相妻
李氏姚三兆妻　張氏劉仲琦妻　李氏王立甚妻　駱氏夏紹信妻　石氏徐枝麟妻　吳氏趙國麟妻
蕭氏胡泰熊繼妻　易氏姚二浩妻　潘氏王立德妻　王氏蕭德仁妻　程氏陳光玉妻
李氏周立賢妻　蕭氏周立楨妻　丁氏周立楨弟婦　李氏監生周振鷺妻
李氏周力耕妻　廖氏文能章妻，苦節十一年，咸豐八年三月攜子殉節　朱氏屈志道妻，守節六十一年，咸豐
八年殉節　程氏徐楚江妻，苦節七年，同治三年六月遇賊，攜子女投水死　沈氏徐存志妻，
守節三十八年，同治五年九月闔戶被賊焚死　王氏周永瞻妻　楊氏周克勤妻　汪氏周一瓊妻

黃氏監生周紹濂妻　羅氏余新楚妻　鄭氏江漢廣妻　明氏鄧釗妻　易氏羅在位妻
周氏庠生張邦蘭妻　王氏洪有華妻　周氏王之喜妻　劉氏楊啟彬妻　徐氏余利貞妻
徐氏余善科妻　龔氏徐明書妻　高氏王之文妻　王氏徐明盛妻　汪氏林應廣妻　余氏方鶴鳴妻
林氏楊敬止妻　朱氏毛榮信妻　葉氏庠生張孔電妻　傅氏高光楝妻　徐氏胡一覺妻
項氏劉大棕妻　楊氏晏鵬章妻　晏氏萬啟鳳妻　汪氏張益茂妻　汪氏胡泰安妻　晏氏李二綉妻
朱氏李力榮妻　傅氏項光順妻　童氏監生晏士林妻　晏氏滕賢利妻　蕭氏滕之屏妻
滕氏嚴永福妻　陳氏鄧廷漢妻　祝氏鄧遠明妻　徐氏唐永貴妻　崔氏徐榮桂妻　羅氏監生周世華繼妻　王氏照磨姚振彩妻　程氏高燦洪妻　潘氏程麒耀妻　廖氏監生彭文吉妻
周氏徐光斗妻　陳氏丁明鳳妻　周氏張閏珹妻　姚氏王立常妻　嚴氏周慶清妻
葉氏胡詩秀妻　徐氏蕭敬止妻　林氏雷楚發妻　萬氏知縣廖雲飛妻　鄂氏程開煦妻
汪氏王同倫妻　蔡氏童邦傑妻　許氏蕭自洛妻　胡氏王皆清妻　趙氏張喜開妻　陳氏段夔奎妻

王氏余新友妻　周氏張世勳妻　童氏王光聯妻　嚴氏王永發妻　盧氏庠生羅遵烈妻
聞氏羅必明妻　陳氏羅起棠妻　鄭氏羅必元妻　周氏羅光藻妻　陳氏楊高桂妻　胡氏王清泰妻
聞氏胡學易妻　童氏胡中岳妻　周氏劉立詣妻　王氏周祚麟妻　王氏童先梅妻　周氏李一德妻
蕭氏李之誥妻　余氏蕭功宏妻　王氏劉勝壽妻　涂氏盧保之妻　盧氏董守璜妻　王氏張鼎妻
張氏蕭森妻　陳氏羅煥章妻　劉氏張世源妻　甘氏歐陽勳妻　郭氏歐陽紳妻　丁氏晏五樓妻
苦節三十餘年縣志列孝今仍列節　童氏許階陞母　徐氏許階陞妻　以上縣志待旌節婦

烈婦

張氏胡佩玉妻夫沒有謀奪其志者遂自經死乾隆四年　旌
通志王志

熊氏閔子卜妻居西關外大水至居民奔避卜病卧不能從氏誓死不去率子女集榻前須臾水大至闔家死焉

匡氏晏甚玉妻父母居河南女少育於匡遂從姓歸晏歲餘夫沒無子抱夫女弟之子養之族惡逼令他適氏暗藏毒藥以俟族惡得漆姓金將刼之去氏知之潛逃衆追及氏抱樹而止衆拔之氏泣不舍樹爲之披衆執氏還及門不令入室氏曰勢至此我何能爲髮亂容理之入卽服毒籲天怨詈族惡縛置諸輿中途謂輿夫曰我死汝須以屍還晏比至漆藥發死目不瞑以其屍歸晏乃瞑

周氏監生蕭光悅妻年二十歸蕭歲餘夫沒立志從死勺水不入口者六日姑知志堅防之密娣姒咸勸之且立姪常銳爲嗣以寬其憂氏佯曰有子可不死矣乘隙自縊死

周氏徐雲龍妻鄉氏女也平居言笑不苟歸徐克盡婦道年三

十夫沒哀痛成疾語鄰媪曰良人死不忍獨生且家無娣姒居處不便異日必有奪吾志者惟有死耳越數日以幼子託鄰媪扃戶自縊以救免是夕復縊死時乾隆五十二年四月初六日事以上通志

夏氏黃甲福一名德安妻家貧佃種爲生乾隆五十一年春大饑福染疾氏不食典釵謀醫藥及福死卯鄰里具棺葬之繞墳號哭幾絕越七日自縊死里人哀之爲合葬時年二十八

胡氏胡孔清女江延華妻未嫁時夫病舅姑將徙居英邑欲娶氏同往氏父有難色氏請行徙英數月夫沒自經死英人義之輓詩成帙英山知縣何表其墓請　旌

吳氏胡國良妻年二十一于歸隨夫寄居英邑六閱月夫沒殯

殮畢自經死
王氏葉啟溢妻 蕭氏文宏燧妻 秦氏童大樟妻通志大作天 胡氏某某妻 以上縣志
以上已旌殉夫烈婦
匡氏李善慶妻夫病刲股救之愈延數月旋沒氏年二十四哀
毀骨立不食死
江氏江學籍女胡學智妻年三十一夫沒欲殉翁姑曰汝有遺
腹不可死也遂飲泣俟之五閱月生女氏竟不食死
周氏張翼妻 詹氏文大卷妻 周氏屈立省妻 陳氏庠生童賢輔妻 劉氏聞道源妻
姚氏王階熙妻 楊氏周隆昶妻 陳氏庠生童啟佑妻 漆氏汪思賢妻 陳氏張克鎔妻
以上縣志待旌殉夫烈婦
陳氏通判陳瑞椿女都司熊五雲妻同治三年六月被賊劫氏

佯仆道左紿賊曰饑甚賊信之往覓食遂赴水死越數日殮
屍面如生
徐氏彭永吉妻 匡氏楊盛才妻 毛氏彭奉賢母 余氏洪金遂妻 周氏彭文連妻 周氏王輝壁妻
余氏方一志妻 楊氏傅楚秀妻 陳氏周名交妻 方氏余志道妻 王氏周隆雨妻 洪氏余才學妻
余氏周友海妻 王氏許庭起妻 周氏洪永吉妻 以上咸豐四年殉難 何氏歐陽仲者
妻 金氏歐陽克昌妻 張氏汪春華妻節義錄作黃氏 袁氏匡鳳堦妻
王氏鄭金玉妻 阮氏阮時連妻 熊氏徐八鳳妻 徐氏涂光永 吳氏喻文獻妻 周氏涂光詠妻
尹氏黃丙南妻 胡氏徐日千妻 王氏李金雲妻 王氏童達揚妻 張氏王開泰妻 齊氏徐大興妻
一作之梅母 郭氏徐之梅妻 李氏盧永容妻節義錄永作承 王氏李長發妻 胡氏瞿啟雲妻
盧氏李春和妻 徐氏盧自順妻 王氏張則萬妻 張氏瞿某妻 張氏瞿之礽妻 葉氏李大愷妻
葉氏張容和妻 方氏涂光晉妻 馬氏郭利丰妻 尹氏黃世彥妻 王氏童啟貴妻 趙氏余正煥妻

郭氏王大斌□ 胡氏李云富□ 韓童氏 周氏涂士雄母 盧氏李道宗妻 以上咸豐五年
殉難 楊氏楊泰姑母 涂氏徐士田妻 郭氏馮秀林妻 段氏王祈志妻 李氏郭某妻
郭氏李某妻 傅氏葉某妻 張氏周某妻 李氏張則義妻 鄭氏王渠妻 郭氏葉某妻
傅氏葉和連妻 鄭氏王祈名母 鄭氏李士人妻 張氏周其人妻 以上咸豐七年殉難
何氏劉敏齋妻 匡氏許大廷妻 王氏蕭家泰妻 潘氏楊以鼎妻 李氏吳萬象妻 胡氏葉端仕妻
涂氏葉芹泰妻 王氏史首賢妻 周氏童二海妻 胡氏楊以貴妻 汪氏匡仲謨妻 匡氏晏登第妻
金氏王登元妻 郭氏胡學啟妻 闞氏蕭壁之妻 潘氏朱添福妻 劉氏晏五桂妻 許氏滕楚瑞妻
黃氏張慎勤妻 岳氏林驊緒妻 童氏余錫梁妻 張氏羅榮照妻 涂氏程名啟妻 闞氏傅杏林妻
胡氏張元喜妻 程氏馬玉階妻 周氏胡學秀妻 郭氏葉茂鴻妻 趙氏黃贍照妻 李氏何翔之妻
尹氏張□順妻 熊氏徐八容妻 以上咸豐八年殉難 潘氏高金鼇妻 潘氏劉雲坤妻
葉氏張養善妻 齊氏徐大鷹妻 楊氏蕭在元妻 王氏高義方妻罵賊被裂尸 周氏陳春旺妻

攜子佑喜溺死 詹氏陳春和妻 羅氏雷雲南妻 余氏周字順妻 朱氏童先發妻 金氏胡學屋妻
蕭氏朱金春妻 蕭氏朱朋發妻節義錄朋作明 余氏潘長萬妻 朱氏潘隆丑妻 李氏潘隆興妻
朱氏李敦楚妻 唐氏蕭輝普妻 劉氏李忠寬妻 李氏朱長璜妻 李氏蕭被爵妻 胡氏田克炷妻
李氏趙芝蘭妻抱子溺死 余氏胡中發祖母 余氏傅全義妻節義錄余作李
李氏潘萬清妻 沈氏李承連□節義錄連作達 夏氏李承應妻 高氏潘封衞妻 林氏廖鎮洛妻
唐氏徐雁亭妻節義錄徐作余 方氏闞紹宗妻 張氏汪元泰妻 王氏李克奎妻 董氏潘家萼妻
王氏吳泰和祖母 曾氏徐明彩妻 蕭氏徐應鳳妻 吳氏徐應鼇妻 田氏廖洪森妻
陸氏張星才妻 許氏蕭上國妻 王氏吳太和妻 余氏嚴永發妻 江氏嚴光太妻 以上咸豐十年
殉難 葉氏府經歷陳瑞琳妻 郭氏內閣中書陳昌綸妻 徐氏陳秀雲妻
童氏庠生晏以顯祖母節義錄作晏童氏 以上縣志同治三年殉難六年請旌 鄭氏王安撫妻
李氏余德焰妻 王氏從九涂鑑妻 徐氏胡學壁妻 魏氏胡中俊妻 張氏余彩福妻

李氏余拔萃妻徐氏胡承順妻曾氏方立成□徐氏胡學和妻童氏胡祥友妻陸氏朱門盛妻
節義錄門作閭國氏葉錫朋妻吳氏葉啟富妻女同溺樊氏王金容妻節義錄容作榮
程氏葉百祿妻趙氏羅永和妻魏氏周湊雲妻祝氏胡有乾妻彭氏胡應文妻胡氏夏鳴皋妻
盧氏余應選妻葉氏胡太烈妻王氏汪惠方妻張氏汪高傑妻張氏王旺才妻節義錄作才旺
曾氏郭天久妻女同溺死程氏胡鳳文妻朱氏涂萬盛妻李氏盧文盛妻查氏涂廣富妻
節義錄富作福盧氏胡詩元妻徐氏胡詩俊妻王氏胡宗義妻樊氏胡宗燧妻余氏裴宗福妻
王氏盧朝取妻張氏盧錦春妻瞿氏李道朝妻朱氏汪文炳妻節義錄作姜王氏汪蘭堂妻
胡氏余道見妻莊氏龔國才妻潘氏盧文鉞妻彭氏徐高發妻張氏楊朝輔妻節義錄輔作富
李氏盧琴書妻何氏盧淩虛妻攜子死張氏胡庭榮妻同子死徐氏胡庭選妻
張氏胡奉三妻樊氏李在餘妻瞿氏李捷廷妻夏氏盧思哲妻郭氏盧錦城妻節義錄郭作鄭
胡氏盧世義妻萬氏盧熉妻閔氏徐光勝妻王氏劉勝才妻陳氏高鳳祥妻胡氏熊廷趣妻

黃州府志《卷之二十九　列女六　十八

子柯田同死艾氏祝四海妻李氏程錦雲妻張氏龔錦耀妻彭氏秦松齡妻李氏程丙和妻
樂氏張正明妻李氏羅登朝妻劉氏羅文升妻吳氏王楚望妻易氏趙雲春妻易氏趙春安妻
易氏龔必第妻趙氏程殿揚妻張氏聞三進妻樊氏葉耀先妻許氏徐某妻汪氏張寶賢妻
節義錄賢作書章氏張世哲妻王氏張世諧妻節義錄諧作楷饒氏張崇保妻范氏張宜發妻
羅氏李永太祖母田氏周聖德母子同死匡氏鄭再徐妻張氏鄭雁春妻
陳氏葉文翰妻饒氏葉端彼妻節義錄作瑞比汪氏葉錫萬妻童氏張儒春妻黃氏方得祿妻
葉氏汪禮先妻節義錄禮作體葉氏陳萬春妻羅氏童國巨妻葉氏張義礽妻李氏葉新喜妻
鄭氏葉安茂妻匡氏余萬清妻汪氏李啟發母朱氏董翹榮妻徐氏董守[illegible]妻曹氏閻同波妻
徐氏劉八鑑妻余氏徐春和妻節義錄作徐氏陳氏胡忠炫妻節義錄炫作鎔胡氏周秀章妻
簡氏余秀章妻郭氏喻文華妻子女同死余氏童連友妻徐氏裴永恭妻節義錄恭作大
吳氏裴永信妻吳氏胡五桃妻節義錄五作玉盧氏李大鵬妻周氏王應台妻羅氏王藻春妻

高氏宋豔提妻李氏胡朝海妻王氏李宗勝妻李氏余廷富妻盧氏李墀舉妻萬氏程彩章妻
郭氏徐眞祥妻華氏李大尙妻姚氏李期江妻胡氏裴大榮妻胡氏劉鳳高妻節義錄高作鳴
徐氏閻定友妻余氏胡泰祥妻潘氏張從儉妻張氏徐金城妻王氏夏必志妻王氏陸鳳彩妻
胡氏張連甫妻傅氏胡勝宗妻胡氏裴六云妻徐氏裴錦堂妻王氏裴永進妻程氏高甫成妻
熊氏王湊雲妻朱氏徐玉奇妻節義錄奇作麒閆氏喻金魁妻胡氏劉金遂妻節義錄遂作席
朱氏徐士多妻余氏胡泰旹妻高氏裴朝舉妻蕭氏黃錦揚妻馮氏程錦雲妻郭氏樊秀純妻
許氏樊永揚妻雷氏葉紀章妻徐氏陳國安妻李氏胡太勳妻節義錄勳作純余氏葉春發妻
樊氏李紹發妻節義錄樊作汪余氏胡中元妻汪氏陳登榜妻孫氏樊新才妻汪氏余庭安妻
節義錄余作李李氏樊蓋有妻季氏李泰山妻張氏李方斗妻邱氏李兆堂妻劉氏庠生李鍾
靈妻王氏李楚雄妻張氏李紹蘭妻張氏李習艮妻郭氏朱四懽妻彭氏葉大緯妻
瞿氏李在育妻徐氏李力耀妻節義錄力作方瞿氏李志發妻郭氏朱三元妻徐氏葉錫德妻

黃州府志《卷之二十九　列女六　十九

楊氏葉福九妻馮氏汪躍龍妻郭氏汪承炳妻樊氏郭懷奇妻孫氏周隆萬妻葉氏郭熠榆妻
一女殉曾氏郭熠榆妾徐氏郭正興妻趙氏樊時美妻童氏李道槪妻周氏馮明興妻
張氏范翼高妻郭氏王添籌妻郭氏藍成德妻樊氏朱四忻妻程氏段永福妻董氏葉茂鵬妻
葉氏李光佑妻吳氏黃應朝妻郭氏黃應國妻瞿氏黃紹達妻郭氏馮春典妻瞿氏張紹庭妻
匡氏葉茂洪妻汪氏樊淵海妻胡氏樊永貴妻方氏葉端士妻周氏樊春華妻葉氏樊春照妻
何氏李君義妻汪氏葉正時妻陳氏李金儒妻王氏李道材妻李氏孔永清妻李氏葉又兒妻
陳氏葉雁彩妻汪氏李文岳妻胡氏李以才妻郭氏李念典妻郭氏李金序妻汪氏李文斗妻
節義錄斗作魁鄭氏葉東啟妻方氏張養興妻陳氏劉會海妻方氏徐天朋妻鄭氏匡大才妻
鄭氏葉新彩妻方氏徐會同妻蕭氏汪邦桂妻蕭氏徐九科妻蕭氏方正爵妻姚氏潘光勝妻
徐氏方二牙妻伍氏胡學志妻朱氏王志義妻張氏胡燕玉妻汪氏王家鐸妻李氏樂殿照妻
楊氏黃復元妻周氏涂景揚妻張氏趙晚川妻高氏李萬華妻萬氏胡全順妻高氏李學理妻

秦氏蕭金愷妻節義錄愷作楷　趙氏金彬燦妻　潘氏胡偉甫妻　張氏汪枝發妻　陳氏汪文楷妻
熊氏胡榮照妻　朱氏蕭光楚妻　徐氏汪應發妻　洪氏朱列棟妻　蕭氏胡大成妻　汪氏周世榮妻
李氏晏文元妻　雷氏晏文國妻　李氏程祥光妻　江氏雷雲照妻　雷氏鄧垂達妻節義錄達作遠
黃氏汪邦鎧妻　涂氏汪象明妻節義錄汪作王　程氏周長發妻　林氏蕭大鳳妻　徐氏程學才妻
楊氏郭元湖妻　齊氏徐大昌妻　胡氏陸成宗妻　胡氏朱六壽妻　李氏吳瀛江妻　王氏夏高翥妻
胡氏徐召州妻　范氏方萬有妻　陳氏王應元妻　齊氏徐國才妻　徐氏尹東升妻節義錄升作生　周氏王同連妻
徐氏陳樂德妻　邱氏雷文軒妻　何氏潘煥高妻　盧氏樊淵漢母節義錄漢作浹
王氏沈舜階妻　徐氏胡清吉妻　余氏李輝丙妻　葉氏羅咸有妻　張氏監生李光遠妻
蕭氏周慶祿妻　葉氏王保周妻　朱氏王克順妻節義錄王作汪　秦氏李鳳山妻　李氏汪國圓妻
張氏黃士宏妻　蕭氏周錦春妻節義錄蕭作羅　李氏周孔習妻　周氏監生張立業妻
蕭氏唐永江妻　蕭氏周保全妻　祝氏許耀第妻　張氏周從法妻抱子同溺死　姜氏陳永才妻

李氏周隆金妻　葉氏雷英華妻　徐氏高文秀妻　張氏高宣虎妻　童氏嚴光宗妻　吳氏蕭才蔭妻
李氏李建玉妻　周氏李在宮母　蕭氏胡忠發妻節義錄忠作宗　徐氏段學富妻　胡氏童宗彝妻
余氏吳國富妻　晏氏庠生程清漣妻　汪氏易東盛祖母　余氏吳上賓母
胡氏童秉乾妻　魏氏童新甫妻　張氏童開榜妻　汪氏文坤玉妻　張氏劉啟賢妻　呂氏童時發妻
子開泰同死　童氏劉學琦妻　袁氏徐克俊妻節義錄俊作進　徐氏盧錦標妻　王氏李道芝妻
王氏葉錫禮妻　徐氏余智懷妻節義錄作懷志　夏氏盧啟睿妻　胡氏王應華妻　劉氏王崇德妻
李氏丁名梓妻　李氏丁道和妻　汪氏李四進妻節義錄四作如　范氏汪太元妻　曹氏晏朋玉妻
方氏曹新德妻　徐氏胡菊喜妻節義錄菊作橘　楊氏雷恆豐妻抱幼子溺　汪氏蕭春映妻
汪氏徐盈川妻　陳氏楊采堂妻節義錄陳作程　左氏汪福傳母節義錄作傳福　張氏廖霞珍妻
劉氏熊德建妻　鄭氏簡永安妻　龔氏簡宏朝妻　庫氏徐發妻　王氏李在林母　葉氏樊泰母節
義錄作樊明泰　李氏何士舉妻　秦氏吳雲富妻　王氏段連科妻　李氏趙連貴妻子長兒同溺

蕭氏程元列妻　徐氏蕭堉坤妻抱子投水　蕭氏王茂翼妻　朱氏余朝海妻　余氏周應宗妻
趙氏周應榮妻　屈氏胡理豪妻　葉氏王皆安妻　潘氏詹世隆妻　王氏周有兒妻　段氏喻鳳先妻
周氏張文義妻　王氏周德秀妻　雷氏徐枝鎔妻　張氏晏有江妻　晏氏李紹棠妻　匡氏易春奎妻
節義錄奎作魁　樂氏周讀易妻　周氏傅永忠妻　李氏羅全忠妻節義錄作金氏　余氏詹思忠妻
胡氏趙思雄妻　屈氏胡祥雲妻　蕭氏朱長宗妻　童氏嚴介甫妻　徐氏廖紹興妻　陸氏孫枝杏妻
張氏王榮揚弟婦　嚴氏王本田妻　程氏汪遂雲妻　胡氏熊官賜妻　趙氏熊楚發妻
匡氏王枝濃妻節義錄誤作區氏　葉氏熊光洛妻　童氏程有富妻　王氏程有貴妻　胡氏蕭士奇妻
晏氏胡步雲妻　樊氏葉雲程妻　周氏詹伍葵妻　胡氏周鳳太妻　段氏胡美元妻　黃氏詹履貴妻
蔡氏龔龍兒妻　傅氏胡鳳池妻　王氏童其祥妻　黃氏匡子敖妻　方氏匡雲林妻　張氏匡學全妻
陳氏匡學全妾　匡氏葉錫福妻　匡氏鄭宗法妻　張氏姚隆賓妻　諶氏安金懷妻　李氏姚大常妻
節義錄大作本　王氏吳時發妻　匡氏姚羣發妻　朱氏姚四煦妻　夏氏匡于朋妻　葉氏匡隆章妻

方氏匡正名妻　方氏鄭永業妻節義錄永作遠　郝氏方必富妻　張氏吳榮先妻　范氏姚相堂妻
吳氏安和兒妻　李氏姚全選妻　方氏姚有洛妻　匡氏劉榮耀妻　曾氏姚洵川妻　劉氏朱高陞妻
方氏吳兆啟妻　雷氏匡四存妻　方氏匡子蔚妻　方氏鄭宜廷妻　方氏董邦昌妻　楊氏方象勝妻
鄭氏姚必高妻　匡氏姚勛桃妻　朱氏安有富妻　匡氏姚龍光妻　方氏姚學時妻　何氏姚春啟妻
胡氏姚純志妻　葉氏傅人瑜妻　匡氏傅八海妻　鄭氏姚有枝妻　王氏姚虞彬妻　匡氏姚長久妻
匡氏姚啟若妻　安氏姚炳聖妻　汪氏王意誠妻　匡氏鄒宗校妻節義錄匡作鄭　周氏鄒尚志妻
盧氏鄒尚發妻　王氏匡均璜妻節義錄均作廣　匡氏張世選妻　汪氏匡大管妻　鄭氏匡大鼗妻
傅氏胡元□妻　陳氏匡喬松妻　葉氏匡三提妻　鄒氏匡作咏妻　張氏匡本寅妻　湯氏匡倫制妻
吳氏匡輔清妻　賀氏傅志啟妻　舒氏匡盛采妻　王氏吳興甫妻　夏氏傅長發妻　王氏李永發妻
曾氏鄭召興妻　范氏吳啟發妻　湯氏鄭金蘭妻　陳氏鄭丙瀛妻　石氏鄭丙瀛妻　嚴氏匡金第妻
匡氏胡天祥妻　吳氏李國華妻　胡氏李傳忠妻　鄭氏李慶芝妻　李氏余啟發妻　崔氏郭國仁妻

節義錄仁作倫 鄒氏程世智妻 黃氏鄒均安妻 樊氏鄒瑞林妻 王氏鄒德州妻 胡氏鄒從理妻
王氏鄭學衡妻 李氏鄭三才妻 吳氏方盛春妻 游氏鄭三益妻 范氏余啟福妻 鄭氏汪必久妻
節義錄久作文 王氏李應忠妻 匡氏李應福妻 趙氏劉啟華妻 王氏匡廷駋妻 匡氏曾春朋妻
萬氏湯隆太妻 鄭氏湯長應妻 劉氏王天第妻 葉氏鄭玉書妻 徐氏王金祥妻 蕭氏萬秀升妻
節義錄升作斗 毛氏王永華妻 嚴氏徐品華妻 張氏鄒心楷妻 王氏鄒高辟妻 李氏張太福妻
傅氏張太興妻 胡氏匡秀峰妻 明氏吳學有妻 鄭氏吳太福妻 汪氏匡品龍妻 傅氏蕭有貴妻
鄭氏吳隆有妻 汪氏李孔金妻 石氏藍玉田妻 游氏黃五鼇妻 藍氏黃五鳳妻 王氏鄭載溶妻
匡氏鄭紀典妻 李氏匡大元妻 姚氏王錦仁妻 匡氏王安塏妻 萬氏李得才妻 藍氏鄭紀茂妻
袁氏鄭載義妻 劉氏毛定太妻 王氏鄭天祿妻 王氏毛金咏妻 嚴氏徐光義妻 范氏毛玉華妻
鄒氏周春發妻 鄭氏沈秀春妻 劉氏鄭篤連妻 董氏鄭篤身妻 郭氏鄭長青妻 胡氏葉春華妻
劉氏張世安妻 徐氏鄭篤傅妻 劉氏毛高正妻 沈氏鄭金福妻 匡氏洪志遠妻 劉氏洪正江妻

節義錄洪作熊 王氏熊玉山妻 王氏鄭必順妻 郭氏鄭金元妻 彭氏謝廣興妻 彭氏徐履厚妻
王氏鄭漢義妻 洪氏鄭洪敬妻 袁氏周太動妻 左氏金登高妻節義錄金作余 李氏毛燿斗妻
鄭氏毛燿華妻 魏氏湯啟茂妻 任氏范青和妻 匡氏范時安妻 方氏吳至保妻 汪氏傅早香妻
節義錄香作春 洪氏徐殿揚妻 吳氏匡啟容妻 汪氏匡大展妻 方氏汪德從妻 李氏匡暢懷妻
周氏汪協和妻 汪氏葉席珍妻 葉氏李在心妻 高氏汪得香妻 郭氏汪占春妻 葉氏方本初妻
劉氏方盛元妻 鄭氏傅人敏妻 賀氏葉名重妻 汪氏匡寶周妻 匡氏匡金明妻節義錄作王氏
夏氏匡文周妻 李氏夏利華妻 姚氏周長青妻 陳氏毛九思妻 周氏方太昌妻 董氏方汝聖妻
錢氏傅啟焻妻 王氏方守和妻 王氏方文漪妻 方氏藍兆春妻 胡氏方文禮妻 陳氏鄭學健妻
胡氏汪金和妻 張氏汪永發妻節義錄永作承 張氏方文利妻 梅氏方應才妻 李氏方盛全妻
王氏葉茂意妻 汪氏方波臣妻 王氏方俊明妻 鄭氏周正興妻 李氏周隆發妻 朱氏張金書妻
匡氏余燿明妻 段氏趙緋烈妻 朱氏方啟理妻 劉氏方萬象妻 湯氏方瑞州妻 周氏方啟進妻

鄭氏葉金雲妻 鄒氏楊之盛妻 姚氏方六儒妻 李氏方啟意妻 匡氏傅時敏妻 吳氏胡百安妻
董氏方大瑞妻 黃氏胡鳳聘妻 鄭氏方啟坦妻 呂氏胡興隆妻 姚氏胡百發妻 汪氏胡遠照妻
閔氏胡子隆妻 段氏胡百云妻 匡氏方啟善妻 蔣氏胡普臨妻 鄭氏盛錦書妻 李氏葉彩雲妻
吳氏葉彩臨妻 朱氏左鳳廷妻 李氏葉萃容妻 胡氏姚雁鳴妻 方氏汪鳳階妻 匡氏方邦念妻
節義錄作彥邦 楊氏朱五桂妻 張氏方文義妻 鄭氏朱得青妻 吳氏何世復妻 沈氏李大學妻
王氏李東意妻 匡氏余某妻 李氏董道和妻 彭氏劉意雲妻 范氏劉維勝妻 程氏匡啟茂妻
范氏劉維剛妻 葉氏汪錫其妻 黃氏汪早發妻抱子溺 張氏汪必仁妻 匡氏汪必禮妻
方氏陳起旺妻 葉氏陳起瑞妻 胡氏汪廷名妻節義錄名作銘 王氏汪學純妻 鄭氏汪東和妻
胡氏匡大福妻 張氏劉在喻妻 方氏沈羽豐妻 張氏劉維柏妻 王氏劉金海妻節義錄王作汪
葉氏劉某妻 胡氏劉維球妻 李氏沈如松妻 郭氏毛祥勝妻 劉氏黎天元妻 童氏劉在祿妻
節義錄童作董 李氏劉登會妻 周氏李某妻 葉氏樊朋程妻 鄒氏樊秀舉妻 李氏樊文臺妻

方氏汪松茂妻 胡氏劉大義妻 李氏周春元妻 李氏余國隆妻節義錄作余氏李國隆妻
郭氏董道學妻 沈氏董守先妻 劉氏董守常妻 方氏董道直妻 李氏董道江妻 王氏董道泉妻
左氏董道正妻 姚氏董文遠妻節義錄文作道 樊氏董守智妻 劉氏董守文妻節義錄守作道
郭氏劉維章妻 陳氏李坤州妻 毛氏王有聲妻 方氏葉初學妻 李氏葉廷朗妻 袁氏胡太燧妻
鄭氏李之升妻節義錄鄭作郭 李氏葉錫禮妻 羅氏葉利川妻 李氏葉賢書妻 李氏葉丹蓮妻
鄒氏毛祥華妻 陳氏李祥華妻 毛氏葉魁萬妻節義錄萬作高 陳氏張普濟妻 胡氏夏明高妻
余氏胡太科妻 王氏張錫林妻節義錄林作麟 周氏王永秀妻 汪氏稟生江之桂妻
裘氏劉雲松妻 毛氏李新煥妻 胡氏童瑞林母 胡氏童先柏母 范氏孫得勤妻 汪氏方均聘妻
呂氏方文茂妻 宋氏方倫魁妻 葉氏方賢書妻節義錄葉作董 葉氏方映祥妻 張氏方文才妻
蕭氏程元善妻 金氏傅大有妻 李氏王鳳楷妻 毛氏洪維典妻 葉氏李超羣妻 王氏張二煥妻
晏氏程杖先母 余氏趙元意妻 傅氏鄭世發妻 胡氏曾興材妻 余氏廖乙巳妻 童氏張一春妻

童氏吳朝典妻　陳氏張來聘妻　李氏余良弼妻　雷氏葉燦煜妻　張氏胡進豐妻　段氏黃世義妻
葉氏晏紫茗妻　黃氏胡開榜妻　汪氏陳士瑋妻節義錄汪作樊　郭氏葉錦容妻　葉氏陳邦福妻
黎氏劉在成妻　鄒氏鄭月庠妻　毛氏葉暘春妻　王氏監生張炳妻　安氏姚家祥妻
董氏鄭月台妻　賀氏劉青雲母　鄭氏胡應德妻　李氏姚五樹妻　姚氏朱長遠媳　嚴氏徐庚寅母
匡氏張世選姪媳　葉氏陳細添母　王氏許恆山妻　秦氏吳太和妻　李氏王有蕎妻
吳秦氏　許王氏　程蕭氏　王馮氏　周王氏　王葉氏
張周氏　晏童氏　王李氏　王金氏　趙胡氏　董晏氏
吳余氏　易汪氏　石胡氏　陳汪氏　葉氏樊明泰妻　葉氏樊明泰媳
李氏鄭學珍媳　潘氏陳有財妻　葉氏方得祿母　張氏盧錦雲嫂　張氏盧錦雲妻　徐氏蕭文光妻
李氏金家吉妻　程氏徐楚江妻　彭氏謝興廣妻　賀氏劉登雲母　葉氏陳能福母　葉氏陳新早母
葉氏段必忠妻　饒氏葉端靖妻　方氏葉文華妻　張氏方映瑞妻　方氏張必義妻　葉氏方盡忠妻

呂氏方文華妻　黃氏周文忠妻　董氏鄭載均母　張氏葉明成妻　張氏鄭一占妻　匡氏張燠藻妻
葉氏張澤弼妻　張氏彭立富妻　方氏張敵本母　匡氏鄭傳勳母　沈氏汪寶國妻　饒氏葉高耀母
徐氏裴正敖妻　李氏張廣元妻　郭氏汪錦堂妻　臧氏龔宙泰妻　胡氏周有烈妻　葉氏李升雲妻
葉氏李萬全妻　徐氏葉端貴妻　葉氏孫佳明妻　張氏葉端濃妻　樊氏葉錫城妻　徐氏樊明富妻
李氏樊在文妻　毛氏王有明妻　樊氏李在啟妻　李氏樊奉山妻　王氏周得芳妻　劉氏王喈葱妻
蕭氏雷坤碧妻　許陳氏　陳段氏　黃陳氏　陳高氏　高陸氏
胡陳氏　高葉氏　林徐氏　萬陳氏　王陸氏　以上同治三年殉難
胡氏李上進妻　周氏涂四杰妻　徐氏余光佑妻　瞿氏汪炳德妻　潘氏陳永富妻　郭氏軍功石玉
成妻　胡氏石鵬彩妻抱乳子同死　胡氏周必昌妻　饒氏葉九成妻從夫死
張氏汪萬堂妻　葉氏方謹訓妻　王氏李飛雄妻　余氏童某妻　余氏胡泰祥妻　胡氏高朋皋妻
樊氏李玉堂妻　郭氏王東明妻　某氏葉慶芳妻　汪氏樊明道妻　葉氏李丹雲妻　王氏張鑒光妻

黃氏周翹松妻　饒氏葉某妻　蕭氏段某妻　徐氏余光佑媳　張氏汪廣福妻　余氏童紹意母
蕭氏毛科元妻　金氏田春元妻　閻氏增生胡紹瑗妻　李氏金某妻　汪氏陳霞順妻
胡氏某某妻　熊氏胡四炳妻　潘氏胡五熏妻　徐氏郭元音妻　林氏周交成妻　劉氏沈聯科妻
劉氏王枝樟妻　明氏蕭自明妻　陶氏周萬全妻　晏氏童漢宗妻抱子同溺　童氏胡中發妻
蕭氏曹五桂妻　何氏周傳文妻　詹氏方銘天妻　徐氏何甲三妻　羅氏周錦春妻　徐氏閔一勤妻
劉氏王枝妻　馮氏王家藎妻　周氏徐鴻卿妻　石氏潘燠瓌妻　胡氏周傳松妻　邱氏庠生金景
增妻　陳氏方耀廷妻　周氏董國用妻　陳氏庠生童肇虎妻　姚氏朱某妻
葉氏姚三志妻　嚴氏徐某妻　匡氏張某妻　匡氏匡金明妻節義錄作王氏　葉氏陳某妻
周氏李某妻　左氏汪某妻　李氏葉某妻　李氏樊三春妻　陳氏李某妻　陸氏張某妻
徐氏盧句順妻　孫氏歐陽貴妻　周氏武生黃兆台妻　王氏李金榮妻　周氏張啟貴妻
李氏周孔席妻　晏氏李召堂妻　朱氏金昌海妻　宋氏監生金志和妻　童氏胡其泰妻

傅氏胡鳳照妻　蕭氏周錦春妻　朱氏王大有妻　郭氏徐金奎妻　徐氏蕭某妻　范氏庠生許耀
龍妻　胡氏周合秀妻　晏氏胡萬有妻　晏氏朱朝宗妻　許氏蕭報國妻　周氏洪大發妻
葉氏劉登萬母　夏氏傅長發弟婦　匡氏傅長發媳　鄭氏湯隆太媳　匡氏余鳳儀孀
母　賀氏劉登旺母　尹氏黃秉蘭妻　毛氏余家和妻　夏氏傅長茂妻　楊氏胡春茂妻
萬氏胡開泰妻　馮氏王際臣妻　柴氏徐枝喬妻　許氏徐斯層妻　胡氏郭長元妻　葉氏李蒞林妻
方氏沈時若妻　郭氏董永林妻　匡氏董永青妻　劉氏余鳳起妻　毛氏匡起珠妻　鄒氏劉三鳳妻
李氏黎成萬妻　葉氏胡德華妻　錢氏傅炳南妻　王氏藍兆州妻　鄭氏葉思采妻　李氏郭時茂妻
傅氏葉和運妻　許氏徐守義妻　匡氏涂鳳儀妻　萬郭氏　胡萬氏　胡周氏
以上節義錄參府冊　胡氏汪廷華妻　公牘

外籍烈婦附

沈氏多雲鎮巡檢趙恩溥妻咸豐二年任所殉難

葉氏千總陳會雲妻咸豐十一年殉難

劉氏郭應安妻 張氏郭寶成妻 以上同治三年殉難 詹氏郭光域妻 張氏郭光培妻

以上已旌殉難烈婦

何氏開縣知縣羅三才妻 童氏增生羅三極妻賊至均與夫奔散誤傳三才兄弟死於賊何與童抱子投林家塘死賊退尋屍猶緊抱其子不能解

李氏庠生王熉妻 國初遇賊被擄大罵不屈被賊斷手足死

以上待旌殉難烈婦

孝婦

郭氏胡其勝妻姑溺赴救死手猶挽姑

嚴氏江學連妻 周氏江永浩妻 以上縣志 王氏周隆科妻 周氏熊禮懷妻 周氏傅林福妻

三人本公牘補 以上已旌孝婦

蔡氏汪士洪妻 廖氏李三益妻 童氏監生涂煌妻 陳氏崔家駿妻 徐氏崔先春妻

李氏庠生許昌蘭妻 蕭氏張世涫妻 嚴氏王永發妻 匡氏姚三望妻 鄭氏庠生姚漣妻 羅氏監生陳思義妻 嚴氏吳士恆妻 廖氏曾大觀妻 晏氏何介臣妻

劉氏蕭緬武妻 某氏余學儒母 李氏樊武烈妻 樊氏葉泗水妻 黃氏張之澤妻 徐氏庠生王光祖妻 汪氏監生王國經妻 劉氏蕭桂亭妻 葉氏王皆傑妻 童氏晏嗣元妻

張氏王枝杰妻 張氏胡學和妻 陳氏周祚憲妻 李氏童先淑妻 晏氏趙世康妻 周氏庠生趙勛妻 李氏周祚學妻 許氏監生周祚英妻 熊氏晏其潤妻 何氏李之諾妻

李氏優增生葉炳蔚妻 晏氏劉雲彩妻 廖氏監生楊繼洪妻 熊氏余臣賡妻

葉氏余鶴皋妻 徐氏葉香渠妻 汪氏監生張芬妻事祖姑翁姑俱極孝養 羅氏胡升中妻

陳氏胡中靖妻 張氏王某妻 祝氏王某妻 徐氏王茂林妻 陳氏周友蘭妻 張氏王肇興妻

閻氏庠生羅遵烈妻 陳氏監生羅正耀妻 沈氏監生羅正發妻

余氏蕭功宏妻 張氏童輝甲妻 唐氏監生周傳梓妻 胡氏陳寶嫌妾 羅氏陳紹平妻

徐氏陳宗杜妻 汪氏歐陽書緒妻 以上縣志待旌孝婦

貞女

項女漢陽人湖州府知府項喻女幼字仁和縣知縣何昇子毓璜未嫁壻沒女年十七聞訃素服奔翁任所守志立從子承器爲嗣後翁遷任河南湯陰縣卒於官姑年邁女護柩歸里越數年姑沒喪葬如禮苦貞四十三年卒

祝女幼字庠生史斌年十九未嫁聞斌沒往弔欲殉斌祖父母及母勸止之遂立夫兄子爲嗣卒年五十六

劉女幼字增生余寬之子銘未嫁銘沒女聞訃奔余號哭失聲

形毀骨立寬以女年少令家人勸之歸女曰生歸余否則死耳安歸寬哀之令家人待以禮以孫昇爲之嗣終身無閒言

以上通志

胡女胡任賢女幼字童光照未嫁照沒女年十八聞訃衰麻奔喪外襲吉服入門拜宗祖及翁姑畢投吉服火之向靈前哭拜起以頭觸棺暈絕者再姑撫之入請立後以夫兄子啟虎嗣焉女自是不出房闥帷昧爽一問姑安父母遣兄弟來視亦隔簾存問數語而已越數年沒家中自女輩外惟入門及蓋棺時兩見之咸豐十年 旌縣志

王女霍邑王宗沂女幼字鄭雁鳴養於壻家年十三壻沒女矢志守貞後翁病竭力以救

王女王文述女幼字周祚成未嫁聞成病沒泣不絕聲遂往壻
家守貞姑病刲股和藥以救
陳女幼字王枝誨年二十二未嫁壻沒女聞訃奔喪守志事姑
姑病刲股和藥以愈以上公牘
余女字涂三樂　吳女士琮女　陳女監生家治女　黃女字王皆晉　王女字周賢書
劉女字許宗茗　王女字羅有虎以上縣志　王姑字周隆楷　周姑字彭祚年　張姑字李登雲
王姑字李光添已獎以上縣志參公牘以上已旌貞女
童女字王枝杏　王女字鄧垂獻　童女童二見長女字雷一庠　李女字汪檠漢　張女從九瑤皆
女字周四存　周女敵明女以上待旌貞女

烈女

陳女幼字張邦亮未嫁亮得癘疾女聞往侍湯藥數月亮沒女

以身殉
王女幼字陳廷獻年未及笄聞獻病篤請於父母欲往視弗許
女涕泣不食乃遣之居數日獻沒女扃戶投繯陳氏共救之
泣曰夫死義不獨生次日卒自經死
周姑字姚斯詠以上已旌殉夫烈女
謝女幼字蘄水羅某長子年二十一未嫁羅姓子遠出九年未
歸其從父與謝某欲以次子續婚議已定女知之投河死屍
直立水中不仆秦之鐸爲立烈女傳
周女周金榜女幼字董氏子年及笄壻病女聞請命於父欲往
視侍湯藥弗許請益堅遂許往董以未成禮辭女曰此何時
而託禮自絕耶自是藥必先嘗食必親調衣不解帶侍疾累

月而董子沒女以首觸棺血流被面董知女有死志與鄰媪
容防之女絕粒四日強起一飯謂姑曰女今不死矣顧家無
餘粟何弗遣鄰媪去姑以爲然移時偵姑浣衣於外急投繯
死視其衣服首飾若宿備者入殮時遽回首左顧壻棺僵不
可挽聞者咸歎異焉
周女世臣女　余女三立女　廖女字胡太原　高女監生學楚女以上待旌殉夫烈女
童女童恆珠女同治三年避賊於戲子洞賊至強逼之女大罵
賊以薪焚洞女與父恆珠兄金堂桂林曉林俱死
王女王皆俊女同治三年賊殺其父女大罵賊懼以刃女奪刀
砍賊手被賊磔
玉姑王開泰女　仙枝涂在雄女　李樂姑　漢兒陳興旺女　童女周邦富女　童女邦富姪女
張女顯能女以上咸豐五年殉難　江女希鴻女　董女恆盛女　胡女連喜女

徐女耀奇女　劉女雲坤女隨母死　張女星才女以上咸豐十一年殉難
郭女天久女　葉女啟富女　郭女熠榆女　王姑名筱姑　葉女姚氏聘媳　大姑訓導潘鼎
梅次女　胡女余氏女　方女得祿女　大女　次女俱潘萬利女
長女　次女　三女　四女俱樊明太女　郭女禮龍女
徐女楚江女　李女克復女　李女在林女　鄭女德先女　鄒女宗枝女　徐女本鉞女
匡女盛鏈女　匡女名玉蘭　匡女名梅女俱盛鋼女　匡女長發子媳　李女永發女
鄭女丙瀛女　鄭女隆太子媳　鄭女正發女　鄒女春生女　藍女在田女　李女高仁女
匡女文洲女　方女啟揚女　葉女文楚女　宋女六竹女　匡女幼字盛永利
童女三提女　裴女永恭女　黃女萬才女　黃女金萬女　閻女定友女　閻女同淮女
余女光佑女　胡女祥友女　王女添才女　黃女財萬女　胡女宗富女　樊女開元女

李女永高女　程女起雲女　童女延瑞女　吳女如丹女　吳女彩雲女　高女海雲女
皮女永昇女　徐女泰順女　葉女新喜女　汪女習英女　熊女名三姑延迦女　以上同治
三年殉難　喻女文華女　幼女李金雲女　大姑蕭茂坤女　大姑郭昌女　大姑　二姑
俱童遠揚孫女　潘貞姑　蕭大姑　周女世彩女　熊女胡氏女　葉女余氏女
涂女字徐士田　葉女李氏女　葉女錫仁女　沈女學蘭女　以上縣志參節義錄

外籍烈女附

趙女名福姑多雲鎮巡檢趙恩溥女咸豐二年隨父任所殉難

以上已旌殉難烈女

徐女幼字陳功滿未嫁壻沒女矢志不再字咸豐十一年二月隨父母避難山中賊突至露刃相向女紿之曰勿殺我父母我隨汝去不數武投塘死

余女余世玉女幼養姑家年十八未婚同治三年隨姑避賊俱被擄女泣求以身代姑賊追之行女曰俟望姑不見方行及姑遣奮身投水死

彭女蘄水彭晤武女幼字郭祖武未嫁同治三年七月女隨母被賊山中俱被執女紿賊曰釋吾母吾從汝賊如其言女行約半里許投塘死

張女先第女咸豐五年殉難　余女字嚴永發咸豐八年殉難　徐女耀其女　王女字曾學林
周女字曾世彩　涂女字徐顯名　徐女徐某女　傅女楚秀女　以上咸豐十一年殉難
蕭女永吉女　葉女萬川次女　詹女履貴女　朱女字樊開元　李女李東女　葉女萬利長女
汪女克昌女　宋女五粱孫女　胡女　胡女俱清吉女　張女字徐斯波　周女保全孫女
童女彩雲女　沈女舜階女　黃女萬金女　丁女道和女　蕭女萬林女　蕭女字廖霞珍

萬女得祿女　皮女行炎女　程女元烈女　吳女如舟女　童女邦華女　吳女字胡氏子
方女得祿女從母溺死　葉女永能女　李女克福女　李女在林姪女　葉女字陳馥兒
熊女延取女　胡女中元女隨母兄投塘死　裴女六才孫女　吳女　喻女金明孫女
閻女　趙女字陳永利之子　童女　鄒女宗校女　藍女藍某女
郭女郭某女　葉女名先秋端仕女　童女開榜長女　童女開榜次女　以上同治三年
殉難　以上縣志

外籍烈女附

傅女英邑傅文衢女衢寄居岳家故生女長於羅咸豐十一年賊突至女兄以疾不能行女負兄攀崖十餘里偕母匿深谷中賊搜得之刃其兄女憤手擊賊賊殺之數日後殮屍面如生

以上待旌殉難烈女

孝女

李女學庸女　方女復興女

壽婦邑志修於光緒二年仍依原年輯錄年九十六以上者現逾百歲存之備考

黎氏李必蓁妻壽百二十三　葉氏李光實妻壽百一十五　譚氏羅興顯妻壽百六歲
樊氏李在其妻壽百三歲　馮氏張啟華妻壽百二歲　鄭氏周禾爵妻　羅氏許伯明妻
商氏徐廷峰妻　匡氏張泰智妻　以上壽百一歲　盧氏程祺德妻　胡氏張文材妻　彭氏余峻妻
以上壽百歲　方氏葉金斗母壽九十九歲　黃氏同知廖元易繼妻　徐氏張天華妻
羅氏陳聯選妻　周氏張國仁妻　蕭氏朱相度妻　以上壽九十八　李氏庠生張明易妻
程氏汪名淞妻　胡氏庠生江文光妻　葉氏李坤山妻　朱氏曾象元妻　廖氏蕭秉忠妻
以上壽九十七　童氏盧鳳翔妻　匡氏姚四鯤妻　江氏晏正慈妻　蕭氏程時順妻　許氏陳大福妻
姚氏鄧正元妻　黃氏蕭廷道妻　周氏文可明妻　劉氏方榮名妻　方氏方銘旂妻　以上壽九十六

以上壽婦

黃州府志卷之二十九下終

黃州府志卷之三十

黃州府知府英　啟纂輯

人物志

列女七

蘄州

節婦

何氏庠生李本蓁妻年二十五夫沒撫孤坦與澤厚值風雨暴至壞牆屋氏與二子俱無恙後坦任趙州牧迎養氏服用素樸無異貧苦卒年八十二　贈宜人康熙三十七年　旌

金氏庠生李澤潤妻廣濟金德嘉女年二十七夫沒事姑極孝撫孤永芳成諸生康熙戊辰武昌兵譟氏適省母龍坪道梗

遣芳間道往衞姑指佩刀曰即有急吾當自裁卒年六十五

石氏　贈君諸生高自現妻苦節撫孤任知府康熙間　旌

張氏董開智妻年二十四夫亡無子撫從子爲嗣守節三十六年　俱雍正二年　旌

諸氏庠生李之縉繼妻　高氏駱某妻諸婢也諸紹興人幼通女史年十七適李逾年夫沒子槃甫三月總理家政教子及前室三子桂朶梅俱成名高早寡與諸同榻終節諸卒年五十八

熊氏監生王琦妻年二十八夫卒事姑盡孝撫二子成立守節三十年

陳氏梅春幹妻夫早卒撫子希中以節聞

王氏張大綸妻　程氏張大綸孫媳王年二十四夫沒舅姑老二子翼軫俱幼誓死養老撫孤後次子及兩媳並喪又撫諸孫孫媳程亦青年守節王苦節五十餘年

錢氏陳旣均妻年二十適陳生二子覲文覲武夫卒姑欲奪其志不從守節以老　俱雍正三年　旌

吳氏監生陳正芳妻年十九適陳二子俱幼夫病篤氏齧指血滴夫掌中誓以養親撫孤自任夫沒服闋歸甯其母微諷改適氏痛哭奔回翦髮焚夫靈前終身不至母家教子信古述古俱成名苦節三十四年卒雍正九年　旌

顧氏李永觀妻顧景星女幼讀內則女誡知禮義歸李後年二十八夫卒事祖姑存沒盡禮教子敷生成明經苦節三十六

年乾隆二年　旌

李氏張仕繩妻　何氏張正珩妻李夫早卒撫孤正珩復夭與媳何撫遺腹孫文煜守節四十四年李以乾隆三年　旌

王氏庠生張棻妻年二十六夫沒撫孤仁壽成立事姑孝姑沒倍服衰麻以伸夫志苦節四十年

駱氏張仕起(州志作仕超)妻年二十四守節撫從子爲嗣

羅氏張必相妻　王氏張拱辰妻姑媳也

蔡氏張盛濤妻　田氏張盛熹妻娣姒也

陳氏王作霖妻年二十九夫亡事祖姑與繼姑惟謹撫二孤成立子德滋成諸生守節三十四年

郭氏張復禮妻年二十二夫亡家貧苦節五十餘年

董氏王溥懷妻年二十一夫沒無子僅一女事舅姑孝不出幃幕者二十餘年撫姪德顯爲嗣苦節五十四年　俱乾隆五年　旌

鄭氏王民懷妻　沈氏王華封妻　胡氏王承宗妻鄭年二十五(州志作八)夫死撫四歲孤迨娶妻夫婦相繼亡僅遺一孫承宗爰依從子華封以圖存旣而孫與從子俱逝鄭遂與從子媳沈孫媳胡同榻以守苦節五十五年(沈氏本通志胡氏本州志增)

呂氏劉峯妻年二十八夫亡撫二孤苦節三十六年

嚴氏田本起妻　徐氏田本貴妻娣姒也俱夫早卒各撫二孤成立

張氏吳奎佐妻年十八夫亡撫三月孤守節三十五年

陳氏楊眉公妻年二十一夫亡撫從子爲嗣

陳氏胡備三妻年二十八夫卒訓遺孤成名苦節五十五年

俱乾隆六年　旌

張氏知縣陳治猷繼妻　劉氏陳治猷妻夫沒時張年二十九無出劉年二十五生一子張撫之並共撫治猷元配子若孫如己出張守節二十年劉守節四十年　俱乾隆七年　旌

張氏張宗霦妻　朱氏張明萬妻姑媳也

易氏庠生王亮猷妻　張氏王開幾妻易年二十九夫卒無子撫姪開幾爲嗣娶媳張開幾旋夭易與張相依撫三孫

張氏朱景榮妻　陳氏庠生朱之煌妻　范氏庠生朱世騆妻張年十九夫亡撫遺腹子之煌煌生子世騆俱早逝煌妻陳

駉妻范皆守志以一門三節　旌　俱乾隆八年　旌
鄧氏吳又岡妻苦節三十六年
李氏陳欲瑛妻年二十四夫亡甘貧守節撫姪爲嗣
詹氏陳浩暘妻年二十四夫亡撫一歲孤事舅姑盡孝
易氏馮元凱妻年二十二夫亡無子苦節五十五年
吳氏陳法虞妻年二十二夫沒撫孤成立事祖姑盡孝
張氏貢生陳信古妻年二十一夫沒撫姪爲嗣一夕大雷雨室圯氏母子俱無恙人謂苦節或有呵護云
張氏余藩妻年少守志以節終　俱乾隆九年　旌
沈氏管宗咸妻年二十九守節撫二孤次樸成諸生
宋氏監生汪執信妻年二十一夫亡撫孤之岳成諸生

吳氏駱抒怨妻年二十四夫亡撫孤成立
孫氏周延光妻年二十四夫亡撫孤叚弼成立氏能誦內則諸篇奉姑孝謹苦節七十六年
張氏李來亨妻守節三十年乾隆十年與子由虞孝行並建坊
俱乾隆十年　旌
周氏庠生熊楚荆（州志作蘄）妻于歸月餘夫卒年二十二守節撫姪爲嗣於密室禮神以祝舅姑壽乾隆十一年　旌
居氏童應修妻年二十七夫故撫孤三季子接驗孫嶧岭俱成諸生孫巒中副舉人三世同居氏守節三十三年
張氏庠生張樞妻年二十八夫亡守節三十二年
張氏監生呂琮妻守節三十六年

張氏田之紀妻年二十五夫亡家貧撫三月孤夫兄將令他適氏引刀剺面乃已鄰里憐之爲別置屋以居俾磨豆作生活竭力奉姑哺子自食豆屑撫夫姪成立守節三十六年
柯氏洪方谷妻年二十五夫亡撫遺腹子守節三十九年
張氏王有憲妻　胡氏王德駟妻張年二十六守志撫孤德駟娶媳胡生子承彬甫三月德駟卒姑媳各苦節三十九年
張氏庠生葉舒翮妻　韓氏葉舒翮子媳張年二十九夫卒力撫三孤後相繼亡三媳韓年二十無子亦守志張爲立嗣苦節三十八年
吳氏陳斯祜妻年二十三夫亡紡績以奉繼姑撫六月孤成立苦節三十三年

田氏陳芳軾妻年二十九夫亡撫二孤及孤姪皆成名守節二十七年初夫弟亡婦宋（郎監生陳芳轍妻見後已旌）亦守志人稱雙節
鄧氏吳元桂妻年二十三守志甘貧苦節　俱乾隆十二年
旌
張氏胡啟商妻年二十九夫亡力撫二孤長沒早卒媳方亦守志張苦節三十九年
王氏顧燕定妻年二十四夫亡孤殤奉姑撫姪咸盡道守節三十五年　俱乾隆十三年　旌
章氏張復俊妻　某氏張有伸妻章年少守志家貧勤苦撫孤有伸又卒偕孀媳撫孤成立苦節五十四年乾隆十四年
旌

張氏監生桂廷佐妻年十九夫沒以從子爲嗣苦節五十五年以上王志參通志州志

王氏諸生董開勳妻年二十六守志撫遺腹子家貧灌園紡績勳叔父母之嗣生養卒葬氏身任之苦節四十六年　俱乾隆十五年　旌

朱氏通志作某氏吳允執妻年二十八夫沒姑老病齒脫氏嚼米供朝夕撫三孤成立苦節六十年

高氏江有宗妻年二十七守志撫孤成立苦節四十年　俱乾隆十七年　旌

李氏王鎬衍妻年少守志撫孤茂清就傅時脩脯皆取給女工後得成就年六十七卒

朱氏童復州志作扶九妻年二十守志苦節五十一年　俱乾隆十八年　旌

董氏蕭艮楫妻年二十三守志事繼姑有加禮課子韶成立孫二一歲貢一舉人四世同居苦節三十年

高氏程世瑛妻　王氏程代遠妻高年少守志撫孤代遠不事膏沐言不出梱後子代遠卒媳王氏年二十三守志撫子巖成名苦節三十五年

田氏龔渭沚妻　王氏龔臣安妻渭沚卒田翦髮附棺矢志不貳子臣安又卒媳王氏繼志撫孤二田苦節五十五年王苦節三十五年

汪氏田仁浹妻年二十四守志撫六月孤大受夫兄嫂又相繼逝遺姪大樑僅五歲氏復撫立成諸生嗣大受大樑俱生子後早逝氏又撫亡孫與姪孫三世同居戒毋析箸苦節五十五年

陳氏張士模妻年二十守節撫遺腹子事祖姑以孝聞苦節三十三年

余氏庠生劉鏞妻　陳氏劉崇文妻余年二十五守志事姑以孝聞撫子崇文年二十四卒陳年二十三守志余與陳撫孫二松柏成名余苦節六十三年陳苦節三十八年

李氏張仕治妻年二十四夫沒氏斷髮置棺中誓不再適事嫡姑庶姑惟謹撫孤成立苦節三十餘年卒　俱乾隆二十年旌

張氏王貞度妻　胡氏王彤夯妻張年二十六守志撫子彤夯成立事繼姑以孝聞彤夯授室胡年十九卒遺孤中燦甫三月張與胡敎之成諸生苦節三十四年胡亦以節終乾隆二十三年俱　旌

陳氏岳廷獻妻年二十五守志撫女一無子立姪爲嗣夫弟謀奪其志詒至他處氏覺遂投繯殉節乾隆二十四年　旌州志入烈婦今仍從節論

劉氏廩生陳天隲妻年二十五守制遺孤甫週歲後敎之成諸生乾隆二十七年　旌

陳氏范卿繹妻年二十七守制無子立姪位楹爲嗣夫病篤翦髮付夫手誓不他適扶病奉姑甚謹苦節五十七年乾隆二

十九年　旌
張氏監生劉萬侯妻年二十二守志無子立姪之欄爲嗣苦節
三十七年乾隆三十八年　旌
伍氏周邦富妻年二十七守志遺子三俱幼勤家政紡績以養
翁姑教子成立苦節五十四年乾隆四十年　旌
劉氏張復睿妻年二十一守志遺子幼立姪輝爲嗣閉幃紡績
事舅姑惟謹乾隆四十二年　獎
袁氏陳猷漢妻有娠五月而夫卒遺腹生子詩氏奉姑教子以
節孝著性方執舊居僅一椽在溪東及子成進士官主事捧
封誥假歸奉母居溪西瞻戀故宅曰此先人之敝廬也子體母意
不敢復萌仕進念乾隆四十七年　旌

陶氏李有本妻年二十一守志苦節五十五年
官氏管軼賢妻年二十五守志　俱乾隆四十八年　旌
童氏吳道恆妻年二十六守志無子立姪爲嗣以節終
甘氏童作培妻年二十七守志
江氏余純（通志作纙）一妻　顧氏余通古妻江年二十七守志撫子
通古成人授室旋卒無子立姪承禮爲嗣教之成諸生媳顧
亦守節終
張氏王德鈺妻年二十四守志事孀姑以孝聞遺孤承汾甫數
月撫以成立苦節三十九年
胡氏田仁偉妻年少守志無子立姪爲嗣苦節數十年卒　俱
乾隆四十九年　旌

張氏童定煥妻年二十五守志無子立姪作珉爲嗣幽居教子
備歷艱辛乾隆四十九年　獎
劉氏陳天錫妻乾隆五十六年　旌
湯氏庠生張起妻年二十二守志無子立姪垂時爲嗣事翁姑
孝苦節六十八年九十卒乾隆五十七年　旌
張氏廪生胡昌和妻年少守志後以子鴻薰貴　贈孺人
童氏林德盟妻
王氏林本仁妻
葉氏朱士魁妻年十七守志勤紡績以養翁姑撫子全榮成立
苦節三十一年　俱乾隆五十九年　旌
胡氏何世灝妻年二十四夫沒無子誓死靡他姑諭以夫弟生

子爲之立後氏感姑言奉事惟謹後母氏欲奪其志遂投繯
死乾隆閒　旌
李氏王世瑛（通志作渶）妻庠生李大生女年十二父母俱亡哭甚哀
聞者爲之輟食後適王年二十夫沒無子立姪裔棠爲嗣事
舅姑孝族人稱之
石氏高子謙妻未嫁時夫得惡疾翁姑諭以改字氏堅志不從
年二十于歸侍湯藥三年夫沒或以家貧無出爲言遂截髮
自誓苦節六十年卒
詹氏操來蘇妻年二十三夫沒無子竭匳儀爲舅買妾生子夭
秩宗祀賴以不絕苦節七十四年卒
駱氏宋（州志作宗）天予妻年二十四夫沒遺孤在襁褓家貧與孀姑

相依爲命姑多病侍湯藥者九年姑沒悲泣失明遺柩未葬者四氏經營數十年四喪俱舉

駱氏吳登闕妻年二十四夫沒事姑孝姑遭賊刦氏冒刃衛之閭鄉稱孝以節終

鮑氏張承青妻年二十四夫沒撫遺孤翰事孀姑趙孝適盜入執姑索金氏衞姑身受梃刃盜義而釋之姑患疽氏泣抱舐患處一日翰外出氏偶隱几夢老人呼救兒氏驚尋翰陷池中已滅頂得救免里人以爲節孝所感也苦節四十四年

蔡氏梅甯侯妻年二十四夫沒撫孤成立紡績自給姑病瘓氏割股以進凡卧起皆氏扶持苦節五十三年

陳氏吳陛占妻年二十四夫病割股以進夫沒苦守姑善病氏

事湯藥不離衽席者數年以節終

陳氏梅繼恩曾祖母　某氏梅繼恩母　何氏梅繼恩妻陳年二十五守節某年二十七守節何年二十五夫沒生遺腹子光國善事兩姑辛苦備嘗俱以節終後於同治九年又補旌

向氏熊有轍妻年二十八夫沒遺子伯億家貧乞食養姑姑沒不能具禮族人給義田穀得殯殮教子成立苦節三十八年卒

張氏庠生顧仕綬妻　郝氏張氏婢女張夫以赴試溺死遺孤兆棉甫數歲繞牀泣氏顧而牽之曰恃汝在吾爲汝不死矣志事舅姑苦守三十餘年郝早寡與主母同卧起亦以節終

張氏顧鼎書妻夫沒事孀姑孝家貧三喪未葬氏竭力經營畢事撫孤四歲而夭立姪孫啟棠爲嗣姑沒殯葬如禮以節終

張氏黃載琢妻夫沒氏破鏡以半繫夫棺半存嫁笥凡祭奠時必出鏡痛哭撫五月孤式金成立事舅姑孝家貧紡績供甘旨苦節四十七年

高氏詹中域妻夫沒無子家貧父母恐不能守微示其意氏泣曰良人恃吾誓以瞑目安得背之自是不往母家事姑篤孝立嗣數歲殤後立姪興泰爲嗣以節終

楊氏劉之憲妻年二十二于歸甫八月夫病篤祈以身代割左右股和藥以進終不愈夫沒無子立姪爲嗣撫之成立事舅姑孝苦節三十八年

李氏高至俊妻年少夫沒矢志苦守後夢夫召之夫辭姑及娣

姒旋不食而卒以上通志參州志　俱嘉慶間旌

石氏處士高自見妻　張氏騶其智妻　陳氏李元庠妻　鄭氏王景文妻　鄒氏張正倫妻

董氏王撝謙妻　萬氏駱輝越妻　宋氏監生陳芳瀚妻　李氏陳先偉妻　王氏監生王湘妻

田氏吳德懋妻　石氏王又鴻妻　周氏陳克懃妻　黃氏胡可堦妻　尹氏駱丕承妻

高氏駱懿美妻　涂氏范卿緘妻　韓氏王喬梁妻　高氏葉謙妻　張氏王策勳妻　顧氏張釆繁妻

柯氏監生張效愈妻　龔氏張承祖妻　潘氏庠生黃應時妻　盧氏駱杼幹妻

陳氏王一盛妻　高氏黃永遂妻　何氏駱又存妻　張氏胡屆遠妻　王氏李芳春妻　程氏陳宏芴妻

王氏陳伯臨妻　高氏董思舜妻　陳氏李由彬妻　方氏王一德妻　田氏馮世煦妻　趙氏李同庚妻

居氏童人虎妻　龔氏監生胡可馴妻　汪氏監生胡可驃妻　吳氏汪佑煌妻

駱氏汪佑照妻　王氏張世迎妻　田氏張岱雲妻　徐氏曹行仁妻　毛氏龔之烈妻　周氏陳欲程妻

陳氏何庠周妻　陳氏庠生張應夔妻　張氏朱萬圻妻　朱氏王道華妻　何氏裴勝詡妻

王氏駱宜韻妻　吳氏童濟仁妻通志濟作儕　江氏湯有禎妻　管氏董景表妻　閻氏周道持妻
褚氏梅相宜妻　蔡氏張位北妻　方氏監生張腹說妻通志腹作復　許氏駱抒坤妻　胡氏吳旦昇妻
馬氏賈克典妻　駱氏張培道妻　李氏知縣許元度妻　余氏許兼五妻　周氏張世翼妻
潘氏陳掄元妻　黃氏王錫三妻　王氏王遂章妻　李氏鄭應昌妻　董氏監生張之誠妻
徐氏汪自淑妻　陳氏吳延謙妻　蔡氏駱呈蓮妻　張氏駱周正妻　陳氏陳受構妻子燁妻張氏見後
陳氏王亨妻　張氏李育生妻　曾氏龔繼馨妻　王氏管效妻　姚氏龔永儀妻　宋氏姜從龍妻
彭氏姜從虎妻　韓氏葉燦暘妻　王氏李宗岱妻　張氏王邦烈妻　王氏徐克制妻　盧氏王開元妻
李氏孟良玉妻　胡氏張公辰妻　余氏庠生管一志妻　王氏張杜妻　方氏張容及妻
吳氏田公三妻州志田作王　熊氏駱呈彭妻　魯氏庠生黃載昌妻　陳氏操公遠妻
鄧氏王紹唐妻　易氏馮烜妻　袁氏王兆麟妻　孟氏夏帝扶妻　章氏沈六州妻　王氏沈時則妻
葉氏王一道妻通志作道一子烈妻某氏見後　胡氏操能賀妻　張氏韓天錫妻　王氏翁如瑾妻
蔡氏張人龍妻　何氏張人龍媳　吳氏張承昇妻　蔡氏龔繼爵妻　范氏蔡朝源妻　葉氏監生王開
治妻　王氏操贊皇妻　陳氏駱恭先妻　陳氏何開雍妻撫孤授室夫婦繼亡撫孫苦節五十餘年
王氏庠生張納誨妻　張氏庠生劉儁妻　李氏童有康妻　何氏胡天只妻
何氏蔡履中妻　康氏吳尚友妻　王氏張應秋妻　李氏馮容妻　龔氏蔡其述妻　王氏張鳳岐妻
吳氏陳宏潮妻　陳氏吳體乾妻　陳氏李由行妻　王氏陳名訓妻　孫氏康象儀妻　舒氏陳法舜妻
龔氏王宗益妻　熊氏庠生董飛龍妻通志飛作蜚　華氏陳國佐妻　胡氏張國儒妻　何氏朱仕澤妻
汪氏胡從宏妻　程氏王道懋妻　田氏陳聖備妻　陳氏姚世儲妻　錢氏陳翼舜妻　李氏韓宗琦妻
曹氏伊其國妻　王氏張文齡妻　朱氏張兆魚妻　黃氏胡可岦妻　顧氏王如秩妻　駱氏陳瑄舜妻
江氏湯有稱妻　管氏庠生王應榮妻　龔氏駱呈竿妻　邵氏程盛義妻　陳氏吳希孟妻
張氏王元妻　李氏陳邱長妻　唐氏童求成妻　甘氏庠生董乘龍妻通志乘作承　張氏周道齊妻
彭氏梅遜一妻　陳氏張觀成妻　劉氏許正元妻　劉氏盧聚賢妻　陳氏王問德妻　田氏陳光照妻

通志光作先　胡氏程代通妻　朱氏庠生王大猷妻　呂氏陳道永妻　陳氏監生吳伯
桂妻　胡氏胡學道妻　郭氏陳宏郢妻　孫氏黃質先妻　龔氏倪明遜妻　王氏畢明玉妻
張氏陳名誌妻　鄭氏蔡士昇妻　胡氏方國瑞妻　吳氏汪佑標妻　王氏張敬五妻　高氏張咸吉妻
宋氏葉紹芳妻　郭氏陳寬妻　劉氏曹乾一妻　劉氏曹鵬翥妻　鄧氏庠生高克連妻
陳氏陳宏炎妻　許氏庠生劉袞妻　王氏易泰妻　胡氏易德易妻　吳氏高馥妻
方氏王道恕妻　田氏張杰妻　張氏張正濂妻　王氏馮元芳妻　王氏何殿賜妻　胡氏紓桂芳妻
賈氏康柱東妻通志東作棟　管氏庠生王濂妻　趙氏周大權妻　張氏監生王如
曜妻　劉氏陳效古妻　閔氏庠生張標妻　吳氏張仕漢妻　周氏陳世珍妻
通志陳作程　龔氏蔡明瑛妻　王氏陳宏浚妻　何氏吳用商妻　汪氏陳本堅妻　祝氏董文趣妻
郭氏張京蘭妻　田氏詹周彝妻　胡氏詹占喻妻　潘氏知州李坦繼妻　盧氏庠生龐見
龍妻　徐氏張必昇妻　胡氏韓嵩掄妻　樂氏張炊珍妻　龔氏宋昌後妻通志後作后
程氏陳貴舜妻　易氏庠生田有書妻　姜氏李棟妻　盧氏蔡廷玠妻　王氏廖景昭妻
葉氏庠生李榮妻　高氏張世芳妻　嚴氏張世芳妻　宋氏張世鈞妻　胡氏吳惟漢妻
吳氏何開坦繼妻撫幼孤並前室子三備歷艱辛苦節四十餘年通志坦作泰　陳氏胡啟德妻　張氏胡昌哲妻
胡氏吳惟昆妻　蔡氏吳惟暹妻　張氏胡昌美妻　陳氏童有質妻　張氏李榮九妻　王氏李君安妻
熊氏陳德元妻　徐氏李元焜妻　丁氏駱抒時妻　張氏張正茂妻　龔氏黃宗山妻　鄒氏胡鍾泗妻
宋氏張仁濟妻　張氏汪佑純妻通志純作纙　何氏吳永隆妻　王氏庠生駱向純妻
褚氏駱祥光妻通志光作先　高氏張燎文妻　周氏張季朗妻　張氏李斗城妻　李氏王烔文妻
貢氏駱抒熟妻　周氏陳受森妻　陳氏程明巍妻　趙氏胡奇慷妻　貢氏劉世松妻　曹氏胡昌明妻
黃氏陳時興妻　蕭氏葉育華妻　謝氏伍從雲妻　某氏丁元妻　張氏方時烱妻　陳氏陳宏清妻
周氏陳宏子妻　袁氏張忠卿妻　胡氏陳宏瑲妻　鄭氏監生吳偉妻撫姪道嵩旋夭媳葉後亦以節終
陳氏王問俊繼妻　葉氏陳受鈞妻　吳氏駱萬方妻　王氏易榮妻　王氏監生童魏

妻　華氏駱士伸妻　張氏庠生陳宏錦妻　顧氏郭凝暉妻　王氏田仁麟妻
方氏田再萬妻　姜氏諸對揚妻　張氏張廷翰妻　吳氏張萃盛妻　陳氏監生張典五妻
王氏監生張灼繼妻　方氏王伊佐妻　唐氏彭允蕃妻通志允作應　王氏監生李應
詔繼妻　鄭氏張有昭妻　盧氏張士恭妻　張氏張成本妻　周氏陳可依妻　翁氏監生黃宗
奭妻　胡氏吳伯梱妻　吳氏陳欲綸妻　何氏庠生楊世銘妾　朱氏顧兆福妻
方氏張其達妻通志達作揆　吳氏張文炘妻通志炘作忻　何氏監生吳洪璧妻
方氏胡昌泗妻　田氏監生張有端妻　張氏王廷詔妻　駱氏裴濟洪妻　碩氏朱台妻
某氏名金香顧博妾　羅氏盧如鼎妻　田氏陳學坡妻　宋氏陳學坡弟婦
蔡氏吳友諸妻　柯氏駱祥光妻　呂氏張士轍妻　龔氏吳景華妻　黃氏胡應烘妻　湯氏駱杼元妻
吳氏李朝宗媳　李氏袁開宙妻　吳氏胡極妻　潘氏黃通妻　何氏梅先國妻　華氏張正貴妻
鄧氏吳容妾　李氏周某妻　以上通志參州志　吳氏葉永遠妻　童氏葉期茂妻

俱嘉慶四年旌　吳氏朱士璜妻十年旌　張氏胡鴻蒸妻十六年旌
張氏胡來坤妻　張氏方鈺恕妻　李氏監生童作斐妻　馮氏監生張捷妻俱二十年旌
熊氏蔡及堂妻二十一年旌　李氏胡鴻錦妻二十三年旌　張氏田義信妻二十四年旌
田氏監生詹景疏妻　何氏詹中典妻　雷氏余載靜妻俱二十五年旌　陳氏劉世道妻
顧氏王恩溥妻　華氏張德昌妻　李氏王澹若妻　朱氏張其偉妻俱嘉慶間旌　吳氏陳正英妻
已旌以上年未詳州志　張氏浦斗豐妻　陳氏孫重纘妻　王氏陳艮顯妻俱道光元年旌
方氏庠生吳容妻時年二十八夫沒初氏未生子勸夫置妾鄧
生子泉甫三月鄧亦矢志苦守撫孤泉成諸生氏苦節七十
九年壽百有七歲主事陳詩爲作百歲傳鄧苦節五十五年
卒道光三年請　旌鄧已見前旌
梅氏蔡道晟妻　居氏張其解妻　秦氏周有尊妻俱三年旌

孫氏監生胡東曙繼妻年二十三夫沒無子嘗捐田稞八十石
作黃城河渡田又將紡績餘貲置田一石五斗爲胡姓四分
考費以節終
陳氏田禮豫妻　周氏田禮槐妻　徐氏田相保妻陳年二十
八夫沒矢志撫孤事翁姑孝豫弟禮槐妻周年二十二夫沒
遺腹生子撫之成立舉孫相保保卒孫媳徐年二十四家人
欲奪其志誓以死守撫遺腹子陳苦節四十四年周苦節四
十三年徐苦節五十三年以一門三節請　旌州志　俱道光
六年　旌
楊氏胡承瓏妻　張氏庠生汪執佑妻　張氏查嗣鐘妻　吳氏胡榮蘭妻　張氏監生胡光
蘄妻　桂氏汪馨遠妻　夏氏朱鴻謨妻　張氏田傳珍妻　吳氏胡鴻鐘妻　齊氏陳先春妻

段氏駱其燨妻　王氏易中榮妻　查氏詹之信妻　劉氏葉永宙妻　桂氏葉期元妻　胡氏陳遵炯妻
程氏張心㭎妻　王氏駱見賓妻　吳氏易中欐妻　陳氏童作堅妻　陳氏胡自照妻　胡氏張如拱妻
汪氏范世薦妻　姚氏庠生李瑞麟繼妻　葉氏王承寵妻　張氏王祥符妻　陳氏許光夏妻
王氏庠生周疆妻　葉氏職員周大勳妻　何氏監生田大受妻
程氏監生田大受妾　俱六年旌　嚴氏朱全八妻　萬氏監生羅御六妻
王氏張其濱妻　李氏余載權妻　郝氏駱見遠妻　俱六年獎
詹氏田義永妻夫病刲股救之旋沒遺孤幼弱氏撫之成立翁
病復割股以進病尋愈苦節五十五年卒道光七年請
旌
張氏田正杰妻　闞氏蔡世久妻　吳氏陳法獻妻　許氏監生蔡道椿妻　程氏汪佑煬妻
胡氏吳淞妻　黃氏陳受松妻　余氏陳受松媳　胡氏方渙妻　邵氏方全魁妻　張氏陳輝古妻

龔氏陳信儀妻姜氏宋德實妻柯氏魯作瑚妻駱氏陳顯誦妻李氏方銓齡妻文氏張善佑妻
詹氏張純緯妻詹氏張純全妻吳氏駱建輝妻胡氏方潤誨妻王氏陳信葵妻吳氏裴遠澈妻
程氏汪佑松妻宋氏汪正燦妻孫氏田相爔妻鄧氏汪佑楫妻王氏監生陳以瓊妻
楊氏舉人蕭光緒繼妻　吳氏胡鴻桂妻方氏朱全中妻韓氏張高楝妻孫氏胡玉符妻
陳氏詹本霈妻段氏監生田昶妻　陳氏李盛密妻傅氏吳錫琮妻張氏陳椎範妻
翟氏吳仁坊妻李氏劉興久妻段氏田仁仕妻吳氏封金會妻張氏胡鴻銑妻張氏胡佐考妻
張氏胡佐奎妻浦氏胡佐堅妻封氏胡佐衡妻何氏監生高序颺妻　李氏孟柏志妻
孟氏監生方士魁妻　蔡氏方銓蘭妻林氏陳家聲妻張氏朱栢亭妻蔡氏王易才妻
余氏陳停仁妻　俱七年旌　龔氏胡懷璧妻七年獎
程氏監生陳英妻年二十四夫沒二子繼夭立姪登鏊爲嗣氏
病篤鏊兩次割股救之氏嘗於秋末時思食筍與桃鏊皆應

念取來人以爲誠孝所感氏卒鏊廬墓三年道光八年學政
王額獎
張氏陳永賴妻年十七夫沒無子氏翦髮毀容誓不他適立姪
世貞爲嗣教之成立學政王額獎並請　旌建坊州志
趙氏孫祖謨妻張氏周有鏟妻方氏陳洪堉妻余氏周大咸妻柯氏張其楫妻吳氏孫祖講妻
姜氏庠生陳光國妻　夏氏周有衡妻王氏陳受銓妻吳氏陳洪綬妻王氏貢生張艮
簡妻　阮氏監生張賜生母　程氏王承安妻劉氏何開樞妻岑氏許大壯妻
俱八年旌　陳氏駱德光妻黃氏童逃鈖妻　俱九年旌　張氏庠生葉定邦妻
吳氏王萬剛妻詹氏王世本妻　俱十年旌　蔡氏何嗣烈妻十三年旌　鄧氏陳信鏡妻
十五年旌　王氏何登喆妻二十一年旌　杜氏徐耀杞妻二十三年旌　余氏庠生江元
妻　劉氏江魁妻江氏黃希輅妻江氏董景厚妻張氏吳德樹妻　俱廿四年旌

李氏黃美璋妻周氏黃登瑤妻王氏繆正榮妻夏氏劍貢周曄翥妻　俱二十五年旌
王氏許三餘妻李氏張元鍌妻　俱二十五年獎　劉氏庠生朱繼猷妻鄧氏朱軫光妻
張氏夏勝觀妻　俱二十六年旌　夏氏朱全已妻二十六年獎　李氏劉欽佐妻
二十七年旌　李氏李聯芳妻二十八年旌　孫氏吳必南妻梅氏吳德轔妻俱三十年獎
胡氏張粹珍妻吳氏張如寬妻鄔氏張如詩妻王氏張如興妻吳氏張如圭妻吳氏張如圭媳
胡氏陳以紳妻朱氏李文錫妻李氏張復露妻朱氏李汝霖妻羅氏方鈺恩繼妻
余氏陳傳仁妻　俱道光閒旌　程氏詹祚諾妻咸豐元年旌　蔡氏張萬秋妻苦節二十餘年
余氏貢仲和母田氏齊正蘭妻俱苦節三十餘年　湯氏黃易之妻節婦俱咸豐七年殉難
王氏姜成煋妻咸豐七年罵賊被戕八年旌　袁氏王炳政妻徐氏王坣銓妻俱八年獎
程氏監生周元愷妻　潘氏監生周大瀛妻　鄒氏龔萬年妻俱九年獎
程氏蕭世璋妻萬氏蕭顯琬妻駱氏蕭得志妻陳氏吳必旺妻　俱十年獎　何氏裴善鑒妻

十一年獎　王氏田相清妻許氏田相勝妻鄭氏余登賢妻余氏洪文穠妻李氏庠生許珩
妻俱同治元年獎　王氏謝孳選妻三年獎　王氏洪文宗妻四年獎
何氏王世英妻五年獎　周氏汪利鼎妻張氏高同銀妻俱六年獎　余氏李本林妻
朱氏宋隆柏妻田氏詹樂邵妻陳氏吳必發妻　俱七年獎
張氏姜開綸妻幼從父僑居陝西白河綸贅於氏家病篤時囑
歸舊籍及卒氏年二十三矢志撫孤成讀或欲奪其志氏潛
負子跋涉乞食歸蘄紡績自給辛苦備嘗守節四十八年卒
左氏葉萬全妻年二十五夫沒撫數月孤家貧甚屋漏雨及翁
寢所氏冒雨乘屋治漏處天大雪翁凍且餓氏以身著破綿
衣與翁自著破衫乞食養翁苦節二十九年卒
朱氏梅裕後妻年二十七夫病劇氏刲股以進夫沒家貧矢志

苦守又嘗割股以愈姑病苦節六十年

熊氏李來佑妻年二十九夫沒事翁姑孝姑病革氏齋沐晝夜禱天求以身代累年姑愈孝養益至姑沒喪葬如禮苦節三十年卒

胡氏陳孔泗妻年二十七夫沒無子立姪爲嗣事翁姑孝後嗣子嗣孫相繼沒以紡績餘資置田五斗五升捐作通戶考費又捐田一石作胡姓考費苦守三十九年卒

童氏軼夫名八咸以五媽呼之夫沒無子家貧姑亡翁衰老氏勤女紅竭力奉養值時疫鄰婦病氏詣探問病者前夕聞鬼語明日五媽來當避嗣流賊夜鬨縱火比屋灰燼不忍氏死先促之出蓋孝行所感云

丁氏李迪光妻年二十四夫沒家貧孤老子幼無以供養氏砍柴易米作粥奉姑自取野菜和粥與子共食嘗因砍柴傷指血流滿衣忍痛如故苦節二十五年卒

余氏進士陳履中妾揚州人年二十二履中沒無子兄欲迎歸氏力拒誓以死守苦節三十年卒

夏氏陳士燦妻年十九夫沒家貧紡績以奉翁姑有欲奪其志者氏截髮毀面乃止立姪世堵爲嗣授室生子旋卒氏復撫孤孫苦節七十七年卒　俱同治八年旌

高氏雷錫萬妻　張氏經歷職黃遐鋍妻　陳氏黃會川妻　李氏吳式金妻　鄧氏詹能立妻

鍾氏黃立功妻　王氏張如品妻　宋氏張復蘭妻　吳氏張有容妻　伍氏程廷晟妻　胡氏李朝典妻

管氏江承意妻　陳氏高惠沾妻　程氏高同埻妻　王氏管傳瑾妻　丁氏葉一治妻　王氏王德璋妻

胡氏龔明機妻　彭氏龔時衡妻　周氏梅春琇妻　馬氏梅希階妻　范氏田相經妻　舒氏文時章妻

屠氏吳燦豪妻　張氏李兆蘭妻　黃氏李時坤妻　陳氏張復椿妻　王氏王裔棻繼妻

熊氏童有厚妻　官氏胡崇富妻　程氏彭世選妻　胡氏高序正妻　劉氏徐文潔妻　朱氏李大闕妻

洪氏徐朝著妻　陳氏許際理妻　李氏胡一榮妻　胡氏馬桂質妻　孫氏吳至學妻　駱氏吳德源妻

姜氏吳及壽妻　吳氏陳艮煥妻　宋氏姜宗高妻　王氏姜正施妻　吳氏宋昌元妻　嚴氏李朝祿妻

晁氏庠生田之彩妻　張氏王一紀妻　陳氏駱沛烈妻　董氏李粱材妻　鄭氏張有昭妻

孫氏洪文彬妻　白氏童學祥妻　黃氏童有虞妻　徐氏童逝衡妻　胡氏高至楯妻　葉氏高時泰妻

陳氏王理才妻　王氏董盛峻妻　駱氏張萬玳妻　蔣氏吳祖剛繼妻　宋氏吳延贊妻

張氏何立誠妻　梅氏何世昌妻　鄧氏方成美妻　吳氏陳慶儀妻　李氏陳先照妻　何氏談占魁妻

邱氏胡長生妻　宋氏張殿光妻　王氏張瑞枝妻　吳氏陳遵鏞妻　胡氏高位三妻　駱氏吳世釗妻

朱氏王自岐繼妻　吳氏鄭源祚妻　車氏童作荀妻　余氏童逝鉚妻　吳氏張翠亭妻

石氏甘振環妻　管氏王遇亨妻　高氏管錫鵬妻　張氏李來馥妻　胡氏管宜祖妻　王氏王道璘妻

周氏張之楷妻　余氏李儀國妻　余氏李儀國次媳　董氏伍錫銀妻　李氏伍常慶妻

文氏胡尚嫣妻　胡氏徐文壽妻　駱氏王錫康妻　張氏江華國妻　朱氏王周模妻　高氏王與爵妻

吳氏黃儼思妻　陳氏張碩凡妻　蔡氏孫道光妻　鄧氏梅希補妻　方氏陳信禮妻　闕氏蔡世玖妻

宋氏詹能光妻　陳氏詹道誌妻　孫氏蔡道祁妻　汪氏宋昌義妻　陳氏田正衡妻　涂氏葉萬川妻

文氏王萬亨妻　張氏張以元妻　陳氏張錫齡妻　張氏吳大珍妻　朱氏劉榮和妻　張氏吳大貞妻

涂氏張其福妻　柯氏張有聲妻　王氏黃則甫妻　李氏彭與言妻　張氏高旭彩妻　黃氏武生江錦煋妻

熊氏董開極妻　梅氏何世昌妻　文氏陳艮恭妻　管氏張善賓妻　姜氏王萬透妻

吳氏王世龍妻　蔡氏陳艮桂妻　王氏姜成煋妻　宋氏姜成謨妻　詹氏姜宗福妻　何氏詹宏儒妻

詹氏汪利富妻　陳氏何式理妻　王氏談萬金妻　張氏蔡其慰妻　張氏涂起鳳妻　汪氏田禮根妻

查氏田義正妻　郭氏陳受琮妻　周氏陳顯達妻　繆氏駱沛朗妻　王氏宋隆廣妻　田氏張如煥妻

胡氏監生張意勤妻　張氏監生葉鍾黃妻　劉氏吳國正妻　郝氏駱裕世妻
張氏蔡鳳庭妻　胡氏監生張意功妻　周氏吳崇武妻　劉氏李蔭龍妻　梅氏呂希儼妻
張氏胡立忠妻　戴氏張復麟妻　朱氏庠生張復震繼妻　查氏洪文律妻　李氏李盛才妻
張氏童述誠妻　王氏劉營洛妻　王氏杜錦文妻　方氏陳英雅妻　管氏庠生董登第妻
王氏熊調武妻　龔氏胡得意妻　黃氏胡泰階妻　田氏龔時行妻　吳氏龔務本妻　陳氏吳祖美妻
陳氏田正珏妻　王氏吳延善妻　張氏梅全元妻　陳氏梅紫高妻　胡氏張心制妻　張氏陳信釗妻
余氏管世玉妻　鄭氏艾光前妻　熊氏程英才妻　陳氏田傳相妻　余氏王海洲妻　胡氏陳守淮妻
田氏監生陳以堅妻　段氏朱勉齋妻　陳氏詹某妻　徐氏胡鳴先妻　陳氏武生駱斌
妻　余氏范永奎妻　汪氏駱見達妻　劉氏駱成文妻　姜氏宋德服妻　張氏庠生王煥
妻　宋氏王繼宇妻　周氏張書軒妻　曾氏易廣文繼妻　方氏黃式賢妻
李氏胡顯補妻　李氏徐秉剛繼妻　胡氏童作秋妻　王氏張兆蓮妻　石氏胡開球妻

高氏庠生管文才妻　李氏董運浹妻　王氏熊方山妻　韓氏熊有斗妻　王氏胡德慈妻
王氏陳廣攀妻　李氏黃亨美妻　宋氏王永夏妻　張氏陳英典妻　孫氏范世燦妻　孫氏康萬成妻
吳氏文勝奭妻　曾氏程英光妻　錢氏詹和玉妻　王氏曹醴泉妻　王氏田豐達妻　田氏朱萬智妻
鄒氏陳文沼妻　康氏王定宇妻　許氏王邦域妻　黃氏王易準妻　甘氏王艮湘妻　駱氏李後添妻
潘氏袁正邦妻　黎氏胡應煇妻　胡氏吳宗相妻　何氏宋昌洁妻　馮氏易渻妻　管氏陳佑賢妻
余氏晏鳴淇妻　劉氏胡佐通妻　呂氏方時理妻　汪氏黃極順妻　鄧氏甘家綿妻　胡氏李啟禮妻
王氏葉承瑜妻　張氏葉永康妻　余氏胡宗梓妻　駱氏胡廷兆妻　梅氏吳德輔妻　葉氏梅子俊妻
某氏梅子俊媳　何氏梅德遠妻　某氏梅德遠媳　蔡氏陳手輔妻　田氏范位柯妻　張氏何立貴妻
田氏典吏王惠悉妻　查氏田義行妻　孫氏何浚郊妻　陳氏張後覺妻　陳氏操有庸妻
宋氏操德義妻　孫氏庠生陳鳳藻妻　張氏王聲和妻　鄧氏駱見堯妻　柯氏監生周際
泰妻　汪氏陳英燦妻　周氏陳立行妻　鄭氏職員張朗玉妻　龔氏張其勤妻

鄧氏陳英勤妻　董氏江心通妻　袁氏張近鸞妻　顧氏葉彬然妻　韓氏張信廣妻　劉氏從九胡新
國妻　劉氏周從範妻　胡氏龔時純妻　袁氏陳守尊妻　蔡氏何文适妻　陳氏張譜璜妻
裴氏張純艮妻　方氏王萬壆妻　張氏監生管坤茂妻　何氏田相紋妻　韓氏田傳琨妻
沈氏陳以熙妻　查氏朱德幹妻　王氏李盛貴妻　王氏李軼羣妻　葉氏管宜詔妻　余氏管世玉妻
徐氏管定甲妻　胡氏管守南妻　鄢氏黃克家妻　江氏駱萬春妻　程氏駱芳煥妻　周氏庠生武祥
開妻　黃氏庠生張如澗妻　潘氏李廣泰妻　楊氏黃式瑛妻　吳氏監生黃式
琦繼妻　張氏管坤茂妻　張氏周漢池妻　胡氏庠生張復賢妻　劉氏張睿妻
柯氏張聲妻　鄧氏楊獻賓妻　張氏陳襄涵妻　葉氏貢生何小峯妻　余氏張環泗妻
王氏胡奇芝妻　李氏張用商妻　李氏何同仁妻　吳氏駱其煥妻　鄧氏吳世錄妻　陳氏吳世鎬妻
龔氏吳德淮妻　夏氏監生吳道修妻　方氏陳昌亨妻　陳氏高至榮妻　何氏李由道妻
丁氏徐應榮妻　葉氏管如寶妻　段氏張玉成妻　胡氏駱沛鋆妻　張氏胡其志繼妻

胡氏庠生楊世瑞妻　嚴氏張輝璧妻　董氏監生張軼羣繼妻　葉氏監生張履
雲妻　胡氏張晉勳妻　黎氏朱美家妻　李氏林時茂妻　何氏衛守備職蔡蘭圃妻
柯氏監生袁壽妻　游氏李敦厚妻　吳氏郝延煌妻　陳氏張光北妻　熊氏梅咸彩妻
李氏方鈺選妻　李氏監生王德和妻　李氏孫世銓妻　陳氏庠生朱煊妻
王氏駱南獻妻　李氏方潤樓妻　陶氏方潤楧繼妻　張氏夏省方妻　劉氏蔡世顯妻
李氏裴善逵妻　陳氏蕭長治妻　黃氏陳揩妻　張氏鄧貴勤妻　侯氏熊家業妻　楊氏張純豉妻
蔡氏董定福妻　高氏駱遵雅妻　彭氏田義祐妻　葉氏潘代煦妻　葉氏孟士浥妻　江氏周大智妻
潘氏周大武繼妻　何氏張耀彩妻　查氏田義昊妻　吳氏陳元妻　蔣氏奉直大夫
陳經法妻　某氏王烈妻　張氏陳煒妻　熊氏監生吳德運妻　葉氏吳道嵩妻
見鄭氏監生吳偉妻傳　劉氏監生黃承暘妻　以上州志俱同治九年旌
蔡氏郭西文妻九年奬　陳氏王守貴妻　黃氏周國衡妻　俱十年奬　方氏龔本勤妻

十一年獎 湯氏黃易之妻 陳氏張善黃妻 俱守節咸豐七年殉難同治間旌見節義錄
湯氏徐文楷妻光緒元年獎
萬氏吳先序妻年二十七夫沒遺二子相繼亡煢煢孤立晚無所依寄食於其族光緒二年學政梁額獎
張氏江錫疇妻四年獎 袁氏丁美琮妻俱二年獎 何氏朱全惻妻五年獎 以上已旌獎節婦 江氏洪鼎新妻三年獎 趙氏孫興培妻
管氏何昌頌妻五歲抱養壻家八歲喪明十八合巹甫四月夫故依姑勤操作姑沒侍翁病湯藥數年罔懈守節四十年
陳氏貢生龔潤妻幼聰穎能詩年二十適龔生二女一子相繼殤越八年夫沒立姪知雅爲嗣撫之成立事繼姑以孝聞里有幼婦失夫將改醮氏以大義勸之得完其節氏守節二十年卒

頓氏孟士汾繼妻諳文墨曉大義年二十夫沒守節撫孤母家有欲奪其志者氏引刀斷左小指並口占絕句七首以自誓苦節三十餘年
陳氏張世瑤妻年二十三夫沒痛哭守棺嘔血幾斃既葬縗絰弗除者四十年嘗有孤燕來巢之異姑江年八旬事之孝撫嗣子緒仁成立
湯氏李德全妻年十九于歸越五年夫故貧甚匃乞以哺孤每歸經夫墓必祭聞見者爲之泣下苦節三十餘年
李氏張元儉妻 方氏胡佐坦妻 某氏洪自如母 江氏洪自如妻 晁氏田之彩妻 張氏吳正煦妻
胡氏吳正黝妻 熊氏汪衍富妻 涂氏胡顯棟妻 李氏馬斯華妻 洪氏胡遠榜妻 李氏衞士逵妻

田氏王君禮妻 黃氏周正均妻 張氏張倫妻 羅氏張之琬妻 方氏楊光斗妻 彭氏王逵望妻
李氏張殿賓妻 朱氏庠生蕭鎭圭繼妻 方氏伍義充妻 陳氏汪利勳妻 張氏伍常元妻
彭氏洪鼎清妻 曹氏余明玉妻 李氏曹夏傑妻 阮氏洪如東妻 朱氏洪來亭妻 鄧氏曹國華妻
張氏江應蘭妻 陳氏王在發妻 鄧氏洪自渭妻 胡氏洪月攀妻 方氏洪自莊妻 何氏陳炳州妻
陳氏曹相業妻 李氏方鉦德妻 王氏方潤爹妻 翟氏方潤梅妻 周氏方潤梅媳 李氏方新壯妻
胡氏方勳重妻 曹氏方勳畏妻 柯氏方勳誇妻 徐氏胡顯堯妻 王氏胡業醇妻 方氏朱泗濱妻
曹氏胡顯欻妻 封氏胡顯墍妻 朱氏胡顯中妻 吳氏胡顯經妻 張氏胡佐熟妻 方氏胡佐烜妻
劉氏陳之秀妻 夏氏陳之殿妻 吳氏陳曉桐妻 顧氏陳酌雅妻 黃氏陳賓宋妻 張氏陳兩交妻
張氏袁甸民妻 洪氏李後覞妻 胡氏職員陳雨之妻 周氏陳錫昌妻 袁氏陳佑辨妻
朱氏陳廸祥妻 陳氏袁光瑜妻 何氏陳佑灼妻 張氏胡克才妻 徐氏陳春田妻 方氏王海波妻
胡氏例貢生陳舜妻 許氏陳紹華妻 李氏袁有成妻 胡氏周綮謀妻 姜氏陳國珍妻

劉氏李炳燮妻 徐氏陳永揚妻 陳氏華顯瑞妻 游氏華高福妻 萬氏陳佑益妻 萬氏陳永俊妻
熊氏職員陳慶霖繼妻 張氏陳秀岑妻 陳氏張光燦妻 郭氏例貢生陳善妻
王氏葉德乾妻 涂氏葉先貢妻 陳氏監生葉兆綸妻 黃氏鄧榮照妻 張氏王存理妻
吳氏蔡世榮妻 黃氏桂金相妻 黃氏蔡道祿妻 鄧氏蔡世瓏妻 陳氏梅學一妻 龔氏蔡世杰妻
梅氏巡檢蔡世璠妻 龔氏蔡際鼎妻 周氏黃淑齡妻 龔氏黃效禹妻 陳氏從九黃彩雲妻 陳氏黃齡淞妻 陳氏黃遐春妻 胡氏黃遐春媳 蔡氏張正燕妻 蔡氏張茂森妻
黃氏胡一疇妻 曾氏胡本澍妻 龔氏胡一枝妻 余氏胡一元妻 洪氏胡步龍妻 李氏胡行駿妻
陳氏胡之華妻 程氏胡鳳翱妻 陳氏張採琳妻 董氏許百有妻 陳氏張魯珍妻 胡氏黃貢玉妻
黃氏周道富妻 胡氏周大望妻 陳氏張民俊妻 黃氏吳涵鉀妻 許氏張民祿妻 葉氏張民梓妻
黃氏胡倚蘭妻 胡氏黃齡迦妻 李氏黃秉國妻 方氏黃遐仁妻 田氏黃品珍妻 高氏王艮玉妻
田氏胡正裕妻 蔡氏吳必魁妻 王氏梅致祥妻 陳氏吳必瑞妻 蔡氏吳必廸妻 姜氏吳桂林妻

柳氏何章桂妻　陳氏庠生吳銑妻　陳氏貢生吳昇楚妻　李氏吳及斐妻
胡氏吳及鋒妻　龔氏吳及珍妻　孫氏吳大琪妻　張氏監生吳永隆妻　梅氏吳大和妻
陳氏吳大芝妻　梅氏吳大炳妻　劉氏孫興燊妻　吳氏孫一本妻　梅氏孫興梓妻　陳氏裴允紅妻
張氏王萬銀妻　宋氏王世壽妻　龔氏陳佑福妻　徐氏孫光田妻　張氏孫興棫妻　熊氏陳采芹妻
王氏龔如棠妻　張氏胡觀廉妻　吳氏胡觀本妻　龔氏胡觀瑮妻　陳氏胡觀墀妻　李氏胡長發妻
蔡氏胡兆甲妻　蔡氏吳來才妻　陳氏蕭星三妻　王氏廩生蕭子濟繼妻　胡氏張復進妻
詹氏張意才妻　裴氏張敬廷妻　李氏駱壯國妻　江氏駱漢先妻　毛氏彭宗武妻　查氏陳占鉅妻
龔氏駱澤品妻　劉氏吳延懿妻　呂氏郝林書妻　黃氏何儁雅妻　裴氏何彰瀕妻　宋氏何以魁妻
陳氏鄧兩全妻　詹氏鄧叶侊妻　羅氏監生陳思齋妻　梅氏陳㮚庵妻　余氏陳讀堂妻
楊氏陳于福妻　文氏陳君壽妻　姜氏宋大經妻　宋氏張意珠妻　吳氏張復高妻　詹氏張意鋒妻
宋氏張意本妻　陳氏張復亨妻　李氏陳興珪妻　孫氏張如星妻　吳氏張復益妻　王氏張如璧妻

黃州府志　卷之三十　列女七　二十四

王氏張如暉妻　楊氏詹道忠妻　張氏王先寬妻　宋氏姜宗楨妻　吳氏千總陳占龍妻
何氏陳來珍妻　潘氏陳手球妻　胡氏陳來安妻　駱氏陳漢成妻　李氏胡惟坤妻　陳氏龔錫從妻
高氏監生龔惇妻　黃氏龔時佐妻　陳氏龔本高妻　毛氏龔本深妻　毛氏龔立春妻
陳氏龔元興妻　董氏龔元煌妻　程氏周均美妻　龔氏周正心妻　吳氏梅光明妻　陳氏龔立紹妻
龔氏駱秀廷妻　周氏龔爲章妻　何氏龔均沾妻　胡氏龔立恕妻　王氏龔元科妻　裴氏龔中琦妻
李氏龔元壽妻　蔡氏龔永交妻　葉氏龔元惇妻　鄒氏郭步元妻　曾氏郭肇粥妻　吳氏蔡世瑞妻
陳氏蔡際五妻　陳氏蔡道長妻　詹氏蔡堯階妻　姜氏蔡興魁妻　陳氏蔡世强妻　孫氏蔡惟菁妻
吳氏從九張純俊妻　王氏蔡際明妻　王氏蔡道宗妻　馬氏蔡廷蕃妻　陳氏蔡映丹妻
駱氏裴逵莅妻　張氏裴善格妻　劉氏蔡世富妻　孫氏張文煥妻　王氏張世榮妻　王氏宋克成妻
胡氏蔡期效妻　徐氏陳鉅禮妻　胡氏姜祖輝妻　何氏蔡理素妻　陳氏吳廷展妻　某氏吳漢昭妻
李氏吳祖臯妻　陳氏吳必昌妻　劉氏庠生陳之原繼妻　童氏張善文妻　陳氏張長先妻

田氏諸生江新藻妻　龔氏江金至妻　陳氏吳藝林妻　馬氏方執兆妻　陳氏裴紹蘭妻
王氏何壽綿妻　龔氏陳佑德妻　林氏貢兆江妻　孫氏貢艮富妻　張氏汪益亨妻　蔡氏陳壽卿妻
田氏操宗誌妻　余氏明咸亨妻　張氏王源珍妻　田氏查昌敏妻　駱氏張萬珠妻　龔氏張復雅妻
程氏吳必儒妻　余氏吳必恭妻　駱氏千總吳發得妻　陳氏蔡道久妻　汪氏吳必雨妻
陳氏吳必貞妻　龔氏張艮進妻　黃氏龔中書妻　龔氏張習高妻　龔氏張星回妻　李氏張萬聰妻
湯氏張錫疇妻　華氏蔡萬邦妻　陳氏蔡世珠妻　張氏蔡際枝妻　孫氏李有發妻　程氏呂廷璧妻
高氏呂熊紹妻　蕭氏田復全妻　李氏余嶽順妻　詹氏余泰花妻　高氏石鴻猷妻　黃氏華相恒妻
干氏陳大材妻　田氏洪自溫妻　李氏張福海妻　吳氏張志興妻　方氏邱伯連妻　方氏監生邱光
學妻　方氏王錫珍妻　張氏王源洙妻　裴氏陳信鍾妻　馬氏陳信洞妻　吳氏陳協從妻
詹氏柳百智妻　蔡氏柳榮惠妻　梅氏柳榮福妻　陳氏柳榮曙妻　劉氏照磨陳石亭妻
張氏王守正妻　田氏王守太妻　曹氏王守玉妻　張氏姜宗講妻　陳氏姜宗理妻　王氏姜宗穀妻

黃州府志　卷之三十　列女七　二十五

張氏談發楷妻　吳氏陳占頤妻　柳氏陳來賀妻　郭氏陳連善妻　何氏陳占向妻　姜氏陳忠著妻
王氏陳信容妻　徐氏陳標貴妻　冷氏王巨川妻　石氏陳鳳翔妻　張氏許來儀妻　王氏張英賢妻
陳氏張起順妻　陳氏張育楚妻　萬氏張文芳妻　江氏陳紹進妻　周氏陳紹進媳　華氏周正樸妻
汪氏陳則安妻　陳氏張時敏繼妻　伊氏張曉蘭妻　鄒氏張映蓮繼妻
謝氏監生張克承妻　明氏監生陳佑池妻　吳氏貢肇基妻　胡氏貢斯琦妻
繆氏貢盈楚妻　田氏郝康濟妻　康氏貢啟訓妻　陳氏貢昌華妻　繆氏郝朝鈍妻　胡氏郝延純妻
吳氏郝延全妻　董氏郝勝容妻　陳氏許世蓁妻　何氏孫文濟妻　梅氏孫文炳妻　梅氏孫文旭妻
王氏孫時稻妻　裴氏孫典三妻　吳氏何世諭妻　張氏許楚池妻　黃氏鄧自煌妻　吳氏監生鄧德
鵠妻　胡氏鄧自現妻　龔氏詹象春妻　劉氏諸生詹文景妻　周氏詹樂德妻
何氏胡希道妻　鄧氏監生駱驊妻　胡氏繆啟服妻　胡氏涂德全妻　明氏管世才妻
程氏管風雅妻　高氏管錫男妻　邱氏管宜貞妻　吳氏余宏亮妻　江氏石鴻玉妻　張氏石鎰雲妻

洪氏陳大松妻 汪氏李先翥妻 陳氏李有桂妻 王氏童迯鋳妻 張氏李以臨妻 趙氏李位東妻
諸氏監生朱衣點妻 鄧氏李本宜妻 趙氏朱溥煌妻 田氏朱得勝妻 方氏汪光后妻
石氏黃前治妻 余氏朱國榮妻 田氏黃前寅妻 張氏方洪儀妻 王氏朱衣德妻 朱氏陳時暎妻
査氏陳時訓妻 阮氏李有條妻 張氏陳明恩妻 徐氏童啟本妻 張氏朱本信妻 李氏陳兆元妻
吳氏李同山妻 王氏朱光燡妻 孫氏陳榮發妻 朱氏張國厚妻 趙氏許寶珍妻 樂氏黃前支妻
蔡氏徐師陶妻 張氏徐士儀妻 洪氏高序燕妻 査氏李肇基妻 王氏陳環材妻 范氏陳興貴妻
張氏陳時煥妻 黃氏王博明妻 曹氏孫興師妻 毛氏朱其祥妻 甘氏陳殿邦妻 李氏陳佐周妻
李氏陳開益妻 吳氏陳環新妻 胡氏彭聯芳妻 詹氏汪忠訓妻 吳氏陳受和妻 駱氏陳干贊妻
曹氏汪益驥妻 吳氏汪益亨妻 鄧氏汪益絜妻 朱氏陳蹤儒妻 石氏汪能哲妻 田氏汪能暹妻
石氏柯道燁妻 田氏張垂長妻 曹氏張後龍妻 陳氏胡漢從妻 廖氏孫兆奎妻 王氏孫習和妻
汪氏孫士東妻 張氏孫士伸妻 張氏孫曉春妻 何氏孫掄元妻 田氏孫峻峯妻 陳氏孫時純妻

黃州府志 卷之三十 列女七 二十六

余氏孫肇功妻 鄭氏魯啟學妻 吳氏魯克箕妻 朱氏張垂訓妻 陳氏胡啟登妻 詹氏胡善先妻
田氏胡賢爵妻 洪氏孫若嵐妻 陳氏孫義從妻 陳氏孫守法妻 陳氏汪崇和妻 田氏孫崇崑妻
范氏監生胡品高妻 黃氏陳受鵬妻 龔氏蔡際興妻 王氏李先智妻 嚴氏李中吉妻
王氏監生吳國洪妻 劉氏王錫哀妻 郭氏王錫祜妻 邵氏魏家華妻 張氏吳仁基妻
熊氏黃思念妻 張氏李澤億妻 吳氏李永明妻 葉氏高序璋妻 李氏張慶先妻 張氏劉一燃妻
董氏柯耀鳳妻 張氏方洪貴妻 駱氏蔡德興妻 王氏蔡永環妻 汪氏蔡德廣妻 張氏李永富妻
朱氏監生呂熊模妻 吳氏羅有志妻 董氏杜自端妻 董氏孫興發妻 張氏董盛性妻
劉氏周敦厚妻 田氏增生吳煥雯妻 丁氏李有裕妻 劉氏李季周妻 葉氏李滋發妻
蘇氏李行健妻 吳氏張萬詩妻 駱氏高序時妻 胡氏高序量妻 尹氏高序盛妻 汪氏陳如方妻
李氏陳嘉德妻 余氏高序安妻 蘇氏沈彩賓妻 王氏沈鳳山妻 程氏陳兆元妻 邵氏陳學先妻
李氏胡兆春妻 江氏汪樂則妻 石氏王易桓妻 張氏王晉環妻 游氏監生王佳鵠妻

李氏王良勝妻 吳氏王良俊妻 李氏王存浙妻 程氏王存浩妻 詹氏王良朋妻 田氏汪國政妻
周氏王良金妻 熊氏王良樑妻 汪氏王良績妻 洪氏高介福妻 朱氏王鳳鸞妻 胡氏管澤元妻
陳氏何世仁妻 某氏李紹麒妻 龔氏何名揚妻 李氏黃顯廷妻 萬氏陳顯友妻 周氏陳佑仁妻
黃氏許紹筠妻 段氏許紹筠媳 周氏許融階妻 郭氏陳懋椿繼妻 傅氏陳永振妻
閻氏胡榮鳳妻 吳氏繆大品妻 駱氏繆大貴妻 吳氏駱沛駒妻 王氏李從先妻 陳氏胡作朋妻
許氏萬誠煌妻 朱氏萬誠灼妻 熊氏監生葉必謙妻 胡氏張復渾妻 李氏張其本妻
陳氏張其瀛妻 黃氏張其譽妻 李氏張元九妻 李氏張元會妻 方氏張元位妻 章氏張元連妻
章氏張洪澤妻 郭氏張洪先妻 饒氏張洪恩妻 胡氏庠生張繼諤妻 章氏張元進妻
劉氏張克樂妻 朱氏張效璋妻 李氏徐明權妻 朱氏伊東美妻 李氏張元鑾妻 汪氏盛廣學妻
伍氏張元利妻 黃氏張其駱妻 黃氏童迯錚妻 黃氏童家泰妻 王氏伊再商妻五代同堂
江氏伊德顯妻 袁氏王昌榮妻 宋氏伍義楷妻 田氏江楚珩妻 吳氏洪自造妻 方氏洪自勉妻

黃州府志 卷之三十 列女七 二十七

龔氏監生甘時霖妻 彭氏王遠望妻 王氏余秦安妻 王氏優貢童啟倫妻
鄒氏高名揚妻 王氏王君義妻 丁氏何顯奇妻 余氏何延祉妻 詹氏何祚昇妻 劉氏董運德妻
伊氏李文祥妻 余氏王君華妻 張氏張榮才妻 徐氏王聖璋妻 熊氏張洪漣妻 章氏張瀠高妻
汪氏王洪範妻 顧氏王遠福妻 童氏龔時元妻 嚴氏鄭仕倫妻 陳氏庠生楊衢興繼妻
李氏王君俊妻 孫氏陳佑椿妻 詹氏張士縉妻 范氏王益讀妻 張氏張元厚妻 陳氏陳文舒妻
徐氏鄧文獻妻 萬氏職員張綬之妻 陳氏丁定位妻 葉氏劉啟友妻 酈氏李大剛妻
方氏楊奎興妻 張氏楊仁興妻 張氏楊溥興妻 雷氏職員楊大眉妻 蔡氏劉暄堂妻
董氏劉郢臯妻 吳氏汪忠鐙妻 鄧氏葉本蓉妻 董氏葉本鈞妻 李氏葉坤厚妻 張氏朱宗棠妻
游氏趙卉東妻 童氏韓春亨妻 陳氏黃全禮妻 侯氏鄧昌洋妻 伍氏曹復信妻 王氏伍傳富妻
呂氏夏序友妻 劉氏夏嘉會妻 鄧氏高佐朝妻 張氏張玉福妻 黎氏周正義妻 熊氏鄧紹柳妻
李氏鄧永章妻 王氏監生鄧翔鵠妻 胡氏田正發妻 何氏查昌笏妻 葉氏陳錦榮妻

徐氏查昌發妻　趙氏柯瑞寬妻　鄧氏童惟德妻　田氏童家溥妻　張氏童家駒妻　董氏劉晝艘妻
張氏職員楊大森妻　李氏葉同春妻　王氏鄭仁守妻　李氏張克勝妻　方氏張其回妻
朱氏張萬里妻　馮氏孫世福妻　陳氏鄭遐漣妻　王氏田艮騏妻　黃氏張意魁妻　王氏田傳政妻
鄭氏張復戀妻　翁氏葉本智妻　李氏庠生葉期純妻　王氏庠生葉豐妻
余氏何如昇妻　王氏管恆峯妻　劉氏陳世祥妻　孫氏張垂昕妻　韓氏田傳現妻　張氏何以清妻
高氏郝煥彩妻　孫氏馬發毅妻　葉氏吳正敞妻　向氏梅繼和妻　王氏張克禮妻　徐氏陳均派妻
張氏陳時棋妻　甘氏陳習功妻　鄭氏孟上伋妻　李氏軍功熊德潤妻　鄭氏田生茂妻
蔡氏田光遠妻　胡氏張洪愛妻　吳氏張其坤妻　武氏龔本龍妻　范氏王遠昌妻　方氏張洪範妻
馬氏周啟仁妻　劉氏周啟國妻　張氏陳與富妻　張氏丁定發妻　胡氏王厚存妻　郭氏陳手濂妻
賈氏田義銀妻　查氏田傳會妻　朱氏陳禮信妻　吳氏陳拳寶妻　董氏吳煥元妻　嚴氏黃勝清妻
華氏黃勝登妻　朱氏庠生黃紹清妻　蔡氏裴允孺妻　陳氏宋興和妻　宋氏詹道章妻

黃州府志　卷之三十　列女七　二十八

何氏詹義明妻　陳氏汪利乾妻　黃氏陳某妻　陳氏汪由進妻　王氏張宗尹妻　李氏葉有貴妻
闕氏裴見衡妻　胡氏裴士瑞妻　張氏蔡道恩妻　孫氏蔡世榮妻　胡氏蔡世起妻　楊氏郭肇勇妻
陳氏詹義珊妻　胡氏陳碧山妻　范氏郭步經妻　饒氏郭步榮妻　陳氏郭肇河妻　張氏駱金方妻
管氏江衍一妻　王氏王安鮡妻　駱氏監生繆兆奎妻　吳氏繆庚元妻　周氏陳永綸妻
淩氏陳佑發妻　李氏宗乾泰妻　顏氏宗翰妻　王氏鄭仁守妻　顧氏葉期明妻　李氏伍興周妻
黃氏張聯芳妻　王氏方照鑾妻　陳氏方照鑾妻　程氏陳以實妻　孫氏陳文焻妻　操氏劉繼棨妻
何氏劉隆鏞妻　王氏劉繼友妻　劉氏曹維讀妻　操氏王定太妻　田氏陳以郊妻　程氏陳文晚妻
孫氏陳以修妻　孫氏陳明垣妻　張氏陳文充妻　宋氏陳明鈐妻　田氏陳炯棠妻　田氏衛守備陳
大鏞妻　吳氏張可權妻　陳氏余繼興妻　田氏陳守炷妻　桂氏陳景先妻　涂氏黃美澐妻
吳氏庠生周子彥妻　胡氏馬清江妻　姜氏庠生蔡元燮妻　陳氏張純綏妻
張氏范美淞妻　張氏庠生姜承健妻　詹氏姜以方妻　王氏姜壽基妻　詹氏姜成珠妻

楊氏張純選妻　朱氏張育琛妻　楊氏張純璡妻　徐氏王繼祖妻　吳氏王繼治妻　陳氏張純智妻
梅氏張純義妻　孫氏張純仁妻　蔡氏張純傑妻　蕭氏張必望妻　鄧氏張必長妻　李氏汪佑勳妻
范氏詹道念妻　張氏文成義妻　吳氏陳信仁妻　鄧氏王守財妻　姜氏王先艮妻　孫氏王守坤妻
陳氏王華材妻　陳氏王才高妻　徐氏柴茂璧妻　蔡氏張育壽妻　吳氏張育華妻　陳氏張育耘妻
賈氏胡名經妻　宋氏張盛縻妻　吳氏周世寶妻　吳氏周和壽妻　鄧氏吳涵廣妻　龔氏姜成前妻
詹氏鄧貴財妻　宋氏鄧貴尚妻　詹氏宋興廉妻　蔣氏吳昇有妻　王氏宋興閔妻　王氏宋興訓妻
陳氏汪益金妻　汪氏陳賢齊妻　姜氏陳英琪妻　王氏汪利灩妻　何氏汪益經妻　田氏汪益德妻
左氏江明啟妻　朱氏陳英勳妻　裴氏陳定逵妻　范氏陳賢向妻　胡氏汪忠鈹妻　方氏汪利江妻
張氏陳如商妻　宋氏陳得釗妻　康氏汪能炳妻　彭氏黃顯國妻　劉氏嚴金琳妻　范氏張善彬妻
蔡氏張純美妻　王氏范復旦妻　蔡氏庠生范世燕妻　吳氏范美琦妻　張氏范文彬妻
胡氏范永準妻　田氏范永芹妻　張氏范永藻妻　宋氏范永平妻　湯氏范美琦妻　王氏范永明妻

黃州府志　卷之三十　列女七　二十九

湯氏范永興妻　姜氏庠生宋鶯瑞妻　孫氏庠生宋鵬瑞妻　張氏宋裕瀛妻
范氏宋興枝妻　吳氏方銓禾妻　范氏方本明妻　詹氏方七壽妻　袁氏方承玉妻　張氏方本綱妻
鄧氏方銓數妻　范氏葉琪宗妻　陳氏徐春陽妻　霍氏徐昌興妻　黃氏徐力勤妻　張氏徐兆進妻
蔡氏張樹德妻　帥氏田傳志妻　田氏朱先育妻　汪氏田定基妻　陳氏田傳俊妻　胡氏田必昌妻
田氏朱安卮妻　朱氏方銓經妻　操氏田必祿妻　操氏曹之琇妻　周氏劉繼紳妻　李氏陳文榜妻
黃氏柯世鳳妻　蔡氏柯顯清妻　湯氏徐洛才妻　田氏詹隆吉妻　田氏陳道正妻　嚴氏方金洛妻
陳氏朱相周妻　殷氏朱德綸妻　陳氏朱林豐妻　朱氏陳楷先妻　田氏陳道年妻　陸氏陳建相妻
方氏田相縉妻　查氏操昌信妻　胡氏田相紹妻　黃氏詹祚金妻　田氏張執大妻　余氏吳玉之妻
陳氏田興元妻　田氏王國豐妻　胡氏操廣福妻　方氏田傳墀妻　段氏黃繼有妻　詹氏朱件橋妻
操氏朱宗發妻　彭氏樂金茂妻　詹氏朱安福妻　田氏查克鏘妻　李氏田義源妻　柯氏田義和妻
徐氏王才捷妻　陳氏田傳志妻　陳氏田傳盎妻　陳氏田傳柏妻　詹氏田相品妻　何氏田耀宜妻

彭氏王端品妻 李氏田傳鼎妻 陳氏庠生詹大定妻 張氏詹有三妻 彭氏田義佑妻
賈氏何文瑞妻 劉氏王華元妻 陳氏王發淦妻 張氏何賢譽妻 查氏庠生詹芹妻
張氏詹以德妻 姚氏詹以德媳 胡氏吳省成妻 蔡氏陳光華妻 田氏陳敦本妻 陳氏王定珍妻
余氏田永興妻 王氏田必喜妻 陸氏王惠芳妻 何氏朱德城妻 郭氏朱敦倫妻 陳氏陳功茂妻
孫氏張銓妻 胡氏張永昌妻 吳氏柴家柱妻 孫氏陳守懋妻 趙氏朱安德妻 蔡氏陳來蓮妻
吳氏詹樂湖妻 陶氏陳士棻妻 胡氏張民解妻 黃氏張典詒妻 黃氏張自芳妻 熊氏張民節妻
黃氏周有賜妻 張氏朱大之妻 王氏葉佩玫妻 汪氏王崧年妻 翁氏盛大訓妻 潘氏盛有功妻
何氏王象明妻 章氏舉人張聯璧妾 萬氏陳艮遠妻 江氏王承進妻 杜氏武生何彬
妻 高氏庠生王煥妻 張氏王恩旺妻 丁氏張瑞年妻 張氏王遠峻妻
何氏劉鳳階妻 杜氏劉鴻俊妻 潘氏王啟明妻 葉氏夏啟華妻 徐氏朱倡仙妻 葉氏王廷貴妻
王氏王蒼璧妻 明氏王啟勝妻 王氏王明德妻 葉氏王鶴林妻 章氏葉德廣妻 張氏吳久修妻

王氏祝文友妻 楊氏鄭士喜妻 吳氏鄭士和妻 景氏張登榜妻 丁氏葉學眾妻 田氏余泰濡妻
田氏余泰進妻 胡氏童高爵妻 利氏余道惠妻 田氏余正恩妻 張氏余道吉妻 潘氏葉木源妻
胡氏余靡煥妻 洪氏王咸智妻 張氏余泰崇妻 熊氏余應才妻 翁氏余嶽和妻 王氏庠生王天
桂妻 葉氏張邦瑞妻 江氏管春華妻 盛氏庠生管樹金繼妻 張氏管季清妻
王氏管傳貴妻 董氏杜子端妻 張氏管孔正妻 王氏張敘觀妻 李氏雷紹墀妻 王氏管天錫妻
周氏傅儒慶妻 胡氏萬德裔妻 蕭氏高步碧妻 黃氏陳之福妻 汪氏監生鄭錦松妻
王氏董盛驥妻 周氏劉仁厚妻 范氏周國遠妻 孫氏周大械妻 孟氏張道福妻 劉氏周景星妻
萬氏王逵謨妻 潘氏江衍九妻 高氏徐聲有妻 張氏翁一貞妻 張氏翁遐祝妻 張氏葉顯西妻
葉氏張明吉妻 王氏顧世魁妻 王氏顧世寶妻 劉氏江祚錫妻 王氏監生周道南妻
葉氏張之通妻 楊氏胡大榮妻 張氏孟崇賢妻 董氏羅天雄妻 洪氏翁萬織妻 李氏胡詩昆妻
游氏李人鉀妻 田氏徐有置妻 張氏熊孔言妻 張氏董兩儀妻 鄭氏董運明妻 鄭氏董用賓妻

韓氏董用賓媳 孫氏董啟原妻 李氏熊之萬妻 龔氏熊之亭妻 袁氏張昌芝妻 葉氏董於基妻
彭氏董於源妻 江氏周道義妻 童氏縣丞張紹文繼妻 童氏徐培璣妻 呂氏徐才威妻
丁氏徐才抑妻 方氏徐才霖妻 伊氏鄺國林妻 王氏張維城妻 董氏韓東昇妻 袁氏韓象德妻
田氏胡賜林妻 徐氏監生韓義和妻 周氏李海光妻 張氏張彤雲妻 甘氏李廷調妻
艾氏李人昂妻 陳氏李榮奎妻 劉氏李德培妻 周氏李德信妻 李氏蔡順慶妻 翁氏李景信妻
童氏文汝勵妻 周氏李自明妻 王氏張紹謨妻 胡氏廩生張鳳翎繼妻 徐氏監生張登
岸妻 萬氏張金第妻 郝氏張秉權妻 周氏張子陞妻 陳氏周士順妻 陳氏張懷清妻
楊氏張進義妻 汪氏張應彩妻 陳氏張鳳來妻 李氏監生張光廷妻 蕭氏李德寬妻
范氏劉乾一妻 張氏張貞奎妻 張氏段增全妻 白氏張元圭妻 朱氏張洪續妻 張氏朱大志妻
李氏徐名權妻 田氏高品三妻 陳氏駱圓遂妻 吳氏駱沛池妻 田氏駱沛湘妻 張氏駱澤澳妻
王氏張榮堂妻 劉氏駱孟懷妻 田氏張行楠妻 駱氏張信鳳妻 黃氏張信義妻 鄧氏曹泰麟妻

孫氏吳嘉言妻 胡氏吳先波妻 胡氏吳立文妻 張氏駱能興妻 許氏吳國治妻 劉氏何彰元妻
胡氏繆正廷妻 駱氏繆燠考妻 胡氏劉宣玉妻 楊氏劉宣法妻 丁氏蔡德攸妻 胡氏陳賢觀妻
童氏高克竣妻 陶氏庠生高森妻 張氏高同禮妻 張氏高斯榜妻 李氏徐學高妻
張氏程聘知妻 高氏洪昌模妻 胡氏高庠瑜妻 王氏高庠珏妻 吳氏高四美妻 李氏郜開選妻
李氏郜永壽妻 李氏桂由逖妻 劉氏魏家榮妻 李氏江賢進妻 葉氏馬天衢妻 吳氏孫興家妻
胡氏管守南妻 易氏葉長林妻 葉氏管鵬程妻 張氏翁利名妻 葉氏余啟慧妻 葉氏王洪喜妻
田氏州同鄧國舉妻 管氏五品銜鄧文林妻 彭氏鄧翠林妻 劉氏監生王君
陳妻 裴氏陳佑臨妻 徐氏陳心傳妻 余氏管宜映妻 陳氏黃興海妻 梅氏吳修其妻
陳氏王顯遂妻 王氏張自莘妻 詹氏查嗣蘭妻 郝氏李復椿妻 龔氏李卜臣妻 以上待旌節婦

烈婦

某氏營兵丁元妻康熙戊辰元通夏逆受僞札氏覘知泣諫弗

聽乃先縊殺兩女尋自經死後元事洩被執乃哭曰吾悔不
聽妻言通志參州志

謝氏伍從雲妻未嫁時聞姑病歸侍湯藥姑沒夫病篤顧氏不
能語氏許以同穴夫沒經紀喪事越三日乃沐浴衣衰麻自
經於柩側家故貧不能葬里人哀之醵金合塚立碑以紀其
烈乾隆十四年請 旌王志補遺並見通志

周氏田躍雲妻年二十五夫沒有遺腹因誓曰生男則撫孤承
祧生女則從夫九泉及娩女也乃觸地而死通志參州志

何氏孫永餘妻咸豐七年五月賊至隨翁避亂廣濟夫被賊戕
氏亂定始知痛哭數日曰夫死我何忍獨生遂投繯死

駱氏蔡文翰妻咸豐七年五月夫練勇殺賊旋以寡不敵衆潰

先攜二女一子逃避途中聞礮聲遂率子女投水死

蔡氏陳占豫妻咸豐七年五月避亂梅家大屋回顧賊旗趣身
姑前行曰無以我爲累至五家墩以女嬰授夫曰我母氏及
夫氏皆清門義不可辱遂奮身投水死

馮氏蔡斐庭妻咸豐七年五月賊至縛其夫加以數刃夫撲地
氏伏其身大呼曰但殺我賊殺之而去夫旋甦

陳氏王致福妻咸豐七年五月賊至氏有娠率幼女及養媳俱
投塘死賊憐之先瘗二女於塘側伺氏屍終不起後數日夫
及子尋至繞塘悲號屍乃浮出以上節義錄參州志 以上已 旌殉夫節婦

宋氏陳信雄妻咸豐十一年夫遇賊不屈死氏聞痛哭以頭觸
地破腦而死

胡氏張世德妻同治三年德遇害於菩提壩氏慟哭願以身殉
家人止之迄喪終投井死

方氏張效瑜妻年二十八夫故無子竭力營葬畢哭墓前三日
潛赴水死族人市棺以殮並立祠祀之

程氏李宗樹妻年十九夫病劇氏焚香禱神刲股以進夫沒沐
浴更衣閉戶自經死

易氏葉恩榮妻 鄒氏李榮亨妻 蔡氏庠生吳淦妻 田氏龔建章妻 吳氏繆大訓妻 以上州志 以上待 旌殉夫烈婦

蕭氏葉育華妻年二十三夫沒矢志撫孤適流賊至氏被執因
紿之曰待我拜别翁姑乃從汝賊許之氏抱子泣拜翁姑墓
投塘死家人決塘水盡得屍母子相抱如故時盛夏色不變

通志參州志

劉氏武生張芳烈妻 張氏白雙泉妻俱咸豐三年殉難 熊氏邱富生妻 張氏董國治妻
俱四年殉難 童氏韓某妻見胡疏 路氏庠生周雲五妻五年殉難 夏氏張耀富妻
六年殉難 方氏胡烈妻 黃氏張民濱妻 葉氏查克環妻節義錄葉作華 陶氏汪大義妻
陳氏田學知媳 余氏陳向臨妻 陳氏柯有益妻 彭氏陳善華妻 陳氏張世芳妻 石氏段芸得妻
節義錄段作張 陳氏江元發妻 蔡氏陳慶豐妻 張氏范品玉妻 蔡氏陳渶彩妻 胡氏余芴世妻
余氏陳如東妻 胡氏余芴庭妻 黃氏陳時發妻 余氏陳東衢妻 許氏汪忠居妻 陳氏郭樂加妻
蔡氏范時學妻 田氏汪甫田妻 柯氏楊長琳媳 余氏康英玉姪媳 操氏田對疇妻
陳氏朱席廷妻 陳氏陳廣來妻節義錄作程氏 宋氏王先宜妻 阮氏王先相妻 吳氏王先案妻
柳氏王先杖妻 張氏詹善知妻 孫氏蔡焜達妻 盧氏詹昌喜妻節義錄詹作周 劉氏詹萬民妻
任氏龔以枝妻 詹氏宋紹東妻 陳氏裴大元妻 衞氏何行偉妻 裴氏何儒江妻 程氏陳萬方妻

儲氏陳象泗妻 朱氏陳道印母 朱氏盧博學母 李氏盧順成母 陳氏吳志松母 岳氏吳利恆妻
吳氏陳用賓妻 陳氏吳型淼妻 楊氏張煥忠母 石氏李應龍妻 陳氏衞永康妻 湯氏黃寶山妻
劉氏胡祿全妻 趙氏陳乾元妻 沈氏徐傳馥妻 張氏尹堯春妻 霍氏李學才妻 紀氏吳百奎妻
蔡氏陳矩春母 李氏范良治妻 范氏范保元妻 操氏方品蘭妻 朱氏王宗蕃妻 李氏王宗蕃妻
節義錄宗作中 吳氏繆安福母 吳氏繆安福妻 王氏繆愷明母 馮氏繆愷明妻 裴氏何斐妻
王氏吳三直妻州志作直三 王氏宋隆學妻 褚氏駱京元妻一門四名口同溺 吳氏馮利賓妻
吳氏何章鴻妻 宋氏詹道泰妻 吳氏梅繼恆妻 胡氏吳受先妻 李氏黃先吉妻 宋氏張鳳彩母
李氏黃久森妻 宋氏詹天聰妻 王氏蔡有信妻 郭氏蔡崇效妻 戴氏湯三益妻 何氏田錫賢妻
張氏高拔喜妻 程氏陳顯明妻 曹氏陳顯元妻 張氏陳陸生妻 宋氏孫祖應妻 梅氏孫祖官妻
李氏孫興耀妻 翁氏汪宜德妻 曾氏蕭德彰妻 何氏張素生妻 岳氏陳守廉妻 程氏陳謙元妻
詹氏陳信育妻 吳氏陳占奎妻 李氏陳占文妻 程氏岳起富妻 李氏岳起茂妻 吳氏鄧有功妻

田氏齊正蘭妻 劉氏駱子選妻 詹氏王士通妻 周氏梅蓮生妻 陳氏宋泰交妻 王氏蔡會生妻
葉氏蔡金堃妻 尹氏范才海妻 涂氏徐傳福妻 徐氏周選能妻 陳氏吳禮松妻 宋氏胡盛林妻
姜氏鄧新福妻 王氏駱太波妻 張氏黃向春妻一門共五名口 吳氏黃占元妻 龔氏黃占元弟
婦節義錄作吳氏 顧氏徐天元妻 紀氏鄧向懷妻 李氏姜掌周妻 詹氏張中新妻
熊氏呂兆興妻 張氏蔡開理妻 王氏郭遇春妻 姜氏陳春章妻 程氏蔡安庶妻節義錄蔡作郭
劉氏蔡正常妻 郭氏汪協占妻 胡氏監生張珏母 劉氏張珏妻 余氏張炳燦妻
范氏張范之妻節義錄無之字 范氏陳秉忠姪媳 馬氏張安舒妻 蘇氏詹品山母
康氏湯紹沆妻 楊氏蔡習之母節義錄作湯氏 張氏蔡元福母 范氏湯陽春妻 張氏湯雙貴妻
宋氏湯中和妻一門共三名口 柯氏張丙有妻 明氏陳啟發妻 石氏蔡錦章妻 張氏蔡光照妻
湯氏范良州妻 黃氏程國祥妻一門共三名口 王氏范以法妻 吳氏范宗厚妻 葉氏范鳳起妻
蔡氏蔡序昆母 黃氏曾蘭枝妻 郭氏曾蘭枝弟婦 張氏陳凱南妻 張氏陳起勳妻

柳氏姜開明妻 陳氏王有貴妻 張氏蔡鳳庭妻子邦棟亦遇害 湯氏詹利見妻 田氏張敏先妻
劉氏夏其祥妻 宋氏陳殿彩妻 文氏聞同行之母 駱氏吳昭節母 王氏李木軒母
吳氏王佐賓媳 蔡氏吳純厚妻 陳氏郝庭選母 程氏華植英母 陳氏華植英嬸母
吳氏蔡國勳妻 曹氏石楚珍妻 宋氏蔡禎祥妻節義錄蔡作范 龔氏呂紹先母 張氏馬亮疇妻
一門共三名口 花氏華攀一叔祖母 向氏蔡五貴妻 李氏田耀華母 郝氏何勝發妻
劉氏范懷盛母 胡氏許一生母節義錄一作怡 胡氏駱曰古妻 王氏楊直三妻 周氏胡得芳媳
周氏李榮華妻 江氏李東啟妻 董氏劉仁梓妻 程氏高長林妻 劉氏尹二九妻 姜氏石嘉樂妻
許氏李世福妻 陳氏高應先妻一門共三名口同溺 夏氏劉銘發妻 張氏白廣元媳 馬氏程志珍□
陳氏馬氏夫弟媳 張氏馬氏媳 李氏張衡妻 陳氏蔡世寬妻 胡氏龔鼎玉妻
胡氏龔鼎玉媳 龔氏駱子荊妻 張氏周玖生妻 胡氏張民濱妻 駱氏張用中妻 吳氏張銘漢妻
程氏周善長妻 王氏張永和妻 黃氏張自輝妻 劉氏胡金烈妻 胡氏龔素安妻 龔氏張有周妻

周氏張鍾秀妻 張氏胡慧泉妻 李氏龔立祥妻一祥妻三名口 劉氏張來聘妻 龔氏張民品妻
徐氏張民澤妻 嚴氏彭九皋妻 周氏吳教知妻 李氏胡玉章妻 鄧氏龔遐珍妻 劉氏張民波妻
胡氏張民濟妻子二考殉 涂氏張明寶妻子二考殉 吳氏周咸四妻 梅氏張如剛妻
子二考殉 何氏黃其俊妻 張氏黃紹從妻子孽生亦殉 張氏韓先元妻 張氏蔡五桂妻
王氏彭其華妻 王氏張汝舟妻 李氏胡素鵬妻 楊氏張萬綬妻 李氏陳從華妻 吳氏陳策勳妻
吳氏繆安壽妻 李氏居鳳斌妻 陳氏柯鳴發妻 鄭氏湯世正妻 田氏方在明妻 何氏孫永餘妻
徐氏朱有富妻 劉氏陳調雪妻 陳氏裴奇珍母 程氏陳某妻 張氏陳某妻 張氏陳某妻
胡氏王從義妻 陳氏余道遵姪媳 駱氏吳祖來伯母 許氏陀全忠妻
陳氏吳理松妻 徐氏監生吳德遐州志遐作霞 伍氏童啟才妻 曹氏石楚貞妻
鄧氏楊政興妻 汪氏李守政妻 高氏左奇山妻 徐氏葉玉典妻 何氏孫大奚妻 張氏黃立鏞妻
見胡集 以上咸豐七年殉難 江氏余子權妻 游氏江有富妻 舒氏孫某妻 龔氏丁某妻

張氏毛美尊妻　魏氏增生陳信濂妻　何氏裴品元母　周氏張萬傑妻　王氏駱炳煥妻
郭氏陳永淋妻　汪氏貢生陳學詩□　陳氏余同感妻　劉氏庠生陳禮賓妻
汪氏駱均坦妻　熊氏貢百林妻　章氏張某妻　程氏陳世瑞妻　劉氏李某妻　周氏陳星煥妻
張氏王世型繼母州志世作立　張氏胡惠全妻　胡氏黃荃妻　程氏陳百瑞妻　羅氏馬錫純妻
張氏馬錫純姪媳　張氏馬錫純姪孫媳　倪氏胡雨灼媳　胡氏黃登妻
胡氏葉玉章妻　吳氏監生陳位濂妻濂一作康　許氏陳自泰妻　龔氏胡一道妻　姜氏從九談九
思妻　蔡氏張民保妻　郭氏陳名二妻　胡氏龔慶芳妻　詹氏陳接元妻　顧氏董立成妻
吳氏張玉華妻　顧氏張玉彩妻　王氏李某妻　俱咸豐十一年殉難
張氏陳潤妻　熊氏鄧有政妻　吳氏張某妻　俱同治二年殉難　張氏何御階妻
龔氏何儒璧妻　陳氏何世德妻　衛氏何願林妻　張氏何斯振妻　胡氏何壽彭妻　吳氏何誦先妻
胡氏何良裕母　宋氏何泉本妻　張氏黃金坦妻　宋氏何有則妻　王氏吳有年妻　陳氏李有春妻

姜氏從九陳介凡妻　胡氏從九張表安妻　黃氏龔之雅妻　郭氏陳佑鈿妻
陳氏毛國新妻　胡氏陳有道妻　李氏鄧定邦妻　駱氏陳挹鳳妻　顧氏陳受圭妻　黃氏陳顯炬妻
姜氏陳長久妻　顧氏李品德妻　李氏萬長久妻　陳氏張元喜妻　夏氏舉人黃美耀繼妻
黃氏張開甲妻　周氏張啟勝妻　黃氏陳勝方妻　葉氏管世民妻抱子投水　熊氏陳志明妻
志一作自　駱氏張紉佩妻　樂氏鄭某妻　林氏高廣發妻　周氏張某妻　萬氏李某妻
葉氏張春發妻　葉氏張某妻　蘇氏張永年妻　高氏張永貞妻　劉氏蕭某妻　葉氏王德林妻
丁氏李某妻　馮氏潘至懷妻　張氏周某妻　黃氏王永祿弟婦　黃氏王某妻
魯氏李有富□錄作友富　詹氏李興成妻　程氏李洪才妻　程氏李善祚母　萬氏李克全妻
鄧氏李克貞妻　劉氏李文秀妻　詹氏李海成妻　陳氏李克諧妻　嚴氏李萬才妻　高氏李載陽妻
萬氏李有財弟婦　田氏查竟成妻一作咸　俱同治三年殉難　黃氏龔光雅妻
府冊元作光妻　俱同治四年殉難　葉氏從九王彰妻　胡氏庠生王立

皐妻　田氏管詡志妻州志詡作尚志　江氏高永富妻　江氏王惟善妻　俱同治六年殉
難　以上節義錄府冊州志

外籍烈婦附

程氏　徐氏俱茅山鎮巡檢袁鳴珂妾咸豐五年在任所殉難　以上己旌殉難烈婦
胡氏張清枝妻　柯氏張清枝嫂　王氏張貞璧妻胡年二十
五舉二子貞魁貞嵬同治三年避難廣濟萬壽橋賊至氏與
夫及嫂柯訣曰與其苟生不知同死遂與姪貞璧姪婦王氏
一家七口投水死賊退撈屍起手猶未釋
張氏白瑞成妻咸豐三年殉難　梅氏蔡用宜妻　某氏陳英裔妻　華氏查某妻　蔡氏李楷書妻
劉氏伊昌楷妻　李氏周金節妻　龔氏張意周妻　田塍婦人　吳氏陳文炳妻　陳氏李本先妻
阮氏李本秀妻　方氏胡以清妻　劉氏張某妻　夏氏劉明德妻　張氏黃立墉妻　張氏吳用宜媳

胡氏王本元妻　田氏張意進妻　王氏胡保和妻　馬氏程篤善妻　陳氏程庚生妻　張氏程桂齡妻
黃氏何彩章妻　陶氏汪忠錫繼妻　翁氏汪利祿妻　張氏尹春陽妻　田氏方德潤妻
某氏華顯揚母　夏氏張克遊妻　胡氏吳正點妻　張氏吳正煦妻　胡氏張清瑄妻　黃氏湯爲善妻
蔡氏陳登春妻　何氏陳大妥妻　胡氏吳受之妻　俱七年殉難　某氏胡應法妻　葉氏胡上吉妻
王氏龔咨禮妻　劉氏劉馭賓姪孫女　盧氏監生董瑞玉妻　李氏高立武妻
李氏監生張毓椿妻　王氏龔尙廉妻　余氏胡含英妻　吳氏李德施妻　戚氏張克文妻
范氏張克寬妻　王氏蔡未生妻　宋氏談粹儒妻　李氏曹泰現妻　吳氏李某妻　李氏曹泰玖妻
黃氏吳某妻　俱十一年殉難　王氏李本九妻　陳氏龔洪年妻　張氏孫國全妻　吳氏張貴良妻
周氏張有才妻　周氏徐義德妻　曹氏李濟消妻　俱同治二年殉難　李氏陳佑順妻
宋氏周蹇疇妻　章氏張克炳妻　張氏陳興福妻　吳氏監生陳疇妻　某氏張玉采妻
張氏李裔齊妻二女從殉　蔡氏張體生妻　何氏張楚勝妻　高氏張元福妻　方氏武生張開

榜妻 徐氏張佳興妻 陳氏張秉圭妻 吳氏 田氏方潤德妻 李氏張清皓妻

子女同死者四名口 汪氏彭某妻 胡氏張得華妻 某氏張得華媳 湯氏蔡某妻

程氏陳受鳳妻俱三年殉難 張氏高登科妻 華氏查佩珩妻 錢氏張意春妻 陳氏湯仁陽妻

以上州志待旌殉難烈婦

孝婦

勞氏指揮使田文妻文官雲南出師殺賊被傷寢營氏督軍救之有恢復功 封正一品妙金夫人世襲指揮使隨長子霽承襲於蘄因家焉州志賢淑今志奇行已國朝後無此目案氏有旌惟孝爲德行之本故列入

吳氏庠生李具慶妻廣濟太常卿吳亮嗣女明季賊陷蘄城氏翁兵備樹初不屈死夫兄延慶次子及氏所生五子俱死具慶亦被創氏方有娠從積屍中乘閒掩諸屍負具慶以竄逸中產子之瑨裹以行賊平收葬諸骸骨復還舊業皆氏力也

熊氏陳贊元妻敎諭熊心璋女幼聰慧曉大義于歸孝事舅姑夫卒繡佛茹素鍵持門戶篝燈課諸兒讀不寬假好施與多行善事子三於校貢生於粱於榮州同氏八十七卒以上通志

胡氏陳勝祥妻家貧甚乞食養姑姑病劇醫藥無措禱神刲肝刲少許將再刲忽聞聲曰足矣遂烹以進姑姑旋愈氏亦無恙參州志

陳氏霍廣照妻黃梅人寓州之伍家壋家貧甚姑年九十且病氏事之惟謹道光七年閏五月蛟水大至房屋傾圮姑沒於水氏赴水抱姑不釋隨流二十餘里力弱忽相失遇救得甦仍欲赴水尋姑水忽旋流姑屍浮出鄉人醵金助殯葬州牧

林贈額請 旌

袁氏庠生駱西園妻幼知書年二十于歸翁病劇氏刲股和藥救翁沒氏事孀姑盡孝見人有急典質施與年三十九卒

周氏陳顯經妻道光八年獎 黃氏庠生楊大昕繼妻 張氏胡旭初妻 夏氏童以立妻

龔氏州同黃遐彞妻 吳氏陳法忠妻 王氏陳信佑生母 王氏姜從富妻

陳氏舉人范位盤妻 王氏柴厚安妻 王氏從九許其昱妻 以上俱州志同治六年補旌

以上已旌獎孝婦

談氏黃國珍繼妻黃先爲江西建昌人氏故農家女于歸後能力作曉暢大義國珍卒諸子幼氏矢志撫之親屬有利其嫁者以計劫縛納輿中至則披髮覆面詬之曰孃來若禍至矣家人驚卽舁還又有誘嫁者氏覺自輿中破帷擲身下投水中立人不敢近自是利其嫁者益大恚誓甘心焉氏懼禍不測潛詣夫墓辭曰吾從君地下諸孤益無活理負君轉深不死此難又未已計惟遠遯可俱全是夜取家譜入橐喚諸子醒背縛懷抱手攜窮日夜力行百餘里備極艱辛過九江居太湖山中二年轉徙州之蝸坻山傭耕結茅居焉有虎哮廬側數日氏諭之曰未亡人犯百死攜孤至此又厄於爾命也命若應盡吾不汝怖若未也爾其速徙無怖我兒虎若有會弭耳去後孫曾繁衍入庠膺鄉薦者多人甫六七世男婦至二千人雲孫雲鵠以進士授部曹累官四川建昌道人咸謂皆氏蒙難積德有以成之其節孝爲不可及云氏年逾三十夫故請 旌格於例雲鵠乃繪完貞伏虎圖藏於家一時

士大夫聞之題詠恐後朝鮮使者亦樂表彰焉
黃氏(增貢生王鑾妻五世同堂)　張氏(監生孫文照妻)　朱氏(明應秦妻)　石氏(陳信謙妻)
葉氏(張冲斗妻)　董氏(楊大梁妻)　梅氏(蔡際照妻)　詹氏(庠生陳輝炳妻)　張氏(朱大之妻)
詹氏(朱展書妻)　倪氏(王君輔妻)　宋氏(張意輝妻)　詹氏(陳煜妻)　龔氏(張宏亮妻)　詹氏(陳手揚妻)
張氏(王則鸞妻)　章氏(黃光庠妻)　潘氏(盛大用妻)　張氏(金光曙妻)　龔氏(陳世樊妻)　陳氏(胡思誠妻)
董氏(修職郎李德茂妻)　(以上俱待旌州志孝婦)

貞女

范女倩仙興國州州同范愷女幼知書兼善吟詠年十八許字
監生張士灝未嫁而士灝卒女聞訃往哭痛絕以救甦矢志
守貞孝事舅姑立嗣子槤撫之成立著有耐寒詩草卒年五
十三康熙五十六年　旌(王志通志參州志)

陳大姑州同於梁女幼字陳宏(通志作洪)綬未嫁壻沒誓不再字越
六年聞姑病往事湯藥者七年姑沒女悲傷成疾死乾隆十
四年請　旌(王志補遺參通志州志)
張姑張希賢女幼字陳文萃未嫁文萃卒聞訃奔喪守貞以紡
績養翁姑茹苦三十六年乾隆五十一年　旌(通志參州志)
楊五姑楊照珩女幼字吳灝未嫁而灝卒聞訃欲殉獲救不果
遂截髮自誓茹素十餘年一日晨起沐浴更衣絕粒不食越
數日卒年三十(通志參州志)
吳姑吳如倉女幼字李氏子及笄未嫁壻沒女聞訃往弔哀毀
骨立欲以身殉因防守密不得死遂守貞孝事翁姑終養母
氏迎歸終身不出閫閾年六十八卒乾隆五十五年　旌

方姑幼字胡鴻逵未嫁而壻卒矢志守貞七十餘年嘉慶二十
四年　旌
王姑幼字諸生吳萬青年十八未嫁而萬青卒聞訃奔喪誓守
貞家貧勤紡績以奉翁姑道光五年　旌
李姑幼字吳彬質年十七未嫁而彬質卒往弔誓守貞以姪炳
爲嗣勤操作以養翁姑道光六年　旌
吳姑監生吳祖誥女幼字陳手玉未嫁而手玉卒聞訃往弔留
守貞撫嗣子占易成立年六十卒
李姑幼字陳洪陵年十八未嫁壻病女力求往省甫至而壻沒
遂留守貞事翁姑孝絕迹母家立姪受樂爲嗣貧甚紡績度
日卒年八十一　俱道光七年　旌

吳女吳東昇女幼字廣濟方紹皋次子杰未嫁杰沒女聞欲殉
念親老弟幼矢志守貞終身縞素足不出閫課兩弟成名年
七十八卒(通志參州志)
高姑幼字黃立人年十九未嫁壻沒聞訃欲往弔父母阻之堅
請至壻家泣奠誓以死守撫嗣子美鼎成諸生事翁姑孝姑
患指疔女爲吮之遂愈守貞四十一年卒主事陳詩爲作貞
女行道光二十七年　旌
段姑英山庠生段肇庶女幼字詹世則未嫁壻染瘋疾其母勸
女家別字女聞引繩自盡以救免力求至壻家晝夜伴孀姑
以侍湯藥家極貧日不再食輒忍受一日壻狂甚撻女幾斃
壻尋以狂死女與姑相依終身立姪緒生爲嗣年四十一卒

伊女幼字盧汝受年十九于歸合巹之夕壻舊疾發未婚卒女
誓以死守足不踰閫立姪銘爲嗣事翁姑孝家貧勤紡績謀
修脯教子成諸生卒年八十三
顧女字劉氏子年二十壻没守貞顧景星有詩 俱州志已旌
操女幼字詹如山年十六未嫁壻没女聞訃往弔遂不返立姪
爲嗣奪天媳查年二十三依姑苦守遺孤三歲夭復立姪爲
嗣操卒年五十八查苦節三十八年 州志已獎
范女通志 孫姑進士孫民則孫女字曾吉三守貞六十一年 王姑字管傅麒 周女字胡一楷
程女字陳均言 何女字張啟富 王大姑字孟化南 曹女字陳士林 李潔姑字劉
季 葉姑字杜耀珠 州志俱旌 李姑字吳燦文 一姑郭國榜女字曾氏子
黃女字喻立方 胡女字田傳松 陳女字宋裕芳 涂女字龔立惠 蔡女字胡代通 周女字陳能致

李姑字吳彬 州志俱獎 以上已旌獎貞女

烈女

張女幼字顧燕桂年二十未嫁壻没女聞訃誓以身殉父母日
夜防守凡五閱月父母謀改字媒至女偵知佯爲喜笑沐浴
更衣密加縫紉自經寢所時康熙五十六年七月二十七日
陳女監生陳兩全女幼字英山彭啟傑未嫁壻没女聞訃將百
里奔喪父母以路遠阻之女怏怏遂易服飾衣縞素越數月
父母欲改字女聞縫衣自經死
王女幼字管元度長子年十五未嫁壻没女聞訃欲往弔父母
不許遂毀容截髮誓以死守一日忽聞媒至知父母有改字
意遂閉戶焚香自經

何女何杜武女幼字田相恕未嫁壻殁女年十九聞訃泣請奔
喪父母不許伏牀不起者數十日父母將别議婚女聞之詭
告父母云待三年後方可從命未幾嘔血死
田女名愿嫫幼字張詩管未嫁壻没女聞訃隨父往弔泣請於
孀姑爲之立嗣喪葬畢父諭歸女泣答曰兒爲張家婦矣復
安歸時有難其說者冀晨女冒雨出奪之倒没於詩管墓側
土掩身過半血流被面急舁歸醫之乃蘇越數日聞廳前數
客耳語私告其姑曰是刺刺者必爲見媒也何遽如此仍櫛
沐如常態家人以爲有回心不伺守是夜自經 嘉慶二十三年補建坊
張女幼失怙恃惟兄嫂是依許字張懋文未嫁壻没女聞欲往
弔兄嫂阻之女誓以身殉家人防守甚嚴一日兀坐閨庖廚

煩擾知爲媒妁乃泣曰志既不遂必受污因跪向壻家遙辭
自經寢所
吳大姑幼失怙恃依伯父錦鸞撫養許字桂欒名年二十一未
嫁壻没女聞訃欲往守義伯父勸止女絕粒數日一慟而絕
桂族感其烈迎棺合葬焉
舒女幼字田同春田酷貧父兄欲毀盟改字女見逼遂自經田
族聞之迎櫬歸葬立碑紀其事 以上州志參省志 以上已旌殉夫烈女
蔡大姑監生天助孫女 吳媛娛貢生春藻女 張大姑監生彩霞女
方姑字張開榜 大姑田象雲女 宋姑振清女 余姑芴世女 朵姑陳時發女 大姑范芝山女
朱姑字徐海樹 陳姑陳三味女 大姑陳有璋女 詹姑道枝女 大姑陳見純女 樂姣駱暈燦女
長嫿 次嫿俱駱京元孫女 吳姑廣和女 王姑錫九女 王女應瑞孫女

大姑陳守廉女陳姑信田女孫姑字陳信田之子張女有宜女德姑
貞姑俱蔡文翰女胡女盛林女王女致福女大姑字王致福之子詹姑秉貞女節
詹女顯照女黃女占元女大姑二姑俱黃占元姪女
義錄作唐姑陳姑字唐秉貞之子寶姑湯中和女吳姑字湯中和之子
王姑字蔡喜生程女國祥女吳女育清女李女高陞女大姑字馬亮疇之子
姣姑范懷盛妹當姑范寶臣女徐女字程國祥之子愛姑胡商貽女高女應秋女
劉女仁梓女汪姑字李守正潔姑陳坤元女胡姑慧泉女宋姑字龔立祥之子
大姑龔介爵女正姑龔序爵女大姑梅序潤女張女字呂某王女字胡五元朱女有富妹州
志作富有董女盛輝女俱咸豐七年殉難張女涂女字張佑生
婉娭魯頌女驕嬌女字何尚貴之孫大躲胡惠全女胡女應發女小女胡雨灼孫
女葉桃娭二姑游亮才女桃姑葉全盛女止女余耀遠女字鄧全初

細女余象賢女胡女輔周女巧女蘇世典女俱十一年殉難劉女字李萬才之子
卜姑字何進寶四女李勝三女大鳳二鳳俱李有春女二一作細方女字張克信
張女字方乙巳田女字胡六生朱女國玉女李女添才女引弟李興成女查女竟成女
四躲李海成女愛女細躲俱李克諧女當姑當兒俱李萬才
女幼女張春發女四女李載陽女俱同治三年殉難檢姑
細姑俱庠生王立泉孫女同治六年殉難以上節義錄參府冊州志

外籍烈女附

張女六安人咸豐十一年州屬殉難以上已旌殉難烈女
張姑元躲長女張姑洪棟長女謝姑字陳永昇俱咸豐三年殉難玉姑王本元女
方姑戴之女俱六年殉難范姑懷盛女胡女字張兆庚躲姑王意廣女五娭陳章友女
俱七年殉難葉姑蔡女字陳某李姑德旌女揀姑魯頌女二躲梅某女

俱十一年殉難張姑啟富長女姜姑字張應祥李香姑無名氏女罵賊不屈被裂以上
駱愛姑俱同治三年殉難胡愛姑字李秀亭陳姑文才女俱六年殉難州志
待旌殉難烈女

孝女

吳四姑吳棣韡女年十四識之無明大義父母病女侍湯藥晝
夜不寐者四十日後祖母病劇女刲股和藥救瘳州志已旌
龔女張宏亮妻先在室時爲孀嗣母病刲股救瘳州志待旌

壽婦州志續修於同治二年依原年分編錄

何氏王億甲妻年百二歲親見孫曾元五十六人詹氏姜希榮妻年百歲嘗有虎躍入搏犬豕氏以杖擊其
首曰我難婦也何敢爾虎遂俛首去方氏庠生吳容妻年百七歲傳詳節婦田氏典史王惠
悉妻年百一歲夏氏談時豪妻年百一歲詹氏查成瑛妻年百歲江氏監生董詮

妻年百六歲以上州志王氏鄧紹模妻年九十八五世同堂胡氏張盛翔妻楊氏黃定泰妻
廖氏陳濟寬俱五世同堂鄧氏監生吳尚錢妻俱年九十九明氏吳蒼玉妻
五世同堂李氏謝自勝妻俱年百歲方氏劉全鳳妻年百一歲某氏裴某妻
吳氏李人岱妻俱年百二歲王氏張如杜妻陳氏許宗祿妻俱五世同堂湯氏何一魁妻
俱年百三歲郝氏陳顯秀妻袁氏方世金妻俱年百四歲曹氏陳某妻年百五歲以上
依州新志補以上壽婦

孝婦補輯

胡氏黃金鏜妻父仁里爲蘄名孝廉母氏吳並有懿德氏性至
孝幼秉內訓嫻習經史歸黃克盡婦道里黨無閒言年三十
餘夫故有子二長雲鴻先是出繼從叔父後次雲鵠氏親教
之督課甚嚴或以穉弱勸氏曰孤子多無成與無成毋寧無

子既而語鵠曰知汝能勉自立悔吾前太嚴汝兄後於人向若無汝則如無吾矣鵠成進士官兵部時粵匪踞蘄氏率家人北上出險如夷若有神佑抵 京益勗鵠以盡職安貧親近有道無忘 國恩迨出守雅州鵠奉母行中途病鵠請乞告歸養氏勃然曰
上命爾往何處我即隨爾往何處彼叱馭者顧非孝子耶鵠乃進蒞雅州守成都擢任分巡建南莅事臨民氏每日必詢梗概恆訓家人以勤儉尤喜聽諸孫誦書史
覃恩晉封太夫人

黃州府志卷之三十終

黃州府志卷之三十一上

黃州府知府英　啟纂輯

人物志

列女八

廣濟縣

節婦

金氏張金基妻順治中與姑避難山中爲賊斫腦死通志補

王氏庠生朱懋乾妻夫病篤割左臂和藥夫沒奉舅姑益謹姑病復割右臂肉以進撫八月孤翼治由歲貢官兵部員外郎雍正元年　旌一統志

王氏劉子杜妻年二十五夫沒六越月生遺腹子秉事姑盡婦道值歲歉或勸鬻僕婢以濟且可減食指氏不忍各遺歸宗

守節五十九年雍正三年　旌

熊氏田逢聖妻年二十五生子本文甫三歲夫病革氏取刀截髮以示不二夫沒閉戶自經姑破壁救解未幾姑病氏禱天叩頭流血姑獲痊氏守節二十九年有女適呂月餘而壻沒亦守節二十餘年

陳氏庠生張淑由妻年二十四夫沒臨卒以七歲縣志作週歲孤爲託氏刺血自誓時祖姑與舅姑均未葬氏悉脫簪珥卜吉同夫柩力厝之教子佳璟孫醇皆成名年六十七病篤家人欲延醫診視氏曰因疾而廢禮非吾志也竟以疾終　俱雍正四年　旌

陳氏胡士師（縣志通志作士帥）妻年二十三夫沒無子立姪爲嗣姑患足疾氏朝夕扶掖稍劇則侍立達旦守節四十一年卒雍正九年 旌（一統志）

胡氏朱如竹妻夫早喪撫孤成立備歷艱辛守節四十七年終乾隆元年 旌

周氏李大成妻年二十一夫亡躬紡績以事舅姑守節五十一年乾隆二年 旌

項氏湯右章妻年二十四夫亡撫孤景文守節三十六年

干氏游錫封妻撫孤楚義守節五十一年（通志作于氏）

鞠氏程大德之母于歸三年夫故守節三十八年 俱乾隆三年 旌

武氏庠生熊啟漢妻年二十七夫亡撫孤承緒孝事舅姑守節三十九年

張氏柯恆交妻年二十六夫亡守節四十二年（縣志作柯應棟又增有子承緒康熙戊午副榜一句案承緒係上傳武氏子名疑有錯訛） 俱乾隆四年 旌

張氏庠生梅汝和妻年二十六夫亡守節三十年

劉氏生員藍玠（縣志作炌）妻年十七（縣志作九）夫亡立姪生斑爲嗣守節五十一年

馮氏藍季燦妻年二十一夫亡守節六十三年

周氏張士文妻年二十六夫亡撫孤成立守節三十三年 俱乾隆五年 旌

周氏胡之信妻年二十四（縣志作二十一）夫亡遺孤夭立姪爲嗣守節三十六年（縣志作四十一）

李氏方世欽妻年二十三夫亡撫孤運濟守節三十三年

程氏監生劉洪德妻 某氏洪德妾程年二十七（縣志作九）夫亡與妾守節三十一年嗣子恩沛孫煥采皆逝煥采聘室蔣女亦立嗣守貞 俱乾隆六年 旌

舒氏李如俊妻年二十四夫亡撫姪其五爲嗣守節四十年

金氏張心源妻夫亡守節（縣志補）

陳氏庠生向懋妻年二十二夫亡孝事舅姑撫五歲孤成立守節四十二年 俱乾隆七年 旌

馮氏監生朱槃芝妻年二十五夫沒事祖姑及舅姑皆以孝稱守節五十三年乾隆八年 旌

程氏監生千景伊妻年十七（縣志作九）夫亡守節三十六年

李氏監生葉自新妻年二十八夫亡守節三十八年事姑及繼姑孝 俱乾隆九年 旌

曾氏費文中妻年二十七夫死鬻衣物以辦葬事苦節五十八年

張氏徐樹葵（縣志作揆）妻 劉氏庠生徐樹倫妻 吳氏徐樹儀妻俱年二十餘夫亡娣姒同心矢志一門三節

胡氏董煥斗妻 方氏董煥愷妻胡年十八夫亡孝事舅姑守節三十四年方年二十六夫亡守節三十五年（縣志補） 俱乾隆十年 旌

程氏饒岳中妻年二十二夫亡守節三十三年乾隆十一年

旌
張氏監生藍之鳳妻年二十六夫故守節三十九年乾隆十二
年　旌
田氏呂御天妻年二十二夫亡守節三十八年
吳氏張大德妻年二十七夫亡守志　俱乾隆十三年　旌
劉氏藍士絳妻以上王志參縣志
陳氏劉洪緒繼妻年二十夫亡守節撫前室子如已出　俱乾
隆十四年　旌
田氏鍾開仁妻　周氏鍾恆次妻　張氏鍾永佳妻田年二十
八夫亡撫遺腹子恆次守節四十二年周年二十三恆次亡
守節三十一年張年二十六永佳亡守節三十九年三世節

孝
許氏盧光肇妻夫亡守節
張氏庠生張斐仲女庠生吳之杞妻年二十四夫亡守節三十
九年　俱乾隆十六年　旌
胡氏夏曰瑁妻　蔡氏夏曰玖妻胡年二十九夫亡子有慶方
四歲先二年瑁弟玖卒蔡年二十八娣姒同心守節
胡氏監生陳中錫妻庠生胡士奎女年二十一適陳夫亡守節
四十年
陳氏劉光昭妻　查氏劉光亨妻陳年二十五夫亡撫子懷五
成名堂弟光亨亦早卒妻查撫姪超慕爲嗣
劉氏周源禮妻年二十九夫亡撫姪梀相成名　俱乾隆十七

年　旌
藍氏陳洪卓妻年二十六夫亡孝事孀姑撫孤成立乾隆二十
一年　旌
查氏劉斯世妻年二十二夫亡苦節乾隆二十二年　旌
周氏胡士藝妻年二十夫亡無子立姪爲嗣嗣又亡立洪順承
祧事舅姑盡孝乾隆二十三年　旌
伍氏張懷遠妻年二十三夫亡孝事舅姑乾隆二十七年　旌
彭氏于允省妻庠生彭永文女年十九夫亡撫姪實苞爲嗣
方氏武正鈞妻年二十二夫亡守節三十七年　俱乾隆二十
八年　旌
胡氏舒健行妻年二十三夫亡守節三十七年

吳氏監生朱本經妻吳世典女年二十三夫亡撫姪光炯爲嗣
俱乾隆三十四年　旌
江氏張維輔妻　殷氏張維翰妻並早年夫亡無子守節乾隆
三十九年　旌
郭氏董升士妻監生郭泰女年二十二夫亡茹苦守節三十八
年
徐氏趙安墀妻早年夫亡守節三十九年　俱乾隆四十一年
旌
陶氏王錫均妻年十八夫亡守節乾隆五十二年　旌縣志補
呂氏查錫鵬妻年二十一夫亡立姪爲嗣守節四十三年乾隆
五十三年　旌

方氏張醇瑞妻貢生方運濟女年二十二夫亡撫姪爲嗣事舅姑孝乾隆五十四年　旌

王氏查萬選妻夫亡守節夫弟强逼改嫁不從投塘死乾隆五十五年　旌

游氏胡洪熙（通志脫胡字）妻年二十一夫亡孝養孀姑守節五十六年乾隆五十六年　旌

劉氏庠生楊國遇繼妻年十八適楊未朞夫沒或勸之改適引刀破面以明其志誓撫遺孤前令給匾示奬

張氏胡次臣妻年二十三適胡夫沒子甫二歲矢志守節家貧舅姑亡遺孤又沒貽薄產爲諸姪所攫取困苦不堪守節五十四年前令給匾表其門

楊氏胡致中妻年三十夫亡族人迫嫁之氏投江其兄赴救得免守節三十六年子其舜諸生

陳氏張錫嵐妻年二十五夫沒姑周卧病三年氏扶持不懈後氏年六十抱病卧牀子醇壽媳伍氏朝夕奉侍亦如氏之事姑焉

桂氏張錫恭妻性至孝姑陳病篤氏籲天求代夫沒百計求死不得撫孤苦守不茹葷者四十餘年

李氏劉楙睿妻年二十二于歸甫七年夫墮水死氏聞信沿河號泣三晝夜屍乃出越三年子夭氏攜二女依夫堂兄禹文守節以終卒年七十三

楊氏張坤儒妻年二十二夫沒遺孤未週歲氏苦守撫之夫兄某盡鬻其產族黨或謀訟於官氏泣曰產固祖遺也訟夫兄於官何以見祖宗於地下越數年夫兄嫂及長子俱喪遺數齡幼子氏收育之如已出

張氏阮會人妻年二十五（縣志作二十）夫沒無子姑早沒舅年六十餘家貧無以爲養灌園採薪晝夜紡績以資衣食侍養二十五年族黨感其孝立姪三生爲之嗣歲給租石以終養

武氏于爾奎繼妻年二十六于歸甫三日夫沒氏一慟幾絕姑抱前媳子問曰汝合婚僅三日余不敢强汝守志氏跪泣曰媳已許配于門夫有二子即媳子也願侍翁姑撫孤守節四十八年卒

桂氏張孟哲妻年二十夫沒家貧不能葬移夫柩偏室守卧三

年歲荒自食饘粥必潔饌奉姑後得疾姑請醫胗視氏曰我苦節終身若令醫以胗古之斷臂者何人乎

馮氏庠生陶愷占妻年二十夫沒舅爲擇配氏不從一日舅率迎者至門氏操利刃欲自殺眾懼乃散氏乘閒奔母家舅知志不可奪以禮迎之氏歸事舅如父值歲歉躬鋤禾暴日中自茹穅糲留米以養舅苦節六十年卒

張氏吳小蒼妻年二十六夫沒矢志撫孤及舅姑沒子媳早亡氏紡績自給常數日不舉火苦節四十八年

張氏呂嘉元妻年二十三姑沒夫病篤氏代夫成禮家雖貧經營喪葬無闕未幾夫沒汲水採薪苦守以終

吳氏張敷雲媳性至孝姑病割股救瘳夫病亦刲股以進夫沒

氏年十八事翁孝教子成立苦節五十四年

陳氏查陛選妻年二十四夫沒子幼姑老晝夜紡績以給衣食姑病割股救之守節三十二年

楊氏廪生吳兆岐妻縣志作亥年十七歸岐生子世釜甫二齡岐沒矢志自守堂有孤燕守巢數年不去咸以爲異

胡氏郭元璧妻諸生胡之新女幼習孝經女誡適郭年二十八夫沒屢欲身殉舅姑責以撫孤乃強起事舅姑善承歡姑沒舅年逾八旬氏扶持數年無倦容親族婺貧無依者氏給養終身殮以棺潦年出粟賑饑子榮祖州同銜孫八人皆列庠序

蘇氏周新基妻年二十于歸生子錫圭夫沒守節四十二年卒

氏性貞淑事舅姑孝娣姒和睦無疾言遽色嘗以紡績餘貲周親族之貧乏者以上通志參縣志

饒氏吳敏權妻 潘氏呂鳳敵妻 李氏干應試妻于一作于 劉氏彭復一妻 胡氏陳遲生妻

夏氏張楚英妻 董氏張楚英媳 郭氏張楚英孫媳 陶氏程在高妻 馮氏呂安度妻

胡氏毛鉄昌妻 王氏藍翠皇妻 劉氏貢生蔡永治妻 陳氏魏之棻妻縣志之作芝

李氏程宗五妻 潘氏胡質生妻 王氏張錫三妻縣志三作山 龔氏胡繼宗妻 劉氏柯廷佐母縣志佐作任

曾氏張扶友妻 吳氏庠生張時翻妻 田氏張家獻妻 胡氏庠生張錫琫妻

陳氏張醇厚妻 張氏庠生彭之緒妻 梅氏監生彭士紳妻縣志紳作坤

舒氏饒質甫妻 胡氏張錫光妻 李氏庠生陳耀賓妻 劉氏李常芳妻 張氏徐樹楫妻

徐氏饒承天妻 姜氏庠生胡熙成妻 李氏吳恆公妻 簡氏 羅氏

黎氏俱庠生王遴選妾另見縣志 張氏吳紹蘇妻 周氏陳西庾妻 余氏吳漢雲妻縣志吳作居

吳氏劉諦興妻 李氏庠生郭永搆妻 陳氏張佳鬲妻 李氏朱雲占妻縣志作呂氏

李氏張文克妻 郭氏朱乾士妻 樊氏干榮九妻 樊氏朱特嘉妻 于氏庠生陳懋運妻縣志作干氏

郭氏朱世芳妻縣志芳作方 樊氏熊如龍妻 于氏吳諦助妻縣志作干氏 李氏胡世嵩妻縣志世作士

樊氏庠生張錫爵妻 王氏吳陽昇妻 李氏庠生董鴻儒妻

吳氏庠生胡鴻仁妻 舒氏胡裕昌妻 劉氏監生許琮妻 胡氏宋方懋妻

夏氏魏士超妻 郭氏張輝永妻 劉氏游錫洪妻 王氏庠生饒承恩妻 朱氏蘇周南妻

梅氏庠生李如山妻 蔣氏張時正妻 吳氏陸長友妻 鄢氏黎握臣妻 秦氏胡瑞益妻

龔氏王肖安妻 張氏伍采謨妻 李氏張敬候妻 田氏向日章妻 李氏向禹甸妻 張氏劉光騰妻

邢氏夏時會妻 劉氏龔鼎玉妻 項氏彭建章妻 石氏彭銘妻 吳氏干效瑋妻 夏氏居玉林妻

吳氏陳家品妻 劉氏張源仕妻 李氏周日白妻 喻氏李含子妻 蔣氏張植正妻 王氏張士鐄妻

胡氏庠生夏濬妻 方氏庠生文敵甲妻 吳氏劉相妻 劉氏彭洪濟妻

董氏彭椠杲妻 喻氏熊宜泰妻 劉氏陳洪序妻 胡氏范宜周妻 郭氏陳樹韋妻 施氏蔡學綸妻

胡氏庠生陳激昂妻 陳氏蔡士資妻 郭氏陳紹坤妻 萬氏熊仲臣妻 張氏陳洪爽妻

張氏伍用亭妻 舒氏方敬常妻 張氏李仁公妻 張氏殷光璨妻 陳氏劉裕生妻 張氏庠生周應億妻

陶氏周日曦妻 李氏饒子興妻 程氏夏應勇母 呂氏蔡學剛妻 張氏吳景湘妻

李氏陳華國妻 郭氏藍之錦妻 吳氏陸永思妻 吳氏文炟天妻 陳氏徐月惺妻 田氏朱世鼎妻

宋氏張材秀妻 呂氏劉懋推妻 胡氏劉光經妻 陶氏張博天妻 陶氏張福賜妻 田氏張祚江妻

吳氏程序三妻縣志程作陳 章氏張霞舉□ 吳氏張祚坤妻 許氏朱之亨妻 陳氏王元英妻

干氏藍敷奏妻 毛氏張季胄妻 庫氏庠生魯鳳翔妻 舒氏劉光通妻 徐氏庠生饒振棫妻

周氏張錫岱妻 姜氏張家紐妻 范氏王大芳妻 趙氏邢乘六妻 呂氏劉藺賜妻

胡氏劉魁五妻 馮氏庫楚萬妻 童氏徐如章妻 干氏黎樹性妻 陳氏王建侯妻 胡氏劉起嵩妻

張氏陳人表妻 張氏陳玉衡妻 游氏胡上進母 查氏張家桂妻 夏氏庠生何廷栢母縣志何作柯

毛氏藍章懷妻田氏庠生李亮臣妻王氏夏應春妻戴氏廖九臯妻張氏范介蕃母

朱氏方世鏗妻縣志鏗作堅呂氏王天則妻查氏張如艮妻趙氏饒承蔚妻楊氏庠生張錫

晨妻周氏李如泰妻吳氏夏應業妻陳氏卜敏成妻縣志成作存蔣氏張時範妻

尹氏呂義周妻趙氏張楚甲妻陳氏蘇希國妻李氏劉超治妻熊氏劉至有妻王氏諸生程瑞

玆妻胡氏庠生黎純治妻李氏庠生龔錫珍妻縣志錫作席孫氏胡啟琳妻

張氏徐甸英妻舒氏徐甸弼妻庫氏朱嘉謨妻胡氏王季仲妻陳氏胡士岸妻劉氏毛士昇妻

縣志士作東朱氏王斐公妻胡氏湯超凡妻周氏田本燦妻陳氏王有志妻王氏居善長妻

程氏陳超萬妻劉氏陳起魁妻吳氏邢佳猷妻柯氏蘇儀生妻蘇氏陳斗燦妻王氏庠生李賓

國妻胡氏藍孚文妻王氏張殿昇妻朱氏郭應明妻縣志明作朋梅氏熊理伯妻

劉氏湯大昌妻劉氏湯畏天妻鍾氏藍士練妻吳氏阮林周妻鄭氏劉超和妻游氏呂順天母

縣志呂作吳吳氏劉楙齡妻楊氏王容縮妻劉氏呂調友妻費氏張用樸妻呂氏庠生周必

黃州府志《卷之三十一　列女八　十

泰妻劉氏陳尚象妻謝氏程學伊祖母朱氏徐天桂母胡氏張鑫聲妻

鄧氏朱有瑲繼妻吳氏張楚芳妻張氏戴元長妻李氏陳福先妻阮氏劉光修妻

張氏熊玉文妻甘氏汪象南母胡氏吳應考妻胡氏呂嘉典妻胡氏毛漢甯妻桂氏翟之泗妻

鄭氏李光遴妻周氏李首出妻張氏李首出媳廖氏劉紹儒妻龔氏庠生呂和桂妻

呂氏呂天祥妻饒氏岳復興妻朱氏陳鴻俊妻張氏王家甯妻葉氏監生鍾輝熊妻

王氏程應道妻張氏吳子攀妻阮氏陳在聰妻夏氏陳殿光妻劉氏夏有煥妻葉氏藍士錫妻

楊氏劉斯銘妻吳氏張德隅妻張氏程敬公妻李氏張博也妻李氏田本玉妻梅氏胡洪岱妻

藍氏干效溥妻張氏庠生楊斌妻宋氏周煥章繼妻項氏藍朝桐妻

余氏劉人傑妻郭氏邢履和妻縣志和作初舒氏庠生胡洪驥胡氏監生夏光

前妻胡氏干辛元妻蔡氏干效輅妻毛氏楊天澍妻吳氏藍士鎧妻鍾氏藍朝陞妻

程氏張耿光妻王氏徐光發妻廖氏徐光穆妻余氏庠生鍾炳妻郭氏朱祐年妻

縣志祐作祜周氏田光煜妻岳氏毛同唐妻劉氏張世祿妻張氏劉超莊妻

張氏劉起萃妻縣志起作超余氏張桂乾妻王氏張桂坤妻胡氏張永年妻胡氏張萬年妻

劉氏方榮顯妻夏氏徐光乾妻朱氏彭士榜妻張氏居允玖妻陶氏居承瀚妻藍氏周楙義妻

王氏知縣楊承綜妾向氏干效松妻蔣氏田光喆妻王氏吳驤鳳妻縣志驤作讓鳳一作

奉鄭氏吳驤案妻縣志驤作讓鍾氏舒鑵妻另見縣志張氏盧士俊繼

妻毛氏盧三貴妻胡氏劉杏妻藍氏鍾大業妻盧氏宋鍾應妻周氏宋源賓妻

伍氏劉斯錦妻陳氏庠生于爾星妻縣志于作干郭氏干允耀妻李氏桂應纘妻胡氏庠生朱歆

然妻張氏舒貫珠妻李氏舒沐妻查氏監生陳鴻桂妻張氏呂嘉勇妻

劉氏李恩濟妻張氏李綵章妻姜氏吳志中妻胡氏劉蔚瓚妻陳氏彭本秦妻陳氏彭本澄妻

張氏吳志汝妻陳氏呂集正妻吳氏胡光懋妻武氏胡世鰲妻李氏王華夏妻廖氏武永叨妻

周氏夏本榮妻陳氏夏本才妻朱氏夏本秀妻鍾氏庠生吳德璜妻黃氏湯應麟妻

黃州府志《卷之三十一　列女八　十一

縣志湯作馮鍾氏胡夏梗妻劉氏王鴻金妻居氏王鴻基妻郭氏胡奇然妻王氏胡超然妻

吳氏胡熊然妻郭氏張向日妻汪氏胡廷颺妻劉氏蔡朝聘妻徐氏鍾錫琮妻胡氏鍾錫琮媳

另見縣志孫氏孝廉金本孜妻劉氏盧洪渾妻董氏周學純妻饒氏劉斯珍妻

劉氏陳本仁妻朱氏桂鍾地妻李氏吳獻龍妻呂氏李來喜妻庫氏陳斯陽妻田氏蔣紹翰妻

吳氏李來聘妻某氏某氏俱李來聘媳另見縣志劉氏周備五妻陳氏范宗隆妻

宋氏徐天秘妻趙氏董之楷妻蔡氏張開富妻張氏程有奇妻陳氏涂經緯妻周氏涂經畧妻

喻氏孔傳禮妻劉氏孔繼曾妻郭氏朱效堂妻張氏劉宗亭妻干氏劉斯秩妻王氏藍若泉妻

石氏藍廷瀵妻伍氏居承標妻吳氏庠生劉衍灝妻吳氏劉輝祖妻另見縣志

徐氏庠生王者香妻胡氏饒承紳妻胡氏饒起全妻縣志全作金

蔣氏劉光甲妻方氏劉光第妻奚氏李來乙妻伍氏奚洪任妻干氏張楙光妻某氏劉彪母另

見縣志阮氏劉彪妻王氏劉衍餔妻陶氏周飛六妻呂氏周元基妻簡氏柘昌璧妻

郭氏陳尚友妻 藍氏干效用妻 胡氏呂文斗妻縣志作徐氏 王氏呂嘉香妻 彭氏盧兌子妻
陳氏盧鳳長妻 藍氏干中冀妻 陳氏趙民哲妻 蔣氏居正驤妻 周氏呂集謀妻 舒氏魏雲珖妻
饒氏游正松妻 陳氏胡雍章妻 簡氏干效亭妻縣志作藍氏 宋氏彭士烈妻 陳氏增生胡錫
朋妻 胡氏徐天智妻 程氏徐天勇妻 胡氏魯榮望妻 蔡氏劉超羣妻 卜氏胡洪理妻
蘇氏徐侯茂妻 張氏徐智厚妻 徐氏舒煥嘉妻 熊氏劉行昇妻 董氏劉秀章妻 鍾氏王文裕妻
劉氏楊家佑妻縣志作姿 鍾氏龔材禮妻 吳氏王本階妻 劉氏簡登貴妻 藍氏干中新妻
戴氏胡中茂妻 郭氏吳枋妻 熊氏吳世炤妻 朱氏胡士望妻 魏氏張殿元妻 張氏王從易妻
徐氏江日復妻 奚氏呂天貴妻 楊氏向康先妻 劉氏陳諦容妻 郭氏陳旋乾妻 岳氏吳錫爵妻
藍氏吳廣璧妻 宋氏陳亦占妻 蔣氏劉煥采妻 劉氏胡士巖妻 李氏陳文璋妻 張氏陳智懷妻
宋氏張賓光妻 藍氏張恆亭妻縣志恆作垣 游氏陳正來妻 武氏陳洪軾妻 許氏陳一發妻
蔡氏胡漢超妻 湯氏陳勝凡妻 姜氏陳光階妻 胡氏吳介蕃妻 胡氏舒西袁妻縣志袁作表

黃州府志 卷之三十一 列女八 十二

楊氏陳聞一妻 藍氏陳洪仁妻 程氏胡大雄妻 黃氏陳時正妻 呂氏陸厚壽妻 錢氏陳正谷妻
陸氏陳光國妻 陳氏張正綱妻 周氏李益梗妻 劉氏陳六吉妻 劉氏陳洪慶妻 劉氏胡希桂妻
李氏陳華國妻 藍氏陳文憲妻 劉氏稟生張植彬妻 劉氏夏賓暘妻 黃氏陳洪齊妻
毛氏程鋒旭繼妻 章氏張懷能妻 魏氏夏丹篆妻 陳氏邢方文妻 奚氏夏文華妻
陳氏郭伯安妻 孫氏洪甯輝妻 向氏劉斯際妻 周氏郭紹宗妻 胡氏周炳揚妻 周氏劉超僎妻
陳氏周朝鳳妻 陳氏夏偉常妻 江氏劉宗元妻 劉氏胡康泰妻 陶氏胡名耀妻 蘇氏周兆固妻
[illegible]氏[illegible]翥妻 周氏劉斯健妻 胡氏蔡朝佐妻 宋氏蔡行芳妻 鍾氏劉萬貞妻 藍氏朱擴然妻
程氏詹錫獲妻 顏氏毛正芳妻 曹氏張象五妻 郭氏馮世南妻 李氏郭榮綸妻 朱氏馮世哲妻
郭氏周偉議妻 吳氏郭洪任妻 陳氏馮光宇妻 姜氏藍國棟妻 徐氏劉學博妻 胡氏劉熙載妻
周氏劉煥觀妻 陳氏劉超文妻 向氏李金槐妻 張氏李載元妻 王氏向世勳妻 呂氏向泉源妻
范氏陳玉殿妻 毛氏陳東書妻 郭氏向玉龍妻 劉氏梅士傑妻 周氏梅坤元妻 黃氏劉超才妻

張氏彭玉葉妻縣志葉作華 方氏彭克勤妻 楊氏向嵛模妻 劉氏陳茂烈妻 魯氏陳履端妻
胡氏陳德衡妻 毛氏朱貢干妻 楊氏監生宋鍾高妻 陳氏朱鍾繩妻 吳氏朱鍾巖妻
陳氏郭居綏妻 陶氏溫東野妻 李氏劉衍常妻 張氏龔德純妻 劉氏胡承若妻 楊氏張材俊妻
郭氏王本型妻 田氏方金山妻 邢氏柯材洛妻 呂氏王楚材妻 彭氏邢道光妻 汪氏程家英妻
胡氏饒大美妻 吳氏監生何本秀妻 劉氏周煥豈妻 劉氏呂集義妻 殷氏邢光巒妻
呂氏劉秉釗妻縣志劉作陳 胡氏陳應熊妻 楊氏程道治妻 方氏張道遠妻 夏氏劉志山妻
向氏胡本松妻 夏氏項太康妻 居氏程希錫妻縣志希作布 徐氏鄭爾常妻 黎氏饒承佑妻
朱氏劉金軫妻 吳氏饒行逵妻 武氏范道岸妻 胡氏王公亨妻 鄧氏王鴻斌妻 汪氏王懷璞妻
胡氏張尚懸妻 余氏楊洪璧妻 陶氏何其鳳妻 張氏李錫著妻縣志李作查 蘇氏楊茂思妻
雷氏章廷書妻 吳氏李貞茂妻縣志貞作身 阮氏李身盛妻 張氏李榮鏤妻 程氏解錫榮妻
黃氏向振家妻 陳氏李大元妻 張氏蔡錫然妻 夏氏庠生徐樹欒妻事舅姑孝 許氏盧景振母

黃州府志 卷之三十一 列女八 十三

伍氏張醇壽妻 吳氏于忠亮孀母縣志于作干 馮氏張文仲妻 田氏吳友松妻 胡氏王琫安妻
張氏楊斌妻 張氏吳景襄妻 劉氏饒某妻 劉氏胡汝行妻 於氏劉國瑶妻 李氏呂芝蘭妻
江氏李萬里妻 詹氏張瑞寰妻 周氏李某妻 饒氏岳某妻 王氏某某妻 李氏劉賡甫妻
居氏某某氏 張氏李恆嶽妻 呂氏蔡學剛妻 李氏金楚珩妻 鄧氏李某妻 以上通志參縣
志 李氏王錫鼎妻 朱氏王在冕妻 以上嘉慶五年旌 干氏江之彭妻
吳氏藍朝澍妻 張氏藍朝昶妻 以上八年旌 趙氏劉斯華妻 陳氏劉斯壽妻 以上十七年
旌 朱氏張繼河妻二十年旌 熊氏藍廷錦妻 陳氏藍斯禮妻 以上二十三年
旌 龔氏吳業巘妻道光元年旌 胡氏張繼泯妻 夏氏文士周妻 以上三年旌
程氏藍廷弼妻六年旌 張氏吳讓元妻 吳氏張繼洪妻 朱氏吳開耀妻 朱氏張金榜妻
以上七年旌 閔氏徐美中妻 胡氏徐銘琦妻 柯氏徐銘俊妻 周氏貢生林鳳翔妻
王氏藍廷茂妻 干氏藍廷握妻 張氏程明譜妻 胡氏藍廷玉妻 以上八年旌 饒氏陳綸元妻

九年旌　柯氏吳基昌妻　張氏劉煥奎妻　以上十五年旌　鍾氏陳世仁妻
程氏陳世矩妻　以上十八年旌　胡氏張紹檀妻二十一年旌　王氏吳光宣妻
二十三年旌　饒氏劉斯壽妻二十四年旌　施氏陳明淮妻二十五年旌　夏氏張紹榮妻
二十七年旌　陸氏呂紹銀妻　魯氏呂洪元妻　以上咸豐元年旌　呂氏周澤宏妻
守節撫孤二十年咸豐三年攜子榮楠罵賊被殺　岑氏桂茂初妻守節二十餘年咸豐七年殉難
梅氏胡玉枝妻咸豐七年殉難　田氏陳有餘妻殉難　以上咸豐間旌　陳氏林會文妻
同治元年旌　陶氏廩生陳金卺妻二年旌　張氏劉亮基妻　吳氏劉微基妻　以上八年旌
庫氏王本根妻九年旌　馮氏梅林祥妻　陳氏梅懋章妻　鄭氏張濟桂妻　庫氏陳斯湯妻
劉氏李祥光妻　吳氏李作艮妻　段氏李集成妻　雷氏吳勝華妻　郭氏陳尚文妻　郭氏陳耀祖妻
張氏翟承鳴妻　李氏翟承祖妻　高氏翟先鈺妻　唐氏桂復松妻　張氏柯應棟妻　雷氏桂復楊妻
方氏郭烈楊妻　周氏郭鍾積妻　梅氏郭材桂妻　張氏郭士蘋妻　袁氏李來祥妻　呂氏李熙琢妻

黃州府志　卷之三十一　列女八　十四

李氏李新望妻　崔氏呂源春妻　鄭氏呂錄望妻　朱氏呂藏清妻　毛氏吳孚先妻　程氏李興松妻
黃氏李錫美妻　張氏庠生朱光圓妻　劉氏監生吳應本妻　廖氏郭材樑妻
廖氏郭燕春妻　張氏吳應富妻　熊氏郭才著妻　鄭氏郭洪光妻　周氏郭材發妻　黃氏郭洪夏妻
孔氏陳鎬讓妻　梅氏郭烈芹妻　陳氏郭材鳳妻　田氏陳銘壽妻　羅氏郭材藻妻　張氏郭洪曉妻
陳氏郭材徽妻　呂氏郭奎雲妻　饒氏戴士達妻　劉氏郭孔嘉妻　王氏郭奎璿妻　郭氏崔茂貞妻
吳氏郭奎惠妻　胡氏郭作賓妻　吳氏郭在邦妻　蔡氏郭在郡妻　陳氏易存仁妻　朱氏呂熾青妻
呂氏郭奎緒妻　龔氏郭洪功妻　李氏郭材翰妻　廖氏朱仁德妻　方氏朱有餘妻　王氏呂壂雅妻
張氏呂集利妻　周氏呂集亨妻　崔氏朱樸實妻　周氏呂鼎福妻　龔氏田懷珍妻　朱氏郭在岡妻
李氏郭在巍妻　蔡氏庠生郭錫福妻　劉氏郭奎榜妻　郭氏朱體仁妻　呂氏朱偉詮妻
郭氏王光銘妻　金氏郭烈蘭妻　李氏郭士登妻　胡氏郭能學妻　陳氏郭士鑑妻　許氏郭材大妻
吳氏郭定卿妻　張氏吳應祖妻　吳氏張燦珅妻　張氏徐美中妻　查氏徐特楷妻　丁氏劉超信妻

朱氏劉煥師妻　徐氏廩生劉惇培妻　張氏梅時發妻　吳氏方至宦妻　董氏鄒汝福妻
鍾氏查錫圭妻　程氏高發潤妻　朱氏查煥祥妻　彭氏張村遐妻　吳氏劉秀致妻　楊氏張材俊妻
陸氏查榮清妻　居氏張奎照妻　胡氏張燦玘妻　洪氏庠生鍾岳繼妻　陳氏監生鍾本
元妻　張氏庠生鍾綺泰妻　梅氏庠生鍾錫福妻　胡氏查席珍妻
干氏藍廷握妻　張氏胡養文妻　劉氏周煥祥妻　陳氏彭芝之榮妻　劉氏彭錫鵬繼妻
某氏彭巨奎妻　胡氏庠生褚繡山妻　饒氏周煥昌妻　金氏監生楊國祥妻
陳氏楊煒信妻　朱氏庠生楊煒煌妻　金氏吳體之妻　項氏王斯拔妻　楊氏龔世芬妻
張氏呂光耀妻　周氏張植哲妻　吳氏張光緒妻　郭氏張坦履妻　羅氏熊森桂妻　張氏趙暢齊妻
郭氏監生張光博妻　劉氏張光椿妻　朱氏庫瑞光妻　吳氏張鍾德妻　周氏張世祿妻
廖氏張坦适妻　張氏韓繡裳妻　王氏張玉輝妻
向氏郭月峰妻　劉氏郭月峰妾向與妾守節散財振荒有將

黃州府志　卷之三十一　列女八　十五

售妻者厚助以完聚之
王氏伍效信妻守節事舅舅病足爲致醫藥七年不懈喜施予
同族
饒氏彭世銓妻捐邑鄉試卷費
王氏徐秉中妻夫有痼疾手足不舉沒後守節四十一年卒
夏氏李齊堅妻夫亡家貧翁年八十聾氏奉事不懈苦節四十
餘年
王氏張昭鍵妻同治三年出穀振族
李氏監生查煥妾捐祭祖田並分田祀夫故妹守節四十三年
方氏張燦珍妻聞夫病魔請於父母歸張侍湯藥八載守節四
十年

于氏贈職庠生劉樹瓊妻夫沒事翁孝處家以和苦節四十九
年卒贈宜人
余氏郭信妻 蔡氏鄭熾紹妻 馮氏張在駒妻 楊氏張在甲妻 袁氏張鍾甲妻 張氏韓秀賢妻
張氏劉宗玉妻 馮氏周光會繼妻 林氏劉斯全妻 夏氏胡文綬妻 徐氏胡文黼妻
吳氏夏基元妻 程氏趙安圖妻 孫氏趙承法妻 張氏趙承鍾妻 周氏趙光憲妻 張氏趙堂松妻
趙氏張業高妻 呂氏監生吳英壂繼妻 余氏吳德鍾妻 陶氏李敏基妻 劉氏李源基妻
王氏陶起勳妻 庫氏戴煒齊妻 王氏伍常銘妻 趙氏伍楚仁妻 梅氏伍桂宇妻 張氏伍正玉妻
張氏伍效試妻 夏氏伍錫籌妻 胡氏伍效濬妻 張氏伍效塋妻 魏氏伍效玕妻 向氏伍錫瑚妻
邱氏劉開榜妻 田氏蔣榮苕妻 伍氏居承標妻 殷氏徐文中妻 閔氏徐彬中妻 毛氏徐銘侃妻
李氏桂光天妻事姑孝 張氏舒錕粱妻 湯氏彭起城妻 朱氏劉煥師妻 桂氏劉錫金妻
徐氏監生劉錫熙妻 朱氏劉錫三妻 謝氏蔡紹庭妻 張氏周大均妻 陸氏朱家枝妻

楊氏朱箕俊妻 何氏朱箕壽妻 居氏王勳謙妻 鍾氏貢生王雲錦妻 吳氏張奎元妻
陸氏張濟宗妻 李氏田本玉妻 饒氏田光傑妻 徐氏職員田書田妻 饒氏監生田鎮
巖妻 唐氏田材楦妻 陳氏田册興妻 廖氏王材豐妻 劉氏王鴻金妻 胡氏邢錫淋妻
樂氏閔成振妻 雷氏張貴祿妻 周氏田鎮明妻 周氏田宗貴妻 張氏王至介妻 張氏田比基妻
奚氏鄭滐相妻 劉氏鄭兆闓妻 余氏鄭茂林妻 張氏鄭松奇妻 吳氏鄭澤煥妻 白氏庠生夏作
霖妻 居氏魏烈璜妻 陳氏魏基楦妻 鄭氏魏烈翰妻 吳氏魏烈聯妻 胡氏魏烈英妻
葉氏魏業勤妻 張氏武生吳藝林妻 趙氏李齊閎妻 夏氏李齊閎妻 李氏張昭興妻
朱氏夏基紹妻 程氏盧獻書妻 盧氏李錦金妻 魏氏王秉國妻 張氏王道淋妻 余氏阮楙有妻
朱氏吳逢原妻 夏氏吳之湘妻 張氏李松秀妻 魯氏王應霖妻 王氏李身華妻 徐氏李逢戊妻
張氏吳植茵妻 干氏張楙光妻 吳氏王本潛妻 王氏張型謨妻 居氏張錫璧妻 章氏張起讓妻
呂氏張濟川妻 楊氏夏應麟妻 田氏夏有鑾妻 李氏監生張材樑妻 周氏張奎鬲妻

伍氏方承鎰妻 田氏方秉義妻 夏氏方鑑遨妻 吳氏方承敬妻 張氏居銘首妻 張氏居允玖妻
范氏居承欽妻 盧氏朱承鋈妻 龔氏居承鏵妻 胡氏朱昌喜妻 陳氏居承鏗妻 范氏居承鏡妻
何氏居昌祥妻 何氏居銘梧妻 張氏監生居錦承妻 劉氏阮楙晉繼妻
鄭氏阮光文妻 阮氏吳仁鏄妻 陳氏庠生吳錦鼇妻 張氏范春秀妻 吳氏范溥塤妻
傅氏范以全妻 范氏朱一陽妻 袁氏李興基妻 夏氏柯厚裕妻 徐氏增生張琴繼妻
胡氏張九峯妻 呂氏程茂仁妻 董氏李步華妻 周氏李登程妻 郭氏李步蟾妻 孫氏李本達妻
魯氏鄧義元妻 吳氏王興邦妻 周氏董錫熙妻 廖氏董錫相妻 郭氏董作印妻 郭氏董錫鵬妻
程氏費其福妻 李氏廖彭年妻 王氏陳志勳妻 呂氏沙嘉汝妻 武氏周鉅錫妻 郭氏周友基妻
劉氏周敏基妻 馮氏周明基妻 馮氏蔡先仁妻 李氏蔡先潞妻 許氏董卜一妻 向氏董德高妻
蔡氏廖茂林妻 王氏廖敬揆妻 毛氏徐家駟妻 劉氏張昭遜妻 向氏張超雄妻 章氏張昭聘妻
余氏胡錫爵妻 劉氏周文宗妻 干氏周翀基妻 李氏宋蘭桂妻 馮氏宋璜美妻 周氏宋美仁妻

黃氏孫楙躬妻 胡氏孫廣照妻 胡氏孫炘問妻 姜氏孫炘謀妻 王氏孫士鴻妻 庫氏程日九妻
周氏程之捷妻 王氏程應道妻 呂氏梅友柏妻 饒氏梅汝昇妻 徐氏蔡堂楷妻 楊氏蔡堂椿妻
馮氏文元羕妻 周氏庠生文彬妻 張氏庠生文琮妻 周氏庠生文登
榜妻 郭氏王旋佩妻 程氏楊義輝妻 何氏周煒週妻 胡氏監生周有傑妻
張氏周鉅衮妻 程氏周鉅爵妻 王氏周榮輝妻 陳氏程應賜妻 吳氏程華然妻 劉氏程節之妻
李氏程一詩妻 桂氏程曰瑞妻 翁氏林緒揚妻 梅氏劉秀璵妻 張氏劉衍興妻 林氏庫本源妻
張氏庫朝相妻 劉氏庫寅亮妻 陳氏庫禮元妻 陶氏周鉅穀妻 田氏監生周澤楷妻
田氏周榮魁妻 饒氏周榮治妻 郭氏周榮秋妻 柯氏庠生劉光俊妻 趙氏劉斯華妻
柯氏陸鍾連妻 朱氏劉秀仲妻 胡氏劉秀格妻 何氏劉超翮妻 呂氏劉衍哲妻 王氏胡鴻謨妻
閔氏劉衍戩妻 周氏庫傳基妻 王氏劉楚柱妻 陳氏劉茂青妻 張氏劉斯暄妻 陳氏周有基妻
周氏張忠聖妻 胡氏游鎮麟妻 干氏胡士豪妻 蔡氏庠生胡寶初妻 陳氏盧玉衡妻

張氏魯彩發妻 蔡氏饒雲士妻 周氏夏楙鎮妻 呂氏饒儀祿妻 魯氏盧如盤妻 蔡氏饒雲衢妻
盧氏庠生舒和妻 魏氏饒雲峯妻 呂氏舒瑞照妻 范氏饒屢振妻 董氏舒瑞熙妻
劉氏舒煥佩妻 蔡氏廖均孟妻 周氏解澤施妻 劉氏解澤國妻 李氏何斯林妻 戴氏吳仁聰妻
吳氏陳本賢妻 伍氏呂集昇妻 胡氏陳輝璧妻 廖氏監生呂集朋妻 張氏陳榮基妻
吳氏監生呂集楷妻 胡氏呂集資妻 邢氏陳鴻佩妻 劉氏呂集松妻 游氏張建勲妻
周氏呂嘉綏妻 陳氏張起家妻 劉氏呂正琮妻 湯氏呂紹桐妻 舒氏庠生張芝秀妻
馮氏呂紹陽妻 胡氏張起垣妻 張氏呂洪壽妻 孔氏陳輝彰妻 干氏陳錦佑妻 魏氏陳弼基妻
夏氏張昭吉妻 程氏陳鴻光妻 邢氏庠生陳基泰妻 宋氏陳基定妻 胡氏監生陳鴻
暢妻 郭氏何耀恩妻 劉氏吳礎基妻知書史事衰姑孝 周氏陳源巽妻 楊氏陳明應妻
朱氏陳錫青妻 陳氏藍朝璠妻 程氏藍朝瑗妻 朱氏藍於雲妻 陳氏藍於蒲妻 陳氏藍於阜妻
干氏藍於佳妻 熊氏藍宗堯妻 張氏劉斯仁妻 藍氏劉斯仁媳 張氏劉馭鯤妻 徐氏劉超陽妻

張氏劉爲絢妻 范氏劉才元妻 鄭氏劉關義妻 董氏劉世榮妻 黃氏劉鴻謨妻 干氏劉玉鳴妻
曾氏劉繡采妻 胡氏庠生吳中秀妻 孫氏吳鼎烈妻 劉氏向漢源妻 朱氏向淑源妻
郜氏馮世松妻 鄧氏馮世謨妻 武氏游伯庸妻 楊氏武雲集妻 馮氏曾光烈妻 魯氏劉名才妻
馮氏胡夏奠妻 廖氏胡周篤妻 程氏胡錫統妻 向氏胡夏鑄妻 郭氏胡夏平妻 陳氏胡商珊妻
向氏胡商玩妻 李氏胡商善妻 黃氏胡閎程妻 董氏監生胡商盤妻 周氏胡周京妻
朱氏胡周緒妻 黃氏胡錫蝦妻 曹氏胡錫英妻 郭氏方松元母 陳氏張艮貴妻 何氏游恒秀妻
郜氏游禮軒繼妻 柯氏劉龍甲繼妻 胡氏王公亨妻 汪氏王懷璞妻
鄧氏王敷惠妻 涂氏黃正洪妻 郭氏傅殿魁妻 郭氏黃承翼妻 武氏項光燦妻 吳氏庠生夏煥
蘭妻 熊氏夏際昌妻 熊氏夏燁邦妻 舒氏郭西山妻 黃氏郭斐然妻 藍氏郭驥元妻
張氏董來遠妻 劉氏張大平妻 費氏張洪發妻 陳氏劉名鏡妻 蔡氏彭啟源妻 陳氏彭啟灌妻
王氏彭文煥妻 藍氏彭啟渭妻 藍氏彭啟滔妻 劉氏彭啟沖妻 毛氏彭式軒妻 李氏周煥吟妻

藍氏周煥瑠妻 劉氏胡希貴妻 蔣氏楊澤邦妻 范氏干忠逵妻 周氏干艮謨妻 吳氏干艮朋妻
陳氏干艮模妻 藍氏干嘉恂妻 藍氏干嘉望妻 陳氏干嘉蘭妻 解氏干嘉海妻 李氏胡萬相妻
陳氏胡經緯妻 干氏胡九鼎妻 程氏胡玉節妻 陳氏胡並耀妻 鍾氏胡業强妻 蔡氏胡鯨基妻
朱氏胡洪英妻 郭氏胡錫福妻 王氏胡俊傑妻 陳氏胡在斯妻 岳氏胡洪河妻 袁氏胡洪緒妻
陳氏胡業具妻 陳氏胡洪可妻 余氏胡業壬妻 洪氏胡業書妻 盧氏胡洪巒妻 陳氏吳屏翰妻
藍氏吳正基妻 郭氏吳業瑜妻 王氏吳克逵妻 胡氏吳德鳴妻 王氏吳德湧妻 文氏吳世材妻
徐氏蘇日明妻 藍氏吳光能妻 楊氏程艮爕妻 干氏程艮熾妻 舒氏程謙三妻 張氏吳世讓妻
蔡氏庠生程尙妻 邵氏程正倫妻 夏氏李鍾秀妻 陳氏周嘉翼妻 吳氏周燁捷妻
張氏周鉅識妻 夏氏周豫基妻 詹氏周培基妻 趙氏董之楷妻 周氏程其晨妻 以上縣志
余氏胡文聯妻 向氏胡士佐妻 陳氏胡士襄妻 夏氏蔣光泰妻 四人本公牘補 以上已旌節婦
羅氏郭材藻妻 張氏李益梗媳 呂氏戴先知妻 吳氏李錫年妻 彭氏李錫偉妻 張氏李繪熙妻

徐氏王洪燦妻 唐氏劉衍悅妻 陳氏李錫杰妻 呂氏武生李枝妻 王氏吳杏林妻
張氏張奎金妻 劉氏張鈞密妻 周氏張燦雙妻 湯氏陳輝玉繼妻 黃氏王文德妻
劉氏李錫瑾妻 趙氏李希上繼妻 張氏李發熙妻 程氏陶明高妻 張氏張燦于妻
劉氏張千鈞妻 張氏王文開妻 田氏吳業甸妻 潘氏翟承羽妻 吳氏胡鴻進妻 李氏胡鴻朝妻
田氏李金濟妻 翟氏王岐峯妻 陶氏王文壽妻 萬氏劉衍甲妻 翟氏潘錦輝妻 王氏潘正華妻
潘氏馬期祥妻 張氏潘東陞妻 陳氏余載梓妻 洪氏郭洪連妻 張氏郭在新妻 江氏郭材彪妻
張氏鍾品三妻 蘇氏田艮榜妻 鄭氏田德祥妻 元氏吳受庭妻 劉氏陳言志妻 桂氏鄭培本妻
田氏吳永基妻 呂氏余載陽妻 王氏余錫疇妻 郭氏蔡永祿妻 郭氏張光謙妻 胡氏夏珮瑲妻
饒氏夏燁縉妻 姜氏程一毅妻 孔氏張鍾灝妻 劉氏張翔高妻 吳氏劉金全妻 阮氏張楨翹妻
陳氏張楨翼妻 朱氏監生張在元妻 陳氏羅學成妻 趙氏饒惟洲妻 郭氏曾紹賢妻
張氏陳懋庸妻 陶氏陳鎬義妻 程氏張茂松妻 鍾氏張鍾進妻 韓氏張鍾樓妻 李氏饒雲封妻

張氏鄭燿武妻 黃氏鄭熾伯妻 吳氏張瑞支妻 李氏張鍾譜妻 郭氏張鍾訓妻 朱氏蔡漢佩妻
章氏張秉三妻 周氏郭材繡妻 湯氏饒有元妻 張氏劉炳炎妻 桂氏張在南妻 呂氏張鍾玉妻
羅氏張國俊妻 陳氏馮起榜妻 王氏廖鳴謙妻 張氏周萬彩妻 袁氏劉鍾盛妻 崔氏熊然和妻
楊氏葉俓發妻 馮氏徐虞義妻 方氏吳開藻妻 陶氏陳敦熾妻 翟氏馮維義妻 吳氏馮賢璧妻
桂氏馮靜菴妻 曹氏監生馮樹滋繼妻 余氏翟侗妻 朱氏翟懋壽妻 吳氏翟德揚妻
吳氏翟承鰲妻 雷氏翟大恭妻 呂氏翟先信妻 張氏梅鳳和妻 雷氏張秉譜妻 陳氏李錫學妻
田氏鄭烜炳妻 周氏雷皓千妻 李氏雷步青妻 張氏雷敬武妻 王氏孟秀榮妻 張氏李在序妻
張氏李興小妻 桂氏范溥壽妻 邱氏涂家甯妻 張氏涂永瑤妻 李氏金亮階妻 饒氏李熙天妻
尉氏李熙成妻 桂氏陳禹正妻 吳氏呂懋嘉妻 翟氏江如璋妻 周氏李熙勝妻 桂氏梅茂材妻
程氏呂啓光妻 翟氏李坤林妻 陳氏呂培霖妻 翟氏吳書盛妻 鄭氏吳仁伍妻 張氏袁天福妻
虞氏張濟英妻 樂氏呂熾本妻 張氏陳樹珍妻 劉氏柯際魁妻 陳氏王永泰妻 周氏田麟瑞妻

黃州府志 卷之三十一 列女八 二十

呂氏庠生郭珍妻 高氏監生吳自南妻 桂氏朱光代妻 張氏庠生吳千
吉妻 喻氏吳潤蘭妻 饒氏徐銘玕妻 郭氏戴士安妻 陳氏戴名魁妻 桂氏戴柱林妻
郭氏李有愜妻 郭氏朱友基妻 劉氏郭茂烈妻 王氏郭烈智妻 朱氏喻增元妻 俞氏郭在舉妻
張氏郭伯大妻 文氏郭在職妻 翟氏田超宗妻 鄭氏田光錦妻 陶氏呂正璋妻 劉氏朱植文妻
朱氏郭泰珠妻 朱氏余愜茂妻 周氏郭材隆妻 程氏郭在貴妻 王氏郭九鼎妻 胡氏朱接初妻
董氏郭奎燦妻 張氏戴艮治妻 胡氏朱以貴妻 孫氏朱善悟妻 胡氏郭錫圭妻 朱氏蔡永祉妻
庫氏郭在元妻 王氏監生郭烈湘妻 張氏吳用讓妻 朱氏吳正讓妻 余氏陳文炳妻
吳氏陳澍松妻 李氏程朝青妻 夏氏范遠文妻 吳氏陶景西妻 盧氏張業廣妻 陳氏方廣春妻
張氏方鑑松妻 唐氏范以和妻 張氏夏有富妻 白氏馬錫福妻 方氏楊忠奇妻 饒氏劉基創妻
蔣氏宋席珍妻 張氏監生方鑑棠繼妻 張氏劉基禮妻 魯氏劉仁匯妻 呂氏吳開峯妻
朱氏夏基元妻 程氏阮永皋妻 張氏阮應林妻 蔡氏阮則上繼妻 桂氏柯運榮妻

呂氏方材瑞妻 劉氏武生夏佐基妻 王氏范位廷妻 饒氏葉期武妻 童氏葉一舉妻
饒氏方材二妻 柯氏夏煒連妻 蕭氏何建之妻 蔡氏居昌達妻 張氏居承七妻 胡氏居昌顯妻
伍氏居昌洋妻 饒氏居承坡妻 程氏居泰山妻 夏氏居泰北妻 夏氏居耀彩妻 伍氏居金壽妻
陶氏府知事居昌運妻 呂氏居自泰妻 查氏居承虞妻 吳氏訓導魏雲琯妻
蔣氏魏錫梓妻 胡氏蔣光遂妻 劉氏閔成鳳妻 徐氏章有典妻 張氏閔立梧妻 涂氏劉斯盛妻
伍氏柯厚元妻 劉氏柯開福妻 宋氏張會疇妻 周氏何連珠妻 張氏胡鑑祥妻 陳氏柯才鈞妻
胡氏田光典妻 方氏張元舉妻 程氏鄧均鵬妻 夏氏蔣光泰妻 夏氏蔡承煥妻 查氏蔡自祿妻
宋氏蔡承朝妻 袁氏伍錫圭妻 夏氏伍錫芹妻 鍾氏伍效蘇妻 張氏伍春林妻 夏氏張起如妻
陳氏查福海妻 余氏吳文彬妻 劉氏夏錫齡妻 楊氏夏澤潤妻 吳氏夏煒義妻 李氏夏普亨妻
饒氏夏基福妻 徐氏鄭爾常妻 潘氏盧玉露妻 童氏夏恩勤妻 蔡氏夏錫聰妻 王氏夏錫圭妻
胡氏武舉解元妻 饒氏從九魏懸烈妻 范氏夏基便妻 李氏徐銘柱妻

黃州府志 卷之三十一 列女八 二十一

胡氏張有禮妻 鍾氏鄭祚森妻 宋氏張昭敬妻 劉氏張志仁妻 吳氏夏基產妻 陳氏夏琳選妻
方氏張起騰妻 饒氏張煥章妻 夏氏張來泰妻 方氏張會亨妻 章氏監生張鑑昭妻
吳氏張蘭馨妻 伍氏夏大桂妻 查氏張秉犖妻 雷氏張奎早妻 吳氏何日離妻 陳氏余運得妻
劉氏王鳳珏妻 方氏王至玦妻 劉氏王鳳連妻 居氏張奎祿妻 白氏朱樸信妻 劉氏朱樸惠妻
盧氏朱樸忠妻 梅氏朱美蘇妻 陳氏張建拔妻 盧氏白玉崇妻 干氏王善全妻 王氏陳本寬妻
熊氏李明發妻 閔氏田鎮瀧妻 柯氏王鉅起妻 周氏王鉅塀妻 張氏監生田漢棠妻
劉氏田辰基妻 張氏袁寵嘉妻 翟氏陳基仁妻 張氏王貴勳妻 夏氏朱萬有妻 袁氏徐心摹妻
呂氏田臨基妻 周氏張道履妻 陶氏張秉升妻 李氏王本連妻 阮氏閔立玉妻 蔣氏張秉尚妻
鄒氏秦榮貴妻守節五十年同治三年罵賊死 吳氏劉超麟妻 段氏田光璠妻 蔡氏羅炳玉妻
蘇氏郭烈芳妻 舒氏吳開全妻 陳氏吳讓祖妻 傅氏吳仁治妻 曾氏黃承高妻 干氏施復延妻
戴氏文克恩妻 蔡氏武均發妻 郭氏武均瑞妻 胡氏武均淮妻 董氏武均慶妻 胡氏楊殿輝妻

邵氏楊義俊妻 郭氏楊本賜妻 田氏楊山輝妻 盧氏楊仁義妻 呂氏楊向春妻 章氏楊本福妻
楊氏周錦源妻 楊氏潘德容妻 胡氏蔡堂舉妻 嚴氏蔡堂清妻 朱氏蔡錦裳妻 葉氏縣丞文茂
嘉妾 呂氏文茂德妻 胡氏文啟儼妻 黃氏監生文元潤妻 郭氏文進萬妻
魏氏文啟仟妻 干氏貢生周鉅齡妻 王氏庠生周鉅容妻 湯氏周其清妻
程氏周績宗妻 夏氏廖郁宗妻 李氏廖廣發妻 張氏董席明妻 鄧氏廖玉鳳妻 孫氏彭智堂妻
劉氏彭寬堂妻 陳氏張忠秀妻 解氏陳樹芝妻 張氏陳學餘妻 王氏陳松亭妻 郭氏楊本江妻
楊氏魏樹潤妻 陶氏魏爲義妻 郭氏陳楙友妻 蘇氏鄧光慶妻 陳氏鄧光授妻 孫氏鄧光連妻
周氏徐明鎔妻 蔡氏張錫珖妻 程氏張錫瑶妻 張氏居昌潤妻 向氏魏楚傑妻 周氏魏秉蔚妻
陳氏魏金富妻 張氏魏士表妻 藍氏宋雨潤妻 朱氏宋必昌妻 吳氏宋紹角妻 張氏宋廷玉妻
彭氏胡靖基妻 朱氏胡錫裕妻 郭氏胡信基妻 孫氏胡艮佐妻 張氏胡治然妻 俞氏胡春林妻
陳氏胡國忠妻 涂氏馮源龍妻 夏氏馮正望妻 蔡氏魏樹仁妻 廖氏魏大義妻 周氏宋楙秀妻

郭氏董永泰妻 董氏朱澤山妻 董氏胡克恭妻 陳氏宋楙傳妻 殷氏宋美枝妻 董氏宋美能妻
蔡氏孫哲選妻 王氏孫有執妻 洪氏孫餘方妻 蘇氏孫楙連妻 陳氏孫自芳妻 朱氏孫有然妻
蘇氏孫得壽妻 羅氏孫用賓妻 查氏孫慶餘妻 郭氏孫玉昌妻 邵氏孫大富妻 章氏黎至健妻
許氏程一發妻 周氏程希求妻 涂氏王廷槐妻 童氏程木妻 董氏沈迎春妻 查氏程敔妻
劉氏程日福妻 楊氏宋河西妻 陳氏程元憲妻 湯氏宋成守節林妻年二十四夫亡同治三年殉難時年
五十八 王氏程攸善妻 姜氏周魁榜妻 彭氏程元遜妻 楊氏周鳳元妻 劉氏程希契妻
朱氏魏本相妾 胡氏宋美三妻 舒氏監生周鉅政妻 藍氏李歸極妻 王氏邵學忠妻
周氏王顯朝妻 徐氏王雲開妻 馮氏王典啟妻 田氏王書林妻 黃氏王殿臣妻 王氏蘇人來妻
程氏蘇大猷妻 周氏蘇大望妻 朱氏蘇伯龍妻 孫氏蘇伯奇妻 黃氏李能受妻 袁氏董延翰妻
杜氏董永美妻 藍氏董永山妻 盧氏董錫德妻 宋氏董永懷妻 朱氏董永伍妻 黃氏董錫光妻
張氏董來泰妻 張氏董永象妻 何氏董雲龍妻 陳氏董錫經妻 孫氏董永聲妻 鄒氏董來接妻

邵氏董春有妻 王氏董有財妻 張氏董明善妻 陳氏董世淮妻 鄧氏吳坤茂妻 劉氏李顯清妻
董氏朱思興妻 陳氏朱名天妻 周氏邵義祥妻 馮氏董松林妻 龍氏鄧訓章妻 董氏鄧必榮妻
曹氏蘇鍾仕妻 陳氏蘇楚元妻 胡氏蘇昆山妻 鄧氏蘇接祖妻 宋氏蘇勝光妻 宋氏涂延鍾妻
董氏袁文廷妻 鄧氏董甘義妻 張氏董來福妻 孫氏董裕發妻 郭氏鄧成規妻 呂氏鄧懋修妻
胡氏江坤武妻 湯氏饒儀吉妻 樊氏饒儀光妻 徐氏州同饒雲鵠妻 張氏饒漢喜妻
胡氏饒漢器妻 何氏饒承韜妻 馮氏胡高榜妻 張氏饒承燦妻 陳氏胡邦泰妻 陳氏饒振梧妻
湯氏呂正宗妻 張氏饒振楷妻 龔氏呂玉修妻 張氏饒振廣妻 徐氏江坤蒙妻 陳氏饒振擴妻
蔣氏盧玉璋妻 楊氏饒振甲妻 魯氏湯傳受妻 胡氏饒從富妻 劉氏湯榮貴妻 饒氏吳雲松妻
陳氏夏楙林妻 張氏盧玉珠妻 魯氏盧高朋妻 范氏盧玉璘妻 楊氏劉秀禾妻 王氏饒漢發妻
蔡氏夏傳基妻 柯氏饒篤茂妻 查氏湯傳璋妻 居氏劉東曉妻 李氏監生解勳闈妻
李氏解勳淦妻 張氏解勳輔妻 吳氏胡清源妻 胡氏陳煇璜妻 周氏陳本鳳妻 胡氏陳錦儒妻

呂氏陳本捫妻 魯氏陳本朋妻 葉氏陳本和妻 陳氏毛鳳翼妻 余氏毛效儆妻 唐氏陳煇琇妻
饒氏陳植基妻 洪氏陳錦疇妻 劉氏陳煇祠妻 劉氏陳獻基妻 呂氏陳錦寬妻 干氏李三傑妻
梅氏陳本元妻 黃氏陳本勝妻 周氏陳煇垣妻 夏氏李克宣妻 胡氏李琨玉妻 許氏李爲烈妻
郭氏庠生呂大成妻 田氏呂正綸妻 熊氏呂生贇妻 張氏呂集利妻 伍氏呂錫洪妻
蔡氏呂紹璜妻 鍾氏呂紹源妻 劉氏呂紹秋妻 呂氏干允調妻 胡氏干艮仕妻 盧氏干良賢妻
邢氏吳乃金妻 范氏陳魁太妻 胡氏陳品珠妻 陸氏陳品玉妻 范氏劉玉燿妻 陳氏魯燿榮妻
夏氏蘇錫珍妻 董氏蘇大武妻 程氏劉炎信妻 胡氏劉衍璜妻 周氏庫孟齡妻 呂氏舒大鵬妻
劉氏呂華如妻 劉氏庫弼基妻 王氏孫士經妻 馮氏孫錦雲妻 彭氏庫林源妻 陳氏劉斯鏡妻
何氏劉斯楑妻 呂氏劉懋玉妻 陳氏林世法妻 王氏徐澤林妻 馮氏周鉚基妻 張氏劉秀海妻
鍾氏劉子粉妻 從氏劉秀貫妻 解氏湯永貞妻 陳氏劉光性妻 江氏湯厚思妻 馮氏劉光華妻
張氏湯任衡妻 劉氏湯厚基妻 呂氏劉秀梅妻 李氏劉斯龍妻 廖氏張昇之妻 呂氏劉鑑波妻

翁氏張財貴妻　劉氏湯冀恩妻　范氏劉崑山妻　周氏劉道政妻　孫氏劉普祥妻　張氏陸全貴妻
梅氏陸勝明妻　馮氏陸懷茂妻　李氏湯勝殿妻　饒氏湯公明妻　李氏監生劉斯奐妻
劉氏周鉅宣妻　蔡氏周榮貴妻　馮氏庫金黨妻　蘇氏劉炎明妻　陳氏劉衍馨妻　徐氏劉炎壽妻
庫氏干佳章妻　馮氏程纖璜妻　劉氏庫鍾孝妻　汪氏涂得路妻　周氏劉秀穎妻　周氏劉秀和妻
張氏樂鍾霖妻　柯氏樂光寀妻　陸氏樂光祖妻　廖氏周遇文妻　郭氏胡煥冀妻　董氏周鉅焜妻
劉氏周桂亭妻　胡氏王良弼妻　朱氏伍錫春妻　呂氏劉其啟妻　周氏馮源滋妻　李氏周鉅甫妻
陳氏周如陵妻　呂氏劉四連妻　何氏劉斯樸妻　胡氏劉光姪妻　吳氏劉超相妻　張氏劉斯望妻
張氏徐銘釘妻　湯氏徐銘鈞妻　陳氏徐銘琨妻　劉氏周冀謀妻　郭氏王本梓妻　李氏王本連妻
許氏王本翔妻　戴氏劉鳳嚨妻　干氏劉萬選妻　程氏劉秀柏妻　張氏周光和妻　宋氏劉光惆妻
程氏劉高干妻　胡氏涂桂莚妻　林氏徐魁榜妻　郭氏劉秀恭妻　孫氏劉秀儀妻　廖氏周年豐妻
蘇氏徐毓賢妻　張氏劉斯治妻　陳氏劉楙登妻　李氏周澤準妻　郭氏周澤尺妻　袁氏周斯久妻

黃州府志　卷之三十一　列女八　二十四

吳氏周澤可妻　張氏周澤識妻　伍氏周紋泳妻　劉氏周榮源妻　馮氏周本善妻　魏氏周澤月妻
涂氏程一善妻　周氏梅春林妻　周氏劉五玉妻　蔣氏陶文錫妻　劉氏李枝茂妻　張氏甘楚材妻
郭氏孫宗桂妻　王氏向名魁妻　王氏向光明妻　陳氏向成章妻　劉氏向懷瑾妻　黃氏向官應妻
周氏向光深妻　潘氏向正萬妻　馮氏余陽楷妻　李氏向獻章妻　李氏向名傑妻　嚴氏向埊雨妻
黃氏馮應麟妻　張氏何大進妻　黃氏何發宗妻　朱氏胡洪道妻　謝氏劉漢禮妻　程氏劉廣財妻
胡氏郭應時妻　董氏胡錫祥妻　宋氏胡鴻懋妻　魏氏涂懷居妻　周氏朱恆山妻　鄧氏王演文妻
魏氏王效明妻　劉氏王效虞妻　朱氏王俊玉妻　劉氏王效文妻　胡氏黃楨三妻　劉氏黃維先妻
王氏劉世茂妻　陳氏朱任堂妻　陳氏朱錫暐妻　孫氏朱錫恩妻　陳氏朱錫矩妻　董氏朱澤三妻
周氏朱澤和妻　查氏朱澤恩妻　余氏朱澤庸妻　周氏朱亨三妻　劉氏黃茂槐妻　周氏朱榮瓛妻
陳氏朱綠然妻　彭氏朱賜然妻　張氏游續富妻　張氏游報會妻　張氏胡錫籌妻　孔氏夏黼堂妻
熊氏胡錫棉妻　鄭氏夏本立妻　傅氏貢生胡興周妾　金氏夏本正妻　張氏熊方密妻

王氏游時英妻　朱氏熊日暄妻　鍾氏陳順林妻　毛氏陳本貴妻　周氏陳文源妻　張氏陳本浩妻
朱氏陳洙源妻　張氏陳㦤源妻　董氏陳叨順妻　毛氏陳能善妻　王氏陳楚國妻　周氏陳源近妻
劉氏陳源訓妻　董氏陳龍源妻　鞠氏陳源棟妻　藍氏陳志源妻　毛氏陳世昌妻　李氏陳源久妻
郭氏陳源桂妻　吳氏陳世翼妻　胡氏陳之玕妻　郭氏陳之璧妻　岳氏陳德榮妻　劉氏陳文照妻
周氏陳顯耀妻　吳氏藍廷焴妻　王氏藍廷浚妻　陳氏藍於涉妻　劉氏藍於被妻　周氏藍於琳妻
胡氏藍斯子妻　彭氏藍斯發妻　黃氏藍廷盛妻　桂氏藍朝斯妻　郭氏劉鳴基妻　李氏劉斯柏妻
熊氏劉斯見妻　張氏劉炎材妻　黃氏陳本新妻　張氏陳本華妻　梅氏陳福照妻　藍氏陳永發妻
吳氏陳充源妻　田氏陳義源妻　王氏陳源達妻　伍氏陳本壽妻　劉氏陳年三妻　梅氏陳照妻
郭氏藍于準妻　戴氏藍斯和妻　戴氏藍斯燦妻　汪氏藍斯永妻　毛氏藍廷冀妻　陳氏藍於椿妻
郭氏劉能振妻　朱氏劉衍泰妻　董氏劉衍珪妻　柯氏劉秀烜妻　陳氏劉有義妻　陳氏郭材發妻
吳氏郭材喜妻　胡氏楊德進妻　何氏張尚琮妻　陳氏楊家元妻　程氏張尚渭妻　湯氏魯時傑妻

黃州府志　卷之三十一　列女八　二十五

程氏張大奎妻　毛氏魯文志妻　劉氏張世倫妻　呂氏邵德萬妻　劉氏張洪閑妻　胡氏張榮華妻
潘氏張紹啟妻　張氏庠生胡楚玉妻　劉氏張紹傅妻　吳氏胡海珠妻　聶氏張繼六妻
陳氏胡義亭妻　程氏張秩延妻　陳氏胡庭芳妻　何氏張金發妻　吳氏胡其源妻　蔣氏程大質妻
羅氏程上斗妻　周氏樊先春妻　周氏吳仁紀妻　宛氏吳仁瑜妻　吳氏蘇羽展妻　劉氏蘇宏德妻
彭氏程錫范妻　夏氏吳學書妻　夏氏葉忠秀妻　吳氏胡業大妻　吳氏胡光耀妻　項氏胡光宗妻
劉氏胡福饒妻　吳氏胡惠我妻　張氏胡懷玉妻　周氏胡業碣妻　劉氏胡熙煬妻　陳氏胡義才妻
陳氏劉秀富妻　蘇氏胡鉅儀妻　干氏胡本棠妻　干氏胡載璐妻　蘇氏胡勝揆妻　周氏胡燦麟妻
藍氏胡洪瑲妻　陳氏胡桂林妻　黃氏干艮句妻　陳氏干艮琇妻　陳氏干劍棨妻　鍾氏干嘉麒妻
胡氏干嘉喜妻　查氏干嘉綏妻　劉氏干士鎔妻　王氏干從元妻　胡氏干艮燦妻　鄧氏干艮佑妻
舒氏干嘉明妻　張氏干士勤妻　藍氏干汝信妻　陳氏庠生干琇瑩妻　干氏王振鳳妻
張氏陳錫絡妻　劉氏干嘉彬妻　舒氏張材焜妻　吳氏劉超璜妻　龔氏殷鍾森妻　徐氏查棨俊妻

鍾氏查洪澤妻　吳氏陶金濱妻　張氏劉衍善妻　江氏龔洪志妻　張氏監生劉衍翰妻
李氏徐昊翥妻　張氏董爾臣妻　陶氏劉斯高妻　吳氏職員徐愈逵妻　陳氏畢祿稀妻
吳氏陳永文妻　呂氏查煥臻妻　查氏陳照賢妻　王氏張業朗妻　章氏張學勝妻　劉氏張燦連妻
徐氏鍾仁泰妻　吳氏鍾昌泰妻　方氏鍾本灼妻　胡氏楊義燦妻　毛氏查煥奇妻　李氏查煥遊妻
毛氏陳鎬謨妻　周氏陳鎬乾妻　呂氏陳世松妻　邢氏毛漸逵妻　王氏查榮富妻　張氏樊明壁妻
陳氏李上林妻　趙氏周鉅徽妻　張氏胡青永妻　石氏監生周澤岐妻　戴氏毛起富妻
帥氏增生毛學亭妻　吳氏周濟明妻　張氏毛亮儒妻　李氏毛濟美妻　劉氏周文獻妻
彭氏周鉅照妻　夏氏張鳴通妻　程氏周仲發妻　江氏葉立璣妻　張氏周澤履妻　蔣氏彭汝楫妻
孫氏彭錫麒妻　李氏劉德存妻　李氏毛鴻信妻　郭氏劉二酉妻　蘇氏張慶池妻　陳氏張慶昌妻
居氏鍾錫復妻　劉氏鍾本璜妻　鄒氏夏盛煥妻　夏氏鍾錫海妻　徐氏吳文周妻　楊氏彭輝緒妻
周氏彭秉銓妻　趙氏彭輝耀妻　程氏溫利迎妻　龔氏洪士朝妻　張氏周鉅烈妻　陳氏彭淑履妻

李氏彭煒堂妻　趙氏彭淑江妻　徐氏彭錫輿妻　某氏彭書妻　雷氏吳勝華妻　夏氏彭錫訓妻
傅氏楊士濬妻　彭氏吳榮方妻　吳氏李身珽妻　趙氏李身增繼妻　李氏樊源泉妻
李氏文未賓妻　方氏余連魁妻　張氏周鉅穠妻　劉氏彭亭獻妻　余氏程興燦妻　戴氏胡士瑶妻
余氏胡文聯妻　查氏柯才鑾妻　饒氏陳文中妻守節咸豐七年殉難　李氏徐心翼妻　舒氏劉永立妻
阮氏李齊政妻　游氏吳起焱妻　余氏蘇士豪妻　戴氏周超里妻守節同治三年賊近投水死
呂氏江孔秀妻　蔡氏舒榮璐妻　吳氏庠生張君妻　朱氏舒恆壽妻　藍氏劉基美妻
楊氏庠生解谷妻守節同治六年聞賊近投水死年五十五　張氏舒才佐妻　吳氏劉基賢妻
鄒氏居承祥妻　張氏劉錫純妻　吳氏劉潤松妻　李氏蘇文林妻守節同治六年罵賊不屈被戕
程氏劉樹荳妻　張氏劉煥燦妻　吳氏劉樹茂妻　袁氏劉煥瑞妻　張氏李熙展妻　楊氏桂大和妻
蘇氏楊學詩妻　陳氏盧本純妻　干氏吳希艮妻　胡氏劉本妻　衛氏劉洪彰妻　吳氏劉德基妻
張氏許金山妻　畢氏徐榮智妻　董氏溫克亭妻　胡氏馮春全妻　李氏胡榮福妻　陳氏徐澤隱妻

劉氏徐心獲妻　范氏許金品妻　陳氏馮國用妻　王氏盧玉田妻　張氏夏起妻　胡氏田光典妻
呂氏田臨基妻　樊氏陳明孝妻　郭氏陳本盛妻　彭氏呂有實妻　呂氏魏本景繼妻
董氏蘇大江妻　鄧氏蘇大時妻　楊氏蘇大濱妻　胡氏蘇大艮妻　嚴氏蘇士學妻　劉氏張思義妻
樊氏夏坤緒妻　何氏王驤美妻　奚氏江芳茂妻　郭氏呂有序妻　周氏劉邦義妻　洪氏夏乾貞妻
董氏張紹興妻　李氏文元慶妻　朱氏劉介眉妻　馮氏劉潤椿妻　李氏劉樹實妻　熊氏劉錫祉妻
吳氏蔡錫明妻　田氏向光獻妻　李氏楊忠誠妻　朱氏楊忠儉妻　游氏魏雲球妻　某氏陳榮光妻
見縣志藍氏陳洪仁妻傳　以上縣志　劉氏彭天保母見節義紀略天保傳　以上待旌節婦

烈婦

陳氏潘能任妻夫外出氏獨宿潘勝加乘閒逼之氏憤甚自盡
乾隆五十六年　旌
李氏游仲秀妻夫沒貧無以葬氏經營期年葬畢哭奠於靈次

夜投江死翼日屍出衣髮緊束面色不改
程氏彭景美妻夫病篤術者言尅妻可免氏即日自經死夫病
果愈旋續娶生子乃卒
李氏阮楸坎妻縣志作袁氏　以上通志
饒氏饒儀悅女方氏子妻也年十九適方氏子方素無行家貧
欲婦售色氏不從撻詈不休終不屈投繯死同治元年　旌
案此非殉夫是殉節
李氏余鳴悅妻年二十八避亂於外聞夫死將子女屬孀嫂歸
尋夫尸埋之訖赴水死　以上縣志
魏氏彭某妻見節義紀略　以上已旌殉夫烈婦
劉氏王四喜妻夫亡投水　朱氏監生江濱妻　王氏庠生阮貢玉妻

張氏陳源開妻　周氏彭效良妻　李氏游中秀妻　郭氏游進德妻　以上縣志待旌殉夫烈婦
徐氏劉滋妻生子遇文甫三歲夫沒氏截髮毀容矢志苦守事
舅姑孝撫孤授室舉三孫闖賊陷省城氏殉難時年七十順
治十六年　旌王志
項氏彭錫疇妻年二十八賊至氏以姑老病不忍逃避迫賊入
門氏冒刃衛姑賊劫氏紿之曰汝釋吾姑吾從汝遂送姑
出門自投塘死
周氏張昭敬妻咸豐三年殉難　李氏徐國喜妻　伍氏萬協和妻　陳氏彭仁壽妻　董氏王恒志妻
吳氏項才福妻　以上四年殉難　張氏蘇洪序妻攜子四德女大嫫同投水死　胡氏潘開泰妻罵賊不屈
被支解　胡氏葉必貴妻　胡氏葉必貴姪孫媳　郭氏周某妻節義錄作汝祥妻
李氏余明悅妻　戴氏蘇長元妻姪女救兒罵賊同被支解　胡氏陳克明妻攜幼子五生幼女四

妹赴水死　楊氏陳輝福妻　許氏陳心來妻棄嬰投水　朱氏李更喜妻　舒氏方夜發妻
有孕攜養媳張女同溺　李氏舒元志妻抱女投塘　胡氏王朋舉妻　吳氏陳照峻妻
棄嬰兒亦殤　高氏程日仁妻　岑氏桂尚聘母　胡氏徐行中妻　陳氏蘇長茂妻節義錄作程氏
胡氏徐偕玉妻　姜氏胡錦燦妻　魯氏胡瑞貞妻　劉氏夏義勝妻　王氏陳本斐妻　張氏劉秀榮妻
節義錄榮作容　劉氏曹學章妻　李氏桂高康妻　陳氏陶陽春妻　李氏蘇義六妻抱女同溺
劉氏陶志學妻有傳　張氏吳逢春妻　張氏吳燦衡妻　干氏吳效坤妻　徐氏吳盛興妻
郭氏吳德元妻　李氏楊殿國妻　汪氏張怡漢妻怡一作一　桂氏伍亮生妻郎高康女八妹有孕
劉氏等五名口監生蕭維潛家屬　趙氏彭文馥妻子二六細兒女桂姝俱溺　項氏彭錫疇妻
孝姑　李氏劉遥階妻　胡氏劉遥中妻　李氏毛敦信妻棄嬰投水　郭氏周汝祥妻
胡氏葉其清妻　馮氏劉爾祿妻　舒氏胡斯醇妻　劉氏李身雅母　蔡氏居逸年妻　陳氏查五喜妻
詹氏孫金印妻　余氏劉駝生妻　胡氏劉顯宗妻抱嬰溺　向氏龍漢春弟婦

陳氏趙宗勝妻　胡氏母女同溺　徐張氏子女同溺　萬某妻　蘇某妻俱邢
家園女　何某妻東衛山女　夏某妻松楊橋女　余船地投水
婦　魏氏彭某妻　劉朝二戶妯娌同溺　以上節義紀略補　夏氏居成質妻
縣志並見公牘　以上七年殉難　胡氏張奎炳妻　陳氏龔洪年妻　金氏柯某妻節義錄作益和母
陳氏張拔壽妻　王氏吳正雲弟婦　程氏王勝鰲媳　蘇氏邢金和妻　胡氏邢金和媳
陶氏夏盤基妻　李氏監生范青雲妻　以上十一年殉難　夏氏張學允妻　夏氏方美貴妻
以上同治二年殉難　居劉氏　高居氏　居夏氏　以上三年殉難
呂氏監生胡祥鴻妻　李氏　蘇李氏　陳戴氏　宋陳氏
吳氏陶細六妻　吳氏庠生劉夢奎妻　吳氏張太和妻　饒氏庠生胡玉堂妻
趙氏庠生周鉌變妻　楊氏庠生解谷妻　陳氏徐自勝媳　程陳氏
陳氏干士有妻　魏氏董材植妻　胡氏夏承泗妻　聶氏周鉌慶妻　呂氏陳文燦妻　王氏呂文明妻

董氏彭美延妻　夏氏居鳳藻妻　干氏饒兆元□　查氏饒兆元妻與干氏子女七人同投水死
羅氏張寶榮妻　張氏居朝茂妻並女引妹被殺　居氏朝茂姊　陳氏饒壽元妻　以上六年殉難
馮氏張文仲妻　以上節義錄

外籍烈婦附

張氏武黃同知周祖銜妻　周氏李某妻武黃同知周祖銜女俱咸豐三年在縣屬殉難
柳氏廣濟教諭劉逵燠妻咸豐五年殉難　鮑氏徐大美妻青陽人咸豐七年在縣屬殉難　以上
已旌殉難烈婦
方氏張國霖妻同治三年奉姑避賊被擄氏佯請釋姑願隨去
姑既釋走里許氏乃大罵賊怒繫於馬曳行十餘里至邢家
橋遇害時年二十五
趙氏彭業新妻年三十四避賊於外聞祖姑病革攜二子歸省

途遇賊𦡀之遂與二子投塘死女桂姎聞耗歸哭於塘又遇
賊亦投塘死
董氏王偓志妻年四十三有賊入室氏手撻之大呼捉賊其叔
翁士賢應聲入縛賊黨蜂至俱遇害
李氏雷金山妻年二十一避賊山中賊至投糞自穢賊逼令更
衣氏乘間投塘死
藍氏胡應志妻攜女大妹同溺死　吳氏劉錫川妻以長子屬嫂自抱幼子投河死　王氏吳麥熟妻
棄嬰於地赴水死　王氏趙有慶妻以上同治三年殉難　盧氏陳新法妻
賊逼不屈死同治六年殉難　湯氏宋成林妻　王氏監生田漢魁妻　王氏郭錫起妻
抱女同溺死　張氏陳源雨妻投子赴水死　戴氏周超里妻　周氏陳伍一妻抱幼女被刺死
盧氏桂光華妻罵賊不屈賊斷其手足死　姜氏居時敘妻與女引大同溺　羅氏張錫鑾妻

胡氏夏錫漢媳棄兒於地赴水死　董氏彭美齡妻抱女溺　戴氏陳有容妻　張氏周澤桂妻
投穢賊拽之出氏投水死　舒氏陳癸三妻　劉氏查榮得妻抱乳兒不屈被戕　呂氏監生胡鴻
翔妻　呂氏胡業禮妻攜幼子長媳遇賊俱赴水死　呂氏陳熙文暢妻　李氏
胡氏俱劉衍祺媳　雷氏呂培連妻　陳氏徐應福妻　陳氏彭輝年妻　王氏郭鳳翔妻
郭氏張世厚妻　陳氏楊銘喜妻　王氏吳嶠基妻　王氏吳祖耀妻　周氏吳鍾奇妻　干氏吳賓基妻
梅氏吳志也妻　胡氏吳鍾燦妻　毛氏吳舞階妻　吳氏干良塘妻　姜氏干應聯母　藍氏周澤謙妻
劉氏張燦林妻　饒氏張繼賢妻　黃氏周蒼曉妻　李氏毛明財妻　鍾氏張關年妻　陳氏趙光耀妻
田氏陳基廣妻　解氏呂紹時妻　陳氏張廣福妻　王氏呂光舜妻　盧氏張燦夏妻　劉氏徐心喜妻
彭氏朱樹奎妻　項氏陳源煥妻　侯氏陳本玉妻　朱氏陳明邦妻　項氏陳明經妻　黃氏陳照庥妻
游氏陳坤貞妻　姜氏劉煥興妻　曾氏周澤濡妻　陳氏宋佳續妻　詹氏孫楙興妻　陳氏宋美端妻
饒氏居昌佑妻　方氏張占鰲妻　章氏張源華妻　方氏張五喜妻　馮氏劉衍荷妻　陳氏查喜生妻

周氏胡鍾儉妻　夏氏張俊秀妻　向氏龍漢友媳　岑氏桂茂初妻　張氏王志年妻　干氏饒兆元姪
媳以上縣志待旌殉難烈婦

孝婦

陳氏彭士會妻黃梅陳淑茂女年十七于歸逾年四月時疫盛
行氏家死亡過半姑病篤禱於神願以身代卽自縊死未幾
夫病驟愈闔鄉疫皆止人咸感之乾隆二十四年　旌
陳氏金德嘉妻陳時宦女父母早喪依叔時憲以孝稱年十七
歸金明季避亂棲敗屋辛勤內助稱賢卒年七十六
劉氏徐鳳生妻年十七適徐值寇亂鳳生從軍氏辛苦持家設
饘粥奉舅姑自食不飽及舅姑沒竭力營葬無失禮旋尋夫
至甯化夫沒氏年三十六攜二子扶櫬歸家勤紡績撫孤成

立縣尹表其閭
陳氏庠生李一森妻性温恭事姑孝順姑年八十有八卧病久
陳事之寒暑晝夜罔懈雖厠牏澣濯不假婢女教子應壎成
諸生
張氏馮鑑妻事翁病稱孝
王氏胡魁楚妻事舅及繼姑孝值世亂氏同夫徙他省辛苦備
嘗旋歸家業蕩盡氏勤儉加厲及夫官建平歸氏怡然自若
不服紈綺周恤貧乏卒年七十九
胡氏監生干效克通志作充母諸生胡俊女年十六于歸事繼姑孝
族中貧乏不能嫁娶埋葬者輒周恤之值歲大旱氏出穀振
並施衣被各數百人咸感之

萬氏金啟洛繼妻吉安教授萬映川女性至孝姑病誓於神前斷葷血三年姑愈舅病夫客於京氏請姑召夫還同侍湯藥及夫歸數日舅沒後氏以夫貴　封安人

文氏張在麟妻性至孝舅病氏奉湯藥衣不解帶者五十日瀕危更焚香告天籲求延算生子魁光

劉氏藍理思妻事舅姑及繼姑以孝謹聞

楊氏張源舉妻張正人女年十六歸張事繼姑至孝踰年夫病草奉湯藥有賢稱

王氏陳治國妻季可女也姑病支離牀席者三年氏事之惟謹姑色稍忤婉容承之即加箠楚無怨言乾隆二十八年與夫同旌

梅氏周應黃妻適周生數子不育屢乘間勸夫置妾生子五人

吳氏張源魯母事舅姑孝性好施予族中貧乏者賴之

董氏張逵臣妻幼讀內則通書理姑病謀供湯藥自蔬食三年夫病亦然

胡氏庠生舒鎣（通志作洪金）妻年十九于歸姑病奉湯藥晝夜不怠疾篤嘗糞甘苦越二十二年乃卒子漣庠生

吳氏龔材元妻事舅姑孝舅病足不良於行氏百方調治忽有一道人攜火鍼灸翁兩膝病遂愈人以爲誠孝所感云子執桓舉人

姜氏陳正元妻善事舅姑家雖貧甘旨不闕及舅姑沒每逢歲時令節氏猶淚承兩睫

張氏陳大經妻庠生張貢金女姑胡病篤諸醫謝不治氏涕泗橫流焚香默禱遂愈

劉氏陳光裕妻姑羅染病在床三年不起氏左右侍養未嘗少怠

劉氏陳斌妻性淑慎年二十二歸陳克持婦道生子金大尋夭爲夫置妾有庫姓子夫欲立氏曰異姓不可亂宗且奪人之子以爲已嗣於義未安氏給以田宅令歸鄉黨稱之（以上通志參縣志　以上巳旌孝婦）

周氏（庠生舒汝翼妻）　李氏（夏煒球妻）　魏氏（夏煒皓妻）　鄭氏（郭烈懋妻）　岳氏（張繼然妻）

周氏（吳開成妻）　張氏（貢生方杞妻）　胡氏（陳禮言妻）　周氏（張錫司妻）　王氏（職員方立妻）

龔氏（游基南妻）　鍾氏（附貢朱鍾妻）　蔡氏（呂紹蕃妻）　陸氏（劉基輔妻）

徐氏（伍錫松妻）　張氏（翟之驥妻）　李氏（翟先功妻）　胡氏（吳仁載妻）　李氏（胡四壽妻）（以上俱爲姑割股　以上縣志待旌孝婦）

貞女

張女庠生張朝冠女幼字毛寅寅遊學未歸女守貞終乾隆三年旌

張女名德靜未嫁夫亡矢志守貞乾隆五年　旌（右二傳通志參縣志補）

蔣女幼字陳煥采立嗣守貞乾隆六年　旌（見劉鴻德妻操氏傳）

郭女庠生郭應萊女幼字張植芴未嫁壻沒女聞訃誓不再字依父母守貞以終（王志）

李女結姑幼字劉季年十八未嫁壻沒女聞訃大痛適壻家矢志守貞父母憐其貧割數畝給之卒年三十七金德嘉阮文

茂爲之立傳乾隆八年建坊

舒女邑民舒仁公女幼字徐巨臣之子年十八未嫁壻沒女矢志不再字守貞三十五年乾隆十年建坊

彭女邑民革臣女幼字解時翰年十七未嫁壻沒女聞訃奔喪守貞三十六年乾隆十一年建坊以上通志參縣志

廖女　胡女庠生胡泉長女字張材熙通志材作在　朱女字陳本烈　張女懋純女

李女字張錫元　廖女字彭明瑛通志瑛作映　陳女字詹雙喜　程女字劉惟金　李女字張植昔

佚今補　吳女世伯女字王竟成　以上通志　夏女字趙安壽　查女字徐心濟

以上縣志　夏女字劉旺生　見公牘　以上已旌貞女

李女幼字張續賢年十七未嫁壻沒女奔喪守志奉姑姑病禱於神願以身代時以孝稱年逾六十六

程女幼字陶贊揚年十九未嫁揚外遊未歸父母欲改嫁之女不許往壻家奉翁姑撫嗣子成立同治閒子被賊擄與媳撫弱孫紡績以自給年逾五十餘

戴女戴伍益女幼字陳全國生十餘日抱養於陳年十六未婚全國卒女矢志守貞孝事舅姑撫姪以承宗祧

趙女字李光麒　劉女字戴德元　蔡女字魯學德　余女字王瑞蘭　張女字查煥扃　周女字王本善

胡女字陳坤融　陳女字藍於巽　陳女字吳業福　岳女字陳元利　劉女字劉家和　何女字朱廣興

魏女字張純明　張女字吳瑞興　張女字呂正乾　蔡女字喻增麟　吳女字郭材全　李女字張燦嵩

劉女字李品敦　胡女字夏錫樂　郭女字張光輝　周女字劉衍巍　章女字張昭羅　邵女字饒漢志

以上縣志　以上待旌貞女

烈女

胡女瑗姑幼字張聖交未嫁壻病革女知不起更衣束髮自縊死其父母環哭之目不瞑姑至撫其心有聲磔然血直出醮姑衣遂瞑乾隆四年　旌

呂女名時大呂佐江女幼字王二和未嫁壻沒女聞訃痛哭不止遂投繯死乾隆五年建坊以上王志

朱女好姑幼字陸氏子其家中落女母兄欲改嫁之女觸石死

張女名盛姑字郭材明　張女字劉枌　陳女聖謨女　以上通志　居懿姑泰昌女　縣志　以上已旌殉夫烈女

饒女幼字阮樹乙年十九未嫁壻沒女聞訃欲奔喪家人止之女晝夜號泣遂乘閒自縊死

劉女帶兒劉壽春女幼字董某次子董以長子騃甚恐無與論

婚者謀易之春聞遽以女另字遂致訟女不願身至公庭又不忍父罹縲絏遂投繯死

吳女字范子華　以上縣志　以上待旌殉夫烈女

解女解慶雲妹字伍先喜年十七未嫁遇賊投湖死　引娣伍開華女年十五亦於是處同溺死並見胡疏

李女四嫰李序華女幼字陳思和未嫁年十七聞賊警與衆婦女坐塘側示以必死無何賊至女奮身躍入水衆婦女隨之下賊去有健婦引衆漸起女以先入獨溺死

伍女掌珠監生伍文周女年十九賊追之女繞塘走兄以身捍之賊撲兄於地女恐兄被殺遂投塘死

陳妹陳金虎女字劉新喜幼爲養媳未婚隨舅母温避難於畢

家壠聞賊逼近奔至梅家庵小塘溺水死後二日覓其尸虆
葬之賊疑爲窖金發其塚聞者傷之 以上咸豐七年殉難
蘇女名救兒長元姪女 阿李桂高康養媳 楊女名燕兒思雄女
張女名大媄尚明女即張怡漢妹字夏世居 盧女名心妹廣懷女字毛氏子 范女名秀姑年
發女 胡女名阿瑞胡多禮女 王女名大姑文盛女 胡女名細妍熙
明女 劉女名細大年春女字舒氏子 田女名亦姑鍾應女字居雲山之子 舒女名舒朝印女
字胡斯醇 胡女胡自立女字劉瑤中 陳女朝典女字宋佳倫 次媖王掌珠女
字陳氏子 蘇姑義六女 大媖彭文馥女 張女名二大履謙女 張女字方在發
子從姑舒溺塘 細娥胡熙明女字范氏子 大姑王接珠女 四妹陳克明女 引姊伍致禮女
伍女名細妹致禮女 以上咸豐七年殉難 蘇女字范時勝子 鍾女名大妹福
佑女 舒女元志女 張女維國女 以上十一年殉難 方女美貴女同

治二年殉難 胡女名白女鴻祥女 許女名細妹理新女 蘇女名細妹金
林女 蘇女名大妹廣興女 饒女名五妹兆元女 饒女名六妹兆
元姪女 居女名引妹朝茂女 二妹 三妹俱徐直行女
彭女美延女 陶女名先妹監生金科女節義錄作青蹝女 孫女名帶兒材興女字董三郎
雷女名大妹貢生宣春女 馮女名二妹有志女 以上六年殉難 胡女名舒妹字
胡承基之子 蔡女蔡運祺女字居壹聯 熊女名二妹有文女字陶四美 陳女朝典女
袁女昌友女字余駝生 大媖蘇洪序女 以上節義錄參縣志 何女何一清族
女 李女蔡家宕女 節義錄參節義紀略 以上已旌殉難烈女
蔣女幼字夏沛連年十八未嫁避難與家人走失賊牽之去大
罵賊斫其頸未殊追及其家人越宿死
劉女字居耀泰泰一作太 楊女名三妹太貴女 胡女名大妹應志女咸豐七年從母

藍氏投水 查女有富女 王女龍珠女 廖女殿槐女 鍾女榮光女 居女譜生姊
李女玉華女 張女名二妹奎昂女 張女奎桃女 夏女基闈女 庫女作霖女
陳女字劉有學之子 周女湘鴻女 劉女秀喜女 張女成業女 以上縣志
張女名八妹張柱龍女年十五同治三年九月初四日聞賊警投蔡家塘死 以上待旌殉難烈女

孝女

張女舒芝生妻貢生張懋純女名領大事父以孝 旌 通志參縣志

壽婦 縣志修於同治十一年今依原年錄
張氏楊仲輝妻年九十九五世同堂八十餘人 王氏優生田蘭妻年九十有五學使獎額
蔡氏徐澤遠妻百二歲五世同堂學使獎額 李氏朱錦泰妻年百二歲 周氏監生盧恆
然妻事翁患末疾數年惟謹年九十五同堂七十餘人 郭氏庠生文殿詔妻年九十七五代同堂以孫貴對宜
人 以上縣志待旌壽婦

黃州府志卷之三十一上終

黃州府志卷之三十一下

人物志

列女九

黃州府知府英　啟纂輯

黃梅縣

節婦

李氏陳萬鎰妻年二十七夫與舅同日病卒家僅數畝鬻以治喪姑老二子俱幼值歲饑氏織紝易米養姑哺子自忍飢餓鄰婦勸其改適不應鄉里謂之耐餓節婦

廖氏庠生喻帝懷妻夫病革謂氏曰吾子道父道均未盡惟汝任之氏泣諾夫沒事舅姑孝撫二子成立

胡氏庠生劉樹玉妻夫早卒誓不他適撫養二子長子山入庠有文名復沒媳毛同姑守節　俱雍正四年　旌

劉氏庠生周天柱妻年二十六夫亡奉養舅姑教子炳相入庠苦節三十餘年

吳氏程侶瓊妻年十九夫卒無子立伯氏子為嗣未幾伯氏夫婦俱亡遺三子氏撫之如己出守節三十四年　俱雍正六年　旌

程氏庠生汪舉主（通志作一）妻年二十夫沒僅二女家貧自茹疏糲奉甘美以養高堂立姪昆裕為嗣尋夭媳繼亡遺一子一女俱幼氏復盡心撫育苦節五十一年

邢氏庠生石天位妻年二十適天位生子不育僅一女因勸夫納媵未幾夫沒媵亦無出共守氏年垂六十　俱雍正九年　旌

王氏洪文蘭妻年二十二夫沒氏守節撫孤垂五十年

鄒氏程達士（縣志作士達）妻年二十六夫卒遺孤歲餘氏撫之成立守節垂六十年

王氏庠生胡文遠妻年二十五夫沒遺孤甫三月氏誓以死守夫葬後每除夕廬於墓側以孤子老婢從如是者三年卒年八十

宛氏庠生蔣茂棫妻年二十七夫卒遺腹生一子天標氏撫之成立課以勤讀父書補郡庠守節至六十四歲卒　俱雍正十年　旌

項氏李公亮妻夫沒族人將改嫁之氏以刀自誓乃止家貧紡績自給先後撫嗣子二人卒年七十九雍正十一年　旌

商氏曾文衢妻年十七而寡撫四月孤成立守節四十六年

熊氏曾達妻夫死甘貧撫孤守節四十二年

王氏石維藩妻年二十四夫亡矢志撫三孤成立至七十一歲卒　俱雍正十二年　旌

陳氏庠生柯詹吉妻夫早卒家貧撫一子成立奉事舅姑守節三十一年雍正十三年　旌

何氏喻亦懷妻年十七于歸未逾月夫沒投繯者再四賴姑救免撫姪之埰為嗣苦節以終

廖氏石載鳳妻夫沒苦節撫孤　俱乾隆二年　旌

張氏監生黃之駿妻年二十八夫沒撫庶子如己出子沒又撫
孤孫
游氏黃利參妻年二十一夫卒一子僅數日氏矢志撫之事繼
姑得其歡心
蔣氏梅嶠妻　王氏梅巘妻
王氏黃師憲妻夫沒絕粒數日家人知其有娠持大義勸之曰
黃氏五世獨傳幸而得男緒不絕矣遂勉爲進食撫遺腹子
珍成諸生尋夭復撫孫成立　俱乾隆十二年　旌
蔡氏張集五妻年二十五夫亡孝事六旬舅姑撫四歲孤成立
守節四十五年
黎氏王象儀妻年二十三夫亡撫四歲孤迄授室夫婦俱夭復

撫孤孫成立守節四十年
劉氏程如玉妻
何氏詹震寰妻夫病劇割股籲天夫卒苦志守節葬舅姑悉盡
禮撫嗣子成立　俱乾隆十三年　旌
留氏劉甯伯妻乾隆十四年　旌通志作伯甯　以上王志參通志
張氏吳取高妻　黃氏諸生吳得志妻張苦節二十八年黃苦
節三十年於乾隆五十一年以雙節請　旌案張見通志黃無縣志稱雙節請自是並　旌
陳氏洪國龍妻年十八未嫁聞夫病奉父母命往省割股和藥
以進家人罔覺侍病兩載夫沒矢志苦守立姪爲嗣撫之成
立事舅姑孝卒年五十餘

王氏毛言重妻于歸甫一載夫沒生遺腹子值舅病篤氏侍湯
藥默禱以進病尋愈越三年舅沒氏憂慟成疾卒子亦夭族
人哀之
葉氏喻之型妻　舒氏喻本鑰妻葉年二十八夫沒撫孤本鑰
尋夭與媳舒撫孫兆瀾復沒孫媳吳年二十四遺娠胎墮遂
自經葉爲立嗣苦節五十五年乾隆五十八年　旌
李氏喻葆中妻年十九于歸次年夫沒撫姪本鎬爲嗣事舅姑
孝嘗捐貲立祠以奉先祀建橋以惠行人
蔣氏喻方鍘通志作翎妻　王氏喻方鍘長媳蔣甘肅按察使嘉年
女也年二十七夫沒矢志苦守饘粥不繼二子相繼夭長媳
王氏日刈薪易脫粟奉之人謂之節婦薪孝婦粟

陳氏吳錫綱妻年二十九夫沒氏翦髮納棺中閉戶投繯舅姑
諭以撫孤始拜泣受命家故貧灌園紡績以供甘旨撫二子
明禮職員朗庠生以上通志參縣志
廖氏庠生喻于德妻　毛氏庠生劉山妻　邢氏貢生熊經妻
鄭氏石天位妻　劉氏趙燕吉妻　姚氏吳承萬妻　宛氏聶翰臣妻　馮氏監生吳玉懷妻
石氏洪其統妻　項氏李文侯妻　佘氏李焜如妻　張氏庠生石耿蒲妻　童氏監生劉光
朝妻通志光作先　張氏庠生趙士昇妻　石氏庠生洪望高妻
柯氏毛步武妻　趙氏毛帝載妻　劉氏李蒲龍妻　陳氏李紀南妻　張氏聞王謨妻通志作正謨
邢氏柯士昌妻通志柯作何　曹氏嚴藎羣妻通志羣作郡　梁氏李懷璧妻　梅氏庠生石正
性妻　張氏黃利物妻　向氏黃利物長媳　佘氏鄭遂妻　趙氏鄭棋妻
李氏徐士偕妻通志偕作楷　梅氏潘侶賢妻　王氏喻叶吾妻　胡氏劉東卉妻　胡氏王道昌妻

蔣氏貢生郭承樸妻　王氏楊寗璧妻　梅氏黃去非妻　殷氏陳子經妻　石氏庠生吳士
甲妻　邢氏王尚伯妻　沈氏吳彝臣妻　胡氏李世俊妻　蔣氏庠生胡士文妻
黃氏吳介繁妻　石氏庠生陳鏕妻　陳氏庠生石茂卿妻　梅氏石蒼雄妻
陳氏庠生吳景盧妻　馮氏黃明友妻　黃氏庠生於是充妻　黎氏石槐妻通
志作童石槐　吳氏汪導淮妻　祝氏石金滕妻　程氏吳補思妻　劉氏庠生石大年妻
王氏胡亦任妻　宛氏庠生程兆元妻　劉氏吳光業妻　熊氏庠生梅銳妻
蔣氏監生石楫妻　吳氏毛雲書妻　石氏庠生胡鎮國妻　程氏吳書三妻
熊氏胡師臣妻　陶氏馮學潤妻　石氏庠生吳如茂妻　董氏邢席珍妻　汪氏蔣度明妻
洪氏胡軼羣妻　程氏吳國瑞妻　劉氏庠生陳霞章妻　王氏石天申妻　劉氏吳迪若妻
周氏監生張致中妻　石氏陳伯靈妻　李氏胡千仭妻　徐氏庠生黎哉明妻
藍氏石登岸妻　胡氏吳引扶妻　吳氏胡正邦妻　陳氏吳孟兼妻　王氏石再訓妻　洪氏吳桑妻

黃州府志《卷之三十一　列女九　五

劉氏庠生石再翰妻　胡氏吳光表妻　張氏石慶揚妻　石氏增生柯士漣妻
胡氏舉人趙錦尚妻　陳氏庠生趙玠妻　張氏吳亦愚妻　洪氏劉調三妻
陳氏石松齡妻　方氏庠生黎存質妻　洪氏吳宏維妻　陳氏廖瑜妻　石氏監生陳天
懋妻　田氏庠生汪日掄繼妻　趙氏熊宅三妻　劉氏庠生石再章妻
蔣氏庠生劉日凝妻　歐陽氏黎備三妻　王氏劉正字妻　周氏程庭烈妻
通志烈作立　洪氏庠生熊成予妻　於氏柳昌依妻　蔣氏貢生吳宏喬妻
毛氏陳光表妻　陳氏石翰登繼妻　石氏柳登岸妻　羊氏王迪若妻　蔣氏洪國韓妻
石氏監生熊爲城妻　石氏詹謙吉妻　王氏胡行祕妻　邢氏庠生石泰基妻
程氏庠生劉佐國妻　吳氏梅斐然妻　朱氏程體明妻　石氏徐書黃妻　黎氏州同蔣朝
萬妻　毛氏黎景周妻　饒氏方象德妻　余氏庠生陳憲章妻通志余作佘　嚴氏庠生趙偉
妻　張氏吳鴻傑妻通志傑作業　石氏庠生王戚棟妻　柯氏監生熊孚

中妻　程氏方桂周妻　汪氏石之爨妻　喻氏吳慕陵妻　洪氏石舉妻　黎氏石象五妻
梅氏黃新山妻　章氏柯炳文妻　吳氏熊揆九妻　向氏駱宗文妻　黃氏吳嵋山妻　楊氏洪藹里妻
胡氏黎待聘妻　熊氏洪楠妻　王氏袁君和妻　吳氏楊得三妻　胡氏吳韓州繼妻通志州作周
羅氏瞿體仁妻通志瞿作翟　汪氏庠生洪國鳳妻　余氏王遠士妻　陳氏徐接三事
吳氏王學坡妻　石氏吳佐柏妻通志佐作佑　馮氏黎忠一妻　周氏吳廷龍妻　向氏王九萬妻
黃氏李希哲妻　翟氏史位三妻　張氏庠生胡上選妻通志胡作吳　袁氏鄭松友妻　洪氏石鞏基妻
劉氏陶希懷妻　袁氏張殿甲妻　夏氏黃价仁妻　蔣氏庠生洪國泰妻　陶氏張步占妻
何氏黎天倚妻　黎氏熊惠久妻　梅氏程道遠妻　陳氏趙東會妻　余氏石秉彝妻　鄭氏庠生陳天
椿妻　蔣氏王廷璧妻　殷氏袁書範妻　楊氏袁表範妻　程氏帥上騰妻　嚴氏石瑤階妻
楊氏陳楚玉妻　張氏馮蒼屏妻　吳氏余德芳妻　邢氏熊佳士妻　黃氏胡益謙妻　嚴氏陳利見妻
饒氏李時芳妻　向氏王展南妻　方氏戢次懷妻　項氏石益疇妻　石氏柳來朝妻　高氏柳來朝媳

黃州府志《卷之三十一　列女九　六

張氏石若愚妻　王氏石中立妻　岳氏石兼四妻　蔣氏胡承華妻　胡氏張艮彌妻　李氏楊[illegible]壁妻
通志作揚璧　王氏諸生聶天根妻　馮氏詹泰吉妻　黎氏張斐存妻　王氏張萬選妻
王氏柯經野妻　劉氏張上儒妻　余氏石希聖妻　洪氏石承宗妻　周氏楊發志妻　石氏監生宛健
存妻　洪氏石新雅妻　張氏貢生吳承恩妻　劉氏涂虞賓妻　邢氏石軒舉妻
潘氏宛際雲妻　石氏曾恆饒妻　鄭氏張艮玉妻　王氏陶大士妻　劉氏董定周妻　周氏張敬先妻
袁氏石再屏妻　胡氏梅錫九妻　曾氏洪寅賓妻　鄢氏熊羣表妻　汪氏石席豐妻　余氏監生柳成
高妻　喻氏汪如松妻　帥氏聶光斗妻　黎氏陳錦還妻　尹氏會天樞妻　周氏湛允詮妻
劉氏方黎懷妻　殷氏監生石志士妻　廖氏貢生石學洙妻　黃氏江行遠妻
黎氏監生郭焰妻　陳氏諸生石巨濟妻　鍾氏劉澄清妻　項氏李端萬妻
喻氏吳德桂妻　石氏胡猗青妻　廖氏許士海妻　黃氏諸生吳業妻　洪氏石莘野妻
王氏黎學蘇妻通志作李氏　錢氏顏一占妻　石氏監生陳日旦妻　陳氏諸生帥光

庠妻　梅氏柯含英妻　趙氏蔡克昌妻　熊氏趙啟淯妻　余氏監生李天秩妻
石氏劉中輔妻　尤氏桂德和妻　吳氏庠生於永柏妻　吳氏陳興周妻　張氏郭守忠妻
徐氏陳文敬妻　劉氏王光斗妻　梅氏李利見妻　劉氏洪其達妻　嚴氏柯光斗妻　趙氏教諭將天桂繼
妻　邢氏陳其讓妻　余氏陳師舜妻　程氏陳世業妻　毛氏劉子山妻　向氏黃曄妻
胡氏石惺妻　郭氏汪振玉妻　黃氏徐某妻　黎氏單某妻　王氏於某妻　於氏趙某妻
商氏張某妻　祝氏余某妻　吳氏喻旭東妻　石氏岳彥權妻　吳氏喻兆潤妻　余氏李某妻
汪氏邢某妻　商氏黃某妻　周氏吳某妻　劉氏張某妻　陳氏梅某妻　程氏袁某妻
張氏石某妻　蔡氏項某妻　邢氏熊某妻　於氏程榮華妻姑沒餓死　吳氏喻兆蘭妻
洪氏庠生石再培妻　桂氏胡周勳妻　王氏廖士貞祖母　萬氏廖士貞母
史氏廖士貞妻上三人俱投繯殉難王氏萬氏通志母俱作姑誤　以上通志參縣志
趙氏庠生喻亮模妻夫病割股以進旋沒氏年二十九撫孤成

立年四十五卒長子寶琛庠生次子璨烈舉人
帥氏蔣兆沅妻　商氏蔣兆熊妻　石氏蔣之衢妻　蔣氏劉
某妻　蔣氏梅某妻帥年二十一夫沒撫嗣子之慶後舅姑
夫弟相繼沒氏復撫夫幼弟兆熊與幼姪之衢成立帥病嗣
婦王割股療之熊婦商衢婦石俱青年守志孫女適劉適梅
以節著皆帥之訓也帥守節六十一年
梅氏石映雲妻年三十夫沒事姑以孝聞姑病篤氏刲股以進
病尋愈氏守節二十五年卒
洪氏帥宗宋妻年二十四夫沒苦守十九年咸豐七年避賊父
家聞賊逼近乃與父訣從容赴水死請　旌嗣子遠勷諸生
許氏李甘霖妻于歸三載夫沒誓守不二咸豐七年三月賊至

懼辱自經死
王氏梅茂先妻　劉氏王國樑妻王年二十夫沒子復殤氏痛
不欲生姑泣諭之乃止及姑病王割股療之撫嗣子如所生
娣劉亦青年夫沒依王守節孫庠生藍田妻胡氏夫病割股
夫沒胡亦哀毀成疾卒王以孫雨田貴　贈宜人
帥氏洪永齡妻年二十齡染沈痾議迎娶氏生母沈有難色氏
知之長跽請往入門即敬謹侍疾湯藥必親奉閱三月夫沒
誓以身殉舅姑曰我二人在奈何氏見舅姑日相對泣乃節
哀奉晨昏代盡子職全節以終
胡氏諸生梅亮中妻　陳氏蔣志堅妻　陳氏趙錫臺妻　石氏庠生帥宗樞繼室
李氏帥遠昌妻　聶氏帥遠烺妻　王氏喻光瀛妻　汪氏庠生喻樹偉妻　葉氏庠生蔣金

榜妻　商氏蔣兆璨繼室　陳氏蔣兆球妻　梅氏蔣之恪妻　汪氏蔣之錦妻
何氏蔣文勳妻　程氏許新知妻　蔣氏梅肇裕妻　蔣氏梅肇聰妻　柳氏蔣學瀛妻　程氏蔣志埰妻
張氏蔣楚銓妻　宛氏蔣任純妻　帥氏庠生蔣澤霖妻　劉氏增生蔣仕純妻
宛氏蔣任純妻　張氏監生石金宰妻　宛氏監生石志圻妻　胡氏縣丞石其
茂妻　錢氏石奎文妻　程氏石璧琇妻　魯氏石安道妻　梅氏石表鯤妻　何氏石恆三妻
潘氏監生石玉瓚妻　葉氏石步蟾妻　宛氏石能容妻　王氏石玉瓏妻　張氏石文鑾妻
金氏監生石其權妻　董氏石其茪妻　董氏石其隆妻　黎氏石玉茂妻　蔡氏石遇馥妻
吳氏石伯暘妻　宛氏監生石近光妻　唐氏石相棣妻　柯氏石其榮妻　商氏石相奭妻
黎氏石相嶽妻　桂氏石憲章妻　王氏石鎮青妻　梅氏庠生石正性妻　魯氏石遠謀妻
陳氏石遠雄妻　錢氏石烈埰妻　胡氏石遠鄺妻　洪氏石洲妻　柳氏石泉妻　蔣氏石瀾妻
柯氏石烈榮妻　陳氏石青虢妻　吳氏石珊妻　柳氏庠生石思堦妻　向氏石烈謨妻

胡氏石寶頤妻　張氏石暉烈妻　王氏石遠細妻　王氏州同石寶謙妾　陳氏石遠愷繼
妻　李氏石爲蓧妻　黃氏庠生石彩雲妻　葉氏庠生石芝苔妻
章氏石遠紒妻　王氏石青樾妻　劉氏石元龍妻　商氏庠生石元輔妻　陳氏石青晰妻
張氏石新烈妻　何氏石烈義妻　廖氏石烈禮繼妻　桂氏石烈智妻　陳氏石遠峰妻
方氏石青選繼妻　向氏石翼登妻　柯氏石翼聖妻　張氏石烈日妻　許氏石青常妻
桂氏石遠猷妻　陳氏石青漢妻　陳氏石青圖妻　張氏庠生石特達繼妻　余氏石烈珠妻
汪氏庠生石貞幹妻　蔡氏封職帥上敬妻　商氏增生帥上毓妻
鄧氏帥遠炘妻　蔣氏帥宗橋妻　劉氏庠生帥宗檽妻　梅氏拔貢帥宗森妻
熊氏贈職帥遠煌妻　費氏帥遠經妻　沈氏戶部主事帥宗栻妾　張氏庠生帥遠
燾妻　程氏帥遠暐妻　李氏職員帥遠鍚妻　李氏聶元珠妻　洪氏熊承湖妻
何氏吳艮才妻　陳氏吳之楫妻郎艮才之媳守節十三年咸豐七年聞警赴水死　石氏吳文濤妻

黃州府志《卷之三十一　列女九　九

梅氏吳之槐妻　趙氏吳之權妻　熊氏陳大治妻　石氏畢瑒瑩妻　柳氏監生徐明富妻
黃氏徐明貴妻　陳氏羅春友妻　祝氏余奠彩妻　李氏余奠封妻　梅氏監生余丰雅妻
石氏余宗澤妻　鄔氏余輝斗妻　李氏余定宇妻　徐氏監生余定乾妻　王氏職員李葠
之妻　夏氏陳生李琳妻　項氏李鴻邏妻　石氏李鴻儒妻　梅氏李光斗妻
章氏李聘三妻　程氏庠生項順籌妻　張氏周文哉妻　吳氏湛成綺妻　蔣氏湛思九妻
洪氏聶柯遠妻　張氏岳蕃衍妻　劉氏岳義尙妻　程氏岳敬上妻　李氏劉猗蘭妻　胡氏劉楚材妻
趙氏蔡克口妻　桂氏劉金城妻　石氏劉燦連妻　洪氏朱倫至妻　王氏朱彝安妻　詹氏劉勝瑞妻
鄭氏鄧鳳章妻　陶氏鄧思敬妻　袁氏鄧秀山妻　陳氏鄧籌海妻　石氏庠生鄧士洲妻
劉氏鄧玉麟妻　范氏鄧載華妻　黃氏監生劉懿騏妻　陳氏監生劉懿駿妻
石氏陳寶善妻　袁氏陳巨才妻　袁氏方承昕妻　石氏張眉壽妻　侯氏鄖縣訓導陳元吉妾
洪氏陳學蓬妻　熊氏舉人鄧鍾麟妻　袁氏庠生陳山立妻　李氏鄧廷璋繼

妻　詹氏庠生程際青妻　柯氏程艮貴妻　倪氏劉文質妻　洪氏監生汪鳳
吉妻　張氏郭若愚妻　蔣氏監生郭佩璋妻　鄔氏郭仁德妻　陳氏錢啟潢妻
程氏錢啟泗妻　程氏熊交泰妻　吳氏熊海曙妻　程氏熊龍泉妻　黎氏宛上玉妻　石氏宛名昶妻
劉氏宛華復妻　柳氏宛立廉妻　汪氏宛朝聘妻　程氏宛文炳妻　羅氏宛九階妻　陳氏宛一純妻
張氏宛華表妻　潘氏宛樹槐妻　王氏宛文燦妻　徐氏宛學桂妻　梅氏監生洪于岡妻
何氏洪本廉妻　鄧氏周用達妻　石氏洪斗垣妻　許氏洪永聲妻　徐氏洪昌茂妻　益氏庠生李薦
愷繼妻　洪氏李光藻妻　程氏李艮知妻　王氏李仲熙妻　柯氏李位高妻　程氏李義春妻
李氏庠生何廷珊妻　楊氏何斯貞妻　黎氏何坤岡妻　陶氏尤廷琮妻　程氏尤璜妻
石氏尤瓚瑛妻　程氏詹磬宜妻　陶氏黎岸登妻　喻氏庠生柯之潔妻　王氏柯在棫妻
胡氏監生柯芳草妻　李氏柯瑞南妻　柳氏柯作梅妻　陳氏柯勳熙妻　余氏柯以文妻
洪氏監生柯昌林妻　余氏柯元哲妻　石氏柯陶潛妻　嚴氏庠生柯中柏妻

黃州府志《卷之三十一　列女九　十

周氏柯敦禮妻　帥氏庠生柯章斐妻　項氏柯容辟妻　顏氏柯在清妻　石氏柯在芬妻
柳氏柯在寅妻　徐氏監生陳愼妻　洪氏監生陳佐之妻　王氏陳扶勝妻
吳氏趙成運妻　吳氏趙宗文妻　石氏梅華階妻　桂氏梅邦文妻　黃氏梅國潤妻　祝氏歐蘭柏妻
吳氏夏之時妻　桂氏聶日元妻　魯氏潘永昌妻　劉氏貢生章應昌妻　畢氏章以燻妻
胡氏章學瑤妻　劉氏章萬隆妻　程氏熊龍全妻　王氏陳世冠妻　宋氏陶時忠妻　董氏徐其崇妻
王氏庠生徐崑玉妻　楊氏蔣之璋妻　郭氏施德海妻　梅氏鄧月湖妻　宛氏陳迪功妻
汪氏監生邢廷鉒妻　李氏監生邢樸忠妻　陳氏邢厚炆妻　吳氏嚴鍾靈妻
單氏職員沈彀妻　歐陽氏胡棨檜妻　劉氏胡錫湄妻　嚴氏胡錫汾妻
殷氏吳錦林妻　梅氏吳秀實妻　劉氏監生廖景盛妻　王氏廖階友妻甫朞姑孝家貧忍饑
或周之必卻守節三十二年終　傅氏費遠森妻　嚴氏王光裕妻　余氏胡天瑛妻　周氏廖階瑛妻
汪氏庠生傅家謨妻　段氏梅達跐妻　楊氏梅守樓妻　淩氏庠生梅士升妻

劉氏李能賢妻 商氏李立霄妻 楊氏余朝純妻 帥氏舉人余懷珠妻 傅氏余家駒妻
洪氏李唯平妻 程氏柳文廣妻 石氏方豐年妻 詹氏程卓羣妻 聶氏吳協鳳妻 汪氏吳心傳妻
胡氏余玉書妻 石氏余元輔妻 陳氏監生余克育妻 宛氏余輝國妻 周氏余輝祖妻
桂氏舉人余信芳妻 袁氏張澤綿妻 洪氏王鳳鳴妻 陳氏熊成萬妻 黃氏熊文高妻
李氏吳承坊妻 張氏王大德妻 嚴氏熊近信妻 黃氏趙士愷妻 商氏張鳴喈妻 潘氏庠生張俊
妻 趙氏胡兆麒妻 王氏胡章泳妻 陶氏胡紹宗妻 陳氏胡華跬妻 黃氏胡深妻
黎氏庠生喻長源妻 洪氏喻樞妻 王氏喻嘉樾妻 周氏吳本圻妻 於氏吳侍賢妻
梅氏吳彩眉妻 陳氏增生黃之駒妻 劉氏庠生黃有本妻 石氏貢生黃摯
妻 劉氏黃炳南妻 洪氏監生吳柔妻 馮氏吳寅谷妻 王氏吳弓冶妻
柯氏吳書山妻 周氏吳丙正妻 胡氏吳國卿妻 程氏吳艮玉妻 藍氏李宗愷妻 袁氏監生錢義
和妻 黎氏庠生王以穀妻 洪氏趙蒼玉妻 吳氏袁贊元妻 蔣氏梅鏡物妻

喻氏廪生王櫶妻 劉氏王錫蕃妻 柳氏王其瓛妻 汪氏監生王華茂妻
周氏王天久妻 張氏監生吳象桐妻 喻氏吳嚅升妻 陳氏貢生吳象梁繼妻
劉氏徐以信妻 王氏洪本洙妻 李氏吳裕型妻 喻氏吳臣陛妻 陳氏胡楚夔妻 戴氏胡楚著妻
蔣氏王文虎妻 梅氏胡秀林妻 李氏王懋勤妻 方氏胡天申妻 劉氏監生胡光淮妻
黃氏程錦華妻 胡氏庠生黃東幸妻 胡氏黃一豫妻 胡氏梅兆蘼妻 湯氏梅時育妻
張氏梅志善妻 魏氏商松齡妻 聶氏商萬象妻 程氏庠生商廷舉妻 吳氏商位謙妻
程氏商萬傑妻 李氏商萬鼎妻 李氏貢生商致中妻 程氏監生商致和妻
何氏商致順妻 何氏商樹桂妻 張氏商銘鏜妻 李氏商鼎烈妻 吳氏商騰蛟妻 項氏瞿長發妻
徐氏商瑞龍妻 陳氏贈職程咸倉妻 胡氏程炳南妻 胡氏監生程國珍妻
湛氏程懷倉妻 陳氏程樹本妻 王氏鄭雯鏞妻 柯氏鄭時敦妻 何氏鄭雯琳妻 柳氏呂從政妻
洪氏陳茂興妻 吳氏桂超凡妻 潘氏桂慈航妻 張氏桂石麟妻 柳氏桂澍南妻 汪氏桂馥賛妻

張氏桂躍樞妻 王氏桂兼三妻 向氏石懷疆妻 鄧氏桂殿顯妻 劉氏知縣李光佑繼妻
石氏李守道妻 胡氏李六謙妻 龔氏庠生李華妻 王氏吳艮埜妻 胡氏吳朝覲妻
宛氏吳衍銓妻 岳氏汪庭梧妻 瞿氏王鳴玉妻 吳氏王本溪妻 吳氏徐春發妻 王氏柳廷獻妻
吳氏柳叶宮妻 商氏柳傳璽妻 王氏柳兆明妻 張氏洪賓讓妻 桂氏洪昌曙妻 程氏洪昌暹妻
帥氏洪昌暘妻 柳氏周高也妻 陳氏袁書山妻 石氏孫友恭妻 洪氏庠生張澤蛟妻
周氏劉揚休妻 楊氏朱若坤妻 洪氏魯典訓妻 孫氏程如東妻 項氏李端蔚妻 方氏監生李明
蝌繼妻 孫氏洪福登妻 石氏洪丹亭妻 殷氏洪之絃妻 劉氏洪昌森妻 孫氏盧獻文妻
周氏盧茂培妻 何氏周樂安妻 周氏姜福堂妻 龔氏姜有堂妻 張氏周秀君妻 王氏監生李煒
妻 王氏金富墉妻 聶氏陳華玉妻 袁氏王宗華妻 王氏何召恩妻 王氏何丕建妻
孫氏黃瑞蔚妻 梅氏李殿丞妻 瞿氏知縣喻元涫妾 黎氏陳爵糜妻 魏氏陳經理妻
黃氏吳登雅妻 洪氏貢生趙鴻超妻 蔣氏梅來璇妻 於氏贈職趙煇妻

趙氏熊惟寅妻 龔氏封職陳澤乾妻 洪氏桂文奎妻 黃氏吳介繁母 以上縣志
黎氏商森椿妻 岳氏尹學泗妻 鄧氏吳文鍌妻 李氏柳鼎祚妻 陳氏商有義妻 許氏徐伯灼妻
李氏程凝光妻 聶氏洪正瀛妻 張氏鄧榮發妻 以上府冊 李氏鄧崑玉繼妻
李氏石瑞蓮妻 桂氏胡熙載妻 劉氏吳士枋妻 陳氏邢厚紋妻志紋作妏疑是一人 胡氏朱愉快妻
李氏羅運得妻 帥氏鄧恆初妻 陶氏胡華堂妻 柯氏庠生何金繼妻 陳氏監生俞廷
榮繼妻 周氏黃壽昌妻 以上本公牘 郭氏石繼中妻節義錄繼作既咸豐四年殉難
許氏何天衢妻 羅氏何隆德妻 何氏王琛盛妻 徐氏柳三多妻 張氏蔡景堂妻 以上七年殉難
桂氏監生張迎光妻 陳氏石莪三妻聞警仰藥死 程氏監生周明德妻 以上十一
年殉難 以上已旌節婦 陳氏趙錦臺妻 喻氏蔣志墧妻 余氏庠生蔣志址妻
胡氏聶希賢妻 帥氏聶文照妻 周氏聶兆芑妻 宛氏監生熊之桂妻 鄧氏庠生熊鳳
焰妻 趙氏張時智妻 聶氏張之達妻 王氏張之聘妻 李氏張之卓妻 孫氏張八駿妻

桂氏龔遵路妻　陳氏鄭叔乾妻　呂氏向崇禮妻　徐氏李秉疆妻　劉氏監生岳孟堅妻
余氏岳慶隆妻　徐氏岳奇哲妻　余氏蔡揚烈妻　吳氏蔡世發妻　張氏陶茂林妻　陳氏張惟寅妻
余氏袁兩交妻　鄧氏周立誠妻　蔡氏陳際華妻　周氏陳鍾符妻　劉氏陳鳳岡妻　李氏陳大訓妻
梅氏陳士潔繼妻　王氏陳榮熊妻　廖氏陳光猷妻　周氏陳文爟妻　張氏劉春華妻
劉氏庠生黎元輅妻　劉氏黎元榕妻　柳氏黎斯孅妻　朱氏黎太乙妻　熊氏監生黎文鄢妻
帥氏監生黎文琳妻　李氏汪孟飛妻　陳氏汪雲龍妻　李氏汪敦智妻
程氏汪國璽妻　董氏汪維百妻　孫氏汪軼凡妻　周氏汪澤海妻　徐氏翁茂青妻　紀氏曾毓珉妻
陳氏錢啟禧妻　於氏錢光遴妻　王氏錢輿文妻　龔氏錢敏榮妻　胡氏易檝典妻　汪氏熊國嘉妻
蔣氏庠生熊映廉妻　石氏熊用楫妻　柳氏熊映臺妻　陳氏監生熊禮賢妻
周氏張從容妻　黃氏宛燦雅妻　柯氏宛錫琳妻　李氏宛映墉妻　王氏監生洪祖望妻
胡氏洪鶴田妻　吳氏洪本韜妻　陳氏洪學泗妻　胡氏監生趙桂薰妻　李氏趙正蓮妻

黃州府志　卷之三十一　列女九　十三

劉氏高崇讜妻　於氏汪于飛妻　熊氏洪祖訓妻　邢氏洪本恪妻　張氏李敏政妻　周氏李秀林妻
王氏何卿祿妻　黎氏何以凝妻　鄢氏詹熙贊妻　梅氏詹纘緒妻　方氏詹光典妻　何氏詹登台妻
方氏張席皋妻　汪氏潘士韜妻　張氏陳格非妻　樂氏張金裕妻　郭氏陳龍章妻　李氏陳自省妻
鄧氏陳學稼妻　洪氏陳茂庸妻　劉氏潘近智妻　程氏陳嵐桂妻　何氏詹登召妻　石氏柯厚聘妻
余氏柯迎郊妻　程氏柯庭桂妻　劉氏柯掄才妻　金氏柯讃之妾　陳氏柯鸞鳴妻　楊氏庠生柯金榜妾
劉氏高松友妻　何氏高恆泰妻　熊氏張象德妻　宛氏黎敬典妻　石氏顏淑元妻
鄧氏顏邁高妻　孫氏顏太有妻　袁氏陳立予妻　柳氏庠生陳則義妻　汪氏陳汝祥妻
汪氏陳任安妻　柯氏陳抒藻妻　湯氏陳敬典妻　柯氏陳育昌妻　黎氏陳茂秀妻　陳氏童克讓妻
祝氏周德貴妻　陳氏楊以芝妻　柯氏楊准泗妻　何氏楊步樓妻　徐氏潘福彝妻　柯氏潘天權妻
黃氏庠生潘華喆妻　柯氏庠生潘翔仞妻　蔡氏潘朝言妻　周氏潘易周妻
袁氏詹昌泰妻　蔡氏詹宏馥妻　張氏詹道楙妻　汪氏監生趙英才妻　劉氏唐萬登妻

李氏劉宏烈妻　胡氏程時習妻　石氏黃士明妻　章氏黃循泗妻　岳氏黃受言妻　張氏黃志和妻
吳氏胡鴻璧妻　馮氏黃錫勳妻　蔣氏歐陽遵業妻　吳氏傅如璋妻　於氏陳欽伯妻
李氏陳仲秀妻　鄢氏陳星燦妻　吳氏張和義妻　商氏張太運妻　黃氏徐非傳妻　周氏黃子直妻
劉氏黃鳳藻妻　馮氏徐得廣妻　王氏蔣從龍妻　蔡氏蔣正啟妻　徐氏監生蔣勳名妻
程氏蔣予元妻　嚴氏蔣效忍妻　黃氏蔣扶堯妻　虞氏蔣茂禮妻　李氏蔣茂進妻　洪氏蔣以時妻
王氏蔣殿鰲妻　劉氏蔣克家妻　張氏蔣秀柏妻　黃氏陳其理妻　李氏陳不羣妻　何氏陳義煥妻
王氏陳大光妻　項氏陳繼修妻　鄧氏陳世緒妻　單氏商文檝妻　張氏商學孟妻　王氏馮應昌妻
梅氏黃承盤妻　盧氏黃國器繼妻　梅氏黃有本繼妻　余氏董相左妻
張氏商殿選妻　柯氏商桂林妻　王氏商開善妻　蔣氏王任遠妻　陶氏王在實妻　朱氏王列昱妻
張氏王亮采妻　吳氏徐遠嵩妻　張氏徐恆遠妻　董氏徐羽翔妻　胡氏徐青選妻　李氏徐廷桂妻
胡氏徐德福妻　邢氏徐錦堂妻　黎氏單輝甲妻　劉氏單天申妻　葉氏監生單體元妻

黃州府志　卷之三十一　列女九　十四

王氏單德仕妻　梅氏單德崇妻　葉氏單守信妻　梅氏王昭祿妻　梅氏鄧克敏妻　費氏鄧維周妻
胡氏庠生袁之桂妻　蔣氏袁萬沾妻　徐氏袁廷祉妻　費氏袁宣文妻　游氏張文光妻
喻氏張天縱妻　郭氏張心怡妻　梅氏余文德妻　饒氏汪同樂妻　李氏洪研思妻　陶氏洪朝煦妻
劉氏聶德賢妻　毛氏梅倫滋妻　王氏沈三餘妻　李氏沈殿壐妻　張氏袁蘭芳妻　同氏陳敦厚妻
王氏洪輔朝妻　王氏洪顯朝妻　胡氏洪砥純妻　周氏監生洪澤妻　陳氏洪萬里妻
梅氏邢廷彪妻　張氏邢廷舉妻　胡氏邢厚光妻　單氏邢爵一妻　錢氏邢柏壽妻　陳氏邢爾祁妻
王氏庠生邢學藻妻　袁氏歐陽輝廷妻　王氏袁燦雲妻　程氏袁宗序妻
涂氏項懋常妻　粱氏項慶瑞妻　王氏項峻德妻　陳氏項純一妻　段氏趙咸表妻　殷氏趙伯和妻
嚴氏何之瑞妻　汪氏粱泰賢妻　邢氏嚴炳玉妻　胡氏湯正詩妻　梅氏湯德盛妻　胡氏王濬哲妻
許氏黃經域妻　段氏傅恆萬妻　江氏王亨盼妻　李氏王亨聆妻　馮氏王亨相妻　錢氏沈方旭妻
鄧氏梅奠英妻　夏氏梅文燦妻　傅氏梅瑞瀛妻　劉氏陳名揚妻　朱氏陳名理妻　王氏鄭彩光妻

黃氏胡瑞彩妻 張氏胡光路妻 黃氏吳履旦妻 張氏徐大中妻 余氏程煥璽妻 羅氏陳學鍘妻
聶氏胡增萬妻 安氏曹邦弼妻 胡氏監生嚴治桃妻 商氏嚴臣宇妻 王氏嚴鎭巖妻
曹氏嚴治嵩妻 聶氏劉維明妻 吳氏劉紹埒妻 王氏劉文燦妻 范氏劉文圓妻 鄧氏劉碧堂妻
王氏劉景餘妻 沈氏劉呈瑞妻 張氏劉啟先妻 戴氏劉瑞梅妻 胡氏王傳忠妻 湯氏王鶴春妻
張氏李應鵠妻 柳氏李兆珩妻 陳氏李兆璞妻 戴氏李應容妻 柳氏李應謨妻 莊氏費守貞妻
董氏費遠榮妻 劉氏費遠薲妻 孫氏費守和妻 張氏費近鵬妻 萬氏楊方繩妻 薛氏楊正國妻
王氏毛存元妻 周氏張應春妻 楊氏張峻宇妻 錢氏張正翊妻 汪氏張宗庠妻 王氏汪光仁妻
嚴氏汪楚樑妻 楊氏梅天雲妻 葉氏梅德楷妻 王氏段允聲妻 李氏梅燦玉妻 楊氏貢生梅清
澳妻 陳氏梅尚枝妻 楊氏梅傳輔妻 湯氏梅獻瑞妻 石氏梅鶴齡妻 黎氏紀應垣妻
張氏紀家驥妻 王氏龔致中妻 陳氏周咸昭妻 徐氏魏志廣妻 翟氏魏文燦妻 馮氏李本華妻
鄧氏李遐齡妻 金氏李瑞芳妻 胡氏陳萬魁妻 石氏余介孚妻 李氏程秀實妻 趙氏程萬隆妻

胡氏余朝任妻 石氏余文籍妻 黃氏余文明妻 吳氏余文壘妻 蔣氏監生余朝德妻
梅氏余文欽妻 洪氏余朝輝妻 干氏庠生李泰來妻 呂氏張明遠妻 胡氏梅汝問妻
王氏吳大業妻 董氏錢兆椿妻 汪氏錢兆奎妻 石氏錢兆松妻 錢氏吳亮采妻 周氏吳嘉會妻
吳氏魏殿鼇妻 張氏余際會妻 吳氏余月朋妻 陳氏余際陶妻 張氏余爲德妻 王氏余曰庠妻
王氏余受川妻 樊氏余祥瑞妻 項氏余二維妻 石氏余楚珩妻 項氏余懷國妻 朱氏余朝聘妻
王氏余開甲妻 王氏余帝年妻 吳氏余秀發妻 沈氏余全發妻 陳氏余義和妻 楊氏余聯科妻
邢氏朱枝忠妻 高氏李芳昇妻 陳氏趙青黎妻 商氏趙英俊妻 章氏趙立言妻 李氏周元青妻
石氏張夢蘭妻 丁氏黃玉昆妻 於氏黃光馥妻 商氏黃學邃妻 石氏監生吳樹業繼妻
洪氏吳樹業媳 張氏李彩榮妻 程氏李永茂妻 柯氏王灼華妻 梅氏王學鵠妻 梅氏王月三妻
吳氏王允恭妻 王氏趙觀斯妻 袁氏於倬祿妻 湯氏於廣恩妻 程氏袁金榜妻 石氏袁作新妻
劉氏監生許文青妻 黃氏州同許芬妻 熊氏王殿采妻 張氏王椿妻

趙氏王澤殷妻 趙氏增生王會春妻 胡氏王會錦妻 李氏王宏鈞妻 陳氏王濟川妻
董氏王與傳妻 蔣氏王啟茂妻 錢氏陳榮盛妻 陳氏王之裕妻 趙氏王之騰妻 夏氏王天漢妻
黃氏庠生吳得志妻 王氏程斐如妻 錢氏程尊五妻 王氏於上達妻 鄧氏於錫福妻
石氏嚴良玉妻 鄭氏嚴成法妻 程氏於涉川妻 楊氏袁展喬妻 舒氏袁如衡妻 陳氏項世能妻
蔡氏項用賓妻 陳氏項雅量妻 湯氏項瀛發妻 董氏項貴三妻 甘氏周世選妻 項氏周裕昆妻
劉氏周裕昆媳 熊氏胡錫鑾妻 鄒氏李成實妻 吳氏胡輝耀妻 陳氏胡淑執妻 劉氏胡淑宣妻
汪氏胡榮悅妻 詹氏胡增惟妻 許氏胡萬昌妻 梅氏胡恆富妻 梅氏胡文彬妻 王氏鄧宗輅妻
王氏鄧宗贊妻 梅氏周維新妻 梅氏胡光明妻 黃氏胡懷玉妻 洪氏胡受鼎妻 胡氏周炳顯妻
李氏胡象武妻 黃氏胡克明妻 王氏胡松廷妻 胡氏黃巨旺妻 張氏黃本立妻 熊氏黃春茂妻
李氏黃之秀妻 董氏黃松久妻 梅氏黃錫朋妻 胡氏黃錫周妻 吳氏汪之復妻 蔣氏汪之約妻
余氏梅從晟妻 蔣氏梅國壯妻 王氏梅國祥妻 鄧氏梅惟懿妻 李氏梅上智妻 胡氏梅上德妻

王氏梅國勳妻 張氏陳華年妻 聶氏陳大川妻 馮氏程琢燦妻 王氏程煥雅妻 車氏王今伯妾
梅氏王繼昌妻 傅氏王龍發妻 胡氏庠生王採熟妻 項氏樊茂林妻 程氏鄭紹林妻
吳氏鄭雯杰妻 程氏鄭紹鳳妻 鄭氏程廣陵妻 何氏陳楚貴妻 張氏監生陶士英妻
吳氏生員於永柏妻 劉氏於元善妻 於氏黃開元妻 何氏程國析妻 胡氏程國珍妻
石氏程咸成妻 陳氏程凝儉妻 黎氏程凝琅妻 王氏程俊選妻 胡氏程咸晉妻 梁氏程在邢妻
王氏張茂勝妻 劉氏張萬盛妻 徐氏桂庸言妻 張氏桂長安妻 陳氏監生桂日進妻
鄒氏桂毓靈妻 湛氏桂昌先妻 鄧氏桂揆藻妻 張氏庠生桂國華妻 洪氏桂符蘇妻
周氏桂日華妻 洪氏桂德盛妻 張氏桂蘭之妻 於氏董嘉會妻 劉氏吳景周妻 王氏庠生李聲
裕裕妻 劉氏翟禎祥妻 王氏翟德祥妻 王氏柳雲峰妻 徐氏柳步鴻妻 商氏胡利見妻
潘氏庠生鄢開運妻 鄢氏監生柳方大妻 徐氏柳寅賓妻 聶氏汪文秀妻
吳氏陳興周妻 徐氏鄢德魁妻 黃氏柳兩郁妻 王氏柳毓川妻 陶氏黃章垣妻 王氏柳家棨妻

於氏柳端本妻　石氏柳南喬妻　李氏柳傳文妻　汪氏監生柳正楚妻　曹氏柳映蘭妻
許氏胡光廷妻　張氏胡宅中妻　方氏柳榮貴妻　楊氏張百朋妻　梅氏孫雲峰妻　曾氏監生張遇
秀繼妻　商氏劉俊吉妻　劉氏魯登甲妻　張氏朱翠宇妻　余氏劉玉堂妻　鄧氏劉時序妻
蔡氏劉攀龍妻　廖氏洪東燦妾　程氏洪兆福妻　李氏洪之芮妻　聶氏洪昌洲妻　王氏洪暘禮妻
陳氏洪昌純繼妻　徐氏洪兆祥妻　王氏從九洪之義妻　呂氏洪登魁妻
柯氏盧維貴妻　桂氏從九洪昌毓妻　柳氏洪萬程妻　程氏庠生洪萬里妻
石氏盧秀直妻　程氏盧世昌妻　胡氏盧觀我妻　商氏劉慶雲妻　曾氏盧顯清妻　潘氏商廣義妻
柳氏洪驥駿妻　馮氏周明曙妻　祝氏周興起妻　祝氏周興起妾　劉氏李遇章妻　陳氏李含明妻
汪氏陳金榜妻　王氏陳瑩妻　王氏洪登祿妻　徐氏劉家望妻　馮氏劉元實妻　周氏劉近智妻
張氏周定武妻　桂氏周侶仲妻　陳氏周和貞妻　熊氏庠生王龍光妻　程氏王宅廣妻
張氏王德俊妻　黃氏王寶賢妻　張氏汪登樸妻　黎氏王恆宗妻　商氏王澤萬妻　葉氏汪世傳妻
向氏何志遠妻　駱氏何一輪妻　蔡氏何祿書妻　於氏何一揆妻　石氏李錫勳妻　汪氏向士富妻
董氏陳時茂妻　李氏王南熛妻　周氏王明貴妻　陳氏梅星華妻　蔣氏梅來璵妻　吳氏盧步洲妻
孟氏劉太元妻　石氏李顯明妻　李氏監生馮味中妻　吳氏馮宗海妻　項氏王宗廷妻
陶氏王先富妻　王氏吳楚能妻　王氏劉開太妻　余氏梅從盛妻　李氏監生聶炳南妻
梅氏錢應祥妻　吳氏陳漢瑞妻　以上縣志俱獎　以上已旌獎節婦
陳氏庠生程之立妻　許氏李開泰妻　胡氏李開泰媳　許氏李占鰲妻　李氏石爲葆妻
王氏胡西一妻　李氏項常泰妻　張氏周定武妻　桂氏周履重妻　劉氏方黎懷妻　石氏岳秀樸妻
趙氏蔣方烇妻　陳氏李元長妻　桂氏喻樹鈺妻　孔氏喻珊焜妻　戴氏胡惟光妻　董氏庠生蔣楚
璜妻　潘氏蔣兆朗妻　胡氏庠生蔣如松妻　陳氏蔣兆啟妻　方氏蔣之謙妻
陳氏蔣之鑄妻　汪氏蔣之釗妻　程氏庠生蔣之鑾妻　李氏蔣之銳妻　舒氏蔣高承妻
吳氏蔣松亭妻　蔣氏劉彬雅妻　石氏庠生蔣之衢妻　商氏蔣正榮妻　帥氏蔣秀亭妻

梅氏蔣學琬妻　張氏監生李光甲妻　柳氏李珏妻　趙氏王方進妻　石氏蔣環洲妻
李氏蔣楚鋑妻　蔡氏蔣楚鉌妻　向氏蔣楚鍊妻　王氏蔣倣涵妻　潘氏蔣祖纓妻　柯氏蔣祖縉妻
嚴氏石珏妻　蔡氏石相墀妻　蔡氏石玉琢妻　劉氏石相廣妻　汪氏監生石其章妻
袁氏石相榮妻　李氏石含璧妻　李氏石克毅妻　項氏石表義妻　朱氏石洪州妻　洪氏石烈爵妻
李氏石敘尹妻　郭氏石敘仁妻　詹氏石青其妻　鄭氏石再洪妻　程氏石青瀏妻　張氏石青英妻
蔡氏石遠詩妻　方氏石會春妻　葉氏石再玕繼妻　劉氏庠生石大年妻
王氏石烈墉妻　吳氏石遠翱妻　柯氏庠生石光烈妻　陳氏石柱烈妻　孫氏石柱烈妻
錢氏石文鏡妻　李氏石烈址妻　王氏石遠燾妻　梅氏石廷琛妻　胡氏石兆鷟妻　商氏石烈明妻
李氏石烈著妻　蔡氏石烈輝妻　吳氏石遠能妻　王氏石烈典妻　宛氏石烈英妻　王氏石青蕭妻
周氏石遠惠妻　程氏石翼鵬妻　陳氏石吉翼妻　嚴氏石之蓮妻　詹氏石敘勳妻　蔡氏石遠元妻
詹氏石遠襯妻　盛氏石烈玉妻　熊氏石青揚妻　陳氏石敘瑞妻　向氏石青梯妻　李氏石青漣妻
劉氏石青粱妻　呂氏石青省妻　吳氏石相錯妻　齊氏石相博妻　黎氏石韞珏妻　黎氏石清越妻
李氏石明鑑妻　張氏帥遠驂妻　張氏帥遠馳妻　林氏帥宗臬妾　金氏知縣帥宗榆妾
胡氏帥宗麓妻　嚴氏聶坤元妻　殷氏庠生吳尚質妻　周氏吳理連妻　汪氏熊金治妻
岑氏邱德滋妻　潘氏吳文瀚妻　唐氏吳之俊妻　劉氏吳之枋妻　項氏梅定齊妻　鄒氏吳名騊妻
許氏庠生陳茂林妻　周氏白鏡普妻　夏氏白楝宇妻　李氏熊瑞和妻　周氏張榮周妻
王氏庠生徐本澄妻　周氏熊政興妻　錢氏黃壽粲妻　劉氏潘承先妻　王氏石敬成妻
李氏劉乙書妻　劉氏余嘉才妻　費氏增生黃椿壽妻　鄧氏李琨階妻　李氏項朝棟妻
魯氏廩生程雲妻　程氏龔騰霄妻　洪氏鄭昭淵妻　李氏石守忠妻　黃氏周憲章妻
李氏周采藻妻　湛氏吳喬林妻　湛氏李永茂妻　羅氏樂有芳妻　魏氏項學也妻　張氏黃萬興妻
陳氏黃登榮妻　吳氏黃仕朝妻　柳氏黃其祥妻　項氏黃隆方妻　黃氏樂蘭聯妻　柯氏陳育蓮妻
王氏李茂模妻　李氏許登義妻　黃氏許光賢妻　張氏向瓜綿妻　吳氏向從樸妻　張氏向秀三妻

詹氏岳代明妻 洪氏岳金懷妻 黃氏岳尙德妻 桂氏岳永福妻 詹氏劉錫榮妻 李氏劉祥開妻
孫氏劉能讓妻 李氏劉茂奇妻 歐陽氏劉日發妻 吳氏蔡蟾桂妻 劉氏廖瑤琨妻
柯氏武生廖正茂妻 柯氏廖恆泰妻 柳氏石奎擊妻 朱氏袁曙東妻 張氏鄧三才妻
李氏陳文斯妻 孫氏陳升選妻 王氏陳智卓妻 周氏陳正路妻 黎氏陳金台妻 周氏鄧七耀妻
潘氏周勝先妻 柯氏周道三妻 李氏周道貴妻 熊氏方承勇妻 商氏庠生周均國妻
陳氏張品佳妻 黎氏張崇禮妻 劉氏張樹滋妻 石氏張承緒妻 帥氏陳學深妻 唐氏鄭喬茂妻
袁氏陳元錫妻 趙氏陳之偉妻 程氏潘宗鼎妻 聶氏張殿黃妻 周氏魯茂福妻 程氏潘錫法妻
柯氏周明珂妻 陳氏周博錠妻 陳氏劉士謙妻 王氏劉吉妻 陳氏監生劉懿驤妻
王氏監生劉炳燦妻 黃氏劉鶴林妻 石氏黎與參妻 程氏黎長春妻 劉氏黎崇勳妻
張氏庠生黎兆桂妻 陳氏監生黎錦芳妻 商氏黎棫芳妻 柯氏黎先正妻
陳氏黎揚美妻 劉氏黎芳榛妻 汪氏黎茂發妻 趙氏黎含章妻 石氏黎鳳楷妻 石氏黎金蘭妻

劉氏黎仁富妻 程氏黎文炳妻 宛氏黎先任妻 鄧氏黎貞吉妻 於氏汪崙源妻 石氏監生汪華鏡妻
柳氏汪華兌妻 陳氏汪作謀妻 黎氏汪彬燦妻 宛氏汪蕙蘭妻 宛氏鄒維和妻
歐氏鄒錫朋妻 龔氏陳朝貴妻 魏氏張廷榮妻 陳氏李秀蘭妻 張氏翁育和妻 宛氏廖光宗妻
嚴氏張立東妻 石氏張爲林妻 方氏張復旦妻 胡氏李開甲妻 程氏郭利常妻 蔡氏李林玉妻
孫氏郭衞藩妻 李氏郭應春妻 劉氏郭廣財妻 張氏郭光宇妻 蔡氏郭光國妻 汪氏郭明亮妻
張氏陳燦章妻 程氏李植杰妻 石氏李全益妻 周氏李登典妻 潘氏李天祿妻 方氏馮業灼妻
楊氏馮錫彩妻 黃氏馮錫三妻 石氏汪作賓妻 張氏汪位和妻 張氏馮成幹妻 帥氏郭理恆妻
黃氏郭壽山妻 邱氏李華楚妻 李氏汪孔碩妻 葉氏錢啟鴻妻 柯氏錢啟洄妻 陳氏錢心耕妻
石氏熊敬業妻 黃氏熊樂成妻 宛氏柯三泰妻 宛氏張學海妻 甘氏宛兆昌夷 陳氏宛明愼妻
商氏宛明綱妻 黃氏宛維燦妻 柳氏宛學智妻 王氏宛名卓妻 楊氏宛忠獻妻 劉氏庠生宛名謙妻
劉氏宛錦章妻 石氏宛立楷妻 張氏宛春泰妻 楊氏宛得龍妻 陳氏宛廷柏妻

周氏宛名灼妻 黃氏監生宛名基妻 蔣氏宛承珠妻 石氏宛利修妻 黎氏宛兩盈妻
陳氏宛榮華妻 汪氏宛樹廷妻 石氏庠生曾熯妻 王氏增生曾熯妻
李氏嚴軼犖妻 黎氏毛光敬妻 董氏陳文寬妻 吳氏洪光麟妻 何氏洪文瀚妻 宛氏洪永懷妻
董氏韓連茹妻 周氏陳世廣妻 張氏高鳳麟妻 李氏陳臨春妻 宛氏張光鏞妻 陳氏毛應福妻
胡氏布經歷毛光旭妻 帥氏毛濟美妻 張氏毛光廷妻 淩氏毛光前妻 邢氏洪國榜妻
許氏高日暐妻 郭氏李務德妻 黎氏李務滋妻 宋氏李陳周妻 潘氏庠生李遇春妻
張氏何承南妻 程氏何樹崙妻 陳氏何坤躍妻 林氏詹逢時妻 劉氏尤常華妻 吳氏詹復山妻
劉氏詹學海妻 石氏張聯芳妻 黃氏潘樹德妻 劉氏陳開華妻 顏氏潘培之妻 石氏陳曉初妻
桂氏殷元吉妻 吳氏詹名山妻 陳氏宋受益妻 聶氏帥心泰妻 尤氏帥家和妻 石氏尤茂春妻
張氏鄧賢鉍妻 童氏柯禹朝妻 張氏柯承先妻 施氏柯章吉妻 張氏柯輯瑞妻 黎氏柯順憲妻
黃氏柯建犖妻 李氏柯秉信妻 石氏柯之連妻 章氏高利詩妻 聞氏李士讓妻 陳氏李千仞妻

蔣氏陳經魁妻 柯氏黎田安妻 黎氏顏履年妻 楊氏陳長青妻 石氏陳燮理妻 鄧氏黎茂青妻
楊氏黎元昌妻 柯氏黎必祿妻 胡氏黎錫麟妻 楊氏黎秀廷妻 王氏黎紹興妻 黎氏顏德新妻
宛氏黎兆泰妻 吳氏黎全毓妻 王氏黎龍吟妻 柳氏柯臨晉妻 洪氏柯彥邦妻 張氏柯國棟妻
唐氏楊士廉妻 潘氏周朋遠妻 桂氏潘福選妻 商氏潘瀑泉妻 金氏潘將發妻 潘氏蔡步瀛妻
何氏潘汝楫妻 帥氏張廷楷妻 郝氏金士濡妻 孫氏黎相林妻 陳氏潘德厚妻 蔡氏潘士熿妻
李氏蔡有成妻 周氏金宏點妻 劉氏歐春香妻 張氏梅鳳和妻 祝氏歐春晏妻 李氏蔡常照妻
王氏唐道和妻 劉氏唐艮哉妻 潘氏唐立謀妻 鄧氏唐崇和妻 何氏陳秀林妻 張氏陳茂林妻
王氏梅宏文妻 潘氏袁文山妻 張氏魏興周妻 歐陽氏陳得勝妻 石氏呂經文妻
程氏潘有成妻 李氏蔡能之妻 曾氏潘炳全妻 孫氏吳德明妻 蔡氏陳光耀妻 劉氏潘海順妻
陳氏周逢時妻 王氏劉益和妻 陳氏舒鴻載妻 黃氏歐陽雲梯妻 高氏劉仲亭妻
周氏劉日華妻 石氏劉遇霞妻 李氏黃寅彩妻 陳氏黃生福妻 邢氏黃鴻才妻 歐陽氏黃模

義妻　洪氏劉明發妻　宛氏程殿選妻　汪氏程文彬妻　黃氏歐陽志道妻
陳氏王廷選妻　陳氏庠生傳錢賓妻　吳氏武生王贊妻　陳氏傳體坤妻
蔡氏傳植槐妻　嚴氏傳士經妻　王氏傳國柱妻　傅氏王秀之妻　蔡氏龔懷敬妻　洪氏陳乾富妻
王氏胡華亭妻　徐氏庠生瞿英妻　胡氏雷殿揚妻　梅氏庠生雷堃妻
程氏庠生羅漢翟妻　陶氏羅文錦妻　黃氏張爲敬妻　毛氏徐應堦妻　朱氏徐邦彥妻
黃氏張理蒼妻　蔡氏黃海揚妻　何氏王仲林妻　崔氏陳世表妻　柯氏陳清和妻　柯氏陳世袞妻
陶氏陳茂青妻　王氏陳廷輝妻　蔣氏陳利賓妻　黃氏陳方甲妻　吳氏陶蒼實妻　劉氏徐開玉妻
方氏熊德振妻　柯氏李位三妻　劉氏蔣貞祥妻　張氏蔣效宏妻　石氏蔣占鰲妻　王氏庠生陳文
炳妻　吳氏庠生陳一枝妻　王氏陳文榮妻　蔡氏陳卉枝妻　徐氏陳文台妻
程氏陳文亭妻　張氏商葆元妻　胡氏商寅妻　梅氏庠生商次伊妻　岳氏商丙禮妻
李氏商用吉妻　梅氏商之紀妻　徐氏商茂松妻　李氏監生商文星妻　張氏商學正妻

張氏商作霖妻　徐氏商開緒妻　胡氏商同甫妻　瞿氏夏樹勳妻　王氏商同軌妻　沈氏商潤松妻
黎氏程騰雲妻　蔣氏程智圓妻　陳氏徐穀詒妻　柳氏徐季成妻　蔣氏徐鳴盛妻　張氏徐楚玉妻
梅氏徐鳴鳳妻　梅氏蔣咸初妻　陳氏王受懷妻　周氏蔣士安妻　藍氏蔣昌煜妻　湯氏王順太妻
張氏王北春妻　葉氏單喬年妻　陳氏單先甲妻　戴氏熊振玉妻　王氏陳廷贊妻　劉氏陳光閭妻
王氏陳守完妻　胡氏陳載厚妻　汪氏陳國茂妻　劉氏王學金妻　梅氏王元邑妻　喻氏駱勝諆妻
李氏駱榮貴妻　李氏黃登貴妻　沈氏熊有光妻　齊氏鄧有志妻　雷氏鄧金鑾妻　梅氏袁志槐妻
梅氏易承烈妻　孫氏陸善廣妻　梅氏汪聞遐妻　林氏汪聞敏妻　陳氏汪必聞妻　周氏汪衣善妻
王氏汪德昭妻　周氏汪錦春妻　汪氏胡仁魁妻　蔡氏董萬清妻　李氏張肇衢妻　江氏饒雲燦妻
周氏汪兆蓮妻　蔣氏汪兆容妻　劉氏胡加貴妻　周氏熊天貴妻　葉氏汪文堯妻　熊氏單守盛妻
嚴氏梅倫恂妻　於氏梅從奎妻　周氏梅從受妻　歐氏梅從謹妻　趙氏梅從寬妻　曹氏沈經創妻
江氏沈賓曹妻　蔡氏沈新郁妻　張氏沈可干妻　單氏沈世太妻　廖氏沈厚德妻　魯氏沈厚愛妻

楊氏高乘驥妻　俞氏高乘騄妻　王氏張用六妻　嚴氏張全泰妻　沈氏王廣紋妻　許氏梅倫樵妻
胡氏陳燦奎妻　吳氏陳葆眞妻　趙氏洪九圍妻　胡氏陳祿在妻　李氏邢思鐸妻　袁氏邢應璧妻
吳氏邢仲和妻　殷氏邢至剛妻　梅氏邢有理妻　陳氏邢傳㓗妻　劉氏邢在漢妻　王氏錢斗魁妻
沈氏劉庶矣妻　梅氏錢德釗妻　唐氏趙學朱妻　郭氏趙峻邑妻　嚴氏趙彬雅妻　梅氏趙月華妻
吳氏趙春和妻　蔣氏趙瓊英妻　盧氏趙思認妻　趙氏粱中楙妻　嚴氏粱中藏妻　石氏嚴有常妻
湯氏嚴能文妻　黃氏湯郁彩妻　粱氏湯宅心妻　徐氏庠生湯占鰲妻　蔣氏邢如賓妻
石氏邢學璜妻　陳氏許章紋妻　吳氏童興隆妻　張氏宋興貴妻　鄧氏梅一枝妻　於氏吳宗信妻
胡氏吳茂朝妻　梅氏曹孝存妻　張氏庠生胡錫鴻妻　梅氏胡惟新妻　嚴氏胡文路妻
梅氏胡錫文妻　周氏鄧沐泰妻　劉氏梅士勝妻　吳氏梅懷珠妻　殷氏梅旦初妻　胡氏梅蟾桂妻
陳氏梅永盛妻　趙氏梅宜春妻　梅氏劉欽亮妻　王氏萬成貴妻　張氏祝宏魁妻　梅氏劉明發妻
桂氏劉克勝妻　吳氏程登瀛妻　費氏嚴濟和妻　吳氏嚴宏謀妻　齊氏嚴學洙妻　王氏嚴得孚妻

邢氏嚴以純妻　潘氏嚴本榮妻　蔣氏嚴澤湘妻　胡氏嚴治中妻　金氏嚴樹基妻　龍氏嚴長青妻
殷氏王家務妻　吳氏江志剛妻　張氏蔡昌唐妻　黃氏王繩武妻　胡氏王式馨妻　全氏監生王鳴
治妻　周氏王以耕妻　張氏王家峻妻　梅氏王家綿妻　梅氏王士勉妻　李氏范章勝妻
蔣氏劉昌魁妻　吳氏張天贊妻　劉氏張心一妻　瞿氏張順功妻　馮氏張東初妻　崔氏張官懋妻
曹氏張輝先妻　汪氏周光東妻　張氏廖階純妻　梅氏廖偉然妻　劉氏戴茂本妻　呂氏費承富妻
殷氏呂光柏妻　何氏王載陽妻　謝氏胡高爵妻　呂氏朱章英妻　周氏黃澤江妻　孫氏呂開富妻
徐氏李澤動妻　劉氏張興榮妻　孫氏盧和梅妻　張氏石永傑妻　費氏王世清妻　朱氏熊從蘭妻
張氏費盛發妻　周氏監生張之彥妻　周氏張足徵妻　梅氏張家義妻　王氏張隆懃妻
閔氏汪楚如妻　鄢氏汪德厚妻　蔣氏汪德先妻　萬氏監生汪濟川妻　石氏庠生傅家
駒妻　帥氏庠生傅榮湘妻　羅氏軍功傅海樓妻　李氏梅守玫妻
鄭氏段允開妻　宗氏胡家鷸妻　何氏程金茂妻　張氏龍遇春妻　萬氏龍佑德妻　鍾氏龔寶林妻

方氏程維珍妻 吳氏周金蘭妻 陳氏周大紀妻 張氏周崇升妻 馮氏周大中妻 王氏劉世泰妻
郭氏劉元愷妻 董氏向肇啓妻 周氏洪財茂妻 張氏趙太和妻 許氏趙志順妻 沈氏許淑陶妻
雷氏議敘周南妻 石氏余連奎妻 鄧氏劉登實妻 王氏趙維謙妻 柳氏馬能謙妻
鄧氏洪鳴春妻 石氏程大賓妻 周氏蔡仲臣妻 蔡氏吳宗訓妻 馬氏余大成妻 吳氏余朝駿妻
宛氏余家樹妻 柳氏余家騏妻 葉氏縣丞余翰妾 周氏翟物彩妻 梅氏馮位中妻
張氏馮席珍妻 許氏馮聲陽妻 馮氏呂陽春妻 喻氏翟澤進妻 喻氏李翔鳳妻 胡氏田泰階妻
梅氏李泰邦妻 宋氏何體純妻 程氏楊行敏妻 何氏呂漢清妻 喻氏李逢年妻 洪氏王學詩妻
楊氏王汝翼妻 柳氏程茂林妻 周氏李舒藻妻 姚氏陳永騏妻 徐氏貢生余懷瑾妻
黃氏翟天佑妻 陳氏洪慶光妻 黃氏李得貴妻 劉氏李師哲妾 陳氏倪愜茂妻 何氏程灼華妻
田氏徐中明妻 龔氏程維珍妻 吳氏庠生程功妻 鄢氏監生程魁妻
馮氏程利見妻 吳氏程鵬妻 王氏程正隆妻 王氏柳鴻鈞妻 程氏柳禮潛妻 王氏柳春田妻

宛氏柳正垣妻 呂氏余德元妻 程氏余錦秀妻 李氏余家喆妻 吳氏錢士玉妻 孫氏梅孟培妻
胡氏梅應祥妻 陳氏張金題妻 錢氏洪得廣妻 胡氏梅允懷妻 盧氏錢廷顯妻 何氏吳明陽妻
袁氏錢萬青妻 王氏吳慶盈妻 陳氏聶金榜妻 李氏陳敘章妻 錢氏陳薰毓妻 吳氏龔占魁妻
洪氏余國太妻 徐氏余容照妻 王氏余廷槐妻 李氏余可法妻 王氏余可則妻 黃氏李懋俊妻
黃氏張澤堯妻 趙氏庠生張輝旦妻 張氏李鴻彩妻 黃氏李玉章妻 陳氏王德萬妻
陳氏王榮貴妻 蔣氏王成六妻 蔡氏王文扶妻 洪氏王連城妻 張氏王方秀妻 胡氏王漢瑤妻
梅氏趙玉懷妻 陳氏夏春進妻 王氏柳丙煦妻 張氏柳拔俊妻 吳氏鄭松貴妻 黃氏吳先司妻
尹氏張應舉妻 蔡氏王高照妻 蔡氏王華亭妻 張氏王有才妻 石氏王魁元妻 嚴氏陳學時妻
傅氏熊美玉妻 蔡氏李燦林妻 於氏吳德庸妻 陳氏蔡月瑞妻 胡氏趙得眾妻 張氏趙逢順妻
胡氏趙協燦妻 桂氏趙秀實妻 王氏趙崑玉妻 徐氏洪鳳高妻 許氏張發育妻 陳氏張存舉妻
蔡氏吳廸從妻 馮氏桂之期妻 宛氏桂文舟妻 王氏夏中孚妻 胡氏趙金銘妻 徐氏趙順德妻

李氏洪鳳翔妻 趙氏庠生張郁堂妻 錢氏張懷川妻 陳氏監生張錫第妻
王氏張澤尊妻 趙氏胡文鍫妻 柳氏胡章沼妻 張氏胡經有妻 宛氏監生胡佑龍妻
周氏胡國昭妻 劉氏胡普霄妻 趙氏胡邦柱妻 張氏胡載揚妻 董氏胡志美妻 周氏胡禮尊妻
陳氏胡魯藩妻 熊氏喻協和妻 徐氏余志載妻 胡氏吳師召妻 劉氏吳馨蘭妻 錢氏庠生黃開
榜妻 袁氏黃光龍妻 劉氏黃文林妻 石氏黃釆環妻 鄭氏黃特達妻 王氏黃萬鑑妻
帥氏黃仲燦妻 吳氏黃海瀛妻 於氏黃長春妻 錢氏黃玉堂妻 李氏吳承佺妻 鄧氏吳治生妻
程氏吳燕瓊妻 王氏李卓章妻 向氏錢慶盛妻 蔣氏王協和妻 鍾氏趙蘭溪妻 周氏趙升融妻
石氏趙潤珠妻 湯氏趙含輝妻 王氏於襟高妻 梅氏於士聖妻 喻氏庠生袁之期妻
桂氏袁鎰謙妻 宛氏袁汝霖妻 李氏袁森楷妻 蔡氏許大鏞妻 梅氏許樹柏妻 徐氏雷景陽妻
胡氏雷殿貴妻 方氏雷善長妻 梅氏於雲漢妻 王氏於殿采妻 李氏沈紹華妻 黃氏沈紹遷妻
陳氏江芝蘭妻 嚴氏王得珍妻 蔡氏王蔚里妻 吳氏王貴旺妻 丁氏王起祥妻 錢氏王本琉妻

盧氏王雲漢妻 龔氏王福昌妻 黃氏王聲諧妻 周氏王季壽妻 胡氏王南薰妻 洪氏王席載妻
李氏王燦昭妻 錢氏王廷楨妻 樂氏王階選妻 石氏王克勤妻 王氏陳賓主妻 王氏陳文彩妻
王氏程學田妻 錢氏葉鳳志妻 袁氏王宏儀妻 柳氏王宏賓妻 王氏唐三槐妻 吳氏於文思妻
張氏於鳳翔妻 石氏於彥邦妻 方氏於舜選妻 周氏葉其宗妻 余氏洪泰元妻 王氏吳霖松妻
陳氏嚴正茂妻 褚氏夏存之妻 王氏袁伯勳妻 陳氏袁孟端妻 洪氏袁攀桂妻 石氏王勤炳妻
劉氏於林松妻 余氏袁大魁妻 江氏項泳友妻 盧氏項象柏妻 袁氏項兌易妻 黃氏楊家謨妻
項氏楊林清妻 程氏楊林鳳妻 陳氏楊勳先妻 周氏甘文彬妻 董氏項宜國妻 李氏庠生項龍
飛妻 魏氏劉自明妻守節五十九年 梅氏李守典妻 黃氏胡彥之妻 梅氏李成浚妻
張氏李思翰妻 蘇氏李金鼎妻 黃氏王載運妻 林氏王國祥妻 溫氏王光朝妻 鄭氏王誠章妻
周氏王上珍妻 蔣氏王深造妻 汪氏王本厚妻 汪氏柳攀賢妻 於氏胡聿修妻 石氏周允恭妻
游氏監生費和鼎妻 崔氏涂開耀妻 王氏涂心泰妻 汪氏傅毓枝妻 蔣氏胡秀光妻

陳氏胡瞻秦妻　劉氏胡茂華妻　易氏張永麟妻　李氏周賢德妻　彭氏周賢照妻　周氏章文容妻
劉氏王賢書妻　梅氏張如松妻　陳氏周茂枚妻　向氏庠生周復初妻　桂氏朱鏞妻
張氏邱有光妻　胡氏庠生黃斗炎妻　胡氏黃爵麐妻　梅氏洪德恭妻　夏氏方敦簡妻
梅氏方瑞清妻　劉氏胡喬齡妻　江氏胡漢昇妻　梅氏李天章妻　商氏李再書妻　王氏李再超妻
張氏李冉玉妻　徐氏李開毓妻　周氏李瑞楚妻　吳氏李再棠妻　嚴氏李堦榮妻　胡氏李開台妻
聶氏李炳蔚妻　胡氏李鍾賢妻　胡氏梅和聲妻　胡氏梅道存妻　陳氏梅國瑞妻　張氏梅體堅妻
洪氏梅上趣妻　吳氏梅國祿妻　吳氏梅思從妻　王氏詹於嶽妻　王氏梅華先妻　何氏梅華賓妻
江氏梅華秀妻　蔣氏梅式法妻　王氏高朝佐妻　周氏張義純妻　陳氏張燦宇妻　張氏詹道紹妻
趙氏監生梅紀碧妻　吳氏梅倫昭妻　汪氏梅倫進妻　馬氏梅紀陳妻　程氏梅樹芝妻
梅氏汪啟吉妻　陳氏汪樹勳妻　金氏許克恢妻　王氏梅從塾妻　王氏職員郭能達妻
郭氏柳楚富妻　吳氏王自強妻　章氏王寶壎妻　夏氏聶壽亭妻　黃氏梅欽麟妻　汪氏梅從志妻

黃州府志　卷之三十一　列女九　二十五

余氏梅倫邠妻　王氏梅鏡光妻　郭氏費兆和妻　張氏李得貴妻　張氏梅紀佑妻　邢氏梅從本妻
涂氏胡義林妻　劉氏梅成物妻　劉氏李登大妻　柳氏周道暨妻　黃氏周如昌妻　王氏費加和妻
李氏陳敘賢妻　梅氏庠生商作舟妻　徐氏商雲會妻　蔡氏商永茂妻　於氏商寶璐妻
鄧氏商樹奎妻　柳氏商樹梧妻　吳氏商樹華妻　李氏商榮燦妻　周氏商羽翅妻　桂氏商仁貴妻
錢氏商存仁妻　陳氏瞿懋和妻　盧氏商協宜妻　張氏黃福昌妻　袁氏黃紹宗妻　蔣氏熊星端妻
魯氏熊榮章妻　王氏熊天才妻　聶氏王永清妻　郭氏程聯奎妻　洪氏程其章妻　呂氏程遇春妻
柳氏程惟邦妻　劉氏程瓊瑤妻　徐氏庠生王珍妻　胡氏王運柏妻　黃氏鄭雯炎妻
於氏鄭時源妻　王氏鄭常炳妻　周氏鄭時埜妻　唐氏鄭時健妻　洪氏鄭雯紳妻　蔣氏鄭雯璽妻
梅氏鄭雯貞妻　石氏鄭紹然妻　石氏鄭紹彩妻　余氏庠生鄭紹誠妻　查氏程輝廷妻
程氏鄭遇太妻　張氏程元貞妻　柳氏呂懋和妻　朱氏程斐文妻　吳氏程春和妻　鄔氏程瑞彩妻
聶氏程樹滋妻　王氏程振恆妻　魯氏程廣厚妻　張氏程皆善妻　商氏程典銘妻　李氏程啟富妻

向氏程金亭妻　柳氏程萬松妻　胡氏程存雅妻　趙氏程騰漢妻　李氏程馥芝妻　白氏程汝懋妻
張氏陶正盛妻　呂氏陶聖祥妻　蔣氏於介如妻　陳氏於象文妻　龔氏於萬春妻　胡氏張登義妻
劉氏張省山妻　徐氏劉兆珊妻　蔡氏孫郅隆妻　黎氏潘會元妻　張氏陳元吉妻　趙氏陳仲勳妻
胡氏程經萬妻　石氏程志元妻　周氏張飛熊妻　梅氏魯贊國妻　胡氏方八也妻　徐氏倪超羣妻
張氏倪得財妻　周氏庠生程芝芳妻　方氏程邦治妻　周氏程正宇妻　何氏張遇富妻
方氏程體健妻　項氏李斯勝妻　朱氏程凝奠妻　柳氏程德旺妻　柳氏李伯壎妻　周氏黃受書妻
石氏黃昌言妻　劉氏於迪家妻　余氏孫玉衡妻　石氏桂庸行妻　袁氏桂鳳藻妻　石氏從九桂懷
芳妻　吳氏桂方升妻　錢氏桂士英妻　柯氏桂茂林妻　商氏桂元吉妻　李氏桂倉儲妻
陶氏桂春林妻　石氏桂日俊妻　黃氏桂士賢妻　張氏桂香遠妻　洪氏桂烈勳妻　李氏桂蘭秀妻
洪氏桂一輪妻　石氏例貢桂壽山妻　殷氏庠生桂常春妻　王氏桂士宜妻
顏氏桂章鼎妻　郭氏桂孟和妻　王氏李明典妻　趙氏吳軒楷妻　許氏邢首一妻　潘氏王保眞妻

黃州府志　卷之三十一　列女九　二十六

程氏王爲信妻　吳氏胡家盛妻　洪氏知縣李贊之妾　洪氏李賡雅妻　胡氏庠生李卓
妻　錢氏李邦治妻　柳氏李邦懷妻　劉氏李鳴玉妻　王氏吳贇俊妻　吳氏汪庭森妻
岳氏汪庭蓬妻　田氏汪庭梾妻　張氏王詩揆妻　程氏王惟信妻　潘氏王保珍妻　潘氏吳景仁妻
汪氏翟騰雲妻　陳氏柳文簡妻　柳氏庠生程馭竹妻　張氏楊萬台妻　吳氏楊奎烈妻
傅氏汪德華妻　呂氏余德元妻　程氏余景秀妻　王氏鄢學禮妻　張氏柳溥宋妻　桂氏柳傳庵妻
方氏柳傳葵妻　戴氏柳以貫妻　柳氏胡利松妻　干氏柳勝蘭妻　於氏柳發元妻　錢氏胡錫可妻
柳氏胡在勝妻　張氏洪永慶妻　梅氏洪昌政妻　何氏洪昌嵐妻　劉氏洪永符妻　金氏程凝楷妻
童氏魯冠羣妻　李氏魯立和妻　倪氏袁科甲妻　周氏孫鳳鳴妻　項氏陳衍凡妻　歐氏陳其仁妻
於氏劉集成妻　馮氏潘宗武妻　黎氏潘會元妻　潘氏劉才遇妻　柳氏庠生魯俊妻
張氏魯不建妻　魯氏聶定泰妻　柯氏孫啟後妻　袁氏劉廷選妻　商氏孫瑞林妻　張氏孫承進妻
王氏孫文華妻　歐氏程殿坤妻　歐氏陳知守妻　張氏陳炳漢妻　王氏陳廣運妻　孫氏洪萬華妻

王氏洪天位妻 呂氏商林壎妻 何氏張光潤妻 石氏監生洪昌燕妻 張氏監生洪永
梅妻 蔡氏洪禮遇妻 何氏洪聯恆妻 宛氏洪復興妻 汪氏洪永淵妻 張氏項雲萬妻
柳氏洪映藻妻 孫氏陳懷福妻 石氏洪星燦妻 湛氏洪道源妻 張氏洪幅員妻 洪氏陳復昌妻
石氏洪念文妻 王氏洪叶坤妻 王氏商魚遠妻 何氏江日章妻 柳氏江同揆妻 王氏盧文德妻
王氏盧燦江妻 劉氏盧理中妻 程氏盧理方妻 程氏盧鎮東妻 周氏盧煥新妻 劉氏商禮觀妻
陳氏蔡德盛妻 周氏蔡廣盛妻 鄧氏黃待聘妻 陳氏黃珍霞妻 帥氏鄧黼丞妻 程氏涂永發妻
金氏王懷賓妻 汪氏盧去非妻 韋氏周遇泰妻 王氏周啟順妻 孫氏周益我妻 何氏周能闢妻
周氏李木良妻 張氏李仙桂妻 吳氏監生李伯邑妻 余氏李濟邦妻 張氏李儀庭妻
林氏李秀林妻 葉氏胡繩武妻 程氏李開玉妻 趙氏李東雅妻 商氏劉亦卿妻 潘氏劉效貞妻
陳氏劉永盛妻 姜氏劉類之妻 商氏劉先泰妻 向氏鄧孟愷妻 詹氏金學才妻 洪氏金富耀妻
何氏王承盛妻咸豐七年殉難 袁氏王時若妻 何氏王用和妻 汪氏王深義妻 何氏王令望妻

周氏王茂槐妻 汪氏王咸明妻 霍氏王俊亭妻 潘氏王義和妻 吳氏王師六妻 李氏朱可扶妻
鄧氏王士華妻 劉氏李雲漢妻 岳氏王德楷妻 張氏王斯行妻 梅氏王得銘妻 龔氏王龍潛妻
梅氏王乘雲妻 王氏汪育之妻 周氏何體浴妻 李氏何體澧妻 柯氏庠生何金繼妻
何氏王樹和妻 洪氏何同珀妻 王氏何廷瑞妻 方氏何芳美繼妻 李氏陳應時妻
王氏陳衡權妻 張氏職員何錫瓚妻 陳氏張福之妻 石氏汪成清妻 柳氏何德新妻
高氏李香谷妻 潘氏李鍾靈妻 梅氏李光裕妻 蔡氏熊秀先妻 張氏尹超羣妾 汪氏宛富懋妻
於氏陳華川妻 徐氏商兆元妻 王氏劉仁山妻 姜氏張立中妻 鄧氏陳鳳甲妻 洪氏吳承佑妻
程氏孫觀佑妻 許氏蔣蔭熙妻 黎氏李腴道妻 黃氏李容與妻 張氏李剛毅妻 汪氏李宏紀妻
汪氏楊文秀妻 蔡氏黎象九妻 毛氏黎長春妻 周氏徐應發妻 張氏鄧秉彝妻 石氏鄧日恆妻
程氏郝時旺妻 王氏呂登富妻 宛氏監生程大勳妻 嚴氏於三桂妻 宛氏於超羣妻
呂氏楊松柏妻 程氏董鳳貴妻 劉氏董羣興妻 陳氏程繼善妻 熊氏程秉謙妻 柯氏程全義妻

柳氏胡其恕妻 程氏陳均泰妻 許氏方百揆妻 胡氏李德富妻 張氏洪鳳翥妻 沈氏梅光裎妻
胡氏熊慶居妻 周氏甘起鳳妻 陳氏王開甲妻 胡氏程有義妻 劉氏胡加貴妻 張氏桂啟后妻
王氏李之富妻 商氏王玉漢妻 柯氏汪禮枝妻 岳氏翟得交妻 王氏吳雄達妻 吳氏黃士首妻
蔡氏帥朝富妻 柯氏周金倫妻 宛氏余家聲妻 張氏柳緒初妻 潘氏李奎璧妻 洪氏李端甫妻
王氏李奇章妻 袁氏龔崇典妻 張氏劉炳奎妻 陳氏劉景星妻 張氏李三友妻 王氏章琇瑩妻
康氏章一元妻 柯氏李慎徽妻 毛氏陳運鵬妻 張氏李日咸妻 張氏李沾九妻 張氏黎麟瑞妻
桂氏聶紹顏妻 宛氏黎春泉妻 王氏商世駿妻 張氏庠生高錫麟妻 劉氏石民則妻
鄧氏許金秀妻 張氏徐志祥妻 劉氏陳秉宜妻 黃氏曹昭武妻 劉氏宛松貴妻 王氏黃壽恆妻
柯氏商勝起妻 程氏錢啟瀛繼妻 帥氏趙邦達妻 龔氏柳春旗妻 梁氏洪華交妻
陳氏梅餘慶妻 錢氏吳衡甫妻 柯氏吳聲和妻 向氏王營業妻 吳氏王一清妻 魏氏陳翠華妻
馮氏陳曉初妻 以上縣志 嚴氏沈忠詳妻 梅氏沈豫和妻 梅氏沈賓序妻 梅氏沈三視妻

周氏余之松妻 方氏沈忠鴻妻 趙氏梅復旦妻 梅氏沈厚德妻 張氏監生邢錦潮妻
邢氏程紹依妻 嚴氏沈加義妻 嚴氏沈紹謨妻 俱本公牘採訪 以上待旌節婦

烈婦

程氏鄭常敬妻于歸甫週歲夫病調護盡力及夫卒氏入室投繯死乾隆十二年旌王志

吳氏監生潘同爔妻適潘數年無出恐夫絕祀脫簪買婢夫旋沒殯殮盡禮預鐫墓碑喪葬畢遂絕粒死請旌建坊

郝氏張鳳岐妻 梅氏庠生趙爔妻 吳氏潘正詩妻 胡氏庠生於敏妻

陳氏嚴澤萬妻 謝氏李揚遠妻 以上通志

柳氏石大涵妻年三十夫沒家貧遺腹生女其弟迎歸母家以省親爲辭比往知弟紿已他適遂投繯死縣志

胡氏庠生梅藍田妻夫病割股夫沒氏哀毀成疾卒見王氏梅茂先妻傳

吳氏喻兆瀾妻見前葉氏喻之型妻傳　俱參通志　余氏庠生徐聘三妻　梅氏吳炳然妻

岳氏洪崇德妻　陳氏蔣立諫妻見公牘　以上已旌　宋氏李鈞秀妻　錢氏許希濂妻

以上已獎俱縣志　以上已旌獎殉夫烈婦

魏氏江德隆妻夫病篤氏割股以進籲天請代弗愈遂以身殉

解繯後面如生時年二十二

吳氏洪春泰妻年二十二隨夫避難遠徙夫病售簪珥爲湯藥

貲夫沒盡售衣物殯殮扶櫬歸里即投水死

唐氏石遠家繼妻年二十于歸舅篤疾比年卒越歲夫卒雙櫬

在堂氏竭力營窀穸畢從容赴水死以節烈　聞

石氏湛白珩妻　余氏石先貴妻　吳氏於龍瑞妻　鄭氏柳寶廉妻　郭氏陳才全妻　以上縣志

以上待旌殉夫烈婦

何氏庠生殷兆蘭妻　馮氏程咸理妻　石氏程咸熙妻　李氏潘象賢妻　唐氏張于頒妻

節義錄作漁嶺　周氏陳謙恆妻　黃氏吳應先妻　袁氏劉厚德妻節義錄作董氏　聞氏趙金理妻

童氏韓明泰母　余氏韓宏昇妻　陳氏龔啟元妻　以上咸豐四年殉難　桂氏王友德妻

吳氏王考槃弟婦　郝氏潘火老祖母　陳氏石兆蘭妻　蔡氏商有信妻

於氏熊德昌妻　李氏詹金厚妻　歐氏黎易發母節義錄作柳氏　姚氏周育川妻　柯氏陳考祥妻

黎氏周孔會妻　林氏陳連桂妻　陳氏顏德善妻　柳氏黎紹泰母　柯氏陳年貴妻　曹氏詹才進妻

柯氏石仁德妻　姚氏陳國順妻　柯氏陳大妍妻　朱氏詹起發妻　唐氏周恆豐妻　何氏李訓田妻

許氏李蘭亭妻　李氏王庚老妻　高氏向榮茲妻　孫氏吳起權妻　熊氏周仁興妻　熊氏周怡然妻

嚴氏何得仁妻　周氏何一元妻　朱氏何啟元妻節義錄啟作喜　陳氏何長元妻　向氏何德輝妻

王氏吳祥林孀母　吳氏　何氏俱吳遇思姪媳　陳氏王漢川嫂

周氏王谷禮姪媳　王氏吳道五孀母　閆氏王功勝嫂節義錄閆作閔

洪氏何新猷妻節義錄猷作獻　何氏王遇五弟婦　王氏何有元姪媳

瞿氏何翠華妻節義錄作何永盛母　程氏何永盛伯母　張氏程氏媳　潘氏唐際虞妻

王氏周公明妻節義錄明作銘　王氏李待明妻　向氏劉紹祖妻　洪氏陳煥謨妻　張氏胡福啟妻

張氏何汝翼妻　何氏王協恭妻　李氏何孚交妻節義錄交作校　李氏王升進妻　張氏王升恆妻

何氏王福九妻　方氏程元老妻　洪氏張時偕妻　桂氏周有元妻　方氏　周氏俱陳漢賢

堂媳　王氏陳漢賢口媳　董氏呂之芳妻　商氏吳永福叔祖母

劉氏程斐章妻　王氏　熊氏俱張青選嫂　王氏李國順妻鎔蘭姪媳蘭一作茵

許氏李甘霖妻　吳氏　王氏　周氏俱李坤山姪媳　劉氏

周氏俱王騰桂弟婦　唐氏　石氏俱王騰桂姪媳　陶氏胡興旺妻

陳氏周得義妻　何氏周得義媳　潘氏程慶餘妻抱子投水　劉氏方士昆妻　周氏陳源業妻

方氏王贊朝妻　王氏程行先妻　汪氏石茂林妻　石氏方映瑞妻　黃氏趙松生妻　郭氏張立誠妻

李氏柳一枝妻　劉氏程三元妻　張氏程五福妻　呂氏李六壽妻　楊氏程四喜妻節義錄四作式

詹氏姜時泰妻　鄭氏蔣祖梯妻　蔣氏李樹興妻節義錄樹作步　石氏陳遇春妻節義錄陳作趙

鄧氏陳明寄妻節義錄寄作繼　畢氏章本枝母　劉氏周世則妻　朱氏石守純妻　李氏石錫賓妻

節義錄賓作斌　岳氏石以賢妻　桂氏程日新妻　潘氏李廷光妻　李氏張火老妻節義錄作琥瑙

夏氏王延壽妻　楊氏馬春林妻　鄧氏蔡陽春妻　張氏趙景新妻節義錄新作星　張氏蔣尚義妻

余氏袁恆選妻　夏氏袁受書妻節義錄受作壽　向氏袁映雪妻　潘氏蔡以仁妻　劉氏何思永口

聞氏潘得茂口　盧氏張天從妻節義錄從作崇　金氏湛鳴琴口　李氏蔡以志妻　洪氏帥宗宋妻

洪詹氏　帥洪氏　桂氏陳日新妻　以上咸豐七年殉難　蔡氏項永興妻

王吳氏　聞陳氏　王陳氏　商王氏　王唐氏　湛何氏

殷何氏　周唐氏　洪周氏　吳何氏　王何氏　蔡鄧氏

黎柳氏 程劉氏 程石氏 劉袁氏 周熊氏 吳王氏
柯向氏 王石氏 程馮氏 熊石氏 章洪氏 姜詹氏
李許氏 趙閻氏 黎歐氏 以上同治三年殉難 王氏李履中媳 吳氏袁宗福妻
唐氏袁泗元妻節義錄元作源 陳氏吳裕祖妻 梅氏吳錦紳妻 石氏吳尙愛妻 黃氏吳秉恆妻
錢氏黃林富妻 王氏於茂榮妻 吳氏黃三桂口 於氏黃三槐妻節義錄黃作王 吳氏戢守正妻
吳氏於庚斗妻 吳氏王三妨妻 錢氏庠生吳定邦妻 王氏黃煥适妻 許饒氏
胡柳氏 陳蔡氏 李葉氏 張柯氏 柳岳氏 王劉氏
王熊氏 王李氏 費趙氏 胡王氏 吳氏庠生王宗堃妻 以上同治
六年殉難 以上縣志參節義錄 以上已殉難烈婦 旌
孫氏黃明遠妻 向氏蔡松貴妻 陳氏潘學登妻 鄧氏蔡宜之妻 洪氏例貢桂朝覲繼妻
余氏陳玉華妻 劉氏周則仕妻 以上咸豐七年殉難 何氏程百愷妻 袁氏梅邦輝妻

楊氏石子潔妻 唐氏周盈庵妻 鄧氏王茂林妻 喻氏梅如龍妻 李氏石謙書妻 張氏石連茹妻
柯氏監生張廣懷妻 蔣氏何先知妻 梅氏監生吳協恭妻 柳氏鄧學優妻
以上咸豐十一年殉難 梅氏馬鳳池妻 許氏馬春林妻 吳氏庠生王宗堃妻
柳氏胡經先妻 周氏洪習成妻 王氏何以德姪媳 王氏汪紹遠姪媳
王氏汪有恆妻 吳氏余存之妻 陳氏龔玉明妻 柯氏庠生湛元瑞妻 萬氏宛福老媳
方氏余存信妻 趙氏商從周妻 方劉氏 向氏劉五倫妻 李氏王青選妻 張氏胡復起妻
張盧氏 劉氏蔡王子妻 劉氏程文玉母 沈氏庠生程以鐸妻 劉氏何元芬妻
余氏李深秀妻 周氏陳元業妻 王氏吳文麟母 於氏熊展也妻 王氏吳柏老媳 劉氏王道濟妻
王氏吳新舉娘 程氏王元老妻 帥氏蕭世泰妻 劉氏帥宗柏妻 魏氏楊騰雲妻 錢氏程興立妻
熊氏王懷習妻 石氏趙臨星妻 夏氏吳承賓妻罵賊被割舌斷手死 詹氏洪廣材妻 梅氏許登州妻
陳氏武生聞定選妻 張氏何道杼妻 李氏鄧士瀛妻 趙氏商宗周妻 程氏劉金封妻

黃氏陳淩川妻 李氏劉漢周妻 石氏李宗昌妻 石氏王勤丙妻 陳氏向恆益妻 梅氏程寶書妻
蔡氏吳天順妻 余氏陳玉華妻 石氏監生熊爲桐妻 以上同治六年殉難 何氏李訓田妻
陳氏吳玉組妻 以上縣志 以上待殉難烈婦 旌

孝婦

葉氏贈職帥宗桀妻幼嫻禮教于歸能修婦職舅官湖南姑隨
任留氏以養祖姑伏得重闈歡伏病篤割股以療立愈
王氏蔣之慶妻爲姑割股救廖見帥氏蔣兆沅妻傳 嚴氏庠生李一鶚妻爲姑割肉 蔣氏宛方梅妻
桂氏庠生李純然妻 王氏李式義妻 鄭氏副舉人李廷瑞妻 姚氏潘松林妻
以上縣志 以上待旌孝婦

貞女

熊女諸生熊兆呂女幼字洪世訓子楠年十五未嫁壻沒父母

將別議婚女引刀自劃其鼻父母知志不可奪乃送歸洪與
孀姑同居七十載如一日康熙五十四年 旌
商女年十四字張逢龍未嫁逢龍死女聞慘慟奔喪守貞四十
餘年家貧甚奉文給口糧乾隆四年 旌
洪女監生洪國選女幼字梅逢晟病故女奔喪不返矢志完貞
請 旌
藍女幼字石青瀧通志作非瀧父早世無兄弟侍孀母年十六未嫁
壻沒女聞訃欲奔喪慮無以奉母乃集族衆爲母立嗣然後
衰絰歸石毀容自誓守貞五十六年乾隆五十八年 旌
張女字岳氏子胡女字黃光裕 以上王志參通志
方女方承榮女幼字尤瓊章年十七聞舅與壻病革室惟姑一

入且老女告於母往侍湯藥入門三日壻沒無何舅亦沒女
與孀姑相依母家以女年幼家貧勸之另字女涕泣誓之遂
與母家永訣守貞十九年卒嗣子占魁庠生
邢女邢學浣女幼字沈壽豐卽童養壻家年十四未婚沒矢志
守貞終身不返母家家貧女手製漁具易錢養舅姑苦守六
十餘年
徐女徐春榮女幼爲洪氏童養媳年未及笄壻沒女欲身殉舅
姑諭以大義乃止遂立姪永饋爲嗣辛勤撫之成立守貞六
十餘年
徐女徐賁園女字喻景模　周女繼先女字程維藩　陳女監生心彥女字程樹模
敖女方貴女字趙文光　梅女字徐邦憲　藍女字張超　陳女培滋女字黃錫祚

吳女康年女字李繼順　陳女字蔣立謀公牘　以上隹旌　李女監生日梁女字劉士秀
余女繼順女字張龍生　胡女字黃宗躍　於女字許文剛　黃女字方名彬　張女字程惟佳
以上俱奬　以上縣志已旌奬貞女
張女字岳繁衍　歐陽女字邢國轉　周氏鳳林女字廖元童　劉女字王金堂
以上縣志待旌貞女
烈女
趙女趙閎中女幼字商邦俊年十七未嫁壻沒女聞訃奔喪喪
事畢拜辭舅姑絕粒死時年十九歲
胡女貢生胡士林女幼字吳天浩未于歸壻沒女聞痛哭幾絕
旋赴水自溺以殉　以上縣志殉夫烈女
王女桂娭梅花地女隨父母避賊遠徙聞賊退歸入門賊復至

將犯之手足摸斷不從大罵被賊支解
王女名大娭士秀　劉女名蓮娭厚德女　以上咸豐四年殉難　黎女名長娭兼
才女　周女名學娭周哲女　王女字何天順子　何女名順娭新
猷姪孫女　王女字汪在明之子　妹娭周得義女　周女名細娭　周女名帶娭俱
周得義族妹　童女字方士昆子　胡女字余官保　程女名藻娭行先女
程女名細娭三元女　章女名二娭新起女　周女名六娭應期女節義錄期作琪
潘女名細娭　潘女名桂娭　潘女名姣娭俱華甲孫女　李女名細娭廷光女
聞女名細娭能義女　趙女名弟娭輝祖女　李女名大娭以忠女
帥女名㛃娭庠生帥和琳女　以上七年殉難　鄧女字王致發　李女旭堂女　以上十一年殉
難　黃女名桂娭　黃女名惠娭俱林富女　吳女名先娭　王女名大娭世
昌女　王女名帶娭載祈女　袁女名先娭監生景星女　趙女名大娭

李女名金娭　熊女名益妹　蔡女名長娭　柳女名秀娭　蔡女名乖娭有道女罵賊不屈被銃
擊死　王女名細娭庠生宗堃女　以上同治六年殉難　以上節義錄參縣志
外籍烈女附
楊女名林姑上元人同治六年在縣屬殉難　以上已旌殉難烈女
王女名末娭金秀女　潘女名帶娭華甲姪孫女　張女名喜娭炳奎女　以上咸豐
七年殉難　何女字汪河清　咸豐十一年殉難　王女名玉娭槐林女
李女作林女　馬女名桂娭春林女　王女連奎女　帥女名千娭庠生和琳女
潘女名金娭紹先女　許女名換娭登州女　熊女名福娭美洪女　以上同治
六年殉難　以上縣志待旌殉難烈女
孝女
鄧女職員鄧珍女珍病三載女躬侍湯藥無間寒暑珍沒女泣

血欲以身殉及母病奉侍亦如之半載後母沒女嘔血死時年十九巡撫胡旌以額

柯女蔡以智妻咸豐七年賊至救母被戕

龔女年十七父病割股以救歸監生吳楚柏後柏病亦如之

以上縣志孝女

壽婦 縣志修於光緒元年依原年編

盧氏 董之璣妻年百九歲 胡氏 庠生石惺之妻 胡氏 吳廷訪妻 王氏 石守謙妻 徐氏 周正邢妻 俱百三歲請旌 黎氏 監生畢朋翥妻年百二歲 張氏 從九梅載陽妻 趙氏 諸生汪有容妻親見七代五世同堂已旌 陳氏 周大成妻 石氏 王秉鈞妻

以上俱百一歲

汪氏 熊殿友妻 程氏 倪方茂妻 張氏 監生柳紹蓮妻 張氏 職員嚴念祖妻 吳氏 嚴光榜妻 以上俱百歲

黃州府志卷之三十一下終

黃州府志卷之三十二

黃州府知府英啓纂輯

藝文志

經部一 易類

宋

易要義三卷黃岡潘鯁撰 通志佚

潘昌言諱鯁從周希孟學登元豐己未進士初調蘄水縣尉遷和州防禦推官知江州瑞昌縣監楚州都鹽倉吉州軍事推官改宣德郎監漢陽軍酒稅以奏議郎致仕 宛邱集

明

周易膚說三卷蘄水蔡月涇撰 蔡紹瀛家藏本

此書久佚九世孫蔡紹瀛復得之刻而識其後曰瀛先世明孝廉沙江公行誼載湖廣通志及齒譜而郡志儒林傳稱公好古博學嘗擔囊受業於王文成公入南雍與湛甘泉先生游終身不仕教授生徒歲至數百人生平無戲言無戲動正心求誠學者宗之有司請見罕接其面學者稱為大隱先生所著周易膚說明季兵燹之後久已勿傳咸豐癸丑春瀛避亂山中從游氏敝簏中得其書反覆展誦覺瞭如指掌世之說易者無此明確也力掃繁蕪世之說易者無此賅括也謹付剞劂以示後世子孫俾無忘先人手澤焉

說易錄蘄水程轍撰 縣志

通志程轍浠南易解九卷轍字子建從湛若水游仕為國子

監助教

案通志此書有卷數縣志無卷數而書名亦異當別是一書

周易觀象黃安耿定向撰 縣志

讀易便覽麻城王可任撰 縣志

易經以俟錄黃梅瞿九思撰 通志

九思萬歷癸酉舉人以進所著書授翰林院待詔 千頃堂書目

易學就正十卷麻城劉承烈撰 縣志

太極圖說　諸卦衍義蘄水周光德撰 縣志

案光德字翼明萬歷舉人官四川渠縣知縣

周易翼翼蘄水周光德撰 縣志作易似言茲據顧景星周氏世傳改定

閔廷甲序曰吾蘄翼明周君讀書不屑制舉藝確然以斯道爲己任擬言議動力行寡過乃能博極天人理數之書以探先天秘奧翼翼之作蓋本義後一大啟關也余嘗就君講求有年卽儒先宿說誠不敢輕議顧未敢驅經從傳屬得楊止菴先生說圖書者君益解悟合衷漢宋以來諸家薈萃成書夫說天莫辨於經說經莫辨於翼說翼舍圖書奚辨君大指輔翼惟無牴牾圖書庶幾貞一之旨千古不晦以此翼翼余敢任之 節錄

周易外傳黃岡樊煒撰 通志

煒字仲光別字崙川黃岡人以明經除漢陽儒學訓導精於易著周易外傳數十卷以授孫子藩藩明其說以費孟焦京之旨而微有異同以爲易有天道有地道有人道易與天地準故能彌綸天地之道輔嗣以後程朱蘇楊之屬泥人徹天故其變難周變難周故其辭無據辭無據故不可得占也其法以卦爻象周天周天三百六十乾策二百一十有六坤策百四十有四凡三百六十當期之日六十四卦三百八十四爻當閏之日閏歲之日餘二十四赤黃道相去之數盈縮遲疾之差易之所積也先天六十四卦之序有位能按圖而述之後天六十四卦之序無位不能測其分至啓閉故難述耳後天八卦獨於兌言正秋乾兌世卦先後天皆相次陰陽之終始剛柔之分際也今正立兌當秋分則乾坤居戌未坎離居辰中是以魁步奎婁而履始杓攜龍角而發春四正既齊

推移靡忒然後乾坤屯隨臨无妄革七卦之元亨利貞蠱升二卦之元亨可得而言履謙復恆損益困井巽九卦之蘊可得而測先甲後甲先庚後庚己日乃革之旨十年三年八月七日三日之數左腹右股右肱之方可得而辨大都以日星爲紀以月爲量並六十四卦以爲天數去四卦以爲日數去八卦以爲月數而損益盈虛變化在其中矣非通周髀算經靈憲天體不能善解其義 郭正域黃離草

易經心解蘄水陳所志撰 縣志

易鑰五卷麻城彭好古撰 明史藝文志

易解蘄州汪宗文撰 通志佚

易林黃岡樊鼎遇撰 經義考

案經義考據高世泰云樊直卿著有易林詩林禮林樂林凡五十五卷以鼎遇作直卿誤

易解蘄水周應期撰縣志

樊氏四易黃岡樊志張撰通志

志張字兩同所傳易凡四種易象易數易適易占其弟維城合而刻之三楚文獻錄

古易圖黃岡孫應鴻撰縣志

周易贅餘黃岡程艮球撰縣志

周易内外圖說黃岡朱荃宰撰縣志

易傳黃岡易道暹撰經義考通志

道暹著有易傳未行於世三楚文獻錄

周易上下篇義補 易賚日箋黃岡林之華撰縣志

易經微義黃岡徐之卿撰縣志

易說黃岡易爲鼎撰縣志

藏易黃岡馮雲路撰縣志

大易參 圖書懸象黃岡熊甯撰縣志

國朝

易經通注九卷大學士傳以漸及黃岡侍講學士曹本榮奉

敕撰

是書首載順治十三年十二月十五日

諭旨次載順治十五年十月以漸本榮等進書表次爲以漸恭撰序

文恭繹

世祖章皇帝聖訓謂自魏王弼唐孔穎達有注與正義宋程頤有傳朱熹本義出學者宗之明永樂間命儒臣合元以前諸儒之說彙爲大全皆於易理多所發明但其中同異互存不無繁而可删華而寡要且迄今幾三百年儒生學士發揮經義者亦不乏人當加採擇折衷諸論簡切洞達輯成一編昭示來玆仰見

聰明天亶

睿鑒高深

萬幾餘閒游心經術洋洋

謨訓發四聖之精微衡諸儒之得失斟酌乎象數義理折以大中非儒生株守專門斤斤一家言者所能窺見萬一以漸等恪遵

指授亦能鎔鑄衆說薈萃微言詞簡理明可爲說經之圭臬緣其書

上備

乙覽外間莫得而窺僅有原槀尊藏曹本榮子孫之家今奉

皇上求書

明詔湖北巡撫乃繕錄進

呈伏思此書推闡聖經發明精義雖編摩於衆手實稟命於

聖裁允宜寶軸瑯函昭示無極俾天下萬世共仰

世祖開天明道之功且以見

國家文治超邁古今本本元元一皆欽承

祖訓故重熙累洽百有餘年而有今日之極盛焉四庫全書存目提要

劉養貞易象義遺蘄水李見壁撰縣志

易經圖說黄岡孫錫蕃撰縣志
周易孔旨廣濟劉醕驥撰通志
周易假我編黄岡於斯和撰縣志
易經圖說蘄水邢子愿撰縣志
易詮蘄水桂陵撰縣志
訓蒙易門七卷黄岡朱日濬撰經義考
日濬字靜源自序曰易之作吉凶與民同患則言易而不言占非聖人之意也或謂易道精微若止爲卜筮而作則卑視夫易而豈足以語夫通神明之德類萬物之情乎殊不知形而上者之謂道形而下者之謂器在聖人已有成說故家文公云易若只言道理聖人當初何不直作一書如大學中庸之類何必用許多圖象通其變以極其數如此也故其注易也有象有占以爲此象占乃易之本旨故名曰本義以見程傳諸書皆非其本義耳故程言理邵言數本義言象卽理也言占卽數也象占設而理與數皆具易之道乃備後世又何須注易而濬之易門又何爲哉亦祇以本義辭簡旨深童蒙小子不能驟通其意爰就本義略加訓詁撰成口講句分字晰使因粗以求其精故云訓蒙云爾康熙癸丑仲春通志

周易便蒙廣濟劉本烇撰縣志
周易辨疑蘄水楊繼柱撰
周易郁溪記十四卷蘄州郁文初撰通志
文初號郁溪官至肇慶知府所刊凡總論一卷上下經九卷繫辭上傳三卷而繫辭下傳至雜卦傳則皆標卷以統之不復分析卷目葢編次者之失也四庫全書存目提要
周易講義廣濟奚之迪撰縣志
大易疏晦四卷黄岡詹大衢撰縣志
周易本義補遺麻城程楠撰縣志
周易淺說廣濟張仁熙撰縣志
易數大衍參原黄梅李天培撰
周易講義蘄州易時憲撰州志
繫辭解黄岡靖道謨撰縣志
周易圖解廣濟吳熊撰縣志
易書會通黄岡周興邦撰縣志

周易圖說六卷黄岡萬年茂撰通志
蔡新序曰南泉向以侍直日久親沐日月之光退而冥搜退討深研三極與古人相質於百世之下雖以言自心裁要其指歸而不誣義創而愈習譬如探星宿汎溟海一一具道其然而至者絶罕詫謂新奇耳節錄
易經纂說蘄州駱沛霖撰州志
周圖採要　易辭辨似黄岡嚴承功撰縣志
周易晰言十卷蘄州胡薰撰州志
周易本義輯解十二卷　象例筮例辭例義例各一卷蘄州陳詩撰州志
易經遵聖黄梅石元吉撰縣志

周易彙參十八卷通志 周易註說黃岡張鳳鳴撰縣志

周易會解三卷蘄水徐楚觀撰縣志

圖書圖考二卷蘄州胡際飛撰州志

周易輯要十二卷蘄州王椿撰州志

陳詩序曰吾蘄王華顛先生湛深經術人也著書家塾語山書屋終歲不出戶樓其說易也先之以本義夾之以折衷昔人未發之秘傾筐倒篋不惜盡出以示人而先生抑然善下無一毫矜才使氣心也蓋先生之於易直終身焉耳矣王氏爲蘄望族其祖孫父子兄弟累舉茂才均習易經詳詩所撰槐園塤箎遺照中則先生之於易又世業焉耳矣節錄

周易引經通釋十卷黃岡李鈞簡撰縣志

自序曰鈞簡自束髮受學經書成誦後先君子以易學深微手錄

御案暨儒先成說口講指畫使之明白易曉鈞簡質性顓魯不揣檮昧謹遵斯旨積思數十年廣覽註家博參經解取各經之語合於易之彖象爻傳者爲之字釋其詁句釋其義節釋其旨以疏通而證明之遂得薈爲成書間有取於汲書者周書之逸也國語者春秋之外傳也大戴禮者禮經之遺也家語者論語之餘也山海經者爾雅之流也引伸觸類旁推交通易理既明而羣經之旨亦有相爲貫通者焉名之曰周易引經通釋庶幾爲讀易者之一助云節錄

易經正編黃岡李璜撰縣志

易考三卷黃岡朱大年撰縣志

說易蘄水郭時峻撰縣志

周易辭象合參四卷黃岡汪兆柯撰縣志

自序曰後之人言象數者昧乎義理言義理者遺乎象數皆未盡乎易之理也旨哉繫傳之辭曰君子居則觀其象而玩其辭動則觀其變而玩其占任後人學易用易總不出此二語至矣盡矣無以易矣今本此意以輯註卽取以名篇節錄

周易圖說 讀易總論一卷黃岡汪兆柯撰縣志

周易合解廣濟楊國達撰縣志

周易補說六卷蘄水蔡紹江撰縣志

賈楨序曰吾師蔡曉沙先生爲先大夫典試楚北所得士時

先生年猶丱角於四子五經文皆能發揮精暢先大夫奇之試南宮未第先大夫輒留之京寓使楨兄弟執經受業嘗謂先生曰說易之書朱子本義最爲純正故功令宗之特本義言多渾括初學難以遽解宜輯一簡明補釋善本屬先生成之先生又博綜經史尤嗜關閩濂洛書於古哲實有心得己卯成進士觀政農部清胥弊卻陋規另編漕運河道圖考等書退食之暇生徒執經請業者戶外屨恆滿蓋先生之於經義如飢渴飲食之不能暫離故所得深也歲辛卯先生南歸省親鍵戶蒙泉山館將歷年所輯重爲刪訂名曰周易補說及先生復至京供職西曹先大夫已於數月前謝世矣是書之成惜先大夫不及見而先大夫之志則已償矣

易經合參廣濟魏昌期撰縣志
易經講義蘄水曾炤撰縣志
周易折衷蘄水潘炳勳撰縣志
周易纂象六卷蘄州陳本中撰州志
周易會纂十卷黃岡嚴耀京撰縣志
周易集注黃岡王家璧撰家璧武昌籍
易經解羅田童光俊撰
易經直解黃安駱逢原撰縣志
易經曉義廣濟周煥發撰縣志
大衍圖說四卷黃梅宛名昌撰
石相焜序曰柏箴學易三十年矣殫精研思無微不入於大

衍參兩倚數制爲之圖輔以辨說初閱之不甚了了尋繹久
之雖頭緒繁多而冥搜默會覺六通四闢條貫分明其圖雖
創而實精其說雖辨而實允合之聖人揲蓍求卦之本旨不
爽絲毫雖不敢謂此書出而諸說坐廢而辭足指實義不乖
經天下自多精心人孰得孰失必有能辨之者節錄
易義拾餘黃梅鄧朋撰縣志
周易五行斷羅田徐鏞撰

經部二　書類

明

書經以俟錄黃梅瞿九思撰通志　佚
史學遷序曰曩瞿子以書來謂帝王之學與韋布異以故行
年且六十終不敢談尚書然今觀其所論著以天道人道君
道臣道世道治道釐爲六部論篇章次第則以爲世運相遞
而下自不得無此篇章運在此則篇章亦當在此而徐觀其
聯絡之勢信纍纍如貫珠然後知尚書之篇章果秩然不可
移易其論篇名則以爲待人而成有聖君有聖臣自不得無
此篇名而參考於無篇名之君臣則皎皎然若觀火然後知
尚書之篇名果犂然不可增損且其以洪範爲範圍治道之
本尤爲卓有綱維而又謂後世君臣不當覽觀前史有敗度
敗禮慆淫匪彝諸所行事令後世君臣覽觀後反若樹之的
而久將漸漬而從之乃擇尚書有禆君道臣道治道諸語爲
綱而稍取考亭綱目所紀載繫於其下使人但見其綱而不

能遽覩其敗度敗禮慆淫匪彝之實及其以紀傳爲質既見
其敗度敗禮慆淫匪彝之實而又以見考亭之書法謂如此
則是如此則非如此則吉如此則凶時必有惕然深省必不
可復敗度敗禮慆淫匪彝者其有功於萬世君臣可勝道哉
洪範衍義五卷瞿九思撰通志
尚書解黃岡官如臯撰縣志
書經彙解四十六卷　尚書疏意黃岡秦繼宗撰通志　經義考作蘄水人誤
皇極敷言黃岡樊維城撰縣志
尚書懷西四十八卷黃岡汪三省撰縣志
尚書析疑蘄水周健行撰周氏世傳

尚書說黃岡易爲鼎撰縣志

洪範說卦鎖鑰黃岡林之華撰縣志

國朝

禹貢圖　河圖考廣濟王臨撰縣志

說書去存蘄水畢協撰縣志作畢十臣茲據王補菴枚菴侍御傳改定

尚書講義六卷黃岡朱龍撰縣志

壁經本義蘄水徐子芳撰縣志

尚書講義蘄水陳謨撰縣志

尚書義疏四卷蘄州李生棨撰州志

洪範圖說四卷黃岡嚴承夏撰縣志

自序曰余少讀洪範按圖書而詳其義知河圖非圖洛書非書陰陽五行之數也自數學不明而言易者主河圖言範者主洛書古今聚訟莫之適從惟邵子確然見二圖之相表裏四象八體根於一統於五以盡其變而天地之消息人事之治亂物類之異同釐然可證雖其言浩汗渺邈不依文義而命數定象莫非陰騭之妙緒彝倫之奥旨竊不自揣倣其意爲洪範圖說四卷節錄

尚書集義五十九卷蘄州胡薰撰州志

洪範論二卷黃岡張鳳鳴撰縣志

書經註釋廣濟陶廷翼撰縣志

書經詳說廣濟吳梅撰縣志

書經彙解廣濟卜本儒撰縣志

書經輯義廣濟魏昌期撰縣志

纂輯禹貢水經注解黃安陳殿勳撰縣志

禹貢山川圖二卷蘄州胡南薰撰州志

洪範通易說黃岡王家璧撰

經部三　詩類

明

詩經以俟錄黃梅瞿九思撰通志佚

魚蟲考黃安耿汝愚撰縣志

詩林黃岡樊鼎遇撰經義考

毛詩大成黃岡樊維城撰縣志

詩義出入傳註黃岡何直撰縣志

毛詩類考　詩通黃岡朱荃宰撰縣志

毛詩說黃岡易爲鼎撰縣志

國朝

三百篇說註黃梅石鎮國撰見錢謙益栩栩軒詩集序

毛詩章句黃安黃漢臣撰縣志

詩經如說蘄水官純滋撰縣志

自序曰客或難余曰子不自說詩而猶取人說以說詩安能如詩卜子顓孫子之傳序已不如春秋時公卿所稱引而韓之傳又不如卜顓孫之傳序而毛之箋孔之疏又不如韓之傳而考亭之註又不如毛之箋孔之疏安知千古後之說詩者不更新於今日之說詩哉是詩之說變遷於終古而未有

已而子於諸賢不相如之説并進而兼收安在其如詩也余應之曰此正余之所以如詩也余惟博綜前賢諸説棄其如詩者輯之其不盡如詩而足與詩相發者亦比附以備參倘盡廢前賢之説而獨創一説以説詩則劉歆之周禮揚雄王通之擬經介甫之三經字説也又詩之罪人也 節錄

詩傳名物輯覽十二卷黃岡陳大章撰 縣志

大章於毛詩用功頗深所作輯覽凡百卷凡三易稿而後成此乃其摘錄付梓之本凡鳥二卷獸二卷蟲豸一卷鱗介一卷草四卷木二卷蓋尤其生平精力所注也毛詩自陸璣以下詮釋名物者毋慮數十家此書成之最後故於諸家之説採輯尤夥其中體例未合者如釋鶉之奔奔則莊子之鶉居

列子之性變以及朱鳥爲鶉首子夏衣若懸鶉之類無所不引釋雞棲于塒則列子之木雞呂氏春秋之雞跖漢官儀之長鳴雞亦無不備載皆體近類書深乖說經之旨又每條首錄集傳大意以紫陽爲主故於鄂不韡韡則取豈不光明之義而駁鄂作萼不作跗之説爲不煩改字亦過於偏執至於載宋太宗賜耶律休哥旗鼓杓窊印則以遼事誤作宋事尤爲乖舛然其徵引既衆可資博覽雖精覈不足而繁富有餘固未始非讀詩多識之一助也 四庫全書提要

毛詩古叶廣濟吳熊撰 縣志

詩經詳詁二十九卷蘄州胡薰撰 州志

韓詩外傳疏證十卷蘄水陳士珂撰

詩比興箋四卷蘄水陳沆撰 縣志

詩經説淺廣濟魏昌期撰 縣志

毛詩廣義黃梅蔣恩溉撰 縣志

毛詩箋註蘄水張星煜撰 縣志

詩經典要黃安駱逢原撰 縣志

詩經指南講義廣濟張國士撰 縣志

詩經插註廣濟胡之憲撰 縣志

詩經序註正指羅田匡慶榆撰 縣志

經部四 禮類

明

禮經以俟錄黃梅瞿九思撰 通志

曲臺解黃岡官如皋撰 縣志

禮經搜義二十八卷黃岡余心純撰 明史藝文志

黃洪憲序曰禮經搜義大都爲制業作不屑屑於字訓句釋諸篇有缺而不錄者有略而不盡錄者至於郊社宗廟以和神人朝覲聘問射燕享以善交際愼終追遠以伸孝敬宮室車騎玉帛冠裳鼎爵以別器用選俊造進以興賢能庠序膠學以育英才絃誦羽籥以修齒胄先王之制所爲取法乎天地觀變於陰陽效順於四時五行秩敘乎三綱五常者靡不揭其要而明其義雖簡括而不爲略殆有功於禮經者 節錄

禮記疏意黃岡秦繼宗撰 通志

禮記手書十卷黃岡陳鴻恩撰 縣志

鴻恩萬歷中舉人此書成於崇禎癸未乃鄉塾課蒙之本通志

禮林黃岡樊鼎遇撰經義考

禮記隱談廣濟甘許國撰縣志

周禮雜錄黃岡樊維城撰縣志

三禮解蘄州顧天錫撰通志佚

禮記會通 禮記金丹黃岡朱荃宰撰縣志

國朝

周禮參說蘄水徐子芳撰

禮記義疏黃岡王一佐撰縣志

特牲饋食禮集訓一卷 禮記纂錄四十九卷蘄州胡薰撰州志

周禮旁訓黃梅石元吉撰

儀禮節錄黃岡張鳳鳴撰縣志

周禮節釋麻城鮑梁撰縣志

儀禮經傳通解輯要二十四卷蘄州王椿撰州志

儀禮吳註辨誤廣濟陶廷翼撰縣志

儀禮捷解黃岡王基仁撰縣志

儀禮便讀蘄水郭時峻撰縣志

儀禮一覽廣濟魏雲瑄撰縣志

周官典訓黃岡鍾英撰縣志

周禮摘要蘄水張星煜撰縣志

周禮合講 禮記釋義黃安駱逢原撰縣志

儀禮經傳通解正續十六卷蘄州胡南薰撰州志

經部五 春秋類

宋

春秋斷義十二卷 講義十五卷黃岡潘龥撰縣志宛邱集

明

春秋補傳蘄水周瑯撰縣志

麟經集黃安盧大儒撰縣志

春秋旨蘄水周鳴壎撰縣志

麟經語錄黃梅程夢麟撰縣志

春秋以俟錄黃梅瞿九思撰四庫全書存目提要

春秋懸度黃安耿汝忞撰

麟經古亭世業耿汝忞撰

梅之熿序曰古亭以治春秋特聞詢之學宮其經以春秋者十而九閱楚錄其春秋魁以亭州者十而九讀題名記其亭州第以春秋者十而九顧其於春秋也猶筌魚芻狗耳過則舍之矣獨叔臺耿先生閔然上釐定經學之疏惜當時專門名家於諸當道者不合疏寢未行往熿待罪諫垣竊志先生之未竟乃性不時宜扶眾所擠弗自爲地無暇及紙上陽秋也坐念熿爲諸生日痛鑿傳荒經之習蓋嘗廢卷而嘆以此愧其平生今年耿克勵梓麟經古亭世業弁其尊公叔臺先生之疏於首而問序於熿視春秋若負逋何克勵之發吾愧也抑克勵便便經笥行則爲朝士冠冕青緗可念士音不忘克勵有心人也願毋分吾愧麻城藝文志

春秋一是蘄州陳仁近撰州志

春秋問難黃岡呂元音撰縣志

三傳集解蘄州顧天錫撰通志 佚

春秋主左黃岡熊霈撰縣志

春秋因是三十卷麻城梅之熉撰四庫全書存目提要

國朝

三傳從同蘄水楊繼柱撰

春秋大義黃安張希良撰

是書前有自序謂善說經者莫若康侯私心竊有所未滿者聖心忠恕刻則離聖心簡直曲則離聖心明白而正大纖則離左氏即未親見聖人亦必竊窺魯史公穀二氏得之傳聞

難以依據康侯據二氏以駁左亦未爲盡得故一本左氏錯綜當時之事勢平心以想聖人之心而名字人爵時日諸例概所不取其持論甚確然如文公四年甯俞來聘謂以納饘貨醫而書昭公十七年郯子來朝謂以仲尼學官而紀豈以成公三年之孫良夫襄公元年之公孫剽七年之孫林父盡屬衛之君子而春秋書來朝者四十皆因孔子之問乎此又過執左氏以經外附錄之事橫生議論者也四庫全書存目提要

春秋闡微黃安盧絳撰

劉海序曰鎔經傳以匠意衷文獻以立言顯微闡幽標新出異秩秩如也麟麟如也其事核其詞簡其義斷其旨深以長是慇度衡庫指月之所不能媲而說約定旨之所不能絜長而較短也節錄

麟經要義黃安盧緯撰縣志

春秋日鈔蘄水錢從燮撰縣志

春秋左傳韻府標異黃安趙光早撰縣志

春秋通解二十卷蘄州胡薰撰州志

春秋比事六卷　春秋世族譜二卷　春秋官制略一卷　春秋謚法考一卷　春秋後表四卷蘄州陳詩撰州志

春秋闡義黃梅石元吉撰縣志

春秋兵志校異蘄水潘紹經撰縣志

春秋義解十二卷蘄水劉夢鵬撰

是書卷首列孟子朱子之論春秋者爲述孟述朱次爲王朝

世次考列國世次考魯世次考以下十二公爲十二卷大旨遵公穀而斥左氏其自序謂公穀比事屬辭義不詭於儒者而斤斤於日月名氏爵號以求例曾謂春秋之旨盡如是乎若左氏紀事多而誤說經疏而謬如莒密州之事經不云世子展輿也而左以爲展輿莒庶其之事經不云世子僕也而左以爲僕蔡侯申之事經賤者書盜也而左以爲公孫翩晉州蒲之事經不云欒書中行偃也而左以爲欒書中行偃晉夷皐之事經以爲趙盾也而左以爲穿鄭伯夷之事經以爲歸生也而左以爲宋吳僚之事經不云公子光也而左以爲公子光鄭髡頑經以爲卒也而左以爲公子騑之謀楚子麇經以爲卒也而左以爲公子圍之逆齊陽生經以爲卒也而

左以爲陳乙以說於吳其他大夫奔殺經或止一二人而左增入數人會盟侵伐經各有其事而左或牽移他事滕薛杞宋蔡郕各二國經載分明而左誤合爲一緣陵城杞實繫兩地而左以爲俱繫淯于入防假田各有情事而左以爲魯鄭相易子帛君氏譌誤字也而左以爲名稱甲戌己丑兩存日也而左以爲再赴葬桓王諱也而左以爲改葬子般卒也而左以爲殺子牙卒也而左以爲酖諸如此次增添事迹舛誤難以殫述其持論甚辨幾於季本郝敬毛奇齡然經垂書法傳記事實必以經所不書即爲增設則河陽之狩周天子眞巡狩矣其論似通而實謬至於深文過當憑臆率斷如以隱爲竊國欺桓幼而攘之垂涎十有餘年以子同生爲哀姜張

本自子生至歸一入見其過期不娶婚姻不時以季友志在奉僖援齊得復故賊閔公者乃季友非慶父以齊崔杼之事亦因景公附杼爲立景而生逆謀以昭公三十二年吳伐越乃南越芈姓非於越之越亦可謂果於自信者矣四庫全書存目提要

春秋紀要一卷 春秋分註一卷蘄水徐楚觀撰縣志

春秋分國紀傳廣濟阚廷翼撰縣志

左幼學二卷廣濟向廷燕撰縣志

三傳合編蘄水范世瑛撰縣志

春秋提要國號編年廣濟魏雲琯撰縣志

左傳提綱黃岡錢材海撰縣志

春秋集解黃安汪勉撰縣志

春秋後語黃梅湛深撰縣志

春秋正義黃安駱逢原撰縣志

麟經姓氏錄黃安陳殿勳撰縣志

經部六 孝經類

明

孝經貫註二十卷 孝經存餘三卷 孝經考異一卷 孝經對問三卷黃梅瞿罕撰明史藝文志通志

罕字曰有七歲能文白父冤時往返徒步不避寒餒崇禎時辟舉知州進孝經註表曰聖朝明經取士悉從朱註則論斷孝經既當以孔氏古文爲正而考定篇次自當以朱氏刋誤

爲宗矣臣是以從朱子所定者句解各章名曰孝經貫註其原爲朱子所刪者附著於後名曰孝經存餘較勘古文今文篇次之不同者名曰孝經考異歷敘作經註經及歷代以孝經進講取士等事名曰孝經對問凡註疏大全語錄中有與孝經貫徹者旁引以明其理復考子史志書譜牒中可與孝經配合者廣配以證其事總欲以孝經之理貫於五經因而借歷朝五等之人貫於一孝以期上贊聖皇之孝治下副先臣之教誨耳節錄

孝經傳黃岡樊鼎遇撰三楚文獻錄經義考

樊直卿以貢入北雍謁選知德陽縣所著通志

國朝

孝經正文一卷　內傳一卷　外傳三卷麻城李之素撰
是書成於康熙丙辰以朱子古文孝經刋誤爲本首爲正文一卷經文每章之後綴以注釋數語詞旨頗爲淺略次爲內傳一卷雜引經史子集之言與孝經相證佐者次爲外傳三卷則大舜以下迄於明末孝子行實也四庫全書存目提要
孝經淪註黃岡詹大衢撰縣志
孝經日鈔蘄水錢從燮撰縣志
孝經衍義纂黃岡朱案扶撰縣志
孝經註黃梅吳敬錫撰縣志
古文孝經集義二卷黃岡曾世儀撰縣志
彭崧毓序曰集義者黃岡曾鴻階先生以經子輯注訓其家人者也先生本於躬行實踐而注是書繼往開來厥旨深哉節錄

經部七 四書類

明

四書管窺四卷黃梅廖紀撰明史藝文志
大學括義一卷黃安耿定向撰縣志
四書講義黃梅程夢麟撰縣志
瞿氏三書一曰中庸口授縣志　二曰中庸位育圖縣志　三曰中庸運卦經義考　黃梅瞿九思撰
四書口講黃岡樊煒撰縣志
中庸繹　中庸舉止黃岡樊鼎遇撰縣志

四書講義黃岡曹之棟撰縣志
學庸權衡　孟子年表黃岡朱荃宰撰縣志
四書內外傳六十卷黃岡易道暹撰經義考
道暹字曦侯諸生崇禎乙亥死寇難詳續經籍考
四書說黃岡易爲鼎撰縣志
四書費日箋黃岡林之華撰縣志

國朝

四書從信錄詮註蘄水李見璧撰縣志
四書正解大成蘄水桂陵撰縣志
古本大學解三卷廣濟劉醕驥撰
是編遵用古本大學不分經傳首大學考次載記中古本又次爲大學解力辨二程子朱子及董槐王柏諸人改本之非夫竄易古經以就己意其事原不可訓然姚江之徒所以必復古本者實欲引託始知本不言格物之義以陰助良知非盡爲尊經也四庫全書存目提要

四書門黃岡朱日濬撰縣志
四書集解黃安韓際世撰縣志
四書解黃安黃漢臣撰縣志
四書註解廣濟楊儀撰縣志
大學實功蘄水徐雲宏撰縣志
四書講義參訂蘄水官純佑撰縣志
四書解黃安盧緯撰縣志

四書參義蘄州易時憲撰州志
四書口義蘄水徐子芳撰縣志
四書日鈔蘄水錢從燮撰縣志
四書問答蘄水汪光奎撰縣志
四書辨論蘄州陳謨撰州志
四書詳說十二卷麻城周維藩撰縣志
四書講義黄安吳兆澧撰縣志
四書經義廣濟吳熊撰縣志
四書章解廣濟舒學古撰縣志
學庸講義黄岡吳純德撰縣志
學庸講義黄岡易中瑜撰縣志

中庸釋註黄岡靖道謨撰縣志
中庸權衡黄岡王一奇撰縣志
四書訓義傳新黄岡林期昌撰縣志
四書分辨詳解黄岡朱鏊撰縣志
是書分大中訓詁論語管窺孟子講義三種析理甚精多先儒未發之藴
學庸講章 鄉黨義曲廣濟陶文萃撰縣志
四書要義蘄州陳守約撰縣志
學庸講義二卷蘄州陳艮翼撰州志
四書精要講義黄安吳海撰縣志
鄉黨義考七卷蘄州胡薰撰州志

四書類考三十卷 四書人名考二十卷蘄州陳詩撰州志
二論學庸引解講章蘄水陳郁煥撰
四書講義蘄水華豐貞撰縣志
四子講義黄岡王封渭撰縣志
學庸章句箋二卷黄岡張鳳鳴撰縣志
論語學庸講義蘄水郭一捷撰縣志
四書集說補義續考廣濟陶起庠撰縣志
大音山四書解廣濟胡材棟撰縣志
四書辨證蘄州張椿撰州志
四書翼註論文補正黄岡王鑾撰縣志
四書尋繹八卷 四書典制窮源八卷蘄州王椿撰州志

四書正義廣濟樊俊喬撰縣志
四書啟悟十卷蘄州張學韶撰州志
四書說約蘄州蕭光緒撰
學庸講義黄安何溥撰
四書講義 四書典則蘄水徐愈敬撰縣志
四書講義蘄水徐愈銑撰縣志
鄉黨輯要蘄州吳金庋撰州志
四書會註條參廣濟陶大春撰縣志
學庸辨難 四書辨難蘄州劉之紳撰州志
四書彙纂四十八卷黄岡朱霞燦撰縣志
四書衷言黄岡王宏烈撰縣志

四書會纂圖考黃岡汪代棨撰縣志
四書講義蘄水王永祚撰縣志
四書集解十六卷蘄州王珩撰州志
孟子通義黃岡萬希煜撰縣志
四書通義　質疑典疑蘄州李昺撰州志
四書講錄黃岡羅昺南撰縣志
學庸講旨一卷蘄州王映齡撰州志
陳詩序曰同里王韞石著書槐蔭園時余買宅蘄城西隅距槐蔭園不數十武往來過從視同里諸君尤密一日余至槐蔭園韞石案頭置學庸講旨一卷余取而觀之韞石致詞曰某此卷欲取十傳三十三章之義理見其終始觀其會通先

生盍為我覆校之余爾時心愧而諾之乙酉秋韞石令嗣仲諧手其生平撰著屬余論定余繙閱再四如見韞石槐蔭園座上往復辨論時也韞石此書於學庸一部縷析條分要終原始儒先之語錄註疏之菁華罔不條舉件繫自源以迄流鉤元提要期於包括無遺追念疇昔與韞石切劘至密竊以己意抉擇而論次之而述其崖略如此節錄
學庸貫黃梅喻元鴻撰
四書辨異羅田陳謨撰縣志
四書題解麻城袁銑撰縣志
林則徐序曰子同年生袁君金溪生平苦志讀書勵行由翰林改御史累疏陳時務皆切於民生吏治彈劾不避權貴洎

退而主講江漢書院以根柢之學與諸生相切劘嘗曰制藝非小道必於聖賢之言實能身體力行而後宣諸口者無膚詞淺語故君所為制藝精思果力每拈一題必有確解名論而於君國倫常之所繫尤必有奇警之作使學者有以感發興起信乎其為有關世道之文也而所以訓諸生者一以理法為主校藝之餘輒抉題蘊以示及門久之積成一帙君所得不盡此而所以訓諸生者亦不盡此而此則教學之軌範也節錄
四書章句定本黃梅洪天鯤撰縣志
學庸章義二卷蘄水蔡紹江撰縣志
四書說要蘄水曾恕撰縣志

四書闡義黃岡萬裕臨撰縣志
鄉黨經傳通解黃岡程光國撰縣志
王鑾序曰曩者新安江慎修鄉黨圖考一書既稱該洽近吾老友蘄陽胡蘭亭更為義考七卷句櫛字比視江尤詳數典者莫或過之而於辭不數數然也乃今吾邑程君黼廷則又有鄉黨經傳通解之作其書雖止二卷而其於典也約而該其於辭也醕而肆其確然而不易者蓋於江胡兩家前唱于而後唱喁而其沛然不窮者則鄭夾漈所謂後十五略人未之聞蓋程君之所獨也節錄
學庸講義程光國撰縣志
四書解悟十六卷　四書啟蒙二十九卷麻城甘學洵撰縣志

四書便解黃梅黃經塾撰縣志
鄉黨義要蘄水徐寶和撰縣志
四書經義蘄水潘炳勳撰縣志
學庸析義黃安歐之煥撰
四書講義黃安吳文林撰縣志
四書講義黃安陳玉麟撰
四書講義二十卷蘄州王一經撰州志
四書音韻點晝待質廣濟王本堂撰縣志
四書講義廣濟彭世鍾撰縣志
四書講義黃安黃夢椿撰縣志
四書補義黃安陳攀龍撰縣志

四子書要義廣濟胡之憲撰縣志
四書講義纂要　四書講義洗心耳黃岡周光霽撰縣志
四書敬聽錄黃岡林一枝撰縣志
學庸要訣蘄州張聯璧撰
四書正義黃岡王燕瓊撰縣志
四書輯講黃安詹朝貴撰縣志
四書講要黃安羅樹滋撰縣志
四書萃精講義黃安鄧泮撰縣志
鄉黨摘要二卷　四書尋繹八卷蘄州張作霖撰州志
四書補義黃岡王壽祺撰縣志
四書析義蘄水周應會撰縣志

經部八 諸經總義類

明

五經發意蘄州顧闕撰通志 佚
五經心要黃岡曾日省撰縣志
五經通考黃安吳釆撰縣志
十三經精言蘄水周健行撰周氏世傳
六經韻纂黃安程自重撰
諸經註解蘄水張敬菴撰縣志
五經成黃岡汪陛延撰縣志
十三經註疏評略黃岡熊霈撰縣志
經說黃岡易爲鼎撰縣志

國朝

五經門句解一百二十卷黃岡朱日濬撰縣志
九經衍義黃梅黃利通撰
金德嘉序曰悟岡近者五達道衍義九經衍義二書準經酌史博采先儒成說將欲畢數年之力擇精語詳以垂世而行遠詩文其賸技耳節錄
五經精義黃安盧緯撰縣志
過庭編黃岡靖道謨撰縣志
五經註疏纂黃岡朱案扶撰縣志
十三經原委黃岡孫偉略撰縣志
六經語約蘄水萬元常撰

五經精義　黃安熊楚熊撰　縣志
經義　黃安吳鳳翥撰
五經旁訓　黃安吳海撰　縣志
五經衍義　黃梅黎孟鈐撰　縣志
五經纂輯　黃岡王封渭撰　縣志
五經通義　黃岡黃紹慈撰　縣志
十三經心畬　廣濟陶起庠撰　縣志
經義考異　黃岡胡必泉撰　縣志
經古文改釋　麻城熊調鼎撰　縣志
五經圖說四卷　蘄水南方璐撰
七經講義　經餘彙纂　蘄水范世瑛撰　縣志

五經彙解　廣濟吳楚材撰　縣志
十三經證異　黃岡萬希槐撰　縣志
三經雅言　黃梅喻元鴻撰　縣志
五經心義　蘄水李光臺撰　縣志
十三經經解　黃岡洪兆雲撰　縣志
十三經釋要　黃岡程光國撰　縣志
十三經得開萃言　黃梅洪基撰　縣志
七經精義類編　黃安陳殿勳撰　縣志
五經辨疑　黃安陳攀龍撰　縣志
五經纂要　黃安詹朝貴撰　縣志
經藝餘談　黃梅余朝藎撰　縣志

經餘碎筆二卷　羅田周遠炳撰
五經經解　五經圖考　黃梅湛深撰　縣志
十三經經解　蘄州張聯壁撰　州志

經部九　樂類

明

樂經以俟錄　黃梅瞿九思撰　四庫全書存目提要
樂林　黃岡樊鼎遇撰　經義考
樂通　黃岡朱荃宰撰　縣志

國朝

六律正五音考四卷　蘄州陳詩撰　州志

經部十　小學類

明

小學衍義二卷　黃安耿定向撰　通志
韻會類編　黃安耿汝愚撰　縣志
韻通　黃岡朱荃宰撰　縣志
土音韻會　黃岡林之華撰　縣志

國朝

爾雅補註　蘄水徐子芳撰　縣志
清爾雅十八卷　蘄州陳詩撰　州志
爾雅旁訓　黃梅石元吉撰　縣志
爾雅易讀　蘄水范世瑛撰　縣志
詁餘　黃梅喻元鴻撰　縣志

訓詁補義黃梅喻元澤撰 縣志

六書會編廣濟劉本煒撰 縣志

黃公說字蘄州顧景星撰 四庫全書存目提要 通志

字學合編黃岡林期昌撰 縣志

楓園字考四卷麻城胡翹霜撰 縣志

字母分韻類編五卷蘄州陳詩撰 州志

字書辨正蘄水徐廷榜撰

字學考略二卷蘄水王德純撰

中原韻歸十卷廣濟劉本煒撰 縣志

古文篆韻五卷蘄州徐琮撰 州志

古今韻類求三十二卷蘄州陳詩撰 州志

詩韻辨同摘覽四卷蘄水蔡紹瀛撰 縣志

韻偶全編五卷蘄水蔡紹灤撰

音韻便檢十二卷麻城鄒藩撰 縣志

補遺

周易會註體義黃岡周兆廷著

四書味心錄講義黃岡周天祿著

黃州府志卷之三十二終

黃州府志卷之三十三

黃州府知府英啟纂輯

藝文志

史部一 正史類

明

日歷一百卷黃岡詹同撰 明史藝文志

洪武中詹同等編日歷具載太祖征討平定之績禮樂治道之詳 明史本傳

皇明寶訓五卷詹同撰 明史藝文志

詹同請如貞觀政要更輯聖政爲書以傳天下後世上從之自敬天至制蠻夷五卷名皇明寶訓 明史本傳

皇明寶訓十六冊案洪武初詹同等請仿唐貞觀政要分輯聖政宣示天下共分四十類自敬天至制蠻夷凡五卷名曰皇明寶訓此十六冊疑後更有增益也 絳雲樓書目

國朝

班馬異同考正蘄水胡文翼撰 縣志

史部二 編年類

明

通鑑補意蘄州顧闕撰 通志 佚

綱鑑讀要黃岡王陞撰 縣志

綱鑑要略黃岡秦繼宗撰 縣志

大事譯黃安耿定向撰 縣志

國朝

彙纂通鑑五十五卷蘄州李春期撰州志

鑑略麻城周維秬撰縣志

綱鑑簡正篇黄岡於心匡撰縣志

綱目參廣濟郭存會撰縣志

竹書紀年集註二卷蘄州陳詩撰州志

綱鑑會纂補正黄岡汪謙撰縣志

知鑑錄五十五卷　續綱目八卷蘄州陳其般撰州志

史部三 别史類

國朝

史載八卷　新唐書世系表補十三卷　元史帝系宗室表各

一卷　元史列傳蒙古色目氏族表各一卷蘄州陳詩撰州志

史部四 雜史類

明

交黎撫勦事略五卷麻城方民悦撰明史藝文志

嘉靖二十八年安南范子儀及瓊州黎那燕入寇時歐陽必進方總督兩廣檄都指揮俞大猷等討平之民悦述其始末爲此書卷一爲地圖卷二至卷四爲奏疏卷五爲公移案明史俞大猷傳是役皆大猷之力以嚴嵩薄其賞不得叙民悦專歸功於督府亦非事實也四庫全書存目提要

國朝

蜀史備遺黄安吳應庚撰縣志

袖史黄岡樊齊敏撰縣志

史學揆僻黄岡林期昌撰縣志

諸羅守城日記一卷蘄州陳艮翼撰通志

史外叢談　漢人南人氏族表各一卷蘄州陳詩撰州志

史部五 奏議類

明

鄒中丞奏議麻城鄒來學撰縣志

關陝奏議麻城劉天和撰縣志

南坡奏議黄岡曹珪撰縣志

綸簡類編　奏疏牘草黄安耿定向撰縣志

征哱奏議麻城梅國楨撰縣志

貴池吳應箕有序

三諫存草黄岡樊玉衡撰縣志

自序曰孤臣萬里之行豈非天哉當臣不才釋褐皇長子生始岐嶷耳輒惓惓國本迫理信内召時爲諸君子言之曰此日當官第一疏也念之猶如昨日比己丑十一月入臺庚寅二月巡視西城卽有一疏如後草癸巳正月讀三王並封之諭復有一疏如後草至戊戌三月則臣望隔春明久矣乃有最後一疏以成今雷海之竄九年之中凡再三致意焉秉性奇褊執心不化無能仰窺我皇上淵微閎深之指於國家未有絲毫補而自開罪明時以重太和中一物不得其所之累至於國本已定恩赦重頒而猶未得與諸氓隸名在丹書者

同其解網大耋老親經年卧病閧闕百折僅一歸省而梟獍之齮齕隨之乃老親竟亦賫恨以沒則忠可爲乎雖然孤臣削牘之初即鼎鑊甘焉不者廷杖不者詔獄而皇上之所以宥臣者乃在諸慮下顧不足臣所乎且也讎臣者與爲讎使者與爲讎之使使者方欲甘臣之肉不厭而卒無以加我皇上天寬地容之外臣罪實深臣罰猶薄雷霆雨露大用循環謂聖明不減堯舜而終無回霽之日哉固矣固矣抑臣竊怪夫世之窺言者淺也以爲捐糜於此顯融於彼若償博進然其言唐子方胡邦衡之事津津矣不曰寇蘇胡李趙任王秦諸君子之負猶多哉奈之何其以忠爲市以百一爲倖也昔人有言凡吾所以爲此極難將以愧夫天下後世之爲人臣

懷二心以事其君者如抗言以博名高而席言以徼厚利二執甚焉即衰周之烈士不爲熙朝盛世有之可令衆庶見耶

官太常疏稿二十卷黃岡官應震撰 縣志

梅中丞奏稿八卷麻城梅之煥撰 縣志

伏闕稿黃梅瞿罕撰 縣志

案伏闕稿一編據通志則瞿甲撰而黃梅志瞿罕傳內亦載是編查明史罕字曰有九歲白父冤葉向高聘君年譜敘曰甲年十四走闕上書則當時二子似皆嘗伏闕各有其稿故兩存之

國朝

奏議稽詢四十四卷黃岡曹本榮撰 縣志

是書仿歷代名臣奏議之體彙集自周迄明諸臣奏疏分六十六門然自君德至弭盜六十五門止二十六卷其中律歷一門又有錄無書最後禦邊一門自二十七卷起至四十四卷止共十八卷未免繁簡不倫體例未能盡善疑草創未全之本也 四庫全書存目提要

聖學疏曹本榮撰 縣志

金曹奏議黃安張錫謙撰

史部六 傳記類

明

仲志五卷麻城劉天和撰 明史藝文志

是編乃天和官總督河道都御史時以濟甯仲家淺有先賢

仲子祠故志其建置之由而并及其生平行事大略名之曰仲名志崇禎中仲子裔孫于陛等復增損舊本易以今名又繪象列圖於卷首 四庫全書存目提要 兩淮馬裕家藏本

碩輔寶鑑要覽四卷黃安耿定向撰 明史藝文志

定向以講學著論史本非所長此書乃其爲南直隸督學御史時所作上述虞夏下逮唐宋得輔相之賢著七十九人各爲讚述議論亦多膚淺其卷首論皐陶一條引陸九淵之言則其生平宗旨所在也 四庫全書存目提要

忠孝通考黃梅程夢麟撰 縣志

紀思錄 言善錄 知命錄黃梅瞿九思撰 俱通志

遺孝錄 忠志錄黃梅瞿甲撰 通志

聘君年譜黃梅瞿罕撰縣志

葉向高序曰漢陳蕃一布衣同時登三府者常愧先之劉蕡下第登科者皆發憤以先生文章造詣何啻蕃蕡世既無能爲漢人之愧與唐人之憤甚且以奇冤奪其公車之對至事明論定猶靳金馬門之一秩久之而後予豈非盛世一恨事先生有二子長孝廉甲年十四走闕下上書一日名徧公卿罕以先生授官及獻詩入長安者三往來皆徒步艱苦萬狀今又譜先生年精核詳備與前史儒林四嗟乎人間世有父子若此取贏於造物多矣予何必爲先生惜也節錄

體孝錄　膺薦疏瞿罕撰通志

續高士傳八卷　孝順事實廣註十五卷蘄州顧大訓撰通志

嶺南文獻錄三十二卷蘄州張邦翼撰

邦翼字君弼號軫南萬歷戊戌進士官至廣東提學副使集采粵中前哲之文分類編次先文後詩起唐張九齡訖於明之萬歷凡二百六十餘人於嶺南諸集搜輯頗廣四庫全書存目提要

十五朝文獻黃岡易道暹撰縣志

三楚文獻錄黃岡汪陛延撰

案是編本崇禎時無錫高世泰督學湖廣聘陛延等所輯同里易爲鼎高思忠汪三奇龍埴蘄州李本晟廣濟劉醕驥黃安吳應庚皆與其事

詞林人物考十二卷麻城王兆雲撰明史藝文志

是編錄明一代文士起於洪武迄萬歷仿昭明文選之例其人現在者不登每人各詳其事迹與所著作凡四百二十三人又補遺四十四人共四百六十七人節錄四庫全書存目提要

先進遺風二卷黃安耿定向撰毛在增補明史藝文志

是書略仿宋人典型錄之體載明代名臣遺聞瑣事大抵嚴操守勵品行存忠厚者爲多蓋明自嘉靖以後開國敦龐之氣日遠日漓士大夫怙權營賄風尚日偷定向陳先進懿行以救時弊故所紀多居家行己之細事而朝政罕及焉考其著書之時正分宜驕恬之日定向其有微旨乎其間如曲譽李東陽之類未免鄉曲之私提唱姚江之學亦未免門戶之見然著書大旨不在是略其小疵可也此本爲陳繼儒祕笈

所刻體例混淆原書與續集不甚可辨間有論斷亦不知爲誰語以行款推之殆每條第一字跳行者爲定向之書其第一字平書者爲在增之書歟今未見定向之原本不可考矣四庫全書存目提要

二孝子傳一卷耿定向撰明史藝文志

國朝

三楚文獻錄一百卷黃岡陳肇昌撰縣志

黃州文獻錄黃岡朱日濬撰縣志

計東序曰予聞黃州朱先生久矣今年壬子夏適館於督學王公公與先生同里數數爲予稱朱三兄菊廬予曰菊廬先生之爲人何如公曰闇然自修有質有文不矜不伐之君子

人也其爲文章原本六經內淑心性外有濟於用世予見公平日評隲天下人物秩然不稍假借以此信先生願望見之節錄

案原書標題黃州文獻下有萃園藏稿四字係日濬所著古文詞應入別集因可以考見黃州文獻故列史部

續三楚文獻錄黃岡王掄士撰縣志

孝行錄黃岡張一挺撰縣志

洛水年譜黃梅程士煥撰縣志

朱子年譜二卷蘄州陳詩撰州志

湖北先賢學行略黃梅喻文鍪撰縣志

杜工部年譜蘄水胡文翼撰縣志

孝行述略七卷羅田閻海撰

孝行錄黃岡周漢德撰縣志

宋名臣言行錄補編八卷蘄水蔡紹江撰縣志

歷代名臣錄麻城張世鎮撰縣志

孝思錄蘄州范正撰州志

史部七史鈔類

明

舉史三十卷　戒史十七卷蘄州顧天錫撰通志 佚

國朝

二十一史提綱麻城熊調鼎撰縣志

讀史要訣蘄水徐愈敬撰縣志

周末史鈔黃梅余文華撰縣志

讀史隨錄黃岡陶宜炳撰縣志

廿一史提要黃岡萬裕臨撰縣志

漢詔隨筆廣濟魏曇琯撰縣志

綱鑑摘要蘄水徐寶和撰縣志

綱鑑策要羅田徐鏞撰縣志

史鈔撮要黃梅鄧士紳撰縣志

經世則蘄水官純滋撰縣志

自序曰家大人訓予小子曰而讀唐史乎文皇每與羣臣言其臣皆恍惚失守無他不學之過也今學士大夫琢磨文筆炳虎雕龍斐然炫目矣乃擷華含實求之經濟百不一二焉一旦當大任責敷對蒼黃殘鼎丐羹動見肘露猶然試於鎖棘奉主司發策茫不知出何載籍也然則古人經生時卽以

天下爲己任豈其迂耶夫知今而不知古其失也陋知古而不知今其失也迂二者能兼學斯有用況熟經史諳故實以經世務直取諸懷而予之爾予小子受命而退廣搜博采類析條分勒成一書先詳典制之因革次列名賢之博議前有敘以引紀述之端後有論以竟區畫之緒上始姚姒下訖有明爲編十爲目六十有八爲卷百命曰經世則承父志也節錄

史部八載記類

明

安夏錄麻城劉天和撰縣志

西巡錄麻城熊蘷撰 縣志

國朝

梅川紀略廣濟胡卓然撰 縣志

史部九 地理類

明

治河通考十卷麻城吳山撰 縣志

問水集三卷麻城劉天和撰 明史藝文志 通志

嘉靖初黃河南徙天和以右副都御史總理河道乃疏汴河自朱仙鎮至沛縣飛雲橋又疏山東七十二泉自兗尼諸山達南旺河役夫二萬不三月訖工詔加工部侍郎此書蓋據其按視所至形勢利害及處置事宜詳述之以示後人一卷

末有治河本末一篇爲工部都水郎中鄖城楊旦所作以紀天和之績後四卷則皆前後奏議之文也 四庫全書存目提要 浙江鄭大節家藏本

河漕臆說 全邑志林黃岡樊玉衡撰 縣志

惠湖大紀麻城劉天和撰 縣志

旌陽錄略黃岡樊鼎遇撰 縣志

支硎山記 西湖紀黃安吳光龍撰 縣志

帝京景物略八卷麻城劉侗撰 明史藝文志 通志

是編詳載北京景物奕正摭求事迹而侗排纂成文以京師東西南北各分城內城外而西山及畿輔併載焉所列目凡一百二十有九每篇之末各繫以詩採摭頗疏王士禎池北偶談嘗譏其不考薩都刺集失載安祿山史思明所造雙塔事考據亦多不精確其爲朱彝尊日下舊聞所駁正者尤不一而足 四庫全書存目提要

國朝

巴州公案一卷黃安盧雲鳳撰 縣志

案是編歷敘乃祖爾惇官巴州時抗賊殉節事

治河末議黃岡程後濂撰 縣志

治河淮策麻城魯之裕撰 縣志

水道通考二卷黃岡馬正塾撰 縣志

漕運河道圖考一卷蘄水蔡紹江撰 縣志

歷代漕運論雜撰三卷蘄水徐寶和撰 縣志

地輿沿革考黃梅喻元澤撰 縣志

地輿考黃岡王一鄰撰 縣志

地輿圖補黃岡邱勃撰 縣志

諸史地理志彙鈔四十六卷序目一卷附論二卷蘄州陳詩撰 州志

瀕海策略蘄水桂啓芳撰 縣志

滇南錄蘄州汪存濟撰 州志

粵輶紀聞黃岡王鑾撰 縣志

粵遊紀略 東遊紀略黃岡汪兆柯撰 縣志

麗江梅坪雜山谷遊記黃岡沈啓洛撰 縣志

武陵人文一卷麻城王楠撰 縣志

湖北水要考蘄水胡文翼撰 縣志

明

浦江志略八卷麻城毛鳳韶撰 明史藝文志 通志

是編乃嘉靖丙戌鳳韶爲浦江知縣時所作分疆域民物官守城社財賦學校人物雜志八門又分子目四十有五較他志頗爲簡質 節錄四庫全書存目提要

臨清州志十八卷蘄州周禧撰 州志

代州志二卷麻城周宏禴撰 明史藝文志

吳縣志五十四卷黃岡牛若麟撰 縣志

會同志略黃安程自重撰 縣志

廉州府志黃岡鄭抱素撰 縣志

五華書院問答廣濟王大謨撰 縣志

國朝

武當山志十卷黃安盧維茲撰

蜀志黃岡孫如芝撰 縣志

西藏志四卷廣濟徐天球撰

此書名西藏志天球官四川知縣奉檄駐藏時所撰記山川風俗糧賦雜事其書現存 縣志

嵩山志二十卷黃岡葉封撰 通志

甯國府志 永安州志 漳平縣志黃岡王掄士撰 縣志

雲南通志三十卷黃岡靖道謨撰 通志

雲南先有康熙三十年舊志門目分合多不得當敘述繁簡亦多不中節此編刪訂釐正較爲條理分明 四庫全書存目提要

貴州通志四十六卷靖道謨撰 通志

視雲南通志爲簡略蓋舊籍寥寥無所取材故也 四庫全書存目提要

湖廣通志八十卷黃岡陳肇昌撰 縣志

湖廣通志黃岡王道明撰 縣志

省志訂譌自序曰予承之志局分修長沙乃取縣志府志及一統志而參酌之然反之予心而有未安者因作訂譌焉蓋有隆重勢位於崇高者則詳之而側陋者略焉是貴貴之書也專於貴貴則不平有篤愛家鄉强以族姻里黨之庸材而文飾之與英賢等是親親之書也局於親親則不公有奇節偉行而訾其過激者是善善之未宏也善善匪長則傷仁有

含垢納汚而美其包荒者是惡惡之未切也惡惡過短則害義至若葴異端者則摻仙佛之秘怪溺詞章者則裒藝文之浮夸是皆不足以垂訓也曷不以春秋綱目折其衷乎宰周公之會則書之王人以下不詳焉貴貴之義如是而已矣匪是則搢紳焉耳孔父之節則錄之正考父以下無聞焉親親之義如是而已矣匪是則家譜焉耳荀息之忠子野之孝宋伯姬之節皆大書焉蓋賢者之過猶愈於愚不肖之不及也文姜之孫仲遂行父之聘意如荀躒之會皆特書焉蓋尊親雖所當諱而三綱五典不可以淪也且夫同泰之捨身上清之致祀皆存之以示誡則仙佛之學豈周孔之名教乎柏梁

之聯句豕州之作記皆刪之以明蕪則辭章之技豈詩書之遺則乎不去此數弊志雖工勿善也噫前民之得吾之師前民之失吾之鑑烏可苟焉而已哉

案黄岡藝文志載王道明有長沙府志一卷據省志訂譌序云分修長沙則是編疑卽當時所分修者縣志別作一卷恐誤

湖北通志一百卷　湖北方域書九十九卷　湖北舊聞錄四十六卷蘄州陳詩撰州志

下荆南道志黄岡靖道謨撰通志

施南府志黄岡宋鏊撰通志

公安縣志黄岡孫錫蕃撰縣志

江陵縣志黄岡萬承宗撰縣志

江陵雜錄黄岡張光璧撰縣志

江漢書院志略四卷蘄州陳詩撰州志

明

黄岡縣志十卷黄岡呂元音等撰縣志

案此志成於明萬歷戊申年黄岡呂元音王同軌王追滄曹士謨所采輯而知縣茅瑞徵所裁定者也諸子皆著述才故文簡事核訓詞爾雅論者謂可與康對山武功志並稱云

麻城縣志略麻城熊吉撰縣志

麻城縣志略十四卷麻城鄒知新撰縣志

黄安初乘黄安耿定向撰縣志

蘄州志九卷蘄州甘澤撰明史藝文志

蘄州志十二卷蘄州王儼撰州志

蘄州志八卷蘄州夏忠撰州志佚

蘄州志六十卷蘄州顧天錫撰通志佚

天錫子景星去其重複加以論斷首沿革兵考次江防次震鄰次戶口次貢賦次徵榷次國用次卹政次封建次官職次人物次選舉次疆域山川次城池藩署次民風次仰占次災異次物産次軼事次祀典次老釋次鬼神次書籍次詩文凡六十卷其雜論僅存者今在白茅堂集知不足齋存稿

國朝

黄州府志二十卷黄岡靖道謨撰縣志

郡志注遺五卷黄岡張光璧撰縣志

岡邑續志黄岡呂德芝撰縣志

麻城縣志稿麻城王汝霖撰縣志

案是編本知縣王潞屬汝霖所修纂輯未竟會潞遷去故稿存於家竟未板行

麻城縣志十一卷麻城周維秬撰縣志

黄安縣志黄岡詹大衢撰縣志

黄國故錄黄安吳文鳳撰

蘄州志六卷蘄州盧紘撰通志

廣濟縣志十二卷蘄州陳詩撰通志

梅川拾遺五卷廣濟魏昌期撰
是編接采舊聞軼事足補縣志之遺通志
問津書院志黃岡王掄士撰通志
問津書院續志黃岡萬承宗撰縣志
案是編係承宗與張履恆同輯
史部十職官類
國朝
官箴警語黃安張鳴珂撰
史部十一政書類
明
三楚典故黃安熊光楚撰縣志

貢舉考一卷黃岡邱岳撰縣志
牧要篇黃安耿定向撰縣志
萬歷武功錄十四卷黃梅瞿九思撰明史藝文志
自序曰自恨余兒時第多讀三蘇語苦才筆陋惡諸所就業無文章乃市買班馬書以數十親點竄至十餘每種必別變置法生刲剝之諸奇字牋語若批亢擣虛亂趨倒走法舉無不字模句擬方繆敢操筆札蓋三閱歲乃幸就次既就矣余取自披讀大愧死此何者語乃敢曰列傳當盡投畀烈燬中已復自念方今水旱頻仍閭閻空竭有司一不戒諸羣不逞若楚劉汝國吳羅朝廣越丁仕卿閩柯守岳粵東林道乾西秀大梁車宗孔蜀九絲秦楊戬晉王漢臣魯侯沐封滇緬甸夜郎安國亨等率往往陸梁鼓噪如蝟毛而起島夷播州之役天戈凡再指而後僅能定之不無事矣正慶書鋪張舞兩階竄三危時也九思識慮誠淺小第所見僅及此以故作茲錄節錄　案西楊秀大句脫楊字
孔廟禮樂考六卷瞿九思撰
是書於孔廟禮樂沿革同異考證頗詳勝他書鈔撮舊文有同簿籍者惟二卷以從祀諸弟子編為歌括殊乖體例四庫全書存目提要
九思論廟樂不宜用菩薩蠻清江引諸野調殊有卓識王志
土俗章程瞿九思撰通志佚
宛濰政紀十卷黃岡官應震撰縣志佚

鹽法綱冊十六卷一名疏理成編蘄州袁世振撰通志佚
李騰芳序曰抑之於報功之後彙其所著部議所立綱法所處置食鹽諸事宜並其疏理始末若干卷合為一編垂之永久法為成法書為成書其篇中指掌利害量計本委蓋富疆之軌事於是為備矣節錄
籌兵三十六字策疏黃梅曹飛撰縣志
飛上籌兵三十六字策疏曰謹仰體聖心遵倣祖制廣集輿論鑑從前之敗壞究今日之戡定合之得三十六字承平日久武備不修兵事敗壞必有病源謹首陳兵事夙弊八字曰悖懈怯諱掣耗姤恥惟弊源一窮從茲起做圖新自可疾施更化善治之方矣軍國重務端有本源用人理財克盡厥職

所謂堂堂之師謹陳備兵本源十三字曰輔樞計縉將兵民屯漕河鹽錢稅正氣既固邪氣自不能入彼么麼小醜漸漸消滅安能久長作祟耶干戈四起猝難撲滅須有籌時妙算謹陳兵防急著十五字曰詔險保審海苗寇蒐優收制火陣車馬循此急著猛省振刷步步做出速速舉行毋蹈故常毋避勞怨庶幾救敗取勝又何難返積弛而登上理耶節錄

國朝

文獻通考纂鈔 黄岡張念祖撰

馬貴與序略云此書爲門二十有四卷三百四十有八而其每門著述之成規考訂之新意則各以小序詳之昔江淹有言修史之難無出於志誠以志者憲章之所繫非老於典故者不能爲也陳壽號善敘述李延壽亦稱究悉舊事然所著二史俱有紀傳而獨不克作志況上下數千年貫串二十五代而欲以末學陋識操觚竄定其間雖復窮老盡氣亦何所發明聊輯見聞以備遺忘耳後之君子倘能芟削繁蕪增廣闕略矜其仰屋之勤而俾免於覆車之愧庶有志於經邦稽古者或可考焉念祖纂此書節錄馬序弁首不更加論斷云

宋登科記三卷 蘄州陳詩撰州志

文獻通考輯要 黄岡萬鼎芬撰縣志

崇祀賢儒錄二卷 蘄水蔡紹瀛撰縣志

經制原委十卷 蘄水王德純撰縣志

史部十二 目錄類

國朝

嵩陽石刻集記二卷 黄岡葉封撰通志

是編乃康熙癸丑封官登封知縣時作也登封地在嵩山南故其所錄碑刻以嵩陽爲名考此書初出之時顧炎武潘耒皆嘗議之炎武之言曰開母廟石闕銘重曰二字出楚辭遠遊篇所謂言之不足而長言之也井叔誤以爲重日而言是年月一行案此一行今存六字二年之下重曰之上空石未鐫益明其非紀日矣耒之言曰太安二年後魏中嶽廟碑今在登封縣天寶十四載少林寺還天王師子記今在少林寺井叔石刻集記不知何以遺此其說誠然然炎武金石文字記采此記者不一而足而景日昣說嵩金石類亦全用此記古今金石之書其備載全文者在宋惟洪适之隸釋隸續在明惟都穆之金薤琳瑯餘不過題跋而已此書錄取碑文便於參考漢嵩山太室神闕銘開母廟石闕銘少室神道石闕銘以及唐之則天之封祀壇碑夏日游石淙詩歐陽趙洪皆失載而此記能收之洪書惟載漢魏歐趙二錄僅迄五代此書載及宋金元明東魏嵩陽寺碑東譌東矩譌短馴譌巡苑譌菀洋譌庠此書能是正之王士禎蠶尾集有封墓誌稱其精爾雅說文訓詁工於篆隸又稱其手輯嵩志二十一卷復旁搜漢唐以來碑板文字別爲石刻集記二卷辨證精博人比之劉原父聨倘功則當時亦重其書矣四庫全書存目提要

湖北金石存佚考三十二卷 金石史若干卷 蘄州陳詩撰州志

金石統錄二十四卷廣濟劉本煒撰縣志

集兩湖歷代名賢墨蹟十卷蘄州陳鑾撰鑾江夏籍

史部十三 史評類

明

史學集黃岡樊煒撰縣志

二十一史評論三十卷蘄州顧天錫撰

世史 尙史黃岡朱荃宰撰縣志

史評廣濟吴敏含撰縣志

萍廬史論麻城梅之熉撰縣志

史求四十卷黃岡萬爾昇撰通志

王一翥序曰昔鄭端簡公紀本朝事蹟卓有古風其集中所論往史獨有斷制如胡致堂眞西山所論不讓邱瓊山之續史然鄭有眞見不憑意氣不侈翻掀故永而可味萬歷末年立論者好用小慧自謂成一說一說弗成反與諸說有礙是一廢百也今不患不讀史患讀而無用不患不纂史患纂而紊舊必得約其志明其識者方可從靜中考訂夫志不約則綱違於經識不明則變窮於事約在守之而已明在旁悟而截其緜而已退修有焉節錄

國朝

讀史集論九卷蘄州顧景星撰通志

宋史刪黃安張希良撰縣志

史略黃安吴翥鳳撰縣志

各代史評三十卷黃岡易中瑜撰縣志

讀史管見十卷蘄州胡鴻然撰州志

讀史餘言二卷蘄州陳其殷撰州志

漢史辨疑黃梅洪基撰縣志

史餘二十卷黃岡陳堯松撰縣志

吴其濬序曰此書自漢至唐每帝各爲一賦橥事敷陳詳而不濫約而能賅提要鉤元折衷皆歸至當雖屬雕蟲餘技亦足覘其所蘊矣節錄

讀史閒言黃岡王鎭邦撰縣志

讀史管見黃岡王燕瓊撰

黃州府志卷之三十三終

黃州府志卷之三十四

藝文志　　黃州府知府英　啟纂輯

子部一 儒家類

明

心學圖　致知說麻城毛鳳起撰縣志

講學書劄蘄州顧問撰州志

柳塘遺書　求友錄二卷麻城周思久撰縣志

庸言二卷黃安耿定向撰明史藝文志

是編爲所著語錄凡七篇首釋經次沖言次輯聞次比紘次學筌次牧要次切偲節錄四庫全書存目提要

雅言一卷　新語一卷　教學商求一卷明史藝文志　通志儒宗傳縣志

耿定向撰

格物解麻城劉承烈撰縣志

性理三書圖解九卷蘄州韓萬鍾撰明史藝文志

此云三書者易學啓蒙律呂新書洪範皇極內篇也皆本無性理之名萬鍾蓋以永樂中修性理大全載此三書故從其後而追題之也節錄四庫全書存目提要

仁統　孔門愠解　實用編　和燮圖黃梅瞿九思撰通志

萬歷中御史史學遷按楚疏薦九思濂洛關閩正傳宜備侍從上命徵翰林添註待詔九思辭不就

退省錄黃岡王陞撰縣志

薛文清要語蘄水周光德撰縣志

自修編　自訟編黃梅瞿罕撰縣志

誨語自記　思齋記　了翁說　前後自訟黃岡樊玉衡撰縣志

康侯語錄黃岡蕭繼忠撰縣志

經濟錄　論世篇黃岡朱荃宰撰縣志

性理格言黃岡熊霈撰縣志

夙知錄黃岡李之泌撰縣志

自序曰六月八日又當初度先一日見吳草廬語昔程朱二夫子年十七八時已超然有卓絕之見慨然有求道之志然猶未至於化而死也今不肖年五十有二矣悟道亦不早知非猶已遲假如成童時喫力做去何致悠悠忽忽到今尚没

箇倒斷耶乃卽日取古今聖賢聞道發自早慧可紀記者二十有一人隨事牽意著數語因采先賢語以足其意指示後學題曰夙知錄抑之詩曰誰夙知而莫成衛武公年九十五猶好學警策如此今不肖雖老視武公猶少也敢自棄哉節錄

徵述錄廣濟張懋斯撰縣志

頤莊隨鈔黃岡萬爾昌撰縣志

國朝

性理或問　資善錄黃岡陳瑾撰縣志

居學錄黃岡曹本榮撰縣志

自序曰夫孩稺知能而同然之仁義已達墟廟哀敬而百千之禮制以生仁體事而皆存心隨處而各足顯微無間體用

一源此千聖之道所以朗朗高懸而世儒往往莫之悟也本榮學慙知路詣愧升堂閱歷淺則肯綮未嘗探索疏則義蘊匪備顧以區區之淺陋仰窺聖道之大全豈有當乎然而性命之故費隱之間其通一無二者猶可默契也後之君子亦可以推其志矣錄成凡答問十之六告語十之三雜著十之一言卒無心詞取達意故不復分別體例云節錄

五大儒語要曹本榮撰縣志

理學正宗蘄水桂陵撰縣志

時述遺編三卷麻城胡躍龍撰縣志

省身輯要二十二卷麻城李之素撰縣志

五倫攸敘錄黃安盧之憬撰縣志

理欲消長榮枯循環二圖說黃岡操之盛撰縣志

格物內外編黃安張希良撰縣志

朱子本義黃岡詹大衢撰縣志

萃古名言黃岡胡之太撰縣志

執禮紀要 克己錄 持敬篇蘄水徐雲宏撰縣志

李鳳翥序曰頃與先生長君向一遇於京晨夕過從因出先生平日所輯書四卷屬余序余受而卒業其持敬克己執禮三篇皆爲己切務下學上達於是乎在大學實功一篇補輯處尤發宋儒所未發即以質之濂洛關閩心源如一節錄

五達道衍義黃梅黃利通撰縣志

格言黃岡胡紹虞撰縣志

抱節軒類記黃岡陳大章撰縣志

果園家訓黃岡靖道謨撰縣志

實貫通論黃岡張一鋌撰縣志

鷺湖別錄黃岡龔錫恩撰縣志

蒹餘隨錄黃岡劉揚烈撰縣志

崇正錄二卷 家訓一卷廣濟阮文茂撰縣志

四子參訂語錄黃岡孫偉略撰縣志

困學日知錄黃岡王如曙撰縣志

苦功錄黃梅石志升撰縣志

質疑錄十一卷蘄州陳詩撰州志

孔子家語疏證十卷蘄水陳士珂撰縣志

融齋日錄黃岡李鈞簡撰縣志

性理淵珍黃梅石純儒撰縣志

三餘隨筆一百二十卷黃岡萬嵒撰縣志

陳詩序曰曩余童子時得宮定山先生所爲讀書紀數略其體源一出於王尙書小學紺珠而比物連類視昔加詳邇之又久則又病其疏漏何也夫數生於書者也書無紀極數亦無有紀極非盡名山之藏則不能無見遺之書非舉全書之要則又不能無見遺之數書遺數也數遺書也二者之遺蓋幾幾乎皆未能免昔之人詎不知此夫亦曰吾據其力之所及以爲之其未及者以待夫後之人之爲之而已矣黃岡三峯萬子與余同出何曙亭先生之門素績學戊午晤余漢上

出示所爲三餘隨筆其書體例不襲王宮兩家而推之愈廣語焉而詳蓋昔之人所以待萬子者而萬子則既已爲之矣萬子是書其志蓋與昔人同而其學則未有已也節錄

鼠腊編四卷萬嵒撰縣志

附參諸儒輯要黃安鍾樞撰縣志

困學紀聞集證二十卷黃岡萬希槐撰縣志

王鑾序曰予與蔚亭別久去夏一相晤於郡城甫縱談蔚亭即以食指蘸茗汁畫案上發明歷算家割圜八線諸術及勾股三角之異同夜分對牀同邸者鼾聲相續兩人惟條舉黃氏日鈔顧氏日知錄相旮難予又別出臆見質之若連山歸藏必不首艮坤易大小象傳必不可合堯典實僅虞書典謨

中稷字爲周諱追改武王未嘗滅殷周公不必不踐阼孔子出奔非歷聘三代貢助徹止各行畿內以及周子太極合於易而可不圖邵子先天不可不圖而實非易如是者數十條蔚亭皆聽而是非之而徐以攻訐古人爲戒今予觀其集證精博已不讓前人乃至原書偶誤則止附著所知不加辨駁其謙謹又何如也然則此書一出一以爲饋貧之糧一以爲去矜之藥善讀書者家置一編焉可也節錄

性理集注麻城胡兆鼎撰縣志

講明義利書廣濟卜元裕撰縣志

近思錄補注十四卷蘄水陳沆撰縣志

先正格言參訂黃岡蕭向榮撰縣志

先正格言十卷蘄州陳鑾撰

治家格言黃岡王燕瓊撰縣志

內省編黃岡許汝梅撰縣志

讀書記黃岡樊允武撰縣志

性理解　游藝編黃梅鄧士紳撰縣志

子部二兵家類

明

邊略黃梅瞿九思撰縣志

二十一史兵法黃岡汪陛延撰縣志

司城紀略黃安吳士仲撰縣志

國朝

平猺日紀黃安張錫謙撰

平崇紀略蘄水胡璧華撰縣志

歷代兵事考黃梅余錫椿撰縣志

武事類纂六十四卷黃岡熊耀春撰縣志

綏黔說略一卷蘄水蔡興槐撰

子部三法家類

明

時務表黃梅瞿九思撰縣志

下車草黃梅汪可受撰縣志

撥正諸書黃安韓勳撰縣志

子部四醫家類

宋

難經解一卷宋史藝文志　主對集一卷　本草補遺蘄水龐安時撰

安時兒時能讀書過目輒記父世醫也授以脈訣安時曰是不足爲也獨取黃帝扁鵲之脈書治之未久已能通其說時出新意辨詰不可屈父大驚已而病聵乃益讀靈樞太素甲乙諸祕書凡經傳百家之涉其道者靡不通貫嘗曰世所傳醫書予皆見之惟扁鵲之言深矣蓋所謂難經者扁鵲寓術於其書而言之不詳意者使後人自求之歟予之術蓋出於此以之視淺深決死生若合符節且察脈之要莫急于人迎寸口是二脈陰陽相應如兩引繩陰陽均則繩之大小等故定陰陽於喉手配覆溢於尺寸寓九候於浮沈分四温於傷

寒此皆扁鵲略開其端而予參以內經諸書考究而得其說審而用之順而治之病不得逃矣又欲以術告後世故著難經辨數萬言觀草木之性與五臟之宜秩其職任官其寒熱班其奇偶以療百疾著主對集一卷古今異宜方術脫遺備陰陽之變補仲景論藥有後出古所未知今不能辨嘗試有功不可遺也作本草補遺爲人治病率十愈八九踵門求診者爲辟邸舍居之親視飦粥藥物必愈而後遣其不可爲者必實告之不復爲治活人無數病者持金帛來謝不盡取也年五十八而卒節錄宋史方技傳

傷寒總病論九卷附音訓一卷　修治藥法一卷龐安時撰

安時本士人習與蘇軾黃庭堅游第六卷末附與蘇軾書一篇論是篇之義甚悉卷首載軾答安時一帖猶從手跡鉤摹形模略具又以黃庭堅後序一篇冠之於前序末稱前序海上人諾爲之故虛其右以待署元符三年三月作時軾方謫儋州至五月始移廉州七月始渡海至廉故是年三月猶稱海上人也然軾以是年八月北歸至次年七月卽卒於常州前序竟未及作故卽移後序爲弁也序中剷去庭堅名帖中亦剷去軾名考末附載音訓一卷修治藥法一卷題政和癸巳門人董炳編字知正當禁絕蘇黃文字之日諱而闕之此本猶從宋本鈔出故仍其舊耳宋史藝文志但載安時難經解前後兩見而不載此書文獻通考載龐氏家藏祕寶方五卷引陳振孫之言謂安時以醫名世者惟傷寒而已此書南

城吳炎晦叔錄以見遺似乎別爲一書而下列庭堅之序與此本同疑當時已無刻本故傳寫互異歟又載張耒一跋稱張仲景傷寒論病方纖悉必具又爲之增損進退之法以預告人嗟夫仁人之用心哉自非通神造妙不能爲也安時又竊憂其有病證而無方者續著爲論數卷淮南人謂安時能與傷寒說話豈不信哉此本未載此跋殆傳寫偶佚歟又耒作明道雜志記安時治驗極其推挹而葉夢得避暑錄話乃頗不滿於安時蓋耒蘇軾客夢得蔡京客其門戶異也然曾敏行獨醒雜記亦記其治泗州守王公弼中丹石毒甚奇又記其治公弼之女尤神異敏行於元祐紹聖兩局均無恩怨則所記當爲公論矣四庫全書提要

龐氏家藏祕寶方五卷龐安時撰文獻通考

元

傷寒大易覽黃岡葉如庵撰縣志

明

注陶節菴傷寒六法　幼科類萃　經驗良方麻城劉天和撰縣志

密齋藥書十八卷羅田萬全撰縣志

呂鳴和序曰萬生名全別字密齋廩生以不得志於八股棄而就青囊之業業輒精屢效以其效者誌諸篇文成數十卷先爲樵川太守李公付梓一時紙貴三湘因兵燹後板燬無存其孫達備藏一帙置壁中賴以免凡宦茲土者無不知此

書無不購此書然繕寫告艱又進其孫達而謀之捜括錙銖益以清俸募梓人凡八閱月卒工卷一十有八萬生之爲醫似其爲學非惟不使人知而若不敢以名醫自處者此其所以能爲醫也此其所以能爲書而可傳也節錄

保命活訣三十五卷明史藝文志　傷寒摘錦二卷　內科要訣三卷　幼科發揮二卷　育嬰祕訣四卷　片玉心書五卷　痘疹心法二十三卷　片玉痘疹十三卷　養生四要五卷　廣嗣紀要十六卷萬全撰俱通志

四脈發明一卷明史藝文志　月池人參傳　蘄艾傳　痘疹證治蘄州李言聞撰通志並佚

言聞字子郁博洽經史以醫爲業有醫學八脈注白茅堂集

醫學象陸篇黃岡樊煒撰縣志

素問靈樞解六卷　針灸至道三卷蘄州顧天錫撰通志並佚

本草綱目五十二卷蘄州李時珍撰明史藝文志

是編取神農以下諸家本草薈粹成書複者芟之闕者補之僞者糾之凡一十六部六十二類一千八百八十二種每藥標正名爲綱附釋名爲目次以集解辨疑正誤次以氣味主治附方其分部之例首水火次土次金石次草穀菜果木次服器次蟲鱗介禽獸終之以人前有圖三卷又序例二卷百病主治藥二卷於陰陽標本君臣佐使之論最爲詳析考諸家本草舊有者一千五百一十八種時珍所補者又三百七十四種捜羅羣籍貫穿百氏自謂歲歷三十書采八百餘家

稿凡三易然後告成者非虛語也其書初刻於萬歷間王世貞爲之序其子建元又獻之於朝有進疏一篇冠於首至順治間錢塘吳毓昌重訂付梓於是業醫者無不家有一編明史方技傳亟稱之蓋集本草者無過於此矣四庫全書提要

奇經八脈考一卷李時珍撰明史藝文志

是書謂人身經脈有正有奇手三陰三陽足三陰三陽爲十二正經陰維陽維陰蹻陽蹻衝任督帶爲八奇經正經人所共知奇經醫所易忽故特評其病源治法並正脈訣之失其法分浮沈遲數滑濇虛實長短洪微緊緩芤弦革牢濡弱散細伏動促結代二十七種毫釐之別精微無遺又附載宋崔家彥四言詩一首及諸家考證脈訣之說以互相發明與所

作八脈奇經考皆附本草綱目之後可謂既能博考又能精研者矣四庫全書提要

瀕湖醫案　瀕湖集簡方李時珍撰通志

庸皐醫學寶露　醫方人華集黃岡李之泌撰縣志

窺垣祕術黃安陳志明撰縣志

傷寒心要黃岡李大呂撰縣志

醫見私會　博宗方　彙編歌訣麻城彭長溪撰縣志

國朝

醫方祕纂黃岡程啓厚撰縣志

醫案黃岡陳繼謨撰縣志

脈法精微黃岡胥秉哲撰縣志

醫案紀略黃岡謝仁淑撰縣志

醫門集要二十五卷蘄州陳謨撰州志

津粱醫書蘄州李澤溥撰州志

易簡方書十卷蘄州蕭銓撰州志佚

醫學提要黃岡汪代棠撰縣志

醫方三昧蘄州陳雍撰州志

內經知要黃岡蕭麟長撰縣志

醫方通解黃梅石元吉撰縣志

靈樞得要黃安王侯紱撰縣志

傷寒綱領黃岡蕭鳳翥撰縣志

長春錄黃梅鄧錦撰縣志

自序曰是編不列方專談攝養之理亦曲突徙薪之苦衷焉節錄

傷寒新編鄧錦撰縣志

自序曰是編專論傷寒分六輪爲綱領凡病狀治法隅列卷後爲條目節錄

小觀書鄧錦撰縣志

自序曰人當急時無成方取辦幾至束手無策以故捃摭古方閒寓心裁證則隨地皆有方則隨人可解藥則隨時可辦且合南北寒暑强弱而皆宜若舍此而更無有右出者名之曰小觀節錄

脈法指掌　經絡會解　古方辨略　新方解略　醫學指要蘄州陳其殷撰州志

醫學全書麻城劉常彥撰縣志

濟世金丹　傷寒辨論黃岡邱翔撰縣志

子部五天文算法類

明

象緯類編三卷蘄州韓萬鍾撰明史藝文志

是書成於嘉靖壬辰採丹元子步天歌逐段分釋並爲之圖以馬氏通考所記彗孛客流陵犯之屬分隸各星之下合三垣二十八宿爲三十一條而五緯附於其後其自序謂便學者之考索非有所作大概與天元玉歷相同蓋當時未睹官本故又爲此裒輯耳四庫全書存目提要

國朝

天文樂律十卷蘄州駱呈符撰州志

黃赤道經緯圖　天學理數　蓋輿圖說蘄水潘紹經撰縣志

歷代紀元閏朔考蘄州陳詩撰州志

子部六術數類

明

皇極註解　四眞集要蘄州韓萬鍾撰明史藝文志

堪輿輯要黃岡樊煒撰縣志

三式全書黃岡官應震撰通志

官撫辰序曰式於天曰太乙太乙者道生一一生十百千萬億而不可勝循窮其本則自一始而太乙之神不得不尊太

乙定君基臣基民基以至大將主客歲時風雨無不定自洪濛至今丙子得年之數凡一千零一十五萬五千五百五十有三其閒陽九百六害氣所構無時不賴神聖以扼於陰陽交戰之會按一百四十四局以與造化爭權考之史册數與世符益知治亂興亡天人相與必取乎此式於地曰奇門奇門者縱橫什伍旋轉乾坤爲用至廣大矣分杪之數有差則起結之法不信計歲餘分五萬二千四百二十有五自洪濛至今崇禎九年冬至積閏得五萬三千二百四十億四千三百四十七萬一千七百五十分閏餘不謬而後千八十盤所用之局始確乎其不可易蓋天道運旋於地道之外八卦定位九星於此摩盪焉故居中而運動必向方吉凶悔吝不從門出者寡矣古聖君賢將所恃以燮理於內運籌於外者蓋取乎此式於人曰六壬六壬者干支甲子上下乘之日得十二至甲子周七百二十之數以周人世日用無時不與數俱第幾未動則隱幾一動而數始見聖賢擬言議動而鬼神來告者蓋取乎此節錄

五種祕竅全書黃岡甘霖撰縣志

河洛理數詮黃岡孫應鴻撰縣志

國朝

易林解黃岡胡夢熊撰縣志

易林解黃岡王成撰縣志

周天易數黃岡陳芳烈撰縣志

太極通書解廣濟李日躋撰縣志

筮法祕傳二十卷蘄州陳有夏撰州志

五行塵談黃安吳瑄撰縣志

經濟三書　形家言黃安趙光早撰縣志

風水本義一卷蘄州袁培松撰州志

武林樓地理詳考黃岡孫廷樞撰縣志

揆星圖說黃梅鄧朋撰縣志

山龍啟蒙　平洋發祕黃岡汪兆柯撰縣志

地理質疑黃梅黃經塾撰縣志

地理辨正詳訓黃梅洪基撰縣志

地理要言二卷蘄州胡昌才撰縣志

子部七藝術類

明

穎餘慵緒蘄州李樹初撰州志

書鄉小步蘄州陳仁近撰州志

國朝

書法緒言十卷黃岡陳大華撰縣志

書法省吾十二卷麻城劉振鐸撰縣志

書法彀麻城魯之裕撰縣志之裕太湖籍

子部八譜錄類

明

硯史　求眞志百區黃岡樊志張撰縣志

茶約一卷蘄水何彬然撰通志

是書略仿陸羽茶經之例分種法審候採擷就制收貯擇水候湯器具釃飲九則後又附茶九難一則四庫全書存目提要

舟略黃岡汪陛延撰縣志

國朝

墨品廣濟張仁熙撰縣志

盋川畫譜黃岡謝仁溢撰縣志

梅譜　琴譜黃岡方可發撰縣志

子部九雜家類

明

名義考十二卷蘄州周祈撰明史藝文志 通志

祈始末未詳前有萬歷甲申劉如寵序稱爲周大夫又有萬歷癸未袁昌祚重刻序稱其嘗爲民部郎又稱其從幼時授經至綰組擁軺不知確爲何官也其書凡天部二卷地部二卷人部四卷物部四卷各因其名義而訓釋之其有異同則雜引諸書參互辨證雖條目浩博不無譌謬如論月星則不知推步之術論河源則全據傳聞之誤論廣輪則不知周禮先有此文論化日則不知潛夫論實無此語論鮮卑以柳城爲柳州論肉刑以漢文爲魏文論箜篌爲即琵琶論杜甫詩竹根爲酒杯如斯之類牴牾恆有然訂謬析疑可取之處爲多惟援引舊文往往不著出典不免明人著書之通病云爾四庫全書存目提要

閨訓禮纂　自娛篇　自怡篇　烏光傳一卷黃安耿定向撰縣志

內外篇二卷麻城周宏祖撰明史藝文志 四庫全書存目提要 通志

聞見錄　同道錄麻城劉承烈撰縣志

仿古篇　蓍艾篇　肖元錄　幽贊錄黃梅瞿九思撰通志

何之子一卷麻城周宏禴撰明史藝文志

宏禴字元孚萬歷甲戌進士官至尚寶司少卿是編乃其初謫代州州判時所作汝南吳同春序稱其語似關尹子節錄四庫全書存目提要

百子咀華十四卷羅田胡效臣撰明史藝文志

智品十三卷黃岡樊玉衡撰於倫補輯明史藝文志

是編蒐輯古初至明代用智之事分爲七門一曰神品察兆於未萌者也二曰妙品知幾於將至者也三曰能品救敗於已然者也四曰雅品端士之善應變者也五曰具品小才之偶見長者也六曰譎品純任術者也七曰盜品陰賊害正者也節錄四庫全書存目提要

歸正解麻城劉秉鑰撰縣志

雜說六卷麻城彭好古撰縣志

文苹十卷蘄州夏忠撰州志

說劍集黃梅曹飛撰縣志

鹽邑志林六十二卷黃岡樊維城撰明史藝文志

是編乃維城官海鹽縣知縣時輯海鹽歷朝著作共爲一集

凡三國三種晉二種陳一種唐一種五代一種宋三種元一種明二十九種其中如陸績易解之類多出抄合明人所著又頗刪節大抵近說郛之例四庫全書存目提要

道器括囊一千六百卷蘄州蕭霽撰州志佚

後松園人物博覽蘄州顧天祚撰州志

自警編廣濟金鼎赤撰縣志

漁臺說書 餘餘篇黃岡魏公韓撰縣志

周子世業蘄水周健行撰縣志

後絕交論黃岡王一才撰縣志

麈談十卷黃岡朱清仁撰縣志

里仁會約黃岡程通撰縣志

國朝

漁唱答贅文通黃岡王追醕撰縣志

雲溪雜著蘄州張士淑撰州志

劬堂雜著蘄州陳謨撰州志

辨譌一得廣濟吳巨禮撰縣志

綜雅論餘論廣濟舒逢吉撰縣志

居閒錄二十卷廣濟劉本煒撰縣志

耳提錄蘄州顧昌撰州志

古學彙編四卷蘄州蕭銓撰州志佚

三芝堂筆記十卷廣濟舒學源撰縣志

天文地理考黃岡孫偉略撰縣志

三沙小式黃岡王如玫撰縣志

如濂隨紀蘄水汪世燦撰縣志

策略黃岡王道明撰縣志

文石客問麻城熊調鼎撰

調鼎字文石博極羣書此編設爲問答自天文地理中西歷法並太極元會性理心學靡不宣究於漢儒考證宋儒義理兼有心得縣志

經史諸解四十卷黃岡朱澤遠撰縣志

石可齋策略黃岡張念祖撰縣志

比事剴言蘄水潘紹經撰縣志

秭歸提命錄蘄州張夢堉撰州志

多識手箋廣濟梅開泰撰縣志

焚餘筆札黃梅余行芳撰縣志

劬書堂六夢略十二卷　升菴謠諺補　坳硯齋雅目編八卷

黃岡陳本謙撰縣志

三才合一說麻城張世鎮撰縣志

見聞紀略黃岡汪兆柯撰縣志

讀書得閒黃安盧璠撰縣志

日知錄黃梅黃經塾撰縣志

刪訂古事苑二卷蘄水蔡紹瀛撰縣志

子部十 類書類

明

類編麻城彭好古撰縣志

徵古堂類編黃岡傅之蓁撰家藏本

名物考十卷麻城劉侗撰內府藏本

是書分二十三部附物理考通徵志二篇皆采輯類書而成

節錄四庫全書存目提要

國朝

松源彙編蘄水程維伊撰縣志

羣書衲四卷　續羣書衲四卷黃岡高登雲撰縣志

其弟登瀛跋曰是集積百集以成帙大無不包小無不貫流乎三才窮乎萬物靡不藏於其中余因手錄既竣爰跋數言並紀其目類計一千三百五十九類類中分列不勝紀焉節錄

玉田寶藏上下二卷麻城李之素撰縣志

青箱類事黃岡王追醇撰縣志

類解三十卷黃安韓名世撰縣志

讀書記黃安吳大柱撰縣志

文藝通考蘄水萬元常撰縣志

人物通志黃岡王一鄰撰縣志

人物備考黃岡林期昌撰縣志

古今姓韻略編蘄州張兆講撰州志

事物尋源三卷蘄州駱沛宜撰州志

事類叢鈔六十卷　尚齒會彙編二卷蘄州陳詩撰州志

姓氏紀略二卷　李氏蒙求疊韻黃岡陳本謙撰縣志

策志合編　漢魏諸書集錄黃梅湛深撰縣志

文選集證黃梅喻元澤撰縣志

芸窗筆獵黃岡萬渭撰縣志

左駢黃安盧繪雲撰縣志

姓氏合編黃安吳大柱撰縣志

廿二史蒙求疊韻三十二卷黃岡陳樾撰縣志

人志黃安盧繪雲撰縣志

子部十一 小說家類

明

譯異篇　觀生紀黃安耿定向撰縣志

紀聞麻城鄧楚望撰縣志

耳談十五卷黃岡王同軌撰明史藝文志
同軌字行父由貢生官江甯縣知縣此書皆纂輯異聞亦洪邁夷堅志之流每條必詳所說之人以示徵信則用蘇鶚杜陽雜編之例前有陶冶序稱其事不必盡核理不必盡合文不必盡諱亦小說家之定評也節錄四庫全書存目提要
行役紀聞黃梅石崑玉撰縣志
鳴冤錄蘄州夏忠撰州志
耳聞錄黃梅胡宦撰縣志
王氏雜記十四卷麻城王兆雲撰明史藝文志
兆雲有詞林人物考已著錄是篇凡湖海搜奇二卷揮麈新談二卷白醉璅言二卷說圃識餘二卷漱石閑談二卷烏衣佳話四卷皆雜記新異之事本各自爲書後人裒爲一帙總題曰王氏雜記非其本名也其中烏衣佳話明史藝文志作八卷此本僅前後二集每集分上下卷或爲合併或爲缺佚均不可知節錄四庫全書存目提要
驚座新書八卷　王氏青箱錄十二卷王兆雲撰俱明史藝文志

國朝

菊廬快書蘄水楊繼經撰縣志
家塾警言一卷麻城李之素撰縣志
藕灣訓兒四編廣濟張仁熙撰縣志
好生錄蘄州張承瑞撰縣志
韓氏庭訓黃安韓名世撰縣志

三成堂家訓黃岡鄒亙初撰縣志
坳堂夜話麻城徐家麟撰縣志
先世清白遺編黃安吳兆灃撰縣志
聞見錄黃安吳大桂撰縣志
枕略黃岡樊齊敏撰縣志
訓勺初言黃梅石嵩年撰縣志
三生瑣談二卷蘄州陳艮翼撰州志
道聽錄二卷　敬遠錄蘄州陳詩撰州志
類說廣濟陶金矩撰縣志
雉山小紀蘄州胡思謙撰州志
夢草錄黃梅吳世傑撰縣志
碎金零拾二卷麻城熊調鼎撰縣志
汲古綆黃安吳東昱撰縣志
修身教子篇二卷蘄水王德純撰縣志
小正韻言蘄水范世瑛撰縣志
觸書家範黃梅喻元鴻撰縣志
續新亭叢語黃梅何玉琴撰縣志
祛塵子二卷黃梅吳鑠撰縣志
春明隨筆　宦海紀聞　田閒雜記黃岡王燕瓊撰
客窗消寒筆記羅田匡慶榆撰縣志
房陵雜記黃岡許汝梅撰縣志
壺齋雜錄蘄水徐肇嵋撰縣志

經餘碎筆羅田周遠炳撰縣志

空空齋囈語隨錄蘄州黃兆魁撰州志

子部十二釋家類

明

楞嚴解 楞伽解 方外記蘄州顧闕撰通志佚

佛鑰黃梅瞿九思撰通志

國朝

道心亭說黃梅汪可受撰縣志

心經解 一貫錄麻城汪錫朋撰縣志

子部十三道家類

明

道德經疏蘄水周光德撰縣志

南華新解訂訛黃安趙文淵撰縣志

國朝

丹書集成黃安趙光早撰縣志

老子注 南華經注黃岡王家璧撰

黃州府志卷之三十四終

黃州府志卷之三十五

黃州府知府英 啟纂輯

藝文志

集部一楚詞類

明

離騷註黃岡汪陛延撰縣志

楚詞章句七卷蘄水劉夢鵬撰

夢鵬此書就諸本字句異同參互考證亦頗詳悉節錄四庫全書存目提要

集部二別集類

宋

柯山集二卷黃岡潘大臨撰文獻通考縣志

大臨字邠老唐太僕卿季荀之後衢之曾孫鯁之子寓居齊安得句法於東坡與洪駒父徐師川善山谷嘗稱邠老天下奇才也年五十沒潘子眞詩話

黃州雜詠黃岡何頡之撰縣志

蒙山集十卷宋史藝文志 高隱集七卷蘄州林敏功撰通志

敏功嘗以春秋預薦不第有詩文百卷號蒙山集兵火後不存陳振孫書錄解題

敏功年十六預鄉薦下第歸歎曰軒冕富貴非吾願也杜門不出者三十年弟敏修字子來俱以詩文相高元符末蔡元度薦之累徵不起政和中賜號高隱處士二林詩文凡千餘

篇號松坡集江西詩社宗派圖錄

案張旋均王如玹楚北詩佩林敏功著高隱集七卷蒙山集百卷查州志藝文曾伯端作高隱小傳有詩文百二十卷見后村詩序與此卷數殊異今依宋史仍題十卷

無思集四卷蘄州林敏修撰文獻通考

敏修與兄敏功以文字相淬厲元符時隱居自樂楚北詩佩

二林詩極少曾伯端作高隱小傳云有詩文百二十卷今所存十無一二兄弟皆隱君子不獨以詩重通志江西詩派小序

案高隱處士宋政和中賜號子仁有謝表故宅在蘄州山中地名三十六水據王龜齡纂集百家注蘇詩姓氏蘄陽林氏敏功敏修之次有敏中字子敬又有林氏明仲林氏致約是蘄陽林氏之能詩者又不止子仁子來也

遠遊堂集二卷蘄州夏倪撰文獻通考

后村詩序云倪字均父竦之諸孫集中如擬陶韋五言疊疊逼眞律詩用事琢句超出繩墨言近旨遠可以諷咏

案陳振孫書錄解題知江州蘄春夏倪均父撰

倪自府曹左官祁陽監酒文詞富贍儕輩莫及赴江守日張彥實有贈行詩未覺朝廷疏汲黯極知州郡要文翁均父朝夕諷誦之其服官之勤可知也詩文一卷呂紫薇爲之序江西詩社宗派圖錄

溪園自怡集十卷蘄州吳億撰宋史藝文志

吳億父擇仁爲尚書億官靜江倅居餘干有溪園佳勝世傳其樓雪初消詞爲建康帥晁謙之作書錄解題

案陳振孫書錄解題溪園集十卷無自怡二字蘄州作蘄春

元

文公性理吟一卷廣濟何朝舉撰縣志

明

東蘄集二卷富順王朱厚焜撰通志佚

厚焜幼孤未就外傳稍壯愧與長者語乃潛心學問發憤至廢寢食遂博貫羣藝王復嗜詩兼精繪事一日拂素圖蜀葵移曝日中蜂蝶叢集花上拂之輒來其神妙動物如此藩獻記

大隱山人集樊山王朱載崞撰通志佚

載崞字昇甫喜讀書博極經史爲人脫略不羈能折節下士

藩王故不投人名刺接諸搢紳亦無賓主禮王獨易之藩獻記州志

廣燕堂集二十四卷樊山王朱翊鉽撰通志佚

翊鉽翊壓翊鍫兄弟皆工詩嘗共處一樓號花萼社明史諸王傳

玉光齋詩草鎭國將軍朱翊鍫撰通志佚

翊鍫字叔衞京山李維楨序其集通志

詹同文集三卷黃岡詹同撰明史藝文志

天衢舒嘯集　海涓集詹同撰通志

海天淸嘯集黃岡潘子安撰縣志

觀光集　錦榮集黃岡江淵撰縣志

萬松窩集蘄州王翰撰州志佚
漫興稿蘄州甘瑩撰州志
東溪集麻城熊經撰縣志
損齋文集二卷　損齋詩集麻城董樸撰縣志
南閭紀行詩　立庵集蘄水李汰撰縣志
日新稿蘄州華鑾撰州志
獨醉稿蘄州陳溱撰
菊山遺稿蘄水田重器撰縣志
田貢序曰先君子學成數奇屢困場屋無暇於詩文或迫而應之則狀趣紀事信筆登紙殊不經意然機軸自出不飣餖陳言識者賞之貢不肖今年六十矣乃輯其詩與文及人所

贈輓之詩文皆僅得什之一以遺後人云節錄
自怡集麻城陳文撰縣志
大安遺稿麻城劉天和撰縣志
望之詩文集八卷蘄州王儼撰州志佚
聚峯文集　石潭集麻城毛鳳韶撰縣志
存笥稿詩文集蘄州李樸撰州志佚
夢澤集二十三卷黃岡王廷陳撰明史藝文志
其集一刻於淮南再刻於蘇州此本乃其從孫追翫知潁州時所刻乃第三本也廷陳少年高第以恃才傲物至放廢終身器量殊爲淺狹其詩則意警語圓軒然出俗王世貞藝苑卮言稱其如良馬走阪美女舞竿五言尤似長城又稱王稚欽吳明卿之五言律各集妙境專至而有餘朱彝尊靜志居詩話亦謂其音高秋竹色豔春蘭樂府古詩殊多精詣蓋在正嘉之閒何景明最爲俊逸廷陳之天骨雅秀抑亦驂乘矣節錄四庫全書存目提要
皇甫汸序曰夢澤集者齊安王君之作也君名廷陳字稚欽號夢澤子因以名集云君穎慧絕倫髫齡即能綴文殆由性靈非假師授黃童世謂無雙倚相時稱能讀咸楚產也君實似之是集也樂府古詩潘陸齊軌下擬陰何五七言律沈杜比肩參之盧駱文效左氏國語而兼騁班馬書類東京尺牘而雄視崔蔡足以不朽矣節錄
顯侗集蘄水周瑯撰縣志

居湖集黃岡吳良吉撰縣志
愚溪詩稿　湖上吟集黃梅胡慶運撰縣志
雪堂集黃岡陶珪撰縣志
鳴蛩集黃岡萬民望撰縣志
征邁集羅田胡明通撰
蜀稿　見一山人集黃岡呂禧撰
楊愼有蜀稿序縣志
日巖詩文三十卷　詩文外集十卷蘄州顧問撰通志佚
應叩鳴集蘄州陳仁近撰州志
駢雲文集　綠雲齋詩集羅田闞紹峴撰縣志
肖鶴詩　箏老吟　菊侶咏黃梅曹麟撰縣志

耿天臺文集二十卷黃安耿定向撰 明史藝文志

定向有碩輔寶鑑要覽已著錄是集爲其門人劉元卿所編凡詩賦一卷雜文十九卷末一卷爲時藝蓋用宋文鑑收張才叔經藝例也定向之學歸宿在王守仁故集中第十三卷以薛瑄諸人爲列傳而以守仁爲世家此皆陰用史記孔子世家之例不但以守仁封新建伯也黃宗羲明儒學案列之泰州王艮派下摘其與張居正論趙用賢吳中行等書以爲雖欲少殺其禍亦近於誦六藝以文姦言又摘其劾御史王藩臣疏以爲鉗制言官考與居正書在第六卷中核其詞意蓋求寬言者之罰不得不先解居正之怒求解其怒不得不先順其意而使之喜於是借伊尹之任以獻諛頌遂爲天下

口實糾王藩臣疏今在第二卷中大旨愠藩臣劾巡撫周繼未以揭帖送都御史使藩臣所劾不實定向糾其妄奏可也乃因遺誤送揭閲一月之後始糾其不實此爭私憤非爭公論矣顧允成作客問以詰定向定向不能答厥有由歟大抵定向之學兼講作用觀其全集大略可知宗羲所論雖責備賢者之言要不可謂之無因 四庫全書存目提要

性命集蘄州徐之徠撰 州志

苾芻庋閣集廣濟張步雲撰 通志

步雲字子龍廣濟人少入州庠荆藩擬賓選先生煎荷汁以自污免嘉靖辛酉舉於鄉官太平知府致仕歸與宗子相吳明卿同邑寇巨源劉敬伯唱和無虛日年踰九十手不釋卷

著三益堂集 楚北詩佩案集名互異今並存之

兩易子集廣濟張皆然撰 通志居業齋稿

僉川集廣濟張亭然撰 縣志

詩刪續稿麻城鄧楚望撰 縣志

岣嶁山人集黃岡王追美撰 縣志

侍御詩草黃岡王同道撰 縣志

王同軌侍御遺草序曰伯兄純甫跌蕩磊落幹濟優裕慷慨言事不習脂韋獨於詩文含光斂采不示人以璞又云情以牢騷而思日沈鬱境以曠蕩而法日婉麗才以淹綿而筆日融鍊枯桐含音固自性成而虎穴得子則流放之力也 節錄

絅齋詩集十卷黃岡袁文伯撰 縣志

蜀游草　明月山詩集蘄州李建中撰 州志

吾兼亭集　粵中稿麻城邱齊雲撰 縣志

三秀集黃岡范芝撰 縣志

蒼蒼閣稿　合江亭草　遊燕草　蘭馨集黃岡王同軌撰 縣志

茅瑞徵黃岡縣志云同軌諸集板藏於家案錢牧齋詩引云行父嘗從吳明卿遊與王弇州李雲杜善作詩不多自有風格不欲寄諸公籬下 古檜閣薈談

南北吟草黃岡王同泰撰 縣志

無居雜詠黃岡程詹撰 縣志

何元方遺集黃岡何元方撰 縣志

非非草黃岡王追璞撰 縣志

正菴文集黃岡陶作聖撰縣志

柏舉文集三卷　青氊集　歸來集麻城熊吉撰縣志

洞龍集黃安吳心學撰縣志

棲鳳堂集十六卷蘄州顧闕撰顧氏家傳佚

二餘齋集五卷廣濟寇學海撰通志

陳文燭序曰廣濟寇山人詩才雄格高尤長近體如懷村居則溪雲侵座冷山雨入簾疏感懷則貧久交遊見時違笑語非其五言佳境乎如題山居有藜杖溼扶花外雨竹籬寒抱石邊流懷謙之有從來詞賦人多忌莫怪江湖我獨醒送肖甫有帝自非熊先得兆士雖屠狗亦銜恩別子謙有主恩不淺君求去客路無媒我未歸送惟允有皖城月照湖山靜熙水風生海樹寒送惟寅有蓮花波色帷前靜桃葉晴光掌上明非其七言佳境乎至淮陰一作人人誦之所謂百戰堪憐千金自重恨不起韓侯而擊節焉二酉園集案園字通志作堂

易州集　三舍篇蘄水易之貞撰縣志

案之貞雅善詩宗法少陵見李見璧易楚衡先生傳

遣興詩稿蘄州陳日恆撰州志

晚圃雜詠　烟蓑堂詩文集蘄水張敬菴撰縣志

官正德晚圃雜詠序云詩發乎情實根於性敬菴張先生性甚醕情甚深而數甚不偶居稽之餘發爲咏歌寓縱橫於溫柔莫不與其性情相赴三十年來杜門終養益殫精於著述製有諸經註解及烟蓑堂詩文等集秋杪因予札候爰舉晚圃雜詠一帙見寄吟思淡永卓持己意以周旋是性情之敦厚和平較向所見諸筆墨又深且醕焉晚圃之稱信有味乎其言之矣節錄

文莫堂集黃梅瞿九思撰案瞿九思文集七十五卷見明史藝文志

九思學極奧博其文章不雅馴然一時嗜古篤志之士亦鮮其匹通志

明詩擬　明詩樂章瞿九思撰縣志

葉向高序曰先生書成上窮羲皇下及昭代無不包羅唐虞鄒魯濂閩之旨無不貫串精而禮樂詩書粗而典章文物汗漫而及於百家衆說無不兼綜又爲明詩擬及明詩樂章節錄

東山雙隱詩集黃梅汪美汪勳撰縣志

章宗理序曰夫二山人恬淡曠逸觸景成詩不知凡幾而輒成輒自棄去玆所存僅十之一耳雖然賦詩豈必多非少陵之語乎卽此寥寥數百言出而二山人之詩名隱德並著於天下後世矣節錄

怡怡堂詩集黃梅汪美汪灼撰縣志

程夢麟序曰怡怡集汪伯子仲子季子唱和詩也伯子仲子舊有東山雙隱集給諫羅匡湖序之既刻於螺川嗣有東山雙隱續稿司理邢君箴抑刻於邑中大隱瞿慕川序之節錄

王屋山人集蘄水朱期至撰明詩綜縣志

水竹居詩集麻城周宏祖撰縣志

周問卿詩集一卷　澄海集麻城周宏禴撰通志佚

梅司馬遺文麻城梅國楨撰縣志

燕臺集梅國楨撰縣志

陳以聞序曰司馬他作恨無從購僅從長公搜廢帙得燕臺詩一編如題詠贈擬切景肖象極才人之致至若感懷七夕諸篇每從月下呼白狂嘯長吟未嘗不颯颯風生作斫地擊壺之狀又如面對司馬搔首問天起舞馬座令曹蜍李志輩耳聾心動駭悖欲死而莫知豪舉之所從也得非司馬眞精神勃勃逼人乎節錄

少參遺文　少參遺詩麻城梅國樓撰縣志

退問集黃岡王陛撰縣志

江汝社集　四六草　尺牘草黃安耿汝愚撰縣志

名山閣詩鈔　環翠樓詩文集廣濟王大謨撰縣志

石居士詩刪黃梅石崑玉撰縣志

董其昌序曰公結髮稱詩以唐爲範其論本朝詩以高楊張徐爲正始雖與七子同世未嘗有所附麗今讀其古風近體五七言諸什氣骨蒼勁格律沈雄往往規摹少陵卽溢爲變體亦在昌黎樊川閒節錄

與善堂草　赫虩編黃梅瞿甲撰俱通志

餘力稿黃梅瞿罕撰

吏隱公集黃岡樊煒撰

朱陵洞稿四十卷黃岡王一鳴撰縣志

一鳴字伯固以進士宰太湖調臨漳負才自放不爲吏道所拘左官不得志飲酒近婦人而死伯固爲稚欽之從孫其族有同軌者繼稚欽稱詩識伯固於兒童時以稚欽衣缽授之伯固之得名自此始尉氏阮漢聞序其詩曰伯固再令臨漳之歲淹京邸三月酒酣大叫黃金白雪流毒千載授予自訂稿一帙爲人攜去無何歿於官戊戌過涇陽驛見鮮壁詩一章今但記孤臣長蕢士萬事隔雲霄兩句耳伯固師法少陵每一讀輒批評而封識之其專勤如此所與稱詩者阮及秦京也牧齋詩引

元匯集　不昧堂詩集蘄州汪宗文撰通志

苦心稿　北遊稿黃梅石柱國撰縣志

長卿詩集黃岡樊鼎遇撰

集有小草南草蓋草戴星草病草空草諸目縣志

榛苓遺草廣濟楊大鼇撰縣志

漁磯集廣濟楊晉撰縣志

師白齋集廣濟吳亮嗣撰縣志

應璜集　卷懷集蘄水郭士望撰縣志

南北遊詩稿　楚邱集　度遼集麻城邱坦撰俱縣志

西征吟　荔支吟黃岡杜應芳撰縣志

青袍草　壺隱草麻城周之夫撰縣志

寄生草麻城陳以聞撰縣志

中丞遺文　中丞遺詩麻城梅之煥撰縣志

泮廬偶集　芥舟續集麻城梅之熉撰縣志

三不朽集黃安盧堯臣撰縣志
小遊草黃梅曹飛撰縣志
紫巖集黃岡樊維城撰縣志
遂初賦稿　倦山詩文集蘄州蕭震撰州志
東曙詩文集十卷蘄州蕭霽撰通志佚
荷汀集　芸香草蘄州李具慶撰州志
石季常遺稿黃梅石有恒撰縣志

俞長城序曰余年十齡讀石季常先生文高古腴鍊心酷嗜之以爲秦漢以下無是書也又聞先生楚人尹浙元旦殉難大節奇偉益重其爲人嘗遊彭蠡過洞庭訪先生故居里人言懷宗予贈謚賜祭葬春秋享祀予孫林立先生之才節固

宜貽榮身後既慕其人益思其稿有友人爲黃梅令致書求之不得蓋兵燹以來湮沒於煨燼中者多矣夫自幼嗜之歷今三十年過其里就其居索之而不可得然則所存數首可勿珍惜以傳於後乎先生子確文似其父而益加少故不復錄夫秦碑漢碣漂搖風雨霜雪中凋零磨滅愈見其古石家文其近是耶

無齋文稿蘄州田雨公撰州志
玉楮集蘄水朱廷錫撰縣志
康谷子集廣濟劉養微撰明史藝文志

是集前三卷爲樂府及詩四卷其說鈴及自譜四則其詩宗李夢陽而才力薄弱頗窘於邊幅其說鈴內極推夢陽爲古色過於子美未免爲偏好之言五卷以下附其弟養吉詩文及其遠祖天行文煥等傳又附劉秉鈔石涙詩鈔劉酺駿盟鷗集劉鵾化味閒軒遺稿數種皆寥寥數篇姑備劉氏一家之書而已四庫全書存目提要

横鶴老人詩黃岡李藻撰縣志
金斗吟　西山咏黃安吳光龍撰縣志
焚餘草羅田周明偉撰縣志

艾南英序曰楚之有騷三百篇之變也騷之有卜居漁父後世客難解嘲賓戲之所自始也然則詩文理備於楚矣予少客西陵從李孟白梅長公兩先生遊兩先生皆喜言詩其從諸子姪內至婢侍無不喜言詩者當是時莫不推周子白石

無何白石令始興始興之士爲刻其詩文以行世而君以弁言爲屬意其以焚餘名篇得毋存什一於千百如世之不得志者之爲乎夫君非屈氏比也遭遇聖明綰綬分符發而爲文敷陳吏治條晰民隱咏歌太平之風與文學弟子雍容講習如古洙泗無屈子之不偶而有其文章世之知白石者非獨以其詩文也雖然子賤之鳴琴何與令事而遂爲賢者美談白石之政吾以詩文卜之矣節錄

耐仄居詩蘄水張啓佑撰縣志

黃正色序曰予嘗訪同學張君啓佑造其居雖逼處闤闠而蕭然自遠也其弟翔友出啓佑耐仄居詩一帙丐予序予受而觀之清響孤超留人耳目如懷秋英飲蘭露覺人間體薦

穀烝不堪舉筋予乃知啓佑以詩人自隱於長桑之術非凡流也夫詩不尚多亦不尚豪駿傳神寫照只在阿堵中啓佑之詩每因一二字迴別便覺通體皆靈置之吉州司戶集中似亦莫辨 節錄

雜文詩詞八卷蘄州顧大訓撰 州志

錦石巖集　不窺園集蘄州董一化撰 州志

石室集六卷　詩文雜著四十卷蘄州顧天錫撰 俱通志 佚

後松園集蘄州顧天祚撰 州志

鷦枝館集　蓼堂集蘄州王允陞撰 州志

璧山文集黃安張鵬翔撰 縣志

觀瀾集黃梅胡宦撰 縣志

月燈文稿黃梅蔣泉撰 縣志

無懷詩集　後軒集黃岡呂元音撰 縣志

若谷遺文黃岡靖科元撰 縣志

落星亭集蘄州張效葵撰 州志

雪巔詩集廣濟張楚偉撰 縣志

問有山房集　雪泿篇黃安秦如容撰

兩使草　雨湖漫興詩廣濟王逢年撰 縣志

曹喜玉詩文集黃岡曹之棟撰 縣志

待刪草廣濟饒于豫撰 縣志

智林村稿　長跡園稿　青蓮花樓集　尋子集　西征集黃岡王一着撰 縣志

葉封序曰先生之詩根本性情取材於漢魏六朝而緯以法度其爲文湛深經術稱左邱司馬班氏而餘子姑舍其爲人脫略拘檢不可一世當其蚤歲已有不羈之目晚罹喪亂轉徙徬徨抗懷高尙託跡於臯羽遺山之流益與世齟齬瑣尾顛頓老死無悔蓋其境可悲而其情誠可哀也已 節錄

黃氏文統　畏合堂稿一卷　棣華軒詩集蘄水黃正色撰 縣志

之燕草蘄水畢十臣撰 縣志

敦和堂集蘄水周壽明撰 縣志

東有堂集黃岡萬日吉撰 通志

同人文稿麻城劉侗撰 王志

自牧軒詩集廣濟吳敏含撰 縣志

蔬堂詩文集　紀異十律麻城曹允昌撰 俱縣志

伯譽詩文集麻城周世遴撰 縣志

酸齋草麻城周世建撰 縣志

蓮堂詩文集麻城周世進撰 縣志

倦游草　更生草二卷麻城周之璉撰 縣志

于木遺詩麻城梅渾然撰 縣志

江汝社稿黃安程自重撰 縣志

仙峯館詩集黃安汪文星撰 縣志

梅浦軒集廣濟吳敏功撰 通志

鎖夢堂詩文集黃岡林之華撰 縣志

瓦缶集廣濟樊士英撰 縣志

豹霧山房集廣濟饒嘉亮撰縣志
襄州漫草　河上草　西陵想稿廣濟楊復撰縣志
蕢廬集黃岡王士龍撰縣志
杜子堅集黃岡杜鈺撰縣志
縣志杜濬有杜子堅遺稿序案序係駢文載變雅堂集
怡晚集蘄水徐宗齡撰縣志
蘭室自讀稿蘄水徐祖齡撰縣志
石巖子集廣濟吳亮思撰縣志
亮思字幼睿少從里中劉敬伯學詩居業齋稿
蕨菴詩集廣濟王家驂撰縣志
安溪詩集黃梅余振遠撰縣志

立齋古今文黃岡熊帚撰縣志
谿隱詩文集黃岡曹大濩撰縣志
懼菴集黃岡鄧雲程撰縣志
紅雪齋集黃岡魏澤霖撰縣志
變雅堂文集六卷　茶村詩鈔五卷　補遺一卷　附錄二卷
黃岡杜濬撰縣志
茶村僑居金陵貧甚屢客廣陵甲辰人日大雪時鎖印無事予造訪之清言竟日乙巳七夕余北上京師諸人祖於禪智寺卽席賦五言茶村有句云記逢人日雪造我吟窮愁謂此也又于皇詠蘇子瞻云堂堂復堂堂子瞻出我肩幼讀范滂傳晚和淵明詩龔端毅每誦之以爲二十字說盡東坡一生又茶村送人入蜀云古意淮南棄他鄉劍外州不減古作漁洋詩話

些山集黃岡杜芥撰縣志
芥字蒼略原名紹凱黃岡人僑居江都與王軫石王漁洋汪蛟門往來唱和廖元度楚詩紀
錢牧齋題蒼略自評詩文序曰不見蒼略於今五年遇阨而氣益昌家貧而學益富才老心易趾高視下宜其所著撰宏肆兀奡富有日新益至於此也蒼略不以余爲老耄過而問道於瞽請爲疏瀹其脈理而抉摘其指要則余固不能也豈惟余哉雖古之人亦有所不能節錄
頤莊詩文集黃岡萬爾昌撰縣志

毛際可序曰讀其詩如遠岫之興雲如幽泉之下峽如孤桐之直上而無枝如百種之離離而出於土無一語沿襲三唐卽同里竟陵二君子詩遙情逸韻一時奉爲依歸亦不欲寄其籬下惟五言古彷彿發源靖節然偶爾託興筆行腕止閒未始自命爲擬陶也節錄
秋水岑集　滋言集黃岡萬爾昇撰縣志
毛際可秋水岑集序曰先生三十後卽絕意仕進刻意爲詩以寓其歌泣或亦身世之感有同於頤莊者耶讀偶然作寓言十九如云前人網罟制後人無遺利物命方不堪人乃自言智智盡形亦勞取稱妻子意識在位之營私也又云小鳥學鸚鵡遂受樊籠厄啾唧似能言聰明已爲累饑來向人呼

何暇毛羽惜言文士依人宇下如班孟堅蔡中郎之屬身名俱喪即少陵之於嚴武亦幾不免也（節錄）

悅泉詩集　松鱗集黃岡李之泌撰（縣志）

香雪亭草黃岡易爲鼎撰（縣志）

樂志齋存詩六卷黃岡汪國濼撰（縣志）

集有阜樵雜咏甲乙遊稿丁酉戊戌稿萊遊草汝東吟諸目魏公韓曰漪公賢而達者於其所可則矯若飛鴻於其所不可則堅如介石雲霄之上有其人焉麋鹿之羣有其人焉舉世莫測其始終乎老而始窺其涯涘其在意想之外乎

肯巖集黃岡鄭先慶撰（縣志）

縣志云子成龍有序

咏梅三百篇黃岡鄭光黃撰

光黃字爾孝明末諸生韻致高放此編乃其避地江南時所作卷首刊邑人李之泌序杜詔先訂

亦山詩草羅田朱正振撰（縣志）

焚餘草黃安耿邁宗撰（縣志）

太初集十卷蘄州顧初撰

初與蘄水朱期晉黃岡王一鳴黃梅瞿甲麻城黃建中陳以聞里中姜夔稱六子卒年三十二（通志　州志）

六新堂詩略廣濟楊勳撰（縣志）

鄃光草廣濟饒嘉軌撰（縣志）

山中稿廣濟饒嘉繩撰（縣志）

浣花溪詩集廣濟劉子杜撰（縣志）

轅門歸隱集蘄州陳光遠撰（州志）

東峯外稿黃梅程仲魯撰

毛文貞集麻城毛鈺龍撰（通志）

鈺龍雲南按察使僉事鳳韶之女嫁少保劉天和孫守蒙夫死誓不踰閾鄉人稱曰文貞夫人（明詩綜）

節婦奉姑樓居不廢吟咏年七十九目無見猶使甥輩讀之句如桃花暮雨烟中閣燕子春風月下樓詩句怕題新節序淚痕多染舊衣裳讀之哀動頑豔（靜志居詩話）

董少玉詩一卷麻城董少玉撰（明史藝文志佚）

少玉周宏禴繼室（明詩綜　通志）

國朝

白茅堂集四十六卷蘄州顧景星撰

景星有黃公說字已著錄景星著述甚富初有童子集三卷願學集八卷書目十卷皆崇禎壬午以前作明末燬於寇顧氏列傳十五卷阮嗣宗咏懷詩註二卷李長吉詩註四卷讀史集論九卷蟫池錄一百十八卷南渡集來耕集共七十三卷皆崇禎癸未以後作康熙丙午燬於火僅南渡來耕二集存十之三四乙酉丙戌之間又有登樓集避地泖澱集亦皆散佚是集爲其子暢所輯而其子昌編次音釋之凡賦騷一卷樂府一卷詩二十二卷文二十卷景星記誦淹博才氣尤縱橫不羈詩文雄贍亦一時之霸才而細大不捐榛楛勿翦

其後人收拾遺稿又不甚別裁傳榖之不能自休陸機之才多爲患殆俱有焉四庫全書存目提要

斷雁吟黄岡杜世農撰縣志

顧景星序曰老友杜于皇才情妙天下初不知其有令子也甲辰冬始識其長君湘民與論古今人品詩格瞭然不疑問所爲詩出斷雁吟十八首哭其弟柏梁作也颯然如颶風如奏枯桐破斑如聽泉三峽如荒雞遠號如桓山之禽流沫折翅逐子之痛三擲三躍始讀而悲繼之唏噓於邑不知其所致也湘民言其弟穎悟善詩十數歲即有雨闌多向夜秋氣晩歸燈之句又聽蟲入幾層天淨雁微痕皆近日竟陵集中佳語弱冠喪母嘔血斗許展轉牀榻苦吟有云風前黄葉夏

能飛果以夏月卒以予觀柏梁詩慧則慧矣焉得壽湘民哭之目欲眢可謂至性過人矣夫文章者性情之至也性情之至能使薄者厚啉者廉奸臣逆子油然忠孝之心生舍是皆落稃墜蕊朝華暮於不足道也已湘民性孝友岸然負約多膂力驍騎八尺騄弓六七石左右彀決拾審固旋掐罄控盡其妙而以之爲詩忠厚惻怛伉賓倜儻如其人近聞于皇乞米廣陵號贖道人贖者何謂向五窮贖妻子贖已即長往不來號不來子今有子如此可以自贖老子可以不來矣白茅堂集

屺思堂文集八卷　詩集一卷黄岡劉子壯撰縣志

子壯制藝與熊伯龍齊名雄厚排奡淩轢一時其詩古文亦以氣勝然精華果鋭已消耗於八比之中又年僅四十四而卒未能於登第後復殫心於古學純以天資用事往往或失之粗豪二其翼者兩其足予之角者去其齒固亦事理之恆耳是集爲其孫永錫等所刻壽序賀序連篇累牘而獨不載其對策恐所掇拾亦未必子壯意也四庫全書存目提要

栩栩軒詩集黄梅石鎭國撰縣志

錢謙益序曰夫江山景物之奇陰晴朝暮之變幽深傑異千狀萬態有非古人文詞所能盡者比之春花怒生時鳥變聲不復主其故常觸於物而栩栩然動者石子之詩早於其命名見之與節錄

復菴詩文集黄岡孫錫蕃撰縣志

江籬堂集蘄州李炳然撰州志

鴿原集蘄州李士俊撰州志

天鏡堂遺稿黄岡汪淪南撰縣志

丹巖詩文集二卷黄岡周世甦撰

詩還蘄水徐灝撰縣志

宏圃文集蘄水李見璧撰縣志

問鄉亭集黄岡韋成賢撰廖元度楚詩紀

積雪樓稿　松源彙編蘄水程維伊撰縣志

春風草堂集廣濟毛炳撰縣志

炳授龍泉知縣數年而躓再起沙縣終以不合其別劍川父老詩曰長吏多年不諱貪憐而父老更情親一錢擲向山陰道今日何曾愧古人又曰寒山踏遍雪霜侵多食深巖筍與

復寄謝山林恩似海養廉空有歲寒心劍川之民至今誦之
在劍川分校浙闈最稱得人藕灣集

哀哀草黃岡劉公玫撰縣志

滌放居詩集　雪鴻草　天聲閣集蘄水官撫邦撰縣志

四照堂詩文集三十五卷　樂府二卷　詩集二卷蘄州盧紘
撰通志

知天閣集蘄州李本晟撰州志

芝在堂集廣濟劉醕驥撰縣志
是集凡詩六卷雜文九卷其自序云奉嘉隆間二三名人集
要去其襲迹以近古爲是不能作宋元下廉纖文折語又作
鍾惺譚元春傳謂學王李未至襲風格備鏗鏘猶侯諸三餘
儉儒苦古帙浩繁便援公安竟陵而以其竅鳴也觀其所論
可知其所宗法矣存目　四庫全書提要

渫菴詩文集蘄水陳琹撰縣志

溪潭詩六卷蘄水高耀基撰縣志

白雲六編蘄水何之旭撰縣志

石倉詩補蘄州顧咸泰撰州志

紫石山房詩鈔廣濟吳瑾撰縣志

心遠堂集黃安鍾琇撰縣志

鶴嶺山人集十六卷黃岡王澤宏撰縣志
是集乃其子材振所編前三卷皆題已刻詩若干首蓋皆澤
宏舊作嘗爲魏憲錄入石倉詩選者四卷以下用編年體自
丁巳迄庚辰題某年詩若干首附注未刻稿則材振所裒輯
也前有魏憲原序又附其祖用孚傳一篇又澤宏請復九江
關一疏澤宏喜與諸名士遊王士禎姜宸英洪昇等皆嘗點
定其詩所作類皆和平安雅不失臺閣氣象節錄　四庫全書存目提要

菊廬詩文集蘄水楊繼經撰縣志

問餘堂稿麻城鄒宗彥撰縣志

長安秋興詩集黃安盧經撰縣志

抱節軒集　秋蓬詩草黃岡陳肇昌撰縣志
肇昌字扶昇著三楚文獻錄一百卷抱節軒秋蓬詩文等集
康熙戊辰夏逆陷武昌燬於兵楚詩紀

蒙春園集黃岡王封濼撰縣志

居侯樓集黃岡王追騏撰縣志
魏惟度序曰雪洲詩新穎雋逸不屑屑步趨古人初讀之如
月下梅花香影不可即離再讀之如帳中佳人情貌皆有實
際熟讀之如聽成連鼓琴聲忘乎其爲天空海闊時也然雪
洲由詞林入諫垣建節山左以伉直忤時而其詩寄託遙深
絕不露侘傺無聊之概宋荔裳觀察比諸三閭大夫謂其目
成於美人合睇於山鬼纏綿悱惻超忽惝怳有不自知其何
心者可謂雪洲知已矣鶴徵錄

知津堂集黃岡奚祿詒撰縣志
杜濬奚蘇嶺詩序曰夫蘇嶺少而沈敏余少而輕率然而好
學同也三十年來蘇嶺以才大不能藏余以器小不能行然

而獨善兼善其學各有所本同也今讀蘇嶺之詩多清新跌宕之音余詩多志微噍殺之響然而貴眞不貴贋同也夫詩至於眞難矣然吾里一二狂士以空疏游戲爲眞而詩道遂亡眞豈如是之謂耶節錄

幕廬集黄岡葉封撰縣志

井叔與王黄湄謝方山輩結進士十才子社悉擯諸詞館臺閣名流且與新城王貽上分幟一時憚其鋒詩號幕廬集楚詩紀

瑞芝堂集　玉磬齋集黄岡吳升東撰縣志

便吟草廣濟饒軫中撰縣志

藕灣全集廣濟張仁熙撰縣志

其詩凡初集十卷二集十卷餘九卷則文集也初集作於前明身經離亂多悲苦之音大旨宗尚北地太倉歷下諸人未脫摹仿之迹其論詩謂時弊雖深愼勿相救公安救歷下至於佻竟陵救公安陷於孱其與王昊廬論文書謂歸太僕之文秀善而衰於宋氏之理秀善則易柔衰於宋氏則理信而絀於氣又謂瑯琊歷下與昆陵歸安兩家角立昆陵歸安之流幾欲駕瑯琊歷下而上之然徒以其秀善婉媚沓迤千里白葦平疇者又安能服瑯琊諸君子制作諸大篇哉觀其持論可知其生平宗旨矣四庫全書存目提要

葦園集十卷廣濟舒峻極撰

峻極字漸鴻曾祖其志萬歷乙未進士累官江西布政使峻極工詩善書旁通金石兼三橋雪漁之長居業齋集通志

十洲偶集廣濟舒芝生撰縣志

無悶園詩文集一百卷黄岡胡珠撰縣志

入瑞堂集　石屋集黄岡胡珙撰縣志

守雪堂詩集麻城梁中斗撰縣志

天衢遺集蘄州陳之京撰州志

盧綋序云己亥春予自粵歸始盡讀天衢近時所作千餘首超逸不羣詞旨醞藉雖憂愁抑鬱之鳴固自不乏然終不失之淺露激昂殆所謂怨而不怒者深得詩人之旨節錄四照堂集

約菴集蘄州王協撰州志

半畝園詩集蘄州龔柏撰州志

秦餘草蘄州張士淑撰

穇窗稿黄岡萬爲憚撰縣志

復園草　還來草　老狂吟黄岡於斯和撰縣志

振巴音集黄岡於心匡撰縣志

觀心堂集十卷黄岡陳芳烈撰縣志

峋嶁草堂詩集蘄州陳吾愷撰州志

野舫詩草蘄州石爲磷撰州志

遠遊堂集蘄州張相撰州志

徵古堂集廣濟陳文濤撰縣志

是集凡論六卷經解二卷史議二卷子略一卷書序傳記誌林各一卷詩二卷前有自序及徵古堂書目序列生平著述

凡七十五卷謂諸書編輯成帙貲貧務謬不能悉以問世僅梓其略云云卽四卷至十一卷是也四庫全書存目提要

覆瓿集廣濟胡卓然撰縣志

竹櫺軒集廣濟陳奠國撰縣志

景濂堂詩略廣濟郭存會撰縣志

橘園詩選　集蓼餘廣濟胡之俊撰縣志

思留齋詩集廣濟張艮金撰縣志

四勿齋詩草廣濟張錫晳撰縣志

還讀軒詩集黃岡曹衍撰縣志

憩菴詩集黃岡王封崑撰縣志

可棲軒詩文集黃岡萬廷奎撰縣志

逸樓四論　逸樓焚餘詩詞麻城李中黃撰縣志

胝齋文集黃安彭象賢撰縣志

迎旭軒詩集廣濟陳光國撰縣志

扇和堂集蘄州劉退祚撰州志

少微堂詩集黃岡王如琮撰縣志

雙柏堂文集黃岡王如曙撰

寶宸堂集四卷黃安張希艮撰

是集凡文二卷詩二卷希艮久困名場早年著述頗多亢厲之音自選入詞館後其體格乃一變焉四庫全書存目提要

文章宿海張希艮撰

矩菴詩草廣濟張佳昺撰縣志

綜雅論餘論廣濟舒逢吉撰縣志

碧山詩草黃安盧涓撰縣志

環溪草堂集　白燕堂集　寄遊黃山草黃岡詹大衢撰楚詩紀

雜詠詩草廣濟毛同鵬撰縣志

柳舟藏稿廣濟王衍治撰縣志

蓼園文集六卷　蠹餐集麻城周維秬撰縣志

景義遺集麻城梅垌撰縣志

續騷草麻城梅圻撰縣志

鋤經堂消閒草黃梅吳剛撰縣志

竹園待正稿蘄州熊淇撰州志

卦餘集黃岡胡之太撰縣志

芝鹿山房集蘄州熊心璋撰州志

尊道堂詩鈔八卷　別集六卷黃岡王材任撰縣志　案望雲集二卷南沙集四卷疊韻詩二卷集唐詩三卷集杜詩一卷劍外集二卷

朱日濬王子重集杜序曰子重王子入爲吏部出典蜀試以鶴禁冰鑑之司任皇華四牡之選抒其夙抱與蜀士遇將見倡風應雅屬辭賦事鷹揚其體鳳覲虎視出其天藻神思以潤爲國華亦何不可顧獨取子美愁苦憔悴之咏而集之何耶蓋子重一出一入皆爲

國家作人之用其入蜀也不獨公門桃李盡入夾袋卽千載以上莫不追其既往溯其流風蓋以求才之志引而爲憐才之思古之所謂登駿骨而致千里之足其卽此與節錄

冰鑑堂詩文集黄安吳應庚撰縣志

雷鳴草詩集蘄水官純佑撰縣志

鳳岡詩集黄岡曹宜溥撰縣志

北游草一卷黄梅陳夢弼撰縣志

工部集黄梅黄利通撰通志

懷亭文集　懷亭後集黄利通撰縣志

朱軾序曰懷亭賦質清癯脱落不受拘束而聰慧異常第恨家貧無書可讀耳作詩不倒草頃刻數千言爲古文豪邁不羈而律度自合其五旬前所作已經鋟版流布而五旬以後所作文規詩律老而愈熟節錄

石亭文集黄利通撰縣志

陳鵬年序曰先生弱不勝衣木訥不能出口而異敏好學詩文千言立就爲虞部郎甫一載告歸在朝諸友贈言而茶陵彭石源集句云孺子亦知名下士詩人例作水曹郎今玩其未刊筒稿古歌近律愈老於前而碑序傳記内有告墓文至性至情和墨淚俱流迺又歎千秋述作君當有分中流返棹達士之志原有在也節錄

鶴岑詩草蘄水官純仍撰縣志

居業齋文集二十卷　别集十卷廣濟金德嘉撰縣志

德嘉晚鍵戸著書時同郡顧景星張仁熙劉醇驥往往追摹秦漢宗尚王李肯歸有光爲秀善婉媚德嘉獨不爲高論力摹韓歐雖其宏肆博贍遜於國初前輩而先民矩矱彷彿猶存四庫全書存目提要

刊水詩集廣濟張虢基撰縣志

西卜堂詩稿一卷麻城鄒士璁撰縣志

白石山人集七卷廣濟張佳晟撰縣志

恰受航詩集廣濟李日躋撰縣志

蓴廬詩文集廣濟李之經撰縣志

草窗雜錄廣濟金德崇撰縣志

竹巖詩文集六卷廣濟阮文茂撰縣志

玉照亭詩集二十卷黄岡陳大章撰縣志　案鈎輈集四卷敝帚前集五卷巢雲集二卷敝帚後集四卷秋蓬集三卷敝帚續集二卷

萬年茂書玉照亭詩集後曰先生捐賓客後十年茂厠名館

中館中耆彦猶人人稱先生如韓富歐陽稱文正時先生秋蓬集詩巢雲集詩最蚤出讀之淵奔渾古如神遊清虚之表莫知其所窮際假如先生在時茂得通門牆心授口講規之法度其所至詎如是於先生厚望詎必無副而茂又非時地遠不相知先生者嗚呼其戚也已節錄

雪亭詩集黄梅趙士泰撰縣志

雪亭稱詩於康熙間字烹句鍊規橅明七子而無懦響然集中五言如狎鷗隨野水飯犢習春山午榻蟬風緩秋田螢露香花棚微雨上柳岸暮風吹七言如松隨月色彎成路竹引泉聲直到廚單衾五夜生成鐵短劍千年繡作花蘇臺弔古云鶴市烟沙埋伍相琴臺花鳥夢西施吳城弔古云武宗事

事因人誤不表婁妃更不平等句則又不徒以用豪語構壯字自高者也秋潭老漁雜識

石髓集十卷黃岡陳大華撰縣志

若島村集二卷蘄州李永昇撰州志

平泉詩集蘄州李永慶撰州志

萬濤園集蘄州張梗撰州志

散散詩前後集　雜著文集蘄水徐子芳撰縣志

惕廬稿蘄水徐乾文撰縣志

柳溪稿麻城董天策撰縣志

嚴山詩文集麻城曾謹撰縣志

鶴園詩草麻城梅眉錫撰縣志

桐下詩選麻城梅鈿撰縣志

瀛洲集黃岡欽士佃撰縣志

綠墅堂詩文二集黃岡范同文撰縣志

狂狷集　聚星堂集　怡怡堂集蘄水程士棟撰縣志

亦吾廬詩紀蘄水南光發撰縣志

邵遠平序云曩余與慎庵王宗伯同居史館直講筵論風雅之盛衰每亟稱其甥南子璞子髮未燥輒善詩爲後起英雋越十年而于役袁浦見其人莊莊乎君子也已而得其平日之所作詩尤爲心折其五古則樸雅敦厚如商彝周鼎不事雕斲也其長歌則浩落雄渾若駿馬不施銜勒而控縱自如也其近體則淵粹而深流利婉轉興會之所乘掉臂游行神明變化經之以六義緯之以五音御法而不爲法所拘其詩固可傳矣古人云詩必窮而後工若璞子日侍其舅公霽岑先生宦轍所經清名遍江左且年少舉選拔譽隆隆日起一生履順致足樂也而其詩之工如此此非本性情有根柢而能如是乎哉節錄

紀程詩　助蟲吟南光發撰縣志

宜園集　梅花吟　草蟲吟黃安盧緯撰縣志

栗蔭軒詩十六卷　文二卷　西軒唱和詩蘄州顧昌撰通志

樂府古近體詩四卷　遊詩三卷　秋詩一百首黃岡陳大慶撰縣志

樊川詩集黃岡胡思樊撰縣志

草古堂焚餘集黃岡王一煌撰縣志

松菊齋詩集黃梅石燦撰縣志

望山堂詩集蘄水汪光泰撰縣志

清音堂集廣濟張盤基撰縣志

盤基字乘石喜讀書精制舉藝屢試輒冠軍不第以明經老詩專爲五言古體張藕灣稱其如澄潭秋月靜夜鐘聲金豫齋亦云肆力於古有悠然見南山之意舒莩園謂沖澹閒雅誠寢食陶靖節者孫江能世其家學縣志

永懷詩　菊園集黃岡鄭可格撰縣志

東江文集蘄州易時憲撰州志

菜根文集黃梅汪夢甲撰縣志

半壁堂文集黃梅石悠遠撰縣志

敬義堂集黃岡陳師栻撰縣志

且樸集黃岡王坦撰

曲辰堂前後詩集　辛壬癸甲詩集　百卉草　百梅詩　滇南雜詠蘄水徐本僊撰

孝感夏力恕序曰吾嘗觀佑倫之文根本性情參以終身之閱歷而卽諸六經四子者不假易也故其詩精思獨運上窮漢魏下極唐宋而又出入於左國莊騷泛濫於諸子百氏旣似昌黎又似昌黎之所不似者而卒亦無所似焉斯眞善學古人善似古人者矣夫人亦千年而不知昌黎矣又安能一世而卽知佑倫乎吾亦聊以寄吾恨焉可也佑倫少余三歲兄謂余余時抱疾而佑倫將之京師爰強起揮汗而書以質焉節錄本集

醒古閣詩文集蘄水徐立蘇撰縣志

趣陶園集　式馨堂詩文集麻城魯之裕撰縣志

荷亭詩集廣濟王世銑撰

果園文鈔　果園詩鈔黃岡靖道謨撰縣志

年譜圖詠黃梅余學益撰縣志

朱軾序曰余子[illegible]司馬門不售乃以其牢落骯髒幽憂侘傺之氣抒情於水木清華煙巒窈渺間其學殖益富其逸興相引而愈長余子之意念深矣常若有以自得者己丑春介家弟守府仰彌書以所作小圖十二見貽及圖後自序雜咏若干首其所譜佩訓傳經祀先穀子舉案班荊自有生來一切險夷通塞翻覆炎寒可歌可愕之境一一筆之於詩而悱惻忠厚油然自見於言表余以是益恐余子之抱負而歎其非庸人也節錄

半山藏稿　北遊草余學益撰縣志

雲峯溪堂集蘄州陳其勅撰州志

緇守詩文集十餘卷蘄州駱思白撰縣志

棲鳳堂集蘄州黃天福撰州志

同堂集　待郢集　河干集　唾餘集蘄州陳謨撰州志

迴瀾集蘄州方彭蠡撰州志

雨湖閣文集蘄州李澤溥撰州志

振秋詩文集蘄州李澤兌撰州志

居易堂詩文集蘄州張聯芳撰州志

物外吟集蘄州張梓撰州志

浣繡山人集　賒月堂集黃岡王造周撰楚詩紀

南遊旅草黃岡張有孚撰縣志

乘槎詩選黃岡蔡驤德撰楚詩紀

誠正堂詩文集黃岡張光璧撰縣志

竹香籟二集蘄水李根撰同聲詩選

霞軒詩集二卷　端池文稿六卷麻城胡鉉撰縣志

一樂軒集蘄州李時用撰州志

塞上吟詩草蘄州易泗撰州志

牆東集　草堂集蘄水李國琳撰

曉波詩草廣濟朱承詔撰縣志

晼廬集黃梅石喬年撰縣志

望雲草黃梅吳敬錫撰縣志

瀛洲小草黃岡王如玟撰縣志

懶齋吟黃岡王如佴撰縣志

鈍齋詩草　且園吟秋黃岡王如璠撰縣志

琵琶亭詩蘄水程林撰縣志

履軒集蘄水徐本修撰縣志

斌巖小草蘄水徐本任撰縣志

鄰坡堂詩集麻城李佐撰縣志

佐字艮哉號螺峯家居九螺山麓卽張慤子佳處也工書詩摹少陵五律尤得其神骨友人求書者卒書所作五律應之沈方舟用濟手定國朝詩螺峯五律多入選其定本在別裁集未行之先方舟固具體少陵者鑒賞當不誣也但其書散佚螺峯所撰鄰坡堂集亦未有續刊者黃人士至今惜之秋潭老漁雜識

矩軒詩集蘄州張樞撰州志

半畝園集蘄州陳鼎元撰州志

蓮亭遺草廣濟周源禮撰縣志

迴川舊圃集廣濟徐之演撰縣志

行餘集　偶存草黃梅洪疇撰

順德堂詩集黃梅吳士選撰縣志

懷清堂集黃梅李一鶴撰縣志

六吉堂集黃梅吳永迹撰縣志

燼餘集黃梅喻之圻撰縣志

萱草集黃梅吳錫祉撰縣志

鄧州詩集黃岡鄧之愈撰縣志

龍吟閣草蘄水岑壁甫撰本集

鴻雪草三卷麻城黃倫撰縣志

偶焉集麻城劉淑頤撰縣志

案是集皆集唐詩曹允昌有序

雙崎詩文集黃岡王道明撰縣志

愚圃詩集蘄州秦京撰州志

案京與同里李生槃張畸郭從黃載華黃載嶠熊楚荆稱雨湖七子

兩峯詩文集各六卷　楚江吟二卷　雨湖吟社合集二卷蘄州李生槃撰州志

另齋詩集蘄州張畸撰州志

蒼屏詩文集　篆集蘄州郭從撰州志

梧岡詩文集　咏史百花吟蘄州黃載華撰州志

雙筆齋詩文集　北遊草蘄州黃載嶠撰州志

玉山詩稿蘄州熊楚荆撰州志

戀揖軒詩草蘄州熊楚滄撰州志

堊草亭詩草釋重珂撰
重珂字鳴菴蘄州東山寺僧與雨湖七子共結詩社州志
若巖集黃岡王近顒撰縣志
晴沙集黃岡萬壽祖撰縣志
梅亭詩稿廣濟朱本績撰縣志
涵齋文集黃岡周祚縉撰
谿亭詩文集黃岡周興邦撰縣志
志學齋詩文集黃梅黃之駪撰縣志
安和堂集廣濟饒起彝撰縣志
東野堂詩文集蘄水張素臣撰縣志
懷光集 桐莊集黃岡萬娛祖撰縣志

松軒文集黃岡萬覲祖撰縣志
一嘯草廣濟楊承綜撰縣志
河上吟蘄水汪世爍撰縣志
河干集蘄州陳道兼撰州志
岱菴詩集黃岡孫朝宗撰縣志
擬樂府 擬陶詩 山居稿黃岡秦樂天撰縣志
悟齋詩文八卷蘄水吳振起撰縣志
滋蘭堂集一卷蘄水李永治撰縣志
連山全集蘄州李易生撰州志
候鳴草蘄州陳于座撰州志
補山樓詩十卷廣濟胡復亨撰縣志

二治齋集黃梅吳世傑撰縣志
南湖藏稿黃梅程士煥撰縣志
京蒙詩文集黃岡朱澤遠撰縣志
環山文集 聚奎文集黃岡邱勃撰縣志
北行草 如衡詩稿黃岡王化行撰縣志
坳餘書屋詩草黃岡吳鏞撰縣志
訥齋草蘄州駱藻撰州志
松筠堂詩集蘄州張志傑撰州志
孕秀軒集蘄州方相撰州志
中嶼遺草廣濟陳種義撰縣志
忠菴文集黃梅程萬里撰縣志

留耕堂集黃梅吳宏勳撰縣志
春草堂集黃梅洪言坊撰縣志
觀海集黃梅梅光祚撰縣志
松竹軒吟草蘄水陳必達撰縣志
敬業堂文集麻城鮑育蒸撰縣志
寒玉軒遺詩蘄州張昺夷撰州志
蕉鹿詩草蘄州駱在垌撰州志
璞岡遺草廣濟舒學源撰縣志
樗野詩稿蘄水南昌齡撰縣志
樗野先生少負才名乾隆丙辰應博學鴻詞科不遇歸築室
數椽益肆力於書史自壯至老無一毫困頓抑僿之態嘗有

句云人在夢中都未覺我於身外更何需讀此可以想見生平杭葦浦世駿詞科掌錄楞野名昌齡監生湖北巡撫歸安吳公應棻薦赴鴻博秀水萬柘坡光泰題其行卷云軼事津津述晉唐春松秋菊各分行他年翦割成圖陣好句甯輸李十郎蓋謂其所撰晉唐軼事詩也今其詩已佚餘稿爲同里王根石雲所輯先生自謂其詩少學松陵唱和繼學義山晚嗜昌黎然自幼育於外家黄岡王氏與聞吳盧西磵之學故所造自深子訥齋諸生亦能詩 秋潭老漁雜識

步齋文集羅田何昇撰 縣志

饒學曙序云何侯沈酣載帙窺三代兩漢之書俱已掇其精華取其嘉言懿行以自爲法則治道駸駸有古循吏風而又

能涵泳其義理採掇其藻采以贍其文洵天授之厚非人力所及也 節錄

研北堂詩鈔　岸如樓詩鈔廣濟胡本棨撰 縣志

亭亭文鈔廣濟胡本棨撰 縣志

逃莊文集三卷　石徑樵吟二卷黄岡萬斛祖撰 縣志

尋樂齋詩鈔廣濟吳滄撰 縣志

道菴詩文集黄岡郭維本撰 縣志

素業堂古文黄梅喻化鵠撰 縣志

未庵詩鈔四卷廣濟徐天球撰 縣志

儲庵詩文集黄岡范朝綱撰 縣志

小殘文集蘄州張兆講撰 州志

石可齋詩文集黄岡張念祖撰 縣志

聽松堂後稿　二似居詩集蘄水南溟撰 縣志

雲徑詩集　聽雨樓集蘄水南方璐撰 縣志

豆塍遺詩蘄水南心恭撰 縣志

南訥齋心恭字豆塍諸生年十四即以能詩鳴甫四十卒平生負才不羈喜縱遊嘗再入都一至山左踰關隴走銀夏者七八年當道咸賓禮之所作詩頗得江山之助然不自收拾卒後同里王根石雲搜輯之曰豆塍遺詩黄梅喻石農序之謂魁奇特出之士無所發越僅見於詩詩又多散佚可傳者尙不能什一存是可歎也豆塍嘗在燕中題酒家壁上赤壁圖云圖中赤壁吾家在夢裏黄州舊釣磯北轍十年同老馬

不如烏鵲向南飛人目之爲南烏鵲云 秋潭老漁雜識

淡然詩稿蘄水南樹梅撰 縣志

武陵遊草四卷　琴華館詩集麻城胡翔翾撰 縣志

楓園詩草麻城胡翹霜撰 縣志

務敏齋文集蘄州駱沛霖撰 州志

蕉鹿詩草四卷蘄州駱沛宜撰 州志

博古齋文集黄梅梅渭撰 縣志

自覺堂詩古文集黄梅李本質撰 縣志

適適詩草黄岡嚴承夏撰 縣志

西涯詩鈔黄梅胡如炳撰 縣志

醉月詩鈔黄安吳瑄撰 縣志

萬松園詩集黃安孟正笏撰縣志

紅蕉山館古文八卷 紅蕉山館詩鈔十卷續鈔二卷黃梅喻文鏊撰縣志

文鏊字治存別字石農乾隆中以諸生充貢授竹谿校官稱疾不赴惟日以詩文自娛無錫秦瀛序其詩謂原本忠孝有得於古人興觀羣怨之旨泙鄉劉鳳誥稱其爲文精執經心充然粹然詩法昌黎已乃鑪冶百家學與才副嘗遊梁宋秦隴間山河靈奇奔躍腕下詩遂以成今作者如林未能或之先也同時朝官某攜其集至塞外一同戍人見之驚喜欲狂晝披夜吟塞外人奔走聚聽有爽然意解不辭遠道爭相購覓者蘄州陳愚谷嘗誌之以見其名不虛立云秋潭老漁雜識

春草園詩集黃梅喻文鑾撰縣志

茨餘憶草黃梅石元吉撰縣志

石雲草堂詩集廣濟藍應象撰縣志

巽山詩集蘄水潘紹觀撰縣志

古文詩賦內外集 二芸堂詩集蘄水潘紹經撰縣志

鈍齋文稿蘄水王永祚撰縣志

紫雲書屋文集 浣香詩集黃梅石基善撰縣志

紫雲山房文集黃梅石文彩撰縣志

四知軒文集黃梅黃鳳詔撰縣志

信不山房稿黃梅石本盛撰縣志

弓冶先資文集黃梅蔣志坦撰縣志

數鴨堂詩草廣濟庫世膺撰

晉起堂遺集十二卷黃岡呂德芝撰縣志

榴軒文稿蘄水華士椿撰縣志

蓼莪堂文稿蘄州劉萬甯撰州志

養拙齋詩文鈔廣濟胡錫寃撰縣志

晚翠堂詩文集黃岡黃自芳撰縣志

梅笑亭詩文集黃岡杜乘時撰縣志

愼餘堂集四卷黃岡張鳳鳴撰縣志

睡亭詩集蘄水徐立階撰縣志

拂雲書屋詩草廣濟闞金治撰縣志

西窗詩草蘄州張夢墖撰州志

崇文義館詩集文苑小傳作崇實義館 甈亭文稿據文苑補入 蘄州劉之棠撰州志

懷柳堂詩草廣濟張光遠撰縣志

荷薪書屋詩文六卷黃岡龍澍撰縣志

白洋山人文鈔黃岡王鑾撰縣志

雕蟲集黃岡李鈞簡撰縣志

望江草詩文集蘄州陳豐露撰州志

蔭園詩文集四卷蘄州方蔚撰州志

方寸居詩文鈔廣濟龔執桓撰縣志

已山詩文集蘄州吳煥均撰州志

輕舫詩集黃岡萬希艮撰縣志

望雲堂詩文稿黃岡劉之鑾撰縣志
啖蔗集黃安吳大桂撰縣志
耕月山房詩集蘄州張申撰州志
午夢堂詩草蘄州范正撰州志
北村集黃梅石敏公撰縣志
挹麟堂詩集蘄州李敷生撰州志
白巖文集　雲褏詩集廣濟魏雲琯撰縣志
竹軒詩文　樊上吟黃岡沈啓洛撰縣志
長林詩草　鹿門紀事　雨湖唱和詩集蘄州李同倫撰州志
跂山詩草廣濟陶廷翼撰縣志
玉臺山館文集蘄水徐楚元撰縣志

林下吟詩集蘄州田禮覲撰
浥鶴軒詩文集廣濟張禮源撰縣志
石溪偶存廣濟夏賓撰縣志
繫匏文集　桑梓集廣濟魏昌期撰縣志
梅齋詩集四卷黃岡傅魁撰本集
不枯巖草黃岡秦能泗撰縣志
怡齋文集黃岡胡紹虞撰縣志
卯辛堂古文黃岡余世宗撰縣志
武扑樓詩文集黃岡孫廷樞撰縣志
長吟集黃岡王養沖撰縣志
隨意吟黃岡王養愚撰縣志

旅館吟膽草黃岡王養翺撰縣志
龍皋詩草黃岡邵明銧撰縣志
占乙山房詩存黃岡朱鎬撰縣志
蜀西漫遊草黃岡朱寵錫撰縣志
槐庭詩草黃岡王崇撰縣志
郊居吟　客遊詩草黃岡王志釙撰縣志
遼東集　倦遊吟黃岡王志鑑撰縣志
草堂稿蘄水方雒撰
體仁堂文集羅田周傳櫞撰縣志
平沙詩集一卷麻城張一恒撰縣志
湘遊詩草黃安盧兆甲撰縣志

挹麟堂續集蘄州李培滋撰州志
虛受堂遺稿廣濟呂映珠撰縣志
係軒詩草廣濟周士龍撰縣志
行素堂自怡草廣濟藍之甲撰縣志
抱日樓詩鈔廣濟胡鴻賓撰縣志
靈山遺草廣濟吳兆喬撰縣志
鋤荆園文鈔廣濟楊日進撰縣志
可庵詩存廣濟楊備萬撰縣志
箾園詩鈔廣濟徐建中撰縣志
竹亭遺草廣濟胡應亮撰縣志
紫芝草堂詩鈔廣濟周宗颺撰縣志

湖山集廣濟張輔龍撰縣志

雪堂詩集廣濟胡承棟撰縣志

耘書軒詩草廣濟魏本相撰縣志

煙雨閣詩集廣濟龔鼎臣撰縣志

省齋集廣濟廖天龍撰縣志

念修堂集廣濟方旭撰縣志

芝草軒詩集廣濟楊玉謨撰縣志

荷亭詩集廣濟王任撰縣志

涑水文集黃梅陳大有撰縣志

莘圃詩鈔黃岡陶宜炳撰縣志

自怡齋詩鈔黃岡錢兆清撰

弛新詩草麻城鮑超然撰縣志

讀史漫題黃安張孝坦撰縣志

自序云旅人非能詩者非敢以詩論史者惟曰聊以言志而已是以不拘一體不計其所論之是否並不究其與昔人論史之同不同噫無才無學無識則亦不過盜竊陳編而寄諸折楊皇荂之響耳節錄

桂月軒文稿黃安鄧泮撰縣志

厚貽堂文集黃安秦大璋撰縣志

敬義文稿黃梅余鎮芳撰縣志

適可齋詩鈔黃岡歐陽賢撰縣志

拙齋詩集黃岡曾廷彩撰縣志

驅塵子遺詩一卷黃梅吳衢尊撰縣志

榴林文鈔黃梅石安國撰縣志

惜分陰齋詩古文集黃岡萬希槐撰縣志

菊存樓詩集黃岡李振埜撰縣志

幾復集黃岡宋治咸撰縣志

蕉窗集黃岡黃樹棠撰縣志

遜敏堂集黃梅錢灝撰縣志

云云詩集黃梅鄧錦撰縣志

遠池集蘄州張文玘撰縣志

自怡詩草　襄陽遊草羅田潘光照撰縣志

玩易堂詩古文集黃岡萬希煜撰縣志

金沙集　玉屑集蘄水徐躍撰縣志

敬修堂文稿蘄水聞斯行撰縣志

調箎集黃岡陶致孝撰縣志

匡廬紀遊草蘄州李承洛撰州志

古近體詩　駢體文集黃梅喻元澤撰縣志

萊羹軒文集黃岡曾世儀撰

惜分陰書屋詩鈔曾世儀撰

惕夫詩鈔四十二卷黃岡謝焱撰縣志

僩學齋詩存詩刪蘄水陳沆撰縣志

耕心堂詩文集蘄州陳鑾撰

掊瓠集蘄州陳凖撰州志

自序曰余束髮以來託業毫素每有屬思不論妍醜稿而藏之然奔馳南北故紙飄零行篋所存十不一二羈旅感懷往來贈答五七字之吟哦亦復不少丁酉歲臘自荆旋鄂遺失舟中以供榜人漏袽之用零紙賸墨無復成章腹存而筆憶之者數十百言而已古文之作慶祝之詞多華而鮮實略識一斑可也經史字韻亦閒留辨論并蠡之譏知所不免將檢此數者合而存之留諸家塾惠施子之言曰五石之瓠落而無所容因而掊之掊之爲者以其無用而無用之矣迺余將吾詩文之缺者彙而存之是猶瓠之以無用而掊又拾其無用之掊者而深藏之不亦惑乎然而天地之大無物不有有用無用又誰一於鑑別而定其去取耶豈於一瓠之掊而歎

匪所以置之乃以名吾集而爲序 節錄

聽鵑草　還鄉集陳準撰

小梁詩集黃岡龔斗南撰 縣志

鶴亭文集黃安盧煐撰 縣志

引山堂詩古文集黃岡萬承宗撰 縣志

翼雲詩古文鈔黃岡王鶴撰 縣志

愛廬詩文集廣濟徐黃中撰 縣志

詠左詩箴二卷蘄水蔡紹江撰 縣志

介生樓詩集羅田廖騶撰 縣志

蘆洲詩鈔二十卷黃岡陳本謙撰 縣志

太冲古文詩集黃梅喻元鴻撰 縣志

素吾詩草蘄州陳絅文撰 州志

淡雲軒詩集　詠史詩十卷黃岡黃元亮撰 縣志

春泉亭集黃岡孫承則撰 縣志

六平詩文集蘄水潘大鏞撰 縣志

敏齋文集蘄水徐廷榜撰 縣志

釣者言集黃安劉愨撰 縣志

習舊編文稿　秋中十二吟草羅田潘光烈撰 縣志

自怡詩集黃岡謝方杭撰 縣志

蕁江詩草黃岡曹翰撰 縣志

芸叟自怡集黃岡謝志烜撰 縣志

道山堂詩集黃岡王鎮邦撰 縣志

銕山詩文集黃岡謝仁濟撰 縣志

龍水軒詩燼蘄水李光臺撰 縣志

味永堂文鈔羅田童光煒撰 縣志

紫薇書屋詩草羅田熊第垣撰 縣志

香雪樓詩集麻城梅鳳藻撰 縣志

醉芸軒全集黃安孟奎慶撰 縣志

香雪衍文一卷　南亭詩集文集各四卷黃安吳盛桂撰 縣志

漱古文集黃安周步墀撰 縣志

蕉軒集　洒遊草黃安王蘭撰 縣志

咏竹齋詩黃安鍾僖撰 縣志

鄂山文集黃安歐之煥撰 縣志

嗚和堂詩集蘄州張學址撰州志

月軒文集蘄州張如照撰州志

竹隱軒集廣濟胡杲撰縣志

雨山詩草廣濟熊國霖撰縣志

破樓詩鈔廣濟胡芝生撰縣志

滴沙廬詩鈔廣濟李巖撰縣志

石門精舍文稿黃梅柳可徵撰縣志

一拳堂集十二卷蘄州胡鴻然撰州志

退谷詩鈔一卷蘄州何天評撰州志

鋤經堂稿黃梅程咸灃撰

五之堂集黃梅王奕燦撰

天放閒人詩草黃岡陶致廉撰縣志

石畬山房詩鈔三卷　樹橙堂詩草一卷黃岡杜枚撰

退思齋文集黃岡錢履和撰

守廬詩草蘄州胡翔年撰州志

窩盤文集蘄州胡思謙撰州志

恕山詩草蘄州胡覺撰州志

西田來爽集二十二卷麻城鮑輝武撰縣志

百二吟詩集麻城黃固撰縣志

十柏園文集黃安彭國梡撰縣志

記里鼓詩集黃安盧爌撰

林縉光序曰余都門謁選卽耳先生之名比捧檄郕城先生主萃英講席公餘之暇出其所爲記里鼓集以示余皆應優選赴京時作自北行以迄南旋計三百餘首其間城郭山川風土人物以及往來贈答諸篇讀其詩而其事其地其人皆可以想見蓋詩以道性情三百篇中或賦物言志或指事類情歌泣皆根至性先生以學問之深涵養之粹濬然而無欲靄然其可親故所爲詩抒寫性靈出入風雅不著意求工而自然流麗縣志

禹津雜詠　岱遊草　洛遊草　鞏遊草　嵩遊草盧爌撰縣志

風月齋詩集廣濟張輔翰撰縣志

聽桐軒文集黃梅吳鈺撰縣志

求可齋詩文全集蘄水胡璧華撰縣志

帝鑑圖詩二卷　思無邪齋詩二卷蘄水蔡紹洛撰縣志

淡圃老人詩草黃岡王佐猷撰縣志

小峯詩集　倣古體箴蘄州陳紹瑞撰縣志

礌溪詩文集黃岡萬渭撰縣志

四梅花屋集羅田潘煥龍撰縣志

舉濱吟草黃岡錢莆田撰

玉屏草堂詩集羅田陳瑞球撰縣志

食古研齋詩集羅田陳瑞琳撰縣志

春草堂唱和詩草羅田陳瑞琚撰縣志

竹林老屋詩鈔四六古文黃梅蔣恩瀸撰縣志

聽鸝書屋詩鈔黃梅吳開第撰縣志

啓新堂文集黄安盧鴻遠撰縣志
斆學半齋詩文集廣濟文鳳喈撰縣志
五峯文集蘄水潘炳勳撰縣志
馬稷山房詩鈔廣濟劉映丹撰縣志
保虛堂文集黄梅吳文林撰縣志
惜老齋詩文集黄岡陳汝鈞撰縣志
西圃詩文集蘄水柳先庚撰縣志
聚華堂文稿黄安吳世楷撰縣志
梓里雜咏　培園詩文集四卷黄梅余錫椿撰縣志
張維屏序曰其爲文眞切不浮骨重神清與八家相去不遠及觀集中諸論記理明辭達矯矯不羣知其寖饋於八家者深矣至於賦抉六朝之奥詩宗三唐之盛清新俊逸尤耐人玩味惜乎楚中人嘖嘖然僅以詩賦稱培園而不知其以古文擅長也節錄

小住山房詩文鈔　詠史詩一卷黄岡曾邦俊撰縣志
案詠史詩兵燹後散佚其弟錫齡捜輯得六百八十首序而刻之
拗硯齋古文鈔　聽松聲館詩集　箋蟲蝦齋集　聽雪餘吟二卷黄岡陳堯松撰縣志
五柳堂文集黄安陳玉麒撰縣志
日知堂文集蘄水郭沛霖撰縣志
誦芬書屋詩古文鈔黄岡吳棨撰縣志

丁溪詩文集蘄州陳炳甲撰本集
西垣專集蘄水陳兆奎撰
小山書屋文集　琴泉詩存麻城張文藻撰縣志
香輪齋文稿　迴文賦黄安盧繪雲撰縣志
碧桃軒集唐詩四卷黄岡李應觀撰縣志
愚溪文集麻城羅文樞撰縣志
存存堂文稿黄梅錢光成撰縣志
銅豆山房文集　樂府詩集黄岡王燕瓊撰縣志
虎山文集蘄州張聯璧撰州志
笙甫詩草四卷黄岡方鏞撰縣志
星泉詩藝蘄水左源撰縣志

焚餘草蘄水彭俶祥撰縣志
狄雲行館偶刊古文黄岡王家璧撰
養拙堂詩鈔蘄水高士濂撰縣志
量齋詩鈔　无行所悔之室文鈔羅田陳昌綸撰縣志
挹秀山房集蘄州汪陶撰州志
蜀艇草　行篋詩存　伴星賡唱集　林蘭堂文集蘄州吳之驥撰本集
帥文毅公遺詩黄梅帥遠爗撰縣志
王柏心序曰帥子所謂一世奇傑之才也少孤侍其大父中丞公於節署里第見中丞爲海内名臣幼即慕傚長而倜儻俊邁益治經世之學所爲詩文皆嚴肅峻厲不可偪視節錄

漱芳書屋詩鈔黃岡萬裕瀚撰縣志
荒園詩草黃岡黃作霖撰
芷汀詩鈔廣濟劉宗沅撰縣志
鋤月野廬詩文集廣濟饒豊撰縣志
念念山房詩草蘄州陳瑗撰州志
兩優集廣濟李兆陽撰縣志
聽香閣詩鈔廣濟胡醕撰縣志
兩山詩草五卷黃梅吳燦如撰縣志
陳備來序曰兩山詩不名一家時而黃初正始時而貞觀開元又時時出入於大歷貞元諸名家總之陳言務去而自成爲兩山之詩蓋荀卿立說自是其愚非所以爲詩優孟抵掌

務爲其似尤非所以爲詩也余前有書至外舅曾賓谷先生處云近又得一詩人吳某先生愛才如命掇珠抽玉無暇日行且與兩山買短櫂下維揚紅燈白酒坐題襟館中談藝以視胡盧小築樂何如也節錄
京華遊草 蘇松遊草黃岡許汝梅撰縣志
葵藿齋古文二卷 駢文一卷 詩四卷蘄州何明撰本集
藜照堂古今體詩 溯風吟黃安劉秉琳撰縣志
小西詩古文鈔廣濟朱澤楠撰縣志
湘畹古近體詩存四卷 駢體文存一卷 雜著二卷黃岡錢崇蘭撰本集
問月齋詩存二卷黃岡錢崇桂撰本集

庾南詩集文集蘄水何先梅撰縣志
壺齋詩古蘄水徐犖嵋撰縣志
紫雲山館詩集羅田石心杰撰縣志
碎琴集麻城吳泰來撰縣志
味懶齋詩黃岡姜煥垣撰縣志
碧蕖詩古文鈔黃岡樊東陽撰縣志
獲鶴鳴詩草黃岡樊雯撰縣志
碧雲山館詩集黃岡劉熊興撰縣志
雲湖詩鈔黃岡劉照撰縣志
葆素詩草 商聲集黃岡汪家驥撰縣志
東山詩草黃岡林作楨撰縣志

吟香閣全集蘄水程仲棠撰縣志
石松山房集蘄水徐道樹撰縣志
雙桂堂詩集蘄水方郁華撰縣志
仰止書屋詩集羅田熊五韡撰縣志
祕英齋文集 棣華樓詩集羅田熊五絨撰縣志
玉臺山館詩鈔蘄水徐儒棨撰本集
蔭山文稿蘄水徐森撰縣志
近鶴齋遺稿蘄水徐致庭撰本集
思逃堂梅花百詠一卷蘄州王映齡撰州志
舟車吟蘄州楊炳岳撰州志
種梅書屋詩鈔蘄州張鳳翎撰州志

翹秀軒文集蘄州張作霖撰州志

愛吾廬詩草二卷麻城石占鼇撰縣志

容膝園詩集三卷　詩餘二卷麻城李銳三撰本集

月香文集黃安蔡浩撰縣志

鹿洞草黃梅吳文鼇撰

坦齋詩鈔黃梅吳之疆撰縣志

茂林山房文稿黃梅鄧朋撰縣志

萃華詩集黃安羅樹滋撰縣志

友愛堂文集黃安梅調化撰縣志

亦蓮詩文鈔廣濟李識韓撰縣志

雞肋集廣濟周旋撰縣志

鷦窩詩文草廣濟夏正撰縣志

青林湖墅詩鈔廣濟張秉鈞撰縣志

醉梅山房詩鈔黃梅吳鉄撰

雪白堂稿黃梅吳亮采撰

夢梅子詩存羅田周璲炳撰

谷應草詩文集蘄州胡昌才撰州志

耐寒詩草蘄州范倩仙撰

倩仙字同里張氏未嫁聓故適張守貞居一樓人罕見者年八十餘卒生平作詩甚多存者僅此州志

集部三 總集類

明

國雅中選集麻城邱齊雲編縣志

八大家纂略　歷朝詩選黃安熊光楚編縣志

元緝野人集蘄州陳一賓編州志

人物博觀集蘄州顧天祚編州志

歷朝古文百二十卷蘄水黃正色編縣志

詩城摘錦麻城鄧楚望編縣志

詩徵四十卷黃岡易道暹編縣志

詩選一卷麻城周世遴編縣志

葆軒詩文選麻城周際聖編縣志

國朝

古文輯略黃岡曹本榮編

是書文以體分各體前俱引文體明辨一條大概因是書而廣之存目　四庫全書提要

宏圃楚詩蘄水李見璧編縣志

楚中風雅數十卷蘄州汪衡編州志

詩裁二卷麻城黃素臣編縣志

東山紀詠二卷麻城周維秬編縣志

康熙間官軍平定東山時髦多歌詠其事維秬採輯成此

唐詩韻編十二卷黃岡殷必達編縣志

西陵人文吉光集麻城鮑梁編縣志

古今詩翼十四卷蘄州駱在垌編州志

詩賦詮題八卷麻城胡翹霜撰縣志

楚北詩佩十卷黃岡王如玫與江陵張旋均同編縣志

湖北詩文載二十卷　唐宋十一家文鈔　集説五十二卷

倚友山房詩文雜錄十卷　集外叢談蘄州陳詩撰州志

唐詩句解黃梅黎孟鈐編

集部四 詩文評類

明

震岳詩話樊山王朱翊鉅撰

翊鉅字昇甫荆王子博學工文不喜富貴慕淮南八公之徒折節名士一時士大夫皆與遊楚北詩佩

文通三十一卷黃岡朱荃宰撰四庫全書存目提要

案明史文通二十卷今從四庫目錄

國朝

陶靖節集輯註十卷蘄州陳詩撰州志

考田詩話黃梅喻文鏊撰縣志

古今薈醅評選　文選註釋廣濟魏雲琯撰縣志

卧園詩話羅田潘煥龍撰縣志

廬山詩話廣濟饒儀晉撰縣志

集部五 詞曲類

明

曲通黃岡朱荃宰撰明史藝文志

薖所館詞蘄州李時珍撰通志 佚

詞調別音黃岡王同寅撰縣志

國朝

桐下詩餘麻城梅鉞撰縣志

錦樹堂詞蘄州顧昌撰通志

樂府審音蘄水潘紹經撰縣志

補遺

明

檢齋遺稿麻城李文祥撰縣志

國朝

梧岡詩草麻城李植三撰本集

玉山草堂遺集麻城張朗如撰本集

登五詩鈔八卷黃岡周鳳章撰

蓮堂課讀詩鈔四卷周鳳章撰

附錄

宋

黃州圖經五卷李詵撰宋史藝文志

李諤祥符間所修舊經亦頗有後人附益者郡守李詵又以近事爲附錄焉詵參政邴漢老子也書錄解題

齊安志二十卷厲居正撰宋史藝文志

郡守呂昭問俾教授厲居正重修時慶元己未也書錄解題

案郡守呂昭問見湖北通志藝文志王志秩官表作李昭問

蘇公寓黃集三卷蘇軾撰

邑人王同軌編別駕嘉禾陸志孝爲訂刻吳國倫序茅志

柯山集一百卷張耒撰

齊安拾遺一卷許端夫撰宋史藝文志

齊安集十二卷許端夫撰宋史藝文志

蘄春志十卷陸峻丁光遠撰宋史藝文志

周易集傳八卷龍仁夫撰元史藝文志

每卦之下各分象變詞占雖大旨根據程朱而於卦象爻象反覆推闡頗能自抒心得故元史稱其發前儒所未發四庫全書存目提要

明

黃州府志十卷舒旌撰明史藝文志

旌宏治時任黃州府教授

蘄水縣志四卷胡奎撰

奎鄱陽人舉人正統四年授蘄水知縣

蘄水縣志六卷程昌撰

昌祁門人進士宏治時官蘄水知縣

蘄州志十二卷翁學淵撰

學淵遂昌人嘉靖二十九年任江防道嘉靖初蘄州人渠縣令甘澤始爲志官給刻印尋燬於火又三十一年括蒼翁學淵以貴州參議來僉憲延鄉大夫思恩太守王儼懷慶太守郝守正鄉貢進士陳吉言高暘楊芳庠生田于藍鍾圻更加蒐輯亦給工刻印

郡齋稿鄒迪光撰茅志

迪光無錫人進士萬歷時官黃州知府

蘄水縣志十六卷閻士選撰

士選江都人進士萬歷七年授蘄水知縣

黃岡縣志十卷茅瑞徵撰

瑞徵歸安人進士萬歷三十二年授黃岡知縣是編成於萬歷戊申邑人呂元音王同軌采輯經茅瑞徵所裁定者文簡義覈具有條理可與康海武功志埒惜久散佚舊志僅載茅瑞徵志序九首論讚六十首例言六條其文古雅遷固並擘蓋茅與呂王皆史才故稱善本通志題呂元音黃岡縣志似歸一人於義未協縣志　是書武昌王氏家猶有藏本

赤壁集茅瑞徵撰

是編係瑞徵任黃岡知縣時所輯

寓黃集楊逢時撰

逢時江陵人萬歷丙戌進士署黃岡教諭

辛巳泣蘄錄一卷趙與衮撰見通志不詳何處人

曹彥約序曰李茂欽死守蘄城並毀其家立志最堅受禍最慘或罪其志有餘而才不足則亦苛矣武定軍入城反爲郡告示金陵軍及境而不恤郡池軍怯而不進雖有張巡許遠之才不得霽雲萬春之助決不能以千人之力守九里之郭御數萬眾騎之敵矣韓昌黎語巡遠事以爲當是時棄城而圖存者不可一二數擅强兵坐而觀者相環也不追議此而責二公以死守亦見其自比於逆亂設淫辭而助之攻也節錄

黃州府志七卷潘允哲撰

允哲上海人進士萬歷時官黃州知府

國朝

蘄水縣志二十二卷劉佑撰

佑曲周人拔貢順治十三年授蘄水知縣

續修蘄水縣志四卷李振宗撰

振宗嘉善人進士康熙十八年授蘄水知縣

廣濟縣志黃玉鉉撰

玉鉉字振公洋縣人順治己亥進士授廣濟縣知縣居業齋稿

赤壁志賈鉉撰

鉉鑲藍旗人監生康熙三十二年授黃州知府

羅田縣志八卷張琳撰

琳鑲紅旗人生員康熙五十二年授羅田知縣

麻城縣志十卷屈振奇撰

振奇洋縣人進士康熙八年授麻城知縣

居黃閒草趙之奎撰

之奎沔陽舉人康熙時任黃岡教諭

筆記二卷程大純撰

大純字漢舒孝感人康熙中由貢生官黃岡縣教諭是書皆講學之語其謂陸王之學雖矯枉過正然用以教口耳之學不爲無功所見頗爲平允若以程子配孔子朱子配孟子則聖賢之與大儒自有分際未必二子所敢居也四庫全書存目提要

蘄水縣志二十六卷邵應龍撰

應龍字雲谷餘姚人副貢乾隆二十年授蘄水知縣

警心錄二卷湯應求撰

應求字簡臣靈川人雍正己酉舉人是編爲署麻城知縣時以民枉下獄及昭雪後彙供詞文案輯成是書廣西通志

黃州府志二十卷王勍撰

勍鄂縣人拔貢生乾隆十二年授黃州知府

蘄州志二十卷錢鋆撰

鋆常熟人知蘄州時延黃岡周茂建應城程大中及蘄士之知名者重事纂修别爲二十卷首地理次建置次賦役次學校次職官次選舉次人物次列女次藝文次雜志外志蓋近

來地志之窠臼也知不足齋存稿

廣濟縣志二十二卷虞學灝撰

學灝金壇人舉人乾隆十二年授廣濟知縣

黃岡縣志二十卷胡紹鼎撰

紹鼎字牧亭孝感人乾隆甲戌會元官御史

麻城縣志二十八卷黃書紳姜廷銘撰

書紳陸豐舉人廷銘保德州拔貢乾隆時先後官麻城知縣

黃梅縣志十二卷薛乘時撰

乘時原武人舉人乾隆十六年授黃梅知縣

黃州雜事詩一卷陶樑撰

樑字甯求號鳧薌長洲人嘉慶戊辰進士詩係道光閒任漢

黃德道時作刻晩香唱和集中後官至禮部侍郎

葆醕堂詩古文集王德新撰

德新號菊門江夏人舉人道光十一年任黃州府訓導

維周詩鈔十六卷程之楨撰

之楨字維周江夏人舉人同治四年任黃岡教諭其集有嘗

辛集北遊草偎偎吟漂萍集歸硯草屐棘吟墨池編磨盾草

硧園稿諸目

人鏡類纂四十六卷程之楨撰

崑巖集丹九道人撰

丹九易氏子陝西人自麻姑洞來蘄州住元妙觀

夢幻吟釋巨岳撰

巨岳字一峯孝感人住蘄州清源殿

補遺

黃州府志蘇良嗣撰

良嗣遼陽州蔭生康熙二十三年授黃州知府志修於二十

四年

黃州府志卷之三十五終

黃州府志卷之三十六上

黃州府知府英　啟纂輯

藝文志

集部 文附

明

李文祥 字天瑞麻城人成化丁未進士傳詳宦蹟

請立新政疏 時孝宗嗣位文祥官吏部主事

為請立新政以保天命事竊惟帝王為政恃權與法權貴一不可使近習分分則政出多門而禍亂作法貴立不可使小人玩玩則心無所忌而僭奪興恭惟皇帝陛下英武夙聞仁孝懋著羣臣溢於耳目四海徧於口傳咸望祖宗之業在此中興帝王之治由茲

再造然舉裘必挈其領張網必提其綱今之綱領實權與法不先提挈無由舉張往事難追多言徒咎臣謹以切於今日者昧死言之祖宗立六部三法司設內閣大學士參贊萬幾分理庶務任專責重無掣肘之嫌事隳責歸鮮城狐之託治隆俗美職此之由頃者位多小人權由內侍賞罰任其喜怒禍福變於轉移讎視言官痛加摧挫公行賄賂濫設冗員阿順者則接引超遷違忤者則毒讒竄逐朝野寒心道路側目譬人身之疾病實腹心之癰疽伏望陛下密訪渠元明章國典少留謹厚謙畏者隨侍左右以供使令更宜妙選大臣親諏治理推心委任不復猜疑或相朋比為私許令科道面劾自今內侍仍有恃威脅制弄權囑託者許得奏聞區處閒傳內批密旨亦許執奏封還俱為定規權一於此則體統正而近習不得分矣立大明律罪犯輕重各有科條稽古定制服色器用罔敢僭踰故善惡知勸懲之方貴賤明等威之辨國體益尊民志素定頃者法司惟徇己私不遵成憲豪橫有庇者雖重罪必寬容貧弱無告者雖小嫌必鉤距惠及姦宄之雄養成傾頹之俗綱紀盡廢詐僞滋興豪室僭王侯之居富民擬公卿之用崇玩好而費民財飾虛器以耗國脈伏望申明律令使執法之官一遵成憲如有罪不當科獄囚情異者必連坐以懲不恪稽古定制乞示頒行其長惡稔姦之徒務令巡察等官嚴加督訪貴倖必懲豪黠罔赦法立如此則禮度明而小人不敢玩矣權一法立政事可新使無其人誰與共理臣竊聞致仕尚書王竑王恕孤忠自矢獨立敢言年力未衰尚堪效用南京刑部主事林俊思南府推官王純

皆抱忠貞兼優才識論其全德容有小疵要在良工固當大用伏望起竑等置之公輔俊等列居諫垣旦夕親其議論政事庶有補裨此非微臣私言實乃士林公議且人才難得自古為然習俗移人豪傑不免惟茲士庶不盡愚庸但恐言出禍隨動先咎至故局促轅下之駒偃息籠中之雀豈不思奮顧此牢形亦知媿乎素尸每託辭於時勢蓋人雖下愚誰無義理之心性但中人不免身家之累能知媿負是亦名流樂其危笛斯為下品伏望明照庶物公選尋察其閒素分不材甘心無恥營私罔上違天蠹物者小臣則遂罷黜大臣則禮遣歸少礪士風庶華國憲餘可自新者一切賜以明詔感其良心務使驅策以圖實功不容退託而逃清議東方朔詼諧之臣以武帝為君力陳規論裴矩隋之佞人逮唐貞觀間

亦强支持黽勉忠衷之列既開自新之路必多遷善之人如此則權一而事不悖法立而永無慾國政日新天命世眷信可以中興信可以再造副羣臣之望符四海之思臣生斯世際斯事寧不爲萬古之一快也哉抑又有當急正而不可須臾緩者初臨大政之時衆皆竦仰賢哲量之以行藏其道姦邪窺之以作止其惡民庶覘之以休戚其情治亂安危在此一舉虛心聽納漢宣帝以致中興屈己求賢宋仁宗由之再造今欲立致太平莫若先開言路言路開則羣邪懼伏君德益修仰冀內宸必能察此伏讀前詔乃獨見遺祇許科道內彈仍以挾私逆阻臣竊聞之犯上干主其罪可知乖忤貴臣禍在不測人欲十言其一猶懷反噬之憂誰敢無中生有輒快報復之計此必權倖小人自慚不軌私相交語以爲初

政之日義士彈冠若不懼以危言討以定律則必暴我姦情縱使免禍一時亦必貽譏萬世用是壅蔽聰明豫示不軌欲箝衆口於未發不虞姦狀之彌彰且復以風聞妄言爲禁夫朝廷京師之極京師四方之極政事之或是或非臣寮之一善一惡譬諸日星麗天誰不知其昏明河海振地誰不知其深淺使俱排以風聞謂不可信則謂孔顏爲賢未必皆由己見指盜蹠爲惡是亦出於口傳人心允愜士論不疑况古昔帝王懸鼓設木自求謗毀言之縱非其情聽之亦足爲戒何害於國遽欲沮止李林甫持此說以亂唐王安石持此說以毒宋遠近駭聞賢愚驚愕伏願速頒溫詔廣求直言不墮姦謀使彼知人心之不可盡欺公論之難以獨掩痛示懲於既往庶知戒於將來且今言官迹其論列不無奮激之偏要其心志皆出忠誠之切更願少霽嚴威輒假優禮言切而理愜者必引導以盡其情識寡而辭拙者亦含容以嘉其意諫諍無隱者褒其直而勿責其非謀猷可採者與其能而急行其策惟當斷以一心不必搖於衆口大率君子之言決非小人所利儻一問及必以前事中傷如無嫌疑乞賜片時引對臣草茅新進積無怨讎但能隨衆以浮沈終可歷階而貴顯顧念臣之於君子之於父吉凶休咎義實相關隱默欺謾心則安忍故今日者不避斧鉞力盡愚衷片言有益夕死且甘草木同區幸生何補臣不勝懇切待命之至

王廷陳　字稚欽黃岡人正德丁丑進士傳詳文苑

志雨

吳侯治黃之壬辰春不雨至首夏炎曦布威廣澤化陸坌揚於畝潦除於池霄漢滌雲林麓忌焚居者病汲飲者競滴畯不在田農不于耜且麥秋也遁民族攘客據主場炊煙在野是故困不專貧憂不但智國人謀而請於侯曰其使巫侯曰天則不雨而望之巫愚毋乃已卑乎曰某水之淵龍宅焉其怒諸雨可致也侯曰人則不能而索之龍於以致之毋乃已疏乎曰數富之實而罪其出惟賑之侯侯曰公則不儲而恃富之藏彼實應且懟抑澤未宴及而首以懟富以是期濟也毋乃已艱乎曰然則何如侯曰咎在予卽予求之其可矣令於國中市不屠道不除輕罪弗繫纖訟輟聽貶食省用已徵減從去蓋謝乘禱於壇昕夕至其衷疚其辭傷其容若將隕越於地國人曰君無病乎其何以小人之故而病吾君侯

聞之曰民病是虞吾何愛焉如是者日行之不雨旬行之不雨月行之乃令於野曰修而陂防達而溝洫竪而竇視而築展而具宜而種時雨且降令之明日壬寅雨至甲辰陂池滿受原野流溢山麓改色田畯在田農人倍作婦子喜饁逋者反其室廬攘者修讓悲吟者歌國人曰君實生我敢不拜賜侯聞之曰天實悔虐於爾有衆予敢或奸天則生汝而疑於予誣矣君子謂吳侯於是乎能格天夫格天者在實非文之能夫侯始而罪己中而疚而不已終而人功之懼其誣己夫罪己者凶而不委不委則日遠於戾而納於順未有順而不應者也疚而弗輟履之以恆未有恆而不動者也天功不攘弗後弗張咎休以遜未有遜而不益者也三者格天之實也吳侯有焉雨也天豈侯是私

雨紀

一日黃之父老數十輩造夢澤子之庭而言焉曰我大夫郭侯守黃之三年爲戊申歲五月不雨逮夏杪禾且槁用軫我大夫率其僚齋禋而禱焉禱之三日大雨瀕槁之禾以回吾儕小人溝壑其免矣我大夫實賜之願得子之言以頌之也夢澤子曰雨也何如請言其狀曰是日也山川出雲鬱鬱蒸蒸族結朋徵溥如玄顏朝瞰倏冥霢霂稍聞如箠如繩既乃滂霈沸渭交灑互濺紛射側激散漫湁㴪已則潢潦交於街壥湍瀨鳴於原隰漸洳生於塵堁遂乃浸淫衍溢奔壑注溪而入於陂池以達於畎畝無坎不盈有量必受於是農畯之流命厥徒侶跡於阡陌之間覘塍窺竇曷窒曷築殺其已盈引其未足然後攜厥婦子休隴自勞鼓忭謳吟樂莫其陳夢澤子曰止此田父之雨何足以稱於大夫也曰大夫之雨可得聞歟曰可我大夫受命而來務佐百姓之急去泰甚之害布中和之政侵牟我民者則炎火是畀矣稂莠我民者則芟夷是加矣使我主上汪濊浩蕩之德滲漉於閭閻淪漬於心髓而又潤我以仁液滌我以義瀋渴我以禮坊警我以法湯肉我枯瘠澤我顑頷雪我煩冤激我靡頹是故不電而明不雷而威不沬而濡不淫而滋洽物入人窮高極深此吾大夫之雨也汝知今日之雨也而豈知吾大夫之雨於民也亦已渥乎夫其雨於民者之渥也用是能說於鬼神而孚於幽隱故一旦陳忠信之辭求咎吝之實黜巫尪之謬後露跣之文卒使上天悔禍羲和紓馭屏翳效職祝融收烈汝知禱之輒應也而豈知吾大夫之禱亦已久乎汝獨不見昔

之鄰大夫乎嘗罪雨矣而不知己之雨慳也嘗罪禱之不輒應也而不知其禱之素昔者乖且乏也於是諸父老喜而言曰吾儕小人乃今知我大夫之雨又知其禱不在今日也遂退而謀登其事於石曰使後之長民者知雨且知禱也我大夫不及知知之不能止也

贈謝爵來雨序 爵甯州舉人嘉靖元年知蘄水

謝君令蘄水壬午春三月不雨民戚曰何以播君步自邑壇禱焉雨越四月不雨民戚曰何以植君步自邑壇禱焉雨越五月不雨民戚曰何以穫君步自邑壇禱焉雨邑人歌之爲來雨之章王子聞之曰歌也足爲長民者風矣帝也豈民棄夫錫蕃育庶靡不民焉供是務殖也或雨靳焉食且不粒以樊務殖之而復以棄也其

否也矣是孰用棄棄吏也吏也者族民而臨之殆爲帝殖者乎不德而賄帝其曰吾且氓殖不有於民之室而吏橐用盈是以吾殖賄也故靳焉不愛棄民昭吏棄也君之政聞之矣斂而思達而孰肅肅而惠法不勢貸其仆也勁者先苟民庇焉不惜冒法罰邑人宜之乃不吏亦靡不禮帝其曰令艮吾氓殖焉今不有也禱輒雨豈惟殖民不吏棄焉昭其艮也傳曰禮有祈焉有報焉夫傴僂而趨匪其衷也卽湯焉以其軀犧巫也感而酬豐品是事而幸帝之私也謂帝需乎君也不然乃不雨曰予也帝何意焉其雨矣曰帝也予何力焉夫始不奸帝之命旣也不有帝之功是謂對帝之休帝其永庇之矣

喻希禮字節之麻城人嘉靖癸未進士傳詳宦蹟

請溥恩宥過疏

爲溥恩宥過以迓天休以彰聖德事臣仰維皇上祈嗣禮成蓋上天篤生聖人爲中興太平之主必生聖嗣以開億萬載無疆之休其保佑眷顧之隆必有無待於求者惟陛下推曠典殊恩以迓帝祉則昔人所謂心和則氣和氣和則形和形和則聲和聲和則天地之和應矣陛下敬天勤民十年於茲往者大詔天下一應罪犯悉從赦免今歲大辟又免行刑天下臣民咸沾聖澤惟近年得罪諸臣遠戍邊徼者未蒙宥放豈其罪大惡極不可輕縱者乎臣竊謂今日招和致祥履休迓祉不在設壇建醮之彌文而在悔過宥罪之實意臣聞天地之大德曰生陽居大夏以生育長養爲事陰居大冬積於虛空不用之處陛下好生之德與天爲一而獨遺遠戍諸臣窘廬絕塞無生還之日豈盛朝之美事乎今之論者謂大禮諸臣同聲附和誠可罪矣大獄諸臣謬持偏見誠可罪矣然自臣言之議禮者自謂效忠議獄者自謂執法以效忠執法之臣一不當陛下之意而卽終其身流離於萬里沙漠之外臣恐懷忠義之心者未必不聞風而懼矣原其心而宥其過矜其愚而憫其不及是亦聖人無棄人之意也且聞遠戍諸臣有父母存而不得養者矣有沒而不獲送者矣諸臣之罪縱可深惡而所託以養以終者亦可念也歷年已久懲創已深臣之得罪於君猶子之得罪於父也子之得罪於父悲哀號泣必求父釋之而後已諸臣望陛下以釋之者亦非一日也近聞諸臣有沒於邊徼者旅寓無依其情甚苦數年之後彫零殆盡雖欲仰瞻聖化而卒不可得矣古聖王

設鞀懸鐸以求直言敢諫之士而陛下乃使建言諸臣彫零殆盡於邊徼豈所以風天下乎伏望體天地好生之心推父母愛子之念急將遠戍諸臣量其情之輕重或稍移近地或恩予赦免非惟諸臣感生死肉骨之恩而中外臣民歸頌聖德前星垂耀無待祈禱而聖子神孫緜緜無窮矣惟聖明俯賜矜察臣無任悚惶待罪之至

耿定向字在倫黃安人嘉靖丙辰進士傳詳儒林

救海忠介疏

爲披瀝血誠懇祈霽天威葆太和以彰聖德事臣草茅下士竊食陛下廩祿十餘年矣伏見陛下端拱宥密而注措常周寰宇虔共上帝而意念切在民瘼此中外大小臣工所共明也亦所共戴也

臣聞戶部主事海瑞者僻處遐陬歷任遠方未能仰測聖心乃謬執有犯無隱之文敢肆狂愚直戇之語中外臣工咸謂其罪立死無赦矣荷蒙聖明不即誅譴優容數月天下臣民咸藉藉仰頌陛下如天之仁而貸瑞狂謬之罪也何者君仁則臣直又曰君聖則臣直自古記之矣邇者又聞陛下下旨逮瑞送付法司流傳欲重罪之夫陛下容忍於數月之前而震怒於數月之後誠如天之包含肅殺曲成萬物而不可測矣但臣竊觀史冊所載自古狂戇之臣不學無術者每每拚一死以徼忠直之名而不恤傲君之德臣竊憾之然而古昔之君或容而生之則光昭載籍天下萬世稱仁聖焉是人君之德之盛故得狂直之臣而益彰也昔人有云諫者之愚戇示君之能容諫者之狂誣明君之能恕信哉是言矣乃今

瑞之敢於狂戇而不忌者豈不知其身之立至齏粉哉臣迺度其心或亦欲拚此一死以博後世忠直之名者耳儻奉行諸臣不明陛下曲成之意而一旦即致之死竊恐徹陛下仁聖之德使彼幸徼忠直之名雖曰罪之實成之也且其言雖狂悖而心實忠愛則又何罪焉伏惟陛下少霽雷霆之怒暫寬斧鉞之誅則陛下仁聖之德上通元穹下徹九地太和保合而聖壽益永無疆矣夫陛下仁聖之德益彰而狂戇之名益泯此臣狗馬血誠實效忠於陛下而非爲狂愚小臣游說也惟陛下熟察而囘之臣干冒天威不勝戰慄隕越之至

劾吏部尚書吳鵬疏

爲糾官邪飭吏治以固邦本事近該兵部題覆兵科都給事中王文炳題爲倭寇猖獗懇乞聖明申飭督撫臣工等因該兵部覆奉聖旨安民在守令得人近年各官恣意貪殘剝害以致百姓困苦這所議是吏部都察院便行文與各該撫按官將司府州縣正佐等官嚴加考察貪暴殃民的限一月內指實奏來處治欽此臣有以仰見我皇上汲汲安民之盛心也臣聞之書云民惟邦本本固邦甯詩云君子萬年保其家邦夫保邦之道誠在安民安民之責誠在守令陛下興念及此固宜永保邦家於萬萬禩矣但臣竊謂本正而後末治源潔而後流清銓衡者守令之本源也欲察守令之貪殘而不察銓衡之淑慝是舍本源而求末流臣慮其難矣臣往見謁選者下自吏丞以至科貢諸途未聞有無因而得美缺者故未任之日已積負累千指望剝民膏脂而償後欲責其恤民不

貪是引犬上堂而叱之下也不特此也即今部院府寺之屬資俸應陞司府官者其始也必講講以賄也其去也必謝謝以賄也否則雖資俸應陞勿陞矣即陞亦未必如意矣及其到任也曾未及幾於當路必有問安之禮歲時必有慶賀之禮至歷俸將次則因公差朝覲而通賄講陞或令家人狎吏而通賄催陞如是即得速化否則雖治行第一資俸應陞勿陞矣即陞亦未必如意矣彼任守令之恣意貪殘而不恤民者拚不爲官者也苟有愛民之心其貪殘猶不至極今美缺以賄得美秩以賄陞是貪殘者不惟肥家且得榮身苟非實心愛君體國孰肯安於偃蹇坎坷而不貪殘也且大臣法而後小臣廉也即今督撫之臣陞任之日輒取藩司庫藏動數千金名曰謝部相沿爲當然固然恬不知怪其不盡然者

可指數也如此又何以禁守令之不爾也凡此皆中外所共見共聞非臣一人之風聞浪說也推本所原秉銓衡者惡得辭其責哉參照吏部尚書吳鵬素頗曲謹亦徼時名遭逢聖明陟居冢宰固宜委身殉國公爾忘私以爲百官率也矧今海内多事財詘民窮仰廑聖慮鵬爲大臣獨無分猷共念心耶何乃竟替初心不終晚節雖少有自好之意顧全無特立之操澳涊脂韋如木偶然者何也臣謹按其蹤跡顯著不厭公心者爲陛下言之夫冢宰號稱天官以奉天而不私也今天下公道惟科目一節猶存耳乃董份鵬之壻也吳紹鵬之子也壻主試事而子竊高科羣議已沸騰矣已掌銓衡而子擇美秩是豈祁奚之公心哉無亦焦芳翟鑾之故智也矧秩宗典禮之司宜優文學者居之以文學言蔡茂春固會試

第一名也止授兵部而紹以乳臭孟浪之子乃得禮部其何解於士論哉夫以百官之長先爲登壟之行又何以禁天下之守令不貪殘也此臣之不足於鵬者一也臣前任行人時聞江都知縣李一科差吏丁守仁同伊妻弟持銀數千兩潛此營陞吏部臣時嗤其騃意謂清朝安得有此等事及臣差回而一科果陞本部主事矣臣痛憤撫膺以爲科則可誅顧授之者誰忍負國家如此也隨有御史林騰蛟指實一科贓罪論劾仰蒙聖斷罷回聽勘臣躍足合掌稱頌聖明且慶國家尚有忠直之臣曾未幾時而騰蛟出爲僉事矣蓋近日御史陞僉事抑之也又查得前禮科給事中袁洪愈劾前文選司郎中白璧等貪污當蒙聖斷將白璧等罷斥中外稱快乃今洪愈淹滯累年矣伏思陛下於二臣者既已用其言固

將顯其身而鵬乃抑之是直欲箝言官之口使皆垂首濡足於門俾得肆無忌憚而不欲其效忠於陛下也此其心何逆哉或曰彼尊衙門然耳夫球琳寶器偶積垢穢或爲洗滌固所以珍之也主人顧可怒而斥之也此臣之不足於鵬者二也臣又訪得前文選司郎中何海晏鬻爵納賄穢跡昭彰即據騰蛟疏皆鑿鑿可指已奉明旨謫調示譴曾幾何時即陞河南參政是陛下所欲黜者彼固以私庇之又訪得前驗封司員外宗臣本以夤緣李默得改吏部後因考察自度不齒浼求外補人猶憾其漏網亦幾何時即陞福建提學副使提學士人所宗如此干進無行之人即文藝可觀豈足當茲任哉吏部以貪敗者胥得私庇凡居吏部者何憚而不貪居吏部者既貪又何怪爲守令者之益貪也此臣之不足於鵬

者三也臣初在吏部便見今文選司員外張九一陞入爲稽勳司主事中外閧然嘲之曰此財旺生官者也或指之曰此官身價數千金矣臣始未信隨訪彼先任黃梅知縣全無實政一味剝民奉迎以要譽耳其所以得陞吏部者實假手伊妻父王監生潛此爲之納賄營求也既居要地遂稔前非據今汝甯府同知楊秉和納賄七百金於其家差吏商城人龔勝在此坐催爲屬陞南京刑部員外此其貪跡之可指者其他得於人言而未有指實者不止一二人也夫以乞播丐子之儔置之銓選華要之地是爲天下貪殘者樹標幟又何以禁守令之不貪殘也此臣之不足於鵬者四也夫因能授任因資敘遷主銓者宜自有定論往有京堂缺出漫無可否顧曰俟彼自講定然後好處或曰事不在我致使講者車馬

紛馳如羣兒爭餅此豈盛世所宜有哉奬恬退抑奔競銓衡職也士風若此鵬得無動心耶至於蔡克廉病夫而擬陞南部尚書沈坤惡人而改補北監祭酒雖曰會推主擬者誰乎何不辨之早也向非聖明獨斷則計曹止爲養病之所而太學將爲播惡之區矣在朝之臣鵬尚不能甄別況能使天下守令得人也此臣之不足於鵬者五也夫吏部爲六曹之首而冢宰又爲四司之長非徒曰吾自潔而已必能約束其屬使皆肅然不玷清議而後可以正百官也乃今司府縣官入覲者公差來者改調與起復者督撫陞任者於各司私門納賄猶委曰不知至盈筐書帕公然送於署中視爲常規曾不之禁其中卽有清謹自守之士亦皆制於成風而懼特立之難容矣夫本部旣受司府之賄以爲常而今移文撫按以

察其貪臣恐卽不反脣亦腹誹也又各司貼班官吏不可計數甚至家之庖丁乳母悉取償於此中間有等貧寒無力者往往陵轢於輿皁窘辱於僕廝其情殆有不堪問者夫此官吏雖微他日亦均有一命之寄者今身被貪殘於此又可責其不貪殘於民耶僚屬之內尚爾狼籍又何以禁天下之守令也此臣之不足於鵬者六也卽此六者大小臣工孰不心非巷議顧未有爲陛下言者蓋以本部職擅黜陟且根據株連人懼斥擯故甯負陛下不肯負吏部耳臣每念自育庠序暨登仕版自頂至踵毫髮皆朝廷恩也卽甘擯斥忍負陛下哉用是不敢顧忌昧死盡言伏乞聖明先將臣考察心行如果懷私妄論乞照浮躁不謹事例亟行黜治如察臣言有據不誣乞飭鵬自疏陳或容令致仕別簡公直之臣或重加切責使勵桑榆之節仰惟聖裁其何海晏張九一宗臣吳紹等乞賜查究分別黜治以爲貪汙奔競之戒則本源之地肅清而官邪警守令之貪自戢而民生遂財用由之以充邦本由之以固矣

瞿九思 字睿夫黃梅人萬歷癸酉舉人傳詳儒林

陳情疏

爲恭謝殊恩兼陳微悃懇乞聖明憐臣衰病免臣赴任以終餘年以畢餘業事臣原籍湖北黃梅人中萬歷元年本省鄉試尋以縣事褫革節經先後撫按臣昭雪薦揚於萬歷三十七年七月內蒙禮部會同都察院題覆伏蒙聖恩復臣衣巾本年十月復蒙聖恩從吏部請授臣翰林院待詔奉命之日不勝惶懼夫翰林地近職親爲清華之選待詔承顏納誨司應對之官是必一代名儒庶幾

無忝厥職臣何人斯遂辱斯命臣少習先人之業挾策而上賢書原非矯語巖穴者無端受謗遂隸編氓光天化日之下獨爲向隅之泣每北望神京不禁乘風引領之思豈徒傷其寸長尺短不得一自效於明時臣之戀主之情根於秉彝浹於夢寐亦臣子之必至也今者陛下一旦拔臣於幽廢之中錄臣於顧問之列解臣冤抑發臣肺腑天高地厚莫喻深恩臣有心胸獨不思生至闕庭百叩舞蹈以鳴千古之盛遇顧臣今年六十有五矣元氣耗於思慮血氣侵於寒暑手足委頓耳目昏眊此皆臣鄉黨及臣從遊之士所明見知雖欲伏闕以陳微悃其勢不能第念聖恩不可以久羈官職不可以虛縻臣旣不能以力疾赴任敢無一言以答聖恩之萬一查得先臣被聖恩者率皆敷陳時政今堯舜聖神在上皋夔

輔弼於下師師在朝濟濟布列臣又復何言且極知草野之士淺見寡聞無裨宏謨遠略然一得之愚發於感激亦不自知其迂疎也先是萬歷甲午纂修正史榜求天下知樂之士而所得張敔李文察猶不甚精在樂則疑於淺近在詩則疑於散佚臣戴觀秦漢以來歷代輿圖漢則分爲六十二郡唐則分爲十道宋則十八路獨我朝兩京十三省宛然與周詩二南十三國風符合此殆天意欲國朝詩樂比隆成周臣不自揣遂欲作爲明詩以準周詩如兩京則準二南十三省則準十三國事屬郡國者則準小雅屬京師者則準大雅以廟陵鄉射賓祭樂章則準周頌以天下藩國四彝藩國朝聘燕饗樂歌則準魯頌以歷代帝王陵廟樂歌及兩雍闕里天下儒學祭孔子樂章則準商頌即於某詩幾章章幾句之下

博考國家典故著爲機宜以便省覽至於音律未叶終不可被之管絃又嘗以司馬遷李文利二說就中審度定律呂分寸合之易範律一一相符夫以臣之固陋豈敢自謂知樂顧竊念肅皇帝及我陛下加意禮樂大典關係匪細神人賴以和協萬物賴以昭蘇昭德象功於是乎在故臣不識忌諱謬欲以所見著爲詩歌務使詩與律相比律與聲相諧洋洋乎登歌戛擊之餘無異成周之盛然後於臣心始快臣願始售顧困於貧病六七年所而尚未成編伏願陛下察臣病困並無虛飾敕下吏部免臣赴任使臣更加考驗百無一訛然後獻之明廷以備太平之一助至於臣之生平別所著述如六經以俟錄等書數年之內漸有成績臣苟病骨垂延未塡溝壑他日並得以芻蕘一得之言恭呈睿覽庶幾上答聖明不次之恩下畢微臣深自引退之素此臣區區之本懷也緣是具本辭謝冒瀆天威不勝戰慄待命之至得旨歲給白米六十石助著書書成另擢用

王大謨字維允廣濟人萬歷庚辰進士傳詳宦蹟

議禮疏時官刑部主事署郎中

爲熱審屆期懇乞聖明酌定遣官之禮以尊詔旨以全國體事臣聞法者制於已形禮者示於未形法緣禮而生禮緣法而重合之則國朝之大體存焉其有意起於一時而弊沿於今日事若細微而實上冒不敬之嫌下失協恭之誼者則禮之所不敢出而法之所大禁也臣法官也典在邦禁凡事關職守而揆之義有未合臣得以三尺隨其後若今熱審遣官行事之禮是已臣請爲皇上陳之我朝欽恤刑獄夏月例有熱審初止決遣輕犯及出獄聽候而

已成化以後始有重罪矜疑輕罪減等疏枷免贓諸例五年一命司理監太監一員會同三法司堂上官於大理寺審錄於時事出特恩禮非夙議諸凡接見坐立行事之儀不見於令甲不備於明文惟相傳正德間始座中官於上而列諸大臣於旁然竟無所據也累朝以來當事諸臣亦惟知肅將天威章宣德意彼見夫纍纍械繫者方爲之求生而不得又何暇辨論於禮節之間耶然禮有可以權宜而事不妨於仍舊者必無關於國體而後可而此非其比也方中官奉敕到寺當即開讀以便諸臣行事是此堂之上詔命臨之即天顏咫尺之地矣以故諸大臣列於左右而諸執事之臣趨走於其前者誠畏簡書非因使臣也乃使臣則儼然於上而不以爲異豈獨無人臣禮耶如曰中官奉有特命禮固應爾然臣

伏讀十四年敕書原係公同審錄則法司諸臣亦均奉上命從事者尊則俱尊不宜別有軒輊也夫朝廷之事猶一家然大臣者陛下之子孫也中官者陛下之臧獲也子孫舉事而令臧獲覗之又偃然俯而臨之使天下後世謂國家有無稽之禮文而中外無畫一之體統甚非所以尊朝廷而重當世之士也且使臣之重不緣坐席以爲加損矣其命下也一臺臣一部臣登而請之其至期也諸大臣肅之其具疏也諸大臣後之若此其隆且渥者亦惟是我皇上之威命也乃不能虛堂上之尊以奉詔旨此臣之所未聞也大抵其始起於一時之草創固不虞其後遂因循而不可改耳卽奉命之臣亦往往狃於蹈常而難於慮始卒未有以上偪詔旨下陵同事爲使臣忠告者也方今聖明在御宮府一體釐閫內廷供

事之臣皆小心謹愼不敢踰於禮法之外者計必有以及此第平時未經酌定則臨期不便遵行脫有參差恐乖事體合無請乞皇上敕下法司會議停妥於使臣奉敕書到寺之時先捧置敕書於上次列諸臣之席於左右自使臣而下各有差必欲全使臣之尊而無失欽遣之體則請列於左隅之首仍高其座以別於諸臣是亦至貴倨矣將使堂下纍纍之夫與遠方觀聽之衆俱仰見夫天恩之在上而目擊夫禮讓之雍容其有不回心革面以輸情於諸臣之前者未之有也是一轉移之間而所繫於國體人情者非淺尠矣臣不識忌諱徒以職守攸關輒敢效其款款伏惟聖明裁察見諸施行臣愚幸甚天下幸甚

樊玉衡〔字以齊黃岡人萬歷癸未進士傳詳忠義〕

請建儲三疏〔案此疏未見全本謹從樊良樞撰樊太常傳內節略登載〕

臣聞賈誼之言天下之命懸於太子太子之善在早諭教古者人生八歲始入小學十有五年則自天子之元子以至士之適子與凡民之俊秀莫不入太學國家制度祖宗貽謀有此名分然後有此官屬有此位號然後有此等威未有不讀書而可以凝圖不正位而可以出閣者今皇太子生九年矣以主器則繼體爲震以天顯則同氣爲尊以承華則毓德爲盛今且踰古人入學之期名不正則人心疑蒙不養則聖功疎我祖宗朝子均以嫡纔勝衣冠便受璽冊其爲根本計有不勝預焉其爲輔導計有不勝夙焉何者懼其疑與踈也間一涉疑與踈而邦本之臲卼天位之逸豫不可言矣臣無暇遠計卽我皇上冊立之年與學問之期視今皇長子

不已早乎皇上將畀皇長子以天下獨不思舉其治天下者而畀之乎今日不立而種種危疑將有明日乘之者則見以爲急而實緩也今日不學而種種邪僻將有明日乘之者則見以爲早而猶晚也宋寇準之告其君此事謀及婦人謀及中官皆不可唯斷之聖心天下幸甚而唐李泌之諫德宗且曰願陛下還宮勿露此意左右聞之將樹功於舒王太子危矣此今日之炯鑑也夫斷而必行鬼神且避其鋒天地且助其順而況中外宵憸如斯高京豐之輩乎〔案此疏上於萬歷十八年時官御史〕

皇長子之必爲太子也天下所共知也我皇上平日雖閒有難色然不過曰待其稍長曰再遲一年初未嘗有所謂留待中宮之說今天地祖宗垂精儲思於上四海臣民延頸企踵於下萬口一辭

想見冊立而忽然藉口於立嫡之訓以脫手於親王之封爲謀雖工而人心愈不敢信爲說雖辯而人心愈不敢從天下耳目豈能盡塗乎如謂長幼已定名分自存冊爲太子固當爲天下主封爲親王亦不妨爲天下主而不知千石之重加銖兩則移宦官宮妾當前而逢左右近習見利而合異日事勢其能逆覩且輔臣志臯臣位皆新拔自夢卜之中而元輔錫爵又獨際君臣魚水之遇四海仰望在此一舉相與唯唯諾諾展轉附和陰翊變倖之蠱邪陽塗輿師之視聽顯邀翼戴之虛譽暗市覩望之私恩成受其榮敗不與禍里克之中立將見於今鮑牧之誰非又在其後此三臣者何以謝天下而皇上安用此三臣爲也臣竊爲皇上計誠無難者冊立太子是二十年之旨也並封親王是今日之論也莫若兩信

而俱行之斥蠱惑之私謀奮乾剛之獨斷皇長子照舊冊立皇三子皇五子一併封王根本永固而枝葉並茂億萬年磐石之安孰加於此案此疏上於萬歷二十一年時傳有三王並封待嫡冊立之旨

我皇上御極二十有六載幅員萬里威令八荒竈無煬突之姦阿鮮倒持之柄不可謂不治矣獨奈何於根本之地缺焉不講上感天災下徵獄沴遠近藉爲口實桀黠生其心機若今日皇長子不冊不冠不婚以重貽天下大慮者乎昔人謂大臣不敢言故小臣言之今大臣之言亦已屢矣近臣不言故遠臣言之今近臣之言亦已勤矣臣最小最遠亦曾履文石之陛遴執戟之班荷蒙國家數百年養育培植之恩於此畏鼎鑊避鈇鉞而不一極言之天下後世其謂盛明何我皇上十齡嗣位天縱聰明古今善敗何所不鑒於中一則曰父子至親再則曰兄弟有序炳如日星昭揭海宇而今日人心皇皇若不勝其杞憂者則以所信者不在皇上之空言而在皇上之實行也所疑者不在昔日之温語而在今日之遲回也何則數年以前皇長子尚弱藉口從容猶可言也今且十七齡矣男子願有室女子願有家父母之心也臣庶之家冠婚亦必及時而況帝王典禮祖宗彝憲忍使天下萬世謂有子不立有子十七齡而不冠不婚蔑常棄典自此始乎夫天下者聖祖神宗櫛風沐雨而得之天下也冊立冠婚諸大禮者聖祖神宗貽謀燕翼而垂之典禮也祖宗朝豈無一二親昵之人而終不以愛廢禮先皇帝遲暮春宮天下猶或憂之而冠婚二禮亦未嘗過時不舉誠以昭繫望之重杜窺伺之萌監前古之亂亡建萬年之長策不可

易也今天下慮無不以皇長子之不冊立歸過於貴妃者而我皇上又故依違以成其過不知貴妃何以自託而我皇上又何以託貴妃於天下伏願我皇上亟聽公卿臺諫之言蚤定皇子元良之位而後冠婚大禮次第舉行使天下臣民不至緦緦然如有不可測之憂則名分繇是正宗社繇是安臣雖齏鹽無悔也臣年五十如鴻毛之軀有補萬一則鼎鑊不足爲臣憂鈇鉞不足爲臣懼臣願得先伏重誅以上悟明主而下隆萬世磐石之安進效涓埃而退爲出位言事之戒案此疏上於萬歷二十六年時謫官全椒知縣

乞致仕疏

爲聖恩高厚難報愚臣止足宜知謹瀝血陳情伏乞俯准致仕以安愚分以全晚節事臣仕無中人之助言有狂直之辜風霜五六

千里瘴癘二十四年中經皇太后東宮兩赦不得開伍先臣前與隆衞教授煒疾終不得與諸弟侍湯藥老妻長子繼沒亦復半年得問臣荷戈卑溼之鄉屢遭悲惋之事摧傷五內遂染風痺調攝連年始復初體臣幸得及見休明拭目而觀太平之業又幸以前建白微勞得比覃恩起廢諸臣除授今職文憑到時值臣在疚徂夏具疏謝恩辭任至秋得報已蒙俞旨雖嘉其言而未許休其職時以部堂正官未到意俟春暖抵任中繳乞休不圖獻歲之朝稽首北視之後拜奠家廟感慕先人夙疾頓發遂歷三時朝夕藥餌雖神明無損而筋力已衰回思臣今所授之官不容坐論方將明罰敕法省獄慮囚雖在留都罔敢暇豫陛下以濬哲臨朝諸臣以明作就列而臣當過七望八之年抱福盡災生之恐卽列擁帶之

儔尚有懸車之限況於山林痼疾麋鹿同遊久別簪紳不堪軒冕者乎臣前者自揣疎野上負聖明嘗於辭疏之中稍及時事雖語無足擇而報下公車愚臣荒耄之言何幸得瀆聖聽臣始以言譴雖被譴而言終見錄竟能開皇考三旬之治與陛下萬禩之休雖曰臣二十四載禦魑魅於廣南猶之班鵷鷺於闕下也今臣荷陛下起用洪恩循省微軀莫能宣力故於前疏復陳十事幸蒙嘉納臣自維衰朽之餘得不屏斥已云福矣敢辱白雲之司於桑榆之景恐人將指臣曰是以言爲市而老不知止者也伏祈察臣愚衷鑒臣苦志准臣致仕於家俾得與擊壤之民扶杖而覩德化之成以終其天年則聖朝佚老之仁自臣而先受之矣

梅國楨 字克生麻城人萬歷癸未進士傳詳宦蹟

議征哱拜疏

爲叛丁悖亂異常時事萬分可慮懇乞宸斷決機宜任宿將清弊政以消禍萌以安人心事近見邸報甯夏家丁劉東陽等賊上擅權據城掠堡此非常大變視唐藩鎮之禍猶有甚焉最可恨者逼使總兵張維忠疏列巡撫黨馨罪狀其二十餘條之內多係款寇以求題准遵行此其意蓋隱然暴揚時弊以煽惑各邊其謀更不軌矣當此寇酋叛盟之後邊計未定之時豈可視爲細故而不早爲平定乎今之議者不過曰變起倉卒衆由脅迫緩之可散其乍合之黨急之恐堅其致死之心不知各惡權勢已成蓄謀非淺其心必不肯悔禍其黨又無敢先發遷延一日則禍深一日狂謀愈成黨與愈固聲勢愈大風聞愈遠脅從愈多人心愈疑既難以俟

其自定又不可嚇以虛聲外有句連內有覬望近者蠶食遠者震驚將來之患有不可勝言者矣臣見御史賈希夷上請特遣一臣不蒙採納止令督臣魏學曾相機撫勦雖專任責成事理宜然但學曾素敢任事臣所推服聞變已久徐徐就道豈其乏應變之材昧專制之義或亦有首尾牽制輕動爲難有不可以明言者況邊事煩夥萃於一身方經營戰款之宜難專任討賊之事爲今之計非力勦無以定禍亂非分別無以宥無辜非詔赦無以安脅從非特遣無以重事權非破格無以用豪傑非便宜無以中事機非重賞無以作士氣科臣王德完請羅豪傑眞爲濟時急務昨見甯夏各堡參爲所制而平寇參將蕭如薰獨能相持則任將之明驗也以臣私計求舊易於得人使功不如使過除各邊見任及已經調

遣不宜更議外若退閑可任則無如原任遼東總兵李成粱者屢經戰陣紀律嚴明其子李如松李如柏李如楨皆負大將之才李如樟李如梅又爲少年之傑其家丁自各有官守之外尚多同心敢戰之人世受重恩必不自顇於末路屢經論列更恩昭雪其前功年力未衰威名久著各邊將領誰不畏服上下相信父子同心不惟勇略足以成功亦且先聲可以奪氣若慮其權多分屬地非素歷宜於文臣中暢曉軍情實心任事者公舉一人監其軍事謀勇相資調遣隨便他如閑任及戴罪將領史宸張應和麻貴馬孔英倪敏政等或素經戰陣或膽勇過人皆可隨軍使之自效若遼東未代曠日持久或令伊子原任總兵李如松先往料理勒限起行卽未必剋期擒勦斷足以制其死命天威既臨不敢四出魚遊

釜中勢必自亂附近營路恃以無恐他方觀望懼而自戢待首惡正法之後大加賑恤使朝廷威惠並行紀綱大振此機宜之當決宿將之當任也若失此不圖臣未見其得策矣然臣又聞之罅隙將成者當急爲補塞琴瑟不調者必改而更張今甯夏之變正罅隙將成之會而致變之由則琴瑟不調之驗也我朝邊事自洪武以至嘉靖一時也自隆慶以至萬歷十八年一時也自十八年以至今日又一時也蓋洪武以至嘉靖寇無歲不犯我無歲不備各軍雖有戰守之勞無剋削之苦嘉靖以至隆慶和議既成不修戰守各軍雖有剋削之苦而無操練之勞今時則異是矣外實修和而內欲兼戰修和則不免仍剋削以爲媚寇之資兼戰則徒有操練而無首功之望臣前疏有云不加矜恤而剋削之聞使之泊生

不給發身無階已逆知其有今日之弊矣卽總兵張維忠疏內所列據臣所知有載在會計錄者有新經題准者有係甯夏舊例有在各邊通行諸如此類皆以節省爲重以矜恤爲輕暫行於無事之時尚難以得其心相沿於用武之日其何以免其怨巡撫黨馨不能變通而更爲嚴峻以致叛軍借以爲名鼓衆倡亂紀綱大壞人心動搖宜勅兵科會同彼處巡按御史逐款清查或係原舊有行或係黨馨作俑當因者明著爲例當革者卽爲調停此弊政之當清者也然其本則科臣王德完所陳有治人無治法一言蔽之矣如京營軍士素稱虛設有急則慮其孱弱而別爲調遣閑暇則畏其訛言而不敢深求臣前疏中思有以鼓舞之而言不見用近見侍郎王基條陳四事悉切實用臣叩其議論採之人情慷慨敢

爲人樂爲用若卽以本官授之協理聽其主張而又明賞罰均勞逸察疾苦教技擊則數月而人心悅期年而神氣壯內之以護衛神京外之以風示遠近仍通行各邊督撫凡利所當興弊所當革悉心條議毋畏浮言毋沿舊習惠行而威令可施政平而驕悍自伏其有處置失宜苟且塞責訪實參奏別選賢能此皆救時之急務轉移之微權伏乞採覽卽賜允行不惟一方之悖亂可平而各邊之人心悉定督撫不至掣肘而外方亦將落膽矣其餘有關大計先爲諸臣已言者臣不復瀆也無任懇切之至

議征哱拜後疏

臣見甯夏猖獗必得名將以專其任時雖豪傑如雲各有鎮守惟退閑宿將李成梁父子素有威望紀律嚴明諸子家丁武勇可任

雖甯夏哱承恩父子號爲勇健而不知李氏父子之遠出其上也諸臣乃慮其勢重生患有拖虎進狼之憂臣於此亦念之熟矣李氏父子即爲狼子野心自取覆滅但當防之於遼東握兵之時而不當防之於廢棄離任之後況昔則危疑不安而今明主洞察矣不以疑之之日肆其不肖之心而於信之之日反爲赤族之計其愚悖速禍又出劉東暘哱拜下矣謂成梁爲之乎臣非不知諸臣之心爲濟臣之所不及非相悖也但用人之道疑則勿用用則勿疑上而疑下必不肯盡與之權下畏上之疑必不敢盡行其志將領因疑而不受節制士卒因疑而不聽號令忌者因疑而肆其讒敵人因疑而得行其閒欲專制也人曰非有異志何以不待奏報欲假借也人曰非有異志何以要結人心欲行法也人曰非有異

志何以立威欲待釁也人曰非有異志何以觀望或與監軍謀而不合人曰非有異志何以不聽約束或與督撫期而先發人曰非有異志何以不與同心服而舍之則曰何故縱有罪以示恩抗而盡誅之則曰何故多屠戮以冒賞脅之而使其自殺則曰攘以爲功困之而致其遁逃則曰縱以生患無功則以爲怠玩以養亂有功又以爲妄報而欺罔首尾牽制手足束縛古如王翦樂羊或請田宅而後行或借機杼以自況以孫權周瑜義同骨肉必拔劍破案而後成功況未有深信之素而又示以猜疑之端乎臣固云今之將士殺身不足以成名剖心無由以自白邊事之壞所從來久矣伏望陛下斷之宸衷博采輿論成梁父子稍有可疑速罷其權別爲調遣如萬萬可以相信方可虛心任之臣自外吏入廁臺班雖懷狗馬之心未效涓埃之報若疑徒市私恩不顧國計願與成梁馳赴甯夏同討賊不必加以別銜假之以重任但憑陛下威靈生平忠義賊知歸命則臣爲陛下之使奉揚恩赦以安反側負固不服則臣爲陛下之將披堅執銳爲士卒先平定之日一切事宜付之魏學曾聽其安輯以靖地方臣與成梁即日還朝止求自明不敢言功儻中途事定聞報即返若其不捷軍法在焉何止薦舉非人之罪又何至以臣之罪貽他人哉兵機所在關係重大臣初聞變即知此賊非魏學曾等所能定今日此舉動又知非此時紛紛者之所能辨也臣之所望在陛下一人耳惟陛下自以疑信決其用舍若曰姑以試之而使成梁不敢自專則功不可成患不可測臣不若先受狂躁之誅以免誤國之罪也

上秦舜峰開府救荒書

季冬寓會城初不敢以賤名姓唐突閽人乃臺下以屬吏之舊隆禮先之言及地方旱傷冥若痌瘝在身虛懷下問彼時以臺下持在大體不宜以瑣屑聞也及反敝廬時值元日墟里無煙行路稀少自是以來城市之間道殣相望附郭之近公行剽劫則僻遠之地又不待言不圖全盛之時見此蕭條之狀自古救荒惟蠲與賑今經費有定數將藏無積貯緩且不可誰能議蠲若賑則欲取之本縣而倉庫空矣欲申請轉發而司府空矣欲勸借富室而閭閻空矣更兩月始及麥秋枵腹之人朝不及夕其何能待耕牛盡歸屠肆穀種望之遠方而春來無雨池堰俱涸即力能辦者亦不敢議及牛種恐如往年以重價棄之無用之地也將來之事又不可

知爲今之計必不能出一奇以利民惟去其所以害之者使自爲計而已如通道路以便灌輸安商賈以通泉貨截渠魁以息盜賊寬脅從以省騷擾皆去其害民者而民自利矣本地既無儲蓄則轉輸全賴他方而道路之間劫奪爲患雖粟如邱山不敢望也捕盜員役有能設保甲嚴緝捕而不時以身察之則道路通而糶自集矣然糧雖集而無所取價也勢必貸之當鋪而時事之爲當鋪害者非一事也譏會則取什物餽送則取金幣即酬其值不過十之二三而棄之不理者固多也每獲盜賊則駕言起贓應捕人役混將他人當票一概混取則淩轢騙害無所不至利小害大彼何樂而爲此乎惟禁所以害當鋪者則泉貨通而小民有賴矣至於凶荒之時盜賊易起或以爲迫於飢寒曲爲寬縱或以爲漸不可

長一概誅夷是二者皆過也縱一真盜則害及良善聽其牽連則濫及無辜故真盜議死甚者梟示則法嚴而人不敢犯餘黨不問俟其再犯則情通而人不見擾凡此數者皆老生常談人所厭聞然謀及老成詢之父老皆以爲救時之急無要於此矣或以爲此有司之事不宜聞之上臺然各有分地則兼制之爲難未奉明文則專擅之爲慮上臺不酌其可否明布教令則虛文塞責所從來久矣向承虛問敢布其愚惟特賜省覽而不罪其狂無任惶恐瞻望之至

梅之煥字彬父麻城人萬歷甲辰進士傳詳宦蹟

請通壅省讜疏時官吏科給事中

爲通壅隔以慰物情省煩讜以明政體仰干聖鑒俯賜採行事臣聞物各有情政自有體物情不慰則有結轖之患必激而爲煩囂政體不明則鬧擾攘之端必激而爲壅隔以致君門遠於萬里戈矛起於一堂是上下相激以成此景象也臣謂今日之事上過下亦過而其原又實在上請爲皇上陳之語曰堂有事十日而君不聞言壅蔽之誤國也故古之哲王建鼓而求與坐而論止輦而受羣英三接廉陛一心猶懼下情不盡上達自深宮大內之久居致煖閣平臺之絕響羣棍無路補牘何從所憑陳見惝恍惟此露章奏對數行封事已有不得盡言盡意之慮左右臣寮豈得盡無一德一心之助而乃下情日積天聽日高薪厝火以將然水投石而莫受夫事有小亦有大有緩亦有急有虛亦有實何至黑白不分薰蕕幷器付衆論於自鳴自止祕宸衷於無臭無聲天地之泰不

交宮府之情否隔心膂股肱且莫測聖意之所在羣臣百姓又何由知國是之所歸乎夫人慮之於心而宣之於口何可壅也川壅而潰傷人必多道路流言爲國生患物情何自而慰耶語曰兆云詢多職競作羅言多言之亂聽也故古之藎臣聞嘉謀而告后焚諫草以避人面折廷爭要皆有必然之晝流涕痛哭豈故爲不然之憂百司庶府一心孰爲人孰爲我五味八音共濟何必異何必同而今之嘵嘵何爲者氣期於相勝不顧其心之安言期於聳人不必其理之當吹毛洗垢何璧無瑕引繩批根道路以目門戶各立戈戟橫生甚至前後異向且幷其自言者而矛盾之矣夫事有大亦有小有急亦有緩有實亦有虛何至黑白雜陳薰蕕互競以朝端爲聚訟之場以國是同道旁之室夫一事而此是彼非則從

違安決一念而甲臧乙否則黜陟何憑謀夫孔多是用不集政體何自而明耶蓋上見下之言人人殊初無至當不易之論則不能無疑疑其小者緩者虛者且并其大者急者實者不信也是煩之激而爲壅也下見上之一切不報察之茫昧莫測之鄉則不能無憂憂其大者急者實者且并其小者緩者虛者不置也是壅之激而爲煩也臣見上下相激以成此景象也故曰上過下亦過雖然獻芹獻曝意則無他采菲采葑物無可棄儻不通壅隔以申言者之情而徒省煩囂以箝言者之口臣恐下情益鬱省之適所以囂國政益弛壅者卒不可通伏乞當日照月臨之下鼓風行雷動之權可者急賜施行則伏蒲無事於再瀆不可者明爲剖析則濫竽無敢於混吹猜疑之根一拔山澤之氣自通惓惓之意得申嘵嘵

之口自塞臣故曰其原又在上臣昧死直陳不敢效今之煩囂者惟皇上採擇焉

吳亮嗣 字明仲廣濟人萬歷甲辰進士傳詳宦蹟

懇勵精圖治疏 萬歷四十一年五月十五日時官兵科給事中

爲時政積弛已極國家隱患多端懇乞聖明勵精圖治虛心納諫以保祖宗之治以維萬世之安事臣聞苦口之諫藎臣所以愛君切諫之臣人君藉以保國出乎治則入乎亂始乎安常卒乎危善敗之機間不容髮未有狃目前之安阻諫諍之路而國不危且亂者也唐之明皇宋之徽宗其始也皆太平之天子也當其全盛之時非不有豐亨豫大之彤可娛可樂非不有諂臣媚子獻萬年之觴造無愁之曲以淫蕩上心者及其政事廢弛人心渙散一夫作難宮闕塵飛王孫貴主歎麥飯之無期杜國家鄉蒙白衣而對泣向使當其盛時稍節愛乎物力稍警惕乎人言顯遂忠良留心邊圉嗟乎豈使世事至此乎今臣觀陛下之行事有天寶之驕淫有靖康之弛怠在今日已遠過二主之豪華恐他時未免有兩朝之顯禍故不避斧鉞之誅爲皇上陳之夫太后誕育皇上功在社稷陛下以天下爲孝養理所宜也然陛下之孝不過侈縟儀拘曲謹以塗宮闈之耳目耳皇子皇孫頻年不得一見朝饍夕寢皇上未見綢繆徒括海內之金錢雕繢京都之佛宇酒食粗俗之凡僧塡街溢巷百姓賣兒鬻女之錢皇上錙銖而剷之沙土而用之以養無益之緇流以冀無量之厚福以此爲孝豈繼志述事之經乎臣以此知皇上子道之未盡也皇上冊立東宮有年矣既不使親近

乎儒臣亦何由得習知乎祖訓甚且恩意不流頻年不賜一見宸極之前星比於叩閽之萬里至於福王徒假姑息莫覩義方今日不速敕以之國異日恃何術以甯家行義未著好賄已彰請田請稅皆非令聞延月延年殊無行意皇上豈以奪田之計足困羣臣乎抑未思及於福王開國之大事乎且瑞王之春秋亦太富矣不意摽梅之嗟近在聖人之左右而不知也以此觀之陛下之父道誠有未盡矣陛下深居大內祀圜丘不出祀方澤不出享太廟不出良辰令節日事歌舞沈湎醉鄉俾晝作夜所謂敬祀鬼神之道不過散數萬金錢供愚僧羽士之溫飽而已矣嗟嗟莫尊於天地莫親於祖宗而陛下之祇事者何矯誣也大臣國之股肱也或虛其員以示不必有之意或姑羈其迹以示不相信之心言不聽諫

不行魚水之歡等於浮雲之迹至於諫官列在近侍是國家之耳目也諸臣婉言約言直言深言皇上一切置之高閣視爲故紙豈天下人之才智無可以當皇上之一目者乎豈諸臣之奏章無一言之可裨於國計者乎老忠艮於煙水之墟錮循吏於圜扉之內草芥犬馬亦是小臣之職分其如國事何矣然則君臣之際臣有所不忍言也敵寇之桀驁謂之天驕秦皇捍之而未成漢武圖之而多敗今者封貢未成恐旦夕間事體別有變化然而陛下視之譬如秦越人之肥瘠也昨者遼東平樂堡之役敵飽而我飢敵衆而我寡驅數千之飢卒當十萬之强敵而諸軍扶創飲血出死力以捍邊圉壯士委無定之骨陛下慳一飽之錢嗟乎無人何以安遼無遼何以安都下陛下於三軍之計豈但不察其微芒抑亦未

見其形迹其於邊計不過曰黜用一員巡撫寫敕與他而已矣卽不幸而各邊有事又不幸而中土有事臣不知陛下以何計爲安攘也臣觀國家府庫空兵甲空有人而不用則人才空是謂三空在藩祿必難給在邊備必難完在法宮之積蠹必難稽在宮府之睽隔必難通是謂四難三空四難交臻並至在國家有必不可救之禍推而言之無一政不可言無一事不可諫臣安得一望見穆清之度痛哭流涕盡傾出肺肝於陛下之左右哉今天下所以數年而無事者不過以祖宗之德澤與士大夫之忠義微有可恃而已矣至於陛下則取危致亂之道種種而是臣之所欲言豈尺幅之所能盡也伏乞陛下亟取唐明皇宋徽宗二實錄讀之見其昔日之富强廣侈果可恃果不可恃見其後來之禍敗決裂果可懼果不可懼然後與大臣小臣共圖改絃易轍之計深究消息盈虛之理庶乎可以回天心於怨恫之餘安人心於瓦解之日也脫令日言官不言而陛下不悔恐一旦有唐宋之禍卽忠臣義士捐頂踵以殉社稷亦何益之有哉臣待罪瑣闥無術可以效忠無路可以補闕故引古事以納約情過迫而言過直極知冒觸忌諱罪不容誅不勝戰慄待命之至

論荆楚水災疏 萬曆四十一年九月初一日

爲湖湘水勢滔天蘄黃下流最慘懇乞聖明專官賑濟以解倒懸以撫流移以祝聖壽萬年事臣惟國之所與立者民也民之所以爲天者食也唯我全楚之民受國家濃厚之澤生聚長養二百五十年於茲矣楚地廣博而水鄉十居其七百姓愚而且惰自耕稼

之外並無商賈別業故民間毫無積聚不足以禦凶饑自古而然矣萬曆三十六年忽逢稽天之滂連阡接畝之長隄一旦化爲烏有百姓逃亡死徙慘不容言其稍有家者典衣鬻宅以給朝夕貧者刮草茹根剗木吞皮有求死而不得焉耳不意今年五月六日仍復大水衝隄破防蛟龍四出有連屋列楹蔽江而下者有牛馬豕畜逐波而浮者有童女季婦紉衣見志者有老弱少壯禿髮脫齒猥藉江沙者肉飽烏鳶之喙魂浮天際之煙如此災傷百年僅見臣昨得家書說臣鄉水患之狀展讀未已涕淚橫流臣邑廣濟黃梅在荆楚下流江身既高百姓如在釜底數百里赤子所繫命惟一隄耳彼時洪水驟泛譬如奔山倒海從天而下百姓聚集一隄之上譬如羣蟻失巢附一葉於衝風激浪之中長隄破裂慘結

陰雲沿隄數百里之民皆爲魚鼈往日桑麻之地或衝而爲浸或
溢而爲谿或匯而爲砂磧百姓卽有米亦無處可炊卽逃於樹杪
屋脊之間亦無船可渡傷哉沿江之民不知苦戹至此矣隄旣已
破民復何望地旣無民復何租稅閒有存者盡日無煙仁民長吏
亦不得不給引發批使之望樂郊而就食陛下軫念元元仁慈惻
怛豈知荆楚之民困頓悲悽至於此乎臣不敢遠引往例卽如庚
戌年之春陛下允守臣之請大發內帑以賑畿輔秦晉之民今楚
民亦陛下之民也楚民之災則秦晉所無之災也伏乞陛下暫罷
宮觀之作稍節無名之費大發帑金以救孑遺之民仍專遣一官
經理其事彼荒村野落之男女得一粒如得一珠分一錢如分一
縷稍救日月之飢寒庶爲生活之計策則家家戶戶無不叩首籲

天頌皇仁於有永祝聖壽於萬年矣臣又查得黃州府一稅九江
府一稅不出三百里之外而兩次權關凡此朽蠹之盈箱盡是脂
膏之刻骨乞命權使暫散一年之聚以爲普濟廣度之資仍別貯
其半以爲修隄之費嚴飭守臣多方救援則旣死之民可以立蘇
已荒之土可以再聚楚民以後之生齒皆陛下功德之無窮也撫
臣董漢儒之苦疏若此按臣錢春之哀懇若此卽內臣杜茂亦且
爲莊民痛哭請命矣陛下忍不同類而並視救此一方民哉臣痛
切桑梓愁纏肌骨不敢不直陳於陛下之前也臣無任懇乞涕泣
待命之至

懇新聖德疏萬歷四十一年十二月十五日

爲聖德未新民生日蹙懇乞聖明責成輔相杜絕姦欺以謹天變
以救民生事臣竊觀古之諫臣伏在青蒲之上朝夕左右無非諫
之時視聽言動無非諫之術君無失德而臣有令名史册所以爲
光臣自七八歲時粗解文字卽有恥爲容臣之意而拜官已踰年
餘循省曾無寸效補闕實愧於官名拾遺徒聯乎往事未嘗不引
鏡而自慙其面開卷而深愧於古之人也婉辭約言計無所當於
聖聽臣請以聖德之闕民生之艱爲陛下陳之陛下臨御之初尙
沖年也彼時臨朝日講親祀典省奏章未嘗有廢事也自姦臣進
礦稅之計以求遂其私而吾皇好貨一念遂爲千古之獨出矣貂
璫虎生翼而陛下不知百姓骨無髓而陛下不察良吏身終錮而
陛下不憐羣國之大臣小臣畢爭而陛下不省覽古今方策之所
載記甯有若此之事否乎二十餘年不一朝見使羣臣之儀禮日

漸生疏則朝廟之典故行將顚倒在羣臣不能識君父之顏色在
君父豈能辨臣子之妍媸大權旁落而不知處邪說橫行而莫詰
其非遡流窮源能無痛哭而陛下可悠悠忽忽視爲不關意之事
耶夏有妹喜晉有驪姬皆以內嬖貫亡國之禍今子牀在旁者能
竊陛下之意指移陛下之威福甚之皇子皇孫十年而不得一見
此又開闢以來所絕無之事陛下於心忍乎不忍乎且同一諸王
也福王何以當婚卽婚瑞王何以宜婚而久不婚也開國承家宗
社之慶也福王欲之國而不使之往瑞王欲有家而故使之遲天
性至親尙且若此況九重之外臣民之遠乎形影旣開姦讒將大
臣興言及此不知淚之何從矣鼎涉之偪陛下不速正兄弟之序
擇日之舉陛下故示裁抑之意而不知天下之觀陛下者固已深

矣內璫日在陛下之左右法有所不行則長其驕蹇之漸而日朘其財剝其生以益其傷心之痛語曰勿謂無傷其壽將長臣不忍不爲陛下微言也今年天下無處不以災祲告而楚爲甚守臣目以饑貸請而陛下若罔聞知嗟乎水所以載舟亦所以覆舟古往今來豈有失民而可以爲國者乎今都門之內百姓蕭然往時之富商大賈近且丐於途矣至於荆楚之民手秕糠而夜泣盼故土以空憐溝壑四方甚非朝廷之細故而陛下秦越視之臣恐樂郊望絶則土崩立見迨其形見而後圖之詩曰啜其泣矣何嗟及矣夫君不堯舜人臣之恥也尤大臣之恥也今君德就其最闕者而補之朝事就其最急者而圖之不得不責望於輔臣觀輔臣平生之著述豈屑與亂臣共道者而時事至此不得不以乞身爲悟主

之計雖然乞身而主悟可也主不悟而身空乞非盡瘁之誼也陛下視今日之時事非千瘡百孔之時乎武備之單弱若此溝祿之困乏若此邊餉之疾呼若此士氣之囂騰若此既不能得陛下之留心又不能得輔弼者之極力然則天下事遂諉於不可爲而已乎臣昨在科接得大同請餉揭帖云已發者六萬而缺至三十九萬一邊如此九邊可知矣臣又聞滇黔之間苗賊出沒道路所傳有云殺一家至十九命者爲虺爲蛇豈非遠憂曰撫曰勦當何定計今輔臣尚懷欲進欲退之心則天下必有日異而月不同之事陸宣公與司馬温公爲之於可爲之時也易諸葛武侯與文丞相爲之於不可爲之時也難使從此而內外有虞世界多事則輔臣亦安所逃其責筆伐口誅亦可畏也決不可泄泄沓沓而已也合

國人之謀成經國之事妙遴臣之選救大祲之民慎西師之殺戒邊帥之橫然後漸圖必世百年之計則責任輔臣之要事也若乞身不獲陳辭益苦使廊廟益空而大臣寡氣是不可不深慮也至於姦蔽之源則在陛下斷之於心何以無父子之愛何以失臣民之望何以厭委萬幾至於數十年而不悟陛下不可不深思也又數年以來朔雪最稀自今隆冬河冰不凍陰弱而散漫流轉故不足以收藏陽亢而浮遑錯雜故不主於翕聚宜聚而故散則上蒸而無生物之功宜閉而反翔故下格而無自主之力君道臣道皆失其宜故天之爲象明著如此春秋書隕霜不殺草傳記河冰生花天人之間不可不致意也伏望陛下觀天變以察人事救民窮以隆主德使天下後世共稱聖明之君而微臣亦獲免於素餐之

恥則爲宗社之慶豈不大哉

胡士容 字仁常廣濟人萬曆庚戌進士傳詳宦蹟

起廢疏 時起陞陝西臨鞏兵備道按察司副使

爲奉命趨任感激陳詞敬鳴不建逆祠所以蒙難之慘與不敢暴白所以畏禍之情以昭聖明之恩以明微臣之節以承矢圖報之私事臣竊見逆姦崔呈秀與魏忠賢之濁亂朝政陰謀不軌也無罪殺士而楚士之剝膚尤甚臣以一介孤忠即至愚亦何至以身嘗虎口而仕於呈秀之鄉哉天啓六年正月北兵圍甯遠時事孔棘薊州道臣闕舉朝腼縮無肯往者臣時待罪司餉清餉汰兵勉效微勞戶部尚書臣李起元重臣譽臣咨臣吏部謂宜優敘吏部正值虛闕待人即以臣名特疏陞補夕上朝下臣誼不敢避倉忙

抵任料理一切兵馬以備援守復苦行邊出入塞垣綢繆整飭庶幾奉職無罪而不謂一時姦邪賊臣乃倡爲生建祠之說其媚忠賢者建祠以頌功德其附呈秀以媚忠賢者又廣建祠以聯香火而在呈秀忠賢又正欲借建祠以陰收人心而陽竊太阿當其時祠徧天下者無論卽近與薊鄰者則昌平天津祠密雲通州祠永平霸州祠遵化之景忠山喜峯口祠外而山海內而輦下無不祠而臣在薊獨抗不建祠臣固知臣之不免也呈秀徑使人謂臣曰吾德魏公而吾又薊人今薊獨不祠吾誠無以報魏公卽該道亦何詞以謝魏公也而臣拒不聽也及督臣撫臣之批呈屢至臣皆拒不聽也於是呈秀之恨臣怒臣不殺臣不已矣乃乘忠賢之怒逮遵化道臣耿如杞也遂激怒忠賢曰遵化不拜像薊州故不建

祠也卽當逮宜孰先忠賢於是又恨臣怒臣不殺臣不已矣是時臣已離薊之任江西呈秀忠賢卽日矯旨差千戶劉大全等二十餘人逮臣於山東兗州府蕭蕭行李盡爲大全掠奪臣卽慷慨上檻車不能與臣妻子一訣而臣之妻子流離困苦又不忍言矣及至京又復矯旨縛臣下錦衣獄囑許顯純嚴刑拷訊懸坐重贓臣肢體破折血肉淋漓死而復甦僅餘殘喘臣家旣貧且遠尚幸薊士民痛臣冤慘助臣代完三分之一及臣田舍盡鬻借貸無門鄉親年友雖復有助借尚不足數而臣嘗令嘉定其士民又咸無不念臣而願爲臣代完者幸藉終局顯純忞其梟獍五日一比臣日受桎梏榜掠身無完膚凡五閱月乃送刑部則又矯旨從重擬罪刑部阿承擬臣大辟臣惟知有引頸就戮耳矣何幸宗社有靈僞

生皇上聖慈神武明並日月卽察臣等之無辜而且嘉其節出臣於萬死一生之中是時臣卽擬具一疏以明微臣區區不媚姦之志及所以感激我皇上再造之衷而屬一時臺省部寺諸臣凡薦臣與如杞者並章連牘而姦輔黃立極爲呈秀兒女至親故票擬不及微臣一字臣懼疏入而立極爲之扼也遂詣闕叩頭一謝恩卽行矣抵家得與妻子再聚重上先塋感泣涕淋伏思捐糜無以爲報惟有詠歌化日祝聖萬年而詎意臣之孤忠已蒙聖鑒伏讀明旨一則曰胡士容忤姦受枉另與優起再則曰起復曰優擢而今乃起臣病廢之餘任以鎖鑰之寄是正微臣得效犬馬以遂其忠於陛下之日也臣又何敢再言第私念皇上知臣用臣而臣向之鬱鬱欲死與夫鬱鬱以去此慘此情皆臣名節所關臣不一自

明卽臣之私心終有未安而臣所受於皇上是何覆載之大德是何不世之知遇而所自矢以圖報萬一之私心亦不敢不於履任受事之初先自入告以程後效也是以不避煩聒陳其梗概伏惟聖明鑒察不勝感激涕泣戰懼惶悚之至

耿應昌（字公府黃安人定向孫廩生傳詳宦蹟）

在刑言刑疏（時官刑部主事）

爲龍剛御極至德難逢敬獻刑官一得之愚以廣聖主如天之澤事臣竊惟古之至聖極神必稱堯舜而尼父贊之則曰蕩蕩無能名非不欲名實有不能名者蓋舉所謂聖神文武備摹擬之而終不足盡其變化遊於覆載之內遂不覺望洋而歎耳臣比來見皇上處置魏忠賢及崔呈秀等始而量同天地若不欲驟拂先帝之

心既而迅若風霆正所以善述先帝之事舉七年盤踞之神姦千古肘腋之大蠹羽翼已成根株難拔者一旦而去之如孤豚腐鼠非特九廟有靈實係一心獨斷且所以處置者又不先不後不緩不急使其有口而不能噬有爪而不能攫密勿之上剛柔競絿之妙小臣已不能贊一詞矣而又見比來九邊盡撤內璫權歸督府臣益加額而祝曰天子萬年蕩蕩難名哉蓋曩者神堯之誅鯀必待於虞聖之繼而張文忠爭敬之撤鎮守也亦在嘉靖十年今皇上御極纔兩月耳而作用已如此矣以今視昔不啻過之君德至此遂爲第一君德相業至此遂爲第一相業臣雖起家膺胄而先臣曾以歷官侍聖主臣佩服先訓遭際聖朝竊思以塵露之微仰裨滄海以螢火之光上濟日月然亦在刑言刑絕不旁及一語列

爲四款惟皇上垂聽焉一曰釋纍臣與其殺不辜甯失不經此千古神聖祈天永命之道近年以來自魏忠賢弄權摧折縉紳而纍朝培植之冠裳且不如戳番僨帥矣是今囹圄中纍纍多人臣昨視事提牢目擊情形之慘細參招案益逾縲絏之冤邇來蒙皇恩詔釋重囚幾二百人而諸臣猶未沾曠蕩無非懾於威壓阻於避嫌耳昨臣堂官請旨擬釋有五人焉眞幽谷生春長安歡聲雷動矣臣得復以五人冤狀爲皇上細陳之如原任遵化道耿如杞才望素張當邊事擾攘之時而先帝擢以重地冀必有當於疆埸而以不申建祠不迎塑像遂揑扣糧獵冒逮擬重辟豈兵道而有監守乎此道臣李應薦疏爲虧枉而臣堂官所以請釋於皇上者也如原任薊州道胡士容夙負節鉞之才且爲賢勞之首惟其治臨

呈秀之鄉而呈秀之宗族門客無不撓法瀆請而士容絕之呈秀徑揑騷擾驛遞侵欺錢糧之條逮擬重罪夫監司而有錢糧之責乎此亦道臣李應薦疏爲虧枉而臣堂官所以請釋於皇上者也如原任御史方震孺巡按河西不能調停經撫不爲無過然法司之招不云乎震孺但能口言之耳能代經撫而身爲之耶當大璫東涇之時中旨三駁而法司三爭震孺之案既明矣忠賢深求羅織即坐震孺以逃而且非逃律古今有無律之罪乎況前任之御史毫未損其偉望而嗣如震孺便幾殺身故科臣霍維華之疏以爲定論而視師尙書張鶴鳴原勘之疏豈俱黨震孺者乎此臣堂官所以請釋於皇上者也如原任大理少卿惠世揚者狂妄多事目中無人尤皆自取而臣細閱世揚招案交通之事原無實證如

世揚而以交通論死則今之爲權勢所迫而譽魏忠賢者亦多矣法可概加乎即或世揚之罪與孫愼行趙南星等同頃者南星等已蒙恩詔遂首邱矣而徑欲獨殺世揚耶此臣堂官所以請釋於皇上者也又如原任戶部主事李柱明倉差半載萬里孤跡止因爲惠世揚門生當世揚爲忠賢入逮春明柱明以師生之誼差長班一帖迎四師於宣武門外偵事件者聞之忠賢而捃摭監守之律坐之不亦冤乎此臣堂官所以請釋於皇上者也臣鞫五臣之冤而請釋纍臣亦所以信恩詔也伏候聖裁一曰遵法律古云讀書萬卷不讀律致君堯舜終無術則律也者固聖君賢相所以平治天下而畫一守之者也況高皇律令損益百王尤爲千古定案聖子神孫所宜世守者曩年因王恭廠之變先帝敕諭有云以後

子孫永不許下從重之旨著爲令大哉王言與高皇媲美矣而竟爲忠賢所阻抑不一月而從重如故於是圜土之中有問重罪而無律者有不用律而任意一加而再加者以快忠賢之意則可耳遠何以服天下萬世近何以服被罪者之心乎今後似當盡洗陋規惟律是守查諸槩有與律不合而爲忠賢所意加者盡赦之是亦廣皇仁而遵祖制也伏候聖裁一曰重詔獄鎭撫司係朝廷詔獄原不輕用前朝縉紳下詔獄者卽罪所當懲尙有優待之意自忠賢用事非鎭撫司朦朧殺人不足以快其意而掌北司許顯純者則忠賢義子也其所誅殺一取忠賢之旨而士紳之命殆犬豕不如矣殺之未已也又支解其體故淹留其屍卽奉有至親領埋之旨而殘骸業已寸碎嗟夫此誰非皇上之臣子而荼毒若是語

及此天地傷心且贓銀動至千萬正數已不能完而顯純又加三而徵收今此贓諸臣現在刑部可問也伏乞聖明洞照北司之爲鬼窟一切事情俱無輕付詔獄亦所以廣皇仁也伏候聖裁一曰禁告密今當堯舜之世風聞言事有臺省諸臣矣巡緝禁旅有京營科道矣申理冤枉有五城御史及法司矣用告密何爲而忠賢之爲此者蓋亦知自己攬權殺人恐人心不服所謂膽虛也故借告密之舉動輒制人以危法不曰妖言則曰詛呪無貴無賤呼爲祖爺而閭門牀笫之間俱不得安其性命矣且也各衙門中火長公然說事見之者未有不色變者也今忠賢既已正法則弊政亦當立革番役事件似當永杜且瑣細褻瀆之事何足塵天聽也伏候聖裁以上四款平平無奇然天下之事期於平而已矣至於原任參將胡維甯昔當邊事亂爲波及之時而維甯獨超免於評論之外止因忠賢坐派游士任贓銀苛至巨萬維甯奮烈士之槩一肩替死今絕産敲髓而未暢忠賢之私且雙盲痼疾已奉恩詔比之達奇勳寶承武猶可原也若刑曹之應罪合律者不過二三而含冤無律者十有八九臣不能盡爲皇上陳之並祈聖明萬幾之暇置囚刊策一本存糊座之傍天下自此無冤矣伏乞聖明俯賜採納臣不勝激切待命之至

松風墨寶記

杜濬 字于皇，黃岡人，崇禎己卯副榜，傳詳隱逸

南京國子生吳郡顧苓濬之老友也所居塢影園去虎邱才數武濬舟過虎邱數往覓苓於園中一日導濬啜茗於其草堂西偏之

密室仰視梁間懸一小扁作松風二字大不盈尺端勁軒翥非一時文士筆力所能及濬心異之以問苓苓具告所以則巍巍宸翰也濬肅然下拜伏地悲泣良久不能起自是以後每過苓輒先入室中叩首已然後與主人揖苓以爲知禮謂濬盍記之濬竊惟古賢哲之君每以幾務餘閒留心翰墨唐之文皇至與廷臣講求戈法而宋仁宗御書飛白尤重於時歐蘇所記者是已恭惟先烈皇帝稽古右文蓋唐宋二君之亞而遭際懸絕至於不可梯級鼎湖之弓蒼梧之淚此天下臣民所當痛心遇其流傳一點一畫如亡子之見慈父惟恐失之春露秋霜生其哀慕天球大璧方其矜重迺其宜也而風俗之薄臧者以爲災患見者爲之色變甚而背棄輶褻稱謂無章尤在於受恩深厚三台八座之子孫不知持世之

道教孝作忠禁網殊不如此而其人自欲如此不必然而然何其愚哉計此二字設落若輩之手必久付之水火幸而藏者有荅拜者有潛國家養士三百年僅如斯而已乎可悲也矣可愧也矣歲在癸丑暮春之望謹記

鄧子哀詞 有序

君姓鄧氏諱雲程字扶風黃岡人也狀貌瓌偉才氣縱橫弱冠補邑諸生治舉子業宗先輩爲詩有健氣爽致兼負武勇有膽智以報國自矢時李自成張獻忠二賊猖狂至尊旰食而在事諸臣無一可仗居政府者尤下劣不堪君大書榜其門明肆醜詆見者爲君危勸收門榜君笑曰是廝方黷貨揀擇金珠無虛日奚暇殺我萬一殺我則是改其常度未免好名國家之福也聞者皆笑之卒

不收門榜禍亦不及居無何賊逼黃郡游騎至外郛城中無糧無兵守令惶懼亟召君計事君歎曰事至於此不但生聚教訓爲隔世事幷徵發科派亦無及且不可矣獨有不肖一軀可塞餓虎之蹊耳誠願不愛死守令壯之而難其不敵握君手意悽愴君揮手與別即就儒衣結束持一鐵鞭重四十觔長五尺許縋城而下獨當賊衝三晝夜賊不至相傳賊諜戒賊城中有一偉丈夫力能扼虎善設伏出奇慎勿近且毖空城無貲重破之何益不如幷力北向無使捷足者先得之遂麾其衆去君得無恙然更怏怏恨未得一當賊且若有隱憂者守令將以聞撫軍臺使者議題敘旌獎君皆固辭明日語我曰不出兄所料蓋余在危城賊之情形已喻度之矣閱三年甲申賊遂陷京師先帝徇社稷君北望號叫嘔血數升有不欲生意人謂君未沾一命可不至此噫是豈知其然哉夫先帝之失天下與從來之失天下者不同從來失天下者或以昏庸或以淫虐或以驕奢各有當失之道而先帝延熹宗垂絕之緒雖首除逆閹而百度皆廢從而苦心焦思節節整頓如器已敧手扶正之如水已覆又別注之而遭天不弔約已非薄而財愈匱下詔哀痛而賊愈熾蓋孤撐獨立以至於十又七年可謂刱業未半而羣臣不肖幷力壹迹相與亟起而亡之也故嘗論先帝貴爲天子而賦命之薄若以下況於士類猶劉蕡之不第李廣之不侯有足深悲者未嘗享天下一日之樂而以有道蒙亡國之名千古之奇冤也赫斯按劍后主同殉古今之至痛也是以升遐之後數年之間人心未死普天率土如喪考妣以余所知庠校名士若太倉

王元達奔哭文廟焚棄巾衫江都高生自縊於廡下而爲佛之徒若僧顓愚亦灑涕辭衆不知所往甚至深山窮谷愚夫愚婦有傷心之極閉門不食而死者何其奇也迨又越數稘向時寡廉鮮恥且前且卻倖生覬望之輩徐出而呈身而俊傑彙征時務之外一無所識則風氣爲之一變浸淫以逞呵堯罵舜訾讆顛倒蓋無所不至而以爲猶未也則烏知其底止哉宜君之不忍聞見忽忽狂走而寄死於洛南之橫谿有子之愈匍匐扶櫬以歸窆於某處猥以僕與其先人夙稱同志爰自唐邑不遠數千里再四寓書匃僕一言以不沒其親僕其可以辭乃爲哀詞一章以慰其魂曰

維國恩之浩蕩兮食其糈而若其訓者垂三百年何斯人之但知有己兮付祖禰於棄捐物交物則化物兮致本心之蕩然固宜君

之忿忿兮常砍地而問天嗟天亦有古今兮謂將正而彌顛負登陴之雄概兮失禦寇之長鞭君是以又忽忽狂走兮蹈大河而弗還諒在鬼而爲雄兮魂魄毅而誰憐幸有子之克孝兮不忍親之不傳吾其敢愛一詞兮當桑梓寂寞之日而不著其猶有一人焉與韓祖心沈眉生王元達吳次尾諸君子兮差抗首而齊肩於戲求孝子於忠臣之門兮道固美夫循環

書陶象庭將軍崇禎癸未甯前殉難傳後

昔者吾鄉大司馬芝岡先生社稷臣也其論邊事諸疏一一如燭照數計無有不應而余獨怪其於杜大將軍松頗有違言夫先生雖性剛然非誣人者意者過在將軍乎及戊午之役將軍與劉大將軍綎同日投命忠節凜然然後知芝岡先生未免責備賢者太

過也蓋節莫難於死故岳少保有武臣不愛死之論必能不愛死矣無論克敵之功國家之福即不幸而如武穆之死於權姦必不至於失身劉杜之死於封疆必不至於負國後來杏山之敗慘於長平之坑者由主帥不能死而坐甲以降生靈之元氣士大夫之廉節一時盡矣彼其人視劉杜何如哉若吾里陶象庭將軍之死甯前劉杜之亞也其設心敵愾所由與岳少保亦不異矣易名忠義太常得之余讀將軍傳而重悲其死也爰書其後而系以詩曰

杏山師潰國無門憤切戎衣點淚痕自是挺戈無反顧羞同坐甲有成言黃沙塞冷靈旗遠青史名高廟貌尊七尺豐碑誰敢作揮毫吾欲表忠魂

國朝

劉子壯字克猶黃岡人順治己丑進士傳詳文苑

應 殿試對策

臣對臣聞人君致治在力行不在多言人臣進言與其文毋甯過質今臣拜獻之始也又蒙

聖諭許以直陳要言而復以浮蔓之詞聲韻之體雖宏麗可採而眞實或闕毋乃非所學而或辜

明問乎欽惟

皇帝陛下道闡乾坤化包中外驅除亂逆奠安生民隆祀典以達孝廣試額以求賢罷廠衞以甯人去寺官以謹始近且勤

召對以開言路弛養馬挾弓之禁寬隱匿連坐之條凡寬大之政蓋亦漸已舉行四海被其風而仰其德矣然猶

聖不自聖下訪於愚豈以爲臣之言誠有當乎雖然處不諱之時而有所不盡非臣志也夫帝王以天下爲一家則滿漢皆一家也

朝廷雖無異視而百姓不能不異也卽滿人漢人不能不相異也百姓之所以異視者何也邊防之外愚懦之民見一滿人則先驚之矣又有挾之爲重者以相恐其實滿人之與人未嘗不愛也處事未嘗不明也守法未嘗不堅也居身未嘗不廉也而小民預有畏怯之意雖其極有理之事嘗恐不能自直於其前則其勢不能以卒合而又時當變革之初民重其生是以雖有相愛之誠而不敢相信雖無相陵之意而先已自怯也此百姓之所爲異也滿漢之不能不相異者何也滿

人有開創之功其權不得不重滿人有勤勞之積其勢不得不隆漢人雖尊貴之位力固不敢相抗志固不能必行也其中自專者未免輕漢人爲善狡爲朋交其中自疑者未免懼滿人之多强之多執是以有懷而不能相喻有才而不得自盡也此滿漢之相爲異也今欲去其異而同之臣謂滿人尙質以文輔之漢人尙文以質輔之其以文輔之者設滿學焉或如國子監或如教習庶吉使讀四書五經以通其理觀通鑑綱目以習其事限爲歲月以考之亦可以知奉教之人卽爲他日奉法之人又可以察其才之所堪以爲選授之地其樸者教之禮數以知謙讓通之市易以知義利同之好惡以達其意通之交遊以習其情日漸月積至於化而相忘矣其

以質輔之者凡在官以實事責之選授之公於所選之人參舉多少知之錢穀之任於所掌之務出入淸愼知之司教者於風俗美惡人才盛衰察之典戎者於民生安擾盜賊平定察之監司以屬吏奉法舉劾當可爲考有司以土田開墾民人歸業爲課凡在民以實心責之如往來毋以其少文而畏其難近如事理毋以其好勝而懼其相使如貿易毋疑其貪很而設爲欺冒如居處毋厭其鄙固而多所棄遠如是則習俗雖不同道德同之也音語雖未通氣類習之也意見雖偶殊義理達之也一文一質方將變通古今轉移造物而有何不化之畛域哉抑臣所祈者願復古日

御便殿之制令大臣如唐虞君臣論道取內外章奏面相商訂諫官仍得於仗下封駁則上下情通滿漢道合中外權均宰輔不僅以奉行爲職卿貳不僅以署紙爲能則中心隱微皆可告語而海荒萬里如在目前此古和衷之休也又何遠近百姓之風不可同與至於地之多荒者逃亡多也民之好流者賦稅煩也

國家未嘗不寬恩而上之所放下復收之則民不感也

國家未嘗不定額而令之所減吏欲益之則民不知也蓋古者理財以愛民爲先籍民以墾田爲實今欲足賦稅必先減之何則今田之開者不及十之五而賦不可免則終不能應不能應則必有中飽於里甲零侵於差票而民益亡田益荒故不如察其荒者議蠲焉是上寬必不可得之賦以活民之生

實收散可漸歸之民以厚國脈也若夫民之不能耕者官給牛種春以助之秋以收之焉又設常平之倉荒歲以備救豐歲以備貸倣社倉之法察之以月報積穀司之以廉正鄉紳又訪古西北之水利或堰或防以時築洩東南之圍田如圩如沙因地修舉務在不擾民而利民則民知田之可種自能歸業民知賦之可供自能墾田民益歸而農大起農大起而稅自足矣若夫盜之多有民之不靖則在亟廣寬大之政而已矣漢光武遣將每曰凡征討豈務多殺傷要在平定安集之耳裴度平淮西卽以蔡人爲牙兵或諫之度曰蔡人卽吾人庸何疑故臣以爲一在酌叛服之法也其來歸者或本於投誠或迫於兵力以恩待之使安其爵祿以信予之使保其

身家則無有自疑而爲叛者矣其未歸者或地遠阻化或迫挾相從宜別其首從毋及善良宜完其室家毋多係累則將有相率而格心者矣一在弭禍亂之萌也

國家沛大恩令爲兵者與爲賊者悉許歸農而此輩不知感也彼其喜亂之資以掠劫爲長技以熒淫爲本業豈能退而修農桑之勞事商賈之謹哉其平居三五成羣陵厲鄉黨剽竊江湖聚匿山壑法有所及則望影而逃風有所聞則羣譟而起去之則無盡殺之理留之必求處置之宜臣請令所在揀其强者備爲勁旅如古府衞之法什伍相制懦者率令屯田以時教閱居則有城守之功出則有禦侮之用上無養兵之費而下無夜呼之聲此亦杜萌之道也一在淸釀成之源也

小民經數亂之餘幸少安息無不欲守其田廬長其子孫然而守令不治則有重賦以迫之有雜役以困之將帥不治則兵未討賊而先虐民民未受賊而先受兵誠能愼有司之選嚴閫外之法則百姓能安其身姦猾何所藉以爲用乎百姓不生其心叛逆何所指以爲名乎此又端本之治也如是則執亂首而誅之是殺皆仁天下之心也取亂民而釋之是宥皆定天下之術也而奚憂盜之不息民之不安耶自古開國祈命必在敬德和民故周以忠厚享年八百故臣以謂宜廣寬大之政也然而臣有

清問所未及不敢不直陳者夫二帝三王爲古神聖功化之極然其治本於道道本於心故講學爲明心之要修身爲齊家

治國平天下之本請

簡宰輔侍從先將大學正其句讀說明意義然後四書五經漸而進焉至於大學衍義尤爲切要下手之書

經筵之餘仍將內外奏疏逐事講說印證經傳以敬爲正心之功以誠爲復性之道以仁爲成己成物之本理明可以知人幾審可以制變享國億萬年而臣民咸獲覆載無疆之福者將在茲乎臣草茅新進罔識忌諱干冒

宸嚴不勝戰慄隕越之至臣謹對

與熊次侯書

昨座上所言夜來思之過卻此時別無機會蓋撫臺所題楚省兵餉每歲十七萬有奇而民間止供十一萬有奇其在餉兵者分文不可減而取之民間者則有荒熟之異地水旱之異天完欠之異

人催科撫字之異官在十一萬尙有三分之一不能全徵是楚省之餉欠至十餘萬矣卽使能完亦欠六七萬無措處以此入告將望發帑金乎抑望各省協濟乎今內帑告匱是上無可發而江西之餉責之江南大河南北荒蕪徧地自支不能尙能及他乎計惟有淸兵一著汰其宂者則兵不擾而餉無煩再增也近如儆鄉民閧極苦屯兵婦子不得甯而雞犬無遺種其望兵之去不啻望歲矣爲司農計上之則盡徹以爲征湖南入廣西之用次之亦宜少減老弱無用以節損浮糜之費如謂地方纔定未宜輕議則儆府止留三五百精卒自足以彈壓飛揚蘄州有道臺亦可不設兵爲守況前歲之亂全由蘄鎭兵丁淩辱士民蠶食紳富以致激成變

亂是有兵更以生亂亦非能靖亂也度此時楚省之困已極新有助修城工之役則民間無可廣額藩司無處設處不如去無益之兵以損有用之食上不至於憂乏而下不至於重困也敢祈老年兄親詣大司農一商此事以惠困窮以拯軍國不勝幸甚今早期於衙門言之會年兄未來又恐一二日即司農覆奏遲不及事矣故不避倉卒草此奉聞

王澤宏 字涓來黃岡人順治乙未進士傳詳文苑

請罷湖口關復九江關疏

題爲湖口之設關甚險九江之舊關宜復請照成規收税以裕
國課以全商命事竊惟
國家之本計惟財與賦財賦之充足在鹽與關我

皇上頻頒蠲租之
詔屢減額外之徵數十年來農工商賈無不仰戴
皇恩固已淪肌浹髓矣乃有不費
內府之金錢不損
朝廷之額課
綸音一下各省歡呼則莫如湖口之仍歸九江關之爲善也請爲
我
皇上陳之夫昔日之設關九江者因上有龍開河官牌夾下有老鸛塘白水港俱可停泊多船冬夏不涸無波濤洶湧之危輸將甚便此誠利
國利民經久不易之善地也後以江西東下亦應納税暫移湖口此一時權宜之計耳初未計及湖口一縣地處下流乃江湖兩水交會之衝又有上下鐘山巉巖峭壁插入江中既已設關遂成商船納税必泊之地止有虹橋一港水漲之時大船僅容數號小船僅容數十隻儻水涸船多不得已盡泊江外大風暴起巨浪滔天欲求入口而不得欲求渡關而不能故其患不可勝言此湖口斷斷不宜設關之明效也或謂自江西出湖以下江南自江南入湖以上江西恐有漏税之弊不知九江一關徵船而不徵貨丈尺已定税無可匿臣查大姑塘去九江四十里在湖口之內舊係泊船之地應聽部司委員在彼收税彙繳關庫以給票爲憑至各省出湖船隻大姑塘收税者九江驗票放行各省進湖船隻在九江納税者

大姑塘驗票放行則兩處自無漏税之慮矣年來風濤時起沈溺疊見商情以積久而不得伸差員以時暫而不敢請此臣所以不得不代爲請命也儻荷
允行則往來舟楫無傾覆之虞東西商賈無漂沒之苦既於額設
國課一無所虧又於貿易民生皆得其便乃經久無弊之良圖也臣本楚人九江湖口皆臣久居故於情形甚悉伏乞
敕部詳加酌復務審税課之盈虛查風濤之險易考人心之向背一經改正庶船多税足商悅民安無不仰頌
覆載之恩同於天地矣緣係條陳事宜字多踰格貼黃難盡未敢另繕如果臣言可採伏乞
皇上俯賜施行

劉醕驥字千里廣濟人順治時歲貢傳詳文苑

四朝三楚文獻錄序

國家氣運迭遷數十年輒一變循自然至若或驅之其較無不可知者統覽全勢則每國山澤物產閭巷謠俗車服制作田賦兵戎星辰水火皆與時推移鮮一操格可命而大抵以人文為端概天地百物精華融結爰挺人文辟肢膚之有筋骨而室築賴楨幹也奮起卓然運動時勢各乘所造其大者聲律身度道法濟矣性情風烈遇感宏彰雖節善亦足勸左右簪筆而揚教萬世者廣諸天下近取一國靡不然也嗟乎恍以是較則人文視他所云每國諸類迺獨鄭重綱挈為足憑賴曷怪焉可觀楚之錄文獻矣錄奚昉也楚幅員數千里形勝戶口財產雁行東南譚括地者不敢齒為

下國前此耆龜鄉老在事既取其全總列目分志若紀秩然具矣止嘉靖季年未遑紹緒宜有俟也於是文宗彙旃高先生讀而歎曰洋洋大哉援名實審沿革蒙元夷而負雞次其後敢多讓乎顧任屬春官秉鐸是為飲冰甯不能廣采緝覽以助經方者武庫也守先待後言行樞機卜氣運者不於其地於其人若時變增加知所以盛衰則勉勸扶儆如揭杓引燎而趨矣且夫隆萬以來四朝更數十年蹟闡昭著可考而知也江陵相國名世之英託孤寄命措天下泰山安哉梅司馬文士效行閒治兵讎敵卒甯西夏其後右屯之帥以剛折而策未萌之釁布置機形猶難昏掩也天啓丙丁去閹瑾兩甲子而縉紳禍再酷則楊忠烈白簡犯難羣賢類應膺滂光史冊矣文成聖學耿恭簡私淑亦克師表人倫張甑山又以篤行顯瞿睿夫博學著述徵聘勤聖人側席若李大泌身歷六朝椽筆擅宗工藝者不敢望津涯焉而公安快俊景陵深逸遂以相救為奇至鄭尚書清風振乎天位李湘州靜氣濯乎空流凡此者約略言之時屢變愈出矣況其介守積聞節孝隱逸夥不殫指數十年全楚之聞言行文獻瞻注引推為尊不出天下所共知別有以為窔宧明矣抑何可不重加意也純化漸夷士習便淺視高曾以上藐若攝提循蜚不及其衢而次則與浮沈隨務耳事胡易為名胡易立也庠序之業工簡售速屢大小同則人豈為之剽竊俳俗足享鈞天其極必捷趨俛拾相矜以獲便誦古三不朽且爰居駭惡得是荒唐者乎是故有法於此居楚者之勿更齊傳也卽以其人示之以其近數十年因時應變設簡督之傳曰視遠不察

形聽遠不聞聲乃祖乃父接踵而承風星之紀財幾周焉禪版未黯而指其魏灼教秩駕者亦習之以素耳物產謠俗特暫偶而委諸能言行者之御也先正臨望道法神授則直予以風雷焉烏足論其是非不然猶在滑稽之流寠藪之數也正氣罕樹而卑與物逐又徙援他事以古今抗抑耶由是言之先生之為是錄也加意楚人士蓋云厚矣而或者曰傳美易訛不如嘗味之得旨也先生秉鐸甄陶舉國之人竊抃而希革者不知其幾奚取於秋柏之實摹擬遙集耶則又有進者先生謙中而寬愛久矣下車之始搜逸事奇文布令徧郡邑行部旌旃錯道惟亟訪其土之先賢未祠者祠之已舉則牲而幣之然後收拾遺書推恩子孫盡禮乃退夫自辭高深以奉先進其學問在景行慕效矣豈其教人而顧棄之也

善教無不繼大學之體重國故春秋賢士相稱答必舉先大夫魯人則吾臧文仲晉人則吾叔向故王孫鳴玉以屈霸國之良匪左觀莫適寶矣雖然彼以其國域者也今神聖在上海宇一家凡楚人數十年間著言行有成績者其事與時變要皆輕重關乎天下焉今取文獻而楚之器從名之義也會通氣運觀四朝全勢卽去其楚而可矣若他所云每國諸類乃繫乎人以盛衰風土誠烏可同日而語乎

張仁熙（字長人廣濟人順治時歲貢傳詳文苑）

楚北藝文志後序

楚癸丑之有通志之役也曲沃相之疏倡之也先是豫秦志成詔楚如例方伯九如張公主楚湖以北因修楚北志以俟全聘士得八人以七月受事季冬具草而余與黃安張子希良得分治藝文張仁熙曰藝文之志古也自西漢而已然矣楚之文著於郢鄂湘衡者載在舊志起鬻熊迄於明穆廟之初年雖其中眞贋雜列（如諸子及黃憲聘楚之類）又例採寓楚文余既有删訂不具論論其半楚者文言也言莫大入告我后張文忠公（居正江陵）之陳時政也大者覈名實固邊圉細亦兼綜庶事言也相神祖數十年治平也楊忠烈（漣應山）之廿四罪疏也倡節義褫姦黨忠烈死而鹿馬之禍剗始楚人矣御史王虹塘（宗茂京山）之疏分宜也嚴而暢熊襄愍（廷弼江夏）之籌邊事也斷而明張楊各有全書王與熊或僅錄或不錄不錄諱也他若劉平甫（檗鍾祥）諫南巡仵忠甫（瑜蒲圻）初啟昭（杲潛江）之諫大禮李景魯（沂嘉魚）疏擊張鯨孟義甫（養浩咸寗）疏冊立吳敬菴（裕中江夏）疏丁紹軾皆杖闕

下或死或不死赫然今古匪第赤光照壁風旋滅燭者三也吾邑先輩王憲皋（大讃）以熱審疏璫雖未蒙報可文亦足錄也理學有書耿恭簡（定向黃安）也經解有書郝仲輿（敬京山）也天臺集（恭簡集名）之二十卷徵已至而事甫畢惜也其有待也經故未敢碎列山草堂（仲輿集名）多論史書也紀載之文則廖鳴吾（道南蒲圻）以楚紀著矣魏順甫（裳蒲圻）三甫之閒也有楚通志草其雲山草堂集皆不至然知順甫委心八家者也王夢澤（廷陳黃岡）文倣漢魏詩逼初唐一時名噪天下集雖約實名家焉當世宗時以顧華玉薦與顏惟喬（木應山）王汝化（格）同修承天志不稱旨王固不長敘事又書中多言以家艱不赴辟俟書成乃一至而顏自有州乘燼餘稿諸書未閒見不競矣文以父子著沔之陳柏子文燭也五岳交茅歸安白華序出五岳而歸安又多與五岳子往來文蓋其子亦能文者柏詩文散見志閒要之五岳最耳又以父子著者黃梅瞿聘君（九思）及子太初（甲）也聘君博孺子奇然聘君曰吾與聞道焉玉蟠（宗道）白蘇石公（宏道）柳浪見隱（中道）珂雪世所稱公安昆季哉柳浪天勝珂雪勉也言交者皆友也專以文著則竟陵也隱秀（鍾惺）倡之鵠灣（譚元春）和也近人之言曰楚人以詩易天下公安彝其藩圃而竟陵實以蕭艾此得半之說也才不別學不僻語不翻案徑不窮幽不能以其力易天下者也西陵二梅司馬（國楨）中丞（之煥）也以經濟不以文然西征疏著矣燕中詩亦可歌也中丞諸論英分耶雄分耶以王孫著者廣讌堂集也廣讌堂者蘄之樊山王孫堂也其文麗以密王元美與之遊而京山李大泌序之文之成家者李大泌（維楨京山）甔甀吳（國倫興國）黃離郭（正域江夏）也明

卿名列七子宗伯身受弇州文毅師保盛時疏事剴切餘亦纚纚不倦也同時則江夏任伯甫景陵鄒枚與文毅交余見伯甫集於漢之熊氏鄒文見新志一二而童內方承敘烈烈舊志中獨摘詞敘事皆遜宗伯又若鄒觀光雲夢之集考功何遷德安之集吉陽王伯固一鳴黃岡之集朱陵李愚公若愚漢陽之集大樗咸甯之朱少華京山之王格高岱麻城劉同人侗之帝京景物黃敬渝文旦孝感之老山梅惠連之塤麻城余老友也亦有近刻有三梅集此數公者或先輩丹黃評許或時賢裒集節錄或志文偶見或專集孤行皆足筌鏞半壁煙樹江山者也嗚呼楚北之文盡是耶不盡是耶夫夢澤大泌世所久傳終不可祧郎楚南懷麓茶陵李東陽集名冠冕藝林卒難抑而仲之而或謂楚文多自爲法不一轍故名家者少然其氣剽而悍公安竟陵孱

弱而卒以易天下者氣峻而詣獨造也夫楚人之行正直抗厲以氣勝文不欲以格自拘宜哉抑藝文雖志一斑然山川形勢人物種種卒非文莫行遠故謂文統全志可也余安得合南楚而讀之勒爲全書以張楚哉是役也希艮實襄事功居多

金德嘉字會公廣濟人康熙壬戌會元傳詳文苑

楚詩紀序

楚之先鬻熊爲文王師漢藝文志鬻子二十二篇唐貞元間柳伯存所謂子書起於鬻熊是也三閭大夫乃作離騷太史公曰國風好色而不淫小雅怨誹而不亂離騷兼之矣宋玉唐勒景差皆三閭弟子也而玉之詞賦獨傳是以屈宋並稱於世考亭朱文公集註之作離騷名經餘皆名傳詩十五國風當年如此者幾人哉唐以詩取士而孟浩然皮日休席豫李羣玉鮑防薛據綦毋潛朱放崔道融輩或仕或隱要皆詩家所不廢若工部以詩史稱論者直謂三百篇以後一人而已其先亦系出襄陽者也夫自淮北沛陳汝南南郡史稱西楚彭城東海吳廣陵東楚九江江南豫章長沙南楚今豫章以東皖霍黽阨以北不復名楚然湖廣一境幅員致廣故代有聞人卽有明三百年以迄今日內自三公九卿翰苑臺諫曹郎中書行人外至中丞藩臬郡縣大夫暨章縫彥士巖壑隱人操觚握槧自名一家者不勝數也長沙廖僊客網羅楚詩溯上古至近代萃楚成編屬胡康成學博涉湘踰漢徵言以勒簡端康成書言僊客承世父黃門家學爲潭州知名士佩箘篝火覃心讎校郵筒捃拾幾至充棟竊謂楚無風而以是補之余復書曰柱下

莊列諸子鬻熊先之也漢魏六朝四唐人之詩賦離騷先之也至若橫渠二程考亭諸先生之微言大義則又太極通書先之也楚人氣剽而悍往往爲其難者鬻子尙矣藉令屈宋生當聖人之世及聖人之門受經請益未知視卜子夏何如濂溪推一理二氣五行之分合立象盡意若親炙無隱之誨豈直聞夫子之文章已乎天之生才不一時人之立言不一轍奈何以楚無風也而少之是故上下數千載人文輩出譬諸參衡之氣蒸爲雲霞而江漢之流行於地中也當明世宗時有學士廖公道南著楚紀一書人到於今稱之是集也剞劂告竣卽名曰楚詩紀可矣補云乎哉

與姚給事論賦役書

頃於邸鈔中見閩督姚公請革里長一疏不覺斂容起敬蓋天下

小民之窮不窮於正供而窮於雜派雜派之弊不盡始於有司而往往由於羣蠹夫所謂羣蠹者何也有經承之蠹有差役之蠹有城市歇保之蠹有豪猾表裏之蠹層累而上之以至於有司長吏之聲名日以壞黎元之膏血日以枯而中飽者羣蠹也羣蠹望風蠶食皆指里長爲例所固然耳白晝攫奪而文之以當年之名干條萬緒統稱之曰補庫官取之里長里長取之排年排年取之花戸終年稱貸逐月輸將而正供之逋欠猶自若也十年輪當之磨累不堪於是有以編餉南漕分任變十年爲五年一役者矣而經承差役歇保豪猾層累而疊出抱薪救火餤且燎原前役未完而後役又至奔走道路無時休息伺候衙門衽席以之不以耕讀爲職業而以城市爲生理鄉里渟樸之俗蕩然而無餘是顯虧者在

正供而陰壞者人心風俗也若行自封投櫃之法官案冊以徵收民照畝以完納卽敲朴不施而輸將恐後何則完一錢則有一錢之券票完一兩則銷一兩之由單官徵官解而箕斂之術不出於額外也里長之名革則官有清廉之聲民有樂利之實庶可保而富教可加法誠無便於此其不便者羣蠹耳若因循沿習日甚一日科派繁則正餉缺正餉缺則徵比勞徵比勞則揭借營債多揭債多則逃逃則田荒田荒則賦無出當此之時民欲學點金之術而不能官欲保飲水之操而不得官民俱困而羣蠹者肥酒大肉揚揚得意也嗟乎邦本之謂何而堪此朘削乎姚公急救一時之疾苦而又恐變法者之隨其後是故仰請

天語勒石以垂永久臺垣諸公念切民瘼者屢請以此法通行天下誠有見於良法之行也小民歡若更生而眈眈而思破壞者羣蠹也此勢不兩立者也

聖德好生天覆地載察吏安民巡察有遣矣水旱災荒賑卹屢行矣然巡察猶有待及之地賑卹猶有待澤之人惟良法畫一普天共遵則民力裕於平日雖小有凶年而不能災官箴肅於典常雖有僉壬鑽鼓而無以及於花戸編民也今幸矣

命九卿詹事科道會議具奏矣民命根本於是乎在

國家久安長治之大要不外乎此矣先正謂士大夫爲善惟立法濟民爲大此法立上有益於國賦下有裨於民生近之有拯於閭閻之阽危而遠之有關於風俗之渟古由八閩以推之各省六合同風九州共貫天下含生之倫沐浴歌詠於罔極矣區區慶幸之

忱不覺縷縷惟足下省覽而留意焉幸甚

上座主澤州陳公書

昨廖傳書後恭呈座前言之不文臨池悚仄嘉數年來雕蟲之技本不足觀先呈集目餘俟鈔謄續進惟引領望樊川大集告成滌几諷誦大啟蓬心也中丞吳公今開府三楚楚人動色相慶定知發政施仁沛如江河矣然楚中之事有待於興舉者一楚中之法有望於申飭者三嘉欲進謁披露而望淺言輕未能遝達伏念我師以薄海蒼生爲念而吳公又師同里相厚善謹梗概言之亦可以見嘉之早作夜思非徒爲一身一家計者或可轉致吳公聊供采擇蓋楚有江漢書院在武昌省城大比之歲士子肄業猶湖南之有嶽麓書院也往者翟象陸先生爲方伯歲在庚子檄取郡縣

高材生負笈講藝親臨課試號房數百間篝火丙夜達旦楚士觀摩興起邑多嘉與今銓部汪君錞屢試第一尋倖鄉舉當是時楚墨頗獲傳頌而數科以來漸次登選而去則是江漢書院之大有造於楚人也中丞觀風得士正値賓興若煥然一新即考亭白鹿洞之學規可以復振此所望於興舉者也楚地舊苦十年大當之差謂之里役正供有限雜派無窮積里因之以包攬猾胥因之以侵欺小民不勝敲扑則借債於營兵營債難償則逃逃則田荒田荒則正供亦負而有司往往受考成之累自前任制府徐公創爲穿甲之法革去里役俾單丁斗米咸得自封投櫃於是包攬之端絕侵欺之路塞邑民輸將恐後而郡縣之課遂最此萬世之利也村市之民舊苦保長之役阜快所至饕食其家又官長生辰時節

運事增華中人之產當一役而遂盡及更換之期旣居肆行僉報人人視爲畏途多方請託展轉支離中人之產報一役而遂盡自革去保長之法行祇用鄉約約講月吉讀法阜快無饕食之地而貿遷有無之民得以安堵此又萬世之利也漕糧北糧舊苦里民與旗甲相兌陋規多而糧艘開幫之期常滯自官兌之法行鄉民負米交倉旦出暮歸迨糧艘到日官與旗甲唱籌量米日中而竣事里民不見運軍之面而水次無所容其久泊此又萬世之利也邸報中台垣建白嘗請敕下未嘗穿甲之省一體遵行則此法之善可知然法之善者便於官便於民便於廉靜之鄉紳閉戶讀書之士子獨不便於地方之豪猾與衙門之吏胥故嘗有虎視眈眈思陰壞其法者嘉擬告之當事立石通衢以垂永久會前歲悤悤北征有所未遑今中丞褰裳仗鉞延見吏民訪問興除大端若通行曉諭杜絕胥小壞法之萌則召棠郇雨世世頌之矣此所望於申飭者也嘉素性恬退在長安懷刺漫滅已久即故園諸長吏杳無尺素相通問寒門子姪饘粥布衣恂恂謹飭長男啟洛又以教習旅食京邸第以區區桑梓之慮爲此妄言雖若平平無奇然士興於學農安於田工商樂業於市至治之要不外乎此古之爲治者施予之惠可以及人然而弗徧巡察之威可以易俗然而弗深惟良法美意堅守而溥被之則涵濡淪浹爲無窮出而鎮鑰封疆入而平章軍國無二道也冒瀆我師晤言之暇齒芬及之則怙冒三楚如長日加益而人不知矣

張希良字石虹黃安人康熙乙丑進士傳詳文苑

上開府大中丞張公書

生再拜奏記大中丞閣下往者癸丑冬閣下奉命撫楚即當三藩並移之際僉夫捉船城郭江湖一時騷動生比濫竽省志偕諸同事上謁見閣下居高而遠思憂形於色若不知其噓節之方新者竊以爲閣下眞古大臣也無何滇黔變起湖湘以南望風奔竄閣下獨以江鄂孤城與制閫相犄躬擐甲冑曉夕睥睨閒拊殘黎厲將士卒待王師之至更念風鶴餘生蕩家失業重以追呼民將不堪於是疏緩十三年租賦民懷其惠相率輦輸以佐大軍之急已而山寇頻發指授方略所至皆討定之歲饑又復疏請蠲賑活人以億計蓋自用兵以來閣下外籌攻守內計拊循焦勞抑損未嘗有八騶之車一蓋之乘鳴金鼓建牙旗而晏坐

堂皇者六年於茲矣遂能殄滅元兇摯西南半壁而還之
朝廷插羽漸稀大勞將艾閣下之功高矣閣下之庇廕楚人者亦
已厚矣乃者察典失衡生與偕計諸人以閣下功未白幾欲揚元
禮之旗會
天子聖明謂閣下亶勞臣宜秉楚節如故三尸孺嫗罔不瓣香手
額幸不奪我寇公也以閣下聰明慈惠閔憂元元如不及疾苦愁
歎纖悉畢燭之更何假一妄書生之言上溷明聽然語云泰山不
讓土壤河海不擇細流周公聖人也吐握哺髮所欲言而請畢事
者千有餘人爲能達下情而廣集思之益也盂水置薤治理通焉
矧今災異日以聞民艱日以甚生雖草茅下賤杞憂之及亦將身
之敢避狂夫之誅而與寒蟬同默默乎請以閭閻困瘁所尤劇者

爲閣下陳之楚地歲比不登矣大江以北田隴半入山谷無陸海
浸溉之饒雨澤皆仰給於天土既磽瘠而且壤錯豫州其氣先寒
百畝之家田宜早稻者十不得一焉楚天淫雨常在三春入夏則
往往多亢暵亦理數然也故五六月之間一有蘊隆中晚二穀舉
盡之未見楚人有全收也今歲則愈有難言者生安人也即以安
邑論邑自正月不雨至於四月僅而得雨農人倉卒爲耕具則稻
之菌亦長矣而蟲復災之四月一雨以後焦金爍石直到於今阡
陌塵飛土龜至尺許螟螽女魃所留餘民夫有幾而長吏覬希滂
沛展轉踰期塵塵以秋災報罷然則羐詹愁痛豈盡至於閣下之
耳乎夫楚人皆緜素無積聚所倚爲命者光羅商固數鄰邑之灌
輸耳今汝南赤地千里室如懸磬無斗粟得至關南而南人之墾

占北地者捲土來歸日以千百計主客交困莫可如何水盡菰蔆
山窮橡栗旦夕殍於溝壑蓋十室而九矣其勉爲支吾不過暫時
入耳生一門三十餘口廩食不及二十石終今以往數米而炊可
延殘息三兩月此後亦未知軀命何託而細民可知一邑如此他
邑可知及今不爲之所生恐數十萬財賦之區非復
朝廷之有也夫災傷之書既上軍需國賦亦當暫爲緩止以俟德
音乃長吏之徵比益急盈庭鞭撻慘不忍聞大餉兩兌以及加編
宦課交督於一時升斗餘粒復消耗於醫瘡剜肉中矣夫自明季
迄今凡三大荒崇禎辛巳人相食順治癸巳春斗米四百緡今米
價當癸巳四之一人未至相食也然長年三老以爲苦倍疇昔者
疇昔家有餘財而今惟束手以斃也催科不已如人之垂死又加

鴆毒焉則雖
聖天子與我閣下甚愛斯人願緩須臾以待大澤之至而已無及
矣豈不痛哉自古荒政莫善常平今州縣積貯無幾未能口分而
家給也多方賑救或請上方之金或鼓尙義之紱紳而明之是在
閣下但於秋災分數外更爲補牘得邀往者給復一年之賜因民
以賑民則莫大之仁術也第今之民生既浚矣在官者往而不可
還矣哀此孑遺危急存亡正在無絲可賣無穀可糶之際閣下繪
圖入告請蠲請緩期以來年捧腹之民感浩蕩而豫有生氣矣南
糧之有改折也蓋山鄉不利舟檝有輓運之艱行營委積有守候
支放之苦於是以銀充米外給水腳官爲就近採買此通變宜民
至計也往者本折二家紛如聚訟彼時穀賤傷農折者利其輕齎

而本者苦其倍費耳頃歲穀騰計本折適相等其議始熄但如安邑舊有南北二漕北漕久入條鞭民忘其勞矣閣下儻爲安人造百世之福一言建白將南漕倂入條鞭上也即以時方致武難於發議亦當以暫准改折明著憲行俾長吏有所遵守奈何歲煩詳駁罔所適從而一二姦猾因得假營折之名爲奇貨以滑其中借庫墳庫委無用金錢於胥吏之手乎夫此無用金錢皆百姓膏血也一歲營折之費可當正供五之一合五歲而民已重費一歲之折矣朘削如此若之何其不窮且獘耶大差之爲里甲累久矣官錢打掃日生飯食輿夫賠送諸色目歲費約數千金軍興尤甚百孔千竇殆莫可窮詰而爲之斂散者保戶也保戶半積蠹大猾憑城縱䆊最易漁民每見里排輪代自六房兩阜下逮門役奉賀新

里名刺纍纍牆壁間也夫賀新者皆有求於保戶者也里之新而保戶是賀謂保戶之大得所欲也殫里之出竭廬之入哀苦莫告而若輩以爲賀自此以上快心之奉又不知其凡幾也故欲蠹剔弊源則大差之名不可不禁而保戶不可不革也錢糧之官爲徵解也通乎直省矣火耗之禁功令森嚴然銖黍所入未必無盈餘足以償道里之費補收兌之虧也今徵常在官而解常在民是官獨取盈民乃重耗也陽奉陰違之弊其可不察飭而條爲畫一乎水旱災祲吏之所不欲聞而百姓之所急欲上聞者也比年饑饉有諱及奏報者非惟吏難之民亦自難之此其故可知矣夫駁勘所以重虛冒而或者反以滋費得不償失恐非勤恤民隱至意也今歲荒又見告矣曩者陋例顧閣下澄汰而逆閉其途也軍需旁

午取辦臨時勢不得不資採買然名雖官給價值其實層纍而至於下十無二三焉而黷者又復借端掊克利歸於下而怨叢於上害有不勝言者今西南漸平一切採辦當已之即不獲已而委之忠公廉潔之人密諏里甲行戶估值有無侵蝕之實則公無廢事而亦無困人矣夫五聽所以達民窮頃之刁風亦少熾矣訐訟之徒以睚眦破人家蓋黃之大姓無不罹其禍者近復開告密之門誠其人如朱家郭解者流鷹擊宜矣山野之民多收幾庾穀稍稍自給而指爲豪又何以處夫橫道之豺狼也夫里有富民俗之厚也今乃羅織至此生恐不數年而富者貧貧者益無所賴矣矧哀鴻滿野萬井蕭條閣下宜帥先諸憲長守令斷絕獄訟靜以養民氣猶懼傷之忍使其波累於郎當三木閒乎周禮荒政十二有曰

除盜賊自諱盜之律嚴其諱益甚而萑苻之勢張矣今一月之內盜所劫掠凡數處皆有力之家鑽體灼膚備極慘毒席捲一空昭昭人耳目而長吏漫不加意比及隆冬一牛石種皆將莫保其有閣下何繇知之誠恐上下相蒙宵人得志不至釀無窮之禍不止也生閱邸報七月二十八日地震　京師壞城郭蹈室廬壓殺人民無算此其變之大者按春秋五書地震不言事應而春秋繁露與洪範五行傳論著甚詳天人深祕生不敢妄爲徵引而日食則修德月食則修刑

天子與大臣同心一體恐懼修省當有見微而知著者矣又聞安陸之蓮花庵怪鳥見按其形似在山海圖爲水爲火爲兵爲大喪是不一說而生弟希聖謂陳建從信錄所載萬歷十五年異鳥見

於秀水縣之思賢鄉人頭鳥身頷下有白鬚竟日而去其年大水明年米貴死者塞路水爲腥賦不可食杭州保俶塔後積棺幾至山半流液成川正與蓮花庵所狀合殆將有水患疾疫之憂其兆既成矣導迎天和以消沴戾是不可不先事而豫防也又安邑之南鄙士人剖瓜往往有稻秧叢生其中此所謂木妖也夫穀以養人不熟於田而寄於空虛無用之地大無之象見矣煙蒼蒼明年無糧封豕得之民之無祿剖瓜著之其事非偶然也今秋將盡矣驕陽未至霢霂尚屯居民汲水遠至數里外洩利之疾所在都有過時不雨又將無麥此眞萬物芻狗之秋也經書成公七年冬大雩是吁嗟禱雨之祭四時皆有之今恆暘如故而曾莫省憂非所以懼天災而恤人窮也然欲從事於禱祠之末則又不可自古軍

旅之後必有凶年言民以征役怨咨之氣感動天變而旱乾作也故宣公七年夏公會齊侯伐萊秋至自伐萊大旱胡氏以爲此其應也楚自大軍進討資糧芻束山夫水手礮車船木麻鐵鉤楯戰馬諸費所以備行閒緩急者惟是江北數州民耳積五六年征役之氣以召天變其不雨宜也昨歲江西底定言者請蠲逋賦二百餘萬

上曰其助逆可誅其仳僞仍可憫特曲從之今我武維揚數州奉義之民僅存皮骨未及於寬政是從王者反不逮從逆者有厚恤也天心幾何其不亢戾乎閣下誠以江北數州頻年可憐之狀與所以致災之由剴切具疏得比於西江閩廣諸處給復數年以寬其力以慰其心好生之德又不直嗷嗷諸邑被之而已天視眞暴身紫雲起鄭俠納忠澍雨應日者

聖天子虔禱郊壇玉步甫移甘霖立沛行之而既效矣閣下若能出告誡引罪之言罷青苗免役之害以附於洛陽監門禦災之實天心仁愛主聖臣賢誰謂一氣呼籲中而桴鼓有爽應哉不此之圖瞻烏甇甇誠未知其所底矣自古災祲譴告草澤之言往往與肉食相參今求言不逮下生竊恥其無由自達於

當宸也而妄效之閣下閣下

天子之喉舌也異時閣下覽揆之辰生隨於鄉大夫握爵爲壽閣下延之東堂俯詢民瘼不知其膝之前而晷之移也故嘗以爲閣下眞古大臣躬逢古大臣吐握之風而無寸壤涓滴以裨益高深其視任棠賢不肖何如耶生惶恐百拜

呂德芝字時素一字石素黃岡人乾隆初歲貢附見從祖元音傳

書杜和尚事

靖州天柱縣邊苗地也有一徑方四十里可達黔中郵遞甚便而叢箐荆杞彌亙山谷諸苗穴之以肆剽掠有行僧杜和尚者能詩歌語天下事如指掌大抵明末高人爲僧者也武勇絕倫熟遊其地欲闢此徑募積多貲具鋤斧雇健夫百餘人力事斬伐月餘成坦道十餘里諸苗羣阻之杜持鐵杖可五六十觔獨戰斃苗三酋餘皆披靡散凡三月竟成康莊當事者擬旌之笑卻去遂結庵中途獨居以護送來往數年矣一日晌後有異僧負裝掛木緘大刀入庵釋任呼杜具湯沐聲甚厲杜訝之方事水火俛首竈前僧入其廚睨地有鐵火叉一足躧之即一足踏杜頸杜一手起僧迸擲

牆上額破僧起奪火叉拔木函刀來砍杜急拾木片方八寸許左右格避應削且盡因奪門出僧疾追走二三里時黃昏杜望山走渡小木橋因猿挂橋下僧過橋追之杜從下曳其足僧墜沮洳中杜下奪其刀問來故不應杜欲殺之亦不應固詰之乃曰知爾武勇欲降爾相幹一事今不請殺耳復何問杜嘆曰吾老矣天下大事亦久灰心況他句當耶然爾敢忤我亦有膽識者攜手歸庵具湯沐飲食詰朝别去杜後語人吾黃岡人先人邱墓在黃今年暮思歸正首邱言之輒欷歔泣下後不知所終康熙戊子靖州人遇吾友皮孝廉日升問杜已歸黃否皮固不知因告余以其詳余聞而異之因書其事將訪諸吾邑之杜氏云

萬年茂 字少樓黃岡人乾隆丙辰進士傳詳儒林

劾學士于振陳邦彥疏

爲特參無恥之學士以儆官邪事臣謂廉恥爲國維之大學士列清華之長本年八月二十八日我

皇上賜宴臣工於瀛臺殊恩異數千載一時際此隆遇正當深自砥礪以圖報稱詎有侍講學士于振陳邦彥於排班恭迎

聖駕之時二人同列東班適值戶部侍郎傅恆經過陳邦彥向之請安打跧二次于振打跧一次大廷廣衆屬目驚駭而二臣恬不爲怪臣查侍郎學士品級雖有不同而翰林院之講讀學士則體與六部之侍郎相等以其相等而屈膝打跧是替官方也且我

朝制度京員惟諸王認識者近前打跧請安貝勒以下平立答話而已其諸王不相認識亦不請安故雖在部司屬無向侍郎打跧之例而二臣甘心爲之是違

朝制也禮曰侍坐於尊前見同等不起又曰朝廷不涉位而相與言不踰階而相揖矧

聖人在上嚴肅清明覲禮之場白晝獻媚二臣誠不自愛如

國體何臣在班目擊祇緣

賜宴大典仰叨曠代之榮私懷包羞之義嗣又恭逢

聖駕謁

祖陵巡方問俗普天同慶未敢上瀆

聖聰惟是兩月以來道路播聞人人訕笑午夜慚惶隱銜滋懼爲此繕摺糾參伏乞

皇上嚴示戒懲立賜罷斥以申

朝制以肅官方俾知無禮之逐共敦羞惡之心整飭廉隅振興士氣所關人心世道誠非渺小臣愚不勝悚切待命之至

喻文鏊 字冶存黃梅人乾隆乙巳恩貢傳詳文苑

上張觀察論鄉兵保甲書

某頓首白鄉兵保甲宋之秕政也保甲則至今用之無不知其爲善政誠以防患未萌莫如保甲今或不責以察姦之實而惟衙門奔走力役供應之不暇矣保甲之權操之吏胥胠篋攫金者吏輒匿之陰取其利矣至有城狐社鼠嘯聚成羣令牧猶弗之覺逮釀成事端如火之燎於原然後符牒紛馳令地方紳士團結鄉勇夫勇非卽兵也而亦可爲兵則有宋京東之弓箭社今則私藏兵器

者有禁蓄火藥者有禁劉文成詩云他時重禁藏矛戟今日呼令
習鼓鼙盍難之矣然則鄉勇可以不用乎非也一時之急不得不
有所藉手且今之所謂鄉勇非民壯弓兵之類也而其所以用之
者不患其不可聚但患其不可散夫一村之中非其子弟卽其戚
黨出入之所必偕見聞之所易悉苟擇其中曉事者董厥事荷戈
而從者不外一村之人村之小者則合兩三村之力各繕其村堡
保其室家城居者亦然吾楚民居聚鎭少垣堡承平日久一聞賊
徒竊發婦女紛紛駭而走險落水墮崖死者無數故修城之外築
堡爲先大戸築於族畸零築於市邑居防城村居守堡賊未至不
迎旣去不追來則截之於隘去則及時而農不戰而能守可散而
後聚由城以及鄉由一村以及千百村聲援聯絡遠近相資而官

不調撥也所賴官爲經理者必以時激其仗義之心而止其妄殺
之漸則鄉勇可得而用也不然愚民習於戰鬬狎侮危事不以殺
人介意其猾桀者挾隙圖報又或藉策應之名濟劫奪之私若今
日潘御史紹經之所陳往往而有雖然此用之於有事之日若防
未萌則保甲之法行之久矣何以行之又不足以防患其要在於
得人夫今之保甲賤役也以爲賤役而甘爲之則不惟不可以防
患且可以滋患必明示以非賤役而後人可得矣故得人在於不
責其力役奔走供應而優以體貌則權不在吏胥謹愿者無所恥
而樂爲之矣且保甲之設非徒爲狗偷鼠竊設也句核門牌使知
四民之數其所以防微杜漸者意至深遠夫禁過於微則民樂遷
善防患於小則患遠患遠者遷善之漸而興行者所以窒禍亂之
源也蘇文定之言曰三老嗇夫可使推擇民之孝弟無過力田不
惰者爲之鼇以爲準今而論莫善於不貪財賄凡事可僞不貪難
僞斯謂得人矣鄉雖僻陋豈無一不貪財賄之人其人旣不貪財
賄又豈能以財賄供吏胥之求衙門之用且不貪財賄則其心正
可以教人之不正於是取藍田呂氏鄉約之法不拂乎社學立師
之意使導其鄉之父兄子弟各循其分其有不然必爲一堡所不
齒凡民之姦厥由不學古之時無人不學也孟子曰謹庠序之教
申之以孝悌之義頒白者不負戴於道路其言之淺近如此惟其
淺近如此故民可使由也謹之云者其知後世以邪術兆兵端乎
故曰下無學賊民興其言之危險又如此凡以正人心厚風俗愧
厲其廉恥而油然生其孝友睦婣任恤之心天下未有習於孝友

睦婣任恤之教而悍然爲非而不顧亦未有習於孝友睦婣任恤
之教見人之悍然爲非而猶爲之容隱不思爲一堡除患礙於開
告訐之路傷鄉里之情者也蓋保甲行而鄉勇可永無用議今天
下一統薄海內外罔不臣服自討平逆藩後腹內之地未嘗用兵
夤緣爲姦者不過地方莠民聖人之世亦所不免豈甚不可制防
哉今用兵之地旣兼練鄉勇他仍亟申嚴保甲以杜未然伏讀
聖祖仁皇帝聖諭十六條
世宗憲皇帝萬年廣訓期於化民成俗例選鄉貢生員有文行者爲
約長以宣導之今試用知縣題請實授者必敘入每月朔望宣讀
聖諭廣訓編查保甲均能實力奉行等語吾未見實力奉行而於事
無濟者也願執事垂鑒勿視爲舉子綴緝策語焉

書汪縣丞妾事

梅邑汪振玉乾隆癸酉舉人挑發江蘇知縣以事鐫級分發廣西
補淩雲縣丞其之廣西也憚路之遠僅攜一僕往妻若子不能從
比至買某女爲妾付以家事年十八耳摒擋諸務當丞意踰年丞
卒於任向所攜僕回楚矣凡殯殮大事皆妾經紀之妾父母聞督
女挈貲以行不可逡巡言回楚路遠不能捨割情甚痛蓋近來姦
人鬻女爲官家妾或一年或數年其父若母若兄弟朝夕窺伺乘
閒傾筐倒篋去者比比也況所適之人已死並無親丁之在其左
右者耶妾曰我非以身事汪丞乎果以路遠難捨割當日何賣我
戒閽者後我父母來勿內日盼汪親屬至晝歸櫬事遲數月不至
請於令卽日買船扶櫬旋楚令難之妾曰逗遛久妾身恐不免死
者之骨更未可知他日毋迺溷我公一蒼頭老矣實丞在粵收者
妾知其誠樸可任俾之經營一切筐筥器用等自爲條繫簽記入
簿錄奉靈櫬登舟晨夕奠醊泣涕由舟而陸又由陸而舟蒼頭皆
聽妾指使途半丞之子與姪踉蹌至乃泛洞庭下江漢泊黃梅之
清江口妾謂其子曰死者歸矣主喪者當卜地妥靈成服肅几筵
以待弔客我歸見主夫人登堂見大婦匍匐伏地叩頭者三大婦
謝妾曰吾分爾也一家大小拜謝鞫歸櫬狀曰非死者之靈不及
此相持痛絕於是喚老蒼頭之自粵來者請於大婦給白金三十
兩遣之去持所書簿錄付大婦退堅閉一室族黨無見其面者妾
郭氏廣西宣化縣人

袁銑 字金溪麻城人嘉慶辛未進士傳詳儒林

請剔除考試積弊疏

爲考試積弊急須剔除以儆貪私而杜僥倖事竊思鄉場爲
國家掄才之典小試爲士子進身之階理宜弊盡風清拔取眞
士以仰副
聖主作人之意乃日久生玩外省大小考試情弊多端臣謹就所
聞臚列數條爲我
皇上陳之一州縣入簾關防宜密也臣維試卷去取關繫簾官如
大省萬有餘卷呈薦不過數百若有心欺蔽負屈必多主司
以旣竭之目力徧搜落卷更覺茫然遺珠其能免乎此簾官
責任之重也臣聞近日各省風氣應試士子有探聽調簾官
員迎於中途而拜爲師者有交通官親謁於省寓而拜爲師
者其贄儀或數十百金不等以求薦也議中後謝貲千金不
等在外招搖如此入闈後彼此關通甚至隱匿佳卷轉取平
常之卷與有關節者並呈謂之襯薦營私一念何所不爲官
場以廉恥爲迂闊官倡之士效之人心之害莫此爲甚應請
旨飭下各省監臨於鄉試屆期將調簾之員嚴加防範如有招搖
形迹一經查出立卽參處就中擇其老實可靠者派入內簾
庶科場肅靖而賢書無或濫矣一府縣案首賄求宜禁也臣
查府縣考試文童其覆試多至五六場原以名次先後定其
優劣不容混淆乃因歷來考列案首之人學政每循情面無
論文理通順與否均予取進是以不肖府縣藉此居奇案首
行賄自數百金以至一二千金不等以試場爲利藪成何事

體設使府縣案首俱非眞才如學額三名之小縣案首既去其二寔畯不亦難乎至武童弓馬刀石雖衆目共覩亦或濫分甲乙殊爲無所忌憚應請

旨飭下各省學政嗣後於府縣文武案首必其文理通順材藝勝人方准取進如其文理悖謬材藝薄劣者概從黜落庶學政去取之權府縣莫得而操之士子明知無益亦不至妄生行險儌倖之思矣一因工捐輸貢緣宜戒也竊照直省間有煮賑急務及修築要工士民踴躍捐貲原屬義舉經封疆大臣

奏請或賞以職銜或准以議敘要皆出自

聖恩加之獎勵至有司秉公衡文不在酬勞之列臣聞湖北近來各府遇有修葺儒學等工程官爲議定每人捐銀若干有照

數捐去者學政臨時均與取進卽以府學爲通融如一縣有捐銀幾人則添撥府學幾名或一縣捐銀無人竟至府學額缺雖捐輸中不乏能文之士然操其必勝難免官吏分肥假公濟私之弊應請

旨飭下各省學政嗣後有以捐輸爲貢緣者概無擅循庶富豪無所倖矣以上三條是否有當伏祈

皇上睿鑒謹奏

請停捐例疏　嘉慶二十五年

臣聞我

朝自天命十年開捐以爲裕

國用卽以儲人才古昔聖賢多有起於魚鹽市井中者此捐班開正以補科甲之遺才此其意非不善法非不良也於是定其制詔每年正印中科甲用十一人捐班中用八人外京官雜職以及各州縣訓導其用爲差似乎捐班少而科甲多然臣按進士科尚存五千餘人舉人尚存二萬七千餘人今所隨班候選者尙屬十八科以前之人在

皇上之心以爲老其才以待用殊不知候十九科人用足必待三十餘年矣縱其人三十歲或中與會再候三十年則其人年已六十餘矣卽遵部限分發將抵任未一年而逢大計不斥爲老儻必指爲疲癃凡屬科甲半免冠而去矣彼捐班中財多年少於是陞之卓異指爲廉能我

先皇所設法良而意美者安在乎況今鄉會場之法令甚嚴卽一縣

與府試必載三代之履歷考童之互結廩保之花押種種詳明以辨冒頂倩鎗之弊娼優隸卒之流者不已甚哉若捐班則不然不問其人之根本爲何如正項銀兩一到州縣爲之出印結督撫爲之具保狀一年而實授矣所以襄陽知府實少林寺僧人出捐甯波府道實邯鄲響馬出捐以及保定同知鐵嶺縣丞等員出身之不正者其被告出拏問者數年來已有八人臣不知未被告發者其人又不識幾許矣且此輩以貪酷爲精明貪則多財財多則獲上而上司指爲有禮酷則重刑刑重則民懼而上司指爲能斷將見稱能員者又此輩矣此臣所以讀陽城之傳不禁往復於撫字心勞催科政拙之數言知其自出考下下者有由矣且臣此本一發軍機

房而朝臣必有借國用不足以暗進其讒者臣又計之詳矣
乾隆以前無論矣自嘉慶三年因川陝楚三省教匪之擾開
捐僅得銀七萬餘兩十二年黔楚苗洞反開捐僅得銀十一
萬餘兩十九年黃河決開捐僅得銀六萬餘兩其閒或二萬
或三萬不等總共二十年得銀三十餘萬若後宮宂費一去
可免開十年之捐蓋鳳藻宮花粉銀十萬寺子宮供俸銀十
二萬熱河例銀四十八萬圓明園春秋修整銀二十餘萬內
大臣管理圓明園俸銀十六萬賞賜圓明園宮女銀二十五
萬若去此數項則一年可節濫用百萬有奇庶可拔眞才收
實效國計民生兩賴矣臣再查外省官員自督撫至州縣皆
以互相蒙蔽爲得計因兩淮兩廣之鹽政而去大員六人則

鹽商之弊多蓋鹽商所進呈
御前之鹽包重六十斤價五百餘文小民所買之鹽其包只重八
斤亦是五百餘文卽此一弊所以降湖廣總督百齡兩江總
督汪志伊而託津遂津津得志矣夫託津由大學士總理滿
漢政治其遇隆其秩重其感恩宜何如矣其舞弊如此無論
其他卽如本年七月
大行皇帝賓天伊謂
先皇生於灤陽崩於灤陽妄自附會考
本朝歷代
龍降之所載在金縢彰彰也
先皇降於遼瀋卽此一事託津之妄奏欺君已甚其讒松筠疾董誥
諸事又何可屈指計哉
皇上如以臣言爲是則將此數條施諸政府實
聖祖
列宗之靈軍國人民所快心者臣雖加以斧鉞受其鼎鑊非敢計矣

帥遠燡 字仲謙黃梅人道光丁未進士傳詳忠義

請停幸圓明園疏

臣前恭讀
諭旨因翰林院侍講汪振基疏請崇儉節用
皇上特命戶部會同王大臣通盤籌畫撙節裁減仰見
皇上爲天地惜物力爲
國家培元氣此誠帝堯茨階大禹宮室之遺規也臣愚以爲今

日有一舉足抵尋常條款無算者則莫如停
幸圓明園一事謹按
圓明園爲
世宗憲皇帝藩邸之遺
列聖因之每歲首移
蹕園廷卽於是視事遂以爲常蓋亦不忍遽忘
先澤之意
皇上仁孝格天上念
先朝堂構豈忍一旦置之無用之地然時勢有今昔之別庫藏有豐
絀之殊昔則海宇昇平藉此以暢
宸遊樂民之樂也今則寰區多事置之以示

儉德憂民之憂也設使
皇上處
列聖昇平之日必不至惜此小費以博崇儉之名設使
列聖處今日多事之秋必不因不忘
先芬仍事遊觀之所
先聖
後聖其揆一也况冬至之慶賀已停廷臣之筵宴已罷雖以
謁
陵盛典猶恐有煩供億從權降
旨停止中外臣民莫不謂
皇上纘承統緒所以仰答

先朝務其急者大者推之
圜廷有以異乎蓋論
口澤
手澤之遺基宜勿替而求
善繼善述之道跡不必拘儻亦降
旨停止
巡幸固而封之不惟每歲修葺之費可省卽終年防護之役可除
當此左支右絀之時以佐軍旅河渠之需惜不貲之費貽無
疆之庥卽
列聖在天之靈未嘗不默鑒之也抑臣愚慮更有深者上年八月
聖駕還宮已傳三籌羽林森列盜賊竟敢於
鑾輿經過之地劫掠肆行加以青龍橋等處時有盜賊出沒營員
兵弁之不足恃已可概見
圜廷地臨曠野既無城池之捍衛復異
宮禁之森嚴語云千金之子坐不垂堂况
九陛之尊乎蓋以
聖主之鴻庥百神自當朝護而以小臣之愚悃百密猶慮疎虞
皇上上念
祖宗付託之重社稷維繫之深必不至惜此一區處以閒空則
九重深邃既懔然於
天威之嚴億兆生靈咸曉然於
美德之儉冒昧再瀆實出於區區忠愛之忱不勝戰慄悚懼之至

陳廷經 字執甫蘄水人道光甲辰進士傳詳宦蹟

神機營不宜外調疏

臣竊維
京師設立神機營
特派親王統帶訓練數年以來器械精良技藝嫻習赫赫聲靈天
下聞之莫不振懾查直隸梟匪不過幺麽小醜耳現在直隸
兵勇不下數萬人足敷防剿之用似不宜令神機營出戰何
也神機營之兵乃
皇上之親兵也神機營出征猶
皇上之親征也臣以爲
天戈所指可近守而不可遠攻可常勝而不可偶敗以幺麽之小

醜動虎賁之雄師卽令大捷不足爲國之武設有小挫豈不爲賊所笑況直隸諸軍方不得力聞神機營出戰必更互相觀望互相推諉不肯向前安望其助剿乎臣請將現在已出之兵明降
諭旨飭令分布東西南北四路廳地面專司防守以環衞
京師使四方姦宄聞之不敢窺伺此卽虎豹在山深居簡出百獸震恐之意也或曰神機營駐紮
京師未見賊面若不臨陣何以鍊其膽氣此說誠然然臣聞三軍之耳目在將三軍之膽氣亦在將當此之時必得一人歷戎行身先士卒百戰百勝如鮑超楊岳斌陳國瑞等帶領出隊然後可以衝鋒陷陣所向無敵若無其人遽令踴躍前驅未免行險僥倖勝之不武不勝爲笑其關繫豈細故哉

敬陳善後事宜疏

臣恭閱邸鈔知金陵城池業已克復全股殄滅逆首自焚天下臣民同深慶幸惟一切善後事宜正宜次第舉行臣謹就管見所及酌擬三條敬爲
皇太后
皇上一陳之一疆域宜略爲變通也查長江古稱天險足以制敵四川湖南湖北皆一省地面易於控制一入江南則隸江蘇者爲蘇松常鎭淮揚徐通隸安徽者爲安廬鳳潁徽甯池太一江之險兩省共之在承平無事之秋遇有文移稟報原可
朝發夕至自咸豐三年安慶金陵先後失守賊踞長江文報梗塞如徽甯失陷數月而巡撫不知徐蘇被擾多時而總督無報一時文武百官無所稟承任賊披猖貽誤匪淺
文宗顯皇帝以徽省軍務責成浙撫督辦然浙江巡撫駐守杭城從未一出境地不過派兵遙援而已又新設皖南道仿臺灣故事賞加按察使銜准其專摺奏事然上有督撫顧忌孔多數年來未聞皖南道發一摺奏一事也今江皖軍務業已肅清欲爲地方畫經久之策不如以徽州甯國池州太平四府劃屬江蘇與江甯蘇州松江常州鎭江爲一省名曰江南以揚州淮安徐州海州通州五府州劃屬安徽與安慶廬州鳳陽潁州泗州爲一省名曰江北長江舊有水師分隸江南江北兩巡撫隨時操演或加以操江名目以重事權鎭江各標仍聽兩江總督節制其江南巡撫仍駐蘇州江北巡撫仍駐安慶其江北之六合江浦原隸江甯府可改歸揚州府旣分兩省則江南科場仍在江甯江北科場改歸安慶其文武各官有無應行更移之處議定後再行酌核辦理此一轉移間呼

應較靈江防益加嚴密矣一勇丁宜妥爲安置也江浙投誠士卒爲數甚多援盡矢窮迫而相就不盡由本心也自來降卒驕馭一不得宜旋降旋叛至各省勇丁由大營招募而來皆無業游民性成凶悍殺人放火視爲故常一旦遣之歸農斷難安靜如蘇州之勇散回廣東佛山一月連劫七次南海一月連劫十餘起番禺香山東莞新會一帶人則千百成羣船則帆檣絡繹有糾衆攻打花探情事該督毛鴻賓一味勒

捐罔恤民阨以至富紳大賈紛紛逃匿死亡民間恨之切齒外國載之新聞而於此等散勇不能安插任其搶劫横行現在金陵以下潰出之賊難保不由江西水路窺伺粵東句結散勇以爲内應一省如此誠恐他省亦然臣愚以爲各省自用兵以來綠營舊兵半多缺額其存營之兵亦不免老弱充數不如責成各督撫提鎮卽於某項降卒逃勇中擇其技藝精能者充補缺額一入綠營易於鈐束不至故態復萌且聚之則勢大分之則勢微也至各省重鎮如直隸大名府拱衛畿輔與山東河南接壤原設有大名鎮近遇宋景詩分竄徵兵調將幾及二年而後竣事似宜再增兵額若干以嚴門戸陝西漢中府襟帶秦蜀原設有漢中鎮兵弁不敷防守且距

省一千七百里稟承大吏時日稽遲似宜再增兵額若干仍將該鎮賞加提督銜准其專摺奏事以免推諉湖北省之荆州府居江北上流爲巴蜀要會襄陽府引唐鄧爲屏蔽依荆渚爲脣齒三國時北人得之以制南南人得之以圖北洵自古必爭之地原設有荆州將軍鄖陽鎮然賊自粵東紛竄竟不能力挽中原固由人謀之不臧抑亦兵力之不足似宜更加兵若干以資防守山東兗州沂州連界徐豫原設有兗州鎮兵額無多教匪起事已逾數年該將弁不敢查拏蔓延滋甚似宜再增兵若干以資分布各營兵額原有定制無事則嫌其多有事則嫌其少與其征調不及貽誤事機不如令各督撫體察情形酌量加添兵額卽以此項勇丁撥往防守實

屬一舉兩便其餘遣歸者由營收其軍械分起行走仍密飭沿途地方官小心防範無任滋生事端到籍後密爲約束但有犯法卽予嚴懲惟不可辦理不善激之生變耳一武將宜愼於簡用也孔子曰學而優則仕治民之事未有不從學問來也以馬上得之不能以馬上治之古語云然洵爲定論唐太宗厚待功臣高出前代然留之朝廷則優其禮貌放之田里則恤其身家從未有一官一邑使之嘗試者誠以此輩武夫不通經濟可以封列侯而不可以爲縣令如彭玉麟簡任皖撫卽以不諳吏治具摺力陳洵有自知之明河南布政使張曜直隸廣平府知府余承恩改用總兵仰見

皇太后

皇上愼重地方權衡至當前此田興恕打仗勇往卓著戰功中外所共信者而一署貴州巡撫驕横異常疊經參奏李續宜簡放湖北巡撫卽與官文意見不合無益地方張學醇簡放安徽臬司第爲羈縻苗逆起見究之在皖年餘了無建白卽區區一苗霈霖亦不能招撫得宜良以衝鋒陷陣之才不能勝察吏安民之事也夫一邑失人則一邑危一郡失人則一郡危督撫藩臬不得其人則一省危矣國家以科目取人無論滿漢或由翰林或由部屬學習有年堂官察看保舉而後外用道府其愼重如此方今元惡就除民氣未復一切撫恤瘡痍較尋常十倍若以聲望未著之員驟膺重任屬員輕之百姓輕之安能望其成事哉所以楊岳斌之用總督蔣益澧江

忠濬之用藩司臣諄諄爲
朝廷言之者誠恐軍營出身或不通文理而胥役操大吏之權
或偏倚武員而綠營干地方之事以治賊之法治民將來積
怨閭閻或竟別生事故執法以繩不得不重治以罪在該員
不能保全勳業盡棄前功已爲可惜而民間受禍呼籲無門
焦頭爛額之民又罹荼毒不尤可憫懷乎伏願
皇上進退人才倍加愼重則民生之福也

黄州府志卷之三十六上終

黄州府志卷之三十六下

黄州府知府英 啟纂輯

藝文志

集部 外籍文附

宋

蘇軾 字子瞻眉山人元豐時謫官黄州團練副使傳詳流寓

書韓魏公黄州詩後

黄州山水清遠土風厚善其民寡求而不爭其士靜而文樸而不陋雖閭巷小民知尊愛賢者曰吾州雖遠小然王元之韓魏公嘗辱居焉以誇於四方之人元之自黄遷蘄州沒於蘄然世之稱元之者必曰黄州而黄人亦曰吾元之也魏公去黄四十餘年而思

之不忘至以爲詩夫賢人君子天之所以遺斯民天下之所共有而黄人獨私以爲寵豈其尊德樂道獨異於他邦也與抑二公與此州之人有宿昔之契不可知也元之爲郡守有德於民民懷之不忘也固宜魏公以家艱從其兄琚耳民何自知之詩云有斐君子如金如錫如圭如璧金錫圭璧之所在瓦石草木被其光澤矣何必施於用奉議郎孫賁公素黄人也而客於公公知之深蓋所謂教授書記者也而軾亦公之門人謫居於黄五年治東坡築雪堂蓋將老焉則亦黄人也於是相與摹公之詩而刻之石以爲黄人無窮之思而吾二人者亦庶幾託此以不忘乎元豐七年十月二十六日汝州團練副使蘇軾記

黄庭堅字魯直分甯人初官學士後出知太平州

贈龐安常序

龐安常自少時善醫方爲人治病其生死多驗名傾江淮諸醫爲氣任俠鬬雞走狗蹴踘擊毬少年豪縱事無所不爲博弈音技一工所難而兼能之以醫聘之也皆多陳其所好以順適其意其來也病家如市其疾已也君脫然不受謝而去中年屏絕戲弄閉門讀書自神農黃帝經方扁鵲八十一難靈樞甲乙葛洪所綜緝百家之言無不貫穿其簡策用以視病幾乎十全矣然人以病造不擇貴賤貧富便齋曲房調護以寒暑之宜珍膳美饘時節其飢飽之度愛老慈幼如痛在己未嘗輕用人之病嘗試其所不知之方蓋其輕財如糞土而樂義耐事如慈母而有常似秦漢閒游俠而不害人似戰國四公子而不爭利所以能動而得意起人之疾不可縷數它日過之未嘗有德色也其所著傷寒論多得古人不言之意其所用意於病家之陰陽虛實今世所謂良醫十不得其五也余始欲掇其大要論其精微使士大夫知適有疾未能然未嘗游其庭者雖得吾說而不解誠加意讀書則過半矣故特著行事序之

明

李東陽 字賓之茶陵州人天順甲申進士官至文淵閣大學士贈太師謚文正

鄒都憲薊州祠堂記

都察院左副都御史麻城鄒公既卒之五十年後近畿東北邊之將士吏民以公嘗巡撫茲地有功德不可以不報建祠祭之祠在薊州者都指揮劉侯某請太子太保閣老東齋劉公爲記於是守鎮總兵官都督李侯銘偕巡撫副都御史嘉魚李公田命守備遵化等城指揮使張公璵亦建祠立碑來請記於予予生晚不及接公風範聞公名鄉曲閒舊矣及仕於朝聞東人道公事又會其子開州同知瀹及其孫刑科都給事中騏獲見其譜末銘誄粗識公之一二而益歎其賢公在正統閒通政參議出督永平山海糧儲事經畫詳密出納明慎民甚賴之也先入寇進都御史兼督薊州遵化居庸紫荆諸邊關軍務餉將閱兵納芻粟繕倉廩築城浚濠修治械器百廢俱舉一時論保障之功者必歸焉嘗觀己巳之禍天下之大變也然不旋踵而定若無事焉蓋國家有可以制亂者三國富也民安也多賢才也自洪武永樂創業定難以來至宣德正統休養生息府庫豐溢倉廩充積故雖費而不匱閭閻畎畝之

民食有稻衣有帛嚴刑重役不加其身橫科厚斂之舉不至其家故卒有警而不變內而臺閣公卿謀畫制馭之宜外而憲閫將領攻戰禦守之力故政務叢脞而不廢以斯言之若鄒公者其功業之盛如此也或者以爲公當艱鉅時不親錢穀刑獄之務未嘗攻城掠野獻俘貢職若未足以盡其用者獨不知蕭酇侯之事乎鎮國家撫百姓餽餉不絕其功固已蓋汗馬之勞矣公在畿郡有撫綏安輯之功在邊徼有防守備禦之策而況提握重兵爲殿拒振耀聲烈以成不可犯之勢乎夫古之有功於民者生有爵死有祀若公者縱不克上廑國家之典顧其民與吏有不能已於情者乃從而祀之豈不可哉君子之論政者每憂治世而圖先幾當平居無事時必深培厚植結民心經國用儲蓄賢俊以待天下故取之

而有餘用之而不可窮苟徒恃乎戎馬之强鋒鏑之利以折衝禦侮於不得已之際亦且勞矣此予於今日聖天子國用之富厚民心之安輯賢才之衆多未嘗不有感於昔而公之賢亦豈不重可慕哉而况居其所重之地躬其德政之美被其澤於無窮者哉後之登公祠跡公之所爲其所感慕豈有窮乎此國家之大者故予不獨於公之身言之公受命撫蘇松諸郡亦有惠政茲不著

江防分司題名記

蔣　信 字卿實武陵人嘉靖壬辰進士官至貴州提學副使

湖省古荆楚地昔之稱荆楚者曰江漢爲池蓋江自彝陵荆州會洞庭湘漢歷九江會鄱陽而東盤帶上下凡數千里楚實借其形勝昔人謂之天塹以其地當留都之右臂然上而鄂岳下而蘄黄

據圖以觀則固均東南喉襟也自入皇明以來凡其要害所在設置兵備久矣而江防獨闕焉豈其慮偶未悉耶嘉靖戊子朝廷用中外議始設兵備僉事整飭上下江防然止一員分司岳州府越丙申乃復用中外議添設下江防僉事分司蘄州其轄則由蘄黄西盡漢陽北盡德安其兼制北則汝甯東南則九江南昌安慶悉在焉其職務則自整飭戎備督察寇竊外凡糾貪殘勵廉能辨獄訟查庫藏皆得以憲規從事焉蓋自是下江防始有專責矣其分司居藩府州治之閒其大門儀門廳事退居燕寢左書院右射圃之制創於初任劉公亦齋光文成於繼任卜公監泉大同越庚戌翁公丹山學淵以代卜至乃於儀門外左爲土地祠右爲鈔案房而又於分司之前置石坊者二扁其左曰蘄黄重握其右曰江漢巨防於是分司之制視昔益備大江抱而後羣山瞰而前體勢尊嚴隱然爲長江雄鎮矣公曰官司立石題名古也其容緩諸遂亟圖焉而請記其事于道林子道林子曰蘄黄雖楚之東門然以觀天下之大勢則雖秦之函谷不能過也行道之人過深山崇林而悚焉畏者以其有虎豹居之也不然則從容掉臂往矣夫江防設矣嗣今秉節而來者未有已也得不爲茲鎮深思長計之乎夫古未有文武之分戡定掃除之績每出於講習詩書之士也非古之才異於今也以古之講習詩書者平時則以天下事爲己任當其職則孳孳汲汲知有國事靡卹其他是故心盡力殫則文武之才並裕蓋不外此心而得之矣吾聞往者亦齋以嚴治監泉以寛治忠赤同而仁義從時者也丹山公以其純潔彝粹之望顧方起謫之餘超擢柄重以去宜無待朞月而顧皇皇焉爲鎮計其久遠有

如此非思協心以同底於道者乎夫天下至變者時也運之者人也發揮文武以爲經綸者心也嗣茲任者顧不在盡厥心焉已哉丹山公曰名言哉不徒記也已宜鑱諸石以爲永訓

奚大夫像贊并序

吳國倫 字明卿興國州人嘉靖庚戌進士官至河南參政

嘉靖壬戌十一月奚大夫攝政莆中而死其難君子哀之初賊之圍莆中也先以僞兵入大夫心知其僞將執之以伐賊謀乃憲大臣卒爲僞兵所紿城遂陷憲大臣亦縋城走得不死奚大夫死之死之日無有知者又失其屍所在郎莆人多謂奚大夫或不死賊手延平太守周公曰豈有奚大夫不死莆難哉乃使人大索三月

得大夫屍於民舍中雖膚受三刀而顏面肌色如生時延平公乃使繪事者貌其像爲位哭甚哀諸父老子弟觀者亦莫不哀奚大夫如生也後甫人又稍稍言奚大夫欲執僞兵之事延平公泣曰我固知奚大夫與城俱亡於是以奚大夫像屬國倫且告之故曰子能斬一言使此大夫泯泯乎嗟乎悲哉甫中不守非大夫罪然大夫亦可以死矣不則縋城走耳甫之子遺謂大夫何大夫楚人又與予善故涕泣而讚之曰義義爾冠烝烝爾儀爾命非正爾顏則怡嗚呼嚚嘻豈得死所耶

屠隆字長卿鄞縣人萬歷丁丑進士官禮部主事

爲瞿睿夫訟冤書

夫風蟬雨蚓得其候則鳴及過其時則世指之曰不祥今某之爲黄梅人瞿九思訟冤者此某之候也非以爲不祥也某居東海九思居南海惟風馬牛之不相及也平生非有期功之親杯酒接殷勤之歡卽問以其人修短白黑茫然耳古者蓋有緹縈朱勃郭亮寒朗劉向其人者能以其言白人沈冤至義聲傾動千古彼皆於父師交遊之間言其至情情至則切交親則易阿猶有說也豈某與九思之謂哉風蟬雨蚓彼鳴其候耳無所爲無所求也今者某之言瞿九思者亦無所爲無所求也故曰此某之候也蓋昔者舜爲帝禹爲司空咎繇爲理當其時斷獄天下則無一夫稱冤者詩書所稱蓋誠無之非其有之而文之也如使萬物沐清和之化而一夫獨抱向隅之嗟則大聖賢之所必問何者不欲以一夫而傷清和之化一夫至細而傷清和之化至鉅也今夫瞿九思者渺一夫耳束髮以才名耿亮聞江漢之上一旦從吏議罷孝廉從塞而非其罪也則天下之人冤之何故豈非以舜禹咎繇之世而有此一夫者冤也豈非以一夫者之才名耿亮天下所知也某不敢汎陳今古卽以楚往事言之當楚懷王時王聽不明讒夫闘口民之沈於覆盆者或不少矣獨一屈子之事不白則天下後世冤焉往日同風諸作千秋而下讀之則淒然酸心又何說也則屈子之麗藻絕代放在江潭令其抱憤懣之氣而以雄雋深秀峭絕之語吐之而其徒有宋玉者又爲之附麗鴻響以砰訇後來故其冤最著也然屈子之所以難者以其當楚懷王時若生舜禹咎繇之世則無此難屈子而當楚王則江潭之纍也而生舜禹咎繇之世則記倚書著典謨之史官也今聖明在服大臣忠良九州萬物欣欣向

榮清和之洽遠駕上古而猶有懷才抱潔如九思沈冤如九思者是聖賢所隱也九思之罪蓋坐以士民狙擊其邑令長褫乃衣冠長流塞下夫使九思所坐誠眞是亂民也罪無赦而天下之人輒冤之則惡得眞且狙擊令長非一手一足之力也令長爲天子牧養元元視元元若子則令其慈母也居則戴去則念久則思何狙擊之有卽一夫倡難萬姓捍焉難何繇興令之不才怨然其民民不能堪卽邑中羣起而仇之豈一夫之以也九思所造其果出一夫狙擊如古朱亥博浪之爲乎果以一人自作不道乎如出一夫發難則九思之罪何辭以邑人亂則此一令者或者邑人之所同仇也邑人同仇而以一夫獨坐可乎且民之所懷其誰能傾民之所仇其誰能庇黄梅之事某以爲令實爲之必也治其無良則邑

人之罪而以鼓衆倡亂曖昧不明之辭坐一書生則何說也某雅聞九思以才名爲令所禮生平固了無睚眦之傷何至相仇如此即如杯酒失歡非不深怨又何至遂鼓不好亂之衆而以一夫奮臂持梃如雲也九思所坐無亦才名爲禍蛾眉取憎耳固天下所共冤聖君賢相所必察也某與九思何爲哉方漁釣海上不過聞滔滔江漢有年少負奇才之瞿九思文掩中州名在南邦又未幾聞以詿誤受惡爲塞下遷民心傷其冤而已比以公車之役薄遊長安聞九思方擊登聞鼓奏書自訟於聖天子丹陛之下有子甲年十三博聞强記落筆如駛才視其父爲青累千言歷抵公卿大臣稱父冤願附緹縈之義某聞而壯之相過逆旅勞苦如平生歡見九思温焉醕謹子甲髮纔覆額短衣楚楚可憐試以文章倚馬

立辦的然先秦兩漢聲某此時忼慨而泣數行即欲爲之作一牋投當世之明公大人以白其事如弦上之矢矣某亦何所爲亦何所求哉賤臣隕霜庶女感風匹夫匹婦足關天道皇皇上帝固不以其微細而遺之也況九思大楚美才抱洞庭雲夢之秀擷蘼蕪蘭芷之芳上可石渠東觀下猶不失牧伯庶司今陛下夢寐賢哲以興治理有才若思誠廟廊所急若以無罪見枉卒從吏議而令文藻清譽之士貫木荷殳遠投窮邊以飼豺虎悲吟於黃沙白骨之場躑躅乎酸風烈日之下則孤憤之篇且與龍堆馬邑同其不朽又令十三童子牽衣臥路吐其少年英詞秀句長謡孤兒吟爲行道嗟傷見聞扼腕早達嚴父必至淪落草閒文采銷滅而無所成此甚非所以愛惜人材培養國脈也區區之愚蓋爲人材國脈胥詎止爲九思一夫乎古諺云相馬失之瘦相士失之貧司馬子長之下蠶室亦與歎於家無貨財交遊莫救乃若大俠郭解之徒至使大將軍爲之言世之常態古今所同方九思爲文學有聲家席先人之舊業足具饘粥此時交遊賓客動引青松指白日執手而稱相知今一旦無罪而下於理聲名摧隕家業蕩破父子垢面囚服倉皇北走葅褐蕭蕭泥沙滿面平生交遊掉臂不顧某竊痛之某與九思父子無一日之雅徒激於氣義愍其冤狀而昌爲之言誠出不肖樸誠又以媿夫交親而掉臂有涼德者也伏惟明公秀甲河嶽德侔造化神明之智燭彼蔀屋陽春之澤下及昆蟲賤寓戴仰中外咸頌今九思父子不特一昆蟲也其含冤不止一蔀屋也明公調和四海萬物欣欣協氣流鬯而猶然使一夫向隅明

公不忍也特無爲明公言之者某海濱一介布衣韋帶之士躡草登朝疎愚罔知忌諱直吐胸臆以進於下執事明公誠亮其無他俯聽芻蕘湔雪誣枉起九思父子之白骨而肉之則天下懷才抱義之士有不肝腦塗地而向明公者非夫也惟下執事圖之某惶恐死罪

陳邦瞻字德遠高安人萬歷戊戌進士官至戶工二部侍郎

請起用樊侍御疏

直臣久戍瘴鄉敬遵恩詔請乞赦還錄用事戍官樊玉衡孤忠天挺小臣抱廟社之深憂浩氣雲蒸讜議關儲君之大計雖一時緣戇直忤主而究竟以血誠回天當時之早建元良今日之快瞻聖主縱未必皆其强諍之功亦不可謂無一激之力而乃以諫行言

聽之臣使終老於雷陽荒徼之境亮亦天王聖明所不忍也況召用卹錄屢奉恩綸豈諸臣可紓朱委珮於班行而玉衡猶未可生入玉門關乎所宜卽日赦還亟爲起用以爲批鱗折檻者勸也

茅瑞徵 字五芝，歸安人，萬曆辛丑進士，官黃岡知縣，傳詳秩官

黃岡令題名記

蓋予自受牒爲令恆怵然懼也既得量移揆所以息肩者更得楚之巖邑爲懼滋甚古亦有言不善爲吏視成事矣黃剽鷙難馭甲三楚然前數公用以顯名起家擁戴天子邑人今猶尸祝不廢將難治又豈在黃也予自度賦材最瑣卽殫其弋獲無以踰前數公意復倣軼事可踵行者因攷邑乘輒旁質先後爲令歲月及其爵里而詮次已苦無徵矣今擬令者强顏親之曰民父母有人子而

不能憶若父母世必怪之而至其所不知誰人重累而上必系之以譜而始核爲漸疏也又況夫令以强爲親固無强而疏耳然則重累而下欲叩之以所不知誰人通其纖曲此非譜而勒之貞珉其子之子不能而乞將焉取徵無徵不信茲令所爲急題名也隆萬以前郡志略備郡有志後今又幾十春秋前數公最著餘亦多不能驟憶然姓氏尙可譜舉其人可以知其政有衆同舌以榮有衆同舌以嗤等此姓氏而榮且嗤之間若莛與楹嗟可畏也語云前覆後誡前者以驚則後者以趨卽先後受牒諸君子無慮若而人夫其姓氏具在謹視而度俛仰之間應已得所師矣如前數公非有瑰政瑋術以奇用吾民而民到於今便之衆之所便則父母也令秩固輕而爲天子息養一方稱名曰父母則甚重夫孰知父母之謂者以子產之賢傳猶曰僑衆人母故知父母之義能兼之者蓋寡大學稱絜矩之謂父母其道可以平天下度天下之與一邑尋之與尺也前數公筮仕辦爲令今佐天子以調化瑟辦乃踰令黃號難馭而前數公名以崛起難固在令豈在黃哉知爲民父母後乃辦爲令且辦爲天下令譜壁間之石而曰某名九鼎某名糞土幾能强顏爲之父母余今懼未艾矣

賀逢聖 字克繇，江夏人，萬曆丙辰進士，官至文淵閣大學士，武昌城陷殉難，贈少傅，謚文忠

實錄補牘議

逢聖等近睹禮部會議謚典一疏欲將國初不盡名賢另行補牘且云不信傳家之錄不憑誄墓之文惟駿德鴻猷煌煌國史者予之逢聖等考得原任應天府府尹張璘則載在章皇帝實錄者也

案實錄璘字文玉湖廣黃岡人永樂中由進士擢山東布政司參政改山西宣德二年調福建考最陞應天府府尹璘聰明廉潔幹濟所至能恤民爲京尹不諂中官雖屢譏璘於上不聽未幾以病死夫章皇帝實錄纂修於楊文貞士奇楊文定溥楊文敏榮王文端直王文安英數君子之手其抑揚予奪最稱嚴謹嘗攷中閒品題絕少全瑜之語京兆非有清潔眞操敭歷實跡安得邀此特書諸先達非係商搉最眞嘉與最切安肯錄之死後二百年之定論旣已久而可徵諸名卿之公評尤爲確而可據視近日之取信於碑銘傳誌雖連篇累牘而猶費推敲者不啻星淵也儻得俯賜稽查槪從補牘庶人知姱修者雖幽必闡論定者雖久不遺將謚典有光而國史亦重矣

李若愚字愚公漢陽人萬歷己未進士官至太僕寺卿

請補楚中謚典疏

爲易名一代大典襃德千秋盛事謹據會典特舉幽貞事臣竊惟世運剝復全繫人心人心邪正祇賴名教人心者匡復宇宙之具謚法者春秋義也大夫沒則請所以易其名者其制昉於周公而定於沈約杜預蘇洵諸名臣或以全德名或以一事名貞褊惠繆正不妨襃刺並見夫法有賞罰一時之榮辱也謚有貞醜萬世之榮辱也一時之榮辱甚輕萬世之榮辱甚重我國家鄭重其議五年一舉行綦嚴矣然議者多拘攣守文不從名教起念高賢湮沒不傳者比比而是往徐師曾建議止覈人品高下不拘官品梟壤始稍稍生色矣大明會典一款實云官品未高勤事死義例得特

謚臣考本朝以四品謚者魯文恪是也以知縣謚者鄧文簡是也鍾同以御史贈大理丞謚矣楊繼盛以員外贈太常卿謚矣何遵以主事贈尚寶卿謚矣陳選以布政贈光祿卿謚矣沈鍊以經歷贈光祿少卿謚矣近議鄒智以州吏目補謚矣楊源以五官監補謚矣何得以官品高下而廢勸懲大典也近奉明旨咨訪謚冊發單會議臣楚人也例得言其鄉先正頃如楊漣首發逆謀精忠大節已蒙皇上鑒錄先是給事中李沂抗疏擊大璫杖闕下給事中孟養浩抗疏請冊立杖闕下一段義烈俱載萬歷實錄中秉禮諸臣能任之惟據臣所耳而目之可表可傳者楚有三大賢公論久定祇以官爵未顯議者闕焉臣敢攄赤以聞故戶部員外郎漢川張緒清操苦節胡威劉濞一流人而風節不減薛仁輔惠政不減

陸九淵緒夙與張居正友及柄政不少遜始終以忠告相匡其力拒故人巡撫一語至今在海內名人口居然孫覺錢顗矣林居二十年孜孜以講明正學成就人才爲急遠近謂程明道再見晚節上疏乞代師李材死中外義之跡其一二正足廉頑立懦史臣焦竑傳之以告四方而幽芳徒挹嘉名未錫識者恨之故崑山縣知縣黃岡樊玉衡爲諸生便有徐穉非力不食梁鴻不肯因人熱風節起家兩劇邑家無石儲身無完衣苦節孤詣一肖其師張緒九年滿以吏禮兵啟事皆不報父病乞身歸竟以孝死學臣董其昌表曰孝介先生銓臣王士騏誌其墓禮臣郭正域紀其傳至今兩邑尸祝之種種芳猷鄉志完陳瑩中不是過也公議已僉同矣而以官卑不爲請不有知縣鄧文簡例歟故長興縣知縣贈太僕少

卿黃梅石有恆清操卓識有膽有骨爲令發姦摘伏澡身礪節治平爲兩浙最壬戌偵知葉朗生謀逆聞於撫臣得先發一日擒其魁請於朝立磔之不爾則吳越半壁皆震矣逆黨乘元旦拜萬壽禮突執有恆以報前憤欲因而起兵且逼奪其城印有恆曰有斷頭將軍無降將軍殺卽殺耳朝廷倉庫城池不是我買命物也遂遇害中外咸謂張巡許遠後身今世何得有此社稷臣蒙上贈且卹矣而易名大典方在會議臣有恆友也應爲之請自反此心可對君父臣不愧矣皇上若以臣爲讜言請徵諸左驗張緒仕留都日久大節清風今留都人仕中朝者余大成方孔炤等可訪而證也樊玉衡歷中州三吳治績最著今三吳中州京朝官多矣劉可法顧錫疇等可訪而證也石有恆死節始末大司馬王洽撫浙時

嘗列其狀以聞現在朝端可訪而諡也其可令此三臣者姓字不一耀於春秋也哉伏望皇上下該部一照會典從公各議晉爭之臣速定所以易其名者勿以官階不高而格之世教人心所補裨大矣

金　聲 字正希湖廣嘉魚籍江南休寧人崇禎戊辰進士官至副都御史殉難贈禮部尚書諡文毅

送王子雲遠遊序

子雲忠臣子今窘急且不能自活而餬其口於四方四方人知其緜念子雲尊大人當時若弗堅意殉國生死間稍稍能自謀子雲亦何遽爾恐自今以往天下之秉其子孫以從王事者將寥寥也子雲且休其勿遊乎哉雖然子雲不遊子雲則端坐而餓無已則有先人遺廬可半其值以没於富貴之家之二者吾知子雲不能

微獨子雲不能今天下之皦皦嚻嚻淵憲自命者余皆知之且余既拙不能爲子雲計何以勸子雲勿遊也子雲行矣莫愁前路無知己天下何人不識君有能爲吾子雲計使其三年内無復毋弟饔飧憂者其必勸子雲勿復遊耶上則爲文成次亦不失眉山吾師屺瞻先生之許吾子雲者蓋若此也余尚憶斯語也子雲念之

國朝

許　東 字甫草號改亭吳江人順治丁酉舉人

贈王又沂序

我家四世師友於黄岡獨多豈不異哉有識其父於三十年之前既友其子於三十年之後者黄岡王氏又沂之於予父子是也有識其子於十五年之前既友其父於十五年之後者予與黄岡朱氏菊廬父子是也我先君性沈靜簡默不妄交游每談士競引重始應四方文社事又沂之識家君也在乙酉正月時先君方出謁友人之會弔先大母故相遇吳中丞家又沂爲予言先君白衣冠顏色顣額若重有哀者同坐爲張九臨吳羽三吳宏人兄弟予聞之泣下蓋先君以是年春三月哀毀嘔血至明年春不勝喪殁矣嗟乎今天下文章之士如雲予小子幸多四方賢豪長者交然自江浙數百里外求一人曾識我先君若又沂先生少矣然則東對先生言動間稍輕躁狂易有悖先君對客謹愼意先生必心非之東也敢不敬乎況先生夙有聲譽藝林爲吳廬王公舅氏而與公諸賓客飲食起居不求稍異謙抑能下人論文得矩矱變化觀其持己論文可以知其人文矣敢不敬乎尤異者天啓初東先大父

在成均觸忤魏忠賢黨人中以家難幾不測而時以縣令力爲保全者黄岡晏泰徵吏部也爲一世拔我先君童子科中三試皆第一後院試亦第一俾先君自此知名亦晏公也爲再世東丁酉舉於順天黄岡曹厚庵先生予座主也知予二十年館穀予俾予得負米以將母爲吳廬王公而因公得交其親串若菊廬又沂及公子予重菊廬予庭怡門人陳翁餘又皆黄岡人也爲三世予長子準交庭怡其事詳于贈庭怡序中爲四世夫黄岡之至我邑凡二千餘里可謂遠矣而寒門四世所師友得諸賢人君子於黄岡若此亦盛矣豈不異哉因又沂之與我先君之相識遂牽連及此亦猶古史傳書法之意也夫

蔡　新 字次明漳浦人乾隆丙辰進士官至文華殿大學士諡文恭

與萬南泉書

舍弟都中來信知門長兄二月得郎員大慶也有子萬事足無官一身輕吾兄今日兩得之矣聞四月內南旋未知何時到許闕爲面別特草數字以當促膝我輩平日過失叢滋稍不及檢卽墜落萬丈坑塹但當時時動心忍性搜尋自己病痛力加振刷克治使身心中確有可據然後可以言命吾兄氣質剛勇學識深邃非弟鄙劣所能望萬一者獨迂愚處亦頗同病回家以後更望一意涵養口不言出都之事素精易理卽取屯坎蹇困剝復履謙等卦時加觀玩講求古人寡過之方而實體之至斯世斯民之故亦無時不往來於胸中此自是吾儒心性中事非關用舍也此際卓然有見方有站腳處若徒於盈虛消息禍福榮辱等事淡漠置之一達觀者能之非所望於賢者也弟拙疎如故悔吝愆尤日見其多受命以來刻刻悚惶數月之間心力俱瘁祇求自盡此外是非聽之輿論得失憑之氣數亦不以介意也伏冀細不便卽留息相示知交落落又復水流雲散然精神貫注亦無時不合併也久不談不覺縷縷餘不一

吳之勷字淦巖海豐人進士官黃州知府傳詳秋官

靈鏡頌幷序

古者美盛德述形容而頌作焉類皆上之朝廷告之郊廟故劉彥和曰四始之至頌居其極云有限也自漢以來不獨甘露醴泉神雀龍馬擬清廟範駉那而淵雅之倫騁意趣之旁流以文章爲游戲若靈壽杖與畫扇諸物亦竊附其體裁頌斯降矣余以爲頌者容也天下之物苟無功德被於人雖山海殊奇固可以不頌天下之物苟有功德被於人雖尋常日用皆不可不頌何也體非朝廷宗廟而義則繫之者大也曩余守齊安之十二載爲嘉慶甲戌自鄂會而下余月不雨皋月又不雨至於且月苗則槁矣余率屬走籲百神不雨如故嗣用春秋繁露所載法不雨仍如故當斯時與民皇皇深慚失政惟日暴身壇所請罪於天而已會大藩檄郡縣遍行禱雨法設壇有圖有符呪內須眞正節婦鏡一枚對日設案仰面平放研極濃香墨潑其上誦呪而抹勻之余學陋不知法所出猶記異聞集載唐天寶中揚州鏡匠呂輝遇人自稱龍護爲鑄水心鏡遺一歌曰盤龍盤龍隱於鏡中分野有象變化無窮興雲吐霧行雨生風後大旱祠之須臾甘雨大澍此以神鏡通靈與節

婦鏡無與又紹興志載上虞寡婦孝養其姑姑疾死夫女弟誣告婦鴆殺其地旱二年殷太守丹至知冤祭其墓而大雨此以表節婦致雨又與鏡無與余臆測之陽燧取火於日陰鑒取水於月以陰互陽理從制化又藉人道之幽貞感天心之仁愛神應故妙也爰遵臺檄令老吏廉取於民閒吏白黃俗尚義節婦良多但貧者恐以捐飾致棄度城南許生希曾者其祖母殷母李皆青年守志皎若雪霜久合例旌猶以身未終志未畢堅拒宗人呈請篤節如此而其家不貧爾鏡必有存促取之其母果出諸笥及持至混混沌沌不知塵封幾何年乃粉之以元錫摩之以白旃如法安置潑墨誦呪復爲瀝忱所禱俄而微涼襲人黑雲四起雷雨大作百植怒生於是吏民歡

騰且不惟一郡沾濡已也余既謝神撤壇卽遣鼓樂送還竊惟我
朝微顯闡幽靡所不至民間婦女但能完節合格不辭重費移金
建坊崇祀且採其特出者彙入史書如許生母與其大母縱力拒
表揚百年之後不患無臚列事實援例請
旌者若鏡本頑然一物非必龍爲之隱神爲之工而附眞髮之精
爽輒能感格天地役使風雷雨澤被於禾苗功德及於民物守土
者亦藉以寬不職之咎鏡雖頑不既靈矣哉儻令消沉與凡鏡等
曾不若木杖畫扇猶得見諸歌頌致
聖世靈物久而無傳抑亦詞人之疏也况身關其事者乎余時役
於案牘促促未暇搦毫迨許生子汝齡汝梅儁郡試來謁詢其鏡
故存而値余遷巡襄鄖又悵不及爲之兹以年老

予休歸里舟過齊安復見許生父子覺向所拳拳者怦怦難已因
於舟暇操觚唐之老筆頌靈異之壽光工拙所不計聊存美盛德
述形容之遺意云爾頌曰
淑媛載降金和玉貞儀節修整鑒兹容成鸞孤鵠寡塵掩光明天
昭其節旱魃無情暴身罔濟循法乞靈啟匳向日潑墨雲行雷雨
滂沛朽株枯榮通幽解沴其中有精焜燿家國澤被蒼生白陽取
鑄莫之與京

金雲門字菊仙休甯人道光癸巳進士官黃州知府傳詳秩官

寄都中諸友書

江右被賊竄擾九十日今又竄踞九江攻破田家鎮徐石民觀察
鏖戰半月屢獲勝仗十三日與張仙洲觀察同時陣亡可勝痛惜
李紫藩兄標新升荆門州牧亦先於十一奮勇當先援兵不繼致
被戕害此三君子乃楚省翹楚一時俱盡此時文員中除江臬憲
外僅有張仲遠司馬曜孫伍文山司馬惺兩君可恃人才之難如
此弟守黃州僅兵百餘耳人心不固盡是驚弓之鳥十六夜賊竄
巴河距郡城四十里城中遷徙一空守土官與城存亡斷無出城
之理朝服向北闕九叩坐以俟如賊至則赴水以死絕命詞二首
寄呈台覽同鄉諸君俱乞送閱去年十二月初四日武昌城陷內
子汪恭人及長女三女同日自經今弟又遭此難兩姪尚未成立
兩孫更幼穉長孫述祖尙流落黃州內子及舍弟小兒柩均未歸
葬書至此筆隨淚落矣弟服官二十餘年民心尙爲洽愜屢任防
剿亦稱得手此次大兵俱在江防餘則保守省城以固根本黃郡

無兵無餉空拳難奮又去年兵燹之後財匱力窮人心又怯事勢
至此惟有一死大丈夫視死如歸亦復何言惟上不能爲
朝廷保城池下不能爲百姓保家室死有餘憾耳靜夜獨坐不覺
言之縷縷從此不復相見矣吾兄勉之天下事尙可爲也癸丑九
月十六日夜絕命詞詳秩官傳

附巡撫胡林翼致黃州知府周炳鑑書金菊仙太守咸豐三年
死事黃州其妻女眷屬於先一年鄂省被陷時亦俱殉難闔門
忠義大節凜然洵堪矜憫査故守在楚所至之處廉正愛民其
治績優異年來無此好官忠節之概賢良之治實令人追感不
已身沒之後不名一錢兹其胞姪鵬程廣文赴鄂扶櫬旋里長
途跋涉資斧維艱其家只寡媳幼孫尙在休甯也應望吾兄念
故守爲鄂省第一賢良爲國捐軀一門全節與雲錦兄通商籌
度俾其五棺早歸不至久淪異地以昭激勸而慰忠魂是所至
感所臚行狀可以公覽弟鄉不識菊仙先生而每聞其德政品
節欽佩萬分弟已緘致中堂願以二百金列入賻單之後並以
附
聞

黃州府志卷之三十六下終

黃州府志卷之三十七上

黃州府知府英　啟纂輯

藝文志

集部 詩附

宋

潘大臨 字邠老黃岡人傳詳文苑

春日書懷

舟楫淩漳水風濤接蠡湖龍媒成跬步驪頷脫微軀樂土供游戲深文苦縶拘胸中雖塊磊牆外或歌呼老去嵇生懶歸來谷子愚千鍾眞臭腐十畝借膏腴春雨何曾密園花竟自都小橋藏細柳方沼出新蒲酒熟拈巾漉芹荒帶雨鋤行盤隨所有坐客幾時無

日轉槐陰暮門通鳥徑迂仰頭看哺鷇引手亦將雛撫事盆繅繭勞生戶轉樞形骸浮大塊毛髮燎洪爐世論幾膠柱人心盡好竽屠龍非至計射雉屈艮圖借箸方隆漢推枰已滅吳從渠畫麟閣吾自著潛夫

答王立之惠書

歸自江南卽定居漫勞親友問何如剛腸肯爲藜羹轉病骨聊憑竹杖扶南圃土腴千樹橘東湖春水百金魚明年生計應堪說待倩君侯買異書

林敏功 字子仁蘄州人傳詳隱逸

寄夏倪翁

嘗憶他年接緒餘先生落魄我迂疎溪橋幾換風前柳僧壁猶餘

醉後書

林敏修 字子來蘄州人傳詳隱逸

詠張牧之竹溪

幽閒古城陰結屋清溪曲溪流堪回映上有青青竹漫郎欣得之綠髮詠空谷高風及前修勝趣隨遠矚惡客徒擾人立談非我欲麾去甯汝瞋眞意聊自足或言不當耳往往相謗讟答云豈吾私恐作林泉辱源流別涇渭臭味同草木肯當百事勝容此一物俗獨餘嵇阮輩蕩槳戒臣僕濁醪澆古胸日沒還秉燭僕忝瓜葛後意氣頗相屬平生幾兩屐共老三徑菊行年事無定此計諾已宿徑須買牛衣閒亦荷書簏從子竹閒遊溪魚剝寒玉

梅應春 字雪樵廣濟人寶祐丙辰進士傳詳宦蹟

復瀘凱歌 二首錄一

重壁山前瑞色開浮環夜渡捷騎來一旗金鼓轅門曉喚得滿城生意回

梅國湆 字作所應春子傳詳隱逸

辭薦舉

野人不慣服冠裳散髮披襟興味長他日麒麟應有楥願留蘇武牧羝羊

明

吳琳 字朝陽黃岡人傳詳宦蹟

開化道中

重岡狹路倦登臨喜見溪流漾碧深楊柳樹邊舟小小海棠花上雨沈沈一春王事過三月千里家書繫寸心無補盛時慚好爵不才端合老雲林

陳溱 字濟寬蘄州人正統甲子舉人傳詳宦蹟

蘄城值雨

天意含愁不放晴鴻洲煙雨暗蘄城江邊薏苡忠臣憤湖上松楸孝子情龜鶴何年開壽域鳳麟千古應文明傷心龍眼磯頭水也爲英雄帶恨聲

董樸 字汝湆麻城人成化甲辰進士傳詳宦蹟

閒居

投簪歸舊隱家近釣魚灣地僻塵蹤少林深鶴夢閒知心有流水得意是秋山檢點從前事多因可汗顏

李文祥 見前古文

登岳陽樓次西涯先生韻二首

萬家煙火擁孤城一上高樓百感生檻外雲山翹足重坐中仙客羽衣輕淩空欲灑思鄉淚見日終含獻曝情往事悠悠東下水夜船燈火枕江聲

飛樓縹緲瞰江城仙境清遊愧此生萬古乾坤雙鳥道百年身世一毛輕近天敢必驚人語對景空餘育物情漫道魚龍眞寂寞夜深猶聽管絃聲

過黃河

清秋一騎夕陽過南北悠悠此渡河地擁好山多怪石風來淺水亦深波十年塵思青燈共千里鄉心白髮多自愧不才應畎畝車

旌終日欲如何

王廷陳見前古文

擬獢志篇

蛟龍雖困不資凡魚鸑鷟雖孤不配鶩雛雖有香草當戶必除雖有仁人在敵必誅狐白雖美炎暑必置舟車之用易地則棄蕙蘭不采無異蓬蒿干將不試世比鉛刀以驥捕鼠曾不如貍餓夫獲璧不如得糜郭生純臣魯連高士彼乃登臺此則蹈海甯直見伐無爲曲全甯渴而死不飲盜泉

壯士篇

少年學劍術英風聞九州慷慨出門去辭家將遠游遠游欲何之炎荒爲我仇昨聞遣飛將召募何時休國威有不揚無乃壯士羞

奮矛如迅湍拔距踰亭樓猛氣伏羆虎勝躍捷獮猴置身百戰場妻子不顧留性命良足憐聊以紓主憂揮戈盪蠻煙飲馬江漢流餘勇萬人賈雄傑無匹儔功成獻大廷賜爵位通侯

楚岸吟寄牟子

楚岸長楊垂至地百鳥嬌啼春欲醉晴絲冉冉墮碧空風光頗爲遊人媚我家黃子國君住鄂王城大江東下雲霧接滔滔應瀉故人情憶初同領南宮宴白馬青袍花映面本期霄漢并翱翔甯知世路多更變我歸十年前君歸十年後榮華顛倒若夢中人情飜覆無不有安能顧墮甑自令心不開陰巖積古雪白日何當來我將振衣從子游請君灑掃鸚鵡洲遲日經行桃竹杖煙波搖漾木蘭舟須令漢水變春酒更遣大別爲糟邱蛟龍自吟鶴自舞仙人鐵笛沈高樓留連坐待明月上翠娥懽飲來沙頭竹林諸賢眞瑣瑣高陽酒徒安足儔吁嗟此會難卽得使我悵望無時休君不見楚宮寂寞臺殿荒歲歲東風開野棠三閭憔悴行吟處千古猶傳杜若香丈夫眼底安足計君行采采莫相忘

寄上富順王

南國諸王館池亭獨有名楚風蘋末動淮月桂叢明中物醒先析當天暈已生無令爲善樂專美漢東平

贈桐岡郭侯

依依山郭枕江流藉藉專城頌細侯高士獨過頻下榻公即竹樓爲禮賢堂復扁其下曰下榻處自公多暇一登樓深恩久結黃人愛苦節眞分漢主憂躍馬忽看朝帝去攀轅何計望君留

初歸故園作

結髮負奇志辭家作遠游一言侵絳灌萬死脫幽囚倚伏虛疑鵩光芒隱射牛敢云疲漢戰實已儆秦裘習隱希元豹忘機對白鷗生涯惟素業吾道已滄洲

山莊雜興十首錄二

老夫諳稼穡次第葺園廬對酒唯田父呼門絕里胥桑麻經雨後花竹宛秦餘如此生涯足何勞薦子虛

天地一虛舟浮沈雙白鷗半生從失計萬事不關愁山月杯中映江雲几上流狂歌人莫測吾興屬滄洲

鄧楚望字震卿麻城人嘉靖己未進士傳詳文苑

齊安雨夜思歸

獻楚傷難遇在陳不可留停雲生遠夢聽雨亂鄉愁芳草客中路春風江上樓無端羈旅思白髮對滄洲

張步雲 字子龍廣濟人嘉靖辛酉舉人傳詳宦蹟

送寇巨源讀書盤谷

燕山十載君爲客縱别燕山不是家俠骨但知求死友雄心那復問生涯青樽夜醉城頭月綵筆春生夢裏花此去盤溪三百里好因囘雁寄瑤華

寄吳明仲給諫 亮嗣

白髮誰憐一病身已經八十五囘春攜囊覓句心猶壯隱几看書字未眞時事暗隨流水盡物情偏逐歲華新蕭蕭委巷無車馬惟有青山是故人

送寇巨源北上

春風匹馬人千里細雨青山酒一樽白首故交成遠别不看芳草亦銷魂

熊　吉 字子敬麻城人嘉靖時歲貢傳詳文苑

茅簷歌

北有汾陽第列區如屯雲東有猗頓宅樓高堪摘星投轄延賓客連房停娉婷燈火逼重院笙歌隔畫屏一朝主人去散逸如漂泙燕泥落空梁流螢度閒庭朱門晝常掩綠窗晴亦暝盛衰固物理推移若轉軿謙盈鬼所伺淵默而雷霆哲人戒盛滿君子畏幽冥茅簷曝旭日感慨長不停荆婦具卯酒霜橘有餘馨陶然醉一覺吾已忘吾形

寇學海 字巨源廣濟人傳詳文苑

秋夜有懷張子龍計部

秋氣來何慘中宵獨倚欄羈懷成感易失路傍人難蕭瑟庭柯下徘徊簷月殘美人在何所歸夢繞江干

寄兄

漂零客子三千里誰信家鄉夜夜還青草池塘成句易秋鴻天外寄書難風塵偃蹇遊將倦歲月蹉跎鬢欲斑猶恐語言都變盡得歸莫問舊時顔

邱謙之太守自蜀謫歸奉寄

五夜相思過錦城忽聞遷謫不勝情自憐客路同王粲誰信明時放賈生馬度劍門秋日短猨啼巫峽暮雲平歸來憔悴逢漁父勿復江邊說姓名

舟中夜聽風聲兼懷子龍先生

落木蕭蕭動客哀高天孤雁帶沙來波濤晴湧三巴雪風雨遥驅七澤雷夢裏驚魂疑市虎望中信使滯江梅於今雅道同東逝誰向頽波一挽囘

朱期至 字子得蘄水人萬歷甲戌進士傳詳文苑

送胡之驥還蘄水 案之驥蘄州人流寓蘄水

雨雪千村暮江城一騎還故人疏白髮吾意卜青山游俠羞看舌憂愁強破顔乾坤詩句在那惜路間關

去楚仍殘臘遊燕又隔春他鄉惟我共故國傍誰親野墅江天遠柴門鳥雀馴相看俱老大見訪莫辭頻

汝去詩應減何人爲破愁客邊惟一僕江上有孤舟對酒歌殘雪還家話遠游卜居吾儻定蹤跡肯他留

周宏綸字元孚麻城人萬歷甲戌進士傳詳宦蹟

乙酉貶代州壬辰貶澄海俱旅宿高碑店

風塵何處問銜杯南海浮槎更可哀古道垂楊應笑客逐臣何事又重來

王大謨見前古文

送寇山人南還

君自雄風擘大荒高歌常在酒人旁昨來見面驚離合歲暮還家帶雪霜隄柳欲舒渾到眼江梅纔放幾迴腸爲憐薄宦逢搖落何處青樽共楚狂

梅國楨見前古文

輓熊烈女

楨也神遊廣漠野眼中有淚不易灑誰家有女節獨苦驚看不覺淚如雨百千恩愛在結盟結盟爲重恩愛輕一朝夫壻不可活我身可許股可割割股事夫郎以身肯令夫死別從人以口嚙土土欲摧天地爲我收塵埃以頭觸棺棺欲裂棺上殷殷頭上血血污麻繩還自縊其如親戚紛相衞便生只是灰中燼可憐對面不相信曉來含淚若爲妝起向阿姑與爺孃我今從爾勿復憂但令獨處守卽休回身闔戶聲吼吼天地反覆山川走又如雷電礔砰風雨駛破門已作觸柱死自古豈無臣之忠高牙大纛金門通又豈無婦之節合歡雙帶同心結豈如女未入夫門生死尋常由一言首陽之薇空復青汨羅千載流濁涇倏忽綱常標閫閾頓令山水生顏色男兒拚此七尺軀龍逄比干俱丈夫仰天血淚墮肝膽一滴能教滄海枯

秋夜感懷四首錄二

病骨寒先覺愁懷夢易驚山空家萬里月闕夜三更積雪搖燈影回風雜漏聲偶然思往事凄切不勝情

偃蹇甘吾拙羈身逼歲寒攬衣孤月在攲枕一燈殘白髮生何易青山到亦難貧來惟有劍不肯向人彈

感懷與康權趙徵士南師仲十首錄四

薄俗不可問吾將還舊廬誰知肝膽在但覺鬢毛疏野老徒爭席王門莫曳裾繇來彈鋏意不是歎無魚

久客拂青萍相看眼自明一從然諾後便覺死生輕細雨迷山苑浮雲擁帝京何來二三子差足慰平生

傲骨難諧俗人情已自知久居鄰里熟三逐故交疑搖落悲花片攀留倩柳絲升沈今莫問未及蓋棺時

楊花風自急未比客愁多世事看如此吾生將若何刖來悲白璧歸去愧青蘿莫是荊高侶相逢得和歌

寄邱謙之

幾經謫宦意如何我亦天涯阻笑歌但有縕袍償酒債絕勝朱紱照鳴珂夢迴細雨青山遠門掩斜陽白髮多欲向五湖垂釣去不知何處少風波

平甯夏卽事懷魏尙書確庵時余亦請告矣

卸甲投戈滿路傍家家門外跪焚香軍門忽下坑降令官市翻爲刧奪場計就平吳王濬老心酬返晉介推藏山中黃石休相笑已乞仙人辟穀方

王一鳴 字伯固黃岡人萬歷丙戌進士傳詳文苑

蘄水道中

蘄水縣西逢立春馳驅只在大江濱道傍車馬原非客霽後山河總戀人漫有濁醪勞歲月自憐詞賦混風塵交游卻憶朱公子投轄辛盤事事新

歸故園作

朔雪朔風日日顛孤帆遠客淮東旋入門忽聞掠雲雁隔樹更有浮江天靖節五柳貧猶活義方雙桐清可憐開尊不愁不爛醉奈

少沽酒青銅錢

李長庚 字孟白麻城人萬歷乙未進士傳詳宦蹟

奉公出塞 楚北詩徵云蒙赦歸田作

津門回首意如何報國虛愁肉食多鬢髮尚餘關外雪夢魂長逐海中波綫驅自顧鶯生柳初服惟宜學製荷但得普天征戰息靜邀涼月到烟蘿

吳化 字敦之黃安人萬歷乙未進士傳詳宦蹟

山居

山寺不聞鐘春寒坐翠茸野雲來萬里朝雨失羣峯天地一飛鳥江湖起蟄龍懸知小衡嶽七十二芙蓉

楊大蘊 字用極廣濟人萬歷庚子舉人傳詳文苑

州胥行 州胥行者民謠也蘄州倅公之署廣濟篆也以州胥百人從蓋馬行鄉曲而令縣胥執鞭也鄉曲人於是不堪聚而謠曰有是哉則與歌於市市之人旣相與和焉而遂比之音

州胥幾夥出縣市千村萬落難迴避男號女泣向蒼天夫走妻亡匿空樹去年加派催軍餉今年雨久麥漂蕩九年陳稅一齊徵鏤肌刻骨人凋喪小邑數家無斗大民貧土瘠空惆悵君不見掀髯大帽胡爲者手挽銀鐺行跨馬攔門呵客無人入府帖雖來匿不下又不見公門以外無朝煙公門以內聲徹天那有親朋救急難祇恃性命當熬煎況有永日誰能延愁雲苦霧昏昏然對此吞聲忽復泣恐有州胥門外立

梅之煥 見前古文

從軍行 三首錄二

釋褐備侍從擐甲儔行伍雖然貴賤殊臣分無擇取丈夫竭心力隨在報明主明主恐不知臣今荷弓弩雁且去上林臣冤曷敢吐

杖亦聖主恩殺亦聖主恩不殺復不杖遣戍何足論行行當出塞爲主瞭煙墩心惻鳥鳶啼腸斷囹圄魂古戍黃雲深有聲不敢吞

秋思寄楚中故人

塞垣秋草又黃昏定遠何年度玉門頻送飛鴻應有夢不慚怨鶴亦銷魂白沙鋪月橫塘路紅葉搖霜老樹村念是年時攜酒處莫教秋雨繡苔痕

吳亮嗣 見前古文

讀劉敬伯見寄新詩 二首錄一

顏謝旣已往體物何其難斯人薄時尚清響厲雲端曉露凝春草

海風生宏瀾無人事幽采葛屨履霜寒

懷饒十一車公二首錄一

故人貧且病老不問生涯一卷消清晝孤吟對落花灌園思內助貰酒望鄰家憔悴山村暮長爲抱璞嗟

周之夫字赤城麻城人萬歷丁未進士官溫州知府

施兵道移鎮麻城次若臨姪韻

如雲戰鴿萬艘飛乍向山城百雉依九道儲胥輸地軸十行草檄播天威射生野外鳴金鏑汗血行閒盡玉鞿怪得寇羣心膽碎謝元今已到淮淝

周之訓字無逸黃岡人萬歷癸丑進士傳詳忠義

別官陽谷太常時之江右臬任

重陽風雨正沈沈握別其如越舄吟每悔出山成小草還思退步有長林憂時各灑英雄淚異地相懸大隱心廬嶽高臨彭蠡上何年三笑訪知音

邱坦字長孺麻城人萬歷時武進士附見父齊雲傳

度遼留別京邑諸知己

世事何時不可爲盤根錯節豈難支獨憐近日邊疆事築室搏沙無米炊

與其枯骨裹羅紈何似沙場纈箭瘢自得先師等死說不勞馬革與桐棺

生平知己盡賢豪推轂勤渠屬望勞此別無成應永別不能長負九方皋

劉養微字敬伯廣濟人諸生傳詳文苑

白石山房雜詩

大鵬徙南溟逍遙摩天遊羽翼蔽日月下視隘九州斥鷃搶榆枋棲息鳴啾啾蚊睫豈不眇蟭螟疑嵩邱細大固匪倫安飽意各休人生貴適意豈必公與侯

青青園中葵采摘還復生盈盈杯中酒酌盡還復傾陽春二三月雨過園林清花露滴石砌一鳥深叢鳴呼童攜小榼傍我花閒行平生有微尙富貴非所營

玉英堂

昔我夢西遊騎龍上青天聳身淩竹影忽墮崑崙巔崑崙何巍巍上與雲漢連道逢絲髮翁三五相周旋一見顧我笑揮手開雲關

五城十二樓恍惚霞變遷青螭坐我側白獸跳我前有鳥名鳳凰雙啼玉樹煙久不見人世於今三十年天雞鳴扶桑車馬喧闐闐世事日煎迫曉出暮未還今升玉英堂記憶尙宛然雖異天上樂頗無區中緣花叢繞深竹蛺蝶飛娟娟青山四週遭雨歇春可憐登樓發長嘯縹緲來羣仙

戊申歲

我舟開頭六月六蕪湖縣傍我舟宿隔船問訊蘄黃人蘄黃水勢高於屋嘉靖庚申水莫當今年轉高七尺强毒龍老蛟潰隄入西際馬口東潯陽豪門巨戶吳與張孫呂李郭朱盧楊可憐翩翩白面郎繡衣騮馬黃金裝往時度曲鶯花裏此日啼飢道路旁畫闌綺閣迤相望屋瓦漂蕩隨鳧鷖長隄萬棚螻蟻集大海一線黿鼉

粱浮屍挂樹者誰子纖纖玉手羅衣裳烏鳶飛來啄人肉呀呷腥
腐薰穹蒼我有寡姊稱未亡十年凜冽當風霜殷勤哺雛兼構巢
巢成蕩作魚龍堂赤磯湖頭煙水深天昏月黑啼何方山中兄弟
忍置汝田土不得俱豐穰三十二日斷雨腳苗葉苦槁仍螟蝗高
田卑田人兩傷天乎下土何慦殃訛言傳聞九年水還從萬歷丁
未始請君乘懽勿復陳衝風跋浪橫天起

哭饒孝標

皎皎青天玉樹枝西京才氣盛唐詩何期尊酒論文日即是泉臺
永訣時風雨山深埋駿骨瀟湘水遠泣蛾眉古今最是天難問多
少封侯歎數奇

一束生芻易水吟芙蓉墓上挂秋陰堪將意氣同生死忽爾風流
變古今虛擬壯心懸赤幟空聞大藥化黃金雁行中斷慈闈老鬼

哭湘山暮雨深

官撫辰 字凝之黃岡人萬歷末選貢傳詳隱逸

輓周忠烈大參 之訓

王事賢勞者生前總不羣名非重一死學豈著三軍魄散天猶憫
公媵姬聞難相率死之 忠孤君未聞 當事盡掩公以飾所私 鬼神終莫掩野史續遺文

寄龍夢先 墳

爾也不隨俗余焉同一心從來身外想偏向病中尋草發故根緑
雲移何處深江流聲不斷應共虎溪吟

訪黃美中山居

寥寥天地有鷗羣幾撇塵囂改見聞噴雪瀑寒行道日翻濤松捲
到山雲黃虞代可同耕鑿唐宋人先禁斧斤與子誅茆爲避世今
朝一到此論文

饒嘉元 字仁倩廣濟人天啓辛酉舉人傳詳文苑

王惟允 名大謨

惟允含英姿藝苑振高步壯圖際休明矯跡西南騖永言惟陟屺
遂著歸田賦卻掃對孺人哀思日云暮齎志不獲申遺文邈咸護

寇巨源 名學海

巨源崛起士夙齡懷著書抗志邁流俗研精於古初篤言遊京邑
結交羅華裾幽意綣江邨還顧念居諸操觚甘寂寞冠蓋照里閭
娛樂未終極白日忽已徂

曹士謨 字獻虞黃岡人天啓時歲貢傳詳忠義

癸未三月十六夜同樊紫蓋城守

風雨嚴城伴相逢咫尺迷暗途呼爾汝潦徑失東西倍蓰燃膏費
參差列炬齊最憐鈴柝衆露立待聞雞

王一翥 字子雲黃岡人崇禎庚午舉人傳詳隱逸

野田黃雀行寄魏雲庵

儒者道不顯託名求神仙一日亂離逃千年壽豈鐫惟有闊村靜
魏子忘華軒俗人不相師如病畏藥言黃雀野田中銜泥戲丹鉛

重到郡城

霜重殘松影塘迴過雁聲幾番游子夢猶繞故宮行買酒壺難借
裝衣線不輕漢廷詞賦死抱甕老書生

哭汪愧孝二首

幾年同隱約終毋或隨君片暑行無迹孤心兩不分白頭誰薮水
名士絕聲聞杖畫山雲細秋宵一卷焚
吟醉陶元亮誄哀王景元何人敢僞託惜汝太無年誦祕春秋註
神潛道德篇空山雲月影娟碧素心全

山中聞於文言信

南昌沙岸舊隄荒凝盼虔州掩劍光只賸文山千點淚寒雲壓作
栜頭霜

過黃州

綠楊啼鳥不曾來只築荒城莫築臺夜半江聲聽不盡尚書宅後
野棠開

劉　侗 字同人麻城人崇禎甲戌進士傳詳文苑

賽社詞

春社典春衣秋社釁粱肉婦子且莫嘻場熟廩不熟遼陽方告警
農助官家穀遼租十增三官租三增六里胥登門催斛斗量一斛
益以雀鼠耗完數恆不足賽社報年豐社神聽我祝但願邊患平
强於倉儲蓄神保太息言遼平爾何福粻隨遼餉加不隨遼餉復
播州幾月兵至今農啜粥

久遊復至鄂得家信將別黃宗之

出門未暑秋仍滯十度曾登送別舟久客畏聞家有信逢人但道
邑無收衣粻不恥因艮友僮僕多言怨漫遊夜夜酒同鄉夢醒舍
邊雞與渚邊鷗

黃正色 字慈雲蘄水人崇禎丙子舉人傳詳文苑

崇禎甲戌五月前邑令李衡嶠先生自燕邸以書見及賦詩
答之時蘄黃之寇深矣

循良旣已往世亂誰可倚豐沃舊郊原一旦兵戈始寇盜萬里來
安行類牀笫一賊馬十乘千旗障空綺孤城急閉門死生判從此
夫妻荷擔奔子父安能俟祇道露沾衣不知淚爲水且行安所之
除到高雲裏藤刺默藏身兒啼安可止與君兩不活捫口甯兒死
寇至何所爲一炬數十里場稼躪爲泥凶烽染天紫收金已滿囊
屠人類屠豕鬼錄一朝充人聞滅生齒村村血有餘飲馬須乎是
關門守慘悽庚癸呼四鄙郊遂已如斯執戈空爾爾春秋兩度殘
賊去無全理郡道急點兵深慈拯人殆太息兵來時賊行不相待
左次幾回遲目送千營尾跪愬官兵前念我尚飢餒雞豚賊所遺

相餉誰云悔兵賊暴仍殊妻孥幸無醢憶公無事年警備如多壘
更樓點點明村鼓聲聲邇政令隱藏兵伏戎不能起士隱臥深山
人遊醉清市日月曾幾何泰亨遂爲否公今在鳳梧願以告天子

萬爾昌 字師二黃岡人崇禎丙子舉人傳詳隱逸

題張蛻泉公廬墓馴虎遺事

漢史載歐子依墓結草室虎趴適奔觸䙝覆得以逸感承仁孝意
趨望竟如匪月爲致一鹿孝子供俎實千載有張翁踵事遙相匹
虎亦夔其廬馴馴等卹勿此事餘十紀黃叟遞稱述龍負蝘蜓覗
德至隨波沒潮鱷肆吞噬投文遣以出驅使奚能然茲理安可詰
至性極昭格豈云同幻術其時諸賢喆紀贊各鉅筆翁孫日聚上
表幽圖剞劂余也得寓目追誦齒猶慄豈惟光家乘國史借芬苾

誰續漢歐傳濡毫美無溢

周壽明 字天格蘄水人崇禎丁丑進士傳詳宦蹟

聞徵

駑駘曾出櫪圉吏復持銜漫示青絲絡偏宜紫芝衫撫心能化石辟詔豈須嚴知我唯潭水無勞挂遠颿

劉鍾蓉 字集裳麻城人崇禎己卯舉人癸未死於亂

哭劉侗人

盧孟多才自不羈奇思尙鬼與人離空潭雁度身千仞野繭蛾成命一絲楚璧出沽皆泣日西施未嫁是顰時高天寥闊憑誰問忍對疏簾細雨垂

杜濬 見前古文

感遇

孱居寂無營抗意酌元始開闢何年月直下捷如矢叔季固難名但聽多瑕眚細人競不慚烈士務有恥鳥喧孤鳳鳴雲滅神龍尾大賢經緯心常恐失其旨所以李伯陽著書就令喜

山中有一士妙歎氣若雲一歎翔落木再歎靜飛塵三歎與四歎悲感泣四鄰飢者忘其餐樵者忘其薪借問何爲爾歎歎豈足論

寓園卽事三首之一

暫歸不得息復來叩園荆掃榻慾偃仰深綠怡我情假寐遂成夢夢醒聞流鶯爲時已中伏宛作春曉聲奈何雀與烏努力方爭鳴眾雀既嘈雜羣烏尤豪橫坐令好音阻側耳不分明三歎推枕起仰視天宇行

答方密之送將歸歌

送將歸當送誰君坐玉堂送布衣與君同庚復同志誓佐中興錦衣醉君當三十先登壇青絲白馬官長安結交貧賤信何益頻遭擯落勞君歎君吟詩復作書送余歸傍吳專諸余今寂寞已如此不愛專諸愛西子必待功成游五湖世上今無范大夫

歸不得行

杜陵老翁歸不得黃河之水聞歎息赫蹏乞米長厚顏艱難轉不憂無食獨傷百口棲荒寺涼燠循還豈終極初來北郭喚儺耕臨去西堂鳴促織中閒毒熱不可當五月披裘心自惻典盡寒衣縫葛裳漫向人前炫要襪青氈鐵研今何在買新賣到書與墨老僧日日問我行使我低頭惟默塞積逋凌雜難具陳豈第少渠僑貫

値況復無端忤俗兒窮途苦澀添荆棘不知忍恥復誰待平生故人萬夫特嘗將松柏比君心嘗將山岳方君德疥癩爲災祇妒余咫尺不得見顏色昨日緘書汗流頬今日題詩淚霑臆老翁他事休再論歸飛願借扶搖力

哭李鄴仙 李著有鳳知錄

事後論人品無如李鄴仙留身惟賣藥有子只耕田學道知原夙安貧力更堅白雲山下路誰表少微阡

酬鄭肯崖二首卽次原韻 錄一

不辦君王事丁年負黑頭 蚤年棄兩貢一官 感翁來客舍勸我上歸舟偏宕孔文舉高明陳太邱終須同洛社未可各滄洲

邢孟貞過黃州有作見懷感答

長江日夜流江岸有黃州是我十年夢輸君一日遊山從樊口窋月對武昌愁處處邀篇翰殘黎豈解酬

晚泊黃州

赤壁雲初暝烏林日漸紅波搖兩岸火人語隔江風夢鶴侵蝴蝶然犀逼水宮天寒遊子意清夜月明中

杜　岕字蒼略濬弟傳詳隱逸

寒食同枕江作

墓田春草色花信落梅風倚檻今朝立憐君客況同炊煙微覺冷酒盞不妨紅莫作茨林嘆荒蕪舊絳宮

萬日吉字允康黃岡人崇禎庚辰進士官崑山知縣

旅感

上院疎鐘曉閒階積雨殘澤中鴻未集天下士宜寒種種數莖髮勞勞一片肝窮途惟仗友應作古人看

曹允昌字石癖一字石霞麻城人崇禎癸未進士傳詳文苑

感時

夜雨名山禮少微泉香石齒即來歸教兒學劍甯操未與客謀生但採薇百里虎訛天上至三江濤隔嶺頭飛鹿門自笑非眞隱十口勞勞製薜衣

周　損字遠害麻城人崇禎癸未會試副榜傳詳宦蹟案損於國變後削髮爲僧見楚風補小傳

剃落宿龍井步壁間韻

家國迢迢道路賒青囊破綻是烟霞小心也到蛟龍窟初學聊乘羊鹿車堪以行蹤隨白鳥羞將時事語黃花堂前一宿低頭走怕有人來罵釋迦

樊維甫一名志張字山圖一字兩同黃岡人傳詳隱逸

陽江謁忠蹟祠讀又借亭碑案沈思孝謫雷陽構亭名借山甫父玉衡謫此名曰又借有記

千載孤忠豈近名瓜廬人自寄先程疊江偶到蘋隨薦雷海重來竹又生堪語韓陵憑陟岵同游峴首憶班荊析薪不克空行役化鶴能忘碧落情

樊維師字尚父一字海逋黃岡人附貢生傳詳隱逸

感懷四首錄一

蒼黃聞變及宮闈白日高天慘不暉問貌諸姑遺六尺誰三寸舌解重圍降臣競獻圖南策陷督陰從逐北歸四海義旗空築舍拊膺徒手益歔欷

乙酉除夜巴江山寺對姚相國作四首錄二

宰相山僧共掩門荒臺廢殿幾何存辛盤得便聊須醉寶劍空留已負恩身到故鄉仍作客案餘殘歷黯銷魂夜深龍象聽如泣雨灑龕燈看又昏

三百年來此夜除二千里外客歸初淚隨紅燭流殘後臘過黃雞報曉餘老病易爲驚節序亂離何處好樵漁同堂弟姪如相念咫尺先人有敝廬

吳亮思字幼睿廣濟人崇禎時歲貢傳詳文苑

紫蓋歌樊維城字紫蓋

紫蓋峯高插天起倒映瀟湘瀉江水絪緼鍾出大英雄三策天人敷治理一行作吏無邊幅謫向上林種桃李是時璫燄勢正張慷

慨疏姦名姓揚詔佐司農掌錢穀小臣肝膽凜冰霜君至泉州多惠政不畏權門親百姓小兒竹馬快逢迎太守單車問民病三載清風六月寒曾無一字到長安黨人重伺東林隙海南不得靜波瀾拂衣歸去攜琴鶴赤壁東臯戴舊冠烽火連年思請劍幾番躍馬復盤桓舉朝泄沓成何事紈袴遭逢拜將官公懷經濟憂天墮四郊多壘甘同禍整衣束帶受兵刃正氣如山死猶坐君拚一死剖丹衷身騎箕尾步虛空墓君忠烈高無極回首南瞻紫蓋峯

周世遴 字伯譽麻城人諸生附見劉侗傳

贈劉同人

古調方今俱未彈擬將秋氣比儒酸忘情似我貧何病知己如君死不難事到文章千古在天留明月兩人看世間多少悠悠者寂

寞孤舟江水寒

楊 晉 字子馬廣濟人諸生附見父大鼇傳

過張子龍先生舊館 二首錄一

專城裘馬五陵遊抱甕歸來二十秋酒熟尊罍開北海月明賓從集南樓詞場問字千帆落老圃逃禪半畝幽遙想一時揮麈輩何人倒屣最名流

展外祖徐大夫墓 徐名來建字明卿

吳中詩賦舊登臺海上樓船建節回細草墓門狐兔老青天寒食雨風來魂歸未覺桐鄉好淚墮遙同峴首哀我復壯年悲屺岵片雲尊酒重徘徊

鄧雲程 字扶風黃岡人諸生傳詳忠義

秋恨 甲申

極目荒園萬樹凋柴門風雨晚瀟瀟三秋頓覺乾坤異兩鬢空悲歲月遙北極朝廷那可問鍾山王氣詎全銷莫言草莽能逃罪養士恩深日賦騷

汪國濚 字漪公黃岡人諸生傳詳隱逸

春日過王涓來

幾日耽幽寂春光若在門長隄縈古柳一水抱孤村交貴知非晚時違道益尊共懷囊內劍不為報私恩

遷居初度懷子雲廬山

餘生何事向天涯破壁空鐙照影斜一夜雨能添客淚十年春不見梅花全留野壑容樵牧未許浮名誤歲華遙憶匡廬松徑裏聽

殘清磬共無家

梅之熉 字惠連麻城人傳詳隱逸

入城

晨興百憂集戚戚還入城敗稻委荒田到處語喧爭萬戶久絕粒正當聚米征追逋遍村野役雜無定程不聞人咨嘆但見吏崢嶸老弱不堪策獨驅少壯行少壯復何措舉目轉伶俜隻身供上法法重命自輕公堂慘秋日未入魂已驚催科殊殿最甯分歉與贏高樓起北風時吹敲扑聲敢嗔官長責惟怨父母生國稅亦有限下民亦有情寄語農家子勿復事躬耕

楊 勳 字介子廣濟人崇禎時廩生傳詳隱逸

孔監軍屯兵湖上

湖邊金鼓咽濤聲戈戟森森壯鐵城落日悲風連幕捲秋山殺氣破空生鄰封日望旌旗色小邑何須百萬兵一帶野田容牧馬村莊蕭瑟不勝情

國朝

顧景星 字赤方蘄州人明崇禎時選貢 國朝以博學鴻詞徵不赴試傳詳隱逸

詠高士吳瑛

伯仁起齋郎簽書黄州守入爲虞部員挂冠方黑首臨流獨長嘯種竹還漉酒歡笑迎嘉賓絶口不臧否青氈就盜乞力田門生耦不顧尚書期鷃冠狎鄰叟世遠言亦湮著述曾不有高躅留史篇芳名僅身後

詠高士林敏功敏修

松坡節氣士少小負學術一舉偶見遺塞門即弗出經通郭子橫名比皇甫謐隱處非盜聲卒性不就辟子來實愛弟豹席共牀筆湮沒無思篇零落蒙山集立言期不朽傳後豈難必所望賢達人名山拾遺佚

答康伯問字說

斯文義軒後微義竟誰紹智哲識其情遺象存理要流傳有淫體臆說恣攻剽瑣碎雖百家無能救沈溟鼎彝各異狀鼓冢亦難校沿襲謬後學徒然痛先覺六書非細事宣洩抉道妙囊括二儀閒津梁五經奧我勞夫如何十載心力耗變通固無方苦辯非執拗學官會有時覆瓿君豈料庶幾桓譚知不惜劉歆笑兒童干祿樣庸塾兔園鈔規矩興高曾笘幡轉相告老眼困昏花研精矢期耄莫怪和者稀陽春本孤調

沈生行 士望蘄州諸生崇禎末上書召見授兵部參謀輔臣移送江督袁繼咸幕

先皇避殿居齋宮晏食不聞司樂鐘黄門晨放罪己詔皁囊夜啟登聞封是時章布紛然至沈生棄家走燕市上書直動萬乘尊宋代陳東毋乃是𣪘衣給諫名最高 陳啓新 呼吸帝座無汝曹沈生上殿一指顧往往廷論歸儒髦潼關東西薊門北沙蟲擁道邊城塞皇心但警紫荆圍司馬誰防白波賊鋭頭參軍最後來但隨幕府臨江開短衣出入通侯第岸幘還登歇馬臺倉皇昂首驚傾覆烏號無弓小臣哭義旗壯士且鷹揚溷跡王孫盡魚服渡江忽報安東軍生也收涕趨轅門化龍有識雖曾應餓馬騰謠忽遽聞凶姦構禍何倉卒誰夢湖城繞營日漢安爵命豈非恩廷尉山頭况難

必丈夫死即鴻毛輕石頭取節非純臣帳中濺血黄將軍頭下奏事有沈生將軍敗後無堅壘凝笳疊鼓軍容改潛身幸託江海翁青衫已卸麻鞋在瓦盆半菽妻兒嗔憔悴尋常行路人誰知乞食陶彭澤莫辨埋名梅子真春風貰酒茅檐下念是當年請纓者卻憶先皇御極初執手相看淚盈把

歌贈張生無逸 廣濟人

張生三十神骨聳方瞳肉角非凡儔過都歷塊見奇駿白日蹴踏生風颼生平嘗見萬年少眼底獨來孫仲謀令弟含鄰善酬對一日白璧雙見投伏龍已甘讓德操怒虎莫直推賈彪開尊卓午便達暮落日半沈環翠樓怡然敬我爲父執向我捉勒黄金鞦門前磐石可坐臥下馬更擎青玉甌愛君兄弟數回首百里彷彿猶林

邱人生俗累固難釋如我故人良不憂尙平五嶽雖未去鹿門退隱堪千秋況君頭角已嶄出承家豈用康成愁五十有子得如此何不深山休去休

烈婦行（麻城生員蔡作楫女六歲能誦女誡二十適生員周克孚之子方旦始終五載而方旦沈痾者四年方旦没後氏即時自縊康熙十九年六月十一日昏定也）

蔡家弱女周家婦丹心玉貌仙家姝飽聞汝南節義事曾讀東漢班姑書雖云伉儷五裘葛第有藥爐親起居事夫誓擬同生死七尺素練千金軀炎炎赤日西山暮撫尸慟問泉臺路祇知大義貴捐生没絕須臾忍回顧非圖冢上鴛鴦飛不爲墓前連理樹當時何物斂隨身涕面蓬頭舊衣屨君臣夫婦兩大倫國破家亡死幾人息妫不笑何難殉蔡琰還鄉再誤身人間萬事愁堪觸使我欷

歔淚頻續請將烈婦鄉里歌彈入馬上琵琶曲

廣濟道中

光風麥浪四十里僕夫中歇重行行山花迎客似含笑杜宇初來無幾聲店看野老爭席坐俗漸買牛成耦耕已輸春稅卸里正（時革里正）況乃連年無甲兵

王子雲一蔿隱居廬山忽過訪

只愁歸不易歸後轉飢寒知己十年別貧家一飯難白頭仍避世皁帽早辭官孰是鄧文子能令王憲寬（屢辭徵辟）

維舟巴河哭王子雲先生三首之一

綠草春江岸維舟落日情因憐故人逝不上五蠻城（東漢巴水五蠻城此）漂泊悲公子風流失步兵百年忠孝畢似爾已成名

贈曹尙白　大漢

憐君不得意載筆早從戎雨雪綈袍外江湖劍影中流離牛馬走漂泊雁鳧同袖筆援無倦容刀佩在躬兩行鷲鶴落雙臂妙猨通（能左腕作顏米書）多藝才稱絕高譚理發蒙吳春梅耀在趙曲李奇工壇好埋名築杯緣引興空越天霜練白僧院火爐紅片語憐知己浮名本至公莫愁員路逆休泣阮途窮君去如眞隱南山訪桂叢

哀蕭霽二首（霽以才士殉難）

一抔無自寄空城春草何曾面上生白骨已隨寒雨盡遺詩猶作斷腸聲

同遭喪亂君爲鹵存没殊途淚轉滋幾度傷心無可道一年時有哭君詩

孫錫蕃（字斐臣黃岡人明崇禎時歲貢傳詳宦蹟）

訪黃慈雲徵士（名正色蘄水人）

悲歌經歲老漁樵獨對書牀影寂寥遊子風塵三尺劍仙人湖海一詩瓢鉉翁舊服青鞵老元亮離琴爨尾焦最喜玉臺丹井在猶存松菊洗寒霄

李炳然（字人虎蘄州人明崇禎丙子舉人傳詳文苑）

夏日傷前宗正朱仲良翊鑾先生湖上舊居二十（四韻）

廣讌開樊邸扁舟涉雨湖避喧營小築蕩瀲滌洪鑪中壘經傳久南皮冠蓋殊應徐才總萃山桂色長腴生長朱門盛傾懷白屋孤河間存禮樂東海表神樞銀榜懸珠藻蘭言吐碧梧陳思三父子王李七倡于（先生與弇州滄溟七子唱酬寄贈有詩篇）最樂貧爲善懷愁渺獨歔蒼天

憐水旱赤子弄萑蒲鴳鶡沖霄去鴛鴦碎地呼渡河舟掬指奪絹血淋膜龍鼎彝存沒王孫飯有無甘泉驚火徹爰止畢烏逋柏葉飢猶餅先生逃賊難飢餐柏葉而卒　余皇棄在蘆草堂留想像松菊日蓁蕪泥擁蛇騰窟臺傾燕語雛斷橋通厲揭浸板晝蠣蝓珠賣茅誰補坏融枳倩扶琴亡人載筆舟繫壑藏陬麥秀蔪移合雍門涕逝徂雉壇餘竹柏沙豬滿鵜鶘感舊聽鄰笛傷心擊唾壺縹緗無隻字流恨向山嵎

張百程字日闢黃安人諸生傳詳忠義

江上贈王子雲

燕去烏衣後佯狂不記年著書千嶂裏乞食九江邊白首悲黃鵠青山拜杜鵑相逢拚一哭湖海各茫然

麻鞋伏闕日商略到山樊腸斷三江後遙憐一老存才名還異代窮餓竟誰門寂寞東林路何人招汝魂

劉子壯見前古文

秋懷

大河以北近　京畿昨歲荒涼客解衣疲騎穿城白晝靜春林巢烏路人稀黃沙古道吹風雪蔓草寒蘆閉棘扉漢帝於今尊卜式柏梁應笑露臺非

曹本榮字木欣黃岡人順治己丑進士傳詳儒林

雜詠

盧橘新傳罷漢中尙衣聞道減洮羢諸州節使休鐲助　聖主清心在合宮

程啓朱字念伊黃岡人順治己丑進士傳詳宦蹟

弔貞女陶足大

江皋有貞女明妝立素月靜意慕孤芳緬焉懷往烈十四對流黃鳴機織秋夕媒氏何殷勤手持雙玉玦繫以蛺蝶羅紅絲千萬結女生願有家褵袂自此纈詎意狂飆生山摧梁木折梁木亦已零女蘿焉所適止水矢從夫百折心益決死義非死情不必曾頡頏再拜別慈親俯仰腸內裂魂魄今于歸九原有安宅世人競鉛華聲容隨煙滅卓哉岳瀆英流輝映昔哲入夜起江濤今古聲悲咽

盧紘字元度蘄州人順治己丑進士傳詳儒林

從家人訊知里中故居近狀

故里臨江滸人當寇殘餘休息十年來疾苦尙未舒非無仁明長

蠹痼堅莫除水則勞舟楫陸尤困稅糈奔走服徒役終歲少安廬官錢不可問兼斂奉狠胥形枯骨僅存索盡囊無儲欲脫此鄉去茫茫何所如呼籲不得聞蟠固難開疎吁嗟此孑遺仰首空躊躕余久宦遠方聞之生長噓不顧所忌諱憤貽長官書幸邀聽轉圜夙弊一朝袪役仍出官雇夫額復其初從此獲甯止咸遂樂土居遠聞忽興躍願須循良譽儆瑟甯盡張改絃姑與徐屈指二三年生聚盈郊瀦余亦當倦遊欣然返昔廬案廬韻複疑作故墟

高思忠字孝移黃岡人順治辛卯副榜傳詳文苑

舟過江甯不及晤韋念莪祕書二首

吾友韋中祕高才復坎坷歸來賦未早老去句如何一榻懸多載千秋足浩歌相思對江水悵望不能過

老大乾坤裏馳驅共此身一官嘗濩落萬卷總艱辛客久家如泊時危仕亦貧依依猶署閣魂夢數相親

王澤宏 見前古文

擬古

種樹長秋花鑿池待春水故人忝相託所得僅如此水逝有還波花落無生理安知同堂客不似千萬里萬里隔鄉縣有時自相見片言偶乖離對面顏色變願言白頭好不願白頭早白頭難與期此心私自悲

易州使院詠松

去年手植新松樹碧葉青枝取次陰幹長凌雲應有日後人誰識歲寒心

楊繼經 字傳人蘄水人順治乙未進士傳詳文苑

憶蘄上舊居

五柳思歸不得歸桃花開後鱖魚肥幾時爲棹輕舟去自到湖邊放鶴飛

王追騏 字雪洲黃岡人順治己亥進士傳詳文苑

送甥杜湘民南旋

汝歸仍是客故國似無情涼月纔今夕秋風已半生相期他日夢共愛盛時名別意難持贈江流不斷聲

晤杜于皇

隋隄佳景竟誰傳春月秋花盡可憐兩度邗溝尋樂事一年一見杜樊川

奚祿詒 字蘇嶺黃岡人順治己亥進士傳詳文苑

蘄陽行

春前我寄君山迹犀甲鱗鱗寒大澤暮帆今日過蘄陽江花如練烏頭白荆國春殘樸樕宮方勝花蛇走阡陌驕旅形容二十年中原無處無蕭瑟如此空城莫住船吳瑛已死誰留客

杜于皇表兄見訪

不以行藏異來探遠別人艱難如隔世涕淚共雙親笛裏梅花落江頭燕子新相看在逆旅豈是故園春

松柏先人地文章弱冠時只今春作夢可惜鬢成絲產破關河在憂深笑傲危莫貪建業好忘卻武昌思

哭王子雲六首之四

筆墨情親四十年舊游何處問青氈才名無補飢寒策時事全歸醉夢天萬里風沙吹薤露一庭荷影罷秋蟬平生長物原無別落得佯狂到九泉 子雲有荷苑蟬搖白雉雲之句

飢者難行語奈何名山應勒采薇歌嗣宗死後狂魔在靖節生前酒債多傲骨人間皆欲殺新詩海內復誰過唱酬不到黃泉路風雨荒郊哭淺莎 寄我詩有飢者不克行之句

棺衾身後總蕭然州邑親分賵賻錢入斂應裁居士服逃名愁問孝廉船半生禾黍君臣淚千古衣冠盜賊年破劍壁間鳴怪事儂歸挂向茂林阡

有子巴江只負薪北堂衰草付何人天高莫挽西山日世上誰憐南阮貧朱雀烏衣雙燕子碧雞丹詔一麒麟應知此後魂歸處猶

是當年市井臣（蕲人死難於滇錫有祭葬）

石潭秋月歌六首之二

黃閣門前野草秋文昌隄上白蘋流可憐一片巴江月獨照潭前欸乃舟

面面垂楊燕子磯東流江水幾時歸不知月色能多少長傍磯頭燕子飛

葉　封（字桐初黃岡人順治己亥進士傳詳文苑）

計偕北上次李坪驛別家兄覽怡西昆季二首

行行此揮手能不作銷魂相送只垂淚孤征寧可論江聲趨故里客夢待荒村尙藉壺觴立銜杯未忍吞

行色誰云壯羈愁獨自經已難辭骨肉况復去零丁沙氣蒸燕路寒雲暗楚汀江楓祇數葉霑淚下離亭

九日保定道中

十年三徑草全荒九日長途菊乍黃京洛交游纔把別故園兄弟入相望送鴻皆決愁同遠騎馬筋疲老自傷欲指滄江定何處白雲紅樹滿斜陽

朱日濬（字道淵黃岡人順治時歲貢傳詳文苑）

和韻答鄭肖崖

屈宋發楚聲餘音動下里一洗粱陳陋洋洋自盈耳我本悲蔓草對之益念爾驚濤繞茅屋清風四座起欲寫瓊琚意悽愴媿名紙感此倍綢繆江東春樹裏

周世魁（字甯賀黃岡人傳詳文苑）

過吳循可大參故宅（循可名敏師廣濟人沒於湘中）

一挽湘流去不回梅川舊宅夕陽開孤臣旣託行吟怨謫傳空悲召問才故國銅駝先已識他鄉鐵騎負君哀與思握接相期日雲滿衡陽霜滿臺

劉酯驥（見前古文）

樊憲副席上贈王子雲

羣彥推王粲雄人舊藝林書多傳劍履地少種桑陰江海短秋鬢艮會堪遺俗聲名老未忘主賓答鐘鼓天地失風霜燈動壁衣舞知交贈此心到門車馬客無暇問懸琴秋濃井葉香共來高邁侶誰厭阮生狂

贈梅長公（楚寇日熾當事難其人時公家居沈莊寇望風畏之而時未見用麻城道中投詩致慨）

中丞開府耀西秦捲旆歸來家未貧騎擁酒車春角射伎圍香帳夜留賓黃雲塢壁推盟主大樹功名屬老臣旰食朝廷求將略幾時溫詔起綸巾

司馬名家起後塵英風楚士本嶙峋天留白袷驅貔虎人指青山數鳳麟共信伏波能死國誰云蠋武不如人烽煙畫角淒涼月聞卻荒雞起舞身

贈黃岡何韋長（諱）

中年射策雲霄迴介性逃時劍佩存家散江湖書萬卷道隨麋鹿月孤村兵戈白袷雄談出風雨青鐙老鬢尊終望　聖明蒐草澤成編容易付兒孫

過母舅胡監軍故居

人亡忽向西州路苦雪荒風闇樹齊務面胡兒驕不舞成功老馬暮還嘶

張仁熙 見前古文

雨中訪顧赤方

日夕大江流江聲莽回互蘄陽萬古心旅客愁無數高士亦城居茆屋幽難遇著書二十年草長門前路相見亦何深抵掌生煙霧論詩數百篇一一兼秋雨豈惜酒杯長展轉彌清素

述交一首哭劉千里

昔我未及齔舅宅孤遊時里人謬稱我襁褓識無之時值劉氏子粲粲玉樹姿私念彼何人同爲宅相兒長我財三載意欲解文辭舅氏歡喜極贈書各盈篋我爲馬遷史君乃班掾遺班生紀漢歲

班固年十三記漢事兩兒亦差池登臺一顧盼遂爲白首期君才誠先去聲我呼吸走蛟螭二十富經史箋疏必古辭毋呼不出闈父杖不出帷敝衣而垢首日昳尙忘飢回視几案側撰帙巳離離溫養須歲月余謂出且遲一主長風盟遂肆厥所施人言吾劉子其書刓劂宜醵錢不敢後字字刻肝脾而余忝頡頏微露快所私有似洞及鳥旋如陸與皮後先登　帝闕取次類養廝長安富豪兒叩門巽爲嗤又如吞郇宴彷彿啜其醨余與千里前後以明經人對皆未謁選人從此歸空山東影百無爲余宿思光輌君棲眞長楣吾子與君子婚媾相因依余才雖謭劣君屢借箴規百卷抉窔奧名實懍不欺裂弁摧籬壁吹虀見孔姬宵期子下世理窟竟離披爲君梓新者爲君俎聖祠吁嗟慰吾子庶無塵世疵

悼袁先生公寥素亮二首

頗識東阿又還疑李賀同幽思華屋裏鬼語玉樓中地志文偏古浮亭賦獨工孤墳不得意搖落耐秋風

風俗爾先憐繁華亦自韋眞才人欲殺駿骨恨難捐老眼荒天地雄文半鬼仙廣陵無限調凄斷付哀紘

懷劉千里燕遊

燕關猶復舊皇都寒角驚風草半枯一市馬蹄人自醉千年鳳闕鳥相呼天邊白雁知多少臺上黃金近有無隴月羌梅無限感幾能書札報樵蘇

陳之京 字覲伯蘄州人順治時歲貢傳詳文苑

答新泰盧澹巖社翁

避地移家遠索居長竿湖畔釣雙魚故人分俸還沽酒野老援毫正著書膏雨岱宗雲合後文瀾滄海日生初琴堂清暇如相憶爲報秋風短鬢疎

舒峻吉 一作峻極字漸鴻廣濟人諸生傳詳文苑

山居寄懷劉幼陵

東風何處生吹放桃與李貧居鮮經綸絕跡向城市有時策杖行信步得所止青出江南山白見武湖水幽人三徑遙微辨煙雲起焉能共結廬疑義析書史松濤曉戸中雨色晚窗裏對案舉饔飧藜莧亦云美仰首孤鳥翔此情曷能已

馮永明 字清原黃岡人明諸生附見父雲路傳

春思

一春常作客連日苦多風野樹凄迷綠簷花黯澹紅愁隨詩卷積囊與酒杯空巢燕如相識頻來草舍中

鄧之愈字識韓一字恨人黃岡人諸生附見父雲程傳

遵陽初度

年來負疚感衰羸黃綺驅人服紫芝顧影自憐蒲柳質思親久廢蓼莪詩烏飛豈爲嗟爰止鴻漸能無愼羽儀遙計南歸圖拜掃故園菊已滿東籬

杜世農字湘民黃岡人附見父濬傳

新安道中

澗水同奔馬千年石有痕結茆隨地勢到嶺近天門俯視雲如海遙看雨過村未須遊五岳只此已難言

杜世捷字武功黃岡人附見父濬傳

讌黃天濤杜來閣分韻

兹樓如有約高坐近秋光月亦愛良夜人今當故鄉酒酣休聽雁衣冷忽經霜暗覺重陽近登臨興最長

金思默字亮言蘄水人諸生附見父甌傳

輓李十潭先生名恕肇慶人流寓蘄水

松臺處士窮何極忽抱懷王墮馬悲絕世才華山鬼哭故鄉關塞旅魂羈誰憐萬卷蹉跎盡獨慨孤星慘澹移總欲不留名姓在曲江采石信同歸

王材任字子重黃岡人康熙己未進士傳詳文苑

輓陳仲夔

卓哉太史公才猷未展半七十未爲天民朋偏永歎天道固無知國寶遂絕玩神理應不盡英靈未嘗散獨嗟余後死失此白頭伴君今騎箕尾長夜何時旦虛室闃無人素琴陳在案門掩落花深園荒衰草亂念此心內傷有淚面如盥早知永訣速始悔還鄉緩蓼爲赤壁遊慟與黃壚貫生死抱離愁飢寒纏巽愞嗟彼九泉人愴然一挺炭他日返故園誰於我乎館玉樹埋土中太陽照不煖可憐長松崩徒見凡卉粲

秋日感懷

落葉漸看苔砌沒故鄉空有鹿門期百年將半雙親老五嶽難游兩鬢絲孤枕酒醒秋雨夜小樓病過菊花時平生知己今何在況復蘭枯柳又衰

銓部需次還里卽事

昔年我亦爲鴻鵠今日人先變鳳凰五品一官經十載二毛兩鬢返三湘身辭薊北春將暮路入江南草漸長從此生涯何所託黃泥坂下自農桑

魯港夜泊

沙岸維舟近柳條坐看淺水忽生潮江湖夜靜迥空闊星斗風來欲動搖月下望鄉雙淚落天涯多病一身遙雞豚社飲應難與獨倚船窗盡酒瓢

吳應庚字叱瞻黃安人康熙己未進士傳詳文苑

屢乞歸養未得

六載郎官汗漫遊每逢佳節感松楸引舟力竭臨風健彈鋏歌殘

帶雨收令伯有情虛歲月淵明無夢不林邱公侯闕內如雲集細草荒城一片愁

金德嘉 見前古文

寄懷顧黃公江居

掃地北風搖馬尾送我春明酒半醺我馬且行爲君立城頭殘月照離羣是時巷南歌偏側君苦欲歸歸不得五月逢人北寄書潭州博士報雙魚舒郎仗劍客秦隴君亦掉頭返舊廬蘄春草樹佳可賞草屩紅縢況蕭爽江水盈盈浮玉磯西塞山下鱖魚肥人生安能牛馬走細爭雞口與牛後元瑜記室事徒然鄭虔官冷更誰憐何如爛漫花前酩酊醉醉眼看雲雨湖邊

張大石虹任江夏廣文聞而作歌

坐君以梅花玉篆之高樓啖君以沆瀣金盤之仙棗上看翩翩黃鶴戛天而飛鳴下有萋萋鸚鵡洲邊之芳草男兒入不腰金衣紫侍承明出不駟馬安車高牙與大纛一官咄咄擁青氈誰能豁爾嶔崎磊落之懷抱前年北上黃金臺去年南走岐亭道今年捧檄漢陽門湧月城頭月皓皓噫嘻張郎有官冷亦得君不見少陵歌中衮衮諸公竟磨滅又不見龍鱗風雨其人出河汾人言絳帳未必輸金門有古且將讀典墳有筆還能書獲麟後有萬年前千古何須如秦張蘇漢平津相思一夜西風起眼底英雄使君耳有便遺我雙鯉魚明年攜手燕山市

讀樊奉常請告疏

直諫當年動九天乞骸一疏倍淒然風霜地過三千里瘴癘身垂六十年詔下殊恩心更惻夢殘往事淚猶漣故園賸有茹堂在赤壁清風江水邊

讀曉廬遺集 幷序　三首錄二

黃梅石喬年著喬年爲楚陽中丞曾孫初爲諸生時縣人擱登聞鼓訟其令以喬年故家子竄入其名後事下撫軍勘問訟者落籍勘官取喬年口供爲改竄坐諸首事生喬年不可訟言生時菀枯有盡死後笑罵無窮遂坐黜隱居十數年死余傷之賦此詩

世路崎嶇合愴神避人酣飲欲全眞時非漢末羅鉤黨隱豈吳門瀾市塵鉛槧生涯過儉歲薜蘿曲徑老幽人千秋直筆垂青史有道猶傳折角巾

野性難馴羞瓦全法庭吏議且相憐隱居爨末因人熱就獄名偏在衆先脫稿牀頭無諛筆養生谷口賸菜田高行海內誰爲傳萬

石家風司馬編

王夢澤先生故里四首

先賢騷雅古壇在軼事傳聞今孰能避客踰垣王太史草門邂逅顧中丞

二客周旋王裕州江村五月也披裘騎牛跨馬朝朝出不絕豪游絕貴游

雷轟電激發臨皋尺牘熊熊亦自豪豈爲窮居多侘傺楚才自合續離騷

撫臣奉詔紀興都授簡歸田楚大夫直筆書成清議許雷同張桂豈通儒 顧中丞聘公修興獻藩邸志隨州顏公木京山王公格同事志成不稱旨士論賢之

宋如辰 字斗凝黃岡人康熙乙丑進士傳詳文苑

送桂恐修震之成都

菊綻雨初晴銜觴此送行十年勞別夢兩世見交情蜀道蒼烟淨房湖夜月明王孫遊最樂珍重錦官城

張希良 見前古文

萬槿園

園林非我有魂夢每相關問訊先叢桂探幽得小山漁樵何處老兵甲此中閒萬事惟杯酒相看且破顏

雷馬二將軍戰死處 案地在麻城陰山阪事詳秩官傳

絕壑巉巖盤老鷹戰場回曲陣雲層空山叱馬聞雙劍夜雨驚鳴慘一燈時有覆軍猶勝氣將無降卒亦材能何人起冢陰山阪風雨年年泣二陵

詹大衡 字圖先黃岡人康熙時歲貢官黃陂教諭

官素士扶尊公健之大參及弟槻自蜀還孝思感格神異萬端率此志慕 健之名應震

萬里歸親櫬翻將蜀道輕一身渾是淚百險總能平風雨號長夜江河鑒至誠從來忠孝骨原不爲虛名

弟與親同載孤魂弔杜鵑猿啼巫峽岸風冷楚江船名節追王裒池塘夢惠連艱危集神異不愧直臣傳

陳大章 字仲夔黃岡人康熙戊辰進士傳詳儒林

里中四賢詩

贈光祿少卿謚忠烈周公之訓

周公戟鬚眉冷面骨高峙逡巡仕籍屯灑落詞翰美晚出崇禎中合省風塵起備兵濟南城萬騎森薄特孤軍援路絕落日戰鼓死同時張布政秉文鄧糧儲謙馮都司失名晝守分尺咫公獨當其南張歿劇嚙齒提戈憤一呼銜鋒斷雙髀烈哉三媵妾聯袂赴井水悽惻太常誄稠疊尙方璽至今六十年舊蹟傳鄉里事失野乘蒐時亡實錄紀我昔攬遺文纂言痛至髓癸亥修通志載公殉難本末嗣叨三館末大聲激充耳 聖朝無諱筆修明史有詔勿諱死事諸臣淪胥固有以何以慰忠魂遺責在青史

故孝廉王公一翥

龍性本難馴鳳羽實高舉偉哉王孝廉清芬揚六宇憶昔撰公詩捃拾得藏弆幽姿豔冰雪老力雕肺腑目無七子壇跡掃竟陵軌叶於時東林微遺業紛咀茹落落布衣雄屹力相撐拄慷慨嘉魚

交正希悽咽臨川語千子亂本起衣冠孳雄恣豺虎草履兩都穿丹心一寸腐人嗤杞人愚我憐精衞苦長嘯隱廬山成名笑廣武爽氣不可攀逸躅渺前古朗吟乞食篇脈脈增酸楚

故大名副使魏公公韓

鉤黨終禍漢閹豎迄覆唐太阿一倒授白日慘無光惟茲有明季事勢何披狂三朝實同貫失道潰隄防正人旣殄滅國亦隨之亡魏公秉清鑒憤世懷激昂置身危亂際進退特周詳一麾行解綬歸臥松山陽季膺有先見子美多慨慷每把金石句大義何琳琅遺風溯高顧軼事徵左楊孤節屹萬仞逸氣淩穹蒼兒童識舊德松柏表新岡九原不可作湖水日洋洋

故孝廉萬公爾昌

誰謂子雲元劇秦甚謠詠誰謂阮公狂勸進何齷齪蹇予遊四方
少小慕奇卓頗交隱側徒矢口在巖壑朝爲泛渚鷗暮作乘軒鶴
迴首西山薇大笑絶冠索有美萬夫子聲名實嘖薄世局幾滄桑
雄心甘寂寞偕隱日初平退修先生經史坐揚搉胸次無拘牽篇章得
灑落高尚五十年飢腸厭藜藿前歲升公堂神明尚矍鑠頃來拜
公墓荒草走狐貉服膺甲子詩痛哭西臺作悵望武湖濱寒雲莽
寥廓

蘄水士民爲其令尹侯公乞詩予耳其政聲舊矣因賦此詩

爲政若馭馬調人譬治絲馭馬無竭力治絲勿棼之令尹親民官
厥爲慈惠師上以經國本下以卹民私龔黃與卓魯寬猛各有宜
悉心求人瘼實至名亦隨頃歲三吳災告糴連尻雁泛舟急飛電

一利百害滋吾郡當其衝刮地無留遺頗聞浠川宰次第能張施
憂國如憂家哺民如哺兒輸轉多實惠散斂匪虛縻一方訖安堵
賢聲達四陲我聞重太息救荒不須奇斯民今猶古莫謂無秉彝
因之訪餘政道路多口碑隴雉馴拊翼村犬臥生氂此亦豈異術
誠心念在茲士人未入官飾古尊筌蹄高談陋世務璧額視有司
一行綰半綬初心日以非縣令古諸侯萬衆所瞻依祿入已過優
名位不爲卑勖君守初服努力匡　熙時

過蘄春懷顧黃公

徵君瀟灑姿搖筆富文藻弱冠充王賓時論推國寶激昂世務書
匍匐兩京道志大徒次且時危久枯槁高揖辭風塵閉戶狎魚鳥
經傳毛鄭宗學比崔蔡老一尺白茅堂樸質謝雕巧晚就蒲輪徵
束縛難爲好王式本不來臺佟節彌皎依然犇牛翁歸作采芝皓
六書大義微研精肆幽討上窮皇頡初下逮篆隸槀鍼縷辨形聲
錯綜出要眇善誘物之師博洽時所少伊昔奉微言今來悲宿草
歲月忽已遙風流竟誰紹抆淚下寒江白雲空浩浩

憶劉先生醕驥

古人重讀書今人務骫骳羌吾總角初逮事廓菴子一目了十行
窮年惜寸晷貫穿惟六經鑽研極三史讀之每百囘背誦如流水
摛詞必己出劖刻謝華藻片語幾聱牙隻字富根柢時輩各擒舌
翁聞愈益喜嘗騎京華驢落魄少知己蔚州魏象樞特傾倒北面嚴
具禮欲備三館須薦達光斧扆翁也掉臂辭徒步歸桑梓迂疎誰
見收寒飢遂沒齒及其屬纊時慷慨賦哀誄猶手班氏志喃喃譴

數紙零落子雲亭痛絶若敖鬼天道竟何如雪涕瞻蒿里

憶張先生仁熙

桃李笑春風蘭蕙媚幽谷當時豈不佳嚴霜悽故綠嗚呼藕灣翁
松柏受命獨負然冰雪姿恬曠寡營欲野水環林塘清暉映茅屋
閒持一編書坐對青山讀路旁處士梅籬下陶公菊布褐不掩形
文史撐滿腹作爲雋永詞鏗鏘響瓊玉正始有遺音比興無繁縟
平生篤風雅萬事付蹭蹬往在童穉時撰杖隨芳躅契闊凡幾年
訪我窮山曲白袷出談諧殘燈照醽醁風塵久往苒存歿如轉轂
遠戍下哀鴻長天號古木何處弔九原生芻期一束

泊舟武穴鎮弔金會公先生兼寄令嗣廣宗禹書昆季

衡臯被清露寒江蕩夕陰故人不可見含悽指舊林池草凋故綠

園柳啼鶯禽夙昔奉明眷望古渺幽尋青燈照奇語濁酒陶清襟瑯瑯金石訓豁我蓬之心一別成萬古茹哀坐陸沈緣情重掩抑淚盡雍門琴

先生南國楨山岳秉特操高步冠羣英沖襟委埋照鏗鏘雅正詞五色相炳曜素尚託鴻冥孤情發鸞嘯奡迹垂千秋涀濊入無兆譬彼百尺桐孫枝亦合抱徂運逝不留盛德久彌劭經術重韋門努力期明紹

天寶鹿 幷序

康熙壬子歲于清端公成龍爲黃州同知駐岐亭野人獲鹿垂斃獻之其高如馬角而斑公命作脯於項間剝得銀圜重一十七兩鐫天寶二年華清宮七字角下堅徹如瓊蓋所謂鹿玉也公以作帶環佩之友人黃安彭伯常在署親見其事屬予作歌

軋犖山前烽火起彗星下掃長安裏赤心一夕化豺狼唐家九廟皆荆杞夜雨愁埋劍閣雲春風恨滿溫泉水何來決驟華清鹿萬里中原行不速慣隨花鳥上陽宮親見玉環頻賜浴彄字深鐫太府金角痕碧沁靈瓏玉未逐僊人上博臺卻遭牧豎充庖肉君不見梨園菊部霓裳舞宏農唱罷來鞺鼓鸜鵒曾聞問上皇舞馬猶知悲故主秦家宮闕漢家陵千年幾度生禾黍休將遺事弔開元漠漠寒煙翳平楚

萬 燦 字季方黃岡人康熙癸酉舉人傳詳文苑

寄欽人田士佃

瀏彼清谿水素鱗託蘋藻風日豈不殊縈情惟夙好河鼓已宵移織機傷顏老天漢望容翃所恨秋霜早攜手上河梁金玉傾懷抱兩翼忽驚飛抗志淩雲表興酣搖五岳榮名以爲寶隻影誰與同止水空潦倒落葉滿階庭寒蟬泣秋昊新芳及殘芷臭味分菀槁楚山接燕雲行行寄長道衣帶日以遠珍重思紵縞

顧 昌 字文饒蘄州人康熙癸酉舉人傳詳文苑

曹荔軒寅 梓白茅堂集將竟感賦

和璧不世出剖璞須其人珊瑚結海底網取非柔紉力大用必壯鑒別識乃眞明公賦至性挺特空羣倫束髮事高步老大能親仁生鍾燕吳秀氣壓京華春時維先君子旅臥越舄呻公也獨慨慕意洽如飲醕走馬出 殿直攬轡來城闉晏語或達暮夜懷難及晨豈惟骨肉愛竟以膠漆論身今致通顯揚扢據要津金閨總羣彥雅志獲見申古人不可沒後哲甯隱淪庬工市棗梨鍥鏤崑巔

新驪珠燦煤墨玉版開璸璘陳思慟敬禮護惜猶苦辛矧同琪璧視忍終榛莽湮

陳芳烈 字仲紀黃岡人康熙中歲貢傳詳文苑

弔邏江貞女 女不知何姓順治初爲兵所得留詩衣帶間投江而死有入江猶是女兒身之句

四塞平沙霧雨濛誰家巢卵碎江空靡笄呼母湘波黑齧血留詩海樹紅明月珠沈巫峽水黃姑星墜大王風哀魂何事長銜木不許遺名蔡琰同 案此詩縣志載杜烈女墓下但原注女不知何姓而留詩衣帶事亦異故別存之

梅 鋼 後更名鋮字淡克麻城人

先中丞射圃二首和李子石表弟

時艱解甲憾何窮激烈人曾此魏公投老苦心惟是戰寓兵至意卽於農林泉十里能還賊里井千家久卽戎回首不堪遺壘在寒

鴉衰柳日西風殘陽漠漠草離離華屋山邱事總悲風木君曾傷劍履神祠人見有旌旗孤臣存沒宵天意殊錫幽冥仰聖慈匹馬獨來尋一哭不勝清雁冷猨時

金啟江（字同九廣濟人康熙乙酉舉人）

伯道廬虛中郎爐熄文人薄祜今古同悲矣邑中先輩有七人焉家叔父命鈔謄其遺稿都爲一集行付剞劂既卒業各賦詩一首

張太守子龍

皇矣張太守狎主騷壇盟里門鄰下雉雝雝鳳凰鳴摛詞追三閭作賦擬二京茅亭人問字草昧變文明（劉康谷子寄公詩有終古斯人開草昧句）其年

躋衛武耄言筆未停（九十以後著耄言）江漢滔滔逝星雲亦窅冥楊塋徒負土伏學女傳經賸有殘編在斯文尚典型

寇山人巨源

楚江寇山人讀書到盤谷閉戶垂三載文選理精熟怒髮弔淮陰低回歌當哭覽古黃金臺浩然展遐矚汾上有賢王（慶成王）賓筵禮華屋千金隨手盡歸來啖虀粥逢人說二餘蝸廬成小築一棺尋東身淺土江之澳風流縣大夫搜詩次篇目馬鬣爲重封大書壽山麓嗚乎此高風可以挽頹俗至今墓道傍松風猶謖謖

楊孝廉用極

娉婷楊孝廉厥年二十九十五入詞壇公幹稱畏友（謂劉康谷子）南宮一下第氍毹侁侁走舍生散鬱陶佳人共巵酒老友吳黃門（諱亮嗣）灑泪到林藪遺草拾榛苓（黃門刻其詩曰榛苓遺草）顏序出張公手（子龍先生作序弁首）

劉康谷子敬伯

矯矯劉敬伯經學爲人師（授經黃岡何氏）何氏好兄弟（黃岡何譔章長謙緘仲）把臂結心知閔彼病消渴臥起苦支離藤牀搘瘦骨馳送山之陲音問時絡繹夢裏長相思陰風吹大壑白日忽西馳絮酒奠墓道吞聲憶舊時區畫及衰親摩頂視其兒（韋長序其詩云余兄弟至康谷子墓見其子尚夾囟父殆老矣今而後余兄弟勉爲康谷子治父衣冠）嗚乎此畏友端人實致之後來遡高風藝林疇可追

劉明經廓菴

亭亭東岡雲英英垂天半下有芝在堂寶光何璀璨博物劉先生擁書恣點竄歲貢上春官聲名騰霄漢柏鄉與蔚州前席析疑難

（柏鄉蔚州兩魏公日與先生講論不輟）歸老窮巷中羣言會一貫身外俱浮雲抱璞殊術術至今蒼蒼松挺然露修幹

吳靈山公子

靈山吳公子矯矯詞壇伯先君文酒交過從稱莫逆皇考官大令（敏師確山令）公子覩標格中年丁喪亂繁華轉蕭索郊原戎馬屯（前甲申乙酉）莫夜防辛螫（時有宵人欲戕公子夜大書其門）幽棲依白雲（白雲菴在靈山）濁醪常結客（公子與客飲達旦宵人知有備故免）大令浮湘去音書限南北湘水阻且深南望空脈脈沈憂能傷人經年病深谷先君過靈山強起詣山麓一別歸江干幾日便易簀吞聲作挽歌傷心六月六生死見交情古道照顏色賤子記先友短章陳夙昔

黃文學大象

昔聞古秋堂巋然江之渚中有黃叔度鎮日惟道古博物劉東岡廓菴先生於時共語語詩法嗜空同吟詠不絕口世亂更滄桑蕭然一環堵兀坐整衣冠羞與委巷伍生涯嗟偪側遺草幸藏弆鳴乎騷雅場荒煙沒禾黍

張惟金 字貢方廣濟人康熙辛卯舉人傳詳文苑

讀胡教菴先生語錄跋後

丈夫不得志立言期不朽六籍揭中天大義燦星斗聲悅徒紛紛支離如駢拇伊人起江滸窮經至皓首蕭蕭逕瑩居環堵宮一畝著論比潛夫芭孕無不有箴愚而砭頑用以置座右滄海雖遞更殘缺良可守

書胡二華先生傳後

二華耽寂寞窮年事蒐討早入馬融帳說經霧如掃折角而解頤後生爲傾倒家世方通顯介性獨自葆懷清不絕俗吏隱豈枯槁倉卒遘流氛舍生以殉道鳴乎經學明立身非草草

書胡太僕 士容 傳後

衰朝鉤黨起甘陵狐鼠批根共引繩祠屋普天叢可藉江河一掌塞何能柱中不合收張朔牢戶旋看繫李膺嶽嶽乾坤留正氣後先楊左與同稱

徐本僊 字佑倫蘄水人康熙庚子舉人傳詳宦蹟

烈女行 爲黃岡歐彝臣女作

歐家有女額垂髮東牀已作徐家榻蟾蜍飽月勢團圞封姨不教花匼匝柳白鶯黃正早春兒家夫壻初長成可憐黃茅撲初鶯可

憐弱草瘦零丁二豎巧向膏肓結藥下倉公攻不克氣似晨星乍有無弱雲狠藉無顏色海棠羞日暗藏秋欲往唁之不可得遙分病勢死莫起黯獨傷情而已矣伯姊諸姑走相勸言語未足近道理甯作秋原霜下草莫作春花樹上好春花謝彼還開此秋草同根同節死頗疑截耳與斷臂猶是貪生心未止吾甯尺組赴冥關魂意心神從所使魂意追飛伎鬼憐黃昏已到夫家門女父男親怪相問此時不信謂飛魂此時夫命纔一線宛轉倉皇入相唁舉頭一顧乍銷魂夫命旋亡女不見夫家悖遣女父回始識義亡輿櫬來墓上黃昏雙宿鳥至今重起青陵臺張雷神劍終當合化入平津雨龍躍何必會面始情親古人不侵爲然諸君不見照夜燈炬乍無膏添膏剔炬重相燒又不見楊柳之枝枝方折新枝還補舊枝缺請君試看籜中竹竹在籜中已有節

靖道謨 字誠合黃岡人康熙辛丑進士傳詳文苑

節孝吟 爲節母王文學妻陳氏作

北山松柏淩雪霜千古萬古摩穹蒼造物鍾靈原不偶盤錯鬱積乃森張淮西大郡有齊安扶輿毓秀自崎山岐峋峭壁三千丈諸山都作培塿觀拔地倚天發閒氣王氏節母生其閒三歲背嚴父七歲失所恃十四適王家婉娩相夫子結褵十二年所天又崩圮藐焉七歲孤高堂急甘旨大旱滌山川晨炊無粒米集蓼茹堇荼苦心無此比之死矢靡他艱貞利傾否辛勤送往復事居雛鳳振刷錦翼舒幾年晝荻兼剉薦一日都邑騰名譽眾謂節母宜上請正色卻謝不肯居二十九年素木榻整衣端坐返太虛珠光玉氣

甯久闕　天子聞之表其閭蟠霓綽楔峙舊里嵜山巀嶭與之
俱人生要當爭千古時窮節見傳於書滿堂珠翠空塵土煢然嫠
婦今何如

鍾應遜黃安人康熙時由廩監考授州同

散里歌

自昔重循良古今稱卓魯亦在止酷烈前後思召杜吏治雖多端
慈惠實所主張侯涖此邦邦人歌樂土百里感和風萬戶沐甘雨
牧民在休息焉用斤與斧士以文墨逼笑談傾肺腑其或等狂且
不嫌賦鸚鵡老農力耕鑿年來憂粟腐醉飽穩三眠吏胥目未覩
靡麗無所喜廛市無所取給價倍平人風聞來遠賈聽彼輿人誦
詎能屈指數於中有一事乃更足千古安昔遭喪亂十不存其五

餘戶三百六次第輪差伍十載一當年當年為最苦每逢歲晚時
老幼走公府官卒循舊章持籌索規矩法密憑伊弄文深亦任舞
此輩已食人尤愁積保戶保戶專苛派白晝肝人脯遇事卽風生
發言人皆俯纏頭與簪珥取辦悉窮宇三五類成羣未語先含怒
強者偶一吐鰥寡尤所侮金錢嗔不足益之以布縷布縷窮女紅
無能飽餓虎富者日向貧貧者歎終窶侯當下車初太息膺常拊
赫然削陳牘盡掃從前蠹里正不到門雞犬皆安堵如春回黍谷
如日正當午又如病困夫頓覺沈疴愈租稅無後期公私眞雨補
向之攫金者寂寞歸農圃昔之几上肉歡然歌有稌強弱非所論
勤惰分良楛風俗自此醇鄉曲漸無武良法貴久遠今卽後之祖
既已頌侯德還須勒堂廡守此以勿替安民以無瘉姦頑或竊弄

小子當鳴鼓

張　畸字子駿蘄州人諸生雨湖八子之一

七懷詩郡中師友一時名宿日月如流零落殆盡撰詩懷人感往增愴云爾

東皋李夫子炳然字人虎順治辛丑會試副車官吏部司務出宰江西萬安早賦歸來杜門著書文宗選體詩學少陵有江蘺堂集傳世

大雅存吾道高懷詣古期宿精文選理老敵杜陵詩五柳歸來日
千秋著述時暮年陶後進不倦講帷披

盧公澹崖紘字元度順治己丑進士歷官蘇松糧儲參議罷居虎邱講學海內知名士無不景從四照堂文集盛行歸蘄官橐蕭然古書器玩俱散佚四方惟結容膝軒於鳳山之麓年八十餘猶手不釋卷

風波辭宦海著作老山阿文體分西漢詩情帶永和虎邱曾講學
鳳麓久安窩獨掩柴扉靜藏書付薜蘿

汪公仉懷衡字蘭友順治己丑進士知福建南平縣以不媚權貴罷歸詩酒自豪與東皋澹崖諸先生各建旗鼓一時擅場

高捷南宮日風流雅絕倫才餘隨酒展興溢惹花瞋秀句浸寒月
駢詞麗曉春囊空免羞澀瀟灑露天眞

王約菴先生協字恭南雋才博學由明經出宰華亭疏狂自放不能為五斗折腰遂拂衣歸蘄居城之南山以詩文自娛

鶴唳華亭後南山種豆翁揮鋤輕皁蓋迴首嘆飛鴻書卷消閒日
行藏類轉蓬西湖曾有約花柳六橋中

李千英先生士俊字蘊文少博青衿卽精古學從遊於澹崖舅氏東皋伯兄時加磨礪駸駸有得扁其居日鶴原石室茂林修竹客至煎韭烹葵雅有幽人深致

巾衫端素履石室老鶴原酒結同心侶詩追嘔血魂呼兒春翦韭

問字曉開門世態浮雲外先生古道存

鄭部胄裔周（一字闕吾州名諸生屢躓場屋遂放懷詩酒於吾輩中稱豪士馬後余結雨湖吟社而闕吾先賦玉樓十餘年悲夫）

昔年詩酒社我愛鄭當時擬古霞成綺飛觴月醉卮不嫌羹是菜

更喜墨臨池制舉科名事流傳豈在斯

郭屑崖從（一字去山州諸生負性倜儻慷慨有大志喜讀秦漢書書畫獨出匠心更精古篆其生平所歷人情物態悲歌感慨無一不發於詩付梓時病篤夜三鼓招余永訣以不見刻成爲恨云）

磊落襟期遠居然八尺身文章高格調器度起嶙峋感遇禽言盡（從有禽言十首最工）摩鐫古篆神煙雲爭繞紙一嘯出風塵

萬年茂（見前古文）

重赴秋闈　恩宴紀事二首（乾隆壬子）

解組歸來五十年此心甘老向林泉忽聞折簡傳開府也喜簪花

赴上筵謠避乘驄空底事歌聽鳴鹿尚依然漫猜席帽離身日白

首重叨　湛露緣

八十垂頭又六年那隨光氣躍龍泉　恩傳桂殿陪芳宴快說瓊

林近綺筵多士秋風新薦後故人漳浦獨翹然算同科第同庚甲

謬附襃推二老緣

周茂建（字展野黃岡人乾隆丙辰舉人傳詳文苑）

贈周宗魯（蘄水人）

君以儒爲俠山海皆能涉富貴若浮雲詩書存本色昔赴蒲輪徵

要路得肩息長揖無將軍不來有王式如彼西來馬未受金玉勒

如彼陸漸鴻偏使羽毛匿千金既已散斗酒無所得故人招之飲

狂態不能默人皆惡其言我獨飲其德清泉白石間位置當爾特

張禮源（字庸五廣濟人諸生附見父惟金傳）

胡太僕劍銘

干將與莫耶純鉤名古越清水淬其鋒精剛抉陰蜺有明熹宗朝

魏璫恣虎噬頤指崔呈秀下走營兔穴卓哉太僕公秉氣何凜烈

不爲繞指柔甯甘炙手熱當其按薊州爭先覩爲悅生祠躍馬過

（不拜魏忠賢生祠）私人空闕說（崔呈秀薦其妾舅公叱之）淬劍置案頭幾摩歐冶鐵銘

曰義與仁誓當截妖孽詎知嬰羅織戴盆甘縲絏有術不用柔用

剛反缺折嗚乎百鍊剛難將幽憤雪烈皇掃羣姦此輩俱殄絕初

政榜國門拔起忠臣列公也荷新恩三秦備節鉞此物與之俱霜

鍔電光掣逆閹雖授首未塗姦臣血大書絕不刊豈直盧龍捋珠

自合浦還（兵燹後劍爲他人所有復購得之）千年不磨滅手澤貽後人可覩不可

褻怕入襄城水長與匣中別

黃自芳（字資沐黃岡人乾隆中歲貢）

寄懷萬南泉侍御

霜生諫草舊丹心（先生以彈劾權要罷官歸里）兩鬢能無許雪侵別後高名驚

海內歸來清詠動淮陰蘭臺曉日烏棲冷芸閣春風鶴夢深兩向

問津詢逸況（尊大阮履素公主講問津書院得詢先生近況）何時遊屐款荒林

陳　詩（字觀民蘄州人乾隆戊戌進士傳詳文苑）

高貞女行（字黃立人）

青青女貞木皎皎心不移斲爲太古琴絃以寘女絲（解一）琴亦不在

御絃亦不在指哀鳴聲烏烏女心井中水（解二）井水有時枯女心無

時渝再拜辭父母願言養舅姑解三舅姑前致辭淚落連珠子有婦如此賢吾子良不死解四死者肉已寒生者志益堅卓哉高貞女清風激愚頑解五

讀泣蘄錄作

黃土關下鼓聲死神光觀前燧煙起渡河直逼羅州城一日夜行三百里白鬚太守稱能軍白袍通判同苦辛金汁鍋飛萬牛火驁軍洞燒雲日昏焚香告天天不顧蠟丸望斷龍舒路三角空屯朱虎兵萬金坐索圍城賂可憐蘄陽城甯為李秦死不作徐常生萬死一生趙司理血淚淋漓書滿紙殘燈無燄風刮天捲卷傷心舊桑梓君不見八字橋應援將士斬關逃又不見十字街趙家坏土收遺骸至今麟麓龍磯上褒忠廟貌高崔巍

題葉雲素 繼雯 蘄春訪舊圖

青青蘭溪箭泱泱蘭溪水若有人兮修且美朝臨右軍書暮跋東郭履豪貴到門呼不起君家大別陰我住大桴趾為訪素心人那惜山川道逶邐高軒既東來敝車亦西指蓬蓬天上雲歘然聚於此愧我山澤癯不堪添入圖畫裏古來交道亦有神不待相見知相親披圖彷彿得君意況是蘄春村裏人

喻文鑒 見前古文

隄潰書感

江水下盤塘無山可阻水當其暴漲時那能測涯涘驅水與水爭杵築高不庳其東盡雷池捍禦相首尾始自洪武間歷今四百祀築隄事澹留隄築留未已一綫五邑聯受害吾過彼吾邑居中樗天半如釜底居民傍水居江表而湖裏山田多瘠薄湖田多肥美江隄標界劃湖築紛紜起江隄實緜延湖隄復迤邐雨來湖不納江溢隄易圮無慮萬村落在在生疻痏江隄付東流湖隄遂披靡道元注桑經刊水清且泚右對馬頭岸何不順遺軌刊水既湮塞南注茂一匕獨有青林湖東流一支耳所瀦亦已多所洩何由駛因循踰旬月田廬勝有幾儻得江水低旦夕猶可俟不然肆橫流震盪靡遐邇萬春狎陽侯人命輕於紙倏忽倒如山吾民其魚矣十年再三逢千家頻轉徙嘆息吾邑貧當復正坐此撮土安足資誰知穴以蟻況受腹背敵措手誰料理所賴救時才先時勿膜視

陳母行 陳虞部詩之母

鬱鬱千尋松上有太古雪松比人心貞雪比人心潔解一嗟哉陳母

賢八月為新婦姑言諳食性夫言善貧帚解二天風吹海枯海風吹不住吹起離鸞聲痛泣九泉路解三死夫固有婦新婦固有夫長謝堂上姑甘殉冢中夫解四阿姑前致詞淚落大小珠有娠纔五月珍重千金軀解五強起語阿姑焉敢惜一死慰夫宗祊心旦夕吾瞑矣解六珠顆好男兒羅薦蘭湯沐嚴風吹寒幃抱向靈前哭解七慈烏生一子哺鷇漸成雛典我嫁時衣購我架上書解八讀我架上書還我嫁時衣死夫亦有婦賢母亦有兒解九 彤廷下 紫誥表為人母儀豈惟人母儀允稱士林師解十

鎮沅太守行 劉洪度廣濟人

鷙鶴橫天鬼嘯呼黑雲挾雨煙模糊長身冠劍古丈夫精誠一片人所無鎮沅城大如斗彝官梗化那易馴鋤姦翦蔓應不苟劉公

五馬來彝疆波弄山前旌旆揚肘繫三印耤紱轄東西控馭何多方（時兼管鎮沅府威遠同知恩樂縣事）自從賊聲威遠振猓黑猖狂勢已迅公冒矢石率先登驟馬蹴空立斫陣孤臣義憤嗟誰儔赤手生擒五賊頭拔刀殺賊刀流血血灑蠻天天欲愁制軍（鄂文端公爾泰）撫軍（楊文定公名時）加撫慰更飛密檄委重寄計縛刁瀚繫轅門滿城動色駭神異其如醜類終掊張飛鴞豈得爲鸞凰伺閒蜂集入城府狐跳豕突誰可當陰風慘慘稟冰雪馬湧江水響嗚咽太守登堂誓大義睛光炯炯腔血熱勢急忽看振臂來怒呼殺賊聲震雷力盡殉城獲死所守城武弁安在哉其時五僕皆委命慷慨就死殊剛勁惟公精誠一片心忠激愚頑遂至性君不見 王師奮撻滇氛消俟錢賓布輪 王朝至今人誦庚戌橋

閔歎子歌（名貞廣濟人）

閔歎子大官折簡招不來纖兒拍肩拽之起有時索筆點草蟲有時潑墨畫山水最工寫眞顴白描爲人頰上添三毫生氣勃窣離生綃一月兩月若無事一筆兩筆若無意堅閉空室坐欲枯欻有人兮呼欲出問爾何由擅此奇乍語哽咽涕泗垂見時失怙兼失恃形容髣髴是耶非思成詫歎神惟肖疑有天幸非人爲從此貌人人絕倒破屨敗衣恣幽討幾被春風刷羽毛休要冬烘露頭腦裝池一幅奉饌圖擔囊卻走長安道長安道上多貴人無由橐筆圖麒麟況當職貢圖王會植髮矚鼻何人繪其時衞藏班禪亦來王吹螺嗥唄羅都綱供三摩耶爇茶香碧睛偏袒坐四牀輪迴雖誕教宗黃爾操不律妙嚴莊（時某邸令圖班禪額爾德尼像）足令傳遍四十九旗並回準膽慴諸台吉宰桑草茅下士那得此如驅魂夢談荒唐可憐歸去漢江晚西風拔拂塵衣短墓田草屋都荒蕪片帆來往客心孤嗚呼閔生歎且怪年年歎向人間賣妙技珍惜不肯傳十字街頭抵酒債

黃岡弔王公稚欽

夢澤先生不可招滿城風雨颯蕭蕭殿庭抗疏龍鱗逆館閣留題烏母謠四海寬容才子座一官累折酒徒腰百七人中人已老紅衫窄袖未歸朝

王　鑾（字伯聲黃岡人乾隆丙午副榜傳詳文苑）

懷萬蔚亭困學紀聞箋註之作

照閣青藜漢牒新畫門赤帛孔圖眞祕文墜簡今何地窮谷深山尙有人如此纂修非小補不關榮利是奇珍羣兒腹笥空如洗北

面應師井大春

和歐陽敬亭近作見寄

岫雲江水共襟期鴻鯉飛來得近詩人在一方雙眼注事關千古寸心知獅王搏兔君餘勇牧豎亡羊我懼歧留得老年高興在松陵皮陸是艮師

陳瑞球（字韻石羅田人嘉慶己巳進士傳詳文苑）

大雪感懷

同雲四翳圍窮廬雪花墮地如飛狐市里同聲走相慶來歲預兆豐年符鶴氅重披不識冷酒酣耳熱歌烏烏忽見簷閒凍殺雀毛羽瑟縮手口瘏背入釜啄殘粒啾啁日暮哺其雛郊外荒村苦

磽瘠頻年薄入輸常租天寒歲暮生計拙橐空無粟衣無襦婦子枵然塊相對瓊瑤目飽徒踟躕爐空火絶凍入骨涕洟隨下成冰珠造物於人太厚薄銷金暖帳胡爲乎愴懷獨憶監門吏急遞直進哀鴻圖

出都道中作

宦情如墨逐人磨十載升沈付浩歌帆去章門塵夢遠衣經燕市酒痕多倦思乞米終依闕貧怯攜家再渡河記否棲遲舊芸署莫教駒隙又輕過

題何大復先生集

弱冠登壇世莫攀文章節義具斑斑靈鍾嶽降崧生地秀擷廉居讓飲閒明港發源天目水最清冽先生祖驛丞常居其地七子而還操正轡諸孫相繼侍

清班卜船久辦鄉先輩何幸今過大復山先生祖居羅田之卜船山與余居相距二十里

龔斗南字小梁黃岡人嘉慶癸酉優貢傳詳文苑

潘貞女

郎命絶淚如血女性烈心如鐵未到郎家與郎訣郎死亦死死不得郎父郎母肝腸裂賴女如兒長在側九京郎正慰三年女忽亡彼蒼者天何茫茫道路聞之爲悲傷吁嗟乎潘貞女有女如此能不死世間誰是奇男子

陳　沆字太初蘄水人嘉慶己卯進士傳詳文苑

祭蘄水義園感賦二首

迢迢白塔寺秋氣橫蒼煙中有故鄉人潛靈幾何年生飲蘄陽水死葬燕山阡去家日以遠邱壟日以遷上爲酸棗林下爲枯麥田萬鬼同一廬幽魂逼飢寒今也汝誰後昔也汝誰先貞石既漫滅遺跡何茫然當時營壙人今亦姓字湮黍爲同里親見此心内酸聊將一豚酒敬念桑梓緣

黃蒿長沒人一碑斷如舊數字聊可辨題曰官氏母汝族有大賢其名爲劉叟清風被一鄉令德難爲後我昔拜遺阡零落殘僧守青山本無名附託長不朽母也汝何人生爲大家婦徒留一片石懿行湮已久感此意茫茫誰者爲上壽

劉貞女行

黃岡縣南長圻壕江水出其前其後有湖其中爲平原其民樸而野十室九種田有劉氏女倪氏婦塊然貞節聞其閒女父劉文暄女壻倪文錦兩家居不遠媒嫗一言允待年各修飾但未成合巹

壻生十六年一病危如絲女請於父往視疾病者相向不語但涕垂女來七日而壻死女之來也未結縭女念死者有父母死者已死生者誰扶持無子有子是在婦服婦之服斬其衰舅曰有姪女嗣之煢然弱女兼有婦順與母慈壻之死也一殤耳女乃使之上有父母下有妻子有祭祠三年服除女母念女素車還家淚如雨有姨老矣細語刺刺意吞吐女聞語塞兩耳姨奈何言若此哭拜父母前決絶姑與姊兒今去不來矣直至五十餘劉公劉姥各八十女乃再觴歸甯車歸家省其慈女死之時乾隆五十有四年苦節無人知縣官不聞名其姪章禍爲我流涕而言之更有爲言章禍亦純孝居今之世貌古貌朝出力田夜歸奉親父死廬父墓母死廬母墳六年之閒一晨昏窮冬僵臥夜雪紛紛母憐兒寒覆以

魂夢中抱母不見母往往夜哭驚起村中人嗚呼忠孝天地理詩書有力扶不起茲乃得之農家子何況雙孝一門裏讀書數十年一節無可稱能不愧欲死作詩者誰蘄陳子告采風者書青史

孫承則（字南溪黃岡人傳詳篤行）

一 馬貞女歌（貞女許字賈氏）

寒潭清石骨玲（貞女居馬家潭潭有仙人石）有女生此方妙齡未親夫面立夫庭姜命薄姑已孀賈郎二豎結膏肓惟餘羞日一海棠繞屋蒼松巢野鶴空復相知飛漠漠兔絲附女蘿猶得繆縈終有託神劍化平津會當赴水兩龍躍噫吁嚱娉婷不惜紅顏重然諾

謝　棻（字惕夫嘉慶癸酉拔貢道光乙酉舉人傳詳文苑）

和錢阜農明經哭黃壽民詩（壽民名作霖以督勇禦賊殉難）

男兒讀書萬卷不肯讀陰符倉卒遇難嗟非夫祇言下馬草露布上馬殺賊當誰呼樹頭啞啞白項烏拚然有客聲欷歔手持一紙淚如珠云是烈士殉身圖我乍聞之發長吁且讀且問淚已枯五十年前游鄂渚初從文戰聽賁鼓嶺南令尹賦歸歟翩翩叔度看眉宇（戊辰省試見愛亭先生自粤東歸壽民從祖也）越二十年養木雞適與哲嗣通蘭譜（乙酉與小陔爲同年壽民從父）明年過訪漢江臯庭堅小德方垂髫（丙戌余訪小陔於漢臯壽民方從小陔讀書）今何爲者得死所天荆地棘心無逃眼看賊氛不可遏手持軍帖猶相招百年旦暮亦平等泰山之重輕鴻毛一命未膺尙如此含羞忍垢悲吾曹鼓瑟未終人不見哀絲獨轉宮徵變一唱應知和者悲雙袖龍鍾起三歎

胡壁華（字良白蘄水人道光辛巳舉人傳詳宦蹟）

曲沃知縣丁𤩽溪殉節詩（𤩽溪諱璜黃岡人由進士官曲沃知縣咸豐三年八月城陷遇害）

茂宰循聲父老傳黃巾忽過太行巔一官任自專城重七尺軀應爲國捐望斷援兵關塞外（時大兵未至）詩成絕筆訟庭前（𤩽溪在公庭成七絕一首）魂歸梓里空揮涕憶別燕臺十二年

黃州知府金菊仙殉節詩（菊仙諱雲門安徽休甯人由進士授湖北崇陽令以軍功陞安陸知府旋調署黃州咸豐三年九月賊自江西回竄湖北十六日黃州城陷殉難）

連檣戰鼓浪聲喧血灑邾城氣欲吞能罵赤眉憑雉堞最憐黃髮泣鴒原（與令弟人銘極友愛）孤忠浩氣留千載大節幽光萃一門（去臘汪恭人偕兩女死湖北省垣之難）故國江臯祠廟在扁舟他日薦蘋蘩

潘煥龍（字四梅羅田人道光乙酉舉人傳詳宦蹟）

門人熊臥雲孝廉（五緯）克蘄水城屢戰皆捷賊悉蘄州黃梅

之黨來攻衆寡不敵力盡捐軀作此誌慟

破賊功垂就如何惡耗聞握拳知透爪嚼齒定穿齦慷慨戈揮日忠誠氣薄雲二難相繼逝（令兄素卿）令我淚紛紛

紓難家能毀成仁命竟捐科名眞不愧史册總宜傳姑息留奇禍英雄隕少年最憐兒女小膝下母衣牽

感懷（四首錄二）

烽煙欲熄忽陰霾變幻無端攪我懷飛將久無班定遠良謀空負李臨淮（謂鶴人方伯）爲姦賊已同狼狽當路民仍困虎豺太息行軍何等事運籌帷幄少安排

鑄將大錯豈能支幾日紛紛羽檄馳樂毅城難隳即墨顯忠兵竟潰符離毒如蠭蠆應防螫收向桑榆尙未遲自古受降同受敵緣

何誤被杜宏欺

哭邑侯彭杏村先生

報國年衰志不磨（公年近七旬）使君大節信嗟峨三霄駭目明星隕（公殉節前一夕居民見大星墜於縣西）萬戸傷心淚雨多慷慨裹屍憑馬革辛勤塡海息鯨波忠魂死後仍殲賊天半靈旌颯爽過

蔣恩澂（字酉泉黄梅人道光乙酉舉人傳詳文苑）

白湖孝子行

孝子無名姓奉母居湖阿見客不知揖娛親嘗善歌客憐孝子貧十金議傭雇持金喜白母欣然負母去客言毋當留孝子睜雙眸擲金如擲泥詈客如詈仇廬墓終三年忽不知何往至今湖水綠悠悠令人想

余錫椿（字培園黄梅人道光甲午舉人傳詳文苑）

書瞿太初訟父冤書後

有客示我伏闕書一通我時展讀生敬恭書上大書萬歷丁丑字書中慷慨欷歔說若翁若翁當時知名士名高招忌禍以起聞有封使君（張維翰）播惡吾桑梓誅辱由縣民歸獄偏瞿子劾之者誰幸遇向御史（向程劾邑令激變）黨之者誰又一清河氏（吏部尚書張瀚駁御史議）異代龍門著作才蠶室窮邊兩如此若翁戴罪致倘然曾賦長流告別篇仁人之言何愷惻不怨不尤信能賢太初先生年十四含冤獨奮緹縈義短衣歷抵公卿間淚灑燕天天垂淚能令屠赤水異地悲其志又令馮具區挺身白其事江陵相國素憐才一掃浮雲天日霽若翁歸來好著書料得此書並傳千萬歲何年六丁下取將竟使嫏嬛祕笈不得長留人間世我生同里嗟已遲想像君家傳神馳是父是子眞濟美難兄難弟並稱奇徵文考獻吾輩事無奈等身著述少子遺此書猶幸存紙本借問何人傳寫不惜手爲胝不是手胝人不惜千秋感人是孝思我今願書萬本廣流布付與兩間眞宰常呵護

徐儒棨（字戟門蘄水人道光乙未舉人候選教諭）

青青林中筍（爲烈女楊三姑作）

青青林中筍節與苦竹俱吾鄉有烈女名爲楊三姑三姑生農家少小習勤劬十一學紡績十二學織繻十三學刺繡十五學入廚比鄰有李氏結婚在當初待嫁方有日獨活草先枯父母恐姑覺信息尙含糊姑已察其隱將身上筍輿望見夫家門忍淚且前趨

入門初上堂阿姑來相扶再拜泣且言兒今此一軀死歸李氏骨生爲李氏姝阿姑謂三姑汝今無自愚盛年多良會何不爲歡娛三姑謂阿姑烈女無二夫良緣雖太薄大義敢有逾兒雖農家女此理豈或殊姑不識兒心請爲表區區拔我黄金釵摘我大秦珠解我藕絲帶脫我繡羅襦紛紛投烈燄眞心能白無阿姑謂三姑汝言一何迂汝未識夫面徒勞隻影孤當前自失計久後空憂虞會免汝夫喪爲汝謀改圖三姑無如何涕泣且長吁夫死歷四九阿姑爲召巫三姑聞驚疑知是殯將除過此長已矣昊天不可呼奮身繫白練死敢緩須臾姑死魂不散化爲夜啼烏啼烏夜夜哀行人爲罷途

陳瑞琳（字九香羅田人傳詳文苑）

哭同邑熊孝廉五緯督勇進剿蘄水踞賊遇害並悼黃安彭
主政宗達
江漢幸收復蘄黃仍可危孝廉光乃族義勇冠當時身死亦良酷
名成殊足悲不須譏暴虎血性屬男兒
不謂生戎馬君堪託死生義能全梓里責未受專城難免庸流惜
行邀 卹典榮同時遭慘烈吾郡得熊彭
題四梅花屋圖送潘四梅煥龍謁選縣令
五載燕臺花似雪故園閒卻屋三間歸來翻破梅花笑讀盡奇書
又出山
老屋寒香穩結鄰尊前浮動十分春可能借我圖中住四樹梅花
一酒人

聞賊又過黃州
四方騷動難歸日八口飢寒交迫之聞說吾黃又戎馬生憎遭際
杜陵時
劉映丹字慕韓廣濟人道光丙申進士傳詳宦蹟
壬子除夕感事四首
盛世何勞渤澥流殘年偏抱杞人憂將軍未見來天上都督空聞
駐石頭他日雲連三大姓祇今星動五諸侯側身西望悲何及猴
化蟲飛萬古愁
聞說綢繆未雨前何來楊太洞庭船兵談紙上原無補刀置鞾中
亦可憐豈有長城堪飲馬竟教江水可投鞭淒涼碧血長埋處被
髮應煩訴九天
南國頻年杼柚空忽聞烽火對江紅將軍酣戰嚴霜裏新鬼煩冤
暮雨中獻策服心無馬謖作文美賦有揚雄金甌萬里金湯固義
憤還思溥海同
蒼茫天意竟難知運厄紅羊值此時莫說朱三非盜賊須看南八
是男兒風前唳鶴驚鼙鼓雪裏哀鴻惜別離誰挽銀河洗兵甲雲
霓霖雨望 王師
梅見田字利五黃岡人道光丁酉拔貢傳詳文苑
擬陶淵明詠貧士
蕭然一畝宮獨立期不朽盤桓古松陰眷念歲寒友植杖詠良苗
停觴歌止酒豈不饒苦辛煙霞落吾手賴有琴書樂肯與聲華偶
求古有吾儕得天亦已厚

高天杳無際卷舒任孤雲眞意不可辨遐心醉三墳蓬蒿自蕭索
車馬絕紛紜榮華詎不好諧俗難其羣田園苟不蕪食力箴在勤
胡爲乎弗樂物態皆欣欣
潘肇鏞字濂舫羅田人道光癸卯優貢附見父煥龍傳
甲寅同廖丈琴舟先生率勇赴蘄擊賊走之越日官軍俱至
小醜跳梁誅自易誰教豕突漸猖狂村空只賸新焦土鬼哭疑過
古戰場霜角曉鳴催陣馬星弧夜閃射天狼側聞 宵旰憂勤切
日 盼元戎報捷章
聞陳凝甫舍人卒於洛陽詩以哭之
才命相妨千古恨如君泡影太怱怱仲宣作客家難返伯道無兒
遇更窮紅藥虛傳西掖詠白楊悲起北邙風關山迢遞多豺虎悽

絕招魂路未通

高士濂 原名朗字玉山蘄水人道光甲辰進士傳詳宦蹟

紀亂 故鄉被賊蹂躪將及五年音書阻絕丙辰二月家人有自南來者亂後情形言之甚悉余聞慨然以詩紀之

蓼入天涯隔人從亂後來殷勤連日話悽切十年哀城郭悲離黍山川感劫灰吾家何處是千里一徘徊

戰地流民盡荒村破屋斜偷生辭故土瀕死哭無家野燒彌空谷悲風怯暮笳客懷當此夕鄉思亂如麻

滿地豺狼竄空山草木兵荒村雞犬寂蕭寺鬼神驚世亂交遊薄途窮骨肉輕思歸江漢客何日睹澄清

城破官仍在村墟寇屢焚舊交多故鬼枯骨積新墳賊勢風聲厲冤魂夜語聞何當收殺運寰海靖妖氛

陳昌綸 字蜺甫羅田人道光甲辰舉人傳詳文苑

輓邑侯彭杏村先生

山邑小無城全憑衆志成賢侯能死事令子況知兵羣盜逼中路萬人同一聲由來感忠義患難見民情入告邀 天恤捐租 聖澤優官能殉 國難民肯為身謀保障都如此安全尚可籌道州遺愛在今見我黃州

熊五緯 字臥雲羅田人道光丙午舉人傳詳忠義

刺貓

相鼠適何來穿墉入人室營窟曲且深晝伏夜則出屢嚙東坡囊詎畏張湯律蠢爾恣憑陵悔不謹穹窒所忌惟家貍驅除此良策入穴探厥子走險鋌其急買魚聘殷勤按圖辨毛色詎必盡殲旃要當清我側爰使藉錦茵永教護書笈一食數飡並問價幾金值初猶奮先聲鼠輩似驚怵豈料久生玩跳梁任超逸庋閣撲三五盤盎損十七終夜竟掀騰殘骨肆吞食負嵎彼固然爾毋忘仁德徐徐察其情乃互為主客鼠特食其餘彼飽已宴息主人初茫茫何從辨昏黑方今多難秋徵調連朝夕小醜尚鴟張遐方懼騷驛朝廷所匪須自足供軍實哀此瘡痍餘脂膏朘殘滴

紀事四首 錄二

金陵城黯陣雲鋪慘目沙場萬骨枯烏合縱然無久計鴻嗷何以慰來蘇曾聞曹沬收三北遽說公孫負一隅不惜封侯懸重賞將軍何日起菰蘆

風檣如陣馬如翰此去長江路渺漫總制坐持千里節封疆甯用

一泥丸寇深敢信殲除易民困方憂轉運難金粉凋殘冤鬼哭石頭城畔月荒寒

帥遠燡 見前古文

題張南山司馬黃梅拯溺圖

鄭公圖流民千載人口膾嗣者我張侯濡墨和淚繪張侯涖吾邑昭陽歲癸未是歲春徂夏雨師為民懟數月苦淫霖雲愁白日蔽雨勢日以暴江溜日以汰萬丈康公隄日夕號巨瀨千萬億生靈存亡一線賴淚聲兼哭聲晝昏天地隘板築集萬夫須臾萬千貲奔走相追呼餐忘亦寢廢上帝何不仁陽侯益驕恣動地聲如雷隄崩竹破勢墳墓田與廬飄泊洪流內死葬江魚腹生無插足地富人轉眼貧貧人轉眼逝攜兒謀諸婦出涕相與議爾聲我或生

爾留我同斃可憐圖一飽骨肉中道棄尸殣遍野橫鴻嗷陰風曀
鬼哭雜人聲聞者皆涕泗哀哀我張侯同民生死誓上天點點雨
我侯點點淚出沒亂濤中危生枯木寄（司馬親駕小舟出撫恤巨浪覆舟抱大木得免）泣
諭爾居民各敦周恤誼傾囊爲之先指囷接踵繼周章無昕夕賑
貸忘勞勩老弱逮窮僻惠無遠弗屆侯曰此杯水於事薪胡濟嗟
我民瘡痍飛檄告大吏大吏如君請一封陳　九陛　帝曰爾
循良內帑萬金沛侯聞悲且喜侯力盡以瘁顆粒未及民負我
朝廷賜民數必親登胥吏絕狠狽舟轂計口授豪强絕貪覬推食
復解衣融融廣廈被市價亦以平因民惠不費此力可回天年無
豐凶異張侯我父母民命惟侯繫微侯吾其魚侯去誰其嗣傷哉
吾邑民長此洪水累辛壬迄至今十歲水九至報最重催科人命

等兒戲廩發半中飽上下肆吞餌猾吏狠子心引領望災異賑吏
非賑民民死吏自憙衙前哭聲環日晏官猶睡罔識流離苦又因
以爲利因此益思侯一念一流涕霖雨不再來望侯如望歲其時
先王父建節東西淛二十七郡縣災告吾邑類賑濟廣　皇仁
全活豈萬億常存饑溺心因使羣生遂至今西湖上鐫碑誦遺愛
使旌曾涖止（君曾任浙中郡丞）當聽頌聲載言念我先人功德同時邁以
此證瓣香南豐總一派（司馬尊人爲先中丞公門下士）

饒　豐（字芑坪廣濟人道光庚戌進士傳詳文苑）

讀寇山人遺集

布衫羸馬走天衢一擲千金膽氣麤俠骨燕秦孤劍在遺骸風雨
一棺枯白雲洞冷棲元鶴鴻腦洲荒長碧蒲老向二餘齋外月殘
編猶照字模糊

何　明（字雪圃蘄州人咸豐辛亥舉人傳詳文苑）

贈聞必軒刺史（名其政羅田人）

妖雲羃楚天粵猿縱蛇蝮大帥撤江防武漢遂沉陸驛騷近六年
蹂躪遍八屬義城彈九地民氣尚醕樸談虎色已變震讋但觳觫
君聞投袂起大義喻邦族設團刑白馬矢志殄青犢虓虓彭長官
倚任作心腹大小百餘戰賊骨滿溝瀆若論倡義功可以史筆錄
去年苦亢旱長畝無粒粟官軍乏糗糧一日僅一粥匪君矢忠誠
胡然響應速中原方苦兵四境尚流毒西鄙警商固東隅憂霍六
君志在澄清賊勢已局促何當執鞭弭細與陰符讀

朱澤楠（字小酉廣濟人咸豐壬子舉人傳詳文苑）

同吳又桓江樓夜話

慷慨論時事真堪大白浮澄湖明月夜高閣晚風秋世路誰青眼
知心半白頭酒闌江上別鴻雁起汀洲

吳　榮（字又桓黃岡人咸豐癸丑進士傳詳宦蹟）

對雨

竟欲憂天墜蒼茫百慮侵登樓王粲淚蹈海魯連心事過惟耽酒
悲來轉廢吟誅茆向何處愁對碧山深

聞帥逸齋太史南歸未以爲信

莽莽風塵裏君從何處歸豺狼猶北竄烏鵲漫南飛舊侶荆高在
清時頗牧稀如聞有封事早晚進　彤扉

徐肇嵋（字蜀溪蘄水人同治壬戌進士傳詳文苑）

弔閔叔奎先生墓

入海重尋事渺茫珠沈月落總荒凉石門烟雨平山柳二十年前舊草堂

諸子風流自虎賁大招何處覓騷魂野棠花老松楸哭風雨瀟瀟冷墓門

胡　醕字萬六廣濟人諸生傳詳文苑

飛蝗謠

春不雨夏不雨飛蝗亂落如飛雨飛蝗影尙小禾苗已先槁飛蝗引子來滿地無遺荄縣官捕蝗下鄉里縣吏徵求到雞豕徵求意不足縣吏坐滿屋飛蝗猶自可縣吏嚇殺我

刊水行

有容夜宿西横里居人爲說今年水去年水大未及山今年山在滄波間三月一雨至六月刊水漲溢隄崩裂田廬盡委巨浸中蛟鼉奔騰猶未息初來突似錢塘潮疾雷磅礴風刁騷舳艫掀簸屋瓦飄咄嗟人命隨波濤岸上空使哭聲號龍堂貝闕魂難招但見白浪匉訇噴飲不可遏愁雲無色蒼天高十日五日水初定歸人盪舟江上問水面游魚逐亂屍可憐骨肉不能認吁嗟乎人生誰無父母恩誰無妻子無弟昆田廬漂沒可馴復骨肉慘裂徒煩冤君不見青林湖冢墓已盡生菰蒲天寒月黑白楊樹夜夜鬼哭聲嗚嗚

畫龍邑閔貞圖關廟壁子作貞畫松歌後以餘墨成之末幅感念時事致慨不雨蓋不勝老杜洗兵馬之望云

誰能畫松兼畫龍龍鱗翕張如古松我來關廟尋南宗不見關廟壁但見神物夭矯蟠屈一氣淩青空得毋起蟄鞭雷公不然白日慘淡天無風胡爲溼氣滿壁雲溟濛老僧道是閔貞筆細觀令我增太息我聞曹不興畫龍致雷雨又聞張僧繇點睛卽飛舞閔貞畫松松如生畫龍何獨龍不靈方今赤旱一千里兵塵澒洞何時已眞龍不出豕涉波月離於畢無滂沱貞乎貞乎奈若何

朱小酉隸書歌

我聞鴻都石經刻往來摹搨街衢塞又聞逸少隸法工飄若浮雲矯若龍古今不少能事手劍折星懸無不有鍾繇梁鵠號神工唐惟蔡李兼韓叟我朝健者伊何人二百年數王孟津太原傅山亦超逸顧苓鄭簠皆通神君今飲水源頭尋學書專學程元岑墨池十載堪染襟星陳雲布根吾心天地悠悠幾藝林墨汁一縷如懸

鍼盡收元氣空古今憶昔黃州同作客麝煤魚網來絡繹座上欲嚙工倕指海外正索蕭雲蹟高堂積紙高於軒君每終日持酒罇忽然倚醉濡大筆百幅溪藤一時畢豪氣直從指端出有時靜坐忽遺興字體清瘦筆愈勁白日横空冷戰場鐵兵相向排生硬吁嗟乎古人雖往餘典型俗書工媚難通靈豊豊東宋時徑庭君也落拓不得一斗粟誰向明堂書六經

黃州府志卷之三十七上終

黃州府志卷之三十七下

藝文志

集部外籍詩附

黃州府知府英　啟纂輯

唐

杜　牧字牧之樊川人泰和閒官黃州刺史傳詳秩官

齊安郡晚秋

柳岸風來影漸疎使君家似野人居雲容水態還堪賞嘯意歌懷亦自如雨暗殘燈棋散後酒醒孤枕雁來初可憐赤壁爭雄渡唯有蓑翁坐釣魚

齊安郡中偶題

兩竿落日溪橋上半縷輕煙柳影中多少綠荷相倚恨一時迴首背西風

齊安郡後池

菱透浮萍綠錦池夏鶯千囀弄薔薇盡日無人看微雨鴛鴦相對浴紅衣

黃州竹徑

竹岡盤小徑屈折鬪蛇來三年得歸去知遶幾千迴

劉禹錫字夢得彭城人官至檢校禮部尚書

送蘄州李郎中赴任

楚關蘄水路非賒東望雲山日夕嘉雉堞照人呈夏簟松花滿椀試新茶樓中飲興因明月江上詩情爲晚霞此地交情長引領早將元髮到京華

白居易字樂天下邽人官至刑部尚書

寄蘄春李使君播

下車書奏龔黃課動筆詩傳鮑謝風江郡謳吟誇杜母洛城歡飲會車公笛愁春盡梅花裏簟冷秋生薤葉中不道蘄州歌酒少使君雅興與誰同

趙　嘏字承祐山陽人官終渭南尉

齊安早秋

流年堪惜又堪驚砧杵秋來滿郡城高鳥過時秋色動征帆落處暮雲平思家正歎江南景聽角仍含塞北情此日沾襟念歧路不知何處是前程

戴叔倫字幼公金壇人官至撫州刺史容管經略使

蘄州行營作

蘄水城西向北看桃花落盡柳花殘朱旗半捲山川小白馬連嘶草樹寒

方　干字雄飛桐廬人應舉不遇身後以宰臣張文蔚奏追賜及第

黃州

弭節齊安郡孤城百戰殘傍村林有虎帶郭縣無官暮角梅花怨清江桂影寒黍離緣底事撩我起長歎

宋

司馬光字君實陝州夏縣人官至左僕射贈太師溫國公謚文正

和吳仲庶寄吳瑛比部道安之子壯年致仕歸隱蘄春

負米承顏願已賒（遭母憂服除遂致仕）恥隨雞鶩啄泥沙一朝投紱眞高士萬卷藏書舊世家齒髮未衰非藥物山林不返爲雲霞龐眉尚有郎潛者徇祿憂生直可嗟

蘇　軾（見前古文）

十二月二十九日蒙國恩責授檢校水部員外郎黃州團練副使

平生文字爲吾累此去聲名不厭低塞上縱歸他日馬城東不鬬少年雞休官彭澤貧無酒隱几維摩病有妻堪笑睢陽老從事爲予投檄向江西（自注子由聞予下獄乞以官爵贖予罪貶筠州監酒）

張先生（并序）

先生不知其名黃州故縣人本姓盧爲張氏所養陽狂垢汚寒暑不能侵常獨行市中夜或不知其所止往來者欲見之

多不能致余試使人召之欣然而來既至立而不言與之言不應使之坐不可但俯仰熟視傳舍堂中久之而去夫孰非傳舍者是中竟何有乎然余以有思惟心追躡其意蓋未得也

熟視空堂竟不言故應知我未天全肯來傳舍人皆說能致先生子亦賢脫屣不妨眠糞屋流澌爭看浴冰川士廉豈識桃椎妙妄意稱量未必然

初到黃州

自笑生平爲口忙老來事業轉荒唐長江遶郭知魚美好竹連山覺筍香逐客不妨員外置詩人例作水曹郎只慚無補絲毫事尚費官家壓酒囊（自注檢校官例折支多得退酒囊）

陳季常自岐亭見訪郡中及舊州諸豪爭欲邀致之戲作陳孟公詩一首

孟公好飲寧論斗醉後關門防客走不妨閑過左阿君百謫終爲賢太守老君閭里自浮沈笑問松柏何苦心忽然載酒從陋巷爲愛揚雄作酒箴長安富兒求一過千金壽君君笑唾汝家安得客孟公從來只識陳驚坐

石芝（并引）

元豐三年軾在黃州五月十一日癸酉夜夢遊何人家開堂西門有小園古井井上皆蒼石石上生紫藤如龍枝葉如赤箭主人言此石芝也余率爾折食一枝衆皆驚笑其味如雞蘇而甘明日作此詩

空堂明月清且新幽人睡息來初勻了然非夢亦非覺有人夜呼祁孔賓披衣相從到何許朱闌碧井開瓊戶忽驚石上堆龍蛇玉芝紫筍生無數鏘然敲折青珊瑚味如蜜藕和雞蘇主人相顧一拊掌滿堂坐客皆盧胡亦知洞府嘲輕脫終勝嵇康羨王烈神山

一合五百年風吹石髓堅如鐵

正月與子由別於陳州五月子由復至齊安以詩迎之

驚塵急雪滿貂裘淚灑東風別宛邱又向邯鄲枕中見卻來雲夢澤南求睽離動作三年計牽挽當爲十日留早晚青山映黃髮相看萬事一時休

姪安節遠來夜坐

南來不覺歲崢嶸坐撥寒灰聽雨聲遮眼文書元不讀伴人燈火亦多情嗟予潦倒無歸日念汝蹉跎已半生免使韓公悲世事白頭還對短燈檠（又嘗記云元豐辛酉冬至僕在黃州姪安節不遠千里來省飲酒樂甚使作黃鐘梁州仍令小童快舞一曲醉後書此以識一時之事）

送安節姪

索漠齊安郡從來著放臣如何風雪裏更送獨歸人

杭州故人信至齊安

昨夜風月清夢到西湖上朝來聞好語叩戶得吳餉輕圓白曬荔肥釀紅螺醬更將西庵茶勸我洗江瘴故人情義重說我必西向一年兩僕夫千里問無恙相期結書社（故人相約釀錢雇僕夫一歲再至黃）未怕供詩帳（僕頃以詩得罪有旨移杭取境內所留詩杭州供數百首謂之詩帳）還將夢魂去一夜到江漲（江漲杭州橋名）

黃州

南山一尺雪雪盡山蒼然澗谷深自暖梅花應已繁使君厭騎從車馬留山前行歌招野叟共步青林間長松得高蔭磐石堪醉眠祇樂聽山鳥攜琴寫幽泉愛之欲忘返但苦世俗牽歸來始覺遠

明月高峰巔

太守徐君猷通守孟亨之皆不飲詩以戲之

孟嘉嗜酒桓溫笑徐邈狂言孟德疑公獨未知其趣爾臣今時復一中之風流自有高人識通介甯隨薄俗移二子有靈應撫掌吾孫還有獨醒時

陳季常見過二首

仕宦常畏人退居還喜客君來輒館我未覺雞黍窄東坡有奇事已種十畝麥但得君眼青不辭奴飯白

送君四十里只使一帆風江邊千樹柳落我酒杯中此行非遠別此樂故無窮但願長如此來往一生同

寒食雨二首

自我來黃州已過三寒食年年欲惜春春去不容惜今年又苦雨兩月秋蕭瑟臥聞海棠花泥汙臙脂雪暗中偷負去半夜眞有力何殊病少年病起頭已白

春江欲入戶雨勢來不已小屋如漁舟濛濛水雲裏空庖煮寒菜破竈燒溼葦那知是寒食但感烏銜紙君門深九重墳墓在萬里也擬哭途窮死灰吹不起

徐使君分新火

臨臯亭中一危坐三月清明改新火溝中枯木應笑人鑽灼不燃誰似我黃州使君憐久病分我五更紅一朵從來破釜躍江魚只有清詩嘲飯顆起攜蠟炬遶空屋欲事烹煎無一可為公分作無盡燈照破十方昏暗鏁

次韻孔毅甫久旱已而甚雨

去年東坡拾瓦礫自種黃桑三百尺今年刈草蓋雪堂日炙風吹面如墨平生懶惰今始悔老大勤農天所直沛然例賜三尺雨造化無心怳難測四方上下同一雲甘霔不為龍所隔（俗有分龍雨）蓬蒿下溼迎曉耒燈火新涼催夜織老夫作罷得甘寢臥聽牆東人響屐奔流未已坑谷平折葦枯荷恣漂溺腐儒粗糲支百年力耕不受衆目憐破陂漏水不耐旱人力未至求天全會當作塘徑千步橫斷西北遮山泉四鄰相率助舉杵人人知我囊無錢明年共看決渠雨飢飽在我甯關天誰能伴我田間飲醉倒惟有支頭甎

別黃州

病瘡老馬不任鞿猶向君王得敝幃桑下豈無三宿戀樽前聊與

一身歸長腰倘載撐腸米闊領先裁蓋瘦衣投老江湖終不失來
時莫遣故人非

岐亭五首 并引　錄三首

元豐三年正月余始謫黃州至岐亭北二十五里山上有白馬青蓋來迎者則余故人陳慥季常也爲留五日賦詩一篇而去明年正月復往見之季常使人勞余於中塗余久不殺恐季常之爲余殺也則以前韻作詩爲殺戒以遺季常季常自爾不復殺而岐亭之人多化之有不食肉者其後數往見之往必作詩詩必以前韻凡余在黃四年三往見季常季常七來見余蓋相從百餘日也七年四月余量移汝州自江淮徂雒送者皆止慈湖而季常獨至九江乃復用前韻通爲五篇以贈之

昨日雲陰重東風融雪汁遠林草木暗近舍烟火溼下有隱君子
嘯歌方自得知我犯寒來呼酒意頗急撫掌動鄰里遶村捉鵞鴨
房櫳鏘器聲蔬果照巾幂久聞蔞蒿美初見新芽赤洗盞酌鵞黃

磨刀削熊白須臾我徑醉坐睡落巾幘醒時夜向闌唧唧銅瓶泣
黃州豈云遠但恐朋友缺我當安所主君亦無此客朝來靜菴中
惟見峰巒集 其一

我哀籃中蛤閉口護殘汁又哀網中魚開口吐微溼剖腸彼交病
過分我何得相逢未寒溫相勸此最急不見盧懷慎烝壺似烝鴨
坐客皆忍笑髡然發其羃不見王武子每食刀几赤琉璃載烝㹠
中有人乳白盧公信寒陋衰髮得滿幘武子雖豪華未死神已泣
先生萬金璧護此一蟻缺一年如一夢百歲眞過客君無廢此篇
嚴詩編杜集 其二

枯松強鑽膏槁竹欲瀝汁兩窮相值遇相哀莫相溼不知我與君
交遊竟何得心法幸相語頭然未爲急願爲穿雲鶻莫作將雛鴨
我行及初夏煮酒映疎羃故鄉在何許西望千山赤茲遊定安歸
東泛萬頃白一歡寗復再起舞花墮幘將行出苦語不用兒女泣
吾非固多矣君豈無一缺各念別時言閉戶謝衆客空堂淨掃地
虛白道所集 其五

過江夜行武昌山聞黃州鼓角

清風弄水月銜山幽人夜渡吳王峴黃州鼓角亦多情送我南來
不辭遠江南又聞出塞曲半雜江聲作悲健誰言萬方聲一槩鼉
憤龍愁爲余變我記江邊枯柳樹未死相逢眞識面他年一葉泝
江來還吹此曲相迎餞

寄吳德仁兼簡陳季常

東坡先生無一錢十年汞火燒丹鉛黃金可成河可塞只有霜鬢

無由元龍邸居士亦可憐談空說有夜不眠忽聞河東獅子吼拄
杖落手心茫然誰似濮陽公子賢飲酒食肉自得仙平生寓物不
留物在家學得忘家禪門前罷亞十頃田清溪繞屋花連天溪堂
醉臥呼不醒落花如雪春風顛我遊蘭溪訪清泉已辦布韈行青
躔嵇山不是無賀老我自興盡回酒船恨我不識元魯山恨君不
識顏平原銅駝陌上會相見握手一笑三千年

蘇　轍 字子由眉山人文行與兄軾齊名官至學士謚文定

舟次慈湖以風浪留二日不得進子瞻以詩見寄作二篇答之

慚愧江淮東北風扁舟千里得相從黃州不到六十里白浪俄生
百萬重自笑一生渾類此可憐萬事不由儂夜深魂夢先飛去風
雨對牀聞曉鐘

西歸猶未有菟裘擬就南遷買一邱舟楫自能通蜀道林泉眞欲老黃州魚多鈞戸應容貰酒熟鄰翁便可留從此莫言身外事功名畢竟不如休

自黃州還江州

身浮一葉返溢城淩犯風濤日夜行把酒獨斟從睡重還家漸近覺身輕岸回樊口依稀見日出廬山紫翠橫家任庾公樓下泊舟人遙指岸如頳

黃庭堅 見前古文

雙井茶送子贍

人間風月不到處天上玉堂森寶書想見東坡舊居士揮毫百斛瀉明珠我家江南摘雲腴落磑霏霏雪不如爲公喚起黃州夢獨

載扁舟向五湖

戲答陳季常寄黃州山中連理松枝

故人折松寄千里想聽萬壑風泉音誰言五鬣蒼煙面猶作人間兒女心

秦 觀 字少游高郵人紹聖中編管黃州傳詳流寓

寄陳季常

一鉤五十犗始具任公釣揭竿趣灌瀆與爾不同調先生本西蜀俠氣見英妙哀憐世間兒細黠似黃鵠侍童雙擢玉鬌髮光可照駿馬錦障泥相隨窮海嶠平生攜手好十七登廊廟小生相吏耶徒枉尺書召暮年更折節學佛得心要鬻馬放阿樊幅巾對沈燎泠泠屋外泉兀兀原頭燒欲知山中樂萬古同一笑

張 耒 字文潛淮陰人紹聖初謫監黃州酒稅傳詳流寓

蘇叔黨呂知止自許下見訪

三年齊安看江山可當中原故人面北來塵埃逢故人眼前卻作江山見君似江山定不疎能出吾言世亦無蘇郎下筆妙無敵呂郎與談驚未識鳳雛驥子未宜輕囊空各有千金璧贈君錦繡英瓊瑤報我琅玕金錯刀溪毛潢汙未相棄歲暮與君甘縕袍

奉呈邠老昆仲

齋中列酒數壺皆齊安村醪也今旦亦强飲數杯戲成絶句

曾嘗玉帝碧琳腴不醉長安市上酤作史官時歲節賜御醪飲涇先生今已矣啜醨留得與門徒東坡詩三年黃州城之酒但飲涇

別黃州

扁舟發孤城揮手謝送者山迴地勢卷天豁江面瀉中流望赤壁石腳插水下昏昏煙霧嶺歷歷漁樵舍居此實三載鄰里通借假別之豈無情老淚爲一灑篙工起鳴鼓輕櫓健於馬聊爲過江宿寂寂樊山夜

黃州

孔武仲 字常父臨江府新喻人舉進士第一官禮部侍郎出知洪州與兄文仲弟平仲世稱臨江三孔

客路深秋一轉蓬淮天牢落此將窮城開雲水蒼茫處人在茅堂掩映中對岸武昌風月近千年赤壁是非空悠悠陳迹慵開口謾把筠竿伴釣翁

謝 逸 字無逸臨川人

王立之大裘軒

小人拙生事三冬臥無帳忍寒東窗底坐待朝曦上徐徐晨光熙稍稍血氣暢薰然四體和恍若醉春釀此法祕勿傳不易重裀養君胡得此法開軒亦東向蘇公名大裘意豈在萬丈但觀名軒心人人如挾纊

陸　游字務觀號放翁山陰人官寶章閣待制

黃州

局促常悲類楚囚遷流還嘆學齊優江聲不盡英雄恨天地無私草木秋萬里羇愁添白髮一帆寒日過黃州君看赤壁終陳迹生子何須萬戶侯

楊萬里字廷秀吉水人官至寶謨閣學士謚文節

宿黃岡

我豈忘懷一畝居誰令愛讀數行書秋南春北雁相似柳思花情鶯不如上市魚鰕村店酒帶花菘芥晚春蔬長亭一醉非難事造物相撩莫管渠

魏了翁字華父蒲江人官至吏部尚書謚文靖

蘄州早起蘄州志云楊時作

城頭雷動角聲哀似共行人怨落梅欲報晨炊粱未熟喚回殘夢眼慵開霜清暗覺貂裘冷月澹空令犬吠催倚杖起看風正烈不堪嘶馬重徘徊

戴復古字式之號石屏天台黃巖人

黃州偶成

雁叫淮南欲雪天倚樓無味抱愁眠算從滄海白雲際行到黃州赤壁邊萬事忌於懷壯志一生窮爲聳吟肩鬢間白者休教鑷要使天知老可憐

劉克莊字潛夫號後村莆陽人官祕閣修撰出爲福建提刑

寄何立可提刑

故人握節守齊安聞說邊頭事愈難赤手募丁修險隘白頭擐甲禦風寒半腰城甫包圍畢一把兵皆點摘殘收得去年書在架憶君燈下展來看

聞何立可大節李茂欽誠之訃二首

初聞邊報暗吞聲想見登譙與敵爭世俗今猶疑許遠君王元未識眞卿傷心百日同臨穴極目孤城絶救兵多少虎臣提將印誰知戰死是書生

何老長身李白鬚傳聞死尙握州符戰場便合營雙廟太學今方出二儒史館何人徵逸事羽林無日訪遺孤病夫疇昔曾同幕西望關山涕自濡二君皆舊同官

文天祥字宋瑞一字文山廬陵人官至右丞相加少保信國公

黃州集杜始謂虜以襄陽船自漢入江後乃知虜之未渡蘄黃已先降故其渡也襄漢蘄黃之船皆在焉

桓桓陳將軍東屯大江北化作虎與豺楚星南天黑

明

陶　安字主敬當塗人洪武初官黃州知府後官至江西行中書省參政傳詳秩官

齊安卽事

初入黃州市蕭然綠樹村刈茅低縛屋剖竹密編門桃李花零落山川勢吐吞廛民來一二敬喜爲溫存

霧雨一城暗梨花三月天空梁春蟻墮疎壁暮蚊穿草密藏枯井苔荒蝕斷甎開門山色好飛翠落吟箋

楊　基 字孟載其先蜀人居於吳與高啟張羽徐賁爲吳中四傑洪武中官至山西按察使

望蘄州

未見蘄州城已見蘄州山諸山初不高蒼石礪且頑想當至正時民物庶以繁大江從西來萬里不閉關玆山獨儲英羣雄出其間遂爲禍亂階滋蔓莫可芟憶我聞亂初我方總兩鬢侍立父祖傍聽說國步艱焉知三十年見此輩與菅骨肉亦已零安得髮不斑披榛欲弔古豺虎愴我顏蒼茫望茅宇日落孤舟還

李東陽 見前古文

曉發蘄州

城曉遲吹角高雲溼未開驚波風不定危石岸將頹青入無窮草

黃低欲墮梅江湖苦留滯游宦恥凡材

李夢陽 字獻吉別號崆峒慶陽人徙扶溝宏治癸丑進士官至江西提學副使天啟中追謚景文

黃州

日落清江遠光搖赤壁山無人說吳魏來往釣舟閒

何景明 字仲默信陽州人宏治壬戌進士官至陝西提學副使

贈王稚欽

王子萬人英詩名少日成驪珠眠自抱天馬傍誰行旅食青楓改秋吟素髮生過逢見汝意潦倒媿吾情

王廷相 字子衡河南儀封籍山西潞州人宏治壬戌進士官至兵部尚書謚肅敏

贈王稚欽

休作梁甫吟發我千古萬古哀大道無徵賢聖隱至今心膽成寒灰矯矯馮敬通文章擅當代口語成禍胎禁錮老煙海賈誼才高更少年獻納多在王侯先誰云絳灌不相忌卻令流落長沙天吾宗學士難比數文炳龍鸞氣羆虎不逐長安齷齪兒低眉靦面求憐取心存匡濟人豪英白日未墮憂天傾閶闔九門不得入大叫直與蛟龍爭上帝不言閽者怒黑夜搶落芙蓉城芙蓉城闕隔星辰望美人兮江之濱三閭憔悴自多事五湖放浪眞賢人茫然鼓枻不知遠窈窕遊盡江南春紫清仙人笑相友不如且樂邱園身君今莫邪尙在無欲剸兕象須吾徒天馬之足果無恙刷雲看躍崑崙都里中小兒不省事鬬雞賭狗矜頭顱君不見朝歌屠叟稱偃蹇八十垂竿渭陽岸時來獻作明良師分土營邱未云晚

童承緒 字士疇沔陽人正德辛巳進士官至國子監司業

黃州贈王稚欽夢澤子 三首錄二

長憶金閨彥江邊學釣魚偶乘青雀舫來造白雲廬石洞蘿煙細松窗水月虛碧山如有約從爾卜巖居

君懷子猷興況有仲宣才乘雪舟能放登樓賦獨裁雲懸夢澤遠江抱楚山迴知爾幽棲地茅堂秋自開

廖道南 字鳴吾蒲圻人正德辛巳進士官至侍講學士

訪王夢澤園亭

丞謝承明署冥棲小隱園曲亭圍樹密斜圃植花繁江近吟招鶴巖虛臥聽猨卽承宣室召禮樂待敷言

王世貞 字元美太倉州人嘉靖丁未進士官至刑部尚書

王行父爲稚欽先生從子師事明卿爲古文辭甚工

王郎買舟千里來相詣開卷珠璣光照地不見竹林狂客阮嗣宗得見阿咸差足慰武昌以東建詞壇吳叟首歃女捧盤齊安赤壁一時快郢里白雪千秋寒三閭沈湘九辨作古人未解今人樂多向維摩乞贈言不二門中無此樂

吳國倫 見前古文

王稚欽吉士 八子詩之一

維楚故有才誰爲稚欽偶早歲發天秀匠心應其手高視千載前左馬相先後甯操湘女瑟恥擊秦人缶調世如弄丸罵坐非使酒傲然詠新篇豈復聞師友遂爲禮法攻一官棄如垢傷彼荊山璞終焉不見剖

王穉登 字百穀長洲人國子監生

梅司馬甯夏凱還

靈武名高御史驄更勞開府住雲中美人學舞魚腸劍斯養能開兕角弓城下已無夫飲馬幕前安用客和戎不知今日麒麟閣誰是平西第一功

茅瑞徵 見前古文

同江石鐘勘災二首

楚甸頻多難茲方更疊災停輿問桑海到處覓蒿萊風借炎蒸奪天舒鴻雁哀撫心吾有感誰屬救時才

同是勤民出非關載酒來穿林全竹覆掃路半沙隤野老烹葵餉村醨待客開寄言肉食者何術讚康哉

劉允昌 字燕及桐城人萬歷甲辰進士官廣濟知縣傳詳秩官

梅川署中

邑多賢長者疎拙不嗤余捐惠勤分釀傷廉數受魚非時能下榻經歲少投書南北東西士吾將此卜居

吳應箕 字次尾貴池人明季諸生

聞易曦侯罵賊死

憶昔泊荻港適有黃州船心擬此船中曦侯或在焉曦侯亦指予問名良復然夜半猶沽酒高談驚客眠秦淮一月聚古今皆窮穿是時射策者四方多名賢時時來覘我相見出奇篇曦侯對我嘆就流物理然慎子震驚意一善俾終全每感良友規誦之中心鐫自君別我去闊晤已三年慇懃憑尺素緜邈惜山川豈知君死賊

遽有義聲傳君無一命寄君無百城專矻矻窮歲月閉廬絕市塵著書已滿屋次第國門懸奄忽遭焚掠貫繫索金錢謂君門下士何難貿萬千君前爲致說解甲便歸田賊怒不可遏君論自便便言窮益激厲髮指目睛圓大罵死狗奴爾罪已通天郎予老禿翁骨鯁不在朝死綏不在邊區區徒步士曾此一髮牽招魂豈江上淚落如流泉

蔣易 字前民江都人

清涼山頂留別杜于皇

招提上夕陽別酒置崇岡秋老孤帆色人輕百戰場江雲平楚岸風葉減吳霜來日空回首思君獨渺茫

國朝

吳偉業 字駿公太倉州人明崇禎辛未進士官國子監祭酒

黃州杜退思改號蜕斯其音近而義別索詩爲贈

述志賦秋蟲孤吟御遠風掇皮忘我相換骨失衰翁畫以通靈妙詩因入悟空杜陵更字說不肯效韓公

送杜二于皇從婁東往武陵兼簡曹司農秋岳及范僉事正

五月江村客行曉僮無朝餔馬無草路穿槐柳到柴門滿架藤花屋灑掃與君相別定何年一見嗟余頭白早東鄰濁酒賒未到盤格麤疏具梨棗莫怪貧家一飯難主人長飢客不飽解囊示我金焦詩四壁波濤驚欲倒一氣元音接混茫想落千峯入飛鳥近來此地擅時譽粉飾開元與天寶我把犁鋤倦唱酬恥畫蛾眉闘工

巧看君爽氣出江山始悔從前作詩少海內悠悠識者誰汝有平生故人好副相猶然臥茂林侍郎已是歸嶺表兕偕少白共登臨西子湖頭月皎皎人生貧賤何足悲縱酒高歌白雲杳勝絕容留我輩狂刼灰燒盡雷峯小落落窮途感快游愧我撫廬色枯槁佳句流傳徧世間寄書早慰江潭老

龔鼎孳 字孝升合肥人明崇禎甲戌進士官蘄水知縣後官禮部尚書謚端毅傳詳秩官

壽杜于皇四十

栗里愁看甲子新天涯風物隔芳辰齊梁地老三湘月麟鳳名欺一飯身漸喜白頭經世故錯將青眼料他人蹉跎萬事成飄絮不棄狂生獨有貧

舟中值顧赤方是夜復別去紀贈

吳船楚語隔中流招手相看續舊遊多難感君期我死著書空老益人愁香薰袖草三更月酒滴離雲百里舟落日金閶遲客展座中詞賦倚應劉

胡統虞 字孝緒武陵人明崇禎癸未進士官至祕書院大學士

贈杜于皇

疾走如奔馬急歇成大悟豁然生面開天地一指顧蹴踏昆盧巔斷截葛藤樹此中誠蕭蕭何妨物來寓性情同乎人所貴在能恕狂傲全其眞俯仰存其誤咄哉吉士懷煙水溪山路

魏象樞 字環極蔚州人順治丙戌進士官至刑部尚書謚敏果

贈劉千里貢士

東壁聯荆楚藜光近石渠十年名士賦七發古人書只合隆中望

難從洛下居鬚眉橫老氣龍性欲何如

兵火連江漢高人獨布衣乍銜 明詔出仍載異書歸上國驚王粲中原想陸機佇看雲壑業不是宦情微

熊伯龍 字鍾陵漢陽人順治己丑進士官至侍講學士

次蕭文超韻輓王子雲

信美人間未易才有才無命使人哀崢嶸桓武封前碣殘賸陰何撥後灰死去只如眈久客生榮應已厭重回從今酒社詩籤裏那得忘機老友來 子雲先世爲司徒

施閏章 字尚白宣城人順治己丑進士官江西參議召試博學鴻詞官翰林院侍講

放歌答蘄州顧黃公

大風發地猛獸恐巴陵欲裂衡山動洞庭七澤橫天來魚龍百怪

相喧冦黃公黃公太奇肆使我目眩失位置繁絃雜調相錯鳴語笑無端還涕泗一代風流澹蕩人廿年烽火悲酸事君雖郢客生在吳顧曲追歡無事無頻過幕府爲揖客時傍傾城眠酒壚流離滯迹秦公子詞賦傷心楚大夫倔强甯抛三尺組魁梧自愛千金軀扁舟忽繫瀟江岸兩月新詩不可算脫冠半醉作佯狂舉杯欲擲翻河漢眼中之人紛如蟻灑落如君復有幾開心剖意君不欺吾亦分明看爾詩兩雄相值漫相許浮名身後誰當知我昔過黃州飛騎登赤壁題詩破苔蘚長嘯響霹靂荒榛敗瓦山鬼啼玉局仙人不可覓早知君臥北山阿悔不招尋吹鐵笛蹉跎晚相遇歲月行將暮摧殘困簿書愁疾闕章句疊韻重篇懶唱酬紫蟹黃菊少歡聚顧黃公顧黃公紛紛馬上皆英雄金鞍玉勒橫珠弓吾曹

腐骨誇繡虎諸侯磨盾嗤雕蟲君言老去知音急此語能令雙袖溼騶虞垂首猰貐驕枳棘爭榮蘭蕙泣空手無錢送爾歸秋燈夜雨百憂集及今相見且盡歡君過三十我四十

臨江太守行 美高使君也名培蘄州人

臨江江水見江底太守酌之甘如醴臨江野田半荆棘太守見之淚沾臆露冕東郊騎瘦馬牛背牧兒不肯下官齋種藥兼種蔬廚中但有武昌魚

送黃公還

强起非君志京華豈復春懶充虎觀客閒許鹿門身冠蓋看今日湖山讓此人狂歌自通隱未老豈長貧

周茂源 字宿來華亭人順治己丑進士官處州知府

蘄州盧氏殉難始末

伊昔蘄黃閧冦禍最慘烈官兵爲先驅貪冒同饕餮賊從上游來萬竈化魚鼈盧公偉丈夫嬰城誓死節賊眾如蟻附交衢徧流血骨肉相因依一朝半屠滅公當瀕死餘拒賊氣勇决登陴勖健兒瞋目皆爲裂巖關倏馬摧鏃矢亦告竭縫掖長賤貧與城共存沒長公閒道歸遺骸裹衰絰負土瘗舊阡殉難敘始末或死或竄亡歷數多嗚咽烈婦楊與袁大義明霜雪楊爲紱也妻紱去成永別自投燎火中珠胎並燔爇袁也歸震初堅貞儼積鐵從容拜姑嫜溺井求蠲潔漆簡與丹旌采風宜首列夫何金鏡淪幽光殊未徹純孝揚令名孤忠欽懿哲況乃黃鵠操挺然不可折庶幾楚倚相紀美無遺缺援筆愧如椽奚庸表碑碣

王士禎 字貽上山東新城人順治乙未進士官至刑部尚書謚文簡

贈葉井叔

作吏客伊洛門對嵩高山山色映終古客心長自閒朝看飛鳥沒夕對孤雲還聞昔王子喬吹笙碧落閒揮手駕白鶴一往三千年至今緱山上逸響淩紫烟夫君有仙骨雲駕如可攀游目憩嵐巔躡足升天關盧巖瀑布佳百丈聞琤潺懸流濺冬雪窗樾生夏寒何當蠟屐來與君躡飛湍

望雞籠山雪寄杜于皇

天半雞籠雪遙遙逸興偏春陰寒未散雲壑更相鮮不辨谷中樹應添巖下泉因懷杜陵叟拾橡此中眠

送金豫齋太史歸里

破額山前水依然碧玉流吾盧眞可愛此外復何求名已高三館歸還讀九邱蘋花何處采遙送木蘭舟

廬岳天邊影千峯恰對門舊遊時入夢君到必窮源雪後康王谷花時陶令邨遠公相憶處共聽一聲猨

送宋牧仲别駕歸黃州

詞賦梁園憶勝遊一麾雲夢澤南州三分誰似周郎少九辨深知宋玉愁烏鵲南飛河漢轉大江東去古今流山川如此容高嘯羨汝黃泥坂下舟

送王涓來侍讀歸楚

解纜銅陵江是向黃州路不見雪堂人江關邈烟樹

熊賜履 字敬存孝感人順治戊戌進士官至大學士謚文端

春亭對雨柬于皇

草堂花意近風雨亂春晴修竹搖空冷殘梅入望清煙霞本故物邱壑自多情鹿鹿胡爲者輸君學晚成

和韻答鄭肯崖

百尺書樓一畝宮蓬蒿寂寞賦歸鴻多君杖履尋溪友共我燈檠話舊翁鍾阜煙雲封絳帳江天暮色照詩筒寄言鼓枻臨皋者鄭重清湘子夜風

劉佑 字雲麓曲周人拔貢順治間官蘄水知縣傳詳秩官

贈黃美中 正色

江夏無雙道自尊羡君白髮老邱樊孤琴有客尋蘿徑五柳何年蔭竹門白練題詩驚北里清樽邀友過南村但期叔度頻相訪小閣秋高聽夜猨

贈官綬之 撫邦

稍嘗世味即抽簪不學劉郎問大鈞延客花枝代麈尾著書松體徧龍鱗幾年裘馬稱豪士此日溪山作道民贈我新詩投紵帶通家孔李有誰親

贈邢侗士 子愿

雞林文價重浠川俠骨奇情祇自憐山色憑欄青入座湖光載酒綠泛船臨池筆洗羲之墨留客茶烹陸羽泉待我簿書稍屛卻杖藜穿破一溪煙

李恕 字相如肇慶人傳詳遷寓

寫寒山圖題寄蘄水程尼城 元宜

二十年來滯雙趾拓落論交少知己側迹難投逐客書獨探江離向湘水一杯對飲哭燈前搔首捋鬚吟可憐半夜開門問山鬼山鬼不應星河懸且喜蘭谿入金谷修竹池塘帶書屋無端移去傍他人不見鳴鶯見榿木買山卜居途亦窮老僧沽酒酣老翁只言方外得怡悅誰料逢君蕭寺中逢君索我寫詩句又索枯毫寫枯樹英年意氣干霄雲邂逅之間已如故何不結交尊貴人老夫耄矣病且貧安得爲君致高譽世人寶玉君寶珉王屋歸來未相見一瘧再瘧長暝眩欲往從之霜露繁咫尺金牛隔鄉縣寄將一幅寒山圖紅樹蒼松無處無請看別有歲寒意腕下毫端無老夫

宋犖 字牧仲商邱人康熙初由廕生考授黃州通判後官至吏部尚書傳詳秩官

東齋作

官衙類荒村高齋莽寥廓几席控江湖軒楹帶巖壑往往山水音泠然座中作牆隅竹與蕉枝葉相參錯巖霜旦夕來顏色已非昨臨風步廣除顧念修名薄載咏素餐詩于焉發內怍

秋日樹下同張長人小飲用魏文帝芙蓉池韻

暇日勤種植蓊鬱成小園修篁映遠岫嘉樹帶通川涼秋八九月露氣下高天迴飆吹落葉蕭颯來我前斜陽隱榛薄圓月挂林間黃花相照耀晚景何新鮮舉觴偕勝友嚼蘂慕眞仙無煩稱隱遯即此樂長年

陳維崧 字其年宜興人康熙己未以諸生召試博學鴻詞官翰林院檢討

歌贈杜于皇

我昔住冶城家近石子岡魏收能弄戟敬則解拍張江東冠蓋爭

輻輳臺下山川本鬱蒼一代清流歸太學六朝豔曲有諸郎至尊晝坐黃金牀牙籤堆滿中書堂瑤星不動澄少海二十八宿羅文昌肥牛大肉啖崔蔡輕軒細馬馱班揚中官赤棒避文士布衣白帢多輝光杜陵二十游京國青春彩筆增顏色豈惟公等增顏色僕亦翩翩有人識風塵澒洞羣倉來華林賓客安在哉杜陵老大不得志頭白只向江頭哀蜀岡柳絮正堪把逢君揚州古城下揚州酒價不肯低眼看高樓淚如瀉君不見飛龍廄下諸小兒轟隱夾路青絲騎又不見東家買得近蹤跋人奴詎受侯家笞天生此輩本俊物爾曹嘍嘈空爾爲

朱彝尊 字錫鬯秀水人康熙己未以布衣召試博學鴻詞官翰林院檢討

同諸君聖安寺餞曹檢討 宜溥

載酒入古寺柳林東湖頭將以送遠人豈惟恣讌遊精廬金源舊香乳塗白牛二帝一宸妃遺像堂中留更聞王萬石辭榮返故邱傾城出祖餞於此聚行輈古來離別地草木常先秋火雷焚怪柏霜葉鳴老楸雖乏斷碣存陳迹尚可求曹子酒大戶十榼飮不休一朝忽言去無以申綢繆列席庭槐陰日午風修修窐匏截竹節主客互勸酬未知臨歧語遠合古人不坐久林鴉集斜照忽已流並馬歸道南明發期登舟一帆挂楚澤百尺臥竹樓川涂日以邈何以寫我愁夢爲黃衣蝶飛繞崢嶸洲

送陳舍人 大章 歸黃岡

君姿玉山並君詩白雪高豈意釆風人力不及楚騷策馬去京國御佩腰間刀深甕虎文韡短後茶色袍但愁別須臾何用心鬱陶

素業在黃岡潮田滿江皋烏犍三百尾種秫持作醪暇搜耆舊文筆禿猩猩毫少年能著書此事亦足豪何時涉夏澳共爾浮金舠

讀葉司城 封 嵩游草賦贈

客居通潞春復冬有如飢鳥仍投籠平生夢寐在五岳垂老未覩嵩陽峯峯頭玉女定笑我那不控鶴鞭癡龍瓊漿勿飮良可惜白髮滿鏡徒愁容葉君昔年宰登封莓苔洗字尋石淙霞梯高高入百丈筍䩞踏徧青芙蓉盧巖瀑飛一匹布鐵梁峽偃千年松仙人十六時相逢閒吹鵝管向明月有時髻插三花穠漸州俞叟與君往來熟言君愛奇恆未足開筵爲蒸玉面貍行樂曾騎雪色鹿測景還登測景臺逍遙苑在逍遙谷偶然長嘯百里聞每遇殘碑三日讀不見囊中金石編何殊集古歐陽錄崇文門西車擊轂十里

黃塵眯人目下馬尋君道名姓一笑情親爲鄉曲投我嵩陽詠百篇勝聽哀絲與豪竹近來海內工詩格新城王君最雄獨一見君詩許絶倫同調由來賞心速君今司城名藉甚栗果少年齊足蹋入門廳事半栽花插架圖書倚連屋作吏如君良不俗閒從巷北期王君更許高齋醉醽醁巾箱圖畫恣臥遊豈必盧鴻草堂宿

別杜二于皇

石城烽火後孤客轉浮沈乞食來吳市爲園失漢陰襄陽耆舊傳荆楚歲時心還復扁舟去淒其洛下吟

寄賈黃州 鈜

近聞南紀賈黃州到日題詩滿竹樓晝永清香凝列戟月明赤壁愛停舟棘鍼花鳥眞無敵水墨雲山不易求別後相思意何限可

能尺幅寄輕郵

送金豫齋太史歸里

謫居人海我未還君亦捐佩蛾眉班忽攜紅縢杖七尺歸臥黃篾樓三間編肥筍香酒戶大月明風熟漁舟閒有時橫江逐孤鶴一聲長笛開心顔

潘 耒 字次耕吳江人康熙己未以布衣召試博學鴻詞官翰林院檢討

贈杜于皇

男兒無家復無國六合飄然一孤客客行落落雲出岑其去無跡來無心山水佳處便淹泊偶然相逢不可尋黃岡豪士世無偶胸吞雲夢者八九神鷹鎩翮不能飛丹霄碧海將安歸三十年來泛江舸大塊無塵能著我商山須眉大澤裘遊戲人閒無不可往年訪友揚州城州人喧呼看歲星如雲冠蓋趨門庭先生酣眠醉不醒醒時洗眼焦山青金焦如螺意不快一葉翩然下江瀨青邱方壺不可期白龍赤鯉遙相待我亦汗漫之遐方束髮結交多老蒼惟翁差池未識面江雲關樹空相望錫山葉脫蠡湖朗散步禪房見笻杖怪來避地已經年笑我勞勞逐塵鞅昆明劫火方洞然老鼇抃山波接天土偶桃人莫相笑久客會有還山年先生無事但晏眠大瓢滿酌清泠泉君不見君家杜陵喪家者茅屋秋風淚盈把揮淚高歌洗兵馬

賈 鈜 字可齋鑲藍旗監生康熙中官黃州知府

畫竹碑立坡仙亭

寫此淩霜玉兩竿棱棱傲骨耐嚴寒坡公梅樹萊公柏許作同心

三友看

查愼行 字初白海甯州人康熙癸未進士官翰林院編修

題明興安州牧金公與游擊唐通手書後 公諱之純字健之黃州廣濟人

公守興安日明當甲戌年廟堂全局壞山谷一城堅餉匱雖難繼民貧實可憐飛書留片紙辛苦想籌邊

費錫璜 字滋衡新繁人費此度次子

黃州覽古和王方若 案方若名式丹號樓村寶應人

樊城夏日鬱蒼茫烟樹離離隱武昌江上靈濤飛白馬墓前妖梓化紅羊傷春杜宇啼亡國映血桃花開戰場何處風光不堪弔山河滿目酒盈觴

銅鼓聲催戰伐頻女王故跡已成塵烏飛夜月思名將蝶化春衣

痛美人斷雨荒汀迷夏隩斜陽故壘記春申涉江歌罷芙蓉死芳草於今不復新

萬嶺千峯擁大崎孤城殘堞晚笳悲青山白骨埋紅粉碧草黃花怨赤眉寒月偏于官署照春風莫近女牆吹栖烏未定驚三币夜夜哀鳴知爲誰

直北雄關鎖虎頭東西形勝扼江流愁聞弱國分南戒忍見强藩據上游王謝未銷宣武恥張韓難復靖康仇江干到處生春草閲盡興亡是白鷗

貪看水鳥戲蒹葭獨坐山城到日斜羣盜何心亂江漢諸公無策靖風沙秋魂燈火刀頭血春女胭脂鏡裏花惆悵千秋衫袖溼非關月夜聽琵琶

夏力恕 字觀川孝感人康熙辛丑進士官翰林院編修

冬夜長 爲黃岡周烈婦張氏作

冬夜長新嫁娘欲瞑未瞑在夫牀鄰雞初號燈無光殮夫夫未亡篋內有衣裳夫亡妾先亡門外有横塘横塘一入天茫茫哀魂逝起相翱翔堂上無姑舅目瞽撫兒聽息不可數長呼新婦已終古翁之幼子曳翁行墓門雙鬼泣寒冰夜夜牽牛織女星

得黃岡杜茶村未刻三種二首

江南遺稿竟凋殘變雅堂從舊里看十廟有家啼鳥换三江無火夜螢寒野雲流破生前夢滄海横飛筆下瀾况是楚風淪落盡把君詩卷一加餐

曾倚金陵北郭看草堂無路百花殘女牆歷歷孤藤蔓翁仲蕭蕭夾道寒江水六朝人夢覺秦淮雙槳月沉瀾誰家樓閣能消受猶供當年野客餐

王心敬 字灃川鄠縣人諸生雍正中舉賢良方正兩徵不赴

西亭感興呈華西先生八首之二

春風桃李盡芳顏花落公庭訟自閒莫向山頭尋姑射使君公署有仙山

春晴雲盡楚江天惠日清風萬里煙漫羨蘇公銘孟震重題君子待新泉

遊赤壁讀賈司齋太守石刻留題

處處登臨見手題春風憶舊每生悲黃州墨妙留名勝盡是他年墮淚碑

程大中 字拳時應城人乾隆庚午舉人官蘄州學正後丁丑成進士傳詳秩官

三十六水弔林徵君

松坡居士老還山大隱終年不出關三十六灣秋水碧飄零詩句落人間

靖果園先生輓詩

胡紹鼎 字牧亭孝感人乾隆甲戌會元官御史

大用窮經得高言實事餘哲人今已沒論者復何如若祭當於社將傳信此書顧瞻思往路霜葉曉風初

十五年前別三千里外遊月明廬阜夜木落洞庭秋爾日遲相問良辰遂不留寄言懷孝子後起見貽謀

周凱 字芸皋富陽人嘉慶辛未進士道光初官漢黃德道

王孝子歌

霔雨十日不肯止山水陡然十丈起衝田蕩屋入化魚中有瑯琊一孝子孝子家無升斗儲古耕養父悲母死母棺灰積三年塵亦效萓汞欲賣身賣身誰復奉厥父夜讀寒燈寸心苦忽驚風雨排山來水聲挾之喧如雷三閒茅屋詎足庇母棺欲漂肝腸摧時也厥父客鄂渚仰天大慟天亦哀父生尚可親串依計惟隨母歸泉臺以身隨母棺出入翻波瀾波瀾倒影影接天天鑒孝子將終焉默遣河伯驅江水風雨逆行三十里孝子生還棺亦存共慶重生護桑梓吁嗟乎孝能格天理不枉得士如斯重吾黨作歌用勸讀書人君不見蘄州孝子王元長

王乃斌 字香雪仁和人著有紅蝠山房詩鈔

古樟歌 蘄州麟山有古樟三株舊傳明末張獻忠陷蘄夜見三人擐甲持戈護城疑即三樟樹神也

孝陵樹枯明社屋烈帝諸臣如朽木傳聞流寇陷蘄陽麒麟山頭鬼夜哭山中老樹鬱奇氣連理三株伯仲季不誇衣錦遇錢鏐曾見論功坐馮異託根刼歷明山河高寒不改淩霜柯羅平妖鳥忽飛到虬枝怒奮如琱戈此際風雲助叱咤羣驚天上將軍下葉戰蕭蕭賊膽寒貞心凜凜達官怕吁嗟乎一木難支大廈傾空山雨露沐時清行人尚識古樟樹字木飄零康壽卿

楊 庚 字少白江安人嘉慶辛酉拔貢癸酉舉人道光中官黃州知府傳詳秩官

黃州中秋

半年慄慄守黃州敢學坡翁樂此遊故國四千餘里路他鄉三十六中秋魚龍漲退江隄鞏鴻雁聲嗷廩粟謀省識同僚籌畫苦銜杯漫對月當頭

陶 樑 字鳧薌長洲人嘉慶戊辰進士道光間官漢黃德道後官禮部侍郎

黃州雜事詩三十首

騎馬京華謁選忙偶同吟侶探春芳誰知古寺留詩讖真到黃州看海棠 道光壬寅三月余在京師偕葉駕部東卿徐侍御星伯遊崇效寺看牡丹用東坡定惠院海棠韻賦詩紀事是秋赴任湘南旋奉有量移之命遂來齊安不可謂非詩讖云

開憑戰壘說孫劉弔古還來赤壁遊不管興亡多少事大江日夜向東流 赤壁在漢川門外距城數武蘇子瞻遊此作賦遂指爲吳魏鏖戰之地山上樓閣頗多明末悉燬嗣經屢次修葺今已漸復舊觀矣

讀書堂好傍叢林環珮空勞月夜臨比似維摩方丈室散花天女試禪心 讀書堂在安國寺宋韓琦侍兄琚守黃時嘗于西廡讀書又天女事見宋薛季瑄二女篇序

朱欄畫檻俯江流題壁元之好句留夜靜水光搖萬頃何人曾上月波樓 月波樓宋王禹偁詩序曰月波之名不知得於誰氏故老皆無聞焉因作古詩一章凡六百八十字嵌於樓壁云

隔江隱隱樹青葱聞說吳王有故宮暮靄朝煙看不盡西山日在浪花中 西山在武昌縣境內相傳三國時孫權避暑於此上有宮殿與黃州城隔江對峙

渡頭芳草碧痕深鼓枻遙傳隔浦音應識靈均憔悴甚采蘭澤畔慣行吟 蘭谿驛

文酒肩隨笑語同涵暉名在舊樓空集編花萼尋常事勳業何人似魏公 涵暉樓在縣西南宋張安國書其額曰無盡藏樓韓魏公有詩臨江三四樓次第壓城首山光偏軒檻波影撼窗牖余兄天聖中向攝齊安守兄才無不宜吏治孰可偶公庭常寂然所樂在文酒

名重人呼作黨魁一重公案在烏臺湖州不幸黃州幸題徧江山要此才 按東坡年譜元豐二年七月在湖州因到任謝表得罪追攝赴臺十二月二十九日責授黃州團練副使

遂音遙辨俗工非載酒人來舊石磯難得扁舟逢李委新詞一曲鶴南飛紀年錄十二月十九東坡生日也置酒赤壁磯下踞高峯俯鵲巢酒酣簫聲起於江上客有郭古二生頗知音謂坡曰簫聲有新意非俗工也使人問之則進士李委聞坡生日作新曲鶴南飛以獻呼之使前則青巾紫裘腰簫而已既奏新曲又快作數弄嘹然有穿雲裂石之聲坐客皆引滿醉倒委求詩作一絕句王郎以詩見慶次其韻

犖确坡頭路未平營田覓得試躬耕阿誰隴上同勞苦廿載相從馬正卿東坡八首詩序余至黃州二年日以困匱故人馬正卿哀余乏食爲於郡中請故營地數十畝使得躬耕其中地既久荒爲茨棘瓦礫之場而歲又大旱墾闢之勞筋力殆盡釋耒而歎乃作是詩末首云馬生本窮士從我二十年日夜望我貴求分買山錢我今反累生借耕輟茲田

雞黍頻邀玉局仙豪游爭識寓公賢方山去後風流盡寂寞岐亭五百年東坡詩集陳季常自岐亭過訪郡中及舊州諸豪爭欲邀致之有戲作陳孟公詩又有季常見過詩云君來輒館我未覺雞黍窄

空中神語是耶非一逕通幽掩竹扉憂患從來緣識字好憑天篆悟元機東坡詩集是日偶至野人汪氏居有神降於其室自稱天人李全字德通善篆字用筆奇妙而字不可識云天篆也

松寮茅舍傍雲根隨意閒尋近郭邨我比坡公多東縛不曾日日出東門東坡詩有日日出東門步尋東城游城門抱關卒笑我此何求

半載山城苦索居東家問偏苦無書何人得似王齊萬散盡黃金買百車東坡詩集有王齊萬秀才詩君家稻田冠西蜀擣玉揚珠三萬斛塞江流柹起書樓碧瓦朱欄照山谷傾家取樂不論命散盡黃金如轉燭惟餘舊書一百車方舟載入荆江曲江上青山亦何有伍洲遙望劉郎藪明朝寒食當過君請殺耕牛壓私酒與君飲酒細論文酒酣訪古江之濆仲謀公瑾不須弔一酹波神英烈君

五載栖遲卽故鄉借他邠老過重陽蠻煙瘴雨南遷日倍覺歸心負雪堂按東坡圖云郡人潘邠老及弟大觀俱以詩知名多從先生游先生去以雪堂付之邠老因以居焉又先生有貶英州五絕云萬古仇池穴歸心負雪堂

舊院迴車路儼然南堂遺址賸荒煙西來消盡峨嵋雪春水生時浪接天齊安拾遺夏澳口之側本水驛有亭曰臨皐郡人以驛之高陂上築南堂爲先生游息郡志臨皐亭在縣之南瀕江乃古之迴車院也蘇軾曾寓居嘗曰亭下大江半是峨嵋雪水爲築南堂於此

一谿明月景偏饒譜就新聲引鳳簫嘶過玉驄芳草地醉眠記得綠楊橋東坡綠楊橋西江月詞遍野瀰瀰淺浪橫空曖曖微霄障泥未解玉驄驕我醉欲眠芳草可惜一谿明月莫教踏破瓊瑤解鞍攲枕綠楊橋杜宇數聲春曉按郡志綠楊橋在城東蘇軾曾醉臥其上作綠楊橋詞因名謹案綠楊橋在蘄水縣東

淪落天涯悔已遲奇才畢竟九重知憐君曠世還相感爲洗蒼苔讀舊碑按先生安國寺碑記建於元豐七年今在寺中

飯罷闍黎比挂單觀空便欲借蒲團慣來小院留遺蔭修竹森森綠萬竿安國寺東院有竹甚茂傳爲坡公憩息之所額曰般若舟

一泓止水暗泉通挹注原知用不窮五百年前曾洗墨硯池還在雪堂東洗墨池在今府治雪堂東首

四望亭邊一杖攜悠然碧水浸深池浮萍合處蛙聲滿又是斜陽過雨時東坡詩集有雨晴後步至四望亭下魚池上詩云雨過浮萍合蛙聲滿四鄰

宿草離離認故阡遺書猶在感前賢山中近日紛傳說採藥曾逢李鄴仙郡志李之泌字鄴仙黃岡諸生精王弼京房之學屢徵不起著有夙知錄

鍾山深處掩蓬門海內空傳處士尊香火年年祠廟在梅花時節與招魂縣志杜濬字于皇一號茶村流寓金陵隱居不仕近日黃郡紳士爲建祠堂於學宮旁正月十七日祀之蓋茶村誕日也

人間兩見娑羅樹淨土相依歲月深連茁三株原一本凌雲直幹已千尋娑羅樹在安國寺旁一本分三株結子纍纍據醫家云可治肝胃疾徐蓉舫太守云南京亦有此樹在燕子磯廣濟寺內高尚不及此樹之半云

閱歷深知蜀道難要將片石砥迴瀾宦途更比川江險行到中流怕激湍郡志迴瀾石在城南蘇軾鐫激湍二字其上明成化間知縣潘玨因建迴瀾亭　謹案迴瀾石在蘄水縣南

土風荆楚傳來舊除夕家家祀竈同卻怪歲時偏失記浮燈潔釜卜年豐郡志載李之泌詩序云吾黃里俗除夕潔釜浮燈祀竈祝歲之豐歉物之饒乏徵兆於此往往確驗過時視之則隱故人有知有不知者昨夜家釜浮粒有七圓明肥潤諦視眞蚕秈米無他種乃爲釜粒行以紀之俾異日採風者收入歲時風俗志亦一事也

喧傳價貴洛陽箋換比桃符一色鮮聞得新鄗招利市裁成五彩帖門前黃俗每於歲首翦彩紙門邊牆脚遍帖之他郡未之見也

遺來蜀客種常留豆莢槐芽滿地收帶得霜濃論擔賣至今老圃說元修東坡詩集元修菜詩引曰菜之美者有吾鄉之巢故人巢元修嗜之余亦嗜之元修云使孔北海見當復云吾家菜耶因謂之元修菜余去鄉十有五年思而不可得元修適自蜀來見余於黃乃作是詩使歸致其子而種之東坡之下云彼美君家菜鋪田緜茸茸豆莢圓且小槐芽細而豐種之秋雨餘擢秀繁霜中

蘘材早已食單儲舉網人來慣趁墟怪底登盤滋味美新從樊口獲鯿魚郡志鯿魚出樊口者佳

手擘黃甘欲薦新素羅香惹淚沾巾回頭三十年前事　恩

賚曾叨侍從臣案東坡集有黃州食甘詩云一雙羅帕未分珍林下先嘗愧逐臣憶嘉慶乙亥余以講官扈蹕兩陵仰蒙寵賚蒼梧回首不禁泫然

張維屏字南山番禺人道光壬午進士歷官黃梅廣濟兩縣知縣傳詳秩官

縣齋夜坐

吏散堂逾靜攤書對一燈微名慚邑宰孤影類龕僧我信催科拙胥惟舞弊能宦途今始覺步步履春冰

黃梅春感

去年此日過吳閶短簿祠邊共泛觴紅豆寄人千里遠黃梅留我一春忙衝途迎送身如葉豪氣銷磨鬢有霜卻上孤亭懷俊逸草痕詩思滿斜陽

葛致遠字毅山畢節人道光甲辰舉人官黃岡知縣傳詳秩官

黃生作霖殉節詩

賊頭亂落刀如雪駿馬奔騰四蹏血直抵團風掃賊穴驚聞犄角孤軍折半載與我同苦辛銅筋鐵骨惟斯人臨風老淚沾衣巾寶劍折矣愁風塵

黃州府志卷之三十七下終

黃州府志卷之三十八

黃州府知府英　啟纂輯

藝文志

金石上

黃岡縣

唐

總管道國公周法明墓誌碑

至德中在黃州 金石錄 碑久佚

案杜牧樊川集有東川節度周墀墓誌銘其文曰周平王次子烈封汝墳侯秦以汝墳爲汝南郡侯之孫因家焉遂姓周氏自烈十八世至西漢周仁繼烈封侯其後逃西晉亂南去

黃岡靈起仕梁爲桂州刺史生炅在陳爲車騎將軍生法明年十二朝命巴州刺史陳滅臣隋爲趙之眞定令隋亂歸黃岡起兵取蘄安沔黃武德中籍四州地請命授總管蘄安十六州軍事光祿大夫封國於道太宗命虞世南銘書墓碑云云此郎法明之世系仕履也 陳詩湖北金石存佚考

左黃州表元結撰 佚

乾元已亥贊善大夫左震出爲黃州刺史下車黃人歌曰我欲逃鄉里我欲去墳墓左公今旣來誰忍棄之去嗚呼天下兵興今七年矣淮河之北千里荒草自關以東海濱之南屯兵百萬不勝征稅豈獨黃人能使其人忍不去者誰曰不可頌乎後歲黃人又歌曰吾鄉有鬼巫惑人人不知天子正尊信左公能殺之嗚呼近年以來以陰陽怪變將鬼神之道罔上惑下得尊重於當時者日見斯人黃之巫女亦以妖妄得蒙恩澤朝廷不問州縣惟其意公忿而殺之則彼可誅戮豈獨巫女如左公者誰曰不可頌乎三拜遷侍御史判金州刺史將去黃人多去思故爲黃人作表如左氏世系及黃之門生故吏與巫女事則南陽左氏悉記之 元結次山集

黃州修文宣王廟記碑

咸通六年鄭彥藻分書 通志金石略 佚

宋

齊安永興禪院記碑在縣治南濱江王禹偁撰

齊安郡名也永興院額也蓋僧者故老通而呼之遂以爲常

耳唐時舊州在齊安河上院錄云因刺史杜僕射以白雲觀建爲斯院案唐史未嘗有官至端揆而刺黃者疑唐末杜洪據有鄂渚北結梁人東抗楊氏黃鄂之屬郡也或以宗族典之於是皇綱弛紊官紀僭忝僕射之稱不爲異矣其後隨郡遷徙立院於茲兵掠火燔曾無甯歲乾甯中楊行密盡有淮南之地天祐二年楊公卒其子渥稱嗣吳王奉唐正朔以部將孫彥思爲黃州刺史始建院宇崇佛像彥思母王氏捨妝匳鑄鐘於今尙存主院之僧傳法之祖喪亂無紀莫得而知今所述者斷自紫陵而下紫陵者郢中名山也山僧曉禪世謂之紫陵和尙其後捨茲院遊鳳翔從淸泰入洛賜號國師次曰同一次曰行忠次曰節運次曰延具次曰自正此五僧

者自前唐天祐上聖朝端拱初有若蘄州三角山龍門禪師僧自南開堂演口自南者合肥人世姓解氏住持凡七年復歸蘄州四祖山淳化中有若蘄州白雲山廣教院僧智雨嗣興院事智雨者漣水人世姓朱氏以至道三年十一月一日寂滅俗壽五十一夏臘二十七臨終召院衆付屬今長老仁辯遂甯人得法於智雨者也即以其月十二日用荼毗之法葬智雨起塔於長圻村二十八日仁辯會大衆陞法堂有僧元資問曰如何是齊安境答曰後面青竹連道觀前頭綠水接武昌又問如何是境中人曰大似不相見此之謂住持傳法僧院舊有堂廚各五間淳化二年郡人王福捨錢二百萬造大殿成再興捨錢一百五十萬造僧堂郡之衆戸率錢二

十萬建老宿堂又率錢十萬立方丈室左都押衙丁文燧捨錢五十萬建浴堂蘄州人王眞捨錢四十萬塑菩薩殿塑彌勒像里人周遇捨菜圃此之謂檀越知院元吉掌申牒公府維那法俊掌提轄堂司供養王文遇掌化募施利典座道眞掌庖廚眞歲省愼掌墾種此之謂知事僧先是衆僧請院前閑田一段又請通民麥莊一區來牟蔬果豐焉住持傳法僧無祖禰道高伏衆則推之知事僧無資級才堪心願則爲之故上下熙熙而忿爭不作矣夫禪者儒之曠達也律者士之名教也浮圖氏離而爲二罕能兼之其甚者互相矛盾過於仇讎惟長老仁辯禪其心以度人律其行以伏衆有來必應虛往實歸禪其心也一裘一飯之外日誦法華經二部律其行也某筮仕以來治僧之訟多矣獨愛其無親疏無人我有賢智則尊而事之有才力則信而使之去而不强推而無競渾然幾乎道矣故總而爲之記至於院宇之至嚮田園之廣袤道具經典租庸什器請書石陰時大宋咸平二年八月十五日記 王禹偁小畜集

新建小竹樓記碑 在縣治西北王禹偁撰佚

黃岡之地多竹大者如椽竹工破之刳去其節用代陶瓦比屋皆然以其價廉而工省也子城西北隅雉堞圮毁蓁莽荒穢因作小樓二間與月波樓通遠吞山光平挹江瀨幽闃遼敻不可具狀夏宜急雨有瀑布聲冬宜密雪有碎玉聲宜鼓琴琴調和暢宜詠詩詩韻清絶宜圍棊子聲丁丁然宜投壺

矢聲錚錚然皆竹樓之所助也公退之暇被鶴氅衣戴華陽巾手執周易一卷焚香默坐消遣世慮江山之外第見風帆沙鳥烟雲竹樹而已待其酒力醒茶煙歇送夕陽迎素月亦謫居之勝槪也彼齊雲落星高則高矣井榦麗譙華則華矣止於貯妓女藏歌舞非騷人之事吾所不取吾聞竹工云竹之爲瓦僅十稔若重覆之得二十稔噫吾以至道乙未歲自翰林出滁上丙申移廣陵丁酉又入西掖戊戌歲除日有齊安之命己亥閏三月到郡四年之閒奔走不暇未知明年又在何處豈懼竹樓之易朽乎幸後之人與我同志嗣而葺之庶斯樓之不朽也咸平二年八月十五日記 小畜集

月波樓詩碑 幷序在府治王禹偁撰佚

月波之名不知得於誰氏圖綴故老皆無聞焉因作古詩一章凡六百八十字陷於樓壁庶使茲樓之名得與詩俱不泯也

郡城無大小雉堞皆有樓其間有名者不過十數州吹簫事遼迴仙迹難尋求庾公在九江締構何風流謝守鎮宣城疊嶂名有由東陽倣八詠吾聞沈隱侯白雪駕郢中調高誰和酬黄鶴倚鄂渚仙去事悠悠賛皇謫滁上作賦懷嵩邱樓居出俗態澤國多勝遊好景不遇人安得名存留齊安古郡廢移此清江頭築城隨山勢屈曲復環周茲樓最軒豁曠望西北陬武昌地如掌天末入雙眸平遠無林木一望同離婁山形如八字會合勢相句（東晉方士戴洋言武昌有山無林山形如八字勢不及九故孫權以黄武元年都武昌八年遷建業）三國事既遠六朝名亦休近從唐末來爭

奪五仇讎斯樓備矢石此地控咽喉終朝望烽燧連歲事戈矛可憐好詩景牢落無人收皇家統萬國遠邇盡懷柔三聖四十年蕩蕩文德修淮甸爲内地黄岡爲上游儒服假郡印踐更若公鄭況多辦職吏誰肯恣吟謳伊余何爲者竊慕騷人儔兩朝掌文翰十年侍冕旒去歲出西掖謫居抱窮愁日日江樓上風物得冥搜何人名月波此義頗爲優西南新桂魄初上懸玉鉤晚瀨清且淺漂蕩影沈浮三五金波滿夜光如暗投驪龍弄頷珠晃朗照汀洲滄臺披寶劍碎璧斬長虬冰輪曉入地推下赤金毬闌干四五星斜漢印清秋誰家上元燈而盛劉蓏蘇此景吟不出謾使聲呦呦千里畫圖闊四時詩興幽野花媚宮纈芳草鋪碧綢火雲照沙浦暴雨傾瓦溝白亂蘆花散紅般蓼穗稠簷冰垂若練雪片大如鷗江離煙漠漠宮柳雨颼颼舟子斜盪槳牧童倒騎牛水獺有時戲江豚頗能泅山鳥奏竽籟落霞展衾裯魚網雪離離酒旗風颼颼放懷雖自適時物奈相尤右顧徐邈洞精靈如在不左瞰伍員廟荒隙令人羞樓中何所有官醞湛蚍蜉棋枰留客坐琴調待僧抽橘苞鄰藥鼎墨筆閒茶甌平生性幽獨寂寞誰獻酬官常已三黜懷抱羅百憂凭欄憶王粲望闕同子牟自甘成潦倒無復事聲猷身世喻泡幻衣冠如贅瘤放意無何鄉誰分親與仇寓形朝籍中毀譽任啁啾君恩無路報民瘼無術瘳惟慚戀祿俸未去耕田疇題詩郡樓上含毫思夷猶功名非范蠡何必泛扁舟（縣志）

黄州重建門記碑　鄭獬撰（佚）

治平二年予佩荆州印浮舟跨長江而南道出於黄往見刺史陳侯入其南門榜扶下支隤然其將顛引鞚疾驅而後過之予意陳侯甚才而敏於爲政是將葺之矣而不以告也明年春果有書來新作州門幸遺我數十百字以識之奚予之料之必耶蓋陳侯之爲治有所緩急而先後之必有獲於黄人環境之内皆若家視而人計而募功斂貲稍繕治之由是壞者撤完者立賓有館燕有亭粟得新廩馬得新廄遂作州門盡易其腐朽而一掃之其隅言言其楹業業赫然甚壯黄人改觀焉然而作者之意其特以郡邑之尊雄而誇大之耶而以闢鑰啓閉之爲嚴固耶是亦有意於爲刺史者耶蓋夫

刺史之治其美惡必由此而出焉坐乎黃堂之上操方尺之紙挾筆而裁之作爲符約以令乎民民莫不環起繳繞而奔走之其出也甚美則黃人欣然相告而喜焉其出也甚惡則黃人慼然相顧而憂焉其甚美與甚惡在乎人而何所累於斯以其寓而出之也必有表焉者耳故曰兩觀災魯侯有不識焉若陳侯者猶有歎然者耶予知陳侯者也常恨其所處未得窮其材如得其大且衆者而治之則固若强弩之發振機未絕而其所當者忽以破壞矣然後以得爲意今去於尚書郎而於窮淮之南治一奕棊地其蹂躪民事顧不易爲力哉况若門者耶聲欬之餘可以力辦矣春秋之說動於衆者必書新作南門者譏不時也則陳侯之作於九月霜降之後

而訖於十一月大雪之初斯其于時得矣可美不可譏于是爲文以遺之治平三年十一月十七日右司諫知荆南軍府事安陸鄭獬記 鄭獬鄖溪集

赤壁二賦碑元豐五年蘇軾撰幷書 佚 又趙孟頫書 并佚

趙孟頫書赤壁賦一爲冢宰趙用賢重刻一爲郡守潘允哲以檇李項篤壽所藏眞蹟摹刻今壞 縣志

二賦堂階前樹趙文敏所書前赤壁賦碑係前明周萊峰思兼摹刻旁一新碑鐫後賦乃桐城何道岑應珏守黃州時命陳僴菴書以續之 鈍齋文選

前赤壁賦壬戌之秋七月既望蘇子與客泛舟遊於赤壁之下清風徐來水波不興舉酒屬客誦明月之詩歌窈窕之章少焉月出於東山之上徘徊於斗牛之間白露橫江水光接天縱一葦之所如淩萬頃之茫然浩浩乎如馮虛御風而不知其所止飄飄乎如遺世獨立羽化而登仙於是飲酒樂甚扣舷而歌之歌曰桂棹兮蘭槳擊空明兮泝流光渺渺兮予懷望美人兮天一方客有吹洞簫者倚歌而和之其聲嗚嗚然如怨如慕如泣如訴餘音嫋嫋不絕如縷舞幽壑之潛蛟泣孤舟之嫠婦蘇子愀然正襟危坐而問客曰何爲其然也客曰月明星稀烏鵲南飛此非曹孟德之詩乎西望夏口東望武昌山川相繆鬱乎蒼蒼此非孟德之困於周郎者乎方其破荆州下江陵順流而東也舳艫千里旌旗蔽空釃酒臨江橫槊賦詩固一世之雄也而今安在哉况吾與子漁樵於

江渚之上侶魚鰕而友麋鹿駕一葉之扁舟舉匏尊以相屬寄蜉蝣於天地渺滄海之一粟哀吾生之須臾羨長江之無窮挾飛仙以遨遊抱明月而長終知不可乎驟得託遺響於悲風蘇子曰客亦知夫水與月乎逝者如斯而未嘗往也盈虛者如彼而卒莫消長也蓋將自其變者而觀之則天地曾不能以一瞬自其不變者而觀之則物與我皆無盡也而又何羨乎且夫天地之間物各有主苟非吾之所有雖一毫而莫取惟江上之清風與山間之明月耳得之而爲聲目遇之而成色取之無禁用之不竭是造物者之無盡藏也而吾與子之所共適客喜而笑洗盞更酌肴核既盡杯盤狼籍相與枕藉乎舟中不知東方之既白

後赤壁賦是歲十月之望步自雪堂將歸於臨皋二客從予過黃泥之阪霜露既降木葉盡脫人影在地仰見明月顧而樂之行歌相答已而歎曰有客無酒有酒無殽月白風清如此良夜何客曰今者薄暮舉網得魚巨口細鱗狀如松江之鱸顧安所得酒乎歸而謀諸婦婦曰我有斗酒藏之久矣以待子不時之需於是攜酒與魚復遊於赤壁之下江流有聲斷岸千尺山高月小水落石出曾日月之幾何而江山不可復識矣予乃攝衣而上履巉巖披蒙茸踞虎豹登虬龍攀栖鶻之危巢俯馮夷之幽宮蓋二客不能從焉劃然長嘯草木震動山鳴谷應風起水涌予亦悄然而悲肅然而恐凜乎其不可留也反而登舟放乎中流聽其所止而休焉時夜將半

四顧寂寥適有孤鶴橫江東來翅如車輪元裳縞衣戛然長鳴掠予舟而西也須臾客去予亦就睡夢一道士羽衣翩躚過臨皋之下揖予而言曰赤壁之遊樂乎問其姓名俛而不答嗚呼噫嘻我知之矣疇昔之夜飛鳴而過我者非子也耶道士顧笑予亦驚寤開戶視之不見其處

附　國朝朱日濬論往事云天生人才固無所不用然用之於常雖庸夫亦有一得用之於變在賢者不免失措案長水日鈔云通州距京城之南四十餘里城中積糧數百萬石英宗己巳之變北方兵起諜報欲據通州倉糧朝議先焚倉廩會周文襄公忱至京師都御史陳僖敏公鎰問計於周周曰若如此是敵未至而棄軍實非計也盍若檄示在京官軍旗校預支一歲之糧各令自支則糧歸京師又免輦運之費不數日賊至通州無所獲而去濬謂文襄此計自是正當道理初不難知但倉卒之間無由遽見及此耳故曰居常貴經遠之略御難重應變之才昔流賊張獻忠將破黃州府北城外即蘇東坡赤壁也中有高樓三層迫近於城衆議恐賊據以窺城遂焚之樓之下有大石碑十二列於兩旁皆擘窠大字係東坡親書赤壁二賦遒麗勁秀昔人所謂上下五百年縱橫一萬里罕有儔匹者俱付之一炬之中濬當時年方十餘固建言若焚樓先移碑碑不及遷當拆樓以全碑當時司牧及鄉先生於卒然之頃無暇熟計且不留情國寶置之罔聞遂使千年勝蹟蕩爲灰烟嗚乎惜哉縣志

乳母任氏墓誌銘蘇軾撰幷書碑見存府署

趙郡蘇軾子瞻之乳母任氏名採蓮蜀之眉山人父遂母李氏事先夫人三十有五年工巧勤儉至老不衰乳亡姊八娘與軾養視軾之子邁迨過皆有恩勞從軾官于杭密徐湖謫于黃元豐三年八月壬寅卒于黃之臨皋亭享年七十有二十月壬午葬于黃之東阜黃岡縣之北銘曰生有以養之不必其子也死有以葬之不必其里也我祭其從與享之其魂氣無不之也縣志

安國寺記碑蘇軾撰佚

元豐二年十二月余自吳興守得罪上不忍誅以爲黃州團練副使使思過而自新焉其明年二月至黃舍館粗定衣食稍給閉門卻掃收召魂魄退伏思念求所以自新之方反觀從來舉意動作皆不中道非獨今之所以得罪者也欲新其一恐失其二觸類而求之有不可勝悔者於是喟然歎曰道不足以御氣性不足以勝習不鋤其本而耘其末今雖改之後必復作盍歸誠佛僧求一洗之得城南精舍曰安國寺有茂林修竹陂池亭榭閒一二日輒往焚香默坐深自省察則物我相忘身心皆空求罪垢所從生而不可得一念清淨染汙自落表裏翛然無所附麗私竊樂之旦往而暮還者五年

於此矣寺僧曰繼連爲僧首七年得賜衣又七年當賜號欲謝去其徒與父老相率留之連笑曰知足不辱知止不殆卒謝去余是以媿其人七年余將有臨汝之行連曰寺未有記具石請記之余不得辭寺立於僞唐保大二年始名護國嘉祐八年賜今名堂宇齋閣連皆易新之嚴麗深穩悅可人意至者忘歸歲正月男女萬人會庭中飲食作樂且祠瘟神江淮舊俗也四月六日汝州團練副使眉山蘇軾記東坡集通志

東坡手書四詞石刻

赤壁堂三楹中祀坡公小像旁陷其手書四詞及竹石畫碣於壁鈍齋文選

滿庭芳詞歸去來兮吾歸何處萬里家在岷峨百年强半來日苦無多坐見黃州載閏兒童盡楚語吳歌山中友雞豚社飲相勸老東坡　云何當此際人生底事來往如梭待閒看秋風洛水清波好在堂前細柳應念我莫翦柔柯仍傳語江南父老時與曬漁蓑元祐六年十月二日

臨江仙詞九十日春都過了貪忙何處追游三分春色一分愁雨翻榆莢陣風轉柳花毬　閬苑先生須自責蟠桃動是千秋不知人世苦厭求東皇不拘束肯爲使君留

行香子詞清夜無塵月色如銀酒斟時須滿十分浮名浮利休苦勞神似隙中駒石中火夢中身　雖抱文章開口誰親且陶陶樂取天眞幾時歸去作箇閒人背一囊琴一壺酒一溪雲紹聖二年重九日

赤壁懷古念奴嬌詞大江東去浪淘盡千古風流人物故壘西邊人道是三國周郎赤壁亂石穿空驚濤拍岸捲起千堆雪江山如畫一時多少豪傑　遙想公瑾當年小喬初嫁了雄姿英發羽扇綸巾談笑閒檣櫓灰飛煙滅故國神游多情應笑我早生華髮人間如夢一尊還酹江月

睡仙亭石牀詩碣在赤壁

詩云我醉憑爾眠我醒扣爾歌瑳瑳白玉几賴爾樂情多後鐫秋水道人戲書字體遒逸類東坡惜首尾題識漫漶不可讀案國朝黃梅石室字書藏號秋水喻文鏊考田詩話稱爲秋水老人或即其人歟

枕江石題名

蘇軾李嬰吳亮趙安節王齊愈潘丙元豐五年二月二十二日游□十日嬰□□來凡八行行四字

李嬰蘄水令嘗作滿江紅詞上東坡東坡喜之見漁隱叢話吳亮字君采武昌主簿王齊愈字文甫犍爲人寓居武昌秀才齊萬之兄也潘丙字彥明黃岡人並見本集通志

古黃白陽鏡

元豐中東坡自齊安過古黃州獲一鏡其背銘云漢有善銅出自白陽取鑄爲鏡清明而光左龍右虎輔之兩旁其字如菽大篆款甚精妙白陽疑白水之陽其銅黑色如漆照人微小古鏡皆然此道家聚形之法也仇池筆記

黃州師中菴記碑佚　蘇轍撰

師中姓任氏諱伋世家眉山吾先君子之執友也故予知其

爲人嘗通守齊安去而其人思之不忘故齊安之人知其爲吏師中平生好讀書通達大義而不治章句性任俠喜事故其爲吏通而不流猛而可慕所至吏民畏而安之不敢欺也始爲新息令知其民之愛之買田而居新息之人亦曰此吾故君也相與事之不替及來齊安常遊於定惠院既去郡人名其亭曰任公其後余兄子瞻以譴遷齊安人知其與師中善也復於任公亭之西爲師中菴曰師中必來訪子將館於是明年三月師中没於遂州郡人聞之相與哭於定惠者凡百餘人飯僧於亭而祭師中於菴蓋師中之去十有餘年矣夫吏之於民有取而無予有罰而無恩去而民忘之不知所怨蓋已爲善吏矣而師中獨能使民思之於十年之後哭之

皆失聲此豈徒然者哉宋仲卿爲桐鄉嗇夫有德於其民死而告其子必葬我桐鄉後世子孫奉我不如桐鄉既而桐鄉祠之不絶今師中生而家於新息歿而齊安之人爲亭爲菴以待之使死而有知師中其往來於新息齊安之間乎余不得而知也元豐四年十二月眉山蘇轍記　蘇轍欒城集　通志

快哉亭記碑　蘇轍撰　佚

江出西陵始得平地其流奔放肆大南合沅湘北合漢沔其勢益張至於赤壁之下波流浸灌與海相若清河張君夢得謫居齊安卽其廬之西南爲亭以覽觀江流之勝而余兄子瞻名之曰快哉蓋亭之所見南北百里東西一舍濤瀾洶湧風雲開闔晝則舟楫出没於其前夜則魚龍悲嘯於其下變化倏忽動心駭目不可久視今乃得玩之几席之上舉目而足西望武昌諸山岡陵起伏草木行列煙消日出漁夫樵父之舍皆可指數此其所以爲快哉者也至於長洲之濱故城之墟曹孟德孫仲謀之所睥睨周瑜陸遜之所馳騖其流風遺跡亦足以稱快世俗昔楚襄王從宋玉景差於蘭臺之宮有風颯然至者王披襟當之曰快哉此風寡人所與庶人共者耶宋玉曰此獨大王之雄風耳庶人安得共之玉之言蓋有諷焉夫風無雄雌之異而人有遇不遇之變楚王之所以爲樂與庶人之所以爲憂此則人之變也而風何與焉士生於世使其中不自得將何往而非病使其中坦然不以物傷性將何適而非快今張君不以謫爲患收會計之餘而自放

山水之間此其中宜有以過人者將蓬戶甕牖無所不快而況乎濯長江之清流挹西山之白雲窮耳目之勝以自適也哉不然連山絶壑長林古木振之以清風照之以明月此皆騷人思士之所以悲傷憔悴而不能自勝者烏覩其爲快也

欒城集

二程夫子祠記碑　朱子撰　佚

齊安在江淮閒最爲窮僻而國朝以來名卿大夫多辱居之如王翰林韓忠獻公蘇文忠公邦人至今樂稱而於蘇氏尤致詳焉至於河南兩程夫子則亦生於是邦而未有能道之者何哉蓋王公之文章韓公之勳業皆震耀於一時而其議論氣節卓犖奇偉尤足以驚世俗之耳目則又莫若蘇公之

為盛也若程夫子則其事業湮鬱既不得以表於當年文詞平淡又不足以誇於後世獨其道學之妙有不可誣者而又非知德者莫能知之此其遺跡所以不能無顯晦之殊亦其理勢之宜然也蓋天聖中洛人大中大夫程公珦初仕為黃陂尉秩滿不能去而遂家焉實以明道元年壬申生子曰顥字伯淳又以明年癸酉生子曰頤字正叔其後十有餘年當慶歷丙戌丁亥之間攝貳南安乃得獄掾舂陵周公惇頤而與之遊於是二子因受學焉而慨然始有求道之志既乃得夫孔孟以來不傳之緒於遺經遂以其學為諸儒倡則今所謂明道先生伊川先生是也先生之學以大學論語中庸孟子為標準而達於六經使人讀書窮理以誠其意正其心修其身自家而國以達於天下其道坦而明其說簡而通其行端而實蓋將有以振百代之沈迷而納之聖賢之域其視一時之詞章事業議論氣節所繫孰為輕重所施孰為長短當有能辨之者而世非徒不知好也甚者乃或目以道學之邪氣而必翦滅之於斯時也苟無遭其伐木削跡焉斯已幸矣尚何望其餘哉今太守李侯乃能原念本始追誦遺烈立二夫子之祠於學宮以風厲其人而作興之非其自信之篤而不以世之趨舍動其心其孰能與於此李侯名訦字誠之其為此邦勤事愛民固多可紀特於此舉尤足以見其趣操之不凡而非眾人所能及是以因其請記而具論之以告來者使有考焉紹熙三年秋九月戊子後學新安朱熹記朱子大全

集金石存佚考

子路問津處碑詳古蹟

元

洗墨池石刻趙孟頫書並詳古蹟

子瞻故有洗墨池予判黃之二年梅川張子長人言墨池就湮獨趙文敏手書三字猶存瓦礫中予聞大喜命輿人移置東齋又三年為康熙己酉始從坡里坊求墨池遺址得之於是甃以文石周以欄檻跨池為橋翼橋為亭而取文敏字揭之楣　又黃州洗墨池蛙口食墨而黑其說見楚故池為東坡之遺蹟廢且久予判黃時重加疏鑿更建竹樓雪堂於池傍祀宋王蘇諸公名曰宋賢祠宋犖西陂類稿

案池在今城西南隅即坡里坊有洗墨池石碣款識嘉慶癸酉署郡判會稽胡楷重濬并書勒石文敏所書已無存

黃州路總管劉侯興學記碑

至正十一年十一月賜進士出身奉訓大夫荊門州知州兼勸農事聶炳譔資善大夫淮西江北道肅政廉訪使裴思謙篆額縣志

明

復蘇公舊蹟記碑羅玘撰

宏治戊午予同年天台盧侯以刑部郎中出知黃州黃蘇文忠公謫居地也公嘗築雪堂於東坡今僅存地丈餘侯出過之喟然曰是洧於民不可公嘗寓定惠院游乾明寺黃泥坂

諸處侯問於民曰是皆何在民皆不知侯曰是不可也吾其究諸於是遷雪堂於府治之東與竹樓配使麗於公所可恆存也明年按地櫛驗院寺坂以次皆復遂度勝而亭焉黃人始昧若不知有公也既而恍然訝公復生繼又駢然或欲從公復游又若真有公也塡郭溢郛或聚或散去而復來旋絡新觀若昧飲食且曰舊之守多矣何寥寥乎不蚤吾復也又曰吾林有材可以爲棟吾山有石可以爲礎吾庾有粟可以食匠其貧者亦曰具吾版鍤可以築堵具吾鶯鬲可以沃塗晝爾可茅宵爾可綯侯皆不吾預也侯則孔仁吾其何民遂相與礱石造侯願記之侯曰辭俚弗傳不可民曰盍徵諸朝曰吾自有記匪可施諸遠者大者志吾復公之跡實宜盍指

予也夏六月乃以書屬吾盱江舒侯督予記盖舒侯黃人也先是與予論侯是役也凡民之所欲爲而民不知既成又無德色於民有類古之爲政者予故樂爲書之縣志

萬松張處士墓銘成都楊慎撰

家于黃產于楚樟湖麋胥之宇系尙書徵信譜京兆尹實厥祖貽孫謀光稍祚翁甫生早失怙在弱齡知慕古尋師資出庭戸負笈篋歷環堵務內觀欲科舉爰辭師歸省母儒之業仙之侶山滎彷澤沈滓醉僎筵號仙塢嬪於李嗣賢諝銅墨耀荆闈舞耄八衮衍叶數覯化辰三月五夢告期形返土德福鎮仁壽曾子又孫綿且縷千宦京萬松渚銘幽宮刻華嶁

晁升菴全集

竹樓記碑

嘉靖三十三年文徵明書縣志

朱瑞登詩石刻

嘉靖三十三年巡按湖廣監察御史海昌龍泉朱瑞登書通志

重刻趙孟頫書前赤壁賦

嘉靖三十六年南滁孟津立石縣志

白龜渚石刻詳古蹟

雨中游赤壁一首過雪堂登竹樓二首石刻

萬歷十年山陰張元忭撰

游赤壁記碑張元忭撰佚

往嘉靖之戊午先大夫視學楚中予來覲道黃艤舟而望赤

壁恨弗及登也姑咏二賦以自遣距今且二十有五年爲萬歷之壬午幸以使事再至既抵黃驟阻風雨同年友別駕陸子張具赤壁邀予遊予曰固所願也翊風車雨隊又挾使君指見留哉是日爲臘月望乃偕文學陶子允嘉門人言子有時造郡署登雪堂及竹樓凭闌四眺江山隱映如畫輒不忍去已而由漢川門半里許峭壁臨江土石盡赤有堂曰赤壁志稱周瑜敗曹瞞乃在樊口之上今之嘉魚是也此地非是然予諦詢之郡之隔江爲武昌有山曰樊山湖曰樊湖湖之下爲樊口長公之賦殆必有據余又循江而行往往見石磯類多赤色意者當年千里舳艫頃刻煨燼即嘉魚黃岡之間其爲赤壁者何限豈必彼是而此非也由堂而西躡石磴而

下爲赤壁磯有石龜蹲踞江畔舊傳毛寳放龜好事者鑿石以識磯上爲亭舊題水月予遂易之曰放龜由堂而北躡石磴而上爲樓三層最上者舊題羨江予易以何羨謂陸子曰夫有所羨於彼必有所不足於此今吾與子登斯樓撫斯景千里一瞬萬古一夕物與我皆無盡也信矣又何羨之有陸子視予而笑亡所逆亟呼酒滿引數觥客並暢然適有饋生鯉者長可二尺方鼓鬣搖尾庖人遽請烹之予亟止之曰昔人放龜今獨不可放鯉乎乃畜以盆水擕至石龜所手放之跳躍而逝衆並懽動徐還飲於堂中相促賸賭赤壁之戲竟夕而散陸子曰予向也謫居益津一夕夢長公角巾野服來過歷歷道其生平顚躓困頓之狀以相慰藉已而相持哭失

聲以寤未浹旬報至則量移黃州矣事誠有不可偶然者子其爲我題夢坡之館且記今之遊可乎予曰昔長公以近臣謫居於黃時宰方擠而投之苦海而公視之一以爲仙都一以爲淨土赤壁之下江渚之上嘲風月而弄波濤何其達也而賦之終篇卒以臨皋之夢爲喻意若曰浮生第一夢耳今子以銓部郎左遷而至於此而疇昔之兆公實先之可不謂有意於子哉且夫升降得喪何常之有彼亦一夢此亦一夢也今日之遊亦夢也既夢之而又題之而又記之是夢而又憶其夢也莊生有言世有大覺而後知此大夢予謂知此爲大夢也者則可爲大覺也已矣陸子抵掌大笑曰有是哉吾今後乃蘧然覺也雖然今日之遊樂矣即夢是也惡可無記遂命知事何昆賓勒石記之 縣志

游赤壁詩石刻

萬歷十三年吳人王圻書 通志

游赤壁七律詩石刻

萬歷十三年諸暨駱問禮題 通志

陳省詩石刻

萬歷十五年 通志

游赤壁詩石刻

在赤壁桐城胡瓚題四絕句有序

赤壁詩碣建安梅墩林俞撰

詩云我來赤壁波濤闊七月剛逢既望天人在江山煙月裏樹搖河漢斗牛邊詩成大笑驚烏鵲醉後狂歌上釣船三國英雄盡塵土清秋風物尙年年詩後鐫甲申夏□□宗人林

□□刻石

知縣趙中宇去思碑邑人邱岳撰

趙公中宇去黃之十六年然後黃中父老子弟始立石道周紀述公德政效畏壘故事斯所稱君子之得民心者久而黃中父老子弟懷德滋深者歟夫公之德政人人能口道之而至於鐫石以識不朽蓋心碑也計往歲辛巳閒當今上採言官言天下治甯久阡陌之閒相錯如繡開墾者多而賦額不加益由是定爲甲令盡檢天下土田槪量其數則一時繁難囂陵莫可名狀縣長吏實當其事會是歲天雨雪寒甚公單

騎行田間僅數人隨從窮鄉遐谷必至其甘苦與百姓共之
不欲煩民間一錢四境肅然安定初不知長吏之往來也狙
獪之胥卽欲因緣簿書爲姦而公牘一字如山不可移迄於
今百姓奉爲傳別以其賦入三賦五令徵輸有定限卽窶子
單丁皆得趨事赴納從旁莫敢僑索其所餘兩階簿對則謝
絶一切請託而每用片言以折之入者冰壺出者秋月又不
喜任意輕入人卽得情不之喜也以故白粲鬼薪城旦舂者
六年之內未嘗枉一匹夫匹婦蓋愼之哉黃故舟車孔道也
飾傳廚得過客懽心則米鹽絲帛刀錐之微胥獨非蒼赤脂
膏耶一邑如斗大予一人豈有愛焉庭前之影清可懸魚狐
鼠之窺簾而潛蹤者寂如也暇日延見褒博之士發抒什襲

講究道物其所取士類多豹變隆隆日以起語曰百年樹人
其庶幾乎居常省視釁序輪奐翼如而境內壇壝烝嘗以時
則禱雨雨應禱晴晴應篝車告成鼓果然之腹而忘於何有
矣乃獨曠度闊視下嘗之而不報上陵之而不尤輕省之未
嘗貌焉危加之未嘗愀焉蓋伺上不欲爲射隼而罔下不欲
爲掩羣惟求盡其在我者已耳此豈晩近世可易及哉大都
公器宇瑰瑋不羣至性篤厚問學宏衍樸茂質直不尙紛華
山立時行卓有古大臣風度然則其志潔其行修其量宏以
遠也殆珊中而彪外者乎卽今去黃之後弈然爲名御史晉
陟卿寺帝眷日新福祿申重將未艾也黃中父老子弟德之
深故思之久思之久故識之欲不忘昔衞武公盛德至善沐
浸民心至播爲詩歌曰有斐君子終不可諼兮知武公則知
公矣知衞民不諼之詩則知黃人立石之思古今人情豈相
遠哉是爲記公庚辰進士名士登號中宇涇縣人銘曰黃邑
盤桓環山帶川甌窶汙邪畝陌芊芊彼美我公道大德全甫
維下車槪量土田朔風大陸露宿霜飧羊戒晨飲犢自朧眠
簾潛鼠首屋攤魚懸吏畏其威士服其賢尹何製錦單父彈
弦魯恭三異劉寵一錢我思循吏惟公比肩休休有容千頃
洪淵桃李門牆郁郁翩翩甘棠蔽芾鴻雁連卷愷弟君子可
愛可傳晉員槃躋膴八座三遷垈銘鐘鼎帶礪燕然久而不忘
去思綿綿綏我樂土貞固千年

戶部尙書贈太子少保雲澤王公墓誌銘　京山李維楨撰

萬歷壬辰六月十有八日戶部尙書王雲澤公卒所司以聞
詔宗伯賜祭司空遣官賜葬太宰賜贈贈太子少保宗伯以
歲杪奉請上輟朝一日蓋典策備物矣踰數年而其家孫司
徒郎執之以邱宗伯所爲狀並所請諡疏草屬余爲墓誌王
氏於吾黃猶江東之烏衣也余奉廷對公以侍御史監試讀
余策而稱之因是定交其後拜廷尉丞往還又二年睹記宦
蹟甚稔狀與疏敘事質約非無美而稱者爲之誌曰公名廷
瞻字稚表黃岡人也其先江西樂平人國初始祖省三移家
黃岡以籍自占爲黃岡人數傳至仲斌生思旻工法家言同
知泰州有惠政民戶祝至今旻生文奎奎生濟宏治壬戌進
士爲吏部郎歷官四川參政祖父皆以公貴贈戶部侍郎濟

丈夫子五人長廷儒次廷陳次卽公次廷揚次廷遷吏部嘗
語人曰吾五子皆可兒陳必以文章顯贈必以功績著公少
奇警好學博物多通爲文出入經史弱卝補郡諸生屢爲督
學使所褒異嘉靖壬子舉於鄉己未登進士除淮安府理官
理官從侍御史按獄卒以刻覈立威繁於秋荼密於凝脂公
獨持平例卽上口皆不易人所原貸無數郡守爲應城李司
空嚴重難事顧與公相懽廉平慈惠之聲流聞江淮閒三年
以高第徵郡人扶老攜幼數千人號泣攀留者竟日拜河南
道御史按覈畿輔屯田勳戚中貴侵牟廋匿不可問公請杜
濫乞革安會穆宗在裕邸以閒田相易不許也諸豪歛手避
公矣新鄭與華亭構朝衆不直新鄭公言新鄭宜退無滋多

口以全大臣之體出按蜀蜀去京師遠多蠻夷道往往當事
者寬嚴乖其用公治在鋤強植弱而於折獄尤慎所黜吏之
不飭簠簋者若干人或救過不給投劾自免諸夷來王來享
若世官無得稽故巖恭肅爲中丞意在省費而餽髮數米不
可爲典要公疏論之朝議兩存其說會新鄭以首揆領銓公
遂謝病里居新鄭逐楊襄毅還爲太宰擢公大理寺丞少卿
已擢太僕寺卿所居多聲績張恭懿爲太宰以公按蜀蜀人
去後見思擢公僉都御史往撫之當用兵都蠻後歲比不登
軍實物力耗詘矣至則循行郡邑問民疾苦緩徵薄稅民以
還定安集建昌松潘番蠻入寇諭之不受命潛師壓境寇莫
知所措擒其渠魁正法諸迫脅黨與一切貰不問於是傀廈

丟骨諸蠻二十八砦男女八千人來降刑牲埋奴誓不敢復
犯更願易其姓爲編戶受田牧事事上聞賜金幣增秩俸尋
遷副都督撫南贛治一如蜀吏民謂之不煩尋移南大理卿
巳遷戶部左右侍郎督倉場倉場以邊廢詘於故額強半公
酌盈縮量入爲出而寶應湖通漕要地自高堰築淮水橫流
寶應爲壑不知際畔所齊限相傳多水怪西風起浪蹴天漕
船漂汎月無虛日議者欲於寶應石隄東更濬河避險未得
堅決會朝議以公習淮事遷右都御史督河漕撫江北諸郡
遂條列上諸工作事宜度水脈緩急地勢高下人力難易濬
河及爲石隄數十里土隄倍之爲石閘五以時啟閉而樹木
護之至今萬艘往來不虞湖波惡商賈軍民指顧謳吟此王

公隄也所費十七萬校初估省十五上嘉公功遷戶部尚書
治事如故復賜金幣而以經營相度暑雨蒸溼所侵病矣移
南京刑部用均勞逸公力求歸上慰留不聽凡四疏始報可
里居七年撫按臣數薦公有古大臣風概不宜投在林壑無
何病卒距生正德辛巳九月二十八日年七十有二葬於還
和鄉王家林初吏部公居父母喪廬墓三年公亦如是諸兄
弟雖異母友愛無二儒以鄉舉爲南京都察院都事陳以會
魁高第選庶吉士學士家所稱夢澤先生者也其才倣晛一
世出知裕州與上官相持罷揚遷俱太學生子孫由科目爲
名士者相望獨公仕三朝位八座壽踰耆後人濟美象賢者
方興未艾甯爲王氏無雙卽黃文獻大國不可有二矣銘曰

隆萬之閒執政者專好人加膝憎人墜淵王公守中進不隱賢并以辨義巽以行權直無爲絞和無附羶股肱喉舌左右後先功德旁魄兩淮三川旣虔秉鉞亦更鼓絃蠻夷率服諸吏受廛懷柔河伯金隄屹然鐘勒常紀廟祀不遷方鼎斯膺而車遽懸鴻毛可儀鳳德靡愆西陵大國表著蟬聯祿位名壽嘻得其全振振子孫美彰盛傳裁此銘誌藏之墓埏金匱石室史取徵焉

棠軒樊君墓誌銘　太倉王衡撰

余嘗讀楚史而悲之廉吏而可爲耶孫叔敖爲楚相其子至窮困而負薪嗚呼今樊侯死矣十年縣令至貧不能辦襚衣而又兼無負薪之子天道其如何哉君歿之十月君季弟文

學玉衙以君狀來累萬餘言然無溢詞無何崑山諸生張大復者又以所私紀樊侯治行乞附益焉噫嘻樊侯卽老壽有子徵文考獻能有加於是否耶按狀君諱玉衡號棠軒楚之黃岡人父爲吏隱公煒有湻德以貢爲南陵教諭配李太孺人生侍御君玉衡早卒繼易太孺人卽君母也生君及君弟文學玉衢玉衜玉衕君生而恬淡寡欲神識湛如口未嘗言財利事旣長娶嫃盡斥匳資市書以甲午年舉於鄉乙未成進士時少宰劉公知君爲君館選地君故避不就試人以問君君曰吾不能追飛逐走與人爭熱官吾自有官也選爲商城令初下車日蹲蹲視簿書執筆不輕下商人曰吾令長者未踰月察知民俗肯綮斧斷裂然始大驚以爲神明商每徵

賦保歇與吏胥比而爲姦所侵牟費幾半公賦君召其民與之約曰而課能不保歇而辦乎民懽應曰辦已果先期完遂罷保歇先是縣拘囚例用馬快馬快承縣令檄騁而入民家酷窘奪之家立破君爲令首革馬快聽訟者自相拘於是民褱一日糧集縣衙訟速畢矣而君又爲息訟歌悟因歌使人唱木鐸警動之閒於百十訟紙中下一二紙終付外議息不罰一鍰民感悔甚而君又以次案誅豪黠民之爲訟府把持令短長與令市者邱壽春等若而人於是羣姦脅息而俗用和縣令卯而衙食頃而休益無所事事閒一巡行阡陌課民農桑歸則焚香讀書而已君笑謂弟文學曰吾嘗謂仕不如隱第如此者蝗避其境雨止於陌官府若無吏亭落若無民

不適妻孥不羞父母者仕可矣無何而開採之使至時中使至郡縣郡縣輒裒金錢盛歌舞以容與其意伏謁庭下惟謹而君則先移書中使極言商旱荒無鑛狀欲以逆止其來業不可止則鳴騶列仗謁中使輿人升堂中使氣爲奪遂錯愕成賓主禮而去明日款中使酒酣中使執君手曰好手君正色曰手幸不捉錢耳中使默不應徐曰人生幾何君何自苦乃爾君慷慨泣數行下曰令與公皆飲食百姓百姓不苦而令苦乎公愼無苦百姓中使謝曰不敢歸而與其黨相戒然索賄如故也君一切禁勿與中使令人採鑛君則導之險道斗絕不可登鑛竟無有又趣而之金剛銀臺山兩山者夙稱鑛地君爲禱於山神採兩月亦無有中使乃馳去君僅以兩

扇贈行李而已中使怏怏欲中傷君而君先挾其所移檄中有歸過主上語欲草疏上聞中使懼而輟謀君以其手疏毀之使無生心而復以書致稅使錦衣楊君捶殺市魁數十人商乃饑而不害云隨奉旨調崑山人咸謂商簡崑煩不可以治商之治治也君曰惟煩也故當臨之以簡其所勸農息訟約供費絕餽遺一如在商時吏胥膠拳不得伸往往謝去治前酒家廝舍至有從業者是秋雨傷稼公率二三胥役駕小艇勘視墟村破椽與飢民相對噉菜粥父老爲之流涕時縣官方急積逋停邑長俸以徵逋完日始開崑逋至二十萬君曰我奈何以數月俸而易萬口詛乎止不徵民亦輸負惟恐後吳諸生聞與公府事督學爲設門禁簿籍記之君曰父母

有過此皆吾評子弟何禁爲第易其名曰求澹臺生簿而挾私來干者皆廢然反矣崑當編審賦四十萬隱覆萬狀前令君號精敏居別院鉤校一月許始完君獨以三日完不爽毫髮文學驚問其術君曰我何術我第於平居訟牒中默識某飛若干詭若干某田浮役某役浮田若干而十得二三矣隨證以徵逋之籍而十得五六矣又出而詢之薦紳卒而問之吏胥而十得七八矣我何術蓋君之精心爲民類如此庚子冬入覲抱襆被行無一錢通長安貴人然銓部卒以君爲卓異首推君兵部武選主事旨不下即馳歸覲封公與太孺人旋復之崑甫入境騶卒之迎者屬於道酒帘颭颭公舍旁獄案之積於几者紙且三尺矣公曰若以樊侯爲不復來耶夫

樊侯則猶故侯也於是盡汰宂吏理滯獄而崑復大治時郡民以稅事不均譟織造中使門郡縣欲相率往謝君曰崑山令無罪何謝且吾向者商城不庭謁固不可郡縣以君不可遂皆能謝君居崑前後六年所銓部復推君吏部文選司命甫下而吏隱公病耗至君乞歸省上官及邑之人士競留君君度不可卒解以印綬付學博士五鼓馳歸侍吏隱公疾衣不解衽者數月遂患脅痛不能食尙時時強櫛沐以寬太孺人然竟不起矣嗚呼以君兩地名譽赫赫如此詛有損也頗當有福重以當事者或推或挽不爲不知君而迄不能爲君增半級之俸延數年之命豈非天哉君樂易好善多長者游然不輕納交初於漢陽師張甑山先生已心嚴沈介菴先生

而不稱師成進士後始稱之曰吾以愧天下之未覿面而名弟子者生平不再宿於寢與諸弟自相師友當吏隱公析產時止取田六十畝曰吾爲官不能潤諸弟吾不忍取盈也自爲諸生以至宦成服用無兼副有乞者輒推與之常膳乾蔬荳羹甚泰則加兩瀹卵而已當在崑時與余父子雅相慕善家宦保嘗撫君背而歎曰崑民肥矣奈君瘠何已而君竟以瘠死蓋君幼時慨然慕海忠介之爲人卒其所爲居官持己大略近之然海公獨立行一意時小有所左右而君於大家小民之訟一視法爲之劑其所平停控解甚多用意常依忠厚人以是多君於海公君公餘時常銓次古今人物爲智品凡若干卷大都以沈幾密運功表濟時者爲上意所位置甚

高人第知君廉其不能盡君者未有量也悲夫君無子以弟
玉衢之子維孝爲嗣女一適漢陽李若愚次子應橋葬還和
鄉桐梓岡君歿未幾而地方諸臺檄君入名宦崑之民德君
不已復專祠君於崑山之嶺嗚呼神所憑依將在民矣則百
世而下君之所憑依可知矣銘曰清且平乃以爲水之衡洌
而食乃以爲泉之德雖瘝乃身實惠我國惜哉樊侯以廉爲
隅而止於隅然於風世有餘矣

韓魏公書院石刻

在府城南安國寺左宋韓琦讀書堂董其昌書縣志

銅鐘

在府城清源門外東嶽廟上鐫天啓元年仲春月鄉官甄淑

周之訓邑士黃道亨王同觀等募鑄

樊紫蓋先生墓誌銘邑人王一耆撰

黃岡樊氏海內共知爲世授貞學大槪自易經恪守大明終
始之義不甘以二氏疵吾學與世之膚解款啓者迥別以故
躬行格言信諸朝野乘終知敝要歸無愧今壬寅紫蓋樊公
入宓民之大譽家之懷德於今定矣願恐之樊故毓於南陽
喬於甯州派於進賢洪武年遷於黃岡數傳爲崙川公煒以
興隆教授食舊德生友軒公玉衡萬歷癸未進士歷官太常
少卿生公公名維城字允宗母恭人熊氏實產公於江西廣
信推官之舍以友軒公初宦也恭人先有異夢生五日忽作
歎聲云錯來友軒公慰之且慶非凡庸將十歲從父侍御京
師署中兼資靈悟及長督學葛公寅亮奬其宏深以萬歷戊
午鄉舉己未成進士授浙江海鹽知縣治尚清簡招百姓以
棄未反本自冠帶及畎畝感而異服之先是太常公論救皇
長子激烈觸上怒謫戍雷州公伯兄鼎遇官四川德陽知縣
願以考績贖父罪不報至茲公復疏請恩代父如鼎遇所請
適光宗登極繼以熹宗恩詔起友軒公官太常卿亦以禮部
主事召公適太常公卒服闋起補而夙忌者中以他事改授
上林苑典簿天啓七年巨姦魏忠賢初得罪其黨猶熾公疏
曰樹德莫如滋去惡莫如盡武廟時逆瑾劉瑾之變朝臣誅
者不下二百人今沈冤未盡白惡黨未盡誅有累於止亂之
至計疏上未報而忌者益啖於胸幸上加意遷戶部主事督

天津衞餉餉舊爲姦胥蝕匿公力剔之遷福建泉州府知府
鋤勢豪持法如砥陞福甯兵備副使地邊海胥吏與海夷比
泄而長儕公奮誅貪黷靜整舟師夷以平當給賞擢而忌者
之術竟行中考功令歸歸則家居安道素喜誨子誨暇斯過
友人風雨弗避每云爲官履嚴愼經濟在乘時未可必懷鶴
杜公應芳以爲名言歲辛巳流寇攻黃岡諸邑公隨諸大夫
守陴陴不可守歎曰予心如石勢則蕭艾俱焚耳歲壬午秋
染疾疾中作辭世詩意若在遊武夷之日與至人寄徽音者
癸未春郡人逃去者半公不行賊乘風雨襲破城衆欲竊南
關出公曰無官令不當出反而遇賊賊逼公公坐怒罵曰死
賊我朝廷憲臣肯向賊求活周知府若依我死賊安得破黃

州賊怒殺公公以萬歷甲申十二月十七日生以崇禎癸未三月二十三日沒沒之明年京師失守公生平湄正通徽嶙嶙大節要不可以言述所著皇極數言毛詩大成紫巖集若干卷兄鼎遇道林集多缺次兄維甫易數未成緒皆公成之公娶易氏御史易公傚之女生子二長齊宏國學生次齊略恩貢生生女二長適何履貞次適晏霱明皆易出也以康熙壬寅年某月某日葬於東弦鄉望城岡之阡銘曰灼灼古皇奠厥靈□澄澄元樂鏗彼鐘音業在般盤志勤孔紳列星五轂齊運厥貞庸夫苛鶩獨樂其身臬兩成□五□緇金以毋爲藏以父爲賓名進身退邪譖煙沈持而滿之古人之慎舍而蹈之霜雪其冰咄者何人怨者莫應高節所鍾鑒諸太清

氣淵內德將爲上辰凰兮芭耀有瑟斯軫陰棘移根徵言將泯來嗣有稍丹青道潤

烈女樊夫人墓誌新安黃澍撰

自予二十年閒絕不喜諛人墓尤絕不喜諛婦人墓天下幾人值得一死死者幾人值得一言矧不冠而髽喁喁小窗中者乎考古延陵季子之墓孔子題之未聞七十二國尊貴人書丹置篆於窀穸之側也柳下惠死其妻誄之司馬長卿病渴死僅卓文君一誄耳亦未聞有賢人貴人煌煌爲文而志之也至陶淵明嵇叔夜輩或爲文自祭或先自爲銘意致誠達藎有所甚齷齪鄙夷於世誠恐世之或者不察偶泚筆爲文以辱之則爲鬼也大辱是故諛者近諂受諛者好佞皆辱矣無已則刊黷存幽删宦轍遂倦遊伏汝富貴利達而表揚苦節男子而婦人則黜之婦人而男子則進之子是以有感於黃岡王子雲孝廉之元配樊夫人也自崇禎皇帝以聖武神明之姿卒厄於運會不能已流賊之亂帝崩后殉遂爲千古人倫綱常死社稷聖君聖母之祖當是時天下有胸男子便當死從帝天下有心婦人便當死從后而不能也則以責之世家世家又不可得則以責世篤忠貞之家夫人生於樊其父友軒先生以名御史樹節三朝字於王其乃祖翁以大司徒知名當世更繼之以乃翁逸求先生俠烈胎息義勇剛烈之所蒸結而又繼之以良人子雲骯髒奇才名山大川宗廟明堂之器之所對待而又內承其姑邱太宜人孝友嫺睦

之所諄勉而又外見其兄亢宗先生端方介特之所標指更誕子封帶女元齡報齡鳳舞麟翔玉住蘭起之所叢聚則於是夫人之身芬烈衽諸沈檀夫人之性肅教體其琴瑟夫人之文章國史象其胚胎夫人之才情器識家學仍其淵源迺不幸而有癸未年五月初一日之事夫人意之乎抑甘之也子雲言先是與夫人兩覲省其尊公於官又挈之偕春官試其閒南抵金陵觀鬱葱之氣北走幽都歷趙冀過大梁穆然見古帝王中原豪傑之盛夫人每於此時發憤語子雲丈夫要當創奇績早年報天子不則速趨老深山天下亂矣吾覲善讀書無如王郎奈何齷齪齪上不從天子賦上林下不能如梁伯鸞彭衛明負母攜妻望氣遁去天下有中立之王

耶乎夫人偉岸之言多此其大者乃不幸而言之中卒以展轉流離血未及濺賊衣而死以揆前言若夫人意中事甘之如飴者也嗟哉夫人長江萬里將安歸哉必歸其父友軒公與訴三十年前建白國本事今已矣相覷而泣可知必歸其翁逸求公與訴二十年前死國難馬革裹屍事今已矣相覷而泣可知必歸其兄亢宗公與訴兩月前孤城抗節卒以身殉事今已矣相覷而泣可知此理之常無足怪予竊謂帝之死社稷必有數忠臣爲之引甲申三月以前死者皆是也帝有之后亦然夫人其后引乎顧夫人前此目未盡瞑者耶太宜人尚存長子封帶未死而今俱先後與夫人相見地下忠孝之魂千里冥合自琴臺以至尋陽中間數百里或見夫人

乘鶴奉其姑耶太宜人左手攜報齡封帶爲御日與友軒亢宗二先生往來江上塵世人自不識耳劬菴氏曰予讀子雲尋子集慨然如見夫人神氣聞其殉節仗義事與奇男子何異焉子雲與予家黃石公善公亦國本中人今死三年謂死者爲不可樂何逝者之無憾也子雲行祝髮披緇結廬廬山腳下爲苦行瘠僧奉燃燈古佛終其身既不仕又不娶而其女元齡又抗從一之節於何氏君臣夫婦父子之閒無遺行以貽夫人羞也已夫人名荃字揆卿識字能文兼有閨中林下之概然中智者能之何必夫人缺而不書所謂割藤刈菁然後知松柏之尊者乎

國朝

赤壁無文碑　觀陽李贇元撰

今夫曠曠者天地也何以始何以終乎曰有文在冥冥者山川也何以名何以傳乎曰有文在日新者世而日異者人也何以知其盛衰紀其姓字乎曰有文在文也者與天地同無疆與山川同不易與世爲絕續與人爲存亡者也赤壁者黃之勝地也屹然立於江濱相傳曹孟德常困於茲亦無從信其是耶否耶但游其下者莫不有文焉以寫其景而鳴其情予於戊戌登臨其上幾欲爲文而無文也山名聚寶泉稱君子江天之浩渺樓觀之嵯峨鬱鬱蔥蔥於湘雨岳煙秀崎蘭溪之際者天地山川之文也讀子瞻前後二賦而古今之興廢賢達之曠逸其唏噓於清風明月之間者至人之文也迨

其後爲歌爲詞爲詩爲記雖更僕數然或歎息英雄或吟咏風露或出之名公大人或得之騷人墨士其狂瀾之瀠洄怪石之隱秀追吳蹟而憶漢年者歷歷乎城郭堪挹而風物宜人文至矣備矣蔑以加矣予復何文雖然日月如故山河時移數十年兵燹頻仍灰燼之餘瘡痍未起彼雲亭竹榭半淹沒於荒蓁蔓草中俾易世而下漠然徒見夫山高而水清而斷碑殘碣亦幾幾乎渺茫而無所考將天地不能有其功山川不能出其奇而至人亦不能復爲其繼噫誰之咎歟予於是倡眾捐貲力爲鼎新雖不敢步光前賢庶後之君子流覽於斯者得以指而數之曰某也詞某也詩某也歌而某也記而某也賦雲漢於昭日星爲燦天地山川共不朽矣即魏吳

爭鋒不必其果在是焉否也皆可以依稀憑弔焉是亦爲之
文也而又何以文爲順治十有五年歲次戊戌孟冬月巡楚
使者觀陽李贊元撰

國史院侍讀學士曹厚菴先生行狀碑在府署雪堂吳江計東
撰六世孫曹善八分書

曹先生諱本榮字木欣號厚菴湖廣黃岡人以明天啓元年
辛酉八月二十九日生以順治五年戊子舉湖廣鄉試六年
己丑成進士選授翰林院庶吉士八年授祕書院編修十年
陞右春坊右贊善尋陞國子監司業十一年陞中允十二年
充日講官十三年陞祕書院侍讀尋陞左春坊左庶子兼侍
讀十四年八月充順天鄉試主考官取舉人萬嵩等二百六

人九月充
經筵講官冬以失覺察同考官不法事降五級十五年九月
特旨復級十八年補翰林院侍講學士尋轉侍讀學士十八年甄別
謹愼稱職改
國史院侍讀學士康熙元年考滿稱職
賜表裏各一三年請假回籍遷葬以十一月二十三日卒於揚州
年四十四六年四月其爲考官時所取士計東再遇先生子
宜溥於揚州手授公行述一卷命東爲狀又三年庚戌東將
屬草適閱邸報讀刑科給事中張維赤請急舉
經筵日講一疏內追述順治十五年九月
上諭吏部曰講官曹本榮侍朕講幄日久著有勤勞著復原職級云

云以見
先皇帝稽古典學久而不怠所以軫念講官者如此東讀之泣下伏
念先生之歿七年於茲矣先生篤志聖學特以樸誠孤忠上
格於天家
皇上克繼鴻業復舉
經筵大典俾得追述
聖主非常之寵遇數年以來其事漸湮懼將失傳幸今
先皇帝眷念講官之旨以進於是先生講幄之勞始煌煌焉著於天
下是先生雖死而不死也嗚呼當先生之客死於揚州也天
下之士無論識與不識莫不歎息謂天下失此人師而獨蘇
門孫徵君哭先生謂商周之際道在箕子宋元之際道在許
子明清之際道在曹子其言誠不可易也當武王克商之後

使非箕子蒙難正志述洪範以授武王則是禹湯之傳幾乎
熄矣元世祖之時使不得許魯齋修朱子之正學倡教於北
方則程朱之傳亦幾熄矣自喪亂以來程朱之旨蓁蕪日久
本朝順治六七年間亦未有究心聖學昌言啓沃者也使非我
先生玩索性天之微奧釐定五大儒語要周張精義王羅擇
編諸書倡率後覺則其後亦無足以備
聖天子之勤學顧問使大道復昭然於天下也凡此者皆守絕學於
草昧經綸之日舉世笑爲迂遠不切之務而皆得聖賢之主
以成其志可謂幸矣顧獨先生中道早世使不得竟其志爲
可哀也先生始爲童子時於父篋衍中竊見王陽明全書晝

夜探索至廢寢食常屛跡山中夜半月出鹿鳴雉雊之聲接
於耳先生坐至旦怡然有得及爲庶吉士遇館師胡此庵方
講示明善之旨先生每聽其語喜曰何其似王文成也因與
往復討論此庵曰子所言皆先儒之言非心悟獨得者與子
何益先生由是益研究不釋每兀坐深思之不得輒泣下閱
一年豁然大悟知天之所以與我者在是而無疑也趨質此
庵此庵遥望見先生大喜曰子今有得可以教人矣先生家
素貧其自庶常官編修司業也僦居黄岡會館中三年四壁
頽墮不蔽風雨布袍菜食家人不勝其苦有同年生從容語
先生曰今詞林在京師一兩年即請歸里盛冠蓋騶從出入
輝赫爲親族交遊光寵子何久京師自苦若是先生笑曰吾

君使吾君爲堯舜飢寒困苦非所惜也聞者莫不笑先生之
將以爲學也學貴澹泊明心使吾學有成一旦得以致之吾
以正學敎成均子弟崇正堂冬至日會說及刊白鹿洞學規
迂既
先皇帝親政不二三年具如先生志蓋其志素定也爲司業時日夜
警迪後進所造就人才尤盛其上
聖學疏千言不具載載其大略云今
皇上得二帝三王之統則當以二帝三王之學爲學誠宜開張
聖聽修德勤學舉凡四書五經及通鑑中有裨身心要務平治大
道者内則深宫燕閒朝夕討論外則
經筵進講敷對周詳從此設誠制行君德既定祈天永命必基

於此有
詔嘉納踰四載
世祖皇帝益勵精求治右文稽古拔詞臣有學人品端方者充日講
官先生與焉自是日侍講幄
世祖皇帝晝理萬幾夜勤誦讀時時與一二近臣論辨疑義先生問
無不對對無不盡起居末及注外庭不及知惟
世祖皇帝及一二近臣知之嗚呼休哉先生之爲考官也
世祖皇帝以順天爲首善重地特簡先生主考以中允宋公副之固
有忌者矣後復有蜚語觸
聖怒先生惟日夜懸孔子像對之涕泣自咎待死而已賴
聖主察知先生公忠無他罪狀與宋公俱從輕奪五級不踰年

特詔吏部復原官寵眷如故既遭
鼎湖之變先生擗踊哭泣嘔血遂病病於京邸二年始得請歸舟中
每念
先皇帝厚恩未報輒痛哭語子宜溥曰歲在龍蛇予其已矣夫其病
革於揚州也東自吳門冒冰雪疾趨侍湯藥先生患中滿腹
堅腫如鼓見東至喜動顔色指以示東曰昔許魯齋亦以是
病死時有朱彦修且不能救況汝學問不及彦修乎氣喘急
然猶教東窮理盡性之學曰當知此道最簡易勿過求之苦
難殁之日起就沐浴正衣冠視日影方中危坐而逝行李蕭
然囊無十金之資會其爲司業時所賞識士陳祚昌守揚州
爲治後事乃得歸其櫬然無家可歸乃僦居武昌謀葬事生

平所著書自五大儒語要諸書外有居要錄一卷此先生初有得於道之言非定論也有門人盧傳者附以雜著刻爲書紳錄十卷東與先生諸及門胡兆鳳輩以爲非先生志今其書已行矣兆鳳輩有切問錄一卷多載先生論學之語未行世又先生手定詩二卷甲辰春手授東東以授先生弟子孫光祀序之亦未行世大約先生之學其始入也從陽明致知之說直悟心原繼加以踐履篤實之功觀其論次五大儒以程朱薛文清與象山陽明並行不悖及二溪擇編之後附以陳白沙可以見公大略矣其教門弟子也亦以程朱及陽明說因人天資所近而誘進之有從事禪學者以先生之學初亦從陽明入欲以異端虛無寂滅之學嘵嘵先生前者先生

不答東直前叱之先生喜其人亦攘臂語東曰然則子何學東曰我生平愛讀小學而已先生頷之東嘗從容問曰今天下幸而前有朱夫子後有王陽明使心性之學昭然天下後世儻兩人不能先後生則誰爲天地必不可無者先生悚然厲聲曰甯無王陽明不可無朱子東躍然起拜曰聞先生之言今日乃論定案先生姓梁世居江西撫州宋德祐間有號仁齋者辟地黃岡上伍重鄉曹公文廣家撫爲子遂爲曹氏始祖仁齋生世忠世忠生克斌爲總兵官克斌生昱昱生艮輔艮輔生儀儀封山東監察御史儀生珪中正德己未進士官御史進太僕寺卿珪生雲龍太學生雲龍生美嘉靖甲子舉人是爲先生高祖美生士彥萬歷乙卯舉人四川定遠縣知縣士彥生之建號中甫以明經爲廣東四會縣知縣之建生大輔是爲先生考

贈中憲大夫內國史院侍讀學士妣於氏

贈恭人初娶李氏戶部郎中五美之女

贈恭人繼娶晏氏吏部郎中清之女子一卽宜溥官監生李恭人出又撫同年漢陽譚公鳳禎遺腹子爲子鳳禎以己丑進士爲大理寺評事卒於京師生子之妾且改適先生曰不可使我友無後乃特置乳媪撫育之如己出都諫魏環極先生作古人交行以紀之先生卒譚氏子擗踊哭泣如喪父云縣志

施閏章詩三首石刻

在赤壁康熙間宣城施閏章題通志

銅鏡在府城清源門外東嶽廟

鏡圓徑三尺四寸邊厚寸餘自下而上漸側背有細三紐旁款識黃州知府羅載愔清軍同知于成龍知縣董元俊佐貳官及士庶姓名以次列僧名寂善康熙十一年壬子仲秋立銅質精瑩古色黝然相傳爲佛相圓光

驍騎將軍杜石王公墓表永甯于成龍撰

公諱宗臣號杜石南陽淅川人生有異徵偉骨相膂力絕人喜韜略躬獵禹山消水間以雄傑自命弱冠遊荆益

國初時滇黔未入版圖公卽審順逆仗策來歸

世祖章皇帝嘉之命從事郢鄂今

上龍飛之五年滇蜀平江漢底定

上念豫楚要隘惟西陵弋陽爲重鎮晉公都督僉事駐劄黃州公
至則簡練將士蒐棄補卒於戟門石隙地闢射圃超距翹關
角力較藝立廟祀馬神春秋取駒閑廄蕃庶暇則角巾從容
柳蔭中指顧形勝用兵之地以示將佐公紀律既嚴什伍無
舛彍弦之士𥟖穡穮𣗥懽然聚處樵牧近於楑栢雞犬放於
營壘其威重慤恧如此性諴厚愛敬士大夫士之賢而貧者
民之孤寡篤癃者歲時賙給以爲常而其自處則甚約或饋
美酒十數罌悉以頒之麾下雖古投醪挾纊何多遜焉康熙
乜年有鄰鎮叛卒匿大崎山中搜牢四出公命偏師馳往擒
其渠魁九人送大府餘黨遂鳥獸散歲大饑首倡捐賑存活
數萬人

上聞加一級十二年癸丑冬滇黔變起倉卒公不震不難惟申國
威明號令備戰守明年正月三日大司馬撫軍張公檄守武
昌公星夜率兵往元夜有警公謹斥堠息燈火停漏鼓分哨
九門而自擐甲坐譙樓上夜半領數十騎周巡雉堞竟夕惟
飲湯一盞而已賊寢謀不敢發是時大司馬出奇制勝視公
如左右手五月麻城東山賊起公請於大司馬率師東下値
守憲徐公疾趨至麻城相與贊畫悉中機宜且勦且撫不旬
日東山平冬十月江右賊出鄱陽陷湖口數縣進逼楚境蘄
州大震公奉大司馬命急駐蘄與下雉一軍爲犄角時精甲
盡在武昌而公所部多新募糧餉匱軍容未振余力圖芻糗
並贈火槍百口公立赴蘄蘄民稍安公委羅田守備黑子駐
黃梅清江鎮會禁軍樓櫓西上夾攻賊賊走收湖口星子諸
縣自蘄以上金湯安堵事聞
上大嘉歎數賜紀錄而公以勞瘁病遂卒和門星隕櫪馬夜驚嗚
呼痛哉時康熙十四年二月二十二也大司馬思公功特疏
請卹曰方茲多事之時該將勤勞頗著與尋常病故者不同
今王宗臣幼子伶仃窮途旅櫬情實可憫應否比照彝陵鎮
標馬之迅病故之例恩賜存卹少慰忠魂激勸勞臣俾服
皇恩靡盡疏上
天子惻然改容奉
俞旨賜祭葬先是康熙六年
覃恩誥封驍騎將軍元配劉氏封夫人並封二代考妣如其官麿

一子入監讀書公子名麟紱公卒麟紱甫六歲居喪成禮今
且十齡舉止如成人穎異能文黃之人旣德公不忍其裔之
歸豫也相與留公匱而公素與里中王氏篤兄弟誼有年麟
紱將長爲黃岡人康熙十七年戊午十月二十九日卜葬公
於縣東還和鄉楊坂之原旣建塋兆旣揜黃腸畏壘桐鄉永
思無疆嗚呼哀哉麟紱聘現任武昌府城守都督僉事李公
諱兆捷女女二俱幼未字公之葬也旣礱石鐫誌納壙中而
黃之紳士以余知公最深屬以墓表摭實直書用告來禩覽
斯文者有所攷述庶以裨國史焉縣志
杜茶村先生墓表桐城方苞撰案茶村墓表不在黃郡宜入附錄此處錯簡
先生姓杜氏諱濬字于皇號茶村湖廣黃岡人明季爲諸生

避流賊張獻忠之亂流轉至金陵遂入客焉少倜儻常欲赫然著奇節旣不得有所試遂一意於詩以此聞天下然雅不欲以詩人自名也於並世人獨重宣城沈眉生吳中徐昭發自愧不如其在金陵與先君子善客維揚則主蔣前民金陵爲四方冠蓋往來之衝諸公貴人求詩文者湊至先生謝不與通惟故舊或守土吏迫欲見徒步到門亦偶接焉門內爲竹關先生午睡或治事則外鍵之關外設坐約客至視鍵閉則坐而待不得叩關雖大府至亦然及功令有排門之役有司注籍優免先生曰是吾所服也躬雜廝輿夜巡綽眾莫能止先生居北山去先君子居五里而近以詩相得旦晚過從非甚雨疾風無間先君子構特室縱橫不及尋丈置牀衽几

硯先生至則嘯咏其中苞與兄百川奉壺觴常提攜間以問學先生偶致雞豚魚菽必召先君子率苞兄弟往會食其接如家人丙寅春先生年七十有七攜襆被叩門語先君子曰吾老矣將一視前民歸而窟室蔣山之陽死即葬焉是日渡江數月竟死維揚喪歸寄長干僧舍一二故人謀卜兆子世濟曰吾有親而以葬事辱二三君子是謂我非人也無何世濟亦卒先生故三子一子幼迷失一爲僧遠方眾莫敢主又數年長沙陳公滄洲來守金陵謂先生其鄉人之能立名義者哀其志爲買小邱蔣山北梅花村召先生從孫揚文及故人會葬先君子執紼視窆窆時苞客燕南歸而命之曰先生吾所尊事汝兄弟親炙可無誌乎苞重其事將俟學之有成而措意焉自先君子歿患難流離今衰且老矣自恨學之無成猶昔而舊鄉限隔恐中墮先人之命乃姑述其大略使人往碣於墓之阡先生詩世所傳不及十一平生著述手定凡四十七冊世濟歿鬻家購得之弗善仍歸其從孫某先生生於明萬歷辛亥年正月十六日卒於康熙丁卯年六月某日葬以康熙丙戌年二月十六日銘曰死而不亡光於世嗣逢長 縣志

杜蒼略先生墓表 桐城方苞撰

先生姓杜氏諱岕字蒼略號些山湖廣黃岡人明季爲諸生與兄濬避亂居金陵即世所稱茶村先生也二先生行身略同而趣各異茶村先生峻廉隅孤特自遂遇名貴人必以氣折之於眾人未嘗接語言用此叢忌嫉然名在天下詩每出

遠近爭傳誦之先生則退然一同於眾人所著詩歌古文雖子弟弗示也方壯喪妻遂不復娶所居室漏且穿木榻敝帷數十年未嘗易室中終歲不掃除有子教授里巷間窶艱每日中不得食男女啼號客至無水漿意色閒無幾微不自適者閒過戚友坐有盛衣冠者即默默然去之行於途嘗避人不中道與人語雖兒童廝輿惟恐有傷也初余大父與先生善先君子嗣從遊苞與兄百川亦獲侍焉先生中歲道仆遂跛而好遊非雨雪常獨行徘徊墟莽間先君子暨苞兄弟暇則追隨尋花蒔玩景光藉草而坐相視而嘻沖然若有以自得而忘身世之有係牵也辛未壬申間苞兄弟客遊燕齊先

生悄然不怡每語先君子曰吾思二子亦爲君惜之先生生於明萬歷丁巳四月初九日卒於康熙癸酉七月十九日年七十有七後茶村先生凡七年而得年同所著些山集藏於家其子玫以某年月日卜葬某鄉某原來徵辭銘曰斂其光中不息也虛而委蛇與時適也古之人與此其的也縣志

鄭肯崖先生墓表　廣濟金德嘉撰

黃岡鄭肯崖先生諱先慶字亦懷晚節自稱曰臨皋漁人子昱以唐縣知縣逢

覃恩敕封文林郎先生封如其子官初昱仕閩之建陽丁母憂歸服闋補唐縣地瘠而衝雖迎養衙齋辛苦儉素乃踰家食會課最超遷行且有日先生南旋里居居亡何寢疾卒昱歷

諫垣久之出爲江西藩參書來以墓表屬草先生詳具誌銘顧表其大略先生於明季受知督學無錫高公補武昌府學生會流寇躪楚辟地白下讀書雞鳴山寺已逢世變則棄諸生家言肆力於史往來河南北豫章三吳七閩閒交遊多賢者耳目濡染學與歲月俱深清端于公之總制江南江西也先生客幕府大綱小紀裨益民生風俗而口不言勞清端卒官侍側無子弟親戚先生經理其後事歸其喪游轍所至友教士大夫往往至通顯如秦淮趙天馥雲閒張昺三山林溥田國求同里劉同向龔鼎鍠鄭文甫瓚官五郯經所指授蔚爲聞人以是拮据鉛槧不遑內顧家事昱作吏諄諄誡以清白又遭逢蹇躓俸入不能具滫瀡當康熙壬寅癸卯大旱大祿餐所有以濟人乃至家無儋石之儲泊如也天性孝友幼居父喪戚如成人束髮喪母瀕於毀痛伯兄卒於亂世且無後爲改葬而續其嗣女兄貧而老善病也歲時問遺絡繹於路從子嗣文佑文教育如己子案鄭故姬姓明初由江西徙居黃岡之團風鎮者曰興五世曰宏族寖大曾祖諱廷鳳祖諱文輔父諱復禮皆庠生妣徐孺人生三男子伯之俊次即先生弟之儒早卒先生元配袁黃岡百歲翁文衡女繼娶淩文學大則女賢而有才筦家政壹稟內則黃人以爲肯崖生平得淩孺人之助爲多也男子三人長昱康熙丙午舉人庚戌進士累官江西布政使司參議縣志

樊念菴先生墓誌銘　邑人奚祿詒撰

吾友樊君念菴既亡之十月其孤以書來請曰吾父之喪卜於今年季冬月庚寅日葬於府城之東郊不可不銘銘之非子不重嗚呼予雖不文然樂道天下之善以傳況吾念菴者非獨其善足銘又有朋友之恩平生之舊與其可哀哭者皆宜發於予文宜其越江而來請也君未卒之二歲予訪君於壽昌其言談神爽倘足動人嗟予一別不及料其卒也已嘗記崇禎之閒予與周公發曹厚菴崇尚孔孟程朱之道道同意合君遂以三人爲石交二人者先後即世獨予兩人在而君少余十有六年流離擯斥中閒頗同志在塞之六二乃不爲世用君今黑首卒老一令夫士果能自爲道也豈問世之用不用哉故記君始終至於仕宦之際不必過詳畏以重其

道也君諱維域年三十三成進士念母老不任吏事試德安府學教授以程朱之業訓諸生時人未之奇也值鄖山賊起隨州牧奉檄繇役民變牧縊太守省君自請行太守謂君儒者不欲使蹈兵閒君請益堅太守壯之既至而民咸釋戈操耒時乃知經濟之出於理學矣遷平鄉知縣鄉山左多寇盜君惟編甲守望使民自攻盜盜卒止於是旗人之逋逃者亦裹足不入其境而民咸以甯甫期月除歷年之苛政以寬罷俗折部使之暴戾以賑飢瘼大吏益器其才方推賢而進達之而君以病免志養也於時漳決封州漂沒原衍里居浸淫城郭大吏惟坐嘯不出一策公括其裝槖募民築隄隄閉水門兼利畎畝而漳水之患至今無事矣已而旋里作歸來詞

別號近陶萩水之餘益肆力理學諸家同異討僻攻堅無甯與子兩人往來講貫如崇禎時康熙辛酉年正月初九日卒於武昌君好學有文能詩著紀信存疑二書求無曲說亂經得於本義者爲多史法雖未就然能推見王道之治亂惜乎其不用以死其所以見稱於世者尠矣少年酒半說巾大噱彊艾以來沈警脩飭材雖斂未嘗感激言事人皆以忠厚長者目之卒之日學使者以鄉賢祠焉父諱玉衡前母張氏生母張氏年八十餘矣前娶魏氏繼娶杜氏生子二人齊伊齊英皆學生銘曰惟子樊君質給材良孰屯其所亨孰知其所長奮於一翮之飛而中道胡以藏豈非逐勢者惡遜而知命者不行

甯都知縣宋必達墓誌銘　長洲韓菼撰

康熙十有二年冬賊三桂反雲南明年繼茂從逆自福閩出攻掠旁近地江西大震羣盜蜂結蟻聚相應和州縣大率破守令或逃或死獨甯都賊攻不能下時稱賢令宋君能完城云先是甯都有南北二城南民北兵君始至曰不可一旦不虞分守與合禦俱不便古有團練保甲弓弩社民皆可兵也且吾聞昔新建伯之討宸濠也守令皆領兵邢珣出贛州王冕出萬安王天與出甯都强半皆保甲義勇遂以其法訓練其民及亂作縣城義勇已及二千咸踴躍願用命賊前鋒突至北城營將劉趣君議事南城民遮行曰恐不測君不顧遂往劉曰兵寡食乏奈何君曰有死無二臣之義賊本烏合掩其始至可一鼓破也劉遂率所部進賊少卻君以義勇橫擊賊大奔復以全軍壓城下巨礮隳雉堞輒壘其處所隨方備禦益堅賊愕失氣會援軍至遂解去或言於巡撫縣堡砦多從賊請發兵搜勦巡撫然之君奮力爭然度兵已發不肯卻刺血上書巡撫乃感悟檄軍還縣遂以無事方賊之起也其死黨本不多而所在皆賊此無異故長吏與民平日判然不相屬甚者仇視其民而一旦有急民安得不仇其吏且官軍所過侵掠賊至則避賊退則至所誰何者不於賊而於民則敺而之賊爾若使吏舉如甯都能教民於未事之先以自戰守其地又能戢於已事之後以安定其民則賊誰與爲徒豈能延旦夕誅哉君尋以詿誤去官民歲時祠祀之閒道出豫

章爲賊得之脅降君瞋目大駡誓必死繫旬餘夜半忽數十人持兵踰垣入擁以去則皆甯都民也遂免嗟乎民之愛令乃如此所謂行仁政而親其上死其長者豈虛語哉蘄州顧先生景星蹷君之蹟爲之作傳余讀而太息會君之子庶吉士來請銘君隧道之石噫是實應銘法其曷可以不書君諱必達字其在其先有明經文衡公自江右來遷爲黃州人父諱偕母孟孺人生君九歲而歿君喪之異常兒奉父尤以孝稱避亂居武昌張獻忠陷城驅民老幼數十萬入江君扶父潛自城闉水竇出身自度不免投磯下有片版承之流至陽邏爲人救不死時浮屍蔽江無得免者人嗟其孝感舉順治辛丑進士知甯都民貧士瘠喚咻之如子有清泰懷德二鄉

久罹寇民多徙地不治君請盡蠲逋賦以來之而貸以牛種甫二歲田盡闢縣瀕河夏雨水暴至城幾沒君禱於神水輒落乃按故道疏濬之自是無水患君之悉心民事多此類非獨一時能用其民也既破賊解圍得賊鞫之稱彭榮實敎我者榮實邑諸生常與縣役胥訟語侵君賊引以自脫君怒曰天道神明安可枉也卒舍彭置犯者於法官軍有自汀洲還者言民婦女在軍中悲號聲相屬君聞傾貲計口贖之詢其姓氏里居護之歸皆感激泣下縣初食淮鹽自新建伯治贛改食粵後苦引銷之累君請以粵額增淮額商民皆便而君之罷官也卒以粵引銷不及額被議時論咸惜之君既歸黃而江督董公時已移師楚見而歎曰是死守孤城宋某耶吾爲若咨部還故職且以軍功敘君辭謝再三無行意或問之曰故吏如棄婦忍自衒乎所居茅屋一區确田一頃褐衣蔬食與農夫野老遊如是者累年年六十三而終某年某月某日也娶程氏父諱某子一人敏求康熙己未進士翰林院庶吉士績學完行將大顯於時繫之以銘銘曰身金革兮活民於賊兮完旄倪兮活民於師兮景風格賞姤吏肆喋孤臣幾死兮民亦活兮盍歸去來臨皋之滸未訖厥施後㝅是補墓於高岡祠視桐鄉於彼於斯永永奉嘗 縣志

彼岸二字石刻

在大雅衢一峯入雲四山環抱山半石巖鐫彼岸二字筆法蒼勁上有得雲寺爲僧靈野講經處疑卽靈野書也 縣志

大雅衢得雲寺碑記邑人王鳳徽撰王湃仁書 縣志

坡仙赤壁詩石刻

康熙五十八年江黃蔡履豫撰

賈鉝題詞石刻

在赤壁康熙五十九年黃州知府賈鉝立 通志

謁蘇文忠公像碑

康熙間武昌府知府朱昌緒撰

張鵬翮七言詩石刻

在赤壁雍正二年　太子太保文華殿大學士兼吏部尚書張鵬翮撰 通志

游赤壁詩三首問坡仙七絶一首石刻

乙丑年廣陵張元芳書

夏日游赤壁二律石刻

南昌樊倣書

留別黄州士民七律二首石刻

乾隆己卯虞山錢鋆撰

重修文昌閣暨二程子祠記碑 知縣王正常撰

周禮大宗伯以槱燎祀司中司命星傳稱文昌六星一上將二次將三貴相四司命五司中六司祿先王制祀不曰文昌而曰司命司中使民知所受之有中以正其德又知所稟之有命以定其志卽所以祀文昌也道家者流遂以梓潼神當之謹案神生於蜀之越嶲姓張氏名亞子爲父報讎仕於晉

以死勤事其後唐元僖兩宗入蜀神顯靈異故奉之由是言之文昌天神也梓潼人鬼也合而稱之經生以爲疑顧禮以義起神忠孝大節炳然天壤精氣所聚著於星象如說之箕尾朔之歲星詎盡無稽者卽以梓潼神爲文昌固無不可郡舊有祠在府學左歷時旣久風雨剝蝕幾於頹壞乾隆丙午歲余調玆邑瞻拜之餘爲愾然者久之越明年士紳等欲募衆修葺屬余爲倡都人士翕然從之逾月遂完好如初先是二程子祠在河東書院以諸生出入懼其褻也移像於祠之前庭昔宋時五星聚奎二程子誕於齊安與周張朱子先後應運而出天人之應昭昭也黄陂舊爲齊安屬邑二程子之得祀於郡也固宜後之人見先哲於羹牆知天人一理仰不愧俯不怍人事之盡上合天心不獨文昌梓潼二而爲一卽有宋諸儒亦一脈同原於以風示來玆俾景行有自其有關於敎化詎淺鮮哉至如畫覽勝亭形家以爲郡之風水在是雖其言未可深信然規矩高會之謂何而任其蕪沒耶貲所餘用以建之其修廢舉墜均有可記者因彙而記諸石縣志

白洋山人王鑾自撰墓表

山人王鑾字伯聲號徒洲家黄岡

大清乾隆嘉慶閒人也幼補諸生屢受知於提學暨督撫大僚之好文者名輒第一顧久困解試乾隆丙午僅一中乙科前後出遊幕府歷黔滇閩粤諸邦繼將北上以親老不果晚乃由邑西松湖舊宅遷居邑東白洋山北之高士莊課耕教讀以

老嘉慶乙丑年已六十一矣爰於莊東南數十步指一地曰乳坡阡爲己墓域首甲趾庚並謂嫡室江夏桂氏當祔左側室錢塘李氏南海李氏當祔右預自立石以表俾其子源岷等遵之古人云擇不食之地而葬我焉此山人之志也其世系年壽行履著述之詳異日當別有誌此表也亦倣誌體而銘之曰嗚呼生旣不達死必不傳無名之骨瘞於此阡

蘇文忠公塑像記碑

道光七年富陽周凱撰

赤壁讌集七古石刻

道光二十三年長洲陶樑撰

朝議大夫曾公墓誌銘 江夏彭崧毓撰

黃岡曾鴻階太守予進士同年友也乙未通籍丙午捐館歷官十二年宦蹟釆入直隸通志昌黎縣請祀名宦祠黃岡縣請祀鄉賢祠史筆褒揚輿情愛戴太守爲不朽矣而何待於銘墓之文況謭陋於予者哉雖然其孤稱鴻明府之積誠不忍拒也太守下世三十年當代名公鉅儒豈無足志公墓者而顧遲之又久獨思得一衰老無文之言爲公增重是其孤之志行殆亦有異於人者歟爰諾爲之敘次云公姓曾氏諱世儀字仲威鴻階其別號也先世傳由山東武城遷江右轉楚譜牒不存高祖以上其詳無可考曾祖諱人龍自江夏來黃是居黃岡之始故公爲黃岡人祖大榮官城守考天仁積學不仕皆得贈如公官妣皆贈恭人配李氏星軒公之女公

與贈公交敦古處爲鄉黨矜式閨門之內尤肅然故公之配稱賢淑公以孝廉方正徵國人皆曰名足以副其實立身砥行唯恐不貽父母令名家傳古本孝經終身誦法能識古聖賢之所謂孝者服勞奉養之節不足以盡之也宰昌黎有善政邑人思之卒保定同知任歷署天津河間知府卒年六十一與李恭人合葬於鳳凰社嗣子綬齡歿子錫齡永齡孫寶樹寶謙寶田寶恆寶豫寶慶寶鼎曾孫延釐延禔延安銘石者江夏彭崧毓銘曰官不過五品而志乘有光年不過中壽而遺澤甚長文不足以表德而知厥後之必昌 縣志

曹厚菴先生墓誌銘江夏程之楨撰

公諱本榮字木欣號厚菴黃岡人父諱大輔歲貢生其墓去公墓數武有碑記公以順治五年戊子舉於鄉六年己丑進士授庶常充

經筵講官累遷

國史院侍讀學士著有五大儒語要等書公之學本王文成致知之說著論皆有根柢上

聖學疏千言有

詔嘉納其在官也布袍疏食嘗曰學貴澹泊明志使吾學有成得以致之

朝廷俾吾君爲堯舜之君民爲堯舜之民飢寒困苦何所自恤蘇門孫徵君奇逢謂商周之際道在箕子宋元之際道在許子明季

國初道在曹子信知言也公生於天啓元年八月二十九日我

朝康熙三年十一月二十三日卒於揚州年四十有四子宜溥由鴻博官檢討扶櫬回籍葬郡南山川壇側原碑毀於兵邑人士糾貲重建予因爲銘曰觥觥曹公學宗陽明名山絕業炳如日星書陳丹扆義輔盤銘齏鹽麥飯淡泊靡營喬松之峻介石之貞詞林所式允爲典型 縣志

鄧節母傳贊邑人梅見田撰 有碑

山右古陶唐地土瘠民貧勤儉樸質憂深思遠越數十百世猶有堯之遺風黃岡鄧獻之孝廉作宰其地見田弟儒寶嘗爲掾屬家書中屢述其政績獻之世居古烏林見田祖居相距數十里所聞於鄉人士者其內行之篤修則皆由節母黃

太宜人之懿訓太宜人相夫贈公明逵先生事尊嫜遵內則
惟謹乃獻之生月餘贈公捐館至五歲令出就外傅其閔忍
死撫孤負土成墳與夫授粲延師紡磚佐食大抵嫠而貧者
所同太宜人獨丁家庭多故伯叔析居之際則尤形影相弔
非才非識無以了此耳迨一子二女婚嫁事畢向平之願有
代有終焉者不負先靈之志少慰而獻之終身之慕則在選
舉祿養太宜人均未之見也夫嚴母適子之官舍而怒歸也
其子則非也其母則是也母之不幸耳獻之無此也體母生
前之訓也陶母見子之遣吏而封鮓也其子未嘗非也其母
則固是也母之過慮耳獻之不幸而不經此也亦惟體母生
前之訓也見田所聞於鄉人其梗概也證之弟書所述在官

廉明慈惠悉本於內行夫皇民敦秦民弊荀悅以爲時也居
官者不改其素故能不移易於時獻之所官之地猶有先王
之遺民焉獻之莅官之法猶有先人之遺則焉以愚昆弟兩
人所各知兩地所各稱節孝之後流衍爲循良之譽自然符
合非愚兩人之私也太宜人訓獻之語見周明府之墓誌爲
明府之傳其他懿行詳哉言之見田無復贅因數千里郵示
誌狀謹爲贊曰古有鄧曼賢明政紀古有黃香和愉枕几黃
以孝儀釐爾女士曰嬪于鄧枌榆滫瀡鄘之柏舟河之葛藟
儀特何之本根曷倚古學必師身枝惟子敬敎勸學辨材入
仕衆母之母無母何恃雲去烏林徽流晉水鄧爲南士楚材
蔚起允懷遺訓西方之美縣志

葉東卿壽字石刻
漢陽葉志詵書翁方綱謂其能得蘇黃神髓府學訓導陳寶
樹鐫於赤壁
江山如畫石刻
在赤壁光緒元年乙亥八月署黃州府知府常州瞿廷韶摩
崖書
蘄水縣
晉
王羲之題石
在縣城南有巨碑刻鳶飛魚躍四字字徑尺餘舊志云爲王
右軍書後碑斷半沒於河僅存下截邑令移置學宮櫺星門
右縣志

宋
激湍二字石刻
在縣城南有石麓橫抵河流名迴瀾石上有激湍二字舊志
云宋蘇軾鐫縣志
泝流光石刻
在縣城東河畔蘇軾書又對岸曰龍潭石壁上有擊空明三
字亦軾書縣志
明
周雪窩墓誌銘黃岡王廷陳撰
君童父遣就傅傅讀或誤輒撻焉以難傅曰童惟訓何難也

君曰實疑焉其敢弗難且訓以開慧而務閉之閉慧以訓何
傅之有傅聞而駭以辭父許業成父曰何弗試也君曰兒聞
之積之如淵流之以涓不然且竭兒虞竭也父聽久則請曰
可試矣父迺曰已淵乎君曰卽弗淵當無竭憂一試而廪食
既屢試弗第君邑愠或曰達生無愠君曰豈一第之留焉父
老矣而不務以寬之懼乙丑歲以次當貢强而就曰童而業
何期也茲之就也何卑也復曰賢而抑者豈不繁哉何有於
予而以懟己爲慼谿丞慼谿饒國也國重賂吏當其甫至百
金作皿藉手稱覿令不有始國人作俐君曰卻焉昭令之愆
其罔卻焉廉不吾有也昭愆匪仁捐廉匪智戒卻以卻吾是
用思首營學宮士也朋從繼給孤窮民無煢煢末糴以充委

吏則綜費不豁出賄以爲公邑人悅焉抜者爲賢政不可遷
甫三年以疾卒於官君諱紹武字大烈生以天順辛巳卒於
正德辛巳嘉靖甲申葬地名小嶺銘曰澤儉厥德予也實啟
不軀而裔爲我民悅爰爰厥居冥懷以舒矚後以娛縣志

胡公懷野神道碑　蘄州顧問撰

國家養士之法備矣然士之成材也實難成材固難而人之
知之也尤難吾鄉懷野胡公其不謂之人望也乎夫士之材
者其生也必本於氣運之盛故元凱之出以有虞八士之產
於成周自漢而下乘盛時而炳蔚者蓋累累也我明誕膺景
運列聖丕承至治薰融太和感召天地靈祕眞純之氣所以
茂發而宏敷者在物莫不徵之況士乎哉況士之成材乎哉

以是知公生之不偶而爲成材士也有由然矣公之初生也
毋有靈鶴入帷之夢髫從塾師遊姿表秀特穎敏嗜學坐立
屹然不與羣兒狎塾師奇之既長入邑庠每試冠多士正德
己卯舉於鄉庚辰中會試遇武宗皇帝南巡明年辛巳賜進
士第授浙江遂安令以治行聞行取公守正不阿遂得南京
戸部主事嘉靖丁亥考績敕有公廉勤勞之褒歷本部員外
郎郎中凡政皆精慮而果行之尙書秦公奏公殿最擢守山
東萊州府萊連值旱蝗公徒步以禱蝗遂投海雨大降公自
奏免歲賦十分之七時巡按御史檄諸有司自考公考云操
守施爲存乎己是非予奪聽乎天一時以爲名言公聞父病
四疏乞休終養不允甲午充山東鄉試簾官所取皆名士擢

四川建昌兵備憲副萊人思公爲立生祠建昌値地震大變
公至救患卹災身無安處又接歲採取大木軍民鮮不罹其
害者公申飭號令經畫得宜地方不擾而士民益聚上嘉公
弭災採木之功降敕溫諭有白金文綺之錫尋以奔走冒瘴
勞瘁成疾乞休不允丁外艱起補雲南瀾滄兵備士官世驕
惡公勘問不數言而服兵息民安邊境賴以安輯繼丁內艱
公爾以憂行番酋士裔感公威德咸盛其賻遺公先後一無
所取居憂之際哀與禮胥盡焉再起補河南信陽兵備益貞
憲度道不拾遺公凡三被命爲兵憲十年不調處之晏如會
浙江左參政缺擢補之視司篆者一年錙銖無染清聲愈著
遼東缺巡撫都御史會推二員公次之已而有不悅者以資

轉雲南按察司冰霜衡鑑寮寀以爲師模尤折姦洗貪風力
凜凜難犯未幾有歸志戊申冬遂懇疏乞歸允致仕公天植
旣淑輔以問學以己心爲嚴師而期造於聖賢在浙及陽明
先生之門在留及甘泉先生之門二先生皆器重之是以敭
歷多年而聲實茂著德政輝映如一日也公處家以孝友稱
歷官俸餘盡以給父母兄弟而囊槖無私藏建家廟置祭田
享祀惟謹又創宗譜立規條以垂久遠族人死無所歸及貧
不能婚饑寒無衣食者費出尤鉅雖稱貸亦所樂也其他操
履可誦法者不能殫述然公內剛而外和德修而迹晦惟實
行之是務未始徼赫赫名似知之者鮮矣而筮仕以來民人
戴慕撫按論薦廷臣亦屢有推舉夫豈無知之者哉大學士

毛公紀萊人也謂公方介識治體學士廖公道南著楚紀以
公爲人物之綱督學顏公鯨修楚實錄稱公孝友清修循良
異政不可謂不知公矣資望彌深而未竟鈞衡之任豈知之
者有未盡耶抑定於數而人不能勝耶在公則修於己得於
天加於民者亦旣卓乎度越人數等矣故曰人望也公致政
優游林壑者三十年養高自重德尊名顯凡諸當路及有司
求一見公不可得性喜山水春和秋爽則約朋侶時一遊覽
此外惟杜門展卷沖然恬適無纖毫塵俗於胸臆隆慶戊辰
奉詔進中奉大夫壬申再奉詔進資善大夫兼賜勞禮晚年
薦沐殊恩固聖天子優渥耆舊之令典然非公之德之壽曷
克至是哉公可謂獲天全而爲有道完福矣公諱仲謨字啓

忠號懷野其上世屢有貴顯公生於成化丁未十一月初八
日卒於隆慶壬申十月初四日壽八十有六先是公寢疾時
語諸子曰顧日㡳知我吾沒後以墓文屬之吾無憾矣萬歷
元年九月二十九日葬公於蒿墩之碧蓮山長嗣行謙縗絰
號毀持徐竹峯僉憲所撰行狀過余幷述治命請余題其神
道碑余惟公實學實政元光自遠奚俟於言而子若孫皆才
賢且衆必紹家聲而益光大之其所以身表公者愈於言多
矣況自有不朽者存乎余與公同心同道又公治命其敢辭
愧病且不文謹敘次其大概以慰孝子無窮之思以昭示於
將來之君子萬歷元年歲次癸酉孟冬月吉旦　縣志

浙江右布政使朱公浠桂墓碑　梁谿鄒迪光撰

方伯朱公戊子春卒距今二十三年至庚寅冬而葬距今亦
二十有一年墓之木林林矣而公之次子期昌越數千里持
所爲狀請文勒之碑以公嘗守吾郡余方髫年爲門下士又
公伯子期至與余爲同年友又余亦嘗領郡鄉城習公桑梓
誼弗克辭案公諱袗字汝衷別號浠桂其先世居江右樂平
從樂平徙蘄者曰顯卿公自顯卿八傳一溪公生公公生時
有僧持鉢過其家曰三日後當產異兒旣產覓僧則已化去
蓋異兆云公生不大露奇穎年三十未領青衿仲弟已試茂
材異等一溪公令去吚唔而穮蓘公讀自如鄰盜起比閭鳥
獸竄公擁敗絮讀亦絕不爲意尋補邑弟子應省試有兩狂
生輕詆之旣省試第七人兩狂生匿不見公踵門報謝其凝

重如此尋登癸丑進士授行人時分宜相張甚公剗去舊籍
不爲其鄉之人若引避之同郡陶羽士被肅皇帝寵倨甚公
遇諸塗不少加禮皇華所歷日惟取風俗利害收之奚囊備
採擇而已其操持如此以行人高等擢南御史會沿江多盜
緣伺盜者餌而縱之公移書監守以下曰伺盜養盜罪不在
盜勿謂御史懦不敢吐舌幸善爲計書去監守以下屏息乃
條畫方略授之有司盜一平諸捕逐少年亡命至竟其黨與
平市肆物價令官吏不得低昂悉著之令其風裁如此以御
史秩滿陞常州太守常故饒當兵燹後俗靡不止郡以凋敝
公身先率約大筵不過十簋公庭讌饗酒三行罷去一切庭
實悉儲外帑以備酬往不入官廨而俗用醕以凋敝故吏與

民因緣爲姦輕嘗三尺訟積無算公爲厎姦剔蠹去其舊而
新之民重捍法即有捍大辟者公愀然不懌曰之生而求之
死求死非吾意也觀於囹圄而地湫隘則屋之餒則食凍則
絮病則醫藥曰之死而求之生求生吾意也用此率五屬邑
必惟命乃已不或面斥或密諭不少作模稜態至以詿誤觸
長吏以質直犯巨室必曲爲覆護故人人自感發期無負公
其廉平如此以常州守擢陝西副使人以爲遠曰人臣憚遠
乎既至西羌人以爲難曰人臣避難乎乃城金川選精騎千
餘格鬭之公自持短刀勁其後虜盡駭散獲牛馬以谷量上
廑天子賜金幣文綺加等然陝實難於餉以吏胥與諸侯王
官相率漁其中莫可究詰公詰得請於上寘之理官吏無赦

卽諸侯王亦無赦餉弊以除至巡茶御史每得一小醜輒附
之法往往就斃公力請御史此輩無知入井大可憐惜因多
調罷又未嘗不從寬恤也其方略猷爲如此以副使秩滿擢
雲南參政往藩臬初履任必謁黔廟謁必叩首階下公謂我
與若咸臣事君而又欲臣我乎不屈黔國度不可強第延入
廟門頫首而已其強項與行人時道遇陶羽士同滇有銀場
所委官多乾沒自膏其槖事發則嫁禍齊民逃罪公於諸乾
沒者悉三尺從事與陝西時逮侯王官吏同所嫁禍齊民盡
尋纆生路輕其爰書如千人得免於死與守毗陵時生活人
同亡何擢浙江按察使又擢雲南右布政使而姚恭人訃至
矣居恭人喪公已六十作孺子慕柴而立亡何一溪公又逝

居一溪公喪亦作孺子慕柴而立當此兩喪時掩骼施槥賻
葬粥饑療病好行其德絕無小草意而兩浙之命又下不得
不爲一起時江陵相有父喪衆率百金賻公獨兩縑又與行
人時引避分宜意同乃分宜安之而江陵甘心焉竟以老去
也豈江陵比分宜較甚耶天所成全公至矣公去而錢塘送
者萬計經毗陵送者又萬計至上金焦公徒步若飛送者曰
大夫何老老以不屈耳坐客有誑江陵者公噤無語曰吾員
老矣又與諸生時忍兩狂生意同公歸復好行其德所爲掩
骼施槥賻葬粥饑療病亦與居喪時同而晚年更好養生家
言人謂公可不死死之日有深衣元裳環牀而請者其去而
紫府玉虛可知又與初生時遇異僧事同大都公生平不偲

偲示牙距而才見不亟亟獵聲譽而名章不沾沾博歡娛而惠普不斤斤傳檢柙而守堅若濃若淡若執若通而立於大中於鄉爲長者於國爲老成人於士林爲君子故其生有異兆其沒亦有異徵豈偶然哉公生乙亥七月初九卒戊子正月二十三元配張夫人生長子期至登甲戌進士官河內守遷滕安人生次子期昌登庚戌進士官司農尚書郎孫男女若干人載顧太史起元誌銘中不具悉墓在油河華桂山陽 縣志

江西參政王希元墓誌京山李維楨撰

公諱希元號白岳楚浠川人也少而明敏長以文章德業自樹年十四補弟子員隆慶庚午登賢書辛未成進士初任南

太常博士多所建明於禮樂嘗不受人暮夜金事聞上擢吏科都給事正兩宮大禮又糾冢宰以直忤權要出鎮滇南之金滄鑾罕會不用兵威陞福建督學每以功名著聞所識拔士多爲上用轉江西參政因御窑作淫巧器難成糜費民膏與代巡者不合即掛冠歸纔五十有一也居鄉恆樂易至有便於民聞者無不爲有司請即一條編之行皆公堅請於陳開府以利賴至今者也議論丰采後學爭尚之公享年七十有八生子六以明經仕至郎官者三孫十四人登賢書者二列青衿者八皆公目擊公以萬歷壬子歲卒葬蘄北七十里東隆衡山之陽余居同鄉仕同寅與公交甚深知公亦甚悉天啓丁卯余馳驛過浠上輿而哭之遂題其墓而去 縣志

官古愚墓誌銘在金羅山京山李維楨撰

故黃州郡諸生贈濰令官古愚公今諫議東鮮之父也東鮮舉進士令宛五月餘公卒服除除濰以考最贈公如其官尋以高第徵拜諫議營葬十有二年而始以狀介其友秦民部敬伯屬誌銘於不佞楨楨辱在鄉人之末知官公父子稔矣志曰公初名惟德更名如臯字直卿其先行三自江右鄱陽以元末避兵徙黃岡烏林數傳至守忠守忠子清清子政政子封徵仕郎永富永富子福質直好義七十爲三老賜高年爵配王孺人則公父母也王孺人夢麟入懷而公生小字夢麟自少儼若成人塾師試以偶語敏而中比長善舉子業之文所師陳公馮公黃公遜其能公益自奮夏席地冬絮裹脛

夜誦不絕聲二十九補郡諸生探窮往籍游思元微丙子己卯試兩見格蓋直指郭公讀其文以爲鉤深而近古揖之於庭口勞之仍旌其門後直指張公郡伯鄒公屢試皆高等然卒不第甲午東鮮舉鄉試第三人歎曰力何可與命衡有孺子在吾其休矣與同志數輩締文酒社手錄唐人詩而擬之情景所觸題咏不輟疾革猶爲重陽詩一章信則人任焉制義一首其篤信好學如此事父母孝所受生徒月俸以治酒食洗腆而進之有所得果蔬非親嘗不敢先四時之服必備純麗子弟環侍陳說古今父母解頤抵掌也中夜數伺喘息小失節醫藥禱卜皇皇如不及父受爵通國人美公能子公謝不敢當既而曰愛見其親則子悅非人情乎張筵酬賀者

浹旬且以奉親歡母疾時東鮮復患疹公不顧專意侍母籲
天請代居喪哀憑而後立扶而後起哭無常時常聲者終其
身事繼母張如母愛季弟共釜而炊四十年衣服器用擇其
所善而爲之季弟子孝廉受室室隘不可容將析箸兄弟泣
數曰孝廉齠齔能文愛之教之如東鮮姊歸曹而寡生死於
公乎資從昆弟子貧者因能受業俾無失所凶年自鬻出金
贖者四人配余程兩孺人父母兄弟贍護尤厚姻黨知故拯
饑寒救死亡甚衆自奉蔬食菜羹裋褐蒯履不敝不更程孺
人卒家復燬人所不堪猶賦詩自樂也平居立坐步趨不失
尺寸對衆無媟言小人女子不假嚬笑料事成敗十不失一
就之謀叩兩端必竭卽尊貴有過輒獻規子姓外甥則跪之

堂下媿之以辭傷其前事而悔過而後卽安從東鮮京師諸
貴人造謁謝不見郡大夫過存亦不出初治戴禮兼尚書四
遠負笈之士不問脯脩其不若訓雖年相若不廢夏楚門徒
薦南宮登賢書及廩於庠者官氏子弟殆半國中所僦居火
或謂其將嫁禍公盍鬩於官笑而不應豪侵程孺人墓田倍
予直以饜之鄰構室其子壓死以爲訟端諭而平之其爲長
者類如此東鮮觀政大司馬遺書問司馬何政若何所觀所
觀何得邊腹要害兵食充詘將士惰整俱若何必責對曰身
到處不放過他日當事不出此初授宛令手會典律令予之
曰祖宗道法居官謀斷具是矣汝曹平日有才臨事不無識
然掌故不習則疑畏生不能使其才與識之必伸爲國家用

夫思而不學非獨儒生吏治亦有之不讀會典諸書是也如
宛東鮮退食問其科條功課平反亭獄若干人以爲喜慍又
言宛孔道飭廚傳瘠下肥上義所不由然古者立鄙食以守
道路賓至百官各以物至重王事耳今之賓旅者何莫非天
子奔奏臣也致餼授館之不設是爲蔑官豐約適中可矣居
有閒病東鮮乞假不視事亟趣出曰奈何以我故令案有留
牘先一月召季弟暨諸子來令往江陵治木十二月十有二
日木至正襟而坐取筆牘授言震宜當事雲宜作人耐煩二
字謹識之某某有德於吾父母吾不及報其無忘二子泣呵
曰吾返吾初幸甚毋怛化遂瞑其歲萬歷己亥距生嘉靖壬
寅四月三日年五十有八元配余贈孺人無出繼程贈孺人

再繼王程實生應震應雲震卽東鮮戶科給事中邦之司直
也娶隆安尹宋德祁女應雲邑庠生娶儒士鄧藎女孫五震
出撫辰郡廩生娶蘇郡丞盧國楨女撫極邑廩生娶高平尹
洪聲遠女撫邦聘平度州佐周啓孫子戶部郎之訓女雲出
者撫蒸邑庠生聘曲靖郡丞汪守廉子太學儼女撫來未聘
孫女二一字蘄州副都御史李際春子廩生扶一字蘄水戶
部郎朱期昌子庠生朝熊俱震出壬寅十有二月十五日葬
金羅山東鮮狀云少善病以父爲師未嘗就外傅既冠且舉
子不少姑息遠遊必偕唯恐失足既痛母早逝不逮養父逮
矣爲日幾何生平文學德行宜有豐亨而遺佚厄窮特甚晚
歲逢疾備諸茶蓼凡數千言殆不堪讀稍節之而爲銘曰孺

慕其親要之沒齒是爲孝子千里迎弟與訣死生是爲仁兄子優於學惟父範模是爲大儒將子牧民民戴其賜是爲循吏一人之身備道全美足張楚矣年不登耆以青衿終罔怨罔恫帝賚諍臣龍章在櫝旌此貽穀沒而不朽令德令名賁於九京史作銘詞樹之墓埏如山無騫 縣志

南國棠蔭坊石刻

在縣治華亭董其昌書 縣志

雲起處石刻

在縣東門外有石鐫雲起處三字邑人易之貞書 縣志

鳳棲石刻

在縣東二里相傳張道陵煉丹成雞食之化鳳棲此因名今

石上有鳳棲二字明崇禎間理院熊文燦構廟於上今廢 縣志

國朝

聖祖仁皇帝賜南夢班

御書石刻

康熙四十二年癸未三月

聖祖南巡臨視河工黃流安瀾

親灑宸翰

命總河尚書臣張鵬翮頒給羣工原任淮安府外河同知臣南夢班

頒得

御書唐袁暉奉和聖製答張說扈從五言排律詩臨米芾行書一幅

夢班摹勒上石恭紀

聖恩 縣志

生生橋記碑在縣北五里知縣李振宗撰

昔蜀費禕使吳諸葛武侯送之橋上歎曰萬里之行始於此因名萬里橋唐雍陶典陽安送客至情盡橋左右曰迎送之地止於此故名情盡陶題詩云從來只有情難盡何事呼爲情盡橋今日改名爲折柳任他離恨一條條遂爲折柳橋云邑之郭外北街盡處有橋邑之長幼尊卑以及官茲土者咸憩於此街盡於橋名曰盡街而不知萬里之行方始於此送者迎者綢繆繾綣之情方始於此也矧盡街云者文不雅馴余思有以易之思夫盡者生之始也陰盡則陽生冬盡則春生夜盡則旦生因改名生生邑人不以爲不然新斯橋而立

碑焉今而後邑之長幼尊卑之往來於斯也夫豈無睠懷魏闕而生忠愛者乎豈無繫戀庭闈而生孝友者乎又豈無題柱進履而生用世之心洗耳濯纓而生潔身之志者乎而官茲土者則有觀荷鋤之苦辛覩力役之艱難而生父母斯民之念以至贈行送別勸酒賦詩而生如蘭斷金之誼者等而上之而刺史而觀察而牧伯而大中丞之或至於斯也采風問俗而恤殘黎憫勞吏之政生焉是猶外焉者也天地之大德曰生仁是也仁人心也人而不仁如生何如生生何余猶欲於政治之餘與二三父老同登橋上以畢其說覽斯文者毋狃視此言哉 縣志

石雲洞石刻在飛虎山側邑人徐本僊書

本偲解官後棲遁於此最上有太上宮石壁鐫鳶飛魚躍四字每字徑數尺縣志

麻城縣

梁

魏毛玠神道碑

在花橋麓梁大同九年彭城黃斌立縣志

唐

天寶鹿園詳集部陳大章天寶鹿詩序

五代

南唐摩崖碑在龜峯山側俗傳唐元宗駐此

案五代史南唐李璟稱帝於昇州謚元宗麻城爲其屬邑則碑係南唐所建無疑非開寶之元宗也縣志

宋

新修浮圖記碑在縣南二里塔兒橋

蓋聞聚沙爲塔證□位於金輪祕像成□貫□空之玉宇令□崇厥勝事□□有弟子陳志□科淨□建此□□□□□伏□於淯化五年在東京□咽喉□□□□□□□乃焚香□佛□保安和併□□□眷屬□□□□□將麻城縣□□有地命□□匠造浮圖□□□果蒙聖力□遂全安是以不負初□邵徒□□□庄田爾自□果□願因佛力恆矗立以無疆祈冀名光永固茲于不朽時□設齋嚴贊鐫石靳銘□□□之矣咸平二年已亥歲正月丙辰朔十五日記金石存佚考

龜山石刻在龜峯山石壁上並詳古蹟

縣令張毅因祈雨游山適江西進士吳與弼在此住山僧圓喜熙甯三年七月立縣志

合掌石蔣著題名在龜峯山

熙甯五年春三月邑大夫張仁甫嘗約游龜峯不果冬十月圓喜師長老靈跡話別於合掌石前江西進士蔣著題縣志

東坡詩石刻

在天井山東定慧寺內縣志

陳季常墓碣

在杏花村側明嘉靖初有發其墓者見石碣輕車都尉趙俊撰文宣義郎邵伯温書丹縣志

九螺山石刻

張憝自號九螺山逸人因題詩鐫石壁上縣志

龍王堂石刻

元祐四年通志

道觀山題名

紹聖四年通志

道觀磯題名

大觀四年通志

五腦山題壁

政和六年通志

烟霞井左題名五則井在道觀磯廟右半里許

壬戌三月上巳日陳康伯攜家遊此

元祐五年正月晦日建浦黃權思正遊四子向高向局侍行

李志□遊此紹聖四年九月十九日書

大觀四年十一月亭川陽□載酒邀□來遊□

大元泰定丙寅歲徵仕郎麻城縣達魯花赤□守臣馬彥□

劉宜之□ 俱金石存佚考

道觀山白水巖井石題名一則

吳季堅攜家遊此□已亥清明後一日 金石存佚考 案王志藝文吳季堅入明代有詩詳山川內道觀山

什子山斷碑

端平間徙治於此存有斷碑數石字皆漫滅不可辨 縣志

元

五腦山題名碑

至治二年 縣志

道觀山摩崖詩石刻

在歇馬亭曲水池上詩爲達魯花赤馬兒蒙作今石剝蝕無存 縣志

明

儒學題名記碑

在縣學明倫堂西莆田柯潛記成化四年戊子四月立 縣志

東定慧寺大鐘

相傳下葛川山飛來鐘腹鐫嘉靖二年歲次癸未孟春月立 縣志

世宗敬一箴

在縣學明倫堂西嘉靖五年丙戌六月上石 縣志

龍集縣碑 詳古蹟

銅斗巖淩雲寺鐘

案縣志寺蓋元末邑人張評事學親建鐘腹字凡數百可辨者惟光圓寶月隆慶二年江西治匠□□鑄數字而已

福建少參曾公筆山墓誌銘 太倉王世貞撰

始余入爲刑部郎同舍郎吳峻伯者間與余屈指天下士而曰有曾公曰宣者其人哉問所以知曾公則公嘗識峻伯公車者也蓋又垂二十年而與公之子孟麟遇燕郭招提中公

沒已五載而孟麟時語余曰敢以先子之不朽屬余謝曰無已有峻伯在是而公所知也亦能知而公者也其明年而峻伯沒又十年而孟麟具書狀以介弟嘉袞走二千里而拜余山中曰爲先子卜壤而弗兆以偃蹇至歲之辛未而始兆也乃又不及誌銘不幸失峻伯矣幸吾子在而以十載之成言請其大睨之不朽余又謝不獲辭乃據狀而誌之公諱嶷曰宣其字嘗自號曰筆山故宗聖郕國公裔有自武城避新莽而遷廬陵者爲廬陵人明興有仕黃守而家者其名文遂爲黃之麻城人四傳而啓以禮經魁其鄉得犍爲教諭以子大有貴贈邑令卒而祀鄉先生祉季子鳳陂公大顯由進士拜給事中廷劾中貴人瑾拜杖謫遠郡幕以直聲聞天下歷四

川布政司參議以卒祀如犍爲公鳳陂公娶於李翬公甫六歲母李卒公出就外傅日記數千言少最敏能文從鳳陂公宦游慈谿姑蘇已又游南都三邦號儒術藪而公遂能薈蕞其勝歸試於學使者四而四居首張文定公奇之曰是子也材可棟也公以壬午舉鄉薦明年遂成進士授河閒之獻令公所爲獻善狀最夥而其大者輕重論罰以穀贖民不病罰而庫穀盈懸信格募擒巨盜以次就理里豪有躪蹂民民憤跳踞樹罵豪中之石墜而隕監司欲寬之謂隕墜耳公曰隕墜固當誰石之而使之墜耶卒抵豪死公既著能吏聲自負以不輕折節而又念其父鳳陂公病會御史某行部數目攝之公笑曰彼謂其難去令耶即拂衣歸侍鳳陂公融融如也

御史意不自得而邑民迫得公爭噪於臺於是都御史錢公如京與御史合而檄致公鳳陂公乃促公行至則益自厲斤斤三尺御史更愧慰薦之矣公滿六載始召得南京刑科給事中將有言持鳳陂公服歸服除補兵科給事中尋復持繼母張服歸再除補故官遷戶科右給事中會當大計京朝官而以公强正特調改吏科公自是益發舒言事無所避霍文敏韜爲南禮部尚書疏欲責六科避舉公持故事繩之不以霍公賢重假又嘗上書譏切貴臣用事者翊國公勛而其以戶科左給事中視京營則直劾懷甯侯瑛罷之矣公所言營務四事若掄官僚實行伍嚴操練飭賞罰軍中至今稱之尋轉爲兵科都給事中上將南幸楚展謁顯陵二三大僚暨臺

臣爭之弗得而諸給事默默推禮科禮科之署孱莫敢發公奮然曰天子輕萬乘出巡幸此豈獨禮科責哉乃卒其僚抗章謂陛下孝思與大舜媲諸所經晝行留亦曲盡矣太子監國尚屬襁褓六飛在途還往疲頓南土卑溼疫癘時起又聞漢沔之閒比者無歲編氓流亡突烟時斷今清蹕所臨法從虎賁供帳糗橐何所措手林棲草伏士餒馬瘏隱憂誠萬萬不淺也陛下毋牽一人之孝而忘忽宗社萬世書上不報遂以扈行屬歲祲而河南餓死者枕道上公復再疏請賑之下有司匿其狀上顧左右請賑者又烶耶唉殍爲誰今復安在會禮科給事中戴公嘉猷歸自使所使其副馳疏請上速回蹕上怒甚俾下詔獄以待大駕還併公與同疏者李君逢周

君沅謝公廷蒞皆下獄杖謫一時翕然稱青瑣五諫云而公得廣西靈州尉未幾遷江西進賢令靈州遠外非人所居地而尉最卑散進賢故巖邑然令劇易困公以貴臣挾重聲居之中無所厭薄其治辦略如爲獻時而公牘暇則緩帶褒衣延諸生談搉今古不倦俄遷溫州府同知中道擢四川按察僉事其政專屯鹽方欲有所爬刷而以入賀萬壽行既至而貴州撫苗之議起當設一參議駐銅仁控之羣公顧謂曾公治營務亡害非公莫可任者遂擢以行而是時撫蜀都御史不欲言其名以吏科都給事中尹君相論劾罷去尹君故與公同鄉且同署而名爲最相善都御史甚望公曰疇入而子爲我地邪必是子也齮我者既得代即論劾公以僉事聽調

歸公歸不復有仕進意凡七歲而時相張文毅治故善公而又直公以書勸駕公造朝而張公已卒僅得廣東僉事公所轄廉州有珠池凡官採珠所役使蜑人死傷不可勝計而珠直不當費十之二大約以利姦人橐而已屬期且採公奏記督撫司公廷為疏止之廉困以蘇又條上廣兵力益戰艦禁海舶留守臣請事於臺皆報行而嶺右徭有剽庫金者公又上防守方略右方伯劉公采見而心服之曰天下才也而公鄉人部守鄭重威者以公事與兩監司持不勝遂棄官去御史蕭止之不得兩監司亦愧止之不得而俱屬公以解公乃為婉辭解鄭始留然其持初議益堅而蕭與兩監司謂公實右之以語後御史郭郭故撫蜀都御史鄉人也忽憤咤曰是夫也後先以鄉人重我獨無鄉人哉會公遷福建左參議行遂媒孼諸影響事疏罷之公既歸絕口不復及所以唯闕園池召故所善為文酒歡務為德於宗戚鄰里而已漢陽一司理來署邑篆榜薦紳交際禮於門屏公歎曰以吾從大夫後哉謝病不復通而司理滿三月官代客有贊公文以餞者公曰司理日約束我曹而文訣之得乎且三月政成胡易也司理聞而銜公構於上官郭察公居鄉狀不得而止公性不食酒無奇衺好自奉若儒生旁通皇歷堪輿家語而尤喜治博士書至老愈篤其為給事而與會試事典史而與鄉試事所得多知名者公年七十三一夕以無疾卒元配喻贈孺人繼配梅封孺人子某孫某以某年日葬于蕭園之祖塋狀則吾

郡王百穀所撰也嗟夫父子更代起甲第為諫臣以諫獲罪而名俱趣之不亦奇哉夫鳳陂公之諫犯所必不可犯之人而公之諫挽所必不可挽之事此未有不立隕者也然天威甫震而霽繼焉猶獲以一官效遠外及其繼也天子不修怒而修怒者都御史御史也奈何使公父子而以一參議終哉夫舉直憐才者大臣職也是何天子之廣而大臣之狹也且夫以蕞爾令而襆衣歸臺猶知挽之及其嵬然名憲臣而兩推之使去也又何昔之難進而後之易退也然孟麟輩之為公不朽計固失之峻伯而得百穀公亦可以瞑矣因銘之曰是惟南楚之珍世稱直臣龜山嶙峋麻溪齋淪我勒堅珉以風子若孫毋忝其人　縣志

陝西按察副使黃公萬巖墓誌銘　太倉王世貞撰

詩云雖無老成人尚有典型余蓋讀黃公狀而歎之黃公楚人也楚自嘉隆以至萬歷蓋有三貴臣其所繇貴不同然其力皆足以登顯天下景從之士而於其鄉人所援植尤切而黃公最其鄉賢者而又為鄉人不難使之知而難於不使之知其究不難使之忤而難於不名所繇忤公真賢者哉真賢者哉黃之先世家麻城里元末而有武益者倜儻負材略率子弟萬人據險以遏寇亂時名其堡曰萬人巖太祖下武昌乃夷險籍眾而上之帝悅予以官弗受請得隸宿衛遂補錦衣緹騎校建文中從北征以戰死子克先代而從上都北平宿衛世世不乏暨數傳而為子華推其籍從子而還麻城有

三子長曰琦舉楚鄉魁叔曰璲是爲封公奮身請於父荷一戈之縋幕起貲爲俠伯乃治甲第多游大人以成豪英聲晚節家稍落而所配胡宜人孕公時封公夢貴人襲金紫入其室小閉以一琴鶴去寤生公公生而穎異强記稍長工屬文封公以謁廖學士道南學士大奇之曰吾輩人也三年盡得其學遂補順天諸生應試娶武宜人時甫冠云又三年應試則視學林御史者其爲吏刻覈謂縋騎不當補順天學悉斃治之公與焉林御史還去經後御史始得釋而竟以是阻試又三年而舉鄉薦明年會試中式所對策剴而文故相張文忠公奇之擬甲第薦而懼失上旨寘首次欲緣以收公公謝弗往乃僅得刑部選爲雲南司主事任職無害亡何張昌公

鶴齡與蔣都督相齮齕張爲蔣所持僭擬狀下刑部當公讞時以蔣所主章聖而昌公則昭聖孝宗弘治后也武宗正德之母世宗嘉靖皇伯母也勢以陰詘恐不能無上下公毅然不可具獄上尙書爲請之昌公乃得解蓋又久之而始扼其他敵以敗敗而猶亟歎之安得如黃公雪我而林御史時已遷中丞撫順天坐誤繫宮人下獄復當公讞始林公心知公故劾憂之甚公第弗見而陰戒吏勿侵軼之僅以誤論獄上得免辟既出獄修諸生刺以謁林公且媿且感曰我目故無珠公殆長者公治獄既平潔廉自律聲稍稍著西曹而會中貴人有所詗殺人者少年以詔送部理就廷尉評而逸之中貴人挾以恐喝曹諸郎咸縮首弗應公曰吾詰中貴人白狀

彼且奈何公以一刺入中貴人倒屣出執公手曰吾幸識先生先生所謂不受一錢劉寵耶當爲先生任之亟爲捕得四歸之部事竟寢公用考最封父母遷浙江司員外郎以胡宜人喪歸服除補河南司遷山西按察僉事所治太原爲王國諸宗室子侯爭民田而訟者王右之縱無賴子尾前僉事趙而咻君至一切付三尺無所依阿王更媿謝約束不謹聽公所理晉人大悅嘗以秋行雁門等塞修城堡飭騎士嚴斥堠又多募死士閒優以金錢俾探鹵所向而待之制府倚公若金墉而會復以封公喪歸服除補山東甫至有傳鹵會蘇林當大入入必窺臨清者臨清爲南北孔道漕艘商槖悉萃外郭中丞會襄愍公銑與公同年素才公屬之城公與一二大

僚分版築晝夜趨事如期成而大雨水溢城輒隤葺之隨復隤公策曰下必有伏淤也卽隤處發土丈餘而淤見乃去之多募民間傚缶實之灰而基之城始不隤會公以公功上增俸秩一級屬歲祲民苦饑公請於臺發庾粟出贖鍰以賑不給則勸勞其饒者貸以償而多市二麥種躬自程督毋廢秋民得以無殍死明年麥大孰其牟皆雙歧而七穗吏以歸公公曰天也吾何敢叨則請聞之朝公曰昔不聞災而今聞祥豈吾任哉蓋前藩有以嘉禾麥上而得賞者比比矣單大豪李淵玉醜其妻故使其飼鷹者臂鷹而飼之臥內一日忽併殺之以雙首獻於官官謂其格合亡以罪也凡三歲而邑大旱公行部剌得其狀立論豪死雨應時澍而長清令趙故貪

而挾奧援又以骫骳得上官心公廉其實逮治之獄具獄凡三上而臺三駮弗爲阻左使故善令乃置酒與其寮要公且醉而從容爲令緩頰公卽拂衣去會有遷命乃得解時學使者闕公攝之所識拔如許左史邦才谷司馬中青輩皆知名士而屬大計藩臬之在棘者皆被逮獨公總攝二司與諸道篆以更日往吏環案聽署者趾相囓詣前庭受讞束約肩踵亡所容公應之沛然晝晷而散咸咋指稱神明而公之遷也爲陝西右參議分治商州亡幾而制府議城花馬池以公材且於臨清者特檄使偕一二大僚往大較操晝如臨清其嚴倍之城成而公遷理一切以清靜簡約因俗爲化時三原馬理先生避地居商與議經學政術相推重商故鮮科第公進

諸生授以程式又助之膏墨費是歲有薦於陝者尋累累不絕以旱禱雨雨隨降以虎暴詛虎虎就擒樵者得白鹿獻公擾之圃馴若家畜然或謂當進之朝公曰是又且以瑞麥嘗我毋如我馱何秩滿進按察副使飭甘肅兵而河套之議起蓋曾公自山東來開府好邊事以徇公而公持重與議不合無幾曾公竟得罪而公時邑邑不樂上書引疾乞骸骨太宰聞莊靖公惜之知公意決乃特請爲予告歿日有司具狀取進止蓋異數也公爲人果毅任事有氣力居恆謂業已致身爲縣官不復能顧私志取必達然至於體究幽節所便否恆恐其咈之士大夫居閒從謝絕顧其酬酢詳懇宛致不敢以失意望公所涖必有去後思而其治齊魯及漢中最久既遷

去送者哭塡道不得發相率尸祝之其於潔廉則天性當登第而猶子之壻馮某貲巨萬請以千金爲官費公謝曰下士費不百金幸自足辦馮固請乃受一羔裘服之至老不更易兩居喪屏跡田里於公府無所干請而其最後歸子子卑車垂橐乃脫身尋故田廬課僮奴種時自給一椽僅蔽風雨而性好遊佳山水筍輿敝以草縢束之鄉人見敝輿而束草者爭出指詫曰此吾黃公耶而公不時具輿則策蹇蹇不時具則杖而步遇所會心處連日夕不歸或要公者以惡草具進甘之若太牢卽盛水陸窮珍異徵聲選色以薦推去弗御也監司下教守守下教令令布幣贄羔鴈公一垂顧而公有城市戒不可或屏干旄以輕騎從公田閒匏壺載酒芋葉載肉

清言竟日無倦色給事王三宅爲令時造公問政公亦虛心應之一時以神明頌王令不知其得之公居多公家貧不任施而好之不已族人迫催科急則悉其橐裝代償之而徐聽復曰毋使而曹有匿稅名毋使官有魚肉而曹名歲祲則貸毋錢貧民而不責其子逾期察其不克償者召而焚其券以爲恆鄉父老戒子弟汝曹好爲之毋使黃公知也公嘗以寓橐於他富人而盜據之得公封識不敢動曰我何以貽黃公憂公之拂衣年方四十五氣壯盛固已絕意進取而三十三年中所謂三貴人者少師恭誠伯之弗論然與公近里閈其所欲得御公何限彼太保忠誠伯鸞而市名人也使公不惜一薄蹏音響應矣太師江陵公萬歷時首相張居正湖廣荆

州府江陵人也子懋修中萬歷八年庚辰科狀元柄國時公尚未篤老而楚人無不以公爲兩陵祭酒甯不欲召致公哉公視之均弁髦也予故曰眞賢者哉或曰公固忘世士也乃予則謂不然謂隆慶之初元大有登進而與尚書獄劉尚書釆嘗薦天下材臣四而公兩與焉前是太宰胡公松而後太宰楊公博御史大夫葛公守禮皆公同年休休臣也相顧而稱奈何先黃景文公作景文者公字也業旦夕啓事上矣公聞之曰用吾身必先吾言乃草封事數千言上之大者濬漕河開互市均賦役節上供御將相遠姦佞與久任守令調停藩宗復新建伯封而先以抵楊太宰葛大夫相與計曰上悉之且叵測即上弗悉當塗之謂何因沮弗上而用公意亦緩

公歎曰已矣吾固知非二子所能慮也始絕口不復言世事而課其子若孫習經術俾起家由此觀之忘世非耶公於將相大臣喜稱郭汾陽於隱逸喜稱陶元亮邵堯夫於文喜稱韓退之而所自構撰文若詩則間有類東方曼倩李太白者於後進推耿中丞定向中丞後公二十年而按部漢中聞其士民謳思公若新歸而造公里談必移日歸必歎曰公豈三代以下人耶公以萬歷己卯八月卒逾旬而孫圖舉於省爲第一人又四年而手具公事狀累萬言益以耿中丞所論者而謁予俾志墓道之石公諱卷嘗感其先武益保障勳而署其號曰萬巖所以志也得壽七十有五年與配武相莊至老無他婢媵生七子余以萬歷初觀察楚監試事三月還去亡何持節撫楚之西北邊去公鄉遠第能一識公之姓名爲賢者而不盡究又弗獲推轂公今者得之中丞之論著覈而圖狀詳爲誌而銘之銘曰生世七十有五年用十而三歸勝之焉舍我者我終舍者天天欲完之人曷能權鴻既冥空龍或在田逸民良臣莫公敢詮總而歸之曰賢（縣志）

周魯山先生墓誌銘　太倉王世貞撰

周之先不及考也考自元末而有受七公者從饒之鄱陽徙於黃遂爲黃麻城人受七公生希孟希孟公有三子次子仲樾以子河南道監察御史鑑貴封如其官鑑之爲御史也雪閻左寃抗論輔臣之首循直聲振天下仕至山東按察使有子洙爲儀隴令以子山西道監察御史廷徵貴封亦如其官

廷徵爲都御史與中貴永辨甯夏功强出爲江西按察副史廷徵有三子都轉運使載西安同知戴季則今魯山公也魯山公之謝郟事歸無何而以大鴻臚卿宏祖官廣東道監察御史最封如其官周氏六世相承而稱六御史其三實爲御史皆能以其最滿考而三皆生受封天下之搢紳世家豔名之以爲難及而魯山公之自太學補吏部選人而得郟也鴻臚則已成進士司理吉安大呼而謂曰咄嗟余所慕者於古得范文正遹乃得劉忠宣所願爲執鞭而今困一丞弗振矣勉之哉汝尚可以爲吾所爲鴻臚頓首受教既而曰志伊尹者何人也吾奈何遽自棄遂之郟甫月餘而巨盗百餘晝劫王兵馬掠其帑報至令膽奪不能語公前請曰令惟守藏當

第以兵授丞丞任獲之遂疾馳行劫所而中道悉具精鋭百人畀一裨校曰賊必從某道出走某道是皆負重可徒手縛也遇而巽愞不擊罪在汝賊從他道逸罪在我既發而身從老弱張旗鼓尾而脇之賊果負重走某道伏發皆就擒可七十餘人兵巡僉事林騰蛟聞而激賞之曰孰謂丞一書生而不堪大將耶無何令病死遂檄公攝令令事秩秩新安而分宜相之私人鄖中丞者不解臺務而理天下鹽法以挾重故哃喝諸御史諸御史盡莩靡郡邑無不篚金奉少者猶數百金在任郟吏以所見聞請公歎曰丞惟一身有婦耳何所得數百金第令供餼腆潔而無帷幄僮僕之飾鄖至大失望乃出二故篋付尉緘之公曰此欲借以爲名耳陰備二新篋以

俟尉入而以所緘二故篋見鄖大怒蹴而破之使呼公入盛氣謂曰丞無耳耶不知我當亦知御史吾奔走吏也而敢傳客遇我即儆篋之不能新而使委臺牘於草莽公陽謝曰嚮者不以屬丞丞飭新篋二不敢遽獻遂巡二篋入鄖顧視篋則新也而中枵然愈失望然無以難之笞尉二十而去於是林公聞之益激賞之曰吾屬州邑長三十也而僅一周丞男子何寡也當是時不篚金者公與林二人耳林以名御史失分宜意出補持風采益峻即青綬而下不敢望一顔色而其禮遇公若眞令愛公甚於昆弟臥病且死後事悉以屬公曰吾不欲死齷齪吏手也公自是賢聲愈藉藉會令至遂改攝宜陽令已攝盧氏已又攝鞏公治鞏之旬日行獄得一老吏

當戍者洗沐飲食之曰以一邑大事報我我能寬若老吏叩頭曰左藏篚金三千無知者請爲公壽公乃召三博士同入藏閱之得金具以白諸司後治鞏復得左藏中羨金五百蓋大家與吏謀將入橐者亦以白諸司後先充縣官用時張莊僖公景明撫汴具其事獎公且謂公實心實政云其最後攝宜陽而郟令復闕郟父老泣請於監司曰周丞故吾丞也奈何不以惠郟而惠宜陽宜陽父老持不可曰今幸宜陽有之奈何復奪而郟監司謂郟父老直遷公郟郟賦繁而故有荒額二千石當蠲第悉以遺薦紳大夫及博士弟子司府椽吏之豪有力者民代完額困公廉得其狀乃密以白後兵巡趙公請悉歸之寢邱趙公大喜還語郟父老益大喜而諸薦紳

大夫及豪有力者爭哰趙公迫則曰周丞爲之我不與也議自是格公乃浩然歎曰天乎令林公在直反掌耳遂投劾歸郟父老哭擁車致不得前公之歸麻城也郟父老歲候公誕以車載棗柹酒麵造公而壽焉公戲謂余故不負丞丞今者乃益不負余始公生二歲而江西公捐館尋二母相繼歿公起孤童自樹立由諸生涉太學上舍有經術聲試順天不利而後棄之居恒痛不獲識江西公見都運及西安二兄猶公也所以事之約略如事江西公終其身無違色所與宗戚丈人行者事之小者弟之吏小者子之材者拔之急則左之難甚於己尤愼然諾敦氣誼一諾斷金即生死亡易其孤嫠若歸矣善決策成敗嘉靖中郭翊公勛得幸上貴甚里人有欲

借而得官者公時尚少爲度之曰翊公固材而驕上欲自操
太阿柄奈何狎而弄之夫以驕臣事英主未有能久者也其
人至國門而翊公敗公好稱說直節士嘗得楊忠愍公繼盛
論分宜相疏手錄置袖中時時取讀之經歲其文悉磨滅至
老猶能擊節朗誦一字不遺鴻臚公之爲御史視南畿學其
轉副使視福建學而其謫也實以御史時論新鄭相見中故
歸而請罪膝下公笑曰若高祖持首輔循祖父抗中貴丞吾
憾不得身親覩之今幸覩汝且汝非坐私譴謫何罪也第吾
所用望汝以文正忠宣二公者殊未既也勉之其後仲子宏
綸以進士爲起部郎文學議論有曹署間聲以欲論諍江陵
相失具草將上而爲忌者中謫歸而亦請罪門下公復笑曰

若能如若祖如若兄何憾幾事不密則害成愼旃哉汝從汝
兄而趣文正忠宣者猶有地也今姑就我旦夕耳蓋起部侍
公之三月而公屬疾卒距其得謝郯事餘二十年絕跡不入
城市於俗儀酬酢多所簡略惟弔喪問疾則不廢卑幼春秋
祭掃家壠則不避風雨故工爲詩其警語有云晨林弄秋色
微雨落輕寒以爲何必滅柳常侍晩好習養生誦岐黃之書
而悅之遂廢詩曰奈何劌吾方寸共筆硯也謂鴻臚起部此
事亦付汝曹矣公諱鉞字汝成娶於汪累封太安人有婦德
先公卒丈夫子四宏祖宏綸宏袷皆汪出太學生宏袗貳王
出孫男八女三卒壽七十有三葬某所鴻臚與吾弟懋同年
又嘗董吾畿學政而爲司馬請卹也則時時稱神交矣起部

之以文字知尤久鴻臚乃銜卹具事狀授書走起部三千里
而乞誌銘嗟乎余安敢辭獨念公有子而貴稱封公以老壽
死無可憾矣所少可憾者縣官以格持公露公之穎而不盡
出之也雖然公之丞郯其人不言令而言丞歸麻城其人不
遠千里而壽公於麻城里亦安能限公哉銘曰直臣之子直
臣之父公於其間不愧仰俯出爲循吏歸爲鄉先生尸而祝
之誰云不應噫嘻不泯者銘名公名者銘　縣志

梅少司馬神道碑　福清葉向高撰

神宗皇帝在位二十年文武恬熙北寇貢市邊塞人不知兵
壬辰春二月甯夏鎮將哱拜子承恩劉東暘等殺巡撫黨馨
據城以叛攻下四十餘堡許朝土文秀辮髮改服分道句寇

寇數犯玉泉花馬閒約五六月大舉應賊中朝大震議緩師
招撫以苟不用兵爲貴梅公爲監察御史昌言於朝以謂賊
勢已成畜謀已久遷延一日則禍深一日外句大寇內引叛
人聲勢愈大風聞愈遠脅從愈衆人心愈疑爲今之計非力
勦無以定禍亂非詔赦無以攜黨與非特遣無以重事權非
破格無以庸豪傑非便宜無以中事機非重賞無以作士氣
甯遠伯李成梁父子威名素著諸子家丁驍勇慣戰哱賊降
人雜類出入邊徼心輕中國獨憚李氏耳請以西事委成梁
擇文臣知兵者監其軍天威旣臨不敢四出魚游釜中勢必
自亂附近營路恃以無恐他方觀望憚而自戢失此不圖臣
不知其所終也神廟深以爲然朝議方憚兵又憂李氏跋扈

不宜假以兵柄衆懼恂恂給事中王德完遑遽自列曰臣所請收錄豪傑非謂李氏也異時有變幾得無連坐公歎曰人臣謀國不忠一至於此乎復抗疏極論中朝果疑李氏當在遼東握兵之時不在廢閒罷鎮之日李氏即有異志亦在危疑不安之時不在明主洞察之後伏望陛下斷自宸衷可疑即別爲調遣可信即立加委任臣願與成梁馳赴甯夏同心討賊賊知歸命則臣爲陛下之使奉揚恩赦以安反側負固不服則臣爲陛下之將披堅執銳爲士卒先事平之日臣即日還朝止求自明不敢言功若其不捷軍法具在不敢以臣之罪貽累他人也上以成梁老姑徐行命公監其子如松軍以往公初謂總督魏學曾遲頓玩寇意殊薄之繇紅山渡河

不與相見久之乃知其忠誠爲國傾心相信誓以共死甘肅巡撫葉夢熊自請討賊駐師靈州思掩學曾功代其位而忌其倚公以辦賊也飛謀釣謗閒阻百出公既受事而西事益難言矣六月公自領精騎二百與如松分兩軍壓城而陣公跨馬督戰礮碎公從騎弗爲動諸將咸顧望不力焚南樓取火箭弗應城中射帖約內應匿弗報賊磔之城上公憤盈上疏自劾言諸將用兵不及兒戲從前報功盡屬欺罔臣身先士卒激使僇力同心以報陛下不能協和而反致疑忌事至此臣不得不言臣有言人不得不恨請下臣於理若秋冬閒西事不大壞即斬臣都市以爲欺罔之戒上已先入夢熊蜚語得公疏震怒逮問學曾遂以夢熊代非公疏指也夢熊既

得代忌公滋甚監軍權輕無賜劍又奉屢旨申誡侵越公以忠赤風厲將士以敢死卒先行陣以老謀指授方略以誠心感動攜貳以機權籠駕狙詐諸將始而狎中而畏既而感激踴躍願爲公死夢熊見公豁達推置亦少安之旋而受縧鏇於公公所畫制賊之策三曰絕句寇曰攜脇從曰用水攻至是而其局大定鎮城三面阻水壅其北而決之賊將安往賊不能突出寇不能闖入是我以隄爲長圍也七月隄成凡千七百餘丈決水灌城城東西崩各百餘丈賊守陴者皆哭佯乞降堅守以待寇寇數萬騎從李剛堡渡河去鎮城三十里公夜舉火趣李如樟邀擊如松尾之遲明兩軍夾擊寇大敗繞賀蘭山遁去用木筏衝城舉寇首以示之曰此而所句著

力殫也賊絕望寇至梯城而下願見梅監軍面陳歸順拜承恩東暘及濠望拜而去許朝躍刃踰濠如將及公壯士張進諫欲前公眣止之披襟而與之語朝逡巡納刃屈膝下拜城上下礮石焰天鼓角殷地公神觀安閑進止自如咸咋指歎曰梅監軍眞天人也九月八日夜二鼓三人縋城來告賊以重陽入大城置酒南城可得也諸將莫敢信公曰往我任之及城諸將讓登總兵牛秉忠年七十賈勇而上公緣梯大呼老將軍先登矣乃畢登降人殺守者血流活活有聲公踞坐血嚐中籍記功次傳呼止殺男女然燈夾拜讙呼再生南城下賊據大城以守諜知賊黨攜貳遣南關民李登往閒哱氏殺劉許自贖會劉東暘先疑土文秀觿病誘殺之承恩殺許

朝畢邪氣並殺東暘城中解甲焚香以迎王師十六日鼇師而入不僇一人或說公盡殺降人以應封章公曰事定矣妄殺何爲馘劉許哼拜承恩以獻闕下括賊帑以補軍興籍降丁以實營伍此吾所以蕆西事而報天子也夢熊聞之乃自靈州馳至封賜劍下令盡誅降者承恩方從公出獵遂就縛拜闔室自焚軍士大掠骸骨撐拄金帛狼籍道路公即日樸被就道題詩驛亭長謠歎息而已東暘朝首級皆爇夢熊將函他首以獻使人示意於公公曰有一首可代其人喜而問公笑指其頸曰此是也遂不敢言公入朝據實奏報曰諸將可以欺臣臣不可以欺陛下也朝右皆右夢熊以首功論公陞太僕寺少卿遇邊撫推用廕一子錦衣衛百戶而諸將士

從公效死力者多不得敘嗟呼西夏之事難言也督師駐二百里外置酒高會遙制成敗監軍身在城下腰刀袴褶親受矢石成則督師總其功敗則監軍專其罪無閫外之事權有朝右之謠諑左枝右梧前顧後視不察眖眴不動聲氣陽就其籠挫陰墮其機牙王誅以成國體以全斯爲難之難矣明旨戒侵越也公奏疏曰人之侵權必有所爲或爲貪功或爲尊大或爲受享以臣爲貪功事定之日首敘督撫次及大將次及行閒之人監軍之官即自居其功欲何爲耶以臣爲尊大臣與士卒爲伍倉卒聞警躍馬疾馳將領效力則下拜而謝之士卒有謀則執手而問之可謂之好尊耶以臣爲受享日夕餔糜自買柴菜居處營中累土爲榻以蒲代瓦風雨時

至擁氈自藉木板爲几案瓦盆爲頮器夜無然燭引燎自炤可謂之受享耶臣所以奮不顧身甘冒賊鋒者蓋見人情時勢之難寧死於賊以明報主之心不死於讒反爲任事之戒臣之微軀誠何足惜恐豪傑之士見臣受禍皆懷明哲之思沮效用之氣非所以風示天下宏濟艱難也賊平之後抗疏爲舊督臣伸雪曰攘其位掩其功又欲殺其身乎吾願與魏同罪不願與葉同功不然他日何以見鬱衛之士乎南城之役與將士緣梯蹴踏右手傷大指血沁佩玦酒闌慷慨循玦而歎幸哉七尺無恙其不爲此指者幾希矣公之辭恩廕曰角巾歸里口不言功使天下後世知臣一念樸忠非有所爲則臣榮多矣公以一指覩一身以一身許君父雖通侯胙土

覩之如浮雲而貪功攘善之徒顧欲以腐鼠嚇之不已遠乎西事甫竣我師有東征之役兵絓禍結首尾七年而西陲晏然我得以一意東略公之功於是爲多天子心知公能有意大用明年陞都察院右僉都御史巡撫大同又五年陞兵部右侍郎總督宣府大同山西三鎮又三年以父喪解任歸未起而卒故吾謂萬歷中龐臣碩輔膺公扞城之臣以公爲首而公之得以成功者以神宗之明知之蚤而任之力也公諱國楨字客生湖廣麻城人大父諱吉宏治己未進士爲惠州太守有惠政夫婦皆百歲父諱汝觀母陳氏生六子兩世皆以公貴贈兵部右侍郎妣皆淑人公生四歲雄傑異凡兒十四補博士弟子二十六而舉於鄉再試落第挈家居長安長

安中戚里豪貴都市輕俠鄒魯文學燕趙奇節一旦盡出公下聞拉宿將健兒遨戲近畿貰酒呼盧走馬角射裋衣短褎長髯巨鼻望之如羽人劍客識者以爲郭元振張詠之儔也萬歷癸未與仲弟國樓同中進士國樓選爲庶吉士公知順天之固安縣刊落敎條蠲除贖鍰闊略餙便務得民和中官操豚蹄餉公請徵責於民公慍然烹豚置酒曰今日爲公了此中官大喜俄而牒追民至公奮髯怒罵趣鬻妻償貴人責出今日死杖下矣中官益喜少選戒吏僞遣人持金買民妻追與偕入公持金付中官叱僞買者挾媍去民夫媍不知也哀慟訣別中官亦慟不願得金公固不可曰小民償責誰不鬻妻子顧可令貴人折閱耶叱去益力中官與民夫婦參立

悲咽卒毀券而去其馭輋轂貴人多所操縱捭闔不名一端其大都如此公之母臥病國樓邸舍公自固安跨馬入省鄉人固止之公流涕曰吾豈以一官易吾母乎入侍湯藥者币月艮已而後去人亦無以難也暇日輒較射每就射所決訟錯落數語立遣去歲叐書奏上才三四通入覲乘駿馬插弓矢從蒼頭廬兒沿途射生逐兎箭聲叫空如餓鴟他邑令引車匿避問知爲公乃大驚其儻蕩闊達不拘細碎皆類此也公爲人奇偉變化權譎機警曉暢物情闇合兵法軍抵甯夏通賊法嚴城堡皆晝閉公大弛禁令軍中與民相貿易米鹽騰涌軍實不乏公曰吾平夏州惟此可以言功也初視師聞城頭礮聲地漾漾如乍雨著壓一將曰此礮所至也急牽公

避之公曰子母礮中必有母是礮皆子豈畢礮者不肯爲賊殺命使乎後果有內變南城下命急塞北門賊果從大城來攻不能奪角樓火發礮矢雨下公曰無恐我軍誤爇火藥耳許朝能賺我死乎已而果然我軍疾攻大城賊縛南城人娄子親戚賓長竿上居民皆痛哭公使人傳呼曰監軍已往取許朝之妻劉東暘之母矣賊遂解縛南城始安公在雲中某王方款塞一以安靜御之一日忽大出獵縣令闗揚諫曰秋成多損稼公弗爲止後數日得寇謀寇欲大入以有備中止揚乃服扯酋遣人送精鐵數十觔曰塞外某山忽產此公笑受之命工製爲劍銘曰順義及某來市求鐵鑊公禁諸邊弗與出劍示之曰前者某王遺鐵中國所未有爾何用此頑鐵

爲也寇衆大譁歸怨扯酋扯酋詗詘遣人首服謝罪公曰我以至誠待爾無爲也仍與之鑊王畢邪氣者寇中知文法爲閒者也同諸部來見公謾之曰汝非王畢邪氣也何得僞來王叩頭自陳非僞公笑曰人言汝爲閒寇中我久礪斧鑽以待汝汝故馴謹如此幾令我誤殺好人王叩頭感泣自是輒輸寇情以告公以恩信待寇時其撫賞恤其凶饑每延見寇酋傳呼聲誓尊嚴若神已而離立偶語娓娓如家人寇爭獻嘗所服毳裘以明身侍公側亦請公冠服歸襲而拜之曰猶見我公也他鎮寇聞公名皆呼大人延鎮帥挑釁禊兒殺其講事八十三人寇大入殺掠延撫王用賓媾之不聽曰必得梅大人言爲信公命使至遂立解其爲諸寇敬信如此公在

兩鎮弓矢皆親督製寇中號曰梅弓梅矢每燕會以寒具爲的與賓僚共射召諸將較獵不及者罰大觥比耦而射易器而飲弗問也張進諫者萊人也力能碎鐵石執槊不去左右每變服夜巡城壘暗中遥辨人影必進諫也公死進諫哭曰進諫自今無死所矣未幾亦死總兵張臣道經固安公致餼加禮張異而致問公曰棒槌崖之捷殺寇數千人我物色公久矣張拜伏大哭曰某血戰一生受文吏抑沒今願爲公死矣公之能知人得士奔走豪傑非偶然也溫陵李卓吾通人也好談王霸大略西事起歎曰天下之兵始矣既而曰客生往矣必能辦賊公呼公安袁中道爲小友中道客長安以學道求友爲言公遺書曰貫城之旁有日中之市焉雖無奇瑰

異物而抱所欲者各恣取以去求友亦若是耳顯靈公古柏婆娑委地作虬龍形東便門外柰子花如錦幄可容二十許人晉陽庵有唐鑄觀音像沙窩井水葛道士毬順城門老中官射此余十年所得友也公儻欲之便以相贈袁嘗語余海內有偉人二一爲公一爲通州顧司馬養謙而惜余之皆不及見也萬歷三十三年五月十五日公卒於正寢享年六十有四訃聞贈官賜葬如彝典於原廕加一級世襲某年某月甲子葬於白畈之原公之配劉氏封淑人生男浩然早卒女六人長女爲大金吾太子太傅劉僑母四女適吏部尚書李長庚側室亦劉氏生次男之煩一名嗣勳公沒十餘年猶子之煥繇諫垣歷邊撫功名志節赫奕相望之煥道公行事爲詳又言之煩之稱爲公子也之煩書來請曰先公橫身許國勞深賞薄進不爭功退不言祿先公之志也夫復何憾惟是夏州之役先公曰隄水葉曰填土先公曰急攻葉曰緩師先公冒死以戡亂葉坐制而殺降截大寇下南城鹹羣賊皆出先公隻手葉無一焉而萬歷稗史記三大征者見聞單薄援据錯互舉艱危者定之績胥歸悲閒害成之人如信史何如國論何且夫先公既口不言功而敘功之典遂因而欺枉先次無功者乘軒而世賞血戰者負戟而長歎功罪倒置豪傑解體至今疆場之上有朝廷負人之歎在此役也先公墓木拱矣有麗牲之石在惟夫子哀而賜之銘所以表國功正穢史修廢典胥於是乎在夫子其無辭余曰諾乃敘而銘焉銘

曰神廟初年四海乂安風清浪偃如海安瀾西陲雜種負嵎爲災魚蝦跳擲海水羣飛皇曰往哉汝監軍事戎服督師惟汝之志堂堂梅公矯矯如龍星馳城下決策軍中師圍敵烏寇援絕蜑長隄雍河賊在釜底狠搏豺吞交口并囓整兵頓馬我刃不血奏囊橫飛血指沁漉手提銀夏以還九服錫盾雕戈鈴析萬里名王入侍窮廬外徙於皇神廟德侔蒼灝擾畜羣龍在我池沼養其頭角資以雨雲俾舒鱗爪以蕩祲氛譬彼驕人天吳罔象鼓舞相磓不越沆瀣清廟有頌麟閣卽圖邈矣神廟遠猷訏謨河山有窮碑石不改梅公如龍神廟如海　縣志

李家庵石刻

華亭董其昌爲邑人李長庚題隱庵二字 縣志

鴈臺石刻

釋道一修煉處石塔上大同二字梅中丞之煥書又山間一石甚穹窿上有道一書無生處三字係飛白體皆鮮縟翌而熟視愈明最上爲白臯峯石壁間有獨峯禪室傍鐫龍田董子書左清風石右明月石字殊蒼秀今俱存 縣志

蔣侯育士德政碑

在縣治萬歷間立邑人劉鍾英撰 縣志

興福寺碑

在五龍山邑人劉鍾英撰李長庚書天啓六年丙寅四月立 縣志

蔣侯修學碑知縣蔣煜立

昔范延貴押兵過金楚張中縣□天使□路來見者□□□□□□□□□知之則首舉橋道甃並修葺以對□□□同薦拔朝□□見其子惠亭□□□□□□□□□使治豈無人於此者而□名臣往往□此卜流査則□也大凡天下之所以□治督□□□□□□傳舍其官故以傳舍視□無之而□傳舍也不以傳舍視之又無之而爲傳舍也第奉□□□□□忽者而大者皆可推□文忠嗚□□記足以觀□□見□□學宮巖巖□□多□□□□□之中庭草淒□梅花□□無翰□□□先聖□天之□□□興賢造士之門而□□□此又得以賁文□□之色而騰□辟之光此□傳□□□者之□□□□邑聖殿齋宇以及名宦鄉賢等□自大父母蔣君□在□而□□□□□新其愷悌□人□遇諸□以禮而□之以□之□□□□□以文而董正□以行雖□儒□□其甲乙評題亦無不精詳□愼從來所未有也始□□□□□其餘特昇□中之一□耳□以□之諸名臣當恨古人不見我今君侯方輯玉五雲歌湛露之□□□□□□此□□涵宥於此□□其遺愛則無□□□□□□服官亦無傳舍乃□□□古名臣之相□者是則是效庶不負君侯作人盛心乎若□□□□□□□□□□□□□□□□□一何足□報也侯誌□别□□□南吳之武進人也□□□崇禎六年癸酉歲小春月初之□□ 縣志

國朝

修儒學記碑

在大成門西順治十七年知縣王潞立邑人嘉定知縣曹允昌撰湖廣按察司僉事王發祥勒石 縣志

于清端紀功碑

康熙二十二年東山之亂既平于清端公成龍於麻城縣龍潭衝石壁勒石以紀云龜峯以平龍潭以清既耕既種萬世永甯 縣志

岐亭郡丞王公戡亂碑康熙二十七年冬月立黄岡禮部侍郎王封濚撰

戊辰秋仲之杪吾楚黄人士來自里門傳郡丞王公祖守岐

實蹟欲以余言壽貞珉予忝銓衡重任自當爲
國家紀守土之勞臣更喜爲桑梓揚保民之良吏奚敢以不文
辭竊自吳越蕩平來越十年所矣父老與子弟耳不聞鼓鼙
之聲目不覩旌旗之色雞犬桑麻晏如也疇意今歲夏五會
城兵叛武漢諸官領不戰而潰沿暨黃德兩郡縣亦多聞風
遠竄僞員逆弁布列肆行更有狂憒昏迷之徒投附逆黨毒
痡慘烈蕩搖我疆土俘掠我蒸黎冠履倒置不復有
朝廷法紀嗚呼此小醜耳何遂滋蔓至斯哉抑亦守土之官吏
鮮鎮定撫輯之策以甯外患而固吾圉也岐亭一鎮爲楚黃
東北關津重地岡麻安陂四邑交壤當逆焰轟播所在士民
不能無疑畏惟王公祖端然坐理神色不撓集諸紳衿耆老

暨四門地甲庭諭而矢之曰我
國家八埏寥闊萬國傾心嚮化爾等所知也我
國家六師精銳百戰摧陷廓清亦爾等所知也蠢茲跳梁羣逆
直釜中物耳爾等亟修葺城垣儲備器械且伊眷屬室廬咸
在焉務堅意協力捍禦勿貳若我職在守土惟與此城俱存
亡耳羣應曰唯唯爰是四門各揀設紳衿統率烟甲晝夜巡
防咸無懼葸城中窘之者給以家口之粟且授以捍禦之方
人懷鬬志勇氣百倍越數日賊魁張漢一統叛衆雲集擁騎
樹纛揚幟揮戈負雲梯持飛礮直抵城下窺覘岐鎮彈丸妄
意開門揖降如取如攜耳城堞之戈矛林立樓櫓之火器山
積公督率巡守不遑食寢者三晝夜俄而公發姦擿伏擒爲

賊閒諜者十餘人訊知約期舉火爲號賊卽乘隙攻取追數
輩就戮而賊失所恃知無懈可擊公又用以賊退賊之計而
賊果宵遁尙思糾集烏合出其不意而眈眈之視猶未已也
公復策騎出巡於附近砦堡團練聯絡賊遂不敢再至城下
尤嚴爲防守以待王師憶自會城變起倉卒武漢黃德各郡
縣或賊至而失守或賊未至而先逃乃岐亭蕞爾一城非有
峻壁深池可以設險也郡丞文職一官非能披堅執銳可以
卽戎也獨以衆志成城倡義拒敵俾近城百里內外不受叛
黨荼毒非我公之文經武緯曷克臻此未幾而大師奄至賊
衆敗降元逆夏逢龍狼狽走白雲堡被我公所立練長縛送
軍前以正顯戮古人云運籌帷幄決勝千里者我公眞無遺

策也今士氓咸靖亂深恩祕之於心形之於口而欲頻觸之
於目因咸相告語曰時事羹沸四方動搖我岐之築場納稼
咸得樂樂利利者伊誰之賜耶且被賊蹂躪諸地不無顚連
毀折我岐之安堵無虞置師行於不問者伊誰之功耶乃我
公謙讓未遑歸功
朝廷僉謂
朝廷福庇何獨私於一岐公又歸之紳士百姓僉謂吾儕雖和
輯禦侮非有得道多助者爲主持其誰發縱指麾以壯敵愾
乎遂拜手颺言曰不矜者天下莫與爭能不伐者天下莫與
爭功愼固封守拒敵退寇自當歸之我公於是衆皆稱善且
懽忭踴躍請登淮西一片石辭曰妖氛煽楚變起何陡驅騁

岐陽誰爲固守烈烈王公勇裕義有不與時移不爲勢操賑貧憐勞恩同慈母捍亂擒姦民安賊走功首綸褒頌傳輿口萬世奇勳永垂不朽公諱民皡號熙圃江西臨川人縣志

鳳凰巖石刻

乾隆三年三原王樸署縣事勘驗龍塘水案經過巖下仰視怡然命工刻翠峯凝秀四字於石縣志

橫翠樓詩石刻

在萬松書院乾隆辛亥欽州馮敏昌題縣志

黃州府志卷之三十八終

黃州府志卷之三十九

黃州府知府英 啟纂輯

藝文志

金石下

黃安縣

宋

天臺山摩崖碑在縣北八十里

石壁勒文剝蝕難辨明萬歷開邑人耿尚書定向同汪別駕廷美遊焉掃苔滌壁辨其十之六七縣志

勘會端平初襄漢淮西爲兵擾亂丁酉歲浮光失守民無所歸彼時奮發忠赤欲立砦安眾而難得地利獨此山鼎峙形

勢險峻四面如壁止通一人往來石竅泉湧冬夏不絕傳聞古人守之以無虞遂集眾在上創砦缺備器械大勢連月攻打莫敢近傍由是光信殘破之民擁堡來依屯聚十萬眾果能全活戊戌丞相史嵩之都督荆湖孟珙制置差官旌賞請總眾防扞江西授命加職連歲捍守獲捷淳祐三年義陽李太守知黃州麻城民戶復業檢校本職先守茲砦有功遂檢再往經理九村捍禦五關自入砦究心措置收拾草莽開逃難者於江南乃載種分布耕養每年敵犯境剿殺敗退前後擒大頭目回回漢子無數缺都制楊將軍芮御帶鄭大社提舉黃州守備申明首賞缺陞推委令提督白石黑石三角山木蘭洞獅子巖王缺峯德勝長興齊安十砦一民無遺况所

都部將士皆是隨棗光信安豐之民數載久擾誓欲掃除以缺閂道聚龍興缺開龍井造聖殿缺凡與同盟頗立勞效曲求委薦圖立大功亦可爲今日之大義則一時之盛事也可不勒石以紀其名使後人知之不沒世哉皇宋淳祐戊申五月旦日黃州缺元義民總黃陂縣提督光黃諸山砦本山駐劄缺胡大興刻石司帳前統制余缺

此卽耿尚書天臺山記所云息緣門左右壁鑱宋端平時事者也息緣之名乃尚書萬歷甲戌所題非舊有此名也丁酉歲淨光失守係嘉熙元年事見宋史理宗紀及元史太宗紀史嵩之都督荆湖孟珙制置係嘉熙二年事其勒石則淳祐之八年也尚書未及詳考但以爲紀端平時事而名勝志因之遂以此爲端平所鐫胥失之矣金石存佚考

了心關石刻在天臺山

照得北兵自紹定壬辰侵犯荆湖入淮西殺戮生民擄掠牛馬至於乙未丙申荆襄失守連年侵入淮西有比近光州光山縣第三都水吉保操正將本部民修開小臺山石門以防阨老小牲畜北兵數攻不利退衂而去時歲次丁酉嘉熙元年八月終記正統轄官潘校尉

案宋史理宗紀端平三年二月元兵攻江陵三月襄陽北軍主將王旻李淵伯焚城郭倉庫相繼降北此云荆襄失守正其時事小臺山石門卽耿尚書天臺山記所云兩山聯互屏立從東北者無竇可入蓋宋嘉熙間刊通以便淮蔡之避兵者今兩石柱立於門周思久子徵題曰了心關是也金石存佚考

秦氏義田記碑　永新龍仁夫撰

秦麻城甲族秦之著曰夢弼字朝卿以其家產顛末示予予忻然援筆誌之朝卿之言曰秦故是邦士著六世祖諱執中執中之子五希申希孟希旦之世微且滅存者希尹希仁希尹之子諱楠吾曾祖也家陡埠河之南俗曰河南秦希仁之子四諱楷椅概櫹吾從曾祖也家陡埠河之東俗曰河東秦楠之子三諱克勤克儉克家勤儉之子又微且滅存者家之子國柱吾先君也與伯季父國棟國材云卿爲四椅概之世又微且滅存者楷之子從龍生瓊櫹之子震龍生斌斌瓊皆從季父於是秦之系者七焉方朔南瓜裂邑爲兵衝居是閒者如懸幕燕如蛛螯浮空中猝風驚霆掃潰不可支烽烟且騰弱妻稚子道棄捐相望何暇及其先人田宅耶吾河南東家錯居江左生殖塵塵宛然先疇世業荆棘尢尢狐狖穿穴喟無可如何至元丁丑邑復爲人境先君呼夢弼命之曰麻城田庶幾可復遂與季父瓊翦荆棘驅狐狖一一物色然後田之故粗可尋又十二年戊子以田之開墾者疇若干自列於大司農且案質劑之舊列豪之吞并者若干愬於郡及縣竭蹶累年然後復又二十八年延祐乙卯有旨淮民自實田則丞頃之荒熟凡七千頃有二實於官者於是昔之復者然後定嗚呼勤哉則相謀曰吾祖自宋紹興乾道迄今三百載陵遷谷夷薄少幸無恙語有之百足之蟲不僵百尺之柯不

摧奈何孿忿觸意行道之人自為坐取王承福輩嗤笑哉顧錯居不可合則以是七千頃者仍祖籍以衆扶樹之視歲之上下口之多寡而均其廪若縣官賦入供億百需則别峙貯千餘石於所謂新安倉以俟而族之能者遞掌之又别峙三千石為義塾以教族之子弟至婚姻喪葬春秋坵壟之祀各有經念欲垂誡其後蕲一言焉予謂古先聖王敦人綱秩天紀五宗九族之制彬彬焉德降且衰乃有親兄弟爭錢物相魚肉如太史公所謂使人鼻酸雖然彼云云者直猰貐鴟梟之流耳若太山張公蘂與近世九江之陳金谿之陸一門風義炫赫簡編獨非人耶泰之不得如昔人勢也乃其意則昔人之遺也雖然吾何以為朝卿贊請贊二言焉曰公曰忍予

嘗過蘇天平范文正家塋域在焉予讀義田碑約蓋族之長者賢者持其歲之出入而不得擅其會計文正子孫得董其會計而不得親田之出入范數百口賴以不飢寒至今非以其公耶若公蘂書百餘字以進於唐高宗者非忍耶夫敗俗傷敎之流未有不激於私而成於忿若予之二言將天壤無弊可也嗟乎泰氏子孫其毋替斯言哉縣志

元

河橋斷碣在縣王氏祠

碣凡六面其一面刻修河橋一所以通行者其一面刻元提領王也先不花題餘四面漫漶不可辨縣志

明

巽山應侯去思碑邑人耿定向撰

余邑黄安故黄岡麻城黄陂之裔疆也始自嘉靖癸亥令四易而民鮮愛徵蓋經屯慮始自古難之矣今天子篤意元元敷飭吏治而撫臺汝泉趙公祇命詢楚瘼余邑為尤計非卓茂材不可維時侯尹羅山甫期而聲稱藉甚趙汝人也習侯治行特疏請改令吾邑侯至諗我民疾苦所先亟創條鞭法省諸不經費無慮數千金民乃蘇語具余所譔邑賦役碑中顧侯所以能令我民頌思無斁者不獨此先是諸君侯以邑草創遇鄉人士多剋廉隅侯肅然秉公臨之右家豪族不敢以贄通酒食袵車騎蓋始知有官府之崇然由此益自兢兢於當世之憲終侯之任無有註累訟牒者乃巖壑清修士侯

每折節式廬焉而尤好崇奬節義惟恐湮沕寘者優以粟帛或置田贍之學宮初建秩祀往不虔胥吏每乾沒其祭供而故移以厲民侯恚曰邑之大事在祀厲民以祀非所以康夫子也誦法之謂何爰庀殿廡庖湢每修祀必豫戒而俎豆始秩秩有儀矣俗尚信鬼多竭貲以豐祠祀侯曰此民貧之因乎乃懸重禁始息邑諸生故樸曾少文侯裒然權權以陳其趣覩諸敝衣決履者輒斥俸助之乃約束又不少借也由是諸生咸斤斤自飭如侯指侯又不以政成自多事上謹遇同官洫洫不存城府乃事關民隱必引義固爭不依回往司府大猾素狎我邑時迂道來魚肉我民侯悉裁之自是相戒勿敢道黄安矣邑城堙故卑不足恃侯檢餘帑升之高六尺許

役不踰旬民不知費所出又出資飭黌宮前繼卜漏澤地葺諸壇壝公署咸以時役民民忘勞焉侯出冠族乃約己不殊寒畯公暇課僕灌園自給訟者片楮勿罰貴賓過廚傳咸自主辦至入覲挈家貲爲道里費不忍以錙銖厲我民云居四載擢廷評去尋晉秋官大夫余爲建生祠記其事余惟侯之遇士紳也若嚴父嫺於義方而不溺其遇上暨同官也若師友無犯而無隱也其崇禮樂善也若嗜飴其興事建業也若理家其視身也若貞女而其燠咻我民也則若保母矣則夫侯之去也而民胥懷去之久也而民滋懷有以哉余茲記貽來者蓋藉侯爲杓非直爲侯記也侯名存初字復之淅台之仙居人大司寇春庵先生冢子也仲若叔皆時名賢其家學所漸從來矣縣志

樵洞二大字石刻

在縣東南二十里秣陵焦竑書縣志

國朝

雙泉堂記碑在縣治九河劉承啓撰

余涖任三月重建二堂乃掘地得泉焉豈誠瑞應耶抑或以示儆也蓋人有五性之德與地脈井泉流行不息之理一也嘗讀易至井之象曰木上有水井君子以勞民勸相言有牧民之責者勞之不已從而勸之勸之不已又從而相之能勞民勸相則民德可新父子有親君臣有義夫婦有別長幼有序朋友有信往來用之井井不窮矣故井之九五井冽寒泉食言井養之德具而井養之功行也上六井收勿幕有孚元吉言恩澤及人而井養之功成也雖然余何能大成井養之功惟因泉而甃井甃井以蓄泉固兢兢惟羸其瓶之是懼特記而鐫諸石以自儆云縣志

羅田縣

漢

王會題石

在石柱山之西地名香鑪石舊志謂石上有後漢閒中王會書今漫漶不可識縣志

宋

建炎殘碑

在鳳凰關外碑字漫漶僅建炎元年戶部尚書丁未進士十二字可辨縣志

玉虹泉石刻

在縣東五十里字畫遒勁鑱鐫深朗近爲湍流漱齧字痕剝蝕僅有存者

何錫汝縣志作王姓紹興閒人詩云百尺雲巖佛閣前晚鐘疏葉思悠然岸邊酌酒和清露石上題詩染翠煙牛嶺泉鳴通古澗數峯秋盡隔寒川西風似欲吹人起去逐騎鯨汗漫仙金石存佚考

雪巖山石刻

在縣治東五十八里淳熙閒蘄春郡北南陵霍佑奉檄勸賑

偕邑令詹魯山遊此立有石碣縣志

元

吳孝子墓碑

在獨尊山麓皇慶元年孟春月翰林待制奉議大夫兼國史院編修官彭寅亮撰集賢殿學士朝列大夫行國子監祭酒鄧文原書翰林學士資德大夫知制誥兼修國史曹郁篆額縣志

樂道菴石刻

在縣西平湖勝人堂後石上橫鐫盤隱二大字中直鐫朱公盤隱先生樂道菴九字左鐫大元至正元年右鐫辛巳歲吉日立左旁鐫字三行大半剝落只存悠然往古心相遠雲空林我亦歸田翁願結十七字末一行存進士令尹臨允登題數字餘不能辨縣志

明

劉將軍墓碑翰林院典簿朱善撰

洪武十年八月癸亥皇帝御奉天門時有永平衛指揮僉事劉廣陛辭歸葬其父應春皇帝乃曰朕以武功開天下凡將士建立奇功者於其祖父母父母必有褒贈之典以爵冥冥者也今廣旣奉喪歸葬宜加碑銘之庶不負忠臣之勞特命臣善述辭以銘之臣善拜首稽首謹譔云案劉氏譜系出自陶唐所從來遠矣其世居蘄州羅田縣者廣之族也廣祖慶父應春皆服田力穡克勤克儉鄉里稱善人焉應春後以兵

亂徙六安因家焉廣自兵興卽以軍士屬宣陵侯曹良臣麾下臨事不避難以勤謹見信任歲甲辰奉旨職千戶守廬州歲丁未從攻湖州克之移守太倉復調征蘇州率所部摧堅破銳數獻俘馘張氏之敗廣與有力焉隨大將軍下中原於是拔益都定濟南平東昌克棣州河北之民扶攜而至迎軍汴梁從宋國公馮勝取潼關再息兵於汴七月從大將軍渡河取衞輝降彰德八月至燕都敵軍北遁遂破永平大軍席捲長虹疾驅勢若風雷不數月間山東西關內外悉皆定矣凱旋命守通州與元相也速戰勝之復從右副將軍趙元上都復守西山從副將援大同與元將軍脫里伯等戰有功轉戰定西勝之已而凱旋命守通州焉洪武四年歲辛亥聖天子以廣積功累勞宜加陞擢乃命以宣武將軍永平衞指揮僉事在職七年戢綏邊境軍民安堵上甚嘉之十年春三月父應春以疾終於六安訃至廣衰絰哭泣袒踊哀動僚屬本衞爲請於朝其意未達上聞而乃元將驢兒以兵潛入永平界內將斥堠者擒去邊報旣至上乃聞之星夜馳驛永平命廣率兵前去追捕廣聞上命至釋喪服披甲胄率精兵步騎千人兼程並進抵所在俘彼州主而歸旣還已三日矣其敵將遣騎千數追急將近廣待彼來於是伏銳士於崎嶇草莽閒廣數騎緩行其追者見兵甚少直趨而前廣遂勒兵與戰伏兵四起於是俘敵將平章欽察歹右丞阿木改帖木歹兒參政蠻子等共十六人再戰復生擒平章安童首目人等共

餘獲到戰騎軍民大勝而[illegible]捷音上聞乃詔入朝遂以八月某日至京師陛辭之日賜[illegible]帛二百緡俾歸葬焉應春以某年某月某日生以某年某月日歿享年七十有四以子廣功封宣武將軍指揮僉事母汪氏以某年某月日生以某年某月日歿享年四十有五以子廣功追封德人應春父慶享年八十有三母湯氏享年八十有四應春獨生廣乘風雲之會際日月之光克顯其先世之隂功豈偶然哉廣祖父母及母皆葬羅田今又復奉父柩自六安歸葬先人之側其亦可謂能子也謹奉敕爲之銘銘曰家之豐惟子之功永世無窮家之貴惟子之力永世無斁錫子之厚封爵之榮視玆銘刻於以勸忠縣志

瓊州太守程瑩墓誌銘瓊山邱濬撰

余奉命視學金陵楚庠生程謨捧狀來謁曰先祖守瓊州卒於任奉遺骸歸故里尚殯淺土今卜期以葬誌銘缺焉希一言以光潛德予聞之不勝涕泣憶予弱冠時初識文理汗顔入試公以遠大期予拔第一得補博士弟子員且愍予貧所以資給而玉成者靡弗至今謨來請銘予其敢辭案狀公諱瑩字汝㫫號伯玉派出古歙太原元譚之後與忠莊公豐兩夫子同源及綸登進士總制軍事會元兵機泄避兵於羅其子道列卜居於羅東之汪家山遂籍焉傳祥卿均用兩世皆不仕祖廷佐爲邑諸生父志剛洪武時由鄉科任行人司正以直諫謫遼吏目母胡氏初封安人後以子貴封宜人生子四公居長成童時聰慧過人及長邑令聞其賢徵爲椽吏公雖小就手不釋卷從遊於通政祝公門遡伊洛淵源精易學兼善草書永樂時赴役天曹以奏對合旨授禮部司務十三年出使日本陞本部主客清吏司主事十九年陞本部員外郎宣德二年遷郎中在部二十七載政績炳者至十年瓊州缺守舉朝推公上賜璽書俾乘傳以行亦異數也瓊居海中四至水鄉距京師甚遠禹貢職方不列邊民雜處至爲難治公單身赴任以興學爲首務捐資課試凡登科貢者皆所拔士革罷土官省併州縣准鹽折米本府倉收而海運之苦以消逐尼毀菴田給里戸而異端之害以除聽斷不冤刑賞悉當公暇卽攜文學之士詠遊山水間所以瓊人至今感頌不

衰立遺像勒碑銘祠名宦以報其功豈非公之始終以誠人人者深哉公生於洪武辛酉年正月十九日卒於正統十三年五月二十日壽六十有八歸殯日宦橐蕭然以士民賻始得還太夫人嚴評事長女貞靜純一事姑以孝相夫以順後公十年卒子一永潔以悼父過傷亦卒於瓊今合葬於七里衝石堰頭禮也孫三詳諫謨曾孫七皆不墜家聲人以公厚德之所遺云銘曰於維我公全楚之英歷任中外勁節忠清瓊海被德思慕彌深食祿三品僚屬欽承梁木云頹朝野震驚况親函丈寧不涕零夫妻父子同奠佳城勒名貞石永光厥聲縣志

知縣徐泰去思碑尚書倪謙撰

心之官則思思者感物而動者也夫人有受人一飯之恩百金之惠者尙感其德而思之不置况乎推一視之仁徧百里之邑使其家給人足俯仰必遂其德在人淪肌浹髓豈但百金一飯而已哉詩曰有斐君子終不可諼是宜思慕無已也黃屬有羅田焉成化元年詔江陰徐泰字士亨來知縣事士亨景泰丙子京闈發解第一人也學有源委而存心仁恕立志遠大其得縣爲治遂以一夫不獲爲己責下車之初與城隍誓曰政事未備神其默相怠政姦貪神其降殃故其涖官臨民廉謹自持克勤撫字恪盡乃心一本於誠凡百有爲皆可質諸神而無媿是以扶善抑强濟貧恤患阜民爲先勸農爲急貧無牛種者官爲給之助其耕藝興學校以振士風厚

儲蓄以備救荒置義冢以掩骼胔歲嘗大饑發粟以賑有饑損尫瘦不能負粟者捐俸稟倡率邑之富民輸米糧爲粥食之鄰邑饑者聞風來乞亦食之而不拒活民不可勝計有男女不能備嫁娶之禮者禁其論財恐令婚姻軍民有本戶過繼他戶者官爲出償贖還俾承宗祀逋逃於外者悉還復業免其差役給官田以存活之歸者如市有負租不能償者代其輸納豪强欺蔽田糧者六百石餘産去稅存民苦輸賠士亨精算法寬欺蔽之罪嚴清理之格有田則有糧據糧以尋田田在而糧清欺蔽者悉露占田者輸稅向之無徵困於賠償者皆脫然無累矣民安得而不思之哉士亨本江南富家任六載凡周民之急悉自家鄉輦至一毫不取於民其他善政未易枚舉是以德教大敷而人化之囹圄空虛刑措罕用親之如父母愛之若四體合七邑之士庶赴京保爲郡守不報都憲吳公琛巡撫湖廣奉敕考察詳其德政爲諸縣第一用羊酒織文彩聯褒美之續聞於朝遂有荆門知州之擢去任之日帑溢於庫粟盈於倉持數印封加於始倍至蓰扶旄擁倪號泣處地爲之溼扳留者塞道出境度不可留則脫其靴置之神廟以示其得民心可謂深矣故侯既去而衢童壤叟耕夫饁婦飲食必祝起居必思相遇於途更相謂曰安得我侯復來撫我哉思慕不已更相謀曰易若紀去思之實於吾民哉於是老而八十者廖浩等道達衆志遠來請文歸刻於石孟子曰民之歸仁也猶水之就下獸之走壙也仁之感

人其易若此今觀士亨致羅民感悅思慕而愈久不忘者豈非一心之仁所及哉可書也昔劉寬政平任滿去百姓攀車拒輪崔瑗惠普遷秩男女爲碑頌德此古之循吏垂休前史者也今復於士亨見之又何讓於古人哉用是紀之以慰羅民情又以爲後之爲令者勸也尙當考於斯文 縣志

老龍池詩石刻

在縣南十五里瓦窰嶺澗底石上舊刻老龍池三字嘉靖二十年居士劉甫恆勒詩於石 縣志

玉泉寺石刻

在縣西北二十里寺爲張明道讀書處其泉淨瑩如玉故名寺後石高六尺許鐫風月雙清四字旁鐫元窗山人四小字

縣志

國朝

龍泉石刻

在縣西北六十里古羊山砦垣側有洞宏敞曲徑可通泉從石罅中涔涔下滴有石凹如井甘洌異常可供三四人飲石壁書松風水月四字蒼勁可愛縣志

縣翠山石刻

在縣東北多雲鎭大石上書縣翠山九資河六字頗蒼勁旁有款識模糊不可辨縣志

蘄州

唐

龍興寺故法現大禪師碑銘天寶元年李適之撰呂向書佚

古之聖人乘時迭用贊神道立人倫所以爲理者也理之爲極故受之以無爲昔之眞人歸根去羨探有物入無窮所以爲久者也久幾乎息故受之以實際於是大雄有作大覺無邊常樂常住不生不滅鑒阿僧而示開闢傳法印而逾繩契映明月而小元珠位輪王而卑五帝去聖日遠多門互出名數棼絲言說滋蔓粵有紹興法寶超詣眞宗由密意而到清涼域秉圓照而入空寂舍無聞無示非穿非鑿斷諸委曲直見本源其事業有如此者我大師其人也禪師諱法現弋陽人本名法顯避中宗廟諱於是改焉卽雙峯忍禪師門人也俗姓宣氏出自周宣王盛於元魏代禪師儀表端嚴眉宇森秀人相具足梵音清暢乘運而應數隨方而立表以濟南浮之人以嗣東山之業初母在孕不喜葷辛及誕之後每以沙土戲爲佛塔志學之歲遠方訪道年十有九爰就剃落始配住福田寺其後以選吏隸龍興寺焉後因捧盂上堂逢一神僧顏亦如醉語師曰汝可名法顯因忽不見年滿受具遂以此名年二十五次因寺事差往鄱陽所憩之家皆同舊識或云宿昔夢師之來儀服宛如所見設供養者皆蒙誘掖闔門盡里同發菩提心爾時鄱陽大旱師爲授戒二千餘人事畢天晶無雲其夜雨雪盈尺隨緣利物殊類齊感在舟則異鱗呈質使漁者收綸登陸則困鹿求哀而獵者束矢所過古寺廢塔雖獨而止猛獸惡龍山精木魅毒氣生烟火衆魔成軍

陣坦若虛舟莫能惱害至永淳歲有三婆羅門寄金銀珠寶於師復置牀簀而歸西域其後有賊劫房惟此珠寶獨在出入三載主乃東來各以還之封緘如故母氏遺師預修已墓寺前南嶺地爲吉祥掘皆巨石不可開動已經數日師意彌專忽有一人來詣掘所作禮旣畢出一編書與師遂云爲師穿墓觀其用壯迫非人功信宿掘成不知所在開其留書乃菩提達摩之論也及築墳傳土每夕有猛獸蹋跡如杵倏然墓成經一十八年母何氏壽八十有六旣耆而艾無疾而終師廬於墓所遂經三載形體臞瘠僅能識者每有人潛獻牛乳其味凝厚衆疑有異後加驗問莫知所從嘗置椀佛前乃成舍利旬日之後椀中有聲沃而滌之金光浮出連珠成貫

色有似榴者其後漸多至百餘粒他州造塔者皆來請之分
與而去夫其異應不可思議乃菩提之示現者矣大易云神
道設教然則至人無迹至化無名萬緣盡空一切不動此皆
善靈扶護示相云爲因感而來無幽不兆咸莫知其所以豈
我師之意乎徒觀遠衆響臻羣疑景附惟分請益波迴山積
有迷有達或飢或渴禪師發以希聲之音現以隨緣之相如
振風之過衆竅似膏雨而成百穀至有求名義學談說人天
三論飲其辯才九部矜其理窟及乎對詢眞蹟不覺神醉大
巫捨棧靡旗廢講焚疏因而退密專至攝心有初地弟子左
相兼兵部尙書李適之往以先君佐蘄瞻言歸省因得禮尊
儀於密座委弱質於專門持心苦體不捨晝夜尋遘私艱重

集於蓼無怙何恃創鉅釁窮負土墳傍泣血廬次大師哀其
劬頓假以梯航引於煨燼之區拔於冤毒之海其後皇圖復
禹重構維城神龍之中璽書再降授朝請大夫旋追赴京聳
禪師遂敦宰官之義强弟子以行雖閒闊積年而誨誘無遺
屬有東信至自蘄春方承八年諱問具說最後功德恨不親
聞付囑是用觸緒悲涼復次使者言師以開元八年六月初
於本寺精舍結跏趺坐積十三日不更飲食無復煩惱因禪
不解便入無餘春秋七十有八是日人物變異香氣晦合池
水自黑林鳥皆悲座前白蓮枯卷堂後列柏凋瘁四部雷動
三界霑泣或絕於地或訴於天嗚呼慈父忍棄窮子一定已
來全軀不壞髮長膚軟紅爪丹脣經今二十年竟不敢還閉

近日薄加香漆四衆供養如生故知不盡之明與劫代而相
弊應見之相豈堅林之可焚徒徵夢幻之言莫見去來之迹
然則見之於常空有立之於不皦昧難可以智知孰能以識
識住持强固永爲宗極以適之心存遺偈力荷慈緣髣髴鑽
鑠依稀大傳擿其勿照之曜著以忘言之筌敢申頌元德以
昭播人天其詞曰皇矣能仁宏宣妙覺彼上人者是爲禪族
繼體前聖傳燈後學舟梁愛河埼拔情獄肇允光相翻飛度
門偈傳心極神授名尊霰零嚴戒盜入重昏窮魚脫泉困獸
還魂獨絕人代蒸在林野魔厲不神善緣來假乳似麋獻編
遇病爲醫大雲澍雨惠日揚輝事復無事機反於機我於往
同圮下度無量人實無度者諸行圓滿庶類知歸往虛來實

昔天方薦瘥徜徉推極荼毒謂何孰承最上密受爲多未究
深海徒驚尺波變異潛感悲憂斷絕皆發大怖徧身見血深
入靜思義開形閉當知恆往敢告非滅（文苑英華）
案唐書李適之太宗廢太子承乾之孫懷州別駕象之子也
神龍初起家拜左衞郎將開元二十七年以祖得罪見廢父
又遭則天所黜疏請歸葬昭陵闕內詔追贈承乾爲恆山愍
王象爲越州都督郇國公天寶元年爲左相五載罷知政事
坐貶宜春太守碑中有先君佐蘄之言於史傳無所見（金石存佚
考）

刺史杜敏生祠碑（佚）

金石略蘄州刺史杜敏生祠頌張燦撰史惟則八分書題額

乾元三年五月金石錄 史惟則名浩天寶中嘗爲伊闕尉集賢院待制後至殿中侍御史集古錄云唐世分隸名家者四人韓擇木蔡有鄰李潮及惟則也金石略彙所書碑凡二十八而生祠碑居其一焉惜乎不得見之金石存佚考

保安鎮陣圖記碑貞元元年符載撰

甲子歲我王克蘄春之明年也是時天王居梁州丞相司徒勉出於陳留逆豎乘是遂圖六合鯨吞虎踞使宿賊杜少誠長短兵三萬方將拔蘄取黃濟江而南至於五嶺盡以天子之地懸自受署焉春二月逆師自穆陵陰山白沙三大關支下而進威聲炎炎如無枝梧緣道邏守已陷六七我師洶然少沮氣勢王威慨激三軍沈略通神明以是爲鎮地勝而險

固卒薄而孱老彼必知我將銳志而圖之設伏衆戎盡殪可也乃命兵馬使伊愼桀帥驍悍四十人銜枚宵入張諸栅之卒人伏於莽間賊裸體來以蠡弧偕登於是中軍一鼓萬夫雷呼內兵乘高而唐突之伏卒陵背而芟割之紅旗拉風長戟如倚晨暮三接朱殷溪濱獲馬牛百萬蹄斬首數千級其餘獟踣瘡痏皚皚枕籍者遂大築京觀以光武功焉由是氛霧蕩八方日月麗大幽兇醜懷締構江淮完推命江淮而南父子夫婦無僕虜之患皆一舉之力也故自希烈亂常天下擁兵之諸侯議鴻勳茂績者莫敢承風焉先是包大夫佶司天下之賦將自揚徂荆萬檣峩峩不得安動緊我之捷卽陸驅車水方舟驚飆駭雲集貢於天王君子爲我王之勳績也大宜載太常刊鼎銘豈獨續縑素而已載忝賓介廁櫜鞬之末得備書事揚公休聲貞元元年七月二十日記州志

蘄州新城門頌碑貞元十六年符載撰州志云碑久佚文見文苑英華

大唐庚辰歲秋九月岳鄂觀察使御史中丞鄭公前牧于蘄春始佩銅虎符是年冬十一月蔡人不虞天子詔諸侯之師誅破之我有疆埸與人腹背慮禍甚劇爲虞落然民大愁恐若寇暴至是邦也夙昔無事人傲慢垂百餘祀城隍不張穨墉壞堞僅僞平野公乃度舊址量客土備畚鍤肅丁壯勃然而興於是講刀布以索力考鼛鼓以蕩氣嚴進退以設令立師伍以程課烝徒雷呼萬鎚星飛誅惰聳勞閒無留時凡甲子五癸卽崪然城成矣墉高三雉門容兩轍周迴一千八百

四十步門臺睥睨霞絶雲截如崇山斷岸邈不可嚮議金湯者我居首焉日者嗣曹王皋討希烈之叛於此嘗具板幹作爲坯築役徒巨億經費稱是樹而復潰卒無以能名風俗耉老以爲蛟螭靈怪蟠窟固護使人不見其績也公躬自省視循理辨物心禱且計輔之至誠遂用堅緻於戲蘄城楚舊封也疆淮蔡邇申息地當隘束實生攻奪若向時敵者驅鐵衣出穆陵襲我無備搖脛而至卽江淮之南吾見其波動矣然俾夫大藩倚其固郡屬抱其勢千里士庶高枕而臥寇不敢萌彎弓捻矢之意者新城之謂也由是大君聽民聞威聲聞以公有文武上才故拔自倅牧雄居盛府山川幢蓋皆舊物也夫賢爲世重績因時達微新城吾見公之才力事業其湮

鬱不揚乎辭曰庚辰之歲鶉火有彗人用五兵維彼蘄下疆及風馬實啓戎情我昔無虞滅其闉闍埤堞頹傾我公作守恢拓荒舊乃修其城百堵言言四阿孱顏矗如雲平扼衝據會寇不敢過生人攸甯綱維盛烈遭時而發鴻振芳名我有貞石不追不琢孰聞風聲是用作頌冀茲不朽日月並明州志

正覺大師碑在州治通志金石略

漁田寺詩碣

在永福鄉西湖尾舊刻有賈島詩今佚州志

五代

四祖塔院碑

李景景一作璟正書篆額保大三年正月十日寶刻類篇天福八年癸卯南唐李景立改元保大五代史十國世家年譜

宋

六逸石題名

在三角山上鐫元豐八年三月主事陳同知□文林郎編修□避暑憩題並刻有詩金石存佚考

閩清令蒲遠猶自撰墓誌

元祐六年豫章黃庭堅書僧寂觀道士陳善淵摹刻在蘄州安平鄉獨山之麓嘉慶十三年土人墾田得之

遠猶蒲氏家成都字仲俞生於大中祥符辛亥歷五朝八十有一年遠祖本河中寶鼎人仕於唐隨僖宗幸蜀及乘輿反正中原亂遂爲成都人曾祖父諱勳祖父諱裕先君諱亮皆不仕遠猶幼而好學學賦於代淵受易於任維翰學詩於周式受太元於徐庸慶歷六年進士及第授綿竹尉移集州司理參軍梓州司理參軍皆以親憂不赴服除了無仕宦意閒居益讀書學文婆娑鄉里者數年親友激勸乃調河南尉用薦章移臨晉令以蜀人例移閩清令到官踰年病腳氣尋醫歸至舒州長風沙而舟壞全家幾葬魚腹是歲熙甯庚戌也會任師中伋在齊安館我於臨皋亭不能期月孫叔康昌齡在蘄州以舟來迎至則寓浮屠舍且謀歸蜀而蘄州亦江淮之會有魚稻布帛養生之具足年又漸老遂卜居焉買宅一區有田數十畝可供伏臘其歸蜀與否則在子孫矣娶晉陵張岙之之女卒于元祐戊辰葬州南石鼓院南二里二男二

女長女嫁眉山陳綱長子穆舉進士再試禮部次女嫁河南王蒙亨幼子稷自有母孫晏始十歲女五歲有歌詩雜文十帙未次嗚呼古之誌其墓者惟誌其前後左右山澤而已後世遂名其文行功業然四物者必躬有道德仁義遭時遇主有榮爵大位有功於社稷有澤於生民或不遇無位則必有卓然獨立之行可以名世苟無此不可以黃壤朽骨厚誣來世予生太平時無可銘之具衣帛食稻大耋而不衰但乾坤中一幸民耳恐後世有銘予墓者加釀空文死而有知予豈不自愧乃作誌付穆與稷慎無廢於理命元祐辛未九月十三日誌州志

代淵字仲顏導江人有周易旨要二十卷周式成都人有毛

詩箋傳辨誤二十卷徐庸東海人有周易意緼一卷卦變解二卷任伋字師中眉山人所敍師友皆當世知名士金石存佚考

黃梅山貞慧禪院法堂記碑李綱撰 佚

敎外別傳正法眼藏自達摩西來至忍大師爲震旦第五祖然後祖道流通宗分南北爲一燈傳百千燈至於無窮得法者不可勝數豈具信根久乃純熟堪任大事而一華五葉時節因緣自應爾邪蘄州黃梅五祖山貞慧禪院祖師道場爲天下名剎而法堂歲久雲蒸木腐將有傾壓之虞住持者募緣修建邑人蔡氏聞而喜捨捐家貲三百餘萬鳩工掄材煥然一新堂之高五十有二尺其深如之其廣倍之修梁虹亙層簷暈飛宏博嚴麗遂爲江右諸剎之冠經始於宣和壬寅

之秋落成於乙巳之冬始之者長老自表也成之者長老宗紱也堂成後三年歲次戊申余被命居武昌假道溢浦紱不遠千里過予求爲之記余謂紱曰一切諸法皆非實相雖佛菩薩爲法出世記夢如幻況其餘乎今子建堂說法土木之所假合丹雘之所粉飾其堂然也以何爲法直指心源見性成佛其法然也以何爲說撞鐘擊鼓升高廣坐有問有答敷演舉揚是說法耶瞬目揚眉捻搥舉拂屈伸動靜四威儀中是說法耶夫說法者實無所說而聞法者亦無所聞故屛卻咽喉脣吻道將來乃能問待有廣長舌相向汝道乃能答此無一法與人彼無一法可得以法名堂因堂顯法已爲贅矣而又何以記爲哉紱曰雖然如是佛法門中闕一不可故諸佛土有以聲音言說而爲佛事者有以樓閣莊嚴而爲佛事者此堂倚白蓮峯下瞰九江前揖廬阜清靜爽塏具勝妙境而水鳥林巒熾然常說牆壁瓦礫咸助法機妙法宣明不假開示至於不得已而示人提唱宗風應機接物縱橫卷舒或語或默無非第一義者夫言語解脫文字相空於夢幻中即夢幻而作佛事乃佛菩薩之旨也得公之文以記歲月作大字榜楹開使遊方具眼衲子登斯堂者有悟入處向上事直下承當末後句目前薦取省住山翁牛力不亦可乎余囅然一笑乃爲之書建炎二年四月二十一日具位李某記李綱梁谿集 案黃梅山今屬黃梅縣

資福法堂記碑建炎二年七月釋惠洪撰 佚

資福禪院在金沙斗方之北奇峯峻岡環繞以掩映風林雲壑祕邃以曠平自非逃世絕俗亡軀爲法者無因而至崇甯間蜀僧文慧嗣百丈九肅禪師說法此山求心之所決擇發趣之所歸投凡叢林之所服用寺宇之所宜有者十八九矣建炎元年十月住持沙門九琛以書抵印曰寺僧紹恂者無諸人惠公之高弟有行業淮山道俗愛敬之惠公以政和五年遷化諸大檀越重修瀾音堂一所俾知法上首臨眾演法以上祝天子之萬壽恂欣然從之於是遠近聞之富者輸財貧者輸力藝者輸巧勸者輸語越明年七月而堂克成凡用緡百萬有餘乃設無遮大會飯凡聖僧而落成之未有文以記其事公爲我記之印曰自後漢摩騰竺法蘭來自梵天館

於洛陽鴻臚寺有經而未有精舍至吳赤烏中康僧會入建康架茅茨與其徒以行道有精舍而未有僧三日男子朱士行最初落髮有僧而未分禪律迨唐之朝禪律並行曹谿獨號禪宗而律學乃不敢與之抗行元和中百丈大智禪師方建叢林廢蜂房蟻穴之衆爲九州四海而建大法堂以總衆生於天下禪席宗之知比邱因法相逢以法爲親主者升座而坐學徒雁序而聽示尊法也恂能化檀衆以成斯堂其知本者與資福院爲此邦之福田道俗男女貴賤老幼者較闕之者得長老升堂佈法雨以滋灌之令善種福芽叢生而並茁其爲惠利豈有旣乎不可以無書惠洪石門文字禪

資福院逢禪師碑銘釋惠洪撰佚

自達摩入中國授二祖心要而以衣爲信故六世爲之單傳至曹谿藏其衣故諸方得者輩出其魁壘絕類碩大光明有若衡山觀音廬陵清原者特爲學者之所宗仰天下號二甘露門令逢禪師者清原九世之嫡孫黃龍機公之高弟也此先蓋福州閩縣人生於陳氏自其少時英特開爽不愛處俗耆年敬愛之唐乾元初落髮於隱眞寺明年受具足戒卽策杖遊方聞黃龍參出巖頭門峯孤峻自荊楚舟漢江抵鄂渚而機公杜門卻掃棧絕世路學者皆望崖而退師獨叩其戶俄聞疾呼曰擊門者爲誰答曰令逢曰未來此間亦不失答曰若失爭辭與麼來曰來底事作麼生答曰昨日親自渡江黃龍於是開扉笑而器許之師從容遊詠日聞智證雖不事

接納而戶外之屨常滿痛自韜晦而人間之譽益著以順義癸未之秋辭黃龍北遊戾止蘄陽月峯之下搆爲茅茨一飯奉身跏趺終日學者追隨而至川輸雲委前刺史奇章公拜謁受法要而請升座道俗懽呼謂一佛出世遂成叢林號南禪男子張宏甫施宅爲寺莊嚴之妙疑絳闕清都從空而墮也歲在戊子夏淨髮更衣而坐謂門弟子曰吾委息後衣麻餧客號踊哭泣皆不可爲苟違吾言則非吾法侶於是以書偏辭檀信六月八日示微疾泊然而化閱世五十有一坐三十四夏塔於郡城之北太和中忽見夢於父老曰吾欲出塔大作佛事於是啓塔而顏貌如生萬衆作禮龕而供事之自是則能指揮造化縱奪禍福使雨暘時若百穀茂遂民建寺其旁世以父子傳器夜燈午梵自唐迄今不替政和之間禪林易之更兩代荒殘如逃亡人家宣和太守林公以嘉祐寺彌勒院僧擇文主之從檀之請也文疏通解事材智有餘道行信於邦人初至之夕適大雨九徙其牀一年而施者塡門冠蓋無虛日二年而修廡密室綠疏青鎖三年而崇殿傑閣開見層出遊僧過客摩肩仍袂已至者忘去方來者如歸余嘗與林敏功子仁過焉子仁曰寺以律名而禪規不減諸方廩無餘粟食堂日集千指非有以大過人何以臻此余曰昔臨濟北歸仰山歎曰此人他日道行吳越但遇風則止潙山問有續之者乎對曰將此深心奉塵刹是則名爲報佛恩故世稱念法華爲仰山後身庸詎知文非逢公邪子仁曰彼以

荷擔大法此方從事有爲仰山逢公若是班乎余曰昔普淨禪師不務說法庵於王城之東日浴萬衆曰時機淺昧難提正令姑使善法流行足矣又安知逢公之意不出於此乎明年冬遣其徒來乞文又系之以辭曰我懷巖頭僧中之龍本無實法但識綱宗乾笑德山怒呵雪峯如獅子吼香象失蹤又如麒麟不可繫羈羅山控勒明昭追隨逢則晚出天骨權奇振鬣長鳴萬馬不嘶清溪之上駐我巾瓶笑示死生洞開戶庭意行出入不施鐍扃至今城北白塔亭亭寶鈴和鳴上干層霄下有全身百神來朝劫火洞然大千焚燒而此堅固無有動搖咨爾邦民當加敬虔蓋此大士是汝福田如黃琳公如和寶禪刻此銘詩以壽山川（石門文字禪）

教授廳記碑朱子撰（佚）

蘄學舊有朱元晦教授廳記明洪武初知府左安善摹朱書體刻於壁

乾道八年秋予友建安李君宗思爲蘄州學官始至入學釋菜召諸生坐堂上而告之曰朝廷立學建官所以教養人材而待其用德意甚美宗思不佞得備選焉深惟淺陋懼不能稱今將有以告二三子者而相與朝夕乎古人爲己之學庶以無負朝廷教養之意二三子其亦有意於斯乎諸生起而對曰諸生不敏惟先生有以教之則幸甚於是李君退卽其居則距學且十里所李君顧而歎曰學官宜朝夕於學與諸生相切磋者其相距之遠可若是耶㫷日相學之東偏有廢壞焉請於州願得爲屋以居而日往來於學以供厥事於是通守北海王侯某實領州符嘉李君之意而悉其力以相之役不踰時遂以備告然後李君得以日至於學進諸生而教誨之蓋使之潛思乎論語孟氏之書以求義理之要又考諸編年資治之史以議夫事變之得失焉日月有程不躐不惰探策而問勸督以時凡以使之知所以明善修身之方齊家治國之本而於詞藝之習則後焉而不之急也既又禮其士之賢有德者李君之翰而與之居凡學之教治悉使聽焉由是蘄之爲士者始知所以爲士之事而用其力李君亦喜其教之行而將有成也礱石於堂考前爲是官者得自某人以下若干人之名氏歲月刻之而以書屬予使因記其所以然

者予惟李君之教可能也而其所以教者則非世儒之所及王侯之垂意於學可及也而其不以李君之說爲迂闊於事者則非俗吏之所能是皆宜書以詔於後蓋非獨使繼李君而居此者有所考法抑亦承流千里而師帥其民者之所宜知也於是悉書其本末如此俾刻寘題名之首云九年秋七月壬子新安朱某記（金石存　佚考）

觀頤覗履四大字石刻（並詳山川）

湞熙乙巳仲口趙不迹爲潘口書蘄春三角住山宗瑞上石

案蘄水志以爲趙不迹書蘄州志以爲潘震書實則趙爲潘作也不迹宋太宗六世孫漢王元佐之裔贈通奉大夫見宋史宗室表太祖後有德惟從世令子伯師希與孟由十二派

太宗後有元允宗仲士不善汝祟必良友十二派魏王後有德承克叔之公彥夫時若嗣次十二派蓋太祖太宗魏王子孫并極繁衍支子而下各以一字別其昭穆云 金石存佚考

惠民倉記碑 眞德秀撰 佚

嘉定某年某月金華李公守蘄始至曰城郭完乎有司以圮告則命繕而新之凡若干丈尺又曰城完矣兵械具乎有司以乏告則命爲某器若干某器若干既又曰吾城堅而械良於守易矣無其人可乎則舉凡兵之在籍若寓於埜者敎之卒以法期年士咸就紀律公曰可矣猶未也夫守恃兵兵恃民民恃食故食民之大命也邊之首政也蘄故號沃壤中興以來流逋未盡復荒茀未盡治歲所出不能當中州一大縣

而輸於公家者財萬斛焉以廩吾兵且不給設不幸有旱溢之菑蟲螟之孽其奚以相恤哉予爲二千石於此而奉養嗇於斗食吏非矯也重民之脂膏不忍褻而用也覬圭勺之贏還以遺吾甿也時會而月計之泉之在官者僅有餘歲幸比登粟之在民者亦僅有餘以其餘於官者易其餘於民者不幸告儉則以藏之官者復散之民此備豫之善畫也迺簡僚吏之材者蒞厥事凡糶售者優其直予之未幾得粟爲萬石者二縻錢緡若干萬千百有奇築屋若干楹以謹其出納命之曰惠民倉著公志也夫民食足然後有固心人心固然後可冀以死守昔者孟子談王道於戰國皆是物也彼爭地爭城之將縱橫馳說之士未有不哂其迂卒之莫或能易者蓋民弗自安而欲與俱危不恤其生而欲責之死無是道也公之學醕以深其氣剛以大蓋淵源乎孟氏者故其治邊之政大抵以保民爲本是倉特其一爾始倉之成公旣以告於朝下部使者覈其實又書來命某識之其欲以諗後人俾勿廢乎予謂使繼至者有公之心雖無識焉可也不然則金版玉書猶弗足紀特此以存難哉雖然仁人心也人心不可泯則是倉不可廢姑識之庶異時有考云公名誠之字茂欽十三年夏五月辛卯朝散大夫集英殿修撰權發遣隆興府主管江南西路安撫司公事馬步軍都總管眞某記 金石存佚考

元

三角山資敎禪寺增田記碑

至元二十六年 州志

興學頌碑 并序 危素撰 佚

蘄春縣長野仙普化卽也先不花君既新廟學郡學教授衞炎爲記君上計京師稍爲余言治邑之事君始至官修農桑水利之政平獄訟卹災傷無所不用其情其興學之績爲最大蓋蘄春之學在郡城東北之鮮原素無恆產儒之在籍者二十有八家多貧不能自振於是學舍傾圮絃誦寂寥君始至伏謁廟下大懼無以塞國家崇學右文之意乃出稟給爲之倡尹邊守誠丞孫克昭主簿蘇世榮教諭魯志曁胥吏富民咸相其役因其舊而修之者大成之殿明新之堂撤而新之者門廡齋舍創成之者櫺星大成二門若夫祀所龕室帳帟祭

器無有不備學之閒田悉以種桑歲集之以補贍學之費民知合之所向相勸從事於詩書而敦行孝弟君之於政知所先後如是乃爲之頌使刻之石其詞曰我行江濱爰采其蘄田多汙萊戶有嚬呻天監下土哀此罷民畀我賢令惟皇之仁學校之行先王善政迨我世皇著在甲令蘄春有學以祀先聖棟撓宇傾蔦以廣訓賢令聿至顧瞻徘徊乃鳩羣工圖敢弗來祗奉明命僉言允諧有嚴俎豆民德孔懷雍雍童冠濟濟弦誦修行明經聯翩充貢繄此長才小試其用伐石刻辭興人之頌危素說學齋稿

明

蘄國公康公神道碑銘金華宋濂撰案此碑不在黃郡宜入附錄此處錯簡

皇帝卽位之三年混一華裔聲敎所被罔閒遐邇梯山航海奉贄獻琛上念熊羆之士不貳心之臣東征西伐宣勞有年方將胙土分茅以定功賞而都督康公薨於陝州上聞之嗟悼不已旣敕有司穿土作室以甯體魄復欲昭其功勳於悠久詔翰林學士臣宋濂稽諸簡牘所書文於堅石以垂示於億萬載臣濂謹案公諱茂才字壽卿康其姓也世爲蘄州人曾祖文廣皇贈中奉大夫中書參知政事護國追封京兆郡公祖德懋皇贈資善大夫中書右丞上護國追封京兆郡公父壽皇贈榮祿大夫同知大都督府事柱國追封蘄國公母蕭氏追封蘄國夫人公當元之季四方雲擾未幾蘄州陷公結義旅以捍禦爲務授以長官俄遷爲鎮撫同諸將復九江擣蘄水黃連砦轉蘄州路同知總管府事屯戍和之裕溪太平之采石使者考其功狀陞淮西宣慰副使同知元帥事又陞宣慰使都元帥乙未六月上帥師渡江將士家屬留於臨濠陣人多效死於是數戰不克後數月常忠武王遇春遣遊兵虛撓之公連日發軍以應王度其力疲夜設伏兵質明殲其精銳殆盡然猶收合潰散豎砦於天甯洲明年二月上命諸將以襄陽大礮破其砦公奔行臺便宜陞淮南行省參知政事甫踰月上亦克金陵又奔京口舟師追及之公度天命有歸乃率所部餘兵三千解甲來附免冠頓首言前日之戰各爲其主今日屢敗天數也事至於此死生唯命苟得生全倘竭犬馬之力以圖報效上笑而釋之仍許統所部兵從

征又明年授秦淮翼水軍元帥守禦龍灣取江陰之馬馱沙八月僞吳張士誠犯我疆境公驅兵逐之獲其樓船上賜名馬一匹黃金一錠歲戊戌從廖楚公永安攻池州取趙雙刀之樅陽遷都水營田使兼帳前總制親兵左副指揮使明年八月攻皖城僞將率樓船出戰公復獲之又明年六月僞漢陳友諒傾國入寇攻陷我姑孰殺戮我吏民意將窺我南京上召公謂曰爾不疑我乎公復頓首謝上曰汝旣不相疑宜作書遣使僞降友諒爲內應招之速來仍紿告以虛實使分兵三道以弱其勢友諒果如所言旣至諸將同公奮擊大破之縛其士卒二萬有幣帛金之賜歲辛丑八月上怒友諒來寇率將士親征公領舟師行擊安慶破江州僞都友諒西遁

遂下蘄州興國漢陽公沿流而下克黃梅某家砦十一月取江之瑞昌敗友諒八陣指揮友諒之勢遂衰遷帳前親兵副都指揮使明年九月復龍興又明年攻左君弼於廬州六月友諒圍龍興上親往援公與諸將皆從友諒鬪上至亟解圍還七月大戰於彭蠡湖軍聲嘯呼湖水爲之起立浮屍蠢蠡動至數十里友諒遂至敗又有幣帛之賜十月上親征武昌公從之歲甲辰二月下之友諒之子理銜璧出降三月進金吾侍衛親軍都護府副都護四月從大將軍徐公達進攻廬州七月下之八月拔安豐繼取江陵及湖南諸州加賜幣帛明年二月改神武衛指揮使五月進大都督府副使閏十月士誠兵犯江陰京口上帥大軍水陸並進公在行中及至鎮

江士誠兵已遁又明年正月追至巫子門擊敗其衆獲士卒二千公功爲多四月擣淮安之馬邏港拔其水寨復獲士卒與艨艟無算淮安平七月遂攻湖州十一月破之進逼姑蘇姑蘇士誠僞都即遣銳卒來迎鬪大戰尹山橋公持戟督戰益力銳卒盡覆乃進圍齊門刀劍林立飛鳥不敢下大將軍命諸將合攻之吳元年九月姑蘇平公取無錫州十月陞同知大都督府事兼太子右率府事進階榮祿大夫洪武元年上以江南之地既入版圖乃遣大將軍經略中原公從齊魯之地復由黃河取汴梁下洛陽駐師陝州規運饋餉造浮橋以渡大軍鎮河中善撫綏遺民爲之立石頌德絳解二州則公所招徠蔽遮潼關秦人不敢東向三年復從大將軍征漢中奉詔還軍中道因疾而薨實八月之三日也年五十有七上下羣臣議贈公推忠翼運宣力懷遠功臣光祿大夫湖廣等處行中書省平章政事柱國追封蘄國公謚曰武義卜以九月二十一日葬於應天府上元縣鍾山鄉之幕府山上親臨奠而百司繼之祭幄相望聯絡原野時人以爲榮公娶方氏追封蘄國夫人繼室田氏封蘄國夫人側室朱氏余氏子男三人鐸田氏出鑑朱氏出鎮余氏出公通經史大義事太夫人以孝聞輕財仗義意氣磊落而尤有志於事功値元祚將終其才弗克盡施然而眞主龍飛於羣雄之中公即能識之卷甲韜戈率衆臣附坦然而不惑可謂上知天命下察人心者矣由是昭被寵眷倚之以心膂用之爲爪牙十餘年間

屢從征討茂績奇勳著稱當世存則安富尊榮加以爵位薨則疏封賜謚賁及九泉令名垂於竹帛重祿延於子孫公其可以不朽矣臣濂謹拜手稽首述辭於碑系之以銘深懼不足以稱上報功之意銘曰於赫大明受命於天如日之升照於八埏於時康公江險之峙大軍西來視如平地巨礮轟雷物莫敢攖何戰弗潰何守弗傾天人攸歸勢何敢抗知幾先來率衆內嚮皇帝曰嘻有疏附兮予開誠心遇爾不疑爾礪矛鋋爾部士卒助予西征以甯萬國公拜稽首賜死爲生誓殫報效如無餘齡孰爲不庭率師往討矯如鶚如風馳電掃東吳西楚蹴陳翦張身經百戰兒豎始亡大將北伐同取汴洛出鎮於蒲恤其孤弱蔽遮河潼以鐵爲關誰敢操戈睥睨

其開元龜負碑以頌遺愛民亦何心恩義斯在從伐漢中迢迢西征有命班師中道而薨帝念將臣血戰之苦將酬其恩錫以茅土孰不壽考以樂承平公胡嬰疾隕魄泉扃帝情憫悼恩命絡繹穿山爲堂畢玆窀窆名垂於史祿延於家翩然而逝公復何嗟史臣造文大書深刻以昭公勳有永無極州志

風雲奇觀石刻

在州署右明成化六年掘地得之首鐫此四字後有律詩二無作者名氏州志

靖明寺銅鐘

在靖明山鐘聲噌吰遠聞數十里明宏治中唐建明鑄款識可辨州志

華編修伯瞻墓誌銘　茶陵李東陽撰

嗚呼伯瞻乃止是耶伯瞻質偉氣充才勃勃不可遏其志所期甚遠且大舉進士才三年官一命年二十有四而止悲夫初伯瞻從其父廷佐君居京師時未冠學於楊邃菴應甯與太原喬宇希大並名予見伯瞻書勢已逼人私喜吾湖南後來之傑蓋其在此及伯瞻舉鄉試第一連得進士入翰林爲庶吉士汪寅軒傅體齋二公奉詔授業大見甄賞每閣試與藁城石瑤邦彥相甲乙授官爲編修予又喜曰此天所以玉其成也予與廷佐君同鄉又邃菴知己友故伯瞻視我厚至是又同署日益密每有作未始不出見見輒加進一二載間遂脫舉子習得古人蹊徑詞簡意遠粲然成章予嘗以聞諸劉文安公者告之謂爲文必先博而後約收斂太早則其地無所容伯瞻以爲然然執不變意者天將速其成故使至是哉使天果有意焉則斯人者胡不姑涵育長養俾大有所就之爲愈也予益以慨人之才不易得且不易成也悲夫今年春廷佐君以常州知府入覲歸伯瞻已病秋益劇臥不見客予數往乃彊見之怪其神蘮然比得告猶函一卷具書致予曰巒且別願得手書數通以歸書未成而訃及予既往哭之念無以慰其志者乃據邦彥所著狀爲銘屬希大書而刻之又自書於卷中以畀其家俾藏焉償蓍諾也伯瞻姓華氏巒其名世居蘄州以州學生舉生成化丁亥十月八日卒於宏治庚戌七月二十八日某月某日葬於州之某原娶王氏子

女各一人皆幼銘曰吾黨得之吾曹得之而遽失之吁天誰詰之李東陽懷麓堂集

贈監察御史南溟馮先生墓誌銘　華亭徐階撰

馮先生諱某字某學者稱爲獨齋先生後又稱南溟先生黃之蘄州人也蘄故多巨族而馮氏尤以文學世相傳有名聲先生曾祖銘父翺皆嘗貢於有司然其仕不幸不至通顯銘爲京衞經歷翺終兖州推官推官父渶以經歷之不遇過自懲不仕以卒然馮氏雖不仕乃蘄之人言高衡德門必以馮爲首稱意其後必大先生少而能文章督學使者前後十數輩至輒取所爲文置首選而先生行又甚修數曰君子之學要無媿乎其獨其施於人事依於厚至其自守凜如也其赴

人之急若己與有至其平居未嘗有疾言遽色也於是時先生雖在庠序其賢聞四方人則謂馮氏當遂振矣而先生十試於鄉竟不遇復繼其父以貢入太學祭酒甘泉湛公司業琴溪陳公得其文奇之已又廉知其人益奇之陳公館先生於家使教子若壻而先生賢亦益聞六館之士踵先生門思得聞緒論接容色幸有所警發者履相接也未幾注選歸踰年喪其父方父病時先生終夕侍湯藥而天甚暑其室又迫隘父力遣之先生卽戶外露處閱月由是得溼疾比父歿先生哭又甚哀疾增劇嘉靖辛卯六月十六日父喪甫小祥而卒遺言以素服斂距生成化丁酉九月二十三日得壽五十五蘄之人相與訝曰天之道固不可信乎後五年乙未子天

馭舉進士授大理評事改御史贈先生如其官再奉命董南畿學政遷大理丞諸所與友盡海內名士而士之出其門者亦咸知重行檢薄利祿自別爲午山弟子午山者大理號也於是人爭言曰馮氏之厚積而遲發如此予故與大理遊聞而歎焉今年大理以中丞賈公狀請予銘墓予既得論次其事則又歎曰嗟乎人之於善豈非其性然哉有不善人於此其於彼非有損也然而鬪其用則以爲憂聞其敗則以爲喜有善人於此其於彼未必有益也然而咨嗟於其不遇而幸其後之昌者至於久而猶然蓋予所見聞若是者多也而先生尤著自修者其殆可以勸夫爲再拜而銘之先生子二人長卽大理次國子生天駿女三其二蚤喪存者適生員張儒葬以卒之歲十二月一日墓在安陽山之隅銘曰茲維先生之遇耶其詘於躬者既賴子以顯融其垂於後者又待予以無窮耶嗚呼先生塞耶通耶彼暫焉者果足以介於中耶州志

顧氏祠堂記碑　太倉王世貞撰

昔者三川之民被髮而祭於野夫子蓋夷之云先王之世亡論貴賤人人得緣等盡其孝而秦好尊大制黔首毋特祠卽卿大夫過抑殺嫌其比於上家不復廟矣而孰於禁者以爲固然而忘其自甚或執政大臣坐祠寢見糾有司至勞人主斥縣官費爲廟者噫何其陋也楚俗號稱樸嗇其民淫於外鬼而略於祀先蘄顧公業諸生時則已中非之歎曰蘄之中大夫之宮鱗然其後者山簡而藻梲所以自居亦足矣卽藉

先人遺饒什一之息亡所施施之叢林之祉而奈何靳一椽以下而屬爲諸生力未遂久之公二子按察問比部闕先後成進士各以祿之餘至公乃合耕之餘庀材鳩工爲屋若干楹卜宅之陰厥枕維岡堰陂爲塘刜燥臨溼檜柏薈蔚深靚洞幽神所憑依春秋牲牢相協厥資益置腴脂凡數十租族之貧者遴使奉祠取其秫以醴茁彼羊豕左右飱粥以給事育祠既告成乃合昆季乃率子姓卜日之吉奉高大父以下入祠左右昭穆咸秩於禮肅若肹蠁儼若有體雍容祼將始卒不愆尸膋位嚴禦風肅然既畢事公乃餕神之賜揚觶而戒曰嗚呼凡我後人毋墜忘先德歲以其日必躬必慤予思

曰孜孜砥節勵心毋辱其遺眾穆如也又翼如也以聽君子曰楚自是愧祭寢矣不忘其親孝也合族而以惠遺貧仁也詩曰孝子不匱永錫爾類楚之大夫家有廟也顧公風之矣其二令子宜哉州志

重修城隍廟記碑州人馮天馭撰

歲二月辛卯吳郡竹里馬侯承學修蘄州城隍神廟成節判文君炯率僚士耆旄過寢痾別業謁予為記予寡於文承命維谷然誼不得謝乃諗於眾曰侯自尚書司馬郎來貳蘄務甫四越月姦彊帖銷隱訕發舒政稱孔肅民翕嚮治予方慶惟邦士之依冀專於理爰速丕乂顧遑若役爾耶且廟久而圮圮而復緝常也常則不書而惟文之需之亟也然哉僉曰

侯適視篆有盜公所吏牘者詰無自侯為禱於神且矢再新題宇用答靈貺嗣果夢授之獲盜者某抵法收散牘還於官凡聽決率類是是固侯精誠之極之感而神之翊相於玆為烈焉願紀一言以賁鑱石予惟國家受命奄有方夏咸秩祀事郡邑城郭溝池山川阻固有神主之而統其祭者謂之城隍神與天子之命吏寄同恤庇已也闕二字明而災福之其理蓋相消長盛衰焉爾吏而司平集和於治則民不干紀壞辭祟孽神弟享成式歆禋祀不者如疾疢薦興旱溢時作神之不弔有餘譴焉吏罔攸職矣然神道顯人道晦又有識者所憂吏固不得一聽於神而末鑒以省也昔有唐乾元二年秋七月不雨縉雲令李陽冰躬祈於神約五日罔應有峻議焉及期果雨乃為遷廟報之使令而非陽冰也祈且不克矧期以約以峻乎顯幽相需影響若捷侯與陽冰均必有得此於神者然神吾心也其氣吾氣也中和之致位育因之圖度者僞貪功者僭皆非所以語於斯也本體𥌒𥌒精明密察靈源不牿物無遺照是故吾人之所以自修而存神其道二乎哉予與侯乙未同薦於朝稔侯夙學遠業萬不僅是漫述事略并就定之慮則絕斂計庸戒亟又侯灼今芳後之餘也廟修退殿一坊一門一肇建齋寢一時日出納與諸從役名氏具列碑陰云州志

新建廣儲倉記碑州人馮天馭撰

蘄舊有藩封戎衛官僚胥卒歲額俸餉取諸近邑而僉總於州登儲紓給亦舊有倉所法俾諸合食於公者月具券以請

爰便稽覈無黠怙寡弱胥均焉蓋肇造惟昔多歷年所迄於今日就傾圮而姦囮弊匯法意寖失可慨也愚往家食嘗習聞之每會計自上州時走牒於邑輸不若期率稱遺負卑官貧卒間罔自贍始舉而鬻諸里之諸豪取值濟之其所獲固不逮按給之三之一矣積習薦久僞冒益叢豪者乘以基富乃謀牒卽邑賂吏計將專之緩所部赴以需而官卒之鬻嗟嗟未愬於上未請於州未速於邑而復靡所恃以生活欲不盡鬻得乎鬻且盡豪者故善通謁狀態種種而坐守鍵閉倉人之職虛矣又其甚以嘗覈給之券更市以歸遲之歲時漫詐乞補有識者閔之而末由以易也歲壬寅五月巡察沱村

史公褒善肅憲貞度以風羣屬檄郡推近川查侯秉彝臨視州邑搜滌垢弊迫於蘄首及倉務纖悉無遺見焉獲犯者百餘人各寘之法收贖金三十餘斤以付公帑一時政禁孔嚴人矢弗貳侯曰清額而時給之弊源剗矣吾其新若廩舍以廣儲峙遂聞於兩臺諸司可之而巡撫石涇陸公杰先是據請議資並亟嘉予曰沿襲殆深釐正非易允惟子之賢之須侯既底定舊址移屬州守張君洗同知李君智判官文君烱董其事胥飾奮庸冀咎委遇以所藏贖金鳩工購木建倉凡四每倉凡五楹左右對峙藩衞州司各扁識以辨中設廳宇是涖出納其前爲憲史行臺堂一室一旁房二門二蓋舊臺僻在城隅之下區數議遷未果今並創之週遭百四十五丈

限以高垣井井煥煥惟十月戊子興事十二月乙酉工告成民多未知若役者聚而來觀皆相顧嘖噂謂是奚從有邪奚不藉吾力也侯再戾蘄過予問記曰此惟兩臺諸司威德之致吾懼莫贊其美於今而或泯其績於後也將礱石以傳馭曰唯唯愚無以遠喻也侯其覯其廩之未穴棟之未蠹乎而何有於儆也久也隙焉蟲鼠乘之矣乘之則廩棟且敗補塞罅漏勞鮮於益固不若易之而絕其穴蠹之所由生斯善治已不然安能使不斫夕饔食而大壞因之故泥常守迹未有不爲蟲鼠樂趨之地也今茲之舉察弊惟悉而變以救之急務之智也將命惟慎而勇以成之敷德之忠也取足於贖以存戒而民用無擾操術之仁也俾邇于憲以廣威而人用有儆秉法之正也維官若卒歲得藉以均食永永有餘惠也維豪若吏時得賴以遠咎永永有餘畏也一事而數善備焉是可以無紀也哉愚何謝於不文不執楮墨之役 州志

文昌閣銘 并序 京山李維楨撰

蘄春南郭里許江有石磯突起呛呀桃花水盛暴集沒頂舟行遇之輒敗或窒礙不得轉移旅客凜凜不免是懼徐州守儆挐轡令舍之意構亭其上劣容數人耳方伯吳公治兵於蘄廣盱營表謀夷變而築宮乘水勢殺時周遭揵甾爲隄級層累成基平正如砥建傑閣鎮之長年三老識其處晝眠而過無復患苦初辨方正位厥位當巽巽風上坎水下於卦爲渙雖渙之水五采成文號之曰繢在天成象在地成形非文

昌孰能當此者乎閣祀文昌禮以義起也形家又謂控扼下流山聚土澤鍾水水土演而民生蕃殖更裨益學宮之勝自是入省試上春官得隽盛倍疇昔登閣四望左有南山右有麟鳳二山後則匡廬秀色遙可攬結前則龍津蘭若洲渚連亙縈帶大江而下城郭廛市人烟氤氳林薄蓊薆魚鳥飛躍比屋絃歌樓船簫鼓榜謳漁唱鐘梵之音輻輳並至耳目不暇應接居者行者得未曾有後談其事而州人陳茂才孺子索余爲之銘竊比張孟陽之劍閣云其辭曰兩戒四瀆江河爲尊自北而南湍悍長奔江有灩澦河有龍門以遏狂瀾以奠厚坤峩峩橫石蘄江中央乃召匠氏剏成四方象彼北斗戴魁六匡聿攷新宮用祀文昌如辟雍環如霞標揭上下往

來巨艦細筏足不虞觸趾不虞蹶氣無沈滯亦無散越載占諸易惟渙則然柔順從剛在中罔偏血去惕出機得順焉爰假有廟利涉大川鱗介游泳恬風澄波天時地利協於人和登高能賦於茲婆娑仰觀俯察釃酒賡歌四民樂業旣富方穀思皇多士菁莪棫樸賁相理文司命司祿江神佐之咸蒙禔福作者伊誰新都吳公尸祝俎豆輿誦融融離堆砥柱奇蹟攸同史記令名河渠書中州志

吳公生祠記碑　京山李維楨撰

新安方伯吳公以憲使部武漢黃三郡治蘄樹風聲著誥言引表儀制事典正法罪辟刑獄敎防利委常秩期年吏佫公位兵輯於伍農狎於野商旅出於途時無逆數物害無生尤

以建國長民敎學爲先羣所部博士弟子員而董振擇之游有鄉處有所使惇惠者敎之使文敏者道之使果敢者諗之使鎭靜者修之體貌以左右之明法以宣翼之恭敬以監臨之勤勉以勸之德音以揚之爲新學宮使羣萃而州處其心安焉不見異物而遷又爲置田廩於籍東南鍾而藏之而匯頒之貧士無失職者又以山土之聚斂物之歸川氣之導澤水之鍾也當江下流中壘石爲山建文昌閣其上聚不弛崩而物有所歸氣不沈滯亦不散越於彤法家言最勝州人士爭自濯磨求無愧爲公弟子春秋獻賢能書升司徒曰選士升司馬曰進士辨論官材布在中外倍於疇曩州以文獻大國名國人與四方縉紳學士歸功於公而公已晉秩行其門人歲時伏臘有事於文昌閣者相與歎曰吾黨小子仰公若黍苗之仰陰雨公實芘蔭膏澤之使成嘉穀薦在宗廟夫文昌血食於茲非公何有吾黨擇柔嘉選馨香奉犧象陳鼎俎靜巾冪考鐘鼓駿奔走於文昌而曾不以簞食壺漿如鄉者迎送公惡乎可庚桑楚匹夫耳居畏壘大穰畏壘之民尸而祝之祀而稷之不腆蘄稱方州公之爲德也深矣植本也固矣生而尸祝公不亦可乎夫公盛德大業學校則祀瞽宗廊廟則從大享他日誠未可量然而俟河之清人壽幾何及今日而祠公觴酒豆肉庶幾公不吐夫亦感恩知己至情不容已也諸與余善者走使質余於禮可否余報之曰禮非由天降非由地出人情而已諸生情之所至禮亦至焉是爲禮以

義起夫誰曰不然余案舊史生祠自漢欒布石慶于公鄭重張奐任延以來代不乏人人無異議秉彝好德民所歌舞天必從之禮從宜因時惟至當之爲貴復何所疑諸生曰宗伯典稽諸古而不謬紀言以敘之遡意以導之明耀以照之其在斯乎祠成錄其說勒諸麗牲之石州志

廣西思恩參將李公墓誌銘　京山李維楨撰

余偕李淑元舉於鄉講兄弟之好在史館時淑元嘗讀中祕書而伯兄千夫長一元公部賦入京師得見之膚革充盈才可急使也公名同春一元其字父爲東池公兄弟悉以池爲號公則仰池云先世息縣人隸鳳陽府後以崇王就國隸汝甯府始祖慶公從高皇帝起義累功授正百戶隸山西朔州

衛再傳至斌公征香爐山有功晉副千戶改隸蘄州衛左所數傳至震公無子東池公當以弟繼掾吏持之若多與我金不則削一等貧無以應因降授百戶歸而司屯政有郡理奉檄覈蘄州衛所事而身坐岳陽徵諸案牘東池公亟奔命遺其籍郡理疑父乾沒幽圄之公時從行匍匐入愬請以六日爲期取還報無令父受誣涕泗雨下司理憐而許之冬大雪舟楫不通跣而行足爲重繭如期至事遂解而語諸弟吾乃今而知文吏之貴也自今以始諸弟任學予任費學無惰嫚督學使試蘄士興國涉江踰嶺覓得驢以乘幼弱弟而身杖策隨之不違淖體鴻大股以下爲裂矣父病泥首呼天乞以身代醫藥百端不效而父執少弟手付公若代我爲父公泣

受命與諸弟謀親喪所自盡今不能成禮諸弟他日即富貴何益某可貸某可貸也父聞而呼之曰孝哉天鑑斯言必有佳兒報若吾復何憂第憂兒過飲耳哭而伏牀下頓首曰以不服膺而父遂瞑終其身不內勺飲服闋詣京師言祖爵爲舞文者所奪詞辨如雲司馬奇其貌仍以千戶嗣奉職恪勤而淑元與仲弟少弟先後舉進士公笑曰猶記策驢時事耶獨恨吾以介冑踞諸弟上雖然吾亦有以自見以武功爵進指揮僉事有巡江之役建營房使士不露處而增列戍數百區所捕盜數十百人桴鼓不聞部賦半道假寐若有語者河且廞淤怪之起勑舟人速進迴視他舟滯者累千漕帥罪公亂次督府不可是宜論功何罪之有後一歲復領運遭石尤

風覆舟稱貸以償粟賁漕卒不問已視篆布其德而兆其謀理僚屬貧廢嗣者十餘曹同列因污蠛以他事當道悉公賢讒不行稍遷楚運糧都護都護無公署所領諸衛各以四十金歛舍公歎曰是誨貪也捐橐中六百金建署至今不得口實貧歛矣怨家夫婦反目婦執夫所誣公移文來訴公取焚之勝敗若化吾不介之胸中久矣而長古何爲公初與叔弟俱艱於子謁款泰山出資爲仲署側室而公有二子仲有四子已晉分閫於浙爲副於粤爲長單騎之官刻厲如昔而戒其婦奉母無違過全州大佛寺佛燬於火取沈水香造之爲母祈年已晉思恩參將居無何念母心動遽解組歸次武昌承母凶耗嘔血數斗自投於牀病加矣入門號咷擗踊食不

溢米毀甚不及葬母而卒公官三十年一錢不入私室視兄弟子姓如一身慕張公藝同居立家訓兄弟致美無分異無蘊利生孳文爲義屋義田贍宗之貧者所全濟鰥寡孤獨顛連無告戚疏遠邇不可勝計病日自爲祭文理凶事卜塋域遺令葬無過七日無藏形家言無受奠吾飲水數日即祭當以水語畢舉手別諸弟而逝年五十有九仲子棟與季弟子太學生樸屬余志銘銘曰急父難兮胼胝痛母亡兮身隨友諸弟兮咸宜廩有粟兮同炊譬纏綿兮葛藟死甯忍兮離披祖溢我兮繹思復世官兮靡虧屬櫜鞬兮四馳既能廉兮能慈部曲驩兮誦之不二一心兮熊羆古之人兮兼資今之人兮誰其赳武夫兮恢奇爲邦家兮羽儀五葉傳兮葳蕤如一日

兮怡怡江有沱兮名蘄卜兆吉兮在斯暝則藏兮何遲考終命兮宴嬉格上下兮神祇顯百世兮本支美不虛兮銘辭 州志

國朝

火星祠記碑州人顧景星撰

歲在壬辰楚大旱春蘄災秋又災大吏以狀聞

詔免今年田租之半按察僉事曲周王公禱於神洪雨滂澍焦禾復青乃謀祀火問顧子顧子曰聞之古之占火咸主數或主象或主神春秋昭公九年陳災裨竈曰五年陳將復封夫陳水屬也火水妃也妃以五成故曰五年此主數者也十七年冬有星孛於大辰申須曰諸侯其有火災乎梓慎曰若火作則宋衛陳鄭當之於時爲五月以丙子若壬午之日此主象

者也明年夏五月壬午四國災鄭子產大爲社祓禳於四方祈於元冥回祿襄公九年宋災士弱曰古之火正或食於心或食於味以出內火於是有祝融閼伯相土之神名爲火祖以祀之而紀時焉此主神者也象數不可爲而神則若可禜雩而禱之者無已其主神乎公爰度祠南門之內四旬祠成屬顧子爲記顧子曰詩不云乎靡神不舉靡愛斯牲今以旱祀火古之遺意與火祖官於天宗記曰季冬祈來年於天宗天宗尊不可遽祀因其官而祀之如堂廉遠不得遽聞因在位而聞之不亦善乎遂復於公爲之記 州志

貞慧寺記碑州人顧景星撰

蘄州東山大伽藍唐貞觀中僧宏忍建宏忍隋末黃梅人廣德中賜號大滿禪師嗣四祖大醫禪師法所謂五祖是寺初名貞慧咸亨中別建於馮茂之東遂改名東山自達摩耶孫傳至是而五宗皆出其後五宗惟臨濟最盛宋哲宗時南嶽下十三世演禪師嘗禪師十四世自禪師青原下八世戒禪師九世秀禪師嘗往來兩山居之佛幢華禪師者臨濟下三十二世嗣聖恩壁禪師止匡廬之歸宗歲丁酉郡紳士迎居東山繼演老五公而起則師也此其源委大略云當貞觀時蘄治去今西北五十里宋景定三年築今城先是荒山大江無麈井城郭而寺之在麈井城郭近在五百年內耳崇禎兵火寺巋然在僧海蓮募修之工稍集年饑子引范仲淹皇祐初治浙事諷當事當事以爲然明年棟桂榱桷甍甃無摧撓

致漏者則蓮爲之也又明年建方丈庖湢則總戎賀公因華禪師爲之也於是海內更知東山爲諸方冠嗟乎佛法衰王繫時隆汙末流滌濫不足殫究然而桑門梵宇莫盛於今各奉宗師離立宇內皆有刱建纂述而東山實先价偃輩出繇唐歷宋凡一再興於今復振可弗識與寺自洪武十五年僧祖鑑修正統十五年法治又修舊碑泐無攷見於志今華禪師與演老五公當爲此庭列祖蓮曰不碑恐後愈沒前事僉曰然礲石乞文爲記俾來禩獲聞如是共出貲力自職官至庶姓書於碑陰 州志

宗遠禪院記碑州人顧景星撰

萬歷中海內晏然風俗醕粹學者喜談性命顏山農何心隱

之徒開竊佛氏叅吾儒李宏甫逃儒而釋智辨皆足移人於是佛儒其辨如緐先大夫中歲謁部得郡判病足不仕侍曾大夫處林下所從遊多顏何弟子故開取佛氏以廣情而遠俗焉而同里故江油令張公日新指揮岳公某田公某文學易公約菴高公某陳公某爲齋會買蘄城東堧搆屋數楹號八關社亦名八公社八公卒而鹽法副使袁公世振新其故楹與耆老曾黃吳僧太空大定歸宗更名宗遠社宗遠者取陶謝諸賢於惠遠云爾兵興以來人亡社火自建而廢凡五十年藜藿所拄鼪鼬迾焉僧慈舟者蘄人亂後棄家爲沙門走海上十夏臘歸闢址爲堂殿廊庖十餘楹時大旱饑民有賴傭估以活者地東西南北若干丈陶用若干戶牖外達望南湖諸山明秀如鏡中小舟雜鳧雁草樹蔚薇略彴斷續春秋異觀晴雨變態鐘鼓悲壯幢旛颱颺院成仍名宗遠乞文勒石余惟佛法自黃初至義熙中國之民始披緇剪髮意當是時不啻興辛有之歎而諸賢樂而與之遊何哉蓋有感於中而託以自廣云爾予嘉茲善舉而名又善焉亦重有感於前人故爲記州志

明山西按察司副使李公墓誌銘州人顧景星撰

公諱樹初字客天蘄州人曾祖諱言聞祖諱時珍太醫院院判封文林郎生考諱建中文林郎四川蓬溪知縣贈中憲大夫妣某氏封安人缺二字考建木贈中憲大夫妣某氏封安人初太醫夢朱衣人曰來報汝陰德覺而生孫蓬溪弟建木未有子乞爲子蓬溪卒舉家產付兄弟而自以菽水事嗣母舉萬歷四十六年鄉試明年成進士授戶部主事天啟二年榷河西務寶源局銅之派榷關備解若干斤公不以擾民自捐貲購銅又先期入大司農能之薦於朝召對上但稱聲音洪亮薦者大失望明年以郎中司宣府餉鹽商輸粟不實按名責補商齎金乞寢其事叱遣之因中貴人爲之請又不聽無何出知陽和府魏忠賢遣其黨巡宣大自巡撫下望塵拜謁公稱足疾不出烈皇帝誅忠賢臺臣以方正薦陞山西按察副使巡赤城口外立市怨中國不信公至勒石示不欺順義王遣使厚謝公公亦厚報聞於朝降諭慰勞覃恩授中憲大夫請移封本生父而自以中順大夫落職築館湖上扁舟野服號西湖釣叟耽酒工詩有穎餘慵緒數卷崇禎八年寇犯境公捐郭外大池決隄通湖以衞城十六年寇陷蘄遇害年五十七配朱氏宜人先卒繼封氏宜人偕死生於萬歷丁亥四月七日卒於崇禎癸未正月二十八日子三延慶貢生同遇害具慶文學朱氏出全慶文學封氏出具慶子三之瑨之玖之瑤全慶子一繩祖以某年月日葬公東湖猴耳洞之原公在陽和赤城皆有祠蘄則自其祖考皆崇祀景星既受其子所爲狀爲李氏四賢傳而又爲公誌銘銘曰仁術壽世職公先闕樹贈言報靡譽俎豆三世侯邦賢處豐而約厥德剛毅魂雄魄歌國殤目窮千里歸心傷鍥石維幽旌曰新匪昭羨門授後人爾臧爾熾宜子孫州志

桃花村石刻

在蓮市湖顧景星桃花村詩注云湖邊舊有石刻桃花村裏有人家（白茅堂集）

贈中大夫盧公神道碑銘　太倉吳偉業撰

丙子歲偉業被命偕給諫萊陽宋公九青典校湖廣鄉試時中原已憂寇盛彌漫豫楚之交流氛四出羽檄交道謬以一介虔奉簡書揚旍馳驟巖疆轉徙金革幸得畢使以鉛黃甲乙多士鎖院三試所弋獲皆爲俊民而蘄州盧大夫紘在選徹棘捧雉來謁舸舸然君子人也既而詢知其家世以儒業發聞尊人呂侯公經行犖犖爲儒林長德余嘉其學有淵源稱歎者久之迄今兩閱星終而大夫來爲參藩董備倚於茲

土一再過存具呂侯公素履及奉諱始末以視泣而請曰先君生平好古篤行阨於時數潛德弗耀重以寇禍滔天毒流方嶽闔門抗節竟殞非命孤每念此日夜悼心今幸蒙恩

聖朝榮施泉壤告第納書秩登三品於令得樹碣隧道以紀休昭烈而徵辭摩勒尙竢載筆惟夫子辱知最深又前職記注若不鄙而賜之光闡孤實假寵以報所天徵直成我而已敢固以請余衰薾不仕脂澤之言何足爲公增重顧念公積學純行法宜備書其死事一節尤奇且處大夫父子閒契分特厚采錄懿媺傳信惇史固其所也庸敢以不文辭謹掇大夫自狀與廣山錢先生所爲傳而槩之左方公姓盧氏諱如鼎呂侯其字其先吳人遷楚之梅川勝國永樂閒始占籍於蘄四

世而爲南槐公諱楷卽公之考也因孫貴贈中大夫妣宋氏繼李氏皆贈淑人公生而奇穎承傳家學丱歲屬文有聲南槐公義方甚嚴營丙舍於濠上引泉植竹疏窗開靚以爲公肄業之所延里中少俊讀書談藝其中公挾册唫諷鞫曉究明不問家人生產淵涵停滀霈爲文辭弱冠由博士宮頻受知督學使者試輒雄其儕伍數踏省門不售中閒伲得之而更抑置人皆爲搤𢸃公一意修學著書以造進後晜爲己任抗顏家塾說經鏗鏗疏疑釋難敎施如雨至者虛往實歸充然意得去由是負笈雲集江黃閒推爲大師嘗手箋尙書四子書科別同異丹粉狠藉成就子若從子多列鴻生畯儒比大夫以丙子名薦書英譽鵲起公遂擅莁息

機不復事榮進爲人厚重質直不苟訾笑服勤孝弟內行修飭南槐公治家嚴公應唯伺顏色惟謹少有不懌或形譙讓彌益蹴踖起敬執內外喪毀瘠踰常分財產能適長兄田廬取湫苶者僮奴取羸拙者撫兄子如己子同仁均愛有鳲鳩之心辛巳凶札橫道多殣公倒囷賑贍視致醫藥宗黨卒倚以全閭閻有爭相率就公平決片言折衷愧屈過於要質其爲時所信嚮如此異時鄉里子弟不悅學公用形家言請於當事增壘江中石磯閣祠梓潼神其上俾助文風自此雋兩闈者蟬聯不絕蘄人士至今頌德焉公之卒也劇寇自廣濟乘夜襲蘄公被執賊中有識者曰彼善士縱諸寇退舍公勒習里中人分布闔隘爲死守計自守南城寇盡銳來攻公督

勵守陴殊死鬬賊垂卻而他樓堞墮從公後肉薄而入刃及
於背公拒不及遂遇害時癸未春也子姪從孫及諸婦楊氏
袁氏同時死者八九人嗟乎自盜起中原生靈塗地大城名
籓相繼陷沒其聞義夫淑媛就煨塵而不稱者何限而堂堂
身都將相擁强兵牧伯正長覆師失守委而去之色甚安者
多矣公進趨退怯眇然儒者及老困佔畢未登仕版無預封
略人民之任而能臨難賈勇授兵登陴力屈則鈹交胸腹橫
屍原野而不惜可不謂識取舍烈丈夫乎况於雞斯弱質聲
不出梱赴蹈如歸者成羣乎公生萬歷戊寅四月下距癸未
壽六十有六娶淑人羅氏生男子二長卽大夫紘次紱公卒
後三日羅淑人收屍江滸焚而瘞之五閱月大夫歸自公車

以殉節狀鳴於所司將拜章請旌未及上會改物而止丙戌
冬大夫卜新阡葬公土門珠樹林己丑第進士由邑令累官
藩牧廉辨肅給善政流聞凡三報最推恩得贈公自文林郎
三命至中大夫壬寅歲今
皇上紀元之載奉
命督糧蘇松而俾余書其隧道之石公可謂有子矣雖不獲光
顯其身而洊受哀榮於後天之報忠義不爲無意也在禮死
寇之士旌之曰兵戰於郎童汪錡死魯人欲勿殤子曰能執
干戈以衛社稷雖欲勿殤也不亦可乎如公精忠大節有光
册書無疑也昔魯共姬待火而殞春秋賢之書曰宋災伯姬
卒盧氏貞姬競烈玉碎不污曾何愧焉余不揣固陋採摭遺

芳牽聯書之比於春秋禮傳之義以詔來者狀又稱公邑子
暴卒攝至冥途冥王命屬盧某保任而後釋歸正直之人鬼
神所欽有是哉事涉恍惚故從附見然世所喜傳者在此則
亦莫得而略也銘曰卓哉盧公儒宗文師幼閑庭訓悅禮惇
詩法律繩己名教夙資嚅嚌道眞克昌厥嗣進思經世有物
險之退淑諸徒南面臯比敷陳聖謨牛毛繭絲疏理滯礙如
結得觿躚躚媚學陶鑄靡遺方領矩步好仁樂施閭里質成
彥方愧知運鍾百六天狼失維巨寇狂猘帕首朱眉羣飛海
水潰隄莫措若火燎原撲滅詎期祝融郊甸魚爛則悲我公
孱者武奮熊羆部勒壯士率用鉅鋌丁甯振鐸擐甲登陴戈
衝賊喉曰舍欲移環城百礮三板突墮戰鼓不揚渠門火旗

身膏草野刳腹折頤志均馬革義逐死綏婉婉彼姝頩爾自
持清泉虐焰視甘如飴號無荸經哀動出謫一門忠烈前行
後隨似川□□啓佑本支巍科洊陟
熙朝羽儀位崇岳牧絳節金龜禮備哀榮鸞書紫綾旌幢棨戟邦
□來尸停驂訪舊南史是咨徵文篆刻徽懿昭垂佳城鬱葱
贔屭豐碑松楸馬鬣傳信在斯於千萬世式瞻慕思 州志

盧氏祠堂記碑 婁東胡周鼒撰

祠堂之設所以表忠彰烈也其采自輶軒請自禮官載在祀
典者尠矣若乃闔門蹈節投袂爭死疾風險塗忠勁挺出旻
亦澡身勵行贍族敦倫而敎之家者素也雖廟食有待而就
塋爲祠俎豆莘莘俊存芳烈嗟乎此仁孝之心所憑焉耳大

參濟巖盧公轉運江南公餘枉駕敝廬手執家傳泣而示鼐
曰曩昔癸未寇薄蘄城先人以書生登陴九拒城陷及難子
姪從孫暨諸婦死者八九人所司狀請烏頭雙闕之旌會圜
方改革不果行歸骨窮泉拱木將積緃幸成進士歷藩牧三
被
貤恩封祖父如已官榮賁黃壚叩心通感今碣於陰碑於陽者皆
有文矣惟茲三楹之堂仰奉靈衣悲纏祠樹將偕吾族人於
時思敬於時思哀也子其記之鼐稽盧氏其先自吳徙楚累
葉風素公大父南槐公父呂侯公夔磨文行益布家聲南槐
公置館解榻結交羣英傳經誡家備有程矱呂侯公才峯迅
驅龍拏鳳跱每試輒空流輩潦倒場屋四十年負才屹屹不

少衰談經竈觚辨若決溜所摘剔詮解精穿溟涬學者受讀
比名金海當是時生徒侁侁袪衣儼屋附近朱藍經師人師
不減西河南學盧氏子弟肄釁序知名者二十餘人大參丙
子儁楚闈公喜硯耕有人遂謝鉛槧然益爲德窅冥施恩不
報薰風飴露惠浸萌生而規言矩步盡日不齧觴鏡平端專
以誠長者待物里人有纖介郄輒愧曰吾懼不可以見盧公
方巨寇突陷蘄春殺人如麻神奔鬼遁盧諸生曰紱曰紳曰
震初曰晨初罵賊求死紱妻楊氏震初妻袁氏投軀烈燄浪
井中時呂侯公亦被執賊中有呼善人者竟舍去昔盧植不
殺歸隱名山公一白髮儒生手不能搏乳犬旣得不死宜蹈
地自全顧乃嬰城覆沒終膏鋒刃若義有不得不死者一門

爲烈蓋天性然也始大參以公車留滯幸脫氛祲收拾靈骸
重加槥櫝青楸元冢碑銘儼然頃之數歷高華洊膺
綸誥賁及夜臺榮哀之道亦略盡矣而永言孝思猶欲寄之乎盤
盂杯椀也卜爽塏地構祠棲主俾登斯堂者拜而感曰某也
忠某也孝某也貞某也烈魂魄常依焄蒿如在且使過其祠
者憑而弔曰此盧氏一門節義之祠堂也豈不足風示嚮往
哉或曰盧之先有盧敖盧生者其人皆仙去嵩山鴻一萸澗
協昭之徒千古稱大隱君子焉呂侯先生緜禓蕭疎寬然長
德而名動閭羅自其生平靈福及鬼又何奇異也聰明正直
者神其初或感自雷氣生精或名在斗中日下宿槀既殊而
又有清修隱行爲天神欽重者故能取義成仁血碧枲霜而

氣還箕尾然其精意所屬期於利人而已詩曰神之聽之好
是正直班固乃謂楚風重祀謬矣州志

北門李氏龍磯挂纜記碑州人李炳然撰

凡形氣所憑依曰神靈象教之普濟曰佛力二者如捉影響
於風聲探元珠於赤水幽冥而莫知其原而群愚時遇急難
危迫之際莫不相與奔走號呼假助萬一然而終無有驗益
厥怪迂不若一手一足之反爲烈也吾郡水西門外爲龍江
立石槎枒嶙峋百仞岸爲烈士廟則爲昔之守宰王公時遭
北寇城陷赴水死之歷代有司蒸嘗載在祀典江心爲龍磯
寺洪濤洶湧實砥東南之門戶黿鼉出沒征帆下上佛則尸
之每歲冬寒百川歸壑廟寺對峙石逕坦途不煩舟渡魚貫

而梁緣焉猨奔則樹息州人士負踞盤桓其上相賞殊有泉石閒意致足樂而忘歸惟是夏秋之交嶙峋參差黏天汗漫舟由北岸而泝流者必於廟前取道焉百篙枝拄進以尺寸計額額奮呌推輓即隆險皴裂亦白汗交流縱非黃牛董工開導之奇蹤彷彿呂梁懸流噴沫之險絕估商臨汛未嘗不動色股戰惟神明佛祖之是賴也夫古之禦大災捍大患者皆其功德及身以及民者也後人因而追崇羣祀之苟功德未洽於衆蚩蚩決策仰望其陰行功德之及人倏爾大災大患之狎至不幾於以其身儌倖者哉故凡事之坐而言之起可施行者不咎鬼神之忽焉喪之而恃吾災患之所不能入蓋人力天時迭相主客爲勝負者也郡庠李君化龍家傳經

術世載穆清其先祖諱正芳者睹斷岸之巉巉憫舟人之岌岌當此硤口施以巨縆鎖以鐵柱舟行至此攀緣曳鍊夭矯亂上視昔日之猨啼箭急篙摧櫓折望若休息乎龍門者如羊腸掌頓之迴不侔矣其古之一手一足有功德於民者非耶於斯時也霖潦始盛澎湃有聲乃亟撤舊纜之蠹壞者更綴以新筏淇園漢竹竊斧斤截斬數千竿焉放在水次乃偕二三耆宿而進之咸曰年來舟行安流相賀燕喜李氏巨纜之功也郡人何有焉李君化龍逡巡而退曰昔者逆流其難也如彼今日迴瀾其順也如此悉神明佛祖之力也丈尺之組鍊余家何有焉僉曰善是不可泯滅無記予生既晚素慚蕪陋爲文鄙拙謀勒貞珉垂之永久先告江神其辭曰惟蜀

都之黃牛兮三朝三暮不可上蘄郡衿帶夫龍江兮烈士磯頭時一望龍蛇蛟蟺以潛躍兮鱣鮪鱠鰍皆用壯嗟天吳之不仁以愁人兮瞥眼空游下天狀銜尾一跌而失利兮捆載黃金輸海莊賈客過而隕淚兮安得百丈長繩引飛浪喜陽冰之裔子若孫永施功德於汨沒之蘄粵於不替兮譬彼水底三犀牛陵傾海竭將安放州志

看蓮亭記碑州人張士淑撰州志

石蓮峯題壁記張士淑撰

王子碩叟以文事徵同社於祟居之荷槎山寺山不甚高而僻迴深翳樹木蓊茂隆冬積蔭如春夏亦幽境也寺僧蓮輝喜藏古法書名畫兼好客因共山行凡古松卷石曲澗幽巖

輒置茗清賞移時方去山故有石蓮峯視衆山特矗起怪石巉峭望之如虎豹蹲踞欲搏人沙彌爲余言石壁中有古洞相傳有道人丹鼎其中後仙去時有雲氣護之不可至至則往往有雷聲余笑焉因命沙彌導之行石壁著山腰折山西行不得路復迂道陟巔巔多石無雜樹惟松及橡栗數種樹窘於石盤屈轉伸不可得如壯夫受抑殊不耐遑夾樹多猨猱見人來殊不驚稍逼之輒拾橡栗擲人羣逐之方逸去峯頂少憩覓山路惟有樵徑殊逼仄不可行因相尾捫藤蘿下峯迴壁出果得石洞初入穴石陰噤悄目色映之稍耐寒慄再入數武頗平塏薪竈烟墨如可認識或羽客丹鼎及先世避地者居此俱不可攷時蓮輝復攜茗果至同衆席石上作

茗飲飲未竟山氣縷縷從峯腰奔上眾谷助之遂作濃雲捲拂古松石罅閒不即去衣爲溼少頃雲稍薄日色從雲氣中映出青碧紅紫不一色如蝃蝀影眞奇觀也余笑謂沙彌雲則有矣雷聲安在穴西有懸石廣方丈面平如拭可書字而路絕不通峭壁斷岸下臨無地望之意惴慄如欲墮墜友人陳謙子善大書喜探奇因以繩貫腰自山頂下懸題留雲處三大字擲筆而上余嘗讀名山記岱巔有無字碑其石不知經幾千百年從有字至無字此石不知經幾千百年從無字至有字皆石中一段佳話也因記其事並題年月及同遊緇白十一人姓名於壁州志

李公去思碑州人陳履中撰州志

陳浩詩石刻

乾隆二十年昌平陳浩題幷書州志

獅子口文殊菴重修記碑州人陳詩撰州志

元妙觀修復記碑陳詩撰州志

重修黃篠山絲蘿菴記碑陳詩撰州志

胡蘭亭先生墓誌銘陳詩撰

嘉慶四年六月十七日蘭亭先生以疾終於里門余時在荆州聞之哭失聲曰先生沒吾邑中治經之士無所問業矣又數月歸造其廬撫棺一慟於是其孤子愿稽顙以請曰卜葬有時請所以誌其墓者予泣而應之念鄉黨姻好中知余者莫若先生知先生者亦莫若余然則銘幽之文非余其孰能爲之先生姓胡氏諱薰字輿載蘭亭其號也世爲蘄州人先世皆有陰德自先生考東山府君出後其從父孝友如故時本生諸子姪雍雍穆穆不肅而自嚴余嘗誌其從子鳳池墓具載於篇其家敎然也先生性坦易不言而飲人以和雖悍且詐者每就見輒獻其誠而勃窣窮經自少至老未嘗一日廢於先儒經說一一味其義根手自鈔纂彙成卷軸執經問難之侶無不各得其意以去弱冠補諸生又數年以副榜貢太學又數年登賢書旋以臨場改經見黜於

功令而攻苦下帷不以挫折故少懈如是者垂三十年先生之學可謂安且篤者矣先生生於雍正十年十二月二十二日得年六十有六配繆氏子一即愿邑優廩生與余爲姻家孫二

人榮本邑庠生榮紳曾孫七人以卒之明年十一月二十日葬於中林書屋之左偏從治命也著有四書輯說三十九卷鄉黨義考七卷周易晰言十卷尚書集義五十九卷詩經詳詁二十九卷特牲饋食禮集訓一卷禮記纂錄四十九卷春秋通解二十卷藏於家余既述先生學行大略而具以兩人情好系之於銘其詞曰余見先生始由號舍瀟灑風簷矣言啞啞越十四年爰始造門印證經義猶鍼芥然自時厥後以心相友一出一要動則必偶每歲發春往輒踰旬冬暮還里來止逡巡粵戊申歲授經同地月數過從語合符契晰義賞文排難解紛以通以介經緯則均人亦有言奚其爲政先生道行與物無競自我遠遊君亦歸休胡甯忍予乃赴九幽往

與君語貧以待老今失先生七十猶夭人生奇樂莫如相知我雖有懷今當訴誰吁嗟已矣歲行在巳遺書具存以貽孫予胡敬之衢馬鬣是封九原不作吾將焉從州志

獅子巖刻石

在大同鄉六溪衝陳詩鐫字於石曰臥雲巖州志

工部主事陳愚谷先生墓誌銘　黄陂萬之傑撰

嘉慶甲子傑補弟子員晤友人獲讀知不足齋四書文竊以不得從遊爲恨適督撫有通志之役茹古香學使者力請延至會垣主講江漢書院以志相屬乙丑傑因執贄受學癸酉先生以其孫道喻屬傑爲句讀師聚處二載每縱談古今輒至夜分道光壬午八月先生去鄂丙戌傑試春官報罷病中

訃音至嗚呼天奪先生將使後來者不得與於斯文耶先生蘄州人姓陳諱詩字愚谷知不足齋其齋號也系出義門見於先生自訂族譜序曾祖諱立元國學生祖諱先槃考諱猷漢俱以先生故貤贈奉直大夫考卒後閲五月先生始生妣袁封太宜人先生性質穎異數歲解屬文當時常摘其尤者以傳乾隆甲午舉鄉試第一戊戌成進士觀政工部庚子以工部主事終養歸不復仕進歷主鹿門荆南書院講席最久者莫如江漢書院先生無他嗜惟嗜書始識畢秋帆制軍以國士許之制軍藏書數十萬卷每部皆有贏餘欲以其半與先生會襄陽教匪滋事制軍卒於軍事遂寢先生富於精神高舂而起漏三四下始就寢博綜羣書貫穿精義手纂日萬餘言不屬草聞有未見者必婉轉借觀之撮其精華累數十年不能忘有購古書於市者舉以問先生先生爲略舉大意卒皆毫髮不爽爲人寡言笑不偶俗以邀時譽亦不輕譽人人有非語相訢病者往往不之校與人交匡困貧無苟相知不易生死學者有所質每辨一難析一疑令人驚怖其言恍然如有所失史傳中斷簡脱字挂眼輒訂其譌詩古文辭下筆立就古文愛歐陽公論詩不爲風雲月露之詞每語傑爲文當如朱子所云無一語無關係故所學務以明道爲要一時知名士多出其門前後獲大魁掇巍科者盖往往而有海豐張筠圃制軍嘗以楚北大儒目之知言哉所著有四書類考三十卷人名考二十卷六律正五音考四卷續修湖北通

志若干卷湖北金石存佚考三十二卷江漢書院志略四卷重修廣濟縣志十二卷竹書紀年集注二卷知不足齋四書文十一卷俱已板行陶靖節集輯註十一卷韓詩外傳疏證若干卷借刻他氏春秋比事六卷春秋世族譜二卷春秋官制略一卷春秋謚法考一卷春秋後表四卷古今韻類求三十二卷新唐書世系表補正十三卷元史帝系宗室表各一卷元史列傳蒙古色目氏族表各一卷漢人南人氏族表各一卷清爾雅十八卷諸史地理志彙鈔四十六卷序目一卷附論二卷湖北舊聞錄四十六卷湖北詩文載二十卷尚齒會彙編二卷道聽錄二卷宋登科記三卷質疑錄十一卷唐宋十一家文鈔集說五十二卷尚友山房詩文雜錄十卷金

石史若干卷未刻正稿付蘄水陳殿撰沆底稿藏於家先生四世單傳配詹封宜人先先生十一年卒子一守仕州庠生先先生卒女一適邑庠生胡榮本署荆州府學訓導胡恩之長子孫一道喻業儒曾孫一行成尚幼先生生於乾隆戊辰十一月初三日某時壽七十有九卒於道光丙戌六月十八日某時將以丁亥月日卜葬於祖山之原喻走書五百里以銘幽之事來告嗟乎先生賦性古樸人有過輒面斥尤嚴於論文非根據經傳言之有物者率塗拭加之不少貸夫人情多諛先生犯所最忌者以與世周旋其從焉者寡矣獨與傑朝夕講授娓娓不知倦猶憶歸蘄時舟中寄以詩云萬生雖我友至德實吾師先生此語傑固負之無可言然竊自維知

先生者莫如傑而愛傑者亦莫如先生銘幽之事傑敢以不文辭哉因揮淚銘曰嗚呼先生古訓是式先民是程曰夷曰白履潔懷清鬢髮勵志皓首不更歆皺時趨闒捭縱橫狂瀾獨挽大廈獨撐隨風咳唾翼傳羽經朝包晚瓛莫之與爭嗤彼無識腐鼠是驚非得其人道奚以明吁嗟乎何以況之前有安溪後有先生州志

廣濟縣

宋

隱君宋君墓誌銘

鄉貢進士濟南林逊祖撰文新授右宣德郎陳璞書丹前杭州新城縣令林口篆額紹聖元年碑尚存

廣平宋君少年舉進士有聲場屋閒晚不得志口長口口曰吾豈不安於命哉有先人之廬可以庇風雨有山中之田可以具伏臘教子弟以先王之道竊於太平之時追配古之隱者亦幸矣於是退就西郊增完舊構一觴一詠優游卒歲元祐七年秋余嘗造其廬君是年六十有六雖老矣而精力益健語論袞袞可聽使人悅然解慍若子若孫鱗次侍側雖幼者亦愿而有禮又令人嗟夫積德之報不在其身必在其子孫也作別才兩月君逝矣聞赴爲之惻然今諸孤不鄙謂余以君不朽之事相付勤懇不可辭敬爲書之君諱琰子文其字也占籍蘄之廣濟世以貲右姓大王父德遇王父九皋父潮皆潛德不顯君蚤失母夫人事先君至孝已而先君捐館

舍移其禮事伯父尤謹而同氣數人尚幼拊育之既有成畢其嫁娶而生事益滋閒居不妄笑語貌厚重而中甚敏規畫家政有法度死之日親族閭里泣之皆失聲其爲人可知矣娶郭氏有淑行前君十一年卒生子八人磐彥邈敏修邁造逸逵孫男十三人女八人曾孫女一人磐敏修力學能文彥等幹蠱用譽敏修有高節尤精醫事病者應手而愈未嘗以報爲念士大夫多奇之君以歲壬申冬十一月二十五日卒於家以甲戌年春正月初七日諸孤奉 神匱葬於安樂鄉白沙里城隍林之東先夫人實祔銘曰猗嗟宋君考槃空谷鶴孝於親季復用睦亦爲政焉奚其榮祿似續多賢永膺爾福

金石存 佚考

青著寺刻石

在屠峯山寺爲余玠讀書處寺左有廢塔僧從榛莽中得石數片上鐫元祐四年造土人重於此建刹 縣志

明

城隍廟記碑正德十四年華亭王袞佐撰

廣濟爲湖廣黃州之屬也其地四多山阜民遙遙依林麓以居中闢田疇築塲圃爰稼穡歲計取足於是焉其他麻枲漆絲果蓏之屬又紛紛錯置魚鹽交集雞豚牛羊茁壯固可爲豐且饒矣然而樂興生事衣被而陰隲之者則爲守令是賴惟神是司城隍之神主夫原隰封畛城堞陂池敵國外患水旱疫癘其爲通祀漢唐宋尚矣我朝太祖高皇帝龍飛之初以神之有靈也敕封爲顯佑伯爵雖崇而廟宇未稱邑宰陳侯景昌經營創始而規模則未大也天順癸未張侯琮主簿汪佐又嗣而輯之而藻飾則未完也正德壬申強寇壓境民剝於兵邑之幼耄及宰相率許於神曾未浹旬卽電掃風驅陰加竄逐生靈不至於魚肉者神之力也時則有若孫侯寵縣丞梁勛以爲無德不報將何以酬神乎募耆民陳忭龔仲華等以董之捐貲殫力聚工匠木石廓其規制加以丹堊始翼然翬然而神之貺可少荅矣己卯四月袞佐叨尹是邑越三日以例謁廟肅恭拜瞻跪祝曰惟爾有神尚克相我以康黎庶以阜百物無爽厥靈祝畢徧觀廊廡庖湢之所籩豆鼎彝之器靡有或遺如是而肅登降聳具瞻固善其事之有終

也積累艱難更三四令而始備使神得暮鼓晨鐘以侑以享以妥其靈者又豈不重爲之喜哉厥後若縣令若丞若尉若邦人有事必禱禱之必應如響斯荅嗟夫明則有人幽則有鬼神昭布森列固不可誣況吉凶禍福之機泯於無形人雖不知而神則知之赫然天鑒之在玆甚可畏也凡爲吾民者可不惟神是聽惟影響是則哉其或以譸張變幻求媚於神瀆於祭者則又爲神之棄也神之棄天之絕也烏可以不謹哉時縣丞林源主簿陳嘉穀邑傳戴君謙司訓趙君顔相率謁袞佐曰文雖具矣不鐫於石恐湮沒無聞何以昭神貺慰邦人之思乎袞佐亦感前令之有功而慨今日之不能補其萬一也於是書之以記歲月使垂諸不朽云爾 縣志

曝月臺題名石刻在靈山知縣劉允昌書

劉允昌燕及同劉秉鈇寬伯王逢年長孺甘許國忠甫陳楚瓊伯允胡篤生孟培陸嗣先夢思饒嘉元仁倩吳亮思幼睿遊此允昌爲作擘窠書題名萬歷甲寅九日也 縣志

國朝

横岡山眞武廟碑蘄州顧景星撰

廣濟之鎭山曰東衡曰橫岡橫岡隱秀磅礴其巔有眞武廟眞武者北方牛女宿之別稱其神不知何時始而今盛祀於均州之參山卽太和山水經所謂羅君山也俗謂非眞武不足當之故又名武當其名見水經亦由來久矣

國制有提點司之凡荆吳豫數千里之民皆走祀而數千里之

境內亦各以其山之出風雨見怪物者皆爲眞武立廟記不云乎哉夫神氣則無不之也無不之故誠以奉之卽不參也可不誠以奉之參其神乎然則横岡何必不參至於神之出處俗所傳逃謹儒所不言而通人亦不病傳曰使天下之人齊明盛服以承祭祀蓋言鬼神之德之盛也云爾舊未有碑康熙九年四月邑人徵文勒石縣志

楚東江閣記碑邑人金德嘉撰

湖廣地載在圖經凡六千里而東南之界於九江者爲龍坪龍坪古鴻腦洲地蓋山川之氣蜿蟺縕結亦久矣瀕江有閣則自今歲始閣之高以尋計者五廣如之修亦如之壓水而基欲其毋齧也郭以石石穿土深入欲其毋阤也郛以杙用

松榦爲之杙周圍繚繞若垣墉然欲其毋瓶也羃厥顚與土埒凡甓甃之工畚鍤之工繩削之工日有餼月有傭費其別珉輸白金錢米氏名纖悉都載工肇於某月某日至某月某日而竣余不佞齒於鄉誼當記諸石案水經漢合於翼際峯下滸流而東也右得山曰西塞曰釣童水小灤左得齊昌之蘄口廣濟之青林口水小渚青林一水東通大雷支爲湖一水南注於江匯於潯陽九派龍坪負湖而抱江奔湍駛浪江之南涯際遂閣古有江心寺李太白詩所謂手可摘星辰者也蔡山小剎今沿舊名而江心涔洞則蟄龍所宮矣形家往往言龍坪之閣於東南隅也宜輿議胥協從刊水移置焉是役也趨事赴工捷於鼛鼓於是知人之可與有爲也前朝萬歷中江漢書院之會庸德懿行藉藉人口由今視昔將毋同乎登斯閣憑檻以思冠蓋閈閎相望庠塾誦讀聲比屋相聞猶有先哲之遺風焉若乃農贍蓋藏賈裕泉貨肆鮮奇技淫巧之工巷無吹簫拊劍鬬雞走狗之徒月吉讀法古閭師黨正之規尙有存者郡縣大夫行部輒稱龍坪善地有以也閣之輕重豈不以人也夫縣志

六賢祠記碑邑人張惟金撰

士大夫經明行修當其身發聞於世而流風餘韻感人於身後者久而彌篤豈非古所謂鄉先生沒而可祭於社者乎國家崇德旌善有崇祀鄉賢之典可以勵世磨鈍而猶不足以厭人心之私於是乎有私謚有私祠以此見輿論之公鄉評

之允懿德之好之不泯於人心而可補國典之所不及也邑之瀕江爲聚落者有三其在西南與黃梅接壤者有曰龍坪龍坪帶江而市鴻腦洲亘其前遙望匡廬隱隱列屏障焉山水明秀代有聞人而其最著者於明則贈太僕以節義功名聞於天下者曰仁常胡公守興安州孤忠自矢力保危城勤其事而卒於官者曰復濱金公而太僕公之封翁敎菴先生持身方正格言莊論足爲模楷與興安公同時者大復李先生爲諸生祭酒丁明之季龕定民變人賴以安至寇山人巨源先生當隆萬時以詩歌雄於海內與七子齊名王公敬禮老於布衣是皆勝國之偉人一鄉之先達而大史豫齋金先生奮起本朝以孝子繼忠臣之緒儒林道學合而爲一山斗

之望不愧科名此數公者其行實或垂國史或載省郡邑誌表表在人耳目閒生同一隅名在百世此龍坪諸君子所以仰其風而思薰其德而慨然以慕六賢祠之所由建先是鎮人胡六極值太史公里居有三賢祠之議太史公聞而壯之六極於太僕爲從孫三賢者一太僕公一興安公一寇山人也居無何太史公下世議遂寢至是龍坪人文日盛諸君子溯厥遺澤復申前議於三賢之外廣而爲六各輸金若干諏日卜地祠於江漢書院敬義堂之西偏工既竣郡太守蔣公邑令蕭君俱錫以額而金子啓汾胡子承棟過余而屬爲之記余以爲表章前賢爲後起者之責夫名里門以通德禁樵下之樵採桓彬有樹碑之頌法眞則刊石以傳此豈國典所

及哉義激於人心之公事久論定而相感於不自已也余爲啓汾經師以故得親炙太史公受益良多而前明數公則又私淑者久矣雖謏聞末學不足發巨人長德之幽光然俎豆前賢以之廉頑立懦是固鄉鄰風俗之美者也故不辭而記之啓汾太史公之次君承棟敎菴先生四世孫也其他捐金以襄茲役者皆得牽連以書以爲後起者勸 縣志

鮑參軍讀書臺記碑 歙鮑桂星撰

先參軍公爲吾鮑氏五世祖嘗應臨海王子頊之辟僑居於黃今黃梅有公墓縣治郎公故宅也讀書臺則在廣濟考邑志謂自大關山五轉至雲瀑潭而臺在焉臺上大石方廣數丈可作亭又載張元爵賦謂邑東北三十里有山曰東衝是臺之遺址桂星以末孫來視學仰公之文采馨烈思一覲遺蹟既訪公墓於黃梅封樹無恙乃寓書廣濟韓明府元龍詢臺所在韓君報書謂嘗與邑人士披索榛莽得東衝故址卽志所謂雲瀑潭者潭側有峯曰明月循右轉歷峯後折而下果有大石側出方平如砥廣丈許厚數尺下有石撑拄之中爲空洞窺之甚黑其前與右爲懸巖石稍後大石倚立如壁函前有舊鐫讀書臺三字可俯而視臺面西南山若啓扃牖百里外江水如帶武昌興國諸山及西江之廬阜皆在望中臺處羣山閒勢若天造誠志謂可作亭顧亭非石不可久請建石亭以標勝概始韓君願自捐建而舉人原任鄖縣敎諭保題知縣鍾錫卣舉人候選知縣徐養中　恩賜舉人劉柏

恩貢候選敎諭徐黃中生員胡丹梓武生劉紹壯方鼎梅等願共醵金爲之遂以今夏四月鳩工秋七月工蕆糜白金二百有奇書來願有記桂星學行無似沐公之餘澤得粗識章句且屢竊文柄大懼不克稱職以貽我公羞乃一訪公之遺愛而韓君不惜尋幽涉險出古蹟於危岑絕壑寒煙蔓草之閒邑人士咸慕義輸貲爭先若弗及此非公之文章紹屈宋而開李杜足以興起百世振厲人心而能然耶謹書此以授韓君俾鑱諸石以詒來者其捐輸各姓名則彙而書之左方嘉慶十有七年歲次壬申秋七月穀旦 縣志

寇山人墓誌 邑人朱澤楠撰

山人諱學海字巨源明萬歷時人其生平梗概大約在二餘

齋詩序中蓋山人當時以布衣遊天下一時王侯公卿皆倒屣而迎惟恐不得邀其一顧然其沒也停棺淺土且十餘年江左劉淸水令廣濟時讀其詩慕其人蓋始遷葬於是云而於時之王侯公卿卒無有過而問之者善乎吾友胡雪舫之言曰嗟哉近世人交生不交死嗚呼盡之矣雖然有明當山人時朝政日非民生日蹙山人蓋自度其身之必不能用而又見其勢之必不可挽也是故少補弟子員繼則決然捨去放浪形骸恣情山水以自託於佯狂避世者之所爲然則山人之觀世深而用心爲已苦矣而余聞當時之與山人交者則皆曰以其詩也嗚呼是豈知山人者哉不知山人則不足以言山人之交矣不足以言山人之交則其不能葬山人也

固宜 小酉詩古文鈔

黃梅縣

唐

六祖墜腰石 並詳古蹟

龍朔元年□默齋居士蔣□勒石 金石萃編

出西郭門過東禪寺謁四祖五祖六祖像殿側竹圃卽槽廠故蹟有六祖墜腰石 南來志

石高廣均一尺六寸五分題五字隸書餘正書 金石萃編

塊石繩穿祖跡留曹溪血汗此中收應□一片東禪月□□□□四百州□□四祖遠孫□□□□

曹溪通志師往黃梅五祖著槽廠去後至碓房見師腰石舂米龍朔元年師受衣鉢南歸石留黃梅至明嘉靖間韶州人有仕黃梅者遂持歸曹溪今存焉中一行鐫師墜腰石盧居士誌八字右龍朔元年左桂林龔邦桂書案六祖傳云造黃梅尋忍大師適咸亨二年也龍朔在咸亨之前十年石上之字當屬後人所刻故年月不符耳 粵東金石略

此六祖墜腰石眞跡也案六祖姓盧氏名慧能嶺南新州人父諱行瑫母氏李夢庭前曰花競發白鶴雙飛懷妊六年乃生旣長齋新供母年二十有四聞五祖在湖北黃梅講法遠道來謁初至命舂米力不勝取石鑿孔貫以繩懸之腰間以助力久之肉爛發蛆蛆偶墮地曰蛆無食必死以手檢還爛處養之一日正舂五祖過之問曰米熟未對曰熟矣祇欠一

篩耳五祖以杖擊臼者三卽去六祖會意是夜三更詣叩五祖方丈遂得傳衣鉢焉又考傳燈錄載五祖求法嗣合寺僧各爲偈其上座神秀曰身是菩提樹心如明鏡臺時時勤拂拭不使有塵埃六祖慧能書於秀旁曰菩提本無樹明鏡亦非臺本來無一物何處惹塵埃五祖觀之法嗣遂定得道後仍返嶺南湼槃於佛山世受廟祀佛山之名始此而是石亦因之以傳現存黃梅城外東禪寺約大如斗重五十五斤中鐫八分書六祖墜腰石五字旁鐫七絶一首云塊石繩穿祖跡留曹溪血汗此中收應知一片東禪月長照支那四百州歷年旣久摹搨者多石質剝泐款題已不甚可辨惟石之左旁龍朔元年四字尙了了詩句亦漸模糊然快劍斷蛟輕雲

隱月亦落落有古趣相傳捐懸牆壁間可以辟邪云案此跋與金石萃編南來志所載略同現有石刻并存東禪寺

碧玉流石刻詳山川

蔡山寺石刻

在縣西南江畔古名江心寺山石鐫有李白夜宿江心寺詩無刻石年月縣志

江西節度出師記碑

戴叔倫撰鄧晏書建中四年三月十五日立縣志

圓震禪師碑

在烏牙山白居易撰李珍書元和十二年書會昌三年鐫寶刻類編烏牙山在縣東北五十里上有靈峰院及唐白居易所撰碑并宋張商英輪藏記明一統志

南山石刻

在縣東北六十里爲圓證祖師道場山半有千仞石壁鐫金剛經一部於上今爲苔封不可識縣志

宋

甎塔記碑在縣高塔寺天禧三年釋志全撰并書

梵云窣堵波□□□□□□□□今云甎塔者乃梵語之略也或藏舍利或銔金身皆所以表功德□□□□□□□□□也今之甎塔者即天台山沙門仁稟勉上春坊信士唐君守忠與□□守眞守珪守習闔家眷屬之所造也是地唐貞觀中爲眾造寺即四祖大師□□□□地也咸亨初

造百尺彌陀佛閣後爲巢寇所焚但有故碑□址存焉大中祥符八年歲在乙卯稟師與唐氏昆弟而議之曰吾聞三界可依者勝福也塵劫不滅者道種也□□□此古基重建高閣像設崇煥顧如往碑君等或力之所及不亦善乎咸曰我□□□□□□□□□□□輕徭沐浴聖□□□□□□□負荷□□□□師垂慈敢不聞命方傋□□□復思□像閣窣雲終成朽腐甎塔□□□□久長於是□彼陶人兼之郢匠唐君信奉欣然□□□□□□□□□焉高百七十尺縱□百尺總十三層每層皆以瑤餅盛瘞舍利次□□□□□□模像□□□□□□□□□□□塔中復自刺臂血和香以嚴□相表其□也□□□□□□□□□□□□□□□□□□□秉心至誠梵容克肖□□□□□□□□□□儼□□□□□□□□□□□□□□□□皆陶□□□層散水□□□□□□□□□□□□□□□□□□□□□□□□□□□□□□□□□初塔□□□層感利舍□□□□□□□□□□□□□□□□□□□□□□□久而方滅若星燦漸□□□□□□□□□□□□□□□□□□□一邑□□瞻歎□□□□□□□□□□□□□□□□□□□□□□□□□□寶踴出然□□□□□□□□□□□□□□□□□□□□□□□□□□□□□□□□□宜□□□□□□□應□□□□□□□□□□□□□□□□□□□□□□□□□之□□□□□志全應薦入雙

下闕金石存佚考

栽松庵記碑釋惠洪撰佚

僧史補曰四祖道信禪師以唐武德七年至破額山愛其洞壑深秀有終焉之志禪者相尋而來遂成叢林有僧不言名氏曰以種松爲務私請祖曰衣法可以見付乎祖師老之曰汝能再來乃可耳於是僧出山至濯港見女子浣呼曰我託宿得否女曰我家具有父兄可從問之僧曰汝諾我乎女曰諾女周氏之季也僧卽還山中危坐而化周氏之女因有娠父母怒而逐之於衆屋之中日傭紡里閈閈已而生子女以爲不祥棄濯港中明日視之跏趺波間泝流而上異之收養七歲隨母往來黃梅道中四祖偶見問曰童子何姓曰性固有但非常性祖曰是何姓對曰是佛性祖曰然則汝無姓耶

對曰惟空故無於是四祖笑之乞於其母爲剃落二十授以衣法爲第五祖卽遊雙峯見栽松之全身又至東山見周氏之全身濯港周氏子孫之盛今甲黃梅三尺童能言其事僧贊甯僧史曰五祖宏忍禪師者姓周氏本河南遷止蘄之黃梅誕生之夕異香滿室此矯誣之詞也然可證佐者母既出於周氏而曰祖師姓周乎僧契嵩作定祖圖亦不能辨何也豈當衲子以常理疑之乎夫聖人之託化豈假父母之緣如伊尹生於空桑寶公生於鷹巢獨不論父母之緣耶自唐至今學者疑信相半不能決也建炎元年十一月記石門文字禪

雙峯正覺禪院涅槃堂記碑釋惠洪撰佚

大江之北蔓澤之東萬山走趨屹立兩峯蟠岸千楹寶勢翔空煙雲開遮戶窗青紅天花墮飄舞雨旋風疑登梵釋龍天之宮大鐘橫撞山空玲瓏犀顱戢戢步趨肅雍祖印禪師蓋其長雄寬而邊幅壯而疏通謙以自牧衆所追崇如海下之百川則宗論其世家非侯則公棄之恥言安樂巖叢與彼假我染衣妄庸垂涎富貴忘其頂童崔盧自誣者則若不同也余自襄沔南歸新豐道由淮上託宿山中欣然見我如舊游從日陪杖屨摧頹兩翁偶立小語又指役工紛然斧斤聲雜鼓鐘坐僧日多其來無窮肩兔包藏衰老篤癃跛盲失心不祥之內作堂館之工行告終矣要予卽之周行廡廊入門疎快密室虛窗搴幃設簾宜溫宜涼濯衣柵榻負暄橙牀藥鑪茶鼎可劑可湯頤指如意失其巽鄉卽戲問之欲貧抵掌豈

可少年如籧青狂法戰不勝舁入此堂者乎豈有垂死如剖倔強而敢橫機摩壘太陽者乎豈有英靈如黃涅槃杖擿病者隨起激昂者乎豈有病痛楞然空房而嘗臥處尚多痂瘡以火燒之皆熏陸香者乎豈有頭陀以紙爲裳而其迅機石火電光方酬洞山言訖而亡者乎祖印愕然視予嗟咨如子精敏亦迷怪奇甘棄坦塗而行嶮巇子知太平無象可窺雨露霜雪自然四時我廪既高里無呼追雞豚社飲老幼扶攜安用麟鳳之與菌芝耶昔維摩病臥毗耶離教誨天魔使令豔姬手提大千戲而擲之世尊有疾則巽於是背痛乃臥須乳作糜而已何嘗變化怖駭羣兒乎余聞其說乃知敬虔而僧祖禰祖印所賢而余里閈又掌寺權婆娑獻誠願拾此言

丙余文之爲記以傳夫千里水濫觴其源若合衆流遂成大川則知此堂衆檀成焉增土爲阜增毛成氈兩尼勤勤佳其精專同其調度所費緡錢蓋六十萬淨願乃圓有僧道齊以身率先雜衆工中唱叫挽牽十方之多道俗嗟羡咨爾堂衆諦觀病緣此四大軀無可肇堅生死之趣愛見所纏雖相扶持終各棄捐當今以觀常自現前授與此疾非人非天是我自業成熟則然受盡還無如雞出㲉此心自住如珠在淵觀苦進道諸佛憫憐歲在丁未建炎改元季冬初吉集者駢肩敘多率衆二百九員領衲㬎修守珂守詮至其綱維又揀耆年辨衆法欽牧衆法璉叢林精神照映林泉祖印爲誰住持仲宣而作記者寂音老禪 通志

南烏崖石刻

在縣東北五十里旁註云慶元四年夏小山沈百樂書里人王仲瑄觀落筆僧了口刻石 金石存 佚考

元

夫子石刻像記碑在縣學大成殿　先師神主後壁陳澔 澔一作皓 撰

泰定三年癸亥仲春沔陽㬎陵簿蘄叔艮以公務抵江陵游元妙觀覩唐吳道子圖彩飄筆勁而古貌恭而安摩挲審視知爲先聖燕居之像詢其由黃冠曰近有當道羅封者過水梁馬嘶伏不進鞭策數四逾退卻命隸視之報梁石有像遂致於此蘄歸以告僚屬幕佐陶㬎山力請移文取置江陵崇文閣任回打碑像以歸越四歲丙寅秋予寓梅庠陶君言事之本末甚悉一日於李和甫家塾得其像呈令尹㬎山李君躍然以喜而感亦隨之曰仲尼日月也孰得而踰焉吳生神筆也千載陸沈復見今日仰先聖之靈昭昭赫赫遺像所在自有神物守護而撝呵隋文鎮石之語亦固甚矣於是捐俸錢命工勒像於石俾人人瞻仰乎申申夭夭之容如獲親炙之者焉噫盛哉周宣岐陽石鼓復見於鳳翔之宣廟餘慶之力也今㬎山勒石之心餘慶之心也澔謹序其事而爲之記

案先聖畫像自漢以來有之若頼鄉孔子像及劉宋陸探微梁張僧繇等所畫胥傳於世至孔廟則水經注云廟有夫子像列二弟子執卷立侍穆穆有詢仰之容是也原像所由起

本於祭之有尸郊特牲曰尸神像也蓋以神道事之則立主以人道事之則立尸國語越王句踐因范蠡游五湖以良金鑄其像而朝禮之亦推此意爾唐宋至明初太學及郡縣學皆塑像以祀先聖至嘉靖九年張璁始緣帝意言孔子祀宜用木主其塑像宜毀雖著爲令甲而直省州縣仍有像主竝設者或乃以像設起於釋氏亦可謂知其末而不知其本者矣皇華紀聞言白鹿洞禮殿亦有皓所撰像記未知其文異同也 金石存 佚考

敕賜重建五祖禪師寺碑 虞集撰

禪宗第五代祖師諱宏忍生蘄州黃梅卽黃梅爲道場說法度人傳信之衣旣有所付遂去縣三十里入馮茂山以居及

沒弟子奉全身塔焉學人依歸聚爲大刹唐人尊之曰大滿禪師塔曰法雨寺曰大中東山之寺南唐加師號曰廣化宋景德中改賜額眞惠其初律師居之祥符八年戒禪師來住山始革爲禪歷住者凡十二人演禪師來而東山祖庭益重宋之季年國境日蹙蘄以邊障受兵州吏民奉師遺體入城求福州果以靈貺安堵不遘鋒鏑而東山見燬於兵旣內附日以安輯富庶僧了行乃躬事土木崇精舍於州治之東以奉香火之留者又入東山汛掃寺之故基而致工焉塔廟庭宇粗立而行老至元二十九年僧大通繼之成佛祖殿僧堂方丈鐘樓之屬頗稱華麗皇慶二年三韓萬奇上人從瀋王請奉祖還東山事具義公記至治二年通又老今住持法式

方爲虎溪第一座通率衆具禮請主其山是時寺之食者衆積弊紛挐稱貸以給式至精厲自持大作三門黃金飾題牓作大殿奉祖師作經閣藏殿而蒙堂安老堂行堂庫堂萬佛閣照堂庖湢垣廡次第皆成而通公前所作多庳下不稱且以儆告又撤而更新之務極崇勝給衆之田有鳳源永福東積復古阮家鐵甕等莊或復或創凡二百餘頃其屋室器用之資又日完以富鐘鼓鐃訇禪侶雲至式致用而有文又修百丈舊規而行之江漢之閒隱然一大闤闠計其經始至於落成纔七年耳何其敏哉施財者自郡帥韓某總管易某等凡若干等人相其成者則大觀惠孚希復也式又曰今國家崇尚象教古昔莫能加今東山之成願力所就蓋山川之靈

實際景運而祖師名號非盛代所命不其闕乎乃走京師將請諸朝中政院使李公信家本三韓三韓有上人曰覺元曰智承運以其事語之李公信與其妻隴國夫人崔氏並加敬慕檀施必親又齋沐聞於中宮製金紋伽黎大衣以賜出宮中金錢萬緡與之俾半修塔廟半爲長明燈之費而式亦賜金衣受璽書號曰佛日普照大禪師四祖信大師眞身同在蘄同奉入城又同時各歸故山故亦同有伽黎燃燈之賜焉年月日三藏法師具以奏聞天子乃賜四祖號曰妙智正覺禪師五祖號曰妙圓普覺禪師而詔翰林直學士臣某爲文以記之勒諸東山之石臣某嘗聞諸佛學之人曰釋迦二十八傳爲達摩入中國爲初祖祖祖相承至忍大師而秀與能

分南北宗南宗旣爲六祖弟子尤盛可知者十餘人而荷澤會南岳讓青原思最顯思之後分雲門洞山法眼三宗會之後圭峯密推會爲第七祖而於南岳之傳頗議其任心卽修爲未盡然密不二傳遂不著於世而讓之後爲溈仰爲臨濟數百年來衍迤盛大多濟子孫它宗莫及也東山之爲禪也實始戒戒雲門之系也實盛於演演濟之六傳嫡孫演在山時從者常千人而佛果勤佛眼遠佛鑑勤南堂靜開祖甯五祖皆得法於此此六人者出其法益張以大而勤之後若隆若果皆振世卓然之豪杰其所儆發又多大人君子而東南之言禪者大抵多其後人矣不亦盛乎嗚呼自忍師發跡玆山而戒演中興之於五百年閒殆法運也不然心宗無門

之說不絕如縷疑似幾微之失將何所底止而折衷哉茲寺之記所以不可缺也況式以五十年未就之規七載畢事天將啓其人如戒演者於是乎故爲之銘曰嵬嵬東山大士宅蒼松歷見歲七百藏眞寶扃面不隔精純稟具至陽德眞實不壞過金石流光燭天夕芒白有睹其瞬朝日赫承運出見寶邑國來歸有時用無迹素華淨於冰雪色沈沈天宮萬寶積上當星漢下連澤九江匡廬在几席鬼神與能龍獻力諸天駿奔從帝釋豎草立刹成匆亟誰其作者行通式臣某著名帝所錫咨爾法界眾神伯特地立林各述職祖號具足如帝敕輔我皇元鎮無極 縣志

寶相寺記碑 揭傒斯撰

淮西之地多平衍荒邈無林巒竹樹之觀獨蘄州黃梅縣山勢聳拔與江南諸峯秀色相對峙自唐以來若四祖大醫禪師五祖大滿禪師開基建化凡天下叢林從事於心宗者莫不出其派系焉北山寶相禪寺者亦在其邑也寺乃祠無迹彥賓祖師爲第一代師得法於洛浦安禪師其機緣垂示具載於傳燈云考其寺乃唐長慶中所建也歲久代易主法者不乏其人至宋運將終燬於兵眾散野處寺幾廢逮我皇元延祐二年眾請番陽覺昶主之昶乃芟除榛莽大舉土木然後奉佛有殿安僧有堂與夫方丈庫庾庖湢稍有端緒昶年老謝事至元之乙亥歲眾復敦請德衞繼之衞亦番陽人嘗分五祖通公之座就嗣其法焉一遵昶公成規於是復建經閣鐘樓法堂寢室拓三門七楹塑金剛刻寺匾鑿月池於前清泠環抱可愛不四三年凡叢林有用之室莫不大備矣初里人徐震無子捨田若干畝師爲立祠以示其不忘也山寺崎嶇爲行者之病師乃鑿石以平之有大家方氏子聞而倡施內外緇素捨財響應者曾正璇覺了正琪等又能宣力相成之路成作北高峯亭觀瀑亭清風亭以盡遊觀之好焉至正三年冬介廬山東林藏主繼遠同其徒昭來求余記之余嘗待罪太史每閱傳燈深慕四五祖之高風有來京師者又言蘄州山水之勝形於夢想及得旨歸老臨川又不得徘徊其山川以禮諸祖之遺像今觀昶公衞公前後致力於寶相之寺使其叢林典禮一旦改觀其功烈有大過人者余老矣

終不能往乃紀其事俾刻諸寺以植他生再來之緣也於是乎書 縣志

明

白湖橋記碑 郡守徐霖撰

去黃梅一舍許有白湖其源濫觴於蘄陽廣濟諸山而匯於太白白湖太白之支派也湖之上舊有渡渡當南北之衝驛傳之往來遠近之負販租稅之輸納匪此弗達春夏潦盈濟以小舟往往運載不勝秋冬潦涸涉以徒步則又泥濘莫前喧競咨嗟行者病焉成化乙巳冬樂平朱璧廷獻以進士宰茲邑下車即號於眾曰維茲劇邑寄余以民社歲久弊滋民利罔興予雖不敏欲漸修舉汝予同心用贊予以有成既而

又曰維茲白湖實邑通道梁以鉅石庶克堅久工費重大弗貲於有力厥觀罔成衆曰諾侯乃選於衆得冠帶義士陳浙張錦付以董理之責募四鄉耆老馮瑾等隨財力之多寡爲工費之資又朞年而梁告成梁之基橛以松木四圍甃以石版其下穴三甕門不華不樸旣堅且久行無掎角水無患害苦雨隆冬如履周道於是老稚相與歌於野商賈相與歌於途達官貴客之歷是途者莫不歆豔歎羨而侯亦膺顯擢去矣梁成十年予仲子行慶亦以進士繼侯武而致仕知衞事石君信大行人徐君欽等相與謀曰茲梁之建爲利匪小匪勒之石無以永侯之功石具而徵予以文予惟先王之政杠以濟徒梁以濟輿固二梁也而一年一役至冬乃成前此猶

病涉也豈若茲梁之利哉費不取於公帑工不擾於齊民義者貲焉財者成焉行者安焉嗣而葺之雖千稔可也侯之功不亦大哉侯公清畏愼勤能幹濟勸農興學理財治獄備荒整戎百廢俱興利於民者匪直一梁也乃爲詩一通併刻之石俾往來之人歌之以不忘乎侯之功詩曰白湖秋冬潦不枯牽挽弗涉怨且呼我侯濟民餧得餔堯尊甘芳置通衢巉巖鑿開得碔砆琢磨晶光瑕纇無陽侯鞭笞鬼神俱天吳紫鳳紛前驅屹然三門衆流趨翩翩車馬走萬夫呻吟以謳病以蘇我侯胸次吞江湖三千鑿鑿忠信孚痒痾疾痛切體膚如驄引駒雞哺雛如川泳魚藻遊鳬感侯盛德亙勤劬貞珉勒石辭匪諛千秋萬歲人在途毋忘建梁侯姓朱縣志

桂公隄記碑邑人石崑玉撰

黃梅背山面湖民田盡藪澤中江漢直注彭蠡旁射水患歲有永樂中築隄障之江行屋上民處泊中以隄爲命有司守隄若捍頭目嘉靖庚申會一決令毛少府督修毛精覈嚴斂隄堅亭四十餘年之利邇來上稍夷鄙其民而屑越之委諸水利丞丞巡視惟貨斂隄役恣人取土移樹車曳之出入富人挾貲請卽得掘隄引江水灌田隄狀如脫齒嗇官無法民不天久矣歲在戊申桂侯始下車釐弊剔蠹亦憂及隄以期促未遑尋果霪雨海立江傾隄之脫齒者盡圮無存民溺十三田溺十九是時民鮮蓋藏官之儲粟人情洶洶不自保侯急遣舟四出拯民之緣木騎屋者露立雨中瀺灂波上者悉

致高原餧者下壺飧哺之招米商無抑價市儈反與商通故昂其直侯聽自相貿易米紛至價遂平侯親駕一葉奔告兩臺道府涕泗交頤聞者感動各捐餼來賑侯載米歷鶴汀梟渚開物色而量予之無敢濫竽時姦宄竊發侯擒治其尤按圖幾家家幾人人何術業疑者逐之懸賞格使盜自相告免罪諸偷莫敢發或聚求勸分侯不許召諸村諭曰施舍己責自爲德於鄉事也勒而索之可乎遂假貸以濟又殺廚傳停徵輸省訟詞戒衆不出境故饑而不害潦後三月不雨侯矢心步禱再日而甘霖注人以爲精誠之感山田稍穫澤人仰給焉九月水落侯巡行阡陌見江沙瀰漫如堆灰積雪侯望洋興歎奈何忍疆場數百里爲沼吾不憚廢吾箸以爲隄貲

諸父老稱難侯斷而行之索公帑可四百金督撫及巡道諸
當事者亦捐六百金有奇計不足以供隄之什一侯曰舉事
在志與氣耳夫債帥北卒鼓之立起一隄何有因出俸入佐
之約均力合作雖搢紳不復其役地有險夷工有難易度上
下戶而授事焉恐疲民咎繇塞責乃悉寢縣務露宿隄畔拊
循之無所督責第日夕勉之曰不力安得三畝宅十畝桑歸
於爾黨乎民枵腹赴工不三月而百餘里隄成次年己酉又
潦竟賴隄以免民之戴侯眞有僕射父兄之謠父老因屬予
記之且曰爾記隄不他及予夫救荒侯政萬分一築隄又荒
政萬分一吾邑自蕭山來侯去刑鼎空懸辟以貨免侯至而
門如水法如山人誦持平梅俗睚眦之爭貧者守難富者效

質蚩蚩者自爲蟜蚌侯至而事必覈情刑必當罪訟獄以稀
梅壤無百里國有三公七萃之逋者未稽賛府已案籍而索
數鍰兩稅之徵者未共上轄已逾額而享千緡侯至而責大
指塞旁竇歲省民財諸如此類更僕莫數若之何遺之余曰
否政先本原辟有體要救荒築隄無米之炊不朽之績也爾
不見已事乎甲辰災陳文略起己丑災劉汝國起一方糜爛
三省驛騷令有勤民者早爲之所何渠至若此吾與若得全
要領而安居粒食伊誰之賜吾姑舉其大者爾他政當鴻筆
傳之時萬歷三十七年己酉季春朔 縣志

國朝

吳公景恂均役碑邑人黃利通撰

周禮地官之職掌天下民數用佐王安擾邦國自大小司徒
鄉大夫下及州閭以歲時校登夫家衆寡辨其施舍貢諸天
子天子再拜登受重之也晚近文籍空具上下相蒙老胥黠
長因以爲利生民之病此其大者

皇帝嗣位之二十又一年郡縣奉令均役邑大夫吳公以愼以公不
費民閒一粟姦猾束手民不忍欺公視所登耗而任之舍之
各有差其人戶更籍者從所便不少強兩閱月而事竣民大
悅服蓋其剛直仁廉之素通於神明協於士庶舉一事而有
利無弊通國歡呼斯至誠之效也異時登朝柄國周稽薄海
內外戶口大數知西北東南人滿人稀之異察主戶客戶苦
樂之分酌上地中地下地之等折衷於差役雇役之兩法劑

其盈虛權其緩急安其土著而保聚其流移長吏不煩料民
豪傑無憂徙實因是而川澤山林邱陵原隰墳衍之賦定月
吉歲終飲射讀法之教行道德行藝之賢進比閭黨族捍患
禦災之利得伍兩卒旅軍師匡王定國之制起俗變風移刑
清事簡一官之掌兼通五官一邑之平施及四海聲施卓卓
必將大書特書再四書而未有止尙何有於梅城百里區區
委巷之口哉惟梅人德公甚相率請誌於石爲將來法俾世
世子孫利賴之且覘公功名流千萬載以爲之兆謹拜手稽
首而綴以詩惟

帝克念乃俾民父緊惟我公循良有譜春官高第小試玆土花發在
衢塵生於釜報國憂勤問民疾苦魯政有三韓敎惟五恩先

士農澤及工賈萬物共蘇百廢具舉既廉而明復仁以武柔亦不茹剛亦不吐吞嗟橫流野無禾黍飲之食之授厥安堵思公未至莫或燠咻神君之來瘡痍立愈譬彼恆暘潤以甘雨譬彼嬰孩一朝新乳郭外遊麟河北渡虎爭誇馴雉無憂碩鼠昔河南尹治高寰宇以公視之先民所予三年佳績難更僕數卽此平徭遠蓋今古止水無波杲日亭午甲乙參差案圖如覩歸宗別籍各俾甯處道路稱平里甲無語我瞻我依我恃我怙以宰天下惟茲公溥世世載休豈曰小補鐫石一方用告來許縣志

桂氏修橋記碑邑人喻文鏊撰

黃梅當吳頭楚尾之衝東通灊皖西接蘄黃西南三舍許始渡江至於潯陽冠蓋之遝來租稅之輸轉相錯於道其東通灊皖者又因宿松城處偏隅凡餉鞘負挽之必經宿松城者由黃梅東南行四十里始得達北則倚山爲屏重岡複嶺巉巖插天河水西南流凡數支匯於湖合青林水出大雷今青林西南入江之口既堙並爲東流故黃梅太白諸湖之水每夏秋雨多所在田廬受害河水之西南流者又衝之下流不暢故上流愈壅滯竟日弗消則道途阻塞驛遞有淹滯之虞行旅有病涉之苦桂氏慨然聚族謀伐石爲橋十數座而尤關通衢之要津者縣東南通宿松之馬頭老鸛河高粱青山悠悠河諸橋近湖則黃花港橋近城化龍關外文運橋西走蘄黃則轂塘橋西南之九江則白湖清油港橋長或十丈而

贏或五丈而縮闊或三之一或五之一高視之交之以觔計椿之以株計悉稱焉白鏹之以兩計者最少不下五百餘多則倍之或三四倍之合計一萬六七千有奇始於乾隆二十九年竣於乾隆六十年然後聞者頌於室行者歌於塗夫人留心濟物於物亦必有濟獨難夫一門之中互相勸勉度力程材均勞壹志或一人舉一事或一人肩數事或一事任數人懃懃懇懇經營數十餘年不倦且夫天下固樂有富人富而不得有其財非政之善富而自匿其財非俗之善夫一鄉之中有温飽者三四家則借貸可以通温飽者十數家則財貨可以集雖爲權子母計盈絀唯不至於刻薄之行鄉之乏者多賴之况吾邑素貧寠重違鄉里拙於商販不能資四方之財以厚儲偫水田宜稻計所入縮衣節口而後稍稍有餘故產值無足當他邑中人者桂氏嗜義如饑如渴是昔太史公津津於千里之內賢人之富者有以也因又思周禮以保息六養萬民一曰安富我
國家重熙累洽政簡刑清凡鄉里温飽之家得以從容暇豫至於捨己之財以爲衆人謀非孝友睦婣任恤之教仍自上有以作而成之哉縣志

附廬山廟應制碑唐黃梅李玭撰

伏稽諸大易曰一陰一陽之謂道陰陽不測之謂神惟道也生三混成洞微於變化惟神也得一至妙藴祕於恬冥欽若太元遐徵妙有運陶甄之極不獨尊軒后唐累聖光

華大明終始陟曦陽之午廓照瑤京操元命之符銘昌鼎
算白雲孤峙時望嵩邱紫烝千齡日升函谷我開元神武
皇帝圓靈受睠方輿寵祕握元珠之妙揖可寶之珍演至
道於希夷刊雜法之凝滯乃聖一也於穆祀典清廟皦皦
希反光明天地冥洽乃神二也劍戟之器返於三農弧矢
之威神斷六合乃武三也察時變者觀乎天文人習凡庸
無階測聖乃文四也故沖精象外高視鴻名鼎薦河圖靈
朝海若堯心攝照顧言巠於几蘧軒目司明屈旌乘於夾
隗所以虞環盡地夏玉從天納殊賮於西王展告成於東
后五龍推紀邁梁甫之高會八駿巡遊陋崑墟之疏轍昭
回上轉山嶽下騰列聖攸居通仙福會文皇質義武帝佩

圖至道之興其來尚矣自華封獻壽聖德祈年金格傳書
珠鍌味液公主以天慈入道絶化芙蓉祕監以王子出家
調芳芝朮北方著列仙之想南州希至學之因聖緒無爲
斯其有作乃瞻羣嶽眞君道府光啓祠室幽贊神宗青城
廬嶽二山者佐命羣峯之望也丈人仙籙祕帝眞君使者
靈司孔昭冥察名書五法舉亞三魔蓄洩崇巒異弗騖於
物阜寒暑穹谷將必順於人時開元十九年八月二十一
日降明旨曰青城山丈人廟廬山使者廟宜準五嶽眞君
廟例抽德行道士五人焚修供養仍委所管揀擇灼然道
行者安置具年名申所由敕置廟使內供奉將使者眞圖
建立祠廟并章醮行道設齋使大供道觀法師張平公學

自秦京宣猷江服煥丹青之節賜元牡之儀驛傳光臨雲
巖皎色使持節江州諸軍事守江州刺史獨孤正重鎮柴
桑□□枳棘時觀武庫代服文雄經始干城全摹□□崇
規益麗壯思逾紛朝散大夫行長史楊楚玉行司馬皇甫
楚玉潯陽縣令魏昌等恭惟聖善式議靈場道俗虔精冥
休推異爰初築土則雨霾烟嶂俄頃屹立而色霽霞標寶
龜奠泉之辰金虬驛程之際陰濛渀密黯晦逍交沍想元
空肅思皇道芬芳載潔章醮翹襟六虛窈冥一夕融朗牛
空之上忽吐神輝綴灼九微煩揚千仞宗寮卒抃人吏並
觀昔天靈降周以雲門舞奏神光燭漢以太一登禋然北
陸氣交南州燠變物委霜霰人嗟冱寒使法師恬懇仙庭

憑威國命故元冬易煖朱景敷暉暢於幽明優乎力役竝
利攸往咸欣子來使茲勝郊遂臻靈域騰赬桂嶺鬱翠松
巖召斲郢門孱材荆岫疏峻堿繚長垣紅壁列錢丹楹繡
礎三階四表炳繪文梍八維九隅縣鎪鏤檻虹梁亙欂風
牖承楣倒井蕖鮮芳壇竹掃銀鋪月曉瑤簾霜開至若聖
理全幽眞容罕測夫其祕狀遠降使司蓋考三仙之圖不
於九牧之鼎皎姿粉堊備質光妍符采冥標侔靈端表工
徒罄想殊恩感通齋室明祠旣儼如在霓旌霞旆時颺羽
儀列冠名山禮均行潦覃薰紫極供養黃冠玉釜常煎金
鑪永爇牲牷格享鸞鳳于飛露挹神翁星臨婺女清吹洞
唱天湑匏瓜之津四水仙宮海曲蓬萊之島龍驤鶴翥飄

翻淨戒之庭師子辟邪趯躍精思之地珠幡衛質瓊蓋擁
興法供天廚六時朝念眞經雲帙萬劫精修茀薁茅芙明
代久彰於克儉經營梓匠神理邈尊於寵光聖渥堂闈靈
棲窟宅竭來禔福不亦宜乎冬十有二月司存式命畢鉤
繩也元門道士章沖寂等抱敎五千齊權億兆歷仙階而
仰止攀睿算以驤誠天使願奉於雕鐫心存魏闕法象希
憑於琬琰道在吳岑春水桃花迷源遂遠幽林杏塢勝地
非遙伏荷天休敢述頌曰道祕重冥神幽福庭三景運極
五嶽棲靈其眞有物厥妙無形理則恍惚功惟泰甯於赫
皇極昭融亭造睿握元珠祥凝大寶蒼垠集貺紫雲宗道
致享百神探因五老乃瞻崇山嶽靈之祕三眾浮精十華

仙使威畜雲雨神存天地法象昭凝眞圖炳粹幸明德之
嘉運降幽祠之寵章扈仙儀兮肅肅睦瑞彩兮煌煌爍琳
宮之夕照拂琪木之神光雕輝兮翠葷玉釜兮調香擷五
芝於秀崿搴八桂於飛梁龍吟鳳舞天路長青雲衣兮白
霓裳節空歌於瑤磬臻羽旆於瓊漿冥徹兮福宇彰眇兮
神極牽匹水之布流晼香鑪之綺色留鶴語於千載翥鸞
裝兮一息絳河眞母將易蓬碧海僊姑淼難測參至道於
三五奉休符兮萬億紀貞石於名山壯洪規於帝力唐開
元二十年壬申正月乙巳朔二十五日己巳　縣志
案此碑不在黃郡而郡人文字此爲最古因附錄於後

黃州府志卷之三十九終

黃州府志卷之四十上

黃州府知府英　啟纂輯

雜志

祥異

晉

大興元年春二月西陽地震

唐

貞觀十四年黃州進紫芝白兔

太和八年蘄州湖水溢

宋

乾德三年秋七月蘄州大雨水　四年秋九月麻城縣廨生芝

淳化元年夏六月黃梅掘口湖漲壞民田廬舍

至道二年夏四月蘄州甘露降於麟鳳山

咸平三年秋八月黃州羣雞夜鳴至冬不止冬十月震雷

天聖三年春二月蘄州榷貨務火

明道元年秋八月黃州竹及橘柹連枝

紹興元年蘄州大旱

乾道三年夏六月蘄州水壞稼漂人畜

淳熙七年蘄黃大旱

紹熙元年蘄州旱　二年蘄州饑

嘉定六年春正月燈夕黃梅有黑雲暴作遊人相向莫辨踐踏死者無算　十四年春正月乙未地夜震大雷金人乘震陷

蘄州

寶慶二年春三月蘄州火

端平三年春三月蘄州大雨水

元

大德三年黃州旱　五年蘄州之蘄春廣濟蘄水旱　十年秋七月黃州饑

延祐七年夏六月蘄黃旱

至治元年蘄水饑

至元七年夏五月黃州大水

至正九年夏秋蘄州大水傷稼　十二年蘄黃大旱饑　十三年蘄黃大旱疫

明

洪武十年春正月黃梅麻城夜雨色黑如墨

宣德元年黃梅大水麻城自正月不雨至六月

正統十一年黃梅大旱　十四年麻城大旱

成化九年麻城大水　十五年秋九月黃梅地震

宏治元年蘄州大旱麻城大旱疫　十一年夏四月至明年春正月黃岡不雨有鴉銜火扇以翼居民多露宿　十七年蘄州大旱

正德元年大旱　二年麻城大水　三年大旱　四年夏旱　六年七年八年大旱民窮多流亡盜起　十一年冬十二月麻城有熊飛過縣至北郊獲之　十三年大水饑　十四年夏五月黃州雹如雞卵壞民舍

嘉靖二年五六月不雨苗盡槁麻城虎食人　五年麻城民朱氏婦生兒兩頭四臂四足　六年蘄州旱　九年秋八月黃岡大水　十三年麻城萊華不實皆成人物禽蟲龍鳳之形　十四年蘄水大旱　十七年夏六月羅田河暴溢水入城民多溺死　十八年蘄州大水　二十三年黃岡黃梅大旱　二十七年春三月麻城民家豕生物一牛首項頂有肉角一猿首一豕首　三十二年夏五月麻城黃岡道觀河有水恠大雨水溢溺者以千計　三十三年蘄水麻城大旱冬麻城大疫　三十六年麻城大水沒城堞　三十九年夏四月蘄水大水秋九月黃岡大水　四十四年麻城蝗　四十五年黃梅大水　四十六年秋七月麻城有火星降於白田畈

著草木即然

隆慶五年蘄州大雨雹歲大饑夏秋大水鯽魚化爲鼫鼠食蘆稼殆盡　六年春二月黃梅雨雹壞民舍殺禽獸

萬歷元年春三月田鼠食禾殆盡秋廣濟大旱　二年春二月黃岡地震　十三年清源門災　十六年大旱饑民多殍　十七年大旱　十八年夏四月黃岡雨雹如甎大疫　十九年黃岡大有年　二十四年府學　文廟災　三十二年府治災　春蘄州大泉山東南裂百餘丈至崇禎初始漸合　三十三年黃岡地震　三十四年黃岡大水　三十六年夏大水入城羅田民家牛產麟肉角文身金光滿室怪而斃之

四十一年蘄州廣濟大水　四十二年羅田蝗害稼黃州大旱夏四月二日黃州地震　四十三年黃安蝗　四十五年黃安蝗害稼　四十六年黃安大旱蝗　四十八年秋七月蘄州夜見白氣起東北亙西南經月乃滅

天啟元年春正月大雪四十餘日人多凍死　七年蘄州田鼠害稼

崇禎二年春三月天下地震蘄黃尤甚聲如雷屋瓦皆墮夏復震冬十月又震蘄州麻城大饑　六年蘄黃地震　七年蘄黃地震春二月二十七日有聲自西北來如雷地爲之動屋瓦皆震三月戊子黃州晝晦如夜　八年春三月十六日大風雷拔木行人騰起冬蘄黃地大震　九年黃安紫雲寨兵

刃有火　十一年秋黃安有野兔突入城　十二年黃州鼠食禾渡江五六日不絕　十三年春三月蘄州城隍廟古鐘自鳴五月蘄州雨土黃霧四塞旬日乃霽八月西門旗杆上出火大如斗飛落於地　十四年蝗大饑疫廣濟胡是恭家馬生角八寸從耳中出蘄州地震民家釜底有篆文有小兒夜變爲番僧又楓樹生花如蓮江上雷震一物魚身牛首又李某家地下有聲如牛　十五年秋蘄州有瓦雀數萬投湖死冬鐘鼓自鳴　十六年春正月二十五日蘄州黑風大雪明日賊陷州城黃州清源門鬼哭五日夜

國朝

順治三年春正月黃岡生員李遐齡妻一產三男黃安趙家山

石驟長　五年廣濟民家牛生五角或出背上耕如常　九年春正月朔震電大雪十五日黃岡上伍鄉雨黑水如墨自正月至二月郡縣地震歲大旱　十三年郡城教場有白氣平地蜿蜒如龍至空不見　十四年冬十月蘄州城內有鴉銜火集民舍災屢見

康熙元年夏四月黃岡白燕來巢秋旱　二年旱　六年春夏郡縣旱　七年夏五月麻城大水城圮二十餘丈蘄州蔡某家鴨卵有十七篆文其西村鴨有方卵六月十七日地震釜底皆有篆文或花卉狀　十一年冬十一月黃岡生員李宏妻一產三男宏父遐齡兩世皆有三男之瑞（事見順治三年）　十四年夏黃岡多虎害通判朱舉除之　二十三年麻城田某家

雞生一卵膜內外皆有文其色朱後七日又生一卵有圖七又數日毛成五色飛去　二十四年黃岡蘄水麻城黃梅廣濟羅田大水　二十九年黃岡黃安蘄水羅田蘄州黃梅廣濟饑　三十二年黃岡蘄水蘄州黃梅廣濟旱　三十三年黃岡蘄水蘄州黃梅廣濟旱　三十九年春三月十六日黃州地震　四十七年蘄州黃梅廣濟水尋旱蟲鼠災　四十八年秋旱赤山潭居民掘地得魃殺之乃雨冬麻城縣民陶有光妻一產三男　四十九年秋八月三日地震　五十五年黃梅廣濟水

雍正四年黃梅大水　五年黃岡蘄州廣濟大水

乾隆元年黃岡羅田黃梅大有秋　三年黃岡麻城大水　二

十九年大水　三十二年黃岡蘄水羅田蘄州大水　四十年春二月麻城雨豆　四十三年黃岡麻城黃安大旱羅田有年　五十年大旱黃岡鮑湖涸生自然穀採食者眾　五十二年黃岡麻城羅田蝗不爲災黃岡有年　五十三年黃岡蘄水羅田蘄州廣濟黃梅大水　五十四年麻城豺虎四出食人自秋至冬　五十七年黃梅大水疫　五十九年蘄水麥穗兩歧黃安大水　六十年麻城大旱饑

嘉慶七年大旱　十一年黃梅大有年　十二年黃安有火大如毬自東而西落於泮池黃梅大有年　十八年麻城大旱斗米千錢　十九年麻城饑蘄水羅田大旱蘄州大水黃梅大冰雪　二十年黃岡柳子港有蛟麻城大水　二十五年

蘄州黃梅大旱

道光元年日月合璧五星聚於奎蘄州麥穗兩歧大有年　二年夏蘄州大風拔木壞民舍黃安大有年　三年黃梅大水饑春三月蘄州清江門外水中出火　四年麻城旱秋九月蘄州雨雪冬十月朔黃梅雨豆麥穀米　五年夏黃岡鮑湖麥秀三歧蘄水羅田大風拔木蘄州麥大熟　六年黃岡馬跑豁生芝麻城三杏村甘學楷妻一產三男　七年蘄州水壞田廬傷人畜　八年黃岡雷擊一物似驢兩首四蹄鷹爪　十一年大水至清源門　十二年蘄州黃梅饑大疫　十三年黃岡蘄州黃梅大水　十五年大旱蝗歲大饑　二十一年大水冬十一月大雪深數尺經兩月始消民凍餒　二十二年麻城大雨雹損麥蘄州饑大疫　二十三年有白氣如練斜指西南經月始散麻城大疫羅田大有秋　二十五年麻城蝗地震秋雷震黃梅大南門　二十八年大水至清源門冬十二月蘄州布穀鳴　二十九年夏大雨五十餘日大水入城歲大饑斗米錢五百五月二十四日黃岡大崎山腰裂數十丈響震百里居民廬舍傾圮年餘始漸合　三十年黃岡大雨雹害稼傷人麻城雨血蘄州黃梅麥有秋

咸豐元年春麻城大雪深數尺羅田麥穗兩歧夏五月黃安地震有聲秋彗星見西北黃岡民種芥實如椒　二年夏彗星見北方蘄州有麥多疫冬十一月黃安白雉四止城南十二月黃岡三峽庵黃楊有華似柱而白　三年彗星見西方

四年黃岡雨黑豆夏四月黃安大雨雹損麥冬十一月黃岡蘄水羅田蘄州黃梅陂塘水溢踰時乃止　五年春夏雨豆如槐實黃安雨蛇秋冬黃岡麻城黃安蘄州廣濟陂塘水溢十一月桃華且實黃梅縣治後有大樹中空露一物如人倒懸狀頭項肩手足皆具　六年大旱饑　七年黃岡滸子灘麥穗兩歧秋黃岡麻城蘄水蝗黃梅大有年　八年秋七月彗星見西方芒長十餘丈麻城大有年　九年春天鼓鳴黃安麥穗兩歧夏雨魚麻城番瓜成人形　十年春三月黃梅雨麻豆黍稷麥麻城龍異冬十一月桃有華　十一年夏彗星見西方麻城羅田大雨雹損禾八月朔日月合璧五星聚於奎謹案日月合璧係同治元年八月朔此處錯簡

同治元年日月合璧麻城白杲山生石芝　二年麻城民家豕產獅象　三年麻城雨土黃梅麥穗兩歧　四年春正月麻城震雷大雪夏六月羅田徧地生蒼白毛長三寸許　六年秋旱黃岡雅淡洲出火可熟食陳姓茅簷出米可療病麻城有蛟　七年麻城樵獲一兔耳四目一足八尾四夏黃安城南地生羊豕毛　八年大水黃安桃再實秋麻城大疫冬十月麻城杏實十一月杜鵑鳴　九年秋大水至清源門　十二年春正月羅田粱家灘隕石觸樹而碎夏六月麻城有蛟　十三年黃岡黃梅雹損稼壞民舍夏六月彗星見西北方

光緒二年黃岡麥穗兩歧夏有妖人截人髮辮捕之無蹤廣濟黃梅有蛟　三年春黃岡上巫鄉有楓結實如梨三月大雷

震青雲塔頂墮　四年夏樊口雷擊一物鹿首一角色瑩尾如牛足如鷹爪　七年春二月雷電大雪夏彗星見北方一見東北方秋大熟　八年秋八月有星出東方形如匹練經月乃滅

仙釋

周

黃梅縣

寶掌中印度人威烈王十二年降生左掌握拳七歲祝髮乃展因名魏晉間東遊中土至五臺南歷衡嶽卓錫黃梅居雙峯遂成叢林後過廬山抵白下邂逅達摩訪南海復返雙峯自降生至唐高宗顯慶二年示寂實一千七十二年故稱千歲寶掌云

晉

麻城縣

麻姑石虎將麻胡秋女秋猛悍督工築城徹晝夜必雞鳴乃暫

息姑有恤民之心僞作雞鳴羣雞皆應秋覺欲撻之姑逃入山洞修道後於城北石橋上飛昇人名其橋曰望仙洞曰仙居

黃梅縣

羅致福修道於縣北鳳凰臺嘗月夜掬水洗手聞腥甚曰病龍也可療明晨一秀士以首疾來謁致福曰可示眞身族吾郊北毋驚人民尋往見一龍伏坎中斫其腦出白蜈蚣一傳以丹藥龍徐徐騰去後元康中致福於池中濯足有龍負之遂飛昇參一統志

南北朝

黃梅縣

宋益字儒上青州人爲番禺刺史棄官隱黃梅之黃龡洞有道術能役鬼神救疾苦元嘉末大旱縣尹劉弼入洞祈禱宋延之闔棊數日辭歸市朝已易後人立祠祀焉

流支中印度人梁武帝時與達摩同來震旦示寂於多雲山譯經藏爲流支疏

隋

蘄水縣

僧璨得達摩之道於慧可居蘄水之青獅山傳其法於道信是爲三祖通志

唐

黃岡縣

壽禪師居護國院弟子問如何是一路涅槃門師曰寒松青有千年色一徑風飄四季香問如何是靈山一會師曰如來纔一顧迦葉便低眉後尸解

蘄州

令珪涿州人母夢一星墜懷而生卓錫於三角山山多虎珪至虎悉遯去因號伏虎禪師

白崖高溪寺僧有人願從其教曰汝凡胎也引入山澗刳滌五臟送入驚往視之尋覓弗獲惟見一石齒刺山麓石上儼然白崖形其下刻詩云金殿重重鈴動風有龍飛入碧雲中晚來落盡山前雨入借僧房鶴借松

張祖師貞觀間人州有勝地爲妖所據師至欲居其地布帨於地妖莫能舉遂居之妖怒推石擊師師以手承之輒成一龕今掌跡猶存

廣濟縣

費郎君名光輝母劉氏餉夫田間震雹晝晦有龍漦之異自是有娠三年而生郎君不喜乳喜噉澗水數歲與羣兒嬉水中塾師詣河濱詈之忽雷雨晦冥山澗水起遂失所在越數日忽自來踞於庭曰吾龍也越三年父母當俱往至期果然

三仙女靈東鄉何許陳三姓女結爲姊妹入山修眞大中元年雷雨作仙樂隱隱雲霧中遥見三女頃之莫知所之有馬跡留石上土人以爲異而祠焉

宏簡靈東鄉詹繼祖次子自幼修行始挂錫臨井寺後至馬口義臺山建立道場遂坐化遺詩云飛錫江邊六六春修行辦道任天眞塵緣了卻更何事萬里乾坤自在身是爲大德禪師

黃梅縣

張連翹女道士兒時汲水見井中生蓮花漸出井口採取數四遂墜井家人訝久不還往視見連翹立井中及出云飢甚日食數斗六七日後遂不食歲時或啖棗數枚年十八見天上雨黃欒三丸遽取吞之立死有頃復甦覺力健神清辟穀不復食矣

道信姓司馬氏先世河內人初達摩尊者以其法傳二祖慧可慧可傳三祖璨信禮璨求解脫璨曰誰縛汝更求解脫乎遂

大悟武德中住蘄春破額山太宗三召之不起永徽初坐逝
葬山畔廣德閒賜號大醫禪師是爲四祖參通志
宏忍先爲破額山中栽松道者嘗請於四祖曰法可得聞乎祖
曰汝已老脫有聞其能廣化耶若再來吾尚可遲汝乃去行
水邊見一女子浣衣揖曰寄宿得否女曰我有父兄可往求
之曰諾我卽敢行女首肯之遂回山坐逝女周氏季女也歸
遂孕父母惡而逐之已而生一子以爲不祥拋港中泝流而
上漁者收養之啼不止明日母蹤至啼忽止漁者異而還之
成童隨母乞食里人呼爲無姓兒後至破額山遇四祖得其
法壽七十有四示滅建塔於黃梅東山廣德閒賜號大滿禪
師是爲五祖其徒惠能神秀遂開南北之宗參通志

惠能姓盧氏新州人來黃梅事宏忍禪師就舂米之役一日師
會衆傳法大弟子神秀爲偈書壁云身似菩提樹心如明鏡
臺時時勤拂拭勿令惹塵埃能不識字請人書曰菩提本無
樹明鏡亦非臺本來無一物何處惹塵埃師見之遂傳法後
度嶺居韶州爲禪家南宗之祖是爲六祖通志
神秀姓李氏尉氏人居黃梅事宏忍禪師師深器異之謂其懸
解圓照後居當陽玉泉山爲禪家北宗之祖亦稱六祖通志
道悟結茅於紫雲山卽寶掌故址將新老寺有老人前拜曰吾
烏沙潭龍也冥法當死請救之道悟問汝能易形乎曰能乃
化小蟲伏襟帶閒是夕雷雨大作不能害明日老人拜曰非
師幾腥此山矣請助工水取之井米取之石如其言寺成乃

止是爲雲門禪宗之祖
道初爲五祖侍者住龍華寺機辨俊捷一日謂衆曰昨日離城
市白雲空往還松風清耳目端的勝人閒有頃脫然而逝

宋

黃岡縣

㓟者趙生高安人蓬垢好飲酒一見能道人宿疾與平生善否
蘇轍謫筠生往見自言百二十七歲其膺上有骨如龜殼心
下有骨如鋒刃論養生治性之術轍大異之來黃州謁蘇軾
留半載至興國爲騾踶死興國守楊繪葬之後有蜀僧法震
至京謁軾云於雲安酒家遇一㓟者姓趙言在黃州識蘇學
士詢其狀與生無異興國守朱彥博子在坐歸語其父發瘞

視之惟一杖及兩脛骨存

麻城縣

土主神張姓行七元末來自蜀毀沿江淫祠陷麻城獄一日火
發自言能止火惟須白馬朱棒如其言出之乘馬揮棒棒所
指火隨滅因躍馬至望仙橋奄然化去後人建祠祀焉宋封
紫微侯明封助國順天王
張毅元豐時爲麻城令嘗植萬松以庇行人歲旱爲民禱雨輒
應後於龜峯山得道爲神敕封化主至今有化主廟鐵像猶
存

蘄州

麻衣道者姓李名和生而紺髮美姿容入終南山遇異人授一

牒曰南陽之間湍水之陽神開汝鄉汝則往之可以翕神着茫後得樵者導其處居之十九年義熙中旱居民張奭率衆請雨麻衣苦無術是夕有丈夫十二人來謁狀貌猙獰謂第許之翌日果大雨

黄梅縣

清皎居黄梅四祖寺年七十時作偈預知終期越十八年歿時湻化四年通志

法演綿州鄧氏子居黄梅縣五祖寺南遊徧參名宿崇甯二年年八十餘卒世傳爲五祖宏忍禪師後身通志

劉仙女居縣東窑峯之側女未笄父出耕豫言陰晴宜持蓑與否輒驗後入山不知所在土人祠之

明

黄岡縣

柳夫人其先蜀人祖秉忠父正皆仕元夫人生而靈異齠年遭賊刃無所傷稍長好道及讖緯術歸龍氏且有子矣父謀抗明兵夫人言天命有在不聽與壻敗死夫人爲俘洪武中恩詔放還溯行江上舟至陽邏虎頭磯愛林巒幽奇洲渚環向遂請地於官許之夫人入山踞巔績麻七日有叟皤然袖符籙一卷授夫人曰明此役鬼神驅六丁矣是夕風雷拔木鷙獸潛藏乃翦荆榛而居焉適鄧將軍愈討麻陽道過陽邏徵服往見夫人獨目之曰將軍何不與乎愈令軍中知法術者與之角皆禁不得試夫人知愈輕麻陽乃曰將軍無輕敵脫有急吾當助之愈問其徵曰羣鴉作陣時愈進討果失利天忽晦冥羣鴉翔集見夫人緋衣躍馬空中霹靂山震轉石揚沙乘之大勝麻陽遂平歸奏太祖賜封妙眞夫人後夫人欲建泰嶽祠而難其材值木筏蔽江而下乃以一絲繫績其筏膠不行商乃輸木建祠磯上年九十解去

蘄水縣

梅道人竹瓦店農人也得異術乃掘土室可容膝坐臥其中五十餘年其子日以糜粥餉之子死孫繼之寢處置黄庭經一卷時時展視人叩其道默而不言朱顏豐澤膚色膩如凝脂土室外雪深二三尺不冠而出徘徊冰凌中不知寒年八十餘坐逝即土室封之

雲峯張氏子正德丙子生少出家遊方六十年歸里故人無一存者唯朱氏媪識之崇禎壬申化去壽一百一十七歲官應震爲作壽僧傳

麻城縣

大智東山童氏子以苦行證果嘗至南海普陀山山濱海大智曰何惜千步沙爲老僧經行地次日即湧沙千步至今名千步沙時洗蓮池造佛刹欲迎大智居之大智潛往燒火三年蓮池不知也蓮池與衆異食大智不肯留臨別語蓮池曰汝關著門喫些罷自後中門不敢開開則沙石飛入食中

無念名深有東山熊氏子少孤披剃徧遊諸方一日參名宿值宿方鋤瓜茄無念請開示宿即指曰黄瓜茄子無念參四十

年後忽有省悟初不識字自是偈頌書札口占如流晚年入黃柏山建禪林遇請益者輒謾罵諸方謂黃柏門庭高峻一時有天童打黃柏罵之語

黃安縣

耿六洑博學不仕爲赤松黃石之遊至終南幽險處行半月無煙火值大雪遥睇山腰有洞如陶煙一縷出遂趨赴一道者端坐其中伏戸外以俟踰時道者出六洑泣懇授書一冊習之頗多異術偶於花辰邀客飲酒客曰彼庭前石可移置乎六洑命數人扛之及門不得出六洑叱之卽出出後石大如初

涂純一童子時延醫治母疾遇道士醉臥烈日中張蓋覆之道

士覺問其故具以告道士命隨往如行空中純一念母不欲前道士歎曰是尚未可教也因出囊中鍼授之教以歸治母疾言訖純一自雲中下訊其地去家已五百里矣亟歸以鍼進母疾立起徧試諸病皆效後入天臺山修葛洪丹砂之術

李趣蓮狀魁梧鬚長五綹儼然仙也以訪鐵彈僧至耿六洑所居六洑謂曰子以蓮名義將焉取蓮笑曰試爲公解可乎乃取一盂水投蓮子其中頃之葉出花開衆方詫異而李已聳身蓮上不復見矣

止止兆直行脚僧也嘉靖中來黃安構牛耳寺居焉寺前有峯嵯岈巉嶒止止燃一指以禱雷爲擊去未幾復以某事再燃一指人因呼爲指指嘗隱居石洞洞門有二虎守之謁者從山下大聲遥呼俟止止驅虎去乃得前

羅田縣

撮米和尚棲止山洞中日止食米一撮一趺坐輒七日問休咎多驗臨化令其徒投骨水中不沈

祖寬年九十四至塔山寺謂主僧曰此吾祖家也願借尺地西歸僧驚詰之答曰三日後辰時是吾歸期至期聚衆說偈曰九十四年駕隻鐵船一篙撐去竟往西天言畢而逝

蘄州

郝悟通者麥欻李之徒也先是荆永定王迎麥欻李於太和山旣至問長生訣曰修身齊家長生訣也送歸至漢上未及岸自舟中遁去後王幾以罪廢國始悟李語因敬悟通萬歷中

大旱王命悟通求雨自暴烈日中雨至坐化

雪舜和尚託堪輿往來於蘄之崇居鄉長年不爲人卜一地謂陳氏夫婦賢爲指一地葬其先世後不知所終考廣輿記雪舜姓葉名希賢太祖時進士因建文之難隱爲僧後入蜀

僧源潭與里中鄧茂七善一日茂七從石窟中獲一劍以示潭偶揮之飛禽墮空首落潭曰此禍本也宜捐之不聽挾以走閩正統中爲亂於沙尤古田聞有司命潭招撫潭仗一劍與之飲乘茂醉起易其劍擲江中亂遂定事聞詔建宏慧寺於蘄以居之

德心爲僧三角山白雲菴不識字惟日拜觀音一日傾淨水處生蓮花一枝因閉關三年得頓悟悉解諸經並博通文字言

晴雨輒驗後之蜀所居寺後有大石坼裂欲墜僧坐石上誦心經石即合

黃梅縣

法幢廣濟李氏子父雲龍夢四祖寺僧來借居因生幢遂投四祖寺爲僧後怛化有佘姓生子自言吾法幢也復投本寺識舊物不爽人呼再來僧永樂間召至京師賜居報恩寺

香林和尚舒城卞氏子正德時居白雲洞洞有虎香林叱之虎哮吼去趺坐洞中七日不火食嘗示衆曰汝等但信自心即佛更莫外求後怛化

靜鑑泰和梁氏子爲僧終南山每以己事未明欲捨身投巖投時若有掖之者忽有僧稱天台比邱謂之曰若無泡影大事

難辨時節一至其理自彰乃示以黃梅妙高山可居遂來居攻苦精進歲種芋三百六十本日啖其一一日呼其徒曰有來必有去我其行乎趺坐而逝

國朝

黃岡縣

靈野不知何許人崇禎末來大雅衙危坐石巖下年餘不出居人釀金爲建得雲寺野日夜誦經不輟有一虎一犬伏座下歲大旱野以錫杖指巖旁令工掘之清泉湧出今名卓錫泉士人疑年問之不答一夕坐化約在百歲上也

亂峯五雲山僧精解禪理工詩有老卒識之曰明末鴻臚寺堂上官也忘其姓名其徒自性住白虎寺禱雨輒應

妄道居團風善濟寺日夜持誦法華經忽語衆僧曰月之十五日吾當圓寂及期沐浴更衣焚香索筆書偈曰堂堂無去亦無來體露眞風絕點埃七十一年端的事好隨流水入天台擲筆端坐而逝

蓮池文岐寺住持也有戒行談休咎多奇中一日有操生過寺適會食羣擊木魚生詰曰清靜法門因何敲魚下飯池應曰只爲他不跳龍門故須敲打不數月生果因事株連被縣官責後入邑庠池年九十八坐化

克阿東弦鄉龍氏子性好善多放生祝髮於安國寺日以擔水爲事與人言多奇中道光十一年元旦擔寺中池水與江水互易羣怪之詰曰二水當合是年江水暴漲果與池水合人

益奇之

蘄水縣

龍隱字大龍後更農隱不知何許人居邑如是菴究本宗三昧兼能詩字畫長松古石尤佳嘗與寓客李恕吟詠往來每至輒扃門劇談且歌且泣人莫能測年七十餘沐浴趺坐而逝

襄老和尚字禹門弱冠自金陵至天元寺聞劍叟釋之名特訪之侍者請命叟聞其年少不令見固請乃出叟談亦出所著語錄和尚援筆點綴叟大驚異即退天元寺與之居寺故有牡丹稱極盛邑人鄭太守文先以嗣息問和尚即摘含苞牡丹與之曰到開時便知後鄭生子如所開花數

熊瑞武有道術立壇祈雨雨立至鄉人名其山曰法雨腦武昌

泥團動光留電影遲沙彌錯相識笑下幾階墀

眠雲庵在龍岡山中

翔雲庵在淋頭畈

鐵樹觀在辛家衝

元妙觀在清源門外唐建宋爲天慶觀即蘇軾作易傳與論語說處　明王廷陳過元妙觀詩神君樓閣枕江瀆鐘磬時時霄漢閬仙至忽逢青鳥使賓來頻舉白鸞羣當筵揮麈皆成雨煮鼎飛煙盡化雲雙鬢向衰渾欲盡洞天石髓若爲分

眞武觀一在城南舊爲岳忠武廟後改今名同治五年遠安守備吳亮才重修一在盤石橋

大士閣一在城北覽勝亭下邑紳杜應芳建康熙時守備梁一家植重新同治三年一甲士民重建一在龍蟠磯上見古蹟一在陽邏觀音磯上江　國朝顧景星陽邏大士閣詩香磴倚巖阿雲根臥薜蘿長江迴地軸高閣入天河繫纜驚湍少扁舟乘興過聽鐘夜方半何處起漁歌宋犖陽邏大士閣詩陽邏江邊赤石磯崢嶸高閣帶斜暉千帆風雨當窗過萬頃煙波傍檻圍白鳥銜魚棲佛座紅桃映水出禪扉宋元戰伐傳來久弔古悲歌幾振衣

新隆寺在巴河馬祈山同治六年水師健捷營丁長春重建

準提閣卽東樓閣在一字門外康熙間知府于成龍建今廢

文峯塔卽青雲塔在城東南安國寺前此爲郡城巽方明萬歷二年邑紳李時芳黃士元醵金修建年久傾圮國朝道光二十八年巡道陶樑知府祁宿藻知縣俞昌烈金雲門倡捐重修光緒三年春大雷震塔頂墜五年五月知府英啟知縣恆琛會議闔屬捐修是年八月知縣戴昌言督工修復　明晏清募修鉢盂峯青雲塔序黃州鉢盂峯者峻聳迴抱岞崿嶸與大別西塞相撐拄雖作鎮一方實爲武昌漢陽諸上游水口山也其前有青雲塔萬歷二年邑人李郡丞時芳黃別駕士元醵通邑及諸弁金以創造而自捐亦後故稱諸郡鉅觀洎萬歷三十六年塔之頂非烟非雲出白氣者月餘有士人結廬讀書其下引領顧盼見塔影下類士子心悖歸家不數日而塔壞飛其五層入卯湖亦異矣當其塔之成也未合尖而一聯發解額者三及其壞也僅數年而武黃諸郡相繼罹於亂一塔之成壞之其嚮應睫如左劵顧不重哉演章上人修行精嚴住靜白杲之古峯庵偶入塔瞻禮遂向佛荧香日余僧臘多歷年所修石橋者十有二修木橋者四十茲浮屠七級三級尚存既關於武黃諸郡甚重僧甯惜此頂踵不爲再造乎演章居西陵相去數百里屬余作文足及門者七余日方今西山始平民用休息頻年旱魃禾苗枯焦力役徭傜莫聞暫輟此萬民疾首蹙頞之秋也費有用之金錢以修無用之梵刹聚窮民之汗血以飾富庶之美觀毋乃非計乎演章曰此吾見之所及也然吾見有炊金饌玉碎錦破綾者有游博持掩櫝金囊帛者與其傾篋笥以供戲娛不若絶浮費以種福果余亦未敢以樂施喜捨望諸人斗米尺布亦破慳貪木屑竹頭皆獲福惠況此塔所需者輒什而甎石幸存其半所乏者工價而工價不望其多余以歲年爲期募一層則建一層造一級則蓋一級破衲草履絲毫不以人囊纖毫盡以供衆或者感人天之呵護邀佛祖之鑒臨未可知也吾惟不昧因果而已余心賞其言嗟乎天下事患無有以身任之者耳事無巨細獨立擔荷以世外之一人成之亦易羣相推諉世內之衆力當之亦難近日賢豪長者有能如演章之修石橋十二木橋四十者乎吾知其必不能也世內之人能之而不爲世外之人爲之而即能使海內當其任者盡如演章之所爲可以無太息痛哭之事矣況塔成有三元之祥塔壞有兵燹之應其係於武漢諸郡之重如此其見於黃州諸邑之效如此若以諸邑之羣策羣力萃於丈尺閒其成功可無難也余嘗習形家言巽爲文章之府塔有卓筆之形卓筆無鋒當主文星缺陷是謂勢吉而形凶法當全而補缺則是此塔之成昔作鎮於一方者今且中流之砥柱矣余是以樂爲之序而爲諸君子勸

蘄水縣

昭化寺在縣東唐咸亨間五祖宏忍建　國朝順治中復葺　明王一翥過昭化寺答陳非石詩形庭何得坐延宵望斷相如駟馬橋別鏡玉顏應避妒荒城新月苦含嬌心懷闕怨難勝酒侶重綈袍莫換貂擬手晚裝驚漫迹情搖丹樹入元寥

斗方寺在縣東五十里唐同光元年無著禪師建

清泉寺在縣東北二里唐貞元六年建鑿井得泉清冽故名清泉元末賊燬明宏治十三年知府盧濬重建唐劉禹錫過清泉寺詩珠圓邀懽興未賒賡詩煮茗坐蓮花上人我亦忘機者敧枕相將到日斜　宋蘇軾清泉寺詞浣溪紗一闋山下蘭芽短浸溪松間沙路淨無泥蕭蕭暮雨子規啼誰道人生難再少君看流水尚能西休將白髮唱黃鷄　魏了翁雨中尋清泉寺詩征帆百尺艤江皋小棹輕移到野橋爲愛清泉禪境勝不知冒雨客途遙千尋石佛藏山霧一派珠流應海潮坐對高僧清話處胸中塵想覺全消　明田貢清泉歌大夫公事云粗了拂袖歸來白髮少藜燈課子有餘閒木屐尋山無昏曉清泉古寺少年游浮名壺出二十秋重來相見覩雲水不是當年舊衲頭同袍王子人中妙棊酒追陪及久照山林朝市俱喪中今日幸逢開口笑君不聞丈夫進退須及時莫教兩鬢如新絲韓彭若似張子房何須役役待封王陶潜折腰不知止那得工夫書甲子　胡仲謨清泉寺宴集詩世閒萬事苦輪迴松竹遮門手自栽杖屨經過飡

小刹乾坤傲睨只深盃舟橫野渡晴開鏡雪靜春深翠作堆
彷彿古人眞率會醉來拳枕臥蒼苔 朱彥游清泉寺詩清
泉標勝地蕭寺藉爲名僧汲供烹茗人遊愛濯纓入雲金磬
窅遶坐佛燈明欲證無生理都超世俗情 朱期至秋日過
清泉寺詩古寺齊梁舊河沙遶至今高松歸暝鶴荒砌啄寒
禽欲證無生理空談不住心老僧閒臥穩吾亦擬投簪 蕭
良有登鳳棲山因過清泉寺詩拾級層巒迴漲高積氣深片
雲攢壑秀環水滴松陰畫棟從巖借疎櫺任竹侵即看茗椀
色吾輩合投簪 翟汝稷清泉寺詩清泉何湜湜峨嵋仙人
曾賞識仙人騎鶴去不返清泉委翳蒼巖側仙人雲芨紀神
樞我披雲芨問瓊液白沙皚皚溪流碧曲徑久蕪沒行跡煎
茶試問轉盼得招提齋廚一坦隔澗囊不重八功德五熱那
從法流滌古來好惡每如此何獨寒泉使心惻我掬一飲百
神適飄飄如欲奮羽翼拂衣更躡靈山巔落月照耀佳山川
千峯秀削四望旋簇簇宛敷千葉蓮孤頂中踞翠房圓誰移
蓮朊來眼前寶光交羅意泠然匡坐勝樂超四禪與君流覽
莫辭暮邱壑難逢會心處君不見昔人松下歌蘭芽此日幽
蹊無昔樹松年猶自莫能持况復人非幽幹固世上浮名空
竹素轉頭勝賞今猶故君當行酒我當歌遇合悠悠何足顧
王一翥清泉寺前井水詩盧山傳說丁仙洑水僅留葛井
儘供羣僧洗鉢幾度行人顧影 國朝龔鼎孳九日飲清泉
寺詩蕭然人吏散僚佐共風流泉石鑴茶史江山聽酒籌霜

酣千橘醉鐘翠一林秋妙想生歌拍高人只靜遊 劉佑雨
中同楊傳人夏非熊遊清泉寺詩近郊小飲處香刹隱層巒
一宿堂何在三賢跡未殘撥雲捫峭壁俯石吼驚湍綠樹攢
雕棋青山椅畫欄竹風經帙亂花雨磬聲寒潭靜留天影泉
甘試月團溪山誰作伴詩酒未妨官苔嫩眞堪畫嵐輕秀可
餐高談驚野衲小艇渡遙灘落日漁歌起閒情愧釣竿 張
仁熙過清泉寺蘇文忠公遊處詩城頭野寺立河東河上飛
花曲曲逢抱郭穩帆春色裏出林清梵夕陽中慣迎社客僧
容古喜度山風牧笛同不倦臨流探往事斷碑殘墨憶蘇公
夏力恕攜子姪遊清泉寺詩禿盡中山一冢毫墨池猶湧
右軍濤誰扛健筆持牛耳獨抱遺經擢鳳毛萬樹森羅如對
疊千峯簡肅似分曹舞雩歷歷今朝是三百篇詩肯變騷

三角寺 在縣東三角山唐建宋賜額龍洞寺 有宋人趙不迹書
觀頤視履四大字唐伏虎禪師居此 國朝王顯三角
山寺詩三峯稱勝地登眺有餘情鳥語堪留偈花香可作
盟俗緣閒裏斷禪法靜中明林密山藏寺鐘聲雜雨聲

大峴寺 在縣東　**蓮臺寺** 在縣東十里

玉鏡寺 在縣西　**鳳城寺** 在縣西四十里唐開元閒馬祖建

松山寺 在縣西北　**龍泉寺** 在縣北

永樂寺 在縣西北七十里五代晉時建寺有古塔旁有碑鐫天福三年建

天然寺 在青獅山三祖璨得法後駐錫於此　**白荆寺** 在白荆山 明黃耳鼎白荆山寺同官綏之作
詩竹柏圍荒寺高寒子與同江烟望去白山果摘來紅
月守談經夜僧歸落葉中秋神如此向鐘磬亦鴻濛

華桂寺 在縣北華桂山　**穆悲寺** 在縣東太平砦

萬壽寺 在巴河鎮 明王一翥萬壽寺詩雜樹南風想鐵衣鄉
關失路故情微空門默契名難託戰壘荒傳影亦稀佛
鉢對檻青巒筍雲山一片冷薔薇陰
符付與園中叟巴水千年洗釣磯

玉泉觀 在縣東唐建　**神光觀** 在縣東玉臺山漢張道陵自蜀青城來此煉丹
神光燭天故名見一統志 明王一翥神光觀裏仙洞
詩誰謝羅山令疑聞勾漏砂斧痕奇匠石門外水空斜

仙靈觀 在蘭谿鎮　**鳳城觀** 在巴河鎮

仙女祠 在密峯山　**龍女祠** 在月子山

麻城縣

萬壽寺 在縣南街今圮　**繡佛寺** 在縣北街明梅司馬女澹然捨宅

東禪寺 在縣城東明正統閒建後李萬五重修　**棲眞寺** 在縣東唐盧應禪師建

寶筏寺 在朝聖門外 國朝周禮寓寶筏禪林夜雨偶成詩偶
來依繡佛信宿歷陰晴客鼎老僧覺詩心雨夜生小窗
涵火力上院落鐘聲哀
病非消渴逃禪未可名

能仁寺 在縣東六十里相傳南唐太宗建

鐘山寺 在縣東相傳元至元閒掘地得一鐘因立寺後寺廢鐘由鳳陂遶河入江溯流上抵江夏鐵佛寺僧感夢得之

興福寺 在縣白杲鎮西唐貞觀閒眞濟禪師建 國朝梁中斗興福寺詩古殿崔嵬劫外藏歸然不異魯靈光斷碑猶
記貞觀蹟小閣遙傳荆木梁一沼淼茫魚影亂五山
層疊指紋張莊嚴佛國差相似梵磬書聲半曲房

九龍寺 在縣東北九龍山有柏子塔相傳唐德宗四年虛應禪師建塔九級頂覆以鐵鑊鑊側一柏蟠根而生每立秋
日午塔無影

柏水寺 在縣東南唐高峯禪師建

法眼寺 即黃蘗山寺　**什子河寺** 在什子山

定惠寺 在天井山　**大安寺** 在大安山

半偈庵在東河岸　國朝李魏半偈庵詩古寺臨河岸甃瞻在此登蝶飛花解笑客以佛爲朋水闊橋通郭樓成鶴傍僧僩髖髕笪上人魚課後笑荷一枝藤

芝佛寺在龍湖北岸建時掘地得三芝類佛像因名

念力庵在朝聖門河岸

化主廟在龜峯頂

元妙觀在縣北明建

奉道觀在縣西

文昌宮在兩路口道光間郭尚道倡建蘄水徐躍有記載縣志

黃安縣

蓼莪寺在城南

琉璃寺在縣西

羊角寺在縣西

雲峩寺在縣北廟貌巍峩如在雲霄故名　國朝吳兆灃雲峩寺詩水抱山環竹樹窩禪房有客夜經過雲烟起處揮毫疾詩料投來野色多

乳山寺在縣西北山石嵌空玲瓏　國朝林縉光題乳山寺詩山徑盤紆曲閒尋古寺來靈泉浮碧蝌怪石點蒼苔乳脈何年結鐘聲入夜催偶緣公事暇到此絕塵埃

天馬寺在縣西

青蓮庵在縣南　國朝瞿培出南郭門至青蓮庵詩人家圖畫閒出郭盡秋山埜水寒沙白霜林楓葉斑畦荒古墓近庵小一僧還信步來初地蕭然塵慮閒

十方庵在縣北

淨土庵在縣東北

大同庵在縣東

停雲庵一名惜字庵在縣南

雙臺庵在縣西

古劍庵在縣北

如如庵在鐵山之麓

龍王廟在天臺山　國朝許賡藻天臺山龍王廟田記載縣志

羅田縣

老塔山寺在縣東一名玉屏山寺唐建

集仙寺在縣東元建

萬壽寺在城內

十王寺在縣東

玉泉寺在縣西　國朝沈廷楨玉泉寺詩遠入招提境東風帘雨晴落紅幽徑滿新綠小池平絕勝投名社何須向化城老僧延坐久忘卻世間情

元妙觀在縣南　國朝潘煥龍游元妙觀詩曲曲深深

小洞天逍遙散步算游仙道人住在雲迷處註到南華第幾篇　陳瑞琳清明晚晴同友人看桃花至元妙觀詩春雨瀟瀟不出門清明人未薦雞豚相尋煙草無多地如此桃花又一村夜讌何時同李白舊游如夢弔王孫重來只道元都觀前度劉郎也斷魂

光山觀在縣東

萬魁塔在獅子山頂明胡效義建　汪可受新建萬魁塔並文昌樓記羅田儒學元大德時建於歸厚坊西山之閒傳故總督鎮守廨舍地背負祝巃萬壽寺而山無巒峯層巘頹然涔洳也識者慨其風氣不固而因致疑於射策科甲之寂寥矣歲萬歷辛卯羅邑胡公達道名效義者歷官慶遠府幕以清廉督漕豐沛閒輒返初服而慼堪輿之說以興起其木石遂鬻產千金鳩工伐石獨建文昌樓一座於其處階級巃嵸檻楯玲瓏而是科以來中售者不乏人父疾身禱神佑弟殞讓產年饑捐貲以迄置掩骼之區拯道渴之苦修遠祖之隴賑罷路之旅巨細篤行莫容枚舉非江漢峋嶁之碑所口勝而珉勒而嘉惠學宮尤敦報本樓工甫竟更樹高塔於獅子山之巔與樓輝映薦紳章縫一登橋門引領而盼虹霓接天龍象互地若頓假五丁之力而補向來七十二峯之缺者此其注意貽庥闔邑沾被垂諸罔斁甯爲其嗣肩之璀璨顯遠而已哉當其時按臺如趙公文炳史公學遷史公記事督學如俞公士章熊公宇奇董公其昌府太守如瞿公汝稷潘公維岳彭公哲與潘公元和縣令尹如王公壽一姚公孟昭芮公總王公邦翰李公一陽學廣文如劉公儁蕭公應鳳唐公艮機胡公天定吳公國泰故自萬歷乙未而迄今日延鄉飲以優崇之者縷縷非偶然也嘗聞艮工之子必學爲箕良冶之子必學爲裘載稽圖牒羅田所祀鄉賢者數人達道之先人爲明庶爲明睿爲全居其半而百年之內鍾毓達道孝友馴雅慷慨慕義名實雙符先後競爽由今而億萬斯年眺覽斯樓而文光飛翥於霄漢躍踞茲塔而文峯聳拔於碧虛非達道之功而誰功歟邑人士瑰瑋其辭卓犖其行綿邈其業藉射策以致身而視國如家視人如我不惟受達道之庇而且會達道之心將人人與皋夔稷契媲孅郎房杜韓富尚難比肩矧郡中宋之余玠里中宋之王韶及近日劉莊襄耿恭簡哉達道之子一鶚學邃而文雄西陵梅公煥郛城汪公元極之侶也嘗與上下千古不第中表相善例得並書

蘄州

正覺寺在鳳凰山麓隋大業閒四祖道信始卓錫於此後徙黃梅

鳳山寺在鳳凰山麓咸豐三年燬同治閒知州封蔚礽重建有記載州志　國朝盧紘鳳麓晨鐘詩江下蘄陽遶鳳隈蘆分四葉古林開耳根久信塵俱寂水面猶疑響似雷大覺原從空際徹羣迷早向夢中回蘧蘧晨起徬徨立方識鐘聲

送悟來此國初重修顧景星有記見金石

眞慧寺在州東二十里碧雲峯下唐五祖宏忍卓錫於

磐石寺在州東北唐建

存金寺在州北唐貞觀間馬祖建蘿安禪師修

寶林寺在州北唐建

成眞寺在州北唐建

漁田寺在永福鄉有賈島詩刻石

地藏寺在州東唐建

龍崛寺在永福上鄉宋建

高溪寺在州北宋建

資教寺在三角山後梁建宋眞宗賜額

清溪寺在州北宋建

宏慧寺在州東北宋建國朝徐惺宏慧寺詩茅庵結在萬山巓只見雲遮不見山寄語山雲遮護好莫教雞犬識人間

石鼓寺在州南宋建明荊藩慈煙重修有記載州志一在州北走馬嶺

龍磯寺在龍眼磯上咸豐三年兵燬同治八年總兵曾紹霖捐修國朝談允謙龍磯寺詩鐘鼓波深島嶼晴呼人隔水犁舟迎蛟龍定有窟在此風雨未來潮自鳴磯險乘流船駛渡江斜衝郭石孤撐疑僧終世不會寐每聽夜靜驚濤聲

菩提寺在州東三十里菩提壩正統六年修　明毛伯溫菩提寺詩三過野寺兩停驂王事驅馳苦不堪石磴清風驅落葉竹林斜日靜寒潭似曾識面鳩頻喚如有羞容花牛含試問寺僧今幾許何人能唱望江南

大泉寺在州東國朝劉之棠過大泉寺詩丈室住維摩層巒路逶迤山空麋盜萊林靜犬眠莎石有千年古田云再易多道書編福地遺此獨如何

靈泉寺在州東

松山寺在州東北

金山寺在馬驛山

長流寺在州西

昭化寺在州北明藩荊建棟佛皆石國朝黃載嶠昭化寺詩野殿寒光動蒼涼一徑通石關兵燹後輦路夕陽中江水荒荒白山花故故紅誰將當日事回首問春風

龍峯寺在州北

靈虬寺在州北

廣教寺在州西北六十里白雲山下國初建顧景星廣教寺詩空山春雨足亂放杜鵑花瀑響猿羣嘯天青鶴鵲斜客來尋舊竹僧去焙新茶作者今何在風流憶永嘉

太平寺在州東北九十里靖明山國朝顧景星兒昌讀書太平寺詩汝攜書劍入名山萬仞峯頭不閉關欲策龍蛇青嶂側試聽雞犬白雲間佛龕太乙來挑火僧坐靈猨許

獻環此地星辰如可摘自無塵想落人寰

法勝寺明建吳國倫府次斷春避暑法勝寺顧大參子承按察子良董司理友仲易州牧子田攜具見訪詩梵宇千門遶僧房一鑑幽艇分蓮葉出軒抱水雲流疑結逃禪會何當載酒遊卻疑陶令醉三笑虎谿頭

天竺寺在州北

開通寺在州東北六十里高山鋪左紫玉山

三峯寺在州北

朗山寺在州北

古佛寺在州東北

靈山寺在永福鄉

鐵佛寺在城北明建

永佛寺在州北明建

金鵝寺在州北明建

乾明寺即觀音閣光緒間知州封蔚礽重建有記載州志

天長觀在州東北晉建

溪山觀在州北宋建

天眞觀在州北元建

元天廟在州西

元妙觀在麟山之麓明建後移建東門外一里國朝乾隆間王復裕熊教易朱子虛重建陳詩有記載州志

武聖宮一在州東北二十里芭茅街光緒六年修一在汪家壩一稱關帝廟在竹瓦店安二公所

高山廟在州北五里

廣濟縣

南山寺在縣東唐建

頭陀寺在縣東唐建

雙泉寺在縣西南唐建

成相寺在縣東

大藏寺在縣東二十餘里唐蔣祖師自暹羅來建內有藏經明劉養吉大藏寺晚霽詩長隄弱柳紫煙含雨後晴光映蔚藍片片野雲飛欲盡青山依舊在江南國朝張仁熙過大藏寺訪綵雨禪師止止堂詩一徑支筇入千峯與萬峯可憐三日雨共坐五更鐘古道他年合知音再世逢山靈吾語汝松柏護深蹤

幽居寺在縣南相傳四祖卓錫於此山夜聞龜聲掘地得雲板上有靈龜山幽居五字寺因名今改曰瓔珠寺

豹林寺在縣西南三十里國朝郭存會豹林寺詩舊額傳眞異重來始細尋豹隱何年霧雞飛尙此林淚憑遊客意誰識故人心桂樹蕭然茂徘徊試一吟

黃牙寺在縣東南國朝藍士秀黃牙寺詩晉代招提

古高僧靜閉關但傳攜杖去幾見掛瓢還日浴
磯湖水雲飛石港山階前雙柏樹風雨老鱗斑

龍山寺在馬口湖北　**石門寺**在四望山

禪居寺在大東鄉　**善潭觀**在縣西觀山之麓國朝舒芝之生善潭觀詩喬
木千章綠琳宮三徑幽蛟龍常隱窟鸞鳳每來遊數朵野花
發一聲新雁秋泉分南北注碑任古今留烈烙燃藜火甘霜
潤石樓捫蘿登翠巘倚杖想丹
邱曠土饒清趣愁生坐自休

元妙觀在治北　**馬祖寺**唐時道一禪師遊此至今石上足跡儼然又有
多羅鷲嶺諦信白雲諸庵環列山半明劉允昌馬祖寺詩
松間繞徑入林斜竹屋茅龕引鹿車野老能供田芋飯山僧
解種海棠花香廚特設陶潛酒谷水重烹陸
羽茶更向溪頭尋拄雪夕陽垂影散歸鴉

黃梅縣

廣福寺在縣北魏大統中建　**永福寺**一在縣東二里一在劉鎮國朝黃利通遊東
永福寺詩佛來亦竭山川力欲放蘆花故故遲尚有寒雲解
招客更教晴鳥喚題詩塵消官路長林外煙波殘橋晚照時

清磬一聲雲影淨春風消息幾人知竿火山門久寂寥殘
碑無處認前朝石橫幽徑生苔髮雨過穹巖長蕨苗田叟問
人城裏事衲僧送客寺前橋雲溪
宛轉星峯拱會見香花雨碧霄

老寺即老祖寺在紫雲山千歲寶掌建　國朝余學益暮投紫
雲山寺詩萬山幽險外千載老禪源月出諸天寂鐘鳴眾
壑昏嶺雲時入座野水自當門瀰瀰蓮花湧靈根似可捫
吳鑠老祖寺詩璨公啟司空滿祖居馮茂千歲寶掌禪紫雲
天半覆時在魏晉閒陳閱古今宙飛錫駐雙峯矯首煙嵐秀
詠芋任數年迄今緬層構琳宇特地開洞口積雲皺鬱鬱松
千尋古質逾蒼瘦石上蘚苔文搜剔雜篆籀此焉古佛場諸
寺皆其後誰與拓平疇野色酣堪漱溪汀汩汩鳴乳泉流細
竇似茲極恢閎何意在巖岫折罷池邊蘆
旃檀消永晝天然噴雪巖山外飛晴霤

意生寺在縣西　**蔡山寺**在縣西南江畔古名江心寺山石鐫李白夜宿
江心寺詩危樓高百尺手可摘星辰不敢高聲語恐驚天上
人　明胡駕生蔡山寺詩舊識江心寺金山與蔡山山朝匡
嶽北寺隱竹林間白老詩碑古支公
骨塔殘故來尋勝蹟不畏朔風寒

高塔寺在縣東南隅寺肇於唐宋有塔十二級高百七十尺今燬

古佛寺在縣西　**五祖寺**在縣東北二十里馮茂山亦名眞慧寺唐五祖
宏忍禪師建元虞集重建五祖寺碑記見金石　唐張祐宿
五祖寺詩寒色蒼蒼老柏風石苔清滑露光融半夜四山鐘
磬靜水晶宮殿月玲瓏　明汪動遊五祖寺詩洞門大石敧
天立石下茅庵爪徑微黃菊巧穿幽砌發白雲低傍短簷飛
秋風兩鬢悲塵夢夜雨孤燈戀衲衣清磬一聲羣籟息此身
疑與世閒違　國朝石喬年謁五祖寺詩東禪留勝蹟萬派
祖黃梅果自三生證花從四葉開講經臺寂寞離母水縈洄
覺路應無礙何妨去復來　相傳纔七歲依舊到雙峯法雨
從茲契機緣詎偶逢當年松未老終
古像如童為問枯禪影曾經幾劫烽

東禪寺一名蓮花寺在縣西南五祖傳衣鉢於六祖處內有六祖簸穅池墜腰石及吳道子傳衣圖　國朝王士禎早
發黃梅過東禪寺詩誰識新州獦獠羣傳衣夜半祖庭聞水
邊孤寺半煙篠郭外數峯空雪雲直是西來掃文字翻令南
北競紛紜明朝穩把江頭櫓水到潯陽九派分　喻文鏊復
過東禪寺詩數日屢出城淑氣春已靄故人殘雪中古寺昏
鴉外試觀清淨身已得解脫義空有南北宗紛擾供一慨何
以掃文字居然了三昧長嘯一臨風蕭然絕埃壒　喻文鑾
東禪寺詩滿祖傳衣後巖扉百代留松雲歸寺晚法鼓出林
幽櫓把潯陽渡風生網埠秋摩挲腰石在劫火憶新州　余

錫椿東禪寺詩步盡城西隅行行見古寺寺門額東禪當年
求佛地老僧獦獠羣似識西來意南宗暨北宗向客言所自
我聞諸佛理妙不關文字雙偈書壁間有語總沾滯我聞諸
佛言空空本妙諦豈必借衣鉢方能定法嗣受者竟何用傳
者亦多事失者胡相爭得者胡遠避遂令愛憎殊紛紛起行
刺天下有正道傳之不待器天下有正學得之不相忌一貫
緬尼山前
參而後賜

峯頂寺在縣西南九十里蔡山

靈泉寺在縣東卓壁山五祖初結茅處　**白馬寺**在考田山

網埠寺在縣南二十里灌港　**高山寺**在考田山靜鑑禪師肉身道場　國朝石喬年
題高山寺詩穆然高世意枯坐骨亭亭慧業還終古禪心寄
此庭竹能封寺碧泉更瀉山青欲醒蘧廬夢鐘聲許共聽

四祖寺在縣西北三十里雙峯山亦名正覺寺爲四祖道信禪師道場唐建　明汪美遊四祖寺詩古寺倚天開行人
薄暮來高山懸碧玉一徑轉蒼苔鐘鼓傳新霽煙霞護晚臺
老僧風味別對竹倒清醅　國朝石喬年謁四祖寺詩破額
山頭訪大醫傳來三葉自隋時龍螭應護千年偈風雨猶存
半壁詩浴佛有泉曾湧現空禪無相盡荼毘紫雲如蓋今同
昔嶽嶽孫枝更擬誰

靈峯寺在鼓角山圓證禪師道場一作在縣東北烏牙

山

寶相寺在鼓角山無跡祖師道場元揭傒斯有寶相寺記碑見金石 國朝余學益遊北山寶相寺詩東山纔踏遍復向北山遊不盡登臨興能窮林壑幽烏厓煙火接古木嶺雲收會見娑羅影池邊月已秋

武當宮在西闕外

泰源觀在縣東北晉建

鳳臺觀在縣東北二里北邙山相傳羅仙煉丹處

紫虛觀在獨山王月航眞人修煉處

眞君觀在城內

冢墓

黃岡縣

宋

蘇軾乳母任氏墓在府城南長塘街 國朝乾隆十年邑人曹紹烈爲置塋塹以免樵牧之侵 蘇軾撰墓誌銘見金石

贈徽猷閣待制前直龍圖閣知黃州事趙令宬墓在樊口吉祥寺側並見武昌縣志

程澤墓在杏花園今名槐樹岡碑載景定間進士知黃州

龍仁夫墓在陽邏華山之陽有祠案仁夫永新人傳詳流寓 國朝陳大章龍仁夫墓詩一曲琵琶怨未終棄官投老此山中苔荒馬鬣三秋雨樹暝烏啼萬壑風衰草不生亡國夢夕陽依舊大江東問津臺北黃華谷家祭誰知告乃翁 陳大華龍仁夫墓詩苔封馬鬣倚孤岑渺渺忠魂歎陸沉明月好看江練白琵琶不作別船心武磯蹲踞流瀾障松柏

風霜翠靄深悵望黃華空灑淚一天秋色自蕭森 靖乃勳龍仁夫墓詩故園寂寞讀書臺覆釜猶傳江上堆麥飯一盂虛節序郡城千戶少雲來曾悲冢側麒麟臥不見洲沈鸚鵡才遙望山前留講席清風時復繞蓬萊 汪士倫龍仁夫墓詩幾年寤想麟洲墓今日徘徊馬鬣封故國不歸空宿草新朝難屈抗芳蹤名齊伯厚歲高隱葬近雎陽對遠峯爲詠琵琶亭上句平生就義本從容

元

通政大夫行省平章左丞敕封護國忠臣顯靈王吳汝墓在慕義鄉吳貴山

明

吏部尚書詹同墓在府城北九十里雷公山

廣東布政使徐本墓在磻石橋側

黃州衛指揮使黃榮墓在洪山寨西半里許諭葬

遼東都指揮使王應昇墓在永甯鄉戚柱山硤石衛諭葬

御史杜遇春墓在縣東七里羅星湖諭給地招魂葬衣冠案遇春霍邱人前爲黄岡縣尉傳詳秩官

黄州府知府何晚齡墓在縣東十五里蔡家潭近名何家山

黄州府知府滕霄墓在馬鞍山祥興灣後

副都御史貴州巡撫謝杲墓在楓香橋諭葬

泰州同知王思旻墓在袁家衝赤膊龍

清平縣知縣郭慶墓在庶安鄉郭家新寨象山

贈戶部侍郎河南參政王濟墓在女王城鮎魚地

甘肅巡撫曹誥墓在上伍鄉曹家岡鳳凰山

吏科給事中王廷陳墓在還和鄉烽火山側虎山

贈太子少保刑部尚書王廷瞻墓在寶珠墩諭葬李維楨撰墓誌銘見金石

廣東道御史王同道墓在三台河東岸大路之北龜形地

副都御史應天巡撫方任墓在紅沙嘴東雞公社

贈右參議延平府同知署興化知府奚世亮墓在定惠院左諭葬

監察御史李植墓在東弦鄉百丈嘴

贈太僕寺少卿四川按察司僉事杜伸墓在東弦鄉杜家花園諭葬

旌表孝子庠生高澄墓在官田畈高家衝西宛山門生公安袁宏道題碑

南充縣知縣杜若芝墓在蔡店區潘家畈土名和尚田卽杜濬祖父

太常寺少卿樊玉衝墓在慕義鄉對泉嶺

崑山縣知縣樊玉衡墓在還和鄉桐梓岡王衡撰墓志銘見金石

巡按廣西御史穆天顏墓在京師外城板廠黄岡義園

福建按察使杜應芳墓在永甯鄉大壁山

刑部尚書甄淑墓在三台河倪家嘴

贈太僕寺卿安順府知府王追臯墓在王家板倉

贈太僕寺少卿戶部主事王一桂墓在東弦鄉明家堰烏鴉地

贈光祿寺卿濟南分巡副使周之訓墓在中和鄉萬松山之皈蓬嶺諭葬衣冠

保定巡撫魏公韓墓在樟松湖上魏家砦

河南巡撫嚴師範墓在東弦鄉土橋

德陽縣知縣樊鼎遇墓在還和鄉飲馬陂

福建副使樊維城墓在東弦鄉東望城岡

黄州衛指揮使郭以重墓在呂陽城外屯山

黄岡縣知縣孫自一墓在梅家湖側距城十五里自一殉獻賊亂藁葬

黄州府教授徐顯揚墓在府城東石牛山顯揚殉獻賊亂郡人收葬於此

鄧雲程墓在洗馬池左岸

杜濬墓在江南蔣山北梅花村方苞撰墓表見金石

桃源縣知縣官撫辰墓在慕義鄉蔡店區維摩堂

杜烈女墓在陽邏迴峯山女名小英辰州人明末虜於軍有軍將欲娶之女紿言願三月終母喪隨至漢口别置民房守之女徐言將除服乞筆墨爲文祭母於江乃自述其遭亂殉節之情裹文於肘投江死尸浮於陽邏里人收葬之

衛孝女墓在陽邏伏象山下女自言陝西人從父之官至是舟覆全家盡沒女沿岸呼號自投於江而死數日負父屍出里人江之龍收葬之

葛貞烈女墓在上伍鄉道觀河南女明季人字蘄水某宦子未嫁而壻夭女請奔喪父母阻之女竊騎潛逃至道觀河適流賊竄馬鞍山蘄水路絕女恐不得達遂自刃馬亦撞死里人醵金殮葬至今廟祀之

國朝

案王志載恭誠伯陶仲文墓在陶家潭今附錄於此

翰林院修撰劉子壯墓在府城北慕義鄉湯家墩俗名鐵金鉤
翰林院侍讀學士曹本榮墓在府城南落星臺下稷之楨撰墓誌銘見金石
禮科給事中王追騏墓在江夏縣保安鄉土橋鋪王伯山
諭葬贈按察司僉事東鄉縣知縣汪基遠墓在下伍重鄉黃林墅
諭葬贈左都督黃州副將王宗臣墓在還和鄉楊家畈于成龍撰墓表見金石
諭葬陣亡游擊劉志高墓在庶安鄉赤土坡西北風箏岡右
禮部尚書王澤宏墓據縣移文云在中和鄉周山鋪西南二里王家山與舊府志同
諭葬禮部左侍郎王封濚墓在聚寶山左周家墩
順天府尹陳肇昌墓與父天生合葬粉壁鋪道井山南
平鄉縣知縣樊維城墓在清淮門外柏樹林
甯都縣知縣宋必達墓在長塘灣　韓菼撰墓誌銘見金石

都察院左僉都御史王材任墓在紫金莊中莊
南康縣知縣王材成墓據縣移文云在葉家店縣志載在南關外王家山者其妻孫氏墓也
博學鴻詞授翰林院檢討曹宜溥墓在慕義鄉曹家壠
戶部侍郎倉場總督李鈞簡墓在孔家畈西二里孟義湖北岸
保定府同知署河間府知府曾世儀墓在府城東南二里許鳳凰社　彭崧毓撰墓誌銘見金石
諭葬署新甯縣知縣殉難萬鼎恩墓在紫檀河北岸小團山
贈知府銜黃岡縣知縣翁汝瀛墓陣亡後葬衣冠處在新州東嶽廟側光緒九年立碑
烈婦任何氏墓在赤壁磯下同治四年知縣陳汝蕃捐買地一段歲納租二千文給赤壁住持僧作春秋祭費
案王志云舊志有黃歇樊噲謝晦三墓攷黃歇先封淮北後徙毘陵樊噲食邑舞陽謝晦畢命金陵市墓安得在此茲攷

名勝志據冢記云樊噲墓在縣西北有碑斷裂

蘄水縣

明

贈漳國公武城侯王聰墓在縣西南司家畈招魂諭葬
戶部尚書楊思義墓在黃草湖諭葬
孝子范承吉墓在縣西
禮部侍郎辥均墓在縣西
清流縣知縣殉難呂鏞墓在長嶺岡
雲南按察使胡仲謨墓在蒿墩碧蓮山　顧問撰神道碑見金石
浙江右布政使朱袗墓在油河華桂山　鄒迪光撰墓碑見金石
江西參政王希元墓在東隆衝山　李維楨撰墓誌見金石

長蘆鹽運使蔡斗移墓在縣西
副總兵鄧祖禹墓在鄧氏先隴
蕪湖縣知縣黃正色墓在馬鋪衝
池州府知事署東流縣知縣殉難程九萬墓在白石山
臨漳縣知縣黃岡王一鳴墓在可家潹柏樹林
翰林院檢討黃岡王用予墓在巴河鎮鳳城觀之左城門山陶家廠
黃岡王一翥墓在巴河鎮鳳山　國朝張楠拜王補菴先生墓詩火爐沙草石潭烟歲歲春深哭杜鵑萬歷時人名尚在智林村稿世無傳銅仙垂淚西辭漢代馬嘶風北向燕欲降巫咸問消息上清歸路冷多年

國朝

贈按察司僉事會稽縣知縣官撫漢墓在浙江餘姚縣
何白雲墓在何廟鋪後山案何白雲即補帽匠傳詳流寓

翰林院修撰陳沆墓在縣西四十里調軍山
刑部員外郎蔡紹江墓在白石山
內閣侍讀學士陳廷經墓在騎龍山北
案王志有宋學士陶穀墓在金鼓山蘄水志辨其誤故不載

麻城縣

唐

戶部侍郎閻伯璵墓在縣東閻家河見一統志

宋

陳慥墓在岐亭杏花村案慥眉州青神人傳詳流寓

元

團練副使毛廷元墓在縣北八里五腦山之麓諭葬

樞密副史趙元亮墓在縣西打磨石
黃州刺史喻千祿墓在縣南三角山
山西布政使李正芳墓在沙河李家坳

明

副都御史南畿巡撫鄒來學墓在縣西十里樊家橋諭葬
兵部主事李文祥墓在戴家店後
豐城縣知縣劉璲墓在力田莊諭葬
兵部尚書劉天和墓在縣西二十里鎖口河諭葬
順天府府尹劉淑相墓在羅家鋪
福建少參曾烶墓在蕭園　王世貞撰墓誌銘見金石
吏部尚書劉采墓在縣東諭葬

陝西按察司副使黃卷墓在萬仞區黃家大灣南鳳凰背王世貞撰墓誌銘見金石
禮部右侍郎梅國楨墓在唐殿婁家河葉向高撰神道碑見金石
光祿寺卿彭遵古墓在仰天窩彭家寨
吏部尚書李長庚墓在縣北門外三里橋
甘肅巡撫梅之煥墓在沈家莊河東
刑部侍郎陳以聞墓在大河衝
副總兵彭有謨墓在邑南徐家區墓側有祠

國朝

廣東布政使張颺墓在長衝
內閣學士兼禮部侍郎鄒士璁墓在七里畈
太常寺卿鄒汝魯墓在石家岡

諭葬光祿寺卿程德楷墓在望花山南三里許曾家園
禮科掌印給事中袁銑墓在鳴山下居屋右側
案王志云舊志有魏毛玠元虞集二墓攷魏書毛玠陳留平邱人爲尚書僕射以譏免卒於鄴太祖賜棺器錢帛元史虞集臨川人以謝病歸至正辛巳卒二墓安得在此又有吳善應墓查縣志省志俱無其人恐舊志誤收今仍不錄

黃安縣

元

處士吳應澍墓在五里橋東

明

吏部尚書吳琳墓在中和鄉之楓樹岡

太子少保吏部尚書詹徽墓在三定橋東里許鳳凰地
將軍阮貴卿墓在洪福寺前
贈工部尚書戶部侍郎周思敬墓在太仙鄉鵠兒巖諭葬
贈太子少保戶部尚書耿定向墓在縣北袁英河諭葬
贈尚書兵部侍郎耿定力墓在李祥畈諭葬

國朝

贈翰林院侍講張鵬翔墓在縣南六十里揭家田
贈永年縣知縣盧爾悌墓在縣南六十里勝道畈
祝烈女墓在縣北半里清水塘

羅田縣

宋

大學士余天錫墓在縣東深水河
少保王韶墓在縣北三十里多雲鄉
節度使許宿墓在縣東北龍潭河諭葬

元

孝子吳大中墓在縣北獨尊山麓　彭寅亮撰墓碑見金石

明

宣武將軍劉應春墓在縣東四十里湯河西里許係殉難劉廣之父諭葬　朱善撰墓碑見金石
瓊州府知府程瑩墓在七里衝石堰頭邱濬撰墓誌銘見金石
尚書王佐墓在縣東大河岸觀音巖左側
山西參議王澄墓在縣東大河岸
江西按察司副使張明道墓在縣西張家林

萬密齋墓在縣東大河岸
羅田縣知縣梁志仁墓在縣城西　國朝陳瑞琳梁公墓詩崇禎八年賊氛起羅田一縣彈丸耳長者之境勿加兵賊亦知公政聲美咄哉別校胡爲來刃賊被執殊可哀公死忠貞夫人烈以禮殮之羅汝才廣文吳盧同一死不愧明倫古君子斗大城傾勢莫支少尉聲名附青史嗚呼一城殉節四人同公能殺賊爲鬼雄　國朝賜諡恤祀典褒忠表墓宜其隆遺墳冷落城西道三尺荒碑空蔓草中有方侯營墓田寒食幾人知祭掃我來瞻拜淚雙垂大節堂堂合立祠如何無數江邊石只刻尋常德政碑

國朝

貴州按察司僉事兼貴陽兵備道黃惟鍛墓在縣東楢樹莊
翰林院庶吉士雷天鐸墓在縣西關外
內閣中書陳瑞球墓在縣西夏家灣　陳錫撰墓誌銘載縣志
提督閻定邦墓在縣西吳家岡

陣亡舉人熊五緯墓在縣東柱家山

蘄州

宋

蘄黃鎮撫使王玠墓在青山鄉獅子地案玠長洲人傳詳秩官

元

閩清令蒲遠猷墓在安平鄉獨山麓　遠猶自撰墓誌見金石
戶部侍郎朱仕俊墓在黃土嶺　案王志列入明代茲據宦蹟本傳更正

明

荆憲王朱瞻堈墓　荆靖王朱祁鎬墓　都昌惠靖王朱祁鑑墓俱在安平上鄉大泉山
荆和王朱祐棢墓在諸家湖韓家山妃劉氏合窆

荆恭王朱翊鉅墓　荆敬王朱常涫墓　荆康王朱常盗墓
都梁悼惠王朱見溥墓　都昌懷順王朱晃潭墓　樊山莊
和王朱祐構墓俱在安平上鄉
樊山溫懿王朱見濍墓　都昌悼僖王朱祐楀墓俱在永福上鄉
富順王朱厚焜墓在白龍潭
富順王朱載烘墓在白龍潭左竹林觜
荆王朱某墓因國除無謚寇亂時葬李公氣墓未封
蘄國公康茂才墓在江南上元縣鍾山鄉之幕府山其祖墓在本州大同上鄉康家衝　宋濂撰神道碑銘見金石
吉安侯柳艮正墓在崇居鄉打鼓臺
御史馮思齊墓在江甯浦口香爐山其祖墓在本州安平鄉大泉山第一泉側

廣東布政使華仲賢墓　翰林院編修華巒墓俱在馬口湖華巒墓有李東陽撰墓誌銘見金石
布政使張思齊墓在菩提壩黃土塘
刑部尚書馮天馭墓在頭鋪諭葬王志云在州東迎山老米橋者其祖墓也據州志更正
福建參政顧問墓　福建副使顧闕墓俱在缺齒山其始祖士徵墓在鹿耳石
提學御史周禬墓在州東符乾關外席盤石
參政顧敦墓在州北八十里甕門桃樹山
御史周大霖墓在州東五里
千戶陳福清墓在鳳凰山麓
太醫院判李時珍墓在州東五里竹林湖父言聞墓亦在此
揚州海防副使袁世振墓在洗腳湖

兵部侍郎李盛春墓在竹林湖州志云在廣濟望夫山六府林之左俟攷
參將李同春墓在安平鄉方家橋王志云子楷棟墓俱在此州志楷墓在野狐山　李維楨撰墓誌銘見金石
汝南副使李際春墓在永福鄉段家倉壽眉山
新安縣知縣殉難陳顯元墓在東山寺
陝西僉事李新墓在頭鋪地藏寺側
廣西副使晏攄忠墓在席盤石晏家隴山
江西右布政使張邦翼墓在圓峰山下張銘畈
山西按察司副使李樹初墓在州東十五里東湖菴顧景星撰墓誌銘見金石
直隸遵化兵備道李梴墓在崇居鄉金鷲寺
巡按御史饒京墓在竹林湖側饒家閣
諸生盧如鼎墓在土門珠樹林　吳偉業撰神道碑銘見金石

顧節婦墓在時思圖貞節坊下

國朝

徵士顧景星墓在時思圖其父天錫墓亦在此
萬安縣知縣李炳然墓在施家塘雞公嶺
蘇松督儲參議盧紘墓在迎山
浙江溫處道高培墓在崇居鄉大林腦
翰林院庶吉士黃岡欽士佃墓在烏林港
嵩明州知州陳艮翼墓在崇居鄉石鼓衝口
工部主事陳詩墓在大同鄉朱家衝　萬之傑撰墓誌銘見金石

廣濟縣

隋

吏部郎徐儉墓在惠山案縣志云徐儉陵子東海郯人子斐爲唐永甯令卽今廣濟葬儉於惠山遂占籍焉

唐

司馬申墓在縣署後四祖道信父也康熙三十五年知縣李世德捐金勒石

宋

學士張塡墓在縣北五里

刺史王濟墓在車防山

四川安撫制置使余玠墓在縣東余公山　國朝顧景星過余義夫先生墓詩山礬千百樹素華飄回風因知古人墓在此香雪中孱然一儒者慷慨成英雄南宋稱大將西蜀多戰功右臂撫荊楚左顧定梁雍遂能安半壁不致淪羌戎遥望紫金坪是公讀書處鬱鬱白雲間見公手植樹青松缺無聲黃鳥豈不鳴誰能伐片石爲公志墓門　喻文鏊過宋蜀帥余公墓詩釣魚山畔蹟難磨玉帶休嗔賈八哥收取油衫多寶散蘄州風景竟如何

修武郎王宗臯墓在縣東

忠翊郎王翊墓在縣東四十里

刑部左侍郎游侶墓在午山湖父子山

明

荊端王朱厚烇墓在楊門張家寢

荊莊王朱載墭墓在楊門武家寢

永新安莊王朱厚熿墓在四望山幽居寺側妃周氏合窆

廣濟縣知縣胡昇墓在嶽山麓

廣濟縣知縣王佐墓在西驛腦清流港案秩官內僅正德閒有王艮佐疑是一人

山人寇學海墓在縣東五里畢四嶺萬歷中知縣劉允昌營葬題曰有明詞人寇巨源墓　明楊勳過寇山人墓詩少小未相識看詩意欲親一生惟用俠到老不辭貧月映溪流活秋分山色勻交遊遍海內登拜自何人　國朝胡醕九月晦日偕同社諸子展寇山人墓詩并序山人當明嘉隆間以詩名海內惟時交懽山人者自晉慶成王下逮名卿碩彥誠有如詩敘所云而其卒也暴露荒江必待數十年後之劉侯燕及始爲卜葬於此則當日之交游爲何如也予讀山人詩慷慨起舞以爲古豪俠者流所交必非常士及考其卒竊不能無翟公之歎矣爲作長歌鐫於墓側山人有知或者稍慰於冥漠乎　霜風颯颯鳴枯樹黃葉滿山飛薄霧風迴霧散日午晴始見山人山上墓山人當日重游俠轍迹幾徧天下路伸眉一笑狎王侯七貴三公不足數朱門妙伎進歌舞白首名儒乞詞賦如何老死荒江濱殮殯無人骸暴露吁嗟乎豈謂世人不識才大都才也窮之胎君不見余公山上余玠墓又不見東衡山上鮑照讀書臺余公勳績委蒿萊鮑子詞賦君王猜可知古今才人傑士坎壈阨塞例如此不獨我公身後爲可哀同人載酒重徘徊吾鄉詩壇公所開酹公三爵公歸來　朱澤楠撰墓誌見金石

孝子史玉明墓在縣東十里八斗嶺

韓南臯先生墓在禪姑山麓　國朝胡醕秋日訪韓南臯先生墓詩吾楚四君子先生最可悲墓門橫斷碣宰樹委荒陂孝子甯無後鄉賢尚有祠表章需後死誰爲起新碑

江南布政使舒其志墓在縣西雨山西南

太常寺少卿吳亮嗣墓在縣東南三十里赤馬山

贈太僕寺卿胡士容墓在武山湖東岸破頭山後官蹟傳作太常卿

國朝

翰林院檢討金德嘉墓在縣東荊竹鋪山梅衝

浙江巡撫蘄州李本晟墓在金山府載蘄州志

黃梅縣

南朝宋

參軍鮑照墓在縣城外西池西岸道光二十五年知縣俞昌烈重修邑人喻權捐田五畝以作祭產　國朝喻元鴻鮑參軍墓詩爲愛風騷屈宋遺故埋詩骨楚江湄如何十卷參軍集不見當年絕命詞戎馬縱橫逢此日風流消歇儻如斯空傳舊宅依然在我更爲公代別離　陶樑鮑參軍墓詩月黑孤墳鬼唱哀南朝遺蹟付蒿萊文多靡嫚偏傷雅主類英明總忌才半蹈危機巢燕幕幸無詩案織烏臺令暉芳冢原鄰近好兒吾書寄大雷　蔣恩溎鮑參軍墓詩空有詩

名冠六朝他鄉風月感蕭條書題雷港客何往賦畢撫城家
尙飄名士遭逢偏世難楚人風俗重魂招驀來落日孤城下
一歲清明酒一澆　張維屏由東禪寺過鮑參軍墓詩撫城
賦筆迴超羣六代才華付暮雲行到東禪禪寺望春山一碧
護孤
墳

唐

招討五原郡公魏奕墓 在黃花鎮

佛母周氏墓 在縣西南半里許係五祖宏忍之母

宋

翰林學士王仲瑄墓 在縣東五十里鼓角山諭葬

忠武王子岳震岳霆墓 在縣西楊梅嶺傳詳流寓

義門陳宗達墓 在縉亭港有碑

尙書魏謙墓 在黃花鎮

於用墓 在接待寺照王志錄未詳何官

尙書於任墓 在劉家塘縣志作於仕侯致

元

翰林學士陳經墓 在縉亭港

祭酒戚容墓 在段家嶺

御史汪振卿墓 在屯頭背

司馬元帥陳國玉墓 在小園山陳經之子

四川宣撫使陳義墓 在縣西十五里向家畈縣志云在蔡山

直賢學士劉忠山墓 在赤塘山

清遠縣知縣洪儁墓 在楊樹橋案儁饒州人傳詳流寓

孝子陳至立墓 在孫陂畈

孝子張德懋墓 在唐家山

孝婦伏氏墓 在茶兒嶺

明

都督英山侯於顯墓 在獅子山

甯府紀善沙瑞墓 在萬倉畈金盤架左

禮科都給事中邢寰墓 在孔隴鎮

贈光祿寺少卿石金墓 在屯頭背長腰山

太僕寺卿洪恩墓 在瓦石山

天津兵備副使曹麟墓 在什村畈之黃金堨

太僕寺卿瞿晟墓 在張湖鎮福盤山

大同巡撫石崑玉墓 在屯頭背大松山

薊遼總督汪可受墓 在茅栗山諭葬

贈太僕寺少卿石有恆墓 在五祖山前

徵士瞿九思墓 在福盤山右芭茅山　國朝吳燦如謁瞿慕川先生墓詩翼軫淪精日先生應運初曾羅投塞罪卒著等身書歲俸天恩戴心傳俗學祛碑頭牛礪角灑淚弔荒墟

孝子瞿甲墓 在濯港郭家背

隱逸張復墓 在瞿孝子墓左案復休甯人傳詳流寓

孝子洪祥墓 在瓦石山

孝子熊楫墓 在馬頭山熊家村

節婦李文明妻胡氏墓 在縣北杜家園縣志作杜氏

國朝

節婦胡賴妻陳氏墓 在蔡山盤古村左

贈按察司僉事廖士貞墓在塘穴鎮郭家塘
杭嚴兵備道石鎮國墓在獨山鎮馬家莊
工部營繕司主事黄利通墓在劉塘鎮
諭葬浙江巡撫帥承瀛墓在楊樹鎮楊家畈
都察院左副都御史帥承瀚墓在京師西山
諭葬贈光祿寺卿江西候補道帥遠燡墓在上沿鎮汪家埠大窯山

補遺

黄岡縣

明吳良吉墓在劉集區魏家山

國朝丞和縣知縣許岳墓在縣東金雞山土名外八斗

黄州衛掌印守備覺羅趾壽墓在縣東陸家背妻章佳氏祔

黄岡縣典史金在鎔墓在漢川門外君子泉側

黄州府志卷之四十上終

黄州府志卷之四十下

黄州府知府英 啟纂輯

雜志

摭聞

黄州城北二十里楓香橋北有墓世誤以對江之樊口爲噲封疑此爲噲墓攷之史冊噲封國在今襄陽之樊城墓在關中而樊口本以古樊楚得名不因樊噲按晉咸和中西陽太守樊峻與豫州刺史毛寶共守邾城爲石虎將張格度所陷死焉此或峻墓歟張希良格物編

肅宗時以王嶼爲相尚鬼神之事分遣女巫徧禱山川有巫者少年盛服乘傳而行中使隨之所至之地誅求金帛積載於後與惡少年十數輩橫行州縣閒至黄州左震爲刺史震至驛而門扃不啓震乃壞鏁而入曳巫者斬之階下惡少年皆死籍其緡錢鉅萬金寶堆積悉列上而言曰臣巳斬巫請以所積資貨貸貧民輸稅其中使送上臣當萬死朝廷厚加慰

獎拜震商州刺史唐國史補

唐宋汶牧黄州日秦宗權阻命作亂將欲大掠四境蔡州有念金剛經行者宗權差爲細作令入黄州探事行者至黄州未逾旬爲人告敗宋汶大怒令于軍門集衆決殺忽報有加官使至將校等上言方聞喜慶不欲遽行殺戮由是但令禁錮逾月使臣不到又命行刑出狴牢次報使入境復巳停止使已發引出就刑値大將入衙見之遽白于宋曰黄州士馬精

强城壘巖峻何懼姦賊窺覘細作本非惡黨受制于人將軍曲貸性命足示寬恕汝然之命髠髮負鉗緣化財物造開元新寺寺將就之一夜夢八金剛告曰負鉗僧苦行如此締構既終盍釋其鉗以旌善類汝覺大畏之遂令釋鉗待以殊禮自後一州呼爲金剛和尚報應記

唐房千里竹室記稱環堵所棲率用竹以結其四角植者爲柱楣欂者爲棖桷王元之竹樓記蓋其餘意縣志

王禹偁嘗作三黜賦見志後知制誥忤時相出知黄州蘇易簡知貢舉適榜下放孫何等三百餘人奏禹偁禁林宿儒欲將全榜諸生送於郊上可之禹偁作詩曰綴行相送我何榮老鶴乘軒愧谷鶯三入承明不知舉看人門下放門生至郡未

幾二虎鬭於境一死羣雞夜鳴冬雷而雹司天奏守土者當其咎卽命徙蘄州謝表云宣室鬼神之問不望生還茂陵封禪之文止期身後帝深訝異促召還臺未行竟卒夢溪筆談

天聖中韓魏公居所生憂從其兄琚守齊安卽安國寺西廡爲書堂以居恆有二女子夜至衣冠高古容妝麗甚公恬不以爲怪及去二女告曰妾非人也亦非仙人鬼魅遊處再歲而言不及亂公德士也卽推此澤天下讀齊安記屈原之死二女孝慈亦於此投江故武昌郡以五月五日競渡投角黍迎神舟上二女非仙人鬼魅豈靈均二子之靈耶浪語集

夏文莊公竦守黄州時龐穎公籍爲掾嘗疾屬文莊後事文莊親臨之曰異日當爲貧宰相亦有年壽疾非所憂龐語已爲

宰相豈得貧耶文莊曰但於一等人中爲貧耳故龐晚年詩曰田園貧宰相圖史富書生石林燕語載龐嘗在告數日忽吏報死矣文莊大駭曰此人當爲宰相安得便死吏言其家已發哀文莊卽自往取燭視面語醫曰此陽證傷寒汝等治誤爾亟取承氣湯灌之有頃蘇青箱雜記

蘇公謫黄州始稱東坡居士蓋亦慕白樂天而然白刺忠州有東坡種花諸詩蘇在黄州與白忠州相似嘗有詩云出處依稀似樂天敢將衰朽較前賢則東坡名非偶因地稱也蘇又嘗東王定國云近於宅左得荒地數十畝買牛一具躬耕其中欲自號鏖糟陂裏陶靖節縣志

東坡遊赤壁者三今人知其二者由其有二賦也余嘗讀其跋

龍井題名記云予謫黄州參寥使人示以題名時去中秋十日秋濤方漲水面千里月出房心間風露浩然所居去江無十步獨與兒子邁棹小舟至赤壁望武昌山谷喬木蒼然雲濤際天因錄以寄元豐三年八月記今古文赤壁賦注謂公詣赤壁者三其謂此歟據二賦在六年此則第一遊也七修類稿

元豐五年十二月十九日東坡生日也置酒赤壁磯踞高峰仰鶻巢酒酣笛聲起於江上客有郭古二生頗知音謂坡曰笛聲有新意非俗工也使人問之則進士李委聞東坡生日作新曲曰鶴南飛以獻呼之使前則青巾紫裘腰笛而已既奏新曲又快作數弄有穿雲裂石之聲坐客皆引滿醉倒委袖出嘉紙一幅曰吾無求於公得一絶句足矣坡笑而從之詩

云山頭孤鶴向南飛載我南遊到九疑下界何人也吹笛可憐時復犯龜茲東坡集

東坡與李通叔書蒙寄示雪堂篆字筆勢茂美足爲郊藪之光則雪堂扁當屬通叔筆今倣印章成字實出前守上海潘公伯明縣志

元豐七年二月一日東坡居士與徐得之參寥子步自雪堂並柯池入乾明寺觀竹林謁乳姥任氏墳鋤治茶圃遂造趙氏圃探梅堂至尙氏第觀老枳偃蹇如龍蛇形憩定惠僧舍飲茶任公亭師中菴乃歸且約後日攜酒尋春於此東坡志林

定惠院東小山上有海棠特繁茂每歲盛開必爲置酒已五醉其下矣今年復與參寥及二三子訪焉則園已易主主雖市

井人然以余故稍加培治山上多老枳木花白而圓香色皆不凡以余故亦得不伐既飲復憩於尙氏之第尙所居竹林花木皆可喜醉卧閣上稍醒聞坐客崔成者彈雷琴作悲風曉角錚錚然意謂非人間也晚乃步出城東入何氏韓氏竹園遂置酒竹陰下興盡乃徑歸元豐七年三月初二日也東坡志林

海棠詩爲東坡先生最得意之作嘗喜寫之人間刻石有五六本邑農人於古墓掘得其一爲鉏钁所壞僅存百字有先生自繪像巾氅拄杖正與詩意相發存王同軌家亦寶玩也石林詩話

徐得之君猷陽翟人韓康公壻也知黃州日東坡先生遷謫於郡君猷周旋之不遺餘力其後君猷死於黃東坡作祭文挽詞甚哀又與其弟書云軾始謫黃州舉目無親君猷一見相待如骨肉此意豈可忘哉君猷後房甚盛東坡常聞堂上絲竹詞中謂表德元來字勝之者所最寵也揮麈錄

黃州西北百餘里有歐陽院院僧蓄一古編鐘云得之耕者發地獲四鐘斸破其二一爲鑄銅者取去獨其一聲空瓏鐃古意子瞻集

東坡書夢祭句芒文云余在黃州夢黑肥吏以一幅紙請祭春牛文予笑而從之云三陽既至庶草將興爰出土牛以戒農事衣被丹青之好本出泥塗成毁須臾之間誰爲慍喜傍有一吏云此兩句會有慍者參寥能具道乃復錄之縣志

東坡嘗記黃鄂之風云近聞黃州小民貧者生子多不舉江南尤甚聞之不忍黃之士古耕道雖椎魯無他長然頗誠實喜爲善乃使率黃人之富者歲出十金如願過此者亦聽使耕道掌之多買米布絹絮使安國寺僧繼連書其出入訪閭里田野有貧甚不舉子者輒少遺之若活得百箇小兒亦閑居一樂事也吾雖貧亦當出十金縣志

東坡曰余來黃岡聞黃人二三月皆羣聚謳歌其辭固不可解而其音亦不中律呂但宛轉其聲往返高下如雞唱爾與廟堂中所聞雞人傳漏微似土人謂之山歌云又曰舊傳陽關三疊今歌者每句再疊而已通一首言之又是四疊或每語三唱以應三疊之說則叢然無復節奏余在密州有文勳長

官自云得古本陽關其聲宛轉淒斷每句皆再唱而第一句不疊乃唐本三疊盖如此及在黃州偶讀樂天對酒詩云相逢且莫推辭醉新唱陽關第四聲注第四聲勸君更盡一杯酒以此驗之若第一句疊則此句爲第五聲今爲第四聲則第一句不疊審矣（東坡志林）

東坡在黃州嘗以蜜爲釀作蜜酒歌珍珠爲漿玉爲醴六月田夫汗流泚不知春甕自生香蜂爲耕耘花作米一日小沸魚吐沫二日眩轉清光活三日開甕香滿城快瀉銀餅不須撥百錢一斗濃無聲甘露微濁醍醐清君不見南國採花蜂似雨天教釀酒醉先生先生年來窮到骨問人乞米何曾得世間萬事眞悠悠蜜蜂大勝監河侯序云西蜀道士楊世昌善

作蜜酒絕醇釅余既得其方作此歌遺之戲與吳君釆云近日黃州捕私酒甚急犯者門戶立木以表之臨皋之東有犯者獨不立木怪之以問酒友曰爲賢者諱吾何嘗爲此但作蜜酒爾（縣志）

黃州人造私酒俗謂之壓茅柴坡詩三年黃州城飲酒但飲溼我如更揀擇一醉豈易得幾思壓茅柴禁網日夜急韓子蒼茅柴酒詩三年逐客卧江皋自與田工釀小槽飲慣茅柴諳苦硬不知如蜜有香醪盖亦謂差勝他酒爾張耒雜志直稱黃州酒可亞瓊液（陳州酒名）而差薄爲謫官中一幸豈陸待制所云適有佳匠也（縣志）

東坡在黃州時嘗赴何秀才會食油果甚酥因問主人此名爲何主人對以無名東坡又問爲甚酥坐客皆曰是可以爲名矣又潘長官以東坡不能飲每爲設醴坡笑曰此必錯著水也他日忽思油果作小詩求之云野飲花前百事無腰閒惟繫一葫蘆已傾潘子錯著水更覓君家爲甚酥（調謔編）

子瞻在黃州嘗書云東坡處士自今以往早晚不過一爵一肉有尊客盛饌則三之可損不可增有召我者預以此告之自言有三養曰安分以養福寬胃以養氣省費以養財（東坡志林）

東坡赤壁賦客有吹洞簫者不著姓字吳匏庵有詩云西飛一鶴記何詳有客吹簫楊世昌當日賦成誰與註數行石刻舊曾藏據此則客乃楊世昌也案東坡次孔毅父韻不如西州楊道士萬里隨身只兩膝又云楊生自言識音律洞簫入手清且哀則世昌之善吹簫可知匏庵藏帖信不妄也案世昌

綿竹道士字子京見王註蘇詩（陔餘叢考）

蘇子瞻偶至汪氏野人居有神降于室自稱天人李全字德通善篆字用筆奇妙而字不可識云天篆也與言有所會用韻作詩復爲作天篆記又集中載何氏神琴歌云七絃品弄仙人有留待世人輕插手一聲欲斷萬里雲山林鬼魅東西走況有離人不忍聽纔到商音淚漸傾雁柱何須誇鄭聲古風自是天地情伯牙死後無人知君侯手下分巧奇月明來伴青松陰露齒笑彈風生衣山神不敢隱踪跡笑向山陰懼傷擊一曲未終風入松玉女驚飛來往側勸君休盡指下功引起相思千萬滴（縣志）

東坡在黃日每有燕集醉墨淋漓不惜與人至于營妓候侍扇書帶畫亦時有之有李琪者小慧頗知書札坡亦每顧之喜然未嘗獲公之賜至公移汝郡將祖行酒酣奉觴再拜取領巾乞書公顧視之令琪磨墨墨濃取筆大書云東坡七歲黃州住何事無言及李琪卽擲筆笑談坐客相謂語似凡易又不終篇何也至將徹具琪復拜請坡大笑曰幾忘出場繼書云恰似西川杜工部海棠雖好不留詩一座擊節盡醉而散春渚紀聞

東坡在雪堂讀阿房宮賦且讀且歎賞嘗至夜分不寐給事二老兵甚苦之一人曰知他有甚好處一人曰他有兩句好其人怒曰汝理會得甚麼對曰我愛他道天下之人不敢言而

敢怒東坡聞之笑曰不意斯人有此識見縣志

東坡在黃州而王文甫家東湖公每乘興必訪之一日逼歲除至其家見方治桃符公戲書一聯于其上云門大要容千騎入堂深不覺百男歡墨莊漫錄

子瞻遷黃州時曾子固居憂臨川死焉京師盛傳子瞻同日仙去如李長吉故事神廟以問左丞蒲宗孟嘆息久之故後量移汝州謝表有云疾病連年人皆相傳爲已死飢寒併日臣亦自厭其餘生避暑錄云子瞻在黃病赤眼踰月不出過客遂傳以爲死矣有語范景仁於許昌者景仁絕不置疑卽舉袂大慟遣人賙其家子弟徐言此傳聞未審當先書問安否得實恤之未晚乃走僕以往子瞻發書大笑東答云平生所

得毀譽殆皆此類也縣志

子瞻謫黃布衣芒屩出入阡陌多挾彈擊江水每旦起不招客語必出訪客所與遊亦不盡擇各隨其人高下談諧放蕩不復爲畛域有不能者强之說鬼曰姑妄言之數日必一泛舟江上乘興或入旁郡界嘗與客飲夜歸江光際天風露浩然乃作辭所謂夜闌風靜縠紋平小舟從此逝江海寄餘生者大歌數過而散翌日喧傳子瞻掛冠江邊挐舟長嘯去矣郡守徐君猷聞之懼州失罪人急命駕往則子瞻鼻鼾如雷縣志

東坡在黃州鄰近四五郡皆送酒公合置一器名曰雪堂義罇後試墨三十六丸掄十餘品佳者擣合一品名曰雪堂義墨縣志

子瞻在黃與李公擇書云口腹之慾無窮每加節約亦惜福延壽之道乃日用錢不過百五十每月朔取錢四千五百斷爲三十塊掛梁上每日用畫叉挑取一塊以竹筒貯用不盡者以待賓客云此賈耘老法也縣志

黃州柯山在城中其上皆巨竹山下民婦就蓐產一蛇徑走入竹林不知所向後數年乃時出色白脊有紅鬣見之者必死郡人極惡之崇甯五年青社李辨老坐事謫居嘗拉所厚三士人潘仲達何斯舉欒正夫同遊此山將飲酒或告以有蛇怪行未久果見蟠於竹下高與人齊李失聲三子倉皇散走李知不得免拾一拳石祝之曰我今日與彼勢不兩全我勝蛇死不勝則我死祝罷石正中蛇腦卽疾穿草去有如風聲

草爲之偃三客相賀竟縱賞抵暮乃歸後三日竹外人家聞臊氣不可近稍前視之蛇已死腐其長有五丈衆相率舁去投諸江中夷堅志

秦少游在黃州飲於海棠橋橋南北多海棠有老書生家海棠叢間少游醉宿於此明日題其柱云喚起一聲人悄衾暖夢寒窗曉瘴雨過海棠晴春色又添多少社甕釀成微笑半破瘦瓢共舀覺健倒急投牀醉鄉廣大人間小東坡愛其句恨不得其腔當有知者冷齋夜話

孫公素畏內衆所共知嘗求坡公書扇坡題云披扇當年笑溫嶠握刀晚歲戰劉郎不須戚戚如馮衍但與時時說李陽公素昔爲程宣徽門賓後娶程公之女性極妬悍故云通志

白鳥沒飛煙微風逆上船江從樊口轉山自武昌連日月懸終古乾坤別逝川羅浮南斗外黔府古河邊波浪三江口風雲八字山斷崖東北際虛艇有無間卧柳堆生岸跳魚水擣灣悠然小軒冕幽興滿鄉關西山連虎穴赤壁隱龍宮形勝三分國波流萬世功沙明拳宿鷺天闊退飛鴻最美魚竿客歸船雨打蓬落日春江上無人倚杖時私蛙鳴鼓吹官柳舞腰支獵遠頻翻臂漁深數治絲我猶無彼是風豈有雄雌此邠老江間所賦也邠老唐太僕卿季荀之後衢之曾孫鯁之子寓居齊安得句法於東坡頊與洪駒父徐師川洎予友善山谷嘗稱邠老天下奇才也其爲詩文他皆稱是年未五十以歿良可惜也潘子真詩話

野客叢談載王荆公詩云西風昨夜入園林吹落黃花滿地金蓋咏菊也而歐陽公譏之云秋花不比春花落爲語詩人仔細吟荆公咏菊原非指目黃州譏出歐公眉山無與而元人小說謂子瞻以菊花遭貶今黃州無落瓣之菊子瞻謫黃州乃舒亶李定等所爲荆公已退居金陵不與朝政小說誠曹瞢也格物編

黃庭堅有謝何十三送蟹絕句三首何十三名覬邑人又東坡亦有書贈何聖可曰歲云暮矣風雨淒然紙窗竹室燈火青熒輒於此間得少佳趣今分一半寄與黃岡何聖可若欲同享須擇佳客不審聖可又何人也縣志

何斯舉云壬寅正月雨雪連旬忽爾開霽閭里貧媼相呼賀曰

黃綿襖子出矣因作歌以紀之此名新甚但所作歌未甚愜人意乃更爲補作一絕句云范叔綈袍暖一身大裘只蓋洛陽人九州四海黃綿襖誰似天公賜與均鶴林玉露

黃州董助教富甚大觀己丑歲歉董爲飯以食飢者又爲糗餌飼小兒輩方羅列分之飢人如牆而近不復可制董仆於地頗被毆踐家人咸咎之董不介意明日又爲具但設欄楯以序進退時或紛然迄月餘了無倦色通志

靖康初韓子蒼知黃州訪東坡遺蹟登赤壁問賦所謂栖鶻危巢者不復存矣悼悵作詩而歸有何頡斯舉者及識東坡因次韻獻子蒼云兒時宗伯寄黃州諷誦遺文至白頭二賦人間眞吐鳳五年江上不驚鷗蟠常見水人猶惡鶻有危巢孰

肯留珍重使君尋往事西風悵望古城樓墨莊漫錄

東坡謫居黃州五年赤壁有巨鶻棲於喬木之上後賦所謂攀棲鶻之危巢俯馮夷之幽宮是也韓子蒼靖康初守黃州三月而罷因遊赤壁而鶻巢已亡作詩示何次仲云緩行犖竹白沙洲更挽籐梢上上頭豈有危巢尚棲鶻亦無陳迹但飛鷗經營二頃將歸老眷戀羣山爲少留百日使君何足道空餘詩句在江樓次仲和答云兒時宗伯寄黃州諷誦高文至白頭二賦人間眞吐鳳五年江上不驚鷗蟹常見水人猶怒鶻有危巢孰敢留珍重使君尋故迹西風悵望古城樓二首皆言鶻巢蓋推賦而言也復齋漫錄

案次子蒼韻詩墨莊漫錄以爲何頡斯舉作而復齋漫錄又云何次仲宋詩紀事又云何迂叟未知其爲一人也兩人也今並存之通志註

東坡在齊安有春江綠漲蒲萄醅之句靖康初元韓子蒼舍人作守有旨添賜郡釀因名其庫曰蒲萄醅仍有詩云孤臣政術不堪論何得君王賜酒尊父老異時傳盛事蒲萄醅熟記初元梁谿漫志

潘邠老有滿城風雨近重陽之句楊用修云蔣凝賦止四韻邠老詩無全章丫頭花鈿滿面不及徐妃半妝縣志

黃岡村氓閻邱十五多積穀每幸凶歲卽閉廩騰價細民苦之老年病且亟不復飲食但餐羊屎家人憐之以米餌作羊屎狀給之入手便投去惟食眞者數月方死耳談

黃州市民渠生貨油爲業人呼曰渠油一意嗜利每作油時乘熱益以便溺幾三之一因是獲息頗博家惟一妻一子未幾相繼亡渠悲泣不已遂感奇疾如受拷掠痛苦萬狀家貲索然經歲而殂夷堅志

曾宏父紹興中守黃州有雙鬟小鬟者頗慧黠宏父令誦東坡先生赤壁前後二賦客至代謳人多稱之揮麈錄

黃尙書由帥蜀中閣乃胡給事晉臣之女過雪堂行書赤壁賦於壁間劉改之從後題一闋其詞云案鑾徐驅兒童聚觀神仙畫圖正芹缺雨過泥香路軟金蓮自折小小藍輿傍柳題詩穿花覓句嗅蘂攀條得自如經行處有蒼松夾道不用傳呼清泉怪石盤紆信風景江淮各異殊想東坡賦就紗籠素

壁西山句好簾捲晴珠白玉堂深黃金印大無此文君載後車揮毫處看淋漓雪壁眞草行書後黃知爲劉所作厚有饋貺游宦紀聞皇宋書錄同

楊伯洪知黃州忽一日早飯覺有薄荷氣旣食而疑素養白雞黑犬就其內飼之雞與犬俱斃有孫來前以匙數粒食晚亦斃楊始驚服解毒藥嘔血數升遂將庖者鞫之乃云童德與授其藥庖則荆湖制司人復改爲飯局童諭如藥不驗當以薄荷可發朝廷知之差中使齎金器宣賜兼撫問伯洪引庖者對中使自白本末中使亦驚復奏童德與赴召慮事覺先飮藥而卒貴耳集

陽邏鎭僧寺之側有市民甯文以灌園爲生紹熙五年六月妻

產一子名之曰遡兒甫兩歲慶元二年四月二十二日晡時天地晦冥雷電暴作兒在門首忽失所在移時開霽得之於果棚下伏卧不動有朱書七字在其背曰天下太平慶元年字闊二寸分作兩行惟太字頗暗觀者撫摩隱隱然隆起凡半月餘始沒而不見兒如常監鎮務官具告郡書坊圖其事刻板鬻之通志

齊安郡濱江有臨臯亭故址俗傳秦檜生於此案宋史高登傳登令古田帥胡舜陟謂登曰縣秦太師父舊治實生太師於此盍祠祀之則云生於臨臯誤矣格物編

宋嘉定辛卯金人圍黃州太守何大節召僚佐曰諸君親老且非守土臣可無死各以差檄使爲去計自誓不屈城陷大節

沈江死時蘄守李誠之亦以城陷自殺朝廷爲立廟大節恤典不及而甯宗紀乃書大節棄城遁劉潛夫詩云淮堧便合營雙廟太學今方出二儒二人皆出太學又云世俗今猶疑許遠君王原未識眞卿蓋爲大節白冤縣志

宋奎章閣侍書學士虞集父汲爲黃岡尉乃右丞相允文四世孫汲僑居臨川娶國子祭酒楊文仲女楊以理學名家其女深通大義生集及弟槃受教內庭從父寓黃時稱爲一家之學槃著有非非國語縣志

明洪武年間有書生犯夜知府問其何處人生答云舟泊蘆花淺水涯故人邀我飲金巵因歌赤壁兩篇賦不覺黃州半夜時城上將軍原有令江南遊子本無知黃堂若問眞消息舊有聲名在鳳池識者謂爲解春雨也堅瓠集

馬炳然正統間守嘉魚羣盜劫藏去而欽召報適至以盜未獲阻行始盜入馬於暗處稽其數三十人有長而髯者魁也因密屬捕者懸賞罰期必得會陽邏鎮渡江人數及一髯人正如盜狀遂縛以聞虐訊誣服馬始就道囚皆死獄中後豫章獲盜稱贓出嘉魚移文楚臯守以是罷正德間馬建中丞節過楚入閩楚正戒嚴至陽邏與盜劉六劉七等遇磔其屍虜其處子家屬死者三十人人謂冤報時郡守余貴不忍大臣女辱賊卽索千金具牒屬四青衿方勇等往贖女追及於潯陽其帥趙風子受金還女厚貽而遣之曰以充爾郡犒軍錢余具車馬以四老嫗護女送還蜀郡通志

郡守盧濬嘗浮舟江上風起舟師頻呼柟木大王問故以妖對濬歸撰文牒水府其畧曰象罔魍魎轉深鑄鼎之思誠格神明欲下然犀之照惟川靈之失綱故令尾大者不掉彼風師亦助虐其與首惡者何殊仍期三日以木來屆期詣江上忽一木自樊口至命縛之登岸時修學宮以爲左柱萬歷中宮災柱燬通志

安國寺右有景佑眞君廟祀張睢陽郡守盧濬遍毀淫祠是廟亦在廢中忽門阜爲神所附索筆題曰皇天生我兮男兒君王用我兮熊羆力拔山兮雷電氣貫日兮虹霓月正明兮援鎗挎劍星未落兮擊鼓掀旗搗賊壘兮焚寨臠賊肉兮充飢食馬鼠兮既盡殺妻妾兮心悲誓與死戰兮身披鐵甲願爲

厲鬼兮手執金鎚莫指我爲張飛莫指我爲張儀子張巡兮在世與許遠兮同時在東嶽兮押案總督府兮陰司侍蓬萊兮殿直任酆都兮獄推景佑眞君兮人閒封爵忠烈大夫兮天上官資浸濡毫而染翰俾世人以皆知濬驚異復詰以事應如響由是廟得不毁 通志

盧濬誕日假寐夢出一字門過織染橋越數家有嫗饌已中有粉餈厭飫而返及覺脣吻猶香令掾偵之見老嫗設俎奠其夫忌日粉餈從所嗜也亡方三十二年據還報盧與誕日皆同亦嗜粉餈因召嫗贈金經紀其家 耳談

黄岡進士奚世亮爲延平守值倭寇陷城力戰而死遺骸於旗亭其後倭入閩見荔枝樹則析以爲薪次旗亭有一紅衣女子抱樹而哭甚哀曰但殺我勿伐吾樹倭憐而去樹遂存倭亦隨解至今呼旗亭荔枝爲紅娘云核如丁香小肉甚甘美說者以亮死賊之氣所留也 三楚文獻錄

王思旻縣刑房吏也多行陰善有鄉民誣陷重辟思旻察其冤出百金賄其讐始得平反民心感之而未識也後思旻爲泰州同知告歸偶同葬師卜地山中乞漿於村舍見其家有木主曰恩人王思旻祿位詢之泣告以故則向所平反者也王語之民出妻子羅拜問入山故知爲卜地民曰山前後數里皆我有也請擇焉果得吉兆今邑人所豔稱赤膊龍者也王居官事詳宦蹟

穆天顏性至孝少貧甚父客死於蜀兄弟自黄奔喪附客舟畫

夜哭舟中一老賈感之助以貲糧將抵夔老賈曰吾去此不遠約某日吾挈橐來待公過此也旣而天顏扶柩走叢山中夜雨如注視電而行乞宿旅人不納至冶店老嫗憐而飯之明日抵夔老賈至果贈以多金且爲之祭而哭乃曰與尊府素無交但念年老無子若客死誰爲奔喪者及天顏貴入蜀訪之賈尙無恙且有子矣於是厚酬之亦贈冶店嫗以百金後天顏巡按四川賈已死其子年十六補弟子員 縣志

萬歷戊午秋黄岡樊憲副維城方在諸生偕何邃宿閎中汪閶夫爆南應試武昌寓止洪山寺小菴菴有千葉蓮植而不花樊浴其庭見之僧云從未開花自公至之日始蓓蕾數日後當開耳明日復浴則已敷鮮枝頭數之正得三朵樊公戲謂邃宿閶夫曰此三花應吾三人及第兆也邃宿以爲然閶夫笑曰異哉二人顚乎誕乎樊公曰予先折一枝供案上如萎則已茂則兆也旣而果茂邃宿亦自摘供之閱三日樊之花盡何之花方茂汪獨不摘任花自槁枝上及榜放三人皆中式然樊聯捷去何至壬戌始第汪止孝廉卒崇禎乙亥樊以憲副投閒何方轉學憲花若得氣之先矣 冷賞

樊副憲夫人易氏賢德逮下尤善應變乙亥春賊寇黄州夫人有內姪時昇妻汪氏以貞烈死於賊其僕承用者與賊通賊委之兵著以銅鐵二械械固賊之章服也著鐵者領數十人著銅者倍其製範金爲圈兩頭作龍共銜圓珠合則無縫量背大小爨之承用遂奉賊指揮入郡城爲奸細先獨至其主

家將應尋寇攻掠夫人聞承用歸遂匿多人於門外而呼之來見好語之曰聞爾在寇中何以放歸承用猶辭以逃命夫人曰爾主母死而爾歡笑此爲寇來非逃命也聞爲寇使者有銅鐵械盡視我承用推阻夫人命從人索之促裹不見將發其衣懼而出之臂夫人詭曰此物罕覯付外觀之門外數十人齊出縛承用送官賊失內應不敢攻城遂遁去冷賞

樊孝介先生幼佻達母夫人慮廢學因齧斷其指由是篤志力學所業益進卒後子孫塑像祀之其指輒修輒墮樊氏家傳

易曦侯好接引後進多所成就自是黃人士爭爲善恥言財利鄉紳薦士多拔掩滯及一時名譽不欲專爲利媒士相見必汲引某貧而才出其文章相推獎引見其人相晉接以得士

多者爲榮既而曦侯遇流寇同其子爲璉駡賊死易用王哀辭有曰弋矢滿空偏中其鳳獵矢滿山偏中其麟或謂遊曦侯之門如被褐以入衣錦而出良然通志

黃岡王御史同道夢澤雲澤之從子也少落魄不羈鄉人揶揄之遂發憤讀書再入省闈不見收自爲文告於城隍之神一夕夢神人謂之曰汝志固可取奈命運何同道再懇之神曰惟有一事倘可通融汝願之否汝命中本有兩子若少生一子倘可得乙榜至於甲科則不能也又懇曰生所願在甲科一洒鄉人之辱誠得之雖無子願亦足矣明日謁神復禱如前後果中式萬歷壬戌進士入爲御史巡按廣東罷歸竟無嗣少宗伯慎菴說居易錄

萬一奇任開封推官摘發如神有夜行經柳林以胠篋告命刈柳鞫之期某日至訊柳比讞祭觀者一人色動訊之服罪又行部風旋輿蓋以去跡其所至得骷髏青草出眶內因命捕殺人骨青果得之亦具獄伏法郡有宅扃鐍舊傳包孝肅宅上鐫萬人開三字見之曰謂我耳啓戶闃然惟一榻冷風肅肅而已不懌出數日而卒人謂孝肅後身云縣志

黃岡陶廉憲家貧嗜酒爲諸生時偕任生讀書城隍廟陶赴友席夜半任猶咿唔不輟牕外忽有聲曰任某汝苦讀不過一道士耳試看陶廉使吟風弄月來也後陶成進士官至廣西觀察任次年以事被黜去而爲巫役鬼頗驗通志

樊伯栝齊宏憲副公之長君也祖母熊太恭人暮年焚修事大

士惟謹五十五尚無孫次年祈得伯栝甚憐愛之辛未夏偕所親往武昌歸至三江口舟覆伯栝足爲同溺者抱持幾不能出忽水來衝擊如有稱大士以救者足遂得脫而身在壞船底與俱漂流十五里遇一人破舟出之衣仍不濡通志

黃州被流寇之禍備極慘毒而其兆不止一二先見甲戌二月二十七日巳刻有聲自西北來如雷地爲之動坐立之人搖搖如在舟中房屋皆震黃州城傾數垛武昌諸處皆然横亙凡二千餘里又黃之東北百里曰林家山避寇者多匿其處乙亥三月十六日將夕有大風雷如天崩地湧數圍大木拉如枯朽屋瓦皆飛行人盡騰起逾更次始定又數年前黃州大江中有黑水一道流至三月乃絕此俱希有之變也聞黃

邑東鄉有山曰馬坡賊至鄉民團聚其上投石拒之賊不能攻乃遍搜山之前後得男女近百人引至大塘盡殺而投之水一男子自知不免手拉一賊偕投水中俱溺死後鄉人涸水漉屍見男子與賊尚紐結不解 通志

崇禎戊辰黃州教場民居六月淘井以竹籃繫身放入井中少閒曳出則遍體青腫而死矣其子駭之復縋籃而下曳出亦死籃中旁有膽豪者不信其事取火酒醉飲繫籃以大銅鈴與曳者約曰聞鈴響卽速曳出入半遠大搖鈴急曳出啞不能言逾時乃甦問何所見云一無所見但冷氣射人如刀耳聞之官命瘞其井後有故老曰六月純陰在地不宜淘井淘則多有冷氣逼人而死或者其然乎 通志

崇禎己巳歲黃州大祲小民有不謀朝夕者易曦侯思賑之無其具與兩兄謀曰鄉之富人不信小民而信我輩一言曷不任其身以爲質乎乃立劵富室貸穀轉貸貧者富人以曦侯義士因薄其息貧人息薄易償而一鄉之人遂得舉火待新矣 通志

王子雲一翥雲澤尚書曾孫崇禎庚午舉人楚名士也亂後隱廬山講學五老峯下一日與諸生同觀瀑布忽發問曰逝者如斯夫汝等作何解諸生不能對遂拂衣歸素與龔端毅公善龔使東粵過黃州相見賦詩極懽或曰上巳時佳黃州地佳子雲入佳公詩不得不佳 通志

王少宗伯愼菴說黃州大聖寺崇禎中忽有鬼物爲祟住持僧晨盥輒擊其首甚患之會歲除乃炷香佛座之前熾炭於爐而借寓鄰寺避之元旦忽覩寺火光市人驚入視之乃一獨脚鬼醉卧佛殿上鼾睡未醒僧卽取鐵索穿其臂眾縶諸殿柱鬼醒叫呶怒詈以其一足禦人終不能脫日將晡一童子於佛殿後觀世音掌中見一紅果色如珊瑚圓如龍目異之取視眾人方傳玩鬼忽奮臂攫去吞口中卽遁去不見唯遺鐵索在或曰此所謂夔罔兩也 通志

王涓來少宗伯說劉修撰克猷中明崇禎庚午舉人困於公車至順治己丑赴會試初入京居黃岡會館是夜夢一神人自空而下類人閒所繪畫魁星者連呼狀元劉驚起遜謝顧曰數定矣何遜謝爲是科遂捷南宮殿試果及第第一既入翰

林又一夕夢人告曰君雖狀元及第然官不過五品年不過五十時遇覃恩加一級爲從五品急請告歸歸未久病卒年四十有三卒時命家人洞開窗戶仰視曰天樂迎我我逝矣又曰我東華眞君第三弟子也今召復故位耳劉生平力守功過格制行不減古人 居易錄

劉克猷初登鄉薦夢一人語之曰爾須朱之弼做房考方中春榜及到京師偶出寓散步見數童子攜書包經其門一童子最秀出遂拉其手與談見其書上寫學名乃朱之弼也大驚隨之至其家見其父乃開柴廠主人因與款曲將筆墨數事贈之後遭流寇之亂屢次不赴春官及己丑會試朱公已爲禮垣分校得首卷卽克猷也又康熙壬戌金德嘉教授安陸

不欲會試俄夢劉克猷以門弟帖拜之因北上是年朱公充禮闈總裁而金儼然會元始信夢兆之異東軒述異記

余與邵潛夫陳其年諸名士以康熙乙巳修禊冒辟疆水繪園分體賦詩余坐湘中閣立成七言古詩十章後一日杜茶村自廣陵來亦有補作或問之曰阮亭詩何如杜曰興酣落筆搖五嶽詩成嘯傲凌滄洲君詩何如曰但覺高歌有鬼神誰知餓死塡溝壑漁洋詩話

杜于皇以勝國遺民流寓白門龔芝麓宗伯招飲演項羽故事扮虞姬者固楚伶坐客曰楚人演楚事先生楚人請以一語贈之援筆書絕句云年少當場秋思深座中楚客最知音八千子弟封侯去惟有虞兮不負心語關名教不得以罵坐少

之考田詩話

杜濬歿於江南家貧不能葬蘇州知府陳鵬年解組時爲典狐青裘得三十金付蘄州徐琮營地於埜路口葬之或口占云江南有客杜茶村文采風流世所尊不有滄洲陳太守誰爲營葬太平門蓋哀之也通志

長圻墩有老圃蒔一瓜最巨將獻豪門匃者扶藩入竊食之老圃持鋤擊匃死即瘞其地明年瓜復盛其一大如斗貪令購瓜剖之皆血令大疑掘視根出死人口中推訊得匃者狀老圃逐伏法通志

王昊廬宗伯未第時自黃岡赴京應試路過廬山宿於蓮花宮內因次日仍欲啟行未晚便睡夢身坐大殿之上面供齋果下有袈裟百輩環拜誦佛因隨手取面前棗子偶啖數枚遂醒醒時口中有餘味正驚訝間忽見住房外燈燭煇煌几筵肆設眾僧方膜拜宛然夢中光景啟戶問之是日乃此庵已故淨月上人忌辰眾方祭祀宗伯大異視所供盤中之棗其頂微缺如少二三枚者恍然自己前身乃此庵長老也故終身奉佛甚虔先是宗伯父用予公崇禎翰林殉節廬山故自號昊廬取昊天罔極之義新齊諧

王昊廬宗伯捐貲贖甲寅難婦百餘口沈方舟用濟贈以詩云紅淚千行濺鐵衣傾家不惜拔重圍揮金欲笑曹瞞吝只贖文姬一个歸隨園詩話

黃岡王大宗伯昊廬由運河赴都水次舟淺篙師入水袪淤覺

有石隱亙舟底探取之石縱橫二尺有奇厚三寸許舁至舟中摩挲久之漸露字跡告諸宗伯宗伯見石質瑩潤拂拭審視乃唐太宗命褚河南摹蘭亭本宋米友仁跋爲小板蘭亭第一碑驚喜過望寶而藏之雖連城不易也抵都有索觀者輒飾辭拒之久漸播揚來觀者眾乃裹囊置輿中命媼載之歸藏於家及解組旋里建堂顏曰繩武嵌石於壁非親密者不輕以相示宗伯歿後家中落田產鬻且盡乃拆堂而貨其材前一夕聞堂中隱隱有悲泣聲即之聲出石間無何爲一老明經持十斛麥易去明經故子孫亦不知珍惜乾隆癸巳武昌吳明府世雯聞而購得之丙申致仕攜歸今不知存否吳雩化人也秋燈叢話

康熙癸卯七月望日黃州城内外火延及江船獨善人數家如楊雲峯任季先等皆火逼險極竟無損時朱衣巷一茅舍賣豆腐家當火衝無恙有司問之家姓淩夫婦事老父極孝養惜逸其名參現果隨録

黃州有時顯之者富而刻一李姓借時銀四十兩本利俱償以平日交厚偶失取券數年後時執前券取償李重還之未幾時死李家一驢産駒額有白毛作時顯之三字時家聞之來買然驢兒價不過一二金力挽不前添至四十金方行見聞録

于清端公知黃州時何士榮反永甯鄉陳鼎業反陽邏周鐵爪反白水劉啟業反石陂各擁衆數千號十萬且揚言先取黃州清端檄各區丁壯自草檄攻鼎業擒之與士榮戰於黃土坳賊勢甚盛礮雨下隊長吳之蘭焚死火燎公鬚不為動手劍立營門而陰令三百人自右山擊賊後賊大亂敗走遂乘勝攻諸賊諸營方爨令覆釜以進預伏兵於鐵爪等敗逃處果悉擒之乃勒石於岐亭而還通志

武昌營弁某有弟素無賴一日自遠歸而是夕軍餉適被劫弁疑弟所為以告於上官縛而拷治之遂誣服連引十餘人獄既具清端破械出之而以其冤白撫軍撫軍驚問曰然則盜安在清端指堂下一校曰此是矣其餘黨方進香木蘭山今晚可獲矣已而盜盡獲餉故在校家封識宛然通志

于清端公官黃州發奸摘伏如神有大盜窟宅野廟中公微衣顧入為伍變姓名曰楊二旬日内盡得其行劫狀密召捕役擒之盜進見乃大驚服罪廣圃雜志

盜湯卷者陽為捕役于清端公知其橐中有盜籍欲得之每進見賜以酒肉久之詢以大小盜數卷唯唯不盡言乃乘其醉微服從之得聞卷密與其徒語明日召之飲盡發其狀搜得橐中盜籍乃誅卷遂案籍追緝無不悉得諸盜屛跡于清端公政書

邑西富民游燕后家貲巨萬有二子少名衡周納粟監生雍正癸丑秋燕后同其長子與佃人某口角致鬬衡周在塾聞之力勸其父兄而止佃者歸其子怒父不能圖賴推之仆肋梳舂杵數日死遂以毆殺告縣縣令某少年從政其父兄貪戾不檢曾向燕后借穀不應銜之而佃適來控檢驗時親撈屍汁中得骨屑半豆許非屍身所有也強湊之肋間詳請定罪

游父子三人皆論絞游破數千金援例納贖部議以燕后及其長子愚民無知許贖伊少子則監生也知律故犯不准檄下就決監生大呼曰爾以穀故誣我一家死罪三人天可欺耶令急命塞其口竟絞以死不兩月而令以他事罷將與其父兄就訊移寓報恩寺忽患疔瘡徧體腫爛數日死年尚未三十且無子鄉愚傳以為游監生索命云晉起堂集

道光乙酉夏四月邑諸生汪士俊偕仲兄士倫遊武昌寒谿寺見古碑立蓁莽中上鐫明孝子丁鶴年之墓士俊曰孝子乃元人遭國變不仕盡孝於家而忠於國者也當覓鐫石者更明字為元是歲秋闈初八夜夢孝子黃冠鶴氅附其背曰忠孝分股俊驚覺而題紙至頭題為邇之事父三句心異之榜

揭帥中是科舉人縣志

道光戊申夏大水有老人攜幼子掉舟移家將泊岸風馳浪湧舟敧而老者溺幼者救之亦死兩尸相抱出沒於洪濤中岸上人欲援之而無及也時謝炎以知縣告歸里居方纂修邑乘嘅然曰此與古曹娥事異而情同也欲採入志惜無由訪其姓名咸豐乙卯謝家扶乩一童子降乩謝曰爾何人乩判曰長者不憶在志局時聞郡城外有父子並溺者乎謝曰然乩又曰長者不又謂可入邑乘乎謝曰然不知姓名柰何乩又判曰吾農家子歐陽順興年十六父名文正年四十九吾以救父死上帝憫焉敕爲馬王侍兒父爲水府功曹縣志

咸豐十一年二月八日粵逆竄黃州黑龍江馬兵有戰死路口

者賊愛其馬駿爭欲奪之馬怒且嘶直突殺馬兵賊且前齧斷賊手仍奔赴馬兵尸所旋繞數次卒躍入塘水以死土人哀之葬兵塘側馬附焉縣志 以上黃岡

太子中書舍人陳有方知蘄水縣臨水創亭名必觀蓋取荀況君子必觀於水之義或者解曰必觀亭者必停官也後有方竟以罪免官而去青箱雜志

元豐間都人李嬰調蘄水縣令作滿江紅一曲往黃州上東坡東坡甚喜之其詞云荆楚風煙寂寞近中秋時候露下冷蘭英將謝葦花初秀歸燕殷勤辭巷陋鳴蛩淒楚來窗牖又誰念江邊有神仙飄零久橫琴膝攜節手曠望眼開吟口任紛紛萬事到頭何有君不見淩煙冠劍客何人氣貌長依舊歸去來一曲爲君吟爲君壽苕溪漁隱叢話

龐安時蘄水人也隱於醫四方之請者日滿其門安時以饒於田產不汲汲於利故其聲益高余嘗見其還自金陵過池陽先君命余往謁之隨行四五大舟行李之盛侔部使者一舟所載聲樂也一舟輜重也一舟廚傳也一舟諸色技藝人無不有也然其人自適不肯入京醫之妙亦近世所無也澹山雜識

蘄水謝童子相傳宋時人少巽懦十歲不能言父母怪之多苦焉令牧牛一日作牧牛謠云可若何遠遠騎牛下淺坡長笛一聲鳴也清歌一曲無多後遂能言神益清朗並能書與詩然不傳其所傳者僅此通志

浠川巴河鎮一女子暮來親家道逢扛木者女云何不捐作白

衣大士像其人怒歸語其妻共詈爲狂言已夫婦俱腹痛不止夜同夢見女子曰必作像方免難明早其人遂如言命工刻像不成忽女來一斧而就宛然女貌也女歸不言不食七日而卒至今祀之神每月一歸甯其親守祠者視其履上溼泥爲驗其母常爲浣濯其衣云冷賞

蘄水金卜公與顯姓對鄰顯姓家一侍婢見卜公而悅之有紅綃之願不得通餌其閽人金御下嚴閽不敢達也久之事洩金大怒曰蠢僕違教宜死友力解之乃杖百而遣焉卜公絕口不言其事顯姓德之通志

蘄水北郭門外舊有小邱爲骸骨墩萬歷間邑人趙報子一日醉歸時暮臥墩上恍惚有人揖至一舍類清泉寺兩班文武

嚴肅有禮與叙賓主各通姓字已而置酒盡歡聯詩唱和達旦而醒彷彿猶記姓名詩句按籍稽之皆故徐壽輝官將也縣志

陳后明世宗后蘄水南鄉陳端女也生有異徵家素貧隨父賈安陸郡安陸故興王分藩地世宗時爲王世子偶游市肆見后端重寡言笑遂選侍藩邸後世宗入承大統后正位中宮無子命陶仲文監修黃岡三台河橋橋成鎮以玉帶建寺橋旁爲祺祝所並塑世宗及后像焉后所居名鴨兒坑傳聞掘坑時有雌雄二鴨雄者飛去僅獲其雌云詳明史

程節婦蘄水山後人年十九而寡壽八十餘會正月元旦族人往拜遥見其門左右縣金書大字二行曰節氣橫山嶽精光

湛玉壺衆駭異之及到門忽不見士人至今能言其事 縣志

明張明經武昌人謁選時與一人互通籍里其人曰公楚人也知蘄有巴水驛乎張曰有之公問此何意曰僕始生僅一歲家失火衆皆奔避忽火中神語曰莫燒死巴水驛驛丞人因抱我出今恐選此驛耳後果得巴水驛 臣鑒錄

巴河廢城舊傳爲姚昆斗相國所築案後漢建武二十三年徙南郡蠻七千餘口於江夏界中蘄在漢屬江夏郡晉時西陽有五水蠻五水者浠水蘄水巴水赤亭水西歸水也宋元嘉末立浠水蘄水等十八縣以處豫部蠻民南史豫部蠻廪君後也水經巴水五蠻居之今蘄地也顧黃公維舟巴河弔王子雲詩云因憐故人逝不上五蠻城注東漢巴水蠻城則巴河之有城不自姚昆斗始也 縣志

顧黃公嘗道經蘄水見一匃呻吟躄躠一手捫其痔漏一手挈小筐而前至廟壇出筐中爐橐投以藥物火燄起裸坐其上反肘鼓橐彭彭震煽絲燄悉從口中出食頃而去莫解其故耳提錄

康熙時徽商許明野賣鹽巴鎮擕婢女綵能年未及笄明野悅其色欲納之乃飾幃幙盛妝匳具香水命之浴女斥其衣飾覆香水登樓自縊死未幾明野亦死其樓轉徙旋經數姓來居者女輒見形最後爲國學生葉松齡所居煙宵月夕隱見無常簾屛庭戶之閒往往若有聲響家人怪之松齡心知其故祝曰汝第勿作祟吾當爲汝表揚之自是遂安乾隆二十

二年松齡子龍章於雨夜篝燈讀倦隱几夢一青衣項繫素帕含泣語曰君家忘之耶龍章驚語其父松齡曰是欲不沒其節耳因具呈其事以聞 縣志

嘉慶某年除夕有經蘄水北關外者見羣匃聚飲聯句一匃持杯云一酌一杯乾一匃以箸畫灰云寒灰撥不然一匃探囊云囊中無所有一匃從耳傍舉手云留得一錢看明日跡之不得其處 縣志

咸豐閒蘄水經粵逆亂監獄俱燬破壁上有舊題句云響龍譙樓鼓一二三四五只有禁中人聲聲聽得苦 縣志 以上蘄水

陳荆州刺史陳慧紀遣南康內史呂忠肅屯岐亭據巫峽此岐亭在西陵峽口麻城亦有岐亭鎮而志遂牽入呂忠肅事誤

格物編

麻城縣東三十里閻家河有閻伯璵墓相望有孟學士墓見邑志皆因王子安滕王閣序附會注序者亦以閻都督爲伯璵案唐書王勃傳止稱都督並不著其姓名序中雖曰閻公其諱亦不可考而勃傳末有天寶中崔昌采勃舊說上五行應運歷請承周漢廢隋爲閏詔公卿集議而起居舍人閻伯璵集賢學士衞包表是之注家求都督之名不得遂以爲伯璵不知自咸亨二年開宴都督已有壻吳子章搆文夸客都督之年當不下三十宏道元年高宗殂凡十四年武后僭據起光宅終長安凡二十一年中宗反正始嗣聖終景龍凡六年睿宗嗣立始景雲終光天凡三年又歷元宗開元之二十九

年以及天寶中都督年且百餘歲卽令尚存當亦不復仕宦一疑也又唐制都督秩三品起居舍人秩六品按其前後官階亦相矛盾籍令都督有張蒼之年亦不應爲起居官二疑也傳知都督之爲伯璵固不當沒其名於始後有表應運歷事宜書曰此卽開宴滕閣激賞勃文者又不應全不照應於其終三疑也文苑英華載閻伯璵池賦有云浸長天之一色竟用子安序中句自非子安同時人四疑也蓋開宴之閻公其名不可考矣格物編

黃州故縣張憨子行止如狂人見人輒罵云放火賊稍知書見紙輒書鄭谷雪詩人使力作終日不辭時從人乞予之不受冬夏一布褐三十年不易然近之不覺有垢穢氣其實如此至於士人所言則有甚異者蓋不可知也東坡志林

萬松亭在關山路麻城縣令張毅植萬松於道周以庇行者且以名其亭云未十年而松之存者十不及三四東坡元豐二年謫居黃州過而賦詩云十年種木百年規好德無人助我儀縣令若同倉庾氏亭松應長子孫枝天公不赦斧斤厄野火解憐冰雪姿爲問幾株能合抱殷勤記取角弓詩崇甯以還坡文方禁故詩碑不復見而過往題咏者不可勝記鄱陽倪左司濤傷之以詩曰舊韻無儀字蒼髯有恨聲謂此也復齋漫錄

麻城縣界有萬松亭連日行清陰中其館亭亦可愛適當關山路往來留題無數東坡傷來者不嗣其意嘗有詩云十年栽

種百年規好德無人助我儀又云爲問幾株能合抱殷勤記取角弓詩中間嘗撤碑刻有士題云舊韻無儀字蒼髯有恨聲亦可錄螢溪詩話

案東坡先生萬松亭詩與前黃州韓子蒼感棲鵲詩皆一事而通志兩存之此雜志中之資考證者故不敢擅刪去

黃州岐亭有王翊者家富而好善夢於水邊見一人爲人所毆傷幾死見翊而號翊救之得免明日偶至水邊見一鹿爲獵人所得已中幾鏃翊發橐以數千贖之鹿隨翊起居未嘗一步捨翊所居後有茂林果木一日有村婦過林中見一桃熟而絕大獨在木杪乃取而食之翊適見大驚婦人食已棄其核翊取而剖之得雄黃一塊如桃仁吞之甚甘美自是斷葷

肉齋居素食不復殺生亦可謂異事也東坡志林

東坡在黃州陳季常慥在岐亭時相往來季常喜談養生自謂吐納有所得後季常因病公以書戲之曰公養生之效有成績今又一病彌月雖使皋陶聽之未易平反公之養生正如小子之圓覺可謂害腳法師鸚鵡禪五通氣毬黃門妾也前輩相與可謂善謔宋稗類鈔

季常好賓客喜畜聲伎妻柳氏奇妒故東坡詩云龍邱居士亦可憐談空說有夜不眠忽聞河東獅子吼拄杖落手心茫然河東獅子指柳氏蓋用河東女兒身姓柳之語也又東坡與季常札云季常未嘗爲王公屈今乃特欲爲我入州州中士大夫聞之聳然使不肯增重矣不知果能命駕否又云數日

前卒然過江游寒谿西山諸勝殆過於所聞獨以座無狂先生爲慽耳狂先生謂季常也容齋隨筆

麻城有虞學士墓相傳爲虞集墓在邑東虞家墩有好事者曾啟墓視之中有誌乃集文非集墓也縣志

謝無逸於黃州關山杏花村館驛題江城子詞云杏花村裏酒旗風煙重重水溶溶野渡舟橫楊柳綠陰濃望斷江南山色遠人不見草連空夕陽樓外晚煙籠粉香融淡眉峯記得年年相見畫屏中只有關山今夜月千里外素光同過者必索筆於館館卒頗以爲苦因以泥塗之縣志

宏治中麻城人梅吉爲惠州太守夫婦皆百歲嘉靖間麻城劉鸞珪年百二十歲清晨吸日光於口中時覺胸有紅日一規言日爲陽宗常存之則長生鶴林錄

楚黃李公孟白歷階至侍郎多厚德爲外官時一人自稱座師子見公詢其履歷待之甚厚其人要求無已未幾眞者至始察前者之僞適其人復來請託公徐曰僘世兄昨至見館署中其人皇遽而遯又黃俗比戶絃誦館課四方者極多一士同姓在汝寗光固間設教稱公爲叔後公以侍郎致政歸道必由此館主人曰令叔榮歸經此師必迎謁士雖應諾然未嘗謀面平時假託不得不往因懷刺前謁告以故公欣然以猶子禮待之親造其館慰勞主人士自此館益佳學益進遂得發達見聞錄

陳楚產號五不讀書甚苦寄食硯田三十餘載齒踰知非始補

弟子員隨捷兩闈筮仕萊陽令時値除夕欲覘萊俗與楚風同異若何徒步出郭所見烘鑪戲鼓爆竹粘符比戶皆是行至郊墟忽聞茅屋有書聲出潛窺之見一士子與其婦坐擁敗絮一吟一紡青燈熒然色甚淒瘁夜向午矣陳殊歎異即還署呼役舁酒麪肉米相餉并贈以詩曰破竈無烟火寒門蛛結絲斯人今日事似我少年時元旦士子來謝則童生觀光時楚產倘艱嗣立遷其家於署內飲食教誨如子者數年亦成進士官至粵東司臬楚產累官知府適爲其屬觀光執弟子禮不敢在萊之日麻城接壤豫省其里人言先輩好文愛士必舉前二事爲稱首通志

毛鈺麻城人侍御鳳韶之女適劉嫁十一年而夫死忍死事姑

居一小樓誓不踰閾父病劇呼之終不肯歸甯也少讀書能詩老而益工年七十九目不見字猶使甥輩讀而聽之其好學如此鄉人以文貞稱之廣輿記

董樸以行人奉使過華容謁劉忠宣公大夏飯之惟脫粟蔬肴而已樸知忠宣砥礪之益以清節自勉歷官參政所至皆著廉名人海記

西陵梅長公慷慨好任事能急人之難不避禍福李孟白與人油油然不立崖岸衆寡小大莫不敬禮之劉三韋不妄與人交令其縣者倘不職雖登門不一相見時目爲西陵三老冷賞

梅長公巡撫南贛丁母憂歸里未幾而逆奄之難作逮楊漣杖死言官擿抉漣黨以公爲首指漣就徵日公往送執手慟哭

誣公在省中受取賕賂牽連郎訊當是時鉤黨徧天下鋃鐺之使四出公自分旦夕逮繫而獄久未決每呼憤頓足曰我何渠不如野猫頭致奄黨忽忘我耶野猫頭者公與漣平居相爾女之辭也已而嘆曰主少國危朝家事壞於璫兒媼息之手嘗刺血草奏大呼二祖十宗之靈撼承天門慟哭引刀自刭北闕下男兒死耳肯低頭駢首作圜扉中一片血耶短衣樸被從兩蒼頭跨馬北上親知股栗莫敢過過信故人王思延止之曰壯哉遂與子長別矣强爲我稍留痛飲信宿而去越翼日邸報至坐追贓遣戍思延笑謂公可以歸矣跨馬復返據鞍卻望怏怏如有所失也楚寶

梅長公之煥自巡撫甘肅歸里暮年以乏嗣漁色頗爲鄉評所輕然好獎掖後進亦以此望重於時崇禎末麻城之就童子試者不下三千人而府錄甚狹有周水心等四十五人皆府錄所遺懷刺謁梅因閽者言求見梅故緩步而出佯呵之曰若輩皆博徒豪飲者耳業荒於嬉而乃溷我爲諸子不敢致辭逡巡下階遽止之曰若輩飯乎且少休我爲若輩具一餐須臾出酒脯極腆食畢諸子告退又止之曰若去乎若來云何也我且試若矣因面課而甲乙之曰可售者僅二十人耳周水心其首也遂許其致剡牘於學使者時堵學使莅黄已久試麻城限止隔一日自縣至州且百有六十里度事且不濟乃令兩健僕騎而馳各與一小鉦結束爲驛使狀諸子隨其後夜分抵州急鳴鉦如警報者隨闖門而進學使者方啟

牘然燭見二騎直入投檄驚怖發覯則梅中丞之薦童子試者也即魚貫收之四十五名内取十七名周水心果冠一榜觚賸

曹石霞楚黄才士領己卯解癸未捷南宫父爲雲南佐卒於官石霞入滇扶櫬出順甯府巷遇四齡童子攀輿大叫曰曹某係我楚闈首卷門生也石霞挽入密室中耳語言予爲浙江山陰章格菴投胎此地相候久矣石霞贈詩云幕中堂上換投胎誰把原封錯用來滿口胡謅雙腳跳至人終是未曾孩是夕童子歸語其父母云我與曹某共結蓮胎去矣遂坐化見聞錄

李沭麻城人始爲縣掾吏官令出票取堂上鼓云務要緊綳密

釘輕擊遠聞旦晚同聲陰晴一韻令賞之勉令就學後中順
天鄉試曾建橋於官田畈鄉人遂名其橋爲李沐官人橋縣志

麻城劉同人嘗著南京景物略未成余宦黃時求其遺稿不可
得或曰爲好事者竊去葉慕廬云王敬哉宗伯撰于奕正傳
于生南行將著南京景物略竟以友缺不果惜哉帝京景物
略奕正略例述云筠廊偶筆

麻城醫士趙時雍生子自言爲同里故人劉泰甯泰甯死燕市
久矣言前生事甚悉妻子相見流涕爲好語解之遠近觀者
嘗數十百人時雍以狗血噴之遂不復言黃州司理王侯齋
與時雍善問之果然其子名默字弱言爲諸生筠廊偶筆 見聞錄 現果隨錄 幷同

麻城梅太史之孫名益字雪崖其兩手爲獻賊所去而書法甚
佳道聽錄

雍正八年麻城黃文奇夢神執紅旗數百揷人頷上奇亦在揷
內莫解何故越兩月有虎食人奇憶前夢大恐築土樓三丈
餘居其中虎至繞樓吼聲不絕者累月後虎患平奇猶居樓
誦經懺悔勸人行善事年七十餘終縣志

嘉慶間麻邑某署門丁陳姓在鄂渚與其妓昵妓謀脫籍以金
二百付陳囑爲贖身陳得金背女去女遂自縊越七年陳於
署前仆地作女言索命緣女死訴於江夏城隍神許女匿麻
邑稅書尾篋中來麻覓陳報冤藏王氏宅數年矣未得便初
至時附王姓小鬟體言狀王時化錢帛濟之女甚德王其索
陳命也王爲講解乃許緩期七日聽陳少理己事如期陳死
縣志

某氏婦事姑孝家極貧嘗謀諸夫曰姑年衰老設一旦不測安
所得棺於是銖積旬月得錢三千以易棺久之姑無恙而婦
病知姑愛己泣語夫曰我若死以敝席裹尸足矣勿聽姑以
棺殮也夫泣諾之婦死其姑大痛曰割我孝婦何惜棺爲強
殮之而屍僵難入羣力抑之棺輒缺二指許葬之中野夜分
雷雨大作翌日村人過其塋側見土開棺出婦自缺隙中望
見人呼曰某急活我其人駭而奔村中聞此異咸往視復如
前乃啟棺扶婦出衆驚且喜曰某孝婦生矣旋家拜見姑姑
破涕爲笑曰非兒純孝動天安得如是耶縣志　以上麻城

耿定向學本王守仁嘗招晉江李贄於黃安後漸惡之贄亦屢
短定向士大夫好禪者往往從贄遊贄小有才機辯定向不
能勝也贄爲姚江知府一旦自去其髮冠服坐堂皇上官勒
令解任居黃安日引士人講學雜以婦女專崇釋氏卑侮孔
孟後爲張問達所劾逮死獄中明史耿定向傳

安邑人鄒彬然夫婦黑夜爲人所殺劫去財物其僕二長兒僞
傷報縣累及左右鄰家十數人被刑繫獄究不得實據彬然
陰魂扣其兄守貭之門曰汝拖累無辜我的冤讐只待于青
天到便得明白及公自郡城還歧審理彬然一案令其兄守
貭將彬然所居房舍詳畫一圖歷指問明某房某房係何人
居住並細訊是夜被殺情形始末隨傳安邑陳典史至衙內

曰汝少待殺彬然者必至陳尙不敢信公乃用祕計差役取彬然家僮三長兒至監收一大空屋中杻鎖柱下監押人役夜深各歸別室就寢至三更時屋隅飛沙走石唧唧有聲索命三長不禁股慄作荷荷聲須臾電光閃爍光影之下彬然夫婦披髮血面如被殺時模樣嗚嗚呀呀哭罵負恩賊奴把命還我三長慌叫道弒主者係我哥二長與鄰人某某等我不過秉火旁立與我無干此時監押人役齊至一一盤詰明白帶三長還本家挐獲二長並弒主刀棒與所捲家財兼挐同謀夥逆者回話先時數日府門幽晦旋頭風環繞不絕及至是日早堂審理定案後日明風靜萬聲頌祝卽日牌行該縣釋放無辜拖累十數人于公神明折獄類此頗多特因鬼

冤故錄之安邑百姓所以有鬼有冤枉也來伸之謠于清端公政書

黃安馬醫某治馬如神人有以病馬來者骨骼硉兀左脇下腫起如斗某云此馬無病偶飮水呑蛭耳以足向腫處踢之下蛭數升而愈通志

儒學泮池向植荷歲值秋試邑以紅葉有無多寡卜中式數屢驗人稱爲科名草縣志

邑西關外半里許王家畈村後大路有五穀樹一株春二月葉生時視形像以驗歲麥熟垂穗形稻熟垂穀形如菽如魚如木棉皆酷肖縣志

黃安女子王貞潔字皎若能詩適麻城鄒氏早寡有節婦才人之稱其咏明妃青冢詩云七寶珠冠翡翠翹那堪萬里路迢迢香隨朔漠黃沙盡容敵胡天白雪消豈似李陵終背漢不如蘇武老還朝只今傳得琵琶曲青冢黃昏久寂寥工力幾與老杜句相敵矣格物編

以上黃安

余忠宣公闕元史紀其世籍詳矣其先河西武威人因父沙刺臧卜官於廬遂爲廬州人祖爲唐兀氏而闕獨氏余史不詳其故案湖廣通志及舊邑志皆以闕爲羅田人羅田余氏家譜記宋參知政事同知樞密院事封奉化公余天錫弟兵部尙書天任及元副使僉都元帥府事余闕皆同宗宋末兵難闕祖被掠入河西冒唐兀氏闕以父官廬州遂復爲余氏余氏祖墓碑皆鐫闕名又記闕官京師忌者欲中以禍遂歸隱羅田蓋史載召入應奉翰林文字轉中書刑部主司以不阿

權貴棄官歸時事也史載年代與余氏譜合後起爲副使分兵守安慶闕命其長子等歸羅田省墳墓洎闕授命安慶其子在羅田者招魂葬衣冠於羅余天錫宋史列傳未詳世籍史失之也縣志

徐壽輝又名貞蘄州羅田人生平以販布爲業至正十一年天下已亂有瀏陽彭和尙能爲偈頌集衆念佛心欲爲亂一日徐浴於鹽塘身起光芒衆乃驚異遂與麻城鄒普勝等倡爲妖術立徐爲主舉兵以紅巾爲號據蘄州陷黃州稱國天完改元治平遠近響應於是遣徐明遠丁普郎等盡陷湖廣之十七復遣項普等略徽饒諸州遂犯缺嶺入杭湖爲董摶霄所敗十三年詔平章帖木兒等合兵討壽輝於蘄壽輝遁去

擒其僞將四百人十九年其將陳友諒迎壽輝於江州二十
年友諒弑之然壽輝雖死友諒等大亂東南其禍爲尤甚也
七修類稾

羅田舊志邑有匡姓二其一爲方正學孝孺後改姓流寓於斯
遂寄籍焉家有藏譜述孝孺遇難時典史魏澤匿其幼子彥
八避地興國州洪濱橋卒葬州南門外有子三伯留居興國
仲季宦遊江南寄籍英山英羅接壤季復卜居焉其易方爲
匡葢取爾雅釋詁方匡義同其字猶存古方字形以示不忘
本之意攷彈詞補注亦載方氏被禍時典史魏澤匿其幼子
與匡氏譜合 縣志

教諭署內有榴樹一株枝葉葱蔚而未華正德五年花忽盛每

枝九花俱實纍纍如貫珠是歲匡輔中秋榜第九以後登榜
者與數相符明倫堂階畔有紫荊樹二每當子午卯酉年花
鮮明異於他歲老幹花盛中者年必老嫩枝花盛中者年必
少驗之不爽 縣志

少宗伯王慎菴與黃岡御史王封濚言羅田縣近城山閒有僧
菴本南向一夕大風僧已寢旦起殿宇門戶皆北向矣 居易錄
案此與現果錄略同一以爲麻城一以爲羅田疑卽一事
而傳聞異詞也 通志註

城內胡正衢家鍋嘯鑊中水濺數尺高後家業漸廢邑西門外
某家水缸中作小雞叫碎之片片皆雞聲竟遭水厄 碉石膡談

康熙時邑令王光鼎以歲旱禱雨泣拜徒步行赤日中未半晌
雨如注民以爲神後逢旱數禱無不立應及陞他郡禱雨雨
驟至不及避感疾卒羅民聞之立像奉祀於樾蔭堂嘗因禱
雨不應迎光鼎像於祠行赤日中卽雨 縣志
以上羅田

郞中李播典蘄州日有李生者稱舉子來謁會播有疾病子弟
見之覽所投詩卷咸播之詩也旣退呈於播驚曰此皆應舉
時所行之卷也唯易其名矣明日遣其子邀李坐從容詰之
曰奉大人咨問此卷莫非秀才自製乎李生聞語色已變曰
是某平生苦心所著非謬也子又曰此是大人文戰時卷也
兼牋翰未更請秀才不妄言遽曰某向來誠爲誑耳二十年
前實於京輦書肆中以百錢贖得者不知是賢尊郞中佳製
下情不勝恐悚子復聞於播笑曰是無能之輩耳亦何怪乎

饑窮若是實可哀也遂沾以生餼令子延食於書齋數日後
辭他適遺之縑緡是日播方引見李生拜謝前事畢又云某
執郞中盛卷遊於江淮閒已二十載矣今欲希見惠可乎所
貴光揚旅寓播曰此乃某昔歲未成時所懷之者今日老爲
郡牧無用處便奉獻可矣亦無愧色旋置袖中播又曰秀才
今擬何之生曰將往江陵謁表丈盧尚書耳播曰賢表丈任
何官曰現爲荆南節度使播曰名何也對曰名宏宣播拍手
大笑曰秀才又錯也荆門盧尚書是某親表丈生慙悸失次
乃復進曰誠若郞中之言則幷荆南表丈一時曲取於是再
拜而出播歎曰世上有如此人哉蘄州遂話爲笑端 太平廣記

慎氏毗陵慶亭儒家之女也三史嚴灌夫因游彼結婣好載歸

蘄春經十餘秋無肎嗣灌夫乃拾其過而出之令歸二浙愼氏慨然登舟親戚臨流相送乃爲詩以語灌夫灌夫覽詩悽感遂爲夫婦如初其詩曰當時心事已相關雨散雲飛一晌間便是孤帆從此去不堪重過望夫山雲溪友議

江淮有何亞秦彎弓三百斤嘗解鬬牛脫其一角又過蘄州遇一人長六尺髯而甚口呼亞秦可負我過橋亞秦知其非人因爲背覺腦冷如冰卽急投至交牛柱乃擊之化爲杉木瀝血升餘酉陽雜俎

諸祐蘄州獨木人自言不茹葷者數世能使貧者富富者貧里民稍稍效之其徒十數男女猱雜互易匹耦謂之忍辱生子不知其父行之數年積數百衆夜行晝息取貲於盜競相推

唱云祐術能升虛空入水火妄意民藏潛使致之而民弗覺也先是陳起僑蘄春惡其妖昇元中起第進士授黃梅令到官日里酋畢賀祐獨不至數日起命籍祐爲里長不服祐嫚言曰吾取令頭殺豎子爾起聞大怒會周鄴爲巡撫使師次黃梅起藉其兵以執祐等並其婦人幼稚皆縛沃以豕血祐迄不能神因索其家得輿服器用皆埒至貴郡將斬祐等曰婦人何能爲幼稚宜無預意且貰之起曰此皆瀆亂人倫去無遺類遂並斬之起由是知名遷監察御史馬氏南唐書

陳曙蜀人舉進士唐末避地淮南多遯於蘄州山中鄉人有會集或祭神曙不待召而至醉飽乃辭去由是人多設虛坐陳酒殽以俟之同日或至數家舍中惟一榻素書數卷與虵虎雜居不設窗戶雨雪滿室亦自若人有乘其出往窺之者膳必自外來凡數十年顏貌不少異元宗命中書舍人高越召之不肯起後徙居鄂渚及洪之西山不知所終陸氏南唐書

蘄州有鬼鳥宋王禹偁自黃徙蘄聞此鳥詢其名或答曰此名蘄州鬼禹偁大惡之未幾果卒蘇子瞻作禽言詩曰使君向蘄州更唱蘄州鬼我不識使君甯知使君死人生作鬼會不免使君已老知何晚今按蘄原無此鳥或謂卽梟鳥俗名扛喪聞其聲卽惡爲不祥然此鳥處處有之春夏間卯晡時多夜鳴何指爲蘄有也一統志

蘄春鐵錢監五月至七月號爲鐵凍例閣鑪鞲本錢四可鑄十鐵炭稍貴六可鑄十工雇費皆在焉其用工之序曰沙模作

次曰磨錢作末曰排整作以一監約之一日役三百人十日可鑄一萬緡一歲用工九月可得二十七萬緡遊宦紀聞

吳瑛德仁襟情高遠遵路之子溆之孫也未五十以虞部員外郞致仕歸隱蘄春元祐閒朝廷聞其高聘之不起稽山不是無賀老我自興盡回酒船恨我不識元魯山恨君不識顏平原銅駝陌上會相見握手一笑三千年東坡爲德仁作也潘子眞詩話

禮部林郞中言兵部許侍郞昔爲翰林學士忽夢著綠心甚惡之未幾奪職以起居舍人知蘄州然未見著綠之應官制旣行改朝散郞本階正合衣綠方悟前夢之可信也文昌雜錄

蘄州境有三洞一曰龍洞在三角山下神龍居之禱雨皆應而

光景變化未嘗表露二曰龜洞在廣教山下龜生其中品類不一而綠毛者尤多三曰蛇洞在蘄口鎮側即今龍峯山蓋白花所聚今不復有矣土人捕采乃出羅田山谷中施小路溫舒自信陽解印造朝舟抵蘄口詣近處龍峯寺遊觀距蛇洞不遠詢於寺僧皆言徒有其名耳因信步到方丈後躡石級百層得一堂方疊足坐憩旁人驚曰一巨蛇蟠屈於下相與持梃擊逐施下榻蛇遝入山見者無不汗駭此蛇之毒甚於蝮或爲所傷卽急剜其肉少緩則徧體盡生白紋方花如其形不踰時卽死施到闕除蘄春守蓋且將爲地主故山川之靈陰相之夷堅志

白承節樂平人湻熙初監蘄口鎮市客金生抱販米帛每出入鎮宅甚熟一日暈籌畢束縛貨物頓几上閒談市井商事問答頗久出酒炙飲食之所坐靜僻白竊取其邵陽隔織兩匹藏篋中胡妹壻自外至適見之謂與爲戲耳客酒罷徑肩所齎行次日點閱不見亦但疑宅人故相惱不深介意至暮乃以爲請乞爲詢究白怒曰我固卑正是本鎮官如何擅誣作賊客翻遜謝抆淚去後承節子夭逝其母石氏痛之極空篋中以爲殮兩匹在焉胡妹壻來弔見之極嘆惜通志

傅七郎者蘄春人其第二子傅九年二十九歲好狎遊常爲娼家營辦生業遂與散樂林小姐綢繆約竊負而逃林母防其女嚴緊志不能遂湻熙十六年九月因夜宿用幔帶兩條接連共縊於室內明日母告官驗實收葬紹熙三年春吉州蘇客逢兩人於秦州酒肆爲主家當壚供役蘇頃嘗識傅問其去鄉之因笑而不答蘇買酒飲散明日再往尋之主人言傅九郎夫婦在此相伴兩載甚是諧和昨晚一客來似說其宿過羞愧不食到夜同竄去今不復可詢所在也通志

蘄春大同鄉人黃元功富室也佃僕張甲受田七十里外查梨山下紹熙初無疾而死體未全冷妻已治棺三日不忍殮但泣守其側忽起坐言曰我承得文引差遣黃解元可速具食仍置草鞋一雙妻不敢問卽辦之張不下席而飯自空鞋失所在復瞑目明日又寤一切如前及寤雙履皆破云方始追得今次與汝相別從此長往不復甦黃解元者卽元功也通志

蘄州民費翁家業頗裕生二子長曰小二季曰小三長者事親極孝逐日辛苦經營纖微收拾悉以供父母之養季殊不然方七歲見父如仇未嘗見面話語至慶元元年十有九歲矣其年三月盜錢用數十千賭博仍詣市買刀宣言悖逆或報其父父遂避於接子山寺中相去五里有趙氏菴老僧宗顯忽遣侍史邀相見逆子踵至使闌入別室然後謂翁曰是皆宿世因緣當爲汝解之翁拜謝宗顯旋呼季使來座下卽驩然作禮願充弟子之列顯命翁還家傾售所蓄得錢四百千顯爲辦餘直置祠部牒至九月度季爲僧立名法淨才踰月顯坐化云通志

蘄春某太守妻晁氏性酷妬遇妾侍如束溼嘗有忤意者旣加痛箠復用鐵鉗鉗出其舌以剪刀斷之妾刮席忍痛不能言

語飲食踰月始死晁尋得疾數日而卒通志

景定二年安撫使王益避亂率民保鴻宿洲築城今治麟山之陽掘地得臺碣云本是千年地暫借五百年感謝王刺史移我過西川寨王益爲知州稱安撫誤舊傳爲郭景純所留自晉迄宋末不止五百年又傳荆藩建邸時所獲皆誤一統志

康茂才以元進士授南康太守歸命明太祖康郎山之戰厥爲首庸太祖既定天下封蘄國公子鐸錫爵蘄春侯靖難時鐸守後宰門勤兵拒命死遂失封世宗起藩邸入纘大統念康公爲楚人功大殄祀甚憫悼敕湖撫下郡邑求康氏子孫時康姓居青山鄉聞命驚錯以爲靖難後禍復作議一椎魯之人稱爲嫡派赴京陛見上不樂止羇留京錦衣千戶又別支

流寓在燕者號明元光宗爲太子時明元以黃冠奉祀太清宫香火嘗乘間陳先世失封狀太子允復其封尋即位一月崩遂未議及蘄庠生康再奇字鳴來蘄國嫡裔也藏其始封券及宋濂所撰制誥萬歷間州守徐徵驗其券復其丁徭二十戶以示優恤四照堂集

刑部尚書馮天馭張夫人無子鍾愛其女十歲尚烏帽錦袍揖見縉紳大老於邸第大學士嚴嵩見之欲爲姻婭奉酒上壽馮公佯醉嚴大慚嗛給事中侯某劾尚書致仕顧氏家傳

蘄州江防道署初建時或占其中宜出大魁後宣城沈寵歸安韓紹建節於此沈子懋學韓子敬皆殿元信地靈有先兆也州志

萬歷己未蘄州散花洲土人於其上得小鐘一口擊之無聲以獻之兵憲王公迴溪不能識時大宗伯李公本甯適過蘄王公質之李公曰此三國時周公瑾破曹兵軍中會食之鐘也共十有二以重物擊之無聲以蘆莖輕擊之其聲始發驗之果然州志

烏攆蘄州大同鄉人或云鄔姓也少爲晃奴能口吟舌語又善作百鳥獸聲好之山林鳴嘯飛走頓集因就禽之嘗徒手入空室須臾牛吽羊咩雞叫鵞鴨爭呷豕狗折薪轢釜貓翻甑犬舐砧門牖開闔箱籠啟閉兒索乳啼婦姑相稽病者呻吟聞者絕倒顧氏家傳

王珙字大美號長石蘄州人官蘇松直指以祈嗣請於二昧老

人適開建黃梅四祖寺因令創醫祖殿備極壯麗殿成公旋得子又闖賊將破蘄忽一老僧趺坐珙門七日珙出見問何所募僧曰不募別事止化居士一門剃髮出家珙漫應之老僧曰稍遲大禍立至矣言訖忽不見珙憬然悟曰此必四祖現身說法也乃聚青黑衣幔盡製爲僧衣一家老幼皆剃髮忽報城陷遁入城北隅四祖寺全家獲免說鈴

故判定王樂工周諒其先元樞密使名信初洪武初編入教坊孫某正統初賜荆憲王至定王時諒以技冠教坊嗣王尤愛之國亡爲道士通志

周諒勇力善幻以響馬株連繫刑部獄崇禎己巳應募爲兵敗歸鄉里麻城土寇白幺兒據虎頭關諒擊散王遽召還白茅堂詩

注

顧景星贈周諒三絕句南山石爛海飛塵玉貌周郎七十春歷盡繁華成夢想一壺市上且藏身夢裏朱門對綠池舊人說著自堪悲於今不見岐王宅芳草根融燕子泥忠孝坊前誰度曲但逢佳節苦相思往來剩有袁宮監著著緇衣話舊時白茅堂集

蘄春山水秀麗人文故多應之遠不可考近代王公折節樂與士大夫游往往結爲詩社宗藩中以繪事擅名者如竹侶之草蟲定王之菊竹鑑虛之松梅季御伯誠之水墨花卉維宗之松書則如震岳仲良龍渭諸昆季皆得飄然瀟灑之意搢紳之工書者若王之栩號天目王之鼎字定仲李新字庚伯

王可象字孝儀王縉號意菴而諸生中有袁素亮字公寥鍾士良字伯駿陳之京字覲北王瑄字大玉周至德字文仲張效鍾字期伯陳宰字居長盧紳字元薦周宏德字叔毅袁道長字天倖共楷書行草皆擅絕一時爲藝林翹楚州志

浦心韋蘄州人爲荆藩良醫所精太素脈是時諸生中名噪人耳者惟予與蕭東曙浦一夕延予至其家曰勿飲酒夜半吾當爲子候脈既候而歎曰吾意子少年科第將有所託今科第雖不可得而心脈起一峯將來必以文章名世吉祥壽考固不待言矣惟蕭脈七斷八截恐非令終之客及城破蕭死獨慘然後知浦術之精顧氏耳提錄

嗣樊山王朱某亂離後漂泊蘄東百里外隱於醫更姓樊字曰孝山荆府名妓某工畫蘭楚楚有致酒閒曼聲度曲能說開元天寶故事孝山寵之遂娶焉已而孝山病廢歸蘄結草廬以居今蕪沒矣詩云白頭宮女嫁王孫陋巷頽垣煙雨昏椀茗鑪香曾此地琵琶一曲客銷魂居業齋集

樊山王次子常淶封鎮國將軍崇禎十二年獻逆破襄陽劫藩府將軍挈家人一夕遁長史追不及失所往十六年獻逆陷蘄屠之僇荆王屍郡王皆被害劫諸妃夫人將軍免順治三年歸蘄與英山男子王六姐起兵斗方砦死之州志　案斗方砦在蘄水縣

蘄州楊嫗某氏少寡鞠一孤年三十不能娶嫗懼斬夫祀百計營聘所少僅數金嫗私許富家爲傭舂預乞其直得娶婦時

嫗已往役婦入門索其姑不見不肯成禮夫語之故婦泣曰妾橐中金足相當立趣贖姑夫夜馳往猝未持金已而來索婦曰金適已付汝矣夫大詫蓋貧家壁皆編葦鄰人竊聞其語輒詐爲夫取金去也婦羞見紿又無餘金痛姑不得贖遂縊死質明雷擊盜金者死戶外金故在手而孝婦復甦施愚山集

順治十三年蘄州安平鄉李氏塘水歎起高二三丈其端如馬鬣移時此水立也黃公說字

康熙七年安平鄉蔡某家鴨卵有十七篆文款起其西村又一方卵或煮雞卵破之中復得一卵六月十七日甲申地震雨穀釜底皆篆文不可識亦有作花卉狀者顧景星紀異詩孟秋地震天雨穀釜底雷文不可讀春前東村鳧伏鷇誰遣詩

妖出見腹西村方卵正傳看更有一卵卵中出天公年老亦如人血氣妄行諸病出君不見伏羲未畫九與六鳥獸不狘亦不黷文字不與鬼夜哭白茅堂集

康熙戊辰蘄州營兵丁元通夏逆受僞劄其妻某氏與知泣諫不聽乃絞殺其二女尋自經而死元事泄被執乃拊膺大哭云悔不從妻氏之言江麓堂集

謝烈婦蘄州漁家女年二十適伍從雲初氏字從雲時伍家鬻開架爲結束給氏父母一日氏兄遇從雲衣敝衣招尋勾走村落聞遠歸白其母母顧語鄰嫗嫗曰吾早知之耶君有渴疾恐不久不如改圖伍家金可塞也氏聞截髮擲鄰嫗以死自誓明年歸伍值姑病累月不解帶姑卒從雲宿疾大作氏

一如侍姑從雲死尋勾爲乙棺氏叩頭謝血流被面已而沐浴衣衰麻自經於柩側里人醵金葬某里立石紀其事至今呼烈婦墳云甲乙存稿

道光癸未三月北關外清江門外洲灘水內出火志略　案黃公說字晉穆帝升平四年涼州澤中火起此水然也然者陰之極也凡大水皆有火小水則無今小水中出火殆雨雪綿連過久陰極陽生故耳西園詩注

以上蘄州

宋泰始元年明帝遣沈攸之西伐子勛伐柵青林山今廣濟地覩一童子甚麗問伐者曰取此何爲答以討賊童子曰下旬當平何勞伐此通志

盤塘山最高處爲笠兒腦有蔡大官昇天遺跡相傳大官蔡姓名廣福弟廣善唐貞觀中敕爲神神初降於朱臯橋憩陰於張勝側飛昇於笠兒腦有李行思者因夢感覘馬跡所止爲祠三處像幅巾道衣端拱執如意其傍一將執鞭爲楊臘兒蜀人父楊朗駕木簰至盤塘遇石鷹嘴簰解朗死於水臘求父屍不得自四月至五月號呼江上亦投水死神感其孝收爲將今俗祀神四五月民相聚和歌其尾聲相助必云楊臘兒尋楊朗兒那裏尋那裏尋縣志

揭曼碩先生未達時多遊湖湘間一日泊舟江涘夜二鼓攬衣露坐月明如晝忽中流一櫂漸近舟側中有素妝女子斂衽而起容儀甚清雅先生問汝何人答曰商婦也良人久不歸聞君遠來故相迎耳因與談論皆世外恍惚事且曰妾與君

有夙緣非同人間之淫奔者幸勿見卻先生深異之迨曉戀戀不忍去臨別謂先生曰君大富貴人也亦宜自重因留七言斷句以贈末二語云黃土築牆茅蓋屋庭前一樹紫荊花明日舟阻風上岸沽酒問其地卽盤塘鎮行數步見一水仙祠牆垣皆黃土中庭紫荊芬然及覩庭內所設像與夜中女子無異輟耕錄

董熙廣濟人初爲掾給事縣庭好春秋學每就寓曹治之夜分不輟令得其故驚愕給筆札試之曰不凡之器也牘薦爲諸生後以春秋入南雍舉永樂癸卯鄉試第五名署諭安福卽以春秋傳授諸生稱名江右通志

正德間廣濟藍瓏家馬產駒似龍超騰遠道惟一老僕御之尋

聞於朝老僕御馬赴京至黃河化龍而去老僕亦失所在通志

徐彥合嘗客遊返棹時有江西估客附舟病且死舟子利其貨夜取屍沈諸水僮僕聞之以告召舟子詰怒之舟子色恐彥合因好言以厚直者與汝汝出其屍餘丞籍記以待其子言已呼鄰舟買棺殮之舟抵估客鄉縣其子拜受籍而迎其柩以歸里居時有祖塋青岡嶺樵兒據巔砍伐彥合適見之恐其驚而墜也若爲非徐者漫語曰此徐家山林也其人徐下執斧斤去明日乃知爲彥合悟曰公慮我驚而墜公德厚矣比鄰盧姓急而售其田於彥合事已悔彥合知之卽焚其券其直置不問居業齋集

廣濟陳王化有孝行萬歷乙卯苦疫闔門俱困母卒不食三日

夜感神謂曰吾憐子爲子斧驅疫且起視斧入門寸許患者悉痊通志

梅啓南廣濟諸生崇禎辛巳歲大饑江北人相食啓南與陳伯順等議施賑夜夢天神謂曰人民大亂施粥可濟啓南許施粥十日神微笑次夜復夢如故且云事已聞諸上帝矣明日縣令議賑啓南輸穀助之通志

劉養徵字敬伯性淡泊工詩臨卒賦詩云辛苦人間百未休今朝忽作返眞游玉樓作記非吾事一枕空山明月秋湖廣通志

胡繼洪廣濟人有廒數十間貯穀每歲不登設食待遠糴者而貸其息錢忽廒內一黃物似蛇鱗角四足長數尺以穀爲窠其家祭之日飼一粥土人呼爲穀龍又阮思槐竭囷賑饑後飛粟來集倉皆滿通志

廣濟寇淑耆民稜仲子行多長者以藩司掾之京忽有沈某來必欲與淑偕行問其故曰我欲適京夢神語曰汝此行不得龍江寇公相救不免必公也遂與偕渡黃河風浪大作舟且覆忽一人拉沈坐命勿懼熟視之乃淑之故父稜勢方急沈不敢問抵岸忽失所在詢之舟人皆謂無所見神所謂寇公乃稜也救子兼及沈矣後淑夢稜謂上帝以已忠直命爲巡河神堅瓠集

景輝不知何許人或曰景清之後也崇禎時從襄漢遊楚攜一琴夜嘈嘈彈又爲詩善飲酒好與文士交至廣濟望東衙山石錯落遂卜明水爲黃牛院以居乙亥流賊數十人由太湖

入宿松歷楓香驛輝先有書謂其友舒民裕曰二月賊來當無擾九月須遠避無不如其言嘗以時旱過黃陵洞鼓琴少焉以琴絃擊一石書數字投潭中隱隱見波起久之有龍出大雨四境霑足其爲詩不肯留時人勸之因名勸留草書法類懷素後羽化山中適當九日至今每年九日山中人攜樽弔之名曰挂瓢會通志

文信國畫像崇禎末孫羽季當流賊躪城時用信國畫像絹素藏於縕袍背以走亂定乃出以告諸家廟後木長避吳逆亂亦如之像至今存縣志

女郎徐元象字奇孺廣濟人舉人張楚偉字小損配詩文有雋才其京口寄父書云皃自襁褓未離掌膝江頭道別意緒淒

然舟行風水便利遂達京口江南佳麗過眼成陳廣谷大川靡能記憶舅氏出鮑明遠大雷岸與妹書與兒讀之如賦如頌蓬窗瑣瑣恨不能竟所思官舍清華几案如滌挑燈夜坐日起奉甘旨晨昏戀切切耳阿爺阿母無恙四時之序成功者退山川觴詠幽情暢遂何必紆拖青紫乃稱貴乎又送外絕句云送君入楚江悠悠歸路長一去隔千里魂夢伴瀟湘居易錄

廣濟多雲山余兩過其下皆晴霽中望見輕雲罩峯頂信山之得名非虛也巖間有微泉滴出竟日可得升許山中人欲鑿而大之方去片石如錢大泉頓枯或疑於泉脈有傷云筠廊偶筆

康熙二十一年二月北坡望春樹花成麟鳳獅象之形是年金

德嘉會試第一縣志　以上廣濟

蘄州黃梅縣峰頂寺在水中央環伏萬山人迹所罕到會阜爲令時因事登其上見梁間一粉版塵暗粉落拂滌視之乃謫仙詩云夜宿峰頂寺舉手捫星辰不敢高聲語恐驚天上人世傳楊大年幼時詩非也西清詩話

四祖山塔遭兵火爇盡守僧卽其處僅成矮屋三間以安佛像士大夫至黃梅者必迂途往觀然多爲陰翳四合或蔽像不得見鄱陽張璹朋通判郡事因適野視缺就宿寺側明旦偕長老宗紹登塔基至猶濃雲密霧已乃開霽瞻睇髣髴宗紹言嘗掘基下得石碣云塔壞日當有姓張人來而後塔成今日符此讖矣張大驚異曰試爲圖之迨還城以事告人無有不樂施者不浹旬集錢數百萬纔半歲訖功初肇役時役者持鋤發地且數尺見一僧瞑目趺坐指甲繞曲於背且纏其軀寺僧以告紹叱之遂聳土掩之既而塔成夷堅志

湻熙元年嘉興蔡攄承議赴蘄州黃梅知縣泛舟大江過蘄口宿是夜大風拔木舟碎於巨浪惟底板存蔡適在其上抱持浮漾意以爲家人盡溺死矣迨旦風小定視之則皆跧聚板上不失一人囊篋悉沒一小篋貯出身敕誥獨得全旋喚漁舟載到南岸居人見其至爭來慰勞云昨夜風雷黑暗中聞神人言且救取蔡通判一家官人豈非蔡公乎蔡爲人質重廉恪鄉里稱其賢故遭罹大亂而蒙神力以免其死後秩滿果調泰州通判通志

黃梅石氏子牧一豬前二足五爪因請道士作醮以豬售與屠人石氏之母忽夢東禪寺六祖誡曰可急贖回不爾有奇禍是夜屠人亦夢豬身服人衣謂屠人曰我非豬乃人也可急遣還送我至東禪寺修行去屠人大驚凌晨牽豬還石氏互相述夢大爲詫異豬卽望東禪寺投奔不假引導也鐵壁師命之曰夢修甲辰年五月初三日事現果隨錄

黃梅東山五祖係肉身楚中兵亂一兵欲驗眞僞以刀斫下一指兵下階隨自殺指久失忽爲一村嫗所得以示文學蔣素公文以重貲易之命漆工續上完好如初壬午秋夢五祖謂曰汝登鄉榜當在五十名也已而果然素公由此篤信佛法通志

黃梅山水奇秀有十祖師曰千歲寶掌和尚曰遠公曰菩提流支祖師曰四祖大醫師曰五祖大滿師圓證祖師無迹祖師朗公禪師張金祖師靜鑑祖師 皇華紀聞

黃梅破額山四祖大醫禪師道場也四祖生於隋大業閒至明嘉靖中肉身猶在一日楚王夢四祖造訪云我將去矣幸爲留一像醒而鑄銅像遣人送山中過浴佛井井水湧出蓋四祖初生時嘗浴此井也像至而身爲火焚矣馮茂山爲五祖大滿禪師道場肉身猶在自唐貞觀至今未壞破額山有碧玉流石漁磯諸勝馮茂山頂多白蓮甚盛爲五祖手植亦可異也黃梅志載邑有西流水三十餘里故歷代篤生五祖十三仙云 筠廊偶筆

破額山麓有唱歌石人臥其上便解歌後雷擊之不復驗 皇華紀聞

東山一名馮茂山馮茂長者所施故名東山寺唐大中時建入明寺燬於火五祖眞身如故乃移山隈建今寺上有白蓮峰峰下有池生白蓮瓣可千數每瓣中有蓮房不結實五祖手植也 通志

五祖山有宋英宗御書天下祖庭徽宗御書天下禪林二坊額 通志

靜鑑禪師泰和梁氏子洪武中爲僧居終南山後居黃梅妙高山歲種芋魁三百六十本日啖其一不復食正統十二年臘日示寂遺囑三年後啓塔景泰元年臘日塔開師顏貌如生膠漆莊嚴於未圓滿處泥沫疊之時黃梅令梁某師族也甫涖縣夢師來謁曰吾腰重不能揖將以累子明日往謁塔視之果然乃削其累重今存像戍削如生 通志

石麟黃梅人明宏治八年舉人先楚中有老生每入闈卽夢號舍前有麟跳躍數科皆然後覺漸長大至乙卯榜發老生前一名卽麟也老生見麟驚曰吾待子久矣 縣志

石崑玉守蘇州忤其師申時行吳撫李希時行意假查盤事發難適巡方者取府貯額銀若干兩惰吏失其案因以侵罔律崑玉下四郡司李袁可立覆覈可立知其罔以案弗獲冤弗雪也齋宿告神翼日可立暨崑玉坐府廳見庫藏扃密詢之則數十年弗啓者俄有大鼠齧以入可立心動叱閱尸視之則前案在焉再拜稱賀曰誰謂天道無知耶捧讞語爲李中

丞朗誦崑玉獲免 縣志

意生寺有白牡丹一株昔有張七道人往禮普陀見觀世音現婦人身屬以此花寄植五祖大滿禪師生處其花特盛移他處則萎 縣志

北山有節婦李氏墓節婦夫死葬此山植雙柘於墓側有牛嚙左樹五寸婦撫柘痛哭一夕而生與右齊焉卒合葬 通志

黃梅縣南孔隴鎭小江上有地藏菩薩像崇禎壬午十二月像忽出淚拭之復出是月二十三日獻賊陷城至順治二年淚出如前甫一月左良玉兵至 皇華紀聞

蔣彬黃梅人生五歲不言一日有戲是兒癡者忽應聲曰如君喋喋不如我默默一座皆驚 通志

咸豐七年夏粵逆蹂躪山中龍坪鎮老農黃勝昌宅後皆幽澗深林避亂婦女咸聚焉賊猝至勝昌具飲饌於門外紿以願備館舍賊領之婦女悉從後逸去賊覺怒甚縛勝昌斬之一舉刃霹靂從空下賊震倒易一賊亦如之再易亦如之蓋無雲而雷者三賊遂遁縣志

邑治後牆下舊有皁角樹大數圍咸豐初漸枯外缺中空有物倒懸約長五六尺狀如人頭項肩腹手足皆具若拘攣然卽樹心也時粵逆踞梅論者嘆爲生民倒懸之象數年官兵克復木爲風拔縣志　以上黃梅

黃州府志卷之四十下終